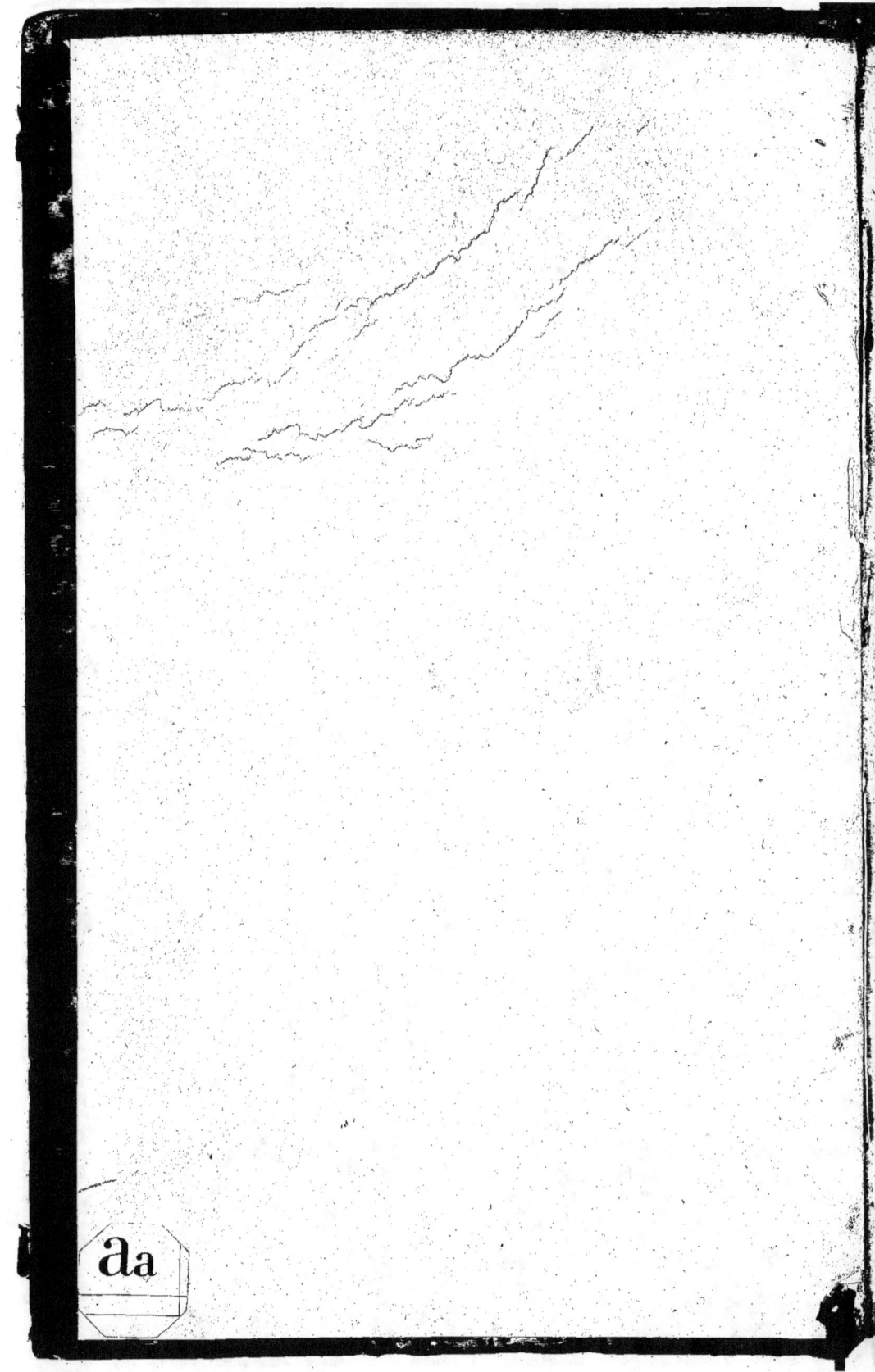

4º Ae. 177

ENCYCLOPÉDIE THÉOLOGIQUE,

OU

SERIE DE DICTIONNAIRES SUR TOUTES LES PARTIES DE LA SCIENCE RELIGIEUSE,

OFFRANT EN FRANÇAIS

LA PLUS CLAIRE, LA PLUS FACILE, LA PLUS COMMODE, LA PLUS VARIÉE
ET LA PLUS COMPLÈTE DES THÉOLOGIES.

CES DICTIONNAIRES SONT :

D'ÉCRITURE SAINTE, DE PHILOLOGIE SACRÉE, DE LITURGIE, DE DROIT CANON, D'HÉRÉSIES ET DE SCHISMES, DES LIVRES JANSÉNISTES, MIS A L'INDEX ET CONDAMNÉS, DES PROPOSITIONS CONDAMNÉES, DE CONCILES, DE CÉRÉMONIES ET DE RITES, DE CAS DE CONSCIENCE, D'ORDRES RELIGIEUX (HOMMES ET FEMMES), DE LÉGISLATION RELIGIEUSE, DE THÉOLOGIE DOGMATIQUE ET MORALE, DES PASSIONS, DES VERTUS ET DES VICES, D'HISTOIRE ECCLÉSIASTIQUE, D'ARCHÉOLOGIE SACRÉE, DE MUSIQUE RELIGIEUSE, DE GÉOGRAPHIE SACRÉE ET ECCLÉSIASTIQUE, D'HÉRALDIQUE ET DE NUMISMATIQUE RELIGIEUSES, DES DIVERSES RELIGIONS, DE PHILOSOPHIE, DE DIPLOMATIQUE CHRÉTIENNE ET DES SCIENCES OCCULTES.

PUBLIÉE

PAR M. L'ABBÉ MIGNE,

ÉDITEUR DES COURS COMPLETS SUR CHAQUE BRANCHE DE LA SCIENCE RELIGIEUSE.

50 VOLUMES IN-4°.

PRIX : 6 FR. LE VOL. POUR LE SOUSCRIPTEUR A LA COLLECTION ENTIÈRE, 7 FR., 8 FR., ET MÊME 10 FR. POUR LE SOUSCRIPTEUR A TEL OU TEL DICTIONNAIRE PARTICULIER.

TOME DIX-NEUVIÈME.

DICTIONNAIRE DE CAS DE CONSCIENCE.

TOME SECOND.

2 VOL. PRIX : 14 FRANCS.

CHEZ L'ÉDITEUR

AUX ATELIERS CATHOLIQUES DU PETIT-MONTROUGE,
RUE D'AMBOISE, BARRIÈRE D'ENFER DE PARIS.

1847

DICTIONNAIRE

DE

CAS DE CONSCIENCE

OU

DÉCISIONS,

PAR ORDRE ALPHABÉTIQUE,

DES PLUS CONSIDÉRABLES DIFFICULTÉS

TOUCHANT

LA MORALE ET LA DISCIPLINE ECCLÉSIASTIQUE,

TIRÉES DE L'ÉCRITURE, DES CONCILES, DES DÉCRÉTALES DES PAPES, DES PÈRES ET DES PLUS CÉLÈBRES THÉOLOGIENS ET CANONISTES TANT ANCIENS QUE MODERNES,

PAR PONTAS,

REVU PAR AMORT REVU PAR COLLET REVU PAR VERMOT.

Publié par M. l'abbé Migne,

ÉDITEUR DES COURS COMPLETS SUR CHAQUE BRANCHE DE LA SCIENCE RELIGIEUSE.

TOME SECOND.

2 VOL. PRIX : 14 FRANCS.

CHEZ L'ÉDITEUR,
AUX ATELIERS CATHOLIQUES DU PETIT-MONTROUGE,
BARRIÈRE D'ENFER DE PARIS.

1847

Paris. — Imprimerie de VRAYET DE SURCY, rue de Sèvres, 57.

DICTIONNAIRE
DE
CAS DE CONSCIENCE,
OU
DÉCISIONS
DES PLUS CONSIDÉRABLES DIFFICULTÉS
TOUCHANT LA MORALE ET LA DISCIPLINE ECCLÉSIASTIQUE,
TIRÉES DE L'ÉCRITURE, DES CONCILES, DES DÉCRÉTALES DES PAPES, DES PÈRES,
ET DES PLUS CÉLÈBRES THÉOLOGIENS ET CANONISTES.

J (SUITE.)

JUGEMENT TÉMÉRAIRE.

Un jugement est téméraire, lorsqu'on croit et qu'on juge qu'une personne a dit ou fait quelque mal, quoiqu'on n'ait aucune raison suffisante, aucun motif assez fort pour déterminer un homme prudent ; en effet, c'est une témérité de croire le mal sans en avoir des preuves. *Nolite judicare ut non judicemini.* Nous ne voudrions pas que notre prochain formât de nous une mauvaise opinion sans sujet ; il a le même droit que nous.

Il y aurait péché mortel à s'arrêter, de propos délibéré, à un jugement téméraire, lorsqu'il serait en matière grave, réfléchi et pleinement délibéré ; il blesse gravement la réputation d'autrui et par conséquent la justice. Souvent les jugements téméraires, même en matière grave, ne sont que véniels, soit parce qu'ils ne sont pas pleinement volontaires, soit parce qu'ils ne sont pas notablement téméraires. Il n'y a pas même de péché véniel dans un jugement téméraire, si la volonté n'y a aucune part ; si on le désapprouve dès qu'on s'aperçoit qu'il est injuste. Les personnes qui ont la crainte de Dieu ne doivent pas s'inquiéter des jugements téméraires qui s'offrent sans cesse à leur imagination ; la peine qu'elles en éprouvent, les efforts qu'elles font afin de s'en débarrasser donnent assez à comprendre que ce sont de pures tentations auxquelles elles ne consentent pas.

Avez-vous distingué en confession le jugement du doute et du soupçon téméraire ? Le doute est une espèce de suspension qui tient notre esprit dans l'équilibre, sans qu'il penche ni d'un côté ni d'un autre. Le soupçon est une disposition à consentir, quoique faiblement. Le jugement enfin est un consentement ferme et déterminé. Figurez-vous une balance. Si la balance est dans un parfait équilibre, voilà le doute ; si elle penche plus d'un côté que de l'autre, voilà le soupçon ; enfin si l'un des bassins de la balance l'emporte entièrement sur l'autre, voilà le jugement formé ; par exemple, vous pensez à la probité de cet homme, vous ne la croyez ni bonne ni mauvaise, voilà le doute ; vous penchez à la croire mauvaise plutôt qu'à la croire bonne, voilà le soupçon ; vous affirmez en vous-même qu'elle est mauvaise, voilà le jugement. Saint Paul ayant pris une poignée de sarments pour le jeter dans le feu, une vipère qui s'y trouvait, mordit la main du saint apôtre. Les habitants du pays portèrent dans cette occasion un jugement téméraire et précipité contre saint Paul, et se dirent entre eux : Il faut que cet homme soit bien coupable, puisqu'à peine échappé du naufrage, la vengeance divine le poursuit encore. Vous avez perdu quelque objet, aussitôt vous jugez que c'est un tel ou une telle qui l'a pris. Quelqu'un a-t-il le malheur de faire une faute, on l'en croit coupable toute sa vie ; il a fait ceci, donc il est capable de faire cela.

Avez-vous interprété en mauvaise part les actions de votre prochain ? Sa dévotion, l'avez-vous regardée comme une hypocrisie, sa modestie comme une affectation, ses aumônes comme des traits d'amour-propre ? Parce que l'œil est mauvais, on voit du mal partout. On juge les autres méchants, parce qu'on l'est soi-même.

Il y a plus de mal dans le jugement que dans le doute et le soupçon téméraire. Il faut plus de raison pour juger que pour soupçonner ; il en faut plus pour soupçonner que pour douter. Par exemple, vous avez vu un homme voler, vous pouvez sans témérité juger que c'est un voleur ; vous l'avez vu fuir d'une maison où l'on a fait un vol : vous pouvez sans témérité soupçonner que c'est cet homme, mais vous n'avez pas assez de raisons pour juger.

Les jugements, les soupçons, les doutes sont plus ou moins téméraires, par conséquent plus ou moins griefs selon les raisons plus ou moins fortes qu'on a de juger, de douter ou de soupçonner. Pour connaître la témérité d'un jugement, il faut avoir égard à la nature de l'action, aux circonstances du temps, du lieu, de la personne et surtout à ce qui porte à juger; si c'est l'orgueil, l'envie, la haine, la légèreté.

Défions-nous des raisons que nous croirions avoir de juger. Tel croit aujourd'hui ne s'être pas trompé dans son jugement, qui demain en reconnaîtra la témérité. Si nous ne pouvons justifier l'action du prochain, excusons du moins l'intention. Si une action avait cent visages, disait un saint évêque, il faudrait toujours la regarder par le plus beau. Il vaut mieux se tromper en jugeant favorablement, que de ne point se tromper en jugeant malignement.

Cas. *Titia*, mère de famille très-prudente, prend toutes sortes de précautions contre ses domestiques, elle met tout sous clef. Fait-elle un péché mortel ?
R. Non, c'est une supposition.

JUIFS.

Les juifs sont ceux qui, dispersés parmi toutes les nations, observent encore la loi de Moïse, et rejettent celle de l'Evangile, ne reconnaissant pas Jésus-Christ pour le vrai Messie. Les 9e et 10e titres du premier livre du Code de Justinien traitent des juifs, et nous en avons aussi un titre dans le cinquième livre des Décrétales. Dagobert et Philippe-Auguste chassèrent les juifs de France. Louis Hutin les rappela, en 1315. Le parlement de Paris défendit par un arrêt rapporté par Bouchel, tom. I, p. 751, qu'aucun chrétien ne demeurât en qualité de domestique dans les maisons des juifs qui pouvaient encore être restés secrètement à Paris, et aux juifs d'en retenir aucun chez eux : ce qui est conforme à la défense qu'en fait Alexandre III, dans cinq de ses Décrétales. Bart. Fumus taxe même de tels domestiques de péché mortel, en cas qu'il y ait danger de subversion. Il n'est pourtant pas défendu de trafiquer avec eux dans le besoin, comme il est évident par le ch. 2 *de Usuris*. Ils ne peuvent être pourvus d'aucune charge, dignité, ni office public; ils ne peuvent même être admis en témoignage, suivant le canon 23, II, q. 7. Il leur est défendu d'acheter aucuns fonds immeubles dans le royaume, comme l'observe Gui-Pape, qui excepte le Dauphiné. Les juifs étant avec raison mis au nombre des infidèles, on doit leur appliquer ce que nous avons dit au titre, *Empêchement de la différence de religion*. L'Eglise ordonne d'éviter avec soin de contracter mariage avec les juifs, d'avoir aucune familiarité avec eux; et c'est pour cela que, selon Panorme, une femme chrétienne ne peut sans péché être nourrice de l'enfant d'un juif, ni un chrétien se servir d'un médecin juif dans ses maladies.

Cas I. Un souverain a chassé les juifs de ses Etats, et a confisqué les biens qu'ils y avaient acquis par usure. L'a-t-il pu faire sans injustice?
R. Saint Thomas, Opusc. I, répond à la duchesse de Brabant qui l'avait consulté sur ce cas, qu'un prince peut bien dépouiller les juifs des biens qu'ils ont acquis par usures, mais qu'il ne peut en conscience les retenir, à moins que lui-même, ou ses prédécesseurs n'aient été contraints par le besoin de leurs affaires, de les leur payer; et qu'il est tenu de les restituer à ceux à qui ces mêmes juifs étaient obligés de les rendre. Il ajoute que si l'on ne peut connaître ceux à qui ces biens appartiennent, le prince les doit employer en de pieux usages suivant le conseil de son évêque, ou d'autres personnes de probité, ou s'en servir pour le bien public, ou l'utilité commune.

Cas II. Quand un magistrat a justement condamné un juif à une amende pécuniaire au profit du prince, est-il, au moins en ce cas, permis au prince de se l'attribuer, lorsqu'il est certain que ce juif n'a point d'autre bien que celui qu'il a acquis par usure ?
R. Non; car aucun juge ne peut adjuger le bien d'autrui à celui à qui il n'appartient pas. C'est pourquoi, puisque tout le bien de ce juif appartient à ceux de qui il a exigé des usures, le prince doit employer de telles amendes de la manière qui vient d'être marquée dans la décision précédente.

Mais parce qu'on peut objecter en faveur du prince, que le dommage que les juifs causent à ses sujets par l'exaction des usures, retombe sur lui, en ce qu'il ne peut pas tirer d'eux autant de secours qu'il ferait, si ces exactions ne les appauvrissaient pas; le même saint répond à cela, que le prince se doit imputer le dommage qu'il en souffre, puisqu'il n'oblige pas les juifs à travailler, comme on fait en Italie, et qu'il les laisse vivre dans l'oisiveté et dans la malheureuse pratique d'exercer l'usure. Certes, si un prince souffrait que ses sujets vécussent de brigandage et de vol, il ne pourrait se couvrir de ce prétexte pour s'attribuer les biens qu'ils auraient ainsi acquis, parce qu'il devrait imputer à son mauvais gouvernement le dommage qu'il pourrait souffrir par un tel désordre.

Cas III. Un juif, dont tout le bien ne provient que de ses usures, fait tous les ans un présent au seigneur du lieu où il est établi, afin de s'attirer sa protection. Ce seigneur peut-il recevoir ce présent ?
R. Il ne peut le recevoir que dans le dessein de le donner à ceux à qui ce juif a fait injustice, supposé qu'il les connaisse, ou de l'employer en de pieux usages, ou au profit du bien public, si ces personnes ne lui sont pas connues. A moins pourtant que ces biens usuraires n'aient été donnés libéralement à ce juif par ceux de qui il les avait reçus, et à qui il aurait offert sérieusement et de bonne foi de les restituer, ainsi que l'observe le même saint Thomas.

JURER.

Jurer, c'est prendre Dieu, comme première et infaillible vérité, pour témoin de ce qu'on dit, soit qu'on l'affirme ou qu'on le nie, ou qu'on le promette, et le prier qu'il en fasse connaître la vérité, quand il le jugera à propos. On peut faire un serment ou *expressément*, c'est-à-dire, en invoquant Dieu, ou quelqu'un de ses divins attributs, soit de vive voix, par écrit, par signe, etc., ou *indirectement*, par exemple en jurant par le ciel, par une telle église, par l'Evangile, ou par quelque autre créature. On divise le jurement en assertoire, en promissoire et en exécratoire. Nous en expliquerons ci-après la nature et la différence. Le jurement est licite, il est même un acte de religion ; aussi en voyons-nous un grand nombre d'exemples dans l'Ancien et le Nouveau Testament. En effet, le jurement est souvent nécessaire pour établir la certitude de ce qu'on promet, ou de ce qu'on se propose. Néanmoins, l'usage fréquent du jurement est dangereux, parce que l'habitude qu'on en contracte fait aisément tomber dans le parjure, et qu'on pèche même en jurant, lorsque le serment qu'on fait n'est pas accompagné des trois conditions, qui seules le peuvent rendre permis. Nous expliquerons bientôt ces conditions. Ceux qui, pour éluder l'obligation du serment, se servent de termes équivoques ou de restrictions mentales, trompent le prochain et se rendent coupables de parjure devant Dieu, qui ne peut être invoqué pour témoin que de la vérité et de la sincérité. Enfin l'on doit regarder comme une erreur l'opinion de certains casuistes qui prétendent qu'en jurant sans avoir intention de jurer, ou de s'obliger par le serment qu'on fait, on ne commet pas un parjure, et qu'on n'est pas obligé d'exécuter son serment. C'est ce qui a été condamné par le clergé de France en 1700, par la censure des propositions suivantes, qui sont du nombre des 127 qu'il proscrivit.

Propositio LX. Cum causa licitum est jurare sine animo jurandi, sive res sit levis, sive sit gravis.

Propositio LXI. Qui jurandi intentionem non habet, licet falso juret, non pejerat, etsi alio crimine teneatur, puta mendacii alicujus.

Propositio LXII. Qui jurat cum intentione non se obligandi, non obligatur ex vi juramenti.

Censura. *Hæ propositiones sunt temerariæ, scandalosæ, perniciosæ, bonæ fidei illudentes, et Decalogo contrariæ.*

Propositio LXIII. Si quis vel solus, vel coram aliis..... quocunque..... fine juret, se non fecisse aliquid, quod revera fecit, intelligendo intra se aliquid aliud quod non fecit, vel aliam viam ab ea, in qua fecit..... revera non mentitur, nec est perjurus.

Propositio LXIV. Causa justa utendi his amphibologiis est quoties id necessarium est aut utile ad salutem corporis, honorem, res familiares tuendas..... ita ut veritatis occultatio censeatur tunc expediens et studiosa.

Censura. *Hæ propositiones temerariæ sunt, scandalosæ, perniciosæ, illusoriæ, erroneæ, mendaciis, fraudibus et perjuriis viam aperiunt, sacris Scripturis adversantur.*

Cas I. *Josse se croit dans la nécessité de jurer en certains cas. Le peut-il faire sans péché?*

R. Oui, sans doute ; car quoique, selon le Sage, Eccli. XXIII, celui qui est accoutumé de jurer, se remplit d'iniquité, et attire sur sa maison les châtiments de Dieu : *Vir multum jurans replebitur iniquitate, et non discedet a domo illius plaga* ; il est néanmoins quelquefois nécessaire de se servir du jurement, pour confirmer une vérité qu'on fait difficulté de croire : *Ad confirmationem est juramentum.* Hebr. V ; et même dit saint Thomas, 2-2, q. 83, a. 2, le jurement est un acte de religion : *actus religionis, sive latriæ,* dont on peut se servir comme d'un moyen propre à terminer les différends qui naissent entre les hommes. Soutenir le contraire, c'est tomber dans l'erreur de Viclef, dont le 43e art. réprouvé par le concile de Constance, était : *Juramenta illicita sunt quæ fiunt ad roborandum humanos contractus et commercia civilia.* C'est encore condamner la conduite des saints patriarches, Abraham, Isaac, Jacob et Moïse, et celle même de l'Apôtre, qui, dans plusieurs occasions ne s'est pas contenté de dire simplement la vérité, mais qui l'a quelquefois confirmée par serment en prenant Dieu pour témoin de la vérité qu'il avançait : *Quæ autem scribo vobis, ecce coram Deo, quia non mentior,* disait-il aux Galates. Or, dit saint Augustin, *in Ep. ad Gal.* Qui dicit : *Ecce coram Deo, quia non mentior, jurat utique ; et quid sanctius hac juratione?*

Mais afin que le jurement soit licite, il doit avoir trois conditions : la vérité, le jugement et la justice. *Jurabis : Vivit Dominus in veritate et in judicio, et in justitia,* Jérém. IV, 2 : car si le jurement se fait sans jugement, il est indiscret et imprudent ; s'il s'en sert dans une chose fausse, c'est un parjure ; et sans la justice, il est illicite et injuste. C'est suivant ces règles que Josse se doit conduire dans le cas proposé, pour ne pas se rendre coupable de péché en jurant ; et surtout il doit bien prendre garde de ne pas trop se flatter au sujet de la nécessité où il croit être de jurer, en prenant une nécessité apparente pour une véritable.

Cas II. *Jurenal jure souvent, mais il ne le fait jamais que dans des choses très-certaines. Pèche-t-il toujours mortellement en jurant ainsi sans nécessité?*

R. Il n'en est pas du jurement comme du parjure, car le parjure renferme toujours un mépris de Dieu, qui ne peut être excusé de péché mortel ; au lieu que jurer la vérité, quoique sans nécessité ne renferme pas toujours un mépris de Dieu. *Unde,* dit saint

Thomas, *non oportet quod jurare sine causa, semper sit peccatum mortale, sicut jurare falsum.* On ne peut donc assurer que Juvénal pèche toujours mortellement dans le cas proposé.

— Cependant son péché pourrait devenir mortel à raison du mépris, du scandale, etc. Voyez mon IIe vol. de *Morale*, ch. 4.

Cas III. *Pansophius* jure souvent sans nécessité en ces termes : *Par le ciel*, ce que je dis est vrai. Pèche-t-il ?

R. Oui sans doute, s'il le fait sans les trois conditions dont nous avons parlé. La raison est que, comme dit Jésus-Christ, Matth. XXIII : *Qui jurat in cœlo, jurat in throno Dei et in eo qui sedet super eum.* Si ces paroles sont dites sans intention de jurer, il n'y a pas de serment.

Cas IV. Quand Ursin jure, il dit seulement : *Sur ma vie*, ou *sur ma tête*. Est-ce là un véritable jurement ? et pèche-t-il, lorsqu'il le fait sans une juste nécessité ?

R. Le jurement exécratoire est le plus grand de tous, selon saint Augustin, *in Psalm.* VII, n. 3. Or, quand Ursin dit en jurant : *Sur ma vie*, ou *sur ma tête*, il profère cette espèce de jurement ; car c'est la même chose que s'il disait : *Je consens que Dieu m'ôte la vie, si je ne dis pas la vérité, ou si je ne fais pas ce que je promets.* Donc son jurement est exécratoire, et par conséquent condamnable, puisqu'il le fait sans nécessité et par mauvaise habitude. Aussi Notre-Seigneur défend-il très-expressément ces sortes de jurements. *Ego autem dico vobis, non jurare omnino, nique per cœlum... neque per terram..... neque per caput tuum juraveris.* Matth. V.

Cas V. *Eude* étant pris à serment par son supérieur pour savoir la vérité d'une chose importante, dont il a eu connaissance, mais dont il ne se souvient pas, faute d'y penser, comme il le doit, jure qu'il n'en sait rien. Est-il coupable devant Dieu ?

R. Il l'est ; parce que la seconde condition requise pour un jurement licite, qui est le jugement et la prudence, manque à son jurement, puisqu'il jure le faux pour n'avoir pas apporté toute la diligence qu'il devait, afin de s'assurer de la vérité avant que de jurer ; et même quand on jurerait la vérité, on ne laisserait pas de pécher, si on jurait sans être bien informé, parce qu'on s'exposerait par sa faute à jurer aussi bien le faux que la vérité.

Cas VI. *Alcime* sait bien que, pour jurer sans péché, il faut la vérité, la justice et la discrétion. Mais il demande en quel cas la nécessité exempte de péché celui qui jure ?

R. Saint Thomas croit qu'il y a raison de jurer, 1° quand il s'agit de l'affermissement de la paix ; 2° pour conserver sa bonne réputation ; 3° pour l'assurance de la fidélité à laquelle on est obligé ; 4° pour autoriser l'obéissance qu'on doit à un supérieur ; 5° quand il est nécessaire de donner une plus grande assurance d'une chose qu'on promet ; 6° quand il est important d'attester une vérité que l'on fait difficulté de croire. *Saint Thom. lect. 4, in Epist. ad Hebræos.*

Cas VII. *Othon* jure quelquefois le nom de Dieu, sans faire attention actuelle à la malice que renferment les paroles qu'il profère. Pèche-t-il en cela ?

R. Oui, quoi qu'en ait dit Layman ; car pour pécher, il suffit qu'on veuille la malice du péché en soi, ou en sa cause. Or Othon veut la malice de son péché *in causa*, puisqu'il a contracté librement l'habitude de jurer, à laquelle il n'a pas renoncé comme il devait. Si cela n'était pas ainsi, un blasphémateur d'habitude ne pécherait point en blasphémant, sous prétexte qu'il n'aurait aucune attention actuelle à la malice des blasphèmes qu'il profère ; ce qu'aucun théologien n'oserait soutenir.

Cas VIII. *Diogène*, en jurant qu'il ferait une certaine chose qu'il pouvait licitement faire, a eu une autre intention que n'avait celui à qui il a juré. Est-il obligé, nonobstant cela, d'accomplir son serment ?

R. Oui et non. Oui, s'il a eu dessein de tromper ; car alors il a péché, et en trompant son prochain, et en faisant à Dieu l'injure de le prendre pour témoin et pour protecteur de sa duplicité. Non, s'il a eu de bonne foi une autre intention différente de celle de la personne à qui il a juré, comme s'il n'a voulu que s'engager à prêter, et que l'autre ait cru qu'il s'engageait à donner.

Cas IX. *Papirius* étant interrogé par Reinier, s'il s'était acquitté d'une promesse qu'il lui avait faite, l'a assuré qu'il y avait satisfait ; quoique Reinier parût en être persuadé, il n'a pas laissé de prendre Dieu à témoin de la vérité qu'il affirmait. S'est-il rendu coupable de péché par ce jurement ?

R. *Jurabis in judicio*, c'est-à-dire, selon saint Thomas, *ex necessaria causa et discrete*. Or dans l'espèce proposée, Papirius a juré indiscrètement et sans nécessité, puisque Reinier n'exigeait pas de lui qu'il jurât, mais qu'il paraissait persuadé de la vérité qu'il lui disait. On ne peut donc excuser ce jurement de témérité, ni par conséquent de péché.

Cas X. *Sévère*, homme fort solvable, a besoin d'une somme de 3,000 liv. pour son commerce ; il la demande à emprunter à Gabinius pour trois mois. Gabinius, qui est riche, lui promet de le faire, et confirme sa promesse par serment ; mais comme il n'a pas dessein de l'exécuter, il se propose en lui-même de se faire dispenser de son serment, et de ne point tenir sa parole. Peut-il jurer avec cette intention, sans tomber dans le parjure ?

R. Non, car quand la chose sur laquelle on jure est licite, tant de la part de celui qui jure, que du côté de celui à qui on fait le serment, on est tenu de faire tous ses efforts pour l'exécuter, afin que le serment ne soit pas illusoire. Or un homme qui sans raison veut se faire dispenser de son serment, est bien éloigné de faire tous ses efforts pour l'accomplir. D'ailleurs, il n'a aucune raison de se faire dispenser ; et sa dispense, fût-elle accordée par le pape, serait nulle, comme l'enseigne saint Antonin, part. II, tit. 10, ch. 6, § 4. *Voyez* PARJURE, cas *Laurent.*

CAS XI. *Lucilius* a promis avec serment à Justin, qu'il ferait une chose avant le premier jour de mars. Il n'a pu la faire alors; mais il le pouvait trois mois après. Y était-il tenu, quoique le terme fût expiré?

R. Il faut raisonner du serment comme du vœu ; l'un et l'autre obligent quelquefois après le terme expiré, quelquefois non : et c'est ce qu'on ne peut définir que par l'intention de celui qu a fait un serment ou un vœu. Si le terme qu'il a marqué, n'a pas été pour finir son obligation, mais pour n'en pas différer l'accomplissement, cette même obligation renaît avec le pouvoir de la remplir. Mais s'il a eu intention de n'être plus obligé a rien, en cas qu'il ne pût faire telle chose en tel temps, son obligation expire avec le temps. C'est donc à Lucilius à voir ce qu'il a eu dans l'esprit, quand il a fait sa promesse. Que s'il doute de sa propre intention, il doit suivre le parti le plus sûr pour la conscience, qui est d'accomplir, même dans un autre temps, ce qu'il avait promis de faire dans un temps déterminé. Au reste l'obligation d'un jurement peut cesser par la condonation qu'en fait celui à qui on s'est engagé. C'est pourquoi, si Justin remettait à Lucilius l'obligation qu'il a contractée par son serment de faire la chose dont il s'agit avant le premier jour de mars, il n'y serait plus obligé.

CAS XII. *Pascal*, officier, a fait vœu d'aller en pèlerinage à Lorette, et a confirmé son vœu par serment. Le roi qui a besoin de son service, lui a défendu d'y aller. Peut-il obéir au roi dans cette occasion, sans se rendre coupable de parjure ?

R. Le vœu n'a pas été institué pour être un engagement d'iniquité. Comme donc l'exécution du vœu et du serment qu'a fait Pascal, devient illicite par la défense de son souverain, il n'est pas obligé de l'accomplir, jusqu'à ce qu'il en ait obtenu la permission, et même il ferait mal, s'il l'accomplissait contre la volonté du prince. C'est la décision de saint Thomas, qui dit que l'obligation du serment cesse, lorsque sa matière devient impossible ou illicite, comme il arrive dans le cas proposé, 2-2, q. 89, a. 7.

CAS XIII. *Epiménide*, prêtre savant et pieux, étant persuadé qu'il n'est pas digne d'être élevé à aucune supériorité, a fait serment de n'en jamais accepter aucune. A-t-il pu faire ce serment, et peut-il ou doit-il l'exécuter?

R. — Il a pu faire serment de ne briguer aucune dignité, et même de faire de justes efforts pour qu'on ne l'en chargeât pas. Mais il n'a pas pu faire serment de ne pas obéir à ses supérieurs, en cas qu'ils lui enjoignssent d'en accepter quelqu'une. Un tel serment étant *de re illicita*, est contraire à une juste subordination. *Voyez* saint Thomas, in 2, *dist.* 39.

CAS XIV. *Maximin* a juré qu'il fera une certaine chose, qui est en partie bonne et en partie mauvaise, ou bien qui est douteuse. Que doit-il faire?

R. Comme l'on est tenu à garder le serment qu'on a fait, quand la chose jurée est bonne, et de ne la pas accomplir quand elle est mauvaise, de même lorsqu'elle est en partie bonne et en partie mauvaise, on est obligé de l'exécuter en ce qui est bon, et de ne le pas faire en ce qui est mauvais, pourvu que l'un puisse être séparé de l'autre. Mais quand il y a du doute, il faut avoir recours au supérieur pour en être dispensé, ou pour faire ce qu'il ordonera. *Quandoque aliquid sub juramento promittitur, de quo dubium est, utrum sit licitum vel illicitum, aut simpliciter, aut in aliquo casu, et in hoc potest quilibet episcopus dispensare.* Saint Thomas. 2-2, 8, a. 9, ad 3.

CAS XV. *Memnas* a rencontré des voleurs qui l'ont obligé de leur promettre avec serment, qu'il leur apporterait dans quatre jours 30 pistoles en tel endroit. Est-il obligé à tenir cette promesse ?

R. Cette promesse n'oblige pas par elle-même, puisqu'elle est extorquée par une injuste violence; mais elle oblige à cause du serment qui y a été joint, parce qu'il n'est jamais permis de prendre Dieu à témoin du faux : c'est pour cela que, se on Innocent III, cap. 8, *de Jurej.* l. II, tit. 24. *Non est tutum, quemlibet contra juramentum suum venire, nisi tale sit quod servatum vergat in interitum salutis æternæ.* Cependant Memnas peut obtenir dispense de son serment, et même demander en justice la restitution de ce qu'il a donné.

— CAS XVI. Mais que dire si Memnas avait fait serment de ne demander ni dispense de son premier serment, ni restitution en justice ?

R. On est partagé sur ce point. J'ai dit dans le *Traité des Contrats*, part. I, ch. 4. pag. 533, qu'il faudrait accomplir ces nouveaux serments, parce qu'ils sont *de re licita*, puisqu'autrement un homme ne pourrait les faire pour sauver sa vie. Il n'en serait pas ainsi du serment de ne pas dénoncer le coupable; parce que dit saint Thomas, dont Pontas a tronqué le texte, *tale juramentum vergeret in deteriorem exitum*, 2-2, q. 89, a. 4 ; ce qui peut être vrai ou faux selon les différentes circonstances. Ceux qui le supposeront toujours vrai, doivent dire que je ne puis, pour éviter la mort, jurer à un voleur qui m'arrache une pistole, que je ne le dénoncerai jamais aux juges.

CAS XVII. *Mutius*, juge, a obligé Claude, âgé seulement de douze ans, à jurer comme témoin dans une cause importante. L'a-t-il pu faire, et le serment de cet enfant est-il valide ?

R. Les enfants qui n'ont pas encore l'âge de puberté, n'ont pas l'usage de la raison assez parfait pour connaître l'obligation qu'ont les hommes de respecter, comme ils le doivent, le saint nom de Dieu, dont ils invoquent le témoignage en jurant ; et ainsi on ne doit ni les contraindre ni même les admettre à faire serment. Mutius n'a donc pu, ni dû faire prêter serment à Claude, quoique ce fût dans une affaire importante, et il ne lui est pas permis de fonder le jugement qu'il doit prononcer sur le témoignage de cet enfant, parce que son serment doit être considéré comme nul.

— J'aimerais mieux dire avec Sylvius : *Quod pueri, etsi ante annos œtatis quatuordecim non possint compelli ad jurandum; si tamen jurare voluerint, et sufficientem habeant discretionem, non sunt repellendi a juramento* : ce qui suppose que leur serment n'est pas absolument nul. Sylvius in 2-2, q. 89. a. 10, p. 664.

Cas XVIII. *Guéric*, chrétien, étant à Pékin, a prêté 100 liv. à un païen, qui les lui a déniées dans la suite. On demande si l'ayant appelé en justice, il peut exiger de lui qu'il prête serment, sachant bien qu'il jurera par ses faux dieux.

R. Guéric ne peut pas engager ce païen à jurer par ses idoles; mais si le juge exige qu'il prête serment, ou qu'il s'y offre de lui-même, Guéric peut y consentir. Ce n'est pas là faire un mal, c'est le permettre comme fait Dieu, et s'en servir. Cette décision est de saint Augustin, Epist. 47, *alias* 154, où il la prouve par quelques exemples de l'Écriture sainte (qui, selon Suarez, ne sont guère concluants). C'est aussi celle de saint Antonin, et elle est communément reçue.

Cas XIX. *Jérôme*, chanoine de Noli, a fait serment à sa réception de garder tous les statuts du chapitre. Il a reconnu ensuite qu'il y en a un qui, quoique légitime, n'est observé par aucun chanoine depuis plus d'un siècle. Pèche-t-il contre son serment en ne l'observant pas à l'exemple des autres?

R. Si la transgression de ce statut ne renferme rien de contraire au droit naturel ou divin, Jérôme ne pèche pas en ne l'observant point; parce que si la loi là plus solennelle peut cesser d'obliger par un usage contraire, lorsqu'il est général; et même, comme le dit Justinien, une telle coutume, lorsqu'elle ne renferme rien de vicieux, tient lieu d'une véritable loi: *Diuturni mores consensu utentium approbati, legem imitantur*.

Cas XX. Avez-vous pris Dieu à témoin d'une chose que vous saviez ou que vous vous doutiez n'être pas vraie, disant: Je jure, je fais serment, je le dis devant Dieu, Dieu le sait, ou en levant la main au ciel, en la mettant sur les saints Évangiles? Parjure, péché mortel, s'il y a pleine advertance et qu'on ait l'intention de prendre Dieu à témoin. Le péché serait plus grave si, interrogé par un juge compétent, vous affirmiez ou niiez avec serment autre chose que ce que vous savez et que ce que vous voyez. Les lois de tous les peuples ont puni le parjure avec sévérité; chez les Romains, il était déclaré infâme ; le code civil des Français décerne contre le parjure la peine des travaux forcés. Dieu le punit souvent dès ce monde même.

Cas XXI. Avez-vous négligé ou refusé de faire une chose bonne que vous aviez juré de faire? Il n'y a pas de parjure, mais un péché mortel, si la chose promise est importante. N'avez-vous pas promis avec serment quelque chose, ayant l'intention de ne pas tenir votre promesse ou sachant que vous ne pouviez pas faire ce que vous promettiez? Parjure encore et péché mortel. Le serment, quand même il a pour objet des matières civiles, par exemple, la fidélité à une charte, est toujours un acte de religion; il n'y a pas de serment civil, ainsi que l'ont imaginé certaines personnes qui voulaient calmer leur conscience et conserver leur place.

Cas XXII. Lorsque vous avez prêté serment, ne vous êtes-vous pas servi de paroles équivoques ou de restriction mentale, au lieu de jurer selon l'intention de celui qui exigeait le serment? Parjure. Vous êtes-vous engagé par serment à faire une chose mauvaise? vous avez péché mortellement, si la chose est grièvement mauvaise; par exemple, de vous venger, de ne point pardonner; en l'accomplissant vous ne pécheriez pas moins contre la religion, de plus vous pécheriez contre la charité.

Cas XXIII. Avez-vous juré avec exécration, ou imprécation, disant par exemple : Que Dieu me punisse, si je ne dis pas la vérité; que je ne voie jamais Dieu. Péché mortel et parjure, si la chose affirmée est fausse et si l'on n'est point sûr qu'elle soit vraie. Le péché ne serait que véniel, si l'on était moralement sûr que la chose affirmée fût vraie, ou si l'on ne prononçait ces paroles exécratoires que par manière de parler, sans scandale et sans grande colère.

Cas XXIV. Les paroles suivantes: Dieu sait si je dis la vérité... Dieu voit la chose.... Dieu connaît ma pensée.... n'étant proférées que pour mieux assurer qu'on ne ment pas, ne renferment point un serment, à moins qu'on n'ait l'intention d'invoquer le témoignage de Dieu.

Cas XXV. Avez-vous engagé quelqu'un à faire un faux serment? Sachant que quelqu'un ferait un faux serment, l'avez-vous exigé sans raison? Il y aurait en cela péché grave, si la bonne foi n'excusait pas.

Voyez Dispense de serment, Parjure.

JURIDICTION.

On appelle *juridiction* la puissance légitime qu'a un supérieur de gouverner ceux qui sont soumis à son autorité, soit en réglant selon l'équité ce qui les regarde, soit en faisant des lois, qu'il estime nécessaires pour les empêcher de mal faire ou pour punir ceux qui y contreviennent et pour les contenir tous dans leur devoir et dans la paix. Il y a deux sortes de juridictions, l'ecclésiastique et la séculière. La juridiction ecclésiastique dont il s'agit principalement ici, est ou volontaire ou contentieuse. La première qu'on appelle aussi *gracieuse*, s'exerce sans procédure ni formes judiciaires. La seconde s'exerce en procédant judiciairement et selon toutes les formalités prescrites par le droit et en tenant le prétoire destiné à rendre la justice en de certains jours déterminés et en de certains lieux fixes, et non autrement. La juridiction contentieuse ne peut être exercée ni licitement ni validement hors l'étendue du territoire qui dépend du juge ecclésiastique ou séculier. La juridiction volontaire peut au contraire être librement exercée par le supérieur ecclésiastique hors les limites du propre territoire. Ainsi un évêque qui n'est pas encore sacré, peut, hors de son diocèse, confesser son diocésain, pourvu qu'il soit prêtre et qu'il ait été confirmé par le pape. Car alors il acquiert la puissance de juridiction, quoiqu'il ne soit pas encore consacré évêque ; et il la peut exercer, pourvu néanmoins que, comme l'enseignent Ducasse et les autres, il ait auparavant notifié ses bulles du chapitre de sa cathédrale, par la prise de possession de son évêché, soit en personne ou par procureur. Il peut donner des indulgences, approuver les prêtres pour la confession, conférer des bénéfices, etc.

La puissance de juridiction est ou ordinaire ou déléguée, ou subdéléguée. La juridiction ordinaire est celle qui est attachée à la dignité qu'on possède ; telle est celle d'un évêque ou d'un curé. La juridiction déléguée est celle qu'on n'exerce que par la commission de celui à qui appartient la juridiction ordinaire ; telle est celle d'un simple prêtre approuvé par l'évêque. La juridiction subdéléguée est celle qui est donnée par celui qui n'en ayant qu'une déléguée, avec la faculté néanmoins de subdéléguer, communique son pouvoir à un tiers.

Non-seulement la juridiction de l'évêque est ordinaire, mais celle de l'official et du grand vicaire l'est aussi ; l'autorité de l'un et de l'autre étant la même. Autrement on pourrait appeler de l'un ou de l'autre de ces officiers à l'évêque, ce qui est abusif selon le ch. 3 *de Appell. in* 6. Mais leur juridiction cesse, 1° par leur destitution ou par la révocation que l'évêque peut faire de leur pouvoir ; 2° par la translation du prélat d'un siège à un autre ; 3° par la mort de l'évêque (1) 4° par la démission qu'il fait de son évêché, quand elle est admise par le pape. Il n'en est pas ainsi de la juridiction des délégués : car lorsqu'ils ont commencé à connaître de l'affaire dont la décision leur a été commise, ils peuvent la continuer et la terminer, quoique leur commettant vienne à mourir, ainsi que le déclare Urbain III, cap. 20 *de Offic.* etc. *Judicis deleg.* Néanmoins le pouvoir des officiaux et des grands vicaires continue après la mort, quand elle est arrivée dans un lieu d'où l'on n'en a pas encore pu apprendre la nouvelle ; car en ce cas, comme ils passent dans le public pour officiers d'un évêque vivant, ce qu'ils font est censé légitime, suivant cette maxime de droit : *Circa factum error communis facit jus.*

Cas I. Un monastère soumis autrefois à l'évêque diocésain, a prescrit par une possession pacifique de plus de 70 ans le droit d'exemption de la juridiction épiscopale. Prudence, nouvel évêque, n'a pas laissé de vouloir faire la visite de l'église de ce monastère ; mais le supérieur avec tous ses religieux s'est fortement opposé à son entreprise. Ne peuvent-ils pas en vertu de la prescription continuer à s'opposer à la prétention de l'évêque, et soutenir contre lui le procès qu'il leur a intenté sur ce sujet ?

R. Ils ne le peuvent pas. La raison est qu'il y a une grande différence entre la juridiction qui appartient à l'évêque et celle dont jouissent les exempts. Car, puisque c'est dans l'évêque seul que réside la plénitude de la puissance ecclésiastique, sa juridiction est si essentiellement attachée à son caractère, qu'elle n'en peut jamais être séparée par aucune prescription acquise par quelque longue possession que ce soit ; au lieu que le privilège d'exemption, fondé même sur un indult du pape et sur le consentement de l'évêque, peut être légitimement prescrit par un autre évêque après une possession de 40 ans, étant à présumer que les exempts qui n'ont pas fait usage pendant un si long temps du privilège qui leur avait été accordé, y ont véritablement renoncé. *Cum enim tanto tempore contra indulta privilegia decimas solverint, eis renuntiasse tacite præsumuntur*, dit Innocent III, cap. 18 *de Privileg.* l. III, tit. 53. A l'égard des exemptions, qui ne sont fondées sur aucun titre, mais seulement sur l'usage, ce sont des abus d'autant plus condamnables, que, comme le dit saint Bernard, l. III, *de Considerat.* elles ôtent contre toute justice à une église une portion de son troupeau, c'est-à-dire une partie des membres dont elle est composée pour se l'attribuer. Ceux qui voudront voir cette matière traitée au long, consulteront les *Mémoires du clergé*, tom. I, part. I. Ils y trouveront les jugements rendus contre l'abbé et les religieux de Sainte-Geneviève, en 1668, l'abbesse de Jouarre en 1690, etc.

Cas II. Luc, official d'un évêque, exerce sa juridiction en tout temps et en tout lieu. Ne le peut-il pas ?

R. Non, car quoi qu'en ait statué Boniface VIII cap. 7, *de Officio ordin. l.* i, *tit.* 16, in 6, un official doit en France avoir des jours et un lieu fixe, pour exercer sa charge ; les choses dont il a à traiter, étant si importantes, qu'il est à propos qu'on puisse en avoir une connaissance juridique. Voyez Cujas *ad novel.* 95.

Voyez Absolution, Approbation, Confesseur, Confession, cas *François* ; Chapitre, cas *Florent* ; Excommunication, cas *Marcellin* ; Évêque, cas *Aumond* ; Juge, cas *Amable*. Religieux et Religieuse, cas *Gabriel et Colomban.*

---

(1) L'auteur remarque cependant d'après Loiseau, l. III, ch. 6, qu'un Official n'est pas censé révoqué ou destitué de sa dignité *ipso jure*, par la mort de l'évêque, et qu'ainsi si quelques chapitres des églises cathédrales n'étaient pas en possession de nommer un autre, en ce cas l'official pourrait continuer d'exercer sa charge comme auparavant. C'est ce qui se trouve autorisé par un arrêt du parl. de Toulouse, rendu en faveur de Bernard Ducasse, contre le chapitre de Lectoure, qui l'avait voulu destituer, lorsque le siège vaqua par la translation de l'évêque.

L

LAMPE ARDENTE

Les curés doivent faire en sorte qu'il y ait une lampe ardente devant le saint sacrement. Une multitude d'auteurs mettent cet article au rang de leurs obligations. Pour en faire un précepte absolu et général nous souhaiterions quelques canons. Collet a insisté très-fort sur cet article, il en fait une obligation grave. Il n'est pas, il s'en faut beaucoup, le premier qui ait ainsi pensé. Nous sommes très-disposés à seconder et appuyer le zèle de Collet. C'est pourquoi nous allons discuter les preuves et les titres de cette obligation, son étendue, et qui sont ceux qu'elle concerne principalement. Et d'abord est-ce un article de discipline générale et obligatoire de tenir toujours une lampe ardente devant le saint sacrement? nous n'en voyons pas de preuves bien décisives. On en a à cet égard de très-positives et de très-anciennes pour la célébration du saint sacrifice. On en trouve pour l'exposition de l'Eucharistie, mais plus modernes, parce que cette exposition l'est aussi; et les canons, en se bornant à demander des cierges allumés dans ces circonstances, et lorsqu'on porte le saint sacrement aux malades, semblent ne pas exiger absolument de lumière dans les autres circonstances.

2° On ne peut douter que l'intention de l'Église ne soit qu'il y ait toujours une lampe ardente jour et nuit devant le saint sacrement; c'est même une coutume universellement établie, coutume très-sainte et très-propre à témoigner le respect et la vénération que mérite la présence de Jésus-Christ dans ce mystère. Mais cette coutume fait-elle loi par elle-même? a-t-elle été introduite, s'est-elle soutenue dans ce dessein? c'est ce qui n'est pas évident.

3° S'il n'y a pas d'ordonnance générale sur cette matière, il y en a certainement de particulières et qui forment une obligation véritable dans les lieux où elles sont reçues. Observons néanmoins que ces lois ne sont pas uniformes. Les unes n'ont été portées que par forme d'exhortation; d'autres sont plus positives et renferment un précepte véritable; telle est celle de plusieurs conciles, de ceux surtout qui se sont tenus depuis le concile de Trente.

4° Ces lois ne disent pas que ce soit une charge de la cure et du curé; au contraire, c'est la fabrique, ou la paroisse à son défaut qu'elles en chargent. Le devoir du curé se borne uniquement à faire ses efforts pour procurer et soutenir cet établissement; et lorsqu'il s'en est acquitté, on ne peut lui faire aucun reproche légitime. Il y a plusieurs paroisses où cette lampe ardente est fondée. Il naît évidemment de cette fondation une obligation étroite de l'acquitter et pour le curé d'y donner tous ses soins.

5° S'il n'y a dans la paroisse aucune fondation pour cet objet, c'est à la fabrique à y pourvoir. Le devoir du curé n'est ici que d'y exhorter, de s'adresser à l'évêque dans le cas de besoin et de veiller à l'observation de ce que le prélat aura ordonné. Lorsque la fabrique est pauvre, il n'y a d'autre moyen d'y suppléer que par des quêtes, et ce moyen réussit toujours, lorsque le curé donne le premier l'exemple. Après tout, si c'est dans le diocèse une obligation positive, dans la paroisse un usage, au défaut des autres secours, celui qui est tenu par état d'y pourvoir, d'y veiller, nous paraît conséquemment tenu de fournir à la dépense, quand il le peut aisément et que les autres moyens manquent.

Ces diverses obligations sont-elles graves? Quelques théologiens, Collet en particulier, le pensent, du devoir en lui-même, et quant à son objet, d'avoir jour et nuit une lampe ardente dans les églises où le saint sacrement est conservé; et l'on n'en peut douter, lorsque cette obligation est portée par une fondation, ou par une loi diocésaine communément pratiquée, et qui en fait un objet important, ou par l'usage du lieu soutenu et confirmé par les ordonnances particulières des évêques. Comme dans les églises pauvres, personne n'y est directement obligé, on ne peut en faire un grand péché quand on y manque, mais seulement exhorter à la remplir.

Nous n'ajouterons pas que laisser un seul jour la lampe éteinte, comme le prétendent quelques théologiens, c'est une faute grave et mortelle. Nous ne voyons rien dans la nature de la faute, ni dans les ordonnances de l'Église qui autorise cette décision rigide. C'est à la prudence du confesseur, dans ces sortes de matières généralement prescrites, à juger de la gravité de la négligence, par les circonstances, la multiplication des actes, la qualité du motif, le principe du devoir, l'engagement qu'on a pris de le remplir. Et nous n'excuserions pas de faute grièvé un curé qui, trouvant cet usage établi dans son église, quand même il ne serait que l'effet d'une piété libre, le laisserait tomber par nonchalance, ou pouvant aisément l'introduire ou le rétablir n'aurait pas le zèle d'y travailler; car au moins c'est la part que leur donnent les conciles dans l'accomplissement d'une loi si juste et si raisonnable.

LEGS.

Le *legs* est un don qu'un homme fait par son testament à une autre personne. Personne ne peut faire de legs valide, 1° s'il n'a droit de faire un testament. Ainsi, un impubère, un insensé, un sourd et muet, un religieux profès, un criminel mort civilement, ou un homme interdit en justice, n'en peuvent faire, parce qu'ils ne peuvent tester : et à l'égard du testament d'un impubère, il demeure nul, même après qu'il a atteint l'âge de puberté, suivant cette règle de droit: *Quod initio vitiosum est, tractu temporis non potest convalescere.* Mais le testament d'un homme insensé, fait avant sa démence, serait valide; 2° si celui à qui il le fait, n'est pas habile à en profiter, etc.; 3° si les choses léguées ne sont pas de nature à le pouvoir être; c'est-à-dire, si elles ne sont pas en commerce parmi les hommes: ainsi l'on ne peut léguer une chose publique, ni une chose sacrée, telle qu'est un cimetière. On peut néanmoins léguer une maison où il y a une chapelle domestique, parce qu'une telle chapelle n'est qu'un accessoire de la maison, comme un droit de patronage est censé l'accessoire d'une terre qu'on a léguée ou vendue. On peut léguer une même chose, comme une terre ou une rente à plusieurs personnes; et alors si les portions ne sont pas distinguées, elles partagent entr'elles la chose léguée, ou sa juste valeur par égales portions. Un légataire, à qui le testateur a fait plusieurs legs, peut accepter ceux qu'il lui plaît, et répudier les autres, à moins que le legs qu'il répudierait ne l'obligeât à quelque charge; car il ne pourrait en accepter un qui serait exempt de charges, sans être en même temps tenu des charges de l'autre. Nul legs ne doit être délivré qu'après toutes les dettes passives du testateur payées; et il en est de même de toute autre donation à cause de mort: c'est pourquoi si le testateur a laissé plus de dettes que de biens, les legs deviennent caducs.

Toutes les causes qui peuvent rendre indigne un homme de la qualité d'héritier, rendent pareillement un légataire incapable du legs qui lui a été fait. Outre ces causes qu'on expliquera au mot Testament, il y a un cas particulier où le légataire perdrait son legs, quoiqu'il l'eût déjà reçu. C'est si ce légataire s'inscrivait en faux contre le testament, et qu'il accusât injustement l'héritier institué de l'avoir fabriqué. L'inhabilité à recevoir un legs ne s'entend pas d'un legs alimentaire. Car puisque les aliments sont nécessaires à la vie de l'homme, l'équité veut qu'on puisse faire un tel legs à toutes sortes de personnes qui en ont besoin. Ainsi on le peut faire à un homme mort civilement.

Un testateur peut laisser un legs, 1° à une personne inconnue, par exemple à celui qui aidera son héritier à débrouiller les affaires de la succession qu'il lui laisse; encore qu'il ne sache pas celui dont son héritier se servira; 2° à une ville, ou à une communauté ecclésiastique ou laïque dûment établie.

Si un testateur léguait une chose qui fût propre au légataire, le legs serait nul; car on doit présumer, que si le testateur eût su que cette chose appartenait au légataire, il ne la lui eût pas léguée: d'où il suit que l'estimation de la chose ne lui est pas même due.

—L'auteur décide en partie le contraire, cas *Eustatius.*

Quand le testateur lègue une chose qu'il avait mise en gage, son héritier est tenu de payer au créancier la somme pour laquelle elle était engagée, et de délivrer ensuite le legs au légataire; ou en cas que la chose engagée eût été vendue, lui en payer l'estimation: *Nisi contraria defuncti voluntas ab herede ostendatur,* dit la loi 6, ff. *de Fideicom.* l. vi. tit. 42.

On peut léguer une chose qui n'est pas encore existante; par exemple les fruits que produiront les arbres d'un jardin. Mais si le testateur avait spécifié une telle quantité de grains ou de vin, à prendre sur un tel fonds, et qu'il s'y en trouvât moins, le légataire n'aurait pas droit d'exiger le surplus de l'héritier.

—L'auteur fera une exception à cette exception, cas *Amable.*

Quand un testateur lègue une chose comme à lui appartenante, *v. g.* un tel cheval, une telle montre, et qu'à son décès cette chose ne se trouve pas dans ses effets, parce qu'il l'a aliénée ou perdue, le legs demeure caduc, et le légataire n'en peut exiger la valeur. Ce serait tout le contraire s'il n'avait pas spécifié la chose, comme lui étant propre, et qu'il eût seulement légué en termes généraux un cheval ou une montre. Il y a des accessoires qui suivent si naturellement la chose léguée, qu'on ne les en peut retrancher; comme la boîte à l'égard d'une montre, quand même elle serait de plus grand prix que la montre; le harnais d'un attelage de chevaux de carrosse, etc. Mais lorsque le principal vient à périr, le légataire n'a aucun droit sur les accessoires. Par exemple si ces deux chevaux viennent à mourir, les harnais n'appartiennent plus à celui à qui ils avaient été légués. Il y a d'autres sortes d'accessoires qui ne suivent pas la chose. Tels sont les meubles d'une maison léguée, sur lesquels le légataire n'a rien à prétendre, à moins que le testateur ne les ait compris en termes formels dans son testament: mais les clefs de la maison, la cour, le jardin attenant, et ses autres dépendances, sont un vrai accessoire, et par conséquent doivent appartenir au légataire, quoique le testateur n'en ait fait aucune mention. Les augmentations faites par un testateur sur un fonds qu'il a légué, soit en bâtiments, en plans, en plus grande étendue d'un nouveau terrain, demeurent au légataire, comme si c'était un véritable accessoire, quand le testateur n'a rien changé à sa première disposition.

A l'égard des legs *pieux,* c'est-à-dire, de ceux qu'on destine à quelque œuvre de piété et de charité, soit qu'ils regardent le spirituel ou le corporel, ou tous les deux ensemble, si le testateur n'a nommé personne pour les exécuter, ni les curés, ni l'évêque même, n'ont en France aucun droit d'exiger les sommes léguées, mais ils doivent veiller sur leur exécution. Quand un testateur a légué une somme pour bâtir un hôpital ou une église paroissiale, et que depuis son testament fait, l'un et l'autre a été exécuté par un tiers, ou qu'il se trouve que le bâtiment n'est pas jugé utile, le legs ne laisse pas d'avoir lieu, et la somme doit être employée en d'autres œuvres pieuses en faveur de cet hôpital ou de cette église.

Quand un testateur a deux choses de même nom et d'une valeur différente, comme une montre d'or et une d'argent, et qu'il en lègue une sans distinguer laquelle des deux, le choix appartient à l'héritier, qui peut s'acquitter du legs en donnant celle d'argent; car il est juste de présumer, à moins qu'il n'y ait des circonstances qui prouvent le contraire, que le testateur a eu intention de favoriser plus son héritier que le légataire. Cependant s'il s'agissait de plusieurs choses de même nature, comme de plusieurs chevaux de différents prix, l'héritier pourrait à la vérité retenir le meilleur, mais il serait de l'équité qu'il ne donnât pas le pire de tous au légataire, mais un d'un prix moyen. Si un testateur avait légué un de ses deux chevaux à Jean, à qui il en aurait laissé le choix, et que l'héritier eût fait sommer Jean d'opter; si Jean était en demeure d'en faire l'option, et que le cheval vînt à périr dans ces entre-temps sans la faute de l'héritier, la perte en tomberait sur le légataire en peine de son retardement; et il pourrait même être condamné en un juste dédommagement qui serait dû à l'héritier, leg. 6 *de Optione*, etc. l. xxxiii, tit. 5. On doit dire la même chose de l'héritier, si le testateur lui avait déféré le choix, et qu'ayant été sommé d'opter par le légataire, il eût refusé ou négligé de le faire, ou que d'ailleurs il y eût du dol de sa part, soit pour avoir tenu caché le testament pour ne pas payer les legs, ou autrement. Quand les deux choses, dont l'une était léguée à Jean, viennent à périr après la mort du testateur, et avant le choix fait, elles périssent pour le légataire comme pour l'héritier, soit que le choix fût déféré au premier ou au second, lorsqu'on n'en peut imputer la perte ni à l'un ni à l'autre. Un légataire ne peut validement faire un choix avant que l'héritier ait déclaré qu'il accepte l'hérédité. *Optione legata, placet non posse ante aditam hæreditatem optari; et nihil agi, si optatur.* Leg. *Optione;* 16, ff. *eod. tit.* Quand un testateur, entre plusieurs choses, en a donné quelques-unes à choisir à un de ses légataires, et le reste à un autre, si le premier refuse le legs, l'autre en profite. Mais si ce premier légataire vient à mourir avant le choix fait, son droit est transmis par sa mort à son héritier. Leg. 17, ff. *de Optione*.

Il y a des legs qui produisent des intérêts et des fruits qui en sont l'accessoire; comme quand l'héritier doit une somme d'argent au légataire, et qu'il manque de la lui payer après une sommation faite; car ils ne sont jamais dus que du jour de la demande. Les fruits d'un fonds légué, qui sont pendants par les racines, appartiennent au légataire, comme étant un accessoire de son legs; mais ceux qui en ont été séparés avant la mort du testateur appartiennent à l'héritier seul. Selon notre jurisprudence, ces fruits sont dus du jour de la sommation ou de la demande, qui tient lieu de contestation en cause, que les lois romaines exigeaient.

Un legs conçu en termes absolus et sans condition est acquis au légataire dès l'instant du décès du testateur; mais quand il est conditionnel, il ne lui est acquis que par l'événement de la condition. Mais il faut observer, 1° qu'un legs n'est pas toujours conditionnel, quand le testateur s'est servi du mot *condition*: car souvent ce terme se prend pour une charge imposée au légataire; mais on appelle condition proprement dite, celle de l'événement de laquelle le testateur fait dépendre la validité du legs qu'il fait. Comme si, par exemple il disait, *Je lègue à Paul mon pré, à condition que Pierre y aura passage*. Voilà une simple charge imposée à Paul. Si au contraire il disait : *Je lègue ma maison à Paul, en cas qu'il soit marié au jour de mon décès*, ce serait alors une vraie condition. D'où il suit que, dans le premier cas, le légataire à qui le legs est acquis, le transmet à son héritier par sa mort; mais dans le second cas, le legs ne lui appartient pas, s'il n'est pas encore marié lors du décès du testateur; 2° Que si le testateur avait apposé quelque condition injuste, impossible, ou contre les bonnes mœurs, d'où il eût voulu faire dépendre la validité du legs, le legs serait censé pur et simple; une telle condition ne pouvant obliger à rien le légataire.

Quand celui à qui le testateur fait un legs est déjà mort, ou bien qu'il vient à mourir avant le testateur, son héritier n'y a aucun droit de quelque nature que soit le legs. Quand il paraît par la nature d'un legs, ou par les termes du testament, que le testateur n'a eu intention de le donner qu'à la seule personne du légataire; celui-ci venant à mourir après le testateur, ne le transmet pas à son héritier, mais il est éteint par sa mort. Tels sont les legs d'un usufruit et d'une pension viagère, lesquels ne passent jamais à l'héritier du légataire, à moins que le contraire ne paraisse par les termes du testament.

L'héritier qui est en possession d'une chose léguée, doit prendre un soin exact de la conserver; de sorte que, si elle vient à périr ou à se perdre par sa faute ou par sa négligence, il en est tenu envers le légataire; mais il ne répond pas d'une chose qu'il ne possédait pas encore quand le testateur est mort. Il n'est pas non plus tenu à la garantie du legs, quand le légataire en est évincé. Par exemple : Jules lègue à Jacques un bois taillis, qu'il lui appartenait pas. Il faudrait dire tout le contraire, si Jules ayant partagé ses biens entre ses enfants, il avait donné à un d'eux ce bois taillis; car celui qui en serait évincé dans la suite, aurait son recours de garantie contre les autres; parce que Jules avait eu intention, en faisant un tel partage, que celui-là eût sa portion de l'hérédité comme les autres. Cependant si la sentence d'éviction portait que le prix qui avait été payé serait rendu, comme il peut arriver dans le cas d'une vente faite à faculté de rachat, ou d'un fonds qui est du domaine du roi, le prix qu'on restituerait appartiendrait au légataire et non à l'héritier. Un legs conditionnel ou payable à un terme non encore échu peut être payé par l'héritier du testateur ; car il est le maître de décharger le légataire de la condition et de son effet, pourvu que ce ne soit pas au préjudice d'un tiers, comme cela pourrait être à l'égard d'une personne substituée.

Un legs devient caduc, 1° par la mort du légataire, soit antérieure ou postérieure à la date du testament, et avant celle du testateur ; à moins qu'il ne contînt quelque charge, comme de donner une telle somme ou une telle chose à un tel ; car le legs subsisterait à l'égard de cette charge, parce qu'on la doit considérer comme un autre legs différent ; 2° le legs devient encore caduc, quand le testateur l'a révoqué expressément, et la révocation même tacite le rend sans effet ; 3° par la répudiation que le légataire en a faite, et quand la chose léguée a changé de nature ; tel que serait le legs d'un arpent de terre, qui dans la suite aurait été changé en un cimetière ; 4° par le paiement d'une somme léguée. Ainsi, si je lègue à Claude 1,000 livres qu'il me doit, le legs devient caduc dès que j'en ai reçu dans la suite le paiement ; 5° par l'aliénation que le testateur fait ensuite de la chose léguée. Mais si cette chose n'est qu'engagée, le legs subsiste, comme il subsiste aussi à l'égard de la partie qui reste, quand le total n'a pas été aliéné ; 6° quand la chose léguée change de forme ou d'état, quoique la matière demeure toujours la même. Ainsi, lorsque Jérôme a légué à Marcel une telle pièce de drap, et que dans la suite il en a fait faire des habits, Marcel n'a plus rien à prétendre à ce legs ; 7° par cette même raison, si le testateur, après avoir légué un fonds, en retranche une partie pour agrandir son parc ou ses bâtiments, le legs est diminué d'autant ; et même si tout le fonds légué avait été employé au même usage, le legs qui en aurait été fait deviendrait caduc pour le total.

Un homme qui s'est déclaré héritier pur et simple est tenu à payer tous les legs ; quoiqu'ils excèdent la valeur de l'hérédité. Du reste les legs souffrent des retranchements, quand les successions ne suffisent pas pour acquitter les dettes, et satisfaire aux droits des héritiers.

Le légataire à titre universel sera tenu comme le légataire universel, des dettes et charges de la succession du testateur, personnellement pour sa part et portion, et hypothécairement pour le tout.

Les droits d'enregistrement seront dus par le légataire, à moins qu'il n'en ait été ordonné autrement par le testament. Le légataire à titre particulier ne sera point tenu des dettes de la succession, sauf la réduction du legs. Lorsque le legs sera d'une chose indéterminée, l'héritier ne sera pas obligé de la donner de la meilleure qualité, et il ne pourra l'offrir de la plus mauvaise. Le legs fait au créancier ne sera pas censé en compensation de la créance, ni le legs fait au domestique en compensation de ses gages.

Cas I. *Hervé* demeurant dans le diocèse de Paris, lègue par son testament à Denys, l'un de ses héritiers, quatre bœufs et un troupeau de moutons par préférence aux autres, avec lesquels il veut néanmoins qu'il partage le reste de l'hérédité par égale portion. Denys accepte le legs, et veut partager le surplus de la succession d'Hervé avec ses cohéritiers ; mais ceux-ci soutiennent que son legs lui doit tenir lieu de portion. Leur opposition est-elle juste ?

R. Elle ne le serait pas selon le droit romain, elle ne l'est pas non plus selon la loi qui nous régit ; c'est ce que l'on appelle un préciput hors part.

Cas II. *Adolphe* a fait à Gustave un legs conçu en ces termes : Je prie Titius, mon héritier, de donner 1,000 liv. à Gustave. Titius est-il tenu de donner ce legs au légataire, quoique Adolphe ne le lui ait pas expressément ordonné, mais qu'il s'est seulement contenté de l'en prier ?

R. Il y est tenu. Car de quelque manière qu'un testateur exprime sa volonté, l'héritier est obligé de l'accomplir, comme s'il lo lui avait ordonné en termes formels : *Omne verbum significans testatoris legitimum sensum, legare vel fideïcommittere volentis, utile atque validum est : sive directis verbis, quale est,* JUBEO *forte; sive precariis utatur testator,*

quale est ; ROGO, VOLO, MANDO, FIDEÏCOMMITTO : *Nos enim, non verbis, sed ipsis rebus leges imponimus,* lég. 2, Cod. lib. vi, tit. 43.

Cas III. *Théochilde*, femme riche de plus de 300,000 liv. de rente, a fait son testament huit jours avant sa mort, par lequel elle a fait plusieurs legs assez considérables, et entre autres, un de 1,000 liv. à son confesseur, un de 6,000 liv. à son avocat, un de 3,000 liv. à son procureur, et un de 4,000 liv. à son médecin, ou son apothicaire. Paul, unique héritier de cette dame, prétend faire déclarer ces quatre legs nuls, comme ayant été suggérés par des personnes que les lois ne jugent pas capables d'en profiter. Ce procédé n'est-il point injuste ?

R. 1° Il y a des arrêts pour et contre les legs faits aux confesseurs. Ainsi, on n'en peut tirer aucune règle certaine pour la conscience. Ricard, dans son Traité des donations, dit que dans cette diversité d'arrêts il suivrait volontiers l'opinion de ceux qui déclarent nuls ces sortes de legs, *particulièrement, lorsque le legs est considérable, et qu'il est fait par une personne faible et susceptible d'impression.* Il aurait fallu ajouter, et qu'il y a preuve que le confesseur a usé de suggestion. Le président Fabert, jurisconsulte très-éclairé, tient qu'on peut non-seulement faire un legs à son directeur, mais encore qu'un tel legs doit être privilégié. Et véritablement si ce legs a pu lui être fait sans incommoder les héritiers, il doit être confirmé dans toutes sortes de tribunaux, nonobstant les injustes plaintes des héritiers avides, qui pour la plupart ne sont jamais contents des riches successions dont ils profitent, et qui souvent même par leurs mauvaises chicanes, contraignent de pauvres et anciens domestiques à se contenter au plus de la moitié de ce qui leur a été légué par reconnaissance ou par charité, dureté dont nous avons des exemples récents, que la prudence nous oblige de supprimer. Il est vrai que si un confesseur s'était oublié, jusqu'à induire un testateur à lui laisser un legs, et qu'on l'en pût convaincre, il mériterait d'en être privé, et d'être traité comme un lâche mercenaire; mais quand on ne peut lui reprocher ni suggestion, ni dol, il n'est pas au pouvoir d'un juge de lui ôter ce qui lui a été libéralement donné, puisqu'il n'est aucune loi du prince qui défende aux testateurs de faire un tel don, ni qui rende un confesseur inhabile à le recevoir.

2° A l'égard des legs faits à un médecin ou à un apothicaire, les parlements les ont déclarés nuls, et même le parlement de Bourgogne, le 21 juin 1564, déclara nulle la donation faite par un homme malade d'un cancer, à une femme noble, qui ne l'avait pansé que pour un pur esprit de charité. On a cependant maintenu ces legs en deux cas : 1° quand le légataire était parent du testateur ; 2° quand le médecin n'est pas le médecin ordinaire du malade qui lui a fait le legs, mais qu'il est seulement son ami. Or, ce que la jurisprudence des arrêts approuve dans ces deux cas, ne nous paraît pas moins juste en tout autre, où il n'y a ni fraude ni induction de la part du médecin ou de l'apothicaire, et lorsque la personne qui a fait le legs, n'y a été portée que par une pure générosité ou par une juste reconnaissance; parce qu'il n'y a aucune loi qui les rende inhabiles à en recevoir, et que les ordonnances et la coutume de Paris, art. 276, n'excluent que les tuteurs, curateurs, baillistres*, pédagogues et administrateurs, à cause de la trop grande autorité qu'ils ont sur leurs mineurs et autres qui leur sont soumis. C'est à peu près le raisonnement que fit Omer Talon en 1665, en faveur d'un chirurgien légataire, à qui l'arrêt de la cour fut favorable.

3° Les arrêts ont toujours été plus favorables aux avocats et aux procureurs. Cependant, quand le parlement de Paris, par son arrêt du 22 juin 1700, confirma à François Pilon, procureur au Châtelet, le legs universel qu'on prétendait être de 150,000 liv. que lui avait fait la dame de Buat par un testament olographe, dont il était lui-même le dépositaire, quoiqu'il fût prouvé au procès que Pilon occupait actuellement pour cette dame, lors de la date du testament, M. le premier président, après l'arrêt prononcé, déclara de la part de la cour, qu'elle ne prétendait pas autoriser les donations faites au profit de ceux qui ont l'administration des affaires d'autrui ; qu'elle ne venait d'adjuger à Pilon le legs qu'on lui avait contesté, que parce que sa probité était reconnue de tout le monde. Si l'on en pouvait dire autant de tous les autres, on ne se plaindrait plus, comme on fait quelquefois, de tant de suggestions indignes, qu'on est obligé de réprimer par les arrêts.

Nous concluons de tout ceci, que les quatre legs que Théochilde a faits, doivent être payés aux légataires, et que Paul ne peut sans injustice leur en refuser la délivrance, à moins qu'il n'ait des preuves positives, qu'il y a eu de leur part du dol, ou une suggestion capable de diminuer considérablement la liberté que doit avoir un testateur : joint à cela que les quatre legs ne se montent qu'à la somme de quatorze mille livres, une fois payée, qu'on ne peut regarder comme une libéralité exorbitante à l'égard d'une personne de qualité, qui a plus de trois cent mille livres de rente, et qui par conséquent en laisse encore plus de vingt-neuf mille à son héritier.

La loi est maintenant positive. Les docteurs en médecine ou en chirurgie, les officiers de santé qui auront traité une personne pendant une maladie dont elle meurt, ne pourront profiter des dispositions entre-vifs ou testamentaires qu'elle aurait faites en leur faveur pendant le cours de cette maladie. Sont exceptées les dispositions rémunératoires faites à titre particulier. Les mêmes règles sont applicables au confesseur du donateur pendant sa dernière maladie.

Cas IV. *Chéron* a légué trois mille livres à Léodegonde, sa nièce, en cas qu'elle entrât en religion. Cette fille y est entrée; mais après y avoir passé six mois, elle en est sortie et a demandé son legs que l'héritier du défunt lui a refusé, sous prétexte qu'elle n'a pas accompli la condition sous laquelle Chéron le lui avait fait. Cet héritier peut-il en conscience persister dans son refus ?

R. Si cette fille est entrée de bonne foi en religion et dans le dessein d'y faire profession, et qu'elle n'en soit pas sortie par sa faute, mais, par exemple à cause de sa complexion trop faible, le legs qu'on lui a fait sous une telle condition lui est acquis, et l'héritier ne peut sans injustice lui en refuser le paiement, puisqu'elle a accompli la condition autant qu'elle l'a pu. Mais si elle n'était entrée en religion que dans le dessein d'avoir son legs, et qu'elle en fût sortie par sa faute et sans qu'on la congédiât, le legs ne lui serait pas dû ; car elle serait censée n'avoir pas accompli la condition sous laquelle le legs lui aurait été fait.

Cas V. *Augustin*, âgé de vingt ans, se voyant au lit de la mort, a fait son testament par lequel il a légué à Paulin, son tuteur, une somme de mille livres en reconnaissance des soins qu'il a pris de lui et de ses biens. Ses frères prétendent qu'il n'a pu faire ce legs à son tuteur. Ont-ils raison ?

R. Oui, car François Ier, dans son ordonnance du mois d'août 1539, parle ainsi, art. 131 : *Nous déclarons toutes dispositions* d'entre-vifs ou testamentaires, qui seront ci-après faites par les donateurs ou testateurs au profit et utilité de leurs tuteurs, curateurs, gardiens, baillistres, et autres leurs administrateurs, être nulles et de nul effet et valeur. Et Henri II, dans sa Déclaration du mois de février 1549, ajoute que telles dispositions faites à des personnes interposées par lesdits tuteurs pendant leur administration, sont pareillement nulles, soit qu'elles soient faites entre-vifs ou à cause de mort. Il en est donc de ces sortes de personnes comme des bâtards, des étrangers et des personnes condamnées à mort, que la loi a déclarées inhabiles à succéder à leurs parents, soit *ab intestat* ou autrement.

D'après le code civil, le mineur devenu majeur ne pourra disposer, soit par donation entre-vifs, soit par testament au profit de celui qui aura été son tuteur, si le compte définitif de la tutelle n'a été préalablement rendu et apuré.

CAS VI. *Pierre* a fait un legs de deux mille livres pour être employées par Isaac, son héritier, à un certain usage déterminé. Mais Isaac trouve à l'employer à un autre usage beaucoup plus utile et plus important. Ne peut-il pas, sans péché, changer cette destination ?

R. Il ne le peut de sa propre autorité, parce qu'un héritier n'a aucun droit à la succession des biens d'un défunt, qu'à la charge d'exécuter sa dernière volonté. Néanmoins, comme il peut y avoir quelquefois de justes causes de faire ce changement, le juge séculier le peut ordonner sur la requête de l'héritier à l'égard des legs profanes, et le supérieur ecclésiastique à l'égard des legs pieux, cap. 3, *de Testamentis*, etc. Mais en cas de litige, le juge séculier connaît aussi des legs pieux selon no re usage.

CAS VII. *Aumond* a légué cinq mille livres pour la construction d'une salle dans l'hôpital de la ville où il demeurait ; mais cette salle a été bâtie par les libéralités d'une autre personne, ou bien les administrateurs ont déclaré qu'elle était inutile. Gervais, héritier d'Aumond, a voulu profiter de ce legs, puisqu'il ne pouvait avoir son effet ; mais ces administrateurs prétendent qu'il doit délivrer la somme léguée, pour être employée aux autres besoins des pauvres. Peuvent-ils justement l'y obliger ?

R. Oui ; car il est constant qu'Aumond a voulu distraire cette somme des biens qu'il laissait à son héritier, et la consacrer au soulagement des pauvres ; et l'on doit présumer avec raison, que s'il eût prévu qu'un autre eût fait bâtir la salle dont il s'agit, etc., il eût destiné la même somme à secourir les pauvres de cet hôpital d'une manière plus utile. Or, on doit suivre exactement la volonté des testateurs, quand elle est suffisamment connue : *Semper vestigia voluntatis sequimur testatorum*, dit la loi 5, cod. *de Necess. servis*, etc. En un mot, cette somme ayant été consacrée à Dieu en la personne des pauvres, l'héritier ne peut, sans une espèce de sacrilège, la retenir.

Elle doit donc être employée à procurer d'autres secours à cet hôpital, de l'avis de ceux qui sont préposés pour le gouverner.

CAS VIII. *Philologue* a légué 1,000 livres à une communauté religieuse, pour bâtir un dortoir, et a déclaré qu'il voulait que cette somme ne fût pas payée par son héritier au cas qu'elle ne fût pas employée à cet usage. Cette communauté n'est pas capable de recevoir ce legs, parce qu'elle n'a point de lettres patentes. L'héritier peut-il en conscience retenir à son profit les 1,000 livres ?

R. Il ne le peut pas, parce que les legs pieux ont cela de favorable, que s'ils ne peuvent être appliqués à l'usage auquel ils avaient été destinés par le testateur, le supérieur ecclésiastique comme interprète de la volonté des testateurs défunts, a droit d'en faire une autre destination, quelque clause que contienne au contraire le testament ; une telle clause étant contraire au droit ecclésiastique, comme il est évident par ces paroles de Grégoire IX, cap. 17, de Testam : *Cum in omnibus piis voluntatibus sit per ocorum episcopos providendum, ut secundum defuncti voluntatem universa procedant, licet etiam a testatoribus id contingeret interdici, mandamus*, etc. Mais quand nous disons que le seul évêque est l'interprète de la dernière volonté des défunts, cela se doit entendre des cas où il n'y a point de litige formé sur le fond. Car, quand il y a litige, c'est selon la jurisprudence de France, au juge royal à en décider, nonobstant ce qu'en a statué le concile de Trente, sess. 22, c. 8, dont le décret sur ce point n'est pas reçu dans ce royaume.

CAS IX. *Gentien* ayant légué 50 livres de rente à l'hôpital de S. pour faire apprendre un métier à de pauvres enfants, à condition que ceux de sa famille soient préférés ; Antoinette, pauvre femme, proche parente du testateur, a obtenu, par grâce de l'administrateur de cet hôpital, la jouissance de cette rente sa vie durant, du consentement de ses autres parents, et a subsisté par ce secours pendant plusieurs années, après quoi elle en a fait remise au même hôpital, ayant profité d'une petite succession qui lui est échue. On demande sur cela, 1° si l'administrateur a pu accorder la jouissance de cette rente à Antoinette, au préjudice des pauvres enfants en faveur desquels ce legs avait été fait, et contre l'intention de Gentien ; 2° si, supposé qu'il ne l'ait pu faire sans péché, il est tenu à la restitution de tout ce qu'Antoinette a touché de la rente depuis qu'elle en jouit, en cas que cette femme, qui y est obligée la première, ne fasse pas cette restitution ; 3° si Antoinette y était obligée, et ne le pouvant plus faire à cause d'une donation qu'elle a faite à ses héritiers présomptifs de la plus grande partie de la succession qui lui était échue, elle est tenue de faire casser cette donation, si elle le peut, afin de se mettre en état de faire la restitution ; 4° enfin, supposé qu'elle ne puisse faire casser cette donation, à quoi est-elle obligée pour mettre sa conscience en sûreté ?

R. M. de S. B. consulté sur ce cas, y répond que l'administrateur de cet hôpital n'avait pu, sans une injustice visible, accorder la jouissance de ces 50 livres à Antoinette, quoique pauvre et parente du testateur, puisqu'il ne lui était pas permis de changer de son autorité particulière la destination de ce legs, sans frauder la volonté du testateur, et sans faire une injustice évidente aux pauvres enfants à qui ce legs appartenait. Il faut donc dire, 1° qu'Antoinette est tenue la première à faire la restitution de tout ce qu'elle a reçu de cette rente, et de l'employer, conformément à l'intention de Gentien, à faire apprendre un métier aux pauvres enfants de la famille de ce défunt, s'il y en a, ou à d'autres, à leur défaut; et que par conséquent elle doit se servir de tous les moyens possibles pour accomplir cette obligation; soit en révoquant la donation qu'elle a faite à ses héritiers présomptifs, s'il est encore en son pouvoir de le faire; soit en représentant à ces mêmes héritiers qu'elle n'a pu en conscience leur céder ce bien, et les exhortant à faire la restitution à laquelle elle est tenue; ou enfin en cas qu'ils refusent de la faire, en épargnant tout ce qu'elle pourra pour la faire elle-même, au moins en partie, s'il ne lui est pas possible de la faire entière; 2° en cas qu'Antoinette ne puisse pas restituer, ou que le pouvant, elle ne le veuille pas, ni ses héritiers présomptifs non plus, l'administrateur de l'hôpital y est obligé à leur défaut, puisque c'est lui qui est la principale cause de l'injustice qui a été faite aux pauvres enfants, au profit desquels seuls les 50 livres de rente devaient tourner.

— S'il n'y avait point eu actuellement d'autres pauvres enfants que les parents du testateur, Antoinette ne serait obligée à rien, parce que tous ses parents avaient consenti. Je crois aussi qu'on devrait compter pour quelque chose le consentement présumé des autres pauvres, qui aiment mieux souffrir pour un temps, que voir souffrir la proche parente de leur bienfaiteur. Enfin, je crois que dans de petits cantons, où il y a peu de lumières, la bonne foi peut beaucoup diminuer la faute et l'obligation de l'administrateur; et plus encore, s'il a consulté le juge.

Cas X. *Tertullus* ayant légué à Mainfroi 2,000 livres en ces termes : *Je donne 2,000 livres à Mainfroi, parce qu'il a pris de grands soins en la poursuite du procès que Jean m'a intenté, et qu'il me défendit l'année dernière contre des voleurs*, etc. Mainfroi a demandé à l'héritier la délivrance de son legs. Mais l'héritier ayant en main des preuves que le légataire ne s'est point mêlé du procès de Tertullus, et qu'il n'était pas avec lui dans le temps qu'il fut attaqué par les voleurs, lui en refuse le payement. Ne le peut-il pas en conscience, puisque les deux motifs du legs énoncé dans le testament sont faux?

R. Il ne le peut. Car quand un testateur s'est exprimé nettement au sujet d'un legs qu'il fait, sa disposition ne laisse pas de subsister, quoiqu'il y ajoute des motifs pour lesquels il semble l'avoir faite, et que ces motifs se trouvent faux. La raison est que la volonté seule du testateur suffit indépendamment de tout motif, et que le motif qu'il a bien voulu y ajouter, marque seulement, ou qu'il s'est trompé en l'y ajoutant, ou qu'il a voulu faire honneur au légataire, et rend sa disposition plus favorable : *Falsam causam legato non obesse verius est*, dit la loi 72, *ff. de Conditionib.*, etc., *quia ratio legandi legato non cohæret*. Mais ce serait le contraire, si le testateur avait exprimé son motif de manière à en faire une condition, de laquelle il voulait faire dépendre l'effet de sa disposition. Par exemple, s'il avait dit : *Je donne 2,000 livres à Mainfroi, en cas qu'il se trouve qu'il m'ait aidé dans la poursuite du procès que Jean m'a suscité.* C'est ce que dit Justinien, § 31, *de Legatis*, l. II, tit. 20.

— Si l'héritier prouvait solidement, comme ce serait à lui de le faire, que le testateur n'a légué que parce qu'il croyait vraies les raisons dont il a motivé son legs, le legs ne tiendrait pas, selon Ferrière. *V. Legs fait pour quelque cause*, pag. 155. Que si le testateur avait légué à Jean, son cousin, et qu'il ne le fût pas, le legs tomberait encore plus aisément.

Cas XI. *Pamélius* ayant engagé une maison qu'il avait léguée par son testament, à Caïus pour tenir lieu d'hypothèque de la somme de sept mille livres qu'il avait ensuite empruntée de Thierri, et ayant même stipulé que cette maison demeurerait propre à Thierri, en cas qu'il ne lui rendit pas cette somme dans deux ans, il est venu à mourir un an après l'emprunt fait. Caïus a demandé la délivrance de ce legs à l'héritier du défunt, qui le lui a refusé, soutenant que le testateur avait assez fait connaître par son engagement avec Thierri, qu'il avait eu intention dans la nécessité de ses affaires de révoquer son legs. Cet héritier n'a-t-il pas raison?

R. Non, car quand la chose engagée appartient encore au testateur dans le temps qu'il vient à mourir, le légataire en devient le maître. Or la maison dont il s'agit appartenait encore à Pamélius, lorsqu'il est décédé : elle doit donc passer à Caïus, à qui il l'avait léguée. Car l'aliénation n'étant pas encore arrivée, et la propriété de cette maison étant demeurée au testateur jusqu'au moment de sa mort, son héritier, qui n'a pu accepter l'hérédité sans se charger en même temps des dettes qui y sont attachées, est tenu de dégager la maison et de la délivrer franche et quitte à Caïus, légataire. C'est ainsi que le Droit l'a décidé, leg. 3, Cod. *de Legatis*. Ce qui se doit entendre, supposé que l'héritier ait d'ailleurs profité par la succession d'autres biens suffisants pour payer à Thierri les 7,000 livres qui lui sont dues.

Cas XII. *Carpophore* a légué sa maison à Théotime. Étant revenu en convalescence, il en a fait abattre et refaire une partie; six mois après, il fait la même chose à l'égard de l'autre partie, en sorte qu'en deux ans de temps la maison se trouve toute rebâtie à neuf. Il meurt ensuite sans avoir rien changé à son testament. Théotime demande à son héritier la délivrance de son legs : l'héritier soutient qu'il n'est pas à présumer que celui qui lègue une maison qui menace ruine, ait dessein que son légataire en ait une neuve. L'héritier n'est-il pas bien fondé dans son refus?

R. Non, parce que le changement des parties qui composent un tout, n'empêche pas que tout ne doive être considéré comme le même ; et que par conséquent cette maison, refaite entièrement à différentes reprises et par parties, ne soit censée être la même maison. *Si domus fuerit legata, licet particulatim ita refecta sit, ut nihil ex pristina materia supersit, tamen dicimus utile legatum*, dit la loi 15, ff. *de Legatis* 1. Ainsi, il en est de cette maison comme d'un troupeau de moutons qui, depuis qu'il a été légué, est tellement renouvelé qu'il n'en reste au temps de la mort du testateur aucun de ceux qui le composaient. Car comme ce troupeau, quoique tout à fait changé successivement, est toujours censé le même et appartiendrait à un légataire à qui il aurait été légué avant ce changement, de même la maison dont il s'agit, etc.

CAS XIII. *Aristobule* ayant fait un legs de quatre mille livres à l'église de S. à la charge que le curé et les marguilliers en feront l'emploi en un contrat de deux cents livres de rente pour payer l'honoraire d'une messe basse ; Conrad, exécuteur du testament et héritier du défunt, offre de leur compter cette somme à cette condition ; mais le curé et les marguilliers répudient ce legs. Conrad peut-il, sur leur refus, retenir pour lui les quatre mille livres?

R. Si Aristobule n'a par spécifié dans son testament ou déclaré au moins de vive voix, que Conrad pourrait retenir pour lui les quatre mille livres sur le refus que le curé et les marguilliers feraient d'accepter ce legs, il est obligé d'employer cette somme en d'autres œuvres pieuses. 1º Parce qu'il se peut faire que le défunt ait ordonné qu'elle serait employée en cette bonne œuvre pour s'acquitter de quelques restitutions incertaines auxquelles il se croyait obligé de satisfaire en cette manière ; auquel cas l'héritier, qui n'est censé qu'une même personne avec le défunt, en ce qui regarde ses obligations, serait également tenu comme lui. 2º Parce que, quoique Aristobule ne fût obligé à aucune restitution, son intention présomptive a été que cette somme fût en ce cas employée à quelque autre œuvre pieuse pour le soulagement de son âme. Cet héritier ne peut donc pas, sans pécher contre la justice, retenir à son profit ce que ce défunt avait retranché du bien qu'il lui laissait et qu'il avait consacré à Dieu et à l'Église. Il doit même s'acquitter promptement de cette obligation, puisque, selon saint Antonin, ceux qui diffèrent à payer les legs pieux, commettent une espèce de sacrilège.

— Dans ce cas, il faut ou diminuer les charges, ou porter à une église pauvre ce qu'une église plus riche ou déjà trop chargée, ne veut pas accepter. Le meilleur est d'agir de concert avec les supérieurs.

CAS XIV. *Eradius* ayant fait son testament par-devant le curé de sa paroisse, en présence seulement de deux témoins, et ayant légué trois cents livres aux pauvres, son héritier refuse d'acquitter ce legs, soutenant que le testament est nul, puisque, selon les ordonnances, un testament reçu par le curé du testateur, n'est valide que lorsqu'il y a quatre témoins. Cet héritier n'a-t-il pas raison?

R. Il aurait raison à l'égard de tout autre legs qui ne serait pas fait pour une cause pieuse. Mais ce legs ayant été fait pour une telle cause, c'est-à-dire en faveur des pauvres, il est obligé, en conscience, à l'acquitter ; car un legs fait pour une cause pieuse par un testament reçu par le curé, en présence de deux témoins, ne doit pas être moins favorable que celui qui est fait par le testament d'un homme de guerre. D'après nos lois, les curés n'étant plus aptes à recevoir les testaments, il est bien clair que le testament en question est nul au for extérieur. Mais au for intérieur, Eradius n'est-il pas obligé d'acquitter ce legs fait aux pauvres ? C'est ce qui est controversé. Or celui-ci n'a pas besoin de sept témoins, quoique les lois les exigent en tout autre testament. C'est pourquoi Alexandre III, cap. 2, *de Testament*, etc., enjoint aux juges de reconnaître pour valides les dispositions testamentaires, quoiqu'il n'y ait assisté que deux ou trois témoins. Nos meilleurs jurisconsultes, comme Carondas, Ménard, Papon, Mornac, etc., sont de ce sentiment. Cabassut, qui les cite, lib. VI, c. 20, n. 5, ajoute, 1º que les legs pieux ne doivent pas être sujets à la Falcidie ni à la Trébellianique, ainsi qu'il est porté par l'authentique *Similiter*, Cod. *de Leg. Falcid.* ; 2º qu'encore que selon le droit romain, les legs ne doivent être payés qu'après que l'héritier s'est déclaré tel, les legs pieux doivent être payés *etiam non adita hæreditate*, ainsi que l'enseignent Bartole, Balde, Gui-Pape, et les autres jurisconsultes.

CAS XV. *Cécilius* ayant fait un legs conçu en ces termes : *Je lègue à l'Église et aux pauvres la somme de six mille livres à partager par moitié*. Le curé du lieu prétend que ces termes se doivent entendre uniquement de l'église et des pauvres de sa paroisse ; mais l'héritier de Cécilius soutient qu'il lui est libre d'appliquer ce legs à telle église et à tels pauvres qu'il voudra choisir. Ce choix appartient-il à l'héritier?

R. On doit présumer que l'intention du testateur a été de favoriser l'église et les pauvres de son domicile. On peut même ajouter que, quand Cécilius n'aurait eu qu'une intention indéterminée, l'église et les pauvres de sa paroisse seraient préférables à tous autres. C'est la décision de Justinien, Novel. 136, c. 9 ; et elle est suivie par M. Domat, part. 2, liv. IV, tit. 2, sect. 6, n. 4.

Il n'y a en France aucune loi qui y soit contraire.

Cas XVI et XVII. *Probus* ayant légué à Thomas cent écus, et Thomas n'ayant survécu à Probus que d'un quart d'heure, ses héritiers ont-ils droit d'exiger ce legs?

R. Oui, car dès qu'un legs est acquis à un légataire, il le transmet à ses héritiers, ainsi qu'il est porté par la loi 39, ff. *quando dies,* etc., lib. xxxvi, tit. 2, qui dit : *Si post diem legati cedentem legatarius decesserit, ad hæredem suum transfert legatum.* Ce serait autre chose si le legs eût été fait sous une condition qui ne fût pas encore accomplie lorsqu'il est décédé ; car, en ce cas, le legs ne lui serait pas acquis par la mort de Probus, excepté si c'était sous condition qu'il vînt à avoir des enfants ; car si en mourant après le testateur, il laissait sa femme enceinte, les cent écus lui seraient véritablement acquis, et il en transmettrait la propriété à l'enfant qui viendrait à naître, selon la loi, *Is cui,* 18, eod. tit. lib. xxxvi, tit. 2.

— Tout ce que je vois de jurisconsultes décident que le legs non pieux n'appartient au légataire, que *post aditam hæreditatem.* Ainsi, en cas que cela ne fût pas encore, je consulterais les juges. À l'égard de l'enfant qui naît après la mort de son père, il est sûr qu'il remplit la condition : *Si pater prolem habeat.* La loi *Is cui,* 18, *eod. tit.* y est formelle. *Is cui ita legatum est, quando liberos habuerit, si prægnante uxore relicta decesserit, intelligitur expleta conditione decessisse, et legatum valere, si tamen posthumus vivus natus fuerit.* L'auteur l'a inutilement répété, cas LIX.

Cas XVIII. *Fortunat* ayant légué à Sébastien une somme de mille livres, et Sébastien étant mort une demi-heure seulement avant Fortunat, l'héritier de ce légataire prétend que celui de Fortunat lui doit payer cette somme. Lui est-elle due?

R. Point du tout, parce qu'un legs, et par conséquent le droit de le transmettre, n'est acquis au légataire qu'au moment de la mort du testateur. Or le testateur n'est mort, comme on le suppose ici, qu'après le décès du légataire. Donc, etc. *Si eo tempore, quo alicui legatum ascribebatur, in rebus humanis non erat, pro non scripto hoc habebitur,* leg. 4, ff. *de his quæ pro non scriptis,* etc., lib. xxxiv, tit. 8.

Cas XIX. *Macé* ayant légué à Michel sa maison et généralement tout ce qui s'y trouverait au temps de sa mort, il s'y est trouvé deux sacs de mille livres chacun, et un contrat de trois cents livres de rente, avec quelques dettes actives. Michel prétend que tout cela lui appartient. Se trompe-t-il?

R. Il est vrai que le legs contient toutes les choses mobilières qui se trouvent dans la maison au temps de la mort du testateur, sans excepter les deux sacs de 1000 liv. chacun ; mais le contrat de 300 liv. de rente n'est pas censé y être compris, non plus que les titres des dettes actives, ni de tous les autres droits. La raison est que les droits et les dettes actives ne consistent pas véritablement dans les papiers qui en contiennent les titres, et qu'on ne peut pas dire qu'ils soient situés dans un lieu déterminé, comme le sont les choses corporelles. C'est la décision de Domat, et elle est fondée sur la loi 86, ff. *de Legatis* II.

Cas XX. *Atticus* ayant légué à Léonard sa maison de Paris avec tout l'ameublement qui s'y trouvera, il s'y est trouvé une tenture de tapisserie que le testateur avait enfermée dans un garde-meuble, dans le dessein de la vendre, ou d'en meubler sa maison de campagne, ce qu'il n'a pu exécuter avant sa mort. Léonard la demande avec le reste des meubles ; mais l'héritier la lui refuse. *Quid juris?*

R. Comme la volonté du testateur est la loi qu'il faut suivre en cette matière, et qu'il n'a pas légué sa maison avec tout ce qui s'y trouverait indéfiniment, mais qu'il a seulement exprimé l'ameublement, Léonard ne peut prétendre que cette tapisserie fasse partie de son legs, selon la loi 44, ff. *de Legat.,* etc. III. Mais au contraire, si une tenture de tapisserie, qui servait ordinairement à cette maison, n'y était pas au temps du décès du testateur, parce qu'il l'aurait donnée à raccommoder, ou qu'il l'aurait prêtée à quelque ami, elle serait due au légataire, comme faisant partie de son legs. *Labeonis distinctionem valde probo, qui scripsit, nec quod casu abesset, minus esse legatum, nec quod casu ibi sit, magis esse legatum,* leg. 16, ibid.

Cas XXI. *Sigismond* a légué sa maison meublée à Bernard, et s'est exprimé en ces termes : *Je lègue ma maison avec les meubles à Bernard. Item. Je lègue au même Bernard la tapisserie de Flandre, qui est en ma salle, et qui représente les Actes des apôtres.* On demande, si deux autres tentures de tapisserie, qui sont dans les chambres de cette maison, doivent être comprises avec les meubles légués, comme le prétend Bernard contre le sentiment de l'héritier du testateur?

R. Si le testateur avait dit : *Je lègue ma maison et mes meubles. Item : Je lègue mes tapisseries,* cette seconde clause ne changerait rien à la généralité de son legs, et on la regarderait seulement comme superflue : mais puisqu'il a spécifié une pièce de tapisserie, il est censé avoir voulu exclure les autres, et ne léguer que sa maison avec les autres meubles. *Legata supellectili cum species ex abundanti per imperitiam enumerentur, generali legato non derogatur. Si tamen species certi numeri demonstratæ fuerint, modus generi datus in his speciebus intelligitur,* dit la loi 9, ff. *de Supell.* l. xxxiii, tit. 10. C'est aussi la décision du célèbre M. Domat.

Cas XXII. *Flavius* ayant acheté un jardin voisin pour l'utilité de sa maison, il l'a léguée à Valérius, sans faire mention du jardin. Valérius demande à l'héritier le jardin, aussi bien que la maison. L'héritier le lui refuse, sur ce que le testament n'en fait aucune mention. Le peut-il sans injustice?

R. Non ; car la maison, qui est le principal, étant léguée, le jardin qui en est l'accessoire, comme il paraît, s'il y a une porte de communication, est aussi censé légué ; et il n'est pas plus nécessaire de le spécifier que la cour et les autres commodités qui sont jointes à la maison. La loi 91, ff. *de Legatis*, III, y est formelle, si le propriétaire *aditum in hortum per domum habuit*. C'est par cette raison qu'en léguant un fonds, on lègue les augmentations qui y ont été faites depuis la clôture du testament.

Cas XXIII. *Romain* faisait commerce d'épiceries à Bordeaux et à Rouen, et ayant fait un fonds particulièrement affecté pour le commerce de chacune de ces deux villes, a légué ses biens à ses deux neveux, Jean et Jacques. Il a donné à Jean le fonds du commerce de Rouen, et à Jacques celui de Bordeaux. L'un et l'autre s'étant rendus sur les lieux, Jean a reconnu par le livre-journal du défunt, que son oncle avait envoyé un mois avant sa mort, à Bordeaux, 12,000 liv. en argent, pour payer des marchandises qu'il avait fait acheter en cette ville-là pour son commerce de Rouen, où elles devaient être envoyées et débitées. Sur quoi il a écrit à Jacques qu'il devait lui tenir compte de cette somme. Jacques lui a répondu que, puisque les marchandises achetées n'étaient pas encore payées ni livrées, et que les 12,000 liv. s'étaient trouvées actuellement à Bordeaux au temps de la mort de leur oncle, ces effets devaient être censés faire partie du fonds de son commerce, et non pas de celui de Rouen. Jacques n'a-t-il pas raison ?

R. Jacques est obligé de tenir compte à Jean des marchandises qui sont à Bordeaux et que son oncle avait destinées pour son commerce de Rouen ; et si ces marchandises n'avaient pas encore été achetées à Bordeaux, Jacques serait tenu de renvoyer les 12,000 liv. à Jean, puisque cette somme fait partie du fonds du commerce que le défunt faisait à Rouen, et qu'il ne l'avait pas destinée pour celui de Bordeaux qui a été légué à Jacques. Ce cas est ainsi décidé, leg. 35, ff. *de Hæreditit. instit.* On ne peut trop remarquer à cette occasion, que la première règle qu'on doit suivre dans l'interprétation des ambiguïtés qui se peuvent trouver dans un testament, est la volonté du testateur, dont la connaissance ne dépend pas seulement des termes clairs dont il s'est servi, mais encore des conséquences sûres qu'on en peut tirer, ou même des conjectures bien fondées qu'on peut former. Leg. 5, Cod. *de Necess. servis*, etc., lib. VI, tit. 27.

Cas XXIV. *Hidulphe* a légué à Gabriel l'usufruit de sa maison et de toutes les choses qui s'y trouveront au jour de son décès, à l'exception de l'argent comptant. Hidulphe étant mort, on y a trouvé pour 2,000 écus de marchandises, dont il faisait commerce. Gabriel prétend que ces marchandises font partie du legs : l'héritier soutient le contraire. Qui des deux a raison ?

R. C'est l'héritier ; parce que le testateur ne doit être présumé avoir légué à Gabriel

que l'usufruit des choses qui étaient destinées à meubler ou à orner la maison, ou à y demeurer pour toujours ; et que des marchandises qu'il n'avait que pour les vendre n'étaient pas de cette espèce. Leg. 32, ff. *de Usu et Usufructu*, lib. III, tit. 2.

Cas XXV. *Marcellin* ayant deux maisons contiguës, en a légué une à Raimond, et l'autre à Médéric. Un an après, Raimond a voulu élever sa maison, ce qu'il ne pouvait faire sans ôter beaucoup de jour à celle de Médéric, lequel s'y est opposé. Le peut-il faire avec justice ? De plus, Raimond voyant que le mur sur lequel les deux maisons sont appuyées avait besoin d'être refait, prétend obliger Médéric à porter la moitié de la dépense, à quoi Médéric ne veut pas consentir. Peut-il encore sans injustice contraindre Médéric de contribuer à cette dépense ?

R. 1° Raimond ne peut élever sa maison de manière à ôter le jour nécessaire à celle de Médéric. Car on doit présumer que le testateur n'eût pas voulu qu'il rendît inutile, ou très-incommode, la maison qu'il a léguée à l'autre légataire ; 2° Raimond peut obliger Médéric à porter la moitié de la dépense nécessaire pour la réfection du mur dont il s'agit ; car ce mur, qui avant le legs n'appartenait qu'à un seul propriétaire, est devenu commun aux deux légataires, en conséquence de la disposition qu'a faite le testateur. D'où il suit qu'ils sont tenus de porter chacun par moitié les frais qu'il faut faire pour le rétablir. La première partie de cette décision se trouve leg. 20, ff. *de Servit. urban. præd.* La seconde leg. 4, ff. *de Servit. legat.*

Cas XXVI. *Hypparque* a légué à Clément le tiers du revenu d'une maison affermée 1,500 liv. depuis dix ans. Ainsi cette portion doit produire 500 liv. par an à Clément. L'héritier d'Hypparque vend cette maison 42,000 liv. Clément prétend que cet héritier lui doit payer son tiers sur le pied de l'intérêt que doit produire cette somme, c'est-à-dire 700 liv. au lieu de 500. L'héritier y est-il obligé ?

R. Non ; car un legs assigné sur un fonds ne doit être réglé que sur la valeur du revenu de ce fonds, et non eu égard à l'intérêt que peut produire le prix de vente du même fonds, parce que le testateur n'a eu d'autre intention que de léguer ce que pourrait valoir chaque année cette portion. C'est la décision de la loi 22, ff. *de Annuis legatis*, lib. XXXIII, tit. 1.

— Cependant si l'héritier avait loué la maison 2,000 liv., il aurait été obligé de donner plus de 500 livr. au légataire.

Cas XXVII. *Nicandre* ayant fait son testament double, et tous les deux étant sans défaut et signés par le testateur, il s'est trouvé que par l'un il léguait 100 écus à René, et que par l'autre il lui léguait 200 écus. René demande 200 écus à l'héritier, qui prétend au contraire ne lui donner que 100 écus. De quel côté est la justice ?

R. L'héritier ne doit à René que 100 écus : 1° parce que dans les cas obscurs comme est celui-ci, il faut suivre la règle : *In obscuris minimum est sequendum* ; vu surtout que la condition d'un héritier est naturellement plus favorable que celle d'un légataire; 2° parce que l'héritier qui est le débiteur en peut user dans cette occasion comme il lui serait permis de faire dans le cas où le legs serait conçu en ces termes alternatifs, c'est-à-dire, comme si le testateur avait dit : Mon héritier donnera 100 écus ou 200 écus à Réné : or en ce cas il serait au choix de l'héritier de lui donner laquelle des deux sommes il lui plairait, suivant cette autre règle de droit : *In alternativis debitoris est electio, et sufficit alterum adimpleri.* Cet o difficulté est ainsi décidée, leg. 47, ff. *de Legatis*, etc., II.

CAS XXVIII. *Ferdinand* a légué 150 liv. de pension viagère à Rodolphe, qui était condamné aux galères perpétuelles. L'héritier de Ferdinand prétend que ce legs est nul, parce que Rodolphe est mort civilement. N'agit-il point en cela contre la justice?
R. Oui sans doute, parce que l'humanité et les lois autorisent une pension alimentaire faite à des malheureux qui sont dans le dernier besoin, et qu'ils peuvent les exiger pour le passé et pour l'avenir, quand le prince leur fait grâce. *Is cui annua alimenta relicta fuerant, in metallum damnatus indulgentia principis restitutus est. Respondi, eum et præcedentium recte cepisse alimenta et sequentium deberi ei.* Il en serait de même d'un étranger à qui on aurait légué une pension alimentaire; car il n'y a pas plus de raison pour l'un que pour l'autre.

CAS XXIX. *Falcidius* ayant légué à Cosme 200 liv. de pension viagère, à en commencer le payement au 1er avril 1705, et Cosme étant mort le 1er mai 1707 après avoir été payé des deux années précédentes, Sempronius son héritier veut obliger l'héritier du testateur à lui payer 200 liv. pour la troisième année; parce que, dit-il, une pension se doit payer par avance, et qu'ainsi la troisième année étant commencée, lorsqu'il entre dans les droits du défunt en qualité de son héritier, il en doit profiter. Cela est-il juste?
R. Oui ; car la règle générale est que le legs d'une pension alimentaire annuelle est acquis au légataire dès que l'année est commencée, et qu'ainsi la somme léguée est due tout entière dès que l'année commence à courir, à moins que le testateur, pour ménager son héritier, lui eût seulement ordonné de payer la pension au légataire par avance, de quartier en quartier jusqu'au jour de son décès. Cela est ainsi statué par les lois : *Si quotannis sit legatum, mihi videtur etiam in hoc initium cujusque anni spectandum, nisi forte evidens sit voluntas testatoris in annuas pensiones ideo dividentis; quoniam non legatario consultum, sed hæredi prospectum voluit, ne urgeretur ad solutionem.* Leg. 12, § 4, ff. *Quando dies*, etc.

CAS XXX. *Thibaud*, ayant légué à Robert la somme annuelle de 300 liv., par forme de pension alimentaire, Robert a trouvé quelque temps après tous ses besoins, et même une pension de 500 liv., dans la libéralité de son oncle. L'héritier de Thibaud est-il, malgré cela, tenu à lui continuer cette pension ?
R. Oui ; parce que, quoique le premier motif du testateur ait été de donner à Robert de quoi subsister, c'est néanmoins une charge qu'il a imposée à son héritier en lui laissant ses biens, de laquelle il n'est pas en son pouvoir de s'affranchir; et l'équité naturelle ne permet pas qu'une personne profite d'un bien qui a été donné à un autre, et sur lequel elle n'a aucun droit.
— Le testateur n'impose pas plus de charge à son héritier qu'il ne s'en était imposé à lui-même. Or j'ai peine à croire que s'il avait promis à Robert 300 liv., uniquement pour lui donner du pain, il y fût resté obligé après que Robert n'aurait plus eu besoin de ce secours. Il semble donc que ce cas doit se décider par l'intention justement présumée du testateur, à laquelle Pontas nous renvoie si souvent. Au reste, la loi 3, Cod. *de Hæreditariis*, et la loi 10, ff. *de Alimentis*, sur lesquelles ce docteur s'appuie, ne prouvent rien pour lui.

CAS XXXI. *Papinien* lègue à Sulpice, son domestique, six mois d'aliments, d'entretien et de logement. Sulpice a été nourri, logé et entretenu chez son père pendant ces six mois ; ensuite de quoi il a demandé à l'héritier de Papinien qu'il lui payât la juste valeur de ses aliments et du reste. L'héritier y est-il obligé?
R. Oui, parce qu'il est clair que l'intention du testateur a été de faire une grâce au légataire, et que la petite fortune qui lui est venue ne doit pas l'en priver.

CAS XXXII. *Théotime*, homme riche, qui donnait 300 liv. tous les ans à Barnabé, son cousin, pauvre écolier, lui a légué en mourant une pension viagère, mais sans spécifier de quelle somme elle serait. L'héritier de Théotime est-il obligé à lui payer 300 liv. de pension alimentaire?
R. Lorsqu'il y a quelque chose d'obscur dans un testament, il faut avoir recours aux présomptions qui peuvent servir à découvrir la volonté du testateur. Puis donc que Théotime avait coutume de donner, chaque année, 300 liv. à Barnabé pour le faire étudier, il est à présumer que, s'il était encore vivant, il voudrait lui continuer cette pension, surtout eu égard à ce qu'il était riche, que Barnabé était pauvre et qu'il était son parent : et ainsi, l'héritier du défunt ne doit pas refuser à Barnabé les 300 liv. annuelles qu'il lui demande ; et c'est ce que décide la loi 14, ff. *de annuis Legatis*, l. xxxiii, tit. 1, qui dit : *Si cui annuum fuerit relictum sine adjectione summæ...verior est Nervæ sententia, quod testator præstare solitus fuerat, id videri relictum.*

CAS XXXIII. *Yves* institue par testament son héritier Mævius, son fils aîné, sans faire aucune mention de Cassius, son second fils, parce qu'il était très-mécontent de sa conduite. Il ordonne néanmoins verbalement à Mævius de lui donner une somme considérable, ce que Mævius promet de faire. Deux ans après, Cassius meurt chargé de dettes, contractées presque toutes par ses débauches ordinaires. Mævius, qui jusqu'alors ne lui a donné qu'une fort petite partie de la somme dont Yves son père l'a chargé, demande 1° si dans la rigueur il est tenu de payer ce legs verbal, dont il n'est fait aucune mention dans le testament; 2° si en cas qu'il y fût obligé, il est tenu de payer les dettes que Cassius son frère a laissées, jusqu'à la concurrence de ce qui lui reste entre les mains?

R. Mævius est obligé d'exécuter la dernière volonté d'Yves, comme il le lui a promis, en donnant à son frère la somme ordonnée par son père, en la manière qu'il le lui avait prescrit. Mais comme Yves n'avait fait ce legs à Cassius que pour le faire subsister, et qu'il a pu le faire en deux manières, c'est-à-dire en ordonnant à Mævius de lui donner d'abord toute la somme et de lui en laisser la libre disposition, ou bien de ne la lui donner que par parties, et autant qu'il en aurait besoin pour vivre, il est constant que dans le premier cas Mævius n'ayant pas délivré toute la somme léguée à Cassius avant sa mort, il est tenu d'employer le restant à acquitter les dettes qu'il a contractées, ses créanciers étant entrés dans ses droits. Mais il n'est pas dans la même obligation dans le second cas, c'est-à-dire si son père lui avait ordonné de ne donner à Cassius cette somme que par parties et pour subvenir à la nécessité où il le verrait réduit; car en ce cas ses créanciers n'auraient aucun droit sur le restant de la somme qui serait demeuré entre ses mains. C'est le sentiment de S. B., t. 3, cas 106.

— Selon l'art. 1 de l'ordon. du mois d'août 1735, *toutes les dispositions testamentaires, ou à cause de mort, qui ne seraient faites que verbalement, sont nulles*. Reste à savoir si la promesse de celui qui accepte la disposition verbale est aussi nulle. Je ne vois pas pourquoi elle serait réputée telle, jusqu'à ce que la loi l'ait statué.

Cas XXXIV. *Aurélius*, ayant légué une maison à Prosper, à condition qu'il donnerait à Philémon 500 liv. par forme de legs, avant qu'il s'en mît en possession, et Philémon étant décédé un jour avant Aurélius, Prosper prétend que l'héritier du testateur le doit mettre en pleine possession de la maison, sans rien payer des 500 liv. à personne. Sa prétention est-elle juste?

R. Très-juste; parce que la condition sous laquelle Aurélius lui avait légué sa maison, étant devenue impossible à cause de la mort de Philémon, Prosper cesse d'y être soumis, et doit avoir la maison sans être obligé de payer les 500 liv., puisqu'un legs devient éteint par la mort du légataire arrivée avant celle du testateur: et il en serait de même, si Philémon, étant vivant après le décès du testateur, refusait de recevoir les 500 liv. qui lui auraient été léguées; car Prosper profiterait dans ce cas, comme dans le premier, de la somme qu'il était chargé de donner à Philémon, comme le porte la loi 1 *de Condit.*, etc., *Instit.* l. xxvii, tit. 7.

Cas XXXV. *Satyrus*, se voyant près de mourir, a donné 200 liv. à Barbe sa filleule, pour lui faire apprendre un métier, et a mis cette somme entre les mains de Catherine, mère de cette fille. Deux jours après Satyrus meurt, et Barbe deux mois après. On demande si le legs appartient à Catherine, comme héritière de sa fille, ou si elle est tenue de restituer les 200 liv. aux héritiers de Satyrus?

R. Si Catherine se trouve dans une coutume, comme celle de Paris et beaucoup d'autres, où *père et mère succèdent à leurs enfants, nés de loyal mariage, s'ils vont de vie à trépas, sans hoirs de leurs corps, aux meubles, acquêts et conquêts immeubles*, elle peut retenir cette somme. D'après nos lois actuelles, la mère hérite de sa fille morte sans postérité.

— Cette décision est étrangère à la difficulté. Il ne s'agit pas de savoir si une mère doit hériter de sa fille, mais de savoir si, quand un legs a été fait sous une condition qui ne peut être remplie, ou plutôt pour une fin qui ne peut avoir lieu, il subsiste toujours. Si Satyrus avait de son vivant donné les 200 liv. à Catherine pour faire apprendre un métier à Barbe, et que celle-ci fût morte deux jours après, Catherine pourrait-elle retenir cette somme sans un nouveau consentement du donateur? Or, l'héritier n'a pas moins de droit que son auteur.

Cas XXXVI. *Népotien* a chargé, par son testament, Félix, son héritier, de donner à Lambert son domestique de quoi lui faire apprendre un métier. Félix ne peut-il pas choisir le métier dont l'apprentissage coûtera le moins?

R. Il est de l'équité pour lui et pour Lambert, qu'il ne choisisse ni un métier trop coûteux, ni un métier pour lequel Lambert n'aurait ni goût ni disposition. Il faut donc qu'ils s'arrangent tous deux *ex æquo et bono*, ou qu'ils s'en rapportent à un sage arbitre, et, à la rigueur, au juge. Ainsi réglé, leg. 12, ff. *de Legatis*, etc., III.

Cas XXXVII. *Mélétius*, ayant légué à Suzanne, sa nièce, 400 liv., en ces termes : *Je lègue 400 liv. à Suzanne, ma nièce, jusqu'à ce qu'elle soit mariée*, Suzanne prétend que cette somme lui soit payée chaque année par l'héritier, jusqu'à ce qu'elle se marie. Mais l'héritier prétend que ce legs ne doit être que de cette somme une fois payée, puisque Mélétius n'a pas marqué que ce dût être une pension annuelle. Que dire?

R. L'héritier doit payer cette somme, chaque année, jusqu'à ce que Suzanne se marie. Car il est à présumer que le testateur a voulu donner à sa nièce un fonds qui fût capable de la faire subsister jusqu'à ce qu'elle fût établie; ou, en cas qu'elle eût assez de bien pour fournir à sa subsistance, lui donner par cette pension le moyen d'augmenter son propre fonds, afin de trouver un parti plus avantageux. C'est ainsi que le décide la loi 15, ff. *de Legat. annuis*, l. xxxi, tit. 1.

Cas XXXVIII. *Agnès*, ayant légué 200 liv. de pension annuelle à Marie, à condition qu'elle demeurerait avec Marthe, sa fille, et Marie y étant allée demeurer, Marthe est morte trois mois après. L'héritier d'Agnès a payé 50 liv. à Marie pour les trois mois qu'elle a demeuré avec Marthe, et prétend qu'il n'est plus obligé de lui rien payer à l'avenir. A-t-il raison?

R. Non: car les termes d'Agnès étant absolus, et la condition mise par elle ayant été remplie, on doit présumer que sa véritable intention a été que cette pension lui fût payée pendant toute sa vie, pourvu qu'elle demeurât avec Marthe, sa fille, jusqu'à sa mort; ce qui a été en effet exécuté, leg. 13, ff. *de annuis Legatis*, l. xxxiii, tit. 1.

Cas XXXIX. *Ariste*, ayant deux arpents de vignes, qu'on nommait la Plante, et en ayant planté depuis six autres arpents, à qui l'on a donné le même nom, a déclaré par son testament qu'il lègue à Jules sa vigne, appelée la Plante, sans distinguer entre l'ancienne et la nouvelle. Laquelle des deux l'héritier est-il obligé de donner à Jules?

R. Comme il est juste de présumer que le testateur n'a pas plus voulu de bien au légataire qu'à son héritier, celui-ci peut donner la moins considérable des deux vignes, selon cette loi 27, § 1, ff. *de Legatis*, etc. *Si de certo fundo sensit testator, nec appareat de quo cogitavit, electio hæredis erit, quem velit dare.* Il ne faut cependant pas étendre cette loi jusqu'à blesser la bienséance. C'est pourquoi si le testateur avait légué un de ses chevaux à Jules, l'héritier ne pourrait pas l'obliger à prendre un cheval poussif; car il n'y a aucune apparence qu'Ariste lui eût voulu faire un legs de cette nature. Ainsi il faudrait alors garder un milieu, *i. e.*, ne donner ni le meilleur cheval, ni le plus mauvais. *Id observandum*, dit la même loi, *ne optimus vel pessimus accipiatur.*

Cas XL. *Nicolas* lègue à l'exécuteur de son testament une montre d'or et un diamant qu'il avait, et conçoit ce legs en ces termes : *Je lègue à Magloire, exécuteur de mon testament, ma montre d'or et mon diamant.* Quelque temps après il change sa montre contre une pendule, et on lui vole son diamant, après quoi il meurt sans avoir rien changé dans son testament. L'héritier est-il tenu de payer à Magloire la juste valeur de ce legs?

R. Point du tout : car quand un testateur spécifie les choses qu'il lègue, comme étant à lui, le legs n'a lieu qu'au cas où les choses se trouvent en nature dans les effets de la succession qu'il laisse à son héritier. *Species nominatim legatæ*, dit la loi 31, ff. *de Legat.* ii, *si non omnia reperiantur, nec dolo hæredis deesse probentur, peti ex eodem testamento non possunt.* Mais si Nicolas se fût expliqué en termes indéfinis : *Je lègue une montre d'or et un diamant à Magloire*, ce legs serait dû au légataire, en sorte néanmoins que s'il se rencontrait plusieurs montres d'or et plusieurs diamants dans les biens de l'hérédité, ce légataire ne pourrait pas choisir ce qui serait plus précieux, à moins que le testateur ne lui en eût donné le pouvoir, ni l'héritier lui donner le moindre; mais le legs devrait être modéré selon l'équité, comme nous avons déjà dit.

Cas XLI. *Fabricius* ayant prêté 250 liv. à Philibert, dont il avait pris un billet, a fait ensuite son testament, par lequel il lui a légué cette somme, en ordonnant que son billet lui serait rendu. Mais quelque temps après, ayant eu besoin d'argent, il s'en est fait payer et lui a rendu son billet, après quoi il est mort dans l'année même, sans avoir rien changé dans son testament. Son héritier est-il tenu de donner 250 livres à Philibert?

R. Non : parce qu'il y a ici une révocation tacite, qui suffit pour anéantir la première disposition, laquelle d'ailleurs était moins de donner 250 liv. à Philibert, que de ne les pas exiger de lui. C'est ce que dit la loi 7, ff. *de Liberat. leg.* lib. xxxiv, tit. 3 : *Liberatio debitori legata ita demum effectum habet, si non fuerit exactum id a debitore, dum vivat testator.* Il faut dire la même chose, 1° si le testateur vend ou aliène ce qu'il avait légué. Car puisqu'il s'en dépouille lui-même, il a privé à plus forte raison le légataire du droit qui lui eût été acquis par sa mort; 2° si le testateur, après avoir légué une chose, la donne à un autre qu'au légataire. Car c'est une preuve qu'il a changé de volonté, et qu'il a voulu préférer le donataire au légataire. *Rem legatam si testator vivus alii donaverit, omnimodo exstinguitur legatum*, leg. 38, ff. *de Adimendis*, etc.

Cas XLII. *Gabriel*, après avoir légué à Roland une maison avec quatre arpents de terre labourable, joignant au verger de la maison où il demeure, a ajouté un an après ces quatre arpents à son verger pour l'agrandir, et les a même fait enclore de murailles. Étant décédé un mois après, Roland, outre la maison, demande les quatre arpents de terre, conformément à la teneur du testament. L'héritier les lui refuse. Son refus n'est-il point injuste?

R. Non : car quand le testateur, sans aliéner le fonds qu'il a légué, en retranche une portion et la joint à un autre fonds pour l'agrandir ou pour l'embellir, ce retranchement diminue le legs d'autant ; parce que la portion retranchée devient partie d'un autre fonds, auquel le légataire n'a aucun droit, le testateur faisant voir par là qu'il a eu intention de diminuer le legs. Ainsi décidé, leg. 3, ff. *de Legatis*, etc., i.

Cas XLIII. *Apronius* ayant légué à Titius une de ses maisons de campagne, avec un enclos de dix arpents de vignes, a fait démolir cette maison un an après avoir fait son testament, dans le dessein d'en faire bâtir une plus belle, et est mort dans le temps qu'on commençait à la rééditifier. Titius n'a-t-il pas droit de demander à l'héritier la valeur de la maison, puisque l'intention d'Apronius était même de lui en laisser une d'un prix beaucoup plus considérable?

R. L'héritier ne doit à Titius que les matériaux de la maison qui se trouveront sur les lieux, et l'enclos de dix arpents de vignes. Car comme les améliorations que le testateur aurait faites dans la maison léguée auraient tourné au profit du légataire, il est juste qu'il porte la diminution faite par le testateur. D'ailleurs on doit présumer que le testateur n'a pas eu intention que son héritier fût chargé d'un tel dédommagement envers le légataire, puisqu'il ne l'a pas déclaré dans son testament.

Cas XLIV. *Bernard* a légué cinq arpents de pré à Joseph son cousin. Six mois après, il a légué par un codicille les mêmes cinq arpents à Ambroise son neveu, sans faire mention du premier legs qu'il en avait fait à Joseph. Peu de temps après, Ambroise est mort avant le testateur, qui est aussi mort un mois après ce second légataire. On demande si le premier legs fait en faveur de Joseph doit avoir son effet, ou si l'héritier de Bernard en doit profiter?

R. Quand un testateur fait un second acte, par lequel il transfère à un second légataire la chose qu'il avait léguée à un autre, le legs qu'il avait fait au premier devient révoqué par rapport à lui; de sorte que, quoique le second vienne à mourir avant le testateur, le premier n'y a plus aucun droit. Ainsi puisque Ambroise est décédé avant le testateur, les cinq arpents de pré reviennent à l'héritier du défunt, et Joseph n'y peut rien prétendre. *Leg.* 8, ff. *de Adimendis.... legatis.*

Cas XLV. *Gilles*, fripier, étant fort malade, a légué à Godefroi, son ami, quatre pièces de drap qu'il avait dans son magasin. Etant revenu en santé, il a fait faire des habits de ce drap. Un mois après il est mort. Godefroi demande son legs à l'héritier, et dit que le drap dont ces habits ont été faits, étant encore en nature, quoique employé en habits, il doit au moins avoir ces habits jusqu'à la concurrence de la juste valeur du drap.

R. Godefroi a tort, 1° parce que qui lègue du drap ne lègue pas des habits, comme qui lègue de la laine ne lègue pas l'étoffe qui s'en est faite, *leg.* 8, ff. *de Legatis*, etc., III; 2° parce qu'il est clair que le testateur a changé de volonté, puisqu'il n'avait fait faire ces habits que pour les vendre. Et c'est à quoi on s'en tient en France.

Cas XLVI. *Fabius* a légué à Sempronius une maison qui a été consumée par le feu du ciel la veille de la mort du testateur. Sempronius prétend que la cour, le jardin attenant et la place de cette maison lui appartiennent comme accessoire de son legs, et les demande à l'héritier du défunt. Sa prétention est-elle juste?

— M. Domat croit que l'accessoire n'étant dû que quand le principal est dû, et le principal ne pouvant être dû quand il est détruit, la cour, le jardin et l'aire de la maison appartiennent, dans l'espèce proposée, à l'héritier et non au légataire. *Nam cum accessionum locum obtinent, exstinguuntur, cum principales res peremptæ fuerint*, la loi 2, ff. *de Peculio legato*, l. XXXIII, tit. 8. M. P. trouve le sentiment contraire assez conforme à l'équité. Pour moi, en partant de l'intention légitimement présumée du testateur, je le trouve seul raisonnable. Peut-on présumer qu'un ami n'ait rien voulu léguer à son ami, parce qu'un incendie a détruit une partie de ses bonnes intentions? Mais ce n'est pas au tribunal des théologiens, c'est à celui des juges, que ces sortes de contestations sont terminées.

Cas XLVII. *Attale* ayant légué à Symphorien deux muids de vin qui étaient en sa cave, son héritier a négligé d'en prendre le soin nécessaire, en sorte que pendant l'absence de Symphorien les cerceaux s'étant pourris, le vin s'est entièrement perdu avant le retour de ce légataire. Sur qui en doit tomber la perte?

R. Sur l'héritier; parce que tandis que la chose léguée demeure en sa puissance, il est obligé de veiller, même avec un soin exact, à sa conservation, jusqu'à ce qu'il l'ait délivrée au légataire. *Si culpa hæredis res perierit, statim damnandus est. Culpa autem qualiter sit æstimanda videamus. An non solum ea quæ dolo proxima sit, verum etiam quæ levis est? An nunquid et diligentia quoque exigenda est ab hærede? quod verius est, leg.* 47, ff. *de Legat.* I. Ce serait autre chose, si le vin était perdu avant la mort du testateur, ou qu'après sa mort il se fût perdu, sans qu'il y eût de la faute de l'héritier. *Si id postea sine dolo et culpa hæredis perierit, deterior sit legatarii conditio, leg:* 26, *eod.*

Cas XLVIII. *Samuel* ayant légué à Michel deux muids de vin qui étaient en sa cave, ce vin s'est aigri avant que l'héritier du testateur l'ait livré à Michel. A qui est-ce à en supporter la perte?

R. Si Michel a demandé la délivrance de son legs, et que l'héritier ait négligé de la lui accorder, et que dans cet intervalle le vin se soit gâté, c'est à l'héritier seul à en supporter le dommage, parce que *mora sua cuilibet est nociva*; à moins qu'il n'ait eu de justes raisons d'en différer la délivrance: *Non est in mora, qui potest exceptione legitima se tueri.* Mais si l'héritier a offert à Michel de lui délivrer son legs, et que ce légataire ait négligé de le recevoir, c'est à lui seul à en porter la perte, et non pas à l'héritier; parce que, *imputari non debet ei, per quem non stat, si non faciat quod per eum fuerat faciendum*, Reg. 41, *in* 6.

Cas XLIX. *Genebaud* étant mort, on a trouvé que de deux chevaux de selle qu'il avait, il en léguait un à Louis, auquel à marquer lequel, et en laissait le choix à son héritier. Un de ces chevaux est venu à mourir. L'héritier est-il tenu de donner celui qui reste?

R. Il y est tenu, à moins qu'il n'eût déjà destiné à Louis celui qui est mort. La raison est que l'intention du testateur a été que le légataire eût un cheval; et que comme son héritier ne peut plus choisir, il faut qu'il donne celui qui reste.

— On nous a ci-dessus répété plusieurs fois que la condition de l'héritier est plus favorable que celle du légataire: il est vrai que le testateur voulait que le légataire eût un cheval; mais il voulait aussi que son héritier en eût un, et même le meilleur, puisqu'il lui en donnait le choix. Ainsi matière à procès.

Cas L. *Protogène* ayant deux cousins germains qui portent tous deux le nom de Titius, a fait un legs conçu en ces termes : *Je donne et lègue à Titius, mon cousin germain, la maison où je loge.* Chacun des deux cousins prétend que le legs lui appartient. Mais l'héritier du défunt soutient que, puisqu'on ne peut connaître la volonté du testateur, il doit profiter de cette maison. *Quid juris?*

R. Selon les lois, ce legs est nul, à moins qu'on ne puisse reconnaître, par quelque circonstance, auquel des deux le défunt a eu intention de le faire. La raison est que l'héritier ne doit qu'un seul legs, et ne le doit qu'à un des deux. Or, ni l'un ni l'autre ne saurait prouver qu'il soit véritablement légataire. Il est donc plus conforme à l'équité qu'un legs si mal expliqué demeure nul, que d'obliger l'héritier de le délivrer à l'un des deux, qui peut-être ne serait pas celui que le défunt aurait eu intention de gratifier. *In dando, si non appareat cui datum sit, dicemus neutri legatum,* leg. 3, *de Adim. legat.,* et certes le testament même serait nul en pareil cas. *Quoties non appareat quis hæres institutus sit,* dit la loi 61, ff. *de Hæredib. instit.,* l. xxvii, tit. 5, *institutio nihil valet. Puta, si testator complures amicos eodem nomine habeat, et ad designationem nominis singulari nomine utatur, nisi ex aliis apertissimis probationibus fuerit revelatum pro qua persona testator senserit.* Ces deux cousins ne pourraient même convenir entre eux de partager l'hérédité au préjudice de l'héritier *ab intestat,* puisque l'un des deux profiterait de sa moitié contre la volonté du testateur. Domat, l. iii, sect. 1, n. 26.

Cas LI. *Népotien* étant mort, on a trouvé parmi ses papiers un testament par lequel il léguait à Gaspard un troupeau de deux cents moutons, qui lui a été délivré par l'héritier du défunt. Six mois après, un ami du défunt, étant de retour d'un voyage, a produit un second testament qui révoquait le legs fait à Gaspard. On demande à Gaspard la restitution des deux cents moutons, mais il répond et prouve qu'ils sont tous morts de la picote; on lui en demande au moins la valeur, mais il la refuse aussi. Ne peut-on pas le contraindre à la payer?

R. On ne le peut, parce qu'un possesseur de bonne foi, que sa possession n'a pas rendu plus riche, n'est pas tenu des cas fortuits qui la lui enlèvent; mais si l'héritier avait demandé la restitution du troupeau avant qu'il eût péri, et que Gaspard eût refusé ou négligé de le rendre, il serait tenu d'en restituer la valeur à l'héritier, quoique ce troupeau eût péri sans sa faute. Leg. 13 et leg. 15, ff. *de Rei vindic.,* l. vi, tit. 1.

Cas LII. *Valentinien* a légué un troupeau de moutons à Chrysologue, et l'héritier de Valentinien le lui ayant mis entre les mains, il l'a vendu de bonne foi, huit jours après, à un très-bas prix, parce qu'il avait besoin d'argent. Huit jours après, l'héritier ayant trouvé un codicille du défunt par lequel il révoquait ce legs, il a sommé Chrysologue de lui rendre les moutons ou leur juste valeur. Chrysologue y est-il obligé?

R. Il n'est obligé qu'à rendre le prix qu'il a reçu de la vente des moutons, quoiqu'il les ait vendus à un fort vil prix. Leg. 26, ff. *de Condict. indeb.* Il faudrait dire le contraire s'il avait connu la révocation de son legs, parce qu'alors, étant possesseur de mauvaise foi, il serait tenu à restituer la juste valeur du troupeau.

Cas LIII. *Hyacinthe,* ayant cinq chevaux, savoir : deux de carrosse, deux de selle et un à deux mains, lègue ses chevaux de carrosse à Jean et ses chevaux de selle à François, sans autre désignation. Après sa mort, chacun des légataires demande celui qui est à deux mains, avec les autres qu'il doit avoir. Auquel des deux doit-il appartenir?

R. Le cheval à deux mains, c'est-à-dire qui sert quelquefois au carrosse et qu'on monte aussi quelquefois, doit appartenir conjointement aux deux légataires, parce qu'une chose de deux espèces qui se trouve léguée doit appartenir à ceux à qui la même espèce appartient. *Voyez* la loi 36 *de Legatis,* etc., II.

Cas LIV. *Évandre* ayant légué une maison à Baudouin et à Maxime, et Baudouin ayant refusé d'accepter ce legs, ou bien s'étant trouvé incapable d'en profiter parce qu'il était condamné à mort, l'héritier d'Évandre et Maxime disputent à qui profitera de la portion que Baudouin devait avoir, l'un et l'autre prétendent l'avoir par droit d'accroissement, comme il se pratique entre des cohéritiers. Lequel des deux doit en profiter?

R. C'est Maxime, parce que quand une chose est léguée conjointement à deux personnes, dont l'une n'en veut ou n'en peut pas profiter, elle va à l'autre par droit d'accroissement. Il faudrait dire le contraire si le testateur avait assigné sa portion dans la chose à chaque légataire; car alors la portion dont l'un des deux serait incapable accroîtrait à l'héritier. *Voyez* les Instit. de Justinien, *de Legatis,* § 8, lib. ii, tit. 20, et Ferrière, *ibid.*

Cas LV. Il suit de là que si Archambaud, en léguant à Marin et à Benoît six arpents de vigne, a marqué à chacun les trois arpents qu'il doit avoir, c'est l'héritier du testateur, et non le colégataire, qui doit succéder à Marin en cas que celui-ci soit condamné à un bannissement perpétuel avant la mort d'Archambaud. Leg. 1, ff. *de Usufructu,* lib. vii, tit. 2.

Cas LVI. *Abel* a fait un legs à Gautier et à Gabriel, ses neveux, en ces termes : *Je lègue à Gautier et à Gabriel, mes neveux, la somme de 3,000 livres une fois payée.* Gautier est mort quelques jours avant Abel. Gabriel veut que l'héritier d'Abel lui paie le legs entier; mais l'héritier ne veut lui en payer que la moitié, parce que Gautier étant mort avant le testateur, le legs est devenu caduc à son égard, comme il le serait à l'égard de tous les deux s'ils fussent décédés avant Abel. L'héritier n'a-t-il pas raison?

R. Non; et pour entendre ceci, il faut observer qu'un testateur peut joindre les légataires, ou *re* simplement, comme quand il lègue une chose à Jean, et qu'ensuite, par un autre article de son testament, il lègue la même chose à Jacques; ou *re et verbis*, quand il joint ensemble les deux légataires, non-seulement par rapport à la chose léguée, mais encore par l'expression, comme dans l'espèce proposée, où Abel, dans le même article, fait Gautier et Gabriel conjointement légataires de la somme de 3,000 livres; ou enfin quand il ne joint les légataires que par les termes et qu'il distingue les portions que chacun d'eux doit avoir, comme s'il disait : Je lègue à Jean et à Jacques la somme de 3,000 livres par portions égales. Or, dans les deux premiers cas, le droit d'accroissement va d'un légataire à l'autre, Instit. *de Legatis*, § 8; et cette jurisprudence a lieu en France, ainsi que l'enseignent Ricard, Henrys, Domat et autres, qui le prouvent par plusieurs arrêts. Donc, puisque Abel a légué les 3,000 livres conjointement *re et verbis* à Gautier et à Gabriel, c'est Gabriel qui doit profiter de la portion de Gautier décédé avant Abel; et ce serait encore à lui à en profiter, quand Abel, après avoir dit dans le premier article de son testament : Je lègue ma maison à Gautier, aurait dit dans le dernier : Je lègue la même maison à Gabriel; *secus*, s'il avait dit : Je lègue le premier étage à l'un et le second à l'autre.

Cas LVII. *Octave* ayant chargé par son testament Cæcilius, son héritier, de donner les œuvres de saint Augustin en 8 vol. in-folio à Titius, et Titius étant éloigné de plus de cent lieues du lieu où Octave est mort, Cæcilius doit-il faire transporter à ses frais ces livres jusqu'au lieu où demeure Titius?

R. Non, à moins que le testateur ne l'en ait expressément chargé. *Si res alibi fit quam ubi petitur, constat esse præstandam ubi relicta est, nisi alibi testator præstari voluit*, leg. 47, ff. *de Legatis*, etc., 1.

Cas LVIII. *Nicomède* ayant trente volumes de différents livres, en a légué dix à Bonar, avec pouvoir de choisir ceux qui lui plairait, et a donné le reste à Bertin. Bonar répudie ce legs; l'héritier prétend que son droit lui est dévolu, et qu'il peut choisir et retenir à son profit les dix volumes que ce légataire a refusés; Bertin prétend que tous les trente volumes lui appartiennent. De quel côté est la justice?

R. Du côté de Bertin : car le testateur, en ordonnant qu'il aurait ce que Bonar ne voudra pas, est censé avoir voulu lui laisser le tout en cas que Bonar refusât d'accepter la portion qu'il lui avait destinée. *Cum optio duorum servorum Titio data sit, reliqui Mævio legati sint; cessante primo in electione, reliquorum appellatione, omnes ad Mævium pertinent*, leg. 17, ff. *de Optione*, etc., lib. XXXIII, tit. 5. *Voyez* Domat, l. IV, tit. 23, n. 14.

Cas LIX. *Bonar*, à qui Nicomède avait légué dix volumes à son choix sur les trente qu'il avait, et les autres vingt restant à Bertin, étant mort avant que d'avoir usé de son droit, son héritier prétend lui succéder dans ce droit; mais l'héritier de Nicomède dit que ce droit lui est acquis par la mort du légataire, qui ne l'a pas exercé. Qui a raison des deux?

R. C'est l'héritier de Bonar : car quoique celui-ci soit mort avant que d'avoir usé du droit de choix qu'il avait, ce droit lui était néanmoins pleinement acquis, indépendamment du choix, dès l'instant de la mort du testateur. *Si post diem legati cedentem legatarius decesserit, ad hæredem suum transfert legatum*, dit une loi citée avec plusieurs autres par Domat, *ibid.*, n. 15.

Cas LX. *Eustochius*, homme veuf et sans enfants, a fait Ildefonse son légataire universel, à condition de payer quelques legs qu'il a faits à d'autres personnes. Un an après, ayant épousé Salvine, il en a eu un enfant; après quoi, il est mort sans avoir changé son testament. Les legs qu'il avait faits subsistent-ils toujours?

R. Non : car le meilleur testament devient nul, à l'égard de l'institution d'un héritier ou d'un légataire universel, par la naissance d'un enfant. *Testamentum... rumpitur*, dit la loi 1, ff. *de Injusto... testam.* liv. XXVIII, tit. 3, *ex quo hæres existere poterit... agnatione sui hæredis*; et cette disposition s'étend, selon le droit romain, même à un fils adoptif et aux petits-fils légitimes. Instit. tit. 17, *Quibus modis testam. infirm.*, § 1. Mais il faut que l'enfant né au testateur vive quand son père est décédé; car sans cela il serait censé avoir repris sa première volonté, puisqu'il ne l'aurait point révoquée. Leg. 12, ff. *de Irrito... testam.*

Cas LXI. *Fulgose* a légué à Lælia, sa nièce, 2,000 écus, pour lui être payés par Caïus, héritier, le jour qu'elle se mariera. Lælia est entrée en religion; et étant prête à faire profession, elle demande à Caïus le payement de son legs. Caïus le lui refuse, parce qu'il ne lui a été fait par Fulgose qu'en cas qu'elle se mariât et pour lui tenir lieu d'une dot. N'a-t-il pas raison?

R. Non : car la loi présume que, puisque le testateur a laissé un legs en faveur du mariage, il l'eût fait encore plus volontiers en faveur de la religion, s'il avait cru que la fille à qui il le faisait l'aurait voulu embrasser préférablement au mariage; et quand même le testateur n'aurait pas eu cette volonté présomptive, le législateur suppléerait à ce défaut par sa loi. *Vide Novel.* 123 *de SS. Episcopis*, col. 9, tit. 6, c. 37. Sylvius, Barbosa, Sylvestre, sont de ce sentiment.

— Cependant, si le testateur avait formellement exclu la religion, comme il le peut faire, soit pour empêcher une personne inconstante de la déshonorer, soit pour conserver une famille illustre, on ne profiterait pas du legs en substituant un état à l'autre.

Cas LXII. *Eustatius* a légué à Damien une pendule exposée en vente, dont ce légataire avait acquis le domaine avant qu'elle lui eût été léguée ; Damien peut-il exiger de l'héritier d'Eustatius la valeur du legs ?

R. Il ne le peut, s'il en a acquis la propriété à titre gratuit ; mais s'il l'a acquise à titre onéreux, comme est l'achat, l'héritier doit lui en rendre le prix, parce que c'est là la gratification que le testateur a voulu lui faire. Instit. lib. II *de Legatis*, tit. 20.

Cas LXIII. *Jean* et *Pierre*, héritiers de Jacques, se sont mis en possession de tous ses biens après sa mort. Quatre légataires ont demandé aux deux héritiers la délivrance de leurs legs ; mais les biens du défunt ne suffisent pas. Ces héritiers sont-ils tenus d'y suppléer de leur propre bien ?

R. Si ces deux héritiers ont eu la précaution, en acceptant l'hérédité, de faire un bon inventaire des biens dont elle était composée, ils ne sont pas tenus de contribuer de leur propre bien à l'entier payement des legs faits par le défunt : mais s'ils y ont manqué, ils y sont tenus en punition de leur négligence, même dans le for de la conscience, au moins après qu'ils y auront été condamnés par le juge : c'est ce que porte la loi fin. cod. *de Jure lib.*, l. VI. tit. 30, qui les oblige aussi à payer en ce cas toutes les autres dettes, et cela avant que de rien prendre de l'hérédité, ni pour eux-mêmes, ni pour les légataires.

Cas LXIV. *Démétrius* ayant légué 1,000 écus à Publius et autant à Mævius, son héritier ne leur offre que la moitié de leur legs, parce que les biens de la succession ne suffisent pas à acquitter toutes les dettes. Est-il tenu de payer le tout, sans pouvoir composer avec eux ?

R. S'il ne s'est porté héritier que par bénéfice d'inventaire, il est en droit de composer avec ces deux légataires, et sur leur refus il doit être tenu en justice à faire diminuer leur legs. *Si vero non fecerit inventarium.... non retinebit Falcidiam, sed complebit legatarios... licet puræ substantiæ morientis transcendat mensuram legatorum datio*, Novel. 2, c. 2, §. 1.

Cas LXV. *Liébaud* ayant légué à Jérôme quatre muids de vin à prendre sur la prochaine vendange qui se fera de ses vignes, il est arrivé, par une grêle, qu'on n'en a recueilli que deux. L'héritier de Liébaud doit-il suppléer d'ailleurs les deux autres muids ?

R. Non : car un tel legs doit s'entendre sous la condition tacite, que la vigne produise les quatre muids. *Si quis legaverit ex illo dolio amphoras decem ; et si non decem, sed pauciores inveniri possint, non exstinguitur legatum ; sed hoc tantummodo accipit quod invenitur*, dit la loi 8, ff. *de Legat.* II. Mais si le testateur avait légué purement et simplement quatre muids de vin à Jérôme, sans marquer qu'il les prendrait sur la vendange de telle vigne, l'héritier serait tenu de lui donner les quatre muids, quand même il n'en aurait recueilli aucun, Leg. 3, ff. *de Tritico*, etc., lib. XXXIII, tit. 6.

Cas LXVI. *Amable* a légué à Conrade l'usufruit de deux arpents de vignes, à la charge de donner tous les ans à Corneille un muid de vin qui en proviendra. Conrade ayant refusé ce legs, l'héritier d'Amable prétend qu'il ne doit pas à Corneille le muid de vin que Conrade lui eût dû, s'il eût accepté le legs ; parce que, dit-il, le legs étant devenu caduc par la répudiation de Conrade, la condition sous laquelle Amable le lui avait fait doit être aussi censée anéantie.

R. L'héritier doit acquitter ce legs ; parce qu'il est sûr que le testateur a voulu que Corneille eût un muid de son bon vin, et que l'héritier ne peut succéder aux biens et aux droits du défunt, sans succéder en même temps à ses dettes et aux charges qu'il a imposées sur ses biens. C'est ainsi que l'a défini la loi 20, ff. *de Usu*, etc., l. XXXIII, tit. 1. A quoi il faut ajouter, que si les deux arpents de vigne ne produisaient rien une année, le muid de vin légué à Corneille ne laisserait pas de lui être dû par l'héritier, pourvu que les récoltes des autres années y puissent suffire, et que le testateur n'eût rien ordonné de contraire : c'est ce que statue la loi 17 *de annuis Legatis*, etc.

Cas LXVII. *Riquier* a légué une maison à Lambert, à la charge qu'il donnera 500 liv. à Romain. Ce legs étant devenu caduc par la mort de Lambert, arrivée avant que du testateur, Romain a-t-il droit de demander les 500 liv. à l'héritier du testateur défunt ?

R. La caducité du legs de la maison fait que l'héritier du testateur en doit profiter, parce que la maison était retournée à Riquier par la mort du légataire prédécédé : mais la charge que le testateur y avait imposée n'est pas anéantie par la mort de ce légataire ; car cette charge n'est autre chose qu'un second legs, qui doit subsister indépendamment du legs principal. C'est pourquoi l'héritier doit payer les 500 liv. à Romain ; et ce cas est ainsi décidé, Leg. un. Cod. *de Caducis*, etc. Nous croyons même que si un testateur avait chargé un légataire, qui se trouvât déjà mort au temps du testament, de donner sur son legs une somme à une tierce personne, l'héritier, ou celui qui doit profiter de la chose léguée, serait tenu de satisfaire à cette charge, comme tenant lieu d'un second legs que le testateur a voulu faire, et dont la validité est indépendante de celle du legs principal : il faut cependant avouer que la jurisprudence romaine a un peu varié là-dessus.

Cas LXVIII. *Ariste* a légué à César 1,000 liv. à condition qu'il achètera une maison de la valeur de 700 liv. dans son village, pour y loger un de ses parents. César n'ayant pu acheter cette maison, parce qu'il n'en a point trouvé à vendre, ou parce qu'on lui en voulait vendre une deux fois plus qu'elle ne valait, l'héritier d'Ariste lui refuse les 1,000 liv. parce qu'il n'a pas accompli la condition sous laquelle le testateur lui avait légué cette somme. César prétend que ce legs lui est dû, parce que ce n'est pas sa faute s'il n'a pas rempli la condition. *Quid juris* ?

R. L'intention d'Ariste, en faisant ce legs

à César sous la condition mentionnée, n'a pas été de l'obliger à une chose impossible, ou qu'il ne pût exécuter, sans payer un prix injuste. C'est pourquoi l'héritier du testateur est tenu de lui payer les 1,000 liv., à condition néanmoins qu'il donnera au paravant d'Ariste la somme que doit justement valoir la maison qui lui serait convenable, c'est-à-dire, 700 liv. qui est le prix fixé par le testateur même. C'est la décision de la loi 14, ff. *de Legat.* III. Il y a cependant des conditions, dont le défaut, quoiqu'involontaire, rendrait un legs caduc.

Cas LXIX. *Epiphane* ayant fait un testament olographe, il ne s'y est trouvé qu'un seul legs conçu en ces termes : *A Germain* 500 liv., sans que le testateur y eût mis auparavant : *Je donne et lègue*. Ce legs est-il nul ?

R. Non, et l'héritier doit l'acquitter ; parce qu'il est clair que les mots : *Je donne et lègue* ont été omis par oubli. C'est par cette raison que, si un testateur avait omis le mot d'héritier dans son testament, en disant seulement : J'institue un tel, le testament ne laisse pas de subsister. Leg. 7, Cod. *de Testam.* l. VI, tit. 23.

Cas LXX. *Jules* ayant fait un legs de 4,000 liv. à Hildevert, son héritier qui a cru qu'il ne pouvait pas s'exempter de le payer, et qui d'ailleurs se piquait de faire honneur à la mémoire du défunt, s'y est engagé par écrit : mais huit jours après il a reconnu que le legs fait par Jules à Hildevert était contraire à la loi, et qu'il lui a légué la moitié plus qu'elle ne lui permettait. C'est pourquoi il veut revenir contre la convention qu'il a signée, comme ne l'ayant faite que par erreur. Hildevert au contraire la soutient valide, comme ayant été faite sans fraude ni contrainte. Qu'en est-il ?

R. Si l'erreur de droit était la seule cause de la convention qu'a faite l'héritier, cette convention serait nulle, parce que, selon la loi 8 *de Juris et facti ignor.* l. VIII, tit. 6, *Juris error in damnis amittendæ rei suæ non nocet*. Mais comme il paraît que l'héritier a eu un autre motif de sa convention que l'erreur, et qu'il l'a faite pour faire honneur au défunt et à lui-même, et qu'au moins Hildevert le peut présumer ainsi, il faut raisonner autrement ; parce que la convention n'est alors que l'effet de la volonté de celui qui l'a faite.

— J'aimerais mieux l'opinion contraire ; au moins est-elle bien plus probable, à en juger *ex communiter contingentibus*. Il est rare qu'on donne de gaieté de cœur 2,000 l. à un homme à qui elles ne sont pas dues. On veut faire honneur au défunt en payant sans délai tout ce qu'on doit de son bien, mais non en payant du sien propre.

Cas LXXI. *Eléonore* a légué à Béatrix un collier de perles, qu'elle avait engagé pour cent écus, que Mævius lui avait prêtés : son héritier prétend que c'est à Béatrix à le dégager, en payant ce qui est dû à Mævius. Béatrix au contraire veut que l'héritier paye les cent écus à Mævius sur les biens de l'hérédité. N'a-t-elle pas raison ?

R. Oui : car quand un testateur lègue une chose qu'il avait engagée à un créancier, sans obliger expressément le légataire à payer la somme de l'engagement, c'est à l'héritier à la payer ; et même si Mævius avait fait vendre le collier pour recevoir son payement, le même héritier serait tenu d'en payer le prix à la légataire. *Prædia obligata, per legatum vel fideicommissum relicta, hæres luere debet... Si vero a creditore distracta sunt, pretium hæres exsolvere cogitur, nisi contraria defuncti voluntas ab hærede ostendatur*, Lég. 8, *de Fideicom.*

Cas LXXII. *Eléazar* a fait deux legs à Gaston. Le premier d'une montre d'or qu'il lui a léguée purement et simplement en ces termes : *Je lègue ma montre d'or à Gaston, pour la bonne amitié que j'ai pour lui*. Le second de 500 liv., à la charge qu'il prendra soin de faire juger un procès qu'il a contre Georges. Gaston a déclaré à l'héritier d'Eléazar, qu'il acceptait le premier legs ; mais qu'il ne voulait pas accepter le second, à cause de l'embarras que lui causerait la poursuite de ce procès. L'héritier demande s'il est obligé de lui délivrer le premier legs, quoiqu'il refuse d'accepter le second, avec la charge qui y est attachée ?

R. Il n'y est pas obligé : car quoiqu'un légataire à qui l'on a fait différents legs puisse accepter ceux qu'il veut, et répudier les autres lorsqu'ils lui sont tous faits sans aucune charge, il n'en est pas de même, quand il y en a quelqu'un qui renferme quelque charge. Car en ce cas, en acceptant celui qui est fait purement et simplement, il est tenu aux charges de l'autre. *Duobus legatis relictis, unum quidem repudiare, ulterum vero amplecti posse respondetur. Sed si unum ex legatis onus habet, et hoc repellatur, non idem dicendum*. Leg. 5, ff. *de Fideicom.* l. XXXI, tit. 1. Et certes l'équité demande que celui à qui l'on fait quelque bien ne s'en rende pas indigne par le défaut de gratitude ; outre que l'on peut présumer que le testateur ne lui aurait pas fait le premier legs, qui était sans charge, s'il avait pu prévoir qu'il eût refusé d'accomplir la condition sous laquelle il lui faisait le second.

Cas LXXIII. *Ladislas* et *Honorine* s'étant épousés, une cousine d'Honorine lui a laissé par sa mort tout son bien, qui ne consistait qu'en meubles, comme argent comptant, pierreries, tapisseries, linge, et autres semblables. Ladislas s'en étant mis en possession, comme maître de la communauté, en a disposé par son testament, et en a fait plusieurs legs en faveur de ses propres parents, contre la volonté d'Honorine, qui voulait qu'au moins il en fît aussi part à ses proches. Ces legs ne sont-ils pas injustes ?

R. Ils le sont : car un mari ne peut, sans le consentement de sa femme, disposer de la propriété des biens meubles qui lui sont échus (*constante matrimonio*) du côté de sa dite femme ; parce que, comme dit Sylvius, v. *Maritus*, le mari n'est pas maître, mais simple administrateur des biens qui échoient par succession à sa femme. C'est pourquoi Honorius III, dans sa décrétale aux Rochellois (c. 20 *de Consuet.* l. 1, tit. 4.), condamne comme injuste la coutume de leur pays, selon laquelle le mari pouvait disposer à son gré des biens, tant meubles qu'immeubles de sa femme, sans son consentement.

Cas. LXXIV. *Aristarque* ayant légué une maison à Pascase, à la charge de donner cent écus à l'hôpital du lieu, et Pascase ayant déjà donné une pareille somme à cet hôpital par une pure libéralité, et sans avoir connaissance du legs d'Aristarque, demande ce legs, et prétend avoir déjà rempli la condition qui y est exprimée. Mais l'héritier veut l'obliger de donner cent autres écus au même hôpital. Pascase y est-il obligé?

R. Oui : car les premiers cent écus qu'il a donnés à cet hôpital ne doivent être considérés que comme une pure charité, et non pas comme un effet de la volonté du testateur, puisqu'il n'en avait alors aucune connaissance. C'est pourquoi l'on ne peut dire qu'il ait accompli par là la charge qu'Aristarque lui a imposée : ce qui paraît d'autant plus véritable, que la condition portée par ce legs marque évidemment qu'il a voulu que ce don vînt de son bienfait. *Ut paruisse quis conditioni videatur, etiam scire debet hanc conditionem insertam. Nam si fato fecerit, non videtur obtempernsse voluntati.* Leg. 17, ff. *de Condit.* etc., l. XXXIII, tit. 1.

Voyez Donation, Héritier, Testament.

LÉSION.

Lorsque dans un contrat commutatif, l'une des parties ne reçoit pas l'équivalent de ce qu'elle donne, il y a ce qu'on appelle *lésion*. La lésion ne vicie les conventions que dans certains contrats et à l'égard de certaines personnes. Une lésion quelconque rend un contrat injuste et oblige au for intérieur à la restitution. Cependant, au for extérieur, si le vendeur a été lésé de plus de sept douzièmes dans le prix d'un immeuble, il a le droit de demander la rescision de la vente, quand même il aurait expressément renoncé dans le contrat à la faculté de demander cette rescision et qu'il aurait déclaré donner la plus value.

Pour savoir s'il y a lésion de plus de sept douzièmes, il faut estimer l'immeuble suivant son état et sa valeur au moment de la vente. La demande n'est plus recevable après l'expiration de deux années, à compter du jour de la vente. La preuve de la lésion ne pourra être admise que par jugement, et dans le cas seulement où les faits articulés seraient assez vraisemblables et assez graves pour faire présumer la lésion.

Au for extérieur la rescision pour lésion n'a pas lieu en faveur de l'acheteur ; elle n'est pas admise non plus pour la vente des meubles ; mais au for de la conscience les droits de l'acquéreur sont les mêmes que ceux du vendeur : il n'y a pas de différence au tribunal de la conscience entre la vente d'un immeuble et celle d'un meuble ; il n'est pas nécessaire non plus que la lésion dans le contrat ait été des sept douzièmes : il suffit pour qu'un vendeur ou un acheteur soit obligé de restituer, que dans la vente il n'y ait pas eu une juste proportion entre le prix et la valeur de la chose vendue. Ainsi lorsqu'un immeuble ou un meuble a été vendu ou acheté au delà ou au-dessous de sa juste valeur, le vendeur ou l'acheteur ont droit, en conscience, ou à la rescision de la vente, ou à une indemnité. La loi n'admet pas la rescision dans le contrat d'échange ; mais la conscience l'admet et ne met point de différence entre la lésion dans les échanges et celle qui a lieu dans les ventes.

Dans le partage, même au for extérieur, il y a lieu à rescision, lorsqu'un des cohéritiers établit à son préjudice une lésion de plus du quart ; ainsi dans une succession de quarante-huit mille francs par exemple, à partager entre trois héritiers, chacun des héritiers doit avoir 16,000 fr. ; si l'un d'eux ne recevait que 12,000 fr., il y aurait lésion de plus d'un quart et le partage pourrait être rescindé.

Un mineur ne peut revenir dans les engagements qu'il a contractés qu'autant qu'il en a éprouvé quelque lésion. Il n'est pas même restituable pour cause de lésion, lorsqu'elle ne résulte que d'un événement casuel et imprévu.

LETTRE DE CHANGE.

C'est l'écrit par lequel un négociant donne ordre à un de ses correspondants d'une ville autre que celle où il réside, de payer à la personne qu'il lui dénomme, ou à son ordre, une certaine somme au terme qu'il désigne. Pour la validité de la lettre de change elle doit : 1° être tirée d'un lieu sur un autre ; 2° elle doit être datée ; 3° elle doit énoncer la somme à payer ; 4° le nom de celui qui doit payer ; 5° l'époque et le lieu où le paiement doit s'effectuer ; 6° la valeur fournie en espèces, en marchandises, en compte, ou de toute autre manière ; 7° elle est à l'ordre d'un tiers, ou à l'ordre du tireur lui-même ; 8° enfin si elle est tirée à plusieurs exemplaires, chacun d'eux doit porter le numéro de la série.

De quelque manière que soit fixée l'échéance d'une lettre de change, le délai fixé pour le payement doit être toujours franc, c'est-à-dire, que le jour de la date ne compte pas. La propriété d'une lettre de change se transmet par la voie de l'endossement. Tous ceux qui ont signé, accepté, ou endossé une lettre de change sont tenus à la garantie solidaire envers le porteur, et, par l'effet de cette solidarité, le porteur a le droit de s'adresser à celui d'entre eux qu'il veut choisir, sans que celui-ci puisse lui opposer le bénéfice de division ou de discussion. Une lettre de change doit être payée dans la monnaie qu'elle indique. Celui qui paye une lettre de change avant son échéance est responsable de la validité du payement. Si le porteur d'une lettre de change non acceptée vient à la perdre, il peut en poursuivre le payement sur une deuxième, troisième, quatrième. Il n'en est pas de même de celle qui est revêtue de l'acceptation ; si elle vient à s'égarer, le payement ne peut dans ce cas être exigé sur une seconde, troisième, quatrième, que par ordonnance du juge, et en donnant caution. Le propriétaire d'une lettre de change égarée est obligé, s'il veut s'en procurer une seconde, de s'adresser à son endosseur immédiat, qui est tenu de lui prêter son nom et ses soins pour agir envers son propre endosseur, et ainsi en remontant d'endosseur à endosseur, jusqu'au tireur de la lettre. Le propriétaire de la lettre de change supporte les frais que cette lettre nécessite. Si, malgré tous les soins qu'il a pu se donner, il n'est pas parvenu à se procurer une seconde lettre de change, il peut demander le payement de la lettre perdue et l'obtenir par ordonnance du juge, en justifiant de sa propriété par les livres et en donnant caution. Le refus de payement d'une lettre de change doit être constaté, le lendemain du jour de l'échéance, par un acte qu'on nomme *protêt faute de paiement*. La clause de retour sans frais apposée sur une lettre de change est valable et dispense le porteur de faire protêt pour conserver son recours en garantie contre les endosseurs. De plus, cette clause insérée dans le corps d'une lettre de change doit être entendue dans le sens, non d'une simple dispense, mais d'une prohibition de protêt. La loi donne au propriétaire de la lettre le droit d'exiger, et impose conséquemment au tireur de l'obligation de procurer l'engagement personnel du tiré de payer la lettre de change à son échéance : c'est cet engagement qui est connu sous le nom d'acceptation. Celui qui accepte une lettre de change contracte l'obligation d'en payer le montant ; l'accepteur n'est pas restituable contre son acceptation, quand même le tireur aurait failli à son insu avant qu'il eût accepté. Le refus d'acceptation est constaté par un acte qu'on nomme protêt d'acceptation.

LITRES.

On appelle *litres* ou *ceintures funèbres*, des bandes de peinture noire d'environ deux pieds de largeur, qu'on trace en dehors et trop souvent en dedans d'une église, avec les armes du patron, en signe du deuil de sa mort, quoique souvent il ne lui ait rendu d'autre service que celui de la vexer, ou de lui donner d'assez mauvais pasteurs. On va proposer quelques cas sur cette matière, qui suffiront pour l'éclaircir.

Cas I. *Luc*, curé, n'a pour église qu'une espèce de grange, qui n'est ni décente, ni commode pour les divins offices. Maximilien, nouveau seigneur du lieu, s'offre de bâtir une, à condition qu'après sa mort on mettra ses armes en dehors et en dedans, avec une ceinture funèbre en signe de reconnaissance. Le curé peut-il s'y prêter dans un pays où cela n'est point en usage?

R. Comme un théologien pourrait être suspect sur cette difficulté, on ne la résoudra que d'après les jurisconsultes. Claude de Ferrière, dans son beau traité des droits de patronage, pag. mihi 544, dit que cet ornement de vanité tire son origine des païens, qui mettaient, dans le lieu le plus élevé du temple, les images de leurs ancêtres. Il ajoute que ce n'est que par abus qu'on souffre la même chose dans les églises, qui sont des lieux saints ; que l'ambition des hommes s'est venue placer jusque sur le sanctuaire, et a voulu assujettir les choses les plus saintes à une espèce de servitude, dont elles doivent être exemptes ; et que si par le reproche d'un bienfait, nous en perdons le mérite, ceux qui affectent les sortes d'honneurs superstitieux et ridicules, préférent à des récompenses infinies, dont Dieu reconnaîtrait leur libéralité envers l'Eglise. Maréchal ne condamne pas l'usage des litres avec moins de force. Il dit que l'abus est allé si loin, que quelques-uns ont fait noircir les croix, qui sont la marque de la dédicace des temples, et qui ont été consacrées par l'évêque. Si c'est un crime, poursuit cet auteur, d'effacer les armes du prince, c'en est un bien plus grand d'effacer ces croix qui sont *signa Dei*, et un encore plus énorme de les couvrir par des armoiries. Ainsi parlaient ces deux savants hommes. Il est vrai qu'ils croyaient en Jésus-Christ, et qu'aujourd'hui bien des gens croient faire grâce à Dieu en admettant son existence. En attendant le jour funeste qui leur dessillera les yeux, nous disons qu'un curé, quand il en est le maître, doit tenir ferme contre une pratique *superstitieuse*, *ridicule*, introduite par *l'ambition*, etc., et qu'il vaut mieux faire le service divin dans une grange, à l'exemple des premiers fidèles, que de le faire dans une église *assujettie* à une indigne *servitude*. Des prêtres d'or ont autrefois célébré avec des calices de bois ; ils peuvent encore célébrer dans des églises couvertes de chaume.

Cas II. *Lucien* dessert une église où il y a des litres de tout temps. Le seigneur actuel veut les renouveler, et y mettre ses armes, qui sont une Vénus échevelée, ou une sirène, etc. Lucien peut-il le souffrir ?

R. Il serait honteux qu'un temple où le Dieu de pureté réside jour et nuit, fût déshonoré par d.s armoiries aussi indécentes. Lucien doit donc, après avoir fait de très-humbles et de très-vives remontrances au seigneur, implorer le secours du magistrat, qui, fût-il Turc, ne souffrira pas un pareil abus. A son défaut, l'évêque doit interdire l'église.

Cas III. *Marius*, seigneur usufruitier de Bury, prétend avoir droit de litres ; et en conséquence il veut empêcher que Fulvie, qui a donné une bannière à l'église, n'y fasse mettre ses armes. A-t-il raison ?

R. Marius se trompe dans le principe et dans la conséquence. Dans le principe, parce que l'usufruitier n'a point droit de litres ; dans la conséquence, parce que le patron même et le haut-justicier, qui auraient ce droit, ne peuvent empêcher ceux qui donnent des bannières ou autres ornements, ou qui font bâtir une chapelle, d'y faire mettre leurs armes.

Cas IV. *Gaston*, gentilhomme, ayant été enterré dans la chapelle de Saint-Pierre, son fils a fait mettre une litre d'étoffe autour de cette chapelle; le patron et le seigneur du lieu peuvent-ils s'y opposer?

R. Non; parce que les nobles, quoique non seigneurs, peuvent mettre litres d'étoffe ou de velours, et écussons en la chapelle, piliers et endroits où ils sont enterrés, dans les paroisses de village, pendant l'année seulement, sans que le patron ou le seigneur puisse s'y opposer. Après quoi, l'étoffe appartient à l'église. *Voyez* les Mémoires du clergé, tom. XII, pag. 323, 342 et suiv. *Voyez* aussi le nouveau *Dictionnaire de droit canonique par M. Durand*, v. *Litres*.

LIVRES DEFENDUS.

La Bible est le premier et le plus saint de tous les livres. Il y en a un grand nombre d'autres qui sont très-bons; mais il en est un nombre beaucoup plus grand de mauvais et d'inutiles. Nous ne parlons dans ce titre que des livres hérétiques, de ceux qui traitent de l'art de deviner, de ceux qui tendent à corrompre le cœur et la pureté des mœurs, tels que sont les livres de contes obscènes, les romans et les intrigues d'amour, les comédies, et autres de ce genre.

Cas I. *Thomas*, docteur habile, et curé de N. où il y a encore plusieurs calvinistes, avec lesquels il se trouve souvent obligé de parler de religion, lit les livres de Calvin et de plusieurs ministres de la religion, dans le dessein de procurer leur conversion. Le peut-il faire sans la permission du pape ou de son évêque?

R. Il le peut par la seule autorité qu'il a reçue lorsqu'il a été créé docteur; car il n'est pas possible de réfuter des erreurs qu'on ne connaît pas, ni de les connaître sans lire les livres qui les enseignent. C'est le sentiment d'*Alphonsus a Castro*, que suit l'auteur des Conférences d'Angers de mai 1723.

Cas II. *Firmin*, simple prêtre, ayant dessein d'apprendre la controverse, lit plusieurs livres hérétiques, avec la seule permission de son évêque. Est-il en sûreté de conscience sur cela?

R. Oui; parce que les évêques de France se sont toujours maintenus dans leur ancien droit d'accorder cette permission. C'est la décision de S. B. suivi et cité par l'auteur des Conf. d'Angers.

Cas III. *Charles* a quelques livres de chiromancie et pyromancie, qu'il ne garde que parce qu'ils sont rares, et par pure curiosité, étant très-résolu de n'en point abuser. Ne pèche-t-il point?

R. Il pèche; 1° parce que ces sortes de lectures sont vaines et même dangereuses, surtout aux jeunes gens, et à ceux qui n'ont pas un grand fonds de religion et de piété; 2° parce que les fidèles d'Éphèse, qui avaient de semblables livres, ne crurent pas que ce fût assez, pour mettre leur conscience en sûreté, de ne vouloir plus s'en servir, mais ils les regardèrent comme une pierre de scandale, et comme une occasion dangereuse, qui pouvait les faire retomber dans leurs premiers crimes : et c'est pour cela qu'ils les jetèrent tous au feu. *Act.* xix; 3° parce que plusieurs conciles, comme ceux de Tours et de Bordeaux, en 1583, ordonnent qu'on les brûle. Néanmoins si Charles était d'un caractère et d'une profession qui l'engageât à réfuter par la prédication ou dans le sacré tribunal, ou autrement, ce qui est contenu dans ces mauvais livres, et qu'il n'eût d'autre fin que de convaincre les impies des faussetés qui s'y trouvent, il lui serait permis en ce cas de les retenir et de les lire, pendant le temps qui serait nécessaire à son dessein, et non autrement.

Cas IV. *Iphigénie* se récrée souvent à lire des romans, où sont décrites des intrigues d'amour ingénieuses et plaisantes, mais où il y a aussi des expressions qui choquent la pudeur. Cependant, comme elle est chaste, ces lectures ne font pas d'impression sur son cœur, et satisfont seulement son esprit. Son confesseur veut qu'elle brûle ces livres, quoiqu'elle en ait pour vingt écus. Elle s'en défend sur ce qu'elles ne l'ont portée jusqu'à présent à aucun dérèglement contre la pureté. Est-elle obligée d'obéir à son confesseur?

R. Oui, et très-obligée; car sans parler de la perte du temps qu'elle emploie à ces mauvaises lectures, et de l'impuissance où elle est de prier, pendant qu'elle a l'imagination remplie d'idées malhonnêtes, il est sûr, 1° que, quoi qu'elle en pense, elle ne peut avoir le cœur bien pur, pendant que son esprit se repaît du malheureux plaisir qu'elle trouve au tissu d'intrigues et d'amourettes; 2° parce qu'en aimant le danger, elle s'expose à périr. Il en a fallu moins pour en perdre bien d'autres. C'est pourquoi le célèbre Gerson, serm. 3 *de Adventu*, dit : *Difficile est legere libros moventes ad luxuriam, quin sit peccatum mortale : et hi, qui eos retinent, debercnt compelli per eorum confessores ad comburendos eos, aut lacerandos; ne ipsi vel alii amplius peccent*. Lire ces sortes de livres avec une délectation charnelle, serait un péché mortel; mais ceux qui ne les lisent que par curiosité, ou par manière de récréation, ne pèchent que véniellement, à moins qu'il n'y ait danger prochain d'une délectation criminelle.

Quant à certaines tragédies, certains romans qui ne sont pas très-immoraux, quoiqu'on puisse les lire sans péché mortel, quand il n'y a ni grand scandale, ni danger de consentement honteux, ils ne laissent pas que d'être fort nuisibles. L'expérience apprend, dit Vernier, que de la lecture de ces ouvrages naît une incapacité de s'appliquer à un tra-

Cas V. *Castor*, libraire, débite plusieurs sortes de contes, romans, comédies et autres livres remplis d'histoires amoureuses, d'expressions équivoques, capables de porter à l'impureté les jeunes gens, et ceux qui n'ont qu'une vertu médiocre. Son confesseur veut qu'il les brûle, ou qu'il les mette au pilon. Mais il s'en excuse, 1° parce qu'il ne peut en sacrifier une édition entière, sans en souffrir une perte considérable; 2° parce que tous ces livres sont approuvés du censeur royal, et munis de l'autorité du prince; 3° parce que ses pratiques le quitteraient, et iraient chez les autres libraires, qui font ce commerce au su de leurs confesseurs, et sous les yeux du magistrat. Que lui dire?

R. Une seule chose : c'est qu'il est en état de damnation, s'il ne détruit tous ces livres, parce qu'il est la cause de tous les péchés que commettent ceux qui les lisent. Quant à ses excuses prétendues, elles sont toutes frivoles. En effet, la première servira à justifier un peintre, qui vend les tableaux les plus obscènes, ou un propriétaire, qui ne pouvant autrement louer sa maison, la loue pour les plus criminels usages. La seconde ne vaut pas mieux : toutes les approbations du monde ne peuvent faire qu'un livre propre à exciter et à nourrir l'impureté, ne soit pas essentiellement mauvais; et le privilége du prince ne justifie pas plus la comédie que les comédiens. La troisième revient à la première. Il vaut mieux perdre ses pratiques et une partie de son bien, que de perdre son âme. Au reste, s'il y a eu des casuistes assez impurs pour autoriser les plus grands excès, il peut bien y en avoir qui passent ce genre de commerce. Mais que peut-on en conclure devant Dieu?

LOI.

La loi est un précepte porté par une autorité légitime pour le bien public. Il y a plusieurs sortes de lois : savoir, 1° la loi éternelle qui est la souveraine raison, selon laquelle Dieu gouverne toutes les créatures; 2° la loi naturelle, qui, quoiqu'elle ne soit pas écrite, est née avec nous, et que Dieu a inspirée à tous les hommes, en l'imprimant en l'âme de chacun d'eux. Ses deux principaux préceptes sont l'amour de Dieu et du prochain. Cette loi oblige tous les hommes, dès le moment qu'ils ont assez de raison pour discerner le bien et le mal; 3° la loi positive, qui est ou divine ou humaine.

La loi positive divine est celle que Dieu a donnée aux hommes dans le temps, à la différence de la loi naturelle qui est née avec nous. Telle est celle que Dieu donna à Moïse, laquelle, en ce qui concernait les préceptes cérémoniaux, ne regardait que le seul peuple juif; et celle que nous a donnée Jésus-Christ, qui oblige tous les chrétiens, 1° à croire tous les mystères, et tous les points de foi que Dieu a révélés à son Eglise; 2° à connaître tous les sacrements, les dispositions avec lesquelles nous devons les recevoir, et le temps où nous y sommes obligés; 3° à remplir les préceptes moraux qu'elle contient, et que Jésus-Christ nous a expliqués plus clairement que n'avait fait Moïse.

La loi positive humaine est ecclésiastique ou civile. La première dirige les actions des chrétiens à la béatitude éternelle, comme à leur fin; et elle renferme la foi, les mœurs et la discipline. Celle-ci peut changer; mais la foi et la règle des mœurs sont invariables. La loi civile est celle qui est faite par le prince. Mais, pour être valide et pour obliger, 1° il faut qu'elle ne contienne rien qui soit évidemment injuste; 2° qu'elle ait pour objet le bien commun; 3° qu'elle ait été légitimement publiée. Alors on est obligé en conscience d'y obéir.

Nous ne parlerons point des lois romaines en particulier, parce qu'elles n'ont d'autorité en France, qu'autant qu'elles sont conformes à l'équité naturelle et aux édits, déclarations et ordonnances de nos rois, qui nous tiennent lieu de lois, ainsi que nos coutumes dans les pays coutumiers.

Tout législateur ne peut mieux autoriser ses lois, que par l'exemple qu'il donne à ses peuples en s'y conformant; puisque, comme dit saint Grégoire le Grand, les bons exemples persuadent beaucoup mieux que ne le font les paroles : aussi est-ce ainsi que se conduisirent Lycurgue, Thémistocle, Auguste et plusieurs autres sages législateurs ou souverains.

Cas I. Plusieurs ecclésiastiques ayant agité la question s'il y a quelques préceptes de la loi ancienne que les chrétiens puissent ou doivent même observer, les uns ont soutenu l'affirmative, et les autres la négative. Que doit-on en penser?

R. La loi ancienne avait trois sortes de préceptes : les moraux, les cérémoniels et les judiciels. Les préceptes moraux, c'est-à-dire, selon saint Thomas, ceux qui sont fondés sur le droit naturel, obligent dans la loi nouvelle, comme dans l'ancienne. Mais il n'en est pas ainsi des préceptes cérémoniels; car comme ils n'étaient établis que pour annoncer aux Juifs que le Messie naîtrait un jour, et que ce Messie est venu, on ne pourrait les observer sans préjudice de la foi chrétienne. Pour ce qui des préceptes judiciels, il est certain que leur obligation a cessé par la venue du Messie. Mais comme ils n'étaient établis pour signifier qu'il devait venir, ils n'ont pas tellement cessé par sa venue, qu'on ne pût encore à présent les observer sans péché, si un prince en faisait une loi, pourvu que ce ne fût pas à dessein de les ordonner comme tirant leur vertu de l'institution de l'ancienne loi. Car cette intention serait péché mortel, non-seulement à l'égard du prince qui les aurait ordonnés, mais encore à l'égard de ceux qui les observeraient dans cet esprit. Tout cela est tiré de saint Thomas, 1-2, q. 103 et 104.

Cas II. Le pape a fait publier et afficher à Rome une loi qui règle un point de discipline à l'égard de toutes sortes de chanoines. Ceux de Bordeaux, à qui on en a envoyé de Rome un exemplaire, refusent de s'y soumettre. Pèchent-ils?

R. Les lois pontificales n'obligent en France que quand elles y sont dûment publiées. Et cela est juste, parce qu'il peut arriver que ce qui convient en Italie ne convienne pas ailleurs, ou qu'il soit contraire à des usages qu'on ne peut ni ne doit abolir. Ainsi puisque la loi dont il s'agit n'a pas été publiée en France par l'autorité royale, elle n'oblige pas ces chanoines sous peine de péché : ils peuvent donc persister dans leur ancien usage, pourvu qu'il ne soit pas contraire aux bonnes mœurs.

CAS III. Le roi a fait une loi dont le peuple est bien informé. Hubert prétend n'être point obligé à y obéir, jusqu'à ce qu'elle ait été publiée. N'est-il pas dans l'erreur?

R. Non ; car aucune loi n'oblige, si elle n'est connue de ceux pour qui elle a été faite ; et elle n'est censée connue, que par la publication juridique qui s'en fait. Il n'est cependant pas nécessaire que chaque particulier entende cette publication; il suffit que les uns en soient instruits par d'autres qui en ont été témoins. Dans les grands Etats, la publication qui se fait dans la capitale ne suffit pas. Et l'on sait qu'en France, une loi n'oblige que ceux du ressort du parlement où elle a été vérifiée.

CAS IV. *Victor* est informé qu'un grand nombre de désordres règnent dans son Etat. Est-il tenu de faire des lois qui les défendent tous sous de justes peines?

R. Non ; car le prince doit tolérer certains maux pour en empêcher de plus grands : et il aurait bientôt désolé tous ses Etats, s'il voulait punir tous les désordres. Il lui suffit donc de faire des lois pour empêcher ceux qui sont les plus dommageables à la société, et dont la plus grande partie des hommes peuvent s'abstenir, tels que sont les assassinats, les vols, les sacriléges, et semblables. De là ce mot de saint Augustin : *Aufer meretrices de rebus humanis, turbaveris omnia libidinibus*, lib. *de Ordine*. Tout ceci est encore de saint Thomas.

CAS V. *Narcisse* a souvent violé une loi qui n'est que pénale. A-t il péché mortellement, s'il paraît par ses termes que l'intention du législateur est d'obliger sous peine de péché mortel ses sujets à l'observer ?

R. On ne doit pas se régler sur l'intention d'un législateur, pour connaître si la loi oblige sous peine de péché grief, ou de péché léger. Car quand la loi est d'une grande importance au bien public, elle oblige toujours sous peine de péché mortel, quand même le législateur n'aurait pas intention qu'elle y obligeât ; et au contraire, si la loi n'est pas importante, elle n'oblige que sous peine d'un péché léger, quoique le législateur ait eu intention qu'elle obligeât sous peine de péché mortel. La raison est que toute véritable loi doit être juste. Or elle ne serait pas juste, si, lorsqu'elle est peu importante, elle obligeait sous peine de péché mortel ; ou si étant fort importante, elle ne commandait une chose que sous peine de péché véniel. C'est pourquoi, si la loi que Narcisse a violée est de peu d'importance au bien public, son péché n'est que véniel, en quelques termes qu'elle soit conçue. Au reste, lorsqu'une loi défend une chose sous peine d'amende, on n'évite pas le péché en la transgressant, quoiqu'on veuille bien s'exposer à la payer ; à moins que cette loi ne soit pénale, *mixte disjunctive*, comme si elle portait qu'on fera telle chose, ou qu'on payera telle amende. Car lorsqu'elle n'est pénale que *mixte conjunctive*, comme si elle portait qu'on fera telle chose sous peine de telle amende, on pèche en la violant, outre qu'on s'expose au payement de l'amende.

— *Nota*. 1° Ce cas est mal proposé. Pourquoi appeler purement pénale une loi qu'on suppose portée avec intention d'obliger sous peine de péché mortel ? 2° Je crois fort qu'en matière grave le législateur peut vouloir n'obliger que *sub veniali*, comme il pourrait conseiller, au lieu de commander. *Voy.* mon *Traité des Lois*, ch. 5, p. *nunc* 272. 3° Nous n'avons point de preuves qu'en France il y ait des lois purement pénales.

CAS VI. *Juvénal* voyant qu'une loi que son prince a fait publier, n'est pas observée par la plus grande partie de ses sujets, prétend qu'il la peut enfreindre sans péché. Ne pèche-t-il pas en la transgressant ?

R. Une loi n'oblige plus, quand elle est abrogée par l'usage ; et elle est censée l'être, quand la plus grande et la plus saine partie des sujets ne l'observe pas, et que le prince, qui le sait, ne réclame point. C'est par cette raison qu'un grand nombre de lois que l'Eglise même a faites dans les siècles passés, ont cessé d'obliger, l'usage contraire ayant prévalu.

CAS VII. *Chaumond* a commis un parricide secret. Peut-il garder son bien, quoiqu'il y ait dans le pays une loi qui en dépou *ipso facto* les parricides.

R. Il le peut, parce que ces sortes de lois ne sont regardées que comme comminatoires, et n'obligent à la peine qu'après la sentence du juge, à moins que la loi ne prescrivit formellement le contraire ; comme il paraît par celle qui oblige les bénéficiers qui ne récitent pas l'office à restituer les fruits de leurs bénéfices, sans qu'il soit besoin d'aucune sentence qui les y condamne.

CAS VIII. *Amédée* a fait une loi pour le bien de son Etat. Est-il soumis lui-même à sa loi ?

R. Il n'y est pas soumis quant à *la force coactive*, parce qu'étant souverain il n'a point de supérieur qui puisse le punir. Mais il y est soumis quant à la force directive. Car, comme dit la loi IV, *Cod.* de Legib. : *Digna vox majestate regnantis est, legibus alligatum se principem profiteri*. Ainsi ce qu'on dit que le prince est au-dessus de la loi, ne se doit entendre que du pouvoir qu'il a d'en dispenser ou de la changer, quand il le trouve expédient pour l'utilité publique. Saint Thomas, 1-2, q. 96, a. 5.

LOTERIE.

La loterie est une espèce de jeu usité, selon les uns, dès le temps des Romains, selon d'autres, depuis le xvᵉ siècle. Ce jeu consiste en certains billets chiffrés, où l'on écrit tel mot qu'on veut, et qui, après avoir été mêlés ensemble, sont tirés au hasard au profit de celui dont la sentence et le numéro s'y trouvent écrits. Le premier cas va expliquer cette matière.

CAS I. *Polycrate* et *Gabinius* ont mis chacun une pistole à une loterie que Caïus a faite, et y ont gagné le gros lot. 1° Caïus n'a-t-il point péché en faisant cette loterie ? 2° Ceux qui ont eu des lots ont-ils acquis légitimement ce qu'ils ont gagné ?

R. Les loteries quoique sujettes à beaucoup d'inconvénients ne sont point mauvaises par elles-mêmes ; puisque c'est une espèce de jeu, qui n'est condamné ni par le droit naturel ni par le droit divin, ni par les lois de l'Eglise ou de l'Etat. Elles sont cependant injustes, 1° si on retient plus d'argent qu'il n'en faut pour les frais nécessaires ; 2° si par fraude on fait échoir de bons billets aux personnes qu'on veut gratifier ; ou lorsqu'on ne tire pas fidèlement au sort tous les billets ; 3° si on les fait de son autorité privée, et sans l'autorité du supérieur. A moins qu'il ne s'agisse de choses peu considérables. Cela posé, si la loterie faite par Caïus a été dans toutes les règles, ceux qui y ont gagné ont légitimement gagné. Et il leur était aussi permis de le désirer, qu'à un commerçant qui ne met sur mer que dans l'intention de faire du profit, et qui d'ailleurs attend tout de la Providence, et rien du hasard. A quoi il faut ajouter que, quand il s'agit d'une loterie en faveur d'une église, d'un hôpital, ou même d'un particulier qui perdrait beaucoup sur ses denrées s'il était obligé de les vendre, la première intention d'un vrai chrétien est de contribuer à la bonne œuvre.

CAS II. *Théophane* a fait une loterie dont le fonds était composé de différentes pièces d'étoffes. Matthieu a eu un lot, pour la délivrance duquel il a été obligé de le faire assigner par-devant le juge de police. Que doit faire ce magistrat ?

R. Il y a trois sortes de loteries. Les unes sont défendues ; les autres sont permises par le prince, ou par le magistrat ; et les autres sont seulement tolérées. Lorsqu'elles sont défendues, le juge, loin d'écouter ceux qui y ont intérêt, doit punir et celui qui a fait la loterie, et ceux qui y ont mis leur argent, par la confiscation des deniers qui y ont été portés. Quant aux loteries qui se font avec permission, ceux à qui des billets noirs sont échus, ont action pour se faire payer ; parce que le prince, ou le magistrat qui autorise une loterie, doit donner les sûretés dont ont besoin ceux qui y mettent. A l'égard des loteries qui sont seulement tolérées, elles tombent dans le cas des jeux de hasard défendus en général. C'est pourquoi un particulier n'a point d'action en justice pour la délivrance de son lot ; et s'il l'intente, il s'expose à la confiscation de son lot, et le maître de la loterie à la confiscation des deniers ou effets qui y ont été mis, et qui lui restent entre les mains, ou au moins à une amende arbitraire.

LOUAGE.

Le louage est un contrat par lequel on donne pour un certain temps les fruits ou l'usage de quelque chose à quelqu'un pour une somme d'argent, ou pour quelque autre profit. Nous disons, 1° *pour un certain temps*, parce que si ce contrat était perpétuel, ce serait une vente ; 2° *ou l'usage*, par où il diffère encore, et de la vente où l'on cède la propriété avec l'usage, et du prêt qu'on appelle *mutuum* ; 3° *ou de quelque autre chose :* car outre les biens immeubles, on peut louer un cheval, des bœufs, et même une personne pour en retirer le service nécessaire. Mais il y a des choses qu'on ne peut louer, comme une maison à un usurier public ; ni une servitude d'un champ, tel qu'est le droit qu'on a de passer par la terre de son voisin pour aller à la sienne.

Pour rendre juste le louage de la part du locateur, il faut ; 1° qu'il demeure chargé du péril de la chose qu'il loue, comme en étant le propriétaire, excepté le cas où la chose viendrait à périr par la faute du locataire, ou lorsque le locateur s'en serait chargé ; 2° que le locateur fasse toutes les réparations nécessaires à l'entretien de la chose louée, à moins que le locataire ne l'en ait déchargé ; 3° que le locateur avertisse le locataire des défauts nuisibles qui peuvent se rencontrer dans la chose louée, tel qu'est le vice d'un cheval ombrageux ; autrement, il serait tenu du dommage causé au locataire par ce défaut, soit qu'il l'ait connu ou qu'il ait négligé de le connaître ; car, comme le dit saint Antonin, *In hoc etiam contractu venit culpa levis, cum gratia utriusque celebretur* ; et il y a même quelques cas où ce contrat admet une cause très-légère ; 4° que le locateur fasse jouir le locataire de la chose louée pendant tout le temps convenu, faute de quoi il doit l'indemniser. Néanmoins cette dernière règle n'a pas lieu, quand le locataire ne paye pas le prix convenu, et quand il fait un mauvais usage de la chose qu'il tient à louage ; comme s'il s'en sert pour des causes réprouvées par les lois.

Le locataire a aussi ses engagements envers le locateur. Car 1° il ne lui est permis de se servir de la chose louée, que pour l'usage dont il est convenu avec le locateur ; et s'il en agit autrement, il est tenu de tout le dommage qui en peut arriver ; 2° il ne peut quitter la chose qu'il tient à louage, qu'à la fin du terme convenu, à moins qu'il n'y soit contraint par quelque cause juste ; auquel cas il doit en avertir le locateur, s'il lui est possible ; 3° il doit user de la chose en bon père de famille, c'est-à-dire, la conserver, et faire les réparations portées par le bail ou par la coutume ; 4° il est obligé de payer exactement, et dans le temps convenu le prix du louage au locateur ; 5° il doit aussi répondre et de ses faits, et de ceux de ses sous-locataires, domestiques, enfants et semblables.

Quoique plusieurs des règles précédentes puissent s'appliquer aux baux à ferme, il est bon d'en traiter un peu plus en détail. On appelle *Bail à ferme*, le louage d'un fonds de terre qui produit des fruits en le cultivant, comme un vignoble ; ou sans qu'on le cultive, comme un bois taillis, un pré, un étang, en quoi ces sortes de fonds diffèrent des maisons et des autres choses qu'on donne à loyer, et qui ne produisent aucuns fruits. Comme les fruits d'une terre affermée sont incertains, on ne fait un bail que sur la considération de l'espérance qu'a le fermier d'une abondante récolte, et du péril où il s'expose de n'en avoir qu'une très-médiocre : et c'est pour cela que le bailleur peut stipuler avec le preneur, qu'il ne pourra prétendre aucune diminution en cas d'une mauvaise récolte.

Le bailleur est tenu, comme dans un autre louage, de faire jouir le preneur, sous peine de lui payer ce qui sera convenu, ou ordonné, pour ses dommages et intérêts ; comme il y est tenu sous la même peine, en cas que le preneur soit évincé de la possession. Quand un bail à ferme est fini, et que le fermier continue, du consentement du bailleur, à exploiter la ferme, le bail est censé renouvelé pour un certain temps ; c'est ce qu'on appelle tacite réconduction ; et elle doit durer au moins une année ou plus, selon la volonté des contractants, et l'usage communément observé. Mais alors si le fermier a donné une caution au bailleur pour sûreté du prix convenu, la caution n'est pas censée renouvelée, non plus que l'hypothèque du propriétaire sur les biens du fermier ; ainsi il ne reste alors au bailleur que l'hypothèque naturelle qu'il a sur les fruits provenant de son fonds ; à moins qu'elle ne soit faite par-devant notaires, auquel cas même l'hypothèque n'a lieu que du jour de sa date, comme l'observe Domat.

Le fermier a aussi plusieurs engagements envers le bailleur. Car, 1° il doit jouir du fonds qu'il tient à ferme en bon père de famille, sans le détériorer, et observer toutes les clauses de son bail. Ainsi, si ce sont des terres labourables, il ne peut ensemencer celles qui doivent demeurer en guéret, ni semer du froment quand on n'y doit semer que de menus grains ; 2° quand le bail, fait pour plusieurs années, porte que le propriétaire aura une certaine portion des fruits pour le prix de son bail, au lieu d'argent, le fermier doit fournir de sa part les frais des semences et de la culture ; et comme un tel bail tient de la nature d'une société, où chacun hasarde de son côté, il doit porter les cas fortuits à cet égard, sans prétendre aucun dédommagement contre le propriétaire, quand même le fonds n'aurait produit aucuns fruits ; mais quand le bail est fait pour un an à prix d'argent, le fermier est exempt de payer le prix convenu, quand il ne recueille point de fruits par un cas fortuit, comme d'une grêle ou d'une irruption de gens de guerre, à moins qu'il ne se fût obligé par son bail à porter ces sortes de cas ; 3° quand le fermier dont le bail n'est que pour une année, ne souffre que de légères pertes, soit par la petite quantité ou par la mauvaise qualité des fruits, il ne peut prétendre aucune diminution du prix qu'il s'est obligé de payer au propriétaire. Si néanmoins le dommage était considérable, il serait juste que le propriétaire accordât au fermier quelque diminution, dont l'un et l'autre peuvent convenir, ou qui doit être réglée par le juge ou par un arbitre équitable, quand même le bail serait de plusieurs années. Si le fermier abandonne la culture de sa ferme, le propriétaire a droit de le poursuivre pour ses dommages et intérêts. Le propriétaire est tenu de rembourser au fermier les améliorations que celui-ci a faites, sur le fonds affermé, quand il les a faites sans y être obligé par son bail ; comme s'il a planté un bois taillis, ou une vigne dans quelque terrain infertile, etc.

On appelle bail à loyer celui des maisons et celui des meubles ; loyer le louage du travail ou du service. Les devis, marchés, prix faits pour l'entreprise d'un ouvrage moyennant un prix déterminé sont aussi un louage, lorsque la matière est fournie par celui pour qui l'ouvrage se fait. On peut louer toutes sortes de biens, meubles et immeubles ; sont exceptées les choses qui se consomment par l'usage ; elles ne se louent pas. On peut louer ou par écrit, ou verbalement. *Voyez* BAIL. La promesse de bail vaut bail lorsqu'il y a consentement réciproque des deux parties sur la chose et sur le prix. Le preneur a le droit de sous-louer et même de céder son bail à un autre, si cette faculté ne lui a pas été interdite pour le tout ou partie : cette clause est toujours de rigueur. Si le locataire sous-loue malgré la défense qui lui en est faite par une clause de son bail, il s'expose à la résiliation. Si la location est verbale, comme il n'y a pas d'interdiction prononcée, le locataire conserve son droit de sous-louer. Le propriétaire ne doit connaître que le principal locataire qui est toujours garant, non-seulement du prix du loyer de la chose qu'il a sous-louée, mais encore des dégradations que pourraient faire les sous-locataires. Le locataire ne peut, à moins d'autorisation écrite du propriétaire, sous-louer à des personnes exerçant une profession prohibée, ou qui ne pourrait convenir à l'usage auquel la maison aurait servi jusque-là. Les obligations, droits et privilèges du principal locataire envers les sous-locataires sont les mêmes que ceux du propriétaire envers le principal locataire. Le locataire principal est le seul que doive connaître le sous-locataire, à moins que le propriétaire n'établisse envers lui sa qualité par une signification d'acte. Lorsque le principal locataire ne paye point au propriétaire le prix de la location, les sous-locataires ne sont tenus de payer le propriétaire que s'il fait entre leurs mains des saisies-arrêts, et s'il fait ordonner par justice qu'ils seront tenus de le payer. Au surplus, les obligations et droits des sous-locataires vis-à-vis du principal locataire sont les mêmes que ceux du locataire vis-à-vis du propriétaire.

Dans tous les cas, le locataire peut emporter les meubles et les ouvrages de menuiserie qu'il aurait fait sceller dans les murs, sauf à remettre ces murs dans leur état primitif. Il ne peut dégrader ni gâter les peintures qu'il a fait faire sur les murs; de même il ne peut arracher les papiers qu'il a collés sur le mur ni les dégrader, quand même le propriétaire ne voudrait pas lui en payer la valeur. Si pendant la durée du bail, la chose louée a besoin de réparations urgentes, et qui ne puissent être différées jusqu'à sa fin, le locataire doit le souffrir, quelque incommodité qu'elles causent et quoiqu'il soit privé, pendant qu'elles se font, d'une partie de la chose louée; mais si ces réparations durent plus de quarante jours, le prix du bail sera diminué à proportion du temps et de la partie de la chose louée dont il aura été privé; si les réparations sont de telle nature qu'elles rendent inhabitable ce qui est nécessaire au logement du locataire et de sa famille, celui-ci pourra faire résilier le bail. Si le locataire a été troublé dans sa jouissance par suite d'une action concernant la propriété du fonds, il a droit à une diminution proportionnée sur le prix du bail, pourvu que le trouble et l'empêchement aient été dénoncés au propriétaire. Le locataire répond des dégradations qui arrivent pendant sa jouissance, à moins qu'il ne prouve qu'elles ont eu lieu sans sa faute. Il répond de l'incendie. *Voyez* INCENDIE.

Le locataire à qui le propriétaire demanderait payement de plusieurs termes et qui ne pourrait produire de quittance ne serait pas admis à prouver par témoins qu'il a payé, et le propriétaire serait cru sur serment.

Avant le code civil, le bailleur pouvait faire résilier le bail, s'il voulait occuper lui-même sa maison ou cultiver lui-même ses terres; aujourd'hui, le bailleur ne peut exercer un pareil droit que lorsqu'il a été formellement stipulé par le bail. Le preneur ne peut, à raison de la vente, demander la résiliation; seulement il peut exiger que l'acquéreur déclare de suite s'il entend ou non entretenir le bail. Que le bail soit ou non authentique, qu'il ait ou n'ait pas date certaine, l'acquéreur ne peut expulser le locataire de maison, boutique ou appartement qu'en l'avertissant au temps d'avance usité dans le lieu pour les congés; et le fermier des biens ruraux qu'en l'avertissant au moins un an d'avance. *Voyez* BAIL.

Les obligations de ceux qui sous-louent en garni leurs appartements sont les mêmes que celles des maîtres d'hôtels garnis, aubergistes, logeurs de profession.

CAS I. *Laurent* a loué 20 arpents de terre labourable à Janvier, pour cinq années; à la troisième année ces terres sont entièrement ravagées par une inondation, ou devenues inutiles par une grande stérilité. Laurent est-il obligé à porter ce dommage?

R. Il doit le porter, selon Grégoire IX, c. 3, *de Locato*, et selon la jurisprudence de ce royaume. Au fond, un pauvre fermier est assez à plaindre quand il perd ses semences et le fruit de ses travaux, sans être encore obligé à payer le prix des fruits qu'il n'a pas perçus, et sur la récolte desquels ce prix est néanmoins fondé. On convient pourtant avec Papon qu'ordinairement on n'accorde pas de diminution au fermier, quand son bail est de trois ans, et à plus forte raison quand il est de cinq ou plus; parce qu'on suppose avec raison que l'année qui ne lui est pas avantageuse est assez compensée par l'abondance des précédentes et des suivantes; mais on en doit juger autrement, lorsque le bail n'est que pour une année, ou quelquefois même pour deux.

Il faut néanmoins observer, 1° que si le locateur et le locataire avaient fait une convention contraire, ou que les terres affermées fussent sujettes à la stérilité, comme sont celles qui sont situées le long d'une rivière qui les inonde souvent, le locataire n'aurait pas droit de demander une diminution, parce qu'ayant pu et dû prévoir la stérilité ordinaire d'un tel fonds, il est censé avoir bien voulu en courir les risques, et que par cette raison il a moins loué les terres qu'il ne les eût louées, si elles avaient été exemptes du danger de cet accident; 2° que ce que nous venons de dire se doit seulement entendre d'un louage fait à prix d'argent; car, si le locateur et le locataire étaient convenus qu'ils partageraient le profit ou la perte, le locataire n'aurait alors aucun droit d'exiger aucune indemnité du locateur. Leg. 5, ff. *Locati*, etc., lib. XIX, tit. 2.

CAS II. *Vandel* a donné à ferme pour 5 ans une métairie à Aquidan. Après que les blés ont été engrangés, ils ont été consumés par le feu du ciel. Aquidan demande à Vandel une diminution de la moitié du prix annuel de son bail. Vandel est-il obligé d'entrer dans cette perte?

R. Pendant que les blés sont encore sur pied, le maître du fonds doit supporter une partie du dommage qui leur arrive, parce qu'alors ils sont censés faire partie du fonds, et qu'un fermier ne contracte l'obligation de payer le prix convenu au maître du fonds, qu'en conséquence de la perception des fruits. Mais quand les blés sont enlevés, c'est le fermier seul qui en devient le maître, sous la condition de payer ce qu'il a promis à celui qui est propriétaire du fonds: d'où il suit que la perte des blés que le fermier a recueillis, arrivée par un cas purement fortuit, doit tomber uniquement sur lui, et non sur le propriétaire de la terre; quoique la charité veuille que le maître entre alors dans une partie de la perte que le fermier a soufferte, un tel accident étant capable de le ruiner de fond en comble.

Nota. La loi et la coutume n'accordent au fermier le privilège d'exiger une diminution, en cas d'accidents fortuits, qu'à l'égard des fruits industriels, c'est-à-dire de ceux qui ne sont produits que par la culture et les peines des hommes. Car si les fruits naturels, tels que sont les foins et les bois, viennent à périr par l'incursion des ennemis, ou autrement, le fermier seul en doit porter toute la perte, et ne peut avoir d'autre recours qu'à la seule charité de son maître.

Cas III. *Eustase* a loué pour six ans une métairie à Bernard, et est convenu avec lui, dans le bail, qu'il serait payé de cette somme entière, nonobstant les cas fortuits qui pourraient arriver pendant le cours de six années. Quatre ans après, la guerre venant à être déclarée, lorsqu'on y pensait le moins, les armées ont consommé tous les grains et autres fruits de cette métairie. Bernard prétend s'exempter de payer l'année à Eustase; celui-ci veut être payé, puisqu'il est porté par le bail que les cas fortuits tomberont sur Bernard, et que sans cela il lui aurait affermé bien plus cher sa métairie, d'où il a tiré un profit considérable les trois premières années. Qui a raison?

R. Une règle en toutes sortes de conventions est que les clauses qu'on y met ne doivent jamais être étendues à des choses qui vraisemblablement ne devaient pas venir dans la pensée des contractants. *Iniquum est*, dit la loi 9, ff. *de Transact.*, *perimi pacto id de quo cogitatum non docetur*. Or, les cas fortuits, mentionnés dans le bail dont il s'agit, ne se doivent naturellement entendre que de ce à quoi l'on peut s'attendre, tels que sont la grêle, la gelée, la pluie continuelle et autres pareils accidents, et non pas de ce qui peut arriver par le fait des hommes, comme par une guerre ou par violence, qui sont des choses où les contractants ne sont pas présumés avoir dû s'attendre. Donc Bernard a raison de vouloir s'exempter de la perte causée par le cas fortuit dont il s'agit ici. C'est la décision de Ferrière, de Domat et de Ménard qui le prouve par arrêt.

Cas IV. *Odon*, ayant affermé à Landri une métairie pour cinq années, moyennant 400 liv. par an, Landri est troublé dans la jouissance de cette ferme par Godefroy. Ce fermier a-t-il son recours contre Odon, nonseulement pour être déchargé du prix du bail, mais encore pour ses dommages et intérêts?

R. Si Odon peut empêcher ce trouble, et qu'il ne le fasse pas, la perte du prix du bail doit tomber sur lui, et il est en outre tenu de tous les dommages et intérêts envers son locataire, et de tout le profit que cet homme eût pu faire pendant le reste de son bail. Mais s'il ne le peut pas, il en est quitte en remettant au locataire le prix du bail, à proportion de la non-jouissance, sans être tenu du profit qu'il aurait fait en jouissant. Leg. 23 et 24, ff. *Locati*, etc.

Cas V. *Patrocle* a loué sa maison à Sylvain. Celui-ci a eu querelle avec un voisin, qui a mis le feu à sa grange, laquelle a été consumée avec tous les grains dont elle était remplie. Patrocle veut obliger Sylvain à rebâtir sa grange. Sylvain prétend n'être pas même tenu de la perte des grains, parce que c'est un cas fortuit. Sur lequel des deux doit tomber le dommage?

R. Il doit tomber sur Sylvain, s'il s'est attiré cet orage par sa faute et son imprudence; parce que, *qui occasionem præstat, damnum fecisse videtur*. Mais si le voisin a été l'injuste agresseur, et qu'on ne puisse imputer aucun tort à Sylvain; si, *v. g.* dans un procès intenté par un autre contre ce voisin, Sylvain a été contraint de déposer contre lui, et que, pour s'en venger, il ait brûlé la grange de Sylvain, ce cas doit être considéré comme purement fortuit, et par conséquent il n'en serait pas responsable, mais le dommage du bâtiment de la grange tomberait uniquement sur le locateur. Voyez le cas Cyprien.

Cas VI. *Prosper*, ayant affermé vingt arpents de terre à Bénigne, pour neuf ans, à condition que Bénigne lui paiera 120 boisseaux de froment, la stérilité a été si grande la dernière année, que Bénigne n'a presque rien recueilli; sur quoi il demande à Prosper un dédommagement, tant pour ses semences que pour son labourage, ce que Prosper lui refuse. Lequel des deux a raison?

R. Quand un bail à ferme est fait pour un temps si long, non en argent, mais en certaine portion de fruits, et qu'il arrive dans quelques-unes de ces années des pertes causées par des cas fortuits qui ne sont pas extraordinaires, elles doivent tomber sur le locataire, et non sur le locateur. La raison est que, comme dans une année très-fertile le locataire ne doit rien de plus que ce dont il est convenu, de même, dans une année de stérilité, il ne doit rien de moins. *Si nihil extra consuetudinem acciderit, damnum coloni est*. Leg. 15, *Locati*, etc.

Cas VII. *Geofroi*, ayant loué pour sept ans 45 arpents de terre à Vincent, ce fermier veut ensemencer tous les ans ces terres de froment. Geofroi prétend qu'il n'en doit ensemencer que le tiers, et l'autre tiers de menus grains, et laisser le reste en guéret ou jachère, sans y rien semer. A-t-il raison?

R. Oui, pourvu que cela soit porté par les conventions du bail, ou réglé par l'usage général du pays; car, au défaut des conventions du bail, le locataire est obligé de s'y conformer comme à une loi qu'il doit suivre. *Nam diuturni mores consensu utentium comprobati legem imitantur*, dit Justinien, *Instit.* 1. 1, tit. 2.

Cas VIII. *Gratien* a affermé pour cinq ans une métairie à Berlin, qui y a fait de son chef des améliorations considérables, ayant planté une vigne dans un lieu qui était auparavant inculte. Le bail étant fini, et Gratien ne voulant pas le lui continuer, lui a demandé le remboursement des dépenses qu'il y a faites. Gratien lui a répondu qu'il les avait faites sans son ordre, et qu'ainsi il ne devait pas lui en tenir compte. Le propriétaire est-il bien fondé dans son refus?

R. Si ce locataire était obligé par son bail à faire ces améliorations, Gratien n'est tenu à lui en faire aucun remboursement; mais s'il ne s'y est pas obligé par son bail, et qu'il ait augmenté par là le revenu de la métairie, Gratien est tenu de le désintéresser. C'est ainsi que le décide la loi 15, cod. *de Eviction.*,

l. VIII, tit. 43, qui dit : *Impensas, quas ad meliorandam rem vos erogasse constiterit, habita fructuum ratione, restitui vobis jubebit* (Præses provinciæ). Ces paroles *habita fructuum ratione* marquent que ceci doit s'entendre comme dans l'estimation des dépenses qu'un acquéreur, évincé d'un héritage, aurait faites pour l'améliorer, et qui en auraient augmenté le revenu; de sorte que si les jouissances de ces fruits étaient suffisantes pour acquitter le principal et les intérêts légitimes des avances faites pour l'amélioration du fonds, il n'en serait point dû de remboursement, l'acheteur ne perdant rien en ce cas ; et si au contraire elles étaient moindres, le remboursement du surplus lui serait dû, parce qu'il ne doit rien perdre. C'est ainsi que M. Domat décide la difficulté proposée, 1, tit. 2, sect. 10, n. 17.

— Molina, Lugo, Lopez, etc., expliquent ces lois du cas où le locateur consent tacitement à ces sortes d'améliorations, ou bien de celui où elles ne lui sont pas fort onéreuses. Sans cela un homme pourrait à force de dépenses utiles ruiner son maître, ou du moins rester malgré lui dans sa terre, quoiqu'il s'y fût rendu odieux à tout le canton.

CAS IX. *Célestin* ayant loué sa maison à Martin pour cinq ans, moyennant 1000 liv. de loyer par an, et Martin l'ayant sous-louée 1200 liv. à Jean; un an après, Célestin la veut réparer et l'agrandir, et demande à Martin qu'il la lui remette vide : Martin le refuse, à moins qu'il ne le dédommage du tort qu'il en souffrirait. Célestin doit-il ce dédommagement?

R. S'il y a une véritable nécessité de réparer la maison, comme si elle menace une prochaine ruine, on doit regarder cela comme un cas fortuit, que le locataire doit subir sans qu'il puisse prétendre aucun dédommagement de Célestin, qui est seulement obligé à décharger son locataire du loyer qu'il était convenu de lui payer. Mais s'il n'y a point de vraie nécessité, Célestin est obligé à dédommager Martin de tout le profit qu'il faisait, et même de faire cesser à ses frais le trouble que le sous-locataire lui pourrait faire à cause de l'interruption du bail que Martin lui a fait. *Tantum ei præstabis*, dit la loi 33, ff. *Locati*, etc., *quanti ejus interfuerit frui, in quo etiam lucrum ejus continebitur.* Néanmoins si dans le cas de nécessité, la réparation se peut faire en peu de temps et avec une légère incommodité du locataire, il est de l'équité qu'il la souffre, sans en prétendre de dédommagement, ainsi qu'il est porté par la loi 27, eod. tit.

CAS X. *Christophe* a loué pour six ans sa maison à Jacques. Un an après voulant occuper lui-même sa maison, il a demandé à Jacques la résolution du bail qu'il lui en avait fait. Jacques s'est par crainte désisté de son bail, quoiqu'il en souffre un dommage fort considérable. N'y a-t-il pas d'injustice dans le procédé du propriétaire?

R. Il n'y en a point, pourvu que le locateur veuille de bonne foi habiter dans sa maison, et qu'il n'ait pas renoncé expressément à son droit par le bail qu'il en a fait à Jacques. La raison est qu'un propriétaire n'est censé louer sa maison, que sous la condition tacite, qu'en cas qu'il en ait besoin, le locataire sera tenu de la lui rendre : *Nisi propriis usibus dominus eam necessariam esse probaverit*, dit la loi 3, cod. *de Locato*, etc.

— La loi dit moins que Pontas. Il faut qu'un locateur soit nécessité à occuper sa maison, et même qu'il n'ait pas prévu cette nécessité, quand il l'a louée. Ce qu'il peut faire pour se loger, il le peut faire pour loger son père, sa mère, ou ses enfants. S'il avait une autre maison qui fût libre, il semble qu'il n'aurait pas droit de congédier son locataire. Cependant on juge le contraire au Châtelet. *Voyez* DOMAT.

Cette loi a été abrogée par le code civil; aujourd'hui le bailleur ne peut exercer un pareil droit que lorsqu'il a été formellement stipulé par le bail.

CAS XI. *Ariston* ayant loué sa maison à Basile pour cinq ans, peu de mois après un voisin a fait bâtir tout proche une haute muraille, qui en diminue notablement les jours. Sur quoi Basile demande à Ariston la résolution de son bail, ou un dédommagement proportionné à l'incommodité qu'il en souffre. Ce locateur lui refuse l'un et l'autre, et dit pour raison que c'est un cas fortuit qui n'est pas de son fait. Lequel a raison des deux?

R. C'est le locataire ; car dès que l'usage d'une chose qu'on n'a louée que pour s'en servir vient à cesser par un cas imprévu, ce changement ne doit tomber que sur le propriétaire. *Si vicino ædificante obscurentur lumina cœnaculi*, dit la loi 25, ff. eod., *teneri locatorem inquilino. Certe quin liceat colono vel inquilino relinquere conductionem, nulla dubitatio est.*

CAS XII. *Roch* ayant loué sa maison pour huit ans à Pascal, l'a vendue à Julien trois ans après le bail commencé. Julien est-il tenu de laisser achever le bail, ou peut-il sans injustice en déloger le locataire?

R. Un bail ne finit pas seulement par l'expiration du temps pour lequel il a été fait, mais encore lorsque le fonds loué change de maître. Car le nouveau propriétaire n'est pas obligé à tenir le contrat passé entre son vendeur et le locataire, ainsi que le décide la loi 9, cod. *de Locato*, etc., en ces termes : *Emptorem fundi necesse non est stare colono, cui prior dominus locavit, nisi ea lege emit.* L'héritier particulier du locateur n'y est pas même obligé, parce qu'il ne représente pas la personne du défunt, comme fait l'héritier universel. Et c'est par cette raison que celui qui succède à un bénéfice vacant par mort ou par démission n'est pas obligé à continuer au fermier le bail des fruits du bénéfice fait par son prédécesseur. Néanmoins le locataire ou fermier expulsé par l'acheteur a son recours contre le locateur pour les dommages que l'interruption de son bail lui peut causer, *leg.* 14, ff. *Locati*, etc.

La jurisprudence n'est plus la même à cet égard. L'acquéreur ne peut expulser le locataire de maison, boutique ou appartement, qu'en l'avertissant au temps d'avance usité dans le lieu pour les congés; et le fermier des biens ruraux, qu'en l'avertissant au moins un an d'avance, s'il n'y a pas de bail écrit; s'il y en a un, aux termes du bail.

Cas XIII. *Ennius* ayant loué une maison pour six ans, est mort un mois après le bail commencé. Son héritier peut-il sans injustice obliger le locataire à quitter la maison; ou bien ce locataire est-il tenu à continuer ce bail?

R. L'héritier n'étant qu'une même personne avec le défunt, il entre dans ses obligations comme dans ses droits. Il doit donc continuer le bail fait par son auteur; et le locataire par la même raison est obligé de s'y tenir. C'est la disposition de la loi 10 cod. *de Locato*, etc.

Cas XIV. *Philémon* a loué sa maison à Enguerrand pour cinq ans, sur le pied de 500 liv. par an, au lieu de 800 liv. qu'il eût pu la louer; mais à condition que, si la maison vient à périr par quelque cas fortuit, Enguerrand sera tenu de la rétablir. Ce cas est arrivé. A quoi est tenu le locataire?

R. En général c'est au locataire à supporter les cas fortuits, *quia res perit domino*. Mais quand le locataire s'en est chargé par une convention juste comme dans l'exposé, il en est tenu. C'est aussi ce que dit la loi *Si quis* ff. *locati*, etc., en ces termes: *Julianus.... dicit: Si quis fundum locaverit ea lege ut si quid vi majore accidisset, hoc ei præstaretur, pacto standum esse*.

Cas XV. Il suit de cette décision que l'auteur se trompe, cas *Foulques*, quand il dit qu'un homme n'a pu louer à 20 sous par jour un cheval qu'il loue ordinairement 40, à condition que le locataire lui répondrait du cheval, de quelque manière qu'il vînt à périr. Et en effet cette sorte d'assurance, quand elle est bien payée, n'est pas contre la nature du louage: *Est præter, non autem contra naturam locationis*.

Cas XVI. *François* a une maison qu'il n'a pu louer depuis plus de dix-huit mois, quoiqu'il n'ait aucun autre revenu pour subsister. Peut-il, uniquement pour vivre, la louer à Lucine, qu'il connaît et qui est connue pour femme de mauvaise vie?

R. Cet homme ne peut sans un grief péché louer sa maison à Lucine, ni à toute autre personne qui ne la prendrait que pour s'en servir des usages criminels. Car il en est de lui comme d'un homme qui vendrait ou qui prêterait une épée à celui qu'il croit probablement s'en devoir servir pour se battre en duel. Or ce dernier pécherait mortellement, quoiqu'il n'eût aucune autre intention en la vendant, que d'en retirer de quoi vivre. C'est pourquoi saint Charles ne veut pas qu'un confesseur donne l'absolution à ceux qui tiennent des maisons préparées pour jouer aux cartes ou aux dés, qu'ils ne renoncent auparavant à cette mauvaise pratique. Or le péché de ceux qui tiennent des académies de jeu, n'est pas si odieux que celui d'une femme qui fait un commerce public de débauche. Disons donc avec saint Jérôme, l. III, in Matth. *Melius est ut emolumentis carnalibus careas, quam dum vis lucrifacere, causam habeas ruinarum*. Cependant, dit Sylvius, in 2-2, q. 77, a. 4, si le prince ou ses magistrats permettaient aux femmes débauchées de se retirer dans un certain quartier de la ville, comme le permit Charles VI par son ordonnance du 14 septembre 1420, les propriétaires des maisons, qui en ce cas ne pourraient les louer à d'autres personnes, pourraient les leur louer, afin de pourvoir à leurs besoins par le prix du loyer qu'ils en retireraient, pourvu qu'ils détestassent sincèrement la mauvaise vie de ces femmes perdues. *Voyez* le cas suivant (1).

Cas XVII. *Clément* a loué un appartement à une femme qu'il croyait sage, mais qu'il a reconnue pour débauchée. Est-il tenu de l'en faire déloger, quoique sa débauche soit secrète?

R. Oui; parce que c'est favoriser le vice, que de retenir chez soi ceux qu'on sait être dans la débauche; et un véritable chrétien n'oserait, sans rougir, soutenir qu'il peut protéger les personnes dont la vie est si honteuse et si criminelle. Cette décision doit être modifiée par ce que nous avons ajouté au cas précédent.

Cas XVIII. *Hilaire* qui n'a que l'usufruit d'une maison, l'a louée à Julien, qui y a fait des dépenses considérables en réparations. Hilaire étant mort avant la fin du bail, Julien a-t-il droit de répéter sur le propriétaire de cette maison les dépenses qu'il a faites?

R. Quand le locateur n'est usufruitier de la maison qu'il loue, s'il vient à mourir avant que d'avoir dédommagé le locataire, celui-ci ne peut pas répéter le prix des réparations qu'il y a faites, parce qu'il devait juger que l'usufruitier, son locateur, pouvait mourir avant l'expiration de son bail, et que son droit de répétition cesserait par cette mort. C'est pourquoi, puisqu'il a bien voulu subir le danger de cette perte, il n'a pas lieu de s'en plaindre. C'est la décision de Domat.

Cas XIX. *Damase* a loué sa maison à Baudouin pour un an, moyennant 300 liv. Baudouin craignant qu'une maladie contagieuse ne se communiquât dans le lieu où est cette maison, s'en est retiré six mois après le bail commencé, et a envoyé 150 liv. à Damase sans l'avoir averti de sa retraite. Damase prétend qu'il lui doit payer les 300 liv. en entier, parce que ne l'ayant pas averti qu'il abandonnait sa maison, il est cause qu'il ne l'a pas louée à un autre. *Quid juris?*

R. Un locataire doit ne quitter la chose louée qu'à la fin du terme convenu, à moins

---

(1) Si cette maison n'est pas située de manière à fournir une plus grande occasion de péché et qu'elle ne puisse pas être louée à d'autres, François peut la louer à ces filles de mauvaise vie, pourvu qu'elles ne nuisent pas gravement aux voisins honnêtes. Tel est le sentiment de saint Liguori, de Suarès et de beaucoup d'autres.

qu'il n'en ait un juste sujet de la part de la chose même qu'il a prise à louage; et en ce cas même, il est tenu d'avertir le locateur, s'il lui est possible, pour ne lui pas ôter le moyen de trouver un autre locataire. Ainsi Baudouin doit dédommager Damase, s'il n'a pu louer sa maison. Mais il n'y serait pas tenu, s'il n'avait pu l'avertir de sa retraite, comme il pourrait arriver dans une incursion subite d'ennemis, à la violence desquels il ne serait pas en état de ré ister. Tout cela est si connu par l'usage, qu'il serait inutile de le prouver par les lois.

Cas XX. *Cyprien* ayant loué sa maison à Gilbert, le feu y a pris et en a consumé une partie. Qui des deux doit porter ce dommage?

R. Si le feu a pris à la maison par la faute du locataire ou de ceux dont il devait répondre, *v. g.* de ses enfants, domestiques et même sous-locataires, toute la perte doit tomber sur lui; mais si l'incendie est arrivé sans qu'il y ait eu de sa faute, comme si ç'a été par le feu du ciel ou par la malice d'un incendiaire, c'est à Cyprien seul à en supporter tout le dommage, parce que *res perit domino rei.* Il en est de même de toutes les autres choses qu'on peut louer, à l'exception de celles qui ont été appréciées au temps qu'on les a louées, comme si, ayant loué un cheval, je suis convenu avec le locateur de l'estimation de ce cheval à 20 pistoles ; car en ce cas, s'il vient à périr, même par cas fortuit, je suis obligé à en payer la valeur, parce que cette estimation tient lieu de vente.

— Les lois qui rendent un maître responsable du fait de ses domestiques supposent, ou qu'il les a mal choisis, ou qu'il n'a pas veillé sur eux. *Placet ut conductor culpam etiam corum quos induxit, præstet nomine suo... si tamen culpam in inducendis admittit, quod tales habuerit vel suos, vel hospites.* Leg. 11, ff. *Locati,* etc. Ainsi M. Domat va au delà des termes de la loi. Au surplus le locataire a son recours contre le sous-locataire en cas d'incendie ou d'autres détériorations.

Cas XXI. *Altin*, s'étant loué à Démétrius pour lui bâtir une maison, en a déjà fait les fondements, après quoi il vient à mourir. Démétrius veut obliger les héritiers d'Altin d'exécuter le marché que le défunt avait fait avec lui. Le peut-il?

R. La loi 13, cod. *de Contrah... stipulat.,* l. VIII, tit. 38, veut que toutes les promesses qu'on a faites de donner ou d'exécuter quelque chose, ou tout ensemble de donner et de faire, passent aux héritiers, sans qu'il soit nécessaire que cela ait été expressément stipulé. Démétrius peut donc obliger les héritiers d'Altin à tenir le marché que le défunt avait fait avec lui; et de même, si Démétrius était venu à mourir avant qu'Altin eût achevé le bâtiment, celui-ci aurait action contre les héritiers de Démétrius, et pourrait les contraindre à tenir le marché qu'il aurait fait.

— Ainsi donc les enfants, les frères, les sœurs d'Altin, qui ne connaissent rien, ni

(1) D'après le code civil, le contrat de louage d'ouvrage est dissous par la mort de l'ouvrier, de l'architecte ou de l'entrepreneur; mais le propriétaire

en architecture, ni en architectes, seront obligés de faire continuer ce bâtiment. Jugez de la bonté de l'ouvrage (1).

Cas XXII. *Ariste* s'est loué à Pierre pour couper trois arpents de bois taillis, moyennant 18 livres seulement, parce qu'il croyait pouvoir achever ce travail en vingt-quatre jours, ce qui lui aurait produit 15 sous par jour, salaire ordinaire des bûcherons. Mais parce que ce bois était fort épais, il ne l'a pu couper qu'en trente-six jours. Pierre est-il obligé à payer à Ariste ce qu'il aurait gagné en travaillant ailleurs s'il ne s'était pas trompé dans son marché?

R. Il en est de l'erreur, dans le louage comme de l'erreur dans la vente. Or il n'est jamais permis d'acheter une chose moins qu'elle ne vaut, quoique le vendeur se soit trompé ou qu'il en ait ignoré la juste valeur. On ne peut donc aussi se prévaloir de l'erreur ou de l'ignorance d'un manœuvrier qu'on loue, et l'on doit lui augmenter le prix de son travail à proportion du temps qu'il y emploie de plus : *Si quis... per dolum obligatus est, competit ei exceptio... etsi nullus dolus intercessit stipulantis, sed ipsa res in se dolum habet.* Leg. 36, ff. *de Verd. obliq.*, l. XLV, tit. 1.

Il faut pourtant observer, 1° que si Pierre, en concluant son marché avec Ariste, était absolument disposé à ne pas faire plus de dépense qu'il n'est convenu avec le bûcheron, et qu'autrement il n'eût pas fait faire l'ouvrage, il ne serait pas obligé, dans la rigueur, à un supplément de payement; 2° que si l'ouvrier a été obligé par un cas fortuit, comme par un mauvais temps, à employer plus de journées qu'il ne croyait pour achever son travail, celui qui l'a loué n'est pas obligé non plus à augmenter le prix convenu, parce que si cet ouvrier en avait employé beaucoup moins, à cause que le temps lui aurait été très-favorable, il ne serait pas obligé de rien diminuer de la somme à lui promise.

— Un bûcheron ne peut-il pas et ne doit-il pas examiner l'ouvrage qu'on lui propose? Je vois le cas où *ipsa res in se dolum habet,* dans une montagne qu'un homme entreprend de couper, et où lui ni personne ne soupçonnait point de roche, mais je ne le vois point dans le cas du bûcheron. J'avoue cependant qu'il est de l'équité d'avoir égard à son erreur.

Cas XXIII. *Fullon* a loué dix hommes pour une semaine, à raison de 12 sous par jour, pour s'en servir à sa moisson; mais une affaire imprévue l'ayant obligé de partir pour un voyage sans leur avoir laissé ses ordres, ils ont passé le premier jour sans travailler, parce qu'ils l'attendaient toujours. Fullon doit-il leur payer ce premier jour comme les autres?

R. Oui, à moins qu'ils n'aient travaillé pour eux-mêmes ou pour d'autres. *Qui operas suas locavit,* dit la loi 38, ff. *Locati., totius* est tenu de payer en proportion du prix porté par la convention, à leur succession, la valeur des ouvrages faits.

temporis mercedem accipere debet; si per eum non stetit, quominus operas præstat et. Nota. Si ces dix hommes avaient été payés d'avance et qu'ils n'eussent pas voulu travailler, ils seraient obligés de restituer au locateur l'argent reçu, et même de le dédommager du tort qu'ils lui auraient causé.

Cas XXIV. *Matthieu,* après avoir loué pour un an Octavien, peintre, moyennant 200 livres, avec sa nourriture, à condition qu'il lui ferait un certain nombre de tableaux, s'est dégoûté de la peinture six mois après et a congédié sans autre raison Octavien, en ne lui donnant que 100 livres pour les six mois. En est-il quitte pour cela?

R. Si Octavien est demeuré sans travail pendant les six mois restants, Matthieu lui doit payer les 200 livres, parce que les contractants sont obligés d'observer fidèlement ce dont ils sont convenus : c'est ce que dit formellement la loi 38, ff. *Locati.* C'est pourquoi aussi, s'il arrive par la faute de celui qui s'est loué qu'il ne rende pas le service qu'il a promis, il est tenu du dommage qu'en souffre celui qui l'a loué.

Cas XXV. *Faron,* voiturier par eau, s'étant chargé de transporter quatre colonnes de marbre moyennant la somme de 30 livres, en a brisé une en les déchargeant sur le port. En doit-il porter la perte?

R. Oui, si la colonne s'est brisée par la faute de Faron ou de ceux dont il s'est servi pour la décharger; mais si lui et les autres ont apporté tout le soin qu'on doit attendre des personnes les plus prudentes et les plus entendues, le dommage n'en doit pas tomber sur lui. *Qui columnam transportandam conduxit, si ea, dum tollitur, aut portatur, aut reponitur, fracta sit; ita id periculum præstat, si qua ipsius, eorumque quorum opera uteretur, culpa acciderit. Culpa autem abest, si omnia facta sunt quæ diligentissimus quisque observaturus fuisset.* Lég. 25, ff. *Locat.*

Cas XXVI. *Michel* s'est chargé de garder le cheval de Claude, à condition que Claude lui payerait 4 livres par mois. Quelque temps après, le cheval, paissant dans une prairie un peu éloignée, a été volé. Est-il tenu de payer le prix du cheval?

R. Oui ; car celui qui est payé pour garder une chose est obligé à la conserver avec tout le soin dont les personnes les plus vigilantes sont capables; et si par le défaut d'un tel soin la chose vient à périr, même par un cas fortuit qu'il eût pu éviter, il en demeure responsable envers le propriétaire. Or Michel n'a pas apporté tout le soin qui était possible aux plus vigilants, puisqu'il a mis ce cheval dans un pâturage éloigné, sans qu'il y eût personne le garder : donc, etc.

Cas XXVII. *Sabinien,* pauvre garçon, ne pouvant trouver le moyen de gagner sa vie, prie instamment Gautier de le recevoir chez lui en qualité de valet, lui promettant de lui rendre autant de service pour dix écus par an que lui en rendent les autres, à qui il en donne vingt. Gautier peut-il le louer à si bas prix?

R. Il en est du louage comme de l'achat, ainsi que le dit Justinien, lib. III, *Instit.*, tit. 2. On ne peut donc pas plus louer un domestique qu'on ne peut acheter une chose au-dessous de son prix ; cependant, comme on peut acheter une chose moins qu'elle ne vaut quand on n'en a pas besoin et qu'on ne la prend que pour faire plaisir au vendeur, *sic et in locatione.* C'est sur ce principe que Gautier doit se décider.

Cas XXVIII. *Saturnin,* ayant besoin de deux chevaux pour conduire de Paris à Bordeaux une charrette chargée de marchandises, s'adresse à Landri ; et afin de les avoir à meilleur marché, il feint qu'il en a besoin pour lui et pour un valet, pour aller à petites journées à Lyon, où il dit qu'il séjournera huit jours, et de là à Toulouse, où il suppose qu'il séjournera quelques semaines ; après quoi il reviendra à Paris et lui payera le louage des deux chevaux sur le pied de 3 livres par jour pour les deux. Landri livre ces chevaux à Saturnin, qui s'en sert à l'usage qu'il avait projeté. On demande, 1° s'il peut sans péché faire servir ces deux chevaux à tirer la charrette chargée, sans le consentement de Landri, qui, l'ayant su, les aurait peut-être voulu louer davantage? 2° Si, en cas que cela ne lui soit pas permis, il est obligé à quelque restitution envers Landri?

R. Saturnin est un trompeur qui se sert du bien d'autrui contre la volonté légitime du maître, et qui fait tort à Landri en fatiguant beaucoup plus ses chevaux qu'il ne lui a fait entendre ; par conséquent il lui doit un supplément, tel qu'il l'aurait pu exiger selon le jugement qu'en feraient des personnes sages et désintéressées.

Cas XXIX. *Léovigil* a loué pour quinze jours un cheval de Narcisse, pour aller de Paris à Orléans. Ce cheval s'étant déferré, Léovigil a négligé de le faire ferrer ; d'où il est arrivé qu'il a eu le pied entièrement gâté. Qui des deux doit porter cette perte?

R. C'est Léovigil, puisqu'un locataire doit user de la chose louée en bon père de famille ; ce qu'il n'a pas fait, en négligeant une chose aussi essentielle que celle de faire ferrer un cheval qui a besoin de l'être.

Cas XXX. *Aristot* a loué deux bœufs pour un mois à Marcel, à raison de 25 sous par jour, mais à condition que si Marcel ne les lui rendait pas le lendemain du mois expiré, il serait obligé de les garder et de lui en payer la valeur sur le pied de 90 livres. Marcel ne les a renvoyés à Aristot que trois jours après le terme stipulé. Celui-ci veut que Marcel lui paye les 90 livres et qu'il garde les bœufs. Aristot peut-il en conscience y obliger Marcel, principalement s'il ne lui a pas redemandé ses bœufs?

R. Il le peut ; parce que cette convention n'a rien d'injuste, et que le jour dont on est convenu dans le contrat est censé sommer suffisamment le débiteur, sans que le créancier soit obligé de l'en avertir : *Cum in hoc casu dies statuta pro domino interpellet.* Gregor. IX, cap. fin., *de Conduct.*, etc., l. III, tit. 18.

Cas XXXI. *Remi* loue pour 4 ans à Benoît six bœufs, estimés chacun à 40 liv., et dix vaches, estimées chacune à 25 liv., afin qu'il s'en serve pour labourer et engraisser ses terres; à condition : 1° que Benoît lui payera une mesure de blé par an, valant 50 ou 60 sous pour chaque vache, et deux pour chaque bœuf; 2° que les fruits que porteront les vaches seront partagés entre eux par égale portion; 3° que chacun d'eux portera par moitié la perte, tant naturelle que fortuite, qui pourra arriver des bêtes; sans quoi Remi pourrait tirer de ce louage une quantité de blé beaucoup plus grande, si Benoît ne se chargeait pas également de la perte comme Remi, tant parce que Benoît trouve un grand avantage en ce contrat, qu'à cause que les bêtes que Remi lui loue, dépérissent et s'usent notablement par le travail. Ce contrat n'est-il pas juste?

R. Ce contrat, qui s'appelle de *gazaille* ou *louage de bétail*, est injuste; parce que la troisième condition détruit la nature du contrat de louage et de celui de société, dans lesquels le bailleur demeure toujours propriétaire des animaux qu'il donne à louage ou en société, et doit par conséquent en porter seul la perte, lorsqu'ils viennent à périr sans la faute du preneur qui n'est tenu que de la perte des bêtes qui périssent par sa malice ou par sa négligence. Remi ne peut donc sans injustice charger Benoît de la moitié de la perte des bœufs ou vaches qui viendraient à mourir sans qu'il y eût aucunement de sa faute. Il peut donc bien retirer une plus grande quantité de blé du louage de ses bêtes, si la coutume générale du pays est d'en tirer un plus grand profit; mais il ne peut pas, sous prétexte qu'il en tire un plus médiocre, obliger Benoît à une chose qui détruit la nature du contrat qu'il a fait avec lui.

—L'auteur soutient, cas *Philémon*, qu'un homme peut, en louant sa maison au-dessous de son prix, charger le locataire des cas fortuits. Il serait à souhaiter qu'il nous eût dit pourquoi un homme qui loue à moindre prix ses bœufs et ses vaches ne peut charger le preneur y consentant, des mêmes cas fortuits, quand la diminution actuelle et réelle est proportionnée à la charge qu'il impose.

Voyez COMPENSATION, GAGES, SEIGNEUR DE PAROISSE, cas *Hugues*.

LOUANGE.

Louer une personne c'est parler d'elle avec éloge et à son avantage. Il n'y a d'ordinaire que les personnes peu sensées qui se louent elles-mêmes, quoiqu'on puisse quelquefois se glorifier dans le Seigneur des grâces qu'il nous a faites. On ne doit jamais louer que celui qui est digne de louange; et il n'est pas à propos d'en donner souvent à ceux qui en méritent. Constantin s'irrita contre un prélat, qui lui dit qu'il était le seul qui fût digne de commander sur la terre : *Sapiens cum in ore laudatur, in aure flagellatur, et contristatur in mente*, dit saint Grégoire.

Cas I. *Sirice*, homme savant et d'une vie exemplaire, se donne lui-même des louanges au sujet de sa capacité ou de sa conduite. Le peut-il faire quelquefois sans aucun péché?

R. Il est très-rare que l'on puisse se louer soi-même sans pécher par vanité, tant la faiblesse de l'homme est grande. On le peut cependant : 1° quand tenté de désespoir, on se rappelle, pour se fortifier dans la confiance en Dieu, les bonnes œuvres qu'on a faites avec sa grâce; 2° lorsqu'il est utile au salut du prochain qu'il sache quelque chose de ce que nous avons fait de bien. C'est par cette raison que saint Paul a quelquefois fait son éloge. V. S. Thomas in II Cor. II, lect. 5.

Cas II. *Constance*, femme de cour, donne souvent des louanges à des dames en leur présence. Le peut-elle sans péché?

R. Oui, si elle a une juste raison de le faire, et une intention pure en le faisant. Par exemple, si elle veut empêcher une amie de tomber dans l'abattement ou lui faire aimer la vertu. Mais si elle loue d'une action mauvaise, ou par un pur esprit de flatterie, ou prévoyant bien qu'elle donnera de la vanité, on ne peut l'excuser. Or c'est là le style trop ordinaire de la cour, où l'on ne se souvient guère de ces paroles de l'Apôtre : *Si adhuc hominibus placerem, Christi servus non essem.* Galat. I.

LUXURE.

Péché capital, qu'on appelle le vice honteux, le vice infâme, le vice déshonnête, le vice mauvais.

Vice honteux, parce qu'il a pour objet des actions ou des désirs qu'on a le plus de honte d'accuser en confession; des actions qu'on aurait honte de commettre à la vue du monde, et dont une personne d'honneur rougirait d'être seulement soupçonnée.

Vice infâme, parce qu'il couvre d'infamie celui qui s'y livre.

Vice déshonnête, parce qu'il avilit l'honnête homme. Il le rend tout animal, il ne lui laisse qu'un cœur de bête.

Vice mauvais, par le coup mortel qu'il donne toujours à l'âme. C'est pour cela que les pensées impures sont appelées *mauvaises pensées*. Cependant les pensées et les tentations impures, que l'on a sans sa faute, par surprise et malgré soi, ne sont point péchés. Si vous êtes négligent à y renoncer, il y a péché au moins véniel, si vous les avez, si vous les retenez, si vous les continuez volontairement dans l'esprit, c'est-à-dire avec connaissance et avec une complaisance sensuelle, elles sont péchés mortels; les théologiens ne reconnaissent point de légèreté de matière en fait de luxure voulue directement et en elle-même. Le péché est toujours mortel quand il y a pleine advertance ou consentement parfait, mais ce péché est beaucoup plus grave dans un acte de luxure parfaite que dans un acte de luxure imparfaite.

Dans tous les actes de l'âme, bons ou mauvais, la pensée, le désir, la volonté, les actions et l'intention ne sont pas la même chose, et sont des actes distincts. Plusieurs personnes, éclairées d'ailleurs, les confondent, en voici l'explication : La *pensée* est une idée ou un souvenir, ou une représentation dans l'esprit. Le *désir* est une *demi-volonté*. La *volonté*, c'est lorsqu'on le veut en effet. Les *actions*, ce sont quelques actes extérieurs que l'on fait. L'*intention* c'est la fin ou le motif qu'on se propose.

La pensée est comme le premier pas et le moindre degré du bien au mal. Si l'objet auquel on pense est bon et saint, la pensée est bonne et sainte. Si l'objet est mauvais, dangereux, ou défendu, la pensée volontaire est un péché plus ou moins grand, selon que le cœur s'attache à cet objet; le désir est un plus grand péché que la pensée; la volonté un plus grand que le désir; l'action, toute proportion gardée, plus grand péché que la seule volonté. Tous les actes sont plus ou moins criminels selon l'intention qu'on se propose et selon qu'il y a plus ou moins de délibération.

Remarquons que la pensée volontaire n'est pas la volonté de faire ce que l'on pense. La pensée est volontaire, lorsqu'on veut avoir cette pensée, qu'on y prend garde et qu'on la retient dans son esprit avec connaissance. Si l'on ne veut pas cette pensée, elle n'est ni volontaire, ni péché. La pensée volontaire d'impureté est un péché plus ou moins grief, selon les actions et les objets auxquels on pense. Les personnes qui vivent dans la crainte de Dieu, qui veillent sur elles-mêmes, qui n'aiment ni les idées impures, ni les discours obscènes, ni les occasions du péché, peuvent croire que les pensées et les tentations qui les attaquent, même souvent, ne sont point volontaires; elles ne doivent pas s'en inquiéter, elles doivent les mépriser, s'en humilier devant Dieu, employer même très-peu de temps à s'examiner sur cette matière, et se confesser en peu de mots de quelques négligences dont elles se sentiraient coupables sur ce point; si elles s'examinaient longtemps sur cette matière, elles ne feraient qu'irriter leur imagination et s'attirer par là de nouvelles et de plus fréquentes tentations. Mais si vous vivez dans la dissipation, si vous donnez toute liberté à vos sens, si vous vous échappez facilement et fréquemment en paroles libres, si vous aimez les lectures de romans, vous devez craindre que vos pensées impures ne soient volontaires, n'est-ce pas les vouloir que d'en aimer la cause et l'occasion?

Pour juger si une pensée est volontaire, on doit distinguer trois choses : la suggestion ou la représentation de l'objet; la délectation ou le plaisir qu'on éprouve à se représenter l'objet, et le consentement qu'on donne à ce plaisir. La suggestion ou la représentation est la première idée du mal qui se présente à l'esprit; elle n'est point en elle-même un péché. La délectation est le plaisir charnel qu'occasionne la pensée du mal; si on ne rejette pas ce plaisir aussitôt qu'on s'aperçoit qu'on ne peut s'y arrêter sans péché et qu'on s'y complaise de propos délibéré, il y a péché mortel; si la volonté ne consentait qu'à demi, si elle résistait, ne fût-ce que médiocrement, le péché ne serait que véniel.

Il ne faut pas confondre le consentement de la volonté, ni avec la pensée, ni avec le plaisir ou la délectation qui accompagne ordinairement la pensée impure. Ce plaisir peut subsister sans que la volonté y soit pour rien; et tant que la volonté n'y prend aucune part, qu'elle n'y adhère point, il ne peut y avoir de péché; ce n'est plus qu'une tentation qui devient un sujet de mérite pour nous.

Avez-vous arrêté en votre cœur un désir impur? Péché mortel : désirer une chose, c'est la vouloir avec une certaine ardeur; le désir impur renferme donc un consentement volontaire, une adhésion de la volonté à l'action déshonnête que l'on désire; si on ne la commet pas, ce n'est que l'occasion ou les moyens qui manquent; le crime est donc déjà consommé dans le cœur. Quel déluge d'iniquités sont sorties d'un cœur où une flamme impure a séjourné pendant des années entières! *Voyez* REGARDS, PAROLES, DANSES, COMÉDIES, LIVRES, FORNICATION.

M

MAGNÉTISME.

Sans discuter sur le magnétisme en lui-même, nous examinerons seulement s'il est permis ou non de magnétiser ou de se faire magnétiser. Il serait aujourd'hui difficile de décider absolument la question prise en général; cependant nous avons de Rome deux décisions qui pourraient nous diriger pour les cas particuliers : la première est une réponse à une consultation adressée à la sacrée pénitencerie, par M. Fontana, chancelier de l'évêché de Lausanne et Genève, en mai 1841. Voici cette consultation :

« EMINENTISSIME DOMINE,

« Cum hactenus responsa circa magnetismum animalem minime sufficere videantur, sitque magnopere optandum ut tutius magisque uniformiter solvi queant casus non raro incidentes, infra signatus Eminentiæ Vestræ humiliter sequentia exponit.

« Persona magnetisata, quæ plerumque sexus est feminei, in eum statum soporis ingreditur, dictum *somnambulismum magneticum*, tam alte, ut nec maximus fragor ad ejus aures, nec ferri, ignisve ulla vehementia illam suscitare valeant. A solo *magnetisatore* cui consensum suum dedit (consensus enim est necessarius) ad illud exstasis genus adducitur, sive variis palpationibus, gesticulationibusve, quando ille adest, sive simplici mandato eodemque interno, cum vel pluribus leucis distat.

« Tunc viva voce seu mentaliter de suo absentiumque, penitus ignotorum sibi, morbo interrogata, hæc persona evidenter indocta illico medicos scientia longe superat; res anatomicas accuratissime enuntiat; morborum internorum in humano corpore, qui cognitu definituque peritis difficillimi sunt, causam, sedem, naturam indigitat; eorumdem progressus, variationes, complicationes evolvit, idque propriis terminis, sæpe etiam dictorum morborum diuturnitatem exacte prænuntiat, remediaque simplicissima et efficacissima præcipit.

« Si adest persona de qua magnetisata consulitur, relationem inter utramque per contactum instituit magnetisator. Cum vero abest, cincinnus ex ejus cæsarie eam supplet ac sufficit. Hoc enim cincinno tantum ad palmam magnetisatæ admoto, confestim declarare quid sit (quin aspiciat oculis) cujus sint capilli, ubinam versetur nunc persona ad quam pertinet, quid rerum agat; circaque ejus morbum omnia supra dicta documenta ministrare, haud aliter atque si, medicorum more, corpus ipsa introspiceret.

« Postremo magnetisata non oculis cernit. Ipsis velatis, quidquid erit, illud leget, legendi nescia, seu librum, seu manuscriptum vel apertum vel clausum, suo capiti vel ventri impositum. Etiam ex hac regione ejus verba egredi videntur. Hoc autem statu educta, vel ad jussum etiam internum magnetisantis, vel quasi sponte sua, ipso temporis puncto a se prænuntiato, nihil omnino de rebus in paroxysmo peractis sibi conscire videtur quantumvis ille duraverit: quænam ab ipsa petita fuerint, quæ vero responderit, quæ pertulerit, hæc omnia nullam in ejus intellectu ideam, nec minimum in memoria vestigium reliquerunt.

« Itaque orator infra scriptus, tam validas cernens rationes dubitandi an simpliciter naturales sint tales effectus, quorum occasionalis tam parum cum eis proportionata demonstratur enixe, vehementissimeque Vestram Eminentiam rogat ut ipsa, pro sua sapientia, ad majorem Omnipotentis gloriam, necnon ad majus animarum bonum, quæ a Domino redempta tanti constiterunt, decernere velit an, posita præfatorum veritate, confessarius parochusve tuto possit pœnitentibus aut parochianis suis permittere:

« 1° Ut magnetismum animalem illis characteribus, aliisque similibus prædictum exerceant, tanquam artem medicinæ auxiliatricem atque suppletoriam.

« 2° Ut se illum in statum somnambulismi magnetici demittendos consentiant.

« 3° Ut vel de se vel de aliis personas consulant illo modo magnetisatas.

« 4° Ut unum de tribus prædictis suscipiant, habita prius cautela formaliter ex animo renuntiandi cuilibet diabolico pacto explicito vel implicito, omni etiam satanicæ interventioni, quoniam hac non obstante cautione, a nonnullis ex magnetismo hujusmodi vel iidem vel aliquot effectus obtenti jam fuerunt. »

Il fut répondu à cette consultation par la sacrée pénitencerie, comme il suit:

« Sacra pœnitentiaria, mature perpensis expositis, respondendum censet prout respondet: *Usum magnetismi, prout in casu exponitur,* non licere. Datum Romæ in pœnitentiaria die 1 julii 1841.

« Card. Castracane, m. p
« P. H. Pomella S. P., secretarius.

Voilà donc la chose décidée pour ce cas particulier; il n'est permis ni de magnétiser, ni de se faire ou laisser magnétiser de la manière exposée à la pénitencerie par M. Fontana. Mais cette décision de la pénitencerie n'est ni générale ni absolue; et Mgr l'archevêque de Reims, en 1842, consulta aussi le souverain pontife; il demanda à Sa Sainteté, si *sepositis rei abusibus rejectoque omni cum dæmone fœdere,* il est permis de magnétiser ou de recourir au magnétisme comme à un remède. Et voici ce que le même cardinal Castracane répondit à Mgr l'archevêque de Reims, le 2 septembre 1843:

« Monseigneur,

« J'ai appris par Mgr de Brimont que Votre Grandeur attend de moi une lettre qui lui fasse savoir si la sainte inquisition a décidé la question du magnétisme.

« Je vous prie, Monseigneur, d'observer que la question n'est pas de nature à être décidée de sitôt, si jamais elle l'est, parce qu'on ne court aucun risque à en différer la décision, et qu'une décision prématurée pourrait compromettre l'honneur du saint-siége; que tant qu'il a été question du magnétisme et de son application à quelques cas particuliers, le saint-siége n'a pas hésité à se prononcer, comme on l'a vu par celles de ses réponses qui ont été rendues publiques par la voie des journaux.

« Mais à présent qu'il ne s'agit pas de savoir si, dans tel ou tel cas, le magnétisme peut être permis; mais que c'est en général qu'on examine si l'usage du magnétisme peut s'accorder avec la foi et les bonnes mœurs, l'importance de cette question ne peut échapper ni à votre sagacité, ni à l'étendue de vos connaissances.»

On voit par cette réponse du grand pénitencier que si le magnétisme, ou plutôt l'application qu'on en fait dans certains cas peut être et a été plus ou moins condamnée, la pénitencerie n'a rien décidé sur la question du magnétisme en général; il serait donc imprudent à un simple prêtre de condamner ou d'autoriser le magnétisme, il est donc prudent de le tolérer jusqu'à ce que la décision de Rome ait tranché la question.

« En disant, ajoute Mgr Gousset, qu'un confesseur doit tolérer l'usage du magnétisme, nous supposons premièrement, que le magnétiseur et le magnétisé sont de bonne foi, qu'ils regardent le magnétisme animal comme un remède naturel et utile; secondement qu'ils ne se permettent rien ni l'un ni l'autre, qui puisse blesser la modestie chrétienne, la vertu; troisièmement, qu'ils renoncent à toute intervention de la part du démon. S'il en était autrement, on ne pourrait absoudre ceux qui ont recours au magnétisme. Nous ajouterons qu'un confesseur ne doit ni conseiller ni approuver le magnétisme, surtout entre personnes de différent sexe, à raison de la sympathie trop grande et vraiment dangereuse qui se forme le plus souvent entre le magnétiseur et la personne magnétisée. »

MAITRES ET MAITRESSES.

Ils doivent à leurs domestiques, ainsi que les pères et mères à leurs enfants, les soins temporels et les soins spirituels.

Soins temporels : Avez-vous traité vos domestiques avec dureté, exigeant d'eux des services au-dessus de leurs forces et dont vous n'étiez pas convenu? Leur avez-vous refusé une nourriture convenable et proportionnée à leur âge, à leur tempérament, à leurs fatigues? Maîtres impitoyables, dit à ce sujet saint Chrysostome, prenez-vous donc vos domestiques pour des statues de pierre, qui n'aient besoin ni de boire ni de manger?

En avez-vous eu soin dans leurs maladies, ou les avez-vous renvoyés dès qu'ils sont devenus malades? Si c'est par votre faute qu'ils sont devenus malades, parce que vous les avez fait trop travailler ou parce que vous les avez trop mal nourris, vous êtes obligés par justice de leur fournir à vos frais les remèdes et les soulagements nécessaires; et quand même il n'y aurait pas de votre faute, la charité chrétienne, une compassion toute naturelle demande de vous que vous en preniez soin, les païens mêmes nous donnent l'exemple. Un domestique tomba malade au service d'un officier païen. Que fit le maître tout païen qu'il était. Le mit-il dehors pour s'en débarrasser? Non, il le garda chez lui, il en eut tout le soin possible; ayant entendu parler des miracles que faisait Jésus-Christ pour la guérison des malades, il vint lui-même en demander un pour son domestique. Que répondront à cet exemple tant de maîtres chrétiens qui, après avoir épuisé un domestique, l'avoir rendu malade par leur dureté, le laissent languir misérablement dans un coin de la maison, sans lui donner ni soulagement ni consolation? A peine daigne-t-on lui parler une fois le jour, et encore lui dit-on des choses capables d'aigrir son mal. Pour qui auriez-vous de la charité, si vous n'en avez point pour ceux qui sacrifient leur liberté pour vous servir? Ne soyez pas, dit le Sage, semblable à un lion furieux dans votre maison, renversant tout, accablant vos domestiques d'injures et faisant gémir sous un joug de fer ces malheureux que la Providence vous a soumis.

Si la maladie des domestiques est longue ou contagieuse, les maîtres, s'il n'en sont pas la cause, ne sont pas obligés de les garder chez eux; ou s'ils les gardent, ils peuvent retenir sur leurs gages les dépenses qu'ils font, soit pour la nourriture, soit pour les remèdes, à moins que les domestiques ne soient vraiment pauvres. Lorsque les dépenses ne sont pas faibles, Antoine et Collet font aux maîtres une obligation de charité de les payer. *Heri tenentur ex charitate minores morbi impensas solvere.*

Avez-vous renvoyé vos domestiques avant le terme convenu sans raison légitime, les décriant ensuite et faisant connaître sans nécessité leurs défauts? Péché d'abord contre la charité et ensuite contre la justice. Maîtres, dit l'Apôtre, souvenez-vous que vous avez un maître qui est dans les cieux, qui ne fait acception de personne, qui vous traitera comme vous aurez traité vos serviteurs; pardonnez-leur, s'ils s'échappent quelquefois, comme vous voudriez qu'ils vous pardonnassent, si vous étiez à leur place; traitez-les comme vous voudriez être traité vous-mêmes. Ce domestique est votre frère selon la religion; il est l'enfant de Dieu comme vous; il a droit comme vous au royaume des cieux; peut-être sa petitesse actuelle l'élèvera dans le ciel, et votre grandeur vous précipitera dans l'abîme.

Lorsque les domestiques ont été renvoyés avant le temps et malgré eux sans raison, ils ont en conscience droit au salaire entier de l'année; cependant s'ils trouvaient sans délai d'autres maîtres qui leur donnassent les mêmes gages, tellement qu'ils ne souffrissent aucun dommage de la faute de celui qui les a injustement renvoyés, ils ne pourraient pas en conscience exiger le gage entier qui leur était promis.

Avez-vous fait payer à vos domestiques des dommages casuels dont vous n'étiez pas convenus? Vous êtes-vous acquittés envers eux de vos promesses pour habits, linges, gratifications? Leur avez-vous retenu ou fait attendre sous de mauvais prétextes une partie de leur salaire? C'est un péché qui crie vengeance contre le ciel. On voit des maîtres riches qui profitent de l'empire qu'ils ont sur certains domestiques ou de la misère où ils les voient pour les avoir à meilleur compte. C'est une barbarie; si le prix qu'on donne à un domestique est bien au-dessous du bas prix, il y a injustice manifeste et obligation de restituer. *Pre-*

tium justum 'locationis famulorum censetur quod communiter locis in illis dari solet, vel quod, uno recusante, statim ab illo admittitur, habet tamen latitudinem. P. Antoine.

Soins spirituels. Avez-vous instruit ou fait instruire vos domestiques des vérités de la foi nécessaires au salut? S'ils les ignorent par une négligence grave de votre part, vous péchez mortellement. Quand vous les avez vus offenser Dieu gravement par des blasphèmes, des paroles ou des actions deshonnêtes, les avez-vous repris ou corrigés? Vos domestiques sont vos serviteurs pour ce qui regarde le corps; mais vous êtes les leurs pour ce qui regarde l'âme. Négliger gravement de les corriger, lorsque vous le pouvez à propos et utilement, c'est un péché mortel. S'ils refusent de se corriger surtout des outrages qu'ils font à Dieu, il est un moyen bien simple, c'est de les congédier.

Les avez-vous renvoyés lorsqu'ils étaient pour vos enfants ou pour vos autres domestiques une occasion de pécher, et que vos corrections leur étaient inutiles? C'est pécher mortellement que de retenir à son service des domestiques dangereux. On peut pour des raisons légitimes en différer l'expulsion. Le grand Constantin écartait de son palais tous les officiers sans religion, en disant: comment seront-ils fidèles à leur prince, s'ils sont infidèles à leur Dieu? Avez-vous veillé sur leur conduite, vous êtes-vous assurés s'ils remplissent les devoirs de la religion, s'ils vont à confesse, à la messe le dimanche? Bourdaloue prêchant à la cour, crut devoir instruire les grands du soin qu'ils doivent à leurs domestiques. Assez de prêtres se chargeront de vos consciences, envoyez-moi vos domestiques.

Avez-vous eu soin de les éloigner des occasions funestes à leur salut, des danses, des maisons dangereuses, des fréquentations avec des personnes de différent sexe? Péché mortel, si votre négligence est grave, et que ce soit une occasion prochaine de pécher mortellement. N'avez-vous pas été vous-mêmes pour vos domestiques une occasion de pécher, soit en les sollicitant au mal, soit en leur en donnant l'exemple? Avez-vous pris garde à vos discours sur la religion, sur les mœurs et sur le prochain? Si vos domestiques vous entendent traiter de fables les vérités de la religion, vous serez les premiers à éprouver les suites de ces maximes impies; si la crainte d'une autre vie ne les retient pas, craindront-ils de vous faire tous les torts qu'ils pourront vous faire impunément dans cette vie? « Attendez que je ferme la porte, disait Voltaire discourant avec ses amis contre la religion; si mes domestiques nous entendaient, ils pourraient bien cette nuit venir m'assassiner. » S'ils vous entendent déchirer la réputation d'autrui, bientôt ils déchireront la vôtre. Mais quel crime, si vous en faisiez les objets ou les ministres des infâmes passions ou de vos intrigues! Cruel vautour, vous dévorez une faible colombe qui était venue chercher dans votre maison un asile à sa misère et à sa vertu! Vous devez en vous confessant, faire connaître que c'est votre domestique que vous avez porté au mal. Cette circonstance doit-être déclarée en confession. *Sæpe,* dit Vernier, *in confessione hanc circumstantiam tacent heri et dominæ. Petenda semper proinde, maxime cum de impudicitiis agitur, etsi famuli priores sollicitaverint.*

N'avez-vous point négligé d'appeler un prêtre auprès de vos domestiques malades? S'ils sont morts sans sacrements par votre faute, vous avez péché mortellement.

Souvenez-vous que les bons maîtres font les bons domestiques. On ne mérite pas d'avoir des domestiques quand on ne les fait pas vivre en chrétiens. Les protestants rendent hommage à l'Eglise, en préférant les serviteurs catholiques, à raison disent-ils de la confession qui assure leur probité et conserve leurs mœurs.

MALÉDICTION.

La *malédiction* ou *imprécation* est un souhait qu'on fait qu'il arrive du malheur à quelqu'un, ou à soi-même, ou à quelque autre chose. On peut maudire, quoique dans un sens moins propre, des créatures sans raison, comme un cheval, une terre, etc., et alors la malédiction regarde indirectement le Créateur même, contre la Providence duquel on se révolte, ou le prochain, dont on souhaite le dommage par la malédiction qu'on donne à ce qui lui appartient; d'où vient que ces sortes d'imprécations ne peuvent être excusées de péché. Les païens mêmes, comme Platon, les ont eues en horreur. Les effets en sont toujours à craindre, quelque injustes qu'elles soient. Saint Augustin, serm. 332, en rapporte un célèbre exemple, en parlant d'une mère qui, outrée de douleur contre sept garçons et trois filles, ses enfants, qui l'avaient offensée, en ce que l'aîné l'ayant frappée, les autres ne s'y étaient pas opposés, alla faire sur les fonts de baptême de si horribles imprécations contre eux, qu'ils furent tous à l'instant frappés d'un tremblement de tout le corps, qui les obligea de quitter leur pays pour éviter la honte publique dont ils se trouvaient couverts. Ce Père ajoute que deux d'entre eux, savoir *Paulus* et *Palladia,* sa sœur, furent miraculeusement guéris, lorsqu'on célébrait la translation des reliques de saint Etienne; plus heureux que leur malheureuse mère, qui se pendit elle-même, voyant l'effet de sa malédiction accompli. Cependant les saints, parlant par l'esprit de Dieu, ont quelquefois fait des imprécations contre de certains pécheurs; témoin saint Pierre qui dit à Simon le magicien, Act. VIII: *Que ton argent périsse avec toi.* Témoin encore cet ordre de Dieu même: *Maledicite habitatoribus ejus. Maledicite terræ Meroz,* Judic. v.

Mais parce qu'il n'y a que Dieu, qui, infiniment juste, puisse maudire ses créatures, ces exemples ne peuvent autoriser personne à maudire son prochain, ni ce qui lui appartient

Au contraire Jésus-Christ nous ordonne de bénir ceux qui nous maudissent. Ce que pratiquaient en effet les apôtres, comme l'assure saint Paul, qui dit : *Maledicimur, et benedicimus*, I Corint, IV.

CAS I. *Oronce* profère quelquefois des paroles de malédiction. Pèche-t-il toujours mortellement à chaque fois?

R. Si le mal qu'Oronce désire au prochain est notable, et que son intention soit qu'il lui arrive, il pèche mortellement toutes les fois qu'il prononce ces malédictions. Mais si le mal n'est pas considérable, ou que l'étant, il n'ait pas intention qu'il arrive, ou qu'il ne profère ces sortes de paroles que par manière de divertissement ou par une précipitation si grande, qu'elle prévienne sa volonté, son péché ne doit être censé que comme véniel, pourvu qu'il s'efforce d'en rétracter l'habitude.

CAS II. *Ranulfe* profère quelquefois des malédictions contre des créatures irraisonnables. Pèche-t-il en cela mortellement, lorsque le mal qu'il leur souhaite est fort notable, et qu'il le fait avec une pleine délibération?

R. Il pèche mortellement: 1° s'il désire du mal à ces créatures, en tant qu'elles sont le bien du prochain, parce que c'est en désirer au prochain même; 2° si en les maudissant, il les considère précisément comme des créatures de Dieu; car alors c'est un blasphème. Mais son péché peut n'être que véniel, s'il n'a pas cette vue, et que le mal qu'il désire à cette créature ne puisse préjudicier au prochain. C'est ce que dit saint Thomas, qui ajoute : *Maledicere rebus irrationalibus, in quantum sunt creaturæ Dei, est peccatum blasphemiæ; maledicere autem eis, secundum se consideratis, est otiosum et vanum, et per consequens illicitum*. 2-2, q. 76, a 2.

CAS III. Avez-vous maudit des personnes? si c'est seulement à cause de leurs défauts, par colère ou par indignation et non comme créatures de Dieu, il n'y a pas de blasphème, mais péché contre la charité, lequel serait mortel, si l'on donnait de grandes malédictions, telles que celles-ci : *Que le démon vous emporte, que le tonnerre vous écrase*, et que l'on désirât que la chose arrivât. Quoique Dieu condamne les malédictions, il les exauce souvent dans sa justice.

MALÉFICE.

On entend ici par maléfice une opération par laquelle on procure du dérangement ou du mal aux hommes, aux animaux, aux fruits de la terre, en employant ou des moyens naturels, comme le poison, ou des moyens pris du démon, comme la magie et le sortilége. Il y a un maléfice qu'on nomme *amatorium*, tel qu'était celui dont parle S. Jérôme, dans la Vie de S. Hilarion; l'autre qu'on appelle *veneficum*, tel qu'était celui dont se servaient les bergers de Brie, et dont on trouvera le récit dans l'*Histoire critique des pratiques superstitieuses, par le P. le Brun*. On prouvera la réalité du sortilége au mot SORCIER : quant à la manière de le détruire, nous en avons parlé à l'art. EMPÊCHEMENT DE L'IMPUISSANCE.

MANDAT.

Le mandat ou procuration est un acte par lequel une personne donne à une autre le pouvoir de faire quelque chose pour le mandant et en son nom. Ce contrat ne se forme que par l'acceptation du mandataire. Le mandat être donné ou par acte public ou par écrit sous-seing privé, même par lettre. Il peut aussi être donné verbalement; l'acceptation du mandat peut n'être que tacite, et résulter de l'exécution qui lui a été donnée par le mandataire. Le mandat est gratuit s'il n'y a convention contraire. Le mandat, conçu en termes généraux, n'embrasse que les actes d'administration; s'il s'agit d'aliéner ou d'hypothéquer, ou de quelque acte de propriété, le mandat doit être exprès.

Le mandataire ne peut rien faire au delà de ce qui est porté dans son mandat; le pouvoir de transiger ne renferme pas celui de compromettre. Le mandataire est tenu d'accomplir le mandat tant qu'il en demeure chargé, et répond des dommages-intérêts qui pourraient résulter de son inexécution; il est tenu même d'achever la chose commencée au décès du mandant, s'il y a péril en la demeure; il répond, non-seulement du dol, mais encore des fautes qu'il commet dans sa gestion. Néanmoins la responsabilité relative aux fautes est appliquée moins rigoureusement à celui dont le mandat est gratuit qu'à celui qui reçoit un salaire. Tout mandataire est tenu de rendre compte de sa gestion et de faire raison au mandant de tout ce qu'il a reçu en vertu de sa procuration, quand même ce qu'il aurait reçu n'eût point été dû au mandant; il répond de celui qu'il s'est substitué dans sa gestion, 1° quand il n'a pas reçu le pouvoir de se substituer quelqu'un; 2° quand ce pouvoir lui a été conféré sans désignation d'une personne, et que celle dont il a fait choix était notoirement incapable ou insolvable. Il n'y a de solidarité entre les mandataires qu'autant qu'elle a été exprimée. Le mandataire doit l'intérêt des sommes qu'il a employées à son usage, et de celles dont il est reliquataire. Il n'est tenu d'aucune garantie envers celui avec qui il contracte en qualité de mandataire, s'il ne s'y est personnellement soumis.

Le mandant est tenu d'exécuter les engagements contractés par le mandataire conformément au pouvoir qui lui a été donné; il n'est tenu de ce qui a pu être fait au delà, qu'autant qu'il l'a ratifié expressément ou tacitement. Il doit rembourser au mandataire les frais et avances que celui-ci a faits pour l'exécution du mandat; lui payer ses salaires lorsqu'il en a été promis; l'indemniser des pertes qu'il a essuyées à l'occasion de sa gestion sans imprudence qui lui soit imputable; lui payer l'intérêt des avances qu'il a faites à dater du jour des avances constatées.

Le mandat finit par la révocation du mandataire, par la renonciation de celui-ci au mandat, par la mort naturelle ou civile, l'interdiction ou la déconfiture, soit du mandant, soit du mandataire.

MANIPULE.

C'est un des ornements nécessaires pour dire la messe. Mais s'il s'agissait de célébrer afin de pouvoir administrer un mourant, ou pour procurer la messe à une paroisse entière, un jour de dimanche, plusieurs théologiens pensent qu'on pourrait la dire sans manipule. Mais hors le cas de nécessité y aurait-il péché mortel à célébrer sans manipule? Les uns disent que oui, les autres disent que non. Ce dernier sentiment est assez probable, car l'omission du manipule ne nous paraît pas matière grave, ni en elle-même ni dans ses suites. Il est à présumer que les fidèles n'en seraient pas scandalisés; peut-être même ne le remarqueraient-ils pas.

Le manipule, ainsi que les autres ornements sacerdotaux, doit être bénit ou par l'évêque ou par son délégué. Il perdrait sa bénédiction en perdant la matière ou la forme sous laquelle il a été bénit, quand, en le raccommodant, on y a mis tant de nouvelles pièces, que le neuf l'emporte sur le vieux. Il n'en serait pas ainsi si on le raccommodait peu à peu ; les premières parties feraient sur les dernières ce que fait l'eau bénite sur celle qu'on y ajoute en moindre quantité. Lorsqu'un manipule est double et qu'il a été bénit des deux côtés, le côté qui reste en entier et qu'on sépare de l'autre, qui est hors d'état de servir, conserve sa bénédiction. Quand la doublure du manipule est déchirée, on se contente de la réparer, sans faire bénir l'ornement.

MANUFACTURE.

Lieu destiné pour la fabrication de certains ouvrages qui se font à la main. La contrefaçon des marques particulières que tout manufacturier ou artisan a le droit d'appliquer sur des objets de sa fabrication donnera lieu à des dommages-intérêts envers celui dont la marque aura été contrefaite ; la marque sera considérée comme contrefaite quand on y aura inséré ces mots : façon de....., et à la suite le nom d'un autre fabricant ou d'une autre ville. Tout fabricant qui voudra pouvoir revendiquer par la suite, devant le tribunal de commerce, la propriété d'un dessin de son invention sera tenu d'en déposer aux archives du conseil de prud'hommes un échantillon plié sous enveloppe, revêtue de ses cachet et signature, sur laquelle sera également apposé le cachet du conseil de prud'hommes.

En déposant son échantillon le fabricant déclarera s'il entend se réserver la propriété exclusive pendant une, trois, ou cinq années, ou à perpétuité. Il sera tenu note de cette déclaration. En cas de contestation entre deux ou plusieurs fabricants sur la propriété d'un dessin, le conseil de prud'hommes procédera à l'ouverture des paquets qui auront été déposés par les parties ; il fournira un certificat indiquant le nom du fabricant qui aura la priorité de date.

Les fabricants de quincaillerie et de coutellerie sont autorisés à frapper leurs ouvrages d'une marque particulière, assez distincte des autres marques pour ne pouvoir être confondues avec elles ; la propriété de cette marque ne sera assurée qu'à ceux qui l'auront fait empreindre sur des tables communes, déposées à cet effet dans l'une des salles du chef-lieu de la sous-préfecture. Il sera délivré un titre qui en constatera le dépôt. Les objets contrefaits seront confisqués au profit du propriétaire de la marque ; le tout sans préjudice des dommages-intérêts qu'il y aura lieu de lui adjuger.

Il a été fait en 1841 une loi relative au travail des enfants employés dans les manufactures et ateliers. Les manufacturiers ne peuvent les enfreindre sans manquer à la charité et peut-être même à la justice, s'ils les faisaient travailler au delà du temps déterminé par la loi et sans augmentation du salaire ordinaire.

MARAUDAGE.

Nom d'une espèce de vol qui s'applique surtout à la soustraction frauduleuse des productions de la terre. Quiconque maraudera, dérobera des productions de la terre, qui peuvent servir à la nourriture des hommes ou d'autres productions utiles, sera condamné à une amende égale au dédommagement dû au propriétaire ou fermier ; pour vol de récolte fait avec des paniers ou des sacs, ou à l'aide des animaux de charge, l'amende sera du double du dédommagement.

MARCHAND. *Voyez* ACHAT, SOCIÉTÉ, VENTE.

MARCHÉS ET FOIRES. *Voyez* DIMANCHES ET FÊTES, cas V, XI et XII.

MARIAGE.

TITRE PREMIER.

Mariage contracté sous condition.

Dieu voulut être l'auteur du mariage dès le commencement du monde; mais il avait formé de toute éternité le dessein d'une alliance infiniment plus noble, je veux dire de l'union de Jésus-Christ, son Fils, avec l'Église, et il a voulu signifier par le mariage corporel d'Adam et d'Eve. Celui-ci, qui ne fut consommé qu'après le péché ne devait produire que des enfants charnels; au lieu que les enfants qui devaient naître du mariage mystique de Jésus-Christ et de l'Eglise devaient être enfants de grâce et d'adoption, par le moyen du baptême; sur quoi saint Augustin dit, serm. 209 : *Duo parentes nos genuerunt ad mortem*; *duo parentes nos genuerunt ad vitam*.

La fin du mariage est d'avoir des enfants et d'entretenir l'union entre les époux et leurs diverses familles. C'est pourquoi les infidèles mêmes ont toujours regardé le mariage comme une chose sainte, et qu'ils ont puni ceux qui le violaient. Mais les Juifs ont poussé plus loin leur vénération pour l'alliance conjugale, parce qu'ils savaient que le Messie devait naître de la postérité d'Abraham, et que chacun d'eux espérait qu'il pourrait naître de sa famille; et c'est dans cette vue qu'ils épousaient plusieurs femmes. *Non victi libidine, sed ducti pietate*, dit saint Augustin.

Le mariage chrétien est infiniment plus saint que tous les autres; 1° parce qu'il ne souffre jamais la polygamie dans quelque cas que ce soit; 2° parce qu'il est un véritable sacrement et, comme tel, une source de grâces à ceux que Dieu y appelle, lorsqu'ils ne s'y engagent qu'avec les dispositions nécessaires pour mériter que Dieu les leur accorde; 3° parce que son lien devient si indissoluble par la consommation, qu'il ne peut finir que par la mort du premier décédant.

Le mariage peut être considéré ou comme un simple contrat civil, tel qu'est celui des infidèles; et alors on le définit : *Contractus quo legitimæ seu habiles personæ corporum suorum dominium mutuo tradunt et accipiunt*: ou comme un sacrement; et dans ce sens on le définit : *Novæ legis sacramentum, quo vir et mulier baptizati corporum suorum dominium mutuo tradunt et accipiunt*. On divise le mariage en ratifié, *ratum*, c'est-à-dire qui a été ratifié par l'Eglise, et en consommé, *consummatum*, qui a été suivi de l'usage qu'en ont fait les époux. Le lien du premier peut être dissous par la profession religieuse; le second n'admet aucun cas de dissolution.

CAS I. *Tharasius* et *Mævia* ont contracté mariage sous condition. Ce mariage est-il valide?

R. Il y a des conditions honnêtes, comme celle-ci : *Si mon père y consent*. Il y en a d'illicites; et de celles-ci, les unes sont contre la substance du mariage, et l'un des trois biens qui lui sont essentiels, savoir *proles*, la génération des enfants; *fides*, la foi conjugale; *sacramentum*, le sacrement qui en produit l'indissolubilité. Les autres, quoique d'ailleurs criminelles, ne sont pas contraires à ces trois sortes de biens, comme si on disait : *Je vous épouse si vous voulez m'aider à voler*. Le mariage contracté sous une condition honnête est valide quand la condition s'accomplit, pourvu que les parties ne s'en soient pas désistées auparavant. Celui qui est contracté sous une condition criminelle, mais non contraire au bien du mariage, est aussi valide, parce que cette condition est regardée dans le droit comme non apposée; mais celui qui est fait sous une condition illicite et en même temps contraire à la substance du mariage est nul; parce qu'alors on ne consent pas à ce genre de société conjugale, qui est propre à la loi de l'Evangile.

— *Nota*. 1° L'auteur a tort de dire indéfiniment qu'il est libre aux contractants de renoncer à la condition apposée, vu que quand elle est juste, ils ne le peuvent sans cause raisonnable; 2° si celui des deux qui a apposé une condition illicite, quoique non contraire aux biens du sacrement, n'avait voulu consentir qu'en cas que cette condition s'accomplit, le mariage serait nul, parce que le droit peut bien annuler certaines conditions, mais il ne peut suppléer le défaut de consentement.

CAS II. *Anatolien* a épousé Marie sous cette condition : *Si mon père y donne son consentement*. Le père s'est d'abord opposé à ce mariage; mais, gagné enfin par les prières de son fils, il y a consenti. Le mariage est-il valide en ce cas?

R. Il l'est, pourvu que les deux contractants aient toujours persévéré dans leur premier consentement; mais il faut que le consentement du père soit donné devant le curé et des témoins, parce que sans cela ils ne pourraient pas attester la validité de ce mariage.

— La première partie de cette décision est fausse, selon Sanchez, l. 5, disp. 7, n. 8, parce que dès que le père a une fois refusé son consentement, la condition a manqué. Pour remédier à tout il suffit que les parties donnent un nouveau consentement absolu; et il le faut faire *coram parocho et testibus*, comme dit l'auteur.

CAS III. Si, dans le cas précédent, le père d'Anatolien garde le silence sans s'opposer et sans aussi consentir, le mariage est-il valide?

— Je le crois valide avec Sanchez; parce que les contractants, dans le train commun, n'ont autre intention que de ne pas faire un mariage qui soit désapprouvé; ce qui a lieu, quand un père qui peut parler ne se plaint pas.

CAS IV. Si Mævius contracte mariage sous la condition que son père y consente, le mariage est-il valide s'il sait que son père est mort?

R. Si Mævius a vraiment consenti au mariage, il est valide : parce que la condition du consentement de son père était alors impossible, et qu'une telle condition se regarde comme non apposée dans un contrat, ainsi que le déclare Grégoire IX, c. 7, *de Condit. appos*. Que si Mævius ignorait que son père fût mort, et qu'il n'eût pas l'intention de contracter actuellement, *de præsenti*, mais seulement de ne consentir au mariage qu'en cas que son père y donnât son agrément, le mariage serait nul, selon Sylvestre *verbo* Matrimonium, 3, qu. 4.

— En général ceux qui se marient *sub beneplacito patris* n'ont d'autre intention que de ne rien faire qui lui déplaise : puis donc qu'ils ne peuvent déplaire à un père qui n'est plus, il faut préjuger pour leur mariage.

Cas V. Lorsque Baudouin épousa Cécile, elle n'y consentit que sous cette condition : *Que vous viviez avec moi comme avec votre sœur, ainsi que vous me l'avez promis, et en cas que vous ne soyez pas sincèrement dans cette volonté, je ne prétends nullement contracter avec vous, quoique je dise de bouche que je contracte.* 1° Ce mariage est-il valide, étant ainsi contracté? 2° le serait-il, s'il était contracté sous cette autre condition : *Je vous épouse à condition que vous vous obligiez par vœu à faire au plus tôt profession de religion, ou à condition que vous ne consommerez jamais le mariage avec moi, comme vous me l'avez promis?*

R. Nous croyons le mariage nul dans ces trois cas, parce qu'une condition, quelque honnête qu'elle soit, qui est contraire à ce qui est essentiel au mariage, le rend invalide, selon ce mot de Grégoire IX : *Si conditiones contra substantiam matrimonii inferantur,... matrimonialis contractus caret effectu.* Or, les conditions exprimées dans l'espèce proposée, quoique honnêtes, sont autant contraires à ce qui est essentiel au mariage que le sont celles qui sont contre les bonnes mœurs. On ne doit donc point mettre de différence à cet égard entre les unes et les autres. C'est le sentiment de saint Thomas, in 4, dist. 28, q. un. a. 4, qui répond à l'exemple de la sainte Vierge, qu'on pouvait lui objecter, ou qu'elle ne fit un vœu absolu de virginité qu'après avoir contracté mariage, ou que, si elle l'avait fait auparavant, elle avait donné à saint Joseph pouvoir sur son corps, étant très-sûre, par une révélation divine, qu'il n'userait point de ce pouvoir, et qu'il était dans les sentiments où elle était de garder la virginité.

— Je crois cette décision fausse, et je souhaite que les supérieurs la regardent au moins comme douteuse, et que par conséquent, au lieu de prononcer tout d'un coup qu'un tel mariage est nul, ils engagent les parties à un nouveau consentement. Ces sortes de conditions renferment toujours cette autre condition tacite : *A moins que Dieu ne fasse connaître qu'il ne veut pas que je continue de garder la virginité.* Or, dès lors, il y a *vera traditio dominii in corpus*. Hugues de Saint-Victor, que cite l'auteur, est contre lui. *Voyez* mon Traité des dispenses, tom. III, lett. 17.

Cas VI. Tristan a épousé Henriette, sa parente au quatrième degré, sous cette condition : *Si le pape nous accorde la dispense nécessaire*, etc. Le mariage est-il devenu valide par l'obtention de la dispense?

R. Non, et il faut qu'ils consentent de nouveau, après la dispense obtenue, parce que leur premier consentement n'a pas été légitime, puisqu'ils étaient alors inhabiles à contracter. C'est le sentiment de Sylvestre et de plusieurs autres canonistes.

— Il serait aisé de combattre cette décision, si la chose en valait la peine. *Voyez* mon quatorzième volume, cap. 3, n. 92. Cependant la Rote a souvent suivi le sentiment de l'auteur.

Cas VII. *Artémius*, en contractant mariage avec Julienne, n'y a consenti que sous cette condition : *Si te virginem invenero.* Ce mariage est-il valide?

R. Si Artémius n'a voulu contracter qu'à condition que Julienne serait trouvée vierge par la visite qu'en feraient quelques femmes honnêtes, le mariage est devenu valide, après qu'elle a été reconnue vierge par ces femmes, parce que la condition n'est pas d'une chose illicite, et qu'Artémius peut avoir eu en vue d'éviter la bigamie ou le déshonneur qui lui pourrait arriver, si la vérité venait à être connue dans la suite; mais si Artémius a entendu, par cette condition, qu'il voulait l'éprouver lui-même *per copulam carnalem*, avant que de la reconnaître pour sa femme, le mariage est valide, nonobstant cette condition, parce qu'elle est contre les bonnes mœurs et qu'elle doit par conséquent être réputée nulle.

— Tout cet article est assez inutile. Un curé ne pourrait, que dans des cas très-extraordinaires, prêter son ministère à des mariages conditionnels, comme je l'ai remarqué tom. XIV, pag. 553 et suiv.

TITRE DEUXIÈME.

On examine, dans le premier de ces deux titres, l'âge, les qualités et les dispositions de ceux qui se marient; et dans le suivant, 1° en quoi consiste la forme essentielle du mariage, et qui en est le ministre; 2° si le mariage contracté par des mineurs, sans le consentement de leurs pères et mères ou tuteurs, est valide dans le for de la conscience, etc. On y examine encore, 1° la nécessité du consentement des deux contractants, et si des signes extérieurs ou même un silence respectueux peuvent en tenir lieu dans quelques cas; 2° à quoi sont tenus ceux qui ont feint de consentir au mariage qu'ils ont contracté à l'extérieur; 3° si, en fait de promesse de mariage, on peut stipuler une peine pécuniaire contre celui des contractants qui voudrait s'en désister; 4° si le mariage contracté par un homme condamné à mort est valide; 5° si un mariage peut être contracté par procureur, etc.

Cas I. Siran, n'ayant pas encore quatorze ans accomplis, et Gabrielle, qui n'en a pas douze, ont été mariés, à la sollicitation de leurs parents. On demande, 1° si ce mariage est valide? 2° S'ils pèchent mortellement, pour s'être mariés avant l'âge requis par les canons?

R. Ad 1. Ce mariage est nul, à moins que ces deux jeunes personnes ne soient déjà, par la force du tempérament, en état d'avoir des enfants; car alors il serait valide, ainsi que le décide Alexandre III, cap. *de Despons. impub.* l. IV, tit. 2. Sur quoi il faut remarquer que si un garçon de quatorze ans ou une fille de douze ans accomplis, n'était pas encore en état de pouvoir consommer le mariage, à cause d'une complexion trop faible, leur mariage serait nul de droit naturel, quoiqu'il fût présumé légitime dans le for extérieur; c'est pourquoi il serait nécessaire de le renouveler après la parfaite puberté, en observant la forme prescrite par l'Eglise.

Ad. 2. Ces deux jeunes personnes ont péché mortellement, en contractant avant l'âge déterminé par les canons, s'ils l'ont fait avec une connaissance suffisante, parce qu'ils ont violé la défense que l'Eglise a faite sur cela avec beaucoup de justice et dans une matière de très-grande conséquence, puisque n'étant pas encore capables d'avoir des enfants, comme nous le supposons, ils se sont jetés dans un péril certain de commettre plusieurs péchés contre la pureté, sous un faux prétexte de mariage. Mais la faute de ceux qui ont procuré un tel mariage, et qui doivent être plus instruits des lois de l'Eglise, est bien plus énorme.

— 1° Il n'est point sûr qu'un mariage contracté par des impubères en qui la malice supplée l'âge fût regardé en France comme valide, quoiqu'on ne dût pas séparer ceux qui l'auraient contracté, si on savait qu'ils l'eussent consommé, mais le leur faire renouveler, quand ils seraient devenus pubères. 2° Il est faux que le mariage de deux pubères qui ne pourraient encore en venir à la consommation fût nul, parce que ce ne serait là qu'une impuissance temporelle, comme l'observe Reiffenstuel.

Cas II. *Gérasime*, âgé de douze ans seulement, a épousé Jeanne, âgée de quinze ans, à cause de ses grands biens. Jeanne, qui s'en est dégoûtée peu de temps après, demande si elle est obligée d'attendre qu'il ait l'âge de quatorze ans accomplis, sans pouvoir, dans cet entre-temps, en épouser un autre?

R. Ce mariage, tout nul qu'il est (à moins qu'il n'eût été célébré avec la dispense de l'évêque), ne laisse pas d'avoir la force et l'effet de fiançailles, et oblige par conséquent Jeanne à attendre que Gérasime soit parvenu à une parfaite puberté. C'est le sentiment de Navarre. Et ce qui vaut beaucoup mieux, c'est la décision d'Innocent III, cap. fin. *de Despons. impub.* l. IV, tit. 2.

Cas III. *Barnabé*, âgé de trente ans, est devenu insensé dès l'âge de dix; il a néanmoins tous les mois de bons intervalles de deux ou trois jours de suite, pendant l'un desquels il veut épouser Angèle qui y consent. Le curé doit-il les marier?

R. Il ne le doit pas, parce qu'un homme presque toujours insensé n'est pas capable de bien élever ses enfants. Cependant s'il le mariait dans un de ses bons moments, le mariage serait valide. S. Thomas in 4, dist. 34, q. un., a 4.

Cas IV. *Gabinius*, sourd et muet de naissance, fait entendre par signes à son curé qu'il veut épouser Barbe, qui y consent. On demande, 1° si le père de Gabinius doit consentir à ce mariage? 2° si le curé peut les marier? 3° s'il le pourrait encore, en cas qu'outre cela, Gabinius fût aveugle?

R. 1° Le père de Gabinius ne se doit pas opposer à ce mariage, à moins qu'il n'ait d'autres raisons de refuser son consentement. 2° Le curé peut le marier, comme l'a décidé Innocent III, c. 23 *de Sponsal.* sur ce que *surdus et mutus quod verbis non potest, signis valeat declarare*. 3° Mais si Gabinius était tout à la fois sourd, muet et aveugle, le curé ne le pourrait pas admettre au mariage, non pour la raison qu'en donne Pontas, mais parce qu'il n'aurait aucune idée du sacrement, et qu'on ne verrait en lui qu'un instinct de brute.

Cas V. *Philostrate* a encouru l'excommunication majeure *a jure* ou *ab homine*. Peut-il, sans péché mortel, contracter mariage en cet état?

R. Non, parce qu'il ne peut recevoir la grâce du sacrement pendant qu'il est dans le péché mortel, dont il ne peut être absous qu'après l'avoir été de cette censure. Et quand même il n'aurait encouru que l'excommunication mineure, il ne pourrait encore contracter licitement mariage, parce que cette censure prive celui qui en est lié du droit de participer à aucun sacrement, jusqu'à ce qu'il en ait été absous, ainsi que le déclare Grégoire IX, c. 20 *de Cler. excom.*

Cas VI. Il s'est élevé une dispute entre dix curés, savoir si, dans quelque cas pressant, une personne peut se marier sans crime, étant dans le péché mortel et dans le dessein d'y persévérer. Severin a soutenu l'affirmative. N'est-il pas dans l'erreur?

R. Il y est, parce qu'il n'est jamais permis de recevoir un sacrement tel qu'est le mariage, quand on est et qu'on veut demeurer dans l'état du péché mortel.

— Une personne qui ne pourrait sans scandale se dispenser de se marier ni se réconcilier actuellement, *v. g.* à cause d'un cas réservé (réserve que différents diocèses ont sagement ôtée dans la conjoncture du mariage), serait obligée de faire un bon acte de contrition, comme un prêtre qui est obligé de célébrer et qui n'a point de confesseur.

Cas VII. *Barbe* sachant que son fiancé, qui est en péché mortel, ne veut pas se confesser avant que de se marier, peut-elle l'épouser sans coopérer au sacrilége qu'il est disposé de commettre?

R. Elle le peut; et elle n'est pas plus coupable de son péché que celui qui, dans une juste nécessité, reçoit les sacrements de son curé, qu'il sait être actuellement engagé dans le crime. C'est la décision de Lugo, disp. 14 *de Pœn.*

Cas VIII. *Lombard*, jeune gentilhomme qui n'a aucun bien, a épousé Diane, veuve roturière âgée de plus de soixante ans, et son unique fin a été de profiter de plus de 20,000 écus qu'elle lui a donnés par son contrat de mariage. A-t-il péché mortellement en l'épousant par ce seul motif? Et Diane n'a-t-elle pas aussi péché mortellement en se mariant dans un âge si avancé?

R. Lombard a péché mortellement en se

mariant par la seule vue d'un intérêt temporel ; car il en est de lui comme de celui qui recevrait le baptême ou un autre sacrement uniquement pour gagner une somme d'argent qu'on lui aurait promise à cette condition. L'un et l'autre font une profanation manifeste du sacrement qu'ils reçoivent dans cette seule vue.

A l'égard de Diane, quoique son âge avancé l'ait mise hors d'état d'avoir des enfants, qui est la principale fin du mariage, il suffit qu'elle y ait consenti, *in remedium suæ libidinis*, parce que cette seconde fin est légitime et suffit pour la mettre à couvert de péché mortel, comme nous le disons ailleurs.

Cas IX. *Cassien* et *Paule* voulant se marier dans un temps que l'église était interdite en vertu d'un interdit général, le curé demande s'il lui est permis de les y marier?

R. Il est vrai que la constitution de Boniface VIII, qui règle ce qui est permis en ce temps-là, ne parle point du mariage. Cependant saint Antonin et tant d'autres croient que le mariage est permis dans ce cas ; qu'on ne peut raisonnablement contester cette décision, du moins à l'égard de la validité du mariage.

— L'auteur semble insinuer que ce mariage pourrait bien même être permis. Il a dit formellement le contraire. *Voyez* INTERDIT, Cas IV. Pour lever toute difficulté, il faudrait avoir recours à l'évêque, à qui il appartient de décider dans ces cas ambigus.

Cas X. *Fuldrade* a béni solennellement le mariage qu'un jeune homme contractait avec une veuve. L'a-t-il pu?

R. Non, parce que cela est défendu par l'Église : *Vir et mulier, ad bigamiam transiens, non debet a presbytero benedici ; quia cum alias benedicti sint, eorum benedictio iterari non debet*, dit Alexandre III, c. 1 *de secund. Nuptiis*. Saint Thomas explique cela plus au long, q. 63, suppl., a. 2. On peut le lire aussi bien que Navarre, cap. 22, *Manual*, n. 83.

Cas XI. *Agilbert* étant sur le point de se marier avec Luce, est-il obligé à lui déclarer qu'il est chargé de dettes?

R. Si Agilbert, étant interrogé par Luce ou par ses parents sur l'état de son bien et de ses dettes, a faussement soutenu qu'il ne devait rien, ou (ce qui est plus condamnable) s'il a supposé avoir du bien qu'il n'avait pas, et sans quoi ils ne consentiraient pas à son mariage avec Luce, son confesseur le doit obliger à leur déclarer la vérité avant de lui donner l'absolution ; mais si ni Luce ni ses parents ne s'en sont point informés, le confesseur ne lui doit pas refuser l'absolution, pourvu toutefois qu'il ait un bien suffisant pour la sûreté de la dot que lui doit apporter son épouse. C'est la décision de Bail, page 495, qui la fonde, 1° sur ce qu'un marchand n'est pas tenu de découvrir tous les défauts de sa marchandise, quoiqu'il ne puisse les nier quand on l'interroge ; 2° sur ce qu'on n'oblige pas la fille à découvrir ses chutes passées.

— J'aurais peine à suivre cette décision. Si un marchand voyait que l'acheteur se trompe dans un marché très-important, ou par simplicité, ou parce qu'il compte éminemment sur la bonne foi du vendeur, je ne le croirais pas en sûreté de conscience s'il ne l'avertissait pas. L'exemple de la fille, qui n'est pas tenue de révéler sa turpitude, ne conclut rien ; elle peut plaire à son mari, élever bien ses enfants, etc.

TITRE TROISIÈME.

Cas I. *Maclou* a assisté au mariage de deux de ses paroissiens sans prononcer ces paroles ordinaires : *Ego conjungo vos in matrimonium, in nomine Patris*, etc. Ce mariage est-il valide?

— L'auteur croit avec raison que ce curé a grièvement péché par cette omission, parce qu'il s'est écarté de la loi de l'Église, qui prescrit ces paroles dans tous les Rituels, et qu'en matière controversée, comme celle-ci, il faut suivre le parti le plus sûr ; mais il croit en même temps que le mariage est valide, parce qu'il est persuadé avec saint Thomas, dont la doctrine a été louée par plusieurs saints pontifes, que les contractants sont les ministres de ce sacrement. J'ai prouvé, tom. XIV, ch. 4, que cette opinion est plus que douteuse ; et de très-habiles thomistes, comme Bannez, Combefis, Contenson, Alexandre et Drouin, sont du même avis. Il faut s'en tenir là dans la pratique.

Cas II. *Louis* demandant à Nicole, lorsqu'il la mariait, si elle prenait Jean pour son légitime époux, elle ne lui fit qu'une simple révérence. Il craint aujourd'hui que ce mariage ne soit pas un véritable sacrement.

R. Ce curé a eu tort, et il devait faire parler Nicole. Cependant le mariage est valide, parce que les signes, tels que sont une révérence, une inclination de tête, etc., peuvent suppléer aux paroles ; et même si la fille, étant interrogée par le curé, ne répond rien et que ses parents répondent pour elle, le mariage est bon, pourvu qu'elle ne donne aucune marque d'improbation, son silence étant en ce cas équivalent à un consentement formel, suivant cette règle du droit : *Qui tacet, consentire videtur*.

Cas III. *Luce*, à la vérité, n'a point contredit à son père, qui répondait pour elle ; mais elle n'a pas consenti intérieurement au mariage. Le consentement de son père, contre lequel elle n'a pas réclamé, supplée-t-il au défaut du sien dans ce cas?

R. Quoiqu'on doive présumer que la fille qui garde le silence en présence de son père, qui répond pour elle, consent intérieurement, néanmoins, si elle ne consent pas intérieurement, le mariage est nul, puisqu'il ne peut y avoir de contrat entre deux personnes sans leur consentement réciproque. C'est pour cela que les Rituels ordonnent que le curé fasse toujours exprimer le consentement des contractants par des paroles, ou, en cas que l'un des deux soit muet, par quelque signe extérieur. Cela est si vrai, que, quand même la personne prononcerait des paroles qui exprimassent son consentement, le mariage ne laisserait pas d'être nul si elle ne consentait point intérieurement. Saint Thomas, in-4, dist. 17, q. 1, a. 2.

Cas IV. *Philémon*, pour éviter un très-grand dommage, a feint de consentir à son mariage avec Honorine, qui est d'une condition égale à la sienne. Peut-il en contracter un autre, au moins validement?

R. Celui qui a épousé une femme avec un consentement feint est obligé, régulièrement parlant, à le renouveler sincèrement, et il ne peut en conscience en épouser une autre à son préjudice, 1° parce que dans le contrat *do ut des*, tel qu'est le mariage, quand un a donné, l'autre est tenu par justice à en faire autant; 2° parce qu'autrement la femme en souffrirait beaucoup par rapport à ses biens, sa réputation et sa liberté. Car, comme il ne lui serait pas possible de prouver la fiction de cet homme, elle ne pourrait pas se pourvoir par un second mariage; et quand même elle le pourrait, ce ne serait pas avec avantage, puisque son divorce avec lui ne serait pas exempt de tout soupçon d'incontinence entre lui et elle. Il y a cependant quelques cas où celui qui a donné un consentement feint n'est pas tenu d'y suppléer, comme on le dira dans la suite. Du reste, si un mari n'a pas consommé, *animo conjugali*, le mariage qu'il a contracté avec fiction, il peut validement contracter avec une autre, quoiqu'il ne le puisse faire sans pécher grièvement et sans être obligé à réparer, *judicio viri prudentis*, tout le tort qu'il a causé à celle qu'il a trompée.

Cas V. *Bénigne*, grand seigneur, voulant tromper Elisabeth, fille d'un paysan, l'a épousée selon les formes prescrites par l'Eglise, et, après avoir vécu quelques jours avec elle comme mari, il a déclaré au curé qu'il n'avait eu aucune intention de la prendre pour femme, et le lui a prouvé par une déclaration qu'il avait déposée entre les mains du curé même, après l'avoir cachetée. Il refuse de renouveler son consentement et soutient qu'il n'y est pas obligé, à cause de la grande disproportion qu'il y a entre sa qualité et celle de cette fille. Que doit faire le curé si Bénigne se présente au tribunal de la pénitence?

R. Quoique Bénigne soit très-criminel devant Dieu, pour avoir trompé Elisabeth et commis un sacrilége, néanmoins les théologiens conviennent qu'on ne doit pas obliger absolument un homme d'une naissance si élevée au-dessus de celle de la fille à réparer l'injure qu'il lui a faite, par le renouvellement de son consentement, parce qu'on doit présumer avec raison que la fille, qui connaissait la qualité de cet homme, a bien voulu se tromper elle-même, et qu'en l'obligeant à retenir une telle fille pour sa femme, il serait fort à craindre qu'il ne continuât de vivre avec elle dans le même esprit qu'il a eu en feignant de l'épouser, ou qu'après avoir renouvelé son consentement, un mariage si inégal n'eût de très-mauvaises suites. Tout ce que le curé de Bénigne peut donc exiger de lui dans l'espèce proposée est, 1° qu'il fasse une sévère pénitence de sa fraude, de l'abus qu'il a fait du sacrement, et des péchés qu'il a commis avec Elisabeth, sous le prétexte du mariage; 2° qu'il fasse déclarer par le juge de l'Eglise la nullité de son mariage; 3° qu'il fasse en sorte, par une somme d'argent, que cette fille soit aussi bien mariée qu'elle l'eût été auparavant.

— Je crois que s'il n'y avait pas de grands maux à craindre, le juge d'Eglise et le magistrat devraient agir avec toute la sévérité possible contre un scélérat qui fait servir les sacrements mêmes à ses crimes. Qu'on ait peu d'égard à une paysanne qui succombe à la promesse de mariage que lui fait un grand seigneur, rien de plus naturel; mais qu'un infâme épouse à la face des autels une fille très-sage, qui n'a consenti qu'après les plus vives sollicitations, etc., cela ne paraît guère raisonnable : et combien de gentilshommes épousent tous les jours des filles qui ne valent pas mieux que des villageoises!

Cas VI. *Alcuin* ayant feint d'épouser Amélie, a refusé ensuite de consommer le mariage par le remords de sa conscience. Il a même contracté un second mariage, auquel il a donné un véritable consentement. Amélie l'a fait venir devant le juge d'église, qui l'a condamné, sous peine d'excommunication, *ipso facto*, à habiter avec elle. Que doit-il faire?

R. Quoique ce juge n'ait pas rendu un jugement injuste, parce qu'il n'a pu ni dû juger que sur les preuves qui paraissaient au dehors, Alcuin est néanmoins obligé de souffrir plutôt humblement l'excommunication, que d'habiter avec une personne qui n'est pas sa femme, ou prendre le parti de se retirer, s'il le peut, dans un pays éloigné où il puisse vivre sans scandale avec sa femme légitime. *Debet potius excommunicationem sustinere, quam ad primam uxorem accedat; vel debet in alias regiones remotas fugere*, dit saint Thomas in-4, dist. 27, q. Innocent III décide la même chose, c. 26, *de Sponsal.*, etc.

Cas VII. *Paterne*, après avoir épousé Catherine sans consentir au mariage, a eu ensuite commerce avec elle, *affectu fornicario*, et sans la regarder pour sa femme, après quoi il l'a quittée. Son confesseur veut l'obliger à renouveler son consentement, pour réparer le tort qu'elle souffrirait. Mais il refuse de le faire, sur ce qu'il n'a ainsi feint de l'épouser, que sur ce qu'elle l'avait assuré qu'elle était vierge, ce qu'il a appris certainement être faux. Que doit faire le confesseur?

R. En supposant la vérité des faits, le confesseur ne doit pas contraindre Paterne à renouveler son consentement; 1° parce qu'il est juste que la tromperie de cette fille entre en compensation avec celle qu'il lui a faite : *Cum paria crimina compensatione mutua deleantur*, c. fin. *de Adult.*; 2° parce qu'étant elle-même la cause du tort qu'elle souffre, elle n'a pas droit de s'en plaindre, ni de l'imputer à Paterne, suivant cette règle 203 du droit romain : *Quod quis ex causa sua damnum sentit, non intelligitur damnum sentire*. Mais dans ces cas, il faut avoir recours au juge ecclésiastique, et en obtenir une sentence de séparation, sans quoi le public regarderait Paterne ou comme un scandaleux, s'il vivait dans le désordre; ou comme un adultère, si de son autorité privée il prenait une autre femme. Au surplus, il ne faut pas en croire aisément un homme, qui prétend n'avoir pas consenti à son mariage. Car celui qui confesse qu'il a eu l'impudence de mentir publiquement à l'Église, ne mérite guère qu'on ajoute foi à ses paroles, à moins qu'il ne donne des preuves suffisantes de ce qu'il avance.

— Je ne vois guère de preuves suffisantes en ce point, que celle qu'on peut tirer de la crainte. L'inégalité de condition, le serment même dans un homme qui ne passe point pour parjure, et moins encore le prompt changement d'inclination, quoique approuvés de Sylvius, ne me rassureraient pas beaucoup.

Cas VIII. *Gosselin* et *Jeanne* se sont promis de s'épouser dans trois mois, sous peine à celui des deux qui le refusera, de payer à l'autre 500 liv. Gosselin ayant changé de sentiment, Jeanne l'a fait assigner par-devant le juge pour lui payer la somme stipulée. Y est-il obligé en conscience, surtout si le juge l'y condamne?

R. L'ancienne jurisprudence contraignait par la voie des censures ceux qui refusaient d'accomplir les promesses de mariage qu'ils avaient faites, ainsi qu'on le voit, cap. 10 *de Sponsal.* Mais cet usage a entièrement cessé, à cause que l'expérience a fait voir que les mariages faits avec contrainte avaient ordinairement de très-mauvaises suites. *Cum coactiones difficiles soleant exitus frequentare habere*, dit Luce III, cap. 17, eod. Ainsi, quoique Gosselin soit obligé d'exécuter sa promesse, s'il n'a point de juste cause qui l'en dispense, le juge ne doit pas l'y contraindre par le paiement de 500 liv. qui ont été stipulées comme peine, de peur qu'il ne donne lieu par cette rigueur à un plus grand mal; vu surtout qu'il ne fait aucun tort à Jeanne, puisqu'il est de son intérêt spirituel et temporel de ne pas épouser un homme qui, en déclarant publiquement qu'il ne la veut pas prendre pour femme, marque qu'il n'a pour elle ni estime, ni amour. D'ailleurs la stipulation de ces sortes de peines est réprouvée par le droit, 134, ff. *de Verb. obligat.*, et la jurisprudence des arrêts y est conforme. Et qu'on ne dise pas qu'une si noire infidélité doit être punie. Car 1° c'est au juge civil et non à l'official à adjuger des dommages et intérêts, et il le fait, quand le cas l'exige; 2° lorsque l'homme fausse sa promesse, il perd les bagues et les joyaux qu'il a donnés à sa fiancée; 3° l'official prononçant contre la partie qui viole sa promesse sans raison, la condamne toujours aux dépens du procès, et de plus à une somme d'argent en forme d'aumône, applicable à quelque œuvre pieuse; ce qui est autorisé par le parlement de Paris. *Voyez* Ducasse de la Jurisd. content. ch. 2, § 1, n. 4.

Cas IX. *Timante* recherche en mariage Julie qui lui est égale en condition et en biens, et dont les mœurs sont pures. Pauline, mère de Timante, refuse depuis plus de six mois d'y consentir par une pure antipathie qu'elle a pour cette fille; et elle a même étroitement défendu à Timante de la voir. Timante n'a pas laissé de lui rendre fréquemment des visites secrètes par la facilité que Laurence, mère de cette fille, y a donnée, dans l'espérance que le mariage s'accomplirait. Pauline qui l'a su, s'est fort emportée contre son fils, et contre Laurence et Julie, et leur a dit des injures fort offensantes. Leur curé instruit de tout cela a exhorté Pauline à consentir au mariage, et Laurence à ne plus permettre que Timante fréquente sa fille. Mais l'une et l'autre ont refusé de suivre son conseil. On demande, 1° si ce curé peut absoudre Pauline, quoiqu'elle persiste dans son refus? 2° si Timante, persuadé que la fille lui convient, peut continuer à la voir malgré sa mère, et si le curé doit sur son refus lui dénier l'absolution? 3° s'il doit obliger Laurence, par le refus de l'absolution, à ne plus favoriser les visites que Timante rend à sa fille contre la défense de Pauline?

R. *Ad* 1. Si Timante a trente ans, il est en droit de se marier, nonobstant l'opposition de sa mère; et il suffit, pour éviter l'exhérédation, qu'il lui fasse par écrit des sommations respectueuses. Mais s'il n'a pas encore trente ans, il ne peut épouser Julie sans l'agrément de sa mère, qui peut le lui refuser, étant à présumer qu'elle en a de justes raisons; et en ce cas le curé ne doit pas la contraindre à y consentir; 1° à cause que la dissension, qui est déjà entre Pauline et Laurence, pourrait par là s'augmenter beaucoup au lieu de s'éteindre; 2° parce que d'ordinaire Dieu ne bénit pas les mariages des enfants faits contre la volonté de leurs parents; 3° parce que Pauline peut avoir une très-juste raison de ne pas permettre que son fils épouse Julie, et que le précepte de la charité l'empêche de la déclarer au curé; 4° parce qu'aucune ordonnance n'oblige les parents en aucun cas à consentir au mariage de leurs enfants avant l'âge de trente ans.

Ad 2. Timante, mineur de trente ans, ne peut continuer à rendre des visites à Julie, 1° parce que les bonnes mœurs de cette fille ne sont pas une raison qui le dispense de l'obéissance qu'il doit par le droit naturel à rendre à sa mère, qu'il irriterait encore beaucoup plus à l'avenir, lorsqu'elle apprendrait qu'il est réfractaire à ses volontés, et par où enfin il pourrait s'attirer la malédiction de Dieu; parce que *est maledictus a Deo qui exasperat matrem*, Eccli. III; 2° parce qu'en continuant à voir cette fille, la dissension entre les deux familles deviendrait plus éclatante. Il doit donc obéir à sa mère, et regarder l'opposition qu'elle a à ce mariage comme un effet de la Providence qui y fait naître cet obstacle : et s'il refuse de le faire, le curé ne lui doit pas accorder l'absolution.

Ad 3. Le curé doit en user de même envers Laurence, puisque c'est elle seule qui est la cause de la désobéissance de Timante, et de la discorde qui par là est survenue entre les deux familles. Elle ne trouverait pas bon que, malgré elle, Timante vît sa fille. Elle ne doit donc pas trouver bon que Timante la voie malgré sa mère.

— *Nota*, 1° En général, il faut préjuger en faveur des parents, qui ont plus d'expérience et moins de passion; 2° M. Pontas charge très-souvent ses propositions de cas de circonstances auxquelles il ne touche point dans la réponse. Ici il en met de contradictoires. Il suppose que Pauline ne s'oppose au mariage de son fils que *par antipathie, sans aucune autre raison*, c'est-à-dire par un pur caprice; et dans la réponse il lui suppose de *justes et très-justes raisons*, que son confesseur même sera obligé de présumer, quoiqu'il puisse voir ce que voit tout le monde, je veux dire beaucoup d'entêtement, et rien de plus. Au reste les raisons de l'auteur bien évaluées prouveraient que Timante ne pourrait à trente ans se marier malgré sa mère; puisque la loi humaine qui l'y autorise *ne peut le dispenser du respect que le droit naturel et divin l'oblige de rendre à sa mère*, ni empêcher les dissensions que ce mariage produira entre les deux familles. Concluons de là qu'il y a des parents et des enfants bien à plaindre, et que le cas proposé, comme un million d'autres, ne peut se décider que par les circonstances.

Cas X. *Eunomius*, âgé de vingt-deux ans, a épousé Olympia, fille de famille, âgée de vingt ans, sans que ni l'un ni l'autre aient même demandé le consentement de leurs pères. On demande, 1° si leur mariage est valide; 2° s'ils ont péché mortellement en contractant ainsi?

— L'auteur qui traite au long cette question, y répond, 1° que le mariage des mineurs était nul selon les premières lois impériales : *Nuptiæ consistere non possunt*, dit la loi, ff. *de Ritu nupt.* l. 33, tit. 2, *nisi consentiant omnes, id est, qui coeunt, quorumque in potestate sunt*; 2° que l'Eglise adopta ces lois, selon ce mot de Tertullien, l. ad Uxor. *Nec in terris filii sine consensu parentum rite et jure nubunt*; 3° que cette louable discipline changea dès le XI° siècle, tant à cause de la grande ignorance de ce temps, qu'à cause des démêlés des papes et des empereurs; ce qui fut cause que la plupart des Etats de l'Europe négligèrent les lois romaines, et s'en firent de nouvelles, à qui saint Thomas, in-4, *dist.* 18, *a.* 3, donna un grand poids, lorsqu'il se déclara pour la liberté que doivent avoir les enfants de choisir un état de vie, où ils croient que Dieu les appelle, quoiqu'il soit de leur devoir de consulter leurs parents, et de déférer aux conseils salutaires qu'ils peuvent leur donner; 4° que malgré le souhait du concile de Cologne, en 1536, et les vœux de trois de nos rois, le concile de Trente, sess. 24, c. 1, *de Reformat.*, déclara que ces mariages, quoique très-répréhensibles, étaient néanmoins valides; 5° que Louis XIII ayant déclaré ces mariages *non valablement contractés*, déclara, à la prière du clergé de France, que ces mots ne pouvaient *être aucunement pris que par rapport au contrat civil*. Ce qui est en effet arrivé plusieurs fois, comme l'auteur le prouve par treize arrêts; quoiqu'il avoue que la jurisprudence n'a pas toujours été uniforme sur ce point. Après cela Pontas dit qu'il ne regarde néanmoins pas comme incontestable l'opinion qui soutient que ces mariages sont valides *in genere sacramenti*, quoiqu'il ne blâme point ceux qui la défendent. Et il finit par souhaiter que le prince s'explique plus clairement là-dessus.

J'ai aussi traité cette matière avec étendue dans mon 14° vol., ch. 3, art. 3. Je ne crois pas qu'il soit tout à fait bien sûr que les lois romaines aient déclaré nuls les mariages dont il s'agit. Je doute encore que l'ignorance ait été aussi grande dans le dixième et le onzième siècle, que le dit P. et cent autres avec lui (1). Enfin, je crois que, si jamais l'Eglise change sa discipline sur ce point, elle aura soin, en procurant le juste respect qui est dû aux parents, de prendre des mesures pour empêcher qu'ils n'abusent de leur autorité; et que comme ils forcent trop souvent une fille qui leur déplaît, à prendre le parti du cloître, ils ne la forcent par ambition ou autrement à prendre un mari qu'elle déteste. Au reste, j'avoue avec P. que, régulièrement parlant, les enfants mineurs ne peuvent, sans péché mortel, se marier contre la volonté de leurs parents. On ne peut trop agir de concert dans une affaire qui, comme celle-ci, décide du repos dans le temps, et du salut dans l'éternité. Mais si un père voulait faire épouser à sa fille un homme sans loi, un hérétique, etc., elle ne serait point tenue à lui obéir.

Cas XI. *Macédonius*, âgé de 22 ans, se trouvant dans un pays étranger, on lui offre un très-bon parti en mariage; mais ne pouvant le faire savoir à son père sans une fort grande incommodité, à cause de la distance des lieux, et craignant de manquer ce mariage, en le différant trop longtemps, il a contracté de son autorité privée. L'a-t-il pu faire licitement?

R. Il l'a pu faire, s'il a eu lieu de présumer le consentement de son père; autrement il faudrait dire que le jeune Tobie pécha en se mariant sans que son père en sût rien. On a raison de croire qu'un père consent au vrai bien de son fils.

Cas XII. *Hermel*, âgé de 28 ans, s'étant enrôlé à Colmar, déserta six mois après; et

---

(1) Voyez-en la preuve dans le 8° tome de ma *Morale*, part. 1, ch. 1, pag. 508 et suiv.

s'étant retiré à dix lieues de là, il y débaucha Radegonde, sous la promesse qu'il lui fit avec serment de l'épouser. Depuis ce temps, il a erré pendant trois ans avec cette fille. Étant à Mâcon, il a prié un curé de le marier. Celui-ci n'a pas voulu le faire sans une dispense de domicile et le consentement du père de la fille. La dispense est arrivée, mais le consentement n'arrivant point, Hermel est parti pour Montargis avec Radegonde, et ils y séjournent depuis un mois, dans le dessein d'y demeurer. Là, Hermel se présenta encore à Mævius, curé, pour se marier. Ce curé, qui a enfin reçu le consentement du père de la fille, demande si, sur la dispense de bans et de domicile, accordée par l'évêque de Mâcon et le consentement du père de la fille, il peut célébrer ce mariage, ou s'il a encore quelques autres mesures à prendre.

R. Il faut supposer, 1° qu'un garçon ne se peut marier sans le consentement de son père, avant qu'il ait trente ans accomplis, ni une fille, avant l'âge de vingt-cinq ans aussi accomplis ; 2° que les enfants de famille qui contreviennent en cela aux ordonnances peuvent être exhérédés par leurs pères et mères, et privés même des donations et des autres avantages qu'ils pourraient leur avoir faits auparavant. C'est ce qui est porté par plusieurs ordonnances, et surtout par celle de 1697, qui les confirme en ce point ; 3° que le curé du lieu où il se trouve des vagabonds et gens sans domicile ne peut sans péché les marier, *nisi re ad ordinarium delata, ab eo licentiam id faciendi obtinuerint*, Trid. sess. 4, c. 7, de Ref.; quoique, dans la rigueur, le mariage ne laissât pas d'être valide, encore qu'il fût illicite de la part du curé ; que quoique les contractants n'aient pas un domicile aussi long que le demandent les statuts d'un diocèse, ils peuvent contracter validement, quoique illicitement, pourvu qu'ils l'aient établi de bonne foi et non en fraude.

Cela posé, nous disons, 1° que, quoique Hermel et Radegonde n'aient eu jusqu'à présent aucun domicile suffisant, puisque depuis trois ans ils ne font qu'errer de ville en ville, on peut les regarder tous deux comme en ayant à présent un fixe et de bonne foi dans la ville où ils sont actuellement, puisqu'ils ont le dessein d'y rester pour travailler ; 2° que si on les considère comme n'ayant aucun domicile, comme n'en ont en effet aucun tous les vagabonds, qui ne s'arrêtent ordinairement dans un lieu que pour s'y reposer, le curé du lieu où ils se trouvent actuellement est censé être leur propre curé, et peut les marier, comme il peut leur administrer les autres sacrements dont ils ont besoin, en observant néanmoins à l'égard du mariage les règles prescrites sur ce sujet par les édits du roi, par le Rituel du diocèse, ou par les ordonnances de l'évêque, de qui il doit obtenir une permission expresse de célébrer un tel mariage, ainsi que l'ordonnent le concile de Trente et les Rituels diocésains, quoique à la rigueur le mariage célébré sans cette permission fût valide, quoique illicite de la part du curé ;

3° que si on les regarde comme ayant à présent établi leur domicile de bonne foi dans le lieu où ils sont, quoique ce ne soit que depuis peu, et qu'ils ne soient peut-être pas même dans le dessein d'y demeurer pour toujours, le curé peut assister à leur mariage, puisqu'il est suffisamment leur propre pasteur à cet égard ; mais il ne le peut faire licitement qu'avec la permission de son évêque, et après avoir obtenu de lui toutes les dispenses nécessaires, soit du défaut du temps requis de domicile, soit de la publication des bans, et en observant ce qui est porté par les ordonnances, *v. g.* de se faire représenter le consentement des parents, etc. En effet Hermel, ayant actuellement trente ans accomplis, ne court d'autre risque que celui de l'exhérédation, et à l'égard de Radegonde, il n'y a nulle difficulté, puisqu'elle a obtenu le consentement de son père en bonne forme.

— Il n'est point sûr que le mariage des vagabonds, fait sans dispense de domicile accordée par l'évêque, soit valable ; et les raisons de l'auteur des Conférences de Paris, qui soutient le contraire, tom. III, pag. 324, ne sont point indignes d'un théologien. Il me paraît encore moins sûr qu'un homme, qui commence à acquérir un domicile, puisse être traité comme n'en ayant point. Un curé doit donc toujours recourir à l'évêque ; c'est le seul moyen d'éviter de grandes fautes.

Cas XIII. *Metro*, enfant de famille, âgé de 18 ans, peut-il sans péché contracter mariage, sans requérir ni attendre le consentement de son père, lorsqu'il l'a fait émanciper ?

R. La loi 25, ff., *de Ritu nuptiar.*, permet aux enfants émancipés de se marier, *etiam sine consensu patris* ; mais en France l'émancipation n'a point cet effet. Les ordonnances royales défendent à tous mineurs de se marier sans le consentement de leurs pères et mères. Que si le père approuve, et la mère non, *aut vice versa* ; c'est toujours le père qui doit l'emporter.

Cas XIV. *Farule*, âgé de 24 ans, épousa, il y a six ans, sans le consentement de sa mère, une fille âgée pour lors de 26 ans, dont il a eu quatre enfants. Sa mère, le voyant fort malade, s'est disposée à faire annuler son mariage, s'il venait à mourir. Farule, revenu en santé, demande ce qu'il doit faire pour prévenir la mauvaise volonté où elle est ?

R. M. de S. B. dit que cet homme, qui est aujourd'hui majeur, doit présenter requête à l'official pour obtenir de lui la permission de procéder de nouveau à la célébration du mariage, après avoir requis par écrit sa mère d'y consentir ; parce qu'en ratifiant son mariage dans les formes prescrites par l'Église et par l'ordonnance, il préviendra les suites d'un procès qui pourrait être funeste et à ses enfants et à sa femme, puisque, suivant l'ord. de 1629, la mère de Farule pourrait poursuivre sa femme en cause de rapt, pour avoir suborné, étant majeure, son fils qui était mineur ; et comme le crime de rapt ne se prescrit que par le laps de vingt ans, il est très-important que, pour assurer l'état de ses enfants après sa mort, il prenne la précaution de ratifier son mariage de la manière qu'il a été marqué.

— Il faudra aussi persuader à l'official et au curé que le premier mariage est nul, ou qu'on peut remarier une seconde fois ceux qui ont déjà été bien mariés.

CAS XV. *Médard*, âgé de trente ans passés, et Batilde, âgée de vingt-cinq ans accomplis, se sont mariés malgré leurs pères. Ceux-ci sont-ils obligés en conscience à les doter, comme ils ont fait à leurs autres enfants?

R. Oui, si Médard et sa femme ont requis leur consentement, selon l'art. 41 de l'Édit de Blois; mais s'ils y ont manqué, ils peuvent être déshérités.

CAS XVI. *Guéric*, condamné à mort pour un homicide, s'étant échappé et retiré dans une province éloignée, s'y est marié. Son mariage est-il valide? La raison d'en douter est que cet homme, n'ayant plus la disposition ni de son corps, qui est confisqué par la sentence prononcée contre lui, ni de sa volonté, il est incapable de tout contrat civil, et par conséquent de celui du mariage.

R. Il est vrai que ceux qui sont condamnés à une peine qui emporte la mort civile ne sont plus dans le pouvoir de disposer de leurs corps, ni de leur volonté, par rapport aux effets civils; mais leur mariage ne laisse pas d'être valide en ce qui regarde le sacrement, l'Église, ni les lois des princes n'ayant jamais déclaré ces sortes de personnes inhabiles au mariage, et personne ne devant y être censé inhabile, s'il n'en est expressément exclu : *Quicumque non prohibetur, per consequentiam admittitur*. Innocent III, c. 23 *de Sponsalib*. Il n'y a donc, dans la fille qui a épousé Guéric, qu'une simple erreur de sa qualité, qui, de l'aveu de tout le monde, n'annule point le mariage. Par une raison à peu près semblable, un homme qui se marie, après avoir été publiquement dénoncé excommunié, se marie validement. Mais on l'a déjà dit, cette validité ne regarde point les effets civils : c'est pourquoi les enfants de Renée Charbonnière, qui, après avoir été condamnée au feu, avait, par commutation de peine, été condamnée à une prison perpétuelle, et s'était remariée, furent déclarés inhabiles à lui succéder, par arrêt du 14 janvier 1561. L'auteur en rapporte d'autres, qu'on trouvera chez Louet et chez Brodeau.

CAS XVII. *Paule*, âgée de 33 ans, s'est mariée, sans avoir requis le consentement de son père. Ce père peut-il lui refuser sa dot, ou même la priver de son hérédité?

R. Il le peut dans ce royaume où la loi soumet à l'exhérédation les enfants qui, à quelque âge que ce soit, se marient sans requérir le consentement de leurs pères, etc. *Voyez* Ferrière, v. SOMMATIONS RESPECTUEUSES, et ce que j'en dirai sous ce titre.

CAS XVIII. *Alexandre*, gentilhomme, qui a peu de bien, a un fils et cinq filles. Le fils aura, après la mort de son père, tout le bien paternel. Les cinq filles sont déjà nubiles, mais il ne les peut marier à des gentilshommes, parce qu'il ne peut leur donner de dot. Les deux plus âgées sont recherchées en mariage par deux roturiers qui sont passablement bien dans leurs affaires. Mais, parce que ce sont ses vassaux, Alexandre refuse d'y consentir, et veut envoyer ses filles en Amérique, où, comme bien d'autres, elles trouveront aisément des maris. Sont-elles obligées à lui obéir?

R. La puissance d'un père sur ses filles ne va pas jusqu'à lui donner droit de les envoyer malgré elles en des pays étrangers, sous prétexte qu'elles y trouveront l'occasion de se marier. Ce serait violer le plus naturel de tous les droits, qui est la liberté que Dieu même laisse à l'homme, quelque usage qu'il en fasse. Si donc Alexandre n'a pas le moyen de donner une dot convenable à ses filles, et qu'elles veulent bien épouser des roturiers, il ne doit pas les en empêcher, de peur de se rendre responsable des péchés où elles tomberaient par la fragilité si naturelle à l'homme, et surtout aux personnes de leur sexe.

CAS XIX. *Vigilius*, absent, a épousé Sempronia par procureur. 1° Ce mariage est-il valide? 2° Est-il sacrement?

R. Tout le monde convient qu'il est valide comme contrat, *et de hoc non dubitatur*, dit la Glose. Or dès-lors il doit être valide comme sacrement; 1° parce que, selon le décret d'Eugène IV, le mariage des chrétiens, quand il est validement contracté, est un sacrement. 2° Parce qu'il n'y manque rien du côté de la matière, de la forme et du ministre. Ce qu'on objecte que, selon ce sentiment, celui qui contracte étant absent, pourrait recevoir la grâce en dormant, n'est pas solide; car si un enfant que l'on baptise, ou un moribond qui reçoit l'extrême-onction sans connaissance, sont capables de recevoir la grâce, un homme qui dort en est aussi capable.

Mais pour qu'un mariage soit validement contracté par procureur, il faut, 1° que ce procureur ait une commission spéciale *ad hoc*, cap. fin. *de Procurat*., in 6; 2° qu'il l'exécute lui-même, à moins qu'il n'ait un pouvoir très-exprès de le faire exécuter par un autre, *id. ibid.*; 3° que la procuration n'ait point été révoquée, même à son insu; 4° qu'elle porte pouvoir d'épouser telle personne en particulier; 5° que le procureur exécute à la lettre toutes les conditions à lui prescrites.

Nous ajoutons avec Sylvius, 1° qu'un homme peut à la rigueur charger une femme de sa procuration, quoiqu'il soit plus décent que chacun prenne une personne de son sexe; 2° qu'il n'est pas absolument nécessaire que la procuration soit donnée par écrit; 3° qu'un mariage se peut faire par lettres entre des personnes absentes, pourvu que les parties déclarent par ces lettres, qu'elles se prennent pour mari et femme, et qu'on en fasse la lecture en présence de témoins et du propre curé de l'un des contractants, et aussi de la partie avec qui la personne absente contracte, ou de son procureur; 4° qu'il est bien à propos de réitérer ces sortes de mariages quand les parties sont présentes; parce que les docteurs partisans de l'une et de l'autre opinion conseillent de les réitérer, attendu qu'il n'est pas indubitable qu'un tel mariage soit véritablement sacrement; et que d'ailleurs il se pourrait faire qu'une des parties contractantes eût révoqué son consentement avant qu'il eût été contracté par procureur; auquel cas le mariage serait nul : inconvénient qu'on lève en faisant réitérer le mariage par les parties présentes.

— Ce dernier inconvénient, que Sanchez fait aussi valoir, ne me touche pas beaucoup; parce qu'on peut savoir de celui qui a donné procuration, s'il a persisté dans son sentiment. J'ajoute que pour éviter tout péril d'une mauvaise réitération du sacrement, on peut user et faire user les parties de paroles conditionnelles.

Cas XX. *Paul*, ayant donné sa procuration à Pierre pour épouser Madeleine, est tombé le lendemain en démence, Pierre, qui ignorait cet accident, a exécuté sa commission en épousant Madeleine au nom de Paul. Ce mariage est-il valide?

— R. Basile Ponce le nie, liv. II, cap. 15; parce qu'il faut que le consentement du mandant subsiste jusqu'au moment de la célébration, et que dans le droit la démence est comparée à la mort. Sanchez, Cabassut et d'autres que Pierre a suivis, le croient valide; parce que le consentement qui a d'abord été donné n'a point été révoqué. Pour moi je dirais : ou la démence est passagère, ou elle est perpétuelle. Dans le premier cas, point de difficulté sur la validité. Dans le seconde, j'en douterais beaucoup, non à cause des raisons de Ponce, mais parce que la partie présente ne peut raisonnablement être censée avoir consenti, je ne dis pas dans la supposition d'un changement quelconque, je ne dis pas même d'un changement considérable, mais d'un changement aussi énorme : mais il y a de l'apparence que ce dénoûment déplaira plus à d'autres, qu'il ne m'a plu à moi-même.

TITRE QUATRIÈME.

Il ne s'agit dans ce titre que de la manière dont un mariage nul peut être réhabilité, c'est-à-dire, en quel cas on doit contracter derechef en présence du propre curé et des témoins, et quand il suffit de renouveler intérieurement son consentement. On peut voir le reste dans les titres où nous avons traité des empêchements de mariage; mais pour être instruit à fond des formalités qui s'observent en France à l'égard des mariages, on doit voir les ordonnances de nos rois, et surtout celle de 1639.

Cas I. *Anselme* ayant épousé Antoinette sans aucun consentement intérieur au mariage, qu'il a consommé dans la même disposition, demande si, pour réhabiliter ce mariage, il doit contracter de nouveau, ou s'il suffit qu'il consente seulement intérieurement, sans autre formalité?

R. Il suffit, pour réhabiliter ce mariage, qu'Anselme y consente véritablement; parce que, comme dit saint Antonin, pag. 3, tit. 1, n. 7, *quamvis tacitus consensus per se non sufficeret, tamen sufficeret cum expressione exteriori quæ præcessit*. Au fond, il ne manquait à ce mariage que le consentement d'Anselme, il suffit donc de l'y suppléer.

Cas II. *Auguste* et *Jeanne*, veuve de Pierre, ont contracté un mariage, nul par un empêchement dirimant. Ils en ont ensuite obtenu dispense. Suffit-il qu'ils renouvellent secrètement entre eux leur consentement mutuel pour réhabiliter leur mariage?

R. Il est sûr qu'après l'exécution de la dispense, les parties doivent de nouveau exprimer leur consentement, soit par paroles ou par des signes équivalents; parce que toute la vertu de la dispense est seulement de rendre habiles à contracter ceux qui y étaient auparavant inhabiles. Cela posé, ou l'empêchement était public, ou il était occulte. S'il était public, il faut que les parties contractent de nouveau en présence du curé et des témoins. S'il était secret, et qu'il ne pût être prouvé dans le for extérieur, il faut distinguer. Car, ou il était connu aux deux parties, ou seulement à l'une des deux. S'il était connu aux deux parties, il suffit qu'après la dispense obtenue et exécutée par le confesseur, les deux contractants renouvellent leur consentement par paroles ou par quelque signe extérieur, sans qu'il soit besoin ni du curé ni des témoins; parce que ce mariage passant pour valide, il n'y a rien à craindre des mauvaises suites de la clandestinité. Mais si l'empêchement n'est connu que d'un des contractants, il faut non-seulement qu'il renouvelle son consentement, mais encore qu'il tire adroitement le consentement de l'autre, qui n'en a pas de connaissance, s'il le peut faire sans le scandaliser. Car puisque le consentement de l'un et de l'autre a été invalide dans le temps qu'ils ont contracté, il est nécessaire de réparer ce défaut essentiel par un consentement réitéré; parce que l'erreur est contraire à la validité du consentement, *Cum nullus sit errantis consensus*, dit la loi. Mais comment tirer ce consentement? Voici les moyens que propose Sylvius, Suppl. q. 45, art. 1. *Primum est ut persona, quæ est impedimenti conscia, dicat alteri se in prius matrimonium non consensisse, defectu bonæ instructionis, et propterea petere ut consensum suum ambo renovent : cum enim consensus fuerit invalidus, apparet posse appellari non consensum. Secundum, sufficere si novus consensus procedat ex cognitione, non quidem expressa, nullitatis matrimonii, sed æquivalenti; veluti, si conscius impedimenti sollicitet alium in sui amorem, et dicat : Ita tibi afficior, ut si non esset inter nos matrimonium, nihilominus te acciperem, et jam de facto ita te accipio. Numquid tu similiter? Si respondeat, quod sic, vel eo affectu se cognoscant, matrimonium convalescit; quia ignarus impedimenti non solum intendit permanere in matrimonio prius contracto; sed etiam inire novum, si prius non fuerit validum.*

Mais si celui qui sait l'empêchement ne peut tirer de l'autre son consentement, sans s'exposer au danger d'une séparation qu'il ferait peut-être, s'il savait être en pouvoir de la faire, la difficulté devient beaucoup plus embarrassante. Car enfin puisqu'un consentement donné par erreur est nul, il faut que la partie qui ignore la nullité du mariage en soit informée, pour donner un consentement légitime. Et c'est ce qu'exige la pénitencerie par cette clause si connue, mais si difficile : *Cum ipso latore dispenses, muliere de nullitate prioris consensus certiorata, sed ita caute, ut latoris delictum nusquam detegatur.* J'ai dit au liv. III du *Traité des dispenses*, ch. 2, n. 29, ce que j'ai pu déterrer de meilleur sur cette matière. J'en suis si peu content, que je n'ose le répéter ici. C'est dans de semblables cas qu'un confesseur doit joindre le jeûne à la prière.

Cas III. *Evremond* et *Berte*, alliés au 4° degré, ont contracté mariage de mauvaise foi en présence du curé et de deux témoins, qui savaient que le mariage était nul. Faut-il, pour le réhabiliter, qu'Evremond et Berte contractent de nouveau devant le curé et les témoins, après avoir obtenu dispense sur l'empêchement ; ou suffit-il que les parties renouvellent de concert leur consentement en secret ?

R. Il faut qu'ils renouvellent leur consentement devant le curé et les témoins ; puisque ceux-ci ne peuvent sans cela certifier la validité du mariage, qu'ils ne peuvent regarder que comme nul. Il en serait de même quand il n'y aurait qu'un témoin qui connaîtrait la nullité du mariage.

— S'il y avait d'ailleurs assez de témoins pour constater la validité de ce mariage, il suffirait de le réitérer devant le curé et ce témoin. On ne voit pas qu'il soit nécessaire d'apprendre à trois personnes le crime des contractants qu'elles ne connaissent pas, supposé qu'elles ne puissent le connaître dans la suite. C'est ce que me paraît dire Sylvius par ces paroles que l'auteur cite au cas suivant : *Quamvis ut tollatur scandalum, sive parochi, sive testis qui conscius est impedimenti, debeat illi impetratio dispensationis significari.*

Cas IV. Le curé ou les témoins ont ignoré l'empêchement dirimant qui était entre Baudouin et Cécile dans le temps qu'ils ont contracté mariage ; mais ils l'ont connu après la célébration. N'est-il pas nécessaire, en ce cas, qu'ils contractent derechef après l'obtention de la dispense en présence de ce curé et de ces témoins ?

R. Si l'empêchement qui a rendu nul ce mariage peut être prouvé dans le for extérieur, on ne le doit pas considérer comme occulte, et il faut que Baudouin et Cécile contractent derechef en présence du curé et des témoins. Mais si cet empêchement est si secret qu'il ne puisse être prouvé dans le for extérieur, il suffit que les parties renouvellent secrètement entre elles leur consentement réciproque, sans que la présence du curé et des témoins soit nécessaire, parce qu'elles ont satisfait en cela au précepte de l'Eglise d'une manière à ne pouvoir être convaincues du contraire dans la supposition que nous faisons que l'empêchement est et demeurera toujours entièrement caché. C'est le sentiment de Sylvius in Suppl. q. 45, art. 2, p. 185 ; et la congrégation du concile a décidé *annuente Pio V, quod in hujusmodi impedimentis occultis, quando matrimonium est renovandum, possit hoc fieri inter conjuges secrete, et quod non sit necessaria præsentia parochi vel testium.*

— Sylvius ajoute qu'un mariage ainsi renouvelé ne peut être un sacrement ; et cela est clair dans le sentiment de ceux qui font le prêtre ministre du mariage. Cela posé, puisqu'il faut que la dispense soit exécutée par un prêtre, ne vaut-il pas mieux que ce même prêtre, muni de pouvoirs légitimes, bénisse ces sortes de mariages ? Puisque cette cérémonie, aussi secrète que la confession dont elle est la suite, ne peut avoir que le très-bon effet de conférer la grâce du sacrement.

Cas V. *Hilarion*, ayant épousé de bonne foi et en présence du curé et de plusieurs témoins, *Victoire*, dont il est allié *ex concubitu fornicario*, a obtenu dispense de cet empêchement. Faut-il que, pour réhabiliter ce mariage, les parties contractent de nouveau en présence du curé et des témoins, si leur dispense porte cette clause : *Contrahere possint, servata concilii Trid. forma.*

R. Non ; parce que le sens de cette clause est qu'ils doivent avoir gardé les formalités prescrites par le concile avant que de se marier ; et c'est ce qu'ils ont fait en faisant publier leurs bans, en se présentant à leur curé avec des témoins, etc. Il serait aussi court de dire que cette clause ne se met que dans les dispenses *ad contrahendum prima vice.*

Cas VI. *Auguste* et *Julite* ont contracté mariage ; mais Julite n'a consenti que par une crainte griève. Suffit-il que, pour réhabiliter ce mariage, elle y consente secrètement, et même sans en rien témoigner à Auguste.

R. Cela suffit, pourvu qu'Auguste n'ait pas révoqué son consentement, comme il est à présumer. La raison est : 1° qu'il ne manquait à ce mariage que le consentement de Julite, et qu'elle le donne ; 2° qu'il n'est pas nécessaire que les deux consentements se donnent *simul et semel* ; comme il n'est pas nécessaire que l'absolution suive aussitôt la confession ; 3° que quand cette simultanéité de consentement serait nécessaire, elle se trouverait, puisque Julite donne son consentement pendant qu'Auguste persévère dans le sien. C'est la décision de saint Antonin, de Navarre, de Tolet, de Sylvius, etc.

Cas VII. *Jérôme* sait seul la nullité de son mariage ; il veut renouveler son consentement de concert avec sa femme ; mais elle lui témoigne une opposition formelle, à cause d'un mécontentement qu'elle a de sa conduite. Que doit-il faire ?

R. Il doit s'abstenir de demander le devoir à sa femme qui, étant dans cette disposition, ne le lui rendrait apparemment que parce qu'elle croirait faussement y être obligée. Mais il peut le lui rendre, *affectu conjugali*, lorsqu'elle le désirera; parce qu'en le lui demandant, elle est censée le demander aussi, *animo conjugali*, et renouveler par conséquent son premier consentement. Il serait néanmoins encore plus sûr pour sa conscience, qu'avant que de le lui rendre, il l'obligeât par des termes d'amitié de répondre d'une manière qui marquât qu'elle le lui demande comme à son légitime mari.

Voyez OPPOSITION AU MARIAGE.

MARTYRE.

Le martyre est un acte de la force chrétienne qui nous fait souffrir la mort pour la défense de la foi ou d'une autre vertu comme de la chasteté. Il y a un martyre incomplet, qui ne va pas jusqu'à la mort, soit que Dieu l'empêche par un miracle, ou que les tourments ne soient pas assez forts pour le causer. Les petits enfants sont martyrs quand on leur fait souffrir la mort en haine de la religion. Mais ceux qui ont l'usage de la raison ne peuvent l'être qu'en acceptant volontairement celle qu'on leur fait souffrir en haine de Jésus-Christ, etc.

CAS I. On a demandé dans une compagnie s'il y a des cas où le martyre soit nécessaire de nécessité de salut. Cæcilius a soutenu qu'il y en a plusieurs. *An bene?*

R. Oui, certes; car quand un chrétien se trouve dans un pays infidèle ou hérétique, et qu'il est interrogé juridiquement sur sa religion, il est obligé, sous peine de damnation, de professer la vraie foi, quoiqu'il soit assuré de ne le pouvoir faire sans perdre la vie. Il en est de même, quand on se trouve engagé à faire un péché mortel ou à souffrir la mort. C'est la doctrine de saint Thomas, *Quodl.* IV, art. 20.

CAS II. *Maxime*, missionnaire dans le Tunkin, étant animé du désir du martyre, est dans le dessein d'inciter les païens à lui faire souffrir la mort pour Jésus-Christ. Le peut-il en conscience?

R. Non, parce qu'il les inciterait par là à faire un crime; ce qui ne peut jamais être permis. Saint Thomas, 2-2, q. 124, a. 1.

— CAS III. Mais ce prêtre ne peut-il pas au moins se présenter aux tyrans pour jouir plutôt de Jésus-Christ.

R. Sans une inspiration très-spéciale, telle que l'ont eue quelques saints, et dont il ne faut point se flatter, un chrétien doit se dérober sagement aux persécuteurs, jusqu'à ce que les moments que Dieu a marqués pour sa gloire arrivent. C'est l'avis que le Sauveur a donné lui-même à ses disciples par ces paroles, Matth. x : *Cum persequentur vos in ista civitate, fugite in aliam.* On sait que saint Paul, qui disait bien sincèrement : *Cupio dissolvi*, a fui plus d'une fois ses persécuteurs.

CAS IV. *Marculfe*, missionnaire à Siam, est résolu, s'il se voit entre les mains des bourreaux, de se jeter lui-même dans le feu qui lui serait préparé, ou même de se précipiter, afin d'éviter de plus longs tourments. Le pourrait-il sans péché?

R. L'histoire ecclésiastique nous fournit des exemples de saints dont le zèle est allé jusqu'à prévenir ainsi la rage des bourreaux. Nous avons même encore l'épître que saint Ignace écrivit aux fidèles de Rome avant son martyre, où il leur dit : *Utinam fruar bestiis, quæ mihi sunt præparatæ; quod si venire noluerint, ego vim faciam; ego me urgebo ut devorer.* Mais en général il n'est permis à personne de se donner la mort; et ainsi les saints, dont on cite l'exemple, ont été excités par le Saint-Esprit à prévenir leurs bourreaux, tant pour la gloire du vrai Dieu que pour mieux affermir les fidèles dans la foi chrétienne. Augustin, l. VI, *de Civ. D.* Thomas in-4, dist. 49, q. 5, art. 3, quæst. 2. Marculfe ne pourrait donc sans péché accélérer sa mort dans le cas dont il s'agit, sans y être poussé par le Saint-Esprit, ce qu'on ne doit pas aisément présumer.

MASQUE.

Un *masque* est un faux visage qui sert à une personne à couvrir le sien pour le déguiser. François Ier et Henri III défendu les masques; et l'ordonnance du dernier, en 1579, était si rigoureuse, que ceux qui tuaient des gens masqués n'avaient pas besoin de lettres de grâce. Le parlement de Paris défendit, en 1514, de vendre des masques. *Voyez* Grég. de Toulouse, lib. XXXIX *de Larvis et Personatis*.

CAS I. *Valérien* s'est déguisé en bergère, Lydie, sa sœur, en vieillard, ayant chacun des masques, et sont allés en cet équipage chez leurs amis. Ont-ils commis en cela un péché grief?

R. Oui : 1° parce que l'Ecriture défend ce travestissement comme une chose abominable. Deuter. XXII, 5. *Non induetur mulier veste virili, nec vir utetur veste feminea: abominabilis enim est qui facit hæc;* 2° parce que les Pères, et parmi eux saint Augustin, traitent d'infâmes ceux qui se déguisent ainsi; 3° parce qu'il y a toujours à perdre pour la pudeur et pour la pureté dans ces indignes mascarades. Saint Thomas, 2-2, q. 169, art. 1.

CAS II. *Claude*, déguisé en paysan, et Jeanne en dame de qualité, vont masqués au temps du carnaval. Edouard, leur maître, qui le voit, ne s'y oppose point. Pèche-t-il en cela, ces deux domestiques ayant gardé les habits de leur sexe?

R. Comme ces déguisements portent aisément à des paroles et à des actions qui blessent la pudeur, surtout dans un temps de débauche tel qu'est celui du carnaval, ce qui peut encore arriver plus facilement à des gens qui manquent souvent d'une bonne éducation, le maître de ces domestiques se rend coupable de tous les péchés qu'ils commettent, puisqu'il est chargé devant Dieu de leur conduite et de leur salut, suivant cette terrible sentence de l'Apôtre, 1 Timoth. v : *Si quis suarum et maxime domesticorum curam non habet, fidem negavit, et est infideli deterior.*

Cas III. Œdipe gagne sa vie à faire des masques, tels qu'on les porte au carnaval. Il prétend le pouvoir faire, 1° parce que ce métier est autorisé par les lois civiles ; 2° parce qu'il ne consent pas au péché de ceux qui vont en masque ; 3° parce qu'il n'a que ce métier-là pour nourrir sa femme et ses enfants. Son confesseur ne peut-il pas l'absoudre ?

R. Non, parce qu'on ne peut absoudre un homme, quand sa profession est mauvaise par elle-même, ou qu'elle donne occasion de péché mortel au prochain. Or tel est le métier qu'exerce Œdipe. Et les raisons dont il se sert pour s'excuser, peuvent toutes être employées par un sculpteur chrétien, qui étant au Mogol voudrait continuer à faire des idoles pour les gens du pays. On peut lire sur cela Tertullien, *Lib. de Idololatria.* Je me contente de rapporter ce que dit saint Augustin sur le psaume xviii, n. 6. *Audent feneratores dicere : Non habeo aliud unde vivam. Hoc mihi et latro diceret, deprehensus in fauce. Hoc mihi et leno diceret, emens puellas ad prostitutionem,* etc.

MATINES ET LAUDES.

Les rubriques veulent que le prêtre récite matines et laudes avant que de dire sa sainte messe ; mais cette disposition des rubriques oblige-t-elle sous peine de péché mortel ? Saint Antonin et après lui beaucoup de théologiens soutiennent que oui. Saint Liguori et d'autres modernes après lui disent que non. Ils prétendent que le prêtre qui sans raison monte à l'autel sans avoir préalablement dit matines et laudes ne pèche que véniellement ; et que pour peu qu'il ait de motifs, il ne pèche point du tout. « Excusabit, dit saint Alphonse, quælibet mediocris causa rationabilis, puta si dans eleemosynam (l'honoraire de la messe), postulet ut statim celebretur ; si exspectet populus, aut aliqua persona gravis ; si superior præcipiat ; tempus celebrandi transeat ; vel instet commoditas studii, itineris et similia. »

MÉCHANT.

On entend ici par *méchant* celui qui est dans l'habitude du crime et qui s'en fait un jeu et un plaisir. Tout bon chrétien ne doit avoir aucun commerce avec ces gens-là, si ce n'est dans l'espérance bien fondée de contribuer à leur conversion, et pourvu qu'on ne s'expose, en les fréquentant, à aucun danger de se laisser corrompre par leurs mauvais exemples. Il n'est point de si méchant homme qui ne fasse quelque bonne œuvre, comme il n'est point de juste qui n'en fasse quelque mauvaise. *Non potest malus in omnibus malus esse, sed habet aliqua bona,* dit saint Chrysostome, cité can. 48, *de Pœnit.,* dist. 3.

Cas I. Peut-on regarder un homme comme méchant, à cause qu'on a été très-souvent témoin de plusieurs crimes qu'il a commis ? Il semble qu'on le peut, suivant cette règle de droit : *Semel malus semper præsumitur esse malus.* Il semble aussi qu'on ne le doit pas, puisqu'il peut s'être converti.

R. 1° En général on ne doit pas regarder un homme comme méchant parce qu'il a été par le passé dans l'habitude du crime, puisqu'il peut s'être converti et être peut-être actuellement plus agréable à Dieu que celui qui forme ce jugement contre lui ; 2° on doit encore bien moins juger ainsi de celui qu'on sait n'être tombé que par la violence imprévue de quelques passions, puisqu'il lui a été encore plus aisé de faire pénitence, et que la charité qu'on doit au prochain, doit porter à former de lui un jugement favorable, quand des raisons convaincantes ne portent pas à en juger autrement ; 3° la règle qu'on oppose ne dit pas qu'un homme qui a été une fois méchant doit être toujours regardé comme méchant ; mais qu'il est présumé tel dans le for extérieur, dont les présomptions sont souvent fausses, et d'où l'on ne peut tirer aucune conséquence qui soit certaine.

— On doit laisser cet homme pour ce qu'il est au jugement de Dieu. Mais on peut s'en défier pour le genre, où l'on sait qu'il a été méchant.

Cas II. *Valéri* fréquente deux hommes, dont l'un est débauché aux femmes, et l'autre est un blasphémateur d'habitude. Il veut même aller demeurer avec eux : le peut-il en conscience ?

R. S'il est ferme dans la vertu, et qu'il ait lieu d'espérer qu'en demeurant quelque temps avec ces deux hommes, il contribuera à leur conversion, il peut dans cette vue les fréquenter et même demeurer avec eux. Mais s'il est lui-même faible, ou qu'ils refusent de déférer à ses charitables avis, il ne peut en conscience les fréquenter. Au reste dans le doute où il pourrait être, il doit suivre le conseil de son pasteur ou d'un confesseur éclairé.

Voyez CHARITÉ, HAINE.

MÉDECIN.

La profession d'un vrai médecin, c'est-à-dire d'un homme qui possède l'art de rendre la santé aux malades ou de les soulager dans leurs maux, est respectable ; et l'Ecriture la loue, Eccli. xxxviii. Le médecin doit être payé de ses peines avant tous les autres créanciers, mais après les frais funéraires ; ce qui néanmoins ne s'entend que de la maladie dont est mort le malade, et non du salaire dû pour les autres maladies précédentes, à raison desquelles le médecin a pu exiger son payement s'il l'a voulu. Tout médecin est incapable de legs à lui faits par le défunt. Il ne peut, sans un grand péché, faire des expériences, dont le succès puisse être dangereux aux malades, et il se doit toujours conduire selon les anciennes règles de son art ; car il y a de nouvelles expériences, telle qu'est celle de la transfusion du sang, qui leur ont été défendues par un arrêt du parlement de Paris du 2 janvier 1670. Nul ecclésiastique ou religieux ne peut exercer la médecine, si ce n'est par charité, sans intérêt, et en observant tous les préceptes de cet art. Un médecin ne peut sans crime négliger d'avertir les malades du péril de mort où il croit qu'ils sont, afin qu'ils se mettent en état de recevoir les sacrements ; et si quelque raison de prudence ne lui permet pas de le déclarer aux malades mêmes, il doit en avertir leurs plus proches parents, ou leurs pasteurs ou confesseurs. La charité l'oblige aussi d'assister gratuitement les pauvres, et principalement quand il est gagé dans une ville pour servir le public. Il est indigne d'un médecin de convenir avec un malade qu'il lui donnera une somme, en cas qu'il le guérisse : et les lois romaines le défendaient avec raison. Leg. 9 Cod., *de Professorib.*, etc.

Cas. I. *Yves* sait que plusieurs médecins veulent se mettre sous sa conduite ; il demande sur quoi il doit principalement les interroger.

R. Ce confesseur doit avoir une idée générale des obligations d'un bon médecin. Or un médecin doit : 1° avoir une science compétente, et on peut savoir de ceux qui sont habiles et vertueux, s'il l'a en effet ; 2° ne point recevoir aux degrés ceux qui n'en sont pas capables : en quoi on manque souvent, surtout quand il ne s'agit que des médecins forains ; 3° être éloigné de la crapule et de tous les défauts qui font faire des *quiproquo* dans une matière essentielle ; 4° être plein de religion, pour avertir les malades de recourir aux sacrements, ne les pas dispenser trop aisément du jeûne ou de l'abstinence, ne leur donner aucun remède défendu par la loi de Dieu, *puta in casu abortus*. Les cas suivants apprendront ses autres obligations. Voyez mon 5ᵉ vol. de Morale, part. 7.

Cas II. *Aleaume*, médecin assez mal accommodé dans ses affaires, étant quelquefois invité à secourir des pauvres dans leurs maladies, le refuse ; parce qu'il sait bien que ses visites ne lui seraient pas payées. Pèche-t-il en cela ?

R. Saint Antonin, p. 3, tit. 7, c. 1, dit qu'un médecin est obligé par le précepte de la charité à secourir les pauvres dans leurs maladies pressantes, et qu'il se rendrait coupable d'une espèce d'homicide, si un pauvre venait à mourir pour ne l'avoir pas voulu visiter. Et en effet, il est alors aussi coupable qu'un homme riche qui refuse l'aumône à un pauvre dans sa pressante nécessité. Ceci doit néanmoins s'entendre en cas que tel pauvre ne puisse être secouru par d'autres, ou qu'il n'ait pas le temps d'y courir sans s'exposer au danger de mort. C'est la restriction du même saint Antonin.

Cas III. *Dorylée*, seul médecin dans une petite ville, où il y a plusieurs pauvres malades qu'il a soin de visiter, ayant été appelé en différents temps par Alexandre, homme riche, dangereusement malade, a refusé de l'aller visiter, parce qu'il lui a toujours refusé son salaire. Peut-il persévérer dans son refus sans péché ?

R. Il semble d'abord que Dorylée ne pèche pas dans le cas proposé. Car puisqu'il a fait beaucoup de dépense pour se rendre habile, il est juste qu'il en retire une récompense proportionnée, surtout de la part des malades qui ont le moyen de le payer de ses soins. Cependant, puisqu'il est seul médecin de la ville, il ne peut en conscience refuser son ministère à cet homme ; 1° parce que la charité chrétienne veut qu'on assiste dans un si pressant besoin un homme même qui en est indigne ; 2° parce qu'il a action contre lui et contre ses héritiers après sa mort, pour se faire payer de ce qui lui est dû.

— L'action qu'a le médecin pour se faire payer se prescrit au bout d'un an depuis la dernière visite. On ne s'en rapporte plus alors à son serment, mais à celui du malade ou de ses héritiers. Voyez l'art. 125 de la *Coutume de Paris*.

Cas IV. *Philon*, après avoir exercé la médecine pendant quinze ans, veut se faire prêtre. Le peut-il sans dispense ?

R. Oui, s'il l'a exercée selon les règles de son art. Et cela est vrai, encore que plusieurs de ses malades soient morts ; parce que *non est in medico semper relevetur ut æger*. Mais s'il est assuré ou même s'il doute avec un fondement raisonnable d'avoir coopéré par sa faute à la mort de quelqu'un de ses malades, il se doit regarder comme irrégulier, et ne peut, pendant que son doute subsiste, se présenter aux ordres, selon ce mot de Clément III, c. 7, de *Ætate*, etc., lib. 1, tit. 14. *Si super præmissis conscientia tua te remordeat, ad majores ordines de nostro consilio non ascendas*.

— On pourrait obtenir dispense dans ces cas de doute. Mais si un médecin était sûr d'avoir causé la mort d'un seul de ses malades *par malice*, il n'y aurait point de dispense à espérer, parce que l'Église n'en accorde point pour l'homicide volontaire.

Cas V. *Pompone*, médecin, ayant été mandé pour une femme pulmonique depuis trois ans, et l'ayant trouvée, dans un état à ne pouvoir pas encore vivre quatre jours, n'a pas laissé de lui ordonner plusieurs remèdes qu'il savait certainement devoir lui être inutiles. Les héritiers de la défunte lui ont donné dix livres pour les soins qu'il avait pris d'elle. Cette somme lui est-elle bien acquise ?

R. Les soins que donne un médecin pour une maladie qu'il sait être incurable, et les visites qu'il fait, ne laissent pas d'être estimables à prix. Ainsi, il peut se faire payer, pourvu, dit saint Antonin, qu'il avertisse ceux qui ont soin du malade, qu'il travaille en pure perte et qu'il n'ordonne point de dépenses superflues. Il épargne au moins à un malade le trouble où il pourrait être s'il se voyait abandonné.

Cas VI. *Agobard*, traitant Anselme en danger de mort, ne s'applique qu'à prescrire les médicaments qu'il lui croit nécessaires, laissant le soin du reste au confesseur et aux parents d'Anselme. Est-il coupable devant Dieu, si ce malade vient à mourir sans confession?

R. Oui, sans doute, 1° parce qu'il transgresse les lois de l'Eglise, qui lui ordonne par plusieurs constitutions, par ses conciles, et nommément par celui de Paris, tenu en 1429, etc., d'avertir ses malades, ou ceux qui en ont soin, d'avoir recours au médecin spirituel; 2° parce qu'il pèche contre la charité qu'il doit à son prochain, au moins dans des cas si pressants; 3° parce que les maladies étant quelquefois la peine du péché, comme le dit Innocent III, cap. 13, *de Pœnit. et Remiss.*, il peut arriver qu'en ôtant la cause par une bonne confession, on ôte aussi l'effet. Ajoutez que l'extrême-onction peut beaucoup contribuer au rétablissement de la santé.

— Pie V, par sa constitution *Super gregem*, du 8 mars 1566, § 3, défend aux médecins de voir les malades après trois jours, s'ils refusent de se confesser. L'auteur qui rapporte ce décret aurait dû remarquer qu'il n'a pas lieu en France, non plus que la peine d'infamie et de dégradation qui y est portée. Et même, si la retraite du médecin ne pouvait être que très funeste au malade, il ne faudrait pas l'abandonner. Tel qui aujourd'hui ne veut pas entendre parler de Dieu, peut dans la suite devenir un modèle de pénitence.

Cas VII. *George* s'entretient quelquefois avec ses amis de certaines maladies de ceux qu'il traite. Le pourrait-il sans péché?

R. Il le peut, quand ce sont des maladies qui ne peuvent déshonorer, comme la fièvre, la pulmonie, etc. Mais il ne le peut, quand ce sont des maladies capables de diffamer ceux qui les ont gagnées. De là ce juste statut de la faculté de médecine : *Ægrorum arcana, visa, audita, intellecta, nemo eliminet.* Eh! combien de personnes aimeraient mieux périr que de voir leur mal transpirer dans le public? Je crois même, mais sauf meilleur avis, qu'il vaudrait mieux n'avertir point une honnête fille du mal de celui qui la recherche, que de faire, en le manifestant, un scandale public et ôter la confiance à la multitude.

MÉDISANCE.

La médisance est un péché par lequel on noircit la réputation d'autrui en secret et injustement. En secret, c'est-à-dire en l'absence de celui dont on parle; car ce serait *contumélie* que de le faire face à face. Injustement, car il est permis de découvrir les défauts d'autrui pour de justes raisons; par exemple, d'avertir un prêtre ou tout autre qu'une fille qu'il veut prendre à son service est débauchée ou voleuse.

On peut commettre le péché de médisance ou plutôt de détraction, en cinq manières. 1° En imposant au prochain un mal qu'il n'a pas fait, et alors c'est calomnie. 2° En exagérant celui dont il est coupable. 3° En révélant celui qui n'était pas connu à la personne à qui on parle. 4° En se taisant malignement lorsqu'on le loue, ou en diminuant le bien qu'on en dit, de vive voix ou par signes. 5° En interprétant ses bonnes actions en mauvaise part.

Le péché de médisance est mortel de sa nature et ne peut devenir véniel que par la légèreté de la matière ou par des circonstances qui en diminuent notablement la grièveté. Pour bien connaître cette différence, il faut surtout avoir égard à l'importance de la détraction, à la qualité de la personne dont on a médit, aux effets qu'elle a produits et à l'intention qu'on a eue en médisant. Puisque le larcin oblige à restituer ce qu'on a dérobé, la médisance oblige à plus forte raison à restituer la réputation qu'on a ôtée au prochain.

Non-seulement le médisant pèche, mais encore celui qui l'écoute avec complaisance ou avec curiosité; c'est pourquoi s'il n'est pas en droit d'imposer silence au médisant, il doit au moins lui marquer sur son visage qu'il ne l'écoute que par contrainte. Celui qui omet de reprendre le médisant quand son devoir ou son état l'y oblige ou le lui permet, est encore plus coupable. Celui qui médit de soi-même commet un plus grand péché que quand il médit d'un autre, parce que le précepte de la charité nous oblige à nous aimer plus que le prochain. Au reste le péché de la médisance est si universel, que, comme dit saint Jérôme, ceux mêmes qui sont exempts des autres vices, le commettent fort souvent.

Cas I. *Oldrade* vit dans une débauche secrète; Simon, qui le sait, le déclare à l'oncle d'Oldrade dans le seul dessein de concerter avec lui le moyen d'y remédier. L'a-t-il pu sans péché?

R. Oui, s'il a vu qu'il ne pouvait par lui seul procurer l'amendement du coupable; car, en ce cas, il n'a agi que pour son vrai bien, et il a usé du seul moyen qu'il eût d'y réussir. C'est la décision de saint Basile et de saint Thomas, 2-2, q. 73, O.

Cas II. *Némius* sait qu'Octavia, fille vertueuse, mais simple, reçoit de fréquentes visites de Gabinius, jeune homme fort libertin. Peut-il, après l'avoir avertie inutilement d'éviter sa compagnie, lui déclarer la débauche secrète où il vit avec une femme, afin de la porter à le fuir?

R. Il le peut et il le doit, parce que le salut d'Octavia doit lui être plus cher que la réputation de Gabinius. Car on n'est pas obligé de conserver l'honneur d'un libertin au préjudice du salut et de la réputation d'une personne innocente. C'est par cette raison que Notre-Seigneur avertit ses disciples de l'hypocrisie des pharisiens dont la réputation était néanmoins fort grande parmi les Juifs, et que saint Paul découvre à Timothée les crimes d'Himénée et d'Alexandre.

On peut encore déclarer les plus grands défauts du prochain lorsqu'ils nous causent un dommage fort notable, et que nous le faisons pour prendre conseil et pour trouver le moyen de nous en garantir, la loi naturelle voulant que l'on commence par soi-même à exercer la charité, préférablement à celle qu'on doit au prochain.

Cas III. *Paléon*, sachant qu'une fille de famille de son voisinage est accouchée secrètement, en a fait confidence à sa femme ou à un intime ami, à qui il a fort recommandé de n'en parler à personne. A-t-il péché en cela ?

R. Oui, certainement, car quoiqu'il n'ait pas entièrement ôté la réputation de cette fille, puisqu'il n'a découvert sa faute qu'à une seule personne, il l'a pourtant détruite en partie, ce qui suffit pour le rendre coupable, à moins qu'il n'ait eu une juste raison de le découvrir, comme s'il l'avait déclaré à sa femme, afin qu'en son absence elle empêchât ses propres filles de fréquenter celle-là dont la compagnie leur pourrait être dangereuse ou exposer leur réputation. C'est donc ici qu'on doit se souvenir de cette parole du Saint-Esprit (Eccli., xix) : *Audisti verbum adversus proximum tuum, commoriatur in te*. On peut lire sur cette matière saint Chrysostome, *Homil.* 3 *ad populum Antioch.*, où il se moque de ceux qui exigent le secret en commençant à le violer eux-mêmes.

Cas IV. *Faustin* a déclaré à Paul par légèreté et par une trop grande démangeaison de parler, une chose qui diminue fort la réputation de Fabius, sans néanmoins avoir eu aucune intention de lui nuire. A-t-il péché mortellement ?

R. Pour décider ce cas, il faut se souvenir, 1° que, selon saint Thomas, la médisance est péché mortel de sa nature, et que c'est pour cela que l'Apôtre dit, Rom. I, que Dieu hait les médisants : *Detractores Deo odibiles;* 2° que par cette raison on ne doit pas considérer une médisance comme un péché léger, quoique proférée par imprudence, lorsqu'elle cause un dommage notable au prochain ; 3° que, si elle ne peut faire qu'un tort léger, et qu'elle soit échappée sans aucune mauvaise intention, on peut l'excuser de péché mortel ; 4° que comme le dit Gerson, on peut l'excuser de tout péché, lorsqu'on ne dit du mal d'autrui que pour procurer un bien, pourvu qu'on ne dise rien que de vrai, qu'on n'ajoute point de mauvaises interprétations ; qu'on n'ait point de mauvaises intentions, et qu'enfin le rapport qu'on fait du défaut du prochain ne lui soit pas plus nuisible, qu'il ne peut être utile à ceux à qui on parle. Voyez les résolutions de Gerson, tom. I, part. 2, q. 1.

—Tout cela est bien imparfait ; car, 1° l'inadvertance peut bien excuser *a mortali*, mais non *la démangeaison de parler*, laquelle n'exclut pas le volontaire ; 2° on peut rapporter tant de défauts du prochain, que, quoique chacun soit léger en soi, la totalité lui fasse un tort considérable, comme on peut faire mourir un homme à force de coups, dont chacun n'eût pu avoir cet effet ; 3° ce qui nuit peu à un enfant, à un valet, par exemple qu'il est colère, vain, menteur, etc., peut être très-grave par rapport à un évêque, un magistrat, etc. Voyez sur cette matière mon Traité *de Justitia*, de la dernière édition.

Cas V. *Antoine* s'est trouvé dans une compagnie, où on a fait une médisance fort notable contre l'honneur d'une dame, sans qu'il s'y soit opposé. A-t-il péché mortellement ?

R. Si Antoine a pris plaisir à la médisance, il a péché grièvement, et son péché a même été mortel, si ce plaisir venait de la haine qu'il avait contre la personne dont on détractait, ou qu'il ait incité à la détraction celui qui parlait mal d'elle ; mais il n'a commis aucun péché, si, n'ayant pas droit d'imposer silence au détracteur, il a fait paraître à l'extérieur qu'il n'y donnait aucun consentement. Du reste on ne peut s'opposer à la médisance, en traitant de faux ce qui se dit de mal, puisqu'il est véritable ; mais, ou en représentant à la personne qu'elle blesse la charité, ou en faisant connaître par une contenance triste qu'on n'entend ce qui se dit qu'avec peine.

— Il n'y a guère que ceux qui ont autorité sur le médisant, qui puissent lui faire une utile leçon. Tout autre les rend plus furieux et les anime à dire encore plus. Il faut, s'il est possible, changer la conversation, ou, après avoir gémi en général sur la misère humaine, témoigner par son extérieur qu'on est affligé de voir déchirer un absent.

Cas VI. *Arnaud* a fait une noire calomnie contre Eutrope, son curé, en présence de trois personnes, en l'accusant d'un mauvais commerce avec une femme. Eutrope veut souffrir avec patience cette injure, quoiqu'il voie le grand tort que cela fait à sa réputation. Ses amis lui soutiennent qu'il est obligé en conscience de poursuivre Arnaud en réparation d'honneur. Quel parti doit-il prendre.

R. Quoique Jésus-Christ nous recommande de tendre la joue gauche, après avoir reçu un soufflet sur la droite, il y a cependant des occasions où un chrétien doit se justifier, et cela a lieu, surtout quand l'intérêt de la multitude et celui du coupable le demandent ; ce qui arrive dans le cas présent, où un curé ne pourra ni reprendre, ni faire aucun bien, tant qu'il passera pour un débauché. De là ce mot de saint Augustin, can. 10, XI, q. 1 · *Conscientia necessaria est tibi, fama proximo tuo ; qui fidens conscientia sua, negligit famam, crudelis est*. C'est pour cette raison que saint Jean, c'est-à-dire l'apôtre de la charité, voulut faire connaître la malignité des médisances de Diotrèphe, qui tâchait de diminuer sa réputation dans l'esprit des fidèles. C'est pour cela aussi que saint Paul, I Cor. x, défend sa réputation contre ceux qui s'afforçaient de la détruire. Mais de plus il y va du bien du calomniateur d'être confondu, parce que souvent c'est presque le seul moyen de le rendre plus sage, et de soustraire l'innocence à ses fureurs. Cependant comme il y a des détractions qui ne déshonorent que celui qui les fait, il vaut mieux alors le vaincre par la douceur et la patience, que d'en poursuivre la punition.

Cas VII. *Murius*, en arrivant de Lyon à Paris, a conté à dix ou douze Lyonnais une très-mauvaise histoire arrivée à Lucie dans leur ville, et dont ceux-ci n'avaient aucune connaissance. L'a-t-il pu sans péché ?

R. Si la faute de Lucie était secrète à Lyon, ou si, quoique connue d'un nombre de personnes, elle devait naturellement demeurer inconnue à ceux que Murius en a instruits, on ne peut l'excuser de péché; mais s'il était moralement impossible qu'ils ne la sussent quelque temps après, on ne croit pas que la publication anticipée qu'il en a faite, puisse ordinairement être regardée comme un mal, si ce n'est à raison de la haine qui l'a fait parler, ou du tort qu'il a fait ou voulu faire à cette personne. En général on ne se repent guère de s'être tu, et on se repent souvent d'avoir parlé. Il est même quelquefois contre la charité de découvrir dans un lieu éloigné un crime qui est notoire *de droit* dans un autre. Faut-il qu'un malheureux, parce qu'il a été flétri dans une ville, ne puisse, quoique bien converti, traîner, quelque part qu'il aille, que la douleur et l'infamie ?

Cas VIII. *Lucien* ne se fait aucune peine de dire que Martial s'est dix fois battu en duel, parce que Martial s'en fait gloire. Cette raison suffit-elle pour disculper Lucien ?

R. De bons théologiens ne trouvent là que peu ou point de péché, parce que ces sortes de gens cèdent en ce point le droit qu'ils auraient à leur réputation. J'avoue que j'y trouve de la difficulté, 1° parce qu'il sera permis par la même raison de raconter les criminelles galanteries d'un jeune homme; ce qui, quoique permis par B., paraît peu conforme à la piété, et peut faire grand tort à la fortune de celui dont on parle, comme je l'ai vu ; 2° parce que les gens de bien regardent les duellistes et les gens à prétendues bonnes fortunes, comme des esclaves du démon; 3° parce que ces désordres sont souvent applaudis, au moins secrètement, par ceux qui en entendent le récit, et que cela les engage, contre l'intention du récitateur, à en faire autant. Il est vrai que la piété a quelquefois fait raconter bien des misères, comme on le voit par les Confessions de l'ancien et du nouvel Augustin. Mais pour en venir là, il faut être conduit par des voies peu communes, et j'ai encore plus d'empire sur ma réputation qu'un étranger. Voyez, sur cette matière *deux Traités*, *l'un de la flatterie*, et *l'autre de la médisance*, et ce que j'en ai dit dans le Traité de la justice.

Cas IX. Ne vous êtes-vous point rendu coupable de médisance en révélant les mauvaises actions ou les défauts cachés de votre prochain sans raison suffisante? Péché mortel, si c'est en matière grave et avec délibération, parce qu'elle blesse grièvement la grande loi de l'amour du prochain; elle lui enlève ce qu'il a le plus à cœur de conserver, cet honneur dont il est pour lui-même le plus jaloux, ce bien dont rien ne peut le dédommager.

Pour juger de la grièveté de votre médisance, examinez : 1° si le mal que vous avez dit est bien grave, bien secret, bien diffamant, comme un vol ou un autre grand péché, un défaut de naissance, un crime d'un père ou d'une mère, une maladie humiliante, quoique naturelle. 2° Quelles ont été les suites de votre coup de langue? A-t-il nui notablement à votre prochain ? lui a-t-il ôté le crédit dont il avait besoin pour son commerce, la confiance qui lui était nécessaire pour exercer son état? 3° Quelle passion vous animait lorsque vous avez médit. Était-ce la haine ou la jalousie? Aviez-vous l'intention de nuire, par exemple, d'empêcher un établissement avantageux, une succession qu'on espérait? N'eussiez-vous pas réussi dans vos désirs, vous ne laissez pas que d'être coupable devant Dieu, qui sait tout. 4° Quelle était la qualité de la personne dont vous avez médit. Était-ce un prêtre, un supérieur, un père, une personne religieuse ? Une médisance légère envers un laïque peut être grave à l'égard d'une personne religieuse ou dévote. 5° Quel était le nombre des personnes devant qui vous avez médit. Plus il y en a, plus le déshonneur se multiplie, se répand : il y a autant de médisances distinctes que de personnes présentes à la médisance. Toutes ces circonstances peuvent être plus ou moins aggravantes, et doivent être déclarées en confession.

Cas X. Avez-vous médit par réticence? Écoutez cet envieux, cet orgueilleux ; comment s'y prend-il pour médire? Un tel est un honnête homme, dit-il, *mais*..... Un tel fait bien ses affaires, *mais cependant*,.... Et cette langue de vipère, écoutez-la : Une telle a de la vertu, dit-elle, une telle conduit bien son ménage, *mais*..... Mais cruel, plus meurtrier qu'un coup d'épée ! Celui-ci a l'air de ne médire que malgré lui; il soupire, il affecte un air compatissant, un visage triste : J'ai bien regret, dit-il, de ce qu'a fait un tel, je l'aimais beaucoup. Je ne m'explique pas davantage, dit celui-là, *en voilà assez*. Il vaut mieux se taire que de médire. Médisant! dites donc tout ce que vous pensez ; déchirez de toutes vos forces la réputation que vous attaquez. La fureur dont on vous verra animé fera peut-être qu'on ne vous croira pas, tandis que, par votre espèce de retenue, vous donnez à croire tout ce que l'on voudra.

Cas XI. Peu content de vous faire écouter, ne vous êtes-vous point fait en quelque sorte prier de médire? *Si vous saviez*, dit adroitement ce médisant, *si je pouvais vous instruire, si je ne craignais d'offenser Dieu, si je ne crai-*

gnais pas qu'on répétât mes paroles. Ainsi, le médisant voulait paraître moins coupable, et il le devient davantage en excitant la curiosité, en faisant partager à autrui sa fureur. On lui rend confiance pour confidence. Voilà donc, répond-on alors, voilà ce que signifiaient certains discours ; voilà la raison de certaines démarches, voilà le motif de tels entretiens ; on répète ce qu'on a ouï dire, on réveille le souvenir de quelques aventures, de quelques anecdotes oubliées. Ainsi se forme un enchaînement de médisances, ainsi se fait le honteux trafic des réputations ; on en livre une pour le prix d'une autre.

Cas XII. N'avez-vous point médit en vous taisant lorsque vous deviez parler? Devant vous, on louait une personne de ses bonnes qualités, vous avez gardé un silence qui a paru une désapprobation. On révélait les défauts de votre prochain, vous deviez parler, on s'y attendait ; vous avez gardé le silence, vous êtes un médisant. Si c'est en matière grave, vous avez péché mortellement.

Cas XIII. Avez-vous médit des morts? Même péché que si c'était des vivants. Les morts ont droit à la réputation qu'ils s'étaient acquise pendant leur vie. Le mal que l'on dit d'eux peut nuire à leurs parents vivants.

— Mais je n'ai dit que la vérité. — C'est pour cela que vous êtes un médisant ; si vous aviez inventé ce que vous dites, vous seriez un calomniateur, et la calomnie est un péché plus grand encore que la médisance. *Voyez* Calomnie. Vous n'avez dit que la vérité, mais toute vérité n'est pas bonne à dire. Et seriez-vous bien réjoui, vous, si l'on vous disait tout ce qu'il y a de vrai sur votre compte? — Mais je n'ai dit que ce que tout le monde dit. — Je conviens qu'il y a une différence à faire si ce qu'on dit est connu ou s'il ne l'est pas ; mais, quelque connu qu'il soit, ne croyez pas être toujours innocent, lorsque vous vous en entretenez. Combien de faux bruits dans le monde? Est-il rare de voir tout un public trompé? Vous vous exposez donc à l'erreur en croyant au public et à la calomnie, en parlant comme lui. Vous allez même augmenter le mal : on n'osait pas encore ajouter foi à ces bruits qui se débitaient sans auteur, mais, après que vous aurez parlé, on n'aura plus de doute, votre nom servira de preuve contre l'innocence de votre frère; on citera votre témoignage pour justifier les discours publics, tandis que, si vous vous y fussiez opposé, vous les eussiez peut-être arrêtés. Mais le bruit public n'est que trop bien fondé, je le suppose ; plus il est fondé, plus vous devez en être touché et affligé, plus vous devez souhaiter que le souvenir en périsse, et contribuer, par votre silence, à l'assoupir. Plus la faute est publique, plus la situation du coupable est triste, et elle devrait exciter votre compassion bien plus que vos censures. Et faut-il accabler un malheureux et lui jeter la pierre, parce que les autres la lui jettent? Auriez-vous bonne grâce de venir ensuite vous glorifier de ce que vous n'avez pas été dupe, et que vous avez toujours bien dit que tôt ou tard il en viendrait là. Prophète si

juste sur la destinée des autres, soyez prophète sur vous-même, et soyez sûr que le Seigneur vous traitera avec la même sévérité dont vous aurez usé à l'égard du prochain. — Mais la personne à qui j'ai révélé cette chose est prudente. — Je le veux, et je veux même que cette personne, ayant plus de charité que vous, garde mieux le secret que vous ; n'est-ce rien de diffamer quelqu'un dans l'esprit d'une seule personne prudente? Plus elle est prudente, plus on doit faire cas de son estime, plus par conséquent vous nuisez en la faisant perdre.

Cas XIV. Avez-vous écouté le médisant, l'avez-vous interrogé, applaudi? Vous êtes-vous réjoui de ce qu'il médisait? Celui qui écoute la médisance est, à celui qui la fait, ce que les recéleurs sont aux voleurs. Bien plus, quand il n'y aurait plus de recéleurs, il pourrait y avoir des voleurs; au lieu que, si personne n'écoutait la médisance, personne ne médirait. Si vous avez pu prévoir que la médisance que vous encouragiez serait grave, vous êtes coupable de scandale à l'égard du médisant que vous avez fait pécher, et vous avez manqué de charité à l'égard de celui de qui l'on médit.

Mais est-il possible de ne pas entendre ceux qui parlent? Oui, souvent. Qui vous oblige de rester dans ces cercles, de rechercher ces sociétés où l'on n'a d'autre occupation que de médire? Qui vous oblige de recevoir chez vous cette personne qui n'y va jamais sans porter quelque histoire sur le compte et au désavantage du prochain? Mais, si vous ne pouvez éviter ceux qui médisent, vous pouvez du moins ne prendre aucune part à leur médisance. Voici la règle que vous devez suivre à cet égard : si vous êtes supérieur à celui qui médit, vous devez user de votre autorité pour interrompre son discours et lui fermer la bouche. Si vous êtes seulement égal ou même inférieur, vous n'avez pas le même droit de résister en face, mais vous pouvez, par un air grave et sérieux, faire connaître que vous n'approuvez point ce qu'on dit, couper la conversation et la détourner peu à peu sur d'autres sujets ; vous pouvez excuser et justifier la personne dont on parle, adoucir le mal qu'on en dit; vous pouvez au moins vous taire et désapprouver intérieurement. Quand on parle sur votre compte ou sur le compte d'une personne à qui vous êtes attaché, vous prenez feu d'abord, sans bien examiner si celui qui parle est inférieur ou non ; vous lui dites bardiment qu'il s'est trompé, qu'il est mal informé. Si vous ne pouvez nier le fait, les adoucissements sortent de votre bouche comme par torrent; vous trouvez mille détours pour éluder la chose. Pourquoi êtes-vous moins ingénieux quand il s'agit des autres? C'est que vous êtes moins charitable.

Médire, c'est ternir la réputation du prochain *injustement;* si donc vous avez des raisons légitimes de dire le mal que vous savez du prochain, vous pourriez le dire sans péché. Ces raisons sont le bien public, le bien de celui dont on dit le mal, de celui à qui on le dit, ou de celui qui le dit

1° Vous n'avez pas péché si vous avez fait connaître un homme qui tâche de pervertir les autres, un incendiaire; souvent même il est du devoir de faire connaître des personnes aussi dangereuses.

2° Avez-vous appris à un père, à une mère les vices de leurs enfants, aux maîtres ceux de leurs domestiques, afin qu'ils les corrigent et qu'ils y apportent remède? Vous n'avez pas péché.

3° Vous n'avez pas péché en avertissant un ami que tel ne lui convient pas pour domestique, que tel autre est une compagnie dangereuse. Un père, une mère ne pèchent pas en parlant entre eux des vices de leurs enfants ou de leurs domestiques, en vue du bien et de l'ordre de la famille. Par la même raison, vous ne pécheriez pas non plus en découvrant à un ami l'incapacité d'un avocat, d'un médecin qu'il se proposait d'employer.

4° Injustement accusé, vous pouviez, sans pécher, dévoiler les mauvaises intentions de vos accusateurs, si cela était nécessaire pour votre justification, pour prévenir un dommage considérable, ou pour demander un avis ou du secours. Mais, dans tous ces cas, il faut avoir grande attention : 1° de ne pas donner des conjectures ni des soupçons pour des choses incontestables, 2° de ne dire que ce qu'il faut, 3° à qui il faut, 4° dans une bonne intention.

Cas XV. Vous étant rendu coupable de médisance, avez-vous réparé le tort qu'elle a fait au prochain? Si c'est dans ses biens, vous devez tirer de votre bourse et dédommager votre prochain. En sorte qu'il ne faut qu'un seul coup de langue pour ruiner un médisant.

Avez-vous réparé le tort que votre médisance a fait à la réputation de votre prochain? Il n'est pas en notre pouvoir de rappeler une parole échappée. Si c'est une calomnie, vous devez vous dédire auprès de tous ceux dont vous avez dit du mal et de tous ceux qui l'ont appris. Mais le mal serait-il entièrement réparé? Mentez, calomniez, disait l'impie Voltaire, mentez, calomniez contre la religion, il en reste toujours quelque chose; si le mal que vous avez dit est vrai, vous ne pouvez pas vous dédire; vous mentiriez, et le mensonge est toujours défendu. Quand vous avez médit, on a regardé vos discours comme le langage de la vérité; la réparation, on l'attribuera à un sentiment de charité, elle ne détruira pas l'effet de la médisance; on lui a donné cours, il ne dépend pas de vous de l'arrêter. Plus elle est griève, plus constamment elle se retient et devient plus irréparable à mesure qu'il est plus nécessaire de la réparer. Ce que nous pouvons dire en général, c'est que vous devez publier le bien que vous savez de la personne dont vous avez mal parlé, lui donner des marques d'estime, lui faire des excuses, si elle sait que vous avez mal parlé d'elle, la prier de vous pardonner l'injure que vous lui avez faite, et de vous exempter de la réparer.

MÉLANGE.

On distingue deux sortes de mélanges : la commixtion et la confusion. La commixtion est le mélange des choses sèches; la confusion, le mélange des choses liquides. S'il arrive que des troupeaux se mêlent, que des grains appartenant à différents propriétaires se confondent, chacun des éléments du mélange conservant son existence concrète, il n'y a pas de communauté; chacun peut reprendre son bétail ou retirer du mélange une quantité de grains de même nature et bonté que celle qu'il a versée dans la réunion volontaire ou fortuite. S'il s'agit de la fusion de deux matières liquides, et que la matière appartenant à l'un des propriétaires soit de beaucoup supérieure à l'autre par la quantité et le prix, en ce cas le propriétaire de la matière supérieure pourra réclamer la chose provenue du mélange en remboursant à l'autre la valeur de sa matière.

Si aucune des matières qui sont entrées dans le mélange ne peut être considérée comme principale dans le sens que nous venons de dire, il faut distinguer : ou les matières peuvent être séparées, ou elles ne peuvent plus l'être, du moins sans inconvénient. Dans le premier cas, celui à l'insu duquel les matières ont été mélangées peut en demander la division. Dans le cas contraire, le composé est acquis en commun aux propriétaires des matières constitutives, dans la proportion de la quantité et de la valeur des matières appartenant à chacun d'eux : « Lorsque la chose reste en commun entre les propriétaires des matières dont elle a été formée, elle doit, selon le code, être licitée au profit commun. »

On comprend que, dans tous les cas où le propriétaire de l'une des deux matières employées peut réclamer la propriété de cette matière, il doit avoir le choix de demander la restitution de la matière en même nature, quantité, poids, mesure et bonté, ou sa valeur. Il est encore évident que ceux qui auront employé des matières appartenant à d'autres, et à leur insu, pourront aussi être condamnés à des dommages et intérêts, s'il y a lieu, sans préjudice des poursuites par voies extraordinaires, s'il y échet. *Voyez* ACCESSION.

MENSONGE.

Le mensonge est une fausse signification de quelque chose, accompagnée du dessein de tromper. Ainsi le menteur affirme une chose contraire à sa pensée, soit de paroles, par écrit ou par quelque signe extérieur. Il s'ensuit de là que mentir et dire faux sont deux choses différentes : car on ne peut mentir sans dire une chose fausse, ou sans la croire telle; au lieu qu'on peut dire une chose fausse sans mentir, lorsqu'on la croit vraie. Nemo, dit saint Augustin, can. 4, XXII, q. 2, *mentiens judicandus est qui dicit falsum, quod putat verum; quoniam quantum in ipso est, non fallit ipse, sed fallitur.* Il y a trois principales espèces de mensonge; savoir : le joyeux, l'officieux et le pernicieux. Ce dernier est mortel de sa nature : les deux autres ne sont d'ordinaire que véniels. On ment en se servant d'équivoque, comme nous le dirons plus bas.

Cas I. *Palamède* dit qu'il a vu passer Alexis par la rue, au lieu que c'était Paul. A-t-il fait en cela quelque péché, s'il a cru dire vrai?

R. Il n'y a là qu'un mensonge matériel, puisque Palamède n'a point voulu tromper, et qu'il n'a dit que ce qu'il croyait vrai. Il pourrait cependant y avoir trop de précipitation.

Cas II. *Polybe* a promis de faire une chose. Est-il coupable de mensonge, lorsqu'il y manque?

R. Non, s'il a eu intention d'accomplir sa promesse, puisqu'alors il ne parle pas contre sa pensée ; mais il pèche contre la fidélité lorsqu'il ne l'accomplit pas. Car, dit saint Augustin, l. *de Doct. Christ.* n. 40: *Omnis fidei violator iniquus est*, à moins cependant, ou que la chose promise ne soit mauvaise, ou qu'il n'arrive un changement qui le dispense de tenir sa parole.

Cas III. *Gaïus* ne dit rien de faux, mais sans parler, il fait entendre par signe ou par action une chose qu'il sait être fausse. Est-il coupable de mensonge?

R. Oui; puisqu'il veut tromper. *Ille*, dit saint Augustin, l. *de Mendacio*, c. 3, *mentitur qui aliud habet in animo, et aliud verbis vel quibuslibet significationibus enuntiat : unde duplex or dicitur esse mentientis.* Et saint Thom. 2-2, q. 110, art 1 : *Cum dicitur quod mendacium est falsa vocis significatio, nomine vocis intelligitur omne signum. Unde ille qui aliquid falsum nutibus significare intenderet, non esset a mendacio immunis.*

Cas IV. *Sébastien* dit une chose fausse en plaisantant, et sans aucune intention de la faire croire. Par exemple, il dit en riant qu'il a parcouru les quatre parties du monde, etc. Fait-il un mensonge?

R. Non, quoiqu'en pense la morale de Grenoble : car, dit saint Augustin, le mensonge est une fausse signification d'une chose faite à dessein de tromper : *Mendacium est falsa significatio cum voluntate fallendi*. Or il n'y a rien de pareil dans le fait de Sébastien. Il n'est donc pas coupable de mensonge, quoiqu'il puisse l'être de vanité ou de légèreté.

Cas V. *Landri* a payé à Martial 1,000 écus qu'il lui devait, dont il a tiré quittance ; mais l'ayant perdue, et Martial étant mort, les héritiers du défunt lui ont demandé le payement de cette somme. Landri, pour éviter un procès dont ils le menaçaient, a si bien contrefait la signature de Martial, qu'ayant fait une quittance nouvelle, ils l'ont crue véritable et l'ont laissé en repos. Landri n'a-t-il rien à se reprocher?

R. Landri s'est rendu coupable de fausseté et de mensonge ; puisque selon saint Aug. *in Psal.* v, il n'est pas permis de mentir pour sauver sa vie, ni même pour procurer le salut éternel du prochain. *Ad sempiternam salutem nullus ducendus est opitulante mendacio*, l. de Mend. n. 42. La proposition contraire à ce que nous soutenons ici a été condamnée dans A. Guimenius en 1665 par la Fac. de théol. de Paris sous cette note : *Hæc doctrina falsa est, scandalosa, et reipublicæ perniciosa*. Voyez saint Thomas 2-2, q. 110, art. 2.

Cas VI. *Valier*, portier d'un seigneur, répond à ceux qui viennent demander son maître dans le temps qu'il ne veut voir personne, qu'il n'est pas à la maison, ou il répond d'une manière équivoque, en disant qu'il est sorti, sous prétexte qu'il était sorti le matin. 1° Cet homme est-il coupable d'autant de mensonges, qu'il fait de telles réponses ? 2° Son maître, qui a besoin de tout son temps pour des affaires pressées, ne peut-il pas lui donner cet ordre, vu qu'il vient chez lui des personnes de qualité, à qui on ne pourrait dire, sans les offenser beaucoup, qu'il est à la maison, mais qu'il ne veut voir personne.

R. Tout mensonge étant contre la loi de Dieu ; et dire qu'un homme n'y est pas quand il y est étant un mensonge, Valier doit plutôt s'exposer à être congédié, qu'obéir à son maître dans le cas présent.

— Je pense bien différemment, persuadé que ces mots : *M. n'y est pas*, selon un dictionnaire introduit par l'usage connu et approuvé ne sont qu'une manière honnête de dire, non que le maître n'y est pas absolument, mais qu'il ne peut actuellement voir personne. Ce serait autre chose dans un pays où cet usage ne serait point établi. A l'égard des *équivoques*, j'en ai ajouté un petit article sous leur propre mot.

Cas VII. *Théodulphe*, religieux, a dit plusieurs mensonges officieux ou joyeux en présence de plusieurs séculiers qui en ont été scandalisés. A-t-il péché mortellement s'il a connu qu'il leur donnait du scandale?

R. Saint Thomas 2-2, q. 110, a. 4, dit que, quoique ces sortes de mensonges ne soient que véniels de leur nature, ils peuvent pourtant devenir mortels par accident, à cause du scandale notable qui en provient, ou du dommage considérable qu'il peuvent causer au prochain. Il semble donc qu'on peut dire que Théodulphe a péché mortellement, si ayant connu qu'il causait un scandale considérable par ses mensonges, il a continué, sans se mettre en peine du mauvais effet qu'ils produisaient.

— Un mensonge joyeux ne peut souvent être un mensonge, que devant des imbéciles ; parce que, comme dit saint Aug. l. *de Mendacio*, c. 2, *habet evidentissimam ex pronuntiatione atque ipso jocantis affectu significationem animi nequaquam fallentis, etsi non vera enuntiantis*. Cependant il faut avoir égard à l'imbécillité. Vous me demandez d'où je viens aujourd'hui, et je vous réponds, de Rome. Ce n'est pas un mensonge, parce que vous connaissez ma pensée.

Cas VIII. *Briand* a usé de dissimulation

pour délivrer un ami d'un mal considérable dont il était menacé. Sa dissimulation est-elle un mensonge?

R. Saint Thomas, après avoir prouvé qu'il n'est jamais permis de faire le plus léger mensonge, sous quelque prétexte que ce soit, ajoute, ibid. a. 3 : *Licet tamen veritatem occultare prudenter sub aliqua dissimulatione.* On ne peut donc condamner Briand de mensonge, précisément parce qu'il a usé de dissimulation, pourvu qu'il n'ait rien dit ou fait contre la vérité; mais s'il s'est servi de termes ou de signes capables de faire croire le contraire de la vérité, on ne peut l'excuser de mensonge, suivant cette sentence de saint Aug. *Mentiri.... nunquam licet. Ergo nec occultare mentiendo*, l. de Mend., c. 17.

Cas IX. *Bertin*, diacre, pour engager une fille au péché lui a assuré qu'il n'était pas dans les ordres sacrés, et qu'il pouvait l'épouser si elle devenait enceinte. Il s'est confessé de son péché sans s'accuser de son mensonge, qu'il n'a regardé que comme véniel.

R. Le mensonge de Bertin renferme la plus noire malignité par la fin criminelle qu'il s'est proposée en le faisant, et par conséquent il est mortel. Donc sa confession n'a pas été entière, en supprimant un mensonge si pernicieux, et il doit la recommencer.

Cas X. *Adrien*, qui a une haine mortelle contre Joseph, ne se rend-il pas coupable du péché de mensonge toutes les fois qu'il dit : *Dimitte nobis debita nostra, sicut et nos dimittimus debitoribus nostris?*

R. Saint Thomas, 2-2, q. 83, croit qu'il n'y a point là de mensonge, tant parce qu'un ennemi qui récite cette prière parle au nom de l'Église, que parce qu'il n'a pas intention de tromper Dieu. S. Aug. serm. 49, *alias* 217 *de Tempore*, pense différemment. *Interrogo: dicitis, annon dicitis? Odisti et dicis*, dimitte nobis, etc. *Ergo si dicis, mentiris; si non dicis, nihil mereris.* Mais que ce soit un mensonge ou non, c'est sûrement une grande irrévérence, et une espèce d'imprécation contre soi-même.

Cas XI. Avez-vous fait du tort à quelqu'un en mentant. C'est ce que l'on appelle mensonge pernicieux; si c'est en matière grave et avec délibération, il y a péché mortel et obligation de réparer le dommage qu'on a occasionné. C'est du mensonge pernicieux que l'Écriture sainte vous a dit : « La bouche qui ment tue l'âme du menteur; vous perdrez, Seigneur, tous ceux qui profèrent des mensonges. » C'est un mensonge très-pernicieux que de tromper un malade sur le danger de mort où il est, parce qu'on est cause qu'il ne met ordre ni à sa conscience ni à sa famille. Il ne faut affliger un malade que le moins qu'on peut, mais faut-il le laisser mourir sans qu'il y ait pensé?

Avez-vous menti en confession, et en matière nécessaire à accuser? C'est un mensonge pernicieux à votre pauvre âme, c'est une profanation du sacrement de pénitence, un horrible sacrilège. Mais j'ai déjà bien pleuré mon péché, suis-je encore obligé de l'accuser? Toutes vos larmes, si vous n'accusez pas votre péché, ne vous exempteront pas d'aller brûler en enfer. Mais c'est la circonstance qui me fait horreur : ruse du démon. Cette circonstance n'est peut-être pas nécessaire à déclarer; mais enfin, puisqu'elle vous tourmente, dites-la. Vous y êtes obligé, sinon vous ne recouvreriez pas la paix. Quand on ôte une épine, il faut en arracher jusqu'à la pointe.

Tous les mensonges ne sont pas également criminels; il faut donc bien prendre garde de faire en ceci de fausses consciences aux enfants. Ne leur dites pas qu'ils seront damnés s'ils mentent; on n'est pas damné pour avoir dit un petit mensonge. Cependant faites tous vos efforts pour préserver vos enfants du mensonge; ce vice moins excusable que la gourmandise est du plus mauvais augure. On dit que la vérité est sur les lèvres de l'enfant : qu'on lui apprenne donc de bonne heure à en connaître la beauté et combien elle est digne d'être aimée. Rien n'est beau que le vrai, le vrai seul est aimable.

Voyez Absolution, cas IX; Accusé, cas I, II, III et VI.

MÉRITER.

Le *mérite* se prend ici pour une œuvre digne de récompense. On distingue deux sortes de mérites : l'un de *congruo*, qui n'est digne de récompense que *ex decencia et gatuita liberalitate*; l'autre de *condigno*, à qui la récompense est due à titre de justice, pourvu toutefois qu'on ne prenne pas ce mot dans un sens rigoureux; car le mérite de l'homme est principalement fondé sur la grâce; et ainsi Dieu, en couronnant nos bonnes œuvres, couronne ses dons, comme l'a dit saint Augustin. Les cinq conditions du mérite *de condigno* seront expliquées, Cas I.

Cas I. *Pascal*, dans une dispute a soutenu que pour mériter il suffisait de faire une bonne action sous le motif d'une charité imparfaite. Paul soutient que l'état de grâce est nécessaire.

R. Paul a raison; car pour qu'une œuvre soit méritoire de *condigno*, il faut 1° qu'elle soit libre; 2° qu'elle soit faite avant la mort : *quia post hanc vitam non est status merendi*, dit saint Thomas, q. 7 *de Malo*, a. 11; 3° qu'elle ait la grâce pour principe; 4° qu'elle soit faite en état de grâce; 5° qu'elle se fasse au moins virtuellement par le motif de la charité.

— On peut lire sur la troisième et la cinquième de ces conditions ce que j'en ai dit dans le *Traité des actes humains*, c. 4.

Cas II. *Jacques*, homme charitable, a coutume de passer les après-dînées à servir les pauvres malades; mais il fait souvent ces actions sans penser à les rapporter à Dieu. Il en est de même de Grégoire, pendant qu'il confesse toute la matinée. Leurs actions sont-elles méritoires?

R. Pour que ces actions soient méritoires, il n'est pas nécessaire qu'on les rapporte actuellement à Dieu, mais il suffit qu'on les y rapporte virtuellement; c'est-à-dire qu'on les offre à Dieu en les commençant, parce que cette première oblation influe dans tout le cours de la bonne œuvre. Que si on l'interrompt pour une autre espèce d'action, il faut alors, selon saint Bonaventure, renouveler sa première intention. Au reste nous supposons que ces deux hommes sont en état de grâce.

CAS III. *Prosper et Antoine* donnent chacun un écu à deux pauvres. Le premier le fait avec un esprit de libéralité; le second, avec répugnance. Qui des deux mérite davantage?

R. Si Antoine s'efforce de vaincre la répugnance naturelle qu'il a à donner, son aumône est plus méritoire. Mais s'il n'agit que par une espèce de contrainte, et sans amour de Dieu, il faut raisonner différemment; puisque, comme le dit saint Thomas, in 3, dist. 24. a. 3, le martyre même ne peut être méritoire que quand on le souffre par le motif de l'amour de Dieu. *Quod sit meritorium* (Martyrium) *hoc habet ex charitate, sicut quilibet virtutis actus, et ideo sine charitate non valet.*

MESSE.

Messe, en latin *Missa*, vient, selon d'anciens auteurs, du mot *Missio*, envoi; parce que, disent-ils, le prêtre tient lieu, à l'égard des fidèles, de leur envoyé ou ambassadeur auprès de Dieu, à qui il offre le sacrifice pour eux. Mais nous croyons que c'est un mot purement hébraïque, qui signifie oblation et sacrifice, et il a été ainsi traduit, Deuter. c. xvi, v. 10, par les calvinistes mêmes, au moins en vingt et une éditions de leurs Bibles. La messe est le sacrifice non sanglant du corps et du sang de Jésus-Christ sous les espèces du pain et du vin. Depuis la chute d'Adam il y a toujours eu des sacrifices, mais ils ont tous été abolis et consommés par celui de la croix, qui se perpétue dans l'Eglise par le sacrifice que les prêtres offrent à la messe, et dont la vertu est appliquée aux fidèles vivants et aux morts qui sont dans le purgatoire. Il n'est pas permis 1° de changer ni d'omettre les cérémonies instituées par l'Eglise, ni d'en ajouter de nouvelles de sa propre autorité; 2° d'ajouter des oraisons privées; 3° de célébrer la messe sans être à jeun, excepté dans quelques cas dont on parlera dans la suite; 4° de célébrer plus d'une fois par jour, régulièrement parlant; 5° de célébrer, soit hors du lieu ou du temps prescrit, soit sans répondant ou sans les ornements destinés à cet usage, soit avec d'autre pain que de celui de froment, ou d'autre vin que celui de vigne.

Tous les fidèles sont tenus, sous peine de péché mortel, d'assister de corps et d'esprit à la messe les dimanches et fêtes, si quelque juste cause ne les en excuse; ils doivent même assister à la messe paroissiale les dimanches et les fêtes principales de l'année, pour entendre les instructions de leurs curés, les publications de bans, l'annonce des jeûnes, les monitoires, etc. Les curés doivent aussi célébrer (au moins) les dimanches et les fêtes pour leurs peuples. Voici quatre propositions que le clergé de France condamna en 1700, relativement à cette matière.

Prop. LXXVI. *Satisfacit præcepto Ecclesiæ de audiendo sacro, qui duas ejus partes, imo quatuor simul a diversis celebrantibus audit.*

Censura. Hæc propositio absurda est, scandalosa, illusoria, communique Christianorum sensui repugnat.

Prop. LXXVII. *Nullus in foro conscientiæ parochiæ suæ interesse tenetur, nec ad annuam confessionem, nec ad missas parochiales, nec ad audiendum verbum Dei, etc.* Voyez la note après le cas LXVII.

Prop. LXXVIII. *Talem legem in hac materia, nec episcopi, nec concilia provinciarum, nec nationum sancire, nec delinquentes aliquibus pœnis aut ecclesiasticis censuris multare possunt.*

Prop. LXXIX. *Plebs virtute concilii Tridentini cogi non potest censuris et pœnis ecclesiasticis, ut eat ad suam parochiam diebus dominicis ad audiendam missam* (parochialem scilicet).

Censura. Harum propositionum doctrina falsa est, temeraria, scandalosa, jam a clero Gallicano graviter condemnata, sacris canonibus, concilio Tridentino et apostolicæ traditioni contraria, dicente Apostolo: Non deserentes collectionem nostram, sicut consuetudinis est quibusdam. *Hebr. X.*

CAS I. *Didier* a quelquefois célébré la messe après avoir pris deux gouttes de liqueur à cause de sa grande faiblesse d'estomac; et d'autres fois après avoir avalé par hasard quelques gouttes d'eau en rinçant sa bouche, ou quelques petits restes de pain qui lui étaient demeurés entre les dents depuis la veille. A-t-il péché mortellement?

R. N'en déplaise à M. Gibert, il a péché mortellement dans le premier cas, parce qu'il a violé une loi très-importante, et rigidement observée dans toute l'Eglise. Je ne citerai que ce canon du VII° concile de Tolède en 646: *Nullus post cibum potumque quemlibet minimum sumptum missas facere præsumat. Si quis hæc temerare præsumpserit, excommunicationis sententiam sustinebit.* Cette menace de la peine la plus terrible de l'Eglise marque la grandeur du péché. Il n'en est pas de même ni de quelques gouttes d'eau qu'on avale par inadvertance en se rinçant la bouche, ni des petits restes de viande qui sont demeurés entre les dents depuis le soir et qu'on avale par inadvertance avec la salive le lendemain matin; parce que le jeûne naturel n'est pas censé rompu par là, suivant le sentiment de saint Thomas, parce qu'on ne les prend pas comme nourriture, et que cet accident est inévitable.

Cas II. *Justin*, ne croyant pas être obligé de célébrer, a avalé une gorgée d'eau, après quoi on est venu l'avertir qu'un de ses paroissiens demandait le viatique avec beaucoup d'empressement. Ce curé, qui n'avait point d'hosties consacrées, a-t-il pu célébrer sans péché, afin d'en consacrer une pour ce moribond?

R. Il ne l'a pu sans un grand péché; parce que la loi n'excepte nulle part ce cas, et qu'un malade n'est pas alors obligé à recevoir le viatique. Mais ce curé est bien coupable pour n'avoir pas eu soin de conserver des hosties consacrées pour communier ses malades dans le besoin.

— Benoît XIV s'est fortement déclaré pour cette opinion liv. II, *de Sacrificio*, etc. Il y a cependant de très-bons théologiens qui pensent le contraire. Régulièrement parlant, je penserais comme l'auteur, mais je ne condamnerais pas ceux qui, après y avoir bien pensé devant Dieu, croiraient devoir faire autrement, et je ferais comme eux, si le malade, dans l'excès de sa douleur ou de la tentation, n'avait d'autre ressource que l'eucharistie.

— Cas III. Par la même raison et dans les mêmes conjonctures, si j'étais averti avant la première ablution qu'il faut porter le viatique à un malade, et qu'il n'y eût point d'hostie consacrée, je ne croirais pas faire un mal si je commençais une seconde messe. L'auteur, cas *Gervais*, où il suit l'opinion contraire, avoue que cette répétition de messe a été très-longtemps fort commune dans l'Eglise, et qu'elle est approuvée par deux conciles de Langres. A quoi j'ajoute l'autorité de saint Antonin, de Sylvestre, le plus savant des sommistes, de Navarre et des Salamanques. Il est vrai qu'il oppose à cela la coutume contraire et la crainte du scandale. Mais la coutume ne prouve rien pour des cas qui n'arrivent pas une fois dans un siècle; et le scandale, surtout dans les campagnes où l'on ne philosophe guère, est bientôt levé par une bonne instruction.

— Cas IV. Au reste, on convient, et Benoît XIV en convenait comme les autres, qu'un prêtre qui n'a point de confesseur, peut célébrer sans se réconcilier, pour donner le viatique à un malade.

Cas V. *Clair* a pris par inadvertance l'ablution en célébrant à Noël la messe de minuit. S'il ne célèbre pas celle du jour, il causera un grand scandale, parce qu'étant seul prêtre, les deux tiers de ses paroissiens perdront la messe. Ne peut-il pas célébrer en ce cas, au moins la troisième messe?

R. Non; parce qu'il n'y a point de vraie raison de célébrer en ce cas: le scandale que l'on craint est imaginaire, puisqu'une pareille inadvertance peut arriver à l'homme le plus saint, et que les habitants se doivent considérer, en ce cas, comme s'ils n'avaient point de curé et tâcher cependant d'aller entendre la messe dans une paroisse voisine, si cela se peut. *Voyez* les Décisions, 18, 19 et 22.

Cas VI. *Merri*, après avoir pris les ablutions, s'aperçoit, étant encore à l'autel ou déjà dans la sacristie, qu'il est resté quelque parcelle de la sainte hostie sur la patène. Peut-il sans péché la consommer, quoiqu'il ne soit plus à jeun?

R. Il le peut s'il est encore à l'autel. La rubrique, que P. aurait dû citer, le dit formellement. La raison est que la consomption de ces parcelles appartient au même sacrifice, et qui n'est point censé entièrement achevé jusqu'à ce que le prêtre ait quitté l'autel. Mais, comme son ministère est accompli lorsqu'il s'est retiré de l'autel, et qu'il rentre dans la sacristie, il ne lui est pas permis de les y consumer, si ce n'est qu'il ne pût pas les conserver pour un autre jour, sans un danger évident d'irrévérence.

— Benoît XIV dit dans son Traité *de Sacrificio*, qu'on peut prendre ces parcelles dans la sacristie, quand on n'a pas encore quitté ses ornements; et je m'en tiendrais là, à cause du danger que ces précieux fragments ne se perdissent, comme il n'arrive que trop souvent.

— Cas VII. Mais si Merri, après les ablutions communes, avait pris quelque liqueur pour se fortifier, pourrait-il encore prendre ces parcelles?

R. Il ne le pourrait sans péché mortel. On ne permet de prendre ces parcelles avec les ablutions, que parce que celles-ci sont censées faire un tout moral avec la communion. Ce qui n'aurait pas lieu dans le cas présent. *Voyez* mon *Traité des saints mystères*, ch. 3, n. 17.

Cas VIII. *Baudouin*, après avoir pris la première ablution, a aperçu quelques gouttes de vin attachées au bord de la coupe. Doit-il les regarder comme consacrées, ou se contenter de les essuyer avec le purificatoire?

R. Si ces gouttes sont attachées au dehors de la coupe, Baudouin doit se contenter de les essuyer avec le purificatoire; mais si elles sont en dedans de la coupe, l'opinion la plus commune, et qui paraît la plus véritable, est que si ce prêtre n'a pas eu l'intention particulière de les consacrer, elles ne sont pas consacrées, parce que l'intention commune de l'Eglise, que chaque prêtre est présumé avoir en consacrant le calice, est de ne consacrer que le vin qui y est contenu, *per modum unius*. Ainsi, quoiqu'il soit beaucoup plus sûr de consumer ces gouttes, avec l'ablution, on ne doit pourtant pas condamner Baudouin s'il se contentait de les essuyer avec le purificatoire, sans croire mal faire. Cependant un prêtre doit toujours, dans ce cas, consumer ces gouttes en prenant la première, ou au moins la seconde ablution.

Cas IX. *André* prend du tabac par le nez, ou en machicatoire, avant de célébrer. Viole-t-il le jeûne naturel?

R. Le jeûne naturel ne se rompt, que lorsqu'on reçoit quelque chose dans l'estomac *par la bouche*, soit par manière de nourriture ou de médicament, comme dit Sylvius. Or le tabac pris par le nez ne pénètre pas dans l'estomac. Et il en est de même des feuilles de tabac, dont on use en machicatoire ; car on n'avale pas le suc de ces feuilles, ni les eaux qu'elles attirent ; on s'en donne même fort de garde à cause de l'âcreté de cette plante. Et quand on en avalerait un peu par inadvertance, ce ne serait *toujours* que par la salive, et comme on avale quelques gouttes d'eau lorsqu'on se lave la bouche. Au reste, quand on prend du tabac avec la pipe, et que par hasard on en avale de la fumée, le jeûne naturel est rompu, et l'on ne peut plus célébrer, ni toute autre personne laïque communier ce jour-là.

— 1° Je ne crois pas qu'une personne, qui avalerait volontairement une cuillerée de sang, qui viendrait du cerveau ou des gencives, pût communier, quoique cela ne fût point entré *par la bouche*. 2° Si ce qu'on avale du suc des feuilles de tabac pris en machicatoire s'avale *toujours* par manière de salive, pourquoi l'auteur dit-il plus bas, d'après Paul Zichias, que si quelque parcelle de feuille de tabac mâché entrait dans la bouche, on ne pourrait pas communier ? Certainement on n'avale pas plus volontiers ces follicules que le suc même qui s'en exprime. 3° Il est difficile d'apercevoir pourquoi la fumée de tabac qu'on avale par hasard rompt le jeûne naturel. Est-ce seulement pour celui qui fume ? est-ce aussi pour ceux qui lui parlent, ou qui ont le malheur de voyager avec lui ? La fumée de tabac rompt-elle plus le jeûne que celle des viandes d'une cuisine, etc. ? Au reste, sans traiter de soldats ceux qui, avant que de célébrer, mâchent du tabac, il est beaucoup mieux de s'en abstenir, aussi bien que du tabac en poudre, quand on le peut. Mais il y a des gens que la pituite étouffe, et d'autres qui, ne pouvant dire la messe que tard, ne peuvent plus sans une mortelle inquiétude se passer de tabac. Il semble au moins que c'est un article sur lequel l'Eglise s'est adoucie. *Voyez* sur toute cette matière le *Traité des saints Mystères*, ch. 5.

— Cas X. *Salvi* a avalé une balle de plomb, ou un demi-louis, qu'il avait mis dans sa bouche. Peut-il célébrer ?

R. Je crois qu'il le peut, parce que cela n'est capable ni d'être digéré, ni de nourrir en aucun sens, et je dirais la même chose d'un osselet extrêmement dur. Mais je n'oserais le dire de la craie, du charbon, de la terre et autres choses semblables que certaines femmes mangent quelquefois ; parce qu'il s'y trouve un peu d'humeur nutritive, et que cela se peut digérer. *Ibid.* n. 6.

Cas XI. *Saluste* se trouve obligé de célébrer parce qu'il est fête et qu'un moribond demande le viatique. Mais le marguillier a emporté la clef des ornements ; peut-il, dans un cas si pressant, célébrer sans chasuble ?

R. Non ; et il pécherait contre le respect qui est dû à un si auguste mystère, s'il le faisait. C'est le sentiment de saint Antonin, de Sylvius, etc. Dans ce cas, ni un homme sain n'est obligé de dire ou d'entendre la messe, ni un malade de communier.

— Cas XII. Mais le manipule, l'amict, la ceinture bénite sont-ils si essentiels qu'on ne pût jamais s'en passer ?

R. On pourrait célébrer sans ces petits ornements s'il y avait plus d'indécence à ne célébrer pas qu'à célébrer sans eux. Mais on ne le pourrait s'il y avait plus d'indécence à célébrer sans eux qu'à ne point célébrer. Ainsi, on pourrait célébrer sans manipule pour donner le viatique à un malade, et on ne le pourrait pour dire, un jour ouvrier, la messe à de pieux pèlerins qui voudraient bien en avoir une. *Voyez ibid.* et le titre *Ornements*, cas dernier.

Cas XIII. *Lentulus* s'étant trouvé un jour de fête obligé de dire la messe pour plusieurs personnes, qui autrement l'auraient manquée, l'a célébrée sans cierges allumés. L'a-t-il pu sans péché ?

R. Non ; la coutume inviolable de l'Eglise, la peine de déposition exécutée par ordre du pape Hormisdas sur un prêtre qui célébrait *sine igne et aqua*, le sentiment presque unanime des docteurs, prouvent qu'on ne peut célébrer sans lumière. Sylvius ajoute qu'il y aurait le même péché à ne se pas servir de cire. *Ubi tamen*, poursuit-il, *haberi non posset lumen ex cera, et scandalum abesset, probabile est quod sufficeret lampas, aut lucerna ex oleo ; non similiter candela sebacea, nisi forte magna esset celebrandi necessitas, nec haberi posset lumen ex cera vel oleo*.

— Cas XIV. *Avaric* ne fait allumer qu'un cierge pour ses messes basses. Jean en fait allumer quatre aux mêmes messes. *Quid juris* ?

R. Il n'y a qu'une grande pauvreté qui puisse excuser un prêtre dans le premier cas, qui cependant n'est pas rare dans un certain diocèse. La rubrique demande deux cierges, et la coutume de tous ceux qui craignent Dieu en fait une loi. Mais la congrégation des Rites a décidé, le 7 août 1627, qu'un vicaire général, fût-il notaire apostolique, n'a pas droit d'avoir quatre cierges allumés, si la solennité de la fête ne l'exige.

Cas XV. *Sidonius* n'ayant point d'hostie consacrée, ni personne qui lui pût servir la messe, l'a célébrée sans ministre afin d'y consacrer une hostie pour un malade qui était en danger de mort. L'a-t-il pu ?

R. Régulièrement parlant, un prêtre ne peut pas célébrer sans répondant. *Non enim solus presbyter missarum solemnia..... potest sine ministri suffragio celebrare*, dit Alexandre III, c. 6, *de Fil. presbyt*. et c'est ce que plusieurs conciles ont ordonné. Cependant de graves théologiens croient qu'on peut célébrer seul dans des cas bien moins importants que celui dont il s'agit. Et ils le permettent à un reclus ou à un prêtre qui sans cela perdrait la messe un jour de fête. Navarre, Azor, etc., sont de ce sentiment, et S. B. les a suivis, tom. III, cas VIII.

— Benoît XIV dit aussi qu'on peut célébrer sans servant pour donner le viatique, pour faire entendre la messe à une paroisse qui murmurera si elle la perd, et enfin quand le servant se retire. Alors Mérati ne croit pas qu'il faille que le prêtre soit déjà au canon. Je n'admettrais point le cas du reclus, à moins qu'il n'eût une dispense du pape. Il y en a quelques exemples, mais ils sont rares. Voyez le *Traité des SS. Myst.* ch. 12, n° 7.

Cas XV. *Hubert* a consacré le calice où il avait mis le tiers ou la moitié d'eau avec le vin. L'a-t-il pu sans un grand péché?

R. Il n'a pu, sans un grand péché, mettre la moitié d'eau, parce qu'il a été contre la coutume générale de l'Église, et que ce mélange, en portions égales, ne fait, à proprement parler, ni vin ni eau. Il a moins péché s'il n'en a mis qu'un tiers, selon l'usage de l'Église d'Orient. Mais il a toujours fait une faute, parce que le décret d'Eugène IV ne permet que *modicissima aqua*, ce que Gamache et d'autres entendent de quelques gouttes d'eau. Il est vrai que le concile de Tribur sembla prescrire une troisième partie d'eau; mais c'est que le vin du Rhin, dont on use dans ce pays-là, est d'une force extraordinaire.

— Le P. le Brun, tom. I de son *Explication littérale*, pag. 309, dit *qu'on ne doit point avoir de scrupule*, quand on n'a mis qu'un tiers d'eau; et je le crois fort, quand le vin est bon et qu'il a du corps.

Cas. XVI. *Titius* se ressouvient qu'il n'a pas mis d'eau avec le vin dans le calice; que doit-il faire?

R. Il doit en mettre, quoiqu'il ait déjà consacré l'hostie, s'il n'a pas encore consacré le calice; mais s'il l'a consacré, il doit continuer sans ajouter l'eau, parce que le mélange d'eau n'est pas essentiel au sacrifice, et que l'Église n'a commandé que d'ajouter l'eau au vin, et non pas au sang de Jésus-Christ qui est alors dans le calice. C'est la décision de saint Thomas, de la rubrique, etc.

— Quand le prêtre met après coup de l'eau dans le calice, il ne doit point faire de nouvelle oblation. *Traité des SS. Myst.* ch. 14, n° 3.

Cas. XVII. *Delphius* s'est aperçu, après la consécration, qu'il n'avait mis que de l'eau dans le calice. Qu'a-t-il dû faire?

— R. S'il s'est aperçu de son erreur avant la communion de l'hostie, il a dû, selon la rubrique de Paris, non pas ôter l'eau du calice, à cause de la parcelle qu'il y a mise à *hæc commixtio*, mais mettre du vin sur l'eau en quantité suffisante et le consacrer. Mais s'il ne s'en est aperçu qu'après avoir consumé l'hostie, il a dû prendre un nouveau pain; et après avoir mis le vin et l'eau dans le calice, consacrer et ensuite prendre l'un et l'autre. C'est ce que prescrit la rubrique, qui ajoute cependant: *Si missa celebretur in loco publico, ubi plures adsint, ad evitandum scandalum poterit apponere vinum cum aqua; et facta oblatione*, saltem mentali, *consecrare, ac statim sumere*. J'ajoute que la rubrique qui prescrit la consécration d'une nouvelle hostie est très-difficile, parce qu'elle semble détruire l'unité du sacrifice. Voyez le *Tr. des SS. Myst.* ch. 4, n. 11.

Cas XVIII. *Gaspard* s'aperçoit, en célébrant, qu'il y a une araignée dans le calice; que doit-il faire?

R. S'il s'en aperçoit avant la consécration, il doit prendre d'autre vin pour le consacrer, après avoir ôté celui où est l'araignée et avoir essuyé le calice. S'il ne s'en aperçoit qu'après la consécration, il doit retirer du calice l'insecte qui y est, le laver et le brûler ensuite, et mettre l'ablution et les cendres *in sacrario*. Que si l'araignée étant morte dans le calice avait communiqué son venin à l'espèce consacrée, ou qu'il y eût quelqu'autre poison dans le calice, il ne serait pas obligé de prendre le sang consacré, mais il faudrait le verser dans un vase propre et le garder dans un lieu saint jusqu'à ce que l'espèce du vin fût entièrement altérée; et afin que le sacrifice ne demeurât pas imparfait, il serait nécessaire qu'il prît d'autre vin et qu'il le consacrât en répétant la forme de la consécration du calice. Tout cela est de saint Thomas, p. 3, q. 83, a. 6, et la rubrique l'a suivi.

— La rubrique, en parlant du cas où une mouche est tombée dans le calice après la consécration, ajoute: *Si autem non fuerit ei nausea, nec ullum periculum timeat, sumat cum sanguine.* Je crois que quand on aperçoit dans le calice une petite mouche avant la consécration, il suffit de l'ôter, et qu'il n'est pas absolument nécessaire de mettre d'autre vin.

Cas XIX. *Charles* étant fort occupé, célèbre tantôt avant le jour, tantôt à midi et un quart; le peut-il?

R. La rubrique du Missel romain permet de dire les messes privées depuis l'aurore jusqu'à midi. Les étrangers croient qu'on satisfait à cette loi quand, ayant commencé la messe pendant la nuit, on la finit à l'aurore, c'est-à-dire à cette lumière naissante qui annonce, de plus ou de moins loin, la naissance du soleil. En France, et dans quelques-uns des pays voisins, il est d'usage de commencer en hiver la messe dès quatre heures; et c'est un grand bien pour les ouvriers qui ont de la piété. Quoiqu'on ne puisse différer à célébrer la messe après midi, autant de temps qu'on peut l'anticiper le matin, il est pourtant permis de la commencer après midi sonné lorsqu'on en a quelque cause légitime comme: 1° quand il faut consacrer des hosties pour la communion des malades; 2° à la cérémonie d'un enterrement qui n'a pu se faire plus tôt; 3° lorsque dans un jour solennel il y a un sermon qui n'a fini qu'à midi ou après; 4° lorsqu'on sait qu'il y a du monde qui n'a pu entendre la messe; 5° quand un prêtre qui se trouve en voyage un jour de fête n'a pu célébrer plus tôt, comme Navarre dit qu'il l'a souvent pratiqué. Il y a même des cas où, à cause de certaines processions très-longues, on ne commence la messe que vers les trois heures, ou même vers les six heures du soir.

— Sylvius croit que la latitude du midi va jusque vers une heure, *secluso scandalo*. Le meilleur est de se régler sur l'usage des lieux. Je ne me ferais point de scrupule de commencer la messe à une heure et demie, dans un voyage, pour ne la pas manquer un jour de fête, à moins que la coutume locale n'y résistât. Tout cela est plus développé dans le *Traité des SS. Mystères*. J'y renvoie une fois pour toutes.

Cas XX. *Patrice*, célébrant la messe de paroisse le jour de la Fête-Dieu, s'est ressouvenu que la sainte hostie qu'il devait porter en procession avait été consacrée deux mois auparavant; c'est pourquoi il l'a consumée, et a mis en sa place celle qu'il venait de consacrer. N'a-t-il point péché ?

R. Le célébrant doit communier sous les espèces mêmes du pain et du vin qu'il a consacrés. Patrice a donc commis un grand péché, en consumant une autre hostie que celle qu'il venait de consacrer; puisque cette ancienne hostie n'appartient pas au sacrifice qu'il offre actuellement. *Voyez* Sylvius, in 3, p. q. 83, a. 4.

Cas XXI. *Flour* étant averti qu'un malade demandait le viatique, et n'ayant qu'une seule petite hostie à consacrer, a communié à sa messe sous l'espèce du vin seulement, ayant réservé la sainte hostie pour le malade. L'a-t-il pu faire sans péché mortel ?

R. Non; parce que celui qui offre la victime doit y participer. *Certum est*, dit le douzième concile de Tolède, can. 5, *quod hi, qui sacrificantes non edunt, rei sunt dominici sacramenti.... Ergo modis omnibus tenendum est ut quotiescunque sacrificans corpus et sanguinem Domini nostri J. C. in altari immolat, toties perceptione corporis et sanguinis D. N. J. C. participem se præbeat*. Certainement, c'est aux prêtres qu'il a été dit : *Manducate ex hoc omnes. Bibite ex eo omnes*. C'est pourquoi quand, par un accident inopiné, le célébrant ne peut pas le faire, un autre prêtre supplée à son défaut, quand même il ne serait pas à jeun, comme on va le voir dans le cas suivant.

Cas XXII. *Vincent*, célébrant la messe, est demeuré hors d'état de l'achever. Un autre prêtre a achevé la messe, quoiqu'il ne fût pas à jeun. L'a-t-il pu ou dû faire ?

R. Si cet accident est arrivé avant la consécration, le second prêtre n'a dû ni pu achever cette messe. Mais s'il est arrivé après la consécration du corps de N. S. et avant celle du sang, ou après l'une ou l'autre, il a pu et dû l'achever, en commençant où Vincent avait fini. C'est la décision du septième concile de Tolède, can. 2. Et il n'y a qu'une voix là-dessus, parce que de droit divin le sacrifice doit, si cela se peut, être fini quand il a commencé.

Cas XXIII. *Lucien*, qui répondait seul à la messe de Vincent, n'a pu assurer si l'accident de mort est arrivé au célébrant devant ou après la consécration. Que faire en ce cas ?

R. Saint Thomas, *in 4 dist*. et q. 8, a. 4, veut qu'en ce cas on recommence là la messe *a capite*, et cela avec une nouvelle hostie, en mettant à part celle qui est sur l'autel, et qui peut avoir été consacrée. Et cette hostie, il faut la consumer après la communion du précieux sang. Saint Antonin est du même avis.

— Ce sentiment est difficile en ce que ce n'est pas là achever le sacrifice commencé, mais en offrir un nouveau. Il me semble qu'en consacrant la même matière sous condition on remédierait à tout. C'est la décision de Suarez, *disp*. 85, *sect*. 1, *pag. mihi* 1057, *col*. 2. Il veut que dans ce cas d'incertitude, on reprenne *a capite canonis*. Et il suffit que la condition soit mentale.

— Cas XXIV, XXV et XXVI. On demande encore, 1° jusqu'à quel temps on peut continuer la messe d'un homme qui n'a pu la finir; 2° si en cas qu'il tende à la mort, c'est de l'hostie même qu'il a consacrée qu'il faut le communier; 3° si, en fait d'acquit de messes, c'est l'intention du mourant, ou de celui qui le remplace, qui doit prévaloir.

R. Ad 1. Nous croyons que, si on ne trouve point de prêtre qui puisse continuer dans l'espace d'une heure ou deux, il ne faut pas continuer. Une interruption si longue semble ôter la continuité de l'action du sacrifice, quoique quelques théologiens aient cru qu'on le pouvait continuer durant toute la journée, et même vingt-quatre heures après l'accident du célébrant.

Ad 2. Il paraîtrait fort naturel de le communier de l'hostie même qu'il a consacrée, afin qu'il participât à son propre sacrifice. Cependant la rubrique insinue clairement le contraire. Et la raison que j'alléguais tout à l'heure prouverait qu'il faut le communier sous les deux espèces ; ce qui est contre l'usage.

Ad 3. Je crois que c'est l'intention de celui qui a consacré. Mais comme cela n'est pas sans difficulté, celui qui supplée au défaut d'un autre doit toujours se charger de son intention.

— Cas XXVII. Mais s'il ne se trouve pour suppléer qu'un prêtre qui soit en mauvais état, que doit-il faire ?

R. Il doit faire un bon acte de contrition, comme on le dira dans le cas suivant. Que s'il est attaché au péché, il ne peut suppléer; mais il en commet un nouveau très-grief, en laissant par sa faute le sacrifice imparfait.

Cas XXVIII. *Orosius*, curé, coupable de péché mortel, et qui n'a ni confesseur ni vicaire, peut-il sans un nouveau crime célébrer la messe en cet état, lorsque le peuple s'assemble pour y assister un jour de dimanche ou de fête, ou doit-il feindre quelque excuse qui paraisse légitime, afin de s'en dispenser ?

R. Ce curé peut célébrer en ce cas, mais après qu'il aura formé un acte de contrition parfaite, et une résolution sincère de se confesser, dès qu'il en aura la commodité. C'est la décision du concile de Trente, qui, après avoir dit, sess. 13, c. 7, qu'aucun prêtre ne se doit jamais approcher de la communion sans se confesser, lorsqu'il se sent coupable de péché mortel, et qu'il peut trouver un confesseur. *Quantumvis sibi contritus videatur*, excepté le cas de nécessité, à condition néanmoins que *quamprimum confiteatur;* lesquelles paroles contiennent un véritable précepte, et un précepte qui doit s'accomplir au plus tôt, comme il paraît par la censure que fit en 1666 Alexandre VII, de ces deux propositions, n. 38 et 39. *Mandatum Tridentini, factum sacerdoti sacrificanti ex necessitate cum peccato mortali, confitendi quamprimum, est consilium, non præceptum... Illa particula,* quamprimum, *intelligitur, cum sacerdos suo tempore confitebitur.*

Cas XXIX. *Valentin* ayant commencé la messe, se ressouvient qu'il est en péché mortel, ou qu'il est excommunié, ou qu'il n'est pas à jeun. Que doit-il faire pour la sûreté de sa conscience? Doit-il se retirer de l'autel, au moins dans les deux derniers cas?

R. S'il ne s'en souvient qu'après la consécration, il doit continuer, après s'être humilié devant Dieu, parce que l'imperfection du sacrifice est un énorme sacrilège, comme le dit saint Thomas. Mais s'il s'en souvient avant la consécration, le même saint docteur croit qu'il est plus sûr pour lui de quitter l'autel, surtout quand il est excommunié, ou qu'il n'est pas à jeun ; *nisi*, dit-il, *grave scandalum timeretur,* ou, comme dit la rubrique, *nisi scandalum timeatur;* ce qui ne laisse pas d'être plus mitigé. Cependant comme saint Thomas ne décide pas absolument; que d'ailleurs un prêtre, même seul avec son répondant, ne peut manquer de se scandaliser, et par lui bien d'autres, et qu'enfin le péché mortel est le plus grand des maux, et que néanmoins on peut, selon saint Thomas, y parer par un grand acte de contrition, nous croyons que ce même acte suffirait à Valentin dans tous les cas dont il s'agit.

— On pourrait plus aisément quitter l'autel pour n'être pas à jeun que dans les deux autres cas, parce qu'il peut arriver à l'homme le plus sage d'oublier qu'il a pris quelque chose depuis minuit. Mais comme le peuple, souvent assez mauvais, pourrait soupçonner que ce n'est là qu'un prétexte, je crois qu'il n'y a guère que l'homme dont la réputation est bien établie et qui est aimé qui puisse sans danger quelconque alléguer qu'il se souvient de n'être pas à jeun. Dans le doute si l'on n'a rien pris depuis minuit annoncé par la meilleure horloge, il faut s'abstenir de célébrer. L'excommunié qui continuerait le sacrifice dans l'espèce proposée n'encourrait point l'irrégularité.

Cas XXX. *Toussaint* est averti en célébrant que les ennemis, qui sont hérétiques, paraissent, et que s'il ne s'enfuit, il va être massacré. Peut-il en ce cas quitter l'autel, quoiqu'il ait déjà consacré?

R. Il le peut en communiant promptement et en omettant tout ce qui reste. Il le pourrait encore si l'église menaçait une très-prompte ruine ; dans ce cas il faudrait, s'il était possible, emporter la sainte hostie et le calice sur un autre autel, pour y achever la messe, supposé qu'il y en eût un, où une pareille ruine ne fût pas à craindre. Que s'il ne peut communier, il peut, selon Tolet, s'enfuir pour sauver sa vie, et laisser le sacrifice imparfait. *Si tamen,* dit Sylvius, p. 3, q. 83, a. 6, *in fidei contemptum vellet quis cum occidere, nisi a sacro desisteret, teneretur continuare et mortem subire.*

Cas XXXI. *Marsi* ayant commencé la messe un jour de fête, et allant réciter l'épître, on vient le prier de la part d'un seigneur d'attendre qu'il soit arrivé à l'église. Marsi attend près de deux heures ; après quoi ce seigneur étant enfin arrivé, il continue la messe, ou même la recommence. A-t-il pu sans péché interrompre le sacrifice dans une telle occasion ?

R. Non; car excepté le cas d'une pressante nécessité, la messe doit toujours être célébrée sans interruption, ainsi qu'il est ordonné par le septième concile de Tolède tenu en 646 ; et si l'interruption est grande, comme elle l'est dans l'espèce proposée, le péché est grief. Sylvius croit néanmoins que quand un évêque ou un prince demande cette grâce, le prêtre, lorsqu'il n'en est pas encore à l'évangile, peut interrompre ou recommencer. Mais cela ne prouve rien en faveur d'un simple seigneur de paroisse, qui doit montrer l'exemple aux habitants par son exactitude à se rendre au service divin aux heures réglées. Joint à cela qu'il est moralement impossible que plusieurs de ceux qui sont présents ne murmurent dans une telle occasion, et que si les curés se mettaient sur le pied d'avoir une telle déférence pour les seigneurs, il y en a plusieurs qui en abuseraient au préjudice du public, ce qu'il est très-important d'empêcher.

— Charles IX, par son ordonnance de 1571, a. 3, *défend très-expressément aux seigneurs et autres de contraindre les curés ou leurs vicaires de changer ou différer les heures ordinaires du service divin.* Un bon curé peut quelquefois commencer par son prône, pour attendre un seigneur à qui il est survenu une affaire imprévue. Mais je ne voudrais pas qu'il interrompît sa messe, même pour attendre un évêque ou un prince. *Voyez le Traité du devoir des pasteurs,* ch. 6, § 5.

Cas XXXII. *Eustat,* étant près de commencer le canon, est averti qu'on vient d'apporter à l'église un enfant qui est dans un danger évident de mort. Peut-il aller le baptiser, puis achever la messe?

R. Il le peut, et il le pourrait encore pour confesser un moribond, ou pour lui donner l'extrême-onction. Ces cas où il s'agit du salut, sont exceptés de la règle générale. *Nullus,* dit le concile septième de Tolède, *absque proventu patentis molestiæ minister, vel sacerdos, cum cœperit, imperfecta officia præsumat omnino relinquere.* Mais, après la consécration, un prêtre ne peut interrompre, même pour peu de temps, le sacrifice, sous quelque prétexte que ce soit.

— Ce sentiment est très-faux. Un prêtre

en laissant quelqu'un devant le saint-sacrement, ou après l'avoir enfermé, pourrait donner les sacrements nécessaires au salut; comme je l'ai dit dans le *Traité des saints mystères*, ch. 13, n. 6, avec Mérati, qui dit que c'est le sentiment commun.

Cas XXXIII. *Martin* a omis quelques prières du canon, qui n'étaient pas de l'essence du sacrifice, afin d'assister un moribond. L'a-t-il pu sans péché, à cause de la nécessité où il se trouvait de secourir son paroissien?

R. Il ne l'a pu sans une faute grière. *Graviter peccat*, dit saint Thomas, *qui scienter omittit aliquid de accidentalibus.* * Voyez la remarque sur le cas précédent.

Cas XXXIV. *Aurélius*, se trouvant dans un pays où le vin est fort cher, fait souvent les deux ablutions avec de l'eau seule.

R. Tout prêtre est obligé de faire toujours la première ablution avec le vin seul, et la seconde avec le vin mêlé d'eau; et il ne peut faire autrement sans un péché grief; parce qu'il irait contre la coutume de toute l'Église.

— Un prêtre dans le cas d'Aurélius doit obtenir dispense du saint-siége pour la première ablution. Pour ce qui est de la seconde, il y a en Italie, comme ailleurs, d'habiles gens qui croient qu'on peut, sans dispense, ne s'y servir que d'eau, bien loin qu'ils y admettent un péché mortel. Il y a des rubriques qui ne sont que directives et on peut regarder comme telles, en vertu de l'interprétation commune, celles mêmes, qui de leur nature seraient préceptives. Malgré cela, sans approuver le rigorisme de Pontas, je ne voudrais point du tout m'éloigner de l'usage commun, sans l'avis de l'évêque. Et je suis sûr que celui-ci n'y consentirait que pour des raisons sérieuses.

Cas XXXV. La coutume immémoriale de l'église de S., où l'on suit l'usage romain, est que celui qui célèbre la messe canoniale ne donne point la bénédiction à la fin. Le doyen du chapitre, soutenu par huit chanoines et par l'évêque, veut abolir cet usage, comme contraire à celui qui s'observe dans toutes les autres églises, et qui a été prescrit par les conciles d'Agde en 506, d'Orléans en 511, etc. Mais quarante-deux chanoines prétendent maintenir l'ancienne coutume. Le peuvent-ils sans péché?

R. Oui, 1° parce que cette bénédiction n'est pas bien ancienne, puisqu'elle ne se trouve dans aucun ancien Missel, ni dans l'*Expositio Missæ* qui est dans la bibliothèque des Pères; 2° parce que le peuple était congédié par ces paroles, *Ite missa est*; et que la bénédiction qui le suivait ne consistait pas comme aujourd'hui dans un signe de croix fait sur le peuple, mais dans les prières de la post-communion; comme il est évident par Raban-Maur et par Amalarius. Cette décision fut donnée en Sorbonne, le 17 août 1670.

Cas XXXVI. *Auxilius* célèbre souvent pour avoir de quoi subsister par le moyen de l'honoraire qu'on lui donne. Pèche-t-il?

R. Oui, et mortellement, si le gain est son intention principale; non, si sa principale vue est d'honorer Jésus-Christ, quoiqu'il ait aussi dessein de vivre de l'autel. * S'il ne disait point la messe, quand il n'a point d'honoraire, son intention serait bien suspecte; quoiqu'un prêtre infirme puisse, pour secourir au plus vite ceux qui l'ont stipendié, dire la messe, qu'il ne dirait pas à cause de sa langueur, s'il ne s'y était pas obligé. Le fond de cette décision est de saint Thomas.

Cas XXXVII. *Fabien* a reçu 12 liv. de différentes personnes, pour célébrer vingt-quatre messes à leur intention; mais parce que l'honoraire de chaque messe est à 15 sols dans le diocèse, et qu'il devrait avoir 18 liv., il se contente d'en dire seize. Peut-il sans péché s'en tenir là?

R. Il est obligé, *ex debito justitiæ*, à célébrer les vingt-quatre messes, puisqu'il a accepté les 12 liv. de rétribution à la charge de s'en acquitter : 1° parce qu'il faut observer les conventions qu'on a faites, selon cette règle de droit : *Contractus ex conventione legem accipere dignoscuntur*; 2° parce que la sacrée congrégation l'a plusieurs fois décidé, et avant elle, saint Antonin et tous les vrais théologiens.

Cas XXXVIII. *Albert* ayant reçu six honoraires fort modiques de Bertrand, pour dire six messes, n'en a dit qu'une, persuadé que le sacrifice étant d'un prix infini, une seule messe opère le même effet que plusieurs. A-t-il péché mortellement contre la justice?

R. Oui, 1° parce qu'il a trompé son prochain en matière grave; 2° parce qu'Alexandre VII a condamné, le 24 septembre 1665, cette proposition : *Non est contra justitiam pro pluribus sacrificiis stipendium accipere, et sacrificium unum offerre*, etc.; 3° parce que, quoique le sacrifice de la messe soit d'une valeur infinie en lui-même, il ne s'applique, comme celui de la croix, que d'une manière limitée. * On trouvera ceci autrement expliqué dans mon *Traité des saints mystères*, ch. 16, n. 6, et dans le IX° vol. de ma Morale, où sans penser comme Pontas, quant au principe, je pense comme lui et comme tous les autres quant aux conséquences.

Cas XXXIX. *Victor* a reçu de deux personnes deux honoraires pour deux messes. Ne peut-il pas s'en acquitter par une seule, en appliquant à l'une le fruit spécial qui lui revient du sacrifice en qualité de célébrant?

R. Non; et l'Eglise a réprouvé cette proposition plus digne d'un démon que d'un théologien : *Duplicatum stipendium potest sacerdos pro eadem missa licite accipere, applicando petenti partem etiam specialissimam fructus ipsimet celebranti correspondentem; idque post decretum Urbani VIII.* * Voyez le *Traité des SS. Mystères*, ch. 18, n. 9.

Cas XL. *Demos* a reçu un écu pour célébrer quatre messes qu'il a fait dire par un autre prêtre à qui il n'a donné que 2 liv., les 20 sols restants lui appartiennent-ils?

R. Comme ce gain est manifestement indigne, honteux et injuste, on ne peut excuser de péché Démos, ni tous ceux qui font ce commerce, qui sent si fort l'avarice. Aussi Alexandre VII a-t-il condamné cette proposition : *Post decretum Urbani VIII, potest sacerdos cui missæ celebrandæ traduntur, per alium satisfacere, collato illi minore stipendio, alia parte stipendii sibi retenta.* La Faculté de théologie de Paris l'avait déjà censurée comme *fausse, scandaleuse*, etc.

Il suit de là que, comme l'a décidé la sacrée congrégation, ceux qui font acquitter les messes dans les églises, ne peuvent retenir aucune partie de la rétribution, même sous le prétexte de la dépense du pain, du vin, du luminaire, etc., à moins que ces églises n'aient pas d'ailleurs un revenu suffisant pour soutenir ces dépenses, auquel cas même on ne peut retenir sur chaque honoraire que ce qui est précisément nécessaire pour y fournir.

— Cas XLI. Si le prêtre à qui Démos cède ses messes, instruit de tout, consentait à les acquitter *minori stipendio*, Démos ne serait-il pas en sûreté de conscience ?

R. Oui, si ce prêtre y consent volontiers ; car puisqu'il pourrait les acquitter pour rien, il peut bien les acquitter pour moins. Mais s'il n'y consent que dans la crainte de n'avoir point du tout d'honoraire, Démos n'est pas exempt de péché, parce qu'une remise extorquée ne vaut ni devant Dieu, ni devant l'Église.

Cas XLII. *Servius* a plus de cent messes basses d'ancienne fondation à célébrer chaque année, dont la rétribution n'est que de 5 sols pour chacune. Ce curé ne peut trouver aucun prêtre pour les acquitter à moins de 10 sols. Ne peut-il pas au lieu de cent n'en faire dire que cinquante ?

R. Non ; car il n'y a que l'évêque qui ait droit de faire une pareille réduction, comme étant à cet égard seul interprète de l'intention des fondateurs défunts, et l'exécuteur de leurs pieuses volontés, ainsi que le dit Grégoire IX, c. 17, *de Testam.*, et Justinien Auth. 131, c. 11, col. 5. Ce qui s'entend en France des cas où il n'y a point de litige formé au sujet de la validité d'un testament ou d'une fondation ; car alors notre usage est que le juge royal en connaisse. Servius a donc dû s'adresser à son évêque, lui exposer le fait tel qu'il est, et lui demander cette réduction.

Cas XLIII. *Théophile* a une chapelle dont le titre de la fondation porte simplement que le titulaire dira la messe les dimanches à six heures du matin, sans marquer à quelle intention. Ne peut-il pas la dire pour lui, ou pour d'autres qui lui en donnent l'honoraire ?

R. Non ; car dans ces matières on doit avoir égard à ce qui se pratique le plus communément, et à ce qui paraît le plus conforme à la justice et à la charité, suivant cette règle de droit : *Inspicimus in obscuris quod est verisimilius.* Or 1° il est beaucoup plus vraisemblable que l'intention du fondateur a été que les messes qu'il a fondées lui fussent appliquées ; 2° il n'est pas moins certain que la coutume générale de ceux qui font de semblables fondations est d'imposer aux titulaires l'obligation de célébrer pour eux, afin d'obtenir plus aisément par cette voie les biens spirituels et éternels. D'ailleurs, par quelle raison serait-il permis, dans le cas du doute, à Théophile de décider en sa faveur, puisqu'il ne le peut faire sans s'exposer à pécher en même temps contre la charité et contre la justice ?

— La sacrée congrégation a ainsi décidé ce cas, et elle a ajouté qu'un bénéficier peut recevoir une nouvelle rétribution, lorsqu'il est EXPRESSÉMENT marqué dans l'acte de fondation qu'il ne sera pas tenu de célébrer pour ceux qui l'ont faite.

Cas XLIV. Il y a un statut dans un ordre, portant qu'il sera dit tous les jours une messe basse de la Vierge dans chaque monastère. Marculfe, chargé par son supérieur de célébrer cette messe dans son monastère, la dit pour lui, ou pour d'autres, parce que ce statut ne parle point de l'application du sacrifice. Le peut-il en conscience ?

R. Non ; parce que, comme le remarque Sylvius, *verbo* RELIGIOSUS, 17, on doit présumer que l'intention de ceux qui ont fait ce statut n'est pas seulement que la sainte Vierge soit honorée dans chaque monastère de l'ordre ; mais aussi pour obtenir de Dieu, par son intercession, les grâces dont ont besoin les religieux qui y sont, tant à l'égard du spirituel que du temporel.

Nota. Si ce statut était conçu en termes généraux, l'on ne pourrait s'y conformer, en sorte qu'on célébrât une messe votive de la Vierge tous les jours de l'année, sans exception d'aucun, puisque autrement il faudrait la célébrer le jour même de Pâques. On ne doit donc l'entendre que d'une manière qui soit conforme aux règles de l'Église.

Cas XLV. *Adélaïde*, religieuse d'un couvent, qui n'a pas le moyen de faire dire tous les jours la messe, ayant su que son père voulait en fonder une quotidienne à perpétuité, elle l'a prié de la fonder dans ce monastère. Le testament de ce père porte qu'il veut qu'en considération de sa fille il soit fondé, dans l'église du couvent où elle est, une messe basse tous les jours à perpétuité, et en outre deux obits solennels pour le repos de son âme et de celles de ses parents défunts. Ces religieuses ne peuvent-elles pas faire appliquer cette messe pour d'autres, vu que le fondateur n'a pas stipulé qu'elle fût appliquée pour lui, comme il l'a fait par rapport aux deux obits, et que d'ailleurs il a voulu satisfaire à la piété de sa fille, qui demandait une messe quotidienne, sans s'inquiéter de l'application.

R. Le vrai, l'unique parti à prendre, est d'appliquer cette messe pour l'âme du fondateur, parce que n'ayant pas *expressément* consenti que l'application en fût libre, on peut et on doit sagement présumer que son intention n'a pas été différente de celle qu'ont ordinairement tous ceux qui font de pareilles fondations. Ajoutez que ce père était disposé à fonder ces messes dans une autre église, et qu'il n'a consenti à les fonder dans ce couvent qu'afin que la communauté eût plus d'affection pour sa fille. Or s'il avait fait cette fondation en toute autre église, on n'eût jamais prétendu faire appliquer les messes pour d'autres que pour lui. On ne peut donc douter qu'il n'ait eu la même intention dans le cas proposé. Sylvius, verbo MISSA, 8.

CAS XLVI. *Arcudius* est chargé de dire tous les lundis une messe de *requiem*. Mais comme il arrive quelquefois en ce jour-là une fête double, il dit la messe du jour à l'intention des défunts. Le peut-il sans péché?

R. Arcudius ne peut les jours d'office double dire des messes de *Requiem*. Et il satisfait à son obligation en disant celles du jour, qui se disent communément avec moins de routine, et où les mérites et l'intercession du saint remplacent bien les oraisons qui sont dans les messes de *Requiem*. Dans les simples ou les semi-doubles on peut dire des messes de *Requiem*, mais on satisfait aussi par celles du jour, et comme, à parler en général, il est mieux de dire la messe du saint dont on a fait l'office, les fidèles sont censés y consentir, quand ils demandent des messes pour les défunts. Si quelques-uns étaient dans l'erreur sur ce point, ce serait aux pasteurs à les instruire.

CAS XLVII. *Basile*, chargé de dire tous les mardis une messe de *Requiem* à un autel privilégié, peut-il dire la messe du jour sans préjudicier à l'indulgence?

R. Oui, si le privilège du pape accorde l'indulgence en faveur d'un défunt pour qui on célébrera la messe, parce qu'on peut appliquer aux défunts la messe du jour aussi bien que celle de *Requiem*. Mais s'il porte que qui on dira la messe de *Requiem*, il faut absolument la dire de *Requiem*, parce que les indulgences *tantum prosunt prout verba sonant*. Cette décision est de Fagnan, et des Conf. de Condom.

—Elle n'est pas juste. J'ai rapporté dans le Traité des SS. Mystères, ch. 18, n. 17, trois décrets qui déclarent que les messes du jour, quand l'office ne permet pas d'en dire de *Requiem*, gagnent l'indulgence, soit que les autels soient privilégiés *in perpetuum*, ou *ad septennium, non omnibus, sed aliquo vel aliquibus tantum hebdomadæ diebus*.

CAS XLVIII. *Isidore*, voyant que les habitants d'un hameau dépendant de sa cure se contentaient d'entendre les dimanches une messe basse dans la chapelle de ce hameau, a résolu, du consentement de celui qui en présente le fondateur, de la faire célébrer le mercredi, afin de les obliger par là de venir à la paroisse et d'y assister aux instructions. A-t-il pu faire ce changement de son autorité, et le successeur du fondateur a-t-il pu y consentir?

R. Le curé n'a pas droit de changer les fondations, et ceux qui succèdent au fondateur n'ont d'autre droit que celui de les faire exécuter. Isidore devait donc se contenter de faire connaître à ses habitants que cette messe n'ayant été fondée que de peur qu'ils ne perdissent la messe dans les mauvais temps, ils étaient tenus de se rendre à l'église paroissiale, lorsqu'ils le pouvaient, pour y assister à la grand'messe et aux instructions ; et en cas qu'ils eussent abusé de ses avis, avoir recours à son évêque et se conformer à ses ordres. S. B. tom. 3, cas II.

CAS XLIX. *Célestin*, chargé d'une fondation de trois messes par semaine, peut-il les dire d'avance ou les différer, lorsqu'il prévoit qu'il ne pourra les célébrer pendant quelques semaines?

R. On ne peut l'excuser de péché, s'il diffère ces messes sans cause légitime, parce qu'en les retardant il cause un préjudice notable aux vivants et aux morts pour lesquels il est tenu de les offrir. Mais on ne le peut blâmer de les avancer, s'il prévoit qu'il ne les pourra célébrer dans le temps porté par la fondation (pourvu toutefois que la fondation n'ait pas de clause contraire); car un débiteur qui paye ce qu'il doit avant le temps marqué est digne de louange.

CAS L et LI. *Aponius* ayant reçu de Paul l'honoraire de trois messes dont il l'avait chargé, pour obtenir de Dieu les lumières nécessaires dans le jugement d'un procès qui devait être jugé six jours après, a différé plus d'un mois à les célébrer, après quoi il a su que Paul avait perdu son procès ou qu'il l'avait terminé par un accommodement. Aponius est-il obligé de restituer à Paul les trois honoraires qu'il a reçus?

—Le même Aponius, crainte de manquer de messes, comme il lui est souvent arrivé, en accepte, quand il en trouve, un si grand nombre, qu'il ne peut de longtemps les acquitter toutes. Cela est-il bien dans la règle?

R. 1° Ce prêtre est obligé de restituer, parce qu'il a trompé la juste espérance de Paul, qu'il l'a privé d'un bien auquel sa charité lui donnait droit, ' et que d'ailleurs il a manqué à la parole qu'il avait donnée au moins implicitement.

—2° On ne peut sans péché se charger de tant de messes, qu'on ne les puisse acquitter de longtemps, ainsi que l'a décidé la sacrée congrégation le 21 juillet 1621. On regarde comme un temps trop long celui qui irait au delà de deux mois, à moins que celui qui donne les messes ne consente au délai. Et je ne crois pas qu'on soit censé y consentir quand on donne un grand nombre de messes à une nombreuse communauté. On ne la préfère que parce qu'on croit qu'elle aura plus tôt tout acquitté qu'une autre. *Voyez* le *Traité des SS. Mystères*, ch. 18, n. 14.

CAS LII. *Euprepius* n'ayant que les honoraires de sa messe pour subsister, en dit d'avance pour ceux qui lui en donneront dans la suite, quand il n'en a point actuellement. Peut-il recevoir l'honoraire qu'on lui donne après coup?

R. Cette pratique, qui fait dire des messes selon l'intention de gens qui n'ont encore aucune intention, est très-mauvaise et a été condamnée par Paul V et par Clément VIII. Ce dernier ordonne même aux évêques et aux généraux d'ordres de se servir de la voie de l'excommunication pour l'abolir.

Cas LIII. L'hôpital de Saint-Jean ayant été fondé pour y recevoir les pauvres du lieu, sous la condition qu'il y serait dit une messe tous les jours, et les revenus n'ayant pu suffire à ces deux obligations, à cause du grand nombre de pauvres dont il a été surchargé, on s'est réduit depuis un an à y faire dire la messe les dimanches et les fêtes. Les supérieurs de cet hôpital ont-ils pu en user de cette sorte?

R. Ils ne l'ont pu, selon Sylvius, *verbo* Missa, 3, q. 2; et comme ils ont violé l'intention des fondateurs, ils doivent y suppléer s'ils le peuvent, en faisant acquitter les messes omises.

— Les administrateurs ne devaient rien faire sans l'aveu de l'ordinaire. Mais je crois que l'ordinaire aurait pu décider autrement que Sylvius. L'hôpital n'a pas été fondé pour la messe, mais la messe fondée pour les pauvres qui devaient se trouver dans l'hôpital. Ne vaut-il pas mieux supprimer pour un temps une messe basse, que laisser sans secours vingt malheureux dans leur chaumière?

— Cas LIV. Marc ayant lu dans Soto que Dieu est trop miséricordieux pour laisser une âme dans le purgatoire plus de dix ans, a cessé de dire la messe pour Jean, qui en 1302 en avait fondé une à perpétuité, et il l'a appliquée à ceux de la famille de cet homme, qui subsiste encore.

R. Marc s'est trompé aussi bien que Soto. Les jugements de Dieu sont un abîme, et ce n'est pas à l'homme à prescrire des bornes à sa justice, non plus qu'à sa miséricorde. C'est donc avec raison qu'Alexandre VII condamna en 1666 cette proposition téméraire : *Annuum legatum pro anima relictum non durat plus quam per decem annos.*

Cas LV. *Emilie*, femme turque, ayant embrassé la religion chrétienne, prie Landri d'offrir le sacrifice de la messe pour son mari qui s'opiniâtre dans le mahométisme. Landri le peut-il?

R. Il le peut; puisque saint Paul voulait qu'on priât pour les princes, qui de son temps étaient pires que les mahométans. C'est aussi ce qu'enseignent saint Chrysostome, Hom. 6, *in c. II, Ep. I ad Timoth.* et le pape saint Célestin, *Ep. ad episc. Gal. c. 8*, où il dit : *Præsules tota secum congemiscente Ecclesia postulant et precantur, ut infidelibus donetur fides; ut idololatræ ab impietatis suæ liberentur erroribus, ut Judæis, ablato cordis velamine, lux veritatis appareat.* C'est pourquoi Bellarmin, *l. de Missa, c. 6*, dit : *Existimo id licere, modo nihil addatur ad missam; sed solum per intentionem sacerdotis applicetur sacrificium conversioni infidelium, sive hæreticorum. Id enim multi faciunt viri pii et docti, quos reprehendere non possumus.*

— Cas LVI. Landri pourrait-il aussi offrir la messe pour un hérétique ou tout autre excommunié?

R. Non, et même si l'excommunié était dénoncé, il encourrait l'excommunication mineure en célébrant pour lui, comme l'enseignent Navarre, Besomes, etc.; mais ce qu'il ne peut faire au nom de l'Eglise, il le peut faire en son propre nom, au *memento* des vivants. *Absit tamen ut etiam pro talibus, etsi palam non præsumimus, vel in cordibus nostris orare cessemus.*

Cas LVII. *Lampadius* vit depuis dix ans dans une habitude de péché mortel, et il a toujours eu la volonté d'y persévérer. Il a entendu la messe les dimanches et les fêtes dans cet état. A-t-il péché en y assistant? et n'aurait-il pas dû se dispenser d'y assister, pour ne pas commettre un nouveau péché?

R. Il a péché en y assistant dans la volonté où il était de persévérer dans le crime, et il a dû, non pas s'en dispenser, puisqu'il était obligé, sous peine de péché mortel, d'y assister, mais y assister dans un esprit de pénitence, en renonçant à sa mauvaise vie. On peut justement le comparer à un enfant dénaturé qui, après avoir fait les plus grands outrages à son père, se vient jeter à ses genoux, et lui marque à l'extérieur son repentir, pendant que dans le fond du cœur il est toujours disposé à le traiter avec le même outrage qu'auparavant. *Voyez* les *Conf. de la Rochelle*, 57, etc.

Cas LVIII. *Dorothée*, veuve d'un seigneur, est demeurée depuis le décès de son mari 20 jours dans sa maison sans aller à la messe, selon la coutume des personnes de sa qualité, établie dans le pays où elle était. Cette coutume l'excuse-t-elle de péché mortel?

R. Saint Antonin, Cajetan, et même saint Charles tolèrent cette coutume dans les lieux où elle est établie, et on peut la confirmer par l'usage de l'Eglise d'Orient, qui est que la femme accouchée d'un garçon n'entre dans l'église que quarante jours après ses couches, ou quatre-vingts jours, si elle est accouchée d'une fille. Nous croyons cependant que cet usage doit être condamné, comme il l'a déjà été par un concile de Lima en 1585. La raison est, 1° qu'il est contraire à la loi de l'Eglise; 2° qu'il n'est point fondé que sur la vanité des grands, à qui leur religion devrait apprendre aussi bien qu'au commun des fidèles, que toutes leurs démonstrations de deuil sont inutiles pour le soulagement de ceux dont ils pleurent la mort, et qu'il n'y a que les œuvres de piété qui leur puissent être de quelque utilité. Au reste l'usage de l'Eglise d'Orient n'est pas une règle qu'on doive suivre en celle d'Occident; joint à cela, qu'il est permis dans cette Eglise-là, aux femmes accouchées de sortir, dès que leur santé le leur permet, pour voir leurs amis, ou pour vaquer à leurs affaires, ce qu'il est difficile d'accorder avec la défense de ne pas aller à l'église, dès qu'elles le peuvent, pour y rendre à Dieu les actions de grâces qu'elles lui doivent, préférablement à toutes autres affaires.

Cas LIX. *Herculus*, qui n'est arrivé à l'église que lorsqu'il y avait déjà un tiers de la messe dit, a-t-il satisfait au précepte en enlendant le reste, ou a-t-il péché mortellement?

R. Saint Antonin regarde comme coupable de péché mortel celui qui manque le tiers de la messe. Un grand nombre de théologiens en excusent ceux qui l'entendent depuis l'épître. Sylvius dit : *Illi excusari possunt a transgressione præcepti, qui missam audiunt ab initio evangelii, imo et a fine, si per eos non stet quominus unam aliam audiant.* Mais comme ces opinions ne sont pas certaines, on doit toujours s'efforcer d'assister à la messe dès le commencement.

—Selon le P. Alexandre, un homme qui sans raison sortirait de l'église pendant la consécration, ne satisferait pas au précepte. Il en serait de même de celui qui pour lors serait volontairement distrait. *Voyez* mon V^e vol. de *Morale* sur le 3e commandement du Décalogue, art. 2, sect. 1.

Cas LX. *Germain* a-t-il rempli le précepte d'entendre la messe, en se confessant jusqu'à la préface?

R. Non; car l'attention qu'on a en se confessant est tout à fait différente de celle qui est requise pour le sacrifice de la messe : celle-ci doit être par manière de prière, au lieu que celle-là est de déclarer le nombre, l'espèce et les circonstances de ses péchés, de s'appliquer à les faire entendre au prêtre, à lui répondre sur les demandes qu'il juge à propos de faire, etc. *Voyez* Cabassut, liv. II, c. 32.

Cas LXI. *Hélène*, qui a son mari très-malade, peut-elle pour le veiller, n'ayant personne qui la remplace, manquer la messe le jour de Pâques?

R. Oui; parce que dans le cas où deux différentes lois obligent en même temps, il faut toujours obéir à la plus importante. Or, la loi de la charité qu'on doit à son prochain dans une si grande extrémité est bien plus importante que celle d'entendre la messe les dimanches et les fêtes; puisque la première est de droit naturel, et que la seconde n'est que de droit ecclésiastique. C'est la décision de saint Antonin, qui dit qu'il en est de même de toutes les personnes qui ont des empêchements légitimes, ou des affaires qu'elles ne peuvent abandonner sans un scandale considérable, ou sans en souffrir un dommage notable.

Cas LXII. *Vaubert* a soutenu qu'il est plus à propos qu'un prêtre célèbre fréquemment que de le faire rarement; Gervais a prétendu le contraire.

R. Le sentiment de Vaubert est celui qu'un prêtre doit suivre dans la pratique, pourvu qu'il n'ait pas de raison légitime de s'abstenir de célébrer; qu'il n'ait aucune affection pour le péché véniel, et qu'il le fasse par un grand amour pour Dieu. Les raisons qui doivent l'y porter sont, selon saint Antonin, p. 3, tit. 13, c. 6, 1° l'excellence de ce grand sacrifice, où Jésus-Christ est la victime immolée, où l'on reçoit un gage du salut éternel, etc.; 2° l'utilité qu'en retire le ministre. Quelles leçons d'amour, de respect, d'humilité ne lui fait pas un Dieu anéanti entre ses mains! 3° l'amour tendre que se procure un prêtre qui célèbre dignement, de la part de Jésus-Christ et de l'Église, son épouse, comme devenant médiateur entre l'un et l'autre; 4° les grands avantages qu'en retirent les fidèles qui assistent à ce divin sacrifice, ou pour qui on l'offre. Ajoutez à cela l'énorme différence qu'on remarque entre deux prêtres dont l'un célèbre souvent, et le fait avec piété; l'autre, sous prétexte de respect, ne célèbre presque jamais. Ce dernier se confesse rarement, déchire par religion ses supérieurs, se dispense aisément de porter les marques de son état, etc.

— Cependant un prêtre peut quelquefois s'abstenir de célébrer par un motif d'humilité, et pour se mieux disposer à le mieux faire. Zachée n'honorait pas moins Jésus-Christ en se reconnaissant indigne de le recevoir en sa maison, que le centenier qui le conviait de venir chez lui.

Cas LXIII. *Jean* dit les secrètes et le canon à haute voix. Pierre dit tout si bas, qu'à peine peut-on l'entendre. Que dire de l'un et de l'autre?

R. Qu'ils ont tort tous les deux, parce que tous deux vont contre les lois et la coutume de l'Église. Il est vrai que ceux qui pensent comme Jean en appellent à l'ancienne discipline. Mais le P. le Brun, qui ne doit pas leur être aussi suspect qu'un autre, les a très-solidement réfutés sur ce point. On peut lire sa dissertation, que j'ai tâché de fortifier encore un peu dans le *Traité des SS. Mystères*, ch. 15, où de plus j'ai prouvé, par M. Duguet, que quand la loi du secret ne serait établie que depuis un jour, il faudrait s'y conformer. Pour ce qui est de Pierre, il pèche aussi; et Quarti, qui n'était pas rigide, croit que son péché serait mortel, s'il prononçait les paroles de la consécration si bas qu'il ne pût s'entendre.

—Cas LXIV. *Marc* ayant vu à Paris un bon nombre de simples prêtres qui gardaient la calotte jusqu'à l'offertoire a cru pouvoir faire comme eux. A-t-il pu se rassurer sur leur exemple?

R. On ne peut porter la calotte à l'autel que par dispense (si ce n'est dans le cas d'une pressante et subite nécessité); et cette dispense est si grave aux yeux du saint-siège, qu'il n'y a que le pape qui puisse l'accorder, et que les abbés généraux ne la peuvent donner à leurs religieux. *Facultas concedendi usum pileoli in missa spectat ad papam*, S. R. Congregatio, 24 Apr. 1626. Ainsi Marc a dû juger, ou que ces prêtres avaient une dispense, qui selon nos usages peut s'accorder par l'évêque, ou qu'ils péchaient par ignorance.

Cas LXV. *Alexis* s'abstient de célébrer depuis trois ans par un motif d'humilité. Pèche-t-il en cela?

R. Un prêtre, étant choisi de Dieu pour offrir le saint sacrifice, pèche contre l'engagement qu'il a contracté, lorsque sous prétexte d'humilité il s'en abstient longtemps. Le concile de Trente recommande aux évêques d'avoir soin que les prêtres célèbrent au moins tous les dimanches et les fêtes solennelles. *Curet episcopus, ut sacerdotes saltem diebus dominicis et festis solemnibus, si autem curam habuerint animarum, tam frequenter, ut suo muneri satisfaciant, missas celebrent.* Saint Charles ordonne la même chose; et longtemps auparavant, Innocent III disait : *Sunt qui missarum solemnia vix celebrant quater in anno... hæc igitur et similia sub pœna suspensionis penitus inhibemus*, cap. 9, *de Celebrat. miss.* On ne peut donc excuser Alexis d'un péché grief, en ne célébrant jamais.

Cas LXVI. Peccat-ne mortaliter qui fornicatorii presbyteri missæ scienter assistit ?

R. Cum S. Thoma, p. 3, q. 82, art. 9, affirm. si presbyter is sit notorius, *vel per sententiam, quæ fertur in convictum, vel per confessionem in jure factam*; secus, si occultus sit. Et hoc sensu passim intelliguntur, tum decreta Nicolai II, et Alexandri II, cap. 5 et 6, dist. 32, tum et id concilii Londin. an. 1138. *Presbyteros... concubinarios ecclesiasticis officiis et beneficiis privamus: ac ne quis eorum missam audire præsumat, apostolica auctoritate prohibemus.* Lab. tom X, pag. 996.

Cas LXVII. Flavien va presque toujours par dévotion entendre la messe les dimanches et fêtes chez des religieux. Son confesseur veut l'obliger à assister à la grand'messe de paroisse, au moins les dimanches et les fêtes solennelles. A-t-il raison ?

R. Le confesseur de Flavien ne doit pas lui refuser l'absolution, s'il ne s'absente de sa paroisse, ni par mépris pour son pasteur, ni sans causes légitimes. Sans cela, un paroissien est très-coupable, parce qu'il viole une loi importante de l'Eglise. *Moneat episcopus populum diligenter, teneri unumquemque parochiæ suæ interesse, ubi commode id fieri potest, ad audiendum verbum Dei*, dit le concile de Trente, sess. 24, *de Ref.*, c. 4 : et vers l'an 1478, Sixte IV avait défendu aux religieux mendiants, sous peine d'excommunication, de prêcher contre l'obligation où sont les fidèles d'assister à la messe dans leurs paroisses les dimanches et les fêtes. *Cum jure sit cautum*, dit-il, *diebus illis parœcianos teneri audire missam in eorum parœciali ecclesia, nisi forsan ex causa honesta ab ipsa ecclesia se absentarent.* Un grand nombre de conciles en France, et hors de France, ont très-expressément déclaré la même chose; et l'assemblée générale s'y conforma en 1625.

Nota. Il est évident qu'en France dans presque tous les diocèses il y avait, avant la révolution de 93, obligation pour tous les fidèles d'assister au moins de trois dimanches l'un à la messe paroissiale; cette obligation venait non pas d'une loi générale de l'Eglise, mais des ordonnances particulières du clergé de France et des divers statuts diocésains.

Il est évident encore que dans plusieurs diocèses ces ordonnances n'ont point été formellement abrogées par des règlements contraires, et que les statuts n'ont point été précisément ni changés ni modifiés. Mais ont-ils été suffisamment abrogés par la coutume ? c'est ce qu'il serait prudent d'examiner avant que de décider absolument que dans tel et tel autre diocèse l'obligation d'assister à la messe paroissiale n'existe plus.

« Malgré les règlements de plusieurs conciles particuliers, dit Mgr Gousset, et les constitutions synodales des différents diocèses de France, où il est ordonné d'entendre la messe de paroisse au moins de trois dimanches l'un, sous peine de péché mortel, un grand nombre de fidèles, et dans les villes et dans les paroisses où il y a plusieurs messes le dimanche, croient satisfaire au précepte de l'Eglise en entendant une autre messe que la messe paroissiale. D'ailleurs les temps et les choses sont changés : aujourd'hui, vu l'affaiblissement de la foi et de la piété parmi nous, il y aurait de graves inconvénients à vouloir renouveler ou à maintenir la rigueur des anciens règlements particuliers aux églises de France concernant la messe de paroisse; ce serait mettre en danger le salut des faibles, dont le nombre n'est malheureusement que trop grand.

« Non potest, dit Benoît XIV, a nimia severitate excusari synodalis constitutio, adigens sæculares ad missam, Deique verbum audiendum in ecclesia parochiali, omnibus dominicis, aliisque festis diebus. » Et au rapport de ce pape, une constitution semblable ayant été soumise à la sacrée congrégation du concile de Trente, il a été décidé par cette congrégation qu'on devait se contenter d'exhorter les fidèles à assister à la messe et à l'instruction dans l'église paroissiale, sans les y obliger : *Conclusum fuit ejusmodi constitutionem ita mitigandam, ut per eam monerentur quidem, non autem cogerentur fideles missæ et concioni in parochiali ecclesia adesse.* Aussi déjà depuis quelque temps plusieurs évêques de France se sont montrés moins sévères que leurs prédécesseurs sur l'article dont il s'agit. Tout en rappelant à ceux qui sont chargés de la direction des âmes qu'ils doivent engager les fidèles à fréquenter la messe paroissiale, ils ajoutent qu'il faut s'en tenir à une simple exhortation et s'abstenir de tout ce qui pourrait leur faire croire qu'il y a obligation, ou du moins obligation grave d'assister à la messe de paroisse.

Cette messe est certainement d'obligation pour ceux qui, ignorant les principales vérités de la religion, n'ont pas d'autres moyens de s'en instruire que la parole de Dieu qu'on y annonce; y manquer dans ce cas par sa faute est un péché plus ou moins grave, selon que le besoin que l'on a de s'instruire est lui-même plus ou moins grand. Aujourd'hui que l'ignorance en matière de religion est si grande, on ne saurait trop engager les fidèles à assister de préférence à la messe du prône.

Quel plus beau spectacle que de voir des hommes unissant leurs voix, leurs cœurs pour faire monter tous ensemble vers le ciel leurs vœux et leurs louanges ? Que sont tous les fidèles ainsi rassemblés, qu'une armée rangée en bataille qui fait à Dieu une violence qui lui est agréable? Malheur, dit l'Ecriture, à celui qui est seul : il n'a personne pour le soutenir ou le relever. Où deux ou trois personnes, dit Jésus-Christ, se trouvent rassemblées en mon nom, je suis au milieu d'elles, j'y suis par l'assistance de mon esprit. Jésus-Christ y est même par sa présence réelle, puisqu'au milieu du sacrifice il descend sur l'autel pour se mettre à la tête de nos hommages, les rendre dignes de Dieu, et aussi pour nous combler de ses dons.

Un des grands objets des assemblées de paroisse, c'est l'instruction, la parole de Dieu. Que cette parole semble vénérable lorsque le prêtre descend de l'autel comme du ciel même; qu'il n'interrompt le saint sacrifice que pour instruire, du haut des chaires chrétiennes, au nom de Jésus-Christ, et comme si Jésus-Christ nous parlait par sa bouche! Il y a des exemples de prodiges opérés par un seul passage des divines Ecritures entendues dans les églises. Le père et le modèle des solitaires, saint Antoine, perdit de bonheur ses parents. Possesseur de grands biens et jeune encore, il entra dans l'église au moment où on lisait ces paroles de l'Evangile : Si vous voulez être parfait, allez, vendez ce que vous avez, donnez-le aux pauvres, et vous aurez un trésor dans le ciel. Antoine regarde ces paroles comme dites à lui-même; il se les applique et, de retour chez lui, il ne diffère pas d'un moment et met d'abord en pratique ce qui n'est qu'un conseil d'une grande perfection. On dit la même chose de saint Siméon Stylite : un seul passage des divines Ecritures : *Bienheureux ceux qui ont le cœur pur!* une seule étincelle, et le cœur de saint Siméon est embrasé. Qu'une seule semence tombe dans une terre bien préparée, et elle y produit des fruits de grâce extraordinaires. Toujours l'instruction a été employée utilement pour ramener les peuples à la justice, à la paix, à l'union des cœurs et, par conséquent, à leur propre bonheur. On voit fréquemment des réconciliations sincères, des restitutions, de pieux exercices, succéder à l'indifférence pour les devoirs religieux. On voit de jeunes personnes, livrées à tout ce que le monde a de plus séduisant, sortir des églises sérieuses et occupées enfin de la grande affaire de leur salut.

L'Eglise nous appelle à la messe paroissiale comme à la fête de la charité pour resserrer les liens de la fraternité qui doivent nous unir. C'est de cette assemblée qu'il faut dire avec le Psalmiste : Qu'il est bon, qu'il est doux et agréable que des frères vivent dans une union intime! C'est bien là que Dieu a donné à ses bénédictions de pleuvoir et de descendre sur nous.

Les pasteurs, les prédicateurs, ne peuvent donc trop insister sur cette importance d'assister à la messe paroissiale.

Cas LXVIII. *Artus*, assistant à la messe les dimanches, s'y tient presque toujours debout, excepté à l'élévation de l'hostie et du calice, et sans faire aucunes prières ; il ne s'occupe pendant la plus grande partie de la messe qu'à regarder çà et là. Peut-on dire que, quoiqu'il pèche en cela, il satisfasse néanmoins dans la rigueur au précepte ?

R. Non, sans doute. Car, au contraire, il ressemble aux Juifs qui fléchissaient les genoux devant Notre-Seigneur pour l'insulter, et aux soldats qui étaient présents au sacrifice que Jésus-Christ offrait pour le salut de tous les hommes, mais qui ne songeaient à rien moins qu'à profiter de la mort du Sauveur. Artus les imite en cela. Il est présent de corps à la messe où il n'assisterait pas si l'Eglise ne le lui commandait, mais il n'y est que comme simple spectateur, sans foi, sans piété, sans religion.

MEUBLES

Les biens sont meubles par leur nature ou par la détermination de la loi ; sont meubles par leur nature, les corps qui peuvent se transporter d'un lieu à un autre, soit qu'ils se meuvent par eux-mêmes, comme les animaux, soit qu'ils ne puissent changer de place que par l'effet d'une force étrangère, comme les choses inanimées; sont meubles par la détermination de la loi, les obligations et actions qui ont pour objet des sommes exigibles, ou des effets mobiliers, les actions ou intérêts dans les compagnies de finance, de commerce ou d'industrie, encore que des immeubles dépendants de ces entreprises appartiennent aux compagnies. Ces actions ou intérêts sont réputés meubles à l'égard de chaque associé seulement tant que dure la société. L'argent est meuble. Sont aussi meubles par la détermination de la loi les rentes perpétuelles ou viagères, soit sur l'Etat, soit sur des particuliers.

Les bateaux, bacs, navires, tous les bâtiments de mer, moulins et bains sur bateaux, et généralement toutes usines non fixées par des piliers, et ne faisant point partie de la maison, sont meubles ; les matériaux provenant de la démolition d'un édifice, ceux assemblés pour en construire un nouveau, sont meubles jusqu'à ce qu'ils soient employés par l'ouvrier dans une construction ; cependant les matériaux provenant de la démolition d'un édifice conservent la qualité d'immeubles lorsqu'ils n'ont été séparés de l'édifice que momentanément et pour y être replacés.

Le mot *meuble*, employé seul dans les dispositions de la loi ou de l'homme, sans autre addition ni désignation, ne comprend pas l'argent comptant, les pierreries, les dettes actives, les livres, les médailles, les instruments des sciences, des arts et métiers, le linge de corps, les chevaux, équipages, armes, grains, vins, foin et autres denrées; il ne comprend pas non plus ce qui fait l'objet d'un commerce.

Les mots *meubles meublants* ne comprennent que les meubles destinés à l'usage et à l'ornement des appartements, comme : tapisseries, lits, sièges, glaces, pendules, tables, porcelaines et autres objets de cette nature. Les tableaux et les statues qui font partie des meubles d'un appartement, y sont aussi compris, mais non les collections de tableaux qui peuvent être dans les galeries ou pièces particulières; il en est de même des porcelaines; celles seulement qui font partie de la décoration d'un appartement sont comprises sous la dénomination de meubles meublants. L'expression biens meubles, celle de mobilier ou d'effets mobiliers, comprennent généralement tout ce qui est censé meuble d'après les règles ci-dessus établies. La vente ou le don d'une maison meublée ne comprend que les meubles meublants. La vente ou le don d'une maison avec tout ce qui s'y trouve, ne comprend pas l'argent comptant ni les dettes actives et autres droits dont les titres peuvent être déposés dans la maison; tous les autres effets mobiliers y sont compris.

Cas. *Armant* a fait un testament par lequel il donne à Antoine *son mobilier* sans autre explication; Antoine s'est emparé en conséquence de ce testament de l'argent comptant et des billets; en avait-il le droit? Assurément; mais Joseph, neveu d'Armant, dit à Antoine que par le mot *mobilier* son oncle n'avait intention de ne lui donner que ses meubles meublants. Si cette assertion de Joseph était constante, Antoine ne pourrait répéter que les meubles meublants; car, en bonne justice, en conscience, on doit suivre l'intention du testateur plutôt que la lettre du testament; l'argenterie, les dettes actives appartiendraient de droit aux héritiers d'Armant.

MILITAIRE.

Les publications de mariage des militaires et employés à la suite des armées seront faites au lieu de leur dernier domicile; elles seront mises en outre, vingt-cinq jours avant la célébration du mariage, à l'ordre du jour du corps, pour les individus qui tiennent à un corps; et à celui de l'armée ou du corps d'armée, pour les officiers sans troupe et pour les employés qui en font partie. Immédiatement après l'inscription sur le registre de l'acte de célébration du mariage, l'officier chargé de la tenue du registre en enverra une expédition à l'officier de l'État civil du dernier domicile des époux.

Les testaments des militaires et des individus employés dans les armées pourront, en quelque pays que ce soit, être reçus par un chef de bataillon ou d'escadron ou par tout autre officier d'un grade supérieur en présence de deux témoins, ou par deux commissaires des guerres, ou par un de ces commissaires en présence de deux témoins. Ils pourront encore, si le testateur est malade ou blessé, être reçus par l'officier de santé en chef, assisté du commandant militaire chargé de la police de l'hospice. Les dispositions des articles ci-dessus n'auront lieu qu'en faveur de ceux qui seront en expédition militaire, ou en quartier, ou en garnison hors du territoire français, ou prisonniers chez l'ennemi, sans que ceux qui seront en quartier ou en garnison dans l'intérieur puissent en profiter, à moins qu'ils ne se trouvent dans une place assiégée ou dans une citadelle dont les portes seraient fermées. Le testament fait ainsi sera nul six mois après que le testateur sera revenu dans un lieu où il aura la liberté d'employer les formes ordinaires.

MINEUR, MINORITE.

C'est l'individu de l'un et de l'autre sexe qui n'a pas atteint l'âge de vingt et un ans accomplis. Tout individu mineur non émancipé est incapable de contracter, ou du moins toutes conventions par lui faites sont considérées comme non avenues lorsqu'il s'agit de l'exécution de sa part; cependant la loi accorde le bénéfice de toutes conventions faites par lui avec une personne majeure.

Le mineur non émancipé a une hypothèque légale sur tous les immeubles de son tuteur. Aucun mineur ne peut être adopté. Le mineur non émancipé est placé, pendant le mariage, sous l'administration légale du père; après la dissolution du mariage, il est en tutelle. Le domicile de droit du mineur est chez son tuteur.

Le mineur est toujours représenté par son tuteur dans tous les actes de la vie civile, excepté dans les trois cas suivants : 1° pour le mariage ; 2° pour les conventions matrimoniales ; 3° pour le testament.

L'émancipation est indispensable au mineur pour faire le commerce; elle lui fait reprendre l'exercice de ses actions et l'administration de ses biens; il agit en son nom et ne peut être valablement assigné dans la personne de son curateur. Cependant la loi pose certaines limites à cette liberté de contracter, et elle distingue les actes qu'il peut faire seul, ceux qu'il peut faire avec l'assistance de son curateur, et enfin ceux qu'il ne peut faire qu'en suivant les formalités prescrites aux mineurs en tutelle.

Il peut faire seul, les baux en général, pourvu que la durée de ces baux n'excède pas neuf ans; il peut recevoir ses revenus, donner décharge ou quittance des fermages, loyers et de toute espèce de revenus. Il ne peut faire de baux par anticipation, ni stipuler à son profit le payement par avance des neuf années du bail qu'il aurait consenti. Il ne peut faire aucun emprunt, sous quelque prétexte que ce soit, sans une délibération du conseil de famille. Il traite valablement pour la réparation et l'amélioration de ses biens; il a capacité pour vendre l'excédant de cheptel, le renouveler, vendre les denrées, les coupes de bois ordinaires réputées fruits, la pêche des étangs et en recevoir le prix, compromettre et transiger sur ces objets.

A l'exception de ses capitaux, le mineur émancipé peut valablement aliéner le mobilier qu'il possède; mais il ne peut en disposer entre-vifs à titre gratuit. Le mineur même émancipé est restituable pour les ventes ou acquisitions de choses mobilières, lorsque les ventes ou acquisitions excèdent les bornes d'une bonne administration. Il ne peut seul recevoir son compte de tutelle, le remboursement de ses capitaux, en donner décharge et en opérer le remploi. Dans aucun cas il ne peut donner décharge d'un capital mobilier, même si ce capital provient d'épargnes faites sur ses dépenses. Le mineur émancipé peut accepter une donation avec l'assistance de son curateur.

Le mineur émancipé ne peut faire, qu'en suivant les formalités prescrites pour les mineurs en tutelle, les emprunts, les ventes, aliénations d'immeubles, les affectations hypothécaires, les acceptations et répudiations de succession, les transferts de toute inscription au-dessus de 50 francs de rente.

Le mineur émancipé, comme le mineur en tutelle, ne peut faire aucune donation entre-vifs, excepté par contrat de mariage et avec l'assistance des personnes dont le consentement est nécessaire au mariage. Le mineur émancipé ne peut disposer par testament que pour la quotité disponible au mineur en tutelle. Enfin, le mineur émancipé ne peut faire aucun acte autre que ceux de pure administration, sans observer les formalités prescrites par le mineur émancipé.

Le fils qui n'a pas atteint l'âge de vingt-cinq ans accomplis, la fille qui n'a pas atteint l'âge de vingt et un ans accomplis, ne peuvent contracter mariage sans le consentement de leurs père et mère : en cas de dissentiment, le consentement du père suffit. *Voyez* CAPABLE, ENFANTS, AGE.

Le mineur, quoique parvenu à l'âge de seize ans, ne pourra disposer, que par testament et jusqu'à concurrence seulement de la moitié des biens dont la loi permet au majeur de disposer; il ne pourra même, par testament, disposer au profit de son tuteur; même devenu majeur, il ne pourra disposer, soit par donation entre-vifs, soit par testament, au profit de celui qui aura été son tuteur, si le compte définitif de la tutelle n'a été préalablement rendu et apuré; sont exceptés dans les deux cas ci-dessus les ascendants des mineurs.

MISSEL.

Un prêtre peut-il dire la messe sans missel? Non, quelque sûr qu'il puisse être de sa mémoire. Cependant un prêtre qui pourrait bien compter sur sa mémoire ne pécherait probablement pas, en disant sans missel une messe qu'il saurait par cœur, si d'ailleurs il n'y avait pas de missel à sa disposition et qu'il y eût quelque nécessité de célébrer.

Un prêtre aveugle qui sait par cœur les prières d'une messe peut célébrer; mais il lui faut une permission spéciale du souverain pontife. L'évêque pourrait la donner provisoirement, quand il y aurait de graves raisons, sauf à la faire ratifier par le saint-siège qui se l'est réservée.

Le missel dont on se sert pour dire la messe doit être, autant que possible, conforme au bréviaire. Dans les voyages, on prend le missel romain, si on le trouve, sinon, le missel du diocèse par lequel on passe.

Un prêtre séculier ou un aumônier d'une communauté de religieuses qui ne se servent pas du bréviaire romain, peut-il dire la messe du saint dont elles font l'office, quand il fait lui-même l'office d'un autre saint? Oui, pourvu qu'il se serve du missel romain et qu'il dise la messe du commun, quoique cet ordre en ait une propre au saint dont il célèbre la mémoire. Ce que nous disons de la nécessité du missel ne s'applique point aux tableaux ou canons d'autel qui contiennent quelques prières de la messe; quoique vraiment utiles, ils ne sont pas nécessaires pour la célébration des saints mystères.

MITOYENNETÉ.

C'est la propriété de deux voisins sur un mur, un fossé, une haie qui les sépare. C'est un principe que nul n'est tenu de demeurer dans l'indivision, et que le partage peut être toujours provoqué, nonobstant prohibitions et conventions contraires. Cependant les rapports de voisinage ont fait admettre à cette règle une exception forcée, qui résulte de la nature des choses. C'est ce qui arrive par rapport aux clôtures diverses qui séparent deux héritages. Il est essentiel de rédiger par écrit les conventions qui ont pour but la mitoyenneté des murs, des haies et fossés; car l'objet de ces conventions étant d'une valeur indéterminée, la preuve testimoniale ne serait pas admise.

Dans les villes et les campagnes, tout mur servant de séparation entre bâtiments jusqu'à l'héberge, ou entre cours et jardins, et même entre clos dans les champs, est présumé mitoyen, s'il n'y a titre ou marque du contraire. Il y a marque de non-mitoyenneté lorsque la sommité du mur est droite et à plomb de son parement d'un côté et présente de l'autre un plan incliné; lors encore qu'il n'y a que d'un côté un chaperon ou des filets et corbeaux de pierre qui y auraient été mis en bâtissant le mur. Dans ces cas, le mur est censé appartenir exclusivement au propriétaire du côté duquel sont l'égout ou les corbeaux et filets de pierre. *Voy.* MUR.

Tous fossés entre deux héritages sont présumés mitoyens, s'il n'y a titre ou marque du contraire. Il y a marque de non-mitoyenneté lorsque la levée ou le rejet de la terre se trouve d'un côté seulement du fossé. Le fossé est censé appartenir exclusivement à celui du côté duquel le rejet se trouve. *Voy.* FOSSÉ.

DICTIONNAIRE DE CAS DE CONSCIENCE. II   6

Toute haie qui sépare des héritages est réputée mitoyenne, à moins qu'il n'y ait qu'un seul des héritages en état de clôture, ou s'il n'y a titre ou possession suffisante du contraire. *Voy.* HAIE.

MODE.

Mode se prend ordinairement pour signifier la vogue qu'un pays ou une nation donne à certaines choses qui regardent la manière de se vêtir et de s'ajuster. Quoiqu'on ne puisse voir tous les vains ajustements des gens du monde, et surtout ceux des personnes du sexe, sans en gémir devant Dieu, ce serait néanmoins une témérité à un particulier de les vouloir réformer, parce qu'il n'y réussirait pas. Les sages sont même obligés de suivre l'usage communément reçu. Il y a 80 ans qu'on eût traité de ridicule un homme qui, comme un Espagnol, eût porté un chapeau à forme plate et basse; et l'on regarderait aujourd'hui comme extravagant celui qui en porterait un pointu, comme nous avons vu à Paris que tout le monde le portait alors. Mais on ne doit se conformer à une mode nouvelle que par degrés, et le plus tard que l'on peut, et il y en a que l'on ne doit jamais suivre. *Voyez* PARURE et SEIN; MESSE, cas *Dorothée.*

MONASTÈRE.

Un monastère, ou couvent, est le lieu où des personnes religieuses vivent sous une même règle approuvée par l'Eglise ou par le pape. Aucune communauté, de quelque ordre que ce soit, ancien ou nouveau, ne se peut établir en France sans la permission du roi, donnée par des lettres patentes, vérifiées au parlement, suivant la déclaration du 21 nov. 1629. Tout monastère en France est tenu, par l'art. 27 de l'ordonnance de Blois, de reconnaître une congrégation de son ordre. L'article suivant de la même ordonnance porte : *Que ceux et celles qui veulent faire profession, ne pourront disposer de leurs biens directement, ni indirectement, en faveur d'aucun monastère,* c'est-à-dire ni de l'ordre où ils veulent entrer, ni d'un autre. Ainsi jugé par arrêt.

CAS I. Plusieurs séculiers demeurant dans la basse-cour d'un monastère exempt de la juridiction épiscopale, prétendent être compris dans cette exemption, et refusent de reconnaître pour leur pasteur le curé de la paroisse où il est situé. Le supérieur régulier les soutient, et ne permet pas au curé de leur administrer aucun sacrement, sous prétexte qu'étant aux gages des religieux, ils sont exempts comme eux. Qui a raison?

R. C'est le curé; car tous les séculiers, soit ecclésiastiques ou laïques, qui sont logés dans les dehors de ce monastère, sont véritablement ses paroissiens, 1° parce que les confesseurs du monastère n'ont aucun pouvoir de confesser les séculiers sans la permission de l'évêque; et quand ils l'auraient obtenue, cela n'empêcherait pas que ces mêmes séculiers ne fussent toujours paroissiens du curé du lieu pour tout le reste, *i. e.* pour le mariage, le viatique, l'extrême-onction; 2° parce que telle est en France la jurisprudence des cours souveraines, comme il paraît par l'arrêt du 5 mai 1689, rendu à Paris en faveur d'un curé contre les religieuses de Notre-Dame du Bricol, au sujet d'une *tourière du même monastère, par lequel il est ordonné qu'à l'avenir les tourières et autres domestiques qui ne sont point renfermés dans l'intérieur de l'abbaye,* venant à décéder, *seront enterrés dans l'église paroissiale, où ils seront tenus pendant leur vie de satisfaire* au devoir de la paroisse, comme les autres paroissiens.

— Cette décision, bien prise, n'a rien de contraire à celle de Clément X dans sa bulle *Superna,* où il dit que les Réguliers peuvent, sans l'approbation de l'évêque, *audire confessiones illorum sæcularium, qui inibi sunt vere de familia, et continui commensales, non autem illorum, qui tantum ipsis deserviunt.* Henno, *de Pœnit.,* pag. 255, prétend que les domestiques sont *continui commensales.* Sylvius le nie.

CAS II. Le monastère de S. C., voulant se soustraire de la juridiction de l'évêque diocésain, s'agrégea, il y a 80 ans, à une congrégation d'un autre ordre. L'évêque a-t-il perdu par là sa juridiction sur ce monastère?

R. Non; car 1° il n'y a que les seuls monastères exempts à qui il soit libre de se mettre en congrégation, Trid. sess. 25, *de Regul.,* c. 8. 2° Ce n'est pas encore assez qu'un monastère soit exempt, pour se mettre en congrégation, il faut qu'il s'agrège à un qui soit du même ordre, Trident., ibid. 3° Ces deux choses ne suffiraient pas encore pour rendre l'agrégation légitime ; car il faudrait, selon notre jurisprudence, qu'elle eût été faite dans l'année, après la tenue des Etats de Blois, où le décret de Trente fut publié, ainsi qu'il fut statué en 1625 par l'assemblée du clergé. Ainsi, malgré cette réunion informe, l'évêque conserve sur ce monastère toute l'autorité que le droit commun lui donne, à moins qu'il n'eût consenti à ladite réunion ; et même, outre ce consentement, il faut encore que l'autorité du saint-siège et celle du roi interviennent, comme l'enseignent Blondeau et M. de Marca, lib. III, *de Concordia,* etc., cap. 16.

CAS III. Le monastère de N. a une bulle de 1562, par laquelle le pape le met sous la protection de saint Pierre et de saint Paul. Cela ne suffit-il pas pour l'exempter de la juridiction épiscopale?

R. Non; il ne suffirait pas même qu'en reconnaissance de cette grâce ce monastère payât un cens annuel au saint-siège. C'est la décision de Grégoire IX qui, c. 8 *de Privilegiis,* etc., dit que *non omnes censuales* (Ecclesiæ romanæ) *ab episcoporum subjectione habentur immunes,* etc.

Cas IV. *Octavien*, archevêque, ayant appris que la clôture du monastère de certaines religieuses n'était pas régulière, y est entré d'autorité pour en faire la visite, quoique ce couvent dépende d'un autre supérieur, dont ce prélat ne conteste pas la juridiction, et duquel néanmoins il n'a pas même requis le consentement. N'a-t-il pas encouru l'excommunication portée par le concile de Trente contre ceux qui entrent ainsi dans les monastères de filles, sess. 25, c. 5, *de Regul.*

R. Non; car quand il s'agit de clôture, un évêque est supérieur né de toutes les maisons séculières et régulières qui sont dans son diocèse. Ainsi, il y entre de droit, et par conséquent son action mérite des louanges et non des censures; et quand même il agirait par un mauvais motif, il ne les aurait pas encourues, parce que les évêques n'y sont compris que quand ils sont nommés expressément, comme l'a décidé Innocent IV dans le 1er concile de Lyon, cap. 4, *de Sent. excom.* Or, le concile de Trente ne fait pas sur ce sujet une mention expresse des évêques. Donc Octavien n'a pu en encourir.

Il faut observer ici qu'on ne convient pas si un évêque peut entrer dans un monastère exempt pour confesser une religieuse. Navarre et plusieurs écrivains le nient. D'autres pensent différemment. Le plus sûr pour la paix et pour la conscience est que la religieuse obtienne de son supérieur les pouvoirs nécessaires. J'ajoute avec l'auteur que la bulle *In dubiis* de Grégoire XIII, en 1581, selon laquelle les évêques qui entrent dans les monastères sans cause légitime, sont interdits de l'entrée de l'église pour la première fois, suspens des fonctions pontificales et de toutes celles qu'on appelle divines pour la seconde fois, et enfin excommuniés *ipso facto*, pour la troisième, n'a jamais été publiée en France.

Cas V. *Cajetan*, évêque, prétend avoir droit sur le monastère des religieuses de B., quoiqu'il soit soumis immédiatement au pape; et comme il a voulu l'exercer, 1° par la visite du saint sacrement, des saintes huiles et de la clôture des lieux réguliers; 2° en voulant faire le scrutin pour une élection; 3° en défendant à la supérieure d'admettre à l'avenir aucune fille à la vêture, sans qu'auparavant il l'ait examinée, etc. La supérieure s'oppose à toutes ses prétentions en vertu de son exemption. Le peut-elle?

R. Si ce monastère n'est pas en congrégation, ou qu'il ne s'y soit pas réuni un an après l'ordonnance de Blois, il n'est pas véritablement exempt de la juridiction de l'évêque. Mais s'il est en congrégation, l'évêque n'y a droit qu'en certains cas, qui sont, 1° de les contraindre à se soumettre aux censures et interdits qu'il a prononcés, Trid. sess. 25, c. 12; 2° de leur faire garder les fêtes du diocèse; 3° de punir ceux et celles qui causent du scandale, en cas que leurs supérieurs négligent de le faire, *ibid.*, c. 14; 4° de punir ceux et celles qui demeurent hors de leurs monastères, sans avoir une obédience en forme et par écrit de leurs supérieurs; 5° de donner aux religieuses, même exemptes, des confesseurs extraordinaires deux ou trois fois l'année, *ibid. cap.* 10; 6° de juger avec le supérieur si ceux qui réclament contre leurs vœux ont raison de le faire, *ibid.*, c. 19; 7° d'approuver les prédicateurs, même des églises exemptes, sess. 24, c. 4 *de Reform.*; 8° d'entrer dans les lieux réguliers, soit pour en visiter la clôture, sess. 25, c. 5, à quoi est conforme l'ordon. de Blois, art. 31; soit pour faire le scrutin. 9° Il peut encore avec plus de raison visiter le saint sacrement, les saintes huiles, les images, les fonts, ainsi que le permet la jurisprudence du conseil du roi. 10° Il a aussi droit de faire l'examen pour la réception des filles à la vêture et à la profession, puisqu'il lui est accordé par le concile de Trente, sess. 25, c. 17. Mais ce décret n'est pas observé partout d'une manière uniforme; car il y a des diocèses où il est libre de s'adresser à *l'évêque ou au supérieur de l'ordre*, selon la disjonctive de l'art. 27 de l'ordon. de Blois.

Nous finissons en disant, 1° qu'à l'égard de l'entrée ou sortie des pensionnaires dans un monastère exempt, l'évêque n'a que le simple droit d'inspection en cas d'abus; 2° qu'à l'égard des femmes mariées ou autres parentes qui voudraient entrer dans les monastères exempts, l'évêque est en droit de leur en empêcher l'entrée sans sa permission, ou celle du supérieur régulier; et même si ce supérieur l'accordait sans une juste nécessité, l'évêque serait en droit d'en empêcher l'effet, conformément au décret du concile, sess. 25, et à l'ord. de Blois. Cette décision est de S. B., tom. III, cas CLII; et on y voit jusqu'où s'étend le pouvoir des évêques en pareil cas.

Cas VI. Les religieuses de S.-G. faisant rééditier leurs murs de clôture, plusieurs séculiers sont entrés par la brèche dans les lieux réguliers, du consentement même de la supérieure, fondés sur la coutume qui le permet en ce cas. Cette coutume n'est-elle point abusive?

R. Elle l'est, et ne peut être autorisée par les supérieurs des monastères: *Consuetudo, quæ canonicis obviat institutis, nullius debet esse momenti*, dit Innocent III, c. 3, *de Consuet.* Le concile de Trente, sess. 25 *de Regul.*, c. 5, défend sous peine d'excommunication *ipso facto* à tout séculier, *cujuscunque conditionis, sexus vel ætatis fuerit*, d'entrer, hors le cas de nécessité, dans l'intérieur des couvents, et aux supérieurs, de le leur permettre. Cependant ceux qui, ignorant la défense de l'Église, y entreraient de bonne foi, ne tomberaient pas dans la censure, et ne seraient pas même coupables, supposé qu'ils fussent dans la disposition de n'y pas vouloir entrer, s'ils croyaient qu'il y eût du péché.

Cas VII. *Athénor*, prêtre d'un vrai mérite, étant prié par la supérieure d'un couvent, où il avait une tante religieuse, d'entrer dans ce monastère pour donner les derniers sacrements à cette fille, y est entré et resté un temps considérable, partie auprès de la malade, partie à s'entretenir avec quelques religieuses de ses amies. A-t-il péché? et la supérieure est-elle coupable pour l'avoir prié d'entrer dans l'infirmerie?

R. 1° S'il n'y avait alors personne qui pût administrer la malade, Athénor a pu entrer dans la maison, parce que le précepte de la charité, qui est de droit divin, doit, dans une nécessité aussi pressante, l'emporter sur le précepte de la clôture, qui n'est que de droit positif; 2° Athénor n'a pu sans péché y demeurer plus que ne l'exigeait son ministère, et ainsi il n'a pu rendre visite aux religieuses de sa connaissance. C'est le sentiment de S. B., tome I, cas XVII.

— Je ne crois pas qu'il y eût du mal à s'arrêter quelques minutes à voir un beau tableau, un réfectoire comme celui de Poissy. Mais puisque Diana lui-même croit qu'un quart d'heure de temps fait un trop long séjour, il faut plutôt rétrécir le terrain, que l'élargir. *Voyez* mon V° volume de *Morale*, page 192.

CAS VIII. Le monastère de S.-B. dépendant immédiatement du saint-siége, Amédée, qui en est le visiteur, a confessé, sans l'approbation de l'évêque, les religieuses, et y a célébré sans sa permission: l'évêque lui a défendu de continuer, avec menace de le punir. Lequel des deux a raison?

R. C'est Amédée; car la 18° bulle de Grégoire XV, qui veut que les confesseurs des religieuses, même exemptes, soient approuvés par l'évêque dioc., n'a pas été reçue en France. C'est pourquoi les visiteurs de ces religieuses peuvent, comme ils le pouvaient avant cette bulle, confesser ces religieuses sans l'approbation de l'évêque. Ils peuvent aussi célébrer dans l'église ou les chapelles du monastère seulement, sans la permission de l'évêque. S. B., tom. III, cas CXXXII.

CAS IX. *Didace*, confesseur de religieuses, demande comment il se doit comporter au sujet de la clôture, qui ne lui paraît pas assez bien gardée dans leur maison, où la coutume est, 1° d'y faire entrer de petits enfants des deux sexes, depuis trois ans jusqu'à sept, lesquels sont proches parents de quelques-unes des religieuses, qui les baisent sans scrupule, 2° des enfants pauvres, garçons et filles, pour leur essayer des habits que les religieuses leur donnent par charité; 3° des pauvres blessés, hommes ou femmes, pour être pansés gratuitement par deux religieuses qui savent saigner; et le reste qu'on marquera dans la réponse.

R. 1° On ne peut sans péché, sous aucun prétexte, faire entrer des enfants, tels que sont ceux dont il s'agit, dans les monastères de filles, sans la permission du supérieur, principalement lorsque les caresses que leur font les religieuses leur peuvent être un sujet de tentation, à cause de la faiblesse de leur sexe. Il y a même des théologiens qui soutiennent, qu'indépendamment de tout mauvais effet, les religieuses qui font entrer les enfants dans les lieux réguliers, encourent l'excommunication; sur quoi on peut voir Comitolus, l. VI, q. 22; 2° à plus forte raison, est-il défendu d'y faire entrer des enfants plus âgés, sous prétexte de leur essayer des habits; il n'y a qu'à le faire faire par des domestiques: et il y a des auteurs qui soutiennent que cela est défendu aux religieuses sous peine d'excommunication; 3° il est encore moins permis d'y introduire les pauvres, hommes ou femmes, sous prétexte de les médicamenter ou de panser leurs plaies (1), quelque abandonnés qu'on les suppose, parce que la charité qu'on leur doit ne doit jamais préjudicier aux constitutions de l'Église qui regardent le bien commun de la religion, et que ces pauvres peuvent être secourus par des domestiques du dehors, qu'on peut former à cet effet; 4° on doit dire la même chose à l'égard des parents qui désirent de voir leurs parentes malades à l'extrémité, parce que cette consolation ne peut être mise au nombre des cas nécessaires; 5° à l'égard de ceux qui entrent dans le monastère avec la juste permission du supérieur, et qui en prennent occasion de rendre visite à des religieuses, à causer avec elles pendant un temps considérable, nous estimons, contre quelques auteurs, qu'à la vérité ils n'encourent pas l'excommunication par là; mais que néanmoins ils pèchent grièvement en abusant d'une permission qui ne leur a été accordée que pour les choses nécessaires. Il suit de tout cela, que le confesseur de ces religieuses est obligé de s'opposer à tous ces abus, en les avertissant qu'elles sont tenues de les abolir; et en cas de refus, leur suspendre l'absolution, et cependant exciter le supérieur à y mettre ordre: et en cas que ses remontrances soient inutiles, il doit renoncer à son emploi. Le conseil d'État du roi cassa en 1696 un arrêt du parlement de Bretagne, qui permet l'entrée dans les couvents de filles, sans la permission de l'ordinaire.

CAS X. Il y a à N. deux couvents de religieuses de différents ordres qui sont si près l'un de l'autre, que les religieuses de l'un parlent à celles de l'autre. Le supérieur d'un de ces monastères l'ayant appris, a ordonné qu'on murât les fenêtres qui sont vis-à-vis de l'autre couvent, à quoi la communauté s'est opposée. On demande, 1° si les religieuses qui parlent ainsi à celles du couvent voisin pèchent; 2° si le supérieur est obligé de faire boucher ces fenêtres, nonobstant l'opposition des religieuses?

R. Ces religieuses ne peuvent s'entretenir ainsi, 1° parce qu'il est défendu par presque

---

(1) Ce mot peut être de trop. On pourrait ouvrir la porte d'un monastère à un homme qui va être tué par son ennemi, si on ne le dérobe à sa fureur, ou qu'on ne pourrait secourir autrement, *in extr. necessitate morbi.*

toutes les constitutions des ordres religieux, et par plusieurs conciles, de parler aux externes ailleurs qu'au tour ou à la grille, 2° parce que de tels entretiens choquent la modestie religieuse, en ce qu'ils ne se peuvent faire sans élever la voix au delà du ton convenable à des filles cloîtrées; 3° parce qu'une telle liberté pourrait dégénérer en de très-grands abus. Ainsi, le supérieur doit être ferme à ôter aux religieuses cette communication, et à faire même qu'elles ne puissent ni voir, ni être vues, comme saint Charles l'ordonna dans son premier concile de Milan, tit. 9 *de Clausura*.

Cas XI. Les religieuses d'un monastère vivent dans un grand relâchement, 1° en ce que l'abbesse règle de sa seule autorité la réception des filles au noviciat et à la profession, et toute l'administration des revenus de la maison; 2° on n'y reçoit les filles à la profession que moyennant des dots très-fortes, quoique le monastère n'en ait aucun besoin; 3° les religieuses vivent chacune en particulier, ce qui les occupe du soin de leur subsistance, pour laquelle la supérieure ne leur donne que très-peu de chose. On demande, 1° si plusieurs de ces religieuses qui désirent la réforme de ces abus, sont obligées de solliciter la supérieure, et à son défaut, ceux qui ont droit d'y remédier pour l'obtenir, ou si elles peuvent se contenter d'être disposées à la recevoir lorsqu'on voudra la rétablir; 2° si lorsqu'étant au chapitre elles savent qu'on y propose des filles à la profession, après qu'on a fait avec leurs parents des conventions simoniaques, elles sont tenues de déclarer leur sentiment, quoiqu'elles soient assurées que si elles parlent librement, elles encourront l'indignation de l'abbesse; 3° si elles peuvent, pour éviter une persécution certaine, souscrire aux lettres que les autres religieuses écrivent, soit à des gens de qualité pour les remercier de certaines choses qui sont préjudiciables à la régularité, soit à leur supérieur pour lui demander des confesseurs qu'elles savent n'être propres qu'à entretenir le relâchement; 4° si leurs confesseurs dépendants de la supérieure, et entrant pour lui plaire, dans ses maximes, elles doivent leur obéir, quand ils les portent à obéir à l'aveugle, sans s'informer si ce qu'on leur commande est bon ou mauvais; 5° si contre les statuts de l'ordre qui défendent, sous de rigoureuses peines, de découvrir aux externes ce qui se passe au-dedans du monastère, elles peuvent déclarer à quelques externes le dérèglement des autres, pour les exhorter à y apporter le remède dont ils seraient capables, principalement en excitant les supérieurs d'y pourvoir; 6° si lorsqu'elles sont nommées à un office, elles peuvent, selon l'usage introduit dans la maison, faire un présent à l'abbesse, soit de confitures, soit d'autres choses d'une valeur assez notable.

R. 1° Ces bonnes religieuses sont obligées de solliciter l'abbesse, et à son défaut, les supérieurs, d'arrêter ces abus : elles peuvent et doivent agir sans craindre de pécher contre l'obéissance qu'elles doivent à leur supérieure, parce qu'elles ne sont pas obligées de lui obéir en ce qui est contraire au bien spirituel de leurs sœurs, et à leur propre salut; 2° elles doivent déclarer leur sentiment dans le chapitre, lorsqu'il s'agit de quelque chose qui est contre les règles canoniques, quoiqu'elles soient persuadées qu'on n'aura aucun égard à leur avis, et que la liberté respectueuse avec laquelle elles parleront, leur attirera de mauvais traitements : car elles ne peuvent trahir la vérité, pour quelque considération que ce soit; 3° elles ne peuvent donc souscrire aux lettres dont il est parlé dans la troisième demande, puisqu'elles ne le peuvent faire sans faire un mensonge par écrit, qui est même préjudiciable au bien du monastère; 4° à l'égard des confesseurs, tels qu'on les dépeint, elles peuvent se défier des maximes qu'ils avancent, sans blesser l'obéissance, et les croire fausses; telle que l'est celle qui suppose que des religieuses sont toujours obligées d'obéir à leurs supérieurs, sans se mettre en peine si ce qu'ils leur ordonnent est conforme ou non à la loi de Dieu; 5° elles peuvent, sans violer leur vœu d'obéissance, prendre conseil de quelques personnes du dehors qui soient capables de le leur donner, après néanmoins qu'elles se sont adressées inutilement à leurs supérieurs, parce que le statut qui leur défend de déclarer aux étrangers les affaires du monastère, ne se doit entendre que d'une révélation faite sans nécessité, et non du cas où il s'agit du propre salut de la personne qui veut prendre conseil, et du bien commun du monastère; 6° la coutume de faire un présent à l'abbesse est contraire à l'esprit de pauvreté, dont la supérieure à fait vœu comme toutes les autres. C'est pourquoi celles dont il s'agit, ne peuvent en conscience s'y conformer. Si la supérieure en prend occasion de donner ces emplois à des filles qui en sont incapables, elle ne fera qu'ajouter un nouveau compte à celui dont elle est déjà chargée.

Voyez Religieux, Religieuses.

MONITOIRE.

On appelle *monitoire*, les lettres par lesquelles le juge d'église, après avoir exprimé le fait dont la partie complaignante demande justice, ordonne aux fidèles de sa juridiction, qui en ont une connaissance certaine, de le déclarer, sous peine d'excommunication, soit qu'elle soit portée par le monitoire même, soit qu'elle en soit séparée. Le monitoire se doit publier en trois différents jours de dimanches consécutifs, et porter un terme après la troisième monition, lequel expiré, ceux qui y ont désobéi, encourent sur-le-champ l'excommunication, quand elle est ainsi portée par le monitoire même, comme elle l'était anciennement; ou bien le juge rend et fait publier la sentence qui la déclare.

Le concile de Trente, sess. 25, c. 3, *de Reformat.* reconnaît, qu'à moins que les évêques n'usent de l'excommunication avec grande circonspection, elle vient à être méprisée, et devient même nuisible au salut des fidèles par le mépris qu'ils en font. C'est pourquoi les Pères de ce concile veulent, 1° qu'on n'en frappe aucun pécheur, qu'après lui avoir fait les monitions canoniques ; 2° qu'on ne décerne aucun monitoire que pour une cause importante qui soit suivie de contumace, etc.

Les proches parents ou alliés ne sont pas obligés à déposer sur un monitoire qui concerne leurs parents ou alliés. Il en est de même de celui, qui ayant été consulté, a donné un bon conseil. Tout monitoire doit exprimer le nom et la qualité de celui qui l'a décerné, afin qu'on connaisse la juridiction ordinaire ou déléguée qu'il a en cette matière.

Cas I. *Julien*, nommé depuis peu à une cure où il se publie assez souvent des monitoires, demande ce qu'il doit faire à cette occasion ?

R. Pour s'acquitter mieux de son devoir, que ne font plusieurs autres, 1° ce curé fera connaître à son peuple combien une excommunication, même injuste, est à craindre ; et pour cela il faut qu'il ait au moins une notion du *Traité des censures*, matière très-ignorée d'un grand nombre d'ecclésiastiques ; 2° il s'élèvera contre ceux qui pour des pertes que les pauvres mêmes, quand ils sont un peu chrétiens, souffrent patiemment, obligent l'Eglise à employer ses peines les plus formidables ; 3° s'il sait que le monitoire a été obtenu sous un exposé faux, il en avertira l'official ; 4° il ne suspendra jamais de sa propre autorité le cours des publications, *voyez le cas* VII ; 5° il ne publiera pas, sans un ordre spécial, les monitoires dans les fêtes les plus solennelles ; 6° il lira le monitoire à haute et intelligible voix, afin que chacun puisse bien saisir tous les articles qui y sont énoncés ; 7° en recevant les dépositions, il empêchera qu'on en fasse qui soient étrangères au fait dont il s'agit ; 8° il désabusera le peuple de l'erreur où il est, qu'il suffit de révéler avant le terme marqué pour encourir la censure ; 9° enfin il avertira que ceux qui, faute de révéler, auraient le malheur de tomber dans l'excommunication, ne pourront, quand ils iraient s'établir dans un autre diocèse, en être absous que par l'évêque, de l'autorité duquel s'est porté le monitoire. Sur quoi voyez le dernier Cas que j'ai ajouté à ce titre.

Cas II. *Paterne* a obtenu un monitoire pour une affaire où il ne s'agissait que de la punition d'un crime ; ce qui a été défendu par une bulle de Pie V. A-t-il péché en cela ? et le supérieur ecclésiastique l'a-t-il pu accorder contre la défense de ce pape ?

R. La bulle de Pie V n'a point été reçue en France, et on y suit l'ancien droit établi dans les ch. 4 et 3, *de Testibus*, etc. Et rien de plus juste ; puisque sans cela les crimes les plus énormes, comme ceux de lèse-majesté, de rébellion, etc. demeureraient souvent impunis par défaut de preuves : ce qui serait dommageable au bien public, à l'Eglise et à ses ministres qu'on pourrait opprimer impunément. C'est sur ce fondement que l'ordonnance de 1670 au sujet des matières criminelles, porte que *les révélations qui ont été reçues par les curés ou vicaires seront envoyées par eux cachetées au greffe de la juridiction, où le procès sera pendant.*

Cas III. *Damien*, évêque, a accordé un monitoire sur une affaire importante à Bartulfe, hérétique. L'a-t-il pu faire sans un péché grief ?

R. Non ; car les lois civiles mêmes défendent d'accorder des grâces à ceux qui ne font pas profession de la religion catholique. L'Eglise de France, qui a un peu souffert en sa discipline dans le temps où l'hérésie était tolérée dans le royaume, s'est pourtant soutenue en ce point autant qu'elle l'a pu, puisqu'elle n'a jamais accordé aucun monitoire en faveur des calvinistes, que sous le nom du procureur du roi, qui seul pouvait le requérir pour eux.

Cas IV. Serait-il aussi défendu, soit au juge laïque de demander, soit au juge ecclésiastique d'accorder un monitoire en faveur d'un excommunié dénoncé ?

R. Oui ; car un homme publiquement rebelle à l'Eglise, et qui a mieux aimé être retranché de son corps, comme un membre pourri, que de lui obéir, est indigne de sa protection. *Cum frustra Ecclesiæ imploret auxilium, qui committit in ipsam*, dit Clément III, c. 25, *de Sent. excom.* Et certes un homme, qui par sa faute mérite d'être traité en païen, ne peut prétendre d'être secouru comme un enfant docile. Si un homme infâme ne peut être admis à servir de témoin, cap. 7, *de Testibus cogendis*, il peut encore moins être admis à être principal acteur.

Cas V. *Æcolan*, hérétique, a une fille âgée de onze ans, qui voulait embrasser la religion catholique. Cet homme l'ayant su l'a chassée de sa maison à onze heures du soir. Elle s'est réfugiée chez Thomasse, femme catholique. Le père a obtenu un monitoire à la requête du procureur du roi, par lequel il est enjoint à ceux qui savent où est cette fille, de le déclarer. Thomasse est-elle obligée, pour obéir à l'Eglise, de déclarer le lieu où elle l'a depuis envoyée ?

R. Non ; car l'intention du juge n'est que d'obliger à révélation ceux qui ont enlevé ou suborné cette fille, ou qui la retiennent injustement. Or Thomasse n'a ni enlevé ni suborné la fille. Elle a fait au contraire une charité en la retirant dans l'état d'abandon où elle se trouvait au milieu de la nuit, et en lui procurant le moyen de ne plus retomber entre les mains d'un père injuste. La femme à qui Thomasse l'a envoyée a participé à cette même œuvre de charité, et n'est pas non plus obligée d'aller à révélation. Cependant pour parer aux inconvénients de cette procédure, il est à propos que Thomasse déclare au juge catholique, qu'elle n'a ni enlevé ni séduit cette fille, et que de son propre choix elle veut embrasser la religion catholique ; et que pour cet effet elle lui demande sa protection, laquelle ce juge ne lui peut refuser, suivant les édits et les arrêts.

Cas VI. *Callinic* a volé 1,000 livres à Publius, qui a fait publier un monitoire pour en découvrir l'auteur. Callinic est-il obligé de déclarer qu'il a fait ce vol?

R. Il est tenu de réparer le tort qu'il a fait, mais non de se découvrir lui-même. Car 1° le droit naturel veut que chacun ait soin de conserver son honneur et sa vie; et il exempte même de rien déposer sur un monitoire, qui puisse nuire à ses proches parents, tels que sont le père, la mère, le frère, la sœur, etc.; 2° ce n'est pas l'intention du supérieur qui a décerné le monitoire, lequel pour cette raison ajoute souvent cette exception : *Excepta porte et ejus consilio*. Et c'est ainsi que selon Bouchel, il fut jugé par arrêt rendu au sujet d'un rapt, le 6 juin 1556. Il en est de même de celui qui est complice du crime. Et cela a aussi lieu dans les matières purement civiles; et ainsi pour éviter l'excommunication il suffit que celui contre qui on publie le monitoire, rende à la partie complaignante la justice qui lui est due, avant que la censure ait été prononcée, s'il est en son pouvoir de le faire.

— Il y a deux remarques à faire ici : la première, qui est de Gibert, dans ses *Usages*, etc., page 593, c'est que les parents sont dispensés de révéler dans la ligne directe à l'infini, et dans la ligne collatérale jusqu'au quatrième degré. Il en est de même des alliés selon le sang; car l'alliance spirituelle n'en exempterait pas. La seconde qui est d'Eveillon, ch. 22, page *mihi* 240, c'est que *l'Église n'entend excommunier ceux qui ont fait le mal dont est question, s'il n'est dit expressément par la sentence ou monitoire*.

Cas VII. Il suit de là qu'un neveu, un cousin, etc., qui sait que son parent a tué Lambert, n'est pas tenu d'aller le révéler, parce qu'outre que la honte d'un parent fait le déshonneur de l'autre, et que ces sortes de révélations armeraient une partie de la famille contre l'autre, elles seraient en pure perte, puisque, selon l'ordonnance de 1667, tit. 22, art. 11, *les parents et les alliés des parties, jusqu'aux enfants des issus de germains inclusivement, ne peuvent être témoins en matière civile, pour déposer en leur faveur ou contre eux, ni, à plus forte raison, en matière criminelle*. Le cardinal Le Camus n'excepte de cette loi que le crime de lèse-majesté et celui de l'hérésie qu'on sème secrètement. Il y a apparence que, sous le crime de lèse-majesté, il comprend celui de trahison de l'État, d'une ville, etc.

Cas VIII. *Evodius* ayant publié un monitoire au sujet d'un vol fait à Baudouin, Macolde, veuve, qui en est coupable, est venue se confesser à lui, et l'a prié d'offrir en son nom à Baudouin la somme volée, avec tous les intérêts qui lui sont dus; et cependant l'a supplié de surseoir aux deux autres publications. Le peut-il?

R. Comme la justice doit prévaloir à la charité, Evodius est obligé de continuer les deux autres publications, jusqu'à ce que Macolde ait pleinement réparé tout le dommage qu'elle a causé. La raison est, 1° qu'il n'est pas au pouvoir des curés de jamais suspendre la publication des monitoires; et que s'ils le faisaient sans l'ordre exprès du supérieur, ou au moins sans le consentement de la partie intéressée, ils s'exposeraient à y être contraints par la saisie de leur temporel, comme il est porté par l'ordonnance de 1670, qui en cela n'a pas suivi la discipline du concile de Trente, sess. 25, *de Reformat.*, et à être en outre punis par l'évêque, soit par la suspense, ainsi que le portent quelques statuts diocésains, soit autrement; 2° parce que, sous prétexte d'une promesse que le confesseur ne pourrait prouver, on manquerait des preuves juridiques qu'on ne peut avoir dans tous les temps; 3° parce que cela a été ainsi jugé à Dijon en 1609, et à Paris en 1630, conformément au ch. 2 *de Officio jud. ordin.*

Cas IX. *Hervé* a fait un larcin considérable à Simon. Celui-ci fait publier un monitoire. Vincent, qui est témoin du vol, est-il obligé, avant d'aller à révélation, d'avertir Hervé en secret, pour le porter à restituer?

R. Si le larcin est si occulte, qu'Hervé n'en soit aucunement soupçonné, Vincent est tenu d'observer le précepte de la correction fraternelle, en l'exhortant en secret à restituer, avant de déposer contre lui. Mais si Hervé passe déjà pour coupable, soit par quelque demi-preuve, ou par des conjectures violentes, Vincent peut aller à révélation, sans avertissement préalable, puisque le coupable a déjà perdu sa réputation dans l'esprit du public. Au reste, celui qui, dans la vue de sauver la réputation du coupable, veut prendre le parti de l'avertir en secret, doit bien prendre garde qu'au lieu d'en profiter, il ne s'en serve pour détourner les preuves qui seraient contre lui, ou pour prendre d'autres mesures préjudiciables à celui qui a obtenu le monitoire; car, en ce cas, il serait obligé d'aller d'abord à révélation sans avertissement préalable. Conf. d'Angers.

Cas X. *Pompone* a reçu cent livres pour ne pas révéler sur un vol dont il est complice. Peut-il les retenir, ou est-il obligé de les rendre, et de révéler ce qu'il sait; et s'il avait négligé de déposer pendant une année, demeurerait-il toujours dans la même obligation?

R. Cet homme ne peut retenir les 100 liv. qu'il a reçues pour ne pas révéler. Il n'est pas néanmoins tenu, étant complice du vol, d'aller se déclarer, puisqu'il y va de son honneur, et peut-être de sa vie; mais il est tenu de restituer le vol, au défaut du principal auteur, qui y est obligé le premier. Que si n'étant pas complice, il a négligé, par ex., un an, depuis la fulmination de l'excom., de révéler, il n'est pas tenu de le faire, à cause de l'ignominie qu'il encourrait pour ne l'avoir pas fait dans le temps qu'il y était obligé; mais il est tenu de mettre en usage tous les moyens de la prudence chrétienne, pour obliger celui qui a profité du vol, à restituer, ou de le faire à son défaut. S. B., tom. III, cas 196.

Cas XI. *Joachim*, obligé de faire cession par le mauvais état de ses affaires causé par le seul malheur des temps, en a fait confidence, sous le secret, à Corneille, son ami, ou à son avocat, ou à son notaire, pour prendre conseil d'eux. On a publié un monitoire contre lui et contre ceux qui en ont eu connaissance. Corneille, l'avocat et le notaire peuvent-ils se dispenser de déclarer ce qu'ils en savent?

R. Oui; et il en est de même des docteurs médecins, chirurgiens, apothicaires, sages-femmes, à qui on a eu recours dans certains besoins. La raison est que, comme le dit saint Thomas, 2-2, q. 70, a. 1, l'obligation de garder le secret étant de droit naturel, prévaut à toutes les lois humaines, lorsqu'il s'agit d'une chose qui n'est pas directement contraire au bien public; de sorte qu'aucun supérieur ne peut obliger à révéler ce qu'on ne sait que par cette voie. Ajoutez que les supérieurs n'ont pas réellement cette intention, qui irait à fermer la voie à la confiance et à toute consultation.

On doit pourtant excepter deux cas de cette règle : le premier, lorsqu'il s'agit d'un crime projeté et non exécuté, qui tend au dommage spirituel ou temporel, même d'un particulier; le second, quand il s'agit de la révélation d'un empêchement dirimant du mariage, comme le marque Eveillon.

— J'ai suivi ce sentiment dans le *Traité des censures*, partie à cause des suites funestes d'un mariage invalide, qui sont le concubinage, la profanation d'un sacrement, le transport du bien d'une famille à des bâtards, etc.; partie à cause de l'autorité du sage Eveillon, etc. J'avoue que j'y trouve aujourd'hui bien de la difficulté. Si on était bien persuadé qu'un chirurgien ou une sage-femme peuvent trahir le secret d'une fille qui s'est confiée à eux, combien y en a-t-il qui aimeraient mieux courir et faire courir à leur fruit les risques de la vie, que de s'exposer à être diffamées? D'ailleurs, comment un seul témoin prouvera-t-il ce qu'il avance? Et puis, le mal d'un mariage nul n'est-il pas réparable? Je soumets néanmoins très-volontiers ces réflexions à celles du lecteur, comme en toute autre matière.

Cas XII. *Bérard*, ayant été obligé de faire banqueroute, et tous ses biens ayant été saisis, s'est caché dans la maison d'Alexandre, son ami, ce que deux de ses voisins ont su. On publie un monitoire, qui ordonne à tous ceux qui ont connaissance de cette affaire, de venir à révélation. Alexandre est-il obligé de déclarer qu'il lui a donné retraite, et ses deux voisins y sont-ils tenus à son défaut?

R. Si la retraite que l'ami de Bérard lui a donnée est préjudiciable aux créanciers, parce qu'il sait, par exemple, qu'il a soustrait une grosse somme d'argent *in fraudem* il est obligé d'aller à révélation; mais s'il n'a aucune connaissance qu'elle leur soit dommageable, il n'y est pas tenu, ni les deux voisins non plus en ce cas. La raison qu'en donne S. B. est qu'il est de droit naturel d'assister les malheureux, et que l'Eglise n'a pas intention, en accordant un monitoire, d'obliger personne à violer un devoir de charité si essentiel, lorsque le prochain n'en souffre aucun dommage.

Cas XIII. *Guérin*, étant près de faire cession, donne à René 400 liv. qu'il lui devait, et une pareille somme pour Jacques à qui il la devait aussi, le tout de ses deniers comptants. René remet, dès le jour même, à Jacques ladite somme, et lui déclare, sous le secret, la cession que Guérin va faire. La cession faite, les créanciers de Guérin font publier un monitoire, enjoignant à tous ceux qui savent ce qui s'est passé dans la cession, de le déclarer sous peine d'excommunication. René et Jacques, intimes amis de Guérin, et qui ont été payés au préjudice des autres créanciers, sont-ils tenus d'aller révéler qu'ils ont été payés dans le temps même que Guérin avait résolu sa cession?

R. Non; parce qu'ils ne pourraient déclarer qu'ils ont été payés immédiatement avant la cession à eux connue, sans en souffrir injustement un dommage considérable; car dans le for extérieur, on présumerait de la fraude de leur part; et par cette raison, on les obligerait à rapporter à la masse des effets délaissés par Guérin les sommes qu'ils ont reçues; à quoi ils ne sont aucunement tenus en conscience, puisque ces sommes leur étaient dues par le cessionnaire qui les leur a payées, non de l'argent d'autrui, mais de ses propres deniers, sur lesquels il n'y avait point de saisie de la part des autres créanciers; ce que j'ajoute, parce que quand les biens ont été saisis sur le débiteur par autorité de la justice, un créancier qui en a été payé doit rapporter à la masse commune ce qu'il en a reçu, ainsi qu'il est porté par la loi 6 ss. *Quæ in fraudem*, etc.

Cas XIV. *Galeris*, près de faire banqueroute, va trouver Firmin, son ami, et, sans lui déclarer son dessein, le prie, sous un prétexte spécieux, de lui prêter son nom pour mettre quelque bien à couvert. Firmin y consent, sans avoir intention de nuire à personne. Huit jours après, Firmin déclare en confidence à Denys qu'il a ainsi prêté son nom à Galeris qui venait de faire une banqueroute frauduleuse. On publie un monitoire à la requête des créanciers pour découvrir ce qui s'est passé. Firmin et Denys sont-ils obligés d'aller à révélation?

R. Firmin y est obligé, et Denys à son défaut; parce qu'il y va du dommage considérable des créanciers de Galeris, qui seraient frustrés de leur bien, si cette fausse supposition n'était pas découverte; que si Denys savait que Firmin eût été à révélation, il ne serait pas obligé d'y aller, vu que sa déposition serait alors inutile. S. B., tom. III, cas 136.

Cas. XV. *Bertille*, servante de Lucien, sait que son maître a fait une banqueroute frauduleuse, au sujet de laquelle ses créanciers font publier un monitoire. Peut-elle, sans encourir l'excommunication, ne pas aller à révélation?

R. De graves auteurs, comme S. B. le card. Le Camus, Babin, Gibert, etc. en exemptent les domestiques : 1° parce que la justice n'a point d'égard à leur témoignage, et qu'ainsi leur révélation est inutile; 2° parce qu'il est rare qu'ils le puissent faire sans un dommage considérable; 3° parce qu'ils sont obligés au secret pour tout ce qui se passe dans la maison de leurs maîtres; 4° parce que l'intention de l'Eglise n'est pas de les obliger à témoigner contre leurs maîtres. Eveillon pense autrement, à moins que la révélation ne les exposât à quelque mal considérable. Et les raisons des autres ne sont pas assez fortes pour nous ranger de leur parti. Car 1° quand un domestique ne serait pas reçu à accuser son maître d'un crime, ce qui n'est pas universellement vrai, le juge ne laisserait pas de se servir utilement des indices qu'il lui aurait donnés. Par exemple, si Bertille déclarait que son maître a mis dans un tel lieu la plus grande partie de ses effets, le juge se servirait de cette découverte en faveur des créanciers; 2° il est rare qu'il arrive un dommage notable au domestique qui dépose contre son maître, et surtout dans le cas que nous examinons; car ce n'est pas un dommage considérable que le maître congédie ce domestique; 3° il est vrai qu'un domestique, régulièrement parlant, ne doit pas révéler les secrets de son maître; mais cela se doit entendre des cas où un tiers n'en souffre point de dommage. Or ici le silence de Bertille est très-dommageable aux créanciers de son maître, qui recouvreraient le bien qu'il leur vole, si elle déclarait la vérité; 4° c'est sans preuve que ces auteurs ajoutent que l'intention de l'Eglise n'est pas d'obliger les serviteurs d'aller à révélation contre leurs maîtres, puisqu'il ne se trouve aucune loi ecclésiastique qui les en exempte, comme il y en a qui en dispensent les proches parents. Bertille est donc tenue de déclarer ce qu'elle sait; et ne le faisant pas, elle encourt l'excommunication.

— 1° Un domestique n'encourrait au moins pas l'excommunication dans les diocèses de Grenoble, de Comdom, d'Angers et autres, où le supérieur déclare qu'il n'entend pas l'obliger à révélation; 2° il est très-faux qu'un domestique ne soit que rarement exposé à un mal considérable, pour avoir déposé contre son maître. Je suis sûr qu'il ne trouverait presque pas une maison, qui voulût le recevoir, et qu'il ne serait pas même reçu dans celles en faveur desquelles il aurait déposé. Cependant si on supposait qu'il n'eût rien à craindre, je crois qu'on pourrais revenir au sentiment d'Eveillon, sinon quant à la censure, au moins quant à l'obligation de révéler.

Cas XVI. *Raoul*, bourgeois de Paris, étant allé passer deux jours à Versailles, y a ouï publier un monitoire sur un fait, dont il a connaissance, lequel n'a point été publié dans sa propre paroisse. Est-il obligé à révéler ce qu'il sait sur ce fait?

R. Oui, quoi qu'en pense S. B., tom. II, cas 173, parce que ce n'est pas le curé, mais l'évêque qui décerne le monitoire, et qu'il est conçu en termes généraux, qui lient tous les diocésains de quelque paroisse qu'ils soient.

— Cas XVII. *Simon*, religieux d'un ordre exempt, a connaissance d'un crime pour lequel on publie un monitoire. Doit-il aller à révélation?

R. Oui, parce que ces sortes de réguliers sont soumis à l'ordinaire, quant aux censures, comme quant aux fêtes. *Trid. sess.* 25, *de Regul.*, cap. 12, et cette discipline est d'usage en France. Gibert, pag. 389.

Cas XVIII. *René* ayant connaissance d'une affaire pour laquelle on a publié un monitoire, n'a été révéler qu'après la troisième publication, quoiqu'il l'eût pu faire dès la première. A-t-il péché?

R. Oui, quoi qu'en pense le peuple : 1° parce qu'un fils respectueux doit obéir à sa mère, dès le premier commandement qu'elle lui fait; 2° parce qu'il est de l'intérêt de celui qui a obtenu un monitoire, qu'on révèle promptement ce qu'on sait du tort qu'on lui a fait; et qu'en différant plusieurs semaines de le faire, on lui ôte quelquefois le moyen d'obtenir la réparation qui lui est due, en donnant le temps de cacher une chose volée, ou de corrompre les témoins, ou parce que le coupable peut en cet entre-temps, devenir insolvable ou s'enfuir; outre qu'on est cause qu'il fait de plus grands frais par les procédures qu'il est obligé de continuer. Ainsi, René a eu grand tort, et il est responsable devant Dieu de tout le dommage que le complaignant en a pu souffrir.

— J'ai prouvé, tom. IV de ma *Morale*, pag. 232, que celui qui ne révèle pas en conséquence d'un monitoire est tenu à restitution. C'est le sentiment du cardinal Le Camus, des Conf. de Paris, des Résolutions past. de Genève, etc.

Cas XIX. l'évêque de N. a fait publier un monitoire au sujet d'un vol, avec injonction à ceux qui en avaient connaissance de le déclarer sous peine d'excommunication *ipso facto*, si dans l'espace de six jours suivants, ils ne venaient à révélation; cet évêque est mort deux jours après la dernière publication. Sa mort empêche-t-elle que Jean, qui sait l'auteur de ce vol et qui ne l'a pas encore déclaré, n'encoure l'excommunication après le sixième jours écoulé?

R. Elle l'empêche; parce qu'un évêque, ou son official, ne décerne pas un monitoire en qualité de législateur, mais seulement comme juge particulier. Or, la juridiction d'un juge expire par sa mort. Un tel monitoire cesse donc d'obliger dès le moment que celui par l'autorité duquel il a été publié, vient à mourir ou à être déposé; et l'obligation d'y obéir ne peut revivre que par l'autorité de son successeur, ou par celle du chapitre, à qui la juridiction épiscopale est dévolue pendant la vacance du siége. C'est le sentiment de Sylvestre, de Cabassut, l. v, c. 15, n. fin, etc.

Cas XX. *Guillaume* sait qu'Olivier, qui a

fait publier un monitoire pour découvrir l'auteur d'un vol, a déjà plus de preuves qu'il ne lui en faut contre le voleur. Doit-il, nonobstant cela, faire sa déposition?

R. Il y est obligé, 1° parce que l'Eglise, qui commande de révéler, ne peut être censée excepter le cas où la déposition est avantageuse au complaignant; 2° parce que ce n'est pas à un particulier à juger si les preuves du complaignant sont suffisantes, ou non; et qu'il doit obéir simplement à l'Eglise; 3° parce qu'encore qu'Olivier ait déjà de fortes preuves contre l'auteur du vol, celles que Guillaume peut donner de nouveau lui peuvent être très-nécessaires; parce qu'il ne sait si l'accusé ne trouvera pas le moyen d'infirmer les premières, par la voie de récusation, ou autrement; attendu que la chicane élude souvent les preuves qui paraissent les plus incontestables; 4° parce que sa déposition servira au moins à fortifier les autres et à les rendre plus difficiles à détruire.

CAS XXI. *Coriolan* ayant semé secrètement une doctrine hérétique, et perverti deux ou trois personnes, l'official a fait publier un monitoire pour en découvrir l'auteur. Paul qui le connaît sait aussi qu'il travaille actuellement à désabuser ceux qu'il a pervertis. Est-il obligé dans ce cas à révéler contre Coriolan, sous peine de l'excommunication qui doit être fulminée le dimanche suivant?

R. Non ; car l'intention de l'Eglise dans les menaces d'excommunication qu'elle fait, où qu'elle exécute, n'est autre que de porter les pécheurs à rentrer dans leur devoir. Puis donc que Coriolan a accompli d'avance ce que l'Eglise demandait de lui, Paul doit garder un secret inviolable sur ce fait; l'excommunication qui sera fulminée, ne tombera ni sur Coriolan, ni sur lui. Néanmoins si ce crime était devenu public, ou que le monitoire eût été décerné sur la requête de la partie publique, c'est-à-dire du procureur du roi, il faudrait alors révéler, puisqu'en ces cas la conversion du coupable n'est pas le seul motif qu'a le juge, mais aussi la punition du crime, et la réparation du scandale qu'il a causé.

CAS XXII. *Alexis* a tué secrètement Antoine; Pierre qui en a été témoin oculaire, mais qui sait qu'il ne peut pas même y avoir de soupçon contre Alexis, et qu'ainsi son seul témoignage ne suffira pas pour le faire condamner, demande si en ce cas il doit révéler ce qu'il a vu, sur le monitoire publié à la requête du procureur du roi.

R. Pierre doit garder le silence, comme l'enseigne Eveillon d'après Navarre et plusieurs autres, et il n'a point de censure à craindre; parce que sa déposition serait sans effet, selon cette maxime du droit : *Unus testis, nullus testis*, qui est fondée sur ces paroles du Deuter. c. xix : *Non stabit unus testis contra aliquem, quidquid illud peccati et facinoris fuerit*.

CAS XXIII. *Lysandre*, âgé de 12 à 13 ans, a vu enlever une fille de famille. On publie un monitoire, pour avoir des preuves de ce rapt. Il demande s'il est tenu à révélation; un homme qui était alors avec lui, ayant déjà fait sa déposition. Que doit-on lui répondre?

R. L'église d'Afrique ne voulait point de témoin qui n'eût 14 ans, Can. 1, IV, q. 2. Mais l'ordonnance de 1670 qui sert de règle en France, porte, tit. 6, art. 2, que *les enfants de l'un et l'autre sexe, quoiqu'au dessous de l'âge de puberté, pourront être reçus à déposer*; et on ne peut nier que leur révélation ne soit avantageuse aux complaignants, par les lumières qu'ils en peuvent tirer.

CAS XXIV. *Ithace* poursuivi en justice pour un vol de 3,000 liv. ayant pris la fuite, a été condamné à mort par contumace, et ses biens ont été confisqués, la somme de 3,000 livres préalablement prise pour être restituée à celui à qui il l'avait volée. Publius, son domestique, à qui il devait 200 livres a trouvé le moyen de s'emparer secrètement d'une pareille somme que son maître avait cachée dans sa paillasse. Mais comme on a publié un monitoire qui menace d'excommunication *ipso facto* tous ceux qui ont de l'argent, ou d'autres effets appartenant à Ithace, Publius demande s'il est obligé d'aller déclarer qu'il s'est saisi de cette somme pour se payer par cette voie, et si en ne le déclarant pas, il encourra l'excommunication.

R. Il n'y est pas obligé, parce que l'intention de l'Église dans les monitoires est seulement d'obliger les fidèles à restituer aux complaignants ce qui leur appartient avec justice. Or, Publius ne retient pas injustement les 200 livres qu'il a prises à son maître, puisque cette somme lui était due, et qu'il l'a pu prendre justement de son autorité privée, dans l'impossibilité où il était d'en être payé autrement. C'est ce qu'enseigne Eveillon, avec un grand nombre d'autres, qui tous conviennent que dans un pareil cas il n'y a aucune obligation de révéler, quand même le supérieur aurait compris ceux qui se seraient emparés de quelque chose par la voie d'une juste compensation, parce que cette clause serait injuste, et contraire à ce que permet le droit naturel. D'où il s'ensuit que, si d'autres savent que Publius n'a pris les 200 livres que pour une compensation légitime, ils ne sont non plus que lui obligés à aucune révélation sur cela.

CAS XXV. *Narsès*, seigneur, qui seul a droit de colombier, sachant qu'un paysan tue souvent ses pigeons, a obtenu un monitoire pour en avoir des preuves et le faire punir. Jude et Simon, voisins de ce paysan, l'ont plusieurs fois trouvé sur le fait. Sont-ils obligés de déposer la vérité? et, s'ils ne le faisaient pas, encourraient-ils l'excommunication portée après les trois monitions ordinaires?

R. Ce paysan pèche; et quoi qu'en pense le vulgaire, il pèche dans une matière considérable, en tuant des oiseaux qui n'appartiennent pas moins à ce seigneur, que ses poules et ses canards. Ainsi, l'Eglise, quoi qu'en ait pensé Gerson, ayant droit de se servir de censures pour faire réparer un dommage temporel, quand il est notable, Jude et Simon ne peuvent, sous le faux prétexte que la matière est trop légère, se dispenser d'aller à révélation, sans quoi ils encourent la censure, si elle est fulminée.

Cas XXVI. *Alphaïde* ayant entendu publier un monitoire par lequel il était commandé à tous ceux qui savaient, pour avoir vu ou ouï dire, qui était l'auteur d'un homicide, demande à son curé si elle est tenue de déclarer qu'elle a ouï dire à plusieurs personnes du lieu que Fulbert en était l'auteur.

R. Quoiqu'on soit tenu de déclarer ce qu'on a ouï dire de positif à des personnes dignes de foi, lorsqu'elles-mêmes ne l'ont pas révélé, on n'y est pas tenu quand on ne l'a ouï dire qu'à des personnes qui ne le disent que sur des bruits communs et incertains; parce que ces sortes de bruits ne méritent pas de foi. Il en est de même si on ne l'a ouï dire qu'à des gens qui ne parlent que par légèreté, ou qu'on connaît pour menteurs ou médisants, ou même à ceux qu'on croit dignes de foi, mais qui sont inconnus, ou dont on a oublié le nom, et que, par conséquent, l'on ne peut indiquer; car le juge ne pourrait faire aucun fond sur de telles dépositions. Si donc Alphaïde n'a point d'autre connaissance du fait dont il s'agit, son curé peut lui dire qu'elle n'est pas obligée d'aller à révélation ; mais que si néanmoins il y a quelque fondement de douter de l'inutilité ou de l'utilité de sa déclaration, elle la doit faire, sauf au juge à en faire tel usage qu'il jugera à propos. La raison est que la loi qui ordonne la révélation étant certaine, on ne peut se dispenser d'y obéir, quand la cause qui en pourrait dispenser n'est pas également évidente; d'ailleurs sa déposition étant jointe à d'autres conjectures violentes, peut devenir utile au juge, suivant cette maxime : *Quæ non prosunt singula, multa juvant.*

Cas XXVII. *Parrasius* ayant intenté action contre Jourdain sur une matière purement civile, a obtenu un monitoire, afin d'avoir les preuves qu'il ne peut avoir par une autre voie. Le juge laïque a-t-il pu en permettre l'obtention, et le juge ecclésiastique a-t-il pu l'accorder ?

R. Quoi qu'en aient cru quelques jurisconsultes français, *il s'observe,* dit Févret, liv. VII, c. 2, n. 30, *presque en tous les parlements du royaume qu'ès causes civilement intentées et poursuivies, on peut demander monitoire pour la preuve de distractions et spoliations prétendues, des biens héréditaires, meubles, titres et papiers de l'hérédité ou société contentieuse.* Ce que cet auteur prouve par un grand nombre d'arrêts. Mais il faut toujours que la matière soit considérable, au moins à raison des circonstances, *non alias quam ex re non vulgari*; sans quoi le juge qui demande et celui qui accorde sont fort coupables, en prodiguant les censures de l'Eglise.

Cas XXVIII. *Géminius* à qui il reste une troisième publication d'un monitoire à faire, demande s'il la peut faire le jour de Pâques ?

R. L'intention de l'Eglise n'est pas qu'on fasse une telle publication les jours de Pâques, de la Pentecôte, de la Nativité de Notre-Seigneur, lorsqu'elle arrive le dimanche, et surtout quand cette troisième publication porte l'excommunication *ipso facto.* La raison est qu'il ne convient pas qu'en des jours où l'Eglise ne s'occupe que de la joie spirituelle que lui cause l'accomplissement des plus grands mystères de la religion, on mêle l'affliction la plus sensible dont elle puisse être pénétrée par la condamnation de ses membres, dont elle a le salut si fort à cœur. Aussi, est-ce ce qui s'observe dans la province de Milan et dans d'autres églises, comme en celle d'Angers, où la coutume est de différer cette publication au jour suivant, où l'on diffère aussi le prône.

Cas XXIX. *Lazare* qui accuse Gautier de lui avoir volé pour 6000 liv. de billets, a assez de preuves pour l'en convaincre ; mais, afin qu'il soit puni par l'Eglise aussi bien que par le juge séculier, il demande à l'évêque un monitoire. L'évêque instruit de cela doit-il le lui accorder ?

R. Non, car on ne doit recourir à la voie des censures que quand on ne peut s'en passer. C'est pourquoi Louis le Grand, dans son édit de 1695, art. 26, dit : Les évêques et leurs officiaux ne pourront décerner des monitoires que pour des crimes graves et scandales publics, et nos juges n'en ordonneront la publication que dans les mêmes cas, et lorsqu'on n'en pourrait avoir autrement la preuve.

Cas XXX. *Odilon* à qui on a volé vingt louis a obtenu un monitoire. Jean qui a ouï dire à Pierre que Paul les a volés en sa présence est-il obligé d'aller en révélation, quoiqu'il sache que Pierre l'a révélé ?

R. Non; parce que la déposition de Jean ne donnerait point au juge d'autre lumière que celle qu'il a reçue de Pierre.

Cas XXXI. *Poli*, de Langres, s'étant retiré à Dole, a appris qu'on avait publié un monitoire à Langres au sujet d'un crime sur lequel il pouvait déposer plusieurs faits importants. Est-il obligé, quoique absent, de révéler ce qu'il en sait ?

R. 1° Si Poli était encore à Langres, quand on a fait la première publication du monitoire, il est tenu d'y obéir, quand même il aurait fixé son domicile à Dole, parce qu'il était sujet au commandement de l'évêque, lorsque celui-ci l'a fait; 2° si Poli était déjà hors du diocèse de Langres quand la première publication s'est faite, il n'est point tenu de révéler, quand même il ne serait à Dole que pour peu de temps, pourvu qu'il ne rentre pas dans le diocèse de Langres avant le moment précis du terme porté par la dernière publication, parce qu'un acte de juridiction ne peut obliger que ceux qui sont dans le territoire du juge qui l'exerce ; 3° si cependant Poli est coupable ou complice du crime qui a donné lieu au monitoire, il est obligé d'y obéir en restituant, quoiqu'il ait été publié depuis qu'il est sorti du diocèse où il l'avait commis et où il était domicilié ; s'il ne s'en était absenté que pour un temps, sans avoir fixé son domicile dans l'autre diocèse, et s'il n'y obéit pas aussitôt qu'il en a connaissance, il encourt l'excommunication qui a été fulminée par l'autorité de l'évêque.

— Il semble que l'auteur du crime serait toujours sujet à la censure, quoiqu'il eût transporté son domicile ailleurs parce qu'on est censé être *fictione juris* dans le lieu où on a délinqué, et que, *ubi delictum*, *ibi forum*. Ce que dit l'auteur dans ce même cas, qu'un Parisien, qui dans un voyage séjourne deux ou trois jours à Mantes, n'est pas tenu d'obéir à un monitoire qui s'y publie, est contesté par Gibert. Ce qu'on ne peut nier, c'est que cet homme est tenu de droit naturel à révéler ce qu'il sait. Or, s'il s'en acquitte, il n'y a plus de difficulté.

— Cas XXXII. *Basile*, natif d'Angers et y demeurant, lorsqu'on y fulmina en 1745 un monitoire, ne voulut pas aller à révélation. Il y a dix ans qu'il demeure à Lyon. Peut-il être absous en vertu des pouvoirs de l'archevêque de cette ville ?

R. Non ; parce qu'une censure portée comme celle-ci dans le for contentieux, et qui est réellement *ab homine per sententiam specialem*, ne peut être levée que par le supérieur qui l'a portée, et dont le coupable a formellement méprisé le commandement personnel. C'est ce que j'ai prouvé dans une dissertation particulière qui a été approuvée par six évêques, quatre docteurs de Sorbonne, plusieurs autres de l'université d'Angers, etc. On ne pourrait donc aller contre, sans s'exposer à prendre un parti beaucoup moins sûr en matière de sacrement. *Voyez* le 3ᵉ vol. des Dispenses sur la fin.

— Cas XXXIII. Mais si Basile était du diocèse de Lima, que devrait-il faire ?

R. Ecrire au premier supérieur des évêques, et en obtenir les pouvoirs nécessaires. Que si la guerre ou d'autres embarras ne permettaient pas d'écrire à Rome, l'évêque diocésain pourrait l'absoudre par le ministère de ceux à qui il confie ses pouvoirs.

Voyez Excommunication.

MONNAIE.

La monnaie est une pièce de métal qui, sous l'autorité du prince, sert de prix aux choses qui sont dans le commerce. Il n'y a que le souverain qui ait droit de faire battre monnaie ; et il est défendu, sous peine de la vie, à tous ses sujets, de la faire. En France, celui qui altère la monnaie ou qui en expose que celle du roi, fût-elle de bon aloi, est puni de mort comme faussaire. Un particulier est censé faux monnayeur : 1° quand il fait de la monnaie en se servant d'une fausse matière, comme de cuivre doré ou d'étain argenté, pour de véritable or ou de véritable argent ; et en ce cas il se rend coupable du crime de lèse-majesté, quand même le prince lui aurait accordé le pouvoir de forger de la monnaie ; 2° quand la monnaie, quoique de bon aloi, n'est pas du poids légitime, ou qu'étant d'un poids conforme à l'ordonnance, l'aloi en est altéré ; 3° quand il débite sciemment de la fausse monnaie pour la bonne, quoiqu'on ne l'ait pas faite. Un ecclésiastique faux monnayeur perd son privilège de cléricature, et n'est justiciable que du seul juge séculier, suivant l'ordonnance de François Iᵉʳ de 1540.

Cas I. *Gustave*, souverain, ayant rabaissé la monnaie dans ses Etats, et même décrié certaines espèces, les habitants d'une province éloignée ont continué à s'en servir dans leur commerce sur l'ancien pied. Le peuvent-ils en conscience ?

R. Non, car les lois des princes, quand elles sont justes, obligent leurs sujets en conscience, selon ce mot de saint Paul, Rom. xiii : *Qui resistit potestati, Dei ordinationi resistit. Qui autem resistunt, ipsi sibi damnationem acquirunt*. Or les lois qui regardent le fait de la monnaie, sont justes, et il n'y a que le souverain seul qui ait droit de déterminer la valeur de chaque espèce de monnaie. Ces habitants pèchent donc, à moins que le souverain, en étant informé, n'y consente au moins tacitement. Il est vrai, comme le dit Gratien, dist. 4, § *Leges*, que les lois deviennent plus fortes lorsque le peuple les met en usage : *firmantur, cum moribus utentium approbantur* ; mais cela n'empêche pas qu'elles ne soient de véritables lois, indépendamment de l'acceptation du peuple, dès qu'elles ont été légitimement publiées : *Leges instituuntur, cum promulgantur*.

Cas II. *Jean*, homme de qualité, et réduit dans une extrême nécessité, fait de la fausse monnaie, qui est pourtant de bon aloi, et dont il ne retire que le profit qu'en retirerait le prince. Pèche-t-il ?

R. Oui, sans doute ; 1° parce que la loi qui défend aux particuliers de monnayer de l'argent, étant très-importante au prince et au public, on est obligé, sous peine de péché mortel, d'y obéir ; 2° parce qu'on ne peut s'exposer volontairement à perdre la vie par le dernier supplice. Or c'est à quoi s'expose celui qui, de son chef, fait de la fausse monnaie, même de bon aloi ; 3° parce que les lois de l'Eglise ont déclaré les faux monnayeurs maudits et excommuniés. *Voyez* le conc. de Latran de 1123. can. 15.

MONOPOLE.

Le nom de monopole, qui dans son origine n'était pas odieux, se prend aujourd'hui pour une convention faite de concert entre plusieurs marchands, ou le dessein formé par un seul, de n'acheter les marchandises qu'à un certain prix pour les revendre à un prix beaucoup plus haut, au grand préjudice du public et surtout des pauvres, qui sont obligés de s'adresser à eux. On appelle aussi monopole la convention par laquelle les artisans d'un lieu fixent de concert à tel prix leur travail, et refusent d'en recevoir un moindre, ou arrêtent entre eux qu'aucun n'achèvera le travail commencé par un autre. Cette espèce de monopole est défendue, sous peine de bannissement perpétuel, par l'ord. de François Ier du mois d'août 1539. Il y a encore monopole quand des marchands 1° empêchent par fraude que certaines choses ne viennent d'ailleurs, dans le dessein de vendre plus chèrement les leurs ; 2° lorsqu'une chose se vendant par décret, celui qui la veut avoir, donne une somme à un autre pour l'empêcher d'enchérir. Le monopole est pourtant licite à des particuliers à qui le prince permet de vendre seuls, à l'exclusion de tous autres, des marchandises qu'ils ont fait venir de pays éloignés, ou d'autres choses qu'ils ont inventées pour l'utilité publique; afin que le privilège qu'il leur accorde leur tienne lieu de la récompense qu'ils ont méritée par leur adresse, ou des frais qu'ils ont avancés. Le monopole injuste, fait pour s'enrichir au dépens du public et principalement des pauvres, est un crime des plus criants. C'est pour cela que saint Raimond traite ces sortes de gens de *bêtes malfaisantes*, et dit qu'il les faut détester.

CAS I. *Cléon* et *Vincent* achetèrent de concert au mois de novembre presque tout le blé des lieux circonvoisins, dans le dessein d'obliger les particuliers qui l'ont vendu par nécessité à en venir acheter chez eux, principalement pendant les trois mois qui précèdent la moisson où le blé se vend plus cher. Ils ne le leur vendent pourtant pas au delà du juste prix que les théologiens appellent le plus haut, et ne s'entendent avec aucun autre marchand pour le faire enchérir. Pèchent-ils en cela ?

R. Ces deux marchands commettent un véritable monopole contraire, et à la charité, et à la justice, et ils sont obligés de réparer les dommages qu'ils ont causés à ceux qui ont été contraints d'acheter d'eux le blé à plus haut prix qu'ils ne l'auraient acheté sans leur monopole. Car quoiqu'ils ne le vendent pas au-dessus du plus haut prix qui est alors courant, ils le vendent toujours plus cher qu'ils ne l'auraient vendu, s'ils n'en ava ent pas fait amas exprès pour le vendre à ce prix.

Ajoutez qu'il n'est pas permis d'ôter aux citoyens la liberté d'acheter *medio vel infimo pretio*, et de les forcer à n'acheter que *pretio rigoroso*.

CAS II. Les compagnons maçons qui se trouvent à Tours sont convenus entre eux : 1° qu'aucun d'eux ne travaillerait à l'avenir pour les maîtres, à moins qu'au lieu de 15 s. qu'ils gagnaient par jour, ils ne leur en donnent 20 ; 2° qu'aucun d'eux n'achèvera un ouvrage commencé par un autre. Les garçons tailleurs et autres en ont fait de même. Y a-t-il là du péché ?

R. Oui sans doute, puisqu'il y a monopole dans une convention qui oblige les maîtres de ne payer qu'au plus haut prix ce que sans cette convention ils paieraient à un prix plus libre et plus raisonnable. Aussi ces conspirations sont défendues par l'art. 181 de l'Ord. de François Ier, *sous peine de confiscation de corps et biens.* Ce qui est conforme à la loi *Jubemus*, Cod. *de Monopol.*

—CAS III. Les maîtres tailleurs, pour réduire les garçons qui avaient fait l'inique complot dont on a parlé, se sont engagés entre eux à donner à leurs ouvriers un quart moins que de coutume. L'ont-ils pu ?

R. Oui, parce que leur dessein n'a été que de mettre les garçons à la raison. Mais si ceux-ci se désistent de leur complot, il faut que les maîtres renoncent au leur.

MORT CIVILE.

C'est l'état d'une personne qui est privée de toute participation aux droits civils. Par elle-même, la mort civile n'est point une peine, mais le résultat de certaines condamnations : 1° la peine de mort; 2° les travaux forcés à perpétuité ; 3° la déportation : dans ce dernier cas, le gouvernement peut accorder au déporté, dans le lieu de la déportation, l'exercice des droits civils ou quelques-uns de ces droits. Les lois françaises devant seules régir l'état du Français, la mort civile ne peut résulter en France de condamnations prononcées par un tribunal étranger contre un Français. La mort civile commence du jour de l'exécution de la peine pour les condamnations contradictoires, soit réelles, soit par effigie. La mort civile, quant aux condamnations par contumace, n'a lieu que cinq ans après l'exécution du jugement par effigie, et pendant lesquels le condamné peut se présenter.

L'effet de la mort civile consiste dans la privation de tous droits civils : ainsi le mort civilement perd le droit d'adopter, celui d'être expert ou arbitre, sa puissance paternelle, quoique la loi ne lui ait pas interdit ses droits par une disposition expresse. Il conserve le droit d'acquérir à titre onéreux, de posséder, de faire le commerce, de faire un concordat en cas de faillite, de recevoir ou remettre le montant d'une obligation. Par la mort civile, le condamné perd la propriété et l'usufruit de tous les biens qu'il possédait. Cependant le service des rentes viagères doit être continué pendant sa vie naturelle, soit au mort civilement lui-même, si elles ont été constituées à titre d'aliments, soit à ses héritiers, si elles ont un autre titre, à la charge de lui remettre la portion nécessaire à sa subsistance.

Le mort civilement ne peut ni recevoir de successions, ni disposer soit entre-vifs, soit par testament, des biens qu'il a acquis depuis sa condamnation : ces biens appartiennent à l'État à sa mort naturelle. Néanmoins il est loisible au roi de faire, au profit de la veuve, des enfants ou parents du condamné, telles dispositions que l'humanité lui suggérera.

S'il existe des créanciers dont le titre soit antérieur à la mort civile, ils peuvent en poursuivre l'exécution sur les biens acquis postérieurement.

La tutelle étant une institution de droit civil, le mort civilement ne peut ni être nommé tuteur ni concourir aux opérations de la tutelle. Il ne peut être admis comme témoin dans un acte solennel et authentique, ni être admis à porter témoignage en justice, si ce n'est pour donner de simples renseignements.

Il lui est interdit de procéder en justice ni en demandant, ni en défendant, que sous le nom et par le ministère d'un curateur spécialement nommé à cet effet par le tribunal où l'action est portée. La mort civile enlève au condamné le droit de domicile, et par cela même le juge du domicile de l'adversaire est compétent, soit que le mort civilement demande, soit qu'il défende. Le mort civilement est incapable de contracter un mariage qui produise aucun effet civil ; le mariage qu'il avait contracté précédemment est dissous quant à ses effets civils. L'époux et les héritiers du mort civilement peuvent exercer respectivement les droits et actions auxquels sa mort naturelle donnerait lieu.

La mort civile cesse de deux manières : 1° par la restitution légale ; 2° par la grâce.

La restitution légale s'opère : 1° lorsqu'une disposition nouvelle rend la vie civile à certaines personnes qui en étaient privées par une loi antérieure ; 2° quand un contumace reparaît en justice avant que sa peine soit prescrite afin d'y subir un nouveau jugement ; et si ce nouveau jugement le condamne à une peine emportant la mort civile, il ne perd la vie civile que du jour de son exécution, et tout ce qu'il a fait antérieurement à cette dernière condamnation concernant les droits civils est valable. 3° La mort civile cesse de plein droit lorsque le nouveau jugement a prononcé une peine qui n'entraîne pas la mort civile. Enfin la grâce peut faire cesser la mort civile. Cependant, lorsque la condamnation a été exécutée, elle ne peut en faire cesser les effets pour le passé : elle ne saurait détruire les droits acquis à des tiers, et faire rentrer en la possession du gracié des biens qui ont été partagés.

MOULIN.

Il y a plusieurs sortes de moulins. Mais il ne s'agit dans ce titre que de ceux qui sont propres à moudre les grains, et dont les uns sont à eau, *pistrina aquaria* ; les autres à vent, *pistrina ventilata* ou *alata* ; les autres à bras, *molæ trusatiles*. Les moulins à eau ne peuvent être bâtis sur les rivières navigables, sans la permission du roi, et à condition que le public n'en reçoive aucun dommage ; mais il est permis à tout particulier de bâtir un moulin sur les petites rivières non navigables, pourvu que ce soit vis-à-vis de sa propre terre, et hors des limites d'une seigneurie ayant droit de moulin banal, et qu'il ne cause aucun dommage notable aux terres de ses voisins par quelque inondation causée par la retenue des eaux. Il y a pourtant des coutumes qui exigent le consentement du seigneur haut-justicier ; ce que d'autres, comme celle de Nivernais, n'exigent qu'au cas que le seigneur ait droit de banalité. Mais pour élever des moulins à vent, il faut en obtenir la permission du seigneur du lieu. Tous les moulins à eau et à vent sont réputés immeubles dans la coutume de Paris, art. 90, et en celle de Normandie, art. 515 ; dans plusieurs autres, comme en celles d'Etampes, de Berri, etc. ils sont censés meubles.

Cas I. *Jules*, seigneur de trois paroisses, a trois moulins à eau, qui sont de tout temps à point carré, c'est-à-dire, dont les meules sont enfermées dans des ais à figure carrée. Son curé veut l'obliger à les faire mettre en point rond, en faisant entourer les meules d'ais en figure ronde ; parce que les meuniers, outre leur droit de mouture, profitent de toute la farine qui se répand dans les quatre carrés du moulin, au préjudice des particuliers qui sont obligés de faire moudre à ces moulins, et que Jules en retire aussi un grand avantage en ce qu'il les afferme plus cher que s'ils étaient à point rond. Jules répond : 1° qu'il est en possession immémoriale de ces moulins carrés ; 2° que les droits de mouture sont moindres aux moulins carrés, qu'ils ne le sont à ceux qui sont à point rond ; 3° que les particuliers ne s'en plaignent point. Ces raisons l'excusent-elles d'injustice ?

R. Dans les pays où la coutume qui tient lieu de loi, porte que les moulins seront à point rond ; ou qui n'ayant point de coutume qui en parle, suivent celle de la province voisine, qui est expresse, comme le sont celles de Nivernais, du Bourbonnais, du Poitou, etc., les propriétaires des moulins carrés sont obligés de les faire mettre à point rond. Si donc Jules se trouve dans un de ces pays, il est obligé de faire cette réforme. Mais s'il n'y est pas, il peut s'en tenir à son ancien usage, à moins que le roi n'en statue autrement, ou que la charité jointe au malheur des temps ne l'oblige à l'adoucir.

Cas II. *Peri*, seigneur d'une terre en Normandie, a un moulin avec le droit de banalité, suivant lequel ses vassaux payent à son meunier la seizième partie de la farine qui en provient. 1° Ce droit est-il juste ? 2° Les vassaux qui font moudre leurs blés à d'autres moulins, sont-ils sujets à quelques peines ?

R. 1° Le droit de banalité, quoiqu'inconnu dans l'ancien droit, est aujourd'hui légitimement acquis aux seigneurs féodaux qui en sont en possession, et dont le moulin est sur une rivière, dont les deux rives sont de leur fief, comme le demande la cout. de Normandie, art. 21. Mais dans cette province, comme à Paris, il faut un titre exprès, c'est-à-dire un contrat fait avec les vassaux qui aient bien voulu s'imposer cette servitude pour des raisons légitimes : au lieu qu'en Bretagne, dans le Maine, etc. la coutume seule suffit pour ce droit. Or ce droit de banalité, 1° prive les vassaux de la liberté d'avoir des moulins, des fours, ou des pressoirs particuliers, comme il a été jugé à Dijon le 5 mars 1580 ; 2° il s'étend même à la mouture des blés que les vassaux auraient achetés ailleurs, et gardés seulement 24 heures chez eux, pour en faire commerce, ou pour en faire du pain et le vendre, ainsi qu'il a été jugé par plusieurs arrêts ; 3° en supposant que Peri possède ce droit légitimement, ses vassaux ne peuvent moudre leurs blés ailleurs, sans être obligés à restitution envers le meunier de Peri, à moins qu'ils n'aient quelque excuse légitime qui les en exempte ; comme sont 1° la trop grande distance du moulin ; car, quoique quelques coutumes ne l'aient pas fixée, la plupart des autres l'ont déterminée à la banlieue ; 2° le mauvais état du moulin, soit que les meules soient trop usées, ou que l'eau manque ; 3° l'impuissance de moudre en 24 heures, à cause du trop grand concours, ainsi qu'il a été jugé à Toulouse et à Dijon ; 4° quand le vassal qui a acheté ailleurs du blé, l'a fait moudre hors des limites de la seigneurie ; 5° le curé résidant en son presbytère est aussi exempt du droit de banalité, quant aux dîmes, et celles mêmes qu'il lève dans l'étendue du fief du seigneur. Mais il y est sujet à l'égard du blé qui provient des terres de son patrimoine, ou de celles qui ont été aumônées à sa cure ou à icelle acquises par quelqu'un de ses prédécesseurs ; parce que les donateurs ou les vendeurs n'ont pu préjudicier aux droits du seigneur. A l'égard des peines portées contre ceux qui fraudent le droit de banalité, elles ne sont pas uniformes. Dans les coutumes du Boulenois et de Ponthieu, le seigneur peut confisquer la farine, le pain, et même les harnais. Celle de Normandie ne lui donne que la confiscation du blé et de la farine.

Cas III. *Valentin*, ayant le droit de moulin banal, veut obliger les habitants de trois villages, ses sujets, de faire moudre à son moulin ; ce qu'ils refusent : 1° parce que depuis fort longtemps, ils sont en possession de choisir tels moulins qu'il leur plaît ; 2° parce que les chemins qui conduisent de ces villages au moulin banal sont très-difficiles, surtout dans les temps de pluies. Valentin ne blesse-t-il pas la justice ?

R. Si la plus grande partie des tenanciers de Valentin se reconnaissent sujets au ban de son moulin, les autres doivent aussi s'y soumettre, à moins qu'ils ne produisent des preuves de leur exemption. Ainsi jugé plusieurs fois à Rouen. Quant aux mauvais chemins, c'est au seigneur à les faire réparer à ses dépens, comme le parl. de Bretagne le jugea le 19 octobre 1620.

Cas IV. *George*, paysan, veut faire un moulin à blé de son autorité privée sur une rivière sur les rives de laquelle il a deux cents arpents de terre. Cela lui est-il permis ?

R. 1° Si cette rivière est navigable, George n'y peut construire un moulin sans la permission du roi ; 2° quoiqu'il ait la permission du roi, il doit laisser, selon les ordon. la largeur de huit toises au droit fil de l'eau, et ôter les gonds, ancres, et tout ce qui peut empêcher la libre navigation : ainsi qu'il a été jugé par trois arrêts du parl. de Paris ; 3° si la rivière n'est pas navigable, George peut y construire un moulin, puisqu'il ne bâtit que sur son propre fonds ; 4° si néanmoins il y a un seigneur justicier en la juridiction duquel passe cette rivière, George ne peut y faire un moulin sans son consentement, à moins que ses terres ne relèvent d'un fief qui lui appartienne. Car alors ce seigneur, quand même il aurait droit de banalité, ne serait pas en droit de l'en empêcher, suivant un arrêt rendu à Rouen le 26 juin 1534, au sujet d'un moulin à vent.

MUR.

Il y a plusieurs espèces de murs : 1° le mur de clôture, qui sert à renfermer les cours, jardins, parcs, etc. Le mur *mitoyen*, qui sépare deux héritages contigus, et qui appartient en commun aux propriétaires des deux héritages. Le mur de *face* est celui qui est à la face du bâtiment. Le mur de *refend* est celui qui sépare les pièces du dedans du bâtiment. On appelle mur d'*appui* celui qui n'est élevé qu'à la hauteur d'appui environ 97 centimètres ; enfin l'on désigne sous le nom général de gros murs ceux de face, de refend, les pignons.

Dans les villes et les campagnes, tout mur servant de séparation entre bâtiments jusqu'à l'héberge, ou entre cours et jardins, et même entre enclos dans les champs, est présumé mitoyen, s'il n'y a titre ou marque du contraire. Il y a marque de non-mitoyenneté lorsque la sommité du mur est droite et à plomb de son parement d'un côté, et présente de l'autre un plan incliné pour servir d'égout aux eaux pluviales qui alors ne tombent que d'un côté. L'on ne peut présumer que le propriétaire du côté duquel les eaux s'écoulent eût consenti à ne recevoir en totalité, si le mur eût été commun. Il y a aussi marque de non-mitoyenneté lorsqu'il n'y a que d'un côté ou un chaperon, ou des filets et corbeaux de pierre qui y auraient été mis en bâtissant le mur. Le chaperon est le sommet du mur présentant un pan incliné ; le filet est une ligne en tuile ou un peu saillante au bas du chaperon pour rejeter les eaux hors le parement du mur ; on entend par corbeaux des pierres saillantes, ordinairement destinées à supporter une poutre ou autre fardeau. Elles sont plates en dessus et arrondies en dessous, ce qui forme une ligne courbe, appelée corbe dans l'ancien langage, d'où l'on a fait corbeau. Dans ces cas, le mur est censé appartenir exclusivement au propriétaire du côté duquel sont l'égout ou les corbeaux et filets de pierre. La réparation et la reconstruction du mur mitoyen sont à la charge de tous ceux qui y ont droit, et proportionnellement au droit de chacun. Cependant tout copropriétaire d'un mur mitoyen peut se dispenser de contribuer aux réparations et reconstructions en abandonnant le droit de mitoyenneté, pourvu que le mur mitoyen ne soutienne pas un bâtiment qui lui appartienne.

Tout copropriétaire peut faire bâtir contre un mur mitoyen et y faire placer des poutres ou solives dans toute l'épaisseur du mur, à 54 millimètres près, sans préjudice du droit qu'a le voisin de faire réduire à l'ébauchoir la poutre jusqu'à la moitié du mur, dans le cas où il voudrait lui-même asseoir des poutres dans le même lieu, ou y adosser une cheminée.

Tout copropriétaire peut faire exhausser le mur mitoyen ; mais il doit payer seul la dépense de l'exhaussement, les réparations d'entretien au-dessus de la clôture commune, et en outre l'indemnité de la charge en raison de l'exhaussement et suivant la valeur ; si le mur mitoyen n'est pas en état de supporter l'exhaussement, celui qui veut l'exhausser doit le faire reconstruire en entier à ses frais, et l'excédant d'épaisseur doit se prendre de son côté. Le voisin qui n'a pas contribué à l'exhaussement peut en acquérir la mitoyenneté en payant la moitié de la dépense qu'il a coûté, et la valeur de la moitié du sol fourni pour l'excédant d'épaisseur, s'il y en a. Tout copropriétaire joignant un mur a de même la faculté de le rendre mitoyen en tout ou en partie, en remboursant au maître du mur la moitié de sa valeur, ou la moitié de la valeur de la portion qu'il veut rendre mitoyenne, et moitié de la valeur du sol sur lequel le mur est bâti.

L'un des voisins ne peut pratiquer dans le corps d'un mur mitoyen aucun enfoncement, ni y appliquer ou appuyer aucun ouvrage sans le consentement de l'autre, ou sans avoir, à son refus, fait régler par experts les moyens nécessaires pour que le nouvel ouvrage ne soit pas nuisible aux droits de l'autre.

Chacun peut contraindre son voisin, dans les villes et faubourgs, à contribuer aux constructions et réparations de la clôture faisant séparation de leurs maisons, cours et jardins assis ès-dites villes et faubourgs : la hauteur de la clôture sera fixée suivant les règlements particuliers ou les usages constants et reconnus ; et à défaut d'usage et de règlements, tout mur de séparation entre voisins, qui sera construit ou rétabli à l'avenir, doit avoir au moins trente-deux décimètres (dix pieds) de hauteur, compris le chaperon ; dans les villes de cinquante mille âmes et au-dessus, et vingt-six décimètres (huit pieds) dans les autres.

Lorsque différents étages d'une maison appartiennent à divers propriétaires, si les titres de propriété ne règlent pas le mode de réparations et reconstructions, elles doivent être faites ainsi qu'il suit :

Les gros murs et le toit sont à la charge de tous les propriétaires, chacun en proportion de la valeur de l'étage qui lui appartient. Le propriétaire de chaque étage fait le plancher sur lequel il marche. Le propriétaire du premier étage fait l'escalier qui y conduit ; le propriétaire du second étage fait, à partir du premier, l'escalier qui conduit chez lui, et ainsi de suite.

Lorsqu'on reconstruit un mur mitoyen ou une maison, les servitudes actives et passives se continuent à l'égard du nouveau mur et de la nouvelle maison, sans toutefois qu'elles puissent être aggravées, et pourvu que la reconstruction se fasse avant que la prescription soit acquise. *Voyez* Mitoyenneté, Haie, Fossés.

MUTILER.

Voyez Irrégularité, cas LXXX, LXXXI, XCIX, C, CI, CII, CV, CVI, et CVII ; Sourd et Muet ; Tuer, cas XIV.

MYSTÈRES.

Les principaux mystères de la religion sont le mystère de la sainte Trinité, de l'incarnation et de la rédemption. La foi explicite à ces mystères est nécessaire au salut ; mais cette foi est-elle nécessaire de nécessité de moyen ? Cela est controversé et n'est pas certain ; il paraît même plus probable qu'elle n'est nécessaire que de nécessité de précepte ; c'est l'opinion de plusieurs théologiens, entre autres de Mgr l'archevêque de Reims ; mais saint Liguori soutient le sentiment contraire, et qu'il est plus probable que cette foi explicite est nécessaire de nécessité de moyen ; dans la pratique, c'est à ce dernier sentiment que l'on doit s'en tenir ; c'est ici le cas de prendre le parti le plus sûr, car une probabilité ne pourrait pas, quelle qu'elle fût, suppléer ce qui serait absolument nécessaire au salut ; qu'on regarde cette foi comme nécessaire de nécessité de moyen, ou comme nécessaire de nécessité de précepte, on ne peut absoudre le pénitent qui ignore ces principaux mystères. Les souverains pontifes ont condamné cette proposition : *Absolutionis capax est homo, quantumvis laboret ignorantia mysteriorum fidei, et etiamsi, per negligentiam etiam inculpabilem, nesciat mysterium sanctissimæ Trinitatis et incarnationis D. N. Jesu Christi*. Mais avant que de refuser l'absolution pour cause d'ignorance de ces mystères, un confesseur doit s'assurer si cette ignorance est réelle, et si elle est coupable, et s'efforcer d'instruire cet ignorant, lui faire faire des actes de foi et le mettre dans le cas d'être absous au plus tôt. *Voy*. Foi, Ignorance, Absolution.

Cas. Avez-vous cherché à approfondir les mystères par une vaine curiosité ? Dans les objets de la foi, le *pourquoi* et le *comment* sont la source des hérésies. Dieu ne propose pas les mystères à l'examen de votre esprit, mais à votre soumission. Ils cesseraient d'être mystères s'ils pouvaient être compris ; un mystère expliqué est un mystère anéanti.

Dieu, dit saint Augustin, a fait annoncer

par des hommes très-simples à des hommes très-éclairés, des choses infiniment au-dessus de la raison; et ces hommes très-éclairés les ont crues. De là deux conséquences : donc ces hommes très-simples ont confirmé leur prédication par des miracles; donc ces choses infiniment au-dessus de la raison ne sont pourtant pas contre la raison. Si elles l'étaient, des hommes très-éclairés l'eussent bien vu, par conséquent n'eussent pas cru. *Voyez* Foi.

N

NANTISSEMENT.

Le nantissement est un contrat par lequel un débiteur remet une chose à son créancier pour sûreté de la dette; c'est un contrat réel, qui ne peut avoir lieu que par la tradition de la chose. Le nantissement d'une chose mobilière s'appelle gage. V. Gage. Celui d'une chose immobilière s'appelle antichrèse. *Voyez* Antichrèse.

Celui qui ne peut pas trouver une caution est reçu à donner à sa place un gage en nantissement suffisant.

NAPPES.

L'aute. doit être couvert de trois nappes, ou au moins de deux, dont une soit en double. Les rubriques exigent ce nombre afin que si le précieux sang venait à se répandre, il ne pénétrât pas jusqu'à l'autel. De ces trois nappes, une au moins doit couvrir tout l'autel, les deux autres peuvent être plus courtes; il suffit qu'elles couvrent exactement la table de l'autel, ou la pierre sacrée. Les nappes doivent être de lin ou de chanvre; elles doivent être bénites par l'évêque ou son délégué; cependant on pourrait se servir de nappes ordinaires dans un cas de nécessité, pour ne pas priver une paroisse entière de messe un jour de dimanche ou de fête, ou pour pouvoir administrer les sacrements à un moribond. Du reste si ces nappes devaient demeurer au service de l'église, le prêtre, présumant pour ce cas de la permission de l'évêque, pourrait les bénir.

NAUFRAGE.

Le *naufrage* est la perte d'un bâtiment de mer, brisé contre un rocher, ou englouti sous les eaux avec les marchandises, en tout ou en partie. Selon nos maximes, quand par la crainte du naufrage on jette en mer des marchandises, les propriétaires ont deux mois pour en poursuivre le recouvrement, après quoi les plongeurs ont le tiers de ce qu'ils retirent de la mer; un autre tiers appartient au fisc, et l'autre à l'amiral de France. Il faut consulter l'ordon. de 1681. liv IV, tit. 19, sur cette matière.

Cas I. *Trophime et Germain*, marchands, et dix-huit autres, ayant en commun un vaisseau chargé de marchandises, une tempête a contraint d'en jeter à la mer une bonne partie, appartenant à Trophime et Germain en particulier. Ceux-ci prétendent que les 18 autres doivent porter une partie de la perte. Ces derniers le refusent. *Quid juris?*

R. Lorsque dans un péril de naufrage on jette à la mer une partie de la charge du vaisseau pour sauver le reste, ceux dont les effets ont été sauvés doivent porter chacun leur part de la perte de ce qui a été jeté pour l'intérêt commun de tous. C'est ce que dit la loi 1, *de Lege Rhodia*. Or, quoi qu'en dise la loi 2, *cod. tit.*, nous croyons que, comme l'estimation des choses sauvées se doit faire sur le pied de ce qu'elles pourront être vendues, puisque c'est cette valeur qui a été sauvée du péril, il est juste que celles qui n'ont été jetées à la mer que pour sauver le reste soient aussi estimées sur le même pied; et que la condition de ceux qui ont perdu leurs marchandises ne doit pas être pire que celle des autres, dont les marchandises ont été sauvées, puisque celles-là n'ont été jetées à la mer que pour sauver celles-ci, et qu'il n'y avait pas plus de raison d'y jeter les unes que les autres. Mais cette estimation se doit faire *judicio viri prudentis*, et non pas absolument sur le pied du prix que les marchandises restées seront vendues, étant moralement impossible de savoir au juste ce qu'elles seront vendues par tous ceux à qui elles appartiennent, puisque souvent elles ne sont pas vendues au port où elles arrivent, et qu'on les transporte ailleurs avec de nouveaux frais et même avec de nouveaux dangers.

Pour éclaircir cette matière, il faut observer, 1° que tout ce qui est sauvé du naufrage par la décharge du vaisseau doit porter la contribution selon sa valeur et sans avoir égard à sa pesanteur; car c'est la valeur qui pouvait périr et qui a été sauvée que l'on doit considérer, *Leg.* 2. *cit.*; 2° que les provisions qui ne sont dans le vaisseau que pour être consommées pendant la navigation ne doivent point entrer dans la contribution, comme la marque la même loi; 3° que le maître d'un vaisseau qui dans la tempête a perdu des mâts, des ancres, etc., n'a aucun droit de prétendre un dédommagement de cette perte de ceux à qui appartiennent les effets qui sont dans le vaisseau; 4° que si les marchandises d'un des contribuants viennent à être gâtées, après que les autres ont été jetées à la mer, ou par les flots qui les ont pénétrées, ou autrement, le dommage en doit être porté par la contribution, comme une suite de la première perte.

Cas II. Un vaisseau chargé de marchandises qui appartiennent à Nicolas, à Joseph et à dix autres, qui tous ont acheté et équipé ce vaisseau à commun frais, a été pris par un pirate et rançonné pour 10,000 liv, ou bien ce pirate en a enlevé toutes les marchandises qui étaient à Nicolas et à Joseph, et laissé le reste. On demande si, dans le premier cas, les dix autres sont obligés à porter chacun leur part de la perte ; et dans le second, à contribuer tous au dédommagement de Nicolas et de Joseph ?

R. Dans le cas du vaisseau rançonné, la perte doit tomber sur tous les associés, à proportion des effets qu'ils ont conservés. Mais dans le cas des marchandises enlevées, la perte ne tombe que sur ceux à qui elles appartenaient. *Leg.* 2, *ff. de Lege Rhodia.*

Cas III. Un vaisseau étranger ayant fait naufrage sur les côtes de France, Isidore a retiré de la mer un coffre où il y avait pour 10,000 écus de diamants. Cela n'est-il pas à lui ?

R. Il faut dire, selon l'édit de Henri III, du mois de mars 1584, 1° que personne ne peut profiter en rien des effets qu'il a retirés de la mer, qu'après un an entier, à compter du jour du naufrage; 2 que l'année étant expirée sans que personne ait réclamé ces effets, le tiers seulement lui appartient, l'autre tiers au roi, et l'autre tiers à l'amiral, ainsi que le porte l'art. 20 du même édit. La barbare coutume de piller les débris de ceux que la mer avait déjà si maltraités a été condamnée par plusieurs conciles et par plusieurs saints pontifes.

Cas IV. Une barque appartenant à Hubert a fait naufrage sur les côtes d'une province dont la coutume attribue aux seigneurs des lieux les débris que la mer jette à bord ; le seigneur du lieu s'est saisi de plusieurs effets qui y étaient. Tout cela lui appartient-il, quoique Hubert le réclame dans l'an et jour ?

R. Point du tout ; car une telle coutume ne peut avoir force de loi ; parce qu'elle est contraire au droit naturel, qui veut qu'on rende, quand on le peut, les choses qu'on trouve, à leur maître, qui n'en a pas abandonné volontairement le domaine.

NOTAIRE.

Un notaire est un officier public qui reçoit les conventions de ceux qui contractent, ou les testaments et autres actes publics dont il garde les minutes, c'est-à-dire les originaux. Les offices de notaires sont héréditaires, suivant l'édit de mars 1671.

Un notaire est obligé à garder le secret dans toutes les choses qui le demandent, soit qu'il s'agisse d'un acte qu'il a passé, ou d'un conseil qu'on lui a demandé. C'est pourquoi, 1° les notaires ne peuvent communiquer leurs registres, livres et protocoles, ni délivrer aucunes grosses de ceux qu'ils passent, qu'aux parties contractantes, ou à leurs héritiers ou autres à qui le droit en appartient notoirement, à moins qu'il ne leur soit ordonné en justice ; 2° qu'ils sont dispensés de déposer en justice sur tout ce qui regarde le fait de leurs charges, comme il a été jugé par deux arrêts du parlement de Paris.

Il n'est jamais permis à un notaire de recevoir ou de passer aucun acte contraire à la religion ou aux bonnes mœurs, ou qui soit prohibé par les lois.

Tout contrat fait et dressé en l'absence du notaire est nul, quoiqu'il l'ait signé. Il faut donc qu'il le rédige par écrit en présence des parties et des témoins, et qu'il leur en fasse la lecture avant qu'elles le signent.

Les notaires sont tenus par l'ordonnance de Blois d'exprimer, dans les contrats qu'ils passent, la maison où ils les ont passés, la qualité des parties, leurs paroisses, et même de marquer si le contrat a été passé devant ou après midi. Il leur a été défendu par arrêt du parlement, du 5 septembre 1680, sous peine d'interdiction, de passer aucun acte, par lequel les hommes et les femmes déclarent qu'ils se prennent pour mari et femme. Un notaire qui, dans le fait de sa charge, fait un faux acte, est condamné aux galères, selon la jurisprudence de ce royaume. Les notaires apostoliques, dont les offices ne sont pas unis aux charges des notaires royaux, n'ont aucun pouvoir d'instrumenter dans tout ce qui concerne directement les affaires séculières, comme contrats de vente, testaments et semblables ; ils ne peuvent se mêler que de ce qui concerne les expéditions de cour de Rome.

Cas I. *Ménandre*, notaire, a passé un contrat entre Fulbert et Anthime, lequel il savait être usuraire par rapport à Fulbert. A-t-il péché en cela ?

R. Oui, et péché mortellement : 1° parce qu'il a été le principal ministre de l'injustice que Fulbert a commise ; 2° parce qu'il a violé, et le serment qu'il a prêté, lors de sa réception, de ne passer aucun contrat usuraire, et la loi du prince, qui défend à tous notaires de recevoir aucuns contrats usuraires, sous peine d'amende et de privation de leurs offices, ce que l'assemblée du clergé tenue à Melun en 1579, et plusieurs conciles ont aussi défendu. Il est vrai que celui qui, dans la nécessité, emprunte à intérêt d'un usurier, ne pèche pas ; mais comme celui qui prête à intérêt, pèche, et que c'est en sa faveur, et pour lui donner action, que se fait le contrat, le notaire ne peut sans crime y prêter son ministère.

Cas II. *Lysime*, qui passe dans le pays pour un usurier public, ayant été condamné pour tel, vient chez Daniel pour faire passer à son profit une obligation de 1,000 liv. qu'il dit avoir prêtée à Renaud, qui vient avec lui pour la signer. Daniel, persuadé que Lysime n'a pas prêté gratuitement cette somme à Renaud, attendu la réputation où il est, peut-il sans péché passer cette obligation ?

R. Un officier public étant obligé à prêter son ministère à tous ceux qui l'en requièrent, il le doit accorder dans toutes les choses qui lui paraissent justes. C'est pourquoi si Daniel ne reconnaît rien d'usuraire dans l'obligation que Lysime le requiert de passer, il doit la passer nonobstant la mauvaise réputation de cet homme. Car, quoique dans le for extérieur il puisse être présumé usurier, suivant la règle : *Semel malus semper præsumitur esse malus*, ce n'est pas à un particulier à faire un tel jugement contre lui, lorsqu'il n'a point de preuve que ce qu'il fait est criminel. La charité veut au contraire que dans le doute on juge bien de son prochain. En effet Lysime a pu se convertir depuis qu'il a été condamné comme usurier ; et quand même il ne serait pas converti, il peut avoir quelque liaison particulière avec Renaud qui l'empêche d'exiger de lui des intérêts usuraires. V. S. B., tom. III, cas CXLIV.

Cas III. *Nazar*, notaire, condamné par arrêt comme faussaire, a passé un contrat de vente entre Jean et Jacques. Ce contrat est-il valide ?

R. Si le notaire a passé l'acte avant qu'il eût été condamné comme faussaire, quoique accusé, cet acte est valide, puisqu'il n'est pas interdit de son ministère. Mais s'il l'a passé après et nonobstant l'arrêt qui l'a condamné, il est nul ; supposé néanmoins que sa condamnation ait été prononcée contre lui pour avoir commis une fausseté en ce qui regarde son office, et non pas pour un autre sujet ; l. 12, cod. *de Susceptor.*, etc.

Cas IV. *Hilde*, diacre, exerce depuis un an l'office de notaire ; son confesseur le veut obliger de s'en défaire. Hilde est-il obligé de lui obéir en cela ?

R. Oui ; car, 1° Innocent III, cap. 8, *ne Clerici*, l. 3, t, 50, ordonne à l'évêque de contraindre tous les clercs *in sacris* de renoncer au notariat, et de priver de leurs bénéfices ceux qui refuseront de le faire ; 2° le tabellionnage est une espèce de commerce qui ne convient pas aux ecclésiastiques ; 3° celui qui s'est consacré pour toujours à Jésus-Christ et à son Eglise ne doit pas embrasser un état qui l'engage au siècle. *Nemo militans Deo implicat se negotiis sæcularibus*. II Timoth. II ; 4° un notaire est appelé dans le droit, *Leg*. 1, *ff. de Magistr.*, etc., l'esclave du public ; ce qui ne convient pas à un ministre sacré, non plus que de s'occuper à passer des obligations, des contrats, des quittances, des transactions, des protestations, des partages de biens, ou à faire des inventaires, etc.

Voyez DIMANCHES et FÊTES, RESTITUTION cas *Damien*, *Marcoul*, etc.

NOVATION.

On appelle novation l'acte par lequel on substitue une nouvelle dette à l'ancienne qui se trouve entièrement éteinte. Ainsi je m'étais engagé à vous payer cent francs, au lieu de ces cent francs, je m'oblige ensuite à vous livrer vingt mesures de blé ; si vous acceptez ces vingt mesures de blé, je suis déchargé de ma dette de cent francs. Tel est le contrat que l'on appelle novation. *Non interest qualis præcessit obligatio, seu civilis, seu naturalis ; qualiscunque sit novari potest, dummodo sequens obligatio civiliter teneat aut naturaliter.*

La novation s'opère de trois manières : 1° lorsque le débiteur contracte envers son créancier une nouvelle dette qui est substituée à l'ancienne, laquelle est éteinte ; 2° lorsqu'un nouveau débiteur est substitué à l'ancien, qui est déchargé par le créancier ; 3° lorsque, par l'effet d'un nouvel engagement, un nouveau créancier est substitué à l'ancien, envers lequel le débiteur se trouve déchargé. La novation ne peut s'opérer qu'entre personnes capables de contracter.

La novation ne se présume point ; il faut que la volonté de l'opérer résulte clairement de l'acte. La novation par la substitution d'un nouveau débiteur peut s'opérer sans le concours du premier débiteur. La délégation par laquelle un débiteur donne au créancier un autre débiteur qui s'oblige envers le créancier, n'opère point de novation, si le créancier n'a expressément déclaré qu'il entendait décharger son débiteur qui a fait la délégation.

Le créancier qui a déchargé le débiteur par qui a été faite la délégation n'a point de recours contre ce débiteur, si le délégué devient insolvable, à moins que l'acte n'en contienne une réserve expresse, ou que le délégué ne fût déjà en faillite ouverte ou en déconfiture au moment de la délégation. La simple indication faite par le débiteur d'une personne qui doit payer à sa place n'opère point novation. Lorsque la novation s'opère par la substitution d'un nouveau débiteur, les priviléges et hypothèques primitifs de la créance ne peuvent point passer sur les biens du nouveau débiteur. Lorsque la novation s'opère entre le créancier et l'un de ses débiteurs solidaires, les priviléges et hypothèques de l'ancienne créance ne peuvent être réservés que sur les biens de celui qui contracte la nouvelle dette. Ainsi Paul vous doit solidairement avec deux autres personnes une somme de deux mille francs ; votre créance est assurée par les hypothèques que vous avez prises sur les biens de Paul et de ces deux autres personnes. Paul s'engage à vous livrer deux cents mesures de vin, si vous voulez remplacer la première dette par celle-ci ; vous y consentez, dès lors cette dette, pour laquelle deux personnes s'étaient portées cautions solidaires de Paul, s'éteint, et avec elle les hypothèques qui la garantissaient. Vous n'avez plus pour sûreté de cette nouvelle dette de deux cents mesures de vin que les hypothèques qui pesaient sur les biens de Paul. Par la novation faite par le créancier et l'un des débiteurs solidaires, les codébiteurs sont libérés. La novation opérée à l'égard du débiteur principal libère les cautions. Néanmoins si le créancier a exigé dans le premier cas l'accession des codébiteurs, ou dans le second, celle des cautions, l'ancienne créance subsiste, si les codébiteurs ou les cautions refusent d'accéder au nouvel arrangement.

NOVICE.

On appelle novice celui ou celle qui, ayant embrassé l'état religieux, a commencé l'année de la probation que l'Eglise a prescrite, avant que de pouvoir faire profession de religion. L'année du noviciat doit se compter du jour de la prise d'habit, et être entièrement accomplie, sans qu'il y ait eu aucune interruption, si ce n'est pour quelque cause importante, approuvée du supérieur. Un novice doit avoir seize ans accomplis, suivant l'art. 28 de l'ordonnance de Blois, avant que de pouvoir être admis à la profession. Dans le cas de la translation d'un religieux qui a déjà fait dans un autre couvent une année de noviciat, on admet le bref du pape, qui réduit son second noviciat à six mois, ainsi que l'ont jugé le grand conseil et le parlement. Toute profession tacite, qui consiste à avoir porté l'habit de novice longtemps après le noviciat fait, est nulle, selon notre jurisprudence, qui en cela est contraire aux décrétales. Un novice peut disposer de ses biens avant sa profession, c'est-à-dire dès l'âge de seize ans accomplis (à moins que la coutume n'exige un âge plus avancé); mais il ne le peut faire en faveur du monastère où il est. Les novices ne peuvent se réserver sur leur bien aucune pension viagère, parce que cela serait contraire au vœu de pauvreté qu'ils se proposent de faire. Un novice n'est obligé sous aucun péché, ni peine canonique, à garder les règles et statuts de l'ordre où il est entré, mais seulement à obéir à son supérieur et à observer tout ce que la règle prescrit aux novices. Les actes des noviciats et des professions doivent être écrits de suite, sans aucun blanc, et signés par le supérieur ou la supérieure du monastère et par celui qui aura pris l'habit ou fait profession, et par deux de ses plus proches parents ou amis, qui auront assisté à la cérémonie; le registre où sont écrits ces actes doit être paraphé par premier et dernier par l'évêque diocésain ou par lesdits supérieurs et supérieures, ainsi que le porte l'ordonnance du mois d'août 1667.

Cas I. Le siége abbatial du monastère de M. étant vacant, Marie s'est présentée pour prendre l'habit de novice; l'évêque diocésain, sous la juridiction duquel est cette abbaye, le lui a donné de sa seule autorité. L'a-t-il pu?

R. Non; parce qu'il ne doit admettre aucune fille à prendre l'habit qu'après qu'elle y a été reçue par la communauté. Or celle-ci n'a pas droit de recevoir les filles à l'habit, lorsque le siége abbatial est vacant. L'évêque devait donc attendre qu'il y eût une nouvelle abbesse. *Voy.* S. B., tom. II, cas CLXXIX.

Cas II. *Florin*, novice depuis dix mois dans un couvent, ne pouvant supporter la rigueur de la règle, s'en est enfui chez un ami, dans la résolution de quitter l'habit religieux, dès qu'il en aurait un séculier. Le supérieur l'ayant trouvé trois heures après sa sortie du monastère, l'a persuadé d'y rentrer; ce qu'il a fait avec un sincère regret de sa faute. Doit-il recommencer les dix mois qu'il avait faits de noviciat?

R. Il est plus sûr et plus vrai de dire que Florin a, par cette fuite, mis fin au noviciat qu'il avait commencé, puisqu'il y a renoncé de cœur et de fait, en s'enfuyant dans l'intention de se dépouiller de son habit religieux. C'est l'opinion de Sylvius, v. *Novitius*, 3. Le *parum pro nihilo reputatur* n'a pas lieu dans les choses déterminées par le droit. C'est ainsi qu'un novice à qui il ne manquerait qu'une heure ou de noviciat, ou pour avoir seize ans, ne ferait pas une profession valide.

J'ai rapporté, tom. V de ma *Morale*, une décision de la sacrée congrégation, qui appuie beaucoup ce sentiment. Si Florin avait fait profession après les deux mois qui lui restaient, je me contenterais de lui faire répéter ses vœux six mois après, devant toute la communauté.

Cas III. *Romuald*, ayant fait neuf mois de noviciat dans un monastère, et s'y déplaisant, est allé de son chef à six lieues de là, dans une autre maison du même ordre, sans quitter son habit et sans autre interruption que de six heures; et y ayant demeuré trois autres mois, y a été admis à la profession. Sa profession est-elle valide?

R. Non; car on demande un an, et pour que le novice puisse éprouver la religion, et pour que les supérieurs de la religion puissent éprouver le novice. Or peut-on bien éprouver un homme qu'on ne voit que trois mois? Cette décision est de Navarre. l. 3, Consil. Cons. 17.

— Cas IV. *Etienne*, après trois mois de noviciat, a été renvoyé par l'iniquité d'un des capitulants. Un mois après, le supérieur mieux informé lui fait proposer de rentrer. Il l'accepte. Faut-il qu'il recommence tout son noviciat?

R. Non; parce que l'injustice qu'il a essuyée ne doit point lui porter de préjudice, selon la maxime : *Rem quæ culpâ caret, in damnum vocari non convenit.* Les Salamanques croient même qu'on doit lui tenir compte du temps qu'il a passé dehors. Mais les autres sont d'un avis contraire, et il faut s'y tenir dans la pratique.

Cas V. *Génius*, voulant se faire religieux dans un monastère, y est entré le 1er janvier, et y a fait toutes les pratiques des novices pendant six mois, en portant néanmoins son habit séculier, qu'il n'a quitté que le 1er juillet pour prendre l'habit religieux, qu'il a porté le reste de l'année : 1° doit-il être censé avoir fait une année de noviciat, en sorte qu'il puisse faire profession valide? 2° serait-il aussi censé l'avoir faite, si ayant porté l'habit religieux pendant six mois, et ayant passé trois mois dans le siècle, il rentrait dans le même monastère, et y portait encore six autres mois l'habit de novice?

Ad. 1. Les premiers six mois que Génius a passés dans le monastère avec son habit séculier ne peuvent être comptés comme partie du temps requis pour le noviciat, quoiqu'il en ait pratiqué les règles. Car il est ordonné par le concile de Trente, sess. 25,

c. 15, qu'on ne sera reçu à la profession, qu'on n'ait passé au moins un an entier dans le noviciat, après avoir pris l'habit religieux. Ce qui est reçu dans le royaume par l'ordonnance de Blois, art. 28.

Ad. 2. Le temps du noviciat a été établi: 1° en faveur du novice, afin qu'il voie s'il sera capable de remplir tous les devoirs de la religion; 2° en faveur du monastère qui se propose de le recevoir. Or quand il y a un intervalle considérable entre le commencement et la fin d'un noviciat, tel qu'est celui de trois mois, l'épreuve n'a pas ce double effet. Certes un couvent peut bien mieux s'assurer des bonnes qualités d'un novice, qui demeure un an de suite sous les yeux des religieux, que quand il n'y est pendant le même temps qu'à différentes reprises.

— La plupart des réguliers feraient ici l'exception que j'ai marquée cas IV.

CAS VI. *Spiridion*, novice, trouvant que le maître des novices le traite avec trop de sévérité dans la confession, voudrait bien se confesser à un autre Père du même monastère, qui est approuvé par l'évêque. Ne le peut-il pas?

R. Clément VIII, par sa bulle 84, défend cela; et il n'accorde pas même au supérieur la liberté de confesser les novices, ni de leur donner un autre confesseur, si ce n'est une ou deux fois seulement dans l'année.

CAS VII. *Eugénie* ayant commencé son noviciat dans le monastère de N. a été contrainte d'en sortir six mois après avec quelques autres religieuses, à cause de l'approche de l'armée ennemie; ce qu'elle n'a pourtant fait que du consentement de l'évêque et de la supérieure, et en demeurant toujours sous son obéissance. Mais comme la guerre a duré une année dans le pays, et que cette fille n'a pu pendant ce temps achever son noviciat dans le monastère, on demande si après l'année écoulée elle peut être admise à la profession, sans recommencer un autre noviciat, ou sans achever les six mois qui lui restaient à faire de celui qu'elle avait commencé?

R. Elle le peut; car quoique, selon le concile de Trente, un novice ne soit censé avoir achevé son noviciat, qu'après une année de probation, ce n'est pourtant pas une nécessité absolue qu'il passe tout ce temps-là dans le monastère même; mais il suffit qu'il porte toujours l'habit de novice, qu'il demeure sous l'obéissance, et qu'il ne s'absente du monastère que pour une cause juste et approuvée du supérieur. C'est ainsi que Navarre répondit à une difficulté semblable, dont la décision lui fut renvoyée par la congrégation du concile de Trente, l. 4, cons. cont. 22. Suarès, Sylvius, Barbosa, etc., sont du même avis.

— CAS VIII. *Paulin et Amédor* sont entrés le même jour au noviciat. Le premier a eu une fièvre avec délire pendant cinq semaines. Le second a eu une attaque de démence qui a duré neuf mois. Ils ont très-bien fait leur devoir après avoir recouvré la santé. Peut-on au bout de l'année les recevoir à la profession?

R. On peut recevoir Paulin. Mais quoi qu'en pensent les Salamanques, il faut faire suppléer à l'autre le temps qu'il a passé hors de lui-même; car s'il est vrai qu'il a été douze mois au noviciat, il n'est point vrai qu'il ait fait douze mois de noviciat.

— CAS IX. Une communauté doute si elle peut admettre à la profession deux novices, dont l'un ne se porte bien que depuis deux mois; l'autre n'a commencé à être bien régulier que depuis neuf ou dix semaines. Peut-elle, pour se mieux assurer de ces deux sujets, proroger leur temps d'épreuve?

R. Dans le cahier présenté à Charles IX par le clergé de France vers 1574, l'art. 37 dit: *Le temps du noviciat achevé*, il faut que *les supérieurs reçoivent à faire profession ceux qu'ils trouveront habiles et idoines, ou qu'ils les mettent hors du monastère*. Et Roderig paraît être de ce sentiment, tom. III, qq., *Regular. q.*, 15, a. 10 *in fine*. Flavius Cherubin, dans son *Compendium* du Bullaire, tom. III, pag. *mihi* 114, est d'un autre avis, et cite une déclaration des cardinaux. Cela paraît si juste, que sans une loi précise, je ne pourrais penser différemment.

CAS X. *Euthalie*, après avoir pris le voile, est demeurée si infirme, qu'il n'y a aucune apparence qu'elle puisse jamais observer toutes les règles de la religion. Elle demande néanmoins avec instance d'être admise à la profession, et offre une plus forte dot que celle qu'elle avait promise, dans la seule intention de n'être pas à charge à la maison. La supérieure et ses sœurs peuvent-elles la recevoir malgré son infirmité et l'offre qu'elle fait d'une augmentation de dot?

R. Si cette novice a d'ailleurs des qualités capables de compenser ses infirmités, et qu'elle mène une vie édifiante, la supérieure peut la recevoir à la profession, quand même il paraîtrait certain que ses infirmités fussent incurables; car cela ne l'empêcherait pas de garder l'essentiel de ses vœux, ni même d'observer une partie des règles. L'offre qu'elle fait d'une augmentation de dot, non dans la vue d'être reçue par ce moyen; mais dans l'intention de n'être pas à charge au monastère, n'est pas vicieuse, si ce monastère n'est pas en état de se passer de ce secours. Car il est juste qu'une fille infirme, et qui paraît le devoir être toujours, supplée à sa dot, à proportion de la dépense que ses infirmités occasionneront. V. S. B., tom. 1, cas L.

Voyez ABBÉ, cas IV et V; ABBESSE, cas I et II; APPROBATION, cas XV.

NULLITÉ.

C'est de la nullité dans les contrats qu'il s'agit dans cet article. On distingue les nullités absolues et les nullités relatives, les nullités radicales et les nullités de plein droit; les nullités absolues sont fondées sur le bien public, les nullités relatives sur le bien particulier. Ainsi les mariages entre parents sont déclarés nuls à certains degrés, voilà une nullité absolue et fondée sur le bien public; les mariages faits sans le consentement des parents sont nuls, d'une nullité relative et qui importe à tel ou tel particulier; les nullités absolues peuvent être provoquées par le ministère public, et les nullités relatives par ceux seulement qui ont intérêt à faire annuler un contrat. La nullité de plein droit est celle qu'il n'est pas nécessaire de faire prononcer en justice; telle est, relativement aux effets civils, la nullité d'un mariage contracté par celui qui est mort civilement. La nullité radicale est celle qui affecte le contrat dès son origine; telle est, par exemple, celle qui résulte d'une erreur substantielle; la nullité de plein droit est toujours radicale; mais la nullité radicale n'est pas toujours de plein droit. Souvent elle a besoin d'être prononcée; car comme la cause d'une nullité peut être fausse, elle doit être prouvée et prononcée en justice.

Tous actes portant donation entre vifs seront passés devant notaires, dans la forme ordinaire des contrats, et il en restera minute sous peine de nullité. Cette nullité a-t-elle lieu au for de la conscience? c'est ce qui est controversé. *Voyez* FORMALITÉS. Si un testament olographe n'est pas écrit en entier, daté et signé de la main du testateur, il serait nul au for extérieur, le serait-il en conscience? également controversé. *Voyez* TESTAMENT et FORMALITÉS. *Voyez* CAUSE, CONSENTEMENT, ERREUR, DOL.

OBÉISSANCE.

L'obéissance est une vertu qui porte à exécuter les commandements du supérieur. On est tenu d'obéir en tout ce qui est juste aux supérieurs, tant ecclésiastiques que laïques; et cela, comme dit saint Paul, Rom. XIII, *non solum propter iram, sed etiam propter conscientiam.* Ainsi un fidèle doit obéir en tout ce qui concerne son âme, à son confesseur, son curé ou son évêque; ainsi que les religieux à leurs supérieurs, en tout ce qui concerne l'observance régulière; les enfants à leurs parents, les serviteurs à leurs maîtres; les sujets aux lois du prince et aux ordres de ses officiers. On va expliquer en quels cas on peut, selon saint Thomas, ne pas obéir à ses supérieurs.

CAS I. Un curé demande si l'inférieur est toujours obligé d'obéir à son supérieur. Quelle réponse solide peut-on lui faire?

R. Il faut lui dire avec saint Thomas, 2-2, q. 104, a. 2, que quoiqu'à parler en général on doive obéir à son supérieur, on est cependant dispensé de le faire : 1° lorsque le supérieur du supérieur le défend. C'est pourquoi si un curé commande quelque chose, quoique juste, à son vicaire, et que l'évêque la lui défende, il ne doit pas obéir à son curé, mais à son évêque. De même si le prieur d'un ordre commande une chose à un religieux, et que son général lui commande le contraire, il doit obéir à son général, comme étant supérieur de tous les autres supérieurs du même ordre; 2° lorsque le supérieur commande quelque chose en quoi l'inférieur ne lui est pas soumis. Par cette raison, si je suis enfant de famille, mon père n'a pas droit de m'empêcher, ou de me marier, à moins qu'il n'en ait quelque juste raison, ou de me consacrer à Dieu par un vœu de virginité ou autrement. Mais tant qu'il ne me commandera rien qui soit contre les lois, et qui ne tombe sous sa supériorité, je serai tenu de lui obéir.

CAS II. *Emile,* supérieur ecclésiastique de Pierre, lui commande une chose, que le supérieur laïque lui défend. Auquel doit-il obéir?

R. Comme ces deux puissances viennent de Dieu, la séculière n'est soumise à l'ecclésiastique qu'autant que Dieu l'y a soumise. Or il n'y a soumise que dans les choses qui regardent le salut. Ainsi Pierre et tout autre doit obéir au supérieur laïque dans les choses qui sont de son ressort. *S. Th.* n 2 *sent. dist.* 44, q. 2.

CAS III. *Léonce* est-il obligé par son vœu d'obéissance d'obéir à son supérieur, qui lui commande une chose contre la règle, ou dont la pratique est plus rigoureuse que la règle ne le porte?

R. Non; car dans ces deux cas le supérieur abuse de son autorité. Ainsi, lorsque la règle porte simplement que les religieux jeûneront deux fois la semaine, ils ne sont pas obligés d'en jeûner quatre, ni de jeûner même les deux au pain et à l'eau, encore que leur supérieur le leur commandât. C'est encore la doctrine de saint Thomas.

— C'est aussi celle de saint Bernard qui, dans son traité *de Præcepto et Disp.,* dit : *Nihil me prælatus prohibeat horum quæ promisi, nec plus exigat quam promisi.* Les réguliers enseignent même que le pape, quoique premier supérieur, ne peut rien commander au-dessus de la règle.

CAS IV. *Basile* a commandé à un de ses religieux une chose sur laquelle il doute qu'il soit obligé d'obéir. Que doit-il faire dans ce doute?

R. Si son doute regarde la personne du supérieur, en ce qu'il a sujet de douter qu'il soit légitime supérieur; il doit se conformer à l'opinion la plus commune des autres religieux; de sorte que si la plus grande partie le tient pour légitime supérieur, quoique quelques-uns d'eux ne le croient pas tel, il est tenu de lui obéir, parce que *communis opinio facit jus.* Mais si le doute de ce religieux regarde la chose même qui lui est commandée, il doit déposer son doute et se dire à lui-même que, puisqu'on le dépose tous les jours, en vertu de la décision d'un étranger, on doit encore plus le faire en vertu de celle d'un supérieur, qui a de plus l'autorité et la possession de commander. *Voyez* Cabassut, l. 1, c. 21, n. 17.

Cas V. Un abbé a commandé de certaines choses à ses religieux que l'évêque diocésain leur a défendues. Auquel des deux doivent-ils obéir?

R. Saint Thomas, *ibid.*, répond à cela, que les moines sont plus obligés d'obéir à leur abbé qu'à l'évêque, en ce qui regarde les statuts réguliers ; mais qu'ils sont plus obligés d'obéir à l'évêque qu'à leur abbé, dans ce qui concerne la discipline ecclésiastique. Si donc l'évêque ordonnait qu'on observât une fête dans son diocèse, et que l'abbé d'un monastère qui y est situé le défendît à ses religieux, ils seraient obligés d'obéir à l'évêque et non pas à l'abbé. Mais si l'évêque ordonnait quelque chose de contraire à l'obéissance régulière, le religieux devrait obéir plutôt à son supérieur qu'à l'évêque qui, par état, est tenu de soutenir la régularité, au lieu d'y nuire. *Trid. sess.* 25, c. 1.

Cas VI. *Hidulphe*, religieux réformé, voulant quelquefois écrire à l'évêque diocésain sous la juridiction duquel est son monastère, l'abbé le lui défend, à moins qu'il ne lui montre ses lettres avant que de les envoyer au prélat, et les réponses qu'il en reçoit. Ce religieux est-il obligé d'obéir en cela à son supérieur?

R. Non ; car puisque cet évêque est supérieur du monastère, il est juste que les religieux aient une pleine liberté de l'informer, soit des désordres qui pourraient y arriver, et auxquels le supérieur ne pourrait ou ne voudrait pas remédier, soit des mauvais traitements qu'ils reçoivent d'un supérieur, à qui ils ont le malheur de déplaire. Hidulphe n'est donc pas plus obligé de montrer ses lettres à son abbé, qu'il ne serait obligé de montrer au prieur celles qu'il écrirait à cet abbé, s'il était absent.

Cas VII. *Joseph*, religieux et procureur, se confessant à Jérôme, s'est accusé d'avoir disposé, de son chef, d'une somme qu'il s'était réservée. L'abbé, qui l'en soupçonnait, a commandé à Jérôme de lui déclarer ce qu'il en savait. Jérôme a refusé d'obéir, quoique Joseph lui eût permis de le déclarer à l'abbé, s'il le jugeait à propos. On demande si, supposé cette permission, il n'est pas tenu, en vertu de l'obéissance, de dire la vérité à son abbé?

R. La permission donnée à Jérôme ne l'oblige point à révéler le péché de Joseph, surtout lorsqu'il ne le connaît que par la confession. Il peut donc refuser d'obéir à son abbé, et cela, quand même Joseph serait fortement soupçonné de ce péché par plusieurs autres, et que le bruit qui s'en répandrait, le diffamât ; mais si Jérôme le savait d'ailleurs, soit *de visu*, soit *de certo auditu*, il pourrait alors le déclarer (pourvu qu'il n'y eût point de scandale à craindre). C'est la décision de saint Antonin.

Cas VIII. *Athanase*, soupçonnant un de ses religieux d'un péché grief contre le vœu de pauvreté, commande à Théophile, qui sait que ce religieux en est coupable, de lui déclarer ce qu'il en sait. Théophile est-il obligé d'obéir?

R. Si le péché de ce religieux est si secret que personne n'en ait de connaissance, son supérieur n'a pas droit de commander à celui qui le sait de le lui déclarer, parce que son commandement serait contraire à celui de Notre-Seigneur qui, prescrivant, *Matth.* xviii, l'ordre de la correction fraternelle, veut qu'on corrige en secret son prochain, quand son péché est caché ; et qu'on ne le déclare à l'Eglise, c'est-à-dire aux supérieurs, qu'après qu'il a méprisé l'avertissement qu'on lui a donné en particulier. Mais si ce péché est venu à la connaissance de plusieurs autres, au moins par un soupçon bien fondé, et qu'il en soit arrivé du scandale, alors comme le péché n'est pas seulement nuisible au coupable, mais encore à ceux qui ont pris occasion de s'en scandaliser, et que le bien commun est préférable au bien particulier, celui qui a une connaissance certaine de ce péché doit obéir au supérieur, afin qu'il y remédie par les voies convenables. Que s'il s'agissait d'un péché qui fût dommageable à la communauté, tel qu'est l'hérésie, le larcin, etc., celui qui en aurait connaissance, serait tenu de le déclarer au supérieur, avant toute correction secrète, à moins qu'il ne fût persuadé qu'il y remédierait par un avertissement secret. Tout ceci est de saint Thomas, 2-2, q. 33, a. 7 ; et quodl. 4, q. 8.

Cas IX. *Florent*, religieux, en ayant accusé un autre en plein chapitre, d'un péché considérable contre un de ses vœux, le supérieur commande à tous ceux qui en savent la vérité, de la lui déclarer. Est-il en droit de les y obliger?

R. Il a ce droit ; et il l'a encore, 1° *si præcedat infamia* ; 2° quand il s'agit de découvrir un péché qu'on sait être projeté et qui n'est pas encore commis. Car, si l'on prévoit qu'il doive être dommageable à plusieurs, par rapport au spirituel ou au temporel, il faut d'abord en avertir le supérieur, quand même on n'en serait pas requis par lui ; et c'est de cette espèce de péché que saint Thomas entend ces paroles de saint Jérôme : *Non debet occultari culpa unius in præjudicium multorum.* Sur quoi il dit : *Tunc enim non oportet admonitionem secretam exspectare, sed statim periculo occurrere. Unde et Dominus non dicit : Si peccare intendat, in futuro; sed, si peccaverit, in præterito.* Quodl. 1, art. 26.

Cas X. *Maurice*, visiteur d'un monastère de filles, ayant un juste fondement de soupçonner une religieuse d'avoir commis un péché grief contre un de ses vœux, lui commande de lui déclarer la vérité. Est-elle obligée de lui obéir?

R. Non ; car il n'est ni juste ni raisonnable d'exiger d'une fille qu'elle déclare hors le tribunal de la pénitence un péché secret. C'est au moins en ce sens que saint Grégoire dit : *Admonendi sunt subditi, ne, plus quam expedit, sint subjecti.* Can. 57, XXI, q. 7.

Cas XI. *Vindon*, curé, ayant fait une correction fraternelle à Jean qui vivait dans le concubinage, et ayant par là procuré sa conversion, l'évêque mande ce curé pour en savoir la vérité. Le curé s'en excusant, l'évêque lui commande de lui déclarer ce qu'il en sait. Est-il obligé de lui obéir?

R. Gerson, l. *de Corr. proximi*, dit : *Peccatum de quo frater peccans fuit secrete correptus, et de quo se emendavit, potest dici prælato præcipienti per obedientiam.* Mais la charité ne permettrait pas de le faire, 1° en présence de ceux à qui ce désordre passé serait inconnu ; 2° si la curiosité seule, et non le désir de promouvoir la bonne œuvre, était le motif du supérieur, un inférieur n'étant obligé d'obéir que quand son supérieur lui tient la place de Dieu en ce qu'il lui commande, ce qu'on ne peut dire de celui qui ne veut qu'on lui découvre la vie du prochain que par une vaine curiosité.

Cas XII. *Robert* est-il obligé d'obéir à son père, qui lui ordonne quelquefois de dire la messe pour lui, avant de se mettre en voyage ; ou peut-il sans péché ne la pas célébrer, quoiqu'il n'ait aucune cause qui l'en empêche?

R. Robert peut pécher contre la charité, mais on peut dire qu'il ne pèche pas contre l'obéissance. Car les ecclésiastiques, quoique tenus d'obéir à leurs parents dans les autres choses, ne sont pas tenus de leur obéir dans les choses qui concernent les fonctions sacrées ou les autres obligations de leur état ; et ils peuvent leur dire avec le plus tendre fils qui ait jamais été : *Quid mihi et tibi est, mulier?* Joan. II, 4. Ainsi, quoique Robert ne se juge pas en péché mortel, il peut néanmoins se trouver dans l'indévotion ou dans quelque scrupule dont il veut être éclairci avant que de célébrer. Il ne peut donc le faire par complaisance pour son père.

Cas XIII. *Egbert* commande à son laquais de le suivre chez Julie, où il va pour pécher. Le domestique, qui déteste dans son cœur l'action de son maître, demande si, pour se conserver dans sa condition qui est très-bonne, il peut obéir à Egbert?

R. Ce laquais est obligé de quitter le service d'Egbert, s'il ne peut se dispenser de l'accompagner chez Julie ; 1° parce qu'il coopère au péché de son maître ; puisque, comme on le suppose, il n'irait pas seul chez elle ; 2° parce qu'en attendant son maître, pendant qu'il sait qu'il pèche, il s'expose au danger d'offenser Dieu par de mauvaises pensées ou par des désirs criminels ; 3° parce que l'évêque de Namur censura dans son synode de 1659, dix-sept propositions de morale, dont l'une excusait un domestique dans le cas dont il s'agit.

— L'auteur aurait pu citer la cinquante-unième proposition que censura Innocent XI, le 2 mars 1679. Viva en conclut qu'un cocher ne peut mener son maître dans un mauvais lieu, ni un laquais porter des présents à une concubine : *Quia munuscula hæc fovent tartareum ignem.* Cependant il n'est pas assez ferme sur ce dernier article.

Cas XIV. *Alphonse*, âgé de seize ans, demande à son père la permission d'entrer en religion ; il lui défend absolument de le faire avant l'âge de dix-huit ans. Alphonse est-il obligé d'obéir?

R. Alphonse, après avoir humblement demandé à son père cette permission, peut, nonobstant son refus, suivre l'attrait de la grâce qui le porte à une vie plus sainte. C'est le cas où ont lieu ces paroles de Moïse : *Qui dixit patri suo et matri suæ: Nescio vos....., hi custodierunt eloquium tuum,* etc. Deuter. III ; et ces autres de Notre-Seigneur, Matth. x, 17 : *Qui amat patrem aut matrem plus quam me, non est me dignus. Voyez* l'épître 143 de saint Augustin à Lætus.

Cas XV. *Polyxène*, âgée de vingt ans, reçoit ordre de son père de choisir la religion ou un mariage qu'il lui propose. Est-elle obligée de faire l'un ou l'autre?

R. Non ; car quoique, selon saint Augustin, Ep. 20, n. 98, les parents doivent inspirer à leurs enfants d'embrasser l'état qu'ils jugent le plus convenable à leur salut, ils ne doivent jamais les obliger à embrasser ni la religion, ni le mariage ; parce que, comme dit l'Apôtre, I Cor. VII, *Unusquisque donum proprium habet ex Deo ; alius quidem sic, alius vero sic.* Disons donc avec saint Thomas, 2-2, q. 104, a. 5 : *Non tenentur nec servi dominis, nec filii parentibus obedire de matrimonio contrahendo, vel virginitate servanda.*

Cas XVI. *Mathurin*, supérieur de Claude, lui défend de continuer une bonne œuvre qu'il a commencée. Est-il obligé de lui obéir?

R. Non, si cette bonne œuvre est d'une obligation indispensable. Mais si elle n'est pas d'une obligation étroite, il peut quelquefois être obligé à la discontinuer, pour ne pas pécher, en la continuant, contre l'obéissance. *Voyez* saint Thomas, 2-2, q. 104, a. 3, *ad* 3, où il donne cette décision.

OBLIGATION.

Ce mot se prend, ou dans un sens étendu, et alors il est synonyme au terme de devoir, et il signifie les obligations dont une personne n'est comptable qu'à Dieu, ou dans un sens plus resserré, et alors les jurisconsultes le définissent, d'après la loi 3, ff. *de Obligat.*, un lien de droit qui nous engage envers un autre, soit à lui donner quelque chose, soit à la faire, ou à ne la pas faire. *Voy.* le savant *Traité des Obligations*, en deux vol. in-12, imprimé chez Debure aîné.

On distingue les obligations naturelles, les obligations civiles et les obligations mixtes. L'obligation naturelle est celle qui oblige dans le for de la conscience, pour l'exécution de laquelle la loi civile ne donne point d'action ; en sorte que cette exécution ne dépend que de la probité de celui qui est obligé. L'obligation civile est celle qui n'est appuyée que sur l'autorité des lois civiles et sur celle de la conscience. Telle serait l'obligation de celui qui est injustement condamné par un jugement en dernier ressort à payer ce qu'il ne doit point. Il est contraint de payer, quoiqu'il ne doive rien en conscience. L'obligation mixte est celle qui est fondée sur l'équité naturelle, et qui est autorisée par les lois. Elle oblige au for extérieur et au for intérieur.

L'obligation est conditionnelle lorsqu'on la fait dépendre d'un événement futur et incertain, soit en la suspendant jusqu'à ce que l'événement arrive, soit en la résiliant, selon que l'événement arrivera ou n'arrivera pas. *Voyez* Condition.

Obligation à terme. Le terme diffère de la condition, en ce qu'il ne suspend point l'engagement dont il retarde seulement l'exécution. Ce qui n'est dû qu'à terme ne peut être exigé avant l'échéance du terme; mais ce qui a été payé d'avance ne peut être répété. Le terme est toujours présumé stipulé en faveur du débiteur, à moins qu'il ne résulte de la stipulation ou des circonstances qu'il a été aussi convenu en faveur du créancier.

Obligation alternative. V. Alternative.

Obligation solidaire. L'obligation est solidaire entre plusieurs créanciers, lorsque le titre donne expressément à chacun d'eux le droit de demander le payement du total de la créance, et que le payement fait à l'un d'eux libère le débiteur, encore que le bénéfice de l'obligation soit partageable et divisible entre les divers créanciers. Il est au choix du débiteur de payer à l'un ou à l'autre des créanciers solidaires, tant qu'il n'a pas été prévenu par les poursuites de l'un d'eux. Néanmoins, la remise qui n'est faite que par l'un des créanciers solidaires ne libère le débiteur que pour la part de ce créancier. Tout acte qui interrompt la prescription à l'égard de l'un des créanciers solidaires profite aux autres créanciers.

Il y a solidarité de la part des débiteurs, lorsqu'ils sont obligés à une même chose, de manière que chacun puisse être contraint pour la totalité, et que le payement fait par un seul libère les autres envers le créancier. L'obligation peut être solidaire, quoique l'un des débiteurs soit obligé différemment de l'autre au payement de la même chose: par exemple, si l'un n'est obligé que conditionnellement, tandis que l'engagement de l'autre est pur et simple, ou si l'on a pris un terme qui n'est point accordé à l'autre. Le créancier d'une obligation contractée solidairement peut s'adresser à celui des debiteurs qu'il veut choisir, sans que celui-ci puisse lui opposer le bénéfice de division. Les poursuites faites contre l'un des débiteurs n'empêchent pas le créancier d'en exercer de pareilles contre les autres. Si la chose due a péri par la faute, ou pendant la demeure de l'un ou de plusieurs des débiteurs solidaires, les autres codébiteurs ne sont point déchargés de l'obligation de payer le prix de la chose; mais ceux-ci ne sont point tenus des dommages et intérêts. L'obligation contractée solidairement envers le créancier se divise de plein droit entre les débiteurs qui n'en sont tenus entr'eux que chacun pour sa part et portion. Le codébiteur d'une dette solidaire, qui l'a payée en entier, ne peut répéter contre les autres que les part et portion de chacun d'eux. Si l'un d'eux se trouve insolvable, la perte qu'occasionne son insolvabilité se répartit, par contribution, entre tous les autres codébiteurs solvables et celui qui a fait le payement.

Obligations divisibles et indivisibles. Voyez Indivisible.

Obligation avec clause pénale. La clause pénale est celle par laquelle une personne, pour assurer l'exécution d'une convention, s'engage à quelque chose, en cas d'inexécution. La nullité de l'obligation principale entraîne celle de la clause pénale: la nullité de celle-ci n'entraîne point celle de l'obligation principale. Le créancier, au lieu de demander la peine stipulée contre le débiteur qui est en demeure, peut poursuivre l'exécution de l'obligation principale. La clause pénale est la compensation des dommages et intérêts que le créancier souffre de l'inexécution de l'obligation principale. Il ne peut demander en même temps le principal et la peine, à moins qu'elle n'ait été stipulée pour le simple retard. Soit que l'obligation primitive contienne, soit qu'elle ne contienne pas un terme dans lequel elle doive être accomplie, la peine n'est encourue que lorsque celui qui s'est obligé, soit à livrer, soit à prendre, soit à faire, est en demeure. La peine peut être modifiée par le juge, lorsque l'obligation principale a été exécutée en partie.

Lorsque l'obligation primitive, contractée avec une clause pénale, est d'une chose indivisible, la peine est encourue par la contravention d'un seul des héritiers du débiteur, et elle peut être demandée, soit en totalité contre celui qui a fait la contravention, soit contre chacun des cohéritiers, pour leur part et portion, cohypothécairement pour le tout, sauf leur recours contre celui qui a fait encourir la peine.

Lorsque l'obligation primitive, contractée sous une peine, est divisible, la peine n'est encourue que par celui des héritiers du débiteur qui contrevient à cette obligation, et pour la part seulement dont il était tenu dans l'obligation principale, sans qu'il y ait d'action contre ceux qui l'ont exécutée. Cette règle reçoit exception lorsque, la clause pénale ayant été ajoutée dans l'intention que le payement ne pût se faire partiellement, un cohéritier a empêché l'exécution de l'obligation pour la totalité : en ce cas, la peine entière peut être exigée contre lui et contre les autres cohéritiers, pour leur portion seulement, sauf leur recours.

Les obligations s'éteignent par le payement, V. Payement; par la novation, V. Novation; par la remise volontaire, V. Remise; par la compensation, V. Compensation; par la confusion, V. Confusion; par la perte de la chose, V. Perte ; par la nullité ou la rescision, par l'effet de la condition résolutoire, V. Résolutoire ; par la prescription, V. Prescription.

OBSERVANCE VAINE.

Espèce de superstition par laquelle on se sert de moyens frivoles, qui n'ont point naturellement la vertu de produire l'effet qu'on en attend.

Cas. Avez-vous employé, pour guérir certaines maladies, des paroles, des signes, des actions ou des remèdes, qui n'ont aucune vertu pour produire cet effet. Par exemple, faire usage des herbes cueillies la veille de la Saint-Jean, cueillies par une personne à jeun, pliées d'une telle manière; lier une branche d'arbre pour la plaie qu'on veut guérir; planter le fer dont on s'est blessé dans un arbre de certaine espèce; péché grave, si la bonne foi n'excusait, comme cela arrive ordinairement.

Avez-vous cru qu'il est dangereux d'être treize à table? Le premier président du parlement de Rouen ne pouvait se résoudre à se mettre à table, parce qu'il était le treizième; il fallut adhérer à la superstition et faire venir une autre personne, afin qu'on fût quatorze; alors il soupa tranquillement; mais à peine fut-il sorti de table qu'il fut saisi d'une apoplexie dont il mourut sur-le-champ.

Avez-vous cru que certaine rencontre, que le cri d'un corbeau, qu'une salière renversée, etc., portaient malheur; qu'il y a des jours heureux, des jours malheureux, comme le vendredi? Ces croyances sont plutôt des préjugés, des faiblesses d'esprit, que de vraies superstitions; elles ne sont ordinairement que des fautes vénielles; elles ne seraient mortelles qu'autant qu'on voudrait en faire des règles de conduite. Les plus superstitieux de tous, ce sont les incrédules : Diderot, d'Alembert, croyaient au sortilége; le comte de Boulainvilliers, qui s'est acquis un nom par son impiété, étudiait sérieusement les secrets de la sorcellerie. Hobbes, incrédule, ne couchait jamais seul la nuit, crainte des revenants. Le roi de Prusse, célèbre par son incrédulité, déplaçait lui-même les couteaux et les fourchettes qu'il voyait en croix sur la table, les regardant comme un signe de malheur. Sa sœur, qui affectait aussi de paraître incrédule, se faisait dire la bonne aventure, et la moitié de la cour de ce Frédéric croyait à la femme blanche qui, armée de son grand balai, apparaissait dans une salle du château, et balayait de toutes ses forces quand il devait mourir quelqu'un de la famille royale.

Il est vrai cependant de dire qu'il y a des jours heureux; ce sont ceux que vous avez passés dans la vertu, et les jours malheureux sont ceux où vous avez péché.

Ne vous êtes-vous pas aussi servi de certains jeux de cartes, de dés diversement arrangés, dont les premiers mots qui se présentaient à l'ouverture des livres saints? Avez-vous fait tourner un crible, un tamis, pour connaître des choses futures, cachées ou perdues. Si c'est pour s'amuser, ou avec une certaine bonne foi; péché véniel tout au plus; mais la vaine observance est péché mortel, toutes les fois qu'elle est accompagnée de l'invocation expresse du démon; il n'y aurait pas de péché pour un fidèle qui par ignorance ne regarde pas telle ou telle observance comme superstitieuse, quoiqu'elle soit vraiment vaine et illicite.

OCCASION PROCHAINE DU PÉCHÉ MORTEL.

On entend par occasion du péché tout ce qui nous y porte : *Illud omne*, dit saint Charles, *quod peccati causam administrat*. Il y a des occasions de péché (mortel), qui sont éloignées, qui ne nous mettent pas dans un danger prochain de pécher, dans lesquelles on pèche rarement; il n'est pas possible de les éviter toutes; autrement il faudrait sortir du monde. Il y a des occasions de péché qui sont prochaines; ce sont celles qui mettent dans un danger probable, moral, prochain de pécher; ce qui fait que celui qui s'y trouve tombe *fréquemment* dans le péché. *In ea positus frequenter peccat*, ainsi qu'on s'exprime dans l'école; et au contraire, *qui sæpe versatur in occasione remota, raro peccat*.

J'ai dit : *frequenter* et non *semper*, parce que, pour juger que l'occasion est prochaine, il n'est pas nécessaire qu'elle fasse toujours tomber.

J'ai dit : *frequenter* et non *aliquando*, parce que celui qui ne tombe que quelquefois, dans une occasion où il se trouve souvent, n'est pas encore dans l'occasion prochaine.

Enfin j'ai dit *frequenter*; ce qui est ordinairement vrai; il peut cependant y avoir quelques cas exceptés, où, à raison des circonstances, une seule chute peut rendre l'occasion prochaine; comme si une personne, déjà fort portée d'elle-même au mal, se trouvait toujours avec son séducteur qui a beaucoup d'ascendant sur elle.

Cette définition est celle de la Méthode de Besançon; nous l'avons citée littéralement, telle qu'il est facile de la lire à la page 257 du premier vol., chap. 7, art. 2, § 1, édition de Besançon, 1822, chez Petit.

Or, nous lisons à la page 373 t. II de la *Théologie morale*, de monseigneur Gousset cette singulière remarque : « La *Méthode de direction*, par un directeur du séminaire de Besançon, définit les occasions prochaines celles qui nous mettent dans un danger probable, moral et prochain de pécher; ce qui fait que celui qui s'y trouve, tombe *presque toujours* dans le péché : *In ea positus sæpius peccat*; ainsi qu'on s'exprime dans l'école. » Ch. 7, art. 2, § 1. « Nous n'admettons point cette notion, continue monseigneur Gousset, quoiqu'on la trouve dans plusieurs théologiens; pour que l'occasion du péché soit prochaine, il suffit que celui qui s'y trouve tombe fréquemment, *sæpe, frequenter*, comme le dit saint Alphonse. Toutefois nous sommes loin d'accuser l'auteur de cette méthode d'avoir voulu favoriser le relâchement pour l'absolution de ceux qui sont dans l'occasion prochaine du péché ; car citant d'une manière incomplète et quelquefois inexacte les avertissements de saint Charles aux confesseurs, il se montre plus sévère encore que ce grand archevêque, auquel certainement personne ne reprochera d'avoir été trop indulgent. »

Cette citation de monseigneur Gousset nous étonne, nous ne pouvons nous en rendre compte qu'en supposant que ce savant archevêque à un exemplaire de la Méthode tout à fait particulier ; car le passage incriminé ne se trouve pas dans les divers exemplaires que nous avons parcourus ; nous n'y avons lu que *frequenter* et non le *presque toujours* qu'on lui prête ; elle n'enseigne sous ce rapport que ce que disent saint Liguori et le bienheureux Léonard de Paul Maurice ; « *Occasio proxima*, dit saint Alphonse, *per se est illa in qua homines communiter*, *ut plurimum*, *peccant*: proxima per accidens est illa quæ, licet per se respectu aliorum non sit proxima eo quod non sit apta de sua natura communiter inducere homines ad peccatum, tamen respectu alicujus est proxima : vel quia hic in illa occasione, etsi non fere semper, nec *frequentius*, *frequenter* tamen cecidit ; vel quia spectata ejus præterita fragilitate, prudenter timetur ipsius lapsus. Unde perperam dicunt Navarrus, Lugo et Viva cum aliis non esse in occasione proxima adolescentes, qui laborando cum feminis peccant consensu ; verbis aut tactibus, eo quod, ut dicunt, non *fere semper* in talibus occasionibus peccant ; nam, ut diximus, ad occasionem proximam constituendam sufficit ut homo *frequenter* in ea labatur. Notandum vero quod aliquando occasio, quæ respectu aliorum est proxima, respectu hominis valde pii et cauti poterit esse remota. Ex præmissis infertur esse in occasione proxima, 1° qui domi retinet mulierem cum qua sæpe peccavit. Et hic notandum quod si quis non habet ad suam dispositionem mulierem, cum qua peccat, sed cum ea peccat semper ac accedit in illius domum, tunc illuc accedere erit occasio proxima, etiamsi semel in anno accederet ; 2° qui in ludo *frequenter* labitur in blasphemias vel fraudes ; 3° qui in aliqua domo, caupona aut conversatione, *frequenter* incidit in ebrietatem, rixas, verba aut gestus lascivos. »

Suivant le bienheureux Léonard de Port-Maurice, « on donne communément le nom d'occasion prochaine à celle où, attendu les circonstances de la personne, du lieu et de l'expérience passée, on pèche toujours ou presque toujours, ou du moins *fréquemment*. C'est ce qui la distingue de l'occasion éloignée, dans laquelle, eu égard aux mêmes circonstances, on ne pèche que rarement. Ainsi l'occasion prochaine n'est jamais telle que quand elle a, d'une manière absolue ou relative, une union fréquente avec le péché. Tel est le caractère propre qu'assignent les théologiens pour distinguer l'occasion prochaine de l'occasion éloignée. Mais il est à propos de remarquer que nous n'entendons pas ici que la fréquence des chutes soit toujours *absolue* quant au temps et quant aux actes, de sorte que pour constituer l'occasion prochaine il soit nécessaire de pécher tous les jours ou presque tous les jours, ou de commettre dans le même espace de temps un certain nombre de péchés. Non, mais il suffit qu'elle soit *relative* au nombre de fois qu'on s'est exposé à l'occasion. Ainsi un homme ne tient pas, à la vérité, dans sa propre maison, la personne avec laquelle il a coutume de pécher, mais encore il l'entretient ailleurs dans sa dépendance, le concubinage serait trop évident. Mais il la visite dans une maison qui ne lui appartient pas, et pour cacher son intrigue, et tromper les regards de ceux qui épient ses démarches, il ne la visite qu'une seule fois par mois, et même plus rarement. Il est certain que s'il pèche le *plus souvent*, quand il se rend dans cette maison, si de douze fois l'année il n'en passe pas cinq ou six sans tomber, il doit être infailliblement réputé dans l'occasion du péché. Quelquefois encore il ne faudra pas s'attacher au nombre matériel des chutes, mais plutôt à examiner quelle est l'influence de l'occasion sur le péché et jusqu'à quel point le péché dépend de l'occasion. Toutes ces considérations sont abandonnées à la prudence du confesseur, qui pèsera mûrement le fait avec ses circonstances.

Il y a des occasions prochaines, nécessaires ou involontaires ; ce sont celles qu'un malheureux pécheur ne peut ni éviter ni détruire ; c'est par exemple un homme qui est en prison avec la personne avec laquelle il pèche. Dans ce cas on ne peut ôter la circonstance extérieure qui constitue l'occasion prochaine ; il faut donc affaiblir le danger prochain produit par la propension intérieure à pécher, et ainsi faire que l'occasion prochaine est prochaine par elle-même devienne éloignée. Celui qui s'y trouve donne-t-il des signes d'une contrition spéciale ou d'autres indices de ses bonnes dispositions intérieures, absolvez-le en lui indiquant les préservatifs suffisants pour affaiblir le danger ; mais si l'on ne voit pas de marques sur lesquelles on puisse fonder un jugement prudent de la réalité de ses bonnes dispositions intérieures, et surtout si après avoir été averti deux ou trois fois, il n'a pas donné de signes d'amendement, ce serait une grande imprudence de lui donner l'absolution. Le confesseur doit le lui différer en lui assignant les moyens propres à affaiblir le danger prochain. Si le pécheur obéit et qu'il se corrige à l'aide de ces pratiques, on doit l'absoudre. Si on ne voit aucun signe d'amendement, on doit le juger incapable d'absolution car dans ce cas, remarquez-le bien, l'occasion, de nécessaire devient volontaire.

L'occasion prochaine volontaire est celle qu'on peut, mais qu'on ne veut pas quitter. Il faut distinguer, avec saint Charles, celle qui est prochaine de sa nature et celle qui ne l'est qu'accidentellement. Le saint archevêque entend par occasions prochaines de leur nature les fréquentations criminelles qui ont lieu dans la propre maison, la lecture des livres immoraux, les statues, les tableaux immodestes.

Cas I. Un libertin a placé le portrait d'une personne aimée criminellement, dans l'appartement où il se trouve souvent et qu'il peut, s'il veut, enlever sur-le-champ ; une domestique entraînée au mal par son maître peut aussitôt quitter la maison ; à coup sûr en pareil cas on doit refuser l'absolution jusqu'à ce qu'on ait ôté l'occasion.

Cas II. Un maître a dans sa maison une personne qui est pour lui une occasion prochaine de péché ; mais il n'y a ni scandale ni soupçon, l'un et l'autre jouissent d'une bonne réputation dans le public ; si dans un temps de mission le confesseur persiste à refuser l'absolution à ce maître, s'il ne renvoie aussitôt sa servante, le renvoi *subit*, dans un moment de pénitence publique, peut faire naître des soupçons ; dans ce cas quel moyen trouvera le confesseur pour procurer le bien du pénitent, sans charger sa propre conscience ?

R. Je vais dire comment se conduisit un habile confesseur en pareille circonstance : « Écoutez, mon fils, dit-il à son pénitent, en réalité, je ne devrais pas, je ne pourrais pas vous absoudre, mais parce que je vous vois si contrit et si résolu à renvoyer cette personne et que vous vous confessez avec tant de douleur de tous les péchés que vous avez commis, je veux croire qu'il n'y a point de feinte de votre part et que vous parlez dans toute la sincérité de votre cœur ; je ne le croirais pas dans un autre temps que celui de la mission et si je ne vous voyais pas aussi contrit. Je vous absoudrai donc, à condition que vous me promettiez de renvoyer cette domestique quinze jours après que la mission sera finie, et jusqu'à ce temps-là, de ne la laisser jamais entrer dans votre chambre quand vous êtes seul, de ne pas lui parler, si ce n'est pour des choses nécessaires. De plus, pendant ces quinze jours, confessez-vous au moins deux fois, pour rendre au confesseur compte de votre conduite ; faites naître pendant ce temps-là quelque circonstance favorable pour la renvoyer aussitôt après les quinze jours. Passé ce terme, vous ne devez pas même la garder une heure. » Ce moyen terme, dicté par la prudence dans une circonstance où il y a une espèce d'impossibilité morale de faire autrement, mérite d'être loué jusqu'à un certain point. Mais il ne faut pas en faire usage avec toute sorte de pénitents ni dans toute occasion ; soyez donc sur vos gardes, si vous ne voulez pas être trompé ; tenez pour règle générale que dans l'occasion prochaine de sa nature *in esse*, il faut employer le fer et le feu surtout en deux matières, l'injustice et l'impureté. Lorsque l'habitude est forte, la tentation pressante et l'inclination vive, ne vous en rapportez pas aux belles promesses, mais armez-vous d'une sainte rigueur et dites en deux mots : Allez, ôtez l'occasion et venez recevoir l'absolution. Si le pénitent objecte l'impossibilité morale, ne le croyez pas sur parole ; mais mesurez, examinez attentivement cette difficulté qu'il grossit. Bien souvent vous reconnaîtrez qu'elle n'est pas plus grande que celle que rencontrait Abraham à chasser son esclave.

Les occasions qui ne sont prochaines qu'accidentellement *per accidens*, et non de leur nature, exigent moins de rigueur et autorisent plus de condescendance ; elles consistent à fréquenter les maisons de jeu, les assemblées de divertissements, les bals, les cabarets. Suivant l'avis de saint Charles, lorsque le pénitent engagé dans de pareilles occasions promet sincèrement de les quitter, on peut l'absoudre au moins deux ou trois fois, supposé toujours que le confesseur connaisse qu'une semblable promesse sort d'un cœur résolu et contrit ; s'il a déjà promis d'autres fois sans se corriger, le saint archevêque veut qu'on lui refuse l'absolution jusqu'à ce qu'il ait entièrement quitté l'occasion.

Avant de terminer cette matière de l'occasion prochaine, je dois faire remarquer que beaucoup de confesseurs mettent un véritable zèle, non-seulement à séparer, mais encore à éloigner leurs pénitents de toute occasion prochaine de péché contre la chasteté, mais négligent de leur faire quitter les autres occasions trop nombreuses de pécher contre les différents commandements de Dieu. Saint Charles a bien soin de faire cette remarque. Or, parmi les occasions qui ne sont prochaines qu'*accidentellement*, il compte celles où se trouvent un grand nombre de personnes qui en exerçant leur profession tombent fréquemment dans des fautes très-graves : blasphèmes, calomnies, haines, fraudes, parjures et autres semblables. Il veut qu'on leur diffère l'absolution, lorsque, avertis deux ou trois fois, ils ne donnent pas de signes d'amendement ; bien plus, si après des avertissements réitérés, ils ne se corrigent pas, on doit les obliger à quitter ces professions qui sont pour eux une occasion prochaine de péché. Mais avant d'en venir à cette résolution extrême, il faut employer beaucoup de précautions et de moyens de prudence.

Le saint archevêque veut qu'on use d'une bien plus grande rigueur avec ceux qui vont au bal, qui fréquentent les spectacles, qui hantent les cabarets, qui sont pour eux, du moins relativement, des occasions prochaines de péché, puisqu'à raison de leur mauvaise disposition, ils y tombent fréquemment dans des fautes très-graves. Ainsi, continue le saint, on ne doit pas les absoudre, s'ils ne commencent par promettre de s'en éloigner ; et si, après avoir promis deux ou trois fois, ils retombent, il veut qu'on leur refuse l'absolution jusqu'à ce qu'ils aient éloigné l'occasion. Tout ce que nous venons de dire est fondé sur les décisions de l'Église, qui fulmine sa censure contre celui qui ose enseigner qu'on peut absoudre le pécheur qui vit dans l'occasion prochaine du péché.

Cas III. On doit encore conduire selon les maximes qu'on vient de proposer ceux qui donnent aux autres occasion de péché ; tels sont les comédiens, les chefs de famille qui tiennent chez eux des assemblées de jeunes gens, où l'on se permet des libertés, des chansons, des paroles déshonnêtes ; les libraires qui vendent ou qui louent de mauvais livres, ceux qui les impriment ou qui les prêtent, ceux qui exposent des tableaux ou des statues déshonnêtes, les recéleurs, les cabaretiers qui ne suivent pas les règles de leur état, les maires et adjoints qui ne répriment pas les désordres publics autant qu'ils le peuvent ; les personnes de l'autre sexe qui s'habillent immodestement.

Voyez ABSOLUTION, cas XIII, XIV, XV, XVI, XVII, XVIII, XIX, XX, XXI, XXII.

OCCUPATION.

L'occupation fut le premier moyen d'acquérir la propriété d'une chose. Mais le partage des biens étant fait, ce moyen d'acquérir ne dut néanmoins pas cesser, puisqu'il resta encore un grand nombre de choses en commun et qui n'étaient pas divisées, comme les bêtes dans les forêts, les oiseaux dans l'air, les poissons dans les mers ou les fleuves, les pierres, les coquillages au fond ou sur les bords de la mer, les trésors dans le sein de la terre. Or, il est admis chez tous les peuples que les choses qui n'appartiennent à personne sont au premier occupant, à moins que des lois particulières n'en règlent la propriété ; car alors elles donnent à celui en faveur de qui elles ont statué, un droit qu'on ne saurait violer sans injustice. Or, le code civil a déclaré que les biens qui n'ont pas de maître appartiennent à l'État ; mais qu'il est des choses qui n'appartiennent à personne et dont l'usage est commun à tous, et que des lois de police règlent la manière d'en jouir. Telles sont les lois sur la chasse et sur la pêche ; ces lois observées, les oiseaux qui volent librement dans l'air, les poissons qui nagent dans la mer sont au premier occupant.

Il faut distinguer, lorsqu'il est question de l'occupation des animaux, ceux qui sont domestiques, de ceux qui sont sauvages ou apprivoisés. Les animaux sauvages sont au premier occupant, pourvu qu'ils soient dans leur liberté naturelle et que l'on se conforme aux lois qui déterminent le mode d'occupation. Mais quand l'occupation doit-elle être regardée comme réelle ? Cela est assez difficile à déterminer ; cependant on peut dire en général que l'occupation est réelle quand l'animal est dans un état tel qu'il ne peut moralement pas échapper à celui qui s'en empare ; ainsi une bête appartient à celui qui l'a blessée de telle sorte qu'elle ne peut lui échapper, et qu'en la poursuivant il a la certitude morale de la prendre ; mais s'il a cessé de la poursuivre, parce qu'il juge difficile de l'atteindre, ou parce qu'il ignore où elle a fui, elle doit être regardée comme abandonnée, et elle appartiendra au premier occupant : si elle n'a pas été blessée au point de ne pouvoir échapper, elle appartient à celui qui la prend, car alors elle est en pleine liberté ; à plus forte raison si elle n'a pas été blessée, lors même qu'elle serait poursuivie par quelqu'un qui aurait la certitude de l'atteindre, car nonobstant cette certitude, il est toujours vrai que la bête n'a pas encore été prise, qu'elle est dans sa liberté naturelle, et qu'elle est au premier occupant.

CAS I. *Jean* a rencontré sur son chemin des filets dans lesquels une bête était prise, il s'en est emparé. A-t-il le droit de la retenir ?

R. Si cette bête était tellement prise qu'elle ne pouvait échapper, elle appartenait à celui qui avait tendu les pièges ; Jean n'avait donc le droit ni de s'en emparer ni de la retenir ; mais si elle était à même d'échapper, Jean a le droit de la retenir. Il y a, comme le dit monseigneur Gousset, un grand nombre de fidèles, dans la campagne surtout, qui se font facilement illusion sur ce point ; ils s'approprient sans scrupule le gibier ou le poisson dont un autre n'a pas encore pris immédiatement possession. Nous pensons que les confesseurs ne doivent point les inquiéter à cet égard : il est prudent à notre avis de les laisser dans leur bonne foi.

CAS II. *Alcibiade* a tendu des filets dans la vigne de Jean, qui s'est emparé du gibier qui s'y trouvait. Le pouvait-il en conscience ?

R. La chose est controversée ; il en est qui pensent qu'il le pouvait, parce que, disent-ils, ce gibier n'était pas encore au pouvoir du chasseur, et que le propriétaire du fonds avait le droit de l'empêcher d'y pénétrer, afin de s'en emparer. Pothier pense que dans ce cas le gibier ne serait pas adjugé par les tribunaux à celui qui a tendu les filets. Cependant nous pensons, dit Carrière, que le gibier dans ce cas appartient à celui qui a tendu les filets ; car une bête sauvage, quoiqu'elle soit sur le fonds de quelqu'un, ne lui appartient pas pour autant, mais elle est encore dans la communauté négative ; si donc elle est prise, on ne fait point d'injustice au maître du fonds, à moins qu'on ne viole le droit qu'il avait que personne n'entrât dans sa propriété, ou qu'il n'ait eu la certitude de prendre cet animal ; rien n'empêche donc que dans le cas proposé le chasseur n'acquière le domaine de cette bête par occupation ; qu'on ne dise pas qu'il ne peut pas entrer dans la propriété d'autrui pour s'en emparer ; car si quelqu'un avait attaché un cheval sur la propriété d'un autre malgré lui, en perdrait-il pour cela la propriété ? Il pourra le reprendre en indemnisant le propriétaire. Cependant comme on lui fait une sorte d'outrage, il ne serait pas surprenant que la loi n'accordât pas contre lui d'actions à celui qui a mis les filets, sans prétendre néanmoins le dépouiller de son droit. D'après Carrière, Jean ne pourrait donc pas en conscience retenir le gibier pris dans les lacets, quoique posés sur son terrain, à moins que la loi, ou une coutume ayant force de loi, ne s'y opposât.

CAS III. *Nisius*, en poursuivant un lièvre,

l'a fait tomber dans des filets tendus par Annibal qui l'a saisi et emporté ; Nisius le réclame. En a-t-il le droit ?

R. D. Iugo, Gerdil, pensent que le lièvre appartient à Annibal ; parce que, quoi que le chasseur ait pu faire en le poursuivant, il ne l'a néanmoins pas atteint ; il n'a donc perdu sa liberté naturelle que dans le filet ; donc il appartient à celui qui a tendu les piéges. Billuart, Lessius, veulent que pour conserver les règles de l'équité, le gibier soit partagé en pareils cas entre le chasseur qui poursuit et celui qui a mis les lacets. D'autres disent tout simplement qu'il appartient au chasseur qui le poursuit, parce qu'il a été pris par son industrie ; seulement il s'est servi de l'instrument d'autrui, ce qui n'empêche pas qu'il n'ait droit de recueillir le fruit de son industrie. Ce sentiment paraît assez probable à Carrière.

Cas IV. *Anastase* avait renfermé plusieurs lièvres dans une ménagerie ; ils se sont échappés, Joseph les a poursuivis et les a tués ; Anastase les réclame. Lui appartiennent-ils ?

R. Non, ils ont cessé de lui appartenir dès le moment de leur fuite ; ayant recouvré leur liberté, ils sont devenus la propriété du premier occupant, par conséquent de Joseph. Le droit de propriété sur les animaux sauvages ne dure pas plus longtemps que l'occupation.

OFFICE DU BREVIAIRE.

L'office se prend ici pour certaines prières publiques ou particulières que les ecclésiastiques, soit engagés dans les ordres sacrés, soit bénéficiers, ou religieux profès, sont obligés de réciter tous les jours, à certaines heures. Le nombre de ces heures qu'on nomme canoniales, est aujourd'hui de sept, qui sont Matines et Laudes, Prime, Tierce, Sexte, None, Vêpres et Complies. Cet office ne comprend pas le *Petit Office de la Vierge*, qui se chante au chœur en quelques églises, mais qui n'est pas d'obligation à ceux qui disent le bréviaire en particulier, non plus que *l'Office des morts*, qui n'oblige que le deux de novembre, auquel se célèbre la Commémoration de tous les fidèles défunts.

Tout prêtre, diacre, ou sous-diacre est obligé de réciter l'office, à moins qu'il n'en soit dispensé par maladie ou par une cause qui le mette hors d'état de s'en acquitter. Il en est de même de ceux qui ont un bénéfice : et ces derniers sont en outre obligés à la restitution des fruits, jusqu'à concurrence de ce qu'ils en ont profité pendant le temps qu'ils ont omis, par leur faute, l'office divin, comme on le dira dans la suite.

Cas I. *Luc*, sous-diacre, omet quatre ou cinq fois par an de réciter son bréviaire sans cause légitime. Pèche-t-il mortellement, et autant de fois qu'il y manque ?

R. Oui, sans contredit. Cela se prouve, 1° par le consentement unanime des docteurs; 2° par un grand nombre de conciles. Celui de Latran, en 1215, se plaignant des ecclésiastiques qui ne s'acquittaient pas avec piété de la récitation de l'office, dit : *Hæc et similia sub pœna suspensionis penitus inhibemus, districte præcipientes in virtute obedientiæ, ut divinum officium, nocturnum pariter et diurnum, quantum eis dederit Deus, studiose celebrent pariter et devote*, cap. 9, de Celebr. Miss. La suspense, dont ce concile menace ceux qui négligent un si juste devoir, prouve qu'il les juge coupables de péché mortel, l'Eglise n'usant pas de cette censure pour des péchés légers.

Les bénéficiers sont dans la même obligation, ainsi que l'ont défini Boniface VIII, cap. fin. de Rescriptis, in 6; saint Pie V, dans sa 135° bulle, etc. La maxime *Beneficium propter Officium* n'est ignorée de personne.

Cas II. *Gerber* a, par négligence, omis un jour son bréviaire. A-t-il commis autant de péchés mortels qu'il y a d'heures qui le composent ?

R. Le sentiment le plus commun est qu'il n'y a là qu'un péché mortel, à moins qu'on ne réitère plusieurs fois la volonté de ne pas remplir ce devoir. Cette question est assez inutile, parce que le seul péché qu'on commet équivaut à autant de péchés qu'il y a d'heures, qu'on ne peut omettre sans pécher mortellement, ainsi que l'observe Suarès, cap. 25, n. 18.

Cas III. *André*, diacre, a omis none par sa faute. A-t-il péché mortellement

R. Oui : il y a même, selon Navarre et Paludanus, péché mortel à omettre la moitié d'une petite heure ; mais quoi qu'il en soit de cette opinion, qui paraît fort rigoureuse, le sentiment commun est qu'on ne peut sans péché mortel omettre, sans cause, aucune des heures canoniales; 1° parce que Pie V, par sa 135° bulle, oblige celui qui a manqué un jour à réciter matines à restituer la moitié des fruits qu'il aurait perçus ce jour-là de son bénéfice, s'ils étaient distribués par chaque jour, et la 6° partie pour l'omission d'une seule petite heure : ce qui prouve que ce saint pape a jugé cette omission grièvre, puisqu'il veut qu'elle soit punie par une peine considérable; 2° parce qu'en omettant une petite heure, on détruit la signification mystique de l'office, qui est de représenter les principaux mystères de la passion de Notre-Seigneur, en marquant les différentes heures auxquelles il a souffert : ce qui est exprimé par ces vers :

Hæc sunt, septenis propter quæ psallimus horis.
Matutina ligat Christum, qui crimina solvit.
Prima replet sputis. Causam dat Tertia mortis.
Sexta Cruci nectit. Latus ejus Nona bipertit.
Vespera devonit. Tumulo Completa reponit.

— Pour le défaut de signification, il y a des théologiens qui croient qu'on ne pourrait omettre, sans péché mortel, les vêpres du samedi saint : cela est bien fort. Mais enfin l'unique sûr est de ne rien passer.

Cas IV. *Quentin*, interrompu à une heure où il a coutume de dire matines, les a oubliées. A-t-il péché ?

R. Non; parce que l'oubli totalement involontaire équivaut à l'ignorance invincible. Ce serait autre chose, si Quentin ayant aperçu qu'il oublia t son office en certaines occasions, n'avait pris aucunes mesures pour y remédier. Car si, par exemple, en disant vêpres avant midi pendant le carême, je m'aperçois que j'oublie aisément complies, je suis coupable, si je ne fais rien pour éviter dans la suite cette omission.

Cas V. *Auguste* a reçu le sous-diaconat entre onze heures et midi; est-il obligé à réciter tout l'office du jour, ou à dire seulement none, vêpres, etc.?

R. Il suffit qu'il récite l'heure qui répond au temps où il a été ordonné, l'Eglise ne l'obligeant à rien pour le temps qui est déjà écoulé.

Cas VI. Si Auguste ayant été ordonné sous-diacre à midi, avait déjà récité none, vêpres, etc., serait-il quitte de son obligation pour ce jour-là?

R. Il serait obligé à répéter cette partie de l'office qu'il aurait anticipée; 1° parce qu'on ne paye point une dette qu'on n'a pas encore contractée; 2° parce que la récitation de l'office est un payement qui se fait à Dieu au nom de l'Eglise par celui qui y est obligé. Or ce payement ne peut être valable avant l'ordination, puisque celui qui n'est pas encore ordonné ministre de l'Eglise ne peut satisfaire cette dette au nom de l'Eglise.

Cas VII. *Lælius*, curé, n'a eu aucun loisir de réciter son office pendant tout le jour de Pâques, à cause de ses fonctions continuelles; il le commence à dix heures et demie du soir; on l'avertit qu'il y a une grande querelle entre trois de ses paroissiens, et qu'il y a un danger évident de quelque grand désordre, s'il n'y va pour les mettre d'accord. Peut-il y aller et laisser là son bréviaire?

R. Il le peut, parce que de deux devoirs qu'on ne peut remplir tous deux, il faut préférer le plus essentiel, qui dans le cas présent est celui de la charité. Par la même raison, s'il faut administrer le baptême à un enfant, le viatique à un moribond, etc., on doit sacrifier son office, si on ne peut le dire et remplir ces obligations. Et même un prédicateur qui n'a pu apprendre le sermon qu'il doit prêcher le lendemain à une fête solennelle, peut en ce cas omettre son office; 1° parce que l'omission du sermon auquel le public s'attend et où ce prédicateur est engagé, ne pourrait être sans scandale et même sans faire un grand tort à sa réputation; 2° parce qu'en ce cas l'Eglise n'est pas présumée avoir intention d'obliger à la récitation de l'office.

Nota 1° que quand on peut prévoir une grande occupation, on est tenu d'anticiper les heures du bréviaire, lorsqu'il est possible; 2° qu'on ne doit pas se charger de fonctions incompatibles avec l'office, quand on n'y est pas obligé par son devoir, puisqu'on serait censé consentir sans nécessité à l'omission du bréviaire.

— L'office prend si peu de temps hors du chœur, qu'il est rare qu'un sermon à apprendre puisse en dispenser.

Cas VIII. *Arsace* doute s'il a récité vêpres. Doit-il les réciter sur les onze heures du soir, où ce doute lui survient?

R. Oui, s'il ne peut déposer son doute par quelque raison fort probable. La raison est, 1° que *in dubio potior est conditio possidentis*: or en ce cas *possessio stat pro præcepto*; 2° que dans le doute bien fondé, on doit toujours suivre le plus sûr. *In dubiis semitam debemus eligere tutiorem*, dit Clément III. Or le plus sûr est de dire ce qu'on peut avoir manqué.

Cas IX. *Fréculfe* a résigné son prieuré à Bernard, clerc tonsuré, qui en a les provisions il y a quatre mois, sans en avoir voulu prendre possession. Bernard est-il obligé à l'office, au moins depuis qu'il a reçu ses provisions?

R. Non; parce qu'avant sa prise de possession, il n'a ni les fruits, ni les droits du bénéfice, et que son résignant, qui continue à en jouir, continue aussi à dire l'office. Ce serait autre chose, 1° s'il s'agissait de certains bénéfices, dont on perçoit les gros fruits dès avant la prise de possession, pourvu qu'on la prenne dans un certain temps; parce que *qui sentit commodum, debet onus sentire*; 2° si le bénéfice était vacant; car alors celui qui néglige d'en prendre possession ne peut être exempt du bréviaire; parce que, selon la règle 25 in 6, *mora sua cuilibet est nociva*.

Cas X. *Chryson*, religieux profès, qui n'est point dans les ordres, et Damien, novice, qui n'est ni *in sacris*, ni bénéficier, manquent quelquefois à dire l'office. Pèchent-ils?

R. Le novice n'est point obligé au bréviaire; mais les profès députés au chœur y sont tenus *sub mortali*. C'est le sentiment très-commun des bons théologiens, et il est fondé sur la coutume qui seule suffirait pour en faire une loi, et sur les statuts de la plupart des ordres religieux, et sur les décisions de plusieurs conciles.

Cas XI. *Chryson*, religieux, qui n'a ni ordre sacré, ni bénéfice, a été expulsé de son monastère. Est-il toujours obligé à l'office, et y serait-il obligé, s'il était retourné dans le siècle par dispense du pape?

R. Ad 1. Soto, Cabassut et d'autres savants auteurs croient qu'un religieux chassé n'est plus tenu au bréviaire. Navar. (Man. c. 7, n. 20) pense le contraire; 1° parce qu'il n'est pas juste qu'un mauvais moine remporte pour prix de son dérèglement, l'exemption de l'obligation qu'il a contractée par sa profession; 2° parce que, quoiqu'il soit chassé du monastère, il ne cesse pas d'être religieux, et peut même de façon ou d'autre y rentrer, s'il le veut, après s'être converti. Si cette dernière opinion n'est pas la plus véritable, elle est au moins la plus sûre pour la conscience; et si quelqu'un doit la suivre, c'est surtout un malheureux qui, tiré de son centre, a, plus que personne, besoin de miséricorde.

— Ad 2. Navarre croit encore qu'un religieux à qui le pape permet de vivre dans le siècle n'est dispensé de l'office que quand il l'est de ses vœux, et que par exemple on lui a permis de prendre une femme; la raison est toujours la même, savoir que dans le dernier cas il n'est plus religieux, et qu'il l'est toujours dans le premier. Ce sentiment me paraît très-plausible. Pour éviter tout inconvénient, il n'y a qu'à demander le sens et l'étendue de la dispense à celui qui l'a accordée. A quoi bon des probabilités, quand on peut avoir de la certitude ?

CAS XII. *Vigile* était profès pour le chœur : il est devenu convers par dispense. Est-il toujours obligé à l'office ?

R. Non ; 1° parce que *contrariorum contrariæ sunt rationes*; et que si de convers on l'avait fait profès *ad chorum*, il y serait obligé ; 2° parce qu'il en est de lui comme d'un clerc, qui en renonçant à son bénéfice perd le seul titre qui l'engageait au bréviaire.

CAS XIII. *Polydor* demande s'il peut absoudre une religieuse qui ne dit point le grand office, parce qu'elle est chez son père, à cause que son monastère a été brûlé ?

R. Il peut l'absoudre ; 1° parce que les religieuses ne sont tenues aux observances de la religion que tant que la communauté subsiste; 2° parce que Cabassut l. 1, c. 21, *in fine*, dit qu'il a vu ainsi décider cette difficulté par des évêques et par des prélats réguliers. Si néanmoins il se trouvait quelque ordre religieux de filles, qui les obligeât en ce cas par quelque règle particulière à la récitation de l'office, cette religieuse serait obligée à s'y conformer.

— Je crois cette décision très-mauvaise. Ce n'est pas l'existence d'un couvent qui fait les religieuses, c'est la profession d'une règle, et toutes ses suites. Le moins qu'on pût faire en pareil cas, ce serait d'avoir recours au saint-siège.

CAS XIV. *Batilde*, chanoinesse séculière, est-elle tenue à l'office, quand elle est hors de Mons ou de Remiremont ?

R. Les mauvais casuistes disent que non, les meilleurs disent que oui. Tels sont Malderus, évêque d'Anvers, Wigers, docteur de Louvain, L. B. Loth, savant dominicain, le P. Thomassin, Lamet. *Voyez* CHANOINESSE, cas II. Il faut les suivre, comme je l'ai prouvé dans le Traité de l'Office divin, part. 1, ch. 2, n. 16, où j'ai remarqué que Lessius, quoique plus indulgent, n'ose prononcer que celles qui manquent leur office en particulier pendant une semaine soient exemptes de péché mortel.

CAS XV. *Basile*, ayant été déclaré suspens de ses ordres, et ensuite excommunié, se considère à présent comme un simple laïque, et ne récite plus l'office divin. Peut-il s'en dispenser ?

R. Non ; parce qu'il n'est pas juste qu'un criminel tire avantage de son crime, et que l'Eglise, en le punissant par toutes ces peines, n'a d'autre vue que de le porter à une sincère conversion, et non de le décharger de l'obligation qu'il a contractée par son ordination. Il est donc au contraire obligé de s'acquitter avec plus de ferveur que jamais, puisqu'il a un plus pressant besoin d'attirer sur lui la miséricorde de Dieu par des prières plus ferventes.

CAS XVI. *Lazare* a récité matines et laudes dès le matin, par un pur motif de dévotion envers la sainte Vierge, et dans le dessein formé de les réciter une seconde fois pour remplir le précepte de l'Eglise. Est-il obligé, sous peine de péché, de les réciter une seconde fois ?

R. Non ; 1° parce que la loi oblige seulement à faire la chose commandée, et que ce prêtre l'a faite en disant matines ; 2° parce qu'un homme qui entend la messe dans le dessein formel d'en entendre une seconde pour remplir le précepte, n'y est pas obligé ; puisqu'il a fait tout ce que l'Eglise demande de lui.

—L'auteur avoue que Navarre, Médina et Azor pensent le contraire : il aurait pu y joindre Ledesma, Habert, etc. Je pense, comme eux, que si pour obéir à un précepte, il n'est pas nécessaire de vouloir y obéir, il faut du moins ne pas vouloir n'y point obéir. Ainsi un homme qui voit qu'il peut changer de résolution fera toujours très-bien de ne s'engager que conditionnellement à répéter. *Voyez le Traité de l'Office*, part. 1, ch. 7, n. 6.

CAS XVII. *Bénigne*, enfant de 12 à 13 ans, ayant accepté un prieuré par la seule crainte de son père, ne récite point l'office ; parce qu'il croit n'y être pas tenu, étant bénéficier malgré lui. A-t-il raison ?

R. Si la crainte de cet enfant n'a été que légère, elle n'a détruit ni sa liberté, ni son obligation à l'office ; mais si elle a été grièvé, comme serait celle d'être envoyé aux îles, frappé violemment, etc., il n'est pas tenu à une charge qu'on lui a imposée malgré lui. Mais en ce cas il faut qu'il renonce à son bénéfice aussitôt qu'il le pourra, et qu'il n'en perçoive pas les fruits ; parce que *qui sentit commodum, par est ut sentiat onus*. Reg. 55, *Juris*, in 6.

CAS XVIII. *Géran*, pourvu d'un prieuré de 1,000 livres de revenu, ne sait pas dire son bréviaire, et est dans un pays où il ne peut trouver personne qui l'instruise. En est-il excusé par là ?

R. 1° Il ne devait pas accepter ce bénéfice, s'il prévoyait qu'il ne pourrait moralement en acquitter les charges ; 2° il doit au moins dire son bréviaire de mieux qu'il pourra, en attendant qu'il soit instruit ; 3° et pour cela il doit chercher et même gager quelqu'un qui le mette au fait ; 4° si, faute de génie ou autrement, il ne pouvait venir à bout de dire son office, il serait tenu de quitter son prieuré.

CAS XIX. *Bona*, devenu aveugle, est-il obligé à chercher quelqu'un de qui il puisse réciter son office ?

R. Un prêtre aveugle doit, 1° réciter ce qu'il sait par cœur, comme celui qui durant le carême ne peut jeûner tous les jours doit jeûner quand il peut ; 2° s'il peut aisément trouver un ami qui veuille bien lui aider *gratis* à réciter tout l'office, il doit s'en servir et remplir le mieux qu'il pourra ce devoir de religion ; 3° s'il est bénéficier et que les revenus de son bénéfice soient suffisants, il est obligé de gager quelqu'un pour réciter avec lui; * parce que celui qui est tenu à la fin par justice, est tenu aux moyens, quand il le peut sans se gêner considérablement.

CAS XX. *Aimé*, bénéficier, malade de la fièvre tierce depuis trois mois, se croit dispensé du bréviaire. Ne se flatte-t-il pas?

R. Il s'est trop flatté; car on n'est exempt de l'office que lorsqu'on est dans l'impossibilité physique ou morale de s'en acquitter: or la fièvre tierce ne peut pas empêcher de le dire le jour qu'on a d'intervalle, ni même le jour de l'accès, quand il ne dure pas tout le jour, ou que l'on peut anticiper le temps, en récitant par exemple matines et laudes, dès le soir précédent. Cette décision est du IVe conc. de Milan, sous saint Charles. Il est bon d'ajouter que si Aimé ne pouvait réciter qu'une partie de l'office, il y serait obligé, en dépit des casuistes, dont Innocent XI censura, en 1679, cette assertion, n. 54 : *Qui non potest recitare matutinum et laudes, potest autem reliquas horas, ad nihil tenetur ; quia major pars trahit ad se minorem* ; proposition que ce pape condamna comme scandaleuse et pernicieuse dans la pratique, etc.

CAS XXI. *Arsène* doute que sa maladie soit assez considérable pour l'exempter de l'office, et son médecin même n'a pas voulu résoudre son doute. Pèche-t-il s'il ne le récite pas?

R. Oui; parce que la récitation de l'office est une loi de rigueur dont l'Eglise n'est censée dispenser personne sans une cause qui paraisse certaine et réelle. Or, dans l'espèce proposée, l'infirmité n'est pas certaine, puisqu'elle n'est fondée que sur un doute que l'amour de la santé peut causer, et qui paraît si faible au médecin, quoiqu'il ne pense point à fatiguer le malade, qu'il ne veut pas s'en charger. Il y a plus: c'est que quand l'avis du médecin irait à l'exempter de l'office, il ne pourrait y déférer sans être intérieurement persuadé que le médecin a raison; car le jugement d'un médecin n'est pas toujours la règle qu'on doit suivre, à moins qu'on ne soit assuré qu'il est éclairé et craignant Dieu, puisqu'il n'est que trop de médecins qui sont trop faciles à dispenser des commandements de l'Eglise.

— Sylvius veut que dans un doute bien fondé, si le jeûne ne nuira point considérablement à une personne, on l'en dispense : j'en dis de même de l'office. Si la mollesse en abuse, ce n'est pas ma faute.

CAS XXII. *Eupren* récite vêpres et complies dans la matinée, pour être plus libre dans l'après-dînée, pour étudier ou pour recevoir des visites, etc. Pèche-t-il?

R. Si Eupren a quelque juste raison de réciter vêpres, etc., dès le matin, il ne pèche pas; mais s'il le fait sans cause légitime, il pèche grièvement, parce qu'il s'éloigne beaucoup de la coutume universelle de l'Eglise, et qu'il ne suit pas l'intention qu'elle a eue en attachant certaines parties de l'office à certaines heures du jour pour honorer les mystères qui se sont passés à peu près dans ces mêmes heures. Cependant, comme cet ordre n'est pas d'une loi essentielle pour ceux qui récitent hors du chœur, le péché d'Eupren ne va pas au mortel. Sylvestre, Navarre, etc.

CAS XXIII. *Gerard*, curé, diffère souvent ses matines jusqu'à 8 ou 9 heures du soir. Sa raison est qu'il est alors plus en repos qu'il ne l'est dans tout le jour. Cette raison l'excuse-t-elle?

R. Non, comme il paraît par les raisons de la décision précédente. Cependant il ne pèche pas mortellement; car, comme dit saint Antonin, part. II, tit. 13, c. 4, § 4 : *Non videtur de se esse mortale, quandocunque quis tarde dicat officium, modo non transeat dies, qui, quantum ad hoc, videtur terminari circa mediam noctem*. Navarre et tous les autres disent la même chose.

CAS XXIV. *Ani* a souvent dit la messe avant d'avoir récité matines et laudes. A-t-il péché?

R. 1° Ce prêtre a pu célébrer sans avoir dit matines, s'il a eu des raisons légitimes de le faire; par exemple si, dans le temps où il avait résolu de les dire, il a fallu qu'il secourût un malade et qu'il n'ait pu différer sa messe; 2° il a péché s'il l'a fait sans aucune bonne raison, puisqu'il a violé et les rubriques et la coutume universellement observée dans l'Eglise, et cette loi très-forte d'Innocent IV (du 6 mars 1254) : *Sacerdotes... missam celebrare, priusquam officium matutinale compleverint, non præsumant;* 3° si, dans le doute qu'il y eût un péché mortel à célébrer dans ce cas, il n'a pas laissé de célébrer, il a péché mortellement; 4° hors de ce cas nous ne croyons pas que son péché ait été mortel, parce que la coutume qui fait le principal motif de l'opinion contraire ne paraît pas avoir été reçue sous une peine si terrible *, non plus que, dans le cas précédent, celle de ne dire complies qu'après midi. Je prie qu'on lise sur cette question mon Traité des saints Mystères, ch. 2, n. 1.

CAS XXV. *Frobert*, récitant son office, est interrompu par la visite d'une personne beaucoup supérieure au moment qu'il va commencer le 3e nocturne de matines ou le dernier psaume de vêpres. Doit-il recommencer cette heure, ou suffit-il qu'il l'achève après l'interruption finie, en commençant par où il avait cessé?

R. Frobert est tenu de recommencer l'office, 1° si l'interruption a été d'un temps fort notable, *v. g.* d'une ou de plusieurs heures ; 2° il y est même obligé, quoique l'interruption ait été moins considérable, s'il n'a pas eu une juste cause de la faire ; et nous ne croyons pas qu'une visite de lui une excuse suffisante devant Dieu, à moins qu'elle ne fût fort courte, ou que la personne qui la lui rendrait ne fût tellement au-dessus de lui qu'il ne pût la faire attendre jusqu'à ce qu'il eût fini : auquel cas, qui est celui de l'exposé, il ne serait pas obligé, dans la rigueur, à recommencer; 3° que si son interruption était d'un temps fort notable et sans une juste cause, il pécherait grièvement, et que son péché pourrait même être mortel s'il ne recommençait pas l'heure qu'il avait commencée.

— J'ai prouvé dans le Traité de l'Office divin, ch. 6, n. 9, qu'on peut séparer un nocturne de l'autre, au moins pendant trois heures. Ainsi Pontas a tort de comparer absolument matines avec vêpres.

Cas XXVI. *Eutrope* dit quelquefois tierce avant prime, ou complies avant vêpres, sans cause légitime. 1° Pèche-t-il en cela; 2° est-il obligé à répéter l'heure qu'il n'a pas dite en son ordre?

R. Il a péché, puisque sans raison il a agi contre l'esprit et la coutume générale de l'Eglise. Néanmoins il n'est pas obligé à répéter l'heure qu'il a dite, et il suffit, pour l'exempter de péché mortel, qu'il récite prime et vêpres qu'il a omis de réciter dans l'ordre convenable. Et cette inversion n'est que vénielle, parce qu'en ce cas on accomplit toujours la substance du précepte de l'Eglise : il n'y aurait même aucun péché pour celui qui aurait quelque juste raison d'en user ainsi; telle que l'aurait un chanoine qui, n'ayant pu se rendre au chœur pour assister à prime, y entre quand on va commencer tierce; car, selon saint François de Sales, ce chanoine fait mieux de prendre où en est le chœur quand il y entre.

Cas XXVII. *Anat*, diacre, qui récite ses petites heures pendant la messe d'obligation, en est-il quitte devant Dieu?

R. Oui; car les prières de l'office et l'assistance au sacrifice de la messe ne sont pas deux choses incompatibles : au contraire, elles se rapportent toutes deux à une même fin, qui est de louer Dieu, le prier et accomplir le précepte de son Eglise. C'est le sentiment de Tolet, de Sylvius, de Cabassut, l. II, ch. 32. Il est cependant bien mieux d'accomplir chaque précepte en son temps.

— Je ne condamnerais pas beaucoup un homme à qui il arriverait une fois ou deux de dire son office pendant la messe d'obligation; mais s'il voulait continuer, je le prierais de s'adresser à un autre. Car, outre que les raisons de l'auteur sont faibles, *ab intrinseco*, il y a dans cette conduite tant de tiédeur, et si peu de libéralité envers Dieu, qu'on ne peut la tolérer. Je ne voudrais pas non plus qu'on fît sa pénitence pendant la messe, quand on peut absolument la faire dans un autre temps.

Cas XXVIII. *Sixte*, curé, s'occupe quelquefois à des actions extérieures en récitant son bréviaire. N'est-il pas obligé à le recommencer ou à restituer, en cas qu'il ne le recommence pas?

R. Si les actions auxquelles Sixte s'occupe sont compatibles avec l'attention requise à l'office, comme sont celles de marcher, de saluer un passant, etc., il ne pèche point, ou son péché n'est que véniel, et il n'est, par conséquent, obligé à aucune restitution; mais si ces actions sont incompatibles avec l'attention qu'il doit avoir, comme serait celle de regarder d'une fenêtre tous ceux qui passent, il pèche mortellement s'il s'y occupe un temps notable, et est obligé à restituer les fruits de son bénéfice au *prorata* du temps que dure sa distraction.

Cas XXIX. *Arnaud*, diacre, a perdu son bréviaire par sa faute, dans un pays où il n'en peut trouver d'autre. L'omission de son office le rend-elle coupable de péché mortel?

R. Si Arnaud a perdu exprès son bréviaire pour s'exempter de le dire dans la suite, il a commis un péché mortel; mais s'il ne l'a perdu que par oubli ou par inadvertance, il n'est coupable d'aucun péché si son inadvertance est sans péché; ou son péché n'est que véniel si son inadvertance n'est que vénielle. C'est le sentiment de Sylvestre, v. *Hora* 7, q. 4, qui ajoute qu'en ce cas on est pourtant tenu, quand on est bénéficier, à suppléer au défaut de l'office par d'autres prières, à l'égard desquelles il avertit qu'on ne doit pas être trop scrupuleux, parce qu'on n'y est pas obligé par le précepte de l'Eglise, mais seulement par l'équité.

— Reste à savoir si le précepte de l'équité naturelle est beaucoup au-dessous du précepte positif de l'Eglise.

Cas XXX. *Alban* récite son bréviaire d'un ton si bas qu'il ne s'entend pas. Satisfait-il à son devoir?

R. Oui, s'il articule distinctement tous les mots. La raison qu'en donne Sylvius, c'est 1° que bien des pieux et savants ecclésiastiques récitent ainsi; 2° que pour qu'une prière soit vocale, il n'est pas nécessaire que celui qui la fait s'entende; 3° qu'autrement ceux qui ont l'oreille dure seraient obligés de parler fort haut, et que ceux mêmes qui l'ont bonne seraient presque obligés de crier quand ils récitent dans un lieu où il y a beaucoup de bruit. Cependant il est bien plus conforme à l'esprit de l'Eglise et même plus utile à celui qui prie de parler d'un ton à s'entendre, s'il n'est pas sourd; parce que l'ouïe et la vue, concourant ensemble, aident beaucoup à mieux saisir le sens des paroles qu'on prononce.

Cas XXXI. *Sébastien*, curé, récite matines et laudes sur les quatre heures du soir pour le jour suivant, afin de célébrer de bonne heure et de vaquer ensuite plus commodément à ses autres fonctions. Pèche-t-il par cette anticipation?

R. Non; parce qu'elle est permise quand on ne la fait que pour une bonne fin, et non pour dormir ou se réjouir plus à son aise, comme dit saint Thomas. *Quodl.* 5, a. 28.

— La plupart des docteurs regardent aujourd'hui le pouvoir de dire matines dès la veille comme une chose de droit que l'Eglise accorde sans condition. On peut commencer matines quand le soleil a passé le milieu de sa course depuis midi. Ainsi, à Paris, on les peut dire un peu après deux heures, depuis le 15 décembre jusqu'au 25 janvier; et le 8 juin seulement à quatre heures, etc. *Voyez* sur cela mon Traité de l'Office divin, part. I, ch. 5, n. 9 et suiv.

Cas XXXII. *Epi* a récité, par inadvertance ou de dessein prémédité, un autre office au lieu de celui du jour. Est-il obligé à recommencer et à réciter l'office du jour, ne s'en étant ressouvenu que sur les deux heures du soir?

R. Quelques auteurs même célèbres, comme Cajetan, Tolet, Sylvestre, etc., soutiennent qu'il n'y a que péché véniel à réciter un office pour un autre. Cette opinion nous paraît fausse, 1° parce qu'elle tend à détruire l'uniformité que l'Eglise veut qu'on observe dans l'office divin comme dans toutes les cérémonies ecclésiastiques ; 2° parce que, quand l'Eglise ordonne la récitation de l'office, elle l'ordonne en déterminant tel et tel office pour être dit tel et tel jour, comme il paraît par la distribution de chaque office marqué dans tous les bréviaires ; 3° parce que l'opinion contraire donnerait occasion aux ecclésiastiques peu scrupuleux de réciter très-souvent, et même toujours, un office fort court au lieu d'un autre beaucoup plus long ; ce qu'Alexandre VII a défendu, sous peine d'excommunication, en censurant cette assertion : *In die palmarum recitans officium paschale satisfacit præcepto.* Nous n'osons cependant pas affirmer qu'on péchât mortellement si cela n'arrivait que rarement, *Quia*, dit Navarre, *hujusmodi mutatio tam rara non videtur ita notabiliter contraire menti institutoris breviarii, ut ad culpam mortalem perveniat.* Et même il nous semble qu'on n'est pas obligé à la rigueur de recommencer l'office lorsqu'on en a dit un autre par inadvertance, surtout quand la différence des deux n'est pas fort considérable ; comme si j'avais dit aujourd'hui l'office d'un martyr qui n'échoit que demain, au lieu de celui d'un confesseur que je devais dire aujourd'hui ; car, en ce cas, il suffirait que je récitasse demain celui du confesseur. Ce serait autre chose s'il y avait une grande différence entre les deux offices.

— 1° Quand on a fait d'un martyr pour un confesseur, il faut au moins répéter ce qui différencie les deux offices, comme les antiennes, les hymnes, etc ; 2° quand on a fait aujourd'hui d'un confesseur qui n'échoit que le lendemain, il faut en faire une seconde fois le lendemain. Une première erreur ne donne pas droit d'en faire une nouvelle en changeant l'ordre que l'Eglise a établi. *Voyez* mon Traité de l'Office, p. 1, ch. 4, n. 4 et 5.

Cas XXXIII. *Arnou*, curé dans le diocèse de Paris, a toujours récité le bréviaire romain. L'a-t-il pu?

R. Non ; parce que chacun est tenu de réciter l'office du diocèse auquel il est spécialement attaché : *Justum est*, dit le xi° concile de Tolède (can. 13, dist. 12), *ut sedes quæ unicuique sacerdotalis dignitatis est mater, sit ecclesiasticæ magistra rationis.* Mais il est libre à ceux qui ne sont ni bénéficiers ni attachés au service d'aucune église, de prendre l'office de leur diocèse ou le romain. Il est néanmoins plus à propos, selon Bellarmin, qu'ils préfèrent au romain l'office du diocèse où ils se trouvent le plus ordinairement, pourvu toutefois que la coutume de dire cet office soit ancienne de plus de 200 ans, saint Pie V ayant abrogé tous les autres bréviaires moins anciens.

Cas XXXIV. *Eucher*, demeurant ordinairement à Paris, possède un prieuré simple dans le diocèse de Blois. Est-il obligé de dire le bréviaire de Blois?

R. Non ; mais il doit dire l'office selon l'usage du diocèse de Paris où il a son domicile ordinaire, suivant cet axiome :

Si fueris Romanæ, romano vivito more.
Si fueris alibi, vivito sicut ibi.

La raison est qu'un homme qui vit à Paris doit en suivre les lois, et non celles d'un autre diocèse, qui n'ont aucune force *extra limites territorii proprii.* Que si Eucher n'était à Paris que comme un passant, et qu'il n'y demeurât pas, *majori anni parte*, il ne serait pas sujet au bréviaire de Paris. *Voyez* le cas XXXVI.

Cas XXXV. *Sibert*, Lyonnais, habitué dans une collégiale d'Auxerre, récite toujours en son particulier le bréviaire de Lyon, qui est différent de celui d'Auxerre. Pèche-t-il en cela?

R. Oui ; puisqu'il viole les lois d'une église dont il est devenu membre, et qu'il détruit l'uniformité que les églises sont si jalouses de garder, tant dans l'office divin que dans les rites ecclésiastiques.

Cas XXXVI. *Ménandre*, diacre d'Arras, étant venu à Paris pour y étudier trois ans, avec dessein de s'en retourner ensuite, peut-il pendant ce temps-là continuer de dire le bréviaire d'Arras, ou bien doit-il prendre celui de Paris ou le romain?

R. Selon la maxime que saint Augustin avait apprise de saint Ambroise, la règle la plus raisonnable et la plus sûre est de se conformer à l'église où l'on se trouve. Voici ses paroles, Ep. 54 : *Nec disciplina ulla est in his melior gravi prudentique christiano, quam ut eo modo agat, quo agere viderit ecclesiam, ad quamcunque forte devenerit.*

Ainsi Ménandre et tout autre clerc, bénéficier ou non, qui doit demeurer dans un autre diocèse un temps considérable, comme l'est celui de plusieurs années, doit se conformer à l'usage de l'église où il a fixé son domicile et en dire le bréviaire, puisqu'alors il devient membre du clergé de cette même église : sans cela il réciterait quelquefois l'office de la férie lorsqu'on célébrerait à Paris une fête de patron ou quelque autre solennelle.

Il suit de là qu'un ecclésiastique qui en passant a assisté dans un autre diocèse à une ou à plusieurs heures de l'office, différent de celui de son propre diocèse, n'a pas satisfait à ces heures, et qu'il doit les répéter en particulier, puisque ne se trouvant que pour peu de temps dans ce diocèse il n'en peut suivre l'usage.

— 1° L'auteur se contredit, puisqu'il permettait, cas XXXIII, à tout ecclésiastique qui n'est ni bénéficier, ni attaché à une église, de dire ou le romain, ou le bréviaire de son propre diocèse. Si cela est permis à un Parisien à Paris, cela l'est bien plus encore à un Artésien qui n'y est que pour trois ans. 2° Il n'y a pas plus d'inconvénient pour un étranger de faire de la férie, pendant qu'à Paris on fait un office double, que pour un grand nombre de communautés qui y font le romain. Si la raison de P. avait lieu, il suffirait de passer trois ou quatre semaines dans un lieu pour être obligé d'en prendre le bréviaire. 3° La congrégation des Rites a décidé, en 1602, qu'un chanoine fait mieux de dire le bréviaire de son église que de dire celui d'un diocèse étranger dans lequel il se trouve. 4° Ce qu'ajoute Pontas de celui qui, en passant dans une église, y a chanté avec le chœur quelques heures différentes des siennes, est combattu par l'auteur des Conférences de la Rochelle, et selon lui, *par tous ceux qui ont traité cette matière.* Je prie qu'on lise le chapitre 3, déjà cité, du Traité de l'Office. Il faut, malgré que j'en aie, supprimer ici et presque partout bien des choses nécessaires, mais qui demanderaient plusieurs volumes.

CAS XXXVII. *Mælius* ne dit presque jamais son office à genoux, mais assis. Ne pèche-t-il point?

R. Non; car, comme dit saint Augustin, l. II, *ad Simplic.*, q. 4, il n'est point commandé en quelle situation de corps on doit offrir ses prières à Dieu, pourvu qu'en les lui offrant on ait une sincère intention de lui plaire ; *Nam et stantes oramus, sicut scriptum est.* Luc. XVIII : Publicanus autem de longe stabat. *Et fixis genibus, sicut in Actibus apostolorum legimus.* Act. VII et XX. *Et sedentes sicut David et Elias.*

CAS XXXVIII. Deux pourvus d'un même bénéfice sont-ils tenus au bréviaire, *titulo beneficii,* jusqu'à la fin du procès qu'ils ont à cette occasion ?

R. Quoique tous deux aient pris possession, ils n'y sont tenus ni l'un ni l'autre, si leur droit est véritablement incertain, puisque cette possession deviendra inutile à l'un des deux. Mais si l'un des deux est moralement sûr de son droit, soit par l'avis des avocats éclairés ou autrement, il y est obligé. Il en est de même de celui à qui la récréance a été adjugée, parce qu'il perçoit les fruits. Si les fruits du bénéfice litigieux appartenaient au bénéficier depuis le jour de la vacance, celui des contendants à qui il serait adjugé ne pourrait profiter de ceux qui seraient échus avant le gain de cause s'il n'avait pas récité son bréviaire, mais il serait tenu de les employer aux besoins de son église ou des pauvres.

CAS XXXIX. *Lævius*, clerc tonsuré, a une chapelle qui, n'étant que de 100 liv. de revenu, ne suffit pas pour son honnête entretien. Est-il obligé à réciter tous les jours le grand office?

R. Oui; 1° parce que Léon X et saint Pie V disent, en général : *Quicunque habens beneficium cum cura, vel sine cura, ad officium tenetur;* or, le mot *quicunque* n'admet point d'exception; 2° parce que les conciles de Reims et de Bordeaux, en 1583, ne font point de distinction entre les grands ou les petits bénéficiers; 3° parce que c'est le sentiment de saint Antonin, de Sylvestre, de Navarre et d'un grand nombre de célèbres docteurs ; 4° parce que ce n'est ni le revenu, ni la quantité du revenu qui oblige à l'office ; puisque autrement celui qui ne reçoit rien de son bénéfice cette année, ou qui en a plusieurs, serait ou dispensé de son office, ou obligé à plusieurs bréviaires. C'est donc le titre du bénéfice et l'obligation de servir Dieu qui en résulte, qui engage les bénéficiers à lui rendre le tribut de louanges que la coutume a prescrit. D'où il suit qu'un chanoine qui ne retire rien de sa prébende la première année, ne laisse pas d'être tenu à l'office par cela seul qu'il a accepté le bénéfice.

— En France, dit M. Babin, les évêques sont en possession de commuer la récitation du grand office en celle du petit office de la Vierge; mais ils ne le font que lorsque le revenu du bénéfice ne va pas à la valeur du titre clérical fixé par les statuts de leur diocèse. *Voyez* le Traité ci-dessus cité, p. I, ch. 2, n. 6.

CAS XL. *Hardouin*, bénéficier d'une église où l'on dit de tout temps l'office romain, se contente de dire le second jour de novembre celui de l'octave de la Toussaint, sans y ajouter celui des défunts. Pèche-t-il mortellement par cette omission ?

R. Oui ; parce que cet office fait partie de l'office de ce jour-là, comme le dit saint Thomas, *Quodl.* 6, a. 8. La même chose a lieu à Paris et peut-être dans tout l'Occident. Or la matière est assez grave pour induire un péché mortel.

CAS XLI. Un évêque de France a changé le bréviaire qui était de temps immémorial dans son diocèse. L'a-t-il pu de son chef, et quelques chapitres ont-ils pu appeler comme d'abus de son ordonnance ?

R. Suivant notre jurisprudence, un évêque ne peut, de sa seule autorité, réformer le bréviaire; mais il lui faut le consentement du chapitre de sa cathédrale et des lettres-patentes du roi : c'est pourquoi les chapitres dont il s'agit ont pu se pourvoir contre son ordonnance sans se rendre coupables de désobéissance, cet évêque ayant outre-passé son pouvoir. Ainsi jugé en 1603 contre Charles Miron, évêque d'Angers. Les raisons sont : 1° que le roi étant le protecteur des églises de son royaume, il a droit d'empêcher qu'il ne s'y fasse aucun changement considérable dans la police extérieure sans son consentement ; 2° que le changement de bréviaire occasionne de grandes dépenses ; 3° qu'on peut y innover, et que les innovations arbitraires peuvent être fort dangereuses.

Voyez BÉNÉFICIER, CHANOINE, PÉNITENCE ENJOINTE, PENSION.

OFFICIAL.

L'*official* est celui qui exerce la juridiction ecclésiastique contentieuse en la place de l'évêque. En France, le vicaire général n'a pouvoir que d'exercer la jurisprudence volontaire, et l'official, la seule jurisprudence contentieuse. Tout official, même *forain*, doit être Français de naissance, prêtre et gradué, *i. e.* au moins licencié en droit canon. La charge d'official ne peut être vendue. Un religieux peut être official. Rebuffe en excepte néanmoins les mendiants; nous en parlerons, v. *Religieux*. Il n'y a d'ordinaire qu'un official dans un diocèse: néanmoins, lorsqu'il est trop grand, il peut y en avoir deux: l'un pour la ville épiscopale, qui peut avoir sous lui un vice-gérant, nommé par l'évêque; l'autre, qu'on appelle *foraneus*, dans une autre ville du même diocèse. Il en faut même deux, quand un diocèse est dans le ressort de deux parlements, afin que les appels comme d'abus ne soient pas portés à un autre parlement. Voyez la déclaration du 22 mai 1680. L'official a une jurisprudence ordinaire. Tous les ecclésiastiques *in sacris* sont ses justiciables pour les actions purement personnelles, telles que sont celles qui concernent le service divin et l'administration des sacrements, et qui ne sont pas accompagnées d'un scandale public: encore y a-t-il plusieurs cas qui, à l'égard du mariage, sont du ressort du juge laïque.

L'official n'a pas droit de condamner à l'amende ou au bannissement, ni de connaître des inscriptions en faux, des dommages ou intérêts, des saisies de meubles, etc. Il ne peut en matière criminelle que condamner aux peines *canoniques*, v. g. au jeûne, à certaines prières. La sentence d'un official est exécutoire par provision jusqu'à 25 livres, et il peut passer outre, nonobstant l'appel qu'on en interjetterait, quand il ne s'agit que de la correction des mœurs, ou d'un fait de pure discipline. Il faut trois choses dans toute procédure pour qu'elle soit légitime; la comparution devant le juge par l'autorité duquel on a été cité, la contestation des parties, et le jugement rendu. Ceux qui prétendent à l'emploi d'official, doivent être bien instruits de la procédure criminelle, dont le fondement est une information préalable faite par le juge ecclésiastique à la requête du promoteur, qui seul a droit de demander la punition du clerc coupable. Quand le juge royal a prononcé sur le possessoire d'un bénéfice, on ne peut plus se pourvoir sur le pétitoire par-devant l'official. Un official ne peut décerner aucun décret contre un laïque, sous prétexte même d'un scandale causé dans l'église: cela est de la compétence du juge laïque. Il ne peut faire aucun acte judiciaire hors de sa juridiction. L'évêque étant récusé, l'official l'est aussi: mais lorsque l'official est récusé, l'évêque ne l'est pas, et peut nommer *ad hoc* un autre juge. Le pouvoir d'un official finit par la mort de celui qui l'a établi, et par la révocation de ses provisions.

CAS I. Il y a dix ans qu'Ymelin, chanoine très-habile, fut créé official, quoiqu'il n'eût point de degrés. 1° Peut-il exercer cet office? 2° Les sentences qu'il a rendues sont-elles valides?

R. Il est vrai que, selon le concile de Trente, sess. 24, c. 16, *de Reform.*, il suffit, à la rigueur, qu'un official soit capable de cet emploi. Mais en France on ne reconnaît pour légitimes officiaux que les docteurs, ou licenciés en droit canon, ou en théologie, comme il paraît par les déclarations du 26 janvier et du 22 mai 1680. Néanmoins les sentences rendues par un tel official sont censées valides; comme l'est, selon Alex. III, c. 19, *de Jure patron.*, la présentation à un bénéfice faite par celui qui, étant en possession d'y présenter, en passe pour patron, quoiqu'il ne le soit pas. C'est la décision de Fevret, l. IV, c. 3, n. 4. La raison de ceci est le repos public, et le désir que les tribunaux supérieurs ont d'empêcher les procès qui renaîtraient, si l'on pouvait se pourvoir contre les sentences d'un homme qui passait pour juge légitime.

—CAS II. *Gaston*, évêque, a nommé un official, et puis l'a destitué. 1° L'a-t-il pu? 2° Doit-il déclarer les raisons de sa révocation?

R. *Ad* 1. On a longtemps douté si un évêque pouvait destituer un official par lui nommé. Mais cela ne souffre plus de difficulté. Le roi, par sa déclaration du 17 août 1700, ayant maintenu les évêques *au droit qui leur appartient de destituer les officiaux, à quelque titre et de quelque manière qu'ils aient été pourvus, quand même c'aurait été à titre onéreux*.

Ad 2. L'auteur des notes sur Fevret, *ubi supra*, établit ces trois règles: 1° L'évêque n'est pas obligé d'énoncer aucune cause de destitution; 2° il est à propos qu'il n'en énonce aucune; car s'il lui est permis de destituer, il lui est défendu de diffamer ceux qu'il destitue; 3° ceux qui auraient été pourvus à titre onéreux, ont droit de demander en justice le remboursement de leurs avances. Note K, pag. 327, tom. I.

CAS III. Mais un évêque peut-il donc vendre la charge d'official?

—R. Il paraît par la déclaration que je viens de citer, que cela s'est quelquefois pratiqué; mais Louis XIV y ajoute qu'il est persuadé que les évêques *ne pourvoiront aucun official à titre onéreux, au préjudice des constitutions canoniques*. En effet, comme le prouve fort bien l'auteur, cas *Léandre*, cette vente est simoniaque, puisque le pouvoir d'un official consiste à juger les personnes ecclésiastiques et séculières dans des matières purement spirituelles, à décerner des censures, à lier et à délier des âmes. C'est pourquoi Alexandre III, dans le III° concile général de Latran, défend cet indigne trafic, et veut *ut qui de cætero hoc præsumpserit, officio suo privetur; et episcopus conferendi hoc officium potestatem amittat*, cap. 1. *Ne Prælati*, etc. Voyez le nouveau *Dictionnaire canonique*, v. *Official*, pag. 357.

CAS IV. *Dios*, prêtre, est accusé devant l'official d'un homicide; l'official ne pouvant en avoir de preuves suffisantes qu'en décernant un monitoire, demande s'il le peut faire sans crainte d'irrégularité; puisque Dios, en étant convaincu, sera condamné à mort par le juge royal?

R. En Italie, on ne décerne des monitoires que pour des intérêts civils. En France on les décerne pour des matières criminelles, suivant l'art. 16 de l'édit de 1695; sans quoi il y a de grands crimes qui resteraient impunis; et il n'y a point là d'irrégularité à craindre, parce que, pour l'encourir, il faut être la cause prochaine de la mort du criminel, et que, dans l'espèce proposée, l'official n'en est que la cause éloignée; la partie criminelle, le juge qui le condamne, et l'exécuteur en étant seuls la cause prochaine.

Cas V. *Syren*, prêtre de Tours, passant par Blois, y commet un crime, pour lequel il est déclaré suspens de ses ordres par l'official de Blois. Est-il véritablement suspens, n'ayant été déclaré tel ni par son évêque d'origine, ni par celui de son domicile ou de son bénéfice?

R. Il l'est; parce qu'un étranger devient sujet à la juridiction du juge du lieu où il a commis son délit : *Ibi semper causa agatur, ubi crimen admittitur*, dit un ancien canon, (in. III. q. 6). Charles IX, dans son ordonnance de Moulins de 1566, art. 35, veut *que la connaissance des délits appartienne au juge des lieux où ils auront été commis, nonobstant que le prisonnier ne soit surpris en flagrant délit.* A quoi est conforme celle de Louis le Grand de 1670, art. 1, titre 1. Et cela, 1° parce que le juge du lieu où le délit a été commis peut avoir une plus prompte et plus parfaite connaissance du crime et des complices, et procéder à moins de frais que celui qui est plus éloigné; 2° parce qu'il est de l'intérêt public que le scandale soit réparé dans le lieu où le délit a été commis.

Cas VI. *Blaise* a obtenu par ses instances un monitoire de l'official, pour contraindre, par la voie de l'excommunication, Arten à lui rendre justice au sujet d'une succession, et quatre témoins à déposer la vérité dont ils ont connaissance. Arten a-t-il pu en conscience en appeler comme d'abus, dans l'unique dessein d'empêcher que la vérité ne soit connue, et de se maintenir dans l'injuste possession de cette succession? et les témoins n'encourront-ils pas la censure, s'ils manquent à révéler?

R. Quoique Arten soit coupable d'une noire usurpation, il peut cependant appeler comme d'abus du monitoire, parce qu'il n'a pu être accordé à la simple requête de Blaise. La raison est que dans les instances civiles ou criminelles qui sont pendantes dans le tribunal séculier, un official ne peut, sans abus, accorder de monitoire, à moins que la partie qui le demande n'ait obtenu du juge royal la permission de l'obtenir. C'est pourquoi le parlement de Dijon défendit, en 1611, à l'official d'Autun, et à tous autres du même ressort, *d'octroyer aucun monitoire sans l'ordonnance préalable du juge laïque*, comme le dit Fevret, l. VII, ch. 2, n. 7. D'où il suit, que pendant que l'appel demeure indécis, les quatre témoins ne sont pas tenus, en vertu du monitoire, d'aller à révélation, quoiqu'ils soient obligés de déposer la vérité, si Blaise les a fait assigner à cet effet.

— *Voyez* mon *Traité des Cens.* p. 214.

Cas VII. *Epigen* étant mort après avoir eu un enfant d'Irène, Edouard, son frère, a prétendu en être héritier, s'offrant de prouver que le défunt avait épousé Irène avec un empêchement dirimant et sans dispense, quoique l'un et l'autre l'eussent connu, et qu'ainsi l'enfant était illégitime; sur quoi il a procédé par-devant l'official, comme étant le seul juge du lien du mariage; mais le tuteur de l'enfant s'est pourvu par-devant le juge royal. Qui des deux juges doit connaître de ce procès?

R. L'official est le seul juge *de fœdere matrimonii*, comme il l'est de ce qui concerne la foi, les sacrements et toutes les autres matières purement ecclésiastiques. Mais cela ne se doit entendre que d'un mariage actuellement subsistant, et non de celui dont le lien a été dissous par la mort de l'une des parties, sur la succession de laquelle il y a contestation; car alors l'affaire devient tellement mondaine, qu'il n'est que le seul juge laïque qui en puisse connaître, comme il paraît par l'art. 34 de l'édit de 1695. Ainsi, le tuteur est bien fondé à procéder par-devant le juge séculier, qui seul a droit de connaître de cette affaire.

Cas VIII. *Terius*, accusé devant l'évêque ou l'official, a une raison de récuser l'évêque pour juge. L'official peut-il juger? Et si Terius a récusé l'official, l'évêque peut-il connaître de la même affaire en nommant un autre official?

R. Quand l'évêque est récusé, son grand vicaire et son official le sont aussi, cap. 25, *de Offic. jud. deleg.* Mais quand ces officiers sont récusés, l'évêque n'est pas censé l'être. La raison est, que l'évêque ne dépend point de ses officiers, et que ceux-ci dépendent de lui, pouvant en être destitués; d'où il suit qu'il serait à craindre qu'ils n'entrassent trop dans ses sentiments.

Cas IX. *Chryston*, curé, prisonnier dans l'officialité d'Agde, a été déclaré suspens *a divinis* par l'official, sur les conclusions du promoteur, qui seul était sa partie, et a été condamné à jeûner trois fois la semaine, et à garder prison pendant trois mois; il a interjeté appel de cette sentence par-devant le métropolitain. Et comme il fallait qu'il fût transféré, avec toutes les pièces de la procédure, sous bonne garde, à Narbonne, l'official veut l'obliger à fournir aux frais de son transport. Ce procédé est-il juste?

R. Non; car quand un procès criminel a été intenté par le promoteur, c'est à l'évêque à fournir tous les frais jusqu'à la sentence du métropolitain, sauf à lui de les répéter contre l'accusé s'il est solvable. C'est ce qui a été jugé par plusieurs arrêts, comme on le voit dans Fevret, l. IV, ch. 3, n. 34. La raison en est peut-être que, comme dans le for séculier le juge criminel est obligé de faire transférer à ses frais un criminel condamné et appelant, il en doit être de même dans le for ecclésiastique.

Cas X. *Théot*, official, ayant commencé à procéder contre un curé, et l'affaire étant sur le point d'être jugée, l'évêque a été déclaré excommunié. Théot peut-il, malgré cela, continuer la procédure ?

R. Non ; parce que, comme dit Cabassut, l. I, ch. 13, n. 12, toute la juridiction d'un grand vicaire et d'un official n'étant qu'une participation de celle de l'évêque qui en est la source ; dès que cette source est tarie, cette participation cesse entièrement. Le même auteur enseigne que, quand l'évêque est notoirement suspens, interdit, ou excommunié, sa juridiction est dévolue au chapitre de sa cathédrale, comme si le siège épiscopal était vacant par mort, jusqu'à ce que le prélat ait été absous, ou qu'on lui ait donné un successeur.

CAS XI. *Yves*, curé et official, sait, sous le secret, un crime dont un de ses paroissiens est accusé par-devant lui. Peut-il, ou doit-il porter un jugement ?

R. Cet official étant, en qualité de curé, le père spirituel de ses paroissiens, doit s'abstenir de prononcer sentence contre eux, de peur de se rendre odieux à ceux qu'il serait obligé de condamner ; et cela est encore plus vrai, lorsqu'il connaît le crime dont il s'agit par la voie du secret. Ainsi, quoiqu'à la rigueur Yves puisse rendre son jugement dans ce cas, il est de la prudence qu'il le laisse prononcer à un autre. *Voyez* S. B., tom. I, cas 5.

CAS XII. *Valeri*, diacre, ayant été convaincu d'un crime, l'official l'a condamné à une peine canonique et à sortir du diocèse, avec défense d'y revenir. Est-il obligé d'obéir à ce jugement ?

R. Oui, quant à la peine canonique, mais non quant à l'exil, que les juges ecclésiastiques n'ont pas pouvoir de prononcer contre un clerc, quelque coupable qu'il soit, 1° parce que les juges d'église n'ont point de territoire ; 2° parce que le bannissement est une peine afflictive qu'ils ne peuvent pas infliger*. *Voyez* Ducasse, ch. dernier, n. 14, p. *mihi* 257.

CAS XIII. Si Valeri était d'un autre diocèse, l'official ne pourrait-il pas l'obliger à sortir du diocèse où il a scandalisé ?

R. Quoiqu'un official ne puisse bannir personne, ni punir d'aucunes peines infamantes, il peut ordonner à un ecclésiastique étranger de se retirer dans son propre diocèse, sous peine d'être procédé contre lui par les voies de droit ; et en cela il ne fait que suivre les canons et l'ordon. de Blois, qui obligent les ecclésiastiques à servir dans leurs diocèses, à moins qu'ils n'aient ailleurs un établissement qui les en empêche. Ainsi jugé à Paris le 15 juillet 1731.

CAS XIV. *Maxime*, official, voyant qu'un usurier public ne voulait pas se corriger, l'a excommunié sans lui avoir fait les monitions canoniques. A-t-il péché en cela ?

R. Oui, puisqu'il a violé l'ordre établi par l'Eglise qui, dans le IV° conc. de Latran, (c. 48, *de Sent. excom.*) veut que toute sentence d'excommunication soit précédée de trois monitions faites par intervalles compétents que l'usage a réduits à six jours francs entre chaque monition. Ducasse, ch. 8, § 3, n. 5.

CAS XV. *Ebert* a promis, par écrit, d'épouser Marie ; l'ayant ensuite refusé, l'official l'a condamné à une amende de 50 liv. au profit de l'évêque, et à une autre de 200 liv. adjugée à Marie, pour ses dommages et intérêts, et à 4 liv. applicables à l'hôpital du lieu. Ebert en a appelé comme d'abus. Est-il bien fondé ?

R. L'official peut condamner à une aumône envers l'hôpital ou une église, mais il ne peut condamner à une amende pécuniaire envers l'évêque, ni aux dommages et intérêts de la partie adverse ; parce qu'il n'y a que le juge royal qui ait droit de prononcer sur cet article. Tout cela a été décidé par un grand nombre d'arrêts. Il y en a cependant un du parlement de Paris, en 1670, qui autorise l'official à condamner un clerc à l'amende et à des dommages envers sa partie adverse, parce que les clercs sont comme tels justiciables du juge d'église.

Nota. Quand l'official diocésain, celui de la métropole et celui de la primatie ont jugé uniformément une même cause, il n'y a plus lieu à l'appel, même comme d'abus, comme le remarque Fevret, l. IX, ch. 3 ; comme l'a jugé le parlement de Paris le 16 janv. 1610.

CAS XVI. Le curé et les marguilliers d'une paroisse plaidant à l'officialité au sujet d'une affaire de la fabrique, l'official a rendu sa sentence conformément aux conclusions du curé : et parce qu'il savait que les marguilliers étaient des chicaneurs, il a ordonné qu'elle serait par eux exécutée, *nonobstant opposition ou appellation quelconque*. Les marguilliers n'ont pas laissé d'en appeler à l'official métropolitain. L'ont-ils pu ?

R. Si les marguilliers sont lésés, ils ont non-seulement pu appeler au métropolitain, mais appeler même comme d'abus au parlement ; parce que, selon notre jurisprudence, un juge d'église ne peut prononcer que son jugement sera exécuté, nonobstant appellations quelconques ; sinon, lorsqu'il s'agit d'un fait de correction et de discipline ecclésiastique, comme d'un trouble arrivé dans l'église, ou au sujet d'une procession ; car alors le juge peut dire que sa sentence sera exécutée, nonobstant appel.

CAS XVII. Deux curés ayant eu un démêlé pour une affaire qui était du ressort de l'official qui avait déjà commencé à procéder, ce juge leur est devenu également suspect ; c'est pourquoi ils ont demandé à l'évêque l'archidiacre ou un avocat pour juge. L'évêque peut-il le leur accorder ?

R. Non ; car les évêques s'étant dépouillés de leur juridiction contentieuse entre les mains de leurs officiaux, il n'est plus en leur pouvoir de déléguer, en pareil cas, aucun autre juge, si ce n'est que l'official fût absent ou malade, ou qu'il fût récusé dans les formes par l'une des parties (1), autrement il y aurait lieu d'appeler comme d'abus de leur jugement, comme le prouve Mornac par un arrêt de la cour.

L'évêque ne pourrait pas non plus, quand même son official serait récusé, nommer un avocat ni un autre laïque, parce qu'il serait indécent qu'un séculier fût nommé par un évêque pour juger des ecclésiastiques; et c'est aussi ce que le parlement [de Toulouse jugea le 20 mars 1708.

Cas XVIII. *Euphémien* et *Flour*, curés, ayant eu un grand différend ensemble, Euphémien a fait assigner Flour par-devant l'official; mais parce que Flour n'est pas bien dans l'esprit de ce juge, il a prié l'official métropolitain d'évoquer la cause. Ce dernier official le peut-il?

R. Non; car le métropolitain n'est juge des sujets de ses suffragants qu'en cas d'appel légitime, comme le déclare Innocent IV, c. 3, *de Appell*. Ainsi jugé à Paris, le 18 avril 1578.

Cas XIX. *Anther*, official, ayant été choisi pour arbitre par Jean et Jacques, a prononcé sa sentence arbitrale. Jean, qui s'est cru lésé, refusant d'y acquiescer, Jacques l'a fait assigner par-devant le même official. Jean a refusé de comparaître et a fait assigner Jacques par-devant le juge royal. L'a-t-il pu?

R. Oui; car Jacques n'a droit de demander l'exécution de la sentence arbitrale que devant le juge séculier. La raison est 1° que c'est le prince qui a autorisé les arbitrages, et de qui par conséquent en dépend l'entérinement; 2° que celui qui a été arbitre entre les parties n'en peut être le juge, tant parce qu'il est suspect à la partie qui se plaint de son jugement, que parce qu'il ne manquerait pas d'y persister; et qu'ainsi celui qui se croit lésé ne trouverait aucune ressource en lui.

Cas XX. *Philos* ayant des preuves que Gautier, ci-devant son vicaire, avait exigé de l'argent de ceux à qui il administrait les sacrements, au scandale de plusieurs paroissiens, il l'a fait assigner par-devant l'official; celui-ci, après avoir instruit l'affaire, a si longtemps différé de juger, que Philos en a enfin appelé comme de déni de justice. L'official, ayant été condamné, s'est offert à juger; mais Philos n'a plus voulu de lui. N'y a-t-il rien là d'injuste?

R. Non; 1° parce que, selon l'ordonnance d'avril 1667, titre 25, a. 1, tous juges sont tenus de procéder au jugement des procès, dès qu'ils sont en état d'être jugés, *à peine d'en répondre en leur nom, et des dépens, dommages et intérêts des parties;* 2° parce qu'en cas de refus, ou de négligence de juger, il est permis de les faire sommer de le faire, *ibid.* a. 2; 3° parce que tout ce que cet official pourrait désormais faire en cette cause, serait nul de plein droit, selon cet art. 5 de ladite ordon.: *Le juge qui aura été intimé, ne pourra être juge du différend, à peine de nullité et de tous dépens, dommages et intérêts des parties; si ce n'est qu'il n'ait été follement intimé, ou que l'une et l'autre des parties consentent qu'il demeure juge*, etc. D'où il suit que le procès dont il s'agit ne peut être jugé que par le vice-gérant de l'officialité, ou par un autre official nommé spécialement à cet effet par l'évêque.

Voyez Accusé, cas V; Appel, cas VII et VIII; Dispense de Mariage, cas IV, XXI, XXVI et XXVII; Excommunication, cas XXXIX et XLII.

OFFRANDE.

Les offrandes sont des dons volontaires que font les fidèles aux ministres de l'autel. Ces offrandes sont principalement dues au curé, et n'entrent ni dans les portions congrues, ni dans le tiers dû pour les réparations. Un curé n'a aucune action contre ceux qui refusent de faire des offrandes. Ainsi jugé à Paris par arrêt du 7 juin 1632. Cependant s'il ne pouvait subsister, on serait obligé de contribuer par des offrandes à ses besoins. Ce qui est très-important, c'est que les fidèles fassent toujours à Dieu l'offrande de leur esprit, de leur cœur et de leurs biens.

Cas I. *Domit*, curé, et Josse son vicaire, ont tiré une somme considérable des offrandes. Peuvent-ils en disposer en présents faits à leurs amis, ou bien en divertissements honnêtes?

R. Saint Thomas 2-2, q. 86, a. 2, veut qu'un prêtre emploie les offrandes, 1° pour sa subsistance, étant juste que ceux qui servent à l'autel vivent de l'autel; 2° pour l'entretien du culte divin; 3° pour le soulagement des pauvres. Voilà le seul usage que Domit et Josse doivent faire des offrandes. Mais sous ce nom nous ne comprenons pas les présents qu'un prêtre reçoit des fidèles à titre de reconnaissance; ceux qui les lui font n'ayant pas d'autre intention que de l'en rendre propriétaire.

Cas II. *Pompée* ayant fait bâtir une chapelle dans son château, les paysans qui y viennent le jour du patron y font leurs offrandes, que le chapelain s'attribue depuis plus de vingt ans que cette chapelle est bâtie. Mais le nouveau curé soutient qu'elles sont à lui. Qui a raison des deux?

R. C'est le chapelain: car, 1° les paysans qui font des offrandes ne pensent pas même au curé en les faisant, et n'ont pas d'autre intention, sinon qu'elles tournent au profit de celui qui leur dit la messe. 2° Les prêtres qui desservent des chapelles domestiques ne sont pas de pire condition que des religieux qui, selon saint Thomas, peuvent s'attribuer les offrandes qu'on leur fait, non-seulement quand ils sont curés, mais encore quand ils desservent une chapelle. 3° Parce que la possession où est le chapelain depuis plus

---

(1) Les Évêques de Provence se sont conservés dans le droit d'exercer leur juridiction en personne, au rapport de Ducasse, part. II, ch. 1, n. 4.

de vingt ans, lui suffit, selon plusieurs savants jurisconsultes.

— L'auteur du nouveau Dictionnaire de droit canonique dit, v. *Oblation*, pag. 332, que les dons qui se font aux oratoires non consacrés appartiennent aux curés, et qu'il n'y a que le tiers des offrandes faites dans les oratoires consacrés qui appartiennent auxdits curés.

Cas III. Il y a une confrérie dans la paroisse de S. G. Mævius, qui en est curé, prétend que toutes les offrandes qui se font à la messe haute, qui se chante tous les dimanches avant celle de paroisse, lui appartiennent. Les confrères soutiennent qu'elles doivent tourner au profit de leur chapelain, ou de la confrérie même, pour aider à la dépense des ornements, du luminaire, etc. De quel côté est la justice ?

R. M. de S. B., tom. III, cas 142, répond que, régulièrement parlant, toutes les offrandes qui se font dans une église paroissiale appartiennent de droit au curé, à moins qu'il n'ait dérogé à ce droit par un traité contraire, ou que le long usage, légitimement prescrit, ne soit d'employer certaines offrandes à l'avantage de l'église ou des pauvres. C'est sur ce principe qu'il faut décider la question.

— Cas IV. *Marin*, curé primitif d'une paroisse, prétend en partager les offrandes avec le vicaire perpétuel. A-t-il ce droit ?

R. La déclaration du 30 juin 1690 résout cette difficulté, en disant que les curés primitifs pourront, s'ils en ont titre ou possession valable, continuer de faire le service divin aux quatre fêtes solennelles et le jour du patron, et percevoir la moitié des offrandes qui se feront ces jours-là, pourvu toutefois qu'ils fassent actuellement le service, et non autrement. *Voyez* le tom. III des *Mémoires du clergé*, pag. 650 et 782. *Voyez* aussi les pages 139, 262, 785, où il y a une exception importante en faveur des curés primitifs, qui étaient en possession constante de recevoir ces sortes d'oblations, quand les vicaires perpétuels ne sont pas réduits à la simple portion congrue.

AUTRE CONSULTATION SUR LES OFFRANDES.

Elle regarde les offrandes qui se font à l'église par le peuple. Vous me demandez, 1° si leur institution est ancienne ; 2° si celles qui se font à un mariage dans un prieuré qui est sur votre territoire, vous appartiennent, ou si elles appartiennent au prêtre qui fait la cérémonie avec votre permission ; 3° en cas qu'elles soient à vous, il faut juger de même de celles qui se font à deux petites chapelles qui sont aussi dans l'étendue de votre paroisse. Ces trois questions ne sont pas difficiles à résoudre.

Je réponds donc à la première, que les oblations qui se font aux ministres du Seigneur sont de la plus haute antiquité, et d'institution divine.

Il en est parlé plusieurs fois dans les livres de Moïse. Ce premier législateur, qui était d'autant plus respectable qu'il ne parlait qu'au nom de Dieu, dit au chapitre vii du Lévitique, que comme le peuple *offre une hostie pour le péché, il en offre aussi une pour le délit, et que l'une et l'autre appartiennent au prêtre qui l'aura offerte* (1). Et au chapitre xxiii du même livre, ÿ 10, le Seigneur dit lui-même : *Quand vous serez entré dans la terre que je vous donnerai, et que vous aurez commencé à faire la moisson, vous porterez une poignée des prémices au sacrificateur, qui la présentera au Seigneur, afin qu'elle lui soit agréable.* Or cette oblation, ainsi que toutes les autres, appartenait aux prêtres, et non à des laïques, quels qu'ils fussent. *Toutes les prémices qu'offrent les enfants d'Israël, appartiennent au prêtre, et tout ce que chacun offre pour être consacré à Dieu, sera au prêtre qui l'aura offert.* Ce sont les termes de la loi (2), ils ne peuvent être plus décisifs.

Ce n'est pas que le peuple ne fît des dons pour l'entretien du temple : mais comme les prêtres ne voulaient ni ne pensaient à s'emparer de ceux-ci, les trésoriers du temple ne pouvaient s'emparer des oblations que le peuple faisait à Dieu par le ministère des prêtres ; ce qui avait été offert sur l'autel demeurait à l'autel, c'est-à-dire à ses ministres (3).

Cette disposition qui porte l'homme à offrir au Seigneur, à titre de reconnaissance, quelque partie des biens qu'il a reçus de sa libéralité, subsiste dans la loi nouvelle. Elle était déjà parfaitement établie, quand saint Paul disait aux fidèles que tout pontife choisi d'entre les hommes est chargé par son état d'offrir à Dieu des dons et des victimes pour les péchés ; et que ceux qui servent à l'autel doivent vivre de l'autel (4). Il n'ignorait pas que l'eucharistie est le grand sacrifice des chrétiens, mais il savait aussi que les sacrements ne sont jamais plus utiles à l'homme que quand il accomplit toute justice, et qu'en reconnaissant les dons de Dieu par ceux qu'il lui offre, il se fait un devoir de prévenir les besoins de ceux qui sont chargés de lui annoncer l'Evangile.

C'est sur ces principes que les plus anciens docteurs de l'Église, comme saint Justin, saint Cyprien, saint Optat de Milève, les conciles d'Elvire et de Gangres, les Liturgies, etc., parlent de la pratique des oblations comme d'un usage inviolablement observé dans toutes les Eglises, et que bien loin

---

(1) Sicut pro peccato, ita et pro delicto, ad sacerdotem pertinet hostia ; sancta sanctorum est. *Levit.* xiv. ÿ 11. *Voyez* le chap. vii. ÿ 7. Le péché, quand il est distingué du délit, se prend pour une faute commise avec connaissance, *prudenter et scienter*. Par délit on entend une faute d'ignorance ou d'oubli. *Menochius hic*, ÿ 1.

(2) Omnes primitiæ quas offerunt filii Israel, ad sacerdotem pertinent, etc. *Numer.* v, 8.

(3) *Voyez* le liv. IV des Rois, ch. xii, ÿ 16, etc.

(4) Hebr. v, ÿ 1. *Ibid.* iii. ÿ 3. et 1. Cor. ix, 13.

d'exhorter les chrétiens à y être fidèles, ils ne pensent qu'à exhorter les pasteurs à rejeter hautement celles qui seraient faites par des excommuniés, des énergumènes, des gens qui ne s'approcheraient point de la table sainte, qui opprimeraient les pauvres, etc. Vous trouverez tout cela solidement prouvé dans un ouvrage qui a pour titre : *Traité des oblations, ou défenses du droit imprescriptible des curés sur les oblations des fidèles.... Par M. Gui Drapier, curé de Saint-Sauveur de Beauvais.* Paris, 1634.

Je dis en second lieu, que quand vous permettez à un prêtre, quel qu'il soit, de bénir un mariage sur votre territoire, ou d'y faire toute autre fonction suivie d'une offrande, cette offrande vous appartient en entier, à l'exception de la messe, dont celui qui célèbre doit avoir la rétribution. La raison en est que le droit honorifique que vous lui cédez par pure grâce, ne doit point tourner à votre préjudice, et que la libéralité qu'on fait à un curé dans une circonstance extraordinaire n'est pas tant une récompense de la peine qu'il prend actuellement, que de celle qu'il se donne pendant tout le cours de l'année. Aussi est-ce l'usage constant des diocèses bien disciplinés. J'ai consulté là-dessus des personnes en état de le savoir, qui me l'ont certifié.

Mais à qui doivent appartenir les offrandes qui se font dans des paroisses où il n'y a que des vicaires perpétuels ? Est-ce à eux, ou bien aux curés primitifs ?

R. Ou ces vicaires perpétuels sont réduits à la portion congrue, où ils tirent de leur curé un revenu convenable pour leur entretien. Dans le premier cas, il est porté par les déclarations du 30 juin et du 19 juillet 1690, comme aussi par l'article 5 de la déclaration du 15 janvier 1731, que les curés primitifs pourront, s'ils en ont titre ou possession valable, continuer de faire le service divin aux quatre fêtes solennelles, et le jour du patron ; et qu'alors ils auront le droit de recevoir la moitié des offrandes qui se feront ces jours-là, tant en argent qu'en cire ; droit qu'ils ne pourront exiger que lorsqu'ils feront actuellement le service, et non autrement.

Mais si les curés ou vicaires perpétuels ont dans leurs bénéfices de quoi subsister honnêtement, les curés primitifs peuvent encore aujourd'hui percevoir toutes les offrandes en argent, en cire, etc., qu'ils étaient en possession de percevoir avant ces mêmes déclarations. Cela leur a été confirmé par plusieurs arrêts, soit du grand conseil, soit du parlement de Paris. Ce dernier, par un arrêt du 5 mai 1687, a maintenu les patrons et les curés primitifs dans leur ancienne possession de percevoir la partie des offrandes, oblations et luminaires comme avant la déclaration du 29 janvier 1686, lorsque les curés n'ont pas fait option de la portion congrue. *Voyez les Mémoires du clergé*, tom. III, pag. 142, 650, 782, etc., et tom. XII, pag. 395 et suiv.

A l'égard des offrandes qui se font dans les chapelles de votre district ; si nous nous en tenions aux conciles, l'affaire serait bientôt décidée. Le synode d'Excester, en 1237, ordonne, chap. 9, « que dans les chapelles qui ont été bâties sur le terrain des églises matrices, c'est-à-dire baptismales ou paroissiales, il ne se fasse rien au préjudice de ces mêmes églises..... C'est pourquoi, dit-il, nous ordonnons que les prêtres qui desserviront ces chapelles rendront au curé de l'église matrice toutes les oblations qui s'y font ; et pour que cela s'exécute avec plus de sûreté, nous voulons que ces prêtres s'y engagent par serment, n'étant pas juste que la permission qu'un curé a donnée de bâtir ces chapelles tourne à son désavantage. »

Saint Charles dit la même chose, et sans restriction. Voici ses paroles : *Si l'offrande se fait dans l'église paroissiale ou autre située dans l'étendue de la paroisse, que tout ce qui y aura été donné ou offert appartienne au curé.* Lib. III, tit. de Paroch. et Paroch. jurib. n. 65.

Mais ces dispositions ne seraient pas suivies, au moins universellement, dans ce royaume. Le parlement de Bretagne jugea, le 13 février 1602, que les offrandes faites dans une chapelle qui n'était pas consacrée, appartenaient au curé. Tournet, qui rapporte cet arrêt, ajoute que *si la chapelle eût été consacrée, et qu'elle eût dépendu de quelque bénéfice, il y eût eu moins de difficulté ;* parce que le chapitre, *Cum inter*, 29 *extra de verborum significat.*, tit. 40, donne seulement en ce cas *le tiers des oblations aux recteurs, en considération de l'autorité qu'ils ont dans leur paroisse, et le surplus au chapelain, et pour les réparations nécessaires* (1). Cependant il fut jugé par arrêt du parlement de Paris, le 3 août 1643, en faveur du chapelain de la chapelle de Notre-Dame-de-l'Ermitage, contre le curé du lieu, que les oblations qui se font dans une chapelle particulière, mais consacrée, et où il y a un chapelain pour la desservir, appartiennent au chapelain, à l'exclusion du curé. Je ne sais si cette règle serait suivie partout. Ce qui est sûr, c'est que M. l'archevêque de Bordeaux ayant ordonné que toutes les oblations fussent partagées entre le curé et les marguilliers au sujet d'une chapelle de saint Yves, qui est dans l'église d'Audenge, le parlement de Bordeaux déclara, le 8 mars 1666, qu'il y avait abus dans la sentence du prélat. M. de la Combe, v. *Oblation*, cite un arrêt du parlement de Paris, par lequel une semblable partition fut confirmée, le 19 mars 1637, contre un curé qui prétendait à toutes les oblations d'une chapelle particulière, sous prétexte qu'elle était dans les limites de sa paroisse. C'est-à-dire qu'on plaidera, et qu'on pourra perdre ou gagner.

« La règle absolue en cette matière, dit le même auteur, et avec lui M. de Maillane,

---

(1) Tournet, lett. O, ch. 4, Mémoires du Clergé, tom. III, pag. 234 et suiv.

eod. veroo, pag. 332, pour décider à qui doivent appartenir les offrandes, est, qu'encore que de droit commun elles appartiennent au curé, il faut se déterminer par la volonté présumée de ceux qui les font, s'il n'y a titre légitime ou possession immémoriale au contraire; et même quand cette volonté paraît clairement, elle doit prévaloir à tous les titres, à toute possession quoiqu'immémoriale, et à toutes dispositions de droit. *Cardinal. de Luca, discursu* 10, *de decimis. Van-Espen, Jur. Eccl.* part. II, tit. 3, n. 15. C'est que, comme dit Pontanus : *In his quæ meæ sunt voluntatis, et ex pura liberalitate proficiscuntur, non potest ullo tempore induci præscriptio nec consuetudo, seu in futurum obligatio*; et que chacun est maître d'apposer à sa libéralité telle condition que bon lui semble, et de l'appliquer où il veut..... Ainsi ce qui est mis dans les troncs doit être appliqué à l'usage destiné. Les oblations considérables et fréquentes qui sont faites à quelques images ou reliques, appartiennent à la chapelle où elles sont : parce que les oblations sont censées faites à l'image ou à la relique, *ut sumptuosa ecclesia construatur, ac dotetur, et exornetur, non autem ad donandum parocho, vel episcopo, seu alteri prælato ad privatam utilitatem. Card. de Luca, loco cit. n.* 11; *Van-Espen ubi supra, n.* 18. Mais quoique le curé soit privé de certaines oblations, il doit être appelé à la dispensation qui s'en fait, s'il n'en est exclu par le titre même de la libéralité. *Van-Espen, ibid. n.* 24. »

Je finis cette matière par quelques remarques, qui pourront n'être pas inutiles. La première est que les oblations qui appartiennent au curé ou prieur, ne sont pas comprises dans les revenus qui doivent contribuer aux réparations de l'église et à la fourniture des ornements. Ainsi jugé par arrêt, le 31 juillet 1599, et le 4 janvier 1610.

La seconde que, quoiqu'à parler en général, toutes les offrandes qui se font dans des chapelles qui ne sont point succursales, n'appartiennent pas toujours aux curés, cependant ils doivent être préférés à tous autres prêtres pour y dire la messe pendant la semaine, à l'exception des dimanches et des fêtes; et ils doivent alors recevoir la rétribution réglée par l'ordinaire. Ainsi jugé, par arrêt, le 11 août 1693, ce qui s'entend, dit M. de la Combe, V. *Offrandes*, des chapelles où il n'y a pas de chapelain en titre, et qui ne sont pas érigées en titre de bénéfice.

La troisième, qu'il ne faut pas confondre les offrandes avec les honoraires qui se donnent aux curés pour l'administration des sacrements : personne ne partage ces oblations avec le curé de la paroisse. *Dict. canonique,* 332.

La quatrième est que, dans un siècle comme celui où nous vivons, un curé ne pourrait faire une instruction sur les offrandes qu'avec beaucoup de précaution. Quoi- qu'il ne parlât réellement que pour le bien de son peuple, la malignité et l'injustice ne manqueraient pas de dire qu'il parle pour lui-même. Un homme libéral envers les pauvres aurait en ce point un droit qu'un avare ou un homme de bonne chère n'aurait pas. Il y a dans le *Traité de la Messe de paroisse,* imprimé à Paris, en 1679, part. II, chap. 12, art. 3, un morceau qui pourrait lui servir. Sans doute qu'il n'oublierait pas ce mot de l'Ecriture : *Non apparebit quispiam ante Dominum vacuus, sed offeret unusquisque secundum quod habuerit, juxta benedictionem Domini Dei sui, quam dederit ei.* Deuter. xvi, v. 16.

Mais il faut surtout qu'un pasteur évite les procès, dont un zèle un peu trop vif ne le garantit pas toujours. Il y a des abus qu'on ne peut tolérer (1); mais il y en a d'autres qu'il est impossible de retrancher. Rien de plus commun aujourd'hui que de voir dans le chœur d'une église le seigneur de la paroisse, sa femme et leur compagnie. Rien cependant de plus opposé aux lois primitives. Tout le monde sait que le grand Théodose, après sa réconciliation, étant resté dans le chœur, lorsqu'il eut fait son offrande, saint Ambroise lui fit dire par le premier de ses diacres que c'était là la place des ministres de l'autel, et non pas la sienne; parce que *la pourpre qui fait les empereurs ne fait pas les prêtres* (2). On sait aussi que ce grand prince se rendit avec une docilité qui fut aussi admirée que la fermeté de saint Ambroise.

Théodose le jeune, son petit-fils, héritier de sa piété aussi bien que de sa couronne, fit avec Valentinien un édit pour ordonner que l'empereur précéderait le peuple vers l'autel et hors du sanctuaire, et qu'il serait précédé par les prêtres. *Nous-mêmes,* dit-il, *qui par le droit de l'empire sommes toujours environnés de gardes, quand nous sommes près d'entrer dans le temple de Dieu, nous laissons nos armes dehors, et nous déposons même notre diadème; et plus nous faisons voir que notre empire est soumis à Dieu, plus nous espérons qu'il en fera éclater la gloire et la majesté. Nous ne nous approchons des sacrés autels que pour y offrir nos présents, et dès que nous sommes entrés dans le sanctuaire, nous en sortons aussitôt,* etc.

Il me serait aisé de faire voir par les constitutions apostoliques, et par un bon nombre de conciles d'une très-haute antiquité, que l'Eglise entière observa cette conduite dans ses plus beaux jours. Le dédain que témoigne notre siècle pour ces siècles antiques, qui cependant n'ont d'autre défaut que celui d'avoir marché avec simplicité sur les pas des hommes apostoliques, me dispense de ces citations. Il ne faut cependant pas croire que l'exemple de Théodose, de ses enfants, et de tant d'empereurs qui leur ont succédé, ne fasse aucune impression de nos jours. Ce que des hommes *très-nouveaux* ne

---

(1) Voyez mon *Traité des Devoirs d'un Pasteur,* chap. 9, §. n. 3. 586 de la sixième édition.

(2) Theodoret, lib. v *Hist. Eccl.*, cap. 27; Sozom. lib. vii, cap. 25.

feraient aujourd'hui qu'après plusieurs jugements des tribunaux séculiers, des hommes d'une naissance distinguée l'ont fait dès qu'on leur a fait connaître les lois de l'Eglise. Le duc de Liancourt avait son banc dans le chœur : aussitôt qu'il eut appris de son curé et du célèbre M. Bourdoise, que cela était contre les règles, il le fit mettre dans une chapelle qui était à côté; et M. de Guiry fit la même chose à son exemple. M. le prince de Conti offre un modèle que la dignité de son origine rend encore plus frappant. *Il allait tous les ans passer quinze jours à Alet avec madame sa femme.* Il demanda permission à l'évêque du lieu, Nicolas Pavillon, *d'entrer dans le chœur de l'église pendant le service divin*; mais *il ne put jamais l'obtenir.* Éclata-t-il en murmures, se plaignit-il qu'on manquait aux justes égards qui lui étaient dus? Non ; *tout prince qu'il était, et gouverneur de la province, il se tenait dans la nef avec les autres dans le département des hommes*; et, semblable au plus saint des rois d'Israël, il disait, plus d'action que de parole : *Je m'avilirai devant le Seigneur qui m'a fait ce que je suis; et je ne serai jamais plus petit à mes yeux que quand je serai plus grand aux yeux de la multitude.* Qu'un curé se serve de ces exemples quand les circonstances du temps, du lieu et des personnes lui permettront de les faire valoir ; mais qu'il ne s'en serve jamais pour mettre le trouble dans sa paroisse. Un des plus grands malheurs qui puissent lui arriver, c'est de ne vivre pas en paix avec son seigneur. Ce qu'il y a de fâcheux et d'infiniment fâcheux, c'est qu'il y a des seigneurs avec qui on ne peut bien vivre sans vivre mal avec Dieu.

OFFRES RÉELLES.

Les offres réelles sont celles qui sont accompagnées de l'exhibition ou représentation effective des deniers ou autres choses qu'on offre, soit que ces offres réelles soient faites par un officier ministériel, soit qu'elles soient faites sur le barreau.

Tout débiteur peut se libérer, en payant ce qu'il doit ; mais si le créancier refuse de recevoir son payement, le débiteur peut lui faire des offres réelles, et, au refus du créancier de les accepter, consigner la chose ou la somme offerte. Les offres réelles, suivies d'une consignation, libèrent le débiteur ; elles tiennent lieu à son égard de payement, lorsqu'elles sont valablement faites, et la chose ainsi consignée demeure aux risques du créancier. Pour que les offres réelles soient valables, il faut : 1° qu'elles soient faites au créancier ayant la capacité de recevoir ou à celui qui a le pouvoir de recevoir pour lui; 2° qu'elles soient faites par une personne capable de payer; 3° qu'elles soient de la totalité de la somme exigible, des arrérages ou intérêts dus, des frais liquidés et d'une somme pour les frais non liquidés, sauf à la parfaire; 4° que le terme soit échu, s'il a été stipulé en faveur du créancier ; 5° que la condition sous laquelle la dette a été contractée soit arrivée; 6° que les offres soient faites au lieu dont on est convenu pour le payement, et que, s'il n'y a pas de convention spéciale sur le lieu du payement, elles soient faites ou à la personne du créancier, ou à son domicile, ou au domicile élu pour l'exécution de la convention ; 7° que les offres soient faites par un officier ministériel ayant caractère pour ces sortes d'actes.

Tant que la consignation n'a point été acceptée par le créancier, le débiteur peut la retirer ; et s'il la retire, ses co-débiteurs ou ses cautions ne sont point libérés. Lorsque le débiteur a lui-même obtenu un jugement passé en forme de chose jugée, qui a déclaré ses offres et sa consignation bonnes et valables, il ne peut plus, même du consentement du créancier, retirer sa consignation au préjudice de ses co-débiteurs ou de ses cautions.

Le créancier qui a consenti que le débiteur retirât sa consignation, après qu'elle a été déclarée valable par un jugement qui a acquis force de chose jugée, ne peut plus, pour le payement de sa créance, exercer les priviléges ou hypothèques qui y étaient attachés ; il n'a plus d'hypothèque que du jour où l'acte par lequel il a consenti que la consignation fût retirée aura été revêtu des formes requises pour emporter l'hypothèque.

OLOGRAPHE (Testament).

Le testament olographe ne sera point valable, s'il n'est écrit en entier, daté et signé de la main du testateur ; il n'est assujetti à aucune autre forme. Un seul mot écrit d'une main étrangère dans le corps du testament le rendrait nul ; il peut être écrit sur du papier non timbré. La date qui est nécessaire, sous peine de nullité, peut se mettre en chiffre ; sa place n'est point déterminée, il suffit qu'elle soit avant la signature. Il n'est pas nécessaire d'indiquer le lieu où le testament a été fait. Sans la signature, la disposition ne peut être regardée que comme le projet d'un testament ; mais il n'est pas nécessaire de faire mention de la signature, de dire par exemple que le testament a été signé de sa main. La signature doit être placée à la fin de l'acte; tout ce qui vient après la signature n'est pas censé être dans l'acte, et doit être regardé comme non avenu.

Si un testament olographe contenait des dispositions dont les unes ne fussent pas datées ou pas signées et les autres signées, celles-ci seraient valables et les autres nulles. On peut, dit Toulier, les regarder comme autant de testaments différents : la nullité des uns n'entraîne pas la nullité des autres.

Le testament olographe n'est point, comme ceux émanés des notaires, exempt de la vérification, c'est-à-dire que les héritiers du testateur, pour en suspendre l'exécution, n'ont besoin que de déclarer qu'ils n'en connaissent point l'écriture, sans être tenus de s'inscrire en faux. Le testateur a toutefois un moyen d'éviter cette entrave; ce moyen consiste à déposer le testament dans l'étude d'un notaire, et faire dresser acte de ce dépôt. La signature ne pouvant plus être contestée, si elle se trouvait conforme à celle apposée par le testateur sur l'acte de dépôt, elle deviendrait aussi authentique que celle-ci. *Voyez* TESTAMENT.

OPINION.

On donnera, dans le premier cas, la définition et la division de l'opinion. Il suffira donc de rapporter ici les indignes maximes des mauvais casuistes, que le clergé de France censura en 1700.

Prop. CXVII. Puto omnia esse hodie melius examinata, et hanc ob rem in omni materia, et præcipue in morali, libentius juniores, quam antiquiores, lego et sequor, etc.

Censura. *Hæc propositio temeraria est, scandalosa, perniciosa, erronea,* etc.

Prop. CXVIII. Ex auctoritate unius tantum potest quis opinionem in praxi amplecti, licet a principiis intrinsecis falsam et improbabilem existimet.

Prop. CXIX. Hæc propositio : Sexdecim ad probabilitatem requiruntur, non est probabilis. Si sufficiunt sexdecim, sufficiunt quatuor. Si sufficiunt quatuor, sufficit unus.... ad probabilitatem sufficiunt quatuor : sed quatuor, imo viginti et supra testantur unum sufficere : ergo sufficit unus.

Censura. *Hæ propositiones falsæ sunt, scandalosæ, perniciosæ,* etc.

Prop. CXX. Si liber sit alicujus moderni, debet opinio censeri probabilis; dum non constat rejectam esse a Sede apostolica, tanquam improbabilem (27. Alex. VII).

Prop. CXXI. Non sunt scandalosæ aut erroneæ opiniones quas Ecclesia non corrigit.

Censura. *Hæ propositiones, quatenus silentium et tolerantiam pro Ecclesiæ vel Sedis apost. approbatione statuunt, falsæ sunt, scandalosæ, saluti animarum noxiæ,* etc.

Prop. CXXII. Generatim dum probabilitate, sive intrinseca, sive extrinseca, quantumvis tenui, modo a probabilitatis finibus non exeatur, confisi aliquid agimus, semper prudenter agimus.

Censura. *Hæc propositio falsa est, temeraria, scandalosa, perniciosa; novam morum regulam novumque prudentiæ genus, cum magno animarum periculo, statuit.*

Prop. CXXIII. Si quis vult sibi consuli secundum eam opinionem, quæ sit faventissima, peccat qui non secundum eam consulit.

Censura. *Hæc propositio, quæ docet blanda et adulatoria consilia, et contra jus exquirere, et contra conscientiam dare, falsa est, temeraria, scandalosa, in praxi perniciosa, viamque deceptionibus aperit.*

Prop. CXXIV. Non est illicitum in sacramentis conferendis sequi opinionem probabilem de valore sacramenti, relicta tutiore, nisi id vetet lex, conventio, aut periculum gravis damni, etc.

Prop. CXXV. Probabiliter existimo, judicem posse judicare juxta opinionem etiam minus probabilem.

Prop. CXXVI. Ab infidelitate excusabitur infidelis non credens, ductus opinione minus probabili.

Prop. CXXVII. In morte mortaliter non peccas, si cum attritione tantum sacramentum suscipias, quamvis actum contritionis tunc omittas libere; licet enim unicuique sequi opinionem minus probabilem, relicta probabiliori.

Censura. *Doctrina, his propositionibus contenta, est respective falsa, absurda, perniciosa, erronea, probabilitatis pessimus fructus.*

Plaise à Dieu d'arrêter enfin le cours de ces misérables et monstrueuses opinions!

CAS I. *Sylvain* a lu plusieurs auteurs qui soutiennent, 1° qu'on peut, sans péché, suivre une opinion probable, quoiqu'elle ne soit peut-être pas sûre ; 2° qu'on la peut suivre, même en concurrence d'une autre plus probable ; 3° qu'entre deux opinions également probables, on peut choisir celle qu'on veut. Il demande si cette doctrine est saine?

R. 1° On appelle opinion probable le jugement que l'esprit porte de la bonté ou de la malice d'une action, en vertu d'un motif qui lui paraît solide, mais non jusqu'à exclure la crainte de se tromper. Si ce motif est tiré de l'autorité d'un ou plusieurs docteurs sages et éclairés, il forme la probabilité *extrinsèque* ; s'il est tiré de raisons prises du fond même de la chose, il forme la probabilité *intrinsèque*.

— 2° L'opinion comparée à une autre opinion ou est moins probable, ou l'est également, ou l'est davantage, soit que l'excès soit grand ou qu'il soit petit.

L'opinion comparée à la conscience et au salut, ou est plus sûre ou l'est moins. Plus sûre, comme si je jeûne ou si je restitue, quand j'ai certaines raisons de croire que je n'y suis pas obligé. Moins sûre, dans la supposition contraire.

Cela posé, Sylvain, pour se bien décider, n'a presque qu'à prendre le contre-pied des mauvais casuistes qu'il a lus. Il doit donc se bien persuader, 1° qu'il n'est jamais permis de suivre une opinion moins sûre et en même temps moins probable, en concours d'une autre qui est à la fois et plus sûre pour le salut et plus probable ; et même, dans ce cas, l'opinion la moins probable ne mérite pas le nom de probable ; 2° qu'il n'est pas permis de prendre, entre deux opinions également probables, celle qui est moins sûre, et qui favorise la liberté au préjudice de la loi ; 3° qu'une foule d'auteurs relâchés ont traité de probables des opinions dont un bon musulman aurait eu honte. Il ne faut, pour s'en convaincre, que jeter les yeux sur les propositions qu'on vient de rapporter.

— Cas II. Mais un simple fidèle, ou un directeur, ne peut-il pas au moins suivre une opinion qui n'est pas la plus sûre, quand elle est plus probable?

R. Si elle est beaucoup plus probable, on peut la suivre, et c'est pour cela que cette proposition de Sinnich : *Non licet sequi opinionem vel inter probabiles probabilissimam*, a été censurée par Alexandre VIII, en 1690 ; mais si elle n'a que quelque petit degré de vraisemblance au-dessus de celle qui n'expose à aucun péché, il faut toujours s'en tenir à cette dernière. Dans un cas où tout est à peu près égal, c'est assurément Dieu et sa loi qui méritent la préférence. Je prie qu'on lise sur cette matière un bon Traité de la conscience ; car comme on est souvent obligé de douter, ce n'est que par les règles d'une probabilité bien entendue qu'on peut se tirer d'affaire. Il serait à souhaiter qu'on enseignât dans tous les séminaires, une fois par an, le traité de *Conscientia*.

OPPOSITION.

C'est un acte dont l'objet est d'empêcher qu'on ne fasse quelque chose au préjudice de la personne à la requête de qui il est fait.

Opposition aux scellés. Il y a deux sortes d'oppositions aux scellés : l'une qui tend à empêcher entièrement l'opération, l'autre qui ne tend qu'à la conservation des droits que les opposants prétendent dans la succession. La première exige qu'il en soit référé au président du tribunal ; mais l'autre, n'étant qu'un simple acte conservatoire, est écrite par le greffier au procès-verbal d'opposition, après quoi le juge de paix continue son opération. De quelque manière que l'opposition soit faite, elle doit contenir, à peine de nullité, 1° élection de domicile dans la commune ou dans l'arrondissement de la justice de paix où le scellé est apposé, si l'opposant n'y demeure pas ; 2° l'énonciation précise de la cause de l'opposition.

Opposition à une vente de meubles. Cette opposition peut être faite par tous ceux qui prétendent avoir quelque droit, soit de propriété, soit de privilége, sur les meubles saisis. Celui qui se prétend propriétaire des objets saisis peut s'opposer à la vente, par exploit signifié au gardien, et dénoncé au saisissant et au saisi, contenant assignation libellée et l'énonciation des preuves de propriété, à peine de nullité. Le réclamant qui succombe est condamné, s'il y échet, aux dommages-intérêts dus au saisissant. Les créanciers du saisi, pour quelque cause que ce soit, même pour loyers, ne pourront former opposition que sur le prix de la vente ; leurs oppositions en contiendront les causes ; elles seront signifiées au saisissant et à l'huissier ou autre officier chargé de la vente, avec élection de domicile dans le lieu où la saisie est faite, si l'opposant n'y est pas domicilié : le tout à peine de nullité des oppositions et des dommages-intérêts contre l'huissier, s'il y a lieu.

Le privilége que la loi accorde au propriétaire sur les meubles de son locataire, pour ce qui lui sera dû en exécution du bail, ne lui donne point la faculté de s'opposer à la vente des meubles, bien que cette vente puisse nuire à l'entretien du bail ; il ne peut, en aucun cas, exercer son privilége que sur le prix des meubles.

Tout créancier qui n'aura pas été payé intégralement de la créance en principal, intérêts et frais, et toute autre partie intéressée, pourront, pendant la durée de l'affiche, former opposition à la réhabilitation par simple acte au greffe, appuyé des pièces justificatives, s'il y a lieu.

Opposition au mariage. C'est un empêchement que quelqu'un forme à la célébration d'un mariage projeté entre deux personnes, soit par-devant le curé, pour le mariage religieux, soit par-devant l'officier, pour le mariage purement civil.

Pour le mariage religieux, le propre pasteur est juge de l'empêchement qu'on oppose ; chacun a le droit non-seulement, mais est obligé de révéler les choses qui pourraient être un empêchement prohibant ou dirimant.

Pour le mariage civil, le droit de former opposition à la célébration appartient à la personne engagée par mariage avec l'une des deux parties contractantes. Le père, et à défaut du père, la mère, et à défaut de père et mère, les aïeux et aïeules, peuvent former opposition au mariage de leurs enfants et descendants, encore que ceux-ci aient vingt-cinq ans accomplis. A défaut d'un ascendant, le frère ou la sœur, l'oncle ou la tante, le cousin ou la cousine germains, majeurs, ne peuvent former aucune opposition que dans les deux cas suivants : 1° lorsque le consentement du conseil de famille, requis par la loi, n'a pas été obtenu ; 2° lorsque l'opposition est fondée sur l'état de démence du futur époux : cette opposition, dont le tribunal pourra prononcer main-levée pure et simple, ne sera jamais reçue qu'à la charge par l'opposant de provoquer l'interdiction et d'y faire statuer dans le délai qui sera fixé par le jugement. Dans les deux cas prévus par le précédent article, le tuteur ou curateur ne pourra, pendant la durée de la tutelle ou curatelle, former opposition qu'autant qu'il y aura été autorisé par un conseil de famille qu'il pourra convoquer. Si l'opposition est rejetée, les opposants, autres néanmoins que les ascendants, pourront être condamnés à des dommages-intérêts.

Cas I. *Innocent* allant célébrer un mariage le jour du mardi gras, reçoit une opposition de la part d'un homme de néant, qui ne l'a faite que pour gagner 30 sous, qu'un ennemi du futur époux lui a promis, pour le chagriner. Ce curé, qui est très-assuré de cette vengeance, est-il obligé de suspendre son ministère?

R. Quand il y a une opposition faite à un mariage, dans les formes, il n'est jamais permis à un curé, quelque sûr qu'il soit de l'injustice, de passer outre, avant que les parties ne l'aient fait lever par sentence de l'official. Innocent doit donc surseoir à la célébration dès la première opposition. Le scandale qui peut en arriver n'est que passif de la part du curé qui a les mains liées.

— Cas II. Si l'opposition n'était que verbale, un curé devrait-il y avoir égard?

R. Il le devrait, si elle venait du père ou de la mère, du tuteur ou du curateur; parce qu'on ne peut marier les enfants de famille malgré eux. Si elle venait d'un étranger, qui ne voulût pas la signer, Ducasse, part. II, ch. 3, sect. 2, n. 1, dit que le curé pourrait passer outre; sans cela il pourrait être pris à partie par les contractants, qui d'ailleurs ne sauraient contre qui agir. Que si cet étranger ne s'opposait qu'en révélant un empêchement dirimant, et assez probable, il faudrait avoir recours à l'évêque et prendre ses ordres. Si ce prétendu empêchement n'était appuyé que sur une calomnie évidente, il faudrait le mépriser. Voy. les *Conf. d'Angers*.

Cas III. Après la première publication du mariage futur entre Ferdinand et Hélène, Joseph, frère de Ferdinand, a fait signifier au curé une opposition. Ferdinand a fait assigner Joseph devant le juge royal, et l'a fait débouter de son opposition, avec injonction au curé de célébrer le mariage. Le curé le peut-il?

R. Non; car ce n'est pas au juge royal, mais au juge ecclésiastique à connaître de la matière du mariage. C'est pourquoi le parlement de Paris déclara, en 1692, que les juges de Vitry-le-Français avaient en pareil cas nullement et incompétemment procédé, et renvoya les parties à leur curé; et en cas de refus, à leur évêque, pour être procédé à leur mariage, si faire se devait, après avoir reçu la pénitence salutaire.

— Cette décision prise en général contredirait les prénotions de l'auteur. Quand il s'agit d'empêchement établi par l'Eglise, c'est au juge ecclésiastique à en connaître. Quand il est question d'intérêts civils, d'inégalité de condition, de déni de consentement du père, de la mère, etc., cela regarde le juge civil. C'est la règle que celui qui a fait des notes sur Févret, donne, t. II, pag. 319. Il y a apparence que la discipline en ce point n'est pas uniforme.

— Cas IV. *Luc*, qui avait formé une opposition juridique au mariage de Pierre avec Marie, s'en est désisté. Le curé peut-il les marier?

R. Les *Conf. de Chartres*, pag. 27, disent que quand *l'opposition est portée au for contentieux, un simple désistement, qui suffirait en d'autres occasions, ne peut suffire; et qu'il faut en outre une signification de la sentence, qui donne main-levée de l'opposition.* M. Dargentré, pag. 163, dit à peu près, que si l'opposition n'était fondée que sur l'intérêt de celui qui l'a faite, comme si Titius s'est opposé au mariage de Livie, sur ce qu'elle lui avait promis de l'épouser, alors le simple désistement suffit, parce que chacun peut renoncer à son droit personnel : mais que si elle était fondée sur un empêchement, comme si Titius avait soutenu que Livie était fiancée ou mariée à un autre, le désistement ne suffit pas, parce que Titius peut avoir été corrompu pour le faire. Le card. Le Camus veut qu'en fait d'opposition on ne fasse rien sans consulter l'évêque; et cela est juste.

Voyez PAYER, cas I

ORAISON.

Oraison dominicale. Il y a obligation à tout chrétien qui a l'usage de la raison, de savoir l'oraison dominicale au moins en substance. On peut excuser de péché ceux qui, par défaut de mémoire, ne peuvent retenir les paroles de l'oraison dominicale, pourvu qu'ils sachent les choses que ces paroles signifient nument et simplement, ce qu'on appelle *savoir en substance*. Toutefois un confesseur ne doit pas se contenter qu'un pénitent ne sache l'oraison dominicale qu'en substance; il doit l'exhorter, l'aider même à l'apprendre de mémoire; et si le pénitent en a déjà été averti et qu'il ait négligé de l'apprendre, le pouvant aisément, le confesseur, selon le conférencier d'Angers, doit lui différer l'absolution jusqu'à ce qu'il ait apprise en langue vulgaire.

Cas. *Arnaud* sait très-bien l'oraison dominicale, il la récite même avec une certaine componction ; mais il ne sait pas la formule des actes de foi d'espérance et de charité : satisfait-il au précepte de faire ces actes de temps en temps ?

R. Assurément, car l'oraison dominicale renferme équivalemment ces trois actes, dont il n'est pas nécessaire de savoir ni de réciter les formules.

Les oraisons qu'on dit sans approbation de l'Eglise pour guérir certaines maladies des hommes et des bêtes, ou pour conjurer les insectes, ont rapport aux vaines observances. La plupart sont ridicules, mal dirigées, et toutes sont suspectes de superstition. Si elles opèrent quelque effet merveilleux, on ne peut dire sans une témérité criminelle, qu'elles le produisent par l'institution de Dieu ou par celle de l'Eglise, puisque nous n'en trouvons rien ni dans les saintes Ecritures, ni dans la tradition, et qu'elles n'ont point été approuvées par l'Eglise ; on doit donc juger qu'elles supposent quelque pacte avec le démon ; mais la bonne foi excuse le plus souvent ceux qui emploient ces sortes de prières.

Quand même on attendrait de Dieu seul l'effet de ces oraisons, ce ne serait que par forme de miracle; or c'est tenter Dieu de lui demander des miracles continuels; on ne doit donc point souffrir ces sortes d'oraisons, quoiqu'elles paraissent pieuses et composées de paroles qui sont prises de la sainte Ecriture.

ORDINATION.

L'ordre pris en général est un sacrement qui confère à un clerc la grâce habituelle et une puissance spirituelle, par rapport à la consécration de l'Eucharistie, et aux fonctions qui la regardent. Il y a sept ordres, dont les quatre premiers, qu'on appelle mineurs, sont ceux de portier, de lecteur, d'exorciste et d'acolyte. Les trois autres, qu'on nomme majeurs ou sacrés, sont ceux du sous-diaconat, du diaconat et de la prêtrise, auxquels saint Isidore ajoute l'épiscopat, dont on a parlé à l'art. Évêque. Chaque ordre a sa matière et sa forme. L'évêque en est le ministre ordinaire. Outre la grâce, l'ordre produit dans l'âme un caractère qui suppose nécessairement celui du baptême, et celui de la confirmation de nécessité de précepte.

On ne peut, sans dispense de Rome, recevoir les ordres sacrés qu'aux Quatre-Temps, ni avant l'âge prescrit par les canons. Outre cet âge, il faut être de bonne vie, et n'avoir aucun empêchement canonique, tels que sont la bigamie, les censures, etc. Mais il faut surtout une vocation bien éprouvée; car c'est un très-grand malheur de s'engager dans les ordres par des vues basses ou criminelles, comme font ceux qui n'en ont d'autres, que de parvenir à des bénéfices ou de couvrir la bassesse de leur naissance, etc. Point de maxime qu'un jeune homme doive plus méditer, et peut-être qu'il médite moins, que celle-ci : *Nec quisquam sumit sibi honorem; sed qui vocatur a Deo, tanquam Aaron*, etc. *Hebr.* v. On ne peut recevoir les quatre mineurs en un même jour, mais non deux ordres majeurs. On ne peut les recevoir *per saltum*. Ceux qui reçoivent un ordre sacré avant l'âge prescrit, sont suspens jusqu'à ce qu'ils soient relevés par leur évêque.

Cas I. Un évêque peut-il en quelque cas ordonner le sujet d'un autre évêque?

R. Il y a, selon le droit nouveau, trois évêques qui peuvent donner les ordres : savoir, celui d'origine, celui du domicile et celui du bénéfice. Par l'évêque d'origine, on entend ou celui dans le diocèse duquel le père de l'enfant, ou l'enfant lui-même est né. L'évêque du domicile est celui dans le diocèse duquel un homme réside, et a intention de résider. L'évêque du bénéfice est celui dans le diocèse duquel un clerc possède un bénéfice. Le clergé de France, en 1655, souhaita qu'il n'y eût désormais d'autre évêque pour les ordres que celui d'origine, et que s'il se présentait des personnes avec des rescrits de Rome, portant pouvoir de se faire ordonner en d'autres diocèses, on ne les reçût pas même à la tonsure, à moins qu'ils ne fussent munis de lettres de leur évêque d'origine, qui attestassent de leurs mœurs et capacité. Cela posé, nous disons que l'évêque dont il s'agit, n'a pu, sans un grand péché, et sans encourir la peine portée par le concile de Trente qui est reçu en France, à cet égard, ordonner un homme d'un autre diocèse, à moins qu'il n'ait été son commensal pendant trois ans consécutifs et sans fraude, ou qu'il ne possédât actuellement un bénéfice, ou il résidât dans son diocèse, ou qu'il n'y eût acquis un domicile légitime, c'est-à-dire de dix ans, avec dessein d'y rester : encore faudrait-il que dans les deux derniers cas ce prélat eût une pressante raison de se départir de l'usage établi dans le royaume.

— Il y aurait bien des remarques à faire ici. On les trouvera fort au long dans mon *Traité de l'Ordre*, part. I, cap. 6, *a num.* 161. En voici quelques-unes. 1° Bien des habiles gens regardent encore comme évêque d'origine celui dans le diocèse duquel un homme est rené par le baptême; et c'est le sentiment que paraît avoir suivi le cardinal Le Camus : ce qui n'est pas bien conforme au décret *Speculatores* d'Innocent XII, du 14 novembre 1694; 2° le diocèse où un enfant est né *ex accidenti occasione, nimirum itineris, officii, legationis*, n'est point son diocèse d'origine, selon la même constitution; 3° dans les lieux où l'origine du père fait aussi l'origine du fils, on n'a point égard à celle de la mère, à moins qu'il ne s'agisse d'un enfant illégitime, etc. *Voyez* l'endroit cité.

Cas II. *Tiburce*, originaire de Nîmes, et chanoine à Montpellier depuis un mois, est depuis quatre ans secrétaire de l'évêque de Carcassonne. Il pense à recevoir les ordres mineurs et majeurs, et d'ailleur ensuite desservir son canonicat. Par lequel de ces trois évêques peut-il licitement se faire ordonner?

R. Il peut choisir celui des trois qu'il voudra : et 1° l'évêque de Nîmes, puisqu'il est né dans son diocèse; 2° l'évêque de Montpellier, puisqu'il est son évêque *de bénéfice*, pourvu toutefois qu'il n'ait pas obtenu ce bénéfice en fraude, et pour se soustraire à la juridiction de son évêque d'origine; car *nemini fraus et dolus patrocinari debent*; 3° enfin l'évêque de Carcassonne, puisqu'il est son domestique depuis quatre ans; tout évêque ayant droit d'ordonner son commensal après trois ans de service, suivant le concile de Trente, sess. 23, c. 9, *de Reform.* qui est suivi en France. S. B., tome I, cas 12 et 13. *Voyez* plus bas le cas IX.

Cas III. *Bertrand*, natif d'Anvers, ayant été pendant quatre ans secrétaire de l'évêque de Namur, celui-ci lui a conféré le sous-diaconat, après quoi son successeur lui a donné le diaconat et la prêtrise, le tout sans dimissoire de l'évêque d'Anvers. Cela est-il canonique?

R. Bertrand a pu être ordonné par l'évêque qu'il avait servi, mais non par son successeur, parce que le privilège du premier ne passe point au second. Néanmoins si Bertrand était dans le dessein de rester à Namur, il aurait pu y être ordonné *ratione domicilii*; autrement il a encouru la suspense et l'irrégularité, s'il a célébré en cet état. Il pourrait toutefois en être relevé par son évêque, si le fait était occulte. ' La bonne foi pourrait plus aisément excuser le secrétaire que celui qui l'a ordonné.

— Cas IV. *Marc* avait servi Louis dix-huit mois avant qu'il fût nommé à l'épiscopat. Il l'a servi dix-huit autres mois depuis qu'il est évêque. Cela suffit-il pour les trois ans de familiarité que prescrit le concile de Trente, sess. 23, c. 9?

R. Oui; et même il suffirait absolument qu'il l'eût servi trois ans avant sa consécration, parce qu'il a aussi bien pu connaître ses mœurs avant d'être évêque, que depuis qu'il l'a été. La Congrégation l'a ainsi défini plusieurs fois.

— Cas V. Si Marc avait servi le grand vicaire de Louis, ou Louis lui même, mais hors de sa maison, en sorte néanmoins qu'il eût été nourri aux dépens du prélat, cela le rendrait-il commensal *ad effectum ordinationis*?

R. Il le serait dans le premier cas, pourvu que le grand vicaire fût commensal de l'évêque, et que Marc le fût aussi, parce qu'il est alors fort aisé à l'évêque de connaître ce qu'il vaut ou ce qu'il ne vaut pas. Mais dans le second cas, l'évêque par une raison contraire ne pourrait l'ordonner.

Cas VI. *Appius*, d'Orléans, a reçu les ordres de l'évêque de Cahors, après lui avoir servi trois ans d'aumônier. Cet évêque est-il obligé à lui donner un bénéfice *statim* après l'avoir ordonné, comme le veut le concile de Trente, sess. 23, cap. 9 *de Reform.*?

R. Si Appius a de quoi vivre, l'évêque ne lui doit rien, parce qu'alors il n'est pas exposé à une indécente mendicité, dont le concile a voulu le garantir. Mais s'il n'a pas assez de quoi vivre, cet évêque doit lui donner un bénéfice ou un emploi suffisant, en attendant qu'il puisse le pourvoir d'un bénéfice. C'est la décision du IIIe concile de Latran, cap. 4, *de Præbendis. Voyez* l'ordonnance d'Orléans, article 12.

— Innocent XII a décidé que le *statim* du concile de Trente doit s'exécuter *saltem intra terminum unius mensis a die factæ ordinationis*. D'où il suit que dans les lieux où la disposition de ce pontife fait loi, celui qui ne peut donner de bénéfice, ne doit pas ordonner sans dimissoire du propre évêque : ce même pape veut que ce bénéfice suffise *ad vitam sustentandam*, autant qu'un titre clérical. *Voyez* sur tout cela mon *Traité de l'ordre*, part. 1, ch. 6.

Cas VII. *Honoré*, natif d'Angers, est allé s'établir à Rennes, et y a fixé son domicile perpétuel. Peut-il se faire ordonner par l'évêque de Rennes sans dimissoire d'Angers, quoiqu'il n'y ait que peu de temps qu'il en soit sorti?

R. Puisqu'il a fixé de bonne foi pour toujours son domicile à Rennes, sans vue de se soustraire frauduleusement à la juridiction de son évêque d'origine, il doit être censé diocésain de Rennes, et peut recevoir les ordres de l'évêque de cette ville, sans le consentement de celui d'Angers. Certes, la notion du mot *domicile* est la même dans le droit canonique que dans le droit civil. Or, celui-ci ne demande pour un vrai domicile, que la résolution de demeurer dans le lieu où on l'a établi, Leg. 7, *de Incolis*, etc. C'est le sentiment commun des canonistes; et le clergé de France qui souhaitait avec raison, en 1655, qu'on ne reconnût pour propre évêque que celui de l'origine, se contenta de la simple voie d'exhortation, sans exclure absolument les deux autres.

Cas VIII. *Evrard*, clerc de Blois, où il demeure actuellement, a une chapelle simple de 100 livres de revenu dans celui de Poitiers. Peut-il se faire ordonner par l'évêque de Poitiers, comme étant son évêque *de bénéfice*?

R. Il ne le peut; car Boniface VIII ne régla que l'évêque du bénéfice serait censé propre évêque du bénéficier, que parce que les bénéfices grands ou petits demandant alors résidence, l'évêque du bénéfice pouvait être mieux informé que l'évêque d'origine des mœurs et autres qualités du bénéficier qui demandait les ordres. Et il était plus de son intérêt d'en être bien instruit, puisqu'il était destiné à servir l'Église sous son autorité. Or, ces raisons n'ont plus lieu aujourd'hui dans le cas des bénéfices simples, puisqu'ils n'attachent plus à l'église où on les possède. Donc, un bénéficier simple qui réside à Blois ne peut, malgré le bénéfice qu'il possède à Poitiers, s'y faire ordonner.

— Ce sentiment est très-raisonnable et très-conforme aux vœux du clergé de France en 1655. Cependant, dans le fait, il pourrait bien être faux; car il très-faux que du temps de Boniface VIII, tout bénéfice demandât résidence. Il y avait longtemps qu'on connaissait les bénéfices *simples*. Il est encore faux qu'il y eût beaucoup de risque à courir en ordonnant un bénéficier comme Evrard, puisque, selon Innocent II, l'évêque du bénéfice ne peut ordonner un bénéficier, même *double*, sans lettres testimoniales de son évêque d'origine; et que, comme le dit Fagnan : *Si clericus beneficium in fraudem sibi conferri curavit, ut eludat examen et judicium sui ordinarii, remanet suspensus ab exsecutione ordinum. Voyez* le même chap. 6 du *Traité de l'ordre*, n. 201.

Cas IX. *Fasti*, clerc, natif de Bordeaux et chanoine de Toulouse, où il réside depuis dix ans, ayant reçu la tonsure et les mineurs de l'archevêque de Toulouse, pense à recevoir les ordres majeurs de l'archevêque de Bordeaux, comme étant son prélat d'origine. Le peut-il sans dimissoire de celui de Toulouse?

R. Non; car quand un homme qui a plusieurs évêques d'ordre en a choisi un, et qu'il a reçu de lui quelque ordre que ce soit, il s'est par là tellement soumis à sa juridiction, qu'il ne plus s'en soustraire. Il en est de même de celui qui, ayant servi trois ans chez un évêque, a reçu par ses mains la tonsure, ou quelque ordre. Car il ne peut plus après cela se faire ordonner sans dimissoire par un autre évêque. C'est la décision de Cabassut, l. IV, c. 2; n. 4, de Barbosa, etc.

— Il ne manque à cette décision que des preuves. Il est faux, selon l'auteur même, *supra*, cas *Tiburce*, qu'un homme ordonné dans un lieu ne puisse l'être dans un autre. Et pourquoi un Angevin qui a reçu la tonsure de son évêque, ne pourra-t-il recevoir les ordres à Blois, où il est lié en qualité de chanoine pour le reste de ses jours. C'est la réflexion de Gibert sur l'endroit qu'on a cité de Cabassut.

CAS X. *Firmin*, archevêque de Naples, se trouvant dans le diocèse d'un de ses suffragants, y a ordonné un diacre sans le consentement de l'évêque. L'a-t-il pu sans encourir aucune peine canonique?

R. Il a encouru la suspense portée par le concile de Trente, sess. 23, c. 8 : *Si secus fiat, ordinans a collatione ordinum per annum et ordinatus a susceptorum ordinum exsecutione, quandiu proprio ordinario videbitur expedire, sit suspensus.*

CAS. XI. *Manlius*, clerc, exclu pour toujours par son évêque des ordres, à cause de son indignité, ayant ensuite obtenu en cour de Rome une cure dans le diocèse de cet évêque, qui lui a refusé le *visa*, il s'est pourvu vers le métropolitain qui le lui a accordé. Comme il est obligé d'être prêtre dans l'an pour conserver sa cure, le métropolitain le peut-il ordonner sur le refus de l'évêque?

R. Il ne le peut sans encourir la suspense, parce que l'évêque ne reconnaît aucun supérieur en ce qui est de la juridiction volontaire, qu'il est le pouvoir de donner ou de refuser les ordres. Le pape même ne peut en France se réserver le pouvoir d'ordonner celui à qui il confère un bénéfice.

Néanmoins si Manlius avait été ainsi ordonné par le métropolitain en conséquence du *visa* qu'il lui aurait accordé sur le refus de l'évêque, cet évêque ne pourrait défendre aux paroissiens de le reconnaître pour curé, puisqu'on doit reconnaître pour tel tout homme qui ayant été canoniquement pourvu par le pape, a obtenu un *visa* de celui qui avait droit de le lui donner sur le refus de son évêque, et qui a pris possession de sa cure dans les formes prescrites. Mais l'évêque peut et doit, 1° lui défendre de faire aucune fonction de ses ordres, à cause de la suspense qu'il a encourue pour s'être fait ordonner par un autre évêque sans dimissoire, et de l'irrégularité qu'il a contractée, s'il a exercé en cet état quelqu'un de ses ordres sacrés; 2° défendre à ses paroissiens de recourir à lui pour les sacrements ou pour les autres fonctions pastorales; 3° commettre un prêtre à sa place pour exercer les fonctions curiales; et après avoir fait dûment signifier ces défenses, il les doit faire exécuter, nonobstant tout ce que le métropolitain pourrait entreprendre au contraire.

Nota. En France il n'y a point d'appel comme d'abus pour le refus d'un *visa* et des ordres, même nécessaires pour posséder un bénéfice. Ainsi jugé au conseil du roi le 7 décembre 1677.

CAS XII. *Aërius*, hérétique et excommunié, a conféré les ordres à plusieurs clercs. Ces clercs sont-ils validement ordonnés?

— Le P. Morin croit que ces sortes d'ordinations peuvent être nulles. Le P. Antoine Sbaralea, religieux conventuel de Saint-François que j'ai vu à Rome en 1757, a été plus loin; et dans son livre intitulé, *Disputatio de sacris pravorum ordinationibus*, imprimé à Florence en 1750, il rejette comme nulles toutes les ordinations des excommuniés, des intrus, etc. Ce sentiment est aujourd'hui si décrié, qu'il ne doit plus donner d'inquiétudes. Comme il demande beaucoup de discussion, on peut voir celle que nous en avons faite dans le *Traité de l'ordre*, part. 2, chap. 10, *a pagina* 203, *ad paginam* 438. J'ajoute avec l'auteur que, comme ceux qui sachant être excommuniés reçoivent un ordre sacré, encourent la suspense réservée au pape, ceux-là l'encourent aussi, qui se font ordonner par un évêque notoirement excommunié, suspens, interdit, schismatique ou hérétique dénoncé.

CAS XIII. *Emilius* a été ordonné prêtre par son évêque, qui lui a donné à toucher le calice, dans lequel on n'avait mis ni vin, ni eau. *Quid juris?*

R. Cette ordination est nulle, 1° parce que selon saint Thomas, in suppl. q. 37, art. 5, *in ipsa datione calicis sub forma verborum determinata character sacerdotalis imprimitur*. Or, le calice ne se présente point sans vin; 2° parce que, selon le célèbre décret d'Eugène IV : *Presbyteratus traditur per calicis cum vino, et patenæ cum pane porrectionem*; 3° parce que, comme dit Bellarmin, c. 9 *de Ord.*, il est croyable que Jésus-Christ n'a institué qu'en général les différentes matières des ordres, et qu'il a laissé à son Eglise le pouvoir de les déterminer; et qu'ainsi, dès qu'elle a prescrit le calice avec du vin, l'un et l'autre sont essentiels. Emilius doit donc prier son évêque de l'ordonner de nouveau, comme l'enseigne Fagnan *in cap. unic. de Sacra Unctione*, après quatorze célèbres canonistes.

— Les nouveaux théologiens croient communément que l'imposition des mains est la seule matière de la prêtrise. J'ai prouvé, bien ou mal, part. 1, *de Ord.*, c. 4, a num. 127, que cela n'est pas sans quelque difficulté. Pour aller au plus sûr, un homme dans le cas d'Emilius, cas qui est autrefois arrivé à Chartres, doit s'abstenir de célébrer, non pas jusqu'à ce qu'il *ait été réordonné* par son évêque, mais jusqu'à ce que son évêque *caute suppleverit quod incaute omissum est*; ce qu'il ne peut faire, selon Grégoire IX, c. 3, *de Sacram. non iterandis*, que *statuto tempore ad ordines conferendos*, et par conséquent ce qui pourrait se faire le jour même de l'ordination, si on s'apercevait de l'erreur avant qu'il fût écoulé.

Cas XIV. *Lidit*, en recevant la prêtrise, n'a fait qu'approcher la main des instruments qui lui ont été présentés, sans les toucher. Son ordination est-elle valide?

— R. Suivant l'opinion qui fait la tradition des instruments, matière partielle de cet ordre, l'ordination dont il s'agit est au moins douteuse, 1° parce que, comme dit saint Thomas, q. 34, a. 5, *ipsa verba formæ (accipe hoc vel illud) videntur ostendere quod realis tactus materiæ sit de essentia sacramenti*; 2° parce que la tradition qui est relative à l'action de recevoir doit être physique; 3° parce qu'il faut un contact physique dans les autres sacrements; 4° parce que l'opinion contraire fut corrigée dans les aphorismes d'Emmanuel Sa.

— Cas XV. *Lidit* a bien touché le calice, mais ce calice n'était pas consacré, ou avait perdu sa consécration. Que dire?

R. Ledesma, Soto, et bien d'autres croient cette ordination valide, 1° parce que Jésus-Christ lui-même a consacré dans des vases ordinaires; 2° parce que le calice et la patène, quoique non consacrés, ont assez de rapport au sacrifice, etc. Sylvestre et d'autres pensent différemment, parce que des vases non consacrés ne sont point ecclésiastiques, et que n'ayant pas plus de relation au sacrifice que toute autre sorte de vase, ils ne sont pas propres à signifier le pouvoir d'offrir le saint sacrifice. Comme il y a là du doute, il faudrait prendre le parti de répéter cette action.

— Cas XVI et XVII. *Eustard*, en recevant la prêtrise, n'a touché que le calice et le pain qui était sur la patène, sans avoir touché la patène même; ou bien il a touché la patène, sans avoir touché le pain. Son ordination est-elle valide dans ces deux cas?

R. Oui; elle l'est dans le premier, parce que la consécration du pain n'a aucun rapport nécessaire à la patène, sans laquelle on peut la faire absolument. Sylvius, *V. Presbyteratus*, cite onze auteurs pour ce sentiment.

— Elle l'est aussi dans le second cas, parce qu'on est autant censé toucher le pain en touchant la patène, que le vin en touchant le calice, qui est destiné à le contenir.

Cas XVIII. *Raymond*, en recevant le diaconat, n'a pas touché les choses que l'évêque présente aux ordinands. Est-il validement ordonné?

R. Les théologiens ne sont pas d'accord sur la matière et la forme du diaconat. Les uns prétendent que la seule imposition des mains en est la matière, et que la prière de l'évêque en est la forme. Les autres veulent que l'imposition des mains, l'étole et la dalmatique, avec la tradition du livre des Evangiles soient la matière; et que la forme consiste dans les paroles que prononce l'évêque en donnant ce livre à toucher. Cette diversité d'opinions produit un doute; et nous croyons que dans ce doute Raymond, qui d'ailleurs est tenu de se conformer à l'usage de l'E-

glise, doit recourir à son évêque; et après lui avoir exposé le fait, le prier de suppléer ce qui a été omis, suivant cette règle d'Innocent III et de Grégoire IX : *Caute supplendum quod incaute per errorem fuerat prætermissum*, cap. 1, etc., fin. *de Sacramentis non iterandis*.

Cas XIX. *Vital*, en recevant le sous-diaconat, n'a pas touché les instruments propres à cet ordre?

— R. L'auteur prouve fort au long que le sous-diaconat n'a été, pendant les onze premiers siècles, qu'un ordre mineur. Urbain II ne le regardait assurément pas comme un ordre sacré, lorsqu'il disait en 1091 : *Sacros ordines diaconatum dicimus et presbyteratum · hos siquidem solos primitiva Ecclesia legitur habuisse*. De là M. P. conclut qu'on peut soutenir que Vital est bien ordonné, parce qu'on peut dire, avec de savants docteurs, que le sous-diaconat n'étant pas un vrai sacrement, il n'a ni matière, ni forme qui lui soient essentielles.

Mais cette conséquence paraît fort singulière. Un homme sera-t-il donc validement tonsuré par toutes sortes de rites, parce que la tonsure, n'étant pas un vrai sacrement, n'aura ni matière ni forme instituée par Jésus-Christ? Et l'Eglise, en établissant un ordre, ne peut-elle pas, ne doit-elle pas même établir des cérémonies dont l'omission le rendra nul? Disons donc, et mieux que l'auteur, que, comme dans un doute qui regarde un rite, soit sacramentel, soit purement ecclésiastique, il faut toujours suivre le plus sûr, Vital doit prier l'évêque qui l'a ordonné de suppléer en secret ce qui a été omis, suivant la règle : *Caute supplendum*, etc.

Cas XX. *Engé* a reçu tous les ordres, quoiqu'il n'ait pas été baptisé. Peut-il en faire les fonctions, après qu'il aura reçu le baptême?

R. Non; car personne ne peut recevoir validement aucun sacrement avant celui du baptême : *Si quis presbyter ordinatus deprehenderit se non esse baptizatum, baptizetur, et iterum ordinetur*, dit un concile de Compiègne, *cap*. 1 de Presbyt. non baptizato.

Cas XXI. *Patrice* a contraint par une crainte grièvé son neveu, qui est acolyte, à recevoir les ordres sacrés. Son ordination est-elle valide.

R. Elle l'est, s'il a intérieurement consenti, quoique par crainte, selon Innocent III, c. 3 *de Bapt.*, etc., lib. II, tit. 42. Mais s'il n'y a donné aucun consentement, il n'a rien reçu, comme le dit le même pape, *ibid*.

Cas XXII. *Aubert* a reçu les ordres mineurs et majeurs sans s'être fait tonsurer. N'a-t-il pas encouru la suspense, *ipso facto*, pour s'être ainsi fait ordonner *per saltum*? et n'est-il pas tombé dans l'irrégularité par l'exercice de ses ordres?

R. Il n'a encouru ni l'un ni l'autre, parce que la tonsure n'étant pas un ordre, il n'a pas été ordonné en sautant un ordre.

— La Congrégation a décidé le contraire en 1588; et de savants hommes, comme Sayr,

Pirhing, etc., prétendent qu'en ce cas il y a suspense. Je m'en tiendrais là, à moins que la coutume des lieux n'en eût disposé autrement. Mais sur quelle coutume tabler dans des cas si rares? *Voyez* le peu que j'en ai dit, tom. IV, part. 2, c. 2, *de Suspensione*, pag. nunc 267.

Cas XXIII. *Euloge* a reçu la tonsure et les mineurs avant d'avoir été confirmé; ce qu'il a célé, de crainte d'être remis à une autre ordination. A-t-il péché?

R. Oui, et grièvement, puisqu'il a violé cette loi du concile de Trente, sess. 23, c. 4: *Prima tonsura non initientur qui sacramentum confirmationis non susceperint*, et que pour se consacrer à Dieu dans l'état ecclésiastique, il faut être parfait chrétien; ce qu'on ne devient que par la confirmation. Cependant il a été validement ordonné, la confirmation n'étant préalablement nécessaire que *de congruentia, et non de necessitate*. Saint Thomas in 4 dist. 23 q. 1.

— Tolet, Halier, Babin et quelques autres croient qu'il y a là un péché mortel. Mais en France il n'y a point d'irrégularité. *Voyez* mon *Traité de l'ordre*, part. 1, c. 7, n. 33.

Cas XXIV. *Théos* a ordonné prêtre un esclave dont il ignorait la condition. Cette ordination est-elle valide?

R. Elle l'est, quoiqu'elle soit illicite de la part de celui qui l'a reçue. *Servus*, dit saint Thomas, *qui non habet potestatem sui, non potest ad ordines promoveri. Si tamen promovetur, ordinem suscipit; quia libertas non est de necessitate sacramenti, licet sit de necessitate præcepti*, in 4, dist. 25, q. 2.

Cas XXV. *Mœvius*, insensé, a reçu la prêtrise en se mêlant à l'ordination avec les diacres. Est-il véritablement prêtre, et pourrait-il en faire les fonctions, s'il revenait en son bon sens?

R. Il faut raisonner d'un insensé comme d'un enfant. Or, selon saint Thomas, un enfant est capable d'une ordination valide, quoiqu'on ne puisse sans crime la lui conférer. Le catéchisme du concile de Trente dit la même chose; Fagnan, Barbosa et plusieurs autres sont du même avis.

— Je crois cet avis très-douteux et très-mal prouvé *ab intrinseco*. Et dans ce doute il faudrait réitérer l'ordination sous condition. *Voyez* mon *Traité de l'Ordre*, p. 1, c. 7, à num. 35.

Cas XXVI. *Urfin*, âgé de six ans, a reçu la tonsure et les mineurs de son évêque. Celui-ci a-t-il pu les lui donner?

R. Il l'a pu, selon saint Thomas, *si necessitas aderat et spes profectus*; c'est plutôt dire qu'il ne l'a pas pu.

Cas XXVII et XXVIII. *Maxime*, évêque, ne pouvant trouver assez de sujets dignes des ordres, pour servir plusieurs églises de son diocèse, peut-il, sans péché mortel, en ordonner quelques-uns qui soient indignes du sacerdoce par leurs mauvaises mœurs, en attendant qu'il en puisse trouver d'autres? Ne pourrait-il pas au moins en ordonner de très-ignorants, mais qui sont fort vertueux?

R. *Ad* 1. Maxime ne peut ordonner des sujets dépravés, parce qu'il causerait par là un très-grand préjudice à l'Eglise et à l'honneur qui est dû à Dieu, et qui ne lui peut être rendu que par de dignes ministres. C'est pourquoi saint Paul disait à Timothée: *Manus cito nemini imposueris, neque communicaveris peccatis alienis*. C'est donc à Maxime à prier le Père de famille qu'il envoie de bons ouvriers dans sa vigne, et à se bien persuader que dix bons prêtres font plus de bien que cinquante qui n'édifient pas, ou plutôt que ces derniers ne peuvent guère faire que du mal.

Ad 2. Cet évêque ne peut non plus ordonner des ignorants, quelque vertueux qu'ils soient. La raison est qu'il ne peut ordonner aucun sujet indigne. Or tels sont les ignorants, que Dieu lui-même exclut par ces paroles: *Quia tu scientiam repulisti, repellam te, ne sacerdotio fungaris mihi*. Osée 4. Disons donc de l'un et l'autre cas, avec saint Léon, Epist. 87: *Non est hoc consulere populis, sed nocere; nec præstare regimen, sed augere discrimen*.

— Quelques docteurs de Paris ont, dit-on, défini qu'on pouvait ordonner prêtre un homme qui n'aurait pas la science compétente, mais qui aurait beaucoup de vertu, et ne prétendrait faire d'autres fonctions que celle d'offrir le saint sacrifice. Il en serait de même du religieux d'un ordre destiné, comme le disait M. de Rancé, à ne servir l'Eglise que par ses prières et par ses jeûnes. J'ai fait voir, tome V de la Morale, page 10, que dans ce cas-là même ces sortes de prêtres seraient encore obligés à savoir bien des choses. J'ai parlé au long de la science d'un curé, dans le *Traité du devoir des pasteurs*, ch. 2. *Voyez* dans Hallier, ou au moins dans mon *Traité de l'Ordre*, t. II, p. 46, l'important morceau que j'ai rapporté de lui.

Cas XXIX. *Hilarin*, diacre, âgé de vingt-cinq ans, pourvu d'une cure depuis dix mois, et par conséquent obligé de recevoir la prêtrise au plus tôt, se présente publiquement avec les autres pour être ordonné, après avoir été admis par le grand vicaire. L'évêque qui sait qu'il a commis un homicide secret, demande s'il peut l'ordonner nonobstant cela, ou s'il le doit refuser, pour ne pas donner à l'Eglise un pasteur si indigne, puisque l'ordination est un acte de sa juridiction volontaire, dont il ne doit rendre compte qu'à Dieu seul.

R. Comme un curé ne peut refuser la communion à un pécheur secret, lorsqu'il la demande en public, de même l'évêque dont il s'agit ne peut refuser d'ordonner Hilarin, si d'ailleurs il est capable, puisqu'il ne le pourrait refuser sans le diffamer. *Quia*, dit Alexandre III, c. 4 *de Temp. ordin.*, *peccatum occultum est, si promoveri voluerit, eum non debes aliqua ratione prohibere*. Que si cet évêque peut avertir en secret Hilarin, ou le refuser sous quelque prétexte vraisemblable, il est obligé de le faire.

Cas XXX. *Symmaque* ayant été refusé à l'examen pour la prêtrise, s'est glissé parmi les ordinands, et l'évêque ayant déclaré que, si quelqu'un de ceux qui avaient été refusés avait eu la témérité de s'être introduit parmi les autres, il n'avait aucune intention de lui conférer l'ordre, Symmaque n'a pas laissé de recevoir la prêtrise. Est-il véritablement ordonné?

R. Oui, pourvu que ce prélat ait révoqué tacitement sa déclaration générale, comme il est censé l'avoir fait par l'intention actuelle qu'il a eue en l'ordonnant prêtre, n'étant pas à présumer qu'il voulût appliquer la forme à la matière du sacrement, sans avoir intention de le conférer, puisqu'autrement il se rendrait coupable de sacrilège par la profanation qu'il en ferait. Cela peut se confirmer 1° par Innocent III, c. 54 *de Appellat.*, où il déclare qu'une pareille protestation devient nulle, dès que celui qui l'a faite y renonce par un acte contraire; 2° parce qu'autrement l'ecclésiastique ainsi ordonné ne consacrerait, ni n'absoudrait jamais validement. Conséquences terribles qu'un évêque voudra toujours écarter.

— Tout cela est admirable. J'y ajoute, 1° qu'un évêque ne doit point faire de pareilles protestations, *nisi*, dit le cardinal Lugo, *gravissima existente causa*; comme si étant parmi des anabaptistes ou des jacobites, il y en a qui sous le masque de la catholicité, viennent, quoique pleins de fureur pour l'hérésie, à chaque moment, lui dérober les saints ordres; 2° que si l'on doutait de l'intention de l'évêque qui a fait ces sortes de protestations, il faudrait le faire expliquer, ou ceux qui savaient sa pensée; 3° que s'il déclarait, comme le fit un certain évêque, qu'il a voulu ne point ordonner ceux qui seraient en tel cas, il faudrait les réordonner *absolument*, supposé qu'ils eussent changé de sentiments; 4° que si on ne pouvait savoir au net son intention, il faudrait les réordonner *sub conditione*, ainsi que l'a déclaré la congrégation du Concile en 1586, 1710 et 1743. *Voyez* Benoît XIV, *de Sacrificio*, etc., lib. III, c. 10 et à son défaut, mon *Traité de l'ordre*, part. 2, c. 8, a n. 81.

Cas XXXI. *Baudry*, diacre de Nice, s'est fait ordonner prêtre par l'évêque d'Albe, sans dimissoire de son évêque. A-t-il encouru quelque peine canonique?

R. Le concile de Trente, sess. 23 *de Reform.*, c. 8, décide la question en ces termes : *Si secus fiat, ordinans a collatione ordinum per annum, et ordinatus a susceptorum ordinum exsecutione, quandiu proprio ordinario videbitur, fit suspensus.* En France, l'absolution de cette censure n'est point réservée au pape, ainsi que l'enseignent Cabassut, Ducasse, etc.

Cas XXXII. *Jovius*, diacre, âgé de vingt-trois ans et vingt jours seulement, s'est fait ordonner prêtre, ayant falsifié son extrait baptistaire. A-t-il encouru par là quelque peine?

R. Selon le concile de Trente, sess. 23, c. 12, et l'édit de Blois, art. 2, il faut vingt-deux ans commencés pour le sous-diaconat, vingt-trois aussi commencés pour le diaconat, vingt-cinq de même pour la prêtrise, en France vingt-sept pour l'épiscopat. Celui qui se fait ordonner avant cet âge, est suspens; et sa suspense, en vertu de la bulle *Cum ex sacrorum* de Pie II, dure lors même qu'il a atteint l'âge nécessaire, et ne peut, si le fait est public, être levée que par le pape. Sur quoi il faut remarquer, 1° que l'évêque qui ordonne quelqu'un avant l'âge est lui-même suspens ou mérite de l'être, comme dit Fagnan *in cap.* 14, *de Temp. ordinat.*, 13; 2° que celui qui a de bonne foi reçu un ordre avant l'âge, n'est pas suspens; ⁎ 3° mais qu'il ne peut cependant en faire les fonctions, à moins qu'il n'ait atteint l'âge nécessaire. *Voyez* mon Traité *de Irregularit.*, tom. IV, part. 2, cap. 4.

Cas XXXIII. Mais suffit-il bien que les années requises pour les ordres sacrés soient commencées?

R. Cela suffit de l'aveu de tous les docteurs, et selon l'usage, parce que, comme dit la Loi, *Rempublicam*, ff. *de Muneribus*, etc. *Hoc in honoribus favoris causa constitutum est, ut pro plenis inchoatos annos accipiamus.*

— Mais pour cela, il faut compter le jour de plus qu'a l'année bissextile. Il paraît même qu'il faut compter outre les 365 jours, les six heures, qui tous les quatre ans forment l'année bissextile. *Voyez* Fagnan sur le ch. *Ad nostrum*, 8 *de Regular.*, n. 35, ad 5.

Cas XXXIV. *Gentien* n'étant que diacre, s'est fait sacrer évêque, et a depuis ordonné des prêtres. Son ordination et celles qu'il a faites sont-elles valides?

R. Non, parce que la puissance que l'évêque reçoit par sa consécration sur le corps mystique de Jésus-Christ, qui sont les fidèles, a pour fondement la puissance qu'il a sur le corps naturel de ce divin Sauveur, qu'il peut consacrer. Or il n'a cette puissance que par l'ordre de prêtrise; donc, sans ce fondement, il ne peut y avoir de véritable épiscopat.

Cas XXXV. *Félicien* a conféré le diaconat à Mathurin, le jour des Rois, qui était un jeudi. A-t-il péché mortellement, et Mathurin a-t-il encouru quelque peine?

R. Un évêque peut bien donner les mineurs les jours de dimanches et de fêtes; mais il ne peut donner les ordres sacrés qu'aux Quatre-Temps, ou le samedi de la Passion, ou le samedi saint; et cela *sub mortali*. Celui qui a été ainsi ordonné *extra tempora* sans dispense du saint-siège, est aussi suspens *ab exsecutione ordinis sic suscepti*. C'est ainsi que le décident les ch. 37 et 8, *de Temp. ordinat.* La raison est que l'ordonnant et l'ordonné violent la loi de l'Eglise dans un point fort important.

— Cas XXXVI. *André* s'est trouvé fort mal après avoir ordonné les diacres. Il a remis l'ordination des prêtres au matin du dimanche suivant. L'a-t-il pu?

R. Oui, pourvu qu'il ait continué le jeûne du samedi; parce qu'alors *propter continuationem jejunii fictione canonica, vespera cum mane ad eumdem diem pertinere censetur*, cap. 13 *de Temp. ordinat.* Or je crois qu'en ce cas le jeûne ecclésiastique suffit. *Voyez* mon *Traité de l'ordre*, p. 1; c. 6, n. 266.

— Cas XXXVII. *André* ne pourrait-il pas sur ce principe ordonner prêtre, le dimanche matin, celui qu'il aurait fait diacre le samedi?

R. Non, et c'est par le même principe qu'il ne le pourrait pas; car il n'est pas permis de donner deux ordres sacrés le même jour. Or, dans le cas présent, le samedi et le dimanche ne sont qu'un même jour, par une fiction de droit fondée sur ces paroles, Gen. 1 : *Factum est vespere et mane dies unus.*

Cas XXXVIII. *Horten* a reçu les mineurs en péché mortel. 1° A-t-il commis par là un nouveau péché mortel? 2° En a-t-il aussi commis un, s'il a fait en cet état quelque fonction de ces ordres?

R. La décision de cette difficulté dépend de la question si les mineurs sont sacrements. Car s'ils sont sacrements, on ne les peut recevoir en péché mortel, sans faire un sacrilége mortel. Or on est partagé sur cette question. Saint Thomas, saint Bonaventure, et plusieurs célèbres théologiens, sont pour l'affirmative. D'autres, et surtout les nouveaux docteurs, pensent le contraire. Comme le sentiment de saint Thomas nous paraît plus conforme au décret d'Eugène IV, et au concile de Trente, sess. 23, ch. 3, nous croyons qu'Horten doit au moins, *ad tutius*, se regarder comme coupable de sacrilége, et s'en confesser.

A l'égard de l'exercice de ces ordres, si Horten l'a fait *ex officio*, il a péché mortellement, selon l'opinion de saint Thomas, puisqu'il a fait indignement les fonctions d'un sacrement. Mais s'il ne les a faites, que comme les font tous les jours de simples tonsurés ou même des laïques, il n'a pas péché grièvement.

— M. P. se trompe, en faisant dépendre sa décision de la qualité des mineurs. La tonsure n'est pas un sacrement; et cependant M. Hallier, le P. Alexandre, et plusieurs autres croient qu'on ne peut la recevoir en péché mortel, sans en commettre un nouveau. J'ai cru, p. 1, c. 3, n. 114, tract. *de Ordine*, pouvoir en excepter le cas où un jeune homme, trompé par la lecture de quelque Bertaud, a cru pouvoir remettre sa confession après la cérémonie.

Cas XXXIX. *Constans*, curé, visitant avec soin, trente ans après son ordination, ses lettres d'ordres, n'y trouve point celle du diaconat; et ne pouvant se ressouvenir s'il a été ordonné diacre, et par quel évêque, il entre dans un grand scrupule, et il envoie à Rome, d'où il reçoit un rescrit adressé à son évêque; mais parce que le pape ne permet par ce rescrit à l'évêque de l'absoudre, que : *Dummodo fructus beneficii non perceperit*, et qu'il a toujours perçu les fruits de sa cure, l'évêque fait difficulté de l'exécuter. On demande : 1° si Constans doit présumer qu'il n'a pas été ordonné diacre? 2° Si, supposé qu'il fût certain de n'avoir pas été ordonné diacre, il ne pourrait être absous et relevé que par le pape; 3° Si la clause *dummodo fructus*, etc., doit en ce cas empêcher l'évêque d'exécuter ce rescrit du pape?

R. 1° Le doute de Constans n'est pas assez bien fondé pour qu'il doive présumer qu'il n'a pas reçu le diaconat; et ainsi il n'avait pas besoin d'un rescrit de Rome, puisqu'on n'en a besoin que quand on a des preuves certaines, ou du moins fort apparentes du vice de l'ordination, cap. un. *De Clerico per salt.* etc., preuves qu'on n'a pas pour ne point trouver une pièce qui a pu s'égarer, surtout quand la conscience n'a jamais rien reproché; 2° quand il serait sûr de n'avoir pas été ordonné, il ne serait pas nécessaire qu'il recourût à Rome; car la chose étant occulte, son évêque pourrait l'absoudre de sa suspense, et lever l'irrégularité qu'il aurait contractée. Trid. sess. 24, c. 6; 3° à l'égard de la clause : *Dummodo fructus beneficii non perceperit*, puisque c'est une condition apposée expressément, il faut obtenir un nouveau bref, qui porte : *Etiam fructibus perceptis*, supposé que le crime soit public (1), à moins que ce curé n'eût perçu que ce qui lui était nécessaire pour son entretien; cela lui étant dû de droit naturel pour avoir desservi le bénéfice, ou bien qu'ayant perçu davantage, il l'eût donné à l'Église ou aux pauvres.

Cas XL. *Thiéri*, religieux dans un couvent de Viviers, a reçu le diaconat à Nîmes, sur le dimissoire de son supérieur. Est-il légitimement ordonné?

R. Si Thiéri est d'un monastère où il y ait stabilité, il n'a pas été légitimement ordonné par l'évêque de N. à moins qu'outre le dimissoire de son supérieur, il n'ait eu celui de l'évêque de Viviers; ou du moins celui de son évêque d'origine. Mais s'il est d'une maison où il n'y ait point de stabilité, comme sont les mendiants, il a pu être ordonné par l'évêque de N. sur le dimissoire de son supérieur, en cas que l'évêque de Viviers ait été absent, ou qu'il ne fît pas l'ordination. Ainsi réglé par le clergé de France, art. 16. *Voyez* S. B., t. II, cas 12.

— L'évêque d'origine ne fait rien ici. *Voyez* mon *Traité de l'ordre*, p. 1, ch. 6, a n. 222, *ad n.* 227.

— Cas XLI. *Marin* est d'un monastère *nullius diœcesis*. Son supérieur ne peut-il pas l'envoyer à tel évêque qu'il jugera à propos?

R. Non, c'est l'évêque le plus voisin qui est alors l'évêque de l'ordination. Mais le plus voisin n'est pas celui dont le territoire l'est davantage, mais celui dont la cathédrale est plus proche de l'église abbatiale ou priorale du monastère. C'est ainsi que cela a été plusieurs fois décidé à Rome par diverses congrégations.

Cas XLII. *Eumien*, profès du monastère de S. n'ayant pu obtenir de son supérieur la

---

(1) Le sentiment le plus commun est que la condonation des fruits est réservée au pape, lors même que le crime est secret.

permission de recevoir les ordres, à cause de sa conduite peu réglée, a trouvé le moyen d'être envoyé par son provincial dans un monastère, dont le supérieur lui a permis de se faire ordonner par l'évêque du diocèse où ce second monastère est situé. Huit mois après il est retourné dans le premier monastère, dont le supérieur veut le suspendre de l'exercice de ses ordres, sur ce qu'il s'est fait ordonner par l'évêque d'un autre diocèse, à qui il a fait entendre, contre la vérité, qu'il était religieux de son diocèse. Ce supérieur n'a-t-il pas raison?

R. Non; car ce religieux résidant actuellement dans le second monastère, avec la permission du provincial, lorsqu'il a reçu les ordres, il était alors du corps de ce même monastère, et par conséquent il pouvait être ordonné par l'évêque du lieu. C'est ainsi qu'il a été défini le 25 mars 1696 par la congrégation des réguliers. Sylvius, verbo *Religiosus*, 16, ajoute que si le monastère de la profession avait un privilège ou quelque constitution contraire, ce religieux, qui y aurait contrevenu, serait punissable par le supérieur.

Cas XLIII. *Diane*, âgée de vingt ans, a si bien celé son sexe, qu'on lui a donné tous les ordres. Les a-t-elle reçus validement?

R. Non : c'est la doctrine de toute l'Eglise, qui n'a été combattue que par les pépuziens et les cataphrygiens. Et certes, si, selon la règle 2, ff., les femmes sont inhabiles aux offices civils, elles le sont bien plus à recevoir et à exercer les saints ordres.

— Je crois avoir solidement prouvé contre Misson et ses anciens confrères, que l'ordination de la papesse Jeanne n'est qu'une fable des plus mal inventées. Tr. *de Ord.* tom. I, pag. 743.

Voyez Evêque, Dimissoire, Suspense.

MÉMOIRE SUR L'ORDINATION DES PRÊTRES.

Ce Mémoire fut présenté sur la fin de l'an 1739 *à M.* Robuste, *évêque de Nitrie. Un habile homme que j'ai consulté là-dessus a cru qu'on pouvait le donner au public, parce qu'il s'y trouve des recherches et une certaine érudition, quoique quelquefois un peu obscure. On jugera peut-être, comme lui, que l'éloge de l'Eglise romaine par où il finit y est assez déplacé. Mais j'ai cru ne devoir rien changer dans un écrit qui ne m'appartient pas. Le voici donc tout entier.*

On demande si un prêtre ordonné de la manière suivante peut être assuré de la validité de son ordination pour exercer les fonctions en toute sûreté de conscience ; et, supposé qu'il n'ait pas toute la certitude nécessaire pour la pratique, comment il doit se conduire? Voici comme la chose se passa (apparemment dans un pays où les ordinations sont bien rares).

Il est certain que la première imposition des mains, qui se fait sans rien dire, fut d'abord omise et par l'évêque, et par les prêtres assistants. Il est encore certain que ceux-ci manquèrent d'étendre la main sur les ordinands, quand l'évêque dit au temps ordinaire et selon l'ordre marqué dans le pontifical romain les deux oraisons : *Oremus, fratres charissimi*, etc., et *Exaudi nos, quæsumus, Domine*, etc. Au regard de l'évêque, il est seulement douteux s'il étendit les mains sur les ordinands, quand il dit ces deux oraisons.

Longtemps après, c'est-à-dire après tout le temps dont l'évêque eut besoin pour faire ce qui est marqué dans le pontifical romain pour l'ordination des prêtres (je crois que nous étions au nombre de dix-sept prêtres) et pour dire la messe jusqu'au *Pater*, l'évêque interrompant le canon en cet endroit suppléa à ce qui avait été omis. Il fit d'abord la première imposition *tactu corporali*, que les prêtres firent aussi de la même manière. Ensuite ils firent la seconde tous ensemble, et l'évêque aussi ; mais l'évêque ne dit alors que la première oraison : *Oremus, fratres charissimi*, etc.

D'ailleurs la troisième imposition des mains ne fut pas faite *tactu corporali*. Cependant le chap. *Presbyter de 3 Sacramentis non iterandis*, suppose que l'imposition doit être faite ainsi aux prêtres et aux diacres; mais lorsque l'évêque dit ces paroles : *Accipe Spiritum sanctum : quorum remiseritis peccata*, etc., il s'en fallait d'un pied ou environ que ses mains ne touchassent la tête. L'imposition fut faite de la même manière, lorsqu'il reçut le diaconat.

RÉPONSE.

On assure d'abord qu'il n'y a aucune difficulté sur la validité de l'imposition des mains faite par l'évêque, quoique *non tactu corporali;* mais par suspension de ses mains *absque tactu corporali*, quand il a prononcé ces paroles, *Accipe Spiritum sanctum*, etc.; ce qui dispense ici d'examiner si c'est par cette imposition des mains prescrite par le pontifical et par ces paroles dont l'évêque l'accompagne, *Accipe Spiritum sanctum*, etc., que les prêtres reçoivent le pouvoir d'absoudre, ou s'ils ont déjà reçu ce pouvoir précédemment avec celui de consacrer, et s'il se trouve que les prêtres dont il s'agit dans le mémoire n'ont pas reçu alors le pouvoir de remettre les péchés par ces mêmes paroles, *Accipe Spiritum*, etc.

La validité de cette imposition des mains pratiquée ici par l'évêque ne saurait être douteuse. Il faut dire la même chose de l'imposition des mains employée dans l'ordination des diacres dont parle le mémoire. C'est un principe unanimement reconnu qu'en fait de sacrement, un changement accidentel dans la matière ou la forme n'empêche pas que le sacrement ne soit réellement et validement conféré, can. *Retulerunt*, 86; *de Consecrat*., dist. 4. Saint Thom., 3, p. q. 60, art. 7, ad. 1 et 3, et art. 8, in corp. et ad. 3. *Voyez* dans Bonnal, n° *Sacrement*, q. 8. Or tout le reproche qu'on saurait faire jamais au changement qui se trouve ici dans cette imposition des mains, c'est que ce changement est accidentel.

En effet, dans le cours ordinaire il faut prendre les paroles dans le sens où les hommes les entendent, can. *Humanæ* XXII, q. 5. *Humanæ aures verba nostra talia judicant, qualia foris sonant*; et la Glose, in c. *Si postquam, de elect. et elect. potestate*, in 6, v. *Mente*, dit : *Verba civili modo, non autem captiose sunt intelligenda*; et sur le chap. *Ex litteris* 1, de *Sponsalib.*, elle dit encore : *Communi usu nomina sunt intelligenda.* Saint Thomas, *locis citatis*, fait voir combien dans les sacrements on doit avoir égard aux paroles, *quantum ad sensum quem faciunt*; et le P. Alexandre, sur le même sujet, dit : *Qua de re ex communi hominum sensu judicium ferendum est*, Théologie dogmatique et morale, tome 1, page 194 col. 1, A.

Or, par imposition des mains, on entend non-seulement l'application des mains sur la tête d'une personne, mais aussi la suspension, ou l'élévation, ou l'extension des mains sur cette personne. *Étendre ses mains vers quelqu'un*, dit dom De Vert, *ou les imposer sur quelqu'un, c'est tout un, et l'un vaut l'autre.* Explicat. des cérémon., tom. II, pag. 140, édit. de 1710.

1° On en trouve une preuve évidente et sans réplique dans le sacrement de confirmation, où l'imposition des mains est prescrite. Cependant l'évêque n'impose pas les mains *tactu corporali* sur la tête de chacun de ceux qu'il confirme, il étend seulement ses mains vers eux. Le pontifical romain porte : *Tunc extensis versus confirmandos manibus*, oremus, etc. Aussi, suivant la remarque de dom De Vert, voit-on qu'à l'endroit où le Pontifical romain d'aujourd'hui s'explique de cette manière, le Sacramentaire de saint Grégoire et l'Ordre romain mettent indifféremment, *elevata*; ou bien, *elevata et imposita manu sua super capita omnium*. *Imponit eis manum*, dit le sacramentaire de Gélase, dans Thomass., pag. 84, édit. de 1680. *Et elevata manu sua super capita omnium*, dit le sacramentaire de saint Grégoire, dans Ménard, pag. 74, édit. de 1642. Voyez aussi les différents ordres pour la confirmation dans Martène, *de antiq. eccl. Ritibus*, tom. I, cap. 2, art. 4.

2° Le chap. *Presbyter* extra, *de Sacramentis non iterandis*, celui même qu'on objecte, parce que Grégoire IX s'y explique ainsi : *Presbyter et diaconus cum ordinantur, manus impositionem tactu corporali (ritu ab apostolis introducto) recipiunt*; ce chapitre, dis-je, fournit même une preuve que la suspension des mains est réellement une imposition des mains, comme l'application des mains sur la tête; car il y a à la fin : *Suspensio autem manuum debet fieri, cum oratio super caput effunditur ordinandi.* Ce qui fait voir que, quand Grégoire IX a dit au commencement, *manus impositionem tactu corporali*, ces mots *tactu corporali* sont mis *enuntiative et expositive*, non pas *essentialiter et privative*, *quasi impositio manuum absque tactu corporali privaretur effectu.* L'application des mains *tactu corporali* et la suspension des mains sont deux manières d'imposer les mains ; et c'est dans le temps de la suspension des mains que Grégoire IX enjoint de dire la prière qui est la forme de l'ordination. Cette suspension des mains est donc une véritable imposition des mains, c'est-à-dire, véritablement la matière à laquelle la forme doit être jointe.

Il serait inutile de relever que dans quelques exemplaires, au lieu de *suspensio*, on lit *impositio*. Car, comme la note marginale a soin de le marquer, dans le plus grand nombre et les plus anciens exemplaires, il y a *suspensio*, à quoi la Glose est favorable. D'ailleurs de ce que dans les différents exemplaires on a transcrit et laissé indifféremment *impositio* ou *suspensio*, c'est une preuve que par suspension on a entendu une vraie imposition des mains.

3° Les ordres manuscrits d'ordination montrent que, soit l'élévation des mains, soit l'application des mains sur les ordinands, quelle que soit l'une de ces manières que l'évêque emploie pour imposer les mains, elle est une véritable imposition des mains. Un manuscrit de Corbie d'environ 800 ans veut que l'évêque impose les mains sur la tête du prêtre ordinand, et que les prêtres tiennent leurs mains sur ses épaules (1). Voilà donc l'évêque obligé à imposer les mains sur les ordinands, sur la tête des ordinands. Cependant ce qu'un manuscrit d'Auxerre d'environ 400 ans, et ce qu'un autre de Sens d'environ 300 ordonnent, c'est que tant l'évêque que les prêtres aient les mains levées sur les ordinands : règlement qu'un manuscrit de Noyon du même siècle que celui d'Auxerre présente pour être observé par les prêtres assistants. Ces ordres d'ordination regardent donc également l'application des mains et l'élévation des mains sur la tête comme une véritable imposition des mains.

Pour mettre le comble à la force de ces preuves, il faut rappeler ici ce qu'un pontifical romain manuscrit de la bibliothèque de M. Colbert (2), n° 4160, d'environ 300 ans, prescrit pour l'ordination des prêtres. *Litania vero cantatur, ut supra, si non est cantata tunc in ordinatione diaconorum. Deinde eis inclinatis (presbyteris ordinandis), imponat pontifex singulis ambas manus super caput eorum, et omnes presbyteri qui adsunt cum eo, nihil dicendo, et ille dat sine mitra orationem super eos, tenens elevatas, sicut quando dicuntur orationes in missa, manus* (ceci est bien à remarquer et aura dans la suite une application bien importante). *Quando episcopus incipit orationem ad benedicendum sacerdotem, presbyteri qui in primo tangebant caput, debent elevare manus suas, ita quod non tangant caput ordinandi, sed teneant eas suspensas super caput ejus.* L'évêque qui a ainsi ses mains élevées, récite tout de suite la préface (c'est le terme du même pontifical), *Oremus dilectissimi*, etc., la prière, *Oremus*, etc., *Exaudi nos*, etc., la préface, *Vere dignum et justum est*, etc., *Honorum*, etc.,

---

(1) Voyez Martène, *de antiq. eccl. Ritib.*, tom. II, pag. 262. B. C. edit. Antverp. 1736. in-fol.

(2) Martène, ibid. pag. 234. D. E

c'est-à-dire que l'évêque récite, non les mains appliquées sur la tête des ordinands, mais les mains élevées, récite, dis-je, la prière quelle qu'elle soit qui est la forme du sacrement de l'ordre, suivant l'aveu de tous les théologiens, qui reconnaissent la prière pour forme de ce sacrement. Ce qui justifie que cette élévation-là des mains en est la matière, c'est-à-dire, une véritable et légitime imposition des mains.

De plus on voit dans cet endroit de ce même pontifical romain toutes les différentes sortes d'imposition des mains. On voit l'application des mains sur la tête, *imponat pontifex singulis ambas manus super caput eorum, et omnes presbyteri*, etc. On voit l'élévation des mains, *manus elevatas : debent elevare manus suas;* et même avec exclusion de l'attouchement de la tête, *ita quod non tangant caput ordinandi.* Enfin, on voit que cette élévation des mains est aussi une suspension ou une extension des mains, *eas suspensas.* Il est donc incontestable que chacune de ces différentes manières d'imposer les mains est une véritable imposition des mains, et véritablement la matière du sacrement de l'ordre. *L'extension des mains*, dit dom De Vert (1), parlant de l'ordination, *n'est donc point ici*, non plus que dans le sacrement de confirmation, une cérémonie différente de l'imposition des mains. Extension, élévation ou imposition des mains, ce sont toutes façons de parler réciproques, et qui rentrent l'une dans l'autre; ainsi, il est clair que du côté de l'imposition des mains employée par l'évêque, prononçant ces paroles, *Accipe Spiritum sanctum*, etc, il n'y a aucune difficulté dans l'ordination dont il s'agit.

C'est par un autre endroit qu'il paraît y avoir une grande difficulté. Voici des circonstances qui sont certaines suivant le mémoire :

1° L'imposition des mains que l'évêque et les prêtres présents doivent faire sans rien prononcer, appliquant leurs deux mains sur la tête des prêtres ordinands, à la fin de cet avertissement de l'évêque, *Consecrandi, filii dilectissimi*, etc., cette imposition muette, dis-je, prescrite par le pontifical romain, fut alors omise par l'évêque et les prêtres qui y assistaient.

2° A la vérité l'évêque prononça dans le temps ordinaire ces paroles, *Oremus, fratres charissimi*, etc., et cette prière qui les suit, *Exaudi nos, quæsumus*, etc.; mais alors les prêtres assistants n'étendirent pas leurs mains droites sur les prêtres ordinands. Il est douteux si l'évêque lui-même étendit alors la sienne sur les mêmes ordinands.

3° L'évêque ayant continué la cérémonie jusqu'au *Pater*, il interrompit le canon en cet endroit; et pour suppléer à ce qui avait été omis, il fit l'imposition des mains *tactu corporali* sur la tête des prêtres qu'il ordonnait. Les prêtres assistants la firent de même après lui; et tout de suite l'évêque et ces prêtres étendirent leurs mains droites sur les ordinands. Mais alors l'évêque se borna à dire ces paroles: *Oremus, fratres charissimi*, etc.; il ne dit pas l'oraison *Exaudi nos*, etc., ni la préface qui est à la suite, *Honorum auctor*, etc.

4° L'évêque étendit seulement ses mains vers les ordinands, et n'appliqua pas ses mains sur leur tête, lorsqu'il prononça ces paroles : *Accipe Spiritum sanctum*, etc.; mais ce point a déjà été discuté et résolu; il n'en est plus ici question.

Si la tradition des instruments était seule la matière du sacrement de l'ordre, comme on ne fait sur cet article aucun reproche à l'ordination des prêtres dont il s'agit, il n'y aurait nulle difficulté; mais nonobstant les raisons des théologiens qui soutiennent ce sentiment, et malgré la censure dont Vasquez frappe la doctrine qui y est contraire, si un prêtre avait été ordonné sans nulle imposition des mains, et avec la seule tradition des instruments, on ne croit pas qu'il se trouvât un seul théologien qui eût l'intrépidité de conseiller à ce prêtre de célébrer, du moins sans une réordination conditionnelle.

La sûreté et la validité du sacrement de l'ordre demandent donc l'imposition des mains, jointe à la prière qui y répond. Or on ne peut jamais dire que toute la prière qui est essentielle pour la forme de l'ordination des prêtres, consiste uniquement dans ces paroles, *Oremus, fratres charissimi*, etc., sans l'oraison *Exaudi nos, quæsumus*, ou sans la préface qui la suit, *Honorum auctor*, etc.; ces paroles, *Oremus, fratres charissimi*, etc., ne sont qu'invitatoires et préparatoires à faire une prière pour l'ordination des prêtres, *Oratio ad ordinandum presbyterum*, disent dans cet esprit d'anciens pontificaux manuscrits, et les sacramentaires du pape Gélase et de saint Grégoire (2). En d'autres pontificaux, ces paroles, *Oremus, fratres charissimi*, etc., ont pour titre, *Præf. de presbyteris, Præf. presbyterorum, Præf. presbyteri*; après quoi il y a en titre, *Sequitur oratio* (3). Cette oraison, cette prière, c'est *Exaudi nos, quæsumus*, etc., prière qui se trouve partout jointe à ces paroles, et même elle les précède dans le pontifical manuscrit de l'Église de Besançon, accommodé à l'usage de l'Église de Tours. Il faut donc, à ces paroles, *Oremus, fratres charissimi*, etc., joindre de plus avec l'imposition des mains une prière pour la forme de l'ordination presbytérale. Mais quand l'évêque recommença l'imposition muette et l'extension des mains avec les prêtres assistants, il ne prononça que ces seules paroles, *Oremus, fratres charissimi*, etc.; il n'ajouta ni l'oraison *Exaudi nos, quæsumus*, etc., ni la préface *Honorum auctor*, etc. Si alors l'évêque eût continué, et qu'il eût récité cette oraison et cette préface avec l'imposition des mains, il n'y aurait aucune difficulté; mais il ne l'a pas fait : et quand la première fois et dans le temps

---

(1) Explicat. des cérém., pag. 141.
(2) Voyez Martène, *ibid.* pag. 100. 110. 179. Thomass. *ibid.* pag. 30 et 404. Ménard, *ibid.* pag. 137,
146 et 191.
(3) Martène, pag. 137, 146, 191.

ordinaire il prononça ces paroles, *Oremus, fratres charissimi*, etc., et l'oraison *Exaudi nos, quæsumus*, etc., il est douteux si alors il étendit les mains sur les prêtres ordinands. De sorte que si la prière essentielle pour la forme est l'oraison *Exaudi nos, quæsumus*, etc.; dans le premier cas que l'on vient de déduire, c'est-à-dire, en recommençant, l'évêque ne joignit point la forme à la matière; et dans le second cas, il est douteux s'il joignit la matière à la forme. Voilà la difficulté qui paraît véritablement grande.

Pour la résoudre, il faut consulter et le pontifical romain d'aujourd'hui, et les anciens avec les sacramentaires. On serait bien embarrassé à la lever, si on ne consultait que les scolastiques, et si on s'en tenait à ce qu'ils rapportent de l'ordination. Il est rare de les voir décrire, avec une exactitude parfaite, tous les rites importants de cette cérémonie.

On ne s'arrête point ici aux théologiens qui donnent la tradition des instruments pour la seule matière du sacrement de l'ordre. On fixe son attention sur les théologiens qui reconnaissent l'imposition des mains pour la matière ou unique, ou partielle de l'ordination presbytérale, et on en fait ici deux classes.

Les uns, regardant comme une seule imposition des mains l'imposition muette que l'évêque et les prêtres assistants font d'abord, et celle où tout de suite, et sans la moindre interruption, ils étendent leurs mains droites sur les prêtres ordinands, pendant que l'évêque récite ces paroles, *Oremus, fratres charissimi*, etc., ne reconnaissent que deux impositions des mains, savoir celle qu'on vient de rapporter, et celle que l'évêque fait après la communion, quand il dit : *Accipe Spiritum sanctum*.

Les autres, distinguant l'imposition muette, d'avec celle qui la suit immédiatement, présentent trois impositions des mains, l'imposition muette, celle qui se fait tout de suite, et celle qui se fait à la fin avec ces paroles, *Accipe Spiritum sanctum*.

Mais si on lit le pontifical romain, l'évêque, après avoir prévenu le clergé et le peuple, et les avoir même interrogés sur la promotion des prêtres qu'il va ordonner, adresse le discours à ceux-ci. Dès que ce discours est achevé, l'évêque se lève, met les deux mains, sans rien dire, sur la tête successivement de chaque prêtre ordinand. Les prêtres qui sont là et revêtus au moins d'une étole, font la même chose; et tout de suite, sans aucune interruption que celle qu'il faut pour donner le temps aux prêtres revêtus de l'étole de finir leur tour et de se ranger, l'évêque et ces prêtres étendent leurs mains droites sur les prêtres ordinands; et alors l'évêque seul prononce ces paroles, *Oremus, fratres charissimi*, etc. Lorsqu'elles sont finies, l'évêque se tourne du côté de l'autel, et dit *Oremus*. Les ministres disent : *Flectamus genua. Levate*. Puis l'évêque se tourne vers les prêtres ordinands, et récite l'oraison *Exaudi nos, quæsumus*, etc. Ici, ce qui est digne de remarque, le Pontifical romain ne dit rien du tout de la situation où doivent être les mains de l'évêque. Mais après ces paroles de la même prière *ejusdem Spiritus sancti Deus*, et avant celles-ci de la préface qui la suit, *per omnia sæcula sæculorum*, etc., le Pontifical enjoint en termes exprès à l'évêque d'étendre ses mains devant sa poitrine. *Tum extensis manibus ante pectus, dicit : Per omnia sæcula*, et le reste. Voilà une extension, une imposition des mains qui est bien formellement ordonnée, et néanmoins que ces deux classes de théologiens omettent de rapporter.

Cependant c'est dans cette imposition des mains, jointe à cette préface, que se trouve la solution de la difficulté. Qu'on ouvre les anciens pontificaux romains, on verra qu'ils ne présentent ces paroles, *Oremus, fratres charissimi*, etc., même cette oraison, *Exaudi nos quæsumus*, etc., que comme quelque chose de pieusement préparatoire à la consécration qui va se faire. On verra que la consécration consiste uniquement dans la préface *Honorum auctor*, etc. Pour en instruire, et pour ne laisser sur tout cela aucun doute, les sacramentaires du pape Gélase et de saint Grégoire, et les pontificaux, ceux même qui ont donné à ces paroles, *Oremus, fratres charissimi*, etc., ce titre, *Oratio ad ordinandum presbyterum*, ou les autres titres qu'on a rapportés; les pontificaux, dis-je, et ces sacramentaires, après l'oraison, *Exaudi nos, quæsumus*, etc., ont un soin exact de mettre ce titre-ci, *Consecratio presbyteri* à cette préface *Honorum auctor*, etc., ce qui est décisif (1).

Il y a dans un pontifical en cet endroit, *sequitur benedictio*, en d'autres *consecratio*, dans celui de la bibliothèque de M. Colbert, *præfatio*, terme qui signifie ici consécration, ainsi qu'un pontifical de Cambrai de 500 ans à la ponctualité de le marquer positivement. On y voit en titre *Præfatio presbyteri*, puis on lit: *Oremus, dilectissimi, Deum Patrem omnipotentem......* etc., cum sequenti oratione et præfatione, seu consecratione, ut in pontificali romano. La forme de l'ordination sacerdotale est donc la préface *Honorum auctor*, etc. Ce n'est point l'oraison *Exaudi*, etc., ce n'est pas non plus la prière, *Deus sanctificationum omnium auctor*, etc., récitée par l'évêque après avoir fait la cérémonie de donner l'habit sacerdotal aux prêtres qu'il ordonne ; cérémonie qui succède à la préface *Honorum auctor*, etc. Cette prière, *Deus sanctificationum*, etc., ne se disait pas dans l'Eglise de Rome (2) suivant le sacramentaire de saint Grégoire, ni dans l'Eglise de Noyon suivant un pontifical d'environ 800 ans (3); elle n'est intitulée que de *bénédiction*, et cela encore dans les pontificaux qui qualifient de consécration la préface *Honorum auctor*, etc.

(1) *Voyez* le sacram. de Gélase par Thomass. pag. 50; de saint Grégoire par Ménard, pag. 237 et 238; Martène, tom. II., pag. 100 et 446; Mabillon, Liturg. gallic., pag. 506.

(2) *Voyez* Ménard, ibid. ; Martène, *eodem tomo*, pag. 158 et 197.

(3) Martène, pag. 101, 122, 128, 210.

Il est vrai que deux de ces pontificaux qualifient aussi de consécration cette prière *Deus sanctificationum*, etc., mais ces deux pontificaux, comme les autres, ne la présentent à l'évêque à lire qu'après qu'il a revêtu de la chasuble ou de l'habit sacerdotal les prêtres qu'il ordonne ; ce qui prouve que ceux-ci ont déjà reçu le caractère du sacerdoce dans le temps de cette prière.

Cependant il est vrai aussi que, suivant deux autres pontificaux, cette prière doit être récitée avant la cérémonie de donner la chasuble. Mais ils fournissent eux-mêmes la réponse à la difficulté. Car, comme on a dit, ils qualifient la prière ou préface, *Honorum auctor*, etc., de consécration, *consecratio* ; et ils donnent ensuite à la prière *Deus sanctificationum omnium auctor*, etc., simplement le titre de bénédiction, *benedictio*.

Cette bénédiction ou prière a pour objet originairement d'achever les cérémonies de l'ordination presbytérale, en demandant les grâces qui sont nécessaires au nouveau prêtre pour bien remplir son ministère et se bien acquitter de ses devoirs, ainsi que le déclarent même des pontificaux. *Consummatio presbyteri... item benedictio ad consummandum presbyteratus officium*. Aussi dans des pontificaux cette prière ne se trouve-t-elle qu'après celle-ci, *Benedictio Dei... ut sitis benedicti... offeratis placabiles hostias*, etc., et n'est-elle que la dernière prière de toute l'ordination sacerdotale. (*Voy.* le sacram. de Gélase de Thomass., p. 31. *Miss. franc. ibid.* p. 405. Martène, p. 111, 122, 181, 210.)

Il est donc constant, par les anciens pontificaux, que la forme de cette ordination ne consiste, ni dans l'oraison *Exaudi nos, quæsumus*, etc., ni dans l'oraison *Deus sanctificationum auctor*, etc. On peut encore s'en convaincre par le pontifical romain d'aujourd'hui. Il ne prescrit rien touchant la situation où l'évêque doit tenir ses mains, quand il prononce l'une et l'autre de ces oraisons. Si elles étaient la forme de l'ordination des prêtres, le pontifical laisserait-il là une liberté ou un embarras à l'évêque sur la situation de ses mains ? Ne marquerait-il pas dans ces endroits, exactement comme dans tous les autres où cela est nécessaire, que l'évêque doit joindre l'imposition ou l'extension des mains à la prière ?

D'ailleurs, à l'égard de l'oraison *Deus sanctificationum*, etc., le pontifical romain d'aujourd'hui est aussi formel que les anciens sur le temps où elle doit être prononcée. Il ordonne positivement que ce soit après que l'évêque aura revêtu les prêtres de la chasuble, et il enjoint à l'évêque de les en revêtir immédiatement après la préface, *Honorum auctor*, etc., c'est-à-dire après la conclusion *Per eumdem D. N.*, etc., Par là le pontifical montre clairement qu'il les regarde comme prêtres aussitôt que l'évêque a achevé la préface, *Honorum auctor*, etc., et avant la récitation de la prière, *Deus sanctificationum*, etc.

Il fait bien voir que ce sont deux prières différentes ; car il les termine toutes les deux par des conclusions particulières à chacune d'elles, et non sous une seule conclusion. Elles ne sont point une seule et même prière ou préface qui soit seulement coupée et interrompue par la cérémonie de donner les habits sacerdotaux, comme la préface pour la consécration des évêques, *Honor omnium dignitatum*, etc., est entrecoupée par la cérémonie de l'onction de la tête, et la reprise par ces paroles, *hoc, Domine*, etc., et dont ces deux parties, quoiqu'ainsi coupées, sont terminées sous la même conclusion *per eumdem Dominum*, etc. Après cette préface *Honor omnium dignitatum*, etc., qui est qualifiée, dans des pontificaux, de consécration de l'évêque, *consecratio episcopi*, et qui s'est dite autrefois tout de suite jusqu'à ces paroles, *possit esse devotus* ; *per eumdem*, etc., et sans être interrompue par la prière d'aucune onction, ni même par aucune onction (1) ; après cette préface, dis-je, immédiatement suivie aujourd'hui de l'onction des mains, on donne à l'évêque consacré des ornements pontificaux.

On voit la même chose dans l'ordination des diacres. La préface *Honorum, dator*, etc., que d'anciens pontificaux qualifient aussi de consécration du diacre (2), *consecratio*, et qui s'est dite sans interruption (3) jusqu'à ces paroles : *Potiora mereatur*; *per eumdem*, etc. l'évêque la coupe et l'interrompt aujourd'hui par une imposition de sa main droite, accompagnée d'une prière, sur la tête de chaque diacre ordinand. Puis il reprend cette préface, qui est la même, continuée par ces paroles, *emitte in eum*, etc., avec l'extension de sa main droite, et il termine ces deux parties de cette préface sous la même conclusion *per eumdem*, etc. Ce n'est non plus qu'après cette préface, *Honorum dator*, etc., entièrement achevée par ces paroles, *per eumdem*, etc., qu'il est enjoint à l'évêque de revêtir les diacres des habits du diacre ; et deux pontificaux marquent expressément que c'est après que les diacres auront été consacrés, qu'ils seront revêtus de la dalmatique : *Cum vero consecrati fuerint induantur dalmatica*. Quand le diacre reçoit cet habit de son ordre, il en a donc déjà le caractère. Quand l'évêque consacré reçoit de la main de l'évêque consécrateur des ornements pontificaux, après la préface entière, *Honor omnium dignitatum*, etc., *per eumdem Dominum*, etc., l'évêque consacré reçoit aussi le caractère de l'épiscopat ; et de même le prêtre, quand il reçoit l'habit sacerdotal avant la récitation de la prière, *Deus sanctificatio-*

---

(1) On trouvera la preuve de tout ce qui est dit ici dans le Sacram. de Gélase chez Thomass. pag. 133, *Miss. Franc. ibid.* pag. 408. Sacram. S. Greg. de Ménard, pag. 259. Martène, *ubi supra*, pag. 125, 129, 181. etc.

(2) Sacrament. Gelasii, *ibid.*, pag. 52. Missal. Franc. *ibid.* pag. 401. Sacram. S. Gregor. apud Menard. pag. 256. Martène, *eod.* tom. II, pag. 120, 137, 145, 190.

(3) Sacram. Gelas., pag. 52. *Miss. Franc. ibid.* pag. 401. Sacram. S. Greg. pag. 256. Martène, pag. 99, 109, 120, etc.

num, etc., a déjà le caractère du sacerdoce. Cette prière n'est donc pas la forme de l'ordination sacerdotale.

Et à l'égard de la prière *Exaudi nos, quæsumus*, etc., .e pontifical romain d'aujourd'hui suppose manifestement que, pendant la récitation de cette prière, l'évêque n'a pas les mains levées ou étendues ; car c'est à la fin de cette prière, après ces mots, *Spiritus sancti Deus*, qu'il ordonne à l'évêque d'étendre ses mains devant sa poitrine : *Tum extensis manibus ante pectus dicit : Per omnia sæcula*, etc., et la préface. L'évêque est donc supposé n'avoir pas eu les mains étendues pendant l'oraison *Exaudi nos, quæsumus*, etc.

Or, cette injonction que le pontifical d'aujourd'hui fait à l'évêque de joindre l'imposition ou l'extension des mains à la préface *Honorum auctor*, etc., l'attention expresse qu'ont eue les anciens pontificaux d'intituler ainsi cette préface *Consécration des prêtres*, ce qui est dans la vérité déclarer que ce sont là les paroles de cette consécration : tout cela réuni prouve que cette préface ou prière, *Honorum auctor*, etc., est la forme de l'ordination presbytérale, et que le pontifical romain d'aujourd'hui, comme les anciens, la regarde en effet comme telle.

Il faut présentement prendre garde que le Mémoire ne dit rien de l'évêque touchant la préface *Honorum auctor*, etc., ni touchant l'extension des mains qui doit l'accompagner, ce qui fait juger qu'on n'y a rien trouvé à redire. Ainsi il faut regarder comme constant que l'évêque a prononcé cette préface conformément à l'ordre du pontifical, c'est-à-dire étendant les mains devant la poitrine, *extensis manibus ante pectus*. Il est même si naturel, et l'habitude est si grande, d'élever ou d'étendre ses mains devant la poitrine quand on dit une préface, qu'alors les mains prennent, pour ainsi dire, d'elles-mêmes cette position. Il n'est donc pas douteux que, pendant cette préface, l'évêque n'ait eu les mains étendues *ante pectus*; or, on voit par le pontifical romain de M. Colbert ce qu'on doit penser de cette extension-ci. Ce pontifical, comme on l'a remarqué, prescrit à l'évêque, lorsqu'il récite successivement *Oremus, dilectissimi, Deum Patrem omnipotentem*, etc., *Exaudi nos, quæsumus*, etc., *Honorum*, etc., d'avoir les mains élevées comme quand on dit les oraisons à la messe, *et ille dicit sine mitra orationem super eos, tenens manus elevatas, sicut quando dicuntur orationes in missa*. Ce qui démontre, ainsi qu'on l'a déjà dit, que l'extension des mains ou l'élévation des mains (ce qui est la même chose) est une véritable imposition des mains. Autrement, puisqu'il est incontestable que la forme de l'ordination consiste dans une de ces trois formules, et que, pendant la récitation de toutes les trois, il faut, suivant ce pontifical, que les mains de l'évêque soient élevées de la même manière qu'à la récitation des oraisons de la messe ; si cette élévation des mains n'en était pas une vraie imposition, jamais, suivant le même Pontifical, les mains ne se trouveraient jointe à la forme dans l'ordination sacerdotale. Il faut donc reconnaître que d'y réciter la préface *Honorum auctor*, etc., les mains étendues devant la poitrine, c'est appliquer la forme à la matière, et que l'évêque l'ayant fait dans l'ordination dont il s'agit, il y a réellement consacré les prêtres qu'il y a ordonnés (1).

On a appris que l'évêque qui a fait cette ordination, consulté sur ces doutes, les a désapprouvés, et qu'il est vertueux et éclairé. Tout ce qu'on vient de dire donne en effet une opinion avantageuse de la vertu et des lumières de cet évêque, qu'on ne connaît pas d'ailleurs. On estime que, par des principes de religion, se mettant au-dessus d'une mauvaise honte, et sans égard à l'idée humiliante qu'il pouvait donner, il a pris le parti, dès qu'il s'est aperçu de l'omission, de suppléer exactement tout ce qui avait été omis. On estime encore qu'ayant ces diverses connaissances qu'on vient de recueillir, soit du chap. *Presbyt.* de Grégoire IX, *extra de Sacramentis non iterandis*, soit des anciens ordres romains , soit du pontifical romain d'aujourd'hui, ce prélat s'est borné à faire l'imposition muette et l'extension des mains avec les prêtres, et à prononcer dans le temps de cette extension ces paroles : *Oremus, fratres charissimi*, etc., il s'en est tenu là sans aller plus avant. Il n'a point recommencé l'oraison *Exaudi nos, quæsumus*, etc., parce qu'il l'avait dite, et peut-être avec les mains étendues ou élevées ; et que, quand il ne les aurait pas tenues alors dans cette situation, il n'aurait rien fait contre l'ordre du pontifical qui ne marque rien, qui ne dit rien du tout sur ce sujet. *Ubi enim non est lex, nec prævaricatio*. Il n'a point recommencé la préface *Honorum auctor*, etc., parce qu'il l'avait dite aussi, gardant sans doute l'ordre que le même pontifical prescrit, d'avoir alors les mains étendues devant la poitrine, et qu'ayant dit de la sorte cette préface, il y avait joint la forme à la matière de l'ordination presbytérale. Motif qui l'a obligé à se bien donner de garde de recommencer ce rit particulier, pour ne pas réitérer un sacrement qui imprime caractère. Il y a des grâces d'état, et les soins de la Providence sont singulièrement admirables dans les occasions importantes (2).

(1) On aura toujours peine à concevoir comment l'évêque impose les mains sur des gens à qui il tourne le dos. Jusqu'ici on n'a point cru que les prêtres, en disant la Préface, imposassent les mains sur le peuple. On dirait, avec beaucoup plus de raison, qu'ils les imposent alors sur l'autel. En supposant donc que ces mots, *Honorum auctor*, sont la forme de la consécration sacerdotale, il sera peut-être mieux de dire que l'imposition des mains qui a précédé, s'y trouve jointe moralement, ce qui suffit dans un tout moral de la nature de celui de l'ordination.

(2) Malgré toutes ces grâces d'état, je crois, disait un habile homme, qu'il n'y a point d'ecclésiastique qui ne fût très-fâché d'avoir été ordonné d'une manière si décousue et si peu complète.

Avant que de finir, on insiste sur cette réflexion que ce sont les pontificaux romains, les ordres de l'Eglise de Rome, les anciens sacramentaires de cette Eglise, qui déclarent (1) que l'ordination des prêtres consiste dans les paroles de cette prière ou préface, *Honorum auctor et distributor omnium dignitatum*, etc. Cette doctrine enseignée dans ces sacramentaires, dans ces ordres, dans ces pontificaux, en matière si importante, ne saurait être que la doctrine de l'Eglise de Rome (2). Ce qui tranche absolument la difficulté, à cause de l'autorité de l'Eglise de Rome, qui est la mère et la maîtresse de toutes les Eglises (3), la colonne et l'appui solide de la vérité (4), Eglise qui représente l'Eglise universelle (5), et qui est comme le tout de toutes les Eglises (6), et dont saint Irénée dit (7) que comme il serait trop long de faire l'énumération de toutes les Eglises, quand nous exposons la tradition et la foi de cette Eglise fondée par les glorieux apôtres saint Pierre et saint Paul, nous confondons tous ceux qui s'égarent de quelque manière que ce soit, parce que c'est avec cette Eglise que toutes les Eglises et tous les fidèles qui sont par toute la terre, doivent s'accorder à cause de sa principale et excellente principauté, et que c'est en elle que ces mêmes fidèles, répandus par toute la terre, ont conservé la tradition qui vient des apôtres. Eglise enfin au sujet de laquelle les évêques de France, s'expliquant dans un concile de Limoges (8) en 1031, ajoutèrent comme un fondement incontestable, dit M. Bossuet, p. 66 du Sermon, 1682, p. 39, édit. in-4°, dont nous avons tiré la traduction du passage de saint Irénée, que le jugement de toute l'Eglise paraît principalement dans le siège apostolique de Rome. *Judicium enim totius Ecclesiæ maxime in apostolica Romana sede constat.* Ainsi quand on sait quelle est la foi de l'Eglise de Rome, on sait quelle est la foi de l'Eglise catholique, parce que (comme dit encore M. Bossuet, Ser., 1682, p. 18), *la foi romaine est toujours la foi de l'Eglise, et la foi catholique ne sera jusqu'à la fin des siècles que la foi romaine* (9).

ORFÉVRE ET JOAILLIER

L'orfévre qui trompe l'acheteur sur le titre des matières d'or et d'argent pèche contre la justice, et il est passible d'un emprisonnement de trois mois à un an, et d'une amende de 50 fr. au moins, et au plus du quart des restitutions et dommages intérêts.

Tous les ouvrages d'or et d'argent sont assujettis, par la loi du 19 brumaire an VI, à des titres fixés et soumis à un droit de garantie perçu par l'administration des contributions indirectes.

La tolérance des titres pour l'or est de trois millièmes ; celle des titres pour l'argent est de cinq millièmes.

Cas I. *Eloi*, orfévre, met dans ses ouvrages d'or ou d'argent une si grande quantité d'alliage, qu'ils ne sont plus au titre légal ; quelquefois même il met du plomb dans les vides, pour donner plus de poids à ses ouvrages.

R. Il est dans l'un et l'autre cas évidemment coupable, il pèche mortellement si la matière est grave, et véniellement si la matière est légère ; c'est vendre du plomb ou d'autre matière pour de l'or et de l'argent. Il est tenu à restituer tous les dommages qu'il a causés.

Cas II. *Polybe*, orfévre, pour ne pas payer l'impôt, s'abstient de mettre le poinçon ou la marque publique du gouvernement sur plusieurs de ses ouvrages ; pèche-t-il ?

R. Assurément. Il pèche d'abord contre la loi qui prescrit de payer les impôts, et ensuite contre celle qui défend aux orfévres d'exposer en vente aucun ouvrage d'or ou d'argent qui ne soit revêtu de leur poinçon distinctif.

Cas III. *Alix*, joaillier, a vendu des diamants composés pour des diamants naturels ; il a donné à des diamants naturels une couleur qui les a fait paraître plus beaux. *Quid juris?*

---

(1) Martène, *ibid.* pag. 92, 100, 108, 110, 118, 121, 125, 127, 131, 138, 143, 191, 206, 209. Sacr. Gelas. sup. Sacr. Greg. sup.

(2) Suivant le chap. *quis nesciat*, disp. 11, et le chap. *ad abolendam extra de hæreticis*, s'appuyant sur ce dernier chap. la glose in cap. *super eo extra de cognat. spirit.* verbo *metropolitana*, faisant mention *de forma Sacramentorum*, dit, *quam quilibet tenetur servare et credere, prout tenet Romana Ecclesia*, et cela ne peut être révoqué en doute.

(3) Si quis dixerit in Ecclesia Romana, quæ omnium Ecclesiarum mater est et magistra, etc. Concil. Trid. disser. 7 de Bap. can. 3.

(4) Omnes et singuli, tum clerici, tum laici amplectantur, et aperta professione eam fidem pronuntient, quam sancta Romana Ecclesia magistra, columna et firmamentum veritatis profitetur et colit. Ad hanc enim.... necessum est omnem convenire Ecclesiam. *Conventus Melodunus*, Cler. Gall. 1579, *de Fidei catholicæ profes.*, p. 87., col. 1.

(5) Romana Ecclesia universalem Ecclesiam repræsentat, quod nulli alteri Ecclesiæ particulari, nisi universali concilio competit. *Petrus de Alliaco* citatus ab Alex. Hist. Eccles. fol. 7, pag. 453, col. 1. A.

(6) Romana Ecclesia quasi totum est omnium, cæteræ Ecclesiæ quasi ejus partes... quodam respectu sedes Romana est genus et totum omnium Ecclesiarum. Lanfrancus apud Alex. *ibid.*, t. 6, p. 811, col. 1. A. B.

(7) Quoniam valde longum est... omnium Ecclesiarum enumerare successiones... confundimus eos qui quoquomodo... præterquam quod oportet colligunt, etc. *Iren. l.* III, *cap.* 4.

(8) Tom IX Concil. pag. 209. Alex., *ibid.*, tom. VI, col. 2, p. 468., A.

(9) Interim quæ sedis apostolicæ majestatem decerent, et certa traditione constarent, asserui clarius quam ut in dubium revocari possint, nempe in sede apostolica semper vivere ac victurum Petrum fidei principem, neque successionem ejus a fide abrumpendam, et catholicam fidem ad finem usque sæculi non aliam quam Romanam futuram. Diss. Cler. Gall. p. 405 et 406.

R. Dans le premier cas il a péché contre la justice, et le contrat est nul. Dans le second cas, s'il vend le diamant beaucoup au-dessus du prix qu'un aurait donné l'acheteur sans cette fraude, il pèche aussi contre la justice, à proportion de l'excédant du juste prix.

Quiconque aura trompé l'acheteur sur le titre d'or ou d'argent, sur la qualité d'une pierre fausse vendue pour fine, sera puni de l'emprisonnement pendant trois mois au moins et un an au plus, et d'une amende qui ne pourra excéder le quart des restitutions, ni dommages-intérêts, ni être au-dessous de 50 fr. Les objets du délit, s'i s appartiennent encore au vendeur, seront confisqués.

ORGUEIL.

L'orgueil est un amour excessif de sa propre excellence, une estime déréglée de soi-même. L'orgueil, quoique péché mortel de sa nature, reste très-souvent dans le nombre des péchés véniels, par défaut de consentement et surtout par légèreté de matière. Mais c'est de tous les vices le plus à craindre, parce qu'il est, selon la parole du Sage, l'origine de tous les péchés. C'est l'orgueil qui a perdu le démon, le premier homme, et qui a séduit les plus grands personnages; c'est néanmoins le vice qu'on se pardonne le plus aisément.

Saint Thomas fait connaître douze défauts dont les uns sont des actes d'orgueil, les autres en sont des effets:

1° *La curiosité.* Le désir de s'instruire est une curiosité louable et non un acte d'orgueil. Mais avez-vous cherché à contenter votre amour-propre, à satisfaire vos sens? C'est un acte d'orgueil et une curiosité blâmable; ce n'est cependant qu'une faute vénielle, si c'est en matière légère.

Avez-vous laissé égarer vos yeux, avez-vous été d'un extérieur peu réglé, d'une dissipation continuelle au dehors? Effet de la curiosité. Avez-vous voulu tout voir, tout lire, tout entendre, savoir tous les secrets d'autrui? Autre effet de la curiosité. Avez-vous aimé le luxe, souhaité de paraître avec un extérieur brillant, d'être admiré par la parure, par la beauté, par votre train, par des ameublements rares et précieux, par des repas somptueux? Le luxe est aujourd'hui poussé si loin, il est si généralement répandu, qu'on a peine à connaître, à la mise, les différents rangs de la société; la servante veut briller comme sa maîtresse; la bourgeoise comme la femme de condition; l'ouvrier, le journalier, le domestique emploie à sa parure tout le produit de son travail, de ses journées, de ses gages. Avez-vous aimé à vous produire dans les grandes assemblées, dans les compagnies distinguées? Troisième effet de la curiosité. Si cette curiosité n'a pas pour objet des choses gravement illicites, ce n'est que péché véniel.

2° *La légèreté d'esprit.* Avez-vous, avec beaucoup de défauts, montré une bonne opinion de vous-même, tandis que vous n'avez bonne opinion de personne. Avez-vous cru facilement et avec complaisance tout le mal que vous avez entendu? Avez-vous pris des airs de petits-maîtres? N'êtes-vous point de ces génies suffisants, de ces railleurs habituels qui tournent tout en ridicule? Si vous avez causé beaucoup de peine aux autres, outre l'orgueil, il y a péché mortel contre la charité. Si ces railleries sont en matière de religion, c'est impiété, et un scandale énorme. N'êtes-vous point de ces grands parleurs qui, pour se faire valoir, raisonnent et décident de tout, qui censurent tout, qui vétillent et chicanent sur tout? Ces esprits légers et vétilleurs sont appelés par saint Paul, esprits superbes et ignorants. Si ce n'est qu'en matière de peu d'importance, péché véniel.

Peu attentif sur vos défauts, vous êtes-vous imaginé que personne n'y prenait garde? Ignorant et petit génie, avez-vous voulu passer pour habile et pour savant? Mauvais ouvrier et apprenti, avez-vous prétendu en savoir autant que vos maîtres; rougissant de votre âge et voulant paraître jeune, avez-vous relevé votre prétendue beauté par le fard et la parure; homme de basse condition et de petite fortune, avez-vous voulu passer pour noble et pour riche? Légèreté d'esprit, péché véniel ordinairement. Mais ce qui serait indigne et contraire au quatrième commandement, ce serait de mépriser ses parents, parce qu'ils sont pauvres et roturiers.

3° *La joie sotte.* Vous êtes-vous livré comme ces esprits bouffons qui veulent se distinguer par des badinages ridicules et puérils, qui se font une habitude, un mérite et une gloire de divertir les autres par de fades plaisanteries, par des éclats de rire indiscrets et sans retenue, par des contenances et des gestes dissolus? Péché véniel. L'insensé, dit le Saint-Esprit, fait éclater sa voix par des rires excessifs; mais l'homme sage à peine l'entend-on rire?

4° *La jactance.* Vous y êtes-vous vanté d'avoir des biens, des avantages que vous n'aviez pas? Péché véniel, si c'est en matière légère; si c'est en matière grave et avec un désordre notable, péché mortel. *Voyez* JACTANCE.

5° *La singularité.* Vous êtes-vous fait un sujet de mérite de vous conduire autrement que les autres, de n'être presque jamais du sentiment d'autrui? Péché véniel, si cette singularité n'est pas accompagnée de désordre extraordinaire: par exemple, si vous aviez cru descendre de votre rang en vous trouvant avec le commun des fidèles dans les exercices publics de la religion, si vous aviez prétendu vous distinguer en affectant du mépris pour les lois de l'Église.

Avez-vous préféré une fête de dévotion à une fête de commandement? Avez-vous laissé les pratiques ordinaires de piété pour vous faire un plan de vie selon votre esprit particulier? Péché véniel, si cela n'attaque pas les choses essentielles de la religion.

6° *L'arrogance.* Vous êtes-vous arrogé des droits, des préséances, des honneurs qui ne vous étaient pas dus? Vous êtes-vous arrogé le droit de juger et de mépriser les décisions des premiers pasteurs, préférant vos sentiments aux sentiments de l'Eglise? Péché mortel, si la légèreté de matière n'excuse.

7° *La présomption.* Avez-vous entrepris des œuvres au-dessus de vos forces ou de vos talents? Péché véniel, à moins qu'il n'en résulte un mal considérable pour vous ou pour les autres. Avez-vous cru que vous aviez assez de force pour ne pas succomber dans les occasions périlleuses auxquelles vous vous exposiez téméraux ? Avez-vous cru que sans la prière vous auriez tous les secours du ciel dont vous avez besoin pour remplir vos devoirs? Orgueilleuse présomption, que tu as fait d'apostats et perdu d'âmes!

8° *L'excuse de ses péchés.* Avez-vous refusé une réparation légitime à un innocent que vous avez maltraité, disant que vous ne lui aviez point fait de tort et qu'il a mérité ces mauvais traitements? Avez-vous, pour vous disculper, accusé malicieusement une personne innocente d'une faute que vous aviez vous-même commise? Orgueil, mensonge, impudence et injustice.

Avez-vous défendu vos erreurs, ou soutenu des sentiments condamnés par l'Eglise? Qui vous a donné le droit de réclamer contre une autorité souveraine qui décide? Avez-vous le droit de condamner l'Eglise qui vous juge, et de juger l'Eglise qui vous condamne? Vous êtes-vous obstiné dans un mauvais parti, sans vouloir reconnaître que vous êtes prévenu ou que vous vous abusez, et malgré les remontrances des personnes judicieuses? Avez-vous persisté dans vos idées, vous persuadant que les autres se trompent ou qu'ils sont prévenus? Ce péché est très-commun. On ne voit que trop de gens entêtés, qui ayant pris un sentiment dangereux ou mauvais n'en reviennent jamais.

Pères et mères, chefs de famille, n'avez-vous point méprisé les avis qu'on vous donne au sujet des scandales qui sont dans votre maison; et malgré les avertissements des pasteurs et des personnes sensées, avez-vous soutenu les dérèglements de votre famille, en disant qu'on n'y fait point de mal? Plus vous êtes élevés, plus vous devez craindre d'autoriser le désordre par votre silence et par vos exemples.

Pour justifier vos désordres, n'avez-vous point accusé les autres d'en faire autant? Tel fut Luther. Tels sont ces voluptueux effrénés qui, pour s'autoriser les uns les autres et séduire les personnes du sexe, disent avec effronterie qu'il n'y a point de mal et que tout le monde en fait autant. Péché grave.

9° *L'aveu de ses fautes avec dissimulation.* Ne vous êtes-vous point abaissé afin d'être élevé, parlant de vous avec mépris, avouant votre ignorance, votre méprise, pour donner le change et recevoir des louanges? Un solitaire qui faisait paraître une profonde humilité vint un jour chez l'abbé Sérapion; ce bon vieillard lui invita, selon sa coutume, à offrir avec lui sa prière à Dieu. Mais le solitaire répondit qu'il avait commis tant de péchés qu'il s'estimait indigne de cet honneur et même de respirer l'air commun à tous les hommes. Il ne voulut aussi s'asseoir qu'à terre et non sur le même siège. Il fit encore plus de résistance lorsqu'on voulut lui laver les pieds. Enfin lorsqu'ils furent sortis de table, Sérapion lui ayant donné quelques avis, avec toute la douceur possible, s'aperçut du mauvais effet de sa remontrance. «Eh quoi, mon fils, lui dit alors le bon vieillard, vous disiez, il n'y a qu'un moment, que vous aviez fait tous les crimes imaginables, d'où vient donc qu'un simple avertissement que je vous donne, qui n'a rien d'offensant et que vous devriez même recevoir comme un gage de ma tendre affection, vous contriste si fort, que je vois éclater sur votre visage le chagrin, le dépit et l'indignation la plus étonnante? Avouez-le, mon frère, vous attendiez l'éloge de votre humilité apparente; vous auriez été fort content que je vous eusse répondu par ces paroles du livre des Proverbes : Le juste commence son discours par s'accuser lui-même. La vraie humilité ne consiste pas à s'imputer de grands crimes que personne ne croira, mais à souffrir en paix et à savoir estimer les injures qu'on nous fait, même sans aucun fondement ! »

Mais le plus grand crime en ce genre c'est quand on accuse ses fautes avec dissimulation dans le tribunal de la pénitence. Ô homme aveugle! En déguisant vos fautes à un confesseur, les cacherez-vous à Dieu qui doit vous juger?

10° *La désobéissance.* Avez-vous résisté à l'autorité légitime qui vous commande? Avez-vous désapprouvé les ordres de vos supérieurs, avez-vous mal interprété leurs intentions? Quelle impudence, dit saint Bernard, que l'homme, un petit ver de terre, ose refuser de se soumettre, tandis que Jésus-Christ s'est soumis à un pauvre artisan!

11° *La liberté.* Etes-vous de ces orgueilleux qui ne peuvent pas souffrir qu'on les reprenne, encore moins qu'on les corrige, qui ne veulent ni dépendance, ni subordination, ni supérieur, ni égal? Emporté par esprit hautain et dominant, n'avez-vous point voulu être maître de vos égaux, parler et agir toujours en maître?

12° *L'habitude de pécher.* L'homme qui pèche mortellement par coutume porte l'orgueil contre Dieu, jusqu'à dire par sa conduite qu'il se moque de Dieu, qu'il se soucie peu de plaire à Dieu et de retourner à lui, pourvu qu'il se contente. L'habitude de pécher, dit saint Thomas, renferme un mépris de Dieu.

Ce qui dans cette matière serait un péché mortel, s'il y avait pleine advertance, ce serait de vous attribuer à vous-même vos vertus, vos bonnes qualités et tout ce que vous avez reçu de Dieu.

ORNEMENTS D'ÉGLISE.

On entend ici par ornements, les habits sacerdotaux, le corporal, les nappes d'autel, etc. Plusieurs de ces ornements doivent être bénits par l'évêque, tels que sont l'amict, l'aube, la ceinture, la chasuble, l'étole, le manipule, les nappes et le corporal; nul ne pouvant les bénir sans sa permission, s'il n'a un privilège, tel qu'ont les supérieurs de plusieurs ordres religieux pour leur usage, ou en vertu d'une coutume légitimement prescrite.

Cas I. *Paul* ayant voulu célébrer, on lui a présenté une aube qui n'avait pas été bénite. Comme c'était un jour de Pentecôte, et qu'il n'aurait pu entendre la messe, il a cru pouvoir se servir de cette aube. L'a-t-il pu sans péché?

R. Non, et il ne l'aurait même pu pour donner le saint viatique à un mourant. La raison est qu'on ne peut célébrer avec des ornements profanes, sans violer le respect qui est dû à Jésus-Christ qui y est offert en sacrifice par le prêtre; puisque l'Église, qui ne se conduit que par l'esprit de ce même Sauveur, n'a institué la bénédiction des choses qui servent à cet auguste mystère que pour marquer mieux le respect, et en même temps la grâce qu'il produit par la vertu de la Passion de Notre-Seigneur. C'est le raisonnement de saint Thomas, part. 3, q. 83, a. 6. Ainsi Paul devait plutôt ne pas célébrer; et le précepte d'entendre la messe ce jour-là cessait à son égard.

Cas II. *Ariste* ayant une chasuble, dont un côté était rouge, et l'autre blanc, l'a fait découdre, et a fait ajouter à chacune une doublure, pour s'en servir séparément. Peut-il célébrer avec ces ornements sans les faire bénir de nouveau?

R. Il le peut, parce qu'ils n'ont pas perdu leur bénédiction par ce changement; car quand une chasuble est double, on la bénit des deux côtés: et ainsi, lorsqu'on sépare une partie de l'autre, chacune conserve toujours sa bénédiction. Il en est de même de l'étole et du manipule double.

Cas III. *Nicaise*, curé d'une pauvre église, n'ayant que des aubes et des chasubles fort usées, les a fait raccommoder. Faut-il qu'il les fasse bénir de nouveau?

R. Si ces ornements sont si usés ou rompus, qu'on ne puisse plus s'en servir avec décence, comme s'il a fallu mettre une autre manche à l'aube, ils ont perdu leur bénédiction. Mais ils la conserveraient, s'ils n'étaient pas si défectueux, comme s'il n'y avait que quelque chose de décousu, ou quelque pièce peu considérable à y mettre.

Cas IV. *Barthol*, ayant des aubes si usées qu'elles ne peuvent plus servir à célébrer, en a donné les morceaux à sa sœur, pour s'en faire du menu linge. L'a-t-il pu sans péché?

R. Non; car les saints canons ordonnent que ces vieux ornements soient brûlés, et les cendres mises en un lieu de l'église, où l'on ne puisse les fouler aux pieds : la religion voulant qu'on n'applique jamais à des usages profanes ce qui a été ainsi consacré au culte divin. Il n'est pas même permis de s'en servir à ensevelir les morts; ainsi qu'il est porté par le canon 40 *de Consecrat.* dist. 1.

— Ces canons joignaient aux linges, les ustensiles de métal, comme les chandeliers. L'usage y a dérogé en ce point.

Cas V. *Christine* a donné à son curé des rideaux de lit, dont il a fait une chasuble. L'a-t-il pu sans péché?

R. Quoi qu'en aient pensé saint Antonin et la Glose, il l'a pu, comme le disent un grand nombre de théologiens exacts, qui le prouvent avec Sylvius : 1° par la coutume où l'on est d'en user ainsi ; 2° par l'exemple de l'ancien tabernacle qui fut fait de choses qui avaient servi à l'usage des hommes et des femmes; 3° parce que, si l'on a même consacré des temples d'idoles au culte de Dieu, pourquoi serait-il défendu de se servir d'étoffes profanes pour faire des ornements d'église?

Cas VI. *Dorothée*, seigneur, ayant fait faire une chasuble, deux tuniques, etc., y a fait mettre ses armes. Le curé refuse de s'en servir, et prétend que des armes comme cela vont bien sur le dos d'un mulet, mais non sur la chasuble d'un prêtre. A-t-il raison?

R. On peut faire mettre ses armes sur des ornements par vanité; on peut les y faire mettre pour porter sa famille, ou d'autres, à faire du bien à l'église; pour n'être pas oublié dans les prières du ministre qui célèbre, etc. Cet usage n'est donc point mauvais par lui-même. De grands prélats, et même saint Charles Borromée, l'ont suivi. Ainsi, comme dans le doute même il faut toujours interpréter en bonne part les intentions secrètes, le curé peut et doit même accepter ces ornements; pourvu que cet usage ne soit pas défendu par l'évêque, que ces armoiries n'aient aucune figure indécente, et qu'elles soient placées au bas seulement de la chasuble. Il ne faut point irriter un seigneur par un refus opiniâtre, étant constant qu'il est dangereux à un curé d'être brouillé avec lui.

— Voyez sur cet article un beau morceau de M. de la Palluelle; ou chez lui, part. 2, pag. 241; ou dans mon *Traité des saints Mystères*, ch. 10, n. 10.

Cas VII. *Pacôme* peut-il se servir d'une étole pour ceinture, et d'un manipule fort grand pour étole, dans la nécessité où il est de célébrer un jour de fête?

R. Il le peut, parce que, comme dit saint Antonin, l'étole qu'il fait servir de ceinture et le manipule sont consacrés par la bénédiction de l'évêque. Sylvius cite trois auteurs qui disent la même chose.

— Cas VIII. *André* prend quelquefois des ornements dont la couleur ne convient pas à l'office, par exemple du blanc, quand il a fait d'un martyr. Pèche-t-il en cela, et quel est son péché?

R. Il ne pèche pas, et même il fait mieux, s'il en agit ainsi pour se conformer à la couleur dont se sert l'église dans laquelle il célèbre; sans cela on verrait, dans une église où célèbrent plusieurs prêtres étrangers, des ornements de toutes couleurs à tous les autels, bigarrure qu'on doit éviter, et qu'on évite toujours à Notre-Dame de Paris. Hors de ce cas, il pèche; mais sa faute n'est que vénielle, à moins qu'il n'y eût du scandale, comme s'il prenait du noir le jour de Pâques.

— Cas IX. *Arbogaste*, curé d'un gros bourg, pour se donner du relief, prend ses ornements sur l'autel comme les évêques. Ne le peut-il pas?

R. Non: tout prêtre particulier doit prendre les ornements à la sacristie. S'il n'y en a point, ni de crédence non plus, il doit les prendre sur l'autel, non pas au milieu, mais *in cornu Evangelii*.

— Cas X. *Audentius*, prélat régulier, ne peut-il pas prendre les ornements au m.lieu de l'autel toutes les fois qu'il célèbre?

R. Non; il ne le peut que quand il doit célébrer pontificalement. *Prælati episcopis inferiores*, disait en 1659 la congrégation des Rites, *sacras vestes ex altari sumere non possunt, nisi pontificaliter sacris vacaturi*. Apud Merati in Indice, num. 347.

— Cas XI et XII. *Pierre* se trouvant dans une paroisse de campagne, on lui a donné un corporal très-sale. A-t-il pu s'en servir pour dire la messe? Le même, la disant dans la chapelle d'un seigneur où il ne s'est point trouvé de purificatoire, en a fait un d'un linge propre, mais qui n'était point bénit. Peut-on l'excuser dans ces deux cas?

R. *Ad 1*. Si on peut excuser un prêtre qui, pour de justes raisons, célèbre avec un corporal fort sale, on ne peut en aucune manière excuser un curé qui a assez peu de religion pour mettre le corps du Fils de Dieu sous un linge qu'il n'oserait présenter à table au dernier paysan de son village. Ce serait faire tort à la piété que de vouloir prouver une chose si évidente.

Ad 2. Il est à propos que le purificatoire soit bénit avec les autres linges qui servent à l'autel; mais cette bénédiction n'est pas absolument nécessaire, et on l'omet en quelques diocèses. Pierre a donc pu se faire un purificatoire d'un linge commun; mais, quand il s'en est une fois servi, il doit être traité avec respect, et n'être touché par les séculiers qu'après avoir été lavé par un ministre sacré. *Voyez*, ci-dessus, le cas *Barthol*, nombre IV.

— Cas XIII. *Philométor*, curé d'une paroisse très-pauvre, et qui est lui-même fort éloigné d'être riche, demande comment il doit s'y prendre pour fournir d'ornements son église, qui en a un très-grand besoin?

R. Un curé doit, autant qu'il lui est possible, ménager son peuple, en ce qui regarde son église et les ornements qui y sont nécessaires. Saint Vincent de Paul trouva, sans qu'il en coûtât rien à ses paroissiens, le moyen de bâtir de fond en comble l'église de Clichy, dont M. le cardinal de Bérule, son directeur, l'avait obligé de prendre la conduite. Mais comme tous les curés n'ont pas le crédit de ce saint prêtre, et que ceux qui vivraient aussi bien que lui ne sont pas tous à la porte de Paris, où il y a de grandes ressources pour le bien comme pour le mal, la règle générale est: 1° que les ornements soient fournis par les fabriques; 2° que, lorsqu'elles n'ont pas assez de revenu pour cela, ils soient fournis par les bénéficiers qui jouissent des dîmes, et subsidiairement par ceux qui possèdent les dîmes inféodées. Voici comme s'en explique l'édit de 1695, art. 21: « Les ecclésiastiques qui jouissent des dîmes dépendantes des bénéfices dont ils sont pourvus, et subsidiairement ceux qui possèdent des dîmes inféodées, seront tenus de réparer et entretenir en bon état le chœur des églises paroissiales dans l'étendue desquelles ils lèvent lesdites dîmes, et d'y fournir les calices, ornements et livres nécessaires, si les revenus des fabriques ne suffisent pas pour cet effet. Enjoignons à nos baillis et sénéchaux... d'y pourvoir soigneusement, et d'exécuter par toute voie, même par saisie et adjudication desdites dîmes.... les ordonnances que les archevêques et évêques pourront rendre pour les réparations desdites églises et achat desdits ornements dans le cours de leurs visites, etc. »

Le même édit porte, art. 36, que « les appellations comme d'abus, qui seront interjetées des ordonnances ou jugements rendus par les archevêques, évêques et juges d'église, pour la célébration du service divin, réparations des églises, achats d'ornements... n'auront effet suspensif, mais dévolutif. » *Voyez*, sur cette matière, les *Mémoires du Clergé*, tom. VI, pag. 232, 239 et suivantes.

OUVERTURE DE TESTAMENT ET DE SUCCESSION

L'ouverture du testament est un procès-verbal que le juge dresse de l'apport qui lui est fait d'un testament olographe, et de l'ouverture qu'il en a faite, en conséquence du réquisitoire de celui qui le lui a mis entre les mains. Après quoi, il est fait mention qu'il a été déposé chez un tel notaire.

L'ouverture de succession arrive par la mort ou naturelle ou civile de celui à qui une personne doit succéder. La succession est ouverte en faveur d'un enfant déjà conçu, quoique

Dictionnaire de Cas de conscience. II.   10

non encore né. *Quia qui sunt in utero pro jam natis habentur, quoties de eorum commodis agitur.* Voyez Ferrières sur le liv. III des *Institutes*, tit. 1, § 8.

OUVRIERS.

Par le mot *ouvriers*, on entend les travailleurs qui vivent de salaire. Les ouvriers peuvent être distingués en : 1° *apprentis* ; 2° *ouvriers* proprement dits, travaillant chez un maître, et quelquefois désignés sous le nom de compagnons ou garçons ; 3° *artisans* travaillant dans leur domicile pour leur propre compte ou pour le compte d'un maître.

Tous ces ouvriers peuvent être en rapport : 1° avec les agents de l'autorité ; 2° avec les maîtres ou fabricants ; 3° avec les consommateurs ou acheteurs.

Tout ouvrier travaillant en qualité de compagnon ou garçon doit être pourvu d'un livret. Le livret a été établi pour maintenir la dépendance de l'ouvrier vis-à-vis du maître, et pour faciliter la surveillance qu'exerce l'autorité. Nul ne pourra recevoir un ouvrier s'il n'est porteur d'un livret portant le certificat d'acquit de ses engagements, délivré par celui de chez qui il sort. La loi ne prononce pas de peine contre le maître qui n'exécute pas cette prescription ; elle l'oblige seulement à payer des dommages-intérêts au maître précédent, si l'ouvrier reçu sans livret n'avait pas rempli ses engagements. L'ouvrier qui aura reçu des avances sur son salaire, ou contracté l'engagement de travailler un certain temps, ne pourra exiger la remise de son livret et la délivrance de son congé qu'après avoir acquitté ses dettes par son travail et rempli ses engagements, si son maître l'exige. Mais, si le maître refuse à l'ouvrier du travail ou son salaire, il ne peut pas le retenir, et il doit lui remettre son livret et son congé, quoique les avances ne soient pas remboursées. Il peut seulement mentionner la dette sur le livret. Dans ce cas, le maître qui emploie ensuite l'ouvrier fait une retenue sur le salaire pour payer cette dette. La retenue ne peut dépasser deux *cinquièmes* du salaire journalier. Lorsque la dette est acquittée, le maître en fait mention sur le livret. Il avertit le créancier et lui remet le montant.

L'homme ne peut pas aliéner complètement sa liberté ; et, bien que les ouvriers ne jouissent pas d'une liberté véritable, puisqu'ils ne peuvent attendre, dans une inaction momentanée, qu'on leur accorde de bonnes conditions de travail, cependant la loi a posé pour principe que l'ouvrier ne peut engager ses services qu'à temps ou pour une entreprise déterminée. L'engagement d'un ouvrier ne peut excéder un an, à moins qu'il ne soit contre-maître, conducteur des autres ouvriers, ou qu'il n'ait un traitement et des conditions stipulées par un acte exprès. L'ouvrier répond des accidents qui arrivent par la défectuosité de son travail ou par l'ignorance des règles de son art, lorsqu'il travaille à l'entreprise ; mais, s'il travaille à la journée, il n'est pas tenu de sa mal-façon. L'ouvrier est obligé d'achever l'ouvrage qu'il a commencé sous peine de dommages-intérêts, s'il y a lieu, à moins qu'il ne prouve qu'il en a été empêché par un fait indépendant de sa volonté, et auquel il n'a pu résister. Si, dans le cas où l'ouvrier fournit la matière, la chose vient à périr, de quelque manière que ce soit, avant d'être livrée, la perte en est pour l'ouvrier, à moins que le maître ne fût en demeure de recevoir la chose, c'est-à-dire à moins que, l'époque de livrer étant venue, l'ouvrier n'ait offert la chose au maître suivant les conventions. Dans le cas où l'ouvrier fournit seulement son travail ou son industrie, si la chose vient à périr, l'ouvrier n'est tenu que de sa faute ; dans ce même cas, si la chose vient à périr, quoique sans aucune faute de la part de l'ouvrier, avant que l'ouvrage ait été reçu et sans que le maître fût en demeure de le vérifier, l'ouvrier n'a point de salaire à réclamer, à moins que la chose n'ait péri par le vice de la matière. S'il s'agit d'un ouvrage à plusieurs pièces ou à la mesure, la vérification peut s'en faire par parties ; elle est censée faite par toutes les parties payées si le maître paye l'ouvrier en proportion de l'ouvrage fait.

Le maître peut résilier, par sa seule volonté, le marché à forfait, quoique l'ouvrage soit déjà commencé, en dédommageant l'ouvrier de toutes ses dépenses, de tous ses travaux, et de tout ce qu'il aurait pu gagner dans cette entreprise.

Quand un ouvrier est chargé, par le chef d'une manufacture, des fonctions de chef d'atelier ou contre-maître, il est assujetti à certaines obligations qui sont de la nature du mandataire salarié. *Voyez* MANDAT.

Quand il s'agit du salaire de l'ouvrier, c'est la conscience, l'équité naturelle, la loi de Dieu qui doit nous diriger, car la loi civile est presque muette ; elle ne pose aucun principe clair et précis : elle emploie presque indifféremment, et sans les définir, les mots *ouvriers*, *artisans*, *gens de journée*, *gens de travail*, *de service*. Et pourtant, dans certains cas, c'est sur l'usage d'un de ces mots qu'est fondée toute une série de privilèges. Nous ne pouvons donc expliquer comment se règlent et se payent les salaires. Chaque profession a sa coutume : les uns sont payés à l'heure ou à la journée ; les autres à la pièce ou à la tâche ; d'autres sont payés à la semaine, au mois ou à l'année. L'époque du payement et le mode d'estimation du travail varient à l'infini.

Si le maître ne paye pas les ouvriers, ils ont contre lui une action *personnelle*, et ils peuvent aussi se faire payer sur les biens mobiliers et immobiliers du maître, sur la fabrique et les objets fabriqués. Ils sont dans la même position que les autres créanciers ; mais n'ont-ils pas droit à une position plus favorable ? L'équité veut que, dans les conditions actuelles de la production et de la répartition des produits, l'homme dont le travail et l'intelligence ont contribué à la production d'un objet quelconque ait droit à une part dans le prix de vente de cet objet, et que la confiance forcée de l'ouvrier pour le fabricant qui l'emploie ne soit jamais trompée. Quand l'ouvrier a fait au fabricant l'avance de son temps et de sa peine, il a acquis au paiement de son salaire un droit non moins sacré que celui qui résulte de l'avance faite au fabricant, soit en capitaux, soit en fournitures, et, de plus, il a droit à la préférence que l'équité doit assurer à celui qui a donné tout son travail, tout son temps, sur celui qui n'a donné qu'une partie de son bien. La loi lui accorde-t-elle cette préférence? Les jurisconsultes ne sont pas d'accord à cet égard. Des arrêtés de cours royales ont été rendus en sens contraire : les uns disent oui, les autres disent non. Les ouvriers n'ont aucune certitude, car les arrêts ne sont pas des lois; et une loi seule pourrait régler leurs droits d'une manière certaine.

Quant aux matières qui sont confiées à un ouvrier pour les façonner, il est certain qu'il peut les retenir si on lui refuse le paiement de la façon; mais il a été jugé plusieurs fois qu'il n'a pas le droit de retenir une matière pour garantir le payement des façons données à d'autres matières qu'il a antérieurement livrées. L'ouvrier qui, en payement du prix de réparations par lui faites à un objet mobilier, accepte un billet à ordre, fait novation à sa créance, et perd par suite tout privilége sur l'objet réparé

Si les maçons, charpentiers et autres ouvriers ont été employés pour la construction de quelque édifice, la loi ne leur accorde un privilége sur ces travaux, c'est-à-dire le droit d'être payés avant les autres créanciers, qu'autant que, par un expert nommé d'office par le tribunal, il aura été dressé préalablement procès-verbal pour constater l'état des lieux relativement aux ouvrages que le propriétaire aura déclaré avoir le dessein de faire, et que les ouvrages aient été, dans les six mois au plus de leur perfection, reçus par un expert également nommé d'office. L'action des ouvriers et gens de travail pour le payement de leurs journées, fournitures et salaires, est prescrite par six mois; mais, au for intérieur, la conscience veut que l'ouvrier reçoive son salaire, même quand il a été assez tolérant pour ne pas l'exiger pendant plusieurs mois.

P

PAIEMENT.

C'est l'acquittement d'une dette ou d'une obligation. Tout paiement suppose une dette. Ce qui a été payé sans être dû est sujet à répétition. La répétition n'est pas admise à l'égard des obligations naturelles qui ont été volontairement acquittées. Une obligation peut être acquittée par toute personne qui y est intéressée, telle qu'un obligé ou une caution : l'obligation peut même être acquittée par un tiers qui n'y est point intéressé, pourvu que ce tiers agisse au nom et en l'acquit du débiteur, ou que, s'il agit en son nom propre, il ne soit pas subrogé aux droits du créancier. L'obligation de faire un paiement ne peut être acquittée par un tiers contre le gré du créancier, lorsque ce dernier a intérêt qu'elle soit remplie par le débiteur lui-même. Pour payer valablement, il faut être propriétaire de la chose donnée en paiement et capable de l'aliéner. Néanmoins, le paiement d'une somme d'argent, ou autre chose qui se consomme par l'usage, ne peut être répété contre le créancier qui l'a consommée de bonne foi, quoique le paiement en ait été fait par celui qui n'en était pas propriétaire ou qui n'était pas capable de l'aliéner. Le paiement doit être fait au créancier ou à quelqu'un ayant pouvoir de lui, ou qui soit autorisé par la justice ou par la loi à recevoir pour lui. Le paiement fait à celui qui n'aurait pas pouvoir de recevoir pour le créancier est valable, si celui-ci le ratifie ou s'il en a profité. Le paiement fait de bonne foi à celui qui est en possession de la créance est valable, encore que le possesseur en soit par la suite évincé. Le paiement fait au créancier n'est point valable, s'il était incapable de le recevoir, à moins que le débiteur ne prouve que la chose payée a tourné au profit du créancier.

Le créancier ne peut être contraint de recevoir une autre chose que celle qui lui est due, quoique la valeur de la chose offerte soit égale ou même plus grande. Le débiteur ne peut point forcer le créancier à recevoir en partie le paiement d'une dette même divisible. Le débiteur d'un corps certain et déterminé est libéré par la remise de la chose en l'état où elle se trouve lors de la livraison, pourvu que les détériorations qui y sont survenues ne viennent point de son fait ou de sa faute, ni de celle des personnes dont il est responsable, et qu'avant ces détériorations il ne fût pas en demeure. Si la dette est d'une chose qui ne soit déterminée que par son espèce, le débiteur ne sera pas tenu, pour être libéré, de la donner de la meilleure espèce, mais il ne pourra l'offrir de la plus mauvaise. Le paiement doit être exécuté dans le lieu désigné par la convention; si le lieu n'y est pas désigné, et lorsqu'il s'agit d'un corps certain et déterminé, doit être fait dans le lieu où était, au temps de l'obligation, la chose qui en fait l'objet : hors ces deux cas, le paiement doit être fait au domicile du débiteur. Les frais du paiement sont à la charge du débiteur. Si le paiement se fait en argent, il doit l'être en espèces ayant cours à l'époque du paiement, et non au cours qu'elles avaient à l'époque où le bail a été fait. Dans les paiements en pièces d'argent de sommes de 500 francs et au-dessus, le débiteur est tenu de fournir le sac et la ficelle. La valeur des sacs sera payée par celui qui reçoit, ou la retenue en sera exercée par celui qui paie, sur le pied de 15 centimes par sac.

Le débiteur de plusieurs dettes a le droit de déclarer, lorsqu'il paie, quelle dette il entend acquitter; mais le créancier peut, de son côté, refuser le paiement, s'il peut nuire à ses intérêts. Le débiteur d'une dette qui porte intérêt ou produit des arrérages ne peut point, sans le consentement du créancier, imputer le paiement qu'il fait sur le capital par préférence aux arrérages ou intérêts. Le paiement fait sur capital et intérêts, mais qui n'est point intégral, s'impute d'abord sur les intérêts. Lorsque le débiteur de diverses dettes a accepté une quittance par laquelle le créancier a imputé ce qu'il a reçu sur l'une de ces dettes spécialement, le débiteur ne peut plus demander l'imputation sur une dette différente, à moins qu'il n'y ait eu dol ou surprise de la part du créancier. Lorsque la quittance ne porte aucune imputation, le paiement doit être imputé sur la dette que le débiteur avait pour lors le plus d'intérêt d'acquitter entre celles qui sont pareillement échues; sinon, sur la dette échue, quoique moins onéreuse que celles qui ne le sont point. Si les dettes sont d'égale nature, l'imputation se fait sur la plus ancienne; toutes choses égales, elle se fait proportionnellement.

Lorsque le créancier refuse de recevoir son paiement, le débiteur peut lui faire des offres réelles, et au refus du créancier de les accepter, consigner la chose ou la somme offerte. *Voyez* Offres réelles.

Un débiteur est-il déchargé de l'obligation de payer ses dettes par la cession de ses biens? *Voyez* Cession des biens.

Comme les dettes sont de différentes natures, qu'il y en a de privilégiées, d'hypothécaires, de chirographaires, il y a aussi des règles différentes à garder dans le paiement, afin de ne pas s'exposer à les payer deux fois. *Voyez* Dettes, Jurer, Promesse.

Cas I. *Landrade* ayant donné à Gatien une procuration pour recouvrer quelques sommes qui lui étaient dues, et ayant révoqué sa procuration un mois après, Gatien s'en est encore servi pour recevoir 300 livres que Jean devait à Landrade. Jean en est-il quitte envers Landrade, même dans le for de sa conscience?

R. Si Jean a connu la révocation faite par Landrade de sa procuration, il a mal payé les 300 livres à Gatien; mais s'il l'a ignorée, il est quitte envers Landrade, même dans le for de la conscience. Landrade devait faire connaître à Jean, son débiteur, sa révocation : c'est la décision de la loi 12, § 2, *ff. de Solutionibus*, etc., liv. xlvi, tit. 3 : *Si quis mandaverit*, dit-elle, *ut Titio solvam, deinde vetuerit eum accipere : si ignorans prohibitum fuisse eum accipere, solvam, liberabor. Sed si sciero, non liberabor.* Le code civil y est conforme.

Cas II. *André* doit à Titius, 1°, 500 livres d'argent prêté, 2°, 400 livres sous la caution de Mævius, 3°, 500 livres hypothéquées sur sa maison, 4°, 400 livres qui portent intérêt en vertu d'une sentence que Titius a fait rendre contre lui. Sur toutes ces sommes, André a payé 900 livres sans les imputer sur aucune somme en particulier. Après quoi Titius voulant exiger les intérêts de la susdite somme de 400 livres, André refuse de les payer, soutenant que son remboursement doit être imputé, 1° sur la somme qui porte intérêt, 2° sur celle pour laquelle la maison est hypothéquée. A-t-il raison?

R. La prétention de Titius n'est pas juste. La loi 1, *ff. de Solut.*, etc., porte que quand un débiteur donne à compte et indéfiniment une somme d'argent sur plusieurs qu'il doit, il peut imputer ce qu'il paye sur une telle de ces sommes qu'il lui plaît et en la même manière que le ferait le créancier s'il était en sa place, lequel voudrait sans doute, s'il était débiteur, faire l'imputation sur les sommes qui lui seraient plus à charge, c'est-à-dire acquitter d'abord celles qui porteraient intérêt ou qui seraient hypothécaires : *Constat, quoties indistincte quid solvitur, in graviorem causam videri solutum*, dit la loi 3, *eod. tit. Voyez* Dette, Hypothèque, Restitution. Le code dit que le débiteur d'une dette qui porte intérêt ne peut point, sans le consentement du créancier, imputer le paiement qu'il fait sur le capital par préférence aux arrérages ou intérêts : le paiement qui n'est point intégral s'impute d'abord sur les intérêts.

PALE.

La pale, destinée à couvrir le calice, se compose de deux linges qui enveloppent un carton. Elle doit être de toile de lin ou de chanvre, unie, sans broderie, du moins à la partie qui touche le calice, et assez grande pour pouvoir être placée et déplacée facilement. Elle doit être bénite par l'évêque ou par son délégué avant que de servir au saint sacrifice : l'usage illicite qu'on en aurait fait pour la célébration des saints mystères ne tiendrait pas lieu de la bénédiction.

PAPE.

Le pape, étant le chef de l'Eglise universelle, peut faire des lois qui obligent tous les chrétiens au for de la conscience; de droit ordinaire, il peut dispenser de toutes les lois ecclésiastiques ou canoniques, même de ce qu'ont établi les apôtres, en ce qui n'est pas de foi et avec juste cause; il ne peut accorder des dispenses sur les choses de droit divin, mais il peut les déclarer et interpréter avec juste cause; sur le droit positif, il peut accorder indistinctement toutes sortes de dispenses pour cause.

Le pape peut dispenser des vœux et des serments, pourvu que les motifs soient légitimes, et jamais au préjudice d'un tiers, si ce n'est pour de grandes causes; mais il est obligé lui-même par son propre serment. En accordant la dispense des vœux et des serments, le pape ne va pas contre le droit divin, mais il détruit la base de l'obligation, comme à peu près le créancier dispense son débiteur de l'obligation de payer ce qu'il doit, en lui faisant remise de sa dette.

Le pape doit garder fidèlement les constitutions de ses prédécesseurs, mais il a le droit de les changer, même les décrets des conciles généraux qui ne regardent pas la foi.

Le pape seul a le droit d'absoudre de certains cas d'excommunication et de suspense, d'ériger une église en cathédrale et une cathédrale en métropole, de juger un évêque, unir deux évêchés, conférer deux évêchés à un seul évêque, de permettre à un simple prêtre de confirmer et de réconcilier une église consacrée, d'accorder l'exemption de la puissance ordinaire et épiscopale, des indulgences plénières; lui seul accorde la permission d'ordonner un clerc hors les temps fixés pour cela, de donner les ordres sacrés à ceux qui n'ont pas atteint l'âge. Le pape seul approuve les ordres et les instituts des ordres religieux; le pape seul peut canoniser les saints. Il ne peut rien faire ni rien commander d'injuste.

PARAPHERNAUX (BIENS).

Le mot paraphernal signifie extra-dotal. Tous les biens de la femme qui n'ont pas été constitués en dot sont paraphernaux. Si tous les biens de la femme sont paraphernaux, et s'il n'y a pas de convention dans le contrat pour lui faire supporter une portion des charges du mariage, la femme y contribue jusqu'à la concurrence du tiers de ses revenus. La femme a l'administration et la jouissance de ses biens paraphernaux, mais elle ne peut les aliéner ni paraître en jugement à raison desdits biens sans l'autorisation du mari, ou, à son refus, sans la permission de la justice. Si la femme donne sa procuration au mari pour administrer ses biens paraphernaux, avec charge de lui rendre compte des fruits, il sera tenu vis-à-vis d'elle comme tout mandataire. Si le mari a joui des biens paraphernaux de sa femme sans mandat, et néanmoins sans opposition de sa part, il n'est tenu, à la dissolution du mariage ou à la première demande de la femme, qu'à la représentation des fruits existants, et il n'est point comptable de ceux qui ont été consommés jusqu'alors. Si le mari a joui des biens paraphernaux malgré l'opposition constatée de la femme, il est comptable envers elle de tous les fruits tant existants que consommés. Le mari qui jouit des biens paraphernaux est tenu de toutes les obligations de l'usufruitier.

Il est d'usage, en adoptant ce régime, de stipuler une société d'acquêts, qui est une véritable communauté qui ne se compose que des acquêts faits par les époux, ensemble ou séparément, pendant le mariage, et provenant tant de l'industrie commune que des économies faites sur les fruits et revenus des biens des deux époux.

PARCELLES.

Cas. *Manlius*, après les dernières ablutions, a aperçu sur la nappe de l'autel, sur la patène et sur le corporal, des parcelles de plusieurs hosties qu'il avait consacrées; il les a prises, quoiqu'il ne fût plus à jeun. A-t-il péché?

R. Non-seulement il n'a pas péché, mais il a suivi la rubrique, qui prescrit d'en agir ainsi, parce que, dit-elle, ces parcelles appartiennent au même sacrifice. Il pourrait même les prendre lorsqu'il serait rentré à la sacristie et qu'il aurait quitté les ornements sacerdotaux, s'il ne pouvait les conserver décemment; et s'il n'était pas encore déshabillé, suivant Benoît XIV, il pourrait prendre ces parcelles comme complément du sacrifice qu'il vient d'offrir. Si ces parcelles venaient de la messe d'un autre, et qu'il en fût sûr, il devrait les conserver décemment. Ordinairement il est difficile de distinguer si les parcelles qu'on aperçoit appartiennent à la dernière ou à l'avant-dernière messe.

PARCOURS, PATURE (VAINE).

Le propriétaire qui veut se clore perd son droit au parcours et vaine pâture en proportion du terrain qu'il y soustrait. Par le droit de parcours on entend le droit que les habitants de plusieurs communes ont de mener paître leurs bestiaux sur le territoire les unes des autres. La vaine pâture est le droit que les habitants d'une même commune exercent sur les propriétés les uns des autres. Le droit de parcours et le droit simple de vaine pâture ne peuvent en aucun cas empêcher les propriétaires de clore leurs héritages; et tout le temps qu'un héritage est clos, il ne peut être assujetti ni à l'un ni à l'autre. La clôture affranchit du même droit de vaine pâture réciproque entre particuliers, si ce droit n'est pas fondé sur un titre. Dans aucun cas et dans aucun temps, le droit de parcours ni celui de vaine pâture ne peuvent s'exercer sur les prairies artificielles, et ne pourront avoir lieu sur aucune terre ensemencée, ou couverte de quelque production que ce soit, qu'après la récolte. Dans les pays de parcours ou de vaine pâture soumis à l'usage du troupeau en commun, tout propriétaire ou fermier pourra renoncer à cette communauté et faire garder par troupeau séparé un nombre de têtes de bétail proportionné à l'étendue des terres qu'il exploitera dans la paroisse. Néanmoins, tout chef de famille domicilié qui ne sera ni propriétaire ni fermier d'aucun des terrains sujets au parcours ou à la vaine pâture, et le propriétaire ou fermier à qui la modicité de son exploitation n'assurerait pas l'avantage qui va être déterminé, pourront mettre sur lesdits terrains, soit par troupeau séparé, soit en troupeau commun, jusqu'au nombre de six bêtes à laine et d'une vache avec son veau sans préjudicier aux droits desdites personnes sur les terres communales, s'il y en a dans la commune, et sans entendre rien innover aux lois, coutumes ou usages locaux et de temps immémorial qui leur accorderaient un plus grand avantage. Les propriétaires ou fermiers exploitant des terres sur les communes sujettes au parcours ou à la vaine pâture, et dans lesquelles ils ne seraient pas domiciliés, auront le même droit de mettre dans le troupeau commun, ou de faire garder par troupeau séparé, une quantité de têtes de bétail proportionnée à l'étendue de leur exploitation; mais dans aucun cas ces propriétaires ou fermiers ne pourront céder leurs droits à d'autres.

Quand un propriétaire d'un pays de parcours ou de vaine pâture aura clos une partie de sa propriété, le nombre des têtes de bétail qu'il pourra envoyer dans le troupeau commun, ou par troupeau séparé, sur les terres particulières des habitants de la commune, sera restreint proportionnellement et suivant les dispositions de la loi.

PARESSE.

La paresse est un amour déréglé du repos, un dégoût de nos devoirs et une crainte excessive de la peine. On distingue la paresse corporelle et la paresse spirituelle.

La paresse corporelle. Cas. N'êtes-vous point de ces paresseux qui passent leurs jours dans l'oisiveté, le repos, au jeu, à table, circulant de maison en maison pour apprendre péniblement ce qui s'y passe, négligeant vos affaires et l'économie de votre maison, n'osant mettre la main à rien, laissant tout dans le désordre, dans la malpropreté sur vous comme chez vous? Péché véniel, à moins que l'omission des devoirs, qui est l'effet de la paresse, ne soit grave; mais alors cette omission même serait péché grave.

N'êtes-vous point de ces ouvriers lents, pesants dans leurs travaux, qu'il faut toujours presser, aiguillonner; qui ne travaillent que sous l'œil du maître, et qui, à la fin de la journée ne sont guère plus avancés qu'au commencement? Si vous ne proportionnez pas votre travail au salaire que vous recevez, vous êtes coupable d'injustice et tenu à restitution. Nous devons tous travailler, les uns d'une manière, les autres d'une autre, tous conformément à l'état dans lequel la Providence nous a placés. Celui qui ne travaille pas sur cette terre ne fait que de la surcharger d'un fardeau inutile. L'Esprit-Saint renvoie l'homme à la fourmi pour apprendre d'elle à s'occuper.

Les crimes de Sodome furent, dit un prophète, une suite de l'oisiveté. On peignait les dames romaines un fuseau à la main. Comment faudrait-il peindre aujourd'hui quelques-unes de nos dames? Au milieu d'un attirail de toilette, ou les cartes à la main.

Paresse spirituelle. Avez-vous négligé, par crainte de la peine ou par amour du repos, de faire valoir les talents que Dieu vous a donnés? Si par là vous vous êtes mis dans l'impossibilité de remplir les obligations graves de votre état; péché mortel. Si cette paresse ne vous a pas fait omettre des devoirs notables; péché véniel.

Avez-vous négligé les choses du salut, trop différé de vous approcher des sacrements, de remercier Dieu de ses bienfaits? Péché véniel, à moins qu'on n'en vienne à négliger quelques devoirs graves commandés par la religion.

Vous êtes-vous dégoûté de la vertu, la croyant trop difficile et ennuyeuse? C'est une illusion de l'esprit de mensonge qui nous trompe. La vertu a des douceurs; mais quand il ne s'y trouverait ni plaisir, ni consolation, elle n'est pas moins nécessaire. Dieu la commande si expressément, que sans vertu on n'est point sauvé. La paresse qui vous empêche de vous y livrer est un péché véniel, à moins qu'elle ne vous détourne de l'accomplissement de quelques devoirs essentiels.

Menez-vous une vie molle, cherchant en tout vos aises, vos satisfactions, vos plaisirs, voulant vous contenter en tout, refusant de vous gêner, de souffrir, de vous incommoder, de vous faire violence pour réprimer votre humeur et vos passions? On ne peut pas dire qu'il y ait en cela un péché grave, à moins qu'on ne se laisse aller par paresse à des satisfactions ou à des plaisirs illicites. Mais combien une telle vie est dangereuse pour le salut!

N'êtes-vous point dans l'habitude de faire l'œuvre de Dieu avec nonchalance, ne tombant pas à la vérité dans des fautes mortelles, mais n'ayant aucun soin d'avancer dans la vertu; vous confessant et communiant même assez souvent, sans vous mettre en peine d'en tirer du fruit et de vous en corriger; vous souciant peu du péché, pourvu qu'il ne soit pas mortel; tombant volontairement, fréquemment et sans remords dans des fautes légères? Paresse, péché véniel, à moins qu'elle n'expose au danger prochain et prévu de commettre des fautes graves. Craignez, âmes tièdes, que Dieu ne vous vomisse de sa bouche et ne vous rejette enfin pour toujours.

Faites-vous vos bonnes œuvres à contre-temps, sans ordre et sans règle, en ne suivant que votre fantaisie? Imperfection, péché véniel; c'est une marque qu'on ne veut ni assujettissement ni contrainte. Suivre une règle exactement, c'est au contraire la marque d'une âme courageuse et fervente. Vivre par règle, dit un saint Père, c'est vivre pour Dieu et selon Dieu; vivre sans règle, c'est le caractère des âmes lâches et paresseuses, qui ne suivent que leurs caprices et qui ne vivent que pour elles-mêmes.

A force de réflexions dans les choses qui regardent Dieu ou le prochain, avez-vous appréhendé de prendre une détermination dans la crainte d'échouer? Pusillanimité, imperfection; péché véniel. Faites vos réflexions avec sagesse, avec conseil et maturité; consul-

vous ensuite à la divine Providence; entreprenez avec courage, et attendez de Dieu le succès.

Enfin nous placerons parmi les défauts qui sont une suite de la paresse le découragement et l'inquiétude auxquels se livre une personne pieuse à la vue de ses imperfections, de ses rechutes, de ses fréquentes tentations, de ses peines intérieures et de ses scrupules. Ah! pauvre âme! vous croyez Jésus-Christ bien loin, tandis qu'il est bien près de vous. Vos faiblesses ne doivent jamais vous décourager; elles doivent servir à vous animer, à vous relever à veiller sur vous. Quant aux scrupules, le meilleur remède c'est la soumission aveugle au directeur de votre conscience. Un ou deux avis doivent vous suffire : plus vous demandez de conseils en consultant différents confesseurs, plus vous aigrissez votre mal. Craignez le péché, mais sans tourmenter votre conscience. Un malade qui s'inquiète et qui s'agite ne fait qu'augmenter son mal : il en est de même du scrupuleux.

PARI.

La loi n'accorde aucune action pour le payement d'un pari; mais dans aucun cas, le perdant ne peut répéter ce qu'il a volontairement payé, à moins qu'il n'y ait eu de la part du gagnant dol, supercherie. Il y a donc une obligation naturelle de la part du perdant; elle devient obligation de justice et de conscience quand le pari est accompagné des circonstances requises. *Voyez* GAGEURE.

PARJURE.

Se parjurer, c'est jurer en affirmant comme vraie une chose fausse, ou violer son serment. On peut commettre le parjure, non-seulement en affirmant une chose fausse, mais encore en niant une chose vraie. Comme on distingue trois sortes de juremens, qu'on appelle *assertorium, promissorium et comminatorium* ; c'est-à-dire celui qu'on fait en affirmant ou en niant, celui qu'on fait en promettant, et celui qu'on fait en menaçant ; de même l'on se peut rendre coupable de parjure en ces trois manières.

Le parjure peut regarder une chose présente, ou une chose à venir qu'on promet ou qu'on menace de faire. Quand il s'agit d'une chose présente, c'est toujours un péché, parce qu'on jure actuellement contre la vérité. S'il s'agit d'une chose à venir, qu'on n'a pas intention d'accomplir, on commet, à l'heure même qu'on parle, le crime de parjure ; et si on jure avec le dessein de l'exécuter, on ne l'encourt qu'au moment qu'on change de volonté et qu'on refuse de l'accomplir, lorsqu'on le peut faire sans offenser Dieu ou sans omettre une action plus sainte et plus méritoire. Car si, par exemple, on avait juré de commettre un péché, soit mortel, soit véniel, il ne serait pas permis d'accomplir son serment. De même si la chose qu'on a juré de faire empêche qu'on ne fasse un plus grand bien, le serment n'obligerait pas. Cependant, en ce cas comme en ceux où le serment n'a été fait que par crainte ou par violence, le plus sûr pour la conscience est d'obtenir du supérieur légitime la dispense du serment qu'on a fait, ou que la personne à qui l'on a fait la promesse en remette volontairement l'obligation.

CAS I. *Ménalippe* étant interrogé s'il est allé se promener, répond, contre la vérité, qu'il n'y est pas allé, et confirme son mensonge par un serment. Commet-il en cela un péché mortel, surtout en jurant avec équivoque ou avec quelque restriction mentale, le sujet pour lequel il jure faux étant très-léger?

R. On ne peut excuser Ménalippe de péché mortel. La raison est que tout parjure est de soi-même un péché mortel, et quoique fait pour une chose légère, il renferme un grand mépris de Dieu, et une irrévérence notable contre son saint nom, puisque c'est appeler Dieu pour témoin d'une fausseté. Il semble même, dit saint Th. 2-2. q. 98. a. 3. que plus la chose pour laquelle on jure est légère, plus la faute est grande par le peu de cas que l'on fait du nom de Dieu : *ille qui jocose pejerat*, dit-il, *non evitat divinam irreverentiam, sed quantum ad aliquid, magis auget*. Aussi le pape Innocent XI, par son décret du 2 mars 1679, a condamné cette proposition, n. 24 : *Vocare Deum in testem mendacii levis, non est tanta irreverentia, propter quam velit aut possit Deus damnare hominem.*

L'équivoque dont on se servirait n'excuserait pas de péché mortel ; car, comme dit saint Augustin, ep. 125, n. 4 : *Perjuri sunt qui, servatis verbis, exspectationem eorum quibus juratum est deceperunt.* C'est conformément à cette doctrine qu'Innocent XI a encore condamné, par le même décret, cette proposition, qui est la 26° : « Si quelqu'un étant seul ou avec d'autres personnes, soit qu'on l'interroge ou qu'il parle de son propre mouvement, par récréation ou par quelque autre motif que ce soit, jure qu'il n'a pas fait une chose qu'il a véritablement faite, en entendant en lui-même quelque autre chose que celle dans laquelle il l'a faite, ou quelque autre addition véritable, il ne ment pas et n'est pas parjure. » Cette proposition et la supérieure furent défendues sous peine d'excommunication *ipso facto* réservée au saint-siège, excepté à l'article de la mort.

— L'inadvertance et le défaut de délibération pourraient cependant ne rendre que véniel le parjure de Ménalippe; mais cela est rare.

CAS II. *Balthazar*, étant interrogé par le juge, affirme avec serment qu'une chose était vraie, et qui l'était en effet, mais qu'il croyait cependant être fausse. Est-il coupable de parjure?

R. Tout mensonge confirmé par serment est un parjure. Or, Balthazar a fait un mensonge; car mentir c'est parler contre sa pensée et sa conscience, soit que la chose qu'on affirme soit vraie ou fausse : *Ille mentitur*, dit saint Aug., *de Mend.*, c. 3, *qui aliud habet in animo, et aliud verbis vel quibuslibet significationibus enuntiat*.

Cas III. *Dominique*, juge d'un procès qui est entre Claude et Alban, peut-il sans pécher exiger le serment de Claude sur la réquisition d'Alban, lorsqu'il est moralement assuré qu'il se parjurera comme il a déjà fait ?

R. Dominique peut exiger le serment de Claude, car, comme juge, il est une personne publique, et obligé à procéder selon la forme prescrite par les lois, et par conséquent on ne peut pas dire qu'il soit la cause du parjure de celui de qui il exige le serment; étant tiré de dire qu'à proprement parler, ce n'est pas lui, mais Alban qui l'exige, c'est la décision de saint Th., 2-2, q. 98, art. 4.

— Le juge doit néanmoins faire ce qu'il pourra sans manquer au devoir de sa charge, pour qu'on n'en vienne point à la prestation de serment, soit en conviant le demandeur à se relâcher sur cet article, soit en avertissant celui dont on désire le serment, de quelle conséquence il est de jurer à faux. Le juge doit en outre observer (selon les *Conférences d'Angers*, p. 258) de faire prêter le serment avant que d'avoir entendu les témoins produits par la partie adverse ; et de ne jamais exiger le serment des deux parties sur le même fait. Cela est sévèrement défendu par le concile III de Valence de 855, can. 11, parce que cela ne se peut faire qu'il n'y ait une des parties qui se parjure.

Cas IV. *Pétilien* ayant prêté sans billet 500 liv. à Tristan, et lui en ayant demandé le payement un an après, Tristan a refusé de le payer, et lui a même déclaré que s'il le faisait assigner, il affirmerait avec serment qu'il ne lui doit rien. Pétilien qui sait que Tristan jurera devant le juge, peut-il néanmoins sans péché l'appeler en justice, et le prendre à son serment?

R. Pétilien ne peut sans péché mortel exiger de Tristan qu'il prête serment en justice dans le cas proposé; car quoiqu'un juge, comme personne publique, puisse exiger le serment d'un homme qu'il sait devoir jurer faux, il n'en est pas de même d'un particulier qui n'a pas les mêmes raisons, et qui doit empêcher, autant qu'il le peut, et l'injure que Dieu recevrait d'un tel serment, et le dommage spirituel qu'en recevrait le prochain. C'est la décision de saint Thomas, 2, 3, q. 98. art. 4, qui cite l'autorité de saint Augustin, *serm.* 180. c. 10.

— Ajoutez : 1° que ce serment est absolument inutile ; 2° que le concile de Mâcon de 581, can. 7, veut que ceux qui commettent cette faute, soient privés de la communion jusqu'à la fin de leur vie. Néanmoins, saint Thomas observe, *in* 3, dist. 30, q. 1, art. 5, q. 2, *ad* 2, que si le juge séant actuellement dans son tribunal, exige d'office le serment selon l'ordre accoutumé de la justice, il n'est pas au pouvoir du demandeur de remettre le serment au défendeur, et il peut au contraire le recevoir et s'en servir, parce qu'il est de l'intérêt public que l'ordre de la justice soit observé.

Cas V. *Fabien* étant actionné par Sempronius pour lui payer 200 livres, quoiqu'il ne lui doive que 100 livres, a répondu au juge avec serment qu'il ne devait point 200 livres à Sempronius, sans ajouter qu'il ne lui en devait que cent. Est-il coupable de parjure ?

R. Fabien serait coupable de parjure s'il avait affirmé qu'il ne devait rien à Sempronius, puisqu'il lui doit véritablement 100 livres. Mais en affirmant simplement qu'il ne lui doit pas les 200 livres, il n'affirme rien contre la vérité ; c'était au juge de l'interroger d'une manière plus précise, et il n'était obligé, en vertu de l'ordre du juge, que de répondre à la demande qu'il lui faisait. Cette décision est de Balde.

Cas VI. *Elie* a promis avec serment de faire une chose qu'il ne peut plus exécuter sans une très-grande difficulté. Tombe-t-il dans le parjure en omettant de l'accomplir ?

R. Quand on jure de faire une chose, on doit toujours, dit saint Thomas, 2-2, q. 98, art. 2, *ad* 3, sous-entendre cette condition, pourvu que la chose soit non-seulement licite et honnête, mais encore praticable, et sans une trop grande difficulté. On ne peut donc regarder Elie comme parjure, puisque la chose qu'il a promise ne peut plus se faire sans une très-grande difficulté.

Cas VII. *Luce* promet avec serment à Basile de ne point lui redemander une terre sur laquelle sa dot est assignée, et que son époux Ménandre lui a vendue. Après la mort de Ménandre, Luce apprend d'un avocat qu'on ne peut aliéner la dot d'une femme, quelque consentement qu'elle y donne, et qu'elle peut revenir contre l'aliénation que son mari a faite de la sienne. Peut-elle contre son serment répéter cette terre ?

R. Non, parce qu'on est obligé d'accomplir son serment toutes les fois qu'il n'est pas fait contre la justice ou contre la conscience. Or, le serment de Luce n'est ni contre la justice, ni contre la conscience. Elle ne peut donc dans le for de la conscience rentrer dans la jouissance de cette terre, quoiqu'elle le puisse dans le for séculier. C'est la réponse d'Innocent III, *cap* 28 *de Jurej.*, l. II, tit. 24, à une semblable difficulté : *Mulieres ipsæ*, dit-il, *servare debent hujusmodi juramenta, sine vi et dolo sponte præstita*. Il est bon d'observer qu'il ne faut pas conclure de ces paroles qu'on ne doit pas garder son serment lorsqu'on l'a fait par dol ou par contrainte, mais seulement que si le serment n'avait pas été bien libre, on serait en droit de s'en faire dispenser par le supérieur, et de demander ensuite dans le for extérieur la rescision du contrat qui aurait été fait en conséquence d'un tel serment.

Cas VIII. *Cyrille* a juré qu'il ne ferait pas l'aumône pendant un certain temps, ou qu'il n'entrerait point en religion, comme il l'avait résolu. Est-il obligé de garder son serment?

R. Non; et il fera beaucoup mieux de ne pas l'observer. La raison est qu'on n'est pas obligé d'exécuter un serment qu'on a fait d'une chose mauvaise, comme de ne pas donner l'aumône, ou qui en empêche une bonne, comme d'entrer en religion. *Si quis juret*, dit saint Thomas, 2-2, *q.* 89, *art.* 7, *se facturum aliquod peccatum, et peccat jurando, et peccat juramentum servando. Si quis autem jurat se non facturum aliquod melius bonum, quod tamen facere non tenetur; peccat quidem jurando in quantum ponit obicem Spiritui sancto, qui est boni propositi inspirator; non tamen peccat juramentum servando; sed multo melius facit si non servet.* Cyrille a donc mal fait en faisant son serment; et il ferait encore mal s'il l'observait quant à ce qui regarde l'aumône. Pour ce qui est de l'entrée en religion, il pourrait l'observer; mais il fera mieux de ne pas l'observer, de peur qu'il ne mette un obstacle aux inspirations du Saint-Esprit.

Cas IX. *Sosirate*, s'étant engagé par serment à son maître de donner des coups de bâton à un paysan, a changé de volonté, et ne l'a pas voulu faire. Est-il devenu parjure?

R. Non; il a péché en faisant ce serment, puisqu'il a juré contre la justice, et il aurait péché grièvement s'il l'avait exécuté, parce que le serment ne doit point être un lien d'iniquité. *Si non impleat quod juravit illicitum, in hoc perjurium non incurrit, quia hoc non erat tale quid, quod sub juramento cadere posse*, dit saint Thomas, 2-2, *q.* 98, *art.* 2, *ad* 1.

Cas X. *Andronicus* jure faux par précipitation de parler. Est-il coupable de parjure et de péché mortel?

R. Si Andronicus s'aperçoit qu'en parlant il jure, et que ce qu'il jure est faux, son péché est mortel, parce qu'il renferme un mépris de Dieu, dont il fait un outrage au saint nom. Mais s'il parle avec tant de précipitation qu'il ne s'aperçoive pas qu'il jure et qu'il jure faux, et que ce ne soit pas l'effet d'une habitude formée, qu'il n'aurait pas combattue, son péché peut n'être que véniel par le défaut d'une entière délibération. C'est la réponse de saint Thomas, 2-2, *q.* 98, *art.* 3, *ad* 2.

Cas XI. *Grégoire*, pour éviter un procès, une vexation, la mort, dont Baudouin le menaçait souvent, lui a promis avec serment de lui donner 300 livres. Est-il obligé d'accomplir sa promesse, ou de s'en faire dispenser par l'Église?

R. Tout jurement, fait même par une crainte grièvé (pourvu cependant qu'elle n'ait pas entièrement ôté la délibération de la volonté) oblige, et doit être religieusement observé; lorsque ce qu'on a promis n'est pas contraire au salut de celui qui a juré. La raison est que par le jurement on contracte une obligation particulière à l'égard de Dieu même, dont on a invoqué le saint nom en jurant, et que cette obligation lie dans le for intérieur celui qui l'a contractée, en sorte qu'il doit plutôt souffrir un dommage temporel que de manquer à l'accomplir. C'est le raisonnement de saint Thomas, 2-2. *q.* 89, *art.* 7, *ad* 3. Grégoire ne peut donc sans péché mortel se dispenser d'accomplir sa promesse; mais il peut s'adresser à l'Église avant d'avoir accompli son serment, pour en être dispensé; et s'il avait déjà donné la chose qu'il avait promise par force, il aurait droit de la répéter.

Il est bien vrai que le vœu extorqué par une crainte grièvé n'oblige pas; mais c'est parce que le vœu a besoin d'être accepté de Dieu, et que Dieu n'accepte pas des promesses forcées. Au lieu que le serment se fait par une simple interpellation du nom de Dieu, qui n'a pas besoin d'être acceptée, et qui souvent ne peut l'être.

— Les *Conférences d'Angers* sur le Décalogue, disent que l'opinion contraire paraissant fondée, le plus sûr et le plus prudent est de recourir à l'autorité ecclésiastique pour obtenir la dispense d'un vœu simple forcé comme d'un serment forcé. A la bonne heure.

Cas XII. *Laurent*, ayant juré de donner 500 livres à Lucien pour se délivrer d'une injuste et rude persécution, n'a confirmé par serment sa promesse que dans l'intention de s'en faire dispenser, et par conséquent de ne lui rien donner après sa dispense obtenue. Ne s'est-il point parjuré?

R. Non; car il n'a rien fait qui fût précisément contraire à son serment, puisque, pour être exempt de parjure, il suffit d'avoir intention de faire tout ce qu'on est tenu de faire en vertu du jurement. Or, Laurent savait bien qu'il ne serait plus obligé à accomplir son serment dès que la dispense qu'il avait en vue lui aurait été accordée. Donc il a pu jurer avec l'intention de demander dispense de son serment, quand même il aurait juré de ne la pas demander, un tel jurement étant contraire à la justice publique. *Voyez* JURER, *cas Memnas* XV, où je ne pense pas comme l'auteur.

Cas XIII. *Posthumius* a juré avec colère qu'il châtierait son fils pour une faute qu'il avait faite. Mais son fils lui ayant demandé pardon et promis de se corriger, il le lui a accordé, dans l'espérance qu'il a eue qu'il se corrigerait. L'a-t-il pu faire sans se rendre coupable de parjure?

R. Le jurement comminatoire cesse d'obliger quand la raison pour laquelle on l'a fait a cessé ou est changée. Or, la cause est réputée avoir cessé ou être changée, quand celui contre qui les menaces ont été faites s'est corrigé de ses fautes, ou au moins en a demandé pardon, et marqué être dans le dessein de se corriger. Posthumius a donc pu sans parjure pardonner à son fils, surtout étant persuadé que l'indulgence lui serait plus profitable que le châtiment.

Cas XIV. *Philonide*, voulant faire entrer

avant lui Joachim dans sa maison, Joachim a juré qu'il ne passerait pas le premier. Cependant, pressé par les instances de Philonide, il y est entré le premier. S'est-il rendu coupable de parjure ?

R. On ne peut excuser Joachim de péché et de parjure, car tout jurement, pour être licite, doit avoir trois conditions, savoir : la vérité, le jugement et la justice. Sans vérité il est faux ; sans jugement il est indiscret ; sans justice il est injuste. Or, quoique la justice se puisse trouver dans le jurement de Joachim, parce qu'il jure pour une chose qui n'est ni injuste ni déshonnête, il manque cependant de vérité, et ce défaut fait que son péché devient un parjure véritable ; outre cela il n'est point accompagné de jugement, puisqu'il n'y avait aucune nécessité qu'il jurât dans une pareille occasion, et qu'il semble ne l'avoir fait que par la facilité et l'habitude qu'il a contractée de jurer sans raison ; ce qui le rend encore plus coupable devant Dieu, et son parjure plus condamnable.

— Cajetan et d'autres casuistes regardent le serment de Joachim comme une espèce de compliment qu'une personne inférieure fait à celui qui lui veut déférer un honneur qu'elle ne croit pas mériter, et qui renferme toujours cette condition : *à moins que je ne me rende trop importun*. Mais si par là on peut excuser ces sortes de jureurs *a tanto*, on aura bien de la peine à les excuser *a toto*. Point d'avis plus sage et en même temps plus négligé aujourd'hui que celui-ci : *Nominatio Dei non sit assidua in ore tuo... quoniam non eris immunis*. Eccli. XXIII, 10.

CAS XV. *Pierius* a cédé, moyennant une somme, à Sempronius une créance de 3,000 livres qu'il avait sur les biens de Mœvius. Sempronius exige que Pierius lui garantisse la vente de sa créance, qu'il lui garde le secret, et qu'il souffre qu'il continue sous son nom les procédures qu'il a commencées. Le procès étant prêt à finir, Sempronius avertit Pierius qu'il faut pour obtenir la délivrance des 3,000 livres, qu'il aille affirmer devant le juge que cette somme lui est légitimement due ; Pierius peut-il sans parjure faire cette affirmation, quoiqu'il ait vendu sa créance.

R. Il le peut : 1° parce que le droit de Sempronius et le sien ne sont dans le fond qu'un seul et même droit dont il a garanti la vérité et la justice à Sempronius par le transport qu'il lui a fait. Son serment ne sera donc pas faux, en affirmant que Mœvius lui est redevable de cette somme, la cession qu'il en a faite n'empêchant pas qu'il ne soit très-vrai que Mœvius la lui doit ; 2° parce que l'unique intention du juge n'est que de savoir de Pierius si le titre en vertu duquel il demande les 3,000 livres à Mœvius est véritable, c'est-à-dire s'il est vrai qu'il lui doive véritablement la somme portée par ce titre ; ce qu'il peut certifier sans mensonge et sans en imposer au juge.

PAROISSE.

Le concile de Latran ne dit pas précisément que c'est dans sa paroisse qu'un fidèle doit communier au temps de Pâques ; il l'insinue seulement : mais les décisions du saint-siége, les rituels et les conciles provinciaux le commandent expressément. Sont exceptés 1° les étrangers, les voyageurs qui ne peuvent se rendre commodément dans leur paroisse pour le temps pascal ; 2° les pèlerins et les vagabonds ; 3° ceux qui ont la permission de l'évêque, du curé ou du chef de l'Eglise ; 4° les prêtres accomplissant le devoir pascal dans les lieux où ils disent la messe ; il en serait autrement s'ils ne la disaient pas ; 5° les élèves des grands et petits séminaires des colléges et autres établissements d'éducation, à qui les évêques permettent assez généralement de communier dans leurs chapelles ; 6° les sœurs hospitalières, les infirmes, les vieillards, les domestiques même et généralement toutes les personnes qui sont dans les hôpitaux ; 7° les religieux et religieuses, *monachi et moniales*.

Ceux qui ont plusieurs domiciles communieront à volonté ou dans celui où ils passent la plus grande partie de l'année, ou dans celui où ils se trouvent pendant la quinzaine de Pâques.

CAS I. *Nisius*, chaque année, va communier à la cathédrale pendant le temps pascal, et ne communie pas dans sa paroisse, parce qu'il croit que la cathédrale est la paroisse de chacun ?

R. Nisius n'accomplit pas du tout le devoir pascal en communiant dans la paroisse de la cathédrale à laquelle il n'appartient pas. Il se trompe quand il croit que la cathédrale est la paroisse de tout le diocèse. Les étrangers ne peuvent y remplir le devoir pascal, à moins que l'usage ou la permission de l'évêque n'y autorise.

CAS II. *Athanase*, curé très-instruit, admet à la communion, dans sa paroisse, tous les étrangers qui s'y présentent dans la quinzaine de Pâques comme dans tout autre temps. Un prêtre de ses voisins lui en a fait un reproche ; il a même dit à Jean, son paroissien, qu'il lui était défendu de communier ailleurs que dans sa paroisse pendant la quinzaine de Pâques. Ce prêtre avait-il raison de faire un reproche à son confrère et à son paroissien ?

R. Il n'avait droit de faire un reproche ni à l'un ni à l'autre. Jean pouvait, s'il le désirait, communier dans telle paroisse qu'il jugeait à propos, même dans la quinzaine de Pâques. Il suffisait que, pendant cette quinzaine, il communiât une fois dans sa paroisse. Athanase n'avait pas le droit de lui refuser la communion, quoiqu'il fût étranger, parce qu'il devait présumer que Jean avait déjà satisfait ou satisferait plus tard en devoir pascal en communiant dans sa propre paroisse. *Quovis tempore Paschali*, dit Billuart, *religiosi possunt per se vel per sacerdotes saeculares in suis ecclesiis, eucharistiam ministrare petentibus ex devotione, si constat satisfecisse aut satisfacturos esse præcepto in sua parochia.*

Si on nous objectait les conciles particuliers ou les ordonnances épiscopales qui défendent aux fidèles de communier ailleurs que dans leurs paroisses, nous répondrions qu'il ne s'agit dans ces ordonnances que de la *communion pascale*; si non, ces ordonnances seraient inconciliables avec la pratique générale de l'Eglise et avec le vœu du concile de Trente, qui souhaite que tous étrangers et paroissiens communient quand ils assistent à la messe : *Nunc non exigitur,* dit Mgr Bouvier, *schedula confessionis ut tribuatur communio tempore Paschali, nec extraneis ad sacram mensam accedentibus denegatur : quia præsumitur eos licentiam a pastore suo obtinuisse, vel in parochia sua jam communicasse, aut ante finem paschalis communicaturos esse : nec, juxta ritualis præscriptionem, describuntur nomina eorum qui præcepto non satisfecerunt, ut ad episcopum deferantur.*

Cas III. *Bénigne*, desirant pour des raisons de conscience, faire sa communion pascale dans une paroisse voisine de la sienne, n'ose en demander la permission à son curé, dont il craint les brusqueries et la trop grande susceptibilité, va communier dans cette paroisse étrangère immédiatement après s'être confessé : Alype, curé de cette paroisse, connaît les dispositions de Bénigne à l'égard de son confrère. Doit-il l'obliger à faire une autre communion dans sa propre paroisse, et Bénigne ne la faisant pas, satisfait-il au devoir pascal?

R. Alype n'est pas obligé d'avertir Bénigne de communier une seconde fois dans sa paroisse; car Bénigne a satisfait au précepte, et il doit présumer si non de l'intention du curé, du moins du consentement de son évêque. Car, comme le remarque Mgr Gousset, l'esprit de l'Eglise est de faciliter à ses enfants l'accomplissement de leurs devoirs en matière de discipline; le prêtre éclairé le comprend, et ne confond point les intérêts de la religion avec les intérêts de l'amour-propre.

Cas IV. *Basile*, curé de Balis, a fait faire la première communion à Alexis de la paroisse de Gerson qui n'était venu passer à Balis le temps prescrit par les ordonnances diocésaines, que pour ne pas la faire à Gerson. Basile le pouvait-il?

R. Il le pouvait; car il n'a rien fait qui soit contraire aux ordonnances de son diocèse. L'enfant qui réside ailleurs que dans son domicile de droit peut faire sa première communion dans la paroisse où il a un domicile de fait; et pour avoir acquis ce domicile de fait, il faut y avoir passé six mois, et même moins de temps, dans d'autres diocèses. Un enfant qui n'aurait pas encore passé dans une paroisse tout le temps prescrit par les règlements diocésains, pourrait néanmoins y faire sa première communion, si ses parents avaient l'intention de l'y laisser, et si son nouveau curé le jugeait suffisamment disposé; quand un enfant a un domicile de fait, il conserve la liberté de faire sa première communion dans son domicile d'origine ou de droit; quand il a comme ses parents deux domiciles, il peut faire sa première communion de la main du curé qui l'aura instruit.

PAROISSIALE (MESSE). *Voyez* MESSE.

PAROLES ET CHANSONS DÉSHONNÊTES.

On entend par discours, paroles déshonnêtes, celles qui blessent la sainte vertu de pureté.

Cas I. Avez-vous dit des paroles équivoques, à double sens, ou même ouvertement impures? N'avez-vous point fait des narrations voluptueuses? Si c'est avec un plaisir impur, ou dans l'intention de porter une personne au libertinage, ces paroles sont certainement des péchés mortels. Si c'était sans aucune intention de volupté, sans scandale et par légèreté, le péché ne serait que véniel; mais ordinairement il y a péril de scandale et de délectation charnelle. Si ce n'est pas par plaisir, comme vous le dites, que vous proférez ces paroles, pourquoi donc en proférez-vous si souvent? Quand on parle volontiers d'une chose, n'est-ce pas une preuve qu'elle fait plaisir, ou du moins qu'on n'en a aucune horreur? Et comment nous persuaderiez-vous que le vice impur ne fait pas les honteuses délices de votre cœur, lorsque vous en tenez si souvent le langage? — Mais c'est sans y penser? Une personne raisonnable doit-elle donc parler sans penser à ce qu'elle dit? Et Dieu ne vous ordonne-t-il pas d'y penser, de faire attention à toutes vos paroles, crainte que vous ne péchiez par votre langue? — C'est sans mauvaise intention. — Quand on donne du poison à quelqu'un, l'intention, quelle qu'elle soit, empêche-t-elle que ce poison ne donne la mort; ainsi quelle que soit votre intention, vos mauvaises paroles n'en sont pas moins capables de donner la mort à l'âme de ceux qui les entendent. — Mais ce n'est que pour rire. — Quel détestable amusement! C'est bien le cas de dire avec Jésus-Christ : Malheur à vous qui riez, parce que vous pleurerez un jour bien amèrement. — Mais nous n'y pensons point de mal. — Que voulez-vous dire par là? Que vous n'avez point de mauvaises pensées en proférant ces paroles? Mais cela ne vient-il point de ce qu'étant déjà familiarisés avec toutes sortes de pensées et de désirs impurs, vous ne vous apercevez pas de ceux que vous avez en tenant des discours déshonnêtes. Celui qui s'est habitué à respirer un mauvais air n'y prend plus garde, tandis que ce mauvais air ferait peut-être évanouir une personne délicate qui le sentirait pour la première fois. De même quand un habit est bien blanc, on y aperçoit tout ce qui peut en ternir l'éclat; s'il est sale, on y remarque à peine les plus grandes taches. Cicéron avertissait son fils de s'abstenir de tout discours capable de blesser les oreilles chastes, et

Quintilien voulait qu'on s'abstînt de toutes paroles qui signifieraient quelques obscénités. Des chrétiens doivent donc, à bien plus forte raison, s'en abstenir.

Cependant, les paroles déshonnêtes que l'on dit en plaisantant, par légèreté ou par manière de récréation ne sont, suivant saint Liguori, que des péchés véniels : *Loqui turpia ob vanum solatium, sive jocum de se non est mortale, nisi audientes sint ita debiles spiritu ut scandalum patiantur ; aut nisi verba sint nimis lasciva. Hinc dicteria turpia quæ proferuntur a messoribus, vendemiatoribus, mulionibus non sunt mortalia. Sed non excusatur a mortali qui absque cousa nominat pudenda alterius sexus.* Quand même de telles paroles seraient dites par légèreté et en plaisantant.

Avez-vous causé du scandale par vos paroles déshonnêtes? Les avez-vous prononcées en présence de quelques jeunes gens, et devant beaucoup de personnes? Péché de scandale plus ou moins grave, selon que les propos qu'on a tenus étaient plus ou moins obscènes. Langues empoisonnées, plus dangereuses que celle du serpent, qui guérira les plaies que vous faites à l'âme de ceux qui vous entendent. Si Dieu rendait ces âmes visibles, je vous en ferais voir peut-être plusieurs qui ne doivent qu'à vos discours obscènes l'état de mort où elles gémissent devant Dieu. Vous étiez peut-être le seul de la compagnie qui tinssiez de mauvais propos, peut-être même n'avez-vous lâché qu'une seule parole; n'importe, cette seule parole inspirant à vos auditeurs une foule de pensées impures; a enfin donné la mort à leur âme. — Mais ceux devant qui je parle ne sont pas capables de se scandaliser. — Hé! mon Dieu, y a-t-il des saints qui n'aient pas été capables de se scandaliser? — Mais ce ne sont pas des jeunes gens. — Tant mieux; mais le penchant au vice honteux est-il inconnu aux vieillards, même les plus débiles? Ne semble-t-il pas, au contraire, se nourrir sous les glaces de la vieillesse? — Mais ce sont des gens qui savent de quoi on parle. — Ils n'en sont que plus portés au mal; vous ne leur ôterez pas la chasteté puisqu'ils l'ont déjà perdue, mais vous les rendrez plus lascifs, de luxurieux qu'ils étaient déjà.

Ceux qui ont entendu vos discours obscènes n'ont pas été scandalisés, je le veux; c'est un effet de leur vertu et de la protection de Dieu qui ne vous rend pas innocent; vous avez préparé le poison, vous avez présenté la coupe qui en était pleine, personne n'y a voulu boire, en êtes-vous moins coupable? — Mais mes paroles ne sont ni grossières, ni ouvertement obscènes. — Elles peuvent être moins dangereuses; mais du poison mêlé dans le miel est toujours du poison ; il est souvent plus dangereux que si on le présentait à découvert.

Avez-vous chanté des chansons lascives? Tout ce que nous venons de dire des paroles doit s'entendre, à plus forte raison, des chansons déshonnêtes; elles sont même plus dangereuses, parce que l'air, la musique et la voix amollissent le cœur et le rendent plus susceptible de mauvaises impressions, et parce que vous n'oseriez pas dire dans la conversation ce que vous osez chanter. Avez-vous communiqué, fait copier ces chansons?

Avez-vous écouté avec plaisir des paroles ou des chansons déshonnêtes? Ceux qui paraissent approuver des paroles ou des chansons lascives se rendent coupables comme ceux qui les disent ou qui les chantent. Ceux-ci ont le démon impur dans la bouche, et ceux qui les écoutent l'ont dans les oreilles, et ils coopèrent au péché de ceux qui les disent. Que dans une compagnie un impudent vienne à lâcher une obscénité, plusieurs à l'instant en sont révoltés ou en rougissent ; mais vous, peut-être, qui tenez le premier rang, et qui par conséquent devriez donner le bon exemple, vous en riez, vous y applaudissez; chacun vous imite ou par faiblesse, ou par respect humain, et le scandale devient général ; c'est votre ouvrage. Un autre a mis le feu, peut-être par mégarde, mais vous l'avez soufflé et vous êtes souvent plus que lui coupable de tout l'incendie. Si vous aimiez la sainte vertu de pureté, pourriez-vous rire si facilement en la voyant ainsi méprisée? Si vous aimiez votre prochain, lui applaudiriez-vous quand il pèche ou qu'il se donne la mort? Si vous aimiez Jésus-Christ, ririez-vous en le voyant outragé? Si ces paroles blessaient votre réputation ou celles de vos proches, malgré l'enjouement qu'on mettrait à les dire, vous vous garderiez bien d'en rire.

Cas II. Que doit faire celui qui entend des discours licencieux?

R. Les faire cesser s'il le peut; s'il ne le peut pas, il doit garder le silence, les désapprouver dans son cœur, faire son possible pour détourner adroitement la conversation. Si on a autorité sur celui qui parle, si c'est un enfant, un domestique, on est obligé en rigueur de lui imposer silence, et de le corriger, s'il ne veut pas écouter les avis qu'on lui donne. Use-t-on de politesse avec un pestiféré? C'est pour avoir lié conversation avec le serpent qu'Ève a perdu le genre humain.

PARRAIN.

Un parrain est celui qui tient un enfant sur les fonts de baptême. Il en est le second père selon l'esprit, il confesse la foi au nom de l'enfant; il s'en rend garant envers l'Église, et il est obligé en cette qualité de prendre soin de son instruction, au défaut de ses parents naturels. C'est pour cela, 1° que les religieux et religieuses ne peuvent être parrains ou marraines, parce que, vivant sous l'obéissance, ils ne peuvent donner leurs soins quand il est nécessaire à l'instruction de ces petits enfants; 2° qu'on ne doit admettre à cet office que des personnes catholiques et instruites des principaux mystères de la religion.

Le parrain et la marraine contractent une alliance avec le père et la mère de l'enfant, et avec l'enfant même. Et afin que ces alliances spirituelles, qui sont des empêchements dirimants du mariage, lorsqu'elles le précèdent, ne se multiplient pas trop parmi les fidèles, le concile de Trente, sess. 24, c. 2, *de Reformat. matrim.*, veut qu'on n'admette qu'un seul parrain, ou tout au plus un parrain et une marraine.

CAS I. *Noël* ayant tenu sur les fonts de baptême un enfant, et cet enfant ayant perdu son père et sa mère à l'âge de huit ans, il a négligé d'en prendre soin. A-t-il commis en cela un péché grief?

R. Si l'enfant que Noël a tenu sur les fonts de baptême était tellement abandonné que personne ne prît soin de l'instruire des choses qui regardent le salut, il était absolument obligé de se charger de son instruction; et il s'est rendu coupable de péché en ne le faisant pas : *Ille qui suscepit aliquem de sacro fonte, assumit sibi officium pædagogi,* dit saint Thomas, 3 p. q. 67. art. 8, *et ideo obligatur ad habendam curam de ipso, si necessitas immineret*. Mais si les parents de cet enfant, le curé, ou quelque autre maître d'école l'instruisent suffisamment, cette obligation cesse alors à l'égard du parrain et de la marraine, comme l'observe le même saint Thomas, ce qui arrive fort souvent, et presque toujours parmi les fidèles.

— Quoique cette obligation des parrains à l'égard de leurs filleuls ne dure que jusqu'à ce qu'ils soient en état de se conduire eux-mêmes, il serait pourtant de l'ordre qu'ils fissent plus que des étrangers pour les ramener à la voie quand ils s'en écartent, s'il y avait apparence d'y réussir.

CAS II. *Appollonius* a admis trois parrains ou marraines au baptême d'un enfant. A-t-il péché en cela?

R. Oui; car il a violé la défense expresse du concile de Trente. Il a multiplié par là l'empêchement dirimant de la parenté spirituelle contre l'intention de l'Église, qui l'a voulu éviter par le décret de ce saint concile, *sess. 24, de Reform. matrim.,* c. 2.

— Bonacina, Hurtado et plusieurs autres soutiennent contre Sanchez que ce péché est mortel. Zerola ajoute que l'évêque ne peut dispenser en ce point, parce qu'il ne peut aller contre la loi d'un concile général. Et c'est ainsi que l'a résolu la congrégation du même concile. *Voyez* mon *Traité du Baptême,* tom. VII, ch. 6, ou celui *des Pasteurs,* ch. 6, n. 3.

CAS III. Mais tous les parrains ont-ils contracté l'alliance spirituelle?

R. Je le crois ainsi avec Navarre, *Man.* c. 22, Ledesma, Sylvius et autres, contre Saïr; parce que, quoiqu'ils aient été admis contre la règle, il est toujours vrai qu'ils l'ont été; et que *infantem de sacro fonte susceperunt*.

CAS IV. *Nazarius* étant appelé pour baptiser deux enfants, trouve à l'église un religieux qui se présente pour être parrain du premier, et un prêtre bénéficier pour l'être du second. Peut-il les admettre?

R. *Nazarius* ne peut admettre ce religieux pour être parrain. Le can. 103. dist. 4, *de Consecrat.,* qui est tiré d'un concile d'Auxerre, le défend expressément en ces termes : *Non licet abbati, vel monacho de baptismo suscipere filios, vel commatres habere.* Cette défense est réitérée par le Rituel romain, et par l'Église de France assemblée à Melun en 1579. L'intention de l'Église en cela est d'ôter aux religieux toute occasion de dissipation et de familiarité avec les femmes, sous prétexte des qualités de compère et de commère.

— On ne suit pas le canon *non licet,* par rapport aux religieux qui sont évêques. On admet même dans plusieurs pays les abbés pour être parrains. Mais on doit prendre garde qu'il n'en arrive du scandale. A l'égard des ecclésiastiques séculiers, quelques conciles ont exclu de la fonction de parrain les clercs dans les ordres sacrés et les bénéficiers, ce qui est suivi dans plusieurs diocèses. On *n'admettra,* dit l'ordonnance synodale d'Angers de 1703, *à tenir sur les fonts de baptême aucun ecclésiastique ès-ordres sacré ; ce que nous défendons expressément.* Cette règle n'a lieu ni à Paris, ni dans beaucoup d'autres endroits. Ainsi Nazarius doit se conformer à l'usage de son diocèse. Il faut suivre cette décision; Pontas ne répond pas au cas proposé.

CAS V. *Eusèbe* ne pouvant trouver aucun parrain catholique, a admis un hérétique pour tenir sur les fonts de baptême un enfant qu'il fallait baptiser promptement. Cette nécessité pressante l'excuse-t-elle de péché?

R. Ce curé a péché mortellement. L'assemblée de Melun, les conciles tenus en France depuis le concile de Trente, et les statuts des diocèses particuliers défendent d'admettre pour parrains ou marraines les infidèles, les hérétiques ou ceux mêmes qui sont suspects d'hérésie, les schismatiques, les excommuniés et les pécheurs publics, et ceux qui ignorent les choses nécessaires au salut. Ces sortes de personnes, dont la foi est pervertie ou les mœurs corrompues, ne sont pas capables de donner une éducation sainte à leurs filleuls.

— *Nota* 1° Que par les *excommuniés* on entend ceux qui sont nommément dénoncés, selon les *Conférences d'Ang.* p. 189 ; 2° que comme on ne peut admettre un hérétique pour être parrain de l'enfant d'un catholique, un catholique ne doit point aussi servir de parrain pour le baptême de l'enfant d'un hérétique. Quoique l'un et l'autre se puissent également faire dans l'Allemagne, comme l'enseigne Layman, *Tr. de Bap.* c. 9. *Utrum bene? Non disputo,* dit Grandin, p. 192 ; *at in Gallia nostra, ac præsertim his in partibus fieri non posset absque gravi scandalo. Voyez* BAPTÊME.

PARTAGE.

L'action en partage d'une succession s'ouvre à la mort naturelle ou civile ; personne ne pouvant être contraint de demeurer dans l'indivision, le partage et division des biens qui composent la succession peut toujours être provoqué, nonobstant prohibition et conventions contraires. Cependant il peut être quelquefois utile à tous les héritiers que le partage soit différé et se fasse dans un temps plutôt que dans un autre; mais la convention de suspendre le partage ne peut être obligatoire au delà de cinq ans. Si tous les héritiers sont présens et majeurs, l'apposition des scellés sur les effets de la succession n'est pas nécessaire et le partage peut être fait dans la forme et par tel acte que les parties intéressées jugent convenable.

Si l'un des cohéritiers refuse de consentir au partage, le tribunal prononce comme en matière sommaire. Dans la formation et composition des lots, on doit éviter, autant que possible, de morceler les héritages et de diviser les exploitations, et il convient de faire entrer dans chaque lot, s'il se peut, la même quantité de meubles, d'immeubles, de droits et créances de même nature et valeur. Avant de procéder au tirage des lots, chaque copartageant est admis à proposer ses réclamations contre leur formation. Chacun des cohéritiers peut demander sa part en nature des meubles et immeubles de la succession; néanmoins s'il y a des créanciers saisissants et opposants, ou si la majorité des cohéritiers juge la vente nécessaire pour l'acquit des dettes et charges de la succession, les meubles sont vendus publiquement en la forme ordinaire. Les héritiers sont tenus des dettes et charges de la succession personnellement pour leur part et portion virile, contre les cohéritiers ou contre les légataires universels, à raison de la part pour laquelle ils doivent y contribuer.

Chaque cohéritier est censé avoir succédé seul et immédiatement à tous les effets compris dans son lot ou à lui échus sur licitation, et n'avoir jamais eu la propriété des autres effets de la succession; c'est pour cette raison que le partage est qualifié déclaratif par les auteurs, et non translatif de propriété. Un autre effet du partage est que les cohéritiers demeurent respectivement garants les uns envers les autres des troubles et évictions seulement qui procèdent d'une cause antérieure au partage. La garantie n'a pas lieu, si l'espèce d'éviction soufferte a été acceptée par une clause particulière et expresse de l'acte de partage; elle cesse, si c'est par sa faute que les cohéritiers souffrent l'éviction.

Les partages peuvent être rescindés pour cause de violence ou de dol; il peut y avoir lieu à rescision lorsqu'un des cohéritiers établit qu'il y a eu à son préjudice lésion de plus du quart. L'erreur est encore une cause de rescision de partage; il faut distinguer l'erreur de fait et l'erreur de droit; la première était une cause de rescision dans l'ancienne jurisprudence, mais sous le code civil elle se confond avec la lésion; de sorte que la simple omission d'un objet de la succession ne donne pas ouverture à l'action en rescision, mais seulement à un supplément à l'acte de partage. Pour juger s'il y a lésion, on estime les choses suivant leur valeur à l'époque du partage. La fraude dont parle le code civil consiste dans la seule dissimulation de la valeur réelle de la succession de la part d'une des parties qui la connaissait parfaitement. Le cohéritier qui a aliéné son lot en tout ou en partie n'est plus recevable à intenter l'action en rescision pour dol ou violence, si l'aliénation qu'il a faite est postérieure à la découverte du dol ou à la cessation de la violence.

Les père et mère et autres ascendants pourront faire entre leurs enfants et descendants, la distribution et le partage de leurs biens. Ces partages pourront être faits par actes entrevifs ou testamentaires avec les formalités, conditions et règles prescrites pour les donations entre-vifs et testaments. Les partages faits par avance entre-vifs ne pourront avoir pour objet que les biens présents; si tous les biens que l'ascendant laissera au jour de son décès n'ont pas été compris dans le partage, ceux de ces biens qui n'y auront pas été compris seront partagés conformément à la loi. Si le partage n'est pas fait entre tous les enfants qui existeront à l'époque du décès et les descendants de ceux prédécédés, le partage sera nul pour le tout. Il en pourra être provoqué un nouveau dans la forme légale. Le partage fait par l'ascendant pourra être attaqué pour cause de lésion de plus du quart; il pourra l'être aussi dans le cas où il résulterait du partage et des dispositions faites par préciput, que l'un des copartagés aurait eu un avantage plus grand que la loi ne le permet. L'enfant qui, pour une des causes que nous venons d'exprimer, attaquera le partage fait par l'ascendant, devra faire l'avance des frais de l'estimation, et il les supportera, en définitive, ainsi que les dépenses de la contestation, si la réclamation n'est pas fondée.

PARURE.

Nous parlerons ici spécialement de la parure des femmes, dont la passion ordinaire est de s'orner dans le dessein de paraître agréables ou de se faire aimer des hommes. Nous ferons voir, 1° qu'une fille et une femme peuvent en certains cas se parer, sans se rendre criminelles devant Dieu; 2° que les personnes du sexe pèchent toujours, lorsque la corruption de leur cœur ou le dérèglement de leurs mœurs les porte à se parer. *Voyez* FARD.

« On doit, dit Mgr Gousset, regarder comme immodestes certaines parures, certaines modes capables d'alarmer la vertu. » Mais n'est-il pas permis à une femme, continue ce docte archevêque, de se parer pour plaire et relever les grâces qu'elle a reçues de la nature ? Nous répondrons, d'après saint Thomas, en distinguant les femmes mariées et celles qui ne le sont pas. La femme qui se pare pour plaire à son mari ne pèche pas, si d'ailleurs sa parure n'a rien qui puisse scandaliser le prochain. Ce motif est honnête, et quelquefois nécessaire pour prévenir le dégoût du mari et empêcher qu'il ne se laisse séduire par une beauté étrangère.

Mais les femmes non mariées et qui ne pensent point au mariage ne peuvent sans péché chercher à plaire aux hommes pour se faire désirer, parce que ce serait leur donner une occasion de pécher; et si elles se parent dans l'intention de provoquer les autres à la concupiscence, elles pèchent mortellement. Si elles ne le font que par vanité ou par légèreté, leur péché n'est pas toujours mortel, il est quelquefois véniel.

Quant à celles qui, n'étant pas mariées, pensent sérieusement au mariage, elles peuvent certainement chercher à plaire par leur parure, pourvu toutefois qu'elles ne se permettent rien qui soit contraire à la décence, à la modestie chrétienne. « On permet plus d'affiquets « aux filles, dit saint François de Sales, parce qu'elles peuvent loisiblement désirer d'agréer « à plusieurs, quoique ce ne soit qu'afin d'en gagner un par un légitime mariage. »

Du reste, en condamnant les parures et les modes indécentes, un curé, un prédicateur, un confesseur doit éviter avec soin de comprendre dans sa censure ou ses réprimandes les modes qui, n'ayant rien de contraire à la modestie, n'ont d'autre inconvénient que d'être nouvelles. C'est un écueil contre lequel les prêtres encore jeunes ou peu instruits ne se tiennent pas toujours suffisamment en garde. *Mulier aliquantulum ubera, detegens*, dit saint Liguori, *non peccat graviter per se loquendo, etiamsi forte inde generatim alii scandalisentur.*

CAS I. *Frédégonde*, femme mariée, se pare selon la coutume du temps et du pays pour se rendre plus agréable à son mari et pour garder la bienséance que demande sa condition. Pèche-t-elle en cela ?

R. Non ; car on ne peut condamner de péché les ornements d'une femme, quand elle ne s'en sert que pour l'une ou l'autre de ces deux fins, ainsi que l'enseigne saint Thomas; mais si Frédégonde se parait d'une manière qui scandalisât le prochain, elle pécherait; et le commandement même de son mari ne l'excuserait pas, le scandale actif étant défendu par la loi de Dieu. Il faut dire la même chose si elle se parait pour se rendre agréable au monde, parce que ce motif est vicieux.

CAS II. *Florence*, veuve d'un comte, n'ayant aucun dessein de se remarier, continue néanmoins à se parer aussi magnifiquement qu'elle faisait du vivant de son mari. Est-elle coupable de péché en cela, sans que sa qualité l'excuse.

R. Cette femme étant d'une condition relevée, peut sans péché continuer à se parer comme elle faisait avant le décès de son mari, s'il n'y a rien dans sa parure qui excède l'état d'une femme de sa condition, ni qui blesse la pudeur et la modestie chrétienne, pourvu qu'elle ne le fasse pas par un esprit de vanité, mais seulement pour conserver la bienséance établie par l'usage entre les femmes de son rang : *Servata recta intentione, consuetudine patriæ et conditione status, non est peccatum*, dit saint Thomas, 2-2, q. 169, art. 2. Si au contraire, ajoute saint Thomas, elle se pare dans un esprit de vaine gloire, elle n'est pas exempte de péché, et son péché serait mortel, si son intention était d'exciter par là quelqu'un à l'amour impudique.

— Florence fera bien de lire, et encore mieux de pratiquer ce que saint Paul prescrit aux veuves, *I Timoth*. V, v. 4 et 5, et de se souvenir que : *Quæ in deliciis est vidua, vivens mortua est.*

CAS III. *Atilius* a inventé une nouvelle mode d'étoffes qui a tellement plu aux femmes, que de simples bourgeoises en veulent porter, dans le dessein de se parer plus magnifiquement. A-t-il péché en cela, et les femmes peuvent-elles en porter sans péché ?

R. Quoiqu'il puisse arriver que ceux qui inventent de nouvelles modes pèchent par les mauvais effets qu'elles produisent, surtout quand ces modes sont immodestes et capables d'inspirer l'impureté, nous pensons cependant qu'Atilius n'a point péché dans le cas proposé, si son intention n'était pas mauvaise ; parce que ce n'est pas de soi un péché que d'inventer des étoffes riches et somptueuses, et des modes nouvelles, pourvu que l'on n'ait pour vue principale que le légitime ornement des femmes. La raison est qu'il est permis aux femmes de se parer selon leur état. Une princesse, une duchesse ne doit pas être vêtue comme une simple bourgeoise, et par conséquent ceux qui inventent leurs parures raisonnables, ne se rendent pas en cela coupables de péché; ainsi que l'enseigne saint Thomas 2-2, q. 169, art. 2 : *Quia ergo*, dit-il, *mulieres licite se possunt ornare, vel ut conservent decentiam sui status, vel etiam aliquid superaddere ut placeant viris, consequens est quod artifices talium ornamentorum non peccant in usu talis artis.*

Il s'ensuit de là que les femmes dont il est question dans l'exposé ne sont pas criminelles quand elles se parent dans le cas dont nous venons de parler, pourvu que leur intention soit droite et chrétienne, que leur parure soit modérée, et qu'elle n'aille pas jusqu'à un excès qui cause du scandale.

— Saint Charles Borromée enseigne qu'elles pèchent mortellement, quand elles font des dépenses excessives dans leurs habits, qui ruinent leur famille, ou qui l'endettent considérablement, qui causent de la dissension entre leurs maris et elles. Il en est de même quand elles portent des habits qui sont notablement au-dessus de leur condition, eu égard à la coutume du pays où elles sont.

(Il enseigne encore qu'une personne pèche mortellement dans la manière de se parer, quoique la dépense qu'elle fait n'excède ni sa condition ni son bien, si sa parure porte d'elle-même à l'impureté, ou qu'on la regarde comme y donnant occasion ; ou si elle se pare ayant lieu de juger qu'elle donnera par là de la passion pour elle à quelqu'un, ou qu'elle occasionnera quelque péché, quand même sa parure n'aurait rien de déshonnête par elle-même.)

CAS IV. *Valentine*, étant recherchée en

mariage par Alexandre, se pare aussi magnifiquement que sa condition le lui peut permettre, dans le dessein de lui plaire. Peut-on la condamner de péché?

R. Non, pourvu qu'elle n'ait aucune intention de provoquer par sa parure Alexandre à l'amour impur, et qu'elle n'ait d'autre dessein, en lui voulant plaire, que de le porter à la désirer pour femme, et de l'empêcher, par ses agréments de s'attacher à une autre. C'est la décision de saint Thomas *in cap. 3. Isaï., in fin.*

CAS V. *Quæritur an peccent mulieres ad sui ornatum ubera denudantes.* Cette question est proposée par saint Liguori; voici comment il y répond : *Cum ego munus concionatoris gessi, pluries etiam hunc perniciosum usum fortiter conatus sum exprobrare ; sed cum hic officium agam scriptoris de scientia morali, oportet ut dicam quod juxta veritatem sentio, et quod a doctoribus didici. Non nego, 1° quod illæ feminæ quæ hunc morem alicubi introducerent, sane graviter peccarent. Non nego, 2° quod denudatio pectoris posset esse ita immoderata, ut per se non posset excusari a scandalo gravi, tanquam valde ad lasciviam provocans. Dico vero, 3° quod si denudatio non esset taliter immoderata et alicubi adesset consuetudo, ut mulieres sic incederent, esset quidem exprobranda, sed non omnino damnanda de peccato mortali. Videtur huic adhærere sanctus Thomas, ubi loquens de ornatu superfluo mulierum sic ait : Et si quidem hac intentione se ornent, ut alios provocent ad concupiscentiam, mortaliter peccant. Si autem ex quadam levitate, vel etiam ex quadam vanitate propter jactantiam quamdam, non semper est peccatum mortale, sed quandoque veniale. Deinde addit : In quo casu tamen possent aliquæ a peccato excusari quando hoc non fieret ex aliqua vanitate, sed propter contrariam consuetudinem, quamvis talis consuetudo non sit laudabilis.*

Deridet autem Roncaglia hanc rationem consuetudinis excusantis dicens : Potestne quædam consuetudo dare jus ad id quod aliis de sua natura præbet gravem occasionem peccandi? Sed immerito deridet (c'est saint Liguori qui continue), *nam patet quod consuetudo sic incedendi, non quidem det jus ad id quod est contra jus naturale, sed bene diminuat vim concupiscentiæ; ubi enim non est mos, majus scandalum dabunt illæ mulieres, quæ brachia aut crura ostendent, quam eæ quæ pectus, modo denudatio sit moderata, ubi talis viget consuetudo, quia assuefactio efficit, ut viri ex tali visu minus moveantur ad concupiscentiam, prout experientia constat. Sancti Patres autem aut modo concionatorio sunt locuti, vel de usu immoderato. Cæterum non dubito, quin oporteat ut prudens confessarius supra relata magna cum discretione utatur, ne indulgeat nimiæ mulierum licentiæ quæ libidinem involvet, cum pie viventes non sic incedant. Hinc non dubito quin hujusmodi indecens mos a prædicatoribus et confessariis, quantum fieri potest, coercendus sit et exstirpandus. Audiatur id quod docet D. Antonin. : Si enim de usu patriæ est, ut mulieres deferant vestes versus collum scissas usque ad ostentationem mamillarum, val de turpis et impudicus est talis usus, et ideo non servandus. Si enim mulier ornet se secundum decentiam sui status et morem patriæ, et non sit ibi multus excessus, et ex hoc aspicientes rapiantur ad concupiscentiam ejus, erit ibi occasio potius accepta quam data, unde non mulieri, sed ei soli qui ruit, imputabitur ad mortale. Poterit autem esse tantus excessus, quod erit occasio etiam data. Ex prædictis igitur videtur dicendum, quod ubi in hujusmodi ornatibus confessor invenit clare et indubitanter mortale, talem non absolvat, nisi proponat abstinere a tali crimine. Si vero non potest clare percipere utrum sit mortale, non videtur tunc præcipitanda sententia, scilicet ut deneget propter hoc absolutionem, vel illi faciat conscientiam de mortali quia faciendo postea contra illud, etiamsi illud non esset mortale, ei erit mortale, quia omne quod est contra conscientiam, ædificat ad gehennam. Fateor tamen quod et prædicatores in prædicando, et confessores in audientia confessionum debent talia detestari et persuadere ad demittendum, cum sint nimia et excessiva; non tamen ita distincte asserere esse mortalia.*

PASSAGE.

Le propriétaire dont les fonds sont enclavés et qui n'a aucune issue sur la voie publique, peut réclamer un passage sur les fonds de ses voisins pour l'exploitation de son héritage, à la charge d'une indemnité proportionnée au dommage qu'il peut occasionner. Le passage doit régulièrement être pris du côté où le trajet est le plus court du fonds enclavé à la voie publique. Néanmoins il doit être fixé dans l'endroit le moins dommageable à celui sur le fonds duquel il est accordé. Le passage doit être continué, quoique l'action en indemnité ne soit plus recevable.

PATERNITÉ.

L'enfant conçu pendant le mariage a pour père le mari; cette maxime *Pater is est quem nuptiæ demonstrant*, ne regarde que le for extérieur. Le mari ne pourra désavouer l'enfant, même pour cause d'adultère, à moins que la naissance ne lui ait été cachée, auquel cas il sera admis à proposer tous les faits propres à justifier qu'il n'en est pas le père. La légitimité de l'enfant né trois cents jours après la dissolution du mariage pourra être contestée. Dans les divers cas où le mari est autorisé à réclamer, il devra le faire dans le mois, s'il se trouve sur les lieux de la naissance de l'enfant; dans les deux mois après son retour si, à la même époque, il est absent; dans les deux mois après la découverte de la fraude, si on lui avait caché la naissance de l'enfant.

En conscience lors même que l'adultère n'est pas prouvé devant les tribunaux, ceux qui l'ont commis ne sont pas moins obligés solidairement de fournir les aliments à l'enfant né du crime et d'en réparer les suites vis-à-vis l'époux innocent, ou ses enfants légitimes. Dans le doute si un enfant est né de l'adultère, la restitution doit se faire au *prorata* du doute. La recherche de la paternité est interdite; elle exposerait les hommes les plus vertueux aux attaques les plus scandaleuses.

PATURAGE.

Pâturage ou *pacage* est le lieu où le bétail va paître. Voici les principales règles qui concernent le pâturage. Si les bestiaux gardés, ou non gardés, vont paître dans un lieu où l'usage du droit de pacage n'est pas permis, le maître des bestiaux est tenu du dommage qu'ils y ont causé. Le droit de pâturage peut s'acquérir : 1° par titre, 2° par la prescription d'un temps immémorial, en preuve néanmoins de laquelle les habitants qui y sont intéressés ne peuvent être admis pour témoins. Il n'est pas permis d'envoyer paître ses bestiaux dans son propre pré, avant que la première herbe soit fauchée dans le temps convenable, ainsi que l'a jugé le parlement de Dijon, le 4 juillet 1679.

CAS I. Les habitants d'une paroisse ayant 60 arpents de terre de pâturages communs, trois riches laboureurs ont chacun un troupeau de 400 moutons qu'ils y font paître malgré les plaintes des autres habitants, qui disent que leurs bêtes ne trouvent plus d'herbes après les moutons, et que ces laboureurs ne doivent pas mettre leurs troupeaux dans ce pacage commun, ou qu'ils doivent du moins en diminuer le nombre. Ont-ils raison en cela? Le seigneur du lieu est-il obligé de contraindre ces laboureurs, qui sont ses fermiers, à diminuer leurs troupeaux?

R. Ces pâturages étant communs, ils doivent être également partagés, *ex æquo et bono*, entre tous ceux à qui ils appartiennent. D'où il s'ensuit que ces trois laboureurs commettent une injustice, et doivent diminuer le nombre des moutons qu'ils y mettent paître, en sorte que les autres aient à proportion assez de pâturage pour leurs vaches. Et, en cas de refus, le seigneur du lieu doit faire régler par son juge, sur la requête de son procureur fiscal, la quantité qu'ils en doivent avoir. Cette décision est fondée sur la loi *Imperatores ff. de Servitutibus prædiorum rustic. l. 11, tit.* 3.

— Les coutumes ont réglé ce qu'un laboureur doit avoir de moutons. Elles lui permettent d'en avoir un, deux, plus ou moins, par arpent de terre en labour qu'il possède dans une paroisse : il faut se conformer à ces coutumes. A l'égard des chevaux et des bêtes à cornes, il n'y a point de règle particulière établie, et il faut suivre ce que dit ici Pontas; mais il faut que les bestiaux soient pour l'usage de l'habitant qui les envoie paître, car ce droit n'est pas pour ceux qui feraient commerce de bestiaux. L'usage même ordinaire est que les moutons n'aillent pas paître dans les pâturages où vont les bêtes à cornes, surtout quand ce sont des prés.

CAS II. *Bertin* envoie ses troupeaux dans ses prés; le seigneur du lieu s'y oppose et prétend qu'il ne le peut faire qu'après la première herbe coupée. Cela est-il juste?

R. La prétention du seigneur est juste, comme il paraît par un arrêt du 4 avril 1697 du parlement de Dijon, rendu contre plusieurs particuliers qui prétendaient être les maîtres de faire pâturer, quand il leur plairait, sur leurs propres terres. Cela n'est vrai que quand un pré, ou une autre pièce de terre, est clos de murailles ou entouré de haies vives et de fossés, suivant plusieurs arrêts qui autorisent cette exception.

Voyez les modifications apportées par le code au mot PARCOURS ET VAINE PATURE.

PÉCHÉ.

Le *Péché*, pris dans un sens général, est le violement de la loi de Dieu, et une désobéissance à ses saints commandements. Tout péché est originel ou personnel. L'originel est celui avec lequel nous naissons, privés de la grâce originelle, et que nous tirons de celui d'Adam : le personnel ou actuel est celui que nous commettons actuellement par action, par parole, par pensée ou par désir. On distingue encore deux sortes de péchés actuels : savoir le mortel et le véniel. Le mortel prive l'âme de la grâce, en détruisant la charité, qui en est la vie. Le véniel ne produit pas ces funestes effets, parce qu'il ne fait que diminuer la charité. Le péché véniel peut devenir mortel en six manières, selon saint Thomas, 1-2, q. 88. 1° *Ratione finis ultimi*, quand on aime mieux offenser Dieu mortellement, par exemple, manquer la messe un jour de dimanche, que de s'abstenir d'un péché qui de sa nature n'est que véniel; 2° *Ratione finis mortalis*, comme quand on dit à une fille une parole flatteuse dans le dessein de la porter au crime ; 3° *Ratione conscientiæ erroneæ*, comme lorsqu'on dit, que l'on fait ou que l'on omet quelque chose, croyant qu'il y a péché mortel, quoiqu'il n'y en ait point ou qu'il ne soit que véniel; 4° *Ratione contemptus*, comme lorsqu'on commet un péché véniel par mépris de la loi qui le défend ; 5° *Ratione periculi*, comme lorsque, malgré l'expérience de sa propre faiblesse, on ne dit qu'une parole badine à une femme qu'on sait être disposée à la séduction ; 6° *Ratione scandali*, comme quand un directeur, ou un religieux, dit ou fait quelque chose qui, quoique léger en soi, est capable de scandaliser notablement ceux qui en sont témoins.

Une chose qui mérite beaucoup d'attention et à quoi on en fait très-peu, ce sont les péchés d'*omission* et les péchés d'*autrui*. Chaque état, depuis le trône jusqu'à la plus vile cabane, ses obligations. On n'y pense presque point; et pourvu qu'on s'abstienne des péchés de *commission*, on se croit innocent. C'est cependant pour des devoirs omis que Dieu condamnera une infinité de personnes. *Non collegistis me; non cooperuistis me; non visitastis me.* Pour ce qui est des péchés d'autrui dont on est la cause pour les avoir commandés, conseillés, approuvés, inspirés par ses mauvais exemples, combien avons-nous raison de dire avec le roi-prophète : *Ab alienis peccatis parce servo tuo*, Psal. XVIII, 14.

Cas I. *Toute parole oiseuse est-elle péché véniel?*

R. On n'en peut douter, puisque Jésus-Christ dit en saint Matth. c. XII : *Omne verbum otiosum, quod locuti fuerint homines, reddent rationem de eo in die judicii.* Il est bon cependant d'observer avec saint Thomas, *in 2 sent. dist.* 40, art. 5, ad 8, que par paroles oiseuses on ne doit entendre que ce qu'on profère sans avoir une droite intention, ou sans une juste nécessité, et que par conséquent on dit souvent des paroles plaisantes par divertissement, qui ne sont pas pour cela oiseuses, ni péché : ce qui arrive surtout lorsque ces paroles ne sont ni impies, ni offensantes, ni tendantes à l'impureté; mais qu'au contraire elles n'ont pour fin que d'entretenir l'amitié, en rendant les personnes qui les profèrent agréables et aimables à ceux à qui elles parlent.

Cas II. *Un péché véniel peut-il quelquefois devenir mortel? Par exemple, Jean dérobe un sou à un homme riche, ce qu'il fait tous les jours. Ce péché peut-il devenir mortel?*

R. Un péché qui n'est que véniel de sa nature ne peut jamais devenir mortel. Cependant celui qui le commet peut devenir coupable de péché mortel par les circonstances qui l'accompagnent. C'est ainsi que les petits larcins de Jean peuvent, par leur multiplicité, le rendre coupable de péché mortel; parce qu'en les répétant souvent, il deviendra enfin coupable d'une injustice notable à l'égard du prochain, et détenteur injuste d'une somme suffisante pour faire un péché mortel; et en ce cas son péché, qui hors de ces circonstances ne serait que véniel, devient, lorsqu'elles y sont jointes, certainement mortel. C'est la doctrine de saint Thomas, 1-2, q. 88, art. 4.

Cas III. *Lælius, âgé de six à sept ans, ment déjà pour s'excuser. A-t-il assez de raison à cet âge pour pécher?*

R. Lælius pèche par les mensonges qu'il fait, s'il a assez de jugement pour connaître que le mensonge est défendu par la loi de Dieu : autrement il ne pèche pas.

— Il est difficile qu'un enfant élevé chrétiennement ignore à six ou sept ans que le mensonge est un péché. C'est une des premières leçons que lui font ses parents, au sortir de la plus tendre enfance.

Cas IV. *Victor peut-il faire un péché véniel pour empêcher Mævius d'en commettre un mortel?*

R. Il n'est jamais permis de faire un mensonge, quelque léger qu'il puisse être, et quelque bien qu'il puisse produire, quand même celui qui ment procurerait à son prochain la vie éternelle par son mensonge. *Ad sempiternam salutem nullus ducendus est opitulante mendacio*, dit saint Aug. *l. de Mend.* n. 14 et 42.

Cas V. *Hiérotime, profès d'un ordre qui oblige tous les religieux à jeûner le vendredi, n'a pas jeûné la veille de Saint-Matthieu, qui arrivait le vendredi des Quatre-Temps. A-t-il commis par cette seule omission un double péché qu'il doive spécifier dans sa confession?*

R. La multiplication des péchés, quant à l'espèce, se doit prendre, non pas précisément des différents préceptes contre lesquels on pèche, mais des différents motifs par lesquels ils ont été faits. Or Hiérotime, par son omission, a violé deux préceptes, dont les motifs sont différents, savoir : le précepte de l'Église dont le motif est l'abstinence; et le précepte de sa règle dont le motif est la vertu de religion. Il a donc commis un double péché qu'il a dû exprimer distinctement dans sa confession.

Il n'en serait pas de même d'un séculier qui n'aurait pas jeûné ce même jour, quoiqu'il eût violé deux préceptes. Parce que l'Église en faisant ces deux préceptes n'a eu qu'un motif principal, qui est l'abstinence. Ce séculier n'aurait donc pas commis un double péché qu'il dût spécifier dans sa confession.

— La même raison qui fait qu'Hiérotime commet deux péchés ferait que celui à qui son confesseur aurait ordonné de jeûner le samedi, en commettrait deux, si ce jour-là il mangeait de la viande.

Cas VI. *Raoul a fait un mensonge léger, et s'est enivré un jour de dimanche. Ces deux péchés sont-ils plus griefs que s'il les avait commis un autre jour?*

R. Le mensonge n'est pas plus grief pour l'avoir fait un jour de dimanche, parce que, comme dit saint Thomas, 2-2, q. 122, art. 4, ad 3 : *Peccatum veniale non excludit sanctitatem.* Mais le péché qu'il a commis en s'enivrant devient plus grief par la circonstance de la sainteté du jour; *quia magis homo impeditur a rebus divinis per opus peccati*, ajoute saint Thomas, *quam per opus licitum, quamvis sit corporale.* Raoul doit donc expliquer la circonstance du jour du dimanche en confessant son péché.

— Cette décision est très-importante et très-peu suivie dans la pratique. Je prie qu'on lise ce que j'en ai dit, tom. III, de ma *Morale*, p. 1, ch. III, dans l'*Appendix de Circumstantiis*.

Cas VII. *Aubert forme le dessein de dérober 300 liv. à Jean, et sur-le-champ, ou deux heures après, il exécute sa résolution. Commet-il en cela deux péchés différents, l'un de pensée, l'autre d'action, qu'il doive spécifier en confession?*

R. Si Aubert exécute son dessein immédiatement après l'avoir formé, il ne commet qu'un seul péché ; mais s'il ne l'exécute que dans un autre temps, et qu'il y ait eu une interruption morale entre le dessein et l'exécution, il a commis un double péché qu'il doit spécifier en confession. La raison qu'en donne saint Thomas, *in* 2 *sent. dist.* 42, *q.* 1, *art.* 2, est que la multiplication numérique des péchés se doit compter par la multiplication des actes intérieurs de la volonté moralement interrompus et discontinués. Ainsi, quand après avoir formé le dessein de commettre un péché, on en remet l'exécution à un autre temps qu'on juge plus commode, on est alors coupable de deux péchés, l'un de la volonté et l'autre de l'action.

Cas VIII. *Caprasius*, demeurant en Angleterre, a été menacé d'une mort prochaine s'il ne promettait de ne plus exhorter les catholiques de ce pays, et de découvrir les prêtres qui les exhortaient. La crainte grièvé dont il a été saisi a fait qu'il a promis et qu'il a exécuté ce que ces persécuteurs lui demandaient. Cette crainte l'excuse-t-elle de péché ?

R. Quoique la crainte grièvé excuse de péché, quand il s'agit de choses qui, n'étant pas essentiellement mauvaises, ne le sont que parce qu'elles sont défendues par quelque précepte positif ; elle ne peut cependant excuser quand il s'agit de faire ou de contribuer à ce qui est défendu par le droit naturel et divin, comme il l'est de ne pas trahir les intérêts de l'Eglise de Jésus-Christ et de ne pas livrer ses fidèles ministres à la fureur et à la haine de ses ennemis ; c'est ce qu'enseigne saint Thomas, 2-2, *q*. 125, *art.* 3. Caprasius a donc péché grièvement en découvrant aux hérétiques les prêtres cachés dans le pays. A l'égard de la promesse qu'il a faite de ne plus exhorter les autres fidèles, elle ne l'a pas rendu criminel ; parce qu'il n'était pas obligé de le faire au danger de sa vie, quand même l'évêque le lui aurait commandé, à moins qu'il n'y fût d'ailleurs obligé par le caractère de pasteur qu'il n'a pas.

Cas IX. *Scius* peut-il obtenir la rémission d'un péché véniel dont il se repent, pendant qu'il est coupable d'un péché mortel, sans penser à s'en repentir ?

R. Non ; car, comme dit saint Thomas, 3 *p. q.* 37, *n.* 4, on ne peut obtenir la rémission d'aucun péché, que par l'infusion de la grâce ; or celle-ci est incompatible avec le péché mortel.

Cas X. *Leufroi*, ayant reçu l'absolution de plusieurs péchés mortels, y est retombé un mois après. Ses précédents péchés reviventils, quant à la coulpe ?

R. Les théologiens enseignent que les bonnes œuvres mortifiées par le péché revivent par la vertu de la pénitence suivante ; mais il n'en est pas de même des péchés qui ont été effacés par l'absolution, parce qu'ils ont été entièrement éteints : il est néanmoins certain que ce péché où l'on retombe renferme en soi un plus grand mépris de Dieu et de sa miséricorde, et qu'il devient par là beaucoup plus grief ; ainsi l'on peut dire en ce sens avec saint Thomas, 3. *p. q.* 88, *art.* 1, que les péchés revivent virtuellement par le nouveau péché mortel qu'on commet, à cause de l'ingratitude dont le pécheur se rend coupable envers Dieu en le commettant. *Voyez* COMMUNION, cas *Maurice*.

— Quoique la justice ne soit pas inamissible, il y a bien des cas où il est fort à craindre qu'un pénitent qui retombe au bout d'un mois, n'ait eu qu'une contrition bien équivoque.

Cas XI. *Jean* prétend que Dieu peut permettre le péché ; Paul le nie. Lequel des deux a raison ?

R. Jean ne soutient que la doctrine des théologiens après saint Augustin, qui dit, *Enchirid., de Fide*, etc., *c.* 27, *seun.* 8 *sub fin.*, que Dieu, par sa sagesse infinie, a jugé plus convenable à sa gloire de tirer le bien du péché qu'il permet, que de n'en permettre aucun. *Melius enim judicavit de malis benefacere, quam nulla mala esse permittere.*

PÉCHEUR PUBLIC.

On appelle *pécheur public* celui qui a été déclaré tel par un jugement légitime, ou dont le péché est connu à un si grand nombre de personnes, qu'il ne lui est pas possible de le nier ou de s'en excuser : l'Eglise, dans les premiers temps, faisait passer, quoiqu'avec diversité, les pécheurs scandaleux par des épreuves très-rigoureuses, qui allaient par *degrés*. Le premier était celui des *pleurants*, qui se tenaient à genoux hors la porte de l'église, comme indignes d'y entrer ; le second était celui des *écoutants*, qui y entraient pour entendre les instructions qu'on leur faisait, mais qui se tenaient au bas et ne participaient point aux prières publiques. Le troisième était des *prosternés*, qui participaient aux prières publiques et même à la messe jusqu'à l'évangile seulement ; mais avant que de sortir de l'église, le prêtre faisait sur eux quelques prières durant lesquelles ils se tenaient prosternés à la vue du public ; le quatrième enfin était celui des *consistants*, lesquels étaient admis aux divins offices, et même à la sainte messe, sans pouvoir néanmoins communier, qu'après le temps prescrit dans ce degré. Telle était à cet égard la sévérité de la discipline des premiers siècles ; et tel était le zèle et la piété des pécheurs, qui s'y soumettaient avec joie pour être réconciliés à Dieu. Mais, quoique l'Eglise, touchée de la faiblesse de ses enfants, ait bien voulu se relâcher de son ancienne sévérité, son esprit a toujours subsisté, comme il paraît par ce sage décret du concile de Trente, sess. 24, *c.* 4 : *Apostolus monet publice peccantes palam esse corripiendos : quando igitur ab aliquo publice et in multorum conspectu crimen commissum fuerit, unde alios scandalo offensos, commotosque fuisse non sit dubitandum ; huic condignam pro modo culpæ pænitentiam publice injungi oportet ; ut quos exemplo suo ad malos mores provocavit, suæ emendationis testimonio ad rectam revocet vitam.*

Episcopus tamen publicæ hoc pœnitentiæ genus in aliud secretum poterit commutare, quando ita magis judicaverit expedire.

C'est dans ce même esprit que M. Vialard, évêque de Châlons-sur-Marne, dont le nom est si cher aux évêques de France et aux pasteurs inférieurs, ordonna par son instruction de 1661 que tous les curés et tous les confesseurs s'unissent pour observer la même conduite à l'égard des pécheurs publics, soit blasphémateurs, concubinaires, femmes de mauvaise vie, ivrognes scandaleux ou autres semblables qui se présenteraient à eux dans le tribunal de la pénitence, sans s'en relâcher par des considérations humaines et par faiblesse; àquoi il ajouta cette exception : qu'en des cas extraordinaires, comme de duels, d'inimitié entre les proches, de divorce, où souvent les confesseurs sont embarrassés pour régler et faire accepter aux coupables la pénitence qu'ils leur doivent imposer, ils n'agissent qu'après avoir pris ses avis. C'est en effet ainsi qu'on en doit user en ces sortes de cas, où il serait trop dangereux que chacun se conduisît par ses propres lumières, en négligeant d'avoir recours à son évêque dans un point de discipline d'une si grande importance; principalement dans ce siècle où l'on trouve dans les pécheurs si peu de religion, d'obéissance et de piété, et où, par conséquent, on a besoin d'une charitable condescendance et de douceur pour les gagner à Dieu et les ramener à leur devoir.

Cas I. *Héber*, usurier public, connu depuis plusieurs années pour tel de toute la ville, et même noté par deux sentences du magistrat, s'est confessé à Pâques au vicaire de sa paroisse, qui, sur la promesse qu'il lui avait faite de ne plus jamais commettre d'usure, lui a accordé l'absolution, après quoi il s'est présenté à la sainte table avec plusieurs autres communiants; mais le curé lui a refusé la communion, quoiqu'il sût bien qu'il venait de se confesser. L'a-t-il pu faire?

R. Il n'a pu et dû, à moins que, sur l'interrogation qu'il lui doit faire auparavant, il n'ait déclaré publiquement qu'il s'est confessé et qu'il a renoncé pour toujours à son métier d'usurier; car, pour admettre un pécheur public à la participation de l'eucharistie, ce n'est pas assez qu'il ait reçu l'absolution : il est en outre nécessaire qu'il répare par quelque satisfaction publique le scandale public qu'il a causé ; sans quoi on lui doit refuser non-seulement la communion, mais encore l'absolution, s'il n'est disposé à l'accomplir. C'est la décision de saint Thomas, p. III q. 80, n. 6, qui la fonde sur celle de saint Cyprien. On connaît ces paroles de saint Chrysostome, Hom. 83. in Matth. : *Non parva imminet pœna, si quem aliqua improbitate teneri scientes, ei hujus mensæ participationem permittatis. Sanguis enim ex manibus requiritur vestris. Sed unde, inquies, ego illum, atque illum qualis sit, cognoscere possum? Non de ignotis, sed de notis hæc disputo.* On ne connaît pas moins la fameuse décision donnée par trente docteurs de Sorbonne, à la réquisition de M. Pavillon, évêque d'Alais. J'ajoute avec M. de S. B., tom. III, cas 15, qu'un curé, avant d'en venir là, doit 1° avertir charitablement en particulier un tel pécheur du scandale qu'il cause, et l'exhorter à changer de vie ; 2° condamner en ses prônes l'abus sacrilége que font ces sortes de personnes de la sainte communion, en s'en approchant sans changer de vie; ce qu'il ne doit néanmoins faire qu'en termes généraux, sans jamais désigner personne en particulier ; 3° consulter son évêque sur ce qu'il doit faire en pareil cas, et exécuter fidèlement ses ordres.

Cas II. *Ernest*, qui a été pendant dix ans un concubinaire public, est enfin mort, sans avoir voulu se confesser. Son curé demande s'il ne doit pas lui refuser la sépulture ecclésiastique, ou au moins feindre de la lui refuser, pour intimider d'autres pécheurs publics de sa paroisse ; ou enfin s'absenter, afin de le laisser enterrer par quelque autre prêtre, avec ordre à ce prêtre de l'enterrer sans luminaire, sans eau bénite et sans croix?

R. *Ernest* ne peut passer pour un pécheur public, quant aux peines que l'Eglise a décernées contre de tels pécheurs ; car il faudrait pour cela qu'il eût été déclaré tel par une sentence juridique. C'est pourquoi Jérôme ne peut, de son chef et sans l'autorité de son évêque, lui refuser la sépulture ecclésiastique. Il doit donc l'enterrer avec les cérémonies ordinaires, sans s'absenter ni feindre ; mais, dans ces occasions, il est du devoir d'un curé de consulter son évêque, soit de vive voix ou par écrit, s'il lui est possible, et de suivre exactement ses ordres, afin de n'avoir rien à se reprocher. S. B., tom. III, cas 16.

Voyez Absolution, Adultère, Confession, Pénitence enjointe.

PÉNITENCE ENJOINTE.

La troisième partie du sacrement de *pénitence* consiste dans la satisfaction que le pécheur fait à Dieu, par le commandement du confesseur, pour expier la peine temporelle qui reste après la rémission de la coulpe du péché, et de la peine éternelle qu'il avait méritée en péchant.

Tout confesseur est étroitement obligé d'ordonner à celui qu'il veut absoudre une pénitence convenable, et qui soit en quelque manière proportionnée au nombre et à l'énormité de ses péchés, ainsi que le déclare le concile de Trente, sess. 14, c. 8.

On doit accomplir la pénitence enjointe aussitôt qu'on le peut, autrement on se rendrait coupable par la négligence qu'on aurait à s'en acquitter. On doit aussi l'accomplir en état de grâce autant qu'il est possible, ou du moins dans des sentiments de componction, et sans avoir aucune affection au péché mortel : celui qui a une telle affection ne pouvant jamais être censé vouloir apaiser la colère de Dieu. Il ne faut point prescrire pour pénitence un grand nombre de prières différentes, de crainte que le pénitent ne les oublie. Il faut aussi alors avoir en vue l'effet qu'il est nécessaire que les pénitences produisent, qui est de servir de remède pour le passé et de préservatif pour l'avenir, comme l'enseigne le concile de Trente, *ibid.*, et ne pas imposer presque toujours les mêmes à toutes sortes de personnes, comme plusieurs confesseurs le font fort mal à propos.

Cas. I. Le confesseur de *Philométor* lui ayant imposé quatre jours de jeûne pour pénitence, il a négligé d'y satisfaire. Doit-on condamner de péché mortel cette omission?

R. Manquer volontairement et sans cause légitime à accomplir sa pénitence, c'est de soi un péché mortel, à cause de l'injure que l'on fait par cette omission, et à Dieu, à qui on néglige de satisfaire, et au sacrement, qui n'a pas toute sa perfection, et à l'Eglise, à qui l'on désobéit dans la personne de son ministre; et c'est ce qui est vrai, surtout quand la pénitence est notable, comme l'est celle de Philométor, et qu'elle a été imposée pour des péchés mortels. Il faudrait encore dire la même chose, quand même cette pénitence n'aurait été imposée que pour des péchés véniels, s'ils étaient tels de leur nature, qu'ils disposassent beaucoup le pénitent au péché mortel, et le missent en danger d'y tomber. Mais si la pénitence est fort légère et que les péchés confessés ne soient que véniels et ne disposent pas notablement au péché mortel, alors son omission, pourvu qu'elle ne soit pas accompagnée d'un mépris formel, n'est pas mortelle, quoique ce soit un péché grief; car il est difficile qu'une omission qui rend le sacrement imparfait et le prive de sa partie intégrante soit un péché léger. C'est la décision de Navarre, *Man.* c. 21, n. 43. Nous avons dit: *manquer sans une cause légitime*. Car si sans aucune négligence on l'avait entièrement oubliée, ou que le pénitent se fût trouvé dans l'impossibilité physique ou morale d'y satisfaire, il n'y aurait alors aucun péché dans cette omission, ou tout au plus un péché véniel.

— Ajoutez 1° que si le pénitent a oublié de faire sa pénitence pour avoir trop différé à l'accomplir, son omission est mortelle quand le délai et la négligence sont notables, et qu'elle a été imposée pour des péchés mortels; et il n'est que vénielle, si le délai n'est pas considérable; 2° que de bons théologiens croient que l'omission d'une pénitence légère est d'elle-même un péché mortel, parce que, dit Simonet, pag. 299, *Gravem sacramento injuriam facit, qui ipsum substantiali complemento privat.* Cependant, dans une matière si obscure, il ne faudrait pas aisément mettre le trouble dans l'esprit d'une personne où il y a plus d'une espèce de bonne foi que de malice.

Cas II. *Irénée*, s'étant accusé de quinze ou vingt péchés mortels, le confesseur lui a imposé pour toute pénitence de réciter cinq fois le *Pater* et l'*Ave* pendant trois jours. Est-il obligé de s'imposer à lui-même une pénitence plus proportionnée au nombre de ses péchés?

R. Il n'est pas au pouvoir d'un confesseur de dispenser des œuvres satisfactoires que Dieu exige des pécheurs pour les rendre dignes de sa miséricorde, ni d'imposer des pénitences très-légères pour de grands crimes. Mais il doit faire en sorte, dit le concile de Trente, sess. 14, c. 8, qu'il y ait de la proportion entre la satisfaction du pécheur et l'offense qu'il a commise. C'est là l'esprit de l'Eglise dans ses conciles, dans ses rituels et dans les écrits des Pères, qui enseignent tous que la pénitence doit être plus ou moins grande, selon que les péchés sont plus ou moins considérables; et que le nombre en est plus ou moins grand. *Pœnitentia crimine minor non sit*, dit saint Cyprien, *de Lapsis.* *Nec tibi blandiaris*, ajoute saint Pierre Damien, *si graviter peccanti levior pœnitentia vel a nesciente, vel a dissimulante dicatur.... quia dignos pœnitentiæ fructus quærit Altissimus.* Il est donc nécessaire qu'Irénée s'impose à lui-même des œuvres de pénitence proportionnées à ses fautes, puisque son confesseur a manqué de l'y obliger, ou par ignorance, ou par lâcheté, et que le péché doit être nécessairement puni.

— Un confesseur a d'autant plus de tort que la satisfaction par laquelle les pénitents suppléent à celle qu'il aurait dû enjoindre n'étant pas sacramentelle, a moins d'effet. Une bonne pratique des confesseurs, c'est, après avoir enjoint une juste pénitence, de donner encore, à ce titre, tout ce que le pénitent pourra faire de bien jusqu'à sa première confession, et de continuer toujours à en agir ainsi.

Cas III. Le confesseur de *Veran*, prêtre, lui a enjoint pour pénitence de réciter les heures canoniales. Peut-il satisfaire à sa pénitence en les récitant avec un compagnon, comme il le pourrait en récitant son bréviaire?

R. Non, s'il le faisait sans le consentement de son confesseur, parce qu'un pénitent est un coupable qui prie en son propre et privé nom quand il accomplit sa pénitence. Mais quand il récite son bréviaire, il prie au nom de toute l'Eglise et pour le salut des fidèles; d'où vient qu'un seul ou plusieurs ensemble peuvent fort bien s'acquitter de cette obligation. D'ailleurs Veran aurait moins de peine à réciter les heures canoniales avec un autre, qu'il n'en aurait à les réciter seul. Or, on ne doit pas présumer que le confesseur ait eu intention de le décharger d'une partie de la peine qu'il lui a imposée; il est donc tenu de réciter le tout, seul.

Cas IV. *Nicaise*, n'ayant pas accompli sa dernière pénitence, quoique juste et proportionnée à ses fautes, prie Onufre, son nouveau confesseur, de la lui changer. Onufre le peut-il?

R. Onufre ne peut changer la pénitence de Nicaise s'il demande ce changement sans raison, et seulement pour en avoir une plus facile et plus douce. Mais si la demande de Nicaise est fondée sur quelque raison, et qu'Onufre remarque que sa première pénitence lui est devenue ou impossible, ou trop difficile, ou moins utile, et qu'il soit persuadé qu'une autre lui sera plus salutaire, il peut, en ce cas, la lui prescrire à la place de la première, pourvu qu'elle soit proportionnée à ses péchés.

— Ajoutez 1° que pour en juger il faut que Nicaise les confesse de nouveau à Onufre, ou du moins qu'il lui en donne une connaissance générale; 2° qu'Onufre ferait encore mieux de renvoyer ce pénitent à son premier confesseur, qui pourrait faire un tel changement sans lui faire recommencer sa confession.

CAS V. *Sédulius* ne pouvant plus faire les jeûnes que son confesseur lui avait ordonnés pour pénitence, il l'a prié de la lui changer en quelque aumône. L'a-t-il pu faire hors le tribunal de la pénitence?

R. Comme c'est exercer un acte de la juridiction intérieure du sacré tribunal que d'imposer une pénitence ou de changer en une autre celle qu'on a déjà imposée, un prêtre ne peut l'exercer légitimement que dans ce tribunal même. C'est pour cela que si le pénitent avait entièrement oublié celle qui lui a été imposée, il doit réitérer la confession pour en recevoir une autre.

— Pontas a tort de dire ici en général qu'on ne peut changer une pénitence sans faire réitérer la confession. Cela n'est nécessaire que quand on s'adresse à un autre confesseur, ou que le même confesseur n'a aucune idée de l'état de son pénitent qui demande ce changement. Voyez la décision précédente, et ce que j'en ai dit, tom. V, p. 114 de la *Morale*, in-8°.

CAS VI. *Julia* ayant obtenu un bref de dispense sur un vœu simple qu'elle avait fait, son confesseur, en exécutant ce bref, *in ipso actu confessionis*, lui a enjoint de réciter tous les jours le petit office de la Vierge, quoique le bref n'en fît aucune mention. Peut-elle faire changer cette pénitence par un autre confesseur?

R. *Julia* ne peut pas faire changer sa pénitence dans ce cas. La raison est qu'à proprement parler ce n'est pas simplement par pénitence qu'on lui a enjoint cette récitation, mais ç'a été en commutation de vœu, et en vertu du pouvoir que son confesseur a reçu du pape et qu'il a exercé en qualité de son délégué. Julia ne peut donc être déchargée par un autre confesseur de ce qui lui a été imposé suivant cette règle, 26, in 6 : *Ea quæ fiunt a judice, si ad ejus non spectant officium, viribus non subsistunt.*

— Je doute fort de cette décision. Il ne paraît guère probable que le pape veuille qu'on recoure à lui quatre fois en quatre ou cinq ans, si des circonstances graves exigent qu'on change autant de fois la pénitence qu'un confesseur mort ou absent croyait avoir sagement imposée. On ne recourt point au pape pour un vœu dont la matière qui lui était réservée a été changée en une autre qui ne lui est point réservée. Pourquoi y recourir dans le cas présent?

CAS VII. *Eusèbe*, trouvant sa pénitence trop légère et ne sachant où trouver son confesseur, l'a changée lui-même en une autre plus rigoureuse. Est-il quitte de celle qui lui a été imposée?

R. Non; car un pénitent ne peut jamais changer sa pénitence de sa propre autorité, étant indispensablement obligé, devant Dieu, d'accomplir celle qu'un confesseur précédent lui a ordonnée, et qui seule peut être sacramentelle.

CAS VIII. *Rolland*, bénéficier, a négligé de réciter son bréviaire deux jours de fête. Son confesseur doit-il lui enjoindre pour pénitence de réciter l'office de ces deux jours, outre celui du jour où il se confesse, afin de le mieux punir de sa négligence?

R. Saint Thomas, *quodlib.* 3, q. 13, art. 29, répond qu'il faut enjoindre à celui qui a négligé de réciter son office d'autres prières, comme le psautier, ou une partie seulement, selon la qualité de son péché. Autrement, ajoute-t-il, il pourrait arriver qu'on dirait au temps de Pâques l'office de la Passion qu'il aurait omis, ou qu'on réciterait matines au temps de vêpres ou une autre heure, dans un temps qui ne serait pas convenable. Or dans la récitation de l'office on doit se conformer à l'ordre et à l'usage de l'Eglise. Le confesseur de Rolland ne doit donc pas enjoindre une telle pénitence.

— Si elle avait été enjointe, il faudrait la faire. On peut en tout temps s'occuper de la passion du Sauveur, et je ne crois pas qu'on blâme un séculier qui, par dévotion, récitera matines hors du temps marqué par l'Eglise pour les offices qui se disent en son nom.

CAS IX. *Emilien* a enjoint à Quentin pour pénitence d'entrer en religion; ce qu'il n'a accepté qu'avec une grande répugnance. Emilien a-t-il pu lui prescrire cette pénitence?

R. Saint Th. *in* 4, *dist.* 16, observe qu'il y a d'anciens canons qui marquent cette sorte de pénitence; mais il ajoute que ces canons se doivent plutôt entendre d'un conseil que d'un commandement, et que comme l'entrée en religion doit être entièrement volontaire, un confesseur ne peut pas l'enjoindre pour pénitence à celui qui ne se sent pas disposé à l'accepter. *Introitus in religionem*, dit-il, *cum sit voluntarius, non potest alicui injungi.* D'ailleurs il faut pour cela une vocation bien marquée, et un confesseur ne la donne pas.

CAS X. Le confesseur de *Tyrsus* lui ayant enjoint pour pénitence de réciter plusieurs prières, il a prié un saint religieux de les faire à sa place, parce qu'il croit qu'il sera plutôt exaucé que lui. Est-il quitte de sa pénitence?

R. Non; parce que l'obligation de la satisfaction n'est pas moins personnelle que celle des autres actes du pénitent, savoir: la contrition et la confession, qui ne peuvent être suppléées par un autre. Ce qui serait également vrai, quand même le confesseur consentirait que le pénitent dût accomplir sa pénitence par un autre; car la pénitence qui se fait par un autre, n'étant pas l'action propre du pénitent, ne peut être sacramentelle; comme le marque Sylvius, *in Sup.* q. 13, art. 2.

Cas XI. *Emporius* a enjoint pour toute pénitence à un prêtre d'offrir à Dieu en satisfaction de ses péchés l'office divin, qu'il est obligé de réciter le jour même de sa confession. L'a-t-il pu faire?

R. Il y a sur cela deux opinions. La plus sûre dans la pratique, et qui nous paraît la plus véritable, est celle de ceux qui soutiennent qu'Emporius n'a pu enjoindre pour pénitence à ce prêtre une œuvre à laquelle il était déjà indispensablement obligé par le précepte de l'Eglise. Il y a cependant des cas où l'on peut sans contredit satisfaire par une action commandée. Si mon confesseur m'a enjoint de donner un écu aux pauvres, je satisferai en le donnant à un malheureux qui est dans l'extrême nécessité. Ce serait autre chose, si je le donnais à quelqu'un à qui il fût dû par justice.

— Quoique ce sentiment ne soit pas démontré, il faut le suivre dans la pratique; et c'est ce que font d'ordinaire les confesseurs.

Cas XII. *Annibal*, à qui son confesseur a donné pour pénitence les sept psaumes à dire tous les dimanches, les a récités pendant la messe d'obligation. Est-il quitte de sa pénitence devant Dieu?

R. Sylvius croit que cela peut se faire ainsi: Comme on peut, dit-il, réciter son office pendant la messe d'obligation. Mais nous croyons qu'il est plus convenable et plus sûr de faire chaque chose en son temps. Quand serons-nous libéraux envers Dieu, si nous ne le sommes pas lorsqu'il nous remet toutes nos dettes?

Cas XIII. *Alain* a prescrit à Antoine, pour toute pénitence, de supporter avec patience et d'offrir à Dieu en expiation de ses péchés, de grandes afflictions qui lui sont survenues, ou de grandes douleurs qu'il souffrait. Cette pénitence est-elle suffisante?

R. Une telle pénitence peut tenir lieu d'une satisfaction légitime dans le cas proposé; et il est même très-à-propos d'enjoindre ces sortes de pénitences aux personnes qui se trouvent dans l'état de maladie ou d'affliction. Car, dit saint Thomas, *in 4, dist. 51, q. 2, art. 4, quæst. 2: Quamvis illa flagella non sint omnino in nostra potestate, tamen quantum ad aliquid sunt; cum scilicet eis patienter utimur, et sic homo facit de necessitate virtutem; unde et meritoria et satisfactoria esse possunt.*

Cas XIV. *Uranius* s'était confessé de quelques péchés qui n'étaient pas fort griefs, son confesseur lui a voulu enjoindre une pénitence très-rigoureuse et longue; mais il s'est excusé de l'accepter, sous prétexte que ses péchés n'en méritaient pas une telle. L'a-t-il pu faire?

R. C'est une obligation stricte pour un pénitent d'accepter la pénitence qu'on lui enjoint, et il n'y a qu'une erreur manifeste dans le procédé du confesseur, qui soit capable d'excuser celui qui la refuse. Uranius n'a donc pu refuser celle qu'on a jugé à propos de lui imposer. Son confesseur est son juge dans le tribunal de la pénitence, et il n'a pas seulement en vue la peine qui est due aux péchés qu'on lui a déclarés, mais encore le remède qu'il juge nécessaire d'y apporter pour l'empêcher d'y retomber. *Pœnitens, cui major condigno pœnitentia injuncta est,* dit saint Thomas, *in 4, dist. 20, q. 1, art. 2, quæst. 2, n. 2, tenetur eam explere ex sacerdotis injunctione, qui non solum debitum pœnæ consideral, sed peccato remedium adhibet.* Il est cependant permis à un pénitent de faire une respectueuse remontrance au confesseur sur la trop grande rigueur de la pénitence, ou sur la trop grande difficulté qu'il trouve à l'accomplir. Mais si le confesseur, après avoir pesé ses raisons, ne juge pas à propos d'y avoir égard, ce pénitent se doit soumettre humblement à ce qui lui sera ordonné.

Cas XV. *Marien* s'étant confessé d'avoir commis une fois le péché de fornication, son confesseur l'en a absous, et lui a enjoint une pénitence convenable. Six mois après, il s'est confessé d'avoir encore commis le même péché avec une autre personne, ce même confesseur l'en a encore absous et lui a encore enjoint la même pénitence. A-t-il satisfait en cela à son devoir?

R. Point du tout; car, 1° il n'a pas dû absoudre Marien la seconde fois sans une raison considérable, et il a dû lui différer l'absolution pour éprouver par ce délai si sa douleur était plus sincère; 2° il devait lui imposer une pénitence plus sévère. Car quoique ces deux péchés soient d'une même espèce, il est pourtant certain que la rechute rend Marien plus criminel devant Dieu, et qu'un sage confesseur doit avoir égard en imposant une pénitence, à la rechute du pécheur, comme aux autres circonstances de son péché. *Consideret qualitatem criminis in tempore, in perseverantia, in voluntate personæ...... et in ipsius vitii multiplici exsecutione,* dit saint Augustin, Cité can. 1 *de Pœnit.* dist. 5.

Cas XVI. *Adrien* n'a accompli sa pénitence qu'après être retombé dans le péché mortel. Est-il obligé de recommencer?

R. Ou Adrien avait encore de l'attache et de l'affection pour son péché dans le temps qu'il a accompli sa pénitence, ou il s'en repentait sincèrement. Dans le premier cas, il est obligé de recommencer sa pénitence, s'il veut qu'elle lui soit utile. Ce n'est pas satisfaire à Dieu, mais l'insulter, que de lui demander pardon d'un péché que l'on aime encore, et que l'on est résolu de commettre à la première occasion. C'est dans ce sens que saint Thomas, *Supp.* q. 14, art. 2, dit: *nec satisfactio aliqua est cum peccato mortali.* La raison est que la satisfaction est une œuvre de pénitence: or il n'y a point de pénitence, quand on conserve de l'affection aux péchés que l'on a commis.

Mais si Adrien, avant d'accomplir sa pénitence, a conçu une douleur sincère du péché mortel où il est retombé, il est nécessaire à la vérité qu'il la réitère après avoir recouvré la grâce, pour satisfaire à la justice de Dieu, s'il veut obtenir la rémission de la peine pour laquelle elle lui avait été enjointe; parce que la pénitence doit être faite en état de grâce, pour ôter ou pour diminuer la peine qu'on a méritée par ses péchés passés. Mais il n'est pas dans l'obligation de la recommencer par rapport à l'Eglise, et il en est quitte à cet égard, dès qu'il ne l'a pas accomplie *in actu vel affectu peccati mortalis*, comme l'enseigne saint Thomas, *l.* IV, *ad Annibald, dist.* 15, *q. an. art.* 2, *ad* 4. La raison est que, comme nous le supposons ici, le confesseur ne lui a pas prescrit de la faire en état de grâce.

— Nous ajoutons, 1° que la satisfaction faite dans l'état de péché mortel, mais avec une vraie douleur de l'avoir commis, est toujours utile pour le pénitent, soit parce que l'Eglise la toujours regardée comme telle, soit parce qu'elle le dispose à recevoir la grâce dans le sacrement ; 2° qu'il est à propos de donner au pénitent une pénitence dont il puisse remplir quelque partie presque en sortant du tribunal ; 3° que lorsqu'on voit qu'il a fait sa dernière pénitence, plus ou moins, après être retombé dans le péché mortel, il est très-bon de lui en imposer une plus grande, selon qu'il aura plus ou moins accompli de la dernière dans l'état de péché.

Voyez sur cette matière, qui n'est point aisée, ce que j'en ai dit, tom. XI de ma *Morale*, p 2, chap. 6, art. 2.

Cas XVII. Un confesseur peut-il n'enjoindre qu'une pénitence secrète, mais sévère, à celui qui s'est accusé de quelques péchés publics et scandaleux ?

R. La discipline de l'Eglise dans l'imposition de la pénitence publique étant de tradition apostolique, et fondée sur ces paroles de l'Apôtre, *I ad Tim.* v, 20 : *Peccantes coram omnibus argue, ut cæteri timorem habeant;* et le concile de Trente, sur les instances des évêques de France et des ambassadeurs du roi Charles IX, par le trentième article de leurs demandes, l'ayant remise en vigueur par ces paroles de la session 24, *c.* 8, *de Refor. Huic* (peccatori publico) *condignam pro modo culpæ pœnitentiam publice injungi oportet;* il est constant qu'un simple confesseur ne peut de son autorité privée en exempter de tels pécheurs en leur enjoignant seulement des pénitences secrètes, quelque sévères qu'elles soient. Il est néanmoins obligé auparavant de consulter l'évêque pour savoir de lui s'il est à propos de l'imposer ou de la changer en une pénitence secrète. *Episcopus tamen,* ajoute le concile, *publicæ hoc pœnitentiæ genus in aliud secretum poterit commutare, quando ita magis judicaverit expedire.*

Voyez Absolution; 1° Confesseur, cas III et X ; Jubilé.

PÉNITENCIER.

Le *Pénitencier* est un prêtre que l'évêque commet dans son église cathédrale pour absoudre de certains péchés dont lui ou ses prédécesseurs se sont réservé l'absolution. Autrefois les premiers évêques exerçaient par eux-mêmes cette fonction; dans la suite ils choisirent un prêtre pour remplir ce saint ministère, et ce prêtre était le vicaire général qu'on appelait chorévêque, et qui était tout ensemble ce qu'on appelle aujourd'hui grand vicaire, official, pénitencier et théologal, parce qu'il exerçait seul toutes les fonctions de ces différents offices. On verra dans la première décision quelle est aujourd'hui la juridiction du pénitencier.

Cas I et II. L'évêque de N. a défendu à Nicostrate, pénitencier prébendé, d'absoudre davantage des cas réservés. Nicostrate a continué d'en absoudre, prétendant que l'évêque ne pouvait pas lui ôter son pouvoir. Ses absolutions sont-elles valides ?

R. Fagnan *in c.* grave 29 *de Præb. et dign. n.* 10 *et* 11, enseigne qu'un pénitencier en titre, établi dans une cathédrale pour tout un diocèse, en vertu du décret du concile de Trente, sess. 24 *c.* 8, *de Refor.,* a une juridiction ordinaire pour tout le diocèse, et ne peut être interdit par l'évêque sans cause. Il ajoute qu'il en est d'un tel pénitencier comme d'un official. Or, un official, dit-il, ne peut être destitué *ad nutum* par l'évêque. Et c'est en effet ce qui a été autrefois jugé par plusieurs arrêts.

Nous croyons au contraire qu'un pénitencier, même titulaire, n'a pas une juridiction ordinaire, mais seulement déléguée, et qu'il dépend tellement de son évêque, qu'il ne peut absoudre validement ni des cas réservés, ni de ceux qui ne le sont pas, sans sa permission. Cette décision est de Navarre, qui était lui-même pénitencier de Rome, lequel, parlant des pénitenciers en général, sans faire aucune distinction entre ceux qui sont titulaires et ceux qui ne le sont pas, dit l. v cons. 20 *de Pœnit. et Remis.,* que *Pœnitentiarius electus ad formam sacri concilii non potest absolvere a casibus reservatis.*

La sacrée congrégation, selon le témoignage de Bail, sous-pénitencier de Paris, a décidé la même chose, le 17 juillet 1597, en ces termes : *Pœnitentiarius non potest absolvere quemquam a casibus quos episcopus sibi expresse reservaverit, nisi ipsemet episcopus hanc illi speciatim dederit facultatem : nec sufficit quæcunque præsumptio.* Et en effet, si un pénitencier avait pouvoir d'absoudre des cas réservés, indépendamment de l'évêque qui se les est réservés, il s'ensuivrait de là, 1° que la réserve faite par l'évêque serait imparfaite, puisqu'un autre que lui pourrait en absoudre sans sa permission ; 2° qu'il y aurait à cet égard deux puissances égales dans un même diocèse ; ce qui serait contre l'ordre et la discipline général de l'Eglise. *In eadem civitate, vel diœcesi essent in solidum duo capita, quasi monstrum,* dit Panorme, *in cap.* 13 *de Foro compet., l.* II, *tit.* 2, en parlant de ceux qui prétendent mal à propos exercer une juridiction ordinaire.

— Le pape Benoît XIV enseigne la même chose dans son traité *de Synode diœc.* p. 621.

Quant aux officiaux il est constant, surtout depuis la déclaration du 17 août 1700 qu'ils peuvent être destitués ; et c'est ce qui avant cette déclaration avait été jugé par plusieurs arrêts, quoique que quelques autres eussent jugé le contraire.

Cependant un pénitencier, tant que ses pouvoirs subsistent, peut subdéléguer. Car la maxime : *Delegatus delegare non potest*, n'a lieu que par rapport à ceux qui sont délégués *ad nudum aliquod ministerium*. C'est pourquoi Panorme in c. 17, *de Accusat.*, dit : *Delegatus ad universitatem causarum censetur quasi ordinarius*. Ce qu'il faut entendre en ce sens qu'un pénitencier peut commettre tel ou tel prêtre pour exercer une partie de son ministère. Car il ne peut déléguer aucun prêtre pour être pénitencier comme lui.

Cas III. *Fulbert*, pénitencier, a continué d'absoudre des cas réservés après la mort de l'évêque. L'a-t-il fait validement ?

R. La juridiction du pénitencier, quoique déléguée, ne finit pas à la mort de l'évêque, parce que ce n'est pas la personne de l'évêque qu'il représente ; mais il est dépositaire de l'autorité épiscopale qui subsiste toujours. Et c'est en conséquence de ce principe que tous les pénitenciers du pape continuent d'exercer leur ministère après sa mort, ainsi que le déclare Clément V. *Clem.* 2, § 1 *de Elect*. Et certes, puisque les cas réservés ne finissent pas à la mort de l'évêque, il est juste et nécessaire qu'il y ait toujours quelqu'un qui ait le pouvoir d'en absoudre.

Cas IV. *Cyr*, pénitencier, confesse pendant la messe et les petites heures : doit-il être tenu pour présent au chœur, et gagner les distributions quotidiennes ?

R. Le pénitencier est censé présent à l'office du chœur, lorsqu'il exerce son ministère de grand pénitencier. C'est la décision du concile de Trente sess. 24 c. 28 *de Reform.*, qui dit : *Pœnitentiarius... dum confessiones in ecclesia audit, interim præsens in choro censeatur*. Ce qui est vrai, soit qu'il confesse dans l'église même, ou qu'il soit appelé en ville pour entendre en confession des malades, ou que les chanoines soient occupés à faire quelque enterrement. Car, quoique le décret du concile ne dise rien de ces deux derniers cas, la congrégation du Concile l'a ainsi décidé de l'avis du pape, au rapport de Fagnan, *in c. licet* 38 *de Præb.* n. 170.

— Cas V. *Daniel* a résigné sa pénitencerie en faveur de Jean. Cette résignation est-elle valable ?

R. Il serait bien à souhaiter que non. Cependant les pénitenceries sont sujettes aux résignations et aux expectatives. Heureusement l'évêque, qui ne peut refuser le bénéfice, peut et doit souvent refuser la juridiction, qui sans contredit est la plus importante du ministère. *Voyez* le tome X des *Mémoires du clergé*.

PENSÉE.

La *pensée* est l'action de l'esprit qui pense, ou l'idée d'une chose qui nous vient dans l'imagination. Toute pensée est bonne ou mauvaise, selon la qualité de son objet ; mais quelque mauvaise qu'elle soit, elle n'est jamais péché, à moins qu'elle ne soit accompagnée de quelque volonté.

Cas I. *Renée* s'entretient quelquefois avec plaisir dans des pensées impures. Pèche-t-elle mortellement, quoiqu'elle n'ait aucun désir de commettre le péché auquel elle pense avec plaisir ?

R. Renée pèche mortellement, même dans cette supposition ; comme il paraît, 1° par les paroles du Sage, *Prov.* xv, 26 : *Perversæ cogitationes separant a Deo. Abominatio Domini cogitationes malæ* ; 2° parce que, dit saint Augustin, l. xii *de Trinit.* cap. 12 : *Totus damnabitur homo, nisi hæc quæ sine voluntate operandi, sed tamen cum voluntate animum talibus oblectandi, solius cogitationis sentiuntur esse peccata, per Mediatoris gratiam remittantur*. La difficulté est de connaître si l'on a véritablement consenti à ces pensées. Pour cela il faut distinguer trois différents mouvements de la concupiscence ; le premier, qui prévient entièrement la volonté, et qui n'étant pas libre, n'est pas péché. Le second, qui n'est pas entièrement libre, parce que la volonté s'y oppose ; mais parce qu'elle n'y résiste pas assez fortement, elle est censée y donner un consentement imparfait, et le péché n'est que véniel. Le troisième est celui qui est pleinement libre, parce que la volonté s'y porte avec connaissance sans nécessité, et même avec affection, et il est certainement mortel. C'est ce qu'enseigne saint François de Sales, dans son *Introduction à la vie dévote*, part. iv, chap. 6.

— Cas II. *Renée* est-elle obligée de déclarer en confession, non-seulement ses pensées, mais encore leur objet ?

R. Oui, sans doute, il y a plus de mal à s'entretenir dans l'idée d'un mauvais commerce avec un parent qu'avec un étranger, avec une personne consacrée au Seigneur, ou mariée, qu'avec une personne libre ; et ces pensées seraient encore plus criminelles dans une personne qui serait elle-même mariée, ou qui aurait fait vœu de chasteté.

Cas III. *Madeleine* a souvent dans l'esprit des pensées impures, et souffre en son corps des mouvements déréglés qui lui viennent sans qu'elle s'y excite ? elle ne va pas jusqu'au mauvais désir et ne s'attache pas même à la délectation sensible qu'elles lui causent. Mais, connaissant qu'elles sont mauvaises, elle néglige seulement de les rejeter pour ne pas trop gêner son esprit. Pèche-t-elle en cela ?

R. Elle pèche par cette seule morosité et par sa négligence à ne pas renoncer à ces mauvaises pensées. Car, dit saint Thomas, 1-2, *q.* 74, *art.* 6, le péché d'une délectation morose se commet, non-seulement lorsqu'on s'excite à la pensée mauvaise, mais encore quand après avoir reconnu qu'on en est occupé, on continue de s'y arrêter, et de s'en entretenir, au lieu de la rejeter.

— Il faut remarquer, 1° que la délectation morose se nomme ainsi, *non a mora temporis*, puisqu'il ne faut qu'un instant pour consentir à une pensée infâme ; mais *a mora rationis quæ malam delectationem, statim ut advertit, non removet*; 2° qu'on peut quelquefois ne vouloir combattre ces sortes de pensées qu'en les méprisant, parce que quelquefois un combat direct et réfléchi les rend plus opiniâtres, en sorte qu'il en est d'elles comme de certains moucherons, qui ne fatiguent jamais plus que quand on les chasse avec plus de vivacité.

Voyez PÉCHÉ.

PÈRES ET MÈRES.

DEVOIRS DES PÈRES ET MÈRES. *Soins temporels, soins spirituels.*

1° *Des soins temporels.* Avez-vous fait quelque chose qui ait nui ou qui ait pu nuire à la vie de vos enfants avant leur naissance, comme de courir, danser, travailler avec excès, porter des fardeaux trop lourds, faire de trop longs voyages, se livrer à la colère, à l'emportement, manger des choses nuisibles à la vie, à la santé ou à la perfection naturelle de vos enfants ? Péché grave, si ce que vous avez fait était de nature à nuire notablement à leur santé.

Après la naissance de vos enfants et pendant leur enfance, avez-vous négligé d'éloigner d'eux les accidents qui pouvaient les faire périr, les estropier ou les rendre difformes, les laissant seuls quand ils sont encore trop faibles, au péril de se jeter dans le feu ou de faire des chutes dangereuses, leur donnant de mauvais coups ? Une négligence grave en ceci est péché mortel.

Avez-vous fait coucher avec vous ou avec quelques autres personnes des enfants dans leurs premières années, au risque de les étouffer ou de les laisser tomber du lit, ce qui n'arrive que trop souvent ? Dans plusieurs diocèses cela est défendu gravement, alors il y a péché grave; de même lorsque vous avez négligé de prendre les précautions nécessaires pour prévenir tout accident.

Quand vous avez été légitimement dispensée d'allaiter vos enfants, soit par la faiblesse de votre tempérament, soit par la volonté de votre mari, leur avez-vous choisi des nourrices saines et de bonnes mœurs ? Si par votre faute vous leur en avez donné de gravement nuisibles, vous avez péché gravement. Les enfants sucent avec le lait les inclinations de leurs nourrices. Saint Grégoire le Grand blâme fortement la coutume de mettre les enfants en nourrice sans raisons légitimes.

Avez-vous été assez dénaturé pour exposer quelqu'un de vos enfants dans un lieu public ? Péché grave contre les lois divines et humaines. N'en avez-vous point envoyé dans les hôpitaux sans raison urgente ? Péché mortel si l'enfant est légitime. S'il était illégitime et que vous soyez riche, d'après plusieurs théologiens, vous devez dédommager l'hôpital et faire en sorte de pouvoir reconnaître votre enfant, de pourvoir à son éducation et de veiller à son salut. Aujourd'hui en France, ce sont les départements qui entretiennent les hôpitaux; le sentiment de ceux qui exemptent même les riches de dédommager les hôpitaux qui ont reçu un enfant illégitime peut-être plus facilement suivi.

Avez-vous refusé à vos enfants la nourriture, le logement, l'habillement selon leur état, les remèdes dans une maladie grave, lorsqu'ils ne peuvent se les procurer ? Péché mortel. Avez-vous négligé de faire apprendre à vos enfants une profession qui devait leur être nécessaire à l'avenir ? Péché mortel. Leur avez-vous procuré un établissement sortable et qui ne puisse nuire à leur salut ? Une négligence grave en ce point est un péché mortel. Les parents seraient bien coupables s'ils alliaient leurs enfants à des familles sans religion, ou s'ils les contraignaient d'épouser des personnes pour lesquelles ils n'ont point d'inclination. Que de mariages malheureux par la faute ou la cupidité des pères et mères !

Ne vous êtes-vous point mis par votre mauvaise conduite, votre paresse, vos jeux et vos plaisirs, dans l'impossibilité d'établir convenablement vos enfants ? Péché mortel. Les pères et mères laisseront à leurs enfants, dit saint Chrysostome, des trésors infinis, s'ils leur laissent Dieu pour curateur et Jésus-Christ pour cohéritier.

Devoirs spirituels. L'amour; il est prescrit par la nature ainsi que par la religion. Avez eu de la haine contre vos enfants ? Péché mortel, si la haine est grave et délibérée. Les avez-vous gravement maltraités, frappés, chassés de la maison paternelle sans raison suffisante ? Péché mortel. Avez-vous maudit vos enfants ou fait contre eux des imprécations ? Si le mal qu'on leur souhaite est grave, qu'on leur arrive, et qu'il y ait délibération. Péché mortel. N'avez-vous point témoigné trop d'amitié à l'un de vos enfants et excité par là la jalousie des autres ? Le péché est plus ou moins grave selon le trouble qu'excite dans une famille une telle indiscrétion. On connaît les suites de la prédilection de Jacob pour Joseph.

L'éducation. Cette expression, élever des enfants, est dans la bouche de tout le monde; mais combien peu en comprennent le sens ! Pères et mères, quelle éducation avez-vous donnée à vos enfants ? Est-ce une éducation chrétienne ? Écarter la religion de l'éducation est une idée qui fait frémir, disait un orateur devant le tribunal en l'an X. Avez-vous instruit ou fait instruire vos enfants des premiers mystères de la foi, du symbole des apôtres, de l'oraison dominicale, des commandements de Dieu et de l'Église, ainsi que des sacrements qu'ils devaient recevoir? Vous y êtes tenus sous peine de péché grave. Vous devez de plus leur inspirer l'horreur du vice, l'amour de la vertu, les accoutumer aux exercices de la religion, à aller à la messe, à confesse, à prier Dieu matin et soir, et surtout leur donner cette crainte de Dieu qui peut seule arrêter la fougue des passions. La crainte de Dieu, dit saint Cyprien, est la plus sûre gardienne de l'innocence. Dieu, âme, religion, éternité : la science de ces quatre mots, supérieure à celle des langues et des plus beaux arts, devrait être familière à vos enfants avant l'âge des passions.

Avez-vous confié vos enfants à des instituteurs sans religion ou sans mœurs, capables de les pervertir par leurs principes ou par leurs mauvais exemples? Péché mortel. Comprenez cette parole, pères et mères : A quoi la science sert-elle sans la crainte de Dieu?

Vigilance. Avez-vous veillé au salut de l'âme de vos enfants? Les avez-vous fait baptiser au plus tôt? Si vous avez différé sans raison légitime au delà de huit à dix jours, selon saint Liguori, vous avez péché mortellement. La bonne foi cependant peut vous excuser.

Avez-vous veillé à ce que vos enfants remplissent tous les devoirs de la religion? Leur en avez-vous laissé le temps? Avez-vous fait ce que vous avez pu pour les faire confesser au moins une fois l'an? Vous êtes-vous assurés s'ils l'ont fait véritablement? s'ils ont assisté à la messe les saints jours de dimanche? Si, par une négligence grave de votre part, ils ont transgressé quelques-uns des devoirs essentiels de la religion, vous êtes grièvement coupables; véniellement, si votre négligence n'a pas été grave. Vous êtes-vous informés qui vos enfants fréquentent, où ils vont, ce qu'ils font, lorsqu'ils sont hors de la maison paternelle? Les avez-vous laissés sortir de nuit? Avez-vous veillé sur leurs lectures, sur leurs conversations, sur leurs récréations, sur leurs amusements, sur les tableaux et les gravures que vous avez dans vos maisons, sur les livres que vous gardez dans vos bibliothèques et qui, quoique placés sous clef pendant votre vie, finiront par devenir votre héritage? Avez-vous veillé sur leur modestie dans leurs manières, dans leur toilette? Une jeune fille, dit le Sage, est pour son père l'objet d'une surveillance continuelle. Avez-vous veillé sur leur innocence? Elle doit être l'objet perpétuel de votre sollicitude. Avez-vous éloigné d'eux tout ce qui pouvait leur apprendre ou leur faire commettre le mal dans leur enfance? Combien d'enfants perdent leur innocence à l'âge de trois ou quatre ans par le défaut de vigilance ou de précautions de la part de leurs parents qui les laissent jouer, s'amuser avec des amis pervers, ou qui les confient indiscrètement à des domestiques qu'ils connaissent peu! Les parents, dit le rituel de Toulon, doivent avoir soin de séparer leurs enfants de différent sexe, même dans leurs amusements; les mères devraient, selon l'avis de saint Jérôme, apprendre à leurs filles à ne s'amuser avec leurs frères qu'avec crainte. Ils doivent encore être plus soigneux de ne pas confier leurs enfants à des domestiques de différent sexe : le défaut de cette précaution est d'une très-dangereuse conséquence. Avez-vous été assez imprudent pour laisser coucher ensemble des enfants de différent sexe, ou pour les mettre dans le lit conjugal, lorsqu'ils ont à peine un an, au risque de les étouffer? Ce dernier cas est réservé dans plusieurs diocèses.

Lorsqu'il a été question d'un établissement, votre vigilance devrait être plus grande encore. Leur avez-vous permis de trop longues assiduités avec des personnes de différent sexe, même en vue d'un mariage? Alors les avez-vous laissés seul à seul? Les péchés que commettent les enfants dans ces fréquentations sont imputables aux pères et mères qui manquent de vigilance.

Avez-vous laissé aller vos enfants aux bals, aux spectacles, aux assemblées de jeu, au service dans des maisons sans religion et sans mœurs, où leur salut était en danger? Péché mortel. Quoiqu'un enfant soit au service, ses parents ne laissent pas que d'être obligés de veiller sur sa conduite.

La correction. Avez-vous laissé vivre vos enfants à leur volonté, n'osant ni les reprendre, ni les punir? De combien de désordres cette mollesse des parents n'est-elle pas la cause? Quand vous avez reconnu en eux des penchants vicieux, qu'avez-vous fait pour les corriger et les détruire? La négligence des parents à cet égard peut-être souvent un péché mortel. Les bons et les mauvais penchants commencent dès la plus tendre enfance, et Montaigne, qui connaissait l'homme, a dit : Notre principal gouvernement est dans la main des nourrices. C'est dès le bas âge que vous devez corriger vos enfants.

Quand vous avez appris que vos enfants avaient offensé Dieu, n'avez-vous point négligé de les corriger, de les punir même, si vous le pouviez avec succès? Péché mortel, si le péché commis par les enfants est grave et que l'indifférence des parents le soit aussi. Le châtiment du grand prêtre Héli, qui, connaissant le désordre de ses enfants, ne les avait pas punis et corrigés, doit faire trembler les pères et mères trop indulgents.

N'avez-vous point corrigé vos enfants avec trop de sévérité, avec caprice, avec emportement, les frappant trop rudement, de manière à provoquer les enfants à de grandes colères ou à leur nuire notablement? Péché mortel. Un personnage distingué s'était retiré en province pour s'y consacrer sans distraction à l'éducation d'un fils unique qu'il aimait tendrement. Cet enfant annonçait un esprit extraordinaire. On ne remarquait en lui qu'un seul défaut ; il était extrêmement obstiné. Un jour il montra ce défaut, mais dans un degré si déraisonnable, que son père crut devoir employer des moyens violents pour le corriger ; il menace l'enfant de dix ans persiste. On fait paraître deux hommes armés de verges, on n'obtient rien ; le père ordonne de saisir l'enfant, qui pleurait, qui criait, et de le fustiger ;

on obéit; pendant cette exécution, l'enfant devient pâle, cesse de crier, ses larmes s'arrêtent; aux éclats de sa colère succède tout à coup un silence morne, une effrayante immobilité. On le regarde avec étonnement, on l'interroge, point de réponse; sa physionomie décomposée n'offrait plus que l'expression du saisissement et l'empreinte de la stupidité. Par une révolution funeste et qui fait frémir, il venait de perdre toutes ses facultés mentales, et il ne les a jamais recouvrées, il est resté imbécile. Pères et mères, corrigez vos enfants à propos et jamais dans le moment de la passion.

N'avez-vous point forcé vos enfants à prendre un état contraire à leurs goûts et à leurs dispositions? Si c'est l'état ecclésiastique ou religieux, et même si c'est l'état du mariage et que vous n'ayez pas de fortes raisons pour les y forcer, il y a péché mortel. Les parents peuvent, quand il y a des raisons, engager avec bonté leurs enfants à se marier.

Le bon exemple. Un proverbe dit : Leçon commence, exemple achève. Les enfants ne font que ce qu'ils voient faire; votre vie est pour ainsi dire tout leur évangile. Si vous êtes bons, ils seront bons; si vous êtes licencieux, sans religion, ils vous ressembleront : tel père, tel fils; telle mère, telle fille. Que serviraient vos leçons, si elles étaient démenties par des exemples contraires ? si ce n'est à faire penser que celui qui les donne se joue de la crédulité de l'enfance. Celui qui ne fait pas ce qu'il dit, ne le dit jamais bien. N'avez-vous donc point donné de mauvais exemples à vos enfants, par votre éloignement des sacrements, des églises, des devoirs de la prière, par des propos, des railleries contre la religion et ceux qui la pratiquent, par vos emportements et vos blasphèmes, par votre travail et vos profanations du dimanche, par vos disputes avec votre épouse ou avec d'autres, par vos haines et vos débauches, par vos manières trop libres et peu réservées ; en leur apprenant des histoires, des contes scandaleux, en mangeant des aliments gras les jours défendus, en leur commandant des choses contraires à la loi de Dieu ou à celle de l'Église? Péché mortel, si le scandale est grave. Saint Cyprien ne craint pas d'appeler parricides les parents qui donnent de mauvais exemples à leurs enfants.

PERTE D'UNE CHOSE.

Lorsque le corps certain et déterminé, qui était l'objet de l'obligation, vient à périr, est mis hors du commerce, ou se perd, de manière qu'on en ignore absolument l'existence, l'obligation est éteinte, si la chose a péri ou a été perdue sans la faute du débiteur et avant qu'il fût en demeure. Lors même que le débiteur est en demeure, et s'il ne s'est pas chargé des cas fortuits, l'obligation est éteinte dans le cas où la chose eût également péri chez le créancier, si elle lui eût été livrée. Lorsque la chose a péri, mise hors du commerce ou perdue même par la faute du débiteur, il est tenu, s'il y a quelques droits ou actions en indemnité par rapport à cette chose, de les céder à son créancier.

De quelque manière que la chose volée ait péri ou ait été perdue, sa perte ne dispense pas celui qui l'a soustraite de la restitution du prix ; mais, dit Duranton, l'intérêt étant la mesure des actions, le propriétaire de la chose volée ne peut en réclamer le prix, lorsqu'elle aurait dû périr chez lui, si elle ne lui eût pas été ravie ; car, dans cette hypothèse, le vol ne lui ayant fait aucun tort, ce serait vouloir s'enrichir aux dépens d'autrui. La disposition du code civil ne regarde donc que le for extérieur ; elle a été faite en haine du vol et de la violence ; mais plusieurs théologiens pensent qu'en conscience le voleur n'est pas obligé, avant la sentence du juge, de payer le prix de la chose qu'il a volée et qui n'a péri entre ses mains que comme elle aurait péri entre les mains du propriétaire ; par conséquent Titius, qui retenait injustement un champ qui a été ravagé par une inondation, n'est pas tenu en conscience à payer la valeur qu'il avait avant l'inondation, mais seulement à le rendre tel qu'il est.

PERRUQUE ET CALOTTE.

Cas. *Agatange*, vieillard de soixante-dix ans, porte habituellement une perruque; il la laisse sur sa tête pendant qu'il célèbre le saint sacrifice de la messe. Pèche-t-il?

R. Oui, il pèche, s'il n'a pas obtenu la permission de célébrer, portant sa perruque. Une certaine bonne foi pourrait peut-être l'excuser. Il est nécessaire qu'il demande la permission à son évêque. Cependant Collet prétend que le pape seul peut dispenser un prêtre à l'effet de porter la calotte ou la perruque pendant la messe. On ne veut pas dire cependant qu'un prêtre attaqué subitement d'un gros rhume ne puisse sans dispense porter la calotte à l'autel : Sylvius et Gibert pensent qu'il le peut ; mais il s'agit ici d'une dispense habituelle et qui s'accorde hors d'un besoin pressant : voici les raisons sur lesquelles se fonde Collet.

1° Un concile, tenu à Rome sous le pape Zacharie, en 743, défend à qui que ce soit de monter à l'autel, la tête couverte, *velato capite;* cette défense s'est toujours entendue comme un ordre de ne célébrer que *capite penitus detecto.*

2° La congrégation des Évêques et celle des Rites ont plusieurs fois décidé qu'il n'y a que le pape qui puisse permettre l'usage de la perruque ou de la calotte. Un décret d'Urbain VIII porte : *Omnibus prohibetur sacrificare cum pileolo, sine dispensatione apostolica;* et le Missel romain : *Nemo audeat uti pileolo in celebratione missæ, sine expressa licentia sedis apostolicæ.* Saint Alphonse de Liguori ajoute : *Senectus sacerdotis et loci humor, aut hiemale tempus, vel etiam notabile incommodum, non sunt rationes celebrandi* (cum pileolo) *in loco publico, sine dispensatione.* Navarre et quelques autres disent que l'évêque peut dispenser de porter la calotte jusqu'au canon ou au moins jusqu'à la secrète et après la communion ; et le pape depuis le canon jusqu'à la communion inclusivement. Selon Durand, on est en usage en France, où les décisions de congrégations de cardinaux n'ont aucune autorité par elles-mêmes, de s'adresser pour l'obtenir aux évêques qui permettent aussi l'usage de la perruque aux prêtres qui en ont besoin, sans les obliger de la quitter comme la calotte, pendant le temps du canon de la messe. La formule rapportée dans la note apostolique est ainsi conçue : N..., archevêque de N., permettons à N. de célébrer la sainte messe avec une perruque modeste, tant que dureront ses infirmités. Dans plusieurs diocèses cette permission se donne verbalement.

PERSONNE INTERPOSÉE.

On appelle ainsi la personne qui prête son nom à une autre qui serait incapable de recevoir par elle-même une libéralité. Quand la loi a créé une prohibition, elle doit veiller à ce qu'on ne puisse l'éluder au moyen d'une fraude. C'est pour cela qu'après avoir établi les incapacités de recevoir par donation ou testament, elle annule tout acte qui aurait pour but de se soustraire à ses dispositions. Ainsi le code civil porte : « Toute disposition au profit d'un incapable sera nulle, soit qu'on la déguise sous la forme d'un contrat onéreux, soit qu'on la fasse sous le nom de *personnes interposées*. L'incapacité de recevoir n'existe que par la force de la loi, et on ne saurait l'étendre ; car, en fait de nullité, il n'est pas permis d'ajouter pour les cas d'incapacité. Sont réputées *personnes interposées* les père et mère, les enfants et descendants, et l'époux de la personne incapable. La loi comprend les père et mère, les enfants et descendants, légitimes ou naturels, sans distinction. Les ascendants, autres que les père et mère, se trouvent exceptés. Toute libéralité faite aux personnes désignées en cet article se trouve nulle de plein droit. Il y a une présomption légale qui dispense de toute preuve celui au profit duquel elle existe, et nulle preuve ne peut même être admise contre la présomption de la loi lorsque, sur le fondement de cette présomption, elle annule certains actes. Quand la présomption légale n'existe pas, il faut nécessairement le secours du fait pour prouver l'interposition. Pour les établissements publics ou communautés, l'interposition serait facile à établir, si la libéralité était faite à un ou plusieurs membres de ces établissements ou communautés.

A l'égard des donations entre époux, qui excéderaient la limite fixée, le législateur prononce aussi la nullité, lorsqu'il y a interposition des personnes ; mais dans ce cas la présomption d'interposition n'est pas restreinte aux personnes ci-dessus désignées. Sont réputées faites à personnes interposées les donations de l'un des époux aux enfants ou à l'un des enfants de l'autre époux, issus d'un autre mariage, et celles faites par le donateur aux parents dont l'autre époux sera héritier présomptif au jour de la donation, encore que ce dernier n'ait point survécu à son parent donataire. Quoique l'époux qu'on veut gratifier indirectement ne survive pas à son parent donataire, la donation est nulle ; car en principe de droit, ce qui est nul dès l'origine ne peut devenir valable ensuite.

Une règle générale, qui s'applique à toutes les personnes interposées, c'est qu'elles ne sont point incapables par elles-mêmes, mais seulement à l'occasion d'une autre à qui la donation est présumée faite par leur intermédiaire. Ces dispositions de la loi civile étant faites dans l'intérêt des mœurs, sont obligatoires au for intérieur comme au for extérieur. Toutefois nous remarquerons que ces nullités de donations ne sont portées par la loi que quand ces dons sont faits en faveur des personnes frappées d'incapacité. Mais une donation simulée, sous la forme d'une vente par exemple, ne serait point nulle, si elle était faite en faveur d'une personne capable de recevoir.

PHARMACIEN.

Le pharmacien ne peut exercer nulle part, faire aucune vente, commencer aucuns travaux, avant d'avoir, dans le délai d'un mois, exhibé son titre d'admission à l'autorité compétente, devant laquelle il prête le serment d'exercer son art avec probité et fidélité. Il doit exercer personnellement sa profession, toute location ou cession lui étant interdite, sous quelque prétexte et à quelque titre que ce puisse être. Il est défendu au pharmacien de débiter et livrer des préparations médicales ou drogues composées quelconques, autrement que sur la prescription d'un docteur en médecine ou d'un officier de santé. Il doit se conformer aux formules insérées et décrites au *Codex medicamentarius*, dont il est obligé de se pourvoir. L'infraction est punie de 500 fr. d'amende. Le pharmacien ne peut vendre aucun remède secret, sous peine de 25 à 600 fr. d'amende ; à l'exception toutefois de ceux dont la distribution serait permise par le gouvernement. Il doit avoir le plus grand soin de tenir dans des lieux sûrs et séparés, dont lui seul a la clef, sans qu'un autre puisse en disposer, les substances vénéneuses. Aux termes de la loi, les pharmaciens qui auront traité une personne dans une maladie dont elle meurt, ne pourront profiter des dispositions entre vifs ou testamentaires qu'elle aurait faites en leur faveur pendant le cours de cette maladie. Sont exceptées les dispositions rémunératoires faites à titre particulier, eu égard aux facultés du disposant et aux services rendus ; les dispositions universelles, dans le cas de parenté jusqu'au quatrième degré inclusivement, pourvu toutefois que le décédé n'ait pas de parents en ligne directe, à moins que celui au profit de qui la disposition a été faite ne soit lui-même du nombre de ces héritiers. Les créances relatives aux frais de la dernière maladie, par conséquent celles des pharmaciens sont privilégiées en troisième ligne sur les meubles de la succession. Les pharmaciens, dépositaires par état des secrets qu'on leur confie, qui, hors le cas où la loi les oblige à se porter dénonciateurs, auront révélé ces secrets, pèchent contre la loi divine, la loi naturelle et même contre la loi civile, qui les condamne à l'emprisonnement ou à l'amende.

On s'est beaucoup occupé dans ces derniers temps de la responsabilité médicale : ceux qui adoptent l'affirmative pour les dommages-intérêts, se fondent 1° sur un article du code ainsi conçu : « Quiconque, par maladresse, imprudence, inattention, négligence ou inobservation des règlements, aura commis involontairement un homicide, ou en aura involontairement été la cause, sera puni d'un emprisonnement de trois mois à deux ans, et d'une amende de 50 à 600 francs ; » 2° sur un autre article du code : « Tout fait quelconque de l'homme qui cause à autrui un dommage oblige celui par la faute duquel il est arrivé à le réparer ; » 3° enfin sur cet article du même code : « Chacun est responsable du dommage qu'il a causé, non-seulement par son fait, mais encore par sa négligence ou par son imprudence. Mais on s'accorde à dire que la responsabilité est plutôt morale et toute de conscience.

Les pharmaciens doivent donc avoir les connaissances qui sont propres à leur état, de la préparation des remèdes, des drogues, des simples qui y entrent, de leur vertu, de la dose sous laquelle on peut les donner, de la manière d'en faire usage. Pour acquérir ces connaissances, il est un temps d'apprentissage et des examens prescrits par la loi : ceux qui sont chargés de présider à ces examens seraient très-coupables s'ils en recevaient qui n'eussent pas la capacité nécessaire, quand même ils auraient accompli entièrement le temps d'apprentissage, qui n'est fixé que pour la faire acquérir.

Les pharmaciens doivent bien prendre garde de donner de mauvaises drogues sophistiquées, de vieux sirops qui ont perdu une partie de leur vertu; et si la cire entre dans la composition d'un remède, il leur est défendu de mêler de la vieille cire à la nouvelle ; ils pécheraient contre la charité, et ils seraient obligés à restituer et à réparer les dommages; ce qui peut aller fort loin, en pareille matière, par l'inutilité du remède, le retardement de la guérison, l'augmentation de la maladie qui peut-être est devenue incurable, ou a conduit à la mort, parce qu'un remède mal conditionné n'a pas produit d'effet dans un temps critique et décisif.

C'est un principe de saint Thomas que tout homme qui vend une marchandise est obligé d'en découvrir les vices cachés qui peuvent être nuisibles à l'acheteur ; que sans cela la vente est frauduleuse, et qu'on est responsable des suites. Le vice des drogues qui entrent dans la composition d'un remède est certainement un vice caché pour celui qui s'en sert.

Dans les villes, où le choix des drogues ne dépend pas ordinairement du pharmacien, il est tenu de suivre ce qui a été ordonné et prescrit par le médecin, sans pouvoir en substituer d'autres, sous prétexte qu'elles sont équivalentes. S'il y a néanmoins dans l'ordonnance une erreur manifeste, le pharmacien ne peut légitimement l'exécuter, mais il doit en avertir le médecin pour qu'il y fasse le changement nécessaire. Il doit tenir la même conduite, lorsqu'il a sujet de douter s'il n'y a point quelque autre méprise qui puisse être préjudiciable au malade.

Il est défendu aux pharmaciens de vendre des poisons, sinon à ceux qu'ils sont sûrs n'en pouvoir faire mauvais usage. La conscience des pharmaciens y est essentiellement intéressée.

Nous ne dirons rien du prix des drogues : les mémoires d'apothicaires sont un peu suspects et sujets à réduction; il peut y avoir du préjugé; il y a toujours ici le même principe de conscience : le prix doit être proportionné à la valeur de la marchandise, mais il y a de plus la composition, des peines particulières à payer, qui sont certainement estimables à prix d'argent.

PIGEONS

Les pigeons qui passent dans un autre colombier appartiennent au propriétaire du colombier, pourvu qu'ils n'y aient pas été attirés par fraude et artifice.

« Il y a, dit Malleville, des pigeons privés, comme il y en a de sauvages ; c'est de ces derniers seulement que cet article du code parle ; et si des pigeons de volière allaient se joindre à ceux du voisin, il n'y a pas de doute que le premier propriétaire ne fût en droit de les réclamer, comme son coq et ses poules, » à cet égard, nous lisons dans le code commenté la remarque suivante : « Comme les pigeons, de quelque espèce qu'ils soient, sont sauvages de leur nature et que nous n'en conservons la possession qu'autant qu'ils sont apprivoisés par l'habitude qui les rappelle dans la retraite qui leur est préparée, ils cessent de leur appartenir dès qu'ils ont perdu l'esprit de retour, et deviennent la propriété de celui dans le colombier duquel ils ont contracté l'habitude de se retirer. On présume qu'ils ont perdu l'esprit de retour, lorsqu'ils manquent deux ou trois fois de revenir à l'heure accoutumée dans leur ancienne demeure.

Les pigeons doivent être renfermés pendant la semaille et les moissons, et durant ce temps ils sont regardés comme gibier, et chacun a le droit de les tuer sur son terrain et de s'en emparer. Hors ce cas il est défendu soit de tirer sur les pigeons d'autrui, soit de les prendre avec des filets ou de toute autre manière. La loi qui permet de s'emparer des pigeons qu'on a tués sur ses propriétés peut être suivie en conscience aussi bien qu'au for extérieur.

PLANTATION.

Toute plantation sur un terrain ou dans l'intérieur est présumée faite par le propriétaire à ses frais et lui appartenir, si le contraire n'est prouvé ; sans préjudice de la propriété qu'un tiers pourrait avoir acquise ou pourrait acquérir par prescription. Le propriétaire du sol qui a fait des plantations avec des arbres qui ne lui appartenaient pas, doit en payer la valeur ; il peut aussi être condamné à des dommages-intérêts, s'il y a lieu ; mais le propriétaire des arbres n'a pas le droit de les enlever, s'il ont poussé des racines ; ils deviennent l'accessoire du fonds ; on a seulement droit à une indemnité. Mais s'il n'en ont pas encore poussé, on peut les réclamer ; car il n'y a pas encore incorporation ; et la réclamation ne nuit ni au sol ni à la plante.

POISSON.

Les poissons qui passent dans 1 étang d'un autre appartiennent au propriétaire de cet étang, à moins qu'ils n'y aient été attirés par fraude et artifice ; la pêche des rivières non navigables appartient aux propriétaires riverains ; le droit de pêche dans les fleuves ou rivières n'appartient qu'au fermier de la pêche et à ceux qui sont munis d'une permission ; tout autre individu n'a le droit de pêcher qu'à la ligne. Les anciennes ordonnances permettent la pêche sur la mer à tous les sujets du royaume. On est obligé en conscience de se conformer aux lois qui ont été faites sur la pêche.

POLLUTION.

Pollutio est voluntaria seminis resolutio, facta extra copulam carnalem. Voluntaria, inquam, in se, vel in causa culpabili. On ajoute : *seminis,* c'est-à-dire, *tam virilis quam feminei.* Le terme *resolutio* se doit entendre, *etiamsi absit* (in feminis) *effluxio extra membrum genitale.* Ce péché est mortel quand il est volontaire *in se, vel in causa culpabili.* Cependant l'imperfection de l'acte de la volonté, ou la légèreté de la cause, peut quelquefois, quoique rarement, le rendre seulement véniel.

— Il est à souhaiter que les confesseurs substituent à ce terme choquant celui d'incontinence secrète, et celui d'illusion pour les accidents du sommeil.

Cas I. *Peccantne qui fluxum seminis, aut humoris, seminis similitudinem referentes, inviti patiuntur?*

Quæstionem hanc solvit sanctus Thomas, 3. p., q. 80, art. 7., his verbis : « Causa corporalis (*Pollutionis*), quandoque est sine peccato ; puta cum est ex infirmitate naturæ. Unde et quidam, etiam in vigilando absque peccato fluxum seminis patiuntur ; vel etiam si sit ex superfluitate naturæ. Sicut enim contigit, sanguinem fluere absque peccato, ita et semen, quod est superfluitas sanguinis..... Quandoque vero est cum peccato, puta cum provenit ex superfluitate cibi, vel potus : et hoc etiam potest esse veniale, vel mortale. » Erit dubio procul mortale, si quis ei præbuerit voluntariam causam per sensuales feminarum aspectus, allocutiones, amorem inordinatum, morosas turpium rerum cogitationes, tactus, aliave similia.

Cas II. *Pollutio quæ inter dormiendum accidit, estne peccatum?*

R. Pollutionem, secundum se consideratam, quæ dormientibus accidit, non esse peccatum : quandoquidem tunc homo liber non est. Si tamen fuit volita, vel si causa ei data est per ebrietatem, aut culpabilem cogitationem, erit peccatum mortale. Potest autem pollutio esse volita in se et directe, vel indirecte et in causa. Est volita in se et directe, quando quis pollutionem ipsam expresse voluit, aut de illa probabiliter futura delectatus est. Est volita indirecte et in causa, quando quis, etsi pollutionem expresse noluit, causam tamen voluit ex qua hanc secuturam esse prævidebat, vel prævidere debebat ; et tunc si causa est inhonesta et illicita, pollutio est peccatum mortale, si contingat dormienti, uti docet sanctus Thomas, 2-2., q. 154, art. 5 Cum vero causa honesta, justa et licita est, pollutio quæ inde sequitur, non est peccatum, dummodo omnis cohibeatur in ejus delectationem consensus. Quare nec chirurgus qui in pudendis suam artem exercet, nec confessarius qui impuditorum confessiones audit, nec viator qui ad iter agendum equitat, ab istis rebus abstinere tenentur, etsi iis præter intentionem pollutio accidat. Attamen tenentur cohibere consensum in fædam delectationem.

Cas III. *Pollutio quæ incipit in somnis et finitur in vigilia estne peccatum mortale?*

R. Si talis pollutio ante somnum non fuit volita nec in se, nec in sua causa, et displicuit in vigilia, non est peccatum. Potest tamen contingere, ait sanctus Thomas in 4. dist. 9, q. 1, art. 4., quæst. 1. ad 5., quod in ipsa evigilatione peccatum oriatur ; si nempe pollutio propter delectationem placeat, quod quidem peccatum erit veniale, si sit ex subreptione talis placentia ; mortale autem si sit cum deliberato consensu... ; si autem placeat, ut naturæ exoneratio vel alleviatio, peccatum non creditur. Hactenus sanctus doctor cujus postrema verba nonnihil difficultatis habent.

Cas IV. *An tenetur qui evigilat, dum seminis fluxum patitur, eum cohibere si potest?*

R. Tenetur, tum quia actus ille aliquid habet inordinati, tum quia inde imminet pericu-

lum consensus. Negant tamen cum Gersone plures id necessario faciendum esse, si fieri non possit citra grave incommodum. Verum hæc ex prudentis confessarii, quandoque etiam et medici judicio definienda esse arbitror.

Voyez Communion, cas II; Église, cas XV.

POSSÉDÉ.

On appelle possédé, en latin *dæmoniacus* ou *a dæmonio obsessus*, celui qui est tourmenté corporellement par le démon. Le démon parle souvent par la bouche des possédés; de sorte qu'il est quelquefois difficile de distinguer si c'est le possédé même ou le démon qui parle. Il y a pourtant plusieurs moyens de le discerner. Voici les principaux : 1° lorsqu'il dit des choses ou profère des paroles dont l'intelligence surpasse la portée du démoniaque ou de ceux qui l'entendent; 2° quand il déclare des choses secrètes qu'on ne peut savoir à cause de la grande distance des lieux ou d'autres circonstances; 3° quand il obéit à des commandements purement intérieurs; 4° quand la personne passe, dans un moment, de l'état d'une faiblesse extrême à une force extraordinaire, ou des abois de la mort à une santé parfaite et robuste. Voilà les principaux indices par où l'on peut discerner la possession démoniaque d'avec une maladie naturelle, et surtout des vapeurs noires et malignes qui brouillent la tête et gâtent l'imagination de ceux qui en sont attaqués, au point qu'ils s'imaginent être possédés ou obsédés du démon. Il leur cause même quelquefois des contorsions si violentes et si extraordinaires, que personne ne douterait presque de leur possession.

— Cas I. *Lucius* a été appelé pour secourir une personne de quarante-cinq ans qu'on disait possédée. Son peuple l'y a enfin entraîné malgré lui. Il a fait à cette femme des commandements intérieurs auxquels elle a obéi. Il lui a parlé latin et grec, et elle lui a répondu en ces deux langues, quoiqu'elle ne sache pas lire. Il lui a vu faire des mouvements qui l'ont étrangement surpris. Il se disposait à faire les exorcismes, lorsque deux beaux esprits du temps lui ont dit qu'il allait se donner en spectacle; que les possessions n'étaient que des songes-creux; que les mouvements dont il se disait témoin n'avaient rien de plus surprenant que ceux qu'on a vus dans les convulsionnaires, et qu'il n'attribuait cependant pas au démon. Ces raisons ne l'ayant pas tout à fait ébranlé, il est retourné chez la malade, où il y avait beaucoup de monde. Ses agitations étaient aussi étonnantes que la veille; mais elle n'a plus obéi aux ordres qu'il lui donnait intérieurement; et tout le latin qu'elle lui a parlé s'est réduit à quelques paroles qu'elle avait entendues dans l'Église, et où il n'y avait ni sens, ni raison; ce qui a fait dire à un plaisant de la compagnie, que son diable était *incongru*. Que doit faire le curé, pour ne blesser ni la bienséance, ni la religion?

R. Il doit poser pour principe : 1° qu'il y a eu des possessions, et qu'il peut encore y en avoir; 2° qu'il y en a une infinité qui n'ont de réel que la simplicité ou la fourberie de ceux qui s'en croient atteints, ou qui font semblant de le croire; 3° que c'est principalement aux médecins à juger si tels mouvements ou telles dispositions du corps sont du ressort de la nature; quoiqu'il y en ait dont tout le monde peut juger (1); 4° que l'obéissance aux commandements intérieurs, et l'art d'entendre ou de parler une langue qu'on n'a jamais apprise, sont des preuves certaines de l'opération d'une intelligence étrangère; que les prétendus esprits forts en conviennent comme les autres, et que toute leur ressource est de nier intrépidement ce qui est constaté par un nombre presque infini de témoins de la plus éclairée et de la plus sévère probité; 5° qu'il n'est point surprenant qu'un vrai possédé entende aujourd'hui et qu'il n'entende pas demain, qu'il parle bien un jour et qu'il parle très-mal le jour d'après; qu'après avoir découvert un secret il paraisse se tromper sur l'autre; parce que, outre qu'il n'est point nécessaire que la possession soit continue, il est très-important au démon de répandre de l'obscurité sur son propre ouvrage, soit pour empêcher la gloire qui en revient à Dieu, soit pour déconcerter les ministres de l'Église, soit pour rendre suspects les dogmes de l'Église, en faisant juger par une imposture réelle ou apparente que tout ce qu'on a dit en ce genre n'est qu'une pure illusion. Au reste, comme il y a beaucoup de précautions à prendre dans cet examen, un curé y doit procéder mûrement, calmer l'imagination de ses paroissiens que la contagion de l'exemple pourrait infecter, ne rien faire sans l'avis de son évêque; et, supposé qu'il en vienne aux exorcismes, se souvenir qu'il est un genre de démons qu'on ne peut chasser que par le jeûne et la prière.

Cas II. *Achilles*, possédé par le démon, fait des jurements, des blasphèmes et des actions criminelles. Pèche-t-il mortellement en cela?

R. *Achilles* n'est pas coupable de ce qu'il dit et fait en cet état, parce qu'il n'est pas libre, et que c'est le démon même qui se sert de sa bouche et de sa langue pour proférer les jurements et les blasphèmes qu'il prononce, et qu'il fait en cet homme les actions criminelles dont il est parlé dans l'exposé. C'est la décision de S. Th. 1, 2, q. 89, art. 30.

Cas III. *Balthasar* a dans sa paroisse un

___

(1) Les possédés font quelquefois des choses si supérieures aux lois de la nature, qu'on ne peut s'y méprendre. Ce n'était pas selon les règles de la physique, que le Cochinchinois, dont parle M. de la Court dans sa Lettre à M. Winslow, *fut transporté dans un clin d'œil au plancher de l'Église; qu'il y resta pendant plus d'une demi-heure, les pieds collés à la tête en bas; et que par ordre de l'exorciste, le démon le jeta de là à ses pieds, sans lui faire de mal.* Voyez la lettre de ce sage et vertueux prêtre des Missions Étrangères; tom. II, de ma petite *Scholastique*, pag. 452.

homme possédé qui est dangereusement malade. Peut-il lui donner le saint viatique qu'il demande?

R. Saint Thomas ajoute qu'il faut raisonner des possédés comme de ceux qui sont privés de l'usage de raison, c'est-à-dire que s'ils ont quelques bons intervalles et qu'ils aient témoigné de la dévotion envers le saint sacrement, on doit leur donner la communion. Il excepte néanmoins ceux qui seraient certainement tourmentés par le démon en punition de quelque crime qu'ils auraient commis : *Nisi forte certum sit, quod pro crimine aliquo a diabolo torqueantur.* Ce qui doit s'entendre de ceux qui n'auraient pas expié leur péché par une pénitence sincère.

— Cas IV. Mais y a-t-il donc des possédés qui ne le soient pas en punition de leurs péchés?

R. Il y en a eu sans doute, et il peut encore y en avoir. La possession n'est qu'un genre d'affliction, et celui qui a livré Job à toute la rage extérieure du démon, uniquement pour faire éclater sa vertu, peut permettre qu'un innocent soit intérieurement tourmenté par cet ennemi du genre humain.

Il paraît même qu'il y a eu des saints qui ont demandé à Dieu ce genre d'épreuve pour se garantir de l'orgueil et s'avilir aux yeux des hommes. Voyez le *Triomphe de la Croix*, ouvrage du savant et vertueux H. M. Boudon, *pag.* 196 *et suiv.*, ou la Vie de ce grand serviteur de Dieu, *tom.* II, *p.* 238 *et suiv.*

— Cas V. *Martin*, exorcisant un possédé, l'a *adjuré* en présence du saint sacrement de dire vrai ; puis il lui a demandé si c'était Pierre qui l'avait volé, si Jean n'était pas un maléficier, etc.; à quoi le possédé a répondu affirmativement. Martin ne peut-il pas l'en croire?

R. Ce prêtre a eu grand tort, et dans le serment qu'il a exigé, et dans les questions qu'il a faites ; et il ne peut en croire le démon qui est le père du mensonge. *Si une fois cette porte était ouverte, les plus gens de bien ne seraient pas en assurance, vu que c'est à eux principalement qu'il en veut.* Ce sont les termes de la décision que donnèrent, le 16 février 1620, MM. Duval, Gamaches et Isambert au sujet de la possession de Loudun; son infidèle historien la rapporte, *p.* 195.

POSSESSEUR, POSSESSION.

La possession est la détention ou la jouissance d'une chose ou d'un droit que nous tenons ou que nous exerçons, par nous-mêmes ou par un autre qui la tient ou qui l'exerce en notre nom. On peut avoir la possession d'une chose sans en avoir la propriété : *Nihil commune habet proprietas cum possessione.* Pour pouvoir prescrire, il faut une possession continue et non interrompue, paisible, publique, non équivoque et à titre de propriétaire. On est toujours présumé posséder pour soi et à titre de propriétaire, s'il n'est prouvé qu'on a commencé à posséder pour un autre. Quand on a commencé à posséder pour autrui, on est toujours présumé posséder au même titre, s'il n'y a preuve du contraire. Les actes de pure faculté et ceux de simple tolérance ne peuvent fonder ni possession ni prescription ; les actes de violence ne peuvent non plus fonder une possession capable d'opérer la prescription. La possession utile ne commence que quand la violence a cessé. Le possesseur actuel qui prouve avoir possédé anciennement est présumé avoir possédé dans le temps intermédiaire, sauf la preuve du contraire. Pour compléter la prescription, on peut joindre à sa possession celle de son auteur, de quelque manière qu'on lui ait succédé, soit à titre universel ou particulier, soit à titre lucratif ou onéreux.

Le simple possesseur ne fait les fruits siens que dans le cas où il possède de bonne foi; dans le cas contraire, il est tenu de rendre les produits avec la chose au propriétaire qui la revendique. Celui qui a vendu la chose qu'il possédait de bonne foi n'est obligé de restituer que le prix de la vente, mais non les fruits, qu'ils soient consommés ou non, qu'ils soient civils, naturels ou industriels, qu'ils proviennent d'une hérédité ou d'autre part : là loi parle en général et sans distinction. Le possesseur est de bonne foi quand il possède comme propriétaire, en vertu d'un titre translatif de propriété dont il ignore les vices. Il cesse d'être de bonne foi du moment où ces vices lui sont connus. Celui qui doute réellement si la chose qu'il possède lui appartient, cesse d'être de bonne foi. La bonne foi seule ne suffit pas pour acquérir irrévocablement la propriété du bien d'autrui. Si le possesseur de bonne foi de la chose volée ou perdue l'a achetée dans une foire, ou dans un marché, ou dans une vente publique, ou d'un marchand vendant des choses pareilles, le propriétaire originaire ne peut se la faire rendre qu'en remboursant au possesseur le prix qu'elle lui a coûté. Cependant le possesseur est obligé de rendre la chose d'autrui dans l'état où elle se trouve lorsque la bonne foi vient à cesser. S'il l'a consommée durant la bonne foi, sans en être devenu plus riche, il n'est obligé à rien : s'il est devenu plus riche, il est obligé de restituer à raison de ce dont il est devenu plus riche. Le possesseur de bonne foi n'est tenu à rien, lors même que la chose périrait entre ses mains, de quelque manière que cette perte arrive. Il serait aussi exempt de restitution si, ayant reçu la chose gratuitement, il en a disposé au même titre en la donnant à quelqu'un ; probablement même il serait exempt de restituer ce qu'il aurait acheté d'un voleur et revendu au même prix, la bonne foi durant.

En fait de meuble, la possession vaut titre. Si le vendeur avait vendu de mauvaise foi le fonds d'autrui, il sera obligé de rembourser à l'acquéreur toutes les dépenses, même voluptuaires ou d'agrément, que celui-ci aurait faites au fonds.

Le possesseur de mauvaise foi est tenu de restituer la chose à qui de droit ; si elle ne subsiste plus, il en doit la valeur. Il est tenu en un mot à réparer tout le dommage qu'il a causé à celui dont il retenait la propriété de mauvaise-foi; mais il a droit à ce qu'on lui tienne compte de toutes les dépenses nécessaires et utiles qu'il a faites pour la conservation de la chose. Il doit restituer la chose dans l'état où elle est, lors même qu'elle aurait beaucoup augmenté de valeur depuis qu'elle est entre ses mains.

CAS I. *Aristide* possédait de bonne foi une montre, qu'il a revendue dans la même bonne foi à Evandre; celui-ci a disparu : Narcisse a découvert que cette montre est réellement celle qui lui fut volée il y a quelque temps; il ne peut exercer son recours sur Evandre, qui a disparu; a-t-il son recours sur Aristide?

R. Non; Aristide ne doit rien à Narcisse, qui ne peut exercer son recours que contre celui qui avait volé la montre. Il n'est pas juste qu'Aristide, qui est de bonne foi, soit victime de l'injustice commise par un autre; c'est du moins un sentiment très-probable.

CAS II. *Gnosius* a joui de bonne foi d'une terre d'un très-grand revenu, laquelle appartenait à Crisias; il lui a rendu sa terre au moment où il a reconnu qu'elle lui appartenait; peut-il en conscience suivre le Code civil qui lui en accorde les revenus?

R. Il est très-probable que oui, et qu'on peut raisonner de la bonne foi comme de la prescription : la possession de bonne foi a les mêmes effets que la propriété : *Bona fides tantum præstat possidenti quantum veritas.*

CAS III. *Sabinien* possède de bonne foi, mais sans titre, une terre ou autre chose; doit-il y être maintenu contre celui qui, n'ayant point aussi de titre, le trouble dans sa possession? en serait-il de même d'un bénéfice?

R. Sabinien doit être maintenu dans sa possession, pourvu que la chose soit de la qualité de celles qui entrent dans le commerce. C'est ce qui est porté par la règle 65 in 6, qui dit : *In pari causa.... potior est conditio possidentis.* Et cela doit avoir lieu jusqu'à ce que celui qui trouble un possesseur fasse voir par des titres évidents qu'il est le seul et véritable propriétaire de la chose que l'autre possède.

PRÉCAIRE.

Le *précaire* est un prêt à usage, qui est révocable à la volonté de celui qui le fait, comme quand je prête un cheval à Sempronius pour autant de temps qu'il me plaira. Le précaire finit, 1° quand celui qui a prêté la chose demande qu'on la lui rende; 2° par sa mort, en quelque temps qu'elle arrive après le précaire. Il ne serait pourtant pas de l'équité de redemander sur-le-champ une chose qu'un homme ne pourrait rendre sans un notable dommage. On appelle aussi posséder par précaire, quand on ne possède pas comme propriétaire. Ainsi une veuve ne possède que par précaire un douaire qui est réversible aux héritiers de son mari.

CAS. 1. *Liminius* ayant prié Tullius de lui prêter quelques pièces de vaisselle d'argent, à condition de les lui rendre dès qu'il lui plairait, et une tenture de tapisserie pour s'en servir durant trois mois; Tullius est mort quinze jours après : Liminius doit-il rendre incessamment cette vaisselle et la tapisserie aux héritiers du défunt, ou peut-il s'en servir jusqu'à la fin des trois mois?

R. Liminius est obligé à rendre *incessamment* la vaisselle d'argent aux héritiers de Tullius, parce que c'est un précaire qui finit par la mort de celui qui l'a prêté. A l'égard de la tenture de tapisserie, il peut s'en servir jusqu'à la fin du temps convenu, parce que c'est un *commodat* qui ne finit pas par la mort de celui qui prête, comme nous l'avons dit ailleurs. Le terme d'*incessamment* se doit entendre *ex æquo et bono*, comme on l'a insinué dans les prénotions.

CAS II. *Marius* a perdu, par une faute légère, une chose que Jean lui avait prêtée *titulo precarii*. Est-il tenu à restituer?

R. Il faut, en fait de précaire, ce que le droit appelle *culpa lata*, pour induire l'obligation de restituer; au lieu que dans le *commodat*, une faute très-légère suffit. La raison est que le précaire pouvant être révoqué à tout moment, est fort onéreux de ce côté-là à celui qui le reçoit; au lieu que le prêt à usage ne pouvant être révoqué qu'après le temps convenu, est en ce sens onéreux à celui qui le fait. Ainsi, notre décision est fondée sur la justice d'une certaine compensation. Dans le cas du précaire, le preneur souffre plus, il est donc tenu à moins. Dans le cas du commodat, il souffre moins, il est donc tenu à plus. *Voyez* la Règle 29, ff. *Juris antiqui*, et le ch. 1, *extra de Commodato*.

PRÊCHER.

Prêcher, c'est annoncer en public la parole de Dieu aux fidèles. Un prédicateur doit avoir quatre qualités outre celle de la science : 1° l'humilité, et une intention pure pour ne chercher que la gloire de Dieu, et non pas les applaudissements des hommes, ou l'intérêt; 2° une vie exemplaire et édifiante; 3° la pratique de l'oraison et la méditation des vérités de la religion; 4° la prudence, pour ne rien dire qui ne soit certain, et capable d'instruire et d'édifier le public.

Un curé, soit séculier, soit régulier, a toujours droit de prêcher lui-même dans son église, s'il le veut, préférablement à tout prédicateur nommé par les marguilliers; il en est de même des théologaux dans leurs églises, comme il est porté par l'art. 12 de l'édit de 1695. Selon le même édit, tout prédicateur doit obtenir sa mission du supérieur légitime. Un religieux ne peut prêcher hors son monastère sans la permission de l'évêque, ni même dans son église, sans s'être présenté à lui pour recevoir sa bénédiction, comme il est porté par la même ordonnance, art. 10.

CAS I. *Gacien* ne veut point prêcher, quoiqu'il en soit très-capable. Pèche-t-il en cela?

R. Cette omission n'est pas un péché pour Gacien, à moins qu'il ne soit engagé à prêcher par son ministère, ou par le commandement de son évêque.

— *Quia valde difficile est purgatum se quemlibet posse cognoscere (quemadmodum Isaias, qui mitti voluit, ante per altaris calculum se purgatum vidit), prædicationis officium tutius declinatur*, dit saint Thomas, 2-2, q. 185, a. 1. Cependant il faut aussi craindre d'enfouir les talents que Dieu a donnés. On sait la triste récompense du serviteur inutile.

CAS II. *Arnauld* prétend avoir droit de prêcher, par sa seule qualité de docteur, sans permission de l'évêque diocésain. A-t-il raison?

R. La prétention d'Arnauld est mal fondée, ainsi que l'enseigne saint Thomas, *quodlib*. 12, art. 27, à quoi l'édit de 1606 est entièrement conforme, art. 2.

CAS III. *Guillebaud* est souvent en état de péché mortel lorsqu'il annonce la parole de Dieu. Pèche-t-il en cela?

R. Si le péché de Guillebaud est public, il ne doit pas prêcher publiquement. S'il est occulte, il peut prêcher en cet état, sans offenser Dieu, pourvu qu'il ait une contrition sincère de son péché. Car s'il ne l'avait pas, il ne le pourrait faire sans irriter la colère de Dieu. C'est ce qu'enseigne saint Thomas, *in Ps.* II, sur ces paroles terribles : *Peccatori dixit Deus : Quare tu enarras justitias meas?* Il est difficile de supposer qu'un homme qui est *souvent en état de péché mortel*, en ait souvent une contrition bien sincère.

CAS IV. *Roger* prêche dans la vue principale de tirer du gain de ses sermons, ou de s'attirer l'applaudissement du public. Pèche-t-il en cela?

R. Oui, très-grièvement; puisque sa fin principale doit être la gloire de Dieu et le salut des âmes. *Quisquis*, dit saint Grégoire, hom. 17, *ideo prædicat, ut hic vel laudes, vel muneris mercedem recipiat, æterna procul dubio mercede se privat*. Car encore que son intention expresse ne soit pas de recevoir l'argent, précisément comme le prix de la parole de Dieu, elle ne laisse pas d'être simoniaque, puisque le gain en est le principal motif; ce qui suffit pour la rendre telle, comme il parait par la censure de la 45ᵉ proposition qu'Innocent XI condamna le 2 mars 1679. D'où il faut conclure qu'un prédicateur ne doit pas prêcher pour avoir de quoi subsister, mais qu'il doit seulement recevoir ce qu'on lui donne pour être en état de prêcher : *Sed ideo mercedem recipere debet, ut prædicare subsistat*, ainsi que le dit saint Grég. *ibid*.

CAS V. *Adelphius* prêche le carême dans une ville dont tous les habitants exercent publiquement l'usure. Peut-il recevoir d'eux des aumônes pour la rétribution de ses sermons?

R. Si Adelphius exhorte dans ses sermons ces usuriers à restituer ce qu'ils ont acquis par des voies usuraires, et qu'il ne soit pas assuré que tout leur bien ait été acquis de cette manière, il peut sans scrupule recevoir d'eux ce qu'ils lui offrent pour sa subsistance : *Qui prædicat usurariis, et monet eos restituere, huic licitum est accipere*, dit saint Thomas, *quodlib*. 12, art. 29.

CAS VI. *Gennade*, prêchant dans un état voisin de la France, a reçu ordre du prince de s'abstenir de la prédication, ou bien le peuple s'oppose à son ministère. Doit-il cesser de prêcher?

R. Saint Thom., *quodlib*. 12, art. 28, répond que si le prince défend à prêcher, et que plusieurs d'entre le peuple désirent de l'entendre, il ne doit pas cesser de prêcher, parce qu'une telle défense est injuste et tyrannique; mais il doit continuer, en prenant néanmoins de justes et sages mesures pour se mettre à couvert de la persécution; comme l'ont fait les apôtres, et comme le font encore aujourd'hui les missionnaires de Tunkin, et des autres pays où la liberté de la religion chrétienne n'est pas permise. Mais si le peuple est de concert avec le prince, alors le prédicateur doit céder à la force et se retirer ailleurs, à moins, ajoute saint Thomas, qu'il n'y soit obligé d'office, parce qu'il a charge d'âmes. Car alors il doit demeurer avec les fidèles du salut desquels il est chargé, quand même il ne le pourrait faire qu'au péril de sa vie, pourvu qu'en demeurant avec eux il leur puisse être utile.

CAS VII. *Eléazar*, religieux mendiant, a prêché dans son couvent avec la permission de son supérieur, mais contre la défense de l'évêque diocésain. Peut-il être déclaré interdit de la prédication, ou puni autrement par l'évêque?

R. L'évêque peut punir et interdire Eléazar. Il y est autorisé par le concile de Trente, sess. 24, *de Refor*. c. 4. et par l'assemblée générale du clergé de 1625, qui a reçu le règlement de ce concile. Enfin cette discipline a été aussi confirmée par le bref d'Innocent X, du 14 mai 1648.

CAS VIII. *Hubert* qui n'est encore que sous-diacre, ou diacre, désire de prêcher. Le peut-il selon l'esprit de l'Eglise?

R. Si Hubert est diacre, il peut prêcher avec la permission de l'évêque, parce qu'il a ce droit par son ordination même, dans la cérémonie de laquelle il est dit : *Oportet diaconum...... prædicare*. Mais s'il n'est que sous-diacre, il ne le peut faire sans avoir une permission très-spéciale de l'évêque. Cette décision ne regarde que l'Eglise latine; car dans celle d'Orient, il n'est pas permis aux diacres de prêcher, ni même de catéchiser dans l'Eglise.

— On dit ailleurs qu'un clerc même qui prêcherait *proprio motu*, quoiqu'il péchât, n'encourrait point l'irrégularité.

PRÉCIPUT.

Le mot *préciput* vient de deux mots latins qui signifient *prélever*, prendre au delà. Il y a deux sortes de préciputs : le préciput *hors part* et le préciput conventionnel.

Préciput hors part. L'égalité entre héritiers est la base fondamentale en matière de succession : aussi tout héritier venant à une succession doit rapporter à la masse tout ce qu'il a reçu du défunt par donation entre-vifs, directement ou indirectement. Mais il n'est pas tenu à rapporter si les dons et legs lui ont été faits *expressément par préciput et hors part ou avec dispense du rapport.* Ainsi le préciput est l'avantage accordé à un héritier *en sus de sa part héréditaire,* avec dispense d'en faire le rapport à ses cohéritiers. Si les dons et legs dépassent la quotité disponible, le préciput ne s'exerce que jusqu'à concurrence de cette quotité ; l'excédant est sujet à rapport. Si le don est d'un immeuble, il peut se faire que le retranchement ne puisse s'opérer commodément ; alors dans ce cas, si l'excédant est de plus de moitié de la valeur de l'immeuble, le donataire doit rapporter l'immeuble en totalité, sauf à prélever sur la masse la valeur de la portion disponible ; si cette portion excède la moitié de la valeur de l'immeuble, le donataire peut retenir l'immeuble en totalité, sauf à moins prendre et à récompenser ses cohéritiers en argent ou autrement.

Pour qu'il y ait préciput, il n'est pas indispensable qu'on se serve des termes *hors part, dispense de rapport ;* il suffit que la volonté du donateur ou testateur soit clairement exprimée. Il n'est pas non plus indispensable que la déclaration, que le don ou legs est à titre de préciput, soit faite dans *l'acte qui contient le don* ; elle peut avoir lieu par un acte postérieur dans la forme des dispositions entre-vifs ou testamentaires. La dispense de rapport des frais de nourriture, d'entretien, d'éducation, d'apprentissage, d'équipement ordinaire, de noces et présents d'usage, n'est pas envisagée comme un *préciput,* mais comme une obligation naturelle qui ne diminue en rien la quotité disponible.

Préciput conventionnel. Les époux peuvent, par contrat de mariage, convenir que le survivant prélèvera une certaine somme ou une certaine quantité d'effets mobiliers en nature. Ce droit de prélèvement est le préciput conventionnel, lequel ne peut se prendre que sur les biens de la communauté. En règle générale, la femme survivante ne peut l'exercer que lorsqu'elle accepte la communauté, à moins que le contrat de mariage ne lui ait réservé ce droit en renonçant.

Le préciput s'ouvre par la mort civile comme par la mort naturelle, et non par la séparation de corps. Dans ce dernier cas, l'époux qui a obtenu la séparation de corps conserve seul ses droits en cas de survie. Si c'est la femme, la somme ou la chose qui constitue le préciput reste toujours provisoirement au mari à la charge de donner caution.

Le préciput est une convention et non un avantage. Il peut être établi en faveur d'un seul époux, et sans cas de survie, et comprendre telle quotité de biens de la communauté qu'on juge à propos ; car les conventions de mariage sont illimitées. Mais en cas d'existence d'enfants d'un précédent mariage, il y aurait réduction s'il en résultait un avantage qui dépasserait la portion disponible. En cas d'absence d'un époux déclarée par jugement, quand le préciput porte sur des effets mobiliers, il est utile de bien s'expliquer ; car le doue est contraire au préciput. Cette observation est importante. Une différence entre les deux préciputs *hors part* et *conventionnel,* c'est que le premier se prend sur la quotité disponible et que le second n'y porte aucune atteinte. La loi sur les préciputs regarde le for intérieur de même que le for extérieur.

PRESCRIPTION.

La *prescription* est l'acquisition de la propriété d'une chose qu'on a possédée de bonne foi sans interruption, durant le temps déterminé par la loi. Quand il s'agit de prescription, on doit se conformer en France au Code civil. Une longue absence pour les affaires publiques, ou causée par captivité, ou toute cause légitime, empêche la prescription.

La prescription est un moyen d'acquérir ou de se libérer par un certain laps de temps et sous les conditions déterminées par la loi. On ne peut d'avance renoncer à la prescription ; on peut renoncer à la prescription acquise. La renonciation à la prescription est expresse ou tacite ; la renonciation tacite résulte d'un fait qui suppose l'abandon du droit acquis. Celui qui ne peut aliéner ne peut renoncer à la prescription. La prescription peut être opposée en tout état de cause, à moins que la partie qui n'aurait pas opposé le moyen de la prescription ne doive, par les circonstances, être présumée y avoir renoncé. On ne peut prescrire le domaine des choses qui ne sont point dans le commerce ; par conséquent, les églises, les cimetières, les places publiques, les rues, ne peuvent s'acquérir par prescription. La prescription se compte par jour et non par heure ; elle est acquise lorsque le dernier jour du terme est accompli. Toutes les actions, tant réelles que personnelles, sont prescrites par trente ans, sans que celui qui allègue cette prescription soit obligé d'en rapporter un titre, ou qu'on puisse lui opposer l'exécution déduite de la mauvaise foi, au for extérieur ; « car, comme le disent les théologiens et les jurisconsultes, la mauvaise foi qui peut survenir pendant la prescription est, ainsi que le remarque Bigot de Préameneu, un fait personnel à celui qui prescrit ; la conscience le condamne ; aucun motif ne peut, au for intérieur, couvrir son usurpation. Les lois religieuses ont dû employer toute leur force pour prévenir l'abus qu'on pourrait faire de la loi civile. »

« Au for intérieur, dit Delvincourt, on ne peut invoquer ou opposer la prescription qu'autant qu'on a été de bonne foi pendant tout le temps requis pour la prescription. »

« Dans le for intérieur, dit Malleville, il est bien constant que celui qui sait que la chose ne lui appartient pas, ne peut la prescrire par quelque temps que ce soit. »

La bonne foi nécessaire pour qu'on puisse en conscience user de la prescription, consiste à être persuadé que la chose dont on prend ou dont on conserve la possession nous appartient. Un doute prudent, fondé, et qu'on ne peut déposer, empêche d'user de la prescription au for de la conscience.

Celui qui acquiert de bonne foi et par juste titre un immeuble, en prescrit la propriété par dix ans, si le véritable propriétaire habite dans le ressort de la cour royale dans l'étendue de laquelle l'immeuble est situé; par vingt ans, s'il est domicilié hors dudit ressort. Si le véritable propriétaire a eu son domicile en différents temps, dans le ressort et hors du ressort, il faut, pour compléter la prescription, ajouter à ce qui manque aux dix ans de présence, un nombre d'années d'absence double de celui qui manque pour compléter les dix ans de présence.

Après dix ans, l'architecte et les entrepreneurs sont déchargés de la garantie des gros ouvrages qu'ils ont faits ou dirigés. L'action des maîtres et instituteurs des sciences et arts, pour les leçons qu'ils donnent au mois; celle des hôteliers et des traiteurs, à raison du logement et de la nourriture qu'ils fournissent; celle des ouvriers et gens de travail, pour le payement de leurs journées, fournitures et salaires, se prescrivent par six mois. L'action des médecins, chirurgiens et apothicaires, pour leurs visites, opérations et médicaments; celle des huissiers pour le salaire des actes qu'ils signifient, et des commissions qu'ils exécutent; celle des marchands, pour les marchandises qu'ils vendent aux particuliers non marchands; celle des maîtres de pension, pour le prix de la pension de leurs élèves; et des autres maîtres pour le prix de l'apprentissage; celle des domestiques qui se louent à l'année, pour le payement de leur salaire, se prescrivent par un an. L'action des avoués, pour le payement de leurs frais et salaires se prescrit par deux ans, à compter du jugement du procès, ou de la conciliation des parties, ou depuis la révocation desdits avoués. A l'égard des affaires non terminées, ils ne peuvent former de demandes, pour leurs frais et salaires, qui remonteraient à plus de cinq ans. La prescription, dans les cas ci-dessus, a lieu, quoiqu'il y ait eu continuation de fournitures, livraisons, services et travaux. Elle ne cesse de courir que lorsqu'il y a eu compte arrêté, cédule ou obligation, ou citation en justice non périmée. Tout cela ne doit s'entendre que du for extérieur; car pour tous les cas que nous venons d'exposer, la prescription ne peut être opposée que quand il y a eu bonne foi. Néanmoins, au for extérieur, ceux auxquels ces prescriptions seront opposées peuvent déférer le serment à ceux qui les opposent sur la question de savoir si la chose a été réellement payée. Les juges et avoués sont déchargés des pièces cinq ans après le jugement des procès. Les huissiers, après deux ans depuis l'exécution de la soumission ou la signification des actes dont ils étaient chargés, en sont pareillement déchargés.

Les arrérages de rentes perpétuelles et viagères, ceux des pensions alimentaires, les loyers des maisons, et le prix de bail des biens ruraux ; les intérêts des sommes prêtées, et généralement tout ce qui est payable par année ou à des termes périodiques plus courts, se prescrivent par cinq ans. Les prescriptions dont il s'agit courent contre les mineurs et les interdits, sauf leur recours contre leurs tuteurs.

Outre la bonne foi, il faut pour la prescription que la possession procède d'un juste titre, c'est-à-dire d'un titre qui soit de nature à transférer la propriété; tel serait un contrat de vente, une donation, un échange ; cependant il n'est pas nécessaire d'avoir un titre pour la prescription des immeubles qui s'opère par une prescription de trente ans; mais on ne peut prescrire par dix et vingt ans qu'au moyen d'un titre valable et translatif de la propriété. Le titre nul par défaut de forme ne peut servir pour la prescription de dix et vingt ans; mais il n'empêche pas la prescription trentenaire.

Pour compléter la prescription, on peut joindre à sa possession celle de son auteur, de quelque manière qu'on lui ait succédé ; ceux qui possèdent pour autrui ne prescrivent jamais par quelque laps de temps que ce soit. Ceux à qui les fermiers, dépositaires et autres détenteurs précaires, ont transmis la chose par un titre translatif de propriété, peuvent la prescrire ; on ne peut prescrire contre son titre en ce sens que l'on ne peut point se changer à soi-même la cause et le principe de sa possession; on peut prescrire contre son titre en ce sens que l'on prescrit la libération de l'obligation que l'on a contractée.

La prescription peut être interrompue ou naturellement ou civilement; il y a interruption naturelle, lorsque le possesseur est privé pendant plus d'un an de la jouissance de la chose, soit par l'ancien propriétaire, soit même par un tiers. Une citation en justice, un commandement ou une saisie, signifiés à celui qu'on veut empêcher de prescrire forment l'interruption civile.

La citation en justice donnée, même devant un juge incompétent, interrompt la prescription ; si l'assignation est nulle par défaut de forme, si le demandeur se désiste de sa demande, s'il a laissé périmer l'instance, ou si sa demande est rejetée, l'interruption est regardée comme non avenue. La prescription est interrompue par la reconnaissance que le débiteur ou le possesseur fait du droit de celui contre lequel il prescrivait.

L'interpellation faite légalement à l'un des débiteurs solidaires, ou sa reconnaissance, interrompt la prescription contre tous les autres, même contre leurs héritiers. L'interpellation faite à l'un des héritiers n'interrompt pas la prescription à l'égard des autres cohéritiers, quand même la créance serait hypothécaire, si l'obligation n'est indivisible. L'interpellation faite au débiteur principal, ou sa reconnaissance, interrompt la prescription contre la caution.

La prescription court contre toutes personnes, à moins qu'elles ne soient dans quelque exception établie par une loi. « Ni la guerre, ni la peste, ni aucune autre calamité, ne peuvent suspendre la prescription, parce qu'elles ne sont point exceptées par la loi civile. » Les canonistes ont prétendu le contraire; mais comme c'est la loi qui règle la prescription, on doit en ceci pour le for intérieur s'en rapporter à la décision des interprètes de la loi civile.

La prescription ne court pas contre les mineurs et les interdits, à l'exception de quelques cas déterminés par la loi : la prescription au contraire court en leur faveur; elle court contre les absens et les prodigues; elle ne court point entre époux; elle court contre la femme mariée, encore qu'elle ne soit point séparée par contrat de mariage ou en justice, à l'égard des biens dont le mari a l'administration, sauf son recours contre le mari. La prescription est pareillement suspendue pendant le mariage, dans le cas où l'action de la femme ne pourrait être exercée qu'après une option à faire sur l'acceptation ou renonciation à la communauté, et dans le cas où il aurait vendu le bien propre de la femme sans son consentement, est garant de la vente, et dans les autres cas où l'action de la femme réfléchirait contre le mari. La prescription ne court point à l'égard d'une créance qui dépend d'une condition, jusqu'à ce que la condition arrive; à l'égard d'une action en garantie, jusqu'à ce que l'éviction ait lieu; à l'égard d'une créance à jour fixe, jusqu'à ce que ce jour soit arrivé. Elle ne court pas contre l'héritier bénéficiaire, à l'égard des créances qu'il a contre la succession; elle court contre une succession vacante, quoique non pourvue de curateur; elle court encore pendant les trois mois pour faire inventaire, et les quarante jours pour délibérer.

Enfin nous posons en principe qu'au for intérieur il est permis d'user de la prescription dès qu'elle est autorisée au for extérieur, pourvu qu'il y ait eu bonne foi, pendant tout le temps exigé pour la prescription.

Cas I. *Agathon* a possédé de bonne foi un bien pendant le temps fixé par la loi. Peut-il en conscience user du droit de prescription, pour ne pas le rendre au propriétaire, et en serait-il de même d'un possesseur de mauvaise foi ?

R. Saint Raymond et quelques théologiens de son temps ont révoqué en doute la justice du droit de prescription; mais il est constant que le possesseur de bonne foi peut user de ce droit, après qu'il a possédé la chose pendant le temps fixé par la loi, qui est, à l'égard des immeubles, celui de dix ans, *inter præsentes*, de vingt, *inter absentes*, quand on possède en vertu d'un titre probable, comme de vente, de donation, ou d'échange, ou de trente ans sans titres; et enfin de quarante contre les églises, les monastères et les hôpitaux; et à l'égard des meubles celui de trois ans, ou plus, comme il est réglé par les lois. Ainsi Agathon, ayant possédé un bien le temps fixé par la loi, n'est point obligé de le rendre à celui à qui il appartenait, parce qu'il en est devenu le propriétaire par la prescription : c'est la doctrine de saint Thomas. *Si quis præscribat*, dit-il, *quodlib.* 12, art. 14, *bona fide possidendo, non tenetur ad restitutionem, etiamsi sciat alienum fuisse, post præscriptionem; quia lex potest pro peccato et negligentia punire in re sua, et id am alteri dare.* Saint Augustin enseigne la même chose, *Ep.* 153, *n.* 26. Nous supposons que la prescription d'Agathon, outre la bonne foi et le temps fixé par les lois, a encore ces trois autres conditions rapportées par Cabassut, l. vi, c. 22, n. 6, dont la première est, *continuata possessio. Sine possessione enim*, ajoute-t-il, *non currit præscriptio, Reg.* 3, *in* 6. La seconde : *Rei capacitas, ut præscribi possit, qualem*, dit-il, *non habent res sacræ, res sanctæ, res publicæ, jura ecclesiastica. Unde fit, ut laici non possint præscribere jus cognoscendi, aut judicandi causas Ecclesiæ, jura decimarum, primitiarum, oblationum, aliaque spiritualia, cap.* Causam *de Præscriptionibus*. La troisième, *titulus probabiliter præsumptus*.

Cas II. *Artus* possède de bonne foi depuis plus de vingt ans un bien appartenant à Philippe, qui l'ignorait, et qui par conséquent ne peut être censé coupable de négligence. Artus peut-il se servir du droit de prescription pour retenir ce bien ?

R. Il le peut, si sa possession est fondée sur un titre d'achat. La raison est que l'esprit des lois n'est pas seulement de punir la négligence de ceux contre lesquels la prescription court; mais aussi, et principalement, de remédier aux troubles qui pourraient naître sur l'incertitude des domaines, et d'empêcher que la propriété des biens ne demeurât incertaine. *Bono publico usucapio introducta est, ne scilicet quarumdam rerum diu et fere semper dominia incerta essent*, dit la loi 1, ff. *de Usurpationib. et Usucap.*, lib. XLI, tit. 3.

— Le titre d'achat n'est point dans ce cas qu'à embarrasser. Le sentiment le plus suivi est que la prescription a lieu dans les biens possédés à titre gratuit, comme dans ceux qu'on possède à titre onéreux. La loi et la raison de la loi militent pour l'un comme pour l'autre.

Cas III. *Pélage* possède de bonne foi, depuis neuf ans, à titre de donation, une maison appartenant à Jean, Jacques, et à trois autres. Jean, ayant découvert par un titre qu'il avait part à cette maison, a fait sa demande en justice contre Pélage, sans que les autres soient intervenus au procès que quinze mois après. On demande si la possession de Pélage, qui a été troublée par Jean avant les dix ans, l'a été aussi en faveur des autres qui n'ont fait leur demande qu'après les dix ans?

R. Par la seule demande de Jean, Pélage a cessé d'être possesseur de bonne foi, non-seulement à son égard, mais encore à l'égard de tous les autres copropriétaires ; et par conséquent dès ce moment il n'a pu prescrire légitimement. C'est la décision de la loi 10, *cod. de Acquirend. vel retin*, etc., lib. VII, tit. 32. La raison est que c'est le droit entier qui a été demandé par Jean pour être ensuite possédé en commun par tous les propriétaires.

Cas IV. *Pepin*, tuteur d'Arnould, lui a remis après sa majorité tout son bien, excepté deux arpents de pré attenant aux siens. Pepin, croyant que ces deux arpents lui appartenaient, en a joui de bonne foi, en les affermant avec les siens pendant plus de trente ans. Arnould, ayant découvert qu'ils étaient à lui, les demande à Pepin, qui refuse de les rendre, quoiqu'il les possède sans titre, et lui oppose la prescription de trente ans. *Quid juris?*

R. Pepin peut en conscience se servir du droit de prescription pour retenir les deux arpents du pré d'Arnould, parce que le droit qui s'acquiert par une possession de bonne foi non interrompue pendant le temps fixé par les lois, est un moyen légitime d'acquérir, dont les tuteurs ne sont exceptés par aucune loi ni civile ni canonique.

Cas V. *Constantin* a acheté de Clément, il y a plus de vingt ans, trois arpents de vigne, appartenant à un mineur âgé seulement de cinq ans pour lors. Ce mineur à sa majorité en a demandé la restitution. Constantin, qui a été dans la bonne foi, peut-il opposer le droit de prescription?

R. Non ; parce que les lois n'accordant pas aux mineurs l'administration de leurs biens, la prescription ne court point contre eux pendant tout le temps de leur minorité. *Ea enim (præscriptio) tunc currere incipit, quando ad majorem ætatem dominus rei pervenerit*, dit la loi 3, *cod. quibus non objicitur*, etc., t. VII, tit. 35.

D'où il s'ensuit que si un fonds ou quelque droit, comme de servitude, ou autre, appartenait par indivis à un majeur et à un mineur, il ne pourrait pas être prescrit ; parce que ce bien doit être possédé en entier par l'un et par l'autre, et que le mineur n'en peut pas perdre la propriété par une prescription qui aurait couru pendant sa minorité : *Si communem fundum ego et pupillus haberemus*, dit la loi 10, ff. *Quemadmodum*, etc., lib. VIII, tit. 9, *licet uterque non uteretur ; tamen propter pupillum et ego viam retineo*. Mais si le fonds avait été partagé, le majeur aurait perdu son droit, sans que le mineur perdît le sien.

Cas VI. *Salvius* ayant joui pendant neuf ans d'une maison qui lui avait été léguée, et qui appartenait à Jacques, l'a laissée par sa mort à Bernard, son héritier, qui ne s'en est mis en possession que dix mois après le décès de Salvius. Après en avoir joui trois mois, Jacques la lui demande. Bernard peut-il la garder par le droit de prescription, et n'a-t-elle point été interrompue pendant l'intervalle de dix mois qu'il ne l'a pas possédée ?

R. Bernard peut garder cette maison, parce que tout intervalle sans possesseur n'interrompt point le cours de la prescription. Ainsi un héritier qui est absent, ou qui ignore que l'hérédité est vacante, ou qu'il y a droit, et qui n'entre en possession que quelque temps après que la succession est ouverte, ne laisse pas d'être en droit, non-seulement de joindre sa possession à celle du défunt, mais encore tout l'intervalle du temps qui a été entre l'ouverture de la succession et celui de sa possession : *Vacuum tempus, quod ante aditam hæreditatem ; vel post aditam intercessit, ad usucapionem hæredi procedit*, dit la loi 31, § 5, ff. *de Usucapionibus*.

Cas VII. *Josselin*, ayant possédé de bonne foi à titre d'achat pendant neuf ans, un bois taillis, l'a laissé en mourant à Olivier son héritier, qui en a joui deux ans : après quoi un voisin, à qui ce bois appartenait, en a demandé la restitution à Olivier, attendu que n'en ayant joui que deux ans, il ne pouvait opposer la prescription. Olivier est-il obligé de le rendre?

R. Non ; parce que quand un possesseur de bonne foi vient à mourir avant qu'il ait acquis la prescription d'un fonds, et que son héritier continue aussi de le posséder de bonne foi, on doit joindre ensemble le temps de ces deux possessions ; et si ce temps fait celui qui est fixé par la loi pour prescrire, la prescription est acquise à l'héritier. Ce qu'on doit entendre également de la possession du légataire jointe à celle du testateur, de celle de l'acheteur et du vendeur, et de celle du donataire et du donateur ; pourvu néanmoins que la bonne foi s'y trouve. C'est la décision formelle de la loi 14, § 1, ff. *de Div. temp. præscr.*, l. XLIV, tit. 3, qui dit : *Plane tribuuntur* (accessiones possessionum) *his qui in locum aliorum succedunt, sive ex contractu, sive voluntate. Hæredibus enim et his qui successorum loco habentur, datur accessio testatoris*.

Cas VIII. *Samuel* possède de bonne foi depuis six ans, des terres qui lui ont été léguées. Cyrille prétend qu'elles lui appartiennent, et fait assigner Samuel pour les avoir ; après quelques procédures, il a cessé de le poursuivre. Samuel demeure donc encore quatre ans dans la possession de ces terres. Ces dix années lui suffisent-elles pour acquérir le droit d'une prescription légitime, malgré le trouble qui lui a été suscité par Cyrille?

R. Nous répondons, 1° que si Samuel n'a pas cessé d'être possesseur de bonne foi pendant l'instance formée et depuis, le temps de la prescription a toujours couru en sa faveur, nonobstant le trouble qui lui a été suscité par Cyrille. La raison est qu'on doit considérer ce trouble comme non avenu, Cyrille ayant laissé périr l'instance qu'il avait commencée, faute de poursuites pendant trois ans, conformément à ces termes de l'ordonnance de Roussillon de 1564. *La prescription aura son cours, comme si ladite instance n'avait été formée, ni introduite, et sans qu'on puisse prétendre ladite prescription avoir été interrompue.* Ce qui a été confirmé par une autre ordonnance de Louis XIII.

2° Si depuis ou pendant l'instance, quoique périmée par le laps de trois ans, Samuel est devenu possesseur de mauvaise foi, avant les dix ans écoulés, il ne peut prescrire dans le for intérieur, parce que la bonne foi est nécessaire pour prescrire, comme nous l'avons déjà dit.

3° Si Samuel a été dans un doute bien fondé, qui ait troublé sa bonne foi pendant ou depuis l'instance, quoique périe par le laps de trois ans de négligence, cela n'empêche pas qu'il ne se puisse prévaloir du droit de prescription dans le for de la conscience. La raison est que, quoique la bonne foi soit absolument nécessaire pour commencer la prescription, elle n'est pourtant pas formellement requise pour la continuer; et il suffit que le possesseur ne soit pas dans la mauvaise foi dans le cours du temps requis pour la prescription. *Quid si dubitat,* dit la Glose, *in cap.* Quoniam, *fin. de Præscrip.,* l. II, tit. 26, *an res sit sua, et habet justam causam dubitationis? Adhuc dicitur bonæ fidei possessor, et utitur fructibus, et in hoc casu præscribit, licet habeat conscientiam dubiam.* Et en effet, celui qui est entré de bonne foi en possession d'une chose, la regarde comme sienne, et ainsi il n'est pas obligé de l'abandonner sur un simple doute suivant la règle de droit : *In dubio melior est conditio possidentis.*

— Je suis bien éloigné de croire que la *condition* de celui qui commence à douter avec fondement si tel bien lui appartient, est *meilleure* jusqu'au point de faire qu'il puisse sans scrupule tout retenir pour lui. Je renvoie à ce que j'en ai dit dans mon Traité *de Jure,* etc., p. 1, cap. 2, et surtout dans la dixième édition à num. 352, p. 206.

Cas IX. *Chaumond* a laissé en mourant à Etienne, son fils et unique héritier, un diamant qu'il avait volé à Lucien. Etienne l'a possédé de bonne foi pendant plus de 30 ans; après quoi Lucien l'a reconnu et demandé à Etienne. Ne peut-on pas lui opposer la prescription?

R. Etienne est obligé à rendre le diamant à Lucien. La raison est que l'héritier universel est censé la même personne avec le défunt, et en succédant à tous ses biens, il entre aussi dans toutes ses charges. Ainsi l'obligation où était Chaumond de restituer le diamant a passé à son fils, qui par conséquent n'a pu prescrire, comme le porte la loi 11, ff. *de Div. temp. præscr.,* etc. Il faut dire la même chose du donataire ou légataire universel. Mais il n'en est pas de même du donataire ou légataire particulier. Et si le diamant avait été donné ou légué à Etienne, il pourrait opposer le droit de prescription. C'est en ce sens qu'on entend ces paroles de la loi 5, *ibid. Denique usucapere possum quod auctor meus usucapere non potuit.*

Cas X. *Hippolyte* a acheté de bonne foi d'Ursin une chose qu'il avait volée, et l'a vendue ensuite à Théodule, qui l'a possédée de bonne foi le temps requis pour prescrire. Théodule en est-il le propriétaire légitime par la prescription?

R. Théodule ayant possédé le temps requis par les lois la chose volée par Ursin, il a pu légitimement la prescrire; parce qu'il a un titre coloré et apparent, et que d'ailleurs son vendeur est aussi, comme lui, dans la bonne foi. Ce qui se prouve par une loi de Justinien, l. II, *Instit.,* tit. 6, *de Usucap.,* etc., § 7, qui dit : *Si malæ fidei possessor, alii bona fide accipienti tradiderit, poterit ei longa possessione res acquiri.*

— Cette loi fait voir que Pontas a tort d'exposer et de répondre qu'Hippolyte ayant acheté la chose de bonne foi, Théodule qui l'a aussi achetée de bonne foi, a pu la prescrire. Dès que l'acheteur est de bonne foi, il peut prescrire; et il prescrit en trois ans de droit commun, s'il s'agit d'un effet mobilier, comme le dit Justinien, *Inst.,* l. II, tit. 6, dans le texte même que P. a cité.

Cas XI. *Gustave* possède depuis plus de 50 ans un quartier de terre qui faisait autrefois une partie du cimetière. Peut-il opposer la prescription à son curé, qui lui demande cette terre?

R. Non; parce que l'on ne peut prescrire que ce qui peut appartenir aux particuliers, et non point les choses sacrées, comme les églises et les chapelles; ni les choses religieuses, comme les cimetières; ni celles que les lois romaines appellent saintes, comme les chemins publics, les murailles, les portes de villes, et généralement tout ce qui sert à l'usage public; ainsi qu'il est porté par la loi 8, § 1, ff. *de Divers. rerum qual.* Il en serait de même d'une rente affectée pour l'acquit de fondations pieuses, comme de prières, etc. Car quand on aurait été plus de 50 ans sans la payer, les arrérages en sont toujours dus depuis 20 ans selon notre usage, et on doit en faire l'emploi pour augmenter la rente.

Il est bon cependant d'observer qu'on peut acquérir ou perdre indirectement par la prescription, des choses qui sont hors du commerce, en acquérant ou perdant celles auxquelles elles sont annexées; par exemple, si j'acquiers par le droit de prescription une terre à laquelle le droit de patronage est attaché, en prescrivant la terre, je prescris en conséquence le droit de patronage; ainsi que le dit sur un autre sujet la loi 62, ff. *de Acqrer. dom.,* l. XLI, tit. 1.

Cas XII. *Ennodius* et son père ont joui depuis près de 80 ans d'un bois. Les officiers du domaine du roi lui en demandent la restitution, en lui faisant voir que ce bois en fait partie. Peut-il se servir de la prescription?

R. Non; car on ne peut prescrire ce que les lois déclarent imprescriptible; or tout ce qui est du domaine du roi est, en France, de cette nature, quelque temps qu'on l'ait possédé; à moins, dit l'ordonn. de François Ier, du 3 juin 1539, que la jouissance *n'excédât cent ans.*

Cas XIII. Un prince ne peut-il pas par son autorité donner au possesseur de mauvaise foi le domaine de la chose qu'il a possédée pendant le temps requis par les lois?

R. Non, la raison e' l'équité s'y opposent : *Verum est*, dit saint Thom. quodlib. 12, a. 24, *quod omnia sunt principum ad gubernandum, non ad retinendum sibi, vel ad dandum aliis.*

Cas XIV. *Médard* ayant possédé dix ans un demi-arpent de terre, dont Renaud était le véritable propriétaire, Renaud a sommé juridiquement Médard de le lui rendre que le soir du dernier jour qui rendait les dix ans accomplis. Médard soutient qu'il doit jouir du droit de la prescription, parce qu'il ne s'en fallait que cinq à six heures que le temps fixé par la loi ne fût accompli. Qui a raison?

R. Médard ne peut refuser à Renaud la restitution du demi-arpent qu'il réclame; parce que la demande faite le dernier jour contre la prescription en interrompt le cours jusqu'à ce que le dernier moment de ce jour soit expiré : *In omnibus temporalibus actionibus*, dit la loi 6, ff. *de Oblig.*, l. XLIV, tit. 7, *nisi novissimus totus dies compleatur, non finit obligationem.* C'est par cette raison qu'un ecclésiastique ne peut sans crime, et sans encourir les peines canoniques, recevoir les ordres sacrés avant que le dernier jour du temps prescrit par l'Église soit entièrement expiré. Ainsi la maxime de saint Antonin : *Quod parum deest, nihil deesse videtur*, n'a pas lieu dans les choses de droit rigoureux, et moins encore dans celles où la loi est précise.

Cas XV. L'évêque d'Agen a découvert qu'il avait droit de conférer le doyenné de l'église cathédrale sur l'élection du chapitre, et de donner au doyen *curam eccles æ et animarum*, dont néanmoins son métropolitain est en possession depuis plus de cent ans. L'évêque a-t-il perdu son droit par la prescription?

R. Il l'a perdu, parce qu'une église peut prescrire contre une autre par une possession de 40 ans, et même contre celle de Rome par une de cent ans; pourvu cependant que la prescription ait toutes les conditions nécessaires pour être légitime. C'est la décision d'Alex. III, c. 8, *de Præscript.*, l. II, tit. 16.

Cas XVI. *Pantaléon*, abbé, ayant vendu à Vital un bois de son abbaye sans garder les formalités nécessaires, et Vital ayant ensuite vendu ce bois à Robert, le successeur de Pantaléon demande aujourd'hui à Robert la restitution de ce bois qu'il possède de bonne foi depuis plus de 40 ans, sous prétexte que le contrat de la première vente est vicieux. Robert doit-il le rendre?

R. Il n'y est point obligé; car nonobstant tous les défauts du titre d'un premier acquéreur, un tiers acquéreur, qui a possédé de bonne foi un bien d'église pendant 40 ans, peut en conscience user du droit de prescription, comme l'observe M. Ferrière *sur les Novelles*, tom. I, tit. de l'aliénation des biens de l'Eglise, n. 7. C'est ce qui s'observe au parlement de Toulouse; et, dans un procès évoqué du parlement d'Aix à celui de Grenoble, les gens du roi de ce dernier attestèrent par un acte authentique que, selon l'ancien usage, les tiers possesseurs de bonne foi d'un bien d'église qui avait été aliéné sans les formalités requises, étaient à couvert de tout trouble après 40 ans de possession.

Cas XVII. *Fuldrade*, seigneur bas justicier en Normandie, ayant laissé échoir six années d'arrérages d'une rente seigneuriale, son vassal Guilbert ne lui en veut payer que trois, alléguant le droit de prescription pour les autres. A-t-il raison?

R. Il est vrai que selon la coutume de Normandie, art. 31, les seigneurs bas justiciers n'ont droit d'exiger que les arrérages de trois années de rentes seigneuriales qui leur sont dues par leurs vassaux, *s'il n'y a compte ou condamnation, ou qu'il n'apparaisse de la première fieffe par hypothèque générale*. Et cela à la différence des seigneurs hauts justiciers, qui ont droit selon la même coutume d'en demander 29. Il pourrait cependant se faire que Fuldrade fût en droit en certains cas de demander les six années. Pour entendre ceci, il faut observer que dans cette province il y a eu autrefois deux sortes de contrats d'inféodation. Les uns étaient exécutoires en tout temps; les autres, au contraire, limitaient le temps à trois années seulement. Il faut donc s'en tenir aux clauses du contrat primitif, si Fuldrade peut le représenter. S'il n'a que la possession sans titre, Gilbert peut se servir de la prescription, s'il est dans la bonne foi; c'est-à-dire, s'il n'a point demandé du temps à Fuldrade pour le payer. La raison est qu'il peut se faire que le contrat original d'inféodation porte que le rentier ne sera tenu que de payer trois années d'arrérages. Or, dans un doute bien fondé, Gilbert peut le présumer ainsi en sa faveur, jusqu'à ce que Fuldrade lui prouve le contraire selon la loi 56, ff. *de Reg. juris*, qui dit : *Semper in dubiis benigniora præferenda sunt*.

— Je déciderais la même chose, mais sur ce principe qu'il n'y a ici qu'un doute négatif, et que c'est à un créancier à prouver sa dette active. Mais si dans tout un grand canton il n'y avait que des contrats d'inféodation du premier genre, je ne serais pas si tranquille.

Cas XVIII. *Félicien* doit à Gautier, son seigneur 3 l. de rente seigneuriale. Gautier a été 38 ans sans en demander le payement. Après quoi Félicien n'a voulu lui payer que 29 années d'arrérages, selon les ordonnances, parce que le surplus était prescrit. Félicien, qui a toujours su qu'il devait cette rente, doit-il payer les neuf années de surplus?

R. Une rente, ou toute autre chose due de droit naturel, ne peut être prescrite, à moins que le débiteur ne soit dans la bonne foi. Félicien ne peut donc opposer la prescription, puisqu'elle est accompagnée de mauvaise foi; à moins qu'il ne prouve que le titre primordial de l'inféodation fixé, par une convention réciproque du seigneur et du vassal, un temps déterminé de prescription ; comme il s'en trouve plusieurs dans la coutume de Normandie ; ainsi qu'on l'a vu dans la réponse précédente.

Il n'en est pas de même des rentes constituées et qui ne sont pas dues *ex natura rei*, mais seulement par l'autorité du prince, à laquelle les contractants se sont mutuellement soumis, et qui pour l'intérêt public les a fixées à un certain nombre d'années, au delà duquel l'obligation cesse : *Avons ordonné et ordonnons*, dit Louis XII, *que les acheteurs de telles rentes* (constituées à prix d'argent, volantes, pensions, hypothèques ou rentes à rachat) *ne pourront demander que les arrérages de cinq ans ou moins ; et si, outre cinq ans aucune année d'arrérages était échue, dont ils n'eussent fait question, ni demande en jugement, ne seront reçus à la demander... et en ce ne sont compris les rentes foncières, portant seigneurie directe ou censive*. D'où il suit que la loi déchargeant entièrement les débiteurs des arrérages accumulés après les cinq ans, ces débiteurs en sont par conséquent quittes, même dans le for de la conscience ; leur obligation ne tirant sa force que de la loi, qui ne les oblige pas au delà du temps qu'elle marque.

Si on nous objectait qu'on doit juger des arrérages dus d'une rente constituée à prix d'argent, comme des gages des domestiques, et de ce qui est dû à un boulanger, boucher, etc., qu'on ne peut prescrire dans le for de la conscience, quoiqu'on n'en demande le payement qu'après le temps porté par les ordonnances ; nous répondrions qu'il y a une grande différence entre ces espèces de dettes. Les secondes sont dues de droit naturel ou divin ; au lieu que les arrérages d'une rente qui n'est pas foncière, mais seulement constituée à prix d'argent, ne sont dûs que de droit humain, c'est-à-dire par la loi du prince, qui a fixé le temps pendant lequel on pourrait en exiger les arrérages. D'où il s'ensuit qu'encore que la somme d'argent qu'on a donnée en constitution, soit due de droit naturel, l'intérêt qu'elle produit n'est pourtant dû qu'en conséquence de la loi du prince, conformément aux conditions qu'elle prescrit.

Voyez RESTITUTION, cas V, VII, VIII.

PRÉSOMPTION.

Péché contre l'espérance. Ne vous êtes-vous point flatté de vous sauver sans faire aucune bonne œuvre ? ou vous êtes-vous imaginé qu'en faisant beaucoup de bonnes œuvres vous pouviez vous sauver, sans fréquenter les sacrements et les églises ? Ne vous êtes-vous point enhardi à pécher, pensant que vous obtiendriez aussi aisément le pardon de plusieurs péchés que d'un seul ; et qu'il ne vous en coûterait pas plus d'en confesser dix que de n'en confesser qu'un ? N'avez-vous point différé votre conversion, présumant qu'aux approches de la mort vous auriez assez de temps ; disant : Dieu est bon ; il ne m'a pas fait pour me damner, un bon repentir en mourant effacera tout ? Péché mortel, à moins qu'une certaine bonne foi n'excuse ; c'est se fonder sur la bonté de Dieu pour l'outrager.

Présomptions en droit. Les présomptions sont des conséquences que la loi ou le magistrat tire d'un fait connu à un fait inconnu : on distingue les présomptions légales et les simples présomptions. La présomption légale est celle qui est attachée par une loi spéciale à certains actes ou à certains faits ; tels sont : 1° Les actes que la loi déclare nuls, comme présumés faits en fraude de ses dispositions, d'après leur seule qualité ; 2° les cas dans lesquels la loi déclare la propriété ou la libération résulter de certaines circonstances déterminées ; 3° l'autorité que la loi attribue à la chose jugée ; 4° la force que la loi attache à l'aveu de la partie ou à son serment. La présomption légale dispense de toute preuve celui au profit duquel elle existe. Nulle preuve n'est admise contre la présomption de la loi, lorsque sur le fondement de cette présomption elle annule certains actes ou dénie l'action en justice, à moins qu'elle n'ait réservé la preuve contraire. Les présomptions simples sont abandonnées à la prudence et aux lumières du magistrat, qui ne doit admettre que des présomptions graves, précises et concordantes, et dans les cas seulement où la loi admet les preuves testimoniales, à moins que l'acte ne soit attaqué pour cause de fraude ou de dol.

Lois fondées sur une présomption de droit ou de fait. Les lois fondées sur une présomption de droit obligent en conscience, même dans les cas où les inconvénients que la loi a voulu prévenir n'existent pas. Mais les lois fondées sur une présomption de fait n'obligent que quand le fait a eu lieu. Vous avez été condamné, par exemple, à réparer un dommage causé à un voisin par une fausse présomption du juge ; vous n'êtes pas tenu en conscience à faire cette réparation, si vous pouvez vous y soustraire, ou si dans une occasion vous pouvez user de compensation.

CAS. Germain a négligé de faire l'inventaire d'une succession qui lui est arrivée et qu'il a acceptée purement et simplement ; il se trouve dans cet héritage plus de dettes que de biens ; par les tribunaux il a été condamné à payer toutes les dettes : peut-il en conscience user de compensation envers quelques débiteurs ?

R. Oui ; il n'a été condamné à payer des dettes que sur la fausse présomption de ce fait, qu'il y avait assez de bien pour les payer : en conscience il n'y est pas obligé.

PRÊT, *Mutuum*.

Le *Prêt* est un contrat par lequel une personne transporte gratuitement à une autre le domaine d'une chose qui se consume par l'usage ; tels que sont l'argent, le blé, le vin, etc.

à la charge d'en rendre la valeur en chose de même qualité et de même nature dans le temps convenu.

Le prêt diffère du prêt à usage, *commodatum*, par lequel on ne transfère pas le domaine de la chose empruntée. Il doit être gratuit de sa nature, quoiqu'on puisse néanmoins en retirer quelque profit en certains cas où l'on souffre du dommage, ou dans lesquels on manque de faire un profit légitime. Tout cet article doit être modifié sur les décisions de la pénitencerie. *Voyez* INTÉRÊT.

CAS I. *Samson* a prêté 2,000 l. pour deux ans à Landulfe. Il en a exigé l'intérêt, à raison du denier vingt: 1° parce qu'il a un très-juste fondement de craindre que Landulfe ne lui rende pas cette somme, si ce n'est longtemps après le temps convenu; 2° parce qu'il est fort probable qu'il fera un profit considérable avec cet argent. Samson peut-il sans usure recevoir cet intérêt ?

R. Non ; parce que quand une action est mauvaise de sa nature et défendue par le droit naturel et par toutes les lois divines et humaines, il n'y a aucune circonstance, ni condition qui puisse l'excuser de péché, à moins que cette circonstance ne change la nature de cette action. Or, le doute et le danger de n'être pas payé de son principal ne peuvent pas changer la nature de l'action par laquelle on exige un intérêt usuraire, et de mauvaise qu'elle est la rendre bonne. Ils ne peuvent donc aussi excuser du péché d'usure celui qui par cette raison exige un tel intérêt. *Ideo*, dit saint Thomas, *opusc.* 73, *de Usur.* c. 6, *quia dubium et periculum de sua natura non tollunt hanc vitiositatem* (usuræ a mutuo, quando fit spe lucri, nec dubium, nec periculum excusare possunt vitium usuræ. Et en effet si la prétention de Samson était juste, on pourrait avec plus de raison exiger des intérêts des pauvres que des riches ; ce qui est l'usure la plus criante.

On doit raisonner à peu près de même à l'égard du profit que Landulfe doit faire. Ce profit du débiteur ne donne à son créancier aucun droit d'en rien exiger au delà de son capital, parce que si cet argent vient à périr, c'est au seul débiteur à en porter la perte, comme c'est à son débiteur seule qu'il doit ce profit ; parce que l'argent est stérile de sa nature, et qu'il ne produit que quand on le met en œuvre.

CAS II. *Jean* offre de prêter 1,000 l. à Jacques fort pauvre, il lui donne le choix ou de lui donner une caution solvable, ou de lui payer cinq pour cent d'intérêt. Jacques consent de payer cet intérêt, ne pouvant faire autrement. Jean peut-il le recevoir ?

R. Il ne le peut pour les raisons que nous avons alléguées dans la réponse précédente.

CAS III. *Saturnin*, ayant en main la dot de sa femme, qui est de 3,000 l., les parents de sa femme l'ont obligé de la mettre entre les mains d'un marchand pour en tirer de quoi supporter les charges du mariage, comme Innoc. III, c. 7, *de Donat. inter virum et ux.*, l. IV, tit. 20, semble le permettre. Cela est-il juste?

R. Point du tout, et il n'y a que la voie d'une société légitime faite avec ce marchand, par laquelle Saturnin puisse faire profiter cette femme. Et c'est là le sens de la décrétale d'Innocent III sur laquelle la Glose parle ainsi : *Non tenetur (maritus) fenerari dotem, et de usuris alere uxorem..... sed convertat eam in societatem honestam, vel aliquod commercium.*

CAS IV. *Cécilius* a cent écus blancs qui doivent diminuer de cinq sous à la fin du mois. Sempronius les lui demande à emprunter pour deux mois. Il les lui prête avec pacte qu'il les lui rendra en cent pièces pareilles et 25 liv. de plus pour le supplément du rabais. Ce pacte est-il usuraire ?

R. Ce pacte n'est pas usuraire ; car Cécilius n'a pas intention, par ce pacte, de gagner en vertu du prêt, mais seulement d'éviter une perte qu'il souffrirait s'il gardait son argent, ce qui n'est pas défendu. *Aliud est*, dit saint Thomas, *opusc.* 73, *de Usur.*, c. 14, *vitare damnum, et aliud sperare lucrum... nec in hoc damnificatur qui mutuum accipit, quia non ab hoc accipit ut ipsum usque ad illud tempus conservet, in quo verisimiliter minus valitura esset pecunia, sed ut ipsa statim utretur.*

M. P. ajoute que si ce débiteur offrait de rendre les 100 écus à Cécilius avant le jour du décri, celui-ci ne pourrait en conscience les refuser. Mais cela serait faux si Cécilius avait eu occasion de les employer avant le décri et qu'il en eût averti Sempronius. Il y aurait là *damnum emergens*.

CAS V. *Hervé* a emprunté 1,000 livres à Bernard ; en sortant avec cet argent on le lui a volé. Qui des deux doit porter cette perte?

R. C'est Hervé, parce qu'il est devenu propriétaire de cet argent dès l'instant du prêt. Or, suivant la maxime commune, *res perit domino rei* : c'est aussi ce qu'enseigne Justinien, *l.* III, *Inst.*, *tit.* 15, § 2, en ces termes : *Is quidem, qui mutuum accepit, si quolibet fortuito casu amiserit quod accepit, veluti incendio, ruina, naufragio, aut latronum hostium incursu, nihilominus obligatus remanet.*

CAS VI. *Philémon* ayant prêté au mois de décembre un muid de vin à Guibert, à condition qu'il le lui rendrait au premier jour de juin de l'année suivante, et Guibert ne l'ayant pas rendu au jour convenu, il l'a fait assigner pour le faire condamner à lui en payer la valeur. Guibert offre d'en payer le prix sur le pied qu'il valait quand il l'a emprunté. Philémon veut qu'il le paye sur le pied du prix courant, parce que le vin est augmenté. De quel côté est la justice?

R. Si le muid de vin a été pris par Guibert à l'estimation pure et simple qui en a été faite lorsque Philémon le lui a livré, Philémon ne peut en conscience rien prétendre au delà, quoique le vin soit devenu beaucoup plus cher dans la suite, parce que dans ce cas l'estimation d'une chose en fait la vente. Mais si l'estimation du vin n'a pas été faite dans le temps même du prêt, elle doit être sur le pied du prix qu'il vaut au temps qu'il doit être rendu, et dans le lieu où il le doit être, parce qu'il est dû en ce temps et en ce lieu. C'est la décision de la loi *fin.* ff. *de Cond. tritic.*, l. XIII, tit. 3. *Si merx aliqua, quæ certo die dari debebat, petita sit, veluti vinum, oleum, frumentum, tanti litem æstimandam Cassius ait, quanti fuisset eo die quo debuit : si de die nihil convenit, quanti tunc cum judicium acciperetur.* Voyez USURE.

PRÊT A USAGE, *Commodatum.*

Le *prêt à usage* est un contrat par lequel on accorde gratuitement à un autre le simple usage d'une chose pour une fin et pour un temps déterminé, après quoi il doit la rendre en individu.

Le commodat diffère 1° du louage qui n'est pas gratuit ; 2° du simple prêt, parce qu'il ne transfère pas la propriété de la chose, mais seulement l'usage ; 3° du précaire, dans lequel on ne détermine ni le temps, ni le lieu, ni l'usage. Celui à qui on fait le prêt à usage ne peut se servir de la chose prêtée que pour l'usage convenu, et il est obligé de la rendre au temps marqué, et celui qui l'a prêtée ne peut aussi la redemander avant ce temps. Quand le commodat n'a été fait que pour la seule utilité de celui qui l'a reçu, il est tenu d'une faute très-légère, c'est-à-dire pour avoir omis la diligence qu'un homme très-prudent a coutume d'apporter dans ses propres affaires, cap. 1, *extra, de Commodato,* lib. III, tit. 15; mais il n'est pas tenu d'un cas fortuit s'il ne s'en est chargé, ou qu'il y ait donné occasion, ou qu'enfin il n'ait pas rendu la chose au temps convenu.

CAS I. *Jules* a prêté son cheval à Victorien pour quinze jours. Huit jours après il l'a demandé à Victorien, qui a refusé de le lui renvoyer. Victorien a-t-il péché en cela ?

R. Non ; parce que comme dit la loi 2, § 6, ff. *Depos. vel contra,* l. XVI, tit. 3, *contractus legem ex conventione accipiunt.* Or nous avons dit que le prêt à usage est une convention par laquelle on donne gratuitement à quelqu'un une chose pour s'en servir à certain usage et pour un temps déterminé, après lequel la chose même sera rendue à celui qui l'a prêtée. Victorien n'est donc pas obligé de rendre le cheval avant les quinze jours dont on était convenu avec lui.

— On n'estimerait guère un homme qui ne renverrait pas le cheval d'un ami qui n'en a point d'autre pour aller chez son père, qui est à l'extrémité. Je crois même que des cas aussi urgents sont exclus par épikie des conventions gratuites.

CAS II. *Hilaire* a prêté un cheval à Barthélemi, qui lui a été enlevé dans le chemin par des voleurs. Sur qui doit tomber cette perte ?

R. Elle doit tomber sur le prêteur, parce que celui à qui on prête une chose pour son usage n'est pas tenu du cas fortuit qui arrive sans sa faute, tel que sont les vols, les incendies, les inondations. C'est la décision de la loi 5, § 4, ff. *Commodati, vel contra,* qui dit : *Quod... vi latronum ereptum est, aut quid simile accidit, dicendum est, nihil eorum esse imputandum ei, qui commodatum accepit; nisi aliqua culpa interveniat.*

CAS III. *Martial* a prié César de lui prêter son cheval pour aller de Paris à Versailles. Martial s'en est servi à son insu pour aller de Paris à Orléans. A-t-il pu en user ainsi sans péché ?

R. Martial a péché grièvement par la fraude qu'il a commise, et il est obligé à réparer tout le dommage qu'il a pu causer par là à César, soit par la perte ou par la détérioration du cheval. *Qui alias re commodata utitur, non solum commodati, verum furti quoque tenetur,* dit la loi rapportée dans la réponse précédente. Il faudrait raisonner différemment si Martial savait que l'intention de César était de lui laisser son cheval à sa discrétion. *Si permissurum rei dominum credant, extra crimen videntur,* dit Justinien, *Inst.* lib., IV, tit. 1, § 7.

— Cette permission peut se présumer entre bons amis; mais il ne faut ni s'y méprendre, ni en abuser.

CAS IV. *Caïus* a laissé périr, par une négligence très-légère, un cheval que Brice lui avait prêté. Qui doit en porter la perte ?

R. C'est Caïus : *Cum gratia sui tantum quis commodatum accepit, de levissima etiam culpa tenetur,* dit Grégoire IX, cap. 1, *de Commod.* D'où il faut conclure que si Caïus avait emprunté le cheval de Brice pour leur utilité commune, il ne serait chargé de la perte que pour une faute grande ou légère, *lata aut levis.*

CAS V. *Constantin* a prié Gervais d'aller à Rouen pour y prendre soin de ses intérêts, et il lui a prêté son cheval pour faire le voyage. Ce cheval a été volé par la faute de Gervais. Gervais doit-il le payer ?

R. Comme Gervais n'a pas emprunté ce cheval pour sa propre utilité, si sa faute n'a été que très-légère, *levissima,* ou sa négligence seulement légère, la perte du cheval doit tomber uniquement sur Constantin. *Si mea causa dedi* (rem) *dum volo pretium exquirere, dolum mihi tantum præstabit,* dit la loi 10, § 1, ff. *Commod. vel contra.*

CAS VI. *Mathieu* et *Clément,* associés, ayant une dette commune, sont convenus que Mathieu irait la solliciter et que Clément lui prêterait son cheval. Mathieu, en revenant, a laissé périr le cheval par sa faute. Est-ce à lui seul à en porter la perte ?

R. Quand le prêt à usage a été fait pour l'intérêt commun de celui qui prête et de celui qui emprunte, celui à qui le prêt est fait est non-seulement responsable du dommage qui arrive par sa mauvaise foi, mais encore de celui qui est causé par sa faute et sa négligence, *lata et levi,* comme il est porté par la loi 5, § 10, ff. *Com. vel contra,* qui dit : *Ubi utilitas utriusque vertitur, ut in locato... dolus et culpa prestatur.*

Cas VII. *Ferdinand* a prêté à Paul un lit. Le feu ayant pris à la maison de Paul, ce lit a été brûlé, parce que Paul a mieux aimé sauver son bien que ce lit. Doit-il le payer à Ferdinand?

R. Oui ; la raison est que quand le commodataire peut éviter la perte de la chose qu'il a empruntée, quoique aux dépens de ce qui lui appartient, il est responsable du dommage causé même par ce cas fortuit envers celui qui la lui a prêtée : *Proinde etsi incendio, vel ruina aliquid contigit, vel aliquid fatale damnum, non tenebitur, nisi forte cum res commodatas salvas facere posset, suas prætulit*, dit la loi 5. ff. *Commodati*, etc. La Glose excepte cependant, avec raison, les cas où le commodataire ne pourrait sauver le bien du prêteur qu'en laissant périr le sien qui serait d'un prix beaucoup plus considérable. Un homme sage ne laissera pas brûler son cheval de 50 pistoles pour sauver l'âne que lui a prêté son voisin, et qui ne vaut pas 10 écus.

Cas VIII. *Anastase* ayant prêté son cheval à Louis pour aller à Bordeaux, ce cheval s'est trouvé détérioré de moitié après son retour. Sur qui doit tomber ce dommage?

R. Si Louis a nourri et ménagé le cheval comme il le devait, et qu'il ne se soit trouvé détérioré que par l'usage qu'il avait droit d'en faire, il n'est tenu à rien envers Anastase : *Si commodavero tibi equum quo utereris usque ad certum locum, si nulla culpa tua interveniente, in ipso itinere, deterior equus factus sit, non teneberis commodati. Nam ego in culpa ero, qui in tam longum iter commodavi, qui laborem sustinere non potuit*, dit la loi 10, ff. Com. vel contra.

Cas IX. *Almachius* a prié Luc de lui prêter son cheval pour aller à Grenoble. Luc, avant de le lui mettre entre les mains, a voulu que l'estimation en fût faite. Le cheval est péri par un cas fortuit. Sur qui doit en tomber la perte?

R. Elle doit tomber sur Almachius seul ; parce que l'estimation d'une chose est une espèce de vente qu'on en fait, et Luc ne l'a exigée que pour s'assurer de son cheval contre toutes sortes d'événements, ou de sa juste valeur en cas qu'il vînt à périr de quelque manière que ce fût. C'est encore la décision de la loi 5 déjà citée.

PRÊT A PRÉCAIRE. *Voyez* PRÉCAIRE.

PRIÈRE.

Prier est exposer à Dieu ses propres besoins ou ceux du prochain, avec le désir d'obtenir par Jésus-Christ, de sa bonté, les secours qu'on lui demande. On distingue surtout deux sortes de prières : la *vocale*, qui ne mérite le nom de prière que quand le cœur est joint aux paroles ; et la *mentale*, qui n'est qu'une élévation de l'esprit et du cœur à Dieu, à qui on demande intérieurement les secours dont on a besoin. Toute prière doit être faite avec un esprit de pénitence pour être agréable à Dieu, quoiqu'il ne soit pas absolument nécessaire d'être en état de grâce. Saint Augustin, *in ps.* 118, nous apprend aussi qu'on peut prier Dieu en quelque situation du corps qu'on soit, c'est-à-dire couché, à genoux, assis ou debout, pourvu que l'attention s'y trouve.

Cas I. *Malchion* a avancé que la prière est de précepte divin en plusieurs occasions. Cela est-il vrai, et quelles sont ces occasions?

R. La nécessité de la prière nous est marquée par ces paroles de Jésus-Christ, Matth. c. VII : *Petite et dabitur vobis* ; paroles qui, selon saint Thomas, renferment un vrai précepte : *Petere*, dit ce saint docteur, 2-2, q. 83, art. 3, *cadit sub præcepto religionis quod quidem præceptum ponitur, Matth.* VII; *ubi dicitur : Petite et accipietis*. C'est pour cela que l'Eglise, avant de chanter à la messe l'oraison dominicale, proteste que c'est suivant l'instruction qu'elle a reçue de Dieu, et pour obéir à ses commandements, qu'elle ose dire Notre Père : *Præceptis salutaribus moniti*, etc.

Or, les principales occasions où ce précepte oblige, sont : 1º le temps de la maladie, de la persécution, d'une calamité particulière ou publique ; 2º celui d'une tentation violente, d'un grand danger du salut du prochain ; 3º quand on est en péché mortel et qu'on est en danger de perdre la vie ; 4º quand il s'agit d'exécuter quelque grande entreprise pour la gloire de Dieu, le bien de l'Eglise, etc.

Cas II. *Josse* interrompt de temps en temps le canon de la messe pour ajouter et faire des prières particulières. Sa dévotion est-elle condamnable?

R. Il n'est pas permis à un célébrant d'ajouter aucunes prières particulières au canon de la messe, excepté au temps du *Memento*, où, selon les rubriques, il est permis d'en faire quelques-unes pour ceux en faveur desquels on offre le saint sacrifice, pour tous les fidèles en général, et pour leurs besoins particuliers. Mais elles doivent être très-courtes, comme le portent les mêmes rubriques, *oret aliquantulum*, et jamais faites dans un autre endroit du canon : 1º afin de ne pas faire naître par une trop grande longueur l'ennui dans le cœur des assistants ; 2º parce qu'on ne pourrait interrompre si souvent le canon de la messe sans se distraire de l'attention qu'on doit avoir aux sens des paroles qu'on récite ; 3º parce que ce serait aller contre l'usage sagement établi, et se laisser emporter à un zèle hors de saison et peu éclairé ; ce que l'Eglise n'a jamais approuvé, dit le cardinal Bona, l. II, ch. 2, en ces termes : *Hujusmodi interpositiones... inconsulta quorumdam devotione introductas, nunquam approbavit Ecclesia*.

Cas III. *Ferrand* demande à Dieu qu'il lui donne plus de biens qu'il n'en a. Pèche-t-il en cela?

R. Nous devons demander à Dieu dans nos

prières la vie éternelle, et tout ce qui est un moyen nécessaire pour y arriver. Quant aux choses temporelles, nous ne pouvons les souhaiter ni les demander à Dieu qu'autant qu'il connaît qu'elles nous conduiront à lui, et qu'elles contribueront à notre salut. Ainsi, si Ferrand désire et demande des biens uniquement pour eux-mêmes, il pèche, parce qu'il se propose deux fins dernières, comme l'enseigne saint Thomas : *Temporalia autem licet desiderare, non quidem principaliter, ut in eis finem constituamus, sed sicut quædam adminicula, quibus adjuvamur ad tendendum in beatitudinem, in quantum per ea vita corporalis sustentatur, et in quantum nobis organice deserviunt ad actus virtutum*, 2-2, q. 83, a. 6.

CAS IV. *Séverin* est tombé dans un péché mortel, il s'en repent aussitôt ; mais sa contrition n'étant pas parfaite, il demeure toujours criminel devant Dieu. Sa prière peut-elle être agréable à Dieu dans cet état ?

R. Il est vrai que Dieu n'exauce point un pécheur qui veut demeurer dans son péché, mais il exauce celui qui y renonce sincèrement. Séverin peut donc faire une prière agréable à Dieu, et quoiqu'elle ne soit pas méritoire, elle peut néanmoins fléchir le Seigneur : *Et quamvis ejus oratio non sit meritoria*, dit saint Thomas, 2-2, q. 83, art. 16, *potest tamen esse impetrativa, quia meritum innititur justitiæ ; sed impetratio innititur gratiæ.* Sans cela comment un pécheur reviendrait-il à Dieu ? Certes, dit saint Augustin, *tract.* 44, *in Joan*, n. 13 : *Si Deus peccatores non exaudiret, frustra ille publicanus pectus suum percutiens, diceret :* Domine, propitius esto mihi peccatori.

CAS V. *Théorien*, ministre converti, croit qu'il n'est pas nécessaire de s'adresser aux saints pour obtenir les grâces dont il a besoin, mais seulement à Dieu ; il est néanmoins dans la disposition d'obéir à ce que son confesseur lui ordonnera. Est-il condamnable ?

R. Quoique les saints ne puissent rien nous accorder par eux-mêmes, ils peuvent cependant nous obtenir par leurs intercessions les grâces dont nous avons besoin. C'est pourquoi il est bon et utile, comme l'enseigne la faculté de théologie de Paris dans son Corps de doctrine, art. 55, « d'invoquer la Mère de Dieu et les saints qui règnent dans le ciel comme des intercesseurs auprès de Dieu par les mérites de Jésus-Christ, et on ne peut condamner cette invocation sans erreur. » Ainsi, si Théorien ne regarde pas la pratique d'invoquer les saints comme une erreur, et qu'il soit disposé à les invoquer, si on le lui ordonne, comme une chose bonne et utile, on ne doit pas le condamner, quoiqu'il pense d'ailleurs que cette invocation n'est pas nécessaire.

— Henri Holden dit la même chose dans son *Analyse de la Foi*, lib. II, cap. 7 ; et M. Camus, évêque de Belley, dans l'*Avoisinement des protestants*, tit. 2, sect. 11, n. 17. Cependant il y aurait une affectation suspecte à ne jamais invoquer les saints, et il serait étonnant qu'on ne leur dît rien en célébrant leurs fêtes.

— CAS VI. *Marie* prie souvent pour les âmes qui sont en purgatoire, et les prie en même temps de prier pour elle. Jeanne, qui ne doute point que les enfants qui meurent après leur baptême ne soient tous des saints, les invoque très souvent. N'y a-t-il rien à redire dans ces dévotions ?

R. Il n'y a sûrement rien à reprendre dans la dévotion de Jeanne, puisque ces bienheureux enfants sont les amis de Dieu pour toujours, et qu'ils sont pleins de charité pour les voyageurs dont ils connaissent les combats et les dangers. Il n'est cependant pas permis de leur rendre un culte public, parce que l'Église ne le rend qu'à ceux dont Dieu manifeste la sainteté par des miracles.

Il y a plus de difficulté dans ce qui regarde la conduite de Marie. Je crois avec Bellarmin, Lessius, Sylvius, Henri de Saint-Ignace, et plusieurs autres, qu'il n'y a là de répréhensible : 1° parce que saint Grégoire rapporte dans ses *Dialogues*, l. IV, ch. 4, que les âmes de Paschase et de Séverin, quoique encore en purgatoire, faisaient des miracles sur la terre. Or, des miracles ne se font communément qu'en conséquence des prières de ceux qui les obtiennent ; 2° parce qu'on peut croire pieusement que ces saintes âmes prient pour ceux qui prient pour elles : n'y ayant rien que de très louable dans ce commerce de charité. Or, pourquoi ne pas prier pour ceux qui prient pour nous ; 3° parce que rien n'empêche qu'elles ne connaissent nos prières, ou par leurs bons anges, ou par les nôtres, et que d'ailleurs il n'est pas nécessaire qu'elles ou les saints qui sont dans le ciel connaissent nos prières, puisqu'ils peuvent prier pour ceux qui les invoquent sans les connaître en particulier. Remarque importante et qui détruit l'objection qu'un calviniste croyait pouvoir me tirer de l'espèce d'*omniscience* qu'il croyait que nous attribuons aux saints. *Voyez* le tom. II de ma *Morale*, in-8°, part. 2, *de Relig.*, cap. 2, à num. 99 où j'ai ajouté qu'il est dit de Jérémie, qui était encore du ciel des limbes ; *Hic est qui multum orat pro populo*, etc., II *Macha*. XVII.

CAS VII. Avez-vous passé un temps considérable dans l'oubli de Dieu, sans faire aucune prière ?

R. Des auteurs estimables pensent que l'omission de la prière pendant un mois entier est un péché mortel. Quand les prières cessent, dit un saint prêtre de Dieu, les secours de Dieu cessent aussi, et l'on tombe souvent dans des fautes graves. L'usage semble faire une loi de prier matin et soir, mais seulement sous peine de péché véniel.

— C'était, dit un pieux auteur, la pratique d'un enfant de qualité d'offrir son cœur à Dieu tous les matins avec beaucoup de ferveur, ce qui était comme l'âme de toutes les actions qu'il faisait pendant le jour. « Si je manque, disait-il, à ce devoir, comme il m'est arrivé quelquefois, je suis dissipé tout le reste de la journée. » Ce saint enfant n'ayant pas encore l'âge de douze ans, mourut avec les sentiments d'une rare piété. « Mon Dieu, s'écriait-il de temps en temps, étant près d'expirer, je vous ai fait presque tous les jours un sacrifice de mon cœur, je vous en fais un maintenant de ma propre vie. » Imitons ce pieux enfant, et soyons exacts, comme lui, à offrir tous les matins notre cœur à Dieu, afin de mourir, comme lui, dans les sentiments d'une vraie piété.

Un auteur non suspect, et qui a écrit sous l'influence de la philosophie du dix-huitième siècle, Saint-Foix, a fait la réflexion suivante : « Chez les Romains, en se mettant à table, le maître de la maison prenait une coupe de vin et en versait quelques gouttes à terre : ces libations étaient un hommage qu'ils rendaient à la Providence. De tous temps, les chrétiens, avant et après le dîner et le souper, ont fait une prière à Dieu pour le remercier du repas qu'ils allaient prendre ou qu'ils avaient pris. N'est-il pas bien condamnable et en même temps bien ridicule qu'en France, depuis cinquante ans, cet acte si naturel de reconnaissance et de religion ait été regardé par les personnes du grand monde comme une petite cérémonie puérile, une vieille mode que le nouveau bel usage doit proscrire? Nos inférieurs, en devenant, à notre exemple, ingrats envers Dieu, s'habituent à l'être envers nous. »

Cas VIII. L'omission du *Benedicite* et des *Grâces* sans scandale et sans mépris n'est pas un péché : vous feriez mieux d'omettre ou de dire secrètement ces prières, que d'exposer la religion à de mauvaises plaisanteries.

R. Les distractions même volontaires dans les prières ne sont péché mortel qu'autant qu'elles seraient accompagnées de mépris, ou que ces prières seraient d'obligation.

Cas IX. Ne vous êtes-vous point tenu dans des postures peu décentes? Avez-vous ri, badiné, en faisant votre prière?

R. S'il n'y a pas grand scandale, si c'est sans mépris pour Dieu: par pure légèreté : péché véniel.

Les Turcs sont si attentifs dans leurs prières, si modestes et si composés à l'extérieur, qu'ils semblent plutôt être des religieux que des barbares. Ils entrent nu-pieds dans leurs mosquées, les mains jointes, les yeux baissés. Ils se mettent à genoux avec un profond respect, et ils donnent plusieurs fois du front en terre pour s'humilier en la présence de Dieu. Pendant tout le temps qu'ils sont en prières, vous ne les verrez jamais tourner la tête : c'est un crime que de dire un mot à un autre; aussi est-ce chose inouïe que de voir deux Turcs parler ensemble pendant le temps de l'oraison. Quelque chose que l'on dise à un Turc pendant qu'il est en prières, il ne répond pas; on le maltraiterait, qu'il ne regarderait pas qui l'a frappé! Ah! que ces infidèles donneront un jour de confusion aux chrétiens qui font leurs prières avec si peu d'attention et avec tant d'immodestie!

On demanda un jour à saint Antoine quelle était la meilleure manière de prier; il répondit: *C'est lorsque vous priez sans qu'on s'en aperçoive*; c'est-à-dire qu'en priant il faut éviter toute affectation et toute singularité.

Cas X. Ne priez-vous jamais pour les âmes du purgatoire, principalement pour celles de vos parents? Péché mortel. Avez-vous demandé à Dieu des biens temporels, dans des vues gravement criminelles? Il y a péché mortel dans une semblable prière.

PRIVILÈGE.

Ce terme signifie la préférence que la loi accorde à un créancier sur les autres, non pas eu égard à l'ordre des hypothèques, mais à la nature des créances et selon qu'elles sont plus ou moins favorables. On voit par là qu'il existe une différence essentielle entre le privilége et l'hypothèque : celle-ci n'a, en général, d'autre fondement que la convention; son rang n'est déterminé que par la date de l'inscription. Les priviléges peuvent être sur les meubles ou sur les immeubles. Entre les créanciers privilégiés, la préférence se règle par différentes qualités de priviléges; les créanciers qui sont dans le même rang sont payés par concurrence. Les priviléges généraux sur les immeubles sont ceux qui frappent sur l'universalité des meubles appartenant au débiteur; les créances auxquelles cette espèce de privilége est attachée sont ci-après exprimées, et s'exercent dans l'ordre suivant : 1° les frais de justice; 2° les frais funéraires; 3° les frais quelconques de la dernière maladie, concurremment entre ceux à qui ils sont dus; 4° les salaires de gens de justice, pour l'année échue et ce qui est dû sur l'année courante; 5° les fournitures de subsistances faites au débiteur et à sa famille, savoir, pendant les six derniers mois, par les marchands en détail, tels que boulangers, bouchers et autres; et pendant la dernière année par les maîtres de pension et marchands en gros. Les fournitures de subsistances ne sont privilégiées que par le motif que c'est par elles que le débiteur a vécu : on entend par la *famille du débiteur* ses enfants, frères et autres parents qui vivent habituellement avec lui, ainsi que les domestiques qui lui sont nécessaires, suivant son état.

Les créances privilégiées sur certains meubles sont : 1° les loyers et fermages des immeubles, sur les fruits de la récolte de l'année, et sur le prix de tout ce qui garnit la maison louée ou la ferme, et de tout ce qui sert à l'exploitation de la ferme. *Voyez* LOUAGE, LOYER. 2° La créance sur gage; 3° les frais faits pour la conservation de la chose; 4° le prix d'effets non payés, s'ils sont encore en possession du débiteur, soit qu'il ait acheté à terme ou sans terme. Si la vente a été faite sans terme, le vendeur peut même revendiquer ces effets, tant qu'ils sont en la possession de l'acheteur, et en empêcher la revente, pourvu que la revendication soit faite dans la huitaine de la livraison, et que les effets se trouvent dans le même état dans lequel cette livraison a été faite. Le privilége du vendeur ne s'exerce toutefois qu'après celui du propriétaire de la maison ou de la ferme, à moins qu'il ne soit prouvé que le propriétaire avait connaissance que les meubles et autres objets garnissant sa maison ou sa ferme n'appartenaient pas au locataire. 5° Les fournitures d'un aubergiste, sur les effets du voyageur qui ont été transportés dans son auberge; 6° les frais de voiture et les dépenses accessoires sur la chose voiturée; 7° les créances résultant d'abus et prévarications commis par les fonctionnaires publics dans l'exercice de leurs fonctions, sur les fonds du cautionnement et sur les intérêts qui en peuvent être dus.

Priviléges sur les immeubles. Le premier privilége spécial est accordé au vendeur sur l'immeuble vendu pour le payement du prix, s'il y a plusieurs ventes successives, dont le prix soit dû en tout ou en partie, le premier vendeur est préféré au second, le deuxième au troisième, et ainsi de suite.

Le second privilége sur les immeubles est accordé à ceux qui ont fourni les deniers pour l'acquisition d'un immeuble, pourvu qu'il soit authentiquement constaté par l'acte d'emprunt, que la somme était destinée à cet emploi, et par la quittance du vendeur, que ce payement a été fait des deniers empruntés. Le troisième privilége est accordé aux cohéritiers sur les immeubles de la succession pour la garantie des partages faits entre deux et des soultes au retour de lot. Il résulte de cette disposition, que le privilége du cohéritier lui donnant droit d'être payé par préférence à tous autres créanciers de son cohéritier pour le remplir de sa portion héréditaire, est conservé par une inscription dans les soixante jours de la consommation du partage, quelle que soit l'époque de l'ouverture de la succession, et quoique les créanciers du cohéritier aient pris des inscriptions antérieures.

Un quatrième privilége spécial est accordé aux architectes, entrepreneurs, maçons et autres ouvriers employés pour édifier, construire ou réparer des bâtiments, canaux ou autres ouvrages quelconques. Ceux qui ont prêté les deniers pour payer ou rembourser les ouvriers jouissent du même privilége, pourvu que cet emploi soit authentiquement constaté par l'acte d'emprunt et par la quittance des ouvriers, ainsi qu'il a été dit ci-dessus pour ceux qui ont prêté les deniers pour l'acquisition d'un immeuble.

Entre les créanciers, les priviléges ne produisent d'effet à l'égard des immeubles qu'autant qu'ils sont rendus publics par inscription sur les registres du conservateur des hypothèques, et de la manière déterminée par la loi, et à compter de la date de cette inscription. Sont exceptées de la formalité de l'inscription les créances énoncées ci-dessus.

On appelle encore privilége un droit particulier accordé par le prince contre le droit commun. Il est ou *personnel*, sans pouvoir être étendu à d'autres qu'à la seule personne à qui il a été accordé; ou *réel* et transmissible à ses héritiers après son décès.

Quand quelque privilége est donné contre quelque loi, il est absolument nécessaire.

Lorsqu'un privilége a été donné à un corps, tel qu'est celui qui a été donné aux ecclésiastiques, aucun membre particulier de ce corps n'y peut renoncer; car il ne lui appartient pas, mais au corps. Quoique un privilége puisse être révoqué, il ne doit cependant pas l'être sans raison; et bien moins encore quand il a été accordé à une province ou à une ville, et qu'il a été confirmé par un long usage. C'est une règle de droit, que *Privilegium meretur amittere, qui permissa sibi abutitur auctoritate*, can. 7, dist. 74.

CAS I. *Énée* et *Sylvain* prétendent, l'un que le pouvoir d'accorder des priviléges n'appartient qu'au pape, l'autre qu'au seul prince séculier. Qui a raison des deux?

R. Tous ceux qui peuvent établir des lois peuvent aussi accorder à ceux qui leur sont soumis des priviléges qui les exemptent, parce qu'un privilége n'est, à proprement parler, qu'une loi faite en faveur de certaines communautés ou personnes particulières, qui les exempte de la loi commune. D'où il s'ensuit que le pape n'ayant un plein pouvoir dans toute l'Église que pour le spirituel, il ne peut accorder des priviléges que dans les choses spirituelles, et non pas dans les temporelles (si ce n'est dans les États qu'il possède souverainement); et ce pouvoir, selon notre usage, doit être réglé par les saints canons, et il n'a lieu en France, en matière de priviléges, comme en beaucoup d'autres choses, qu'en conséquence des lettres patentes du roi, dûment enregistrées au parlement.

À l'égard des priviléges qui regardent le temporel, il n'y a que les rois et les princes souverains qui puissent en accorder; ils peuvent même donner de certains priviléges aux églises particulières et aux ecclésiastiques, dans les choses qui dépendent d'eux et qui concernent l'avantage de l'église.

— CAS II. *Léopold*, prince souverain, a donné sans raison quelconque de grands priviléges à deux particuliers. Ces priviléges ne sont-ils pas nuls?

R. *Léopold* a péché, parce qu'une grâce accordée sans cause marque un vice d'acception de personnes, aussi bien que de prodigalité, et qu'elle est toute propre à exciter de la jalousie et des murmures; cependant ce privilége est valable, parce que le législateur peut validement relâcher sa loi en tout ou en partie.

CAS III. *André*, acolyte, ayant maltraité *Julien*, celui-ci l'a fait assigner par-devant le juge royal. André, en vertu de son privilége de cléricature, n'a-t-il pas droit de demander son renvoi par-devant l'official?

R. André n'a pas ce droit. Il faut, selon le décret du concile de Trente, *sess.* 23 *de Reform.*, c. 6 (reçu en France à cet égard), pour jouir du privilége du for, qu'un clerc ait reçu l'ordre du sous-diaconat, ou qu'il possède un bénéfice, ou qu'enfin il soit attaché par l'ordre de son évêque à quelque église, où il exerce les fonctions ecclésiastiques. Cette discipline a été autorisée par les ordonnances de nos rois, et surtout par celles de Roussillon de 1563, art. 21.

Il faut néanmoins observer, 1° que tout clerc qui exerce une charge de judicature ne peut se prévaloir du privilége clérical, et qu'il est soumis à la justice royale, quand il vient à commettre quelque faute digne de punition dans l'exercice de sa charge ; 2° qu'un clerc qui se mêle de commercer ne peut alléguer le privilége clérical pour se soustraire à la juridiction séculière en ce qui concerne son commerce. *Voyez* DUPUIS, dans son commentaire sur l'art. 39 des libertés de l'Eglise gallicane, et d'Héricourt, *Lois eccl.*, c. 19.

CAS IV. Le *czar* a fait une loi par laquelle il condamne tous les calomniateurs à recevoir des coups de bâton : quelques ecclésiastiques, qui sont tombés dans le cas de cette loi, ont renoncé au privilége qui les en exempte, et consentent à recevoir ce châtiment par esprit de pénitence. Sont-ils louables en cela ?

R. Ces ecclésiastiques n'ont pu en conscience renoncer au privilége qui les exempte de subir la peine dont il s'agit, parce qu'il n'est pas permis à un particulier de renoncer à un privilége qui appartient à tout le corps dont il est membre. C'est la décision d'Innocent III, *cap.* 36, etc., *et cap.* Si diligenti, 12, *de Foro competenti*. Il n'en serait pas ainsi d'un privilége attaché simplement à la personne : *Cum quilibet ad renuntiandum juri suo liberam habeat facultatem*, dit le même pontife, cap. fin. *de Crimine falsi*.

— Il y a plusieurs cas où l'on ne peut renoncer à un privilége personnel ; comme, 1° si ce privilége met en état de remplir un précepte. Ainsi celui qui a un privilége pour entendre la messe dans le temps d'un interdit est obligé de l'entendre les jours de fête, etc. ; 2° quand on ne peut renoncer au privilége, sans nuire à soi-même ou au prochain. Celui qui sera condamné à mort, il ne produit son privilége, doit en user ; celui qui est exempt de la dîme doit ne la pas payer, si, en le faisant, il se met hors d'état de payer ses créanciers.

CAS V. *Syran* a obtenu du prince un privilége dont les termes peuvent être pris dans divers sens ; peut-il s'en servir en l'interprétant en sa faveur et dans un sens aussi étendu qu'il le peut être ?

R. Syran doit se régler sur les maximes suivantes, dans l'interprétation de son privilége. 1° Les priviléges, généralement parlant, ne doivent être expliqués que dans un sens très-étroit, parce que c'est une loi particulière qui déroge souvent au droit commun et qui le blesse. 2° Quand un privilége n'est pas contraire au droit commun, mais seulement à la coutume ou à un statut particulier, il peut être pris dans un sens étendu.

3° Quand les termes d'un privilége sont ambigus, c'est à celui qui l'a donné qu'il appartient de l'expliquer. 4° Si ces termes ne sont ni obscurs, ni ambigus, il faut s'en tenir à la lettre. 5° Quand il y a quelque doute, il faut avoir plus d'égards aux sens des paroles qu'aux termes mêmes. 6° Lorsque le privilége est favorable et qu'il ne déroge ni au droit commun, ni au droit d'aucun particulier, on peut lui donner toute l'étendue dont il est raisonnablement susceptible, selon cette maxime d'Innocent III, c. 6, *de Donat.*, l. 3, tit. 23 : *In beneficiis plenissima est interpretatio adhibenda*. Mais quand il est odieux, ou qu'il préjudicie à un tiers, il faut le restreindre.

— CAS VI. *Philippe* et d'autres ont obtenu de leur évêque différents priviléges, peuvent-ils s'en servir hors de son territoire ?

R. Ils ne le peuvent pas, si c'est un privilége *local*. Ainsi, si l'évêque a permis de manger des œufs, durant le carême, à ceux qui étaient éloignés de la mer de dix lieues, Philippe, qui était en ce cas, et qui va passer quinze jours dans un port de mer, ne peut y manger des œufs. Mais si le privilége est *personnel*, celui qui l'a obtenu peut quelquefois s'en servir partout, et quelquefois non. Ainsi, si à Paris j'ai permission de manger de la viande les jours maigres, ou de porter la calotte à l'autel, j'en userai, sauf le scandale, dans un long voyage où je change de diocèse tous les jours ; parce qu'une permission qui relâche le droit commun est comme donnée au nom de toute l'Eglise. Mais si j'ai à Paris permission de lire les livres défendus, je n'oserai lire ceux qui le sont à Sens par un statut particulier ; quoique je crusse pouvoir lire ceux qui le seraient par une loi générale. *Voyez* mon *Traité des lois*, ch. 8, p. 404, où cela est un peu plus développé.

CAS VII. *Sosthène*, ayant obtenu du roi un privilége particulier, est mort huit jours après. Ses héritiers peuvent-ils en jouir ?

R. Si le privilége de Sosthène était personnel, il ne peut passer à ses héritiers, selon cette règle 7, in 6 : *Privilegium personale personam sequitur, et exstinguitur cum persona*. Mais s'il était réel, il n'est point éteint par sa mort, et il doit passer à ses enfants ou à ses successeurs : or un privilége est personnel quand il s'accorde uniquement à la personne, en considération de son mérite particulier ; et il est réel quand il s'accorde directement à l'emploi, à la dignité, au lieu, etc. Ainsi, l'exemption de tutelle accordée à un officier, parce qu'il a bien servi le roi, est un privilége personnel ; mais si elle était donnée pour une de ses terres, ou à un corps entier, comme le droit de *Committimus* à un chapitre, ce serait un privilége réel. Quand le roi fait noble un roturier, c'est une grâce qui passe à ses enfants, sans passer à ses collatéraux.

CAS VIII. *Pollion* a prêté 10,000 liv. à René pour bâtir une maison : Rustique lui en a prêté autant, trois mois après, pour la finir. Cette maison ayant été ensuite saisie

DICTIONNAIRE DE CAS DE CONSCIENCE. II. 13

réellement, Rustique prétend qu'il doit entrer avec Pollion en concurrence d'un payement égal, parce qu'il est également privilégié, Pollion prétend qu'il doit avoir la préférence. Qui des deux a raison?

R. C'est Rustique : parce que, comme dit la loi 17, ff. *de Privil. cred.* l. IV, tit. 6, *Privilegia non tempore æstimantur, sed ex causa : et si ejusdem tituli fuerint, concurrunt; licet diversitates temporis in his fuerint.* La Glose sur cette loi fait une exception à l'égard des deux dotes qui seraient établies sur un même fonds; car alors la première est préférable à la seconde; et c'est en ce cas comme en quelques autres qui ne regardent pas cette matière, qu'a lieu cette règle 54, in 6. *Qui prior est tempore, potior est jure.*

CAS IX. *Caton* a vendu une maison à Raoul, qui ne la lui a pas payée : peu après les créanciers de cet acheteur ont fait saisir cette maison. Caton prétend qu'il doit être payé avant les créanciers de Raoul. Cela est-il juste?

R. Caton a un privilége qui lui donne droit d'être payé du prix de sa maison, préférablement à tous les autres créanciers. Celui qui vend une chose n'est censé en transférer le domaine à l'acheteur, que sous la condition qu'il en payera le prix. Cependant s'il n'était pas porté par le contrat que Caton n'a pas été payé, et qu'il eût donné quittance à l'acheteur, en conséquence d'un simple billet, il aurait par là anéanti son droit de préférence, la seule novation de titre éteignant son hypothèque ; sans cela, ceux qui prêteraient de l'argent à l'acheteur pourraient être trompés. *Voyez* DOMAT, liv. III, tit. 1, sect. 5, et dans ces sortes de cas, consultez des gens de palais éclairés.

PROBABILISME.

J'ai cru devoir mettre ici un décret qui prouve à la fois, et qu'il y a toujours de faux théologiens qui soutiennent les plus mauvaises opinions, et que le saint-siége se fait un devoir de les proscrire quand elles lui sont déférées.

DECRETUM *S. Romanæ et univ. inquisitionis confirmatum a SS. D. N. Clemente papa XIII, quo prohibentur theses circa probabilismum expositæ publicæ disputationi anno præterito* 1760. *Avisii in diœcesi Tridentina.*

Feria V, die 26 februarii 1761. *Per suas litteras ad congregationem S. Romanæ et universalis inquisitionis, labente superiori anno datas, dolenter nimium conquestus est Antonius Cheselii, Tridentinæ Ecclesiæ canonicus decanus, theses quasdam de probabilismo a parocho Avisiensi diœcesis Tridentinæ in ædibus canonicalibus jam pridem propugnatas, postmodum sine nota loci et auctoris obscuro prelo fuisse cusas et vulgatas, non sine religionis detrimento et bonorum offensione, præsertim ecclesiasticorum, quorum pars suo est regimini et vigilantiæ concredita. Postulante itaque eodem decano congruum adhiberi remedium ingruenti malo, ne latius serpat, theologicæ censuræ de more subjectæ fuerunt prædictæ theses uno contentæ folio impresso, cujus tenor ita se habet.*

PROBABILISMUS. *Publicæ disputationi ven. clero Avisiensi exerciti gratia expositus contra probabiliorismum stricte talem, ut pote negotium perambulans in tenebris.*

Pro die 10 junii 1760 ædibus canonicalibus Avisii.
Utinam observaremus mandata Domini certa! quid nobis tanta sollicitudo de dubiis?
Celeberrimus P. Const. Roncaglia, l. II, c. 3.
I. *Probabilismus noster versatur circa hæc tria :*
Licet sequi probabiliorem pro libertate, relicta minus probabili pro lege.
Licet sequi æque probabilem pro libertate, relicta æque probabili pro lege.
Licet sequi minus probabilem pro libertate, relicta probabiliori pro lege.
EX IIS *deducuntur sequentia paradoxa :*
II. *Usus probabilismi maxime tutus : Usus probabiliorismi maxime periculosus.*
III. *Usus genuini probabilismi minime in laxitatem degenerare potest*
Usus probabiliorismi stricte talis in rigorismum excurrere debet.
IV. *Probabilioristas qua tales, qui ex consilio probabiliora sequuntur, laudabilissime operari affirmamus.*
V. *Probabilioristis stricte talibus, qui ex præcepto, quod nunquam clare probant, se ipsos et alios ad probabiliora impellunt, merito rigoristarum nomen imponemus.*
VI. *Qui nullatenus ad Christianam perfectionem tendere possunt, nisi sequendo probabilissima.*
VII. *Abusus probabilismi stricte talis non solum licentiæ frenum, sed licentiæ calcar est; quod Gallorum testimonio comprobamus.*
VIII. *Genuinus itaque noster probabilismus, qui nec morum corruptelam inducit, nec a S. Sede unquam male fuit notatus, origine sua Thomisticus, progressu ætatis Jesuiticus, ut pote a quo arctatus, emendatus, et contra Jansenianos furores propugnatus fuit.*
IX. *Qui ergo habitat in adjutorio fundatissimi probabilismi, sub protectione plurimorum ex omnibus orbis Christiani nationibus præstantissimorum theologorum protectione commorabitur securus.*

EX HISTORIA CRITICA. X. *Hinc sine ulla laxismi nota, Benignismum etiam vocamus, sed legitimum quem suadet utraque lex Cæsaria et Pontificia; sed Dominicanum quem illustris Dominicanorum ordo jam a primis temporibus est amplexus; sed Pium qui Christianam pietatem fovet; sed Thomisticum quem S. Thomas in amoribus habuit, qui ducentas et plures opiniones libertati faventes in suis Sententiarum libris docet; sed Christianum qui Christo Domino summe familiaris fuit.*

O. A. M. D. et V. G.

Pro Coronide. Probabilismus noster stans pro libertate est notabiliter probabilior ipso probabiliorismo stante pro lege.

Cum vero theses hujusmodi notæque theologicæ expansiæ fuerint in congregatione generali habita in palatio apostolico Quirinali coram sanctiss. Domino nostro Clemente papa XIII, Sanctitas sua, auditis eminentissimorum dominorum S. R. E. cardinalium in tota republica Christiana contra hæreticam pravitatem generalium inquisitorum à S. sede apostolica specialiter deputatorum suffragiis, folium prædictum et theses in illo expositas prohibendas ac damnandas esse censuit, prout præsenti decreto damnat et prohibet tanquam continentia propositiones, quarum aliquæ sunt respective falsæ, temerariæ et piarum aurium offensivæ, illam vero excerptam à numero X, nempe probabilismum qui Christo Domino summe familiaris fuit, proscribendam uti erroneam et hæresi proximam.

Præfatum itaque folium sive theses, ut supra exscriptas sic damnatas et prohibitas sanctissimus Dominus noster vetat ne quis, cujuscunque sit status et conditionis, ullo modo sub quocunque prætextu, quovis idiomate imprimere ac imprimi facere vel transcribere, aut jam impressum, sive impressas apud se retinere et legere, sive privatim, sive publice propugnare audeat, sed illud vel illas ordinariis locorum vel hæreticæ pravitatis inquisitoribus tradere et consignare teneatur sub pœnis in Indice librorum prohibitorum contentis.

BENEDICTUS VETERANI, Assessor.

PROBABILITÉ. *Voyez* OPINION.

PROCÈS.

Procès est un différend entre deux ou plusieurs personnes, qui se termine par les voies de la justice. Les véritables chrétiens doivent éviter avec un soin extrême tous procès. C'est pour cela que l'Église demande tous les jours à Dieu la concorde et l'anéantissement des procès, *exstingue flammas litium*, et que l'Apôtre disait aux premiers fidèles qu'ils devaient plutôt souffrir avec patience le tort et l'injustice qu'on leur faisait que de susciter un procès à leur prochain. Il n'est pas de notre dessein de parler ici des procédures, ni de la manière de procéder; c'est aux procureurs à en être instruits.

CAS I. *Toxotius* soutient qu'on peut aisément plaider sans péché. Berlin, son curé, soutient le contraire. Qui a raison?

R. Quoiqu'il se trouve encore de véritables chrétiens qui ne plaident que par nécessité et sans violer les règles de la justice et de la charité, ils sont néanmoins si rares, qu'on peut dire, généralement parlant, que les procès sont des maux qui viennent d'une source empoisonnée, comme le dit l'apôtre saint Jacques, IV, 1. *Unde bella et lites in vobis, nonne hinc ex concupiscentiis vestris quæ militant in membris vestris?* Et c'est ce qui justifie clairement le sentiment de Berlin. Ce qu'il y a de fâcheux, c'est que les plaideurs qui, contre leurs propres lumières, ont entrepris des procès injustes, ne pensent jamais à réparer le dommage qu'ils ont causé à leurs parties adverses, et se trouvent même fort lésés lorsque le juge les a condamnés à quelque somme pour les dépens, quoiqu'elle n'ait aucune proportion à tout ce qu'il en a coûté à leur partie adverse.

CAS II. *Césaire* sollicite fortement les juges en faveur de ceux qui lui sont recommandés, tant pour des affaires criminelles que pour des affaires civiles. Ne pèche-t-il point en cela?

R. Césaire peut faire auprès des juges des sollicitations en faveur des criminels, pourvu qu'elles ne soient pas contre l'esprit de la loi ni préjudiciables à la partie qui poursuit l'accusé, en ce qui regarde les dommages et intérêts. Mais, quand il s'agit d'affaires civiles, il ne peut sans pécher faire des sollicitations, à moins qu'il ne soit assuré de la justice de la cause de ceux pour qui il sollicite. La raison est qu'on ne peut sans péché s'exposer au danger de procurer une injustice au prochain.

CAS III. Avez-vous intenté des procès par esprit de chicane, envie, animosité? Qu'avez-vous fait pour les soutenir? Fausses dénonciations, fausses signatures, tentatives pour gagner juges et témoins, emportements, disputes, refus d'accommodement, etc. Dans cent livres de procès, pas une once de charité, disait saint François de Sales. Que vous reste-t-il après ces combats dispendieux? De pauvres papiers, une haine implacable, le courroux et les vengeances du ciel. Faut-il donc laisser perdre son droit? Non; mais plaidez d'abord à un tribunal où il ne vous coûtera rien : à votre conscience. Si vous êtes forcé de plaider ailleurs, que ce soit honnêtement et avec droiture.

CAS IV. Avez-vous entrepris un procès sans avoir au moins une certaine probabilité, fondée sur des motifs de conscience et non sur les chicanes du droit, que ce que l'on demande ou qu'on refuse est juste et qu'on peut le prouver juridiquement. Dans le cours du procès, avez-vous retenu les titres? Les avez-vous supprimés, altérés? En avez-vous produit de faux? Avez-vous usé de chicanes, de piéges pour faire succomber votre partie adverse ou allonger la procédure? Avez-vous pris des actes de voyage ou de séjour qui n'ont point pour but le fait du procès, mais des affaires particulières ou seulement de solliciter vos juges?

Après le procès, par dépit et entêtement, avez-vous appelé d'une sentence juste? Avez-vous abusé de la faiblesse ou de la timidité de votre adversaire pour l'amener à un accommodement où il est évidemment lésé? On se félicite quand on a gagné un procès; mais combien d'arrêts sont des arrêts de mort et de damnation pour ceux qui les obtiennent!

PROCUREUR

On appelle *procureur* aux causes l'officier qui a droit de représenter la partie dont il défend les intérêts en justice. Outre ces officiers, dont le nombre fut fixé à 400 pour le parlement de Paris en 1639, il y en a de plus considérables, savoir : le procureur général du roi, le procureur du roi et le procureur fiscal.

Il y a encore un procureur *mandatarius*, qui est celui qui est fondé de procuration pour agir au nom d'un autre, et veiller sur ses intérêts. C'est de celui-ci que nous parlerons dans ce titre. Tout mandataire doit suivre à la lettre les termes et les clauses de sa procuration. Il peut la refuser quand on la lui offre, pourvu qu'il déclare son refus, *re adhuc integra*. Autrement, si après l'avoir acceptée, ou avoir négligé d'en déclarer son refus, le constituant en souffrait quelque dommage, il serait en droit d'agir, *actione mandati*, contre son mandataire. A l'égard d'un procureur en matière ecclésiastique, on appelle procuration *ad resignandum* l'acte par lequel un bénéficier se démet de son bénéfice entre les mains du supérieur légitime en faveur d'un particulier, et il sert de pouvoir au banquier qu'on charge de solliciter à Rome et d'obtenir les provisions du bénéfice. Cet acte doit être insinué avant l'envoi.

Cas I. *Cassandre* a constitué ses procureurs Norbert et Landri, avec pouvoir de transiger avec André, sa partie adverse. Norbert a fait seul la transaction. Oblige-t-elle Cassandre?

R. Cette transaction, n'ayant pas été faite conjointement par les deux procureurs, est nulle et n'oblige point Cassandre. *Diligenter igitur mandati fines custodiendi sunt. Nam qui excessit, aliud quid facere videtur*, dit la loi 5, ff. *Mandati vel contra*, l. xvii, tit. 1. Voyez Domat, l. viii, tit. 15, sect. 3, n. 14.

Cas II. *Claude*, ayant été constitué procureur de Julien, est mort peu après. Etienne, son fils, a exécuté la commission dont son père était chargé. Julien est-il obligé de ratifier ce qu'Etienne a géré pour lui?

R. Non, régulièrement parlant, parce que le pouvoir du procureur finit par sa mort : *Si adhuc integro mandato, mors alterutrius intervenerit, id est vel ejus qui mandaverit, vel illius qui mandatum susceperit, solvitur mandatum*, dit Justinien, l. iii, inst. tit. 27, *de Mandato*, § 10. Si cependant Etienne avait agi dans la bonne foi, et à l'avantage de Julien, celui-ci ne doit pas désapprouver ce qu'il n'a fait que pour l'avancement de ses affaires.

Cas III. *Aventin* a commis Thomas pour aller à Grenoble et y faire juger un procès. Thomas, à son retour, a demandé à Aventin le remboursement de 400 liv. qu'il a dépensées dans son voyage. Aventin ne veut lui payer que 300 liv., parce qu'il n'aurait pas dépensé davantage s'il y avait été. A-t-il raison?

R. Quoiqu'Aventin eût plus ménagé que Thomas, il doit lui payer tout ce qu'il a dépensé raisonnablement. *Impendia mandati exsequendi gratia facta, si bona fide facta sunt, restitui omnino debent : nec ad rem pertinet quod is, qui mandasset, potuisset, si ipse negotium gereret, minus impendere*. Leg. 27, § ff. *Mandati vel contra*. On ne peut donc retrancher, dans ces sortes d'occasions, que les dépenses inutiles et faites *in voluptatem*, comme le dit la loi 10, *ibid*.

Cas IV. *Alain*, ayant donné à Barnabé une procuration pour aller vendre une terre, est mort après le départ de Barnabé, qui, ne sachant pas cette mort, a vendu la terre. Cette vente est-elle valide?

R. Elle est valide. *Utilitatis causa receptum est*, dit Just., l. iii, Inst. tit. 27, *de Mand.*, § 10, *si eo mortuo, qui tibi mandaverat, tu ignorans eum decessisse, exsecutus fueris mandatum, posse te agere mandati actione*.

Cas V. *Victor, Vital* et *Valentin* ont commis Godard pour aller à Nantes prendre soin de leurs intérêts communs. Godard, à son retour, demande à Victor seul le remboursement de ce qu'il a dépensé, sans avoir recours sur les associés. Victor ne veut lui payer que sa part. A-t-il raison?

R. *Paulus respondet*, dit la loi 59, § 3, ff. *Mandati*, etc., *unum ex mandatoribus in solidum eligi posse, etiamsi non sit conceptum in mandato*. Victor ne peut donc refuser de rembourser à Godard toute la dépense raisonnable qu'il a avancée. Remarquez que, selon la loi 61, *eod. tit.*, deux hommes qui ont été chargés ensemble de la même affaire en sont tenus solidairement.

Cas VI. *Maurille* a constitué Sigebert son procureur pour régir ses biens. Six mois après, il a donné une pareille procuration à Liébaud, sans en rien dire à Sigebert, qui le savait néanmoins d'ailleurs, et qui a vendu les fruits de la terre à Maurille. Liébaud les a vendus à un autre. Laquelle de ces deux ventes doit prévaloir?

R. Sigebert n'a pas eu droit de faire cette vente, dès qu'il a eu connaissance de la seconde procuration. C'est la décision de la loi 31, ff. *de Procur. et Def.* l. iii, tit. 3. Mais elle serait valide s'il l'avait ignorée.

Cas VII. *Henri* a donné à Landulfe une procuration générale pour administrer tous ses biens pendant son absence. Landulfe a transigé avec Charles sur les droits que Henri prétendait avoir sur une succession. Il lui a aussi aliéné un fonds pour acquitter une dette. Henri est-il obligé de ratifier ce qui a été fait?

R. Henri n'y est pas obligé; car une procuration générale, portant pouvoir de gérer les affaires d'un homme absent, et d'administrer ses biens, n'est pas suffisante pour autoriser le procureur à transiger sur les droits de son commettant, ou à aliéner son fonds ; mais il faut pour l'un et pour l'autre qu'il ait une procuration spéciale, qui lui donne un pouvoir exprès de le faire. C'est la décision de la loi 60 ff. *de Procur. C. Defensor.* et de la loi 63, *eod. tit.* La raison de ces lois est que généralement on diminue le bien du constituant, par les transactions et les aliénations. Or un procureur, qui ne l'est qu'en général, ne peut rendre pire la condition de celui qui l'a constitué ; *Ignorantis domini conditio deterior per procuratorem fieri non debet*, dit la loi 49, *eod. tit.* Cependant une procuration générale suffit pour vendre les fruits ou autres choses qu'on ne pourrait garder sans qu'elles dépérissent. En les vendant, un homme sage ne fait pour le mandant que ce qu'il ferait pour lui-même.

Cas VIII. *Marius*, qui a très-bien fait et avec beaucoup de peine les affaires de Tilin pendant trois ans, voyant qu'il ne le récompensait point, et n'osant s'en plaindre, s'est secrètement payé par ses mains. L'a-t-il pu en conscience ?

R. Le mandat, comme tel, est gratuit, et c'est par là qu'il diffère de ce qu'on appelle *locatio operarum*. Mais on doit présumer qu'un homme s'est *loué*, quand il n'est ni d'humeur, ni de fortune à travailler gratuitement pour un autre homme. Ferrière dit même, v. *Procuration*, qu'un mandataire peut non-seulement recevoir la récompense de ses peines, mais même, en cas de refus, en faire la demande en justice. M. Argou, l. III, c. 37, dit au contraire assez clairement, que le constituant ne peut être poursuivi en justice que quand il a promis un salaire. C'est à chacun à bien examiner ses conventions. Mais un confesseur sage ne doit point permettre qu'on se paye par ses mains.

Voyez Possession ; Restitution, cas *Seius*.

PROFESSION RELIGIEUSE

Pour faire une *profession religieuse* qui soit valide, il faut 1° avoir une année de noviciat ; 2° avoir accompli la seizième année de son âge ; 3° y être admis par les deux tiers des suffrages des religieux ou des religieuses, qui composent le chapitre régulier (1).

Un mineur peut faire profession nonobstant toute opposition de la part de ses père et mère, comme il a été jugé par arrêt du parlement de Paris du 23 juillet 1686 : ce qui n'a lieu à l'égard des filles, que quand l'ordinaire ou son grand vicaire juge que la personne novice a une vocation légitime, et que la profession qu'elle veut faire est entièrement libre.

On peut en certains cas réclamer contre la profession solennelle : mais il le faut faire dans les cinq premières années. Et si on avait déjà quitté l'habit, on ne serait reçu à réclamer que quand on serait rentré dans son couvent. On ne peut sans simonie rien exiger pour la profession religieuse. Cependant saint Thomas enseigne que quand le monastère est pauvre et hors d'état de nourrir une personne qui s'y présente, il est permis en ce seul cas de demander qu'on pourvoie à sa subsistance, pourvu qu'on n'exige pas plus que ce qui est nécessaire à cet effet.

Cas I. *Navigius*, sourd et muet, se présente pour être reçu novice dans un monastère. Peut-on l'y admettre, et ensuite à la profession solennelle, du consentement de la communauté ?

R. On peut faire la profession religieuse en trois manières : 1° de vive voix ; 2° par écrit ; 3° par signe. Aucun canon ne dit que les paroles soient absolument nécessaires. Ainsi nous estimons que Navigius peut faire légitimement profession. *Omnes admittuntur qui non expresse prohibentur*, dit la glose *in c.* 25, *de Spons. et Matrim.* v. *Prohibitorium*.

— L'auteur confirme cela par l'exemple du mariage dont un sourd et muet est capable. J'ai peine à croire que cette parité soit bien concluante. Au moins faudra-t-il supposer que Navigius conçoit assez les engagements de l'état qu'il veut embrasser.

Cas II et III. *Flodoad* a été admis par l'abbé d'un monastère à y faire profession solennelle, et l'a faite contre le sentiment de toute la communauté. Cette profession est-elle valide ?

R. Elle l'est, si l'abbé a seul le droit d'admettre à la profession par les constitutions de l'ordre, ou par une coutume légitimement prescrite sur les religieux par ses prédécesseurs, ou enfin par un privilége authentique. Mais elle est nulle s'il n'a pas ce droit seul, à l'exclusion des religieux. C'est la réponse de Fagnan *in c.* Porrectum *de Regul.*, n. 22, et elle suit de ces paroles de Boniface VIII, cap. fin. *de Regularib.* in 6. *Si ad solum abbatem pertineat creatio monachorum, eo defuncto, nequibit novus monachus a conventu creari : alias poterit, si eorum creatio spectat in simul ad utrumque.*

— On a remarqué ailleurs qu'il serait bien plus sûr pour un abbé de ne rien faire que de l'aveu de ses religieux.

De là il suit que la profession d'un novice est quelquefois valide pendant la vacance du siége abbatial, et quelquefois non.

Cas IV. *Aurélius* a été admis par toute la communauté à faire la profession solennelle entre les mains du supérieur, dont l'élection a été juridiquement déclarée nulle six mois après. Cette profession est-elle valide ?

R. Cette profession, quoique approuvée

---

(1) Par édit du mois de mars 1768, aucun sujet du roi ne peut s'engager par profession monastique s'il n'a atteint, à l'égard des hommes, l'âge de 21 ans accomplis, et à l'égard des filles, celui de 18 ans accomplis ; le roi se réserve après le terme de dix années d'expliquer de nouveau ses intentions à ce sujet.

par la communauté, est nulle ; parce que le religieux qui l'a reçue au nom du monastère n'a pu l'accepter validement par le défaut d'une autorité légitime, puisqu'il n'était pas véritablement supérieur. C'est encore la décision de Fagnan, *loc. cit. n.* 18.

— Si c'était l'abbé seul qui reçût à la profession comme dans le cas précédent, cette décision me paraîtrait hors de doute. Mais dès que c'est l'abbé avec la communauté, et que par le texte qu'on vient de citer de Boniface VIII, la communauté peut recevoir quand il n'y a point d'abbé, on ne voit pas bien clair pourquoi l'admission d'Aurélius est nulle. Mais enfin il sera toujours plus sûr de tenir un nouveau chapitre et de le recevoir.

Cas V. *Ladislas*, après six mois de noviciat, ayant été averti par les religieux de sortir du monastère et de reprendre ses habits séculiers, y a néanmoins demeuré sans avoir quitté l'habit religieux, par la protection du provincial ; il a même été admis au bout de six autres mois à faire profession. Est-elle valide ? et son noviciat n'a-t-il pas été interrompu par la déclaration qu'on lui a faite qu'on l'excluait ?

R. Sylvius, *Resol. var.* v. *Prof. Mon.* 6, décide que la profession de Ladislas est valide, parce qu'encore qu'on lui eût déclaré qu'il eût à sortir du monastère, il y est néanmoins demeuré sans avoir quitté son habit de novice. Ainsi, on ne peut pas dire que son noviciat ait été interrompu.

Cas VI. *Scipion*, hérétique caché, a fait profession solennelle de religion. Son hérésie la rend-elle nulle ?

R. Sylvius, *loc. sup. cit.*, répond qu'il n'y a que l'hérésie publique qui rende la profession nulle, à moins qu'elle ne fût déclarée telle par les statuts de l'ordre approuvés du saint-siège, ou que le supérieur qui l'interroge sur sa foi ne lui déclarât que l'intention du monastère n'est pas de le recevoir à la profession, s'il n'est véritablement catholique.

Cas VII. *Vigilius*, ayant été admis à la profession par le supérieur, sous condition qu'il n'était point attaqué du mal caduc, dont il avait été assez souvent atteint pendant son noviciat, mais sans qu'on s'en fût aperçu, y est tombé cinq ou six fois l'année suivante. Le supérieur veut le mettre hors du monastère sous prétexte que sa profession est nulle. Le peut-il ?

R. Une profession ne peut être valide si elle n'est légitimement acceptée par le supérieur. Ainsi, celle de Vigilius ne l'ayant pas été, le supérieur peut, sans injustice, le renvoyer. C'est la doctrine des canonistes et des théologiens et entre autres de Sylvius, *loc. sup. cit.*

Cas VIII. *Bernard*, qui a une descente, a fait avec trois autres profession entre les mains du supérieur, qui avant que de l'accepter, a dit : *Declaro quod nullatenus velim vos incorporare conventui, si habeatis aliquam infirmitatem occultam, vel morbum vobis cognitum vel incognitum.* Cette déclaration empêche-t-elle la validité de la profession de Bernard, qui a celé son mal, et peut-il aujourd'hui après douze ans quitter son monastère, en observant les formalités requises ?

—R. M. P., consulté sur cette difficulté en 1716, y répondit que cette profession était valide, tant du côté de Bernard, que du côté du supérieur : 1° du côté de celui-ci, puisqu'il était légitime et qu'il doit être censé avoir renoncé à sa déclaration, en faisant le moment d'après un acte qui y était contraire, c'est-à-dire, en acceptant en termes absolus l'engagement où entrait Bernard, et engageant réciproquement le monastère envers lui par l'acceptation actuelle des vœux qu'il prononçait ; 2° du côté de Bernard, puisqu'il a fait ses vœux à l'âge prescrit, et avec une liberté si pleine, qu'il a été jusqu'à cacher son mal, de peur qu'il ne fût un obstacle à sa réception. Ajoutez 1° qu'une descente ne rend pas un homme inhabile à la religion ni à l'observance régulière, puisque Bernard la remplit depuis douze ans ; 2° qu'il est à croire que depuis ce temps il a plusieurs fois renouvelé ses vœux, et qu'ainsi ce ne peut être que par une dangereuse tentation qu'il cherche aujourd'hui le moyen d'y renoncer ; 3° que s'il ne les croyait pas valides, il ne devait pas tant tarder à réclamer contre, et qu'il n'y a aucun tribunal où une réclamation pareille fût admise. L'auteur renvoie à une difficulté pareille. *Voyez* ORDRES, cas XXV.

Je renvoie aussi aux remarques que j'ai faites sur cette décision, et je crois qu'il n'y a point d'ordre assez insensé pour faire dépendre en général la validité d'une profession religieuse d'une maladie inconnue : ce serait exposer bien des religieux à la plus dangereuse incertitude. Combien de gens dont les médecins, même habiles, assureraient qu'ils ont eu dès leur enfance le germe du scorbut, de l'asthme et d'autres semblables maux, dont ils sont actuellement atteints. Quelle apparence que le saint-siège, sans l'appui duquel de pareilles irritations de vœux ne peuvent avoir de force, y ait consenti !

A l'égard de certaines maladies, comme est celle dont il s'agit dans l'exposé, et qui exclut absolument de l'ordre des chartreux, il pourrait se faire qu'une communauté ne consentît aucunement à l'admission de ceux qui en seraient atteints, et qu'elle fût dûment autorisée à les rejeter. Or en ce cas je croirais ses vœux très-nuls. Et il me paraîtrait fort ridicule de dire avec P. que le supérieur, en admettant un homme qui le trompe, a renoncé pratiquement à la déclaration qu'il venait de faire de n'en vouloir point, puisque de l'aveu de cet auteur et du droit : *Nihil tam contrarium est consensui quam error* ; et que c'est en partie sur ce principe qu'il a rejeté la profession de Vigilius dans le cas précédent. Mais tout statut, même légitime, d'un ordre, ne suffirait pas pour irriter des vœux, comme on le va voir dans la décision suivante.

Cas IX. Les soccolanti ont un statut en vertu duquel tout enfant illégitime, ou né d'un père infâme, est inhabile à la profession. Les minimes en ont un autre, qui exclut ceux qui sont nés de race juive. Michel, qui était dans le premier cas, et Paul qui était dans le second, ont qui ont eu grand soin de n'en rien dire, ont fait profession, l'un dans le premier de ces deux ordres, l'autre dans le second. Cet engagement est-il valide?

R. Il ne l'est pas : et c'est ainsi que j'en jugeai, il y a quelques années, 1° avec les premiers supérieurs de l'ordre, 2° avec les bullistes d'Avignon, 3°, avec les théologiens les plus instruits de ces matières. Mais il faut pour cela que ce statut ait été non-seulement approuvé du pape, mais qu'il ait été en vigueur et observé dans l'ordre en faveur de qui il est fait. C'est pourquoi le second cas s'étant présenté chez les RR. PP. minimes, la S. congrégation, et le pape qui approuva son décret, déclarèrent *eos qui sic professi fuerant, habendos esse professos, nec ejici debere, cum nemo hactenus ea de causa fuerit ejectus.* C'est ce que rapporte Fagnan *in cap.* Qui presbyterum 2, *de Pœnitent. et remiss. num.* 123, *lib.* v, *tit.* 38. *Voyez* le tome III des *Dispenses*, lett. 27.

Cas X. *Hipparque*, n'étant âgé que de 15 ans, est entré dans un monastère où l'habit des novices n'est point distingué de celui des profès. Il y a demeuré non-seulement un an, mais encore une seconde année, pendant laquelle il a fait avec pleine connaissance les exercices propres aux profès. Est-il censé par là avoir fait une profession tacite et valable?

R. Il nous paraît plus probable, quoi qu'en pense Navarre, que le concile de Trente a abrogé toutes les professions tacites. Mais du moins il est certain qu'en France on ne les reconnaît pas, ainsi que l'observent Dumoulin et le commentateur de Louet, qui se fondent sur l'art. 55 de l'ordonnance de Moulins, qui veut que les professions de religion soient reçues par écrit et non par témoins. Ce point de discipline est si étroitement observé dans le royaume, que le parlement de Paris, au rapport de Cabassut, l. 1, c. 20, n. 10, confirma comme légitime le testament fait par un homme qui avait porté l'habit religieux pendant 28 ans, parce qu'il n'avait jamais fait profession expresse. Hipparque n'est donc pas lié par cette espèce de profession tacite. C'est la décision de S. B. t. I, cas 45; et t. III, cas 120.

Cas XI. *Faustin* ayant fait une profession solennelle nulle, et l'ayant ratifiée un an après, a obtenu ensuite un rescrit de Rome pour être restitué contre ses vœux. Peut-il le mettre en exécution?

R. Non, si quand il l'a ratifiée, il en connaissait la nullité; parce que c'est au moins en ce sens qu'il faut entendre cette clause des rescrits de Rome : *Dummodo professionem hujusmodi tacite vel expresse non ratificaverit*; mais s'il ne l'a ratifiée que dans le temps qu'il n'en connaissait pas la nullité, et que dès qu'il l'a connue, il ait réclamé contre, une telle ratification ne le peut priver du droit de réclamer, quoi qu'en dise Fagnan. C'est le sentiment d'un grand nombre de théologiens et de canonistes, et entre autres de Ducasse, traité de la Jurid. cont. ch. 6, § 3. La raison est qu'*Errantis nullus est consensus,* leg. *non, cod. de Juris ignor.* l. II, tit. 18. ' Et c'est pour cela que dans les dispenses qu'accorde la pénitencerie pour un empêchement qui n'est connu que d'une partie, elle exige toujours que *pars impedimenti nescia de nullitate prioris consensus certioretur.*

Cas XII. *Claire*, ayant été admise à la profession solennelle après un an de noviciat par une conclusion capitulaire signée du supérieur du monastère, de la supérieure et d'elle, tomba malade deux jours après, et demanda à faire profession avant de mourir; ce qui lui fut accordé. Elle recouvra ensuite la santé, et fut traitée pendant près d'un an comme les autres professes. Mais ayant demandé à la supérieure de renouveler ses vœux solennellement, elle y consentit, à condition que son père ferait un présent de 1,000 l. au couvent: ce que le père de Claire ayant refusé, la supérieure ordonna verbalement à ses religieuses d'ôter le voile et l'habit à Claire, et de la faire sortir de la maison, sous prétexte que cette fille n'avait pas prononcé distinctement ses vœux.

L'on demande, 1° si la profession de Claire est valide; 2° si elle doit renouveler ses vœux; 3° si la communauté a pu, sans l'autorité du supérieur, révoquer l'acte capitulaire de réception; 4° si l'ordonnance verbale de la supérieure est juste; 5° si on ne peut pas en appeler comme d'abus.

R. 1° On ne peut douter que Claire ne soit véritablement religieuse professe, puisque sa profession, quoique faite dans sa maladie, a toutes les conditions nécessaires pour être valide : savoir l'âge, la probation d'une année, le consentement juridique de la maison. D'où il suit, 1° qu'elle ne doit point renouveler solennellement ses vœux ; 2° que la supérieure et la communauté entière n'ont pas eu droit de lui ôter le voile et de la congédier ; 3° que l'ordonnance verbale de la supérieure est injuste; 4° qu'on doit s'adresser à l'évêque pour la faire supprimer.

Cas XIII. *Lævius*, après avoir fait son noviciat, étant forcé par les menaces de son père, a fait ses vœux en apparence et de bouche seulement, ayant trouvé le moyen de faire et signer une protestation en forme contre sa profession. Il n'a point ratifié ses vœux, et, à la cinquième année il a réclamé contre. L'évêque diocésain, sous la juridiction duquel est le monastère, peut-il de son autorité, et malgré le supérieur régulier, le faire sortir du couvent?

R. La profession de Lævius est certainement nulle, et le concile de Trente, *sess.* 25 *de Reg. et Mon. c.* 19, attribue à l'évêque, conjointement avec le supérieur régulier, la connaissance de la nullité d'une profession. C'est donc principalement à lui à décider de celle de Lævius, le supérieur néanmoins présent ou dûment appelé, et le provincial peut faire la même chose dans les monastères qui dépendent de lui. *Voyez* Sylvius, *Resol. var.* v. *Professio monastica,* 5.

Cas XIV. *Galéatin* a, sur un faux extrait de baptême, fait profession solennelle à l'âge de 15 ans et demi. Est-il obligé d'embrasser ailleurs l'état monastique, ou de recommencer son noviciat dans le même couvent?

R. La profession de Galéatin est nulle et ne l'engage point à embrasser l'état religieux dans aucun ordre. C'est la décision expresse du concile de Trente, *sess.* 25, *de Reg.* c. 15 *de Ref.* Si cependant sa profession était nulle par une autre raison que par le défaut d'âge, comme s'il l'avait faite dans un ordre qu'il croyait, mais faussement, approuvé par le saint-siége, nous estimons qu'il serait plus sûr pour lui de se faire religieux ailleurs.

— Je croirais assez volontiers le contraire avec Fagnan, *in cap. Consulti* 20, *de Regularib.*, *n.* 52. Car outre que, comme le remarque ce canoniste, il n'y a point là de réception valide à l'habit, on peut fort bien vouloir prendre parti dans un ordre, dont l'institut et les sujets sont assortis à notre caractère, et ne vouloir point du tout s'engager dans un autre. Ce qu'on pourrait dire de plus, c'est que Galéatin est tenu à la chasteté; parce que *si non vovit ut voluit, voluit ut potuit.* Et c'est de quoi je douterais beaucoup. On peut, en se croyant à l'abri des occasions, renoncer à une ressource qui se trouve nécessaire, quand on est dans le monde.

Cas XV. *Aurélie*, voulant faire profession dans une maladie dangereuse et avant de mourir, la prieure, au défaut de l'abbesse, lui fit faire de son autorité. Cette abbesse étant morte, la nouvelle prétend qu'Aurélie n'est pas professe, et veut la congédier. Le peut-elle?

R. Elle le peut; parce que cette profession est nulle. Une prieure n'a pas le pouvoir d'accepter les vœux solennels d'une novice pendant que l'abbesse est vivante, ni même après sa mort, n'ayant aucun droit de supériorité à cet égard. C'est la décision de Sylvius, *Res. var. v. Prof. mon.* D'où il suit qu'Aurélie peut aussi sortir du monastère, quand l'abbesse et tout le monastère voudraient l'y retenir.

— Cela paraît indubitable, si l'abbesse n'a point été informée de cette profession. Mais, si elle l'a été, comme il y a toute apparence, cela peut souffrir de la difficulté, parce que *rati habitationem retrotrahi, et mandato non est dubium comparari.* Reg. 10, in 6.

Cas XVI. *Fabiole* a été contrainte par les mauvais traitements de son père de se faire religieuse. Il y a cinq ans et demi qu'elle a fait profession. Ne peut-elle pas, à présent que son père est mort, réclamer contre ses vœux?

R. La profession de Fabiole, faite seulement pour éviter les mauvais traitements de son père, est certainement nulle. Cependant, n'ayant point réclamé contre ses vœux dans les cinq ans, ainsi qu'il est marqué dans le décret du concile de Trente, *sess.* 25, *de Reg.*, elle est obligée en conscience à rester dans son monastère, et à y vivre, à l'extérieur, comme si elle était véritablement religieuse. Cette décision est fondée sur la jurisprudence du royaume, où l'on suit à la lettre le décret du concile, ainsi que l'enseigne Fevret, traité de l'Abus, l. v, c. 3, n. 25.

Si cependant Fabiole avait été empêchée de réclamer par violence (ce qu'on ne suppose pas ici), elle serait recevable à faire sa plainte, *metu cessante*, même après les cinq années.

Cas XVII. *Paule*, qui a été forcée par son père de faire profession, n'ayant su que vers la fin de la cinquième année qu'elle avait droit de réclamer, n'a pu obtenir un rescrit de Rome qu'au commencement de la sixième année de sa profession. Mais elle a eu soin, avant les cinq ans, de réclamer contre ses vœux par-devant deux notaires, ou en présence de l'ordinaire et de sa supérieure. Peut-elle après cela se servir de son rescrit?

R. Il n'est pas absolument nécessaire que le rescrit de Rome ait été obtenu avant les cinq ans expirés, et il suffit que Paule ait déduit ses raisons dans les cinq ans devant son supérieur et en présence de l'évêque du lieu où le monastère est situé, ainsi que l'ordonne le concile de Trente. La raison est que le concile n'exclut la personne religieuse du droit de réclamer après les cinq ans passés, que parce qu'il présume que, quand elle a laissé passer ce temps sans réclamer, elle a ratifié ses vœux. Or cette présomption n'a pas lieu, quand on a déclaré par un acte authentique, comme a fait Paule, qu'on ne veut pas demeurer dans l'état religieux. Il faut néanmoins observer, 1° qu'afin de se mettre plus en règle, il est à propos d'obtenir un bref et d'y faire ajouter la restitution du laps de cinq années, cette restitution étant reçue en ce cas, et autorisée par la jurisprudence des parlements; 2° que si la protestation n'était que verbale, ou qu'étant faite par écrit, elle n'eût pas faite par-devant la personne qui est supérieure du monastère et l'évêque diocésain, et signifiée à tous les deux, elle serait nulle, comme n'étant pas conforme au droit établi par le concile de Trente. *Voyez* Ducasse, part. II, ch. 6, n. 45.

Cas XVIII. *Jacques* et *Marcelline*, ayant été forcés par leur père d'entrer en religion, se sont adressés à l'évêque diocésain, qui, après les formalités requises, a déclaré nuls leurs vœux. En sont-ils par là déchargés, quoiqu'ils n'aient pas obtenu de rescrit de Rome?

R. Il est aujourd'hui nécessaire en France d'obtenir un rescrit de Rome, quand on veut réclamer contre une profession solennelle, ainsi que l'enseigne Pyrrhus Corradus, *prax. disp.*, l. v, ch. 14. Les parlements ne soutiendraient pas les officiaux qui rendraient des jugements sur cette matière, de leur seule autorité et sans un rescrit; non de la congrégation des réguliers, car il serait regardé comme abusif, mais du pape même. Ainsi Jacques et Marcelline ne se doivent pas considérer comme sûrement et incontestablement relevés de leurs vœux.

Cas XIX. *Amélie*, ayant été admise d'une commune voix à la profession, l'abbesse la remet depuis plus de six mois à faire ses vœux. Pèche-t-elle en cela?

R. Si l'abbesse n'a aucune juste raison de différer la profession d'Amélie, elle pèche, parce qu'elle lui fait une injustice et qu'elle agit contre ce décret du concile de Trente, *sess*. 25 *de Reg.*, ch. 16 : *Finito tempore novitiatus, superiores novitios, quos habiles invenerint, ad profitendum admittant, aut e monasterio eos ejiciant*. Ce serait autre chose, si Amélie avait un mal dont il fallût voir les suites; si elle ne fournissait pas la dot justement exigée, etc.

— M. P. dit au commencement de ce cas que l'abbesse dont il s'agit va *directement contre le décret du concile de Trente*; et à la fin, que ce décret ne regarde que les *seuls novices religieux, et non pas les filles*.

Cas XX. *Majorien* a été admis à faire sa profession un jour avant que son noviciat eût été entièrement accompli. L'a-t-il pu faire validement? L'aurait-il pu faire, s'il n'avait manqué que peu d'heures à l'année de son noviciat?

R. La profession de Majorien est nulle, quand même il n'aurait manqué qu'une heure à l'année de son noviciat. Il faut s'en tenir aux termes précis de la loi qui est reçue en France et qui est conforme au décret du concile de Trente, *sess*. 15, *de Reg*. ch. 15, aux décrétales et entre autres à celle d'Alex. III, ch. 8, *de Regul.*, l. III, tit. 31, qui marquent nettement que l'année de probation doit être entièrement révolue, avant que le novice puisse faire une profession valide. Fagnan *in cit. c. n*. 35, assure que ç'a été le sentiment de la sacrée congrégation du concile en deux occasions différentes, où cette question a été proposée, quoiqu'elle n'ait pas jugé à propos d'en donner une décision publique, pour éviter les troubles qu'elle aurait causés en plusieurs maisons religieuses, où il se trouvait des religieux qui étaient dans la bonne foi sur la profession qu'ils avaient faite autrement.

Cas XXI. *Sélécus* a pris l'habit de novice le premier janvier. Peut-il faire profession le dernier jour de décembre suivant? Il croit le pouvoir : parce que cette année étant bissextile, le 31 décembre fait le 366, et par conséquent un jour presque entier au delà de l'année ordinaire, qui n'est que de 365 jours et quelques heures.

R. Sélécus est dans l'erreur; car dans l'année bissextile les deux jours 24 et 27 février ne sont comptés que pour un seul et même jour : *Id biduum*, dit la loi, 98, ff. *de Verb. sig*. l. L, tit. 16, *pro uno die habetur. Et hoc*, ajoute la glose, *quantum ad œtates… et anni terminum*.

Voyez Abbesse, cas I et IX; Dispense des vœux en général, Dispense des vœux des religieux, Religieux, Religieuse, Vœu.

PROMESSE.

La *promesse* est un engagement de parole, contracté volontairement et avec délibération, par lequel on s'engage à une chose possible et agréable à quelqu'un, ou de faire ou de ne pas faire une chose que peut faire celui qui promet.

On est obligé en conscience et en honneur d'accomplir sa promesse, quelque simple qu'elle soit, à moins qu'il n'arrive quelque changement notable. Car si celui à qui j'aurais promis 300 l. devenait mon persécuteur, ou si mes affaires venaient à tomber en décadence, mon obligation cesserait.

Cas I. *Cyrille*, mineur, a promis à Eudoxe de l'épouser, et Eudoxe lui a fait la même promesse. Mais ayant souffert facilement certaines libertés avec lui, il craint qu'elle n'ait eu la même faiblesse avec d'autres, et ne veut plus l'épouser, quoiqu'elle ait refusé un parti avantageux dans l'espérance de contracter avec lui. Cyrille a-t-il raison?

R. Cyrille est obligé à épouser Eudoxe, dont la trop grande familiarité qu'elle a eue avec lui ne prouve rien de semblable avec d'autres. Si cependant ses parents s'y opposaient, il ne le pourrait faire sans péché : parce qu'il est défendu aux enfants de se marier sans le consentement de leurs parents sous peine d'exhérédation. Au reste, on ne peut à la rigueur les obliger d'y consentir, mais seulement les y exhorter, en cas qu'ils n'aient pas de justes raisons de s'y opposer.

Cas II. *Gaston* a promis de donner 1,000 livres à Léonide, qui a accepté sa promesse; mais il ne lui en a donné que la moitié. N'est-il pas obligé à donner le reste?

R. Gaston doit exécuter entièrement sa promesse, à moins qu'il n'ait une juste cause qui l'en dispense. La raison est qu'une chose promise est due de droit naturel et selon Dieu, quand elle est licite : *Si licitum est et possibile quod promittit*, dit saint Antonin, 2 *p., tit*. 10, c. 1, § 4, *non servando, cum potest, utique peccat : quia omne promissum debitum jure naturali servandum est*.

Cas III et IV. *Domnole* a promis à Pierre, son neveu, de lui donner 15,000 livres, avec intention qu'après sa mort cette somme retournerait à Paul, frère de Pierre. Domnole n'a point fait connaître cette intention dans le temps de la promesse verbale, mais seulement quand il a voulu délivrer la somme. Pierre alors n'a point voulu la recevoir à cette condition, et il prétend que Domnole la lui ayant promise sans condition, il doit la lui donner de même. Domnole soutient au contraire qu'il n'est plus obligé à tenir sa promesse, 1° parce que Pierre s'en est rendu indigne par son ingratitude et ses mauvais procédés; 2° parce que depuis la promesse verbale qu'il lui a faite, l'état de son bien est diminué de plus de moitié, et qu'il ne pourrait l'exécuter sans priver son autre neveu, qui a une grosse famille, du peu de bien qui lui reste; et qu'enfin il se mettrait dans l'impossibilité de faire les legs pieux qu'il a projeté de faire à l'église et aux pauvres.

R. L'obligation contractée par une promesse faite et acceptée cesse, lorsqu il survient quelque changement considérable qu'on n'avait pas prévu dans l'état des choses ou des personnes, et qui aurait empêché qu'on eût promis, si on l'avait prévu. Par exemple, si on ne le peut plus faire sans préjudicier au prochain ou sans en souffrir soi-même un grand dommage, ou sans violer une juste défense faite par un supérieur; ou bien si celui à qui on a promis quelque chose s'en est rendu indigne par son ingratitude, etc. C'est ce qu'enseigne saint Thomas, 2-2, q. 110, art. 9, par ces paroles : *Ad hoc quod homo teneatur facere quod promisit, requiritur quod omnia immutata permaneant: alioquin nec fuit mendax in promittendo, quia promisit quod habebat in mente subintellectis debitis conditionibus; nec etiam est infidelis, non implendo quod promisit; quia eædem conditiones non exstant.* Ainsi la diminution qui est survenue dans les revenus de Domnole suffit seule pour le dispenser d'exécuter sa promesse, quand même il l'aurait faite sans aucune condition. Mais l'ayant faite sous condition, elle ne pourrait l'obliger que quand cette condition serait accomplie. D'ailleurs l'ingratitude que Pierre a fait connaître par ses mauvais procédés est encore une raison pour justifier Domnole. Enfin il est juste qu'avant tout Domnole pourvoie aux besoins de ses parents, et qu'il emploie une partie de son bien en legs pieux pour le soulagement de son âme après sa mort.

CAS V. *Alypius* a promis à Benoît de lui donner 600 liv. sans avoir intention d'exécuter sa promesse. Doit-il l'accomplir ?

R. Il n'y est point obligé, *quia vis obligandi nascitur ex intentione,* comme le disent les théologiens avec saint Thomas, 2-2, q. 116, a. 3. Cependant il a péché contre la sincérité et la bonne foi, en promettant ce qu'il ne voulait pas donner. Et même, si en manquant à sa parole, il avait causé quelque dommage à Benoît, il serait tenu de le réparer.

CAS VI. *Julien* a promis à un voleur, qui le voulait tuer, 200 l., dans l'intention néanmoins d'en poursuivre la restitution en justice. Julien doit-il tenir sa promesse, et a-t-il menti en la faisant ?

R. Cette promesse ayant été faite par une crainte grièe, elle ne peut produire aucune obligation. *Ille qui vim intulit,* dit saint Thomas, 2-2, q. 89, art. 7, ad 3, *hoc meretur ut ei promissum non servetur.* Le même saint Thomas enseigne qu'on ne peut aussi condamner Julien de mensonge, parce qu'il a véritablement voulu donner l'argent pour éviter la mort. *Tunc vult dare, sed postea vult repetere vel saltem judici denuntiare, si promisit se non petiturum restitutionem.* Idem in 4, dist. 20, q. 1, art. 4.

CAS VII. *Anatolius* a emprunté 1,000 liv. de Manlius, à qui il a promis verbalement d'en payer l'intérêt à raison de dix pour cent. Est-il obligé d'en payer ces intérêts, qu'il n'a promis que par la crainte où il était de voir périr son commerce, et perdre sa réputation faute de ce secours ?

R. *Anatolius* n'est pas obligé à payer ces intérêts usuraires. *Debitores ad solvendas usuras, in quibus se obligaverant, cogi non debent,* dit Alex. III, cap. 6, *de Jurej.*, l. II, tit. 24. La raison qu'en donne la Glose est que la promesse étant injustement obtenue, il n'y a nulle obligation de l'accomplir. Ce serait autre chose si la crainte était fondée sur un motif juste, comme si je promettais dix louis à quelqu'un pour me garantir des voleurs qu'on dit être dans un bois par où je dois passer.

CAS VIII. *Scévole* a promis 100 liv. à Thomas s'il le tuait ou s'il battait son ennemi. Thomas l'a fait. Scévole doit-il lui donner les 100 livres ?

R. Il n'y est obligé, ni devant Dieu, ni devant les hommes. *In malis promissis fidem non expedit observare,* dit Boniface VIII, *Reg.* 69, *in* 6. Cette promesse même n'obligerait pas, quand elle aurait été confirmée par serment. Cette doctrine, appuyée sur les lois, semble être dictée par le droit naturel qui n'approuve pas que de mauvaises actions soient récompensées. Ce serait enhardir et autoriser les scélérats à les commettre dans l'espérance de la récompense. Et c'est à quoi les lois ont voulu remédier en défendant de payer ce qu'on a promis pour récompense d'un crime qu'on a commis.

CAS IX. *Jourdan* a promis six louis d'or à une femme débauchée, pour le prix de son péché. Est-il obligé à les lui donner ?

R. Jourdan a péché en promettant, et il pécherait en exécutant sa promesse, surtout s'il le faisait dans la vue de continuer dans le crime. La Glose dit même qu'il n'est pas permis de donner à une prostituée, *affectionis causa.* En effet, cela n'est propre qu'à former des liaisons dangereuses, ou bien à entretenir dans le crime. De là ce mot de saint Thomas : *Augustinus dicit supra Joannem, quod donare res suas histrionibus, vitium est immane, nisi forte aliquis histrio esset in extrema necessitate.*

PROMOTEUR.

Le *promoteur* est l'officier de l'Eglise qui, en ce qui regarde la juridiction ecclésiastique, fait les fonctions qu'exercent dans le barreau les procureurs du roi, en requérant d'office qu'il soit informé ou décrété contre les clercs coupables de quelques fautes punissables, en donnant leurs conclusions sur les affaires qui sont portées par-devant l'official, en prenant soin de soutenir les droits, les libertés et immunités de l'Eglise, et en maintenant la discipline ecclésiastique dans sa vigueur; autrement il y aurait lieu à appeler comme d'abus de leurs procédures, ainsi que le marque Fevret, l. IV, c. 3, n. 29.

— Le règlement dressé par la chambre ecclésiastique des Etats de 1614 porte que les promoteurs seront gradués et personnes de savoir. Un religieux ne peut être promoteur, du moins en France. Le promoteur n'est pas obligé de prêter serment.

— Cas I. L'évêque de *N*. a pris pour promoteur un curé de son diocèse. L'a-t-il pu?

R. Non, si ce curé a son bénéfice hors de la ville, parce que cela l'empêcherait de résider. Mais si sa cure est dans la ville, on a pu le choisir, s'il n'y a point de quoi trop le distraire. Mais il ne conviendrait pas qu'un curé fît l'office de promoteur à l'égard de ses paroissiens. *Voyez* les *Mém. du clergé*, tom. VII, p. 259 et suiv.

Cas II. *Romilius* peut-il être tout à la fois promoteur et pénitencier?

R. Ces deux dignités ne peuvent être possédées par la même personne, ainsi qu'il a été jugé par un arrêt du parlement de Paris, du 15 mars 1611, et rapporté dans les Mémoires du clergé, tom. II, p. 407, lequel ordonna qu'un pénitencier d'Angers, nommé à la fonction de promoteur, opterait dans un mois l'une ou l'autre de ces deux dignités.

Cas III. *Sextius*, promoteur, ayant informé d'office contre Gautier, et ayant fait assigner trois de ses paroissiens, a assisté à l'information et à l'interrogatoire de ce curé, et même au récolement des témoins, pour les empêcher de déguiser la vérité. A-t-il péché contre les formes de la justice?

R. Un promoteur ne peut assister aux informations faites contre les accusés, ni à leur interrogatoire, ni au récolement et confrontation des témoins, ainsi que l'observe M. Brillon, v. *Promoteur*, n. 3, parce que la procédure criminelle doit être secrète, et que le promoteur, étant partie publique, ne peut être juge. C'est un point de jurisprudence si constant, qu'il ne souffre pas de difficulté.

Cas IV. *Russin*, promoteur, sait certainement qu'Alexis est coupable d'un crime occulte. Doit-il demander à l'official qu'il lui soit permis d'informer contre lui?

R. Le promoteur est en droit de faire ordonner qu'il soit informé des crimes manifestes et publics. Mais il est nécessaire, à l'égard de ceux qui sont occultes, qu'il en ait des indices si forts, qu'il ne puisse raisonnablement s'en dispenser. En France, lorsqu'il s'agit d'une accusation d'un crime occulte, on oblige le promoteur à avoir un dénonciateur qui puisse répondre des dommages et intérêts de l'accusé en cas de besoin. Et si l'accusé était déclaré innocent, on peut faire sommer le promoteur de déclarer son dénonciateur; et le promoteur est obligé de le nommer, comme le dit Fevret, *l.* iv, c. 3, n. 32, autrement il en serait responsable en son propre et privé nom.

— Cas V. *André*, promoteur, qui ne doute de rien, a accordé des monitoires, prononcé des censures, absous ceux qu'il en avait frappés. Tout cela est-il bien?

R. Tout cela a été défendu aux promoteurs par le concile de Rouen de 1581. La raison est que, comme on l'a déjà dit, ils ne sont que parties et non pas juges. Or, décerner des monitoires, des censures, etc., sont des fonctions de juges. C'est la raison du même concile. *Voyez* les *Mém. du clergé, ibid., pag.* 1057.

— Cas VI. *Gradius*, promoteur, informé que Pierre et Marie ont contracté un mariage défectueux, les a fait assigner pour représenter les actes de la célébration de leur mariage. L'a-t-il pu?

R. Les cours séculières ne permettaient pas autrefois aux promoteurs de troubler un mariage paisible et concordant, et qu'aucune partie civile ne demandait être déclaré nul. Ils ont un peu plus de liberté depuis la déclarat. du 15 juillet 1697. Ils peuvent donc faire assigner par-devant les archevêques ou évêques les contractants dont le mariage est nul, pour avoir été célébré par un autre prêtre que leur curé, et seulement en ce cas. Et cela, pourvu qu'ils agissent dans la première année de la célébration dudit mariage, *et au cas que les officiers royaux, ou les parties intéressées ne fassent aucune diligence pour obliger les contractants à se retirer par devers leur évêque pour réhabiliter leur mariage.* Mém. du clergé, *tom.* V, *pag.* 1129 *et* 1130.

Cas VII. *Rothode*, chanoine et promoteur, prétend être tenu présent au chœur, et gagner franc ses distributions. Le chapitre a-t-il droit de s'y opposer?

R. L'assemblée générale du clergé de France, du 26 septembre 1635, *a ordonné que... les officiaux et promoteurs faisant les visites et fonctions de leurs charges... jouiront de tous les revenus de leurs dignités, offices et prébendes, tant du gros que des distributions manuelles et journalières, comme s'ils étaient présents à l'église, pourvu qu'ils soient actuellement servants et employés aux fonctions de leurs charges.* Les arrêts du parlement y sont conformes, comme l'observe Fevret, l. iv, c. 3. *Voyez* Official.

PROPRIÉTÉ

La propriété est le droit de jouir et de disposer des choses de la manière la plus absolue, pourvu qu'on n'en fasse pas un usage prohibé par les lois ou par les règlements. Nul ne peut être contraint de céder sa propriété, si ce n'est pour cause d'utilité publique, et moyennant une juste et préalable indemnité.

Lors donc que la convention nationale supprima les rentes féodales sans indemnité, elle viola évidemment le droit de propriété. L'abolition des rentes, dit Toullier, ayant été jugée nécessaire au bien de l'État et aux progrès de l'agriculture, l'assemblée constituante en permit le rachat; en cela elle n'excéda point ses pouvoirs. Les propriétaires de ces rentes ne pouvaient justement se plaindre, puisqu'ils recevaient une juste et préalable indemnité. Mais, en supprimant ces mêmes rentes sans indemnité, la convention fit un acte d'injustice; elle viola la loi sacrée de la propriété, base fondamentale des sociétés. Elle ne put détruire l'obligation naturelle de payer ou de rembourser ces rentes, qui étaient le prix des héritages possédés par les débiteurs. Or, si la loi qui a supprime les rentes sans indemnité fit une injustice, comme on en convient généralement, la loi qui les rétablirait ne serait qu'un retour à la justice, pourvu qu'elle ne rétroagît point sur le passé. Les propriétaires des terres affectées à des rentes anciennement féodales ne pourraient raisonnablement se plaindre que la loi leur retirât un don gratuit qui leur avait été fait en 1793, dans un temps où les principes de justice étaient oubliés ou violés ouvertement ; leurs plaintes seraient d'autant plus mal fondées, qu'ils ont déjà gagné plus de vingt années d'arrérages.

D'après ce principe, qui n'est contesté par personne, nous ferons remarquer avec Mgr Gousset, 1° que l'obligation de payer lesdites rentes est personnelle à ceux qui en ont profité, c'est-à-dire à ceux qui étaient possesseurs des biens affectés à ces sortes de rentes, lorsque la loi les a abolies. Soit qu'ils possèdent encore ces biens, soit qu'ils les aient aliénés, ils sont obligés, eux ou leurs héritiers, d'entrer en arrangement avec leurs créanciers. Quant aux terres qui ont été vendues libres de toutes rentes, soit par l'Etat, soit par les anciens propriétaires, elles ne sont plus sujettes auxdites rentes, et ceux qui les ont acquises depuis la loi de 1793 ne sont pas obligés en conscience de les payer ; 2° que l'obligation dont il s'agit peut s'éteindre par la prescription de trente ans ; mais cette prescription n'a lieu, au for intérieur, que lorsqu'elle est fondée sur la bonne foi, et que la bonne foi a duré pendant tout le temps nécessaire pour prescrire.

PROVIDENCE.

Vous êtes-vous défié de la Providence, craignant de manquer des choses nécessaires à la vie, d'avoir un trop grand nombre d'enfants ? Si vous contrariez les desseins de la Providence, la Providence contrariera les vôtres, et vous ne réussirez pas, et vous serez malheureux, maudit de Dieu. Il bénit au contraire les familles où les enfants sont nombreux ; pour récompenser Abraham de sa fidélité, il lui promit une nombreuse postérité : s'il fournit la nourriture aux oiseaux, abandonnera-t-il les enfants des hommes ? N'avez-vous compté que sur vous, sur vos efforts, sur votre industrie, sur les autres hommes, et non sur Dieu ? On ne peut manquer de tomber quand on a de si faibles soutiens.

PRUD'HOMMES (CONSEIL DE).

On appelle ainsi une juridiction composée de marchands fabricants, de chefs d'atelier, de contre-maîtres et d'ouvriers patentés, pour juger les différends entre maîtres et ouvriers, et maintenir la police des ateliers. Les conseils de prud'hommes sont établis sur la demande motivée des chambres de commerce ou des chambres consultatives des manufactures.

Le conseil de prud'hommes est institué : 1° pour terminer par la voie de conciliation les petits différends qui s'élèvent journellement, soit entre des fabricants et des ouvriers, soit entre des chefs d'atelier et des compagnons ou apprentis ; 2° pour juger entre les mêmes personnes toutes les contestations, quelle qu'en soit la valeur, qui n'ont pu être terminées par la voie de conciliation. Ils statuent définitivement et sans appel, quand la demande n'excède pas cent francs ; et au-dessus de cette somme, à charge d'appel devant le tribunal de commerce de l'arrondissement, ou à défaut de tribunal de commerce, devant le tribunal civil de première instance.

Leurs jugements, jusqu'à concurrence de 300 francs, sont exécutoires par provision, nonobstant l'appel et sans qu'il soit besoin de fournir caution ; au-dessus de cette somme, ils sont exécutoires par provision en fournissant caution. Les conseils de prud'hommes sont chargés de veiller à l'exécution des mesures conservatrices de la propriété, des marques empreintes aux différents produits de la fabrique ; ils sont arbitres de la suffisance ou insuffisance de différence entre les marques déjà adoptées et les nouvelles qui seraient déjà proposées, ou même entre celles déjà existantes. Les prud'hommes ont aussi des attributions en matière de police.

PUISSANCE PATERNELLE.

L'enfant, à tout âge, doit honneur et respect à ses père et mère. Il reste sous leur autorité jusqu'à sa majorité ou son émancipation. Le père seul exerce cette autorité durant le mariage. L'enfant ne peut quitter la maison paternelle sans la permission de son père, si ce n'est pour enrôlement volontaire, après l'âge de dix-huit ans révolus. Le père qui aura des sujets de mécontentement très-graves sur la conduite d'un enfant aura les moyens de correction suivants. Si l'enfant est âgé de moins de seize ans commencés, le père pourra le faire détenir pendant un temps qui ne pourra excéder un mois ; et à cet effet, le président du tribunal d'arrondissement devra, sur sa demande, délivrer l'ordre d'arrestation. Depuis l'âge de seize ans commencés jusqu'à la majorité ou l'émancipation, le père pourra seulement requérir la détention de son enfant pendant six mois au plus ; il s'adressera au président dudit tribunal, qui, après en avoir conféré avec le procureur du roi, délivrera l'ordre d'arrestation ou le refusera, et pourra, dans le premier cas, abréger le temps de la détention requis par le père.

Le père est toujours maître d'abréger la durée de la détention par lui ordonnée ou requise. Si, après sa sortie, l'enfant tombe dans de nouveaux écarts, la détention pourra être de nouveau ordonnée de la manière prescrite aux articles précédents. Si le père est remarié, il sera tenu, pour faire détenir son enfant du premier lit, lors même qu'il serait âgé de moins de seize ans, de se conformer à l'article de la loi mentionné plus haut.

La mère survivante et non-remariée ne pourra faire détenir un enfant qu'avec le concours des deux plus proches parents paternels, et par voie de réquisition au procureur du roi. L'enfant détenu pourra adresser un mémoire au procureur général près la cour royale. Celui-ci se fera rendre compte par le procureur du roi, et fera son rapport au président de la cour royale, qui, après en avoir donné avis au père et après avoir recueilli tous les renseignements, pourra révoquer ou modifier l'ordre délivré par le président du tribunal de première instance. Ces dispositions légales sont communes aux pères et mères des enfants naturels légalement reconnus.

PURIFICATOIRE.

C'est un petit linge oblong qui sert à essuyer les doigts du prêtre et le calice. Il doit être d'un tissu de fil de lin ou de chanvre. Il n'est pas permis de se servir d'un purificatoire de coton. Les uns veulent que le purificatoire soit bénit; les autres pensent avec plus de fondement que cette bénédiction n'est pas nécessaire, car elle n'est prescrite nulle part Cependant comme les purificatoires touchent immédiatement le calice, il est convenable de les bénir avant de les affecter au culte divin. Les laïques ne doivent point toucher les purificatoires qui ont servi à la célébration des saints mystères, à moins qu'il n'y ait nécessité, ou qu'ils n'aient reçu de l'évêque la permission de les toucher. Mais celui qui les toucherait sans qu'il y eût mépris de sa part ne pécherait que véniellement.

QUASI-CONTRATS.

Certains engagements se forment sans qu'il intervienne aucune convention, ni de la part de celui qui s'oblige, ni de la part de celui envers lequel il est obligé. Les uns résultent de l'autorité seule de la loi, les autres naissent d'un fait personnel à celui qui se trouve obligé. Les premiers sont les engagements formés involontairement, tels que ceux entre propriétaires voisins, ou ceux des tuteurs ou des autres administrateurs qui ne peuvent refuser la fonction qui leur est déférée. Des engagements qui naissent d'un fait personnel à celui qui se trouve obligé, résultent ou des quasi-contrats, ou des délits ou quasi-délits. Si le fait est licite, il y a *quasi-contrat*; s'il est illicite, ou il a été commis avec l'intention de nuire, et alors il y a délit; ou sans intention de nuire, par imprudence, alors il y a quasi-délit.

Les quasi-contrats sont les faits purement volontaires de l'homme, dont il résulte un engagement quelconque envers un tiers, et quelquefois un engagement réciproque des deux parties.

Lorsque volontairement on gère l'affaire d'autrui, soit que le propriétaire connaisse la gestion, soit qu'il l'ignore, celui qui gère contracte l'engagement tacite de continuer la gestion qu'il a commencée et de l'achever jusqu'à ce que le propriétaire soit en état d'y pourvoir lui-même; il doit se charger également de toutes les dépendances de cette même affaire.

Il se soumet à toutes les obligations qui résulteraient d'un mandat exprès que lui aurait donné le propriétaire. Ainsi, Joseph est absent de son domaine; le moment des moissons arrive; Jean, un de ses amis, qui est sur les lieux, fait faucher les moissons, il contracte ainsi l'engagement tacite de les faire recueillir, de battre les gerbes, d'apporter les soins nécessaires à la conservation du blé.

Il est obligé de continuer sa gestion, encore que le maître vienne à mourir avant que l'affaire soit consommée, jusqu'à ce que l'héritier ait pu en prendre la direction.

Il est tenu d'apporter à la gestion de l'affaire tous les soins d'un bon père de famille. Néanmoins, les circonstances qui l'ont conduit à se charger de l'affaire peuvent exempter de réparer tous les dommages qui résulteraient des fautes ou de la négligence du gérant.

Le maître, dont l'affaire a été bien administrée, doit remplir les engagements que le gérant a contractés en son nom, l'indemniser de tous les engagements personnels qu'il a pris et lui rembourser toutes les dépenses utiles ou nécessaires qu'il a faites.

Celui qui reçoit par erreur ou sciemment ce qui ne lui est pas dû, s'oblige à le restituer à celui de qui il l'a indûment reçu. Ainsi, lorsqu'une personne, qui par erreur se croyait débitrice, a acquitté une dette, elle a le droit de répétition contre le créancier. Néanmoins ce droit cesse dans le cas où le créancier a supprimé son titre par suite du payement, sauf le recours de celui qui a payé contre le véritable débiteur. S'il y a eu mauvaise foi de la part de celui qui a reçu, il est tenu de restituer tant le capital que les intérêts ou les fruits, du jour du payement.

Si la chose indûment reçue est un immeuble ou un meuble corporel, celui qui l'a reçue s'oblige à la restituer en nature, si elle existe, ou sa valeur, si elle est périe ou détériorée par sa faute; il est même garant de sa perte par cas fortuit, s'il l'a reçue de mauvaise foi.

Si celui qui a reçu de bonne foi a vendu la chose, il ne doit restituer que le prix de la vente. Celui auquel la chose est restituée, doit tenir compte, même au possesseur de mauvaise foi, de toutes les dépenses nécessaires et utiles qui ont été faites pour la conservation de la chose.

Celui qui par erreur a donné en payement une chose qu'il ne devait pas et qui veut la réclamer après qu'il s'est aperçu de son erreur, n'a d'action que contre celui à qui il l'a donnée. Si celui-ci l'a vendue, le maître ne peut attaquer l'acquéreur pour faire résilier la vente et restituer la chose vendue; il ne peut répéter que le prix. Exemple : Alexis hérite de Joseph, on trouve un testament par lequel Joseph me lègue une maison. Alexis me la livre; ensuite je la vends de bonne foi à Ernest 20,000 francs. Un an après, on trouve un testament postérieur qui révoque le legs fait en ma faveur. Dans ce cas Alexis n'a pas le droit d'attaquer Ernest acquéreur, il ne peut que s'en prendre à moi pour me redemander le prix de 20,000 francs. Il ne peut imputer qu'à lui seul le malheur d'avoir livré une maison qu'il ne devait pas. Mais si celui qui réclame l'immeuble n'est pas celui qui l'a livré, il a droit de le reprendre et peut ne pas se contenter du prix. Ainsi, je trouve dans la succession de mon oncle une terre qu'il avait usurpée à Francisc, je la possède quelque temps et je la vends de bonne foi à Claudius. Francisc a le droit de la réclamer à Claudius avant la prescription, et Claudius aura recours contre moi. Ce n'est pas Francisc, légitime propriétaire, qui a fait l'erreur, il ne doit pas en souffrir, et je ne pouvais vendre ce qui ne m'appartenait pas. C'est le cas d'appliquer le principe de droit : *Nemo plus juris in alium transferre potest quam habet.*

Celui qui ayant vendu la chose qu'il avait reçue en payement sans être due en aurait consommé le prix de bonne foi, n'est obligé en conscience de restituer que ce dont il est devenu plus riche.

C'est par suite d'un *quasi-contrat* que ceux qui exercent des charges publiques, comme les magistrats, les juges, les avocats, les notaires, les médecins et autres, sont tenus de s'acquitter avec fidélité des devoirs de leurs charges et de réparer, même avant la sentence du juge, tout le dommage qui résulterait d'une transgression volontaire ou d'une négligence gravement coupable de leurs devoirs

QUERELLE.

Cas. N'êtes-vous point la cause des querelles, de la désunion, du trouble qui règne dans votre famille? Souvent tel se dit chrétien qui vit sans ménagement, sans retenue, sans douceur envers ses frères, qui se livre à toutes les saillies de sa mauvaise humeur, à toutes les bizarreries de sa propre volonté; qui est piquant dans ses paroles, fier dans ses commandements, emporté dans ses colères, fâcheux et importun dans toute sa conduite. Ainsi, demandez à ce père de famille de quelle religion il est, il répondra qu'il est chrétien; il se croit en effet bon chrétien, parce qu'il remplit certains devoirs du christianisme qui ne sont pas difficiles à remplir; mais demandez-lui : N'y a-t-il pas de querelles dans votre famille ? et nous verrons bientôt qu'il n'est chrétien que de nom. Pourquoi cela ? Parce qu'il a une conduite, des sentiments tout opposés à ceux de Jésus-Christ; parce qu'il n'a ni douceur, ni charité; parce que c'est un homme amateur de lui-même et opiniâtre dans ses sentiments, qui exige des autres ce qu'il ne veut pas faire, ce qu'il devrait faire lui-même. Il prétend qu'on le ménage et il ne veut ménager personne; sans avoir aucune complaisance pour ceux de sa famille, il veut que tous en aient pour lui, qu'on lui accorde tout, qu'on se rende à toutes ses raisons, qu'on passe par toutes ses décisions, qu'on s'en tienne à tout ce qu'il dit, que chacun quitte ses propres sentiments pour entrer dans les siens.

Allez dans cette autre famille, vous y trouverez une femme qui vous racontera de la manière la plus touchante, la vie triste qu'elle mène, les disputes, les clameurs, les querelles qui arrivent chaque jour dans sa famille; à l'entendre, vous diriez qu'elle est la femme du monde la plus douce et la plus patiente, qu'elle passe partout où l'on veut; elle cependant qui manque aux égards et aux prévenances les plus nécessaires, elle qui n'est jamais de bonne humeur, qui, pour un rien qui lui déplaît, se répand en paroles aigres et mordantes; elle dont il faut toujours étudier les volontés ou plutôt les caprices, qui ne sait ce que c'est que de céder en aucune occasion, qui n'avoue jamais sa faute, qui la soutiendra par des mensonges, des impostures qui déconcerteraient et impatienteraient un ange. Quel christianisme !

Mais les personnes avec lesquelles j'ai à vivre sont si bizarres; on serait tous les jours exposé à leur mauvaise humeur, si on les laissait faire! Abus, erreur très-dangereuse, qui ne tend à rien moins qu'à perpétuer la désunion dans votre famille. Prenez plutôt le parti que vous inspire la charité, celui du silence et de la patience. Saint Athanase confia à une dame d'Alexandrie un de ces caractères brusques et intraitables, qui croient faire grâce lorsqu'ils ne disent que des injures. A quelques jours de là, le saint lui demanda comment elle s'accommodait de sa compagne : Très-bien, répondit la sainte veuve, il y a lieu de croire qu'avec l'aide de Dieu et de cette femme, je ferai quelques progrès dans la patience.

Supportez tout, vous n'aurez bientôt plus rien à supporter, Saint Sabas disait : *Combattez les démons et cédez aux hommes.* Que gagne-t-on à résister ? à force de support, au contraire, on gagne à Dieu les hommes les plus farouches; devant une parole douce, l'homme colère s'avoue vaincu. Mais pourquoi cette personne ne se corrige-t-elle pas? Elle le devrait sans doute, c'est son affaire;

la vôtre, c'est de la supporter quoiqu'elle ne se corrige pas. Faites ce que la charité vous prescrit, n'examinez point si les autres le font, et vous aurez la paix. Que quelqu'un crie, qu'il s'emporte tant qu'il voudra, ce n'est point là ce qu'on appelle querelle. Il y aura du bruit, mais non une querelle, si vous ne repondez rien.

QUITTANCE.

On appelle de ce nom une déclaration faite par écrit qu'on a reçu une chose qui était due, soit un prix, soit une chose individuelle. Une quittance peut être donnée sous seing privé ou devant notaire. Sous l'une ou l'autre forme, elle opère la libération du débiteur, si le créancier qui l'a consentie était capable de recevoir. Cependant il est certains cas où la loi exige que la quittance soit passée devant notaire, par exemple, lorsqu'il y a subrogation du prêteur dans les droits du créancier. La quittance du capital, donnée sans réserve des intérêts, en fait présumer le payement, et en opère la libération. Le débiteur de plusieurs dettes a le droit de déclarer, lorsqu'il paye, quelle dette il entend acquitter. Si la quittance n'énonce que la cause de la dette, sans exprimer la somme payée, elle fait foi du payement de tout ce qui était dû auparavant pour la cause énoncée. Quand une quittance n'énonce ni la somme payée, ni la cause de la dette, elle s'étend à tout ce que pouvait alors exiger du débiteur le créancier qui l'a donnée; mais elle ne s'étend pas aux dettes qui n'étaient pas exigibles au temps de la date de la quittance.

Quelquefois une quittance est valable sans qu'elle ait été passée devant notaire et signée du créancier : c'est ce qui a lieu dans le cas où un marchand écrit sur son registre le payement qu'il a reçu, et lorsque le créancier écrit la même chose au dos de l'obligation. Les frais de passation de la quittance sont à la charge du débiteur. Celui qui veut avoir une quittance sur papier timbré doit fournir le papier. Celui qui la reçoit sur papier libre s'expose à une amende dans le cas où il est obligé d'en faire usage en justice.

Les quittances devant notaire sont, comme tous les autres actes, sujettes au timbre sans nulle distinction. Quant aux quittances sous seing privé entre particuliers, elles sont également sujettes au timbre, excepté celles des sommes non excédant 10 fr., quand il ne s'agit pas d'un compte ou d'une quittance finale sur une plus forte somme. Cependant il peut être donné plusieurs quittances sur une même feuille de papier timbré pour à-compte d'une seule et même créance, ou d'un seul terme de fermage ou de loyer. Toutes autres quittances qui seraient données sur une même feuille de papier timbré n'auraient pas plus d'effet que si elles étaient sur papier non timbré.

RACHAT.

La faculté de rachat ou de réméré est un pacte par lequel le vendeur se réserve de reprendre la chose vendue moyennant la restitution du prix principal et le remboursement des frais et loyaux coûts de la vente, des réparations nécessaires et de celles qui ont augmenté la valeur du fonds, jusqu'à concurrence de cette augmentation. De son côté, l'acquéreur est tenu envers le vendeur de toutes les dégradations arrivées par sa faute. La faculté de rachat ne peut être stipulée pour un terme excédant cinq années; si elle a été stipulée pour un terme plus long, elle est réduite à ce terme. Le terme fixé est de rigueur; et faute par le vendeur d'avoir exercé son action de réméré dans le terme prescrit, l'acquéreur demeure propriétaire irrévocable sans qu'il soit tenu de mettre le vendeur en demeure ou d'obtenir jugement. Lorsque le vendeur rentre dans son héritage par l'effet du pacte du rachat, il le reprend exempt de toutes les charges et hypothèques dont l'acquéreur l'aurait grevé ; mais il est tenu d'exécuter les baux faits sans fraude par l'acquéreur.

Lorsque le vendeur ne veut pas être dépouillé pour toujours de l'objet qu'il vend, lorsqu'il espère qu'une situation plus heureuse lui permettra d'en redevenir propriétaire, il vend à réméré. Mais d'un autre côté, les prêteurs de mauvaise foi trouvent dans cette clause la facilité de dépouiller à vil prix un emprunteur gêné et hors d'état de résister à leurs exigences injustes. Ces dangers sont d'autant plus à redouter, que l'action en rescision pour lésion de sept douzièmes ou de plus de moitié dans le prix ne dure que deux années, et que ce délai n'est pas suspendu pendant la durée du temps stipulé pour le pacte de rachat; en sorte que, à son expiration, le vendeur, qui se laisse bercer de fausses espérances, est irrévocablement dépouillé d'une propriété pour laquelle il n'a reçu peut-être qu'une valeur illusoire. On peut toutefois paralyser les effets désastreux de cette clause en stipulant que le vendeur aura le droit, s'il n'est pas en position de rentrer dans sa propriété, de requérir la revente aux enchères dans les formes qui seraient convenues et déterminées dans l'acte.

Pour que ce contrat dit de réméré soit licite au for intérieur, il faut 1° que le prix de la vente soit proportionné à la valeur de la propriété considérée comme grevée de la faculté de rachat; 2° que l'acheteur soit regardé comme propriétaire de l'objet vendu avec le droit d'en retirer les fruits; 3° que l'acquéreur n'ait pas la liberté de se désister de l'achat.

Cas. Ayant fait des ventes à rachat, aviez-vous l'intention de vendre ou d'acheter? L'acquéreur avait-il la liberté de se désister de l'achat? ce serait un véritable prêt. Le prix de la vente était-il proportionné à la valeur de la chose considérée comme vendue à rachat? La chose était-elle aux risques et périls de l'acquéreur? celui-ci jouissait-il des revenus jusqu'à ce que le rachat ait été fait? Au moment où il a eu lieu, la chose était-elle dans le même état que quand elle fut vendue?

RAILLERIE.

Les railleries sont des signes ou des paroles par lesquelles on tourne en ridicule certaines personnes ou certaines choses. Il est des railleries innocentes, il en est de criminelles, et d'autres qui sont impies. Celles qui se font pour le bien de la personne qu'on raille ou par badinage, et qui ne peuvent faire de peine à personne, sont innocentes; encore ne faut-il en user qu'avec précaution, car rien n'est plus propre à troubler la paix et à exciter des inimitiés. Celles qui sont capables de faire de la peine au prochain, qui lui causent de la confusion, sont péchés plus ou moins graves, selon que la raillerie est plus ou moins piquante et que l'intention qui accompagne ces railleries est plus ou moins mauvaise. Celles qui blessent la religion, ses ministres, la piété et les choses saintes, sont impies et péchés contre le premier commandement. Rien cependant n'est plus commun aujourd'hui : on croit acquérir, par de fades plaisanteries, le titre de bel-esprit, et on ne mérite que celui d'esprit borné et de libertin ; au lieu de montrer son esprit, on ne montre que la corruption de son cœur. Il est aisé de faire rire les sots quand on ne veut que faire rire et qu'on ne respecte rien.

Cas. Avez-vous écouté avec plaisir les railleries des impies? Vous êtes aussi coupable qu'eux. On ne raille guère que pour être applaudi. Trompons l'attente des railleurs en leur opposant un froid et dédaigneux silence qui les oblige à se taire. Les femmes honnêtes surtout doivent rejeter sévèrement tout ce qui tend à l'irréligion; rompre brusquement ou détourner les discours, et imposer silence même, s'il le faut, à ceux qui auraient l'indiscrétion ou l'impolitesse d'entamer et de continuer devant elles ces entretiens. Une réponse nette, qui, en faisant voir un attachement inébranlable à la religion, oblige le railleur à se taire, vaut mieux qu'une discussion et fait infiniment plus d'honneur.

RAPPORT.

Faire des rapports, c'est redire à quelqu'un ce qu'un autre a dit ou fait; une chose propre à aigrir ou à mettre de la division. Les rapporteurs sont la peste des familles et des sociétés, ce sont des caractères odieux qui semblent être à gage pour diviser tout le monde et qui malheureusement n'y réussissent que trop; selon la doctrine de saint Thomas, les rapports sont des péchés plus grands que la médisance, et entraînent après eux l'obligation de réparer tous les torts qu'ils ont occasionnés dans la réputation ou la fortune; aussi ceux qui font des rapports sont-ils maudits de Dieu, et l'on peut dire maudits du monde, qui les déteste. Défiez-vous de leurs discours; ils vous disent du mal d'une personne, en vous quittant ils iront en dire de vous.

Des rapports pour les successions ou pour les partages. Tout héritier, même bénéficiaire, venant à une succession, doit rapporter à ses cohéritiers tout ce qu'il a reçu du défunt par donation entre-vifs, directement ou indirectement; il ne peut retenir les dons ni réclamer les legs à lui faits par le défunt à moins que les legs ou dons ne lui aient été faits expressément par préciput et hors part, ou avec dispense du rapport.

Dans le cas même où les dons et legs auraient été faits par préciput ou avec dispense du rapport, l'héritier venant à partage ne peut les retenir que jusqu'à concurrence de la quotité disponible, l'excédant est sujet à rapport. L'héritier qui renonce à la succession peut cependant retenir le don entre-vifs ou réclamer le legs à lui fait jusqu'à concurrence de la portion disponible.

Le rapport est dû de ce qui a été employé pour l'établissement d'un des cohéritiers ou pour le payement de ses dettes.

Les frais de nourriture, d'entretien, d'éducation, d'apprentissage, les frais ordinaires d'équipement, ceux de noces et présents d'usage, ne doivent pas être rapportés. Il en est de même des profits que l'héritier a pu retirer de conventions passées avec le défunt, si ces conventions ne présentaient aucun avantage indirect lorsqu'elles ont été faites. Pareillement il n'est pas dû de rapport pour les associations faites sans fraude entre le défunt et l'un de ses héritiers, lorsque les conditions ont été réglées par un acte authentique.

L'immeuble qui a péri par cas fortuit et sans la faute du donataire n'est pas sujet à rapport. Les fruits et les intérêts des choses sujettes à rapport ne sont dues qu'à compter du jour de l'ouverture de la succession.

Le rapport se fait en nature ou en moins prenant: il peut être exigé en nature à l'égard des immeubles, toutes les fois que l'immeuble donné n'a pas été aliéné par le donataire, et qu'il n'y a pas dans la succession d'immeuble de même nature, valeur et bonté, dont on puisse former des lots à peu près égaux pour les cohéritiers. Le rapport n'a lieu qu'en moins prenant, quand le donataire a aliéné l'immeuble avant l'ouverture de la succession ; il est dû de la valeur de l'immeuble à l'époque de l'ouverture. Dans tous les cas, il doit être tenu compte au donataire des impenses qui ont amélioré la chose, eu égard à ce dont sa valeur se trouve augmentée au moment du partage. Il doit être pareillement tenu compte au donataire des impenses nécessaires qu'il a faites pour la conservation de la chose, encore qu'elles n'aient point amélioré le fonds. Le donataire, de son côté, doit tenir compte des dégradations et détériorations qui ont diminué la valeur de l'immeuble, par son fait ou par sa faute et négligence.

Lorsque le don d'un immeuble fait à un successible avec dispense du rapport excède la portion disponible, le rapport de l'excédant se fait en nature, si le retranchement de cet excédant peut s'opérer commodément. Dans le cas contraire, si l'excédant est de plus de moitié de la valeur de l'immeuble, le donataire doit rapporter l'immeuble en totalité, sauf à prélever sur la masse la valeur de la portion disponible ; si cette portion excède la moitié de la valeur de l'immeuble, le donataire peut retenir l'immeuble en totalité, sauf à moins prendre et à récompenser ses cohéritiers en argent ou autrement. Le cohéritier qui fait le rapport en nature d'un immeuble peut en retenir la possession jusqu'au remboursement effectif des sommes qui lui sont dues pour impenses ou améliorations.

Le rapport du mobilier ne se fait qu'en moins prenant. Il se fait sur le pied de la valeur du mobilier lors de la donation d'après l'état estimatif annexé à l'acte ; et à défaut de cet acte, d'après une estimation par experts à juste prix et sans crue. Le rapport de l'argent donné se fait en moins prenant dans le numéraire de la succession. En cas d'insuffisance, le donataire peut se dispenser de rapporter du numéraire en abandonnant jusqu'à due concurrence du mobilier, et à défaut de mobilier, des immeubles de la succession.

On demande si un héritier est obligé de rapporter ce que son père ou sa mère ont dépensé pour l'exempter de la conscription ? Il y est obligé s'il était majeur et qu'il ait coopéré lui-même aux traités qui se sont faits. S'il était mineur et que le père ait fait connaître l'intention que son fils fit rapport de ces dépenses, il doit les rapporter. Si le père ne s'est pas expliqué, il faut avoir égard aux circonstances : peut-être le père avait-il un intérêt grave à faire remplacer ce fils qui lui était nécessaire pour son commerce. Dans ces circonstances et d'autres semblables, le rapport de l'argent dépensé à l'occasion de la conscription ne devrait pas être exigé ; sans ces circonstances particulières la qualité de mineur ne peut être un obstacle au rapport. Mais nous ferons remarquer, avec Mgr Gousset, que cette question fort délicate étant laissée à l'appréciation des tribunaux, les confesseurs n'inquiéteront point, au tribunal de la pénitence, les cohéritiers qui exigeraient le rapport du prix qu'aurait coûté le remplacement de leur frère qui était appelé au service militaire.

RAPT. *Voyez* EMPÊCHEMENT.

RECÉLEUR.

On appelle recéleur celui qui protége un voleur qu'il connaît comme tel, qui le retire chez lui, qui garde les choses qu'il sait avoir été volées. Si par là il porte ce voleur, ou à commettre de nouveaux dommages, ou à ne pas réparer ceux qu'il a commis, le recéleur se rend lui-même injuste, et il est solidairement obligé à restituer.

CAS. *Démétrius*, au moment de la banqueroute d'Oreste, son ami, a reçu et caché dans sa maison des meubles, du linge, de l'argenterie et d'autres effets qu'il savait être soustraits à l'inventaire et injustement enlevés. Doit-il être considéré comme recéleur ?

R. Oui ; et il est tenu solidairement à restituer la valeur de ces effets aux personnes lésées par cette soustraction frauduleuse. On doit en dire autant des aubergistes et autres personnes qui achètent ou font vendre les choses qu'ils savent être volées par des domestiques, des ouvriers ou des enfants.

Mais si cet aubergiste ne recevait le voleur et les choses qu'il a volées qu'à raison de sa profession ou parce qu'il est son parent ou son ami, il ne devrait pas être considéré comme recéleur ni obligé à restituer, non plus que celui qui, par pitié ou par des sentiments d'humanité, aiderait le voleur à échapper à la poursuite des gendarmes. *Non tenetur*, dit saint Liguori, *qui post furtum juvat furem ad fugiendum, modo non influat ad damna futura;* car le service qu'il lui a rendu n'influe en rien sur l'action criminelle de ce voleur.

RÉCONCILIATION.

Avez-vous refusé de faire les premières démarches de réconciliation quand vous étiez l'agresseur et que votre offense était grave ? Péché mortel. Si l'offense est mutuelle, c'est à l'inférieur ou à celui qui a fait la plus grave injure à faire les premières démarches. Si vous êtes d'une condition égale et que l'offense soit égale de part et d'autre, vous n'êtes pas obligé de demander pardon à l'autre, cependant vous devez vous réconcilier.

REGARD.

On appelle *regard* l'action de jeter la vue sur un objet. L'on va examiner dans ce titre combien il est dangereux de donner trop de licence à ses yeux.

CAS I. *Algasie* regarde souvent avec curiosité des nudités dans les tableaux et dans les statues qu'elle voit. Pèche-t-elle, lorsqu'elle ne donne pas de consentement aux mauvaises pensées et aux mouvements déréglés qui s'élèvent dans elle à cette occasion ?

R. Algasie pèche non-seulement par les mouvements déréglés que produisent en elle ses regards, mais encore à cause du danger évident où elle s'expose de pécher encore plus grièvement. *Dæmon nudæ figuræ assidet*, dit saint Chrysostome *in psalm.* cxxiii. Saint Augustin déclame avec force contre ces mêmes tableaux dont il n'avait que trop connu la funeste impression. Saint Charles Borromée voulait qu'on les bannît non seulement des églises, où on ne peut les placer sans une sacrilége indécence, mais des maisons séculières, ou du moins qu'on les réformât.

Cas II. *Sostènes* jette souvent des regards avec plaisir sur Christine, d'où s'élèvent en lui des mouvements déréglés. Pèche-t-il en cela, lorsqu'il ne passe pas plus avant?

R. Il pèche grièvement, non-seulement parce qu'il consent à un plaisir qu'il ne lui est pas permis de se donner, mais encore parce qu'il s'expose au danger évident de se laisser aller jusqu'au désir du péché. *Nec dicatis vos habere animos pudicos, si habeatis oculos impudicos*, dit saint Augustin, *Ep.* 211, *alias* 109, *n*. 10, *quia impudicus oculus impudici cordis est nuntius.*

Cas III. *Possuntne conjuges citra peccatum mortale sese mutuo turpiter nudos inspicere, voluptatis, soliusve curiositatis animo?*

R. *Aspectus hujusmodi extra matrimonii sanctitatem penitus versantur; proindeque sine gravi culpa, saltem veniali, fieri nequeunt: talia igitur carnalis voluptatis incitamenta a prudente quovis confessario sunt omnino prohibenda.*

Voyez Devoir conjugal, Mariage.

RÉHABILITER.

C'est lever l'empêchement qui prive un ecclésiastique du droit d'exercer ses fonctions ou du pouvoir d'être pourvu à un ordre supérieur. *Voyez* Dispense de l'irrégularité.

RELIGIEUX.

On appelle *religieux*, à proprement parler, celui qui a fait profession solennelle des vœux de chasteté, de pauvreté et d'obéissance dans une religion approuvée par l'Église ou par le pape. On donne cependant aussi le nom de religieux aux simples novices qui en portent l'habit. Un religieux est mort au monde et ne doit s'occuper que du culte divin et de son salut, sans se mêler des affaires séculières. Il est pourtant vrai que, selon plusieurs auteurs de réputation, on a admis des religieux à exercer des charges et des dignités ecclésiastiques, telles que sont celles de grand vicaire et d'official. Un religieux peut aussi être exécuteur d'un testament, avec la permission de son supérieur. Le religieux bénéficier peut, sans violer son vœu de pauvreté, disposer des fruits de son bénéfice, selon l'esprit de l'Église.

Cas I et II. *Pammaque* a des enfants en bas âge, qui ont besoin de ses soins pour leur éducation, ou un père et une mère qui n'ont d'autre ressource pour vivre que le fruit de son travail. Peut-il abandonner les uns et les autres aux soins de la Providence, en se faisant religieux?

R. Si Pammaque n'a ni parents ni amis qui puissent ou qui veuillent se charger de pourvoir à l'éducation et aux besoins de ses enfants et de ses parents, il ne peut les abandonner pour entrer en religion; il pécherait alors contre un précepte de droit naturel, qui l'oblige de pourvoir aux besoins de ceux à qui il a donné la vie ou desquels il l'a reçue. C'est la décision de saint Thomas, 2-2, *q.* 189, *art.* 6, et *q.* 101, *art.* 4, *ad* 4, et saint Paul l'avait donnée, I Timoth. v, par ces paroles : *Si quis suorum... curam non habet, fidem negavit.* Saint Thomas dit pourtant : *quodl.* 10, *art.* 9, que si un homme ne pouvait rester dans le monde sans tomber dans le péché mortel, il pourrait, dans les cas exposés, entrer en religion. *Cum magis teneatur saluti animæ suæ providere, quam corporali necessitati parentum.*

— C'est à un sage directeur à comparer les risques qu'un homme fragile court en restant dans le siècle avec les besoins de sa famille, à éprouver si la prière, la fréquentation des sacrements, le jeûne, ne peuvent point ralentir le feu qui le dévore, à bien peser qu'il est beaucoup plus dangereux de laisser à la merci du loup une jeune fille de treize ou quatorze ans, qu'un garçon du même âge.

Voyez ce que j'ai dit là-dessus, tom. VI de la *Mor.*, in-8°, pag. 28.

Cas III. *Scipion*, chargé de dettes, peut-il entrer en religion avant de les avoir payées, s'il a de quoi y satisfaire? ou, ne l'ayant pas, est-il obligé de demeurer dans le siècle, pour travailler à procurer le payement de ce qu'il doit à ses créanciers?

R. *Scipion* doit commencer par acquitter toutes ses dettes, s'il le peut; mais s'il n'a pas de quoi y satisfaire, il suffit qu'il cède à ses créanciers tout ce bien qu'il possède, et il n'est pas obligé de demeurer dans le siècle, pour satisfaire au surplus par son travail ou par son industrie; c'est ce qu'enseigne saint Thomas, 2-2, *q.* 189, *art.* 6, *ad* 3. *Si tamen debeat aliquam pecuniam*, dit-il, *et non habeat unde reddat, tenetur facere quod potest, ut scilicet cedat de bonis suis creditori... unde licite potest, exhibitis rebus suis, religionem intrare, nec tenetur in sæculo remanere, ut procuret unde debitum reddat.*

— Gerson, les docteurs de Paris, Molina, Suarès et plusieurs autres que j'ai suivis dans le premier volume de ma Morale, part. II, c. 2, a. 6, n. 708, enseignent au contraire qu'un homme qui peut, en restant dans le siècle, payer ses dettes, ne peut entrer en religion, non plus qu'un homme qui a corrompu une vierge, sous promesse de mariage, ou un esclave qui se doit à son maître. Au fond, la religion, à parler en général, n'est que de conseil; au lieu que l'obligation de rendre le bien d'autrui est de précepte rigoureux.

On peut expliquer saint Thomas de celui qui n'a aucune ou du moins qui n'a qu'une très petite espérance de pouvoir jamais payer ses dettes, en restant dans le monde, ou qui est moralement sûr de s'y damner, s'il y reste.

— Cas IV. *Pierre* et *Marc* ont fait la profession religieuse, quoiqu'ils eussent tous deux beaucoup de dettes. Le premier avait déclaré les siennes à son supérieur, le second n'en avait rien dit au sien. On demande, 1° si la profession de l'un et de l'autre est valide; 2° si la communauté doit payer en leur place.

R. Sixte V, en 1587, déclara nulles les professions de ceux qui étaient chargés de grosses dettes. Clément VIII tempéra la rigueur de ce décret, et quoiqu'il regardât ces sortes de professions comme très-illégitimes dans le second cas, il ne voulut pas qu'elles fussent annulées. Elles subsistent donc aujourd'hui, à moins que la communauté ne les rejette spécialement, et encore faudrait-il voir comment cet article s'est toujours entendu et pratiqué. Quant à l'obligation de payer les mêmes dettes, le monastère en est chargé dans le premier cas, et ainsi il doit les acquitter ou permettre à son religieux de le faire. Mais il n'en est pas ainsi dans le second cas, puisqu'une communauté n'est pas coupable pour avoir été trompée. Cependant il est alors même d'une certaine équité de permettre à un religieux de restituer autant qu'il le pourra, sans manquer au devoir de son état. Et même s'il avait donné quelque chose au couvent à titre gratuit, cela devrait être remis aux créanciers, parce que *res transit cum onere*.

Cas V. Mais que dire, si la dette de Pierre ou de Marc n'était fondée que sur une promesse gratuite?

R. Quoiqu'un honnête homme doive tenir sa parole, cependant un changement considérable, tel que peut être celui d'une vocation marquée, l'en dispense. Il serait néanmoins mieux de remplir sa promesse, si on le pouvait faire sans beaucoup d'incommodité et de délai; et ce devoir serait encore plus urgent, si celui à qui on fait une promesse se fût engagé dans certaines dépenses, parce qu'il comptait sur son exécution.

Cas VI. *Sigisbert*, religieux, manque assez souvent aux observances extérieures portées par la règle de l'ordre. Pèche-t-il mortellement?

R. Sigisbert se rend coupable de péché mortel, si les observances qu'il omet regardent directement l'essentiel de sa profession, c'est-à-dire quelqu'un de ses trois vœux de pauvreté, de continence et d'obéissance : *Horum enim transgressio, quantum ad ea quæ cadunt sub præcepto, obligat ad mortale*, dit saint Thomas, 2-2, *q*. 186, *art*. 9. Mais quoique Sigisbert soit encore tenu d'observer les règles ou constitutions de son monastère, on ne doit cependant, ajoute saint Thomas, condamner ses omissions que de péché véniel, quand même elles seraient fréquentes, à moins qu'elles ne soient accompagnées d'un mépris formel, ou que ces observances ne lui soient commandées avec raison par son supérieur ou par quelque statut de l'ordre, sous peine de péché mortel. Il faut cependant avouer que la fréquente rechute est une disposition au mépris, et que l'état de ceux qui sont dans ces dispositions est bien dangereux.

— Voyez sur ce point les *Lettres Théologiques et Morales* du P. Lami, bénédictin. Quoique son sentiment paraisse trop rigoureux, il mérite bien qu'un religieux y pense.

Cas VII. *Théodat*, religieux de l'ordre de Saint-Dominique, et Corneille, de l'ordre de Saint-Benoît, manquent quelquefois à observer leurs règles et leurs statuts. Pèchent-ils toujours, au moins véniellement, lorsque cela leur arrive par indévotion ou par négligence?

R. Saint Thomas, 2-2, *q*. 186, *art*. 9, *ad* 1, répond qu'un religieux de l'ordre de Saint-Dominique ne pèche ni mortellement, ni véniellement, en manquant aux choses portées par les statuts : 1° lorsqu'elles ne sont pas essentielles aux trois vœux solennels; 2° quand elles ne lui sont pas expressément commandées par son supérieur; 3° lorsqu'il ne les viole pas par mépris. Mais il n'en est pas de même d'un religieux de l'ordre de Saint-Benoît; car encore qu'il ne pèche pas en manquant contre la règle de son ordre dans les choses qu'elle n'exprime qu'en manière de règlement et de conseil, il est pourtant certain qu'il pèche dans l'omission des choses qu'elle exprime par manière de précepte. Néanmoins son péché n'est que véniel dans le cas proposé. Mais si à sa négligence et à son indévotion, il joignait le mépris, quand même ce ne serait que dans une chose qui de sa nature serait indifférente, son péché serait mortel. *Ubique enim et culpabilis neglectus, et contemptus damnabilis est*, dit saint Bernard, *Tract. de Præcepto et Dispensat*. cap. 8.

— Chaque religieux doit mieux savoir que personne à quoi sa règle l'oblige ; mais on croit souvent ne point faire des fautes, quand on en fait de très-réelles : point de règle plus violée que celle du silence. Cependant on ne la viole que par des paroles oiseuses, dont il faudra rendre compte au tribunal du souverain juge.

Cas VIII. *Placide*, religieux bénédictin, a quelquefois mangé de la chair, quoiqu'il ne fût pas malade. A-t-il péché mortellement en cela?

R. Saint Thomas, *quodl*. 1, *art*. 20, répond ainsi à cette difficulté : *Abstinere a carnibus non ponitur in regula beati Benedicti ut præceptum, sed ut statutum quoddam; unde monachus comedens carnes non ex hoc ipse peccat mortaliter, nisi in casu propter inobedientiam vel contemptum*. Il faut ajouter : *vel scandalum*, et observer que cette décision n'a pas lieu par rapport aux congrégations des bénédictins qui ont fait un précepte formel de ce point de discipline.

Cas IX. *Gontran*, qui n'est point encore dans les ordres, et qui travaille à un ouvrage utile à l'Eglise, ne peut-il pas omettre la récitation du bréviaire, au moins lorsqu'il est hors du monastère?

R. Non; car tout religieux profès d'un ordre député *ad chorum* est tenu au bréviaire, et il ne peut sacrifier cette obligation qui est de précepte à une étude qui est purement volontaire et de surérogation.

CAS X. *Auxilius*, religieux, se mêle quelquefois des affaires temporelles de ses amis qui ont des procès, et pour lesquels il sollicite. Le peut-il sans péché?

R. Oui, s'il n'agit que par l'esprit d'une charité pure et désintéressée, et avec la permission de son supérieur. *Causa caritatis se negotiis sæcularibus cum debita moderatione ingerere possunt* (monachi), *secundum superioris licentiam in ministrando et dirigendo*, dit saint Thomas, 2-2, q. 187, art. 2.

CAS XI et XII. *Joseph*, religieux, reçoit par ses mains, et dispose, sans la permission de son supérieur, d'une pension que son père lui constitua lorsqu'il fit sa profession. Pèche-t-il en cela? Ne pourrait-il pas remettre cette pension à son père, s'il en avait besoin?

R. Dans le premier cas, Joseph pèche mortellement, parce que l'essence de la pauvreté religieuse consiste à ne posséder aucun bien ni meuble, ni immeuble, et à ne pouvoir disposer de rien, sans la permission du supérieur. C'est la décision de Sylvius, *Resol. var. v. Religiosus* 3, qui ajoute que, dans le second cas, il ne pourrait même céder cette pension à son père, sans le consentement exprès de son supérieur; ce qui est conforme au décret du concile de Trente, sess. 25, *de Reg. et Mon.* c. 2. La raison est qu'une pension assurée à un religieux est devenue le bien de son monastère, et qu'aucun religieux ne peut disposer d'aucun bien temporel, sans la permission de son supérieur.

CAS XIII. *Théophane*, procureur, prend quelquefois de l'argent pour se donner des choses fort nécessaires, telles que sont la nourriture, les vêtements, les médicaments. 1° Pèche-t-il quand il le fait sans la permission du supérieur? 2° Pécherait-il encore, si, la lui ayant demandée, il ne la pouvait obtenir?

R. Cabassut, l. 1, c. 22, répond que Théophane pèche mortellement dans le premier cas: *Tum ratione furti, tum ratione sacrilegii, contra paupertatis votum, usurpando sibi proprietatem et dominium*. Mais il ajoute qu'il ne pécherait pas dans le second cas, parce qu'alors, le supérieur lui refusant ses besoins contre la justice et contre la raison, il peut, par le seul droit naturel, y pourvoir de son autorité privée.

— Ce qu'un procureur pourrait faire pour lui, il pourrait faire pour un confrère qui serait dans le même cas; mais comme cela est dangereux, et que l'amour du bien-aise voit de grandes nécessités où il n'y en a point, le meilleur dans ces tristes conjonctures est de recourir à l'autorité des premiers supérieurs, et de leur exposer sans exagération l'état des choses. Il y a des supérieurs locaux et peut-être plus encore des supérieures qui ne se refusent rien, ni à leurs parents, et qui refusent tout aux personnes qui n'ont pas le bonheur de leur plaire.

CAS XIV. *Athanase*, supérieur, donne tant par an à chaque religieux pour son entretien; Clément par ses épargnes a amassé 200 liv. qu'il a gardées pour s'en servir dans ses besoins. Doit-il les donner à son supérieur qui les lui demande?

R. Oui, et quand même son supérieur ne les lui aurait pas demandées, il serait au moins obligé d'avoir sa permission pour les garder, et d'être dans la sincère disposition de les lui remettre entre les mains, dès qu'il en serait requis, sans en pouvoir faire usage de son autorité privée; autrement il violerait son vœu de pauvreté et d'obéissance, ainsi que l'enseigne Sylvius, *resol. var. v. Religiosus* 5, ce qui est conforme au concile de Trente, sess. 25, *de Reg. et Mon.*, c. 2.

— Cette pratique de donner tant par an pour le vestiaire, quoique commune, soit à cause de la pauvreté des maisons, soit à cause de la dissipation de certains religieux, n'est pas la meilleure. Il vaudrait bien mieux fournir à chacun ce dont il a véritablement besoin, et faire languir ceux qui, ne ménageant rien, oublient qu'ils sont de vrais pauvres.

CAS XV. *Théophile*, religieux et confesseur, étant mort subitement, on a trouvé dans sa cellule 1,000 liv. Doit-on le juger coupable du crime de propriété et exhumer son corps; et que doit-on faire de cet argent?

R. Dans le doute, on doit toujours juger favorablement du prochain. Or, on n'a pas de preuves qui excluent tout doute que Théophile ait été propriétaire; parce qu'il se peut faire que cet argent soit un dépôt qu'un de ses pénitents lui a confié, ou une somme pour restituer, etc. On ne peut donc le condamner comme propriétaire, ni par conséquent l'exhumer. Quant à l'emploi de cet argent, il faut attendre un temps considérable, par exemple, un an, pour voir si personne ne le réclamera, après quoi, si personne ne se présente, on pourra l'employer en œuvres pieuses. C'est la décision de Sylvius, *resol. var. v. Religiosus* 2.

CAS XVI. *Isidore*, supérieur, peut-il permettre à un de ses religieux de disposer par un testament de ses livres, meubles, etc., en faveur d'un de ses amis?

R. Non; car un supérieur ne peut permettre à un religieux de devenir propriétaire: *Nec æstimet abbas*, dit Inn. III, cap. *Cum ad monast* 6, *de Statu mon.*, etc., l. III, n. 35, *quod super habenda proprietate possit cum aliquo monacho dispensare*. Or c'est ce que ferait Isidore s'il permettait à son religieux de faire un legs, puisqu'il ne le pourrait faire qu'en qualité de propriétaire. C'est aussi ce qu'enseigne Navarre in can. Non dicatis, 11, q. 1, n. 22, qui d'ailleurs a soutenu plusieurs opinions très-relâchées sur la propriété que le concile de Trente défend aux personnes religieuses.

Cas XVII. *Liébaud*, prieur claustral, peut, s'il le veut, établir la réforme dans son monastère. Y est-il obligé en conscience?

R. Il n'y est pas obligé, si ses religieux gardent la régularité et observent toutes les règles et les statuts du monastère non réformé, où ils ont fait leur profession. La raison est qu'ils ne sont pas obligés à une réforme, à laquelle ils n'ont eu aucune intention de s'engager en se faisant religieux. Et quand même la régularité ne serait pas exactement observée, Liébaud ne serait pas encore obligé à établir la réforme; à moins que cela ne fût absolument nécessaire pour rétablir l'observance des règles, à laquelle ses religieux se sont engagés dans leur profession. Car, en ce cas, il ne pourrait se dispenser de se servir de cette voie, pour ne se pas rendre responsable devant Dieu des péchés de ses inférieurs. C'est la décision de Sainte-Beuve, t. II, cas 70.

Cas XVIII. *Alexis*, religieux non réformé, a fait une convention avec les religieux nouvellement réformés de son monastère, de n'assister à l'office que les dimanches et les fêtes, et de recevoir une pension de 500 liv. qui le suivra partout où il ira. Alexis a obtenu depuis un office claustral dans un autre monastère qui fournit à tous ses besoins. On demande: 1° si Alexis pouvait, en vertu de cette convention, n'assister à l'office que les dimanches et fêtes; 2° s'il peut exiger le payement de sa pension, quoiqu'il possède l'office claustral dans un autre monastère?

R. Alexis ne peut en conscience se prévaloir du traité qu'il a fait avec les réformés, pour se dispenser de l'obligation où il est d'assister tous les jours à l'office canonial; les réformés n'ayant pas pouvoir d'exempter par aucune convention un religieux d'un devoir auquel il est tenu, non-seulement en vertu de sa profession religieuse, mais encore parce qu'il tire du monastère sa nourriture et tous ses autres besoins. Alexis ne peut aussi exiger le payement de sa pension depuis qu'il a obtenu l'office claustral, puisqu'il a dans son nouveau monastère tout ce qui lui est nécessaire pour subsister. C'est la décision d'Innocent III, *cap. 2, de Relig. domib.*, l. III, tit. 36, qui dit: *Prohibemus ne quis in diversis monasteriis locum monachi habere præsumat;* à quoi est conforme la jurisprudence du royaume, comme l'enseigne Rebuffe, *prax. Benef. p.* II, *tit. de disp. cum Reg. facta*, § 8: *Licet monachus et regularis possit unum habere beneficium regulare*, dit-il, *tamen duo habere non potest, nec quidem capellam, vel pensionem aut portionem monachalem cum beneficio.*

Cas XIX. Les religieux mendiants peuvent-ils aller quêter dans un diocèse, sans la permission de l'évêque de ce diocèse?

R. Non: cela leur a été défendu par le règlement de l'assemblée générale du clergé de 1645, afin d'empêcher que des quêteurs supposés ne volent aux vrais pauvres les aumônes des personnes charitables. *Nuls religieux*, disent les prélats de cette illustre assemblée, *ne peuvent tenir écoles pour les séculiers dans leurs couvents, ni s'ingérer de quêter dans leur diocèse, sans la permission de l'évêque diocésain.*

Cas XX. *Fabien*, religieux, a administré le sacrement de l'extrême-onction à un moribond, parce que l'on ne pouvait trouver d'autre prêtre à qui l'on pût avoir recours. N'a-t-il pas encouru l'excommunication *ipso facto*, portée par la constitution de Clément V.

R. Non: l'intention de l'Eglise n'est pas qu'on prive ses enfants d'un secours si nécessaire, et la constitution de Clément V tend seulement à réprimer la témérité des religieux qui voudraient sans nécessité usurper les fonctions des curés: *Qui... præsumpserint*. Tolet et Navarre, qui enseignent le contraire, sous prétexte que l'extrême-onction n'est pas nécessaire, ne doivent pas être suivis. Car quand ce sacrement ne serait nécessaire dans aucun cas, ce qui n'est pas vrai, il suffit qu'il soit très-utile, pour qu'on ne doive pas supposer que l'Eglise, sans des raisons invincibles, ait voulu en priver ses enfants.

Cas XXI. *Cyprien*, supérieur d'un couvent, a exposé le saint sacrement sans la permission de l'évêque. A-t-il péché en cela?

R. Oui; parce qu'il est défendu par le second article du règlement des réguliers fait par le clergé de France, à tous ecclésiastiques, tant séculiers que réguliers, d'exposer le saint sacrement à découvert, sous quelque prétexte que ce soit, *Si ce n'est par ordre et du consentement de l'évêque diocésain. Voyez* les *Mémoires du clergé*, tom. I, p. 536.

Cas XXII. *Bénigne* s'est retiré pour toujours de son couvent sans obédience et à l'insu de son supérieur, et s'en est allé dans une province éloignée, sans néanmoins avoir quitté son habit. Est-il coupable d'apostasie?

R. Si Bénigne n'est pas entré dans un autre couvent, pour s'y soumettre au supérieur qui le gouverne, et pour en observer la règle, on ne peut pas douter qu'il ne soit tombé dans l'apostasie, quoiqu'il n'ait pas quitté l'habit. C'est la décision d'Innocent IV, *c. fin., de Renuntiatione*, l. I, tit. 9. *Si recedit* (sine licentia superioris) *fugitivus est et apostata.*

Cas XXIII. Pacôme a sollicité plusieurs religieux de lui donner leurs voix pour être élu supérieur. Sa brigue a réussi et il a été élu. A-t-il péché en cela?

R. Oui; parce qu'il n'est pas permis de demander pour soi un bénéfice à charge d'âmes, ni par conséquent une place de supérieur. D'où il s'ensuit que ceux qui ont élu Pacôme, devant être persuadés qu'il était indigne de cette place par son ambition, il y a tout lieu de croire qu'ils n'ont pas eu en vue alors son seul mérite, mais qu'ils ne lui ont donné leur suffrage qu'à cause de ses prières et de ses intrigues, et qu'ainsi ils se sont rendus coupables de simonie, suivant cette maxime de S. Th., *in 4, dist. 25, q. 3, art. 3, ad* 4 : *Qui dat aliquod spirituale... si principaliter moveatur favore precum... quantum ad judicium divinum simoniam committit et rogatus et rogans, si hoc intendat, sive aliquis pro se roget, sive pro alio.*

Cas XXIV. *Palémon* et *Ignace* sont convenus de se donner réciproquement leurs suffrages, l'un pour la supériorité, l'autre pour la charge de provincial. Cette convention est-elle permise?

R. Elle est vicieuse et renferme une espèce de simonie. Car il y a simonie quand on ne donne gratuitement une chose spirituelle. Or ces charges sont spirituelles ; et si elles étaient conférées en vertu de cette convention, elles ne seraient pas données gratuitement, puisque l'un et l'autre y seraient élevés par le moyen d'un service qu'ils se rendraient réciproquement. C'est pourquoi la faculté de Paris a censuré, le 16 juillet 1658, cette proposition comme fausse et contraire au droit canonique : *Donnez-moi votre voix pour me faire élire provincial, et je vous donnerai la mienne pour vous faire prieur.* Laquelle censure a été confirmée par plusieurs évêques.

Cas XXV. *Oldimir*, prémontré et prieur-curé, voulant faire des fondations pieuses, amassa par ses épargnes 3,000 liv. qu'il employa avant sa mort sans le consentement de son supérieur, en l'achat d'une métairie qu'il donna en fief à un paysan moyennant 150 liv. de rente annuelle. Ensuite il affecta par son testament la moitié de cette rente pour l'établissement d'une maîtresse d'école, et l'autre moitié pour célébrer des messes pour le repos de son âme après sa mort. Oldimir a-t-il pu faire cet acquêt légitimement, et disposer de ce fonds comme il a fait ? et son successeur est-il tenu à acquitter les messes portées par son testament?

R. Oldimir a violé son vœu de pauvreté : 1° En faisant cette acquisition de son autorité privée ; 2° en donnant ensuite cette métairie en fief à un paysan ; 3° En ordonnant par testament que les 150 liv. de rentes seraient employées aux deux fondations qui y sont exprimées, parce qu'il a agi dans tout cela en propriétaire, contre la défense que l'Église a faite à tous les religieux de posséder comme propres aucuns biens immeubles ou meubles de quelque manière qu'il les ait acquis, ni d'en disposer en maître et à sa volonté par testament, donation ou autrement. Oldimir a donc commis un grand péché, puisqu'il n'a amassé et gardé une somme si considérable, que dans un dessein formé d'en disposer à sa volonté et sans consulter son supérieur. Il a mérité par là d'être privé de la sépulture ecclésiastique, ainsi que le déclare Clément III, *in c. sup.* 4. *de Statu monach.* Son testament est outre cela nul et injuste, et son successeur n'est pas obligé à acquitter les messes fondées ; mais il doit faire ordonner par le juge (car l'évêque ne peut le faire en France) que les 150 liv. soient converties en telles œuvres de piété qu'il jugera être les plus nécessaires, soit pour instruire les enfants, soit pour secourir les pauvres. C'est la décision d'Emmanuel Rodriguez, tom. III, IV, 69, art. 2.

— M. P. va nous dire dans le cas suivant qu'un religieux bénéficier peut indubitablement disposer des fruits de son bénéfice, comme un bénéficier séculier. Or, celui-ci pouvait amasser une somme pour en faire une fondation véritablement utile à sa paroisse, ou pour augmenter le revenu de son bénéfice, qui ne donnerait pas une honnête subsistance. L'autorité de Rodriguez qui fait la grande preuve de Pontas, et qui ne serait pas bien décisive, est ici fort déplacée, puisqu'il ne dit pas un mot du cas dont il s'agit. On peut le consulter, pag. 205.

Cas XXVI. *Nicodème*, pourvu d'un bénéfice-cure qui est dans l'enceinte du monastère même où il est religieux, dispose, de son autorité privée et sans la permission de son supérieur, du revenu casuel de cette cure. Le peut-il?

R. Navarre, *Comment. de Regular.*, q. 10 et 11, tom. 1, répond que c'est une vérité dont on ne doit pas douter, qu'un bénéficier régulier peut disposer des fruits de son bénéfice, comme un bénéficier séculier, ce qu'il prouve par l'autorité de Clément V qui dit, *Clem.* 2, *de Vita et Honest. cleric.*, l. III, tit. 1, que la différence qu'il y a entre un simple régulier et un bénéficier régulier est que celui-ci, et non l'autre, a droit de disposer en œuvres pieuses des revenus de son bénéfice, sans qu'il ait besoin d'aucune permission de son supérieur ; ce qu'il dit sans faire aucune distinction entre les bénéfices qui sont hors le monastère, et ceux qui sont dans son enceinte ; au lieu que le simple régulier ne peut disposer d'aucune chose de son autorité privée et sans le consentement de son supérieur. C'est aussi le sentiment de Sylvius, *resol. var.* v. *Religiosus* 1.

Cas XXVII. *Lucien*, religieux, pourvu d'une cure attachée à un monastère exempt de la juridiction épiscopale, et dont il est profès, ayant commis une faute au sujet de l'administration du sacrement de pénitence, l'évêque l'a déclaré juridiquement suspens pour un an. L'a-t-il pu faire justement ?

R. Oui ; tout curé, quel qu'il soit, est soumis de droit à la juridiction de l'évêque, quoique sa cure soit régulière ou même annexée à un monastère exempt. Cela se trouve décidé par une décrétale d'Innocent III, c. 17, *de Privil. et Excès. priv.*, l. III, tit. 3, et confirmé par le concile de Trente, sess. 25, *de Reg. et Mon.*, c. 11. Cette jurisprudence s'observe aussi en France, comme on le peut voir par l'arrêt que rendit le parlement de Paris, en 1668, contre les dominicains de Saint-Maximin en Provence, au sujet de la juridiction sur une cure qui était unie à leur couvent, et sur les religieux qui la desservaient.

— Cas XXVIII. *Montan*, curé, religieux, a fait une faute très-grièvre contre les mœurs. L'évêque du lieu a voulu le punir ; mais ses supérieurs réguliers ont prétendu que c'était à eux à le faire. *Quid juris?*

R. Cette punition appartient à l'évêque

Un arrêt du parlement de Paris, du 7 mai 1646, condamna les prémontrés de Notre-Dame de Sylli à réintégrer ès prisons de l'évêque un religieux du même ordre, curé du Repos, et maintint l'évêque au droit de connaître de toutes les fautes et crimes commis par les religieux-curés dans son diocèse. *Voyez* les *Mémoires du clergé*, tome III, page 801.

— CAS XXIX. *Adrien*, prémontré, ayant commencé à publier les bans d'un de ses paroissiens, le supérieur de ce religieux lui a défendu de passer outre. N'a-t-il point lui-même outrepassé ses pouvoirs ?

R. Oui, et c'est ainsi que le jugea le parlement de Paris, le 12 juin 1691, contre le prieur de Flabmont. *Voyez* les *Mémoires du clergé*, tome III, page 817.

CAS XXX. *Amédée* est sorti de son monastère, sans avoir obtenu d'obédience, et sert de vicaire à un curé. L'évêque diocésain, qui a juridiction sur ce monastère, l'a fait arrêter prisonnier pour le punir sans la participation de son supérieur, qui l'a réclamé. L'évêque a-t-il ce droit ?

R. L'évêque peut non-seulement punir ce religieux déserteur, mais il y est même obligé en conscience : *Qui sine... mandato, in scriptis obtento, repertus fuerit, ab ordinariis locorum, tanquam desertor sui instituti puniatur*, dit le concile de Trente, *sess.* 25, *de Reg. et Mon.*, *c.* 4. D'ailleurs, le monastère étant soumis à la juridiction de l'évêque, ce religieux est son justiciable. Et si ce religieux prétendait que sa profession fût nulle, il serait tenu d'en déduire les raisons, non-seulement devant son supérieur régulier, mais encore devant l'évêque diocésain, à qui il appartient d'en juger. *Voyez* SILVIUS, v. *Fugitivus*.

CAS XXXI. *Panthène* a commis un crime énorme, mais il offre d'en faire telle pénitence qu'on jugera à propos de lui imposer. Plusieurs religieux veulent l'expulser du couvent, d'autres s'y opposent. Peut-on le chasser ?

R. Saint Thomas, *quodl. fin., art. un.*, répond qu'on ne peut chasser un tel religieux sans pécher contre la charité : *Non debet religio infligere talem pœnam quandiu vult corrigi; quoniam sicut est excommunicatio in Ecclesia, ita est expulsio a religione; et ideo dicendum quod nullus est, nisi propter contumaciam, expellendus*. D'ailleurs, ce n'est pas en chassant un homme, et en l'abandonnant à lui-même, qu'on préviendra ses rechutes ; c'est au contraire le moyen de les lui faciliter.

CAS XXXII. *Olympe* a été condamné par son supérieur, selon les règles de l'ordre, à être dépouillé de l'habit régulier, et à tenir prison pendant un an pour un crime énorme; mais il s'est sauvé, et a porté l'habit séculier pour se mieux cacher. A-t-il pu le faire ?

R. Olympe ayant été justement condamné, il n'a pu sans péché se sauver de la prison à laquelle il a été condamné, et il est tenu d'y retourner, à moins qu'on ne lui refusât les besoins nécessaires à la vie. Cependant il ne commet pas un nouveau péché en portant l'habit séculier pour se mieux cacher, puisque la sentence porte qu'il sera dépouillé de l'habit religieux comme indigne de le porter.

CAS XXXIII. *Télamon*, étant poursuivi criminellement dans toutes les formes requises par son provincial, et craignant d'être condamné injustement, veut implorer l'autorité de l'évêque diocésain, ou interjeter appel comme d'abus au parlement des procédures faites contre lui. Peut-il faire l'un et l'autre sans encourir l'excommunication portée par le statut du monastère contre tout religieux de l'ordre, qui, pour se soustraire aux procédures, voudrait se pourvoir par appel, ou autrement, par-devant aucun supérieur séculier, ecclésiastique ou laïque ?

R. Si le cas dont il s'agit est du nombre de ceux dont la connaissance appartient de droit à l'évêque diocésain, Télamon peut s'adresser à lui; mais s'il n'est pas tel et qu'il ne s'agisse que d'un fait concernant la discipline purement régulière et claustrale, il ne peut s'y adresser sans encourir l'excommunication portée par les statuts de son monastère, supposé que ces statuts aient été autorisés par des lettres-patentes enregistrées au parlement de la province où est située le monastère.

Il faut cependant observer que s'il était arrivé du tumulte, une sédition, ou un grand scandale à l'occasion du procès intenté contre ce religieux, ou qu'il se trouvât dans les procédures faites contre lui un abus manifeste par quelque contravention aux ordonnances royales, ou même aux propres statuts de l'ordre, les parlements auraient droit d'en connaître, et Télamon pourrait s'y adresser. Cette jurisprudence a été confirmée par plusieurs arrêts rapportés par M. d'Héricourt, *Lois ecclésiastiques*, page 74, première édit.

CAS XXXIV, XXXV et XXXVI. *Christophe* veut quitter son monastère pour passer dans un autre, parce que son supérieur, injustement prévenu contre lui, le maltraite. Le peut-il faire pour cette raison ? Et a-t-il besoin de la permission de ce supérieur ?

R. Christophe peut sans péché exécuter son dessein. Cependant si l'ordre où il veut entrer n'est pas plus austère que celui où il est, il est nécessaire qu'il demande et qu'il obtienne même la permission de son supérieur, ainsi que l'enseigne Sylvius, *resol. var.*, v. *Religiosus* 9, après Sylvestre, etc. Mais si le monastère où il veut entrer était plus austère, il lui suffirait, après avoir obtenu du pape son bref de translation, d'en avoir demandé la permission à son supérieur, quoiqu'il ne l'eût pas obtenue, ainsi que le déclare Innocent III, *cap.* 18 *de Regularibus*, l. III, tit. 31.

— Un simple religieux n'a pas besoin d'un bref de translation pour passer *ad strictiora*. Cela lui est permis de droit commun, et par le chapitre même que cite l'auteur. Il est aisé de conclure la même chose de Ducasse, part. II, chap. 6, sect. 4. *Voyez* aussi le *Notaire apostolique*, t. II, liv. IX, ch. 3, art. 1, où il remarque que dans l'usage les mendiants recourent à Rome pour passer *ad strictiorem*. C'est que la plupart des religieux prétendent avoir des priviléges qui défendent à leurs sujets cette transmigration.

Il s'ensuit de là, 1° qu'un religieux d'un ordre moins sévère peut entrer dans un autre plus austère, quoique son supérieur s'y oppose, pourvu néanmoins qu'il lui en ait demandé la permission, et qu'il n'ait d'autre motif de changer que le désir d'une plus grande perfection. Car, ajoute Innocent III, le supérieur ne peut justement refuser son consentement : *Prælatus subdito sine difficultate et pravitate qualibet debet transeundi licentiam indulgere, ne videatur propositum impedire divinitus inspiratum.*

Il s'ensuit, 2° qu'on peut exciter un religieux, qui est dans un ordre moins rigide, à le quitter, pour embrasser la règle d'un ordre plus austère, ainsi que l'enseigne saint Thomas, 2-2, q. 189, art. 9, ad 3, lequel ajoute que: *Non potest induci ad minorem religionem... nisi ex speciali causa evidenti, et hoc cum dispensatione superioris.*

Cas XXXVII. *Philostrate*, d'un ordre réformé, étant devenu fort infirme, peut-il sans péché passer dans un autre moins austère sous prétexte de son infirmité?

R. Il le peut, selon saint Thomas, 2-2, q. 889, art. 8, *in cap.*, si son infirmité le met hors d'état d'observer les règles de la religion dont il a fait profession, et qu'il puisse garder celle de la religion moins austère, où il désire d'être transféré. Mais ce changement ne peut se faire que par une dispense du pape, ainsi que l'enseigne Cabassut, lib. I, c. 23, n. 4 : *Etiamsi ex infirmitate ac debilitate corporis regulam suam servare non possit.* Voyez le concile de Trente, sess. 25 de *Regular.*, cap. 19.

Cas XXXVIII. *Eustache* veut quitter son monastère où il est mal venu de la plus grande partie de la communauté, et où le relâchement s'est introduit, pour entrer dans un autre plus réglé, mais plus doux. Peut-il le faire et a-t-il besoin d'un rescrit de Rome?

R. Eustache a deux causes justes qui l'autorisent à exécuter son dessein. La première est l'aversion que la plus grande partie de la communauté a conçue contre lui, la seconde, et qui est seule suffisante, est le relâchement de son monastère. *Si in aliqua religione arctiori incipient religiosi remissius vivere*, dit saint Thomas, 2-2, q. 18, art. 8, *laudabiliter transit aliquis ad religionem, etiam minorem, si melius obervetur.* Mais il ajoute qu'un religieux doit avant tout consulter son supérieur et suivre son jugement, pour ne pas se tromper en suivant ses propres idées... *requiritur superioris judicium.* Il faut, outre cela, selon notre usage, obtenir un rescrit de Rome, qui, sur le consentement du supérieur qu'on quitte, et du monastère où l'on veut entrer, soit entériné par l'official diocésain en présence du supérieur du religieux.

Cas XXXIX. *Martial* veut sortir de son couvent pour aller secourir par son travail son père qui est dans une grande misère. Le peut-il faire?

R. Saint Thomas répond qu'un religieux est délivré, par le vœu solennel qu'il a fait, de la loi qui l'obligeait avant, à secourir corporellement ses parents, et qu'il n'est obligé qu'à les secourir spirituellement : *Ille vero, qui jam est in religione professus*, dit-il, 2-2, q. 101, art. 4, ad 4, *reputatur jam quasi mortuus mundo. Unde non debet occasione sustentationis parentum exire claustrum... tenetur tamen, salva sui prælati obedientia et suæ religionis statu, pium studium adhibere qualiter ejus parentibus subveniatur.* — En traitant cette matière, tom. V, p. 144, j'ai adopté ces paroles de Sylvius, 2-2, q. 101, art. 4 : *Si parentum necessitas esset tam urgens, ut proxime accederet ad extremam, neque ullo modo foret verisimile quod aliter posset eis succurri quum per egressum filii e monasterio, veluti... quod alioquin sint fame morituri; videtur quod tunc petita, quamvis non obtenta licentia, posset tantisper egredi, dum ejusmodi necessitas transierit.*

Voyez APPROBATION, cas X ; AUMÔNE, cas XII ; CONFESSION, cas XXXIII ; DISPENSE *des vœux des religieux*, PROFESSION RELIGIEUSE, RELIGIEUSE, VŒU.

RELIGIEUSE.

On appelle *Religieuse* celle qui est entrée dans quelque ordre religieux et qui en porte l'habit. Les religieuses en général ont été soumises à la clôture par le concile de Trente et par les ordonnances royales. Il ne leur est jamais permis de sortir de leur couvent sans une juste cause approuvée de l'évêque. Le même concile veut qu'on leur donne, trois ou quatre fois l'année, des confesseurs extraordinaires. Les religieuses ont des supérieures perpétuelles, ou seulement triennales. Les perpétuelles sont les abbesses, qui sont presque toutes aujourd'hui à la nomination du roi. Les triennales, soit abbesses, prieures ou autres, sont toutes électives et élues par les suffrages secrets, en présence du visiteur, qui étant à la grille, confirme l'élection. Elles doivent, suivant le concile de Trente, être âgées de quarante ans, et avoir huit ans de profession, ou du moins de trente avec cinq ans de profession.

C'est à la supérieure à donner les charges inférieures du monastère. Il est défendu, sous peine d'excommunication, de faire entrer une fille malgré elle en religion. Nous ne dirons rien ici de la question délicate qui regarde la dot des religieuses, quand, en quel cas et sous quelles conditions elles peuvent faire quelques donations au monastère où elles entrent. Nous en parlerons au titre Simonie.

Cas I. Un confesseur peut-il absoudre des religieuses qui manquent souvent aux heures canoniales, et qui refusent de lui promettre d'y assister plus régulièrement, croyant qu'elles n'y sont pas obligées sous peine de péché grief?

R. Les religieuses du chœur sont obligées à la récitation des heures canoniales, à moins qu'elles n'en soient dispensées par quelque cause légitime, telle qu'est celle de la maladie; et si elles y manquent, on ne peut les absoudre. C'est le sentiment commun des docteurs, et surtout de Cabass., *l.* 1, *c.* 21. Comme nous avons traité cette question au mot Office, etc., nous n'en dirons rien ici de plus.

Cas II. *Marthe*, qui a toutes les qualités nécessaires pour être abbesse du monastère où elle est, peut-elle faire quelques sollicitations pour y réussir?

R. Non; car dès lors elle se jugerait capable de conduire les autres; ce que l'humilité ne lui permet pas de penser. C'est le sentiment de Sainte-Beuve, *t.* III, *c.* 19.

— Il y a des cas où, pour éviter la nomination d'un très-mauvais sujet, on peut dire: *Ecce ego, mitte me.* Mais en général cela est bien dangereux et ne doit se faire que sur l'avis et presque par l'ordre d'un sage directeur.

Cas III. *Scolastique* ne peut se résoudre à se confesser au confesseur ordinaire du couvent, quoiqu'elle n'ait rien à redire contre ses mœurs. Sa supérieure est-elle obligée en conscience à lui permettre de s'adresser à un autre?

R. La supérieure ne doit pas permettre facilement à Scolastique de changer de confesseur, de peur qu'un tel exemple n'autorisât les autres religieuses à en changer aussi. Il suffit qu'elle la renvoie au confesseur extraordinaire, quoiqu'il ne vienne confesser dans le couvent que trois ou quatre fois l'année; et cependant elle doit l'exhorter, aussi bien que le confesseur extraordinaire, à déposer ses préventions contre le confesseur. Et si elle ne peut rien gagner, elle fera bien de consulter quelques directeurs expérimentés dans la conduite des âmes, avant de prendre sa dernière résolution.

Cas IV. *Iduberge* et *Honorine* sont religieuses d'un couvent où l'on a changé l'ancien usage de manger de la chair les samedis d'après Noël. Sont-elles obligées de se conformer aux autres religieuses qui font maigre actuellement?

R. Ces deux religieuses doivent se conformer aux autres, parce qu'en faisant autrement, elles scandaliseraient leurs sœurs par leur singularité. Joint à cela que l'on ne peut manger de la viande ces jours-là, que quand la coutume d'en manger est en vigueur. *Comedere carnes sabbato, ubi non est consuetudo, est mortale*, dit Sylvestre de Prière. V. *Jejunium.*

Cas V. *Fare*, délibérant au chapitre sur la réception d'une fille, pense différemment de sa supérieure, qui prétend qu'on doit s'en rapporter à elle. Fare est-elle obligée, pour lui obéir plus parfaitement, de renoncer à ses propres lumières?

R. Fare doit dire librement son avis. Autrement il serait inutile de tenir chapitre. Une simple religieuse, devant qui une novice est moins en garde, peut voir bien des choses qu'une supérieure ne voit pas; et celle-ci peut aussi avoir des vues moins pures.

Cas VI. *Eléonore* scandalise depuis longtemps son monastère, et veut en sortir; et sur le refus qu'on lui en fait, elle ne va plus ni à confesse, ni à la messe, ni aux exercices de la communauté. La supérieure doit-elle la punir par la prison, ou autrement?

R. On doit regarder Eléonore comme ayant l'esprit blessé, et la traiter avec beaucoup de douceur. Et si son monastère peut la mettre dans une autre maison, ce sera une grande charité de le faire, afin de guérir son esprit. Mais s'il ne le peut, il est de la charité de la supérieure de la ménager autant qu'elle le pourra, de peur d'achever de renverser son esprit. C'est la décision de S.-B., t. I, *c.* 19.

Cas VII. *Marcelle* est religieuse d'un monastère où la coutume immémoriale est d'exiger 8,000 l. de dot de toutes les filles qui y font profession, soit qu'elles soient surnuméraires ou non. Peut-elle négliger de s'instruire de la matière de la simonie, et donner son suffrage pour leur réception?

R. *Marcelle* est obligée de se faire instruire sur la matière de la simonie, parce que des religieuses sont tous les jours exposées au danger de tomber dans ce crime, et qu'en ce cas son ignorance serait volontaire. D'ailleurs elle sait qu'on exige la dot de 8,000 liv. des filles mêmes qui ne sont pas surnuméraires, c'est-à-dire de celles que le monastère peut recevoir sans dot, ce qui ne peut être excusé de simonie, ou tout au moins d'une exaction illicite et scandaleuse, et qui ne peut jamais être justifiée par la coutume.

Cas VIII. *Godeberte*, fille riche, mais infirme, voulant se faire religieuse, a offert à un monastère 20,000 liv. pour y être reçue en qualité de bienfaitrice, laquelle somme, la communauté a acceptée, et a reçu ensuite cette fille à la profession solennelle en cette qualité. Cette réception n'est-elle pas vicieuse et simoniaque?

R. On ne doit recevoir personne à la profession, à moins qu'elle ne soit en état de vivre comme les autres. Ainsi, si Godeberte n'est pas dans ce cas, elle n'a pu être reçue comme bienfaitrice à cause des 20,000 liv. qu'elle a données. Cependant on a pu la recevoir gratuitement à la profession par dispense, en apportant une dot suffisante pour n'être point à charge au monastère, sans exiger d'elle rien de plus, et en laissant entièrement à sa liberté le don qu'elle s'était proposé de faire; pourvu que d'ailleurs, en la recevant à la profession, on n'ait stipulé avec elle, ni avec d'autres personnes pour elle, aucune dispense sur la pratique des règles de la religion. C'est la décision de S.-B., qui ne se trouve pas dans l'endroit citée par l'auteur, et qui n'est pas trop claire.

CAS IX. *Pélagie*, ayant passé volontairement de son monastère dans un autre, on demande si la pension viagère de 400 liv. qu'elle avait apportée pour lui tenir lieu de dot dans ce premier monastère, doit la suivre dans le second?

R. Non ; car le premier monastère ayant acquis un droit entier et parfait sur cette pension par la profession de Pélagie, il ne peut plus en être privé, parce que son changement étant purement volontaire, il ne doit pas préjudicier au monastère qu'elle veut quitter. Je dis *volontaire*; car s'il ne l'était pas, et qu'elle eût été expulsée en peine de sa mauvaise conduite, ou qu'on l'envoyât ailleurs pour s'en défaire, son premier couvent serait alors obligé à lui fournir les aliments nécessaires à la vie. La raison qu'en donne Sylvius, *resol. var.* v. Dos Monial., est que, *non est æquum ut unum monasterium admittat alterius monasterii rebelles et inobedientes cum suo onere.* Toute cette décision est de Navarre, *Comment. 4, de Regular., n.* 24.

CAS X. *Firmine* a porté pour dot dans le monastère où elle a fait profession, une pension viagère de six cents livres, à condition que si elle changeait de monastère, cette pension la suivrait. Un an après, du consentement de ses supérieures, elle est entrée dans un autre monastère où elle a porté sa pension ; et comme elle n'y paie que trois cents livres, elle prête les autres trois cents à son nouveau monastère. Elle se réserve néanmoins quelque petite somme dont elle fait des gratifications à quelques religieuses. Tout cela est-il dans l'ordre?

R. 1° Firmine a été contre l'esprit de l'Eglise en stipulant que sa pension la suivrait, parce que cette clause tend ouvertement à la rendre propriétaire. 2° Elle a péché contre le vœu de pauvreté en disposant à sa volonté de sa pension, parce qu'elle exerce un acte de propriété. 3° Elle ne peut pas même toucher par ses mains l'argent de sa pension, et il ne doit être reçu que par la dépositaire du monastère où elle a fait sa profession, laquelle en doit payer la pension de trois cents livres à la maison où Firmine s'est retirée, et retenir les autres trois cents livres au profit du premier monastère, conformément à la décision d'Innocent III, *in c.* 7, *de Officio judicis delegati*, lib. III, tit. 35.

Il s'ensuit de là que Firmine ne peut disposer du surplus de sa pension, soit en le prêtant, soit en faisant des gratifications, ni même stipuler qu'en cas qu'on ne lui rende pas, on lui en fasse une fondation de messes après sa mort; car ce serait agir en tout cela comme propriétaire.

— Si la première partie de cette décision est vraie, elle n'est pas trop bien prouvée. Je stipule que ma pension me suivra non pour la plus posséder en propre dans le second monastère que dans le premier, mais pour n'être pas plus à charge à l'un que je ne l'étais à l'autre. Ce qu'il y aurait plus à craindre, c'est qu'en vertu d'un tel pacte, on ne ménageât trop une mauvaise religieuse, de peur de perdre une bonne pension.

CAS XI. *Bernardine* a des parents riches qui lui donnent quelquefois de l'argent pour être employé à ses besoins; elle le remet aussitôt entre les mains de la dépositaire, qui lui en tient compte quand elle veut en disposer avec la permission de la supérieure. Cette conduite est-elle répréhensible?

R. Il est difficile de ne pas condamner Bernardine, puisque ses parents ne lui donnent de l'argent que pour en disposer à sa volonté, et qu'il paraît qu'elle le reçoit avec cette intention. Pour qu'elle fût à couvert de péché, il faudrait qu'elle ne reçût rien de ses parents sans la permission expresse de sa supérieure; qu'elle ne regardât en aucune manière ce qu'elle reçoit comme propre, et qu'elle fût entièrement disposée à le voir employer pour l'utilité et l'usage commun du monastère, si la supérieure le jugeait à propos. La raison est que cet argent appartient au monastère et non pas à Bernardine, qui par son vœu de pauvreté est hors d'état de rien recevoir, de rien donner et de rien posséder en propre, suivant cette maxime : *Quidquid acquirit monachus, acquirit monasterio.* Cette décision paraîtra peut-être trop rigide, mais elle est de saint Augustin *can.* Non dicatis 11, XII, q. 1.

— Quand une religieuse a une pension ou que ses parents donnent quelque chose en sa faveur au monastère, la supérieure doit d'abord s'en servir pour pourvoir aux besoins de cette religieuse, et puis se servir du reste pour l'usage de toute la maison. C'est ainsi que l'a décidé la sacrée congrégation, dont le décret est cité par Fagnan sur le chap. *Monachi* 2, *de Statut. monachorum, num.* 61.

CAS XII. *Antigonus* a reçu des présents considérables d'une religieuse. Lui sont-ils légitimement acquis?

R. Clément VIII, par sa bulle du 19 juin 1594, défend étroitement à toutes sortes de personnes religieuses, à l'exception des religieux militaires, de faire des présents : *Universis et singulis..... regularibus personis utriusque sexus quamcumque largitionem et missionem munerum penitus interdicimus.* Il n'excepte que *leviora esculenta, aut poculenta, seu ad devotionem vel religionem pertinentia*, encore veut-il qu'on ne les fasse qu'au nom du monastère et du consentement des supérieurs et de celui même de la communauté : *Communi tantum, nunquam vero particulari nomine, ubi superiori de consensu conventus videbitur, tradenda.* Il déclare enfin qu'en cas de contravention, ceux à qui les présents auront été faits n'en acquièrent point le domaine, et sont par conséquent obligés en conscience à en faire la restitution, et qu'en cas de refus, on leur doit refuser l'absolution.

— M. Pontas n'a pas assez fait sentir que Urbain VIII a beaucoup adouci la constitution de Clément VIII. Car, 1° il a permis aux personnes religieuses des deux sexes de faire des présents aux séculiers, soit pour reconnaître les services qu'ils ont rendus à l'ordre ou au couvent, soit pour lui concilier leur bienveillance ou pour la conserver, pourvu toutefois que ces présents soient modestes et faits avec discrétion. 2° Il n'a demandé, outre le consentement du supérieur local, que celui de la plus grande partie de la maison, et cela seulement dans les ordres où ce consentement est requis de droit ou par les statuts, ou par la coutume. 3° Il n'a demandé qu'un consentement verbal et non par écrit, pour les petits présents qui regardent le manger ou le boire, tel que le prescrit le droit commun, *et ubi concurrit ambitionis suspicio*.

Cas XIII. *Pauline* a obtenu de l'évêque diocésain la permission de faire des ouvrages de broderie, etc., et de les vendre ou donner à qui il lui plaira. Peut-elle se servir de cette permission?

R. Pauline ne peut user d'une telle permission qui est nulle, un évêque n'ayant pas le pouvoir de l'accorder, ni de dispenser dans les choses qui sont essentielles à la profession religieuse ; puisque le pape Inn. III, c. *Cum ad monasterium* 6 eod., reconnaît que c'est une matière indispensable. On ne pourrait donc absoudre Pauline, si elle s'obstinait à vouloir se servir de cette permission. Celle même de la supérieure ne la pourrait mettre à couvert de tout péché, puisque la supérieure ne la lui peut pas donner valablement et sans offenser Dieu, à moins qu'elle n'en eût une raison juste et qui concernât le bien du monastère. C'est la décision de Sainte-Beuve, t. III, cas 170 et 177. Elle résulte de la décision précédente bien entendue.

Cas XIV. *Geneviève* et *Marcelline* ont engagé leur abbesse à conférer un bénéfice simple à leur frère dans l'espérance et sur sa parole qu'il lui en laisserait toucher le revenu, pour l'employer à leurs besoins et à l'ornement de l'église. Sont-elles condamnables en cela?

R. 1° Ces deux religieuses sont très-condamnables dans la conduite qu'elles ont tenue. 2° Elles ne peuvent sans péché toucher le revenu du bénéfice qui doit être employé, selon les saints canons, soit à soulager les pauvres, soit à l'ornement de la chapelle du bénéfice, et non aux prétendus menus besoins de quelques religieuses ou de leur église. A quoi il faut ajouter que, dans le cas proposé, il se trouve une simonie confidentielle dont les peines portées par les saints canons sont plus rigoureuses que celles de la simple simonie.

Cas XV. *Henri*, évêque, veut obliger des religieuses à garder la clôture dont elles n'ont fait aucune mention dans leur profession. Ne peuvent-elles pas, sans blesser leur conscience, s'en défendre et demeurer dans la possession où elles sont de temps immémorial de n'être point cloîtrées?

R. Les évêques peuvent, du moins comme délégués du saint-siége, obliger les religieuses, même exemptes, à garder la clôture. Boniface VIII ç. *Periculoso*, unic. *de Statu regul.*, lib. III, tit. 16, leur ordonne de tenir la main à l'exécution de sa constitution, par laquelle il dit que *universas et singulas moniales, præsentes atque futuras cujuscuscumque religionis vel ordinis, in quibuslibet mundi partibus existentes, sub perpetua in suis monasteriis debere de cætero permanere clausura*. Le concile de Trente sess. 25, *de Regular.*, a renouvelé et confirmé cette constitution. Nous observerons en passant que la clôture et la grille n'ont jamais pu être établies à la célèbre abbaye du Roncerai à Angers.

— Je n'ai jamais vu ces dames sortir. Mais je crois qu'elles reçoivent dans une salle les étrangers, sans en être séparées par une grille.

Cas XVI. *Hector*, gouverneur d'une province, ayant accoutumé de se servir d'un pressoir renfermé dans la clôture d'un monastère, le supérieur a défendu aux religieuses de le souffrir à l'avenir. Hector, pour s'en venger, a envoyé des soldats dans les fermes du monastère, qui y font du dégât et menacent d'en faire encore plus, si on refuse l'usage du pressoir. Le supérieur peut-il l'accorder, quoique la clôture du monastère soit violée par là?

R. Si ce supérieur a un juste fondement de craindre qu'Hector ne continue de causer de si grands dommages au monastère, il peut sans péché se désister de la défense qu'il a faite à ces religieuses et dispenser, dans ce cas, de la loi qui ordonne la clôture, ou tout au moins dissimuler le violement qu'en fait Hector par la violence dont il use, étant à présumer que le concile de Trente et les papes n'entendent pas obliger à l'observer dans un cas où il y va de la ruine de ce monastère. C'est la décision de Sylvius, *resolvor. v. Clausura* 6, qui dit : *Leges humanæ ordinariæ non obligant, quando servari non possunt absque gravi jactura bonorum*.

Cas XVII. *Marguerite*, religieuse d'un couvent exempt de la juridiction de l'ordinaire, veut passer dans un autre. Son prélat régulier a-t-il droit de lui en accorder la permission de sa seule autorité?

R. Le prélat régulier ne peut accorder une pareille permission qu'avec le consentement de l'ordinaire. Cette décision est conforme au décret du concile de Trente, *sess.* 25, *de Regul. et Mon. c.* 5, et à l'édit du mois d'avril 1695, art. 19, qui veut « que les religieuses ne puissent sortir des monastères exempts ou non exempts, sous quelque prétexte que ce soit et pour quelque temps que ce puisse être, sans cause légitime qui ait été jugée telle par l'archevêque ou évêque diocésain qui en donnera la permission par écrit. » Mais les abbés de Cîteaux prétendent qu'ils peuvent donner ces permissions de leur seule autorité, ils ont déjà plusieurs arrêts pour eux.

— L'article 3 de la déclaration du 10 février 1742, veut que les dispositions de l'art. 19 de l'édit de 1695 soient exécutées « selon leur forme et teneur, nonobstant tous priviléges ou exemptions de quelque nature qu'ils soient, et à l'égard de tous les ordres monastiques ou congrégations régulières, même de l'ordre de Fontevrault, de Saint-Jean de Jérusalem, ou autres de pareilles qualités. »

Cas XVIII. *Clémence*, infirme, voudrait quitter son couvent, parce que selon le sentiment des médecins, l'air du lieu où il est situé, est tout à fait contraire à son tempérament. Le supérieur peut-il pour cette raison lui permettre de changer?

R. Le supérieur, conjointement avec l'évêque, peut permettre à Clémence, à cause de ses infirmités, de quitter son monastère pour entrer dans un autre. Il est vrai que S. Pie V, dans sa bulle du 1er février 1569, n'admet que trois causes légitimes pour changer de monastère, savoir un grand incendie, la lèpre et le mal caduc; mais cette bulle n'a jamais été publiée ni reçue en France.

— Pontas, v. *Religieux*, cas XXI, p. 369, décide que si l'ordre où l'on veut entrer est moins austère, il faut une dispense du pape. *Voyez* le cas XX ci-après.

Cas XIX. *Augustine* est sortie de son couvent pour aller voir ses parents. Son supérieur a-t-il pû lui donner cette permission, et elle s'en servir sans pécher mortellement?

R. Nous ne croyons pas qu'Augustine ait péché mortellement en sortant de son couvent, encore que la raison qu'elle a proposée pour sortir soit légère; car puisque son supérieur l'a approuvée, elle a été en droit de croire qu'elle pouvait s'en servir. Mais il n'en est pas de même du supérieur, qui ne peut ignorer que l'envie d'aller voir ses parents n'est pas une raison suffisante pour permettre à une religieuse de sortir de son monastère. C'est la décision de Sainte-Beuve, tome II, cas 130 et 142.

— On peut la regarder comme douteuse, quant à la première partie. Une religieuse est bien neuve, si elle ne sait pas que la tendresse humaine a ses dangers, que l'air du monde est contagieux, etc. Ainsi, elle pourrait bien être aussi coupable que son supérieur, à moins qu'on ne la suppose dans une bonne foi assez stupide.

Cas XX. *Rufine* veut passer dans un ordre plus austère. Son abbesse s'y oppose. Le peut-elle malgré son opposition?

R. Oui; parce que ce qui est permis aux religieux est censé, selon le droit commun, être aussi accordé aux religieuses. Or, les religieux ont la liberté de sortir de leur monastère pour entrer dans un autre qui est plus austère.

Il faut cependant observer qu'il est nécessaire, suivant la discipline qui s'observe aujourd'hui, que le supérieur de la religieuse donne son consentement à la translation, et que la translation se fasse en conséquence d'un bref du pape, et dans la compagnie de personnes sages, sans faire aucun séjour ailleurs que dans les lieux où il est nécessaire de loger en chemin; 1° que les religieuses du nouveau monastère aient consenti à sa réception par voie de scrutin; 2° qu'il ne soit plus permis de retourner dans le monastère d'où elle est sortie.

— Fagnan, qui donne cette décision sur le ch. *Recolentes, de statu monachorum,* n° 48, page mihi 183, aurait dû nous apprendre, ou Pontas pour lui, ce que deviendra cette religieuse transférée, si, malgré tous ses efforts, elle ne peut supporter l'austérité du nouvel état qu'elle voudrait embrasser. D'ailleurs comme la bulle *Decori*, sur laquelle se fonde Fagnan pour demander le consentement du pape dans le cas même où une religieuse veut passer à une observance plus sévère, *n'a*, de l'aveu de Pontas, *jamais été publiée ni reçue en France*, il pourrait bien arriver que ce consentement n'y fût point nécessaire, et que celui de l'évêque fût suffisant. Mais c'est à l'usage à décider ces sortes de questions.

Voyez Profession, Religieuse, Monastère, Vœu. Mais *voyez* aussi mon *traité des Devoirs de la vie religieuse.*

RELIGION

La *religion* est une vertu morale qui porte la volonté d'une créature intelligente à rendre à Dieu le culte de latrie qui lui est dû. Nous ne parlerons dans ce titre que de la religion chrétienne, et nous examinerons en quel cas on peut celer sa religion, et quand on est dans l'obligation de la déclarer.

Cas I. *Marcellin*, catholique, se trouvant dans un pays hérétique, a pris grand soin de ne pas se déclarer catholique dans plusieurs occasions. Est-il pour cela criminel devant Dieu?

R. Comme le précepte de professer sa foi, en tant qu'il est affirmatif, n'oblige pas toujours, mais seulement, dit saint Thomas, 2-2, q. 3, art. 2, quand il y va de la gloire de Dieu, ou du salut et du bien spirituel du prochain; *quando scilicet per omissionem hujus confessionis subtraheretur honor debitus Deo, aut etiam utilitas proximis impendenda*: Marcellin n'est pas obligé de déclarer sa religion en toutes sortes de temps, d'occasions et de circonstances, mais seulement quand la foi est en danger, soit pour en instruire les autres, soit pour les rassurer, ou pour réprimer l'insolence des infidèles.

Cas II. *André*, pasteur d'une église, voyant la persécution s'animer contre les catholiques, a pris la fuite pour s'y soustraire, et a emmené avec lui deux séculiers dont il connaissait la timidité. N'a-t-il point violé le précepte de confesser sa foi?

R. Le rigide Tertullien a prétendu dans son livre *de Fuga*, etc., que ce n'était qu'aux apôtres seuls qu'il a été dit, Matth. x: *Quand on vous persécutera dans une ville, fuyez dans une autre.* Mais il a été combattu par les Polycarpe, les Cyprien, et surtout par saint Athanase. Cependant, ce qui est permis aux brebis, n'est pas toujours permis au pasteur. Il faut donc voir si la persécution n'en veut qu'à lui, ou si elle attaque en même temps le troupeau. Dans le premier cas, il peut fuir, pourvu que son peuple ne demeure pas sans les secours dont il pourrait avoir besoin. Dans le second, il doit se souvenir que le bon pasteur donne sa vie pour ses brebis, et qu'il n'y a qu'un mercenaire qui les abandonne au loup. Un séculier dont la présence serait, au défaut de prêtres, nécessaire pour affermir le peuple, entrerait dans la même obligation.

Cas III. *Valère*, catholique et juridiquement interrogé sur sa religion, peut-il, pour sauver sa vie, la dissimuler ou se servir d'équivoques dans ses réponses ?

R. Valère est obligé de déclarer au juge clairement et sans équivoque sa religion et sa foi. Le précepte négatif de la professer oblige en tout temps, et il n'est jamais permis, même pour conserver sa vie, de la nier ou de feindre qu'on est d'une autre. *Qui negaverit me coram hominibus*, dit Jésus-Christ, Matth., x, *negabo et ego eum coram Patre meo qui est in cœlis*. C'est donc avec bien de la justice qu'Innocent XI condamna en 1679 cette indigne proposition (num. 18) : *Si a potestate publica quis interrogetur, fidem ingenue confiteri, ut Deo et fidei gloriosum consulo : tacere ut peccaminosum per se non damno*. En effet, dit saint Augustin, *serm.* 279 : *Quid prodest corde credidisse ad justitiam, si os dubitet proferre quod corde conceptum est*.

Cas IV. *Gordius*, obligé de voyager dans un pays hérétique, a pris des habillements pareils à ceux des ministres hérétiques, afin qu'on le crût ministre, pour éviter la persécution. L'a-t-il pu ?

R. Gordius a péché très-grièvement; car quoiqu'il soit permis de s'habiller à la mode de la nation infidèle parmi laquelle on demeure, on ne le peut jamais faire dans le dessein de paraître professer sa mauvaise religion. C'est pourquoi on ne peut porter ni le turban qui caractérise les Mahométans, ni le chapeau jaune qui spécifie un juif à Rome. On peut voir II Machab. vi, avec quelle fermeté Éléazar, âgé de quatre-vingt-dix ans, refusa, non pas de violer la loi, mais de paraître la violer.

— Cas V. *Tondi*, prince idolâtre, voulant faire périr tous les chrétiens, a fait une loi qui les oblige tous à porter un chapelet au cou. Quatre d'entre eux qui en ont mis, ont sur-le-champ été exécutés ; les autres qui n'en ont point porté, craignent d'avoir tacitement abjuré leur religion par là. Que dire ?

R. Cajetan, 2-2, *q.* 3, *art.* 2, a cru qu'il y avait là une abjuration de la foi, parce que, disait-il, on est tenu de la professer, quand l'autorité publique l'exige, comme il arrive ici. Mais ce savant s'est trompé, comme l'ont fait voir Malderus, Bannes, Tolet, etc. Car, 1° une loi vraiment injuste n'oblige pas, et même les lois humaines justes n'obligent pas ordinairement, sous peine de mort. Or, quelle loi plus injuste que celle qui oblige un innocent à courir au-devant d'une mort cruelle, qu'il n'a pas méritée; 2° il est faux et très-faux qu'une telle loi ait force d'une interrogation juridique. Un prince n'a pas droit d'inventer chaque jour de nouveaux moyens d'interroger, en vertu desquels chaque fidèle soit obligé, sous peine de damnation, d'aller bien vite se faire brûler tout vif. Autrement il pourrait aussi statuer que quiconque fuirait d'un lieu dans un autre serait censé avoir renié sa foi. Paradoxe inouï et réprouvé par le sens commun.

— Cas VI. *Lucien* a vu, sans s'y opposer, des infidèles, dont les uns blasphémaient contre Jésus-Christ, les autres brisaient de saintes images. La crainte grave qui lui a fait garder le silence, l'excuse-t-elle de péché ?

R. Ce cas ne peut, comme bien d'autres, se décider que par les circonstances. Si un infidèle séduisait des chrétiens, qu'on pût empêcher efficacement la profanation qu'il veut faire, on serait très-obligé d'agir. Mais si en agissant, on ne peut qu'augmenter la fureur d'un idolâtre, exciter une persécution plus générale, être cause que bien des chrétiens faibles renient la foi, il faut souffrir ce qu'on ne peut empêcher. *Ad actum inutilem*, et à plus forte raison, *ad actum noxium nemo tenetur. Voyez* sur cette matière ce que j'en ai dit, tome V, *part.* 1, *de Fide, a num.* 98.

Voyez EMPÊCHEMENT DE LA DIFFÉRENCE DE RELIGION, FOI, MONASTÈRE, PROFESSION, RELIGIEUX, RELIGIEUSE.

RELIGION, SA NÉCESSITÉ.

Rendre à Dieu le respect et le culte qui lui sont dus, c'est la religion. Dieu ne pouvait s'abstenir de prescrire une religion à l'homme, il se le devait à lui-même : ses perfections l'exigent; il le devait à l'homme, sa condition le demande. Dieu est essentiellement l'ami de l'ordre; il veut, il approuve, il commande tout ce qui est conforme à la raison. Or, il est dans la nature des choses que la créature dépende du Créateur, et s'il ne peut se dépouiller de sa qualité de maître suprême, il ne peut nous dépouiller de notre qualité de sujets. Son domaine sur nous est inaliénable ; il ne peut s'en dessaisir sans cesser d'être Dieu. Une femme du monde, qui, comme bien d'autres, ne savait pas trop ce que c'est que la religion, et même n'en tenait pas grand compte, se plaignait vivement de sa fille devant un missionnaire. — Mais, Madame, lui dit le missionnaire, est-ce qu'il y a des rapports entre une mère et sa fille, en sorte qu'une fille soit obligée de respecter sa mère et de lui obéir ? — Comment, Monsieur, est-ce que je ne suis pas sa mère ? Quel que soit son âge, n'est-elle pas ma fille ? N'est-ce pas de moi qu'elle tient tout ? N'est-elle pas toujours obligée de me respecter et de m'aimer ? Faites, Monsieur, que je ne sois pas sa mère et qu'elle ne soit pas ma fille ; les droits d'une mère sont inaliénables : ils sont fondés sur sa qualité de mère. — Vous croyez donc bien, Madame, qu'entre vous et votre fille il y a des rapports nécessaires; que vous avez le droit de lui commander; qu'elle est obligée de vous obéir, de vous respecter, de vous aimer; que si elle y manque, elle est coupable, vous le croyez bien? — Si je le crois bien! — Eh bien! Madame, changez les noms : à votre place mettez Dieu; à la place de votre fille, mettez-vous vous-même, et vous comprendrez que la religion est nécessaire.

Cependant, avez-vous dit que Dieu est trop grand pour s'occuper de nous, et que peu lui importe ce que nous faisons? Péché mortel. Sans doute il y a entre le Créateur et la créature une distance infinie; mais si cette distance, cette grandeur ne l'a pas empêché de nous créer, pourquoi l'empêcherait-elle de s'occuper de nous? Ce second bienfait n'est-il pas la suite du premier? Les ouvrages de Dieu sont-ils donc si méprisables, qu'il ne daigne plus y jeter un regard? Il nous a faits à son image, et nous lui sommes devenus chers, comme l'ouvrage est cher à l'ouvrier. Aussi pas un siècle, pas un peuple qui n'ait cru que Dieu prescrit et récompense la vertu, qu'il interdit et punit le vice. Vous-même vous avez pu offenser Dieu sans pudeur, mais vous n'avez pu l'outrager sans remords.

Avez-vous dit qu'il suffit d'être honnête homme pour se sauver? Non, cela ne suffit pas. Honnête homme tant qu'il vous plaira, vous remplirez vos devoirs envers vos semblables, mais vos premiers devoirs, vos devoirs envers Dieu, vous ne les remplirez pas. Mais est-il possible d'être honnête homme sans religion? Oui, peut-être, en public, et quand la vanité parle, et pour sauver les apparences; mais que vous soyez honnête homme, que vous ayez du moins des motifs assez forts, assez puissants pour l'être aux dépens de votre vanité, de vos plaisirs? Non! si vous le dites, c'est mensonge ou jactance, et si vous l'êtes, c'est inconséquence ou folie. Un mauvais chrétien se vantait de ce titre d'honnête homme en présence de saint François de Salès. « Hé bien! lui dit le serviteur de Dieu, vous ne serez pas pendu, mais c'est tout ce qu'il vous en reviendra.

2° L'homme est fait pour vivre en société; or, point de société sans religion; aucun Etat, dit Rousseau, ne fut fondé que la religion ne lui servît de base. Partout où il y aura une société établie, une religion sera nécessaire, a dit Plutarque : une ville, ajoute-t-il, se passerait plutôt du soleil que d'un culte, et l'on bâtirait plutôt une ville en l'air, que de fonder une ville sans religion. César s'étant permis devant le sénat une expression qui tendait à l'irréligion, Cicéron et Caton se levèrent et l'accusèrent hautement d'avoir laissé échapper une parole funeste à la République.

Nos prétendus philosophes se sont exprimés comme les philosophes anciens. Diderot convient que s'il était possible de former un peuple sans religion, il trouverait sa mort au sortir du berceau, dans le vice même de sa constitution. Bayle, cet homme bizarre, qui révoquait tout en doute, avoue que partout où il y a une société, une religion est nécessaire. « Il est absolument nécessaire pour les princes et pour les peuples, dit Voltaire, que la religion soit gravée dans les esprits. « Que voulait J.-J. Rousseau? qu'on dressât une formule de foi civile par laquelle tout citoyen ferait serment de professer une religion; que celui qui refuserait d'y souscrire fût banni comme insociable, et que celui qui, après avoir prêté ce serment, y serait infidèle, fût puni de mort. J'ose dire, affirme Machiavel, que le mépris de la religion est la seule cause de la ruine des Etats; c'était aussi le sentiment de Montesquieu. Partout où la licence d'attaquer la religion a un libre cours, l'autorité y est chancelante et sujette à de grandes révolutions, dit Mirabeau. Fabricius, un des généraux les plus distingués de l'ancienne Rome, se trouvait à la table du roi Phyrrhus avec le philosophe Cinéas, celui-ci s'exprimait comme le ferait un incrédule moderne; le général romain, pour qui cette doctrine était nouvelle, la trouva si odieuse que, frappant de la main sur la table avec force, il s'écria : « Puissent nos ennemis suivre une telle doctrine pendant qu'ils nous feront la guerre. » Un illustre général de notre époque qu'on n'accusera pas de prévention à cet égard, Wasington, en résignant sa place de président des Etats-Unis d'Amérique, disait : « La religion est la base de toutes les dispositions et de toutes les habitudes qui procurent le bonheur public. » Cherchez, dit Hume, un peuple qui n'ait point de religion, si vous le trouvez, soyez sûr qu'il ne diffère pas beaucoup des bêtes brutes. »

Avez-vous dit que la religion est une invention des prêtres? Pour qu'il y eût des prêtres il fallait qu'auparavant il y eût déjà une religion ; autant vaudrait dire que les hommes ont inventé l'air, parce que l'air est nécessaire à la vie.

Avez-vous dit que la religion n'est bonne que pour le peuple? Mais pourquoi la religion est-elle bonne pour le peuple? Parce qu'elle est un frein pour ses passions. Mais n'est-ce pas au sein des conditions les plus élevées que les passions sont plus impérieuses, et vous voulez rompre la digue du côté où les eaux se portent avec plus de fureur! « S'il n'était pas utile, dit Montesquieu, que les sujets eussent de la religion, il serait utile que les princes en eussent et qu'ils blanchissent d'écume le seul frein qui reste à ceux qui ne craignent pas les lois humaines. » Je ne voudrais pas, dit Voltaire, avoir affaire à des princes sans religion ; s'ils trouvaient leur plaisir à me faire piler dans un mortier, je suis bien sûr que je serais pilé. » Frédéric, quoique incrédule, assurait que s'il voulait punir une province, il lui enverrait des hommes sans religion pour la gouverner.

Avez-vous dit qu'il suffit d'adorer Dieu en esprit? Si l'homme était un pur esprit comme les anges, il adorerait et servirait Dieu à leur manière et seulement en esprit; mais il a un corps dont il doit à Dieu l'usage comme de son âme. Pourquoi ne ferait-il pas concourir ce corps à l'honneur et à la gloire de Dieu?

Avez-vous dit : J'ai de la religion, mais ma religion est dans mon cœur? La religion du cœur est la religion de ceux qui n'en ont pas et n'en veulent point avoir. Celui qui n'a que la religion du cœur l'aura bientôt, comme le dit l'impie déjà cité, reléguée dans le pays de la lune.

Avez-vous attaqué les pratiques et les cérémonies extérieures de la religion, disant que c'est du fanatisme et que Dieu n'a pas besoin de toutes ces cérémonies? Non, Dieu n'a pas besoin des hommages de nos corps, ni même de ceux de nos cœurs, mais c'est nous qui en avons besoin pour nous élever jusqu'à lui.

Avez-vous dit que toutes ces cérémonies ne sont bonnes que pour le peuple? Ici tous les hommes sont peuple, et depuis le plus grand génie jusqu'à l'esprit le plus borné, il n'en est pas un qui ne soit soumis à l'influence des choses qui frappent les sens. Un protestant célèbre de l'Angleterre, assistant dans le palais de nos rois à la célébration des divins mystères, éprouva un saisissement involontaire au moment où Louis XIV et sa cour, dans un silence majestueux, s'abaissaient devant l'hostie. J.-J. Rousseau lui-même, oubliant ses faux arguments contre nos cérémonies sacrées, ne fut-il pas ému jusqu'à verser des larmes en entrant dans nos églises? Montaigne avait raison lorsqu'il dit qu'il n'y a « âme si revêche qui, à l'église, dans les grandes fêtes, ne soit touchée du chant et du son révérencieux des orgues. »

« L'enthousiasme de la multitude à la processsion de la Fête-Dieu, dit Diderot, me gagne moi-même ; je n'ai jamais vu cette longue file de prêtres en habits sacerdotaux, ces jeunes acolytes vêtus de leurs aubes blanches, ceints de leur longue ceinture bleue, et jetant des fleurs devant le saint sacrement, cette foule qui les précède et qui les suit dans un silence religieux, tant d'hommes le front prosterné contre la terre; je n'ai jamais entendu ce chant grave et pathétique entonné par les prêtres et répondu affectueusement par une infinité de voix d'hommes, de femmes, de jeunes enfants sans que mes entrailles s'en soient émues, n'aient tressailli, et que les larmes m'en soient venues aux yeux. J'ai connu, ajoute-t-il, un protestant qui avait fait un long séjour à Rome et qui convenait qu'il n'avait jamais vu le souverain pontife officier dans Saint-Pierre, au milieu des cardinaux et de toute la prélature romaine, sans se croire pour un moment catholique. »

« A la Fête-Dieu, j'allai à la messe, dit une femme du très-grand monde et qui a beaucoup écrit, quand la procession rentra dans l'église avec le saint sacrement porté sous un dais magnifique, entouré de jeunes filles vêtues de blanc et voilées, escorté d'un nombreux clergé et de troupes dont la musique à la fois guerrière, religieuse et triomphante, faisait retentir les voûtes, j'éprouvai une sensation inexprimable d'enthousiasme et d'attendrissement : j'ai toute ma vie ressenti dans cette occasion une inconcevable émotion, la seule véritablement délicieuse sur la terre, car elle détache de tout ce qui est matériel, elle remplit l'âme tout entière et la fait jouir avec ravissement de toutes ses facultés immortelles. »

Il est vrai que ces cérémonies ne sont que des dehors, que l'écorce de la religion ; mais dépouillez un arbre de son écorce, de ses feuilles, pourra-t-il ensuite porter du fruit et se conserver lui-même? de même si vous ôtez de la religion ses solennités, ses pompes et ses cérémonies, bientôt il n'en restera plus rien. Que signifie donc le langage du misanthrope Rousseau déclamant contre nos temples sur un ton qui passait alors pour sublime et qui n'était que ridicule. « Les hommes, disait-il, ont relégué la Divinité dans un sanctuaire; les murs d'un temple bornent sa vue, elle n'existe point au delà. Insensés que vous êtes, détruisez ces enceintes qui rétrécissent vos idées; élargissez Dieu. » Comme si la religion n'enseignait pas dans ses livres les plus élémentaires que Dieu est partout, bien qu'il rende sa présence plus sensible dans un lieu que dans un autre. « Rien, dit Montesquieu, n'est plus consolant pour les hommes qu'un lieu où ils trouvent la Divinité plus présente, et où, tous ensemble, ils font parler leurs faiblesses et leurs misères. » Cependant Dieu n'accepte jamais de notre part le culte extérieur et sensible, à moins que notre cœur ne soit d'accord avec nos sens.

RELIQUES.

On doit avoir de la vénération pour les reliques des saints, puisqu'on ne saurait nier que Dieu lui-même les a bien voulu honorer par les miracles et par les prodiges éclatants qu'il a faits par leur moyen. Pour en être convaincu, on n'a qu'à lire ce qu'en disent les saintes Ecritures, en parlant des ossements du prophète Elisée; du manteau d'Elie laissa à ce même prophète, son disciple, lorsqu'il fut enlevé vers le ciel dans un chariot de feu ; de la résurrection d'un homme mort, que Dieu opéra par l'attouchement des ossements du corps de ce même prophète Elisée, et de tant d'autres qu'il fit par les prophètes, par les apôtres et par les saints qui les ont suivis.

Mais comme le culte qu'on rend aux saints doit être uniquement rapporté à Dieu, comme à celui à qui appartient toute la gloire qu'il a bien voulu leur communiquer, de même la vénération qu'on a pour leurs ossements est relative aux saints mêmes, qui sont les ouvrages de sa grâce toute-puissante.

Le concile de Trente défend d'exposer publiquement dans les **églises aucunes nouvelles** reliques, qu'après que l'évêque les a reconnues et approuvées pour telles, *nisi eodem recognoscente et approbante episcopo*, en apportant toute la diligence et toutes les précautions nécessaires pour être suffisamment informé de leur authenticité.

Cas I. *Casimir*, curé, a exposé de son autorité privée des reliques qu'il a apportées de Rome, à la vénération des fidèles. L'a-t-il pu faire?

R. Casimir a agi contre la défense expresse du concile de Trente, qui dit, sess. 25, decr. de reliq. S S. *Nemini licere.... in ecclesia.... ullam insolitam ponere, vel ponendam curare imaginem, nisi ab episcopo approbata fuerit..... nec novas reliquias recipiendas, nisi eodem recognoscente et approbante episcopo*.

— Les religieux, même exempts, ne peuvent exposer aucune relique sans l'approbation de l'évêque par écrit. *Voyez les Mémoires du clergé*, tom. VI, pag. 1421.

Cas II. *Léon*, curé, a pris furtivement dans la châsse d'une église l'ossement du bras d'un saint pour le mettre dans la sienne. Est-il obligé à le restituer?

R. Léon a non-seulement commis un péché grief en volant cette relique; mais il ne peut, sans se rendre coupable d'un nouveau crime, la retenir; et il a fait un nouveau péché en l'exposant de sa seule autorité dans son église.

Il est vrai que quelques moines bénédictins français enlevèrent le corps de saint Benoît qui reposait au mont Cassin, et l'apportèrent au monastère de Saint-Benoît-sur-Loire, où il est encore actuellement. Mais ils ne le firent que *Deo revelante*, et parce que le mont Cassin était abandonné et désolé par les Lombards.

Cas III. Le curé de S.-D. prétend qu'une relique qui est dans l'église du curé de S. G. lui appartient: peuvent-ils, pour éviter un procès, convenir entre eux de partager ensemble les offrandes qui s'y font?

R. Les curés de ces deux paroisses ne peuvent en conscience terminer leur procès par une telle convention. Les reliques sont une chose sainte qu'on ne peut sans crime faire entrer dans aucune espèce de commerce, ni donner de l'argent pour les avoir ou pour les retenir. Ils doivent recourir à l'autorité de l'évêque et se conformer à son jugement.

Cas IV. Il suit de là qu'un curé n'a pu accorder à un autre curé le chef d'un saint, moyennant une rente annuelle. Car, puisque les reliques sont des choses saintes, cette convention est simoniaque. *Reliquias vendere vel emere est simoniacum*, dit saint Antonin, 3 p., tit. 13, c. 8. Les empereurs Honorius et Théodose en ont fait une loi expresse, qui dit, selon le grec: *Nemo sanctorum reliquias mercetur*.

— Cas V. Un évêque ayant indiqué une procession très-solennelle, les moines de S. qui ont de belles châsses ont voulu les y porter. Mais le prélat le leur a défendu. L'a-t-il pu, ces reliques étant très-authentiques?

R. Il a été jugé par arrêt du conseil d'Etat du 6 mai 1693 contre le chapitre d'Auxerre, que les chapitres même exempts n'ont pas droit de faire porter processionnellement leurs châsses sans l'ordre spécial de l'évêque, même dans les occasions de nécessité publique. *Voyez les Mémoires du clergé*, tom. VI, pag. 1117, 1424 *et suiv*. Ce qui décide la question par rapport aux réguliers.

— Cas VI. Le peuple de Fréjus ayant beaucoup de dévotion à saint Antoine, les religieux de N. qui en ont une relique, la portent aux malades. Cela est-il dans l'ordre?

R. L'article 1 des lettres patentes du roi données au mois d'avril 1746, au sujet des contestations entre les curés et les réguliers du ressort du parl. d'Aix, porte que ceux-ci pourront porter les reliques aux malades, qui y auront dévotion; mais que cela se fera *sans aucune cérémonie extérieure; et que lesdits réguliers étant dans la chambre des malades, pourront y prendre l'étole pour y faire révérer et toucher les reliques aux malades, et dire sur eux les oraisons des saints dont ils présenteront les reliques; que la même chose pourra se faire pour ceux qui seront de quelque confrérie dûment autorisée, sans que tout ce qui se passera à cet égard puisse donner aux réguliers le droit de s'attribuer aucune juridiction.....* La même chose avait été déjà jugée au sujet des curés et des religieux du diocèse d'Embrun.

RENTE.

Revenu ou rapport annuel d'un fonds, d'un capital quelconque. On peut stipuler un intérêt moyennant un capital que le prêteur s'interdit d'exiger; dans ce cas, le prêt prend le nom de *constitution de rente*. Cette rente peut être constituée de deux manières: en perpétuel ou en viager. La rente perpétuelle est essentiellement rachetable. Les parties peuvent seulement convenir que le rachat ne sera pas fait avant un délai qui ne pourra excéder dix ans, ou sans avoir averti le créancier au terme d'avance qu'elles auront déterminé. Le débiteur d'une rente constituée en perpétuel peut être contraint au rachat 1° s'il cesse de remplir ses obligations pendant deux années; 2° s'il manque à fournir au prêteur les sûretés promises par le contrat. Le capital de la rente constituée en perpétuel devient aussi exigible en cas de faillite ou de déconfiture du débiteur.

Lorsque le débiteur d'une rente rembourse ou est forcé de rembourser le capital, il n'a pas droit de réclamer les intérêts qu'il a payés jusqu'alors; car le créancier les a perçus en vertu d'un titre légitime.

La rente constituée en viager ou, comme l'on dit, la rente viagère, est une rente dont la durée est bornée au temps de la vie d'une ou de plusieurs personnes. Elle est un contrat essentiellement aléatoire, c'est-à-dire qu'il faut absolument qu'il y ait chance de profit et de pertes de la part des deux parties; que l'acquéreur soit exposé à payer moins ou plus que la valeur de l'objet acquis, et que le vendeur soit exposé à recevoir plus ou moins que le prix de la chose qu'il vend; cela est si vrai qu'en droit on ne considère plus comme une rente viagère le contrat par lequel une partie vend une chose pour une rente qui n'excède pas l'intérêt ou le revenu annuel de cette chose. Comme il n'y a dans cette hypothèse aucune chance de perte de la part de l'acquéreur, qui en sera quitte en remettant au vendeur les revenus de l'objet vendu, ce contrat n'est plus qu'une donation de la nue-propriété de cet objet.

La rente viagère peut être constituée à titre onéreux, moyennant une somme d'argent ou pour une chose mobilière appréciable, ou pour un immeuble. Elle peut être aussi constituée, à titre purement gratuit, par donation entre-vifs ou par testament. Elle doit être alors revêtue des formes requises par la loi; et elle est réductible, si elle excède ce dont il est permis de disposer; elle est nulle si elle est au profit d'une personne qui est incapable de recevoir.

La rente viagère peut être constituée soit sur la tête de celui qui en fournit le prix, soit sur la tête d'un tiers qui n'a aucun droit d'en jouir; elle peut être constituée au profit d'un tiers, quoique le prix en soit fourni par une autre personne. Dans ce dernier cas, quoiqu'elle ait les caractères d'une libéralité, elle n'est point assujettie aux formes requises pour les donations, sauf les cas de réduction et de nullité. Tout contrat de rente viagère créée sur la tête d'une personne qui était morte au jour du contrat ne produit aucun effet; il en est de même du contrat par lequel la rente a été créée sur la tête d'une personne atteinte de la maladie dont elle est décédée dans les vingt jours de la date du contrat, encore bien que les parties auraient connu la maladie. Il résulte de là que la mort accidentelle, dans les vingt jours, de la personne désignée dans l'acte, et la mort, après les vingt jours, de cette personne quand elle aurait été malade au moment du contrat, n'annulent pas la rente viagère.

On a demandé si la rente constituée sur la tête d'une femme enceinte, morte en couches dans les vingt jours du contrat, était nulle. Les auteurs anciens et modernes ont tous pensé qu'elle était valable, parce qu'au dire des médecins la grossesse d'une femme n'est pas une maladie. Il est à observer que, lorsque la rente est constituée sur plusieurs têtes, la mort de l'une des personnes désignées, dans les vingt jours du contrat, par suite d'une maladie dont elle était atteinte lors de l'acte, n'annule pas la rente.

Il n'est pas nécessaire à la validité de la rente viagère à titre onéreux qu'elle soit constituée par acte notarié; elle peut l'être par acte sous seing privé.

La rente viagère peut être constituée au taux qu'il plaît aux parties contractantes de fixer. Ce contrat ne peut jamais être considéré comme usuraire. Le taux ordinaire est de 10 pour %, mais on prend toujours en considération l'âge et la santé du créancier. Si la rente ne représentait que l'intérêt à 5 pour %, ou au-dessous, il y aurait, comme nous l'avons dit tout à l'heure, donation et non constitution de rente viagère. La rente perpétuelle ne peut excéder l'intérêt légal, qui est le cinq pour cent.

La rente viagère peut, comme tous les autres contrats, être résiliée dans le cas où le débiteur ne donne pas toutes les sûretés promises : dans le cas, par exemple, où il aurait conféré une hypothèque sur des biens qu'il aurait déclarés libres, et qui cependant seraient grevés d'autres hypothèques antérieures. Mais à la différence de la rente perpétuelle, le seul défaut de payement des arrérages de la rente pendant deux ans n'autorise point celui en faveur de qui elle est constituée à demander le remboursement du capital, ou à rentrer dans le fonds par lui aliéné : il n'a que le droit de saisir et de faire vendre les biens de son débiteur, et de faire ordonner ou consentir sur le produit de la vente l'emploi d'une somme suffisante pour le service des arrérages; on peut cependant stipuler que le défaut de payement des arrérages résoudra le contrat.

A la différence encore des autres rentes, le débiteur de la rente viagère ne peut se libérer du payement de la rente en offrant de rembourser le capital et en renonçant à la répétition des arrérages payés; il est tenu de servir la rente pendant toute la durée de la vie de la personne ou des personnes sur la tête desquelles la rente a été constituée, quelque onéreux qu'ait pu devenir le service de la rente.

La rente viagère n'est acquise au créancier que dans la proportion du nombre de jours qu'il a vécu : cependant, s'il a été convenu qu'elle serait payée d'avance, le terme qui a dû être payé lui est acquis du jour où le payement a dû être fait. La mort civile ne l'éteint pas; la rente en ce cas se paye jusqu'à la mort naturelle, soit au créancier si elle est alimentaire, soit à ses héritiers dans les autres cas.

Elle s'éteint par la prescription de trente ans. Pour éviter cette prescription, le créancier doit avoir soin de demander, aux approches de la trentième année, un titre nouveau.

Le créancier a aussi à craindre la prescription de cinq ans. Les arrérages des rentes viagères se prescrivant en effet par cinq ans, il ne faut pas qu'il néglige de se faire payer pendant plus de cinq années.

La rente viagère constituée pour prix d'un immeuble ne s'éteint pas par la destruction de cet immeuble; c'est une obligation personnelle.

Le créancier d'une rente viagère ne peut en demander le payement qu'en justifiant de son

DICTIONNAIRE DE CAS DE CONSCIENCE. II.   15

existence ou de celle de la personne sur la tête de laquelle elle est constituée; à cet effet les notaires et les maires sont autorisés à délivrer des certificats de vie. Le placement en rente viagère est ce qu'on appelle communément placement ou vente à *fonds perdus*.

Cas I. *Siméon* a une rente qui a été constituée au denier 12, selon l'ordinaire, qui était alors en vigueur, et avant la déclaration de 1665, qui a fixé toutes les rentes au denier 20. Il en a encore constitué une sur le même pied en Normandie, où ladite déclaration n'a pas été enregistrée. Peut-il les recevoir ?

R. Si la première rente de Siméon a été constituée en vertu d'une ordonnance qui permettait de le faire au denier douze, il peut légitimement en jouir, parce que la déclaration de 1665 ne parle que des rentes qui seront constituées à l'avenir, et non point de celles qui ont été autrefois constituées à un denier plus fort.

Il faut dire la même chose de la seconde rente, s'il est vrai que la déclaration du roi ne soit point suivie en Normandie, et qu'on s'y soit maintenu dans l'ancien usage de constituer les rentes au denier douze; le roi le sachant et le dissimulant.

Cas II. *Cœcilius* doit à Publius 6,000 liv. Il offre de lui en faire un contrat de 300 liv. de rente, au lieu de le payer en argent comptant. Publius peut-il l'accepter ?

R. Il le peut, pourvu qu'il n'y ait ni intérêts, ni arrérages qui fassent partie de ce capital de 6,000 liv. Car en ce cas il ne le pourrait pas, parce que les lois défendent de tirer l'intérêt de l'intérêt. Les bulles 1 et 3, *tit.* de Empt., *extrav. com.*, ne sont point contraires à notre décision. Car je paye devant Dieu argent comptant 6,000 liv. quand j'en laisse le domaine à celui qui me les doit. Ces deux papes n'ont voulu exclure que des rentes sans titre réel. *V.* Navarre, *Comment.* de Usuris, 88.

Cas III. *Sergius* a constitué une rente viagère à un denier plus fort que l'ordinaire. Est-elle licite ?

R. Cette rente est licite : elle n'est contraire ni à l'ordonnance, ni à la justice. Ce serait autre chose si le prince avait défendu à certains corps, sous peine de nullité, d'accepter de pareilles rentes, et que sa loi fût en vigueur (1).

Cas IV. *Yves* a constitué une rente sur ses biens, et le contrat porte qu'elle lui sera payée d'avance. Cela est-il permis ?

R. Cette clause est vicieuse et défendue expressément par saint P e V en sa 70° bulle, où il dit : *Solutiones quas vulgo anticipatas appellant, fieri, aut in pactum deduci prohibemus.* La raison est que celui qui en donnant 4,000 l. commence par en recevoir 200, n'en donne réellement que 3,800 (2).

Cas V. *Philippe* a prêté 10,000 l. à constitution à Poter, à condition qu'il sera obligé de l'avertir deux mois avant que de lui rembourser le principal. Cette clause est-elle juste ?

(1) Sous l'empire du code civil, il n'est pas permis de porter la rente constituée au-dessus du cinq pour cent.

R. Nous estimons qu'on ne doit point insérer cette clause dans les contrats de rentes constituées; elle n'est, comme l'observe S. B. tom. I, cas 203, que tolérée, et contre la liberté que doit avoir le débiteur de s'acquitter quand il lui plaît. Néanmoins on ne voudrait pas dire que cette condition soit si injuste, qu'elle rende un contrat passé de la sorte illégitime. On ne peut même guère condamner qu'on prenne des précautions pour n'être pas remboursé à la veille d'un décri des monnaies, ou dans un temps où l'on ne pourrait placer son argent ailleurs.

Cas VI. *Hérennius* a constitué sur lui et sur ses biens meubles une rente de 500 liv. pour 10,000 liv. au profit de Noël : est-elle légitime, surtout n'étant établie sur aucun bien immeuble ?

R. Il est vrai que Pie V, en 1569, défendit par sa 70° bulle de créer des rentes à prix d'argent sans les assigner sur des fonds; mais cette bulle n'ayant été ni reçue ni publiée en ce royaume, elle n'y a pas été suivie, d'autant plus que ce saint pape ne condamnait pas ces rentes comme usuraires. L'usage contraire est généralement reçu en France comme légitime, et approuvé par un grand nombre de docteurs, qui soutiennent, avec le sage Sylvius, que comme un homme peut selon les lois donner à louage son travail et son industrie, il peut aussi établir une rente sur ce même fonds. Le concile provincial de Bordeaux, qui avait statué le contraire, n'a pas été suivi dans sa province même, et les rentes personnelles y sont en usage.

Cas VII. *Antoine* prête 1,000 l. à Florent, à condition qu'il lui en fera la rente, et qu'il ne pourra la racheter par le remboursement du capital. Ce contrat est-il licite ?

R. Ce contrat est injuste, parce que toute rente constituée doit nécessairement être accompagnée de cette condition, que le débiteur de la rente puisse en tout temps se décharger de l'obligation de la payer, en remboursant le sort principal pour lequel la rente a été constituée. C'est ce qu'ont formellement décidé Martin V et Calixte III, c. 1 et 2 de Empt., *in extrav. comm.*; et cela est admis par tous les docteurs.

Cas VIII. *Blandin* a fait un contrat de rente perpétuelle à Landri, à prendre sur une maison qu'il lui a hypothéquée, sans lui hypothéquer aucun autre bien en particulier, ni en termes généraux. Depuis, cette maison a été brûlée par des gens de guerre. Blandin doit-il en core la rente ?

R. Si le contrat que Blandin et Landri ont fait ensemble a été passé en France, Blandin doit encore payer sa rente, parce que les notaires, et surtout dans l'étendue du parlement de Paris, ajoutent toujours la

(2) Cette anticipation du payement des arrérages est admise aujourd'hui.

clause de l'hypothèque générale à l'hypothèque spéciale, à peu près en ces termes : *Lequel débiteur, pour l'effet des présentes, a hypothéqué et hypothèque généralement tous et un chacun de ses biens présents et à venir, noms, raisons et actions; et spécialement une maison, sise,* etc., *sans que l'hypothèque générale déroge à la spéciale, ni la spéciale à la générale.* Et quand même cette clause de l'hypothèque générale n'aurait pas été ajoutée par les notaires à l'hypothèque spéciale, le créancier ne laisserait pas d'avoir une hypothèque générale tacite sur tous les biens du débiteur, dans toute l'étendue du sceau dont le contrat est scellé. Ainsi si c'est un sceel royal, tels que sont ceux du parlement, du Châtelet de Paris et des consuls, l'hypothèque générale a alors lieu sur tous les biens du débiteur ; et si c'est seulement un sceel seigneurial, l'hypothèque a lieu sur tous les biens situés dans l'étendue de la seigneurie. Voilà quelle est notre jurisprudence. Dans les pays où elle n'est pas suivie, il faut se conformer aux lois et aux coutumes.

Nota. Ce que nous avons dit plus haut résout nettement cette difficulté.

REPRÉSENTATIONS DE COMÉDIES ET TRAGÉDIES DANS LES COMMUNAUTÉS.

J'ai presque honte de revenir encore sur cette matière, après en avoir parlé deux fois dans le *Traité des devoirs des religieuses.* Cependant, comme la chose est importante, et que l'autorité de M. Gibert peut faire impression, je crois qu'on voudra bien me permettre d'en dire encore un mot. Voici le cas comme on le lui avait proposé :

« Dans un monastère de province on avait coutume de faire chaque année deux représentations de comédies ou de tragédies : c'était un ancien usage pour la récréation et pour l'instruction des pensionnaires. Le sujet en était toujours pris de la vie de quelque saint de l'Ancien ou du Nouveau Testament. On évitait tout déguisement de sexe, il n'y avait point de personne externe qui fût actrice ou spectatrice. Les jeunes religieuses les plus sages et les pensionnaires les plus avancées y déclamaient les pièces. On prenait si bien son temps, qu'on n'omettait aucun exercice régulier. Comme, à la faveur de ces précautions, on croyait parer à tous les inconvénients que ces sortes de spectacles peuvent avoir, on les croyait innocents. Mais un nouveau confesseur, qui avait dirigé d'autres religieuses à qui ces représentations avaient beaucoup nui, voulut absolument les retrancher. Il profita de la première confession de chaque religieuse et de chaque pensionnaire, pour leur inspirer de l'horreur de toute représentation de théâtre. Il tâcha de leur faire comprendre que cette espèce de jeu ne convenait ni à des religieuses, ni à des pensionnaires, dont plusieurs aspirent à s'engager dans l'état religieux. La plupart se rendirent, mais il trouva dans l'abbesse autant de résistance, qu'il avait trouvé de docilité dans les autres. Sur ce il résolut de lui refuser l'absolution ; mais avant que d'en venir là, il crut devoir consulter ; et M. Gibert fut du nombre de ceux à qui il s'adressa. »

Ce fameux canoniste (1) répondit en substance que les représentations dont il s'agit peuvent avoir, et ont ordinairement de mauvaises suites ; que l'auteur de ces pièces, lors même qu'il traite un sujet édifiant, pense plus à divertir qu'à édifier ; qu'il y a dans chacune d'elles des endroits qui flattent la chair et nourrissent la cupidité ; que les plus saintes se trouvent d'ordinaire dans les livres où il y en a beaucoup qui ne sont pas innocentes, et qu'ainsi on expose bien des personnes au danger de les lire ; que quand même elles se trouveraient dans des brochures détachées, elles pourraient toujours avoir de mauvais effets, et qu'il serait toujours à craindre qu'elles ne fussent une source féconde de distractions au temps de la prière, soit pour les religieuses qui se forment à la déclamation, soit pour les pensionnaires qui y sont formées, et que ce danger est d'autant moins à mépriser, qu'il paraît plus volontaire, puisqu'il n'y a aucune nécessité de faire ces représentations, attendu qu'il y a d'autres moyens d'instruire et de récréer les pensionnaires.

Ce docteur cite ensuite quatre sortes de canons, desquels il croit pouvoir tirer des preuves contre les spectacles dont il s'agit. Quand il n'y en aurait aucun qui fût bien décisif, je n'en serais pas surpris. Il est de principe dans le droit qu'on ne fait pas des lois pour les cas qui n'arrivent presque point (2). Or, je suis bien persuadé que les anciennes religieuses s'occupaient plus à pleurer leurs péchés et les péchés du peuple, qu'à jouer ou à faire jouer des comédies.

Mais quelle est enfin la décision de notre canoniste? La voici claire ou moins claire, car j'ai mes raisons pour n'y rien changer. « Il s'ensuit de ce qui a été dit, que si l'abbesse, n'ayant pour elle aucune consultation et ayant ou celle-ci ou d'autres semblables, persévère dans la volonté de ne pas abolir les abus de faire représenter des comédies dans le monastère, le confesseur doit lui refuser les sacrements ; mais que si elle a quelque consultation favorable, capable de la mettre dans la perplexité, et qu'elle soit dans la disposition de se soumettre à ce que l'évêque ordonnera là-dessus, il doit lui donner l'absolution. » Il suit de là que, quoi qu'en pensent bien des gens, une supérieure

---

(1) *Consultations sur la Pénitence,* tom. II, consult. 12, pag. 240. Jean Pierre Gibert a donné douze volumes de Consultations, et beaucoup d'autres Ouvrages. Son corps de droit canon, en 3. vol. in fol., n'est pas le plus mauvais. Il mourut le 21 décembre 1736, à 76 ans.

(2) *Pro raro contingentibus non constituuntur leges.*

ne doit ni établir ces sortes de jeux dans sa maison, quand ils n'y sont pas, ni prendre sur elle de les y continuer quand ils y sont. Un homme du monde, c'est le fameux de Bussi-Rabutin, aurait été pour le moins aussi sévère, lui qui, fondé sur sa propre expérience, défendait les bals même en général, et qui croyait qu'on n'y doit point aller quand on est chrétien, et que les directeurs feraient leur devoir, s'ils exigeaient de ceux dont ils gouvernent les consciences, qu'ils n'y allassent jamais (1).

RÉSIDENCE DES ÉVÊQUES.

On appelle *résidence* la demeure continuelle que fait un bénéficier dans le lieu où est situé son bénéfice, afin qu'il soit toujours prêt à le desservir.

Les évêques sont obligés à résider dans les évêchés, comme le sont les autres bénéficiers, qui sont curés ou chanoines, ou qui possèdent des bénéfices à charge d'âmes, ou qui y sont tenus par le titre de leur fondation.

Le concile de Trente, *sess.* 23 *de Ref.*, *c.* 1, ordonna qu'un évêque ne pourrait s'absenter de son diocèse plus de deux ou trois mois dans une année, à moins qu'une absence plus longue ne fût fondée sur quelque cause juste et urgente, c'est-à-dire sur la charité, la nécessité, l'obéissance ou l'utilité évidente de l'Eglise. (Ce qui regarde aussi les curés.) Louis XI, par une déclaration du mois de janvier 1475, enjoignit aux archevêques et évêques de se retirer dans leurs diocèses et d'y résider. François II fit aussi un édit qui enjoignait la résidence aux évêques; Charles IX renouvela cet édit en 1560, et le parlement, en enregistrant cet édit, posa pour principe que la résidence dans les évêchés était de droit divin.

Cas I. *Nicandre*, évêque, prévoit une prochaine et violente persécution de la part des Turcs ou des hérétiques. Est-il obligé de résider dans son diocèse, même au péril de sa vie?

R. La nécessité de la résidence est trop incontestable pour qu'on puisse la révoquer en doute; et chacun sent que demander si un pasteur doit résider dans le lieu où Dieu l'a placé, c'est demander si un médecin peut abandonner ses malades, ou un pilote le gouvernail du vaisseau. Il est donc inutile de citer des canons pour prouver que les évêques et les autres pasteurs qui ont charge d'âmes sont obligés par le droit divin et par le droit ecclésiastique à résider sous peine de péché mortel. Il suffit de lire le fameux décret du concile de Trente, *sess.* 23, *c.* 1, *Cum præcepto divino mandatum sit omnibus*, etc., dans lequel il déclare que ceux qui y manquent pèchent mortellement, et sont en outre obligés à la restitution des fruits de leurs bénéfices, à proportion du temps de leur absence.

Nicandre ne peut donc abandonner son troupeau sous prétexte des malheurs qui le menacent: *Non debet pastor*, dit S. Th., 2-2, q. 183, art. 5, *personaliter suum gregem deserere, neque propter aliquod incommodum temporale, neque etiam propter aliquod personale periculum imminens; cum bonus pastor animam suam ponere teneatur pro ovibus suis*. C'est même dans le temps de la persécution que sa présence est plus nécessaire pour confirmer les fidèles dans la foi.

Si cependant la persécution ne regardait que la personne même de Nicandre, et qu'il pût, par de dignes grands vicaires, pourvoir aux besoins de son troupeau, non-seulement il pourrait s'en absenter, mais il semble même qu'il le devrait faire pour le bien des fidèles qui sont sous sa conduite, et revenir après que l'orage serait dissipé. C'est le sentiment de saint Thomas, qui poursuit ainsi: *Si vero subditorum saluti possit sufficienter in absentia pastoris per alium provideri, tunc licet pastori, vel propter aliquod commodum ecclesiæ, vel personæ suæ periculum, gregem deserere: unde Augustinus dicit in epistola* 228, *ad Honoratum*: « *Fugiant de civitate in civitatem servi Christi, quando eorum quispiam a persecutoribus specialiter quæritur, sic ut ab aliis qui non ita quæruntur, non deseratur ecclesia.* »

Cas II. Le pape a consacré Jérôme évêque pour aller dans une île réunir à l'Eglise romaine des Grecs schismatiques. Mais depuis six mois qu'il y est, il n'a éprouvé qu'une opposition générale de la part de tous les habitants et des magistrats qui l'ont maltraité et lui ont défendu de ne jamais parler, soit en public, soit en particulier, de la religion grecque. Jérôme dans ce cas est-il obligé de résider dans cette île?

R. Il y serait absolument obligé s'il y avait quelques catholiques, pour veiller à leur salut. Mais comme on suppose qu'il n'y en a point, et que sa personne est non-seulement inutile aux schismatiques, mais qu'elle leur est même une occasion de commettre de nouveaux péchés, il peut se retirer ailleurs. C'est le sentiment de Gratien, *post can. Adversitas*, 48, 7, q. 1, qui le prouve par ces paroles de saint Grégoire, *lib.* 11 *Dialog.*, *c.* 3: *Ibi adunati aquonimiter portandi sunt mali, ubi inveniuntur aliqui, qui adjuventur boni: nam ubi omnimodo de bonis fructus deest, fit aliquando de malis labor supervacuus*, etc. C'est pour cela que saint Paul et saint Barnabé dirent aux Juifs, Act. XIII, 46: *Quoniam repellitis illud (verbum Dei)... ecce convertimur ad gentes: sic enim præcepit nobis Dominus*, etc.

---

(1) Voyez les Discours du comte de Bussi-Rabutin à ses enfants sur le bon usage des adversités, etc. Paris, 1746, pag. 290 et 291.

RÉSIDENCE DES CURÉS.

L'obligation de résider est plus indispensable à l'égard d'un curé qu'à l'égard de tout autre, à cause du besoin continuel que les paroissiens peuvent avoir de son ministère. Le concile de Trente, *sess.* 23, *c.* 1, *de Reform.*, n'admet aucune cause d'absence, quelque légitime qu'elle paraisse, à moins que l'évêque diocésain ne la juge telle : *causa prius per episcopum cognita et probata*, et cette absence ne doit pas être plus longue que de deux mois, sans une cause très-importante : *Discedendi licentiam... ultra bimestre tempus, nisi ex gravi causa, non obtinent*. Et alors, ajoute le concile, *Vicarium idoneum ab ipso ordinario approbandum, cum debita mercedis assignatione, relinquant.*

Cas I. *Servius* s'absente de sa paroisse chaque année pendant deux mois, qu'il passe chez ses parents. Pèche-t-il mortellement ? Ne peut-il pas prendre ses vacances comme un chanoine ?

R. Nous estimons que Servius ne se peut absenter de sa cure pendant deux mois, et selon l'opinion de plusieurs docteurs, pendant même un mois, pour aller voir ses parents, ou sous un prétexte aussi léger, sans pécher mortellement. C'est le sentiment de Cabassut, *l.* III, *c.* 1, *n.* 4, qui dit : *Si quis tamen parochus sine justa causa, etiam minus duobus mensibus absit, peccat mortaliter, nisi sit parvi temporis absentia, qualis posset esse quindecim aut ad summum viginti dierum... modo reliquerit idoneum substitutum.* Un curé ne peut donc s'absenter de sa paroisse que pour des causes nécessaires ; et pour le faire alors en sûreté de conscience, il doit laisser un vicaire capable de suppléer à son défaut, et obtenir la permission de son évêque, à qui il appartient de juger si la cause est suffisante ou non. Ce qui ne doit s'entendre que d'une absence notable, et des cas où il n'est pas empêché par quelque accident soudain et imprévu de recourir au supérieur.

— Cabassut soutient avec Navarre qu'un curé qui pour de bonnes raisons s'absente de sa paroisse pendant deux mois, n'a pas besoin de l'approbation de son évêque, et que sa conscience lui suffit : mais qu'après les deux mois écoulés, il est obligé de les exposer au prélat et d'obtenir son agrément. Mais voyez le Traité des devoirs d'un pasteur, etc., pag. 122. Il est inutile d'insister sur la différence qu'il y a entre un chanoine et un curé. Le chanoine n'a point de paroissiens à instruire, de malades à confesser, de sacrements à administrer, etc.

Cas II. *Edouard* a un procès de conséquence qui est sur le point d'être jugé. Peut-il s'absenter pour solliciter ses juges ?

R. Edouard doit consulter son évêque, et s'il lui permet d'aller poursuivre le jugement de son procès, il pourra s'absenter pendant le temps qu'il lui sera convenable, en mettant à sa place un prêtre capable d'exercer dignement ses fonctions pastorales. Cette décision est conforme au décret du concile de Trente que nous avons déjà cité.

Cas III. *Amable* peut-il s'absenter de sa paroisse dix ou douze jours tous les ans pour faire une retraite ?

R. Comme il est très-important à tous ceux qui sont chargés de la conduite et du salut des fidèles, et conséquemment au bien de l'Eglise, qu'ils travaillent à leur propre sanctification pour être plus capables de sanctifier les autres, ce qu'ils ne peuvent mieux faire que par une retraite annuelle, il n'est pas douteux qu'Amable ne puisse quitter sa paroisse pour la faire, pourvu néanmoins que des maladies ou autres raisons ne demandent point sa présence ; car alors il faudrait sacrifier la retraite : *Suprema lex salus populi esto.*

Cas IV. *Roch* a requis une cure en vertu de ses grades, et en a pris possession. Est-il obligé d'y résider, sachant que d'autres plus anciens gradés que lui pourront la requérir dans les six mois ? Y serait-il encore obligé, s'il était actuellement troublé par Jacques, quoique la récréance lui eût été adjugée ?

R. Roch est obligé de desservir sa cure dans ces deux cas. Dans le premier, parce que son seul titre de possession paisible lui donne droit de percevoir les fruits du bénéfice. Or les fruits d'un bénéfice ne sont dus au bénéficier qu'à raison du service qu'il rend au bénéfice. Il y serait encore plus obligé dans le second cas, puisque sa prise de possession serait soutenue par l'autorité de la justice, c'est-à-dire par une sentence de récréance. Cette décision est confirmée par un concile tenu à Rouen en 1581, dont voici les termes : *Plerique ne residant, prætexunt litigia, aut suscitant ipsimet devoluta, ne videantur sua beneficia pacifice possidere. Verum quisquis beneficio, vel ejus fructibus gaudet, aut res deat, aut fructus non percipiat, quos suos sine residentia facere non potest, et aliis decreti pœnis subjacent.*

Cas V. *Justinien*, homme très-savant, a été choisi par son évêque pour official, ou pour grand vicaire. Peut-il retenir sa cure, en mettant à sa place un vicaire pour la desservir ?

R. Les théologiens conviennent qu'un curé, qui ne peut exercer les fonctions de secrétaire, d'official, de grand vicaire, sans se mettre hors d'état de résider dans sa paroisse, ou d'y résider d'une manière proportionnée au besoin de son peuple, doit en conscience quitter l'un ou l'autre de ces deux emplois. Et cela est d'autant plus juste, que l'évêque ne manque pas de sujets pour ces sortes d'emplois, ou qu'il peut donner d'autres bénéfices à un curé dont il a besoin, *Voyez* S. B., tom. III, cas 75.

Cas VI. *Antonin* s'est absenté un mois de sa paroisse, parce qu'il craignait de mourir de la maladie contagieuse qui y régnait. A-t-il péché ?

R. Antonin n'a pu en conscience, régulièrement parlant, laisser ses ouailles sans secours, dans un temps où elles en avaient plus de besoin, en préférant sa vie corporelle au salut de leurs âmes, et en les exposant par sa retraite à leur perte éternelle. Et il est obligé à la restitution des fruits au prorata du temps de son absence. *Voyez* Curé, cas *Théodule*.

Cas VII. *Théotime* est haï de son seigneur, qui a menacé et tenté de le tuer : peut-il s'absenter pour quelque temps, afin d'éviter la fureur de son ennemi? Pourrait-il aussi le faire, si, étant infirme, les médecins lui conseillaient de changer d'air pendant un mois ou deux?

R. Ces raisons sont suffisantes pour excuser Théotime de péché, pourvu qu'il obtienne la permission de son évêque, et qu'il laisse à sa place un prêtre capable de desservir sa cure. C'est le sentiment du cardinal Tolet, qui dit, *Inst. sacerd.*, l. v, c. 8 : *Cum periculum imminet episcopi vitæ, nisi discedat ab ecclesia, vel ob infirmitatem, vel ob persecutionem alicujus tyranni, vel aliqua simili causa : tunc potest ad tempus recedere, dummodo tamen non sequatur spiritale detrimentum gregis.* Saint Thomas avait dit la même chose, 2-2, q. 183, art. 5, en ces termes : *Si subditorum saluti possit sufficienter in absentia pastoris per alium provideri, tunc licet pastori, vel propter aliquod commodum ecclesiæ, vel personæ periculum, corporaliter gregem deserere.*

RÉSIDENCE DES CHANOINES.

L'obligation de résider est moins étroite à l'égard des chanoines qu'elle ne l'est à l'égard des curés : et il y a des causes d'absence autorisées, même par le droit canonique, qui ne sont pas légitimes à l'égard des curés, et qui le peuvent être à l'égard des chanoines. Ceux-ci au reste ne sont censés résider que quand ils assistent au chœur, et qu'ils remplissent toutes leurs autres obligations.

Tout chanoine qui, sans cause, ne réside point et n'assiste point au chœur, et profite des fruits de sa prébende, est obligé à restituer, et cela au *prorata* du temps de l'absence.

Cas I. *Sylvius*, professeur en théologie à Douai, possède un canonicat de l'église de Tournay, où il ne réside pas : est-il en sûreté de conscience?

R. Les professeurs qui enseignent la théologie ou le droit canonique dans une université sont dispensés de la résidence pendant qu'ils enseignent. C'est ce qui est expressément porté par la fameuse décrétale d'Honorius III *Super specula fin., de Magistris*, où ce pape dit : *Docentes in theologica facultate, dum in scholis docuerint et studentes in ipsa, integre per annos quinque percipiant.... proventus præbendarum et beneficiorum suorum, non obstante aliqua alia consuetudine vel statuto.* Cette constitution a été confirmée par le concile de Trente, sess. 5, c. 1, *de Reform.*

Cependant, comme l'intention de l'Église est seulement de fournir à la subsistance nécessaire de ceux qui enseignent, il semble que si un professeur avait des émoluments considérables, il ne pourrait pas se servir de ce privilège.

Cas II. *René*, âgé de seize ans, jouit du revenu de son canonicat, quoiqu'il soit absent pour finir ses études : le peut-il faire?

R. La décrétale et le concile de Trente, que nous avons cités dans la décision précédente, accordent aux chanoines qui étudient en théologie le même privilège qu'aux professeurs ; et l'usage est que les jeunes chanoines jouissent de ce privilège quand ils étudient dans une université fameuse, en philosophie, en droit canon, et même dans les humanités, avec la permission du chapitre et celle de l'évêque, au moins tacite.

Ce que nous avons dit des chanoines étudiants ne se doit pas étendre aux curés, parce que leur résidence est bien plus nécessaire, comme l'observe Fagnan, *in c. Super specula, de Magistris*, n. 17. Le concile de Bordeaux fit, en 1624, le même règlement, avec cette exception toutefois, *nisi id personæ meritum, in utilitatem ecclesiæ cessurum exigere comprobetur.*

— Il est de l'équité qu'un jeune chanoine, à qui la pauvreté ou d'autres raisons ne permettent pas d'étudier dans une université, soit traité à peu près comme ceux qui y étudient. Et il en est de même pour le temps du séminaire. *Voyez* mon Traité de l'Office divin, part. II, chap. 5, num. 3.

— Cas III. Si *René* n'avait encore ni fait son stage, ni pris possession personnelle de son canonicat, aurait-il le même droit de recevoir les gros fruits de son canonicat?

R. Il l'aurait dans le premier cas ; et cela est juste, puisque le stage couperait un cours d'études qu'il est important de finir sous le même professeur. Mais il ne l'aurait pas dans le second cas, ni même un conseiller clerc. Ces deux questions ont été décidées par arrêt. *Voyez* le même *Traité, ibid.,* page 425.

Cas IV. Quatre chanoines d'une église où il n'y a que douze prébendes, ayant obtenu la permission du chapitre, sont allés étudier à Bordeaux, sans avoir demandé celle de l'évêque ; l'évêque veut les contraindre à revenir : 1° parce qu'ils ne lui ont pas demandé la permission de s'absenter ; 2° parce qu'ils ne peuvent s'absenter quatre tout à la fois, sans que le culte divin en souffre. Sont-ils obligés d'obéir?

R. Nous répondons, 1° que ces chanoines devaient aussi obtenir la permission de s'absenter de leur évêque, à qui il appartient de juger de la validité de leurs raisons. C'est ce qu'enseignent les canonistes, et entre autres Fagnan, d'après une bulle de Pie IV du 24 novembre 1564. *Declaravit* Pius IV, dit-il, *in c.* Cum sint, *de Cler. non resid., has dispensationes de non residendo, ac de fructibus præbendarum et beneficiorum in absentia, studiorum causa, percipiendis... nequaquam hujusmodi absentibus suffragari, nisi singulorum ordinariorum locorum, quibus singula beneficia hujusmodi consistunt, consensus gratis præstandus ad id accedat.*

2° Ces chanoines sont obligés d'obéir à leur évêque, qui peut les contraindre par des peines canoniques à venir desservir leur église, qui souffre de leur absence par le défaut de ministres suffisants. C'est ainsi que l'a déclaré, dans un cas pareil, Grégoire IX, *in c. Cum sint, 16, de Cler. non resid.*, l. II, tit. 4 : *Mandamus*, dit-il, *quatenus non obstantibus apostolicis indulgentiis, et prædecessorum tuorum licentia, absentes canonicos.... revoces ad residendum in ecclesia supradicta. Et si non venerint, tu de ipsorum beneficiis, dum absentes fuerint, ipsi ecclesiæ facias congrue deserviri.*

Il faut dire la même chose, si, au lieu de vaquer à l'étude, ils perdaient leur temps.

Cas V. *Pierre* et *Paul*, chanoines de la cathédrale de Toul, étant employés par l'évêque au gouvernement de son diocèse, peuvent-ils, quoique absents, jouir des fruits de leurs prébendes?

R. Honoré III, *c. Ad audientiam*, 15 permet à l'évêque de choisir deux chanoines de sa cathédrale pour l'aider en ses fonctions, et les dispense de la résidence : *Decernimus*, dit ce pape écrivant à l'évêque de Meaux, *ut duo ex canonicis ecclesiæ memoratæ, in tuo servitio existentes, suarum fructus integre percipiant præbendarum : cum absentes dici non debeant, sed præsentes, qui tecum pro tuo et ipsius ecclesiæ servitio commorantur.* Le pape en excepte les distributions quotidiennes, ce qu'il fait encore, *cap. 32, de præbendis*, etc., et la congrégation du Concile l'a décidé. Néanmoins il y a quelques églises où l'usage contraire a prévalu, et il faut le suivre s'il est bien autorisé. À l'égard des distributions manuelles, c'est-à-dire de celles qui se donnent aux obits, les deux chanoines que l'évêque emploie dans le gouvernement de son diocèse ne les reçoivent point.

— L'ancienne jurisprudence des arrêts n'adjugeait pas les distributions quotidiennes aux chanoines commensaux ; mais *elle leur est devenue plus favorable dans la suite*, selon les *Mémoires du clergé*, tom. II, pag. 388 et suiv.

— Cas VI. *Gaston*, qui a un grand diocèse, a pris trois chanoines commensaux, dont l'un a une dignité dans la cathédrale ; les deux autres ne sont chanoines que d'une collégiale : doivent-ils tous être réputés présents?

R. Un chanoine de collégiale peut être *de comitatu*, et par conséquent privilégié comme un chanoine de cathédrale. Celui-ci peut aussi être pris parmi les dignitaires, si quelque raison spéciale, tirée des devoirs particuliers de la dignité, ne s'y oppose. Mais comme les canons ne parlent que de deux commensaux, le choix d'un troisième pourrait souffrir de la difficulté, à moins que la maladie de l'évêque, ou quelque autre raison semblable n'intercédât pour lui. *Voyez* les *Mémoires du clergé*, tom. II, pag. 986 et suivantes.

Cas VII. Le chapitre d'Auch a député un chanoine pour aller à Bordeaux gérer les affaires communes ; peut-il gagner les gros fruits de sa prébende et les distributions quotidiennes ?

R. C'est la coutume générale des chapitres qu'on laisse jouir et des gros fruits et des distributions quotidiennes, et autres revenus de son bénéfice, un chanoine qui est député pour aller prendre soin d'une affaire pendante dans un parlement, laquelle intéresse le corps. Cette coutume est autorisée par le concile de Trente, *sess. 23, c. de Ref.*, qui dispense de résider, *cum... evidens Ecclesiæ vel reipublicæ utilitas... exigunt.*

On doit à plus forte raison dire la même chose : 1° d'un chanoine qui est député du diocèse pour travailler au règlement des décimes ; 2° de ceux qui sont députés à l'assemblée générale du clergé ; 3° des archidiacres pendant le cours de leurs visites ; 4° d'un chanoine qui, par l'ordre exprès de son évêque, prêche l'avent, le carême ou l'octave du saint-sacrement, ou qui est employé dans une mission ; 5° enfin de celui qui est obligé de s'absenter pour soutenir un procès injuste qui lui est intenté par le chapitre. *Voyez* sur l'art. des *Missions* ce que j'en ai dit dans le même *Traité de l'Office divin*, p. II, ch. 4, n. 7.

Cas VIII et IX. *Léopold*, chanoine, dessert une cure par l'ordre exprès de son évêque, qui n'a pu trouver un autre ecclésiastique capable. Est-il dispensé de la résidence? Le serait-il aussi s'il s'absentait, outre le temps qui lui est permis, pendant trois semaines, pour aller secourir un ami qu'il sait être en danger de son salut, ou pour terminer un grand différend entre deux personnes considérables?

R. 1° Léopold est exempt de résider et de desservir sa prébende dans le premier cas. Cette exemption est fondée sur la constitution de Boniface VIII, *cap. unic., de Cler. non resid.*, in 6, qui déclare que *evidens Ecclesiæ utilitas* est une cause d'absence qui est légitime devant Dieu. Or, on ne peut disconvenir qu'il ne soit une chose très-utile à l'Église que de desservir une paroisse abandonnée, et plus importante que d'assister aux heures canoniales.

Dans le second cas, Léopold est aussi dispensé de résider. Le concile de Trente, en confirmant la même constitution de Boniface VIII, dit, *sess. 23, c. 1*, que la charité chrétienne, *christiana charitas*, excuse de la non-résidence, c'est-à-dire, comme l'explique le cardinal Tolet, *Inst. sacerd.*, l. v, c. 4, n. 3, qu'un chanoine peut s'absenter pour secourir son prochain, assister les pauvres, réconcilier des personnes ennemies, terminer des procès importants, mettre la paix dans une famille, et pour d'autres semblables bonnes œuvres ; surtout quand il ne se trouve personne pour les faire.

Cependant ces raisons ne pourraient autoriser Léopold à recevoir les distributions quotidiennes pendant son absence, puisqu'elles ne sont dues qu'à ceux qui assistent actuellement aux divins offices ; car la loi que l'Eglise a faite au sujet des distributions doit être prise à la lettre et expliquée à la rigueur. C'est le moyen de rappeler un homme à son devoir aussitôt qu'il est possible.

Cas X. *Candide*, dont le canonicat ne vaut que 100 liv., aide un curé à desservir sa cure, afin de gagner de quoi subsister. Peut-il s'absenter de son église au delà du temps que le concile de Trente permet aux chanoines?

R. Alexandre III, *cap.* 6, *de Clericis non resid.*, déclare qu'un ecclésiastique n'est pas dispensé de rendre en personne le service qu'il doit à son église, et d'y résider, sous prétexte que son bénéfice ne lui fournit pas un revenu capable de le nourrir et de l'entretenir. Et en effet il n'est pas juste de percevoir les fruits d'un bénéfice qu'on ne dessert pas; et en l'acceptant, on accepte en même temps les charges.

Cas XI. *Jérôme* a passé une année à faire des pèlerinages, et après son retour il a été encore une année sans assister au chœur. Est-il obligé de restituer les gros fruits de sa prébende qu'il a reçus?

R. Les gros fruits de la prébende de Jérôme ne lui appartiennent pas; il ne peut les gagner qu'en assistant à l'office, au moins pendant neuf mois chaque année; et le concile de Trente, sess. 24, c. 12, déclare abusive toute coutume contraire, en ces termes : *Non liceat vigore cujuslibet statuti aut consuetudinis, ultra tres menses ab iisdem ecclesiis quolibet anno abesse; salvis nihilominus earum ecclesiarum constitutionibus, quæ longius servitii tempus requirunt*. Ainsi, Jérôme, pour se dispenser de restituer, ne pourrait se prévaloir de la coutume des Eglises, tant de France que d'Espagne, d'Italie, etc., qui exemptent les chanoines de résidence à l'égard de leurs gros fruits. Ces coutumes sont des abus que l'Eglise désapprouve, et qui ne pourraient devenir légitimes, même par la tolérance du pape ou des évêques.

Cas XII. *Théodose* a été nommé par le prince pour aller en Portugal en qualité d'ambassadeur. Peut-il gagner les gros fruits de sa prébende?

R. Nous avons déjà dit que le concile de Trente, sess. 25, c. 1, déclare que l'utilité de l'Eglise et de l'Etat est une cause légitime d'absence : *evidens Ecclesiæ vel reipublicæ utilitas*. Ainsi, comme Théodore pourrait s'absenter de son église pour en défendre les droits, ou pour assister à un concile même provincial, il le peut aussi lorsque son prince le juge capable de faire les fonctions d'ambassadeur. Il fera sûrement plus de bien, s'il peut empêcher la guerre, ou moyenner la paix, qu'il n'en ferait en assistant au chœur.

Cas XIII. *Libérius* et *Publius*, aumôniers, chapelains ou clercs de chapelle chez le roi ou la reine, jouissent chacun d'un canonicat sans le desservir, sous prétexte qu'ils sont au service du roi. Sont-ils en sûreté de conscience?

R. Ces chanoines peuvent jouir, même sans résider, des gros fruits de leurs prébendes, pendant le temps seulement qu'ils sont actuellement en service, comme aussi avant et après, pendant autant de jours qu'il leur en faut pour se rendre du lieu de leur résidence à la cour, et pour retourner de la cour au lieu de leur résidence. Ce privilège a été accordé à nos rois par plusieurs bulles des papes qui sont citées par Fevret, l. III, *de l'Abus*, c. 1, n. 13. Elles ont été autorisées par des lettres patentes de nos rois, n'ont point été révoquées par le concile de Trente, puisque nos rois en sont demeurés en possession depuis ce concile.

Il faut cependant observer : 1° que ces officiers ecclésiastiques ne gagnent pas les distributions quotidiennes, parce que les bulles des papes ne les leur accordent pas ; 2° que dans les chapitres où il n'y a que douze chanoines, il n'y en a que deux qui puissent être privilégiés ; 3° qu'on ne peut jouir de ce privilège quand on possède de ces prébendes qui, par leur fondation, requièrent un service personnel et actuel à l'autel, comme est celui de chanter tous les jours l'épître ou l'évangile à la messe canoniale.

— Cas XIV. *Marin*, qui jouit d'une très-bonne santé, et qui n'a point d'affaires, prend exactement deux mois de vacances, selon l'usage de son église. Il se fonde sur le concile de Trente. Ce concile est-il aussi approbatif qu'il se l'imagine?

R. Non, sans doute : le concile défend bien de s'absenter plus de trois mois, mais il ne permet point de s'absenter trois mois. Quand saint Pie V disait : *Ceux qui ne réciteront pas leur bréviaire après six mois de paisible possession d'un bénéfice seront tenus d'en restituer les fruits*, il ne disait point du tout, ni ne pouvait dire : *Ceux qui y manqueront pendant les six premiers mois ne seront tenus à rien*. Voyez ce que j'ai dit sur cette matière dans le Traité de l'Office divin, ch. 5, n. 6, où je n'ai fait que suivre le sentiment de Vasquez, de Wigers, de MM. Lamet et Fromageau. *Voyez* Chanoine, cas VIII.

Cas XV. *Hyparque*, religieux, a été pourvu d'un prieuré simple, dont les charges sont de célébrer trois messes basses par semaine. Est-il obligé d'y aller résider?

R. Hyparque ne pourrait sans péché aller résider dans son prieuré, parce que le troisième concile de Latran, *cap.* Monachi, 2, *de Statu Mon.*, l. III, tit. 35, défend aux religieux de demeurer seuls hors leur couvent. Honoré III, dans une décrétale qu'il adresse à l'archevêque de Bordeaux au sujet des religieux de son diocèse, qui demeuraient seuls dans les prieurés dont ils étaient titulaires, veut qu'il les contraigne, par la voie des censures, à retourner dans leurs cloîtres, à moins qu'ils n'aient d'autres religieux avec eux. Hyparque doit donc faire desservir son bénéfice *per clericos sæculares*, comme le dit ce même pape, *cap.* 4, *de Ca-*

pellis monachorum, etc., lib. III, tit. 37. Au fond on ne sait que trop, à la honte de la religion en combien peu de temps ces religieux bénéficiers se relâchent de leurs devoirs essentiels, et deviennent plus séculiers que les séculiers mêmes.

RESPONSABILITÉ CIVILE.

C'est l'obligation de répondre d'un fait et de réparer le préjudice qui en est résulté. Toute personne qui a souffert un dommage par suite d'un délit peut intenter l'action en réparation. L'application de la responsabilité par suite d'impéritie a lieu pour les notaires, avoués, greffiers, huissiers.

Quoique les pères et mères soient responsables, la partie lésée n'en obtient pas moins condamnation contre le mineur, sauf à exécuter le jugement sur les biens qui lui adviendront par la suite ou qui peuvent déjà lui appartenir. Dans le cas d'insolvabilité ou d'excuse de la part des parents, on conçoit que cette condamnation devient indispensable.

La condamnation aux frais en matière criminelle, quand elle est prononcée contre l'accusé ou prévenu, est plutôt une restitution qu'une peine; en conséquence le père dont le fils mineur encourt une condamnation correctionnelle est responsable des frais ou dépens envers la partie publique, comme il le serait des dommages-intérêts envers la partie civile; il ne peut être affranchi qu'au cas où il prouverait qu'il n'a pu empêcher le fait qui donne lieu à sa responsabilité. Les parents eux-mêmes, soit dans leur compte de tutelle, lorsqu'ils ont à leur en rendre, soit sur les biens personnels de leurs enfants, sont en droit de se faire indemniser par ceux-ci des sommes qu'ils ont été obligés de débourser pour eux.

Les maîtres et les commettants sont responsables du dommage causé par leurs domestiques et préposés dans les fonctions auxquelles ils les ont employés, parce qu'ils ont à se reprocher d'avoir pris à leur service des hommes méchants, maladroits ou imprudents. Toutefois, à l'égard des délits ou quasi-délits que commettent les domestiques et préposés en dehors de leurs fonctions, les maîtres n'en sont nullement responsables, à moins qu'il ne fût établi que, en ayant eu connaissance et pouvant les empêcher, ils ne l'ont pas fait.

Pour savoir si les maîtres sont fondés à exercer un recours contre leurs domestiques et préposés à raison des condamnations intervenues, il faut distinguer entre les faits dommageables. Si le fait a été expressément commandé au domestique ou préposé, il est évident qu'il est personnel et uniquement imputé au maître, contre lequel seul la condamnation doit être prononcée, à moins que le fait commandé ne constituât en lui-même un crime ou délit, ce qui rendrait le domestique lui-même non recevable à exercer contre son maître une action en garantie.

Dans le cas au contraire où il s'agit d'un fait nuisible arrivé par la faute, la négligence ou la maladresse du domestique ou préposé dans l'exercice de ses fonctions, la responsabilité civile du maître vis-à-vis des tiers n'est qu'accessoire, et ce dernier a toujours contre l'auteur du dommage un recours en garantie, qu'il peut exercer en retournant, par exemple, les gages et salaire dont il se trouve débiteur.

Les instituteurs et artisans, pendant tout le temps que leurs élèves et apprentis sont sous leur surveillance, exercent, en quelque sorte, à leur égard, la puissance paternelle; ils doivent, par conséquent, comme les pères et mères, répondre de leurs actions. Comme ceux-ci, les instituteurs et artisans cessent d'être garants envers les tiers lorsqu'ils prouvent qu'il ne leur a pas é é possible d'empêcher le fait dommageable.

Quoique le décret du 15 novembre 1811 réserve à l'instituteur son recours contre les père ou mère ou tuteur, en établissant qu'il n'a pas dépendu de lui de prévenir ou d'empêcher le délit, M. Toullier n'en décide pas moins que l'action récursoire n'est pas admissible. Il se fonde sur ce que la disposition du décret n'a pu ni déroger au code civil, ni l'abroger.

De plus la responsabilité s'étend aux artisans de différentes professions : par exemple, lorsqu'un charretier ayant mal rangé des pierres sur sa charrette, la chute d'une des pierres cause des dommages, il en répond.

Les commissionnaires de transport et les voituriers doivent veiller à la conservation des marchandises pendant le voyage, et les rendre dans le même état qu'ils les ont reçues. Leur responsabilité commence à l'instant même où les marchandises ont été remises à eux ou à leurs préposés. Ils doivent faire tout ce qui est nécessaire, non-seulement pour les charger convenablement et les conserver, tel que des réparations à des tonneaux qui fuiraient, mais encore ils sont tenus d'accomplir les formalités et conditions exigées par les lois ou règlements locaux, sauf à se les faire rembourser par l'expéditeur ou le destinataire.

Le code rural déclare les maris responsables des délits commis par leurs femmes; à l'égard des délits ruraux, il n'est pas douteux que si la femme s'était rendue coupable du délit ou quasi-délit dans l'exercice des fonctions auxquelles elle aurait spécialement été employée par son mari, celui-ci serait tenu de la même responsabilité que tout autre commettant. La même responsabilité est encourue quand le mari est en faute de n'avoir pas dirigé sa femme lorsqu'il pouvait prévoir et n'a pas empêché le dommage causé.

La simple imprudence entraîne responsabilité du dommage causé, au for extérieur, mais non au for de la conscience. Il y a imprudence donnant lieu à responsabilité au for extérieur, et peut-être aussi au for intérieur, dans le fait de porter un fusil chargé dans une direction telle que, s'il vient à partir, même par accident imprévu, il puisse atteindre des tiers.

Celui qui néglige d'accomplir les conditions nécessaires à l'exercice de ses droits, ou de prendre des renseignements qui en auraient assuré l'existence, est responsable de son fait, en ce sens qu'il se prive de l'action qu'il aurait pu exercer. La responsabilité imposée aux architectes par le code civil ne s'étend pas aux vices qui ne seraient que la conséquence d'une erreur commune. Une compagnie d'assurance n'est pas responsable des faits des sous-agents qui, sans pouvoirs émanés d'elle, s'entremettent entre les assurés et les agents de cette compagnie.

Le maître n'est pas responsable du dommage que son domestique a causé par imprudence à un tiers dans un travail que celui-ci était chargé de faire avec le domestique moyennant salaire.

Un médecin est responsable des accidents arrivés à la suite de ses opérations, lorsqu'il est établi que ces accidents sont le résultat de sa négligence, de sa faute lourde et de l'état d'abandon dans lequel il a laissé le malade.

Un confesseur qui, par une négligence ou un autre motif coupable, omet d'avertir son pénitent de l'obligation de restituer, est-il obligé de faire cette restitution à défaut de ce pénitent, qui ne s'en accuse pas et qui même ne la consulte pas? Mgr Gousset répond ainsi dans ce cas : « Les théologiens sont partagés sur cette question : les uns obligent le confesseur à restituer, les autres le dispensent de toute restitution. Ce second sentiment nous paraît beaucoup plus probable que le premier. En effet, sur quel fondement peut-on obliger ce confesseur à restituer? Sur sa qualité de confesseur? Comme tel il est sans doute obligé par le devoir de sa charge, le *ex officio*, de donner à son pénitent tous les secours spirituels qui dépendent de son ministère ; il pèche bien certainement s'il néglige de l'avertir de ses devoirs envers le prochain. Mais sur quel titre se fondera-t-on pour l'obliger par justice à s'occuper des intérêts temporels d'un tiers, c'est-à-dire du créancier de son pénitent? Cette obligation ne peut résulter que d'un contrat ou d'un quasi-contrat. Or, il n'existe ni contrat ni quasi-contrat entre un confesseur considéré comme tel, et les créanciers de ceux qu'il dirige au tribunal de la pénitence. Le confesseur n'est donc point tenu, dans le cas dont il s'agit, de restituer à défaut du pénitent ; ce qui s'applique même au confesseur qui a charge d'âmes. » Tel est aussi le sentiment de saint Liguori, de Mgr Bouvier, de Suarez, de Billuart, de Bonacina et d'une foule d'autres théologiens.

RESTITUTION.

Restituer n'est rien autre chose que rendre à une personne ce qui lui appartient, soit qu'on l'ait de son gré, comme dans le cas du prêt ou du dépôt ; soit qu'on la possède malgré elle, comme dans le cas du larcin ; et alors il ne suffit pas de la rendre, mais il faut encore réparer le dommage que le prochain a souffert par sa privation.

Quand plusieurs sont complices d'une action contraire à la justice, tous sont obligés solidairement à restitution. L'injuste détenteur de la chose y est obligé le premier, et ensuite ceux qui ont eu part à l'injustice, ou au dommage causé au prochain, soit par commandement, par conseil ou par quelque autre complicité. On doit restituer sitôt qu'on le peut ; et on doit restituer non-seulement la chose qu'on retient injustement, mais encore réparer tous les dommages qu'on a causés. Le détenteur de la chose est le premier obligé à restitution, ensuite ceux qui ont concouru à l'injustice par commandement, conseil, etc. Quand on ne connaît pas la personne à qui on a fait tort, il faut restituer aux pauvres. L'honneur doit se restituer aussi bien que l'argent. Cette importante matière va s'éclaircir dans les décisions suivantes. Voici trois propositions relatives à ce sujet, que le clergé de France condamna en 1700.

Proposition XLVIII. Non tenetur quis sub pœna peccati mortalis restituere quod ablatum est per pauca furta, quantumcunque sit magna summa totalis.

Censura : Hæc propositio falsa est, perniciosa, et furta etiam gravia approbat.

Proposition XLIX. Quid alium movet aut inducit ad ferendum grave damnum tertio, non tenetur ad restitutionem istius damni illati.

Proposition L. Etiamsi donatario perspectum sit, bona sibi donata a quopiam fuisse ea mente ut creditores frustrentur, non tenetur restituere, nisi cum donationem suaserit, vel ad eam induxerit.

Censura : Hæc propositiones falsæ sunt, temerariæ, fraudibus et dolis patrocinantur, et justitiæ regulis repugnant.

Cas I. *Romulus* a vendu à Servius un cheval qu'il ne lui a pas encore livré, et auquel il est survenu incontinent après, par la faute du même Romulus, une maladie qui en a diminué de beaucoup la valeur ; ou bien le cheval est venu à périr par un cas purement fortuit ; ou enfin il a été saisi et confisqué pour un délit qu'avait commis Romulus avant qu'il l'eût livré. Que dire dans tous ces cas?

• R. Dans le premier cas, Romulus doit dédommager Servius, si la maladie survenue au cheval est arrivée par sa faute notable ou même légère : *Custodiam talem venditor præstare tenetur, quam præstant hi quibus res commodata est*, dit la loi 3, ff. *de Periculo et commodo rei venditæ*, liv. XVIII, tit. 6.

2° A l'égard du cas fortuit, Romulus en est encore tenu, si le cheval n'a été vendu que sous condition, et que le cas dont il s'agit dans l'exposé soit arrivé avant l'accomplissement de la condition. La raison est qu'un contrat fait sous condition n'est censé parfait que quand la condition est accomplie. Mais si la vente est absolue, c'est l'acheteur qui est tenu des cas fortuits : *Cum speciem venditam, per violentiam ignis absumptam dicas, si venditionem nulla conditio suspenderat, amissœ rei periculum non te astringit*, dit encore la loi 3, ff. *cod. tit.*

3° Si Romulus n'ayant point encore livré son cheval à Servius, il venait à être saisi entre ses mains, pour quelque délit qu'il aurait commis, et à être confisqué par l'autorité du juge, ce serait à Romulus à en porter la perte, puisque l'acheteur ne doit pas souffrir d'un délit dont il est innocent.

Enfin, Romulus serait encore tenu du cas fortuit, s'il avait négligé de rendre le cheval dans le temps convenu, puisqu'il serait en demeure par sa faute. Si au contraire l'acheteur était en demeure de prendre son cheval, Romulus ne serait plus responsable du mal qui pourrait lui arriver, pourvu qu'il n'y eût point de dol de sa part.

Il est encore bon d'observer ici que la vente des choses qui se vendent au poids, à la mesure, ou en nombre, n'est pas réputée parfaite que ces choses n'aient été pesées, mesurées et comptées. Ainsi la perte et la détérioration qui y arriveraient auparavant, même par un cas fortuit, regardent le vendeur, à moins que les choses n'aient été vendues en gros, et sans aucune énonciation de poids, de nombre et de mesure. Il en serait de même si l'acheteur avait acheté tant de muids de vin à tant le muid, à condition qu'il le goûterait; car si le vin venait à se gâter avant qu'il l'eût goûté, ce serait sur le vendeur que tomberait le dommage, quoique l'acheteur y eût déjà apposé sa marque. *Voyez* VENTE, cas XXI, où l'auteur parle plus juste qu'il ne fait ici, au moins dans mon édition.

CAS II. *Hubert* a acheté de Marc du blé, à condition d'en payer le prix dans un mois. Hubert n'a pas payé dans le temps convenu, ce qui a causé un dommage de 1,000 livres à Marc, qui n'a pu faire avec cet argent, sur lequel il comptait, le payement d'un achat sur lequel il aurait gagné ladite somme. A quoi est tenu Hubert?

R. Hubert n'est obligé qu'à payer le prix du blé qu'il a acheté, et dans la rigueur à l'intérêt légitime de la somme principale, et non pas aux dommages et intérêts de Marc, parce qu'il ne l'a pas porté à s'engager dans l'achat où il a manqué de gagner 1,000 liv. C'est ainsi que l'ordonnerait tout juge équitable, et c'est ce qui est porté par la loi *Venditor*, fin. ff. *de Periculo et com. rei venditœ*, en ces termes : *Venditori, si emptor in pretio solvendo moram fecerit, usuras duntaxat prœstabit, non omne omnino quod venditor, mora non facta consequi potuit ; veluti si negotiator fuit, et pretio soluto ex mercibus plus quam ex usuris quœrere potuit.* *Voyez* ACHAT, cas I.

CAS III et IV *Théotime* a acheté un diamant qu'il savait avoir été volé, et dont il a fait présent à un ami. Il a aussi acheté une montre qu'il jugeait probablement avoir été dérobée. A quoi est-il tenu?

R. Dans le premier cas, Théotime a commis une injustice, et ainsi il est obligé à restituer le diamant : *Talis emptor tenetur ad restitutionem, sicut fur*, dit Sylvius, in 2-2, q. 62, art. 6, q. 1, concl. 6.

Dans le second cas, il a péché mortellement, parce qu'il s'est exposé volontairement à commettre une injustice, et il est obligé de faire des recherches exactes pour découvrir la vérité du fait ; et s'il reconnaît que la montre a été volée, il est obligé à la restituer ou sa valeur, de quelque manière qu'il en eût disposé par donation, vente ou autrement, ou qu'on la lui eût dérobée dans la suite. C'est encore la décision de Sylvius, *eod. loco*, q. 3, concl. 1; saint Raimond, liv. II, tit. *de Raptoribus*, § 22, ajoute : *Unde nec pretium quod dedit, poterit repetere ab illo cujus res est, nec expensas quas ibi fecit ; et omnem utilitatem, quam ex illa re habuit, tenetur restituere. Si restituat etiam rem deteriorem, quam ad ipsum pervenit, non liberatur.*

— Si, après un juste examen, le même doute subsistait, il faudrait restituer *pro rata parte dubii*. Un possesseur de mauvaise foi n'est pas tenu à restituer tout le fruit qui lui vient à l'occasion de la chose volée, par exemple le gros lot qu'il a eu à une loterie où il avait mis un écu dérobé : c'est ce que dit ce mot connu : *Nummus ex furto, non est furtivus.*

CAS V et VI. *Samson* a acheté de bonne foi une écritoire que Brutus avait volée, et il l'a donnée peu après à un ami, ou il la lui a vendue, ou il l'a perdue par un cas fortuit. Après quoi il apprend qu'elle a été volée. Est-il obligé à restituer? Que dire s'il l'avait vendue plus qu'il ne l'a achetée?

R. Dans le premier cas, Samson n'est obligé à aucune restitution. *Bonœ fidei emptor*, dit saint Raimond, liv. II, tit. 6, si durante bona fide ipsius, res periit, restituere non tenetur. Idem credo, si alienavit durante similiter bona fide.* La raison est que celui qui a possédé de bonne foi n'a ni acquis, ni ne retient injustement le bien d'autrui. Ainsi il n'est tenu à restituer, ni *ratione injustœ acceptionis*, ni *ratione rei acceptœ.*

Dans le second cas, Samson est obligé à restituer au propriétaire le gain qu'il a fait en vendant l'écritoire plus qu'il ne l'avait achetée. C'est la décision de Cabassut, liv. VI, c. 17, n. 8, qui dit : *Si quis, dum bona fide possidebat rem alienam alteri vendiderit, ad id solum tenebitur, quod amplius acceperit, juxta S. Thomam,* 2-2, q. 62, a. 6. Que si Samson avait fait présent de l'écritoire à quelqu'un qui par reconnaissance lui eût fait un présent égal, il serait obligé à restituer la valeur de ce présent : ' parce que ce serait une espèce de payement honnête de son présent, et qui lui en tiendrait lieu. C'est encore la décision de Cabassut, *ibid.*

CAS VII. *Ogier*, entremetteur, a adressé Paul à Lucien, marchand, à qui il a vendu, sur la parole d'Ogier, des marchandises à crédit. Lucien a fait ensuite une banqueroute frauduleuse, et Paul a tout perdu. A quoi est tenu Ogier envers Paul?

R. Ogier n'est pas tenu à dédommager Paul, parce qu'un entremetteur, quoique payé de ses droits, ne doit point par sa profession répondre de la solvabilité de ceux à qui il fait vendre à crédit, ou prêter. C'est la décision de la loi 2, ff. *de Proxenetis*, liv. L, tit. 14. Ce serait autre chose s'il commettait quelque faute grossière dans son entremise : par exemple, s'il donnait comme *bons*, des gens dont il ne connaîtrait ni la probité, ni les affaires.

CAS VIII. *Fabrice*, marchand joaillier-courtier, est chargé par Paulin de lui vendre un diamant 6,000 liv. s'il le peut. Fabrice le porte à Barnabé, qui ne lui en offre que 4,500 livres, et sur le refus que fait Paulin de l'abandonner à ce prix, il revient le lendemain lui dire qu'on lui en offre 4,500 liv. Paulin consent, quoique avec peine, à le céder pour ce prix-là, et lui dit qu'il le fasse encore voir à d'autres marchands, pour tâcher d'en tirer 5.000 livres, ou au moins 4.800 livres, et que cependant, s'il ne peut en trouver un plus haut prix, il le donne pour les 4,500 livres. Fabrice, considérant qu'il est joaillier, aussi bien que Barnabé, et étant persuadé qu'il pourra vendre dans la suite ce diamant 4,800 livres au moins, le retient secrètement pour son propre compte, sur le pied de 4,500 livres, qu'il paye de ses deniers à Paulin, de qui il reçoit 140 livres pour son droit de courtage. Huit jours après il retourne chez Barnabé, à qui il déclare que Paulin veut absolument avoir 4,800 livres de son diamant. Barnabé en conclut donc le marché à ce prix, et donne à Fabrice pour son droit de courtage la somme de 60 livres, de sorte que Fabrice se trouve avoir gagné 500 livres. Mais comme il n'a pas fait connaître à Paulin que c'était lui-même qui était l'acheteur, parce qu'il ne lui aurait rien donné pour ses peines, et que d'ailleurs il a négligé de faire voir le diamant à d'autres marchands, comme Paulin le lui avait enjoint, il craint que son procédé ne soit pas juste, et il demande, 1° s'il a pu acheter le diamant pour son compte, en étant chargé par commission; 2° s'il a pu dans ce cas exiger et recevoir les 200 livres pour son droit de courage; 3° au cas qu'il soit obligé à quelque restitution, à qui doit-il la faire, et combien doit-il restituer?

R. Il est clair que le procédé de Fabrice est rempli de mauvaise foi, et qu'il n'a cherché qu'à tromper Paulin. Or, comme il n'est jamais permis de profiter de sa fraude, il doit, 1° restituer à Paulin les 140 liv. qu'il a reçues pour son droit de courtage, parce qu'il a renoncé à sa qualité de commissionnaire, en se rendant lui-même l'acheteur, et qu'il n'est pas juste qu'il reçoive des émoluments pour un emploi qu'il n'a pas exercé. D'ailleurs Paulin ne lui a donné cette somme que parce qu'il ne le croyait pas acheteur, et qu'il croyait au contraire qu'il avait exécuté la commission dont il l'avait chargé; 2° il doit encore lui restituer les 300 liv. qu'il s'est rendues propres au préjudice de Paulin, puisqu'il savait bien que Paulin n'a consenti à donner son diamant pour 4,500 liv. que dans le cas qu'on ne pût en trouver davantage, et que réellement Fabrice en pouvait tirer davantage, puisqu'il l'a vendu 300 liv. de plus; 3° il doit aussi restituer à Barnabé les 60 liv. qu'il a reçues de lui comme courtier, puisqu'il ne faisait pas vis-à-vis de lui le personnage de courtier, mais celui de marchand.

CAS IX et X. *Cassien*, ayant reçu un louis d'or faux, a ordonné à sa femme de le passer avec d'autres. Le même a reçu des louis d'or qui n'étaient pas de poids, et il les a donnés de bonne foi à des marchands qui les passaient aussi comme de poids, sans qu'on les pesât. A quoi est-il tenu?

R. Dans le premier cas, Cassien et sa femme sont solidairement obligés à la restitution, puisque tous deux sont la cause de l'injustice et du dommage qu'a souffert celui à qui le faux louis d'or a été donné. Voyez le cas *Caninius*.

Dans le second cas, nous ne croyons pas que, quand la coutume générale est de ne point peser la monnaie d'or, mais qu'on la reçoit et qu'on la passe communément dans le commerce, on doive inquiéter ceux qui en ont ainsi passé de bonne foi, ni par conséquent obliger Cassien à restitution pour l'avoir fait. La raison est que cet usage est fondé sur un consentement tacite général, tant de ceux qui la passent que de ceux qui la reçoivent, et du prince même, qui ne manquerait pas de s'y opposer, s'il jugeait qu'il y allât de l'intérêt de l'État ou de celui du public.

CAS XI. C'est un usage universel dans le Piémont, et autorisé par les juges, de prêter son argent pour un an à trois pour cent d'intérêt. *Amédée*, qui était dans la bonne foi, déclare à son confesseur qu'il ne veut plus prêter de cette manière à l'avenir. Peut-on le dispenser de restituer les intérêts qu'il a pris auparavant?

R. En général celui qui s'est enrichi des intérêts usuraires, qu'il a reçus même dans la bonne foi, est tenu à les restituer. Néanmoins S. B., t. II, cas 131, pense que dans le cas dont il s'agit, le confesseur d'Amédée le peut dispenser de la restitution dans les circonstances mentionnées, parce que l'usage étant universel de prendre ces intérêts, et étant de tout temps autorisé par les juges, il semble que ceux qui payent ces intérêts doivent être censés en transférer avec un plein consentement le domaine à leurs créanciers. Cependant, comme l'usure est défendue de droit naturel, divin et canonique, le confesseur aurait sans doute suivi la voie la plus sûre, s'il avait obligé son pénitent à restituer ce qu'il n'avait pas consumé dans la bonne foi.

— Il faut s'en tenir à ce dernier sentiment. Le prétendu plein consentement de ceux qui empruntent à intérêt est imaginaire. Ils ne consentent que parce qu'ils ne peuvent avoir de l'argent gratuitement. Cependant un abus semblable ayant longtemps subsisté dans une province, on s'en tint à une espèce de condonation mutuelle consentie par les habitants, et l'évêque jugea qu'il fallait prendre des mesures pour l'avenir, et ne point donner d'inquiétude pour le passé.

Cas XII. *Ildefonse* ayant prêté 300 liv. à Théophile pour un an, les redemande après ce temps pour les faire profiter dans son commerce. Théophile, voulant aussi tirer du profit de cet argent, dont il trafique actuellement, le garde encore deux ans. Doit-il restituer à Ildefonse le profit qu'il a tiré de ces 300 liv. les deux dernières années ?

R. — Ce n'est pas le profit qu'a fait Théophile qui doit régler sa restitution, car il pourrait n'en avoir point fait, et être obligé à restituer; il pourrait aussi en avoir fait beaucoup, et n'être pas obligé à tout restituer. Il doit donc restituer non pas tout ce qu'Ildefonse aurait pu gagner absolument, mais tout ce qu'on a coutume de gagner, ou ce qu'ont gagné les autres dans le commerce qu'il voulait faire; *pensato labore et infortuniis etiam quæ in lucro accidere olias possent. Quia lucrum non causatur tantum ex pecunia, sed ex industria et labore.* S. Thom., in 4, dist. 15, q. 1, art. 2 qu. 2, ad 4.

Cas XIII. *Juvénal* a emprunté le cheval d'Alexis pour aller à Orléans; et quoiqu'il fût dangereux de passer la forêt pendant la nuit, il n'a pas laissé de la traverser et les voleurs le lui ont pris. Doit-il en porter la perte ?

R. Nous avons décidé, au titre Prêt commodat, cas IV, que le commodataire est tenu du cas fortuit qui arrive par sa faute, même très-légère. Or Juvénal est en faute.

Cas XIV. *Aubin* a chargé Conrad de ramener à Damien un cheval qu'il lui avait prêté. Des voleurs le lui ont enlevé dans le chemin. Aubin doit-il porter cette perte ?

R. Il n'y est pas tenu, parce qu'il n'est coupable ni de faute, ni même d'imprudence, en le renvoyant par un homme sûr et connu, et que le commodataire n'est pas tenu du cas fortuit. *Argentum commodatum, si idoneo servo meo tradidissem ad te perferendum, ut non debuerit quis æstimare futurum, ut a quibusdam malis hominibus diriperetur; tuum, non meum detrimentum erit, si mali homines intercepissent,* dit la loi 20, ff. *Commodati*, etc. Voy. Cabassut, l. vi, c. 25, n. 5.

Cas XV. *Paterne* a prêté deux flambeaux d'argent à Julien, qui les a enfermés avec sa propre argenterie dans un coffre fermant à clef, qui était dans une salle basse sur le devant de la maison. Des voleurs, ayant arraché deux barreaux de fer de la fenêtre, sont entrés la nuit, et ont emporté tout ce qui était dans ce coffre. Julien est-il obligé de restituer le prix des flambeaux ?

R. Il paraît évident que Julien est tout au moins coupable d'une faute très-légère. Or dans le contrat de prêt appelé *commodatum*, celui pour l'avantage duquel seul il a été fait est tenu du dommage arrivé par sa faute, quoique très-légère. *Is qui utendum accepit,* dit Justinien, *Inst. l.* xvi, *Quibus modis,* etc., *sane quidem exactam diligentiam custodiendæ rei præstare jubetur : nec sufficit ei tantam diligentiam adhibuisse, quantam suis rebus adhibere solitus est, si modo alius diligentior poterat eam custodire.*

— Que pouvait faire de mieux un homme très-sage, que d'enfermer sous la clef, et dans un lieu qu'on jugeait très-sûr, deux flambeaux avec son argenterie, qui valait peut-être dix ou vingt fois plus ?

Cas XVI. *Landri* ayant un petit voyage à faire, Germain lui a prêté son cheval, afin de l'exercer. Le cheval est devenu malade des avives en chemin. Germain a négligé de s'adresser à un maréchal qu'il avait trouvé à un quart de lieue de la ville où il allait, croyant qu'il pourrait y arriver à temps, et y trouver un maréchal plus expérimenté. Mais le cheval est mort avant son arrivée. Qui doit en porter la perte ?

R. Landri n'est pas tenu de la perte du cheval; car ne devant pas par sa profession connaître ces sortes de maladies extraordinaires qui arrivent aux chevaux, sa faute n'est que très-légère. Or, quand le commodat se fait à l'avantage de celui qui prête et du commodataire tout ensemble, le commodataire qui n'est coupable que d'une faute très-légère n'est pas tenu du dommage qui arrive à la chose prêtée, leg. 18, ff. *Commodati vel contra.* Ce serait autre chose si sa faute eût été, je ne dis pas grossière, mais simplement légère; c'est-à-dire qu'il eût omis ce que des gens intelligents dans la matière dont il s'agit n'auraient pas omis.

Cas XVII et XVIII. *Aurélius* a prêté à titre de précaire un manteau et des meubles à Bernard, à qui on les a volés deux jours après, par son imprudence. Ou bien Aurélius les a redemandés un mois après au même Bernard, qui n'a pas voulu les rendre, et quatre jours après des voleurs les ont emportés, ou le feu du ciel les a consumés. *Quid juris* dans ces deux cas ?

R. Dans le premier cas, si les meubles qu'on a volés à Bernard n'ont été perdus que par sa faute très-légère, ou même par sa faute légère, *culpa levi,* il n'est point obligé d'en restituer le prix à Aurélius; parce que dans le précaire on n'est tenu que du dol, ou d'une faute notable, et non d'une faute très-légère, ni même de celle qu'on appelle légère, comme on le serait en pareil cas dans le commodat. La différence vient de ce que le précaire peut être révoqué quand il plaît à celui qui a donné la chose, soit qu'il en ait besoin ou non. « Or, comme cette condition est très-dure du côté de celui qui emprunte, elle fait qu'il doit être moins responsable qu'un commodataire. Et d'un autre côté elle fait que le prêteur à précaire doit plus aisément s'imputer la négligence qu'il a eue de ne pas retirer des effets qu'il pouvait révoquer d'un moment à l'autre.

Dans le second cas, Bernard est obligé à la restitution du prix de tous les meubles, parce qu'ayant refusé sans juste raison de les rendre à Aurélius, il est tenu de tous les cas fortuits, dont il est censé s'être chargé. *Ubi moram quis fecerit precario, omnem causam debebit constituere,* dit la loi 8, ff. *de Precario,* l. XLIII, tit. 26.

CAS XIX. *Matthieu*, depuis vingt ans, reçoit 1,000 livres par an de Roger, pour 20,000 livres qu'il lui a prêtées, croyant qu'il pouvait recevoir cet intérêt sans péché, n'ayant point d'autre bien pour vivre. Son confesseur lui a déclaré qu'il était obligé à la restitution de tous les intérêts qu'il avait reçus. Est-il tenu à cette restitution, qui le réduirait à la misère?

R. Comme l'on suppose, dans l'exposé, 1° que Matthieu a toujours été dans la bonne foi en recevant ces intérêts; 2° qu'il s'en est servi pour vivre, et que par conséquent il les a consommés dans la bonne foi; 3° et qu'il n'en est pas devenu plus riche, nous pensons qu'il ne doit rien restituer à Roger. La raison est que, quoiqu'en général on soit obligé de restituer les intérêts usuraires qu'on a reçus, on peut cependant en être dispensé quand ces trois circonstances se trouvent ensemble. Mais si une seule de ces conditions manque, on est obligé à restituer. Ainsi il y serait obligé du moment où on l'aurait averti que ces intérêts étaient usuraires, ou du moment où sa bonne foi aurait été interrompue par le doute. Il en serait néanmoins excusé si Roger lui en faisait don par une pure et simple libéralité, laquelle on présumerait aisément en lui, si, voyant qu'il est le maître absolu de les payer ou de ne les payer pas, il continuait à les payer. *Voyez* S. B., t. I, cas XCIX, CXXIII, CXXXI; tom. II, cas X, etc.

CAS XX. *François* a acquis par des voies usuraires 6,000 liv. de biens qu'il voudrait restituer. Il doit d'ailleurs 4,000 liv. pour des marchandises, et il n'a que 8,000 liv. pour tout bien. Doit-il restituer les 6,000 liv. usuraires avant ses autres dettes?

R. François doit payer les 4,000 liv. des dettes qu'il a contractées par des emprunts ou d'autres voies licites, préférablement aux gains usuraires. La raison est que la justice veut qu'on restitue plutôt le bien à celui qui n'a point consenti d'en être dépouillé qu'à celui qui y a donné quelque sorte de consentement. Or, il est constant que celui, par exemple, qui a vendu ses marchandises, est censé n'avoir point consenti à en perdre la valeur, et au contraire celui qui a payé des intérêts usuraires à son créancier a bien voulu, quoiqu'à regret, se soumettre à en être privé. C'est le raisonnement de saint Ant., 2 p., tit. 2, c. 1. François ne doit cependant préférer le payement de ses autres dettes à la restitution des usures, que sous deux conditions : la première, qu'il ne possède plus en nature les effets usuraires, si, par exemple, on lui avait donné des étoffes au lieu d'argent; la seconde, qu'il ne soit pas devenu hors d'état de restituer les usures par des dettes qu'il avait contractées depuis qu'il les a reçues; car alors, dit Cajetan, *in Summa*, v. *Restit.*, c. 8, il faudrait qu'il commençât à restituer les usures avant ses autres dettes.

—Si les créanciers n'ont ni priviléges, ni hypothèques, il n'y a aucune solide raison de payer l'un plutôt que l'autre, et chacun doit être payé à proportion de ce qui lui est dû. Pontas, cas *Attalus*, 87, et selon notre ordre 158, veut que les dettes *ex furto* soient payées les premières; et v. USURE, il nous fera entendre qu'un malheureux usurier qui suce le sang du peuple est un voleur. *Voyez* cette question amplement traitée dans la dixième édition de mon traité *de Jure*, etc., part. II, c. 2, a num. 573.

CAS XXI. *Pierre* a emprunté de Matthieu 3,000 liv. dont il lui paye l'intérêt. Le confesseur de Matthieu lui ordonne de restituer aux pauvres les intérêts qu'il a reçus, prétendant que Pierre ne mérite pas qu'ils lui soient restitués, parce qu'il ne devait pas les payer. Le confesseur a-t-il raison?

R. Cette restitution n'est due qu'à Pierre, qui mérite d'autant moins de la perdre, qu'il n'a péché ni contre la conscience, ni contre la loi en payant ces intérêts usuraires à Matthieu; puisqu'il est permis dans un pressant besoin d'emprunter d'un homme qui ne veut prêter qu'à intérêt. C'est la décision de saint Thomas, 2-2, q. 62, art. 5, ad 2.

CAS XXII. *Eméric*, ayant reçu un remboursement de 10,000 liv. quelques jours avant le décri des monnaies, et craignant d'y perdre beaucoup, donna cette somme à un agioteur pour des billets sur les receveurs généraux des finances. Justin, qui se trouvait pressé de payer une somme qu'il devait, s'offrit de lui prendre ces billets selon leur valeur intrinsèque, et lui en fit un contrat de constitution de 500 liv. de rente, quoique ces billets fussent tellement décriés, qu'on y perdait le tiers. Justin a employé ces billets à payer ce qu'il devait; mais il a assuré dans la suite à Eméric qu'il y avait perdu le tiers de leur valeur, et l'a prié de lui en faire justice. Eméric est-il obligé, 1° à croire Justin; 2° à réduire sa rente de 500 liv. aux deux tiers seulement; 3° à lui tenir compte du tiers des 1,000 liv. qu'il a déjà reçues pour les deux premières années?

R. Les docteurs sont partagés sur ce point. En posant pour principe, que *locupletari non debet aliquis cum alterius injuria vel jactura,* nous disons, 1° que si Eméric a donné à l'agioteur les 10,000 liv. d'argent pour des billets d'une pareille somme et contenue, et selon leur valeur intrinsèque, il a pu (puisqu'il n'y a rien gagné) les donner à Justin à constitution sur le pied de 500 liv. de rente. Si Justin a perdu dans la suite sur l'emploi des billets, ce n'est pas la faute d'Eméric, qui par conséquent n'est pas tenu à le dédommager de cette perte; 2° que si Eméric a reçu de l'agioteur, par exemple, 15,000 liv. en billets, sous prétexte qu'alors on y perdait le tiers, il n'est pas juste qu'il profite de ce tiers sur Justin, qui y a perdu autant. Et dans ce cas il doit réduire la rente aux deux tiers, et rendre à Justin le tiers des 1,000 liv.; 3° qu'Eméric n'est pas obligé de croire Justin sur sa parole, à moins qu'il ne soit convaincu lui-même, par de solides raisons, que Justin lui dit la vérité ; 4° que, supposé qu'Eméric ait reçu pour 15,000 liv. de billets pour les 10,000 livres d'argent qu'il a données à l'agioteur, et qu'il les ait employées sans perte, et qu'il ne soit tenu à rien envers Justin, il ne laisse pas pour cela d'être obligé à la restitution de ce tiers envers celui qui aurait fait la perte, si la personne peut être connue, ou à ce défaut, l'employer en aumônes ou en d'autres bonnes œuvres.

Cas XXIII. Un avocat s'est chargé de plaider une cause qu'il savait être injuste, et il l'a gagnée par son éloquence. A quoi est-il tenu ?

R. Cet avocat a péché, et il est obligé à restituer tout ce qu'il a reçu pour plaider cette cause, et à réparer tout le dommage qu'il a causé à la partie adverse, au défaut de celui qui a gagné injustement son procès. C'est la décision de saint Thomas, 2-2, q. 71, art. 3. *Advocatus defendens causam injustam*, dit-il, *impio præbet auxilium. Ergo peccando iram Dei meretur... et ad restitutionem damni, quod altera pars incurrit, tenetur.*

Cas. XXIV. Un avocat a conseillé à son client de nier un fait qui lui aurait fait perdre son procès, s'il l'avait avoué au juge. Il l'a nié et a gagné son procès. A quoi est tenu l'avocat ?

R. Il est solidairement obligé avec son client à réparer le dommage, si le client manque à le faire. Celui qui conseille un larcin en est coupable comme s'il l'avait fait luimême. *Si tua culpa datum est damnum... jure super eo satisfacere te oportet*, dit Grégoire IX, cap. fin. *de Injuriis*, etc.

Cas. XXV. *Amable* a donné par avance 100 liv. à un avocat pour se préparer à défendre sa cause. L'avocat s'est préparé ; mais il meurt avant d'avoir pu plaider. Ses héritiers doivent-ils rendre les 100 liv.?

R. Les héritiers de l'avocat ne doivent pas rendre les 100 liv., parce qu'ayant fait tous les frais nécessaires pour s'instruire et pour plaider, il a mérité son honoraire. *Advocati, si per eos non steterit, quominus causam agant, honoraria reddere non debent*, dit la loi 38, ff. *Locati*, etc., l. xix, tit. 2. Il faut cependant qu'il conste que ce travail a été fait. Il peut se faire qu'un avocat chargé de causes n'ait pas encore jeté l'œil sur telle ou telle qu'il a entre les mains depuis deux mois.

Cas XXVI. *Damien*, notaire, a passé une obligation entre Gilles et Paul, qui ne savaient ni lire ni écrire, par laquelle Gilles s'obligeait de payer une usure exorbitante à Paul. Damien doit-il, au défaut de Paul, restituer à Gilles ?

R. Si Damien a eu connaissance de l'usure; régulièrement parlant, il est obligé à restituer au défaut de Paul, et mérite d'être puni, selon l'ordonn. de 1510, parce qu'il a coopéré efficacement à l'usure, puisque Gilles et Paul ne sachant ni lire ni écrire, et ne pouvant contracter sous leurs seings privés, l'acte qu'a passé ce notaire a autorisé l'usure et l'a rendue exigible par le créancier. Il ne serait cependant tenu à rien, 1° s'il n'avait passé cette obligation qu'à la prière de Gilles, qui n'avait pas d'autre moyen de se tirer d'une nécessité pressante, que d'emprunter de cette façon. C'est la décision de saint Antonin, 2 p., tit. 1, c. 9, § 6, qui ajoute : *Peccaret tamen mortaliter, hoc faciens* (notarius), *quia perjurium incurreret, faciens instrumentum falsum et in fraudem usurarum.*

2° Saint Antonin dit encore qu'il ne serait pas obligé à restituer, si l'usure était expressément portée par l'acte qu'il passerait, parce qu'alors celui qui a promis l'usure par un tel acte peut s'en faire relever en justice, à moins que la coutume du pays n'autorisât l'action d'une telle usure; car alors il serait encore tenu à restitution au défaut de l'usurier.

Enfin nous ajoutons avec Sainte-Beuve, t. I, cas 143, et t. II, cas 146, que quand les contractants savent lire et écrire, et que le notaire a passé l'acte à leur réquisition, sans qu'il ait sollicité l'usurier à prêter à usure, il semble qu'on ne doit pas le condamner à restitution, puisqu'en ce cas il n'est pas la cause efficace de l'usure, les contractants la pouvant exercer sans son ministère par un simple billet, signé du débiteur.

—Un simple billet n'est point exécutoire, ni n'emporte hypothèque, comme un acte passé par-devant notaire. Celui-ci peut donc en plusieurs cas être la cause efficace du payement des intérêts usuraires. J'ajoute, sur la seconde remarque de saint Antonin, que le notaire serait au moins obligé à restituer les frais qu'il faudrait faire pour se pourvoir en justice. D'ailleurs un pauvre paysan peut-il toujours se pourvoir contre un notaire, à qui il doit, par exemple, ou dont il dépend ?

Cas XXVII. *Marcoul*, notaire, a causé quelque dommage à Julien, pour n'avoir pas bien couché par écrit un acte. Doit-il réparer ce dommage ?

R. Il y est tenu *ex quasi delicto*, parce qu'il ne se doit pas mêler d'exercer une profession, s'il ne peut, ou s'il ne veut pas s'en acquitter dignement. *Voyez* Juge, Notaire, cas *Manlius*, cas *David* et cas *Thucydide.*

—Je propose ici un cas sur lequel j'ai été consulté. Un notaire habile et très-homme de bien, par une de ces distractions dont l'homme le plus sage est capable, met, lit et relit constamment dans un acte deux mille livres pour dix mille. Il n'est point coupable devant Dieu. Le serait-il devant les hommes, s'ils ne jugeaient pas sur une présomption de faux ? Je sais que dans la profession de notaire, comme dans bien d'autres, une faute juridique suffit. Mais au moins faut-il qu'elle ne soit pas invincible.

Cas XXVIII et XXIX. *Timoléon*, appelé en justice pour déposer sur un vol, n'a pas déposé tout ce qu'il en savait, et a été cause par là que tout le tort n'a pas été réparé, ou bien, interrogé par le juge sur un fait ancien, par un défaut de mémoire il a déposé faux, en croyant dire la vérité sur une circonstance qui cause 300 liv. de perte à la partie innocente. *Quid juris* dans ces deux cas ?

R. Dans le premier cas, Timoléon est obligé de faire une entière restitution au défaut du principal auteur du vol, parce qu'en qualité de témoin il exerçait une espèce d'office qui l'engageait à concourir avec le juge à rendre la justice à qui elle était due. C'est la décision de saint Bernardin, *serm.* 34, *in Dom. 4 quadrag.* *Mutus* est mis par tous les théologiens au nombre de ceux qui doivent restituer.

Dans le second cas, si le défaut de mémoire de Timoléon est purement naturel, et qu'après un examen suffisant il ait é é persuadé qu'il disait la vérité, on doit l'excuser de restitution, dit saint Antonin, 2 p., t. 1, c. 19. Si dans la suite il reconnaissait la fausseté de sa déposition, il serait obligé, sous peine de restitution, d'en avertir le juge, pourvu qu'il le pût faire sans un danger notable : sur quoi il serait à propos qu'il prît avis d'un ou de plusieurs avocats éclairés.

CAS XXX. *Pothin* a reçu six livres pour avoir déposé devant le juge. Est-il obligé à les restituer ?

R. Il y est obligé, s'il les a reçues uniquement pour sa déposition, parce qu'il n'est pas plus permis à un témoin de se faire payer une somme pour le prix de son témoignage, qu'à un juge de se faire payer de son jugement. Cependant, comme Pothin n'est pas obligé de rendre témoignage à ses propres dépens, son temps et les frais qu'il a faits lui doivent être remboursés par celui qui l'a fait citer pour déposer. Il en est alors de lui comme du juge qui, quoiqu'il soit obligé à rendre la justice gratuitement, peut néanmoins, s'il n'est pas suffisamment gagé du prince ou du public, recevoir et même exiger ce qui lui est justement dû pour ses peines.

CAS XXXI. *Hygin* a tué Paul : Pierre et Jacques en sont seuls témoins. Assignés pour déposer devant le juge, ils n'ont point chargé Hygin de ce crime. Sont-ils tenus à restitution envers le fisc, à qui auraient appartenu les biens d'Hygin, après qu'il aurait été condamné à mort ?

R. Ils n'y sont pas obligés, parce que la loi pénale du prince, qui adjuge au fisc les biens d'un homme condamné à mort, n'a lieu et n'est en usage nulle part, jusqu'à ce que la sentence ait été prononcée par le juge. C'est ainsi que Navarre décide cette question, *Man.* c. 25, n. 15. D'ailleurs un dédommagement éloigné et extrinsèque n'est pas dû comme celui qui est intrinsèque, comme il paraît par la loi 2, ff. *de Act. ex exempt. et vendit.*, l. XIX, t l. 1. *Transeat.*

CAS XXXII. *Théodemir*, juge civil et criminel, n'empêche pas Julien, tuteur, d'usurper le bien de son pupille. Est-il obligé à réparer le dommage que souffre ce pupille ?

R. Il y est obligé solidairement avec Julien. La raison est que ceux qui sont obligés par le devoir de leurs charges à réprimer les malfaiteurs, à protéger les veuves et les pupilles, et à conserver la justice, sont tenus à réparer tous les dommages qui arrivent par leur faute et par leur négligence. *Facientis culpam procul dubio habet*, dit le pape Jean VIII, *qui quod potest corrigere, negligit emendare*, cap. 3, dist. 36.

CAS XXXIII. *Tribonien*, juge, sachant que ses confrères sont disposés à rendre un jugement injuste, s'est absenté du tribunal, de peur qu'en opinant contre leur sentiment, il ne leur déplût, quoiqu'il fût persuadé qu'il les eût peut-être pu convaincre par ses raisons. Est-il tenu à réparer le dommage causé par le jugement injuste à la partie lésée ?

R. Il y est tenu solidairement avec ceux qui ont rendu le jugement, non-seulement parce qu'il ne s'est pas opposé, comme son devoir et sa conscience l'y engageaient, à l'injustice qu'il savait bien qu'ils allaient commettre, mais encore parce qu'il était capable de l'empêcher par la force de ses raisons. C'est le sentiment de Sylvius, *in* 2-2, q. 62, art. 7, qui dit : *In moralibus... is qui potest ac debet malum impedire, censetur illius causa, si, ipso non impediente, evenerit.* Il en serait de même si Tribonien ayant assisté au jugement, et s'étant vu seul de son avis, avait opiné, contre son sentiment, comme les autres et pour leur complaire.

CAS XXXIV. *Lysidius* et *Mævius* ayant procès ensemble au sujet de la propriété d'une maison, les sept juges, ennemis de Lysidius, l'ont adjugée à Mævius contre l'équité et leur conscience. On convient que les quatre qui ont opiné les premiers sont obligés à restituer ; mais les trois derniers prétendent qu'ils n'y sont point obligés, parce que Lysidius aurait également été condamné, quand même ils auraient opiné en sa faveur. Ont-ils raison ?

R. Les trois derniers juges sont également obligés à la restitution, parce qu'ils étaient tenus à s'opposer à l'injustice, et à persuader aux autres que la maison appartenait à Lysidius.

— Nous avons suivi ce sentiment, tom. I, p. 282, quoique autrefois assez combattu ; et en effet ces trois derniers opinants ont contribué réellement à l'injustice, à peu près comme un homme qui se joindrait à deux autres qui en assassinent un troisième, quoique les deux fussent suffisants pour le tuer. A la bonne heure que les derniers juges n'eussent pu empêcher l'iniquité des premiers ; mais ils auraient au moins empêché que l'inique sentence n'eût été portée d'une manière si triomphante, et surtout qu'elle n'eût été souscrite en leur nom.

CAS XXXV. *Alphius* a reçu 30 liv. pour faire une chose à laquelle il était d'ailleurs obligé. Doit-il les restituer ?

R. Il le doit, s'il était obligé à faire la chose par justice, par exemple, si étant juge il a reçu cette somme pour rendre une sentence ; si ayant trouvé quelque chose, il refuse de le rendre, à moins qu'on ne lui donne cette somme, etc. La raison est que ce qu'on a ainsi reçu n'a été donné qu'involontairement et pour se racheter d'une injuste vexation; et qu'à proprement parler celui qui reçoit en ce cas, vend ce qui ne lui appartient pas. Il s'ensuit de là qu'on est également obligé à restituer ce qu'on a reçu pour ne pas faire une chose dont on était obligé de s'abstenir par les lois de la justice; et même quand on n'y serait obligé que par le devoir de la charité, celui qui a donné serait en droit de répéter l'argent qu'on a exigé de lui, leg. 1, ff. *de Condict. ob turpem caus.*, l. xii, tit. 5.

— On convient que lorsqu'une chose due par charité peut se faire sans peine, celui qui a exigé de l'argent pour la faire, doit le rendre; comme s'il en demande pour m'indiquer le lieu où un voleur a porté quelqu'un de mes effets. Mais on ne convient pas qu'on soit obligé de restituer, lorsque le service dû par charité n'a été rendu qu'avec des peines, et en se donnant de certains mouvements. *Voyez* le Traité *de Jure*, etc., p. 3, c. 1, art. 3.

Cas XXXVI et XXXVII. *Caprasius*, curé et confesseur de Titius, l'a obligé de restituer 300 liv., quoiqu'il n'y fût pas obligé. Le même a confessé Gérard, malade à l'extrémité, et qui était excommunié en vertu d'un monitoire pour un vol de 1,000 liv. qu'il avait fait à Gabriel. Il lui a donné l'absolution de l'excommunication et de ses péchés, sur la promesse qu'il lui a faite qu'il restituerait à Gabriel les 1,000 liv. et les frais de la procédure; mais étant mort quelques heures après, il n'a pu exécuter sa promesse. A quoi est obligé Caprasius dans ces deux cas?

R. Dans le premier cas, Caprasius est obligé à dédommager Titius du tort qu'il lui a fait, en l'obligeant mal à propos de restituer, s'il l'a fait par malice, par une ignorance coupable, ou enfin par une imprudence non excusable. La raison est que les confesseurs étant préposés à la conduite des âmes, ne peuvent justement s'excuser sur leur ignorance ou sur leur négligence, parce qu'ils n'ont dû ni pu s'engager dans le ministère qu'ils exercent, s'ils n'avaient au moins une science compétente. Si Caprasius l'a, cette science, et telle que doit l'avoir communément un homme de cette profession, il n'est pas obligé à réparer l'injustice qu'il a commise de bonne foi, pourvu qu'il ait eu soin de consulter, s'il l'a pu, des personnes d'une science éminente.

Dans le second cas, il a péché grièvement contre la justice et contre son devoir. Il ne devait pas absoudre Gérard de l'excommunication, qu'après l'avoir obligé à réparer le tort qu'il avait fait, ou du moins à donner des sûretés nécessaires, comme l'ordonne Innocent III, *in cap. ex parte* 23 *de Verborum signif.*, l. v, tit. fin., et ne l'ayant pas fait, il est devenu l'unique cause par son imprudence et sa trop grande facilité du dommage qu'a souffert Gabriel, et, par conséquent, il est obligé de le réparer tout entier.

— Il suit de cette décision qu'un confesseur qui manque à faire restituer celui qui y est tenu, doit le faire pour lui (à moins, dit Habert, qu'il ne l'ait oublié par une inadvertance non coupable, ou qu'il fût justement persuadé que son pénitent le ferait de lui-même). Cependant Ledesma, Daëlman et d'autres croient qu'un confesseur n'y est point obligé, parce que son ministère tout spirituel n'a point le temporel pour objet; mais cette raison est la faiblesse même. Le ministère du prêtre regarde le salut de l'âme, et on ne peut souvent la diriger que relativement au temporel, soit du pénitent, soit d'un autre. Il faut donc s'en tenir au sentiment contraire, qui est de saint Bernardin, d'Angelus de Clavasio, de Navarre, etc.

Cas XXXVIII. *Amauri*, curé, a vu dissiper les biens de son église par les marguilliers, sans s'y opposer, craignant de se brouiller avec eux. Doit-il restituer à leur défaut?

R. Amauri étant le premier administrateur du bien de son église, était tenu d'office d'empêcher sa dissipation, soit en s'adressant à son évêque, soit en prenant d'autres moyens; et ne l'ayant pas fait, il est censé avoir été cause de l'injustice, suivant cette maxime du cardinal d'Ostie, *in cap.* 10 *de Reg. juris apud Greg: IX. Pastor qui tacet vel dissimulat, consentire videtur.* Il est donc tenu solidairement avec les marguilliers à la réparation du dommage qu'ils ont causé à son église.

Cas XXXIX. *Cassius* a appris, depuis son mariage, que la dot qu'il a reçue de sa femme provenait uniquement des usures de son père. Doit-il restituer cette dot et les intérêts qu'il en a perçus, quoiqu'il l'ait reçue et qu'il en ait joui dans la bonne foi jusqu'à présent?

R. Cassius, ayant été dans la bonne foi, n'est pas obligé de restituer les intérêts qu'il a tirés de la dot de sa femme, ou la partie du fonds de la dot qu'il aurait consumée pendant sa bonne foi; mais depuis qu'elle a cessé, il est obligé de restituer le principal ou son reste qu'il a entre les mains, et les intérêts qu'il aurait perçus depuis qu'il a eu connaissance de la manière injuste dont ce bien avait été acquis; et, comme il n'a aucun droit de disposer, sans le consentement de sa femme, des biens dotaux qu'elle lui a apportés en mariage, sans s'exposer au danger de les rendre à ses héritiers, si elle venait à mourir; il doit lui proposer de faire conjointement la restitution de sa dot aux propriétaires, ou aux pauvres, ou à l'église. Si elle n'y veut point consentir, il suffit que Cassius, puisqu'il ne peut faire autrement sans s'exposer à une perte considérable dont il n'est point tenu, répudie cette dot et la laisse entre les mains de sa femme, sauf à elle à en faire l'acquit de sa conscience?

Cas XL. *Isabelle* doute que sa dot ne provienne d'usure, parce qu'elle a ouï dire, ou même elle est certaine que Martin, son père, a acquis une grande partie de son bien par cette voie. On demande, 1° si dans le doute elle doit s'informer de la vérité du fait; 2° si, en étant assurée, elle doit restituer sa dot, supposé que son père, qui est encore vivant, ne restitue pas; 3° si, dès à présent, elle doit prier son mari de consentir à cette restitution, ou l'ordonner par son testament; 4° si son père n'ayant acquis du bien par usure qu'après avoir payé sa dot, elle est encore obligée à quelque restitution?

R. Isabelle, étant seulement dans le doute mal fondé si son père a du bien d'autrui, n'est point tenue de s'informer du fait; elle a lieu de présumer que sa dot fait partie d'un bien légitime, le seul bruit qui court au désavantage de Martin ne méritant pas qu'on y ajoute foi, suivant ces paroles de saint Augustin, *Ep.* 185, *alias* 50, n. 4 : *Facile est homini seu vera, seu falsa de altero homine credere.* Dans le second cas, elle n'est tenue de restituer après la mort de son père que selon la coutume du pays; c'est-à-dire que si elle est tenue des dettes, avec ses cohéritiers, elle n'est pas obligée à la restitution qu'au *prorata* de ce qu'elle a reçu en dot, et de sa portion de l'hérédité, dont elle pourrait en outre avoir profité. Dans le troisième cas, elle doit, du consentement de son mari, prendre des mesures pour faire la restitution même sur-le-champ, si elle y est obligée. Si son mari n'y consent pas, elle doit l'ordonner par son testament. Dans le quatrième cas, elle n'est tenue à aucune restitution pour sa dot. Mais après la mort de son père, elle serait tenue à la restitution du bien mal acquis à proportion de ce qu'elle profiterait de l'hérédité, si elle se portait héritière, et non autrement, C'est la décision de Sainte-Beuve, t. III, cas 218.

Cas XLI. *Hermolaüs* a exigé de Probus des intérêts usuraires qu'il ne veut pas restituer; sa femme peut-elle les restituer à son insu et contre sa volonté?

R. Non; la raison est que le mari est le seul maître de la communauté des biens qui est entre lui et sa femme. Et ainsi il n'est pas permis à la femme d'Hermolaüs d'en disposer à son gré et à l'insu de son mari, sous le spécieux prétexte de faire une bonne œuvre à laquelle elle n'est point obligée devant Dieu, et qui serait inutile au salut de son mari, puisqu'il conserverait toujours également la volonté de retenir ce bien mal acquis. Il est vrai que l'auteur de l'opuscule 73, *de Usuris*, croit que la femme pourrait restituer à l'insu de son mari, au cas qu'il ne le lui eût pas défendu. Mais on peut dire que la volonté où elle sait qu'il est de ne pas restituer, est pour elle une défense tacite de le faire.

Cas XLII. *Catherine* a appris, après la mort de son mari, qu'il avait gagné 200 livres par des usures. Est-elle obligée à les restituer?

R. Si Catherine a renoncé à la communauté d'entre elle et son mari, et qu'elle n'ait retiré que son propre bien après sa mort, elle n'est obligée à aucune restitution. Mais si, outre sa dot, elle possède le bien de son mari ou une partie, elle doit employer tout ce qu'elle en a pour restituer; elle serait même obligée de le faire aux dépens de son propre bien, si elle avait profité de ces usures du vivant de son mari. Mais si le bien qu'elle avait apporté en mariage était suffisant pour la nourrir et pour l'entretenir, et qu'ainsi elle ne soit pas devenue plus riche par l'usage de ce bien usuraire, elle n'est obligée à rien. *Uxor usurarii tenetur ad restitutionem pro marito defuncto secundum quod ad eam bona male acquisita devoluta sunt; vel in quantum ipsa, vivente marito, talibus bonis usa est,* dit l'auteur de l'opuscule 75, *de Usuris,* cap. 17.

Cas XLIII. *Elpidius* et *Mævius* ont hérité de leur père mort dans la réputation d'avoir amassé de gros biens par des voies injustes dans les affaires du roi. Sont-ils obligés de donner, par forme de restitution, une partie de l'hérédité aux pauvres, ne connaissant pas les particuliers à qui leur père pourrait avoir fait quelque tort?

R. Elpidius et Mævius peuvent raisonnablement présumer que leur père a acquis son bien par des voies légitimes, s'ils n'ont point de preuves convaincantes du contraire; et puisqu'ils ne sont que dans un doute peut-être mal fondé et uniquement sur un bruit vague, on peut leur appliquer cette règle du droit: *Melior est conditio possidentis.* C'est la décision de Sainte-Beuve, t. III, cas 197.

— Quand le doute n'est fondé que sur des bruits vagues, il faut le mépriser. Quand il y a quelque chose de plus, il faut l'approfondir, comparer motifs à motifs, se souvenir que la règle qui dit : *In dubio melior est conditio possidentis,* n'a pas : *In dubio totum est possidentis;* et par conséquent donner à ceux qui sont l'objet du doute une partie de ce qui pourrait bien leur appartenir tout entier. Je crois que ce système, qu'on ne trouvera point mauvais à l'heure de la mort, peut très-bien s'admettre pendant la vie.

Cas XLIV. *Fuldrade,* femme veuve, a déclaré aux enfants que feu son mari avait eus d'un premier mariage que la communauté d'entre elle et leur père était redevable de 3,000 livres à la succession de Landri, qui leur avait prêté cette somme sans billet. Fuldrade a même commencé à restituer 1,500 livres pour sa part, ayant moitié dans la communauté. Ces enfants, sur cette simple déclaration, sont-ils obligés à restituer, quoique le juge les en ait déchargés?

R. La déclaration de Fuldrade paraissant sincère, il semble qu'on ne peut raisonnablement dispenser les enfants de restituer. C'est la décision de Sainte-Beuve, cas 213.

— En effet, si on conçoit bien qu'une femme, pour favoriser un enfant dont elle est folle, peut jeter du soupçon sur la légitimité de l'autre, on ne conçoit pas que, pour favoriser la succession d'un étranger, elle veuille se dépouiller de son bien, et en dépouiller ses propres enfants et ceux que son mari avait eus d'un autre lit. On pourrait néanmoins diminuer cette restitution, si le mari de Fuldrade faisait de temps en temps des choses importantes, sans l'en avertir; mais cela est contre l'exposé, où l'on dit que Fuldrade *est assurée* que cette somme n'a point été rendue.

Cas XLV. *Constantine* a un enfant, né d'adultère, lequel passe pour légitime avec ses autres enfants. Son confesseur doit-il l'obliger de déclarer la vérité à son mari ou à cet enfant, afin de remédier à l'injustice que les autres en souffriront, ou sous quelles conditions la doit-il absoudre?

R. Constantine n'est obligée à déclarer son péché ni à son mari, ni à son enfant illégitime, ni à d'autres; car, régulièrement parlant, on n'est pas tenu de restituer les biens d'un ordre inférieur, quand on ne le peut faire sans perdre un bien d'un ordre supérieur. Or, le bien de la réputation est d'un degré beaucoup supérieur aux biens temporels et domestiques, suivant cette parole du Sage, Prov. xxii. 1 : *Melius est nomen bonum quam divitiæ multæ.* Le confesseur ne doit donc pas engager Constantine à déclarer son crime. C'est la décision d'Innocent III, *cap.* 9. *de Pœnit. et Remis.*, l. v, tit. 38, qui dit : *Mulieri quæ, ignorante marito, de adulterio prolem suscepit, quamvis id viro suo timeat confiteri, non est pœnitentia deneganda... sed competens satisfactio per discretum sacerdotem ei debet injungi.* D'ailleurs, comme l'enfant adultérin serait toujours jugé légitime dans le for extérieur, ainsi que l'enseigne la Glose *in cap. cit.*, cette déclaration serait inutile, et n'aurait d'autre effet que de déshonorer celle qui la fait, de faire tomber sa honte sur son mari et sur sa famille, et de produire la discorde, la haine, la jalousie et d'autres maux semblables.

— Pontas devait ajouter que cette femme, pour réparer son injustice, doit redoubler son travail et ses soins, épargner sur ses habillements et ses autres dépenses d'ailleurs honnêtes, et si elle a des biens dont elle puisse disposer selon la loi, en avantager ses enfants légitimes, au préjudice de l'adultérin ; voir si celui-ci est propre à la religion, etc. Je n'ai point rapporté ce que dit saint Antonin, qu'une femme, d'ailleurs violemment soupçonnée, pourrait avouer sa faute à un mari vertueux. Pontas a raison de dire qu'un confesseur ne doit jamais prescrire ni conseiller une pareille démarche. Une infidélité certainement connue aigrit la vertu la plus pure, et nous savons, dit-il, ce qu'il en a coûté à des femmes imprudentes pour avoir trop compté en ce cas sur la prétendue vertu de leurs maris.

Cas XLVI. *Andrée*, femme veuve, mère de cinq enfants, les fait venir avant sa mort, et leur déclare qu'il y en a un d'entre eux qui est né d'adultère, et leur demande s'ils veulent consentir qu'elle le déclare, ou s'ils aiment mieux se remettre réciproquement le tort que celui-là causera aux autres : ils concluent à ce que Andrée ne déclare pas l'adultérin. Cet expédient est-il à suivre?

R. Alciat, l. iii, *de Præsumpt.*, rapporte que ce fait arriva de son temps à Avignon, et il approuve cet expédient. Nous croyons cependant devoir préférer le sentiment de Covarruvias, qui condamne la conduite de cette veuve. La raison qu'il en donne, t. I, *Relect.* cap., peccatum *de Reg. juris* in 6, *part.* 1, est qu'une telle remise n'est pas suffisamment libre de la part de ceux qui sont légitimes, parce qu'elle n'a pour raison que la crainte. Or, dit la Glose in can. i, xv, q. 6 : *Canon hic tria æquiparat, vim, metum et fraudem.*

— On aurait dû ajouter que ce moyen est dangereux, en ce qu'il peut faire concevoir de faux soupçons sur la naissance des enfants légitimes, à cause de certains traits de visage ou de quelque autre ressemblance, et par là occasionner des haines et des dissensions.

Cas XLVII. *Ferrand* a eu par adultère un enfant de Berthe, femme de Théodore. Est-il obligé en conscience, au défaut de la mère, à réparer le tort que cet enfant causera ou a déjà causé à Théodore et aux enfants ou aux héritiers légitimes de cette femme et de son mari?

R. Ferrand est obligé à réparer tous les dommages que souffriront ou qu'ont déjà soufferts Théodore et ses enfants, ou ceux qui, à leur défaut, sont ses héritiers, soit à raison des dépenses nécessaires que Théodore a faites pour nourrir et entretenir, ou pour établir l'enfant adultérin, ou à cause de la part que ce même enfant a prise ou qu'il prendra dans l'hérédité de Théodore : *quia*, dit saint Anton. 2 p. tit. 2, c. 7, § 4, *causam efficacem dedit tali damno.* Ce saint ajoute que si l'homme adultère a une juste raison de douter que l'enfant vienne de lui ou du mari, ou de quelque autre, on ne doit alors obliger cet homme à aucune restitution.

— Je continue à croire qu'on est alors obligé à restituer *pro rata parte dubii.* Pourquoi se traiter en innocent, quand on a autant de raison de se croire coupable? Ce qu'ajoute Pontas, que cet homme n'est obligé à la restitution qu'au défaut de la femme, parce qu'elle y est obligée la première, et que par conséquent si elle a des biens suffisants dont elle puisse disposer, elle est obligée devant Dieu à les y employer ; que si elle n'en a pas, elle n'est tenue qu'à faire pénitence, et à exhorter le père de l'enfant adultérin à satisfaire à son défaut : cette addition, dis-je, est fausse ; car enfin l'adultère n'est pas moins cause du dommage que la femme, et même il en est ordinairement plus cause qu'elle, parce que c'est lui d'ordinaire qui conseille le crime, qui y sollicite, qui l'extorque par ses importunités. Et dans ce cas, s'il n'est pas obligé à tout, comme le veut Sylvius, il est au moins obligé à quelque chose de plus que la femme, puisqu'il est à la fois *consulens* et *exsecutor.*

Cas XLVIII et XLIX. *Alexandre* ayant eu un enfant adultérin, veut réparer le dommage qu'il a causé aux autres enfants légitimes, pendant que leur père est encore en vie, et avant que l'enfant adultérin ait partagé l'hérédité ; mais il ne sait comment et à qui faire la restitution. S'il la fait au père putatif, et qu'il vienne à mourir, l'enfant adultérin profitera d'une partie de la restitution. S'il la fait aux enfants légitimes, ce sera peut-être mal à propos, parce que cet enfant adultérin venant à mourir avant le père putatif, il n'aurait point de part à l'hérédité, et en ce cas, le dommage serait bien moindre, puisqu'il n'irait qu'à la seule dépense de la nourriture et de l'entretien de l'enfant jusqu'au jour de son décès. Quel avis un confesseur doit-il donner à Alexandre, et surtout s'il est moribond?

R. Il doit, 1° obliger Alexandre à réparer le dommage certain, c'est-à-dire à restituer aux enfants légitimes toute la dépense raisonnable que le père putatif a faite jusqu'alors, soit pour l'éducation, soit pour l'établissement et le mariage de l'enfant adultérin. 2° A l'égard du dommage douteux, et qui pourrait arriver dans le cas que l'enfant adultérin survivant vînt à partager l'hérédité avec les autres, il doit obliger Alexandre à en faire la réparation aux enfants légitimes suivant l'estimation qu'en ferait un homme sage, intelligent, désintéressé, par rapport au doute qu'il y a si ce dommage sera plus ou moins grand. *Si præfata persona est mortis periculo propinqua*, dit Navarre, *Man.*, c. 16, n. 50, *relinquat aliis filiis, non tantum quantum deberetur eis, si jam hæreditatem acquisivisset una cum illis filius putativus; sed tanto minus, quanto minoris æstimari debent bona post patris putativi mortem illi quærenda, ob illam dubietatem an acquisivirus sit, nec ne: ideoque facere poterit meliorando, ut jurisconsultorum vulgus loquitur, alios filios de illa bonorum parte, quam, quicunque volet, libere potest relinquere juxta varias variorum regnorum leges.* Voilà ce que peut faire de mieux Alexandre avant que de mourir.

CAS L. *Geruntius* ayant eu un enfant d'une fille, il l'a fait mettre à l'hôpital pour éviter le scandale. A quoi est-il tenu?

R. Si Geruntius est pauvre, il n'est obligé à rien; s'il est en état, il est obligé de restituer à l'hôpital toute la dépense nécessaire qu'il fera pour l'enfant. C'est la décision de saint Antonin, p. 2, tit. 1, c. 14.

— On peut ajouter que, lorsque cet enfant gagnera autant ou plus qu'il ne dépense, son père ne lui devra plus rien de ce côté-là, quoique comme père il doive toujours veiller sur ses mœurs, et même lui procurer une ressource contre les besoins probables.

CAS LI. *Daniel* a débauché Jeanne sous de fausses promesses de mariage et par de violentes sollicitations. Est-il tenu à quelque restitution, cette débauche étant publique? Y serait-il tenu aussi, s'il n'avait usé ni de fraude ni de violence?

R. Si la promesse de Daniel était sérieuse et sincère, et qu'il eût usé envers Jeanne de ces sollicitations importunes et pressantes qui tiennent lieu de contrainte et de dol, il serait obligé en conscience de réparer tout le préjudice qu'il lui a fait, soit en l'épousant si elle le veut, et que l'inégalité de sa condition ne soit pas trop grande, soit en lui donnant une somme pour sa dot. (Il est encore tenu de faire une réparation aux parents pour l'injure qu'il leur a faite.)

Mais si Daniel n'a usé ni de dol, ni de fraude, ni de contrainte, et que la fille ait consenti à être déshonorée, ou si la promesse devait paraître feinte, et faite sans le dessein de l'accomplir, comme il arrive quand un homme d'une condition fort élevée promet à une fille de basse naissance de l'épouser pour l'engager à consentir à son mauvais dessein, il n'est obligé envers elle à aucune restitution, n'ayant pas péché en cela contre la justice, suivant cette maxime: *Scienti et consentienti non fit injuria.*

— Cette décision est imparfaite. Il fallait examiner si, dans ce dernier cas, Daniel ne doit rien aux parents de cette fille. Or j'ai dit, tom. I, p. 3, ch. 2, n. 182, qu'il doit réparer le tort qu'il leur a fait en les obligeant, par exemple, à donner une plus forte dot à leur fille pour la marier selon sa condition; car il est vrai qu'il a violé le droit qu'ont les parents sur une fille qui est sous leur puissance. Et, si elle a pu céder son droit, elle n'a pu céder le leur. Ainsi pensent le P. Antoine, Azor, Navarre, Daëlman, pag. 326, etc.

CAS LII. *Aristide* a excité Tullius à débaucher une fille; à quoi est-il tenu envers Tullius?

R. Il doit réparer, autant qu'il est en lui, le dommage spirituel qu'il a causé à Tullius, en le portant à la pénitence, en priant et faisant prier Dieu pour obtenir sa conversion. C'est la décision du docteur subtil et de l'auteur des *Conf. de Périgueux.* A l'égard de Tullius, il doit suivre les autres décisions que nous venons de donner, et, s'il ne le peut, Aristide doit le faire pour lui.

CAS LIII. *Henriette*, ayant été déshonorée par la violence de Martial, l'a forcé, en le menaçant de le poursuivre, à lui donner 2,000 écus pour lui tenir lieu de dot. Comme le crime était secret, elle ne s'en est pas mariée moins avantageusement. Est-elle obligée à restituer les 2,000 écus?

R. Henriette n'y est point obligée, quoiqu'il soit vrai que, si elle n'avait pas encore reçu cet argent, elle ne serait pas en droit de se le faire payer, puisqu'elle n'a souffert, comme on le suppose, aucun dommage ni en son honneur ni en ses biens par le crime de Martial. C'est le sentiment de Rodriguez, de Navar., l. II, *de Rest.*, 4 *parte*, c. 3, et des *Confér. d'Angers.*

— Je ne crois pas qu'on doive admettre entièrement cette exception, 1° parce qu'une vierge opprimée a essuyé une injure personnelle qui doit être réparée autant que faire se peut; 2° parce que, si Titius a brûlé ma maison et que Pierre, par amitié pour moi seul, l'ait fait rebâtir, Titius me doit toujours un dédommagement. *Voyez* ce que j'ai dit là-dessus, tom. I, p. 3, ch. 2.

CAS LIV. *Fuldrade*, voulant engager Eusèbe à épouser une de ses parentes, l'a assuré qu'elle avait 6,000 livres de dot. Eusèbe a consenti de l'épouser, en déclarant cependant que, si elle n'avait pas ce bien, il ne l'épouserait pas. Eusèbe n'ayant reçu que 2,000 livres pour la dot, il demande à Fuldrade qu'il lui restitue les 4,000 liv. que la fille avait de moins. Fuldrade y est-il tenu?

R. Fuldrade, ayant trompé Eusèbe, s'est rendu coupable d'injustice, et il est obligé à restituer à Eusèbe les 4,000 liv. *Si culpa tua datum est damnum... jure super his satisfacere te oportet*, dit Grég. IX, cap. fin. *de Injuriis*, etc., l. v, tit. 36. A quoi est conforme la loi 30, ff. l. IX, tit. 2, où il est dit : *Qui occasionem præstat, damnum fecisse videtur*.

CAS LV. *Ruffine*, après la mort de son mari, a détourné plusieurs effets des biens de la communauté, par le secours d'Angélique, à qui elle a donné dix louis d'or pour récompense. A quoi est tenue Angélique?

R. Angélique ayant concouru à l'injustice, elle doit, 1° restituer les dix louis d'or; 2° réparer (si elle le peut) au défaut de Ruffine tout le dommage qu'ont souffert les héritiers; 3° si elle ne le peut, exhorter fortement Ruffine à le faire, et commencer toujours par faire tomber les dix louis dans les mains de ceux à qui elle a fait tort. Les deux textes cités dans la décision précédente démontrent la justesse de celle-ci.

CAS LVI. *Henri*, ayant prêté 2,000 liv. à Laurent et ayant appris qu'il allait faire banqueroute, a retiré ses 2,000 liv. en le favorisant pour détourner ses effets au préjudice de ses créanciers. A quoi est tenu Henri?

R. Henri, ayant fait tort aux créanciers par sa connivence, est obligé, au défaut de Laurent, de les dédommager jusqu'à la concurrence de ce qu'ils auraient eu des effets, s'ils n'avaient pas été détournés. Outre cela, s'il était prouvé en justice qu'il eût reçu ladite somme, il serait condamné à la rapporter pour être partagée entre tous les créanciers, et il serait puni comme complice de la banqueroute, conformément à l'édit du mois de mai de l'an 1609. C'est la décision de S. B., t. III, cas 228.

CAS LVII. *Aristarque* a prêté 2,000 liv. à Thibaud pour acquitter une dette qu'il devait à Léandre. Quelques jours après, Thibaud est mort insolvable. Aristarque prétend que Léandre doit lui rendre les 2,000 liv., qu'il n'avait prêtées à Thibaud que pour les obliger tous les deux. Léandre doit-il les rendre?

R. Non. Dès le moment qu'un argent est prêté à quelqu'un, celui qui l'a emprunté en devient le véritable propriétaire. Ainsi Thibaud n'a payé Léandre que d'un argent qui lui appartenait; par conséquent, Aristarque n'a aucun droit de le répéter sur Léandre.

CAS LVIII. Huit créanciers, ayant fait saisir réellement une terre sur Mævia, l'ont affermée 2,200 liv. par bail judiciaire. Titius, l'un d'eux, chagrin de ne pouvoir la faire vendre, à cause des lettres d'Etat obtenues par Mævia et de ses chicanes, lui offrit de la lui faire adjuger pour 40,000 liv. à l'insu des autres créanciers, sous le nom de Caïus, qui lui donnerait une contre-lettre pour sa sûreté. Mævia, pour engager Titius à exécuter ce projet, s'obligea, par un écrit sous seing privé, de se désister, à son égard seulement, de la demande qu'elle avait faite de son douaire coutumier, qui était de 15,000 liv. de capital, et de consentir que la terre de S.-B., ci-devant achetée par lui, et sur laquelle elle avait aussi droit de répéter son douaire, lui demeurât à pur et à plein, se réservant à exercer ce droit sur une autre terre qui était aussi saisie réellement, et qui n'était pas vendue.

Titius s'arrangea si bien, qu'au moyen de plusieurs faux enchérisseurs, il fit adjuger pour 40,000 liv. la terre à Caïus, interposé par Mævia. Les autres créanciers se plaignirent de cette vente, qui s'était faite en leur absence, firent faire une descente sur les lieux, et obtinrent un monitoire. Mais, crainte de nouveaux frais et du crédit de Mævia, ils en restèrent là, et la terre demeura à Mævia. Mais le receveur des consignations, à qui on ne put payer le prix de l'adjudication, fit vendre derechef la terre sur Caïus, et elle fut achetée par un duc qu'elle accommodait, et qui en donna 60,000 liv., et en outre une pension viagère de 2,500 liv.

Mævia, non contente de ces avantages, se fit colloquer pour son douaire sur la terre qui restait à vendre. Mais, en vertu de la coutume, elle ne fut colloquée qu'au rang des derniers créanciers, et elle ne fut pas même payée faute de fonds. Là-dessus elle revint contre Titius, et, malgré son écrit sous seing privé, elle le fit enfin consentir à recevoir 7,000 liv. comptant, dont il chargea sa conscience. Mævia lui répondit que le total même lui était dû, et qu'elle ne lui cédait le surplus que parce qu'elle savait qu'ayant douze mille livres de créances postérieures aux autres créanciers, il n'en serait pas payé faute de fonds. Néanmoins Titius, se voyant poursuivi au sujet de ce douaire, avait trouvé le moyen de se faire payer, sur d'autres biens de Mævia non saisis, de la somme de 15,000 liv., sans que Mævia ni aucun créancier le sût; et par là il était payé de tout ce qui lui était dû, en vertu de sa créance antérieure aux autres créanciers, et même de 8,000 liv. de plus, à déduire sur les 12,000 qui lui étaient dues par une créance postérieure.

Cela posé, Titius demande, 1° s'il est responsable envers les autres créanciers de ce que la terre a été vendue moins qu'elle ne valait; 2° s'il est obligé à restituer les 8,000 liv. restantes, et qui font partie du douaire de Mævia.

Il en doute fort : 1° parce que la collusion dont il a usé avec Mævia a été pour le profit des autres créanciers comme pour le sien; car, depuis six ans, Mævia leur avait fait tant de chicanes, qu'il avait été impossible de vendre sa terre, qui dépérissait tous les jours, et qui, probablement, sans cette convention, serait encore à vendre; 2° parce que le douaire coutumier de Mævia étant insaisissable, elle pouvait le donner en tout ou en partie à qui il lui plairait; et ainsi elle a pu lui en remettre une partie, sans que les autres créanciers eussent droit de l'empêcher; 3° parce que les autres créanciers ne peuvent trouver mauvais qu'on laisse de quoi vivre à une femme accablée de dettes, et qu'ainsi la collusion n'était pas injuste; 4° parce que ce n'est que par un bonheur inopiné que Mævia a trouvé un seigneur qui a pris sa terre à si haut prix, et que jamais elle n'eût monté si haut si elle avait été vendue par décret ; 5° parce que, quand la terre aurait été vendue sans collusion jusqu'à 55,000 livres, ce qui n'est pas à croire, Mævia avait toujours droit d'en retenir 15,000 liv. pour son douaire, et il n'en fût par conséquent resté que 40,000 liv. à partager entre tous les créanciers.

R. Nous croyons Titius obligé à restituer aux autres créanciers, 1° le tort qu'il leur a fait ; et ce jusqu'à concurrence de la somme à laquelle la terre aurait pu monter par une adjudication faite de bonne foi, de l'avis des autres créanciers ; 2° les frais qu'ils ont faits inutilement pour revenir contre l'adjudication frauduleuse dont Titius est le principal auteur. Et les raisons qu'il apporte pour s'en défendre ne le justifient pas.

Car, 1° ce que les autres créanciers ont touché est beaucoup au-dessous de ce qu'ils auraient reçu, si la terre avait été vendue sa juste valeur; ce qui n'est pas arrivé, puisqu'elle a été revendue quelque temps après presque la moitié plus qu'elle n'avait coûté à Mævia sous le nom de Caïus. D'ailleurs, quoique cette terre fût en désordre, et que peut-être elle eût été longtemps sans être vendue, Titius ne laisse pas d'être en faute, parce qu'il ne pouvait agir de son chef, et que selon la règle 27 du Sexte : *Quod omnes tangit, debet ab omnibus approbari*.

2° La remise de 8,000 liv., que Mævia a faite à Titius, ne l'excuse pas, parce que ce n'est pas une pure libéralité, mais une suite de l'injuste et frauduleuse convention qu'il avait faite avec elle au préjudice de ses autres créanciers. De plus, puisque leurs créances étaient antérieures à la sienne, il n'avait point droit d'être payé avant eux des 12,000 livres, au sujet desquelles il a reçu de Mævia 7,000 l. comptant : et cette indemnité pour lui est une perte pour les autres.

3° Quoiqu'on ne puisse refuser de quoi vivre à une personne dont les biens sont saisis, ce n'était pas à Titius seul, mais à tous les créanciers à faire cet arrangement. *Non est sine culpa, qui rei quæ ad eum non pertinet, se immiscet*, Reg. 19, in 6, joint à cela que l'avantage qu'il lui procurait allait bien au delà du juste nécessaire, comme il paraît par l'exposé.

4° Parce que c'est sans fondement qu'on attribue à Mævia l'accident ou le bonheur d'avoir trouvé un homme puissant qui avait besoin de sa terre. Ce seigneur, qui en avait envie, aurait au moins fait ses enchères avec les autres, si elle eût été mise loyalement en vente. Et il se peut faire que ce soit faute d'argent qu'il ait été si longtemps à se déclarer.

5° C'est encore sans raison que Titius suppose que la terre dont il s'agit n'aurait tout au plus monté qu'à 55,000 liv., puisque réellement et de fait elle a été portée beaucoup plus loin, et qu'il ne pouvait deviner l'avenir.

Au reste, quand même Titius aurait agi avec une sorte de bonne foi, et sans croire faire tort aux autres créanciers, il ne serait pas pour cela à l'abri d'une juste restitution, parce que le dommage que souffre une personne par le fait d'une autre, soit qu'il soit arrivé par fraude, ou par quelque faute, même légère, doit être réparé par celui qui en est l'auteur, suivant ces paroles de la loi 5, § 1, ff. *ad legem Aquiliam*, 1. ix, tit. 32 : *Injuriam hic accipere nos oportet, non..... contumeliam quamdam, sed quod non jure factum est, hoc est contra jus. Itaque injuriam hic accipimus, culpam datam, etiam ab eo qui nocere noluit*.

CAS LIX. *Emilien*, ayant 500 l. en argent et prévoyant que les écus allaient être réduits par des décris prochains, et voulant éviter la perte de 150 liv. qu'il aurait faite par le rabais, a prié Jean de prendre cet argent pour payer ceux à qui il devait quelque chose ; à condition de lui remettre la même somme après le décri. Le temps où Jean devait remettre les 500 l. étant arrivé, il les mit exprès dans un sac pour les rendre à Emilien sitôt qu'il le verrait. Mais dès le lendemain les écus qui étaient fixés à 3 liv. 10 s. montèrent derechef à 4 liv. Ainsi le profit fut d'environ 50 liv. A qui de Jean ou d'Emilien appartient-il ?

R. Le profit appartient à Jean, 1° parce qu'en se chargeant des 500 liv. il s'est chargé de tous les décris qui pouvaient arriver, et quand même les écus auraient été réduits à trois livres, il eût toujours été obligé de rendre les 500 l. à Emilien ; 2° quoiqu'il eût mis cet argent dans un sac pour le rendre, il en conservait toujours le domaine ; et comme il eût été obligé de le rendre à Emilien, si on lui avait volé le sac, de même il est juste qu'il profite de l'augmentation des monnaies qui est survenue.

CAS LX et LXI. *Lactance* prêta 1,000 liv. en 1680 à Joseph, qui lui en fit son billet daté en chiffres et reconnu par-devant notaire. Joseph étant mort sans avoir rendu les 1,000 livres, et Lactance craignant que Jacques, son fils, absent depuis 12 ou 15 ans, ne lui opposât la prescription, au lieu de 1680 mit 1689, faisant du zéro un neuf : Lactance ne doit-il pas restituer au fils de Joseph ? Si Jacques ayant connu la fraude de Lactance, et voulant se servir de la prescription, s'était inscrit en faux contre le billet, et qu'après un long procès il eût été débouté de son inscription en faux, et condamné à payer les 1,000 l. et 600 l. de dépens et intérêts, Lactance serait-il obligé alors de restituer ces dépens et ces intérêts ? Pourrait-il alléguer que Jacques ne s'étant inscrit en faux que dans le dessein de lui faire perdre ce qu'il lui devait, sous prétexte qu'il y avait prescription, il doit s'imputer la perte du procès qu'il a entrepris injustement ?

R. 1° Il est certain que Lactance a commis un péché très-grief en changeant la véritable date du billet, et que Jacques, étant dans la bonne foi, et ignorant l'état des affaires de son père, eût pu sans péché se servir du droit de prescription pour s'exempter de payer les 1,000 l. Nous croyons néanmoins que Lactance n'est pas obligé de les rendre; parce que cette somme lui est légitimement due de droit naturel, et que la fausse date qu'il a faite n'a pas détruit la vérité du titre qu'il avait, mais qu'elle pouvait seulement empêcher Jacques de se servir de la voie de prescription.

2° Quoique Lactance ne soit pas obligé de rendre les 1,000 liv., il doit néanmoins dans le second cas restituer à Jacques les 600 liv. de dépens et intérêts qu'on lui a adjugés, et tous les frais que Jacques a faits pour soutenir son inscription en faux. La raison est qu'ayant été la cause du procès par sa fausse date, il n'en doit pas tirer avantage, selon cette maxime si connue d'Innoc. III : *Fraus et dolus alicui patrocinari non debent*. Le procès, à la vérité, est juste à l'égard de Lactance, mais il n'est jamais permis de soutenir un procès, quelque juste qu'il soit, par des voies injustes. Et c'est en quoi Lactance est condamnable, puisqu'il soutenait comme vraie la fausse date qu'il avait lui-même faite.

— Ce cas est assez mal proposé. Car 1° Joseph n'a pu de son vivant prescrire la somme à lui prêtée par Lactance, puisqu'il n'y a point de prescription sans bonne foi, et qu'il ne peut y avoir de bonne foi dans un homme qui est lié par son billet. 2° Le fils de Joseph n'a pu non plus prescrire, puisqu'il n'a pas eu pour cela le temps statué par la loi, qui, dans les biens meubles, est de trente ans, quand on n'a point de titre.

CAS LXII. *Tatien* a prêté à constitution 20,000 liv. à Jacques sur le pied du denier vingt, et Jacques lui en a payé la rente de 1,000 livres pendant cinq ans; après quoi il l'a éteinte par le remboursement du capital. Ni l'un ni l'autre, pendant ce temps, n'ont pensé au dixième denier que les propriétaires étaient alors obligés de payer au roi, et Jacques ne l'a point déduit en payant. A qui Tatien doit-il donner ce dixième de cinq années? Est-ce à Jacques, est-ce au roi?

R. L'édit de création du dixième porte que tous les particuliers payeront au roi la dixième partie de leurs biens, et qu'ils pourront la déduire à leurs créanciers sur les rentes qu'ils devront, lorsqu'ils en payeront les arrérages. Ce dixième n'ayant pas été payé au roi ni par Tatien, ni par Jacques, faute d'avoir été demandé par celui qui en faisait la recette, Tatien doit être dans la disposition de le payer au roi dès qu'il le lui demandera. Que si Jacques l'avait payé pour Tatien, qui n'aurait pas compris cette rente dans la déclaration de ses biens, ce serait à Tatien à lui en tenir compte, parce qu'il aurait payé pour un bien, c'est-à-dire pour un revenu annuel qui appartenait à Tatien.

CAS LXIII. *Génésius*, intendant d'un prince, a reçu 50,000 liv. pour payer les gages des domestiques. Il s'en est servi pendant trois mois, et en a retiré 4,000 liv. de profit. Peut-il retenir ce profit, ou doit-il le restituer à son maître?

CAS LXIV. Le même propose à un tailleur que s'il veut lui faire gratuitement ses habits et ceux de sa femme, il lui procurera la pratique de son maître. Le tailleur a accepté et exécuté la condition. Doit-il restituer, et à qui?

R. Dans le premier cas Génésius peut retenir sans injustice le profit qu'il a tiré de l'argent de son maître, pourvu qu'en le faisant valoir, il ne lui ait causé, ni à ses domestiques, aucun dommage. La raison est 1° que ce lucre doit être uniquement attribué à son industrie, et non pas à l'argent même, qui, étant stérile de sa nature, ne peut rien produire; 2° que ces sortes d'officiers sont responsables des sommes qu'ils reçoivent, et c'est pour cela qu'on exige ordinairement d'eux des cautions; 3° que leurs maîtres sont présumés consentir tacitement à ces commerces qu'ils n'ignorent pas. C'est la décision de saint Anton., 2 p., tit. 1, qui observe 1° que si le maître était chargé du péril de la perte de l'argent, alors le profit lui appartiendrait, selon cette maxime de droit, l. III, *Inst.*, tit. 24, *de Empt. et Ven.*, § 3. *Commodum ejus esse debet, cujus periculum est*; 2° Que si les domestiques, au payement desquels l'argent était destiné, avaient souffert quelque dommage, pour n'avoir pas été payés dans le temps, Génésius serait obligé à réparer ce dommage.

Dans le second cas, il ne devait rien exiger du tailleur en lui procurant la pratique de son maître; parce que le profit qu'il en a retiré est ce qu'on appelle *turpe lucrum*. Nous ne croyons pas cependant qu'il ait en cela violé la justice, 1° parce qu'il n'était pas obligé de le préférer aux autres tailleurs; 2° parce qu'il n'a usé d'aucun dol, pour l'induire à accepter la proposition qu'il lui a faite. Il n'est donc obligé à aucune restitution envers ce tailleur, ni envers son maître. Cette décison est de Sainte-Beuve, t. III, cas 224, et nous ne l'adoptons qu'en supposant que Génésius ait été exact à ne pas souffrir que ce tailleur ait rien exigé au delà de ce qui était légitimement dû pour la façon et pour les fournitures des habits; car s'il y avait eu de la collusion entre eux à cet égard, ils seraient tous deux obligés solidairement à restitution.

— Pontas nous décidera bientôt que ce qu'il appelle ici *turpe lucrum* est un gain non-seulement illicite, mais encore injuste. *Voyez* les cas LXV et LXVI.

CAS LXV. Douze associés dans une nouvelle manufacture voulant obtenir du roi un privilège, proposent à Juvénal, qui est de leur société, de prier une duchesse de le demander au prince, en la priant d'agréer un présent de 15,000 liv. Juvénal fait la proposition à cette dame, et lui fait entendre qu'il espère qu'elle voudra bien lui faire part du présent. La dame accepte la proposition sous ces conditions. Elle obtient la grâce, reçoit le présent, et en donne 3,000 livres à Juvénal comme une pure gratification. Cette somme lui est-elle bien acquise? Il le croit : 1° parce qu'il n'est pas obligé d'employer *gratis* le crédit qu'il a auprès de cette dame; 2° parce que la compagnie a donné absolument les 15,000 livres, et peu lui importe qui en profite; 3° parce qu'il s'est donné bien des peines et a fait des dépenses; 4° parce que c'est l'usage que ceux qui reçoivent de pareils présents en fassent part à celui qui les leur procure. *Quid juris?*

R. On ne doit regarder Juvénal dans l'espèce proposée que comme un commissionnaire ou mandataire de la société, qui se charge volontairement de procurer gratuitement l'intérêt commun de ceux qui la composent avec lui. Or, un tel commissionnaire, ou procureur volontaire, est obligé, en conscience, à ménager l'intérêt de ses associés, et de le faire gratuitement. *Mandatum nisi gratuitum, nullum est,* dit la loi, *obligatio,* § 4, ff. *Mandati,* l. VII, tit. 1, *nam originem ex officio atque amicitia trahit.* Juvénal a donc dû déclarer à sa compagnie que la duchesse s'était contentée de 12,000 livres; et les associés n'auraient pas manqué de lui faire remettre les 3,000 liv. dans la caisse de la société. A quoi il aurait été condamné dans tous les tribunaux, où l'on ne souffre pas qu'il y ait de l'inégalité entre les associés, conformément à cette maxime de la Glose: *in can. 1, 26. q. 7: Iniquum est inter socios, quod unus consequatur plus quam alter.*

Les raisons qu'oppose Juvénal ne sont pas recevables: 1° Il n'était pas à la vérité obligé de se charger de la commission; mais l'ayant acceptée, il devait l'exécuter gratuitement; 2° il est faux que sa compagnie ait consenti à l'aliénation des 15,000 liv. d'une manière absolue; 3° quoique sa compagnie doive lui payer les frais légitimes qu'il a faits, ces frais néanmoins n'ont aucun rapport avec la somme qu'il s'est réservée secrètement; 4° l'usage de vendre son crédit, pour obtenir une grâce du prince, est un usage illicite et injuste, car il est certain que le crédit n'est pas de la nature des choses qui peuvent entrer en commerce, et que ceux qui en font trafic en le vendant, n'en retirent que ce qu'on appelle *turpe lucrum*, et qu'ils sont obligés à en faire la restitution, ainsi que l'a déclaré la faculté de théologie de Paris, par son 89ᵉ article de doctrine conçu en ces termes: *Qui gratia et auctoritate qua pollent apud magnates, magistratus, aliosve abutuntur ad quæstum, ut aliis dignitates, munia, honoris gradus, vel aliqua officia procurent, peccant et restitutionis lege tenentur.* D'où l'on doit conclure que Juvénal n'a pu, sans injustice, entrer dans ce commerce illicite, puisqu'il devait la fidélité à sa compagnie, et qu'il était obligé à en ménager les intérêts communs, et à lui déclarer sincèrement que la dame s'était contentée de la somme de 12,000 liv.; après quoi, si les associés lui avaient offert les 3,000 liv. par forme de gratification, il eût pu les retenir, conformément à la loi *si remunerandi*, 6, ff. *Mandati*, etc.

Cas LXVI. *Crœsus*, riche partisan, ayant été taxé à 800,000 liv. par la chambre de justice, s'est adressé à Pauline, et lui a proposé 40,000 liv. si elle voulait lui obtenir la remise de la moitié de la taxe. Elle l'a obtenue par son crédit. Peut-elle justement recevoir les 40,000 liv. de Crœsus, surtout si elle est pauvre, et qu'elle ait besoin de son crédit pour fournir à ses besoins?

R. C'est un principe certain qu'on ne peut vendre ni acheter que les choses qui tombent dans le commerce ordinaire des hommes. Or, la faveur, le crédit et les grâces n'entrent point dans le commerce. On ne peut donc ni les vendre, ni les acheter, ainsi que nous l'avons déjà établi dans la précédente décision. Nous ne croyons donc pas que Pauline, dans le cas proposé, ait pu recevoir les 40,000 liv., et que, les ayant reçues, elle puisse les retenir, suivant les paroles de l'article de doctrine que nous avons cité dans la réponse au cas précédent: *peccant, et restitutionis lege tenentur,* etc. La pauvreté de Pauline ne fait rien à la question et ne peut l'autoriser à mettre en commerce une chose qui n'y peut entrer. D'ailleurs il est à présumer que Crœsus a mérité de porter cette taxe, soit par les exactions injustes qu'il a faites sur le peuple ou par des profits peu légitimes.

On doit raisonner de même d'un intendant de grand seigneur qui, moyennant ce qu'on appelle *pot-de-vin*, procure à quelqu'un une recette, une ferme, un emploi ou une commission, et ainsi d'une infinité d'autres personnes. Etant constant que de tels gains sont illicites et injustes, et qu'ils obligent par conséquent ceux qui les ont faits à en faire la restitution à qui il appartient.

— *Voyez* ci-dessus la réponse au cas LXIV, où nous avons observé que Pontas enseigne mal à propos le contraire.

Cas LXVII. *Amand*, tuteur, a tiré des intérêts usuraires des prêts qu'il a faits de l'argent de son pupille. Doit-il restituer ces intérêts de ses propres deniers?

R. Amand était obligé, selon l'art. 102 de l'ordonnance de 1560, à faire valoir d'une manière licite l'argent de son mineur. Ne l'ayant pas fait, il est en faute, et doit restituer de ses propres deniers les intérêts usuraires qu'il a perçus. *Voyez* ce que nous dirons des tuteurs sous leur propre article.

Cas LXVIII. *Falcidius* a emprunté 400 liv. de Quentin, et lui a donné pour sûreté de sa dette une montre d'or. Quelques mois après cette montre a été enlevée par des voleurs. La perte de ce gage doit-elle tomber sur Quentin?

R. Non; il n'était tenu ni du cas fortuit ni de la faute très-légère, parce que nonobstant l'engagement, Falcidius était toujours demeuré le maître de la montre, et que *res perit domino*. Si la perte était arrivée par la faute notable ou légère de Quentin, alors il devrait en répondre, parce que le contrat de gage est favorable aux deux parties, et que dans ces contrats on est tenu du dol et de la faute notable et légère, comme le dit Justinien, l. IV, *Inst.*, tit. 15, *quib. modis contrah. oblig.* § 4.

Cas LXIX. *Gabinius*, qui n'a que 2,000 liv.

en argent pour tout bien, ayant promis à Gabrielle de l'épouser, lui a donné manuellement 1,000 liv. pour gages de sa promesse. Ayant changé depuis d'inclination, il a demandé ses 1,000 liv. à Gabrielle, s'offrant d'ailleurs à lui payer pour les intérêts ce qui serait ordonné par le juge ou par des arbitres. Gabrielle prétend qu'elle ne doit rien rendre, parce qu'elle est toute prête à exécuter sa promesse. A-t-elle raison?

R. Gabrielle n'est pas obligée à rendre les 1,000 liv. Gabinius ne lui a donné cette somme que comme un gage et une sûreté de sa promesse. Or, celui qui donne un gage de sa promesse est censé consentir de le perdre en cas que, sans une juste cause, il manque de l'accomplir. Ainsi Gabinius, étant seul en faute, doit s'imputer la perte de son argent.

— Les peines conventionnelles sont défendues en fait de promesses de mariages, pour n'en pas blesser la liberté. Cependant les arrhes y sont permises; mais pour ne pas retomber dans l'inconvénient des peines conventionnelles, elles doivent être modérées; et plus encore dans les pays où l'action du double et même du quadruple a lieu. Ce serait donc au juge à voir si un homme qui n'a que 2,000 livres pour tout bien n'a point trop promis quand il s'est engagé à en donner la moitié. *Voyez* ce que j'en ai dit t. XIV, c. 3, à n. 197.

Cas LXX. *Nebridius* et *Licinius* ayant fait une société de tous leurs biens meubles et immeubles présents et à venir, sans exception, peu après un ami de Nebridius lui a laissé par testament une maison, dont il s'est attribué le revenu pendant cinq à six ans. Licinius prétend que la maison doit être mise dans le fonds de la société, et qu'il doit avoir la moitié des revenus perçus. La possession de bonne foi de Nebridius ne l'exempte-t-elle pas au moins de la restitution des fruits perçus depuis ce temps-là?

R. Nebridius doit mettre la maison dans le fonds de la société, et sa bonne foi ne peut l'exempter de restituer à Licinius la moitié des loyers qu'il a perçus dans cette bonne foi. La raison est que sa bonne foi, n'étant fondée que sur une erreur de droit, n'était pas un titre suffisant pour jouir de la portion de son associé. C'est la décision de la loi 73, ff. *pro Socio*, l. xvii, tit. 2.

Cas LXXI. *Pysandre*, à qui son père ne donnait que 330 liv. par an, ayant étudié deux ans en philosophie dans une université, se trouva à la fin de son cours hors d'état de payer à son professeur l'honoraire de 24 écus, selon l'usage. Depuis, il est devenu assez riche pour satisfaire à ses dettes. Est-il obligé de restituer aux héritiers de feu son professeur les 24 écus?

R. Non; parce que ce droit n'est dû aux professeurs que par ceux qui ont le moyen de le payer, et qu'à l'égard des autres, comme Pysandre, ils doivent les considérer comme pauvres et les enseigner gratuitement. Il est inutile d'objecter qu'il est aujourd'hui en état de payer. Car, puisqu'il n'y a pas été tenu alors, il ne doit pas y être tenu à présent, suivant cette maxime du droit: *Obligatio semel exstincta non reviviscit*. Ajoutez que ce professeur, ne lui ayant jamais rien demandé, lui a assez fait entendre qu'il le regardait comme hors d'état de lui payer cet honoraire. Le troisième concile de Latran, cap. 1, *de Magistris*, défend aux maîtres de rien demander aux écoliers qui n'ont pas le moyen de payer, *ne pauperibus legendi et proficiendi facultas subtrahatur*.

Cas LXXII. *Athanase*, homme très-pauvre, et feignant d'être prisonnier pour dettes, s'est mis en prison de concert avec le geôlier, dans le temps qu'on délivre des prisonniers; il a représenté aux dames de charité qu'il était détenu pour 300 liv. Il leur a en même temps présenté un homme affidé, et son prétendu créancier, qui a consenti à son élargissement moyennant 150 liv. que ces dames lui ont comptées. Athanase est sorti de prison, et cet homme lui a remis 150 liv. Athanase est-il obligé de restituer cette somme, et à qui?

R. Athanase a péché mortellement, et il a commis une injustice en profitant par son mensonge de 150 liv. qu'on n'a eu intention de lui donner qu'en qualité de prisonnier, et non pas en qualité de simple pauvre. Il doit donc restituer cette somme en l'employant à la délivrance des prisonniers, selon l'intention des personnes qui ont fait cette aumône. *Locupletari non debet aliquis cum alterius injuria vel jactura*, dit la 48º règle *in* 6. Or, Athanase s'est enrichi au préjudice des prisonniers qui eussent été délivrés.

Cas LXXIII. *Vinebaud*, fameux fainéant, qui a de quoi vivre selon son état, fait profession de gueuser pour éviter de travailler. Est-il obligé à restituer ce qu'il a amassé par cette voie? Comment, et à qui?

R. Vinebaud est obligé à restituer; parce qu'il n'a acquis que par fraude tout ce qu'il a reçu d'aumônes. *Furtum facere videntur*, dit le Catéchisme du concile de Trente, *p. 3, de 8 Præcepto..... qui fallaci mendicitate pecuniam extorquent*. Et comme les personnes qui lui ont fait l'aumône ont eu l'intention formelle de se dépouiller du domaine de ce qu'ils donnaient, en faveur des véritables pauvres, c'est à eux que Vinebaud doit donner tout ce qu'il a amassé.

Cas LXXIV. *Léon* a trouvé une bourse où il y avait dix louis, peut-il les retenir pour lui, ne sachant à qui cet argent appartient?

R. Léon ne peut retenir la bourse qu'il a trouvée. La raison est qu'il n'en est pas des choses qui n'ont jamais eu de maître, telles que sont les pierres précieuses, ou les perles, etc., que la nature a formées, et qu'on trouve sur le bord de la mer, comme des choses trouvées, et qui appartiennent à quelqu'un. On peut retenir les premières, pourvu néanmoins que le prince ne se les ait pas réservées. Mais quand on trouve les secondes, on ne peut les retenir, que dans le dessein de les restituer au propriétaire quand on le connaît. Autrement on se rend coupable de vol : *Si quid invenisti, et non reddidisti, rapuisti*, dit saint Aug. serm. 178, *alias* 19. Saint Thomas enseigne aussi la même chose, 2-2, q. 62, art. 5, et il ajoute que si on ne connaît pas celui à qui on doit faire la restitution de la chose trouvée, on doit la faire de la manière qui est possible, en donnant, par exemple, l'aumône aux pauvres, à l'intention de celui à qui elle appartient, soit qu'il soit vivant, ou qu'il soit mort. Ainsi Léon doit faire une exacte recherche du propriétaire de la bourse qu'il a trouvée; et s'il ne peut le découvrir, il peut donner l'argent à un hôpital, ou à une église, afin qu'on l'emploie à des œuvres de piété qui puissent être utiles à l'âme de celui à qui il appartient.

L'auteur de l'opuscule 73, *de Usuris*, c. 16 (1), avertit qu'on peut encore prendre une autre précaution, qui est que l'hôpital, ou l'église, à qui l'on restitue le bien qu'on a trouvé, s'oblige de le rendre à celui qui l'avait perdu, s'il vient à se faire connaître.

Si Léon était lui-même véritablement pauvre, il pourrait s'appliquer la chose trouvée; mais pour éviter l'illusion de la cupidité, il ne doit rien faire sans avoir pris l'avis de son confesseur, ainsi que l'enseignent saint Antonin et saint Raimond.

Cas LXXV. Mais que dire, si Léon après avoir fait une exacte information, avait donné la bourse de louis d'or à l'hôpital et qu'il vînt quelques mois après à en découvrir le propriétaire ?

R. Cabassut, l. vi, c. 22, n. 11, répond que tous les docteurs conviennent qu'alors Léon ne serait point obligé à lui rien restituer, parce qu'ayant pris toutes les précautions qu'on devait prendre pour l'avantage du maître de cette bourse, il en aurait disposé avec prudence, et sans en avoir retiré aucun profit. Si cependant la chose trouvée et donnée à l'hôpital, ou aux pauvres, existait encore en nature, il faudrait la rendre.

On peut dire la même chose de celui qui, ayant été d'abord possesseur de mauvaise foi, veut ensuite restituer; et après avoir fait tous les efforts possibles pour découvrir le maître, n'ayant pu en venir à bout, a tout distribué en œuvres pies. Car sa mauvaise foi ayant cessé par le repentir, sa condition devient semblable à celle des possesseurs de bonne foi. On évite tous ces inconvénients quand, selon l'avis de l'auteur 23 de l'opuscule 73, *de Usuris*, on donne à un hôpital, sous condition de restituer en cas que le maître vienne à paraître.

— Cas LXXVI. *Natal* a trouvé un turban garni d'émeraudes, qui appartenait sûrement à quelque musulman qu'il n'a jamais pu déterrer. Ne peut-il pas le retenir, puisqu'il est inutile de prier Dieu pour l'âme d'un Turc, ou d'un hérétique, mort dans la fausse religion ?

R. Il faut encore dans ce cas suivre le principe général, et employer la chose trouvée en œuvres pies. Si les bonnes œuvres ne servent pas à un Turc qui est mort, elles pourront servir à ses héritiers, ou à obtenir de Dieu que les chrétiens soient moins vexés par les infidèles : *ut tranquillam vitam agamus*, disait l'Apôtre, qui ne comptait apparemment pas beaucoup que les Nérons pour qui il voulait qu'on priât, se convertissent.

Cas LXXVII. *Jacques*, ayant perdu un diamant, promit par un placard qu'il donnerait 300 liv. à celui qui le lui rendrait. Corentin, qui l'avait trouvé, vint lui dire qu'il était prêt de le lui donner s'il voulait lui payer d'avance les 300 livres, sans quoi il le garderait. Corentin a-t-il pu exiger et recevoir les 300 livres ?

R. Corentin n'a pu exiger ni ne peut retenir les 300 liv. de Jacques. La raison est que personne ne peut sans crime retenir le bien d'autrui, *invito domino*. Or, il est évident que Corentin retenait le diamant de Jacques contre sa volonté; il ne pouvait donc sans crime se dispenser, sous aucun prétexte, de le lui rendre, quand même il n'aurait rien promis. Il est vrai que Jacques a promis une récompense; mais on ne peut pas dire qu'il l'ait promise librement, puisque la crainte de perdre son diamant en a été l'unique motif, étant bien certain, que s'il avait cru pouvoir le recouvrer sans une telle promesse, il n'eût eu garde de s'y engager. Mais quoiqu'on ne puisse justement exiger une récompense pour rendre à leurs maîtres les choses trouvées, on peut recevoir ce que le maître offre librement : on peut encore exiger le remboursement de la dépense qu'on a faite pour la conservation et la garde de la chose trouvée.

Cas LXXVIII. *Crassus*, cureur de retraits, a trouvé en travaillant quarante louis d'or dans une boîte de cuivre. Est-il obligé de les restituer, supposé qu'il les ait employés à ses propres besoins ?

R. Crassus est obligé de restituer les quarante louis d'or, s'il a été persuadé qu'ils ne lui étaient pas légitimement acquis, ou même s'il en a eu seulement le doute bien fondé. Mais s'il a été persuadé qu'ils lui appartenaient, et qu'il les ait consommés de bonne foi, il n'est pas tenu à en faire la restitution, à moins qu'il n'en soit devenu plus riche. Car alors il serait obligé à restituer ce surplus, quand même il ne le pourrait faire sans s'incommoder. C'est la doctrine de saint Thomas. C'est aussi la décision de S.-B., t. II, cas 137.

Cas LXXIX. *Métellus*, ayant trouvé une somme d'argent qui appartenait à Fabrius, l'a lui a envoyée par un domestique, à qui deux voleurs l'ont enlevée. Métellus est-il tenu de ce cas fortuit ?

R. Non; parce qu'il n'a commis aucune faute, même très-légère. Or quand on n'est coupable d'aucune faute, on n'est pas tenu du cas fortuit qui arrive : *Quoties omni debitoris culpa seclusa, res debita perit, domino*

---

(1) Le P. Echard attribue ce petit ouvrage à Gilles de Lessine, dominicain, qui vivait vers 1278.

suo perit, dit Grégoire IX, cap. 1, *de Commodato*, lib. III, tit. 15. Ce serait autre chose, si Métellus avait renvoyé cette somme par un inconnu, ou par un homme très-pauvre, qui s'en fût emparé; parce qu'il aurait alors commis une faute très-notable.

CAS LXXX. *Alexandre*, nommé par le roi gouverneur d'une province, garde pour lui 2,000 liv. qui avaient été assignées pour les gages du capitaine des gardes de ce gouverneur; et cela parce qu'il a nommé un gentilhomme qui est à son service, pour capitaine de ses gardes. Doit-il restituer à ce gentilhomme?

On demande la même chose à l'égard d'un intendant des finances, ou de quelqu'autre officier semblable, qui retient à son profit 1,200 livres de gages, qui sont assignées à son premier commis, et payées par le roi ; et cela sous prétexte de les employer à payer d'autres commis qu'il prend, et qu'il est tenu de payer de ses deniers, par rapport à sa charge.

R. Le gouverneur doit restituer à son capitaine des gardes, parce qu'il y a tout lieu de présumer que l'intention du roi est que ce capitaine en profite, et non pas le gouverneur, qui a de gros appointements, et à qui il est d'ailleurs aussi honteux qu'injuste de s'approprier les gages d'un officier inférieur. Il faut raisonner de même de l'intendant des finances. Sainte-Beuve, t. III, cas 209.

CAS LXXXI. *Démétrius*, gouverneur d'une ville frontière, levait par ordre du prince des contributions sur les paysans des environs, pour les frais du guet qui s'y faisait jour et nuit pendant la guerre. Après la paix, il a continué à faire payer les mêmes contributions, quoique le guet ne s'y fit plus que pendant la nuit, et que la dépense soit devenue moindre qu'auparavant. Démétrius peut-il retenir le surplus de la contribution à son profit?

R. Démétrius ne peut, sans une injustice visible, profiter du surplus qui lui reste de la contribution dont il s'agit, et il est obligé à restituer ce qu'il en a reçu. Il doit regarder à présent comme injuste cette imposition sur le pied qu'elle est, et par conséquent l'abolir, ou au moins la diminuer, s'il a le pouvoir de le faire; et s'il ne l'a pas, faire ses représentations au prince pour y réussir. C'est la décision de S.-B., t. III, cas 208.

CAS LXXXII. *Epiménides*, sachant qu'un de ses amis avait fait Lælius son légataire universel, l'a si fortement sollicité, qu'il lui a fait changer son testament et s'est fait nommer lui-même légataire universel. Est-il obligé à restitution à l'égard de Lælius?

R. Non : 1° parce qu'il n'a usé ni de violence, ni de fraude, ni de menaces envers son ami, pour l'obliger à changer sa disposition testamentaire; 2° parce que Lælius n'avait aucun droit acquis aux biens que ce testateur avait dessein de lui laisser après son décès; 3° parce qu'enfin le testateur avait une pleine liberté de révoquer son testament et d'en changer les dispositions. *Restituendi nulla inest obligatio*, dit Cabassut, l. VI, c. 15, *in eo qui precibus, blandisque officiis, aut frequenti adhortatione citra vim et mendacium, mentem alicujus avertit ab instituendo illum hæredem, quem prius intendebat, aut a relinquendo legato, vel donatione facienda*. Mais il n'en serait pas de même, 1° si Epiménides avait joint la violence ou la fraude à ses sollicitations; 2° si Lælius avait eu *droit à la chose léguée*, soit en vertu d'une promesse, d'une stipulation, ou de tout autre contrat. Car alors, quoiqu'on ne se fût servi que de prières pour empêcher le succès de l'affaire, on serait tenu à restituer, si on l'avait empêché sans de justes raisons.

CAS LXXXIII. *Eustase* a prêté 500 liv. à Rodolphe par une obligation signée d'un seul notaire et sans témoins. Le créancier et le débiteur étant morts, l'obligation s'est trouvée parmi les papiers de Rodolphe débiteur. Godefroi, son exécuteur testamentaire, l'a soustraite et l'a mise entre les mains de Jean, fils d'Eustase. Jean a consulté sur cela son procureur, qui lui a dit, que s'il ne se trouvait point de quittance par laquelle on justifiât que cette obligation était acquittée, il pouvait sans difficulté la faire payer par les héritiers de Rodolphe; mais qu'il fallait avant la faire signer en second par un autre notaire, ce que Jean a fait, quoiqu'il y eût dix ans que l'obligation avait été passée; et a fait payer ensuite les 500 liv. par les héritiers de Rodolphe, en vertu d'une sentence de condamnation qu'il a obtenue contre eux.

Sur quoi l'on demande, 1° si Godefroi a pu en conscience remettre cette obligation à Jean; 2° si Jean a péché, en suivant de bonne foi le conseil de son procureur; 3° s'il est obligé à restituer les 500 livres qu'il s'est fait payer, et les frais qu'on a faits pour se défendre de les lui payer; 4° si le notaire qui a signé l'obligation en second, l'a pu faire sans péché et à quoi il est tenu; 5° si Godefroi est tenu à quelque restitution? 6° supposé même que l'obligation se fût trouvée signée de deux notaires parmi les papiers de Rodolphe, Jean, fils d'Eustase, qui aurait lieu de croire que Rodolphe l'aurait acquittée, ou qu'Eustase la lui aurait remise gratuitement, serait-il obligé en ce cas à rendre aux héritiers de Rodolphe les 500 livres qu'il aurait reçues d'eux, et à son défaut Godefroi, qui la lui a mise entre les mains, serait-il obligé à leur en faire la restitution?

R. Godefroi a péché contre la justice en donnant à Jean l'obligation dont il s'agit. Il devait juger que Rodolphe l'avait acquittée, ou qu'Eustase la lui avait remise gratuitement; puisque autrement il ne s'en serait pas trouvé saisi. D'où il suit que Jean est obligé à restituer, non-seulement les 500 livres aux héritiers de Rodolphe, de qui il les a exigées en vertu d'un acte informe, qui n'eût pas été reçu en justice, s'il n'y avait ajouté la fausseté, mais encore à leur restituer tous les frais qu'il leur a fait faire, et tous les dommages qu'ils ont pu souffrir d'ailleurs à cette occasion. Au défaut de Jean, le notaire, et ensuite Godefroi, sont obligés solidairement à la même restitution pour avoir concouru à l'injustice. Enfin on peut dire que, quand même cette obligation se fût trouvée signée par deux notaires parmi les papiers de Rodolphe, Godefroi n'aurait encore pu, sans injustice, la donner à Jean, parce que, comme nous l'avons observé, il devait présumer qu'elle était acquittée. Cette décision est de Sainte-Beuve, tom. III, cas 203.

Cas LXXXIV. *Giraud,* laquais, a volé plusieurs bouteilles de vin à son maître, et les a bues avec ses camarades. Doit-il restituer?

R. Giraud est tenu à la restitution, ainsi que ses camarades complices de son vol. C'est la décision de saint Thomas, *quodl.* 12, art. 15, et de la raison qui veut qu'on restitue le bien d'autrui, quand on l'a pris, *invito domino,* et consumé de mauvaise foi.

Cas LXXXV. *Blesile,* servante, a volé et donné deux pintes de vin par semaine au garçon de la boutique, outre la portion qui lui était due. Qui doit restituer?

R. Le garçon doit restituer le premier, et la servante à son défaut. La raison est que celui qui possède une chose volée est tenu à restituer le premier, et qu'on est censé posséder encore ce qu'on a consumé de mauvaise foi : *Pro possessore habetur, qui dolo desiit possidere.* Reg. 26, in 6.

Cas LXXXVI. *Gabriel* et plusieurs autres domestiques ont de concert volé à plusieurs fois 500 liv. à leur maître. Gabriel est-il obligé à restituer toute la somme, et ne peut-il pas présumer que les autres ont restitué?

R. Quand plusieurs ont commis quelque injustice de concert, chacun d'eux est solidairement obligé à la réparer. Ainsi il ne suffit pas que Gabriel restitue la part du vol dont il a profité, il est obligé à la restitution du total, si les complices ne restituent pas chacun leur part. C'est donc à lui à s'informer et à s'assurer si la restitution a été faite par quelqu'un de ses complices et à suppléer à ceux qui ne pourraient, ou ne voudraient pas restituer leur part du vol. La présomption qu'il y a que les autres auront restitué, ne fait pas une preuve concluante en sa faveur, et il peut mieux présumer le contraire; car il est rare que ceux qui ont volé, et qui même se proposent de restituer, le fassent. Il est rare que des domestiques, qui ne volent souvent que pour fournir à leurs débauches, puissent restituer, *male parta, male dilabuntur.*

Cas LXXXVII. *Victoric,* banquier, ne donne que 200 liv. à Claude, son commis. Claude, qui travaille pour le moins autant que Paul, autre commis de Victoric à qui il donne 400 livres, retient par an 200 livres des deniers qu'il touche jusqu'à la concurrence de 400 livres. Est-il obligé de restituer ce surplus qu'il s'attribue chaque année?

R. Quelques casuistes ont enseigné que des domestiques qui sont dans ce cas ne sont obligés à aucune restitution envers leurs maîtres. Mais cette doctrine a été condamnée par l'université de Louvain, en 1657, par le clergé de France, en 1700, et par la faculté de théologie de Paris, qui s'en est expliquée en ces termes : *Les serviteurs qui prennent secrètement le bien de leurs maîtres, croyant que leur service merite un plus grand salaire, sont coupables de larcin.* Ainsi Claude doit restituer à Victoric tout ce qu'il a retenu au delà du salaire dont il est convenu avec lui. Qu'il aille chez un autre, s'il ne se trouve pas bien chez Victoric.

Cas LXXXVIII et LXXXIX. *Bertulfe* ayant joui d'une maison et d'un demi-arpent de vigne pendant deux ans, et en ayant perçu les fruits et le loyer, Raimond lui a intenté un procès qui a duré un an, et l'a évincé en vertu d'une sentence par laquelle il a été déclaré le véritable propriétaire. Bertulfe est-il obligé, 1° de restituer les fruits de la vigne et le loyer de la maison qu'il a perçus avant le procès? 2° doit-il aussi restituer les fruits et le loyer de la troisième année?

R. Bertulfe n'est pas obligé à la restitution des fruits de l'arpent de vignes et du loyer de la maison qu'il a perçus durant tout le temps qu'a duré sa bonne foi, comme nous l'avons dit dans la réponse au cas IV du titre PRESCRIPTION. Mais sa bonne foi doit être censée avoir cessé à compter du jour de la demande faite par Raimond. Ainsi il doit le produit de la troisième année. Remarquez que quand il s'agit de revenus qui viennent successivement, comme ceux d'un bac, d'une maison, etc., ce qui est échu au jour de la demande faite en justice appartient au tiers détenteur de bonne foi, et la suite à celui par qui il est évincé.

Cas XC. *Aspaïs* ayant possédé de bonne foi, en vertu d'une donation, quatre arpents de terres labourables pendant trois ans, Romain, qui en est le propriétaire, l'a amené juridiquement de les lui rendre dans le temps de la moisson, et lorsqu'il avait déjà coupé les blés de la moitié des quatre arpents. Aspaïs a été évincé dans la suite par Romain, qui lui a demandé la restitution de tous les grains de l'année. La doit-il faire?

R. Il n'y a pas de difficulté à l'égard du blé des deux arpents, qui n'était pas encore coupé lors de la demande faite par Romain. Car comme les fruits font partie du fonds, lorsqu'ils y sont attachés, Aspaïs étant évincé, est obligé de les restituer avec les quatre arpents. Mais il n'en est pas de même de celui des deux arpents, qu'il avait coupé avant que Romain lui eût intenté action. Car dès le moment que les fruits sont séparés du fonds, ils ne sont plus réputés en faire partie. Ainsi le blé coupé appartient à Aspaïs, puisqu'il en était encore possesseur de bonne foi au temps qu'il l'a coupé. Ce qui est véritable, quoique ce blé fût encore sur le champ en gerbes, et qu'Aspaïs ne l'eût pas enlevé; conformément à la loi *Bonæ fidei* 48, ff. *de Acq.,* etc., l. XLI, tit. 2, qui dit : *Etiam priusquam* (fructus) *percipiat, statim ut a solo separati sunt, bonæ fidei emptoris fiunt.*

— Pontas, dans la réponse suivante, décide le contraire, et explique la loi : *Bona fidei*. Nous avons dit, t. I, p. 240, que le possesseur de bonne foi doit restituer les fruits s'il les a encore, sinon il doit restituer ce en quoi il est devenu plus riche.

Cas XCI. *Alcuin* jouit de bonne foi depuis deux ou trois ans de deux arpents de terre labourable, de quatre arpents de bois taillis, de six vaches, qui appartiennent à Théogène, comme il l'a reconnu depuis un mois en çà. Voyant qu'il ne peut plus en jouir, il offre à Théogène de lui restituer le tout ; mais Théogène prétend en outre qu'Alcuin lui restitue les fruits qu'il en a perçus depuis qu'il en jouit : peut-il s'en exempter ?

R. Il faut savoir, pour résoudre cette difficulté, qu'il y a deux sortes de fruits ; les uns sont naturels et les autres d'industrie. Les fruits *naturels* sont ceux que les fonds produisent d'eux-mêmes, sans qu'il soit nécessaire de les cultiver. Tels sont les bois, les pâturages des montagnes, des landes, ou des autres lieux champêtres, que la terre produit sans aucune culture; les pommes ou poires, le gland, les autres fruits, qui tombent d'eux-mêmes des arbres plantés dans les champs ou dans les vergers, qui ne demandent aucun autre soin que celui de les ramasser ou recueillir. Ceux qu'on appelle d'*industrie* sont ceux que les fonds ne peuvent produire d'eux-mêmes sans les cultiver. Tels sont les grains, le vin, le lait et la laine des animaux, parce que ces derniers fruits ne sont produits que par l'hébergement, la nourriture et la garde des animaux. 2° Il faut encore savoir que, lorsqu'un homme possède des fruits naturels, sans aucun titre, ou avec un titre gratuit, tel que celui de la donation, il n'en acquiert pas le domaine par la simple possession ; mais s'il les possède avec un titre onéreux, ayant acheté le fonds qui les a produits, il en acquiert la propriété pendant seulement qu'il possède ce fonds de bonne foi. Cela posé, nous répondons que si Alcuin possède les choses mentionnées dans l'exposé, sans titre, ou avec un titre seulement gratuit, tel qu'est celui de la donation, il n'a pas acquis le domaine du bois qu'il a coupé : cette espèce de fruit étant un fruit purement naturel, et n'exigeant aucun autre soin que celui de la coupe. Mais si sa possession est fondée sur un titre onéreux, tel qu'est celui d'achat, il en a acquis le domaine, étant, comme on le suppose, possesseur de bonne foi. Mais si sa bonne foi a cessé avant la perception des fruits qu'il a retirés de ce bois taillis, il n'a pu les faire siens, et doit les restituer avec le fonds à Théogène qui, en ce cas, en est le véritable propriétaire. Que si ayant coupé le bois dans la bonne foi, il ne l'a pas consumé, il est encore obligé à le restituer avec le fonds, à moins qu'il ne l'ait gardé trois ans entiers, étant toujours dans la bonne foi, parce qu'alors il pourrait user de la voie de la prescription.

Pour ce qui est des fruits qu'Alcuin a retirés des deux arpents de terres labourables et de six vaches durant le temps de sa bonne foi, nous pensons que, s'ils sont encore en nature, et qu'il ne les ait pas possédés trois ans entiers dans la même bonne foi, il est plus sûr et même plus probable, quoique le sentiment contraire puisse se soutenir, de dire qu'il n'en a pas acquis un domaine absolu et irrévocable, non plus que des fruits naturels, et qu'il est obligé à les restituer à Théogène, dès que sa bonne foi vient à cesser ; ou qu'en cas qu'il les ait consumés, il est obligé à restituer ce dont il est devenu plus riche.

—M. Pontas n'est pas clair dans cette décision, et on ne sait trop ce qu'il veut dire. Il dit d'abord qu'on n'acquiert pas le domaine d'une chose par une possession fondée sur un titre gratuit, mais par une possession fondée sur un titre onéreux. Il ne fait point cette distinction au titre Prescription. Il dit encore que si Alcuin possède les bois et les terres sans titre ou avec un titre gratuit de donation, il n'acquiert pas le domaine des fruits, et dans la réponse précédente il décide qu'Aspaïs a acquis le domaine et ne doit pas restituer des gerbes qui ne sont pas encore enlevées d'un champ qu'il ne possédait qu'à titre de donation. Enfin il dit dans ses observations préliminaires qu'il faut raisonner différemment d'une possession fondée sur un titre onéreux, que de celle qui est fondée sur un titre gratuit, pour régler la restitution des fruits, et dans la suite de la réponse il conclut le contraire, en décidant que si Théogène avait coupé dans la bonne foi les bois taillis qu'il possédait à titre d'achat, il est obligé à le restituer avec le fonds, s'il ne l'a pas consumé ; ce qui est contraire à sa seconde observation et à la décision du cas précédent. Pour moi je remarque d'abord que Pontas ne cite aucune loi qui parle du possesseur à titre gratuit autrement que du possesseur à titre onéreux ; 2° qu'au contraire les lois font la condition de l'un et l'autre parfaitement égale. Voici les termes de Justinien cités par Pontas même dans le cas présent : *Si quis a non domino, quem dominum esse crediderit, bona fide fundum emerit, vel ex donatione, aliaque qualibet justa causa, æque bona fide acceperit, naturali ratione placuit, fructus quos percepit, ejus esse pro cultura et cura*. Si ces dernières paroles font une difficulté à l'égard des fruits naturels, c'est à Pontas comme à un autre à la résoudre, puisqu'elle tombe sur le possesseur à titre onéreux, comme sur celui qui l'est à titre gratuit.

Cas XCII. *Bertrand* a possédé de bonne foi, pendant deux ans, 20 arpents de bois taillis, et un étang appartenant à Barnabé. Bertrand a retiré de la coupe du bois et de la pêche de l'étang 1,200 l., avec lesquelles il a gagné par le commerce 400 l. Bertrand doit-il restituer non-seulement les 1,200 l. dont il est devenu plus riche, mais encore les 400 liv. qu'il a gagnées par le moyen de ces 1,200 liv., et que Barnabé redemande avec son fonds.

R. Dès que Bertrand est devenu plus riche par les 1,200 liv., il doit, comme nous l'avons dit dans la précédente réponse, selon l'opinion la plus sûre et la plus probable, les restituer. Mais il n'en est pas de même des 400 liv. qui sont le fruit de sa seule industrie et non pas le fruit des 1,200 liv., parce que, comme l'enseigne saint Th., l'argent est stérile de sa nature, et cela aurait lieu, quand même Bertrand aurait été possesseur de mauvaise foi. Ajoutez que Bertrand a droit de déduire les dépenses légitimes qu'il a faites pour recueillir ces fruits, aussi bien que la juste récompense qui est due à son travail et à ses soins.

Cas XCIII. *Marin* possède de mauvaise foi quatre arpents de vignes appartenant à Honoré. Il les a beaucoup améliorés. Il veut aujourd'hui les restituer. Doit-il restituer tous les fruits qu'il a perçus, ou seulement ceux qu'Honoré aurait perçus en l'état où était la vigne avant qu'il l'eût usurpée?

R. Il semble qu'il est et plus sûr, et même plus probable, que Marin est obligé de restituer tous les fruits, qu'il a perçus par cette amélioration. La raison est que cette amélioration est attachée au fonds, dont elle est une partie inséparable. Ainsi elle n'appartient pas moins au maître du fonds que le fonds même. Or le droit naturel voulant que tout fonds fructifie pour celui qui en est le propriétaire, il doit fructifier avec l'amélioration à Honoré. Cependant Marin peut déduire sur le prix de ces fruits les frais nécessaires et les dépenses utiles qu'il a faites pour cultiver et améliorer cette vigne.

— Cette décision souffre beaucoup de difficultés, quant à l'article de la répétition des dépenses utiles ou même nécessaires. Elle est combattue par l'ancien synodicon de l'Eglise de Nîmes, par saint Raimond, etc.; et en effet, si Pierre fume mon champ sans mon aveu ou contre ma volonté, je ne suis pas obligé par justice à lui en tenir compte. Cependant je m'en tiendrais au sentiment de l'auteur, parce qu'il est le plus suivi; et que si le propriétaire doit recouvrer son bien, il ne doit pas profiter de celui d'un autre avant la sentence du juge. *Voyez* mon traité *de Jure*, part. 2, chap. 2, édit. x', à num. 275.

Cas XCIV. *Nébridius* possède de mauvaise foi un arpent de terre ou de vigne, dont il n'a point retiré de fruit, l'ayant laissé inculte. Doit-il restituer à Justin, qui en est le maître, et l'arpent et les fruits qu'il en aurait retirés, s'il en avait joui.

R. *Nébridius* doit restituer et l'arpent de terre et tous les fruits que Justin en aurait légitimement retirés (*deductis expensis*), s'il l'avait eu en sa disposition. *Constat animadverti debere, non an malæ fidei possessor fruitus sit, sed an petitor frui potuerit, si ei possidere licuisset,* dit la loi, *Si navis*, 62, § 1, ff. *de Rei vindicat.* Si cependant il paraissait certain que Justin même n'eût tiré aucun profit de son arpent de terre, on ne pourrait obliger Nébridius qu'à restituer les fruits qu'il aurait retirés.

Cas XCV. *Aubert* et *Jacques*, étant héritiers d'Arnoul, et Aubert étant absent, Jacques, croyant qu'il était mort, a joui seul depuis deux ans de toute la succession. Doit-il restituer à Aubert, qui est de retour, sa portion de l'héritage et les fruits qui en sont provenus?

R. La bonne foi de Jacques ne l'exempte pas de restituer à son cohéritier, non-seulement sa portion de l'hérédité, mais encore toutes les jouissances qu'il en a reçues (*deductis expensis*). C'est ainsi que l'ordonne la loi 17, *Cod. famil. erciscundæ*, l. III, tit. 36. La raison est que le titre d'un héritier ne lui donne droit qu'à sa seule portion, et que celle de son cohéritier s'augmente par les fruits qui en proviennent. *Fructibus augetur hæreditas, cum ab eo possidetur, a quo peti, seu repeti potest;* ibid. leg. 2.

Cas XCVI. *Epimaque*, ayant gagné beaucoup de bien par des prêts usuraires, qu'il croyait très-permis, Daniel, un de ses fils, qui depuis six ans a hérité de ses biens, craint qu'il ne soit tenu à quelque restitution. Cependant il se rassure, 1° parce que son père a toujours reçu ces intérêts dans la bonne foi, et étant persuadé par les principes de sa religion, qui est celle des protestants, que cela était permis. Or la bonne foi est un titre légitime de posséder. Donc il les a faits siens; 2° parce que les intérêts sont des biens mobiliers. Or le possesseur de bonne foi acquiert la propriété de ces biens par une possession triennale. Donc Daniel et ses cohéritiers, qui les possèdent dans la bonne foi, depuis six ans, les ont légitimement prescrits; 3° parce qu'il est très-vraisemblable qu'Epimaque a perçu plusieurs intérêts avec justice, et qu'il n'est pas possible de discerner la justice ou l'injustice des intérêts qu'il a tirés. Daniel demande si ces raisons peuvent l'exempter de la restitution.

R. Daniel ne doit pas dans le cas présent se servir du droit de la possession triennale de bonne foi; parce qu'on ne peut pas s'en prévaloir à l'égard des fruits usuraires, ainsi que l'enseigne S.-B., t. II, c. 140, avec plusieurs autres, dont l'opinion est plus sûre. Cependant comme il paraît dans l'espèce proposée qu'il est très-difficile de savoir si Daniel est effectivement obligé à quelque restitution, le plus sage et le plus salutaire conseil qu'on lui puisse donner, est qu'après sa subsistance nécessaire, préalablement prise sur les biens dont il a hérité de son père, il fasse des aumônes du reste qui n'est pas du pur nécessaire; dans l'esprit de la restitution, à laquelle il pourrait être obligé devant Dieu.

— L'auteur avoue que l'opinion de S.-B., qui ne que la possession triennale ait lieu en fait de biens usuraires, est contredite par d'autres théologiens, qui prétendent qu'elle a lieu, comme en toute autre matière; parce que *ubi lex non distinguit, neque nos distinguere debemus*. Il résulte donc de là un doute dans lequel on n'est pas tenu à une restitution entière. Il semble néanmoins que la bonne foi d'un protestant, qui n'est fondée que sur une erreur volontaire, ne peut guère obtenir grâce que dans le cas où un catholique pourrait s'en prévaloir.

Cas XCVII. *Epiphane* possède de bonne

foi un héritage que Baudouin, dont il a hérité, possédait de mauvaise foi. Sa possession de bonne foi ne l'exempte-t-elle pas au moins de la restitution des fruits, principalement si son industrie et ses soins ont eu la plus grande part à leur production ?

R. La bonne foi d'Epiphane ne peut pas l'exempter de la restitution des fruits qu'il a perçus, non plus que de l'héritage même, parce que la mauvaise foi a passé à lui avec l'héritage : *Vitia possessorum a majoribus contracta perdurant, et successorem auctoris sui culpa comitatur*, leg. 11, cod. *de Acquir. posses.*, lib. vii, tit. 32.

— Il faut remarquer que tout héritier, le fût-il avec plusieurs autres cohéritiers, est dans le cas de cette décision. Il en est de même de l'héritier ou légataire et d'un donataire universel ; mais non du légataire ou donataire particulier, soit qu'il le soit par testament, ou par disposition entre vifs. *Voyez* PRESCRIPTION, cas *Chaumond*, et mon Ier vol. de *Mor.* p. 1, chap. 2, à num. 334.

Cas XCVIII. *Théodat* et *Flavien*, s'étant déclarés héritiers de leur père par bénéfice d'inventaire, ont déjà acquitté des dettes au delà des biens de la succession dont ils ont profité. Ils viennent de découvrir que le défunt avait reçu 500 liv. d'intérêts usuraires de différents particuliers. Sont-ils obligés de restituer ces 500 liv?

R. Non ; parce que quand les enfants se sont portés héritiers par bénéfice d'inventaire, ils ne sont tenus au payement des dettes du défunt qu'autant qu'ils ont profité de sa succession. Saint-Beuve, t. III, cas 232.

— Ceux à qui ils auraient payé des legs purement gratuits, devraient les restituer en proportion de la dette, parce qu'ils seraient *ex œre alieno*.

Cas XCIX. *Sempronia* ayant servi sa mère sans récompense, mais avec promesse réitérée de lui en faire une, et voyant que cette mère qui venait de tomber en apoplexie lui serrait la main, s'est persuadée qu'elle lui voulait faire entendre par ce signe de prendre 30 louis d'or, à l'insu de ses sœurs. Peut-elle les garder ?

R. *Sempronia* doit restituer à ses sœurs la part des louis qui leur devaient revenir, puisqu'ils ne lui appartenaient pas plus qu'à ses sœurs. Le signe qu'elle dit que Mævia lui a fait est trop équivoque, pouvant le faire par une simple marque d'amitié, ou même par un mouvement convulsif. Les services qu'elle a rendus à sa mère ne lui peuvent pas servir de prétexte, 1° parce qu'une fille est obligée à rendre gratuitement à sa mère tous les services dont elle a besoin ; 2° parce qu'il y a apparence que ses sœurs auront aussi rendu dans la maison des services, quoique peut-être moins considérables.

— Il semble que si Sempronia a manqué, en servant sa mère, de faire le même gain que faisaient ses sœurs par leur travail, son zèle pour sa mère ne devrait pas lui être préjudiciable. J'ai dit ailleurs, d'après Cabassut, qu'un fils de famille peut en certains cas gagner dans la maison de son père,

comme un ouvrier étranger, selon ce mot de la pénult. loi ff. *de Obsequio*, etc., *pietatem liberi parentibus, non operas debent. Voy.* le tom. 1, de ma *Mor.* p. 1, c. 2, n. 2, où j'ai remarqué que la coutume des lieux en dispose quelquefois autrement, comme en Bretagne.

Cas C. *Hyacinthe*, riche de 40,000 livres de bien légitimement acquis et de 10,000 livres de bien mal acquis, a laissé en mourant 10,000 livres à Hubert, son fils puîné, et le reste à Jude, son fils aîné. Hubert demande si, au refus de son frère, il est tenu à restituer les 10,000 livres en entier ou seulement une partie, au *prorata* de ce qu'il a reçu.

R. Hubert et Jude sont obligés à restituer selon la disposition de la coutume du pays où ils demeurent. Or la coutume de Paris, dans l'étendue de laquelle se trouve la succession, porte que « les héritiers d'un défunt en pareil degré, tant en meubles qu'immeubles, sont tenus personnellement de payer et acquitter les dettes de la succession, chacun pour telle part et portion qu'ils sont héritiers d'icelui défunt... Toutefois, s'ils sont détenteurs d'héritages qui aient appartenu au défunt, lesquels aient été obligés et hypothéqués à la dette par ledit défunt, chacun desdits héritiers est obligé à payer le tout, sauf son recours contre ses cohéritiers. » D'où il s'ensuit que Hubert n'est pas obligé en conscience à payer le total du bien mal acquis qui se trouve dans la succession du défunt : la dette n'étant pas hypothécaire, mais seulement personnelle.

Cas CI. *Numérien* a légué en mourant deux arpents de vignes à un couvent. Après son décès, Zénobe, son fils, se saisit du testament, le tint caché, et jouit pendant sa vie des deux arpents de vignes. Prêt à mourir, il fit venir Jacques et Julien, ses deux fils, à qui il fit lire le testament, en leur commandant de l'exécuter, et le remit entre les mains de Jacques. Après la mort de Zénobe, ses enfants n'eurent point d'égard au testament et partagèrent la succession, où entrèrent les deux arpents de vigne, qui échurent à Julien. Julien étant mort, ces deux arpents passèrent à un des cohéritiers de Jacques. Enfin Jacques, prêt à mourir, voudrait faire satisfaction aux religieux ; mais il y trouve de la difficulté, parce qu'il n'est pas possesseur des deux arpents de vignes et qu'il trouve de l'opposition de la part de celui à qui ils sont tombés en partage. Il demande, 1° ce qu'il doit faire ; 2° s'il ne pourrait pas donner une somme d'argent aux religieux, à condition qu'ils diraient quelques messes pour le défunt ; 3° s'il est tenu solidairement à la restitution ; 4° s'il doit restituer tous les fruits perçus.

R. Jacques, avant toutes choses, doit déposer chez un notaire public l'original du testament olographe, afin que le procureur du couvent puisse s'en faire délivrer une copie collationnée.

2° Il ne suffit pas de restituer les deux arpents de vignes, il faut encore restituer tous les fruits perçus (*deductis expensis*) depuis la mort de Numérien. On ne peut faire aucun accommodement avec les religieux sans leur déclarer la vérité du fait, ni les contraindre à acquitter des messes ou leur imposer d'autres charges; mais on doit leur laisser le choix d'accepter les deux arpents ou d'accepter la somme qui leur sera offerte pour leur juste valeur et pour celle des fruits perçus à leur préjudice.

3° Jacques est obligé solidairement, avec les détenteurs des deux arpents, à la restitution entière qui est due aux religieux, suivant cette décision du pape Grégoire IX : *Si culpa tua datum est damnum, vel injuria irrogata, seu aliis irrogantibus opem forte tulisti... jure super his te satisfacere oportet.* A quoi il faut ajouter que Zénobe, son père, ayant joui injustement de la même vigne, il est encore obligé à restitution envers les mêmes religieux, *pro rata portione hæreditatis*, c'est-à-dire à proportion du profit qui lui en est revenu lorsqu'il a partagé avec Julien, son frère, les biens de Zénobe, leur père. *Voyez* Cession de biens, cas *Hipparque*.

Cas CII. *Jean* et *Pierre* ont hérité des biens de leur père, qui, avant sa mort, avait volé cent écus à Placide, et qu'il a dissipés. Jean et Pierre sont-ils obligés à restituer?

R. Ils sont obligés à restituer les cent écus, quoiqu'ils n'en aient pas profité. C'est la décision expresse de saint Thomas, *q*. 4, *de Malo*., art. 8, *resp. ad arg.* 15. Il en est de même des profits usuraires, ainsi que le déclare Alexandre III, cap. 9, *de Usuris*, l. v, tit. 19, par ces paroles : *Filii ad restituendas usuras ea sunt districtione cogendi, qua parentes sui, si viverent, cogerentur*.

Cas CIII. *Optat* a trouvé une montre d'or dans les effets de la succession de Gilbert, dont il est héritier et à qui il ne l'avait jamais vue. Il est dans un doute, assez bien fondé, que le défunt a volé cette montre. Est-il obligé d'en restituer le prix aux pauvres?

R. Optat doit faire toutes les perquisitions nécessaires pour éclaircir le fait, et s'il ne peut reconnaître que Gilbert ait volé la montre d'or dont il s'agit, il doit être censé, dans le for intérieur, possesseur de bonne foi, et peut, en déposant son doute comme mal fondé, la retenir comme une chose qui lui appartient, suivant la règle de droit : *Potior est conditio possidentis*. Si cependant, après ces recherches, il doutait encore avec raison qu'il lui fût permis de la retenir, il ne le pourrait pas, parce qu'alors il agirait contre sa conscience.

— Il faut, dans ces occasions, proposer à des personnes sages les raisons qu'on a de douter. Si elles les trouvent de force égale, il faut partager le différend.

Cas CIV. *Claire* sait avec certitude qu'une partie de la succession de son père provient de gains usuraires qu'il a faits peut-être de bonne foi. Est-elle obligée à restituer à ceux qui assureront que son père a exigé d'eux des usures? Ne pourrait-elle pas les donner à un couvent, pour payer sa dot?

R. Si Claire connaît quelques particuliers qui aient payé des intérêts usuraires, elle doit les leur rendre; elle n'est pas cependant obligée de s'en rapporter à leur témoignage, à moins qu'elle ne fût bien convaincue de leur bonne foi. Si elle ne connaît point les personnes qui les ont payés, elle peut donner son bien au couvent où elle veut se faire religieuse, quand même elle serait assurée qu'une partie est provenue d'usure, puisqu'en l'employant ainsi elle l'emploie en des œuvres véritablement pieuses, comme on le doit faire quand on ne sait à qui restituer. S.–B., tom. III, cas 19.

Cas CV et CVI. *Adrien* a loué à Bertaud des futailles qu'il savait être gâtées. Bertaud y ayant mis son vin, il s'y est corrompu. Est-il obligé de restituer le dommage à Bertaud? Que dire si Adrien croyait que ses futailles étaient sans défaut?

R. Dans le premier cas, Adrien a péché mortellement et est obligé de restituer à Bertaud tout le dommage qu'il a souffert : *Qui sciens vasa vitiosa commodavit*, dit la loi 18, ff. *Commodati*, etc., *si ibi infusum vinum... corruptum, effusumve est, condemnandus eo nomine est*. Rien de plus juste, puisqu'il est la cause du dommage qu'a souffert son prochain.

Dans le second cas, si Adrien a loué ses futailles croyant qu'elles étaient bonnes, en avertissant cependant qu'il ne les avait pas éprouvées et qu'il ne les garantissait pas, il n'est tenu à rien qu'à ne pas recevoir ou à rendre le prix convenu. Si au contraire il les a louées comme bonnes, il est tenu à la même restitution que dans le premier cas, s'il n'a pas apporté toute la diligence qu'un homme prudent aurait apportée pour les éprouver, parce qu'il est tenu, comme le dit saint Antonin, d'une faute légère : *In hoc locationis contractu venit culpa levis, cum gratia utriusque celebretur*. Saint Antonin, p. 2, tit. 2, c. 15.

Cas CVII. *Romain*, maître d'un vaisseau marchand chargé de marchandises appartenant à Jérôme et à Balde, ayant voulu conduire lui-même le vaisseau, pour épargner la dépense d'un pilote, a échoué contre un rocher. Est-il obligé à réparer la perte?

R. Oui. La loi 13, ff. *Locati*, y est formelle : *Si magister navis sine gubernatore in flumen navem immiserit, et tempestate orta... navem perdiderit, vectores habebunt adversus eum ex locato actionem*. Il en serait de même si, pouvant choisir un pilote habile, il en avait pris un ignorant.

Cas CVIII et CIX. *Sempronius*, marinier, conduisant une barque chargée pour le compte de Nicolas, en divertit un sac de diamants. La barque ayant coulé à fond, il se jeta à l'eau avec le sac, qu'il fut obligé d'abandonner. Doit-il restituer ces diamants?

R. Comme Sempronius n'est pas la cause efficace de la perte du sac où étaient ces diamants, puisqu'il n'eût pas laissé de périr quand il ne l'eût pas dérobé et qu'il l'eût laissé dans la barque, il n'est pas obligé à en restituer la valeur.

— M. P. dit le contraire, cas *Fulcinius*,

215. La meilleure raison qu'on puisse en donner, c'est que dès qu'un voleur prend et a entre ses mains le bien d'autrui, il se charge de tous les cas fortuits, et il est toujours *in mora*. Quoique ce sentiment soit dur, j'ai cru le devoir suivre, tom. II Mor., part. 2, ch. 2, art. 5, sect. 2. Mais quoique le savant Daëlman dise qu'il est aujourd'hui commun parmi les théologiens, cependant, comme il n'est appuyé que sur des preuves qu'on peut absolument résoudre, je n'oserais en ce cas ni prescrire ni exiger une restitution entière.

Cas CX. *Adolphe* a mis le feu, dans un temps calme, au chaume qui était sur son fonds. Un vent subitement élevé a poussé les flammes sur le blé de son voisin et l'a consumé. Est-il tenu de ce cas fortuit?

R. Les lois exemptent de réparer un tel dommage, lorsque celui qui a mis le feu à son chaume a pris les précautions nécessaires pour empêcher que le feu ne se communiquât à la maison voisine : *Si omnia, quæ oportuit, observavit, vel subita vis longius ignem produxit, caret culpa*, dit la loi 10, § 3, ff. *ad leg. Aquiliam*. Nous ne pouvons néanmoins approuver une telle indulgence. Adolphe pouvait et devait prévoir un pareil événement ; il doit réparer le dommage : *Si egressus ignis invenerit spinas, et comprehenderit acervos frugum, sive stantes segetes in agris, reddet damnum qui ignem succenderit*, dit le législateur des Juifs, *Exodi*, 216. *Voyez* le cas suivant.

Cas CXI. *Nicaise* ayant par sa négligence laissé prendre le feu à de la paille qui était dans le grenier de Juvénal, la maison a été consumée. Est-il tenu de ce dommage, si sa faute n'a été que très-légère?

R. Quoique Nicaise fût condamné, dans le for extérieur, à réparer tout le dommage dont il a été la cause, nous ne pensons pas qu'il y soit tenu, dans le for de la conscience, avant qu'il y ait été condamné par le juge, parce que sa faute étant telle qu'un homme juste et sage peut y tomber, et étant comme indélibérée, ne peut exiger une aussi grande peine. Néanmoins, puisque sa faute a donné occasion à l'incendie, il semble que l'équité naturelle demande qu'il répare une partie du dommage, selon le jugement d'un homme intelligent, par rapport à la qualité et aux circonstances de sa faute.

— Cette décision s'accorde assez mal avec la précédente. Un homme juste et sage peut dans un temps très-calme ne pas prévoir un ouragan qui vient *subitement*. Je crois donc que cela ne peut se décider que par les circonstances. Si le chaume de l'un était très-voisin du blé de l'autre ; si le temps n'était pas bien sûr; si après avoir mis le feu au chaume, on n'a pas veillé dessus, la faute mérite une toute autre peine que dans des circonstances opposées. Outre que les lois judiciaires de Moïse ne prouvent que pour les lieux où elles seraient en vigueur, Sylvius et les interprètes expliquent celle qu'on objecte du cas où il est intervenu une coupable négligence.

DICTIONNAIRE DE CAS DE CONSCIENCE. II.

Cas CXII. Des particuliers, voyant le feu prêt à se communiquer à d'autres maisons, ont abattu, pour le couper, celle de Titius, qui est intermédiaire. Sont-ils obligés à restitution envers Titius?

R. Non; parce que ces sortes d'événements doivent être considérés comme des cas purement fortuits, dont le dommage doit tomber sur ceux qui y sont intéressés, ainsi qu'il est porté par la loi 40, § 1, ff. *ad leg. Aquiliam*, l. IX, tit. 2. Cependant, régulièrement parlant, on ne doit point abattre de maisons sans l'ordre des officiers de police, à moins qu'ils ne soient absents et que le danger ne soit très-pressant, au jugement de la multitude qui est présente. Cette décision peut se confirmer par la loi 29, ff. *eod. tit.*, où il est dit que si un vaisseau est jeté sur un coup de vent sur les cordages des ancres d'un autre vaisseau, et que le maître du premier vaisseau ne puisse le dégager qu'en les coupant, il n'est pas tenu à réparer ce dommage. Et il en est de même quand une barque est jetée sur les filets des pêcheurs.

*Cas CXIII. *Médard* a mis une planche solidement attachée au dehors de sa fenêtre, sur laquelle étaient des pots de fleurs. Un coup de vent a renversé le tout sur un homme qui a été fort blessé. Médard est-il tenu de cet accident ? Que dire si sa servante avait jeté imprudemment par la fenêtre quelque chose qui eût gâté la robe des passants?

R. Dans le premier cas, Médard doit réparer le dommage que le blessé a souffert, parce qu'il a péché contre les lois. Mais il n'y est obligé qu'après le jugement qui sera rendu contre lui; parce que ces lois n'étant que pénales, n'obligent qu'après la condamnation du juge.

— Je serais plus rigoureux. Un homme qui met des pots de fleurs sur sa fenêtre doit prévoir que pendant deux ou trois mois qu'ils y restent, il peut arriver des vents impétueux. Ainsi il est en faute, à moins qu'il n'ait pris des mesures insolites et qui n'aient été dérangées que par des cas les plus extraordinaires.

Dans le second cas, la servante doit réparer le dommage qu'elle a causé, et, à son défaut, Médard; parce que les lois rendent les maîtres responsables du dommage causé par leurs domestiques : *Habitator suam suorumque culpam, etiam insciente domino commissam, præstare debet*, dit la loi 6, § 2, ff. *de His qui effud.*, etc. Mais il n'y sera obligé qu'après la sentence du juge, et alors il aura son recours sur sa servante. Et celle-ci y est obligée avant toute sentence.

Cas CXIV. *Conrad* a fait creuser un puits dans son jardin, qui a fait tarir celui de son voisin. Est-il tenu de le dédommager?

R. Non; pourvu qu'il ne l'ait pas fait creuser contre la loi, ou dans le dessein de nuire à son voisin, et sans nécessité parce qu'il a usé de son droit. Leg. 24, § 12, ff. *de Damno infecto*, l. XXXIX, tit. 2.

— Ceux qui ne trouvent dans l'intention de nuire au voisin qu'une faute contre la charité, veulent cependant que le juge arrête cette mauvaise volonté. De plus, si je viole la justice en arrêtant par un grand puits, qui m'est inutile, l'eau d'une partie d'un village, ne la violé-je point, quand j'arrête celle que Dieu avait donnée aux besoins d'un autre?

CAS CXV. *Tullius* ayant trop différé d'étayer sa maison, quoiqu'il en fût averti par son voisin, elle est tombée et a abattu celle du voisin, où il y avait des peintures et sculptures qui ont péri. A quoi est tenu Tullius?

R. Si Tullius pouvait remédier à cet accident, il est tenu du dommage qu'a souffert son voisin, suivant la loi 7, ff. *de Dam. inf.;* mais s'il n'a pu faire cette dépense, il n'est tenu à rien, pourvu qu'il ait proposé à ce voisin de faire lui-même la dépense nécessaire, avec offre de lui hypothéquer sa maison pour la sûreté de ses avances. A l'égard des peintures, la loi 40, ff. *eod. tit.*, veut qu'on n'en estime pas le dommage à la rigueur; parce que ces sortes de choses étant superflues, ne doivent pas être de la même considération que celui des choses nécessaires. Ce qu'on tient pour vrai, quand une mauvaise maison, qui a endommagé celle du voisin, serait tombée par un cas fortuit, *v. g.* par un vent impétueux, parce que le propriétaire, surtout quand il a été averti de la réparer, devait la mettre en état de résister à ces sortes d'accidents.

Nota. Quand un particulier répare un mur mitoyen, sur lequel le voisin avait fait faire les peintures, ce voisin n'en peut prétendre aucun dédommagement, parce que celui qui fait réparer le mur use de son droit, et que ces peintures périssent sans sa faute.

CAS CXVI. *Callistrate* a tué Méderic, qui par son travail nourrissait son père, sa femme et un enfant. A quoi est-il obligé?

R. Il est obligé de réparer tout le tort que ces trois personnes souffrent par la mort de Méderic, et à pourvoir, non-seulement pour le présent, mais encore pour l'avenir, à la nécessité où elles se trouvent réduites. Cette décision, qui est de saint Antonin, doit servir à plusieurs autres semblables, où l'on doit plus ou moins restituer, selon le plus ou le moins de dommage qu'on a fait en tuant ou blessant quelqu'un. Ainsi, si j'ai blessé un paysan à qui il en a coûté cent livres pour se faire traiter, et qui a perdu cent journées de travail, je dois l'indemniser de tout cela. Si j'ai tué un homme revêtu d'une charge qu'il allait faire passer à son fils et qui a été perdue par sa mort, je dois indemniser ce fils, au moins à proportion de ce qu'elle aurait pu être vendue, si le fils n'en était pas capable. Si j'ai tué un habile procureur qui allait gagner un procès qu'on lui intentait injustement et que sa veuve a perdu, j'en suis responsable.

— CAS CXVII. *Méderic* nourrissait encore une jeune sœur et deux pauvres honteux de sa paroisse. Son assassin doit-il aussi les dédommager?

R. Le sentiment le plus commun est qu'il n'y est pas obligé; parce qu'on ne doit de restitution qu'à ceux dont on a violé le droit strict, et que ni la sœur de Méderic, ni les pauvres qu'il nourrissait par pure charité n'avaient un droit strict sur son bien.

CAS CXVIII. Le même *Méderic* avait deux créanciers à qui il devait par contrat 2,000 liv. par an. Son meurtrier ne doit-il pas les payer pour lui, puisqu'elles étaient dues *jure strictissimo.*

R. Molina, Layman, etc., croient qu'il y est obligé, parce qu'il est la cause, par son injuste violence, que ces créanciers ne peuvent recevoir ce qui leur est dû. Soto, Lessius et plusieurs autres pensent différemment avec Sylvius. Leurs raisons sont, 1° que les créanciers n'ont point d'action dans le for extérieur contre le meurtrier; 2° que les créanciers ont bien droit sur la personne du débiteur, mais non sur tout autre étranger, relativement à ce même débiteur; 3° qu'un créancier n'a droit sur son débiteur que par rapport à ses facultés présentes ou vraisemblablement futures, s'il eût vécu. Puis donc que l'assassin est obligé de restituer tout cela aux héritiers du défunt, il ne fait point d'injure à un créancier qui a son recours sur eux. On voit par là que la question se réduit à savoir si l'assassin doit restituer au créancier avant l'héritier, ou *vice versa.* Ce dernier ordre paraît plus naturel; La Placette croit qu'il faudrait s'en rapporter au juge. Au moins faudrait-il avertir les créanciers de faire saisir entre les mains du débiteur, si on savait que les héritiers sont des dissipateurs qui ne payeront rien?

CAS CXIX. *Pisistrate* a coupé la main à Claude; lui doit-il quelque restitution? En un mot, en doit-on quand la chose qui semblerait y obliger n'est pas de nature à pouvoir être restituée?

R. Il faut dire avec saint Thomas, 2-2, q. 62, a. 1, que quand on ne peut restituer une chose en elle-même, il faut restituer comme on peut, *vel in pecunia, vel in aliquo honore, considerata conditione utriusque personæ secundum arbitrium boni viri.* Et comme le tort que souffre celui qui a été mutilé peut retomber sur sa famille et durer autant que sa vie, celui qui est la cause de ce tort doit encore, après avoir payé la dépense faite pour guérir la blessure, réparer tout le tort que la famille pourrait en souffrir, soit pour le présent ou pour l'avenir. *Voyez* les cas CXIV et CXV.

CAS CXX. *Protais*, ne pouvant corrompre Amélie, lui a coupé le nez. A quoi est-il obligé?

R. Il doit réparer le tort qu'il lui a causé par une augmentation de dot, en sorte que par là elle puisse trouver un parti aussi avantageux qu'elle l'eût trouvé avant.

CAS CXXI et CXXII. *Eustorge* a ordonné à Raoul de battre Lollius, en lui défendant de le tuer ou de l'estropier. Raoul a passé la défense, et a tué ou mutilé Lollius. Eustorge doit-il réparer les dommages qui s'en sont suivis. Y serait-il encore tenu, s'il avait révoqué son ordre?

R. Dans le premier cas, Eustorge est obligé de restituer : *Ille qui jubet est principaliter movens*, dit saint Thomas, *ibid. a. 2, unde ipse principaliter tenetur ad restituendum* : et quoiqu'il n'eût pas ordonné de le tuer, il pouvait prévoir que cela arriverait dans la chaleur de l'attaque, ou dans la nécessité de se défendre. C'est pour cela que ceux qui donnent de telles commissions tombent dans l'irrégularité, si la mort ou la mutilation s'ensuivent.

Dans le second cas, Raoul seul serait tenu à la restitution entière du dommage, parce qu'un ordre révoqué n'est plus la cause du dommage.

Cas CXXIII, CXXIV et CXXV. *Tarbule*, jouant au mail dans une grande place, a fort blessé à la jambe d'un coup de sa boule Bernard qui passait par le chemin. Ou bien Tarbule, sans malice, mais par imprudence, a blessé Bernard d'un coup de pistolet. Doit-il réparer le dommage qu'il a causé à Bernard? Son héritier y serait-il tenu après sa mort?

R. Dans le premier cas, Tarbule est tenu à réparer le dommage qu'il a causé à Bernard par son imprudence, parce qu'en s'occupant à un jeu qui, à raison du lieu où il se faisait, pouvait être dommageable au prochain, il doit être censé coupable : *Lusus quoque noxius in culpa est*, dit la loi 10, ff. *ad leg. Aquil.*, et cela est véritable, quand même sa faute serait très-légère. On raisonnerait différemment si Bernard, traversant imprudemment un jeu de mail, y avait reçu un coup de boule déjà frappée, parce qu'il est permis de jouer dans un mail, et qu'il n'y a du danger que pour ceux qui s'y fourrent mal à propos.

Dans le second cas, Tarbule est encore obligé à restituer, quand même il n'aurait blessé Bernard que par une faute très-légère, ainsi que l'enseigne Panorme *in cap. fin. de Injur. et Damno dato.*

— Si Tarbule n'avait commis qu'une faute très-légère, il ne serait tenu qu'à quelque restitution, puisque, selon l'auteur, cas 118, (et chez lui 177), un homme qui a laissé prendre le feu à de la paille, dont la maison a été consumée, n'est tenu qu'à réparer une partie du dommage, quand sa négligence n'a été que très-légère.

Dans le troisième cas, l'héritier de Tarbule serait tenu à la même restitution, à laquelle le défunt était obligé, parce qu'il succède aux charges, comme il succède aux droits.

Cas CXXVI. *Alphonse* a transporté fort loin des livres qu'il avait volés à Tribonius. Doit-il, en les restituant, payer tous les frais de voiture?

Il doit faire à ses frais la restitution dans le lieu même où il a commis le délit. Sans cela Tribonius perdrait pour recouvrer son bien injustement enlevé. *V.* le cas suivant.

Cas CXXVII. Si on ne pouvait renvoyer à un tiers ce qui lui appartient, sans faire beaucoup plus de frais que la chose ne vaut, serait-on obligé à les faire?

— La réponse de l'auteur (cas 189, chez lui) est 1° que si on n'a pas cette chose par une voie injuste, il faut, si on ne peut la renvoyer *sans souffrir une fort grande perte*, la mettre entre les mains d'une personne sûre, et en donner avis au propriétaire ; 2° que si c'est une chose mal acquise, on est obligé à porter tous les frais nécessaires pour la remettre entre les mains de son maître, comme l'enseigne Cajetan.

Je le croirais fort, s'il était question d'une chose ou nécessaire au maître, ou dont il ne porte la privation qu'avec une vive douleur, ou dont la perte l'expose à des dommages qui vont comme de pair avec les frais nécessaires pour la restitution. Hors de ces cas, je crois, avec de savants docteurs, qu'on peut différer de rendre jusqu'à ce qu'on puisse le faire *cum minori incommodo*, ou qu'on sache du maître ce qu'il veut qu'on fasse de la chose. La vraie justice est toujours raisonnable, toujours chrétienne. Ce cas est équivalemment deux ou trois fois dans l'auteur.

Cas CXXVIII. *Macé* a fait sommer Florent de lui rendre 400 liv. qu'il lui avait prêtées. Florent croyant son billet perdu a désavoué sa dette. Macé, pour faire des frais, ne l'a montré qu'à l'extrémité et a fait condamner Florent à lui payer le principal et 150 liv. de dépens. Macé qui n'a fait ces frais que par malice, doit-il rendre les 150 liv. à Florent?

R. Quoique Macé ait péché contre la charité, il n'est pas obligé à rien restituer à Florent, qui doit s'imputer à lui-même son dommage. Cependant il n'est pas juste que Macé profite de sa vengeance, mais il doit, après avoir pris sur les 150 l. les frais qu'il a déboursés, s'il en a fait quelques-uns de bonne foi, restituer le reste aux pauvres, ou l'employer en d'autres œuvres pieuses, comme le doit être un argent reçu par simonie, dont celui qui l'a reçu doit être privé aussi bien que celui qui l'a donné, selon saint Thomas, 2.2, q. 32, n. 7

— Je conviens que deux simoniaques ne doivent pas se restituer l'un à l'autre, parce que cela paraît reçu dans l'Etat comme dans l'Eglise; mais je ne vois pas comment de simples docteurs peuvent priver de leur chef un homme de son bien, sur cela seul qu'il s'en est rendu indigne. La translation du domaine de l'un à l'autre n'appartient qu'au prince.

Cas CXXIX. *Guiraud* ayant fait une démission pure et simple de sa cure, l'évêque en a pourvu Fulerand. Guiraud a engagé les marguilliers à lui intenter un procès injuste. Après quelques procédures, Fulerand a proposé de s'en rapporter au jugement de l'évêque; mais les marguilliers, avec le juge du lieu et le procureur fiscal, qui y avaient donné leur consentement, en ont été détournés par Guiraud. Ils ont continué la procédure, et refusé de payer les honoraires de Nicolas, vicaire de Fulerand, chez qui ce vicaire s'était mis en pension, moyennant 150 liv. Fulerand, qui voulait la paix, présenta aux marguilliers un mémoire de ce qui lui était dû ; ce qui montait à 400 liv. à condition qu'ils satisferaient Nicolas. Les marguilliers donnèrent le mémoire à examiner à Guiraud qui le réduisit à 150 liv. Fulerand consentit encore à cette réduction injuste, à la charge qu'on payerait Nicolas; mais Guiraud les empêcha encore de rien conclure. Une dame de piété, touchée de ce scandale, offrit 50 liv. à la fabrique, pourvu qu'on cessât de plaider. Le marguillier en charge accepta la somme sous cette condition qu'il n'exécuta pas. Enfin Nicolas, par le conseil de son curé, fit saisir les biens de la fabrique, et donna parole à Fulerand qu'il ne se désisterait point jusqu'à son entier payement. Cependant ayant donné mainlevée de la saisie, à l'insu de Fulerand et à la sollicitation de Guiraud, qui lui fit toucher le quart de ce qui lui était dû, Fulerand fit saisir en son nom sur les marguilliers ce qui restait à payer des honoraires dus à ce vicaire; ce qui lui fut adjugé par une sentence, de laquelle Guiraud appela comme d'abus, et dont il se désista dans la crainte d'être condamné aux dépens. Sur quoi on demande, 1° si les marguilliers et Guiraud ne sont pas obligés solidairement à dédommager Fulerand des frais et des pertes qu'il a faits; 2° si le marguillier ne doit pas restituer à la dame les 50 liv. qu'il en a reçues; 3° si Nicolas n'est pas tenu envers Fulerand du tort qu'il lui a causé par son désistement?

R. Guiraud a grièvement péché contre la charité et contre la justice; d'où nous concluons, 1° qu'il est obligé solidairement avec les marguilliers, et chacun d'eux au défaut des autres, à restituer à Fulerand tous les frais qu'il a faits pour se défendre contre leur vexation, et tous les autres dommages qu'il en a pu souffrir; 2° que cependant les marguilliers y sont obligés les premiers à l'égard de tout ce qui a été fait en leur nom, et Guiraud à leur défaut, parce qu'il n'a fait que les conseiller; 3° que ces marguilliers, qui avaient eu le juge et le procureur fiscal à leur tête, ne peuvent s'excuser sur leur bonne foi, puisqu'ils ne pouvaient ignorer la mauvaise manœuvre de Guiraud, et qu'ils ont refusé toutes les voies d'accommodement; 4° qu'ils doivent faire la restitution de leurs propres deniers, et non de ceux de la fabrique; 5° que le marguillier qui a reçu les 50 liv. de la dame doit les lui restituer, puisqu'on n'a pas accompli la promesse qu'on lui avait faite; 6° enfin Nicolas est obligé de payer sa pension, et en outre de dédommager son curé des frais qu'il a été obligé de faire, depuis qu'il a donné mainlevée de la saisie qu'il avait faite des revenus de la fabrique, puisqu'il l'a donnée contre la promesse qu'il avait faite au curé, à qui il a ôté par là l'assurance de son dû et la facilité d'en être payé.

CAS CXXX. *Gratien* étant mort à Paris, un ami de son frère l'a fait enterrer et a payé 300 liv. pour ses frais funéraires. L'héritier du défunt, qui les trouve exorbitants, ne veut lui rendre que 150 liv. Peut-il en conscience s'en tenir là?

R. Il doit restituer les 300 liv., s'il paraît par les circonstances de la qualité du défunt, du lieu où il a dû être enterré, et de l'usage reçu, qu'elles ont été employées avec prudence et de bonne foi. Sans quoi l'héritier serait en droit de les faire réduire, attendu qu'il n'est pas juste qu'on fasse pour un gentilhomme d'un revenu médiocre ce qu'on ferait pour un autre très-opulent. Tout cela est conforme aux lois romaines: *Sumptus funeris arbitrantur pro facultatibus vel dignitate defuncti... ut neque plus imputetur sumptus nomine quam factum est, neque tantum quantum factum est, si inmodice factum est.* Leg. 12 et 14, ff. *de Relig. et Sumptib. funerum,* lib. XI, tit. 7.

CAS CXXXI. *Séïus* ayant accepté la procuration d'Albert, pour prendre gratuitement soin de ses affaires, y a toujours agi de bonne foi, mais avec quelque négligence, ce qui a été cause qu'Albert a fait pour 200 liv. de faux frais dans un procès. Séïus doit-il les restituer à Albert?

R. Oui, parce qu'un mandataire, même gratuit, est tenu d'avoir les mêmes soins qu'un homme sage et diligent a coutume d'apporter dans ses propres affaires, ainsi que le décide la loi 13, *Cod. mand.*, etc.

— Cela n'est ni bien prouvé, ni assez expliqué. En général le contrat *in commodum solius dantis* n'oblige que *ex dolo* et *culpa lata*, mais les tutelles, les mandats et la gestion des affaires sont exceptés de cette règle, et, selon les lois, elles obligent *ex culpa levi*; et quand le mandat ou la procuration regarde un procès, il oblige *ex culpa levissima*, parce que les procès demandent beaucoup de sollicitude. C'est ce que dit Bronchorst in Reg. 23, ff. pag. *mihi* 57.

CAS CXXXII. *Lucius* charge Titius de gérer ses affaires et de cultiver une terre de Mævius, son ami, qui est absent. Titius accepte gratuitement cette procuration; mais dans la suite il la néglige beaucoup, d'où Mævius souffre un dommage de 1,000 liv. Titius doit-il les rendre à Mævius?

R. Oui; car il était tenu de prendre soin des intérêts de Mævius, comme si Mævius même l'en avait chargé; 1° parce que Lucius aurait donné cette commission à un autre qui l'aurait exécutée; 2° parce que, comme dit la loi 2, ff. *Mandati,* l. XVII, t. 1, *Mandatum inter nos contrahitur, sive mea tantum gratia tibi mandem, sive aliena tantum: veluti si tibi mandem ut Titii negotia geras.*

Mais tout ceci ne se doit entendre que des commissions par lesquelles on donne charge en termes exprès, avec dessein de former une convention qui oblige, et non pas de ce que l'on recommande par une simple prière, par conseil ou d'une autre manière, qui ne renfermant aucune véritable convention, laisse la liberté entière à celui à qui l'on fait cette recommandation, de faire ou de ne pas faire ce qu'on lui recommande. Car dans ce cas on n'est tenu à restituer que quand il y a du dol.

CAS CXXXIII. *Bartole* a prié Gilles de lui faire faucher son pré dans le plus beau temps qu'il lui serait possible. Gilles en a accepté la commission; mais au lieu d'y faire travailler au premier beau temps, à l'exemple de ses voisins, il a différé de huit jours à le faire ; de sorte que le temps étant devenu pluvieux, le foin en a été considérablement endommagé. Gilles doit-il restituer ce dommage à Bartole, quoiqu'il ne se soit chargé de cette commission qu'à sa simple prière.

R. La commission de Bartole est proprement ce qu'on appelle en droit *Mandatum*; or le mandataire est tenu des fautes notables et légères, quoique le mandat soit gratuit ; ainsi, comme on ne peut excuser Gilles d'une faute au moins légère, il est obligé à réparer le dommage qu'il a causé par sa négligence. Voyez la remarque sur le cas *Séius* CXXXI.

CAS CXXXIV. *Dracontius*, après avoir accepté une procuration de Clodius pour gérer gratuitement ses affaires , s'est lassé d'en prendre le soin. Clodius, qu'il n'a pas averti de son changement de volonté, en a souffert un dommage de 800 liv. Dracontius doit-il lui restituer ?

R. Un procureur est obligé de faire savoir son changement de volonté à son commettant, s'il lui est possible, ainsi qu'il est porté par la loi 27, § 2, ff. *Mand. vel contra*, autrement il est tenu de tous les dommages et intérêts. Si cependant il ne pouvait l'avertir, il ne serait tenu à rien, comme le dit encore la même loi.

— Si le mandataire avait prévu qu'il ne pourrait avertir son commettant, qui par exemple, allait partir pour la Chine, il ne pourrait s'excuser sur cette impuissance, et par conséquent il serait responsable de toutes les suites de sa mauvaise conduite. Preuve qu'il faut bien peser cette 19e règle du Sexte : *Non est sine culpa, qui rei quæ ad eum non pertinet, se immiscet*.

CAS CXXXV. *Sempronius* voyant que la maison d'Eustochius, son ami, et absent, menace ruine, il la fait étayer ; mais peu de temps après un ouragan l'a renversée, et sa dépense est devenue inutile. Peut-il cependant se la faire rembourser ?

Il le peut. *Si quis absentis negotia gesserit, licet ignorantis, tamen quidquid utiliter in rem ejus impenderit... habeat eo nomine actionem*, dit la loi 2, ff. *de Negotiis*. Et cela, dit la loi 10, *non solum si effectum habuit negotium quod gessit, sed si utiliter gessit, etsi effectum non habuit; et ideo si insulam* (1) *fulsit, etiamsi insula exusta est, aget, seu habebit* actionem *negotiorum gestorum*.

CAS CXXXVI. *Probus* a pris de lui-même la défense de Rolland, son ami absent, à qui Caïus demandait injustement 2,000 l. Après avoir soutenu quelques mois le procès, et Rolland étant venu à mourir, il en a aidé l'héritier de soin, et par là a donné lieu à Caïus d'obtenir les 2,000 livres. L'héritier de Rolland veut rendre Probus responsable des 2,000 l. et des autres dommages qu'a soufferts la succession. Probus n'y veut pas consentir. A-t-il tort?

R. Il a tort; car, quoique les lois n'obligent personne à se charger des affaires des autres, si ce n'est les tuteurs et semblables, il est pourtant vrai que celui qui s'en est chargé en leur absence est tenu de finir ce qu'il a commencé, et n'est plus libre de l'abandonner, selon ce mot de la loi 21, § 2, l. II, tit. 18 : *Si vivo Titio negotia ejus administrare cœpi, intermittere, mortuo eo, non debeo... nam quæcumque prioris negotii explicandi causa gerentur, nihilum refert, quo tempore consumentur ; sed quo tempore inchoarentur.*

— Si Probus avait averti à temps l'héritier de Rolland, et qu'il lui eût donné les preuves qu'il avait contre son faux créancier, je ne crois pas qu'on eût rien à lui dire. On peut commencer de faire pour un tendre ami ce qu'on n'entreprendrait point pour un autre : quoique la charité oblige toujours à empêcher qu'il ne soit injustement lésé.

CAS CXXXVII. *Palémon*, ayant pris de lui-même la défense de Valier, son ami absent, a commis dans la poursuite du procès, par défaut d'intelligence, une faute notable ou au moins légère. Est-il tenu de réparer le dommage qu'il lui a causé?

R. Si les affaires de Valier fussent demeurées abandonnées sans les soins de Palémon, il n'est tenu que du dommage causé par une faute grieve. Mais s'il avait un juste fondement de croire que d'autres en auraient pris soin, il est tenu même d'une faute légère, et même d'une très-légère, s'il avait empêché un homme très-versé dans les affaires d'en prendre soin. *Nec sufficit talem diligentiam adhibere, qualem suis rebus adhibere solet, si modo alius, diligentior eo, commodius administraturus esset*. Inst. l. III, t. 4.

La Glose ajoute qu'un homme serait tenu même des cas fortuits, 1° s'ils étaient arrivés en conséquence d'une faute par lui commise; 2° s'il s'était ingéré des affaires d'un pupille, dont la cause est toujours très-favorable; 3° s'il avoit engagé ce tiers, sans son aveu, dans des affaires extraordinaires, etc.

CAS CXXXVIII. *Ariste*, s'étant chargé de lui-même de défendre les intérêts de Claude absent, a été obligé par cette raison d'emprunter de l'argent à intérêt. Claude est-il obligé de lui rendre et l'argent et les intérêts qu'il en a payés?

R. Oui ; car il n'est pas juste qu'un ami soit lésé pour avoir fait les affaires de son ami. *Ob negotium alienum gestum, sumptuum factorum usuras præstari bona fides suasit*, dit la loi 18, *cod. de Negotiis gestis*.

CAS CXXXIX. *Tribonius*, maire de ville, a reçu un présent de 300 liv. d'un fermier pour lui obtenir une diminution d'un ancien bail que la maison de ville lui avait fait. Tribonius peut-il retenir ce présent?

R. Non ; car si la diminution que Tribonius a accordée est juste, il a dû l'accorder gratuitement au fermier, et si elle est injuste, 1° il doit dédommager la ville du tort qu'il lui a causé, et le fermier est tenu à lui rendre l'excédant de la juste diminution dont il est tenu envers la ville; 2° quant au présent, comme par sa qualité de maire, il est juge entre la ville et le fermier, et qu'un juge, selon saint Augustin, *epist*. 152, *n*. 23, ne peut

---

(1) *Insula*, maison isolée qui ne tient à aucun autre bâtiment.

profiter d'un présent qu'il a reçu pour faire une injustice, il est obligé à en faire restitution à l'Eglise ou aux pauvres; parce que celui qui a donné de l'argent ou un présent, dans le dessein de corrompre un juge, mérite de le perdre.

— Voyez la remarque sur le cas CXXVIII, et n'y ayez point d'égard, si vous ne la trouvez pas juste.

Cas CXL. *Protogène* a détruit la semence de la terre de son voisin. Doit-il restituer autant que cette terre aurait dû rapporter, et sur le même pied qu'a valu le blé à la moisson?

R. Pour régler cette restitution, il faut s'en rapporter à l'estimation d'un homme judicieux et bon connaisseur, et voir ce que les champs voisins ont rapporté, et si le champ détruit avait coutume de rapporter comme eux. *Voyez* saint Thomas, in 4, dist. 15, q. 1.

Cas CXLI. *Blosius* ayant commencé à rompre les ceps de la vigne de Christophe, homme haï dans le pays, quatre autres ont fait la même chose, sans y être excités par lui. Tous sont-ils obligés solidairement à restituer au maître de la vigne le dommage qu'ils ont causé?

R. Blosius et les autres n'ayant pas concouru en même temps au délit, mais successivement en divers temps, il semble que l'obligation de restituer ne doit pas être solidaire en ce cas, et qu'il suffit qu'un chacun restitue à proportion du dommage qu'il a causé, ainsi que l'enseignent S. Raimond et S. Thomas qu'a suivis Cabassut, l. VI, c. 26. Cependant il serait plus sûr pour la conscience que chacun d'eux se tînt solidairement obligé à restitution.

— Pontas s'est étudié à embrouiller ce cas. Pour le résoudre il faut savoir si l'action de Blosius a servi d'exemple aux autres, ou non, comme si pendant qu'il ravageait un coin de la vigne, ils ravageaient l'autre, sans savoir qu'il le fit, ou très-déterminés à le faire, quand il ne l'aurait pas fait. Dans le second cas, il n'y a point d'obligation solidaire de restituer. Dans le premier cas, les théologiens ne sont pas d'accord. Molina, Sanchez et beaucoup d'autres croient que le mauvais exemple n'influant point comme cause efficiente dans le mal qui s'ensuit, puisqu'il n'est ni conseil, ni moins encore commandement, il n'y a point d'obligation *in solidum* de restituer. Henri de S. Ignace et le P. Antoine pensent le contraire; parce que *verba movent, exempla trahunt*, etc. J'ai suivi ce sentiment, tom. I, p. 2, ch. 2, n. 510.

Cas CXLII. *Foulques* et deux cents fanatiques ont pillé de concert une ville. Foulques a eu pour sa part 1,000 liv. dont il veut faire la restitution, ne pouvant pas donner plus. A qui la doit-il faire?

R. Il doit restituer aux pauvres du lieu, ou employer son argent au profit de la ville, selon l'avis de l'évêque ou des magistrats. C'est la décision de saint Thomas, in 4, dist. 14, q. 1, art. 5. Les autres demeurent cependant dans l'obligation solidaire de restituer le surplus du dommage.

— Si Foulques pouvait savoir à peu près quel quartier il a pillé, il devrait y porter le fort de sa restitution.

Cas CXLIII et CXLIV. *Eloi* ayant un troupeau de moutons, dont le berger a été pris par force par un capitaine qui passait, les moutons sont entrés dans une pièce de blé appartenant à Médard et l'ont endommagée. Eloi est-il tenu à restitution? Y serait-il aussi tenu si ce berger s'étant endormi, les moutons eussent ravagé un plant de jeunes arbres?

R. Médard n'a pas tort de demander son dédommagement à Eloi, dans le premier cas; car, selon les lois canoniques et civiles, le maître des animaux qui ont fait du dégât est obligé à le réparer. Cependant il semble que, selon l'équité naturelle, on ne le doit pas obliger à la réparation de ce dommage, du moins jusqu'à ce qu'il y ait été condamné juridiquement, puisqu'on ne peut lui imputer, ni à son berger, aucune faute ni aucune négligence.

Dans le second cas, Eloi est obligé de réparer le dommage causé par son troupeau. Car il est de la justice qu'il en réponde, aussi bien que du berger : *Si quadrupes pauperiem fecisse dicatur, actio ex lege* 12 *tabularum descendit*, dit la loi 1, ff. t. IX, t. 1. Mais il n'y est pas tenu par le seul fait, mais seulement après que le juge l'y aura condamné; parce que l'on n'est tenu à restitution qu'à raison du bien d'autrui qu'on retient injustement, ou à cause du dommage injuste qu'on lui a causé, ou enfin en vertu de quelque contrat. Or il n'y a ni contrat, ni injustice de la part d'Eloi. Mais s'il était condamné par les juges, qui sont les ministres des lois, à restituer, il y serait obligé en conscience, sauf son recours contre le berger. « La raison est que ces lois sont justes et établies pour la sûreté du bien public, et les docteurs conviennent que les lois pénales obligent en conscience à la peine, après la sentence. » Ce sont les termes des Conférences d'Angers.

— Je ne crois pas qu'un juge bien instruit du fait osât condamner Eloi à restituer, dans le premier cas; comme il ne l'oserait faire, si les ennemis de Médard, après avoir lié le berger d'Eloi, avaient chassé son troupeau sur les terres du même Médard. Cependant comme Eloi aurait épargné son bien, tandis que ses moutons broutaient celui d'un autre, il serait tenu de restituer ce dont il serait devenu plus riche.

Cas CXLV et CXLVI. *Etienne* a un taureau qu'il sait être féroce, et qui a tué dans un pâturage le cheval de René. Le même avait aussi un loup qu'il tenait enfermé soigneusement, et qui, s'étant échappé, a causé du dommage à un troupeau de moutons de Jules. A quoi est tenu Etienne dans ces deux cas?

R. Il doit, dans le premier cas, restituer à René le dommage causé par son taureau, avant même la sentence du juge; parce qu'il ne devait pas mettre, au moins sans de justes précautions, un animal féroce dans les pâturages publics, et qu'en voulant la cause du mal, il est censé avoir voulu le mal même.

Dans le second cas, il n'est pas tenu du dommage qu'a souffert Jules, si le loup s'est échappé sans sa faute. Il faut raisonner différemment d'un animal domestique, tel que le chien, que d'un animal féroce, tel que le loup, l'ours, etc. Le maître est toujours tenu du dommage que cause le premier, comme nous avons dit, et il n'est pas responsable du dommage d'un animal féroce, qui s'est échappé sans sa faute. La raison est que celui qui possède le dernier, cesse d'en être le maître dès qu'il s'est enfui, l'animal étant censé avoir recouvré sa première liberté. C'est la raison qu'en donne la loi 1, ff. *Si Quadrupes*, etc. Mais si l'animal s'était échappé par la négligence du maître ou de celui qui en doit répondre, il serait alors responsable du dommage causé. Et au contraire il ne le serait pas du dommage fait par son chien, s'il n'avait mordu que parce qu'on l'a agacé.

Cas CXLVII. *Pamélius*, pour empêcher les bêtes fauves de manger ses grains, a fait des fosses dans un sentier. Matthieu y est tombé le soir et s'est rompu une jambe. Pamélius doit-il lui restituer?

R. Oui; parce qu'il n'a pas droit de faire des fosses dans un chemin public : *Si fossam feceris in silva publica, et bos meus in eam inciderit, agere possum hoc interdicto; quia in publico factum est*, dit la loi 7, ff. *Quod vi aut clam*. Il est encore plus coupable d'avoir fait ces fosses dans un chemin passant, parce qu'il devait en prévoir les conséquences.

Cas CXLVIII. *Polybe* a pris douze canards sauvages qu'il a nourris pendant un mois. Ces canards s'étant sauvés dans un étang voisin, Caïus en a tué six. Doit-il les rendre à Polybe qui les lui redemande?

R. Non; parce que selon la loi 3, ff. *de Acq. rerum dom.*, les animaux sauvages n'ont plus de maître et sont au premier occupant, dès qu'ils ont recouvré leur première liberté, et qu'on les a perdus de vue.

Il est bon d'ajouter qu'on peut mettre au rang des animaux sauvages les abeilles, dont par conséquent les essaims n'appartiennent à personne, jusqu'à ce qu'on les ait enfermés dans la ruche, et qui reprennent leur premier état, dès qu'ils s'envolent hors la ruche, sans que celui qui en était le propriétaire les puisse revendiquer comme une chose qui lui appartienne.

— Cette addition est très-fausse en plusieurs coutumes. Les abeilles y sont regardées comme des épaves, et se partagent entre le seigneur et celui qui les a prises, pourvu qu'il l'ait averti à temps. Le temps est de huit jours, selon la coutume de Tours. *Voyez* Ferrières sur les Instituts, l. ii, tit. 1.

Cas CXLIX. *Eralde* voyant dix pourceaux appartenant à Robert, qui ravageaient son blé, et ne pouvant les chasser sans augmenter le dégât, en a tué deux. A-t-il péché et doit-il restituer à Robert?

R. Si le dommage est proportionné à la valeur des deux pourceaux, Eralde n'est tenu à aucune restitution dans le for intérieur envers Robert, puisque Robert est tenu envers lui de ce dommage. Mais, parce qu'il s'est par son action rendu juge en sa propre cause, il a péché; à moins que la coutume de la province ne permit aux particuliers de se faire justice à eux-mêmes en pareil cas, comme cela s'observe dans certains lieux.

— En général on ne peut que se saisir des animaux et les garder jusqu'à ce que le maître ait réparé le dommage qu'ils ont causé.

Cas CL. *Sisinnius*, ayant surpris Lucien chassant sur ses terres, ou tuant ses pigeons, s'est saisi de lui, lui a ôté son fusil brisé, et l'a menacé de le poursuivre en justice. Lucien intimidé lui a offert son fusil et deux pistoles, ce que Sisinnius a accepté. Doit-il restituer à Lucien?

R. Sisinnius ne peut légitimement s'attribuer les deux pistoles de son autorité privée, et avant que le juge y ait condamné Lucien, à moins qu'il n'eût causé un dommage proportionné à cette somme, parce qu'une amende n'est jamais due que qu'après qu'elle a été ordonnée par le juge; mais il n'est pas obligé de lui rendre son fusil; 1° parce que Lucien n'a aucun droit de s'en servir en pareil cas, et que lui l'ayant fait, il est censé avoir consenti suffisamment à en être privé, surtout étant surpris *in flagranti delicto*; 2° parce que l'usage d'un fusil brisé est étroitement prohibé, et qu'il est même défendu de l'exposer en vente. De sorte que le seigneur qui en trouve un paysan saisi, peut le briser de son autorité privée. Néanmoins si un seigneur en trouvait un chez un paysan, qui ne le garderait que pour sa propre défense, il ne pourrait le lui enlever, comme il fut jugé au parlement d'Aix, le 26 janvier 1666.

Cas CLI. *Etienne* a empêché Hildevert d'avoir une commission, en priant celui de qui elle dépendait, de ne la lui pas accorder. Doit-il restituer à Hildevert?

R. Non; parce qu'Hildevert n'avait aucun droit à la commission qu'il sollicitait, et qu'Etienne n'a usé ni de dol, ni d'aucune voie violente et injuste, mais de simples prières pour empêcher qu'il ne l'obtînt. Cependant il a péché contre la charité, s'il s'est opposé à l'avantage de Hildevert sans raison légitime.

Cas CLII. *Patrice*, qui hait Thomas, a empêché un collateur de lui donner une prébende; ou bien il en a fait révoquer la collation. Est-il obligé à quelque restitution envers Thomas?

R. Patrice, ayant agi par un esprit de haine, a commis une injustice à l'égard de Thomas. Mais pour régler la réparation qu'il lui doit faire, il faut distinguer, dit saint Thomas, 2-2, *q*. 62, *art*. 2. Car si le présentateur ou le collateur n'était pas encore absolument résolu de lui donner le bénéfice, quoiqu'il en fût digne, Patrice qui l'en a empêché est obligé à quelque dédommagement selon le jugement d'un homme sage, quoiqu'il ne soit pas tenu à la restitution de l'équivalent. Mais si Thomas était déjà assuré de la prébende, et que Patrice en eût, sans une juste cause, fait révoquer la présentation, il serait obligé envers Thomas à la réparation de l'équivalent, parce que, dit le saint docteur, *idem est ac si jam habitam præ-*

bendam ei auferret; et ideo tenetur ad restitutionem æqualis; tamen secundum suam facultatem.

— Je croirais assez que quand une aumône est simplement, mais fermement destinée à un pauvre, celui qui par menaces ou par dol empêche qu'il ne l'obtienne est tenu à la lui restituer tout entière, et que quand il n'y a ni dol, ni rien d'équivalent, on n'est tenu de restituer que quand celui à qui on a fait tort avait *jus ad rem.* Dans les cas que les circonstances rendent obscurs, il faut toujours consulter.

Cas CLIII. *Pompilius* a conféré une prébende à Jacques, qui en est fort peu digne, préférablement à Jean d'un mérite singulier, qui la demandait. Est-il obligé à la restitution de l'équivalent du bénéfice envers Jean?

R. Pompilius doit faire pénitence du mauvais choix qu'il a fait; mais il ne doit aucune restitution à Jean, parce qu'il a péché que contre la justice distributive. Or, selon saint Thomas et tous les autres théologiens, on n'est obligé à restitution que lorsqu'on a violé la justice commutative. C'est le raisonnement de Cabassut, l. vi, c. 2.

— C'est sur ce principe que nous avons décidé ailleurs (tom. I Mor. in 8, cap. 5, *de Justitia*) que ceux qui donnent des offices à gens indignes d'en être revêtus, sont tenus à restitution, parce qu'il ne se peut faire que ces gens-là ne causent beaucoup de dommage à la république. Et de là, grand Dieu! que de restitutions qui ne se font jamais.

Cas CLIV. *Fulgose* a donné au valet de chambre d'un évêque 300 livres qu'il avait promis de lui remettre sitôt qu'il lui aurait fait donner une cure. Fulgose doit-il rendre le bénéfice, et le valet de chambre les 300 livres à Fulgose?

R. Fulgose est obligé de rendre à l'Eglise le bénéfice qu'il a acquis par cette voie, afin que le collateur en puisse disposer canoniquement, et le valet de chambre doit restituer l'argent qu'il a reçu, non pas à celui qui le lui a donné, mais aux pauvres, ou l'employer à d'autres œuvres pieuses. C'est la décision de saint Thomas, 2-2, *q.* 100, *art.* 6, et elle est reçue partout.

Cas CLV. *Artémius,* ayant joui pendant deux ans d'une prébende que son père lui avait obtenue par simonie, la remise au collateur sitôt qu'il l'a su. Doit-il aussi restituer les fruits qu'il a perçus et consumés, avant qu'il eût connaissance de la nullité de ses provisions?

R. S'il a consumé les fruits de sa prébende sans en être devenu plus riche, il n'est obligé à aucune restitution : *Fructus bonæ fidei possessores reddere cogendi non sunt, nisi ex his locupletiores exstiterint,* dit la loi 1, *Cod. de Perceptione hæred.* Mais s'il avait encore actuellement entre les mains le restant de ces fruits, ou leur valeur, ou si en les consumant, il avait épargné et augmenté par là son propre bien, il serait obligé à restituer ce en quoi il serait devenu plus riche.

— Ces mots, *Si par là il avait augmenté son bien,* peuvent présenter un sens faux. Si Artémius avait mis à la loterie cent francs de son bénéfice, et qu'il eût eu un lot de 10,000 livres, il ne serait pas tenu de le restituer.

Cas CLVI. *Joseph* s'est fait réhabiliter à un bénéfice qu'il avait obtenu par une simonie non coupable. Doit-il restituer les fruits qu'il a perçus de ce bénéfice, et qu'il n'a pas encore consumés?

R. Si Joseph, en se faisant réhabiliter, n'a pas obtenu du pape la condonation des fruits qu'il a perçus et non consumés, il doit les restituer, parce que sa réhabilitation ne lui donne droit d'en jouir que pour l'avenir, et n'a aucun effet rétroactif.

Cas CLVII. *Fortunat,* prieur, a été six mois sans réciter le bréviaire. Est-il obligé à quelque restitution?

R. Il est obligé à restituer la moitié du revenu de l'année, à moins que son prieuré n'ait d'autres fonctions, dont il se soit acquitté; car il pourrait alors déduire un salaire proportionné à ces mêmes fonctions, *Secundum arbitrium viri prudentis. Voyez* Bénéficier, cas *Ericius.*

Cas CLVIII. *François,* âgé de onze ans, ayant été pourvu de plusieurs bénéfices contre sa volonté, n'a point récité le bréviaire jusqu'à l'âge de seize ans, que, son père étant mort, il s'est aussitôt démis de ses bénéfices. Doit-il restituer les revenus de ces bénéfices, quoiqu'il ne les ait pas touchés, mais son père qui en a eu l'administration?

R. François ne paraît point obligé à restituer les fruits de ses bénéfices qu'il n'a pas touchés, puisqu'il n'a pu s'en démettre, et que son père n'eût pas manqué de faire déclarer nulle en justice la démission qu'il en aurait faite. Cependant son père ayant profité contre la justice des fruits de ses bénéfices, il est tenu avec ses cohéritiers à les restituer, *pro rata portione hæreditatis,* comme il y serait tenu à l'égard des profits usuraires ou des dettes dont la succession de son père serait chargée. Au reste si, comme on le peut présumer, François a eu assez de jugement pour connaître la mauvaise conduite de son père, nous ne prétendons pas excuser de péché son omission.

Cas CLIX. *Bertrand,* chanoine, a reçu les distributions quotidiennes, quoiqu'il fût absent, parce que ses confrères ont bien voulu lui en faire remise. Est-il obligé à les restituer?

R. Oui ; car le concile de Trente ordonne que les chanoines obligés à l'office public soient privés de leurs distributions à proportion du temps qu'ils s'en sont absentés, sans qu'il soit permis à leurs confrères de leur en faire remise : *Reliqui, quavis collusione aut remissione exclusa, his distributionibus careant.* Trid. sess. 24, *de Reform.,* cap. 12.

Cas CLX. *Gordius,* chanoine, a assisté pendant six mois à l'office sans attention. Doit-il restituer les fruits à proportion de ce temps?

R. Quoi qu'en aient pensé de mauvais casuistes, on doit dire que Gordius, n'ayant assisté que de corps à l'office, il doit être considéré comme s'il n'y avait pas assisté ; et qu'ainsi, il est obligé à restituer au *prorata* du temps qu'il a manqué d'attention. Quand l'Eglise commande la confession et la communion annuelles, elle commande indirectement et par une suite nécessaire les actes de pénitence et de dévotion avec lesquels on doit s'approcher de ces sacrements. Elle commande donc aussi l'attention et la piété, quand elle commande la prière : *Studiose et devote*, dit le conc. IV de Latran.

Cas CLXI. *Dizier*, n'ayant pu faire siens les fruits d'une cure, 1° parce qu'il était irrégulier quand on la lui a donnée ; 2° parce qu'il ne l'a point desservie ; 3° parce qu'il n'a pas récité l'office, a présenté sa supplique au pape, dans laquelle il s'est contenté d'exprimer son irrégularité, en demandant sa réhabilitation avec la condonation des fruits, ce qui lui a été accordé. Est-il en sûreté de conscience ?

R. Dizier ayant supprimé dans sa supplique les deux raisons qui le rendaient beaucoup plus coupable et plus indigne de la grâce qu'il demandait, et qui auraient rendu le pape plus difficile à l'accorder, son rescrit est subreptice et nul pour la condonation des fruits : *Hi*, dit Innoc. III, *qui falsitatem exprimunt, vel supprimunt veritatem, in suæ perversitatis pœnam, nullum ex illis litteris commodum consequantur*, etc. Dizier est donc toujours obligé à restituer les fruits comme auparavant. Tout ce qu'on peut lui accorder, est qu'en vertu de son rescrit il commence d'être titulaire légitime et de faire siens les fruits à l'avenir, à compter du jour de la date de la grâce que le pape lui a faite ; mais à l'égard de ceux qu'il a mal perçus, il ne peut sans un nouveau rescrit légitime se les attribuer.

Cas CLXII. *Sophronius*, chanoine régulier, jouissant d'un office claustral ou d'un bénéfice, ayant amassé 3,000 liv. de ses épargnes, en a fait présent à Marguerite, sa nièce, âgée de quinze ans. Son père a dissipé cette somme en peu de mois. Marguerite demande si elle est obligée à restituer ces 3,000 liv., parce qu'elle a ouï dire qu'un religieux ayant fait vœu de pauvreté ne peut rien donner ?

R. Il est vrai qu'un religieux, qui jouit d'une pension, n'en a pas l'administration et n'en peut disposer sans la permission de son supérieur régulier. Mais celui qui a un office claustral ou un bénéfice peut disposer des revenus comme les bénéficiers séculiers. Cependant, comme ils n'en sont que les simples économes, ils n'ont droit de disposer que de ce qui est nécessaire pour leur entretien, le reste appartenant de droit à l'Eglise ou aux pauvres. Néanmoins nous n'estimons pas que Marguerite soit obligée à restituer les 3,000 liv., supposé, comme il y a bien de l'apparence, eu égard à son âge, qu'elle les ait reçues dans la bonne foi ; parce que, selon saint Thomas et tous les théologiens, on n'est pas obligé à restituer ce qu'on a consumé dans la bonne foi sans en être devenu plus riche. Or, Marguerite est dans ce cas, puisque c'est son père qui a tout consumé. *Voyez* Sainte-B., tom. III, cas 137.

Cas CLXIII. Est-on obligé à restituer les fruits perçus d'un bénéfice qui oblige à être prêtre dans l'an, quand on a négligé de se faire ordonner ?

R. On est obligé de restituer les fruits perçus depuis l'année révolue, parce qu'on les a perçus sans titre. On serait même obligé à les restituer tous, si on avait reçu le bénéfice dans le dessein de ne pas recevoir la prêtrise dans le cours de l'année. C'est la décision de Boniface VIII, *cap.* 35, de Elect., *in* 6. ' Ce cas est déjà v. Pension. *Voyez* ce qu'on y a dit cas III.

Cas CLXIV et CLXV. *Odon* a dit par vengeance et contre la vérité que Baudouin l'avait volé. Ou bien il a publié à Lyon, où Baudouin travaillait en soie, le vol réel qu'il avait commis à Amiens, d'où il s'était sauvé, et par là il lui a ôté le moyen de gagner sa vie. A quoi est tenu Odon ?

R. Dans le premier cas, Odon, de quelque condition qu'il soit, est obligé à déclarer que ce qu'il a dit contre Baudouin est faux. Il est en outre obligé à réparer le tort qu'il pourrait lui avoir fait dans ses biens par sa calomnie.

Dans le second cas, Odon a péché grièvement, supposé qu'il n'ait agi dans la vue d'aucun bien public ou particulier. Néanmoins, si Baudouin avait été convaincu de vol en justice, et puni publiquement, il ne serait tenu à aucune réparation pour l'avoir publié, parce que tout le monde a droit d'avoir connaissance de son jugement. Mais s'il n'y a pas eu un tel jugement, Odon doit réparer tout le dommage qu'il lui a fait dans ses biens et dans sa réputation. *Tunc*, dit saint Thomas, 2-2, q. 62, a. 2, *tenetur ad restitutionem famæ, quantum potest, sine mendacio tamen ; ut pote quod dicat, se male dixisse, vel quod injuste eum diffamaverit*.

Cas CLXVI et CLXVII. *Lucien* ayant trouvé Marius à Luçon, où il passait pour honnête homme, lui a reproché publiquement qu'il avait été marqué à Paris pour un vol domestique. L'a-t-il pu sans péché ? L'aurait-il pu, s'il avait révélé que Marius avait essuyé ce traitement, parce qu'il était hérétique ou dangereux charlatan ?

R. Lucien a grièvement blessé la charité dans le premier cas ; parce qu'il a privé Marius d'un bien qu'il possédait paisiblement et sans préjudice de personne, quoiqu'il n'y eût pas un droit strict après le flétrissant arrêt qui avait été rendu contre lui.

Dans le second cas, Lucien a bien fait en découvrant que Marius était un empoisonneur des âmes ou des corps, supposé qu'il continuât à séduire ou à tromper les simples dans l'un ou dans l'autre genre. Sans cela il serait aussi coupable que dans le premier cas.

Cas CLXVIII. *Hippolyte*, ayant calomnié Sabinius, a été pour cela condamné par le juge, et Sabinius rétabli dans sa bonne réputation. Hippolyte doit-il encore se rétracter et rembourser les frais que Sabinius a faits pour se justifier ?

R. Sabinius étant suffisamment justifié, Hippolyte doit seulement lui restituer les frais, comme l'enseigne Sylvius, in 2-2, q. 62, art. 2.

Cas CLXIX. *Farulfe* a calomnié Théocrite. Mais Théocrite lui a pardonné, et l'a dispensé de lui faire réparation. Doit-il encor la lui faire ?

R. Non ; car, ajoute Sylvius, *sicut is, cui est condonatum ut per furtum ablata non restituat, est liber a restitutione; ita etiam infamator, cui infamatus obligationem restituendi rationabiliter condonavit*. Ce serait autre chose, si Théocrite était un homme public, comme l'est un pasteur, un magistrat, parce que ces sortes de personnes ont besoin de leur réputation pour le bien des peuples. Il faut même quelquefois en agir rigoureusement avec un calomniateur, pour son propre avantage, c'est-à-dire pour lui apprendre à être plus mesuré dans la suite.

Cas CLXX. *Clément* et *Jude*, marchands, d'égale condition, se sont réciproquement calomniés. Clément offre à Jude de réparer le tort qu'il lui a fait, s'il veut réparer aussi le tort qu'il a reçu de lui. Jude le refuse. Clément lui doit-il encore une réparation ?

R. *Clément* et *Jude* étant d'une condition égale, et leurs crimes égaux, l'un n'est pas plus obligé que l'autre à la réparation. Et Jude refusant de la faire, Clément peut en être dispensé suivant ce mot d'Innocent III, cap. fin., *de Adulter*, etc., l. v, tit. 16 : *Paria crimina compensatione mutua delentur*. Mais ils sont tous deux obligés de se pardonner et de se remettre l'obligation qu'ils ont contractée l'un envers l'autre. Au reste, s'il y avait une inégalité considérable dans la condition et dans l'accusation des crimes, celui qui aurait fait le plus grand mal ne pourrait user du droit de compensation.

— Navarre, Lugo, etc., pensent, contre Pontas, que la compensation n'a pas lieu en ce cas, parce que le mal que Clément a dit de Jude ne répare pas le tort que l'un a souffert de l'autre. Mais, 1° si j'ai brûlé la maison de mon voisin, et que mon voisin ait brûlé la mienne, le mal n'est pas réparé, et cependant il y a compensation *cæteris paribus*; 2° il est vrai que Clément ne recouvre pas sa réputation formellement, en ne rétractant pas le mal qu'il a dit de Jude ; mais il est en voie de la recouvrer, parce que Jude lui rendra justice pour l'obtenir. Heureux celui qui se rétracte par un principe de piété ! il gagne plus devant Dieu qu'il ne perd devant les hommes : il ne perdra même rien devant eux, s'il commence à mener une vie solidement chrétienne.

Cas CLXXI. *Olivier* étant accusé en justice contre la vérité d'avoir volé Diodore, Artus, qui passe pour honnête homme, a confirmé l'accusation. Olivier justifie qu'Artus a déjà rendu un faux témoignage et le diffame par là. Est-il obligé de réparer le tort qu'il a fait à sa réputation ?

R. Non ; car étant opprimé par le faux témoignage de cet homme, il a droit de proposer les raisons qu'il a de le récuser, pourvu néanmoins qu'il n'ait pas d'autre moyen de se justifier, et que le crime d'Artus soit de nature à faire voir qu'il est un faux témoin; car autrement il ne pourrait pas le déclarer sans violer la justice, comme le remarque Sylvius, *in* 2-2, q. 62, *art*. 2, *q*. 10.

Cas CLXXII. *Gracilien*, sachant que Raoul a commis un larcin secret, le dénonce au juge comme un voleur, dans le dessein de le perdre. Est-il obligé à réparer le tort qu'il lui a fait par vengeance ?

R. Non, puisqu'il n'a blessé ni la vérité ni la justice, étant juste qu'un malfaiteur soit puni. Il doit seulement faire pénitence du péché qu'il a commis contre la charité. C'est le sentiment de Genet, tom. VI, tr. 8, c. 5.

— Serait-il bien juste d'aller dénoncer au juge un enfant de famille dont le vol peut aisément être réparé et qu'on peut aussi aisément mettre hors d'état d'y retomber jamais ?

— Cas CLXXIII. *Berti*, étant à la question et ne la pouvant soutenir, s'est avoué coupable d'un crime énorme qu'il n'avait pas commis et dont la honte rejaillit sur sa famille. Est-il obligé, pour réparer son honneur et le sien propre, de se rétracter ?

R. Il est sûr d'abord que Berti a péché, parce qu'il n'est jamais permis de mentir, pas même pour éviter les plus cruels et les plus injustes supplices. Mais il est sûr aussi que, dès que son infamie ne peut manquer de porter coup à sa famille, ou à la religion, comme si un prêtre avait avoué qu'il était magicien, il doit absolument se dédire. Car, quoique ce désaveu ne fasse pas tout à fait tomber la calomnie, il est toujours vrai, qu'étant fait par un homme qui va paraître devant Dieu, il en diminuera beaucoup l'impression. Savoir si un particulier qui ne tient à personne, et dont la rétractation ne changera rien dans la sentence portée contre lui, peut, comme maître de sa réputation, ne point révoquer la calomnie dont il s'est chargé pour éviter de nouvelles tortures, c'est une question sur laquelle on est partagé. Je crois, contre Lugo, qu'il faudrait parler. Garder le silence dans une semblable occasion, c'est en quelque sorte sceller de son sang son mensonge et son propre déshonneur. J'ai amplement traité cette question dans mon premier tome de *Mor.*, in-8°, p. 3, ch. 3, édit. 10, a., n. 155.

Cas CLXXIV. *Berthaud* a tellement publié un crime secret de Noël, qu'il ne peut plus réparer la réputation qu'il lui a ôtée injustement. Est-il obligé de compenser le dommage par une somme d'argent ?

R. S. Th. 2-2, q. 62, *a*. 2, dit que dans un pareil cas la réparation se doit faire par argent, ou bien en procurant quelque autre avantage à la personne diffamée ; Covarruvias pense de même : *Consentiunt omnes*, dit-il, *famam posse pecunia compensari*. C'est sur ce principe que, quoiqu'on ne puisse rendre l'équivalent d'un bras qu'on a coupé, on dédommage néanmoins autant qu'il est possible.

Cas CLXXV. *Cléonic* fit, il y a trois ans,

une médisance contre l'honneur d'une fille, devant une de ses voisines. Cette médisance n'a fait aucun tort à la fille. Cléonic doit-il néanmoins aller réparer sa médisance ?

R. Cléonic, ni tout autre médisant, n'est point obligé à faire cette démarche : 1° si la médisance n'a fait aucune impression sur l'esprit de la voisine ; car on n'est pas obligé à restituer un bien qu'on n'a pas ôté ; 2° s'il a lieu de croire que la voisine a oublié le mal qu'il lui a dit de cette fille ; car alors il renouvellerait la plaie qu'il a faite à son honneur ; 3° si cette voisine a été instruite dans la suite du fait et qu'il ne puisse la désabuser ; 4° s'il ne pouvait faire cette réparation sans s'exposer au danger de souffrir quelque mal très-considérable en sa personne ou en ses biens. Dans tous ces cas un médisant et un calomniateur peuvent être dispensés de réparer le tort qu'ils ont fait au prochain, et si Cléonic s'y trouve, il n'y est pas obligé ; à moins que dans ce dernier cas il n'y allât aussi de la vie ou d'un bien égal du prochain calomnié, et qu'on pût le sauver en rétractant sa calomnie. *Voyez* CABASSUT, lib. VI, cap. 22, n. 2.

CAS CLXXVI. *Théophraste*, supérieur d'une communauté, ayant appris qu'un de ses inférieurs répandait, malgré ses avis, une mauvaise doctrine, l'a déclaré à toute la communauté. Doit-il réparer le tort qu'il lui a fait dans l'esprit de ceux qui ne le connaissaient pas ?

R. Point du tout ; parce qu'un supérieur qui a inutilement averti un homme contagieux, doit le faire connaître, afin qu'il n'infecte pas les autres. C'est pourquoi on peut découvrir à un supérieur le vice d'un de ses inférieurs, dans le dessein de prévenir le mal qui en pourrait arriver. On peut aussi avertir un particulier, qui serait exposé au danger de recevoir quelque dommage du commerce d'un homme dont il ne se défie pas. *Voyez* Sylvius, in 2-2, q. 62, et 2, q. 10.

CAS CLXXVII *Marini*, chargé d'écrire la vie d'un prince, y a mis des anecdotes très-infamantes pour lui, et dont il était sûr. Il croit pouvoir le faire, non-seulement parce que son livre se vendra beaucoup mieux, mais encore pour apprendre aux dieux de la terre, que s'ils ne marchent droit pendant leur vie, ils seront couverts d'opprobre après leur mort.

R. Marini a très-grièvement péché. Il n'est pas plus permis de priver les morts de la réputation dont ils ont joui sans préjudice de personne, que les vivants. L'intérêt du livre et la scandaleuse instruction des lecteurs sont d'indignes et frivoles prétextes. Cela est d'autant plus juste, qu'on débite comme anecdotes sûres des calomnies ridicules. C'est ainsi qu'on écrira de sang-froid que ce fut pour se venger de Grandier, que le cardinal de Richelieu fit jouer la comédie des possédées de Loudun, comme si ce formidable ministre, pour perdre un prêtre de ville ou de village, et qui n'était point innocent, avait eu besoin de recourir à un moyen dont le succès était très-douteux, et dont cent mille âmes auraient pu découvrir l'imposture.

CAS CLXXVIII. *Albert* a assuré faussement que son laquais lui avait volé sa montre. Doit-il lui en demander pardon, pour rétablir son honneur ?

R. Non ; mais il suffit qu'il répare le tort qu'il lui a fait, 1° en déclarant devant les mêmes personnes, qu'il ne l'a chargé du larcin de sa montre que par un soupçon mal fondé ; 2° en le traitant d'une manière qui marque que, bien loin de s'en défier, il a au contraire de la confiance en lui ; 3° en lui offrant de le reprendre à son service, en cas qu'il l'ait déjà congédié.

On peut raisonner à peu près de même à l'égard de tout supérieur, qui ne doit être obligé à réparer le tort à celui qu'il a offensé en sa réputation, que par des voies qui ne dérogent ni à sa qualité, ni à son autorité, ainsi que l'enseigne Merbésius. C'est en ce sens que saint Augustin, ep. 21, n. 14, disait à certaines supérieures : *Non a vobis exigitur ut ab eis veniam postuletis, ne dum nimia servatur humilitas, regendi frangatur auctoritas.*

CAS CLXXIX. *Pierre* a volé à Didyme, religieux profès, une montre. Quelque temps après Didyme lui a remis l'obligation de la restituer. En est-il déchargé devant Dieu ?

R. La condonation faite par Didyme est nulle ; ainsi Pierre doit restituer la montre au monastère de Didyme à qui elle appartient, parce qu'un religieux profès ne peut rien posséder qu'au nom de son monastère, selon cette maxime : *Quidquid acquirit monachus, acquirit monasterio.*

CAS CLXXX. *Candidien* a donné, quoique avec beaucoup de scrupule, à des religieux mendiants 2,500 liv., pour faire admettre son fils à la profession, outre 300 livr. qu'il a données pour l'année de son noviciat. Les religieux doivent-ils rendre cette somme à Candidien ?

— R. Les religieux n'ont pu sans simonie recevoir les 2,500 liv. que Candidien n'a données au couvent que sous la condition que son fils y serait reçu à la profession ; parce que tout ce qui est spirituel, telle qu'est la profession religieuse, doit être donné gratuitement. Le monastère, qui a profité injustement de cette somme, est donc obligé à la restituer ? Et comme Candidien a été dans la mauvaise foi en donnant cette somme contre sa conscience, la restitution doit être faite aux pauvres, comme nous l'avons déjà dit, d'après saint Thomas. Mais si Candidien eût cru pouvoir donner les 2,500 liv, sans commettre de simonie, et qu'il eût été dans la bonne foi, alors la restitution devrait lui être faite.

CAS CLXXXI. *Frégaubt*, oncle et tuteur de Louise, l'a forcée à se faire religieuse. A quoi est-il tenu ?

R. La liberté étant un des biens les plus précieux, Frégault a commis une grande injustice, et, pour la réparer, il doit faire tout ce qu'il pourra pour procurer la liberté à Louise, et lui fournir le moyen de réclamer contre ses vœux, si elle a fait profession contre son gré ; et outre cela, il doit payer de ses propres deniers tout ce qui a été donné au couvent, à raison de la prise d'habit, du noviciat ou de la profession solennelle, sauf à déduire ce qui lui en aurait coûté à l'entretenir chez lui, si elle y était demeurée.

Cas CLXXXII. *Chrétien* a engagé Paul, religieux profès très-utile à sa communauté, d'entrer dans une autre plus douce avec dispense. Est-il obligé à quelque restitution envers le premier monastère ?

R. Il est obligé à dédommager le couvent dont il s'agit, de tout le tort qu'il lui a causé, soit pour le présent, soit pour l'avenir ; et cette restitution il peut la faire, soit en persuadant à Paul de rentrer, s'il le peut, soit en procurant au monastère un autre religieux qui sache le même métier, soit en évaluant les pertes que fait le couvent et qu'il fera probablement dans la suite, *deductis tamen probabilibus expensis*.

Cas CLXXXIII. *Héraclide*, ayant volé 300 l., s'en est servi au jeu, où il a gagné 500 l. Doit-il restituer avec les 300 l. les 500 l. qui proviennent du larcin qu'il a fait ?

R. Il suffit qu'il restitue les 300 l. qu'il a volées, le reste étant un fruit de son industrie ou de sa bonne fortune. C'est la décision de saint Thomas, 2-2, *q*. 78, *art*. 3, et les lois y sont conformes, quand elles disent que *nummus ex furto non est furtivus*.

Cas CLXXXIV. *Tullius* vola, il y a dix ans, mille écus à un marchand. Doit-il restituer, avec le principal, les intérêts de cette somme, à raison du denier vingt ?

R. Il doit lui restituer tout le gain qu'il l'a empêché de faire et tout le dommage qu'il lui a causé par son larcin ; et si ce marchand n'eût fait aucun usage de son argent, il suffit qu'il le restitue, sans restituer les intérêts.

Cas CLXXXV. *Didace*, ayant commis grand nombre de petits larcins envers différents particuliers, prétend qu'il n'est pas obligé, sous peine de péché mortel, de les restituer, parce qu'il n'a péché que véniellement en les faisant, et que *modicum pro nihilo reputatur*.

R. Quoiqu'on n'ait péché que véniellement en prenant de petites choses, on pèche mortellement en ne les rendant pas, lorsqu'étant jointes, elles font une somme notable. La raison est que, quoique chaque particulier ne souffre pas un grand dommage, et qu'il n'ait point d'intention d'obliger, sous peine de péché mortel, à restituer celui qui lui a fait ce petit vol, néanmoins ces petits larcins pris ensemble sont très-préjudiciables au bien public, et rendent un homme injuste détenteur d'une somme notable qui n'est pas à lui. Le Saint-Esprit dit, Deuter. xxv : *Non habebis in sacculo diversa pondera, majus et minus*. Pourquoi ? parce que *statera dolosa abominatio est apud Dominum*. Prov. xi. Voyez dans les prénotions la proposition condamnée par Innocent XI, et concluez que Didace doit restituer aux particuliers, s'il les connaît, sinon à l'Eglise ou aux pauvres.

Cas CLXXXVI. *Diogène*, étant dans un besoin extrême, a volé de la farine chez un boulanger. Doit-il, maintenant qu'il a de quoi subsister, restituer au boulanger qui est riche ?

R. Non ; parce qu'il n'a pris que ce que le droit naturel lui permettait de prendre, ainsi que l'enseigne saint Thomas, 2-2, *q*. 66, *art*. 7. Diogène serait cependant obligé à restituer la farine, s'il ne l'avait pas encore consumée dans le temps qu'il a commencé à avoir de quoi en acheter.

— Cas CLXXXVII. Si la nécessité de ce pauvre paysan n'eût été que grièvc, lui eût-il été permis de faire la même chose ?

R. Non ; ce serait ouvrir la porte au larcin. C'est pourquoi Innocent XI a condamné cette proposition : *Permissum est furari, non solum in extrema, sed etiam in gravi necessitate*.

Cas CLXXXVIII. *Anselme* a volé à un laboureur du froment qu'il destinait à ensemencer ses terres, et il n'a pu, à cause de ce vol, semer que du blé commun. A quoi est tenu Anselme ?

R. Il doit réparer tout le dommage qu'il a causé par son vol à ce laboureur, selon le chap. *fin*. *de Inj. et Damno*, etc., qu'on a plusieurs fois cité.

Cas CLXXXIX. *Remi* a volé à Martin un cheval qu'il avait acheté 300 livres et qu'il voulait garder jusqu'à un temps où il l'aurait revendu 500 livres. Remi l'ayant vendu sur-le-champ, doit-il restituer à Martin les 300 livres et les 200 livres qu'il aurait gagnées sur son cheval ?

R. Oui, parce que c'est d'autant qu'il lui a fait tort. Mais cela se doit faire, les frais déduits et eu égard au péril, selon le jugement d'un homme sage et prudent. C'est la décision de l'auteur de l'opuscule 73, *de Usuris*, *c*. 30.

Cas CXC. *Gaspard* a volé une écuelle d'argent qu'il a fait dorer de peur qu'on ne la reconnût. Est-il obligé de rendre la même écuelle qui est améliorée ?

R. Non, et il suffit qu'il en restitue la valeur avec ce qui en a coûté pour la façon. Car la restitution est une action de la justice commutative, qui consiste à remettre le propriétaire d'une chose dans le même état où il était avant le vol commis. Saint Thomas 2-2, *q*. 62, *art*. 5.

— Cette décision souffre des exceptions à raison de certaines circonstances qui n'ont pas lieu dans notre exposé.

Cas CXCI. *Colomban* a fait beaucoup de dépenses à une pendule qu'il avait volée à Claude. Il consent de la restituer, mais à condition que Claude lui remboursera toutes les dépenses qu'il y a faites, tant nécessaires qu'utiles et volontaires. *Quid juris* ?

R. Colomban peut se faire rembourser les dépenses véritablement nécessaires, comme est celle d'une roue qui manquait à la pendule. A l'égard de celles qui sont seulement utiles, il les peut enlever, s'il le peut, sans détériorer la pendule. Quant aux dépenses volontaires et superflues, il est juste qu'il les perde : *Nullam habeant repetitionem (fures)* dit la loi 5, *cod. de Rei vindicat., nisi necessarios sumptus fecerint. Sin autem utiles, licentia eis permittitur sine læsione prioris status rei eos auferre.* Que si Colomban a été condamné en justice à perdre toute la dépense qu'il a faite, il est obligé de se soumettre à cette condamnation comme à une peine qu'il a justement méritée par son larcin. ' *Voyez* le cas *Marin* XCI, et la remarque qu'on y a faite. Pontas y permet la répétition des dépenses utiles.

Cas CXCII. *Théonile* a dérobé une brebis qui lui a fait dans la suite quelques agneaux. Doit-il restituer les agneaux et la brebis?

R. Oui, car on est non-seulement obligé à restituer la chose dérobée, mais encore les fruits qu'elle a produits, lorsqu'elle est d'une nature fructifiante. Saint Thomas, 2-2, q. 68, art. 3.

Cas CXCIII. *Attale* a volé 1,000 livres à Germain, et il en doit 2,000 à Théodore. Il n'a pour tout bien que 2,000 livres. Est-il plus obligé à restituer ce qu'il a volé que la dette de Théodore?

R. Attale doit commencer par restituer la somme qu'il a volée, et donner le reste à Théodore. La raison est qu'on ne peut payer ses dettes du bien d'autrui, et que, si l'on n'a pas en propre de quoi s'acquitter d'une dette, l'on en est quitte devant Dieu. Or, Attale n'a en propre que 1,000 livres, les autres mille livres appartenant à Germain, et non à Attale, qui n'en a jamais acquis le domaine. C'est la décision de saint Antoine et de l'auteur de l'opuscule 73, *de Usuris*, c. 18. Ce que néanmoins cet auteur entend du cas où la restitution qu'on est tenu de faire est claire, certaine et déterminée.

— J'ai dit ci-dessus, cas XX, et prouvé par Pontas même, que les dettes qui naissent du délit ne sont pas préférables à celles qui naissent du contrat. Je crois cependant avec Cajétan que si la loi ou la coutume d'un pays en disposait autrement, il faudrait s'y conformer.

Cas CXCIV. *Victricius* a volé à cinq personnes des sommes différentes qu'il a consumées, excepté 1,000 livres qu'il a volées à Proculus. Peut-il partager ces 1,000 livres entre les cinq personnes à qui il a fait tort?

R. Non, mais il doit rendre les 1,000 livres à Proculus, puisque les ayant encore en nature, il n'en a jamais acquis le domaine, et ne peut par conséquent s'en servir pour payer les autres créanciers. S'il a d'autre argent, il doit partager entre les quatre autres à proportion du plus ou du moins de tort qu'il leur a fait. Mor. de Grenoble, tom. VI; Cabassut, l. VI, c. 23.

Cas CXCV et CXCVI. *Laurent* a volé 1,000 livres à un pauvre et autant à un riche. Il n'a que 1,000 livres. Peut-il restituer le tout au pauvre ou le partager? Que dire si ces deux hommes étaient dans un pareil état de richesse ou de pauvreté?

R. L'auteur de l'opuscule 73 veut, c. 18, que dans le premier cas on préfère le pauvre au riche, parce qu'il est plus lésé et qu'il souffre plus.

Quant au second cas, il croit, et nous encore avec lui, que si la condition des deux est égale, et la dette aussi certaine, on doit restituer à celui qui a été volé le premier. Ce que nous admettons, parce que selon la règle 54 du Sexte : *Qui prior est tempore, prior est jure.*

Si cependant le dernier volé avait demandé son bien ou fait d'autres diligences pour l'obtenir, il devrait alors être préféré, selon les jurisconsultes et les canonistes, parce que, dit Navarre, *Man.* c. 17, *Vigilantibus jura subveniunt.* Si tous deux étaient dans une extrême nécessité, nous pensons que la restitution devrait être également partagée entre eux.

— Je crois bien que dans le premier cas un riche doit aller après un pauvre, quand celui-ci est dans une extrême nécessité. Je dirai même avec Sylvestre, Medina, etc., que cela doit avoir lieu quand il est *in necessitate gravi*, parce que l'ordre de la justice ne peut empêcher celui de la charité, qui est la reine des vertus. Mais hors de ce cas, je ne vois pas comment la pauvreté donne plus de droit à un pauvre qu'à un riche. Dans le second cas, Lugo et d'autres croient que la demande d'un créancier ne lui donne aucun droit de préférence sur un autre, si elle n'est faite en justice. Un sage confesseur ne doit rien décider en tout ceci, sans consulter les légistes et la coutume.

Cas CXCVII. *Anatolius* a volé 500 livres à un abbé, et autant à un père de famille. Doit-il leur restituer cette somme, sachant qu'ils en feront un mauvais usage?

R. Comme il n'est pas juste de restituer son épée à un homme, quand on prévoit qu'il veut s'en servir pour blesser quelqu'un, on peut, ce semble, dire avec Cajétan, que ce n'est pas à l'abbé qu'il faut restituer, mais à l'Église, à qui son bien appartient en propre. On doit raisonner de même du père de famille, et restituer à sa femme, supposé qu'elle soit d'une sage conduite, parce que, dit Gaugeric avec Navarre, *Deficiente viri prudentia circa rem domesticam, pertinet ad uxorem de bonis communibus disponere.*

— Tout cela dépend beaucoup des circonstances. On diffère la restitution quand il y a lieu d'espérer qu'un débauché à qui elle est due changera de conduite. Dans le cas de l'abbé, je restituerais plutôt à de pauvres ouvriers, qu'il fraude de leur salaire, qu'à l'Église, en prenant des mesures pour qu'il ne restituât pas deux fois.

Cas CXCVIII. *Gilles*, ayant volé 1,000 livres à Louis, voudrait les restituer. Comme Louis est mort, et qu'il ne peut connaître ses héritiers, il s'est adressé à Rolland, à qui Louis devait pareille somme de 1,000 livres, et Gilles lui a proposé que s'il voulait lui remettre son billet, il lui donnerait 500 livres, et que les autres 500 livres tourneraient à son profit ou seraient employées en œuvres pieuses ; ce que Rolland a accepté, croyant sa dette mal assurée. Gilles peut-il profiter des 500 livres?

R. Non; car, puisqu'il pouvait restituer les 1,000 livres, il n'avait aucun droit de faire une pareille transaction avec ce créancier, à qui la somme entière était due, et qui ne se contentait de la moitié que parce qu'il était persuadé qu'il ne la pouvait pas retirer tout entière, ou du moins que très-difficilement. Sylvius, *Resol. var.*, v. *Restit.* 1.

CAS CXCIX. *Ribier* a prêté à Augustin plusieurs sommes faisant ensemble 3,500 livres. Augustin lui en a fait ses billets, et a écrit sur son livre-journal les jours où il a reçu chaque somme. Six mois après Augustin a rendu à Ribier cinq de ces sommes qui faisaient 3,000 liv., et voyant qu'il ne lui demandait point la sixième qu'il avait marquée comme les autres sur son livre de compte, il a dit à Ribier qu'il la lui devait encore. Ribier à peine à la recevoir, parce qu'il a été exact à garder tous les billets d'Augustin, et qu'il ne trouve point celui-là. Que doit-il faire?

R. Ribier peut recevoir ces 500 livres quoiqu'il n'en ait plus le billet : 1° parce que cet article étant écrit sur le livre-journal d'Augustin, c'est une preuve positive qu'il le doit à Ribier. Or, une preuve positive doit prévaloir au simple doute et au défaut de mémoire de Ribier, et que comme dit la Glose, *in dubio standum est scripturæ*; 2° parce qu'il n'est pas probable qu'un homme exact, comme on suppose Augustin, ait enflé son propre compte.

CAS CC. *Martin* passant dans une forêt a rencontré Benoît qui lui a demandé s'il n'y avait point de voleurs; Martin, qui le haïssait, lui a répondu que non, quoiqu'il en eût rencontré trois. Sur cette réponse Benoît a continué sa route, et a trouvé les voleurs qui lui ont pris 300 livres. Martin doit-il les lui restituer?

R. Oui; car quoiqu'il ne fût pas obligé par justice, mais seulement par la charité, à avertir Benoît du mal qui lui devait arriver, si cet homme ne l'avait pas requis de lui dire la vérité, il ne pouvait cependant en ce cas lui dire une fausseté, sans se rendre la cause au moins morale de la perte des 300 livres que les voleurs lui ont enlevées. Sylvius, *Resol. var.*, v. *Restitutio.* Le fait est que Benoît lui a donné équivalemment un conseil frauduleux.

CAS CCI. *Michel, Protais, Siméon et Victor* ont volé de concert à Basile 600 livres dont Victor est saisi. Basile ayant su que Victor, son ancien ami, était un des voleurs et saisi de la somme, il lui a remis l'obligation de restituer. Les autres en sont-ils aussi exempts?

R. Quand celui qui possède la chose volée a restitué, ses complices, qui y étaient solidairement obligés avec lui, en sont déchargés. Or, dans l'espèce proposée, Victor est dans le même état que s'il avait restitué, puisque Basile lui a remis l'obligation de le faire. Michel et les autres doivent donc être aussi censés déchargés de l'obligation dont ils n'étaient chargés qu'au défaut de Victor. C'est ce qui est décidé par la loi 16, ff. *de Acceptilat.*

CAS CCII. Par une semblable raison, si Victor avait été la principale cause du vol, parce qu'il aurait commandé aux autres de lui aider, et que Basile l'eût dispensé de la restitution, les autres, qui ne seraient tenus qu'à son défaut, en seraient aussi dispensés, à moins que quelqu'un d'eux ne possédât encore la chose volée.

CAS CCIII. Lorsque ceux qui sont les causes principales d'un vol ne peuvent ou ne veulent pas restituer, et qu'un de ceux qui sont les causes moins principales fait la restitution entière, les autres ne sont plus obligés à restitution, mais seulement à dédommager celui qui l'a faite, chacun jusqu'à la concurrence de ce qu'il aurait été tenu de restituer, si celui-là ne l'avait pas faite. Saint Thomas, 2-2, q. 62, a. 2.

CAS CCIV. Par une raison contraire, si celui à qui l'on a fait tort dispensait de la restitution une des causes moins principales du dommage qu'il a souffert, les causes principales n'en seraient pas moins obligées à tout restituer comme elles l'étaient avant cette remise; parce que celui à qui elle a été faite n'était tenu à restituer qu'à leur défaut. Or, en fait de larcin ou d'autre dommage, le premier obligé à restituer, c'est celui qui l'a commandé, *mandans*; le second, celui qui l'a fait ou exécuté, *exsecutor*; le troisième, celui qui l'a conseillé, *consulens*; parce que, quoiqu'il ait influé le premier comme cause morale dans la perte, l'exécuteur y a prochainement influé comme cause physique et efficiente. *Voyez* le cas suivant.

CAS CCV. *Caninius* a commandé à Diomède de voler un sac de 1,000 l. Afranius l'a conseillé. Diomède a remis le sac volé entre les mains de Mævia, du consentement de son mari. Enfin Julien, qui devait empêcher le vol, ne s'y est pas opposé. Qui sont ceux qui doivent restituer les premiers?

R. 1° Si Mævia a encore la somme volée en elle-même ou en équivalent, elle est obligée à restituer avant tous les autres.

2° Au défaut de Mævia, Caninius doit restituer le premier, étant la principale cause du vol, par le commandement qu'il en a fait; et s'il restitue, les autres ne sont plus tenus à rien. Au défaut des deux premiers, c'est à Diomède à restituer; c'est ensuite à Afranius, qui a conseillé le vol; puis à Mævia et à son mari, quand même ils n'auraient plus la chose volée. Enfin Julien y est tenu au défaut des cinq autres. Tout ceci est de Cabassut, lib. VI, cap. 23, et admis communément.

CAS CCVI. *Félix* et *Godefroy*, ayant volé une montre d'or, l'ont vendue à Norbert, qui savait qu'elle avait été volée. Lequel des trois est tenu premièrement à restituer?

R. Comme Norbert possède la montre, il doit la restituer avant Félix et Godefroi, qui n'y sont obligés qu'à son défaut; et Norbert restituant, les autres complices sont déchargés à l'égard du propriétaire.

— Les deux voleurs sont obligés de restituer

le prix qu'ils ont reçu, à Norbert, selon moi, et selon les principes de Pontas, aux pauvres ; parce que Norbert s'en est rendu indigne.

Cas CCVII. *Flaminius* a volé 1,000 liv. à son maître. Voulant les restituer, il les a remises à son confesseur pour les lui porter. Ce confesseur s'étant noyé en chemin, les 1,000 liv. ont été perdues. Flaminius doit-il porter cette perte ?

R. Oui ; car en matière d'une restitution, à laquelle on est obligé à cause d'un délit commis, on n'est jamais quitte, jusqu'à ce que la chose qu'on doit restituer soit parvenue entre les mains de celui à qui elle appartient ; parce que celui qui a causé le dommage, *tenetur ad restitutionem non solum ratione rei, sed etiam ratione injuriosæ acceptionis ; etiamsi res apud ipsum non remaneat*, ainsi que parle saint Thomas, 2-2, *q*. 62, *art*. 2. Ajoutez que le détenteur de mauvaise foi se charge *ipso suo facto* de tous les risques.

Il faudrait dire le contraire, si le maître de Flaminius lui avait dit de remettre les 1,000 liv. à ce confesseur pour les lui rendre.

Cas CCVIII. *Fulcinius* a volé à Jacques un cheval fourbu, et qui est mort cinq heures après. Doit-il en restituer la valeur à Jacques ?

R. Les auteurs sont partagés sur ce cas. Les uns pensent que lorsque la chose eût péri infailliblement entre les mains du propriétaire, le voleur n'est pas obligé d'en restituer la valeur. Nous pensons qu'il est plus juste et plus sûr pour la conscience de dire avec saint Thomas, 2-2, *q*. 62, *a* 6, que celui qui a volé une chose est tenu à en faire la restitution, non-seulement à raison de la chose même qu'il a volée, mais encore à raison de l'action injuste qu'il a commise en la volant. La faculté de théologie de Paris, dans le 81ᵉ de ses articles de doctrine, déclare, sans faire aucune exception, qu'un voleur est tenu à la restitution de la chose qu'il a volée, si elle est entre ses mains, ou de sa valeur, quand elle n'est plus en sa possession. *Furti, rapinæ et aliorum contra justitiam delictorum rei... obligantur ad restitutionem*. Ajoutez que le voleur, pour s'échapper, n'aura pas manqué de presser le cheval ; ce qui aura accéléré sa mort.

— Cette addition est étrangère à la difficulté. Il s'agit de savoir si, vous ayant volé un cheval qui a péri dans mon écurie par un incendie, qui en a même temps consumé la vôtre, je suis tenu à vous le restituer. Pontas dit ici que oui ; et au cas Sempronius, il dit que non. *Voyez* ce qu'on y a observé.

Cas CCIX. *Guinebaud* est allé chez Nicolas, pour lui voler du blé. Il a commandé à son berger de lui tenir une échelle pour monter par la fenêtre, et de faire le guet. Guinebaud étant mort sans avoir restitué, son berger y est-il tenu ?

R. Ce berger doit restituer le blé ou en payer la valeur. *Si duo pluresve unum tignum furati sunt, quod singuli tollere non potuerint*, dit la loi 21, § 9, ff. *de Furtis, dicendum est omnes eos furti in solidum teneri*. La raison en est claire. Qui coopère à un vol doit restituer, lors même qu'il n'en a tiré aucun profit.

Cas CCX. *Léodebert*, ayant volé du drap, l'a porté chez Flavien, qui l'a gardé, et le lui a rendu huit jours après. Flavien, qui savait le vol, doit-il restituer au défaut de Léodebert ?

R. Flavien, comme recéleur, est tenu solidairement à la restitution du drap, avec celui qui l'a volé. *Quia receptores non minus delinquunt quam aggressores*, dit la loi 3, ff. *de Incend*. C'est ce qu'enseigne saint Augustin, *can*. Si res, 1, § *XIV*, *q*. 6.

Cas CCXI. *Noël* a volé à Florus jusqu'à la quantité d'un muid de vin, qu'il a bu en plusieurs collations avec trois de ses amis qui ignoraient ce vol. Ces trois amis sont-ils obligés à restituer, à son défaut, le *prorata* de ce qu'ils ont bu de ce vin ?

R. Non ; car quand on a consommé de bonne foi une chose volée, on n'est obligé qu'à la restitution du profit qu'on en a retiré en la consumant. Or ces trois amis de Noël n'ayant bu le vin qu'il a volé, que dans les collations qu'il leur a données hors des repas ordinaires, ils n'ont fait aucun profit, puisqu'ils n'ont rien épargné par là de leur propre vin, comme on le suppose. Ce serait tout le contraire, 1° s'ils avaient eu connaissance du vol ; 2° si, ayant coutume de boire du vin dans ces mêmes temps, ils ont épargné le leur en buvant celui de Florus.

— Ne pourrait-on pas dire, si Noël avait coutume de traiter ces trois amis, qu'ils n'ont pas épargné leur vin, mais le sien ? Puisque, s'il n'avait pas volé, ce serait le sien propre qu'ils auraient bu chez lui, et non pas le leur.

Cas CCXII. *Nobilius*, ayant conseillé et persuadé, par plusieurs raisons, à Caïus de dérober 5,000 liv. à Jean, a, quelque temps après, tâché de le dissuader ; mais Caïus n'a pas laissé de voler la somme. Nobilius doit-il la restituer, à son défaut ?

R. Comme Caïus n'a fait ce vol que parce que les raisons de Nobilius l'y ont porté, ce premier conseil doit être censé la véritable cause du larcin que Caïus a fait, et par conséquent il doit restituer : *Tenetur consiliator*, dit saint Thomas, 2-2, *q*. 62, *art*. 7..., *ad restitutionem, quando probabiliter æstimari potest quod ex hujusmodi causis fuerit injusta acceptio subsecuta*. *Voyez* la réponse suivante.

Cas CCXIII. *Salomon* et *André* ont confié à Barthélemi qu'ils allaient voler Etienne. Barthélemi a applaudi à leur dessein et leur a même conseillé de l'exécuter. Est-il tenu à restituer aussi bien qu'eux ?

R. On a dit dans la réponse précédente, que tout conseil n'oblige pas à restituer ; mais seulement, *quando probabiliter æstimari potest, quod (ex consilio) fuerit injusta acceptio subsecuta*. Ainsi, si Salomon et André étaient déterminés à voler Etienne, indépendamment du consentement ou du conseil de Barthélemi, celui-ci n'est obligé à aucune restitution ; mais il y est obligé à leur défaut, s'ils n'eussent pas commis le vol sans son consentement et son conseil. Dans le doute si le conseil a été la cause efficace du vol, il est plus probable qu'on est tenu à restitution.

— Je continue à croire que dans le cas

d'un doute légitime, on doit moins que dans le cas de la certitude.

Cas CCXIV. *Ulysse*, ayant déclaré à Jacques qu'il voulait voler 100 louis à Pierre, il lui a conseillé de ne lui en prendre que 50; ce qu'il a fait. Jacques est-il tenu à restituer? Le serait-il encore si, ayant dissuadé Ulysse de voler cette somme à Pierre, parce qu'il est pauvre, il lui avait conseillé de la voler plutôt à Paul qui est riche?

R. Pierre n'a pu, sans pécher contre la justice, conseiller à Ulysse de ne prendre que 50 louis; et si son conseil a été la cause du vol, il doit restituer au défaut d'Ulysse. Il faut dire la même chose du second cas.

— Il suit de là que, si Ulysse était déjà très-déterminé à faire son mauvais coup, Jacques, bien loin d'être obligé à restituer, aurait rendu un vrai service à Pierre, en empêchant la moitié de son mal, sans vouloir l'autre. Grandin et Habert croient aussi que celui qui dirait: *Laissez ce pauvre homme, il y en a de plus riches*, ne serait tenu à rien; parce qu'il n'aurait pas intention de faire voler les riches, mais de faire épargner un pauvre. *Voyez* mon premier tome de *Morale*, p. 2, ch. 2, n. 355 et suiv.

Cas CCXV. *Théocrite*, ayant vu un homme qui volait son voisin, a négligé de le chasser, quoiqu'il l'eût pu faire aisément. Doit-il restituer à ce voisin le dommage qu'il a souffert?

R. Théocrite a grièvement violé la charité; mais il n'est pas obligé à restituer le dommage, parce qu'il n'était point tenu d'office à l'empêcher; c'est la doctrine de saint Thomas, 2-2, *q.* 62, *art.* 2, et des autres théologiens, à l'exception de Cajétan, qui est trop sévère à cet égard.

— Il y a de bons théologiens qui croient que quand un homme s'est tu, parce qu'il était bien aise que son ennemi fût volé, il n'est pas exempt de restitution. Ce sentiment souffre de la difficulté.

Cas CCXVI. *Fulgose*, prêt à restituer à Frédéric 200 liv. qu'il lui a volées, apprend que son père est dans un besoin extrême. Peut-il se servir de ces 200 liv. pour le soulager, et différer la restitution?

R. Il le peut et le doit même, toutes les choses étant communes alors, par le droit naturel; mais, hors ce cas qui est très-rare, il ne le peut pas, et doit restituer. *Voyez* saint Thomas, 2-2, *q.* 62, *art.* 5, *ad* 4.

— La nécessité grave du débiteur, de son père, de son enfant, est aussi une raison de différer la restitution, quand celui à qui on a fait tort n'est pas dans le même besoin.

Cas CCXVII. *Théodore* et *Mævia* ont gagné chacun 100 écus par la voie du péché. Ne sont-ils pas tenus à les restituer?

R. On peut acquérir de l'argent par la voie du péché en plusieurs manières: 1° en le gagnant justement, quoiqu'on ait péché en le gagnant; par exemple, si Théodore et Mævia l'avaient acquis en travaillant les dimanches, et alors on n'est point tenu à restituer; 2° quand on reçoit de l'argent qui est donné gratuitement à cause du péché qu'on a commis; par exemple, si Mævia a reçu les cent écus de celui qui l'a débauchée; et elle n'est point obligée à les restituer, parce qu'il n'y a point de loi qui défende de donner de l'argent en ce cas, et qu'en le recevant, elle n'a pas violé la justice commutative. Cependant il est bien plus sûr pour la conscience de ne pas retenir un gain qu'on a fait par ses débauches, et de le donner aux pauvres; 3° lorsqu'un homme est convenu avec un autre de lui donner une somme pour faire une action qui est un péché, celui qui l'a reçue n'est pas tenu à la restituer, à moins que la loi ne déclare nulle ces sortes de conventions, ou qu'elles ne soient contraires à la justice commutative; 4° lorsqu'une chose est acquise par un péché qui renferme une injustice: par exemple, par rapine, par vol ou par usure, et alors il faut restituer; 5° enfin il y a des choses qu'on peut avoir acquises par certains péchés, que ceux qui les ont reçues ne peuvent ni garder, ni rendre à ceux de qui ils les ont reçues, parce qu'ils ne méritent pas qu'elles leur soient rendues; tels sont les gains acquis par simonie, dont la restitution doit être faite aux pauvres. Toute cette décision est de S. Th. 2-2, *q.* 31, *art.* 70. C'est sur ces principes que Théodore et Mævia doivent juger s'ils sont obligés à restituer ou non.

— Les conférences de Paris, celles d'Angers, Sainte-Beuve et beaucoup d'autres enseignent qu'une prostituée est tenue à restituer le fruit de ses débauches, à moins que les lois ne les lui attribuent, comme dans les pays où ces malheureuses sont tolérées pour éviter de plus grands maux. Sans les obliger à une restitution bien exacte, tant à cause de l'autorité de ceux qui les en exemptent, que parce que nos lois (à moi connues) ne sont pas précises sur ce point, je ne les dispenserais pas *a toto*; et surtout j'aurais soin qu'en se resserrant beaucoup sur la dépense, elles donnassent au moins par charité ce qu'elles pourraient bien devoir par justice. *Voyez* mon vol. I où cette question est amplement traitée, part. 3, cap. 1, art. 4, num. 88.

Cas CCXVIII. *Fullonius* a volé à Jean une écritoire d'argent, qu'il a donnée ensuite à Titius, qui savait que Fullonius l'avait dérobée. Titius l'a perdue. Lequel des deux est obligé à restituer?

R. Fullonius est tenu à restituer le premier, *ratione injuriosæ acceptionis*, et Titius, *ratione rei acceptæ*; ce sont les termes de S Th., 2-2, *q.* 62, *art.* 6, *ad* 1. Il en serait de même quand Titius aurait acheté l'écritoire, si Fullonius ne pouvait pas ou ne voulait pas la rendre, ni le prix à l'acheteur.

Cas CCXIX. *Trémérius* a volé 100 livres à un homme dont il ne connaît ni le nom, ni le pays. Que doit-il faire pour l'acquit de sa conscience?

R. Il doit d'abord tâcher de déterrer celui à qui il a fait tort et, s'il ne le peut découvrir, faire des aumônes pour son salut: *Sive sit vivus, sive mortuus*, dit S. Th., *ibid.*, *art.* 5.

Cas CCXX, CCXXI et CCXXII. *Clotaire*

ayant fait tort de 3,000 livres à Festus, s'excuse de les restituer, *hic et nunc*, 1° parce qu'il ne le peut sans se mettre en danger de manquer du nécessaire lui et ses enfants ; 2° parce que Festus, qui est un débauché, dissiperait cette somme, s'il l'avait ; 3° parce qu'il ne peut faire cette restitution sans découvrir son péché.

R. Clotaire est dispensé de restituer actuellement dans ces trois cas. Car, 1° quand un débiteur ne peut restituer sans une très-grande incommodité, telle qu'est celle de se réduire lui, ou ses enfants, ou ses père et mère, à une grande pauvreté, il est dans une impuissance morale qui l'excuse pour le présent (à moins que le créancier ne soit réduit à un pareil état par le délai de la restitution). La raison est que dans ce cas d'impuissance le créancier est censé y consentir selon les règles de la charité chrétienne. C'est la décision de S. Ant. II, p. tit. 2, et de Sylvius, in 2-2, q. 62, art. 8, conc. 4. Il faudrait dire la même chose si Clotaire ne pouvait restituer qu'en vendant son bien ou ses marchandises à vil prix, et en souffrant un dommage considérable. La seconde raison de Clotaire le dispense aussi de restituer ; car dit S. Ant. au même endroit, on ne doit point rendre *hic et nunc* à un homme ce qui lui appartient, quand il le demande pour s'en servir à se faire du mal à lui-même, ou au prochain. Clotaire peut donc différer à restituer les 3,000 livres à Festus jusqu'à ce qu'il ait changé de vie : il doit cependant avoir soin de ne pas laisser la restitution à faire à ses héritiers.

Enfin la dernière raison de Clotaire est encore recevable. Car comme la réputation est bien plus précieuse que tous les biens temporels, on est encore dispensé de restituer, selon le même S. Antonin, tant qu'on ne le peut faire sans se diffamer. On y pourvoit ordinairement par le ministère d'un sage confesseur.

— Dans le second cas, si un homme violent voulait me tuer, à moins que je ne lui rende son épée, dont il veut se servir pour se battre en duel, je ne serais pas obligé de me laisser assommer pour empêcher son crime.

CAS CCXXIII. *Artemid*, notaire, n'a pour tout bien que 4,000 livres qu'il doit à différents particuliers. Peut-il employer cette somme pour assurer une pension alimentaire à son fils, qui est en démence, préférablement au payement de ce qu'il doit à ses créanciers ?

R. Il le peut ; selon Cabassut, liv. VI, ch. 23, dont la décision est confirmée par plusieurs arrêts du parlement de Paris, qui adjugea même, le 14 août 1599, aux deux filles du sieur des Arpentis une pension alimentaire, préférablement aux créanciers de feu leur père, quoiqu'elles n'eussent aucune infirmité de corps ni d'esprit.

CAS CCXXIV. *Hildebaud* a frappé si rudement Henri, qu'il en est mort. Le père de Hildebaud doit-il payer à la veuve de Henri les frais du chirurgien, de l'enterrement et les autres dommages causés par le crime de son fils, et surtout ayant conseillé à son fils de s'évader de peur d'être puni comme homicide.

R. L'Ecriture dit, Ezech. XVIII : *Filius non portabit iniquitatem patris, neque pater iniquitatem filii.* C'est sur ce principe qu'Alexandre III, cap. fin. *de Delictis puror.* déclare qu'un père n'est tenu à aucune peine pécuniaire pour un homicide commis par son fils, même impubère, nonobstant qu'il y eût une coutume contraire. Les lois romaines veulent que le coupable seul soit sujet à la peine qu'il a méritée par sa mauvaise action : *Unusquisque ex suo admisso sorti subjicitur, nec alieni criminis successor constituitur*, dit la loi 26, ff. *de Pœnis*, lib. XLVIII, tit. 19. Les arrêts du parlement de Paris confirment cette décision, comme on le voit dans Peleus, qq. *Illustres*, q. 4.

Voyez ACHAT ; ADULTÈRE, cas *Léandre* ; AVOCAT, cas *Camille, Salustius, Lentulus, Pomponius, Capitaine* ; CONTRAT, COMPENSATION ; DONATION, cas *Madeleine, Antonin, Agcard, Eudoxe, Omer, Guerre* ; INTÉRÊT, cas *Edmond, Casimir,* etc. ; JUGE, cas *Manlius, Thucidide* ; POSSESSION, cas dernier ; PRÊT *mutuum*, PRÊT *à usage*, cas *Martial et vine, Cassandre, Avircus, Symmaque, Elpidius* ; VENTE, USURE.

RESTITUTION EN ENTIER.

On définit la restitution en entier : *Prioris juris reintegratio, et in pristinum statum repositio, judicis auctoritate facta.* On ne peut être restitué en entier qu'après avoir obtenu des lettres de chancellerie, par lesquelles le roi annule les actes dont on était lésé. Ces lettres n'ont d'effet que lorsqu'elles sont entérinées. Les causes ordinaires pour obtenir la restitution en entier sont le dol, la crainte, la violence, la minorité, la lésion d'outre moitié de juste prix. Il y a aussi des causes qui sont laissées à la prudence du juge.

L'Eglise et l'Etat étant toujours mineurs, l'un et l'autre peuvent avoir recours à la voie de restitution. Quand un homme a été lésé d'outre moitié dans une vente, il peut obtenir des lettres de rescision ; mais l'acheteur a le choix, ou de rendre le bien, ou de le retenir en suppléant le juste prix excédant. D'un autre côté la restitution n'est jamais accordée à l'acheteur, mais au seul vendeur ; parce que l'acheteur n'est jamais nécessité à acheter, et que le vendeur peut être obligé de vendre à vil prix.

Lorsqu'il s'agit de droits successifs de biens meubles, ou même immeubles vendus par un décret forcé, le vendeur n'est pas admis à la restitution en entier. Le droit de la restitution en entier, quelque cause qu'elle puisse avoir, se prescrit par dix ans, à compter, à l'égard des majeurs, du jour de l'acte dont on se plaint, et à l'égard des mineurs, du jour de leur majorité.

DICTIONNAIRE DE CAS DE CONSCIENCE. II.

Cas I. *Gorgias* ayant reconnu, après sa majorité, qu'il a été lésé dans une vente qu'il a faite à Claude pendant sa minorité, lui redemande la chose qu'il a vendue, et offre de lui rembourser le prix qu'il a reçu. Doit-on lui accorder le bénéfice de la restitution en entier?

R. Si Gorgias a demandé sa restitution avant que les dix premières années de sa majorité aient été écoulées, il est recevable en sa demande, en justifiant qu'il a été lésé dans le contrat de vente qu'il a fait. C'est ainsi qu'il est porté par l'ordonnance de Louis XII de 1510. Au reste, Claude est toujours tenu de réparer l'injustice qu'il a commise en achetant à trop bas prix.

Remarquez 1° qu'on accorde quelquefois des lettres de rescision après dix ans passés, comme lorsque celui qui les demande prouve que celui avec qui il a contracté a usé de dol à son égard, ou de violence; 2° qu'un majeur qui a fait entériner en justice ses lettres de rescision ne peut plus s'en désister, à moins que sa partie adverse n'y consente.

Cas II. *Damien*, mineur, ayant renoncé à une succession trop embarrassée de dettes, Léandre, le plus proche héritier après lui, l'a acceptée et terminé toutes les affaires par ses soins. Damien, devenu majeur, veut se servir du bénéfice de restitution en entier et reprendre l'hérédité. Le peut-il?

R. Non; il est vrai que, selon les lois, il eût eu droit de se relever de sa renonciation, s'il l'eût demandée pendant que les choses étaient encore en leur entier; mais Léandre ayant débarrassé la succession des dettes dont elle était embrouillée, il est juste qu'il jouisse du fruit de ses peines. C'est la décision de la loi 24, § 1. ff. *de Minor.* 26, an. Domat observe que notre usage y est conforme, *Lois civiles*, liv. IV, tit. 6, sect. 2, n. 12.

Cas III. *Cestius*, mineur, ayant accepté une riche succession, en a acquitté les dettes. Une grande partie de cette succession étant venue à périr par des cas fortuits, Cestius, devenu majeur, veut se faire relever de son acceptation, afin de se faire rembourser des dettes qu'il a payées. Cela est-il juste?

R. Non. La diminution des biens de l'hérédité, étant causée par des cas fortuits, ne le met pas en droit d'obliger les créanciers à lui rendre ce qu'il leur a payé, en partie de ses propres deniers; parce qu'ils n'ont reçu que ce qui leur était dû, et dont ils auraient pu se faire payer, quand Cestius n'aurait pas accepté la succession.

Cas IV. *Théodebert*, mineur, ayant ruiné par sa faute un cheval qu'il avait emprunté à Landri, lui a promis de le dédommager. Peut-il, après sa majorité, se servir du bénéfice de la restitution en entier, pour ne pas accomplir sa promesse?

R. Non. Les lois, qui accordent des lettres de rescision aux mineurs, quand ils ont été trompés, ne les dispensent pas de réparer le dommage qu'ils ont causé. *Placet in delictis non subveniri minoribus*, dit la loi 9, ff. *de Minoribus*, etc.

Cas V. *André*, mineur, a chargé Claude de donner une pistole par mois pour la subsistance de son père. André peut-il, après sa majorité, se servir de lettres de rescision contre Claude, pour ne pas le rembourser des avances qu'il a faites?

R. André n'ayant fait que son devoir en faisant soulager son père, il ne peut se servir du bénéfice de la restitution en entier, qui n'a lieu que quand un mineur a été lésé et trompé. Leg. 44, ff. *de Minor.* 25 an.

Cas VI. *Agapius*, ayant obtenu des lettres de rescision pour un contrat qu'il avait fait avec Antoine sous la caution de Louis, Louis est-il déchargé de sa caution?

R. Non, à moins que l'engagement contracté par Agapius ne se trouve fondé sur le dol d'Antoine, ou sur quelqu'autre vice qui doive avoir le même effet, tel que serait la violence. Auquel cas la restitution en entier aurait lieu à l'égard de Louis, comme à l'égard d'Agapius. Leg. 2, cod. *de Fidejus. minor.* l. II, t. 23.

Cas VII. *Frédéric*, tuteur de Remi, ayant vendu à Samson une maison de son mineur pour payer ses dettes, Remi, devenu majeur, peut-il se faire relever de cette vente?

R. Si Frédéric a agi de son chef et sans observer les formalités requises, quoiqu'il ait agi de bonne foi, Remi a droit de se faire relever, et il peut actionner et son tuteur et l'acheteur, ainsi qu'il est porté par la loi 47, ff. *de Minor.*, etc.

Cas VIII. *Gédouin* ayant été forcé par violence de vendre une métairie à Jules, qui l'a ensuite donnée en payement à Gautier, a obtenu des lettres de rescision après la mort de Jules, et a demandé à Gautier la restitution de sa métairie. Gédouin peut-il attaquer Gautier?

R. Oui, et il peut rentrer dans sa métairie, en rendant le prix qu'il en a reçu. Gautier n'a que son recours contre Jules, ou contre ses héritiers. C'est la décision de la loi 14, § 3, ff. *Quod metus causa*. Il faut remarquer que les héritiers de Gédouin auraient le même droit que lui de se servir de rescision. *Omnium, qui ipsi potuerunt restitui in integrum, successores in integrum restitui possunt*, Leg. 6, ff. *de in integrum Restitutione.*

RETRAIT.

C'est la faculté qu'on a de se faire subroger au lieu et place d'un acquéreur. Avant la révolution, on en distinguait vingt-cinq espèces; le code civil n'en reconnaît plus que trois: le retrait conventionnel, connu sous le nom de faculté de rachat (*voyez* RACHAT); le retrait débital ou de droits litigieux, et le retrait successoral.

1° *Retrait de droits litigieux.* La chose est censée litigieuse dès qu'il y a procès et contestation sur le fond du droit. Celui contre lequel on a cédé un droit litigieux peut s'en faire tenir quitte par le cessionnaire en lui remboursant le prix réel de la cession avec les frais et loyaux coûts et avec les intérêts à compter du jour où le cessionnaire a payé le prix de la cession à lui faite. Cette disposition cesse dans le cas où la cession a été faite à un cohéritier ou copropriétaire du droit cédé; 2° lorsqu'elle a été faite à un créancier en payement de ce qui lui est dû; 3° lorsqu'elle a été faite au possesseur de l'héritage sujet au droit litigieux.

2° *Retrait successoral*. D'après le code civil, toute personne, même parente du défunt, qui n'est pas successible, et à laquelle un cohéritier aurait cédé son droit à la succession, peut être écartée du partage, soit par tous les cohéritiers, soit par un seul, en lui remboursant le prix de la cession. De nombreuses questions se sont élevées sur l'application de cet article dont le laconisme laisse beaucoup à désirer. Les bornes que nous nous sommes imposées ne nous permettent pas d'autres développements.

RÉVÉLER. *Voyez* CORRECTION; EMPÊCHEMENT EN GÉNÉRAL, cas VIII et suivants; MONITOIRE.

REVENDICATION.

Action par laquelle on réclame une chose qui nous appartient et qui est entre les mains d'un autre. Le propriétaire seul est fondé à l'intenter; mais il n'est pas nécessaire que la propriété du vendeur soit parfaite; il suffit d'avoir un droit de propriété quelconque, un droit d'emphytéose par exemple; elle doit être intentée contre celui qui possède la chose, sauf à remonter au vendeur ou au bailleur, lorsque la chose a été vendue ou donnée à ferme. Il est un cas où le demandeur est irrecevable dans son action; c'est celui où un effet mobilier a été acquis de bonne foi du non-propriétaire par un tiers, à moins toutefois que cet effet n'ait été perdu ou qu'il n'ait été volé.

Le vendeur pourra, en cas de faillite, revendiquer les marchandises par lui vendues et livrées et dont le prix ne lui a pas été payé, dans les cas et aux conditions ci-après expliquées.

La revendication ne pourra avoir lieu que pendant que les marchandises expédiées seront encore en route, soit par terre, soit par eau, et avant qu'elles soient entrées dans les magasins du failli ou dans les magasins du commissionnaire chargé de les vendre pour le compte du failli. Elles ne pourront être revendiquées si, avant leur arrivée, elles ont été vendues sans fraude sur factures et connaissements ou lettres de voiture.

La revendication ne pourra être exercée que sur les marchandises qui seront reconnues être identiquement les mêmes et que lorsqu'il sera reconnu que les balles, barriques ou enveloppes dans lesquelles elles se trouvaient lors de la vente n'ont pas été ouvertes; que les cordes ou marques n'ont été ni enlevées ni changées, et que les marchandises n'ont subi en nature et quantité ni changement ni altération.

Pourront être revendiquées aussi longtemps qu'elles existeront en nature, en tout ou en partie, les marchandises consignées au failli à titre de dépôt, ou pour être vendues pour le compte de l'envoyeur: dans ce dernier cas même le prix desdites marchandises pourra être revendiqué, s'il n'a pas été payé ou passé en compte courant entre le failli et l'acheteur.

Le commissionnaire qui achète pour le compte du commettant une marchandise qu'il paye de ses deniers peut exercer la revendication.

Le vendeur non payé d'un fonds de commerce ne peut donc pas plus, après la faillite de l'acheteur, agir par voie d'action en résolution qu'il ne peut agir par voie d'action en revendication; mais dans ce cas et faute de payement des termes de loyer, le vendeur du fonds de commerce qui a en même temps cédé son droit au bail peut faire résilier cette cession. La mise en gage des marchandises n'exclut point, comme la vente qui en serait faite, le droit de revendication.

En principe, le défendeur est obligé de rendre les fruits, lorsque le demandeur a justifié de son droit de propriété, soit qu'il s'agisse d'un meuble, soit qu'il s'agisse d'un immeuble, à moins que la demande n'ait pour objet que la nue propriété d'une chose. Mais la loi civile de même que la loi de la conscience établit une différence entre le possesseur de bonne foi et le possesseur de mauvaise foi. Le possesseur de mauvaise foi est tenu de restituer tous les fruits qu'il a perçus durant sa jouissance. Le possesseur de bonne foi au contraire *fait les fruits siens* jusqu'au jour où une demande en éviction a été formée contre lui.

RITE ET RITUEL.

Rit ou Rite, c'est le nom qu'on donne aux cérémonies religieuses en tant qu'elles sont approuvées et réglées par l'autorité compétente. Le livre qui en contient le détail et les formules s'appelle *Rituel*.

Jésus-Christ, en fondant son Eglise, n'a institué qu'un petit nombre de rites essentiels qui forment le fonds invariable de la religion chrétienne. Il n'a rien prescrit touchant les autres cérémonies accessoires; il laissa ce soin à ses apôtres ou aux évêques leurs successeurs, comme une partie variable et qui, sans mettre la foi en danger, pouvait se modifier à l'infini selon les temps, les lieux, les mœurs, les goûts et le caractère des différents peuples. *Declarat* (Tridentina synodus) *hanc potestatem perpetuo in Ecclesia fuisse, ut in sacramentorum dispensatione, salva eorum substantia, ea statueret vel mutaret quæ suscipientium utili-*

tati seu ipsorum sacramentorum venerationi pro rerum, temporum et locorum varietate, magis expedire judicaret.

L'Eglise défend expressément non-seulement aux simples prêtres, mais aux évêques eux-mêmes d'omettre ou de changer les cérémonies prescrites pour l'administration des sacrements : *Si quis dixerit,* dit le concile de Trente, *receptos et approbatos Ecclesiæ catholicæ ritus in solemni sacramentorum administratione adhiberi consuetos, aut contemni aut sine peccato a ministris pro libito omitti, aut in novos alios per quemcunque ecclesiarum pastorem mutari posse, anathema sit.*

Un grand nombre d'évêques et de prêtres français ont témoigné le désir, pour une plus grande uniformité, que le Rituel romain fût exactement suivi dans tous les diocèses ; ce qui pourrait se faire d'autant plus facilement, ainsi que le remarque Mgr Gousset, que les Rituels particuliers sont généralement, à peu de chose près, conformes au romain pour ce qui regarde les bénédictions et l'administration des sacrements. Paul V, en publiant le Rituel romain, émit le vœu qu'il fût généralement suivi dans toute la chrétienté.

In quo (Rituali) cum receptos et approbatos catholicæ Ecclesiæ ritus suo ordine digestos conspexerimus, illud sub nomine Ritualis romani merito edendum publico Ecclesiæ Dei bono judicavimus. Quapropter hortamur in Domino venerabiles fratres patriarchas, archiepiscopos, episcopos et dilectos filios eorum vicarios, nec non abbates, parochos universos ubique locorum existentes et alios ad quos spectat, ut in posterum tanquam Ecclesiæ Romanæ filii, ejusdem Ecclesiæ omnium matris et magistræ auctoritate constituto rituali in sacris functionibus utantur et in re tanti momenti, quæ catholica Ecclesia et ab ea probatus usus antiquitatis statuit, inviolate observent.

L'évêque ou le prêtre qui, volontairement et en matière grave, omettrait, changerait l'ordre et les cérémonies prescrites pour l'administration des sacrements, pécherait mortellement. Si ce changement, ou cette omission, sans être en matière grave, était accompagné de mépris ou était de nature à scandaliser les fidèles, le péché serait mortel.

Ipse sacerdos, dit le Rituel romain, *dum sacramentum aliquod ministrat, singula verba quæ ad illius formam et ministerium pertinent,* attente, distincte et pie *atque clara voce pronuntiabit, similiter et alias orationes et preces devote ac religiose dicet; nec memoriæ, quæ plerumque labitur, facile confidet; sed omnia recitabit ex libro. Reliquas præterea cæremonias ac ritus ita decenter gravique actione peraget, ut astantes ad cœlestium rerum cogitationes erigat et attentos reddat.*

Saint Augustin, entraîné sans doute par son respect pour l'antique tradition, s'inquiétait des différences qu'il remarquait de son temps dans les usages des Eglises d'Afrique, et ceux de Rome, l'Eglise-Mère de toutes les Eglises ; et pourtant il répond à sainte Monique, qui l'avait consulté sur le jeûne du samedi qu'on n'observait pas à Milan, où elle demeurait alors, comme on le faisait à Tagaste, sa patrie : « En quelque Eglise que vous soyez, obser« vez-en la coutume, si vous voulez n'être pour personne un objet de scandale, et que per« sonne ne le soit pour vous. »

Et quand un moine du même nom, Augustin, premier apôtre et évêque d'Angleterre, traversait les Gaules pour se rendre dans le pays qu'il allait soumettre à l'empire de Jésus-Christ, s'il fait remarquer au pape avec étonnement la multiplicité des rites qu'il trouve en ce pays, le pape Grégoire le Grand lui répond : « Ce qui attache votre cœur aux rites romains, c'est que vous les avez observés dès l'enfance. Cependant, que cette affection ne vous détourne pas des bonnes coutumes que vous trouverez dans les Gaules ou ailleurs, et ne vous empêche pas de les transporter en Angleterre, où la foi est nouvelle ; car il faut aimer les choses pour leur valeur et non pour les souvenirs qu'on y rattache. Prenez donc en chaque Eglise ce que vous y trouverez de meilleur et de plus capable de nourrir la piété, d'inspirer l'estime et l'amour de la religion, puis faites de tous ces rites un recueil à l'usage des Bretons. » Si saint Grégoire, ce pape savant et pieux, qui lui-même avait réformé la liturgie romaine du pape Gélase, parle ainsi au futur évêque de Cantorbéry, peut-on s'étonner encore de la diversité des rites du monde chrétien, et songer à rétablir jamais une véritable unité dans les usages, quand on voit, même encore de nos jours, chaque Eglise varier dans ses propres rites, et Rome elle-même rejeter ceux qu'elle suivait autrefois pour en adopter de nouveaux plus conformes aux besoins actuels des populations. Les rites ne sont-ils pas d'ailleurs la seule partie de la religion qui puisse et qui doive même se modifier à toutes les diverses périodes de l'histoire ? Il y a loin du IVe au Xe siècle de l'Eglise, et du Xe au XIXe siècle. Le symbole de notre foi est resté le même qu'en l'an 325, époque du concile de Nicée, mais le pape Pie IX ne doit pas être le dernier des successeurs de saint Pierre qui verra de nouveaux rites s'introduire sans danger dans l'Eglise confiée à sa sollicitude paternelle.

La congrégation des Rites ne reconnaît et n'admet qu'un seul bréviaire, qui est le bréviaire romain, pour toute l'Eglise ; cependant, à cause des usages qui se sont introduits à diverses époques dans plusieurs diocèses et qui ont passé à l'état de loi, elle tolère les bréviaires particuliers.

Nous croyons faire plaisir à nos lecteurs en leur citant la lettre que Grégoire XVI écrivit en 1842 sur cette matière à Mgr l'archevêque de Reims :

Studium pio prudentique antistite plane dignum recognovimus in binis illis tuis litteris, quibus apud nos quereris varietatem librorum liturgicorum, quæ in multas Galliarum eccle-

sias inducta est; et a nova præsertim circumscriptione diœcesium, novis porro non sine fidelium offensione auctibus crevit. Nobis quidem idipsum tecum una dolentibus nihil optabilius foret, venerabilis frater, quam ut servarentur ubique apud vos constitutiones S. Pii V immortalis memoriæ decessoris nostri, qui et breviario et missali in usum ecclesiarum Romani ritus, ad mentem Tridentini concilii, emendatius editis, eos tantum ab obligatione eorum recipiendorum exceptos voluit, qui a bis centum saltem annis uti consuevissent breviario aut missali ab illis diverso; ita videlicet, ut ipsi non quidem commutare iterum atque iterum arbitrio suo libros hujusmodi, sed quibus utebantur, si vellent, retinere possent. Ita igitur in votis esset, venerabilis frater; verum tu quoque probe intelligis quam difficile arduumque sit morem illum convellere, ubi longo apud vos temporis cursu inolevit : atque hinc nobis, graviora inde dissidia reformidantibus, abstinendum in præsens visum est nedum a re plenius urgenda, sed etiam a peculiaribus ad dubia quæ proposueras, responsionibus edendis. Cæterum cum quidam ex regno isto, venerabilis frater, prudentissima ratione idoneaque occasione utens, diversos, quos in ecclesia sua invenerat, liturgicos libros nuper sustulerit, suumque clerum universum ad Romanæ Ecclesiæ instituta ex integro revocaverit, nos prosecuti illum sumus meritis laudum præconiis, ac juxta ejus petita, perlibenter concessimus indultum officii votivi pluribus per annum diebus, quo nimirum clerus ille bene cæteroquin in animarum cura laborans, minus sæpe obstringeretur ad longiora in breviario Romano feriarum quarumdam officia persolvenda. Confidimus equidem, Deo benedicente, futurum ut alii deinceps atque alii Galliarum antistites, memorati episcopi exemplum sequantur; præsertim vero ut periculosissima illa libros liturgicos commutandi facilitas isthic penitus cesset.

ROGATIONS.

Le mot *Rogations* signifie les trois jours de prières publiques qu'on fait avant la fête de l'Ascension de Notre-Seigneur Jésus-Christ, durant lesquels on garde l'abstinence de la viande. Au commencement on jeûnait pendant ces trois jours; mais on s'est relâché peu à peu, et l'on se contente aujourd'hui de s'abstenir de viande.

CAS I. *Sigonius*, étant de retour d'Italie en France, a mangé de la viande les trois jours des Rogations, sans croire commettre un péché, 1° parce que l'on en mange à Rome ; 2° parce que là-dessus l'Eglise n'a fait aucune loi qui oblige à l'abstinence. *Quid juris ?*

R. Sigonius, étant suffisamment instruit de la coutume générale qui s'observe en France, a péché mortellement en la transgressant: 1° parce que dans plusieurs diocèses il y a une loi qui oblige à l'abstinence, comme il paraît par le concile d'Orléans; de 1511, qui dit : *Rogationes... placuit celebrari cum triduano jejunio;* 2° parce que la coutume générale qui s'observe dans tout le royaume depuis plusieurs siècles a force de loi qui oblige en conscience. *Quæ longa consuetudine comprobata sunt ac per plurimos annos observata velut tacita civium conventione, non minus quam ea quæ scripta sunt jura servantur,* dit la loi 35, ff. *de Legib.*, etc., l. I, tit. 3. *Voyez* JEUNE, cas XVI.

— Il y a en France des diocèses, comme celui de Nîmes, où l'abstinence des Rogations n'est pas en usage. Il y en a en Italie où l'on jeûne, comme à Milan. *Voyez* le Catéchisme de Montpellier.

CAS II. *Rodolphe*, évêque, a fait un statut synodal par lequel il a ordonné qu'on jeûnât les trois jours des Rogations. Les religieux exempts de sa juridiction, et qui sont dans l'étendue de son diocèse, pèchent-ils en n'observant pas ces trois jeûnes ; comme ils pécheraient en ne gardant pas les fêtes ordonnées par cet évêque, ou en violant un interdit qu'il aurait prononcé contre la ville où ils seraient établis?

R. Tous les religieux, même exempts, sont obligés par le droit commun et par le concile de Trente, sess. 25 *de Regul.*, c. 12, d'observer les fêtes commandées par l'évêque diocésain et de garder son interdit. Mais on ne trouve nulle part dans le droit que des religieux exempts soient dans la même obligation à l'égard des jeûnes particuliers ordonnés par les évêques. On peut donc croire que, sauf le scandale qui ne manquerait pas d'arriver, ils n'y sont pas tenus. A moins qu'au défaut du droit cette obligation ne fût induite par la coutume ancienne et générale du lieu où le monastère est situé; car alors, dit Sylvius, *in resol. v. Rogationes*, ils y seraient obligés, *ex vi talis consuetudinis, etsi non ex vi legis episcopalis.*

RUBRIQUES.

Ce mot signifie proprement une observation écrite en lettres rouges, comme l'étaient autrefois les titres et les principales maximes du droit romain. On applique ce terme en particulier aux règles à suivre dans la liturgie et l'office divin.

Burchard, maître de cérémonies de la chapelle papale, joignit les rubriques de la messe à un pontifical imprimé à Rome en 1485, et bientôt après l'usage s'établit généralement de les imprimer en tête des missels. Ce fut le pape Pie V qui les fit rédiger dans l'ordre où elles sont aujourd'hui. On joignit de même au bréviaire les règles à suivre dans la récitation de l'office. Quelques-unes de ces règles furent insérées dans l'ordinaire de la messe, où, pour être mieux remarquées, elles étaient imprimées en caractères rouges.

Les cérémonies et les prières que prescrivent les rubriques pour la célébration de la messe sont d'obligation. On doit aussi se conformer aux règles de la rubrique pour l'ordre et le temps de la récitation de l'office divin.

Le pape saint Pie V, dans sa bulle de l'an 1570 qui se trouve à la tête du missel romain, commande à tous les prêtres, en vertu de la sainte obéissance, de dire ou de chanter la messe selon le rite et la règle que prescrit le missel: *Mandantes, ac districte omnibus et singulis ecclesiarum prædictarum patriarchis, administratoribus, aliisque personis quacunque ecclesiastica dignitate fulgentibus, etiamsi cardinales, aut cujusvis alterius gradus et præminentiæ fuerint, illis in virtute sanctæ obedientiæ præcipientes, ut cæteris omnibus rationibus et ritibus ex aliis missalibus quantumvis vetustis observari consuetis, in posterum penitus omissis ac plane rejectis, missam juxta ritum, modum ac normam quæ per missale hoc a nobis traditur, decantent ac legant; neque in missæ celebratione alias cæremonias vel preces, quam quæ hoc missali continentur, addere, vel recitare præsumant.*

Le concile de Trente dit anathème à quiconque dira que les rites établis dans l'Église pour l'administration des sacrements peuvent être changés ou omis à volonté, et veut que les évêques décernent des peines contre les prêtres qui, au mépris des règlements, substitueraient d'autres rites, d'autres cérémonies ou d'autres prières aux rites et aux prières approuvés par l'Église. D'où il suit 1° que les rites propres à une Église particulière pour la célébration des saints mystères et l'administration des sacrements, ne peuvent être suivis et conservés qu'autant qu'ils ont pour eux une approbation spéciale du saint-siége ou une prescription suffisante.

2° Que, hors le cas de nécessité, d'inadvertance involontaire, il y a toujours péché à changer, à omettre la moindre règle prescrite par la rubrique.

3° Qu'une omission grave contre les rubriques peut être un péché mortel. Quelle matière doit être en ce genre regardée comme grave? Il n'est pas facile de le décider. Cependant on regarde généralement comme faute grave, l'omission volontaire 1° de la confession que fait le prêtre au pied de l'autel; 2° de l'épître, ou de l'évangile, ou des collectes principales; 3° de l'offrande du pain et du vin; 4° de la préface; 5° de l'une des six oraisons qui composent le canon: *Te igitur, Hanc igitur, Quam oblationem, Unde et memores, Memento etiam, Nobis quoque peccatoribus;* 6° du *Pater* ou de la prière *Libera nos* ou de l'*Agnus Dei;* 7° du *Domine, non sum dignus* ou des trois oraisons qui précèdent la communion; 8° des prières qu'on récite depuis la communion jusqu'à la fin de la messe.

Pour juger de la gravité de l'omission d'une cérémonie, il faut avoir égard à sa signification. De ce principe on conclut communément qu'il y a péché mortel à négliger de mettre de l'eau dans le calice avec le vin pour la consécration; 2° de faire l'élévation de l'hostie ou du calice; 3° de rompre une parcelle de l'hostie pour la mêler avec le précieux sang; 4° de purifier le calice ou la patène.

Il est difficile, dit saint Liguori, d'excuser de péché mortel le prêtre qui met moins d'un quart d'heure à dire la messe, lors même qu'il s'agit de la messe de la sainte Vierge *in sabbato,* ou d'une messe de *Requiem.* Il est moralement impossible, dit ce saint docteur, de terminer la messe à moins d'un quart d'heure, sans commettre une irrévérence grave et sans être la cause d'un grand scandale pour le peuple; mais on peut dire la messe en vingt minutes, et il y aurait des inconvénients graves, surtout pour un curé, de demeurer à l'autel plus d'une demi-heure pour dire une messe basse.

Ce serait une affectation répréhensible de dire d'une voix assez forte pour qu'elles fussent entendues les paroles de la consécration ou celles du canon et autres prières qui doivent, d'après la rubrique, être dites tout bas: *Quæ vero secrete dicenda sunt, ita pronuntiet ut ipsemet se audiat et a circumstantibus non audiatur.*

L'omission des signes de croix, des inclinations, des génuflexions, des élévations des mains ou des yeux, n'est pas par elle-même un péché mortel; mais le prêtre qui, habituellement, omettrait, comme oiseuse ou inutile, une prière, une cérémonie prescrite, quelque peu importante qu'elle fût en elle-même, pécherait mortellement, car il y aurait mépris. Il en serait de même de celui qui, en célébrant la messe, ne ferait aucune des inclinations ou des génuflexions indiquées par la rubrique. *Voyez* MESSE, MISSEL.

C'est une faute de faire une inclination au lieu de faire une génuflexion, de confondre l'inclination médiocre avec l'inclination simple, et l'inclination profonde avec la médiocre, de faire le signe de la croix en l'air sans se toucher le front, la poitrine et les épaules; de tracer la croix sur sa poitrine sans porter la main à l'une et à l'autre épaule; de ne pas baiser l'autel lorsqu'on le doit; de ne point élever les yeux aux endroits marqués par la rubrique; de ne pas tenir les mains jointes comme il le faut; de dire à haute voix ce qui doit se dire à voix médiocre, et de dire à voix médiocre ce qu'on doit dire à voix basse ou secrète; de placer le corporal sur le voile du calice sans le renfermer dans la bourse soit en allant de la sacristie à l'autel, soit en revenant de l'autel à la sacristie; de déplier le corporal tout entier au commencement de la messe; de retourner à l'autel sans avoir répété l'introït, ou de dire en allant du côté de l'épître à l'autel le *Kyrie eleison,* le *Munda cor meum* ou la conclusion, la post-communion; de faire le signe de la croix soit avec la patène et l'hostie, à *Suscipe, sancte Pater,* soit avec le calice à *Offerimus tibi,* avant que d'avoir achevé l'une et l'autre de ces prières; de dire pendant ou après l'élévation les paroles *hæc quotiescunque feceritis,* etc., car on doit les dire immédiatement après la consécration, tandis qu'on remet la calice sur l'autel; c'est une faute de s'appuyer sur l'autel à *Domine, non sum dignus,* ou de se tourner à demi vers le peuple, ou d'étendre entièrement le bras pour se frapper la poitrine, tandis qu'on ne doit remuer que le poignet; de se tourner vers la croix à *Verbum caro factum est* pour faire la génuflexion ; de quitter l'autel ou de faire éteindre les cierges avant d'avoir lu le dernier évangile. Il y a donc obligation de savoir les rubriques.

RURAUX. BIENS. USAGES.

La loi des 28 septembre et 6 octobre 1791 contient, à l'égard de l'agriculture, des dispositions qui obligent en conscience et qui sont d'une application journalière au for intérieur. Les voici en grande partie :

Tout propriétaire peut obliger son voisin au bornage de leurs propriétés contiguës à moitié frais. Nul ne peut se prétendre propriétaire exclusif des eaux d'un fleuve ou d'une rivière navigable ou flottable. En conséquence, tout propriétaire riverain peut, en vertu du droit commun, y faire des prises d'eau, sans néanmoins en détourner ni embarrasser le cours d'une manière nuisible au bien général et à la navigation établie.

Le droit de clore et de déclore ses héritages résulte essentiellement de celui de propriété, et ne peut être contesté à aucun propriétaire. Le droit de parcours et le droit simple de vaine pâture ne pourront, en aucun cas, empêcher les propriétaires de clore leurs héritages ; et tout le temps qu'un héritage sera clos, il ne pourra être assujetti ni au parcours ni à la vaine pâture. L'héritage sera réputé clos lorsqu'il sera entouré d'un mur de quatre pieds de hauteur avec barrière ou porte, ou lorsqu'il sera exactement fermé et entouré de palissades ou de treillages, ou d'une haie vive, ou d'une haie sèche, faite avec des pieux ou cordelée avec des branches, ou de toute autre manière de faire les haies en usage dans chaque localité, ou enfin d'un fossé de quatre pieds de large au moins à l'ouverture, et de deux pieds de profondeur. Quand un propriétaire d'un pays de parcours ou de vaine pâture aura clos une partie de sa propriété, le nombre de têtes de bétail qu'il pourra continuer d'envoyer dans le troupeau commun, ou par troupeau séparé, sur les terres particulières des habitants de la communauté, sera restreint proportionnellement.

Chaque propriétaire sera libre de faire sa récolte, de quelque nature qu'elle soit, avec tout instrument et au moment qui lui conviendra, pourvu qu'il ne cause aucun dommage aux propriétaires voisins. Cependant, dans les pays où le ban de vendange est en usage, il pourra être fait à cet égard un règlement chaque année par le conseil général de la commune, mais seulement pour les vignes non closes.

Les dégâts que les bestiaux de toute espèce, laissés à l'abandon, feront sur les propriétés d'autrui, soit dans l'enceinte des habitations, soit dans un enclos rural, soit dans les champs ouverts, seront payés par les personnes qui ont la jouissance de ces bestiaux ; si elles sont insolvables, ces dégâts seront payés par celles qui en ont la propriété.

Le propriétaire qui éprouvera les dommages aura le droit de saisir les bestiaux, sous l'obligation de les faire conduire dans les vingt-quatre heures au lieu du dépôt qui sera désigné pour cet effet par la municipalité. Il sera satisfait aux dégâts par la vente des bestiaux, s'ils ne sont pas réclamés, ou si le dommage n'a point été payé dans la huitaine du jour du délit. Si ce sont des volailles, de quelque espèce que ce soit, qui causent le dommage, le propriétaire, le détenteur ou le fermier qui l'éprouvera, pourra les tuer, mais seulement sur les lieux, au moment du dégât.

Les propriétaires ou fermiers des moulins et usines, construits ou à construire, seront garants de tous dommages que les eaux pourraient causer aux chemins ou aux propriétés voisines, par la trop grande élévation du déversoir ou autrement.

Les glaneurs, les rateleurs et grapilleurs, dans les lieux où les usages de glaner, de rateler ou de grapiller, sont reçus, n'entreront dans les champs, prés et vignes récoltés et ouverts, qu'après l'enlèvement entier des fruits ; le glanage, le ratelage et grapillage, sont interdits dans tout enclos rural.

Quiconque aura déplacé ou supprimé des bornes ou pieds corniers, ou autres arbres plantés ou reconnus pour établir les limites entre différents héritages, pourra, en outre du payement du dommage et des frais de remplacement des bornes, être condamné à une amende de la valeur de douze journées de travail, et sera puni par une détention dont la durée serait de deux ans s'il y avait transposition de bornes à fin d'usurpation.

Tout voyageur qui déclora un champ pour se faire un passage dans sa route, payera le dommage fait au propriétaire et, de plus, une amende de la valeur de trois journées, à moins que le juge de paix du canton ne décide que le chemin public était impraticable, et alors les dommages et les frais de clôture seront à la charge de la communauté.

Les gazons, les terres ou les pierres des chemins publics, ne pourront être enlevés, en aucun cas, sans l'autorisation du préfet.

Toute rupture, toute destruction d'instruments d'agriculture, de parcs de bestiaux, de cabanes de gardiens, sera punie d'un emprisonnement d'un an à cinq.

Ces divers règlements du code rural obligent en conscience ; outre l'amende à laquelle les délinquants sont condamnés, ils sont obligés à restituer tous les dommages qu'ils ont causés aux particuliers ou à la communauté

S

SACREMENTS.

Les *sacrements* sont des signes sensibles que Jésus-Christ a institués pour sanctifier les hommes, soit en leur donnant la vie de la grâce qu'ils n'avaient pas, et ceux-ci s'appellent sacrements *des morts;* soit en augmentant la grâce qu'ils avaient déjà, et on les appelle sacrements *des vivants.* Chaque sacrement a sa matière et sa forme. La forme consiste dans les paroles que prononce le ministre, ou au moins dans des signes équivalents. La matière est ou *éloignée,* et c'est le signe même dont se sert le prêtre pour appliquer la grâce; ou *prochaine,* et c'est l'action par laquelle ce signe est appliqué. Ainsi dans le baptême l'eau est la matière éloignée, et l'application de cette eau, ou l'ablution, est la matière prochaine. Le changement essentiel de la matière et de la forme rend le sacrement nul, mais le changement accidentel n'a pas le même effet. Outre la matière et la forme, il faut encore l'intention du ministre, comme on l'a dit. *Voyez* INTENTION.

Il y a sept sacrements, et il était digne de la bonté de Jésus-Christ de les établir. On naît enfant d'Adam par le péché, et on devient enfant de Dieu par le baptême. La confirmation donne de nouvelles forces, l'eucharistie les répare. On se relève de leur perte par la pénitence, etc.

CAS I. *Renaud* sait que Félix, son curé, est dans une habitude criminelle. Peut-il recevoir de lui la pénitence ou la communion, ou même les lui demander?

R. Si Félix n'est pas déclaré suspens, ni dénoncé excommunié, ni dégradé, mais qu'il soit toléré dans son ministère, on peut recevoir de lui les sacrements, parce que pendant que l'Eglise le reconnaît pour son ministre on communique avec l'Eglise en communiquant avec lui; c'est ce qu'enseigne saint Thomas, 3 p. 4, 64, art. 6, après Nicolas Ier, cap. fin. xv, q. 8. Mais on ne doit pas s'adresser à ce mauvais prêtre hors le cas de nécessité, mais recourir à un autre : *Nec obstat,* dit Sylvius, *quod ipsi parochus, a quo habet jus petendi : quia charitas dictat non esse utendum jure suo, quando inde sequitur gravis proximi læsio, et tua parum interest, an ab eo petas, an ab alio.* Ce serait autre chose s'il y avait quelque juste raison de le croire bien converti¹, comme après une bonne retraite.

CAS II. *Renaud* peut-il recevoir un sacrement de son confesseur ordinaire, qui n'est pas son curé, quoiqu'il le sache en péché mortel?

R. Sylvius estime que si ce prêtre n'est lié d'aucune censure, Renaud peut, sans péché, s'adresser à lui, pourvu 1° qu'il se trouve dans l'obligation de s'approcher du sacrement, comme il arrive au temps de Pâques ou dans la maladie; 2° qu'il ne puisse recourir à un autre prêtre qu'il croit être en état de grâce; 3° que ce prêtre soit disposé à administrer le sacrement qu'il lui demande : comme s'il est actuellement au confessional.

— En tout cela il faut avoir beaucoup d'égard aux circonstances du ministre et du pénitent. On recevrait plus volontiers les sacrements d'un prêtre sujet au vin, que d'un curé incestueux. On différerait moins à se confesser sur le fin d'un jubilé, ou quand on doit se fortifier contre une occasion prochaine de péché, que quand il n'y a rien qui presse. La science extraordinaire du directeur, l'espérance de le rappeler à Dieu, comme il arriva à sainte Thérèse, la nécessité de finir une confession pénible qu'on a commencée sans le connaître, sont encore des motifs qui méritent d'être considérés.

Voyez ABSOLUTION, CONFESSION, CURÉ.

SACRILÉGE.

Le *sacrilége* est une profanation des choses saintes qu'on emploie à de mauvais usages ou à des usages pour lesquels elles ne sont pas destinées. Les choses saintes sont, 1° celles qui le sont par elles-mêmes, comme l'Ecriture sainte et les sacrements; ou celles qui sont consacrées à Dieu, comme les vases sacrés, etc.; 2° les personnes sacrées, comme ceux qui sont dans les saints ordres, et les personnes religieuses; 3° les lieux saints, comme ceux où les fidèles s'assemblent pour exercer leur religion ou qui sont destinés à leur sépulture. Ainsi, on commet un sacrilége, 1° en profanant l'Ecriture et les sacrements par l'abus qu'on en fait en les recevant ou en les administrant indignement, ou de toute autre manière; 2° en traitant injurieusement la croix, les images de Jésus-Christ, de la Vierge ou des saints, les saintes reliques; 3° en faisant servir à des usages profanes les ornements sacrés, etc.; 4° en outrageant un ecclésiastique, ou bien un religieux ou une religieuse, auquel cas l'on encourt l'excommunication par le seul fait; ou enfin lorsque ces sortes de personnes commettent le crime d'impureté, ou qu'on le commet avec elles; 5° par l'usage qu'on fait des églises, des cimetières, etc., soit en faisant des actions contraires au respect qui leur est dû, comme lorsqu'on y tue, ou qu'on y frappe quelqu'un, ou qu'on y vole une chose même profane, ou qu'on y tient des assemblées profanes, ou qu'on y donne la sépulture à un excommunié dénoncé.

1° *Sacrilége des personnes.* Avez-vous frappé, outragé, injurié des personnes consacrées à Dieu, des prêtres ou des religieux? Les avez-vous méprisées, en avez-vous mal parlé? Pourquoi cette fureur d'une foule de catholiques contre les prêtres? Est-ce parce que les prêtres leur ont donné le baptême? Est-ce parce qu'ils ont consenti à bégayer avec eux dans leur enfance pour leur apprendre à connaître Dieu? Est-ce parce qu'ils recommandent aux hommes de s'aimer les uns les autres? Est-ce parce qu'ils viennent les assister dans leurs derniers moments? Un vénérable ecclésiastique est appelé pour administrer les derniers sacrements à un vieillard. A la vue du ministre de Dieu, le mourant se trouble et frémit : « O mon Père, s'écrie-t-il, pouvez-vous soutenir ma vue et m'entendre? Cette main, que la mort saisit déjà, a massacré trente de vos confrères!... — Rassurez-vous, lui dit le vertueux prêtre, il en reste encore un pour vous consoler. »

Les peuples les plus éclairés ont toujours vu, dans les pontifes et les prêtres de leur religion, une classe d'hommes dignes d'une vénération particulière. A Rome, la puissance des tribuns avait quelque chose de bien redoutable; n'importe, un tribun fut condamné à une amende pour avoir manqué de respect à un prêtre ; et vous, catholiques, vous livrez vos prêtres à la haine et au mépris, vous les jouez sur le théâtre, vous les insultez dans les journaux et les libelles! Chose remarquable! ce ne sont que les catholiques qui insultent leurs prêtres. Le mahométan, le juif, le païen, insultent-ils les leurs? Les protestants insultent-ils leurs ministres? Jamais, jamais ils n'en parlent mal ; toujours ils cherchent à justifier leurs plus grands excès. Un missionnaire se trouvait en voyage avec quatre jeunes gens catholiques et un protestant. A la vue du prêtre, ces jeunes gens se mettent aussitôt à parler religion, à répéter leurs plaisanteries ordinaires. Le protestant, après quelques moments de silence, leur dit : « Messieurs, sans doute que vous êtes protestants? — Non, nous sommes catholiques, — Comment, vous êtes catholiques, et vous insultez vos prêtres! Ce n'est pas ainsi que nous protestants nous traitons nos ministres. » De là que conclure? que la religion catholique est divine. Elle serait tranquille comme les autres religions que les hommes ont faites, si cette religion était l'ouvrage des hommes. « On ferait, dit Fontenelle, une longue histoire des mauvais traitements qu'ont éprouvés les introducteurs de cette malheureuse étrangère qu'on appelle la vérité. Combien ils durent être traités plus sévèrement encore, ceux qui ont été apôtres de vérités qui nous humilient, qui condamnent toutes nos passions! Doit-on donc s'étonner que dans tous les siècles les envoyés de Dieu, exerçant le beau ministère d'éclairer et de sanctifier la terre, aient été si constamment et persécutés et calomniés ? »

Que quelques prêtres ne soutiennent pas par leurs mœurs la dignité de leur vocation, c'est à l'humanité seule que vous devez l'attribuer ; et loin de relever avec éclat des fautes que la religion déplore, vous devriez les pallier et les taire. On avait présenté à Constantin de nombreux libelles contre un évêque ; il les jeta tous au feu sans les lire, ajoutant : « Si je voyais un prêtre commettre un crime, je le couvrirais de ma pourpre. »

Toutes ces inculpations contre les prêtres, quand elles seraient aussi vraies que le plus souvent elles sont calomnieuses, loin d'affaiblir, devraient au contraire affermir notre foi. Un mahométan, touché de la beauté de la morale de l'Evangile, se sentit puissamment entraîné à en embrasser la doctrine. Il en fit part à un mahométan comme lui. Celui-ci voulut l'en détourner, et n'osant le contredire de front, et il crut réussir en lui conseillant de faire, avant de se déterminer, le voyage d'Italie. Il eut lieu, mais ce fut avec un succès bien différent de celui qu'en avait attendu le dangereux ami. « Je me fais chrétien, lui écrivit le mahométan, et c'est d'après ce que j'ai vu; car il est impossible qu'une religion, si elle n'est pas divine, subsiste avec des mœurs si contraires à sa doctrine. » En effet, la barque de Pierre, ou l'Eglise, n'a point fait naufrage, quoique conduite, selon l'incrédule, par de mauvais pilotes. Il faut donc que ce soit une main invisible, mais divine, qui la conduise. Que l'on ne pense pas que ce soit pour notre intérêt que nous rappelons le respect dû aux prêtres ; mais dans un temps où on les insulte, où on les calomnie de toutes parts, il est bien permis de rappeler aux peuples ce qu'ils leur doivent de reconnaissance et de respect. Alexandre arrive à Jérusalem ; il avait conquis l'univers. Le grand prêtre Jaddus va au-devant de lui, revêtu des ornements pontificaux. A sa vue, le conquérant descend de cheval et se prosterne devant Jaddus. Parménion, favori du prince, s'en étonne et lui en demande la raison. Alexandre lui fit cette réponse : « Ce n'est pas lui que j'adore, c'est le Dieu qu'il représente. »

Dans une paroisse du diocèse de Besançon, à quelques lieues de cette ville, il arriva un événement surprenant, qui fut regardé comme un coup du ciel pour inspirer le respect dû aux prêtres. Deux libertins scandalisaient la paroisse par leurs désordres; le curé en étant informé, en avertit leurs pères, qui reçurent mal l'avis de leur pasteur. L'un d'eux eut l'insolence de lui répondre. « Monsieur le curé, mêlez-vous de dire votre bréviaire, et ne vous mêlez point de ce qui se passe chez moi ; il faut bien que la jeunesse se passe. » Cet homme publia dans toute la paroisse qu'il avait si bien dit le fait à son curé, qu'il ne s'aviserait plus de lui faire des réprimandes. C'était un samedi, et les deux libertins passèrent le dimanche au cabaret, du consentement de leur père, et pour braver le curé, ils firent plus de scandale que les autres fois. Le lendemain le ciel menaçait d'un orage ; ces deux libertins, avec deux autres jeunes gens vertueux, courent à la tour de l'église pour sonner les cloches. Il se fit dans le moment un si grand coup de tonnerre, que ces quatre jeunes gens, saisis de frayeur, prirent la fuite. Dans le temps qu'ils descendaient, le tonnerre écrasa les deux libertins, mais d'une manière qui fit comprendre que c'était un châtiment de Dieu. Le tonnerre, en tombant, après avoir fait plusieurs circuits dans la tour, suivit les quatre jeunes hommes le long de l'escalier; il épargna le premier, qui était sage, et écrasa le second, qui était un des libertins; il ne fit aucun mal au troisième, et vint enfin frapper le quatrième, qui était l'autre libertin. Le tonnerre entra ensuite dans l'église, où était la mère de ces libertins; il enleva cette femme, la jeta contre les murs, et ne fit aucun mal aux autres personnes qui se trouvaient dans le lieu saint.

2° *Sacrilége des choses.* N'avez-vous point profané des lieux saints, tels qu'églises, cimetières, oratoires, chapelles, par des actions indécentes, criminelles? Y avez-vous entretenu des pensées, des désirs; vous y êtes-vous permis des signes, des sourires, des regards, des actions contre l'aimable vertu? y êtes-vous venu avec des parures immodestes, y avez-vous donné des rendez-vous, y avez-vous choisi une place avec une mauvaise intention? Le téméraire qui eût profané la sainteté prétendue du temple des idoles, eût été frappé de mort. Les dames romaines venaient prier, et quelquefois prosternées devant leurs idoles, elles purifiaient les pavés du temple avec leurs cheveux. Polybe dit que c'était l'usage dans les temps de grandes calamités. Un Charlemagne embrassait avec dévotion les piliers mêmes des églises; un Louis XIV n'y entrait jamais sans en baiser respectueusement le pavé, ce qui a donné lieu à ces beaux vers de Racine:

> Tu le vois tous les jours devant toi prosterné,
> Humilier ce front de splendeur couronné,
> Et, confondant l'orgueil par d'augustes exemples,
> Baiser avec respect le pavé de tes temples.

Et aujourd'hui que voit-on dans nos églises? des femmes hardies, devant lesquelles la pudeur tremblante baisse les yeux; de jeunes impies qui viennent y chercher un aliment à leur cupidité, y tendre des pièges à l'innocence, l'alarmer par leurs démarches comme par leurs regards et leur attitude.

N'avez-vous point profané les reliques des saints, leurs images ou leurs tombeaux? L'impératrice Constance tenait à grande faveur d'avoir un peu de la poussière qui était tombée en limant la chaîne de fer dont saint Paul avait été chargé.

Pendant la révolution, n'avez-vous point pillé, contribué à piller nos églises, à brûler les images, à renverser nos autels? Avez-vous profané les vases sacrés, les linges ou ornements d'église? Combien ces sacriléges n'ont-ils pas été multipliés parmi nous! Mon Dieu, pardonnez-nous.

Avez-vous insulté, renversé, aidé à renverser les croix? C'est outrager Jésus-Christ lui-même. Quand nous révérons la croix, ce n'est ni le bois, ni la pierre que nous adorons, mais Jésus crucifié. Que n'a-t-on pas fait, que n'a-t-on pas dit de nos jours contre la croix? Et cependant la croix demeure, et ses ennemis ont été comme cette poussière qui s'élève, aveugle pour un moment, mais se dissipe bientôt, tandis que la pyramide reste. Au sortir de notre révolution, un respectable ecclésiastique travaillait au salut des âmes dans un hôpital; on lui parla d'un soldat dont la vie paraissait un prodige dans l'état de mutilation où il était. Il l'aborde : Mon ami, lui dit-il, on m'a dit que vos blessures étaient très-graves. Le malade sourit : Monsieur, répondit-il, soulevez un peu la couverture; il la lève : ô Dieu! s'écrie-t-il, en reculant d'horreur; vous n'avez plus de bras. Mon père, levez la couverture aux pieds : — ô Dieu! vous n'avez plus de jambes! — Je n'ai que ce que je mérite; c'est ainsi que j'ai traité un crucifix. Je me rendais à l'armée avec mes camarades; nous rencontrâmes sur la route une croix, aussitôt on se mit en devoir de l'abattre. Je fus un des plus empressés, je montai, et, avec mon sabre, je brisai les bras et les jambes du crucifix, et il tomba. A mon arrivée au camp, on livra bataille, et dès la première décharge, je fus réduit où vous me voyez. Mais, Dieu soit béni; il punit mon sacrilége en ce monde pour m'épargner en l'autre, comme je l'espère de sa grande miséricorde.

Ce triomphe de la croix, ces hommages que nous lui rendons suffiraient pour confondre nos incrédules; en effet, comment la croix dont tous avaient tant d'horreur, que Dieu même avait maudite, comment est-elle devenue si noble que les couronnes, puisqu'elle y a été placée pour en faire l'ornement? Un jeune homme s'était laissé gâter par le venin de l'incrédulité; un de ses anciens amis s'en aperçut et se mit sur l'heure à travailler à sa guérison. Si l'incrédulité, lui dit-il, n'a pas altéré votre jugement que j'ai connu si droit, voyez avec quel éclat la croix brille sur nos autels; les édifices religieux dominent nos cités, et la croix elle-même domine ces superbes monuments; veuillez me dire comment cela a pu se faire, et si, pour s'emparer des autels, au sortir du supplice, il ne fallut pas que Jésus-Christ fût Dieu?

Ce raisonnement si simple réduisit au silence ce jeune incrédule; il réfléchit, et, comme le cœur n'était pas encore vicié, il s'estima heureux de revenir à ses anciens principes.

Ne vous êtes-vous point servi de l'habit ecclésiastique ou religieux, peut-être même des vêtements sacerdotaux, pour des divertissements profanes, des bals, des comédies, des mascarades? On ne peut que déplorer ces scènes scandaleuses où dans ces derniers temps la religion a été si indignement traitée. Que de vils histrions se jouent des choses sacrées, c'est ce qu'on peut attendre d'hommes aussi méprisables; mais que la foule se presse pour applaudir à ces parodies sacriléges, c'est ce qui fait la honte de notre siècle.

Avez-vous profané les cérémonies de l'Eglise en les simulant par une impie dérision, ou les tournant en ridicule?

Avez-vous fait servir les paroles de l'Ecriture sainte à des plaisanteries, à des allusions indécentes; les avez-vous mêlées à des chansons profanes? Péché mortel, à moins que la simplicité ou la bonne foi n'excuse.

On raconte de la pieuse mère du P. Le Jeune, qu'elle lui faisait faire chaque jour des lectures dans l'Evangile; mais avant qu'il prît le volume sacré, elle lui faisait laver les mains pour lui en mieux faire connaître tout le prix.

Avez-vous profané: 1° le sacrement de pénitence en déguisant, cachant un péché mortel, ou quelques circonstances nécessaires à déclarer, en recevant l'absolution sans contrition, sans préparation; 2° le sacrement de l'autel, en communiant avec un péché mortel ou que vous croyiez mortel; 3° le sacrement de mariage, le recevant sans être en état de grâce? Il faut, pour recevoir le sacrement de mariage, être exempt de péché mortel, de même que pour communier. De tous les sacrements, celui du mariage est celui auquel on se prépare le moins. On ne se présente à confesse que beaucoup trop tard, par contrainte et pour obtenir un billet de confession. Si un confesseur demande des délais pour qu'on ait le temps de se disposer au sacrement, on lui répond: tout est prêt, le contrat est signé, les familles averties. Oui, tout est prêt, excepté le cœur, et l'on commence une alliance par un sacrilège. Demandez ensuite pourquoi tant de mariages malheureux.

Cas I. *Vitellius* a volé une montre dans une église. Ce larcin est-il un véritable sacrilège?

R. Le larcin est un sacrilège en trois cas, 1° lorsqu'on dérobe une chose sacrée dans un lieu sacré, tel qu'est l'église; 2° quand on dérobe une chose profane dans un lieu saint, qui est le cas dont il s'agit; 3° lorsqu'on vole une chose sacrée dans un lieu profane: *Sacrilegium committitur, auferendo sacrum de sacro, vel non sacrum de sacro, sive sacrum de non sacro*, dit Jean VIII, can. 21, xvii q. 4. Ainsi le larcin de Vitellius a changé d'espèce par la circonstance du lieu où il l'a commis; et il est obligé de la déclarer en confession.

Cas II. *Polycarpe*, ayant laissé par son testament 300 l. pour les besoins de la fabrique, son héritier a brûlé ce testament, pour ne pas délivrer cette somme à l'église. Cette injustice est-elle un sacrilège qu'il doive spécifier en confession?

R. C'en est un; puisque c'est un vol d'une chose destinée au culte de Dieu: *Sacrilegus*, dit saint Isidore, *dicitur, quia sacra legit, id est furatur*. Et c'est ce que décide saint Grégoire le Grand par ces paroles, ibid. can. 4. *Sacrilegium et contra leges est, si quis, quod venerabilibus locis relinquitur, pravæ voluntatis studiis, suis tentaverit compendiis retinere.*

SAISIE.

C'est un exploit par lequel un huissier met sous la main de la justice les biens ou effets auxquels le saisissant prétend avoir droit ou qu'il fait arrêter pour sûreté de ses prétentions. On ne peut procéder par voie de saisie sur les biens de quelqu'un qu'en vertu d'une obligation ou pour cause de délit. Pour saisir il faut être créancier, soit de son chef, soit de celui dont on est héritier.

On distingue plusieurs sortes de saisies; voici les principales: *Saisie-arrêt*. C'est celle que le créancier fait sur son débiteur entre les mains d'un tiers qui doit quelque chose à ce même débiteur, pour que ce tiers ait à ne point se dessaisir de ce qu'il a entre ses mains au préjudice du saisissant. Aux termes de la loi tout créancier porteur de titres authentiques ou privés peut saisir, arrêter entre les mains d'un tiers les sommes et effets appartenant à son débiteur, ou s'opposer à leur remise. Les traitements des fonctionnaires publics sont saisissables jusqu'à l'entier acquittement des créances; savoir: pour un cinquième, sur les sommes non excédant 1,000 fr.; pour un quart sur les 5,000 fr. suivants, et pour un tiers sur la portion excédant 6,000 fr. Les traitements ecclésiastiques sont insaisissables en totalité.

Sont insaisissables: 1° les choses déclarées insaisissables par la loi; 2° les provisions alimentaires adjugées par justice; 3° les sommes et objets disponibles déclarés insaisissables par le testateur ou donateur; 4° les sommes et pensions pour aliments, encore que le testament, ou l'acte de donation, ne les déclare pas insaisissables. Les provisions alimentaires ne pourront être saisies que pour cause d'aliments.

Tout créancier, même sans titre, peut sans commandement préalable, mais avec permission du président du tribunal de première instance et même du juge de paix, faire saisir les effets trouvés en la commune qu'il habite appartenant à son débiteur forain. Lorsque le créancier a un titre exécutoire, il est de son intérêt de prendre la voie de saisie-exécution, qui est plus expéditive; elle n'a pas besoin d'être autorisée ni déclarée valable, mais s'il n'a pas de titre, ou si celui qu'il a n'est pas exécutoire, il ne peut faire une saisie sur son débiteur forain qu'en vertu de la permission du juge.

Le débiteur forain est celui qui se trouve dans une commune où il n'a pas son domicile. Un débiteur peut être forain sans être marchand, et sans fréquenter les foires; c'est parce qu'il va dans celles des communes où il ne demeure pas, et dans lesquelles on peut dire qu'il est étranger, *du dehors, forain.*

Le créancier qui fait saisir les effets de son débiteur forain, doit en être gardien s'ils sont entre ses mains, sinon il en est établi un autre. Quel qu'il soit, le gardien est tenu par corps à la représentation des effets. Il ne peut être procédé à la vente qu'après que la saisie a été déclarée valable par le tribunal du lieu où elle est faite; et c'est également ce tribunal qui doit statuer sur toutes les actions qui s'y rattachent.

Saisie-brandon. C'est une voie d'exécution forcée par laquelle un créancier saisit les fruits pendants par racine, appartenant à son débiteur pour les faire vendre, et sur le prix en provenant, être payé de ce qui lui est dû. On ne peut procéder à une saisie-brandon qu'en vertu d'un titre exécutoire, et pour choses liquides et certaines; si la dette exigible n'est pas d'une somme d'argent, il doit être sursis, après la saisie, à toutes poursuites ultérieures, jusqu'à ce que l'appréciation en ait été faite.

On peut saisir-brandonner toutes sortes de fruits pendants par racines, comme blés, foins, raisins, légumes, fruits des arbres, bois taillables. Tant que ces fruits sont pendants par racines, ils sont immeubles; mais comme la saisie-brandon n'a pour objet que de les vendre séparément du fonds pour en toucher le prix, elle constitue une action mobilière. La saisie-brandon ne peut être faite que dans les six semaines qui précèdent l'époque ordinaire de la maturité des fruits. Si les fruits sont saisis pour une dette du propriétaire, le fermier peut exciper de bail et agir en ce point comme propriétaire. Il en est de même pour le colon à l'égard de la part qui lui revient.

La saisie est un acte qui peut souvent entraîner la ruine d'un débiteur en perdant son crédit; ce n'est donc qu'avec la plus grande réserve, et après avoir apprécié les droits de toutes les parties, que le magistrat doit permettre l'emploi d'une mesure aussi rigoureuse.

Saisie-exécution. C'est une voie d'exécution forcée par laquelle un créancier saisit les meubles et les effets mobiliers appartenant à son débiteur pour les faire vendre, et sur le prix en provenant, être payé de ce qui lui est dû. Il ne peut être procédé à une saisie-exécution qu'en vertu d'un titre exécutoire et pour choses liquides et certaines. Si la dette exigible n'est pas d'une somme en argent, il doit être sursis, après la saisie, à toutes les poursuites ultérieures, jusqu'à ce que l'appréciation en ait été faite. Un tiers revendiquant peut s'opposer à la vente, mais non à la saisie. L'intérêt de l'humanité, des lettres, des sciences, des arts, de l'industrie, a fait admettre à cette règle des exceptions qui sont d'ordre public. Ne pourront être saisis : 1° les objets que la loi déclare immeubles par destination; 2° le coucher nécessaire des époux, ceux de leurs enfants vivant avec eux, les habits dont les saisis sont vêtus et couverts; 3° les livres relatifs à la profession du saisi, jusqu'à la somme de 300 fr. à son choix : 4° Les machines et instruments servant à l'enseignement pratique ou exercice des sciences et arts, jusqu'à concurrence de la même somme et au choix du saisi; 5° les équipements des militaires, suivant l'ordonnance et le grade; 6° les outils des artisans nécessaires à leurs occupations personnelles; 7° Les farines et menues denrées nécessaires à la consommation du saisi et de sa famille pendant un mois; 8° une vache ou trois brebis, ou deux chèvres, au choix du saisi, avec les pailles, fourrages et grains nécessaires pour la litière et la nourriture desdits animaux pendant un mois. Ces objets ne pourront être saisis pour aucune créance, même celle de l'État, si ce n'est pour aliments fournis à la partie saisie, ou sommes dues aux fabricants ou vendeurs desdits objets, ou à celui qui aura prêté pour les acheter, fabriquer ou réparer; pour fermages et moissons des terres à la culture desquelles ils sont employés, loyer des manufactures, moulins, pressoirs, usines, dont ils dépendent, et le loyer des lieux servant à l'habitation personnelle du débiteur.

Celui qui se prétend propriétaire des objets saisis, ou partie d'iceux, pourra s'opposer à la vente par exploit signifié au gardien et dénoncé au saisissant et au saisi, contenant assignation libellée et l'énonciation des preuves de propriété à peine de nullité. Si le réclamant est reconnu copropriétaire des meubles saisis, le tribunal ordonne le partage ou la vente. Les créanciers du saisi, pour quelque cause que ce soit, même pour loyers, ne pourront former opposition que sur le prix de la vente. La vente des meubles saisis ne peut être effectuée qu'après qu'il s'est écoulé huit jours au moins depuis la signification du procès-verbal de saisie au débiteur saisi.

Saisie-gagerie. C'est une simple saisie d'effets mobiliers, qui diffère de la saisie-exécution, en ce que les effets saisis restent entre les mains de la personne à qui ils appartiennent, mais elle ne les possède plus qu'en qualité de dépositaire; et c'est à ce titre seul que l'huissier saisissant doit lui laisser les choses comprises dans son procès-verbal.

Les propriétaires ou principaux locataires de maisons ou biens ruraux, soit qu'il y ait bail, soit qu'il n'y en ait pas, peuvent un jour après le commandement, et sans permission du juge, faire saisir-gager, pour loyer et fermages échus, les effets et fruits étant dans lesdites maisons ou bâtiments ruraux et sur les terres. Ils peuvent même faire saisir-gager à l'instant en vertu de la permission qu'ils en auront obtenue, sur requête du tribunal de première instance. Ils peuvent aussi saisir les meubles qui garnissent la maison ou la ferme, lorsqu'ils ont été déplacés sans leur consentement, et ils conservent sur eux leur privilège, pourvu qu'ils en aient fait la revendication conformément à la loi.

Saisie des rentes constituées sur particuliers. C'est une voie d'exécution forcée par laquelle le créancier met sous la main de la justice la rente appartenant à son débiteur pour la faire vendre, et sur le prix en provenant, être payé de ce qui lui est dû. Une rente viagère peut être saisie aussi bien qu'une rente perpétuelle, à moins qu'elle n'ait été constituée à titre insaisissable : vainement on prétendrait que les arrérages seuls de la rente sont insaisissables.

Saisie-revendication. C'est la réclamation d'un effet mobilier sur lequel on prétend avoir le droit de propriété, ou celui d'un gage privilégié. La chose déposée entre les mains d'un incapable de contracter peut être revendiquée tant qu'elle existe entre les mains du dépositaire. Le vendeur peut revendiquer les effets non payés qu'il a vendus sans terme, tant qu'ils sont en la possession de l'acheteur, et en empêcher la revente, pourvu que la revendication soit faite dans la huitaine de la livraison, et que les effets se trouvent dans le même état dans lequel cette livraison a été faite. Le propriétaire peut revendiquer les meubles qui garnissent sa maison ou sa ferme, lorsqu'ils ont été déplacés sans son consentement, savoir: lorsqu'il s'agit du mobilier qui garnissait une ferme, dans le délai de quarante jours, et dans celui de quinzaine, s'il s'agit du mobilier qui garnissait une maison.

La perquisition domiciliaire n'a lieu qu'en présence du juge de paix, ou, à son défaut, du commissaire de police, du maire ou de son adjoint. Le revendiquant doit être bien sûr de l'endroit où sont les effets; car la personne chez laquelle a été faite une perquisition sans résultat, peut suivant les circonstances obtenir contre lui des dommages-intérêts.

SCANDALE.

Le *scandale* est toute action qui peut induire au péché. Le scandale est actif, ou passif; c'est-à-dire donné ou pris. Le scandale *actif* consiste dans une action, ou même une omission, propre à être un sujet de chute à ceux qui en sont témoins. Ce scandale est quelquefois *direct*, quand on veut expressément porter au mal; quelquefois *interprétatif*, quand on fait ou qu'on dit quelque chose capable de porter au mal, sans en avoir l'intention formelle. Le scandale *passif* est celui qu'on prend en conséquence de ce que quelqu'un dit ou fait. Il y a deux sortes de scandale passif: l'un est pris et donné tout ensemble; et celui-ci naît d'une action qui est mauvaise; l'autre n'est qu'un scandale seulement pris et non donné. Ce dernier naît d'une action qui ne devrait pas le causer, soit parce qu'elle est bonne, soit parce qu'elle est indifférente. Quand le scandale vient de la pure malice de celui qui le reçoit, on l'appelle *pharisaïque*; autrement on le nomme scandale des *faibles*. Comme tout scandale actif, tant formel qu'interprétatif, est un péché de sa nature, on est obligé de le déclarer en confession, outre l'action par laquelle on l'a causé, parce que c'est une circonstance qui augmente notablement la malice d'une action mortelle.

CAS I. Un curé ayant entrepris une bonne œuvre pour le salut de ses ouailles, presque tous ses paroissiens s'en sont scandalisés, en interprétant en mauvaise part ce qu'il a dit. Est-il obligé de céder à leur faiblesse: et s'il continue sa bonne œuvre, sera-t-il coupable du scandale auquel il aura donné lieu?

R. Si cette bonne œuvre est de nécessité de salut, ce curé ne doit, ni ne peut s'en abstenir sous prétexte de faire cesser le scandale, parce qu'il pécherait mortellement, et qu'il est plus obligé de pourvoir à son propre salut qu'à celui de son prochain. Mais si elle n'est qu'utile, il faut voir si le scandale qui en naît vient de la malice de ceux qui s'en scandalisent exprès, pour empêcher le bien qu'elle peut produire, ou s'il vient de faiblesse et d'ignorance. Dans le premier cas, il doit mépriser ce scandale et continuer sa bonne œuvre; dans le second cas, il doit la suspendre, jusqu'à ce qu'il ait instruit les faibles de la juste raison qu'il a de la faire, et qu'il leur ait fait connaître le bien qu'elle peut produire. Après quoi, si le scandale continue, il le doit considérer comme l'effet de leur mauvaise volonté, et n'avoir pas plus d'égard à leurs plaintes, qu'un père sage n'en a aux murmures de ses enfants, lorsqu'il les reprend de leurs défauts; ou un médecin expérimenté aux plaintes de son malade, à qui il ordonne, dans la nécessité, des remèdes violents ou dégoûtants. Tout cela est de saint Thomas, 2-2, q. 43, art. 7.

CAS II. *Léger* et *Damase*, qui prétendent tous deux avoir droit à la cure de *N.*, se présentent en même temps pour en prendre possession. Tous les paroissiens veulent Damase pour curé, et s'opposent à la prise de possession de Léger, quoique son droit soit incontestable. Est-il obligé de se désister, lorsqu'il voit que le scandale ne peut cesser autrement?

R. Il y est obligé; 1° parce que, selon saint Thomas, *ibid.* a. 4, le scandale est un péché mortel, soit que celui qui en est l'auteur pèche mortellement par l'action qui le cause, soit que seulement il méprise le salut de son prochain en ne voulant pas, pour le conserver, s'abstenir d'une chose qui n'est pas nécessaire; 2° parce que si Léger devenait curé malgré tous ses paroissiens, il nuirait plutôt à l'Eglise qu'il ne la servirait, vu qu'il est moralement impossible qu'un curé soit utile à ses ouailles, lorsqu'elles ont de l'aversion pour sa personne, etc.

— Ici, comme ailleurs, il faut beaucoup peser toutes les circonstances. Si, par exemple, le peuple ne préfère Damase que parce qu'il est un buveur, un homme qui passe tout dans le tribunal; qu'il a formé par lui et par les siens une cabale contre Léger, homme nécessaire à une paroisse en désordre, ne sera-ce pas là *scandalum ex malitia* ?

CAS III. *Agobard* perçoit la dîme de certains fruits; tous ses paroissiens s'en scandalisent et le décrient avec beaucoup de mépris comme un avare. Doit-il renoncer à ce bien, dont le droit est fondé sur des titres légitimes, ne pouvant faire cesser autrement ce scandale qui dure depuis trois ans qu'il est curé?

R. Il ne le doit, ni le peut; parce qu'il n'est pas le maître des biens ecclésiastiques de sa cure, mais dépositaire, et que, comme tel, il est tenu de conserver à ses successeurs le droit de les percevoir. Qand même il s'agirait d'un bien propre, il ne serait pas toujours obligé de le sacrifier, mais seulement d'apaiser par de charitables avertissements les plaintes injustes qu'on forme contre lui. La raison est qu'en cédant son bien dans une telle occasion, on agirait contre le bien spirituel des particuliers qui profiteraient de ce qui ne leur appartient pas, et contre le bien commun; puisqu'on donnerait par là occasion aux méchants de ravir impunément le bien d'autrui. C'est ce qu'enseigne saint Thomas, *ibid.* art. 8, conformément à ces paroles de saint Grégoire : *Quidam, dum temporalia a nobis rapiunt, solummodo sunt tolerandi : quidam vero œquitate servata prohibendi, non sola cura ne nostra subtrahantur; sed ne rapientes non sua, semetipsos perdant.*

CAS IV. *Arnaud,* voyant l'usure autorisée dans son diocèse, par un usage ancien et général, a fortement prêché contre ce désordre dans le cours de ses visites. Un grand nombre de personnes, ayant regardé sa doctrine sur ce sujet comme une nouveauté, l'ont rendu odieux et l'ont empêché de faire autant de bien qu'il eût fait sans cet injuste scandale. Peut-il continuer à prêcher contre ce vice, ou doit-il cesser, pour éviter un plus grand mal?

R. Il doit continuer, parce que, comme dit saint Grégoire le Grand : *In quantum sine peccato possumus vitare proximorum scandalum, debemus. Si autem de veritate scandalum sumitur : utilius permittitur, nasci scandalum, quam veritas relinquatur.* Hom. 7 in Ezech.

CAS V. *Apollo,* juge royal, s'étant trouvé dans une conjoncture où il était de son devoir de rendre justice sur une émotion populaire, s'en est abstenu, parce qu'il ne le pouvait sans qu'il en arrivât un grand scandale. L'a-t-il pu faire?

R. S'il s'agissait de punir un crime, et qu'Apollo ait prévu qu'en punissant les coupables il en arriverait de plus grands désordres, il a pu, sans péché, s'abstenir de les punir, étant souvent de la prudence d'un juge de dissimuler pour un temps un mal qu'il ne peut empêcher sans qu'il en arrive un plus grand. Mais s'il s'agissait de rendre à un particulier la justice qui lui est directement due, le juge serait obligé de la lui rendre, quelque scandale qu'il en pût arriver. Saint Thomas, *ibid.* a. 7.

CAS VI. *Briand* voulant se faire capucin, son père, sa mère, ses parents s'en sont scandalisés, parce qu'étant fils unique et de qualité, ils étaient sur le point de le marier richement. Peut-il entrer en religion, malgré ce scandale?

R. On serait justement scandalisé de voir entrer en religion un fils dont le père indigent a besoin pour subsister ; à moins qu'en demeurant dans le siècle, son salut ne fût dans un danger évident ; parce qu'un fils est obligé par le droit naturel de pourvoir aux besoins pressants de son père ou de sa mère; mais puisque le père de Briand est riche, on doit regarder le scandale dont il s'agit, comme l'effet du peu de religion de ceux qui s'y laissent emporter : il peut donc exécuter sa résolution, nonobstant un tel scandale qui n'est que passif à son égard. Et même s'il avait fait vœu d'entrer en religion, ce ne serait plus un conseil pour lui, mais un précepte qu'il serait tenu d'accomplir, quelque scandale qu'il en pût arriver. Tout ceci est de saint Thomas in 4, dist. 38, q. 2, a. 4. Le saint docteur l'a bien confirmé par son exemple.

CAS VII. Atenius *uxorem suam in partibus aliquando tangit, Claudio et Antonio virtutis modicæ viris præsentibus, illamque ipsius uxorem esse nescientibus. Quæritur an lethaliter peccet Atenius, peccato scandali; licet ad peccandum neminem inducere intendat.*

R. *Peccat is graviter : quamvis enim forte sine culpa sic erga uxorem sese gerere posset, ubi nullus testis adesset, modo id fieret in ordine ad actum conjugalem; non potest tamen sine peccato scandali id agere, cum quis præsens est, et attendit. Ratio est, quia quis mortaliter peccat, sive quando committit actum peccati mortalis; sive quando contemnit salutem proximi, ut, si pro ea conservanda non prætermittat aliquis facere quod sibi libuerit. Ita sanctus Thomas. Hinc quanquam primis Ecclesiæ fidelibus nusquam vetitum fuit idolis immolatas carnes edere, Paulus tamen iis vesci prohibet; ne aliis offendiculo sint, qui ex infirmitate et ignorantia judicant eos; sic idolis cultum deferre.* I Cor. VIII, 9, etc.

CAS VIII. *Louise,* fille belle et sage, sait que Claude l'aime impudiquement et qu'il se trouve souvent dans l'église où elle entend la messe, et dans une promenade, où elle va avec une de ses parentes. Est-elle obligée, n'ayant aucun mauvais dessein, de ne point sortir de sa maison, pour éviter de causer du scandale à Claude, qu'elle sait être tombé dans le péché mortel presque toutes les fois qu'il l'a rencontrée?

R. Elle n'y est pas obligée; car une femme n'est pas responsable devant Dieu des péchés où tombe un cœur corrompu, pourvu qu'elle n'y donne aucune occasion par sa faute. Mais si elle affectait de jeter des regards trop fréquents sur Claude, ou que pour lui plaire davantage elle s'ajustât d'une manière immodeste, il n'y a point de doute qu'elle ne péchât et qu'elle ne participât au péché de cet homme.

— Il n'y a point de doute non plus qu'elle ne fît très-bien de dérouter cet homme corrompu en entendant la messe à une autre heure, dans une autre église, en jetant sur lui un regard d'indignation, etc.

CAS IX. *Gaïus* peut, en excusant Titien, par un mensonge officieux, empêcher un très-grand scandale qu'une action de ce dernier va causer. Ne le peut-il pas, puisque de deux maux il est permis de choisir le moindre?

R. Tout mensonge étant de soi un péché, il n'est jamais permis d'en user pour quelque bien que ce soit. *Homo,* dit saint Thomas, in-4° dist. 38, q. 2, a 2, *aliquod pec-*

catum veniale committere, ne alius peccet mortaliter, non tenetur, nec bene facit committendo. Et ideo nullus debet facere peccatum veniale ad vitandum scandalum. Cette maxime du 8ᵉ concile de Tolède : *Duo mala, licet sint omnino cautissime præcavenda, tamen si periculi necessitas ex his unum perpetrare compulerit, id debemus resolvere, quod minori nexu noscitur obligare,* ne peut avoir lieu dans le cas présent, puisque rien ne contraint Gaïus de mentir, et qu'il lui est libre de demeurer dans le silence. *Voyez* MENSONGE.

CAS X. *Adelar,* Chinois, dont l'office est de soutenir son prince, lorsqu'il se prosterne devant ses idoles, s'étant converti à la foi, demande s'il peut continuer de faire la même chose?

R. C'est le cas de Naaman, qui, rendant à son maître le même service dans le temple de Remmon, eut peur de pécher. Elisée qu'il consulta là-dessus, *IV Reg.* v, lui répondit : *Vade in pace,* c'est-à-dire ne vous inquiétez plus de votre scrupule, et continuez à votre roi le même service; car, dit Merbesius, auteur qui onc ne fut suspect de relâchement : *Quod ait Eliseus : Vade in pace, non est vox dispensantis, sed declarantis, licitum esse quod faciebat.* La raison est qu'en tout ceci il n'y avait qu'une cérémonie mécanique, qui consistait à se prêter au mouvement d'un prince, lequel ne pouvait se baisser sans qu'un homme sur lequel il était appuyé se baissât aussi. Mais pour lors il faut faire ce que fit cet officier, c'est-à-dire déclarer qu'on ne prétend point adorer l'idole : sans cela on donnerait du scandale, ce qui n'est jamais permis. *Voyez* sur cela mon 5ᵉ vol., pag. 366.

CAS XI. *Savin,* prêtre, ayant été pris sur mer par les Algériens, ils ne lui ont donné pendant le carême que de la viande, au mépris de sa religion. Il en a mangé d'abord, et quelques fidèles s'en sont scandalisés : devait-il mourir de faim pour épargner ce scandale?

R. Le refus que fit Eléazar, II *Mach.* vi, de manger de la chair de porc, au scandale des fidèles, suffit pour convaincre un chrétien qui se trouve dans le cas où est Savin, qu'il se devrait plutôt exposer à la mort, que de causer un tel scandale. Parce que, comme dit saint Thomas, *Nullus debet scandalum activum committere.* Cependant, si celui qui fait une chose qui paraît mauvaise aux âmes faibles, la fait par une juste raison, il suffit qu'il instruise ceux qui s'en scandalisent. Que s'ils persistent, il ne sera plus obligé de s'en abstenir, parce que ce ne sera plus qu'un scandale passif, dont il ne sera plus coupable.

— Les chrétiens de CP. aimèrent mieux ne manger point de pain, que d'user de celui qui se vendait dans la ville, parce que Julien l'avait tout fait consacrer aux idoles. Ceux d'Antioche ne furent pas si scrupuleux, comme on le voit dans Théodoret, t. III, *Hist. ecclés.,* c. 15, et ils eurent raison. N'auraient-ils pu boire de l'eau, parce que cet apostat aurait consacré à ses dieux toutes les fontaines, etc. Au reste, on sait à Alger, comme en France, qu'en carême on mange de la chair, quand on a rien autre chose.

SCANDALE, HOMICIDE SPIRITUEL. Celui qui détruit l'union qui existe entre l'âme et le corps se rend coupable d'homicide corporel, de même celui qui détruit l'union de l'âme avec Dieu se rend coupable d'homicide spirituel; cette union de l'âme avec Dieu consiste dans la grâce sanctifiante, laquelle est enlevée par le péché. Autant l'âme l'emporte sur le corps, autant l'homicide spirituel est-il plus déplorable que l'homicide corporel. C'est ce qu'on appelle scandale. Ne vous en êtes-vous point rendu coupable en paroles? N'avez-vous point été cause, par l'indiscrétion de votre langue, que dans cette compagnie où vous étiez, on s'est entretenu successivement des défauts de plusieurs personnes, et que plusieurs péchés ont été commis contre la charité?

N'avez-vous point tenu de mauvais propos, fait des railleries contre la religion, la piété et ceux qui la pratiquent, méprisant leur air modeste, blâmant leurs pieux exercices, donnant un mauvais tour à leurs plus saintes pratiques?

N'avez-vous point dit des paroles équivoques, à double sens, ou même ouvertement impures? N'avez-vous point fait des narrations voluptueuses? Langues empoisonnées, plus dangereuses que celle du serpent, qui guérira les plaies que vous faites à l'âme de ceux qui vous entendent? Si Dieu rendait ces âmes visibles, je vous en ferais voir, et peut-être dans cette seule assemblée, des dix, des vingt, que sais-je combien, qui ne doivent qu'à vos discours obscènes l'état de mort où elles gémissent devant Dieu. Oui, c'est vous, malheureux, qui avez donné la mort à l'âme de ce jeune homme, de cette jeune personne; c'est vous qui avez fait périr toute cette société où vous vous trouviez, toute cette réunion d'ouvriers, de jeunes gens, au milieu de laquelle vous avez exhalé par vos paroles le poison mortel de la volupté. Vous étiez peut-être le seul de la compagnie qui tînt de mauvais propos, peut-être même aussi n'avez-vous lâché qu'une seule parole, n'importe; cette seule parole inspirant à vos auditeurs une foule de pensées impures, a enfin donné la mort à leur âme. J'interrogerais à ce moment tous ceux qui ont à se reprocher des fautes contraires à l'aimable vertu, qu'il ne s'en trouverait peut-être pas un seul qui ne me répondît que ce sont les mauvais discours qui l'ont perdu; et la plupart des réprouvés, si nous pouvions entendre leurs cris, rejetteraient sur ceux qui disent des paroles obscènes les supplices qu'ils endurent.

— Mais ceux devant qui je parle ne sont pas capables de se scandaliser. — Hé! mon Dieu, y a-t-il des saints qui n'aient pas été capables de se scandaliser? — Mais ce ne sont pas des jeunes gens. — Qu'importe? Le penchant au vice honteux est-il inconnu aux vieillards, même les plus débiles? Ne semblent-ils pas au contraire quelquefois se nourrir sous les glaces de la vieillesse? — Mais ce sont des gens qui savent de quoi on parle. — Qu'importe encore? ils n'en sont souvent que plus portés au mal; vous ne leur ôterez pas la chasteté, puisqu'ils l'avaient perdue, mais vous les rendrez plus lascifs, de luxurieux qu'ils étaient déjà. — Mais c'est devant des personnes mariées que je parle, quel mal y a-t-il? Double mal pour vous et pour eux, s'ils prennent plaisir à vos discours, parce que tout cela tient de l'adultère; c'est une circonstance que vous devez déclarer en confession. Ceux qui ont entendu vos mauvais discours n'ont pas été scandalisés, je le veux; c'est un effet de leur vertu et de la protection de Dieu qui ne vous rend pas innocent; vous avez préparé le poison, vous avez présenté la coupe qui en était pleine, personne n'y a voulu boire, en êtes-vous moins coupable? — Mais mes paroles ne sont ni grossières, ni ouvertement obscènes. — Du poison mêlé dans le miel en est-il moins un poison? En donne-t-il moins la mort? N'est-il pas plus dangereux que si on le présentait à découvert?

Avez-vous chanté des chansons lascives? Tout ce que nous venons de dire des paroles, doit s'entendre à plus forte raison des chansons déshonnêtes; elles sont même plus dangereuses, parce que l'air, la musique et la voix amollissent le cœur et le rendent plus susceptible de mauvaises impressions, et parce que vous n'oseriez pas dire dans vos entretiens ce que vous osez chanter. Les avez-vous communiquées, les avez-vous fait copier?

N'avez-vous point, par vos conseils ou vos mauvais discours, détourné quelqu'un de ses devoirs de religion, de la fréquentation des sacrements à Pâques, de l'assistance à la messe du dimanche?

Avez-vous eu le malheur d'apprendre le mal à un enfant ou à quelque autre qui l'ignorait et qui peut-être l'aurait toujours ignoré, sans vos funestes leçons?

L'avez-vous fait commettre par vos mauvais conseils, vos flatteries, vos sollicitations ou vos railleries? N'est-ce point à force d'importunités, de vaines promesses, de mensonges, que vous avez ravi à une jeune personne le précieux trésor de son innocence? Ne vous êtes-vous point vanté du mal que vous avez fait ou que vous n'avez pas fait, afin d'y engager les autres?

N'avez-vous point aidé quelqu'un à faire le mal, facilitant ses entrevues avec des personnes de différent sexe, prêtant vos appartements pour des rendez-vous, des danses ou des jeux criminels, avertissant, écrivant, portant des lettres?

N'est-ce pas vous qui avez proposé, commencé cette danse, ce jeu indécent, qui en avez introduit l'usage dans votre société? qui avez établi cette mode, cette parure immodeste? N'est-ce pas vous qui avez conduit ou entraîné vos amis ou vos compagnes dans les bals et les spectacles? N'en avez-vous pas pris la défense, en disant: il n'y a pas de mal? Avez-vous donné des bals ou des soirées dansantes sans nécessité? Combien de personnes y avez-vous invitées? Ces assemblées de plaisir sont-elles autre chose, selon la pensée d'un auteur moderne, qu'un carnage d'âmes? Un célèbre prédicateur admet comme bien exacte et bien noble cette idée que Nicole nous donne d'une assemblée mondaine ou d'un bal. C'est, dit ce dernier, comme un champ de bataille: une multitude presque innombrable de personnes s'y rassemblent, pour s'entr'égorger les unes les autres; avec cette différence que sur un champ de bataille on ne tue que des corps; ici ce sont des âmes. Quel affreux carnage s'en fait au son de ces instruments d'une si douce harmonie, au milieu de ces éclats de joie, dans cette agitation, ce tumulte si éblouissant! Plus le plaisir est vif, plus les coups qui se portent de toutes parts sont fréquents et dangereux. La mort, mais c'est la véritable mort, la mort de l'âme y porte partout la désolation; et le vainqueur, c'est toujours le démon, et on serait spectateur indifférent de si cruels combats!

Avez-vous prêté, communiqué, lu à d'autres des livres impies ou immoraux? En avez-vous vendu, imprimé, ou fait imprimer? Péché grave, vous êtes obligé de retirer tous les exemplaires qui restent. Quelques années avant la révolution, une marchande de livres de Paris, attirée par la réputation du P. Beauregard, était allée à l'église de Notre-Dame pour entendre un de ses sermons. La Providence l'y avait conduite pour ménager sa conversion. Le prédicateur prononça ce jour-là un discours contre les mauvais livres, et la dame avait de grands reproches à se faire sur cet article. Touchée de la grâce, elle résolut à l'instant de renoncer à ce trafic indigne d'une âme qui conserve encore des principes de religion et de pudeur. Le sermon fini, elle se rend chez le prédicateur: « Mon Père, lui dit-elle, en l'abordant les larmes aux yeux, vous venez de me faire sentir combien je me suis rendue coupable en vendant de mauvais livres, et je viens vous prier de vouloir bien achever la bonne œuvre que vous avez commencée, en prenant la peine de venir dans mon magasin pour en ôter tous les ouvrages qui pourraient blesser les bonnes mœurs ou la religion. Quoi qu'il m'en coûte, je suis déterminée à en faire le sacrifice; j'aime mieux me priver d'une partie de ma fortune, que de perdre mon âme. Bientôt les mauvais livres furent extraits par le P. Beauregard et brûlés les uns après les autres par cette marchande, pour une valeur d'environ six mille francs.

Ne conservez-vous point imprudemment dans votre bibliothèque quelques-uns de ces livres impies ou immoraux? Nicolas Ferrare, quelques jours avant sa mort, pria son frère de transporter hors de son cabinet trois énormes paniers de livres qui se trouvaient là depuis bien des années. «Ce sont, dit-il, des comédies, des tragédies, des poëmes héroïques et des romans. Qu'on les brûle à l'instant sur les lieux où sera mon tombeau ; quand vous aurez rempli mon désir, vous viendrez me l'apprendre. » On vint lui dire que les flammes avaient tout consumé ; il déclara alors qu'il avait voulu donner un témoignage du peu de cas qu'il faisait de ces sortes de productions qui ne pouvaient que corrompre l'esprit de l'homme et dont tout bon chrétien doit s'interdire la lecture.

Pères et mères, maîtres et maîtresses, si vous voyez un mauvais livre entre les mains de vos enfants, de vos élèves, ayez au moins le zèle de l'athée Diderot ; est-ce trop demander ? Arrachez, comme il fit, avec indignation, des mains de ce qui vous est cher, le livre où la religion ne serait pas respectée. C'était son propre ouvrage que cet incrédule ne put souffrir un instant entre les mains de sa fille.

N'avez-vous point exposé dans vos appartements des tableaux ou des statues immodestes, monuments subsistants du vice, qui ne devraient même pas se trouver dans une maison de païens ? En avez-vous peint, vendu, fait peindre ou sculpter ? Péché mortel, si l'indécence est grande.

Avez-vous porté des habits bien indécents ? Péché mortel. S'ils n'étaient pas très-indécents, mais que vous eussiez l'intention de porter les autres à offenser Dieu grièvement, il y aurait aussi péché mortel.

Ne faites-vous point profession de retirer chez vous tout ce qu'il y a de plus licencieux dans une paroisse, pendant le temps des divins offices du dimanche, à des heures indues, pendant la nuit ?

N'avez-vous point fait murmurer tout un public par vos assiduités auprès de cette personne, par les visites trop fréquentes que vous vous obstinez à faire dans cette maison, malgré les avis qu'on vous donne ?

N'avez-vous point donné l'exemple d'un travail ou d'un trafic qui vous était défendu les saints jours de dimanches et de fêtes ? Avez-vous servi sur votre table et fait servir à d'autres des aliments gras les vendredis et samedis ? N'êtes-vous point du nombre de tant d'infortunés qui depuis longtemps se sont excommuniés eux-mêmes, ne paraissant plus à la table sainte au temps de Pâques ?

Vous deviez, pères et mères, former vos enfants à la vertu et à la religion : ne l'avez-vous point décréditée par vos exemples et vos discours ? Maîtres indignes de ce nom, n'êtes-vous pas devenus les dépravateurs d'une jeune personne confiée à vos soins et dont vous deviez être les tuteurs et les libérateurs ?

Avez-vous déclaré l'espèce de péché occasionné par le scandale, ainsi que le nombre des personnes que vous avez scandalisées ? Malheur à ceux, dit Jésus-Christ, par qui le scandale arrive !

SCRUPULE.

Le scrupule est une perplexité d'esprit qui n'a aucun fondement raisonnable. Le scrupule peut précéder, accompagner ou suivre l'action qui en est le sujet. C'est une maladie de l'âme des plus fâcheuses.

CAS I. *Basiline*, femme très-pieuse, est depuis trois mois souvent agitée de toutes sortes de mauvaises pensées, et surtout contre la foi, ou par des blasphèmes qui occupent longtemps son imagination, ou par des craintes qu'elle a d'avoir péché mortellement en des choses où, le plus ordinairement, il n'y a pas de péché véniel : ce qui l'empêche de communier deux fois la semaine, et même en certains jours où son directeur le lui a commandé. On demande, 1° si elle pèche, lorsqu'elle a l'imagination remplie de ces horribles pensées ; 2° si elle fait bien de s'abstenir de la communion par la persuasion où elle est qu'elle pécherait grièvement, si elle s'en approchait sans s'être confessée ; 3° si elle peut s'en priver sans péché, quand son confesseur le lui a ordonnée.

R. Pour bien entendre cette importante matière, il faut savoir ce que c'est qu'opinion, doute et scrupule. L'opinion, dont nous parlons ailleurs, est une connaissance qui fait juger qu'une chose est illicite ou permise ; mais avec crainte qu'on ne se trompe dans ce jugement. Le doute est la connaissance qu'on a de deux choses contraires, sans pencher plus du côté de l'affirmative que du côté de la négative. Enfin le scrupule, pris comme nous le prenons pour une peine de conscience, est un doute accompagné de crainte sans fondement, venant de quelques conjectures faibles qui agitent l'esprit, et font appréhender le péché où il n'y en a pas : c'est pour cela que, quoiqu'on ne doive jamais faire une chose que l'on doute avec fondement être péché, il faut au contraire agir contre le scrupule, parce qu'il n'est fondé que sur des raisons frivoles ; et cela est vrai, soit que le scrupuleux connaisse, par son expérience passée, que son doute n'est un véritable scrupule, ou qu'il en soit instruit par un directeur éclairé.

Les scrupules peuvent provenir de l'homme même, de Dieu, ou du démon. Ils viennent de l'homme, soit parce qu'il est d'un tempérament mélancolique, qui le dispose à la crainte ; soit parce qu'il s'échauffe l'imagination par des jeûnes ou des veilles excessives, par des lectures qui passent sa portée, par un examen trop long de sa conscience, contre la défense de ses directeurs, etc. Ils viennent de Dieu, qui se plaît tantôt à humilier et à perfectionner des âmes choisies, par les peines d'esprit, pour les purifier, comme l'or dans la fournaise, comme il est arrivé à saint Bonaventure, tout savant qu'il était, à saint Dominique, etc., tantôt à réveiller des cœurs tièdes, et à les porter à l'amour qu'ils lui doivent. Enfin ils viennent souvent du démon, qui s'efforce par toutes sortes de moyens d'induire au péché les âmes timorées, ou du moins de leur faire perdre la paix de la conscience, ou de le tenter du désespoir de leur salut : et c'est en quoi il réussit quelquefois, en représentant à un entendement faible les choses tout autres qu'elles ne sont.

Il suit de là qu'un directeur doit bien examiner la cause des scrupules de son pénitent, et pour cela il faut qu'il étudie son tempérament, son génie, ses inclinations naturelles, sa conduite passée, si elle a été réglée ou non; car quand il reconnaît que c'est une personne naturellement timide et mélancolique, ou peu éclairée, il peut juger que son tempérament, ou sa conduite passée, est la cause de ses scrupules. Si c'est une personne dont la vie est exemplaire, dont le tempérament ne soit pas atrabilaire, et qui ait de l'esprit, il y a lieu de regarder ses scrupules comme un moyen dont Dieu se sert ou pour la sanctifier de plus en plus, ou pour lui faire mieux expier la peine due à ses crimes passés, si sa vie a été déréglée. Enfin, le démon a souvent part aux scrupules, de quelque cause qu'ils proviennent, parce qu'il met tout en œuvre pour nous perdre, ou au moins pour nous priver de la paix de l'âme, qui contribue beaucoup au salut des fidèles.

Cela posé, nous répondons aux demandes proposées, 1° que Basiline n'est aucunement coupable des horreurs dont son imagination est remplie malgré elle, parce que le consentement, sans lequel on ne peut pécher, dépend de la volonté, et non pas de la seule imagination, qui n'est pas une faculté libre; 2° qu'elle n'agit pas prudemment en se privant de son chef de la communion, mais qu'elle doit en cela, comme en tout le reste, obéir fidèlement à son confesseur ; mais que si, lorsqu'elle ne peut le consulter, elle était bien persuadée qu'elle pécherait mortellement en communiant, elle serait très-coupable de le faire, puisqu'elle agirait contre sa conscience ; 3° qu'elle ne peut se priver de la communion contre l'ordre de son directeur, et sans se rendre coupable de présomption, en préférant son jugement à celui de son supérieur : ce que nous ne disons qu'en supposant qu'elle n'est pas tombée dans un nouveau péché depuis l'ordre qu'elle a reçu de son confesseur.

Cas II. *Synesius*, homme pieux, mais fort scrupuleux, craint d'avoir oublié un péché qu'il croit mortel, dans une confession qu'il fit il y deux ans. Est-il obligé de s'en confesser lorsqu'il ira à confesse?

R. Si Synesius a apporté toute la diligence requise dans cette confession, comme sa piété le fait supposer, il doit croire qu'il a confessé le péché qui cause son scrupule, et qu'ainsi il n'est pas obligé de le déclarer derechef dans la première confession ; et, en ce cas il n'agira pas contre sa conscience,

mais uniquement contre son scrupule, dont le remède est qu'il acquiesce aux avis que lui donnent les personnes éclairées : car cet acquiescement est véritablement sa conscience, et ce n'est que par là qu'il peut acquérir la paix : c'est la règle que donnent Gerson et saint Antonin.

Cas III. *Haimon*, que son évêque veut établir confesseur d'une communauté de filles, où il y en a plusieurs tourmentées de cruels scrupules, demande, 1° quelles doivent être les qualités d'un confesseur par rapport à ces sortes de personnes? 2° quels remèdes il doit leur prescrire?

R. Comme l'état des personnes tourmentées de scrupules est très-digne de compassion, elles ont besoin d'un directeur, 1° qui les traite avec beaucoup de patience et de douceur, sans jamais leur rien dire qui fasse connaître qu'il se lasse de leurs importunités. Il faut, 2° qu'il soit éclairé et qu'il s'instruise avec soin de la matière des scrupules, et surtout de leur véritable cause.

Pour ce qui est des remèdes qu'il doit mettre en usage : le premier et le plus sûr est qu'il persuade à ses pénitentes de la nécessité absolue d'une parfaite obéissance en tout ce qui n'est pas manifestement contre la loi de Dieu, puisqu'il est moralement impossible de guérir un scrupuleux qui ne se soumet pas entièrement aux conseils de son directeur, et qui se donne la liberté d'en vouloir être lui-même le juge. Un scrupuleux doit imiter les médecins, qui, quelque habiles qu'ils soient, se soumettent dans leurs maladies aux avis des autres médecins.

Le second est, que le directeur mette tout en œuvre pour persuader à un scrupuleux qu'il est véritablement tel, parce que dès qu'il en sera bien convaincu, il sera beaucoup mieux disposé à mettre en usage les remèdes qui lui seront proposés.

Le troisième est une grande confiance en Dieu; car souvent le scrupule vient de ce qu'on ne regarde Dieu que comme un juge qui ne sait pas pardonner ; au lieu qu'on doit toujours le considérer comme un père plein de miséricorde, qui est toujours prêt à remettre les plus grands crimes à ceux qui ont recours à lui avec une sincère douleur de leurs péchés.

Le quatrième est de ne se laisser jamais trop abattre par la rechute dans les péchés véniels, puisqu'on peut aisément s'en relever par un acte d'amour, de foi, et que d'ailleurs ils ne privent pas de la grâce par eux-mêmes.

Le cinquième est de mépriser les scrupules, et surtout les mauvaises pensées, quand on s'en sent troublé. *Intendant scrupulosi, quod talia non curent, neque multum cum his litigent, sed potius irrideant dicentes cum illo patre in Vitis Patrum :* Immunditia tua super te dæmon : Dominus mihi adjutor : non te timebo. On lira utilement sur cette matière saint Antonin, page 1, tit. 3.

Cas IV. *Acaire*, prêtre fort pieux, mais fort scrupuleux, se confessant à Ferdinand de plusieurs choses qu'il doutait être mauvaises, ne lui a pu assurer qu'il ait formé sa conscience avant que d'agir, parce que tantôt il se persuadait qu'il faisait mal, et que tantôt il combattait la pensée qu'il en avait. Comment se doit comporter ce confesseur avec Acaire?

R. Il en est des scrupuleux comme de ceux qui craignent les spectres pendant les ténèbres de la nuit; car, quoiqu'ils regardent la crainte qu'ils en ont comme une faiblesse qu'ils ont grand soin de cacher, il ne leur est pourtant pas toujours possible de vaincre leur frayeur sans de grands combats; et s'ils gagnent sur leur esprit de demeurer seuls pendant la nuit, leur imagination ne laisse pas de les troubler sans cesse, comme si quelque spectre allait paraître effectivement devant eux. C'est sur cette comparaison, que Ferdinand doit juger que l'embarras et la crainte de son pénitent ne viennent pas du défaut d'amour de Dieu, mais de sa timidité naturelle, surtout lorsqu'il voit que ce prêtre est agité de la même peine sur d'autres sujets différents. Il doit donc tâcher de le lui persuader, et surtout se donner de garde d'approuver ses doutes, mais au contraire décider contre sa crainte; puisque s'il agissait autrement, il le confirmerait dans ses scrupules.

Cas V. *Laumer*, prêtre fort scrupuleux, voulant faire une confession générale, interrompt souvent son office pour écrire des péchés qu'il se rappelle alors. Pèche-t-il en cela, surtout s'il est persuadé que ne les pas écrire, c'est les vouloir oublier?

R. Il faut d'abord observer que presque tous les scrupuleux croient que le remède sûr à leurs scrupules est de faire une confession générale, quoiqu'ils soient persuadés qu'ils ont apporté tous leurs soins pour bien faire leurs confessions précédentes. Et c'est en quoi ils se trompent lourdement, parce que leur conscience n'en est pas plus calme, et que souvent même leur trouble augmente; c'est pourquoi un sage confesseur ne doit pas les y admettre, à moins qu'il ne soit évidemment convaincu de la nécessité de le leur permettre. Après cette observation, nous disons que nul ecclésiastique occupé à réciter l'office ne doit l'interrompre pour écrire les péchés qui lui reviennent dans la mémoire, et même qu'il ne le peut sans péché, puisqu'il n'est jamais permis de se distraire volontairement de l'attention qui lui est due, sous prétexte de faire quelque bonne action, lorsqu'on la peut faire dans un autre temps. Il est vrai que par là on peut oublier quelqu'un de ses péchés, mais cela n'empêche pas qu'ils ne soient pardonnés avec ceux dont on s'accuse; parce que cet oubli est fondé sur une cause juste, et que si un homme se mettait ainsi à écrire les péchés qui lui reviennent dans son office, le démon ne manquerait pas de les lui remettre en mémoire les uns après les autres, pour lui ôter l'application qui lui est nécessaire afin de bien prier.

Cas VI. *Isamberge*, qui fréquente les sacrements presque tous les huit jours, mais qui est fort scrupuleuse, ne fait presque jamais de confession, qu'elle ne retourne deux ou trois fois pour s'accuser de quelque faute qu'elle a oubliée, ou de quelque circonstance qu'elle croit n'avoir pas bien expliquée. Son confesseur, qui le lui a défendu, peut-il la renvoyer sans l'entendre?

R. Ce confesseur doit rappeler à sa pénitente, 1° que quoiqu'on soit obligé de s'accuser de tous les péchés qu'on croit être mortels, on n'y est pourtant pas obligé à l'égard des péchés véniels; 2° qu'il est bien nécessaire de s'accuser des circonstances d'un péché mortel, lorsqu'elles en changent l'espèce, ou qu'elles l'aggravent notablement; mais qu'on n'est pas tenu à déclarer celles qui ne sont pas de ce genre; 3° que ce n'est pas par le seul détail de ses péchés qu'on en obtient le pardon, mais que c'est par une véritable contrition, et par un sincère bon propos de n'y plus retomber; 4° qu'après avoir fait une confession précédée d'un examen suffisant, elle ne se doit occuper, au sortir du confessionnal, que des avis salutaires qu'il lui aura donnés, et ne penser qu'à se préparer à faire une digne communion, remettant avec confiance aux pieds du Sauveur tout ce qu'elle aurait oublié, sans s'inquiéter davantage. Après cela, son confesseur doit être ferme à lui refuser de l'entendre, et lui ordonner d'aller recevoir par obéissance et en paix la communion. En se conduisant de la sorte, il agira avec sagesse, et il guérira plus aisément cette femme de ses scrupules.

Cas VII. *Luce* est si agitée de scrupules sur ses confessions passées, et même sur la dernière générale qu'elle a faite de son mieux, qu'elle n'a aucun repos de conscience depuis six mois, et qu'elle n'en espère avoir qu'après qu'elle en aura fait une nouvelle, qui puisse remédier aux défauts de toutes les autres, où elle n'a, dit-elle, ni assez déclaré toutes les circonstances de ses péchés, ni eu une véritable contrition. Son confesseur doit-il céder à ses instances, et lui permettre cette nouvelle confession?

R. Une expérience de plus de cinquante-huit ans nous détermine à dire que ce confesseur doit être inexorable, étant très-sûr que bien loin que cette confession fût un remède à ses scrupules, ce serait un moyen certain de les perpétuer; et s'il avait la condescendance de l'entendre, il se verrait bientôt importuné plus fortement que jamais, pour obtenir la liberté d'en recommencer une nouvelle. Il doit donc ne lui permettre, 1° que de continuer à faire ses confessions ordinaires; 2° lui défendre de s'y préparer par de trop longs examens. Il fera même prudemment de lui limiter le temps qu'elle y doit employer, et au surplus, lui faire quelques interrogations sur les péchés où elle pourrait être tombée, s'il le juge à propos; 3° il doit encore lui défendre expressément de s'occuper l'esprit des péchés de sa vie passée, cela ne servant bien souvent qu'à remplir l'imagination d'un scrupuleux de mille idées qui la salissent ou qui la troublent.

Néanmoins, si une personne scrupuleuse

était sujette à tomber dans des péchés mortels, et qu'elle y eût toujours persévéré depuis sa dernière confession générale, le confesseur pourrait (et devrait) en ce cas lui accorder d'en faire une nouvelle pour suppléer à la précédente, qui pourrait avoir été nulle par le défaut de bon propos.

Nota. Il y a deux sortes de scrupuleux : les uns ont une conscience si timorée, qu'ils ne voudraient pas commettre aucun péché de propos délibéré, et ceux-ci, il faut leur défendre de revenir sur le passé ; les autres, qui sont en moindre nombre, suivent quelquefois les mouvements déréglés de leur cœur, tantôt par la simple fragilité humaine, et tantôt par une espèce de désespoir. Et il faut en agir de même avec ces derniers, lorsqu'on reconnaît que leurs doutes sont sans fondement raisonnable ; mais s'ils se ressouvenaient que, lorsqu'ils ont commis l'action qui est le sujet de leur scrupule, ils ne savaient pas qu'elle fût péché mortel, ou qu'ils ignorassent qu'il fût nécessaire de déclarer en confession une circonstance qui faisait changer d'espèce le péché, ou qui l'augmentait considérablement, et que l'ayant appris depuis, ils fussent dans le doute d'être obligés à s'en accuser ; il est sûr que ce doute étant bien fondé, ils seraient obligés de s'en accuser dans leur prochaine confession, sans néanmoins être obligés à réitérer les confessions qu'ils auraient faites pendant le temps qu'ils auraient été dans une telle ignorance non coupable, ni encore moins de faire une confession générale.

— Un directeur comptera bien plus sur une confession faite à un homme exact, que sur celle qui aurait été faite à gens qui passent tout, et qui n'éprouvent point assez.

Cas VIII. *Demia*, religieuse, est devenue si scrupuleuse sur son office, qu'elle répète très-souvent les mêmes versets, et quelquefois les mêmes heures, croyant qu'elle n'a pas eu l'attention requise.

Armand, prêtre, est continuellement tourmenté de la même peine depuis six mois, nonobstant tout ce que son confesseur lui a pu dire ; de sorte qu'il se trouve dans une peine d'esprit si violente, qu'il en perd souvent le repos de la nuit. Doit-on les dispenser de l'office?

R. La supérieure de Demia lui doit défendre absolument de rien répéter tout bas, pendant qu'elle récite l'office avec le chœur. Que si elle ne peut gagner sur elle de suivre le chœur, et que la supérieure juge à propos de lui permettre de le réciter en particulier, il faut qu'elle lui donne pour aide une autre religieuse, et qu'elle ordonne à cette scrupuleuse de lui obéir exactement, en lui déclarant qu'elle la dispense de toute autre récitation. Mais si la violence de la peine la met hors d'état de s'acquitter de ses autres obligations, ou qu'elle souffre une altération dans son corps ou dans son esprit, la supérieure doit la dispenser de la récitation du bréviaire, surtout avec le consentement du supérieur, jusqu'à ce qu'elle soit en état de le réciter avec la tranquillité nécessaire.

A l'égard d'Armand, s'il n'est pas possible à son confesseur de le réduire à réciter en paix son bréviaire, et que sa peine ne cesse point, il faut obtenir de Rome une dispense de la récitation de l'office, laquelle ce confesseur, ou un autre ayant les qualités requises par le rescrit, exécutera dans le tribunal de la pénitence, en lui enjoignant des œuvres satisfactoires autres que la prière vocale.

SECRET.

Le secret a toujours été regardé comme si important, que Foscarini, doge de Venise, qui ne l'avait pas gardé, fut déposé, sans que ses frères qui assistèrent à la délibération du sénat s'y opposassent, ni lui en donnassent avis. L'obligation d'y être fidèle est de droit naturel, hors deux cas : le premier est quand ce qu'on sait sous le secret est un crime que quelqu'un projette contre le prince ou contre le bien public, ou qui même tend à la ruine d'un simple particulier. Le second regarde les empêchements dirimants du mariage. Mais le secret de la confession n'admet aucune exception, comme on l'a dit. *Voy.* CONFESSEUR, 2°.

— On a limité ailleurs ce que dit ici l'auteur sur l'obligation de révéler un empêchement du mariage.

Cas I. *Génius* sait que Mævius a commis secrètement un crime qui n'intéresse ni le public, ni aucun particulier ; son supérieur ou le juge, qui s'en doute, peut-il, sans agir juridiquement, lui commander de le lui révéler?

R. Non ; et s'il le lui ordonne, il n'est pas tenu de lui obéir. C'est la décision de saint Thomas, qui ajoute que si ce supérieur ou juge procède selon les formes de la justice, l'inférieur est alors obligé de lui obéir : *Et tunc publicans peccatum occultum vitat majus malum, scilicet disciplinæ juris enervationem,* saint Thomas, in 4, dist. 19, q. 2, art. 3.

Cas II. *Corsin,* garçon, riche de 20,000 écus de bien, et qui n'a aucunes dettes passives, a abusé de Léogonde pendant trois ans, et en a eu un enfant, sans que sa débauche soit devenue publique, quoique plusieurs l'en aient soupçonné. Léogonde s'est mariée avec Claude, qui n'a encore rien su de son aventure ; et elle en a eu deux enfants. Corsin, se voyant très-mal, a mis entre les mains de Gérard, son confesseur, une bourse dans laquelle il y avait 40 louis, et après avoir obligé au secret Pierre et Jean, ses amis, qui étaient présents, il l'a prié d'en disposer selon l'intention qu'il lui avait déclarée en sa confession. Corsin étant mort, ses héritiers, qui lui avaient vu cette bourse, ne l'ayant point trouvée, ont soupçonné Guillaume, bon ami du défunt, de l'avoir volée : sur quoi ayant obtenu un monitoire, deux faux témoins ont déposé contre lui en des termes très-capables de le faire condamner au parlement et de le ruiner de biens et de réputation. D'un autre côté, le bruit s'est répandu que cette somme avait été remise par le curé à Léogonde ; ce dont on n'a pu être assuré, parce que Pierre et Jean ne la lui ont pas vu donner, et que ce curé est mort sans avoir rien déclaré sur ce fait. On demande si ces deux témoins du dépôt sont obligés à garder le secret qu'ils ont promis à Corsin, quelque dommage qu'il en puisse arriver à Guillaume ; ou s'ils sont tenus de déclarer la vérité, au hasard que le dommage ne retombe sur Léogonde et même sur son mari, qui pourront tous deux être injustement condamnés à restituer ; ou nonobstant le danger qu'il y a que les héritiers du curé défunt n'en souffrent de la part de ceux de Corsin, qui pourront les faire condamner à la restitution des 40 louis, ou à déclarer l'usage que le curé en a fait, etc.

R. Comme le secret, quoique de droit naturel, ne doit pas être, non plus que le serment, un lien d'iniquité, il n'oblige point ici au préjudice des préceptes qui concernent la justice ou la charité qu'on doit au public ou au prochain en particulier : or Pierre et Jean ne peuvent garder le secret qu'ils ont promis à Corsin, sans que Guillaume n'en souffre injustement un très-grand dommage, tant en son honneur qu'en ses biens. Ils pécheraient donc très-grièvement contre la justice et contre la charité, en laissant accabler un innocent sous le poids de la calomnie, lorsqu'ils peuvent, par leur déposition, le justifier en déclarant ce qu'ils savent. Et en cas que le juge les presse, à l'instance des héritiers, de déclarer l'emploi que le curé défunt a fait de cet argent, afin de se pourvoir contre ses héritiers ou contre Léogonde, déjà soupçonnée, il leur suffira de répondre que, n'ayant pas vu donner ce dépôt à Léogonde, ni à aucune autre personne, ils n'ont rien à ajouter à ce qu'ils ont déjà déposé; et qu'ayant toujours reconnu Gérard pour homme de bien, ils sont persuadés qu'il a fait son devoir en exécutant la volonté de Corsin. Que si le juge les interroge sur ce qu'ils savent au sujet du bruit qui a couru que Corsin avait déposé les louis au curé pour les donner à Léogonde, ils n'ont qu'à répondre qu'ils n'ont point vu donner cet argent, que Gérard ne leur a point dit quel usage il en avait fait, et qu'ayant reçu de dépôt en qualité de confesseur du défunt, il n'a pas même dû le leur déclarer; et qu'à l'égard du bruit qui a couru, il a pu avoir été répandu témérairement contre Léogonde, comme bien d'autres semblables. Par là ils ne feront aucun tort ni à Léogonde, ni à leur conscience; parce que, ne sachant rien sur cela que par des ouï-dire vagues, ils ne peuvent s'y conformer dans les dépositions. Les héritiers de Gérard en seront quittes en répondant qu'ils ne savent rien de ce qu'on leur demande, et que si Gérard a reçu du mourant un dépôt, ils sont persuadés qu'étant une suite de la confession du défunt, il aura exécuté ses intentions, dont ils ne sont pas obligés de donner des preuves.

Cas III. *Emond*, ayant appris sous le secret que Diodore doit mettre le feu à la grange de son voisin, est-il obligé de le garder ?

R. Non ; car lorsque le dessein que quelqu'un forme au préjudice notable d'un tiers n'est pas encore exécuté, on est tenu de le découvrir, le précepte de la charité étant aussi de droit naturel et divin, et sans doute d'une plus étroite obligation que celui du secret. *Voyez* le cas suivant.

Cas IV. *Gentien* étant résolu d'aller s'établir au loin, dit sous le secret à Paul que la nuit suivante il volera à Gabriel un sac de 200 louis. Paul peut-il, sans violer la foi du secret, en avertir Gabriel et lui nommer Gentien?

R. Paul doit avertir Gabriel; mais il ne peut, sans un péché grief, lui déclarer que c'est Gentien qui doit faire le vol. La raison est qu'on ne peut révéler un secret dommageable au prochain que pour empêcher le dommage qui en doit naître. Or il est aisé à Paul d'empêcher le dommage dont il s'agit, sans lui déclarer que c'est Gentien qui le veut faire; puisqu'il n'a qu'à l'avertir d'ôter son argent du lieu où il l'a mis, et de le mettre dans un lieu sûr.

Cas V. *Pascal* a déclaré à René, sous le secret, qu'il ferait soulever la populace contre les commis des fermes. L'ayant fait, il en a été soupçonné et arrêté prisonnier; René, qui a été assigné pour déposer sur ce fait, est-il obligé de découvrir le secret de Pascal?

R. Oui; parce qu'un tel crime est très-dommageable au public et injurieux à l'autorité du prince, à qui on ne peut disputer le droit de lever des impôts. C'est la doctrine de saint Thomas, 2-2, q. 70, art. 1. Il est vrai que Firmus, évêque de Tagaste, répondit à ceux qui poursuivaient un homme, qu'il ne pouvait ni le découvrir, ni mentir. Mais on n'en peut rien conclure parce que cet homme pouvait être innocent, ou seulement coupable d'une faute qui n'était préjudiciable ni au public, ni à aucun particulier. Si je suis obligé d'empêcher qu'on insulte un innocent, je puis n'être pas obligé à faire punir celui qui l'a offensé.

Cas VI. *Mutius* veut confier à César un secret important, à condition qu'il le gardera comme s'il l'avait appris par la confession. César, qui le lui promet, est-il obligé à le garder avec la même fidélité que s'il l'avait appris par la confession ?

R. Quoiqu'il ne soit pas à propos d'accepter un secret de cette manière, on doit néanmoins, quand on ne l'a reçu que sous cette condition, le garder comme si on l'avait appris par la confession même. *Homo*, dit saint Thomas, in 4, dist. 21, *non de facili debet recipere aliquid hoc modo* (sub secreto confessionis); *si tamen recipiat, ex promissione tenetur hoc modo celare, ac si in confessione haberet ; quamvis sub sigillo confessionis non habeat.*

— Sylvius remarque que cette manière de stipuler le secret fait une certaine injure au sacrement de pénitence. Navarre et plusieurs autres croient que cette formalité ne lie pas plus que si elle n'y était point. Au moins est-il sûr qu'elle ne lie pas sacramentellement, puisque, de l'aveu de l'auteur, le secret ainsi promis n'oblige point, 1° quand il s'agit de l'intérêt de la religion ou du bien public;

2° quand il ne s'agirait que du dommage, e. g., d'un larcin qu'on voudrait faire. Et c'est en ce sens, dit-il, qu'on doit entendre ces paroles de saint Ambroise : *Non semper promissa omnia solvenda sunt*, lib. III, *de Officiis*.

CAS VII. *Vincent*, chanoine, a déclaré à un de ses amis la manière méprisante dont on avait parlé de lui en chapitre, pour l'exclure du doyenné. L'a-t-il pu sans violer le secret du chapitre?

R. Non sans doute : 1° parce qu'on n'installe aucun chanoine qu'après qu'il a prêté serment de garder le secret sur les choses qui se disent ou qui se passent en chapitre, où chacun parle avec liberté sous la bonne foi de ce secret; 2° parce qu'autrement la timidité ou la politique empêcheraient des gens qui pensent bien de déclarer leurs véritables sentiments sur des choses importantes au bien commun de leurs corps. S.-B., tom. III, cas 51.

CAS VIII. *Basile* a confié un secret important à Melchior, religieux; son provincial lui ordonne de le lui déclarer. Peut-il sans péché le refuser?

R. Non, s'il s'agit d'une chose préjudiciable au prochain; oui, s'il s'agit de toute autre affaire. C'est la décision de saint Thomas, *quodl*. 1, art. 15, et elle est conforme à cette maxime du Sage, Prov. I, 13. *Qui ambulat fraudulenter, revelat arcana. Qui autem fidelis est amici, celat amici commissum.*

CAS IX. *Jérôme*, portier d'un séminaire, ouvre par pure curiosité des lettres qu'on écrit à ceux qui y demeurent. Pèche-t-il contre la loi du secret?

R. Oui; car comme dit Navarre : *Qui aperit litteras, peccatum injustitiæ committit : tollit enim jus alterius, scilicet aperiendi litteras, tam mittenti, quam ei cui mittuntur.* Et même ce péché serait mortel, s'il y avait un juste sujet de craindre qu'il n'en arrivât un dommage notable, dans la réputation ou autrement, à celui qui les a écrites, ou à celui à qui elles sont envoyées. Dans les communautés on ouvre les lettres, mais le bien commun l'exige, et chacun y a consenti. Un particulier peut aussi faire la même chose, soit du consentement présumé d'un ami, soit pour éviter quelque injustice considérable, qu'il a une juste raison d'appréhender. On ne doit pas non plus condamner un mari qui ouvre les lettres de sa femme, ni un père qui ouvre celles qu'on adresse à ses enfants; puisqu'il est souvent fort important que l'un et l'autre soient informés de ce qu'elles contiennent.

— Un mari sage n'ouvre point les lettres de sa femme, qui n'est point suspecte, à moins qu'elles ne regardent la communauté. Un supérieur ne pourrait lire les lettres de consultation qu'on écrit à un des siens, et qui ont trait à la conscience. S'il le faisait imprudemment, il serait tenu au secret, comme celui qui est consulté.

Voyez CONFESSEUR, 1°; EMPÊCHEMENTS DE MARIAGE EN GÉNÉRAL, CAS VIII et suiv.; CORRECTION FRATERNELLE, MONITOIRE.

Toute chose confiée dans l'intention qu'elle ne soit pas révélée, est un *secret*. Cette intention doit toujours être respectée, parce que recevoir une confidence, c'est contracter les engagements qu'elle suppose.

« Les Romains, dit un célèbre publiciste, faisaient une divinité du secret, et nous en faisons un devoir sacré, non-seulement parce que le secret est le premier ressort en affaires, parce qu'il est le fondement de toute bonne conduite, de tout succès, de toute confiance, mais parce qu'il est indispensable à tout honnête homme, parce qu'il est la base de la probité la plus commune; puisque dire imprudemment son secret, c'est sottise; mais révéler celui d'autrui, c'est perfidie, c'est crime. »

Avez-vous violé un secret auquel vous étiez tenu à raison de votre état de médecin, d'avocat, de notaire? Péché mortel, à moins que l'inadvertance ou la légèreté de matière n'excuse.

Le plus inviolable des secrets est celui de la confession. Nous ne pouvons ni directement, ni indirectement faire mention, je ne dis pas à d'autres, mais à vous-même des péchés, quelque légers qu'ils soient, que vous nous accusez. Votre secret est plus en sûreté chez votre confesseur que chez vous. Vous êtes libre de le révéler, et le confesseur ne le peut pas. Si nous étions interrogés devant les tribunaux de la justice humaine sur les choses qui nous auraient été confessées, nous pourrions affirmer avec serment, et sans crainte de nous tromper, que nous ne savons rien de ce qui nous a été dit : aussi les juges des tribunaux n'interrogent jamais les confesseurs des accusés. Fallût-il subir la mort, tous les supplices imaginables, nous devrions les endurer plutôt que de trahir le secret de la confession. Wenceslas, roi de Bohême, voulait savoir ce que la princesse Jeanne son épouse avait dit à confesse. Il employa les prières, les promesses, les menaces; toutes ses instances furent inutiles. Saint Jean Népomucène fut mis à mort, il devint martyr du secret de la confession.

Vous avez vu des prêtres tombés en démence, transportés par le délire; à l'époque des malheurs à jamais déplorables de la religion, vous en avez vu qui avaient indignement oublié la sainteté de leur ministère; en avez-vous entendu qui aient révélé les choses qui leur avaient été dites en confession? Aucun. C'est un trait de providence bien remarquable.

Quel bonheur de pouvoir avec sécurité et la certitude de n'être point trahi, confier à un de ses semblables les secrets quelquefois dévorants de son cœur! Sous ce rapport, et considérée d'une manière purement humaine, la confession serait déjà d'une admirable utilité. Une dame, dévorée de remords, ne savait à qui confier le poids qui l'accablait. Elle entre dans une église; elle aperçoit un prêtre entendant les confessions; elle en connaissait le secret. Elle se présente et fait l'aveu de sa faute. Son cœur est soulagé; il goûte un bonheur qu'il ne connaissait plus depuis longtemps. Chaque semaine, régulièrement, elle venait prendre un remède dont elle s'était si bien trouvée. Le confesseur un jour lui prescrivit une communion extraordinaire et lui demanda à son retour si elle avait communié. Elle ne répond rien. — Avez-vous communié, vous dis-je, ma sœur ? avez-vous communié, comme je vous l'avais prescrit ? — Non, mon père. — Mais, pourquoi n'avez-vous pas communié ? — Mon père, c'est qu'on ne communie pas dans ma religion. — On ne communie pas dans votre religion ! mais de quelle religion êtes-vous donc ? — Mon père, je suis protestante. — Comment, vous êtes protestante, et vous venez vous confesser ! — Oui, mon père, j'avais besoin de confier à quelqu'un le secret de mon cœur. Je ne trouvais pas de véritable ami ; j'avais entendu parler du secret inviolable de la confession chez les catholiques ; j'y ai recouru, et je m'en suis trouvée si bien que j'ai dès lors continué à me confesser tous les huit jours.

Avez-vous entendu par hasard la confession des péchés des autres ? Vous êtes tenu à un secret non point sacramentel, comme le confesseur lui-même, mais à un secret naturel très-rigoureux : si vous étiez interrogé en justice sur ce que vous avez entendu, vous pourriez, aussi bien que le confesseur, répondre que vous ne savez rien de ce que l'on vous demande. Pour prévenir ces inconvénients, ne vous approchez pas trop des tribunaux de la pénitence, de manière à entendre ce que l'on y dit.

Avez-vous cherché à entendre ce qu'on disait à confesse? Péché mortel, à moins que l'ignorance, ou la bonne foi, ne vous excuse.

Ayant trouvé écrite la confession d'un autre, l'avez-vous lue? Péché mortel, à moins que vous ne fussiez assuré qu'elle ne contenait que des péchés légers. Vous êtes tenu, à cet égard, à un secret naturel. Vous deviez brûler cet écrit, ou le rendre à qui il appartenait.

Avez-vous répété ce qui vous avait été dit en confession ? Péché grave, si vous avez attiré du mépris sur le confesseur et de l'éloignement pour le sacrement de pénitence. La prudence, aussi bien que la loi naturelle, vous prescrit à ce sujet la plus grande réserve. Il est bon même que vous ne fassiez connaître, ni la pénitence qui vous a été imposée, ni les avis qui vous ont été donnés ; à plus forte raison, ne devez-vous pas répéter certaines interrogations qui vous sont particulières, et qui ne conviendraient point à d'autres. Quand on vous interroge sur certains péchés, c'est que l'on présume avec raison que vous vous en êtes rendu coupable. Votre imprudence, votre indiscrétion, peuvent avoir les suites les plus fâcheuses pour la religion. Combien de prêtres qui se trouvent compromis par l'indiscrétion de quelques prétendues dévotes, qui s'en vont s'entretenant de confession et de confesseurs, et répétant ce qu'on leur dit ou qu'on ne leur dit pas, et qu'elles comprennent mal ! Cependant vous n'auriez pas péché, si vous ne racontiez que des choses édifiantes, qui, loin de décréditer le confesseur qui vous les a dites dans le saint tribunal, tourneraient à sa louange et lui attireraient de la confiance.

Avez-vous révélé, sans raison suffisante, un secret important qui vous avait été confié, et que vous aviez accepté? Péché mortel, s'il s'ensuit une injure ou un préjudice notable pour la personne qui vous a fait sa confidence. Si le secret révélé n'est que de peu d'importance, et qu'il ne puisse s'ensuivre aucun dommage pour celui qui vous a confié le secret ; si vous avez regardé de bonne foi ce secret comme peu important, votre indiscrétion pourrait n'être qu'une faute vénielle.

Avez-vous ouvert une lettre qui n'était point à votre adresse ou que vous avez trouvée décachetée et que l'on tenait cachée ? Péché mortel, si vous pensiez que cette lettre contenait des secrets importants et que les personnes qui s'écrivaient tenaient beaucoup à ce qu'ils ne fussent connus de personne. Si vous avez eu l'intention de nuire par la manifestation du secret que vous parveniez à connaître, cette intention rendrait votre péché plus grave encore. Ce ne serait toutefois qu'une faute vénielle, si vous pensiez que la lettre que vous avez décachetée ne contenait que des choses d'une médiocre importance, décidé que vous êtes du reste à garder le silence, si la nature des choses le commandait. Vous n'avez nullement péché, si vous n'avez décacheté une lettre que d'après la présomption du consentement de la personne qui écrivait ou à laquelle on écrivait.

Les supérieurs des communautés religieuses, des colléges, les pères de famille ont le droit de décacheter les lettres reçues ou envoyées par leurs inférieurs ou leurs enfants, à moins qu'il ne s'agisse des lettres d'un confesseur et qui ont rapport à la conscience.

Le huitième commandement du Seigneur s'étend au plus grand nombre des péchés de la langue. On s'étonnera de l'idée que l'apôtre saint Jacques nous donne de ce petit membre de notre corps. La langue, dit-il, est un feu, mais un feu qui tient de la nature de celui de l'enfer, car il brûle sans consumer ; c'est un feu qui noircit ce qu'il ne peut dévorer et qui n'agit que sur les âmes. Si quelqu'un, ajoute le même apôtre, croit être religieux, et qu'il ne mette pas un frein à sa langue, sa religion est vaine et illusoire. Il n'y a bêtes si féroces, dit l'Apôtre, ni animaux si sauvages que l'homme ne puisse dompter et qui en effet ne l'aient été. Mais nul homme ne peut dompter la langue. On ne se console que dans la pensée que ce qui est impossible à l'homme est facile à Dieu. En faut-il davantage pour que nous pesions nos paroles et qu'il n'en sorte aucune de nos lèvres qui n'ait été sérieusement examinée ?

SECRÉTAIRE.

Les *secrétaires* des évêques sont ecclésiastiques ou laïques, et leur fonction est de dresser les actes publics qui concernent la juridiction épiscopale, et d'y souscrire, après qu'ils ont été signés par l'évêque. On va examiner ce qui leur est légitimement dû pour salaire, selon le concile de Trente et les ordonnances. Il y a des secrétaires d'État, du roi, du cabinet, etc.

Cas I. Le secrétaire d'un évêque exige de grosses taxes pour les provisions des bénéfices, pour des lettres de dimissoire, ou d'ordre, et pour le droit de sceau, qu'il tient à ferme du prélat. Ne pèchent-ils point l'un et l'autre?

R. Ils pèchent grièvement tous les deux, parce qu'ils violent et la loi du dernier concile, sess. 21, cap. 1, *de Reform.*, et l'ordonnance de Blois, où le décret de Trente est rendu par ces termes de l'art. 20 : « Les évêques et autres collateurs ordinaires, ou leurs vicaires et officiers, ne pourront rien prendre, sous quelque couleur que ce soit, pour la collation d'aucuns ordres, tonsure de clercs, lettres dimissoires et testimoniales, soit pour le scel, ou autres choses quelconques, ores qu'il fût présenté : sauf néanmoins à faire taxe pour les lettres dimissoires et testimoniales aux greffiers pour leur salaire, qui ne pourra excéder la dixième partie d'un écu ; et ce, seulement pour le regard de ceux qui n'ont aucuns gages, etc

Cas II. *Lucius*, ayant obtenu un bénéfice en régale, demande si cette grâce doit être signée par un secrétaire d'État?

R. Si Lucius a obtenu son bénéfice en vertu d'une résignation en faveur, il suffit que la grâce soit signée d'un secrétaire du roi. Mais s'il l'a obtenu ensuite d'un autre genre de vacance, ses provisions doivent être signées par un des quatre secrétaires d'État ; parce que la grâce n'étant alors que du propre mouvement du roi, doit être signée de ceux qui reçoivent immédiatement ses commandements. *Voyez* le Dictionnaire de M. Durand, pag. 714.

SEIN

Le *sein*, ou la gorge d'une femme, est une des parties de son corps que la pudeur oblige de tenir toujours cachée ; et celle qui a le front de paraître découverte ne doit être regardée, ni comme chaste, ni comme honnête.

Cas I. *Agapia*, pour se conformer à la coutume presque générale des dames de qualité, a le sein fort découvert. Peut-elle être excusée de péché à cause de la coutume, lorsqu'elle ne veut plaire qu'à son mari, et éviter la singularité?

R. Non ; car quoique la coutume puisse quelquefois déroger au droit humain, elle ne peut jamais déroger au droit naturel et divin. Or l'un et l'autre obligent toutes les femmes à garder les règles de la pudeur et de la bienséance chrétienne, à laquelle une pareille coutume est entièrement contraire. C'est pourquoi saint Antonin, p. 2, tit. 4, c. 5, dit : *Valde turpis et impudicus est talis usus, et ideo non servandus.* Il faut voir avec quelle force Tertullien s'explique là-dessus dans son traité *de Habitu muliebri*.

Cas II. *Léodie* s'étant présentée à la communion, le sein fort découvert, et des mouches avec du fard sur le visage, son curé la lui a refusée publiquement : ce dont elle est scandalisée, comme d'un affront, et elle s'en est plainte à l'évêque. Ce curé est-il coupable?

R. Non ; il n'a fait que son devoir, et Léodie est seule la cause du scandale, en insultant par des airs pleins de mondanités Jésus-Christ dans un sacrement où il fait autant éclater son humilité que son amour. Cette décision est de saint Charles.

— Cas III. *Mélinde* est toujours très-modeste en public. Mais elle paraît le matin et le soir devant ses femmes, presque sans précaution. Est-elle répréhensible?

R. Oui et beaucoup ; 1° parce que, comme dit un Père, *pudicitia propriis veretur aspectus*, et à plus forte raison *aspectus alienos*; 2° parce que cette dame apprend aux autres à faire ce qu'elle fait elle-même ; 3° parce qu'une femme peut être très-dangereuse à une autre femme. *Nam feminæ eorum*, etc. Rom. i, 26.

SÉPARATION DE BIENS.

La séparation de biens qui a lieu pendant le mariage, s'appelle judiciaire, parce qu'elle ne peut s'opérer que par un jugement. Toute séparation de biens volontaire est nulle. A la femme seule appartient le droit de la solliciter, lorsque sa dot est mise en péril, et que le désordre des affaires du mari donne lieu de craindre que les biens de celui-ci ne soient point suffisants pour remplir les droits et les reprises de la femme. Elle peut demander sa séparation de biens, sous quelque régime que les époux soient mariés. Il n'est pas nécessaire qu'elle justifie de l'apport d'une dot, ou qu'elle ait actuellement des droits et des reprises à exercer contre son mari. Elle a des raisons pour redouter les conséquences de la dissipation de celui-ci dans l'avenir ; cela lui suffit pour obtenir la séparation. Toute séparation de biens doit, avant son exécution, être rendue publique par l'affiche sur un tableau à ce destiné, dans la principale salle du tribunal de première instance ; et de plus si le mari est marchand, banquier ou commerçant, dans celle du tribunal de commerce du lieu de son domicile, et ce à peine de nullité de l'exécution. La séparation de biens, quoique prononcée en justice, est nulle si elle n'a point été exécutée par le payement réel des droits et reprises de la femme, effectué par acte authentique jusqu'à concurrence des biens du mari, ou au moins par des poursuites commencées dans la quinzaine qui a suivi le jugement, et non interrompues depuis. Le jugement qui prononce la séparation de biens, remonte, quant à ses effets, au jour de la demande

La femme qui a obtenu la séparation de biens doit contribuer proportionnellement à ses facultés et à celles du mari, tant aux frais du ménage qu'à ceux d'éducation des enfants communs. Elle doit supporter entièrement les frais, s'il ne reste rien au mari. La séparation de biens ne dégage point non plus la femme des liens de la puissance maritale. Elle a la libre administration de ses revenus ; mais elle ne peut aliéner ses immeubles sans le consentement du mari, ou sans l'autorisation de la justice en cas de refus.

La loi permet aux époux séparés de biens de rétablir leur communauté ; mais la communauté rétablie sous des conditions différentes de celles qui la réglaient antérieurement est nulle. La séparation de biens n'a d'autre effet que de rendre la femme étrangère à la communauté et de lui faire reprendre, soit dans les biens de cette communauté, soit dans les biens personnels de son mari, sa dot et tout ce qu'elle avait confié au mariage.

Séparation de corps. La séparation de corps est le droit que la justice accorde aux époux de vivre séparés sans que le mariage soit dissous. Le droit canonique introduisit ce divorce mitigé dans la société devenue chrétienne, comme un frein aux excès du despotisme domestique, qui pesa si longtemps sur la femme. Des principes qui semblaient s'exclure se trouvèrent ainsi conciliés ; et le précepte divin qui régit le mariage conserva son empire sans dommage pour l'humanité. Proscrit en 1816, le divorce a disparu de la loi française, et la séparation seule est restée.

La séparation de corps doit se fonder sur des causes déterminées ; et devant la loi civile ces causes sont l'adultère de l'un des deux époux, les excès, les sévices, les injures graves, la condamnation à une peine infamante.

La puissance temporelle peut bien régler ce qui a rapport aux effets civils, aux droits respectifs des époux sur les biens de la communauté matrimoniale ; elle peut bien statuer sur le temporel du mariage ; mais elle ne peut ni directement ni indirectement porter atteinte au sacrement de mariage ; elle ne peut par conséquent annuler le contrat naturel sans lequel il n'y a pas de sacrement : *Prohibitio legis humanæ*, dit saint Thomas, *non sufficeret ad impedimentum matrimonii, nisi legi interveniret Ecclesiæ auctoritas, quæ idem interdiceret*. Le concile de Trente déclare généralement anathème quiconque dira que les causes matrimoniales n'appartiennent pas aux juges ecclésiastiques ; et il est certain, comme l'a dit le pape Pie VI, que le canon du concile de Trente comprend non-seulement ceux qui enseignent que les puissances souveraines du siècle ont le pouvoir de faire des lois sur le mariage, mais encore ceux qui autorisent cette doctrine par leurs actes. D'après un acte aussi important de la part du vicaire de Jésus-Christ, dit Mgr Gousset, il y aurait au moins de la témérité à soutenir l'opinion de quelques modernes qui accordent à la puissance civile le droit d'apposer des empêchements dirimants au contrat de mariage, et d'annuler ainsi le sacrement. Il faut certainement rendre à César ce qui appartient à César, mais il faut également rendre à Dieu ce qui appartient à Dieu. Le mariage des chrétiens une fois consommé ne peut être dissous, ni par l'adultère, ni par la mort civile, ni par quelque crime que ce soit. Cependant l'Eglise enseigne qu'il y a plusieurs causes qui permettent de se séparer : *quoad thorum, seu quoad habitationem ;* mais la séparation n'a lieu parmi nous, quant aux effets temporels, que quand elle est prononcée par les tribunaux civils.

La première cause qui légitime la séparation des époux est l'adultère de la femme ou du mari ; le droit canon met à cet égard les deux époux sur le même rang ; mais la loi civile en France n'accorde à la femme le droit de demander la séparation de corps, pour cause d'adultère de son mari, que quand il a tenu sa concubine dans la maison commune. Si le mari s'était rendu coupable d'adultère, il ne peut pas, en morale, se séparer de sa femme pour ce crime, *paria delicta mutua compensatione delentur*. Il ne le pourrait pas non plus, s'il avait coopéré à sa prostitution, ou s'il avait continué d'habiter avec elle, quoiqu'il eût connaissance de ses désordres.

La seconde cause de séparation admise par les tribunaux civils est reçue également par le droit canon : les époux pourront demander la séparation de corps pour excès, sévices, ou injures graves, de l'un d'eux envers l'autre.

La troisième cause qui légitime en conscience la séparation des époux, serait le cas où le mari s'efforcerait d'altérer la foi de sa femme et l'empêcherait de pratiquer sa religion, ou la porterait au crime.

La quatrième cause serait la crainte pour la femme d'être impliquée dans les crimes de son mari.

La cinquième serait la crainte de quelques accidents fâcheux.

La sixième serait la piété des époux qui, d'un commun consentement, voudraient vivre dans la continence ; mais alors il faudrait que tous deux fissent profession solennelle dans un ordre religieux, ou que le mari reçût les ordres sacrés, et que la femme se fît religieuse, à moins qu'elle ne soit d'âge à rester dans le monde sans danger, en faisant vœu de continence. A ces causes, le code en ajoute une qui n'est pas reçue, dont le droit *canon* ne dit rien : la condamnation de l'un des époux à une peine infamante.

Cas I. *Alybe* a obtenu la séparation de corps pour cause d'adultère de sa femme. Celle-ci paraît convertie et repentante ; Alybe est-il obligé de se réconcilier et d'habiter avec sa femme ?

R. Non ; son confesseur fera bien de l'y exhorter, mais il ne peut pas l'y obliger ; Alybe peut en conscience demeurer séparé de sa femme le reste de ses jours.

Cas II. *Agathe* a obtenu séparation de

corps de son mari qui est sujet à des accès de fureur qui mettent ses jours en péril ; son confesseur l'exhorte à retourner chez son mari. Est-elle obligée de suivre ce conseil?

R. Non ; et le confesseur prudemment devrait s'abstenir de conseiller une telle réconciliation, à moins que le mari ne fût tellement changé, que sa femme n'eût plus rien à craindre.

CAS III. Deux époux vivent séparés pour raison légitime sans avoir fait prononcer leur séparation. *Quid juris* ?

La femme qui a été chassée peut être admise aux sacrements, mais non le mari, s'il n'a pas fait prononcer juridiquement la séparation, à moins que ce ne soit pour un adultère de l'un d'eux tellement connu, qu'il est incontestable ; dans ce cas le coupable ne peut pas être admis au sacrement, qu'il n'ait réparé sa faute et le scandale.

« On regardera, dit Mgr Gousset, comme indignes d'absolution les époux qui, par suite d'un mariage mal assorti, ou par cause d'incompatibilité d'humeur, se sont séparés de leur autorité privée, même d'un commun consentement. Mais on userait d'indulgence à l'égard de celui qui aurait fait son possible, moralement parlant, pour se rapprocher de son conjoint et obtenir de demeurer ensemble, si ses dispositions et ses démarches étaient connues du public. *Voyez* ADULTÈRE, EMPÊCHEMENT, ORDRE.

SÉPULTURE.

La *sépulture* a été dans tous les temps, et même chez les païens, d'une très-grande considération ; et l'on a toujours regardé comme un grand opprobre d'en être privé. C'est pour cela que l'Église la refuse à ceux qui meurent dans l'excommunication. *Sacris canonibus institutum est*, dit Innocent III, c. 12, *de Sepult.*, *ut quibus non communicavimus vivis, non communicemus defunctis; et ut careant ecclesiasticæ sepultura, qui prius erant ecclesiasticæ unitate præcisi, nec in articulo mortis Ecclesiæ reconciliati fuerint*; et les canons, pour faire mieux observer cette règle, veulent que le lieu saint où l'on a enterré un excommunié dénoncé, ou une personne nommément interdite, perde sa consécration, et qu'on retire le corps d'un tel homme, si on peut le discerner d'avec les corps des fidèles.

Les curés peuvent, sans simonie, demander quelques droits de sépulture, pour leur aider à subsister ; en quoi l'article 15 de l'ordonnance d'Orléans a été révoqué par celle de Blois. Mais toute action sordide a toujours été considérée comme ressentant la simonie. Toute personne qui peut faire un testament, peut aussi choisir le lieu de sa sépulture en quelle église séculière ou régulière qu'il lui plaît. Mais s'il n'a rien ordonné, son corps doit être enterré dans la paroisse du lieu où il est mort, cap. 1 et 2, *de Sepult.*, in 6. *Voyez* le cas IV.

CAS I. *Landri*, connu depuis quatre ans pour concubinaire et ivrogne de profession, est mort dans une débauche de vin, sans avoir donné aucun signe de pénitence. Son curé doit-il lui donner la sépulture ecclésiastique comme à ceux qui meurent en bons chrétiens ?

R. Ce curé ne peut refuser au corps de cet endurci la sépulture ecclésiastique de son autorité privée · il doit donc, avant de l'enterrer, consulter son évêque, et se conformer à ses ordres ; et en cas qu'il ne puisse pas les recevoir à temps, il doit inhumer le défunt en terre sainte, avec toutes les cérémonies accoutumées. C'est qu'en France un homme ne peut être traité comme pécheur public, à moins qu'il n'y ait une sentence déclaratoire du juge ecclésiastique contre le coupable.

CAS II. *Turibe* étant mort dans un hameau de la paroisse de Saint-Gall, éloigné d'une lieue de l'église paroissiale, et dans le temps le plus rude de l'hiver, le vicaire l'a enterré dans un lieu qui n'a point été bénit par l'autorité de l'évêque, mais où on avait déjà inhumé plusieurs habitants de ce hameau, parce que le chemin est presque impraticable en hiver. L'a-t-il pu faire ?

R. Non ; et la tolérance du curé qui a souffert qu'on y ait inhumé d'autres fidèles, ne peut non plus être excusée, puisqu'il était obligé de leur donner la sépulture dans le cimetière public, ou au cas d'une trop grande difficulté, obtenir de son évêque la permission de bénir un nouveau cimetière dans ce hameau.

CAS III. *Pétron*, curé de *N.*, ayant droit d'enterrer ses paroissiens dans le cimetière d'une paroisse voisine, a vendu son droit au curé de cette paroisse, du consentement de ses marguilliers. L'a-t-il pu ?

R. Non ; parce qu'un droit purement spirituel, tel qu'est celui de la sépulture ecclésiastique, ne peut entrer dans le commerce.

— CAS IV. *Firmin* est mort subitement. Sa famille veut le faire enterrer aux Jacobins. Le curé s'y oppose. A-t-il raison ?

R. Ceux qui n'ont point de lieu de sépulture dans aucune église, peuvent s'en procurer un où bon leur semble ; mais s'ils n'ont fait aucun choix de sépulture, et que leur famille n'en ait aucune d'affectée, ils doivent être enterrés dans leur paroisse. *Diction. de droit*, etc.

— CAS V. *Luce* est morte en couches : où doit-on enterrer son enfant, qui n'a point été baptisé ?

R. Si cet enfant n'était pas encore né, il faut l'enterrer avec sa mère, dont il est censé partie. Mais s'il était né, on ne peut l'enterrer dans un lieu saint. Il y a en quelques endroits au bout du cimetière un lieu non bénit où l'on enterre les enfants mort-nés.

Voyez CURÉ, EXCOMMUNICATION, SIMONIE.

SÉQUESTRE.

Cette expression se prend en deux sens ; tantôt elle signifie le dépôt d'une chose contentieuse entre les mains d'un tiers chargé de veiller à sa conservation ; tantôt elle désigne le tiers lui-même chargé du dépôt. Le séquestre peut avoir lieu de trois manières : il peut résulter : 1° de la convention des parties ; 2° d'une sentence judiciaire ; 3° d'un acte administratif.

Le *séquestre conventionnel* est le dépôt fait par une ou plusieurs personnes, d'une chose contentieuse entre les mains d'un tiers qui s oblige de la rendre, après la contestation terminée, à la personne qui sera jugée devoir l'obtenir. Ce contrat diffère du dépôt sous plusieurs rapports : il exige le concours d'au moins trois personnes, le dépôt n'en réclame que deux ; il peut porter sur des immeubles, le dépôt ne s'applique qu'aux meubles ; il peut être salarié, le dépôt est ordinairement gratuit ; enfin le séquestre doit garder la chose jusqu'à ce que la contestation soit terminée, le dépositaire doit la rendre à toute réquisition. Le séquestre, étant ordinairement salarié, est tenu d'apporter à la conservation de la chose la plus grande diligence.

Le *séquestre judiciaire*. La justice peut ordonner le séquestre, 1° des meubles saisis sur un débiteur ; 2° d'un immeuble ou d'une chose mobilière dont la propriété, ou la possession, est litigieuse entre deux ou plusieurs personnes ; 3° des choses qu'un débiteur offre pour sa libération ; mais là ne s'arrête pas le pouvoir du juge ; il peut toujours prendre l'initiative pour des choses non comprises dans cette énumération.

L'établissement d'un gardien judiciaire produit entre le saisissant et le gardien des obligations réciproques. Le gardien doit apporter pour la conservation des effets saisis les soins d'un bon père de famille. L'obligation du saisissant consiste à payer au gardien le salaire fixé par la loi, et l'on pense que celui-ci n'aurait pas le droit de les réclamer auprès du tiers saisi.

Le *séquestre administratif* a lieu, lorsqu'en vertu d'une loi, ou en vertu d'un acte d'administration, les biens d'un particulier sont mis sous la garde de l'autorité ; tels furent les biens des émigrés, et de nos jours les biens des condamnés par contumace.

SERMENT DE FIDÉLITÉ.

Le serment de fidélité que les évêques prêtent au roi, a été fortement attaqué par plusieurs célèbres auteurs français, mais mal à propos, puisqu'il n'a rien de commun ni avec les *investitures*, tant de fois condamnées, ni avec la foi et hommage qu'un vassal rend à son seigneur, et qu'il ne consiste qu'à promettre au prince une inviolable fidélité, i. e. une chose qui lui est due par tous ses sujets, et dont ceux qui sont à la tête du troupeau doivent lui donner l'exemple.

Cas I. Dans une conférence on a demandé, 1° si, selon notre usage, un nouvel évêque qui a pris possession de son évêché en vertu de ses bulles, peut exercer tous les actes de sa juridiction, avant que d'avoir prêté au roi son serment de fidélité, et de l'avoir fait enregistrer à la chambre des comptes ; 2° si en cas que cette chambre refuse de l'enregistrer, la régale demeure toujours ouverte ; 3° si le roi étant absent du royaume, il suffit de prêter ce serment entre les mains de celui qu'il a établi son lieutenant général, ou régent du royaume ; 4° si tous les évêques du royaume sont tenus à prêter ce serment en personne, pour clore la régale ; 5° si, lorsque les chapitres sont seuls collateurs des prébendes, la régale doit avoir lieu en ce qui regarde le serment de fidélité.

R. 1° Un évêque, en vertu de ses provisions de Rome et de sa prise de possession, peut exercer toutes ses fonctions épiscopales, et faire tous actes de juridiction, excepté la collation des bénéfices vacants en régale, dont il ne peut disposer qu'après avoir prêté son serment de fidélité, et l'avoir fait enregistrer à la chambre des comptes de Paris ; il y a jusque-là dans l'évêque une incapacité purement politique de jouir de son revenu et des fruits de la prélature, dont les collations font partie, mais non pas une inhabileté canonique d'en exercer les fonctions et à conférer les cures.

2° L'évêque ayant fait son serment de fidélité, et s'étant présenté à la chambre des comptes, la régale devient close dès ce moment, encore que la chambre refuse de l'enregistrer ; ce qui est conforme à l'équité et à cette règle de droit : *Imputari non debet ei, per quem non stat, si non faciat quod per eum erat faciendum.* Ainsi jugé le 26 février 1493 en faveur de René d'Illiers, pourvu de l'évêché de Chartres, quoiqu'il n'eût pas même encore prêté le serment de fidélité au roi qui avait refusé de le recevoir, à la charge néanmoins qu'il le prêterait, quand il plairait à Sa Majesté de le recevoir.

3° Il a été jugé dès le 13 août 1493 que ce serment doit être prêté au roi en personne ; et qu'en cas que le roi soit absent volontairement du royaume, il ne suffit pas de le lui prêter entre les mains de son lieutenant général. Que si le roi était détenu prisonnier, comme le furent le roi Jean et François Ier, alors la nécessité tiendrait lieu de loi.

4° Hors ce cas d'absence involontaire du roi, la régale est toujours ouverte, jusqu'à ce que l'évêque ait prêté serment, et il ne suffit pas qu'il le prête par procureur, même du consentement du roi. Ainsi la règle 72 *juris in 6 : Qui facit per alium, perinde est ac si faciat per seipsum,* n'a pas lieu en ce cas, parce que les ordonnances royales y sont contraires. Charles VII déclara en 1451 que, nonobstant la prestation de ce serment que l'évêque de Térouane avait fait par procureur, avec la permission de Sa Majesté, il entendait continuer à conférer en régale les bénéfices qui vaqueraient, jusqu'à ce qu'il lui eût prêté ce serment en personne.

— Cas II. *Thierry* ayant fait enregistrer à la chambre des comptes son serment de fidélité, et pris possession de son siége par procureur, a-t-il clos par là la régale?

R. Quelques-uns ont prétendu que la régale n'était close que par la prise de possession personnelle. Mais cela n'est pas, comme on le voit, dans les *Mémoires du Clergé*, tom. XI, pag. 1619 et 1037. Il faut cependant, pour la clore, que l'évêque, après avoir fait enregistrer l'acte de son serment, et les lettres patentes de main-levée de la régale, ait levé cet arrêt d'enregistrement, et qu'il l'ait fait signifier avec l'attache et le mandement des auditeurs de la chambre, à l'économe, et surtout aux officiers et au substitut du procureur général sur les lieux, sans quoi la régale subsiste toujours, et un bénéfice obtenu en cour de Rome le jour même où elles auraient été remplies, serait censé avoir vaqué en régale, s'il y était sujet.

Cas III. *Fullon* ayant requis de l'évêque de G. un canonicat vacant, en vertu d'un indult, ou d'un serment de fidélité, l'évêque le lui a refusé, parce qu'il l'avait conféré à Paulin ; Fullon a formé opposition à la prise de possession de Paulin. Qui des deux a droit à ce canonicat?

R. Il y a une grande différence entre un indultaire et celui qui n'a qu'un brevet de serment de fidélité. C'est pourquoi si Fullon est indultaire, le canonicat qu'il a requis lui appartient préférablement à Paulin, puisqu'il n'a pu être prévenu ; mais s'il n'a qu'un brevet de serment de fidélité ou de joyeux avénement, et que l'évêque ait conféré la prébende, avant qu'il le lui ait fait signifier, et qu'il ait requis le bénéfice, Paulin, pourvu par l'évêque, a droit.

Voyez INDULTAIRE.

SERVITUDES.

On entend ici par *servitude* une charge établie sur quelque héritage ou maison, en faveur de celui qui n'est pas propriétaire. Les servitudes sont urbaines ou rurales, selon qu'elles sont établies pour l'usage des bâtiments, ou pour celui d'un fonds de terre. Les principales servitudes urbaines sont: l'égout des toits, le droit d'appuyer au bâtiment, ou de placer des poutres sur le mur du voisin, etc.

Les servitudes rurales sont: le droit de passage pour les personnes, les chars et les animaux ; les aqueducs, le puisage et le pacage.

Les servitudes sont continues ou discontinues. Les servitudes continues sont celles dont l'usage est ou peut être continuel, sans avoir besoin du fait actuel de l'homme: tels sont les conduits d'eau, les égouts, les vues et autres objets de cette espèce. Les servitudes discontinues sont celles qui ont besoin du fait actuel de l'homme pour être exercées : tels sont les droits de passage, puisage et autres semblables.

Il y a encore des servitudes apparentes ou non apparentes. Les servitudes apparentes sont celles qui s'annoncent par des ouvrages extérieurs, tels qu'une porte, une fenêtre, un aqueduc ; les servitudes non apparentes sont celles qui n'ont pas de signe extérieur de leur existence, comme, par exemple, la prohibition de bâtir sur un fonds, ou de ne bâtir qu'à une hauteur déterminée. Le fonds qui est soumis à la servitude se nomme fonds servant, et celui au profit duquel elle est établie, se nomme fonds dominant.

Les servitudes se transmettent de plein droit à tous les possesseurs, soit activement, soit passivement, c'est-à-dire que de même que le nouveau propriétaire de l'héritage, au profit duquel la servitude a été établie, peut en user, quoique son contrat n'en parle point, de même le nouveau possesseur de l'immeuble assujetti doit en souffrir l'exercice, lors même qu'il l'aurait acheté sans charges. Le vendeur n'est même tenu d'indemniser l'acquéreur, que s'il a vendu l'héritage libre de toutes charges, ou si celles qu'il n'a pas déclarées, sont de nature à faire rescinder la vente.

Le code civil divise les servitudes en trois catégories, qui rappellent leurs différentes origines. La première se compose de celles qui dérivent de la nature ou de la disposition des lieux ; la seconde comprend les servitudes établies par la loi ; dans la troisième viennent se ranger celles qui naissent du fait de l'homme ou des conventions.

Les obligations qui concernent les eaux, le droit des propriétaires voisins de se contraindre mutuellement au bornage de leurs propriétés contiguës, la faculté de clore un héritage : telles sont les charges que la loi range parmi les servitudes naissant de la situation des lieux. La seconde espèce de servitudes se compose de celles que le législateur établit dans un intérêt général. Elles ont pour objet l'utilité publique ou communale, ou l'utilité des particuliers. Elles sont indiquées dans les articles 643 et 650 du code civil. C'est d'abord pour le propriétaire d'une source l'obligation de n'en pas changer le cours, lorsqu'elle fournit aux habitants d'une commune, d'un village ou d'un hameau, l'eau qui leur est nécessaire. Puis viennent les obligations concernant le marchepied, au long des rivières navigables ou flottables ; la construction, la réparation des chemins et des autres ouvrages publics ou communaux, et diverses charges de la même nature.

L'utilité des particuliers est aussi devenue le principe de certaines obligations restrictives du droit de propriété : celles de ces obligations que contient le code civil, ont pour objet la mitoyenneté des murs, celle des fossés, celle des haies ; les distances à observer dans la plantation des arbres ; la construction des contre-murs, etc.

La troisième espèce de servitudes : celles qui dérivent de conventions entre particuliers peuvent varier à l'infini.

L'usage des servitudes a été de tout temps et sera toujours une source féconde de contestations. Le code civil ne pouvait qu'émettre à cette occasion des règles simples : ces règles, interprétées par la jurisprudence, peuvent se résumer en quelques maximes. Le propriétaire de la servitude a le droit de faire tous les ouvrages nécessaires pour en user et pour la conserver; mais il en doit jouir avec modération. Ainsi celui qui a un droit d'égout de ses toits sur le terrain du voisin n'est pas autorisé à réunir les eaux dans une seule gouttière, pour les verser en masse. Le titulaire d'un droit de passage peut aplanir le terrain, si la servitude n'est utile que de cette manière; mais la loi ne lui permettrait pas de le faire paver, sous prétexte que l'usage en serait plus commode et plus agréable.

Les ouvrages que nécessite l'établissement ou la conservation de la servitude sont aux frais de celui qui en jouit, à moins que le titre qui établit la servitude ne dise le contraire. Si la servitude dérive de la situation des lieux, c'est la nature du droit qui en gouverne l'exercice; si elle procède d'un titre, c'est le titre qui fait loi. Ainsi, s'agit-il d'un passage dont l'époque est déterminée, on ne peut changer cette époque; s'agit-il d'un droit de prise d'eau pour tel héritage, le propriétaire ne peut le céder à un autre héritage. Le possesseur du fonds assujetti est de son côté obligé de souffrir l'usage de la servitude, sans rien entreprendre qui en diminue les avantages. Il y a même cas où le droit d'acquérir appartient à des individus qui n'ont pas celui de l'accorder. Ainsi les mineurs, les femmes non autorisées, les tuteurs ont quelquefois la faculté d'acquérir une servitude.

Les servitudes qui ne dérivent pas de la situation naturelle des lieux ou des obligations imposées par la loi, peuvent être établies par des actes émanés de la volonté des contractants et de l'autorité des tribunaux ; mais aux propriétaires seuls appartient la faculté d'en accorder. Ainsi le simple possesseur de bonne foi ne pourrait grever le domaine dont il jouit momentanément d'une charge que le véritable propriétaire devrait plus tard accepter et souffrir. Le nu-propriétaire d'un fonds dont une personne a l'usufruit peut y imposer des servitudes ; mais leur usage ne commencerait qu'après l'expiration de l'usufruit. Les servitudes seraient mal établies par un mineur, par un interdit, par l'individu pourvu d'un conseil judiciaire, par un tuteur ou curateur; elles demandent la plénitude des droits de la part de ceux qui les consentent.

Toutes les personnes auxquelles la loi reconnaît la puissance de concéder des servitudes, peuvent à plus forte raison en acquérir. Il y a même cas où le droit d'acquérir appartient à des individus qui n'ont pas celui de l'accorder. Ainsi les mineurs, les femmes non autorisées, les tuteurs ont quelquefois la faculté d'acquérir une servitude.

La possession trentenaire fait acquérir les servitudes continues et apparentes ; mais elle ne fait acquérir que celles-là. La raison en est simple : pour être utile, selon la loi, la possession doit être continue; elle ne peut donc s'appliquer qu'à des servitudes qui ont ce caractère ; elle doit être publique ; elle ne peut donc s'appliquer qu'aux servitudes apparentes.

La destination du père de famille vaut aussi titre à l'égard de certaines servitudes. On donne ce nom à la disposition ou à l'arrangement que le propriétaire de plusieurs fonds a fait pour leur usage respectif. Lorsque ces fonds passent plus tard dans les mains de différents maîtres, le service qu'un fonds tirait de l'autre devient une servitude.

Les servitudes peuvent s'éteindre de plusieurs manières : d'abord elles cessent, lorsque les choses se trouvent en tel état qu'on ne peut plus en user. Les servitudes revivent, si les choses sont rétablies de manière qu'on puisse en user ; à moins qu'il ne se soit déjà écoulé un espace de temps suffisant pour faire présumer l'extinction de la servitude. Toute servitude est éteinte lorsque le fonds à qui elle est due, et celui qui la doit, sont réunis dans la même main, suivant la maxime *Nemini sua res servit*. Elle s'éteint aussi par le non usage pendant trente ans. La remise qu'en fait celui à qui elle est due, l'abandon du fonds grevé, consenti par le propriétaire de ce fonds, sont encore des modes d'extinction déterminés par le code civil.

Quand on établit une servitude, on est censé accorder tout ce qui est nécessaire pour en user : ainsi la servitude de puiser de l'eau à la fontaine d'autrui emporte nécessairement le droit de passage.

Cas I. *Genès*, ayant droit de passage avec charrois, par le fonds de Pierre, veut l'obliger à réparer le chemin qui s'est rompu. Pierre soutient que si Genès veut se servir de son droit, c'est à lui de faire cette réparation. A-t-il tort ?

R. Celui qui doit la servitude est bien obligé à souffrir les ouvrages nécessaires pour l'entretien des lieux asservis ; mais il n'est pas tenu d'en faire les frais, à moins qu'il n'y soit obligé par le titre même de la servitude, ou par une possession qui puisse tenir lieu de titre à celui à qui la servitude est due, leg. 6, ff. *Si servitus*, etc. C'est donc à Genès à faire la réparation nécessaire, à moins qu'il n'ait un titre qui y oblige Pierre, ou une possession qui en tienne lieu.

Cas II. *Nizier*, dont la maison est appuyée par un côté sur le mur d'un voisin, veut l'obliger à refaire à ses dépens ce mur, qui menace ruine. Le voisin prétend n'être obligé qu'à la moitié des frais de la réfection du mur. De quel côté est la justice ?

R. Le voisin doit porter la dépense entière de la réfection de ce mur ; car comme il est obligé de l'avoir assez fort pour porter le côté de la maison de Nizier, il est tenu de l'entretenir et même le refaire à neuf, en cas de besoin ; leg. 6, ff. *Si servitus*, etc. Ce qui se doit entendre au cas que l'excès de la charge n'ait pas endommagé le mur; car alors celui qui l'aurait surchargé serait tenu de le refaire ou de le réparer à ses frais, et en outre aux dommages du propriétaire du mur: *leg.* 14, *eod.*

A l'égard des frais de l'appui de la maison, ou même de la démolition de la partie portée par le mur, c'est à Nizier, qui en est le propriétaire, à en porter seul la dépense: *leg.* 8 *eod.*

— Cas III. *Lucien* a droit de poser les poutres de sa maison sur le mur de Jean, son voisin; mais voyant que ce mur n'est pas solide, il veut obliger Jean à le réparer. A-t-il ce droit?

R. Il y a cette différence entre cette servitude, qu'on appelle *tigni immittendi*, et celle qu'on nomme *oneris ferendi*, dont on a parlé dans le cas précédent, que celle-ci oblige à la réfection du mur, et que l'autre n'oblige ni à le réparer, ni à l'entretenir. Au moins est-ce ainsi que le dit Ferrières, h. v. p. 823.

Cas IV. *Marcel* a une maison dont le mur, qui doit porter un bâtiment de son voisin, menace ruine. Le voisin l'a sommé de le réparer. Marcel, qui n'est pas en état de faire cette dépense, offre au voisin de lui abandonner la propriété du fonds sur lequel ce mur est bâti. En est-il quitte pour cela?

R. Oui, et très-quitte; car ce n'est pas la personne de Marcel qui est asservie, mais le fonds qu'il possède; de sorte qu'en y renonçant, on n'a plus rien à lui demander: *leg.* 6. *cit.*

Cas V. *Durand*, ayant la servitude d'une prise d'eau sur le fonds de Charles, l'a cédée à Paul son voisin, pour la somme de 20 écus. Charles peut-il s'opposer à cette cession?

R. Il le peut; parce que ce droit ne se communique, ni par vente, ni par échange, ni par une cession purement gratuite; car celui qui doit la servitude ne la doit que pour l'utilité de celui-là seul à qui elle est due. Il y a plus, c'est que celui qui a ce droit de servitude pour une partie de son fonds, ne s'en peut pas servir pour une autre, ainsi qu'il est dit, *leg.* 24, ff. *de Servit. præd. rust.*

Cas VI. *Pamphile* a une maison qui doit deux servitudes à Baudoin, son voisin. La première est de ne point être élevée plus haut, pour ne lui pas ôter sa vue; la seconde, de recevoir les eaux de cette même maison. Pamphile a racheté la première par une somme de 300 l., sans avoir fait mention de la seconde. Il a ensuite exhaussé sa maison de deux étages; de sorte qu'étant plus haute que celle de Baudoin, elle ne peut plus recevoir les eaux de la sienne. Cela est-il juste?

R. Non; car le rachat ou la remise d'une servitude ne doit point préjudicier à l'autre. Ainsi, Pamphile peut bien exhausser sa maison, mais non jusqu'au point de ne pouvoir plus recevoir les eaux du voisin. *Leg.* 21, ff. *de Servit. urban. prædior.*

Cas VII. *Blaise*, ayant droit de faire passer ses bêtes par le champ de René, a laissé passer dix ans entiers sans s'en servir. Son droit est-il prescrit par René?

R. Le droit de servitude se prescrit, quand celui à qui il appartient cesse d'en user, pendant dix ans, entre ceux qui demeurent dans une même province, ou pendant vingt ans, entre ceux qui vivent en deux provinces différentes, supposé toutefois que la coutume des lieux n'en ordonne pas autrement. *Leg.* 13 et fin. Cod. *de Servit.*

Voyez Dot, cas XV.

SIMONIE.

La *simonie*, selon saint Thomas, 2-2, q. 100, a. 1, est une volonté déterminée d'acheter ou de vendre, c'est-à-dire d'obtenir par un moyen non gratuit, une chose spirituelle, ou qui est attachée au spirituel. Il y a deux sortes de simonies: l'une de droit divin, quand on donne une chose temporelle pour en acquérir une qui de sa nature est spirituelle, tels que sont les sacrements; ou qui est jointe à une chose spirituelle, tels que sont les bénéfices et les vases sacrés; l'autre, de droit ecclésiastique, lorsque encore qu'on ne donne pas précisément le temporel pour le spirituel, on fait néanmoins quelque chose d'approchant; comme quand on permute de son autorité privée un bénéfice contre un autre.

On subdivise ces deux sortes de simonies en simonie mentale, en simonie conventionnelle et en simonie réelle. La simonie mentale est ou purement mentale, quand elle se termine au simple désir; et les théologiens ne s'arrêtent point à celle-ci: ou non purement mentale, lorsqu'elle va jusqu'à l'exécution, mais sans aucun pacte exprès ni tacite; et c'est de celle-ci que nous parlerons, sous le nom de simonie mentale.

La simonie conventionnelle est celle qui se fait par une convention expresse ou seulement tacite. Quand cette simonie n'est que purement conventionnelle, sans avoir eu aucune exécution, parce que, par exemple, on l'a rétractée; alors on n'encourt pas les peines portées contre les simoniaques; mais si elle a eu quelque exécution de la part d'une des parties, on ne la regarde plus comme purement conventionnelle (1).

La simonie réelle est celle dans laquelle on exécute de part et d'autre la convention simoniaque qu'on a faite, en donnant le temporel pour le spirituel. On expliquera plus bas ce que c'est que la simonie, *a manu, ab obsequio, et a lingua*, dont parle saint Grégoire. Il y a une dernière espèce de simonie, qu'on appelle confidentielle; j'en ai parlé sous son titre. Voici trois propositions que le clergé de France condamna sur cette matière en 1700.

Prop. 69. *Non est contra justitiam beneficia ecclesiastica non conferre gratis, quia col-*

---

(1) Il est sûr qu'en ce cas elle n'est pas purement conventionnelle; mais il n'est point sûr qu'elle induise alors les peines canoniques.

lator conferens illa beneficia, pecunia interveniente, non exigit illam pro collatione beneficii, sed veluti pro emolumento temporali, quod tibi conferre non tenebatur.

Prop. 70. *Dare temporale pro spirituali, non est simonia, quando temporale non datur tanquam pretium, sed duntaxat tanquam motivum conferendi, vel efficiendi spirituale,* etc.

Prop. 71. *Et id quoque locum habet, etiamsi temporale sit principale motivum dandi spirituale; imo, etiamsi finis sit rei spiritualis, sic ut illud pluris æstimetur quam res spiritualis.*

Censura. *Hæ propositiones temerariæ sunt, scandalosæ, perniciosæ, erroneæ; hæresim simoniacam, sacra Scriptura, canonibus et pontificiis constitutionibus reproba!am, mutato tantum nomine, per fallacem mentis, sive intentionis directionem inducunt.*

La première de ces propositions avait déjà été condamnée par les docteurs de Paris et par le pape Alexandre VII. La 2e et la 3e l'avaient été par les docteurs de Louvain dès 1657, et le furent ensuite par Innocent XI.

Cas I. *Basile* a donné une chose d'un très-petit prix pour avoir un bénéfice, qu'il a effectivement obtenu. La légèreté du présent qu'il a fait ne l'excuse-t-elle pas du péché; ou au moins ne peut-il pas croire que ce péché n'est pas réservé dans son diocèse, quoique la simonie y soit réservée?

R. La simonie n'est jamais un péché simplement véniel à cause de la légèreté de la matière, parce que tout ce qui est spirituel est d'un grand prix devant Dieu, et que moins on offre pour l'avoir, plus on semble le mépriser. *Ainsi, quoi qu'en pense le célèbre Gibert au tome Ier de ses Consultations sur la pénitence, consult. 18, la simonie qu'a commise Basile, est réservée dans son diocèse; et Gibert, qui le nie, ne mérite pas plus de foi, que quand il enseigne qu'on peut dire la messe après avoir mangé une dragée, une pomme, ou quelque autre semblable bagatelle. C'est une preuve qu'un savant canoniste n'est pas toujours un exact théologien.

Cas II. *Potamon*, évêque, ayant un bénéfice à charge d'âmes à conférer, et ne le voulant donner qu'au sujet le plus digne, a dénoncé un concours à six prêtres, dont le plus capable doit l'emporter. Sédulius, l'un des six, qui appréhende que Silvain ne l'emporte sur lui, à cause de sa grande capacité, lui offre 10 louis pour qu'il ne se trouve point au concours; et par là il obtient le bénéfice. Y a-t-il là quelque simonie? Y en aurait-il, si Sédulius eût donné une somme à un maître de poste, pour l'empêcher de fournir des chevaux à Silvain, qui aurait envoyé un courrier à Rome, pour y obtenir le bénéfice avant le concours?

R. Il est clair que Sédulius est coupable de simonie dans le premier cas; puisque la simonie consiste à donner de l'argent, ou toute autre chose estimable à prix d'argent, soit qu'on la regarde comme prix, ou comme motif, ou comme compensation gratuite, pour obtenir une chose spirituelle, ou annexée au spirituel?

Il y a aussi de la simonie dans le second cas; puisque Sédulius n'obtient le bénéfice que par le seul moyen de l'argent qu'il donne pour retarder l'arrivée du courrier. — Injustice certaine, simonie douteuse.

Cas III. *Théopon*, élu évêque de Diarbek, ne pouvant en exercer aucune fonction, sans donner auparavant 1,000 liv. au pacha qui y commande, peut-il, sans simonie, se mettre en possession de cet évêché par cette voie?

R. Ou Théopon a été légitimement élu par ceux qui ont le droit d'élection, ou il ne l'a pas été. S'il l'a été, il a un droit acquis, *jus in re*, sur cette dignité, et a pu, dès que son élection a été confirmée, s'en mettre en possession, et alors ce qu'il donne au pacha, n'est pas pour obtenir la prélature, mais pour se rédimer d'une injuste vexation. Mais s'il donne cet argent pour parvenir à cet évêché, sans y avoir été élu canoniquement, il commet une simonie réelle, et encourt par là toutes les peines portées par les saints canons contre les simoniaques, n'étant pas moins coupable que Jason, Ménélaüs et Lisimache, qui achetèrent, à beaux deniers comptants, la dignité de souverain prêtre des Juifs. *II Mac.* iv.

Cas IV. *Pontien*, prêtre de piété et de savoir, a été présenté à une cure; mais l'évêque lui a refusé le *visa*, sous le faux soupçon qu'il n'était pas d'une saine doctrine. Pontien, ayant regardé ce refus comme une vexation injuste, s'en est rédimé, en donnant 20 louis au secrétaire de l'évêque qui lui a fait accorder le *visa*. N'y a-t-il point là de simonie?

R. Ce n'est pas assez d'avoir droit de demander la collation d'un bénéfice, ce qu'on appelle *jus ad rem*, pour pouvoir se rédimer d'une vexation injuste. Car il faut en outre avoir droit d'en jouir, *jus in re*. Or Pontien n'a pas ce droit par son acte de présentation; ce droit ne pouvant lui être acquis, que par une institution canonique; *i. e.* par la seule collation. Pontien, que l'auteur fait si habile, n'a donc pu regarder le refus du prélat comme une vexation injuste, dont il pût se rédimer par argent; pouvant d'ailleurs recourir au métropolitain pour obtenir la justice qu'on lui refusait. Il est donc simoniaque réel, et il en a encouru les peines, qu'on expliquera, cas *Télémaque*.

Cas V. *Jude*, ayant envie d'une cure vacante dont Juvénal était présentateur, lui a fait présent de 30 louis pour le porter à la lui donner, sans néanmoins la lui demander. Juvénal la lui a en effet donnée par reconnaissance. Jude est-il coupable de simonie?

R. Oui sans doute; car pour en être coupable, il suffit de donner le temporel pour le spirituel, ou le spirituel pour le temporel, comme un motif qui engage à nous le procurer, ou comme une fin principale, ou non gratuitement. C'est pourquoi Innocent XI condamna en 1679 cette maudite proposition, n. 45 : *Dare temporale pro spirituali, non est simonia,* etc., *ut supra*, proposition qui avait déjà été condamnée dans *l'apologie des ca-*

suistes, par la Sorbonne et par plusieurs évêques.

Cas VI. *Antoine,* patron d'une cure, l'offre à Landri, moyennant 50 louis. Landri les lui promet avec serment, mais fort résolu de n'en rien faire. Antoine lui donne son acte de présentation, sur lequel il obtient ses provisions. Mais Antoine lui demandant l'exécution de sa promesse, il lui répond qu'il ne peut pas la tenir, parce qu'on lui a dit qu'il ne le pouvait faire sans une simonie qui rendrait nulles ses provisions. La seule promesse de Landri, faite sans aucun dessein de l'exécuter, le rend-elle coupable de simonie?

R. Oui; car, selon saint Thomas, 2-2, q. 100, l'essence de la simonie consiste à obtenir un bénéfice, ou autre chose de spirituel par le moyen de l'argent, ou d'une autre chose temporelle. Or soit que l'on donne cette chose temporelle, ou qu'on la promette seulement, il est toujours vrai qu'on acquiert le spirituel, par la chose même, quand on l'obtient en vertu de la promesse qu'on a faite de la donner. C'est pour cela que le 8° conc. de Tolède déclare excommunié celui même qui aurait offert quelque chose de temporel pour recevoir les ordres.

— M. P. ne traite pas ici une difficulté importante, qui est de savoir si dans ce cas la simonie induit les peines canoniques. Je continue à croire qu'elle ne les induit que lorsque de semi-réelle, elle commence à devenir réelle par le payement fait en tout ou en partie, ne fût-ce que d'un sol. *Voyez* ce que j'ai dit là-dessus, tom. II, cap. 5, pag. *nunc* 484. MM. de Sorbonne, sans vouloir décider eux-mêmes, ont cru pouvoir renvoyer à ma décision. C'est un fait dont je suis sûr, et qui donne du poids à l'opinion que j'ai suivie.

Cas VII. *Albert* déclare à Louise, sa tante, qu'il vient de résigner purement sa chapelle à Brunon son cousin. Il l'assure qu'il a fait cette résignation sans vue d'intérêt. Mais huit jours après, il la prie de lui prêter 100 liv. dont il a besoin. Louise, après avoir pris l'avis de son confesseur, les lui prête. On demande si ayant prêté cet argent à Albert dans le temps où il pouvait encore révoquer sa résignation, elle n'a point commis de simonie?

R. Si Louise n'a fait aucun pacte exprès ni tacite avec Albert, et qu'en lui prêtant les 100 liv. elle ne l'ait pas engagé à ne point révoquer la résignation qu'il venait de faire à son fils, elle n'a commis ni simonie, ni péché; son intention ayant été droite; et n'ayant même fait ce prêt que sur l'avis de son confesseur. Mais si elle avait prêté cette somme à Albert, dans l'intention de l'empêcher de révoquer sa résignation, elle serait coupable d'une simonie mentale, quoiqu'il n'y eût aucune convention entre eux; et il faut dire la même chose d'Albert, s'il était disposé à la révoquer, en cas que Louise eût refusé de lui prêter les 100 liv. Mais en ce cas, ni l'un ni l'autre n'auraient encouru aucune des peines portées contre les simoniaques; parce qu'on ne les encourt jamais pour une simonie qui n'est que mentale.

Cas VIII. *Atilius* s'est mis aumônier chez un ministre, dans la vue principale d'obtenir une abbaye par le crédit de ce seigneur. Il a bien fait son devoir pendant dix ans, et outre les 400 liv. de gages qu'il avait, il a dépensé plus de 1,000 liv. Du sien, pour suivre la cour avec ce ministre, et s'entretenir proprement par rapport à sa place. Enfin il a obtenu une abbaye de 4,000 liv. Mais il a du scrupule d'y être parvenu par cette voie, et demande s'il n'y a point de simonie dans son procédé?

R. On pourrait l'en excuser si sa principale intention, en entrant chez ce ministre, avait seulement été de s'acquitter de tous les devoirs de son état, quoique la seconde intention eût été de mériter un bénéfice par sa bonne conduite. Mais sa vue principale ayant été, comme on le suppose, de parvenir à un bénéfice par les services qu'il devait rendre à ce seigneur, et même par les dépenses extraordinaires qu'il a faites pour lui plaire, et qu'il n'eût pas faites sans l'espérance qu'il avait de réussir dans son dessein, on ne doit pas douter que sa conduite ne soit simoniaque. Car on l'est, soit qu'on donne de l'argent ou chose équivalente; ce que saint Grégoire appelle *munus a manu;* soit qu'on emploie les louanges et la flatterie, ce qu'il appelle *munus a lingua;* soit qu'on donne ses services dans cette vue; ce que ce même saint nomme *munus ab obsequio,* c. 124, J. q. 1.

Il est à observer, 1° qu'à l'égard des trois espèces de simonie dont on vient de parler, il n'y a que celle qui est *a manu* qui induise les peines que le droit a portées contre les simoniaques; en sorte qu'on ne les encourt point dans le cas d'une simonie qui n'est que *a lingua,* ou *ab obsequio,* et qu'alors les bénéfices ne sont pas impétrables; 2° que néanmoins celui qui a obtenu un bénéfice par la simonie *a lingua,* ou *ab obsequio,* n'en est point vrai titulaire dans le for intérieur, et qu'ainsi il ne peut ni le résigner, ni le garder, à moins que son confesseur ne lui en accorde la permission pour quelque juste raison, en vertu du droit qu'a tout confesseur de juger des actions intérieures de son pénitent.

— 1° Quand le *munus ab obsequio* est vraiment estimable à prix, comme si on se chargeait de l'éducation d'un enfant, à condition que son père lui donnera un bénéfice; ce genre de présent suffit pour la simonie réelle, comme le dit Lameth, h. t. cas 17. 2° Je ne vois pas comment un confesseur peut habiliter son pénitent à posséder un bénéfice dont il n'est pas validement pourvu devant Dieu.

Cas IX. *Lucillus* est entré chez un évêque en qualité de grand vicaire, ou de prédicateur, dans la vue principale, qu'en s'employant en des fonctions purement spirituelles, il puisse obtenir quelque prébende. Son intention n'est-elle point simoniaque ou vicieuse?

R. Elle l'est; parce que, comme dit saint Bernard : *Qui evangelizat, ut manducet, perverso nimis ordine cœlestibus terrena mercatur.* C'est pour cette raison que saint Thomas dit *quodl.* 5. a. 21. *Clericus qui vadit ad ecclesiam principaliter propter retributiones quas recipit tanquam finem sui operis committit simoniam.* Mais si leur vue principale est de servir l'Eglise, en servant la personne de qui ils attendent un bénéfice, on ne les peut condamner de simonie, quoique leur intention moins principale, *intentio secundaria*, soit de parvenir à un bénéfice, ainsi que le dit le même saint Thomas, 2-2, q. 100, a. 5.

Cas X. Un évêque peut donc bien donner un bénéfice à un aumônier pour récompenser les services spirituels qu'il lui a rendus, comme l'enseigne saint Grégoire, dont Gratien cite ces paroles, can. 67, XII q. 2 : *Ecclesiasticis utilitatibus desudantes, ecclesiastica dignum est remuneratione gaudere*, etc.; mais il ne le peut pour récompenser des services temporels. *Si quis*, dit le concile de Reims de 1583, approuvé par Grégoire XIII, *beneficium propter obsequium, vel impensæ servitutis mercedem conferat... simoniacus esse censetur.* C'est pour cela que saint Charles avertissait les évêques et tous ceux qui ont des bénéfices à donner, d'assigner à ceux qui sont à leur service des appointements convenables, *ne illi hoc subsidio destituti, beneficia ecclesiastica tanquam suæ operæ et laboris pretium præcipue sibi proponant.* Concil. Mediol. 1. part. 2.

Cas XI. *Sidon*, évêque, a donné une prébende de son église à son neveu, et une autre à son cousin, ayant pour fin principale, 1° d'avoir plus de crédit dans le chapitre dont quelques membres lui sont opposés; 2° de rendre par là sa famille plus illustre. A-t-il commis en cela une simonie mentale?

R. Oui; car, comme dit saint Thomas in 4, dist. 25, q. 3, a. 3, *Ille, qui dando præbendam, intendit non gloriam Dei, sed aliquod bonum in seipsum redundans, sic quod magnificetur per hoc, et nobilitetur domus sua, vel quod ipse in consanguineis sit fortior ; et sic ipse aliquid accipere sperat, pro quo spiritualia dat, simoniam committit.* Voyez la décision suivante.

Cas XII. *Didace*, doyen d'une église, a fait quelques biens temporels à trois chanoines, ses confrères, mais dans le seul dessein de procurer la gloire de Dieu et le bien de l'Eglise, dans les délibérations du chapitre, dans lesquelles ces chanoines lui étaient souvent contraires. N'y a-t-il point là quelque espèce de simonie?

R. Point du tout; car, comme dit saint Thomas, opusc. 17 : *Si qua beneficia terrena alicui conferantur, ut ex hoc ejus familiaritate captata provocetur ad melius, non est illicitum; esset autem illicitum, si aliqua conventio vel pactio interveniret : alioquin si non liceret aliquem per temporalia beneficia provocare ad aliquod spirituale bonum, illicitum esset quod in quibusdam Ecclesiis quædam distribuuntur his qui ad officium divinum* accedunt. Didace n'a donc commis aucune simonie dans l'espèce proposée, où, comme on le suppose, il n'y a eu aucun pacte entre lui et ceux à qui il a fait du bien pour les attirer dans son parti.

Cas XIII. *Alexis* a une abbaye, où il y a de belles collations. Comme il a beaucoup de pauvres parents, il a dessein de donner un prieuré de mille écus à son cousin qu'il connaît pour généreux, dans l'intention qu'il soutiendra sa famille par reconnaissance, sans quoi il le donnerait à un autre. N'y a-t-il point là quelque tache de simonie?

R. Il est vrai que ce n'est pas une véritable simonie de conférer gratuitement un bénéfice à un parent, principalement à cause de l'affection qu'on a pour lui, puisqu'on ne reçoit rien de lui, et que ce n'est qu'une collation charnelle, *illicita et carnalis collatio*, ainsi que. parle saint Thomas. Mais c'en est une de le conférer avec pacte, ou même avec intention principale que le pourvu assistera les parents du collateur. C'est la décision de saint Thomas, 2-2, q. 100, a. 5, ad. 2.

— Il n'y aurait pas de mal à donner un bénéfice à un homme vertueux, dans l'intention qu'il en fasse un bon usage, et dans la confiance qu'il regardera ses parents vraiment pauvres comme les premiers pauvres.

Cas XIV. *Argan*, présentateur de la cure de S. C., a nommé un prêtre, uniquement à cause de la recommandation d'un ami. S'est-il rendu coupable de simonie en y nommant ainsi, surtout si l'ecclésiastique en est indigne?

R. Oui, selon saint Thomas, *ibid.* ad 5 : *Si aliquis*, dit-il, *principaliter favorem humanum intendit, simoniam committit. Videtur autem hoc principaliter intendere, qui preces pro indigno porrectas exaudit. Unde ipsum factum est simoniacum. Si autem preces pro digno porrigantur, ipsum factum non est simoniacum, quia subest debita causa, ex qua illi, pro quo preces porriguntur, spirituale aliquid confertur. Tamen potest esse simonia in intentione, si non intendatur ad dignitatem personæ, sed ad favorem humanum.*

Cas XV. *Jérémie* a donné un bénéfice à Leuffroi, très-digne sujet, dans la vue principale de s'attirer les louanges qu'il croyait mériter par ce choix. Le péché qu'il a commis par cette intention vicieuse peut-il être censé simonie?

R. Ce collateur a commis une simonie mentale, puisqu'il n'a pas donné gratuitement le bénéfice à Leuffroi : *Qui dat aliquod spirituale pro favore vel laude acquirenda, non est dubium quin simoniam committat*, dit saint Thomas in 4, d. 2. La raison est que, comme le dit saint Grégoire, ces sortes de gens, *de impenso officio sanctitatis, nummum exspectant favoris.*

Cas XVI. *Junien*, voulant obtenir une chapelle sacerdotale que son oncle lui fait espérer, a reçu tous les ordres pour être en état de l'avoir, afin de vivre plus à son aise. Son intention est-elle exempte de toute simonie?

R. Non; car Junien et ceux qui l'imitent

DICTIONNAIRE DE CAS DE CONSCIENCE. II

font clairement voir, par leur intention déréglée, qu'ils regardent l'état ecclésiastique, non comme un modèle de vertu, mais comme un pur moyen d'avoir de quoi vivre commodément; puisque, comme dit le catéchisme du concile de Trente, ils ne penseraient pas à entrer dans les ordres, sans l'espérance d'avoir un bénéfice. Fagnan dit la même chose *in cap. ad nostrum de Elect.*, etc., où il ajoute que, quoique cette simonie mentale n'engage pas à quitter le bénéfice obtenu par cette voie, elle oblige à en faire une pénitence convenable.

— Ce sentiment, qui suppose valide une possession mentalement simoniaque, souffre de deux difficultés. J'ai tâché de l'établir, tom. II *Tract. de Simonia, c. 5, pag. nunc.* 507 et seq.

CAS XVII. *Pallade* offre de résigner sa cure à Lucius, à condition qu'il lui rende 20 livres qu'il lui en a coûté pour ses provisions de Rome, et 100 livres qu'il a payées à un procureur pour les frais d'un procès injuste qu'on lui avait suscité au sujet de son bénéfice. Lucius y consent. *An simoniace?*

R. Oui, sans doute, puisque Pallade veut qu'on lui rembourse un argent qu'il n'a dépensé que pour sa propre utilité; et que Lucius en le remboursant, *parat sibi per temporale viam ad rem spiritualem obtinendam, quod est simoniacum*, dit saint Thomas 2-2, q. 100, a. 2. C'est pourquoi Alexandre III, c. 4, *de Pactis*, rejette la convention qu'avait faite un ecclésiastique de céder à des moines un bénéfice litigieux, *ea conditione quod eidem pro expensis quas* in obtinendo illo beneficio *fecerat, tres marchæ argenti solverentur*.

CAS XVIII. *Rutil* a fait bâtir deux nouvelles chambres à son presbytère, et a acheté un jardin qu'il a affecté à la cure. Il l'a ensuite résigné à César, à condition qu'il le rembourserait de 600 liv. qu'il a déboursées pour tout cela. L'a-t-il pu sans simonie?

R. Non; car les deux chambres et le jardin appartiennent au bénéfice et en font partie. C'est donc acheter le bénéfice, que de donner de l'argent pour cette augmentation. D'ailleurs, si ce curé n'a fait bâtir ces deux chambres que pour sa commodité, il ne peut en prétendre aucun remboursement; que si elles ne lui étaient pas absolument nécessaires, c'était à ses paroissiens à les faire bâtir à leurs frais, suivant l'ordonnance de 1661 et plusieurs arrêts.

CAS XIX. *Staty* a accepté la cure que son oncle lui a résignée, à condition qu'il donnerait 200 liv. aux pauvres de la paroisse; ce qu'il a exécuté. Y a-t-il là quelque simonie?

R. Il y en a, 1° parce que toutes sortes de conventions, à l'exception de celles qui regardent purement les charges du bénéfice, rendent les résignations, les permutations et les démissions simoniaques; et il n'y a que le pape seul qui puisse les purger de simonie; encore ne le peut-il pas toujours; 2° parce qu'exiger qu'un homme fasse telle ou telle aumône, c'est lui imposer une charge estimable à prix; et c'est pour cela qu'Alexandre III le réprouve, can. 9, 1, q. 3.

— On peut cependant exhorter un homme, et même en exiger en général qu'il fasse un saint usage des fruits de son bénéfice.

CAS XX. *Telan* et *Saturnin* sont en procès au sujet d'une cure à laquelle tous les deux prétendent avoir un droit que leurs avocats jugent incontestable. Un ami commun leur fait faire un traité, qui porte : 1° que Telan cédera son droit à Saturnin pour une chapelle que Saturnin ne possède pas, mais qu'il se charge de lui faire résigner par celui qui en est titulaire; 2° que Saturnin donnera en outre 20 louis pour rembourser Telan des frais qu'il a faits dans la poursuite du procès. On demande : 1° si ce traité est canonique; 2° si on ne peut pas dire que Saturnin n'a donné les 20 louis, que pour se rédimer de l'injuste vexation que lui faisait Telan; 3° ou, du moins, si leur bonne foi les exempte des peines portées contre les simoniaques.

R. Ce traité est simoniaque; car toute permutation, pour être canonique, doit être de deux bénéfices, dont les copermutants soient actuellement pourvus, c. 8, *de Rerum permut.* Or Saturnin n'est pas pourvu de la chapelle dont il s'agit. Ce n'est donc qu'une cession de droit, sous un pacte exprès de procurer un autre bénéfice, et de rembourser des frais qu'on ne peut regarder comme le fruit d'une injuste vexation, puisque le droit de l'un et l'autre paraissait sûr à des avocats éclairés. Quant à la bonne foi avec laquelle on suppose que les deux ont traité, elle ne les excuse pas des peines portées contre les simoniaques par la bulle de Pie V, du 1er avril 1560, qui sont l'excommunication, la suspense, la nullité des provisions, l'inhabileté à posséder le bénéfice au sujet duquel on a traité, et l'obligation de restituer les fruits perçus; car il n'y a point de bonne foi où il y a une ignorance grossière et coupable.

— On pourrait la supposer dans de jeunes clercs qui ne savent encore rien, mais on ne la pardonne pas à des gens qui plaident pour des cures.

CAS XXI. *Bertin* et *Albert* sont en procès pour une cure de 12,000 livres de revenu. Chacun d'eux a pour soi la décision de trois célèbres avocats; mais parce qu'Albert n'a pas le moyen de soutenir un long procès, il propose à Bertin de lui céder son droit, s'il lui veut donner 50 pistoles. Bertin le fait. 1° N'y a-t-il point là de simonie? 2° N'y en aurait-il point, si Bertin cédait son droit à Albert, à condition qu'Albert lui donnerait 50 pistoles, sous prétexte qu'il a desservi la cure pendant six mois, et qu'il n'a encore perçu aucuns gros fruits?

R. Le premier traité est simoniaque, parce que le droit qu'on a à un bénéfice étant une chose spirituelle, ne peut s'acquérir à prix d'argent sans simonie. Mais quoique Bertin ne puisse exiger les 50 pistoles en vue de la cession qu'il fait de son droit à Albert, il les peut exiger comme une chose qui lui est due pour avoir desservi pendant six mois la cure dont il s'agit, parce qu'il est juste qu'il soit payé à proportion du revenu de la cure. Il doit cependant céder son droit purement, en se réservant néanmoins la faculté de se faire payer les 50 liv. qui lui sont dues; et si dans la suite Albert refuse de le faire, il peut l'y faire condamner par les voies ordinaires.

Cas XXII. *Jacques* a résigné à Jean la cure de Saint-André, avec la réserve d'une pension de 400 liv. Trois mois après, Pierre, curé de Saint-Paul, a permuté sa cure avec Jean, contre la cure de Saint-André. Mais afin que Pierre ne demeurât pas obligé de payer à Jacques la pension de 400 liv. après la mort de Jean, en cas qu'elle arrivât avant celle de Jacques, il s'est servi, en permutant, d'un expédient qui était : 1° qu'il se réservât la somme de 300 liv. de pension sur sa cure de Saint-Paul, qui lui serait payée par Jean son copermutant; 2° qu'en même temps il consentirait par écrit que cette pension de 300 liv. fût payée, non à lui, mais à Jacques, à la décharge de Jean ; 3° qu'il s'obligerait par le même billet de payer en outre à Jacques par forme de supplément 100 liv. par an ; 4° qu'enfin Pierre consentirait que sa pension de 300 liv. ne lui serait payable qu'autant de temps que celle de 400 liv. le serait à Jacques.

On demande, 1° si ce traité n'est point simoniaque, et, supposé que cela soit, s'il est nécessaire que Jean et Pierre envoient à Rome pour obtenir un bref d'absolution et de condonation des fruits, et si cependant ils ne peuvent pas être absous par l'évêque à l'effet d'exercer leurs fonctions, afin d'obvier au scandale qui ne manquerait pas d'arriver.

2° Si, supposé qu'il n'y ait point là de simonie, Pierre ne doit pas payer à Jacques la pension de 400 liv. sans attendre que Jacques l'y fasse condamner, non pas en vertu du billet, mais seulement à cause qu'étant titulaire, il faut qu'il la paye, quoiqu'il ne soit point chargé, par son traité de permutation, de la payer tout entière, mais seulement le quart.

3° Si en cas qu'il soit obligé à la payer, Pierre ne peut pas exiger la pension de 300 liv. qu'il s'est réservée sur la cure de Saint-Paul; quoiqu'il ne se la soit réservée qu'à condition qu'elle fût payée à Jacques en l'acquit de Jean et de lui, qui tous deux ont cru leur traité canonique.

4° Si Jacques ayant fait une remise volontaire de 100 liv, par an sur sa pension, cette remise doit tourner au profit de Pierre ou de Jean, supposé que leur traité soit simoniaque.

5° Si ce pacte s'étant exécuté de bonne foi, il y a quelque restitution à faire? et, s'il y en a, à qui, par qui, et comment doit-elle être faite?

6° Pierre veut présentement permuter avec Titius; mais parce que Titius n'y veut consentir qu'à condition que Jacques lui fera la même remise de 100 liv. qu'il avait faite à Jean et à Pierre, Pierre demande s'il ne peut pas dès à présent, et avant l'exécution de la permutation projetée entre eux, demander à Jacques la continuation de cette remise en faveur de Titius, son futur successeur, et que Jacques lui en donne par écrit une assurance.

7° Si le traité entre Jean et Pierre est simoniaque, on demande si Pierre qui, seul en a du scrupule, et qui même, pour plus grande sûreté, a obtenu d'avance un bref d'absolution de la pénitencerie, est obligé d'avertir Jean qui demeure toujours dans sa bonne foi.

8° Supposé enfin que Pi...e soit tenu d'avertir Jean de la simonie, s'il y en a, et qu'il lui déclare qu'il ne peut en conscience exiger les 300 liv. ou souffrir qu'elles soient payées à Jacques, comme il était stipulé par l'écrit particulier, on demande si Pierre peut recevoir le payement de cette pension, ou souffrir que Jean la paye à Jacques comme auparavant, en cas que Jean, par générosité envers Pierre, en veuille bien continuer le payement ?

R. Le traité dont il s'agit est simoniaque, puisque sept papes déclarent simoniaques toutes les conventions qui se font dans les présentations, collations, etc., à moins qu'elles ne soient ratifiées par le saint-siège.

Cela posé, nous disons : 1° que Pierre et Jean ont besoin de l'absolution du pape, avec la condonation des fruits qu'ils ont perçus, et de se faire réhabiliter ; et qu'en l'attendant, leur évêque peut, dans un cas aussi pressant, leur permettre de faire leurs fonctions.

2° Que Pierre ne peut se dispenser de payer à Jacques la pension entière de 400 livres, quoiqu'il soit convenu avec Jean qu'il n'en payerait que le quart. Car puisque Jacques n'a résigné sa cure de Saint-André qu'avec la réserve d'une pension de 400 livres, cette pension doit être prise sur les fruits du bénéfice, en quelque main qu'il passe. C'est pourquoi la précaution que Pierre a prise avec Jean pour ne payer que le quart de la pension, ne peut préjudicier au droit qu'a Jacques de percevoir les 400 livres en entier sur les fruits provenant de la cure de Saint-André.

3° Que le traité entre Pierre et Jean, portant que Jean ferait une pension de 300 liv. à Pierre sur la cure de Saint-Paul, pour le dédommager en partie de celle de 400 liv. dont il demeurerait responsable envers Jacques, étant simoniaque et nul, Pierre n'a aucun droit d'exiger de Jean le payement des 300 livres ; car, quoique Jean soit aussi coupable que lui, il est toujours vrai que son titre est nul, n'étant jamais permis de créer une pension sur un bénéfice, sans l'autorité du pape. Si néanmoins le rescrit que Pierre a obtenu de la pénitencerie permettait à Jean de lui continuer le payement des 300 livres, Pierre pourrait les recevoir en conscience.

4° Que la remise volontaire de 100 livres par an, que Jacques a faite en se contentant de 300 liv. au lieu de 400 qu'il s'était réservées en résignant sa cure à Jean, doit tourner au profit de Pierre seul, puisqu'une pension ecclésiastique n'est autre chose que la réserve qu'on fait d'une partie des fruits d'un bénéfice sur celui qui doit succéder au résignant. Comme donc Pierre a succédé à Jacques dans la cure de Saint-André, il est juste que, puisque la pension a été créée sur les fruits qui en proviennent, il profite seul de cette remise. Néanmoins, si, par le rescrit de la pénitencerie, Pierre pouvait exiger de Jean la pension de 300 liv. en vertu de la permission que Jean aurait par ce rescrit de la lui payer, il serait de la justice qu'il diminuât à proportion celle que Jean lui payerait.

5° Que puisque Pierre, en qualité de titulaire de la cure de Saint-André, était seul chargé de la pension de 400 liv. envers Jacques, et qu'il a fait payer à Jean 300 livres par an, sous prétexte de le dédommager d'une partie de cette pension, il est obligé à restitution, puisque le titre, en vertu duquel il a exigé cette somme, est nul, ainsi qu'on l'a dit; mais comme, selon saint Thomas, la restitution, en matière de simonie, doit être faite aux pauvres ou à l'Eglise, Pierre ne la doit pas faire à Jean, mais l'employer en aumônes, ou en d'autres œuvres de piété, et principalement en faveur de l'église, ou des pauvres de la paroisse de Saint-Paul.

6° Que Pierre peut demander à Jacques qu'il continue en faveur de Titius, avec lequel il est sur le point de faire une permutation, la remise de 100 liv. qu'il avait faite par le passé à son profit, cette grâce dépendant absolument de Jacques et tournant au profit du titulaire et à la décharge du bénéfice. Néanmoins, si Pierre n'obtenait cette remise qu'à condition d'exécuter la permutation qu'il a projeté de faire avec Titius, ce serait un pacte simoniaque.

7° Que Pierre est tenu d'avertir Jean de la simonie qu'ils ont commise. Autrement il le laisserait dans une ignorance inexcusable, et dans la possession d'un bénéfice, dont il n'est pas canoniquement pourvu.

8° Qu'enfin Pierre ayant déclaré à Jean qu'il ne peut recevoir de lui la pension de 300 livres, ni consentir qu'il la paye à Jacques, comme ils en étaient convenus par leur traité; si Jean ne laisse pas d'en vouloir continuer le payement par générosité, Pierre le peut recevoir, pourvu que Jean la lui paye de son propre bien, et non pas aux dépens du bénéfice, dont les revenus ne doivent être employés qu'en œuvres pieuses, la nourriture et l'entretien du titulaire préalablement pris.

CAS XXIII. *Frodulfe*, religieux, titulaire d'une chapelle, dont le revenu n'est que de 200 liv., a obtenu de son abbé un prieuré de 800 liv., en lui remettant sa chapelle. Gilbert, religieux du même monastère, l'ayant su, a offert à Frodulfe un autre prieuré de 1500 liv. qu'il possédait dans une province éloignée, à condition, 1° qu'il lui ferait donner par l'abbé celui de 800 liv. qui était plus à sa bienséance; 2° qu'il lui ferait encore 300 liv. de pension, pour vivre plus commodément. Frodulfe a fait agréer cette proposition à l'abbé, à condition néanmoins qu'il ne payerait pas la pension de 300 liv., sur les revenus du prieuré de 1500 liv. mais sur une pareille pension que sa mère lui avait laissée en mourant. Ils ont fait sur ce pied leur traité par devant notaires. Après quoi l'abbé, sur leurs démissions pures et simples, a donné à Gilbert le prieuré de 800 liv. et à Frodulfe celui de 1500 liv. que possédait Gilbert. N'y a-t-il pas simonie dans ce cas?

R. Ce traité est simoniaque en plusieurs manières. Il l'est, 1° en ce que Frodulfe a fait une démission de sa chapelle qui n'est pure et simple qu'en apparence, puisqu'il ne l'a faite qu'avec pacte que son abbé lui conférerait le prieuré de 1500 liv. dont Gilbert lui devait donner sa démission, laquelle Gilbert n'a aussi donnée qu'à condition que l'abbé lui accorderait le prieuré de 800 liv. qu'il avait promis à Frodulfe, et, qu'en outre, le même Frodulfe lui payerait une pension purement laïque de 300 liv., en conséquence de cette démission ; d'où il s'ensuit que Frodulfe, Gilbert et l'abbé ont tous encouru les peines décernées contre les simoniaques *in beneficio*, par la const. de Paul II, du 23 nov. 1465, laquelle est en usage en France ; 2° ce traité est encore vicieux à cause de la pension de 300 liv. qui y est stipulée; car la fin pour laquelle cette pension est accordée à Gilbert, qui est de vivre plus commodément, est contraire au vœu de pauvreté qu'il a fait à sa profession ; 3° enfin ce traité est encore vicieux, en ce que Frodulfe y dispose en maître du bien qui appartient au monastère.

CAS XXIV. *Ausone* a résigné sa cure, *sub beneplacito papæ*, à Siméon, avec une réserve de 400 liv. de pension, pour la sûreté de laquelle Siméon lui a donné une caution bourgeoise. Y a-t-il quelque simonie ?

R. Quoique, selon les règles canoniques, l'on ne doive jamais demander ni accepter des cautions pour sûreté des pensions créées sur des bénéfices, néanmoins quand on ne les demande que sous le bon plaisir du pape, on ne commet point de simonie. Car, suivant saint Thomas, 1-2, q. 97, a. 5, le pape peut dispenser en ce qui n'est que de droit ecclésiastique. Or si dans le cas proposé il y a quelque simonie, elle n'est que de droit ecclésiastique.

CAS XXV. *Manroy*, clerc, ayant fondé un canonicat dans une église, à dessein que le chapitre le lui donnât, en a été en effet pourvu. N'y a-t-il point là de simonie ?

R. Il y en a une bien marquée, puisqu'il n'a donné un bien temporel que pour parvenir à une dignité ecclésiastique. Il en est donc de lui comme de ceux qui, en entrant en religion, y portent leurs biens, dans le dessein d'obtenir avec le temps quelque bénéfice régulier. Car, quoiqu'ils ne fassent aucun pacte, ils ne laissent pas de se rendre coupables de simonie, ainsi que l'a décidé le concile de Bâle, tenu en 1431. Ce serait autre chose s'ils donnaient leurs biens sans aucune intention de parvenir soit au canonicat, soit aux prélatures.

Voyez la décision suivante.

CAS XXVI. *Polydore*, ayant envie d'être chanoine d'une cathédrale, et sachant que Patrice, chanoine de cette église, est disposé à permuter sa prébende contre un bénéfice simple, a fondé, pour parvenir à son but, une chapelle de 600 liv. de rente, et qui lui a ensuite été conférée. Après cela il l'a permutée avec Patrice. L'a-t-il pu sans simonie?

R. Non ; puisqu'il ne l'a fondée que dans le dessein de se la faire conférer, ce qui est simoniaque, comme on l'a dit dans le cas précédent. Il est encore condamnable en ce qu'il s'est fait conférer cette chapelle, qu'il n'était pas digne de posséder. Car, pour être digne d'un bénéfice, il faut être dans la volonté sincère de le desservir, *cap.* 29 *de Præbend*. Or Polydore n'avait aucun dessein de desservir cette chapelle, mais de la permuter. Ainsi jugé par arrêt du parlement de Provence. V. Melchior Pastor, *l*. III, *tit*. 11.

CAS XXVII. *Sempronius*, titulaire d'une chapelle fondée dans la cathédrale, ayant dessein de la permuter avec Théodat, contre une autre d'un moindre revenu, le chapitre, qui est le collateur de ces chapelles, a refusé d'admettre la permutation, sur ce qu'il a été fait sous-diacre sur le titre de cette chapelle. Le père de Théodat, pour lever la difficulté, offre de constituer sur ses biens un titre à Sempronius, afin de rendre libre sa chapelle. Cette offre est-elle sans vice de simonie?

R. Non ; parce que le père de Théodat ne fait cette offre d'un titre patrimonial à Sempronius, que dans le dessein de procurer sa chapelle à son fils. Or, pour la simonie, il suffit qu'un tiers offre le temporel pour faire parvenir quelqu'un au spirituel.

CAS XXVIII. Un ordre a cédé à un autre ordre un prieuré de 3,000 liv. à condition que ce second ordre lui fera 300 liv. de rente perpétuelle. Ce traité est-il vicieux?

R. Oui, et très-vicieux ; parce que le droit qu'a ce premier ordre sur le prieuré est une chose purement spirituelle. Or on ne peut, sans une simonie réelle, vendre ni céder, moyennant une somme d'argent ou une rente, une chose spirituelle. Saint Thomas, 2-2, q. 100, a. 1.

CAS XXIX. *Cajetan*, pourvu d'une prébende de N. n'est admis par le chapitre à en prendre possession qu'après avoir payé une somme de 200 liv., qu'on appelle *droit de chappe*, et qui se paye de tous temps en cette église par tous les chanoines avant leur prise de possession. Cajetan craint d'avoir commis en cela quelque simonie.

R. Cet abus a été formellement défendu par le concile de Trente, sess. 4, c. 14, *de Reform*. Et il avait déjà été condamné comme simoniaque par Innocent II, *can*. fin. 1, q. 3, qui défend même d'exiger un repas. Le concile de Trente ne tolère une telle coutume qu'à condition que le chapitre emploiera ce qu'il aura reçu en œuvres pieuses. Ce qui fut jugé juste par arrêt du parlement de Paris, en 1540.

CAS XXX. *Ovide*, pour obtenir un prieuré de Diodore, que Lucillus, ami de Diodore, l'empêche d'obtenir, lève cet obstacle en lui faisant présent d'une montre ; après quoi il obtient le bénéfice. Y a-t-il simonie?

R. M. P. soutient qu'il y en a, 1° parce qu'Ovide, qui n'avait aucun droit à ce prieuré quand il a fait présent d'une montre, ne l'a réellement obtenu que par ce présent ; 2° parce que Lucius III, consulté par un homme, en faveur duquel un de ses amis avait donné de l'argent à un particulier qui s'opposait à son élection, quoiqu'approuvée par le plus grand nombre des capitulants, lui répond : *Multum tibi consulis, si administrationem celeriter ac sponte dimittis*, etc.

Je crois avec Sylvius cette décision fausse. Donner de l'argent à un homme, non pour qu'il parle en ma faveur, mais pour qu'il cesse de me calomnier, ou de me tenir renfermé dans sa maison de peur que j'aille au concours, ce n'est pas acheter un droit au bénéfice, mais seulement recouvrer mon état naturel et le droit que j'ai de n'être pas injustement tyrannisé. La décrétale de Lucius III ne fait rien ici, parce que l'achat de la cessation de l'opposition du capitulant qui traversait l'élection, fut un achat de son suffrage, puisqu'il donna sa voix *pour*, dès qu'il cessa d'être *contre*. *Voyez* mon traité *de Simonia*, cap. 4, n. 23, et plus bas, cas *Chrétien*.

CAS XXXI. Le chapitre de B. ayant élu canoniquement Berthel pour évêque, et cinq chanoines s'étant opposés à sa prise de possession sans aucune raison, il leur a fait donner 50 louis pour les obliger par là à s'en désister ; ce qu'ils ont fait. *Quid juris?*

R. Puisque Berthel n'a fait ce présent qu'après son élection légitime, il n'a commis aucune simonie ; parce qu'il ne l'a pas obtenue par là, et qu'il n'a fait que se rédimer d'une injuste vexation. C'est la décision de saint Thomas, 2-2, q. 100, a. 2. *Voyez* la décision suivante où cette difficulté est éclaircie.

CAS XXXII. *Chrétien* étant pourvu d'une cure, Cécilius lui a suscité un procès, prétendant y avoir droit. Epigonius, de concert avec Cécilius, lui en a suscité un second, en l'accusant à faux d'un crime qui mérite la déposition. Chrétien s'est rédimé de cette double vexation, en donnant à chacun d'eux 20 louis. A-t-il péché?

R. Oui, si son droit n'était pas légitime ; ou qu'il fût douteux. Non, s'il était certain ; et c'est ce que dit saint Thomas dans l'endroit que je viens de citer. La décrétale de Lucius III, citée cas *Ovide*, ne prouve point le contraire ; 1° parce que le capitulant qui s'opposait à l'élection avait vraisemblablement des raisons pour le faire ; 2° parce que l'élection n'étant pas encore confirmée ne donnait pas à l'élu *jus in re*, *jus acquisitum*.

Il suit de là, 1° qu'un gradué, dont les lettres sont en forme, peut donner quelque chose à un greffier qui refuse sans raison de les insinuer ; 2° qu'un patron injustement dépouillé de son droit par les hérétiques peut se rédimer par argent de cette vexation. Mais comme on se flatte aisément dans une matière si délicate, il est très à propos de ne se rédimer d'aucune vexation qu'après avoir pris le conseil de son évêque, comme le prescrit saint Charles, conc. I prov. de Milan. J'ajoute, avec saint Thomas et saint Antonin, que si un homme à qui on veut faire perdre son bénéfice est coupable du crime dont on l'accuse, il ne lui est pas permis de se rédimer par argent.

Cas XXXIII. *Narcisse*, ayant été bien pourvu par l'évêque d'une prébende, Palémon lui a suscité un procès injuste, dont il ne pouvait soutenir les frais. L'évêque a prié Palémon de se désister, et lui a promis en ce cas de le faire son official : Palémon l'a accepté, et a laissé Narcisse en repos. N'y a-t-il rien de vicieux dans cet accommodement ?

R. Palémon ne peut garder ces deux dignités, puisqu'elles sont spirituelles et qu'il ne les a eues que *mediante temporali injustitia*. Mais Narcisse peut garder sa prébende, parce qu'il y avait un droit sûr, qui n'était troublé que par l'iniquité.

Cas XXXIV. *Melchior*, clerc, retenant 50 louis appartenant à Titius, abbé, celui-ci, pour l'engager à les lui rendre, lui a donné un prieuré de 500 liv., et Melchior lui a rendu peu après les 50 louis. Titius a-t-il pu, sans simonie, se servir de ce moyen pour retirer son argent ?

R. Non ; parce que c'est donner une chose spirituelle pour obtenir une chose temporelle. *Non est dubium, quod simoniam committeret, si quis aliquod spirituale debitori suo daret, ut quod suum est recuperaret*, dit saint Thomas *in 4, dist.* 25, *q.* 3, *a.* 3.

Cas XXXV. *Vincent*, qui a un prieuré de 4000 liv., veut épouser Marie, qui est sous la tutelle de Paul, son oncle, qui est prêtre. Pour y réussir, il fait entendre à Paul qu'il lui résignera son prieuré. Paul, dans la vue principale d'obtenir ce bénéfice, consent au mariage. *Quid juris* ?

R. Ce trafic, quoique trop commun, est très-simoniaque ; car Vincent n'a donné un bien spirituel, que pour se procurer un avantage temporel, ce qui est virtuellement vendre l'un pour l'autre ; ce serait autre chose, si Paul, indépendamment de toute promesse, avait été pleinement disposé à consentir à ce mariage.

— Reste à savoir si la bonne intention de Paul rectifierait celle de Vincent.

Cas XXXVI. *Tichon*, ayant pris possession d'un canonicat, a distribué une paire de gants à chacun des vingt chanoines du chapitre, selon une coutume immémoriale établie dans ce même chapitre. N'y a-t-il point là de simonie ?

R. Quoique dans le for extérieur, l'Eglise ne présume pas que ces petits présents soient capables d'induire à donner un bénéfice, comme le dit Alexandre III, c. 18, *de Simonia*, néanmoins si celui qui le reçoit est porté par ce moyen à les faire, ou si en les faisant, il a dessein qu'ils servent de motif au collateur, on ne peut excuser l'un et l'autre de simonie. *Ex intentione ista considerantur*, dit un canoniste. C'est pourquoi cette coutume a été réprouvée par la congrégation du concile. Car quoique ces petits présents ne se fassent qu'après la prise de possession, on ne doit pas pourtant les considérer comme faits sans aucun pacte ; parce que la coutume tient en quelque manière lieu de contrainte et de pacte.

Cas XXXVII. *Sylvain* et *Alexandre*, évêques, sont en dispute au sujet des droits de collation et de visite dans une église, située sur les confins de leurs diocèses. Ils font enfin une transaction, qui donne à Sylvain le droit de collation, et à Alexandre celui de visite. Y a-t-il quelque simonie ?

R. Pour exempter une convention de simonie, il faut deux choses : 1° l'autorité du supérieur légitime ; 2° qu'on ne donne point une chose temporelle pour une spirituelle. Or, ces deux conditions se trouvent dans le cas présent. Car ce sont les supérieurs mêmes qui ont transigé : et l'un ne donne pas à l'autre une chose temporelle pour une spirituelle ; le droit de collation et celui de visite étant tous deux purement spirituels. Mais il y aurait simonie, si l'on donnait quelque chose de temporel à l'autre pour obtenir de lui une chose spirituelle ; par exemple si l'évêque et le seigneur étant en procès au sujet du patronage de la cure du lieu, le seigneur cédait à l'évêque le droit de patronage, et l'évêque au seigneur un bois taillis qui dépend du bénéfice. De même si Pierre et Paul, prétendants à un bénéfice, conviennent que Pierre cédera son droit à Paul, à condition que Paul lui fera avoir un annuel de messes, il y a simonie, puisque Pierre cède un droit spirituel pour une chose temporelle, *i. e.* pour une simple commission qui doit produire tant à celui qui en est chargé. De même encore un titulaire d'un prieuré simple d'une abbaye, dont les moines prétendent qu'un tel trait de dîmes leur appartient, ne peuvent transiger entre eux que les dîmes seront aux moines, et que les moines lui donneront un bénéfice qui vaque ; car, quoique le droit de dîmes et un bénéfice soient deux choses spirituelles, il faut que leur transaction soit faite sous le bon plaisir du supérieur légitime. Il faut dire la même chose de toutes les conventions qui portent que l'un des prétendants fera une pension à l'autre. On peut par le même principe décider beaucoup d'autres difficultés.

Cas XXXVIII. *Jean*, ayant obtenu un bénéfice, moyennant cent écus, s'en est confessé, et a reçu l'absolution des censures. Ne peut-il pas retenir ce bénéfice ; et s'il en a déjà joui, a-t-il fait les fruits siens ?

R. Malgré cette absolution, Jean ne peut ni retenir ce bénéfice, ni le permuter, ni le résigner, à moins qu'il n'obtienne par dispense de nouvelles provisions. Il est même inhabile à recevoir tout autre bénéfice dans la suite, selon la bulle *Cum primum* de Pie V. Et ceci a lieu, même à l'égard de celui qui a été pourvu d'un bénéfice par une simonie où il n'a eu aucune part: auquel cas néanmoins il n'est pas tenu à restituer les fruits qu'il a consumés dans la bonne foi, mais seulement ceux qui seraient encore en nature, comme le dit S. Th. 2-2, q. 100. a 6, ad 3.

— L'inhabilité *ad quæcunque alia beneficia deinceps obtinenda*, décernée par Pie V, n'a lieu ni en France, ni en bien d'autres Etats. C'est pourquoi un simoniaque, après avoir été absous des censures par lui encourues sur les pouvoirs de l'évêque, si le fait est occulte, redevient capable de posséder des bénéfices. *Voyez* mon *Traité de Simonia*, cap. 5, n. 35.

Cas XXXIX. *Victor*, voulant procurer un bénéfice simple à Pierre, son fils, a donné, à son insu, de l'argent pour l'obtenir. Un an après, Pierre a appris cette simonie. 1° Est-il obligé à quitter son bénéfice, ou à obtenir de nouvelles provisions de Rome? 2° A-t-il encouru les peines portées contre les simoniaques?

R. Pierre n'a point encouru les peines, puisqu'un innocent ne les peut encourir. Il est pourtant obligé à quitter son bénéfice, parce que ses provisions sont nulles, comme l'a décidé Clément III, c. 26, *de Simonia*. Mais quoiqu'il n'y ait que le pape seul qui puisse dispenser un simoniaque volontaire à l'effet de retenir son bénéfice, l'évêque peut dispenser celui qui n'a point eu connaissance de la simonie; comme l'enseigne S. Th. 2-2, q. 100, a. 6.

— L'évêque le peut encore, quoique le bénéfice soit double, quand la simonie est occulte. *Voyez* mon *Traité de Disp., hic*, ch. 3, n. 3 et 4, pag. 514.

Cas XL. *Urbain* a été ordonné prêtre par une simonie commise à son insu: peut-il exercer les fonctions de ses ordres, après qu'il a appris la vérité sur ce qui s'est passé?

R. Non, selon S. Th. *ibid.* a. 6, parce que, dit-il, on ne peut retenir ce que l'on a reçu contre la volonté du maître.

— L'auteur remarque que Navarre, Sayr, Suarez, sont d'une opinion contraire. Il aurait pu y en ajouter beaucoup d'autres, et je crois leur sentiment bien plus probable. La raison de S. Th. est faible. Si la simonie de l'évêque n'avait été que mentale, Urbain, de l'aveu du saint docteur, ne serait pas suspens, et cependant l'évêque l'aurait ordonné *contra Domini voluntatem*. *Voyez* mon *Traité de Simonia*, ch. 5, art. 1, n. 20.

Cas XLI. *Clodius*, légitime titulaire d'un prieuré, vient d'en obtenir un second par simonie. Est-il privé, *ipso jure*, du premier, comme il l'est du second?

R. Non, parce que cette peine n'est nulle part portée dans le droit, au moins d'une manière assez claire, et que les meilleurs écrivains, comme Navarre, Suarez, Avila, Cabassut, etc., sont d'une opinion contraire.

—J'ai prouvé dans les lettres contre le P. A. de Grazac, lettre IV, p. 28, que les lois qui privent un homme de son bénéfice *ipso jure*, demandent souvent une sentence déclaratoire. *Voyez* aussi mon *Traité de Benefic.* c. 4.

Cas XLII. *Gérun* étant sur le point d'avoir un bénéfice, Jean, son ennemi, donne pour l'en faire déchoir de l'argent au collateur, sans que Gérun le sache; ou, s'il le sait, il s'oppose à cette simonie. Est-il obligé à quitter le bénéfice qu'on lui a ainsi donné?

R. Non, parce qu'il n'est pas juste qu'un innocent soit lésé par la malice de son ennemi. Et c'est ce qu'enseigne S. Th. *ib.* a. 6, avec le pape Célestin III, c. 27, *de Simonia*.

Cas XLIII. *Marc* s'est opposé à la simonie par laquelle un ami voulait lui procurer un bénéfice; mais l'ayant apprise, quand il en a été pourvu, il a payé la somme qu'on avait promise pour le lui procurer. Que dire?

R. Ou Marc a payé cette somme à ceux qui l'ont nommé au bénéfice, et en ce cas il a encouru toutes les peines des simoniaques, parce qu'il a complété le crime fait en sa faveur; ou il l'a rendue à ceux qui l'avaient avancée, non pour approuver leur indigne manége, mais comme un père qui paye les dettes criminelles de son fils, et pour empêcher qu'ils ne souffrissent à son occasion; et alors sa provision n'en souffre point.

Cas XLIV. *Rolland* a obtenu, il y a quatre ans, une cure par une simonie secrète. Ne peut-il pas jouir du privilége de la règle *De triennali possessione*, qui couvre les défauts d'un titre coloré?

R. Non; parce que le cas de la simonie en est excepté, *absque simoniaco ingressu*. Ainsi il devrait quitter sa cure, quand il la posséderait depuis 40 ans et plus. Il doit aussi en restituer les fruits, parce qu'il n'a pu les faire siens sur un titre nul. Que si la simonie avait été commise à son insu, et qu'il l'eût ignorée pendant trois ans, il pourrait garder son bénéfice, comme le dit ici l'auteur, après avoir dit ailleurs le contraire.

Cas XLV. Un évêque qui se trouve coupable d'une simonie occulte, est-il obligé de recourir au pape, pour obtenir l'absolution des censures et la dispense de l'irrégularité?

R. Non; car il peut se faire absoudre et dispenser par un prêtre approuvé de lui; comme il peut par le même prêtre absoudre et dispenser tout autre de ses diocésains qui serait dans le même cas. C'est ce qui est porté dans le fameux ch. *Liceat* 6, sess. 24 du concile de Trente *. Il est inutile d'ajouter avec l'auteur que saint Antonin excepte le cas d'une censure prononcée par un métropolitain contre son suffragant, puisque ce n'est être un cas occulte.

Cas XLVI. *Hubert* a eu intention de donner 100 livres pour un bénéfice; cette simonie, qui n'a été que mentale, parce qu'elle n'a pas été exécutée, l'a-t-elle soumis aux peines établies contre les simoniaques?

R. Non; et il ne les aurait pas même encourues, quand il aurait obtenu le bénéfice pourvu qu'il n'y eût eu aucun pacte ni explicite, ni implicite. *Quoad Deum*, dit S. Th. *ib.*, a. 6, *sola voluntas facit simoniam; sed quoad pœnam eccles. exteriorem, non punitur ut simoniacus; ut abrenuntiare teneatur, sed debet de mala intentione pœnitere.*

— Cas XLVII. Si Hubert avait reçu le bénéfice sous promesse de donner 100 livres, et que touché de repentir, il n'eût pas voulu les payer, serait-il tombé dans les peines canoniques?

R. Je crois que non, quoique beaucoup d'autres pensent le contraire. *Voyez* ce que j'en ai dit à la fin du cas V, et consultez l'endroit auquel j'ai renvoyé.

Cas XLVIII. *Evandre*, ayant donné 20 louis à Bona pour une chapelle, en a fait pénitence, a pris de nouvelles provisions de Rome, et s'est fait absoudre des censures. Bona a aussi été absous, et a restitué les 20 louis à Evandre : ne sont-ils pas tous deux en sûreté de conscience?

R. Non; car ce n'est pas à Evandre, mais à l'Eglise, ou aux pauvres, qu'il fallait faire cette restitution, ainsi que le prescrit Alexandre III, c. 11, *de Simonia*, et que le dit S. Th. 2-2, q. 32, a. 2 *. Comme cela est autorisé par le prince, il faut s'en tenir là.

Cas XLIX. *Bercaire*, religieux, a acheté les suffrages de quelques-uns de ses confrères, pour le provincialat de son ordre. A-t-il encouru *ipso facto* l'excommunication majeure, quoique ce ne soit qu'une simple charge, et non un bénéfice?

R. Il l'a encourue; et son élection étant nulle, il doit renoncer à son office. Cela est décidé par Paul II, extr. 2, *de Simonia*, où cette censure (si elle est connue) est réservée au saint-siége *præterquam in mortis articulo*.

— On pense différemment des offices qui sont révocables *ad nutum*. *Voyez* sur cette matière Suarez, *de Censuris*, disp. 22, sect. 5, et Cabassut, l. v, c. 8, n. 5.

Cas L. *Valérius* a acheté une charge d'aumônier du roi, dans le dessein d'obtenir une abbaye dans la suite. N'a-t-il pas commis une double simonie, l'une réelle, par l'achat de cette charge, et l'autre mentale, par l'intention qu'il a eue de parvenir par ce moyen à un bénéfice?

R. Si on examine les fonctions de MM. les aumôniers du roi, et plus encore leurs prétentions, il est difficile de n'y rien trouver de spirituel. Mais en supposant que ce n'est qu'un office temporel, ceux qui ne l'achètent principalement que pour parvenir à un bénéfice par leur service, ne sont pas moins simoniaques qu'un chanoine qui, en assistant à l'office, a pour fin principale de gagner de l'argent; mais si leur fin principale est de bien faire leur emploi, ils ne sont pas coupables de simonie en l'achetant, quoique leur fin seconde soit de parvenir à un bénéfice. Valérius doit donc examiner devant Dieu : 1° si en achetant cette charge il a cru qu'elle lui donnait droit d'exercer des fonctions ecclésiastiques; 2° si son intention principale a été d'obtenir par là un bénéfice; car dans l'un et l'autre cas, il a commis la simonie, et il est obligé de renoncer à sa charge; mais s'il a été persuadé (comme il avait raison de l'être selon l'auteur) qu'il n'y avait aucunes fonctions ecclésiastiques attachées à cette charge, et qu'il n'y soit pas entré dans l'intention principale d'obtenir un bénéfice, il n'est pas coupable, quoique la seconde intention ait été d'en mériter un en servant dignement Dieu et le roi, S. B., tom. II, c. 53.

Cas LI et LII. *Théot* veut acheter une charge de chapelain du roi ou de clerc de chapelle. Ne le peut-il pas sans simonie?

R. Non; car les chapelains du roi ayant droit par leurs charges de célébrer la messe devant S. M., leur charge est vraiment ecclésiastique. Et il en est de même de la charge de clerc de chapelle, tant parce que ses fonctions sont de servir à l'autel, que parce qu'il faut être tonsuré pour la posséder.

Cependant Théot n'a point encouru les peines canoniques, parce qu'aucune simonie ne les induit, si ce n'est celle qui se commet *in ordine, ingressu religionis, aut beneficio*. Or, une charge de chapelain n'est pas un bénéfice. Il suffit donc que Théot se confesse à son confesseur ordinaire de son péché; et il peut garder sa charge, parce que le droit ne l'y rend pas inhabile. *Voyez* S. B. tom. II, cas 53.

— Il y serait inhabile de droit naturel, parce que son contrat est intrinsèquement nul. Ainsi, il faut supposer que l'Eglise veut bien le valider en faveur de la pénitence qu'il fait de sa faute.

Cas LIII. *Sylva*, ayant reçu la prêtrise moyennant 10 louis, s'en est confessé et a été absous. Peut-il célébrer sans scrupule?

R. Celui qui reçoit les ordres par simonie encourt l'excommunication, la suspense et l'interdit. Il ne peut donc être absous de son péché que par un confesseur qui puisse l'absoudre de ces censures. Elles ne sont jamais réservées au saint-siége quand elles sont occultes.

Cas LIV. On a agité la question, si le pape peut dispenser de toute sorte de simonie. Qu'en juger?

R. Le pape peut dispenser de toute simonie qui n'est que de droit ecclésiastique; ainsi, il peut permettre les résignations et les permutations des bénéfices; mais il ne peut dispenser de la simonie qui est contre le droit naturel ou divin. Ainsi, il ne peut permettre qu'on vende un bénéfice, ou la consécration d'un autel, d'un calice, etc. C'est pourquoi saint Thomas dit *quodl.* 4, a. 13 : *Papa potest incurrere vitium simoniæ, sicut et quilibet alius homo, puta si reciperet pro aliqua re spirituali pecuniam*, 2-2, q. 100, a. 1.

Cas LV. *Nicar* et *Gilles* ayant brigué d'abord chacun pour soi un office de sacristain auquel est attachée l'obligation d'administrer l'eucharistie et l'extrême-onction, Gilles est ensuite convenu avec Nicar de lui procurer les suffrages qu'on lui avait promis pour lui-même, à condition qu'il lui donnera une portion modique de ses gages. On demande : 1° s'ils ont péché en briguant cet office ; 2° s'il n'y a pas de simonie dans leur convention ; 3° si en cas qu'il y ait là de la simonie, ils ont encouru les peines?

R. 1° Ils ont péché en briguant un office auquel est attachée l'administration des sacrements ; 2° la convention faite entre eux de partager l'honoraire est simoniaque, puisqu'il y a une cession d'un droit spirituel pour le temporel ; 3° ils n'ont néanmoins pas encouru les peines canoniques, parce que ces peines ne s'encourent que par ceux qui sont coupables de simonie *in ordine*, ou *in beneficio*, ou *in ingressu religionis* ; 4° Nicar doit quitter cet emploi si mal acquis, comme le prouve S.-B., tom. I, cas 34.

Cas LVI. *Sabin* a exigé 300 liv. de Salvi, pour le recevoir vicaire de sa paroisse. A-t-il commis une simonie?

R. Ils en sont tous deux coupables, puisque l'un a vendu et l'autre acheté une fonction spirituelle. Ainsi, Salvi est obligé de rompre ce contrat, et de quitter sa place, s'il est entré en payement; parce que c'est alors une simonie réelle que l'Église ne pardonne pas.

Cas LVII. Les chanoines de *N.* ont agrégé deux clercs surnuméraires par un contrat en forme, pour avoir droit de participer aux profits et aux emplois de leur église, et pour en jouir chacun en leur rang, lorsqu'il vaquera quelque place d'habitué, à condition que chacun d'eux payera à sa réception 200 liv. au profit des chanoines. 1° Ce traité et son exécution sont-ils simoniaques ? 2° Le serait-il, si le contrat portait que la somme stipulée servirait à augmenter le revenu de l'église? 3° Les chanoines peuvent-ils exclure ces deux clercs du revenu de leur église, ne les ayant reçus surnuméraires qu'à cette condition? 4° Supposé que le contrat soit simoniaque, les bénéfices des chanoines sont-ils dévolutables ? 5° Les autres bénéfices qu'ils ont obtenus depuis ce contrat le sont-ils aussi? 6° Ces clercs doivent-ils être expulsés?

R. Nous disons avec S.-B., tom. III, cas 83 : 1° que ce traité et son exécution sont simoniaques, parce que être incorporé à une église pour y exercer les fonctions ecclésiastiques et pour parvenir à la qualité d'habitué, etc., est une chose purement spirituelle, qu'on ne peut vendre sans simonie ; 2° que ce contrat serait encore simoniaque et nul, quand il porterait que l'argent a été donné pour augmenter le revenu de l'église; car il n'est pas permis de vendre une chose spirituelle sous quelque prétexte que ce soit; 3° que ces chanoines n'ayant reçu ces deux clercs qu'à titre de surnuméraires, ils peuvent les exclure de tous les émoluments de leur église, puisqu'ils ne devaient les recevoir que lorsqu'ils seraient parvenus à la qualité d'habitués ; 4° que les prébendes de ces chanoines ne sont pas dévolutables pour avoir fait ce traité, parce que leur simonie n'est pas à l'égard d'un bénéfice, et qu'il n'y a que la simonie *in ordine* ou *in beneficio* qui rende un bénéfice sujet au dévolut ; 5° que par la même raison, les autres bénéfices qu'ils ont obtenus depuis, ne sont pas non plus dévolutables ; 6° que ces deux clercs doivent être expulsés de l'église comme ayant été reçus en vertu d'un contrat sacrilège; mais que néanmoins ils ne sont pas inhabiles à recevoir des bénéfices dans la suite, puisque leur simonie n'est pas *in beneficio*.

Cas LVIII. *Fabien* prend de l'argent lorsqu'il administre les sacrements à ses paroissiens. N'y a-t-il point là de la simonie?

R. Un curé ne peut rien prendre, ni pour les sacrements considérés en eux-mêmes, parce que ce sont des êtres spirituels, ni pour le travail intrinsèquement nécessaire à leur administration, parce que ce travail n'est que l'administration même, ou n'est estimable que par rapport à elle. Cependant comme il est juste que le ministre qui, en servant l'autel, se met hors d'état de tirer d'ailleurs sa subsistance, vive de l'autel, un curé peut sans scrupule recevoir ce qui lui est adjugé par les ordonnances de l'Église et par l'usage connu et approuvé. C'est ce qu'a décidé le IV° concile de Latran, *cap.* 42, *de Simonia*, et ce qu'a confirmé Henri III, par l'art. 51 de son ordonnance de Blois. C'est pour cela qu'on peut recevoir une rétribution pour la messe.

Cas LIX. *Jacques*, curé, refuse de baptiser un enfant si on ne lui donne de l'argent. 1° Peut-on lui en donner? 2° Si cela n'est pas permis, peut-on alors faire baptiser l'enfant, même en présence de ce curé, par le premier laïque qui se trouvera?

R. Saint Thomas, 2-2, *quest.* 100, *art.* 2, répond à cette difficulté, que comme il n'est pas permis de donner de l'argent pour le prix du baptême, il faut alors agir comme si le curé n'était pas présent; et qu'ainsi si l'enfant est en danger de mort, on doit baptiser ou le faire baptiser par le premier venu, même en présence du curé ; mais que si l'enfant n'est pas en péril, il faut se pourvoir par-devant le supérieur. Le saint docteur ajoute que si l'on manquait d'eau, il serait permis d'en acheter du curé même, l'eau n'étant qu'un simple élément. Et sur ce que l'on pourrait objecter que l'eau que ce curé offrirait serait peut-être consacrée par le mélange du saint chrême, et par la bénédiction du prêtre, le même saint répond que l'eau n'est pas d'elle-même une chose sainte, et qu'elle n'opère pas dans le baptême par la vertu de sa consécration. Enfin il ajoute que si c'était un adulte qui fût dans une nécessité pressante, bien loin qu'il lui fût permis de donner de l'argent pour se faire baptiser, il devrait plutôt mourir sans baptême, et se confier que le désir de recevoir baptême suppléerait au défaut du sacrement. In 4, dist. 5, q. 2, art. 2.

— On croit communément que comme on peut donner de l'argent pour apprendre la théologie, on pourrait en donner pour apprendre la forme du baptême, si on ne pouvait la savoir que par cette voie.

CAS LX. *Riberius*, commis par son évêque pour absoudre Fabius des censures, lui a fait payer pour cela trente livres ; l'a-t-il pu sans simonie ?

R. Non, s'il a exigé de Fabius cette somme pour l'absolution ; mais s'il ne la lui a fait payer que comme une peine due au péché, pour lequel il avait encouru les censures, il ne s'est pas rendu coupable de simonie.

Néanmoins, comme cette pratique ressent la cupidité, et qu'il en peut naître du scandale, elle n'est pas à approuver ; c'est pourquoi saint Thomas ajoute : *In quo tamen cavendum est, ne talis exactio magis cupiditati, quam correctioni ascribatur.*

CAS LXI. *Polichronius*, évêque, fait payer un écu pour chaque dispense qu'il accorde ; le peut-il sans simonie ?

R. Le concile de Trente, sess. 25, c. 18, ordonne aux évêques de donner gratuitement les dispenses, c'est-à-dire de n'en rien retirer qui tourne à leur profit ; parce que dispenser est un acte de la puissance spirituelle qui doit être exercée comme elle a été donnée, *i. e.* gratuitement. Néanmoins, un évêque peut taxer à une somme raisonnable ceux qui demandent des dispenses ; pourvu qu'il ne se la rende pas propre, ni qu'il ne l'abandonne pas à ses officiers, par manière de gages, ou autrement ; mais qu'il l'applique au profit de l'Eglise ou des pauvres ; c'est la remarque de Cabassutius, lib. v, c. 6, num. 6.

— Cette remarque est juste, puisque toute dispense fait une brèche à la loi, et qu'une aumône est très-propre à la compenser.

CAS LXII. *Toussaint* reçoit un écu de chaque curé qu'il examine, pour le temps qu'il y a employé. Y a-t-il là quelque simonie ?

R. Il y en a ; et même le concile de Trente, sess. 24, c. 18, déclare qu'une telle simonie étant réelle, cet examinateur doit quitter ses bénéfices avant que d'être absous, sans en pouvoir posséder d'autres à l'avenir, et il étend cette peine à ceux qui ont donné de l'argent pour leur examen. *Caveantque* (examinatores) *ne quidquam prorsus occasione hujus examinis, nec ante, nec post accipiant; alioquin simoniæ vitium, tam ipsi, quam alii dantes incurrant, a qua absolvi nequeant, nisi dimissis beneficiis, quæ quomodocumque etiam antea obtinebant; et ad alia in posterum inhabiles reddantur.* Ce sont là les termes du concile, sess. 24, c. 18.

CAS LXIII. *Eustrate*, ayant un calice pesant trois marcs, dont chacun vaut 35 l., y compris la façon, l'a vendu 115 livres à Jérôme, parce qu'il était consacré, et que Jérôme eût été obligé de faire dix lieues pour le faire consacrer, s'il ne l'eût pas été. Cela est-il exempt de simonie ?

R. Non ; car la consécration d'un calice, étant une chose purement spirituelle, ne peut en aucun cas tomber dans le commerce. *Vasa sacra*, dit saint Thomas, *nullo modo ratione consecrationis vendenda sunt : ut scilicet pro consecratione eorum aliquid plus exigatur. Tamen in necessitate ecclesiæ possunt vendi ex parte ejus quod in eis non est spirituale : scilicet materia auri et argenti. Et tunc si venduntur ecclesiasticæ personæ, possunt integra vendi. Si autem venduntur aliis non ad usum ecclesiæ, debent prius frangi, ne sancta ab aliis tractentur, quam a ministris Ecclesiæ.* In 4, dist. 25, q. 3, art. 2.

CAS LXIV. *Callipus* ayant envie d'un reliquaire d'argent plein de reliques, qu'avait Marc, le lui a payé 20 livres. Cette vente est-elle simoniaque ?

R. Non ; si ce reliquaire n'a été vendu que selon la valeur de la matière et de la façon ; oui, s'il a été vendu plus cher à cause des reliques ; car les reliques étant une chose sacrée, on ne peut les mettre à prix d'argent, *cap. fin.* de Reliquiis, *lib.* III, *tit.* 45. On peut cependant acheter des reliques pour les retirer des mains des infidèles ou des hérétiques, comme on peut donner de l'argent pour se racheter d'une vexation injuste, qu'on souffre au sujet d'un bénéfice, dont on est légitimement pourvu.

CAS LXV. *Germaine* s'étant présentée à un riche monastère, on lui a fait payer 250 livres pour la pension de son noviciat. N'y a-t-il point en cela de simonie ?

R. Non ; parce qu'une novice n'a pas droit d'être nourrie aux dépens du monastère, où elle fait son noviciat, quelque riche qu'il puisse être, ce droit ne s'acquérant que par la profession. Ainsi, quand le concile de Trente défend sess. 25, cap. 18, *de Regul.*, de rien donner avant la profession, il excepte ce qui est nécessaire pour la nourriture et les habits pendant le noviciat : *Sed neque ante professionem excepto victu et vestitu novitii, vel novitiæ illius temporis quo in probatione est, quocumque prætextu a parentibus, vel propinquis, aut curatoribus ejus monasterio aliquid ex bonis ejusdem tribuatur.*

CAS LXVI. *Alba* a été admise au noviciat par la communauté, qui a exigé de son père, 1° qu'outre la somme de 300 livres pour la pension du noviciat, il payera les médicaments qui lui seront nécessaires, si elle devient malade pendant cette année-là, 2° que si elle meurt pendant cette même année, il donnera 300 livres au monastère, tant pour les autres dépenses de sa maladie, que pour les frais de son enterrement. Cette stipulation est-elle pure de simonie ?

R. Oui ; parce qu'elle ne regarde en rien la réception d'Alba à la profession solennelle. De sorte que cette fille ne doit être considérée pendant son noviciat que comme une personne qui serait en pension dans une communauté. Or, il serait juste qu'un père payât à cette communauté les dépenses faites dans la maladie de sa fille, et les frais funéraires, si elle venait à y mourir.

CAS LXVII. *Pétronille*, désirant se faire religieuse dans une maison fort riche, offre de lui donner une fort belle terre, qui vaut 3,000 livres de rente. La communauté accepte son offre, et après son noviciat, elle l'admet à la profession. N'y a-t-il point là de simonie ?

R. Non ; parce que l'Eglise n'a jamais défendu aux monastères d'accepter ce qui leur est offert volontairement, par les personnes qui entrent en religion. Elle a même toujours approuvé ces libéralités comme légitimes, ainsi qu'il paraît par ces paroles du concile provincial de Reims de 1583, confirmé par Grégoire XIII, le 30 juillet 1584 : *Approbamus tamen et laudamus eleemosynas, etiam copiosas, ab ingredientibus sponte collatas.* Mais il faut pour cela, 1° que Pétronille n'ait pas intention de se faire recevoir pour le bien qu'elle offre ; 2° que les religieuses ne la reçoivent pas à la profession à cause du bien qu'elle apporte au monastère ; mais qu'elles l'y reçoivent gratuitement en acceptant son don, à cause de ses qualités suffisantes, l'Église n'approuvant ces sortes de donations, que lorsqu'elles sont faites dans cet esprit. Au reste, les personnes qui font de semblables donations, ne peuvent stipuler qu'elles les suivront, en cas qu'elles viennent à aller dans d'autres couvents ; car les biens ainsi donnés appartiennent au monastère, et non pas à la personne qui les a donnés. C'est pourquoi, si elle craint de ne pouvoir pas demeurer toujours dans la maison où elle fait profession, elle doit ajouter à sa donation une pension viagère, qui puisse lui être payée dans le monastère où elle se retirera. *Voyez* Sainte-Beuve, t. I, cas 53.

— Cela ne se pourrait plus aujourd'hui, que les gens de main-morte ne peuvent acquérir des fonds de terres, et je doute que cela eût passé partout dans le siècle dernier ; puisque par arrêt du 6 février 1692, les donations faites au profit d'un couvent de religieuses de tous meubles meublants, deniers, rentes et immeubles, par une fille âgée et paralytique, pour être nourrie, logée et médicamentée jusqu'à son décès, même enterrée avec les cérémonies des religieuses de chœur, furent déclarées nulles quant aux rentes et aux autres immeubles. *Voyez* le Diction. de *Droit canonique*, etc., au mot *Novice*, p. 324, et les *Mémoires du clergé*, tom. IV, pag. 1017.

Cas LXVIII. *Euprépie* n'a pu être admise à la profession dans un certain monastère, qu'après avoir promis 3,000 livres qu'elle a payées. Est-ce une simonie ?

R. Quand un monastère est si pauvre, qu'il ne peut fournir aux personnes qui s'y présentent les choses nécessaires à leur entretien, il est permis d'exiger quelque chose de celles qui veulent y être admises, non pas comme le prix de l'entrée en religion (car ce serait alors une simonie réelle), mais afin que le monastère puisse par ce secours pourvoir à ses besoins. *Pro ingressu monasterii,* dit saint Thomas, 2-2, q. 100, art. 3, *non licet aliquid exigere, vel accipere quasi pretium. Licet tamen, si monasterium sit tenue, quod non sufficiat ad tot personas nutriendas, gratis quidem ingressum monasterii exhibere, sed accipere aliquid pro victu personæ quæ fuerit recipienda.* Saint Bonaventure enseigne la même chose dans son Apologie pour les religieuses de Sainte-Claire, où il fait voir qu'on peut recevoir une personne avec de l'argent, sans la recevoir pour de l'argent. Et c'est ce qu'ont décidé les conciles de Sens en 1428, de Milan en 1565, etc. Mais, si le monastère est assez riche pour fournir aux besoins de toutes ses religieuses, alors la somme qu'il exige n'étant pas pour l'entretien de la nouvelle professe, puisqu'il lui est dû d'ailleurs, est censée ne se donner que pour sa profession ; d'où il suit que la transaction qui s'en fait est simoniaque, comme l'ont décidé 412 évêques, au IV° concile de Latran, c. 40, *de Simonia.*

Mais comme, selon saint Antonin, il arrive, par un abus déplorable, que plus les monastères sont riches, plus ils exigent de grosses dots, il est bon de faire ici quelques observations, dont les unes pourront servir à lever des scrupules, les autres à en faire naître de légitimes. La première, que selon les canons, les supérieurs des monastères de filles, exempts ou non exempts, sont tenus de fixer le nombre des religieuses sur les revenus ou les aumônes ordinaires qui s'y font, et dont elles peuvent être entretenues honnêtement. La seconde est que, pour bien juger si un monastère est ou n'est pas à son aise, il faut absolument retrancher les dépenses superflues, qui se font pour les bâtiments, les ameublements trop beaux, la table et même la sacristie.

Cela fait et supposé, 1° s'il y a quelque place vacante, on ne peut en conscience refuser une fille qui se présente à la religion, si elle a les qualités requises, quand même elle n'aurait ni dot, ni pension ; 2° s'il n'y a point de place vacante, la supérieure avec son conseil peut refuser la postulante, même sans consulter la communauté ; mais on peut la recevoir, si elle apporte une pension, non pas perpétuelle, ou trop forte, mais viagère, suffisante et sûre, par le moyen de laquelle elle ne soit point à charge au monastère ; et cela, comme on l'a déjà dit, sans préjudice de ce qui pourrait être offert volontairement et sans exaction ou stipulation, au monastère, soit par la fille même, ou bien par ses parents. J'ajoute que, selon la déclaration du 28 avril 1693, 1° les monastères peuvent prendre 500 livres de pension viagère à Paris, et 350 liv. ailleurs, et non davantage, sous quelque prétexte que ce soit, et ce à l'égard des carmélites, filles de la Visitation et autres, établies depuis 1600 ; 2° que les religieuses peuvent recevoir 2,000 livres pour meubles, habits et autres choses nécessaires, et ce à l'égard de Paris et autres villes y dénommées, et 1,200 liv. ailleurs ; 3° qu'en cas que les parents puissent assurer les pensions, il est permis de recevoir 8,000 livres au plus, ou la valeur en immeubles, et ce ès-dites villes, et 6,000 livres ailleurs.

— Il y a quelques réflexions à faire ici. 1° Quand une fille est reçue à titre de surnuméraire, et qu'en conséquence elle doit payer pension, il semble que cette pension doit cesser, lorsqu'il vient à vaquer une place, parce qu'alors elle n'est plus surnuméraire. 2° Les monastères peuvent prendre 500 livres, non-seulement à Paris, mais encore dans toutes les villes, où il y a des parlements, comme le dit Louis XIV dans sa Déclaration, que Pontas a mutilée. 3° Il ne serait plus permis aujourd'hui de donner en dot à une fille des biens immeubles, consistant en fonds de terre, maisons, droits réels, etc., sans obtenir des lettres patentes dérogatoires. *Voyez* l'Edit de mainmorte, du mois d'août 1749, art. 14 et 18.

CAS LXIX. *Denys* a donné mille écus qu'on exigeait de lui avant que de l'admettre à la profession dans un monastère, dont les places sont suffisamment fondées, mais dont le corps de l'édifice avait besoin de grandes réparations, auxquelles cet argent a été employé. Denys a agi en cela de bonne foi. Cela l'excuse-t-il de simonie, et des censures qui en sont la suite?

R. L'excommunication ne s'encourt que par un péché mortel. Or la bonne foi de Denys l'en excuse dans le cas proposé. Il faudrait raisonner autrement, si son ignorance avait été crasse ou affectée ; parce qu'il est vrai qu'une telle ignorance exclut la bonne foi.

— Il me semble qu'on peut douter si un monastère qui a 8,000 livres de rente pour 16 religieux et trois ou quatre domestiques, est assez fondé pour dix-neuf ou vingt personnes, lorsqu'il lui faut faire une dépense de 40,000 livres pour réparer son église ou ses bâtiments qui tombent en ruine.

CAS LXX. *Domitille*, novice, étant prête à faire profession, la communauté demande à Rolland, son père, la moitié plus qu'il est nécessaire pour sa dot, parce qu'on sait qu'il est riche et qu'il désire fort que sa fille soit religieuse. Il accorde tout, parce qu'il appréhende qu'on ne lui renvoie sa fille qui a un grand désir de faire profession dans cette maison. Rolland sait bien que ces religieuses sont simoniaques. Il demande s'il l'est aussi.

R. Les canons qui défendent l'entrée simoniaque dans la religion, ne regardent pas moins ceux qui donnent que ceux qui reçoivent. Ainsi, Rolland est coupable de simonie, puisqu'il a donné le double de ce qu'il savait être nécessaire pour la dot légitime de sa fille, et qu'il n'ignorait pas que ce que les religieuses exigeaient de surplus ne lui fût demandé comme le prix de la réception de Domitille, et non pour son entretien.

— On fera bien de lire sur cette matière la *Conduite canonique de l'Eglise pour la réception des filles dans les monastères*, par maître Antoine Godefroi, et surtout la seconde partie. Il est bien à craindre que la cupidité, qui s'insinue partout, ne damne bien des filles qui ont pris les plus rigoureux moyens pour ne se pas damner.

CAS LXXI. *Ambroise*, qui a un grand crédit sur l'esprit de Gustave, seigneur tout-puissant auprès du roi, l'a supplié de lui faire accorder par Sa Majesté une place de religieuse pour une de ses filles, dans un monastère où ce prince a droit de nommer, ou une abbaye pour son fils, et lui a fait entendre en mots couverts qu'il lui ferait présent d'un tableau de grand prix. Gustave a obtenu du roi cette place, ou bien l'abbaye, et a reçu le tableau. On demande 1° s'il a pu recevoir ce présent après que la fille a été reçue dans le monastère ; 2° si en cas qu'il ne l'ait pu, il est obligé de le rendre à Ambroise?

R. Le procédé d'Ambroise et de Gustave est simoniaque, parce qu'il y a eu entre eux un pacte, au moins tacite, qui a été exécuté par le présent que l'un a fait à l'autre. Gustave est donc obligé à la restitution du tableau, ou de sa valeur, non pas à Ambroise, parce qu'il s'en est rendu indigne par sa simonie, mais aux pauvres ou à l'Eglise. La raison est qu'on tombe dans la simonie en quatre manières : 1° quand le pourvu donne de l'argent au présentateur pour en obtenir une chose spirituelle ; 2° quand un autre que le pourvu donne de l'argent pour faire obtenir à celui-ci un bénéfice, ou chose semblable ; 3° quand le pourvu fait un présent, non au collateur même, mais à un tiers, pour obtenir la même grâce par son moyen ; 4° enfin quand l'ami ou le parent du pourvu fait un présent à l'ami du collateur pour engager celui-ci à gratifier celui-là. Tout cela est de saint Thomas, *ibid.* art. 1. Or ce dernier cas est celui d'Ambroise et de Gustave ; d'où il suit, 1° qu'Ambroise qui a donné le tableau est coupable de simonie ; 2° que Gustave qui l'a reçu est un médiateur de simonie ; 3° que l'un et l'autre ont encouru l'excommunication ; 4° que s'ils étaient ecclésiastiques, ils seraient tombés dans la suspense ; 5° que la provision du fils d'Ambroise est nulle, selon le décret de Paul III. (Extr. Com., lib. v, tit. 1, c. 2.)

On objecte contre cette décision, 1° que la seule nomination du roi n'est pas un acte spirituel ; mais qu'il n'y a que la seule collation du pape que le soit, et qu'ainsi on ne commet pas de simonie pour se procurer par argent, ou par présents, cette nomination ; 2° que les papes, et même saint Grégoire, faisaient confirmer par les empereurs leur élection à prix d'argent.

Mais il n'y a rien là de solide. Car, 1° si le droit de nommer à un bénéfice n'était pas spirituel, il s'ensuivrait, et qu'on pourrait acheter un droit de patronage séparément de la glèbe à laquelle il est attaché, et que les électeurs pourraient vendre leur suffrages lorsqu'ils n'ont pas le droit de conférer, ce qui est néanmoins simoniaque ; 2° outre qu'il n'est point vrai que saint Grégoire ait rien donné pour obtenir sa confirmation, puisqu'il fit ce qu'il put pour n'être point consacré, il est sûr que quand il aurait donné ce qu'exigeaient les rois Goths, qui étaient Ariens, il n'eût point commis de simonie, puisqu'ayant été élu canoniquement, il était vrai pape, sans qu'une telle confirmation lui fût nécessaire pour être légitimement consacré ; et il n'eût payé la somme qu'on exigeait alors de la part de l'empereur, qu'involontairement et pour se rédimer d'une vexation injuste. Or il n'en est pas de même de la difficulté qu'on propose ici au sujet d'Ambroise, puisqu'il fait un gros présent pour obtenir un titre qu'il n'a pas, et qu'il ne peut obtenir qu'en faisant ce présent.

— Cas LXXII. Faudrait-il raisonner de même si Ambroise n'avait par ce moyen procuré à son fils qu'une pension ecclésiastique?

R. Une telle pension est matière de simonie; parce que c'est une portion d'un bien spirituel. Mais cette simonie n'induit pas les peines canoniques; parce qu'elles ne s'encourent que *In ordine, beneficio et ingressu religionis*, et qu'une pension n'est rien de tout cela. Il faut raisonner de même des prestimonies, et des commendes spirituelles, qui ne sont point bénéfices.

Cas LXXIII. *Justine*, ayant un procès, a donné l'aumône à des pauvres, afin qu'ils priassent Dieu pour l'heureux succès de ses affaires. N'y a-t-il point là de simonie?

R. Non; parce que Justine ne veut pas acheter les prières et qu'elle ne fait que suivre l'ordre de Dieu, qui veut que le pauvre prie pour celui qui lui fait l'aumône. C'est ce qu'enseigne saint Thomas, 2-2, q. 100, art. 3, ad. 2, par ces paroles : *Illi qui dant eleemosynam pauperibus, ut orationum ab ipsis suffragia impetrent, non eo tenore dant, quasi intendentes orationes emere, sed per gratuitam beneficentiam pauperum animos provocant ad hoc, quod pro eis gratis et ex charitate orent.*

Cas LXXIV. *Bauaouin*, juge, a reçu une somme pour rendre une sentence. S'est-il rendu coupable de simonie? En est-il de même d'un témoin qui prend de l'argent pour déposer la vérité en justice, et d'un avocat qui en exige pour donner son avis?

R. Il y a une grande différence entre ces trois sortes de personnes. Car un juge est tenu, *ex officio*, de rendre la justice à qui elle est due, et il ne la peut vendre sans crime, et même sans simonie, s'il est juge ecclésiastique. De même un témoin, étant obligé d'obéir au juge qui lui ordonne de dire la vérité, ne peut vendre son témoignage sans commettre un grand péché. Mais un avocat n'est pas obligé de plaider gratuitement, ni de donner son avis à celui qui le consulte, sans en recevoir quelque rétribution. Tout cela est de saint Thomas. Il ajoute cependant qu'un témoin peut recevoir de l'argent, non pour la vérité qu'il dépose, mais pour le salaire justement dû à ses peines, 2-2, q. 71, art. 4. Voici ses paroles : *Testes accipiunt non quasi pretium testimonii, sed quasi stipendium laboris expensas, vel ab utraque parte, vel ab ea a qua inducuntur : quia nemo militat stipendiis suis unquam, ut dicitur I ad Corinthios* ix. C'est sur ces maximes et sur cette distinction qu'on doit juger de Baudouin et des autres dont il s'agit dans l'espèce proposée.

Voyez Bénéfice, Bénéficier, Collation, Confidence, Démission, Dimissoire, Dévolut, Patron, Permutation, Résignation.

SOCIÉTÉ.

On appelle *Société*, la convention faite en choses permises entre plusieurs personnes qui mettent ensemble leur argent, ou tout autre chose, estimable à prix d'argent, pour en tirer un plus grand profit. On dit, 1° *en des choses permises;* car la convention que feraient deux voleurs de partager entre eux ce qu'ils auraient dérobé, ne serait pas une vraie société, étant contraire aux bonnes mœurs. On dit, 2° *qui mettent ensemble leur argent*, etc., parce que les fonds d'une société devient commun entre ceux qui l'ont faite ; de sorte que chacun doit participer au profit et à la perte; 3° on ajoute : *pour en tirer un plus grand profit;* ce qui marque la fin que les associés se proposent en formant leur société.

On distingue deux principales espèces de société : la première se fait par le commerce des bestiaux ; la seconde par argent qu'on donne à un marchand, ou par quelqu'autre chose appréciable.

Il faut pour qu'une société soit légitime, 1° que celui qui met de l'argent, ou autre chose en société, coure le risque du sort principal ; parce qu'il est contre la nature de la société d'en retirer du profit, sans risquer le capital qu'on y met; 2° que chacun des associés mette quelque chose d'appréciable dans la société, soit argent, marchandises, travail, etc; 3° que l'égalité y soit bien observée ; en sorte que l'un ne soit pas plus lésé que l'autre, et que le profit, la perte et les frais soient communs à tous les associés, à proportion de ce que chacun y a contribué.

On verra dans les trente décisions suivantes d'autres conditions qui sont requises dans la société des bestiaux, et l'on examinera la vaine subtilité des trois contrats, inventée par quelques casuistes. Voici cependant la proposition avancée par ces auteurs, et la censure qu'en ont prononcée nosseigneurs du clergé de France, en leur assemblée de 1700

Proposition LIV. *Contractus Mohatra* (id est, ille contractus quo res a mercatore *credito* emptæ majore pretio, ab eodem, stante eo contractu, minore pretio præsenti pecunia redimuntur) *licitus est, etiam respectu ejusdem personæ, et cum contractu retrovenditionis præviæ inito, cum intentione lucri.*

La censure de cette proposition et de quatre autres sur l'usure, qui y sont jointes et qu'on verra au titre Usure, est conçue dans les termes suivants :

Censura. *Hæ propositiones, in quibus mutato tantum mutui et usuræ nomine, licet res eodem recidat, per falsas venditiones et alienationes, simulatasque societates, aliasque ejusmodi artes et fraudes vis divinæ legis eluditur, doctrinam continent falsam, scandalosam, cavillatoriam ; in praxi perniciosam, palliativam usurarum; verbo Dei scripto contrariam; jam a clero gallicano reprobatam, conciliorum ac pontificum decretis sæpe damnatam.*

Au reste, il est important d'observer que, dans un contrat de société, aucun des associés ne peut, sans usure, se faire assurer le capital qu'il y met par ceux qui composent avec lui la société; car alors ce n'est plus, à son égard, qu'une société en apparence et une usure en effet déguisée et palliée sous le spécieux nom de société, comme il a déjà été dit. *Voyez* le cas V.

CAS I. *Reynier*, joaillier, a fait une société avec Raimond pour quatre ans. Raimond y a mis 20,000 livres, et Reynier n'y a mis que sa seule industrie, et a employé toute cette somme en achat de pierreries, avec le consentement de Raimond, qui ne connaît rien dans ce négoce. Ces 20,000 livres, ainsi employées, ont produit, au bout de quatre ans, un profit de 10,000 livres, qu'ils ont partagé également suivant leur convention. Cette société est-elle légitime? et Reynier peut-il, sans injustice, partager avec Raimond ce profit?

R. Quelques légistes ont cru qu'on ne pouvait pas faire cette espèce de société, 1° parce que, disaient-ils, l'industrie de l'un ne peut valoir autant que l'argent que l'autre met dans le fonds de la société, et que par conséquent celui qui n'y a mis que sa seule industrie ne peut, sans injustice, partager également le profit avec celui qui y a mis son argent; 2° parce qu'il peut arriver qu'à la fin de la société, il n'y ait aucun profit; auquel cas celui qui aurait mis son argent le retirerait et ne perdrait rien, pendant que l'autre aurait perdu son temps et ses peines, en quoi il semble qu'il n'y a aucune justice, puisque l'égalité ne s'y trouve pas. Mais ces raisons ne sont pas solides; car, 1° bien loin que l'industrie d'un associé ne puisse jamais autant valoir que l'argent de l'autre, elle est souvent plus estimable que l'argent qui ne devient utile que par l'industrie et par le travail; 2° en cas de perte, celui qui a mis son temps et son industrie, doit en porter seul la perte, puisque ces choses lui tiennent lieu de fonds dans la société, et que *res perit domino rei*. Il faut donc dire que cette société est légitime par elle-même; aussi, est-elle autorisée par le droit : *Ita coiri posse societatem non dubitatur, ut alter pecuniam conferat, alter non conferat; et tamen lucrum inter eos commune sit. Inst., l. III, tit. 26, 8, de illa, de Societate.*

CAS II. Mais si, lorsque le temps de la société sera fini, il ne se trouve aucun profit, Reynier n'aura-t-il pas droit de partager avec Raimond les 20,000 livres qu'il avait mises dans la société, puisque, sans ce.a, il aura perdu son temps et ses peines, et que Raimond n'aura rien perdu?

R. Pour qu'une société soit juste, il faut quatre choses : 1° que les associés mettent en commun ce qu'ils ont destiné pour la société, soit argent, marchandises, etc.; 2° que la perte et le profit soient communs aux associés; 3° que chacun participe au profit qu'elle produit, à proportion de ce qu'il y a mis; 4° que chacun subisse en particulier le péril de la perte du capital qu'il a mis dans la société. Cela posé, il faut dire que puisque l'industrie de Reynier a été estimée avec ses peines autant que l'argent mis par Raimond, et que chacun doit subir les risques de la perte de ce qu'il a mis dans la société, la perte des peines de Reynier doit être portée par lui seul, puisqu'elles tiennent lieu de son capital, et par la même raison, Raimond a droit de reprendre la somme entière qu'il y a mise, sans être tenu d'en rien partager avec Reynier. *Ad societatem quatuor requiruntur,* dit Cabassutius, lib. VI, cap. 13, n. 3, *quarto, ut singuli subeant damna et expensas pro rata quoque eorum quæ ex parte sua contulerunt; atque seorsim totam incurrant jacturam eorum quæ in sortem contulerunt, ut qui pecuniam contulit, totum pecuniæ suæ periculum subeat, si absque sociæ culpa, levi aut lata pereat : si vero salva pecunia nihil obveniat lucri, socius alter, qui suum laborem, vel industriam contulit, subeat solus jacturam industriæ suæ et laboris : pecunia vero tota ad eos redeat, qui eam contulerunt.* La raison est que l'argent qui a été mis en société appartient à celui-là seul qui l'y a mis, ainsi que l'enseigne saint Thomas, et après lui Soto, Cajetan, Tolet, Navarre, etc. *Ille*, dit saint Thomas, 2-2, q. 78, a. 2, *qui committit pecuniam suam mercatori, vel artifici per modum societatis, non transfert dominium pecuniæ suæ in illum : sed remanet ejus, ita quod cum periculo ipsius mercator de ea negotiatur, vel artifex operatur.* C'est pourquoi si l'argent mis en société périssait dès le premier jour, la perte serait toute sur le compte de celui qui l'a avancé. Or, *qui in una hypothesi sentit onus, in alia commodum sentire debet.* A quoi il faut ajouter que Sixte V, dans sa quarante-cinquième bulle, a défini que le capital, s'il reste après la société finie, doit être rendu à celui qui l'a mis.

Il faut pourtant observer, 1° que cela se doit entendre après que les dépenses faites pour le bien de la société par celui qui n'y a mis que son industrie lui ont été remboursées, comme ce qui lui a coûté en voyages, etc., ainsi que le déclare le même pape; 2° que si deux associés étaient convenus que celui qui n'a mis dans la société qu'un fonds personnel, c'est-à-dire que ses soins et son industrie, reprendrait la moitié du capital de l'autre, ou, si le était l'usage communément reçu dans le pays où ils ont contracté, on pourrait exécuter la convention ou se conformer à cet usage. *Sicubi tamen*, ajoute Cabassutius, *contraria vigeret consuetudo, aut aliter inter partes convenerit, id poterit servari,* dit Cabassutius, *ibid.* num. 3.

— Cette convention ne peut être juste, qu'autant que l'industrie est égale au capital de l'autre associé.

CAS III. *Athénodore* et *Landry* se sont associés pour une manufacture. Le premier, qui est un habile ouvrier, n'a mis dans la société que son travail et son industrie; le second y a mis 12,000 livres. Comme ils n'ont point stipulé quelle portion de gain chacun aurait dans la société, ou, en cas de perte, ce que chacun en devrait porter, Landry prétend qu'il doit retirer les trois quarts du profit qu'ils ont fait, à cause de l'argent comptant qu'il a fourni. Athénodore soutient que tout ce profit doit être également partagé entre eux, puisque, sans son industrie et ses peines, l'argent de Landry n'eût rien produit. Comment se faire ce partage?

R. Il se doit faire par portions égales, puisqu'il n'y a point eu de convention contraire. La raison est que l'industrie de l'un vaut autant que l'argent de l'autre, et souvent davantage, comme il paraît par la loi de Justinien, citée cas I.

CAS IV. *Géran* donne 1,000 écus en société à Licinius afin qu'il les fasse valoir par son industrie dans son commerce ordinaire. Géran espère que ce commerce leur produira 60 pour 100; mais comme il craint pour son capital, il prie Licinius de le lui assurer, moyennant la somme de 50 écus. Après y avoir bien pensé, il croit qu'il vaut mieux pour lui d'avoir un gain net et plus petit qu'un gain plus grand, mais incertain. Il propose donc à Licinius de ne lui donner, quand la société finira, que 25 pour 200, à condition qu'il lui répondra toujours de son capital, en cas qu'il vienne à périr. Ce triple contrat de société, d'assurance et de vente d'un moindre lucre certain pour un plus grand qui est incertain, est-il légitime?

R. Cette question mériterait d'être traitée avec étendue, et nous l'avons fait dans le *Traité des contrats*, part. I, c. 4. Il nous suffira de dire ici, 1° que Navarre qui soutenait la légitimité de ces trois contrats, ayant là-dessus consulté le saint-siége, Sixte V les condamna en 1586, par sa quarante-cinquième bulle, comme étant intrinsèquement vicieux et usuraires, ainsi que le remarque Benoît XIV, tract. *de Synodo diœcesana*, lib. VII, c. 1; 2° qu'au fond, on ne peut excuser d'usure cette sorte de contrats, puisqu'ils dégénèrent en prêts à intérêt. Si Géran disait rondement à Licinius : Je vous prête 1,000 écus, à condition qu'en quatre ans vous m'en rendrez 1,200, on convient qu'il serait usurier. Or, c'est précisément ce qu'il fait par circuit dans le cas proposé. Il donne 1,000 écus à Licinius; ces 1,000 écus lui sont assurés, et même sans qu'il lui en coûte rien que le sacrifice d'un gain qui souvent ne se fait pas, et que Licinius peut faire par toute autre voie que celle du commerce, puisque Géran sera content, pourvu qu'il retire son fonds et l'intérêt stipulé. Il n'y a donc là qu'un prêt simulé, et on serait surpris qu'il fût encore autorisé dans de grandes villes par certains docteurs, si on ne savait qu'il n'y a presque point d'horreurs que ces mêmes casuistes n'aient rendues probables.

CAS V et VI. Mais que dire, si Géran s'était contenté du premier contrat, qui est celui de société avec le second ou le troisième, c'est-à-dire, ou qu'il se fût fait assurer son capital, moyennant une somme réellement payée, sans exiger d'autre profit que celui qui se trouverait effectivement à la fin de la société, et par conséquent sans en exiger, en cas qu'il n'y en eût point; ou bien que, sans se faire assurer son capital, il fût convenu, à tout événement, d'un profit fixe et médiocre, en renonçant à un profit qui probablement doit être plus considérable?

—M. P. prétend que cette convention, qu'on peut appeler *des deux contrats*, est aussi usuraire. Il le prouve par la bulle de Sixte V que nous avons citée, et parce que toute société où le capital est assuré, cesse par le seul fait d'être une vraie société, puisque celle-ci demande essentiellement une communication de gain et de perte; communication qui ne se trouve point quand un des associés est sûr de son capital, quelque chose qui puisse arriver. Je crois au contraire que Sixte V n'a point prononcé sur cet article; 1° parce qu'il ne s'agissait que du sentiment que le docteur Navarre soutenait contre Soto, c'est-à-dire que des trois contrats, et qu'alors on ne disputait point sur les deux; 2° parce que le gros des théologiens, et Benoît XIV avec eux, ne parlent que de la condamnation des trois contrats; 3° parce que Sixte V n'a en effet condamné que les contrats qu'employaient les Espagnols, les uns pour avoir facilement de l'argent, les autres pour en prêter et en tirer du profit sans courir de risque. Or c'est à quoi n'auraient pas beaucoup servi les deux contrats, etc. Je crois de plus qu'il est fort probable que ces deux contrats n'ont rien de vicieux *ex natura rei*; 1° parce qu'ils ne dégénèrent point en prêt, puisque l'assécurateur ne peut se servir du capital de son associé que pour le genre de commerce dont ils sont convenus, afin que celui-ci en tire du profit, s'il y en a ; 2° parce qu'en payant réellement et de fait une certaine somme pour l'assurance, il court autant de danger de perte que l'autre. *Voyez* sur cet article mon *Traité des contrats*, ibid.

De là je conclus à bien plus forte raison contre Pontas et Genet, tom. I, tr. 4, ch. 14, 4, 3, que Géran peut se faire assurer son capital par tout autre que son associé. Et qu'importe à mon associé, à qui je donne 100,000 liv. pour trafiquer aux Indes, que je me les fasse assurer en temps de guerre par un Anglais, ou bien que mon père veuille bien me les assurer pour m'animer au commerce. Aussi, dit Florent Decoq : *Apud omnes constat tres contractus esse licitos, si ineantur cum diversis personis*. Ce mot *apud omnes* est trop fort. Mais au moins est-il sûr que de très-grands et très-exacts théologiens pensent ainsi. *Voyez* les Conférences de Condom, tom. I, Confér. 18, sect. 2.

CAS VII. *Maximien* met 1,000 liv. en société avec Bertrand, qui y met pareille somme: Bertrand, qui ne connaît rien au commerce de Maximien, convient avec lui d'une somme que Maximien lui payera chaque année, quand même il manquerait de gagner, à cause du risque qu'il veut bien subir de son principal. Bertrand peut-il, en ce cas, recevoir la somme dont il est convenu avec Maximien ?

—M. P. soutient que non, parce que la condition d'une somme fixe, sous laquelle Bertrand contracte avec Maximien, détruit l'essence de la société qui ne peut subsister; à moins que tous les deux ne participent à la perte comme au gain qui peut revenir. Or, dit-il, cette participation de perte et de gain n'a pas lieu dans le cas proposé, où l'intérêt que recevrait Bertrand ne serait pas un fruit du commerce où l'argent a été exposé ; mais ne serait qu'une somme effective que Maximien lui payerait pour l'usage de ses 1,000 liv. en quoi consiste l'usure, suivant saint Thomas, 2-2, q. 78, a. 1. Mais il me semble 1° qu'il n'y a point de prêt dans le cas présent, puisque Bertrand reste maître de son capital et qu'il en court les risques ; 2° que Maximien, ne donnant à Bertrand qu'une somme bien au-dessous de celle qu'il a à espérer, Bertrand court autant de risque que lui ; 3° que ce contrat pourrait même être injuste de la part de Maximien, comme s'il donnait fort peu à Bertrand, lors même qu'il voit qu'il n'y a presque point de risque à courir. La bulle de Sixte V que Pontas objecte ici ne touche pas ce point, comme je l'ai déjà fait voir.

CAS VIII. *Nicandre* a mis 8,000 liv. comptant en société, et Pamphile n'y a mis que son industrie. Nicandre peut-il, sans usure, assurer à Pamphile une somme fixe pour sa part du profit que produira la société ?

R. Ce n'est point là une véritable société, mais un pur contrat de louage, qu'on appelle *locatio operarum*, par lequel Pamphile loue à Nicandre ses peines et son industrie ; en quoi il n'y a rien d'illicite, pourvu que tout le risque qui pourrait arriver ne tombe que sur Nicandre, qui demeure toujours le maître des 8,000 liv. qu'il a fournies. C'est la décision de l'auteur des Confér. de Condom, et de Genet dans sa *Morale de Grenoble*, tom. I, Traité 4, chap. 12, q. 4.

CAS IX. *Emmanuel*, chef d'une nouvelle manufacture de tapisserie, doit à Marie 10,000 l. qu'il a empruntées d'elle ; Marie, voyant que son argent ne lui produit rien, demande à Emmanuel qu'il l'associe avec lui dans sa manufacture à raison de six deniers par livre ; Emmanuel y consent par un acte sous seing privé, qui porte qu'elle courra les risques de la société et qu'elle portera partie des pertes qui pourront arriver, à proportion de la somme qu'elle a mise dans le fonds. Ces risques sont : 1° que le roi peut révoquer le privilége qu'il a accordé pour la manufacture, auquel cas la société tomberait dans un grand désordre, à cause des dépenses qu'Emmanuel et les autres associés ont faites en bâtiments, etc. ; 2° que la guerre peut survenir et empêcher le débit de leurs tapisseries ; 3° que les étrangers peuvent établir de semblables manufactures, d'où s'ensuivrait la ruine presque entière de la leur. Marie entre dans tous les risques : mais ce qui lui fait du scrupule, c'est qu'Emmanuel a fixé, par l'acte qu'il a fait avec elle, le profit qu'elle pourrait retirer à 1,200 liv. par an, et cela pour éviter l'embarras d'une discussion difficile à une femme qui n'entend rien dans le commerce. Marie demande si elle peut recevoir les 1.200 liv. chaque année ?

R. Si Marie, en vertu de l'acte qu'elle a fait, n'est tenue que de sa part de la perte qui pourra arriver en ces trois manières, et non de celle qui arrivera autrement, la société est injuste ; car il est essentiel à tout contrat de société que les associés participent tous à la perte qui peut arriver, chacun selon la part qu'il a dans le fonds de la société, de sorte que le profit qu'elle en retirerait autrement serait usuraire ; mais si ces trois risques ne sont apportés que pour exemples, et qu'ils n'excluent pas les autres, Marie peut sans scrupule recevoir les 1,200 liv. par an, dont Emmanuel est convenu avec elle, parce qu'un profit plus grand incertain peut sans injustice être déterminé à un moindre profit certain. Tout cela est conforme à la doctrine de saint Thomas, de Sylvius et des autres, ainsi qu'à la 45° Const'ution de Sixte V. S. Thomas, 2-2, *q*. 78, *art*. 2, *ad* 5 ; Sylvius, *ibid*.

CAS X. *Gosselin* et *André* sont associés pour un double commerce, l'un de blé et l'autre de vin. Leur société, où ils ont mis tous deux une somme égale, porte que Gosselin aura les deux tiers du gain dans celui du blé, et qu'il ne portera qu'un tiers de la perte qui pourra arriver dans celui du vin. Cette société est-elle juste ? et Gosselin a-t-il pu faire cette convention sans péché et sans être obligé à aucune restitution envers André ?

R. Elle l'est, si l'industrie de Gosselin ou les périls auxquels il s'expose apportent de grands avantages à la société, et qu'André n'y contribue que par le seul fonds qu'il y a mis pareil à celui de Gosselin ; car le travail de celui-ci fait que réellement il met plus dans la société que l'autre. Mais Gosselin ne peut s'attribuer cette plus grande part du gain que de ce qui restera après la déduction de toutes les pertes qui auront été faites dans les deux différents commerces de leur société. *Neque enim lucrum intelligitur*, *nisi omni damno deducto*, l. 90, ff. pro socio.

CAS XI. *Oldrad*, *Antoine*, *Gabriel* et *Bernard* se sont associés pour dessécher un marais. Oldrad, outre la portion égale à celle des autres, qu'il a mise dans la société, a fait dans la suite une avance de 15,000 liv. à la prière des trois autres, à condition que chacun lui rembourserait sa portion dans un an ; mais Antoine étant devenu insolvable, Oldrad prétend qu'il doit retirer sa somme entière sur le fonds commun : les deux autres prétendent en être quittes en lui payant chacun leur portion, sans porter leur part de celle d'Antoine. De quel côté est la justice ?

R. La prétention d'Oldrad est juste ; car quand un des associés a fait une avance pour le bien commun de la société, chacun d'eux est obligé à l'indemniser selon sa portion : et quand un d'eux ne le peut pas, il a droit d'être remboursé sur ce fonds de la société, puisque c'est pour elle qu'il a fait cette avance, et que les pertes comme les gains se doivent partager. De sorte qu'avant que Gabriel et Bernard puissent retirer aucun profit de la société, Oldrad doit être remboursé de ses 15,000 liv. et partager ensuite le profit restant avec ses deux autres associés. *Si non omnes socii solvendo sint,* dit la loi 67, *ff.* pro socio, *quod a quibusdam servari non potest, a cæteris debet ferre* (socius). *Sed Proculus putat, hoc ad cæterorum opus pertinere, quod ab aliquibus servari non potest : rationeque deffendi posse, quoniam cum societas contrahitur, tam lucri quam damni communio initur.*

Cas XII. *Flour,* joaillier, fait une société avec quatre autres joailliers ; chacun d'eux fournit au fonds commun de la société pour 1,000 liv. de pierreries. Les quatre associés chargent Flour d'aller en Espagne pour y vendre leurs effets communs en la manière qu'il jugera la plus convenable. Flour y vend à deux marchands pour 25,000 liv. de rubis, et reçoit en payement des billets de change à 4 mois de terme. Ces deux marchands qui les lui ont faits font banqueroute, Flour est-il tenu seul de cette perte ?

R. La vente que Flour a faite aux deux marchands sous la condition d'être payé dans 4 mois du contenu en leurs billets, pouvant être fort avantageuse à lui et à ses associés, il est juste que leur étant devenue, sans sa faute, dommageable par la banqueroute survenue, la perte tombe sur eux comme sur lui, puisque c'est un cas fortuit, dont il n'est pas responsable, pourvu qu'il n'eût aucun lieu de douter de leur bonne foi et de leur solvabilité. *Leg.* 14, *ff.* de Pactis, *lib.* II, *tit.* 4.

Cas XIII. *Lombar* et *Jacques* s'étant associés pour un commerce, et Jacques ayant entrepris un voyage du consentement de Lombar pour le bien de leur société, des voleurs lui ont enlevé en chemin ses hardes et l'argent de son voyage, et l'ont blessé avec son valet. Etant de retour il a prétendu devoir être dédommagé, sur les fonds de la société, de la perte de l'argent qu'il a mis à se faire guérir lui et son domestique. Lombar prétend le contraire: de quel côté est la justice?

R. Puisque Jacques a fait cette perte en faisant les affaires de la société, il est juste qu'il soit dédommagé aux dépens du fonds commun, cette perte lui étant arrivée sans y avoir donné lieu de sa part. Il faudrait raisonner autrement s'il avait porté de l'argent pour ses propres affaires, quoiqu'à l'occasion de la commodité que ce voyage lui procurait, et que les voleurs le lui eussent enlevé, car alors Lombar n'en serait pas tenu. Il ne serait pas non plus à cet argent, quoique déjà destiné à la société, n'y avait pas encore été mis; car en ce cas ce ne serait pas encore un argent *commun.* Voyez la loi 52 et 58, *ff.* pro socio, *où* cela est ainsi décidé en ces termes : *Item Celsus tractat: si pecuniam contulissemus ad mercem emendam, et mea pecunia periisset, cui perierit ea ? Et* ait : *Si post collationem evenit ut pecunia periret, quod non fieret, nisi societas coita esset, utrique perire ; ut puta, si pecunia cum peregre portaretur ad mercem emendam periit. Si vero ante collationem, posteaquam eam destinasses tunc perierit, nihil eo nomine consequeris, inquit, quia non societati periit.*

Cas XIV. *Guérin* et *Gilles,* marchands de vin, se sont associés pour quatre ans pour le fait de leur commerce. Guérin a fait plusieurs voyages en Champagne et en Bourgogne pour faire des achats de vin au profit de la société. Ses absences lui ont causé pour plus de 1,200 liv. de perte dans ses affaires domestiques, et plusieurs particuliers à qui il fournissait du vin n'ont plus voulu en acheter de lui, en haine de la société qu'il a faite avec Gilles, leur ennemi. Gilles peut-il lui refuser ce dédommagement ?

R. Il le peut, 1° parce que si Guérin, à l'occasion de ces voyages, avait fait des profits particuliers, Gilles n'aurait rien à y prétendre ; 2° parce que Guérin pouvait éviter ces pertes en ne s'associant point à Gilles, et qu'ainsi c'est à lui-même qu'il se doit imputer. C'est la décision de la loi 60, § 1, *ff.* pro socio, *qui dit : Non consecuturum actione pro socio Labeo ait, quia id non in societatem, quamvis propter societatem impensum sit : sicuti, si propter societatem eum hæredem quis instituere desisset, aut legatum prætermisisset, aut patrimonium suum negligentius administrasset. Nam nec compendium quod propter societatem ei contigisset, veniret in medium : veluti si propter societatem hæres fuisset institutus, aut quid ei donatum esset.* C'est donc à Guérin seul à porter ces sortes de pertes qu'il pouvait éviter en ne s'engageant point dans une société avec Gilles, et qu'il doit s'imputer, puisqu'il les a prévues ou dû prévoir, et que néanmoins il s'y est volontairement exposé.

Cas XV. *Fabricius* et cinq autres associés, ayant un vaisseau chargé de marchandises, dont il a fallu décharger dans une barque une partie appartenant à Fabricius, afin de faire entrer plus sûrement le vaisseau dans le port, la barque a péri par un coup de vent. Fabricius doit-il seul porter cette perte, ou a-t-il droit que les marchandises qui sont restées dans le vaisseau entrent en contribution ?

R. Il a ce droit ; car puisque la décharge de ses marchandises n'a été faite que pour la sûreté commune de tous, il est juste que la perte de celles qu'on avait transportées dans la barque soit commune entre tous. C'est la décision de la loi *Navis, ff. de Lege Rhodia,* qui dit : *Navis onustæ levandæ causa, quia intrare flumen vel portum non potuerat cum onere, si quædam merces in scapham trajectæ sunt, ne aut extra flumen periclitetur, aut in ipso ostio vel portu, eaque scapha submersa est, ratio haberi debet inter eos qui in nave merces salvas habent, cum his qui in scapha perdiderint ; perinde tanquam si jactura facta esset.*

Cas XVI. *Raoul* et *Samson* ont fait une

société de commerce à laquelle il est arrivé une perte considérable par l'imprudence de Raoul, dont la *faute* n'est pourtant que *légère*. Samson est-il obligé de porter une partie de cette perte?

R. Non; car en fait de société celui des associés qui cause une perte par sa faute, soit grossière, *lata culpa*, soit légère, *levis culpa*, et qui est celle que ne font pas ceux qui, étant de la même profession, passent pour intelligents, comme quand, au temps de la moisson, on n'a pas soin de profiter de quelques jours de beau temps ; celui-là, dis-je, est tenu de porter seul la perte qu'il a causée à la société, parce qu'encore qu'il ne fût pas obligé à la plus exacte diligence, il était pourtant tenu de prendre autant de soin des biens communs à son associé et à lui, comme des siens propres.

Mais si la faute de Raoul était seulement très-légère, *culpa levissima*, c'est-à-dire que ce ne fût qu'un défaut de la plus grande exactitude qu'on n'apporte pas ordinairement, même dans ses propres affaires, Samson serait tenu de porter une partie de la perte, parce que, comme le dit Justinien, *supra*, § 9, *sufficit talem diligentiam in communibus rebus adhibere socium, qualem suis rebus adhibere solet*.

Un associé peut quelquefois être responsable d'un cas fortuit, s'il y a donné lieu par sa négligence ; par exemple, s'il a laissé dérober une somme commune à la société, et dont il n'a pas pris le même soin qu'il eût dû prendre de sa propre bien, Loi 52, ff. *Pro socio*, qui dit : *Quod si a furibus subreptum sit, proprium ejus detrimentum est, quia custodiam præstare debuit, qui æstimatum accepit. Hæc vera sunt, et pro socio erit actio, si modo societatis contrahendæ causa pascenda data sunt, quamvis æstimata*. C'est aussi le sentiment de Cabassutius, lib. VI, cap. 13, n. 4.

CAS XVII. *Paul*, associé avec André, a laissé perdre par sa négligence un effet de la société valant 300 liv., de la garde duquel il s'était chargé. André l'en veut rendre responsable. Mais il s'en défend sur ce qu'il a procuré par ses soins extraordinaires plus de 2,000 liv. de profit à la société, pendant qu'il pouvait se donner moins de peine, et faire par là un gain beaucoup plus médiocre ; et qu'ainsi il y a lieu d'user au moins de compensation. *Quid juris?*

R. André peut à la rigueur, même dans ce cas, faire porter à Paul seul la perte des 300 liv., parce qu'un associé est tenu d'apporter au fonds de la société tout le profit qu'il lui est possible, sans prétendre d'être dédommagé des pertes qu'il lui cause par sa faute, sous prétexte des avantages qu'il lui a procurés. *Non ob eam rem minus ad periculum socii pertinet quod negligentia ejus periisset, quod in plerisque aliis industria ejus societas aucta fuisset*, dit la loi 25, ff. *Pro socio*, lib. XVII, tit. 2.

Néanmoins, si cette perte était arrivée sans aucune faute grossière de la part de Paul, et qu'elle fût légère par rapport au grand avantage qu'il a procuré au bien commun, il serait de l'équité qu'André n'en agît pas selon toute la rigueur du droit, en imputant toute cette perte à son associé.

CAS XVIII. *Méric*, et trois autres tapissiers associés avec lui, ont acheté tous les meubles meublants de deux personnes de qualité, et en ont vendu ensuite une partie en détail. Méric voyant qu'ils n'en faisaient pas un assez prompt débit, les a vendus publiquement au vu de ses associés, sans qu'aucun s'y soit opposé. Le tout vendu, il s'est trouvé quelque perte que les autres ont voulu lui faire porter, sur ce qu'il avait agi sans avoir obtenu leur consentement exprès. Méric soutient que, ne s'étant pas opposés à ce qu'ils l'ont vu faire, ils sont censés y avoir consenti, et qu'ainsi la perte doit tomber sur eux comme sur lui. Méric est-il bien fondé dans sa prétention ?

R. Oui ; car quoique, selon la loi 28, ff. de *communi dividundo, in re communi nemo dominorum jure facere quidquam invito altero potest*, il est sûr néanmoins que, quand le changement qu'a fait un des associés a été fait au vu et au su de tous les autres, sans qu'ils y aient contredit, ils n'en sont pas moins tenus que lui, parce que, suivant la 33ᵉ règle in 6, le silence tient lieu de consentement, lorsqu'on le garde dans une occasion où l'on ne le doit pas garder, et c'est ce que décide formellement la loi 22, ff. *Pro socio. Sed etsi in communi*, dit-elle, *prohiberi socius a socio, ne quid faciat, potest; ut tamen factum opus tollat, cogi non potest : si cum prohibere poterat, hoc prætermisit*. De sorte que les trois associés de Méric ne peuvent agir justement contre lui pour lui faire porter la perte qui est arrivée par la vente publique qu'il a faite. *Sin autem facienti consensit, nec pro damno habet actionem*, dit encore cette même loi, qui en cela est conforme à cette règle de Boniface VIII : *Scienti et consentienti non fit injuria neque dolus*. Reg. 27, in 6.

CAS XIX. *Lambert* veut donner à ferme ou en société sa terre, qui est fournie de quatre chevaux, de six bœufs, de dix vaches et d'un troupeau de quatre cents moutons. Henri s'offre de la prendre à rente, nue et sans bétail, pour le prix de 400 écus, ou d'en payer 1,500 liv., à condition que Lambert y laissera son bétail pendant un tel temps, après lequel Henri le lui rendra selon l'estimation qui en aura été faite. Lambert peut-il sans usure accepter cette seconde proposition ?

R. Non ; parce qu'il ne fait que prêter son bétail à Henri, puisqu'il en demeure toujours le maître, sans s'exposer à aucun risque, comme il faudrait néanmoins qu'il s'y exposât, si c'était une véritable société. En vain Lambert dirait-il que le bétail est un fonds fructifiant aussi bien que la terre, et que par conséquent, si l'on peut donner une terre à rente, on peut aussi donner du bétail moyennant un profit par mois ou par année. Car il y a une grande différence entre un bail de terres et un bail de bétail ; parce qu'un bail de terres n'est pas un prêt, le bailleur demeurant toujours tellement propriétaire des terres que, si elles venaient à périr par l'inondation des eaux, la perte n'en tomberait que sur celui qui les aurait données à ferme, et non sur le fermier ; mais le bail des bêtes données à l'estimation est un pur prêt par lequel le domaine des bêtes est transféré au preneur, qui en peut disposer de la manière qu'il lui plaît, en les payant sur le pied de l'estimation qui en a été faite. Lambert aurait aussi tort de dire qu'il loue son bétail à Henri, et qu'ainsi il a droit d'en retirer un profit, comme on fait d'un cheval qu'on a donné à louage. Car quand on loue un cheval, on est obligé de le rendre en individu ; mais quand on prend des bêtes à l'estimation, on n'est pas obligé à rendre les mêmes individus, mais seulement le prix qu'elles ont été estimées, ou d'autres de pareille valeur, ce qui fait l'essence du prêt.

D'ailleurs il y a une grande différence à faire entre un cheval qu'on loue, et du bétail qu'on donne à l'estimation ; car ce cheval, ou toute autre chose qu'on loue, s'use en servant pour celui qui le loue ; ainsi il est juste d'en retirer du profit ; mais des bêtes données à l'estimation ne s'usent et ne dépérissent jamais pour le bailleur, puisque le preneur est obligé, en vertu de l'estimation faite, de lui en rendre pareil nombre de pareille valeur, ou le prix fixé par l'estimation.

Cas XX. *Lentulus* a donné pour trois ans à l'estimation 500 moutons et 20 vaches à un fermier, à condition qu'il les lui rendrait à la fin du terme, sur le pied de l'estimation qui en a été faite, ou qu'il lui en payerait le prix, et qu'en outre il lui fournirait par mois une certaine quantité de lait, de fromage ou de laine. Ce traité est-il légitime ?

R. Le contrat de société de bestiaux, qu'on appelle de *redbestie*, en latin *redditio bestiæ*, est injuste, quand le bailleur ne court aucun risque, en faisant une convention par laquelle le preneur s'oblige à lui rendre à la fin du terme son capital sur le pied de l'estimation qui en a été faite. Le bailleur ne peut donc alors rien recevoir au delà de son sort principal, dans une véritable société, tous les associés doivent participer à la perte et au profit ; et par conséquent le traité fait entre Lentulus et le fermier n'est pas une vraie société. En effet, ou ce contrat est un prêt, ou c'est une vente. Si c'est un prêt, il est usuraire, puisqu'on ne peut tirer aucun profit d'un prêt sans usure; si c'est une vente, on ne peut sans injustice retirer que le prix de l'estimation. Or, on peut dire que c'est un prêt palié sous le nom de société. Car quand le bailleur donne ses animaux à l'estimation, il laisse la liberté au preneur de s'en servir à son gré, de sorte qu'il peut même les vendre, et n'est obligé qu'à en payer le prix, s'il n'en veut pas rendre au bailleur un pareil nombre d'égale valeur : ainsi, c'est comme si le bailleur prêtait au preneur la somme d'argent à laquelle se monte l'estimation. On peut aussi dire que c'est une vente, puisque, selon les lois, l'estimation fait la vente, c'est-à-dire qu'elle y est équivalente, auquel cas le bailleur ne peut retirer que le prix de ses bêtes, sans aucun autre profit.

Lentulus, qui a donné à l'estimation ses bestiaux au fermier, ne peut donc rien prendre de lui ni en laine ni en autre chose, que jusqu'à la concurrence de la valeur de ses pâturages, si c'est lui et non le fermier qui les fournit ; autrement on ne le peut excuser d'usure.

Cas XXI. *Génucius* donne six bœufs, douze vaches et trente porcs à Thierri, qui les prend pour rendre le fonds de ses terres meilleur, à condition, 1° qu'il les nourrira et soignera ; 2° qu'il donnera à Génucius la moitié du croit de ces bêtes. Cette société est-elle usuraire ?

R. Non, pourvu que Génucius se charge du risque de ses bêtes, en sorte que celles qui périront sans la faute de Thierri, périssent pour lui seul. Car, en ce cas, c'est une véritable société. C'est la décision de saint Thomas, 2-2, qu. 78, art. 2 ad 5, et elle est conforme à la constitution 43 de Sixte V, que nous avons plusieurs fois citée, et qu'on peut voir dans le second tome du grand Bullaire, pag. 557.

Cas XXII. *Appius* donne à Benoît, laboureur, douze vaches, six chevaux et un troupeau de quatre cents moutons, à titre de société, sous ces deux conditions : 1° que Benoît sera seul chargé des bêtes, et qu'à la fin du terme convenu, il en rendra à Appius un pareil nombre de pareille valeur, ou les lui payera en argent, selon l'estimation qui en a été faite ; 2° qu'attendu que Benoît s'oblige de rendre à Appius son capital à la fin du bail, Appius, pour le dédommager, lui cède beaucoup plus du profit que ce bétail produira, qu'il ne lui en appartiendrait sans cette première condition. Appius ne peut-il pas faire un contrat légitimement, puisque le risque dont se charge Benoît est appréciable, et qu'il l'en dédommage en lui laissant une portion plus grande dans la société, qu'il ne pourrait autrement prétendre ?

R. Il n'y a point là de société, mais un véritable prêt dont Appius veut tirer du profit, et qui par conséquent est usuraire. Que ce soit un prêt, rien de plus clair, puisque Appius, au moyen de l'estimation, transfère à Benoît le domaine des bêtes ; Benoît étant obligé de rendre à Appius, non les mêmes qu'il a reçues, mais seulement d'autres de pareille valeur ou leur prix en argent. En un mot, il n'y a là que les trois contrats : société, assurance du capital, vente d'un plus gros profit pour un moindre qui peut-être ne se fera pas. *Morale de Grenoble*, tom. I, traité 4, chap. 14, qu. 14.

Cas XXIII. *Didier* a donné six bœufs à Philbert pour cinq ans, à condition, 1° qu'il se chargera envers le preneur de la perte entière de ces animaux, si elle arrive par l'incursion des ennemis, par le feu du ciel ou par les maladies qui leur sont naturelles ;

2° que Philbert répondra des autres accidents qui pourront arriver, et qu'il sera tenu de traiter ces bœufs comme les siens propres ; 3° qu'il donnera à Didier huit boisseaux de blé après la moisson pour chaque bœuf, les huit boisseaux estimés douze liv. ; 4° qu'après les cinq ans expirés, les six bœufs seront vendus et que le prix en sera également partagé entre les deux associés. Cette société est-elle légitime?

R. Non, parce que, comme dit le 1er concile de Milan, part. II, tit. 68. *In societate animalium, quæ inæstimata alicui dantur ad custodiam, sive ut operas præstet; omnes casus, etiam fortuiti, semper sint periculo ejus qui dederit, nisi id alterius socii dolo vel magna negligentia accidisse constiterit.... Si autem animalia dentur æstimata, ita ut sors danti salva sit, nihil omnino percipi possit.* Ainsi Didier est tenu de la perte entière des bœufs, qui n'arrive pas par le dol ou par la faute de Philbert, à l'exception de ce que Philbert en a acquis, c'est-à-dire à la réserve d'un cinquième, après la première année expirée; de deux cinquièmes après la seconde, etc. Ajoutez que le profit que Didier a stipulé semble être exorbitant. Néanmoins, pour juger sainement du juste profit qu'il doit avoir, il faut bien s'en rapporter à des experts, gens de bien, qui examineront ce qui doit légitimement lui appartenir tant par rapport à la vente que pour le louage, eu égard aux frais et aux peines de Philbert, et aussi à l'avantage que celui-ci a retiré des bœufs pendant les cinq années qu'a duré la société.

CAS XXIV. *Ladislas*, homme riche, et *Servais*, laboureur, font une société d'animaux pour cinq ans, à commencer dans trois mois, et conviennent que chacun y mettra dix vaches et un troupeau de cinq cents moutons. Servais n'ayant pu fournir son contingent au temps convenu, Ladislas s'offre à fournir et fournit en effet lui seul les mille moutons et les vingt vaches, à condition que la moitié de ce bétail qu'il prête à Servais et celui qu'il fournit pour sa part, seront estimés à leur juste valeur par des experts dont ils conviennent. Cela fait, Servais s'oblige, 1° de prendre soin de tout le bétail et de le nourrir; 2° pour s'en dédommager, il convient qu'il aura seul toutes les graisses, le labour et le fumier, et qu'à la fin de la société, ils partageront tous deux également le croît des bestiaux ; 3° et que la perte qui sera arrivée sans la faute de l'un ou de l'autre sera portée par moitié ; 4° mais qu'avant que de voir s'il y aura du croît et de le partager, Servais rendra à Ladislas les cinq cents moutons et les dix vaches qu'il lui a prêtés, et les six sur le pied de l'estimation faite au commencement de la société; et qu'au surplus le profit qu'il pourra y avoir sera partagé également. Cette société, qu'on appelle *chaptel* ou *cheptel*, est-elle exempte d'usure?

R. Oui, pourvu que le prêt des cinq cents moutons et des dix vaches, fait par Ladislas, l'ait été de bonne foi. Car, puisqu'en vertu de ce prêt la moitié du total de la société appartient en propre à Ladislas, il est juste qu'avant de compter du profit ou de la perte, il soit remboursé par Servais de ce qu'il lui a prêté, et qu'ainsi, si tout ce bétail a été estimé douze cents écus, Servais soit obligé d'en rendre, avant toutes choses, six cents à Ladislas ; après quoi, si le fonds de la société monte à quatorze cents écus, le croît l'ayant augmenté de deux cents, Servais en doit donner cent à Ladislas pour sa moitié du croît, et retenir les cent autres pour lui ; et si l'estimation du fonds de la société ne monte qu'à mille écus, Ladislas, qui a retiré les six cents écus qu'il avait prêtés, est tenu de rendre à Servais cent écus pour sa moitié de deux cents à quoi monte la perte arrivée, pendant les cinq années, au bétail, par des cas purement fortuits.

Mais, nous dira-t-on, l'on ne peut tirer du profit à cause du prêt, sans usure. Or Ladislas, qui est le bailleur dans le cas proposé, a prêté à Servais les cinq cents moutons et les dix vaches, qui composent sa moitié de la société, ou, ce qui est la même chose, il lui a prêté de l'argent pour acheter ce bétail, et Servais, qui est le preneur, quoiqu'au moyen de ce prêt il fournisse la moitié du capital de la société, s'oblige encore à héberger tout le bétail et à prendre le soin nécessaire pour le faire fructifier, et néanmoins le bailleur lève la moitié de tout le profit en vertu du titre de la société. N'est-il pas vrai que ce bailleur ne lève la moitié du profit qu'à cause du prêt de la moitié du capital qu'il a fait à Servais, et que, puisque ce profit provient du prêt, on ne le peut excuser d'usure ?

Nous répondrons à cela qu'il n'est pas vrai que, dans l'espèce proposée, le bailleur retire la moitié du profit à cause du prêt qu'il a fait au preneur. Car il ne le retire que des bestiaux qui lui appartiennent et qu'il a mis en société avec le preneur, auquel il laisse un pareil profit pour l'autre moitié du bétail que ce même preneur y a mis. Il n'est pas vrai non plus que le preneur demeure seul chargé du soin, de la garde et de la nourriture des bestiaux, puisque le bailleur y contribue de sa part, en se privant du laitage, des fumiers et du labour qui se tire des brebis et des vaches, et en le laissant tout entier au preneur qui, par ce moyen, se trouve dédommagé de leur nourriture et de ses peines. Que si le preneur n'était pas assez récompensé par là, le bailleur serait obligé envers lui à un juste dédommagement. Mais ce profit serait usuraire dans une prétendue société où l'un des associés aurait prêté à l'autre tout le fonds; car en ce cas, étant assuré de tout le capital par le moyen du prêt qu'il aurait fait, il ne courrait aucun risque et ne pourrait par conséquent, sans usure, participer au profit qui, en tel cas, appartiendrait tout entier au preneur. C'est le raisonnement de l'auteur des Conférences de Luçon, tom. II, conf. 40, q. 2.

CAS XXV. *Paterne* donne six vaches et six cavales à louage à Clément pour trois ans; à condition, 1° que la première année Paterne sera chargé de la perte ou de la détérioration des bêtes, si elle arrive sans la faute de Clément ; 2° que les deux autres années Clément portera tout le dommage qui arrivera même sans sa faute ; 3° qu'en cette considération, Clément aura les deux tiers du profit que la société produira durant ces deux dernières années pour lui tenir lieu de compensation du péril de cette perte qu'il subira. Ce contrat peut-il être toléré dans une province où la coutume générale et les juges l'autorisent de tout temps ?

R. Ce contrat est usuraire en ce que Paterne charge Clément de toute la perte ou de la détérioration des animaux durant les deux dernières années de la société, quoiqu'elle arrive par des cas purement fortuits et sans sa faute. Car, puisque Paterne en est le propriétaire, il en doit seul courir toute la perte qui arrive sans la faute du preneur.

Aussi est-ce sur ce fondement que Sixte V, dans sa quarante-cinquième constitution que nous rapportons dans la décision suivante, a réprouvé et condamné comme usuraire une telle société comme l'avaient déjà déclarée telle saint Charles en son premier concile de Milan, tenu en 1565, et les évêques de France dans l'assemblée générale de Melun, en 1579. Le profit plus grand que Paterne cède à Clément sous prétexte de le dédommager de la perte à laquelle il s'expose, la seconde et la troisième année, ne peut exempter d'usure ce contrat, puisqu'il est de l'essence de tout contrat de société, que la chose périsse à celui qui en est le propriétaire. La coutume ne peut pas non plus le purifier ; parce que *perniciosa consuetudo nequaquam est recipienda*, dit le quatrième concile de Tolède, can. 8.

— En examinant bien ce genre de société, on y trouvera, 1° un contrat de société ; 2° un contrat d'assurance pour les deux dernières années ; 3° un contrat de vente d'un moindre gain pour un plus grand. Il y a cependant cette différence entre ce contrat en animaux et celui qui se fait en argent, que le dernier produit toujours un gain, lors même que la société n'en produit point ; et qu'ici le bailleur n'a point son tiers de profit, quand il ne s'en trouve point à la fin de la société. D'ailleurs dans la société en argent, celui qui le reçoit peut, à proprement parler, en disposer comme il veut, parce que celui qui le fournit est content, pourvu qu'il reçoive son fonds avec un certain profit ; au lieu qu'ici le gain indéterminé ne peut venir que des animaux mis en société. Cela posé, je crois qu'un confesseur, qui arrive dans un pays où ce trafic est en usage, ne doit pas commencer par troubler la bonne foi des peuples, mais consulter l'évêque, et suivre ses ordres. La perfidie des *preneurs*, qui viennent dire au *bailleur*, tantôt que le loup, tantôt que des soldats, ont enlevé des moutons, oblige quelquefois à tolérer un moindre mal, pour en empêcher de plus ruineux.

CAS XXVI. *Valérien* a donné à Paul en société pour six ans, des bêtes à cornes, à condition, 1° que Paul sera obligé d'en prendre tous les soins nécessaires, et de donner à Valérien quatre boisseaux de blé estimés quatre livres, par an, pour chaque bête ; 2° que Paul acquerra un douzième du fonds chacune de ces six années ; 3° qu'à la fin de ces années le fonds et le croît seront partagés entre eux. Cette société est-elle permise ?

R. Ce contrat qu'on appelle en quelques provinces *gazaille d'arrègues*, et qui n'est pas une société pure, mais mixte, à cause qu'elle renferme une vente, est permis sous ces trois conditions, 1° que la perte des bêtes, qui viennent à périr sans la faute du preneur, tombe uniquement sur le bailleur, sans quoi le contrat serait usuraire ; 2° que le preneur soit fidèle à ne point changer les bêtes, à les conserver, et à compter de bonne foi des profits avec le bailleur ; 3° que la justice soit gardée dans le partage des profits, en sorte que le preneur ait un profit proportionné à ses soins et à sa dépense, et que le bailleur retire aussi une juste partie du profit, à cause qu'il est propriétaire des bêtes, et qu'il porte la perte de celles qui périssent par accident. M. de Sainte-Beuve a plusieurs fois donné cette décision. *Voyez* tom. I, cas 120, 127, 141.

CAS XXVII. *Sylvain* ayant mis un troupeau de 400 moutons en société avec Robert, Robert lui a dit à la fin de la société qu'il en manquait 20, qui étaient morts de maladie ; Sylvain prétend au contraire qu'ils ont péri par sa faute. Que dire ?

R. Le preneur est présumé coupable, s'il ne peut prouver qu'il est innocent. *Qui enim excipit, probare debet quod excipitur. Leg.* Si pactum. *ff. de Probationibus.* D'où nous pouvons conclure, que si Robert ne peut prouver que les 20 moutons ont péri sans sa faute, Sylvain peut lui en faire payer le prix, s'il n'a pas connaissance du contraire. C'est la décision de Coquille, de Mauduit et de Sainte-Beuve d'après eux, tom. I, cas 149.

CAS XXVIII. *Barnabé* s'étant associé avec trois ouvriers, l'un d'eux vient à mourir : la société finit-elle par cette mort ?

R. Oui (et il en serait de même de la mort civile qui empêche également d'agir) : *Morte unius*, dit la loi 65, *ff*. Pro socio, *societas dissolvitur, etsi consensu omnium coita sit, plures vero supersint : nisi in coeunda societate aliter convenerit.* Et en ce cas, par exemple, lorsqu'en contractant la société tous sont convenus qu'elle subsisterait nonobstant cette mort, l'héritier du défunt peut, s'il le veut, entrer dans ses droits, et la continuer selon la loi 37, *ibid*.

Il faut cependant remarquer que, dans les sociétés, soit de fermiers, soit d'entrepreneurs, qui non-seulement lient les associés les uns aux autres, mais encore à la personne dont ils ont pris le bien à ferme, ou pour qui ils ont entrepris un ouvrage, l'engagement passe du défunt à ses héritiers, et ne peut être dissous par la mort de l'un d'eux. Sur quoi, voyez Domat, liv. I, tit. 8, sect. 6, art. 5, et ce que nous avons dit au mot HÉRITIER, et le cas suivant.

CAS XXIX. *Patrice* et *Romain* ont mis chacun 1,000 écus en société. Patrice étant mort avant qu'elle fût finie, Romain veut que la société, qui réussit mal, passe à l'héritier de Patrice. Cet héritier le refuse. Qui a raison?

R. Il suit de ce qu'on vient de dire que l'héritier de Patrice n'est point du tout obligé à continuer la société, parce que le contrat d'une telle société est dissous par la mort de l'un des associés, et que, régulièrement parlant, il ne passe point à son héritier, même universel, quoique cet héritier doive entrer dans la participation du profit ou de la perte, comme le défunt, même en ce qui regarde le passé. La raison qu'en donne Justinien, l. III, *Instit.*, tit. 26, § 5, est que celui qui fait une société avec un autre, se lie avec lui par sa prudence, sa capacité, etc., raisons qu'il n'aurait souvent pas à l'égard de son héritier. Il y a cependant des cas à excepter de cette règle; car, par exemple, dans la perception des tributs dus au prince, l'héritier de l'associé défunt demeure obligé, comme le survivant, à continuer la société et à en exécuter les clauses.

CAS XXX. *Galérius* et *Servius* s'étant associés pour un commerce de laines, sont convenus que leur société serait continuée par leurs héritiers en cas de mort de l'un des deux. Galérius meurt six mois après. Ses héritiers sont-ils tenus, même contre leur gré, de continuer la société avec Servius; ou, en cas qu'ils veuillent la continuer, Servius est-il obligé à la continuer avec eux?

R. Non; parce que, selon les lois, cette convention n'oblige ni les associés survivants, ni les héritiers du défunt à continuer la société. *Adeo morte socii solvitur societas, ut nec ab initio paciscí possimus, ut hæres etiam succedat societati.* Leg. 59, ff. *Pro socio.* La question est de savoir si cette loi est en vigueur partout.

Voyez. PRÊT et USURES.

Abordons maintenant le droit des sociétés tel qu'il résulte de la législation actuelle. Tout ce qui existe peut faire le sujet d'une société, pourvu que la cause soit licite : ainsi, on s'associe pour acheter, vendre ou louer quelque chose ; pour l'accomplissement d'une entreprise, l'exercice d'une profession, l'exploitation d'un brevet d'invention ; mais on ne pourrait s'associer pour faire la contrebande, exercer des vols, tenir une maison de débauche, faire baisser le prix des marchandises ; de pareilles associations sont nulles et ne produisent pas d'actions entre les cointéressés.

Le but de toute société doit être l'intérêt commun des associés ; celle qui tendrait à attribuer toutes les pertes à l'un et tous les gains à l'autre, serait évidemment inique et ne produirait aucun effet. Toutes personnes ne peuvent pas former une société, il faut pour cela être capable : d'où il suit qu'un mineur, à moins qu'il n'eût reçu la permission de faire le commerce, une femme mariée, à moins qu'elle n'eût été autorisée, ne pourraient être parties dans une association.

Dès que l'acte est parfait, la société existe, et cette existence, bien que toute morale, se produit dans le monde par la *raison sociale* qui forme un véritable nom. Cette raison sociale embrasse ordinairement le nom d'un ou de plusieurs associés ; elle ne peut renfermer que ceux-là ; si on y en comprenait d'autres, cela constituerait une véritable escroquerie. De ce que la société existe, il suit qu'elle doit avoir un domicile, et ce domicile comme celui de tout citoyen, est au lieu où elle a son principal établissement : si la société avait plusieurs maisons, le domicile serait fixé d'après les circonstances.

On divise les sociétés *en civiles* et *commerciales*. Il est fort difficile de tracer entre ces deux contrats une ligne de démarcation. Les *sociétés civiles* sont ou *universelles* ou *particulières*. Les premières se subdivisent elles-mêmes en sociétés de tous biens présents, et en sociétés universelles de gains. La société universelle de biens présents est celle par laquelle les parties mettent en commun tous les biens meubles et immeubles qu'elles possèdent actuellement et les profits qu'elles pourront en retirer ; elles peuvent aussi y faire entrer toute autre espèce de gains, par exemple, ceux résultant de l'invention d'un trésor ; mais les biens, meubles ou immeubles, qui pourraient leur advenir par succession, donation ou legs, n'entrent dans cette société que pour la jouissance ; toute stipulation qui tendrait à y faire tomber la propriété est nulle.

Les *sociétés universelles de gains* s'étendent à tout ce qui est le fruit de l'industrie et de l'épargne ; elles embrassent les produits des immeubles personnels, les gains faits dans le commerce ou dans une profession libérale, les meubles possédés au moment du contrat. Quant aux immeubles, ils restent propres aux associés et c'est cette circonstance qui distingue la société des gains, de la société universelle.

Les *sociétés particulières* sont beaucoup plus fréquentes que les premières ; elles ont pour objet des choses déterminées, et mises en commun, soit quant à la propriété, soit quant à la jouissance seulement. Si c'est la propriété qui est mise en commun et que la chose vienne à périr, la perte est supportée par chacun des sociétaires.

Les engagements des associés portent sur : 1° le commencement et la durée de la société ; 2° les obligations des associés envers la société ; 3° les obligations de la société envers les associés ; 4° la fixation des parts ; 5° l'administration de la société.

1° *La société commence à l'instant même du contrat ; elle dure le temps convenu ; s'il n'a rien été stipulé à cet égard et qu'il s'agisse d'une association universelle, elle est censée contractée à vie, sauf le droit réservé à chacun de demander la dissolution.*

2° *Les obligations des associés envers la société consistent : à fournir leur apport ; à tenir compte de ce qu'ils pourraient recevoir du fonds commun ; à indemniser la société du tort qu'ils lui auraient causé par leur faute. L'associé est débiteur de son apport du moment où la société est parfaite. Lorsque l'apport consiste en argent, l'associé est débiteur des intérêts de sa mise de plein droit et sans sommation ; s'il est en demeure, il peut être en outre condamné à de plus amples dommages et intérêts. L'associé est obligé de tenir compte de tout ce qu'il percevrait du fonds commun.*

Cas I. Il peut se faire qu'une personne soit à la fois débitrice de la société et de l'un des associés en particulier : alors le payement fait à l'associé créancier particulier devra être par lui imputé proportionnellement sur sa créance et sur celle de la société.

Cas II. Si le débiteur de la société m'avait donné un à-compte correspondant à ma part dans cette créance et que plus tard le débiteur devint insolvable, je ne pourrais pas garder l'à-compte pour moi seul, je devrais le verser dans la caisse sociale.

Relativement aux soins que chaque associé doit aux affaires communes, il n'est tenu que de la faute lourde ; car, disent les jurisconsultes romains, aux autres le soin de se choisir un associé plus diligent.

3° *Les obligations de la société envers chaque associé sont relatives à la restitution de l'apport et aux diverses indemnités qui peuvent être dues à l'associé. Il est important de savoir si l'apport a été mis seulement en jouissance, ou s'il a été donné en toute propriété. Quand la jouissance seule a été mise en commun, les risques sont à la charge de l'associé ; secus, dans le cas contraire. Pour les indemnités dues par la société, il faut placer d'abord les déboursés, ensuite les obligations contractées de bonne foi, enfin les hasards courus par l'associé, pourvu qu'ils soient inséparables de sa gestion.*

4° *C'est aux associés à régler la part dans les gains et dans les pertes. Elle doit toujours être proportionnelle. A défaut de fixation par les parties, la loi, présumant leur intention, fait la répartition des profits et des pertes proportionnellement à la mise de chaque associé. Si l'apport d'un des associés consiste dans son industrie, sa part est égale à la moindre.*

5° *L'administration de la société est réglée par les parties ou par la loi. Lorsque dans l'acte de société même l'administration a été confiée à l'un des associés, cette délégation de pouvoirs ayant été une des conditions de l'association, ne peut être révoquée. Si l'administration n'avait été conférée que postérieurement, ce ne serait là qu'un simple mandat révocable à volonté. Lorsque plusieurs sont chargés d'administrer, si les fonctions ont été divisées, chacun se tient dans les siennes. Dans le cas contraire, tous agissent concurremment ; mais si l'on a stipulé que l'un ne pouvait agir sans l'autre, cette clause doit s'observer rigoureusement. Si l'administration n'a pas été déléguée, elle appartient à tous en commun. De ce que l'associé est copropriétaire de la chose sociale, il suit qu'il peut s'en servir ; mais il ne peut employer cette chose qu'à sa destination et non à son usage personnel ; il peut aussi contraindre son cointéressé à faire les dépenses nécessaires pour la conservation, et s'opposer aux changements et à l'aliénation qu'il voudrait en faire ; enfin, chaque associé peut s'adjoindre un tiers pour ce qui regarde sa part ; mais il ne peut l'associer à la société.*

Si quelques associés s'engagent ensemble à l'égard de quelqu'un, l'obligation, à moins de conventions expresses, n'est pas solidaire ; si l'obligation est contractée par un seul, elle n'oblige les autres que quand le pouvoir lui en a été donné. Ces principes ne s'appliquent pas aux sociétés commerciales. Lorsque plusieurs associés se lient conjointement, ils sont tenus chacun pour une part égale, encore que leur mise ne le soit pas ; le contraire devrait être stipulé. La mention que l'obligation est contractée pour le compte de la société ne la rendrait pas débitrice, à moins qu'un mandat n'eût été donné, ou que l'affaire n'eût tourné au profit de la chose commune.

La société finit : 1° par l'expiration du temps pour lequel elle a été contractée ; 2° par l'extinction de la chose ou la consommation de la négociation ; 3° par la mort naturelle de quelques-uns des associés ; 4° par la mort civile, l'interdiction ou la déconfiture de l'un d'eux ; 5° par la volonté qu'un seul ou plusieurs expriment de n'être plus en société.

Lorsque l'un des associés a promis de mettre en commun la propriété d'une chose, la perte survenue avant que la mise en soit effectuée, opère la dissolution de la société par rapport à tous les associés. La société est également dissoute dans tous les cas par la perte de la chose, lorsque la jouissance seule a été mise en commun et que la propriété en est restée dans la main de l'associé. Mais la société n'est pas rompue par la perte de la chose dont la propriété a déjà été apportée à la société. La renonciation n'est pas de bonne foi lorsque l'associé renonce, pour se l'approprier à lui seul, le profit que les associés s'étaient proposé de retirer en commun ; elle est faite à contre-temps lorsque les choses ne sont plus entières, et qu'il importe à la société que sa dissolution soit différée.

On distingue trois espèces de sociétés commerciales : la société en nom collectif, la société en commandite, la société anonyme.

La société en nom collectif est celle que contractent deux personnes ou un plus grand nombre, et qui a pour objet de faire le commerce sous une raison sociale. Les associés en nom collectif indiqué dans l'acte de société, sont solidaires pour tous les engagements de la société, encore qu'un seul des associés ait signé, pourvu que ce soit sous la raison sociale.

La société en commandite se contracte entre un ou plusieurs associés responsables et solidaires, et un ou plusieurs associés simples bailleurs de fonds qu'on nomme *commanditaires* ou associés en *commandite*; elle est régie sous un nom social qui doit être nécessairement celui de l'un ou de plusieurs des associés responsables et solidaires.

L'associé *commanditaire* n'est passible des pertes que jusqu'à la concurrence des fonds qu'il a mis ou qu'il a dû mettre dans la société. L'associé commanditaire ne peut faire aucun acte de gestion, ni être employé pour les affaires de la société, même en vertu de procuration.

La société anonyme n'existe point sous un nom social; elle n'est désignée par le nom d'aucun des associés. Ils ne sont passibles que de la perte du montant de leur intérêt dans la société.

Indépendamment des trois espèces de sociétés ci-dessus, la loi reconnaît les *associations commerciales en participation*: elles sont relatives à une affaire particulière: nous achetons des bœufs pour les revendre; cette société peut être faite verbalement. Chaque associé demeure isolé de l'autre; il se trouve à l'abri des poursuites de celui qui a contracté avec son coassocié.

SODOMIE.

On ne s'arrêtera point à prouver l'énormité de ce crime. La terrible vengeance dont Dieu l'a puni dans la principale des villes qui lui a donné son nom, fait assez connaître combien il est abominable à ses yeux. On se contentera de résoudre trois cas qui, quoique très-rares, peuvent cependant se présenter quelquefois.

Cas I et II. *Marin* et *Lucien*, jeunes bénéficiers, ont eu le malheur de céder à une passion infâme. On demande, 1° s'ils sont irréguliers; 2° si par leur seul fait ils sont privés de leurs bénéfices?

R. Ad 1. On a déjà décidé, *Voyez* Irrégularité, cas XIII, que si leur péché est secret, comme il l'est d'ordinaire, ils ne sont pas irréguliers, parce que cette peine n'est nulle part portée dans l'ancien droit, et que la bulle 72, de Pie V, qui établirait le contraire, n'a point été publiée dans ce royaume, où, grâces à Dieu, elle n'a pas besoin de l'être, et que d'ailleurs elle regarde le for extérieur; comme je l'ai prouvé d'après Gibalin, tom. IV de ma *Morale*, in-8°, part. 2, *de Irregularitat.*, cap. 6, pag. 401 et 402.

Ad 2. Pie V prive par la même bulle, *Omnes et quoscunque presbyteros et alios clericos sæculares et regulares, cujuscunque gradus et dignitatis, tam dirum nefas exercentes, omni privilegio clericali, omnique officio, dignitate et privilegio.* Or M. Duperrai et M. Durand qui le cite, tom. II, p. 758, disent que, « quoiqu'on ne cite aucun arrêt, qui marque que la bulle de ce pontife est reçue en France, il faut tenir pour ceux qui croient que cette peine a lieu dans ce royaume, sans qu'il soit nécessaire d'une sentence. » Mais si cette bulle n'est pas reçue, ou qu'elle ne regarde que les cas relatifs au for extérieur, elle ne peut rien opérer pour les cas entièrement occultes. Et je crois qu'on peut s'en tenir là. Ajoutez que le mot *exercentes* semble marquer un péché commis plus d'une fois, et en quelque sorte d'habitude.

Cas III. *Marin* et *Lucien* se sont convertis: le premier est devenu un modèle de pénitence; Lucien n'est ni froid ni chaud. Peuvent-ils recevoir les ordres sacrés?

R. A parler en général, de tels coupables devraient être pour toujours exclus du sacré ministère, comme on le voit dans le P. Thomassin, *Discip. Ecclésiast.*, part. 2, liv. II, ch. 15, et suiv. Néanmoins le besoin de sujets, la parfaite réforme des mœurs, les grands talents, peuvent faire recevoir Marin. Mais Lucien fera très-bien de faire pénitence, et de rester *in minoribus*.

SOLLICITEUR. *Voyez* Procès.

SOMMATIONS RESPECTUEUSES.

La sommation respectueuse est un acte fait par le ministère de notaires et dans lequel un enfant requiert son père et sa mère, ou l'un d'eux, de consentir à son mariage. Cette formalité ne peut être employée que par les enfants majeurs qui remplacent, par ces sommations, le consentement que les enfants mineurs doivent absolument obtenir, à peine de nullité de leur mariage. Le fils qui n'a pas atteint l'âge de 25 ans accomplis, la fille qui n'a pas atteint l'âge de 21 ans accomplis, ne peuvent contracter mariage sans le consentement de leur père et mère; en cas de dissentiment, le consentement du père suffit. Si l'un ou l'autre est mort ou s'il est dans l'impossibilité de manifester sa volonté, le consentement de l'autre suffit. Si le père et la mère sont morts ou s'ils sont dans l'impuissance de manifester leur volonté, les aïeuls et aïeules les remplacent: s'il y a dissentiment entre l'aïeul et l'aïeule de la même ligne, il suffit du consentement de l'aïeul. S'il y a dissentiment entre les deux lignes, ce partage emportera consentement. Les enfants de famille ayant atteint la majorité fixée par la loi sont tenus avant de contracter mariage de demander, par un acte respectueux et formel, le conseil de leur père et de leur mère, ou celui de leurs aïeuls ou aïeules, lorsque leur père et leur mère sont décédés, ou dans l'impossibilité de manifester leur volonté.

Depuis la majorité jusqu'à l'âge de trente ans accomplis pour les fils et jusqu'à l'âge de vingt-cinq ans accomplis pour les filles, l'acte respectueux prescrit par la loi et sur lequel il n'y aurait pas de consentement au mariage, sera renouvelé deux autres fois, de mois en mois; et un mois après le 3° acte il pourra être passé outre à la célébration du mariage.

Après l'âge de trente ans, il pourra être, à défaut de consentement sur un acte respectueux, passé outre, un mois après, à la célébration du mariage.

En cas d'absence de l'ascendant auquel eût dû être fait l'acte respectueux, il sera passé outre à la célébration du mariage, en représentant le jugement qui aurait été rendu pour déclarer l'absence.

L'usage des sommations respectueuses remonte jusqu'au milieu du xvie siècle. L'édit de mars 1697 permettaient d'*exhéréder* les enfants qui s'étaient mariés sans avoir requis le consentement de leur père et mère au moyen de ces sommations respectueuses. Dans notre droit, le défaut d'actes respectueux entraîne contre l'officier de l'Etat civil qui a célébré le mariage une amende et même un emprisonnement, mais il n'influe en rien sur la validité du mariage.

Ne vous êtes-vous point marié sans raison légitime, malgré vos pères et mères, avec une personne qui ne vous convenait pas et qui ne pouvait que déshonorer votre famille ? Péché mortel. Tremblez, enfants de famille, jusque dans ces sommations qu'on appelle respectueuses, qui sont rarement sans révolte et qui sont presque toujours suivies des châtiments du ciel.

SONGE.

Le *songe* est un mouvement de l'imagination qui, lorsqu'on dort, représente aux sens un objet qui cause quelque impression selon la nature de la chose représentée. Les songes viennent quelquefois du tempérament, quelquefois des traces que les objets ont formées pendant le jour; quelquefois du démon; quelquefois aussi de Dieu, qui veut faire connaître aux hommes sa volonté. Quelques songes, il est vrai, peuvent venir de Dieu; l'Ecriture Sainte en fournit plusieurs exemples. Qui de vous oserait se flatter d'avoir de semblables songes? Il arrive très-rarement, dit saint Grégoire, que Dieu nous avertisse par des songes. La foi aux songes, dit le Sage, en a trompé plusieurs qui ont péri dans leur fausse confiance; c'est ce qui arriva à ce misérable qui, ayant ajouté foi à des songes, se persuada qu'il vivrait longtemps et se mit à accumuler des richesses dont il ne profita pas, étant mort subitement, dépourvu de mérites et de bonnes-œuvres. Une autre personne crut voir en songe les numéros qui devaient gagner dans une loterie; elle vendit tout ce qu'elle avait, emprunta tout ce qu'elle put, afin de jouer un plus gros jeu, et il ne sortit aucun des numéros en question.

La plupart des songes (à l'exception de ceux qui sont inspirés de Dieu) sont autant d'idées creuses et vaines, sur lesquelles on ne doit faire aucun fonds. *Ubi multa sunt somnia, plurimæ sunt vanitates*, dit le Sage, *Eccle.* v, 6, et qui ne servent qu'à tromper ceux qui y ajoutent foi. *Multos enim errare fecerunt somnia, et exciderunt sperantes in illis*. Eccli. xxxiv, 7. C'est pour cela que le prophète Jérémie défend d'y faire attention : *Ne attendatis ad somnia vestra quæ somniatis*, Jerem. xxix, 8 ; et que l'Ecriture met au nombre des impiétés du roi Manassès la foi qu'il ajoutait aux songes : *Observabat somnia*, II Paralip., xxxiii, 6. Dieu permet pourtant quelquefois que les songes se trouvent vrais par l'effet qui s'ensuit. Et c'est pour cela que Socrate, Néron, Galba. Caracalla, Domitien, Genséric, Constans et Aristodamus eurent des songes du jour qu'ils devaient mourir, si on en croit Dupleix ; et que l'empereur Maurice rêva qu'il périrait par la main d'un de ses soldats, ce qui arriva en effet. Valère-Maxime, Hérodote et d'autres historiens en rapportent plusieurs autres exemples. Vespasien, étant en Achaïe, songea en dormant qu'il serait heureux, quand Néron aurait perdu une dent : ce qui arriva par son élévation à l'empire peu de temps après, comme le rapporte Coëffeteau, liv. vii, *Hist. Rom.*, Vie de Vespasien. On peut encore voir d'autres exemples semblables dans Cicéron et dans plusieurs autres, qu'il est inutile de rapporter.

Cas I. *Marsilius* ayant connu par plusieurs songes des choses qui lui sont arrivées dans la suite, ajoute foi aux autres et tâche, en les interprétant, de découvrir certains événements qu'il appréhende, ou qu'il désire. Fait-il mal ?

R. Il y a des songes qui viennent de Dieu. Tels sont ceux dont il est dit, *Num.* xii, 6 : *Si quis fuerit inter vos propheta Domini, in visione apparebo ei, vel per somnium loquar ad illum*; et dont parle Job, quand il dit, cap. xxxiii, v. 15, *Per somnium in visione nocturna, quando irruit sopor inter homines, et dormiunt in lectulo ; tunc aperit* (Deus) *aures virorum, et erudiens eos instruit disciplina*. L'Ecriture nous en fournit beaucoup d'exemples. Car le patriarche Joseph connut en songe qu'il serait élevé au-dessus de ses frères; Nabuchodonosor, ce qui lui devait arriver; les mages, qu'ils ne devaient pas retourner vers Hérode.

Il y a des songes qui viennent du tempérament, et qui d'ordinaire s'y trouvent conformes. Il y en a qui viennent des pensées ou des désirs qui ont occupé pendant le jour. Enfin il y en a qui viennent de la malignité et de l'artifice du démon. *Ingerunt dæmones nobis cogitationes et somnia*, dit saint Augustin, Epist. 3, n. 3. C'est de ces songes, dont il est dit *Eccli.* xxxiv, qu'ils en ont fait tomber plusieurs dans l'erreur. Et c'est pourquoi Dieu avait défendu à son peuple d'y ajouter foi.

Cela posé, il est aisé de voir que les causes des songes étant si incertaines à notre égard, si différentes entre elles, et en si grand nombre, nous ne devons pas y ajouter foi, parce que la seule véritable, c'est-à-dire celle qui vient de Dieu, porte avec elle une impression si vive de lumière, qu'il est moralement impossible de s'y méprendre, et qu'ainsi ceux où cette impression ne se trouve pas, doivent être attribués ou aux causes naturelles, ou à la malice du démon, comme le dit saint Grégoire, l. vııı, *Moral. in c.* vıı *Job.* Et c'est pour cela que plusieurs conciles défendent toute divination par les songes. D'où il suit que si Marsilius croit prévoir les événements casuels, par les songes, il se rend coupable d'une divination superstitieuse, criminelle, condamnée par l'Ecriture, par les conciles et surtout par ceux d'Ancyre de 314, de Paris en 829, de Milan, sous saint Charles en 1565, où il est dit : *Omnem divinationem ex aere, aqua, terra..... ex sortibus, somniis, mortuis, aliisque rebus, quibus per dæmonum significationem incerta pro certis affirmantur..... et hujus generis reliqua coerceant et ejiciant.*

Cas II. Lactance, homme fort chaste, fait souvent des songes contraires à la pureté. Ne pèche-t-il point en cela ?

R. Ces mauvais songes, qui viennent souvent du démon, ne peuvent nuire à l'âme, à moins qu'elle n'y consente après coup, ou qu'elle n'y ait volontairement donné lieu par une cause criminelle, et qu'elle n'ait point sincèrement rétractée avant le sommeil. Je dis *par une cause criminelle*. Car on peut faire de très-mauvais songes, qui proviennent d'une cause volontaire, mais innocente ; par exemple un médecin, un chirurgien, un confesseur, qui auraient lu des livres, ou eu des entretiens qui ne tendaient uniquement qu'à leur instruction, ou à la guérison du corps ou de l'âme du prochain : auquel cas ces songes, ou les illusions corporelles de la nuit, ne sont pas des péchés, parce que la cause n'en est pas criminelle. Il faut supposer que dans ces lectures ils ont pris les précautions nécessaires devant Dieu, pour que leur cœur ne fût point entamé.

Voyez Superstition.

SORCIER.

Un *sorcier* est celui qui s'efforce de faire quelque chose par des moyens diaboliques, en se servant d'enchantement et de sortiléges. Ce crime et celui de la magie sont si abominables, que Dieu veut, *Deuter.* xvııı, que ceux qui en sont coupables soient exterminés comme indignes de la vie. *Omnia enim hæc abominatur Dominus ; et propter istiusmodi scelera delebit eos in introitu tuo.*

Le plus fameux sorcier, ou magicien, dont il soit fait mention dans les Actes des apôtres, est l'enchanteur Simon, natif de la ville de Gytta, qui se faisait voir à Rome élevé en l'air sur un chariot de feu, volant comme un oiseau ; qui se rendait invisible quand il le voulait ; qui formait dans les airs des hommes qui semblaient être vivants ; qui passait au travers des flammes sans se brûler ; qui paraissait avec deux visages, comme un autre Janus, ainsi que le témoigne l'auteur des *Constitutions Apostoliques*, et Arnobe ; et qui enfin opérait tant d'autres prodiges si surprenants *par l'artifice du démon*, que le sénat de Rome le mit au rang de ses dieux, comme saint Justin et Tertullien le reprochèrent à l'empereur et au sénat.

Il s'en est toujours trouvé dans tous les temps ; car, il y a partout des hommes si perdus, qu'ils abandonnent Dieu pour se livrer tout entiers à la violence de leurs passions, et qui par là méritent que Dieu les livre à l'esclavage et à la malice du démon. Tels furent d'abord les gentils d'Ephèse qui, s'étant convertis par la prédication de saint Paul, apportèrent à cet apôtre tous leurs livres de sortilége et de magie, comme les appellent le vénérable Bède et Œcumenius, pour être brûlés publiquement, comme ils le furent en effet par l'ordre de ce même apôtre.

Cas I. Idacius confesse un homme qui s'accuse d'avoir exercé le sortilége et la magie quinze ou vingt fois depuis un an, et le prie de l'interroger sur tout ce qui regarde cette matière. Quelles interrogations lui doit faire ce confesseur ?

R. 1° Ce curé doit savoir que le mot de sorcier est un terme fort général, qui contient plusieurs espèces de sortiléges ou de magie qui toutes sont renfermées sous cette définition qu'en donne saint Bonaventure : *Sortilegium est divinatio per sortes*, et ailleurs : *Divinatio est superstitiosa investigatio præscientiæ futurorum ;* 2° que ces différentes espèces sont : 1° l'astrologie judiciaire, par laquelle l'homme, séduit par le démon, prétend persuader aux simples que leur destin, c'est-à-dire leur bonne ou mauvaise fortune, la durée de leur vie, etc., dépendent des bonnes ou mauvaises influences des astres ; 2° la nécromancie, *quæ est divinatio facta in cadaveribus mortuorum*, ainsi que parle saint Bonaventure ; à Necron, *quod est mortuus, et* Mantia, *divinatio* ; 3° la géomancie, *quæ est divinatio facta in terra* ; 4° l'hydromancie, *quæ est divinatio facta in aqua* ; 5° l'aéromancie, *quæ est divinatio facta in aere* ; 6° la pyromancie, *quæ est divinatio facta in igne ;* 7° qu'il y a, en outre, le maléfice qui s'exerce par certaines ligatures, et le prestige, par lequel on fait paraître de faux objets, etc. ; 8° que toute divination est criminelle, et qu'elle renferme un pacte exprès, ou tacite avec le démon. C'est pour cela que Dieu exterminait les peuples infidèles qui l'outrageaient en consultant les devins, les sorciers et les enchanteurs. Les empereurs, même païens, les punissaient de mort. Leur art diabolique a aussi été proscrit par nos rois dans plusieurs ordonnances, dont la plus ample est celle de 1682.

Ces vérités étant présupposées, Idacius doit obliger son pénitent d'entrer dans le détail de son péché, et d'en déclarer les circonstances autant qu'il en sera capable. Ensuite il lui demandera, 1° s'il n'a point fait quelque pacte exprès avec le démon ? quel est ce pacte ? à quelle fin, en quelle manière, pour quel temps et sous quelles conditions, tant de sa part que de la part du démon ? si ce pacte ne renferme point de blasphème, d'impiété ou d'hérésie, et l'obliger à le rompre en détruisant l'acte où il serait écrit, en renonçant au démon, et en retournant à Dieu par une sincère pénitence; 2° s'il ne s'est point servi de quelques choses saintes pour commettre le crime dont il s'accuse? quelles sont ces choses? quel en a été le succès? s'il n'en est point arrivé de dommage au prochain, soit en sa santé ou en ses biens; 3° à quelles sortes de personnes il a causé ce dommage, et de quels moyens il s'est servi pour l'exécuter? 4° s'il ne s'est point trouvé en quelque assemblée d'autres sorciers? ce qu'il y a fait et ce qui s'y est passé contre Dieu, contre la religion, contre l'Eglise, contre le prochain ou contre la chasteté? Après cela ce confesseur doit travailler de toutes ses forces à ramener à Dieu la brebis égarée, et à lui bien faire réparer ses crimes par une longue et rigoureuse pénitence.

Cas II. *Flavien*, prisonnier, est accusé d'être sorcier. Les preuves qu'on a contre lui, consistent, 1° dans la déposition de deux de ses complices; 2° en ce qu'il a été transporté de sa maison au *sabbat*; 3° en ce qu'on trouve sur une des parties de son corps la figure d'un ongle imprimée, et que cette partie est insensible. Maurice, son juge, demande: 1° s'il y a de véritables sorciers et des devins à présent: ce qu'il croit fort douteux, puisqu'il y a, dit-on, des parlements de France qui n'ont jamais condamné personne précisément pour le cas de sortilége, séparé du maléfice. 2° si les deux complices de Flavien sont des témoins recevables contre lui? ou si l'étant ils suffisent en ce genre de crime pour condamner un homme qui en est accusé? 3° si le transport d'un homme d'un lieu en un autre est une preuve certaine de sortilége? 4° si le signe de l'ongle qui est imprimé sur une partie du corps, et qui la rend insensible, doit passer pour une preuve ou au moins pour une demi-preuve du sortilége?

R. On ne peut nier qu'il n'y ait eu autrefois des sorciers et qu'il ne puisse encore y en avoir, puisqu'un grand nombre de conciles les ont condamnés d'après l'Ecriture, et que l'Eglise les excommunie encore tous les dimanches. Mais plus ce crime est énorme, plus il faut de fortes preuves pour le constater. Or, celles dont il s'agit ici ne sont pas de ce genre; car, 1° quoique le démon puisse transporter un homme d'un lieu dans un autre, comme il paraît, Matth. IV, *v.* 5 et 8, il est sûr que ce prétendu transport n'est d'ordinaire que l'effet d'une imagination déréglée, ainsi que le dit un ancien canon (can. 12, xxvi, q. 5) et que le soutiennent beaucoup d'habiles théologiens. 2° Il est vrai que deux témoins irréprochables seraient d'un grand poids; mais quel fond faire sur deux hommes prévenus du même crime, et qui vraisemblablement érigent en réalités leurs imaginations ou les illusions du démon? 3° La figure d'un ongle imprimée sur le corps, l'insensibilité de la partie où ce signe est marqué, ne peut être même une demi-preuve de sortilége; puisque les mères qui, durant leur grossesse, ont l'imagination vivement frappée d'un objet, en communiquent souvent le signe aux corps de leurs enfants. Pour ce qui est de l'insensibilité de la partie du corps où est cette marque, cela regarde les seuls médecins; mais l'expérience apprend qu'il y a des corps infirmes dont quelque partie est naturellement insensible par la seule cause de l'infirmité. Un juge ne peut donc regarder cette insensibilité comme une preuve constante de sortilége, à moins qu'il n'ait d'ailleurs d'autres preuves incontestables qu'elle vient de l'opération du démon: mais nous ne voyons pas qu'il puisse jamais trouver ces preuves.

Cette décision est de Sainte-Beuve, tom. III, cas 171.

— Tout cela est fort bien combattu dans la *Requête présentée au feu roi par le parlement de Rouen*, qu'on trouve à la fin du *Recueil de lettres au sujet des maléfices*, par le sieur Boissier (Paris, 1731). On y prouve que tous les parlements du royaume ont reconnu et sévèrement puni les sorciers; que le transport au sabbat n'est pas toujours, à bien près, le fruit de l'imagination, etc. Je crois qu'on peut appliquer ici la maxime de saint Bernard: *Non est omnibus credendum, sed nec decredendum.* Outre les deux pièces qu'on vient de citer, on peut lire le *Traité sur la magie, le sortilége*, etc. (Paris, 1732), et les factums et arrêts du parlement de Paris contre des bergers-sorciers, et exécutés en Brie, tom. IV des *Pratiques superstitieuses*, par le P. le Brun, p. 451.

— Cas III. *Gilles*, au moyen d'une baguette de coudre, qui tourne dans ses mains, devine les auteurs d'un homicide ou d'un vol, l'eau ou l'argent caché sous terre, les bornes des terres qui ont été transposées. N'y a-t-il point là de sortilége?

R. La baguette divinatoire dont se servit en 1692 Jacques Aymar, pour connaître les assassins d'un cabaretier qui avait été tué à Lyon avec sa femme, exerça beaucoup les savants. Les uns, comme MM. Garnier et Chauvin, médecins, en crurent l'opération naturelle. Les autres la crurent mauvaise, ou du moins suspecte; et c'est à quoi il faut s'en tenir dans la pratique. Car, 1° l'intention ne fait rien dans les effets physiques: or, l'intention fait beaucoup par rapport à la baguette, puisqu'elle a cessé de tourner dans les mains de ceux qui ont prié Dieu qu'elle n'y tournât plus, en cas qu'il y eût du mal dans ce tournoiement, comme le P. le Brun le prouve par plusieurs exemples; 2° parce qu'une pierre qui sert de borne à un champ, n'a rien de physique plus qu'une autre pierre, et que cependant la baguette tourne pour une borne quand on la cherche, et ne tourne pas pour une autre pierre qui est sur sa route; 3° parce que quand on cherche de l'eau la baguette ne tourne point sur les métaux, et quand on cherche de l'or la baguette ne tourne point sur les sources: preuve que son mouvement se règle sur la volonté de celui qui la porte: ce qui ne peut être naturel; 4° parce que de grands hommes, comme M. de Rancé, réformateur de la Trappe, le P. Mallebranche et autres cités par le P. le Brun, *ubi suprà*, en ont condamné l'usage; et que les faits qu'on vient d'alléguer supposent nécessairement un pacte au moins implicite avec le démon. *Voyez* BAGUETTE.

SOUPÇON.

Le *soupçon* est une pensée douteuse que l'on a de la bonne conduite ou de la probité de quelqu'un, et qui incline à en former un jugement désavantageux : *Suspicio est intellectus propensio ad assentiendum*. Par le mot *propensio*, on doit entendre, selon Polman, un mouvement imparfait de l'entendement, qui, à la vérité, ne donne pas son consentement, mais qui est porté à le donner sur quelque apparence de vérité. *Motus imperfectus intellectus non assentientis, sed ad assentiendum inclinati; quia videt aliquam veri speciem sublucentem in una parte quæ in alterà non apparet.*

Les soupçons mauvais, c'est-à-dire qui sont sans un fondement légitime, sont condamnés par saint Paul, et mis au rang des envies, des querelles, des contentions et des blasphèmes, *Invidiæ, contentiones, blasphemiæ, suspiciones malæ*, I Timot. VI.

Il y a, selon saint Thomas, 2-2, q. 60, a. 3, trois sortes de soupçons, ou trois degrés différents dans le soupçon. *Est autem triplex gradus suspicionis*. Le premier est lorsqu'on commence à douter, sur de faibles indices, de la probité du prochain : ce qui vient d'une fragilité humaine qu'il est assez rare d'éviter. Le second est lorsqu'on commence à croire, avec quelque doute néanmoins, comme une chose sûre, qu'un autre est un méchant homme, ou qu'il a fait une méchante action, quoiqu'on n'en ait que de faibles conjectures. Nous rapporterons le texte de saint Thomas sur ces deux premiers degrés dans la troisième décision. Le troisième enfin est quand un juge condamne un accusé sur quelque soupçon : ce qui ne peut être excusé de péché mortel. *Tertius gradus est, cum aliquis judex ex suspicione procedit ad condemnandum : et hoc directe ad injustitiam pertinet. Unde est peccatum mortale.*

Il faut encore observer : 1° qu'un méchant homme juge aisément qu'un autre est méchant comme lui; et c'est ce que nous veut faire comprendre le Sage, quand il dit : *In via stultus ambulans, cum ipse insipiens sit, omnes stultos æstimat*, Eccl. x; 2° qu'on est beaucoup plus enclin à soupçonner celui contre qui on est mal disposé que celui qu'on aime ou qu'on estime, saint Thomas, *ibid*. *Cum enim aliquis contemnit, vel odit aliquem, vel invidet ei, ex levibus signis opinatur mala de ipso; quia unusquisque faciliter credit quod appetit*. Ce sont encore les termes de saint Thomas.

CAS I. *Bérénice* soupçonne que sa fille, qui est naturellement enjouée, souffre trop de libertés de la part d'un jeune homme qui paraît avoir de l'attache pour elle; et sur ce soupçon, dont elle n'a que de fort légères preuves, elle fait de sévères défenses à sa fille de demeurer jamais seule avec ce jeune homme, qui pourtant lui a toujours paru fort sage à cet égard. Ne pèche-t-elle point grièvement par ce soupçon mal fondé?

R. Elle ne pèche pas même légèrement, puisque le soupçon qui ne tend qu'à prévenir un mal n'est pas illicite, et que la précaution fait partie de la prudence. *Necessaria est cautio ad prudentiam, ut sic accipiantur bona, quod vitentur mala*, ainsi que parle saint Thomas, 2-2, q. 29, art. 8, *in corp.* : ce qui est encore plus véritable lorsque ce mal peut arriver plus ordinairement. *Malorum quæ homini vitanda occurrunt*, dit le docteur angélique, *quædam sunt, quæ ut in pluribus accidere solent et talia comprehendi ratione possunt : et contra hæc ordinatur cautio, ut ut totaliter vitentur, vel ut minus noceant*. Rien n'est plus ordinaire que l'amitié, même honnête, que de jeunes personnes de différent sexe ont les unes pour les autres, quelque sages qu'elles soient, dégénèrent en peu de temps en un amour déréglé, lorsqu'elles ont la liberté de se trouver seules ensemble. Comment donc trouver mauvais qu'une mère préserve sa fille d'un danger qui a été si funeste à tant d'autres?

CAS II. *Domitius*, ayant vu que sa femme témoignait trop d'amitié à son voisin, est entré si fort en soupçon contre elle, qu'il veut s'en séparer, au moins de lit. Le peut-il sans péché?

R. Il y a trois sortes de soupçons : un *téméraire*, qui n'a point de fondement légitime, et celui-ci ne peut être excusé de péché; un *probable*, qui est appuyé sur des raisons capables de faire impression, et celui-ci peut être exempt de tout mal; et un *violent*, qui est fondé sur des conjectures qui portent fortement à condamner la personne soupçonnée. Cela posé, si le soupçon de Domitius est téméraire ou seulement probable, il ne peut, sans péché, se séparer de sa femme, même quant au lit; mais si son soupçon est violent, et qu'il ne puisse obliger sa femme à garder une conduite plus mesurée, il peut sans crime s'en séparer, quant au lit, selon saint Jérôme, in XIX *Matth.*, où il dit : *Ubicunque est fornicatio, vel fornicationis suspicio, libere uxor dimittitur*.

— Il faut prendre garde que la jalousie ne grossisse beaucoup les objets, comme il est souvent arrivé.

CAS III. *Arsacius*, voyant que deux jeunes personnes de différent sexe ont ensemble des manières trop libres, se persuade ou entre dans un violent soupçon qu'ils vivent dans le désordre l'un avec l'autre. Ce jugement ou ce soupçon est-il péché mortel?

R. Le jugement désavantageux qu'on forme de la conduite du prochain n'est pas péché, selon saint Thomas, *quodl*. 12, art. 34, s'il n'est entièrement téméraire. Mais lorsque, sur un fondement fort léger, on le forme parfaitement dans une matière importante, il est péché mortel, parce qu'il est contraire à la charité qu'on doit au prochain. Mais comme le soupçon n'est pas un vrai jugement, mais seulement quelque chose qui n'y a qu'un rapport imparfait, il n'est pas mortel de sa nature, quoiqu'il le puisse devenir, si on le forme sans une juste raison, et sur un sujet important, par envie ou par haine, puisque c'est alors notre propre passion volontaire qui nous empêche de connaître l'injustice de notre soupçon et l'insuffisance des raisons qui nous portent à le former. *Judicium autem de personis*, dit saint Thomas, *licet quandoque sit falsum, non tamen semper est peccatum; nisi quando est omnino temerarium..... sed quando ex levi re judicium procedit firmum in corde, aliquando est peccatum mortale : quia est cum contemptu proximi. Suspicio autem est quid imperfectum in genere judicii : et ideo est imperfectus motus : et ideo non est mortale ex genere; quamvis si fiat ex odio, erit aliquando mortale.*

D'où il s'ensuit qu'Arsacius ne pèche pas mortellement par le soupçon qu'il a de la mauvaise conduite de ces deux jeunes personnes, dont il s'agit dans l'espèce proposée, s'il ne fait seulement que douter; car, comme dit le docteur angélique, 2-2, *q*. 60, *art*. 3, *in corp. Primus* (suspicionis) *gradus est, ut homo ex levibus indiciis de bonitate alicujus dubitare incipiat : et hoc est veniale et leve peccatum : pertinet enim ad tentationem humanam, sine qua vita ista non ducitur*. Mais si, outre ce soupçon, il formait un jugement fixe et déterminé de leur débauche sur de légères conjectures, on ne pourrait l'excuser d'un péché fort grief. *Secundus gradus*, ajoute saint Thomas, *cum aliquis pro certo (aliqua tamen hæsitatione admissa*, ajoute Cajetan) *malitiam alterius æstimat ex levibus indiciis, et hoc si sit de aliquo gravi, est peccatum mortale, in quantum non est sine contemptu proximi.*

La différence que nous faisons entre un jugement téméraire et un simple soupçon est fondée sur ce que le jugement téméraire est pleinement volontaire et sans raison légitime, au lieu que le soupçon ne vient ordinairement que d'une erreur de l'entendement qui nous fait croire que les raisons que nous avons de soupçonner qu'une personne vit mal suffisent pour autoriser le doute que nous en formons. On ne doit donc le condamner que de péché véniel lorsque nos raisons ne sont pas assez fortes, parce qu'un tel soupçon n'est alors qu'une tentation humaine si ordinaire aux hommes, qu'il leur est presque impossible de l'éviter. C'est pourquoi saint Augustin dit, Tr. 90, *in Joan. : Ignoscatur nobis quod de occultis hominum aliquando, imo assidue non vera sentimus. Hoc enim ad humanam tentationem pertinere arbitror, sine qua duci ista non potest vita.... Quid enim tam humanum, quam non posse inspicere cor humanum, et ideo non ejus latebras scrutari; sed plerumque aliud quam id quod ibi agitur, suspicari?* Si donc Arsacius se tient dans le doute, et qu'il suspende son jugement au sujet du dernier désordre, il ne pèche pas mortellement. Et même point du tout, s'il ne juge que selon les motifs qu'il a de juger.

SPÉCIFICATION.

La spécification est la création d'un nouvel objet mobilier, d'un nouveau corps certain. S'il arrive que le spécificateur ait employé la matière d'autrui, quel sera le propriétaire de la création nouvelle? Cette question célèbre dans le droit romain avait amené trois opinions : les uns, amis de l'équité naturelle qui ne veut pas que personne puisse être privé de sa chose sans le concours de sa volonté, soutenaient la cause du propriétaire de la matière; les autres, logiciens rigoureux et subtils, prétendaient au contraire que la matière devait céder à la forme, puisque la forme avait donné l'être à l'espèce créée. Des jurisconsultes usaient d'une distinction : « Ou la matière, disaient-ils, peut être rendue à son premier état, ou cette transformation est impossible. Dans la première hypothèse, qu'importe une forme transitoire qu'il est si facile d'effacer? Dans la seconde, la matière, impuissante à reprendre son état et son nom, se trouve anéantie, consommée. Au premier cas, l'objet manufacturé appartient au propriétaire de la matière, au second à l'ouvrier.

Nous lisons dans les Institutes un passage tout empreint d'erreurs et de contradictions. Tribonien s'y propose cette question, et donne la plus étrange solution : « Quel est, dans un écrit, l'élément principal? A qui de l'écrivain ou du propriétaire du papier l'ouvrage doit-il appartenir? » Le jurisconsulte se décide pour le propriétaire du papier. Passant de l'écriture à la peinture, il abandonne le principe dont il vient de faire une rigoureuse application, et, prenant en main les intérêts de l'art, il proclame le privilège de l'artiste. « Il serait aussi trop ridicule, dit-il, que le pinceau d'Apelles ou de Parrhasius demeurât tributaire d'une toile sans valeur. »

Il ne faut pas appliquer, sans quelque discernement, la décision favorable aux beaux-arts. Le travail peut être d'une telle médiocrité, que, comparativement à la matière sur laquelle il est appliqué, on ne puisse le considérer que comme un accessoire dommageable.

Une pierre précieuse, une table de porphyre, sont-elles la conquête d'un ciseau, d'un burin inhabiles, ou d'un grossier pinceau? La question qui du maître ou de l'ouvrier doit rester propriétaire du composé, à la charge d'une indemnité, est, en définitive, une question de fait qui doit se décider d'après l'examen du travail. C'est aussi ce que veut le code civil : Si un artisan, dit-il, ou une personne quelconque, a employé une matière qui ne lui appartenait pas à former une chose d'une espèce nouvelle, soit que cette matière puisse ou non reprendre sa première forme, celui qui en était le propriétaire a le droit de réclamer la chose qui en a été formée, en remboursant le prix de la main-d'œuvre. Le législateur, admettant un tempérament que l'équité réclamait, ajoute l'article suivant : Si cependant la main-d'œuvre était tellement importante, qu'elle surpassât de beaucoup la valeur de la matière employée, l'industrie serait alors réputée la partie principale, et l'ouvrier aurait le droit de retenir la chose travaillée, en remboursant le prix de la matière première au propriétaire. Ainsi le statuaire devient maître de la statue qu'il a faite avec une matière d'autrui ; mais il est obligé de rembourser au propriétaire le prix du marbre ou de la matière dont il s'est servi.

S'il arrive que le nouveau corps certain ait été formé d'une matière appartenant en partie au spécificateur, quel sera le propriétaire? Le spécificateur, sans aucun doute, répond Justinien; n'a-t-il pas en effet doublement concouru à la formation, celui qui non-seulement a donné la forme, mais fourni une partie de la substance? Cette raison n'est pas péremptoire, car enfin toute la matière n'a pas été fournie par le spécificateur. Le code civil ne donne pas à cette question une solution plus satisfaisante : « Lorsqu'une personne, dit-il, a employé en partie la matière qui ne lui appartenait pas à former une chose d'une espèce nouvelle, sans que ni l'une ni l'autre des deux matières soient entièrement détruites, mais de manière qu'elles ne puissent pas se séparer sans inconvénient, la chose est commune aux deux propriétaires, en raison, quant à l'un, de la matière qui lui appartenait; quant à l'autre, en raison à la fois et de la matière qui lui appartenait et du prix de sa main-d'œuvre : ainsi, par exemple, dit Mgr Gousset, si la chose de l'espèce nouvelle vaut 3,000 francs, la matière appartenant à autrui 1,000 francs et la main-d'œuvre 1,000 francs; l'ouvrier est propriétaire de la chose pour les deux tiers, c'est-à-dire pour la valeur de 2,000 francs. Mais, comme le fait remarquer M. Duranton, il est évident que, si le prix du travail était la chose principale, la nouvelle espèce appartiendrait au spécificateur, puisqu'elle lui appartiendrait, alors même qu'il n'aurait fourni aucune matière.

SOURD-MUET.

M. P. prouve savamment ici qu'il y a des gens plus sourds, d'autres qui le sont moins. Il ajoute qu'Attis, fils de Crœsus, roi de Lydie, quoique né muet, fit un si grand effort de nature, voyant un soldat ennemi qui allait tuer son père, qui était caché dans un lieu de son palais, le jour que Cyrus, roi de Perse, prit Sardes, ville capitale de Lydie, que sa langue se délia, et qu'il s'écria en prononçant ces paroles : Arrête, soldat ne porte pas la main sur mon père, comme le rapporte Aulu-Gelle, *Noct. Attic.* lib. v, *cap.* 6. Nous prouvons dans ce titre que l'Eglise n'exclut point les sourds-muets de naissance de la participation des sacrements qui sont nécessaires à leur salut.

Cas I. *Pamphile*, sourd-muet de naissance, étant malade à l'extrémité, son curé considérant qu'on ne peut être sauvé sans la foi, et qu'il n'en a pu être instruit, demande s'il peut l'absoudre et même lui donner le viatique?

R. Si Pamphile, ayant été baptisé, a donné quelques marques extérieures de foi, comme s'il a vécu d'une manière catholique, en assistant aux offices avec respect, son curé peut sans témérité croire qu'il a été instruit par l'inspiration divine, ou par le ministère des anges, comme l'enseignent saint Thomas, Alexandre de Hels, etc., et par conséquent il doit lui donner l'absolution, principalement s'il lui donne quelque signe de pénitence. Il ne doit pas même lui refuser la communion, s'il fait paraître par des marques d'adoration, qu'il discerne cette nourriture spirituelle d'avec la matérielle. On sait que dans les premiers siècles l'Eglise admettait à l'eucharistie les enfants mêmes qui étaient encore à la mamelle, et qu'encore à présent on accorde le viatique aux malades, qui, après l'avoir demandé, ont perdu le jugement, lorsqu'on le peut faire sans péril d'irrévérence.

— Cas II. Mais ce curé ne pourrait-il pas, hors ce cas de nécessité, absoudre et communier un sourd-muet de naissance?

R. Il le pourrait à Pâques, et même aux grandes fêtes, selon le degré de lumière et de piété qu'il remarquerait en lui. Cela suit des mêmes principes ; et c'est aussi ce qu'enseignent Gibert, *consult.* 31, et M. d'Argentré, évêque de Tulle, tom. I de son Explication des sacrements, p. 291. Le Rituel de Strasbourg et les Instructions de Blois disent la même chose, pag. 208. Mais ils veulent qu'on ne fasse rien en ce cas sans consulter l'évêque.

Cas III. *Clodion*, curé, a dans sa paroisse un sourd-muet du salut duquel il ne prend aucun soin, sous prétexte qu'il est hors d'état d'être instruit des choses nécessaires à son salut. Ne pèche-t-il point?

R. Il pèche très-grièvement, puisqu'on peut suffisamment instruire un homme sourd-muet de naissance des principales vérités de la religion, en se servant de différents signes qui ont du rapport aux choses qu'on lui veut apprendre. Or, le meilleur moyen est celui des images, et surtout de celles qui représentent la création de l'homme, la naissance de Jésus-Christ, les principaux miracles qu'il opéra durant sa vie mortelle, l'institution de l'eucharistie, les principales circonstances de sa passion, sa résurrection, son ascension au ciel, la descente du Saint-Esprit au jour de la Pentecôte, les quatre dernières fins de l'homme ; en présentant au sourd-muet ces images l'une après l'autre, dans l'ordre que nous venons de marquer. Il faut y joindre les gestes qui ont du rapport à chacune, comme ceux qui sont propres à exprimer des actes de respect, de crainte, de joie, de douleur et autres, qui, étant joints à tout le culte extérieur qu'ils voient que les fidèles rendent à Dieu et au saint sacrement, sont capables de leur faire assez entendre nos plus importants mystères, avec le secours de la grâce qui ne leur manquera pas, s'ils n'y mettent pas obstacle. *Voyez* les Conférences d'Angers du mois de juillet 1704.

Les sourds-muets peuvent se marier lorsqu'ils sont en état de remplir les obligations de ce contrat, et qu'ils peuvent manifester leur sentiment d'une manière non équivoque.

Le sourd-muet qui sait écrire peut accepter une donation lui-même ou par un fondé de pouvoir. S'il ne sait pas écrire, l'acceptation doit être faite par un curateur. Il ne peut disposer de ses biens qu'autant qu'il sait écrire.

M. de Maleville fait observer que, malgré le point de perfection auquel M. l'abbé Sicard a porté l'éducation des sourds-muets, il est constant que le plus grand nombre d'entre eux aurait encore besoin d'un curateur, et qu'on doit les en pourvoir au besoin, puisque la loi ne le défend pas.

SOUTANE et SOUTANELLE. *Voyez* HABIT ECCLÉSIASTIQUE.

— STELLIONAT.

Le *stellionat* est une espèce de larcin qui se commet principalement par ceux qui vendent ou qui engagent des immeubles qui ne leur appartiennent pas ; ou qui les hypothèquent comme francs et quittes quoiqu'ils ne le soient pas ; ou enfin qui les vendent, ou comme propriétaires de la totalité, quoiqu'ils ne le soient que d'une partie, ou comme possesseurs absolus du fonds, quoiqu'ils n'en soient qu'usufruitiers, ou comme n'étant pas substitués, quoiqu'ils le soient véritablement. Cujas dit que ce mot vient de *stellio*, espèce de petit lézard extrêmement délié. Le stellionat est puni, sous l'empire de notre code, par la contrainte par corps ; le stellionat suppose toujours de la fraude, a dit Portalis ; ainsi quand il n'y a qu'erreur et bonne foi, il n'y a pas stellionat.

— CAS I. *Alain* s'est rendu coupable de stellionat : son péché est-il mortel de sa nature ?

R. Il l'est, puisque ce péché est une fourberie qui trouble la société civile, et le commerce qui se fait par les contrats, et qui est du droit des gens. Le stellionataire peut même être poursuivi criminellement, quoique, comme l'observe Ferrières, la voie civile soit ordinairement celle dont on se sert pour le poursuivre.

— CAS II. *Marie* a vendu conjointement avec son mari, du cuivre doré pour de l'or : peut-on, après la mort de son mari, agir contre elle comme stellionataire ?

R. Une femme, suivant la déclaration de 1680, ne peut être réputée stellionataire que quand elle est libre. Le dol du stellionat est donc censé l'affaire de son mari, et il ne serait pas juste qu'on la pût contraindre par corps pour une faute qu'on peut supposer qu'elle n'a pas bien connue. C'est la décision de Ferrières, qui ne serait pas bien juste dans tous les cas.

— CAS III. *Binius*, associé avec deux autres, a commis un stellionat. Peut-on les poursuivre aussi bien que lui ?

R. Les associés de Binius sont solidairement obligés avec lui ; mais ils ne sont pas tenus de son stellionat, parce que le stellionat est un crime, et que les crimes sont personnels.

CAS IV. *Alexis*, diacre, a été condamné par le juge pour un fait de stellionat. A-t-il encouru quelque peine ecclésiastique ?

R. Il est devenu irrégulier ; parce que la condamnation pour cause de stellionat emporte l'infamie, et que l'infamie produit l'irrégularité. *Crimen stellionatus infamiam irrogat*, Leg. ult. ff. *de His qui notantur infamia*.

SUBSTITUTION.

Le code civil déclare qu'il y a substitution dans toute disposition qui impose charge de *conserver et de rendre*, et cependant le législateur a admis les donations avec droit de retour, les legs sous condition suspensive ou résolutoire. Les termes de cette définition ne sauraient donc être acceptés comme rigoureusement exacts. Quels sont donc les caractères particuliers et distinctifs qui différencient les dispositions prohibées par le législateur sous le nom de *substitutions*, des autres dispositions qu'il a autorisées et qui pourraient n'avoir que l'apparence d'une substitution ?

Le code a déclaré qu'on ne devait pas regarder comme une *substitution*, bien qu'elle en eût porté le nom, 1° la disposition par laquelle un tiers serait appelé à recueillir le don, l'hérédité ou legs, dans le cas où le donataire, l'héritier institué ou le légataire ne le recueillerait pas ; 2° la disposition entre-vifs ou testamentaire par laquelle l'usufruit sera donné à l'un et la nue-propriété à l'autre. Ainsi les substitutions prohibées se réduisent à celles dites *fidéicommissaires*, qui se distinguent par ce double caractère : *charge de conserver*, *charge de rendre*, et si on veut préciser cette définition trop vague, on s'assure en recourant à ce qui fut dit alors au conseil d'État, que c'est de la charge de rendre à la mort de l'institué que le code a voulu parler.

De ces principes on aurait tort de conclure que tous les fidéicommis tombent sous la nullité prononcée par la loi ; car si toute charge de rendre constitue un *fidéicommis*, tout fidéicommis n'est pas ce qu'on appelle une substitution. Ainsi, il y a les fidéicommis *purs et simples* qui ne sont suspendus par aucune condition, qui s'ouvrent de suite, qui ne font enfin que confier le soin de l'exécution testamentaire. Il est certain que la prohibition ne s'applique point à ces sortes de fidéicommis.

Les fidéicommis à terme qui n'empêchent pas l'héritier institué ou le légataire d'avoir un droit acquis et transmissible, mais qui suspendent l'exercice de ce droit, ne sont pas enveloppés sous la nullité prononcée contre les substitutions.

Enfin il y a le fidéicommis *conditionnel* qui est subordonné à un événement futur et incertain, dont l'effet demeure en suspens jusqu'à l'événement prévu arrivera, mais s'il est incertain s'il arrivera du vivant de la personne gratifiée, la disposition est conditionnelle, et dans ce cas elle est enveloppée dans la prohibition générale. Dans le doute les dispositions ambiguës doivent s'interpréter dans le sens favorable à la validité de l'acte.

La loi qui défend les substitutions admet des exceptions qui ne font que confirmer le principe général posé par l'article cité plus haut. Elle autorise les pères et mères à disposer par voie de substitution au profit de leurs petits-enfants ou de leurs neveux et nièces : par là elle a donné au père le moyen d'empêcher qu'un fils ou un frère dissipateur n'absorbât, par son inconduite, le patrimoine de la succession, et ne laissât ses enfants dans la misère. Le mot de *substitution* ne se trouve pas dans cet article du code, mais la disposition dont il parle en réunit tous les caractères ; il y a bien transmission successive de la même chose à deux personnes qui la recueillent l'une après le décès de l'autre.

SUCCESSION.

Pris dans son acception la plus générale, le mot succession signifie la transmission des droits et dettes d'une personne morte à une autre qui lui survit. Cette dévolution de biens est réglée par le propriétaire ou par la loi. Dans le premier cas, la succession est dite *testamentaire* ; dans le second, elle prend le nom de légitime ou *ab intestat*. Cette dernière seule fera l'objet de cet article : l'autre sera traitée spécialement au mot TESTAMENT.

Avant la révolution deux systèmes de succession partageaient la France. Les pays de droit écrit avaient adopté le régime des Novelles ; dans les pays coutumiers un système plein d'originalité avait surgi de la fusion des anciennes lois franques et germaniques avec les principes du droit féodal. La législation des Novelles pouvait se résumer dans cette idée : transmission de tous les biens au parent le plus proche en degré. Le droit coutumier tendait à conserver les familles ; et ce but, éminemment politique, était rempli par la règle *paterna paternis*. Une loi monstrueuse de la révolution en vint tout-à-coup et hardiment au nivellement des fortunes, au morcellement de la propriété et par là à l'affaiblissement des familles antiques. Le régime du code civil revêt la physionomie générale des Novelles, dans la distinction des successions en *régulières et irrégulières*. Elle est régulière lorsqu'elle est dévolue à des parents légitimes, soit en ligne directe, soit en ligne collatérale. Elle est irrégulière lorsqu'elle passe aux enfants naturels à défaut d'enfants légitimes ; à l'époux survivant, s'il n'y a pas d'enfant naturel, et à l'État s'il n'y a pas d'époux survivant.

Afin de mettre quelque ordre dans cette matière, nous la diviserons en cinq paragraphes : 1° de l'ouverture de la succession déférée par la loi et de la saisine des héritiers ; 2° de l'ordre des successions en général, du degré de parenté et de la représentation ; 3° des successions régulières ; 4° des irrégulières ; 5° des vacantes.

1° Les successions s'ouvrent par la mort naturelle et par la mort civile. S'il est facile ordinairement de constater la mort naturelle, il ne l'est pas toujours de constater les circonstances qui l'ont accompagnée et le moment précis où elle a eu lieu. La loi a prévu le cas : si plusieurs personnes, respectivement appelées à la succession l'une de l'autre, périssent dans un même événement, sans qu'on puisse reconnaître laquelle est décédée la première, la présomption de survie est déterminée par les circonstances du fait, et, à leur défaut, par la force de l'âge et du sexe. *Voyez* HÉRITIER.

Pour être capable de succéder il faut exister au moment du décès : c'est une conséquence de la règle : *Le mort saisit le vif* ; l'enfant qui n'est pas né au moment du décès, mais qui est seulement conçu, est cependant capable de succéder, parce que l'enfant qui est dans le sein de sa mère est réputé exister dans tous les cas où il s'agit de son intérêt : *Qui in utero est jam pro nato habetur quoties de commodo ipsius agitur*. Toutefois cette capacité de succéder, accordée à l'enfant qui est encore dans le sein de sa mère, est éventuelle et subordonnée à la condition qu'il naîtra viable : dans le cas contraire la capacité de succéder s'évanouit, parce que celui qui n'est pas né viable est censé n'être jamais né. Mais qui devra le prouver ? Est-ce celui qui soutient la viabilité ou celui qui la nie ? La non-viabilité est un accident ; c'est à celui qui l'allègue à la prouver. Il peut s'élever des doutes sur l'époque de la conception. Il faut alors s'en rapporter au code civil qui décide que la légitimité de l'enfant né trois cents jours après le mariage pourra être contestée. Est encore incapable de succéder celui qui est mort civilement. Pour succéder, il ne suffit pas d'en avoir la capacité, il faut encore ne pas s'en être rendu indigne. Sont exclus de la succession comme indignes : 1° celui qui serait condamné pour avoir donné ou tenté de donner la mort au défunt ; 2° celui qui a porté contre le défunt une accusation capitale jugée calomnieuse ; 3° l'héritier majeur qui, instruit du meurtre du défunt, ne l'aura pas dénoncé à la justice. Mais le défaut de dénonciation ne peut être opposé aux ascendants et aux descendants du meurtrier, ni à ses alliés au même degré, ni à son époux ou à son épouse, ni à ses frères et sœurs, ni à ses oncles et tantes, ni à ses neveux et nièces.

Les héritiers légitimes prennent immédiatement la place du défunt, dont ils continuent la personne, sous l'obligation d'acquitter toutes les charges de la succession ; c'est à eux que les légataires et donataires doivent s'adresser pour obtenir la délivrance des dons et legs. Les héritiers irréguliers sont-ils tenus des dettes de la succession? La loi garde le silence à leur égard. Ils ne sont jamais tenus des dettes de la succession *ultra vires*. Il n'est pas nécessaire qu'ils se portent héritiers sous bénéfice d'inventaire; ils ne continuent pas la personne du défunt. Leurs droits s'ouvrent du moment de la mort; dès lors ils acquièrent la propriété des biens, mais la possession du défunt ne se continue pas de plein droit en leur personne; ils doivent se faire envoyer en possession.

Le légataire universel est-il tenu des dettes *ultra vires* comme l'héritier légitime? Au for extérieur, il faut distinguer : s'il n'est pas en concours avec des héritiers à réserve, la loi le déclare saisi de plein droit, il a droit à l'universalité de la succession; il représente donc le défunt comme le feraient les héritiers naturels, et il est tenu envers les héritiers des mêmes obligations. S'il y a des héritiers à réserve, ce n'est plus le légataire qui a la saisine et qui représente les défunts, il n'est que successeur aux biens. Conséquemment il ne doit être tenu des dettes que proportionnellement à sa part d'émolument. Au for intérieur, l'héritier quel qu'il soit n'est jamais tenu d'acquitter les dettes du défunt *ultra vires*, c'est-à-dire d'y mettre du sien, avant la sentence du juge.

2° La loi ne considère ni la nature, ni l'origine des biens pour en régler la succession. Parmi les parents qu'elle appelle à succéder au défunt, on distingue les descendants, les ascendants et les collatéraux ; de là trois ordres de succession; en outre la manière dont les successions sont déférées diffère dans certains cas, suivant que les parents sont germains, consanguins et utérins. La loi divise les ascendants et les collatéraux en ligne paternelle et ligne maternelle.

Toute succession échue à des ascendants ou à des collatéraux se divise en deux parts égales : l'une pour les parents de la ligne paternelle, l'autre pour les parents de la ligne maternelle. Les parents utérins ou consanguins ne sont pas exclus par les germains, mais ils ne prennent part que dans leur ligne ; les germains prennent part dans les deux lignes. Cette première division opérée entre les lignes paternelle et maternelle, il ne se fait plus de division entre les diverses branches. La moitié dévolue dans chaque ligne appartient à l'héritier ou aux héritiers les plus proches en degré, sauf le cas de la représentation. D'où il résulte qu'il n'y a jamais que les frères ou sœurs germains, consanguins et utérins, ou leurs descendants, qui puissent avoir des parts inégales dans la succession. Tous les autres collatéraux au même degré, dans chaque ligne, partagent par tête, et ont droit à une portion égale.

La représentation est une fiction de la loi, dont l'effet est de faire entrer les représentants dans la place, dans le degré et dans les droits du représenté. La représentation n'a pas lieu en faveur des ascendants ; le plus proche dans chacune des deux lignes exclut toujours le plus éloigné. En ligne collatérale, la représentation est admise en faveur des enfants et descendants des frères et sœurs du défunt, soit qu'ils viennent concurremment à la succession avec des oncles et des tantes, soit que tous les frères et sœurs du défunt étant prédécédés, la succession se trouve dévolue à leurs descendants à des degrés égaux ou inégaux. Dans tous les cas où la représentation est admise, le partage s'opère par souche. Si une même souche a produit plusieurs branches, la subdivision se fait aussi par souche dans chaque branche, et les membres de la même branche partagent entre eux par tête. La représentation ayant l'effet de mettre le représentant aux droits du représenté, l'incapable et l'indigne, qui sont sans droits, ne peuvent être représentés.

3° Les enfants ou leurs descendants succèdent à leurs père et mère, aïeul ou aïeule, ou autres ascendants sans distinction de sexe ni de primogéniture, et encore qu'ils soient issus de différents mariages. Ils succèdent par égales portions et par tête, quand ils sont tous au premier degré et appelés de leur chef; ils succèdent par souche, lorsqu'ils viennent tous ou en partie par représentation.

Après les descendants viennent les ascendants, puis les collatéraux ; mais, parmi les ascendants, il en est qui sont exclus par certains collatéraux. Les frères et sœurs excluent en général les ascendants.

Les père et mère succèdent, à l'exclusion de tous autres ascendants, à leurs enfants qui meurent sans postérité, et qui ne laissent ni frères, ni sœurs, ni descendants d'eux. Si au décès de l'enfant qui meurt sans postérité, ses père et mère sont encore vivants, et s'il laisse en outre des frères et sœurs, la succession se divise par moitié, dont l'une est déférée au père et à la mère qui la partagent également, et succèdent ainsi chacun pour un quart; l'autre moitié est dévolue aux frères et sœurs ou à leurs descendants.

On distingue deux classes de collatéraux : 1° les frères et sœurs ou descendants d'eux ; 2° les autres collatéraux. Si le défunt n'a laissé ni père ni mère, ses frères, sœurs ou descendants d'eux succèdent à l'exclusion des ascendants et des autres collatéraux. Ils succèdent ou de leur chef ou par représentation. Les parents au delà du douzième degré ne succèdent pas. A défaut de parents au degré successible dans une ligne, les parents de l'autre ligne succèdent pour le tout.

4° Successions irrégulières. On appelle ainsi la succession que la loi défère quand elle ne trouve plus personne dans la famille qui soit l'héritier légitime et de droit. A défaut de successeurs légitimes, elle se décide en faveur des enfants naturels reconnus. La législation coutumière, rédigée sous l'empire de la morale du christianisme, déploya une sévérité inflexible contre les enfants naturels. La révolution, dans son esprit de réaction, saisit avidement cette occasion d'afficher et de propager un sentiment hostile à la théocratie, et la loi du 12 brumaire an II (1er novembre 1793), qui mit sur la même ligne les enfants naturels et les enfants légitimes, n'eut pas d'autre but que d'anéantir toutes les idées religieuses sur la sainteté du mariage. Les idées de morale avaient repris leur empire quand le code civil fut discuté ; on choisit donc un système mitigé, un moyen entre la rigueur des coutumes et le relâchement absolu de la loi de brumaire. On consacra cette théorie, d'ailleurs fort obscure et fort ambiguë, parce qu'elle ne fut adoptée qu'à la suite de nombreux tâtonnements et de nombreuses modifications. Il ne s'agit point ici des enfants adultérins ou incestueux auxquels la loi n'accorde jamais que des aliments. Il ne peut même être question que des enfants reconnus soit par acte volontaire, soit par jugement : en principe les enfants naturels ne sont point héritiers ; ils n'ont point d'aïeuls, ils n'ont donc aucun droit sur les biens des parents de leur père et mère. Les droits de l'enfant naturel reconnu légalement sont tarifés ainsi qu'il suit :

En concours avec des enfants légitimes, il n'a que le tiers de la portion qu'il aurait s'il était légitime ; avec des ascendants, ou frères ou sœurs, sa part est la moitié de celle d'un enfant légitime, c'est-à-dire la moitié de toute la succession ; il a droit aux trois quarts quand le défunt ne laisse que des collatéraux simples ; enfin, à défaut de parents il recueille tous les biens. La présence d'un enfant naturel ayant toujours quelque chose de fâcheux pour une famille, la loi permet de l'écarter de la succession, lorsqu'il a reçu du vivant de son père et de sa mère la moitié de ce qui lui est attribué par la loi. La succession de l'enfant naturel décédé sans postérité est dévolue au père ou à la mère qui l'a reconnu, ou par moitié à tous les deux, s'il a été reconnu par l'un et par l'autre. La mère d'un enfant naturel qui ne l'a reconnu ni dans son acte de naissance, ni par aucun acte authentique, peut néanmoins lui succéder après sa mort en faisant preuve de sa maternité. Lorsque les père et mère de l'enfant naturel sont décédés avant lui, les biens qu'il en avait reçus et qui se trouvent dans sa succession passent aux frères et sœurs légitimes, s'ils sont encore en nature ; les actions en reprise, s'il en existe, ou le prix de ces biens aliénés, s'il en est encore dû, retournent également aux frères et sœurs légitimes. « Les dispositions du code concernant les enfants naturels, adultérins ou incestueux, étant fondées sur les bonnes mœurs, ne sont pas moins obligatoires, dit Mgr Gousset, au for de la conscience qu'au for extérieur. Toute disposition frauduleuse en faveur d'un enfant illégitime serait donc nulle au for intérieur ; par conséquent les biens compris dans cette disposition continuent toujours d'appartenir au père, et, à moins qu'il n'en dispose autrement avant sa mort, ces biens feront partie de la succession qui appartient aux héritiers légitimes. »

« Cependant, continue ce savant archevêque, comme on se fait facilement illusion, surtout parmi les gens du monde, sur les questions de la nature de celle dont il s'agit, nous pensons qu'on ne doit point inquiéter, au tribunal de la pénitence, l'enfant illégitime qui croit pouvoir retirer sans injustice ce qu'il a reçu de son père ou de sa mère, lorsque d'ailleurs il n'y a pas lieu d'espérer qu'il renonce à la donation qui a été faite illégalement et frauduleusement en sa faveur. »

Nous ferons remarquer qu'on ne doit point regarder comme frauduleuse la disposition par laquelle un père ou une mère ont recours, par un contrat simulé, à l'intervention d'un tiers, pour subvenir à l'entretien d'un enfant naturel, à l'éducation duquel ils sont naturellement obligés, lors même qu'ils ne l'auraient pas reconnu légalement. Ceci s'applique aux enfants incestueux et adultérins.

A défaut de parents au degré successible, d'enfants naturels, la succession est dévolue au conjoint qui survit au défunt. La séparation de corps ne serait plus aujourd'hui un obstacle à la succession du conjoint ; mais les causes d'indignité sont pour le conjoint, comme pour les héritiers légitimes, des causes d'exclusion.

Enfin, à défaut de parents au degré successible, à défaut d'enfants naturels, à défaut de conjoint survivant, la succession est acquise à l'État. Les successeurs irréguliers n'étant pas saisis de plein droit, sont obligés de se faire envoyer en possession par la justice. Les successeurs irréguliers sont-ils tenus de prouver que le défunt n'a pas d'héritiers? Malgré l'opinion contraire de M. Toullier, il faut penser que la loi ne l'exigeant pas, les successeurs irréguliers sont dispensés d'une preuve souvent fort difficile à donner.

5° Enfin, en dernier lieu, l'État s'empare de toute succession vacante. La succession n'est en déshérence que lorsqu'il est certain qu'il n'y a pas de successeur ni régulier ni irrégulier ; mais il suffit pour qu'elle soit vacante qu'il ne s'en présente pas, qu'il n'y en ait pas de connus, ou que ceux-ci aient renoncé, et en outre que les délais accordés aux héritiers pour prendre qualité se soient écoulés.

DE L'ACCEPTATION. — Une succession peut être acceptée purement et simplement ou sous bénéfice d'inventaire. Nul n'est tenu d'accepter une succession qui lui est échue. Les femmes mariées ne peuvent pas valablement accepter une succession sans l'autorisation de leur mari ou de justice. Les successions échues aux mineurs et aux interdits doivent être acceptées par le tuteur, avec l'autorisation du conseil de famille. L'acceptation ne peut être faite que sous bénéfice d'inventaire. L'acceptation peut être expresse ou tacite; elle est expresse quand on prend le titre ou la qualité d'héritier dans un acte authentique ou privé; elle est tacite quand l'héritier fait un acte qui suppose nécessairement son intention d'accepter, et qu'il n'aurait droit de faire qu'en sa qualité d'héritier. Le majeur ne peut attaquer l'acceptation expresse ou tacite qu'il a faite d'une succession que dans le cas où cette acceptation aurait été la suite d'un dol pratiqué envers lui; il ne peut jamais réclamer sous prétexte de lésion, excepté seulement dans le cas où la succession se trouverait absorbée ou diminuée de plus de moitié par la découverte d'un testament inconnu au moment de l'acceptation.

DE LA RENONCIATION. — En droit français nul n'est héritier qui ne veut : la renonciation à une succession ne se présume pas; elle doit être expresse et non équivoque; elle est faite et inscrite au greffe du tribunal dans l'arrondissement duquel la succession est ouverte. Elle doit être pure et simple et ne comporte ni terme ni condition. On ne peut pas, même par contrat de mariage, renoncer à la succession d'un homme vivant, ni aliéner les droits éventuels qu'on peut avoir à cette succession. L'héritier a trente ans pour renoncer; passé ce temps il ne le peut plus. On est déchu forcément du droit de renoncer dans le cas de recel ou de divertissement d'effets de la succession. *Voyez* PARTAGE DE LA SUCCESSION, INVENTAIRE.

SUPERSTITION.

La *superstition* est un péché par lequel on honore ou celui qui ne doit pas être honoré, ou celui qui doit l'être, d'une manière dont il ne doit pas l'être. La superstition prise ainsi se divise en idolâtrie, divination, vaine observance et magie. L'idolâtrie est un culte divin, rendu intérieurement ou extérieurement à une créature qu'on regarde comme Dieu, et c'est ce qu'on appelle idole ou fausse divinité. La divination est l'art prétendu de deviner les choses futures et contingentes, ou même les choses cachées aux hommes, et dont Dieu seul a la connaissance. L'observance vaine consiste à se servir d'un moyen qui n'a aucune vertu naturelle, ni de soi, ni par l'institution divine ou ecclésiastique, pour produire l'effet qu'on en espère. La simplicité peut l'excuser *a mortali*, comme si un soldat ignorant portait un scapulaire parce qu'on l'aurait assuré que, pourvu qu'il l'eût toujours sur lui, il ne serait jamais blessé. Enfin la magie superstitieuse est la science de faire, par le moyen du démon, des choses qui surprennent, et qu'un homme seul ne peut faire par lui-même.

On voit par là que la superstition peut avoir deux objets contraires, savoir : le culte d'une fausse divinité, ou celui qu'on rend à Dieu d'une manière indue et opposée à celui qu'il mérite qu'on lui rende : *qui divino instituto, rationique est dissentaneus*, ajoute Polman; et c'est de ce dernier genre de superstition, considéré sous cette seconde idée, qu'il s'agit ici.

Or ce culte est ou faux ou superflu. Le premier est défini par les théologiens : *veri Dei cultus non verus*, parce que *falsus est in se*, tel qu'est celui qui consiste à inventer de faux miracles, sous prétexte d'honorer ou de faire honorer Dieu; *vel in sua significatione*, comme le serait celui où l'on observerait les anciennes cérémonies judaïques qui supposent un Messie à venir. Cette espèce de culte est toujours péché mortel.

Le second est défini : *veri Dei cultus, ab illius instituto alienus;* c'est-à-dire un culte qui est contre la coutume, la doctrine et l'esprit de l'Eglise, comme l'est une prière que l'on fait avec des circonstances vaines, et qui n'ont point de rapport véritable à l'honneur qu'on doit à Dieu; telle qu'est celle que l'on suppose ne devoir être faite que dans de certains jours, ou à de certaines heures, ou qu'on s'imagine n'avoir son effet qu'en la répétant un certain nombre de fois, ou en la commençant par la fin et en la finissant par le commencement, ou enfin en la faisant dans une certaine situation de corps, ou en se tournant du côté de l'occident plutôt que du côté de l'orient.

M. Thiers, dans son Traité des Superstitions, en quatre volumes, rapporte, dans le seul premier tome, trois ou quatre cents exemples de diverses superstitions, dont la plupart regardent la guérison des maladies, tant des hommes que des animaux; lesquelles consistent à faire certaines choses sans dire aucune parole, et les autres, en faisant certaines prières, ou en prononçant certains mots grecs, latins, français, hébraïques, ou entièrement inintelligibles.

Généralement parlant, toutes les superstitions, de quelque espèce qu'elles soient, sont défendues par le premier précepte du Décalogue : *Omnes superstitiones intelliguntur prohiberi in hoc quod dicitur : Non habebis deos alienos coram me*. Ce sont les termes de saint Thomas. C'est aussi ce que déclare le concile d'York de 1466. La raison est que toute superstition renferme nécessairement un pacte, au moins implicite ou tacite, avec le démon, comme l'enseignent formellement saint Augustin et saint Thomas, 2-2, q. 121, a. 2. Doctrine à laquelle s'est conformée la sacrée Faculté de théologie de Paris, dans le huitième article de la censure du 19 septembre 1498, rapportée par Gerson.

CAS I. *Florent*, curé de Saint-Pierre, applique la clef de son église, rougie au feu, sur la tête des bœufs, des chiens ou d'autres animaux, pour les préserver de la rage :

cette coutume, qui se pratique en plusieurs provinces, sans qu'on y trouve à redire, n'est-elle pas superstitieuse?

R. Elle ressent beaucoup la superstition; car sur quel fondement peut-on soutenir que la clef d'une église consacrée à Dieu sous le nom de Saint-Pierre ait la vertu de préserver ou de guérir un animal de la rage, plutôt que celle d'une église dédiée à un autre saint? Pourquoi, si elle a cette vertu, faut-il l'appliquer plutôt chaude que froide? Il semble donc qu'il n'y a là qu'une pure illusion, qui n'a d'autre principe que l'ignorance des fidèles, ou peut-être l'intérêt sordide de quelques ecclésiastiques qui profitent de la simplicité des peuples. Il en est de même de la coutume de faire de la première pièce qu'on donne à l'offrande le vendredi saint un anneau pour se guérir de la contraction des nerfs; et de celle de se faire toucher par un septième enfant mâle pour être guéri des écrouelles. Ce curé ferait donc sagement d'abolir cette coutume en sa paroisse; et pour y mieux réussir il devrait s'adresser à son évêque. Néanmoins, s'il ne lui est pas possible de l'abolir entièrement, à cause de l'entêtement du peuple, il peut la tolérer, à cause de la bonne foi des villageois, que leur simplicité excuse de péché. C'est le sentiment de Cajétan, *in 2-2, q.* 96, *a.* 4. Sainte-Beuve, I, II, cas 12. *Confér.* de Périgueux, tom. IV, Confér. 3, q. 1.

CAS II. *Valentin,* qui a la réputation d'être très-pieux, a guéri quelques malades en récitant l'Evangile de saint Jean, *In principio,* cinq fois le *Pater* et l'*Ave Maria,* avec d'autres prières. Peut-on condamner cela de superstition?

R. Il faut décider cette difficulté par un principe qu'établit saint Thomas, 2-2, *q.* 96, art. 4, ad. 1 : *Etiam proferre verba divina aut invocare divinum nomen,* dit ce saint docteur, *si respectus habeatur solum ad Dei reverentiam, a qua exspectatur effectus, licitum erit. Si vero habeatur respectus ad aliquid aliud vane observatum, illicitum erit.* Et un peu après : *Eadem ratio est de portatione reliquiarum : quia si portentur ex fiducia Dei et sanctorum quorum sunt reliquiæ, non erit illicitum; si autem circa hoc attenderetur aliquid aliud vanum, puta, quod vas esset triangularis, aut aliquid aliud hujusmodi, quod non pertineat ad reverentiam Dei et sanctorum, esset superstitiosum.* Ainsi, si Valentin n'a d'autres intentions, dans ces prières, que de rendre à Dieu le respect qu'il lui doit, et d'espérer uniquement de sa bonté la guérison des malades pour qui il prie, on ne peut le condamner de superstition; mais il en est coupable si, par exemple, il attend l'effet de certaines prières plutôt que d'autres, ou s'il l'attend d'un certain nombre d'oraisons, comme s'il était persuadé qu'un moindre nombre serait inutile pour l'effet qu'il en espère. C'est pour cela que Pierre Simon, évêque d'Ypres, défendit, comme superstitieuse, une oraison dont un capitaine se servait pour guérir ses soldats, quoiqu'elle fût fort pieuse, en n'en considérant que les termes. C'est pour cela encore que le parlement de Paris fit brûler vive, le 19 janvier 1577, Barbe Doré, qui confessa avoir guéri des personnes sur qui elle avait exercé des maléfices, en mettant sur leur poitrine un pigeon coupé par la moitié, et en prononçant ces paroles, qu'elle avoua avoir apprises du diable : *Au nom du Père, du Fils, du Saint-Esprit, de saint Antoine et de l'ange saint Michel, puisses-tu guérir de ce mal.* Voyez Bodin, lib. III *Dæmonom.,* c. 5. Ce n'est donc point aux particuliers à faire de nouvelles prières. C'est tenter Dieu, que de croire qu'une telle formule d'oraison, récitée par tel ou tel, aura la vertu de guérir un malade.

CAS III. *Nicéphore,* homme de guerre, étant prêt à partir pour l'armée, s'est fait enrôler dans la confrérie du Scapulaire, dans la persuasion que tous ceux qui, étant de cette confrérie, le portent, et récitent tous les jours cinq fois le *Pater* et l'*Ave,* ne meurent jamais sans confession. N'est-il point coupable de superstition?

R. Il l'est; car quoique l'usage du scapulaire soit, comme celui du rosaire, louable et pieux, si on le considère comme une marque de dévotion envers la sainte Vierge, et comme un signe qui sert à se souvenir de la résolution qu'on a prise de réciter chaque jour quelques prières, ou de faire d'autres œuvres de piété : c'est pourtant une erreur déplorable, et dont le démon se sert pour précipiter bien des gens dans l'impénitence, de s'imaginer que le scapulaire soit un moyen assuré de n'être jamais prévenu par la mort sans s'être confessé ; privilège purement imaginaire, qui n'est fondé ni sur les promesses divines, ni appuyé sur le sentiment d'aucun saint ni d'aucun docteur orthodoxe, et qu'enfin il n'est au pouvoir ni du pape ni de l'Église même d'accorder à personne, Dieu seul en étant le maître absolu.

C'est pourquoi l'on ne saurait trop déplorer l'ignorance crasse où sont une infinité de gens grossiers et mal instruits, qui ne portent le scapulaire que dans cette vue; et qui, bien loin que cette pratique les rende plus attentifs à éviter le péché, tombent, au contraire, plus aisément et plus fréquemment, par la suggestion du démon, qui les flatte qu'ils auront certainement assez de temps pour se confesser avant la mort, dont ils se trouvent souvent surpris au temps qu'ils y pensent le moins.

CAS IV. *Mirocles* a guéri Louis, qui avait la fièvre, en lui appliquant une certaine herbe sur le poignet par trois fois, d'heure en heure. Il a aussi guéri Antoine, qui avait une violente colique, en prononçant quelques paroles en langue étrangère, et récitant le *Pater* ensuite; et Pierre, qui avait mal aux dents, en faisant toucher à la dent qui lui faisait douleur, une dent qui avait été arrachée à un autre pour pareil mal. Irénée a d'autres secrets, par lesquels il guérit les chevaux, les bœufs, les vaches, etc. Leur curé a-t-il raison de condamner tout cela?

R. La règle dont il faut partir pour résoudre cent difficultés pareilles, c'est que toute cause qui n'a de rapport ni naturel, ni surnaturel, c'est-à-dire fondé sur la volonté de Dieu ou sur le jugement de l'Eglise, à l'effet qu'on en attend, doit être regardée comme superstitieuse, et comme venant d'un mauvais principe. Or, à l'exception de l'herbe appliquée sur le poignet, il n'y a aucun de ces rapports entre les autres remèdes et la guérison qu'ils produisent. Et c'est pour cela que saint Augustin, lib. II *de Doct. chr.*, c. 20; saint Thomas, 2-2, q. 98, a. 2; et plusieurs conciles les condamnent. Ainsi le curé de Mirocles et d'Irénée fait très-bien de s'y opposer.

— Quand il ne s'agit que de paroles, que l'Eglise n'a point approuvées, et dont un certain nombre fait le mérite, la superstition est aisée à voir. Quand il s'agit de remèdes, c'est à d'habiles médecins à en juger. Encore faut-il en consulter plusieurs, parce qu'il y en a qui condamnent ce qu'ils n'ont pas trouvé. Au reste, l'auteur a raison d'ajouter que c'est une superstition de croire que de treize personnes qui sont à table, il en meurt une dans l'année; qu'il ne faut pas se mettre en voyage le vendredi; qu'un enfant *né coiffé* sera heureux; qu'un convalescent évitera la rechute, si la première fois qu'il sort de sa maison est un vendredi; que certaines herbes n'ont une telle vertu que quand on les cueille le jour de la Nativité de saint Jean; qu'on ne doit pas partir pour un voyage le jour que quelque tempête s'est élevée, ou quand on a vu la lune dans un certain état; qu'on ne doit pas planter une vigne dans une année bissextile, et cent autres observations vaines et extravagantes, dont on peut dire, après saint Augustin, lib. x *de Civ. Dei*, c. 11 : *Totum hoc ad eosdem ipsos dæmones pertinet, ludificatores animarum sibimet subditarum, et voluptuaria sibi ludibria de hominum erroribus exhibentes.* En effet, ces sortes de superstitions ne sont autre chose qu'un reste de paganisme et une espèce d'idolâtrie, ainsi que le dit Origène, et saint Gaudence, évêque de Bresse, après lui; et l'on ne peut nier qu'elles ne renferment au moins un pacte implicite avec le démon, comme nous l'avons déjà dit, et comme les docteurs de théologie de la Faculté de Paris le déclarèrent le 19 septembre 1398, en ces termes: *Intendimus, pactum esse implicitum in omni superstitiosa observatione, cujus effectus non debet a Deo, vel a natura rationabiliter exspectari.*

C'est donc avec beaucoup de raison que le troisième concile de Tours, tenu en l'année 813, ordonne aux curés d'avertir les fidèles de ne se pas laisser surprendre par ces sortes de superstitions, et de leur en faire connaître la malice. Voici don décret: *Admoneant sacerdotes fideles populos, ut noverint, magicas artes incantationesque quibuslibet infirmitatibus hominum nihil posse remedii conferre; non animalibus languentibus claudicantibusve, vel etiam moribundis, quidquam mederi, vel ligaturas ossium, vel herbarum, cuiquam mortalium adhibitas prodesse; sed hæc esse laqueos et insidias antiqui hostis, quibus ille perfidus genus humanum decipere nititur.*

Ceux qui souhaiteront un détail encore plus ample sur cette matière, peuvent consulter Sylvius, qui en traite fort au long dans une de ses décisions du 30 novembre 1642, où, après avoir rapporté un grand nombre de ces sortes de superstitions, il dit: *Hæc autem omnia esse superstitiosa et magica doceri potest ex ista regula. Dum aliqua fiunt ad eos effectus habendos, ad quos neque valent naturaliter, neque ex Dei aut Ecclesiæ instituto sunt ad ejusmodi ordinata, procul dubio superstitiosa sunt et magica. Talium enim effectus, cum non exspectentur ex causa naturali; quandoquidem nulla sit causa, quæ naturaliter valeat eos causare; nec etiam exspectentur a Deo: nam Deus, nec per se, nec per Ecclesiam, quæ spiritu Dei regitur, talia ordinavit ad habendos ejusmodi effectus, restat ut exspectentur a dæmone.* Cette règle de Sylvius, qui est suivie par Hessellius, par le cardinal Tolet, par Navarre et par le commun des théologiens et des canonistes, peut servir à décider toutes les autres difficultés semblables qu'on peut former sur cette matière.

Cas V. *Chrysostome*, craignant qu'un chien dont il a été mordu ne fût enragé, a mangé du pain bénit pour être préservé de la rage. Il en a même donné à un mouton qui a été mordu par ce chien: l'a-t-il pu?

R. Il a pu en manger, parce que l'Eglise bénit le pain pour la santé du corps et de l'âme des fidèles, comme il paraît par les termes dont elle se sert en bénissant: *Ut omnes ex eo gustantes, inde corporis et animæ percipiant sanitatem*; mais il n'est pas permis d'en donner à une bête, le pain bénit n'étant destiné par l'Eglise qu'à l'usage des seuls fidèles.

Cas VI. *Quentin*, matelot, voyant des dauphins sur la surface de la mer, assure qu'il va bientôt s'élever une tempête; et Euphémien, ayant entendu un chien hurler à minuit à la porte de sa maison et un corbeau croassant, croit qu'il mourra bientôt quelqu'un de sa famille ou de ses voisins. Est-ce là une divination superstitieuse?

R. Il y a des augures ou présages naturels qui sont fondés sur l'ordre établi de Dieu, et confirmés par l'expérience des événements qui les suivent: tel est celui des dauphins par rapport à la tempête. Il y en a qui ne sont fondés que sur l'imagination, et qu'on peut regarder comme un reste de superstition païenne: tels sont ceux du hurlement d'un chien, du cri d'un corbeau, et semblables, dont on conclut la mort d'un voisin, et dont le démon se sert *ad implicandos animos hominum vanis opinionibus*, ainsi que parle saint Thomas, 2-2, q. 95, n. 7. On ne peut trop combattre ces derniers: saint Charles voulait que les évêques punissent ceux qui y croyaient. *Voyez* son premier Conc. prov. de Milan, part. 1, c. 10, où il parle ainsi: *Pœnas sumant episcopi de iis omnibus, qui in itineris susceptione, aut cu-*

jusuis rei institutione, vel progressione, dies, tempora et momenta observantes, quadrupedum voces, avium garritum aut volatum notantes... suscipiendi operis felicitatem augurantur. Conc. Mediol. I, p. 1, cap. 10, *de magicis Artibus,* etc.

Cas VII. *Placidie,* très-dévote à la Vierge, fait souvent ses prières devant une de ses images qu'on dit miraculeuse, et cela pendant même que le saint sacrement est exposé. Cette espèce de préférence est-elle exempte de superstition?

R. Placidie peut, sans erreur et sans superstition, en se regardant comme indigne d'adresser à Jésus-Christ même ses prières, recourir à la Vierge, et lui demander, par son intercession auprès de son Fils, qu'elle lui obtienne de sa bonté les grâces dont elle a besoin. Mais si elle négligeait de faire ses prières devant le saint sacrement, et qu'elle mit son unique confiance en la sainte Vierge, elle se rendrait coupable d'erreur et de la superstition la plus criminelle.

Voyez Astrologie judiciaire; Empêchement d'impuissance, cas XVI; Songe.

SUSPENSE.

La *suspense* est une censure ecclésiastique par laquelle un clerc est, pour quelque faute considérable, privé de l'exercice de son ordre, ou de son office, ou de l'administration de son bénéfice. Ainsi il y a trois sortes de suspenses: celle de l'*ordre,* qui prive des fonctions des ordres qu'on a reçus; celle de l'*office,* qui prive de l'exercice de la juridiction et de toutes les autres fonctions qui appartiennent à un clerc à raison de son bénéfice ou de quelque charge ecclésiastique; celle du *bénéfice,* qui le prive absolument de tous les fruits, gros ou manuels, et des autres avantages qui sont attachés à ce bénéfice ou à cette charge. Quand la suspense prive à la fois de tous ces biens, on l'appelle *totale;* autrement ce n'est qu'une suspense *partiale.* L'une et l'autre est ou un temps ou pour toujours.

Une suspense *ab ordine superiore tantum,* ne suspend pas des ordres inférieurs. Ainsi un prêtre suspens seulement *a celebratione missæ* peut exercer les fonctions de diacre. Mais la suspense des fonctions d'un ordre inférieur suspend des fonctions de l'ordre supérieur; de sorte qu'un ecclésiastique suspens du diaconat ne peut v. g. célébrer sans encourir l'irrégularité, selon cette règle du droit: *Cui non licet quod minus est, nec ei licere debet quod et majus.* Il est cependant probable qu'un prêtre suspens du seul diaconat peut exercer les fonctions de la prêtrise qui n'y ont point de rapport, v. g., prêcher, administrer le baptême solennel, la pénitence, la communion, etc. Au reste, comme la suspense est attachée à la personne de celui qui l'a encourue, elle le suit dans un autre diocèse où il se retire; et c'est pour cela que le concile d'Antioche menace de peines très-sévères l'évêque qui permet à un tel ecclésiastique d'exercer dans son diocèse les fonctions des ordres dont il a été déclaré suspens par son évêque diocésain; et tel est encore à présent l'usage de l'Eglise. Ce qui est si vrai, que celui qui a été déclaré suspens *a beneficio* par un jugement juridique, l'est par cette même raison à l'égard des bénéfices qu'il possède dans un autre diocèse; parce que ce bénéficier étant sujet, à raison de son domicile, de l'évêque qui l'a déclaré suspens, et cette suspense étant, comme nous l'avons déjà dit, attachée à sa personne, il n'a pas plus de droit d'administrer les bénéfices qu'il a en d'autres diocèses, que ceux qu'il a dans le diocèse où il réside.

Il faut ajouter que, comme la résignation, ou la permutation, suppose nécessairement un droit au bénéfice, un bénéficier suspens ne peut, selon les canons, résigner ni permuter, puisqu'il ne le peut faire sans exercer un droit de l'usage duquel il est privé par la suspense. Cependant, selon la jurisprudence des parlements de France, il peut résigner, quand même il en serait dépouillé par sentence, jusqu'à ce qu'il en ait été privé par un jugement définitif. Cette même jurisprudence autorise aussi l'usage qu'il fait des fruits.

Un clerc devient suspens *ipso jure*: 1° dans les diocèses de France où les évêques ont statué cette peine contre ceux qui se sont fait ordonner sous un faux titre, soit de bénéfice, soit de patrimoine, autrement il ne l'encourt pas, parce que la bulle *Pontificis* de saint Pie V qui la décerne, n'est pas reçue en ce royaume, comme l'observe Cabassut; 2° en recevant les ordres sacrés avant l'âge requis, ou hors le temps prescrit par les canons, ou sans le dimissoire de son propre évêque; 3° en recevant en un même jour deux ordres sacrés; 4° en recevant un ordre sacré avant d'avoir reçu l'ordre sacré qui lui est inférieur; 5° lorsqu'é étant excommunié ou coupable de simonie il reçoit quelque ordre; 6° et 7° on l'encourt encore en recevant les ordres d'un évêque qu'on sait être excommunié, suspens ou interdit dénoncé, ou de celui qui a renoncé à son évêché et aux fonctions épiscopales; 8° et 9° ou en les recevant, soit après avoir substitué quelqu'un à l'examen en sa place, soit après avoir contracté mariage, bien qu'on ne l'ait pas consommé; 10° tout prêtre séculier ou régulier qui marie des personnes d'une autre paroisse, sans la permission du curé ou de l'évêque des contractants, est aussi suspens. Il y a plusieurs autres suspenses, soit dans les statuts des évêques, soit dans le corps de droit. *Voyez* mon IV° vol. de *Morale,* c. 2, *de Suspensione,* art. 4.

Tous ceux qui étant suspens *ab ordine* exercent quelques fonctions de leur ordre, pèchent mortellement, et de plus ils encourent l'irrégularité. Mais on ne l'encourt pas, 1° en violant la suspense de la juridiction contentieuse, vu qu'un simple clerc peut l'exercer; 2° lorsque étant suspens *a beneficio* on ne laisse pas d'en recevoir les fruits, d'en passer les baux ou de faire d'autres semblables offices qui y sont attachés, quoiqu'on ne le puisse faire sans pécher grièvement. Navarre et le commun des canonistes assurent la même chose de celui qui prêche quoique suspens de l'office de prêcher, parce que, disent-ils, ce ministère n'est pas tellement attaché à l'ordre, qu'il ne puisse être quelquefois confié à un simple clerc tonsuré, comme nous l'avons vu dans feu M. l'abbé Gaillard, qui, n'ayant aucun ordre, a prêché avec permission de plusieurs prélats de France, jusqu'à l'âge de quatre-vingts ans, dans les missions qu'il faisait à ses dépens.

Cas I. *Archambaud*, évêque de Citta-Nova, en Istrie, ayant été nommément déclaré suspens *ab ordine* ou *a jurisdictione*, pour avoir conféré le diaconat et la prêtrise dans un même jour à un sous-diacre, peut-il faire encore quelques fonctions épiscopales?

R. Comme l'ordre et la juridiction sont deux choses fort différentes, et que les peines canoniques, étant une matière odieuse, ne souffrent point d'extension, celui qui est suspens *ab ordine* ne l'est pas *a jurisdictione* (*et vice versa*), à moins que cette juridiction ne soit nécessairement attachée à la fonction de l'ordre, comme elle l'est au sacrement de pénitence, que par conséquent un prêtre suspens *ab ordine* ne peut exercer. Si donc Archambaud a été seulement suspens *ab ordine*, il ne peut à la vérité célébrer pontificalement, ni donner les ordres, ni consacrer les églises et les autels, parce que ces fonctions appartiennent à la puissance de l'ordre, mais il peut exercer les actes de la juridiction épiscopale, tels que sont ceux de conférer les bénéfices, d'approuver les confesseurs, de prononcer des censures et d'en absoudre au for extérieur seulement, parce que toutes ces fonctions ne sont pas des actes d'ordre, mais de juridiction. Mais s'il a été suspendu *a jurisdictione* seulement, il peut exercer toutes les fonctions qui sont de la puissance de l'ordre, sans pouvoir en exercer aucunes de celles qui ne sont que de juridiction. Mais il faut ajouter qu'un évêque suspens *a pontificalibus*, 1° ne peut célébrer *cum apparatu pontificali*, quoiqu'il le puisse faire comme les simples prêtres, c'est-à-dire sans mitre, sans *pallium*, ni autres ornements propres aux évêques; 2° qu'il ne peut ni confirmer, ni ordonner, ni consacrer les églises, les autels ou les calices. C'est le sentiment de l'auteur des Conférences d'Angers, qui, sur ces mêmes principes, dit, 1° que quand un prêtre est suspens *a celebratione missæ*, sans l'être *a sacerdotio*, il peut administrer la pénitence et l'eucharistie, prêcher et faire les fonctions de diacre, etc.; 2° que s'il n'est suspens que *ab excipiendis confessionibus*, il peut célébrer et administrer les autres sacrements; 3° qu'un curé qui est seulement suspens de ses fonctions curiales peut célébrer en sa paroisse, pourvu que ce ne soit pas la messe paroissiale: il peut encore chanter l'office divin avec les autres, pourvu qu'il ne préside pas au chœur, etc.

Nota. Aucune suspense ne tombe sur un évêque, à moins qu'il ne soit expressément nommé.

Cas II. *Métrodore*, curé d'une paroisse de la campagne, est entré dans un cabaret pour y régaler deux amis, contre l'ordonnance de son évêque, qui le défend à tous ecclésiastiques, sous peine de suspense *ipso facto* pour six mois, et dont il s'est réservé l'absolution. 1° A-t-il péché mortellement? 2° Est-il suspens de l'exercice des saints ordres et de toutes les fonctions curiales? 3° Par qui peut-il être absous dans le for de la pénitence?

R. Ce curé a péché mortellement, selon ce mot de saint Grégoire (c. 2, *de Majorit.*): *Si quis venerit contra decretum episcopi, ab Ecclesia abjiciatur*. 2° Il a encouru la suspense, et cette suspense est générale, puisqu'elle est portée sans restriction. 3° Il n'y a, dans ce cas, que son évêque qui puisse l'en relever avant l'expiration des six mois, après lesquels la censure cesse de droit; et ce curé, ayant accompli ce qui lui avait été prescrit, rentre dans son premier état, sans qu'il ait besoin d'aucune absolution pour en être relevé. Mais il est à observer, 1° que si la suspense n'était que *ab ordine*, il conserverait en ce cas les autres pouvoirs qui lui appartiennent à raison de son bénéfice, et pourrait les exercer sans tomber dans l'irrégularité qu'encourent tous ceux qui violent une censure; 2° qu'un prêtre qui serait suspens de l'ordre de diacre serait aussi censé l'être de l'ordre supérieur, qui est la prêtrise, à moins que le contraire ne parût clairement et expressément par les termes mêmes de la sentence. La première raison qu'on en peut donner est que celui qui est indigne d'un ordre inférieur l'est encore plus d'un ordre supérieur: *Qui indignus est inferiore ordine, indignior est superiore*. La seconde, parce que toutes les fonctions qui sont propres à la prêtrise sont plus nobles et plus excellentes que ne le sont celles du diaconat, comme celles du diaconat surpassent en excellence celles du sous-diaconat, et que par cette raison celui à qui les fonctions du diaconat sont interdites est censé privé du droit d'exercer celles du sacerdoce: *Cum majora intelligantur illis prohibita, quibus vetita sunt minora*, ainsi que parle Innocent III, écrivant à l'évêque de Londres: ce qui se doit néanmoins entendre lorsque ce qui est plus grand a une liaison et un rapport nécessaire avec ce qui est moindre, comme il arrive dans ce cas, où l'ordre majeur suppose l'inférieur, qui en est comme le fondement. *Hoc tamen intelligitur*, dit Bonacina, *quando majus habet connexionem cum minori; tum quia superior ordo est annexus inferiori, et supponit inferiorem tanquam fundamentum*. Le cardinal Tolet, Sayrus, Reginaldus, Ugolinus, Henriquez et plusieurs autres disent la même chose, aussi bien que les auteurs des savantes Conférences des diocèses de Luçon et d'Angers, et les autres docteurs que nous venons de citer.

Cas III. *Dominique*, curé à Tréguier, a mangé sans nécessité au cabaret, dans le diocèse de Vannes, contigu, nonobstant un statut de son propre évêque, qui le défend à tous prêtres, sous peine de suspense *ipso facto*. A-t-il encouru cette censure?

R. Non; car un statut diocésain est une loi qui, étant attachée au territoire du diocèse, ne lie que ceux qui y sont actuellement; de sorte que ceux qui, en étant dehors, ne gardent pas le statut, n'encourent point la peine qui y est portée contre ceux qui le transgressent. C'est ce qui est clairement décidé, cap. 2, *de Constit.*, in 6, où Boniface VIII dit que *extra territorium jus dicenti non paretur impune*. Il en est de même des autres censures.

— Si Dominique, qui serait à deux pas du diocèse de Vannes, y allait au cabaret, *in fraudem legis diœcesanæ*, son évêque pourrait lui défendre *per mandatum speciale*, sous peine de suspense *ipso facto*, d'y aller à cette fin; et alors, en violant un ordre juste, il tomberait dans la censure.

CAS IV. *Gérasime*, prêtre du Mans, est allé demeurer à Bazas, où l'entrée du cabaret est défendue aux ecclésiastiques, sous peine de suspense *ipso facto*. Après y avoir fixé son domicile, il a pris ses repas dans un cabaret et y a donné à manger à un ami, ignorant cette défense. A-t-il encouru la suspense portée dans ce diocèse?

R. L'ignorance, tant du droit ecclésiastique que du fait, excuse de toutes sortes de censures, quand elle n'est ni affectée ni coupable, ainsi que le déclare Boniface VIII, *cit. cap*. La raison est que la censure n'affecte que les contumaces, et qu'on ne l'est pas quand on est de bonne foi dans l'ignorance.

— Un ecclésiastique qui s'établit dans un nouveau diocèse ne doit pas différer beaucoup à en lire les statuts qui regardent son état : et c'est souvent à quoi les plus gens de bien ne pensent pas. Au reste, la décision de l'auteur est conforme à celle de Sylvestre, de Mozolin, de Navarre, de Sylvius, in 1, 2, q. 76, art. 1, de Cabassutius, lib. v, cap. 13, num. 5.

CAS V. *Eléazar*, évêque de Jaën, a fait une ordonnance portant en termes généraux défense à ceux qui sont dans les ordres d'aller au cabaret, sous peine de suspense *ipso facto*. 1° Jérôme, acolyte, y a été. Est-il suspens de ses ordres? 2° Est-il irrégulier pour en avoir ensuite fait les fonctions?

R. Régulièrement parlant, Jérôme n'a pas encouru la suspense, ni par conséquent l'irrégularité; parce que, selon le style ordinaire, on ne regarde comme étant dans les ordres que ceux qui sont *in sacris*, et qu'en matière de peines, qui sont des choses odieuses, il ne faut pas étendre les termes au delà de leur signification commune, suivant cette règle, 25, in 6, *Odia restringi, et favores convenit ampliari*. Néanmoins, comme l'évêque peut comprendre aussi les clercs mineurs dans une telle ordonnance, le plus sûr est de le consulter et de se conformer à ce qu'il décidera; car il n'y a proprement que le législateur qui ait droit d'interpréter sa loi, comme il est dit leg. 2, cod. *de Legibus*.

— 1° C'est au législateur à s'expliquer clairement, ce qu'il ne fait pas toujours.

2° Les mineurs s'exerçant aujourd'hui presque partout par de simples clercs, et même par des laïques, il serait singulier qu'on en suspendît un minoré.

CAS VI. *Voconius* s'est fait ordonner diacre, sans avoir subi l'examen : a-t-il encouru la suspense *ab ordine*?

R. Oui ; car, dit Célestin III, cap. 3, de eo qui furtive, *Sic ordinati in susceptis ordinibus, de juris rigore ministrare non debent*.

— Cette suspense n'est réservée au pape que quand cette ordination furtive est défendue par l'évêque sous peine d'excommunication. En ce cas, si elle était notoire, l'évêque n'en pourrait dispenser, à moins que ceux qui auraient ainsi été ordonnés n'entrassent en religion et y fissent bien leur devoir. *Si ibidem*, nimirum in religione, *laudabiliter fuerint conversati, processu temporis cum eis poteris de nostra licentia dispensare, ut postmodum susceptorum ordinum exsecutione lætentur*, ajoute le même pontife.

CAS VII. *Mummolus*, du diocèse de Die, s'est fait ordonner diacre par l'évêque de Grasse, sous un faux dimissoire : est-il suspens *ab ordine*?

R. Il l'est par la bulle 7 de Pie II, et par la 91 de Sixte V, que l'usage a si bien confirmées en ce point, qu'elles ont force de loi, ainsi que le remarque M. Babin. Le concile de Trente dit la même chose, sess. 23, c. 8, en ces termes : *Si quis ab alio promoveri petat, nullatenus id ei…. permittatur, nisi ejus probitas et mores ordinarii sui testimonio commendentur : si secus fiat, ordinans a collatione ordinum, et ordinatus a susceptorum ordinum exsecutione, quandiu proprio ordinario videbitur expedire, sit suspensus*.

CAS VIII. *Cyriaque*, par le moyen d'un faux extrait baptistaire, s'est fait ordonner prêtre à vingt-trois ans et demi. A-t-il encouru la suspense? et si son crime est public, et qu'il ait célébré en cet état, par qui peut-il être absous?

R. Il l'a encourue, puisqu'on ne peut, sans l'encourir, recevoir aucun ordre sacré avant l'âge prescrit par les canons. Mais, quoi qu'en pense Navarre, si le fait est occulte, l'évêque peut en absoudre. Que s'il est public, il faut avoir recours à la daterie. *Voyez* Cabassut, l. v, c. 16, n. 6, et le ch. *liceat* 6, sess. 24, du concile de Trente. Cette décision est fondée sur la 7e bulle de Pie II, qui est du 17 novembre 1461, où ce pape parle en ces termes : *Auctoritate apostolica, hac constitutione perpetuo valitura statuimus et ordinamus, quod omnes et singuli qui absque dispensatione canonica aut legitima licentia….. ante legitimam ætatem…. ad aliquem ex sacris ordinibus se fecerint promoveri, a suorum ordinum exsecutione ipso jure suspensi sint : et si, hujusmodi suspensione durante, in eisdem ordinibus ministrare præsumpserint, eo ipso irregularitatem incurrant*. Or, cette constitution et le décret du concile de Trente, qui l'a renouvelée, sont reçus en France à cet égard. *Veruntamen*, dit Cabassutius, cit. lib. v, cap. 16, n. 6, *Clemens VIII in bulla incipiente*, Romanum pontificem decet, *redigit* (hanc suspensionem) *ad dispositionem concilii Tridentini. Itaque potest episcopus in hac suspensione, si sit occulta, dispensare.*

Cas IX. *Mutius*, acolyte, s'est fait ordonner sous-diacre par un évêque qui s'était démis de son évêché, et avait renoncé aux fonctions épiscopales, et de l'évêché duquel un autre avait pris possession. A-t-il encouru la suspense?

R. Oui, s'il n'y a pas été de bonne foi. C'est la décision d'Alexandre III, qui dit, cap. 1 *de Ordin. ab episcopo*, etc., l. 1, t. 15 : *Si ab eodem* (episcopo) *sacros ordines scienter quis receperit ; quia indignum se fecit, exsecutionem officii non habebit. Ubi autem non scienter, poterit* (*nisi crassa et supina fuerit ignorantia*) *discretus pontifex dispensare.* Ducasse ajoute qu'un tel crime est réservé au pape.

— Il faut pour cela qu'il soit public. Aujourd'hui un évêque renonce *au lieu*, sans renoncer *à la dignité*, à moins qu'il ne soit déposé, ou qu'il n'entre en religion. *Voyez* ce que j'en ai dit tom. IV, c. 2, *de Suspensione*, art. 4.

Cas X. *Hombert*, natif du diocèse de Bâle, ayant demeuré chez l'évêque de Sion en qualité de domestique pendant huit ans, en a reçu le sous-diaconat, sans avoir obtenu de dimissoire de celui de Bâle. L'évêque de Sion étant venu à mourir trois mois après, Hombert a été choisi par son successeur pour son aumônier ; et après l'avoir servi deux ans, il a reçu de lui le diaconat et la prêtrise. Sur quoi l'on demande si, ayant demeuré dix ans avec ces deux évêques, il a pu, sans encourir la suspense, se faire ordonner par eux, sans le dimissoire de son évêque diocésain?

R. Il a pu recevoir le sous-diaconat du premier évêque. Comme l'auteur s'est déjà proposé ce cas au mot Ordres, cas III, on se contentera de citer d'après lui ce texte de Navarre, lib. 1 Consil., *de Temporib. ordinat*., cons. 2 : *Per quæ probatur contrahere quem domicilium in loco, ubi constituit habitare, animo perpetuo habitandi, vel manendi ibi ; etiamsi parvo tempore manserit : quia per mansionem talem quæritur domicilium etiam momento temporis, ut post alios tradit Philippus Francus in cap. Nulla, de tempor. ordinat., ubi loquitur de domicilio, quod sufficit per illum textum ad effectum faciendi se subditum episcopo, ad hoc, ut ordinari possit ab ipso ratione domicilii ; quod per illum textum est unus modus, per quem quis sortitur forum et subjectionem episcopi ad ordines suscipiendos.* Voilà comme parle Navarre, conformément à la loi qui dit : *In eodem loco singulos habere domicilium non ambigitur, ubi larem rerumque ac fortunarum suarum summam constituit, unde rursus non sit discessurus, si nihil avocet.* Leg. *Cives* 7, Cod. *de Incolis*, lib. x, tit. 39.

Cas XI. *Martin*, né à Auch, voulant éviter l'examen de son prélat, s'est fait pourvoir d'un petit canonical à Aire, dans le dessein de se faire ordonner prêtre par l'évêque de son bénéfice, en fraude de la juridiction de l'archevêque, son ordinaire, et de retourner ensuite à Auch ; ce qu'il a exécuté, après avoir exercé son ordre et résigné sa prébende. Est-il suspens?

R. Il l'est, parce que tout cela s'est fait en fraude, et que *fraus et dolus alicui patrocinari non debent*, cap. 14, *de Testam*. Et c'est ce que décida la congrégation du Concile en 1662. Martin doit donc recourir à Rome et y exposer le temps durant lequel il a fait ses fonctions pour être absous et réhabilité. Que si son péché est occulte, il peut être absous de la suspense et relevé de l'irrégularité par son propre évêque, quant au for intérieur seulement.

— Cas XII. *Marin*, coupable de ce que l'Ecriture appelle *crimen pessimum*, est-il suspens des saints ordres?

R. Il ne peut sans crime les exercer, si ce n'est peut-être après une longue et sévère pénitence. Mais il n'a encouru aucune suspense ecclésiastique, parce que la 72e bulle de Pie V, qui la décerne, n'est pas reçue en France, où grâce à Dieu, ces sortes d'horreurs sont très-rares.

Cas XIII. *Manilius*, prêtre du diocèse d'Angers, étant venu à Paris sans *exeat*, en a fait un faux, sur lequel il a obtenu la permission de célébrer, ce qu'il a fait. Son confesseur croit qu'il a encouru la suspense, 1° parce que faire un faux *exeat* est un cas réservé, auquel cette censure est attachée dans le diocèse d'Angers ; 2° parce que, selon le 12e article des statuts de Paris, un prêtre qui célèbre dans ce diocèse, quinze jours après qu'il y est arrivé, sans en avoir obtenu une permission légitime, devient suspens *ipso facto*. Or la permission que Manilius a obtenue de M. l'archevêque de Paris n'est pas légitime, puisqu'elle ne lui a été accordée que sur un faux *exeat*. Le confesseur de ce prêtre n'a-t-il pas raison?

R. Non ; car Manilius n'a encouru ni la suspense portée à Angers, puisqu'un évêque ne peut lier que ceux qui sont actuellement sous sa juridiction, et que ce prêtre n'y était plus ; ni la suspense portée à Paris, puisqu'il a véritablement obtenu la permission de célébrer à Paris, et que la validité de cette permission ne dépend pas de l'*exeat* comme de sa cause ; puisqu'elle peut être accordée par le supérieur indépendamment de tout *exeat*, lorsqu'il le juge à propos. Il est bien vrai que si ce prêtre avait une fausse permission, il serait tombé dans le cas du douzième statut de Paris, et aurait, par conséquent, encouru l'irrégularité, s'il avait célébré ; parce qu'alors il aurait célébré sans permission. Mais on n'en peut rien conclure contre notre décision, puisque, comme dit Gratien : *Proprium casum, a jure determinatum pœnæ non excedunt* ; et qu'en matière de lois pénales, lorsqu'il s'agit de crimes de différente espèce, *non valet argumentum a minori ad majus*. Un savant théologien ayant formé quelque difficulté sur cette décision, nous avons consulté nos supérieurs, qui l'ont approuvée.

— Pour moi, j'en doute encore; car 1° un faux *exeat*, quoique fait hors du territoire de l'évêque, est fait *in injuriam* de l'évêque et du territoire auquel un sujet veut se soustraire contre la règle : ainsi il peut être censé fait *in ipso territorio*, comme le péché d'un curé qui doit résider à Angers, et qui réside à *Paris*. 2° J'ai peine à concevoir que l'archevêque de Paris suspende un homme qui dit la messe sans permission, et qu'il ait la bonté de ne rien dire à un autre homme qui obtient cette permission par un acte faux et sacrilège. Ainsi une décision donnée dans un temps ne me rassurerait pas pour un autre.

Cas XIV. *Faustin*, prêtre, ayant été déclaré suspens des fonctions du sacerdoce par une sentence de l'official, a ensuite exercé les fonctions de diacre. A-t-il encouru par là l'irrégularité?

R. Quand on est suspens d'un ordre supérieur, on ne l'est pas pour cela des ordres inférieurs; et ainsi Faustin n'a pas encouru l'irrégularité. La raison est que la censure étant odieuse, on ne la doit pas étendre au delà du sens des termes dans lesquels elle est exprimée; et que, comme dit la loi *factum*, ff, de *Div. reg.*, l. L, tit. 17. *In pœnalibus causis benignius interpretandum est*. Navarre est de ce sentiment : *Sacerdos*, dit-il, *suspensus ab officiis sacerdotalibus, administrando in ordine inferiori, non peccat, neque est irregularis*.

— Cas XV. Si Faustin avait été suspens de l'ordre de diacre, le serait-il aussi du sacerdoce?

R. Oui, à parler moralement. *Cum majora intelliguntur illis prohibita, quibus vetita sunt minora*, dit Innoc. III, c. 32, *de Sent. excom*. Ce serait autre chose, 1° si la suspense était fondée sur des circonstances particulières, comme si un bon prêtre était suspens des fonctions de diacre, parce qu'il fait rire en chantant l'évangile; 2° si la loi, qui défend le moins, permettait le plus. C'est ainsi qu'un évêque qui donne la tonsure au sujet d'un autre, est suspens pendant un an du pouvoir de donner la tonsure, sans l'être du pouvoir de donner les ordres supérieurs; 3° ce moins n'est pas lié avec le plus. On défend tous les jours de prêcher à un homme à qui on ne défend pas de célébrer.

Cas XVI. *Octave*, chanoine, a été déclaré suspens *a beneficio*. Perd-il le titre de son bénéfice par cette censure?

R Non; il perd seulement le droit de l'administrer durant le temps de la censure, c'est-à-dire, le droit de l'affermer et de s'en attribuer les fruits. *Voyez* le chap. 16 *de Elect.*, où Nicolas III déclare que, si après une élection faite, les électeurs ne délivrent pas dans huit jours, à ceux qui ont été élus, l'acte de leur élection, ils sont suspens *a beneficiis* pendant trois ans; et que s'ils sont assez téméraires pour faire quelque chose au mépris de cette censure, *illis beneficiis ipso jure perpetuo sint privati*; preuve certaine que jusqu'alors ils en conservent le titre.

Cas XVII. *Gui*, curé, qui a été déclaré suspens *a beneficio* pour un an, voyant qu'il n'en pouvait percevoir les fruits pendant un si long temps, l'a permuté ou résigné; l'a-t-il pu?

R. De droit commun, il ne l'a pu, parce que la permutation et la résignation sont *in fructu*, c'est-à-dire regardées comme droits et fruits de son bénéfice ; et que la suspense le prive de tous les fruits, excepté ceux dont il a besoin pour vivre, quand il ne le peut d'ailleurs. Mais en France, un bénéficier simplement suspens *a beneficio*, sans avoir été ni déposé, ni privé du titre de son bénéfice par une sentence juridique, peut le résigner ou le permuter, en administrer les revenus, les affermer et les percevoir.

Cas XVIII. *Eparchius*, curé, a été déclaré suspens *ab officio* par le juge ecclésiastique du diocèse. Peut-il encore percevoir les fruits de son bénéfice?

R. Il le peut, 1° parce que, selon les lois, *semper in dubiis benigniora præferenda sunt*; 2° parce qu'il serait inutile de diviser la suspense en suspense *ab officio, a beneficio*, etc., si la première emportait toujours la seconde; 3° parce que quand les canons ont voulu suspendre du bénéfice et de l'office, ils ont distinctement exprimé ces deux suspenses, comme on le voit, cap. 11 *de Privileg*., et cap. 9 *de Officio ordinarii*, in 6 ; 4° parce qu'Innocent III veut qu'un ecclésiastique adonné au vin soit suspens *ab officio vel beneficio*, disjonctive qui suppose que l'une n'emporte pas l'autre. Voici les termes de ce savant pape, qui sont bien précis : *A crapula et ebrietate omnes clerici diligenter abstineant: unde vinum sibi temperent, et se a vino… Si quis autem super his se culpabilem exhibuerit, nisi a superiore commonitus, satisfecerit, ab officio vel beneficio suspendatur*, cap. 4, *de Vita et Honest. clericor*., lib. III, t. 1.

Cas XIX. *Gervais*, curé à Meaux et prieur au diocèse de Paris, a été suspens par l'évêque de Meaux *a beneficio*; est-il par là aussi suspens de son prieuré qui est dans un autre diocèse?

R. Si la suspense qu'a encourue Gervais vient *a statuto*, c'est-à-dire de la transgression d'un statut fait pour le diocèse de Meaux, elle n'a aucun effet hors des limites de son territoire. Si elle vient *a sententia*, et qu'elle soit indéfinie et générale, elle lie le coupable pour tout, et par conséquent pour les bénéfices qu'il possède partout ailleurs.

— Tout cela n'est guère bien prouvé. La suspense du bénéfice, quand elle est séparée des autres suspenses, ne s'inflige que pour les fautes touchant le bénéfice. Or un homme peut avoir fait une faute dans un bénéfice et n'en avoir point fait à l'égard d'un autre. Il pourra donc être suspendu du premier sans l'être du second. C'est ce que dit Gibert dans ses *Usages*, etc., p. 471. M. Babin dit à peu près la même chose, tom. II, sur les censures, page *mihi* 258, et il ajoute que, selon plusieurs, on doit présumer dans la pratique qu'un évêque qui a suspendu un clerc de ses bénéfices, n'a eu intention de le suspendre que ceux qu'il possède dans son diocèse, à moins que les termes de la sentence n'obligent à étendre cette peine aux autres bénéfices qu'il posséderait dans d'autres diocèses.

Cas XX. *Marculfe*, vicaire à Lavaur, ayant été déclaré suspens *ab ordine, beneficio et officio*, s'est retiré à Bordeaux, lieu de sa naissance. Peut-il, n'étant plus sous la juridiction de Lavaur, célébrer sans tomber dans l'irrégularité ?

R. La censure une fois contractée suit partout celui qui en a été frappé ; comme il paraît par un canon du concile d'Antioche, de 341, où il est dit : *Si quis presbyter, vel diaconus, vel quilibet clericus.... post evocationem sui episcopi non obedierit, sed inobediens perseveraverit; omnimodo ab officio suo deponi debere... si vero propter hanc culpam depositum alius episcopus susceperit, et ipse a communi synodo pœnam merebitur increpationis, tanquam ecclesiastica jura dissolvens.* *Can.* 4, VII, q. 1. Ainsi Marculfe ne peut sans crime, et sans tomber dans l'irrégularité, exercer aucune de ses fonctions à Bordeaux ni ailleurs, sans avoir préalablement été absous de la suspense dont il est lié.

Cas XXI. *Eléonor*, prêtre de Noyon, ayant été déclaré suspens *ab ordine et officio* par son évêque, a obtenu une cure à Soissons : la collation qui en a été faite est-elle canonique ?

R. Elle est nulle ; car puisqu'une cure demande nécessairement des fonctions d'ordre et d'office, un homme qui est incapable de les faire n'en peut être pourvu. *Non licet*, dit Célestin III, cap. 8, *de Ætate*, etc., *eis, clericis suspensis, illa quæ habuerunt beneficia, vel quæ postmodum sunt adepti, aliquatenus retinere.* Il est vrai que ce pape parle des clercs qui étaient suspens dénoncés : *in eos fecit sententiam suspensionis promulgari*, et qu'on prive de leurs bénéfices par une sentence juridique. Mais puisqu'ils n'obéissaient pas au souverain pontife même, et qu'ils étaient contumaces depuis trois ans, il était nécessaire de rendre un jugement qui les condamnât dans toute la rigueur qu'ils méritaient. Aussi ce pape ordonne-t-il que, pour surcroît de peine, ils soient privés des bénéfices mêmes qu'ils avaient obtenus avant leur suspense. *Unde Baran. archiepiscopo dedimus in mandatis, ut eos pro tanta pertinacia et contemptu apostolico, beneficiis quæ habent, non differat spoliare;* et c'est précisément et principalement pour cela qu'il fallait les en priver par une sentence prononcée dans les formes à cet effet, puisqu'ils n'en étaient pas dépouillés *ipso jure*, pour être simplement tombés dans la suspense.

Cas XXII. *Maclou*, curé, ayant été déclaré suspens *a beneficio*, a, quelque temps après, obtenu un canonicat. En est-il légitimement pourvu ?

R. Si sa suspense *a beneficio* a été générale et illimitée, elle le rend inhabile à posséder un nouveau bénéfice, parce qu'un bénéfice n'est donné que pour l'office, duquel il est incapable par cette suspense, quand même elle serait occulte. Mais s'il n'a été suspens que de sa cure, sa nouvelle provision est valable, puisque le supérieur n'a pas eu intention de l'en exclure, et qu'on souhaite même qu'un homme inapte à une cure puisse trouver une ressource ailleurs. *Voyez* la fin des remarques sur le cas XIX.

Cas XXIII. *Léporius*, curé, suspens *a beneficio*, peut-il, en résignant sa cure, se réserver une pension ?

R. Il le peut, s'il l'a méritée par ses services passés et s'il en a besoin pour subsister honnêtement. La raison est que la pension ne demande aucun service dont un homme suspens soit incapable.

—Suarès, Sayr, vers lesquels Solier incline, croient qu'un homme suspens *a beneficio* ne peut pas plus recevoir une pension qu'un nouveau bénéfice. Je m'en tiendrais là dans les lieux où l'usage contraire ne serait pas clairement établi. Mais comme le pape, dans les pensions accordées pour cause de résignation, absout toujours des censures *ad effectum* (ce qui confirme le sentiment de Suarès), il semble que Léporius doit être tranquille. *Voyez* le tom. IV de ma *Morale*, in-8°, p. 255 et 256.

Cas XXIV. *Philostrate*, après son mariage avec Titia, s'est fait ordonner sous-diacre à son insu : 1° Est-il suspens des fonctions de ses ordres ? 2° S'il l'est, par qui peut-il en être absous ?

R. Jean XXII déclare, extrav. unic. *de Voto*, etc., que ceux qui, s'étant mariés, prennent les saints ordres, encourent *ipso jure* la suspense, tant de l'ordre que de l'office et du bénéfice, quand même leur mariage n'aurait pas été consommé. Voici les termes de cette constitution : *Auctoritate apostolica districtius inhibentes, ne quispiam, durante matrimonio, nondum etiam consummato, aliquem de sacris ordinibus præsumat suscipere, nisi prout sanctis canonibus noverit convenire. Quod si secus a quoquam forsitan attentatum fuerit, ordinamus, quod nec matrimonio soluto, in sic suscepto ordine ministrare, nec ad aliquod beneficium vel officium ecclesiasticum valeat promoveri.* A quoi ce pape ajoute que ceux qui ont eu une telle témérité, 1° ne peuvent être absous de la suspense que par le saint-siége, à moins qu'ils ne fassent profession de religion, s'ils n'ont pas consommé leur mariage ; auquel cas l'évêque les peut absoudre de la censure ; 2° que s'ils refusent de se faire religieux, l'évêque les doit contraindre par les censures à consommer leur mariage, à la femme le demande. Voy. *Sylvius, in suppl.*, q. 53, art. 4, où il ajoute que, généralement parlant, un tel homme n'est pas obligé à entrer en religion, parce que Jean XXII se contente de dire seulement qu'il faut l'y exhorter fortement, *instanter moneri præcepimus*, et que sur son refus il faut l'obliger à consommer son mariage, si son épouse le demande ; *Sic ordinatus*, dit ce théologien, *ante consummationem matrimonii, potest libere ad religionem transire : non videtur tamen ad hoc obligatus : nam Joannes XXII præcipit eum instanter moneri ad religionis ingressum; quod si facere* noluerit, per censuras compelli ad reddendum uxori petenti debitum. Au reste, Ducasse reconnaît que cette suspense est réservée au pape; mais Sainte-Beuve estime que l'évêque en peut dispenser en ce royaume.

Cas XXV. *Bertulfe*, diacre, a épousé au loin une concubine qu'il avait; est-il suspens?

R. Oui; cette peine est portée par 113 évêques assemblés à Rome en 1059. *Voyez* Labbe, tom. IX Conc., col. 1096. Le canon 9, dist. 28, dit la même chose. Voici les termes du concile romain : *Quicunque sacerdotum, diaconorum et subdiaconorum, post constitutum beatæ memoriæ prædecessoris nostri sanctissimi Leonis papæ, de Castitate clericorum, concubinam palam duxit, vel ductam non reliquit, ex parte omnipotentis Dei, auctoritate beatorum apostolorum Petri et Pauli præcipimus, et omnino contradicimus, ut missam non cantent, neque evangelium pronuntient, neque epistolam ad missam legant, neque in presbyterio ad divina officia cum his qui præfatæ institutioni obedientes fuerunt, maneant, neque partem ab Ecclesia recipiant.*

Cas XXVI. *Nymphius*, prêtre séculier, a célébré un mariage sans la permission du propre curé ou sans celle de l'ordinaire du lieu : a-t-il encouru la suspense?

R. Oui, selon le concile de Trente, sess. 24, c. 1 de Reformat. matr., et il n'en peut être relevé que par l'évêque du même lieu. Voici les termes de ce décret : *Si quis parochus vel alius sacerdos, sive regularis sive sæcularis sit, etiamsi id sibi ex privilegio vel immemorabili consuetudine licere contendat, alterius parochiæ sponsos, sine illorum parochi licentia matrimonio cunjungere, aut benedicere ausus fuerit, ipso jure tandiu suspensus maneat quandiu ab ordinario ejus parochi, qui matrimonio interesse debebat, seu a quo benedictio suscipienda erat, absolvatur.* Les Rituels disent la même chose, et les juges séculiers ne s'en tiennent pas là.

Cas XXVII. *Parménien*, religieux apostat, a reçu les ordres majeurs, sans avoir été relevé de son apostasie. 1° Est-il suspens? 2° par qui peut-il être absous?

R. Il a encouru la suspense, et elle est réservée au pape : *Monachus,* dit Honorius III, *c. fin. de Apostatis, etc., aliquem sacrum orbem in apostasia recipiens, quantumlibet suo fuerit reconciliatus abbati, et receperit pœnitentiam, absque dispensatione romani pontificis ministrare non poterit in ordine suscepto.* Voyez Ducasse, part. 1, ch. 12, n. 4.

Cas XXVIII. *Basile*, diacre, ayant été refusé à l'examen pour la prêtrise, a gagné par argent compté un laquais de son évêque, qui l'a fait admettre. A-t-il encouru la suspense?

R. Oui, puisque Paul II dit, extrav. 2 de Simonia, lib. v : *Declaramus quod omnes illi qui simoniace ordinati fuerint, a suorum sint ordinum exsecutione suspensi.* Cette suspense est réservée au pape, et l'évêque n'en peut absoudre, si elle n'est occulte.

Cas XXIX. *Bolésias*, ayant encouru l'excommunication pour avoir frappé un prêtre, s'est fait ordonner sous-diacre avant que d'en avoir été absous. A-t-il encouru la suspense?

R. Oui; car, comme dit Cabassut, lib. v, c. 16, n. 14 : *Qui scienter ordinem in excommunicatione suscepit, suspensus est, ab ordine sic suscepto, cap. 32, de Sent. excom., ubi quoque hæc suspensio reservatur papæ.* Voici en effet comme parle Innocent III dans cette décrétale : *Si fuerint sæculares clerici, a susceptis ordinibus censemus in perpetuum deponendos... Tam archiepiscopi quam episcopi absque mandato sedis apostolicæ speciali, dispensandi facultatem se noverint non haberi : quibus etiam est absolutio talium interdicta; cum majora intelligantur illis prohibita, quibus vetita sunt minora.* Sur lesquelles dernières paroles la Glose dit *minora vocat, absolutionem; majora, dispensationem: et ita cui prohibetur minus, majus prohibitum intelligitur,* 74, distinct. (can.) *Illud.*

Cas XXX. *Barthélemi*, prêtre, étant accusé d'un gros crime, le juge ecclésiastique, ou le juge séculier, ou le juge ecclésiastique, a donné contre lui un décret d'ajournement personnel, ou de prise de corps. Peut-il continuer ses fonctions ecclésiastiques avant qu'il se soit justifié?

R. Il y a une grande différence entre les effets de ces deux sortes de décrets. Car, comme un décret de prise de corps n'est décerné que pour un crime digne d'un rigoureux châtiment, il déshonore tellement un ecclésiastique, qu'il le prive de la liberté d'exercer les fonctions de son ministère et de son bénéfice, quand même il en aurait interjeté appel, ou qu'il aurait obtenu un arrêt de défense, comme il est porté par ces paroles de l'édit d'avril 1695, art. 40 : *Les ecclésiastiques qui seront appelants des décrets de prise de corps ne pourront faire aucune fonction de leurs bénéfices et ministère, en conséquence des arrêts de défenses qu'ils auront obtenus, jusqu'à ce que les appellations aient été jugées définitivement, ou que par les archevêques, évêques ou leurs officiaux, il en ait été autrement ordonné.* Ils sont aussi inhabiles à être pourvus de bénéfices, comme il fut jugé à Bordeaux le 18 août 1688. Mais un clerc n'encourt pas cette sorte d'interdiction par le seul ajournement personnel, et encore moins quand il n'est qu'assigné pour être ouï : l'ajournement personnel ne produisant cette interdiction de droit qu'à l'égard des juges séculiers et des officiers de justice; ce qu'on ne doit pas étendre à d'autres personnes, suivant cette loi 42, ff. de Pœnis: *Pœnæ legum interpretatione mollienda sunt, potius quam exasperandæ.* Il y a néanmoins des diocèses, tel qu'est celui de Paris, où l'on insère, par l'ordre de l'évêque, dans l'acte d'ajournement personnel qu'on signifie à un ecclésiastique, une défense d'exercer les fonctions de ses ordres; auquel cas il se doit considérer comme véritablement suspens, et ne peut violer une telle défense, sans tomber dans l'irrégularité.

— Du Perray sur l'art. cité dit qu'*un dé-*

cret de prise de corps contre un prêtre par un tribunal laïque n'emporte pas interdiction de ses fonctions, parce que les séculiers... ne pouvant donner l'ordre ni l'exécution de l'ordre, ils ne peuvent aussi ni suspendre ni interdire. Mais, dit M. Durand, aux mots *Décret, Procédure*, p. 452, col. 2, cette opinion n'a pas été adoptée, et M. Piales, après avoir rapporté le témoignage de l'assemblée du clergé en 1735, dit que c'est chose jugée, qu'un ecclésiastique décrété d'ajournement personnel, même par un juge séculier, est interdit de droit de ses fonctions, *Mémoires du clergé*, tom. VII, p. 846. C'est aussi chose jugée (au parlement de Paris le 9 août 1735), qu'un ecclésiastique en cet état ne peut être valablement pourvu d'aucun bénéfice ecclésiastique.

Cas XXXI. *Pomponius*, curé, ayant fait quelques exactions sordides pour des enterrements, nonobstant un statut du diocèse qui les défend, sous les peines de droit, ses paroissiens l'ont poursuivi par-devant l'official, qui a rendu une sentence par laquelle il a été condamné à leur restituer deux pistoles, avec défense à lui de célébrer pendant un mois. Cette défense est-elle une véritable censure, ensorte que s'il célébrait avant le mois expiré, il encourût l'irrégularité?

R. L'auteur des *Conférences d'Angers* croit qu'une suspense *ad tempus* n'est pas une vraie censure, parce que toute censure est une peine médicinale imposée jusqu'à ce que le coupable obéisse, *donec a contumacia recedat*; et qu'ici il n'y a qu'une peine pour une faute passée. Nous croyons au contraire que la suspense dont il s'agit est une vraie censure, et qu'on ne peut la violer sans tomber dans l'irrégularité. Ce doit être le sentiment de Navarre, de Tolet, de Sayr et de tous les autres, qui divisent la suspense en perpétuelle et temporelle.

— J'ai dit ailleurs (tom. IV, p. 260), contre Pontas, que la suspense *ad tempus* n'est pas une censure proprement dite; et, contre Babin, que celui qui la viole encourt l'irrégularité, parce que le droit a pu l'attacher et l'a réellement attachée au mépris d'une suspense temporelle, c. 1, *de Re judic.*, et c. 1, *de Sent. excom.*, in 6. C'est aussi le sentiment de Suarès, de Gibert, etc.

Cas XXXII. *Olivier*, diacre, ayant été déclaré suspens de ses ordres pour trois mois, les a exercés aussitôt que les trois mois ont été expirés, sans avoir reçu l'absolution de la suspense. L'a-t-il pu?

R. Il n'en est pas de la suspense comme de l'excommunication: celle-ci ne peut jamais cesser que par l'absolution du supérieur; au lieu qu'une suspense *ad certum tempus* finit dès que ce temps est expiré. C'est le sentiment commun des docteurs, ainsi que le remarque Van-Espen, part. 3, de *Pœnis ecclesiast.*, etc.

Cas XXXIII. *Laurent*, prêtre de Lyon, étant venu à Paris, y est tombé dans la suspense, pour avoir violé un statut du diocèse; après quoi il s'en est allé demeurer à Lyon. 1° Peut-il en être absous par son prélat diocésain, sans le consentement de celui de Paris? 2° S'il est tombé dans l'irrégularité pour avoir célébré dans la suspense, faut-il nécessairement qu'il ait recours au pape?

R. Cette censure n'étant pas *ab homine per sententiam specialem*, auquel cas elle serait sûrement réservée à celui qui l'a portée, le prélat diocésain peut en absoudre, comme aussi dispenser de l'irrégularité encourue pour l'avoir violée. Il y a beaucoup plus de difficulté sur la dispense de cette irrégularité, quand elle est devenue publique, telle qu'elle l'est, *quando in tota vicinia nulla tergiversatione celari potest*; ou quand elle a été portée au for contentieux. M. de Sainte-Beuve a varié sur ce point. Mais enfin M. le cardinal de Noailles, après avoir rapporté le décret du concile de Trente, sess. 24, cap. 6, s'est ainsi expliqué, sans faire aucune distinction entre l'irrégularité occulte ou publique: *Declarat porro D. archiepiscopus suæ intentionis non esse, hanc iis delictis quibus in statutis synodalibus, aliisve decretis suis censura aliqua ipso facto incurrenda irrogatur, pœnam imponere, ut ii qui ob delicta ista in censuram inciderint, violata hac, quod absit, censura, in irregularitatem ejusmodi incidant, propter quam necesse sit recurrere ad summum pontificem: quare ad D. archiepiscopum pertinet in iis irregularitatibus dispensare, quæ exsurgunt e violata censura aliqua, neque a jure, neque a conciliis, neque a summo pontifice, sed ab ipso D. archiepiscopo lata, v. g. si quis sacerdos non hujus diœceseos ob missam in hac diœcesi post dies ab accessu suo quindecim, absque licentia D. archiepiscopi celebratam, suspensus ipso facto rursum ante receptam absolutionem celebravit.*

— Sauf l'usage du diocèse de Paris, cette déclaration ne paraissait pas juste à M. Gohard, très-habile en ces matières, parce que si la censure vient *a statuto particulari*, l'irrégularité qui naît de sa transgression vient *a jure communi*, dont M. de Noailles témoigne lui-même qu'il n'oserait dispenser. Peut-être ce prélat ne voulait-il pas porter des censures aussi rigoureuses qu'elles le sont communément.

Cas XXXIV. *Jérôme*, curé, ayant été déclaré suspens de ses ordres, de son office et de son bénéfice, par l'official diocésain, en a appelé au métropolitain quelques jours avant l'ouverture d'un jubilé. Mais prévoyant que le temps prescrit pour gagner ce jubilé sera passé avant qu'il puisse obtenir un jugement définitif, et ayant néanmoins un sincère désir de le gagner, il demande s'il ne peut pas être absous *ad cautelam*, comme il se pratique dans le cas de l'excommunication, afin qu'il puisse célébrer à cet effet et confesser ses paroissiens qui autrement auraient beaucoup de peine à gagner tous le jubilé, à cause qu'il n'a point de vicaire.

R. Ce curé peut être absous *ad cautelam*, par le métropolitain ou par son grand vicaire, comme il paraît par le ch. 52, *de Sent. excom.* Mais pour cela il doit, 1° représenter au métropolitain que la sentence portée contre lui est nulle, ou parce qu'elle a été prononcée après un appel légitime, supposé que cela soit, ou du moins probable; ou qu'elle est fondée sur une erreur intolérable; ou qu'elle a été décernée par un supérieur qui n'était pas son juge légitime; ou que s'il l'était, il était excommunié ou suspens de sa juridiction, etc., et qu'ensuite il fasse assigner sur ce sujet sa partie par-devant le métropolitain. 2° Il ne lui suffit pas d'exposer cette nullité par une requête; car il faut en outre qu'il en donne une preuve, au moins sommaire, *Probatio semiplena*. Par exemple, si une sentence avait été donnée après l'appel, il faudrait considérer si cet appel serait véritable, ce qui se doit prouver sommairement; et s'il serait légitime, ce que le suppliant ne serait pas tenu de prouver, parce que cette circonstance regarde le fond de la cause, sans le jugement duquel le supérieur majeur peut procéder à cette absolution. Si pourtant la partie assignée s'opposait à l'obtention de l'absolution, et qu'elle prouvât dans la huitaine que la censure a été infligée *pro causa manifesta*, le métropolitain ne pourrait avec justice absoudre *ad cautelam* le suppliant. 3° Il faut encore que le suppliant donne une caution ou une assurance suffisante, qu'en cas qu'il vienne à perdre sa cause il se soumettra à tout ce qui lui sera prescrit, tant pour expier son péché que pour satisfaire à sa partie, comme l'ordonne Innocent III, c. 2, *de Sent. excom*.

J'ajoute, à l'occasion de la présente difficulté, que l'on peut aussi recevoir cette sorte d'absolution, lorsqu'il s'agit d'un interdit personnel, pendant lequel la personne interdite est incapable de recevoir les sacrements; quoiqu'il n'en soit pas de même d'un interdit décerné contre une ville ou contre une paroisse, lequel ne peut pas être levé *ad cautelam*, ainsi que le déclare Grégoire X, cap 10, *ibid*. La raison de cette différence est que, dans un interdit général, il ne peut y avoir de nécessité pressante, comme dans un interdit personnel, parce qu'on ne laisse pas pendant un interdit général d'administrer les sacrements nécessaires au salut, et de célébrer même les divins offices de la manière prescrite dans le ch. *Alma*, fin. *de Sent. excom*., in-6. *Voyez* sur ces absolutions *ad cautelam*, Ducasse, part. I, cap. 12, sect. I, n. 4. Cette citation est très-fausse dans Pontas. Il y en a mille pareilles; mais comment les rectifier toutes?

Cas XXXV. *Aloysius* et *Hilaire* disputent si un ecclésiastique peut quelquefois être déclaré suspens pour la faute d'autrui. Que leur dire?

R. Selon Honorius III, c. 14, *de Temp. ordin*., un enfant qui, à l'âge de 13 ans, avait été fait diacre, fut suspens *in injuriam ordinantis*; et selon Alexandre III, c. 1, *de Ordinatis ab episcopo*, etc., ceux qui ont reçu de bonne foi le diaconat ou la prêtrise, d'un évêque qu'ils ne savaient pas avoir renoncé à sa dignité, sont suspens de leurs ordres, et ne les peuvent exercer qu'après avoir été dispensés, nonobstant l'ignorance non coupable dans laquelle ils les ont reçus. La règle 23, *in-6*, n'est point contraire à ce sentiment; elle dit simplement : *Sine culpa, nisi subsit causa, non est aliquis puniendus*. Or il peut y avoir des causes d'interdire à un clerc ses fonctions, quoiqu'il ne soit pas coupable. Un homme peut faire un bien en épousant une débauchée, et cependant il est bigame et irrégulier.

Voyez Abbesse, cas V; Appel, cas II; Interdit, Ordre, Titre.

T

TABAC. *Voyez* Messe, cas *André*.

TABLEAUX.

Une personne sage ne peut contester que rien n'est plus capable de frapper l'imagination, d'échauffer les passions et de corrompre le cœur, que les tableaux et les statues qui représentent quelque objet qui choque la pudeur. Ce qui a fait dire à saint Chrysostome que le démon y est présent, et qu'il y tient toujours sa séance, comme sur un trône et dans un lieu qui lui est particulièrement consacré. Saint Augustin déclame aussi fortement contre ces sortes de tableaux qui lui avaient été à lui-même une occasion de péché.

« Sont coupables de péché mortel, dit Mgr Gousset, les artistes dont les tableaux, les gravures et les statues ne respectent point les lois de la pudeur : *quibus nempe exhibentur personæ grandiores nudis partibus pudendis*. Il en est de même de ceux qui les commandent ou qui les exposent en public, dans un musée, par exemple, ou dans un jardin. Nous avons dit *personæ grandiores*; car on tolère et on peut tolérer, même dans les églises, les anges, les génies qui sont représentés sous la forme de petits enfants. »

Un chrétien ne peut en conscience garder dans sa maison des peintures et des tableaux déshonnêtes; cela est défendu par plusieurs conciles; il ne suffit pas de les voiler; on doit les brûler ou les rendre plus décents, en sorte qu'ils ne puissent exciter de mauvaises pensées dans ceux qui les regardent. Les confesseurs qui les tolèrent, exposent ceux qui les gardent au danger de se perdre pour l'éternité.

Cas. *Titius* a chez lui un tableau d'un grand prix, et qui est l'ouvrage d'un célèbre peintre; il représente les amours de Léda et de Jupiter sous la figure d'un cygne. Léda y paraît couchée tout à fait nue, de la grandeur des femmes.

Le curé de la paroisse a averti Titius que ce tableau était infâme et qu'il ne pouvait le garder en conscience; mais Titius répond qu'il ne se fait aucun scrupule de le conserver à cause de son prix et de sa beauté, que jamais ses confesseurs ne lui ont fait aucune peine là-dessus, et qu'il en a parlé à des personnes célèbres et d'une grande piété qui ne l'ont pas blâmé; qu'ainsi il lui paraît probable qu'il peut garder ce tableau sans péché. Cependant, comme il désire montrer de la déférence à l'égard de son curé, il promet de le couvrir d'un voile; mais il est dans la résolution de n'en pas faire davantage, voulant le laisser à ses héritiers, comme il l'a reçu de ses pères. Là-dessus on consulte MM. de Sorbonne, et l'on demande, 1° si ce tableau ne doit pas passer pour une peinture lascive et déshonnête; 2° si Titius en conscience peut le retenir et le garder chez lui; 3° si ce qu'il dit que des hommes célèbres et d'une grande piété ne l'en ont point blâmé, contre le sentiment de son curé, le met en sûreté de conscience; 4° si ce voile qu'il promet de mettre sur ce tableau suffit pour mettre sa conscience en sûreté à cet égard.

R. Les docteurs en théologie consultés estiment d'abord que le tableau dont il est fait mention dans l'exposé, et qui représente les amours de Léda et de Jupiter transformé en cygne, est une peinture infâme et très-déshonnête, du nombre de celles qui ont été proscrites par le sentiment unanime des saints Pères, fondé sur la doctrine de l'Eglise. C'est pourquoi il est surprenant que Titius n'ait pas été instruit là-dessus par ses confesseurs, qui, s'ils leur eût exposé sincèrement la chose, l'auraient repris et lui auraient exposé avec quelle attention les lois de l'Eglise ont condamné ces sortes de tableaux, pour éloigner des fidèles toute pensée impure. Si l'apôtre saint Paul défend aux chrétiens tout ce qui peut être honteux et obscène, sera-t-il permis de regarder des peintures déshonnêtes et qui portent à l'impureté, d'autant plus que le peintre, par le secours de son art, s'est appliqué à représenter dans ces tableaux les choses au naturel?

Saint Charles défend non-seulement aux ecclésiastiques, mais encore aux laïques de garder ces sortes de peintures; il commande qu'elles soient ôtées des lieux où elles sont exposées, et veut qu'à l'avenir on n'en fasse point de semblables. Voici ses paroles: *In hortis ac ædibus, aliisve ecclesiasticorum locis, si signa, imagines aut picturæ sunt, quæ procaces, vel ullo alio modo, aliquam obscenitatis, turpitudinisve speciem præ se ferunt, ita reconcinnentur, ut offensionem oculis ne præbere possint, aut tollantur, deleanturve ex omni loco ubicunque exstant, neque in posterum hujusmodi aliquo modo effingantur aut pingantur. Itaque curet episcopus, ut quicunque laici homines id generis imagines habent, vel tabulis vel parietibus expressas, pro pietatis Christianæ cui addicti esse debent studio, eas abjiciant, vel plane deleant vel ad honestatem reconcinnent.* Ainsi Titius doit comprendre que son curé ne lui demande rien qui ne soit fondé sur des lois de l'Eglise, et qu'il n'est pas en sûreté de conscience, s'il ajoute plus de foi aux décisions de ses confesseurs ou d'autres personnes qui mollissent sur des lois du christianisme et auxquels un meuble domestique paraît plus cher que le salut éternel de celui qui les consulte, qu'à son propre curé. Il est inutile que Titius promette de prendre la précaution de couvrir et de voiler ce tableau obscène, comme si par là cette peinture infâme et déshonnête, en passant à ses héritiers ou par quelque autre voie, en devenait moins criminelle. Ainsi Titius ne peut prendre ce parti, à moins qu'il ne veuille couvrir son crime par un autre crime.

TAILLE.

La *taille* est une imposition mise par le souverain sur ses sujets, destinée à ses propres besoins et à ceux de l'Etat.

L'origine en vient de saint Louis, qui leva un tribut sur ses sujets dans les guerres d'outre-mer qu'il entreprit en faveur de la religion chrétienne; et alors on ne fit cette imposition que du consentement des trois Etats. Mais Louis XI s'en rendit tellement le maître, que depuis les Etats n'y ont plus eu de part. Elle devint fixe sous le règne de Charles VII, à l'égard des personnes du tiers-état, c'est-à-dire des roturiers; et aujourd'hui ce sont les chambres qui déterminent la somme qui doit être imposée.

On ne peut douter de la justice de ce tribut; car l'Etat formant un corps, dont chaque particulier est membre, il faut que chacun contribue, selon son pouvoir, à ses besoins et à ses dépenses; telles que sont celles de la guerre, de l'entretien de la maison du souverain, des ambassades, des grands chemins, de la navigation, etc.

On divise la taille en *personnelle* et *réelle*, que le droit appelle *tributum capitis*, et que paye chaque personne pour tous ses biens et pour son industrie, qui se lève sur des colisations, dont l'une regarde les biens immeubles et l'autre les biens industriels, pour lesquels on ne fait quelquefois qu'une seule colisation. Il y a en outre une autre espèce de taille qu'on nomme taillon, qui n'est proprement qu'une augmentation de la taille: *Tributi accessio*. Les autres impositions qui se lèvent sur le vin, le sel et les autres denrées, etc., s'appellent aides, entrées, gabelles, péages, traites foraines, etc. Toutes ces contributions sont justes de leur nature, Jésus-Christ ayant dit: *Reddite ergo quæ sunt Cæsaris Cæsari.* C'est pourquoi ceux qui les fraudent, commettent une injustice que les lois romaines appellent crime, *Fraudati vectigalis crimen.* Et nos ordonnances punissent par la confiscation et par d'autres peines ceux qui se trouvent coupables de cette fraude. Polman en donne cette définition: *Pensio taxata super rebus in provinciam civitatemve invectis aut evectis.*

CAS I. *Hombert* et *Arnaud*, pauvres paysans, étant préposés pour l'assiette de la taille, n'ont osé imposer Jacques qu'à moitié moins qu'il aurait dû payer, ce qui a fait que les autres habitants ont été surchargés. Ces deux hommes se croient exempts de péché et d'obligation de restituer, 1° parce qu'ils tiennent à rente de Jacques la plus grande partie de leurs terres; qu'ils lui en doivent deux années d'arrérages, et qu'il les menaçait de faire saisir tout leur bien, s'ils osaient l'imposer à une plus grande somme; 2° parce qu'ils gagnent leur vie à travailler ordinairement pour lui, et qu'il les menace de ne plus se servir d'eux à l'avenir, ce qui les réduirait dans une fort grande nécessité; 3° parce que ceux qui les ont précédés ne l'ont point imposé à une plus grosse somme; 4° parce que Jacques les menace de s'établir dans une paroisse voisine où il a beaucoup de bien; ce qui surchargerait la paroisse de la portion de la taille qu'il paye; 5° parce que s'il était dû quelque dédommagement aux autres habitants, ce serait à Jacques à y satisfaire et non à eux qui souffrent de sa modique imposition aussi bien que les autres; 6° parce qu'ils n'agissent dans l'assiette de la taille qu'en qualité de députés de la communauté, qui sait bien que Jacques est ménagé; et qu'il n'est pas à croire que cette communauté, en les élisant, ait intention de les obliger sous peine de restitution à augmenter la taille de Jacques, non plus que celle de quelques gens de justice taillables, qui n'en payent que cinq sols, à cause de la crainte qu'on a de les offenser. Ces raisons suffisent-elles pour les justifier?

R. Non; parce que ceux qui sont préposés pour asseoir la taille sont obligés, par les édits et ordonnances, d'en faire l'imposition avec la justice la plus exacte qu'il leur est possible, sous peine de restitution envers ceux qui ont été foulés. L'ordonnance d'Orléans, du mois de janvier 1560, dit en propres termes, art. 123 : « Toutes personnes contribuables à tailles seront cotisées, le fort portant le faible, et contraintes à payer leur quote-part, à peine de payer par les asséeurs et collecteurs, les sommes desquelles nos pauvres sujets seront surchargés. » L'ordonnance de 1614, art. 13, ne veut pas qu'aucun des taillables soit exempt, quand même les habitants du lieu y consentiraient ; ce qui a été confirmé par la déclaration de 1634, art. 35, où Louis XIII parle en ces termes : « Nul ne pourra être exempt des tailles par le simple consentement d'habitants des paroisses, ni abonné par eux à certaines sommes pour toutes tailles, au préjudice des autres ; chaque habitant sera taxé selon ses facultés. »

D'où il faut conclure qu'Hombert et Arnaud sont donc tenus solidairement, au défaut de Jacques, à dédommager les habitants qui ont été surchargés à cause de lui ; et par cette raison il est le premier obligé à restituer aux surchargés du dommage desquels il a profité ; et envers Hombert et Arnaud,

s'ils ont déjà fait la restitution, ou s'ils la font dans la suite à son défaut.

Les raisons que ces asséeurs apportent ne peuvent les excuser devant Dieu, parce qu'il n'est jamais permis de commettre une injustice. D'ailleurs ils pouvaient se garantir de l'effet des menaces de Jacques, en faisant donner avis à l'intendant ou aux officiers du roi, préposés pour les tailles, de l'injustice que souffrent les pauvres habitants, par le peu d'imposition que Jacques portait, afin qu'ils le taxent d'office à une somme juste.

La crainte d'être obligés de payer ce qu'ils doivent à Jacques et de se voir persécutés par lui, ne leur peut servir d'excuse, puisque l'appréhension d'un mal temporel ne peut autoriser personne à pécher.

Pour ce qui est de l'exemple de ceux qui avant eux ont trop ménagé Jacques et les autres, ils ne pouvaient s'y conformer, puisque cela est manifestement contre la justice naturelle et contre la loi du prince, qui défend très-expressément à tous les asséeurs des tailles, etc., de favoriser les riches au préjudice des pauvres.

A l'égard de la menace que fait Jacques de sortir de la paroisse, s'ils augmentaient sa taille, on peut dire, 1° que c'est souvent une menace en l'air ; 2° que quand cela arriverait, ils ne seraient point responsables envers la communauté du dommage qui lui en reviendrait, puisque ce ne serait pas par leur faute, mais à cause qu'ils auraient fait leur devoir.

C'est aussi en vain qu'ils se flattent que la communauté doit être présumée avoir une intention contraire ; car, dans la rigueur, il faudrait, selon cette règle 29, in 6, *quod omnes tangit, debet ab omnibus approbari,* qu'ils en fussent assurés par une délibération volontaire et signée de tous ceux qui la composent, et principalement des pauvres qui y sont les plus intéressés. Joint à cela que l'ordonnance de 1664 défend d'avoir aucun égard au consentement que la communauté des habitants donnerait en pareille occasion. Ces deux collecteurs sont donc solidairement obligés à la restitution de tout le dommage qu'ils ont causé aux autres habitants, au défaut de Jacques, qui y est obligé avant eux. C'est la décision de Sainte-Beuve, tom. I, cas 155 et ailleurs.

CAS II. *Gérard*, qui est le plus riche habitant de sa paroisse, ayant coutume, depuis plus de quinze ans, de faire seul l'imposition de la taille sur chaque particulier, et cela du consentement de toute la communauté, a taxé quelques-uns de ses amis à la moitié moins de ce qu'ils devaient porter. Pierre et Paul, qui sont les asséeurs et collecteurs en charge, sont-ils responsables devant Dieu de cette injustice, où ils n'ont point pris de part?

R. Oui ; parce que ce sont les seuls asséeurs des tailles qui ont le pouvoir d'en faire l'imposition, ainsi qu'il est porté par l'art. 46 de l'édit de 1634, et cela huit jours après leur nomination, suivant la déclaration du 12 février 1663. Ils ne devaient donc pas souffrir que l'imposition fût faite par d'autres; et l'ayant permis, ils sont censés avoir fait eux-mêmes les injustices que Gérard a commises, suivant la loi 30, ff. *ad leg. Aquit.*, qui dit: *Qui occasionem præstat, damnum fecisse videtur*. Joint à cela qu'ils étaient tenus par leur charge de s'opposer à cette iniquité, ce qui les met dans le cas du *non obstans. Semper qui non prohibet pro se intervenire, mandare creditur; sed et si quis ratum habuerit quod gestum est, obstringitur mandati actione.* C'est une des règles du droit romain, leg. 60, ff. lib. L, tit. 17.

Cas III. *Pierre*, étant en 1760 collecteur des tailles de sa paroisse avec Jean et Louis, s'est trouvé dans la nécessité d'aller au loin travailler à la moisson; il a chargé avant son départ un de ses amis, qu'il croyait homme de bien, de suppléer à son défaut dans l'assiette de la taille, et lui a recommandé de ne rien faire contre la justice; mais il a trouvé à son retour que plusieurs pauvres étaient fort surchargés et que des riches étaient trop ménagés. Il n'a pourtant pu savoir si son ami avait contribué avec Jean et Louis à cette injustice, parce qu'il l'a trouvé mort à son retour. Est-il obligé à quelque restitution?

R. Non, puisque son absence était légitime, et qu'en choisissant un ami réputé homme de bien, il a pris de sages mesures pour qu'elle n'eût point de mauvaises suites. Il doit même présumer que son ami n'a point eu de part à cette injustice; ce qui suffit pour la décharge de sa conscience, puisque s'il avait été présent, et qu'il eût déclaré sa pensée, il n'eût pas été après cela plus responsable de l'injustice des deux autres qu'un bon juge ne l'est de celle que ses collègues font, en rendant une sentence injuste contre son sentiment. C'est la résolution de Sainte-Beuve, tom. III, cas 214.

Cas IV. Il y a quinze ans que dans la paroisse de *N.* les plus riches payent deux fois moins de taille qu'ils ne devraient, et que les pauvres y sont surchargés. Denys, héritier d'un collecteur qui vivait il y a dix ans, demande s'il n'est point obligé à restituer aux pauvres habitants qui ont souffert cette injustice pendant que son père a été asséeur?

R. Denys a droit de déposer son doute et de présumer que son père a fait son devoir, et que l'injustice qui a été alors commise a été faite sans sa participation. *Qui in alterius locum succedunt*, dit la loi 42, ff. *de Reg. Jur. ant., justam habent causam ignorantiæ, an id quod peteretur, deberetur.* Sainte-Beuve, tom. III, cas 214.

— Ainsi un fils qui sait que son père était un homme sans conscience, vendu à la faveur, etc., doit juger qu'il était plutôt d'équité. J'aimerais mieux décider par le caractère de la personne.

Cas V. *Maximin*, à qui la plupart des habitants doivent, les uns du blé qu'il leur a prêté, et les autres des rentes, ne paye que 20 livres de taille, quoiqu'il en pût aisément payer 200, personne n'osant l'imposer à une plus grosse somme. N'est-il pas obligé devant Dieu à s'imposer lui-même à la somme qu'il peut justement payer, sous peine d'être tenu à restitution envers les plus surchargés?

R. Puisque, comme l'enseigne Sylvestre, ceux qui ne font que cacher leurs biens pour éviter une plus grande taxe qu'ils pourraient payer, sont obligés à dédommager ceux qui en souffrent, on ne peut excuser un homme riche qui à peine paye la dixième partie de ce qu'il devrait payer selon la justice, et qui ne s'exempte de payer ce qu'il devrait que parce qu'il se rend formidable aux pauvres par son crédit ou par le mal qu'il leur peut faire. * Une telle remise n'est sûrement pas volontaire.

Cas VI. Six officiers de justice d'une petite ville, dont ils règlent les tailles et les autres impositions, ont changé depuis trois ans l'ancienne coutume d'imposer la taille sur le bétail qui est nombreux dans ce lieu-là, et l'ont imposée sur les terres seulement. Ce changement est fort dommageable aux habitants pauvres qui, faute de moyens, ne peuvent avoir ni chevaux, ni vaches, ni moutons, et est très-favorable à ces officiers et à plusieurs autres qui sont riches en bestiaux et qui ont peu de terres. Ont-ils pu en conscience faire un tel changement, et ne sont-ils pas tenus à dédommager les pauvres habitants?

R. Si ces officiers ont fait ce changement par une autorité légitime, et qu'en le faisant ils aient eu en vue le bien de la communauté, on ne les peut obliger à aucun dédommagement envers les pauvres habitants qui en souffrent, parce que le bien commun est préférable à celui des particuliers; mais s'ils n'ont agi que parce que les habitants ont bien voulu se rapporter à eux de l'assiette de la taille, ils n'ont pu faire ce changement, qui est contre la disposition de plusieurs arrêts de cours souveraines, que du consentement de toute la communauté, parce que: *Quod omnes tangit, debet ab omnibus approbari*, selon la règle 29, in 6. Néanmoins si, l'ayant fait sans consulter les habitants, ils n'ont agi de bonne foi et dans l'intention de faire le bien commun, on ne les doit pas obliger à restitution envers ceux qui se trouvent lésés, quoique par accident ils y touvent leur avantage. Mais s'ils ont fait ce changement de leur autorité privée et dans le dessein de se décharger sur les pauvres des impôts qui étaient payés auparavant sur les bestiaux, ils sont sûrement tenus à dédommager tous ceux qui en ont souffert, soit que ce soient des pauvres ou des riches.

— Il ne faut pas trois ans pour voir qu'un changement d'impositions est très-nuisible à tous les habitants pauvres. D'ailleurs l'*autorité légitime* s'en rapporte d'ordinaire à ceux qui sont à la tête des paroisses. Ainsi ce cas, comme une infinité d'autres, doit se décider par les circonstances.

Cas VII. *Alexandre*, qui a un grand crédit à la cour, ayant obtenu du ministre que la paroisse dont il est seigneur ne payât que 1,200 livres de taille, au lieu de 2,400 livres qu'elle payait auparavant, a fait entendre aux collecteurs qu'en obtenant cette diminution il a eu dessein que ses fermiers fussent épargnés. Sur quoi les collecteurs, de l'avis d'une grande partie des habitants, ne les ont imposés qu'à chacun 30 livres, quoiqu'en participant à cette grâce ils eussent pu aisément payer chacun 100 liv. Les asséeurs ont-ils commis en cela quelque injustice envers les autres habitants?

R. Oui, et ils sont tenus à restituer, parce qu'ils ont agi contre l'intention du roi ou de son ministre, qui, en accordant cette diminution, a certainement été que la répartition s'en fît selon la justice, et principalement en faveur des plus pauvres, et non pas que les fermiers de ce seigneur en profitassent plus que les autres. La reconnaissance qui sert de prétexte à ces asséeurs ne les excuse pas, non plus que le consentement de plusieurs des habitants; car on ne doit pas violer la justice par une reconnaissance, quand d'ailleurs on n'a pas le pouvoir de la faire. Or, 1° l'injustice dans l'espèce proposée est évidente; 2° les asséeurs n'étaient pas en pouvoir de faire cette reconnaissance sans le consentement unanime de toute la communauté, et surtout des plus pauvres habitants, comme y étant les plus intéressés, suivant la règle citée cas VI. Ils sont donc obligés à réparer le tort qu'ils ont fait par là aux surchargés, à moins qu'ils n'obtiennent de tous les autres habitants la ratification de la grâce qu'ils ont faite. Mais un collecteur n'est tenu à restituer, 1° qu'au défaut de ceux qui ont profité de l'injustice; 2° après ceux qui par menaces ou autrement l'ont contraint de la faire. Et cette obligation est solidaire à l'égard de tous les asséeurs.

CAS VIII. *Rufin*, en mariant sa fille à François, qui lui est un gentilhomme, lui donne en apparence un fonds de 2,000 liv. de rente, et prend de lui une contre-lettre, par laquelle il paraît ne lui en donner en effet que pour 1,500 liv., et par cette adresse se fait décharger de la taille que le quart de ce fonds doit porter. 1° Doit-il restituer aux habitants du lieu? 2° François et le notaire qui a passé la contre-lettre y sont-ils tenus à son défaut? Rufin soutient qu'il n'y est pas obligé, parce qu'il a beaucoup de dettes et qu'il croit porter encore autant de taille qu'il en doit payer: sur quoi François et le notaire ne s'y croient pas non plus obligés?

R. Puisque Rufin demeure propriétaire du fonds des 500 liv. de rente, il est obligé en conscience à restituer aux habitants le quart de la taille que le fonds de 2,000 liv. de revenu doit porter. Car, selon le droit, *Locupletari non debet aliquis cum alterius injuria vel jactura*. Les raisons de Rufin ne l'excusent pas, 1° parce qu'il peut vendre une partie de son fonds pour acquitter ses dettes; 2° parce que la taille est une dette privilégiée et qui doit être payée avant toute autre; 3° parce qu'il n'est pas juste qu'il soit juge en sa propre cause, selon ce mot du droit: *Lege generali decernimus neminem sibi esse judicem*.

À l'égard de François et du notaire, s'ils ont agi de bonne foi et sans prévoir la fraude, ils ne sont tenus à aucune restitution.

— Un notaire, qui doit plus voir qu'un gentilhomme, serait aisément plus coupable que lui. En fait de mariage les contre-lettres sont défendues. *Voyez* Ferrière, au mot *Contre-lettres*.

CAS IX. Un prince du sang, dont les domestiques sont exempts de taille par grâce spéciale du roi, peut-il sans injustice comprendre Antoine dans l'état qu'il a envoyé à la cour des aides, en lui donnant la qualité de son domestique, encore qu'il l'exempte de tout service et qu'il ne lui donne aucuns gages?

R. Il ne le peut, parce que les officiers du roi même, de la reine, etc., « ne sont tenus pour exempts, s'ils ne sont couchés en l'état des domestiques servant actuellement et payés des gages au moins de 60 liv. appartenant à l'office, sans fraude, et que le trésorier certifiera sous son seing. » C'est ainsi que parle Charles IX, art. 125 de l'ordon. d'Orléans, et Louis XIII, art. 25 de l'édit de 1614. La déclaration de 1610 ajoute que ceux qui se trouveront ne rendre aucun service doivent être mis à la taille par les habitants.

Il y a donc une vraie *fraude* dans la conduite d'Antoine, et par conséquent obligation de restituer, 1° parce qu'il ne rend aucun service actuel et personnel au prince qui l'y a fait employer; 2° parce qu'il ne reçoit de lui aucuns gages; 3° parce qu'il ne peut avoir un certificat fidèle, par lequel le trésorier du prince atteste avec vérité que cet homme sert actuellement et qu'il reçoit des gages: joint à cela que le prince qui a prétendu lui faire cette grâce, abuserait de celle que le roi n'a intention d'accorder qu'à ses véritables officiers et domestiques, et non pas à ceux qui ne le sont que de nom; et par conséquent ce prince causerait du dommage aux habitants du lieu où Antoine a son domicile, et serait obligé à le réparer, ou ferait tort à celui de ses domestiques dont Antoine occuperait injustement la place sur cet état.

On dit à la vérité dans le monde, qu'un prince peut prendre qui bon lui semble pour domestique, et l'exempter du service actuel, en ne lui donnant point de gages. Mais nous répondons, 1° que, dans ce cas, le prince ne peut pas légitimement donner dispense du service; parce que cela est défendu, sinon en cas de maladie du domestique certifiée par le juge et par le procureur du roi, ou fiscal du lieu, et par acte signé du greffier, ainsi qu'il est porté par l'art. 27 de l'édit de 1614, et par celui de 1634; 2° que ceux qui n'ont point de gages n'ont aucun droit de jouir de l'exemption, ainsi que le portent les édits et les déclarations que nous venons de citer. *Voyez* Sainte-Beuve, tom. I, cas 110.

Cas X. *Marcelle*, qui a 350 liv. de rente, mais qui lui sont mal payées, ayant payé durant 24 ans une forte taille de 100 liv., fit signifier aux collecteurs, en 1700, qu'elle allait demeurer chez Alexis son fils, curé d'une paroisse voisine, et qu'on n'eût plus à l'imposer à la taille à l'avenir, excepté l'année d'après, suivant les édits. Elle la paya encore cette année-là, et réitéra sa déclaration au syndic et aux habitants de la paroisse d'où elle sortait, et s'en alla chez son fils, qui la fit imposer sur le rôle de sa paroisse à 15 liv. Alexis offrit de donner 12 liv. pour sa mère, pour servir avec d'autres sommes à réparer son église, à condition qu'on n'imposerait plus sa mère à la taille. Les habitants, pour reconnaître les soins de leur curé, et les dépenses qu'il avait faites pour l'église, y consentirent d'autant plus volontiers, qu'ils savaient que leur curé allait bientôt prendre possession d'une autre cure où l'on ne payait point de taille, et où Marcelle devait le suivre. 1° Alexis n'a-t-il rien fait de mal en cela ? 2° Que dire de sa mère, qui n'a payé que 15 liv. par an pendant dix ans ? 3° A-t-elle pu se faire décharger par le moyen du syndic et de ses autres amis, de l'imposition à laquelle elle était en la première paroisse, quoiqu'elle n'ait point obtenu de sentence qui portât qu'elle serait rayée du rôle. 4° Marcelle qui, lors de l'établissement du dixième, a donné un fidèle état de son bien à Jacques, préposé à recevoir telles déclarations, et à laquelle néanmoins on n'a rien demandé, soit que sa déclaration ne soit pas parvenue jusqu'à ceux qui devaient la taxer, quoique Jacques assure qu'il l'a donnée, soit qu'elle ait été perdue, a payé seulement le dixième ès autres lieux où elle avait du bien, sans l'avoir payé à l'égard du fonds de terre qu'elle possédait dans le lieu où elle a donné sa déclaration. N'est-elle point obligée en ce cas à quelque restitution ?

R. Alexis nous paraît hors d'atteinte, 1° parce qu'il a agi de bonne foi et sans aucune fraude ni autre voie illicite; 2° parce que les habitants ayant égard au mérite et aux dépenses de leur curé, ont bien voulu lui en marquer leur reconnaissance, en n'imposant sa mère qu'à une somme fort modique, ce qui est digne de louange. Marcelle doit encore être plus tranquille à l'égard du dixième, qui, comme les autres taxes, doit être demandé par celui qui est chargé d'en faire la recette; car puisqu'elle a donné sa déclaration à un homme nommé pour les recevoir, et qui assure l'avoir donnée à celui qui devait exiger d'elle le dixième, elle peut demeurer dans la bonne foi avec laquelle elle a agi. Joint à cela que le dixième qu'elle n'a pas payé ne retombe point sur les autres habitants, qui ne payent au roi que celui-là seul qui leur est imposé. Il faut cependant qu'elle soit dans la disposition de le payer, si on le lui demande un jour. Quant à ce que Marcelle ne s'est pas fait décharger par sentence, ce n'est qu'une omission de formalité, qui ne nous paraît pas regarder le for intérieur.

TAILLE. On nomme taille un morceau de bois divisé en deux parties, dont se servent certaines personnes pour marquer la quantité de fournitures qui ont été faites. A l'instant de la fourniture on taille transversalement les deux parties qu'on réunit. La partie que le fournisseur conserve s'appelle proprement la *taille*; celle qui est entre les mains du consommateur s'appelle échantillon. Dans plusieurs villes, les boulangers se servent de tailles, elles sont assimilées aux actes sous seing privé. Les tailles corrélatives à leurs échantillons font foi entre les personnes qui sont dans l'usage de constater ainsi les fournitures qu'elles font et reçoivent en détail.

TAILLEUR D'HABITS.

Le mot *tailleur* a plusieurs significations; car, 1° on dit *tailleur* en terme de monnaie. Il y en a un général pour toutes les monnaies du royaume, et d'autres particuliers pour chaque ville où l'on bat monnaie. Le premier est l'officier qui fournit tous les poinçons d'effigie et les matrices dont les *tailleurs* particuliers doivent se servir. 2° On appelle *tailleur* de pierre, celui qui taille les pierres et les met en état d'être employées dans un ouvrage d'architecture. 3° On nomme encore *tailleur*, celui qui fait des habits, soit pour hommes ou pour femmes, en latin *sartor* ou *sarcinator;* et c'est uniquement dans ce sens que nous prenons le mot *tailleur* dans ce titre, où il ne s'agit que de ce qui est permis ou défendu aux tailleurs d'habits.

Cas I. *Hubert*, tailleur d'habits pour femmes, en fait au moyen desquels le sexe est découvert d'une manière scandaleuse. Il s'excuse sur ce que sans cela il perdrait toutes ses pratiques. Son confesseur peut-il le passer ?

R. Il y a des métiers si mauvais par eux-mêmes, qu'on ne peut jamais les permettre; tel serait celui de faire des idoles pour quelqu'un qui voudrait les adorer. Il y en a dont il peut arriver du mal, mais qui n'y portent pas par eux-mêmes; tels sont ceux de fourbisseur, d'armurier, etc., et tel est aussi celui de tailleur. Car une femme peut porter des habits à la mode et être très-modeste, comme il y en a beaucoup. Celles qui ne le font pas ne doivent s'en prendre qu'à leur vanité et à la corruption de leur cœur. Le fond de cette décision est de saint Thomas, qui dit, 2-2, q. 169, art. 4, ad 2 : *Si qua ars est ad faciendum aliqua opera quibus homines uti non possunt absque peccato, per consequens artifices talia faciendo peccarent, ut pote præbentes directe aliis occasionem peccandi, puta si quis fabricaret idola vel aliqua ad cultum idololatriæ pertinentia. Si qua vero ars sit, cujus operibus homines possunt bene et male uti, sicut gladii, sagittæ et alia hujusmodi, usus talium artium non est peccatum.* Hubert peut donc sans péché faire des habits de femmes, tels qu'on les porte depuis quelque temps; parce qu'il est certain qu'ils ne portent pas à l'impureté par eux-mêmes, et qu'ils n'empêchent pas que les filles et femmes ne couvrent autrement leur gorge, comme elles le doivent. Ainsi il ne faut pas attribuer précisément à leurs habits la nudité qu'elles font paraître, mais à leur immodestie, a leur vanité et à la corruption de leur cœur. C'est la décision de Saint-Beuve, tom. III. cas 185.

Cas II. *Serge*, tailleur, achète quinze aunes d'étoffe de soie pour faire à Titia une jupe et un manteau. Comme il y en a une aune et demie dont la teinture est défectueuse, il rabat un écu au marchand sur la totalité du prix convenu; mais il coupe si bien l'habit, qu'il cache l'étoffe mal teinte dans les plis du manteau. Peut-il, au moyen de cette adresse, retenir l'écu pour lui?

R. Non; 1° parce qu'il s'était virtuellement chargé d'acheter une étoffe qui ne fût pas défectueuse; 2° parce que son industrie était due à la personne pour qui il a travaillé.

— Il faudrait plutôt demander si Serge n'est point obligé à restituer. Quand un habit commence à passer, les dames en font souvent faire un autre moins important, soit pour elles, soit pour leurs femmes de chambre, et alors l'étoffe défectueuse n'y peut servir.

En vain dirait-on que Serge était en droit de retenir cet argent, comme le fruit de son industrie. Car il est aisé de répondre qu'il était obligé d'employer toute son industrie, en qualité de commissionnaire, pour faire le profit de la dame; car il paraît certain qu'elle ne l'a employé à faire l'achat de son étoffe que parce qu'elle était persuadée qu'un homme de sa profession était plus industrieux et plus habile à connaître le juste prix des étoffes que toute autre personne. Son industrie doit donc être considérée dans cette occasion comme inséparable de sa personne; il n'a donc pu s'en prévaloir au préjudice de cette dame. D'ailleurs son industrie n'est fondée, dans le cas proposé, que sur la fraude qu'il a commise en faisant paraître pour une étoffe sans défaut celle qui était véritablement défectueuse. Il ne lui a donc pas été permis de profiter d'une telle industrie, puisqu'elle n'avait pour fondement que la fraude et l'injustice.

Cas III. *Arnoul*, tailleur, a fait un habit à Jérôme, pour lequel il a fourni pour 37 liv. de soie, boutons, galons, etc.; mais il lui en a fait payer 40 liv., tant à cause du temps qu'il a mis à les acheter, que parce que le marchand lui fait une remise, à cause qu'il se fournit ordinairement chez lui. *Quid juris?*

R. Un tailleur qu'une personne difficile menerait de boutique en boutique et qui par là perdrait beaucoup de temps, pourrait exiger un plus haut prix que l'ordinaire. Il pourrait aussi, s'il achetait les étoffes en gros, y gagner quelque chose, pourvu qu'il ne les vendît pas plus cher qu'on ne les achète en détail chez les marchands; mais il ne le peut pour les raisons alléguées dans l'exposé; car, 1° ceux qui font travailler les tailleurs entendent toujours que leurs peines soient confondues dans le payement des façons : ce qui est si vrai, qu'un tailleur n'oserait dire qu'il a retenu secrètement quelque chose pour la peine qu'il a eue à acheter les fournitures; 2° c'est se tromper que de dire que le mercier se relâche de quelque chose en considération des tailleurs pour conserver leur pratique; car il trouve toujours dans ce prétendu meilleur marché un profit raisonnable, sans lequel il ne vendrait pas, et il n'est pas à croire qu'il refusât un pareil profit qui lui serait offert par toute autre personne.

— L'auteur prouve mal cette seconde partie de sa réponse. 1° Un marchand peut vendre *pretio infimo* au tailleur, et *pretio medio* à tous les autres; et gagner avec tous. 2° Il est faux qu'un particulier, qui ne lève de l'étoffe que pour lui, la trouve au prix du tailleur. Je crois donc que la remise du marchand est souvent une gratification volontaire dont un tailleur peut profiter. Je raisonnerais différemment du tailleur d'une grande et nombreuse maison, qui seule fait plus de consommation que vingt particuliers; parce que si le maître achetait par lui-même il aurait, à cause du grand débit qu'il fait faire, la remise que le tailleur a à cause de celui qu'il procure. Par la même raison je condamne les présents que reçoivent les intendants de grandes maisons, s'ils passent les bornes ordinaires d'une simple reconnaissance.

Cas IV. Un tailleur qui, au lieu d'acheter chez les marchands en détail, va, comme ils font, acheter chez les fabricants mêmes, peut-il comme eux vendre 12 liv. ce que le fabricant donne à onze.

R. Il le peut; parce que c'est là un fruit de son industrie, et que celui pour qui il a fait l'emplette n'aurait pas plus été chez le fabricant même que n'y vont tous les autres particuliers. Mais il faut qu'il soit bien assuré qu'il n'a pas plus acheté que n'achètent les marchands. On peut confirmer cette décision sur ce que si l'étoffe périssait ou diminuait de prix, la perte serait sur son compte.

Cas V. *Jove*, tailleur d'habits, a coutume de retenir à son profit des morceaux qui lui restent des étoffes, et les vend pour faire des bourses, des bonnets d'enfants, etc. Le peut-il?

R. Non, parce que c'est un bien qui ne peut lui appartenir sans la permission du maître. Il est payé de sa façon et du temps qu'il met, comme tous ceux de sa profession, à acheter les étoffes : ainsi ce qu'il prend de plus est un vol, qui va aisément au mortel en certaines étoffes.

Cas VI. *Mathias*, tailleur, étant prié par Jean de l'accompagner chez un marchand pour lever dix aunes de drap, le mène chez un qui lui vend l'aune 2 liv. plus qu'elle ne vaut au plus haut prix. Mathias souffre que

Jean soit trompé, parce que le marchand est de ses amis, ou parce qu'il lui doit de l'argent. Est-il obligé à restituer à Jean?

R. Il y est obligé solidairement avec le marchand, parce qu'il est la cause du dommage que Jean a souffert, puisqu'en acceptant sa prière, il s'est tacitement obligé à empêcher qu'il ne fût trompé dans son achat, et que par son silence il a concouru à sa lésion. Il est donc dans le cas de cette règle de Grégoire IX : *Si tua culpa datum est damnum.... jure super his satisfacere te oportet.*

Saint Thomas, 2-2, q. 77, art. 3, donne équivalemment cette décision en ces termes : *Fraudem adhibere ad hoc, quod aliquid plus justo pretio vendatur, omnino peccatum est, in quantum aliquis decipit proximum in damnum ipsius.* Ainsi, comme ce péché est contre la justice, Mathias est tenu à réparer le dommage que Jean en a souffert, si le marchand, qui est le premier obligé, ne le répare pas. C'est la décision de la théologie de Grenoble, tom. I, Traité 3, q. 4.

Voyez ACHAT, cas XVIII.

TARIF ou TAXE [*].

Comme bien des gens qui ont recours à Rome pour en obtenir des dispenses, se plaignent de ceux qui se chargent de les impétrer, et que là comme ailleurs, il y a eu quelquefois de la malversation, j'ai cru devoir donner ici un tarif des sommes qui doivent être payées aux conseillers du roi, expéditionnaires de cour de Rome et de la légation, y compris le droit de vérification, en exécution de l'édit du mois de septembre 1691. Au reste, je ne parlerai que de dispenses qui concernent le mariage, parce qu'elles intéressent plus de personnes, et que ceux qu'elles intéressent sont communément moins instruits de cette matière. Je les prends dans le Traité de l'Usage et Pratique de la cour de Rome, etc., par Pérard, Castel, tom. II, p. 394, édition de 1717. On trouvera chez lui le tarif de toutes les autres expéditions.

DISPENSES MATRIMONIALES.

Au quatrième degré.

Pour contracter avec cause,	68 l.
Sans cause,	93
Avec absolution sciemment,	193
Avec absolution ignoramment,	183
En forme de pauvres sciemment,	78
En forme de pauvres ignoramment,	73

Au quatrième degré double.

Pour contracter avec cause,	108
Sans cause,	883
Avec cause pour nobles,	183
Avec absolution sciemment,	133
Avec absolution ignoramment,	323
En forme de pauvres sciemment,	103
En forme de pauvres ignoramment,	98

Aux trois et quatrième degrés.

Pour contracter avec cause,	93
Sans cause,	233
Avec absolution sciemment,	223
Avec absolution ignoramment,	213
En forme de pauvres sciemment,	103
En forme de pauvres ignoramment,	93

Aux trois et quatrième degrés doubles.

Pour contracter avec cause,	148
Sans cause,	883
Avec absolution sciemment,	593
Avec absolution ignoramment,	383
En forme de pauvres sciemment,	113
En forme de pauvres ignoramment,	103

Aux deux et quatrième.

Pour contracter avec cause,	113 l.
Sans cause,	1158
Sans cause pour nobles,	1433
Avec absolution sciemment,	333
Avec absolution ignoramment,	23
En forme de pauvres sciemment,	93
En forme de pauvres ignoramment,	88

Au premier degré d'honnêteté publique et de justice.

Pour contracter avec cause,	133
Sans cause,	1435
Avec absolution sciemment,	353
Avec absolution ignoramment,	325
En forme de pauvres sciemment,	95
En forme de pauvres ignoramment,	88

Empêchement de crime, quand ni l'un ni l'autre n'ont machiné, ni procuré la mort, etc.

Comme au quatrième sciemment,	193

Nonobstant la clause que le survivant gardera le célibat.

Pour contracter avec cause,	83
Pour nobles,	103

Au troisième degré.

Pour contracter avec cause,	183
Avec cause pour nobles,	163
Sans cause,	1183
Avec absolution,	423
En forme de pauvres,	63

Au troisième degré double.

Pour contracter avec cause,	268 l.
Sans cause,	2433
Avec absolution,	733
En forme de pauvres,	63

Au trois d'un côté, et quatre de l'autre.

Pour contracter avec cause,	233
Sans cause,	1683
Avec absolution,	633
En forme de pauvres,	63

Au trois d'un côté, et trois et quatre de l'autre.

Pour contracter avec cause,	268
Sans cause,	1783
Avec absolution,	698
En forme de pauvres,	63

Aux deux et trois, commune souche.

Avec cause pour celle qui n'a point de dot, et pour les inimitiés et la confirmation de la paix,	233
Et cause de la dot avec augment, ou de la petitesse du lieu,	263
Avec cause pour les nobles,	383
Sans cause,	2433
Avec absolution,	733
En forme de pauvres,	63

Aux deux ou trois degrés doubles.

Pour contracter avec cause, pour celle qui n'a point de dot,	353
A cause de la dot, ou de la petitesse du lieu,	383
Avec cause pour les nobles,	433
Sans cause,	4533

---

[*] Depuis 1790 il n'y a plus de taxe pour la France.
Les dispenses accordées par la pénitencerie sont gratuites, sauf les frais d'expédition; celles qu'accorde la daterie sont accordées à condition que les parties feront une aumône proportionnée à leur état de fortune, aumône qu'on prie l'évêque de recevoir et de faire passer à Rome.

Le recours à Rome est extrêmement rare. Plusieurs évêques ont des pouvoirs très-étendus pour dispenser, et partout les demandes se présentent aujourd'hui avec des circonstances qui permettent souvent à l'ordinaire de l'accorder lui-même.
(*Note de l'Éditeur.*)

DICTIONNAIRE DE CAS DE CONSCIENCE

Avec absolution,	1233 l.
En forme de pauvres,	63

Aux deux et trois d'un côté, et quatre de l'autre.

Pour celle qui n'a point de dot, ou à cause de procès,	273
A cause de la dot, ou de la petitesse du lieu,	333
Avec cause pour nobles,	383
Sans cause,	2833
Avec absolution,	783
En forme de pauvres,	63

Au second degré.

Avec cause ou sans cause,	4533
Avec absolution,	2033
En forme de pauvres,	143

Aux premier et second degrés.

La componende est arbitraire.

En forme de pauvres,	213

Compaternité.

Pour contracter avec cause,	393
Avec cause pour nobles,	533
Sans cause,	2733
Avec absolution,	1333
En forme de pauvres,	63

Compaternité double.

Pour contracter avec cause,	733
Avec cause pour nobles,	933

Sans cause : la componende est arbitraire.

Avec absolution,	2133
En forme de pauvres,	63

TARIF DE LA LÉGATION D'AVIGNON.

DISPENSES MATRIMONIALES.

Au quatrième degré.

Pour contracter avec cause ou sans cause,	41 l.
Pour nobles,	64
Avec absolution,	48 l.
En forme de pauvres,	41

Au quatrième degré double.

Pour contracter,	83
Pour nobles,	89
Avec absolution,	93
En forme de pauvres à cause de la vérification de l'attestation,	43

Aux trois d'un côté, et quatrième de l'autre.

Pour contracter avec cause ou sans cause,	158
Pour nobles,	163
Avec absolution,	173
En forme de pauvres à cause de la vérification de la susdite attestation,	43

Aux trois et quatrième, commune souche.

Se paye comme au quatrième degré, comme il est marqué ci-dessus.

Aux trois et quatrième doubles.

Se paye comme au quatrième degré double.

Au troisième degré double.

Pour contracter avec cause, ou sans cause,	138
Pour nobles,	143
Pour absolution,	143
En forme de pauvres,	41

Aux deux et trois d'un côté, et troisième de l'autre.

Se paye comme ci-dessus, au troisième degré.

Compaternité.

Pour contracter avec cause ou sans cause,	138
Avec absolution pour le mariage contracté,	143
En forme de pauvres,	41

Compaternité double.

Pour contracter,	233 l.
Avec absolution pour le mariage contracté,	238
En forme de pauvres à cause de la vérification de l'attestation,	43

Dispense sur l'empêchement d'honnêteté publique.

Aux premier, second et troisième degrés, se paye comme ci-dessus, au quatrième degré.

Parce que le vice-légat d'Avignon a pouvoir de dispenser dans les degrés ci-dessus, Sive duplicibus, vel triplicibus, il n'est pas nécessaire d'exprimer les causes.

Si le mariage a été fait clandestinement, et qu'on demande l'absolutiona clandestinitate et supergradu prohibito : outre les frais de la dispense sur ledit degré, on ajoute 40 l. pour l'absolution a clandestinitate, 40 l.

Empêchement du crime, quand ni l'un ni l'autre n'ont machiné ni procuré la mort.

Se paye comme ci-dessus au quatrième degré.

Avec absolution,	53
En forme de pauvres,	41

Dispense de l'âge pour contracter mariage, laquelle s'accorde pour dix-huit mois, tant à l'une qu'à l'autre partie.

Pour nobles,	83
Pour ceux qui ne sont point nobles,	63
Si l'une et l'autre partie sont nobles,	123
Si l'une et l'autre ne sont point nobles,	103

Outre les droits exprimés par ce double tarif, et qui reviennent tant aux officiers de la cour de Rome qu'aux expéditionnaires de France, il est encore attribué à ces derniers pour les droits de contrôle établis par les édits et déclaration du roi des mois de juin et 3 juillet 1703, deux sols pour livre des sommes contenues au présent tarif, pour chaque expédition, et 40 sols pour l'envoi de chaque commission, à l'exception des brefs d'indulgence et de pénitencerie, le tout non compris le change.

Je finis cet article par trois observations : la première, qu'en France on ne reconnaît les pouvoirs du vice-légat d'Avignon que par rapport à la juridiction spirituelle, et seulement dans les quatre provinces ecclésiastiques d'*Arles*, d'*Aix*, de *Vienne* et d'*Embrun*, auxquelles quelques écrivains joignent mal à propos la province de *Narbonne*.

La seconde, qu'il y a dans ces tarifs des dispenses qu'on obtiendrait fort inutilement en France, où, par exemple, on n'aime point à voir un oncle épouser sa nièce, et moins encore une tante épouser son neveu.

La troisième, que je dois en partie à M. Durand, c'est qu'Amydenius, dans son traité du Style de la daterie, venge la cour de Rome des imputations d'avarice que ses ennemis ont réitérées dans tous les temps. Il fait voir, *lib.* 1, *cap.* 35, que, selon un règlement d'Innocent X, du premier novembre 1644, tout le produit des componendes sur les dispenses matrimoniales est déposé au Mont-de-Piété, pour y être ensuite employé en aumônes et autres bonnes œuvres, telles que sont : 1° les missions dans les pays étrangers, où il faut soutenir la foi dans ceux qui l'ont, et la faire germer dans ceux qui ne l'ont pas ; 2° les mariages d'un grand nombre de filles exposées à tous les dangers de la jeunesse et de l'indigence, etc. Il y a longtemps que le respectable monseigneur le cardinal Crescenci m'avait dit la même chose. Après tout, comme chaque dispense fait toujours une brèche plus ou moins grande à la loi, il est juste que cette brèche soit plus ou moins réparée ; et elle ne peut l'être mieux que par l'aumône.

TÉMOIN.

Un témoin est une personne qui rend témoignage de ce qu'elle a vu ou de ce qu'elle a ouï, soit pour charger ou pour décharger un accusé. Il est des témoins irréprochables et d'autres auxquels on peut opposer un crime qui emporte infamie, ou un défaut qui empêche que leur témoignage ne soit recevable; soit que ce défaut soit tel, *ex natura rei*, tel qu'est le défaut de raison; ou par la disposition du droit, comme quand on prouve que ce témoin a déjà rendu un faux témoignage en justice, ou qu'il a été corrompu par argent, etc. Tous les procès criminels s'instruisent par audition, récollement et confrontation de témoins. Aucun témoin ne peut être récusé par un criminel qui ne l'a pas récusé avant le récollement, c'est-à-dire quand après la confrontation il persiste en sa déposition.

Les faux témoins étaient soumis à la peine du talion dans l'ancienne loi, où il est dit: *Omnino facietis ei (falso testi) quemadmodum molitus fuerat facere fratri suo: ut tollas malum de medio tui*. Les Égyptiens les punissaient de mort, au rapport de Diodore de Sicile. En France on les punit aussi de mort, quand leur témoignage contre un innocent va à la mort; mais dans les autres cas on les condamne à de moindres peines. Cependant l'ordonnance de François 1er, de l'an 1539, vérifiée au parlement, porte la peine de mort contre tous faux témoins, en quelque matière que ce soit; mais on ne l'observe pas à la rigueur dans les matières civiles, où les juges se contentent d'ordonner de moindres peines.

Dans les matières civiles, les parents jusqu'au quatrième degré ne sont pas recevables à rendre témoignage, tant dans le for ecclésiastique que dans le for séculier, pour ou contre leurs parents, excepté dans le cas où il s'agit de l'âge ou de la parenté en fait de mariage; cependant les juges ne laissent pas d'y avoir quelque égard dans de certaines matières et dans de certaines circonstances.

Un témoin qui n'a point été cité, et qui n'a point prêté serment entre les mains du juge, de dire la vérité, ne doit jamais être admis à déposer en jugement. On excepte pourtant de cette règle le cas où un homme, qui se trouve actuellement en jugement, est interpellé par le juge, de déposer sur un fait. Car alors son témoignage, quoique rendu sans assignation ou citation préalable, n'est pas suspect. En France on contraint, par la saisie de leur temporel, les ecclésiastiques à déposer comme témoins en justice, soit en matière civile ou en matière criminelle, suivant l'ordonnance du mois d'août 1670, tit. 6, art. 3.

Un juge ne peut jamais condamner un accusé sur le simple témoignage d'un seul témoin; car il en faut au moins deux, suivant ces paroles de l'Écriture: *Non stabit testis unus contra aliquem, quidquid illud peccati et facinoris fuerit; sed in ore duorum aut trium testium stabit omne verbum*. (Deuter. xix). Mais deux témoins oculaires, non suspects, ni reprochés, font une preuve complète. C'est aussi ce qu'on observe exactement dans la jurisprudence tant ecclésiastique que séculière. Les païens mêmes sont convenus de cette maxime, comme il paraît par les paroles de Sénèque: *Uni testi, etiam de minore scelere non creditur*. Et même lorsque dans une matière criminelle un témoin vient à mourir avant la confrontation, sa déposition devient inutile: *In criminalibus*, dit Mornac, *si testis ante repetitionem obierit, irritum manet testimonium*. Le parlement de Paris l'a ainsi jugé par un arrêt du 20 mars 1510, rapporté par Papon. Celui de Bretagne l'a aussi jugé de même par arrêt du 30 avril 1554, rapporté par du Fail.

Cas I. Florien a tué Rolland: personne ne le sait que son frère, sa femme et son confesseur; tous trois sont cités pour déposer contre lui. Y sont-ils obligés en conscience?

R. Non; car comme un fils n'est pas tenu à porter témoignage contre son père, ni un père contre son fils; de même il est de l'équité naturelle qu'un frère n'accuse pas son frère, ni la femme son mari, à moins qu'il ne s'agisse de cas privilégiés, et que dans ces cas ces sortes de personnes n'y soient absolument obligées par les lois du pays. *Lege Julia publicorum cavetur*, dit un canon du décret de Gratien, *ne invito denuntietur ut testimonium litis dicat adversus socerum, generum, vitricum, privignum, sobrinum, sobrinam, sobrinove natum, eosve qui priore gradu sint*. Can. 3, iv, q. 2, et 3.

A l'égard du confesseur, il ne peut jamais rien dire de ce qu'il ne sait que par la confession: 1° parce qu'il ne le sait pas comme homme, mais comme tenant la place de Dieu; 2° parce qu'aucun juge n'a intention qu'on lui révèle ce qu'on ne sait que par cette voie, et même le juge ne pourrait se servir de la connaissance qu'il aurait acquise par là. Saint Thomas, qu'on a déjà cité ailleurs, dit fort bien: *De illis quæ homini sunt commissa in secreto per confessionem, nullo modo debet testimonium ferre, quia hujusmodi non scit ut homo, sed tanquam Dei minister: et majus est vinculum sacramenti quolibet hominis præcepto*. On peut voir là-dessus avec combien de force le cardinal du Perron a soutenu et établi cette vérité dans sa réplique au roi de la Grande-Bretagne, p. 652.

Cas II. Babylas, qui a tué un mendiant, sachant qu'il y a une demi-preuve contre lui, consulte Tullius, avocat, pour savoir comment il se doit comporter dans cette affaire. Tullius, qui a été appelé en témoignage deux jours après, est-il obligé à déposer contre Babylas, à cause qu'il y a déjà une demi-preuve contre lui.

R. Non; ce serait fermer toute voie aux conseils que d'obliger ceux qui les donnent par état à révéler dans les occasions. Aussi est-ce le sentiment de Navarre, *Manual.*, c. 25, et des meilleurs théologiens. *Testis*, dit Merbesius, part. 3, q. 192, *non tenetur occultum proferre crimen, si illi, vel consilii, vel auxilii petendi gratia patefactum fuerit, ad procurandam malefactori vel animæ, vel corporis, vel utriusque salutem, quæ ob admissum crimen periclitatur, etiamsi de auctore* esset infamia, vel semi-plena probatio, quæ judici scilicet probabilem suspicionem, sive opinionem de perpetrato scelere ingeneraret.

Cas III. *Ermel*, accusé de péculat, a prié Paul de ne point déposer contre lui. Paul le lui a promis avec serment. Doit-il, nonobstant son serment, dire ce qu'il sait, quand il est cité?

R. Il le doit : 1° Parce que l'office de témoin est de droit public, auquel un particulier ne peut renoncer, quelque serment qu'il en fasse, comme le déclare Innocent III, cap. 12, *de Foro compet.*; 2° parce qu'il est contraire aux bonnes mœurs d'induire à cacher la vérité, qu'il est de l'intérêt du public de connaître, puisque autrement plusieurs crimes demeureraient impunis, contre ces paroles du même souverain pontife : *Cum.... publicæ utilitatis intersit, ne crimina remaneant impunita, et per impunitatis audaciam fiant, qui nequam fuerant, nequiores.*

Cas IV. *Auguste*, qui a la réputation d'homme sage, a commis secrètement un crime qui mérite au moins les galères. Jacques, son voisin, est le seul qui en ait connaissance, et nul autre ne l'en soupçonne. Le juge criminel, qui est son ennemi juré, lui impute ce crime, et fait assigner quatre de ses voisins, dont Jacques est du nombre, pour déposer contre lui. Trois ont déjà déclaré qu'ils n'avaient aucun soupçon qu'Auguste fût l'auteur de ce crime. Jacques demande s'il est obligé, devant Dieu, à déclarer la vérité à ce juge?

R. Non; car personne n'est tenu à déposer contre un accusé, que quand le juge procède juridiquement, c'est-à-dire lorsque la chose sur laquelle on est interrogé est évidente, ou au moins quand l'accusé est prévenu d'infamie sur le fait dont il s'agit; comme il est évident par le ch. 21, *de Accusat.* Or ici le crime est tout à fait occulte, et Auguste n'est prévenu ni d'infamie, ni même de soupçon; le juge n'ayant procédé contre lui que parce qu'il veut le perdre. *Si exigatur ab eo testimonium in occultis, et de quibus infamia non præcessit, non tenetur ad testificandum*, dit saint Thomas, 2-2, q. 70, art. 1, qui pourtant excepte le cas où il s'agirait de réparer un dommage fort notable que le coupable aurait causé injustement, ou d'empêcher qu'il n'en causât un, soit au public ou à quelque particulier.

— La thèse particulière où il s'agit d'un juge scélérat, qui veut diffamer un homme qu'il croit lui-même innocent, ne souffre point de difficulté; mais il y en a dans la thèse générale, savoir si un témoin seul ne doit point déposer. *Voyez* le peu que j'en ai dit, tom. VI, *Moral.* sur le 8e commandement, pag. 427. Dans des affaires aussi délicates, il faut commencer par consulter des gens habiles et vertueux, et surtout qui soient du métier.

Cas V. *Thomas*, cité pour déposer sur un fait au sujet duquel on procède contre Henri, peut-il refuser de déposer, à cause que l'accusé lui a confié ce qu'il en sait sous la foi du secret?

R. Si ce fait n'est pas préjudiciable au public ou à quelque particulier, ou que l'étant, il ait déjà été exécuté par Henri, et qu'il ne s'agisse plus que de le punir, Thomas n'est pas obligé en conscience à déposer contre lui, non plus que quand le secret regarde une chose à faire, qui ne doit causer aucun dommage notable, ni au public ni au prochain en particulier. La raison est que, comme dit saint Th., ibid. : *Servare fidem est de jure naturali; nihil autem a superiore potest præcipi homini contra id quod est de jure naturali.* Cependant le témoin est alors obligé d'avertir le coupable de réparer le tort qu'il a fait, s'il le peut, en le menaçant de déposer contre lui, s'il ne le fait pas. Au reste cette loi du secret regarde les avocats, procureurs, chirurgiens, sages-femmes et semblables.

Cas VI. Si Thomas se trouve dans la nécessité de répondre au juge, qui sur son refus le menace de la prison, peut-il, étant obligé au secret, user de quelque restriction mentale dans cette extrémité?

R. Non; parce qu'il trahirait la vérité, et qu'il est obligé, en répondant à ce juge, de lui répondre dans le sens qu'il l'interroge. *Quacunque arte verborum, quisque juret*, dit le canon 9, XXII, q. 5, *Deus tamen qui conscientiæ testis est, ita hoc accipit, sicut ille cui juratur intelligit.* Ainsi, Thomas se trouvant dans le cas où il est obligé au secret, doit mettre en usage tout ce que la prudence chrétienne lui suggérera pour éviter de le déclarer, soit en déclinant la juridiction de ce juge sous quelque prétexte apparent, ou en interjetant appel à un autre; soit en se tenant ferme à répondre qu'il n'a rien à déclarer sur ce qu'on lui demande, ou en s'absentant du lieu, s'il lui est possible. Mais s'il se voit en danger évident d'être maltraité à cause de son refus, il doit dire la vérité, n'étant censé s'être obligé au secret que sous la condition tacite qu'il le pourra faire sans en souffrir un dommage considérable : *Quod qui mandato judicis facit, dolo facere non videtur; cum habeat parere necesse.* Reg. 24, ibid. *Voy.* Cabassut., lib. IV, c. 5, n. 1.

— Gibert, sur les numéros V et VI du ch. 4 de Cabassutius, remarque qu'un juge, qui interroge un témoin qu'il sait être unique, ne pèche point contre la loi divine, et il en conclut qu'il faut lui obéir.

Cas VII. *Henri*, témoin oculaire que Jérôme a tué Gautier, étant assigné pour déposer devant le juge, demande : 1° s'il est tenu à déclarer la vérité, supposé que Jérôme n'ait tué Gautier que pour défendre sa propre vie; 2° s'il serait obligé à déposer, en cas qu'étant seul témoin d'un vol fait par Jean, il fût assuré que Jean ne l'a fait qu'à titre d'une juste compensation?

R. Henri n'est pas obligé à déposer en ces deux cas, parce que ni Jérôme ni Jean n'ont péché, l'un en défendant sa vie, l'autre en reprenant ce qui lui appartenait. Cabassutius, *ibid.*, c. 5, n. 1 : dit : *Non tenetur aliquis testificari, etiam requisitus, citatus, et sub pæna excommunicationis obtestatus... qui scit rem de qua inquiritur, factam fuisse sine culpa saltem mortali.*

— Gibert n'a fait aucune remarque sur cet endroit. On peut inférer des réponses précédentes ce qu'un témoin assigné en pareil cas devrait faire ou éviter.

Cas VIII. Si Henri et son frère, seuls témoins cités par le juge, qui leur a fait prêter serment de dire la vérité, déposent simplement que Jérôme a tué Gautier, sans ajouter qu'il ne l'a tué que pour sauver sa propre vie, sont-ils coupables de parjure par la suppression de cette circonstance?

R. Oui sans doute; car l'intention du juge est de les obliger à déclarer la vérité du fait, tant à la charge qu'à la décharge de l'accusé. Car, comme dit saint Isidore, cité cap. 1, *de Crimine falsi: Uterque reus est, et qui veritatem occultat, et qui mendacium dicit; quia et ille prodesse non vult, et iste nocere desiderat.* Par la même raison, ils sont tenus à la réparation de tout le dommage qu'ils ont causé par la suppression de la vérité, puisqu'en la supprimant ils ont péché contre la justice. C'est la décision de Cabass., lib. iv, cap. 5, n. 2, de Socin, de Fagnan, et de la raison.

Cas IX. Deux témoins accusent Luc d'avoir tué Paul. Deux autres témoins aussi irréprochables le justifient. Que doit faire le juge?

R. Il doit alors absoudre l'accusé: *Si in talibus omnino discordaverint testes actoris et rei, si sint æquales numero, et pares dignitate, statur pro reo: quia facilior debet esse judex ad absolvendum quam ad condemnandum.* Saint Thomas, 2-2, q. 70, art. 2, ad 2.

Cas X. Deux témoins accusent Félix d'avoir tué Paul: mais l'un dit qu'il l'a tué le lundi, et l'autre que c'est le mardi. Le juge peut-il là-dessus condamner Félix?

R. Non; parce que, ou ces témoins sont des fourbes, ou ils doivent être censés déposer sur des faits différents. C'est ce qu'enseigne saint Thomas, 2-2, q. 70, art. 2 et 2, par ces paroles: *Discordia testium in aliquibus principalibus circumstantiis, quæ variant substantiam facti; puta in tempore vel in loco, vel in personis de quibus principaliter agitur, aufert efficaciam testimonii, quia si discordant in talibus, videntur singulares esse in suis testimoniis; de diversis factis loqui: puta, si unus dicat, hoc factum esse tali tempore vel loco; alius, alio tempore vel loco; non videntur de eodem facto loqui.* Cette décision est conforme à la loi rapportée dans le décret de Gratien, qui veut même qu'on punisse les témoins qui varient dans leurs dépositions. *Qui falso vel varie testimonia dixerunt, vel utrique parti prodiderunt, a judicibus competenter puniantur.* Can. 3, IV, q. 3. On sait comment Daniel prouva l'imposture des deux accusateurs de Susanne.

Cas XI et XII. *Jacques* et *Jean*, seuls témoins qui chargent Lucius d'un meurtre, ne sont pas d'accord sur certaines circonstances qui ne regardent pas la substance du fait, mais qui y ont du rapport. Car Jacques dépose que quand Lucius a fait le coup, le temps était pluvieux, et que la maison où il a commis ce meurtre était neuve ou peinte. Jean dépose au contraire, qu'il faisait beau soleil et que cette maison ne paraissait pas neuve ni peinte. Le juge peut-il, nonobstant cette variété, condamner Lucius?

R. Il le peut et il le doit; car comme ces sortes de circonstances sont très-peu importantes au fait principal, il est assez rare qu'elles fassent impression sur l'esprit des témoins, qui d'ailleurs sont tout occupés de l'action qu'ils ont vu commettre. C'est la décision de saint Thomas, *ibid.*, a. 2-2, où il ajoute: *Si vero sit discordia testimonii in aliquibus circumstantiis non pertinentibus ad substantiam facti; puta, si tempus fuerit nubilosum vel serenum, vel si domus fuerit picta, aut non, aut aliquid hujusmodi, talis discordia non præjudicat testimonio, quia homines non consueverunt circa talia multum sollicitari: unde facile a memoria elabuntur. Quin imo,* continue le saint docteur, *aliqua discordia in talibus facit testimonium credibilius, ut Chrysostomus dicit super Matthæum; quia si in omnibus concordarent, etiam in minimis, viderentur ex condicto eumdem sermonem proferre.* Néanmoins ce saint docteur n'est pas là-dessus si attaché à son sentiment, qu'il ne s'en rapporte à la prudence et à la sagesse d'un juge équitable. *Quod tamen prudentiæ judicis relinquitur discernendum.*

— Je crois qu'il a raison d'ajouter cela. Si la mémoire se trompe sur la qualité du temps, elle peut bien se tromper sur le jour: *et vice versa.*

Mais si un témoin spécifiait le jour, et que l'autre ne s'en souvînt pas, le juge pourrait prononcer, parce qu'il n'y a point là de contrariété. *Saint Thomas, ibid.*

Cas XIII. *Pierre* et *Paul*, perdus de réputation, à cause des faussetés dont ils ont été repris de justice, sont les seuls qui déposent contre Jean, accusé d'un homicide. Le juge peut-il à la rigueur le condamner sur leur déposition?

R. Non; car, selon les lois de l'Eglise et de l'Etat, les témoins, surtout en matière capitale, doivent être irréprochables. C'est pour cela qu'on ne doit avoir aucun égard à la déposition d'un témoin corrompu par argent, complice du crime dont il s'agit, accusé, quoique non encore convaincu d'un autre délit patent, etc. Ce serait autre chose s'il s'agissait du crime de lèse-majesté; car alors tout est admis, comme le dit Innocent III, c. 31, *de Simonia.* Sauf aux juges à y avoir tel égard que de raison.

Cas XIV. Y a-t-il quelque cas où un seul témoin puisse faire foi?

R. Dans les choses portées au for contentieux, un seul témoin ne suffit jamais; puisque, selon la parole de Jésus-Christ, Matth. xviii, 16, il en faut au moins deux: *In ore duorum, vel trium testium stet omne verbum* Mais dans les cas extrajudiciaires, il ne faut souvent qu'un seul témoin. Et cela a lieu, 1° quand personne n'en souffre de préjudice, comme quand il s'agit de savoir si une personne a été baptisée (1); si un malade a demandé un confesseur avant de perdre la parole; 2° quand deux parties intéressées qui sont en contestation, ou dans un doute, s'en rapportent au témoignage d'un tiers; 3° quand on fait la correction fraternelle. Tout cela est de saint Antonin, *pag.* 3, *tit.* 9, *c.* 11. Qui aurait pu ajouter qu'un seul témoin, qui dénonce un empêchement dirimant, peut quelquefois arrêter un mariage.

Cas XV. *Ulbert*, homme haï de tous ses voisins, ayant outragé Vinebaud, et celui-ci l'ayant poursuivi criminellement, deux de ces mêmes voisins, qui sont témoins de l'outrage, sont allés déposer sans en être requis. Le juge a-t-il droit de le condamner sur leur témoignage?

R. Non; car, comme dit Bouchel, *voyez Témoins*, tout témoin, pour être recevable, doit, avant toutes choses, être ajourné, pour rendre témoignage, soit par le mandement du juge, soit par un simple ajournement, selon le style de la cour; où le procès est pendant. « Autrement il serait présumé ennemi de celui contre lequel il s'efforce de déposer, et partant suspect et repellable. » Ainsi son témoignage ne doit avoir aucune force, suivant cette maxime du droit: *Ea quæ lege fieri prohibentur, si fuerint facta, non solum inutilia, sed pro infectis etiam habeantur.* Leg. 5, cod. *de Legib.*, lib. i, tit. 14.

Cas XVI. *Aristide* a déposé faussement que Justin avait tué Louis; sa déposition se trouvant autorisée par de violentes conjectures, Justin, quoiqu'innocent, va être pendu. Ce faux témoin est-il obligé en conscience à révoquer sa déposition pour sauver la vie à Justin, quoiqu'il doive être condamné à mort comme faux témoin.

R. Oui sans doute; car quand le péril est égal entre deux personnes, la condition de l'innocent est préférable à celle du coupable, qui d'ailleurs s'est exposé par sa faute au malheur qui le menace. *In pari crimine potior est innocentis conditio, quam calumniatoris, aut alterius, qui sua malitia immeritum hominem in id periculum adegit,* dit Cabassut, lib. iv, cap. 5, n. 6. Dominicus Soto, Medina, Navarre, Covarruvias, Azorius et Reginaldus enseignent tous unanimement la même chose.

Cas XVII. *Josselin*, cité en justice pour déposer sur une chose qu'il savait n'être d'aucune conséquence, a déposé faux devant le juge. Son péché est-il mortel?

R. Tout parjure qu'un témoin fait devant le juge est péché mortel. Or, Josselin a commis un parjure en déposant faux, parce que le juge n'admet jamais aucun témoin à déposer qu'après lui avoir fait prêter serment de dire la vérité. D'ailleurs il a violé la justice et la foi publique.

— *Falsum testimonium coram judice aut commissario* est un cas réservé à Paris.

Cas XVIII. *Robert* et *Antoine*, assignés pour déposer en justice ce qu'ils savent d'un homicide dont Pierre est accusé, et se trouvant pressés de s'embarquer pour un long voyage, vont déposer chez un notaire, qu'ils ont vu commettre ce crime par l'accusé; et après avoir signé leurs dépositions, ils les envoient au juge par un exprès, et s'embarquent. Ce juge peut-il sur cela condamner Pierre?

R. Non; car la déclaration des témoins, quelque authentique qu'elle soit, n'est pas suffisante quant à l'effet que leur déposition doit avoir en justice, à moins qu'elle ne soit faite en la présence du juge, et que le juge ne les interroge lui-même après leur avoir fait prêter serment de dire la vérité; ainsi qu'il est porté par l'ordonnance de 1667, tit. 22, art. 9, et par la loi 9. Cod. *de Testibus,* qui dit avec raison: *Alia est auctoritas præsentium testium, alia testimoniorum, quæ recitari solent.*

Tout ce que le juge doit donc faire dans une pareille occasion, est de se transporter lui-même au lieu où sont ces témoins, s'il lui est possible de les trouver, ou de commettre à un autre cette fonction, lors et de la manière que les lois du pays et l'usage le lui permettent.

Cas XIX. Il est dû à Didier par Ambroise la somme de 120 livres, qui, n'ayant point de billet de lui, produit en justice pour témoins de cette dette Godefroi, qui n'est encore que fiancé avec sa fille, deux de ses parents éloignés et un ancien domestique: le juge doit-il condamner Ambroise à payer cette somme sur le témoignage de ces témoins?

— R. 1° *En toutes choses excédant la somme ou valeur de 100 livres, même pour dépôts volontaires* (et non forcés, comme ceux qu'on fait en cas d'incendie), *il ne sera reçu aucune preuve par témoins;* ordonnance de 1667, tit. 22, art. 2. 2° *Les parents et alliés des parties, jusqu'aux enfants des cousins issus de germain inclusivement, ne pourront être témoins en matière civile pour déposer en leur faveur ou contre eux, ibid.,* tit. 22, art. 11. Car, comme dit Pussort, les parentés et alliances sont *apud concordes excitamenta charitatis, apud iratos irritamenta odiorum.* A l'égard des domestiques, la même ordonnance, *ibid.,* art. 4, ne les exclut point du témoignage; mais elle veut qu'ils déclarent leur condition, afin que le juge se décide par les circonstances. On écoute les domestiques, comme le dit l'auteur, 1° en fait de crime de lèse-majesté, ou de tout autre dommage au public; 2° en faveur de leurs maîtres, quand il s'agit d'un fait domestique, qu'il est difficile de prouver par d'autres témoins; 3° dans les cas commis de nuit ès-maisons, comme adultères, meurtres, vols et semblables. *Voyez le Nouveau Commentaire sur l'ordonnance civile, du mois d'avril 1667,* par M. Jousse; et Ferrière, au mot *Preuve testimoniale,* p. 491.

Cas XX. *Mauger*, habitant de N., et Luperque, curé de la même paroisse, étant en

---

(1) Ce cas pourrait quelquefois porter du préjudice; comme si on dévolutait le bénéfice d'un homme, sur ce qu'il n'aurait pas été baptisé.

procès sur la propriété d'un bois taillis dont Mauger est en possession, le juge a ordonné que le possesseur prouverait par témoins le temps de sa possession. Quatre témoins déposent qu'il est en possession de ce bois depuis 30 ans, et six autres, qu'il y a plus de 40 ans qu'il en jouit. Le juge doit-il, nonobstant cette contrariété, adjuger le bois à Mauger?

R. Six témoins, toutes choses égales, méritent plus de foi que quatre. Mais si quatre méritent plus d'égards pour leur probité, leur bon jugement, que six, on doit les leur préférer. Car, dit Innocent III, c. 32, *de Testib.*, etc.: *Ad multitudinem tantum respicere non oportet; sed ad testium qualitatem et ad ipsorum deposita, quibus potius lux veritatis assistit.* C'est sur ce principe que ce pape, à qui les évêques de Londres et d'Eli avaient eu recours, pour savoir ce qu'ils avaient à faire pour décider un différend qui était entre un archidiacre et des religieux, déclare que si les témoins des deux parties étaient égaux en mérite et en probité, ils devaient juger en faveur de l'archidiacre, parce qu'il avait plus de témoins que les moines. *Mandamus quatenus, si testes utrinque producti ejusdem honestatis et æstimationis exstiterint; cum constet, testes monachorum esse testibus archidiaconi numero pauciores, pro archidiacono sententiam feratis;* et si au contraire ils estimaient que les témoins que les moines produisaient, quoiqu'en petit nombre, dussent être préférés à ceux de l'archidiacre, ils devaient prononcer en faveur des moines. *Si vero testes ex parte monachorum producti, tantæ præeminentiæ fuerint, quod eorum auctoritas aliorum sit merito multitudini præferenda* (la Glose ajoute, *vel saltem coæquanda*), *quia tunc judicabitur pro reo ab impetitione archidiaconi absolvatis eosdem.*

Cas XXI. Hiérophile a célébré un mariage où il n'a assisté que deux témoins, quoique l'ordonnance du mois de mars 1697 déclare que ceux qui se feront sans quatre témoins seront non valablement contractés. Il prétend n'avoir pas même commis un péché véniel, 1° parce que le concile de Trente, dont le point de discipline est reçu dans tous les États du roi, ne demande que deux témoins pour la validité d'un mariage; 2° parce qu'une loi purement humaine, telle qu'est cette ordonnance, ne peut obliger sous peine de péché mortel; 3° parce qu'un ecclésiastique doit se régler sur les lois de l'Eglise et non pas sur la loi civile qui s'y trouve opposée. Ces raisons ne l'excusent-elles pas de péché mortel?

R. Quoiqu'un mariage célébré, selon la forme du concile de Trente, en la présence du propre curé et de deux seuls témoins, soit valide, néanmoins ce curé n'a pu, sans péché mortel, le célébrer ainsi, contre la teneur d'une ordonnance qui est une véritable loi du royaume. La raison est que les lois humaines obligent, sous peine de péché, et même de péché mortel, lorsque la matière en est importante, comme l'est celle où il s'agit, comme le dit Louis XIV, « d'empêcher ces conjonctions malheureuses qui troublent le repos et flétrissent l'honneur de plusieurs familles, par des alliances encore plus honteuses par la corruption des mœurs que par l'inégalité de la naissance. » Loi encore, dont la transgression est si sévèrement punie dans ceux qui la violent, qu'ils sont mis au rang des concubinaires, et leurs enfants déclarés illégitimes : suites funestes dont un curé ignorant ou présomptueux est la cause. Les plus savants pontifes, comme Lucius III et Grégoire IX, pensaient bien différemment de Hiérophile, puisqu'ils ont l'un et l'autre cassé des sentences ecclésiastiques, parce qu'elles n'étaient pas conformes aux lois des empereurs, comme on le voit, cap. 2 *de Arbitris.* C'est donc à tort que Hiérophile prétend qu'un ecclésiastique n'est pas obligé en conscience à se régler sur la loi civile, et qu'il doit ne s'attacher qu'aux lois de l'Eglise; car si l'on excepte les lois qui sont contraires aux droits et aux immunités ou privilèges des ecclésiastiques, confirmés par les souverains, dont il est fait une ample mention dans le troisième tome des *Mémoires du clergé de France*, il est certain que tous les gens d'Eglise sont pas moins obligés d'obéir aux lois civiles que les autres particuliers. En effet, quoique les ecclésiastiques soient les ministres de Jésus-Christ et de son Eglise, ils ne laissent pas d'être les membres de l'Etat politique, aussi bien que les laïques. Il est donc juste qu'ils s'y rapportent, comme une partie à son tout, en se conformant à ses lois : *Turpis enim omnis pars est suo universo non concordans*, dit saint Augustin, lib. III *Confess.*

Voyez EMPÊCHEMENT DE CLANDESTINITÉ, cas XXV et XXVI.

Le témoin qui a une connaissance même certaine d'un délit et de son auteur n'est pas obligé par justice de se présenter de son propre mouvement devant les juges pour faire connaître le coupable. Il pécherait contre la charité, si sa déposition était nécessaire pour empêcher l'innocent d'être opprimé; mais il ne pécherait point contre la justice. Il en est de même de celui qui s'éloigne de son pays pour n'être pas assigné; *licet possit ille graviter peccare contra charitatem*, dit saint Liguori, *non tamen peccat contra justitiam, cum nemo teneatur præcepto superioris parere, antequam ei imponatur.* Mais l'exemptera-t-on de l'obligation de restituer, si, étant assigné, il refuse de comparaître, ou si étant juridiquement interrogé, il s'obstine à garder le silence? Plusieurs théologiens pensent qu'il est alors obligé de restituer: « Mais nous regardons comme plus probable, dit Mgr. Gousset, le sentiment de ceux qui le dispensent de la restitution. » Il est vrai qu'il pèche et contre la charité à l'égard du prochain, et contre l'obéissance à l'égard des magistrats, et même contre la vertu de religion, s'il a prêté serment de dire la vérité, mais on ne peut pas dire, ou du moins on ne peut pas prouver qu'il pèche contre la justice commutative.

TENTER DIEU.

Tenter signifie quelquefois dans l'Ecriture *éprouver* la fidélité ou la vertu de quelqu'un : c'est dans ce sens qu'il est dit, que Dieu tenta Abraham, lorsqu'il lui commanda de lui immoler son fils unique. Ici, *tenter Dieu*, c'est faire ou dire une chose sans une raison légitime, dans le dessein d'éprouver sa puissance, ou quelque autre de ses attributs, et sans vouloir se servir des moyens qu'on a en main pour y réussir ; ou c'est demander à Dieu, sans une juste cause, ce qu'il n'a pas promis : comme si un homme s'exposait volontairement à tomber dans un précipice, en laissant à Dieu le soin de l'en préserver. C'est ce que le démon suggéra à Notre-Seigneur, lorsqu'il lui dit que s'il était le Fils de Dieu, il se jetât du haut du temple en bas; à quoi Jésus-Christ répondit : *Scriptum est enim : Non tentabis Dominum Deum tuum*. Matth. IV.

Ce fut ce péché que commirent les Israélites, quand ils dirent : Eprouvons si Dieu est tout-puissant, ou s'il est parmi nous, ou non. D'où il arriva que le lieu où ils étaient alors fut appelé Tentation : *Et vocavit nomen illius Tentatio, quia tentaverunt Dominum, dicentes : Estne Dominus in nobis, an non?* Crime dont ce peuple infidèle et ingrat se rendit encore coupable en plusieurs autres occasions, et en punition duquel il ne le fit pas alors entrer dans la terre promise : *Tentaverunt me jam per decem vices. Non videbunt terram pro qua juravi patribus eorum*. Num. XIV, 22 et 23 ?

C'est donc avec raison que les théologiens définissent ce péché en ces termes : *Tentatio Dei...est dictum, vel factum ad capiendum de Deo experimentum per extraordinarium effectum, ab eo temere exspectatum.* Polman, qui donne cette définition, l'explique en disant, que par ces termes : *dictum, vel factum*, on doit aussi entendre, *omissio dicti vel facti*. Par ces autres : *ad capiendum de Deo experimentum*, on doit entendre les premiers, *ad capiendum*, en ajoutant, *expresse, vel implicite* : et ces autres : *de Deo*, en ajoutant aussi *ejusve attributo*; car tout attribut divin n'est autre chose que Dieu même. Ce dernier mot *experimentum* renferme nécessairement la fin qu'on se propose par cette expérience, qui est de savoir s'il y a véritablement un Dieu, à qui tout soit connu, qui puisse faire toutes choses, et qui soit fidèle dans ses promesses. Ces autres paroles suivantes : *per extraordinarium effectum*, marquent qu'on attend cet effet, non pas selon l'ordre et le cours ordinaire établi de Dieu, mais par un événement miraculeux et qui ne peut être ordinairement produit par la créature. Enfin, ces dernières paroles, *temere exspectatum*, signifient qu'on n'a aucune juste raison d'attendre un tel effet; car ce ne serait pas tenter Dieu, si l'on avait un sujet légitime de l'attendre : comme si, par exemple, on agissait par une véritable inspiration du Saint-Esprit, ou que l'on fût fondé sur sa promesse, ou qu'on fût dans une indispensable nécessité d'agir, ou qu'on eût obtenu de Dieu le don d'opérer des miracles, ou qu'enfin il y allât de la gloire de Dieu ou de la défense de la religion et de celle de son Eglise : ce qui demande un très-grand discernement et une vraie sagesse pour ne se pas tromper en ce qu'on fait. Nous allons voir incontinent quelle est la qualité de ce péché, et s'il peut quelquefois n'être que véniel.

CAS I. *Scipion*, allant à Orléans par curiosité, apprend que dans la forêt il y a une troupe de voleurs qui tuent les passants. Il continue sa route, quoique sans armes, en s'abandonnant à la Providence : est-ce là tenter Dieu?

R. Quand quelqu'un, dit saint Thomas, 2-2, q. 37, s'abandonne à la protection de Dieu pour quelque utilité, on ne peut dire qu'il tente Dieu. *Quando ergo propter aliquam necessitatem seu utilitatem committit se aliquis divino auxilio in suis petitionibus vel factis; hoc non est Deum tentare. Dicitur enim in II Paralipomenon :* Cum ignoremus quid agere debeamus, hoc solum habemus residui, ut oculos nostros dirigamus ad te. Mais, quand il n'y a ni nécessité, ni utilité, c'est tenter Dieu d'une manière au moins interprétative, puisqu'on fait la même chose que si l'on voulait expressément le tenter. *Quando vero*, ajoute saint Thomas, *hoc agitur absque utilitate et necessitate, hoc est interpretative Deum tentare : Unde super illud Deuteronomii* VI, Non tentabis Dominum Deum tuum, *dicit Glossa :* Deum tentat qui habens quod faciat, sine ratione committit se periculo, experiens utrum possit liberari a Deo. D'où il s'ensuit que, puisque Scipion pouvait ne pas continuer son chemin, ou en prendre un autre, et qu'il s'y est exposé sans aucune utilité, il a tenté Dieu, et par conséquent il a péché; puisque, comme dit saint Thomas, *hic, a.* 1 *: Manifestum est quod tentare aliquem ad irreverentiam ejus pertinet : nullus enim praesumit tentare eum, de cujus excellentia certius est. Unde manifestum est quod tentare Deum, est peccatum religioni oppositum*.

CAS II. *Arnobe*, faisant une exhortation à ses paroissiens sur ces paroles du Deutéronome : *Non tentabis Dominum*, a dit que tout homme qui tente Dieu pèche mortellement : cela est-il vrai?

R. Tenter Dieu est un péché qui de soi est mortel, parce que c'est une irrévérence criminelle envers Dieu, que de vouloir qu'il change les lois de sa providence pour satisfaire au caprice de sa créature. C'est pour cela, dit saint Augustin, l. XXII, *contra Faustum*, c. 36, que Jésus-Christ voulut que ses apôtres eussent soin de fuir d'une ville en une autre, pour éviter leurs persécuteurs, quoiqu'il eût pu les en garantir par sa puissance; et qu'il se retira lui-même en Egypte, pour se soustraire à la fureur d'Hérode. Mais enfin ce péché, comme bien d'autres, peut n'être que véniel à raison des circonstances.

Cas III. *Diadogus*, jeune bénéficier, qui depuis longtemps conserve de l'aversion contre un de ses confrères, récite l'office sans aucune préparation. Ne peut-on pas dire qu'il tente Dieu en cela, puisqu'il ne fait pas ce qu'il doit pour que Dieu exauce sa prière?

R. Saint Thomas, 2-2, q. 97, a 3, décide que c'est là tenter Dieu. *Ille qui ante orationem animam suam non præparat, dimittendo, si quid adversum aliquem habet, vel alias ad devotionem se non disponendo, non facit quod in se est ut exaudiatur a Deo; et ideo quasi interpretative tentat Deum.* En effet, croire qu'on sera exaucé de Dieu, quand on ne fait rien de ce qu'il prescrit pour être exaucé, c'est attendre plus qu'un miracle sans raison, et par conséquent tenter Dieu.

TESTAMENT.

C'est un acte par lequel le testateur dispose, pour le temps où il n'existera plus, de tout ou partie de ses biens, et qu'il peut révoquer. Un testament ne pourra être fait dans le même acte par deux ou plusieurs personnes, soit au profit d'un tiers, soit à titre de disposition mutuelle et réciproque.

On distingue trois sortes de testaments : le testament *olographe*, le testament *par acte public* et le testament *mystique*.

Le testament olographe ne sera point valable s'il n'est écrit en entier, daté et signé de la main du testateur; il n'est assujetti à aucune autre forme. Néanmoins cet acte n'est pas, comme ceux émanés des notaires, exempt de la vérification d'écriture; c'est-à-dire que les héritiers du testateur, pour en suspendre l'exécution, n'ont besoin que de déclarer qu'ils n'en connaissent point l'écriture, sans être tenus de s'inscrire en faux. Le testateur a, toutefois, un moyen d'éviter cette entrave : ce moyen consiste à déposer le testament dans l'étude d'un notaire, et à faire dresser acte de dépôt. La signature ne pouvant plus être contestée, si elle se trouvait conforme à celle apposée par le testateur sur l'acte de dépôt, elle deviendrait aussi authentique que celle-ci.

Le testament par acte public est celui qui est reçu par deux notaires, en présence de deux témoins, ou par un notaire, en présence de quatre témoins. Si le testament est reçu par deux notaires, il leur est dicté par le testateur, et il doit également être écrit par l'un de ces notaires tel qu'il est dicté. S'il n'y a qu'un notaire, il doit être dicté par le testateur et écrit par ce notaire. Dans l'un et l'autre cas, il doit en être donné lecture au testateur en présence des témoins. Il est fait du tout mention expresse. Ce testament devra être signé par le testateur : s'il déclare qu'il ne sait ou ne peut signer, il sera fait, dans l'acte, mention expresse de sa déclaration, ainsi que de la cause qui l'empêche de signer. Le testament devra être signé par les témoins; néanmoins, dans les campagnes, il suffira qu'un des deux témoins signe s'il est reçu par deux notaires, et que deux des quatre témoins signent s'il est reçu par un notaire. Ne peuvent être pris pour témoins du testament par acte public, ni les légataires, à quel titre que ce soit, ni leurs parents ou alliés jusqu'au quatrième degré inclusivement, ni les clercs des notaires, par lesquels les actes sont reçus. Un curé ou un desservant peut être témoin pour le testament qui contient un legs en faveur de sa paroisse, lors même que le testament prescrirait des services religieux qui doivent être faits par le curé ou le desservant, parce qu'ils ne peuvent être regardés comme légataires.

Lorsque le testateur voudra faire un testament mystique ou secret, il sera tenu de signer ses dispositions, soit qu'il les ait écrites lui-même ou qu'il les ait fait écrire par un autre. Sera le papier, qui contiendra ses dispositions, ou le papier qui servira d'enveloppe, s'il y en a une, clos et scellé; le testateur le présentera, ainsi clos et scellé, au notaire et à six témoins, au moins, ou il le fera clore et sceller en leur présence. Ceux qui ne savent ou ne peuvent lire ne pourront faire de dispositions dans la forme du testament mystique. Les témoins appelés pour être présents aux testaments, doivent être mâles, majeurs, sujets du roi et jouissant des droits civils. Les notaires ne peuvent recevoir le testament de leur cousin germain; la jurisprudence met à leur charge les nullités qui proviennent de leur impéritie.

Ceux qui sont en expédition à l'étranger, prisonniers chez l'ennemi, assiégés dans une place du royaume, peuvent tester, 1° devant un officier supérieur, en présence de deux témoins; 2° deux intendants militaires, ou un seul en présence de deux témoins; 3° un officier de santé en chef, assisté du commandant de l'hôpital, si le testateur est malade. Six mois après le retour en France ou le rétablissement des communications, le testament ne sera plus valable.

Testament maritime : il peut être fait, pendant le cours d'un voyage, par les marins ou passagers :

1° *A bord des vaisseaux de l'Etat*, il est reçu par l'officier commandant et par deux officiers d'administration; à leur défaut, par ceux qui les remplacent, en présence de deux témoins. Il doit être signé par ceux qui le reçoivent, les témoins et le testateur; il est rédigé en double exemplaire. Pour prévenir toute perte, si le vaisseau aborde dans un port étranger où se trouve un consul de France, un double du testament est déposé à la chancellerie, d'où on le fait parvenir au ministre de la marine, qui, à son tour, le fera déposer au greffe de la justice de paix du domicile du testateur. Au retour du bâtiment en France, les originaux, ou celui qui restera, sont déposés à l'inscription maritime, pour l'envoi au ministre de la marine, et le dépôt au greffe avoir lieu. Dans tous les cas, il doit être fait mention, en marge du rôle d'équipage où figure le nom du testateur, de la remise qui aura été faite au consul et à l'inscription maritime.

2° *A bord des navires de commerce*, le testament est reçu par le capitaine et l'écrivain du navire; à leur défaut, par ceux qui les remplacent; il est, pour le surplus, soumis aux mêmes règles que ceux reçus sur les vaisseaux de l'État. Quant aux testaments des commandants, capitaines, etc., ils sont reçus par leur second. Tous ces testaments ne sont valables qu'autant qu'ils ont été faits à bord et en mer; ils cessent d'avoir leur effet trois mois après que le testateur aura abordé dans un port où il a pu tester dans la forme ordinaire.

3° *Testaments faits dans un lieu contagieux*. La personne qui se trouve dans un lieu où règne une maladie contagieuse, peut, qu'elle soit malade ou non, se présenter devant un juge de paix ou un officier municipal, qui, en présence de deux témoins, recevra son testament. Mais aussitôt que les communications seront rétablies, six mois après, le testament deviendra nul.

4° *Testaments faits en pays étranger*. Lorsqu'un Français se trouve en pays étranger, il peut disposer, par un acte de dernière volonté, de deux manières : 1° en la forme olographe, quand bien même elle ne serait pas admise dans le lieu où est le testateur ; car c'est là une faculté qui tient au statut personnel ; 2° par un acte authentique, avec les formes usitées dans le lieu où l'acte est passé, suivant la maxime *locus regit actum*. Toutefois, le testament reçu en pays étranger ne sera exécuté en France qu'après son enregistrement.

Trois causes empêchent le testament d'avoir son effet : 1° *la révocation* ; 2° *la caducité* ; 3° *les nullités*.

1° *La révocation* provient d'un changement de volonté du testateur ; 2° d'un fait particulier au légataire. Le changement de volonté résulte d'un acte passé en bonne forme devant un notaire ou d'un testament postérieur. L'acte de révocation sous seing-privé serait nul, appliqué à un testament authentique ; mais il en est qui pensent qu'appliqué à un testament olographe, il serait valable. Un testament postérieur ne révoque celui qui le précède, à moins de déclarations expresses, que pour les dispositions incompatibles. Un homme peut donc mourir avec plusieurs testaments, et l'embarras naîtra quand il faudra savoir quelles sont les dispositions incompatibles ; de là des procès. Il aurait été plus simple de suivre le droit romain, d'après lequel le dernier testament annulait tous les autres. Le changement de volonté peut encore résulter de la vente que le testateur aurait faite de la chose léguée ; cette vente suffirait pour révoquer la libéralité, encore bien que la chose aliénée fût, au décès du disposant, redevenue sa propriété. La révocation est parfaite lorsque le changement de volonté est certain. Peu importe donc que le second testament soit nul, qu'il reste sans effet par suite de l'incapacité ou du refus du légataire, cela ne fera pas revivre le premier. La révocation qui provient d'un fait particulier au légataire a lieu dans trois cas : 1° lorsqu'il n'exécute pas les conditions qui lui ont été imposées ; 2° s'il a attenté à la vie du testateur ; 3° s'il s'est rendu coupable envers lui de sévices, de délits et d'injures graves.

2° *La caducité* provient de quatre causes : 1° la perte de la chose léguée ; 2° le prédécès du légataire ; 3° sa répudiation ; 4° son incapacité. Si la chose périt avant l'ouverture du legs, la disposition devient caduque faute d'objet ; si elle périt après l'ouverture, sans la faute de l'héritier, la perte est pour le légataire ; si l'héritier est en faute, il en doit la valeur : il faut appliquer la théorie générale des fautes, soit au for intérieur, soit au for extérieur. Le prédécès du légataire produit le même effet dans un sens inverse ; pour recevoir, il faut exister. La répudiation du légataire produit le même effet que sa mort ; celui qui refuse ce qu'on lui donne n'existe pas pour la disposition. L'incapacité de recueillir résulte du danger qu'il y aurait à ce que certaines personnes fussent instituées. Sont déclarés incapables de recevoir, 1° l'enfant qui n'est pas né viable ; 2° les individus morts civilement, si ce n'est pour cause d'aliment ; 3° le tuteur, à l'égard de son pupille, quoique âgé de seize ans, ou même quoique devenu majeur, si le compte définitif de la tutelle n'a pas été préalablement rendu et apuré ; il n'y a d'exception dans l'un et l'autre cas qu'à l'égard des ascendants des mineurs qui sont ou ont été leurs tuteurs ; 4° les enfants adultérins et incestueux, au delà de ce qui leur est accordé par la loi ; 5° les docteurs en médecine ou en chirurgie, les officiers de santé et les pharmaciens ne peuvent recevoir de la personne qu'ils ont traitée pendant la maladie dont elle meurt, et qui testera en leur faveur durant cette maladie ; il en est de même des ministres du culte qui l'ont assistée. C'est à la qualité de directeur de la conscience du donateur, pendant sa dernière maladie, que cet article est applicable. La cour de cassation décida, en 1807, qu'un ministre de la religion n'est point incapable de recueillir les dispositions faites à son profit, quoiqu'il soit continuellement resté auprès d'une personne pendant la maladie dont elle est morte, lorsqu'il n'a point été le confesseur du malade, lors même qu'il lui aurait donné l'extrême-onction.

3° *Les nullités* résultent de l'inobservation des règles tracées par la loi pour la perfection de l'acte. Voici les principales : Si deux testaments ont été faits dans un même acte ; si le notaire n'était pas compétent ; si les témoins n'étaient pas majeurs ; s'ils étaient parents du testateur ou des légataires ; enfin, si les formalités substantielles n'ont pas été remplies.

Sont incapables de disposer par testament ; 1° le mineur, âgé de moins de seize ans ; parvenu à l'âge de seize ans, il peut transmettre par testament, mais seulement jusqu'à la concurrence de la moitié des biens dont la loi permet au majeur de disposer ; 2° l'interdit, dont tous les actes postérieurs au jugement sont frappés de nullité, et les actes antérieurs peuvent être annulés si la cause de l'interdiction existait notoirement à l'époque où ses actes ont été faits ; 3° celui qui est mort civilement.

Les dispositions testamentaires sont ou universelles ou à titre universel, ou à titre particulier. Chacune de ces dispositions, soit qu'elle ait été faite sous la dénomination d'institution d'héritier, soit qu'elle ait été faite sous la dénomination de legs, produira son effet suivant les règles établies par la loi pour les legs universels, pour les legs à titre universel, et pour les legs particuliers.

Cas I. *Titius*, attaqué de peste, a fait son testament sans y garder les formalités usitées, parce qu'il ne pouvait pas les observer. Le testament est-il valide?

R. Titius devait se présenter, dans ce cas, devant un juge de paix ou officier municipal qui, en présence de deux témoins, pouvait recevoir son testament. Six mois après les communications rétablies, le testament devenait nul.

Cas II. *Ardouin*, impubère, a légué, par son testament, 300 liv. à Martial. L'héritier d'Ardouin est-il tenu de les lui payer?

R. Non; car, comme dit Justinien, *Instit.*, l. II, tit. 12, § 1 : *Testamentum facere non possunt impuberes, quia nullum eorum animi judicium est.* Il y a même plusieurs coutumes qui ne permettent aux garçons de tester qu'à vingt ans accomplis, et aux filles à dix-huit ans. Encore, pour tester du quint des propres, leur faut-il vingt-cinq ans. (D'après le Code civil, le mineur, âgé de moins de seize ans, ne peut tester. A l'âge de seize ans il peut transmettre par testament, mais seulement jusqu'à concurrence de la moitié des biens dont la loi permet au majeur de disposer.)

Cas III. *Diomède*, mineur au-dessous de seize ans, lègue, par testament, 1,000 liv. à Luc. Il meurt quatre ans après, ayant atteint l'âge de puberté, sans avoir touché à son testament. Est-il valide?

R. Non; parce qu'un acte nul dans son origine, à raison d'inhabilité, n'est pas réparé par l'habilité qui survient, selon cette règle 64, in 6 : *Non firmatur tractu temporis, quod de jure ab initio non subsistit.* Au reste, ce cas est décidé *in specie* par la loi 19 ff., *qui testamentum facere possunt*, etc. *Quod initio vitiosum est, non potest tractu temporis convalescere.* Ce qu'on dit ici d'un impubère se doit entendre de tout autre qui n'a pas encore l'âge que le Code demande pour tester.

Cas IV. *Léandre*, âgé de vingt ans, mais encore sous la puissance de son père, a légué à Gaston 2,000 l. Ce testament est-il valable?

R. Non; car les fils de famille, qui sont encore sous la puissance paternelle, n'ont aucun droit de tester, même avec la permission de leur père, *Instit.*, lib. II, tit. 12. Il leur est cependant permis, *ibid.*, de disposer de leurs biens *castrenses* ou *quasi castrenses*, mais non de leur pécule adventice.

Cas V. *Arsénius*, qui est *sui juris*, après avoir achevé son noviciat dans un couvent, a fait son testament la veille de sa profession. Ce testament est-il valide?

R. Il l'est; parce que les religieux ne sont inhabiles à tester qu'après avoir fait profession solennelle. Mais l'art. 28 de l'ordonnance de Blois leur défend de disposer de leurs biens *au profit d'aucun monastère, directement ou indirectement*.

Cas VI. *Freci*, dont tout le bien provient de ses bénéfices, demande s'il peut laisser par testament ce qu'il a à ses parents ou à ses amis?

R. Il ne peut en disposer qu'en faveur de l'Eglise ou des pauvres, parce que les bénéficiers n'en sont pas les propriétaires, mais seulement les administrateurs. Il est vrai que la jurisprudence de ce royaume permet aux ecclésiastiques de disposer par testament de tous leurs biens indistinctement, et à leurs héritiers d'y succéder, quand ils meurent *ab intestat*. Mais, comme l'observe Van-Espen, cet usage, qui n'a été approuvé que pour arrêter les procès, ne peut justifier devant Dieu un bénéficier qui n'emploie pas ses biens selon leur destination.

Il faut pourtant avouer, 1° qu'un évêque et tous autres bénéficiers peuvent sans péché léguer une portion des biens de l'Eglise à ceux qui leur ont rendu service, ainsi que l'a décidé le quatrième concile de Tolède; 2° qu'un ecclésiastique non bénéficier, qui a acquis son bien par le service qu'il a rendu à l'Eglise, de quelque manière que ce soit, peut en disposer par testament, parce que ceux qui le lui ont donné n'ont eu d'autre intention que de l'en rendre propriétaire, et que l'on ne doit considérer ces sortes de biens que comme la récompense de ses travaux. Cabassut dit la même chose des biens qui proviennent des distributions manuelles, et il suit en cela le sentiment de plusieurs célèbres canonistes qu'il cite, lib. I, c. 24, n. 6.

— Ce dernier article est contesté. Au commencement de l'Eglise il n'y avait que des distributions manuelles, *i. e.* des aumônes faites aux ministres, à raison des services spirituels qu'ils rendaient aux peuples. Et dès lors, cependant, le superflu était le bien des pauvres.

Cas VII. *Firmin*, interdit par les juges, parce qu'il était prodigue, étant mort, on a trouvé un testament par lequel il faisait des legs à ses amis : ce testament est-il valide?

R. Il est nul, si Firmin l'a fait depuis son interdiction. *Is cui lege bonis interdictum est, testamentum facere non potest, et si fecerit, ipso jure non valet,* l. 18, ff., *qui testamentum,* etc. *Quod tamen,* ajoute la même loi, *interdictione vetustius habuerit testamentum, hoc valebit.* En France, on dispute si le testament d'un prodigue, fait avant son interdiction, est nul. M. Domat, l. III, tit. 1, sect. 2, croit qu'il doit l'être, tant parce qu'un homme n'est interdit qu'à cause de sa mauvaise conduite passée, durant laquelle il n'était dès lors capable que de disposer très-mal de son bien, que parce que, depuis qu'il aurait fait son testament, il pourrait être survenu dans sa famille des changements qui mériteraient que son testament fût réformé; ce qu'il ne pourrait faire étant interdit. Nous croyons qu'on peut prendre un juste milieu, et regarder comme valables les testaments faits avant son interdiction : 1° quand on est moralement sûr qu'ils n'ont point été antidatés, tels que sont ceux qui ont été faits en présence des officiers et des témoins requis par les lois; 2° lorsqu'ils contiennent des dispositions justes, et surtout quand le testateur ne vivait pas encore dans la prodigalité au temps qu'il a fait son testament. La raison est que, en ce cas, il n'y a aucun sujet de les regarder comme nuls, et que selon la loi 85, ff. *de Reg. jur. ant. Non est novum, ut quæ semel utiliter constituta sunt, durent: licet ille casus exstiterit, a quo initium capere non potuerunt.*

CAS VIII. *Ælius*, tombé en démence depuis deux ans, a quelques bons intervalles. Il a fait son testament. Est-il valide?

R. Oui, s'il a sûrement été fait dans des moments de raison; car il en est de lui comme d'un malade, qui, après sa frénésie, revient à son bon sens, et qui alors peut sûrement tester. *Instit.*, l. II, tit. 12.

CAS IX. *Lysin*, muet de naissance, mais non pas sourd, a fait son testament. On demande s'il est valide.

R. La loi 10, Cod. *Qui testamentum*, déclare ce testament nul, à moins que ce muet ne l'ait lui-même écrit. Et c'est ainsi que le jugea le parlement de Paris en 1595. Cependant le même parlement, en 1683, admit un testament fait en présence d'un notaire et de huit témoins, quoique le testateur, nommé P. Rossignol, ne pût prononcer que ces deux paroles : *oui* et *non*.

— « Déclarons nulles toutes dispositions qui ne seraient faites que par signes, encore qu'elles eussent été rédigées par écrit sur le fondement desdits signes. » *Ordon. de* 1735, art. 2.

CAS X. *Vindo*, bâtard, a légué par son testament 2,000 l. à un ami; mais les officiers du fisc refusent de les payer. Le peuvent-ils sans injustice?

R. La succession d'un bâtard n'appartient au fisc que quand il n'a point d'enfants légitimes, ou qu'il n'a point fait de dispositions testamentaires. *Voyez* Livonières, Règles du droit français, pag. 33.

CAS XI. *Hila*, après avoir fait son testament, et par lui plusieurs legs à ses amis, a été condamné aux galères perpétuelles avec confiscation de ses biens. Son testament devient-il nul par là?

R. Ce testament est nul si le condamné n'a pas appelé de la sentence rendue contre lui. Mais il subsiste toujours jusqu'à ce que cette sentence ait été confirmée par un jugement définitif; et ainsi, s'il vient à mourir avant que l'appel ait été jugé, le testament doit avoir son effet; à moins qu'il n'eût été condamné pour certains crimes, tels que sont ceux de lèse-majesté, de suicide, etc., dont l'accusation se poursuit même après la mort du coupable; car alors il faudrait attendre le jugement. C'est ce que dit la loi 20, ff. *de Accusat.*, etc.

CAS XII. Un Espagnol, étant venu en France, y a fait son testament et est mort. Ce testament est-il valide?

R. Oui; d'après le Code, les étrangers ont en France le droit de succéder, de disposer et de recevoir de la même manière que les Français dans toute l'étendue du royaume.

CAS XIII. *Gerber*, né en Hollande, y fait son testament; trois mois après il s'établit à Marseille, où il meurt. Son héritier peut-il venir de Hollande recueillir sa succession, son testament étant antérieur à sa qualité d'étranger?

R. Cet héritier peut bien recueillir les biens du défunt qui sont en Hollande, et ceux qui sont en France aussi.

CAS XIV. *Petit*, qui a deux neveux portant tous deux le nom de Jean, fait, par son testament, Jean, son neveu, son légataire. Après sa mort, pour finir toute contestation, les deux neveux conviennent de partager la succession par moitié. Mais Martin, qui a droit de succéder *ab intestat* au défunt, veut tout prendre. *Quid juris?*

R. Si l'on peut juger par quelque indice certain lequel des deux Petit a voulu indiquer, la succession lui appartient. Et il en serait de même s'il ne s'était trompé que de nom ou de surnom, parce que, comme dit la loi 4, Cod. *de Testam.* : *Error in nomine vel prænomine*, etc., *nihil officit veritati*. Mais, s'il n'est pas possible de connaître celui qu'il a eu intention d'instituer, son acte est nul; et, comme en donnant à l'aîné l'on ôterait peut-être au cadet ce que le testateur voulait n'être que pour lui seul, il est plus juste de donner tout à l'héritier *ab intestat*. C'est la décision de la loi 62, ff. *de Hæredib. instit.*

— Je n'ai rien à dire à la loi; mais la raison de P., qui doit être celle de la loi, pourrait se combattre par rétorsion. Vous ne donnez rien à deux personnes dont je voulais sûrement favoriser l'une, et vous donnez tout à un homme que je voulais exclure. Cela est-il bien conforme à l'équité? *Voyez* le cas suivant.

CAS XV. *Boni*, ayant fait deux exemplaires de son testament, écrits et signés de sa main dans un même temps, en a déposé un entre les mains d'un ami sans l'avoir cacheté, par lequel il nommait Mathurin son légataire universel; mais par l'autre, qu'il avait gardé, il nommait Médard. Ce double testament est-il valide?

R. Ils le sont tous deux, et doivent être regardés tous deux comme un seul et unique testament, de sorte que Mathurin et Médard doivent partager entre eux la succession par égale portion. C'est la décision de Domat, et elle est fondée sur la loi 1, ff. de Honor. posses. Et si l'un répudie sa portion, elle accroît à l'autre, comme l'enseigne Bonacina.

Cas XVI. *Dominique* a ordonné par son testament à Daniel, l'un de ses héritiers présomptifs, de donner à Déodat, son autre héritier, une métairie de 500 livres de revenu. Daniel l'ayant délivrée, Déodat en a été évincé. Daniel doit-il la lui garantir?

R. Oui, si elle a été donnée à Déodat par forme de partage qui se dût faire entre les deux héritiers; mais s'il paraît par les termes qu'elle n'est donnée à Déodat que comme un simple legs, Daniel n'est tenu à aucune garantie après qu'il a mis Déodat en possession de la métairie léguée, quelque éviction qu'il s'ensuive contre le légataire, l. 77, ff. *de Legatis.* Néanmoins, si celui qui évince un légataire est obligé de rendre le prix de la chose évincée, le légataire en doit profiter, parce que la volonté qu'avait le testateur qu'il profitât de la chose léguée renferme celle qu'il profite au moins de ce prix, l. 78, *eod. tit.*

Cas XVII. *Marc*, ayant deux fils, savoir: Jean, âgé de 25 ans, et Gilles, âgé de 12, a donné à Gilles une métairie de 600 livres de rente, et a chargé en outre l'aîné de lui donner 3,000 livres lorsqu'il sera devenu majeur, voulant que jusqu'à ce temps l'aîné jouisse de la métairie, en payant 200 livres par chaque an pour la pension de son frère. Jean étant venu à mourir, le tuteur de son fils prétend que le droit que Jean avait de jouir de la métairie est transmis à cet enfant par la mort de son père, en payant les 200 livres pour la pension de Gilles; mais le tuteur de Gilles soutient que la jouissance entière de la métairie est acquise à son pupille par la mort de Jean, son frère. Lequel des deux a raison?

R. C'est le tuteur de Gilles. La raison est : 1° qu'un père est censé vouloir plus de bien à son fils qu'à son petit-fils; 2° que la jouissance de cette métairie n'avait été accordée à l'aîné que comme un bienfait personnel attaché au soin qu'il était tenu de prendre de l'éducation de son jeune frère; lequel motif cessant, le don doit aussi cesser; 3° parce que ce cas est ainsi décidé, l. 21, ff. *de Annuis legatis,* lib. xxxiii, tit. 1. Cette loi se suit en France, selon Domat; en voici les termes: *Pater duos filios æquis ex partibus instituit hæredes, majorem et minorem, qui etiam impubes erat, et in partem ejus certa prædia reliquit, et cum quatuordecim annos impleverit* (cet âge était celui où finissait la tutelle selon le droit romain), *certam pecuniam ei legavit, idque fratris ejus fidei commisit, a quo petiit in hæc verba: A te peto, Sei, ut ab annis duodecim ætatis ad studia liberalia fratris tui inferas matri ejus annua tot, usque ad annos quatuordecim; eo amplius tributa fratris tui pro censu ejus dependas, donec bona restituas; et ad te reditus prædiorum illorum pertineant, quoad pervenial frater tuus ad annos quatuordecim. Quæsitum est, defuncto majore fratre hærede, alio relicto, utrum omnis conditio percipiendi reditus fundorum anniversaria præstetur, alia quæ præstaturus esset, si viveret Seius, ad hæredem ejus transierint, an vero id omne protinus ad pupillum et tutores transferri debeat? Respondit secundum ea quæ proponerentur, intelligitur testator, quasi cum tutore locutus, ut tempore, quo tutela restituenda est, hæc quæ pro annuis præstari jussisset, percipiendisque fructibus finiantur: sed cum major frater morte præventus, omnia quæ relicta sunt, ad pupillum et tutores ejus confestim post mortem fratris transisse.*

Cas XVIII. *Firmilien,* dont tout le bien consiste en argent comptant et en effets mobiliers, a institué, par son testament, sa concubine sa légataire universelle, au préjudice de six parents mal à leur aise. Peuvent-ils faire casser son testament?

R. Ils le peuvent, parce qu'un tel testament est contraire: 1° à l'équité naturelle, qui défend qu'on préfère un étranger à ses propres parents sans une grande raison, et surtout lorsqu'ils sont mal dans leurs affaires; 2° aux bonnes mœurs, qui ne souffrent pas qu'on récompense le crime; 3° au droit romain, qui défendait aux soldats de rien léguer aux femmes soupçonnées de mener une mauvaise vie. Leg. 41, ff. *de Test. militis: Mulier in quam turpis suspicio cadere potest, nec ex testamento militis aliquid capere potest,* dit la loi. *Mulierem,* dit une autre loi, *quæ stupro cognita in contubernio militis fuit, et si sacramento miles solutus intra annum mortem obierit, non admitti ad testamentum jure militiæ factum, et id quod relictum est, ad fiscum pertinere proxime tibi respondit.* Or, comme toute autre personne n'est pas moins obligée que les soldats à se conformer aux règles que prescrivent les bonnes mœurs et l'honnêteté, il est constant qu'on doit étendre cette loi à toutes les dispositions testamentaires, par quelques personnes qu'elles soient faites.

(Suivant MM. Merlin, Grenier, Roulier, les donations entre les concubinaires sont aujourd'hui permises. La loi fixant d'une manière précise les incapacités, disent-ils, n'en prononce point contre les concubinaires. Cependant la cour royale de Besançon a jugé, par arrêt du 25 mars 1808, qu'une concubine est incapable de recevoir soit par donation directe, soit par disposition déguisée, surtout lorsque le concubinage est de notoriété publique.)

Cas XIX. *Marius,* qui n'a que des cousins pour héritiers, demande s'il peut en conscience instituer son héritier Appius, qu'il a eu d'adultère, *constante matrimonio,* ou d'un inceste commis avec une parente.

R. Ce père peut bien et doit même fournir à la nourriture et à l'entretien de son fils; mais le fils ne peut rien retenir, ni le père rien donner au delà, parce que *spurii,* c'est-à-dire les enfants qui sont nés d'un père et d'une mère qui ne pouvaient pas s'épouser au temps de la naissance de ces enfants, à cause de quelque empêchement de lien ou de parenté, sont exclus par les lois de toutes sortes de grâces, en haine du crime dont ils sont nés. *Qui ex damnato sunt coitu, ab omni prorsus beneficio secludantur*, dit le droit, *Authent.* licet, *cod. de natural. Liberis.*

Il est néanmoins vrai que les pères de tels enfants sont obligés par le droit naturel de pourvoir, autant qu'ils le peuvent, à leur nourriture, puisque, comme dit une autre loi, c'est en quelque manière les tuer que de leur refuser les aliments nécessaires : *Necare videtur non tantum is qui partum præfocat, sed et is qui abjicit, et qui alimonia denegat,* leg. 4, ff. *de Agnoscendis vel alendis liberis,* lib. xxv, tit, 3. Aussi est-ce ce que leur recommande Clément III, dans une de ses décrétales, au sujet d'un homme qui avait eu dix enfants d'adultère : *Sollicitudinis tamen tuæ intererit,* dit ce pape, *ut uterque liberis suis, secundum quod eis suppetunt facultates, necessaria subministret,* cap. 5, *de Eo qui duxit in matrimonium quam polluit per adulterium,* lib. iv, tit. 7.

CAS XX. *Anatolius*, ayant fait un testament par lequel il faisait Étienne son légataire universel sous certaines conditions, en a fait un second un an après, par lequel il a institué Antoine aussi son légataire, à la charge de donner 300 liv. à Pierre, 600 liv. à Paul. Antoine, Pierre et Paul sont morts avant Anatolius, qui est pareillement décédé trois mois après sans avoir rien changé à son testament. On demande si le premier testament ne reprend pas sa première force, et si par conséquent Étienne, qui était légataire universel, ne doit pas jouir de cette prérogative, puisque le second testament est demeuré sans effet par la mort de ceux en faveur de qui Anatolius l'avait fait en second lieu?

R. Si le second testament d'Anatolius est défectueux dans la forme, il ne peut annuler le premier; mais s'il est dans les formes requises, il l'annule : *Tunc prius testamentum rumpitur,* dit la loi 2, ff. *de Injusto rupto et irrito,* etc., *cum posterius rite perfectum est,* quoique ce second testament demeure sans exécution par la mort de ceux en faveur de qui il avait été fait, par leur renonciation ou par l'incapacité d'en profiter où ils se trouvent au temps de la mort du testateur. Ainsi, le premier testament d'Anatolius ayant été annulé par le second qu'il a fait dans les formes un an après, Étienne n'en peut profiter. La raison est que la dernière volonté du testateur prévaut toujours, selon la loi 6, ff. *de Adimendis,* etc., excepté néanmoins le cas où le testateur ayant nommé par le premier testament un autre héritier que celui qui lui devait succéder *ab intestat,* aurait institué cet héritier par le second; car alors le second testament, quoique nul, révoque le premier, pourvu qu'il ait été fait en présence de cinq témoins. Leg. 2, ff. *de Injusto.* C'est ainsi que l'ordonne une loi que nous avons déjà citée, à laquelle est conforme cette autre loi du code : *Nisi forte posterius, vel jure militari sit factum; vel in eo scriptus est, qui ab intestato venire potest': tunc enim et posterioro non perfecto superius rumpitur.* Leg. 2, Cod. *de Testamentis,* etc.

CAS XXI et XXII. *Hidulphe* fait son testament par-devant notaire, en présence d'un ami qui seul y sert de témoin, par lequel il lègue à Fabien la somme de 50 livres, et à Noël, son ami, celle de 100 livres. Ce testateur étant décédé, ses enfants refusent de payer ces legs, à cause, disent-ils, que le testament est nul, la loi du royaume annulant un testament s'il n'est pas passé par-devant deux notaires et deux témoins, ou en présence d'un notaire et de quatre témoins.

R. Les lois sont embarrassées sur ce point, et c'est ce qui a partagé les jurisconsultes. Néanmoins celles qui établissent que tout acte où la forme essentielle, c'est-à-dire celle qui contient une clause irritante, n'est pas gardée, est nul dans le for de la conscience, comme dans le for extérieur, nous paraissent plus précises : *Imperfectum testamentum sine dubio nullum est,* dit l'empereur Justinien, lib. 1, *Institut.,* tit. 17, § 7. *Non subscriptum a testibus, ac non signatum testamentum pro infecto haberi convenit,* dit la loi 21, Cod. *de Testament,* etc., qui n'excepte que le seul cas où il s'agit des enfants du testateur, à l'égard desquels un testament, même imparfait, doit avoir son effet. Cependant, comme tout cela souffre des difficultés, on pourrait prendre un milieu qui consisterait, par rapport aux confesseurs, à laisser jouir les légataires de ce qu'ils posséderaient en vertu d'un pareil testament, et à permettre aux héritiers d'en contester la validité en justice, lors même qu'ils seraient sûrs de la volonté du testateur. C'est le dénouement que donne Cabassut, t. vi, c. 3, n. 5.

— Je crois que ce dénouement ne vaut rien en France, et que les testaments déclarés nuls par l'ordonnance de 1735 ne donnent aucun droit à ceux en faveur de qui ils sont faits. Je l'ai prouvé au long dans mon second volume sur les Contrats.

Il suit de là que dans le code, qui veut qu'un testament qui n'est pas reçu par des notaires *soit écrit et signé du testateur,* le testament que Sixte a dicté à son ami, et qu'il a lui-même signé, n'est pas valable. Ainsi qu'il fut jugé à Paris par arrêt du 8 mars 1638, qui déclare un testament nul par le défaut de la signature du testateur, quoiqu'il fût attaqué de la peste dans le temps qu'il le fit, et qu'il l'eût dicté aux notaires par la fenêtre de sa chambre, à cause du péril de la contagion.

CAS XXIII. *Honoré*, ayant fait un testament favorable à Placide, son parent, a déclaré ensuite à trois personnes qu'il ne voulait pas que ce testament eût lieu ; il a commencé d'en écrire un autre, mais il est mort sans l'avoir pu signer. Le premier testament doit-il avoir son effet à l'égard de Placide, contre la déclaration d'Honoré ?

R. Oui ; parce que le droit n'autorise nulle part, ni une telle déclaration, ni un acte informe contre un acte authentique. Et même Justinien décide expressément le contraire, liv. ii, t. 17, nomb. 7. L'acte de révocation sous seing privé serait nul, appliqué à un testament authentique ; mais il en est qui pensent qu'appliqué à un testament olographe, il serait valable.

Cas XXIV. *Sidonius*, qui demeure dans un village à six lieues, et dans le ressort de la coutume de Paris, a fait son testament par-devant le vicaire de sa paroisse, en présence de quatre témoins irréprochables qui y ont signé, le curé étant absent du lieu où il n'y a point de notaire. Ce testament est-il valide?

R. Non, assurément. Aujourd'hui les vicaires ni les curés n'ont aucun titre pour recevoir les testaments.

Cas XXV. *Romuald* a fait son testament par-devant un notaire, et deux hommes, qui étaient alors sans reproche, y ont signé comme témoins; mais un d'eux a depuis, pour un crime, été condamné à mort ou aux galères perpétuelles, et l'autre est devenu insensé. Ce testament demeure-t-il néanmoins valide?

R. Oui; car il suffit pour cela, selon la loi 22, ff., *Qui testamentum*, que les témoins, *cum signarent, tales fuerint, ut adhiberi possent, licet quid postea eis contigerit.* Au fond, le malheur qui est survenu n'a pas un effet rétroactif sur leur probité passée.

Cas XXVI. *Veran*, qui n'a que des parents éloignés, donne par son testament plein pouvoir à Henri de nommer pour son héritier qui il voudra, à la charge d'un legs pieux. Henri choisit Benoît, parent au cinquième degré du défunt. Ce testament est-il légitime?

R. Il le serait en Espagne, où un homme ainsi commis peut nommer héritier du défunt qui lui plaît, sans pouvoir néanmoins se nommer lui-même. Mais en France nous ne reconnaissons de testament légitime que celui où le testateur se choisit lui-même son héritier, sans s'en rapporter à un tiers, qui pourrait abuser du pouvoir qui lui aurait été donné. Nous suivons en cela le droit romain, l. 32, ff. *de Hæredibus*, etc., où il est dit : *Illa institutio* : Quos Titius voluerit, *ideo vitiosa est, quod alieno arbitrio permissa est; nam satis constanter veteres decreverunt testamentorum jura ipsa per se firma esse oportere, non ex alieno arbitrio pendere.*

Cas XXVII. *Siméon*, établi dans la prévôté de Paris, ne trouvant pas les témoins qu'il voudrait pour son testament, le fait écrire par un notaire de son bourg, et y fait signer pour témoins un garçon de treize ans, avec deux femmes. Ce testament est-il valide?

R. Non; car les impubères et les femmes sont incapables d'être témoins dans un testament : *Neque mulier, neque impubes... possunt in numero testium adhiberi. Instit.* de Testam. ordin., n. 6. La coutume de Paris, art. 289, demande des *témoins idoines*, *suffisants, mâles et âgés de vingt ans et non légataires* : ce qui exclut les impubères et les femmes, et même on tient aujourd'hui communément que les femmes ne peuvent être témoins dans les codicilles, puisqu'ils sont chez nous des actes aussi solennels que les testaments.

Au reste il fut jugé par arrêt, en 1598, que les témoins doivent être *mâles*, dans les coutumes mêmes qui n'en parlent point.

Les témoins ne sont pas *idoines*, quand ils sont insensés, infâmes, usuriers ou légataires. Les religieux mêmes ne peuvent être témoins à Paris, mais ils le peuvent être en pays de droit écrit, comme on le voit dans Gui-Pape et dans Cambolas.

Cas XXVIII. *Chrysante* a défendu, par son testament, à Léon, son neveu et son héritier présomptif, de se déclarer après sa mort son héritier par bénéfice d'inventaire, estimant qu'il ferait par là déshonneur à son nom et à sa mémoire, et il a ajouté qu'en cas qu'il le fît, il léguait 2,000 livres à Bertrand. Léon, s'étant déclaré héritier bénéficiaire, Bertrand lui demande son legs de 2,000 livres. Léon est-il obligé en conscience à le lui payer?

R. Non; parce que Chrysante n'a pu imposer à son héritier une condition opposée aux lois, qui permettent à un héritier de n'accepter la succession vacante que sous le bénéfice d'inventaire, quand il le juge à propos pour son intérêt. *Nemo*, dit la loi, § ff *de Legatis*, potest in testamento suo cavere, ne legos in suo testamento locum habeant. Dont la Glose rend cette raison : *Quia privati hominis voluntatem plus habere virium non oportet, quam legeo.* Mais il n'en serait pas ainsi d'une disposition testamentaire, qui ne dérogerait à celle de la loi que dans quelque circonstance particulière où l'esprit de cette loi ne serait pas blessé, ou qui serait faite par quelque motif que cette loi n'improuverait pas ; car une telle disposition subsisterait, quoiqu'elle parût être en quelque manière opposée à la lettre de la loi, comme l'observe M. Domat, dans son excellent ouvrage des lois civiles mises dans leur ordre naturel.

Cas XXIX. *Leidrade*, gentilhomme, ayant un fils aîné, qui, malgré sa défense, a embrassé la profession de comédien, l'a déshérité par son testament, et a donné tout son bien à son second fils. Celui-ci peut-il, en conscience, retenir ce bien sans en faire part à son aîné?

R. Il le peut; parce qu'un père peut exhéréder son fils, 1° dans le cas dont il s'agit, comme il est porté par la Novelle 115 de Justinien ; 2° lorsque ce fils s'est rendu accusateur contre lui, pour un crime qui ne regardait ni le prince ni l'État; 3° si son père ou sa mère étant en prison ou en captivité, il n'a pas fait tout son possible pour les en délivrer, ou qu'il n'ait pas donné caution pour eux (caution qui ne regarde que les garçons) ; 4° si une fille préfère la débauche au mariage ; 5° si le fils avait commis un inceste avec sa belle-mère; 6° si son père ou sa mère, ou autre ascendant, étant en démence, il a négligé de les secourir, selon son pouvoir; 7° s'il a usé de mauvaises voies pour empêcher son père ou sa mère, ou autre ascendant, de tester; 8° s'il abandonne la foi catholique. A quoi, en France, on ajoute le cas où un enfant se marie malgré son père, sa mère, son tuteur ou curateur, à moins que le fils âgé de trente ans accomplis, ou la fille âgée de vingt-cinq, n'ait requis par écrit leur consentement. (Sous le code qui nous régit, Leidrade ne pouvait pas déshériter son fils.)

Cas XXX. *Sylvain*, fils légitime de Jean et de Marie, étant devenu riche par la voie du commerce, et se voyant au lit de la mort, a fait son testament, par lequel il a déshérité son père, parce qu'il a attenté à la vie de sa mère par le poison qu'il lui a donné, et dont elle a pensé mourir, ou parce qu'il a voulu la faire périr, l'ayant accusée en justice d'un crime capital qui ne regardait ni le prince ni l'Etat. Ces raisons sont-elles suffisantes pour qu'il puisse, sans péché, exhéréder son père qui est son unique héritier présomptif ?

R. Ces deux causes sont également suffisantes pour donner droit à Sylvain de priver son père ou un autre ascendant de son hérédité, ainsi que le déclare l'empereur Justinien, dans sa Novelle 115, c. 4 : *Si contigerit autem virum uxori suæ ad interitum, aut alienationem mentis, dare venenum, aut uxorem marito, vel alio modo alterum vitæ alterius insidiari : tale quidem ut pote publicum crimen constitutum, secundum leges examinari et vindictam legitimam promoveri decernimus : liberis autem esse licentiam nihil in suis testamentis de facultatibus suis illi personæ relinquere, quæ tale scelus noscitur commisisse.* La deuxième cause se trouve encore dans la même constitution comme légitime. En voici les termes : *Si parentes ad interitum vitæ liberos suos tradiderint, citra tamen causam, quæ ad majestatem pertinere cognoscitur.*

Il en est de même, 1° si le père a voulu faire perdre la vie à son fils par le poison ou par quelque autre semblable voie : *Si venenis aut maleficiis, aut alio modo parentes filiorum vitæ insidiari probabuntur.* 2° Si le père avait commis un inceste avec la femme de son fils : *Si pater nurui suæ... sese immiscuerit.* 3° Si par violence ou par quelque autre voie illicite, il a empêché son fils de faire un testament : *Si parentes filios suos testamentum condere prohibuerint in rebus in quibus habent testandi licentiam.* 4° Enfin si ce père ou la mère, ou autre ascendant, a abandonné l'enfant qui était en démence ou en captivité : *Si liberis, vel uno ex his in furore constituto, parentes eos curare neglexerint... his casibus etiam cladem captivitatis adjungimus.*

Mais il est important d'observer qu'en tout cela ce n'est pas assez que le testateur déclare la cause pour laquelle il exhérède celui qui devait être son héritier légitime ; car, comme c'est une maxime constante, qu'il faut prouver une accusation avant qu'elle soit reçue, il est absolument nécessaire que les causes d'exhérédation soient prouvées, ainsi que l'a très-sagement ordonné le même empereur Justinien, dans la même Novelle qui contient toutes ces dispositions. (Sous l'empire du code, tout cet ancien droit est aboli : un fils peut ne rien donner à son père par testament.)

Cas XXXI. *Mucius* a ordonné par son testament que sa maison sera vendue, et que le prix en sera tout employé en œuvres pieuses. Gallus, qui en est l'exécuteur, voyant que cette maison ne peut être vendue que la moitié moins qu'elle ne vaut, à cause de la guerre voudrait attendre à la vendre après la paix. Le peut-il ?

R. Il ne le peut, selon saint Thomas, *quodlibet* 6, a. 14, parce qu'un si long délai retarderait trop longtemps le secours dont le défunt peut avoir pressant besoin. Ajoutez qu'il se peut faire que la paix vienne beaucoup plus tard qu'il ne pense, et que la maison dépérisse, etc. Mais si enfin elle ne pouvait être vendue qu'à très-vil prix, faute d'acheteurs, et que le défunt eût reçu d'ailleurs quelques secours spirituels, il faudrait alors, selon ce qu'ajoute saint Thomas, prendre le conseil de son pasteur ou d'autres personnes éclairées.

— J'avoue que je préférerais dans toute cette affaire ce dernier sentiment. Et je ne crois pas que, régulièrement parlant, un délai qui ne se fait que pour le bien de l'Eglise et des pauvres puisse être funeste à quelqu'un.

Cas XXXII. *Nicolas*, exécuteur du testament de Publius, parisien, y voyant un legs de 3,000 livres pour Paulin, l'a d'abord payé. Mais Bertin, héritier de Publius, a refusé de lui en tenir compte, parce que Paulin avait été condamné à mort par le parlement de Bordeaux. Bertin a-t-il droit de faire ce refus ?

R. Oui ; car outre qu'un *exécuteur testamentaire est tenu de faire faire inventaire en diligence, sitôt que le testament est venu à sa connaissance, l'héritier présomptif présent ou dûment appelé,* ce même exécuteur ne doit pas payer les legs, sans faire connaître à l'héritier les légataires ; et cela 1° parce qu'il faut qu'ils aient la capacité de les recevoir, capacité que n'a pas par exemple une femme à qui le mari a fait un legs contre la défense de la coutume ; un étranger ou un homme mort civilement, tel qu'est Paulin dans l'espèce qu'on propose ; 2° parce que le testateur peut avoir donné plus que la loi ne lui permet ; 3° parce que le testament pourrait avoir tant de legs, que la succession en serait absorbée, et qu'en ce cas, l'héritier a droit de les faire réduire en justice ; 4° parce que l'héritier peut avoir de justes raisons de faire déclarer nul le testament du défunt. Tout cela fait voir évidemment que Nicolas a payé mal à propos le legs à Paulin, et que, puisque ce légataire était inhabile à en recevoir le payement, cet exécuteur doit s'imputer la perte de cette somme, Bertin étant en droit de lui refuser de la lui allouer dans son compte.

— Paulin serait obligé de restituer cette somme à Nicolas, s'il était en état de le faire. Il n'y aurait qu'un malhonnête homme qui voulût profiter d'une imprudence qui ne vient guère que d'un excès de bonne volonté pour lui.

Cas XXXIII. *Emilien*, prêtre ou religieux,

est nommé exécuteur du testament de Mævius. Peut-il le faire?

R. Il le peut, et même un religieux, selon le droit nouveau, cap. 17, *de Testam.*, pourvu que cela ne lui soit point défendu par les constitutions de son ordre, et qu'il en ait la permission de son supérieur.

THEOLOGAL.

Un *théologal* est celui d'entre les chanoines qui, étant docteur en théologie, est préposé pour annoncer la parole de Dieu et pour faire des leçons de théologie aux autres chanoines qui n'y sont pas versés.

Autrefois, la principale et la plus ordinaire fonction des évêques était de prêcher : de sorte que même aucun prêtre ne pouvait monter en chaire en leur présence sans leur permission. Mais l'accroissement prodigieux du nombre des fidèles, leurs grandes et continuelles occupations, qui en sont une suite nécessaire, et d'autres causes légitimes, les ont enfin obligés à se servir des prêtres pour exercer le ministère de la prédication. Ils crurent même dans la suite des temps qu'il était du bien des fidèles d'en établir dans leurs églises quelques-uns qui en fussent les prédicateurs ordinaires; et ils firent assigner un revenu nécessaire pour leur subsistance, comme il paraît par le quatrième concile de Latran, tenu en 1215, cap. 11 ; par le concile de Bâle, *sess.* 31, et par la pragmatique de Charles VII, de 1437.

Les prébendes qui sont affectées aux théologaux, et qu'on appelle par cette raison *théologales*, sont sujettes au droit des gradués, surtout depuis que le parlement de Paris l'a ainsi jugé par un arrêt du 17 février 1642, au sujet de la théologale de Beauvais, comme nous l'avons déjà observé sur le titre GRADUÉ. Apparemment que le fondement de cette jurisprudence est qu'on présume qu'un gradué a la capacité requise pour la prédication.

Au reste, celui qui entreprend de faire les fonctions de théologal doit être non-seulement savant dans la théologie, et surtout dans la morale, mais encore avoir les autres qualités nécessaires pour bien parler en public; tels que sont une bonne constitution de corps, une voix convenable et une mémoire heureuse; être d'une conduite édifiante par la probité de ses mœurs et par une vie sans reproches, et n'avoir enfin aucune vue d'intérêt dans tout ce qui regarde un si noble et si saint ministère. Ce sont ces belles qualités que le pape Honorius demande dans un docteur, et qu'il exprime en ce peu de mots : *Qui velut stellæ, in perpetuas æternitates mansuri, ad justitiam valeant plurimos erudire*, c. fin. *de Magistris*.

CAS I. *Uranius*, évêque d'un diocèse de France, ne trouvant point de docteur en théologie dans son diocèse qu'il jugeât digne de remplir la théologale de son Eglise, a nommé Paul, docteur en droit canon, homme savant et vertueux. L'a-t-il pu?

R. A parler régulièrement, un théologal doit être docteur, ou au moins licencié en théologie, comme il est porté par le concile de Bâle, par la pragmatique, par le concordat et par l'ordonnance d'Orléans, et c'est pourquoi un théologal ne peut résigner son bénéfice qu'à un docteur ou à un licencié ou bachelier formé en théologie. Néanmoins Uranius n'a rien fait contre l'esprit de la loi, puisque Paul a les qualités essentielles pour une telle place, et qu'il n'a pu trouver en son diocèse aucun docteur en théologie qu'il en jugeât digne. Mais ce cas paraît un peu métaphysique, surtout en France, où un évêque peut au moins trouver à Paris ce qu'il ne trouve point chez soi. Sûrement un canoniste pourvu d'une théologale n'y serait pas maintenu au préjudice d'un docteur ou d'un licencié en théologie qui se présenterait.

— Le degré de docteur n'est pas nécessaire dans les chapitres dont les prébendes ne se donnent qu'à des nobles, comme à Lyon. *Voyez* l'*Abrégé des Mémoires du clergé*. H. v.

— CAS II. *Michel* a nommé pour théologal un religieux qui a tout ce qu'il faut pour s'acquitter bien de cet emploi. L'a-t-il pu?

R. Un dominicain qui était en ce cas fut jugé, en 1663, par arrêt du parlement de Paris, ne pouvoir occuper une théologale. *Voyez* le même Abrégé, *ibid.*

CAS III. *Fulgence*, théologal, s'absente cinq mois par an en différents temps. Sa raison est qu'un théologal n'est pas obligé d'assister au chœur, à cause de l'obligation où il est de prêcher en certains jours, et d'enseigner la théologie Fulgence est-il en sûreté de conscience, surtout lorsqu'il s'absente pendant l'Avent ou le carême, où l'évêque nomme des prédicateurs étrangers pour prêcher pendant ce temps-là?

R. L'article 8 de l'ordonnance d'Orléans, conformément au concile de Bâle, *sess.* 31, oblige tous les théologaux à prêcher les dimanches et les fêtes solennelles, et à faire une leçon publique de l'Ecriture trois fois par semaine; ce qui suppose qu'ils sont obligés indispensablement à une résidence continuelle, et cela est de droit si strict, qu'André Pecquet, théologal de Soissons, fut, le 14 novembre 1587, débouté de la requête qu'il avait présentée à la cour pour pouvoir demeurer à Paris jusqu'à la Purification suivante seulement, pour y prendre le bonnet de docteur. Ainsi Fulgence pèche en ne résidant pas. Il n'en est dispensé que quand il est en effet occupé vraiment au travail nécessaire pour l'acquit de ses fonctions.

CAS IV. *Félibien*, théologal, manque la moitié du temps à l'office canonial sous prétexte que son bénéfice l'en exempte, à cause qu'il est obligé d'étudier pour composer ses sermons. Est-il en sûreté de conscience ?

R. Si Félibien ne s'absente du chœur que lorsqu'il se trouve obligé d'étudier pour remplir son devoir de théologal, il est en sûreté de conscience et doit être tenu présent à l'office. *Verumtamen*, dit le concile de Bâle, sess. 31, *ut liberius studio vacare possit, nihil perdat, cum absens fuerit a divinis*. Ce qui prouve qu'un théologal doit recevoir toutes ses distributions quotidiennes quand il ne s'absente des offices que pour étudier. Et Rébuffe soutient que le statut qu'un chapitre ferait au contraire serait nul, ce qu'il prouve par deux arrêts du parlement de Paris. Barbosa ajoute que la congrégation du concile a décidé la même chose. M. de Sainte-Beuve donne cette décision, tom. I, cas 44.

Cas V. *Ferdinand*, théologal, ayant pris ses vacances ordinaires, a été employé deux mois par son évêque dans une mission, pendant lequel temps il a mis un prédicateur pour prêcher à sa place tous les dimanches, comme il est obligé. Peut-il recevoir les distributions quotidiennes?

R. On ne doit excepter de la règle que les cas qui se trouvent exceptés par le droit. Or la loi, c'est-à-dire la pragmatique et le concordat n'exceptent point le cas où un théologal serait employé par son évêque à prêcher hors de la cathédrale. D'ailleurs ce serait aller contre l'institution de l'Eglise, qui, en établissant les théologaux, les a obligés à remplir leurs fonctions par eux-mêmes, comme il est évident par les termes du concile de Bâle.

— Si une mission était extrêmement nécessaire et qu'un théologal d'un rare mérite y fût essentiel, on pourrait raisonner autrement. Au moins est-il sûr que des chanoines employés dans des missions par l'évêque de Chartres furent jugés présents par le conseil d'Etat du roi en 1640. *Mémoires du clergé*, tom. II, p. 1001.

Cas VI. *Lucien* veut résigner sa théologale à son neveu, dont la piété est connue, mais qui n'a pas les talents pour enseigner ou pour prêcher. Peut-il le faire, étant sûr que son neveu mettra à sa place de dignes sujets pour remplir ses devoirs?

R. Comme on ne pourrait résigner une cure à un prêtre très-pieux qui n'aurait ni la science ni les autres talents nécessaires à un pasteur, sous prétexte qu'il ferait suppléer à son défaut par un habile vicaire, de même on ne peut résigner une théologale à un homme qu'on sait être incapable d'en remplir les devoirs par lui-même. Il ne sera pas inutile, pour autoriser ce que nous venons de dire, de rapporter ici les termes d'un savant professeur d'Avignon, qui écrivait en 1684, et qui parle des théologaux. Les voici: *Quia vero, dicente Apostolo: Omnes quæ sua sunt, quærunt, non quæ Jesu Christi, abusus passim in hoc regno invaluit, ut his provisi præbendis, eas vel cum aliis commutent, vel cum onere pensionum resignent in eorum favorem, qui munia docendi et prædicandi, vel nunquam, vel rarissime persolvent. Meminerint quicunque sic agunt, aut agentibus favent et opitulantur, quale judicium apud Christum, Ecclesiæ sponsum, et animarum tremendo sanguine redemptarum zelatorem immineat, qui sanctissimas œcumenicorum conciliorum provisiones circa cleri et christianæ plebis institutionem per divini verbi prædicationem et sacrarum litterarum expositionem eludunt et abolent, solo retento theologalis canonici nomine et stipendiis sine spirituali usu aut fructu.* Cabassut, l. II, c. 24, n. 19.

Voyez Chanoine, Distributions.

THÉOLOGIEN.

On donne le nom de *théologien* à un homme, ou qui sait bien la théologie, ou qui étudie pour l'apprendre, ou qui, après en avoir fait le cours ordinaire, veut perfectionner ses connaissances.

Le premier principe dont doit partir un jeune ecclésiastique, soit avant d'entrer dans un séminaire, soit quand il y est déjà, c'est qu'il est indispensablement obligé à l'étude. Sans cela, en effet, il commet une injustice contre Dieu, parce qu'il usurpe son sacerdoce; une injustice contre l'épouse affligée de Jésus-Christ, dont il ne peut venger les intérêts dans les temps de l'épreuve; une injustice contre les peuples, à qui il n'est pas en état de distribuer le pain qu'ils sont en droit d'attendre de lui; une injustice contre ses parents, qui ne l'entretiennent à grands frais dans les collèges pendant une longue suite d'années, qu'à condition qu'il répondra aux efforts qu'ils font pour lui; une injustice contre ses compétiteurs, en matière de degrés, parce que, sans avoir couru la carrière prescrite par les lois, il leur enlève souvent des bénéfices qui ne sont dus qu'à ceux qui ont rempli l'esprit et la lettre du concordat; enfin, une injustice contre lui-même, parce qu'il se déshonore dans ce monde, où son ignorance l'expose au mépris, et qu'il se perd dans l'autre, où, pour être réprouvé, il suffit d'avoir été un serviteur inutile.

Or, l'étude d'un bon ecclésiastique doit avoir pour principal objet, 1° l'Ecriture sainte et surtout les psaumes qu'il récite tous les jours, parce que c'est la grande source où il doit puiser; 2° le dogme, parce qu'un mot déplacé ou impropre peut exprimer ou insinuer l'erreur au lieu de la vérité; 3° la morale, parce que quiconque l'ignore ne sera jamais qu'un aveugle qui précipitera d'autres aveugles dans la fosse; 4° enfin, la science des saints, qui se puise dans l'oraison et dans les livres de piété; parce que, si l'on ne cultive cette dernière avec soin, les autres, quoique excellentes en elles-mêmes, dessécheront le cœur peu à peu. Le philosophe prendra insensiblement la place du chrétien. On éclairera, dit saint Bernard, mais on ne sera pas en état d'échauffer.

C'est relativement à ces différentes espèces d'étude que nous allons donner un petit catalogue des bons livres qu'un jeune théologien peut se procurer. Nous en marquerons plus que bien des jeunes gens n'en peuvent acheter; mais outre qu'on peut quelquefois dans la suite ce qu'on ne peut pas actuellement, il est toujours bien à propos de connaître un bon ouvrage. Au moins ne le laisse-t-on pas aller, quand on le trouve à un prix modique, comme il arrive tous les jours à Paris et dans les campagnes; et d'ailleurs on se le procure à quelque prix que ce soit, quand on en a un pressant besoin.

Avant que de commencer, nous ajouterons en deux mots qu'il faut étudier, 1° avec ordre, pour profiter; 2° avec sagesse, pour ne se pas précipiter; 3° avec courage, pour ne pas se rebuter; 4° avec piété, pour attirer la bénédiction de Dieu sur soi et sur son travail. Ainsi, nous ne nous mettrons jamais à l'étude, sans nous être jetés un moment aux pieds de celui que l'Ecriture appelle le Seigneur des sciences et le Père des esprits; jamais nous ne la quitterons, sans l'avoir remercié du succès, s'il y en a, et nous être humiliés sous sa main, s'il n'y en a pas. On trouvera de bonnes règles dans l'*Instruction sur la manière de bien étudier*, par M. Charles Gobinet, vol. in-12, Paris, 1745. Berton.

ÉCRITURE SAINTE.

Pour le texte de l'Ecriture, les Bibles de Vitré sont les plus exactes. L'édition in-4° est la plus commode.

Saint Augustin, *lib. de Doctr. Christ.*, l. II, c. 8, veut qu'on lise d'abord la Bible sans commentaire; et il est d'expérience qu'une seconde lecture dissipe bien des difficultés qui étaient restées après la première. La traduction française, dont il est impossible de se passer, éclaircit aussi bien des choses: mais comme malgré cela il y en a toujours qu'on n'entend point, on pourra prendre:

R. P. Tirini Commentarius in S. Scripturam, 2 tom. fol. Cet ouvrage a été imprimé à Anvers, à Lyon, etc.; ou

R. P. Stephani Menochii Commentarii totius Scripturæ. La meilleure édition est celle du P. de Tournemine, en 2 vol. in-fol., à Paris, Guerin, 1719, à cause des savantes dissertations qu'il y a ajoutées. Le P. Lami, dans son Introduct., pag. 355, in-4°, regarde le Commentaire de Tirin, ou de Ménochius, ou de Vatable, comme suffisant pour l'intelligence du texte sacré. J'ajouterais, 1° pour l'Ecriture, en général :

Nicolai Serrarii Prolegomena Bibliaca, et Commentaria in omnes Epistolas Canonicas. 1 vol. in-fol., Parisiis 1704, et alibi.

Analogia veteris ac novi Testamenti, Autore M. Becano. 1 vol. in-12 ou in-8°. Ce livre est commun, négligé et très-bon.

Introductio ad sacram Scripturam, et compendium Historiæ Ecclesiasticæ, ad usum Ordinandorum. vol. in-12.

Introduction à l'Ecriture Sainte, par le P. Lamy. Il y en a une édition in-4° et l'autre in-12.

2° Pour les Psaumes, qu'il importe tant de bien entendre, Denis le Chartreux, Jansénius de Gand, Genebrard, ou Bellarmin, qui est excellent pour le sens spirituel. Je joindrais à quelques-uns de ces auteurs, et surtout au dernier,

Liber Psalmorum vulgatæ editionis cum notis, apud *Lottin*, etc., 1729. L'édition in-12 suffit. Ce livre est commode et m'a paru très-propre à faire entendre la lettre des Psaumes.

Je conseillerais encore ou *le sens littéral des Psaumes* (par le P. Lallemand), réimprimé en 1728 pour la huitième fois, ou la Traduction de feu M. l'Archevêque de Sens, avec une belle *Instruction Pastorale*; Paris, Garnier.

Ribera, sur les petits Prophètes, est un excellent livre.

3° Pour le Nouveau Testament, celui du même P. Lallemand; on l'a réimprimé sans Réflexions morales, mais avec des notes. 7 vol. in-12.

Harmonia, sive Concordia quatuor Evangelistarum, Autore Bernardo Lamy, apud *Debats* 1701. Le sentiment de cet auteur sur la dernière pâque de Notre-Seigneur n'est pas le plus suivi, et je souhaiterais qu'il le fût encore moins.

La Concordance de Jansénius de Gand est fort bonne et fort commune.

Epistolarum B. Pauli triplex expositio, Autore R. P. Bernardino à Piconio, apud *Anisson, Typographiæ Regiæ Præfectum*, 1703. 1 vol. in-fol. C'est un ouvrage excellent; mais il est devenu rare.

Concordantia Bibliorum. Celle de Juilleron, à Lyon, 1649, est la meilleure. Une Concordance est absolument nécessaire à un homme qui veut travailler.

DOGME.

Aux livres dans lesquels on peut puiser le dogme, nous ajouterons quelques-uns de ceux qui fournissent de plus beaux principes, soit pour l'Eglise en général, soit contre les prétendus réformés et les protestants en particulier.

Concilium Tridentinum cum indicibus novis et adnotationibus, apud Cl. Hérissant, 1754. Celui du P. Quétif a son mérite propre, comme on le voit après la préface de l'index, pag. clix.

Idem additis Declarationibus Cardinalium, ex ultima recognitione Joannis Gallemart.... necnon remissionibus D. A. Barbosæ. 1 vol. in-8°. On ne peut faire aucun fond sur les prétendues Déclarations de Gallemart, qui ont été réprouvées à Rome. Mais les renvois, *remissiones*, qui sont à la fin des chapitres, peuvent servir à un jeune théologien.

Nota. Quand on a à traiter avec les hérétiques, il faut toujours prendre la doctrine de l'Eglise dans le concile de Trente, comme fit dans le Chablais saint François de Sales. Quelque réputation qu'ait un théologien, il est bien au-dessous de cette sainte assemblée.

Exposition de la Doctrine de l'Eglise Catholique, sur les matières de Controverse. Par M. Bossuet, évêque de Meaux. Ce petit livre qui, de l'aveu de MM. Basnage, a fait plus de peine à la réforme qu'aucun autre, a été traduit en presque toutes les langues de l'Europe, et honoré de l'approbation d'Innocent XI.

Professio fidei catholicæ: à la fin de l'abrégé ou plutôt du plan du grand ouvrage de MM. de Walembourgh. Je le citerai plus bas.

L'avoisinement des Protestants, par M. Camus, évêque de Belley, publié par M. Richard Simon, sous le nom de *Moyens de réunir les Protestants*. A Paris, 1703. 1 vol. in-12. Il y a de bonnes choses dans ce petit ouvrage. Le dessein est le même que celui de l'Exposition de M. Bossuet.

Pour se former de grands et de justes principes sur l'Eglise, et contre les novateurs de tous les temps, il faut lire Tertullien, *de Præscriptionibus*.

Saint Cyprien, *de Unitate Ecclesiæ*.

Commonitorium Vincentii Lirinensis adversus Hæreticos. Un homme d'ailleurs habile prétend que cet ouvrage a été fait contre saint Augustin, et que les règles données par Vincent de Lérins ne sont pas entièrement exactes.

Ces deux derniers ouvrages sont renfermés dans un petit volume in-12, sous ce titre grotesque : *Sandapila silicernio quinti et sexti Evangelii efferendo humeris ac nisu valentissimorum quatuor succolatorum, quorum priores duo Tertullianus in libro de Præscriptionibus, et Vincentius Lirinensis : posteriores duo, Edmundus Campianus, et Leonardus Lessius.* Lugduni, 1620.

Saint Augustin a sur l'Eglise tout ce qui est nécessaire pour confondre les novateurs, qui ont été et qui seront jusqu'à la fin du monde : il faut surtout étudier ses ouvrages contre les donatistes, et parmi ceux-ci lire et relire les suivants :

Epistola ad Catholicos contra Donatistas, vulgo de Unitate Ecclesiæ liber unus. Tom. IX, édit. nouv., p. 377.

Contra Cresconium...., Libri quatuor, ibid., p. 389.

Contra Litteras Petiliani libri tres, ibid., p. 205.

Breviculus collationis cum Donatistis, ibid., p. 545.

On lira aussi très-utilement la Lettre 93, alias 48, du saint docteur à l'évêque Vincent, et la Lettre 185, alias 50, au comte Boniface.

Quand on n'est pas destiné à écrire, on peut se contenter des anciennes éditions des Pères. Saint Cyprien, Tertullien, saint Chrysostome, saint Jérôme, saint Augustin, saint Léon, saint Grégoire le Grand et saint Bernard, si propres à donner de l'onction et à rendre familier l'usage de l'Ecriture. La meilleure édition de ce dernier est celle de D. Mabillon, *secundis curis*. Celle de saint Augustin, dont l'Epître dédicatoire a neuf lignes à la première page, ne vaut rien. On a donné en trois petits volumes in-12 presque tout le dixième tome de l'édition des Bénédictins.

Quant aux principes généraux contre les hérétiques des derniers siècles, ceux qui prévoient que dans leurs provinces ils auront à traiter avec eux, feront bien de se munir d'une partie des livres suivants :

L'Eglise Romaine reconnue toujours des Luthériens et des Prétendus-Réformés, pour vraie Eglise de J. C., en laquelle chacun peut faire son salut, par le P. Bernard Meynier. Vol in-4°. Paris, Muguet, 1680.

Réfutation du Catéchisme du ministre Ferry, par M. Bossuet. 1 vol. in-12.

Instructions Pastorales sur les promesses de l'Eglise, par le même. Il y en a deux, qu'on a réimprimées en 1726. 1 vol. in-12.

Histoire des variations, avec les Avertissements. 4 vol. in-12.

Conférences avec M. Claude. 1 vol. in-16. On y peut ajouter les autres ouvrages de controverse du même prélat, avec *les Préjugés légitimes contre les Calvinistes, les Prétendus-Réformés convaincus de schisme*, et le *Traité de l'Unité de l'Eglise*. Je n'y joins, ni le *Renversement de la Morale*, ni le *Calvinisme convaincu de nouveau*, parce que de savants catholiques prétendent qu'ils portent à faux. Voyez la *Réplique à M. Arnaud*, par M. le Fèvre, docteur en théologie de la Faculté de Paris. A Lille, 1695.

Trois Traités de Controverse. I. *La Méthode pacifique*, etc., *par M. Maimbourg.* 1682.

De Controversiis Tractatus generales contracti per Adr. et Pet. de Walemburch, Batavos. Coloniæ, 1682, 1 vol. in-16.

Traité de l'Infaillibilité de l'Eglise, par M. l'abbé de Cordemoy. Paris, Barrois, 1713. On y joint d'ordinaire un *Traité de l'Eternité des peines de l'Enfer, contre les Sociniens*, par le même. Coignard, 1697.

A propos de sociniens, deux protestants les ont admirablement combattus sur le point de la divinité du Verbe, l'un par l'Ecriture, et c'est Josué de la Place, l'autre par la tradition, et c'est George Bullus, mort en 1710, évêque de Saint-David. L'ouvrage du premier, qui m'a paru divin, est en trois vol. in-4° ; les titres de chaque volume sont différents et reviennent à celui-ci : *Disputationes de testimoniis.... quibus probatur D. N. J. C. esse Deum præditum essentia divina.... sub præsidio D. Josue Placæi. Salmurii*, an. 1649, 1651, 1657.

Le second est connu sous le nom de *Defensio fidei Nicænæ*. Il devient inutile par le nouvel ouvrage de D. Prudence Maran : *Divinitas D. N. J. C. manifesta in Scripturis et Traditione*, vol. in-fol.

On peut encore lire le *Traité contre les Sociniens, ou la conduite qu'a tenue l'Eglise dans les trois premiers siècles, en parlant de la Trinité et de l'Incarnation*, par M. de Cordemoy. 1 vol. in-12. Paris, Coignard.

Réflexions sur les différends de la religion, par M. Pélisson. 4 vol. in-12, en y joignant celui de la *Tolérance des Religions*, qui en est la suite.

Recueil des Ouvrages composés par feu M. Papin, en faveur de la Religion. Paris, V. Roulland, 1723, 3 vol. in-12. On ne combat jamais mieux un parti que quand on l'a quitté par conviction qu'il était mauvais. Les livres de M. Papin en sont une bonne preuve, aussi bien que ceux de M. des Mahis.

La vérité de la Religion Catholique par M. des Mahis, Chanoine d'Orléans, et ci-devant ministre, etc. L'édition d'Orléans est la meilleure.

Le Triomphe de la Foi Catholique sur les erreurs des Protestants, contenues dans les OEuvres polémiques de feu M. Benedict Pictet, 4 vol. in-12, à Lyon, Regnault ; et à Paris, Thomas Hérissant, rue Saint-Jacques. Ce livre est de M. François Vernet, ci-devant calviniste, mort depuis peu bon catholique.

Méthode courte et facile pour rappeler à l'Unité de l'Eglise ceux qui sont séparés. A Bordeaux, 1728. 1 vol. in-12. Cet ouvrage est de M. Michel, ci-devant supérieur du séminaire de Saint-Firmin.

La Méthode du cardinal de Richelieu est aussi très-estimée et très-estimable.

Traité de l'Eglise contre les Hérétiques, principalement contre les Calvinistes, par M. Ferrand. 1 vol. in-12. Paris, Michallet, 1683.

La Religion Protestante convaincue de faux dans ses règles de foi, par M. Maynard, ancien chanoine de S. Sernin, etc. Paris, Cailleau. Ce livre n'est pas bien écrit, mais je n'en ai jamais lu de plus solide.

Pour le détail des Controverses, outre Bellarmin, Gretser qui l'a défendu, et MM. de Walembourgh, auteurs qui sont connus, nous croyons qu'à moins d'avoir affaire à des gens très-éclairés, on peut aller loin avec les livres qui suivent :

Petit Epitome de toutes les Controverses de Religions.... par François Véron, Paris, 1649. Les ouvrages de cet auteur ont vieilli pour le style, mais ils auront toujours leur mérite pour le fond.

Controverses familières (par le P. Fenis). Paris, Dezallier, 1685.

Instructions pour les nouveaux Catholiques, où l'on explique tous les articles contestés, et l'on en rend raison par l'Ecriture et par les Pères des premiers siècles, par le P. Louis Doucin. 1 vol. in-12. Paris, Josse, 1686.

La véritable croyance de l'Eglise Catholique, et les preuves de tous les points de sa Doctrine. Paris, Coignard, 1726.

Theologia Polemica in duas partes divisa... a R. P. Vito Pichler. Augustæ Vindelicorum. 1727, 2 vol. in-8°.

On peut ajouter le Manuel de Becan, réimprimé plusieurs fois, plus méprisé que lu par certaines gens. Le P. Mabillon ne l'a pas oublié dans son *Traité des Etudes Monastiques.*

L'Instruction contre le Schisme, par M. de Persin de Mongaillard, évêque de Saint-Pons, imprimée à Toulouse en 1686, en 1 vol. in-8°, est un des meilleurs ouvrages qu'on puisse lire sur le détail des matières controversées. Les principes généraux n'y manquent pas.

En général, quand on a affaire aux novateurs des derniers siècles, quels qu'ils soient, il faut s'en tenir à la matière de l'Eglise et des promesses qui lui ont été faites par Jésus-Christ. La discussion des points particuliers ne finit pas. Aubertin ne combat guère que la présence réelle, et il y emploie un volume in-folio. Quand on lui aura démontré sa mauvaise foi sur vingt textes, comme fit à Duplessis Mornay le cardinal du Perron, il se retranchera sur vingt autres. La matière de l'Eglise est plus courte, plus facile à saisir, et décide tout.

Mais si Dieu n'a pitié de nous, nous n'aurons bientôt à combattre que ce qu'on appelle aujourd'hui *la religion des honnêtes gens*, c'est-à-dire le renversement de toute religion; ou, si l'on veut, l'athéisme, le déisme et une pleine incrédulité. Le meilleur ouvrage contre tous ces excès serait sans doute un *Traité pratique de la réformation du cœur*; puisqu'il est constant qu'on croirait bientôt, si un fonds corrompu n'offrait sans cesse des raisons de douter, et que sur un millier de déistes, il n'en est pas un seul qui puisse assurer, sans trahir sa conscience, que c'est le pur amour de la vérité qui lui a fait abjurer sa foi. Mais, puisque le livre qui refond les cœurs n'est et ne peut être qu'entre les mains de Dieu, nous allons en proposer un petit nombre qui peuvent éclaircir l'esprit et dérouter le sot orgueil de ces hommes qui ne peuvent séduire que par une hardiesse imposante, par un vain étalage d'érudition, par un pyrrhonisme qu'ils ne se passeraient pas à eux-mêmes sur tout autre objet que celui de la religion ; par des portraits vifs et des périodes pompeuses, qui prouvent peut-être qu'on sait écrire et calomnier, mais qui ne prouveront jamais, à quiconque peut évaluer un raisonnement, qu'on sache penser juste.

J. *Alberti Fabricii delectus argumentorum, et syllabus Scriptorum, qui veritatem Religionis Christianæ adversus Atheos, Epicureos, Deistas... asseruerunt.* Hamburgi. 1715, vol. in-4°

Cet ouvrage en indique un grand nombre d'autres en toutes les langues ; mais si un habile homme peut les lire tous, il ne doit les communiquer qu'avec choix.

Dissertations sur l'existence de Dieu, par M. Jaquelot. 3 vol. in-12, Paris, Didot et Barois. Il faut aussi avoir son *Traité de la vérité et de l'inspiration des Livres du vieux et du nouveau Testament.* 1 vol. in-12, Rotterdam, 1715.

Traité de l'existence et des attributs de Dieu, des devoirs de la religion naturelle, et de la vérité de la religion chrétienne, par Clarke. 3 vol. in-12, Amsterdam, Bernard, 1727.

Démonstration de l'existence de Dieu, tirée de la connaissance de la nature, par M. de Fénelon, archevêque de Cambrai. La seconde édition de 1713 vaut mieux, à cause des *Réflexions sur l'Athéisme,* par le P. Tournemine, qui y sont jointes.

Le Spectacle de la nature est un livre au moyen duquel on ne peut faire un pas sans trouver Dieu. Cet ouvrage est si connu, qu'il n'est pas nécessaire de l'indiquer.

Grotius, *De Veritate Religionis Christianæ.*

Traité de la Vérité de la Religion Chrétienne, par Jacques Abbadie. Cet excellent livre a été réimprimé plusieurs fois.

Traité de la Religion contre les Athées, les Déistes et les nouveaux Pyrrhoniens, par le P. Mauduit, prêtre de l'Oratoire. vol. in-12, 2ᵉ édit. Paris, David, 1698.

La seule Religion véritable, démontrée contre les Athées les Déistes et tous les Sectaires, par le P. le, Febvre. J. Paris, Bordelet, 1744. Ce petit ouvrage suffit à quiconque a l'esprit solide et le cœur droit. Y a-t-il bien des déistes qui soient dans ce cas?

Exposition des preuves les plus sensibles de la véritable Religion, par le P. Buffier. Vol. in-12, Paris, Rollin. Addition à ce Traité. Journal de Trévoux, juin 1732, p. 957.

Méthode courte et aisée pour combattre les Déistes, par M. l'abbé de S. Real, tome cinquième de ses œuvres, pag. 257, édition d'Amsterdam, 1730.

Lettres du même *sur l'existence de Dieu et la Vérité de la Religion Catholique.* Ibid. , tom. IV, pag. 117 et suiv.

Traité de la Religion chrétienne, par M. Chardon de Lugny, Prêtre. Paris, Nicolas le Clerc. 1697. 2 vol. in-12.

La Religion Chrétienne autorisée par le témoignage des anciens Auteurs Payens, par le P. Dominique de Colonia, J. 2 vol. in-12. Lyon, Plaignard. Cet ouvrage est bon, solide et capable de faire impression.

L'Incrédulité des Déistes confondue.... par M. Louis Bastide. Vol. in-12, Paris. J. de Nully.

Traité de la vérité de la Religion Chrétienne.... de la nécessité et des caractères de la révélation, etc.. Garnier.

La Religion chrétienne prouvée par l'accomplissement des prophéties de l'ancien et du nouveau Testament, suivant la méthode des SS. Pères, par le P. Jean-François Baltus, vol. in-4°, Paris, Billiot et Quillau fils, 1728.

Pensées de M. Pascal sur la Religion : ouvrage réimprimé plusieurs fois.

Instruction sur la religion, où l'on traite des sentiments qu'il faut avoir de Dieu, de Jésus-Christ, de l'Eglise, etc., *par M. Ch. Gobinet.* Paris, Quillau, vol. in-12.

Traité des principes de la Foi, par M. Duguet. 3 vol. in-12, Guérin.

La Religion chrétienne prouvée par les faits, par M. l'abbé Houtteville, 3 vol. in-4°. Desprez, et 4 vol. in-12, Tilliard.

Le Théologien dans les conversations avec les sages et les grands du monde, par le P. d'Orléans. Vol. in-4°, Paris, Mabre Cramoisy, 1683.

Entretiens sur la Religion révélée, contre les Athées et les Déistes, par le P. Rodolphe du Tertre, J. 3 vol. in-12, Paris, Clousier, David l'aîné, Durand, etc., 1743.

Altiphron, ou le petit Philosophe en sept dialogues, contenant une apologie de la religion chrétienne contre ceux qu'on nomme esprits forts, 2 vol. in-12, Paris, Rollin fils, 1734.

Réponse et suite de la réponse à l'Histoire des Oracles de M. de Fontenelle, dans laquelle on réfute le système de *M. Van-dale,* par le P. Baltus, 2 vol. in-8°, Strasbourg, Doutssecher, 1707. On peut dire, sans craindre d'en être démenti par quiconque prendra la peine de comparer les deux ouvrages, que la prétendue Histoire de l'illustre académicien est foudroyée, anéantie, réduite en poussière par la Réponse du savant jésuite; or de là naît un argument invincible pour la religion de Jésus-Christ. On peut en voir une esquisse dans l'*Abrégé de l'Incarnation,* que j'ai donné, p. 481, 482, 483, 484.

Preuves de la Religion de J.C. contre les Spinosistes et les Déistes, par M. le François, Paris, 8 vol. in-12, Jean Hérissant, 1751.

Je ne parle point des ouvrages qui ont paru depuis. On connaît la *Religion vengée, les Lettres critiques sur les écrits modernes,* et les *Œuvres de M. Bergier.*

En voilà dix fois plus qu'il n'en faut, pour désarmer des gens qui n'ont ni système ni principes. Ceux qui voudraient tout lire pourront y ajouter la *Démonstration Evangélique* de M. Huet; *L'usage et les fins de la prophétie,* par T. Scherlock, évêque de Londres; *Les témoins de la Résurrection,* par le même ; l'*Ebauche de la Religion naturelle,* par Wollaston ; *La Religion chrétienne démontrée par la Résurrection de N. S. J. C.,* par Homfroi Ditton; et les six volumes de *Sermons,* de la fondation de Robert Boyle. Mais, quoique aux termes du testament de cet illustre Anglais on ne doive rien mêler dans les *lectures* qu'il a fondées, de ce qui regarde les controverses que les diverses sociétés de chrétiens ont les unes avec les autres, et par conséquent n'attaquer que les athées, les déistes, les païens, les juifs et les mahométans, je conseillerai toujours de puiser par préférence dans des sources catholiques. Le germe du christianisme dépérit sous la main des ennemis de l'Eglise. Ils ne disent jamais tout, parce qu'ils ne peuvent tout dire, sans donner atteinte à leur propre communion.

Comme Bayle, l'impie Bayle, est aujourd'hui le grand livre d'un grand nombre de personnes, sans en excepter les femmes; il est à propos de leur en inspirer une juste horreur. On peut leur faire lire :

1° *Bayle en petit, ou anatomie de ses Ouvrages.* Petit vol. in-12.

2° *Examen critique des Ouvrages de Bayle,* (par le P. le Febvre, jésuite Flamand). Vol. in-12, Paris, Bordelet.

3° *Examen du Phyrrhonisme ancien et moderne, par M. de Crousaz.* A la Haye, 1733. C'est un vol. in-fol. qui ne peut servir qu'à des savants. Ils profiteront, mais dans un autre genre, de l'ouvrage de M. l'abbé Joly.

MORALE.

On convient qu'un bon confesseur doit savoir les traités pratiques de théologie, avoir une teinture du droit canonique; n'ignorer pas absolument le droit civil et moins encore la coutume de sa province, et de plus être très au fait de la pratique du tribunal de la pénitence. Nous indiquerons quelques livres sur ces quatre articles. Pour la théologie:

Summa S. Thomæ. La 2-2 de ce saint docteur est un chef-d'œuvre. Avec Sylvius, qui est un de ses plus savants commentateurs, on peut apprendre bien des choses; mais comme on n'y trouve que le droit commun, qui trompe souvent en France, il faut y joindre, avec les cas de Sainte-Beuve, les Dictionnaires de Pontas et Fromageau.

Continuatio Prælectionum Theologicarum H. Tournely, Opus ad normam Juris Romani et Gallici exactum. Parisiis, apud Garnier. Cet ouvrage est en 17 vol.

Ceux à qui cet ouvrage paraîtra trop long peuvent en prendre l'abrégé : il est en cinq volumes. Son titre est : *Institutiones Theologicæ ad usum Seminariorum, quas contraxit Petrus Collet,* etc. L'ordre est différent, mais le fond ne l'est pas.

La Théologie morale du P. Antoine en général est très-exacte, mais il n'y a qu'un assez petit volume sur les sacrements, et d'ailleurs l'auteur n'a pu faire entrer dans son ouvrage les usages de France.

Les Conférences d'Angers sont un livre excellent sur la morale. L'édition d'Avignon est moins bonne que celles d'Angers et de Paris. Avec ce livre les Conférences de Luçon, d'Agde, de Condom, deviennent inutiles. On peut y joindre celles de Paris, sur l'usure et la restitution, 4 vol. in-12, et sur le mariage, 5 vol. in-12, et ne prendre que les nouvelles éditions. Le *Traité François des Dispenses en général et en particulier* supplée à ce qui peut y manquer. Ce dernier est en 3 vol. in-12.

Les abrégés, tels que sont: *Manuale Navarri*, *Summa Toleti*, *Summa Silvestrina*, qui est la plus ample et peut-être la plus savante de toutes, peuvent remplir leur place dans la bibliothèque d'un jeune prêtre; mais avec ces sortes d'ouvrages on peut se tromper souvent dans les matières de contrats, de restitution, de censures, d'irrégularités, parce qu'ils ne suivent que le droit commun, dont nous nous éloignons souvent en France. C'est un avis que nous ne saurions trop répéter.

Pour les définitions des termes, il est bon d'avoir le *Breviarium Theologicum* de Polman. L'édition de Paris, Josse, 1693, est une des meilleures.

Pour le droit canon, il faut avoir *Corpus Juris Canonici.* L'édition de MM. Pithou est la meilleure pour le texte, mais elle est rare. La Glose du même droit canon est un ouvrage admirable : les éditions du grand Navire sont les meilleures après celle de Rome.

Les meilleurs commentateurs sur le droit canonique sont ceux de Gonzales, Fagnan, Anaclet Reiffenstuel et Pirrhing. Celui de M. Gibert paraît tombé. Comme, à l'exception de ce dernier, les autres n'ont pas été écrits pour la France, il faut tâcher d'avoir au moins les livres suivants:

La Pratique de la Juridiction Ecclésiastique, par M. Ducasse. L'édition in-4° est la meilleure. Il y a, dit-on, des fautes dans ce livre; mais quel livre n'en a point ?

Specimen *Juris Ecclesiastici apud Gallos recepti.... Opera J. Doujat.* Paris, 1674, 2 vol. in-16.

Maximes du Droit canonique de France, par Louis du Bois, enrichies.... par Denis Simon. Paris, 1703, 2 vol. in-12. Ce que Simon a fait sur cet ouvrage n'est point un chef-d'œuvre, il faut s'en tenir aux Maximes.

Juris Canonici Theoria et Praxis, Autore Cabassutio, cum notis Petri Gibert. 1 vol. in-fol., Poitiers, Hérissant.

Au défaut des grands commentateurs, dont la lecture prend bien du temps, on peut se borner, ou à l'abrégé, *Synopsis,* de Pirrhing, ou aux Paratitles d'André Delvaux. *Andreæ Vallensis Paratitla,* Lovanii, 1658. Mais *Zoesius in Decretales,* vol. in-folio, est préférable pour la méthode et pour la justesse.

Les *Lois Ecclésiastiques* de M. de Héricourt, 1 vol. in-fol., sont connues de tout le monde. Joignez-y les *Institutions Ecclésiastiques et Bénéficiales,* par J. Pierre Gibert, 2 vol. in-4°. Paris, Mariette.

Consultations Canoniques, par le même M. *Gibert,* Paris, Mariette, 12 vol. in-12. Il y a dans cet auteur des choses qu'on ne trouve pas ailleurs; mais il est hardi, et il raisonne moins bien en théologien qu'en canoniste. On peut se passer de ses *Usages de l'Eglise Gallicane touchant les censures*, quand on a les *Conférences d'Angers* sur la même matière.

Pour avoir quelque notion des matières bénéficiales, il faudrait au moins le *Recueil des principales décisions* de Drapier, 2 vol. in-12, à Paris, Armand, édit. de 1732.

Melchior Pastor, avec les notes de Solier, est encore un bon ouvrage. 1 vol. in-fol., Toulouse, 1712. Il serait à souhaiter qu'on pût joindre à ces ouvrages le *Recueil de Jurisprudence canonique*, par M. de la Combe, le *Dictionnaire de Droit canonique*, par M. Durand, et l'*Abrégé des Mémoires du Clergé*.

Il est bon de se souvenir que la première chose que doit faire un ecclésiastique qui arrive dans un diocèse, c'est d'en lire les statuts.

En augmentant peu à peu sa bibliothèque, on ajoute aux livres précédents la *Discipline ecclésiastique* du P. Thomassin, 3 vol. in-fol., ou du moins son Abrégé in-4°, la Notice des conciles par Cabassut, in—8°, et mieux in-fol. On y joindra ensuite :

Thesaurus sacrorum Rituum Gavanti, cum Decretis, novisque observationibus Cajetani Mariæ Merati. Romæ. 4 vol. in-4°, ou 2 vol. in-fol.

Rubricæ Missalis, Autore Paulo Maria Quarti, vol. in-fol., Romæ, edit. nov. 1674. Ce dernier auteur est probabiliste.

Pour le droit civil, il faut au moins les *Institutes* de Justinien avec de courtes notes, comme celles de Pacius ou de Vinnius. La meilleure édition de ces dernières est celle de Leyde (*Lugduni Batavor.*, 1730). Il faut de plus les

Règles du Droit François, par Pocquet de Livonière. Paris, Coignard, 1732, 1 vol. in-12, et surtout

Institution au Droit François, par M. Argou, Mariette. Il faut prendre la nouvelle édition, 2 vol. in-12.

Nouvelle Introduction à la Pratique... par Claude - Joseph de Ferrière. Paris, Prud'homme. L'édition en 2 vol. in-4° est bien meilleure que celle en 2 vol. in-8°.

Les *Lois Civiles* de M. Domat ont enlevé tous les suffrages.

A ces livres, il faut nécessairement joindre la coutume particulière des lieux où l'on travaille.

Pour la confession, il faut les *Instructions* de saint Charles Borromée. L'édition latine, avec les notes de Sylvius, *Lovanii*, 1664, doit être préférée; mais elle est très-rare.

Pratique du Sacrement de Pénitence, connue sous le nom de *Pratique de Verdun*. Paris, Alix, 1729. Bien des gens l'appellent la *Pratique impraticable* : il est vrai qu'en la suivant, on ne va pas trop vite; mais outre que la première règle est de marcher d'un pas sûr, en lisant un certain nombre de bons ouvrages, on corrige par les uns ce que les autres peuvent avoir de défectueux. Ainsi nous croyons qu'on peut encore profiter des deux ouvrages suivants :

Praxis Fori pœnitentialis....accedit Methodus remittendi et retinendi peccata. Coloniæ, 1700.

Méthode que l'on doit garder dans l'usage du Sacrement de Pénitence, par Huygens. Paris, Pralard.

Le Directeur des Ames pénitentes. Paris, Babuty, 1726.

Tractatus de Officiis Confessarii, Autore P. J. Garnerio. Paris, Guérin, petit volume in-12.

Enchiridium seu Instructio Confessariorum, Autore P. Gaspare Loarte.... Accessit Institutio Confessariorum. A. M. Fornario (1). Ce petit volume ne se trouve plus que par hasard. Il serait bon d'y joindre l'*Instruction du Confesseur*, par le P. Segnery, et l'*Instruction du Pénitent*, par le même.

Conduite des Confesseurs dans le Tribunal de la Pénitence, par feu M. Daon, supérieur du séminaire de Caen. Paris, Berton.

Conduite des Ames dans la voie du salut, par le même. Ce dernier ouvrage est comme un supplément du premier.

Un curé et un vicaire ont, en qualité de pasteurs, des devoirs particuliers qu'ils ne doivent pas ignorer. Il leur faudrait le *Stimulus Pastorum*, par dom Barthélemi des Martyrs; *Pastorum instructiones*, de saint Charles Borromée ; *Règles de conduite pour les Curés*, tirées de S. Chrysostôme, et *Méthode enseignée par S. Augustin pour faire de bons Prônes*, 2 vol. in-8°, Paris, Villery; la Pratique des devoirs des Curés, par le P. Segnery; le *Pastor bonus, seu idea....et praxis Pastorum*, d'Opstraet, à Rouen, 1699; le *Code des Paroisses*, par le P. Bernard d'Arras, Paris, Cl. Hérissant, 1746; le *Traité des devoirs d'un Pasteur*, etc., 6° édition.

Ceux qui sont obligés d'administrer souvent les sacrements feront bien d'y joindre les *Exhortations aux malades, en leur administrant le S. Viatique*, par M. Jean Pontas, vol. in-12, Claude Hérissant.

Autres *Exhortations aux malades, en leur administrant le S. viatique et l'Extrême-Onction*, 2 vol. in-12, Claude Hérissant.

Exhortation pour le Baptême, les Fiançailles, le Mariage, etc., 2 vol. in-12, Claude Hérissant.

Recueil alphabétique des pronostics dangereux sur les différentes maladies de l'homme.... pour servir à Messieurs les Pasteurs. Paris, vol. in-18, Thomas Hérissant.

---

(1) Le chapitre 15 de ce dernier n'est pas exact.

Comme un pasteur doit connaître ses droits et leurs bornes, il lui faut encore le *Code des Curés*, 2 vol. in-12, Prault père. C'est un recueil d'ordonnances et d'arrêts sur le droit, honneurs, priviléges des curés, etc., qui ne doit jamais servir à faire des procès, mais qui peut servir à n'en pas faire mal à propos.

Décision des matières qui regardent les Curés. Paris, Th. Hérissant. On trouvera encore sur ces matières d'excellentes choses dans les

Résolutions de plusieurs cas de conscience et des plus importantes questions du Barreau, touchant les droits et devoirs réciproques des Seigneurs et des Vassaux, des Patrons et des Curés; par M. Roger André de la Paluelle, Caen, 1714. J'en ai vu une édition plus nouvelle. Ce livre, très-bon pour la Normandie, aux usages de laquelle il est façonné, peut souvent servir ailleurs. Voyez encore, sur quelques-uns de ces objets, les ouvrages intitulés :

Des droits de Patronage.... de préséance des Patrons, des Seigneurs et autres; par Maître Claude de Ferrière. Paris, Cochard, 1686.

Traité des droits honorifiques, par *M. Maréchal*, avec les nouveaux Traités dont on l'a enrichi dans l'édition de 1735. Paris, Clousier.

Un chanoine peut se servir utilement du *Recueil des décisions importantes sur les obligations des Chanoines*, par (M. du Candas) *Chanoine de Noyon*, 1746, Thomas Hérissant.

LIVRES DE PIÉTÉ.

Quoiqu'en fait de lectures de piété on doive s'en rapporter à un directeur sûr, vertueux et éclairé, nous croyons cependant pouvoir indiquer, outre l'*Imitation de Notre-Seigneur*, qui sera toujours le livre des livres, le *Sacerdoce de saint Chrysostome*, et le *Pastoral de saint Grégoire*.

Les *Méditations de Beuvelet*. Un ecclésiastique qui ne donnera pas chaque jour au moins une demi-heure à l'oraison mentale ne se soutiendra pas longtemps dans la vertu; et quoique, pour méditer, il suffise de rentrer dans son cœur, où l'on trouve toujours bien des misères, il est cependant bon d'avoir un livre qui nous les développe.

Morale du nouveau Testament pour chaque jour de l'année, à l'usage des Séminaires et des Communautés Régulières, par le P. de la Neuville. 4 vol. in-12, Paris, J. Thomas Hérissant.

Examens particuliers sur divers sujets propres aux Ecclésiastiques. Cet ouvrage, qui est de M. Tronson, est admirable pour l'onction et le détail. On y peut joindre *Forma Cleri* du même. Vol. in-4°, Thomas Hérissant.

Trésor Clérical, ou conduites pour acquérir et conserver la sainteté Ecclésiastique, par *M. Charles Demia*, Lyon, 1 vol. in-8°. Ce livre, dont le style est très-simple, renferme quantité de pratiques excellentes. Il faut prendre l'édition de 1736, où est le nom de l'auteur.

La science sacrée des Pasteurs, par M. Boudon, archidiacre d'Evreux. Hérissant.

De la sainteté et des devoirs des Prêtres, par un chanoine, grand vicaire de Toulouse. vol. in-12, Paris, Garnier.

Pratique de la perfection Chrétienne.... par Alphonse Rodriguez. Il faut avoir non la traduction de Port-Royal, où le texte est altéré en plusieurs endroits, et surtout dans le dixième chapitre du premier traité (1), mais celle de M. l'abbé Régnier Desmarais, 3 vol. in-4°, ou 4 vol. in-8°, ou enfin 6 vol. in-12, Berton. Ce livre est un des meilleurs qui ait jamais été composé. Les exemples que l'auteur apporte pour confirmer sa doctrine sont si peu de chose, eu égard à la totalité de l'ouvrage, que, quand aucun d'eux ne serait à l'abri de la critique, ce qui n'est pas, ils ne pourraient lui faire de préjudice.

Le P. Mabillon y joint les Œuvres de Grenade, de saint François de Sales, du P. S. Jure, etc. On peut y ajouter, *Septem tubæ Sacerdotales*, et le *Sacerdos Christianus*, de M. Abelly.

Conférences et discours Synodaux sur les principaux devoirs des Ecclésiastiques, etc., par M. Massillon, Paris, Th. Hérissant.

Conférences Ecclésiastiques sur la Prière en général, sur l'Oraison Dominicale, sur les Prières publiques de l'Eglise, et sur l'Office, ou le Service divin, Paris, Garnier. 1721, 2 vol. in-12. Ce livre, assez peu connu, remplit l'idée que présente son titre.

Retraite Ecclésiastique du P. Neveu. C'est un fort bon livre, aussi bien que celle du P. Bourdaloue et du P. Palu : les ouvrages de ce dernier sont pleins d'onction.

Retraite Ecclésiastique (par M. Tiberge) Paris, Delespine, 1708, 2 vol. in-12.

Explication littérale, historique et dogmatique des prières et des cérémonies de la messe, par le P. le Brun, Paris, V. Delaulne, 1726. Cet ouvrage est en 4 v. in-8°; le premier suffit. Il serait à souhaiter qu'un jeune prêtre le lût une fois tous les ans. Le sentiment du P. le Brun sur la forme de la consécration a été solidement combattu par le P. Bougeant, 2 petits vol., Houry.

Tractatus Asceticus de Sacrificio Missæ, Joannis S. R. E. Cardinalis Bona, Parisiis apud Garnier, 1 petit vol. in-12. Le nom de l'auteur fait l'éloge de l'ouvrage. On peut chaque jour, après la messe, terminer son action de grâces par la lecture d'un de ses chapitres.

Réflexions pour chaque jour du mois, sur les principales qualités de J. C. dans

---

(1) *Voyez* la vie de M. Regnier dans les *Mémoires de Littérature* de M. Sallengre.

l'*Eucharistie, pour servir aux prêtres de préparation et actions de grâces devant et après la messe, de sujets d'exhortations dans l'administrtion du saint Viatique*. in-24, Paris, Berton.

On lira aussi avec profit et plaisir les *Vies* de saint François Xavier, de saint Charles Borromée, de saint François de Sales. Il y a dans celle de saint Vincent de Paul une infinité de choses qui peuvent servir à un prêtre dans presque toutes les situations où il peut se trouver.

Je n'indique point de sermonaires : on connaît Girou, Bourdaloue, Bretonneau, Fléchier, Cheminais, Massillon de la nouvelle édition, la *Bibliothèque des Prédicateurs*, plus décriée par ceux qui y pillent plus, etc. Seulement je crois qu'il est à souhaiter que ceux qui veulent courir la carrière évangélique commencent par se familiariser avec les deux livres suivants.

La véritable manière de prêcher selon l'esprit de l'Evangile, 3ᵉ édit. Paris, Coutrot, 1701.

Maxime sur le ministère de la chaire, par le P. Gaichiès, prêtre de l'Oratoire. L'édition de 1739, Paris, V. Étienne, huit ans après la mort de l'auteur, est préférable en tout sens.

Ceux à qui cette liste ne suffira pas pourront consulter le *Traité des Études Monastiques*, du pieux et savant dom Jean Mabillon ; ils y trouveront, page 425, un catalogue des meilleurs ouvrages qui eussent paru jusqu'à 1691, où ce traité fut composé.

Ceux au contraire qui, embarrassés par le grand nombre, ne sauraient à quoi se déterminer, se contenteront :

Pour l'Écriture, de Tirin ou de Ménochius, avec une traduction française de la Bible ;

Pour le Dogme, du concile de Trente et de l'exposition de M. de Meaux, avec ses instructions sur les promesses de l'Église ;

Pour la Morale, de celle du continuateur de Tournely, en grand ou en petit, avec le *Traité des Dispenses*, Cabassut de la nouvelle édition in-fol. ; les Instructions de saint Charles ; la *Conduite des Confesseurs* (1), la *Théorie et pratique des Sacrements, des censures*, etc. 3 vol. in-12, Paris, Ganeau ; et le P. Garnier, J. *De Officiis Confessarii* ;

Pour les livres de piété, de Beuvelet, ou Tronson (du P. le Brun sur la messe, et de Rodriguez).

Ceux qui sont chargés de grands catéchismes doivent en consulter plusieurs, et savoir en faire un bon précis. Sans parler du Catéchisme Romain, qui est fort étendu, on estime celui de Nantes par Mesuard, 1 vol. in-8°, et celui de Bourges par M. de la Chétardie, 4 vol. in-12. On y joint utilement l'*Explication des premières Vérités de la Religion*, par M. P. Collot, 1 vol. in-8°, Paris, Ganeau, et les *Histoires choisies*, etc. chez Desprez. Un catéchisme bien fait produit des biens infinis ; et il est des milliers de gens, même fort avancés en âge, qui ont plus besoin de cette sorte d'instruction que de toute autre.

Je ne marque point de livres à indiquer aux simples fidèles. C'est aux confesseurs à connaître les besoins de leurs pénitents et les sources où ils peuvent puiser pour s'en affranchir. Comme les deux grands états sont ceux de maîtres et de ceux qui les servent, j'ai donné deux petits ouvrages, l'un pour les domestiques, l'autre pour les chefs de familles. Paris, les deux Hérissant, de Burre et Tilliard.

TITRE ECCLÉSIASTIQUE.

On entend ici par *titre* un acte par lequel il paraît que l'ecclésiastique qui demande à être promu aux ordres sacrés a un bien suffisant pour subsister, et c'est dans ce seul sens que nous prenons ici ce terme. Ce titre consiste, ou dans le revenu d'un bénéfice, ou dans une portion d'un bien patrimonial ou autre bien temporel, par quelque juste voie qu'on l'ait acquis. On ne peut résigner le bénéfice qui tient lieu de titre, excepté dans quatre cas particuliers que nous expliquerons dans la suite. Quand le titre consiste dans une autre espèce de bien, il est nécessaire, suivant l'art. 12 de l'ordonnance d'Orléans, qu'il soit certifié véritable et sans fraude par-devant le juge ordinaire, par quatre habitants du lieu ; et ce, dans le diocèse de Paris, jusqu'à la somme de 150 livres annuelles ; dont ils demeurent responsables en leur propre et privé nom : sur quoi il est à remarquer que la même formalité se doit observer à l'égard des titres de moindre ou de plus grande valeur, qu'on exige aujourd'hui en certains diocèses, selon que les choses nécessaires à la vie y sont plus ou moins abondantes, ou rares et d'un prix plus haut ou plus bas, comme il est observé dans le premier tome des *Mémoires du Clergé*, pag. 1851.

La même ordonnance d'Orléans porte que le bien sur lequel le titre est fondé est inaliénable, et qu'il n'est sujet à aucune obligation, ni à aucune hypothèque, créées depuis la promotion de l'ecclésiastique aux saints ordres, durant sa vie, sur quoi le parlement de Paris a jugé, par arrêt du mois de décembre 1693, que la publication du titre nuisait même aux créanciers antérieurs qui n'y formaient point d'opposition ; et qu'à l'égard des postérieurs, il suffisait que le titre fût insinué, sans qu'il fût besoin d'autre publication. Un autre arrêt du 29 mai 1504 porte qu'une rente donnée pour titre à un ecclésiastique est cen-

---

(1) Je conseille difficilement ces sortes de petits ouvrages qui disent tout et ne prouvent rien. Comme ils ne fournissent aucun motif de douter, on s'imagine qu'ils ne proposent rien que d'incontestable. On les suit, et quelquefois on se trompe. Qu'il soit de règle de consulter toujours quelques bons auteurs qui aient discuté les choses comme il faut ; et même, dans les cas impliqués, de ne s'en rapporter à eux qu'après avoir interrogé des gens qui joignent la capacité à l'expérience.

sée foncière pendant sa vie, et qu'il ne peut par conséquent être contraint à en recevoir le remboursement.

Cette ordonnance ajoute encore que l'évêque qui y contreviendra sera tenu à fournir la subsistance nécessaire à celui qu'il aura ordonné sans titre, jusqu'à ce qu'il l'ait pourvu d'un bénéfice suffisant, et qu'il pourra même y être contraint par la saisie de son temporel; en quoi cette ordonnance est conforme au droit canonique, comme on le peut voir dans les Décrétales d'Alexandre III et d'Innocent III, que nous citons ici, et qui sont pareillement conformes à l'ancien droit, contenu dans le décret de Gratien, *cap. 4 et 10 de Constitution.*, can. VI, 1, *q.* 2.

C'est pour cette même raison que le Parlement de Paris rendit un arrêt au rôle de Poitou, le 15 juin 1643, par lequel il est porté que la donation faite d'un fonds par Antoine de Chantelouve à messire Jean de Chantelouve, son cousin, pour lui servir de *titre ecclésiastique*, ne pouvait être révoquée par le donateur, quoiqu'il eût eu des enfants dans la suite. Cet arrêt se trouve dans le premier tome des *Mémoires du Clergé* que nous avons déjà cités, et où les plaidoyers des avocats des deux parties sont rapportés tout au long.

— Cas I. *Liber*, jeune directeur de séminaire, demande quelles sont les fraudes les plus usitées en matière de titre ecclésiastique, afin d'en éloigner ceux qui sont confiés à ses soins.

R. Les fourberies les plus communes sont au nombre de quatre : 1° On donne en titre, comme libre, un fonds grevé d'hypothèques ; et ainsi, comme ce titre ne peut préjudicier à un droit acquis, ou l'on ne donne rien, ou l'on ne donne pas assez. 2° On donne un bien qui ne peut être donné sans préjudice de la légitime due aux autres enfants (1). 3° On donne un fonds libre, mais que des témoins affidés déclarent valoir plus qu'il ne vaut. 4° Enfin on donne, ou plutôt on fait semblant de donner un fonds, sous condition expresse ou tacite que l'ecclésiastique n'en exigera jamais rien. Voilà de quoi il est très-important que de jeunes séminaristes soient instruits. En tous ces cas, leur titre est frauduleux.

— Cas II. *Jean* est dans le troisième cas qu'on vient de marquer ; mais il se croit en sûreté parce que, selon l'article 12 de l'ordonnance d'Orléans, les *quatre bourgeois ou habitants du lieu* qui ont certifié le revenu du titre, sont *tenus fournir et faire valoir ladite somme*. A-t-il raison ?

R. Il n'y aurait rien à dire si l'ordonnance n'était point éludée ; mais elle l'est souvent, soit par la promesse que fait le futur ordinand de ne jamais rien demander aux témoins, soit par la coutume qui est tellement établie, qu'un ecclésiastique qui oserait aller contre serait censé traître à son bienfaiteur ; soit par de fausses obligations par lesquelles le père de l'ordinand reconnaît devoir aux témoins ce qu'il ne leur doit point. *Voyez* sur toute cette matière l'*Appendix* qui est à la fin de mon *Traité de l'Ordre.*

— Cas III. *Toussaint* a reçu les ordres sans aucun titre. A-t-il encouru quelque peine canonique ?

R. Ou Toussaint, pour recevoir les ordres, a promis à son évêque que jamais il ne lui demanderait rien qui pût lui tenir lieu de titre, ou il a trompé ce prélat par un titre frauduleux. Dans le premier cas, l'évêque est suspens de la collation des ordres pendant trois ans : *Ordinatus vero ab ordine sic susceptu, donec dispensationem super hoc a sede apostolica obtinere meruerit*, Grégoire IX, cap. penult. *de Simonia.*

On est bien plus partagé sur le second cas, qui est bien plus commun. Tolet, Sayr, Bail, Sainte-Beuve, etc., croient qu'alors il n'y a point de suspense : nous pensons le contraire avec l'auteur, parce que le concile de Trente, sess. 21, c. 2, renouvelle les peines portées sur ce point par les anciens canons. Or une de ces peines était la suspense, et ceux qui croient qu'elle avait été ôtée par Innocent III, cap. 16, *de Præb.*, ne l'entendent pas. Et c'est ce que la congrégation du Concile a déclaré en 1610. *Voyez* sur cela le même *Traité de l'Ordre*, part. II, p. 774. A Paris. *Suspensionem reservatam incurrit ipso facto qui ordinatur.... supposito titulo ad majores ordines requisito.*

— Cas IV. *Manlius* a fait un titre à son fils bâtard. Ce titre est-il valable ?

R. Il l'est ; et au fond ce n'est qu'une petite pension alimentaire. *Voyez* Béraud sur la coutume de Normandie, tit. des Donations, art. 434.

Cas V. *Anistius* a produit un titre patrimonial de 150 liv. de rente ; mais dont le fonds ne suffit pas pour payer les dettes de son père, qui sont de 4,000 liv. Ce titre est-il faux ?

R. Il l'est, si les dettes d'Anistius sont hypothéquées sur le fonds de son titre ; parce qu'en ce cas ses créanciers ont droit d'en saisir le fonds ; mais, si ces dettes ne sont que chirographaires, son titre est valable, parce que ses créanciers ne peuvent contraindre à le vendre ni se le faire adjuger : c'est le sentiment de Navarre, de Garsias, de Flaminius Parisius, et d'autres que Bail a suivis. Ainsi, dans le premier cas, Anistius a encouru la suspense, comme l'enseigne Bonacina, *disp.* 8, *de Sacram.*, *q. un.*, *n.* 34, et il ne l'a pas encourue dans le second.

Cas VI. *Astier*, qui a été fait prêtre sur un titre patrimonial, prétend avoir droit d'aller faire sans *exeat* les fonctions de vicaire hors de son diocèse, et soutient qu'il ne peut pas être contraint à servir l'église dans son propre diocèse, où il n'a point de bénéfice. Sa prétention est-elle juste ?

R. Point du tout ; car, outre qu'elle est

---

(1) Il a été jugé, par arrêt du 3 avril 1627, que le don d'un titre n'est compris en la prohibition de la coutume du Maine d'avantager un de ses enfans plus que l'autre, *Mém. du Clergé*, t. V, p. 596.

opposée à l'usage et à la subordination, elle l'est aussi au concile de Trente, qui établit: 1° que l'évêque ne peut ordonner, sur un titre de patrimoine ou de pension, que ceux qu'il juge propres à servir dans quelque église de son diocèse; 2° que si un ecclésiastique *locum, inconsulto episcopo, deseruerit, ei sacrorum exercitium interdicatur.* Concil. Trident., sess. 21, c. 2, et sess. 23, c. 19, de *Reform.*

CAS VII. *Vital*, pourvu d'un prieuré par simonie, qu'il n'a connue qu'après en avoir pris possession, demande si faute d'autre titre il peut se faire ordonner sous-diacre sur celui-là?

R. Quoique Vital n'ait encouru aucune peine pour une simonie qu'il n'a pas connue, il ne peut cependant se faire ordonner sur ce titre, parce qu'il est absolument nul, cap. 26, *de Simonia*. Mais il peut obtenir une nouvelle provision du prieuré sur la démission pure et simple qu'il en aura faite, et s'en servir ensuite comme de titre légitime. C'est la décision de Sainte-Beuve, tom. I, cas 33.

— J'ai dit ailleurs que la possession triennale rend valides les provisions obtenues par une simonie absolument inconnue au bénéficier.

CAS VIII. *Balthazar* possède une prestimonie de 200 liv. de revenu; peut-elle lui servir de titre?

R. Oui, si sa prestimonie est perpétuelle, c'est-à-dire qu'il n'en puisse être dépossédé. Non, si elle est révocable *ad nutum*; puisqu'il serait toujours exposé au danger de demeurer sans moyen de subsister; ce que l'Église a voulu empêcher, en ne recevant pour ses ministres que ceux qui seraient à l'abri de l'indigence. C'est ainsi que Garcias résout cette difficulté, tom. I, *de Beneficiis,* tit. I, part. 1, cap. 2.

CAS IX. *Henri*, voyant que Julien, clerc vertueux et savant, ne peut avoir de titre, peut-il lui conférer les ordres, en s'obligeant de lui donner un emploi dans son diocèse?

R. Il le peut, suivant le décret du concile de Malines, de 1570, c. 5. En effet cet évêque satisfait à la loi qui n'a été faite que pour empêcher un prêtre de tomber dans l'indigence. Ajoutons, 1° que l'évêque se dégage en donnant un emploi qui n'est pas bénéfice; 2° que, s'il n'a pas satisfait en cela à son obligation, son successeur est tenu d'y pourvoir. Autrement, dit Fagnan, un tel ecclésiastique serait réduit à la mendicité. Désordre honteux à l'Église, dont se plaint saint Jérôme quand il dit: *Mendicat infelix clericus in plateis; et civili operi mancipatus publicam a quolibet deposcit alimoniam, et quidem ex eo despicitur cunctis sacerdotale officium, dum misericordia desolatus, juste putatur ad hanc ignominiam devenisse.* Innocent IV, le cardinal d'Ostie, Joannes Andræas, Antoninus de Butrio, le cardinal Zabarella, Petrus Ancharanus et Joannes de Anania ont enseigné la même doctrine plusieurs siècles avant Fagnan.

CAS X. *Didyme*, franciscain, peut-il être admis à l'ordination, quoiqu'il n'ait aucun titre?

R. Le titre de religion suffit à un religieux, pourvu que, selon le décret de Pie V, il ait une attestation de son supérieur, portant qu'il a fait profession, et qu'il assure avec serment en présence de l'évêque, et même par un écrit signé de sa main, qu'il l'a faite de son bon gré. C'est la précaution que saint Charles Borromée veut que prenne l'évêque à l'égard des religieux qui demandent les ordres. Le clergé de France, pour obvier à l'inconvénient des expulsions, régla dans ses assemblées de 1635 et 1645 que *les évêques auront soin, avant de recevoir aucun religieux aux ordres sacrés, de faire obliger la maison dont il sera, de le retenir et conserver, ou de pourvoir à sa nourriture et entretien, s'il en sort pour quelque cause ou prétexte que ce soit. Que si ladite maison n'est fondée, stipulera ledit évêque que ledit religieux n'en puisse être expulsé que par son avis ou par celui de son grand vicaire.*

Ce sage règlement est le même que celui qui avait déjà été fait par deux conciles provinciaux, dont le premier est celui de Rouen, de l'année 1581, approuvé par Grégoire XIII, et le second est celui de Bordeaux, de l'année 1624, qui porte ce décret: *Regulares autem quicunque sine litteris superiorum suorum, quibus constet eos vota religionis emisisse, non ordinentur. Promoti vero, si ab hujusmodi superioribus pro criminis exigentia puniri conveniat et urgeat necessitas; ne possint tamen habitu religionis privari, ita ut extra monasteria in contemptum ecclesiæ dejiciantur mendicaturi; sed intra eorumdem monasteriorum septa detineri, puniri et sustentari; et ad id prædicti superiores per ordinarios compellantur.*

La même discipline a pareillement été établie dans l'église d'Aix en Provence, comme on le voit par les statuts synodaux faits par M. le cardinal Grimaldi.

— Quand le pape accorde à un religieux profès un bref pour le relever de ses vœux, on y insère toujours cette clause, *quod orator ab exsecutione ordinum susceptorum suspensus remaneat, donec habuerit unde commode vivere possit;* de façon que celui dont la profession est déclarée nulle, ne peut faire les fonctions de ses ordres, jusqu'à ce qu'il se soit fait pourvoir d'un titre suffisant comme il aurait fait, s'il n'avait pas reçu les ordres *sub titulo paupertatis*. Sixte V approuva, quant aux jésuites, la déclaration des cardinaux qui était ainsi conçue: *Quoad Jesuitas, cum post sacerdotium exire non possint, nisi a superioribus ejiciantur, provideatur illis de reditu quadraginta aureorum nummorum ex bonis religionis:* c'est ce qu'on appelle le *Vadimonium*. Voyez Pyrrhus Corradus, *de Dispensatione,* lib. IV, cap. 7, num. 37 et 38, etc.

CAS XI et XII. *Jean* et *Bénigne* ont été ordonnés chacun sur une chapelle. Ils l'ont tous deux résignée. Le premier, après avoir reçu le sous-diaconat, le second après la prêtrise. On demande: 1° si ces résignations sont valides; 2° s'ils ont tous deux encouru la suspense pour les avoir faites sans avoir exprimé dans leurs procurations *ad resignandum* que ces bénéfices leur servaient de titres.

R. 1° Cette résignation est nulle, selon le concile de Trente, sess. 21, c. 2, dont le décret souffre néanmoins quelques modifications dans les pays mêmes où il est en vigueur. Savoir : 1° lorsqu'on ne résigne le bénéfice qu'avec la réserve d'une pension suffisante; 2° quand on le permute contre un autre bénéfice d'un revenu égal; 3° quand le résignant a un autre bénéfice suffisant; 4° lorsqu'il a assez de bien temporel pour subsister. Mais en France, dit M. Brillon, au mot *Résignation*, n. 292, celui qui a pris les ordres sous le titre de son bénéfice, quoiqu'il n'ait pas d'ailleurs de quoi vivre, peut le résigner contre la prohibition du concile de Trente et contre le style des officiers de la Daterie, etc.... Mais, quoique les cours souveraines n'infirment pas ces sortes de résignations, ceux qui les font pèchent grièvement, puisqu'ils violent une des plus anciennes et des plus sages règles de l'Eglise, et qu'ils s'exposent sans raison à passer le reste de leur vie dans l'indigence, à la honte de l'état ecclésiastique.

A l'égard du second cas, ni Jean ni Bénigne n'ont encouru la suspense; le dernier même ne l'encourra pas en faisant ses fonctions; mais Jean y tombera, s'il reçoit le diaconat, parce qu'alors il sera ordonné sans titre.

Cas XIII. *Achilles* a reçu tous les ordres sur un titre patrimonial de 100 liv. de rente qu'Anselme, son père, lui a assignées sur une terre. Anselme, six ans après, a vendu cette terre à Briand, sans lui faire connaître qu'elle servait de titre à son fils, qui n'a pas voulu s'opposer à la vente, de peur de chagriner son père. L'on demande, 1° si Achilles a péché, en laissant aliéner ainsi son titre; 2° s'il ne peut pas obliger Briand à lui payer les 100 liv. de rente, et même les arrérages de trois années qui sont échues, sauf son recours sur les autres biens que son père a laissés par sa mort?

—L'auteur dit 1° qu'on peut excuser Achilles, parce qu'il n'a gardé le silence que de peur de fâcher son père; 2° qu'il peut obliger Briand à lui payer à l'avenir les 100 liv. de rente, et même, si le droit coutumier n'y est pas contraire, les arrérages qui lui sont dus, parce que, selon l'art. 12 de l'ordonnance d'Orléans, tout titre est *inaliénable et non sujet à aucunes obligations*, etc.; ce qui a été jugé par plusieurs arrêts, et surtout par un célèbre rapporté tom. II, des *Mém. du clergé*, p. 851. Je ne serais pas tout à fait si indulgent. Un prêtre, qui voit son père commettre une injustice, peut-il garder le silence, *de peur simplement de le chagriner;* et a-t-il droit d'exiger son payement, quand, par son silence, il a concouru à la fraude qui a été faite à un tiers?

Cas XIV. *Flavien*, jeune curé, n'a pas cru devoir publier le titre d'Alexandre, parce qu'il est de notoriété publique qu'il a trois fois plus de bien qu'il n'en faut pour être ordonné. A-t-il manqué à son devoir?

R. Il y a manqué, comme il y manquerait s'il ne publiait pas les bans d'un mariage, parce qu'il paraît sûr qu'il n'y a aucun empêchement entre les futurs contractants. Un titre s'assigne sur une certaine portion de bien, et il peut fort bien arriver qu'elle soit hypothéquée, sans même que le futur ordinand en soit instruit. La règle générale est d'obéir aux lois de l'Eglise; et celles-ci veulent que le titre soit publié à la messe de paroisse, comme les bans de mariage. Voici à peu près la formule de cette publication :

« Je vous fais savoir que N., fils de..., de la paroisse de N., désirant d'être promu à l'ordre de sous-diacre, il nous a été présenté de sa part un titre sacerdotal de...... de rente annuelle (perpétuelle ou viagère), lequel lui a été constitué par N. par acte passé pardevant N., notaire, dont je vais vous faire la lecture. *La lecture faite.* Si quelqu'un sait que les choses mentionnées dans ledit acte ne soient pas de la valeur susdite, ou qu'elles ne soient pas franches et quittes, ou qu'elles n'appartiennent pas à N., qu'il ait à me le déclarer pour éviter toutes fraudes. »

Après la publication faite par trois dimanches ou fêtes, si personne ne s'est opposé, le curé donne son certificat. *Voyez* le Dictionnaire de M. Durand, pag. 809.

Cas XV. *Polibe*, homme veuf et sans enfants, a fait un titre à Joseph ; mais s'étant remarié, il a eu un enfant, et a révoqué ce titre, sur ce qu'il était plus obligé de pourvoir au bien de son enfant qu'à celui d'un étranger. L'a-t-il pu?

R. Il est vrai que quand il survient des enfants légitimes au donateur, qui n'en avait point lors de sa donation, il a droit de la révoquer ; mais un titre est quelque chose de si sacré, que l'on ne peut y toucher, ni le diminuer en aucun cas. C'est ce qui a été plusieurs fois jugé par arrêt, et surtout le 15 juin 1643, en faveur de M. de Chantelouve contre son cousin, qui, lui ayant donné quelques héritages pour lui servir de titre, le fit assigner pour voir dire que la donation qu'il lui avait faite était révoquée sous prétexte qu'il avait eu des enfants ; et qui enfin fut débouté de l'appel qu'il avait interjeté de la sentence du juge des lieux, qui avait d'abord appointé les parties en droit.

La vraie raison de ces saints décrets et de ces arrêts est d'empêcher, comme nous l'avons déjà dit, que les ministres sacrés de l'Eglise ne soient réduits dans la dure nécessité de mendier leur vie : *Ne panem ostiatim mendicare cogatur infelix clericus, in opprobrium et dedecus ordinis*, ainsi que le porte le concile de Narbonne de 1551, ou de travailler pour le gagner d'une manière sordide, au déshonneur de leur état et à la honte de l'Eglise, ainsi que les Pères du concile de Trente le déclarent en ces termes: *Cum non deceat eos, qui divino ministerio adscripti sunt, cum ordinis dedecore mendicare, aut sordidum aliquem quæstum exercere.*

Cas XVI. *Ursin*, roturier, à qui son père

a donné pour titre une terre noble, étant recherché par des traitants pour certains droits du roi, s'est exempté de les payer, en disant que cette terre devait être censée un bien ecclésiastique pendant sa vie, puisqu'elle lui servait de titre sacerdotal. Est-il en sûreté de conscience, n'ayant rien payé?

R. Oui, pourvu qu'il soit disposé à payer ces droits, quand on les lui demandera, s'il se trouve qu'ils soient véritablement dus; car c'est aux traitants à se pourvoir contre lui en justice; et d'ailleurs il n'est pas certain que le roi ait intention d'exiger ces sortes de droits dans le cas proposé, vu que les conciles et les décrétales des papes, les ordonnances de nos rois, et un grand nombre d'arrêts des cours souveraines du royaume sont favorables à ceux qui ont des titres sacerdotaux, tant patrimonaux que subsidiaires, et que, comme le disent les lois mêmes, *In dubio facile contra fiscum responderim.*

TONSURE.

Saint Jérôme dit qu'il y a deux sortes de chrétiens, dont les uns se consacrent au service de Dieu d'une manière particulière, en laissant aux autres le soin et l'embarras des affaires séculières. On les appelle pour cette raison clercs, en latin, *clerici*, du mot grec κλῆρος, qui signifie sort, héritage, ou partage, pour marquer qu'ils sont élus de Dieu, par une espèce de sort. *Inde hujusmodi homines vocantur clerici, id est sorte electi: omnes enim Deus in suos elegit.* Ou parce qu'ils choisissent Dieu pour leur sort et pour leur partage, comme nous allons voir ce que dit ailleurs le même saint.

La couronne ou *tonsure* qu'ils portent est le symbole de la royauté spirituelle qu'ils acquièrent en gouvernant les autres fidèles et en se conduisant eux-mêmes dans l'exercice des vertus chrétiennes; en leur apprenant à régler leur sens et à dominer leurs passions, non-seulement par les instructions, mais encore par les bons exemples qu'ils leur donnent. Voici les termes de ce même Père : *Hi nempe sunt reges, id est se et alios in virtutibus regentes, et ita in Deo regnum habent, et hoc designat corona in capite. Hanc coronam habent ab institutione Romanæ Ecclesiæ, in signum regni quod in Christo exspectatur. Rasio vero capitis est temporalium omnium depositio. Sic nim* κλῆρος, *Græce, sors Latine appellatur: propterea vocantur clerici, vel quia de sorte Domini sunt, vel quia Dominus sors, id est pars clericorum est. Qui autem vel ipse pars Domini est, vel Dominum partem habet, talem se exhibere debet, ut et ipse possideat Dominum, et possideatur a Domino.*

Les autres chrétiens sont appelés laïques, *laici*, du mot grec, λαὶς, *populus*; et la religion n'exige pas d'eux la même perfection qu'elle demande dans les clercs. Ils peuvent néanmoins se sauver, en vivant d'ailleurs chrétiennement. *His licet temporalia possidere,..... uxorem ducere, terram colere, inter virum et virum judicare, causas agere, oblationes super altari apponere, decimas solvere, et ita salvari poterunt, si vitia, tamen benefaciendo, evitaverint,* Can. 7, XII, q. 1.

C'est par la tonsure qu'on devient clerc; et quoiqu'elle ne soit pas un ordre, mais seulement une simple cérémonie instituée par l'Eglise, elle est pourtant la disposition et la porte qui donne l'entrée aux ordres. C'est pourquoi l'on définit la tonsure, *Cæremonia sacra, qua per capillitii circumcisuram laicus baptizatus eligitur in clerum.*

La première origine de la tonsure, selon Isidore et un concile tenu à Aix-la-Chapelle, vient de la coutume observée par les Nazaréens, qui, après avoir gardé la continence et accompli le temps de leur vœu, faisaient un sacrifice à Dieu de leurs cheveux qu'ils coupaient, comme il est évident par ces paroles de l'Ecriture : *Tunc radetur Nazaræus ante ostium tabernaculi fœderis cæsarie consecrationis suæ; tolletque capillos ejus, et ponet super ignem qui suppositus est sacrificio pacificorum.* D'où vint l'usage de se raser la tête, quand on faisait un vœu, ainsi qu'on le voit dans les Actes des apôtres, pour marquer par là qu'on voulait retrancher tous les vices auxquels on était sujet. *Vide Act.* xvii *et* xxi.

C'est donc à l'exemple des Nazaréens que la tonsure a été établie dès le temps des apôtres. Tostat croit pourtant que la première cause de son institution vient de ce que ceux d'Antioche firent couper les cheveux du haut de la tête à saint Pierre par dérision ; ce que ce prince des apôtres souffrit avec joie pour l'amour de Jésus, et voulut même que ce mépris tournât à la gloire du Seigneur par l'institution de la tonsure. *Petrus apostolus,* dit saint Grégoire de Tours, *ad humilitatem docendam, desuper caput tonderi instituit,* D'où il est arrivé qu'un fort grand nombre de conciles ont ordonné à tous les clercs de porter la tonsure et de tenir toujours les cheveux courts.

On ne peut exercer aucun ministère ecclésiastique ni posséder aucun bénéfice, sans avoir reçu préalablement la tonsure, comme il est porté par le concile de Bourges, tenu en 1031, et par celui de Montpellier, assemblé en 1214.

Un tonsuré n'est jamais admis à prétendre ou à contester un bénéfice, sans avoir préalablement produit en original sa lettre de tonsure, suivant l'article 55 de l'ordonnance de Moulins. Ce qui se pratique, quand même il ne s'agirait que d'obtenir un simple défaut; et on n'admet point en France les brefs du pape, qui pourraient dispenser de l'obligation de la représenter. Bouchel rapporte sur ce sujet un arrêt du parlement de Paris, du 3 décembre 1624, contre un prêtre qui n'avait pas de lettre de tonsure, quoiqu'il justifiât son état par toutes ses lettres d'ordre. Cependant si on l'avait perdue par un incendie, par un naufrage ou autrement, on serait reçu à en faire la preuve. Bouchel rapporte même un arrêt du parlement, du 25 mai 1315, qui décharge un tel ecclésiastique de la preuve littérale de sa tonsure, et qui, sur son serment, le maintient dans le bénéfice qu'on lui contestait après trente ou quarante ans de possession. Néanmoins, en cas d'intrusion ou de simonie, un tel arrêt serait inutile pour la sûreté de la conscience, comme nous le dirons ailleurs.

Suivant l'ancien droit, l'âge de sept ans suffisait pour pouvoir être tonsuré, comme il paraît par le second concile de Tolède, tenu en 531, par un ancien canon tiré d'une épître du pape Zozime, et par la disposition d'une constitution de Boniface VIII; ce qui a duré jusqu'au seizième siècle. Mais aujourd'hui la plupart des évêques de France exigent, avec beaucoup de raison, un âge plus avancé; un enfant de sept ans n'ayant pas encore un jugement assez formé pour être capable d'embrasser un état si relevé. En tout cas, il est nécessaire, pour être en état d'être tonsuré : 1° de savoir lire et écrire et d'être instruit des principaux articles de la foi; 2° avoir reçu le sacrement de la confirmation ; c'est ce qu'ordonne le concile de Trente ; 3° enfin, le concile de Rouen, de l'an 1582, veut que celui qui se présente pour la tonsure soit muni d'un certificat de son curé, qui porte qu'il est né en légitime mariage et qu'il sait le symbole des apôtres.

Il n'y a que le seul propre évêque qui ait droit de conférer la tonsure à son diocésain ; de sorte que celui qui a été tonsuré par un autre évêque est obligé d'obtenir du pape des lettres qu'on appelle *perinde valere*, par lesquelles le pape rend valide la tonsure, comme si elle avait été conférée par le propre évêque, qui n'est à l'égard de la tonsure autre que celui d'origine, quoi qu'en dise Rebuffe. ' *Voyez* la note sur le cas VI.

La réitération de la tonsure ne produit pas l'irrégularité. C'est le sentiment commun des docteurs, et le grand conseil le jugea ainsi par un arrêt du 17 octobre 1673, rapporté par de la Guessierre. Ce qui est fondé sur ce que nous avons déjà dit que la tonsure n'est pas un ordre, mais seulement une disposition ou une préparation requise pour être ordonné ; d'où l'on doit conclure que la véritable et l'unique fin qu'on doit avoir en la recevant, est de se consacrer d'une manière plus parfaite au service de Jésus-Christ et de son Eglise, et non pas dans la vue d'acquérir des biens temporels, ou de parvenir aux dignités et aux vains honneurs du siècle; d'où il s'ensuit que les parents qui engagent leurs enfants à la recevoir commettent un péché très-grief, lorsqu'ils le font sans examiner s'ils sont appelés de Dieu à l'état ecclésiastique, que bien souvent ils ne leur font embrasser que par des vues profanes, et que par là ils ne procurent à l'Eglise dans la suite que des ministres indignes, qui la déshonorent par leur conduite irrégulière et par leurs vices, au lieu de lui être utiles et de la servir dignement.

On peut voir dans Bouchel quelle doit être la forme d'une lettre de tonsure, pour être légitime. ' Ce qu'il y a de moins juste dans ces prénotions va être rectifié.

Cas I. *Guéric*, sous-diacre, ne porte jamais la couronne cléricale, ni les cheveux courts : peut-on dire qu'il se rend en cela coupable de péché mortel ?

R. Il pèche, puisqu'il va contre une loi que l'Eglise a renouvelée dans une infinité de conciles. Et il est sûr qu'étant dans cette mauvaise habitude, il pèche mortellement : 1° parce que Grégoire IX, c. 4, *de Vita*, etc. : *Si quis ex clericis comam relaxaverit, anathema sit*. Or, dit le concile de Meaux, de 845, *Anathema non nisi pro mortali debet imponi crimine*. D'ailleurs ce clerc demi-séculier, outre le mépris qu'il fait des lois de l'Eglise, déshonore la sainteté de son état et scandalise ceux mêmes des fidèles qui ont peu de religion, et qui se pardonnent tout, pour avoir droit de ne rien pardonner aux autres, et surtout aux ecclésiastiques.

Cas II. *Nævius*, simple tonsuré, sans bénéfice, demande s'il doit réciter quelque office, ou y assister.

R. Un simple clerc n'est obligé à la récitation d'aucun office; mais il est tenu d'y assister les dimanches et les fêtes, 1° parce qu'on l'exige bien des simples laïques en qualité de chrétiens; 2° parce que la cléricature est une espèce de noviciat pour les saints ordres; et que l'évêque ne pourrait en juger dignes des gens qui ne pratiqueraient pas une dévotion commune. ' Outre le décret, M. Pontas aurait pu citer le concile de Trente, sess. 23, cap. 6.

Cas III. *Théophane* s'est fait tonsurer exprès pour obtenir un prieuré, sans avoir dessein d'entrer plus avant dans l'état ecclésiastique. A-t-il péché ?

— R. On peut absolument recevoir la tonsure dans le dessein de s'en tenir là par humilité; mais on ne peut, sans pécher grièvement, ne la recevoir que dans le dessein d'obtenir un bénéfice, parce qu'alors on trompe l'Eglise, et qu'on se sert indignement d'une de ses plus saintes cérémonies, comme d'un moyen humain pour obtenir un revenu temporel. Puis donc que Théophane s'est fait tonsurer, non pour servir l'Eglise, mais pour s'engraisser de son bien, on ne peut l'excuser, et il doit renoncer à son bénéfice, ' ou changer de volonté, ce qu'on n'a guère lieu d'espérer.

Cas IV. *Mathurin*, irrégulier, reçoit la tonsure sans déclarer son irrégularité. L'a-t-il pu sans violer le canon 14, dist. 32, où Léon IX dit : *Nec laicus non virginem sortitus uxorem, aut bigamus, ad clericatum potest ascendere ?*

La décision de ce cas dépend de savoir si la tonsure est un ordre. Or, quoi qu'en pense Fagnan et d'autres savants canonistes, nous croyons que la tonsure n'est pas un ordre, mais seulement *præambulum ad ordines*, comme parle saint Thomas. On peut donc dire que Mathurin n'a point violé la défense de l'Eglise, quoiqu'il ait reçu la tonsure avant que d'être réhabilité. Car l'irrégularité n'exclut que des ordres, et la tonsure n'en est pas un. Il a pourtant mal fait en célant son état à son évêque, qui sans doute ne lui eût pas donné la tonsure, s'il avait connu son irrégularité.

— Il faut s'en tenir, au moins dans la pratique, au sentiment contraire. L'irrégularité exclut de tout l'état clérical, comme le dit le texte que l'auteur s'objecte, et qu'il ne résout pas. Si un irrégulier est propre à la tonsure, il le sera aussi à un bénéfice, etc. *Voyez* Suarès, *de Censuris*, disp. 40, sect. 2.

Cas V. *Sosthènes*, patron d'une chapelle située à Évreux, l'a offerte à Gérard, natif de Bayeux, qui demeure depuis plus de dix ans à Lisieux. Mais, comme il n'est pas encore tonsuré, il demande s'il peut choisir celui des trois évêques qu'il voudra, pour recevoir la tonsure?

R. Non; car 1° l'évêque d'Évreux n'est pas son évêque de bénéfice, puisqu'il n'en a point encore; 2° l'évêque de Lisieux n'est pas son évêque de domicile *ad effectum*, parce qu'en fait de cléricature, le droit canonique ne reconnaît point d'évêque de domicile, à l'égard des laïques, tel qu'est Gérard, puisqu'il n'est pas tonsuré. Il ne peut donc l'être que par son seul évêque d'origine.

Cas VI. *Raimond*, né et envoyé à Tréguier, fut porté en nourrice à Vannes, où on lui suppléa les cérémonies du baptême. A 15 ans, il fut tonsuré par l'évêque de Rennes sur le dimissoire de celui de Vannes. Il demande, 1° s'il est validement tonsuré, 2° s'il peut se faire ordonner acolyte, sur le dimissoire de l'évêque de Vannes, ou s'il en doit prendre un de l'évêque de Tréguier.

R. On dispute si l'évêque d'origine est celui dans le diocèse duquel on est né, ou celui dans le diocèse duquel on est *rené* par le baptême (1), ou même s'ils ne le sont pas tous deux. Mais personne à nous connu ne regarde comme évêque d'origine celui chez lequel on a seulement suppléé les cérémonies du baptême. Ainsi, l'évêque de Vannes ne peut être censé l'évêque d'origine du sujet dont il s'agit. Cependant nous n'osons pas assurer que la tonsure qu'il a reçue soit nulle. Mais, comme cela souffre de la difficulté, nous croyons que Raimond doit, 1° se faire tonsurer derechef par son évêque d'origine; la tonsure pouvant se réitérer sans irrégularité, comme le jugea le grand conseil, le 17 octobre 1673; 2° que pour se mettre à couvert de la peine qu'on lui pourrait faire dans le for extérieur, sur la possession d'un bénéfice, il obtienne du pape, avant que d'en être pourvu, un *perinde valere*, comme le conseille Rebuffe.

— 1° Rebuffe ne veut qu'on demande à Rome un *perinde valere*, que quand on s'en tient à la première tonsure; mais, quand on l'a reçue des deux évêques qui seuls sont l'objet du doute, il faut nécessairement que si la première est nulle, la seconde soit valide. 2° Il doit être sûr aujourd'hui que la tonsure donnée par tout évêque, et par conséquent *non subdito*, est valable, quoique illicite. La sacrée congrégation l'a décidé sous Urbain VIII; et Benoît XIV, dans son traité *de Synodo diœces.*, l. II, c. 10, n. 13, l'assure de celle-même qui, en pareil cas, est donnée par un abbé à des personnes sur qui il n'a pas de juridiction. Mais, comme la congrégation, en décidant *promotos ab illis abbatibus non indigere alia collatione dictorum ordinum*, ajouta : *Sed indigere absolutione et rehabilitatione a sanctissimo obtinenda*, je crois que, si l'on s'en tient, comme on le doit, à la première tonsure, la précaution marquée par Rebuffe serait fort bonne, surtout en France, où l'on pourrait plus aisément attaquer un bénéficier que partout ailleurs.

— Cas VII. *Luc, Marc* et *Paul*, frères, ont été baptisés, l'un à Paris où ses père et mère ont leur domicile; l'autre à Turin, où ils mêmes étaient allés pour une affaire passagère; le troisième sur mer. Par qui ces trois enfants doivent-ils être tonsurés?

R. Par le seul archevêque de Paris. C'est la décision d'Innocent XII, bul. *Speculatores*, du 14 novembre 1694, où après avoir dit : *Subditus ratione originis is tantum sit, qui* NATURALITER *ortus est in ea diœcesi, in qua ad ordines promoveri desiderat*; ajoute : *dummodo tamen inibi natus non fuerit ex accidenti occasione, nimirum itineris, officii, legationis, mercaturæ, vel cujusvis alterius temporalis moræ. Quo casu nullatenus ejusmodi fortuita nativitas, sed vera tantum et naturalis patris origo erit attendenda*.

— Cas VIII. *Lucien*, aveugle, qui a beaucoup de piété, et qui sait très-bien sa religion, se présente à Michel, son évêque, et lui demande la tonsure. Ce prélat peut-il la lui conférer?

R. L'auteur des *Maximes du droit canonique de France*, qui se propose cette question, tom. II, pag. 114, de la cinquième édition, après avoir posé pour principe que les évêques peuvent dispenser des défauts peu considérables ceux qui se présentent aux ordres, et qu'on a recours au pape pour les défauts notables, dit d'abord que comme la tonsure est une disposition pour recevoir les ordres, il semble que l'on en doit exclure ceux qui n'ont aucune aptitude, ni prochaine, ni éloignée pour le service des autels. « Toutefois, *ajoute-t-il*, si c'était un sujet qui fût d'ailleurs récompensé pour les lumières intérieures, et utiles à l'Eglise, il n'y aurait pas un grand inconvénient, quand on lui accorderait cette grâce pour lui faire obtenir un bénéfice sans charge. Nous lisons même que le pape Jean VIII, qui présidait en personne au concile de Troyes, en 858, réhabilita Hincmar, évêque de Laon, et lui permit de célébrer la messe, quoique son oncle, archevêque de Reims, lui eût fait crever les yeux, pour avoir favorisé trop aveuglément les appellations à Rome. »

Quoiqu'un nouveau Didyme méritât beaucoup de considération, je crois cependant

---

(1) Le sentiment le plus reçu et le plus conforme à la bulle *Speculatores*, c'est que l'évêque de la naissance charnelle est le vrai évêque d'origine. Cependant le card. le Camus s'est déclaré pour l'évêque du baptême.

qu'un évêque ne devrait point prendre sur lui de l'admettre à la tonsure. Elle n'est établie que pour disposer aux ordres supérieurs, et un aveugle en est exclus par les canons, *cap.* 13, *dist.* 55. Ce ne serait donc guère que pour obtenir un bénéfice, comme nous le disait tout à l'heure M. du Bois, qu'un aveugle demanderait la tonsure ; et il est sûr qu'un dessein qui sent si fort l'ambition ou l'intérêt, devrait le rendre très-suspect. Il est vrai qu'on permet quelquefois à un prêtre qui est devenu aveugle, de dire la messe ; mais on passe à un homme déjà ordonné ce qu'on ne doit pas passer à celui qui ne l'est pas.

—Cas IX. *Alexandre*, qui n'a pas encore la tonsure, a été nommé à une chapelle par Marius qui en est patron. L'évêque a donné la tonsure à Alexandre et lui a conféré la chapelle en vertu de cette présentation. Tout cela est-il bien canonique ?

R. Les sentiments sont partagés sur ce cas. L'auteur des *Maximes du droit canonique de France*, tom. II, p. 225 et suiv., soutient que « la tonsure est nécessaire, non seulement au temps de l'institution de l'évêque, mais aussi au temps de la présentation du patron, parce qu'elle est la première disposition pour les bénéfices. Autrement, *poursuit-il*, l'acte qui est nul dans son commencement, ne peut pas valider dans la suite. » M. Héricourt paraît être de ce sentiment. Gibert dans ses *Instructions ecclés.*, tom. II, p. 257, dit simplement que la collation d'un bénéfice faite à une personne non tonsurée, à condition qu'elle se fera tonsurer dans un certain temps, est nulle. Mais ce cas est différent du nôtre, où il n'y a de fait avant la tonsure que la présentation. Drapier, dans son *Recueil de décisions*, etc., tom. I, p. 118, dit que ceux qui prétendent que la tonsure est nécessaire au temps de la présentation, appuient leur sentiment sur un arrêt du conseil, qui a déclaré nulles des pensions accordées par le roi, sur des bénéfices de sa nomination ; parce qu'au moment que le roi les avait accordées, les pensionnaires n'étaient pas tonsurés ; encore qu'entre le brevet de pension et la signature de la création de la pension ils se fussent fait tonsurer. « Cependant, *ajoute-t-il*, plusieurs soutiennent qu'il suffit d'être clerc, avant la signature de la création de la pension », c'est-à-dire, qu'il ne décide rien.

Je conclus de cette diversité de sentiments que le plus sûr est d'être tonsuré avant la présentation, et qu'Alexandre, après en avoir obtenu une seconde, fera fort bien de demander une nouvelle collation à celui qui est en droit de la lui donner.

—Cas X. *Adrien*, évêque, piqué de ce que le juge, au lieu de se rendre dans son palais pour le faire déposer sur un fait dont il avait été témoin, l'avait fait venir en justice, a refusé la tonsure à son fils. L'a-t-il pu ?

R. Un évêque n'est point comptable aux hommes des motifs qui l'engagent à refuser la tonsure et les ordres, et souvent on lui en prête de très-mauvais dans les temps qu'il en a de très-justes. En supposant que la passion le fît agir, il serait coupable devant Dieu, dont il pourrait priver l'Eglise d'un bon sujet. Au reste, pour le dire ici en passant, puisque nous l'avons omis au mot *témoin*, l'art. 3, du tit. 6, de l'ordonnance de 1670, porte que « toutes personnes assignées pour être ouïes en témoignage, recolées ou confrontées, seront tenues de comparoir, et pourront, même les ecclésiastiques, y être contraints par amende. » L'illustre M. Fléchier, évêque de Nîmes, ayant cru que le juge devait se transporter chez lui pour recevoir son audition, sa prétention fut condamnée par arrêt. *Voyez* le nouveau *Dict. canonique*, v. *Témoin*, p. 795.

TRANSACTION.

La *transaction*, dit Domat, est une convention entre deux ou plusieurs personnes qui, pour prévenir ou pour terminer un procès, règlent leurs différends de gré à gré de la manière dont ils conviennent, et que chacun d'eux préfère à l'espérance de gagner, jointe au péril de perdre.

On peut encore définir ce terme en moins de mots avec Polman: *Transactio*, dit-il, *est conventio onerosa, qua res dubia et incerta componitur inter partes*. Il dit, *res dubia et incerta*, parce que quand le droit d'une des parties est certain et évident, l'autre ne peut pas transiger, suivant ces paroles de la loi : *Qui transigit, quasi de re dubia, et lite incerta neque finita transigit*, leg. 1*. de Transact.*

C'est donc par le moyen de la transaction qu'on termine ou qu'on prévient un procès : ce qui se fait en se désistant de la prétention qu'on avait formée, ou en se contentant d'en obtenir seulement une partie, ou en obtenant même quelquefois le tout. Ainsi, si je suis en procès pour une somme qu'on me demande, je fais une transaction avec le demandeur, par laquelle je paye ou je m'oblige à payer, ou bien, je suis déchargé de sa demande en tout ou en partie. La *transaction* ne règle jamais un différend où les contractants n'ont point pensé, suivant ces paroles de la loi : *Iniquum est perimi pacto id de quo cogitatum non docetur*; mais seulement celui dont les parties conviennent en termes exprès, ou celui qui en est une suite nécessaire. *Transactio quæcunque fit*, dit une autre loi, *de his tantum de quibus inter convenientes placuit, interposita creditur*. Leg. 5 et 9, ibid. lib. II, tit. 15.

Quand on a un procès avec deux personnes sur une même chose, on peut transiger avec l'une des deux, sans que les conventions qu'on fait avec elle puissent être tirées à conséquence en faveur de l'autre. C'est ce qui est clairement marqué par ces paroles d'une des lois du code : *Neque pactio, neque transactio cum quibusdam ex curatoribus, sive tutoribus facta, auxilio cæteris est, in his quæ separatim communiterve gesserunt, vel gerere debuerunt*.

Et par la même raison je puis transiger avec la caution de mon débiteur, en lui accordant une décharge de son cautionnement, sans que mon débiteur s'en puisse prévaloir contre moi.

Toute *transaction* a la force d'une chose jugée, parce qu'elle tient lieu d'un jugement d'autant plus ferme que les contractants ont donné leur libre consentement : *Non minorem auctoritatem transactionum, quam rerum judicatarum esse recta ratione placuit*, dit une autre loi, 20 *cod. de Trans.* lib. II, tit. 4.

Il est permis, et même ordinaire de convenir dans une transaction d'une peine contre celui qui refusera de l'exécuter ; auquel cas la peine est exigible par l'autre. C'est la décision de la loi, qui dit : *Promissis transactionis causa non expletis, pœnam in stipulationem deductam, si contra factum fuerit, exigi posse constat.*

Toute *transaction* devient nulle par la fraude qui en est la cause : ce qui lui est commun avec tous les autres contrats où il y a dol : *Cum dolus dat causam contractui.... non tenet contractus.* Aussi, n'est-il pas juste que celui qui est coupable de la fraude en retire aucun avantage, suivant cette maxime d'Innocent III : *Fraus et dolus alicui patrocinari non debent*, cap. 14, *de Testam.*

Un droit acquis par un testament subsiste toujours, nonobstant toute transaction contraire faite avec l'héritier, quand ce droit était inconnu au temps de la transaction, et qu'il devient ensuite connu par le testament qu'on ignorait. Ainsi, par exemple, je devais à Titius, 1,000 liv. ; j'ai transigé avec Mævius, son héritier, et je l'ai payé. Le testament vient à paraître ensuite, et porte que le défunt me fait remise de cette somme ; je suis en droit de faire résoudre la transaction que j'ai faite, quand même Titius aurait ignoré le testament. La raison est que l'ignorance d'un fait que je ne suis pas obligé de savoir ne me peut être imputée, ni par conséquent me préjudicier en rien, comme l'enseigne Gratien, et comme on le peut confirmer par plusieurs lois. *Leg.* 3 et 6 *eod.*

Il n'en serait pas de même s'il s'agissait d'une transaction générale, faite sur toutes les prétentions et affaires mutuelles des parties, et que dans la suite l'un des contractants vînt à recouvrer quelque nouveau titre qui lui fût favorable ; car alors la transaction subsisterait. C'est ce qu'établit la loi 19 *eod.*, qui dit : *Sub prætextu specierum post repertarum, generali transactione finita*, c'est-à-dire, *ea quæ sunt finita*, dit la Glose, *rescindi prohibent jura.*

Celui des deux contractants qui alléguerait qu'il a été lésé par la transaction ne doit pas être reçu à s'en plaindre, car on doit compenser ces sortes de lésions avec l'avantage qu'on a de finir par cette voie un procès, et de prévenir l'incertitude du succès. D'ailleurs ce serait ouvrir la porte à une infinité de nouveaux procès qu'on pourrait intenter derechef, sous prétexte d'être lésé : ce qui doit néanmoins s'entendre, supposé qu'il n'y ait point eu de dol.

Une *transaction* faite au sujet d'un procès qu'on ne savait pas avoir été jugé, est nulle, si le procès a été jugé au souverain ; car, en ce cas, il n'y avait plus de procès au temps qu'elle a été passée ; mais, si le jugement n'a été rendu que dans une juridiction subalterne, d'où l'on puisse par conséquent interjeter appel, elle doit avoir son effet, parce que le procès n'est pas censé fini, et que l'incertitude de l'événement subsiste toujours. C'est sur ces principes qu'on doit décider les difficultés qui se trouvent sur la matière de la transaction. *Voyez* le cas III.

—CAS I. *Bertin*, accusé d'un crime par Joseph, a-t-il pu transiger avec lui pour le faire désister de son accusation ?

R. Ce cas est décidé leg. 18, cod. *de Transact.* qui dit : *Transigere vel pacisci de crimine capitali, excepto adulterio, prohibitum non est : in aliis autem publicis criminibus, quæ pœnam sanguinis non ingerunt, transigere non licet, citra falsi accusationem.* Voyez mon *Traité des Contrats*, part. 2, c. 17, p. 833.

CAS II. *Tiburce* prétend que Philibert lui doit plusieurs sommes, et entre autres celle de 1,200 liv. Ils font une transaction générale, par laquelle Philibert s'oblige à l'égard de cet article, de payer 1,000 liv. à Tiburce, qui de son côté renonce à toutes ses autres prétentions. Un mois après, Philibert trouve des quittances, suivant lesquelles il ne devait que 600 liv. de reste pour ce chef. N'a-t-il pas droit de demander la résolution de cette transaction ?

R. La transaction est nulle, 1° quand l'un des transigeants souffre quelque lésion par le dol de l'autre, comme s'il abandonne ce qu'il ne peut soutenir faute d'un titre qui est entre les mains de sa partie ; 2° quand le transigeant renonce à un droit qui lui est acquis par un testament, mais dont il n'a point de connaissance ; et cela est vrai, quand même l'héritier avec qui il a transigé l'aurait pareillement ignoré. Mais il n'en est pas ainsi dans les transactions générales, telle qu'est celle dont il s'agit dans l'espèce proposée. Car quand un des transigeants a été lésé sans fraude de la part de l'autre, et seulement parce qu'il n'avait pas toutes les pièces qui lui étaient nécessaires pour soutenir son droit, la transaction ne laisse pas de subsister, parce que c'est un contrat où chacun court risque de perdre et de gagner, et qu'on gagne toujours beaucoup lorsque l'on évite un procès. Cette décision est de Domat, qui la prouve par l'ordonnance de 1560.

—On dispute beaucoup, savoir si la lésion d'outre moitié ne suffit pas pour résoudre une transaction. Barthole et plusieurs autres qui citent les jugements de la Rote, prétendent qu'elle suffit. La Glose, Jason et beaucoup d'autres soutiennent le contraire. Le premier sentiment paraît plus conforme à l'équité. Le second l'est plus à la lettre de la loi. Je ne ferais pas un crime à ceux qui plaideraient en pareille occasion, pourvu qu'ils le fissent en gardant les règles de la charité. Si la jurisprudence des lieux pensait comme la Rote, il faudrait s'y conformer, *et vice versa*. Au reste dans ce cas, l'Église et les mineurs peuvent demander à être restitués en entier.

Cas III. *Frobert* et *Noël*, las de plaider, ont fait une transaction ; mais le lendemain ils ont appris que leur procès avait été jugé à l'avantage de Frobert. La transaction doit-elle avoir lieu ?

R. Une transaction faite après un procès jugé à l'insu des parties doit avoir son effet, lorsque le jugement n'est pas rendu en dernier ressort, et qu'il y a lieu d'en appeler : *Post rem judicatam*, dit la loi 7, ff. *de Transact.; transactio valet, si vel appellatio intercesserit, vel appellare potuerit*. Mais, si l'affaire a été jugée par arrêt de cour souveraine, la transaction ne subsiste pas, parce que l'un n'a cédé son droit à l'autre qu'en présupposant un péril ou une incertitude qui, après l'arrêt définitif rendu, n'existait plus. Il faut donc alors s'en tenir à l'arrêt.

— On ne voit pas pourquoi deux parties qui savent que leur affaire doit être jugée aujourd'hui, et dont chacune craint pour soi, ne pourraient pas s'accommoder avant que d'avoir la nouvelle de l'arrêt.

Cas IV. *Richard* et *Paulin*, pourvus l'un en cour de Rome, l'autre par l'ordinaire, plaident à qui aura un archidiaconé auquel est attaché une prébende. Comme chacun doute de son droit, ils font une transaction par laquelle l'un demeure archidiacre et l'autre à la prébende. Cela est-il légitime ?

R. Cette transaction est nulle et simoniaque ; car il n'appartient pas à de simples particuliers de partager entre eux deux bénéfices unis, n'y ayant que le seul supérieur légitime qui ait pouvoir de les désunir pour des raisons légitimes. *Voyez* Vau-Espen, *de Union. benef.*, c. 4, tit. 29, n. 5.

Cas V. *Nérée* a fait une transaction avec André, qui a stipulé que Nérée lui donnerait deux chevaux de chasse. Nérée, qui en avait six de cette qualité dans son écurie, en destinait deux pour André ; mais tous les six ayant été brûlés par un incendie, il prétend qu'il n'en doit pas d'autres. A-t-il raison ?

R. Si Nérée s'est seulement obligé de livrer à André deux de ses propres chevaux, et qu'il n'ait pas été *in mora solvendi* lorsque l'incendie est arrivé par cas fortuit, il est délivré de l'obligation qu'il avait contractée envers lui. Leg. 92, ff. *de Solut*. Mais, comme André n'a demandé que deux chevaux en général, Nérée n'est pas quitte envers lui par la perte fortuite de ses six chevaux, puisque ni l'un ni l'autre n'avait exprimé tels ou tels en individu, mais que la transaction portait seulement en termes généraux, *deux chevaux propres à la chasse*. Il est donc obligé à en donner d'autres à André.

Voyez ABBÉ, cas VII.

TRÉSOR.

La définition légale de ce mot est : Toute chose cachée ou enfouie sur laquelle personne ne peut justifier de sa propriété et qui est découverte par le pur effet du hasard. Ainsi, les objets simplement trouvés, soit sur la voie publique, soit dans une propriété privée, quoiqu'en apparence sans maître connus, ne sont pas assimilés au trésor légal : la loi considère comme trésor les objets trouvés en pleine mer ou retirés de son sein, et attribue le tiers de la valeur à l'inventeur. Quant au trésor trouvé dans des fouilles, des ruines ou le sein de la terre par le pur effet du hasard, il appartient à celui qui le trouve dans son propre fonds ; s'il est trouvé dans le fonds d'autrui, il appartient pour moitié à celui qui l'a découvert et pour l'autre moitié au propriétaire du fonds. Mais on ne peut considérer comme trésor légal les objets ou monnaies cachés par le réclamant ou ses auteurs, lorsque la propriété est clairement justifiée tant par titres que par témoins : si l'on pouvait connaître la personne qui a caché les choses ou l'argent qu'on découvre, ce ne serait plus un trésor, ce seraient des choses perdues qu'il faudrait rendre au propriétaire.

Titius a vendu la maison de son père ; l'acquéreur y trouve un trésor, ce trésor lui appartient tout entier : la maison était vendue avec tous ses accessoires. Mais parmi les choses cachées, il se trouve des pièces de monnaie de fabrique récente qui indiquent la date où le père de Titius ou son grand-père occupait la maison ; ce n'est plus un trésor, ce sont des choses égarées. Il est à présumer que le père de Titius qui habitait cette maison, y avait caché cet argent dont le souvenir s'est perdu par accident. Titius en vendant cette maison n'a point vendu ce dépôt qu'il ignorait, il doit lui être rendu.

Les ouvriers employés à la recherche d'un trésor n'y ont aucun droit, s'ils ont été appelés pour cette découverte, qui cesse alors d'avoir lieu par un pur effet du hasard, condition essentielle. C'est pourquoi celui qui aurait trouvé un trésor dans le terrain d'autrui, en y faisant des fouilles sans le consentement du propriétaire, devrait être condamné à rendre à celui-ci le trésor entier. Toutefois, il n'y serait obligé, en conscience, qu'après la sentence du juge. L'usufruitier n'a aucun droit sur le trésor trouvé dans le fonds dont il a l'usufruit ; il faut qu'il l'ait trouvé lui-même.

Lors même que le trésor serait trouvé dans une église sur un terrain communal, l'État n'y aurait aucune part, contrairement à l'ancienne jurisprudence qui lui en aurait adjugé un tiers ; la fabrique ou la commune aurait droit à la moitié seulement, l'autre moitié serait à l'inventeur.

Cas I. *Gautier* a trouvé, en labourant les terres de son curé, 200 louis, dont quelques-uns ne sont fabriqués que depuis quatre ans. Doivent-ils être considérés comme un trésor ?

R. Selon la loi 31, ff. *de Acquir. domin.*, l. XIV, tit. 1, *Thesaurus est vetus quædam depositio pecuniæ, cujus non exstat memoria, ut jam dominum non habeat.* Or les 200 louis trouvés par Gautier ne sont pas *vetus depositio pecuniæ, cujus non exstat memoria*, puisqu'il y en a quelques-uns de nouvelle fabrique. Il est donc obligé, s'il ne peut pas découvrir celui qui les a cachés, de les mettre en œuvres pies, selon l'intention présumée du maître. Que si Gautier est pauvre, son confesseur peut lui en appliquer une partie, ou même le tout, si après les enquêtes faites avec toute la diligence requise, il n'en peut découvrir le véritable propriétaire.

Nota. Les lois romaines veulent que celui qui trouve un trésor dans le fonds d'autrui en retienne la moitié et qu'il donne le reste au maître du fonds. *Instit.*, l. II, tit. 1, § 39. Mais s'il l'a trouvé dans son propre fonds, le tout lui appartient. C'est la même chose en France, suivant le code.

Cas II. *Sigebert*, faisant un fossé profond, a trouvé 1,000 livres enfouies fort avant dans la terre depuis très-longtemps. Peut-il s'en emparer comme d'une chose qui n'appartient à personne, et dont par conséquent le premier qui la trouve peut se rendre maître?

R. On vient de dire que, selon le droit romain, cet argent, qui en ce cas est un vrai trésor, appartient tout entier à celui qui l'a trouvé dans son propre fonds; et que, s'il l'a trouvé dans la terre d'un autre, il doit le partager avec lui. Mais la jurisprudence de ce royaume veut qu'en ce dernier cas il y ait un tiers du trésor pour l'*inventeur*, un tiers pour le propriétaire du fonds, un tiers pour le roi, ou pour le seigneur haut justicier, quand le trésor est trouvé dans le domaine de l'un ou de l'autre. En cas que celui qui a trouvé un trésor n'en donne pas avis à ceux qui y sont intéressés, on agit criminellement contre lui.

La jurisprudence est changée; jamais il n'y a rien pour le roi dans les trésors trouvés, ni pour l'Etat, comme nous l'avons dit plus haut.

—Il faut suivre, sur cette matière, les coutumes des lieux. Celles de Bretagne, tit. 2, art. 46, porte: *Trésor d'or et d'argent, trouvé en terre par bêchement ou ouverture, est au prince s'il n'y a poursuite.*

Cas III. *Martin*, en faisant un caveau dans l'église, y a trouvé un trésor, et s'en est emparé sans rien dire. L'a-t-il pu sans péché à cause qu'il est pauvre?

R. La pauvreté ne donne pas droit de s'approprier un bien contre la disposition des lois ou de la coutume qui y équivaut. Or la coutume veut partout en France qu'un trésor trouvé dans une église soit partagé entre elle et celui qui l'a trouvé. A moins que le trésor ne soit d'une grande valeur, on ne doit point inquiéter l'inventeur qui se l'approprie en entier, surtout quand il s'agit de certaines médailles ou statues dont la valeur extrinsèque l'emporte de beaucoup sur la valeur matérielle.

Cas IV. *Pierre* ayant appris par de vieux monuments qu'il y avait un trésor caché au pied d'une croix qui est au bout d'un champ appartenant à Paul, l'a déterré. Ne peut-il pas se l'approprier?

R. Non; parce que les lois ne donnent droit à une partie d'un trésor qu'à celui qui l'a trouvé par cas fortuit, et non à ceux qui ont fait injure à un tiers en fouillant sa terre sans son aveu. C'est la disposition de la loi, un. cod. *de Thesauris*, qui veut que l'inventeur *totum domino loci reddere compellatur*. Cependant, comme ce dernier mot semble demander une sentence, Lessius et Sylvius croient qu'en l'attendant, un homme, dans le cas de Pierre, pourrait en retenir la moitié.

Cas V. Pierre aurait-il pu acheter ce champ au prix commun, sans rien dire au vendeur, pour avoir ce trésor?

R. Il l'aurait pu, parce que cela ne lui est défendu ni par le droit positif, puisqu'il n'y a aucune loi la-dessus; ni par le droit naturel, puisque, 1° un trésor n'est ni partie ni fruit d'une terre; 2° parce qu'il n'a de maître que quand il est découvert; 3° parce que ce n'est pas la connaissance particulière d'un homme, mais l'estime commune d'une chose qui en constitue le prix. *Voyez* mon 1er vol. *de Jure*, p. 1, c. 2, *a num.* 167, où il y a bien des choses qui ne peuvent entrer ici.

TRÉSORIER.

On donne le nom de *trésorier* à un ecclésiastique qui, dans une église cathédrale ou collégiale, est particulièrement chargé des vases sacrés, des ornements et des reliques qui composent le trésor de l'église. Le titre de trésorier est, comme celui de prévôt et de doyen, quelquefois un nom de dignité, à raison de l'espèce de prélature et de surintendance qui y est attachée; quelquefois un simple nom d'office qui ne désigne qu'un sacristain ou un custode. Dans les saintes chapelles de Paris, de Vincennes, etc., le trésorier est la première dignité du chapitre. A Saint-Cloud, près Paris, il n'est pas même chanoine: c'est seulement un homme chargé du soin de la sacristie, des ornements et de fournir le luminaire; il n'a séance ni au chœur, ni au chapitre. Les canonistes avancent au sujet des trésoriers trois maximes que je vais rapporter d'après eux.

La première, qui se trouve dans les *Institut. ecclésiast. et bénéficiales* de Gibert, tom. II, pag. 126, c'est que le roi donne *jure* les trésoreries des saintes chapelles, quoiqu'elles soient chargées du soin des âmes; *et les pourvus*, ajoute-t-il, *ne sont pas tenus de se présenter à l'évêque ni à aucun prélat ecclésiastique pour recevoir de lui le soin des âmes, quoique ce soin ne puisse être confié que par l'autorité de l'Eglise.* Comme le soin des âmes donné par un prince temporel ne s'entend pas bien d'abord, ce canoniste ajoute « *qu'il faut que, par quelque privilége particulier, le roi ait reçu de l'Eglise la juridiction de commettre le* soin des âmes dans les saintes chapelles ; et, s'il a un tel privilége, dit-il, *il peut aussi avoir celui de dispenser des qualités requises pour les bénéfices à charge d'âmes.* Il avoue plus bas qu'il serait digne de la piété de Sa Majesté de renvoyer les trésoriers à l'église, etc., et c'est ce que personne ne s'avisera de contester.

La seconde maxime, ou plutôt la seconde remarque, est que la trésorerie n'est point sujette à l'expectative des gradués, selon la jurisprudence du grand conseil. La trésorerie de Saint-Jean de Lyon en fut jugée exempte par arrêt du parlement de Paris, du 12 août 1697, comme étant affectée à ceux qui ont été élevés dans les rites et usages de cette ancienne et respectable église. Or, dit M. de la Combe, cette affectation, qui est antérieure au concordat, est confirmée par des bulles de Paul IV, de 1645, revêtues des lettres patentes du roi, en 1547, etc. La même chose fut jugée au grand conseil en 1671, pour la trésorerie de Coutances, qui est une dignité, par rapport aux brevetaires de joyeux avénement et du serment de fidélité.

La troisième est que, par arrêt du parlement de Paris, du 22 juillet 1672, le trésorier d'une église de Caen fut déclaré responsable des vols faits en ladite église ; et les sacristes, appelés *coustres*, furent condamnés de l'en acquitter. Cet arrêt, dit la Combe, ne pourrait tirer à conséquence pour les lieux où le chapitre est en usage de choisir les sacristains.

— TRÉSORIERS DE FRANCE.

Je me contenterai d'en dire d'après les *Mémoires du clergé*, 1° qu'il ne paraît pas qu'ils aient prétendu être compris dans les bulles des papes qui concernent l'indult du parlement de Paris, tom. XI, pag. 1376 et suiv. ; 2° que, par arrêt du conseil privé, du 22 novembre 1678, il fut défendu aux trésoriers de France de Caen de prendre connaissance des décimes circonstances et dépendances, tom. VIII, pag. 1298.

TROUBLE AU SERVICE DIVIN.

On appelle *trouble* fait au service divin toute querelle qui oblige de le cesser ou de l'interrompre. On propose sur ce sujet deux questions.

La première est de savoir si le trouble du service divin est un cas privilégié.

L'article XI du tit. 1ᵉʳ de l'ordonnance de 1670 met au nombre des cas royaux...... les crimes d'hérésie, de trouble public fait au service divin, de rapt et enlèvement de personnes par force et violence, etc. Sous le nom de service divin sont contenus non-seulement les offices, mais aussi les prônes et les sermons, dit M. Jousse, dans son nouveau Commentaire, pag. 40, et je crois qu'il aurait pu y joindre les catéchismes qui se font dans l'église. La connaissance de ces sortes de cas est interdite à certains juges, comme sont ceux des seigneurs, et réservée aux *baillifs, sénéchaux et juges présidiaux*, afin que le crime soit plus tôt puni.

La seconde question est de savoir si le trouble au service divin est un cas privilégié, quand ce trouble a été fait par des laïques, en sorte qu'ils puissent être poursuivis par-devant le juge d'église.

Il paraît par un ancien arrêt rendu contre un cabaretier de la ville d'Orléans, qui avait causé du trouble dans une procession, que l'official était alors censé juge compétent de ce genre de scandale. Aujourd'hui on semble poser pour principe que le juge d'église n'est compétent ni de la querelle émue entre deux laïques, ni du sujet de la querelle, à moins que d'ailleurs il ne soit de sa compétence. Cependant, dit l'auteur du *Dictionnaire canonique*, pag. 739, d'après l'abrégé des *Mémoires du clergé*, il ne paraît pas qu'on puisse empêcher un supérieur ecclésiastique n'ait d'avoir inspection sur le service divin, ni d'imposer une pénitence convenable à ceux qui y font le trouble, sauf au magistrat séculier de procéder contre eux dans les formes judiciaires, et de leur imposer d'autres peines. *Voyez* les susdits *Mémoires*, tom. VII, pag. 590.

TUER.

Il n'est permis à aucun homme d'en tuer un autre de son autorité privée, quelque méchant qu'il soit, si ce n'est dans une nécessité inévitable de défendre sa propre vie ; encore faut-il alors, pour être innocent de l'homicide, garder la modération d'une juste défense, c'est-à-dire, 1° qu'il n'y ait point d'excès en la manière dont use celui qui se défend ; 2° qu'il n'ait pas été d'abord l'agresseur ; 3° qu'il n'ait aucun autre moyen de se retirer du danger où il se trouve ; 4° et qu'il n'ait aucune intention précise de tuer son adversaire.

A plus forte raison personne ne peut se tuer soi-même sans un grand crime. Il est pourtant vrai que quelques saintes femmes se sont précipitées pour sauver leur pudicité et soutenir la vraie foi ; mais ce sont des faits qui ne sont arrivés que par l'inspiration divine, comme l'enseignent saint Jérôme, saint Augustin et saint Ambroise.

L'homicide peut être commis en quatre manières différentes : la première, par l'autorité publique ; la seconde, par autorité privée ; la troisième, par nécessité ; et la quatrième par hasard. L'on peut aussi se rendre coupable de ce crime en plusieurs manières, soit en le commettant par ses propres mains, par le fer, par le poison, ou autrement ; ou bien en le commettant par les mains d'une tierce personne, par l'ordre ou par le conseil qu'on lui donne de le commettre ; par le défaut volontaire de la précaution qu'on doit avoir en faisant l'action d'où la mort du prochain s'ensuit, et même en négligeant de l'empêcher, surtout quand on n'y est obligé par le devoir de son état.

Le crime de l'homicide est plus ou moins énorme, par rapport aux différentes circonstances des personnes, des lieux, du temps et autres semblables.

On punit de mort en France tous ceux qui ont commis ou fait commettre ce crime, à moins qu'ils n'aient obtenu du roi leur grâce, laquelle n'exempte jamais des dommages et intérêts dus à la partie intéressée.

On peut conclure de ce que nous venons de dire, qu'il n'est jamais permis, en quelque cas que ce soit, de tuer un homme pour la conservation et la défense des biens temporels : ce qui fait dire à saint Evodius, avec l'approbation de saint Augustin, *de lib. Arbitrio*, c. 5, seu n. 13 : *Quomodo enim apud eam* (divinam Providentiam) *sunt isti a peccato liberi, qui pro his rebus, quas contemni oportet, humana cæde polluti sunt?*

On doit dire la même chose à l'égard de la conservation de son honneur : car encore qu'il soit préférable aux autres biens temporels, il est pourtant très-constant qu'il ne consiste que dans la seule estime des hommes, dont les jugements ne sont que trop souvent contraires aux jugements de Dieu ; et que d'ailleurs ce n'est qu'un bien périssable, comme le sont tous les autres biens temporels, qu'on ne doit jamais préférer à la vie du prochain, qui sans doute est d'un ordre supérieur à tous les autres, malgré la fausse idée que s'en forment les hommes fiers et orgueilleux, contre la maxime certaine du christianisme, fondée sur l'Evangile, qui est qu'un chrétien ne doit reconnaître, ni aimer d'autre honneur que celui qui consiste à vivre chrétiennement et à pardonner les injures, en imitant Jésus-Christ, ce que l'Apôtre exprime en ce peu de mots : *Gloria nostra hæc est testimonium conscientiæ nostræ.* I Corint. I.

Le clergé de France, assemblé en 1700, condamna treize propositions de morale corrompue qui avaient déjà été proscrites par plusieurs papes et par les docteurs de Louvain. Voici celles dont il sera parlé dans ce titre :

Prop. 30. *Non peccat maritus, occidens propria auctoritate uxorem in adulterio deprehensam.*

Censura. *Hæc propositio est erronea : crudelitatem, privatamque vindictam approbat.*

Prop. 32. *Licet procurare abortum ante animationem fetus, ne puella, deprehensa gravida, occidatur, aut infametur.*

Prop. 33. *Videtur probabile omnem fetum, quandiu in utero est, carere anima rationali, et tunc primum incipere eamdem habere, cum paritur; ac consequenter dicendum, in nullo abortu homicidium committi.*

Censura. *Hæ propositiones sunt scandalosæ, erroneæ, infandis homicidiis, et paricidiis procurandis aptæ : homicidii enim festinatio est prohibere nasci; nec refert natam quis eripiat animam, an nascentem disturbet.* (Tertullian. Apolog., cap. 3.)

Prop. 34 et 35. *Regulariter occidere possum furem pro conservatione unius aurei.*

Licitum est tam hæredi quam legatario, contra injuste impedientio, ne vel hæreditas adeatur, vel legata solvantur, se taliter defendere (scilicet defensione occisiva), sicut et jus habenti in cathedram, vel præbendam, contra eorum possessionem injuste impedientem.

Censura. *Hæ propositiones legi Dei, et ordini charitatis divinitus instituto, contrariæ sunt, perniciosæ et erroneæ.* (Exod. xxii, v. 3.)

Cas I. *Basile*, ayant été attaqué par Ambroise, qui s'efforçait de le tuer, l'a tué lui-même. L'a-t-il pu faire sans aucun péché ?

R. Si Basile n'a pu sauver autrement sa vie qu'en l'ôtant à Ambroise, il l'a pu faire sans aucun péché, pourvu qu'en la lui ôtant il n'ait eu que la simple et unique intention de se défendre, sans avoir eu précisément celle de le tuer. La raison est que, selon le droit naturel, il était plus obligé de pourvoir à la défense et à la conservation de sa propre vie qu'à celle de la vie d'autrui : *Nam jure hoc evenit, ut quod quisque ob tutelam corporis sui fecerit, jure fecisse existimetur*, dit la loi 3, ff. *de Justitia.*

— On est très-partagé sur la décision de ce cas. Richard de Saint-Victor, Van-Roi et autres que cite le cardinal Noris, *in vindiciis Augustini*, soutiennent qu'on ne peut sans péché préférer sa vie temporelle au salut éternel d'un malheureux qui, tué lorsqu'il veut tuer lui-même, court grand risque d'être perdu pour l'éternité. Estius, Sylvius, Decoq, le P. Alexandre et grand nombre d'autres très-exacts soutiennent le contraire, et ce sentiment est beaucoup plus commun. Navarre va même jusqu'à dire que c'est une nouveauté d'exiger qu'un homme violemment attaqué n'ait aucune intention de tuer. Du reste l'auteur aurait pu dire moins de choses et prouver mieux sa thèse, et par les Pères, quoiqu'il y ait peut-être du pour et du contre, et par les souverains pontifes. Je me contente de rapporter ce mot si connu d'Innocent III, cap. 2, *de Homicidio*, etc., *Quamvis vim vi repellere omnes leges et omnia jura permittant, quia tamen id fieri debet cum moderamine inculpatæ tutelæ, non ad sumendam vindictam, sed ad injuriam propulsandam*, etc.

— Cas II. *Jérôme* est attaqué par un homme très-ivre. Il ne peut sauver sa vie qu'en le tuant. Le peut-il faire ?

R. Ceux mêmes qui croient qu'on peut tuer dans le cas précédent sont partagés sur celui-ci. Les uns permettent de tuer, parce qu'il est toujours vrai qu'en le faisant, on ne fait que repousser la force par la force. Les autres croient qu'on ne le peut sans manquer à la charité, parce qu'un homme volontairement ivre est *in necessitate spirituali adæquate extrema*. Je me croirais obligé à suivre ce sentiment dans la pratique. C'est au moins là le cas où doit avoir lieu ce mot de saint Augustin, *de lib. Arb*, *Temporalem plane vitam suam pro æterna vita proximi non dubitabit*

Christianus amittere. Je sais que le cardinal Noris avoue, d'après saint Augustin même, *lib.* I, Retract., c. 9, que le saint docteur était encore fort jeune quand il écrivit sur le libre arbitre. Mais je sais aussi qu'il y a dans ces paroles, *temporalem,* etc., une force intrinsèque de christianisme qu'il est difficile d'affaiblir. Saint Antonin, qui n'est point trop rigide, dit qu'un prêtre qui ne peut sauver sa vie, sans laisser mourir un enfant sans baptême, doit préférer le salut de l'enfant à toute considération. Saint Anton., page 2, tit. 7, c. 8, § 1.

Cas III. *Gilbert* est attaqué injustement par Gervais, qui le veut tuer; Gervais, se sentant moins fort dans le combat, offre à Gilbert de le cesser. Gilbert, animé du désir de se venger, refuse l'offre de son agresseur, qui, profitant d'un faux pas de Gilbert, le couche sur le carreau. Gervais, qui n'a tué Gilbert que parce qu'il ne pouvait autrement sauver sa vie, est-il néanmoins vraiment homicide?

R. Il l'est, quoique, dit Tostat, il soit moins criminel que s'il avait persévéré dans sa première intention. La raison est qu'il est injuste agresseur, et par là cause de tout le mal qui s'en est ensuivi.

— Comitolus, Navarre, Tolet, enseignent la même chose, et disent qu'en ce cas il faut demander pardon à Dieu et lui offrir sa mort. Si cependant l'agresseur offrait une juste satisfaction, comme il la rétracterait la cause du mal, il semble qu'on pourrait le regarder comme un homicide forcé.

Cas IV. *Palamède,* emporté de colère, a frappé une femme enceinte, qui en conséquence est accouchée peu de temps après d'un enfant mort, qui vivait auparavant. Cet homme est-il coupable d'homicide?

R. On l'est toujours lorsqu'on fait une chose permise sans prendre les précautions nécessaires, ou une chose illicite, comme dans le cas présent; c'est pourquoi saint Thomas dit, 2-2, q. 64, n. 8 : *Ille qui percutit mulierem prægnantem, dat operam rei illicitæ; et ideo, si sequatur mors mulieris vel pueri animati, non effugiet homicidii crimen; præsertim cum ex tali percussione in promptu sit quod mors sequatur.* * *Voyez* la remarque sur le cas suivant.

Cas V. *Porphyre* a tué un homme par un pur hasard, et sans avoir eu aucune intention de le tuer. Doit-on néanmoins le juger coupable d'homicide?

R. Pour répondre à la difficulté proposée il faut premièrement dire avec saint Thomas que, régulièrement parlant, ce qui est casuel n'est pas péché, parce qu'il n'est pas volontaire. *Casus,* dit le saint, *est causa agens præter intentionem, et ideo ea quæ casualia sunt, simpliciter loquendo, non sunt intenta neque voluntaria : et quia omne peccatum est voluntarium secundum Augustinum, consequens est, quod casualia, in quantum hujusmodi, non sunt peccata.* C'est pourquoi il est dit, Deut. XIX, v. 4 et 5 : *Qui percusserit proximum suum nesciens, et qui.... nullum contra sum odium habuisse comprobatur, sed abiisse cum eo simpliciter in silvam ad ligna cædenda, et in succisione lignorum securis fugerit manu, ferrumque lapsum de manubrio, amicum ejus percusserit et occiderit, hic ad unam supradictarum urbium confugiet et vivet.* Ainsi, Porphyre n'est aucunement coupable d'homicide pour avoir tué un homme par un pur hasard et sans en avoir eu directement ni indirectement la volonté; mais il en est coupable, si cela est arrivé pour avoir fait une chose illicite; ou qu'en faisant une chose licite, il ait négligé d'apporter toute la précaution qu'il devait; car en ce cas on ne pourrait pas dire qu'il en fût innocent, puisqu'il en serait au moins la cause indirecte.

— Il ne paraît pas qu'une action qui est illicite, sans être dangereuse, doive rendre coupable d'un vrai homicide. Autrement celui qui, le vendredi saint ou en temps d'interdit, sonne une cloche dont le battant se détache et tue un enfant, serait irrégulier, quoiqu'il ne le fût pas si cet accident était arrivé le jour de Pâques. *Voyez* mon *Traité des Dispenses,* l. II, part. 6, c. 3, n. 6.

Cas VI. *Galinius* a achevé un soldat très-mortellement blessé, qui l'en priait pour mettre fin à ses douleurs. L'a-t-il pu?

R. Non; parce qu'il n'y a que Dieu, ou ceux qu'il a fait dépositaires de son autorité qui aient droit d'ôter la vie à qui que ce soit. Et c'est pour cela que David condamna à mort l'Amalécite qui vint lui dire qu'il avait achevé Saül à sa prière. *Ille qui occidit hominem,* dit saint Thomas, p. 3, q. 47, a. 6, *injuriam facit non solum homini occiso, sed etiam Deo et reipublicæ; sicut etiam et ille qui occidit seipsum.... Unde et David damnavit illum ad mortem, qui non timuerat mittere manum, ut occideret christum Domini, quamvis eo petente.*

Cas VII. *Dinamius,* condamné à mort pour un assassinat, s'était sauvé; mais Fulgose, seigneur du lieu où il s'était retiré, l'a tué d'un coup de fusil comme un homme proscrit. S'est-il rendu coupable d'homicide?

R. Oui; car outre qu'un innocent peut être ainsi condamné et ensuite purger la contumace, il n'est permis qu'à ceux qui ont l'autorité légitime d'exécuter un jugement de mort. C'est ce qu'enseigne saint Thomas, 2-2, q. 64, art. 3, en ces termes : *Occidere malefactorem licitum est, in quantum ordinatur ad salutem totius communitatis. Et ideo ad illum solum pertinet, cui committitur cura communitatis conservandæ; sicut ad medicum pertinet præcidere membrum putridum, quando ei commissa fuerit cura salutis totius corporis. Cura autem communis boni commissa est principibus habentibus publicam auctoritatem; et ideo eis solum licet malefactores occidere (scilicet servatis servandis) non autem privatis personis.* Saint Augustin enseigne très-fortement la même chose chez Gratien, can. 35, XXIII, q. 8.

Cas VIII. *Enguerrand,* soldat, ayant trouvé un soldat ennemi qui passait paisiblement son chemin, l'a tué, et il en a encore tué un, après l'avoir désarmé et fait prisonnier. Est-il coupable d'homicide en ces deux cas?

— R. Le premier de ces deux cas est décidé. V. GUERRE. Saint Augustin décide le second, ep. 89, n. 6, par ces paroles : *Sicut rebellanti et resistenti violentia redditur, ita victo, vel capto misericordia jam debetur: maxime in quo pacis perturbatio non timetur.* Et ailleurs, *Unde punitur miles, si homicidium fecerit injussus*, *inde punietur, nisi fecerit jussus.*

CAS IX. *Eléonore*, fille de qualité, se voyant sur le point d'être violée par un domestique, malgré toute sa résistance, a trouvé le moyen de le tuer pour sauver son honneur, qu'elle a toujours estimé plus que sa propre vie. 1° A-t-elle commis en cela un péché mortel d'homicide ? 2° Aurait-elle pu se procurer à elle-même la mort pour éviter une telle infamie, comme l'ont fait quelques saintes vierges ?

R. Quoi qu'en aient pensé Sylvius, Navarre, etc., il n'est pas permis de tuer un injuste oppresseur pour un bien dont la perte forcée n'est pas un mal devant Dieu : puisque, comme dit saint Augustin, serm. 228, n. 7 : *Violentia non violatur pudicitia, si mente servatur : quoniam nec in carne violatur, quando voluntas patientis sua turpiter carne non utitur, sed sine consensione tolerat quod alius operatur.* C'est pourquoi sainte Luce dit au tyran Paschasius : *Nunquam coinquinatur corpus, nisi consensu mentis, si me invitam jusseris violari, castitas mihi duplicabitur ad coronam.* Le même saint Augustin, l. 1, *de lib. Arb.*, n. 12, dit : *De pudicitia vero quis dubitaverit quin ea sit in ipso animo constituta, quandoquidem virtus est? Unde a violento stupratore eripi nec ipsa potest.... quapropter legem quidem non reprehendo, quæ tales permittit interfici; sed quo pacto istos defendam qui interficiunt, non invenio.* Certes un homme de bien serait plus déshonoré dans le public par une calomnie atroce, qu'une vierge ne le serait par la violence. Cependant Innocent X a condamné, en 1670, cette proposition : *Fas est viro honorato occidere invasorem qui nititur calumniam inferre, si aliter hæc ignominia vitari nequit. Idem quoque dicendum; si quis impingat alapam, vel fuste percutiat; et post impactam alapam, vel ictum fustis fugiat.*

2° Il n'est pas non plus permis de se tuer en pareil cas, parce que la vie est un don de Dieu dont la disposition n'appartient qu'à lui. Et c'est ce qu'enseigne formellement saint Thomas, 2-2, q. 64, où il dit que les saints qui ont agi autrement ne l'ont fait que par l'inspiration du Saint-Esprit, comme Samson et quelques autres. Concluons donc avec saint Augustin : *Hoc dicimus, hoc asserimus, hoc modis omnibus approbamus, neminem spontaneam mortem sibi inferre debere; veluti fugiendo molestias temporales, ne incidat in perpetuas : neminem propter aliena peccata : ne hoc ipso incipiat habere gravissimum proprium, quem non polluebat alienum.*

CAS X. *Jourdan*, ayant trouvé en flagrant délit Louis qui lui emportait 400 louis d'or, qui faisaient tout son bien, a crié et couru après lui ; mais ne pouvant l'atteindre, il l'a tué d'un coup de fusil. L'a-t-il pu ?

R. Oui selon d'indignes casuistes, qui ont été jusqu'à dire : *Regulariter occidere possum furem pro conservatione unius aurei.* Non, 1° selon Innocent XI, qui a condamné cette proposition ; 2° selon saint Augustin, qui, lib. I *de libero Arbit.*, dit : *Quomodo apud eam* (Providentiam divinam) *sunt isti peccato liberi, qui pro iis rebus quas contemni oportet, humana cæde polluti sunt ?* 3° selon Alexandre III, qui, c. 16, *de Homic.*, parle ainsi : *Quoniam expediebat potius post tunicam relinquere pallium et rerum sustinere jacturam, quam pro conservandis vilibus rebus et transitoriis, tam acriter in alios exardescere; abstineat iste humiliter ab altaris ministerio, et uterque peccatum suum ad arbitrium tuum studeat expiare.*

CAS XI. *Olivier*, marchand français, a été enlevé avec violence par un corsaire de Tunis, qui depuis dix ans lui fait toutes sortes de cruels traitements pour le contraindre de renoncer à la religion chrétienne. Peut-il le tuer pour se délivrer de l'état malheureux où il est réduit ?

R. Non ; car l'homicide n'est permis qu'en trois cas : 1° quand il se fait par un ordre exprès de Dieu ; 2° par l'ordre de la justice ; 3° pour défendre sa vie. Hors de là, dit saint Augustin, lib. I, *de Civit. Dei*, cap. 21 : *Quisquis hominem vel seipsum, vel quemlibet occiderit, homicidii crimine innectitur.* Il faut donc qu'Olivier fasse ce qu'ont fait en pareil cas tant de martyrs, et qu'il se souvienne que *Momentaneum et leve tribulationis nostræ æternum gloriæ pondus operatur in nobis*, II Corint. IV, 17.

CAS XII. *Lucius*, magistrat, qui a l'autorité souveraine entre les mains, peut-il se faire mourir lui-même, pour un crime qui mérite certainement la mort ?

R. Non ; parce qu'un tel magistrat n'a droit d'ôter la vie à un malfaiteur, qu'en tant qu'il est son juge. Or personne ne peut être juge de soi-même. *Generali lege decernimus, neminem sibi esse judicem*, l. un. Cod. *Ne quis*, etc. Ainsi, dit saint Thomas, 2-2, q. 64, art. 4 et 5. *Non licet habenti publicam potestatem seipsum occidere propter quodcunque peccatum. Nec Samson aliter excusatur, quod seipsum cum hostibus ruina domus oppressit, nisi quod latenter Spiritus sanctus hoc jusserat, qui per illum miracula faciebat ; et eamdem rationem assignat Augustinus*, ibid. *de quibusdam sanctis Feminis, quæ tempore persecutionis seipsas occiderunt.*

CAS XIII. *Blaise*, magistrat qui a en main l'autorité souveraine, ne peut apaiser une sédition générale qu'en sacrifiant aux séditieux la vie d'un partisan qu'il sait être innocent. Peut-il en conscience le condamner à mort pour le bien de l'État ?

R. Non, 1° parce qu'il est écrit, Exod. XXIII : *Insontem et justum non occides* ; 2° parce qu'on ne peut faire mourir que ceux dont la vie est nuisible au public, et que celle d'un innocent ne l'est pas. Ce cas est déjà décidé. *Voyez* JUGE, où Pontas a aussi examiné s'il est permis de faire mourir un innocent, *per allegata et probata*.

— Cas XIV. *Hector*, qui assiége une petite ville, menace d'y mettre tout à feu et à sang, si on ne lui livre Fabius, citoyen très-innocent à tous égards, pour le faire mourir. Le conseil de cette ville peut-il le lui sacrifier?

R. Il y a trois sentiments sur cette difficulté : 1° Soto, Turrien, etc., croient que cela n'est pas plus permis qu'il ne le serait de livrer une vierge à Hector pour en abuser. 2° Navarre, Molina, Lugo, etc., disent que cela est permis, comme il le serait d'ôter à un particulier le seul pain qui lui reste pour le donner au prince, qui sans cela va mourir de faim. 3° Bannez, Sylvius, etc., prétendent qu'à la vérité on ne peut jamais livrer un innocent, mais qu'il est obligé par charité et par justice légale à se livrer lui-même ; que s'il y manque il devient coupable, et que comme tel on peut le livrer à l'ennemi. Ce dénouement est fâcheux, mais je n'en sais point de meilleur.

Cas XV. *Pérégrin*, qui n'aime pas son voisin, a tué son chien ou son mouton. A-t-il péché en cela?

R. Il n'a pas péché contre le précepte *Non occides*, parce qu'il ne regarde que les hommes ; mais il a péché, 1° contre la charité, puisqu'il a agi par haine ; 2° contre la justice, si cet animal était utile comme l'est un chien pour garder la maison. Et alors il est tenu à réparer le dommage que son injustice a causé ou causera.

Cas XVI. *Genest* peut-il mutiler son fils, qui y consent, pour lui procurer une belle voix, ou se mutiler lui-même, pour se délivrer des tentations de la chair, auxquelles il n'a pas la force de résister?

R. On ne peut ni se faire une pareille mutilation ni y consentir, à moins qu'elle ne soit absolument nécessaire pour la conservation de tout le corps, comme elle serait si un membre était gangrené, et par là, capable de communiquer sa corruption à tous les autres. Notre corps est à Dieu aussi bien que notre âme, et il n'y a que lui seul qui en ait le souverain domaine. D'ailleurs il est très-faux qu'un tel retranchement soit un remède à la concupiscence ; puisque, comme le dit saint Basile, Ep. 87, les eunuques sont beaucoup plus passionnés pour les femmes que les autres hommes, et que l'amour du sexe les rend même comme furieux. Ainsi, le remède à l'incontinence est ou le mariage, quand il est possible, ou la prière, comme nous l'apprend le Sage, c. VIII, v. 21. De là ce 1er canon du premier concile de Nicée : *Si quis a medicis propter languorem excisus, aut a barbaris exsectus est, is maneat in clero ; si quis autem sanus seipsum abscidit, hunc et in clero constitutum abstinere convenit, et deinceps nullum talium promoveri*. Aussi est-ce en conséquence de cette première loi générale de l'Église universelle que Léontius, qui par le secours des Ariens avait envahi le siége d'Antioche, et qui n'étant encore que simple prêtre, s'était fait eunuque, fut déposé et chassé de l'Eglise, comme le rapportent saint Athanase et Théodoret en son *Histoire ecclésiastique*. Il ne faut pas oublier ce que disent aussi les canons apostoliques. Voici les termes du vingt-unième : *Qui sibi ipsi virilia amputavit, clericus non efficitor : sui enim ipsius homicida est, et inimicus creationi Dei*. Le vingt-deuxième est conçu en ces termes : *Si quis, cum clericus esset, virilia sibi ipsi amputaverit, deponatur, homicida etenim sui ipsius est*. Enfin le vingt-troisième canon veut qu'un laïque qui est coupable de ce péché soit séparé de la communion pendant trois ans : *Per tres annos a communione ejiciatur*. Gratien rapporte ces canons, distinct. 55, can. 4 et 7.

Cas XVII. *Albert*, prélat et prince souverain en Allemagne, peut-il ôter la vie à un malfaiteur pour le bien de ses sujets, vu que selon cette maxime : *Ecclesia nescit sanguinem*, cela lui paraît défendu?

R. Un prélat, quelque souverain qu'il soit, ne peut jamais condamner à mort un malfaiteur ni le faire exécuter. Mais il le peut faire par le ministère de ceux qu'il a établis pour rendre la justice à ses sujets en son nom et par son autorité. C'est ainsi que répond saint Thomas à la difficulté proposée. *Prælati ecclesiarum*, dit-il, *accipiunt officium principum terræ ; non ut ipsi judicium sanguinis exerceant per seipsos, sed quod eorum auctoritate per alios exerceatur* ; c'est-à-dire que ce prince ecclésiastique ne peut pas à la vérité commander ni conseiller à son juge de condamner à mort un criminel, mais qu'il peut bien lui recommander en termes généraux de faire son devoir, en jugeant selon les lois. Saint Thomas, 2-2, q. 54, art. 4.

— TUTELLE.

La *tutelle* est la charge et le droit que les lois donnent à certaines personnes de défendre ceux qui par la faiblesse de leur âge sont incapables de se défendre eux-mêmes et de prendre soin de leurs affaires.

En pays de droit écrit, il y a trois espèces de tutelles, savoir : la *testamentaire*, la *légitime* et la *dative*.

La *tutelle testamentaire* est celle qui est déférée à quelqu'un dans un testament, par celui qui a droit de nommer un ou plusieurs tuteurs. Et il n'y a que le père et l'aïeul paternel qui puissent donner des tuteurs à leurs enfants, en cas qu'ils les aient sous leur puissance.

La *tutelle légitime* est celle que la loi défère au plus proche parent des enfants du côté paternel, au défaut de la tutelle testamentaire. Le tuteur légitime est obligé de donner caution, mais non le tuteur testamentaire. Le frère des pupilles, majeur de 24 ans, est appelé par la loi à la tutelle de ses frères, ou l'oncle à celle de ses neveux, pourvu que la mère soit décédée ; car si elle vit, la tutelle de ses enfants lui appartient préférablement à tout autre, en cas toutefois qu'il n'y ait rien à redire à sa conduite et qu'elle ne se remarie point. Les secondes noces font perdre à une mère la tutelle de ses enfants.

La tutelle dative est celle qui, au défaut des deux dont on vient de parler, est déférée par le magistrat à quelqu'un capable de la gérer, et cela sur la demande des parents assemblés du pupille; s'ils ne lui demandaient pas un tuteur, ils seraient privés de la succession. C'est le juge du domicile des pupilles qui défère la tutelle, et il ne la peut donner qu'à ceux qui demeurent dans le lieu où les biens des pupilles sont situés.

Cas I. *Balordo*, juge, a nommé pour tutrice de Jeanne, Mævia, qui est sa marraine et qui l'aime beaucoup. Ne l'a-t-il pas pu faire?

R. Non; on ne peut donner de tutelle à aucune femme, si ce n'est la mère ou l'aïeule de l'enfant. Le parlement de Toulouse jugea, le 23 juillet 1629, qu'une belle-mère qu'un père avait nommée par son testament tutrice à ses enfants d'un premier lit, ne pouvait être admise à leur tutelle. Ainsi, le juge même ne peut confirmer cette disposition, parce qu'elle est contraire aux lois et à l'intérêt des pupilles. Cependant on a jugé à Paris, le 18 décembre 1565, qu'un beau-père peut être tuteur du fils de sa femme.

Cas II. *Jeanne* et *Lucie* sont chacune tutrices de leurs enfants. Jeanne vit impudiquement; Lucie s'est remariée. Sont-elles déchues également du droit de tutelle?

R. Oui; une veuve impure n'est propre ni à donner une bonne éducation à ses pupilles, ni à gérer ses biens de manière à les augmenter. *Voyez* Coquille sur la coutume de Nivernais, ch. 27 des *Donations*.

A l'égard de la mère qui convole en secondes noces, elle perd aussi la tutelle, et quoique son mari décède peu après, *durante adhuc tutela*, elle ne peut la reprendre. C'est une peine qu'elle a justement encourue, *ob neglectam prioris mariti memoriam, spretumque maternum erga liberos amorem*. Ferrière, au mot *Tutrice*.

TUTEUR.

Le *tuteur* est une personne préposée pour avoir soin de la personne et des biens d'un pupille ou d'un mineur. La tutelle doit naturellement être déférée au plus proche parent; mais, parce qu'il peut avoir des défauts qui l'en excluent, ou des excuses légitimes qui l'en exemptent, on peut nommer un autre parent ou allié; ou même à leur défaut, un étranger: on peut aussi dans le besoin donner plusieurs tuteurs à un mineur. Un père tient naturellement lieu de tuteur à ses enfants mineurs. *Quis enim talis affectus extraneus inveniatur, ut vincat paternum*, dit la loi 7, cod. *de Curat. furiosi*.

Quoiqu'un père et une mère puissent nommer un tuteur à leurs enfants, on peut pourtant en nommer un autre, quand il y a quelque raison légitime de le faire.

Selon notre jurisprudence, aucun tuteur n'est obligé à donner caution, non plus que ceux qui dans le droit romain étaient nommés par le père: si néanmoins il juge qu'il soit de son avantage de l'offrir, eu égard à l'intérêt qu'il a à la conservation des biens du mineur, il doit être préféré, à moins qu'il n'y eût lieu d'en choisir un autre, à cause de quelque défaut qui se rencontrerait en ses mœurs, ou autrement.

Tout tuteur, tel qu'il soit, doit être confirmé en justice par le juge de la tutelle du mineur, qui est celui du domicile du mineur; mais, selon notre usage, celui que le père a nommé ne doit être confirmé par le juge que sur l'avis des parents; et quand il a été confirmé par le juge, il faut qu'il fasse serment en justice de bien s'acquitter de sa charge et de procurer l'avantage du mineur en toutes choses.

Avant qu'un tuteur s'immisce dans l'administration des biens du mineur, il doit d'abord en faire un inventaire par l'autorité du juge, afin qu'il sache de quoi il est chargé. Si néanmoins il arrivait quelque affaire pressée avant l'inventaire fait, le tuteur pourrait y pourvoir selon le besoin.

Après que l'inventaire a été fait, tous les titres et papiers doivent rester entre les mains du tuteur, pour s'en servir en ce qui concerne le bien du mineur; mais, à l'égard des fonds, ils doivent être affermés après les publications et de l'avis des parents; et en cas qu'il ne se trouve point de fermier, le tuteur en peut jouir, suivant les conditions qui auront été réglées entre lui et les parents du mineur; en quoi nous ne suivons pas le droit romain, non plus qu'en ce qui concerne les meubles; car le code civil veut qu'incontinent après l'inventaire fait les tuteurs et curateurs fassent vendre par autorité de justice ceux qui ne sont pas utiles au mineur et ceux qu'elle appelle périssables, et qu'ils en emploient le prix au payement des dettes passives, s'il y en a, ou en rente, ou en héritage, par l'avis des parents ou amis: *ex mobilibus prædia idonea comparentur*; et cela à peine d'être responsables du dommage qu'en souffrirait le mineur. Cependant, comme il est quelquefois difficile de trouver de bons emplois à faire, on donne ordinairement au tuteur, de l'avis et du consentement des parents, un temps déterminé pour en faire l'emploi. Sur quoi il faut observer, qu'il ne les peut acheter, ni par lui-même, ni par des personnes interposées, ainsi que le portent les lois.

Quand il s'agit de l'emploi des deniers pupillaires, ou de quelque autre affaire qui souffre quelque difficulté, notre usage est que le tuteur ne fasse rien de sa seule autorité; mais il doit faire nommer par le juge un certain nombre de parents, ou d'autres personnes à leur défaut, sur l'avis desquels il est obligé de se régler; car autrement il s'exposerait à répondre, en son propre et privé nom, de ce qu'il aurait fait de son chef, ou de ce qu'il aurait négligé de faire, au désavantage de son mineur. C'est pour cela aussi que, si l'on fait un procès au mineur, ou que le tuteur juge nécessaire d'en intenter un à un tiers, il faut nécessairement qu'il n'agisse que par l'avis de ceux de qui il doit prendre conseil.

Si le mineur se trouve sans biens, ou sans un bien suffisant pour son entretien, le tuteur n'est pas obligé à y suppléer du sien. *Si egeni sunt pupilli, de suo eos alere tutor non compellatur* dit la loi 3, ff, *ubi Pupillus*, etc, lib. XXVII, t. 4.

Un tuteur qui a bien géré n'est tenu ni des mauvais événements qui arrivent ni des cas fortuits.

Quand un mineur a plusieurs tuteurs dont l'administration est commune, ils demeurent tous et chacun d'eux en particulier, solidairement obligés envers le mineur, quelque convention qu'ils aient faite au contraire entre eux; néanmoins le mineur, devenu majeur, qui demande compte, doit discuter chacun séparément pour son administration, avant que de pouvoir s'en prendre à ceux qui n'auraient pas bien géré; à moins qu'il n'y en eût quelques-uns d'insolvables. Un mineur devenu majeur ne peut, selon notre usage, par aucune transaction, ou quittance, décharger validement son tuteur de lui rendre compte.

Tous les biens d'un tuteur deviennent hypothéqués à son mineur, du jour qu'il a accepté la tutelle. Quand une mère tutrice de ses enfans se remarie, sans leur avoir fait nommer un tuteur, et sans leur avoir rendu compte, ni avoir acquitté ou assuré ce qu'elle peut leur devoir, tous les biens de son second mari leur deviennent hypothéqués, tant pour le passé que pour l'avenir. Il serait à désirer que cette maxime si équitable fût plus exactement observée qu'elle ne l'est.

Lorsqu'un tuteur est insolvable, le mineur devenu majeur n'en peut pas rendre responsable le juge qui l'a nommé; car, en le nommant, il n'a fait que confirmer la nomination des parents, et prendre le serment du tuteur nommé; en quoi notre usage est contraire aux lois romaines.

Quand le tuteur vient à mourir, ses héritiers entrent dans tous les engagements où il était; et même, si un héritier était capable de gérer la tutelle, il y serait obligé à l'égard des affaires venues à sa connaissance, ou déjà commencées par le tuteur défunt, et cela jusqu'à ce qu'il y eût un nouveau tuteur élu.

Un tuteur à qui, par son compte, le mineur devenu majeur est redevable a son hypothèque sur tous les biens du mineur; et il a même un privilège pour le payement des sommes qu'il a employées au recouvrement ou à la conservation des biens pupillaires.

La tutelle finit, 1° par la majorité du mineur (*Voyez* le cas XVII); 2° par la mort civile du tuteur et par celle du mineur; mais, dans le cas de la mort civile du mineur, le tuteur doit continuer son administration en faveur de ceux à qui il lui faudra rendre compte; 3° par la destitution juridique du tuteur, laquelle peut avoir plusieurs causes, soit prévarication, mauvaise foi ou une négligence fort notable.

Une femme ne peut être tutrice que de ses enfants : *Feminæ tutores dari non possunt ; quia id munus masculorum est,* dit la loi fin. ff. *de Tutel.* Une aïeule peut aussi être tutrice de ses petits-enfants, comme une mère peut l'être de ses enfants; et même la tutelle peut être laissée à son second mari. Un mineur ne peut être tuteur.

Un homme qui a quelque infirmité considérable qui l'empêche de veiller à ses propres affaires, doit être dispensé de toute tutelle : tels sont les sourds, les aveugles, les muets, etc. Un homme âgé de 70 ans accomplis peut s'excuser d'accepter une tutelle, mais si cet âge ne devenait accompli que pendant la tutelle, cela ne suffirait pas pour l'en faire décharger : *excessisse autem oportet 70 annos tempore illo quo creantur.* Si néanmoins un tel homme avait par exemple 68 ou 69 ans, et qu'il fût chargé de quatre enfants, il semble que l'équité demanderait que le juge l'en déchargeât.

Ceux qui ont cinq enfants légitimes actuellement vivants sont exempts d'être tuteurs, et même les enfants des fils et des filles décédés sont admis en ce nombre; mais plusieurs enfants d'un fils et d'une fille ne sont comptés que pour une tête. On ne doit pas compter en ce cas les enfants qui surviennent après l'acceptation de la tutelle.

Celui qui a déjà trois tutelles qui se régissent par trois administrations différentes, ne peut être contraint à en accepter une quatrième. Si même une seule tutelle était d'une administration trop grande, le tuteur serait reçu à en refuser une seconde. Quand il y a eu une inimitié capitale entre le père du mineur et celui qu'on nommerait tuteur, celui-ci doit être déchargé, si l'inimitié a duré jusqu'à la mort.

Généralement parlant, il est de l'équité que celui qu'on nomme tuteur d'un mineur gère la tutelle avec l'affection qu'il doit avoir pour les intérêts de son mineur; c'est pourquoi il est de la prudence du juge de ne pas confirmer la nomination d'un tuteur qui paraîtrait mal disposé envers le mineur ou sa famille, soit par des procès considérables où il s'agirait de l'état, ou d'une grande partie des biens de ce mineur, ou que ce même mineur aurait contre les proches parents de celui qu'on lui voudrait donner pour tuteur; aussi est-ce ce qui est porté par plusieurs lois des mêmes titres que nous avons cités.

Les ecclésiastiques qui sont dans les ordres majeurs ne peuvent être contraints à accepter une tutelle ni une curatelle, mais on leur permet d'accepter la tutelle des enfants orphelins de leurs parents. Tout homme qui, ayant été nommé tuteur, a appelé de son élection du juge subalterne au juge supérieur, est néanmoins tenu de gérer la tutelle par provision, jusqu'à ce qu'il ait obtenu sa décharge.

Dès qu'un homme a accepté une tutelle, il ne peut plus demander à en être déchargé sur l'excuse qu'il avait et qu'il n'a pas alléguée; mais il peut être déchargé pour une autre cause qui est survenue après son acceptation, comme on l'a déjà marqué. *Voyez* Domat, liv. II, tit. 1, sect. 1.

TUTEUR SUBROGÉ.

C'est celui qui est nommé par le conseil de famille pour agir dans les intérêts du mineur quand ils sont en opposition avec ceux du tuteur.

— Cas I. *Albert* ayant perdu son père, ses parents lui ont choisi pour tuteur Jean, homme fort entendu dans les affaires, mais qui a peu de religion, ou qui est suspect d'hérésie. L'ont-ils pu sans péché?

R. Non sans doute. L'article 11 de l'ordonnance de 1698 veut que les parents, lorsqu'ils donnent des tuteurs à leurs pupilles ou mineurs, choisissent des personnes de bonne vie et mœurs, et qui remplissent exactement tous les devoirs de la religion catholique. Le bon sens dicte la même chose, puisqu'un tuteur, par le crédit qu'il a sur l'esprit de son pupille, peut aisément lui inspirer tous ses sentiments. C'est par cette raison qu'avant la sage révocation de l'édit de Nantes, les protestants ne pouvaient être nommés tuteurs. Il en est donc d'eux à peu près comme des parrains, et c'est par le plus déplorable abus qu'on préfère à des gens de bien des personnes sans vertu, précisément parce qu'elles peuvent contribuer à la fortune temporelle d'un enfant. La grande maxime doit être celle de Jésus-Christ : *Cherchez avant toutes choses le royaume de Dieu et sa justice, et rien ne vous manquera. Voyez* les *Mémoires du Clergé*, tom. I, pag. 2055 et 1953.

— Cas II. *Isaac*, tuteur de Fébronie, lui a fait épouser son fils. L'a-t-il pu?

R. La loi du Code ne défend pas ces sortes de mariages.

Cas III. *Théotime*, élu tuteur d'un enfant de trois ans, ayant fait faire l'inventaire de tous les biens de ce mineur, a gardé entre autres meubles une tenture de tapisserie de trente aunes, qui s'est trouvée, un an après, très-endommagée par les vers, ainsi qu'un habit de drap d'Angleterre, qui était enfermé dans un coffre ; on demande qui du tuteur ou du mineur doit porter ce dommage.

R. C'est le tuteur ; car il ne suffit pas de faire un inventaire exact des biens de son pupille, il faut encore qu'il vende ceux qui pourraient se détériorer, et qu'il en emploie le prix d'une manière utile au mineur. *Si tutor cessaverit in distractione earum rerum quæ tempore depereunt, suum periculum facit; debuit enim confestim officio suo fungi,... non quidem præcipiti festinatione, sed nec moratoria cunctatione.* Leg. 7, ff. *de Administr.*, I, xxvi, t. 7. C'est aussi la disposition de Charles IX, dans l'art. 102 de l'ordonnance d'Orléans, où il dit : « Les tuteurs et curateurs de mineurs seront tenus, aussitôt qu'ils auront fait l'inventaire des biens appartenant à leurs pupilles, de faire vendre par autorité de justice les meubles périssables, et employer en rentes, ou héritages, par avis des parents et amis, les deniers qui en proviendront avec ceux qu'ils auront trouvés comptants, à peine de payer en leurs propres noms le profit desdits deniers. »

Il faut toutefois excepter les choses mobilières, dont l'usage est nécessaire pour le bien du mineur ; tels que sont les bestiaux d'une ferme, les cuves dont on a besoin pour la vendange, etc. ; car le tuteur ne les pourrait faire vendre sans causer un dommage considérable à son pupille. Il en est de même de tous autres meubles qui sont utiles à un mineur prêt d'atteindre l'âge de majorité, et qui serait obligé, étant devenu majeur, d'en acheter chèrement de semblables.

Cas IV. *Hortensius*, tuteur d'Eugène, dont le revenu annuel est de 3,000 livres, en a employé 1,500 livres par an, pour la nourriture et l'éducation de son pupille, et il a mis le reste en réserve. Eugène devenu majeur l'a fait condamner à lui payer les intérêts de cet argent qu'il n'a pas fait valoir. Cela est-il juste?

R. Très-juste ; car un tuteur est obligé par les lois à employer les deniers pupillaires, qui proviennent de la vente des meubles, des dettes actives, des rachats de rente, etc., en l'acquisition de quelque fonds ou rente, au profit de son mineur, à faute de quoi il est tenu des intérêts de ces deniers, à moins que cet emploi ne pût se faire malgré la diligence du tuteur ; auquel cas il faut que, pour se mettre à couvert de toute poursuite, il rapporte des actes de l'avis des personnes de qui il était tenu de prendre conseil, par lesquels il paraisse que l'emploi n'a pu être fait. Au reste l'intérêt des deniers pupillaires ne commence pas à courir contre le tuteur, dès le moment qu'il les a reçus ; car on lui donne un temps raisonnable pour en faire l'emploi ; lequel doit être plus court ou plus long, selon la qualité des sommes, et la difficulté de l'emploi, sur quoi le tuteur doit prendre ses précautions de l'avis des parents du mineur. A l'égard des sommes qui proviennent des épargnes, on a coutume d'en faire un fonds tous les trois ans, avec un délai de six mois pour en faire l'emploi. Ainsi, Hortensius n'ayant pas fait les diligences nécessaires pour employer les deniers de son mineur, a été justement condamné à lui en payer les intérêts. Ce serait autre chose si la somme était si mince qu'on n'en pût rien tirer. C'est le sens de la loi 5, ff. *de Administ. tutorum*.

Cas V. *Aristarque*, tuteur d'Ambroise, a donné à intérêt, d'année en année, mille écus de son pupille, ne pouvant en faire un autre emploi. Est-il obligé à restituer ces intérêts usuraires ? Il semble que oui, puisqu'ils ne sont pas légitimement acquis à son pupille et que c'est par sa faute. Il semble d'autre côté que non, parce qu'il n'en est pas devenu plus riche, ces intérêts n'ayant pas tourné à son profit, mais à celui d'Ambroise.

R. Si Aristarque a connu qu'il ne lui était pas permis en conscience de faire cet emploi des deniers de son pupille, et qu'ainsi il ait été dans la mauvaise foi, il est obligé en son propre nom à la restitution des intérêts qu'il a reçus pour son mineur, parce qu'autrement il paierait du bien d'un tiers ce qu'il doit payer du sien, et qu'en ce sens il deviendrait plus riche. Mais s'il a cru de bonne foi pouvoir faire ce qu'il a fait, et qu'il ait été véritablement dans la disposition de faire profiter les 1,000 écus par un emploi légitime, s'il n'a pas su qu'il était défendu aux tuteurs de faire ainsi profiter l'argent de leurs pupilles, on peut dire, suivant le principe de saint Thomas, qu'il n'est pas obligé de faire cette restitution de ses propres deniers, puisqu'en ce cas il n'en est pas devenu plus riche, et que sa bonne foi demande qu'il ne devienne pas plus pauvre ; c'est le sentiment de l'auteur des *Conférences de Luçon*, t. II, Conf 35, q. 3.

Cas VI. *Salvine*, veuve, ayant entre les mains 3,000 liv. appartenant à ses enfants, dont elle est tutrice, prête cette somme à un banquier sur son simple billet, et en retire 150 liv. d'intérêts par an au profit de ses enfants, croyant ne point mal faire, parce que c'est la coutume générale du pays. Quatre ans après elle épouse en secondes noces Lambert, marchand, qui, comme maître de la communauté, continue aussi de bonne foi à recevoir du même banquier ces mêmes intérêts, sans néanmoins avoir intention de lui laisser ainsi cette somme, mais au contraire la lui demandant avec instance, dans le dessein de la mettre à profit dans son propre commerce, sans qu'il ait pu la retirer d'entre ses mains, ni aussi qu'il ait voulu prendre une sentence de condamnation de peur de se brouiller avec lui.

On demande sur cela, 1° si Salvine est obligée à restituer ces intérêts usuraires au banquier ? 2° si Lambert est tenu à restituer ceux qui ont passé par ses mains ? 3° si les mineurs y sont pareillement obligés, au défaut de leur mère et de leur beau-père ?

R. 1° Les mineurs dont il s'agit ne sont tenus à aucune restitution, parce qu'ils n'ont reçu que ce qui leur est dû selon la loi, et que, si leur mère le leur avait acquis par une voie usuraire, ce dont ils ne sont pas tenus de s'informer, ce serait à elle à en répondre. 2° Il paraît par la réponse au cas précédent que Salvine n'est tenue à rien, puisqu'elle n'en est pas devenue plus riche, et qu'elle était dans la bonne foi et disposée à faire de cette somme un emploi légitime, si elle avait cru mal faire. 3° La bonne foi de Lambert et la volonté sincère où il était de retirer les 3,000 livres des mains du banquier, pour les employer légitimement au profit des mineurs, l'excusent aussi de l'obligation de restituer, encore qu'il ait omis d'obtenir une sentence de condamnation contre le banquier qui refusait de lui remettre cette somme, comme il y était obligé selon la justice. Cette décision est de Sainte-Beuve, tom. III, cas 243.

—M. P. aurait pu ajouter avec ce docteur, 1° que les mineurs dont il est question, et autres semblables, peuvent bien prendre de leur tuteur les intérêts de leurs deniers pupillaires, mais qu'ils ne peuvent les prendre de ceux à qui le prêt a été fait ; 2° que si Salvine était tenue à restitution, pour avoir employé de mauvaise foi les 3,000 livres de ses enfants, ils n'y seraient obligés qu'au cas qu'ils fussent ses héritiers, et non autrement. Or cette dernière remarque me paraît difficile ; car s'il n'est pas permis à un pupille de recevoir des intérêts de ceux à qui le prêt a été fait, pourquoi lui est-il permis de les retenir, quand il les a reçus de la main d'un insolvable, qui ne peut les rendre ? N'est-il pas vrai que ce pupille est alors *possessor rei certo alienæ et exstantis*, comme on le suppose ?

Cas VII et VIII. *Cassandre*, tuteur de Jérémie, a laissé dépérir un arpent de vignes appartenant à son pupille, par une faute qui n'est que légère. Est-il obligé en conscience à le dédommager du dommage qu'il en a souffert ?

R. Oui, car, selon la 23° règle ff., lib. L, tit. 17, *Contractus quidam dolum malum duntaxat recipiunt : quidam, et dolum et culpam ; dolum et culpam... tutelæ, negotia gesta : in his quidem et diligentiam*. En effet, un tuteur est obligé à se comporter en père de famille en tout ce qui regarde les intérêts de son pupille ; c'est-à-dire d'agir avec toute la prudence et le soin qu'un bon père de famille apporterait pour le bien de son propre enfant. Or, c'est ce que Cassandre n'a pas fait, puisqu'il a commis une faute, qui, quoique légère, ne laisse pas de le rendre condamnable en ce cas. Car être coupable d'une faute légère, dans le sens que l'entendent toutes les lois, n'est autre chose que de faire ou d'omettre une chose qu'un homme prudent et soigneux ne ferait pas ou n'omettrait pas dans la matière dont il s'agit.

Mais si la faute du tuteur n'était que très-légère, il n'en serait pas tenu, à moins qu'il ne s'en fût expressément chargé. C'est ainsi que le décident les lois et l'équité, qui ne demandent pas plus à un tuteur qu'à un bon père de famille, et qui ne blâment point celui-ci pour une faute très-légère, dont les plus sages ne se garantissent pas toujours. C'est le sens de la loi 33, ff. *de Administ. tutorum*, qui dit : *A tutoribus et curatoribus pupillorum eadem diligentia exigenda est circa administrationem rerum pupillarium, quam paterfamilias rebus suis ex bona fide præbere debet.*

Cas IX. *Symmaque* et *Faustin*, ayant été nommés tuteurs de Cyrille par le testament de son père, et confirmés par le juge, de l'avis des parents de ce mineur, Faustin, moyennant 300 livres que Symmaque lui a données, s'est chargé seul de la tutelle ; et après avoir dissipé presque tout le bien du pupille en moins de deux ans, il est devenu insolvable. Cyrille, devenu majeur, prétend que Symmaque en est obligé, solidairement avec Faustin, à réparer tout le dommage qu'il a souffert par la mauvaise conduite de Faustin. A-t-il raison ?

DICTIONNAIRE DE CAS DE CONSCIENCE. II.

R. Si chacun de ses tuteurs a eu son administration particulière, Symmaque n'est tenu que de la portion dont il s'est mal à propos déchargé sur Faustin; mais si la charge des deux était commune, ils en sont tenus solidairement. *Si divisio administrationis inter tutores, sive curatores, in eodem loco, seu provincia constitutos facta necdum fuerit, licentiam habet adolescens et unum eorum eligere, et totum debitum exigere.* Leg. 2, cod. *de divid. Tutela.* Cependant si Faustin avait donné une caution, en acceptant la tutelle, Cyrille ne pourrait rechercher Symmaque qu'après la discussion faite des biens de son fidéjusseur, et après l'avoir fait déclarer insolvable, comme il est dit, leg. 1, ff. *de Tutela,* etc., l. xxvii, tit. 3.

Cas X. *Aventin,* se trouvant embarrassé des fonctions d'une tutelle à laquelle il a été nommé, a acheté un office, dont l'édit de création accorde l'exemption de cette charge, après quoi il a déclaré qu'il s'en démettait, et a cessé d'en exercer les fonctions. N'a-t-il pas droit de s'en délivrer par cette voie?

R. Non; car l'intention du prince n'est pas d'accorder cette exemption à ceux qui sont déjà actuellement en fonction, mais seulement de donner à ceux qui n'y sont pas encore engagés le privilége de ne pouvoir être contraints à l'accepter contre leur volonté; ce qui est conforme au droit romain, qui dit: *Tutor petitus ante decreti diem, si aliquod privilegium quærit, recte petitionem institutam excludere non poterit.* Leg. 28, ff. *de Excusationib.*, lib xxvii, tit. 1.

Cas XI. *Léontius,* ayant été nommé tuteur d'Alphonse, nonobstant les raisons légitimes qu'il apportait pour s'en exempter, a appelé de son élection. Après trois mois de litige, il a obtenu une sentence qui l'en a déchargé; mais, parce que dans cet entre-temps il n'a voulu prendre aucun soin des affaires du pupille, qui en a souffert un dommage de 100 écus, on l'en veut rendre responsable. Est-il tenu à indemniser le mineur?

R. Oui; car, comme il est très-important qu'on prenne incessamment le soin nécessaire de la personne d'un pupille et de l'administration de ses biens, celui qui a été nommé tuteur, quoiqu'il se pourvoie contre cette nomination, est obligé par provision d'en remplir les fonctions, jusqu'à ce qu'il en ait été déchargé par une sentence juridique; puisque autrement le mineur et ses biens seraient abandonnés pendant une telle contestation, qui peut demeurer longtemps indécise. Cette décision est conforme à l'équité naturelle et à la loi 31, cod. *de Excusat.*, qui dit: *Ipso jure tutor est, et antequam excusetur.* Une autre loi dit encore: *Tutor datus adversus ipsam creationem provocavit; hæres ejus postea victus præteriti temporis periculum præstabit.* La raison qu'elle en donne est, *quia non videtur levis culpa, contra juris auctoritatem mandatum tutelæ officium detrectare.* M. Brillon, v. *Tuteur,* n. 55, rapporte un arrêt du parlement de Paris, rendu en conformité le 27 avril 1534.

— « Les sentences d'institution de tuteur s'exécutent par provision, nonobstant l'appel, et le tuteur déchargé par arrêt doit rendre compte du temps de la gestion intermédiaire entre sa nomination et sa décharge. » Livonière, *Règles du droit français,* d'après l'ordonnance de 1498, art. 80, et les arrêtés de Lamoignon, art. 56.

Cas XII. *Elpidius,* fils de famille, âgé de vingt-cinq ans accomplis, mais étant encore sous la puissance de son père, a été nommé tuteur de Florentin, son filleul, dont il a dissipé presque tout le bien. Florentin étant devenu majeur, et ayant reconnu le mauvais état où étaient ses affaires, et l'insolvabilité d'Elpidius, prétend rendre son père responsable de tout le dommage qu'il a souffert. Cela est-il juste?

R. Si le père d'Elpidius n'a fait simplement que consentir, c'est-à-dire qu'il ne s'est pas opposé à ce que son fils fût tuteur de Florentin, il n'est pas responsable du dommage qu'a souffert ce mineur, suivant ces paroles de la loi 21, ff. *de Administ.*, etc.: *Nec multum videri in hoc casu facere patris scientiam et consensum ad obligandum eum in solidum.* Mais si le père de ce tuteur s'est mêlé de l'administration des biens du mineur, et qu'il ait géré lui-même la tutelle sous le nom de son fils, ou que ce fils l'ait gérée sous ses ordres et par ses conseils, il a contracté par là une obligation tacite qui le rend responsable de tout le dommage qu'a souffert Florentin. *Si filius familias tutor a prætore datus sit, si quidem pater tutelam agnovit, in solidum debet teneri; si vero non agnovit, dumtaxat de peculio. Agnovisse autem videtur, sive gessit, sive gerenti filio consensit, sive omnino attigit tutelam.* Leg. 7, ff. *de Tutelis.*

Cas XIII. *Pélage,* ayant été nommé tuteur de Jean, par la disposition testamentaire de Jérôme, père de ce mineur, avec cette clause, qu'il demeurera déchargé de l'événement de ce qu'il aura fait pour Jean, par le conseil de sa mère, a entrepris un procès injuste, au nom de son pupille, par l'avis exprès de sa mère. En étant déchu, et ayant été condamné aux dépens, Jean, devenu majeur, n'a pas voulu allouer à Pélage les frais faits pour la poursuite de ce procès, ni le dommage qu'il en a souffert: Pélage prétend que tout le dommage doit tomber sur son pupille, puisqu'il n'a rien fait que du consentement de sa mère. Qui des deux a raison?

R. C'est Jean, parce que l'intention de Jérôme n'a pas été que Pélage s'en rapportât aux avis de la mère, quand ils ne tendraient qu'à la ruine de son fils. Il devait donc consulter et suivre d'habiles avocats et non l'idée d'une femme, qui n'était point capable de le diriger en pareille occasion. C'est la décision de la loi 5, § 8, ff. *de Administ.....* *Tutor,* lib. xxvi, tit. 7, dont voici les paroles: *Pater tutelam filiorum consilio matris geri mandavit; et eo nomine tutores liberavit. Non idcirco minus officium tutorum integrum erit; sed viris bonis conveniet salubre consilium matris admittere. Tam-*

etsi neque liberatio tutoris, neque voluntas patris, aut intercessio matris, tutoris officium infringat.

Cette décision est encore fondée sur la maxime de droit, qui veut que l'autorité d'un tuteur n'empêche pas que son pupille, se trouvant lésé en ce que son tuteur a géré, même de bonne foi, ne puisse en être relevé. *Tutor in re pupilli tunc domini loco habetur, cum tutelam administrat; non cum pupillum spoliat.* Ce sont les termes de la loi 7, ff. *pro Empto*, à laquelle on peut ajouter cette autre loi du Code de Justinien : *Minoribus 25 annis, etiam in his quæ præsentibus tutoribus, vel curatoribus in judicio, vel extra judicium gesta fuerint, in integrum restitutionis auxilium superesse, si circumventi sunt, placuit.* Leg. 2, Cod. *Si tutor vel curator*, etc., lib. II, tit. 24.

CAS XIV. *Annibal* à nommé par son testament Tiburce, son proche parent et homme de probité, tuteur de Thierri, son fils unique; mais six parents ont entrepris après son décès de donner un autre tuteur à cet enfant mineur. Le peuvent-ils en conscience?

R. Ils le peuvent, selon notre usage, s'il y a juste raison d'en élire un autre; comme si Tiburce, quoique homme de bien, n'est pas assez intelligent ou est insolvable. Cet usage, qui est autorisé par les arrêts des cours souveraines, est même conforme au droit romain, qui dit, leg. 10, ff. *de Confirm.*, etc. : *Utilitatem pupillorum prætor sequitur, non scripturam testamenti vel codicillorum. Nam patris voluntatem prætor ita accipere debet, si non fuit ignarus scilicet eorum quæ ipse prætor de tutore comperta habet.* Voici une seconde loi qui y est encore conforme : *Quamvis autem ei potissimum se tutelam commissurum prætor dicat, cui testator delegavit, attamen nonnunquam ab hoc recedet : ut puta, si pater, minus penso consilio hoc fecit : forte minor 25 annis, vel eo tempore fecit, quo iste tutor bonæ vitæ vel frugi videbatur : deinde postea idem cœpit male conversari, ignorante testatore : vel si contemplatione facultatum ejus res ei commissa est, quibus postea exutus est.* Leg. 3, ff. *de Administ. tutor.*

CAS XV. *Godefroi* a certifié par écrit que Gratien, que quelques-uns de la famille ne voulaient pas pour tuteur de Germain, son neveu, était solvable; et sur cela, il a été élu et a fait grand tort aux affaires de Germain. Celui-ci peut-il s'en prendre à Godefroi?

R. Il le peut, parce que les lois fondées sur l'équité naturelle veulent que ceux qui ont certifié que le tuteur était solvable répondent de son fait, de même que s'ils s'en étaient rendus caution : *Eadem causa videtur affirmatorum, qui scilicet cum idoneos esse tutores affirmaverint, fidejussorum vicem sustinent.* Leg. 4, § 3, *de Fidejussoribus*, etc., lib. XXVII, tit. 7.

CAS XVI. *Arnould*, tuteur d'Alexandre, qui a 1,000 livres de revenu, en a employé une partie pendant le temps de la tutelle, à nourrir le frère et la sœur de son pupille, à cause qu'ils n'avaient aucun bien. Alexandre, ayant atteint l'âge de majorité, n'a pas voulu allouer ces dépenses dans le compte qu'Arnould lui a présenté. Peut-il refuser justement de les lui allouer?

R. Non, selon le droit romain, qui dit, leg. 3, ff. *de Administ. tutor*, etc. : *Aliud est, si matri forte aut sorori pupilli tutor, ea quæ ad victum necessaria sunt præstiterit, cum semetipsa sustinere non possit ; nam ratum id habendum est.* Mais en France les tuteurs ne doivent faire ces sortes de dépenses qu'après les avoir fait ordonner en justice. * Sans cela ils s'exposent, lors même qu'ils sont innocents devant Dieu.

CAS XVII. *Titius*, tuteur d'Andronius, ayant fait des avances nécessaires à son mineur, celui-ci, dès qu'il a été majeur, a emprunté 3,000 livres de Mævius, à qui il a hypothéqué une terre unique qui lui appartient. Trois ans après, Mævius ayant fait saisir les revenus de cette terre pour être payé des 3,000 livres, Titius est intervenu, prétendant qu'il devait être payé avant lui. Cela est-il juste?

R. Très-juste; car, comme le mineur a son hypothèque naturelle sur les biens de son tuteur, à l'égard de ce qu'il lui peut devoir par rapport à son administration, de même le tuteur a son hypothèque sur les biens de son pupille pour les avances légitimes qu'il a faites pour lui : *Hoc casu mutuæ sunt actiones*, dit Justinien, lib. III, tit. 28, § 2. Or, cette hypothèque, quoique tacite du tuteur, le rend préférable à tout autre créancier. C'est ce que décide cette autre loi : *Ut plenius dotibus subveniatur, quemadmodum in administratione pupillarium rerum et in aliis multis juris articulis tacitas hypothecas inesse accipimus; ita et in hujusmodi actione damus ex utroque latere hypothecam.* Leg. un., § 1, cod. *de Rei uxor. act.*, lib. V, tit. 13.

— « Le mineur a hypothèque sur les biens de son tuteur pour les reliquats de compte, du jour de la sentence de provision de tutelle, ou du jour qu'a commencé la tutelle naturelle; » mais le tuteur n'a hypothèque sur les biens de son mineur pour ses avances que du jour de la clôture de son compte. Louet, Brodeau, Bacquet, cités par Livonière, page 52.

CAS XVIII. *Domicius* a nommé par son testament Théophile pour tuteur de son fils, et a déclaré qu'il le déchargeait de toute obligation de rendre compte de la tutelle; Théophile a été confirmé, de l'avis des parents, par l'autorité du juge, et a géré la tutelle jusqu'à la majorité de son mineur, qui lui a voulu ensuite faire rendre compte. Théophile, que le défunt en a déchargé, y est-il obligé?

R. Oui, parce que cette décharge est improuvée par les lois, comme on le voit, Leg. 5, ff. *de Administ. tutor.* La raison est qu'un père peut se tromper dans le favorable jugement qu'il porte d'un tuteur, et que celui qui est aujourd'hui homme de bien peut devenir injuste dans la suite. C'est la décision de la loi 7, ff. *de Administr. tutorum*, qui dit : *Quidam decedens filiis suis dederat tutores, et adjecerat : eosque aneclogistos* (1) *esse volo. Et ait Julianus : Tutores nisi bonam fidem in administratione præstiterint, damnari debere : quamvis testamento comprehensum sit ut aneclogisti essent... Et est vera sententia. Nemo enim jus publicum remittere potest hujusmodi cautionibus, nec mutare formam antiquitus constitutam.*

Vincent peut donc justement poursuivre Théophile et le faire condamner à lui rendre compte ; car il se peut faire que Domicius n'ait déchargé ce tuteur de l'obligation de rendre compte de la tutelle de son fils que pour lui marquer sa confiance et l'estime qu'il faisait de sa probité ; et que néanmoins il se soit trompé dans le jugement favorable qu'il en faisait, ou que Théophile, étant véritablement alors un homme de probité, soit devenu dans la suite d'une conduite toute contraire, et ait malversé dans l'administration de la tutelle, ce qu'on ne peut connaitre certainement qu'en lui faisant rendre un compte exact de sa gestion. Et même quand un mineur aurait, après sa majorité, donné à son tuteur une quittance ou quelque autre acte, par lequel il l'eût déclaré quitte, sans que ce tuteur lui eût rendu compte dans les formes ordinaires, tout cela serait inutile au tuteur, et de tels actes seraient toujours considérés comme contraires aux bonnes mœurs et comme suspects de dol de la part du tuteur, qu'on pourrait présumer avec raison avoir caché à son pupille le véritable état de ses affaires. C'est l'usage que nous suivons, quoiqu'il soit contraire aux lois romaines. *Leg.* 4 *et* 4, *cod. de Transact.*

— CAS XIX. *Gaston* a été nommé subrogé tuteur d'*Adélaïde*, mais il a si peu veillé sur la conduite de Marin, qui avait été nommé tuteur onéraire, que sa pupille a perdu plus de 40,000 écus. Gaston doit-il répondre de cette perte, Marin étant insolvable ?

R. La décision de ce cas important n'a pas été la même dans tous les temps. Autrefois on condamnait un tuteur honoraire à dédommager ses pupilles des pertes dont il ne les avait pas garantis. C'était encore le sentiment de M. Argou, et il était fondé sur la loi 3, § 73, ff. *de Administ. et Peric. tutor.*, et sur la loi 60, § 2 *de Ritu nupt.* Mais, dit l'auteur des notes sur ce jurisconsulte, tom. I, pag. 42 : « Dans les pays de coutumes, même dans les pays de droit écrit, du ressort du parlement de Paris, cela ne se pratique plus. D'abord on se relâcha de la rigueur du droit en faveur des princes du sang, ainsi que le remarque Mornac, sur la loi 60, *de Ritu nupt.*, ensuite en faveur des seigneurs de la cour, et à la fin en faveur de tous les tuteurs honoraires, de quelque qualité qu'ils soient. »

Reste à savoir si, au moyen de ce *relâchement*, ils sont, en conscience et devant Dieu, exempts de toute restitution. Or, je le crois ainsi : *Salvo meliori judicio.* Ma raison est qu'il n'y a dans les contrats que ce qu'on y met. Or, aujourd'hui un tuteur honoraire ne se charge que de l'éducation du mineur, et point du tout de l'administration de ses biens. Il sera donc très-coupable, s'il n'a pas soin de veiller à ce qu'il ait de bons gouverneurs ; qu'il soit élevé dans de bons colléges ; qu'il ne perde pas son temps dans les futilités du siècle. Mais pour ce qui regarde son temporel, c'est à sa famille à le confier à des mains aussi pures qu'intelligentes. Il faudrait raisonner autrement dans les coutumes où l'ancienne disposition subsiste, parce que l'engagement du tuteur honoraire y est plus fort, et qu'il regarde autant les biens que l'éducation.

CAS XVIII. *Gennade*, tuteur d'*Armand*, qui, de l'avis de tous les parents de son pupille, soutenait en sa faveur un procès, pour lui faire adjuger une riche succession qu'on lui contestait injustement, étant venu à mourir avant la décision de ce procès, les parents d'Armand ont négligé plus de six mois de lui nommer un autre tuteur, et il a perdu la succession, sans que les héritiers de Gennade ni ses propres parents aient pris soin de défendre ses intérêts, quoique les uns et les autres fussent en état de le faire. Ce mineur ayant atteint l'âge de majorité, prétend que les héritiers de son tuteur le doivent dédommager de la perte de ce procès. Les héritiers soutiennent que, quoiqu'ils aient succédé aux biens de Gennade, ils ne sont pas néanmoins les tuteurs de son pupille, suivant ces paroles de la loi 16, ff. *de Tutel : Sciendum est nullam tutelam hæreditario jure ad alium transire;* et que par conséquent ils n'étaient pas obligés de gérer ses affaires ni tenus de veiller au procès qu'il avait. Ces héritiers n'ont-ils pas raison ?

R. Les héritiers de Gennade ont tort, et ils sont responsables de cette perte, s'ils l'ont causée par une négligence grossière. Car, comme le dit la loi 1, ff. *de Fidejuss.*, etc. : *Quamvis hæres tutoris tutor non est, tamen ea quæ per desunctum inchoata sunt, per hæredem, si legitimæ ætatis et masculus sit, explicari debent, in quibus dolus ejus admitti potest.* C'est encore ce qui est évident par cette autre loi : *Hæredes tutorum ob negligentiam, quæ non latæ culpæ comparari possit, condemnari non oportet.* Par lesquelles paroles il paraît que, si la négligence des héritiers est grossière et condamnable, et qu'ils aient été capables de prendre en main la défense du mineur, ou d'y pourvoir par d'autres, ils ne se peuvent exempter de répondre du dommage qu'il a souffert par leur faute.

On peut confirmer cette réponse par l'exemple du tuteur même, lequel n'est pas déchargé de la tutelle, dès le moment qu'elle est finie, mais est toujours obligé de continuer de prendre soin des affaires qu'il ne pourrait négliger, sans qu'il en arrivât du dommage, et de pourvoir à ce qui ne peut souffrir de retardement, jusqu'à ce qu'il ait rendu compte de sa gestion, ou qu'en atten-

---

(1) *Aneclogisti.* C'est-à-dire, exempts de rendre compte, *Glossa in d. leg.*

lant qu'il l'ait rendu, il ait remis les papiers et les actes nécessaires entre les mains de celui de la tutelle duquel il était chargé, afin qu'il puisse lui-même y donner ses soins. Ainsi quoique, régulièrement parlant, la tutelle soit finie par la mort du tuteur, comme elle l'est par la majorité du mineur, il en reste toujours un accessoire que l'héritier ne peut négliger. Mais à l'égard de toute autre affaire qui n'a pas été commencée du vivant du tuteur, quoique même par sa négligence, ses héritiers ne sont pas tenus envers le mineur, parce que, comme le dit la loi 4, ff. *de Fidejuss.*, etc. : *Negligentia propria hæredi non imputabitur*.

— L'auteur ajoute que dans la matière des tutelles il faut suivre les usages légitimement autorisés. Il faut aussi les présumer justes. Par exemple, dans ce dernier cas, on ne voit pas bien pourquoi l'on ne dit rien aux parents du pupille, qui étaient naturellement intéressés à lui donner sur-le-champ un autre tuteur, et pourquoi l'on s'en prend aux héritiers du tuteur, auxquels le pupille peut quelquefois être étranger.

— TYRANNICIDE

Le concile de Constance a fait un décret contre ceux qui dogmatisent qu'il est permis et même méritoire à tout vassal et sujet d'ôter la vie à un tyran, et cela malgré tous les serments de fidélité qu'on aurait pu lui faire. Le concile condamne cette doctrine comme hérétique, scandaleuse et introductive de trahison, sédition et perfidie. Il veut de plus que tous ceux qui la soutiennent opiniâtrément soient traités en hérétiques, et comme tels punis selon les saints décrets. La chambre ecclésiastique des États de 1614 a renouvelé et fait publier ce décret du concile de Constance. On connaît aujourd'hui plus que jamais, et les auteurs de cette monstrueuse doctrine, et les suites énormes qui en résultent. *Voyez* les *Mémoires du clergé*, tom. I, pag. 570 et 572.

U

USAGE.

Ce mot se prend ou pour une coutume, qui est quelquefois un abus, et qui quelquefois a force de loi, ou pour le droit qu'une personne a sur un bien. On a parlé de l'usage pris dans le premier sens au mot COUTUME. L'usage pris dans le second sens est un droit personnel de prendre sur les fruits d'un bien appartenant à autrui, autant qu'il en faut à l'usager pour ses propres besoins. Ainsi, ce droit est bien plus limité que celui de l'usufruitier, dont on parlera au titre suivant. Les quatre cas suivants mettront plus au fait.

— CAS I. *Martin* a donné à Jacques l'usage d'une maison de campagne. Celui-ci, qui ne peut en profiter pendant deux ans, ne peut-il pas vendre son droit ou le louer à un autre?

R. Il ne le peut, parce que, qui dit usage, dit quelque chose de très-personnel. *Nec ullis aliis jus quod habet, aut vendere, aut locare, aut gratis concedere potest*: dit la loi 11, ff. *de Usu et Habitat*. Cependant, comme l'*usage* approche beaucoup de l'*habitation*, qui donne plus de droit que le simple usage, s'il y avait quelque difficulté de savoir si l'usager peut user de son droit autrement qu'en personne, il faudrait la décider par le titre, par la qualité des personnes et par les autres circonstances, ainsi que l'observe Domat, tom. I, liv. I, tit. 11, sect. 2-2, n. 4 et 10.

— CAS II. *Marius* a légué à Catherine l'usage de son jardin; mais, comme il ne lui fournit que ce dont elle a absolument besoin, elle n'en veut rien céder à l'héritier de Marius. Cet héritier s'en plaint, en disant qu'elle s'érige en usufruitière, quoiqu'elle ne soit qu'usagère. Qui des deux a raison?

R. C'est Catherine; parce que, comme le prouve Domat, *ibid.*, n. 2, quand l'usager a droit de prendre ce qu'il lui faut pour ses besoins, et que les fruits sont si modiques dans le fonds dont il a l'usage, qu'il n'y a précisément que ce qu'il lui faut, il doit avoir le tout comme l'usufruitier. C'est la disposition de la loi 15, ff. *de Usu et Habitatione*.

— CAS III. *Didime* a légué à *Marin* l'usage d'un troupeau de brebis. Marin veut profiter de la laine, du lait, des agneaux. L'héritier de Didime peut-il l'en empêcher?

R. Marin peut se servir de ces animaux pour engraisser ses terres, mais non de leur laine, de leurs agneaux, etc., *quia ea in fructu sunt*. C'est la décision de Justinien, *Inst.*, lib. II, tit. 5, § 4, et cela est d'usage parmi nous, dit Ferrière, sur cet endroit de Justinien.

— CAS IV. *Antoine* ayant donné à Bertole l'usage d'une certaine partie de son bien, Bertole ne s'en est jamais servi; il veut commencer d'en jouir après la mort d'Antoine, mais les héritiers de celui-ci s'y opposent. Le peuvent-ils?

R. Ils le peuvent; parce que, comme la prescription de bonne foi peut donner un usage qu'on n'avait pas, le non-usage peut ôter celui qu'on avait. L'usager n'est pas de meilleure condition que l'usufruitier. Or celui-ci perd l'usufruit des biens meubles par le non-usage de trois ans, et des immeubles par le non-usage de dix ans entre présents, et de vingt ans entre absents. *Voyez* le mot PRESCRIPTION.

USUFRUIT.

On appelle *usufruit* le droit qu'a une personne d'user et de jouir d'une chose dont la propriété appartient à un autre. *Ususfructus*, dit la loi, *est jus alienis rebus utendi, fruendi, salva rerum substantia*. Leg. 2, ff. *de Usufructu*, etc.

1° On le nomme *jus*, c'est-à-dire un pouvoir légitime, dont le propriétaire ne peut pas dépouiller l'usufruitier.

2° On dit *jus utendi*, pour distinguer l'usufruit du dépôt, dont le dépositaire n'a pas le droit de se servir sans le consentement du déposant; au lieu que l'usufruitier a une pleine et entière jouissance de tous les fruits, revenus, usages et commodités qu'il peut tirer de la chose qu'il tient à usufruit; et cela sans réserve et sans aucune exception, suivant ces paroles de la loi : *Omnis fructus rei ad fructuarium pertinet;* et ces autres : *Quidquid in fundo nascitur, quidquid inde percipi potest, ipsius fructus est.* Leg. 7 et 9 *eod. tit.*

3° On ajoute *fruendi*, c'est-à-dire un droit de percevoir et de faire siens les fruits que peut produire la chose tenue à titre d'usufruit.

4° On ajoute enfin cette condition : *salva rerum substantia*, parce que l'usufruitier ne peut pas priver de la propriété celui à qui elle appartient, ni même diminuer ou détériorer la chose.

Ce droit d'usufruit peut être fondé sur divers titres : comme sur la loi, sur la coutume, sur une convention, sur un testament ou sur une donation.

– L'usufruit est établi de plein droit, 1° par la garde noble ou bourgeoise; 2° par le douaire des veuves; 3° en plusieurs coutumes les père et mère succèdent par usufruit aux immeubles de leurs enfants morts sans postérité. *Livonière*, pag. 203.

L'usufruitier qui, au moment que l'usufruit lui est acquis, trouve les fruits prêts à cueillir, les fait siens; et quand l'usufruit viendra à cesser par sa mort, ses héritiers profiteront de tous ceux qui auront été recueillis et séparés du fonds avant son décès, quand même ils seraient restés dans l'héritage, à moins qu'il ne fût réglé autrement par le titre même de l'usufruit, comme il l'est en effet diversement, dans les pays de droit coutumier, à l'égard des usufruits de la dot, qui, après la dissolution du mariage, se partagent différemment entre le survivant et les héritiers du prédécédé, suivant les différentes dispositions des coutumes des lieux.

Comme l'usufruitier a son droit acquis au temps de la récolte, s'il arrive qu'ayant donné les fruits à ferme, il vienne à mourir après la récolte, quoique avant l'échéance du terme du paiement, le prix entier du bail appartient et doit être payé à ses héritiers. C'est la décision de la loi 58, ff. *eod. tit.*

Quand les fruits d'un usufruit ne s'acquièrent que successivement, comme il arrive dans les loyers d'une maison, l'usufruitier n'en jouit qu'à proportion du temps que dure son droit, et ce qui a couru depuis l'usufruit fini appartient au propriétaire.

Il est de certains fruits que l'usufruitier a droit de recueillir avant leur parfaite maturité; tels que sont les foins et les olives; mais il n'en est pas de même des autres, tels que sont les grains et les raisins, qu'il ne lui est pas permis de recueillir avant leur entière maturité. *Leg.* 42 *et* 48, *ibid.*

Tous les changements utiles ou dommageables qui arrivent au fonds tenu à titre d'usufruit, regardent uniquement l'usufruitier, qui seul en profite ou en souffre par l'augmentation ou par la diminution qui y arrive.

L'usufruitier peut faire dans le fonds qu'il tient tels changements qu'il lui plaît, pourvu qu'il ne le détériore point et qu'il en augmente le revenu pour l'avenir, *ibid. l.* XII.

Quand celui qui est le propriétaire d'un fonds qu'il a affermé le donne ensuite à un autre pour en jouir à titre d'usufruit, l'usufruitier peut interrompre le bail et jouir par lui-même des fonds, à moins que le titre en vertu duquel il est devenu usufruitier ne porte le contraire. *Leg.* 12 *et* 59, *ibid.*

Quand l'usufruit vient à finir après un certain temps de jouissance, l'usufruitier n'a aucun droit de demander que le propriétaire lui tienne compte des améliorations et augmentations qu'il a faites dans le fonds de l'usufruit; mais, s'il a fait des réparations nécessaires au delà de celles dont il était tenu, il doit en être remboursé par le propriétaire à la fin de l'usufruit. *Si quid ultra quam impendi debeat erogatum, potes docere; solemniter revosces*. Ce sont les termes de la loi 7, cod. *de Usufructu.*

Celui à qui un usufruit est acquis, soit par achat, donation ou testament, doit être nécessairement mis en état d'en jouir par celui dont il le tient, ou par son héritier, et même par un légataire à qui le défunt aurait légué l'héritage; par où il faudrait que l'usufruitier passât pour cultiver le fonds de son usufruit. C'est ce qui est expressément décidé par les lois, qui en cela sont fondées sur l'équité naturelle qui le veut ainsi. Mais on doit dire le contraire de toute autre commodité, qui n'est pas d'une nécessité absolue pour la jouissance; car en ce cas l'usufruitier doit se contenter de son usufruit, tel qu'il est, comme le porte la loi *Si fundo* 1, ff. *Si ususfruct. petatur.*

L'usufruit acquis par un titre général, tel qu'est celui d'une succession, comprend non-seulement les immeubles, mais encore les choses mobilières, sans excepter celles qui se consument par l'usage qu'on en fait, tels que sont les grains, les vins et les autres liqueurs. Néanmoins l'usufruitier est tenu de rendre, après l'usufruit fini, la même quotité que celle qu'il a reçue et de la même nature, selon la teneur de son titre, s'il est fondé sur une convention ou sur un testament. Mais, à l'égard de celles qui ne se consument pas d'abord par l'usage, comme une tapisserie ou autres meubles, on peut à la vérité s'en servir durant tout le temps de l'usufruit, mais l'usufruitier est tenu à les conserver, en ne s'en servant que comme un bon père de famille se servirait de ses propres meubles. *Dicendum est, ita uti eum (usufructuarium) debere ne abutatur,* dit la loi; et un peu après : *Quanquam hæres stipulatus sit, finito usufructu, vestem reddi, attamen non obligari promissorem, si eam sine dolo malo attritam reddiderit.* Leg. 15, § 4, ff. *de Usufructu.*

Quant à l'usufruit, consistant en animaux, soit haras, troupeaux ou autres semblables, l'usufruitier en a à la vérité toute l'utilité qu'il en peut retirer, mais à condition qu'à la fin du temps de l'usufruit il rendra au propriétaire ou à l'héritier le même nombre qu'il a reçu. Néanmoins si ces animaux étaient de nature à n'en pouvoir produire d'autres, il ne serait pas tenu à remplacer ceux qui seraient péris sans sa faute. *Leg.* 68 *et* 70, *ibid.*

Un usufruitier doit, pour sa sûreté, faire d'abord un inventaire ou procès-verbal en présence du propriétaire ou de toute autre personne intéressée, par lequel il paraisse en quoi consiste l'usufruit, et quel est l'état des choses dont il se charge.

Ce propriétaire, ou autre personne intéressée, a droit d'exiger de l'usufruitier les sûretés nécessaires pour la conservation du fonds de l'usufruit et de la restitution qu'il en doit faire en l'état où il sera obligé de le rendre après l'usufruit fini ; et l'usufruitier est tenu de les donner, à moins que son titre ne l'en exempte.

Puisqu'un usufruitier est tenu de veiller à la conservation des choses qu'il tient à titre d'usufruit, et d'en user en bon père de famille, comme on l'a déjà dit : *Debet omne quod diligens paterfamilias in domo sua facit, et ipse facere,* dit la loi : il ne peut donc rien détériorer ni même changer ce qui n'est destiné que pour l'embellissement d'une terre ou pour le simple divertissement. D'où il s'ensuit qu'il ne lui est pas permis de faire couper les arbres d'une avenue, sous prétexte d'augmenter le revenu, en y semant du blé ou en y plantant une vigne. *Si forte voluptuarium fuit prædium ; viriduria.... deambulationes arboribus infructuosis opacas atque amœnas habens, non debebit dejicere, ut forte hortos olitorios faciat, vel aliud quid quod ad reditum spectat.* Leg. 13, ff. *eod. tit.*

Il est encore tenu, 1° d'acquitter toutes les charges de l'usufruit, telles que sont les cens et les redevances, les tailles et les autres semblables impositions, sans en excepter même celles qui surviennent après l'acquisition de l'usufruit ; *Leg.*17, *ibid.;* 2° de faire les menues réparations des lieux, de remplacer les arbres morts sur pied, et de faire tout ce qui est nécessaire pour entretenir toutes choses en bon état. Mais, à l'égard des grosses réparations, il n'y est pas tenu, si ce n'est qu'elles fussent devenues nécessaires par sa négligence. *Eum, ad quem ususfructus pertinet sarta tecta suis sumptibus præstare debere, explorati juris est : si qua tamen vetustate corruissent, neutiquam cogi reficere.* Leg. 7, *eod.*, et leg. 18, ff. *de Usufructu.*

D'un autre côté, le propriétaire ne peut rien ajouter, ni changer dans les lieux ou choses sujettes à l'usufruit, comme de démolir un bâtiment inutile, ou de l'exhausser, ni dégrader un bois sans le consentement exprès de l'usufruitier, quand ce serait même pour y faire des améliorations ; autrement il serait tenu des dommages et intérêts légitimes qu'il lui aurait causés. *Leg.* 7, ff. *ibid.*

Enfin l'usufruitier n'est pas tenu à réparer ce qui se trouve démoli au temps que l'usufruit lui est acquis, car les choses ne lui sont données que dans l'état où elles se trouvent alors.

Comme le droit d'un usufruitier est personnel, il finit : 1° par sa mort naturelle ou civile ; 2° par l'événement de la condition, quand le droit d'en jouir y est borné ; 3° quand l'usufruit vient à périr par un incendie, par un débordement ou par quelque autre cas fortuit, et au cas de l'incendie ou de la ruine d'une maison, l'usufruitier ne conserve aucun droit sur la place, ni même sur les matériaux : *Est enim ususfructus jus in corpore, quo sublato et ipsum tolli necesse est.* Leg. 2, ff. *de Usufr.* Si néanmoins il n'était péri qu'une partie de la maison, en ce cas, comme l'usufruit subsisterait à l'égard de la partie qui resterait, il subsisterait aussi sur la place de la partie périe, comme un accessoire de la maison, ce qui se doit entendre d'un usufruit particulier, et non pas de celui qui serait de la totalité des biens.

Cas I. *Paulin,* jouissant d'un troupeau de cinq cents moutons à titre d'usufruit pendant six ans, conformément au legs qui lui en a été fait par Ambroise, en a perdu cinquante par des cas purement fortuits, et sans qu'il y ait eu aucunement de sa faute. Après les six ans expirés, il a offert les quatre cent cinquante restant à l'héritier d'Ambroise, qui a refusé de les recevoir, prétendant que Paulin était obligé à remplacer les cinquante qui manquaient au nombre, dont l'usufruit qui lui avait été légué était composé. Sur quoi l'on demande s'il est vrai que cet usufruitier soit tenu en conscience à porter la perte de ces cinquante moutons ?

R. Paulin est obligé à porter cette perte, et par conséquent à rendre cinq cents moutons à l'héritier d'Ambroise. La raison est que, puisqu'il a profité du lait, de la laine, des agneaux et des engrais qu'a produits ce troupeau, ainsi qu'il en avait le droit, selon la loi 12, ff. *de Usu,* etc., il est obligé à conserver le même nombre qu'il a reçu, et à en remplacer autant qu'il en manque pour rendre le nombre de cinq cents complet. *Plane, si gregis vel armenti sit ususfructus legatus; debebit ex agnatis gregem supplere, id est, in locum capitum defunctorum,* dit une des lois du Digeste. *Si decesserit fetus,* dit une autre loi, *periculum erit fructuarii, non pro-*

prietarii; et necesse habebit alios fetus submittere. Leg. 12, ff. *de Usu,* et l. 68, ff. *de Usufructu.*

Mais il n'en serait pas de même, si l'usufruit consistait en quelques animaux, qui ne pourraient en produire d'autres pour remplacer ceux qui viendraient à périr par cas fortuit. Par exemple, si c'était un attelage de six chevaux de carrosse, ou des mulets, ou un cheval seul, l'usufruitier en serait quitte en rendant à la fin du temps de l'usufruit ce qui lui en resterait, et ne serait pas tenu à remplacer ceux qui seraient péris sans sa faute. *Sed quod dicitur, debere eum submittere,* ajoute la dernière loi que nous venons de citer, *toties verum est, quoties gregis, vel armenti, vel equitii, id est, universitatis ususfructus legatus est. Cæterum singulorum capitum nihil supplebit.* Cette décision et la plupart des autres qui suivent sont de M. Domat, liv. i, tit ii, sect. 4, n. 5.

— Il aurait fallu ajouter que l'usufruitier n'est tenu à remplacer que quand il a l'usufruit du troupeau pris *collective*: et non quand il ne l'a que *singulorum capitum divisim.* Voyez la loi 70, ff. *de Usufructu.*

Cas II. Il y a dix ans qu'Augustin jouit à titre d'usufruit d'une ferme dont il a été fait un procès-verbal, lorsqu'il s'en est mis en possession. Etant décédé justement à la fin du temps que devait durer l'usufruit, le propriétaire de la ferme a reconnu, 1° qu'au lieu de 300 pieds d'arbres fruitiers, mentionnés au procès-verbal, il n'en restait que 200 dans le verger de cette ferme, le surplus étant mort sur pied, et Augustin n'en ayant point planté d'autres pour les remplacer; 2° qu'une grange est tombée en ruines, quoiqu'elle fût en bon état lorsqu'on fit le procès-verbal. Sur cela le propriétaire prétend que les héritiers d'Augustin sont tenus de ces dommages. Ces héritiers prétendent le contraire. De quel côté est la justice ?

R. L'espèce qu'on propose contient deux difficultés différentes. Nous disons donc d'abord, qu'à l'égard des 100 arbres fruitiers, qui manquent au nombre des 300, portés par le procès-verbal, le propriétaire a raison de vouloir obliger les héritiers d'Augustin à lui en être responsables; car un usufruitier est tenu de conserver en bon état le fonds dont il jouit et de ne pas le laisser détériorer : *Debet enim* (fructuarius) *omne quod diligens paterfamilias in sua domo facit, et ipse facere,* dit la loi 65, ff. *de Usufr.* Ce qu'on peut confirmer par la définition même de l'usufruit, qui, selon la loi, n'est autre chose que le droit de jouir d'une chose dont on n'est pas propriétaire, en la conservant entière, sans la détériorer, ni diminuer : *Ususfructus est jus alienis rebus utendi, fruendi, salva eorum substantia.* L. i, ff. *eod. tit.*

Il s'ensuit de là, 1° qu'Augustin était obligé à remplacer par un nouveau plant les arbres qui étaient morts sur pied, conformément à ce qui est ordonné par la loi 18, ff. *eod, tit.*, qui dit : *Agri usufructu legato, in locum demortuarum arborum aliæ substituendæ sunt;*
2° que par conséquent ses héritiers sont dans la même obligation, et doivent répondre du dommage que souffre le propriétaire par la négligence de l'usufruitier, puisqu'ils n'ont pu accepter l'hérédité du défunt sans en accepter les charges, suivant cette autre loi : *Hæredes onera hæreditaria agnoscere..... placuit.* Leg. 2, Cod. *de Hæred. action.* lib. iv, tit. 16.

Quant à la seconde difficulté, qui regarde la grange tombée en ruines, il faut dire que, puisque l'usufruitier est tenu à faire les dépenses nécessaires pour conserver et tenir en bon état les lieux sujets à l'usufruit, en faisant toutes les menues réparations nécessaires aux bâtiments, comme l'enseignent Sylvester de Prierio, Sayrus, Mornac et les autres, si la grange est tombée en ruine, faute de les avoir faites, il est tenu du dommage arrivé par la ruine de cet édifice envers le propriétaire, et par conséquent ses héritiers à son défaut. C'est ce que prouve M. Domat par ces paroles de la loi 7, *Cod.* de Usufr. *Eum, ad quem ususfructus pertinet, sarta tecta suis sumptibus præstare debere, explorati juris est.* Mais si cette grange est tombée par caducité, et nonobstant les soins qu'Augustin a pris de l'entretenir en bon état, c'est au propriétaire seul à en porter la perte; puisqu'un usufruitier n'est pas obligé aux grosses réparations, comme est celle de rebâtir un édifice qui est tombé, sans qu'il y ait de sa faute. *Quoniam igitur omnes fructus rei ad eum pertinent,* dit la loi 7, ff. *eod. tit., reficere quoque eum ædes per arbitrum cogi, Celsus..... scribit : hactenus tamen, ut sarta tecta habeat, si qua tamen vetustate corruissent, neutrum cogi reficere.*

Il est bon d'observer que si l'usufruitier avait fait des réparations nécessaires au delà de celles qu'il est tenu de faire dans la rigueur, le propriétaire serait obligé à le rembourser du surplus, surtout si le juge l'avait ainsi ordonné : c'est ce qui est porté par cette autre loi : *Si quid, ultra quam impendi debeat, erogatum potes docere, solemniter reposces.* A quoi est conforme Sayrus, que nous venons de citer, qui dit : *Ad sumptus magnos non tenetur* (usufructuarius) *unde, si majores fructus expendat ad refectionem illius* (rei) *rationabiliter et utiliter..... datur ei actio repetendi ista a proprietario.*

Au reste, on ne doit pas trouver étrange que nous alléguions les lois pour fondement de nos décisions sur cette matière, puisque les casuistes n'en ont parlé que très-succinctement, à cause qu'elle regarde principalement les jurisconsultes; et que nous n'en avons rien dans le corps des Décrétales, non plus que dans le décret de Gratien. Voyez le cas V.

Cas III. *Philbert* a légué en mourant à Mævius l'usufruit de la seigneurie de Saint-Job. Mævius s'en étant mis en possession, y a fait plusieurs améliorations, et particulièrement en rendant utiles et fertiles 30 arpents de terres, qui étaient remplis d'arbres inutiles et plantés pour la plupart en allées pour le seul plaisir de la promenade, qu'il a fait couper, et a fait semer dans ces terres du froment, qui rapporte beaucoup à cause des engrais qu'il y a fait mettre. Outre cela, il a fait abattre quelques vieux bâtiments de la ferme, qui étaient entièrement inutiles, et dont les réparations fréquentes coûtaient beaucoup. Etant venu à mourir huit ou dix ans après, le propriétaire de la terre a voulu rendre ses héritiers responsables du dommage qu'il prétend que Mævius lui a causé par l'abattis de ces arbres et par la démolition de ces vieux bâtiments. Sa prétention est-elle juste ?

R. Nous croyons que la prétention du propriétaire de cette terre est juste, et qu'il a lieu de demander ses dommages et intérêts aux héritiers de Mævius ; et, en cas de refus, de les y faire condamner en justice. La raison est qu'un simple usufruitier, non-seulement ne peut détériorer ce qu'il possède à titre d'usufruit, mais qu'il n'a pas même droit de changer l'état des choses, comme de détruire un bâtiment, quand même ces choses ne seraient destinées que pour le seul plaisir, telles que sont les avenues plantées d'arbres aux environs de la maison, encore qu'il ne le fasse que pour augmenter le revenu de la terre : ces bâtiments, quoique vieux, et ces arbres, quoique stériles, étant d'ailleurs censés faire partie du fonds, dont l'usufruitier n'est pas le maître. *Si fundi est ususfructus legatus*, dit la loi, *non debet neque arbores frugiferas excidere, neque villam diruere, nec quidquam facere in perniciem proprietatis. Et si forte voluptuarium fuit prædium, viridaria, vel gestationes, vel deambulationes, arboribus infructuosis opacas atque amœnas habens, non debebit dejicere, ut forte hortos olitorios faciat, vel aliud quid quod ad reditum spectat.* Leg. 13, ff. *de Usufr.*

— Il n'est pas même permis à l'usufruitier d'élever une maison plus haut qu'elle ne l'était.

— Cas IV. *Minius*, usufruitier d'une seigneurie, a saisi féodalement le fief d'un vassal de cette terre, parce qu'il refusait de faire foi et hommage. L'a-t-il pu ?

R. Un usufruitier peut saisir féodalement pour son intérêt particulier, sous le nom du seigneur propriétaire ; mais il faut qu'il ait préalablement fait sommation audit propriétaire de faire saisir. *Voyez* l'art. 2 de la *Coutume de Paris*, et Ferrière, sur ce même article.

Cas V. Trente ou quarante grands arbres ayant été abattus par un violent ouragan dans un bois, Gaspard, qui jouit à titre d'usufruit de la terre dont ce bois fait partie, les a fait enlever avec quelques autres qui étaient morts sur pied, comme une chose qui lui appartient. Le propriétaire du fonds prétend qu'il les lui doit restituer, comme faisant partie de son fonds. Lequel a raison des deux ?

R. Les grands arbres font partie du fonds de la terre et appartiennent sans contredit à celui qui en est le propriétaire, qui les doit faire enlever à ses frais, afin que l'usufruitier n'en soit pas incommodé, et en faire

planter d'autres en leur place, s'il le veut. C'est pourquoi, Gaspard doit rendre au propriétaire de ce bois ceux qui ont été abattus par la violence du vent, ou lui en payer la valeur, s'il les a employés à son usage. *Si arbores vento dejectas dominus non tollat*, dit la loi, *per quod incommodior is sit ususfructus, vel iter, suis actionibus usufructuario cum eo experiendum.* Leg. 19, *eod. tit.*

Il y a néanmoins une autre loi qui porte que si les bâtiments sujets à l'usufruit avaient besoin de quelques réparations où ce bois arraché pût servir, l'usufruitier pourrait l'y employer, parce qu'elles regardent le bien propre du fonds. *Arboribus evulsis vel vi ventorum dejectis usque ad usum suum et villæ posse usufructuarium ferre*, Labeo ait..... *Materiam tamen* (de arboribus evulsis scilicet) *ipsum succidere, quantum ad villæ refectionem, putat posse.* Ce sont les termes de cette loi. Leg. 12, ff. *de Usufr.*

A l'égard des arbres morts sur pied, Gaspard en a pu profiter ; car on les doit considérer comme une espèce de revenu qui appartient à l'usufruitier, à la charge néanmoins d'en planter d'autres en leur place. *Agri usufructu legato in locum demortuarum arborum aliæ substituendæ sunt, et priores ad fructuarium pertinent.* Ce sont les termes de la loi 18, *eod. tit.*

Cas VI. *Thierry* ayant laissé par testament l'usufruit de quatre arpents de vignes à David, et étant venu à décéder la veille même du jour qu'on devait faire vendange pour lui, David et l'héritier du défunt sont en contestation à qui aura les fruits de ces vignes. David prétend que son droit d'usufruitier lui étant acquis avant qu'on ait commencé la vendange, il en doit profiter et l'héritier de Thierry prétend le contraire. A qui ces fruits appartiennent-ils ?

R. Ces fruits appartiennent à David. Car, dès le moment que le droit d'un usufruitier lui est acquis, il commence à entrer en jouissance, et son usufruit commence à courir. C'est pourquoi, si, dès le premier jour qu'il commence à jouir, il trouve que les fruits pendants soient en maturité, il peut les recueillir comme une chose qui lui appartient. *Si pendentes fructus jam maturos reliquerit testator, fructuarius eos feret, si die legati cedente adhuc pendentes deprehenderit ; nam et stantes fructus ad fructuarium pertinent.* Ce sont les termes de la loi 27, ff. *de Usufr.*

Il en serait de même si les fruits avaient été donnés à ferme par l'usufruitier, et qu'il vînt à mourir après la récolte, quoique le terme du payement dû par le fermier ne fût pas encore échu : *Defuncta fructuaria mense decembri, jam omnibus fructibus, qui in his agris nascuntur mense octobri per colonos sublatis ; quæsitum est utrum pensio hæredi fructuariæ solvi debeat, quamvis fructuaria ante kalendas martias, quibus pensiones inferri debeant, decesserit ; an dividi debeat inter hæredem fructuariæ et rempublicam, cui proprietas legata est? Respondi, rempublicam quidem cum colono nullam actionem habere ; fruc-*

tuariæ vero hæredem sua die (secundum ea quæ proponerentur) integram pensionem percepturum. Sur lesquelles dernières paroles la Glose dit : *Et sic pro ultimo anno habet omnes fructus, licet non transierit totus.* C'est ainsi que M. Domat décide cette difficulté.

Cas VII. *Hervé*, usufruitier d'un bois taillis prêt à couper, d'un étang prêt à pêcher, et de dix arpents de blé prêts à être moissonnés, ayant déjà fait couper le bois qui est néanmoins encore sur la terre et la moitié du blé qu'il n'a pas encore fait enlever, et ayant enfin donné ses ordres et préparé toutes choses pour pêcher l'étang le lendemain, vient à mourir d'apoplexie la nuit suivante. Gilles, son héritier, prétend que non-seulement le bois coupé lui appartient, mais encore le blé qui est sur le champ, coupé ou à couper, et qu'il a droit de faire pêcher l'étang. André, propriétaire des fonds, prétend au contraire que l'étang n'ayant pas été pêché avant le décès de Hervé, et que le bois et le blé n'ayant pas été enlevés, mais étant encore sur la terre, ils lui appartiennent. On demande lequel des deux a raison?

R. Dès le moment qu'un usufruit vient à finir pendant le temps de la récolte, soit par la mort de l'usufruitier ou autrement, ce qui se trouve être séparé du fonds, quoique resté dans l'héritage, appartient à son héritier, et ce qui reste à recueillir appartient au propriétaire du fonds. La raison est que l'usufruitier n'a que le seul droit de jouir. C'est pourquoi ce droit venant à cesser avant qu'il ait joui, il n'a plus rien à prétendre, ni par conséquent son héritier, l'un et l'autre n'étant censés faire qu'une seule et même personne. *Si fructuarius messem fecit et decessit,* dit la loi 13, *quibus modis ususfructus*, etc., *stipulam, quæ in messe jacet, hæredis ejus esse Labeo ait : spicam, quæ terra teneatur, domini fundi esse, fructumque percipi spica, aut feno cæso, aut adempta, aut excussa olea; quamvis nondum tritum frumentum, aut oleum factum, vel vindemia coacta sit. Sed, ut verum est quod de olea excussa scripsit, ita aliter observandum de ea olea, quæ per se deciderit. Julianus ait, fructuarii fructus tunc fieri, cum eos perceperit.* La loi 8, ff. *de annuis Legatis,* décide encore en peu de mots cette même difficulté : *Cum fructuarius,* dit-elle, *etiamsi maturis fructibus, nondum tamen perceptis, decesserit, hæredi suo eos fructus non relinquet.* Ainsi, le bois et le blé qui se sont trouvés coupés à l'heure du décès de Hervé, usufruitier, appartiennent à Gilles, son héritier, quoiqu'ils fussent encore sur la terre; mais le blé qui restait à couper et le poisson qui était dans l'étang appartiennent à André, propriétaire du fonds.

Il faut toutefois observer : 1° que, comme l'usufruit peut appartenir à l'usufruitier par des titres différents, c'est-à-dire par testament, ou par quelque convention, ou par une loi, on doit en chaque espèce d'usufruit se régler, à l'égard des droits de l'usufruitier, sur ce qui peut avoir été réglé par le titre qui le rend tel. Ainsi les fruits d'une dot se partagent différemment, après la dissolution du mariage, entre la personne survivante et les héritiers du prédécédé, suivant que le règlent les différentes coutumes; et il en est de même de l'usufruit des pères et de la garde noble ou bourgeoise, qui se règlent conformément aux dispositions des différentes coutumes; 2° que, par ce que nous venons de dire, nous n'entendons pas parler des bénéfices ni de ceux qui les possèdent; car, encore que l'on puisse dire que la jouissance qu'ont les bénéficiers des revenus de leurs bénéfices soit une espèce particulière d'usufruit, elle se règle pourtant d'une autre manière, parce que les fruits d'un bénéfice n'appartiennent à celui qui en est possesseur qu'à cause des charges que le bénéfice lui impose. C'est pourquoi les fruits de l'année de la mort du bénéficier, laquelle, selon l'usage ordinaire, commence au premier jour de janvier, se partagent en France entre les héritiers du défunt titulaire et son successeur, à proportion du temps qu'a vécu le titulaire pendant cette dernière année.

Cas VIII. *Josse* a légué par son testament, à Jean et à Jacques, une métairie de 400 liv. de revenu, pour en jouir conjointement pendant leur vie. Trois mois après s'en être mis en possession, Jacques est venu à mourir. L'héritier de Josse prétend qu'il doit profiter de la portion du décédé. Jean prétend, au contraire, que cette portion lui accroît et qu'il doit jouir seul de la métairie entière. De quel côté est la justice?

R. Elle est du côté de Jean ; car c'est une maxime constante que le survivant de deux ou de plusieurs usufruitiers doit profiter de la portion des prédécédés. *Quoties ususfructus legatus est,* dit la loi 1, ff. *de Usufr. accrescendo,* lib. vii, tit. 2, *ita inter fructuarios est jus accrescendi, si conjunctim sit ususfructus relictus.* Une autre loi dit encore : *Si mulieri cum liberis suis ususfructus legetur, amissis liberis ea usumfructum habet : sed et, matre mortua, liberi ejus nihilominus usumfructum habent jure accrescendi.* Leg. 8, *eod. tit.*

Les auteurs qui ont traité de la morale ont suivi la disposition de ces lois, et entre autres Angélus de Clavasio dans sa Somme, et Sylvester de Prierio, qui dit : *Si plures sint usufructuarii, et moriatur unus; non tamen revertitur ususfructus ad proprietarium, sed transit alteri usufructuario,* v. *Usus,* 2, q. 11.

On doit bien observer que nous ne parlons ici que de l'usufruit qui a été laissé à plusieurs conjointement, *conjunctim,* ainsi que parle la loi. Car, si chacun d'eux avait sa portion distincte et séparément assignée, les survivants ne profiteraient pas de celle que l'un d'eux aurait laissée par sa mort; mais elle appartiendrait au propriétaire du fonds. C'est pourquoi la première loi que nous avons citée ajoute : *Cæterum, si separatim unicuique partis rei ususfructus sit relictus, sine dubio jus accrescendi cessat.*

Cas IX. *Savinien* jouissait à titre d'usufruit d'une grande maison qui a été consumée par le feu du ciel. Le propriétaire prétend se saisir des matériaux restants, disposer de la place où était le bâtiment. Savinien prétend au contraire qu'ils lui appartiennent, et que, puisqu'il perd son usufruit, il est bien juste au moins qu'il dispose de l'un et de l'autre.

R. La prétention du propriétaire est juste; car, le droit d'usufruit étant borné à la chose qui y est sujette, il n'affecte pas ses autres biens. Comme donc il n'y a que des bâtiments sur lesquels l'usufruit de Savinien soit assigné, dès le moment qu'ils viennent à périr, il cesse entièrement et n'a aucun effet ni sur les matériaux restants, ni sur la place du bâtiment. *Est enim ususfructus jus in corpore*, dit la loi 2, ff. *de Usufr. quo sublato, et illum tolli necesse est.* Une autre loi dit encore : *Si ædes incendio consumptæ fuerint, vel etiam terræmotu, vel vitio suo corruerint; exstingui usumfructum, et ne quidem areæ usumfructum deberi.* Nous avons encore une autre loi qui exprime en termes solennels les matériaux, en disant : *Certissimum est, exustis ædibus, nec cæmentorum usumfructum deberi.* Leg. 5, ff. *quibus Modis usufr.*, etc. M. Brillon cite deux arrêts rendus en conformité, l'un du parlement de Paris, et l'autre de celui de Toulouse.

Il faut néanmoins observer : 1° que, si un usufruit était établi sur la totalité des biens, l'usufruitier conserverait son droit sur la place où était le bâtiment qui a été détruit, et même sur les matériaux restants, comme étant des choses qui font partie de cette totalité : *Si universorum bonorum, an singularum rerum ususfructus legetur, hactenus interesse puto*, dit la loi 34, ff. *eod. tit., quod si ædes incensæ fuerint, ususfructus specialiter ædium legatus peti non potest : bonorum autem usufructu legato, areæ ususfructus peti poterit.* La raison de donne la même loi est que, comme nous venons de le dire, *in substantia.... bonorum etiam area est.* 2° Il est encore à remarquer que les lois exceptent de la règle générale que nous venons d'établir les biens de campagne, dont les bâtiments viendraient à périr, et veulent que l'usufruitier conserve en ce cas son droit sur la place qui resterait, comme étant un accessoire et faisant partie du total de ce bien. *Fundi usufructu legato, si villa diruta sit, ususfructus non exstinguetur : quia villa fundi accessio est, non magis quam si arbores deciderint; sed et eo quoque solo, in quo fuit villa, uti frui potero.* Ce sont les termes des lois 8 et 9, ff. *quibus Modis*, etc.

Cas X. *Michel*, usufruitier d'une terre, y ayant trouvé une carrière, l'a fait ouvrir pour profiter de ce qu'il en pourrait tirer. Mais le propriétaire s'y oppose et prétend que c'est un fonds où l'usufruitier n'a pas droit de toucher. Michel ne peut-il pas sans injustice s'attribuer le profit qu'il pourrait tirer de cette carrière, malgré l'opposition de celui qui est propriétaire du fonds?

R. Il le peut, parce que les pierres, le plâtre et les autres matières qu'on tire des carrières tiennent lieu de fruits. Mais cela se doit entendre au cas que, par l'ouverture de la carrière et par le travail qu'il y fera faire, il ne fasse pas de tort au fonds même du lieu où elle se trouve, comme il pourrait arriver si la carrière était dans un champ fertile qui vînt à être détruit par le travail qu'on y ferait; car, en ce cas, l'usufruitier serait tenu de tout le dommage qu'en souffrirait dans la suite le propriétaire. *Inde quæsitum est, dit la loi, an lapidicinas, vel cretifodinas, vel arenifodinas, ipse instituere possit? Et ego puto etiam ipsum instituere posse, si non agri partem, necessariam huic rei, occupaturus est. Proinde venas quoque lapidicinarum et hujusmodi metallorum inquirere poterit..... et cæterum fodinas, vel quas paterfamilias instituit, exercere poterit, vel ipse instituere, si nihil agri culturæ nocebit.* Ce même droit de l'usufruitier paraît encore établi sur cette même loi, qui ajoute un peu après : *Si tamen quæ instituit usufructuarius, aut cælum corrumpant agri, aut magnum apparatum sint desideratura, opificum forte vel legulorum, quæ non potest sustinere proprietarius, non videbitur viri boni arbitratu frui.* Leg. 13, § 5 et 6, ff. *de Usufructu.*

Cas XI. *Sigismond*, ayant l'usufruit d'une maison, l'a louée 600 livres par chaque année, le bail à commencer le premier jour de janvier, et le prix du bail payable de six mois en six mois. Mais cet homme étant venu à mourir le premier jour d'avril suivant, son héritier prétend que le locataire lui doit payer 150 liv. pour les trois mois échus. Le propriétaire de la maison prétend au contraire que le terme du payement n'étant pas échu lors du décès de Sigismond, il n'est rien dû à l'héritier. Ce propriétaire est-il bien fondé en sa prétention?

R. Non; car, quand les revenus d'un usufruit ne s'acquièrent que successivement et de jour à autre, tels que sont les loyers de maisons, ils appartiennent à l'usufruitier à proportion du temps que dure son droit; et par conséquent son héritier peut, après son décès, exiger ce qui était échu au jour de sa mort. C'est ainsi que cette question se trouve décidée dans le droit. *Si operas suas locaverit servus fructuarius*, dit la loi, *et imperfecto tempore locationis usufructus interierit, quod superest ad proprietarium pertinebit. Sed et si ab initio certam summam propter operas certas stipulatus fuerit, capite diminuto eo, idem dicendum est.* Leg. 26, ff. *de Usufructu*, etc.

Cas XII. *Casimir*, jouissant en qualité d'usufruitier d'une petite terre, en vertu du legs qui lui en avait été fait par Léandre, et en ayant déjà joui deux ans, il est arrivé qu'elle a été chargée d'impositions publiques, à l'occasion de la guerre. Casimir prétend qu'il doit jouir franchement de ce qui lui a été légué, et que c'est à l'héritier de Léandre à porter ces nouvelles charges, parce qu'autrement il ne retirerait que peu de chose de son legs, contre l'intention de celui qui le lui a fait. Sa prétention n'est-elle pas juste?

R. Non; car tout usufruitier est indispensablement obligé à acquitter toutes les charges des choses dont il jouit à titre d'usufruit, telles que sont les impositions publiques, les tailles, les cens, les rentes foncières et toutes les autres redevances ; encore même qu'elles soient survenues depuis l'usufruit acquis. C'est ce qui est porté par la loi 28, ff. *de Usu et Usufr.*, qui dit : *Quæro si ususfructus fundi legatus est ; et eidem fundo indictiones temporariæ indictæ sint, quid juris sit ? Paulus respondit, idem juris esse et in his speciebus quæ postea indicuntur, quod in vectigalibus dependendis responsum est. Ideoque hoc onus ad fructuarium pertinet.* Sylvester de Prierio enseigne la même chose, et il n'excepte que le seul cas où les impositions publiques égaleraient la valeur entière de tout l'usufruit, laquelle exception fait aussi Angélus de Clavasio, après la Glose, Dynus et Bartole, à l'égard d'un usufruit qui n'est pas fait généralement de tous les biens du propriétaire.

CAS XIII. *Léon*, usufruitier de dix arpents de prés, les a fait faucher et en a enlevé le foin plus d'un mois avant le temps ordinaire, où tout le monde a coutume de faire couper les foins. Étant venu à mourir dans cet entretemps, le propriétaire du fonds a voulu obliger l'héritier du défunt à lui restituer le foin comme lui appartenant, puisque si Léon ne l'eût pas fait couper avant le temps de sa maturité, il en eût profité par la mort qui lui est arrivée avant ce temps. L'héritier est-il obligé en conscience à rendre au propriétaire le foin tel qu'il est ?

R. Il n'y est pas tenu. La raison est qu'il y a de certains fruits qu'il est utile ou de l'usage de cueillir avant leur parfaite maturité, tels que sont les bois taillis, les olives et les foins, dont on n'a pas coutume d'attendre l'entière maturité, comme on est obligé d'attendre celle du blé et des raisins, avant que de pouvoir faire la moisson et la vendange. *Sylvam cæduam, dit là loi, etiamsi intempestive cæsa sit, in fructu esse constat, sicut olea immatura lecta : item fænum immaturum cæsum in fructu est.* Une autre loi dit aussi : *In fructu id esse intelligitur, quod ad usum hominis inductum est : neque enim maturitas naturalis hic spectanda est, sed id tempus quod magis colono dominove eum fructum tollere expedit.* Leg. 48 et 42, *de Usu et Usufructu per legatum*, etc.

CAS XIV. *Geoffroi* a laissé par son testament à Delphius, l'usufruit d'une ferme, consistant en soixante et dix arpents de terre labourable, un corps de logis avec une grange et les autres choses nécessaires à un fermier. La grange étant tombée par sa propre caducité un jour avant la mort de Geoffroi, Delphius s'est mis en possession de la ferme le lendemain de la mort du testateur, et a demandé à l'héritier qu'il fît rééditfier la grange, qui lui était absolument nécessaire pour y resserrer les grains de la moisson prochaine. L'héritier lui a répondu que, puisqu'il avait la jouissance du fonds, il était juste qu'il fît rétablir les lieux à ses dépens. Delphius lui a répliqué que, selon les lois, un usufruitier n'était obligé qu'aux menues réparations, et que par conséquent celle-là n'étant pas de cette nature, ce n'était pas à lui à la faire. Delphius n'a-t-il pas raison ?

R. Non ; car un propriétaire n'est pas obligé à refaire ou à rétablir ce qui se trouve détruit ou endommagé au temps que l'usufruit est acquis à l'usufruitier, à moins que le dommage ne fût arrivé par sa faute ou qu'il ne fût chargé par le titre d'usufruitier de rétablir les choses dans l'état où elles doivent être pour son utilité. D'où il s'ensuit que tout le droit de Delphius consiste seulement à jouir de la ferme qui lui a été léguée en l'état où il l'a trouvée lorsque le droit d'en jouir lui a été acquis ; de la même manière que celui qui est propriétaire d'une chose ne la doit avoir que dans l'état où elle était lorsqu'il l'a acquise. C'est ce qui est évident par cette loi : *Non magis hæres reficere debet quod vetustate jam deterius factum reliquisset testator, quam si proprietatem alicui testator legasset.* Leg. 65, § 1, ff. *de Usufructu*, etc.

CAS XV. *Artus* a légué par son testament à Caïus l'usufruit d'un grand pré situé entre les deux bras d'une rivière, et en deçà duquel est un autre pré dont Mævius, fils d'Artus, a hérité de son père. Caïus lui a demandé passage pour faucher et pour enlever le foin de son pré ; mais Mævius, chagrin du legs que son père a fait à cet homme, le lui a refusé. Le refus est-il bien fondé ?

R. Non ; la raison est qu'Artus, en léguant l'usufruit de ce pré à Caïus, est censé avoir voulu lui léguer en même temps le passage par l'autre pré qu'il a laissé à son fils, puisqu'autrement le legs deviendrait inutile à Caïus, qui n'en pourrait jouir. Ce qui est évidemment contraire à l'intention du testateur. *Ususfructus legatus*, dit la loi 1, ff. *si Ususfructus*, etc., *adminiculis eget, sine quibus utifrui quis non potest. Et ideo si ususfructus legetur, necesse est tamen, ut sequatur eum aditus.* Et un peu après : *Si ususfructus sit legatus, ad quem aditus non est, nisi per hæreditarium fundum ; ex testamento utique agendo fructuarius consequetur, ut cum aditu sibi præstetur ususfructus.* Enfin elle ajoute : *Utrum autem aditus tantum et iter, an vero et via debeatur fructuario, legato et usufructu, Pomponius libro v dubitat, et recte putat, prout ususfructus percepto desiderat, hoc ei præstandum.* Sylvester de Prierio est dans ce même sentiment, et dit qu'autrement l'usufruitier perdrait son usufruit après un non-usage de dix ans, ce qui serait contraire à la justice et contre la volonté du testateur.

Il faudrait dire la même chose, quand même Mævius ne serait que simple légataire d'Artus ; car il serait pareillement obligé d'accorder à Caïus la liberté du passage. *In hac specie*, dit la loi 15, ff. *de Usu*, etc., *non aliter concedendum esse, legatario fundum vindicare ; nisi prius jus transeundi usufructuario præstet.* Mais ni l'héritier ni le légataire ne sont obligés de fournir à l'usufruitier les choses qui ne regardent que la simple commodité, et qui ne lui sont pas d'une nécessité absolue, comme l'est le passage dont il s'agit. *Sed an et alias utilitates et servitutes ei hæres præstare debeat, puta luminum et aquarum ; an vero non ? et puto eas solas præstare compellendum, sine quibus omnino uti non potest. Sed si cum aliquo incommodo utatur, non esse præstanda.* Ce sont les termes de la première loi que nous avons déjà citée.

Cas XVI. *Octavius* a légué à Fabius l'usufruit d'une terre affermée depuis peu à Balthasar pour cinq ans. Octavius étant mort, Fabius a voulu se mettre aussitôt en possession de cette terre ; mais Balthasar s'y est opposé, prétendant avoir droit d'en jouir pendant le temps entier de son bail, en payant le prix dont il était convenu avec Octavius. Fabius peut-il sans injustice l'en déposséder ?

R. Il le peut ; car un usufruitier a droit d'interrompre le bail fait par le propriétaire, ainsi qu'un acheteur. *Quidquid in fundo nascitur, vel quidquid inde percipitur, ad fructuarium pertinet : pensiones quoque jam antea locatorum agrorum, si ipsæ quoque specialiter comprehensæ sint. Sed et ad exemplum venditionis, nisi fuerint specialiter exceptæ, potest usufructuarius conductorem repellere.* Leg. 59, § 1, ff. *de Usufructu*, etc.

Cas XVII. *Sylvius*, ayant légué par son testament à Magloire l'usufruit de quatre arpents de pré, y a fait bâtir depuis une maison, et a fait un jardin du reste de la terre ; après quoi étant venu à décéder sans avoir rien changé à son testament, Magloire demande à l'héritier de Sylvius à être mis en possession de cet héritage, comme d'une chose qui lui appartient à titre d'usufruit. Cet héritier peut-il en conscience s'y opposer ?

R. Magloire n'a pas de droit sur ces quatre arpents de terre, et l'héritier de Sylvius peut sans aucune injustice l'empêcher de s'en mettre en possession. La raison est que le changement qu'a fait le testateur dans ce fonds avant sa mort marque clairement qu'il a changé de volonté, et anéantit par conséquent le legs, puisqu'il n'était déterminé et borné qu'à un pré qui n'est plus. *Si areæ sit ususfructus legatus, et in ea ædificium sit positum ; rem mutari et usumfructum exstingui constat.* Leg. 5, § 3, ff. *quibus Modis*, etc.

Il en serait de même, selon la même loi, si le testateur avait légué la moitié d'un bois qu'il eût ensuite abattu, et du fonds duquel il eût fait une terre labourable où il eût semé du blé. Car l'usufruit n'étant assigné que sur le bois, et ce bois n'étant plus, celui qui avait été désigné usufruitier n'a rien à prétendre sur la terre où il était planté : *Si sylva cæsa*, dit la loi 10, eod. tit., *illic sationes fuerint factæ, sine dubio ususfructus exstinguitur.* Mais ce que nous disons ici ne doit pas être étendu aux usufruits que l'on a acquis par des conventions particulières entre le propriétaire et l'usufruitier ; car en ce cas les changements ne sont pas libres au propriétaire, qui serait tenu de dédommager l'usufruitier, s'il changeait la nature ou l'état des choses sans son consentement.

Cas XVIII. *Evroul* a légué l'usufruit d'une métairie de 200 liv. de revenu à Faustin, qui est tombé quelque temps après dans un crime pour lequel il a été condamné au fouet et au bannissement. On demande si le changement d'état de Faustin fait cesser l'effet de cet usufruit, et si l'héritier d'Evroul se peut mettre en possession de cette métairie ?

R. Il faut distinguer, car ou le bannissement, auquel a été condamné Faustin est perpétuel, ou il est seulement pour un certain temps déterminé : s'il n'est pour un certain temps, l'usufruit ne devient pas éteint par là ; mais si le bannissement est perpétuel, il faut considérer Faustin comme mort civilement, et dire qu'étant dépouillé pour toujours, par la condamnation portée contre lui, de tous les droits de citoyen, il demeure par conséquent déchu de celui qu'il avait de jouir de l'usufruit qui lui avait été légué par Evroul, et qu'ainsi l'héritier du défunt peut en ce cas se mettre en possession de la métairie. *Finitur autem ususfructus morte usufructuarii et duabus capitis diminutionibus, maxima et media.* C'est la décision de l'empereur Justinien, *Instit.*, lib. II, tit. 4.

Capitis diminutio maxima, le grand changement d'état arrivait chez les Romains à ceux qui perdaient le droit de citoyen et la liberté naturelle : *Quod accidit his qui servi pœnæ efficiuntur atrocitate sententiæ*, dit Justinien, *Instit.*, lib. I, tit. 16, § 1. *Diminutio minor, sive media*, était lorsqu'un homme perdait le droit de citoyen sans perdre la liberté, comme ceux qui, comme Ovide, étaient transportés pour toujours dans une île ou ailleurs. J'ai remarqué dans le Traité *de Jure*, que l'usufruit est perdu pour celui qui est banni pour plus de neuf ans.

— Cas XIX. *Marin* a légué à Jean l'usufruit d'une maison qui produit 200 livres de rente. Jean s'est fait religieux et prétend se faire une pension de ces 200 livres. Ne le peut-il pas ?

R. Non ; parce qu'un religieux meurt d'une mort civile, quoique volontaire, qui le prive de tous les droits civils. Et en France il ne peut transmettre ces droits à son monastère. Domat, pag. 15, édit. in-fol.

— Cas XX. *Martial* a légué l'usufruit d'une prairie à sa paroisse, sans déterminer le temps pendant lequel elle en doit jouir. Jacob, fils de Martial, qui voit qu'elle en a déjà joui près de vingt ans, demande cet usufruit à la fabrique, et dit pour ses raisons qu'en le gardant si longtemps elle semble s'en adjuger la propriété. Jacob n'a-t-il pas raison ?

R. La règle générale est que l'usufruit, quand il n'y a point de temps limité, dure toute la vie de celui à qui il a été accordé. Mais comme l'église ne meurt point, l'usufruit qui lui a été donné dure pendant cent ans, parce que *is finis vitæ longævi hominis est* : c'est la raison et la disposition de la loi 56, ff. *de Usufructu*. Ce qu'on vient de dire de l'usufruit accordé à une église s'étend à celui qui serait donné à une ville.

— Cas XXI. *Alexandre*, usufruitier ou engagiste d'une seigneurie qui a plusieurs droits de patronage, a nommé à deux bénéfices vacants. L'a-t-il pu en vertu de l'une et de l'autre de ces qualités ?

R. Si Alexandre est usufruitier, il l'a pu, parce qu'il est de principe que *collatio est in fructu*. Il n'en est pas ainsi du seigneur engagiste; car, quoique le patronage passe ordinairement à l'acquéreur par la vente de la glèbe, il n'y passe pas dans l'aliénation qui se fait par l'engagement du domaine de la couronne, lequel ne se fait jamais incommutablement, mais sous une faculté perpétuelle de rachat. Il faut donc que le contrat d'aliénation renferme une clause spéciale qui donne à l'engagiste la faculté de nommer aux bénéfices; et celle-ci ne renfermerait jamais la nomination des grands bénéfices, tels que sont les évêchés et les abbayes.

USURE.

Deux maux de différent genre ont été la source de l'*usure*, savoir: la cupidité de celui qui prête, et l'indigence de celui qui emprunte; le riche se servant de la misère du pauvre pour l'accabler, au lieu de le secourir dans son besoin, comme la charité l'y oblige et comme l'humanité même doit l'y porter.

L'usure est un profit qu'on tire ou qu'on prétend tirer principalement à cause du prêt qu'on a fait de quelque chose à une personne. *Usura est lucrum ex mutuo principaliter intentum.* C'est la définition qu'en donne saint Antonin, *part.* II, *tit.* 1er, *cap.* 7. Ce profit peut consister non-seulement en argent, mais encore en toute autre chose appréciable à prix d'argent, comme il paraît par ces paroles de saint Augustin, serm. 3, in psalm. XXXVI, n. 6: *Si feneraveris homini, id est, mutuam pecuniam tuam dederis, a quo aliquid plusquam dedisti, exspectes accipere, non pecuniam solam, sed aliquid plusquam dedisti, sive illud triticum sit, sive vinum, sive oleum, sive quodlibet aliud; si plusquam dedisti exspectas accipere, fenerator es, et in hoc improbandus.*

Nous avons dit, 1° qu'on tire *à cause du prêt*; car, à proprement parler, l'usure ne se commet que dans le prêt, soit explicite, soit implicite: c'est pourquoi, quand on la commet dans un autre contrat, comme en celui de vente, c'est toujours en conséquence du prêt implicite qui s'y rencontre. Ainsi quand un marchand, par exemple, vend sa marchandise plus cher que son juste prix, à cause qu'il la vend à un crédit de six mois ou d'un an, il fait la même chose que s'il recevait comptant le juste prix et qu'il exigeât le surplus, parce qu'il prête sa marchandise pour le temps convenu. 2° Nous ajoutons: *ou qu'on prétend tirer*, parce qu'on peut devenir coupable d'usure par la seule intention qu'on a de tirer quelque surcroît au delà de la chose qu'on prête; comme l'on devient simoniaque par la seule volonté d'obtenir un bénéfice par le moyen d'une chose temporelle, quoique cette intention ne soit accompagnée d'aucune convention. 3° Nous ajoutons enfin: *principalement à cause du prêt*, parce que si l'on prête par une intention principale d'exercer la charité, ou de faire plaisir à celui qui emprunte, on ne se rend pas coupable d'usure, bien qu'on ait quelque intention moins principale d'en tirer quelque avantage. Or, cette seconde intention se reconnaît quand celui qui prête se trouve tellement disposé, qu'il ne laisserait pas de prêter, encore qu'il n'attendît aucun profit, ainsi que l'explique saint Antonin.

Il paraît, par ce que nous venons de dire, qu'il y a deux sortes d'usures, l'une réelle et l'autre mentale. La première est celle qui se fait par une convention expresse ou tacite de tirer quelque profit du prêt, et la seconde est celle qui se commet par la seule intention qu'on a de le tirer.

L'usure est défendue, 1° par le droit naturel, 2° par le droit divin, par le droit humain, tant ecclésiastique que civil, comme nous le prouverons dans la suite, où nous expliquerons aussi en vertu de quels titres, sous quelles conditions et en quels cas on peut retirer quelque intérêt du prêt sans être coupable d'usure.

Voici les propositions de morale et les deux censures qu'en fit le clergé de France en 1700, qui confirment celles qu'avaient déjà faites Alexandre VII, Innocent XI et les facultés de Paris et de Louvain, et qui servent de preuve de ce que nous venons de dire et de ce que nous dirons dans la suite de ce titre.

Prop. 54. *Contractus mohatra, is nempe quo mercator rem a se majori pretio venditam, statim redimit pretio minori, licitus est etiam respectu ejusdem personæ, et cum contractu retrovenditionis, prævie inito, cum intentione lucri.*

Prop. 55. *Cum numerata pecunia pretiosior sit numeranda, et nullus sit, qui non majoris faciat pecuniam præsentem quam futuram, potest creditor aliquid ultra sortem a mutuatario exigere, et eo titulo ab usura excusari.*

Prop. 56. *Usura non est, dum ultra sortem aliquid exigitur tanquam ex benevolentia et gratitudine debitum; sed solum si exigatur tanquam ex justitia debitum.*

Prop. 57. *Licitum est mutuanti aliquid ultra sortem exigere, si se obliget ad non repetendam sortem ad certum tempus.*

Prop. 58. *Tam licet ex alienatione per aliquot annos censum annuum exigere, quam licet exigere censum perpetuum ex alienatione perpetua.*

Censura. *Hæ propositiones in quibus mutato tantum mutui et usuræ nomine, licet res eodem recidat, per falsas venditiones et alienationes, simulatasque societates, aliasque ejusmodi artes et fraudes vis divinæ legis eluditur, doctrinam continent falsam, scandalosam, cavillatoriam, in praxi perniciosam, palliativam usurarum, verbo Dei scripto ac non scripto contrariam, jam a clero gallicano reprobatam, conciliorum ac pontificum decretis sæpe damnatam.*

Prop. 60. *Usura, etsi esset prohibita Judæis, non tamen christianis, lege veteri in judicialibus præceptis abolita per Christum.*

CENSURA. *Hæc propositio verbo Dei contraria est, novæ legis perfectionem, gentium omnium in Christo adunatarum fraternitatem tollit.*

Nous abrégerons très-peu tout cet article, parce que la matière est aussi difficile qu'elle est importante.

CAS I. *Egbert*, riche banquier, est dans la pratique de prêter à intérêt, sans engager son capital, pour un temps déterminé, aux personnes accommodées. Un jeune confesseur, à qui il s'est adressé dans le temps du jubilé, a voulu l'obliger à restituer environ 10,000 écus qu'il a gagnés par cette voie depuis douze ou quinze ans qu'il fait ce commerce. Egbert s'en est défendu, prétendant n'être obligé à aucune restitution, par plusieurs raisons :

La première, parce que l'Ecriture ne condamne l'usure qu'à l'égard des pauvres et sans la condamner comme mauvaise d'elle-même : elle se contente de condamner seulement la dureté des riches à l'égard des pauvres qu'ils oppriment par les usures, au lieu de les secourir dans leurs besoins, ainsi que la charité les y oblige. Car voici comme elle s'explique sûr ce sujet, *Exod.* XXII, v. 25 : Si vous prêtez de l'argent à mon peuple, qui est pauvre et qui habite avec vous, vous ne le presserez pas en exacteur impitoyable et vous ne l'accablerez point d'usures : *Si pecuniam mutuam dederis populo meo pauperi, qui habitat tecum, non urgebis eum, quasi exactor, nec usuris opprimes.*

Il paraît évidemment par ce passage, dit Egbert, que Dieu ne défend de tirer des intérêts du prêt, qu'à l'égard des pauvres ou de ceux dont la fortune est renversée. Ce sont de ces seules sortes de personnes, dit-il, qu'il est défendu d'exiger des usures, parce qu'on ne le peut faire sans les ruiner et sans les réduire en un état pire que celui où ils étaient auparavant. C'est pourquoi il faut que ceux qui sont riches, les secourent dans leur misère et qu'ils leur prêtent gratuitement l'argent dont ils ont besoin pour se relever de la nécessité où ils se trouvent réduits; mais cette défense ne s'étend point aux riches à qui l'on prête, et qu'on n'opprime pas en tirant d'eux un intérêt modéré.

Il y a à la vérité un autre passage de l'Ecriture, qui défend l'usure en ces termes généraux : Vous ne prêterez point à usure à votre frère, soit argent ou blé, ou quelque autre chose que ce soit, mais seulement à celui qui est étranger. Vous prêterez à votre frère ce dont il a besoin, sans en tirer aucun intérêt, afin que le Seigneur votre Dieu vous bénisse en tout ce que vous ferez dans la terre que vous allez posséder. *Non fenerabis fratri tuo ad usuram pecuniam, nec fruges, nec quamlibet aliam rem; sed alieno : fratri autem tuo absque usura id quo indiget commodabis*, Deut. XXIII, 19 et 20. Mais on doit toujours, dit Egbert, sous-entendre la condition de pauvre dans cette défense, puisque ce n'est qu'une répétition de celle que Dieu avait déjà faite dans l'Exode et dans le Lévitique, où l'usure ne se trouve défendue qu'à l'égard des pauvres.

Il est encore vrai que, par le terme de *frère* on peut entendre tout homme de la nation juive, quel qu'il soit, riche ou pauvre; mais cela n'empêche pas que l'on ne puisse dire que l'usure n'est pas mauvaise de sa nature, puisque Dieu la permet à l'égard des étrangers. Voilà la première raison qu'apporte Egbert, pour faire voir qu'il peut sans péché prêter à usure aux riches ; et que, n'ayant jamais exigé aucun intérêt des prêts qu'il a faits aux pauvres, on ne le doit pas condamner d'injustice dans l'exaction des intérêts qu'il a pris de ceux qu'il a faits aux personnes accommodées, ni par conséquent l'obliger à restitution

Sa seconde raison est que le premier concile général de Nicée et tous les autres qui ont été tenus pendant les premiers siècles, n'ont défendu de prendre des intérêts usuraires qu'aux seuls ecclésiastiques qui, étant des personnes destinées à procurer le salut du peuple, doivent donner aux fidèles l'exemple d'un parfait détachement des biens de la terre pour ne s'occuper que de Dieu seul, qu'ils ont fait profession de prendre pour partage. C'est pour cela, dit Egbert, qu'on peut dire que l'exaction de l'usure ne leur est pas défendue par les conciles comme une chose qui soit essentiellement mauvaise, mais seulement comme un commerce qui ne convient pas à la sainteté de leur état, non plus que celui de la marchandise, et plusieurs autres semblables qui ne conviennent qu'aux laïques. D'où Egbert conclut qu'encore que l'usure soit interdite aux ecclésiastiques, il ne s'ensuit pas qu'elle doive être aux laïques, puisque ces premiers conciles ne la leur interdisent pas, et que même les premiers papes se sont contentés de faire une pareille défense, sans condamner les lois civiles qui permettent les usures aux laïques.

La troisième raison d'Egbert est, qu'en prêtant son argent à des négociants qui font un gros commerce, à un homme de qualité qui achète une charge de magistrature, ou une terre, ou qui enfin a besoin de 10,000 liv. comptant pour rembourser une rente qu'il doit et qui l'incommode, il procure un avantage fort considérable à ces sortes de personnes, et qu'ainsi il n'est pas juste qu'elles tirent une si grande utilité de son argent, sans qu'il lui en revienne aucun profit, et que d'ailleurs il risque son capital.

La quatrième enfin est qu'il n'a jamais exigé d'usures exorbitantes, mais qu'il n'a pris les intérêts de son argent que sur le pied des ordonnances, déclarations et arrêts; à quoi il ajoute que ce commerce étant en usage chez toutes les nations, et même autorisé par les lois des empereurs et des princes chrétiens, il n'en faut pas davantage pour en prouver l'innocence et la nécessité inévitable.

Ces raisons sont-elles suffisantes pour

l'excuser de la restitution à laquelle on le veut obliger?

R. Nous croyons devoir commencer notre réponse par établir d'abord la vérité qui regarde ce point de morale ; après quoi nous examinerons les raisons qu'Egbert apporte pour s'excuser de faire la restitution à laquelle son confesseur veut l'obliger.

Nous disons donc que l'usure, qui n'est autre chose qu'un gain qu'on tire précisément du prêt d'une somme d'argent ou de toute autre chose que l'on prête, et qui se consume par l'usage, est également condamnée dans les ecclésiastiques et dans les laïques, comme il est très-évident par le témoignage du prophète Ezéchiel, par la bouche duquel Dieu déclare à son peuple que chacun sera puni pour ses propres péchés, mais qu'il oubliera les péchés de celui qui en fera pénitence, pourvu qu'il ne ravisse point le bien d'autrui, qu'il ne prête point à usure, et qu'il ne reçoive rien au delà de ce qu'il a prêté : *Si.... ad usuram non commodaverit, et amplius non acceperit.* Ezéchiel XVIII. Voilà l'usure déclarée un péché qui ferme la porte de la vie éternelle à tous ceux qui s'en rendent coupables, sans aucune distinction d'ecclésiastiques et de laïques. Il ajoute que si, au lieu de marcher ainsi dans la voie de ses commandements, les enfants suivent au contraire les traces de leurs pères, s'ils s'adonnent à l'idolâtrie, s'ils prêtent à usure, et qu'ils reçoivent plus qu'ils n'ont prêté, ils ne vivront point, mais mourront très-certainement, puisqu'ils ont fait toutes ces actions détestables. *Quod si genuerit filium latronem, effundentem sanguinem...... uxorem proximi sui polluentem.... rapientem rapinas.... ad idola levantem oculos suos, abominationem facientem, ad usuram dantem, et amplius accipientem, numquid vivet? Non vivet, cum universa hæc detestanda fecerit.* Voilà l'usure mise au rang des crimes les plus détestables, tels que sont ceux d'idolâtrie, d'adultère, de larcin et les autres abominations qui causent la mort éternelle. Qui peut donc nier après cela que l'usure ne soit contre la loi de Dieu, et par conséquent condamnable et mauvaise de sa nature? C'est encore ce que le prophète-roi, psal. XIV, 5, déclare très-positivement, en disant que tous ceux qui sont coupables d'usure seront exclus pour jamais de la béatitude céleste : *Domine, quis habitabit in tabernaculo tuo, aut quis requiescet in monte sancto tuo?* dit ce saint roi, qui répond aussitôt que les usuriers n'ont rien à espérer à un si grand bonheur ; *qui pecuniam non dedit ad usuram.*

La loi nouvelle est conforme à l'ancienne, Notre-Seigneur ayant renouvelé dans l'Evangile la défense de l'usure par ces paroles, Luc VI, 35. *Mutuum date, nihil inde sperantes*, dont ces deux premières, *mutuum date*, ne renferment qu'un conseil, parce que tout le monde n'est pas obligé à prêter ; et ces trois autres, *nihil inde sperantes*, marquent un précepte formel, n'étant permis à personne de tirer aucun profit en vertu du prêt. C'est l'interprétation qu'en donne saint Thomas, qui dit, conformément aux décrets des conciles et aux constitutions des papes que nous rapporterons ci-après: *Mutuum dare, non semper tenetur homo ; et ideo quantum ad hoc ponitur inter consilia : sed quod homo lucrum de mutuo non quærat, hoc cadit sub ratione præcepti* ; 2-2, q. 78, a. 1, ad 4.

Au reste, comme nous sommes obligés par le saint concile de Trente, sess. 4, de recevoir l'Ecriture selon le sens et l'interprétation que lui donnent les saints Pères de l'Eglise, rien n'est plus aisé que d'établir solidement la vérité que nous venons de prouver par ces passages ; en montrant que l'Eglise dans ses conciles, et les saints Pères dans leurs écrits, ont toujours réprouvé l'usure comme condamnée par l'Ecriture sainte, tant de l'Ancien que du Nouveau Testament, et comme un crime contraire à la loi de Dieu. Nous ne pouvons pas rapporter tout au long ce qu'ils en ont dit, puisqu'il faudrait, pour le faire, un traité entier ; mais nous citerons seulement ceux qui se sont expliqués dans les termes les plus précis et les plus forts.

Lactance et avant lui saint Cyprien sont du nombre de ceux qui ont le plus invectivé contre l'usure. Saint Grégoire de Nysse, Hom. 4, *in Eccles.*, l'appelle un larcin et un parricide : *Improbum feneris inventum, quod qui aliud latrocinium et parricidium nominaverit, non procul ab eo quod decet aberraverit.* Saint Chrysostome qui, entre tous les Pères, est un de ceux qui s'élèvent avec plus de force et plus d'indignation contre l'usure, dit que c'est une chose très-infâme et qu'on la doit regarder comme la marque de la dernière impudence. Saint Basile avait déjà enseigné la même chose que saint Grégoire de Nysse et saint Chrysostome, et prouvé, par le prophète Ezéchiel, que l'usure est condamnée par la loi de Dieu, et que ce que l'on appelle usure est tout ce qu'on prend au delà de ce que l'on a prêté. Saint Ambroise, *lib. de Tobia, c. 4,* enchérit par-dessus tous les autres Pères en invectives contre ce crime, et dit, en parlant de tous les usuriers en général, que leur iniquité est sans pareille : *Nihil iniquius feneratoribus, qui lucra sua aliena damna arbitrantur.* Enfin saint Augustin, en parlant, non pas à des ecclésiastiques, mais à tout son peuple, déclare que l'usure est détestable en elle-même, et que tous les fidèles la doivent avoir en horreur : *Nolo sitis feneratores*, ce sont ses paroles, *et ideo nolo, quia Deus non vult...unde apparet Deum hoc nolle: dictum est alio loco:* Qui pecuniam non dedit ad usuram. *Psalm.* XIV, *et quam detestabile sit, quam odiosum, quam exsecrandum? puto, quia et ipsi feneratores noverunt.*

Voilà plus d'autorités qu'il n'en faut pour prouver par l'Ecriture et par les Pères, que l'usure est défendue par le droit divin, et qu'elle est même contraire au droit naturel : *Est enim contra justitiam naturalem*, ainsi que parle saint Thomas, qu. 13, *de Malo, art. 4,* et que par conséquent Egbert ne peut, sous quelque prétexte que ce soit, être excusé du crime d'usure et de l'obligation de restituer tout ce qu'il a acquis de bien par cette voie. Mais, afin d'achever d'éclaircir parfaitement la fausse lueur ou plutôt les ténèbres dont ses excuses sont enveloppées, nous allons les examiner et y répondre.

La première raison dont se sert Egbert pour autoriser son usure, est qu'il n'a exigé l'intérêt des prêts qu'il a faits que des riches; et que les passages de l'Exode et du Lévitique ne condamnent que l'usure qu'on exerce à l'égard des pauvres. A quoi nous répondons, 1° qu'il suffit que l'usure soit une chose mauvaise d'elle-même, pour qu'on ne la puisse jamais excuser de péché, soit qu'on l'exerce à l'égard des pauvres ou des riches, une chose qui est mauvaise de sa nature, ne pouvant en aucun cas devenir permise. Or nous avons déjà fait voir, par des autorités qui sont sans réplique, que l'usure est une chose essentiellement mauvaise; il est donc inutile de vouloir distinguer entre le riche et le pauvre. Mais si les deux passages tirés de l'Exode et du Lévitique ne défendent l'usure qu'à l'égard des pauvres, il y en a plusieurs autres qui la condamnent généralement et indistinctement à l'égard de toutes sortes de personnes. Pourrait-on donc avec raison conclure que les Pères de l'Eglise ne condamnent que l'usure qu'on exige des pauvres, sous prétexte qu'on trouve quelques passages dans leurs ouvrages où ils ne parlent que de cette usure? Ce serait tirer la conséquence la plus absurde et la plus fausse qui fut jamais; puisqu'il y en a un grand nombre d'autres où ils condamnent ce vice absolument et sans faire aucune distinction entre le pauvre et le riche.

En effet, il en est de l'usure comme du larcin, et l'on peut raisonner de l'un comme de l'autre, puisque l'usure est une espèce de larcin ou de rapine, comme le dit saint Ambroise : *Si quis usuram acceperit, rapinam facit.* Or, supposez qu'un ou deux passages de l'Ecriture défendissent de dérober le bien des pauvres, et que la défense de dérober fût conçue en termes généraux en plusieurs autres endroits, pourrait-on, sans une absurdité toute visible, conclure des premiers qu'il serait permis de dérober le bien des riches? Et véritablement, s'il était libre de se servir de semblables distinctions, ce serait le moyen de renverser toute la morale de l'Evangile.

Il est donc sans doute plus raisonnable et plus juste de dire qu'il faut s'en tenir à la défense conçue en termes généraux, sans inventer des distinctions mal fondées, et que si l'Ecriture parle des pauvres en particulier dans les deux passages qu'on objecte, elle ne le fait que parce que l'usure qu'on exige des pauvres est sans comparaison plus injuste et plus criante que celle qu'on exige des personnes riches. Aussi, est-ce pour cette raison que de célèbres auteurs soutiennent que, dans le passage de l'Exode qu'on objecte, ce mot *pauperi* n'est ajouté que pour servir d'exemple et non pour restreindre la loi, et pour la déterminer à l'égard du seul pauvre,

à l'exclusion du riche. Grotius, quoique peu scrupuleux en matière d'usure, est de ce sentiment. *Vox pauperis*, dit-il, *hic non restringit legem, sed exempli causa posita est, quia plerumque ita accidit ut illi magis egeant opis alienæ.* Grot. in Exod. 22.

La raison qui justifie cette interprétation se tire de ces paroles qui suivent : *Qui habitat tecum.* Car si le mot *pauper* était mis pour marquer une restriction du sens de ces autres mots, *populo meo*, qui précèdent immédiatement, on pourrait pareillement dire que ces autres termes, *qui habitat tecum*, ne sont ajoutés aux précédents que pour en limiter le sens. Or, rien ne serait plus absurde que de vouloir soutenir que ces mots, *qui habitat tecum*, sont ajoutés pour marquer les seuls pauvres qui demeurent dans la même cité où demeurent les riches qui leur prêtent, puisqu'il s'ensuivrait de là que ces riches pourraient accabler d'usures les autres pauvres qui ne demeureraient pas avec eux; ce qui serait une absurdité intolérable. Il faut donc conclure de ce raisonnement que, comme ces termes, *qui habitat tecum*, ne doivent marquer aucune restriction, mais qu'ils ne sont seulement ajoutés que pour exemple, de même le mot *pauperi* ne limite pas non plus le sens des paroles *populo meo*, qui précèdent, et qu'il n'y est ajouté que pour un exemple qui doit faire une plus forte impression sur l'esprit.

Au surplus, quand Dieu dit dans le Deutéronome que le peuple juif pourra seulement tirer des usures des étrangers : *Non fenerabis fratri tuo ad usuram pecuniam.... sed alieno*, on ne peut pas inférer de là que l'usure n'est pas mauvaise de sa nature. Car il faut observer, avec Estius, qu'il y a trois choses qu'on doit distinguer dans ce passage. La première est un précepte, la seconde est une défense, et la troisième une tolérance. Un précepte; car Dieu commande aux Juifs de prêter gratuitement à ceux de leur nation qui sont dans le besoin : *Non fenerabis fratri tuo ad usuram.... Fratri autem tuo absque usura id quo indiget commodabis.* Une défense; car il leur défend par ces mêmes paroles d'exercer l'usure à l'égard de ceux de leur nation. Une tolérance ; parce qu'il veut bien souffrir qu'ils l'exercent à l'égard des nations étrangères. Il leur défend d'abord à l'égard de leurs frères, afin de les disposer à ne l'exiger de personne. Il tolère qu'ils l'exigent des étrangers, non comme une chose qui soit licite, mais afin de leur faire éviter un plus grand mal, et de peur que leur extrême avarice ne les porte à opprimer leurs compatriotes par des exactions usuraires.

Tout ce que nous venons de dire sur ce passage est l'explication qu'en donne saint Thomas, 2-2, q. 78, art. 1, *ad* 4. Voici ses propres termes : *Quod autem ab extraneis usuram acciperent, non fuit eis concessum, quasi licitum, sed permissum ad malum majus vitandum; ne scilicet a Judæis Deum colentibus usuras acciperent propter avaritiam cui dediti erant, ut habetur Isaiæ*, 56. Ce même saint docteur avait déjà donné la même interprétation de ce passage dans un autre endroit, où il dit : *Accipere usuras ab alienis, non erat secundum intentionem legis, sed ex quadam permissione propter pronitatem Judæorum ad avaritiam, et ut magis pacifice se haberent ad extraneos a quibus lucrabantur.* Idem ibid. q. 105, art. 3.

Saint Ambroise donne une autre raison de cette tolérance, en disant que ces étrangers dont parle l'Ecriture, c'est-à-dire les nations étrangères, comme les Amalécites, les Amorrhéens, les Cananéens et les autres gentils, étaient les ennemis que le peuple de Dieu avait à combattre, et que, comme les Juifs avaient droit de leur ôter la vie à force ouverte, ils pouvaient à plus forte raison leur ôter leurs biens par l'exaction des usures : *Legis ipsius verba considera*, dit ce Père, *fratri tuo, inquit, non fenerabis ad usuram; sed ab alienigena exiges. Quis erat tunc alienigena, nisi Amalech, nisi Amorrhæus, nisi hostes? Ibi, inquit, usuram exige; cui merito nocere desideras, cui jure inferuntur arma, huic legitime indicantur usuræ. Cum bello non potes facile vincere, de hoc cito potes centesima vindicare te; ab hoc usuram exige, quem non sit crimen occidere : sine ferro dimicat, qui usuram flagitat; sine gladio se de hoste ulciscitur, qui fuerit usurarius exactor inimici .... Ergo ubi jus belli, ibi etiam jus usuræ.* Lib. de Tobia, cap, 15, n. 51.

On voit donc évidemment qu'on ne peut pas prouver par le passage du Deutéronome, que l'usure soit licite de sa nature; mais seulement qu'encore bien qu'elle soit mauvaise d'elle-même, Dieu n'a pas laissé de la tolérer dans les Juifs, peuple charnel et grossier, comme Moïse leur permit le divorce de leurs femmes légitimes, *ad duritiam cordis,* ainsi que parle Jésus-Christ, *Matth.* xix, 8, afin qu'ils ne tombassent pas dans de plus grands désordres, ou pour punir les nations étrangères et païennes qui leur faisaient la guerre, comme le veut saint Ambroise. Au contraire, il est très-certain que l'exaction des usures, étant mauvaise de sa nature, ne peut jamais devenir licite, ni à l'égard des pauvres, ni à l'égard des riches. En effet, il paraît évidemment que l'usure était défendue aux Juifs généralement et indistinctement à l'égard de tous ceux qui étaient de leur nation : *Non fenerabis fratri tuo ad usuram,* le mot *fratri* ne pouvant avoir d'autre sens, comme le prouve le terme *alieno* qui suit, et qui lui est opposé. Or on ne peut pas nier qu'il n'y eût un grand nombre de riches parmi les Juifs. Donc la défense d'exiger des usures de leurs frères ne regardait pas moins les riches que les pauvres. C'est la conclusion que tire saint Thomas, qui dit : *Dicendum quod Judæis prohibitum fuit accipere usuram a fratribus suis, scilicet Judæis : per quod datur intelligi quod accipere usuram a quocunque homine, est simpliciter malum : debemus enim omnem hominem habere quasi proximum et fratrem, præcipue in statu Evangelii ad quod omnes vocantur. Unde in Psal.* xiv, *absolute dicitur : Qui pecuniam suam non dedit ad usuram; et Ezechielis* xviii, *Qui usuram non acceperit.*

La seconde raison qu'on apporte en faveur d'Egbert, est tirée du silence des conciles, et l'on dit qu'il n'ont défendu l'usure qu'aux seuls ecclésiastiques, sans faire aucune mention des laïques, et qu'ils ne la leur ont défendue que par rapport à la sainteté de leur état et à cause que ces sortes de personnes doivent donner l'exemple d'un plus grand détachement des biens de la terre que les laïques. Mais cette raison est fort aisée à détruire. Car si l'Eglise dans son premier concile général et dans quelques autres suivants n'a défendu la honteuse pratique de l'usure qu'aux ecclésiastiques, on ne doit pas tirer à conséquence son silence à l'égard des laïques. La raison est que le mal était alors universel, et comme un torrent rapide qu'il n'était pas facile d'arrêter. Il n'était pas encore alors de la prudence d'effrayer tous les peuples par la rigueur des censures ecclésiastiques; il était au contraire absolument nécessaire de les ménager, pour les accoutumer peu à peu et avec douceur aux saintes maximes de l'Evangile qu'on leur annonçait. La coutume générale d'exiger des usures était soutenue par les lois civiles qui le permettaient, et ce commerce paraissait juste et nécessaire aux yeux des hommes charnels et de ceux dont la foi était encore chancelante; ce qui en rendait l'abolition générale très-difficile. Il fallait donc que les saints prélats, qui gouvernaient l'Eglise, usassent alors d'un grand ménagement et qu'ils dissimulassent un mal qui était si général, et qui avait si fort pris le dessus, qu'il paraissait presque impossible d'y apporter le remède nécessaire, autrement qu'en temporisant.

Néanmoins, nonobstant la grande difficulté que nous venons de représenter, l'Eglise ne laissa pas de condamner l'usure et d'ordonner des peines contre les usuriers même laïques, comme nous le voyons dans le concile d'Elvire, qui fut tenu en l'an 305. Car les Pères de cette assemblée prononcèrent non-seulement les peines de l'excommunication et de la déposition contre les ecclésiastiques qui exerçaient l'usure, mais encore ordonnèrent que si un laïque se trouvait coupable de ce péché, et que ne voulant pas se soumettre à la correction de ses pasteurs il s'opiniâtrât à continuer cet injuste commerce, il fût chassé de l'Eglise, c'est-à-dire qu'il fût excommunié : *Si quis clericorum detectus fuerit usuras accipere,* dit ce concile, *placuit eum degradari et abstineri. Si quis, etiam laicus, accepisse probatur usuras, et promiserit correctus jam, cessaturum, nec ulterius exacturum; placuit et veniam tribui; si vero in ea iniquitate duraverit, de Ecclesia esse projiciendum,* can. 20.

Le premier concile général même fait clairement voir par les expressions dont il se sert, can. 17, qu'il condamne l'usure dans les laïques comme dans les ecclésiastiques; car il déclare qu'elle provient d'une avarice sordide, et que ceux qui l'exercent ont oublié la loi de Dieu qui la défend. Or pourrait-on dire que l'avarice sordide est permise aux laïques? Ce que la loi de Dieu défend à tous sans exception, leur peut-il être permis? L'Ecriture dit-elle quelque part que l'usure n'est interdite qu'aux seuls ecclésiastiques? Tous les grands prélats qui composaient ce concile de Nicée auraient-ils ordonné que les ecclésiastiques usuriers seraient dégradés, si l'usure n'était un crime très-considérable et très-scandaleux? Disons plutôt que ces sages prélats, en punissant rigoureusement l'usure dans les ecclésiastiques, ont eu dessein d'en imprimer de l'horreur dans l'esprit de tous les fidèles, et de leur persuader que s'ils n'ordonnaient pas des censures contre eux, ce n'était que pour les gagner plus aisément par leur patience et leur douceur.

Un autre concile, tenu à Tours en l'an 416, défend aussi l'usure aux ecclésiastiques, et la raison qu'il en apporte regarde les laïques aussi bien qu'eux, en disant que personne ne peut être sauvé sans garder la loi de Dieu, qui défend l'usure. En voici les termes, can. 13: *Illud etiam secundum Scripturarum auctoritatem, vel Patrum constitutionem, addendum credidimus, ut ne quis clericus qui negotiandi studium habere voluerit, usuras accipiat, quia scriptum est: Qui pecuniam non dedit ad usuram..., manifestum est beatitudinis non posse consequi gloriam qui a præceptis divinis deviaverit.* Conc. Turon., can. 13.

Mais enfin, quand ces conciles n'auraient pas dit un seul mot de l'usure, pourrait-on dire qu'elle fût licite, après que l'Ecriture l'a condamnée si expressément dans les passages que nous avons rapportés? Ne suffirait-il pas même que nous en trouvassions la condamnation en d'autres conciles généraux, quoique postérieurs à ceux-là? Or c'est ce que nous trouvons en plusieurs, car 1° le troisième de Latran, tenu sous Alexandre III, en 1179, ordonne, cap. 25, que tous les usuriers publics soient privés de la communion pendant leur vie, et de la sépulture ecclésiastique après leur mort, et cela sans faire aucune distinction entre ceux qui prêtent à usure aux pauvres et ceux qui prêtent aux riches: *Constituimus,* disent les Pères de ce concile, *ut usurarii manifesti nec ad communionem admittantur altaris; nec Christianam, si in hoc peccato decesserint, accipiant sepulturam; sed nec oblationes eorum quisquam accipiat.*

Le second concile général de Lyon, tenu sous Grégoire X, en 1274, menace de la malédiction de Dieu tous ceux qui n'observeront pas le décret de celui de Latran que nous venons de citer. Il défend en outre, sous peine d'excommunication, de louer des maisons à ceux qui s'adonnent à cet infâme trafic, et de leur accorder la sépulture ecclésiastique, quand ils auraient, même avant leur mort, chargé leurs héritiers de faire la restitution à laquelle ils étaient obligés, et jusqu'à ce que la restitution soit effectivement faite, ou que leurs héritiers en aient donné des assurances à ceux à qui elle est due: *Usurarum voraginem, quæ animas devorat et facultates exhaurit, compescere cupientes, constitutionem Lateranensis concilii contra usurarios editam sub divinæ maledictionis interminatione præcipimus inviolabiliter observari,* etc. Cap. 26 et 27.

Le concile général de Vienne en Dauphiné, tenu au commencement du quatorzième siècle, sous Clément V qui y présidait, veut qu'on traite comme hérétiques ceux qui auront la témérité de soutenir avec opiniâtreté que l'on peut prêter à usure sans péché: *Sane si quis in istum errorem inciderit, ut pertinaciter affirmare præsumat exercere usuras non esse peccatum: decernimus eum veluti hæreticum puniendum.* Clément V, *de Usuris.*

Enfin Léon X, étant présent au cinquième concile de Latran, parlant des monts-de-piété dont il confirme l'établissement, déclare, sess. 10, que c'est Jésus-Christ même qui a condamné et défendu l'usure au sixième chap. de saint Luc: *Cum Dominus noster,* dit ce pape, *Luca Evangelista attestante, aperto nos præcepto obstrinxerit, ne ex dato mutuo, quidquid ultra sortem sperare debeamus: ea enim propria est usurarum interpretatio, quando videlicet ex usu rei quæ non germinat, nullo labore, nullo sumptu, nullove periculo lucrum, fenusque conquiri studetur.*

Les autres papes ont toujours été très-exacts à se conformer à ces conciles dans les constitutions qu'ils ont faites sur cette matière.

Urbain III, parlant, cap. 10, *de Usuris,* de ceux qui vendent leurs marchandises plus que le juste prix, à cause du crédit qu'ils font aux acheteurs, condamne pareillement l'usure en ces termes: *Quid in his casibus tenendum sit ex Evangelio Lucæ manifeste cognoscitur, in quo dicitur:* Date mutuum, nihil inde sperantes; *hujusmodi homines pro intentione lucri quam habent (cum omnis usura et superabundantia prohibeatur in lege) judicandi sunt male agere; et ad ea, quæ taliter sunt accepta, restituenda in animarum judicio efficaciter inducendi.* Nous passons sous silence plusieurs autres semblables constitutions qu'Alexandre III et Grégoire IX ont faites sur ce même sujet, parce qu'on les peut voir dans le cinquième livre des Décrétales, où elles sont rapportées au titre de *Usuris.*

Nous supprimons aussi tous les décrets fulminants faits contre tous les usuriers, sans exception ni distinction, par la célèbre assemblée du clergé de France, tenue à Melun en 1579, par le concile provincial de Reims de l'an 1583, par celui de Toulouse tenu en 1590, et par celui de Narbonne assemblé en 1609, qui sont tous parfaitement conformes aux conciles généraux et aux décrétales des papes qui les ont précédés.

La troisième raison qu'apporte Egbert pour excuser son usure et l'obligation où il est de restituer, ne mérite pas que nous nous y arrêtions longtemps. Car si ceux à qui il a prêté son argent en ont retiré une grande utilité, il ne lui en doit rien revenir, puisqu'ils n'ont profité que d'un argent dont ils avaient le véritable domaine, au moyen du prêt qu'il leur en avait fait, étant certain que celui qui prête son argent en transfère la propriété à celui qui l'emprunte, et qu'il n'a par conséquent aucun droit aux profits que celui-ci en retire, parce qu'il les retire de ses propres deniers et de son industrie : *Ille qui mutuat pecuniam*, dit saint Thomas, *transfert dominium pecuniæ in eum qui mutuat. Unde ille, cui pecunia mutuatur, sub suo periculo tenetur eam restituere integre. Unde non debet amplius exigere ille qui mutuavit.* 2-2, q. 78, n. 2.

A l'égard du péril où s'expose Egbert en prêtant, on doit répondre qu'il ne peut être grand, puisque, de son propre aveu, il n'a prêté qu'à des personnes riches ou accommodées, et par conséquent solvables ; ce qui est une preuve que cette excuse n'est qu'un vain prétexte dont il tâche de couvrir son honteux commerce. Mais, supposons que ce risque soit grand, il est encore certain qu'il ne doit être d'aucune considération, parce qu'il est intrinsèque au prêt et en est inséparable, et encore plus à celui qu'on fait aux nécessiteux, de qui il serait pourtant cruel d'exiger des intérêts usuraires sous ce faux prétexte.

La quatrième raison qu'on apporte pour justifier la conduite d'Egbert n'est pas meilleure que les précédentes. Car 1° il est inutile d'alléguer le taux du roi, puisque nos rois n'autorisent point l'exaction des usures, et qu'au contraire ils les ont toujours défendues, comme il paraît par l'édit de Philippe IV dit le Bel, fait à Montargis, l'an 1311, confirmé par une déclaration du même prince, donnée à Poissy le 8 décembre 1312, et expliquée des petites comme des grandes usures ; par la déclaration de Louis XII, faite en 1512 sur le fait de la justice ; par l'ordonnance d'Orléans, du mois de janvier 1560, suivie d'un arrêt du parlement de Paris, du 6 juillet 1565 ; par l'ordonnance de Charles IX, du 20 janvier 1567 ; par celle de Henri III, du 6 octobre 1576 ; par celle de Blois et par celle de Henri IV, de l'an 1605 ; par lesquelles tous ces princes ont signalé leur piété, en soutenant de toute leur autorité les lois de Dieu et de son Eglise, au sujet de l'usure qu'ils ont toujours condamnée sans aucune exception ni distinction de personnes. Nous croyons que ce qu'on dit l'ordonnance de Blois mérite particulièrement d'être rapporté. En voici donc les termes : « Faisons très-expresses inhibitions et défenses à toutes personnes, de quelque état, sexe et condition qu'elles soient, d'exercer aucunes usures, ou prêter deniers à profit et intérêt, ou bailler marchandises à perte de finance par eux ou par autres, encore que ce fût sous prétexte de commerce, et ce, sur peine, pour la première fois, d'amende honorable, bannissement et condamnation de grosses amendes ; et pour la seconde fois, de confiscation de corps et de biens. Ce que semblablement nous voulons être observé contre les proxénètes, médiateurs et entremetteurs de tels trafics et contrats illicites et réprouvés. » Ajoutons à toutes ces lois celles de Charlemagne et de Louis le Débonnaire, qu'on peut voir dans leurs capitulaires. Le taux du roi n'a donc jamais eu aucun lieu à l'égard des usures, et n'est uniquement fixé qu'à l'égard des intérêts légitimes, tels que sont ceux qu'on tire des contrats de constitution, ou d'une juste sentence de condamnation rendue par le juge contre le débiteur qui est en faute ou en demeure de payer.

Enfin, à l'égard de la coutume dont Egbert tâche de se prévaloir, on en doit dire autant que des lois qui autoriseraient l'usure contre la loi de Dieu et contre celle de son Eglise, c'est-à-dire qu'on n'y doit avoir aucun égard, étant très-certain qu'aucune coutume ne peut jamais établir ou favoriser des maximes contraires à celles qui sont de droit naturel ou de droit divin ; de sorte que l'on peut dire des usuriers, qui allèguent, pour leur justification, la coutume, ce que notre Seigneur disait aux pharisiens qui violaient la loi de Dieu par la coutume qu'ils avaient introduite : *Irritum fecistis mandatum Dei propter traditionem vestram.*

En voilà plus qu'il n'en faut pour convaincre Egbert que l'usure ne peut jamais être permise à l'égard de quelques personnes que ce soit, et que, par conséquent, on ne peut l'excuser de péché mortel dans l'espèce proposée, ni l'exempter de restituer les 10,000 écus dont il s'est enrichi par la voie des usures, encore qu'il n'ait exigé que des personnes riches ou accommodées l'intérêt de l'argent qu'il a prêté. Au reste, on prie ceux qui liront cette décision d'en excuser la longueur ; car, comme nous savons qu'un certain docteur de Paris, homme d'ailleurs de grande réputation, a autrefois composé un petit Traité manuscrit que nous avons entre les mains, où il s'efforce vainement de prouver que l'on peut, sans péché, exercer l'usure à l'égard des riches, nous avons cru qu'il était nécessaire de traiter plus à fond ce point de morale, pour désabuser ceux qui se pourraient laisser surprendre aux faux raisonnements de ce théologien.

Cas II. *Othon*, en prêtant 10,000 livres à Sylvain, s'est engagé à ne les pouvoir retirer que dans trois ans ; mais, pour se dédommager de la privation d'une si grosse somme pendant un temps si long, il a voulu que cet homme s'obligeât, par le billet qu'il lui en a fait, à lui en payer l'intérêt sur le pied du denier vingt, qui est celui de l'ordonnance, sans qu'il fût nécessaire d'autre interpellation. On lui en a fait scrupule ; mais il est persuadé qu'il peut, sans péché, tirer cet intérêt ; parce que ne pouvant sous aucun prétexte retirer son capital avant les trois ans expirés, il doit être censé l'avoir suffisamment aliéné pour ce temps-là. Est-il exempt d'usure par cette raison ?

R. *Othon* ne peut, sans usure, exiger cet intérêt ; car, quoiqu'il se soit engagé de ne répéter que dans le terme de trois ans la somme qu'il a prêtée à Sylvain, il ne peut pas être censé l'avoir aliénée. La raison est qu'il est toujours vrai de dire qu'il la pourra répéter au terme échu ; ce qui ne serait pas en son pouvoir s'il y avait une aliénation réelle et véritable. Ce n'est donc qu'un simple et pur prêt à terme, dont il n'est jamais permis de tirer intérêt *ratione mutui*.

C'est ce qu'a décidé la Faculté de théologie de Paris, par la condamnation qu'elle prononça en 1658 et en 1665, contre deux ouvrages de morale, l'un intitulé : *Apologie des casuistes*, et l'autre *Amadæus Guimenius*. Voici la proposition qui se trouve en ces deux livres : Il est permis à celui qui a prêté d'exiger quelque chose outre le sort principal, s'il s'oblige de ne le répéter que dans un certain terme : *Licitum etiam esse mutuanti aliquid ultra sortem exigere, si se obliget ad non repetendam sortem usque ad certum terminum*. Laquelle proposition fut condamnée comme fausse, scandaleuse, induisant à commettre le crime d'usure, et fournissant plusieurs moyens frauduleux pour la pallier. *Doctrina harum propositionum falsa est, scandalosa, inducens ad usuras, variasque aperit artes eas palliandi, justitiam ac charitatem violandi, et a sacra Facultate jam damnata*.

Ce même ouvrage entier d'Amadæus a pareillement été condamné par un décret de la congrégation de l'Inquisition de Rome, le 12 septembre 1675, et par le pape Innocent XI, le 16 septembre 1680, qui a défendu, sous peine d'excommunication *ipso facto*, réservée au saint-siège, de le lire, de le retenir et d'en enseigner la doctrine. La même proposition dont nous venons de parler, fut aussi condamnée par un autre décret d'Alexandre VII, du 18 mars 1666, donné contre quarante-cinq propositions de morale, dont celle-là était la quarante-deuxième. Enfin plusieurs évêques, dont les censures ont été rendues publiques, ont suivi l'exemple que la Sorbonne a donné la première par sa célèbre censure.

Cas III. *Gausbert*, bourgeois de Paris, ayant 6,000 liv. à mettre en rente, et Laurent, bourgeois de Rouen, qui est venu faire un voyage à Paris, l'ayant su, et se trouvant dans la nécessité d'emprunter une même somme, la demande à Gausbert, et lui offre de lui en faire un contrat de 300 liv. de rente, qui est sur le pied du denier vingt. Gausbert consent de la lui donner à constitution ; mais, parce que les rentes se constituent en Normandie au denier dix-huit, il lui propose d'en aller passer le contrat à Rouen, afin de retirer une plus forte rente de ses 6,000 liv. Laurent y consent, et ils partent tous deux de Paris pour Rouen, où ils font passer le contrat. Gausbert ne commet-il point d'injustice et ne fraude-t-il point la loi en passant exprès d'une province à une autre pour se procurer un plus gros profit, en évitant de contracter où est fixé son domicile ?

R. Nous ne croyons pas que Gausbert soit coupable d'injustice, ni qu'il ait fraudé la loi du prince. Il est vrai qu'on pèche contre l'esprit de la loi, quand on fait un contrat contre sa teneur, suivant cette règle du droit canonique : *Certum est, quod is committit in legem, qui legis verba complectens, contra legis nititur voluntatem*.

Mais la question est de savoir de quelle nature est la loi qui a réglé au denier dix-huit les constitutions des rentes pour la province de Normandie, c'est-à-dire si elle regarde seulement les personnes et le territoire, ou si elle ne regarde que le territoire. Pour en mieux juger, il faut examiner les propres termes de cette loi. Voici comme elle est conçue : « Nous statuons et ordonnons que les deniers qui seront ci-après donnés dans l'étendue de notre province de Normandie à constitution de rente par nos sujets, ne puissent produire par an plus haut intérêt que celui de dix-huit. »

Or, il est évident que les termes de cet édit, par lequel le roi a réglé l'intérêt des constitutions de rentes à l'égard de la province de Normandie, ne font aucune mention du lieu du domicile de ceux qui fournissent les deniers de ces constitutions, et qu'ils n'expriment que le territoire, ou la province où l'on en passe les contrats. On ne peut donc accuser Gausbert d'avoir fraudé la loi en allant à Rouen pour y faire passer son contrat de rente, le prince n'ayant par son édit fait aucune défense à ses sujets des autres provinces de porter leur argent en Normandie pour l'y employer en constitutions de rente. En effet, Sa Majesté a exprimé en termes généraux tous ses sujets, ayant dit : *Par nos sujets*, et non pas *par nos sujets de ladite province*. Voilà notre première raison.

La seconde est que, pour rendre un contrat légitime, il suffit qu'il soit passé selon toutes les formes requises par la coutume de la province où il a été fait, comme le dit Basnage. Or, le contrat passé à Rouen entre Gausbert et Laurent a été fait, comme nous le supposons, par-devant des notaires de cette même ville et dans toutes les autres formes requises par la coutume de Normandie : il est donc valide.

Cas IV. Si *Gausbert* et *Laurent* étaient tous deux de Paris, Gausbert pourrait-il lui proposer d'aller passer son contrat à Rouen, afin d'en tirer un plus gros profit, c'est-à-dire le denier dix-huit.

R. M. de la Paluelle, qui se propose cette difficulté dans ses *Résolutions de plusieurs cas de conscience*, pag. 425 de la 2ᵉ édit., y répond en substance que de telles conventions peuvent quelquefois être contre la charité, quand elles naissent d'avarice, mais qu'elles ne sont pas contre la justice. Ses raisons sont, 1° que si un Parisien peut donner son argent au denier dix-huit à un homme de Normandie, comme on l'a dit dans le cas précédent, il le peut bien donner au même taux à un autre Parisien, quand il n'a, par exemple, qu'un pas à faire pour le placer en Normandie ; parce qu'alors il y a pour lui un lucre cessant ; 2° qu'il faut distinguer entre un édit *afficiens personas*, et un édit *afficiens duntaxat territorium.* Or, l'édit du mois de novembre 1667, dont nous avons cité les paroles dans le cas précédent, ne regarde point le domicile des contractants, mais seulement le lieu où ils contractent, savoir, *les deniers qui seront donnés dans l'étendue de la province de Normandie.* Ainsi, comme une personne qui est majeure en Normandie à vingt ans, est majeure partout où elle contracte, et même à Paris où il faut 25 ans pour la majorité, parce que *lex afficit personam,* de même un contrat qui ne vaudrait rien à Paris, est bon à Rouen, parce que *lex, seu favor legis afficit territorium.* 3° Parce que M. Turgot, domicilié à Paris, ayant passé à son profit plusieurs contrats aux Andelys et à Rouen avec des bourgeois de Paris, le parlement de cette dernière ville jugea en sa faveur. Ainsi, dit la Paluelle, cette question a été jugée *in terminis.*

— Cas V. Si *Gausbert* avait compté ses deniers à Laurent à Paris, et qu'il se fût contenté de passer le contrat à Rouen, aurait-il encore droit de prétendre le denier dix-huit?

R. Le même auteur, pag. 430, le croit ainsi, parce que la numération des deniers en présence des notaires, n'est pas absolument nécessaire pour la validité d'un contrat, quoiqu'elle ait été sagement ordonnée, et qu'il est vrai que le contrat a été passé dans un lieu où l'on peut exiger le denier dix-huit.

— Cas VI. *Gausbert,* pour épargner tant à lui-même qu'à Laurent les frais du voyage, du port de l'argent, etc., a fait à Laurent une constitution de 1,800 liv. qu'il a supposé avoir passée à Rouen, où ils étaient tous deux un mois avant. Puis ils ont paru devant les notaires de Paris, où ils ont passé un contrat de reconnaissance de ce premier acte. Cela lui donne-t-il droit de retirer le denier dix-huit?

R. Non; car il est vrai que le droit au denier dix-huit ne pouvait venir que du lieu où le contrat serait passé, c'est-à-dire de la Normandie. Or, il est vrai encore que l'acte sur lequel porte la constitution n'a pas été passé dans cette province, mais à Paris. Je dirai néanmoins, ajoute la Paluelle, pag. 432, que les deux contractants auraient pu éviter cet inconvénient, en envoyant à Rouen leurs procurations; car, « si le contrat y avait été passé et l'argent compté, en exécution de ces procurations, je crois qu'il aurait été bon et valide. » Quoique je n'aie pas un goût infini pour ces quatre décisions, j'y souscris néanmoins, tant à cause de l'autorité de ceux qui les ont données qu'à cause du jugement qui a confirmé les deux premières.

Cas VIII. *Roger* sachant qu'Artus, banquier et son ami, cherchait de l'argent à emprunter à intérêt, comme il se pratique souvent parmi les banquiers, il lui est allé offrir 6,000 liv. qu'il lui a prêtées pour un an sur son simple billet, sans aucune stipulation d'intérêts, quoique dans l'espérance d'en tirer. Après l'année expirée, il est allé demander son argent à ce banquier, qui, au lieu de le lui rendre, lui a fait présent de 300 liv., qui est justement l'intérêt de la somme au denier vingt; et ayant retiré son billet, il en a fait un autre semblable au premier, et a fait la même chose à la fin de chaque année pendant quatre ans. Le confesseur de Roger le veut obliger aujourd'hui à ne plus recevoir d'intérêts de cette manière, et même à imputer les 1,200 livres qu'il a reçues pendant les quatre années sur le sort principal qu'il a prêté à Artus; de sorte qu'il n'en retire que 4,800 liv. au lieu de 6,000 liv. Roger s'excuse de faire cette restitution, sur ce qu'en prêtant son argent à ce banquier il ne lui a demandé aucun intérêt, et qu'Artus ne lui en a pas non plus proposé, et que par conséquent les 300 livres qu'il a reçues ne doivent être regardées que comme une pure gratification volontaire, que le banquier lui a faite en revanche de la générosité qu'il a eue de lui prêter son argent sans en exiger d'intérêts. On demande si, par cette raison, Roger ne peut pas à la rigueur garder les 1,200 liv. et répéter les 6,000 liv.

R. Quoique Roger ne soit point usurier dans le for extérieur, parce qu'il n'a pas stipulé d'intérêts ni par écrit, ni verbalement, pour les 6,000 livres qu'il a prêtées à Artus, il ne laisse pas de l'être devant Dieu à qui la corruption du cœur de l'homme ne peut être cachée. Car la seule espérance de tirer intérêt de son prêt le rend coupable d'usure; Jésus-Christ n'ayant pas défendu seulement de demander et de prendre des intérêts usuraires, mais même d'avoir intention de les recevoir. *Mutuum date, nihil inde sperantes,* dit-il, *Luc.* vi, étant certain que ces dernières paroles: *Nihil inde sperantes,* contiennent un véritable précepte qu'on ne peut transgresser sans crime, ainsi que l'enseignent Urbain III, cap. 10, *de Usuris*, et saint Thomas, que nous avons cité dans la première décision. D'où il s'ensuit que, puisque Roger savait bien qu'Artus n'empruntait qu'à intérêt, qu'il ne lui a prêté les 6,000 livres que dans le dessein d'en retirer intérêt, et qu'il a reçu cet intérêt pendant quatre ans consécutifs, et qu'il n'eût pas sans doute laissé une si grosse somme entre les mains d'Artus, si elle ne lui eût rien produit, il est évident qu'il a commis le péché d'usure par le pacte tacite qui était entre Artus et lui. C'est pourquoi il est obligé à la restitution des 1,200 liv. qu'il a reçues de ce banquier, en les lui précomptant sur le sort principal, qui par là demeure réduit à la somme de 4,800 liv.

Nous disons en précomptant à Artus les 1,200 livres sur le sort principal; ce qui se doit entendre, au cas qu'Artus ait eu une juste raison d'emprunter à intérêt, et qu'il n'ait pas conséquent pas péché en le faisant, comme s'il ne l'a fait que par la nécessité de ses affaires. Car si Roger est certain qu'Artus a péché en empruntant ainsi, comme, par exemple, s'il est assuré qu'il ne l'a fait que pour employer cet argent en débauches, ou pour en faire quelque autre mauvais usage, la restitution doit, en ce cas, être faite, ou en d'autres œuvres pieuses, suivant la doctrine de saint Thomas, qui dit, 2-2, q. 62, art. 5, ad. 2 : *Aliquis dupliciter aliquid dat illicite. Uno modo, quia ipsa datio est illicita et contra legem : sicut patet in eo, qui simoniace aliquid dedit; et talis meretur amittere quod dedit. Unde non debet ei restitutio fieri de his : et quia etiam ille qui accepit, contra legem accepit, non debet sibi retinere, sed debet in pios usus convertere.*

— J'ai remarqué plus d'une fois que ce n'est pas le fait d'un théologien de transporter le domaine de Pierre à Paul pour punir le premier de sa faute. J'admets le cas de la simonie, parce que la loi de l'Eglise est comme devenue loi de l'Etat en ce point. A l'égard de l'usure et de plusieurs autres crimes semblables, je me réglerais sur l'usage des lieux.

Cas VIII. *Gilbert*, ayant besoin d'une somme de 1,000 liv. pour soutenir son commerce, la demande à René; mais, parce que René ne les lui veut pas prêter gratuitement, Gilbert lui vend quatre arpents de pré moyennant la même somme de 1,000 livres, et se réserve le pouvoir de les racheter dans 5, 7 ou 9 ans, en rendant à René pareille somme de 1,000 livres. Après le contrat passé, René donne à ferme à Gilbert les quatre arpents, pour la somme de cinquante livres de rente annuelle, laquelle somme est justement l'intérêt que l'ordonnance permet de tirer de 1,000 livres. On a fait quelque scrupule à René au sujet de ce contrat; mais René a répliqué que ces sortes de contrats sont autorisés par la coutume de sa province. On demande s'il y a quelque usure dans le contrat qu'il a fait avec Gilbert?

R. Il est vrai que ces sortes de contrats sont autorisés par quelques coutumes, comme par celles de Touraine, d'Anjou et du Maine, où ils ont beaucoup plus de cours que les contrats de constitution; parce que les hypothèques des contrats de constitution s'y peuvent prescrire par cinq ans, tant entre présents qu'entre absents, au lieu que, suivant les autres coutumes, comme celle de Paris, la prescription ne s'acquiert que par dix ans entre présents, c'est-à-dire entre les personnes de la même province, et par vingt ans entre absents, c'est-à-dire entre ceux qui sont de différentes provinces. Néanmoins les circonstances qui se trouvent dans ces contrats font clairement voir que ce ne sont pas des contrats de vente proprement dits, mais seulement un prêt pallié et déguisé sous le nom de vente, et qu'ils sont par conséquent usuraires, nonobstant la tolérance de la coutume de la province, qui n'est d'aucune considération à l'égard du for de la conscience, puisqu'il est évident que les parties ne font un tel contrat que pour couvrir et pour dissimuler celui du prêt usuraire. C'est le sentiment de Sainte-Beuve, tom. I, cas 104. Au fond, c'est dire : prêtez-moi 1,000 liv. pour cinq ans, et je vous payerai chaque année 50 liv. d'intérêt.

Cas IX. *Gratien*, ayant besoin de cent écus, les demande à emprunter à Clément qui, voulant faire profiter son argent, les lui donne à constitution; et, pour la sûreté de cette somme, Gratien lui engage un arpent de vigne, et ils conviennent entre eux que, pour le revenu de cent écus, Gratien payera chaque année à Clément un muid de vin, jusqu'à l'amortissement de la rente. Mais, parce que le muid de vin se vend les moindres années 25 liv., ce qui passe le taux fixé par l'ordonnance pour le contrat de constitution, Clément se fait faire une vente de cet arpent par Gratien, dont le contrat porte qu'il l'a acheté de Clément, moyennant cent écus, quoiqu'il vaille beaucoup plus ; et après l'avoir possédé l'an et jour, afin de s'en pouvoir dire le maître, il rend l'arpent à Gratien pour le prix dont ils étaient convenus, c'est-à-dire pour un muid de vin chaque année. Ce contrat de vente met-il Clément en sûreté de conscience?

R. Ce contrat de constitution, par lequel Clément acquiert une rente de Gratien, est usuraire d'une usure palliée par un second contrat d'une vente feinte et frauduleuse, et qui par conséquent ne peut mettre la conscience de Clément à couvert d'usure, puisqu'il n'a pas été fait de bonne foi; mais seulement pour lui assurer un intérêt plus fort que celui qu'on peut prendre par une légitime constitution, conformément à l'ordonnance du roi de l'an 1665, par laquelle Sa Majesté a fixé au denier vingt les intérêts des contrats de constitution. De sorte que si Gratien n'a pas encore racheté cette rente, Clément est tenu en conscience à lui tenir compte du surplus qu'il a reçu, et de précompter sur les cent écus, ou si la rente est rachetée, de lui faire la restitution de ce surplus. C'est ainsi que Sainte-Beuve décide ce cas, tom. II, n. 134, pag. 446. Pontas ajoute néanmoins que si Gratien et Clément avaient tous deux agi de bonne foi dans le traité qu'ils ont fait, et que Clément n'eût eu aucune intention de gagner en vertu du prêt qu'il faisait, mais seulement de faire profiter légitimement son argent, il semble qu'on ne pourrait pas le condamner d'usure. Je m'en tiendrais à la décision du premier.

Cas X. *Liminius* doit à Publius, une rente annuelle de cent écus. Publius ayant besoin d'argent, le prie de vouloir bien lui payer une année par avance, et lui offre cinq pour cent de diminution. Liminius accepte cette proposition et paye 95 écus à Publius, qui lui donne une quittance de 100 écus. Y a-t-il en cela quelque péché d'usure pour *Liminius*?

R. Saint Thomas, dans son opuscule 66, adressé à Jacques de Viterbe, condamne d'usure tous ceux qui payent avant terme ce qu'ils doivent, afin que leurs créanciers leur diminuent une partie de leur dette, parce que c'est, à proprement parler, vendre l'anticipation du payement qu'ils font, qui n'est autre autre chose qu'un prêt au moins implicite : *Ille, qui ad certum terminum debet,* dit ce saint, *si ante terminum solvit, ut ei de debito aliquid dimittatur, usuram committere videtur ; quia manifeste tempus solutionis vendit. Unde ad restitutionem tenetur.* A quoi il ajoute que celui qui anticipe un payement ne se peut couvrir du prétexte qu'il est incommodé par cette anticipation, ou qu'il ne l'a fait qu'à la prière du créancier, puisque tous les usuriers se pourraient excuser sur ce même prétexte : *Nec excusatur per hoc quod, solvendo ante terminum, gravatur ; vel quod ad hoc ob alio inducitur : quia eadem ratione possent usurarii excusari omnes :* d'où nous concluons que Liminius est obligé en conscience à restituer à Publius les cinq écus de diminution qu'il lui a accordés, s'il ne reçoit aucun dommage par cette anticipation du payement, et qu'il n'ait reçu cette remise que parce qu'il anticipait le terme ; puisqu'en le faisant dans cette intention, il vend véritablement le temps, et fait à Publius un prêt implicite avec intention de gagner en vertu du prêt. C'est dans ce sens que saint Antonin, part. 2, tit. 1, cap. 3, 8, 13, explique les paroles de saint Thomas que nous venons de rapporter : *Si debitor,* dit-il, *ex tali anticipatione solutionis, nec damnum incurrit, nec negotiari cum illis est paratus ; nec super hæc cogitat ; sed solum quia prævenit tempus, vult sibi illa quinque remitti ; tunc est usura, et ratio est quia vendit tempus ; et mutuum est ibi implicitum cum lucro tanto, et in hoc casu loquitur beatus Thomas.*

Il est vrai que, si Liminius souffrait véritablement autant de dommage par cette anticipation, que Publius en souffre par la perte qu'il fait des cinq pour cent, il ne ferait aucune injustice et ne commettrait aucune usure, puisqu'il ne ferait pas ce gain en vertu du payement anticipé, mais seulement pour se dédommager de la perte qu'il porterait en l'anticipant, comme il arriverait s'il était obligé d'emprunter toute la somme, ou partie, à un intérêt qui fût égal au profit qu'il retirerait. C'est ce qu'enseigne le même saint Antonin, quand il ajoute : *Quod si illa quinque retinet debitor, quia tantumdem est damnum, quod ipse inde recipit ex anticipatione solutionis, tunc non est usura ; quia nullum ex hoc lucrum consequitur ; sed solum conservat se indemnem.* Ce qui est conforme à la doctrine de saint Thomas qui dit : *Non enim est vendere usum pecuniæ, sed damnum vitare,* 2-2, q. 78, art. 2.

Voilà la première exception. Il y en a encore une autre qui est que si Publius faisait la remise à Liminius par une pure générosité, et que Liminius ne l'acceptât que comme une libéralité, et non pas comme le prix de l'anticipation du payement, il la pourrait recevoir en ce cas sans se rendre coupable d'usure. Mais il faut avouer qu'une telle pureté d'intention est bien rare, et qu'il est bien à craindre qu'on ne se flatte dans une telle occasion. Ces deux exceptions se trouvent dans l'opuscule 73 *de Usuris,* faussement attribué à saint Thomas.

Cas. XI. *Salvius* achète de *Clitus,* au mois de mai, et paye comptant, mille toisons de deux troupeaux de moutons que le vendeur lui doit livrer sur la fin du mois d'août. Chaque toison vaut communément dix sols ; mais parce qu'il en paye comptant le prix dès le temps qu'il les achète, il ne paye que sept sous six deniers de chacune. N'y a-t-il point d'usure dans cet achat ?

R. Il y en a sûrement ; parce que le payement anticipé que Salvius fait à Clitus tient lieu de prêt. C'est pourquoi il ne s'en peut prévaloir pour en retirer du profit en payant comptant, avant le terme de la livraison, les toisons à un plus bas prix qu'elles ne valent, s'il ne souffre point de dommage par cette anticipation ; les deux passages de saint Thomas et de saint Antonin, que nous avons cités en répondant à la difficulté précédente, suffisent pour prouver cette vérité. En voici néanmoins encore un autre qui les confirme : *Si quis emptor velit rem emere vilius, quam sit justum pretium,* dit le docteur angélique, eod. art. 2, ad 7, *eo quod pecuniam ante solvit quam possit ei res tradi,* est peccatum usuræ. *Quia etiam ista anticipatio solutionis pecuniæ habet mutui rationem, cujus quoddam pretium est, quod diminuitur de justo pretio rei emptæ.* Le vendeur néanmoins ne pèche pas en diminuant quelque chose de la juste valeur de sa marchandise pour avoir plus tôt son argent. *Si vero,* ajoute saint Thomas, *aliquis de justo pretio velit diminuere, ut pecuniam prius habeat, non peccat peccato usuræ.*

L'auteur de l'opuscule 73 *de Usuris* enseigne plus au long la même chose et fait voir que la seule considération de l'anticipation du payement, non plus que celle du délai, ne sont point des titres suffisants pour pouvoir, en sûreté de conscience, acheter les choses moins, ou pour les vendre plus qu'elles ne valent. Il est vrai, dit-il, qu'il se rencontre quelquefois de certaines circonstances de temps qui peuvent changer le prix des marchandises ; mais il faut observer que ces circonstances sont fondées ou sur la nature même de ces marchandises, ou sur leur usage : par exemple ces marchandises sont plus rares en certaines saisons, et elles deviennent beaucoup plus abondantes en d'autres ; ce qui arrive particulièrement à l'égard de celles qui se consument par l'usage, comme est le blé, qui, à l'automne, où on en fait la récolte, est en plus grande abondance qu'il ne l'est au printemps. Il y a encore une seconde circonstance de temps, continue cet auteur, qui fait augmenter le prix des marchandises, qui est, lorsque par la suite du temps elles deviennent meilleures, et tels sont les animaux qu'on nourrit un espace de temps pour les engraisser, lesquels sont d'un plus grand prix quand ils sortent plus gras de l'herbage, qu'ils n'étaient au temps qu'on les y avait mis. Telle est encore une terre ensemencée qui est beaucoup plus estimable au temps de la moisson, qu'elle ne l'était avant qu'elle fût ensemencée. Il y a enfin, ajoute ce docteur, une troisième circonstance qui se prend du lieu où les marchandises sont exposées en vente, et qui peut contribuer à en faire augmenter ou à en diminuer le prix; comme quand on les y a transportées de loin, et par conséquent avec plus de peine et de dépense qu'on n'eût fait dans un lieu plus proche; ou bien quand il y a en certains lieux quantité d'acheteurs, et qu'il y en a très-peu en d'autres.

Ces trois circonstances du temps et du lieu, qui sont fondées sur la nature même des marchandises, ou sur leur usage, en font augmenter ou diminuer le prix. D'où cet auteur conclut que lorsqu'on prend quelque chose de l'acheteur ou du vendeur au delà de la juste valeur de la marchandise, on se rend coupable d'usure, si cette augmentation ou diminution de prix n'est pas fondée sur quelqu'une de ces circonstances, et qu'elle ne le soit que sur la seule anticipation ou sur le délai du payement. Voici ses propres termes : *Est ergo generaliter tenendum quod in omnibus contractibus in quibus accipitur plus a vendente vel emente, quam dederit; et non fuerit ratio hujusmodi augmenti in usu rei, nec producta fuerit ex temporis aliqua conditione existente in ipsis rebus, sicut apparet in tribus modis prædictis, sed accidit incrementum ex dilatione temporis concessa a vendente vel emente, ut per hoc plus accipiat: tunc talis superabundantia accepta super datum, usura dicitur et usuræ tenet vitium ; quia sine justa ratione generatur in talibus contractibus et mutuis ; et hoc vocatur apud jurisperitos, et etiam vulgariter, vendere vel emere ad credentiam.*

Concluons donc que Salvius ne peut sans usure acheter de Clitus chaque toison sept sous six deniers, puisque, comme on le suppose, sa juste valeur est de dix sous, et qu'il ne rabat de ce prix, que parce qu'il en anticipe de trois ou quatre mois le payement ; mais il le pourrait, si, par l'anticipation du payement qu'il fait dans l'intention de faire plaisir à Clitus son vendeur, il souffrait un dommage équivalent au profit qu'il retire ; ou que, ne payant pas par avance, il eût occasion de se servir utilement de son argent et de faire quelque gain très-probable ; car, non-seulement le dommage naissant, mais encore le gain cessant, pris dans le sens que nous expliquons ailleurs, sont l'un et l'autre un titre légitime pour acheter plus ou moins que la juste valeur de la marchandise, par forme de dédommagement de la perte réelle qu'on fait d'ailleurs, c'est-à-dire que fait le vendeur par la privation de sa marchandise, ou l'autre tenu par la privation de l'argent qu'il aurait employé utilement dans un autre commerce, d'où il aurait très-probablement tiré un profit proportionné à celui qu'il manque de faire, en anticipant le payement.

Cas XII. *Nébridius*, seigneur de paroisse, étant prié par Joseph de lui prêter 400 l., dont il avait un pressant besoin, lui a accordé cette grâce, à condition que par reconnaissance il viendrait dorénavant faire moudre son blé à son moulin, ou faire cuire son pain à son four banal, à quoi Joseph n'est pas tenu, mais ce qu'il s'est engagé envers Nébridius de faire à l'avenir, et de payer pour la mouture de son blé, ou pour la cuisson de son pain ce qu'il payerait ailleurs. Cette condition est-elle usuraire à l'égard de Nébridius ? Une semblable condition le serait-elle à l'égard, par exemple, d'un boulanger qui prêterait une somme d'argent à quelqu'un qu'il engagerait, en lui faisant le prêt, à se fournir de pain dans sa boutique au prix que tout le monde l'y achète ?

R. Cette condition est usuraire, puisque Nébridius ne prête les 400 liv. à Joseph que sous cette obligation, et qu'il ne les lui prêterait pas autrement. La raison est que cette condition renferme une servitude estimable à prix d'argent, et que Nébridius l'obtient de Joseph en vertu du prêt qu'il fait. D'où il s'ensuit qu'il ne lui prête donc pas gratuitement cette somme, et que par conséquent il pèche contre le précepte de Jésus-Christ, qui veut qu'on prête sans espérance d'en tirer aucun profit : *Mutuum date, nihil inde sperantes*. Lesquelles dernières paroles renferment un véritable précepte, comme nous l'avons prouvé ci-dessus. Il faut raisonner de même du boulanger et de tout autre qui ne veut prêter son argent que sous une telle condition. *Si quis, dit saint Antonin, mutuat alteri, ea intentione, vel pacto, ut vadat ad molendinum suum, vel furnum, vel ad apothecam suam ad emendum, vel intret scholas sub eo, et hujusmodi, alias non mutuaturus, usuram committit, etiamsi non majori pretio sibi vendit propter hoc, seu plus ab eo quam ab aliis petit. Ratio est, quia commoditatem, seu utilitatem inde recipit, quæ pretio æstimari potest*; part. 2, tit, 1, c. 7, § 8.

Sylvius enseigne la même chose, en disant que si quelqu'un, en prêtant son argent, obligeait son débiteur à labourer sa terre, s'il est laboureur, ou à le venir visiter dans ses maladies, s'il est médecin, en payant néanmoins à l'un et à l'autre le salaire dû pour le labourage ou pour les visites, celui-là commettrait véritablement le péché d'usure, parce que cette obligation qu'il leur imposerait est certainement une chose estimable à prix d'argent : *Si quis alteri mutuans*, dit ce savant théologien, cit. art. 2, concl. 7, *obliget ipsum, ut emat ex sua officina, colat suos agros, ut scholam suam frequentet, ut frumentum molat in suo molendino; ut, si medicus est, curet mutuantem ejusque infirmos, quando ægrotabunt, est usurarius, etiamsi justam solvat mercedem, tum agricolæ, tum medico ; neque mutuatarius et plus solvat pro mercibus, pro molitura, quam solveret alteri : obligatio enim ad colendum agrum mutuantis, etiamsi persoluta justa mercede, est pretio æstimabilis. Ergo non licet eam exigere ex mutuo.* Il ajoute encore cette autre raison : *Quia est obligatio civilis, qua mutuatarius privatur sua libertate; et consequenter se exponit hujusmodi periculo, ut non possit alteri operam suam locare, quamvis sub majori stipendio requireretur.* Il cite pour son sentiment Sylvestre Mozolin, Cajetan, Bannés, Salonius, Navarre, Tolet, et Azor.

Cas XIII. *Rigobert* a prêté deux cents écus à Jérôme, avocat, à condition qu'il plaidera *gratis* une cause qu'il a au parlement, qui est un simple bon office, qui ne lui coûtera rien que la peine de parler quelques quarts d'heure. Est-il coupable d'usure pour avoir prêté sous cette condition son argent à cet avocat?

R. Il est évident, par les autorités que nous avons rapportées dans la décision précédente, que Rigobert n'a pu, sans se rendre coupable d'usure, prêter les deux cents écus à Jérôme, sous la condition mentionnée dans l'espèce proposée, puisqu'il est certain que le travail et le ministère d'un avocat sont des choses estimables à prix d'argent et que par conséquent Rigobert ne lui a pas fait un prêt gratuit. *Si aliquis*, dit saint Thomas, cit. art. 2, ad. 3, *ex pecunia mutuata exspectet vel exigat, quasi per obligationem pacti taciti, vel expressi, recompensationem muneris ab obsequio, vel a lingua, perinde est, ac si exspectaret, vel exigeret munus a manu, quia utrumque pecuniæ æstimari potest, ut patet, in his, qui locant operas suas, quas manu, vel lingua exercent.*

Mais si cet avocat voulait bien, par une pure reconnaissance et par amitié, rendre ce service à Rigobert, celui-ci le pourrait accepter sans aucun péché, et même l'exiger, pourvu que ce fût indépendamment du prêt, c'est-à-dire qu'il ne l'exigeât pas comme une chose qui serait due en vertu du prêt. *Si vero*, ajoute le docteur angélique, *munus ab obsequio, vel a lingua, non quasi ex obligatione rei exhibetur, sed ex benevolentia, quæ sub æstimatione pecuniæ non cadit; licet hoc accipere, et exigere, et expetere,* idem q. 13, de Malo, art. 4, ad. 13.

— Je n'admettrais pas volontiers cet *exigere*, parce que *id quod exigitur, quasi ex obligatione exhibetur. Voyez* la censure d'Innocent XI dans le cas XV.

Cas XIV. *Thibaud*, en prêtant cinq cents liv. à Philippes espère qu'il l'en reconnaîtra par quelque présent. Cette espérance le rend-elle coupable d'une usure mentale, et par conséquent de péché?

R. Si cet homme, en espérant une récompense à l'occasion du prêt qu'il a fait à Philippes, la regarde comme une chose qui lui est due à cause du prêt, son espérance est vicieuse et usuraire. Mais s'il n'attend un présent que comme une chose entièrement gratuite, et au payement de laquelle Philippes n'est aucunement obligé, il ne se rend pas pour cela coupable d'usure. *Munus aliquod vel a manu, vel a lingua, vel ab obsequio, potest usurarius sperare ex mutuo, quod concedit, dupliciter,* dit le même saint docteur, cit. q. 13, *uno modo quasi debitum ex quadam obligatione tacita vel expressa: et sic, quodcunque munus speret, illicite sperat. Alio modo potest aliquod munus sperare, non quasi debitum, sed quasi gratuitum et absque obligatione præstandum : et sic licite potest ille qui mutuat sperare aliquod munus ab eo cui mutuat, sicut qui facit servitutem alicui, confidit de eo, ut amicabiliter suo tempore servitium faciat.*

Thibaud peut donc sans aucun péché non-seulement espérer, mais encore recevoir ce que Philippes lui donnera gratuitement et par une reconnaissance purement volontaire. *Si vero accipiat aliquid hujusmodi,* dit encore ailleurs le docteur angélique, *non quasi exigens ex aliqua obligatione tacita vel expressa, sed sicut gratuitum donum, non peccat : quia etiam, antequam pecuniam mutuasset, licite poterat aliquod donum gratis accipere : nec pejoris conditionis efficitur per hoc quod mutuavit,* 2-2, q. 78, a. 2.

Mais comme il est fort aisé de se flatter en ces occasions, et de prêter plus volontiers à ceux de qui on a déjà reçu en pareil cas quelque présent, parce qu'on en espère encore par le prêt qu'on leur fait, il est important de si bien régler son intention, qu'on soit dans une véritable disposition de prêter gratuitement, quand même on serait assuré qu'on n'en recevrait aucune gratification.

Cas XV. *Eusèbe* prie Gautier de lui prêter cent écus dont il a besoin; Gautier les lui prête, mais à condition qu'il lui prêtera une pareille somme lorsqu'il aura besoin d'argent, à quoi Eusèbe s'engage de parole. Cette condition est-elle usuraire?

R. Oui, selon saint Thomas, cit. art. 2, ad. 4, parce qu'un tel engagement est une chose estimable à prix d'argent, et que par conséquent celui qui prête exige quelque chose au delà de son capital : *Quia etiam talis obligatio pecunia æstimari posset,* dit ce saint, *et ideo licet mutuanti unum simul aliquid aliud mutuum recipere; non autem licet eum obligare ad mutuum in posterum faciendum.*

Sylvius est dans le même sentiment : *Satis constat,* dit-il, *non posse illum qui mutuat obligare mutuatarium, obligatione scilicet civili, ut in futurum, quando etiam continget ipsum re aliena indigere, ei remutuet ; dicit enim beatus Thomas : Licet mutuanti unum simul, etc. Et hoc ideo, quia cum ejusmodi obligatio sit civilis et onerosa, atque adeo æstimabilis pecunia; is qui ex mutuo talem obligationem postulat, nihilominus vult sortem principalem restitui integram, et exspectat ex mutuo aliquid pecunia æstimabile ultra sortem, et per consequens committit usuram.*

La raison est que la reconnaissance doit être parfaitement libre et gratuite ; en sorte que celui qui en a ne soit pas contraint d'en donner de telles ou telles marques, en tel temps ou en telle manière ; mais qu'il soit entièrement le maître de les donner, s'il le veut, de quelle manière et en quel temps il juge à propos, ou seulement d'en conserver un simple ressentiment dans le cœur ; autrement, s'il obligeait à quelque chose de contraire, ce ne serait plus, à proprement parler, une reconnaissance, mais un payement auquel celui qui emprunte serait obligé à titre de justice, en vertu de la convention qu'il aurait faite.

Ajoutons à ces autorités que le saint-siége s'est ouvertement déclaré sur cette difficulté, Innocent XI ayant censuré la quarante-deuxième proposition qui se trouve entre les 65 qu'il condamna le second jour de mars 1679, laquelle est conçue en ces termes : « Ce n'est pas usure d'exiger quelque chose au delà du sort principal, quand on ne l'exige que comme dû par bienveillance et par reconnaissance. L'usure est seulement de l'exiger comme une dette de justice. » *Usura non est, dum ultra sortem aliquid exigitur, tanquam ex benevolentia et gratitudine debitum; sed solum, si exigatur tanquam ex justitia debitum.* La censure de cette proposition et de toutes les autres porte une défense étroite d'enseigner une telle doctrine ou de la soutenir, et cela sous peine d'excommunication *ipso facto* réservée au saint-siége, excepté à l'article de la mort.

Cas XVI. *Hébert* a prêté vingt pistoles à Pierre, principalement par amitié et pour lui faire plaisir ; mais il a eu, en lui faisant ce prêt, une seconde intention secrète de recevoir de lui un semblable plaisir dans une occasion où il prévoit qu'il aura besoin d'emprunter une plus forte somme. Cette intention est-elle illicite et usuraire ?

R. Si cette intention a été seulement secrète, et que Hébert n'ait exigé aucune promesse de Pierre par laquelle il l'ait engagé à lui faire un semblable plaisir, il ne doit pas être censé coupable d'usure mentale, parce qu'il a laissé Pierre dans une pleine liberté de lui donner ou de ne lui pas donner cette marque de sa reconnaissance. Mais, afin de ne pas se flatter en ces occasions, il faut s'examiner si l'on est sincèrement disposé à prêter, quand même on serait persuadé que celui à qui l'on prête ne fera pas un pareil plaisir. Car si nonobstant cela on prête, c'est une preuve certaine que l'intention qu'on a n'est pas usuraire. C'est saint Antonin qui nous donne cette règle : *Intentio secundaria dicitur*, c'est ainsi qu'il parle, ibidem, c. 7, *quando etsi sperat aliquid sibi dari ab eo qui mutuavit, ex sua liberalitate, tamen non eum illud movet, sed magis benevolentia, ita quod etiamsi non crederet sibi aliquid dari ultra sortem, adhuc tamen mutuaret.* Saint Raimond dit la même chose en ces termes : *Si secundario speret, quod ille debitor sibi remutuet, vel aliquid simile, si opus fuerit, non est reprobandum.*

Tout cela est fondé sur la définition même que saint Antonin donne de l'usure, qui est un profit qu'on veut tirer principalement à cause du prêt : *Usura est lucrum ex mutuo principaliter intentum.* De sorte que la principale intention de Hébert n'ayant pas été de retirer aucun avantage du prêt qu'il a fait à Pierre, mais seulement de lui faire plaisir, on ne doit pas l'estimer usuraire, quoiqu'il ait espéré que Pierre lui pouvait faire un semblable plaisir, s'il se trouvait dans la nécessité de recourir à lui.

Cas XVII. *Scévole* prête une somme d'argent à un de ses voisins, dans l'intention principale de gagner son amitié et d'en recevoir de la reconnaissance. Cette intention renferme-t-elle quelque chose d'usuraire ?

R. Cette intention n'est point usuraire, parce que l'amitié et la reconnaissance ne sont pas estimables à prix d'argent. C'est ce qu'enseigne saint Thomas, qui dit : *Recompensationem vero eorum quæ pecunia non mensurantur, licet pro mutuo exigere : puta benevolentiam et amorem ejus cui mutuavit, vel aliquid hujusmodi,* ead. q. 73, art. 2, O.

Cas XVIII. *Hercules* ayant besoin d'une somme de 550 liv., la demande à Gratien à emprunter à Paris, et lui promet de la lui rendre dans trois mois en cinquante louis d'or, auquel temps il est fort probable que les louis d'or vaudront plus qu'ils ne valent actuellement, ou de les lui faire rendre à Strasbourg, où chaque louis d'or vaut dix sous plus qu'à Paris. Gratien peut-il sans usure accepter cette offre ?

R. Si Gratien a pour fin principale de gagner par le prêt qu'il fait à Hercules, son intention est certainement usuraire. Car, selon l'auteur de l'opuscule 73 *de Usuris*, c. 14, celui-là se rend coupable d'usure qui prête principalement dans le dessein de retirer un profit en vertu de son prêt. Mais si son intention principale est de faire plaisir à Hercules, sans aucune intention de gagner en prêtant, il ne pèche pas quand même il arriverait dans la suite qu'il gagnât quelque chose sur les espèces qu'on lui doit rendre : *Aut mutuans committit usuram,* dit cet ancien docteur, *quia lucrum sperat ex mutuo, aut mutuans nihil lucri in mutuando intendit, sive ex tempore, sive ex loco, sed tantum ob favorem et gratiam proximi hoc mutuat; et tunc nihil culpabile ex hoc incurrit.* L'auteur de la Théologie morale de Grenoble, qu'on ne prendra pas sans doute pour un casuiste trop large, est de ce sentiment, tom. I, tit. 5, ch. 1, q. 14.

Cas XIX. *Licinius* a une terre qui lui rapporte trois cents livres par an. Ayant besoin d'argent, il offre à Julien de lui vendre pour dix ans ce revenu. Julien accepte sa proposition et convient avec lui de lui en payer comptant la somme de deux mille deux cents livres. N'y a-t-il point d'usure dans cette convention ?

R. L'auteur qu'on vient de citer enseigne, *cap.* 9, qu'il n'y a point d'usure dans le cas proposé, et il le prouve par trois raisons :

La première, parce que le vendeur étant maître de cette terre, il lui est libre de la céder à l'acheteur pour le temps qu'il juge à propos pour un prix au-dessous de sa juste valeur. *De natura sua contractus habet in se tria, quæ ipsum justum ostendunt. Unum est, ipsa vendentis liberalitas, qua potest rem suam dare gratis, vel permutare pro re minoris pretii quam sit sua res, et secundum hoc nullum incidit vitium in emente; quia id quod accipitur totum est de voluntate libera domini.*

La seconde, parce qu'il n'y a point d'injustice à vendre une chose autant qu'elle est estimée par les contractants, pourvu que l'estimation soit juste, comme il paraît qu'elle l'est dans l'espèce à laquelle nous répondons, tant à cause que Licinius n'accepterait pas les 2,200 liv., s'il en trouvait davantage, qu'à cause que les trois mille livres qu'il retirerait de sa terre en dix ans ne sont pas un bien plus estimable que la somme qu'il reçoit comptant, un bien à venir consistant en fonds de terre étant censé beaucoup moins valoir qu'un bien présent ; d'autant qu'un bien présent est actuellement plus utile : *Aliud est ipsa æqualitas permutationis rerum*, ajoute le même auteur, *quia quando res venditur pro tanto quanto æstimatur juste, sive a venditore et emente, sive ab his qui sunt legis positivæ, tunc est justitia in permutatione, sed constat quod vendens non potest plus habere pro tempore, pro quo vendidit, et etiam res, futuræ per tempora, non sunt tantæ æstimationis, sicut eædem collectæ in instanti ; nec tantam utilitatem inferunt possidentibus propter quod oportet quod sint minoris æstimationis secundum justitiam.*

La troisième enfin, parce que le surplus des deux mille deux cents liv. ne doit pas être considéré comme un lucre distinct du sort principal, puisque l'acheteur qui, dans notre cas est Julien, a véritablement acheté le revenu entier de la terre pour le temps de dix années. A quoi il faut ajouter qu'il peut aisément arriver que cette terre pourra beaucoup moins rapporter dans quelques années de stérilité, dont le vendeur ne se rend pas responsable envers l'acheteur : *Tertium est ipsa ratio sortis ; quia quod plus accipitur quod datur, est de ratione sortis ; eo quod emens totum emit quod eventurum erat tempore determinato ; et ideo non ultra sortem propriam accipit, sicut nec ille qui emit reditus ad omne tempus.*

C'est sur ce fondement et par ces mêmes raisons que cet ancien docteur enseigne, *ibid. cap.* 10, qu'on peut acheter un champ ensemencé à un prix moindre qu'il ne vaudrait au temps de la récolte : *Illud*, dit-il, *quod per naturam temporis accrescit rei alicui, juste est illius cujus est ipsa res, ut si quis emit terras fructiferas, vel arbores, vel animalia fructifera, quidquid evenit per naturam temporis et non tantum per exercitium laboris, juste fit illius cujus sunt hujusmodi terræ, quare cum per naturam temporis segetes in terra satæ veniunt ad majorem valorem, et similiter silvæ, sequitur quod quidquid provenit ultra pretium datum, juste fit illius qui emit ipsa (scilicet segetes et silvas), et cedit in proprietatem sortis. Quare nihil accipit ultra sortem, licet plus accipiat emens, quam dederit.*

CAS XX. *Césaire*, ayant besoin de dix boisseaux de blé, les emprunte de Claude qui les lui prête à la mi-octobre, auquel temps chaque boisseau vaut trente sous, à condition qu'il lui rendra pareils dix boisseaux à la fin de juin, où le blé vaut ordinairement quarante-cinq sous le boisseau, ou de lui en payer alors la valeur sur ce pied. N'y a-t-il point d'usure dans cette convention ?

R. Si Claude en prêtant ce blé à Césaire a intention de profiter par le moyen de ce prêt, on ne doit pas douter qu'il ne se rende coupable d'usure, puisque, selon l'Ecriture, les conciles, les Pères, etc., on ne peut en aucun cas, sans usure, tirer aucun profit en vertu du prêt : *Qui mutuat hoc pacto*, dit Sylvius, *ut mutuatarius eo loco vel tempore solvat, ubi vel quando res pluris valet, usuram committit ; puta si mutuat frumentum vetus, ut reddatur novum eo tempore quo verisimile est illud pluris valiturum.* Et c'est pour cette raison et dans ce sens que cette sorte de prêt est condamnée par un concile de Paris, tenu sous le pontificat de Grégoire IV, l'an 829, comme aussi par Alexandre III et par Urbain III, cap. 6 et 10 *de Usuris.*

Néanmoins, si Claude n'a pas cette mauvaise intention, il ne commet pas le péché d'usure. Or la marque par laquelle on peut reconnaître la droiture de son intention, est 1° qu'il soit résolu de garder son blé pour ne le vendre que vers la fin du mois de juin ; 2° qu'il soit toujours disposé à recevoir de Césaire les dix boisseaux de blé qu'il lui a prêtés, en quelque temps qu'il offre de les lui rendre ; 3° qu'il ne détermine un temps où vraisemblablement le blé doit être plus cher, que dans le dessein d'éviter son propre dommage qui pourrait lui arriver si, en prêtant ce blé qui lui est nécessaire pour sa subsistance, il était obligé d'en acheter d'autre à plus haut prix pour vivre, en cas que Césaire ne le lui rendît pas alors. C'est donc à lui à s'examiner devant Dieu s'il est dans ces circonstances et dans ces dispositions : *In hoc casu conscientia aut excusat, aut accusat*, dit un ancien docteur, *quia vero mutuum debet fieri gratis et sine spe lucri ; quandocunque in mutuo vel ex mutuo intenditur spes lucri, tunc non caret vitio usuræ.... potest autem excludi spes lucri ab intentione dantis mutuo modo prædicto dupliciter. Uno modo, quando dans mutuo paratus est omni tempore accipere rem mutuatam, etiam ante illud tempus determinatum, quo res verisimiliter deberet esse cariores. Hoc modo spes lucri, etsi per accidens intendatur, non tamen per se, quia tunc non tollit rationem gratuiti a mutuo. Alio modo, quando dans mutuo, etiam tempus illud determinavit in quo verisimiliter plus valituræ erant propter solam damni vitationem ; tunc enim damnum vitat, quando necessitati propriæ consulens, intendit conservare res suas sibi magis necessarias ad usum vitæ quas, si tunc non haberet, oporteret eas alibi emere, et sic reportare damnum de gratia mutui facta proximo, et sic intendens in mutuando excusatur ab omni vitio usuræ.* Opusc. 73, cap. 14.

Il s'ensuit de là que je puis sans usure prêter à Jean une mesure de blé au mois de mars ou d'avril, à condition qu'il m'en rendra une et demie au mois d'août ou de septembre, supposé qu'il soit certain ou au moins très-probable que la mesure et demie ne vaudra pas davantage au mois d'août ou de septembre, auquel temps que je lui prête au mois de mars ou d'avril, parce qu'autrement je souffrirais du dommage en n'en recevant qu'une mesure, qui alors serait de moindre valeur que celle que je lui aurais prêtée.

Cas XXI. *Macé*, suivant la coutume pratiquée communément dans une certaine province de France, au lieu de prêter à Jacques 100 livres qu'il lui demande à emprunter, lui dit qu'il a dessein d'employer son argent à acheter du blé pour y gagner, mais qu'il veut bien néanmoins lui prêter les 100 livres qu'il demande, pourvu qu'il lui fasse une obligation payable à terme, par laquelle il reconnaisse lui devoir tant de mesures de blé sur le pied actuellement courant, jusqu'à la concurrence de cette somme. Ce commerce n'est-il point usuraire?

R. Ou Macé est sincèrement dans le dessein d'employer son argent en blé pour y gagner, ou il n'y est pas ; s'il n'y est pas, il commet une usure palliée sous le nom de prêt ; s'il y est, il faut encore distinguer : car, ou le terme du payement porté par l'obligation est un temps où il est certain que le blé vaut plus qu'il ne vaut au temps du prêt qu'il fait; ou bien il est incertain s'il vaudra plus ou moins. S'il est certain ou très-probable que le prix du blé sera plus haut à l'échéance du terme, comme si l'obligation était passée au mois d'octobre ou de novembre, et que le terme du payement fût fixé à la Pentecôte, il est évident que Macé commet le péché d'usure, puisqu'il ne stipule ce terme dans l'obligation que lui donne Jacques que parce qu'il est assuré de gagner par le prêt qu'il fait.

On doit néanmoins excepter le cas où Macé serait absolument résolu d'employer actuellement son argent à acheter du blé, parce qu'il est à bon marché, et de le garder jusqu'à la Pentecôte pour le vendre alors plus cher ; car, en ce cas, il serait en droit d'exiger un dédommagement de ce qu'il manquerait à gagner en prêtant son argent à Jacques pour le soulager dans sa nécessité ; lequel dédommagement ou intérêt se doit entendre d'une somme proportionnée à celle qu'il aurait gagnée en gardant le blé jusqu'à ce temps-là, en déduisant sur ce dédommagement les frais et les dépenses qu'il lui aurait fallu faire pour le garder et pour le vendre, comme aussi le déchet, le tout selon l'estimation d'un homme prudent, c'est-à-dire bon connaisseur et vertueux.

Enfin, s'il est certain que le blé vaudra plus ou moins à l'échéance du payement porté par l'obligation qu'il ne vaut actuellement, lorsque Macé fait ce prêt, il n'y a point d'usure en ce cas, comme il est évident par la décision de Grégoire IX, qui dit : *Ratione hujus dubii etiam excusatur qui pannos, grana, vinum, oleum et alias merces vendit, ut amplius quam tunc valeant, in certo termino recipiat pro eisdem, si tamen ea tempore contractus non fuerat venditurus,* cap. *Naviganti,* fin., *de Usuris,* lib. v, tit. 19.

Cas XXII. *Irénée*, bourgeois de Marseille, faisant commerce de figues, donne à Bernard vingt panaux de celles qu'on appelle dans le pays métrisses, c'est-à-dire blanches et noires tant grosses que petites, chaque panal valant 15 sous, à condition que Bernard lui rendra à la récolte vingt panaux, savoir : dix de paumoule, qui est une espèce de grain, dont le panal vaut alors communément 15 sous, et dix de seigle, valant chacun 18 à 20 sous. Y a-t-il usure dans ce commerce qui est commun en Provence?

R. Ce trafic est usuraire, quelque commun qu'il soit dans le pays ; car le bailleur exige du preneur, en vertu du prêt, quelque chose par-dessus le sort principal, c'est-à-dire trois ou 5 sous pour chaque panal de seigle, plus que ne vaut chaque panal de figues métrisses.

On pourrait néanmoins excuser Irénée d'usure, s'il n'était pas certain que le panal de seigle dût valoir alors 18 ou 20 sous ; car si le prix en était incertain et qu'il fût quelquefois de 14 sous et quelquefois de 18, ce commerce ne serait pas illicite, ainsi qu'il paraît, 1° par le ch. 6, *de Usuris,* où Alexandre III met cette exception qui exclut l'usure : *Nisi dubium sit, merces illas plus, minusve solutionis tempore valituras;* 2° par la décrétale *Naviganti* de Grégoire IX, qui met la même exception en ces termes : *Quæ* (mensuræ grani, etc.), *licet tunc plus valeant, utrum, plus vel minus solutionis tempore fuerint valituræ, verisimiliter dubitatur, non debet ex hoc usurarius reputari.* A quoi ce souverain pontife ajoute ces paroles que nous avons rapportées dans la décision précédente : *Ratione hujus dubii etiam excusatur qui pannos, granum, vinum, oleum et alias merces vendit, ut amplius quam tunc valeant, in certo termino recipiat pro eisdem : si tamen ea tempore contractus non fuerat venditurus.* S.-B., tom. III, cas 253.

Cas XXIII. *Manlius,* voyant que le prix courant du muid de blé était de 140 liv., en a acheté quatre muids de Sempronius au mois de mai, qu'il a payés comptant sur le pied de 120 livres chaque muid, pour lui être livrés au mois d'octobre suivant. Ayant différé à les recevoir jusqu'à la fin du mois de janvier, auquel temps le muid valait 160 liv., il les a vendus ce prix à Junius, qui les a reçus ensuite de Sempronius. N'y a-t-il point quelque usure dans le profit qu'a fait Manlius dans ce commerce?

R. Non ; car, 1° il a pu sans usure acheter au mois de mai le muid de blé 120 liv., quoiqu'il en valût communément alors 140, parce qu'il ne l'achetait que pour lui être livré au mois d'octobre, où il ne vaut ordinairement que le prix qu'il en a payé. C'est ce qu'enseigne le cardinal Cajetan, qui, parlant de l'achat qu'on fait d'une chose, dont on anticipe le payement, dit : *In hujusmodi emptione spectatur ad æstimatum pretium tempore assignationis frumenti, et propterea si verisimiliter creditur frumentum valiturum mense junii decem vel circa, licet tunc valeat quindecim, licite ego ex nunc emo pro mense junii decem, ut patet ex cap. Naviganti, de Usuris. Nec obstat quod in augusto crediter valiturum duodecim aut quindecim; quoniam emptor non emit pro augusto sed pro junio;* 2° parce que Manlius a pu sans injustice vendre au mois de janvier suivant chaque muid de blé 160 livres, puisque, comme on le suppose, c'était alors le prix qu'il se vendait communément. Et il est inutile d'objecter qu'il vendait ce qu'il n'avait pas encore en sa possession, puisque ce blé lui appartenait légitimement, son vendeur s'étant obligé à le lui livrer dès le mois d'octobre précédent. Cette décision est conforme à celle que donna Sylvius, le 16 juillet 1633, sur une difficulté semblable. Mais il est bon d'ajouter que, puisque Manlius a négligé pendant plus de trois mois de recevoir de Sempronius les quatre muids de blé, il est de la justice qu'il dédommage Sempronius de la perte qu'il a pu faire par le déchet du blé, suivant le jugement d'un homme équitable, et cela, supposé que Sempronius lui en ait offert la livraison dans le temps convenu. *Voyez* Sylvius, v. *Usura*, 2.

Cas XXIV. *Pasquier* prête 1,000 livres à Jacques, à condition que si lui ou Jacques meurent avant cinq ans, Jacques ou sa succession en seront déchargés; mais que si, au contraire, l'un et l'autre vivent après les cinq ans écoulés, Jacques lui rendra les 1,000 livres et en outre une autre somme pareille. Y a-t-il usure dans cette espèce de prêt?

R. Navarre a varié sur cette difficulté; mais il soutient avec raison dans son *Manuel*, ch. 17, n. 222, p. *mihi* 112, qu'il y a usure dans le cas proposé: *Qui mutuat*, dit ce docteur, *cum pacto ut si mutuatarius infra certum tempus moriatur, sit liber; si vivat, duplum reddat, usurarius est; quia ex mutuo lucratur illam obligationem solvendi duplum, licet dubiam... secus si donaret gratis absque fraude... quia nullum ibi mutuum intervenit; sed est contractus innominatus. Do, ut mihi des.*

En effet, on ne peut pas soutenir qu'un tel prêt soit gratuit; au contraire, on le peut comparer à celui que Pasquier ferait à un pauvre, à condition que si ce pauvre devenait riche dans cinq ou six ans, il lui rendrait le double de ce qu'il lui aurait prêté; ce qui est une convention tout à fait usuraire et condamnable. Sylvestre est de ce même sentiment, v. *Usura*, 1, q. 36, pag. 508, où il propose le cas comme je l'ai proposé.

— J'avoue que cette décision m'embarrasse. Le prêt *mutuum* emporte essentiellement une obligation de rendre, après un certain temps, la chose prêtée. Or, dans un contrat où l'emprunteur peut autant acquérir à lui ou aux siens le domaine de la chose prêtée que la perdre, il n'y a, ni il ne peut y avoir d'obligation absolue de rendre la chose. Ce n'est donc pas là qu'un *certain nom*, et, comme on dit, un hasard à la blanque; où, en supposant une égale probabilité de vie et de mort, il y a autant à gagner qu'à perdre. La comparaison du pauvre est déplacée, à moins que ce pauvre ne soit supposé acquérir le domaine de la chose à lui prêtée, en cas qu'il continue à être pauvre; et alors c'est la même difficulté, et non pas une réponse à la première. Au reste, Sylvestre réprouve ce contrat, en supposant même que le prêteur stipule simplement *aliquid supra sortem*, et non le double de ce qu'il a donné. Azor pense comme moi, et Sylvius aussi, p. 559.

Cas XXV. *Gomès*, procureur, voulant établir Blandine, sa nièce, qui n'a aucun bien, et qui l'a servi gratuitement depuis dix ans, la propose en mariage à Baudouin et lui offre en forme de dot sa charge de procureur, estimée par deux autres procureurs gens de bien 10,000 livres, y compris la pratique, et s'engage de faire les frais de ses provisions et de sa réception, à condition néanmoins que Baudouin lui payera sa vie durant seulement la somme de 600 liv., et qu'au défaut de payement, il rentrera de plein droit dans sa charge. Baudouin accepte la proposition de Gomès. Sur quoi l'on demande: 1° Si ce traité n'est point usuraire ou injuste; car il semble que le prix de cette charge n'est qu'un prêt, à prendre le traité dans la rigueur, et non pas un fonds dont Gomès puisse retirer la somme qu'il a stipulée avec Baudouin. Mais quand ce ne serait pas un prêt, il ne paraît pas juste qu'il retire 600 liv. pour un fonds de 10,000 livres.

2° Si Gomès demande s'il est tenu de subir la diminution du dixième denier qu'on paye au roi.

R. Il n'y a aucune usure dans le cas proposé. Ce n'est point un prêt: 1° parce que c'est une donation que Gomès fait de sa charge à Baudouin en faveur du mariage que celui-ci a contracté avec Blandine, et que, par ce moyen, Baudouin en est devenu le vrai propriétaire par les provisions qui ont été expédiées sous son nom.

2° Parce que Gomès ne peut pas obliger Baudouin à lui rendre cette charge, pourvu qu'il lui paye annuellement la somme dont ils sont convenus entre eux.

La stipulation du payement de la rente viagère de 600 livres ne contient rien d'injuste; car il y a une grande différence entre une telle rente et une rente perpétuelle ou foncière. La rente perpétuelle doit toujours être constituée sur le pied de la fixation ordonnée par le prince; mais il n'en est pas de même d'une rente viagère, puisqu'elle a pour fondement de sa durée que l'incertitude de la vie du rentier, et qu'elle peut devenir éteinte par sa mort, dès le lendemain de sa création.

La clause qui porte que, faute de payement de la part de Baudouin, Gomès rentrera dans la propriété de la charge, n'est pas non plus injuste, puisque c'est une condition qui fait partie du contrat, et qui y est essentiellement attachée, et sans laquelle la donation n'aurait pas été faite: aussi une pareille clause entre-t-elle tous les jours dans les contrats de vente et d'emphytéose, sans qu'on puisse condamner d'usure ni d'injustice.

Baudouin est donc tenu de s'y conformer, et elle ne peut lui être préjudiciable en payant les 600 liv. de pension viagère à Gomès, comme il s'y est volontairement obligé par le contrat. Cela est fondé sur la loi 1, Cod. *de Donationib.*, lib. VIII, tit. 55, dont Balde a compris le sens sous ce sommaire: *Si donatarius non præstat alimenta donatori, quæ ex pacto donare tenetur: donatio revo-*

catur, et potest donans rem suam vindicare. Mais, parce que cette loi renferme une espèce toute semblable à celle qu'on propose, et qu'elle en décide le cas, il est à propos de la rapporter tout entière ; la voici : *Si doceas, nepti tuæ ea lege esse donatum a te, ut certa tibi alimenta præberet : vindicationem etiam in hoc casu utilem, eo quod legi illa obtemperare noluerit, impetrare potes; id est, actionem qua dominium pristinum tibi restituatur.* Voilà une donation faite par un aïeul à sa petite-fille, à condition qu'elle lui fournira certains aliments que nous supposons pouvoir être évalués à la somme de 600 liv. par chaque année, et qui, faute d'être exécutée par le donataire, peut être justement révoquée par le donateur; et c'est précisément le cas dont il s'agit ici, où Gomès donne à sa nièce, ou à Baudouin, son mari, en sa place et en sa considération, une charge pour lui tenir lieu d'un fonds que son industrie et ses soins peuvent faire beaucoup fructifier, sous la condition de lui payer une somme par forme d'une pension viagère ou alimentaire; et qu'au défaut de payement, Gomès redeviendra maître de la charge, c'est-à-dire que la donation deviendra nulle et révoquée.

A l'égard du dixième denier, Gomès en doit souffrir la diminution, à moins que le contraire ne soit exprimé dans le contrat qu'il a passé avec Baudouin et Blandine.

Cas XXVI. *Alain*, ayant besoin de 1,200 liv., prie Philippe de les lui prêter, et lui offre de lui engager pour sûreté de sa dette quatre arpents de bois taillis, dont il pourra tirer une partie de son chauffage. Philippe peut-il accepter cette proposition sans crainte d'usure ?

R. Philippe ne peut, sans se rendre coupable d'usure, tirer son chauffage des quatre arpents de bois taillis qu'Alain offre de lui engager pour sûreté des 1,200 liv. qu'il lui demande à emprunter, à moins qu'il ne déduise sur le capital la valeur du bois qu'il en retirera. *Si quis*, dit saint Thomas, *pro pecunia sibi mutuata obliget rem aliquam cujus usus pretio æstimari potest, debet usum illius rei ille qui mutuavit, computare in restitutionem ejus quod mutuavit : alioqui si usum illius rei quasi gratis superaddi velit, idem est ac si pecuniam acciperet pro mutuo, quod est usurarium, nisi forte esset talis res, cujus usus sine pretio soleat concedi, sicut patet de libro commodato*, 2-2, q. 78, art. 2, ad 6.

La doctrine de saint Thomas est conforme à la décision d'Alexandre III, qui, étant au concile de Tours, tenu en 1163, dit cap. 1, *de Usuris : Generalis concilii decrevit auctoritas ut.... si quis alicujus possessionem data pecunia sub hac specie vel conditione in pignus acceperit; si sortem suam (deductis expensis) de fructibus jam percepit, absolute possessionem restituat debitori. Sin autem aliquid minus habet, eo recepto, possessio libere ad dominum revertatur.* Le même pontife, cap. 2, *eod. tit.*, dit encore : *Auctoritate præsentium duximus injungendum, ut.... ab iis qui possessionibus vel arboribus quas tenere in pignore noscuntur, sortem (deductis expensis) recepe-*runt, ad eadem pignora restituenda, sine usurarum exactione ecclesiastica districtione compellas.*

Cas XXVII. *Amable* emprunte 1,000 liv. de Thimoléon pour un an; et, pour une plus grande sûreté de sa dette, il lui engage un fief qu'il tient de lui : Thimoléon est-il obligé en conscience, en recevant ses 1,000 liv. à l'échéance du terme, à précompter à Amable en déduction ce qu'il a reçu par la jouissance de ce fief, et commet-il le péché d'usure s'il ne les lui précompte pas?

R. Non; parce qu'il n'en est pas de même d'un seigneur qui reçoit en engagement un fief qui relève de lui, comme d'un particulier à qui le débiteur engagerait une terre pour la sûreté d'une somme d'argent qu'il aurait empruntée de lui; car ce particulier est obligé en conscience à précompter sur la somme qu'il a prêtée le prix des fruits qu'il a reçus de la terre qui lui est engagée; mais le seigneur peut jouir de son fief et retirer la somme entière qu'il a prêtée. C'est la décision d'Alexandre III, cap. 8, *de Usuris*. Voici le cas sur lequel ce savant pape avait été consulté : Un ecclésiastique avait emprunté une somme d'argent de l'abbé et des religieux du monastère de Saint-Laurent, à qui il avait engagé une terre pour sûreté de leur dette, et sur la difficulté qu'ils faisaient de la lui rendre, il en porta ses plaintes au pape, qui leur ordonna de la lui restituer, si les fruits qu'ils en avaient retirés égalaient la somme qu'ils lui avaient prêtée. *Discretioni vestræ mandamus*, ce sont ses termes, *quatenus si terram ipsam titulo pignoris detinetis, et de fructibus ejus sortem recepistis, prædictam terram clerico memorato reddatis.* Mais il ajoute aussitôt cette exception : *Nisi terra ipsa sit de feudo monasterii vestri.*

La raison pour laquelle un seigneur n'est pas obligé à tenir compte des fruits qu'il a reçus du fief qui relève de lui, et qui lui a été engagé par celui à qui il a prêté de l'argent, est qu'un fief n'est possédé par un vassal qu'à condition de certains services qu'il doit à son seigneur. Or, ces services, qui ne sont pas censés valoir moins que le fief, le seigneur ne les peut exiger de son vassal pendant tout le temps que dure l'engagement; ainsi que le dit Innocent III, cap. 1, *de Feudis*, par ces paroles : *Ita videlicet, ut quandiu fructus illos perceperis, in sortem minime computandos, idem M. a servitio, in quo tibi et ecclesiæ tuæ pro feudo ipso tenetur, interim sit immunis.* Innocent IV enseigne la même chose dans son Commentaire sur le même chapitre, et il ajoute que, si véritablement la valeur de ces fruits est beaucoup plus grande que les services qui sont dus, alors le seigneur à qui le débiteur a engagé le fief est obligé en conscience à lui en tenir compte, en précomptant sur le capital qui lui est dû le surplus, parce qu'autrement il pécherait contre ce précepte : *N'espérez rien de ceux à qui vous prêtez.* C'est donc à Thimoléon à examiner devant Dieu si les fruits qu'il a retirés du fief qu'Amable lui a engagé pour la sûreté de ses mille livres, n'excèdent pas notablement le service qui lui est dû par Amable à raison de ce fief; car, en ce cas, il serait dans l'obligation de lui en faire justice, en déduisant le surplus sur le capital de la somme. C'est la décision des *Conf.* de Luçon et des *Conf.* de Condom.

Cas XXVIII. *Epipodius* a prêté pour deux ans deux cents écus à Lucius, qui lui a donné un lit garni et douze chaises en nantissement. Epipodius s'étant servi de ces meubles, du consentement de Lucius, est-il obligé en conscience à lui précompter sur le capital le prix du service qu'il en a retiré; et ne le faisant pas, se rend-il coupable d'usure?

R. Oui, sans doute; car il en est à cet égard des meubles comme d'un fonds de terre; les fruits des meubles n'étant autre chose que l'usage qu'on en fait, lequel est estimable à prix d'argent, aussi bien que les fruits d'un fonds de terre. D'où il s'ensuit que, dans ce cas, le créancier n'est pas moins usurier, que s'il recevait véritablement une somme pour l'intérêt de ce qu'il a prêté; parce que, comme dit un ancien canon rapporté par Gratien, *Usura est ubi amplius requiritur quam datur, v. g. si dederis solidos decem, et amplius quæsieris; vel dederis frumenti modium unum, et super aliquid exegeris,* cap. fin. XIV, q. 3.

Cas XXIX. *Florent,* ayant trente mille livres d'argent comptant, qu'il va actuellement employer à réparer une maison qu'il ne peut louer à personne, sans y faire cette dépense, Caïus, son ami, le prie de lui prêter cette somme, sans quoi sa terre qui est saisie, va être vendue la moitié moins qu'elle ne vaut. Florent lui prête cette somme, mais à condition qu'il lui donnera tant pour le dédommager du tort qu'il souffrira en laissant sa propre maison en l'état où elle est, jusqu'à ce qu'il lui ait rendu son argent. Florent ne commet-il point d'usure, en exigeant de Caïus une somme d'argent par-dessus son sort principal, sous prétexte d'un dédommagement, etc.

R. Point du tout; car tous les théologiens conviennent que ce qu'ils appellent *damnum emergens,* un dommage naissant, est un juste titre pour recevoir quelque chose au delà du sort principal; parce que, quand on souffre quelque dommage pour avoir prêté son argent, on ne reçoit rien en vertu du prêt qu'on a fait, mais seulement un dédommagement du tort que l'on souffre en ses biens. C'est la doctrine de saint Thomas, qui dit : *Ille qui mutuum dat, potest absque peccato in pactum deducere cum eo qui mutuum accipit, recompensationem damni, per quod substrahitur sibi aliquid quod debet habere: hoc enim non est vendere usum pecuniæ, sed damnum vitare,* 2-2, q. 78, art. 2.

Or Florent est dans ce cas, puisque l'intérêt qu'il tire du prêt qu'il fait à Caïus a les trois conditions qui sont nécessaires pour être légitimes; dont la première est, que le dommage soit véritable et réel, et non pas causé par des accidents qui n'aient aucun rapport au prêt; parce que, si le dommage n'était pas réel, c'est-à-dire si le tort qu'on croyait devoir arriver à cause du prêt, n'arrivait pas, le créancier ne pourrait recevoir aucune chose au delà de son capital, encore qu'il fût convenu avec son débiteur d'un certain dédommagement (*Voyez* le cas XXXI). La seconde, que le dédommagement qu'on exige de celui à qui l'on prête soit précisément proportionné au tort qu'on souffre; autrement il y aurait usure. La troisième, que le créancier convienne avec le débiteur, dans le temps même qu'il lui prête, du dédommagement qu'il prétend, afin que ce débiteur ait une pleine liberté d'emprunter à cette condition, ou de ne pas accepter le prêt; toutes lesquelles conditions se trouvent dans le cas où l'on suppose qu'est Florent. D'où il faut conclure, qu'il ne commet point d'usure, en exigeant et en recevant un juste dédommagement du tort que lui cause le prêt qu'il fait à Caïus.

Cas XXX. Quand Florent a prêté ses dix mille écus, Antoine, son ami, lui en a offert dix mille autres sans intérêt. Peut-il encore dans ce cas exiger de Caïus qu'il le dommage de la perte qu'il souffrira, en ne réparant pas sa maison?

R. Il ne le peut pas. La raison est qu'il ne souffre pas cette perte à cause du prêt qu'il fait à Caïus, puisqu'on peut dire qu'il a de l'argent à la main pour rétablir sa maison; mais qu'il la souffre, ou parce qu'il aime mieux tirer une sorte d'intérêt de son argent ou parce qu'il a peu de cette charité sainte qui porte à épargner à ceux qui sont dans l'affliction des afflictions nouvelles, quand on le peut *sine gravi incommodo.* D'où je conclus que, quand Antoine n'aurait pas prévenu Florent en lui offrant lui-même son argent, celui-ci ne pourrait encore demander de dédommagement à Caïus, s'il pouvait, sans s'exposer à un refus ou à bien des bassesses, obtenir cette somme d'Antoine. Car enfin, si la charité qu'on doit au prochain, n'exige pas tout, au moins est-il sûr qu'elle exige quelque chose.

— Cas XXXI. Est-il toujours vrai, comme le dit Pontas, que celui qui, en prêtant, s'expose à un dommage, ne puisse rien exiger de l'emprunteur, quand ce dommage n'arrive pas réellement?

R. Non, au moins selon Sylvius. Car ce théologien enseigne, 2-2, q. 77, art. 2, *quæritur* 4, pag. 528, que l'emprunteur peut convenir de payer telle somme au prêteur, soit que le dommage arrive ou n'arrive pas, pourvu que cette somme soit moindre que le dommage qu'on a lieu de craindre. La raison est qu'en ce cas le prêteur s'expose au danger de perdre beaucoup et d'être médiocrement dédommagé ; danger qui est estimable à prix. Fl. de Coq enseigne la même chose dans le traité qu'il a composé sur cette matière, p. 317. Il est clair que, par cette convention, chacun des contractants peut perdre et gagner.

Cas XXXII. *Guillebaud,* marchand, ayant prêté à Guillaume une somme de mille livres à un an de terme, a souffert, six mois après le prêt fait, un dommage de plus de cinq cents livres par le défaut de la somme qu'il a prêtée. Guillaume est-il obligé en ce cas à le dédommager, et Guillebaud peut-il en conscience lui faire porter cette perte?

R. Non; car, comme nous l'avons dit cas XXIX, celui qui emprunte n'est tenu à aucun dédommagement envers celui qui prête, que lorsque l'un et l'autre en sont convenus au temps même que se fait le prêt, afin que celui qui emprunte soit dans une pleine liberté d'accepter le prêt à cette condition, ou de le refuser, s'il ne juge à propos de s'y soumettre. De plus, si Guillebaud a prêté imprudemment son argent, il s'en doit imputer la faute, et non pas à Guillaume, qui par le prêt qui lui a été fait est devenu entièrement maître de cet argent jusqu'au terme convenu entre l'un et l'autre; d'où vient ce proverbe trivial : *Qui a terme ne doit rien*. Ainsi il n'est pas responsable du dommage qu'a souffert dans la suite Guillebaud, non plus que celui qui a acheté un muid de blé au mois de janvier pour la somme de cent livres, qui était alors sa juste valeur, n'est pas tenu à dédommager son vendeur, qui a été contraint de payer deux cents livres une pareille quantité de blé qu'il a achetée le mois de juillet suivant. C'est ce qu'enseigne saint Thomas, qui dit, *qu*. 13, *de Malo*, art. 4, *ad* 14, que si celui qui a emprunté pour un temps dont il est convenu avec celui qui lui a prêté, manque par sa faute à rendre dans le terme convenu ce qu'il a emprunté, et que celui qui a fait le prêt en souffre du dommage, il est à la vérité obligé à la réparation de ce dommage; mais que si ce dommage est arrivé avant le temps convenu, il n'est tenu à aucun dédommagement : *Ex pecunia mutuata*, dit ce saint, *potest ille qui mutuat, incurrere damnum rei jam habitæ dupliciter : uno modo, ex quo non redditur sibi pecunia statuto termino; et in tali casu ille qui mutuum accepit, tenetur ad interesse : alio modo, infra tempus deputatum; et tunc non tenetur ad interesse ille qui mutuum accepit : debebat enim ille qui pecuniam mutuavit sibi cavisse, ne detrimentum incurreret; nec ille qui mutuo accepit, debet damnum incurrere de stultitia mutuantis, et est etiam simile in emptione : qui enim emit rem aliquam tantum pro ea juste dat, quantum valet : non autem quantum ille qui vendit, ex ejus carentia damnificatur.*

CAS XXXIII. *Lævius*, marchand mercier, prête à Daniel mille écus, qui est le seul argent qu'il a et qu'il était prêt d'employer en achat d'étoffes, d'où il pouvait très-probablement tirer sept ou huit pour cent de profit; et stipule que Daniel lui donnera une telle somme au delà de son capital pour lui tenir lieu de dédommagement, à cause qu'en lui faisant ce prêt il manque à faire le profit que lui produirait son argent : 1° Ce marchand peut-il en conscience recevoir de Daniel la somme convenue entre eux? 2° Le pourrait-il aussi, quoiqu'il ne fût pas encore actuellement déterminé à employer ces mille écus, n'en ayant pas à la vérité l'occasion présente, mais cette occasion pouvant néanmoins arriver après qu'il les lui aura prêtés?

R. Ce marchand peut sans usure, dans le premier cas, recevoir une somme au delà de son capital; car tous les théologiens demeurent d'accord que le lucre cessant est un titre légitime pour pouvoir recevoir quelque chose par-dessus le sort principal qu'on a prêté, pourvu que cela se fasse sous trois conditions que Tolet a marquées dans ses *Instructions sacerdotales*, lib. v, cap. 33.

La première, que l'argent qu'on prête soit exposé au commerce; car s'il n'y était pas destiné, l'on ne pourrait pas dire que celui qui le prête eût manqué de gagner en le prêtant; de sorte que l'intérêt qu'il prendrait serait simplement à cause du prêt, et par conséquent usuraire.

La seconde condition est que le marchand qui prête n'ait point d'autre argent en réserve qu'il puisse prêter, que celui qui est exposé au négoce; car s'il en avait d'autre qui n'y fût pas destiné, et qu'il pût prêter, on ne pourrait pas dire véritablement qu'il cessât de gagner en prêtant.

La troisième condition enfin est que le profit ne soit pas seulement possible et éloigné, mais encore qu'il soit probable et prochain; car il ne suffit pas que l'on puisse tirer du gain de l'argent exposé au commerce, il faut en outre que cette probabilité soit accompagnée de quelques apparences et de quelques raisons probables du profit qu'on peut faire. D'où il suit que, quoique ce lucre cessant soit séparé du dommage naissant actuel, il ne l'est pourtant pas du dommage probable, car autrement ce ne serait pas un titre suffisant pour retirer quelque intérêt au delà du sort principal.

Saint Thomas distingue fort nettement ces deux sortes de dommages et soutient qu'on est tenu à la réparation de l'un et de l'autre. Un homme, dit-il, 2-2, q. 62, a. 4, peut recevoir du dommage en deux manières différentes; la première, lorsqu'on lui ôte ce qu'il possède actuellement, auquel cas on est tenu à réparer ce dommage avec égalité : *Aliquis damnificatur dupliciter, uno modo, quia aufertur ei, quod actu habebat : et tale damnum est semper restituendum secundum recompensationem æqualis : puta, aliquis damnificet aliquis diruens domum ejus, tenetur ad tantum, quantum valet domus.* L'autre espèce de dommage est lorsqu'on est cause qu'une personne n'arrive pas à la possession de ce qu'elle est en état ou prête de gagner. *Alio modo, si damnificet aliquem impediendo, ne adipiscatur quod erat in via habendi*; et ce dommage doit être aussi réparé, ajoute ce saint docteur, non pas à la vérité selon l'égalité, en sorte que l'on soit obligé à donner à cette personne une somme égale à celle qu'elle espérait de gagner; car il y a une grande différence entre pouvoir avoir un bien et l'avoir en effet; l'espérance, quelque probable qu'elle soit, d'avoir un gain, étant un avantage beaucoup moindre que l'actuelle possession de ce gain. D'où il s'ensuit qu'il n'est pas juste de donner actuellement à celui qu'on a empêché de profiter, la chose entière qu'il espérait : *Et tale damnum non oportet recompensare ex æquo*, poursuit saint Thomas, *quia minus est, aliquid habere in virtute, quam habere in actu : qui autem est in via adipiscendi aliquid, habet illud solum secundum virtutem, vel potentiam, et ideo, si redderetur ei ut haberet hoc in actu, restitueretur ei quod est ablatum, non simplum, sed multiplicatum; quod non est de necessitate restitutionis.* Après quoi ce docteur angélique conclut qu'on est néanmoins obligé à réparer ce dommage en quelque manière, eu égard à la condition des personnes et à la nature de la chose dont il s'agit : *Tenetur tamen aliquam recompensationem facere, secundum conditionem personarum et negotiorum.*

Tout ce que nous venons de dire est manifestement favorable à Lævius, dont parle l'espèce proposée; car, puisque les mille écus qu'il a prêtés à Daniel sont exposés dans le négoce, et qu'il n'a aucun autre argent qu'il puisse prêter, et qu'enfin il a une occasion toute prête de les employer utilement et avec l'espérance d'un gain considérable, il est constant qu'il peut recevoir, outre son capital, une somme, non pas égale au profit qu'il espérait de faire, mais qui soit moindre et telle que le jugerait à propos un homme sage et expérimenté dans le commerce; en quoi les autres théologiens ont suivi la doctrine de saint Thomas, et entre autres Adrien VI, qui dit : *Neque debet æstimatio interesse lucri cessantis haberi ad quantum lucrari posset, sed quantum verisimiliter lucraturus fuisset, deductis expensis et laboribus, et certe ejus habita ratione ad arbitrium viri boni, quantum interest inter habere et prope esse.* Durand, Sylvestre Mozolin, Covarruvias, Medina, Gabriel Biel, Navarre, Bannès, Major, Sylvius et les autres, tiennent le même langage. Voyez ce dernier in 2-2, q. 77, a. 1.

Il n'en est pas de même du second cas que renferme l'exposé, où l'on demande si Lævius pourrait en conscience stipuler une somme pour se dédommager du lucre cessant, quoiqu'il ne fût pas actuellement déterminé à employer ses 1,000 écus en achat d'étoffes, et qu'il n'en eût pas l'occasion présente. Car alors on ne doit pas considérer le profit qu'il pourrait faire comme probable et moralement certain, mais seulement comme possible, incertain et éloigné. Lævius ne peut donc sans usure, en ce second cas, stipuler ni recevoir aucun intérêt au delà des 1,000 écus qu'il a prêtés à Daniel, sous prétexte du gain qu'il en pourrait retirer dans la suite par son commerce lorsque l'occasion se présenterait. La raison est que le profit qu'il prétexte étant incertain et casuel, et pouvant être aisément empêché par plusieurs accidents imprévus, ne peut justement être apprécié par un prix certain pour être vendu à un autre.

—Je distinguerais bien entre un marchand, qui est résolu à garder son argent, ou qui n'a que des vues très-vagues sur l'emploi qu'il en peut faire, et un marchand qui n'attend que l'occasion de faire valoir le sien et qui est très-résolu à saisir la première qui se présentera. Le premier ne peut stipuler de dédommagement, parce qu'il est vrai, à parler à la rigueur et même sans rigueur, qu'il ne perd rien. Le second ne me paraîtrait pas répréhensible, s'il disait à l'emprunteur : Je vous prête ces 1,000 écus, à condition que vous me les rendrez en deux, trois, quatre mois, si je trouve une bonne occasion de les placer; ou que, si vous ne pouvez me les rendre alors, vous m'indemniserez de la perte que je ferai en ne les plaçant pas. Mais il faut toujours qu'alors, 1° l'occasion soit réelle; et c'est ce que le prêteur peut aisément faire connaître; 2° que l'intention du même prêteur ne soit pas de gagner plus sûrement et plus commodément par le moyen du prêt. Car, comme dit Sylvius, cité par l'auteur sur la fin de ce cas : *Secunda conditio, ut quis supra sortem aliquid recipiat propter lucrum cessans, est, ut is qui mutuat non sponte subtraxerit suam pecuniam a negotiatione, priusquam det mutuum, intendens proprium commodum, et malens mutuare cum certo lucro, quam negotiari cum incerta spe lucri : sic enim ficte pacisceretur de lucro cessante, cum pecunia jam subtracta sit a proxima potentia lucrandi; ut pote nec secundum rem, nec secundum voluntatem ejus exposita negotiationi : atque adeo lucrum si quod cessat, non cesset ex mutuo, vel ex contractu in gratiam alterius facto, sed ex eo quod negotiari voluerit.* Sylvius, in 2-2, q. 77, art. 1, quæst. 5.

— Cas XXXIV. Pierre était prêt à mettre 500 livres en faux sel et autres marchandises de contrebande, quand Etienne l'a prié de lui prêter ces 500 livres. Pierre, sans lui rien dire de leur destination, lui a représenté qu'en les lui prêtant il perdait au moins 50 écus. Etienne lui en a promis l'indemnité. Pierre peut-il la recevoir?

R. Non; la raison en est qu'on ne peut que ce qu'on peut justement, et qu'un commerce défendu par les lois ne peut être juste. Il en serait de même si Pierre ne pouvait faire valoir son argent qu'en ouvrant sa maison à l'infamie et à la débauche.

— Cas XXXV. *Raimond* soupçonne qu'il y a, dans un de ses champs, une mine de plomb ou de cuivre. Il veut sacrifier 2,000 écus pour voir s'il pourra en tirer parti. Lulle, son ami intime, le prie de lui prêter cette somme. Raimond peut-il stipuler quelque dédommagement à cause du gain qu'il aurait pu faire?

R. Non, parce qu'on ne peut prétendre de dédommagement d'un gain qui est purement possible. Une expérience coûte beaucoup à faire et souvent ne produit que de la peine et de la confusion. Cela n'est pas fort estimable à prix. Disons donc avec Tolet, lib. v, *Instr. sacerd.*, que *mere possibilium ratio non habetur.*

Cas XXXVI. Agnan a 2,000 écus qu'il est prêt à employer en achat de marchandises, où il est très-probable qu'il gagnera sept ou huit pour cent. Il a outre cela une autre somme pareille en réserve, qu'il n'expose point au commerce, parce qu'il en destine 4,000 livres pour marier sa fille qui est nubile, et les autres 2,000 livres pour pourvoir aux besoins fortuits qui peuvent arriver dans une famille, tels que sont des procès, des maladies et autres semblables nécessités. Baudoin, son ami, lui demande ces 6,000 livres à emprunter. Agnan peut-il en conscience retirer de son prêt par forme de dédommagement une somme proportionnée au lucre cessant, outre son capital, quoiqu'il ait en réserve une pareille somme de 6,000 livres qu'il ne veut pas exposer au commerce ?

R. On ne doit pas regarder les 6,000 livres qu'Agnan tient en réserve comme un argent inutile ou superflu, puisque la destination qu'il en a faite est prudente et légitime ; et qu'il ne peut pas s'en défaire, soit par le prêt ou par le commerce, sans agir contre les règles que doit garder un sage père de famille, qui est également tenu de pourvoir à l'établissement de ses enfants et au soutien de sa famille. De sorte qu'on doit considérer cet homme comme s'il n'avait que la somme qu'il est prêt d'employer dans son commerce. D'où nous concluons qu'en prêtant 2,000 écus à Baudoin, il peut stipuler que la somme convenable au delà de son capital, pour le dédommager du gain que ce prêt l'empêche de faire, sans qu'on doive pour cela le condamner d'usure. Sainte-Beuve, tom. III, cas 240.

Cas XXXVII. *Landulfe*, ayant 1,000 écus qu'il veut faire profiter, les a proposés à Lucien, marchand joaillier, qui lui a offert de les prendre à titre de société, et lui a fait espérer un profit de trois ou quatre cents livres au moins par chaque année, dont il est moralement assuré. Landulfe, voulant éviter les inconvénients d'une société, aime mieux lui prêter ses 1,000 écus et n'en retirer que 150 livres par an, comme partie du profit que produira son argent, si Lucien les lui veut assurer. Lucien accepte cette proposition. Y a-t-il quelque chose d'usuraire dans cette convention ?

R. Cette convention est certainement usuraire ; car, quoique Landulfe pût licitement retirer un profit raisonnable de son argent, s'il le mettait en société avec Lucien, à cause qu'il demeurerait toujours maître des 1,000 écus qu'il y mettrait, et qu'il courrait les risques d'une société, c'est-à-dire une partie de la perte qui pourrait arriver, il ne peut néanmoins rien retirer de cette somme, en la prêtant à Lucien ; parce que celui qui prête transfère le domaine de son argent à celui qui l'emprunte, et n'en est plus le propriétaire, et par conséquent n'en peut pas retirer d'intérêt. C'est pourquoi tout le profit qui doit provenir des 1,000 écus appartient tout entier à Lucien ; comme étant le seul propriétaire de cette somme, et, par la même raison, si, au lieu de profiter, il souffre quelque perte, elle doit tomber sur lui seul, sans que Landulfe y participe en rien et demeure toujours obligé à rendre à Landulfe son capital. C'est ce qu'enseigne saint Thomas, que nous allons rapporter dans la décision suivante.

Cas XXXVIII. *Pierre* a mis 10,000 livres à la grosse aventure ou bodemerie, entre les mains de René, qui va négocier aux Indes orientales, à condition, 1° que si le vaisseau de René vient à faire naufrage ou à être pris par les pirates ou par les ennemis, ou enfin à périr par quelque autre cas fortuit, sans sa faute, Pierre perdra toute la somme avec les intérêts stipulés, sans en pouvoir rien répéter sur René ; 2° que le profit qui pourra provenir des 10,000 livres sera partagé entre eux, et la perte, s'il y en a, supportée à proportion.

Le même jour, Pierre, qui n'entend rien au commerce que va faire René, ni au compte que ce commerçant sera obligé de lui rendre à son retour des Indes, lui dit qu'il veut bien se contenter d'un profit certain de quinze ou de vingt pour cent, outre son capital, en cas que le vaisseau vienne à bon port ; consentant de perdre non-seulement cet intérêt, mais encore son capital de 10,000 livres, en cas que le vaisseau vienne à périr, suivant et conformément à leur convention précédente. René, dans l'espérance qu'il a de faire un profit de cent pour cent au moins, et étant bien aise d'éviter de donner connaissance de ses affaires et de son commerce à Pierre, par le compte qu'il serait autrement obligé de lui rendre, accepte cette offre et la préfère même avec plaisir à une société en forme, qui demanderait une longue et difficile discussion du profit qu'il se flatte de faire. Ce contrat n'est-il point usuraire ?

R. Pour décider cette difficulté il faut distinguer deux sortes de périls : l'un est extrinsèque et séparable du prêt. Le péril intrinsèque au prêt ne peut jamais être un titre suffisant pour pouvoir retirer aucun intérêt, mais on en peut tirer en vertu du péril qui est extrinsèque.

Cela étant présupposé, la question dont il s'agit dans l'espèce proposée consiste à savoir de quelle nature est le risque dont Pierre se charge. Car, s'il est intrinsèque au prêt, il est certain qu'il ne peut tirer aucun profit des 10,000 livres qu'il a mises à la grosse aventure sur le vaisseau de René. Si au contraire ce péril est extrinsèque au prêt, il peut, sans usure, recevoir l'intérêt stipulé entre eux.

Il est des auteurs qui soutiennent que le péril dont il est parlé dans l'exposé est intrinsèque au prêt, et que par conséquent celui qui prête de cette manière se rend coupable d'usure, en stipulant et en recevant les intérêts de son prêt. Ils se fondent sur la fameuse décrétale de Grégoire IX, qui est la dernière du titre *de Usuris*, et que nous rapporterons ci-après.

Nous ne pouvons souscrire à cette opinion, et nous estimons que cette espèce de péril est entièrement extrinsèque au prêt et qu'il en est séparable, et que par conséquent Pierre ne doit pas être condamné d'usure dans le cas dont il s'agit ; pourvu néanmoins,

1° que sa principale intention ne soit pas de gagner précisément en vertu du prêt qu'il fait, et que pour cela il ne contraigne pas René à se charger du péril de son capital pour en tirer l'intérêt, mais qu'au contraire ce soit René qui le lui offre, ou qui préfère de s'en charger, aux conditions marquées dans l'exposé, à l'embarras où il serait de lui rendre compte du secret de son commerce et du profit qu'il y ferait. Car alors ce danger qu'on appelle *de droit*, et qui consiste dans l'obligation qu'on a volontairement contractée de souffrir une perte, en cas qu'elle arrive, n'a aucun rapport essentiel au prêt ; 2° pourvu que Pierre ne retire pas un plus grand profit à cause qu'il prête, mais que son profit soit proportionné au péril qu'il subit, et qu'il le considère seulement comme en étant le prix ; parce qu'autrement il serait vrai de dire que l'intérêt aurait un véritable rapport au prêt même, et non pas au péril, qui par là deviendrait intrinsèque à ce prêt et ne lui pourrait par conséquent servir de titre légitime pour en tirer du profit.

Ce raisonnement est de saint Antonin. Voici comme il s'explique : *Aut illud ultra sortem recipit ratione mutui tantum, et sic est usura : non obstante quod ipse periculum suscipiat ; et iste est casus etiam capitis naviganti : aut recipit illud ultra sortem, præcise ratione periculi ut pretium periculi ; et sic non est usura, sed licitum. Nam etiamsi non mutuaret, et periculum navigantis in se vellet recipere, licite posset recipere pretium periculi : nec propter hoc quod ei servitium faciat in mutuando, efficitur deterioris conditionis : aut aliquid ultra sortem recipit talis mutuans partim ratione periculi et partim ratione mutui, et hoc usura est, quantum ad id quod plus percipit respectu mutui, et illud tale tenetur restituere.* Par lesquelles paroles il paraît clairement : 1° que celui-là commet le péché d'usure qui, en prêtant son argent, n'a d'autre vue principale que d'en tirer un intérêt certain, en se chargeant du péril par un pacte fait exprès, et c'est pourtant ce qui arrive presque toujours dans cette espèce de commerce ; *quia tales semper faciunt tale lucrum*, dit saint Raimond ; 2° que son péché est plus grand lorsque, sous ce prétexte, il retire un profit plus grand qu'il n'en retirerait si, sans avoir rien prêté, il se chargeait du péril envers celui à qui il prête.

On peut confirmer ce que nous venons de dire par ce raisonnement. La différence que les théologiens et les canonistes mettent entre un capital dont on fait un prêt pur et simple et celui qu'on met en société consiste en ce que le premier devient propre à celui qui emprunte, et que dans la société il demeure toujours propre à celui qui l'y met. L'argent qu'on prête purement et simplement devient propre à celui qui l'emprunte, et c'est pour cette raison que ce prêt est appelé *mutuum*, parce que *fit de meo tuum*, comme dit Justinien, lib. III *Institut.*, tit. 15. De sorte que c'est une conséquence nécessaire que tout le risque de la somme prêtée tombe sur celui qui l'a empruntée ; puisqu'il en est devenu le propriétaire par le prêt qu'on lui en a fait, et que *res.... domino suo perit*. C'est pourquoi il serait injuste qu'il en payât l'intérêt, puisque l'égalité sans laquelle, comme dit le même saint, un contrat ne peut être juste, serait violée dans ce contrat, et que d'ailleurs celui qui a prêté n'a aucun droit de tirer du profit d'un argent qui ne lui appartient plus. Mais il n'en est pas de même d'un capital qu'on a mis en société, car la propriété en demeure toujours à celui qui l'y a mis ; c'est pourquoi on doit subir les risques et, comme il se trouve dans une société une communication et une compensation de gain et de perte, le profit qu'on tire du sort principal est d'autant plus légitime, que le propriétaire ne profite que de ce que lui produit son propre bien. *Ille qui committit pecuniam suam mercatori vel artifici per modum societatis cujusdam*, dit l'Ange de l'école, *non transfert dominium pecuniæ suæ in illum, sed remanet ejus ; ita quod cum periculo ipsius mercator de ea mercatur vel artifex operatur ; et ideo sic licite potest partem lucri inde provenientis expetere tanquam de re sua.* Et son coassocié ne se peut plaindre d'aucune injustice, parce que ses peines et son industrie sont compensées avec l'argent que l'autre lui a donné à titre de société ; de sorte que si celui-là court risque de perdre ses peines et son industrie, celui-ci court aussi le risque de perdre son argent. Tout cela est conforme au droit romain et fondé sur l'équité naturelle : *Ita coiri posse societatem non dubitatur*, dit Justinien, *ut alter pecuniam conferat, alter non conferat ; et tamen lucrum inter eos commune sit : quia sæpe opera alicujus pro pecunia valet. Instit.* lib. III, tit. 26, n. 2.

Cette différence entre le prêt et la société étant ainsi établie, il est aisé de voir que Pierre a pu, sans se rendre coupable d'injustice ni d'usure, convenir avec René du profit incertain qu'il a droit de retirer, en cas que le vaisseau arrive à bon port, pour un profit raisonnable, fixe et certain. Car, 1° une telle convention n'est autre chose qu'une vente que Pierre fait à René de l'espérance de son gain, ce qu'on ne peut pas condamner d'injustice, puisqu'il est ordinaire qu'un pêcheur vende le profit incertain qu'il espère d'un coup de filet, moyennant un moindre profit qu'on lui offre, et que tous les jours on achète de la même manière les fruits d'un verger qui sont à naître ou encore fort éloignés de leur maturité, et qui peuvent périr à l'acheteur par plusieurs accidents. C'est de cette espèce de vente que parle la loi, qui dit : *Aliquando tamen in re venditio intelligetur : veluti, cum quasi alea emitur. quod fit, cum captum piscium, vel avium, vel missilium* (1) *emitur. Emptio enim contrahitur, etiamsi nihil inciderit, quia*

---

(1) *Missilium. Quæ jactantur in vulgus et fiunt occupantium.* Glossa in cit. leg.

spei emptio est. Leg. 8 de Contrah. Empt., etc., lib. xviii, tit. 1.

En second lieu, Pierre peut faire la seconde convention dont il s'agit avec une tierce personne sans aucun soupçon ni apparence d'usure. C'est une vérité que personne ne contestera. Il la peut donc faire avec René, car on ne peut pas dire que ce second contrat change de nature pour être fait avec lui plutôt qu'avec un autre, 1° parce que, soit qu'il le fasse avec lui ou avec un tiers, le profit est également incertain, et le prix certain à l'égard de René comme à l'égard de tout autre; 2° parce que l'espérance du profit n'est pas moins appréciable à l'égard des uns qu'il l'est à l'égard des autres. Cette convention n'est donc pas plus condamnable en Pierre, pour l'avoir faite avec René, qu'elle ne le serait s'il l'avait faite avec une tierce personne ; c'est-à-dire qu'elle est également licite étant faite avec lui comme avec tout autre avec qui il aurait voulu traiter de l'espérance qu'il avait du profit plus grand que celui dont il serait convenu.

C'est donc uniquement l'incertitude qui rend justes ces sortes de conventions, parce que l'acheteur et le vendeur espèrent également d'en tirer de l'avantage ; et c'est pour cela qu'on peut en conscience acheter une mesure de blé à un prix moindre qu'elle ne vaut actuellement, lorsque le vendeur ne s'oblige de la livrer que dans un autre temps, où il est incertain si elle vaudra plus ou moins, ainsi que le déclare Grégoire IX, qui dit : *Ille quoque qui dat decem solidos, ut alio tempore totidem sibi grani, vini, vel olei mensuræ reddantur: quæ licet tunc plus valeant, utrum plus vel minus solutionis tempore fuerint valituræ, verisimiliter dubitatur; non debet ex hoc usurarius reputari;* et que l'on peut vendre des étoffes, du blé, du vin, ou autres choses plus qu'elles ne se vendent actuellement, pour en être payé dans un temps où il est probable qu'ils doivent valoir le prix qu'on les vend, lorsqu'on est dans la sincère résolution de ne les vendre que dans ce temps-là. *Ratione hujus dubii,* ajoute ce pape, *excusatur qui pannos, granum, vinum, oleum et alias merces vendit; ut amplius quam tunc valeant, in certo termino recipiat pro eisdem; si tamen ea, tempore contractus, non fuerat venditurus.* Cit. cap., *Naviganti.*

On peut encore, pour confirmer notre sentiment, ajouter une décrétale d'Innocent III, qu'on avait consulté pour savoir si l'on devait laisser la dot d'une certaine femme en la disposition de son mari, entre les mains duquel elle n'était pas en assurance, à cause du mauvais état de ses affaires ; à quoi il répond, cap. 7, *de Donat. inter virum,* que si l'on ne la laisse pas au mari, il faut au moins la mettre entre les mains d'un marchand (ce qui se doit entendre en société), afin que le mari ait de quoi porter les charges du mariage par le profit honnête que ce marchand en donnera : *Mandamus quatenus dotem eidem* (marito) *sub ea, quam potest, cautione præstare, vel saltem alicui mercatori committi; ut de parte honesti lucri dictus vir onera possit matrimonii portare.* Or, on ne peut guère mieux entendre ce profit que d'un profit certain que devait donner ce marchand pour un incertain. Car si l'on prétend que ce pape n'entendait parler que d'une simple société, sans que ce marchand donnât un profit certain et déterminé au mari, il semble qu'il n'aurait pas assigné un fonds suffisamment sûr pour fournir aux charges du mariage. Il faut donc l'entendre d'un profit certain que le marchand ne pouvait néanmoins donner qu'après être convenu de ce profit certain pour un profit incertain. Tout ce raisonnement est de Navarre, Man., c. 17, n. 256, où il cite Sylvestre, Mozolin, Major ; et de plusieurs autres plus récents, dont Sylvius est du nombre, ainsi que Covarruvias et le cardinal Tolet. Sylvius 2-2, q. 78, a. 2, concl. 3 ; Tolet, l. v, c. 41.

Il ne nous reste plus qu'à examiner si cette décision s'accorde avec celle de Grégoire IX dont nous avons parlé. En voici les termes : *Naviganti vel eunti ad nundinas certam mutuans pecuniæ quantitatem, eo quod suscipit in se periculum recepturus aliquid ultra sortem, usurarius est censendus.* La question est donc de savoir quel est le véritable sens des paroles de ce pape.

1° Il est des auteurs même considérables, qui soutiennent que le texte de cette décrétale est corrompu ; qu'il doit y avoir une négation, et qu'on doit lire : *Usurarius non est censendus,* et non pas affirmativement *usurarius est censendus.* La première raison qu'ils en donnent est que, selon tous les théologiens, celui qui reçoit quelque chose par-dessus son capital, à raison du péril purement extrinsèque dont il se charge, ne se rend point coupable d'usure. La seconde est que la suite du texte de cette décrétale justifie clairement que cette conjecture est bien fondée ; car ce pape dit immédiatement après que de même il n'y a point aussi d'usure à donner, par exemple, dix écus pour dix mesures de blé, à condition que celui qui reçoit l'argent les livrera dans un certain temps à venir, où il est incertain si elles vaudront plus ou moins. *Ille quoque qui dat decem solidos,* etc., *non debet ex hoc usurarius reputari.* Or ce terme *quoque* marque évidemment qu'il doit y avoir une négation dans la période qui précède, comme il y en a une dans ce qui suit ; autrement ce souverain pontife n'aurait pas parlé juste et aurait dû dire : *Ille autem,* pour marquer la différence de l'une et de l'autre ; et non pas : *Ille quoque.*

Voilà la première réponse. Mais parce qu'elle n'est fondée que sur une simple conjecture, et que les manuscrits et les éditions, tant anciennes que modernes, y sont contraires, et qu'on y lit partout : *Usurarius est censendus,* sans négation, il est bon de ne pas s'en tenir là et d'examiner de plus près cette décrétale, en supposant que ces paroles sont et doivent être affirmatives.

2° Ces auteurs donnent donc une autre réponse et disent que Grégoire IX n'entend parler que d'un péril commun et ordinaire, tel qu'est celui qui se trouve dans le prêt, et qu'il n'est pas juste de vouloir comparer avec celui qui est inséparable d'un voyage aux Indes, ou d'une navigation de long cours, où l'on est toujours nécessairement exposé au danger des tempêtes et des naufrages, des pirates et des ennemis, et à d'autres périls semblables.

3° Ils ajoutent que Grégoire IX s'explique seulement selon la présomption du droit, parce qu'il ne dit pas positivement que celui qui, dans le cas proposé, reçoit quelque chose au delà de son sort principal, à cause du risque dont il se charge, soit véritablement coupable d'usure; mais il dit seulement qu'on doit présumer ou juger qu'il en est coupable, *usurarius est censendus* ; parce que, comme nous l'avons déjà observé, on ne s'en charge ordinairement que pour gagner en vertu du prêt ; ce qui dans la vérité est usuraire. Cette explication est de Navarre.

4° Enfin d'autres auteurs en plus grand nombre assurent que Grégoire IX n'entend parler que de celui qui ne prête son argent à un marchand qu'en l'obligeant à consentir à un second contrat par lequel, sous prétexte qu'il se charge du péril, ce marchand lui assure un profit certain pour un incertain qu'il aurait lieu d'espérer, auquel cas il y a véritablement usure, dont Sylvius, *in 2-2, qu. 77, art. 1, quæsito 4, in fine*, apporte cette raison : *Quia taliter mutuans imponit onus mutuatario, quod est pretio æstimabile; cum debuisset ei relinquere libertatem assecurandi ipsum per pignus, vel fidejussorem quemcumque, modo sufficientem.* A quoi il faut ajouter que celui qui ne veut prêter à un commerçant que sous cette condition, a pour principale vue l'intention de gagner en vertu de son prêt ; en quoi il se rend coupable d'usure, comme nous l'avons observé.

Cette dernière explication est d'Angélus de Clavasio, de Gabriel Biel, de Major, de Sylvestre de Prierio, de Medina, de Salonius et de plusieurs autres cités par Sylvius, qui soutiennent tous unanimement que ces paroles de Grégoire IX, *eo quod suscepit in se periculum*, ont un rapport nécessaire à ces autres qui précèdent : *Naviganti et eunti ad nundinas certam mutuans pecuniæ quantitatem*; et qu'elles expriment le motif vicieux qui porte celui dont il s'agit à prêter son argent à un marchand, c'est-à-dire qu'elles marquent son intention usuraire. En sorte que le sens naturel et véritable de la décrétale de ce pape est celui-ci : *Naviganti vel eunti ad nundinas ideo mutuans certam pecuniæ quantitatem; quia suscipit in se periculum (alias scilicet non mutuaturus), ut ita lucretur recipiens aliquid ultra sortem, usurarius est censendus.* Selon lequel sens Grégoire IX ne condamne pas d'usure celui qui, prêtant en cette occasion, retire un intérêt de son argent, simplement à raison du péril où il expose son capital, et dont il se charge, pourvu qu'en prêtant il laisse au marchand une pleine et entière liberté de prendre ou de ne pas prendre à cette condition ce qu'il lui prête.

Il s'ensuit de tout ce que nous venons de dire que, comme nous l'avons marqué, si la principale intention de Pierre n'a pas été de tirer du profit à raison du prêt de ladite somme de dix mille livres qu'il a vraiment mise en société, et non pas prêtée, mais seulement de tirer du profit du gain espéré tant par lui que par René, qui avait la liberté de consentir à donner une certaine somme à Pierre, ou à venir à un partage égal par proportion à ses dix mille livres, on ne doit pas condamner Pierre d'usure, puisqu'il ne retire rien précisément en vertu d'aucun prêt. Or, c'est ce qu'il paraît qu'il a fait, puisque, comme il est porté par l'exposé, le marchand a préféré fort volontiers cette condition à la nécessité et à l'embarras de la discussion du profit, qu'il lui eût fallu subir, en rendant compte à Pierre si celui-ci avait voulu retirer tout le profit qui lui pouvait provenir de son contrat de société. Mais si au contraire Pierre avait voulu obliger René à lui payer une certaine somme pour l'intérêt de ses dix mille livres, et qu'autrement il n'eût pas voulu les risquer, il est constant qu'en ce cas il serait coupable d'usure, puisqu'en prêtant de cette manière, il aurait fait dépendre le prêt de la condition qu'il lui aurait imposée, et rendu par là le péril de son capital intrinsèque et inséparable du prêt, et par conséquent un titre insuffisant pour en tirer aucun intérêt.

— Je ne ferai que trois petites remarques sur cette longue et ennuyeuse décision.

La première est qu'on ne doit pas admettre la particule *non* dans la décrétale *Naviganti*. Si on ne peut prouver par l'original de cette décrétale que cette addition est fausse, on le peut prouver par saint Raimond de Pegnafort ou de Rochefort, à qui elle fut adressée en 1236, et qui la rapporte, quant au sens, sans particule négative, ainsi que l'observe Concina, *dissert.* 1, *de Usura contractus trini*, cap. 5, num. 9.

La seconde remarque est qu'on ne peut poser comme maxime qu'il soit permis de recevoir quelque chose *supra sortem*, à cause du danger extrinsèque. Il est vrai que beaucoup de théologiens le croient ainsi ; mais beaucoup le nient, à moins que, comme dans le cas présent, il ne s'agisse du danger de *droit*, c'est-à-dire de celui des cas fortuits, dont le prêteur se charge à la prière de celui qui emprunte. Mais est-ce là un vrai prêt ?

La troisième remarque pourrait donc être que, dans le cas présent, il y a une société plutôt qu'un prêt, parce que Pierre demeure propriétaire du fonds qu'il a mis entre les mains de René ; et il en demeure propriétaire, puisque, s'il périt sans la faute de René, il périt absolument pour lui.

CAS XXXIX. *Faron*, ayant mis pour dix mille écus de marchandises différentes sur un vaisseau qui a fait voile pour les Indes occidentales, et craignant que ce vaisseau ne vînt à périr par la tempête à cause du gros temps qu'il faisait depuis quinze jours, ou que les ennemis avec lesquels on venait d'entrer en guerre ne l'enlevassent à son retour, parce qu'il n'avait point d'escorte, a vendu à Radulfe son fonds pour vingt-cinq mille livres comptant. Le vaisseau est revenu à bon port huit mois après, si richement chargé, que Radulfe a retiré les dix mille écus, et en outre un profit de cinquante pour cent. Ce commerce de mer, qui se pratique dans les chambres d'assurance, est-il licite? et Radulfe peut-il sans usure retenir le fonds et le profit?

R. Il le peut. La raison est que, quoiqu'il n'ait payé que vingt-cinq mille livres, son achat ne laisse pas d'être légitime, parce qu'il a acheté ce fonds selon sa juste valeur, en ayant payé tout ce qu'il eût été alors estimé par de bons connaisseurs, eu égard aux différents dangers qui sont énoncés dans l'espèce proposée; et le juste prix des choses n'étant autre que ce qu'elles seraient estimées dans de telles circonstances par des personnes sages et capables d'en juger, et qui en jugeraient sans prévention et sans fraude. *Pretia rerum*, dit la loi, *non ex affectu, nec utilitate singulorum, sed communiter finguntur*. Leg. 63 ad *legem Falcidiam*, lib. xxxv, tit. 2.

CAS XL. *Eustase* a mis sur un vaisseau hollandais pour dix mille florins de marchandises, pour être portées en Espagne; mais, parce qu'il craint à présent que le vaisseau ne périsse par la tempête, ou qu'il ne soit pris par les pirates ou par les ennemis, il offre dix pour cent à Martin pour lui assurer ses marchandises. Martin accepte son offre. Le vaisseau revient à bon port trois mois après, et Martin reçoit les dix pour cent qu'Eustase était convenu de lui donner. Ce commerce est-il usuraire à l'égard de Martin?

R. Ce commerce est légitime et permis; car, par la même raison qu'on peut légitimement acheter un fonds de dix mille écus pour vingt-cinq mille livres, à cause du risque où ce fonds est exposé sur mer, on peut aussi assurer un moindre profit certain pour un plus grand profit incertain. C'est pourquoi le gain qu'a fait Martin est licite, puisqu'il s'est chargé du péril du capital, en s'obligeant de payer les dix mille florins à Eustase, en cas que ses marchandises vinssent à périr. C'est ce qu'enseigne saint Antonin, qui se propose cette même difficulté, et qui y répond en ces termes : *Licitum reputatur tale lucrum ratione periculi quod subiit. Nec enim potest dici ibi esse mutuum, cum nihil mutuetur ; nec lucrum turpe, cum nec inveniatur prohibitum*, part. III, tit 8, cap. 3, § 1.

CAS XLI. *Godard* a prêté pour un an cent écus à Némésien, sur une obligation qui porte que si Némésien manque à lui rendre cette somme il lui payera pour peine deux pistoles au delà des cent écus. Némésien ne rendant pas les cent écus au terme échu, Godard peut-il sans usure lui faire payer les deux pistoles par-dessus son capital?

R. Ces sortes de peines conventionnelles n'ont rien d'essentiellement injuste, pourvu que cinq conditions concourent. La première, que Godard, en imposant cette peine à son débiteur, ait eu une intention pure et droite de l'obliger seulement par là à être plus exact à lui rendre ses cent écus dans le temps convenu, et non pas de tirer sous ce prétexte un profit de son prêt. C'est le sentiment d'Innocent IV, sur le ch. 2, *de Pœnis*. Saint Antonin enseigne la même chose. Voici comme il parle : *Si etiam pœna sit de consensu partium in contractu apposita, ad hoc scilicet, ut saltem metu pœnæ debitum solvatur, usura non committitur, nisi a principio fuerit prava intentio;* part. II, tit. 1, c. 7, § 22.

La seconde condition, nécessaire pour rendre juste l'exaction de cette peine, est que le débiteur soit coupable du délai, c'est-à-dire qu'il ait été en pouvoir de payer, et que néanmoins il n'ait pas payé, soit par malice, par négligence ou autrement par sa faute; car si le payement était retardé sans sa faute, comme s'il eût été dans l'impuissance de payer, Godard ne pourrait pas exiger les deux pistoles dans le cas proposé, à moins que le retardement du payement ne lui causât du dommage. La raison est que, comme le dit saint Antonin au même endroit, toute peine suppose une faute, et qu'il est contre la justice de punir celui qui n'est pas coupable.

La troisième condition est que la peine se mesure sur la valeur de la chose prêtée. C'est pourquoi, si le mutuataire avait donné un gage qui valût beaucoup plus que la somme à lui prêtée, le prêteur ne pourrait le retenir en payement, comme l'enseigne Sylvius, 2-2, q. 78, art. 2, concl. 7; il devrait rendre l'excédant.

La quatrième est que le délai de payement soit considérable. Il y aurait de la tyrannie à exiger deux pistoles d'un homme, parce qu'il n'a rendu que le 25 ce qu'il devait rendre dès le 24. Une semaine même n'est pas censée *mora notabilis*, à moins que ce retardement ne devienne préjudiciable au prêteur.

La cinquième est qu'on ne fasse pas subir toute la peine à celui qui a déjà rendu une partie. Qui n'est pas en faute pour le tout ne doit pas être puni pour le tout.

Il est pourtant à propos d'observer qu'il est fort à craindre que ceux qui prêtent sous une telle convention ne couvrent leur intention usuraire sous le voile de ces sortes de peines, et qu'une telle pratique ne devienne une porte ouverte à tous les usuriers, qui ne manqueront pas de mettre une peine pour ceux qu'ils savent n'être guère en état de rendre à point nommé. C'est donc avec une grande sagesse que la plupart des parlements n'approuvent pas ces peines conventionnelles, et qu'ils présument que ceux qui les stipulent, en prêtant leur argent, ne s'en servent que pour pallier l'usure.

CAS XLII. *Germanique*, ayant dessein de paraître magnifique dans un repas qu'il veut donner à quelques-uns de ses principaux amis, offre à Scipion de lui payer trois pistoles pour plusieurs vases d'argent, s'il les lui veut prêter pour le jour destiné à ce régal ; et, comme il a en vue d'y conclure une affaire avantageuse, et que pour cela il lui est important de paraître fort accommodé dans ses affaires, il lui offre encore une pareille somme pour qu'il lui prête une bourse de 200 doubles louis d'or, voulant en faire parade en les faisant servir de jetons dans le jeu qui suivra le repas. Scipion peut-il accepter cette offre sans usure ?

R. Scipion peut, sans se rendre coupable d'usure, accepter l'offre que lui fait Germanique ; car, à proprement parler, il ne prête pas, *non mutuo dat*, ces vases d'argent, ni la bourse de 200 doubles louis à Germanique, mais il les lui loue, et, en lui en vendant seulement l'usage, il s'en réserve tellement la propriété, que Germanique est tenu de lui rendre les mêmes pièces d'argenterie, la même bourse et les mêmes 200 doubles louis d'or en espèce ; et que, si le tout venait à périr par un cas fortuit et sans la faute de Germanique, ce serait à Scipion seul à en porter la perte, comme en étant le véritable propriétaire, suivant cette maxime de droit, *Res perit domino rei*. En quoi il est évident que ce contrat n'est pas celui de prêt qu'on appelle *mutuum*, par lequel le domaine de l'argent ou des autres choses qu'on prête, *quæ mutuo dantur*, est transféré à celui qui emprunte, lequel en peut faire tout ce qu'il lui plaît, sans être obligé à les rendre en mêmes espèces, mais à en rendre seulement la valeur. *In hoc damus, ut accipientium fiant*, dit l'empereur Justinien, *Instit.* tit. 15 init. *Et quoniam nobis non eædem res, sed aliæ ejusdem naturæ redduntur, inde etiam mutuum appellatum est : quia ita a me tibi datur, ut ex meo tuum fiat*. Ce qu'on ne peut dire des vases d'argent et des 200 doubles louis d'or prêtés à Germanique par Scipion, Germanique n'ayant aucun droit d'en disposer en propriétaire, mais seulement de s'en servir à l'usage dont il est convenu. Car il en est de même que si Scipion lui avait prêté pour quelques jours un attelage de six chevaux de carrosse, pour les mettre dans son écurie, et pour faire croire qu'ils seraient à lui. C'est pourquoi, comme il ne se pourrait pas attribuer la propriété de ces chevaux, ni les aliéner, soit en les vendant, ou en les donnant, mais qu'il serait obligé à les rendre à Scipion, de même est-il tenu à lui rendre les mêmes pièces d'argenterie et les mêmes doubles louis d'or qu'il a reçus de lui.

Cette décision est conforme à la doctrine de saint Thomas qui, q. 13, *de Malo*, art. 4, ad 15, de ce qu'on peut faire deux sortes d'usages de l'argent, comme de toute autre chose, tire cette conclusion : *Unde, si quis pecuniam argenteam in sacculo concedat alicui ad hoc quod ponat eam in pignore, et exinde pretium accipiat, non est usura, quia non est ibi contractus mutui, sed magis locatio et conductio : et eadem est ratio, si quis concedat alteri pecuniam ad usum ostentationis*. La Glose sur une décrétale d'Alexandre III soutient aussi le même sentiment, en disant : *Ubi pecunia datur ad pompam, possum inde recipere mercedem : quia non est mutuum, sed potius commodatum, seu locatio*, in cap. 8, *de Usuris*. Les lois 3 et 4, ff. *Commodati*, lib. XIII, tit. 6, disent la même chose.

On doit néanmoins observer ici deux choses : la première, qu'afin que Scipion ne pèche pas, il faut qu'il ne reçoive de Germanique qu'une somme proportionnée à l'usage des choses mentionnées dans l'exposé, selon l'estimation d'un homme sage ; car, si la proportion n'était pas observée entre l'usage de ces choses et la somme qu'on donne pour avoir la liberté de s'en servir, et que la somme excédât, il y aurait de l'injustice. La seconde, qu'en cas qu'on ne loue ces choses que pour l'ostentation, il est bien à craindre qu'on ne pèche, en coopérant à la vanité de celui qui s'en sert à cet usage, ou à la tromperie qu'il médite de faire par ce moyen à son prochain.

CAS XLIII. *Robert*, qui est connu de tous pour un homme qui n'a aucun autre bien que celui qu'il a amassé et qu'il amasse encore tous les jours par les usures qu'il commet, fait bâtir un pavillon. Les ouvriers qu'il emploie peuvent-ils en conscience et sans être obligés à restitution, recevoir tous les jours de lui l'argent qui leur est dû pour leurs travaux, sachant bien qu'il n'en a point d'autre que celui qu'il a gagné par cet injuste commerce ?

R. L'auteur de l'opuscule 73, *de Usuris*, cap. 19, répond à cette difficulté, que ceux qui reçoivent quelque chose des usuriers pour leur subsistance ne pèchent pas, lorsqu'ils ne la peuvent trouver commodément ailleurs, et principalement lorsqu'ils la reçoivent comme un salaire qui leur est dû pour leurs peines ou pour leurs travaux, qu'on doit considérer comme un juste équivalent qu'ils donnent pour l'argent qu'ils reçoivent, et par où ils n'ôtent pas à l'usurier le moyen de restituer le bien qu'il a mal acquis. Voici les termes de cet auteur : *Artifices, et laborantes, et servientes possunt juste aliquando percipere de bonis usurariorum, quæ acquirunt ab usurariis ; quia quantum accipiunt ab usurariis, tantumdem reddunt ipsis per recompensationem operis, vel laboris, vel artificii ; ita quod per hoc non sunt usurarii impotentes effecti ad restitutionem faciendam*.

Néanmoins si la nécessité n'oblige pas ces ouvriers à travailler pour cet usurier, et qu'ils puissent commodément gagner leur vie en travaillant pour d'autres personnes, ils ne peuvent sans péché travailler pour lui, en recevant de lui le salaire de leur travail, lorsqu'ils savent certainement que l'argent qu'ils reçoivent provient des usures qu'il exerce, comme on suppose qu'ils le savent dans l'espèce dont il s'agit ; parce qu'en ce cas on ne peut en conscience recevoir une dette ou un salaire que l'on sait être payé d'un bien mal acquis. *Nihilominus tamen hujusmodi artifices*, ajoute le même auteur, *si cre-*

dant *usurarios nihil habere de bono ; et eadem facilitate possunt ab aliis lucrari; peccant, scienter usurariis communicando opera sua pro lucro, quod sciunt esse rem alienam, et maxime propter scandalum.*

— Un usurier est un vrai voleur. Or il n'est permis à personne, hors le cas d'une extrême nécessité, de recevoir ou de prendre en payement de son travail ce qu'un voleur a dérobé à un autre. Pour supposer que le voleur ou l'usurier ont encore, malgré le don ou le payement qu'ils font, le moyen de restituer le bien qu'ils ont mal acquis, il faut supposer qu'ils ont du bien d'ailleurs ; mais alors il ne faut pas supposer avec l'auteur, que l'usurier *n'a aucun autre bien que celui qu'il a amassé et qu'il amasse encore tous les jours par ses usures.*

CAS XLIV. *Philomètor* a une somme de 10,000 livr. qu'il ne croit pas être assez en sûreté chez lui ; il a dessein de la donner à garder pour un an à Samuel qu'il sait être un usurier de profession. Le peut-il faire sans péché ?

R. Si Philomètor mettait ses 10,000 liv. entre les mains de Samuel, dans l'intention de lui aider à faire plus facilement son commerce usuraire, il participerait sans doute au péché de cet usurier, puisqu'il lui donnerait par là occasion de pécher ; mais s'il ne le fait que pour mettre son argent en plus grande sûreté, on ne le doit pas condamner de péché, puisqu'il n'est pas défendu de se servir du ministère d'un méchant homme pour une bonne fin. *Si quis,* dit saint Thomas, cit. q. 78, a. 4, ad 3, *committeret pecuniam suam usurario, non habenti alias unde usuram exerceret, vel hac intentione committeret, ut inde copiosius per usuram lucraretur; daret materiam peccandi : unde et ipse esset particeps culpæ. Si autem aliquis usurario alias habenti unde usuras exerceat, pecuniam suam committat, ut tutius servetur, non peccat, sed utitur homine peccatore ad bonum.*

Il suit de ces paroles de saint Thomas que si Philomètor savait que Samuel ne pût d'ailleurs exercer l'usure, il est certain qu'il ne pourrait lui donner ses 10,000 liv. en dépôt, sans pécher contre la charité et même contre la justice, ainsi que l'enseigne Sylvius sur cet endroit de saint Thomas ; 2° que s'il était persuadé que Samuel, quoiqu'en pouvoir d'exercer l'usure sans les 10,000 liv., ne laisserait pas de s'en servir pour faire de plus gros gains usuraires, il ne pourrait encore en ce cas lui faire ce dépôt, puisqu'il contribuerait, contre les lumières de sa conscience, au crime de Samuel, par l'occasion qu'il lui en fournirait volontairement. C'est ce que prouve le même Sylvius par cette comparaison palpable. *Si quis deponeret gladium apud eum, quem scit illo esse abusurum ad interficiendum inimicum, esset particeps homicidii, atque adeo ad restitutionem obligatus : neque excusaretur per hoc quod alius jam ante haberet voluntatem illum interficiendi. Ergo etiam est particeps peccati usuræ et restitutioni obnoxius, qui pecuniam deponit apud illum, quem novit ea velle abuti ad exercendas usuras : uterque enim dat materiam seu instrumentum injustæ actionis.*

On doit donc conseiller à Philomètor, 1° de chercher un autre dépositaire qui ne soit pas suspect de cet infâme commerce ; 2° que s'il n'en peut trouver aucun qui lui paraisse sûr, il lui dépose ses 10,000 liv. enfermées dans un coffre dont il retienne la clef, ou qu'il les mette dans un sac cacheté, afin d'ôter à Samuel toute occasion d'en mal user ; 3° que si enfin Samuel refusait absolument de se charger de ce dépôt, ainsi enfermé ou cacheté, et qu'il regardât l'un et l'autre de ces expédients comme une marque de la défiance que Philomètor aurait de lui, alors, supposé que Philomètor fût persuadé que Samuel eût d'ailleurs assez d'argent pour continuer ses prêts usuraires, et qu'il ne crût pas qu'il abusât du dépôt pour augmenter ses usures, et qu'enfin, il ne sût où mettre ailleurs ses 10,000 liv. pour être en sûreté, il pourrait sans aucun péché les déposer ès mains de Samuel, parce qu'un dépôt peut être fait entre les mains d'un pécheur, comme entre celles d'un homme de bien, et principalement quand la nécessité y contraint.

CAS XLV. *Magloire,* homme riche, a prêté 12,000 liv. à Sylvestre, banquier, sur un simple billet, à un an de terme, et il a reçu depuis dix ans 600 liv. d'intérêt par chaque année, Sylvestre lui renouvelant tous les ans son billet. Magloire ayant enfin voulu retirer de ses mains son capital, l'a fait condamner en justice à le lui payer, avec les intérêts à compter du jour de la sommation. Un an après, Sylvestre lui a rendu ses 12,000 l. avec 600 liv. pour les intérêts adjugés ; de sorte qu'en onze ans il a reçu 6,600 liv. d'intérêts. Symphorose, femme de Magloire, qui est commune en biens avec son mari, et qui s'est toujours opposée, autant qu'elle a pu, au profit usuraire qu'il retirait de ce prêt, demande, 1° ce qu'elle doit faire à présent qu'elle est sous la puissance de son mari ; 2° ce qu'elle sera obligée de faire au cas qu'elle lui survive, sans qu'il ait fait restitution.

R. 1° Comme le prêt que Magloire fait à Sylvestre est usuraire, il est nécessairement obligé à la restitution de tous les intérêts qu'il a reçus jusqu'au jour de la sommation qu'il a fait faire à son débiteur, et par conséquent il n'a pu en conscience recevoir son capital de 12,000 liv. sans précompter les 6,000 liv. d'intérêts usuraires reçus pendant dix ans ; mais seulement un capital de 6,000 liv. pour, avec les 6,000 liv. d'intérêts, composer les 12,000 liv. qui lui étaient dues par Sylvestre, et 300 liv. seulement, au lieu des 600 liv. à lui adjugées par la sentence qui est intervenue il y a un an ; puisqu'alors il ne lui était plus légitimement dû que 6,000 l. par Sylvestre, et cela pourvu qu'il n'ait pas obtenu cette sentence par collusion, mais de bonne foi.

2° A l'égard de Symphorose, qui est actuellement sous la puissance de son mari, et commune en biens avec lui, elle n'est pas tenue à restitution durant la vie de son mari; si néanmoins elle est assurée que son mari ne la fera pas, et qu'elle la puisse faire en tout ou en partie par le moyen de ses épargnes légitimes, elle fera très-bien.

3° Si Magloire lui survit et qu'elle juge que ses propres héritiers accepteront la communauté après sa mort, elle est obligée par justice d'ordonner par son testament cette restitution jusqu'à la concurrence de la somme qu'ils retireraient du profit usuraire, laquelle monte pour sa moitié à celle de 3,000 livres, et, pour cela, de faire son testament avec toutes les précautions et les formalités requises ; de sorte qu'on n'en puisse raisonnablement contester la validité; et si au contraire elle survit à Magloire, elle est tenue de faire au plus tôt cette même restitution, en cas qu'elle accepte la communauté.

4° Si Sylvestre a été contraint d'emprunter à intérêt les 12,000 livres par la nécessité de ses affaires, la restitution des 3,000 livres lui doit être faite, conformément au sentiment de saint Thomas, qui dit, cit. q. 78, art. 4, O : *Licet tamen ab eo qui hoc paratus est facere, et usuras exercet, mutuum accipere sub usuris, propter aliquod bonum, quod est subventio suæ necessitatis vel alterius*. La raison est que Sylvestre n'ayant pas péché en empruntant à intérêt par nécessité, il ne mérite pas d'être privé de la restitution de ses intérêts, puisqu'il ne les a payés que malgré lui et pour pourvoir par là à ses besoins. Mais s'il a fait cet emprunt pour fournir au luxe, à la débauche ou aux plaisirs, ou pour quelque autre cause semblable, la restitution doit être faite aux pauvres, selon la doctrine du même saint, parce qu'en ce cas il ne mérite pas qu'elle lui soit faite. *Quando ipsa datio*, dit ce docteur angélique, *est illicita et contra legem... talis meretur amittere quod dedit. Unde non debet ei restitutio fieri de his ; et quia etiam ille qui accepit contra legem, non debet sibi retinere, sed debet in pios usus convertere*. 2-2, q. 62, art. 5. * J'ai remarqué plus d'une fois que la décision d'un édit vaudrait mieux en cas pareil que celle d'un théologien, à moins qu'elle ne soit confirmée par l'usage des lieux.

Cas XLVI. *Polixène*, marchand, a un billet de change à payer dans deux jours, et, comme il manque d'argent, il sollicite Métellus son ami de lui prêter cette somme, avec offre de lui donner six pour cent d'intérêt, pour le terme de six mois qu'il demande. Métellus accepte sa proposition. Sur quoi l'on demande si Polixène pèche?

R. Il faut distinguer ; car ou Polixène connaît Métellus pour un usurier, ou il le connaît pour un homme qui ne fait aucun trafic d'argent. S'il sait que Métellus n'exerce pas cet injuste commerce, il pèche certainement en le sollicitant à commettre le péché d'usure; mais s'il sait qu'il fait ce honteux commerce et qu'il prête ordinairement à intérêt à ceux qui s'adressent à lui, et qui lui donnent les sûretés qu'il demande, il ne pèche pas, parce qu'on peut en conscience se servir du péché d'autrui, quand on ne le fait que pour une bonne fin et pour une nécessité pressante, telle que l'est celle de Polixène qui, par cet emprunt veut se retirer de la nécessité où il se trouve, maintenir la réputation de son crédit et éviter les suites d'une sentence de condamnation qui interviendrait infailliblement contre lui, s'il ne payait pas à l'échéance le billet qu'il doit.

C'est ce qu'enseigne saint Thomas, cit. art. 4, où il prouve son sentiment, 1° par l'exemple de Dieu même, qui, comme dit saint Augustin, *Enchir.*, cap. 11, se sert de tous les péchés des hommes pour en tirer quelque bien; 2° par l'autorité de ce même Père qui, écrivant à Publicola, qui lui demandait s'il était permis de se servir du serment d'un païen qui jure par ses idoles, répond que cela est permis, pourvu qu'on ne le sollicite pas directement à jurer par ses faux dieux. D'où ce saint tire cette conclusion : *Ita etiam in proposito dicendum est, quod nullo modo licet inducere aliquem ad mutuandum sub usuris. Licet tamen ab eo qui hoc paratus est facere, et usuras exercet, mutuum accipere sub usuris propter aliquod bonum, quod est subventio suæ necessitatis, vel alterius : sicut etiam licet ei, qui incidit in latrones, manifestare bona quæ habet, quæ latrones peccant diripiendo, ad hoc quod non occidatur : exemplo decem virorum, qui dixerunt ad Ismael : Noli occidere nos, quia thesauros habemus in agro. Jerem.*, XLI, 8.

Le docteur angélique confirme peu après ce qu'il vient de dire, en répondant à une question qui est de savoir si, pour éviter le scandale qui peut causer à l'usurier, on n'est pas quelquefois obligé de s'abstenir d'emprunter de lui à intérêt : à quoi il répond que l'on n'y est pas obligé, parce que le scandale n'est que passif de la part de celui qui emprunte, qui par conséquent n'est pas coupable. *Ipse autem usurarius sumit occasionem peccandi ex malitia cordis sui Unde scandalum passivum ex parte sua est non autem activum ex parte petentis mutuum nec tamen propter hujusmodi scandalum passivum debet alius a mutuo petendo desistere, si indigeat ; quia hujusmodi passivum scandalum non provenit ex infirmitate vel ignorantia, sed ex malitia*.

On ne peut pas dire non plus que celui qui paye l'intérêt usuraire participe au péché d'injustice que commet l'usurier qui le prend; car, quoique l'usurier ne lui fasse pas une violence absolue pour l'exiger, il lui en fait pourtant une suffisante en lui imposant la dure condition de payer l'usure, sans quoi celui qui emprunte ne peut trouver de remède à la nécessité d'argent qui le presse; et c'est de même, comme quand un homme, profitant de la nécessité d'autrui, lui vend une chose beaucoup plus cher qu'elle ne vaut, parce qu'il sait qu'il en a un besoin pressant. C'est encore ainsi que raisonne ailleurs le docteur angélique, lorsqu'il dit : *Ille qui dat usuram, patitur injustum, non a seipso, sed ab usurario, qui licet non inferat ei quamdam violentiam absolutam, infert tamen ei quamdam violen-*

tiam mixtam, quia scilicet necessitatem habenti accipiendi mutuum gravem conditionem imponit, ut scilicet plus reddat quam sibi præstetur ; et est simile, si quis alicui in necessitate constituto venderet rem aliquam multo amplius quam valeret. Esset enim injusta venditio, sicut et usurarii mutuatio est injusta. S. Th., q. 13, *de Malo*, art. 4, ad 7.

CAS XLVII. *Pantaléon*, marchand joaillier, qui a deux enfants, et pour tout bien un fonds de pierreries de la valeur de 40,000 à 45,000 livres qui roulent dans son commerce, et environ 3,000 livres de rente, tant sur le roi que sur des particuliers, demande si, dans quelques occasions extraordinaires, il peut, sans péché, emprunter de l'argent à intérêt, en s'adressant à ceux qu'il connaît pour gens qui font profession publique de faire valoir leur argent par le prêt à terme. Trois raisons lui persuadent qu'il le peut : la première est que son négoce est tout à fait différent de tous les autres commerces ordinaires ; car les occasions de vendre y sont fort rares, et principalement depuis deux ou trois ans que les particuliers ont leurs rentes diminuées, les grands impôts continués, les vivres devenus plus chers, et l'argent resserré dans les coffres des riches. Ce défaut de débit empêche les joailliers d'acheter faute d'argent, et de peur de se charger mal à propos de marchandises qu'ils ne trouvent pas à vendre : en quoi paraît l'extrême différence qu'il y a entre leur commerce et les autres commerces ordinaires où l'on vend toujours de temps en temps, parce que le public est dans la nécessité d'acheter, et où un marchand peut toujours trouver à acheter de nouvelles marchandises dans les magasins, lorsqu'il a vendu celles qu'il avait dans sa boutique ; au lieu qu'il ne se trouve aucun magasin de pierreries, et qu'il est absolument nécessaire de ne pas laisser échapper les occasions favorables d'acheter, lorsqu'elles se présentent.

La seconde raison de Pantaléon est qu'il a deux enfants à pourvoir, à qui il ne peut pas moins donner pour leur établissement, qu'il n'a fait à deux autres, à chacun desquels il a donné 25,000 liv., ce qui lui cause une diminution très-considérable dans son bien, qu'il lui est important de réparer par la continuation de son commerce, qu'il ne lui est pas possible de soutenir sans être quelquefois obligé d'emprunter de l'argent à intérêt, puisqu'il en faut de comptant à ceux qui ne vendent leurs pierreries que pour en avoir.

La troisième, parce qu'il est obligé de faire une dépense de 5,000 l. au moins par chaque année, tant pour sa table qui est frugale, qu'en loyer de maison, nourriture et gages de cinq domestiques qui lui sont nécessaires, qu'en capitation et autres charges publiques.

On demande si ce genre de nécessité où Pantaléon se trouve quelquefois, quoique rarement, lui suffit pour pouvoir, sans péché, emprunter de l'argent à intérêt, en ne s'adressant qu'à ceux qu'il sait n'en vouloir pas prêter autrement, et lorsqu'il ne trouve point d'autres personnes qui veuillent lui en prêter gratuitement ?

R. Nous estimons, 1° que Pantaléon se trouvant dans le cas où on le suppose, et ne trouvant personne qui lui veuille prêter gratuitement, peut sans péché s'adresser à un usurier public, pour emprunter de lui les sommes dont il a besoin, et lui payer l'intérêt usuraire qu'il exigera de lui, pourvu qu'il ne l'induise pas directement à exercer l'usure.

2° On demeure d'accord, et il est vrai que, selon la doctrine de saint Thomas, suivie par tous les théologiens, et entre autres par Sylvius et par Durand, Richardus, Gabriel Biel, Sylvestre et Valentia, cités par ce théologien, on ne peut, sans se rendre complice du crime que commet l'usurier, emprunter de lui à intérêt sans nécessité, ou sans une utilité légitime, comme lorsqu'on le fait pour fournir à la débauche, au jeu et à des dépenses vaines et superflues : ce que les meilleurs théologiens, comme Sylvius, taxent même de péché mortel ; mais tous conviennent aussi que la juste nécessité où l'on se trouve de faire de tels emprunts excuse de péché celui qui les fait. *Licet tamen*, dit saint Thomas, que nous avons déjà cité, *ab eo qui hoc paratus est facere, et usuras exercet, mutuum accipere sub usuris propter aliquod bonum, quod est subventio suæ necessitatis vel alterius.*

3° La difficulté qui partage les théologiens est de savoir jusqu'à quel degré doit s'étendre cette nécessité, et si elle doit être extrême, au moins grave, ou s'il suffit, pour excuser de péché celui qui emprunte, qu'elle soit seulement notable, telle qu'est celle qu'on appelle nécessité d'état, qui est celle qui réduit un marchand ou un autre homme à ne pouvoir soutenir la dépense de son état, sans faire quelquefois de semblables emprunts à intérêt. La plupart des docteurs estiment que cette espèce de nécessité suffit pour exempter de péché ceux qui font de tels emprunts. Sylvius est de ce sentiment : *Plerique*, dit-il, *existimant non requiri extremam vel gravem, sed sufficere notabilem aliquam utilitatem, quæ ad decentiam status vel personæ multum pertineat. Dico notabilem : quia pro levibus commodis temporalibus dare proximo, etiam ad peccandum parato, peccati hic et nunc committendi occasionem, quod sine ea non committeretur, ut minimum continet aliquam salutis ipsius negligentiam.*

Or Pantaléon se trouve certainement dans cette espèce de nécessité, comme il est évident par les trois raisons qu'il allègue dans l'exposé, et saint Thomas, qui est si exact dans toutes ses décisions, n'exige ni la nécessité extrême, ni la nécessité grave en cela, se contentant de dire en général, qu'on peut faire un tel emprunt sans péché : *Propter aliquod bonum, quod est subventio suæ necessitatis* : et disant simplement qu'un homme le peut, *si indigeat* ; lesquels termes ne marquent certainement qu'une nécessité commune ou d'état, telle qu'est celle où se trouve quelquefois Pantaléon, et non pas une nécessité extrême ou grièvre, que ce saint docteur n'eût pas manqué de spécifier, s'il l'eût jugé nécessaire.

— De sages théologiens regardent la décision de Sylvius, citée par l'auteur, comme trop relâchée. Ils demandent avec Richard de Media-Villa, in 4, dist. 15, art. 4, q. 5, ad. 2, qu'il soit vrai que *homo notabiliter damnificaretur, vel notabilem penuriam pateretur, si non acciperet ad usuram*. L'auteur des *Confér. d'Angers*, tom. II, pag. *mihi* 351, demande aussi une *nécessité pressante ou considérable*. Decoq, pag. 340, et le P. Antoine, pag. 416, disent la même chose. *Voyez* le cas suivant, et remarquez que dans ces mots de saint Thomas, *ut majores mercationes faciant*, on trouverait aisément la *notabilis aliqua utilitas* de Sylvius.

Cas XLVIII. Si *Pantaléon* ne se trouve pas dans une nécessité pressante d'emprunter de Métellus à intérêt, et qu'il ne le fasse qu'à dessein de faire un plus gros négoce, et d'amasser de plus grands biens pour vivre plus splendidement; le peut-il faire sans péché ?

R. Dans ce cas Pantaléon, qui sait que Métellus ne prend pas des intérêts par le titre du dommage naissant, ou du lucre cessant, pris dans le sens que nous l'avons expliqué, mais qu'il exerce une véritable usure, ne peut sans péché emprunter de lui à intérêt; car l'intention de faire un plus gros commerce, afin d'amasser de gros biens et de vivre plus magnifiquement, n'est pas suffisante pour justifier de tels emprunts; n'y ayant que la juste nécessité d'emprunter qui le puisse exempter de participer au péché de cet usurier, hors laquelle il y a toujours péché à emprunter à usure, lorsqu'on donne injustement occasion de pécher aux usuriers, et que par conséquent on participe au mal qu'ils commettent. C'est le sentiment de saint Thomas qui, comme nous l'avons dit dans la décision précédente, n'estime excusables de tels emprunts que quand on les fait *propter aliquod bonum, quod est subventio suæ necessitatis vel alterius*; et que lorsqu'on les fait pour vivre plus honorablement, par le moyen des biens qu'on amasse par cette voie, on participe au péché de celui qui exerce l'usure. *Cum dando usuras peccaverint, tanquam occasionem peccandi usurariis præbentes cum necessitas quæ ponitur, ut scilicet honorabilius vivant, et majores mercationes faciant, non sit talis necessitas, quæ sufficiat ad excusandum peccatum prædictum*. Et c'est en ce cas que l'on doit dire que celui qui emprunte se rend coupable du péché que commet l'usurier, puisqu'il y consent et qu'il l'approuve, et qu'on lui doit appliquer ce que dit saint Paul, *Rom.* I, 32, que ceux qui consentent au péché d'autrui se rendent coupables de ce même péché devant Dieu : *Non solum qui ea faciunt, sed etiam qui consentiunt facientibus. Quid enim prodest illi suo errore non pollui, qui consensum præstat erranti* dit le canon 4, dist. 83. Cette décision est non-seulement de saint Thomas, mais encore de plusieurs savants auteurs, tant anciens que modernes; tels que sont Genet, tom I, *traité* 5, ch. 1, q. 18 ; Sainte-Beuve, tom. I, cas 93, etc.

Cas XLIX. *Germain*, curé, étant averti par plusieurs personnes que Rupert, son paroissien, faisait depuis quelques années un commerce usuraire par des prêts d'argent et de bestiaux, l'a interrogé sur cela dans sa confession pascale, et lui a demandé s'il n'était point coupable d'usure ; à quoi Rupert a répondu qu'il n'avait rien à se reprocher là-dessus; et sur ce que Germain lui a fait connaître que c'était pourtant le bruit commun, et que même il en avait été averti par des gens dignes de foi, et que, pour s'assurer de la vérité ou de la fausseté, il était nécessaire qu'il lui fît voir ses contrats, ses obligations et ses billets, Rupert a persisté à nier qu'il fût coupable d'aucune usure, et a refusé de les lui représenter. Que doit faire le curé dans ce cas? Lui doit-il différer l'absolution jusqu'à ce qu'il lui ait obéi ?

R. La doctrine de saint Thomas, *quodlib.* 1, *art.* 12, O, est qu'un curé et tout autre confesseur est obligé d'ajouter foi à ce que son pénitent lui dit pour ou contre soi-même au tribunal de la pénitence : *In foro judiciali creditur homini contra se, sed non pro se ; in foro autem pœnitentiæ creditur homini pro se et contra se*. La raison est que celui qui s'y présente fait la fonction d'accusateur et de témoin tout ensemble, comme le confesseur y fait celle de médecin et de juge. Or un juge ne peut prononcer une sentence juridique que sur les choses dont il a des preuves constantes, ni un médecin ordonner des remèdes que pour un mal qui lui est connu ; et par conséquent un confesseur ne doit pas exclure de la grâce de l'absolution celui dont il ne connaît pas le crime par une voie certaine et indubitable, et qu'il ne sait que par un simple soupçon, fondé sur des rapports qu'on lui a faits et sur un bruit commun, qui peut n'avoir d'autre fondement que la haine, la jalousie, l'envie ou de fausses conjectures. *Fama per se nihil probat*, dit la Glose, in cap. 24, *de Accusat.* lib. v, tit. 1. D'où il s'ensuit que Germain n'a pas droit d'obliger Rupert à lui représenter ses contrats, ses obligations et ses billets, puisqu'il est obligé à ajouter foi à ce qu'il lui dit dans la confession, et que d'ailleurs il est souvent important à un homme de ne déclarer à personne ses affaires domestiques ou l'état de son bien. C'est la résolution de S.-B., tom. II, cas 158.

Cas L. *Sigebert*, qui a besoin d'argent, achète de Philippe, marchand joaillier, deux diamants, moyennant la somme de 6,000 l., payables dans un an, dont il lui fait son billet ; après quoi il revend sur-le-champ les mêmes diamants à ce joaillier, qui lui en paie 5,600 l. comptant. N'y a-t-il point d'usure dans ce contrat ?

R. Ce contrat, qu'on appelle de *mohatra*, ou *barata*, contient une usure très-manifeste, quoique palliée sous le nom d'achat et de vente. Sigebert n'ayant revendu à Philippe les deux diamants à moindre prix, que parce que, à proprement parler, Philippe lui prête 5,600 liv., à un an de terme, pour l'intérêt duquel il prend 400 liv. : *Patens igitur est*, dit saint Antonin, dont le premier concile de Milan conseille la lecture aux ecclésiastiques, *quod ideo secundus revendidit primo vendenti pro pretio satis minori, quia sub quadam mutui ratione, potius quam sub reali veritate solutionis, tradidit ille sibi nonaginta vel octoginta, ab eo, debens rehabere centum, quia ipsi primo vendenti non solvit tunc: propterea talis contractus usurarius est et omni malignitate ac duplicitate plenus.* Saint Antonin, part. II, tit. 1, c. 8, § 3.

C'est donc avec beaucoup de sagesse et de raison que ce contrat a été condamné, 1° par le premier concile de Milan, tenu sous saint Charles Borromée en 1565, en ces termes : *Ne cui præsentem pecuniam quærenti quidquam carius vendatur, ut statim a venditore, per se, vel per interpositam personam vilius ematur*; 2° par le pape Innocent XI, qui, entre les soixante-cinq propositions de morale qu'il censura le 2 mars 1679, y compris celle-ci, qui est la quarantième : *Contractus mohatra licitus est, etiam respectu ejusdem personæ, et cum contractu retrovenditionis prævie inito, cum intentione lucri.* Laquelle proposition, avec les soixante-quatre autres, fut condamnée, avec défenses à toutes sortes de personnes de la soutenir, de l'enseigner, ni de la mettre en pratique, sous peine d'encourir l'excommunication *ipso facto*, réservée au saint-siége, excepté à l'article de la mort.

— Cas LI. Si ce contrat se faisait sans accord précédent, *sine contractu retrovenditionis prævie inito*, serait-il usuraire ?

R. Il est sûr d'abord qu'il ne serait pas dans le cas de la proposition censurée par Innocent XI qu'on vient de rapporter; mais sera-t-il mauvais ? Voilà la question. Saint Antonin le croit tel. Le gros des théologiens pensent autrement, et nous croyons devoir penser comme eux. J'achète une montre 200 liv. J'ai besoin de cette somme un moment après. Tout le monde convient que je puis vendre ma montre 180 liv. au premier venu. Pourquoi ne pourrais-je pas la donner au même prix à celui qui me l'a vendue de bonne foi. Il est sûr, dit le docteur Habert, qu'un orfévre rachète tous les jours des vases d'or ou d'argent moins qu'il ne les a vendus ; parce qu'ils valent moins, selon l'estime commune, dans les mains d'un particulier qu'en celle d'un marchand. C'est donc la convention expresse ou tacite qui fait l'usure du contrat mohatra. Si l'on profite du besoin d'un homme pour acheter à trop bas prix, c'est une injustice, mais qui n'a point de rapport à l'usure.

Voyez Achat, Vente, Change, Dommages et Intérêts, Gage, Intérêts ; Prêt *mutuum* ; Société.

ADDITION SUR LES MONTS-DE-PIÉTÉ.

On appelle mont-de-piété une espèce de caisse publique, où l'on prête sur gage aux pauvres, ou à d'autres personnes, de l'argent, du blé, de la farine, afin qu'ils trouvent dans leurs besoins des secours qu'ils seraient obligés d'aller chercher chez des usuriers qui les ruineraient. Il y a de ces monts qui ne sont faits que d'aumônes, d'autres qui sont faits d'argent à rente, d'autres enfin, qui sont composés de l'un et de l'autre. Les conditions sous lesquelles on y prête, sont : 1° que le prêt ne dure qu'un certain temps, par exemple, un an ; 2° que celui qui emprunte donne un gage, lequel, après l'expiration du terme, doit être vendu, s'il ne rend pas le prêt. L'excédant lui est rendu, le reste paye le capital ; 3° soit qu'on vende, ou qu'on ne vende pas le gage, il faut payer quelque chose aux officiers du mont, tant parce qu'il faut qu'ils vivent, que parce qu'ils doivent eux-mêmes payer un loyer de maison pour placer les gages, ou un certain intérêt pour les sommes qu'il leur faut quelquefois emprunter, pour l'entretien du mont, etc.

C'est cette dernière condition qui fait de la peine. On demande si, pour bannir l'usure d'un côté, elle ne l'introduit point de l'autre. Cajetan et Soto ont cru qu'il y avait là de l'usure ; vraisemblablement, parce que, de leur temps, il s'y commettait des abus. Le sentiment contraire est si solidement appuyé, qu'il faudrait être plus que téméraire aujourd'hui pour le combattre. On le prouve :

1° Parce que les monts-de-piété ont été formellement approuvés par Léon X et par tous les Pères qui se trouvèrent au concile de Latran, où il présida.

2° Parce que le concile de Trente met, *sess.* 22, *cap.* 8, *de Reform.*, les monts-de-piété au nombre des *lieux pieux* que l'évêque doit visiter. Un établissement usuraire ou vicieux n'aurait pas été mis au nombre des établissements de piété.

3° Parce qu'on ne peut trouver une ombre de mal dans les monts-de-piété, qu'en tant qu'on y reçoit quelque chose au-dessus du capital qu'on y a placé. Or ils sont invulnérables de ce côté-là. La raison est qu'il y a de très-légitimes motifs de recevoir cette petite rétribution. Car enfin il faut un nombre d'officiers pour tenir toujours prêtes les différentes denrées dont les pauvres ont besoin ; il faut de vastes édifices, pour conserver les nippes qu'on y met en gage ; ces nippes, il faut les visiter, les nettoyer de temps en temps, les secouer, etc. Or tous ces soins, qui précèdent le prêt, sont estimables à prix. Et le mont périrait bientôt, si chacun de ceux pour qui il est établi ne contribuait d'une dragme à l'entretien de ceux qui sont chargés de ce même détail. Il s'y trouve donc une peine réelle et antérieure à tout prêt, qui est digne de son salaire.

4° Parce que les monts-de-piété, qui sont formés, non d'aumônes, mais d'emprunts, et qui souffrent plus de difficultés, parce qu'ils demandent un intérêt plus fort, ont été approuvés, tant par huit évêques assemblés en 1619, pour en faire l'examen, que par les théologiens des deux facultés de Louvain et de Douai.

5° Parce que, si mon ami domicilié à vingt lieues de Paris me demande en prêt vingt pistoles, et que je sois obligé de les lui envoyer par un exprès, il est clair qu'il doit me rendre et vingt pistoles, et la dépense que j'ai faite pour les lui faire tenir. Il doit donc être clair par la même raison que les administrateurs des monts, qui me tiennent de l'argent tout prêt, qui font beaucoup de dépense pour cela, qui renoncent éternellement à tout profit qu'ils pourraient tirer de leurs fonds, peuvent prendre quelque chose à titre de salaire et d'indemnité.

6° Parce que Louis XIV voulut, la première année de son règne, c'est-à-dire en 1643, ouvrir cette ressource à son peuple; et que, bien loin de la regarder comme une invention usuraire, il prétendait renverser *tout à la fois et les fondements et les ministres de cette pernicieuse pratique de l'usure*, qui s'exerce, disait-il, *dans les principales villes de notre royaume*.

J'ai traité cette question assez au long dans mon second volume *de Contractibus*; mais quand cette édition paraîtra-t-elle? J'ajoute que cette discussion n'est pas absolument inutile en France, puisque, comme le dit M. Durand de Maillane, il y a dans *les provinces méridionales* de ce royaume, *voisines de l'Italie, quelques villes*, où les monts-de-piété sont en usage.

Cas I. *Métellus* s'étant associé quatre ou cinq amis, a établi de son chef un mont-de-piété, où il suit toutes les conditions que nous venons de marquer. Son confesseur lui en fait du scrupule. Mais il répond que, puisque ces monts ne sont pas mauvais par rapport aux Italiens, aux Flamands, aux Lombards, ils ne peuvent être mauvais par rapport à sa compagnie, qui ne fait ni plus, ni moins qu'eux. Que lui dire?

R. On ne peut regarder comme mauvais par soi-même le fait de Métellus. Son confesseur a cependant raison de le lui défendre, parce qu'on y soupçonnerait aisément de l'usure, et qu'ainsi il y aurait du scandale. Il faut donc qu'il prenne l'attache du prince, comme firent les Lombards, dont Sixte V approuva la conduite par un bref adressé à Emmanuel, duc de Savoie.

Cas II. *Nicolas*, qui est à la tête d'un mont-de-piété, tire des emprunts un peu plus qu'il ne faut pour subvenir aux dépenses nécessaires, non pour en faire son profit, mais pour augmenter le mont. Ne le peut-il pas?

R. Non: 1° parce que Léon X veut qu'on ne prenne d'autre intérêt que celui qui est nécessaire *ad indemnitatem montium, absque ullo montium lucro*. 2° Parce que, s'il est permis à un particulier de prendre au delà de ce qu'il a prêté, pour s'indemniser d'une perte qu'il fait en prêtant, il ne lui est pas permis de rien prendre pour augmenter sa fortune. *Ergo a pari*. Ainsi l'intention de Nicolas est bonne, mais le moyen qu'il prend pour l'exécuter ne l'est pas.

Cas III. *Nicolas*, qui avait déjà ainsi amassé deux mille écus, demande ce qu'il doit en faire?

La réponse est aisée. Il n'y a qu'à les rendre à ceux dont il les avait tirés, et desquels il trouvera les noms sur son livre de compte. Que s'il ne peut les déterrer, il appliquera ce surplus au mont-de-piété, à la décharge des pauvres qui emprunteront les années suivantes, et dont il exigera moins qu'il n'aurait droit de faire, jusqu'à ce que cet excédant soit dépensé.

DISSERTATION
Sur un point important, avec une décision de Sorbonne.

On demande si l'on peut prêter deux cent mille livres à une personne pour acheter une charge à la cour : ces deux cent mille liv. hypothéquées sur un brevet de retenue de quatre cent mille livres, qui fait un privilége, en vertu duquel privilége, lorsque celui qui achète aujourd'hui cette charge, viendra à mourir, ou lorsqu'il vendra ladite charge, celui qui en sera revêtu à sa place (quand même ce serait son fils), sera obligé pour la posséder de rembourser lesdits deux cent mille francs hypothéqués sur le brevet de retenue qui rend la dette privilégiée. Ce jour peut être éloigné, mais il peut aussi être fort prochain ; et a-t-on suffisamment aliéné son fonds, lorsqu'on est sûr qu'il vous sera remboursé, et que vous aurez action pour vous le faire rendre, lorsque celui à qui on le prête mourra ou vendra sa charge?.... Au cas qu'il soit permis de prêter à ces conditions, peut-on exiger les arrérages, sans supporter de retenue de dixième ni autre, sous prétexte qu'il y a actuellement des emprunts ouverts, où l'on peut placer son argent et en recevoir les intérêts libres de toute retenue, quoiqu'il soit vrai qu'on préfère de le prêter au particulier dont il s'agit, non point pour son avantage, mais pour celui du prêteur, regardant cet emploi de fonds comme plus sûr que ceux où on le placerait sans supporter de retenue?

RÉPONSE D'UN GRAND VICAIRE.

Cette question serait la même par rapport à tous les priviléges de charge et d'office existants en France, et par-là même, il semblerait que ce ne peut pas être une question.

Les priviléges sont établis et respectés par les lois, par tous les tribunaux qui peuvent en être les interprètes et les exécuteurs. La même autorité qui a prescrit des conditions et des formes aux contrats de constitution, a voulu régler elle-même les différents rapports par lesquels un contrat de constitution pouvait être uni et attaché au privilége d'une charge.

L'usage ancien et incontestable, pratiqué dans tous les temps sans crainte, sans remords et sans opposition, ajoute à la loi même une espèce de loi nouvelle qui résulte du consentement universel.

Les différents offices munis de brevets et de priviléges ont passé successivement dans mille mains différentes. Une suite continuelle de ventes et d'acquisitions leur a fait éprouver des mutations infinies, et, dans tous ces changements, nul obstacle, aucune difficulté n'a jamais arrêté les créations, les renouvellements, et les libres reprises des hypothèques.

S'il est vrai que le point et le degré précis où l'usure expire doivent être réglés par la loi du prince, il est impossible qu'une suite de traités consacrés également par l'usage et par l'autorité devienne tout à coup une suite d'injustices et d'usures. Le recueil exact des lois et des coutumes ne peut point ressembler aux registres d'un usurier. Des priviléges toujours existants et toujours respectés, ont acquis par le temps même toute la force et la légitimité dont un acte humain puisse être susceptible.

Si ces sortes de priviléges, par leur nature même, étaient si contraires aux principes par lesquels la religion a le droit d'administrer toutes les affaires humaines, comment serait-il possible que tous les casuistes (1) se fussent accordés mutuellement à garder un silence dangereux sur une matière aussi intéressante? Pourquoi jamais, par une improbation qui devenait si simple et si nécessaire, n'ont-ils voulu réclamer en faveur des principes dont ils doivent être les défenseurs contre l'abus qui les détruit. Il est certain qu'on ne trouvera nulle part dans leurs livres et dans leurs traités les plus savants et les plus étendus, ni la décision, ni même la connaissance de la nouvelle difficulté qui se présente. Ils n'ont jamais pensé que les hypothèques sur les charges fussent différentes des hypothèques sur les terres; et les règles qu'ils ont données sur les hypothèques en général sont également applicables à toutes les rentes constituées, soit sur les priviléges, soit sur tout autre effet possible. Ce sont ces règles qu'on va déduire dans ce mémoire : la solution de la difficulté supposée en sera la conséquence nécessaire.

Les rentes constituées sont permises de l'aveu de tous les casuistes sans exception, pourvu que le taux ne soit pas au-dessus de celui qui est autorisé par les lois, et que le principal en soit aliéné, c'est-à-dire, que le constituant renonce au droit qu'il aurait eu d'exiger le remboursement à sa volonté, s'il n'avait été question que d'un simple prêt sans intérêt; il est bon d'observer que le débiteur de la rente ne perd pas le droit de s'en libérer quand il lui plaît en remboursant le principal. Mais cette aliénation n'empêche pas que celui qui livre son fonds ne puisse et ne doive prendre toutes les sûretés convenables pour être payé de sa rente. Ces sûretés ne peuvent être que l'hypothèque des biens du débiteur, ou un privilége sur quelqu'un de ses biens.

L'usage de ces sortes de sûretés est autorisé par les lois de toutes les nations et de tous les tribunaux, tant civils qu'ecclésiastiques; et bien loin qu'il ait jamais été réprouvé par l'Église, il a été au contraire longtemps mis en question par les casuistes et les canonistes, s'il était permis de constituer des rentes qui ne fussent pas assises et hypothéquées sur des fonds utiles et produisaient un revenu. Ces sortes de rentes s'appelaient rentes volantes, et l'on peut voir dans les Conférences de Paris sur l'usure, liv. v, conf. 1, p. 4, quelles étaient les raisons de ce doute assez mal fondé. Je dis bien plus : l'usage de ces sûretés est si loin de pouvoir être illicite, qu'il y a des cas où il devient un devoir, et dans lesquels ni les lois, ni la conscience ne permettent de le négliger.

Tel est le cas d'un tuteur qui place les deniers appartenant à son pupille. Aurait-on pu penser que le droit qui reste au créancier soit hypothécaire, soit privilégié, de se faire rembourser sur le prix du fonds, dans le cas où ce fonds est vendu par le débiteur de la rente, fût contraire à l'aliénation du principal? Si c'est là le motif du doute, il ne faut, pour en trouver la solution, qu'ouvrir les Conférences de Paris sur l'usure; car voici ce qu'on y lit, paragraphe déjà cité, page 323, édition de Paris de 1756. *Il faut avouer qu'il y a des cas où le créancier peut exiger le redemander sans remboursement, mais c'est quand le débiteur est en faute et qu'il est coupable de fraude. En voici trois exemples. Le premier cas est quand le débiteur se déclare franc et quitte de toute dette et ne l'est pas.... Le second, quand le débiteur a promis un emploi et ne le fournit pas, et qu'il ne donne pas les assurances dont il est convenu. Le troisième est quand le débiteur vend quelqu'un de ses fonds; le créancier hypothécaire qui s'oppose au décret qui en est fait est aussi en droit de se faire rembourser sur le prix de ce fonds que le débiteur a vendu.* L'auteur des Conférences s'exprime mal, lorsqu'il traite de fraude la vente que le débiteur de la rente fait du fonds qui y est affecté. Il peut le vendre, pourvu que ce ne soit pas en fraude de son créancier, parce qu'il ne fait aucun tort à celui qui, en contractant, n'a point exigé que le propriétaire renonçât au droit de vendre son héritage, et s'est contenté du droit que la loi lui donne de suivre l'effet qui lui est hypothé-

---

(1) On suppose que les casuistes se sont beaucoup exercés sur cette matière. La réponse de Sorbonne va nous dire le contraire.

qué, dans les mains du tiers acquéreur, et de l'obliger à lui abandonner le fonds hypothéqué ou à payer sur le prix le montant de la dette. Mais cet auteur, et avec lui tous les casuistes, ont bien raison de penser que ce droit et l'usage de ce droit n'ont rien de contraire à l'aliénation du capital essentiel à tout contrat de constitution. En effet, cette aliénation est complète, si par le contrat celui qui donne son argent à rente est véritablement dessaisi de la propriété, ce qui n'est pas douteux, puisqu'il a renoncé à tout droit d'exiger son remboursement, et qu'il ne peut jamais rentrer dans ce droit que par le fait de son débiteur.

Ce qui peut tromper ici les personnes qui n'y feraient pas une attention suffisante, c'est qu'elles sont portées à supposer qu'une véritable aliénation exclut absolument le droit de rentrer dans la chose aliénée dans quelques circonstances que ce soit. Or cette supposition est évidemment fausse.

Il n'y a pas d'aliénation plus complète que celle d'un effet vendu; cependant il est certain qu'on peut toujours rentrer dans la possession de la chose vendue, faute par l'acquéreur d'en payer le prix, et réciproquement qu'on peut rentrer dans le prix, lorsque la chose ne se trouve pas telle que le vendeur l'a déclarée à l'acheteur.

Les casuistes vont plus loin et reconnaissent qu'il est permis de réserver, en vendant un héritage, la faculté d'y rentrer en remboursant l'acquéreur, et que, dans ce cas, la propriété de l'héritage a été véritablement transmise et aliénée. *Voyez* les Conférences sur l'usure, liv. IV, conf. 2, § 4. Il n'est donc pas douteux qu'une aliénation n'en est pas moins véritable et complète, quoiqu'il puisse arriver que certaines circonstances fassent renaître dans la suite le droit de rentrer dans la chose aliénée; et cela est surtout évident, lorsque l'événement qui donne ouverture à ce droit ne peut jamais dépendre de la volonté de celui qui a fait l'aliénation, mais uniquement du fait de celui auquel il avait transmis sa propriété. Or c'est ce qui arrive au créancier hypothécaire ou privilégié. Il est si pleinement dépouillé de son capital, qu'il n'a aucun droit de l'exiger à sa volonté. Mais comme il n'a pas voulu faire un don de ce capital, comme il a prétendu seulement acquérir une rente et une hypothèque, il est visible que, dans le cas où cette hypothèque serait ou deviendrait illusoire, soit par la fraude, soit simplement par le fait du débiteur, le créancier, perdant ce qui faisait la sûreté de sa rente, aurait le droit de rentrer dans un fonds qu'il n'avait aliéné que comme prix de cette rente.

L'hypothèque serait illusoire par la fraude du débiteur, s'il avait caché, lors du contrat, d'anciennes hypothèques sur les effets qu'il offre d'engager, ou s'il vendait ces mêmes effets hypothéqués à l'insu du créancier. Elle le deviendrait, sinon par la fraude, du moins par le fait du débiteur, si, pour l'arrangement de ses affaires et sans tromper son créancier, il vendait le fonds qui fait la sûreté de celui-ci; et comme la condition essentielle de l'aliénation a été que lui débiteur ferait jouir son créancier de la rente et des sûretés stipulées par le contrat, celui-ci rentre de plein droit dans le prix qu'il avait payé et dont il avait perdu la propriété; ainsi qu'un vendeur s'est engagé en recevant le prix à faire jouir l'acquereur de la chose vendue, et que, faute par lui de remplir cette obligation, l'acquéreur rentre dans le droit de se faire restituer la somme qu'il a payée. L'auteur des Conférences de Paris prouve la même vérité par cette même comparaison, qui est d'une justesse frappante. Il n'y a donc aucune difficulté à conclure que, non-seulement la stipulation de l'hypothèque dans les contrats de constitution, mais aussi l'usage de ce droit et la répétition du principal dans le cas de la vente des effets hypothéqués, ne donnent aucune atteinte au principe de l'aliénation du capital des rentes constituées, et n'ont par conséquent rien que de très-légitime. En un mot, par la vente de l'effet affecté au payement d'une rente, le créancier perdrait la sûreté dont la somme principale qu'il avait donnée était le prix; il peut donc répéter le prix ou, ce qui est la même chose, s'opposer à ce que l'héritage qui fait sa sûreté passe en d'autres mains jusqu'à ce qu'il ait été payé.

Il est donc également démontré par les principes les plus clairs, et avoué par les casuistes les plus rigides, que le créancier n'est point obligé de laisser le principal de sa rente entre les mains du débiteur qui vend l'effet affecté par hypothèque ou par privilège au payement de cette rente.

Imaginerait-on que ce créancier dans la crainte de rétracter en quelque sorte l'aliénation qu'il avait consentie de son principal, doit laisser au nouvel acquéreur de l'effet hypothéqué cette somme principale aux mêmes conditions qu'au premier débiteur plutôt que de la retirer.

Je remarquerai d'abord que cette réflexion ne pourrait pas arrêter la conscience la plus délicate, puisque dans le temps où l'effet sur lequel on acquerrait privilège serait vendu, l'on serait toujours à temps de laisser subsister sa créance sur le nouvel acquéreur, s'il y consentait alors, et s'il offrait les mêmes sûretés. Mais il y a ici quelque chose de plus, et une pareille prétention ne pouvait jamais se soutenir.

Car quel titre aurait ce tiers acquéreur pour exiger cette complaisance d'un homme avec lequel il n'a fait aucune convention. Lorsque le créancier a aliéné son principal, c'était pour acquérir une rente sur celui avec lequel il traitait, et non une rente sur tout autre particulier au choix de celui-ci. Lorsque le débiteur a aliéné l'effet qui faisait la sûreté du créancier, il a manqué à son obligation, et dès lors le contrat est anéanti de part et d'autre, comme le serait un contrat de vente pour suivre la comparaison de l'auteur des Conférences de Paris. Il serait bien singulier qu'un homme qui, en manquant à son engagement, a dégagé du sien celui avec lequel il avait traité, eût le droit de l'engager avec un tiers et un inconnu.

Le principe n'est pas douteux ; le contrat est résolu par la vente du fonds hypothéqué ; il n'est donc pas douteux que le débiteur est tenu de rembourser le créancier. L'acquéreur du fonds hypothéqué est ici une personne étrangère qui ne peut avoir aucun droit à exercer contre le créancier de son vendeur ; et si celui-ci veut bien lui laisser son fonds aux mêmes conditions qu'à l'ancien débiteur, ce sera un nouvel engagement qui n'aura rien de commun avec le premier. Il est vrai que les auteurs des Conférences de Paris, tant de fois cités, ne parlent que des hypothèques en général ; mais ce serait faire tort aux personnes qui ont pu être consultées, que de les soupçonner d'ignorer qu'il n'y a pas la moindre différence entre le privilège et l'hypothèque. L'un et l'autre donnent également au créancier le droit de suite, c'est-à-dire, droit de s'opposer à la vente de l'effet qui fait sa sûreté, et de forcer le tiers-acquéreur à rembourser sur le prix les sommes hypothéquées ou privilégiées, avant d'entrer en possession.

L'hypothèque est l'affectation générale ou spéciale des biens d'un homme aux engagements qu'il a contractés, quelle que soit la cause de ces engagements. Ainsi, un homme qui place, par exemple, 20,000 liv. sur un autre, acquiert sur les biens de celui-ci une hypothèque, ou un droit jusqu'à la concurrence de sa créance. Une autre personne qui placerait encore 20,000 liv. sur le même particulier acquerrait une nouvelle hypothèque. Mais, comme les biens étaient déjà engagés jusqu'à la concurrence de ce qu'il était dû au premier, il est visible que le propriétaire n'a pas pu par ce nouvel engagement diminuer l'effet du premier. La première hypothèque aura donc son effet plein et entier, et le créancier antérieur doit être totalement remboursé, avant que le second puisse faire usage de son hypothèque sur les biens qui resteront quand le premier aura été satisfait. D'où il suit que le créancier qui a l'hypothèque la plus ancienne est préféré aux autres pour le payement de sa créance, et ainsi par ordre de date. Par conséquent l'hypothèque ne peut s'établir que par une date certaine et authentique de la créance.

La nature du privilège est différente. Il est établi non sur la date, mais sur la qualité de la créance, et il emporte une préférence pour être payé sur la chose avant tous les autres créanciers, et avant toute hypothèque indépendamment de la date. Le vendeur a un privilège sur la chose jusqu'à ce qu'il ait été payé du prix, et il est évident que son droit doit être préféré à celui des créanciers hypothécaires, puisque l'acquéreur n'a pu engager à ceux-ci un bien dont il n'est pas pleinement propriétaire jusqu'à ce qu'il en ait payé le prix. Par une raison semblable, celui qui a fourni les fonds qui ont servi à payer le vendeur, a le même privilège sur la chose. C'est lui qui ajoute à la masse des biens le fonds dont il s'agit, en même temps qu'il acquiert sur lui une créance de même valeur ; le privilège de cette créance ne nuit donc point aux droit des créanciers hypothécaires, quelle que soit leur antériorité. Je crois en avoir assez dit pour faire connaître en quoi différent précisément le privilège et l'hypothèque. Or il est bien clair que cette différence n'influe que sur l'ordre du remboursement, le créancier privilégié devant être payé avant le créancier hypothécaire, et nullement sur la nature des constitutions de rentes, soit qu'elles aient été stipulées sur le fondement de l'une ou de l'autre de ces sûretés. Le capital n'en est pas moins aliéné dans un cas que dans l'autre ; le constituant n'en a pas moins renoncé au droit d'exiger son remboursement à volonté, et il n'en rentre pas moins dans ce droit, lorsque par le fait du débiteur il se verrait privé de sa sûreté.

On peut se représenter l'état de la question sous un point de vue infiniment plus simple. Il n'y a qu'à demander la véritable raison qui a donné naissance aux privilèges.

Ces hypothèques ne sont accordées qu'à celui qui est censé avoir acheté, ou qui a vraiment acheté la charge, qui a fourni les deniers nécessaires pour la payer.

Par là même il a acquis les revenus mêmes de la charge ; ces revenus sont à lui en toute propriété, et voilà le motif pour lequel son hypothèque est assise sur la charge qui produit ces revenus.

Si la charge est en vente par la mort du possesseur, ce sont donc ses propres revenus, ses biens qui sont en vente ; dès ce moment ils ne lui appartiennent plus, et le fonds seul, ce fonds qui en était le prix, lui appartient ; c'est à lui à se consulter, à voir s'il veut une seconde fois donner son fonds, payer la charge, acheter ces revenus.

De tout cela il résulte :

1° Que la liberté de rentrer dans son fonds dans certaines circonstances ne détruit point le principe de l'aliénation.

2° Que le privilège ne réserve aucun droit, aucune liberté particulière qui n'accompagne également toutes les autres acquisitions de rente qui peuvent être hypothéquées sur une terre.

Que le fonds soit une terre, que ce soit une charge, il est soumis aux mêmes lois, aux mêmes conditions comme aux mêmes changements, et, dans le cas de la vente, il est également dépendant de l'hypothèque dont il est chargé, également assujetti à la libre volonté de l'acquéreur, qui peut reprendre à son choix ou renouveler son hypothèque.

3° Que cette terre, que cette charge se vendent dans un temps ou dans un autre, après dix ans ou dans un siècle, qu'importe, quand il s'agit d'une aliénation perpétuelle, trois cents ans sont comme une année et un jour. Un engagement perpétuel est détruit par la violation la plus éloignée, comme par la rupture la plus prompte ; étendez ou bornez l'espace dans lequel vous renfermez vos droits, ces droits que vous regarderiez comme opposés à vos premiers engagements ; si ces engagements doivent être éternels, rien ne les étend, rien ne les borne, et rien jamais ne doit les détruire.

4° Que, dans le cas de la vente, l'acquéreur pourrait peut-être tout au plus être obligé de renouveler son hypothèque, s'il retrouvait les mêmes sûretés, et par là même le véritable moment de l'inquiétude ce serait celui où l'hypothèque pourrait être renouvelée, jamais celui où elle est constituée.

5° Que, dans le cas de la vente, l'acquéreur est le maître libre et absolu de retirer son fonds par bien des raisons :

La première est que l'engagement est rompu par le débiteur même de la rente qui n'offre plus ni une charge qu'il possède, ni lui-même pour la garantie et sûreté du fonds qu'il avait reçu.

La seconde est que l'acquéreur de la rente n'a formé aucun engagement, aucune obligation avec le nouvel acquéreur de la charge.

La troisième est que, dans le cas de vente, les revenus que l'acquéreur avait achetés se trouvent eux-mêmes en vente, ne lui appartiennent plus, et que par la même le fonds, qui en était le prix, lui appartient seul.

Ces principes sont trop connus pour avoir besoin d'être appuyés sur beaucoup d'autorités. Il n'y a pas d'auteurs de droit qu'on ne pût citer. On peut lire indifféremment ou les Institutions du droit français d'Argou, ou les Lois civiles de Domat, ou le Traité de la vente des immeubles, par décret, de M. d'Héricourt.

REMARQUES SUR LA DISSERTATION PRÉCÉDENTE.

On a cru devoir insérer ici les réflexions qu'un théologien avait faites sur la dissertation qu'on vient de lire. On avertit seulement que ce théologien s'est rendu sans peine à la décision des quatre docteurs qui ont décidé contre lui. Voici ces réflexions :

« La dissertation m'a paru digne de la main dont elle vient. Avec cela je n'y vois rien qui doive m'engager à changer de sentiment.

« 1° Le silence des casuistes sur un point qu'aucun d'eux n'a traité ne prouve rien. Dans une matière où des gens qui craignent Dieu et qui ont des lumières voient du danger, il faudrait, non des raisonnements généraux, mais des décisions formelles. Celles des jurisconsultes ne rassureraient pas. Il y a telle province où ils autorisent le prêt à intérêts des deniers pupillaires. Cesse-t-il pour cela d'être vicieux ?

« 2° Dans la comparaison du privilége sur une charge, avec l'hypothèque sur une terre, je ne passerais ni le principe, ni la conséquence.

« Le principe, dans le sens de l'auteur de la dissertation, est que je suis en droit de me faire rembourser de mon capital toutes les fois que celui à qui je l'ai prêté à constitution se défait de la terre qui fait mon hypothèque. Or, c'est ce que je crois faux dans tous les cas où cette aliénation ne rend pas ma condition plus mauvaise, et encore plus dans ceux où elle la rend meilleure. Aurais-je bonne grâce de dire à un homme : Vous vous défaites de votre bien, pour en acquérir un qui vaut deux fois davantage, qui est plus sous mes yeux, que vous payez comptant, que vous êtes prêt de m'hypothéquer au lieu et place de l'autre, etc. ? N'importe, je veux être remboursé ! Mais, me dites-vous, *la loi m'y autorise*. J'en suis fâché pour elle. C'est une preuve qu'elle souffre bien des choses qui souffrent elles-mêmes une très-grande difficulté. Je dirai donc avec saint Augustin : *Legem quidem non reprehendo. Quomodo autem eos qui talia faciunt, excusem, non video.*

« Mais en vous passant le principe, c'est-à-dire qu'une rente se peut constituer avec hypothèque sur une terre, avec la clause que la terre venant à se vendre il me sera loisible de répéter mon capital, j'aurais encore beaucoup de peine sur la conséquence ; et je ne verrais pas qu'on pût bien en conclure qu'il soit permis d'en constituer sur une charge avec le privilége de se faire rembourser, quand des mains du possesseur elle passera dans les mains d'un autre. En général une bonne terre ne se vend pas aisément ; elle passe du père à son fils, sans que le créancier soit en droit d'exiger son remboursement. Il y a même bien de l'apparence que, quand elle passe à des collatéraux qui sont bons et valables, le contrat subsiste toujours. Dans un privilége sur une charge c'est tout autre chose. Le père la vend ; il faut qu'il me rembourse. Il s'en démet avec l'agrément du prince en faveur de son fils ; je suis toujours en droit de redemander mon argent. En un mot, j'aliène si peu à perpétuité qu'il est physiquement impossible que je ne rentre dans mon bien dans l'espace de vingt ou trente ans. Et il m'en faudra beaucoup moins si je constitue sur un homme déjà âgé, qui n'achète un emploi que pour le ménager à un de ses enfants.

« Mais, dit-on, je ne suis pas obligé de faire à un tiers le plaisir que j'ai bien voulu faire au premier acquéreur de la charge. J'en conviens : aussi ne vous y obligé-je pas. Mais je crois qu'alors, si celui avec qui vous avez d'abord traité vous offre une sûreté égale ou plus grande, vous devez l'accepter. Sans quoi, votre condition changeant de sa part, je vous crois en droit de répéter votre créance. »

On verra, dans la décision de Sorbonne, que les quatre docteurs qui la signèrent partirent d'un principe assez différent de ceux sur lesquels se fondait l'auteur de la dissertation, homme d'ailleurs très-éclairé.

DÉCISION DE SORBONNE.

Comme ces raisons, quoique très-dignes du jeune et sage grand vicaire dont elles viennent, laissaient encore ce fond de doute qui fatigue une conscience timorée, on crut devoir recourir à messieurs de Sorbonne, qui sont faits à toutes sortes de difficultés, et qui ont l'avantage de réunir à une longue expérience cette heureuse discussion, qui, après avoir mûrement balancé les raisons du pour et du contre, amène enfin le vrai et tranquillise même par l'autorité. Voici leur réponse :

Le conseil estime que le consultant peut constituer sans usure 200,000 liv. dans l'espèce proposée, pourvu néanmoins que dans le contrat de constitution qui sera passé à cet effet il n'y ait aucune clause qui fixe le remboursement du capital à un temps ou à une époque plutôt qu'à une autre; et que la rente de dix mille liv. y soit dite vendue comme dans tous les autres contrats de constitution, sans aucune modification et sans autre différence que l'expression de l'hypothèque spéciale ou privilége sur le fonds fictif des 400,000 liv. portées au brevet de retenue, ledit privilége fondé sur ce que les 200,000 livres ont été fournies par le constituant pour payer partie du prix de la charge ; ce qui le fait reconnaître comme *bailleur de fonds*.

Le contrat dressé de cette sorte ne contiendra que des dispositions régulières et conformes à toutes les lois qui fixent la nature des contrats de constitutions légitimes. S'il arrive, par des arrangements faits sous la volonté du roi, par le débiteur titulaire de la charge avec celui qui lui succédera, que le remboursement se fasse lors de la mutation (de cette charge), c'est l'effet d'une cause purement extrinsèque au contrat, et qui dès lors ne peut le rendre intrinsèquement vicieux. Ce qui décide de sa régularité, c'est qu'il ne contienne aucune clause qui donne au constituant action pour être remboursé dans un temps plutôt que dans un autre. Dès lors les 200,000 livres sont aliénées par l'essence même du contrat. Cette essence ne peut être détruite par le contenu au brevet de retenue. Ce brevet n'est pas un acte législatif; il n'en a ni la solennité, ni l'étendue, ni la stabilité.

Parce qu'il n'en a pas la solennité, il est censé comme ignoré par le constituant, et plus encore par ceux qui le représenteront dans la suite. Il est même certain que, dans la rigueur du droit, le contrat étant fait comme il est dit ci-dessus, le constituant ou ses représentants, ne pourraient exiger en justice la communication du brevet, pour contraindre, lors de la mutation du titulaire, ou le cédant, ou le nouveau pourvu, à faire le remboursement du capital.

Parce qu'il n'en a pas l'étendue, il ne peut et ne doit être regardé que comme un bénéfice particulier du prince à l'égard d'un de ses sujets, dont tout autre ne peut légalement tirer des conséquences pour lui-même.

Parce qu'il n'en a pas la stabilité, la clause de ce brevet qui ordonne le remboursement des 200,000 livres avant l'installation de celui qui succédera au titulaire actuel, pourra être anéantie par la même volonté du roi et par la même faveur qui lui ont donné l'existence, en conservant néanmoins le droit d'hypothèque spécial, ou privilége. Il en sera dès lors du constituant sur cette charge, comme d'un constituant sur une terre, qui n'a aucun droit d'exiger son remboursement, lors de la vente de la terre, s'il est bien payé de la rente; et si l'acquéreur (de cette terre) reconnaît l'hypothèque spéciale ou privilége, soit par un acte devant notaire, soit par son acquiescement à une sentence donnée sur une assignation en donation d'hypothèque.

Ces raisons prouvent que le constituant n'a aucune certitude légale que son remboursement sera fait dans un temps plutôt que dans un autre. Il peut être comparé à quelqu'un qui placerait très-légitimement à constitution sur un homme très-riche en mobilier, et père d'une famille très-nombreuse, quoiqu'il eût une sorte de certitude que, lors de la mort du père, il y aurait, comme cela est très-ordinaire entre des partageants nombreux, une vente du mobilier qui produirait son remboursement. Si la comparaison n'est pas d'une justesse rigoureuse, elle l'est assez pour montrer que, quand il n'y a point de certitude légale du remboursement, dans un temps plutôt que dans un autre, l'aliénation du capital est réputée suffisante.

Il serait inutile d'attendre du conseil des citations d'auteurs sur cet article ; l'espèce dont il s'agit n'a été traitée par aucun. Mais ils conviennent tous que, quand le constituant n'a, par la teneur du contrat, *vi contractus*, aucune action pour exiger son remboursement, tant que la rente est bien payée, et l'hypothèque ou privilége bien conservé, il peut percevoir légitimement les intérêts du capital. Il faudrait, pour empêcher dans l'espèce présente l'usage de ce principe, une certitude vraiment légale du remboursement en certain temps plutôt qu'en un autre. Or il n'en résulte aucune du brevet. Ainsi, le conseil estime que le constituant, en observant ce qui a été dit ci-dessus, percevra légitimement les intérêts du capital des deux cent mille livres.

Délibéré en Sorbonne le 23 janvier de l'an 1769.

De Marcilly, Le Fèvre, Mahieu, Vermond.

V

VAGABONDS.

On appelle *vagabonds* et gens sans aveu ceux qui n'ont ni domicile, ni biens, ni certificat de vie et de mœurs.

Rien n'est plus répété dans les anciens canons que la défense d'admettre à la célébration des saints mystères les prêtres vagabonds, ou ceux qui, étant d'un diocèse étranger, n'ont point de lettres commendatices, *Litteras formatas*. L'article 4 des Réguliers leur défend de les admettre, si ce ne sont passants connus des supérieurs. *Mém. du Clergé*, tom. VI, p. 1263.

On a parlé dans son propre lieu du mariage des vagabonds.

La déclaration du 25 juillet 1700 défend de donner l'aumône aux mendiants valides, et impose des peines sévères aux mendiants vagabonds.

VANTERIE.

On peut définir la *vanterie* en ces termes, selon l'explication qu'en donne saint Thomas, *Jactantia est vitium quo quis se effert supra id quod in ipso est, vel supra id quod est in opinione hominum*, ou en ces termes qui sont de Cajetan : *Est vitium quo quis plus de se, quam sit, aut apparet, elevando dicit*. Enfin Varron, cité par de Rochefort, dit que la vanterie est *inanis et stulta prædicatio, per quam quis se extollit supra id quod est in eo*. Ainsi l'on voit que tous les auteurs, tant sacrés que profanes, conviennent sur la nature, la cause et la fin de ce vice, qu'il est l'effet de l'orgueil secret et de l'amour-propre, et qu'il est même une espèce de mensonge, selon le docteur angélique. La raison qu'en donne Cajetan est que *jactantia proprie dicta opponitur veritati per modum excessus*.

Ce vice a paru si odieux aux païens mêmes, qu'ils ne le pouvaient souffrir. C'est en effet par là qu'Alcibiade, qui se glorifiait en toutes rencontres de ses richesses, devint insupportable à Socrate, et que Sylla, général d'armée du roi Agrippa, se rendit odieux à ce prince et à toute la cour, à cause qu'il se vantait sans cesse de ses actions héroïques, comme le marque Josèphe dans son *Histoire de la Guerre des Juifs*, lib. XXVII, cap. 7. On va examiner la nature et la qualité de ce péché.

CAS I. On a agité la question : Si la vanterie diffère de la superbe, et la superbe de la vanité. Qu'en penser?

R. Ces trois vices ont beaucoup de liaison ; mais ils diffèrent en ce que la superbe ou l'orgueil est un secret mouvement du cœur qui porte à se croire plus parfait que les autres et à se complaire dans sa propre excellence, très-souvent imaginaire. La vanité, qui en est une suite, est un désir de passer dans l'esprit des autres pour ce qu'on se croit être. La vanterie, ou la jactance, est un vice qui fait qu'un homme publie tout ce qu'il croit capable de le faire estimer ; par exemple, la noblesse de sa naissance, ses biens, son crédit auprès des personnes puissantes, ses amis, ses bonnes œuvres, sa capacité, ses belles actions, ses talents naturels, etc., sa force d'esprit ou de corps, sa beauté ou sa bonne mine, son industrie ou son adresse, ou même ses vices et ses mauvaises actions, selon la fausse idée qu'il s'en forme. Saint Grégoire, lib. XIII, *Moral*, c. 17, compte six effets de la vanité, qui sont : l'amour des erreurs ou des hérésies, l'hypocrisie, l'esprit de contention, l'opiniâtreté, la discorde et la désobéissance : *Nam ex inani gloria, inobedientia, jactantia, hypocrisis, contentiones, pertinaciæ, discordiæ et novitatum præsumptiones oriuntur*. D'où il est évident que la vanité est la malheureuse source d'un grand nombre de péchés très-griefs, tels que sont les mensonges, les jurements, les parjures, les inimitiés, les discordes, les querelles et les injures.

CAS II. On a encore demandé si un homme qui se vante pèche quelquefois mortellement ou non, et par quels moyens on peut discerner l'un d'avec l'autre.

— R. La jactance est un péché mortel, 1° quand elle déroge à la gloire de Dieu, comme quand l'impie roi de Tyr disait, Ezech. XXVIII : *Deus ego sum* ; 2° quand elle blesse considérablement la charité due au prochain, comme faisait le pharisien, en disant, Luc XIII : *Non sum sicut cæteri hominum... velut etiam hic publicanus* ; 3° quand elle porte préjudice à nos frères, comme quand un médecin ou un avocat, tous deux ignorants, se vantent de leur science pour attraper l'argent de ceux qui les croient ; 4° quand elle emporte une tacite approbation du mal qu'on a commis, comme il arrive à tant de libertins qui se vantent de leurs mauvais commerce, de leurs démêlés, de leurs duels, de l'ivresse où ils sont tombés ou ont fait tomber les autres ; et alors il faut se confesser de la jactance et du crime qui en a été le sujet, et du scandale qu'on a donné. Hors de ces cas, la jactance n'est que péché véniel, *secluso scandalo*. Scandale qui sera toujours plus grand de la part d'une personne consacrée à Dieu que du côté d'un séculier.

— CAS III. *Henri* découvre quelquefois à ses amis les grâces qu'il a reçues de Dieu. N'est-ce point là *peccatum jactantiæ*?

R. Il y a des occasions où l'on peut le faire et où même on y est obligé. Et cela arrive, 1° quand on a lieu de craindre l'illusion : c'est ainsi que saint Vincent de Paul, le plus humble des hommes, découvrit à quelques personnes éclairées la magnifique vision qui lui annonçait la gloire de la bienheureuse de Chantal ; 2° quand il faut donner une juste confiance au prochain : c'est ainsi qu'un saint des derniers temps, saint Jean de la Croix disait à quelqu'un en confession : *Je suis un pécheur, mais je ne suis pas igno-*

rant. Et c'est à peu près en ce sens que saint Paul s'est loué plus d'une fois ; 3° quand on peut par là porter le prochain à s'unir à nous pour remercier Dieu de ses miséricordes : *Magnificate Dominum mecum*, etc. Mais les vrais saints ne se rappellent guère les grâces que Dieu leur a faites, sans se reprocher l'abus qu'ils croient en avoir fait. Le fond de cette réponse est tiré de saint Thomas, 2-2, q. 112, art. 2, O. Voici comme il y parle : *Peccatum mortale est, quod charitati contrariatur. Dupliciter ergo jactantia considerari potest. Uno modo, secundum se, prout est mendacium quoddam : et sic quandoque est peccatum mortale, quandoque veniale. Mortale quidem, quando aliquis jactanter de se profert quod est contra gloriam Dei ; sicut ex persona regis Tyri, Ezech.* XXVIII. *Elevatum est cor tuum, et dixisti :* Deus ego sum : *Vel etiam contra charitatem proximi ; sicut, cum aliquis, jactando se ipsum, prorumpit in contumelias aliorum, sicut habetur,* Luc. XIII, *de Pharisæo, qui dicebat :* Non sum sicut cæteri hominum, raptores, injusti, adulteri, velut etiam hic publicanus. *Quandoque vero est peccatum veniale, quando scilicet aliquis de se talia jactat, quæ neque sunt contra Deum, neque contra proximum.*

Ce docteur angélique ajoute que ce même vice peut encore être considéré en une seconde manière, par rapport à sa cause qui est l'orgueil ou l'avarice, et qu'alors il est péché mortel, si l'orgueil va jusqu'à un degré de malice qui soit péché mortel, et qu'autrement il n'est que véniel. *Alio modo potest considerari secundum suam causam, scilicet superbiam, vel appetitum lucri, aut inanis gloriæ ; et sic, si procedat ex superbia, vel inani gloria, quæ sit peccatum mortale, etiam jactantia erit peccatum mortale : Alioquin erit peccatum veniale.* A l'égard de l'avidité du gain, il n'est mortel ordinairement que quand il est dommageable au prochain. Hors cela, il n'est que péché véniel... *non tamen semper est peccatum mortale, quia potest esse tale lucrum, ex quo alius non damnificatur.*

VASES SACRÉS.

On donne ce nom aux vaisseaux qui servent aux divins mystères, comme sont le calice, la patène, le ciboire ou custode. Il résulte de ce que nous avons dit aux mots CALICE, ORNEMENTS, etc., avec et contre l'auteur, 1° que les principaux de ces vases doivent être consacrés ; 2° qu'ils ne le sont pas par le seul usage qu'en ferait un prêtre de bonne ou de mauvaise foi ; 3° qu'ils perdent leur consécration en certains cas, par exemple, quand ils sont brisés jusqu'à un certain point ; quoiqu'ils ne la perdent pas dans d'autres, par exemple, un calice, quand il perd sa dorure, quoi qu'en pense Suarès ; 4° qu'on doit toujours les tenir très-propres, et qu'un curé qui y manque, et qui va quelquefois jusqu'à laisser le ciboire dans un tabernacle, au milieu des araignées, pèche fort grièvement ; 5° qu'il n'est pas permis aux séculiers de les toucher *sine speciali licentia* ; 6° qu'on ne peut s'en servir à des usages profanes, comme il paraît, *a fortiori*, par la terrible manière dont fut puni Balthazar ; 7° qu'on ne peut les vendre, à cause de la consécration, plus qu'ils ne valent à raison de la matière ; 8° qu'on peut cependant en vendre la matière, quand ils sont hors d'état de servir, quoique autrefois on fût obligé de les consumer par le feu et d'en mettre les cendres *in loco honesto*, comme le prescrit le ch. *Altari, de Consecrat.* dist. 1, que cite Fumus, dans son *aurea Armilla*, pag. *mihi* 1104.

VASSAL.

Le *vassal*, en latin *cliens beneficiarius astrictior*, et pour avoir plutôt fait *vasallus*, est un homme propriétaire d'un fief qui relève d'un seigneur dominant. Car un vassal peut avoir d'autres vassaux qui sont arrière-vassaux par rapport à celui dont il relève lui-même.

Le vassal doit : 1° la foi et hommage à son seigneur ; et, s'il y manque, le seigneur peut saisir le fief et faire les fruits siens. De là le vieux proverbe : *Tandis que le vassal dort, le seigneur veille.*

2° Il lui doit en conscience les droits, charges et redevances dont son fief est grevé.

3° Dès qu'il cesse d'être possesseur du fief, les obligations qu'il avait contractées au temps de son investiture sont éteintes. L'un n'est plus vassal, l'autre n'est plus seigneur.

4° La foi et hommage doivent être rendus en personne, et non pas par procureur, si le vassal n'a des excuses suffisantes.

5° Le mari fait la foi et hommage pour sa femme, et le tuteur pour ses mineurs, si le seigneur n'aime mieux leur donner souffrance.

6° Le seigneur peut tenir les assises pour la réception de ses droits féodaux, en telle maison de ses vassaux qu'il voudra indiquer, pourvu que ce soit dans l'étendue de son fief.

7° Le vassal, après avoir fait foi et hommage, doit fournir son aveu et dénombrement dans les quarante jours suivants.

8° Quand il a une fois fourni son aveu, il n'est point obligé d'en donner un second à son nouveau seigneur ; mais seulement une copie de l'ancien aux frais du seigneur, s'il le requiert.

9° Le vassal qui attaque son seigneur dans sa personne, dans son honneur, dans ses biens, commet félonie, tombe en *commise*. La commise est une dévolution ou confiscation du fief servant, au profit du seigneur dominant ; et elle arrive d'ordinaire pour félonie ou pour le désaveu du vassal. Ainsi :

10° Le vassal qui de propos délibéré désavoue son seigneur, tombe en commise et perd son fief, qui est dévolu au seigneur. Si cependant, en désavouant son seigneur, il déclare qu'il relève du roi immédiatement, il est exempt de la commise; à moins qu'après avoir été abandonné par le procureur général, ou par ses substituts, il ne persiste dans son désaveu. *Voyez* sur cette matière Argou, tom. I, liv. II, ch. 2, et très-bien Livonnières, *Règles du Droit français*, tit. 5, chap. 1, art. 1 et suiv., pag. 101, etc.

VEILLÉES.

On donne ce nom aux assemblées qui se font dans les villages pour filer, tricoter ou faire d'autres menus ouvrages : *Nocturnæ vigiliæ in consessum et operas*. Ces assemblées, qui durent à peu près depuis la Toussaint jusqu'à Pâques, ont cela de commode qu'elles épargnent la dépense que chacun ferait chez soi en bois et en lumière, puisque une ou deux suffisent à une partie du village; mais elles sont, ainsi que les danses qui se font dans les campagnes, sujettes à bien des inconvénients, et d'ordinaire on y perd plus pour l'âme qu'on n'y gagne pour la fortune. C'est ce qui a donné lieu aux deux consultations suivantes.

Cas I. *Adrien*, sage et vertueux curé, qui sait que dans les veillées il se fait bien des médisances, que les jeunes personnes des deux sexes y prennent ou y souffrent bien des libertés, qu'on y chante des chansons trop libres, n'ayant pu arrêter ce désordre, a déclaré en chaire qu'il n'absoudrait personne de ceux qui ne s'abstiendraient pas d'y aller. Quelques vieilles gens, qui sont fort éloignés d'y vouloir faire du mal, l'ont trouvé trop sévère sur ce point. Et sa morale, jusque-là inconnue dans la paroisse, a fait grand bruit. Quel parti prendre?

R. Point d'autre que celui de marcher constamment sur la même ligne. Dès que ces veillées dégénèrent en abus, que la jeunesse s'y corrompt, que Dieu y est offensé, un pasteur qui l'est de nom et d'effet, ne peut ni les souffrir ni admettre à la table du Dieu des vierges ceux et celles qui, malgré ses exhortations, continuent à s'y rendre. Ce que disent les vieilles gens dont il s'agit dans l'exposé, qu'ils n'y font point de mal, est précisément ce que disent une infinité de personnes qui vont à la comédie et qui prétendent y aller sans mauvaises vues et uniquement pour se délasser. C'est toujours un grand mal que d'autoriser par sa présence celui que font les autres, et de mettre par son silence des personnes sages hors d'état de s'y opposer. *Beatus vir qui non abiit in consilio impiorum*, etc., Psalm. I. *Non sedi in concilio ludentium*, disait Jérémie : *Solus sedebam, quoniam comminatione replesti me*,

Jerem. xv. Il ne faut qu'une étincelle de bon sens pour voir qu'on aime bien peu le Seigneur, quand on se trouve tranquillement dans des assemblées où il est offensé. *Voyez* Danse, cas II.

Cas II. *Martine* mène ses deux filles, l'une âgée de neuf ans, l'autre de dix-sept, aux veillées de son village; mais elle les tient toujours à côté d'elle, en sorte que personne n'oserait s'en approcher. Cette précaution la met-elle à l'abri de tout péché?

R. Non. Il faudrait en outre que Martine pût disposer des yeux, des oreilles et du cœur de ses filles. Car c'est du cœur, comme le dit le Fils de Dieu, que sortent les mauvaises pensées, et c'est par les yeux aussi bien que par les oreilles que la mort entre dans l'âme. Martine doit donc tenir ses filles chez elle, les former avec douceur à la vertu, chanter avec elles quelques-uns de ces beaux cantiques qui ont été composés pour les campagnes, etc. Si elle avait assez de crédit dans le lieu pour établir des assemblées où il ne se trouvât que des personnes de son sexe, ou tout au plus des hommes sages et vertueux, elle ferait une œuvre très-méritoire; mais avant toutes choses il faudrait consulter son curé. Des récréations innocentes ont souvent donné l'idée d'autres récréations qui ne l'étaient pas.

Si l'auteur parlait ainsi des pauvres veillées d'artisans, qu'aurait-il dit des soirées d'à-présent?

VENTE.

La *vente* est un contrat par lequel une personne cède à autre la propriété d'une chose, moyennant une somme d'argent dont ils sont convenus. Si au lieu d'argent on donnait une chose pour une autre, ce serait un échange et non une vente. Il faut bien remarquer que la vente s'accomplit par le seul consentement réciproque des contractants, quoique le prix ne soit pas payé et que la chose vendue ne soit pas livrée à l'acheteur : *Emptio et venditio contrahitur simul atque de pretio convenerit, quamvis pretium nondum numeratum sit*, ainsi que parle l'empereur Justinien, qui dit encore : *Consensu fiunt obligationes in emptionibus et venditionibus*, Instit. *de Emptionib.*, etc., et *de Obligat. ex Consensu*. Ce consentement peut se donner de vive voix, ou par écrit, entre présents ; ou par lettres, ou par procuration, entre absents. De sorte qu'après que les deux parties ont consenti de cette manière, l'une ne peut plus révoquer son consentement, à moins que l'autre n'y donne les mains.

Tout ce qui entre en commerce et qui est appréciable de sa nature à prix d'argent peut être vendu, pourvu que les lois de l'Église ou celles du prince n'y soient pas contraires; ainsi, l'on peut vendre, 1° des meubles, des immeubles, ou autres choses corporelles ; 2° des dettes actives, une servitude et tous autres droits incorporels ; 3° des choses à venir, tels que sont les fruits que produira un fonds, et les animaux qui naîtront d'un troupeau ou d'un certain bétail; 4° l'espérance d'une chose tout à fait incertaine; comme un jet de filet qu'un pêcheur offre de faire. Mais on ne peut vendre ni les choses saintes, ni les choses qui sont communes à tout un peuple.

A l'égard des choses qui se comptent, se mesurent ou se pèsent, et qu'on a vendues en détail, la vente n'en devient parfaite qu'après qu'elles ont été comptées, mesurées ou pesées ; le temps qu'il faut pour les compter, mesurer ou peser, tient lieu d'une condition qui suspend la vente jusqu'à ce qu'elles aient été comptées, mesurées ou pesées. Et il en est de même des choses dont l'acheteur s'est réservé la faculté de faire l'essai; car cette réserve tient aussi lieu d'une condition d'où dépend l'accomplissement, ou la résolution de la vente. Généralement parlant, tout ce qui fait partie, ou qui est l'accessoire de la chose vendue, est réputé vendu avec elle, à moins qu'il ne soit expressément réservé par le vendeur, dans le contrat, du consentement de l'acheteur. Il est pourtant de certains accessoires de choses mobilières qui, n'étant pas produits au vendeur avec la chose vendue, n'entrent pas dans la vente, comme les harnois du cheval, quand on l'expose nu.

Le contrat de vente renferme trois espèces d'engagements, savoir : 1° ceux qui y ont été exprimés; 2° ceux qui sont une suite naturelle de la vente, soit qu'on les ait exprimés ou non ; 3° ceux qui sont portés par les lois, par la coutume ou par l'usage du pays.

Le premier engagement du vendeur est de livrer à l'acheteur la chose vendue, quand il en a payé le prix convenu , et de la lui garantir contre toute opposition d'un tiers. Il faut excepter de cette règle les cas fortuits et les faits du prince, dont le vendeur n'est pas garant, à moins qu'on n'en soit convenu; mais il ne peut jamais s'exempter d'être garant de son propre fait. Une pareille convention serait contre la bonne foi et par conséquent contre les bonnes mœurs.

Quand le vendeur n'a pas, par sa faute, délivré la chose dans le temps ou dans le lieu où il devait la délivrer, il est tenu des dommages et intérêts de l'acheteur : *Si res vendita non traditur, in id quod interest agitur ; hoc est, quod rem habere interest emptoris.* Leg. 1, ff. de *Actionib. empti et venditi.* Ainsi, si j'ai acheté de Jean 10 muids de blé ou de vin, en novembre, pour m'être livrés en janvier, et que ce blé ou ce vin soit enchéri d'un tiers à Pâques, Jean, qui est alors en demeure de la délivrance, me doit tenir compte de cette augmentation de prix, s'il est cause que j'en ai acheté d'autre sur ce pied pour mon besoin, ou que par ce retardement j'ai été privé du profit que j'aurais fait en le revendant. En un mot, tout vendeur qui n'a pas fait la délivrance dans le temps ou dans le lieu qu'il devait, est tenu de toutes les suites naturelles, prochaines et immédiates, et lesquelles on pouvait naturellement attendre du retardement, et qui arrivent par ce défaut; mais il n'est pas tenu de celles qui sont seulement éloignées ou imprévues et extraordinaires ; et il en est de même, quand il a été empêché de délivrer la chose par un cas purement fortuit, comme lorsqu'elle lui a été enlevée par violence, avant qu'il fût en demeure d'en faire la délivrance à l'acheteur. Leg. 31, ff. *de Action. empt.*, etc., *lib* xix, tit. 1.

Le vendeur qui n'a pas délivré la chose vendue est étroitement obligé de veiller à sa conservation jusqu'à la délivrance , et d'en prendre un soin, même plus grand que de son propre bien, ou que d'une chose qu'on lui aurait prêtée pour son usage. *Custodiam venditor talem præstare debet, quam præstant hi, quibus res commodata est, ut diligentiam præstet exactiorem, quam in suis rebus adhiberet*: ce sont les termes d'une loi du Digeste. *Talis custodia desideranda est a venditore*, dit encore une autre loi, *qualem bonus paterfamilias suis rebus adhibet*. S'il arrive néanmoins qu'il ne puisse la conserver sans faire quelques frais, ou sans souffrir quelque dommage, l'acheteur en est tenu.

Si le vendeur est obligé de retenir ou à reprendre la chose, faute de payement, et qu'elle se trouve diminuée de prix, il a droit d'exiger de l'acheteur un dédommagement proportionné à la diminution, parce que, comme dit la loi : *Post perfectam venditionem omne commodum et incommodum quod rei venditæ contingit, ad emptorem pertinet.* Leg. I, cod. *de Periculo et Commod. rei.*

Quand les deux contractants sont également en demeure, l'un de délivrer la chose, et l'autre de la recevoir après qu'elle lui a été offerte, l'acheteur ne doit pas être reçu à se plaindre du délai; mais s'il vient à demander la délivrance , et que le vendeur continue à être en retard de la délivrer, la perte ou le dommage qui arrivera doit le regarder seul, parce qu'il est le dernier en demeure, *et vice versa.*

Si un vendeur avait vendu la même chose à deux différents acheteurs, celui qui serait le plus diligent à se mettre en possession serait préféré à l'autre; car il est de la justice et de l'intérêt public de ne pas souffrir qu'on trouble un possesseur par des ventes secrètes ou antidatées : *Quoties duobus in solidum prædium jure distrahitur*, dit une loi du code , *manifesti juris est, eum, cui priori traditum est, in detinendo dominio esse potiorem.* Leg. 15. cod. *de Rei vindicatione,* lib. iii, tit. 32.

Le contrat de vente admet, comme les autres, toutes sortes de conditions et de clauses licites. Quand l'accomplissement de la vente dépend de l'événement d'une condition qu'on y a apposée, le vendeur demeure propriétaire de la chose, et la vente n'a son plein effet qu'au moment que la condition se trouve accomplie. *Conditionales venditiones tunc perficiuntur, cum impleta fuerit conditio;* d'où il s'ensuit, par une conséquence nécessaire, qu'il est aussi le maître des fruits que la chose peut produire, suivant ces paroles d'une autre loi : *Fructus medii temporis venditoris sunt*, et par cette raison il doit porter la perte de la chose qui arrive avant l'événement de la condition, quand même la condition viendrait à s'accomplir dans la suite. Mais si la chose ne souffrait qu'un simple dépérissement, ce serait à l'acheteur à le porter, parce que, si elle était devenue meilleure, il en eût profité et non pas le vendeur, qui d'ailleurs était obligé à la lui garder. Mais quand la vente est accomplie, l'acheteur est le maître de la chose et des fruits qu'elle produit, encore qu'il soit stipulé dans le contrat que la vente sera résolue par l'événement d'une certaine condition, et cela jusqu'à cet événement; et par la même raison la perte en doit tomber sur lui.

C'est une règle constante que les changements qui arrivent à la chose avant que la vente soit accomplie regardent uniquement le vendeur, comme ceux qui arrivent après regardent l'acheteur, encore que la chose ne lui ait pas été livrée, parce qu'il en est le maître et qu'il a droit de se la faire délivrer par le vendeur : *Periculum rei venditæ statim ad emptorem pertinet, tametsi adhuc ea res emptori tradita non sit.* Plusieurs autres lois décident la même chose. Ce que l'on ne doit pourtant point entendre d'un vendeur qui serait en demeure de la délivrer ; car, en ce cas, il doit porter toutes les pertes qui arrivent, sans excepter même celles qui seraient arrivées par des cas purement fortuits.

S'il y a une condition apposée en faveur d'un des contractants, et que son événement dépende de l'autre, celui-ci ne peut, sans injustice, en empêcher l'accomplissement pour en tirer avantage. Par exemple, Pierre a acheté de Paul un muid de blé, à condition que Paul le lui livrera le premier jour de mai, au marché de Paris : si ce blé vient à augmenter de prix avant la délivrance faite, Paul ne peut pas éluder l'accomplissement de cette condition pour profiter de cette augmentation, puisqu'il y va de l'intérêt de Pierre qu'elle soit accomplie.

Enfin si les contractants étaient convenus de quelques clauses qui fussent contraires aux règles que nous venons d'établir sur les changements de la chose vendue, ou à d'autres dont nous n'avons pas parlé, il faut toujours en revenir à la teneur du contrat et en suivre les conventions à la lettre.

Les mineurs, les insensés, les interdits, et tous ceux qui n'ont pas le droit d'administrer leurs biens, ne les peuvent pas vendre. Il en est de même d'un usufruitier et d'un héritier dont le bien est substitué à un autre, si ce n'est à condition que l'acheteur le rendra dans le temps requis à celui à qui il appartiendra.

Un tuteur, un curateur et tout autre administrateur ne peuvent rien acheter des biens de ceux qui sont sous leur charge.

Toute vente faite avec erreur sur la substance, avec dol, violence, etc., est nulle ; si néanmoins l'erreur ne regarde que la qualité, la vente n'est pas nulle par elle-même : c'est au juge à en décider suivant les circonstances

L'acheteur, en cas d'éviction, a droit de se faire payer des dépenses utiles ou nécessaires qu'il a faites pour améliorer la chose, déduction néanmoins faite des fruits que cette amélioration lui a produits ; car s'ils excèdent le principal de ses dépenses, ce principal demeure éteint, et l'excédant, perçu de bonne foi et avant l'action d'éviction intentée, est pour lui.

Quand un acheteur se laisse évincer sans se défendre et sans avoir dénoncé au vendeur le trouble qu'on lui a suscité, ou qu'il transige de son autorité privée avec celui qui le trouble, ou qu'enfin il préjudicie d'une autre manière à la condition de son vendeur, celui-ci n'est pas tenu à la garantie de l'éviction ; car en ce cas l'acheteur se la doit imputer. Mais la seule dénonciation qu'il fait au vendeur, du trouble qu'on lui est fait, l'exempte de toute obligation de se défendre, et rend le vendeur garant de l'événement de l'action intentée.

Quand le vendeur connaît dans la chose qu'il vend des défauts qui la rendent inutile, ou tellement incommode que l'acheteur ne l'eût pas achetée, ou ne l'eût achetée qu'un moindre prix, s'il les avait connus, l'acheteur peut le poursuivre en rédhibition pour l'obliger à la reprendre, ou au moins à le dédommager, selon la qualité du défaut. Il en est de même, quoique les défauts aient été inconnus au vendeur. Si celui-ci a connu ou dû connaître le défaut, et que l'acheteur en ait souffert du dommage, il est tenu non-seulement à reprendre la chose ou à en diminuer le prix, mais à répondre des dommages qui auront été causés par ce défaut. Dans ce cas l'amélioration, ou la détérioration arrivée à la chose, sans la faute de l'acheteur, regarde uniquement le vendeur. Quand un défaut est si évident, que l'acheteur ne l'ait pu ignorer, ou lorsque le vendeur le lui a déclaré, cet acheteur ne peut avoir en justice aucune action contre son vendeur. Mais tout ceci ne s'entend que des ventes faites entre des particuliers, et non pas de celles qui se font par l'autorité de la justice, laquelle adjuge la chose, seulement telle qu'elle est de sa nature.

Un propriétaire peut être contraint à vendre son fonds, 1° par un décret ordonné en justice, en faveur de ses créanciers ; 2° par la voie de licitation, lorsqu'un fonds ne peut aisément se partager entre plusieurs héritiers ; 3° quand il se trouve nécessaire au public ; par exemple, pour faire ou des fortifications à une ville, ou un cimetière à une église, etc. C'est pour cela que dans un temps de disette on contraint ceux qui ont des grains à les vendre.

On peut même contraindre un particulier à vendre à un autre particulier l'usage de quelque partie de son fonds ; par exemple, un passage sur sa terre, quand il est nécessaire à un tiers pour entrer dans la sienne.

CAS I. *Fabius* possède un fonds qui lui a été légué avec une substitution en faveur de ses enfants. Il est dans un pressant besoin, et il trouve un ami qui veut l'acheter, tout substitué qu'il est. Peut-il le vendre en conscience?

R. On ne peut vendre que ce dont on a la propriété. Or Fabius n'a que l'usufruit, et non la propriété du fonds, puisqu'on ne le lui a légué qu'en le substituant à ses enfants; par conséquent il ne le peut vendre à personne sans une injustice manifeste. C'est ce qui se prouve par la loi, qui dit : *Sancimus, sive lex alienationem inhibuerit, sive testator hoc fecerit, sive pactio contrahentium hoc admiserit, non solum domini alienationem, vel mancipiorum manumissionem esse prohibendam, sed et,* etc. Leg. fin. cod. *de Rebus alienis non alienandis.*, lib. I, tit. 51. C'est pourquoi si Fabius avait vendu ce fonds à son ami, ses enfants pourraient faire condamner l'acheteur à le déguerpir, et celui ci, pour son dédommagement, ne pourrait avoir son recours que contre son faux vendeur. Les substitutions de ce genre sont aujourd'hui défendues. *Voyez* SUBSTITUTION.

CAS II. *Eparchius,* curateur de Constantin, mineur, a vendu à Julien, pour 6,000 livres, une métairie appartenant à ce mineur, qui y a consenti, à condition que cette somme ne sera payée à Constantin qu'après sa majorité, et que cependant Julien lui en payera l'intérêt. Ce contrat de vente est-il valide ?

R. Ce contrat est nul; parce qu'il n'y a que ceux qui sont *sui juris* qui puissent aliéner leurs fonds. Or un mineur n'est pas maître de ses droits, la loi ne l'ayant pas permis, parce qu'il serait très-aisé à un curateur d'abuser de sa simplicité. Donc, etc. Du reste il est permis de recevoir les intérêts d'un fonds vendu, quand l'acquéreur n'en paye pas le prix et qu'il jouit de ce fonds, ainsi qu'il est porté par la loi 13, ff. *de Action. empti.* etc. *Veniunt autem in hoc judicio infra scripta, imprimis, pretium quanti res venit. Item usura pretii post diem traditionis; nam cum emptor fruatur, æquissimum est eum usuras pretii pendere.* La même chose est encore portée par la loi 5, cod. eod. en ces termes : *Curabit præses provinciæ compellere emptorem, qui, nactus possessionem, fructus percepit, partem pretii, quam penes se habet, cum usuris restituere, quas et perceptorum fructuum ratio et minoris ætatis favor, licet nulla mora intercesserit, generavit.* A quoi l'on peut ajouter le sentiment de la Glose sur une décrétale d'Alexandre III, laquelle dit : *Usuræ possunt peti, etiam secundum canones... cum vendo tibi prædium, et trado et percipio fructus, nec solvis mihi pretium ad terminum..., quia hujusmodi usuræ, non quasi usuræ, sed quasi interesse petuntur.* Covarruvias, Navarre, Louet et plusieurs autres auteurs sont dans le même sentiment.

— Cette décision des lois est d'autant plus juste que sans cela un acquéreur payerait en quinze ou vingt ans une terre du simple fruit de la terre même. Mais je crois que, comme on ne peut refuser le remboursement d'une somme, dans le dessein que l'emprunteur continue d'en payer la rente, on ne peut stipuler qu'un acquéreur ne payera pas actuellement le prix d'une terre, mais la rente du prix, si ce n'est quand le vendeur en souffrirait un vrai dommage, comme s'il ne pouvait pas placer son argent.

CAS III. *Sigonius,* tuteur de Théogène, étant poursuivi en justice par Hercule pour le payement de mille écus qui lui étaient dus par ce mineur, a vendu à Hercule, de son autorité privée, une terre qui faisait partie du bien de ce même mineur, pour pareille somme, afin d'acquitter Théogène et d'éviter les frais qui fussent tombés sur lui. Hercule a joui six ans de cette terre, dont il a retiré 200 liv. par an (déduction faite de ses frais et dépenses). Théogène, devenu majeur, demande à rentrer en cette terre, et offre à Hercule 1,800 liv. d'argent comptant, prétendant que les 1,200 liv. qu'il en a retirées pendant les six ans qu'il en a joui, doivent être précomptées sur la somme principale, à quoi Hercule s'oppose. De quel côté est la justice ?

R. La justice est du côté de Théogène. Car Sigonius n'étant pas maître du fonds qu'il a prétendu vendre, puisqu'il appartenait à son pupille, n'a pu en transférer le domaine à Hercule, suivant cette règle du droit canonique : *Nemo potest plus juris transferre in alium, quam sibi competere dignoscatur.* On ne doit donc tout au plus considérer cette espèce de vente que comme un simple engagement : or, dans l'engagement d'un fonds fait au créancier par le débiteur, les fruits de ce fonds perçus par l'engagiste, doivent être comptés en l'acquit du sort principal, ainsi que l'a décidé Alexandre III, c. 1, *de Usuris,* où il dit : *Si quis alicujus possessionem, data pecunia sub hac specie vel conditione in pignus acceperit, si sortem suam (deductis expensis) de fructibus jam percepit; absolute possessionem restituat debitori : si autem aliquid minus habet, eo recepto, possessio libere ad dominum revertatur.* D'où il s'ensuit qu'Hercule doit précompter les 1,200 liv. qu'il a reçues du revenu de la terre, en déduction sur les mille écus qui lui sont dus, et qu'ainsi l'offre de 1,800 liv. que lui fait Théogène est raisonnable et juste, sauf néanmoins son recours contre Sigonius pour ses dommages et intérêts, s'il en prétend, à cause qu'il lui a mal vendu; sur quoi le juge ordonnera ce qu'il estimera juste.

CAS IV. *Nicolas,* pauvre paysan, a une petite maison et un verger, le tout valant 400 livres. René, qui en a besoin, le lui demande à acheter. Nicolas sait bien que, s'il cherchait à le vendre, il n'en pourrait avoir que 800 livres au plus ; mais comme il en tire sa subsistance avec le travail qu'il fait, et qu'il prévoit que cette somme se dissiperait entre ses mains, ou qu'il n'en pourrait pas faire un emploi qui lui fût aussi avantageux que lui est ce petit héritage, il en demande à René 1,200 livres, qui les lui accorde à cause du besoin qu'il en a. Nicolas peut-il en conscience le lui vendre 400 livres plus que sa juste valeur ?

R. Il le peut ; parce que, quoiqu'une chose vaille moins en elle-même, elle vaut plus par rapport au besoin qu'en a celui qui s'en prive à la sollicitation d'un autre. C'est ce qu'enseigne saint Thomas, 2-2, q. 77, a. 2, par ces paroles : *Cum aliquis multum indiget* habere rem aliquam, et alius læditur, si ea careat; in tali casu justum pretium erit, ut non solum respiciatur ad rem quæ venditur; sed ad damnum quod venditor ex venditione incurrit; et sic licite poterit aliquid vendi plus quam valeat secundum se, quamvis non vendatur plus quam valeat habenti. Sur quoi il est à remarquer qu'il n'en serait pas de même, 1° si Nicolas ne souffrait point de dommage en vendant, parce que l'utilité de l'acheteur n'est pas un titre pour augmenter le prix d'une chose qu'on lui vend : *Utilitas enim*, dit saint Thomas, 2-2, q. 77, a. 2 O, *quæ alteri accrescit, non est ex venditione, sed ex conditione ementis. Nullus autem debet vendere alteri quod non est suum, licet possit ei vendere damnum quod patitur.* 2° S'il était obligé par la nécessité de ses affaires de vendre son héritage, parce qu'alors ce serait la nécessité et non l'acheteur qui serait la cause du dommage qu'il souffrira. *Qui emit rem aliquam*, dit encore le même docteur angélique, *tantum pro ea juste dat, quantum valet; non autem quantum ille qui vendit, ex ejus carentia damnificatur.* Au reste, ce que nous avons dit du vendeur se doit aussi entendre de l'acheteur qui achète au-dessous du juste prix.

Cas V. *Aubert* ayant vendu et délivré une maison à Jacques avec cette clause que la vente demeurera résolue, si Jacques n'en paye le prix entier dans trois mois, et Jacques n'ayant pas encore tout son argent prêt à l'échéance de ce terme, ce vendeur, qui se repent d'avoir vendu sa maison, se sert du prétexte de cette clause, et veut y rentrer. Jacques est-il obligé en conscience à la lui remettre?

R. L'inexécution de cette clause n'a pas l'effet de résoudre d'abord la vente, avant que le juge en ait prononcé la résolution, et l'on ne regarde dans les tribunaux cette clause que comme comminatoire, jusqu'à ce que le juge ait déclaré la vente résolue; car il est de l'équité naturelle d'accorder un délai raisonnable à l'acheteur, lorsqu'il ne peut payer le prix de la vente précisément au temps convenu : aussi le juge l'accorde-t-il ordinairement sur le refus du vendeur, selon la loi, 23 ff. *de Obligat.*, qui dit : *Si quando dies, qua pecunia daretur, sententia arbitri comprehensa non esset ; modicum spatium datum videri. Hoc idem dicendum, et cum quid ea lege venierit; ut nisi ad diem pretium solutum fuerit, inempta res fiat.* Il s'ensuit de là que Jacques n'est pas obligé en conscience, dans le cas proposé, de remettre à Aubert la maison qu'il a achetée de lui, jusqu'à ce qu'il y ait été condamné par une sentence juridique. Il faut néanmoins excepter le cas où un pareil délai ne pourrait être accordé sans un grand dommage; comme si le vendeur manquait de livrer une marchandise promise précisément pour le jour d'un embarquement ou d'une foire; mais ce n'est pas de quoi il s'agit.

Cas VI. *Clédonius* a vendu verbalement un diamant à Caïus pour 3,000 livres, à condition que Caïus en payera le prix dans huit jours, faute de quoi la vente deviendra nulle. Caïus a donné cependant deux louis d'arrhes à Clédonius pour sûreté de sa parole; mais ayant laissé passer plusieurs jours au delà du terme convenu, sans avoir exécuté cette condition, Clédonius a refusé de lui livrer son diamant et d'en recevoir le prix, et même de lui rendre ses arrhes. Le refus de Clédonius n'est-il point contre la justice, surtout à l'égard des deux louis d'or d'arrhes?

R. Cette convention, qu'on appelle *Pactum legis commissoriæ*, résout la vente par défaut de payement. D'où il suit que Clédonius peut sans injustice refuser de livrer son diamant à Caïus, puisqu'il ne l'avait vendu que sous une condition qui, n'ayant pas été accomplie par l'acheteur, en rend la vente nulle. Il n'est pas tenu non plus de rendre à Caïus les deux louis que cet homme lui avait donnés pour les arrhes de l'achat et pour sûreté de sa parole, étant juste qu'il les perde faute d'avoir accompli la condition convenue entre eux. *De lege commissoria interrogatus, ita respondit : Si per emptorem factum sit, quominus legi* (commissoriæ) *pareretur, et ea lege uti venditor velit, fundos inemptos fore : et id quod arrhæ, vel alio nomine datum esset, apud venditorem remansurum*, dit la loi, 2 ff. *de Contrah. empt.*

— Cette seconde décision, qui ne donne point de temps à l'acheteur, ne s'accorde pas trop bien avec la précédente, qui veut qu'on lui accorde un juste délai. Ferrière, v. *Pactum legis commissoriæ*, dit en général que « l'effet de ce pacte est que, faute par l'acheteur de payer le prix de la chose vendue, ou même le restant du prix dans le temps marqué, le vendeur rentre dans la propriété de la chose, comme si elle n'avait point été vendue. »

Cas VII. *Cyrille* a acheté de Paschal un arpent de vignes, par violence ou par fraude, pour une somme moindre de plus de moitié que sa juste valeur. Paschal a fait résoudre la vente, et demande en même temps à Cyrille la restitution de tous les fruits qu'il a perçus depuis l'achat. Le juge peut-il condamner Cyrille à cette restitution?

R. Il le peut; car quoiqu'un acheteur qui n'a usé ni de fraude ni de violence, ne doive être condamné à la restitution des fruits, ou à l'intérêt du supplément du juste prix, s'il veut retenir la chose qu'il a achetée, qu'à compter du jour de la demande qui lui a été faite en justice par le vendeur, il n'en est pas de même, s'il se trouve coupable de l'un ou de l'autre, puisqu'il est possesseur de mauvaise foi, et qu'il n'est pas juste qu'il tire avantage de sa violence ou de sa fraude, suivant cette règle 206 du droit romain : *Jure naturæ æquum est neminem cum alterius detrimento et injuria fieri locupletiorem.* Cyrille doit donc être condamné à restituer les fruits du jour de sa jouissance, puisqu'il a joint la violence ou la fraude à l'injustice de l'achat qu'il a fait, sauf au juge à lui déduire l'intérêt de la somme qu'il a payée. *Si fundum vestrum*, dit la loi, *vobis per denun-*

tiationem admonentibus, volentem ad emptionem accedere, quod distrahentis non fuerit : non recte is contra quem preces funditis, comparavit, vel alio modo mala fide contraxit : tam fundum vestrum constitutum probantibus, quam fructus quos cum mala fide percepisse fuerit probatum, aditus præses provinciæ restitui jubebit. Leg. *Si fundum,* 17, cod. *de Rei vindicat.,* lib. III, tit. 32.

Cas VIII. *Ignace,* architecte, ayant dessein d'acheter à grand marché la maison de Mævius, lui a persuadé faussement qu'elle menaçait ruine par les fondements. Mævius la lui a vendue 10,000 livres, quoique, s'il eût connu sa mauvaise foi, il ne la lui eût pas vendue, ou qu'au moins il ne l'eût point donnée à moins de 15,000 livres. Ignace n'est-il pas obligé en conscience à se désister du contrat, ou à dédommager Mævius?

R. Il est obligé à l'un ou à l'autre, parce qu'il y a là du côté de Mævius une erreur qui est la cause effective de son consentement, et du côté d'Ignace un dol sans lequel Mævius ne lui eût pas vendu sa maison, ou du moins la lui eût vendue un tiers de plus. La raison est palpable; car le dol, comme l'erreur, empêche le libre consentement, sans lequel il ne peut jamais y avoir de véritable contrat; le contrat n'étant autre chose que *duorum vel plurium in idem placitum consensus.* Or, dit la loi 15, ff. *de Jurisdictione,* etc., lib. II, tit. 1 : *Quid tam contrarium consensui, quam error.*

Cas IX. Si l'erreur et la fraude n'ont été que concomitantes dans le contrat de vente; par exemple, si Mævius avait exposé sa maison en vente, et qu'Ignace en faisant le marché, l'ait persuadé, pour l'avoir à un prix plus modique, que sa maison était beaucoup plus défectueuse qu'elle ne l'était en effet, le contrat est-il valide, et Ignace doit-il en ce cas quelque dédommagement à Mævius?

R. Comme cette erreur concomitante, ou cette espèce de fraude, n'a pas été la véritable cause du contrat, elle n'en empêche pas la validité, ainsi que le dit la Glose, in cap. 3, *de Emptione,* etc. Néanmoins Mævius, qui a été lésé dans cette vente, peut demander à Ignace le supplément du juste prix de sa maison, et Ignace est obligé en conscience à le lui donner. Et par la même raison, si Mævius avait trompé Ignace dans le contrat, il serait tenu à le dédommager, selon ces paroles de la loi 13, ff. *Act. empt.,* etc. *Si venditor dolo fecerit, ut rem pluris venderet..... empti eum judicio teneri, ut præstet emptori quanto pluris servum emisit.*

Cas X. *Chrysologue,* marchand d'eau-de-vie en gros et en détail, a des eaux-de-vie fortes, dans lesquelles il mêle environ une sixième partie d'eau commune, sans qu'on s'en puisse aisément apercevoir. Il croit pouvoir les vendre telles, sans injustice, 1° parce que tous, ou presque tous les autres marchands de sa profession font la même chose; 2° parce que, s'il ne le faisait pas, il ne pourrait presque rien gagner dans ce commerce, vu qu'il serait contraint de vendre plus cher, pendant que les autres vendraient à meilleur marché, et attireraient par là tous ceux qui ont coutume d'acheter chez lui; 3° parce que ce mélange ne préjudicie en rien à la santé de ceux qui se servent de cette liqueur.

R. Saint Thomas, 2-2, q. 77, art. 2, O, dit que le premier défaut où tombent les marchands est, lorsqu'ils vendent une espèce de marchandise pour une autre, comme dans l'espèce qu'on propose ici, où Chrysologue vend de l'eau commune pour de l'eau-de-vie, et que le marchand commet en ce cas une fraude qui le rend coupable de péché. *Unus defectus est secundum speciem rei,* dit ce saint et savant docteur, *et hunc quidem defectum si venditor cognoscat in re quam vendit, fraudem committit in venditione. Unde venditio illicita redditur.* Après cela il ajoute que cette sorte de fraude, ainsi que celle qui regarde la quantité de la chose vendue, oblige à restitution celui qui la commet. *Et in omnibus talibus non solum aliquis peccat, injustam venditionem faciendo, sed etiam ad restitutionem tenetur.*

Il semble néanmoins que, dans l'espèce proposée, l'on pourrait excuser Chrysologue par les raisons qu'il apporte, pourvu, 1° qu'il vendît son eau-de-vie, ainsi mêlée, au-dessous du prix qu'elle vaudrait, si elle était pure; 2° que la diminution du prix fût proportionnée au mélange; 3° que ce mélange ne fût pas nuisible au corps. Voici ce qu'en dit saint Antonin, part. 2, tit. 1, c. 17, § 4 : *Cum aliqui sophisticant ea quæ vendunt, ut se servent indemnes et cum aliquo lucro congruo; quia si venderent puras res, et emptores non vellent dare justum pretium; quia alii vendunt talia sic sophisticata et mixta minori pretio, videntur posse excusari, dummodo non fiant tales mixturæ, quæ nocent humanis corporibus : quod accidere potest in his quæ venduntur in cibum et potum hominum, et præcipue in medicinalibus.* Ces paroles, *videntur posse excusari,* marquent que ce saint ne parle qu'en doutant. Ainsi, il est plus sûr pour la conscience de vendre les choses sans altération, vu surtout que la cupidité expose un marchand au danger de se trop flatter. Mais au moins est-il nécessaire, pour la sûreté de la conscience, de ne vendre ces sortes de marchandises, mélangées ou altérées, qu'à un prix moindre qu'elles ne vaudraient, si elles étaient pures. *Debent tamen venditores,* ajoute saint Antonin, *in hujusmodi casibus minus vendere, quam si esset purum; alias venderent aquam pro vino, et sic de aliis similibus.* Et voilà sur quoi Chrysologue et ceux qui sont dans le même cas se doivent régler pour ne pas commettre d'injustice.

— Des théologiens exacts permettent cet artifice qu'ils appellent *mangonia.* Cependant ayant été obligé de consulter sur le mélange que font les laitières, on s'est récrié sur l'abus qui règne de ce côté-là; et il est sûr que du lait falsifié peut nuire dans bien des occasions, et qu'on pourrait aller droit, si l'on voulait moins gagner. Ces mélanges sont au moins contraires à la sincérité et blessent la justice légale. La faculté de théologie de Paris censura, en 1665, cette proposition : *Licitum est tabernariis vinum aqua miscere*, etc.

Cas XI. *Joachim*, marchand de laine, met sa laine dans un lieu humide, afin que, pesant davantage, il y fasse un plus grand profit. Pèche-t-il en cela contre la justice?

R. Oui; puisqu'en vendant de l'humidité pour de la laine, il vend à faux poids. Et il en est de même de ceux qui font ou qui vendent des étoffes de laine qu'ils mettent dans un lieu humide, afin qu'elles s'allongent davantage en les aunant. C'est la décision de saint Antonin, et de l'équité. *Lanifices*, dit-il, *qui faciunt pannos trahere ad tractorium ultra debitum artis : unde postea madefactus et tonsus, ut moris est, retrahitur ad longe minorem mensuram quam debet, fraudem faciunt.* Saint Thomas enseigne équivalemment la même chose, *cit. art.* 2, par ces mêmes paroles : *Si quis scienter utatur deficienti mensura in vendendo, fraudem committit, et est illicita venditio. Unde dicitur*, Deut., xxv. *Non habebis in sacculo diversa pondera, majus et minus, nec erit in domo tua modius major et minor : Et postea subditur : abominatur enim Dominus qui facit hæc, et aversatur omnem injustitiam.*

Cas XII. *Anthime*, marchand drapier, a dans sa boutique plusieurs pièces de draps noirs, qu'il sait être défectueux par une teinture trop forte qui les a brûlés ; ce qu'on ne peut connaître que par l'usage. Il vend néanmoins l'aune de ce drap le même prix que celui dont la teinture est bonne ; parce que, dit-il, le défaut de la teinture ne vient pas de lui, et que d'ailleurs il est juste que le fort porte le faible. Est-il obligé à quelque restitution?

R. Oui sans doute, puisqu'il vend comme bon ce qui ne l'est pas. Et il en est de même de celui qui vend une bête malade comme saine, des drogues passées pour de nouvelles, de la chair prête à se gâter pour fraîche, etc. C'est la décision de saint Thomas, 2-2, q. 77, a. 2, O, et de saint Antonin, 2 part. *Summæ theolog.* tit. 1, cap. 17, § 6, où il dit : *In qualitate rerum fit fraus, cum scilicet venduntur carnes infectæ, pro sanis ; aromata antiquata et sic virtute debilitata, pro recentibus ; liber corruptus et falsus, pro fideli ; et corium fragile pro durabili ; vinum corruptum pro sano ; domus ruitura pro stabili ; animal infirmum pro sano ; pannus defectuosus pro indefectuoso, et hujusmodi.* Ces autorités doivent suffire pour faire voir qu'Anthime pèche, non-seulement en vendant un drap d'une teinture brûlante, et qui, par ce défaut est d'un mauvais usage, mais encore qu'il est obligé à dédommager ceux à qui il l'a vendu, s'il leur en a fait payer le même prix qu'il vend celui qui n'est pas défectueux.

Cas XIII. *Hipparque*, marchand drapier, a vendu à Sostènes une pièce de drap écarlate, dont il savait que les deux dernières aunes n'étaient pas d'une teinture aussi belle que le reste ; mais il a diminué du prix, à proportion de la teinture défectueuse. A-t-il péché en célant ce défaut?

R. Non, pourvu que l'acheteur n'en souffre point de dommage ; parce qu'alors il évite sa propre perte, sans en causer à personne. *Si ergo vitium rei venditæ*, dit saint Thomas, *non faciat rem minus valere, quam pretium impositum, quia forte venditor minus pretium imponit propter vitium ; tunc non peccat, tacens vitium : quia venditio non est injusta, et forte esset sibi damnosum, si vitium diceret, quia emptor vellet habere rem, etiam minori pretio, quam valeret.* Mais si, comme il peut arriver à un homme de qualité, l'acheteur en souffrait du dommage, le marchand serait tenu de le dédommager, nonobstant la diminution qu'il aurait faite du prix des deux aunes défectueuses, ou de les reprendre sur le pied de leur juste valeur.

— La remarque que j'ai faite au mot Tailleur d'habits, cas II, n'est pas contraire à cette décision. Ici, on diminue le prix en proportion du défaut ; là, on couvre le défaut et on ne diminue rien.

Cas XIV. *Samuel* a vendu à Laurent une terre pour 20,000 livres, à l'exception des bois qu'il s'est réservés ; et se confiant à Laurent qu'il a chargé d'en faire dresser le contrat, celui-ci y a fait mettre que Samuel lui a vendu la terre et tout ce qu'il y possédait, excepté les bois appelés de Marci et du Val. Laurent s'est mis en possession de la terre et en a joui deux ans. Quelque temps après, Samuel, qui ne connaissait pas assez bien sa terre, a appris qu'il y avait encore un autre petit bois de la valeur de 1,000 livres, qui n'avait pas été expressément excepté, parce que Laurent n'en avait, non plus que lui, aucune connaissance, lors de la passation du contrat. Sur cela il se plaint que Laurent l'a trompé, et prétend que ce bois lui appartient, puisqu'en vendant il a excepté les bois. Laurent répond que, puisqu'il n'y a que deux bois exceptés dans ce contrat, il ne peut rien prétendre au troisième, qui doit être censé vendu avec la terre ; mais, pour montrer sa bonne foi, il lui déclare qu'il est prêt de consentir à la résolution du contrat, s'il lui veut rendre les 20,000 liv. dans le terme de trois mois. Sur quoi l'on demande si, ce temps étant expiré sans que Samuel lui ait rendu cette somme, il peut en sûreté de conscience retenir ce bois avec la terre.

— R. L'auteur répond qu'il n'y a là aucun dol de la part de Laurent. Il semble cependant qu'il y a de la différence entre n'excepter que deux bois, comme a fait Laurent, et excepter les bois, comme le prétendait Samuel. Si cependant celui-ci a approuvé le contrat ainsi rédigé, on ne voit pas qu'il ait à se plaindre. Mais, comme dit M. P., ce qui met Laurent à couvert de toute restitution, c'est que, si Samuel se trouvait lésé, il pouvait accepter la résolution du contrat qu'il lui offrait. Enfin, supposé qu'il y eût lieu de douter de la justice du droit de l'un et de l'autre, il serait de l'équité de juger plutôt en faveur de Laurent que de son vendeur, suivant cette règle du pape Boniface VIII : *Cum sunt partium jura obscura, reo favendum est potius quam actori.* Ce qui est d'autant plus véritable, que la possession est toujours favorable à celui qui possède de bonne foi : *In pari causa potior est conditio possidentis.* Reg. 11 et 65 *Juris in Sexto.*

Cas XV. *Jules,* propriétaire d'une maison qu'il croit menacer ruine, la vend 6,000 livres à Lucien. Un mois après, un habile architecte l'a désabusé de l'erreur où il était, et lui a offert 14,000 livres de sa maison, s'il voulait faire résoudre la vente qu'il en avait faite à Lucien. Jules peut-il en conscience demander en justice la rescision du contrat?

R. Un vendeur qui a été lésé de plus de moitié, peut demander la rescision du contrat, quoique l'acheteur y ait été de bonne foi ; c'est ce que dit la loi 2, cod. *de Rescind. vendit.* en ces termes : *Rem majoris pretii, si tu, vel pater tuus minoris distraxerit, humanum est, ut, vel pretium te restituente emptoribus, fundum venundatum recipias, auctoritate judicis intercedente ; vel si emptor elegerit, quod deest justo pretio recipias. Minus autem pretium esse videtur, si nec dimidia pars veri pretii soluta sit. Etsi,* ajoute la loi 36, ff. *de Verb. obligat., nullus dolus intercessit stipulantis.* Pour juger justement de la lésion, il se faut régler sur le prix que valait la chose au temps même de la vente, et non pas sur ce qu'elle pourrait valoir dans la suite ; parce qu'il peut arriver en bien des manières qu'un fonds ait augmenté de prix de moitié, depuis le jour qu'il a été aliéné ; auquel cas le vendeur ne peut revenir contre l'acheteur. Jules peut donc procéder contre Lucien à la rescision du contrat de la vente qui a été faite de sa maison, puisqu'il a été lésé de plus de moitié ; et, après que le juge aura déclaré la vente résolue, il pourra, sans blesser sa conscience, rentrer dans la possession de sa maison en restituant à Lucien les 6,000 livres qu'il en a reçues. *Lex humana,* dit saint Thomas, 2-2, q. 77, art. 1, ad. 1, *cogit ad restituendum... si aliquis sit deceptus ultra dimidiam justi pretii quantitatem.*

Cas XVI. *Amand,* libraire, ayant besoin d'un quatrième volume pour compléter un livre très-rare, Baudouin, qui savait le cas, lui a vendu ce tome 12 livres, quoiqu'étant séparé il n'en valût que 6 livres. L'a-t-il pu?

R. Non ; car en vendant l'utilité d'autrui, il a vendu ce qui n'était pas son propre bien. Il devait donc se contenter d'un juste profit. Saint Thomas donne cette décision, 2-2, qu. 77, art. 1, O, par ces paroles : *Si vero aliquis multum juvetur ex re alterius quam accipit, ille vero qui vendit, non damnificetur carendo illa re, non debet eam supervendere : quia utilitas quæ alteri accrescit, non est ex venditione, sed ex conditione ementis. Nullus autem debet vendere alteri quod non est suum ; licet possit ei vendere damnum quod patitur.* Ce saint docteur ajoute que dans une telle conjoncture le vendeur peut prendre quelque chose au delà du juste prix, si l'acheteur le lui veut bien donner par générosité. Mais cela ne regarde pas Baudouin, puisqu'il a exigé les 12 livres avec rigueur pour le prix de son livre, qui n'en valait pas la moitié.

Cas XVII. Il suit de là qu'on ne peut vendre 35 louis une montre qui n'en vaut au plus haut prix que 25, à un domestique qui veut remplacer celle de son maître qu'il a perdue ; parce qu'il n'est permis ni d'acheter au-dessous du plus bas prix, ni de vendre au-dessus du plus haut. *Si quis,* dit saint Thomas, q. 13, *de Malo,* art. 4, ad 7, *alicui in necessitate constituto venderet rem aliquam multo amplius quam valeret, esset injusta venditio.* Ainsi quand l'auteur de l'opuscule 73, attribué faussement au saint docteur, dit cap. 9 : *Res tantum juste valet, quantum sine fraude vendi potest,* cela doit s'entendre : *Quantum vendi potest habita ratione justi valoris.* Cette remarque de l'auteur est assez inutile, puisque autrement *res non venderetur sine fraude.*

En vain nous dirait-on qu'une montre est de ces sortes de choses dont le prix n'est pas fixé par la loi du prince, ou par l'ordonnance du magistrat de police, et qui est celui qui, à proprement parler, s'appelle *légitime,* et qu'on ne peut jamais outre-passer sans injustice. Car une montre et autres choses semblables ont toujours un prix naturel et commun, qui est celui que vaut une chose estimée par un bon connaisseur équitable ; et comme ce prix ne consiste pas dans un indivisible, mais dans une juste médiocrité, on lui donne ordinairement trois degrés ; savoir, le plus haut, le moyen et le plus bas, comme l'observe saint Antonin, qui dit : *Potest etiam distingui triplex limitationis gradus, etiam justus. Primus potest nominari pius ; secundus, discretus ; tertius vero, rigidus. Primus est pretii minoris ; secundus est mediocris ; tertius est majoris.* De sorte, par exemple, qu'une montre d'une telle façon, d'un tel métal, ne peut avoir un prix indivisible et valoir précisément vingt-cinq pistoles, ni plus ni moins ; mais quand, selon son prix moyen, elle est estimée vingt-deux pistoles par un bon connaisseur, son plus bas prix peut être de vingt pistoles, et son plus haut de vingt-cinq. Or on ne peut en conscience acheter ces sortes de choses moins que leur plus bas prix, ni les vendre au delà du plus haut, parce qu'alors, comme le dit saint Thomas, cit. q. 77, a. 1, ad 2, l'égalité de la justice ne serait pas observée. Si donc la montre de Joseph ne vaut que vingt pistoles au plus bas prix, et vingt-deux ou même vingt-cinq au médiocre, elle n'en peut pas valoir trente-cinq au plus haut, et par conséquent il ne peut pas la vendre à ce prix sans injustice, n'y ayant nulle égalité morale en ce cas entre la chose et le prix.

Cas XVIII. *Cosme* a vendu à Clément une maison pour 10,000 livres, sous la clause qu'il pourra résoudre ce contrat en cas qu'un autre lui en offre 12,000 livres. Un mois après le tonnerre étant tombé sur sa maison, elle a été entièrement consumée par le feu. A qui est-ce à en porter la perte? N'est-ce pas au vendeur, puisque le temps stipulé pour la rescision du contrat n'était pas encore expiré, quand l'incendie est arrivé?

R. C'est à l'acheteur, parce qu'il était vraiment propriétaire et qu'il ne pouvait être dépossédé de la maison, à moins qu'un tiers n'en offrit dans le temps stipulé 12,000 livres au vendeur; laquelle offre ne lui avait pas été faite, lorsqu'elle a été consumée par le feu du ciel, et il en jouissait sans trouble. C'est donc sur lui seul que le dommage doit tomber, et non pas sur son vendeur. C'est la décision de la loi 2, ff. *de in diem Condict.*, qui dit : *Si quidem hoc actum est, ut meliore allata conditione ab emptione cedatur; erit pura emptio, quæ sub conditione resolvitur..... Ubi igitur pura venditio est, Julianus scribit, hunc, cui res in diem addicta est, et usu capere posse, et fructus, et accessiones lucrari: et periculum ad eum pertinere, si res interierit.* Lib. XVIII, tit. 2.

Cas XIX. *Isaac* a vendu, le 10 avril, à Pierre, la toison d'un troupeau de moutons, à condition de la lui livrer le 10 juillet suivant, faute de quoi la vente demeurera résolue. Isaac a manqué à la livrer, parce qu'il s'est repenti de son marché; la vente demeure-t-elle nulle?

R. Non; parce que la clause résolutoire n'a pas été mise en faveur de celui qui manque à son engagement, mais seulement en faveur de l'autre contractant, au choix duquel il est, ou de le contraindre à exécuter sa promesse, ou de faire adjuger ses dommages et intérêts, s'il lui en est dû. C'est ce qui est conforme à cette maxime de droit: *Quod favore quorumdam constitutum est, quibusdam casibus ad læsionem eorum nolumus inventum videri.* Leg. *quod Favore*, 6. Cod. *de Legib.*, lib. I, tit. 14. Isaac ne peut donc pas plus manquer à sa parole, parce qu'il voit, par exemple, que la laine a beaucoup augmenté, que Pierre ne pourrait manquer à la sienne, parce qu'il verrait qu'elle a beaucoup diminué. Et c'est aussi ce qu'a décidé la loi 2, ff. *de Fideicommiss.*, en ces termes : *Cum venditor fundi ita caverit. Si ad diem soluta pecunia non sit, ut fundus inemptus sit; ita accipitur inemptus esse fundus, si venditor inemptum eum esse velit, quia id venditoris causa cavetur.*

Cas XX. *Othon* vend, au mois d'octobre, six setiers de blé à Philbert qui en est dans la nécessité, à condition que Philbert lui en payera la valeur au plus haut prix qu'il se vendra jusqu'au premier jour d'octobre de l'année suivante. Ce contrat est-il licite?

R. Ce contrat est illicite et réprouvé par le sixième concile de Paris, tenu sous le pontificat de Grégoire IV, en l'an 829. Voici comme en parlent les prélats qui le composaient : *Famis præterea tempore, cum quispiam pauper, omnium rerum penuria attenuatus, ad aliquem feneratorem venit, ut pote frater ad fratrem; quos constat uno pretioso Christi sanguine redemptos, petens ab eo suas miserabiles necessitates sublevari; sibique id quo indiget, commodari, taliter sibi ab eo solet respondere : Non est mihi frumentum, aut aliud quid, quod in cibum tibi sumere vis ad mutuandum, sed magis ad vendendum; si vis emere, fer pretium et tolle. Cui pauper, non est mihi, inquit, quidquam pretii, quo emere id, quo indigeo valeam : sed peto abs te, ut miserearis mei, et quomodocumque vis, mihi quod peto, ne fame peream, mutuum porrige. Fenerator econtra : quot modo denariis possum modium frumenti mei vendere, aut tot denarios tempore fructus novi mihi redde, aut certe eorum pretium in frumento et vino, et cæteris quibuslibet aliis frugibus ad plenum supple. Unde evenire solet, ut pro uno frumenti modio taliter mutuato, tres aut certe quatuor modii a pauperibus tempore messis violenter exigantur.*

Innocent III a aussi condamné ces sortes de contrats, cap. 6, *de Usuris*. La raison est que six setiers de blé au temps le plus cher de l'année sont quelque chose de plus estimable que ne l'est pareille quantité, dans le temps où il se vend à beaucoup meilleur marché.

Néanmoins si Othon était sincèrement et absolument résolu à garder son blé, par exemple, jusqu'au mois de juin ou de juillet, qui est le temps de l'année où il est ordinairement le plus cher, il pourrait sans injustice le vendre à Philbert à peu près le même prix qu'il vaudrait alors. Nous disons à peu près, c'est-à-dire en déduisant quelque chose, *judicio viri prudentis*, pour la garde, le péril et le déchet. C'est la décision de S.-B., tom. I, cas 129. *Voyez* le cas XXXV.

Cas XXI. *Josse* a vendu cinquante boisseaux de froment à Gilles à prendre dans son grenier; et il a été stipulé entre eux que Gilles les viendrait mesurer et enlever dans l'espace d'un mois. Quinze jours après cette vente conclue, le blé s'est totalement détérioré, et Gilles prétend ne donner à Josse que le tiers moins du prix dont il étaient convenus. Josse soutient que le blé ne s'étant pas détérioré par sa faute, leur convention doit être exécutée à la lettre par Gilles. Lequel a raison des deux?

R. C'est Gilles; la raison est que dans les choses qui se vendent au nombre, au poids ou à la mesure, la vente n'est censée parfaite qu'après qu'elles ont été comptées, pesées ou mesurées, ainsi qu'il est dit leg. 35, ff. *de Contrah. empt.*, qui dit : *Si omne vinum, vel oleum, vel frumentum, vel argentum, quantumcumque esset, uno pretio venierit; idem juris est quod in cæteris rebus. Quod si vinum ita venierit, ut in singulas amphoras, item oleum ut in singulas metretas; item frumentum, ut in singulos modios; item argentum, ut in singulas libras certum pretium diceretur: quæritur quando videatur emptio perfici? Quod similiter quæritur et de his quæ numero constant, si pro numero corporum pretium fuerit statutum. Sabinus et Casius tunc perfici emptionem existimant, cum adnumerata, admensa, adpensave sint, quia venditio sub hac conditione videtur fieri, ut in singulas metretas, aut in singulos modios quos quasve adpenderis, aut in singula corpora quæ adnumeraveris.*

D'où il s'ensuit que, puisque la vente n'est pas parfaite, avant que les choses de cette nature achetées aient été comptées, pesées ou mesurées, le dommage qui arrive doit tomber sur le seul vendeur et non pas sur l'acheteur; mais si le blé avait été mesuré, compté et mis à part, même dans le grenier du vendeur, la perte ou la détérioration qui arriverait ensuite regarderait uniquement l'acheteur, selon ce mot de la loi 1, ff. *de Periculo*, etc. *Priusquam etiam admetiatur vinum, prope quasi nondum venit, post mensuram factam venditoris definit esse periculum.*

Cas XXII. *Lucius*, ayant vendu deux bœufs à Sébastien avec la stipulation expresse qu'il les lui livrerait dans huit jours, a différé par négligence près d'un mois de le faire; après lequel temps ayant offert à Sébastien de lui en faire la délivrance, celui-ci a négligé à son tour pendant trois jours seulement de les recevoir ; le quatrième jour un de ces bœufs est venu à périr par un pur accident; la perte en doit-elle tomber sur Sébastien ?

R. Selon les lois et le bon sens la perte doit tomber sur celui qui est le dernier en retard; parce qu'il ne tenait qu'à lui de donner ou de recevoir la chose. *Quid enim*, dit la loi 17, ff. *de Peric... rei venditæ, si interpellavero venditorem, nec non dederit id quod emeram : deinde posteriore offerente illo, ego non acceperim? Sane hoc casu nocere mihi deberet. Sed si per emptorem mora fuisset; deinde, cum omnia in integro essent, venditor moram adhibuerit, cum posset se exsolvere; æquum est posteriorem moram venditori nocere.* Puis donc que, quoique Lucius, vendeur, ait été le premier en demeure de délivrer les deux bœufs à Sébastien, son acheteur, il a réparé sa négligeance par l'offre qu'il lui a faite de les lui livrer, et que Sébastien a été en demeure de les recevoir, il est juste que le dommage du bœuf qui est péri depuis, tombe sur lui, et non sur Lucius.

Cas XXIII et XXIV. Mais que dire, 1° si le retardement de Lucius eût été la cause de celui de Sébastien ; 2° si l'un et l'autre eussent été également *in mora*.

R. Dans le premier cas la perte tomberait sur Lucius, parce qu'il l'a virtuellement mise sur son compte, en ne remplissant pas les clauses du contrat, et en exposant par là Sébastien à n'en pouvoir profiter.

Dans le second cas, c'est l'acheteur qui doit porter la perte. *Si per emptorem et venditorem mora fuisset, quominus vinum præberetur et traderetur, perinde est quasi per emptorem solum stetisset.* Leg. 51, ff. de *Actio. empti*, etc., lib. xix, tit. 1.

Cas XXV. *Eudes* vend son cheval à Romain et promet de le lui livrer dans trois jours, moyennant 200 liv., sous cette condition : si son valet qu'il a envoyé à la foire pour lui en acheter un autre, lui en achète un. Le lendemain le cheval vient à mourir d'une mort naturelle et deux heures après le valet arrive de la foire avec le cheval qu'Eudes lui avait donné ordre d'acheter. On demande si Romain est tenu de payer à Eudes les 200 liv. promises pour le cheval, quoiqu'il soit mort avant l'arrivée du valet, et par conséquent avant l'accomplissement de la condition stipulée?

R. Romain n'est pas tenu de payer à Eudes le prix de son cheval. La raison est que, dans les ventes faites sous condition, le vendeur demeure toujours maître de la chose, jusqu'à ce que la condition soit réellement accomplie, et ce n'est qu'alors que la vente est parfaite : *Conditionales autem venditiones tunc perficiuntur, cum impleta fuerit conditio*, l. 7, ff. *de Contrah. emption.*

Il suit de là que si ce cheval ne fût pas mort, mais qu'il eût seulement dépéri, même considérablement, le dommage fût tombé sur l'acheteur. Car l'événement de la condition ayant rendu la vente parfaite, il serait devenu le maître du cheval que le vendeur avait été obligé de lui garder jusqu'à ce que la condition fût accomplie. *Si exstet res* (vendita sub conditione) *licet deterior effecta, potest dici esse damnum emptoris*, dit la loi 8, ff. *de Peric.* Par la même raison, l'acheteur doit profiter de l'amélioration qui arrive à la chose, suivant cette règle du droit : *Secundum naturam est, commoda cujusque rei eum sequi, quem sequuntur incommoda.* Reg. 10, ff. *Jur. antiqui.*

Cas XXVI. *Juvénal* a vendu son cheval à l'essai, et l'a livré à Louis qui est convenu d'en donner 30 pistoles, si dans huit jours il en était content. Six jours après, la foudre étant tombée sur l'écurie de Louis, le cheval en a été tué. Juvénal en demande le prix à Louis qui prétend que la perte en doit tomber sur Juvénal. *Quid juris*?

R. C'est Juvénal qui doit porter la perte. Car quand une chose est vendue à l'essai pour un certain temps, à condition qu'elle ne sera réellement vendue qu'en cas qu'elle agrée à l'acheteur, la vente n'est accomplie que lorsque après l'essai la chose a été agréée. Or ici n'y avait encore ni essai suffisant, ni agrément de la chose. Et c'est pour cela que si Louis avait tiré du profit du cheval, avant l'accident qui est arrivé, ce profit appartiendrait à Juvénal. Tout cela est décidé par les lois : *Si mulas tibi dedero*, dit la loi 20, § 1, ff. *de Præscriptis verbis*, lib. xix, t. 1, *ut experiaris, et si placuissent, emeres : si displicuissent, ut in dies singulos aliquid præstares : deinde mulæ a grassatoribus fuerint ablatæ intra dies experimenti; quid esset præstandum? Utrum pretium et merces, an merces tantum? Et ait Mela, interesse utrum emptio jam erat contracta, an futura : ut si facta, pretium petatur : si futura mercis petatur.* La loi 13, § 1, *Commodat*, etc., ajoute : *Si quem quæstum fecit is qui experiendum quid accepit, veluti, si jumenta fuerint, eaque locata sint, id ipsum præstabit ei, qui experiendum dedit, neque enim ante eam rem quæstui cuiquam esse oportet, priusquam periculo ejus sit*, liv. xiii, tit. 6.

Cas XXVII. *Nicomède*, maquignon, vend à Barthélemi un cheval fort en bouche, ou ombrageux, moyennant 20 écus, au lieu de 80 qu'il vaudrait s'il était sans défaut. Péche-t-il en me déclarant pas le défaut de ce cheval, et est-il obligé à quelque restitution envers Barthélemi?

R. *Nicomède* pécherait contre la vérité et contre la justice, s'il assurait que son cheval fût sain et sans défaut. Mais puisque Barthélemi ne s'en est pas informé, Nicomède n'est pas obligé de manifester ce défaut; car, quand le défaut de la chose qu'on vend ne cause point de dommage à l'acheteur, on n'est pas obligé à le manifester, soit qu'il soit caché ou qu'il soit évident, et la vente est valide. *Res bona fide vendita propter minimam causam inempta fieri non debet*, l. 54, ff. *de Contrah. empt.* Or Nicomède ne cause point de dommage à Barthélemi, puisqu'il diminue le prix de son cheval à proportion de son défaut. *Si vitium rei venditæ faciat rem minus valere, quam pretium impositum a venditore*, dit saint Thomas, quodl. 2, a 2, *injusta erit venditio. Unde peccat occultans vitium. Si autem non faciat rem minus valere, quam pretium impositum : quia forte venditor minus pretium imponit propter vitium : tunc non peccat, tacens vitium, quia venditio non est injusta, et forte esset sibi damnosum, si vitium diceret, quia emptor vellet rem habere etiam pro minori pretio, quam valeret.*

Mais si le cheval avait un défaut secret, qui le rendît inutile ou nuisible à Barthélemi, par exemple, s'il était courbatu (1), morveux, ou poussif, ou engraissé par de certaines drogues, et dont la graisse ne dure que très-peu de temps, ou qu'enfin il eût de mauvais yeux, que Nicomède eût fait paraître beaux par le moyen de certaines poudres qui ont la vertu de les éclaircir pour quelques jours seulement; alors Nicomède serait obligé de réparer le dommage, et même de reprendre son cheval, si l'acheteur ne voulait pas le garder. Ce serait autre chose, si le défaut était manifeste; par exemple, si ce cheval était aveugle ou boiteux, car alors Nicomède ne serait pas obligé à déclarer ce défaut; et supposé que, selon le jugement des bons connaisseurs, le cheval valût véritablement 20 écus, nonobstant ce défaut, il ne serait obligé à aucun dédommagement envers Barthélemi qui a connu ou pu facilement connaître un tel défaut : *Si quis hominem luminibus effossis emat, et de sanitate stipuletur.... de cætera parte corporis potius stipulatus videtur, quam de eo, in quo se ipse decipiebat.* Leg. 43, ff. *de Contrah. empt.*, l. XVIII, tit. I.

— Si M. P. avait couru le risque que j'ai couru sur la levée de Saumur par le vice d'un cheval ombrageux, il n'aurait pas regardé ce défaut comme ne causant aucun dommage à l'acheteur.

CAS XXVIII. *Camille* vend à *Hercules* un cheval borgne pour 150 liv., quoique Hercules croie, faute de le bien examiner, qu'il a deux bons yeux, Camille est-il obligé à quelque restitution, pour n'avoir pas déclaré ce défaut à Hercules, qui certainement n'aurait pas acheté ce cheval, ou au moins n'en aurait pas donné plus de 100 liv., s'il avait reconnu ce défaut?

R. Ce qu'on a dit dans la décision précédente suffit pour faire voir qu'un tel défaut étant très-visible, Camille n'était pas obligé à le déclarer à Hercules qui ne s'en était pas informé, et qui se doit imputer la négligence qu'il a eue d'examiner le cheval qu'il achetait. Par la même raison, si Camille n'a vendu son cheval que le prix qu'il valait, il n'est tenu d'aucun dédommagement envers Hercules. *Si vitium sit manifestum, puta si equus sit monoculus... et venditor propter hujusmodi vitium subtrahat quantum oportet de pretio, non tenetur ad manifestandum vitium rei, quia forte propter hujusmodi vitium emptor vellet plus subtrahi de pretio quam esset subtrahendum. Unde potest licite venditor indemnitati suæ consulere, vitium rei reticendo.* C'est ce que dit saint Thomas, 2-2, q. 77, a. 3.

CAS XXIX. Mais s'il n'avait manqué d'apercevoir le défaut du cheval que parce qu'il avait lui-même de fort mauvais yeux, Camille serait obligé de reprendre son cheval, si Hercules n'en voulait point; parce que le vice du cheval, quoique manifeste de soi, ne l'était pas par rapport à lui. Il faudrait dire la même chose si le vendeur, interrogé sur un défaut, même visible, avait répondu que ce cheval en était exempt. Ces deux décisions sont de Sylvius *hic Conclus.* 4. *Si emptor*, dit ce savant et judicieux docteur, *nequiverit vitium advertere, ut pote cœcus, aut visu debilis; vel si venditor interrogatus de defectu, etiam manifesto, eum occultavit, injustus est contractus. Quandocunque enim venditor rogatur ab emptore an sua res defectum aliquem habeat, ex justitia tenetur eum sive occultum, sive manifestum indicare; præsertim si emptor declaret se nolle emere eam, quæ qualemcumque defectum habeat.* C'est aussi le sentiment des *Confér. de Luçon*, tom. II, Conf. 42, q. 3.

CAS XXX. *Jean* a vendu un cheval fort boiteux à *Jacques*, son intime ami, qui s'est contenté de le voir dans l'écurie, sans l'examiner, à cause de la confiance qu'il avait au vendeur, quoiqu'il se connaisse bien en chevaux. Jean, qui sait que ce cheval sera inutile à Jacques pour un long voyage qu'il veut faire, pèche-t-il contre la charité, ou même contre la justice, s'il ne l'avertit pas de ce défaut, quoiqu'il ne le lui vende que le juste prix qu'il vaut avec ce défaut.

R. Puisque la charité ne permet pas d'agir à l'égard de son prochain d'une manière qu'on ne voudrait pas soi-même souffrir, on doit dire que Jean ne peut en conscience laisser son acheteur dans la fausse confiance où il le voit, sans violer la charité chré-

---

(1) *Courbature*. Maladie qui vient au cheval d'une chaleur étrangère, causée par les obstructions qui se font dans les poumons et dans les intestins.

La Pousse. Battement et altération du flanc, qui empêche le cheval de respirer par l'embarras des poumons, et par l'obstruction des veines et des artères, et surtout du conduit et de l'égout des poumons, qui se fait par le conduit des reins.

tienne, quoiqu'on le puisse excuser d'injustice, supposé que cet acheteur n'en souffre aucun dommage : ce qui ne paraît pas vraisemblable dans le cas proposé, quoique, absolument parlant, cela puisse arriver. C'est la décision de Lessius, de Valentia et de Sylvius. Voici les paroles du dernier : *Tametsi emptor judicio suo fidens nihil interrogaverit, potueritque ipse vitium, ut pote satis manifestum, advertere; potest tamen esse peccatum, etiam grave contra charitatem eum non monere ante contractum, ut si venditor videt emptorem ex simplicitate decipi, vel rem illam fore ipsi inutilem.*

Cas XXXI. *Hercules* vend à Claude un cheval fourbu (1) pour 200 liv. au lieu de 300 liv. qu'il vaudrait sans ce défaut. Claude lui demande si ce cheval n'est point défectueux. Hercules lui répond qu'il le peut examiner, qu'il le lui vend tel qu'il est, sans se vouloir obliger à être garant des défauts qui pourraient se trouver dans la suite. Claude ne laisse pas de conclure le marché, nonobstant cette réponse peu favorable, se persuadant par les apparences que le cheval n'a point de défaut, au moins considérable; mais huit jours après, voulant s'en servir, il reconnaît qu'il est fourbu; sur quoi il demande à Hercules qu'il reprenne son cheval, ou qu'au moins il le dédommage du tort qu'il lui a causé. Hercules est-il obligé à quelque restitution, nonobstant la protestation qu'il a faite à Claude, qu'il ne garantissait pas son cheval sans défaut?

R. Si Hercules connaissait ce défaut de son cheval, la réponse qu'il a faite à Claude ne le peut excuser devant Dieu de l'obligation où il est de réparer le dommage qu'il a causé à ce dernier; quoiqu'en fait de chevaux l'action *rédhibitoire* (qui oblige le vendeur à reprendre sa marchandise) n'ait lieu, selon la coutume de Paris, que quand il y a pousse, morve ou courbature. Mais si Hercules ne connaissait pas ce défaut caché, et qu'il ait vendu son cheval de bonne foi avec la protestation qu'il a faite à Claude, il ne lui doit aucun dédommagement, pourvu qu'il l'ait vendu un prix plus modique par rapport au risque qu'il y avait que le cheval n'eût des défauts; car, en ce cas, la vente n'est pas injuste, comme au contraire elle le serait, s'il n'y avait aucun égard, en fixant le prix de son cheval, et qu'il eût intention de le faire tomber entièrement sur l'acheteur, auquel cas il serait tenu de le dédommager de ce qu'il eût dû diminuer.

— Je ne sais si la fourbure est une de ces maladies de cheval, qu'il est difficile d'apercevoir. Ce que je sais, c'est qu'en fait de pousse, morve et courbature, l'acheteur doit agir dans les neuf jours de la tradition du cheval. *Voyez* Argou, l. III, ch. 23, p. 242; mais il faut sur ce point consulter les coutumes. La loi 31, ff. de *Ædil. edicto* donnait 60 jours pour agir, à moins que les parties ne fussent convenues d'un autre terme.

Cas XXXII. *Gaston* ayant vendu à Paul un cheval courbatu ou qui était poussif, Paul lui a intenté action dans le temps porté par la coutume du lieu pour le faire condamner à le reprendre et à lui rendre le prix qu'il en a payé; mais pendant le procès le cheval est venu à mourir par un cas purement fortuit : à qui est-ce des deux à en porter la perte?

R. C'est au vendeur; car quand le défaut de la chose vendue suffit pour donner lieu à la redhibition et à la résolution de la vente, comme il l'est dans le cas dont il s'agit, le vendeur et l'acheteur doivent être considérés comme s'il n'y avait point eu de contrat entre eux. *Facta redhibitione,* dit la loi 66, *omnia in integrum restituuntur, perinde ac si neque emptio, neque venditio intercessit.* De sorte que tous les changements même dommageables, qui arrivent à la chose vendue après la vente et avant la rédhibition, sans la faute de l'acheteur et de ceux dont il doit répondre, regardent uniquement le vendeur. *Si mortuum fuerit jumentum,* dit la loi 38, *ibid., pari modo redhiberi poterit, quemadmodum mancipium potest.* D'où il s'ensuit que le cheval vendu par Gaston étant mort par un cas purement fortuit et sans la faute de Paul qui l'avait acheté, la perte en doit être portée par Gaston seul, comme nous l'avons dit.

Cas XXXIII. *Edouard* a vendu à Justin un attelage de six chevaux de carrosse pour 1,200 écus qu'il a reçus comptant; un seul de ses chevaux s'est trouvé malade de la morve ou de la pousse. Justin prétend sur cela faire résoudre la vente des six chevaux, mais Edouard ne veut reprendre que celui qui est défectueux. A-t-il tort?

R. Oui, car quand entre plusieurs choses qui s'assortissent, comme les chevaux d'un attelage, une se trouve avoir un défaut suffisant pour faire résoudre le contrat de vente, il peut être résolu pour le tout étant également de l'intérêt tant du vendeur que de l'acheteur, que ces sortes de choses ne soient pas dépareillées. D'ailleurs l'acheteur n'est pas censé, dans le cas proposé, avoir voulu acheter une partie des chevaux, mais le tout; et il n'est pas obligé d'aller chercher un sixième cheval qui convienne en âge, en grandeur, en poil et dans les autres qualités, aux cinq autres, dont il demeurerait chargé. Aussi est-ce à quoi a pourvu la loi 38, ff. eod. tit., en ces termes : *Cum jumenta paria veneunt, edicto expressum est, ut cum alterum in ea causa sit, ut redhiberi debeat, utrumque redhibeatur : in quare, tam emptori quam venditori consulitur, dum jumenta non separantur. Simili modo et si triga venierit, redhibenda erit tota: et si quadriga, redhibeatur.*

_____

(1) Fourbure; *Fluxion sur les nerfs des jambes du cheval, qui les rend si raides, qu'elle leur ôte le mouvement; ce qui arrive au cheval qu'on fait boire trop tôt, après avoir eu fort chaud, ou qu'il a été trop fatigué.* Voyez *Solleysel* dans son *Parfait Maréchal,* p. 350, et suiv., où il marque trois espèces différentes de fourbure.

Mais la rédhibition, ni même la diminution du prix, à cause du défaut de la chose vendue, n'ont pas lieu dans les ventes qui se font par l'autorité de la justice, parce que ce n'est pas le propriétaire qui vend, mais que c'est le juge qui tient lieu de vendeur, et qui, sans être obligé à aucune garantie, vend la chose purement et simplement telle qu'elle est. C'est aussi pour cela que les choses qui se vendent de cette manière sont ordinairement adjugées à un moindre prix qu'elles ne valent. Cette exception est tirée d'une loi du Digeste, qui dit : *Illud sciendum est edictum hoc non pertinere ad venditiones fiscales.* Leg. 1, § 3, *eodem tit.*

Il faut encore observer que, régulièrement parlant, le temps où l'on est reçu à exercer la rédhibition ne commence à courir que du jour que l'acheteur a pu reconnaître le défaut qui y donne lieu, à moins que le droit coutumier du pays n'ait réglé le temps ou qu'il n'ait été réglé entre le vendeur et l'acheteur par une convention expresse. *Si quid ita venierit,* dit la loi, *ut placuerit intra præfinitum tempus redhibeatur, ea conventio rata habeatur ; si autem de tempore nihil convenerit, in factum actio intra 60 dies utiles accommodatur emptori ad redhibendum, ultra, non. Si vero convenerit, ut in perpetuum redhibitio fiat ; puto hanc conventionem valere.* Leg. 31, ff. eod. tit. Voyez la petite remarque sur le cas XXXI.

Cas XXXIV. *Démétrius* vend à Sempronius une maison pour 28,000 liv. ; l'acheteur en paye comptant 8,000 liv. et s'oblige par le contrat à faire 1000 liv. de rente à Démétrius pour les 20,000 livres qui restent à payer, à condition 1° que Démétrius ne le pourra contraindre à lui payer le capital, tant qu'il lui en paiera la rente ; 2° qu'il lui sera libre de l'amortir, quand il voudra, en l'avertissant six mois auparavant et non autrement. Ce contrat est-il vicieux ?

— R. Non, car quoique la condition par laquelle le vendeur oblige l'acheteur à l'avertir trois ou six mois avant que de lui faire le remboursement d'une rente paraisse injuste, comme remarque Sainte-Beuve, t. I, cas 203, en ce qu'elle ôte la pleine liberté que doit avoir le débiteur de s'acquitter envers son créancier, quand il le veut, et que cette clause ne se trouve autorisée ni par le droit canonique, ni par aucun édit, déclaration ou arrêt, et qu'elle ne soit en usage que depuis peu de temps, néanmoins elle est tolérée, parce que son injustice ne va pas jusqu'à rendre illégitime le contrat où elle est insérée, et quand même elle aurait cet effet, cela ne serait pas véritable dans l'espèce proposée, puisqu'on la doit considérer comme étant une des conditions du prix de la maison vendue.

Cas XXXV. *Nicostrate* ayant acheté une charge de conseiller au parlement de Bordeaux, pour la somme de 35,000 liv., Camille lui en offre 40,000 l. dès le lendemain qu'il en a pris possession. Peut-il y faire ce profit en la revendant ?

— R. L'auteur dit qu'il le peut ; parce que le prix d'une charge, achetée de la première main et dès sa création, est toujours censé moindre qu'après qu'elle a passé par d'autres mains. C'est pourquoi, dit-il, comme la valeur des choses dont le prix n'est pas fixé par l'autorité publique, dépend uniquement de la commune estimation des hommes, cette charge, considérée dans cette circonstance, étant d'ordinaire estimée moins que dans la vente postérieure qu'on en fait, le premier acheteur l'a pu vendre sans injustice plus cher qu'elle ne lui a coûté, comme dit S.-B., tom. III, cas 197. Mais il me semble qu'il y a de la différence entre vendre une charge plus cher, et gagner du soir au lendemain 5,000 l. dessus : en tout cas ce ne serait point le goût d'un seul homme qui ferait la commune estimation.

Cas XXXVI. *Germain*, riche marchand de blé, sachant que six autres marchands ont pris la résolution, à l'insu les uns des autres, de faire voiturer beaucoup de blé un certain jour dans une ville où il est fort cher, ce qui en diminuera beaucoup le prix, prend de si justes mesures, que son blé y arrive trois heures avant celui des autres marchands. Peut-il dans cette circonstance vendre le sien au prix courant du dernier marché ou du jour même qu'il y arrive, sans être obligé à déclarer que dans peu d'heures il en arrivera une quantité considérable qui en fera baisser le prix, ceux qui ont besoin d'en acheter ne le sachant pas ?

R. Il le peut, c'est la décision de saint Thomas, 2-2, q. 77, a. 3, qui ajoute : *Si tamen de pretio subtraheret, abundantioris esset virtutis : quamvis ad hoc non videatur teneri ex justitiæ debito.* Comme j'ai vu cette décision contestée à Saint-Quentin, par un commerçant très-timoré, il ne sera pas inutile de rapporter au long les quatre raisons dont se sert Sylvius pour l'établir.

La première est qu'un tel vendeur ne vend pas plus que le juste prix, parce que le juste prix, quand il n'est pas fixé par le magistrat, consiste dans la commune estimation, et qu'il est véritable que le blé qu'il vend est encore alors actuellement estimé le même prix qu'on en exige, puisque c'est le prix courant du marché.

La seconde, qu'un vendeur qui, de bonne foi et sans savoir le changement qui doit arriver, vend sa marchandise autant qu'elle est estimée par le public, n'est obligé à aucune restitution envers l'acheteur, quoiqu'il reconnaisse que peu de temps après le prix est diminué à cause de l'abondance qui est survenue. Donc il n'y est pas non plus obligé, quoiqu'il sache que le prix en diminuera bientôt par la même raison ; car, puisqu'il vend en ces deux cas la même espèce de marchandise dans un même lieu, dans un même temps et à un même prix, c'est-à-dire au prix courant, comme on le suppose, n'est pas plus obligé à restitution dans un cas que dans un autre.

La troisième, qu'un marchand peut en conscience vendre sa marchandise le prix qu'on la vend communément dans le lieu où il se trouve, encore qu'elle se vende la moitié moins dans un autre, à cause de l'abondance qui y est. *Res quæ uno loco valent centum juxta communem usum fori,* dit Sylvius, *possunt illic vendi centum, etiamsi alibi solum vendantur quinquaginta propter abundantiam quæ ibi est.* Donc une chose qui se vend actuellement et communément cent francs peut être vendue le même prix sans injustice, quoiqu'il doive arriver qu'elle ne sera bientôt plus vendue que cinquante, à cause de l'abondance qui surviendra. *Ergo similiter res, quæ hoc tempore passim venditur centum, potest nunc vendi centum, etiamsi tempore proximo solum sit vendenda quinquaginta propter copiam tunc adfuturam.* La raison est qu'en matière de contrats de vente et d'achat, on doit raisonner des circonstances du temps comme de celles du lieu, et que, comme les prix sont différents en différents lieux, ils le doivent être aussi par rapport aux différents temps. *In his enim contractibus,* ajoute ce théologien, *quæ est ratio loci ad locum, eadem est temporis ad tempus: quia sicut pro diversis locis diversa sunt pretia, ita et pro diversis temporibus.*

La quatrième, qu'un marchand, qui prévoit certainement qu'une sorte de marchandise enchérira dans peu de temps à cause de sa rareté, n'est pas obligé en conscience à l'acheter plus que le prix courant, ainsi qu'il est évident par l'exemple de Joseph, qui ayant prévu la famine qui devait arriver en Égypte, acheta une grande quantité de blé à un prix modique, qu'il vendit ensuite plus cher. *Emptor sciens inopiam rei paulo post futuram, non tenetur nunc emere merces alio pretio, quam quod modo currit. Unde Joseph,* Genes. XLI, *cum prævidisset famem futuram, frumenta emit vili pretio, tunc currente, quæ postea vendidit majori.* C'est toujours Sylvius qui parle. Donc celui qui prévoit que la marchandise diminuera n'est pas non plus obligé à vendre à un moindre prix que celui qui est alors courant : *Ergo etiam venditor potest vendere magno pretio, quod jam currit, etiamsi sciat illud postea futurum minus.* C'est la conclusion de ce même théologien qui observe que, quoiqu'un tel marchand ne pèche point contre la justice dans l'espèce proposée, il peut néanmoins arriver que ce marchand pèche contre la charité, par exemple, dit Sylvius *hic,* pag. 537, s'il ne vendait pas son blé à différents acheteurs, mais qu'il ne le voulût vendre qu'à un seul qui ne l'achèterait que dans le dessein de le garder pour le revendre plus cher dans la suite, et qui ferait par là une perte considérable en se trouvant obligé de le revendre à un prix beaucoup moindre, à cause de l'abondance qui serait survenue. Mais hors ce cas il ne pèche ni contre la justice ni contre la charité.

— Sylvius ajoute avec raison qu'il y aurait là un péché contre la justice, si ce marchand empêchait par dol que les acheteurs ne connussent l'abondance qui doit arriver.

— Cas XXXVII. *Lucius* et *Jean,* dont le premier est du conseil du roi, le second n'est qu'un simple particulier, savent que l'argent doit baisser en dix jours, ou même que certaines espèces seront décriées. Peuvent-ils user de cette connaissance pour éviter la perte de la diminution ou de l'espèce même ?

R. Si le décri des espèces est fondé sur un défaut intrinsèque, comme serait celui du poids ou de l'aloi, ni Lucius, ni Jean, ne peuvent mettre dans le commerce celles qu'ils ont, parce que celui qui a reçu un faux louis ne le peut faire passer à un autre. Mais si la diminution se fait pour d'autres raisons, Jean peut ordinairement profiter de sa science particulière, pour les raisons du cas précédent, et Lucius ne le peut pas, parce qu'un magistrat est fait pour procurer le bien des citoyens, et non pour abuser de ses connaissances à leur préjudice. Et même Jean violerait la charité, s'il allait porter tout son argent chez un seul homme, qui en souffrirait une perte considérable. *Sylvius, ibid.,* p. 538.

Cas XXXVIII et XXXIX. *Diogène* a, au mois de septembre, dix muids de blé à vendre ; mais, parce que le blé ne vaut alors que 60 livres le muid, et qu'il n'a pas besoin d'argent, il a résolu de le garder jusqu'au mois de juin suivant, où il a coutume d'être plus cher qu'en toute autre saison, surtout quand la récolte n'est pas abondante. Antoine le presse de lui en vendre un muid et de lui faire crédit jusqu'à la Saint-Jean. Diogène le lui vend 80 livres sous prétexte que, selon toute apparence, il vaudra alors ce prix et même davantage. Cette vente est-elle exempte de toute usure ?

R. Oui, car Diogène ne vend pas son blé plus cher précisément à cause du crédit qu'il fait à Antoine, mais pour éviter la perte qu'il ferait en donnant aujourd'hui à bas prix une marchandise dont il a lieu d'attendre un prix plus considérable. Cependant il faut, comme l'observe Cabassut, liv. VI, ch. 9, n. 13, qu'il déduise ce qu'il lui en coûterait pour la garde, le remuage, le déchet, etc., parce que sans cela il recevrait plus qu'il ne faut pour son indemnité. Que s'il stipulait que son blé lui sera payé au prix courant qu'il aura pendant le mois de juin, il devrait se contenter du prix moyen, et ne pas exiger le plus haut, comme le dit encore Cabassut, qui ajoute que cette décision n'est point pour ceux qui, à force de faire des amas de blé, en causent la rareté, et dont il est dit, Proverb. XI : *Qui abscondit frumenta, maledicetur in populis; benedictio autem super caput vendentium.*

De là il suit qu'un marchand qui a dix muids d'excellent vin, qu'il prévoit devoir, six mois après, valoir le double de ce qu'ils valent actuellement, et qui veut les garder jusqu'à ce temps, peut *hic et nunc* les vendre ce qu'ils vaudront alors, à cela près, qu'il doit déduire le déchet, le prix des soins, etc. C'est la décision de Grégoire IX, cap. *Naviganti,* 19, *de Usuris,* où il dit : *Ratione hujus dubii, etiam excusatur qui pannos, granum, vinum, oleum, vel alias merces ven-*

dit, *ut amplius, quam tunc valeant, in certo termino recipiat pro eisdem;* si tamen ea tempore contractus non fuerat venditurus, sur lesquelles dernières paroles la Glose dit : *Alias non excusatur, quia si tunc fuerat venditurus pro minori, et ex certa scientia plus recipiat alio termino, usura est.*

Voyez le cas précédent.

Cas XL. Sulpice, épicier en gros, vend ordinairement plus cher à crédit qu'il ne fait argent comptant, quoiqu'il aimât mieux vendre à meilleur marché argent comptant. Est-il coupable en cela ?

R. Le pape Urbain III, étant consulté pour savoir si un marchand est condamnable, lorsqu'il vend sa marchandise plus cher, quand il donne à l'acheteur un terme notablement plus long pour le payer : *An negotiator pœna consimili debeat condemnari, qui merces suas longe majori pretio distrahit, si ad solutionem faciendam prolixioris temporis dilatio prorogetur, quam si ei incontinenti pretium solvatur;* répond cap. 10, *de Usuris,* l. v, tit. 19, que, suivant la parole de Jésus-Christ, on doit prêter sans espérance de gagner par le prêt : *Verum quia quid in his casibus tenendum sit, ex Evangelio manifeste cognoscitur, in quo dicitur : Date mutuum nihil inde sperantes;* et que par conséquent ceux qui vendent plus cher à cause du prêt qu'ils font, dans l'espérance de gagner davantage par ce moyen, se rendent coupables d'usure, et sont obligés à restitution : *Hujusmodi homines pro intentione lucri quam habent, cum omnis usura et superabundantia prohibeatur in lege, judicandi sunt male agere, et ea quæ taliter sunt accepta restituenda in animarum judicio efficaciter inducendi.*

Le premier concile de Milan, tenu en 1565, et celui de Bordeaux, de l'an 1583, déclarent la même chose : *Ne quis rem aliquam ob dilatam solutionem carius vendat justo pretio,* dit celui de Milan : *Ne quis ob dilatam solutionis diem carius vendat, quam justi pretii ratio ferat,* dit celui de Bordeaux de 1583. Mais, quand un marchand ne vend qu'à regret à crédit, qu'il ne peut le faire sans que son commerce en souffre, qu'il s'expose à n'être que difficilement payé, il peut vendre plus cher, pourvu qu'il vende toujours dans la latitude du juste prix. C'est la décision de l'auteur de l'opuscule 73, longtemps attribué à saint Thomas, et elle est communément reçue. Voici les paroles de cet auteur : *Si venditor intendat rem suam vendere carius, non propter tempus tantum, sed tantum propter damnum quod sibi videt imminere ex dilatione persolutionis recuperandæ; seu propter vexationem suam redimendam, quam probabiliter timet futuram sibi in repetitione debiti sui propter malitiam vel impotentiam debitoris; tunc excusatur a vitio, et fit æqualitas æstimationis in hujusmodi contractibus per recompensationem damni; vel quando probabiliter timentur hæc in credentia accidere.* Après quoi il ajoute : *Et tunc rectitudo hujusmodi intentionis apparet, quando venditor optaret potius non vendere talibus, quam vendere ad credentiam, et quando lubentius daret aliis pro minori pretio incontinenti persolvendo, quam venderet ad credentiam talibus pro pretio majori.* Genet, Sainte-Beuve, etc., enseignent la même chose. Au fond celui qui vend au plus bas prix ou au prix moyen, parce qu'on le paie argent comptant, pourrait sans injustice vendre au plus haut prix dans ce même cas, puisque ce prix est un des trois qui sont estimés justes.

Cas XLI. Fulbert, ayant un diamant qui ne vaut au plus que 200 livres, et dont il ignorait le prix, l'a vendu 400 livres à Probus qui en avait fort envie et qui n'en connaissait pas non plus la valeur. Probus l'ayant ensuite fait estimer par un habile joaillier qui l'a assuré qu'il ne valait que 200 livres à bien payer, il a demandé le supplément à Fulbert. Celui-ci est-il obligé à quelque dédommagement envers Probus ?

R. La bonne foi de Fulbert l'excuse de péché, mais non pas de l'obligation de rétablir l'égalité qu'il a blessée sans le savoir : *Si, eo ignorante,* dit saint Thomas, 2-2, q. 77, a. 2, O, *aliquis prædictorum defectuum in re vendita fuerit; venditor quidem non peccat : quia facit injustum materialiter, nec ejus operatio est injusta... tenetur tamen, cum ad ejus notitiam pervenerit, damnum recompensare emptori : et quod dictum est de venditore, etiam intelligendum est ex parte emptoris.* Néanmoins le vendeur est exempt de restitution, s'il a consumé, durant sa bonne foi et sans être devenu plus riche, le profit qu'il avait fait sur ce diamant, aucun possesseur de bonne foi n'étant tenu à restitution des fruits consumés : *Non tenetur restituere fructus consumptos : quia bona fide possedit,* dit le saint docteur, 2-2, q. 100, a. 6, ad 3.

— On raisonnerait différemment dans le cas d'un marché fait, comme on dit, à tout hasard. Pourquoi Fulbert restituerait-il 200 livres, s'il avait couru risque d'en perdre trois ou quatre cents, en donnant à 400 liv. un diamant qui aurait pu en valoir une fois autant ? Saint Thomas, dans le texte cité par l'auteur, parle d'un défaut intrinsèque.

Cas XLII. Lucile vend à Sempronius un tableau dont l'un et l'autre ignorent le prix. Julien, médiateur de cette vente, assure, contre sa conscience et contre la vérité, que c'est un original du Titien. Lucile et Sempronius, sur l'assurance de Julien, consomment le marché, moyennant le prix de 2,000 écus. Mais Sempronius apprend dans la suite que ce tableau n'est qu'une copie qui vaut à peine 50 pistoles. On demande, 1° si ce contrat de vente est valide; 2° si Sempronius peut demander son dédommagement, et à qui ?

R. Ce contrat est valide, parce que Lucile et Sempronius y ont véritablement consenti. Mais Sempronius peut avec justice se pourvoir contre Lucile, son vendeur, et à son défaut contre Julien. Contre Lucile, parce que c'est lui qui a profité des 2,000 écus, et qui par cette raison est le premier obligé à restitution; contre Julien, parce que c'est lui qui a été cause de la vente, et qui par conséquent est tenu au dédommagement de Sempronius, au défaut de Lucile. C'est la décision de la loi 7 *de Dolo malo*, l. IV, tit. 3. La Glose dit aussi : *In contractibus bonœ fidei, si dolus dat causam contractui, non per contrahentes, sed per intermediam personam, tenet contractus, sed datur actio contra mediatorem.* Glossa in cap. 3, *de Empt.*

Cas XLIII. *Martial* a vendu à Rolland une maison et un grand verger pour la somme de 9,000 livres. Rolland en a joui cinq ans et a amélioré la maison de plus de 3,000 livres, par des augmentations utiles qu'il y a faites. Après cela Jean, qui avait vendu cet héritage à Martial, et qui n'en avait pas encore reçu le prix, a procédé contre lui, et a obtenu une sentence d'éviction contre Rolland, en vertu de laquelle il a voulu s'en mettre en possession : Rolland a demandé qu'on lui tînt compte de l'amélioration de la maison, à quoi Jean a répondu que cela ne le regardait point, et qu'il pouvait avoir son recours contre Martial. Celui-ci, n'ayant qu'un bien fort modique, prétend que c'est à Jean, à qui l'héritage est adjugé, à l'indemniser. On demande sur cela, 1° si la prétention de Rolland, qui demande un dédommagement, est juste ? 2° par qui ce dédommagement est dû ?

R. Rolland peut avoir son recours, pour son dédommagement, contre Martial, son vendeur ; parce que tout vendeur est naturellement obligé à garantir à son acheteur ce qu'il lui vend : *Sive tota res evincatur, sive pars, habet regressum emptor in venditorem*, dit la loi ff. *de Act. empti*, etc. *Quod si nihil convenit,* dit une autre loi, *tunc ea prœstabuntur, quæ naturaliter insunt hujus judicii potestate.* Et il ne faut excepter que les cas fortuits à l'égard du fait du prince et de voies qui sont purement de fait. De sorte que la vente faite par Martial à Rolland, ayant été résolue par la sentence d'éviction, obtenue par Jean, Martial est tenu, 1° de rendre les 9,000 livres à Rolland et de l'indemniser de tous les dommages qu'il a soufferts : *Evicta re, actio non ad pretium dumtaxat recipiendum; sed ad id quod interest competit,* Leg. 70, *eod. tit.*; 2° il est obligé de lui tenir compte de ce que valait cet héritage au temps même de l'éviction, et par conséquent du revenu que le verger lui rapportait alors, puisque Rolland perd en effet cette valeur par l'éviction, et que sa condition ne doit pas être rendue pire par cet événement dont Martial, son vendeur, est tenu de le garantir ; 3° Martial doit rembourser Rolland de toutes les dépenses légitimes qu'il a faites pour l'amélioration de la maison, conformément à la loi 9, Cod. *eod tit.* Néanmoins Jean, qui rentre dans la possession de ce fonds, est le premier obligé à dédommager Rolland de cette amélioration, puisqu'il n'est pas juste qu'il en profite aux dépens de cet acheteur.

Il est important d'observer sur ce sujet que, lorsqu'on fait l'estimation des dépenses qui ont été faites par l'acquéreur pour améliorer l'héritage qu'il a acheté, comme s'il y a fait un plant, il faut compenser avec les dépenses les fruits provenus de l'amélioration qui auront augmenté le revenu de l'héritage. De sorte que, si le profit de ces fruits égale le prix du principal et les intérêts des avances faites pour l'amélioration, il n'en est dû aucun remboursement, parce qu'en ce cas l'acheteur n'en souffre aucun dommage ; que, si le profit des fruits excède le principal, le surplus qu'il a reçu avant la demande en éviction faite en justice doit tourner à son profit, en conséquence de sa possession de bonne foi ; et, s'ils sont moindres, il doit être remboursé du surplus, n'étant pas juste qu'il perde rien. *Sumptus in prædium, quod alienum esse apparuit, a bonæ fidei possessore facti, neque ab eo, qui prædium donavit, neque a domino peti possunt; verum exceptione doli posita, per officium judicis, æquitatis ratione serventur; scilicet, si fructuum ante litem contestatam perceptorum summam excedant. Etenim, admissa compensatione, superfluum sumptum, meliore prædio facto, dominus restituere cogitur.* Leg. 48 et 65 , ff. *de Rei vendit.* Au reste, il est important de savoir que toutes les lois que nous venons de citer sont conformes à notre usage, comme le prouve M. Domat.

Cas XLIV. *Leufroi*, ayant acheté de Basile un jardin et s'en étant mis en possession, a été troublé quelques mois après par Alexandre, qui a obtenu contre lui une sentence d'éviction ; et, au lieu de dénoncer à son vendeur le trouble qu'on lui faisait, il s'est laissé évincer par Alexandre, avec lequel il s'est contenté de composer, pour une partie de son dédommagement, sur quelque amélioration qu'il y avait faite. Après quoi il s'est adressé à Basile, et l'a appelé en garantie contre l'éviction obtenue par Alexandre, et lui a demandé le surplus de son dédommagement. Basile soutient que, puisqu'il a négligé de l'avertir du trouble qu'Alexandre lui suscitait, il doit s'imputer tout le dommage qu'il en a souffert. Basile n'a-t-il pas raison ?

R. Basile a raison ; car quand l'acheteur d'un fonds, étant troublé par un tiers, se laisse condamner en justice sans dénoncer à son vendeur le trouble qui lui est fait, ou quand il transige, à l'insu de son vendeur, avec celui qui lui suscite le trouble, il est censé par là avoir renoncé à la garantie naturelle qui lui était due, et doit par conséquent s'imputer l'éviction. C'est ce que porte la loi 53, ff. *de Evictionib.*, qui dit : *Si cum posset emptor auctori denuntiare, non denuntiasset, idemque victus fuisset, quoniam parum instructus esset; hoc ipso videtur dolo fecisse, et ex stipulato agere non potest.* Voici encore comme parle une autre loi : *Si compromisero, et contra me data fuerit sententia, nulla mihi actio de evictione danda est adversus venditorem: nulla enim necessitate cogente id feci.* Leg. 56, *eod. tit.* Cela est d'autant plus juste, que l'acheteur, se laissant évincer sans en donner avis à son vendeur, lui ôte le moyen de se défendre contre celui qui poursuit l'éviction. Il est donc juste que cet acheteur soit puni de sa négligence, et que tout le dommage qui en provient retombe sur lui. Cette décision est de Bouchel et de Domat, livre I, titre 2, section 10, nombre 21.

CAS XLV. *Cécilius* a vendu purement et simplement à Caïus une obligation de 100 écus qu'il avait sur Mævius, et la lui a cédée pour 150 livres. Caïus a fait ses diligences contre Mævius, qui s'est trouvé insolvable. Cécilius est-il tenu, comme étant naturellement garant de la vente, de rendre les 150 livres à Caïus?

R. Si Cécilius a agi de bonne foi en vendant à Caïus cette obligation, et qu'il ne se soit point obligé par écrit ou de vive voix à en être garant, il n'est pas tenu en conscience à lui rendre les 150 liv. qu'il a reçues de lui, parce que, quand on vend quelques droits, on n'est tenu, par les lois, qu'à en garantir la réalité et la vérité, à moins que le cédant ne se soit expressément obligé à la garantie de la chose cédée envers le cessionnaire. *Qui nomen, quale fuit, vendidit*, dit la loi, *duntaxat ut sit, non ut exigi etiam aliquid possit, et dolum præstare cogitur*. Leg. 74, ff. *eod. tit.*

CAS XLVI. *Germain*, qui a un contrat de 1,000 livres de rente sur l'hôtel de ville de Paris, au principal de 25,000 livres, dont le roi, par l'arrêt de son conseil du 31 août 1719, a ordonné le remboursement, comme de tous les autres, sur le pied du capital, allant chez son notaire pour signer une quittance de remboursement, dans le dessein d'employer les 25,000 liv. en l'acquisition d'une maison, du prix de laquelle il est déjà convenu avec son vendeur, rencontre Imbert qui lui offre de lui payer sur-le-champ les 25,000 liv. s'il lui veut céder son contrat, et même de lui en donner 5 pour 100 de profit, parce qu'il veut s'en servir pour le convertir en actions sur la compagnie des Indes, d'où il espère retirer un grand profit dans la suite du temps, mais pour la délivrance desquelles la compagnie ne reçoit que de semblables contrats ou autres papiers royaux.

Germain, après avoir tâché inutilement d'obtenir 8 pour 100, a enfin accepté l'offre d'Imbert, qui lui a payé comptant les 25,000 liv. avec les 5 pour 100 de profit, montant à la somme de 1,250 liv. Ce profit n'est-il pas licite?

R. Non; car il est sûr, 1° que les lois des souverains obligent en conscience; 2° qu'il appartient au prince seul, privativement à tous autres, d'établir la validité des contrats de constitution de rente, de régler les intérêts qu'on en peut tirer, d'en prescrire toutes les conditions essentielles. Or, la principale de ces conditions que le remboursement de ces contrats ne doit être que du capital de la somme qui y est énoncée, sans qu'on puisse refuser ni de le recevoir, ni rien exiger au delà. Donc le surplus, quelque nom qu'on lui donne, est illicite et injuste : de sorte que, par exemple, Jean, qui doit à Jacques 100 liv. de rente annuelle en vertu d'un contrat de constitution dont le capital est de 2,000 liv., et une pareille rente à Gilles par un autre contrat au principal de 25,000 livres, peut amortir ces deux rentes toutes et quantes fois il lui plaira, en remboursant les 2,000 liv. à Jacques et les 25,000 liv. à Gilles ; la valeur entière de ces contrats consistant uniquement dans la somme principale qui y est exprimée et qui a été fixée par le consentement mutuel des deux contractants, dont la convention tient lieu de loi à cet égard, suivant cette règle de droit : *Contractus ex conventione legem accipere dignoscuntur*; le prince ayant seulement fixé les intérêts au denier vingt, pour ôter aux usuriers la liberté d'en exiger de plus forts. La raison primitive de tout ceci est que, quoique le prix *vulgaire* baisse et augmente souvent, le prix *légitime* est toujours le même, parce qu'il est fixé par l'autorité du prince.

On peut former plusieurs objections contre cette décision, auxquelles nous allons répondre pour achever de l'éclaircir et pour dissiper l'illusion qu'elles peuvent produire dans l'esprit de ceux qui sont dans un sentiment contraire.

Depuis que les rentes sur l'hôtel de ville sont établies, dit-on, elles n'ont presque jamais été vendues sur le pied de leur capital, mais à un denier beaucoup moindre, et quelquefois même à moitié de perte, et cela à cause: 1° que l'acheteur courait risque de n'être pas entièrement payé de tous ses arrérages dans les temps difficiles, ou de l'être en papier à perte; 2° parce que, dans les pressants besoins de l'État, il pouvait arriver que le roi fût obligé d'en retrancher une partie ou de changer la fixation du capital à un denier plus haut, comme nous l'avons vu en 1715, et qu'en ces cas l'acheteur n'a aucun recours contre son vendeur, qui n'est pas garant des faits du prince; 3° parce que l'acheteur n'est pas en pouvoir de procéder en justice contre son souverain pour l'obliger à le payer en entier ou au temps de l'échéance, comme il le serait à l'égard d'un particulier. Car, quand le fisc diffère de payer, il n'y peut être contraint. C'est pourquoi, comme le prix de ces sortes de contrats a toujours varié, on les a considérés comme une espèce de marchandise dont la nature est de hausser et de baisser selon les différentes circonstances des temps. Et ainsi, comme on peut gagner sur une maison ou sur une terre qu'on a achetée à un bas prix dans un temps de guerre, où l'argent était rare, en la revendant beaucoup plus dans un autre temps, où l'argent est commun, on peut aussi gagner sur ces contrats en les vendant au delà du capital, surtout aujourd'hui qu'ils sont entièrement abolis.

Nous répondons qu'il est vrai qu'on a presque toujours vendu ces sortes de contrats au-dessous du denier de leur constitution. Mais, sans examiner si on les peut acheter à moindre prix que leur capital, ce qui n'est pas sans difficulté, cela ne prouve pas qu'on les puisse vendre au delà, parce que, si le prince ou le magistrat fixe un certain prix, c'est afin qu'on ne l'excède point. Ainsi, quoiqu'on puisse vendre une maison plus qu'elle n'a coûté, tant que son estimation est vulgaire, on ne pourrait la vendre plus qu'elle n'a coûté, si le juge, et encore plus le prince, en avaient fixé la valeur à cette somme. Aussi les acheteurs, de concert avec les notaires qui ont passé des contrats de vente de ces rentes, ont-ils toujours caché le prix qu'ils en donnaient, en supposant faussement que la vente qui s'en faisait était sur le pied du capital, afin d'éviter par là qu'ils ne fussent condamnés envers leurs vendeurs à la restitution de ce qui y manquait; preuve certaine que le prince n'autorisait point ces sortes de ventes. Et c'est la raison pourquoi on a puni les agioteurs qui, en 1708 et en 1709, avaient acheté ces contrats à vil prix pour les revendre plus cher, ou pour s'enrichir, en leur retranchant les deux cinquièmes du capital, lorsqu'on en fit la réduction en 1715, et que la dernière chambre de justice, tenue à Paris, condamna aussi à de grandes amendes ceux qui avaient négocié de même les billets de monnaie et les autres papiers royaux. Et quand même le prince n'aurait jamais puni ce mauvais commerce, il ne serait pas censé l'approuver, puisque, comme dit saint Augustin, les princes ne sont ni obligés ni même en pouvoir de punir tous les excès qui se commettent dans leurs États.

La seconde objection est que Germain a perdu 10 pour 100 sur un autre contrat de pareille valeur qu'il vendit il y a cinq ans, auquel temps ces sortes de contrats étaient fort décrédités dans l'esprit du public. Pourquoi donc, dit-il, ne pourrait-il pas recouvrer au moins une partie de cette perte, aujourd'hui qu'ils sont recherchés avec empressement par ceux qui les emploient à acquérir des actions sur la compagnie des Indes?

On répond à cela : 1° que Germain a pu sans aucune injustice de sa part, et même de la part de l'acheteur, en certaines circonstances, et pour les raisons dont on a déjà parlé, céder son contrat à un moindre prix que celui de la fixation de son capital, à cause de la difficulté des temps, où l'argent, étant rare, était communément plus estimé que ne l'étaient ces sortes de contrats, et qu'ainsi une moindre somme était alors censée être équivalente à leur capital. Mais il ne s'ensuit pas de là qu'il puisse, aujourd'hui que le roi lui offre son remboursement, le vendre à un prix plus haut. 2° Que le dommage qu'il suppose avoir souffert, en vendant son premier contrat à 10 pour 100 de perte, ne doit pas être porté, ni en tout, ni en partie, par Imbert, qui n'est pas cause de cette perte; car, supposé qu'on lui eût fait quelque injustice dans l'achat de ce contrat, ce serait à celui-là seul à qui il l'aurait vendu qu'il pourrait s'en prendre, en usant de compensation, supposé qu'il ne pût en tirer raison autrement, et non pas à Imbert.

On peut confirmer ce que nous disons par une maxime de saint Thomas, 2-2, q. 77, art. 1, approuvée et suivie par tous les théologiens, qui est, que les contrats de vente et d'achat n'ont été introduits que pour l'utilité du vendeur, qui a besoin de l'argent de l'acheteur, et pour celle de l'acheteur qui a besoin de la chose qu'il achète. Or ce qui a été introduit pour l'utilité réciproque des deux contractants ne doit pas être préjudiciable à l'un, pendant qu'il est utile à l'autre : *Quod autem pro communi utilitate inductum est*, dit le docteur angélique, *non debet esse magis in gravamen unius, quam alterius, et ideo debet secundum æqualitatem inter eos contractus institui*. Autrement l'utilité commune ne s'y rencontrerait pas, non plus que l'égalité, sans laquelle la justice d'un contrat ne peut subsister. Donc Germain ne peut rien prendre au delà de son capital, puisqu'autrement il n'y aurait plus d'utilité réciproque, ni d'égalité entre lui, qui recevrait plus que le juste prix de son contrat, et Imbert qui en souffrirait du dommage, en lui payant cinq pour cent plus que sa valeur. C'est la conséquence que le même saint docteur tire de ce principe qu'il venait d'établir. *Et ideo*, dit-il, *si vel pretium excedat quantitatem valoris rei, vel e converso res excedat pretium; tollitur justitiæ æqualitas*.

La troisième objection consiste dans ce raisonnement. Saint Antonin, suivi par tous les théologiens, dit que toutes les choses qui peuvent entrer en commerce peuvent avoir trois sortes de prix, savoir : le plus haut, le moyen et le plus bas, *summum, medium et infimum*. Or les contrats de l'hôtel de ville ont pu être considérés sous ces trois sortes de prix. Le plus haut était celui qui excédait le capital et qui se réglait par l'estimation commune, selon la circonstance du temps où l'on se trouvait; le moyen était celui du capital exprimé dans le contrat, et le plus bas était celui où, selon le cours ordinaire et commun, on perdait tantôt le quart, tantôt le tiers et quelquefois davantage, suivant la plus ou la moins grande rareté de l'argent, ou eu égard au temps où ils étaient plus ou moins recherchés.

Nous répondons, 1° que ce raisonnement est entièrement illusoire et faux, et qu'il ne peut être appliqué au cas présent. Car, quand ce saint archevêque dit qu'on doit distinguer trois sortes de prix des choses qui sont en commerce, il ne parle en aucune manière de celles dont le prix a été déterminé par le prince ou par l'autorité souveraine, mais uniquement de celles dont la juste valeur consiste dans la seule estimation commune des hommes, telles que sont celles qui se vendent dans les marchés publics, dans les boutiques des marchands, dans les magasins des négociants, ou ailleurs, comme les étoffes, les toiles, le blé, le pain, le vin, les fruits, les maisons, les terres, les charges ou offices, et une infinité d'autres choses nécessaires à la vie ou à la société civile.

2° Que, quand même on accorderait que les contrats fussent de la nature des autres choses qui peuvent admettre ces trois sortes de prix (ce qui n'est pas), on ne pourrait pas dire que le capital dût être considéré comme le prix moyen, étant certain qu'il est le plus haut, puisque c'est le prince même qui l'a déterminé par un édit solennel, revêtu de toutes les formalités qui sont nécessaires pour faire loi dans ses États.

La quatrième objection est tirée de Navarre, qui dans son Commentaire *de Usuris*, n. 112, est d'une opinion contraire à la nôtre. Son fondement est qu'une marchandise que le vendeur offre à l'acheteur devient par là d'une moindre valeur, suivant cette maxime commune des casuistes : *Merces ultroneæ vilescunt.* Ce qui est véritable, dit-il, principalement quand il y a beaucoup de vendeurs et peu d'acheteurs : *Quia multi sunt venditores talium et pauci emptores ; propter quod valor rerum vendendarum minui solet.* D'où il conclut, par une raison contraire, qu'on peut donc en conscience vendre une rente au delà du capital de sa constitution, lorsqu'il y a beaucoup d'acheteurs qui se présentent à ceux qui en veulent vendre. Il avoue qu'il y a plus de difficulté par rapport au for extérieur ; mais que cependant on le peut faire en de certaines circonstances, en prenant les précautions requises et permises en pareil cas.

Il est évident, par ce que nous avons déjà dit en répondant à la troisième objection, que le principe de Navarre ne peut être appliqué à la vente des contrats. Car la première maxime sur laquelle il se fonde ne s'entend, de l'aveu de tous les casuistes, que des choses qui sont dans le commerce ordinaire et commun, et des marchandises qu'on a coutume d'exposer en vente, pour les nécessités et les commodités de la vie, et dont la juste valeur dépend de l'estimation des hommes, eu égard à leur abondance ou à leur rareté et à celle de l'argent ; mais il ne peut avoir lieu à l'égard de celles dont le juste prix a été fixé par le prince, telles que le sont les rentes qu'il a constituées sur lui-même ; car leur fixation en rend le prix également juste et indivisible. Il faut raisonner de même de la seconde maxime que ce canoniste apporte ; car le grand ou le petit nombre des vendeurs ou des acheteurs ne peut jamais faire augmenter un prix que l'autorité souveraine a déterminé.

Pour confirmer ce qu'il avance, il apporte l'exemple de ce qui se pratique à Rome, où, dit-il, les rentes constituées sur les monts-de-piété se vendent tantôt plus et tantôt moins, mais où le prix de ces rentes est fixé par le pape, ou par ses magistrats, ou bien il ne l'est pas. S'il ne l'est pas, cet exemple est entièrement hors de propos et ne prouve pas ce qui est en question. S'il l'est, c'est une coutume abusive et contraire à la justice ; c'est à peu près ainsi que M. de Sainte-Beuve réfute le sentiment trop relâché de Navarre, dans une de ses décisions du 25 fév. 1670, t. II, cas 145, où il ajoute, en passant, que pour connaître le juste prix des rentes on ne doit pas se régler sur la bulle *Cum onus* de saint Pie V, quoiqu'elle soit entièrement conforme à notre sentiment, parce qu'elle n'a jamais été reçue en France, mais sur la fixation qu'en a faite le roi, soutenue par une coutume universelle qui s'observe dans tout le royaume.

La cinquième objection est que le profit de cinq pour cent a été d'abord offert volontairement par Imbert à Germain, qui ne pensait qu'à aller chez son notaire pour faire décharger la minute de son contrat et pour signer une quittance de remboursement, afin de se mettre par là en état de le recevoir. On peut donc considérer l'offre d'Imbert comme un don et une libéralité, et non pas comme un gain injuste, rien n'étant plus légitimement acquis que ce qui est donné librement et sans dol ni contrainte.

Il n'est pas difficile de répondre à cette raison équivoque qu'apporte Germain. Car, encore qu'il soit vrai qu'il eût pu recevoir ce profit, s'il lui eût été offert libéralement par Imbert, après la vente consommée, suivant ces paroles de l'Ange de l'école : *Ille tamen qui ex re alterius accepta multum juvatur, potest propria sponte aliquid vendenti supererogare : quod pertinet ad ejus honestatem ;* néanmoins il ne l'a pu prendre dans notre hypothèse :

1° Parce que la convention de cinq pour cent de profit, proposée par Imbert, et acceptée par Germain, est une condition expressément stipulée dans la vente du contrat.

2° Parce qu'il a même tâché d'obtenir un plus grand profit, en demandant huit pour cent au lieu des cinq que lui offrait Imbert ; ce qui fait qu'on ne peut pas soutenir que ce profit vienne de la pure libéralité d'Imbert, qui n'eût eu garde de lui offrir aucun profit, s'il avait cru pouvoir acheter le contrat sur le pied du seul capital. Or une telle volonté ne suffit pas pour mettre le vendeur à couvert du péché d'injustice et de l'obligation de restituer ; autrement il faudrait dire que ceux qui prêtent à usure ne pécheraient pas et ne seraient pas tenus à restituer ; parce que, encore qu'on veuille bien leur donner le profit usuraire qu'ils demandent, il est certain que ceux qui le donnent ne le veulent que parce qu'ils savent bien que l'usurier ne leur prêterait pas gratuitement, et qu'ils n'emprunteraient pas à usure, s'ils pouvaient emprunter de lui ou de tout autre, sans qu'ils en payassent d'intérêts.

La sixième objection que fait Germain est qu'en prenant en argent comptant une ou plusieurs actions sur la compagnie des Indes, qui, dans la suite, lui pourraient produire un profit considérable, il ne pourrait les obtenir aujourd'hui qu'en perdant dix pour cent ; au lieu qu'on y recevrait son contrat selon toute l'étendue de sa valeur et sans qu'il y perdît rien. C'est donc un gain qu'il manque de faire en le vendant. Donc il est juste que l'acheteur le dédommage du moins en partie.

Pour résoudre cette vaine difficulté, il suffit de savoir qu'il y a deux sortes de lucre cessant, l'un *prochain*, l'autre *éloigné*. Le premier renferme toujours quelque dommage naissant, moralement certain, au lieu que celui qui n'est qu'éloigné n'est joint à aucun dommage, ni présent, ni moralement certain. Par exemple : Jacques, qui est un marchand, a 2,000 livres qu'il va, au premier jour, employer en achat de marchandises, sur le débit desquelles il est moralement certain de gagner vingt pour cent. Gilles, son ami, qu'on va saisir, s'il ne paye 2,000 livres, le prie de lui prêter cette somme. Il y a là pour Jacques un lucre cessant prochain, auquel se trouve joint un dommage naissant moralement certain ; et ainsi il est juste que, s'il prête ses 2,000 livres à Gilles, il retire un dédommagement raisonnable du gain qu'il est moralement assuré de faire sur les marchandises qu'il était près d'acheter, et que le prêt qu'il fait à Gilles l'empêche de faire. Mais si Jacques a ces 2,000 livres dans son coffre, et qu'il n'ait aucune intention de les faire profiter, et que Gilles vienne les lui demander à emprunter, il ne peut en aucune manière prétexter un lucre cessant pour en retirer aucun dédommagement ou profit, parce que ce gain cessant n'est qu'éloigné et en idée seulement. Or c'est ici la même chose ; car ceux qui vendent leurs contrats à cinq ou à huit pour cent de gain, n'ont aucune intention d'en employer l'argent en actions sur la compagnie des Indes, puisque, s'ils l'avaient, ils n'auraient qu'à les porter à cette compagnie qui les recevrait selon toute l'étendue de leur valeur, au lieu qu'ils n'y pourraient mettre leur argent comptant qu'à dix pour cent de perte. Ce prétendu gain cessant n'est donc qu'éloigné ou, pour mieux dire, que chimérique, et Germain ne peut le prétexter, pour justifier le profit qu'il a fait sur Imbert.

Cette décision serait vraie, quand même, comme nous l'avons vu sous la régence, l'or et l'argent seraient à un taux si haut, qu'il excéderait de près de moitié la valeur intrinsèque des espèces. Car, 1° la valeur des monnaies dépend incontestablement du prince. Ainsi les 25,000 livres que Germain recevrait alors en louis et autres pièces courantes équivaudraient à son contrat de 25,000 liv. ; 2° si Germain était remboursé par le prince, il ne serait pas en autre monnaie ; 3° s'il achète une maison 25,000 livres, il ne la paiera pas sur un autre pied ; 4° pour éviter la perte du rabais, probablement futur, Germain peut payer ses dettes, s'il en a, ou employer son argent en achat, en société, etc. Après tout, il faut que les sujets souffrent quelque perte, quand le bien de l'Etat l'exige.

Nous concluons donc que toutes les raisons qu'apporte Germain ne lui peuvent servir qu'à pallier l'injustice qu'il a commise et qu'il est obligé de réparer, en restituant à Imbert les 1,250 livres de profit qu'il a reçues de lui, au delà du juste prix du contrat qu'il lui a vendu.

Cas XLVII. *Adrien*, ayant besoin d'argent, vend de bonne foi à Marculfe une pièce de terre pour la somme de 1,000 livres, ou un contrat de rente de pareille valeur en principal, sous ces deux conditions : 1° qu'Adrien pourra, s'il le veut, racheter la terre ou le contrat, dans l'espace de cinq ans, en rendant les 1,900 livres à Marculfe ; 2° que Marculfe ne sera point obligé à déduire sur le principal les fruits qu'il aura perçus de cette terre, ou les arrérages qu'il aura touchés de la rente. On demande, 1° si la première condition est juste ? 2° si la seconde ne ressent point l'usure ?

R. Le contrat de vente fait à faculté de rachat est permis, comme on le peut prouver, 1° par l'Ecriture, Levit. xxv, v, 10, où ces sortes de conventions sont autorisées ; 2° par les lois civiles, leg. 2 et 7, cod. *de Pactis* ; 3° parce qu'il ne renferme rien d'injuste, pourvu, 1° que la chose vendue devienne propre à celui qui l'achète ; en quoi ce contrat diffère de celui d'engagement, par lequel l'engageant demeure propriétaire de la chose engagée, et non pas l'engagiste, à qui par conséquent elle ne peut rien produire ; 2° que le prix payé pour la chose vendue soit proportionné à la juste valeur de cette chose, considérée avec la charge qu'elle a de pouvoir être rachetée dans un tel temps par le vendeur : ce qui semble demander qu'elle soit vendue un quart ou au plus un tiers moins de ce qu'elle vaudrait, si la vente s'en faisait purement et sans y ajouter la clause de la faculté de rachat ; mais si le prix était notablement plus modique, ce contrat, selon plusieurs canonistes, ne serait pas censé une vente, mais un simple engagement ; 3° que le temps stipulé pour faire le rachat soit commode à l'un et à l'autre des contractants.

Aussi ce genre de vente a-t-il été approuvé par Martin V, cap. 1, *de Empt. extrav. comm.* Et en effet, la clause qui porte que l'acheteur ne sera point tenu à déduire sur le principal les fruits ou les arrérages perçus, ne contient rien de vicieux. Car, puisque par l'achat d'une terre ou d'un contrat de rente, on en acquiert véritablement le domaine, on en acquiert aussi les fruits ou les arrérages qui en proviennent. Et si la terre venait à périr, elle périrait pour l'acquéreur. Voici le texte de Martin V : *Præfatos contractus, licitos et juri communi conformes, ac ipsorum censuum venditores ad illorum solutiones, remoto contradictionis obstaculo, obligari auctoritate apostolica, tenore præsentium ex certa scientia declaramus.* Et un peu auparavant : *et semper in ipsis contractibus expresse ipsis venditoribus data fuit facultas atque gratia, quod ipsum annuum censum in toto vel in parte pro eadem summa denariorum, quam ab ipsis emptoribus receperunt, quandocumque vellent, libere absque alicujus requisitions, contradictione, vel assensu possent exstinguere et redimere, ac se ab ipsius census solutione ex tunc penitus liberare.* Mais, outre les conditions exprimées dans l'espèce proposée, il faut encore que l'acheteur ne puisse répéter sur le vendeur le prix qu'il a payé en renonçant à la terre ou au contrat de rente qu'il a acheté, ainsi que le dit expressément ce même pape : *Sed ad hoc hujusmodi census venditores inviti nequaquam per emptores arctari vel astringi valerent etiam ipsis possessionibus et bonis obligatis penitus interemptis seu distractis.* Car alors, si l'acheteur avait la liberté de se désister de son achat, ce ne serait plus un contrat de vente, mais un véritable prêt. Calixte III décida la même chose en 1455, extravag. 2, *de Exempt.*

CAS XLVIII. *Théodat* a vendu à Pamélius un pré de vingt-cinq arpents pour la somme de 2,000 livres, quoiqu'il en vaille beaucoup plus, à condition qu'il aura la faculté de le racheter dans trois ans, en rendant à Pamélius 2,200 livres. Ce contrat de vente n'est-il pas vicieux ?

R. Ce contrat est usuraire. La modicité du prix payé par le prétendu acheteur, et le surplus du même prix payable par le vendeur, sans compter les fruits qui doivent être perçus pendant trois ans, font bien voir qu'il n'y a là qu'un prêt très-usuraire, déguisé sous le nom de vente. C'est ce qu'enseigne assez clairement Innocent III, c. 4, *de Pignorib.*, liv. III, tit. 21, où il déclare qu'on a tout lieu de juger un contrat usuraire, lorsque l'acheteur s'oblige de rendre la chose qu'il achète au vendeur, à condition que le vendeur lui donnera une somme d'argent par-dessus le prix dont ils sont convenus. Or, c'est là justement le cas où l'on suppose qu'est Pamélius, qui ne s'oblige à rendre à Théodat les vingt-cinq arpents de prés qu'il a achetés de lui, qu'en recevant 200 liv. au-delà des 2,000 livres qu'il a payées.

CAS XLIX. *Burcard* a vendu à Christophe dix arpents de vignoble à faculté de rachat. Christophe ayant changé la terre en pré, l'a rendue par là d'un revenu de moitié plus grand qu'elle n'était auparavant. Christophe étant venu à mourir dans ces entrefaites, Georges, son fils unique, qui avait un pressant besoin d'argent, a exposé cette terre en vente, et a en même temps déclaré à Burcard que s'il voulait lui rendre le prix que son père lui en avait payé, il était prêt à la lui céder, ou qu'autrement il se désistât de la clause qui portait la faculté de rachat. Burcard a pris ce dernier parti; après quoi Georges a vendu les dix arpents, le triple de ce que son père en avait payé. N'est-il point tenu à quelque dédommagement envers Burcard, puisqu'il y a lésion de plus de la moitié du prix, et qu'il y serait condamné en justice dans les dix ans qui ne sont pas encore expirés.

R. Georges n'est tenu à aucun dédommagement, parce qu'il est libre à chacun de renoncer à son droit : *Cum quilibet ad renuntiandum juri suo liberam habeat facultatem*, dit Innocent III, c. 8, *de Crimine falsi.* Or c'est ce qu'a fait Burcard, en se désistant, sans contrainte et sans fraude, de la faculté qu'il s'était réservée de racheter les dix arpents de terre, sans demander aucuns intérêts, ni aucun dédommagement à Georges. A quoi il faut ajouter que l'amélioration de ce fonds est entièrement due à l'industrie de Christophe, dont Georges représente la personne, et qui par conséquent en doit profiter, puisqu'il est son fils et unique héritier.

CAS L. *Eléazar* ayant vendu un arpent de pré à Marcellin, pour la somme de 300 liv., et s'étant réservé par le contrat la faculté de le racheter dans cinq ans échéants au 10 mai 1707, il lui a fait sa déclaration dans les formes, la veille du jour de l'échéance, avec offre de lui rendre les 300 livres. Marcellin, voulant recueillir le foin de ce pré qui était prêt à faucher, a éludé, sous différents prétextes, d'accepter les offres d'Eléazar, et a fait cependant faucher et enlever le foin, après quoi il a offert à Eléazar de lui remettre ce pré et de recevoir les 300 livres ; mais Eléazar prétend que le foin lui appartient, puisqu'il a fait ses offres dans le temps qu'il était encore sur pied. Marcellin soutient au contraire que, n'étant point encore intervenu de sentence qui le condamne, il doit profiter des fruits du pré, qui d'ailleurs étaient alors en maturité. Qui a raison ?

R. C'est Eléazar ; parce que les lois veulent que quand le vendeur exerce la faculté du rachat de l'héritage qu'il a vendu, l'acheteur lui restitue les fruits perçus depuis le jour de la demande et de l'offre du remboursement fait dans les formes requises : *Habita ratione eorum, quæ post oblatam ex pacto quantitatem ex eo fundo ad adversarium pervenerunt*, dit la loi 2, cod. *de Pactis.* Au fond, suivant leur convention, Marcellin a cessé d'en être le véritable propriétaire dès le jour qu'Eléazar a exercé sa faculté de rachat, et n'a par conséquent pu en profiter. C'est le sentiment de Domat.

— On peut le confirmer sur ce que, si le foin avait été mûr et coupé dix jours plus tôt, Eléazar en aurait subi la perte. *Ergo a contrario*, etc.

CAS LI. *Victor*, fourbisseur, voyant deux hommes fort animés l'un contre l'autre, qui lui viennent demander deux épées d'une égale longueur à acheter, peut-il sans péché les leur vendre, principalement lorsqu'il a un besoin pressant d'argent, s'il est persuadé qu'ils ne les veulent acheter que pour s'aller battre?

R. Non ; parce qu'il coopérerait efficacement à leur crime, en leur fournissant les moyens de le commettre. Car, comme dit l'Apôtre, Rom. I, *Digni sunt morte, non solum qui ea faciunt, sed etiam qui consentiunt facientibus.* Mais si Victor n'était pas persuadé de leur mauvais dessein, et qu'il ne fût que dans un doute mal fondé, il pourrait les leur vendre, sans participer au péché qu'ils viendraient à commettre dans la suite, pourvu qu'auparavant il eût déposé son doute. S.-B., t. III. cas 183.

CAS LII. Les habitants d'une nouvelle paroisse, n'ayant point de cimetière, ont voulu acheter un quartier de terre appartenant à Paul pour en faire un ; Paul ayant refusé de le leur vendre, le juge royal l'y a condamné. L'a-t-il pu sans injustice ?

R. Oui ; car, quand le bien d'un particulier est nécessaire pour quelque usage public, et que ce particulier refuse de le vendre, le magistrat peut justement l'y contraindre, parce que l'intérêt particulier doit toujours céder à celui du public. Par exemple, une maison se trouve dans une rue qu'il est nécessaire d'élargir pour la commodité et l'utilité des habitants de la ville, ou sur le fonds de laquelle il est nécessaire de bâtir une église, ou d'y faire des fortifications pour la défendre contre l'ennemi, celui qui en est le propriétaire peut sans injustice être contraint de la vendre pour le juste prix qu'elle vaut. C'est ce qui se prouve par une ordonnance de 1303, dans laquelle Philippe le Bel s'exprime en ces termes : *Possessiones quas pro ecclesiis aut domibus ecclesiarum parochialium de novo fundandis aut ampliandis infra villas, non ad superfluitatem, sed convenientem necessitatem acquiri contingat; de cætero apud ecclesias remaneant absque coactione vendendi, vel extra manum ipsarum ponendi; et possessores illarum possessionum ad eas dimittendum justo pretio compellantur : pro ecclesiis parochialibus, cœmeteriis et domibus parochialibus rectorum extra villam fundandis vel applicandis, illud idem concedimus.*

C'est aussi pour cette raison que, dans un temps de disette, ceux qui ont des grains plus qu'il ne leur en faut pour leur subsistance peuvent être contraints de les vendre à un prix raisonnable, comme il est dit, leg. 2, ff. *de lege Julia*, etc., liv. XLVIII, tit. 12.

Cas LIII. *Atticus*, abbé de Sainte-Fare, qui a six arpents de bois de haute futaie, dépendant de son abbaye, en a vendu un dans le dessein d'en employer le fruit à faire bâtir un appartement dont il a besoin. L'a-t-il pu faire, en conscience, de son chef?

R. Non; car il est défendu à tous ecclésiastiques, par plusieurs ordonnances, et surtout par l'art. 4 de celle de 1669, de couper aucun arbre de haute futaie ni aucuns baliveaux de bois taillis, à moins qu'ils n'en aient obtenu le pouvoir du roi par lettres patentes dûment enregistrées, lesquelles ne leur seront accordées que dans le cas d'incendie ou de ruine des bâtiments, ou autres dommages extraordinaires causés par les guerres, les inondations ou autres semblables cas fortuits. Ainsi, bien loin qu'Atticus puisse en conscience vendre de son chef les bois dont il s'agit, sous prétexte d'en employer le prix pour se mieux loger dans le lieu de sa résidence, il ne lui serait pas même permis de le faire pour l'utilité et le bien de son abbaye, sans la permission du roi. Et rien n'est plus sagement ordonné, puisque autrement un abbé peu scrupuleux ou peu réglé se rendrait maître de tous les bois de haute futaie, quoiqu'ils ne soient point *in fructu*, et dissiperait par là le plus beau bien des abbayes, sans se mettre en peine des besoins que ses successeurs pourraient en avoir dans la suite du temps. Aussi est-ce pour cette raison, et pour le bien public, que les parlements ont toujours soutenu par leurs arrêts et fait exécuter ponctuellement et à la rigueur ce point de jurisprudence.

Voyez ACHAT, CABARETIER, CONTRAT, OFFICIAL, cas XIV ; USURE

VÉTÉRAN.

On appelle *vétéran* un officier de justice qui a exercé sa charge pendant le temps prescrit par les ordonnances, qui est celui de vingt années, et qui en conséquence a obtenu des lettres de la chancellerie, qui font foi des services qu'il a rendus dans son office, et qui, en cette considération, le conservent dans tous les rangs, droits, honoraires et priviléges dont il jouissait pendant qu'il l'exerçait : ce qui semble avoir tiré son origine de l'ancien droit romain, qui parle, en plusieurs endroits du Digeste et du Code, des soldats vétérans, qui, après vingt ans de service, jouissaient des mêmes priviléges qui étaient accordés à ceux qui étaient actuellement au service de la république, et où il est fait mention des honneurs et priviléges que Théodose et Valentinien accordèrent, après un certain temps, aux professeurs de grammaire, de philosophie et de droit. *Leg. unic.*, cod. *de Professorib.*, lib. II, tit. 15.

Il est de certaines charges de judicature, dans les provinces du royaume, qui demandent un service plus long que celui de vingt années ; mais le roi est le maître d'accorder des lettres de vétéran à qui et quand il lui plaît.

Un juge vétéran a droit d'assister et de donner sa voix au jugement des procès, comme il l'avait auparavant; mais il n'a pas la prérogative d'y pouvoir présider, parce qu'il n'est plus en charge. Un secrétaire du roi qui est vétéran acquiert à ses enfants le droit de noblesse. Ferrière, *hoc verbo*.

Cas I. *Aristobule*, après avoir exercé un office de judicature pendant dix-neuf ans, reconnaît enfin qu'il en est très-incapable, n'ayant pas la science suffisante pour remplir ses devoirs, et est résolu, suivant le conseil même de son confesseur, de le quitter. Mais comme un officier de justice a droit d'obtenir des lettres de vétéran après vingt années d'exercice, et que ce privilége que le roi accorde lui est d'une grande conséquence, tant parce qu'il exempte de taille ceux qui l'ont obtenu qu'à cause de l'honneur et des autres prérogatives qui y sont attachés, il voudrait bien garder sa charge encore une année, afin d'accomplir le temps requis pour l'obtenir. Le peut-il faire en sûreté de conscience?

R. Si ce n'est pas par un scrupule mal fondé qu'Aristobule se juge incapable de l'office qu'il exerce, mais qu'il le soit véritablement, il ne peut en conscience le garder encore un an, sous prétexte d'achever le temps qu'il est nécessaire de l'exercer pour obtenir le privilége de vétéran. La raison est, 1° qu'aucun homme ne doit continuer dans une charge ou dans un emploi, ni dans un état, s'il n'est capable d'en remplir les devoirs : ce qui est encore beaucoup plus véritable à l'égard d'un office de judicature, qui met souvent les biens, l'honneur et la vie même des particuliers entre les mains de celui qui en est revêtu, et qui, par le défaut de capacité ou de probité, peut y commettre des fautes irréparables, au péril desquelles il s'expose volontairement en continuant à l'exercer ; ce qu'il ne peut par conséquent faire sans péché, suivant cette parole du Sage : *Qui amat periculum, in illo peribit*, Eccle. III ; 2° parce que le privilége de vétéran et la qualité qu'il donne, d'officier honoraire, ne sont dus qu'à ceux qui ont servi dignement le roi et le public pendant vingt ans accomplis, et non pas à ceux qui sont incapables et par conséquent indignes de leurs charges, puisqu'un tel privilége n'est accordé par le prince que comme une récompense due au véritable mérite. S.-B., tom. II, cas 140.

— CAS II. Est-il vrai généralement, comme le dit Pontas dans ses prénotions, qu'un conseiller vétéran ait voix et séance au jugement des procès?

R. Non; car, dit Ferrière, au mot *Vétéran*, il n'a pas droit d'assister au jugement des procès par écrit.

— VEUVE.

Nous ne ferons sur les *veuves* que cinq petites observations :

La première, qu'elles doivent s'efforcer, par leur religion, par l'innocence de leur vie et par leur retraite, d'être du nombre de celles que saint Paul appelle *vere viduas*, et qu'il voulait que son disciple honorât.

La seconde, que, selon l'édit de François II, de 1560, sur les secondes noces, les femmes veuves ayant enfants, ou enfants de leurs enfants, si elles passent à de nouvelles noces, ne peuvent *en quelque façon que ce soit*, c'est-à-dire ni par elles-mêmes ni par des personnes frauduleusement interposées, donner à leurs nouveaux maris, père, mère, ou enfants desdits maris, *de leurs biens, meubles, acquêts ou acquis par elles d'ailleurs que leur premier mari, plus qu'à un de leurs enfants, ou à enfants de leurs enfants. Et s'il se trouve division inégale de leurs biens faite entre leurs enfants, ou enfants de leurs enfants, les donations faites par elles à leurs nouveaux maris seront réduites et mesurées à raison de celui qui en aura le moins.* Sur quoi il faut remarquer que, quoique l'édit ne parle point des hommes qui, ayant des enfants d'un premier lit, se remarient, sa décision a été, par les cours souveraines du royaume, étendue à eux par parité de raison : en sorte qu'ils ne peuvent, non plus que les veuves qui se remarient, donner à leurs nouvelles épouses, ou aux enfants qu'elles auraient d'un premier lit, plus que n'a ou ne doit avoir le moins prenant des enfants qu'ils ont eus de leur premier mariage. Au fond, rien de plus juste que cette extension, puisqu'il y a des hommes que la faiblesse qu'ils ont pour leurs secondes femmes dépouille de toute la tendresse qu'ils doivent à leurs premiers enfants.

La troisième remarque est que, quoique M. Talon, en portant la parole, le 4 septembre 1632, eût soutenu, 1° qu'une veuve âgée de seize ans peut contracter valablement mariage contre la volonté de ses père et mère, sur ce principe que, son mariage l'ayant émancipée, elle n'est plus sous leur puissance ; 2° qu'en contractant ainsi elle n'est point sujette à l'exhérédation, etc., il est aujourd'hui constant, en vertu de l'édit du mois de mars 1697, que *les pères et mères peuvent exhéréder leurs filles veuves, même majeures de vingt-cinq ans, lesquelles se marieront sans avoir requis par écrit leurs avis et conseil*. M. de Livonière dit cependant que les donations faites à la femme par autres que par son mari, quoique parents de son mari, non plus que la réparation civile adjugée à la veuve pour l'assassinat de son premier mari, ne sont point comprises sous la prohibition du second chef de l'édit des secondes noces.

La quatrième est que les veuves qui, ayant des enfants, épousent des personnes indignes de leur qualité, ne peuvent faire en leur faveur aucune donation directement ou indirectement, et sont dans l'instant interdites de toute disposition ou aliénation de leurs biens. Livonière, page 306.

La cinquième est que plusieurs conciles, comme ceux de Tours, en 1431, d'Angers, en 1448, de Narbonne, en 1603, après avoir approuvé les secondes et ultérieures noces, condamnent ces jeux indécents qui s'y font et qu'on nomme *charivaris*, et cela sous peine d'excommunication contre ceux qui y contribuent. *Voy.* sur les veuves les *Mémoires du Clergé*, tom. V, pag. 648..., 682..., 763, etc.

VIATIQUE. *Voyez* COMMUNION.

VICAIRE D'UN DIOCÈSE.

Nous entendons ici par *vicaire* celui qui exerce les fonctions pastorales ou ecclésiastiques d'un autre qui en est naturellement chargé, et tels sont le vicaire général d'un évêque et le vicaire d'un curé, dont le premier exerce, au défaut de son prélat, les fonctions qui concernent la juridiction volontaire dans tout le diocèse, comme l'official, que le droit appelle aussi *vicarius episcopi*, exerce la juridiction contentieuse ; et le second, les fonctions curiales en l'absence ou au défaut du curé.

On distingue deux sortes de vicaires : l'un n'est que temporel, c'est-à-dire établi pour autant de temps qu'il plaira à celui de qui il a reçu son pouvoir, tel qu'est le grand vicaire d'un prélat, ou celui d'un curé. L'autre est perpétuel et est fondé sur un titre canonique qui le rend irrévocable.

Suivant l'art. 45 de l'ordonnance de Blois, nul ne peut être vicaire général d'un évêque s'il n'est prêtre et gradué, ni tenir à ferme aucuns biens dépendant de son prélat, comme le porte la même ordonnance, qui confirme sur cet article celle d'Orléans, art. 17.

Il est encore absolument nécessaire qu'un grand vicaire soit régnicole, et non pas étranger (à moins qu'il ne soit naturalisé), ainsi qu'il est porté par l'ordonnance de Henri II, donnée à Villers-Coterets, au mois de septembre 1554, vérifiée au parlement, le 8 octobre suivant; à quoi l'évêque peut être contraint par la saisie de son temporel. Sur quoi l'on peut voir les *Mémoires du Clergé*, tom. I, part. 1, p. 157. Et c'est en conséquence de cette maxime, que le parlement de Provence ordonna, par un arrêt du 1er décembre 1597, que l'archevêque d'Avignon serait tenu d'établir en Provence, dans les évêchés dépendant du comtat d'Avignon, des vicaires généraux et des officiaux naturels français.

Tous les vicaires généraux des prélats, dont les lettres de vicariat leur donnent pouvoir exprès et spécial de présenter aux bénéfices ou d'y nommer, doivent nécessairement les faire insinuer au greffe des insinuations ecclésiastiques, comme il est marqué dans les *Mémoires du Clergé*, ibid., p. 162, n. 6, et ces lettres doivent être signées par deux témoins.

A l'égard des vicaires qu'on appelle perpétuels, ils doivent leur premier établissement au quatrième concile de Latran, qui ordonna qu'au lieu de vicaires amovibles on en instituât de perpétuels par un titre canonique dans tous les bénéfices à charge d'âmes, sans même excepter ceux qui étaient unis à une communauté; et cette sage ordonnance des Pères de ce concile a été renouvelée et parfaitement consommée par une déclaration que le roi donna à Versailles, le 29 janvier 1686, enregistrée au parlement le 11 février suivant.

Cas I. *Claudien*, évêque d'Oléron, étant à Paris pour les affaires de son Eglise, a appris que son grand vicaire venait de mourir; sur quoi il a écrit à Georges, docteur de Paris, qu'il avait jeté les yeux sur lui pour remplir la place du défunt, et qu'il lui donnait tous les pouvoirs ordinaires de vicaire général, sans même excepter celui de conférer les bénéfices qui viendraient à vaquer pendant tout le temps qu'il serait obligé de rester à Paris; à quoi il a ajouté qu'il lui enverrait incessamment ses lettres de vicariat. Deux ou trois jours après que Georges eut reçu la lettre de Claudien, la cure de Sainte-Apolline ayant vaqué par mort, Gerbert, seigneur de la paroisse et patron présentateur de ce bénéfice, y a nommé Bertin, et Georges a cru avoir un pouvoir suffisant pour recevoir la présentation de Gerbert et en accorder les provisions à Bertin, en conséquence de sa nouvelle qualité de grand vicaire et du droit de conférer que l'évêque y joignait. Bertin n'en est-il pas canoniquement ou du moins validement pourvu, surtout dans le for de la conscience, conformément à cette maxime commune : *Verbo fit gratia*?

R. La collation ou provision donnée par Georges à Bertin n'est ni canonique, ni valide, même dans le for intérieur. La raison est qu'un évêque ne peut pas établir un vicaire général, ni de vive voix, ni par lettre missive, mais qu'il est absolument nécessaire qu'il lui donne des lettres de vicariat en forme; c'est-à-dire, qui soient signées de sa main et de deux témoins, et que cet acte soit du moins insinué au greffe des insinuations ecclésiastiques du diocèse, sans quoi il est nul, et tout ce qui se fait en conséquence. « Les vicariats, dit l'édit de 1691, ne pourront sortir aucun effet, ni aucune nomination, ou collation être faite en vertu d'iceux, jusqu'à ce qu'ils aient été registrés au greffe du diocèse où est assis le chef-lieu des prélatures, chapitres et dignités, desquels dépendent les bénéfices. »

Puis donc que Georges s'est ingéré de donner les provisions de la cure de Sainte-Apolline sur la simple lettre missive de Claudien, laquelle il ne devait regarder que comme une lettre d'avis, il est nécessaire qu'il rectifie ce qu'il a mal fait, en donnant à Bertin une nouvelle provision, dès qu'il aura reçu ses lettres de vicariat expédiées dans les formes requises, et que Bertin prenne de nouveau possession de ce bénéfice. Autrement il ne serait pas en sûreté de conscience et pourrait même en être dépossédé par un dévolutaire ou par un autre à qui l'évêque l'aurait conféré auparavant. Il est inutile d'opposer cette maxime, *verbo fit gratia*; car elle ne peut avoir lieu que dans les cas seuls où le droit ne s'y trouve pas contraire. Or le droit établi par l'ordonnance de 1691 y est formellement contraire à l'égard du cas dont il s'agit, et par conséquent elle ne doit être ici d'aucune considération.

Cas II. *Georges* a enfin reçu ses lettres de vicariat; mais l'évêque n'y a point exprimé le pouvoir de conférer les bénéfices qu'il lui avait annoncé dans sa lettre d'avis. Ne peut-il pas regarder cette omission comme une faute d'oubli, et conférer les bénéfices qui viendront à vaquer?

R. Il ne le peut; car un grand vicaire ne peut conférer les bénéfices, si ses lettres ne lui en donnent le pouvoir en termes exprès, et d'ailleurs l'évêque peut avoir changé de résolution. On peut confirmer ceci par ce que dit Boniface VIII, cap. 2, *de Pœnitent.*, savoir, que la permission qu'un évêque a accordée à un particulier de se confesser à tel prêtre qu'il voudra choisir, ne se doit entendre que de la confession des péchés ordinaires, et non pas de ceux qui sont réservés à l'évêque même, qui n'est pas censé avoir voulu accorder une permission plus ample.

Il est bon d'observer, à l'occasion de la présente décision, 1° que, suivant la même ordonnance de 1691, quand l'évêque veut révoquer les pouvoirs qu'il a donnés à son grand vicaire, il est nécessaire que la révocation s'en fasse par écrit, qu'elle soit signifiée à sa personne, et que l'acte en soit insinué au greffe des insinuations ecclésiastiques du diocèse; après quoi, tout ce que le grand vicaire pourrait faire devient absolument nul. Cependant nous croyons que dans le for intérieur, dès qu'un grand vicaire a connaissance de sa révocation, il ne lui est pas permis de s'ingérer en aucune manière dans les choses qui concernent le gouvernement du diocèse, quoique l'acte ne lui en ait pas encore été signifié dans la forme ordinaire; 2° que les commissions données aux officiaux et aux vice-gérants doivent aussi se faire par écrit, ainsi que celles de promoteur et de greffier de l'officialité, et être insinuées comme celles des grands vicaires, par la raison que l'official est le vicaire de l'évêque en ce qui regarde la juridiction contentieuse, et qu'il est de l'intérêt public qu'on connaisse l'institution et la destitution de ces sortes d'officiers. C'est en effet ce qui est porté par la même ordonnance de 1691.

— Cas III. *Gaston* a nommé pour son grand vicaire Thomas, homme très-savant, mais qui n'est point gradué, ou qui n'est que maître ès-arts. L'a-t-il pu validement?

R. L'art. 45 de l'ordonnance de Blois dit : « Nul ne pourra être vicaire général ou official d'aucun archevêque ou évêque s'il n'est gradué et constitué en l'ordre de prêtrise. » Ainsi le grand vicaire doit être gradué. Mais comme cet article ne détermine pas la nature du degré, et que la déclaration du 22 mars 1680 ne parle que des officiaux, en demandant le grade de licencié en droit canon ou en théologie, il semble qu'on peut dire que le plus simple grade suffit pour être vicaire général. Cependant Gibert, sur le nombre 18 du 13ᵉ chap. du 1ᵉʳ liv. de Cabassut, dit : *Monere debuisset vicarium generalem in Gallia debere esse baccalaureum in theologia sacrisve canonibus*; mais il n'en donne aucune preuve : sans doute qu'il s'est fondé sur l'usage. *Voyez* ce que j'ai dit au titre DOYEN.

CAS IV. L'archevêque d'Armach, fuyant d'Irlande pour éviter la persécution, s'est embarqué à Cork pour passer de là en quelque autre lieu de sûreté, après avoir établi Pallade pour son grand vicaire; mais des corsaires d'Alger ayant pris son vaisseau, l'ont fait esclave. La commission de Pallade finit-elle par cet accident?

R. Non; car le pouvoir d'un grand vicaire ne peut finir que par la révocation ou par la mort naturelle ou civile de l'évêque : or cet archevêque n'est pas mort civilement, quoiqu'il soit détenu par les corsaires turcs; car la servitude dont parlent les lois romaines et quelques canons n'est censée, *fictiones juris*, une mort civile que dans le cas exprimé par le droit, comme l'est celui de la profession solennelle de religion. Or, le cas dont il s'agit ne se trouve exprimé dans aucun canon. Il faut donc dire avec Fagnan, *in cap*, Per tuas 32, *de Simonia*, et Covarruvias, que cet évêque conserve toujours la juridiction; ou, ce qui revient au même, qu'elle peut toujours être exercée par celui à qui il l'avait confiée, comme le serait celle qu'un évêque aurait donnée à ses grands vicaires avant que de tomber en démence : c'est la comparaison de Fagnan.

Au fond rien ne paraît plus conforme à la justice et à la charité que de ne pas troubler un tel prélat dans la jouissance d'un droit aussi essentiellement attaché à sa dignité que l'est sa juridiction épiscopale, puisqu'on ne pourrait entreprendre de le faire sans lui causer un nouveau sujet d'affliction et de douleur contre l'esprit de l'Eglise:*Cum nec afflicto afflictio sit addenda : imo potius ipsius miseriæ miserendum*, ainsi que parle Innocent III, cap. 5, *de Clerico ægrot*. Aussi avons-nous vu de nos yeux, que nonobstant la détention et la fuite du cardinal de Retz, archevêque de Paris, ses grands vicaires continuèrent toujours, sans aucune opposition, à gouverner le diocèse jusqu'au jour qu'il donna au roi sa démission ; à quoi l'on peut ajouter un second exemple plus récent, qui est celui de M. l'évêque de Québec, qui ayant été pris sur mer par les Anglais lorsqu'il allait résider en cette ville-là, fut mené et détenu prisonnier pendant plusieurs années en Angleterre, sans que ses grands vicaires cessassent d'exercer les fonctions de la juridiction épiscopale.

CAS V. *Pouange*, prêtre, conseiller-clerc au parlement de Bretagne, et docteur de Sorbonne, étant dans la réputation d'être un homme d'une grande intégrité et très-habile en ce qui regarde les affaires ecclésiastiques, l'évêque de Saint-Pol de Léon l'a nommé son grand vicaire. Ne peut-il pas exercer les fonctions de cette dignité?

R. Non; parce que l'édit de Blois, art. 12, défend expressément, non-seulement à tous conseillers, mais encore à tous les autres officiers des parlements du royaume, du grand conseil, de la chambre des comptes, de la cour des aides, et généralement à tous autres officiers, même des cours subalternes, d'accepter les charges de vicaires généraux des évêques, tant à l'égard de leurs évêchés que des abbayes ou prieurés dont ces prélats seraient revêtus; et c'est ce qui s'est observé de tout temps dans le royaume, comme on le voit par un ancien arrêt du parlement de Paris, rapporté par du Luc et par plusieurs autres. Févret raconte la grande difficulté que fit le parlement de Dijon, le 4 juillet 1558, d'admettre la dispense en forme de lettres patentes que le roi avait accordée à M. Berbis, l'un des conseillers de ce parlement, par laquelle Sa Majesté lui permettait d'accepter la charge de grand vicaire du cardinal de Givri, évêque de Langres. Sa raison était, dit Févret, « que cela divertirait les officiers de rendre la justice avec assiduité, étant occupés aux affaires de leur vicariat, et par ainsi que le service du roi serait délaissé; qu'au lieu d'être juges ils deviendraient solliciteurs des affaires des prélats... que les contentions de juridictions entre les cours ecclésiastiques et séculières étaient les plus fréquents différends qui se présentassent à juger, et qu'il serait périlleux que les conseillers qui exercent les vicariats opinassent en ces procès, étant assuré qu'ils favoriseraient plutôt l'une des juridictions que l'autre. » Enfin, l'entérinement de ces lettres patentes ne passa qu'à condition que ledit sieur Berbis ne négligerait point le service du roi ni les affaires de la cour à raison de son vicariat ; qu'il n'assisterait point au jugement des causes du cardinal, et qu'il ne les solliciterait point ; qu'enfin, il ne ferait aucune chose qui pût être contraire à la dignité de conseiller.

Il est bon d'observer, 1° que, suivant l'édit de 1554, fait par Henri II à Villers-Cotterets, tous les grands vicaires des évêques doivent être Français et régnicoles ; 2° qu'il en est de même des vicaires généraux, que les religieux, généraux d'ordres étrangers, établissent en France ; car s'ils en établissaient qui fussent étrangers, il y aurait abus, comme le jugea le parlement de Paris, le 13 juin 1674, contre le P. Cavalli, général des jacobins, en faveur du P. Nicolas Bourin, Français de nation, que ce général avait destitué de sa charge de vicaire général pour lui substituer un étranger ; 3° que ces lettres de vicariats doivent être expédiées par l'évêque, scellées de son sceau et signées par son secrétaire et deux témoins, et ensuite insinuées au greffe du siége de l'évêché, suivant l'édit de 1513, art. 10 ; 4° que le vicariat général doit être donné en ces termes généraux : *In spiritualibus et temporalibus,* et non autrement ; 5° qu'un vicaire général ne peut conférer aucun bénéfice à l'évêque ni à soi-même, et qu'il y aurait abus, quand même il le ferait avec dispense du pape ; vu, comme le dit encore Févret, que les collateurs peu scrupuleux se feraient donner par cette voie et retiendraient tous les bons bénéfices qui sont à leur collation ; 6° que si le grand vicaire a conféré un bénéfice, même à un sujet incapable, soit par erreur ou autrement, il ne peut plus conférer le même bénéfice à un autre sous prétexte de réparer sa faute, mais doit avoir recours à l'évêque même, au droit de collation duquel il n'a pu préjudicier ; 7° que dans une province où la collation est alternative entre le pape et l'évêque, comme en Bretagne, le grand vicaire ne peut conférer en la place de l'évêque, à moins que, in les lettres de vicariat général ne portent expressément ce pouvoir ; 2° et que l'évêque ne soit actuellement résidant, parce qu'il n'a le droit d'alternative que précisément à raison de sa résidence. C'est pourquoi la collation qu'il donnerait lui-même serait abusive et nulle s'il la donnait étant hors de son diocèse, comme l'observe Févret, liv. III, ch. 5, n. 20.

— Pourquoi un évêque qui ne s'absente que pour une cause très-légitime, par exemple pour assister à une assemblée générale du clergé, perdrait-il son privilége d'alternative ? La remarque de Févret n'est donc pas juste, et celui qui a fait les notes sur lui dit qu'en Bretagne on n'a garde de suivre ces vaines délicatesses, p. 302.

Cas VI. *Bernardin,* vicaire général de l'évêque de Cracovie, a conféré plusieurs bénéfices, donné des dimissoires et fait d'autres fonctions de sa dignité, pendant que cet évêque était allé faire un voyage à Léopold, où il est mort huit jours après y être arrivé. On demande si tout ce que Bernardin a fait depuis la mort de son prélat, qu'il a ignorée pendant plus d'un mois, est valide et canonique ?

R. Il est vrai que l'évêque et son grand vicaire ne sont censés dans le droit qu'une seule personne, et qu'ils n'ont qu'une seule et même juridiction. Il est vrai, par conséquent, que les pouvoirs du grand vicaire finissent par la mort de l'évêque. De sorte qu'il ne peut pas, en ce cas, continuer de connaître d'une affaire qu'il aurait commencée auparavant ; en quoi il diffère d'un juge délégué, dont la juridiction n'est pas éteinte par la mort de celui qui l'a commis, à l'égard de l'affaire dont il avait à connaître avant le décès de son commettant, ainsi que le déclare Urbain III, cap. 20, *de Officio et Potest. jud. deleg.* Il faut cependant dire que tout ce qu'a fait Bernardin doit être réputé valide, sans même excepter la collation des bénéfices et les dimissoires qu'il a accordés, pourvu que l'évêque lui eût communiqué ces deux sortes de pouvoirs par une concession spéciale (car un grand vicaire ne les a pas de droit). La raison est que la mort de l'évêque n'étant pas encore connue dans le pays, et au contraire le public le croyant encore en vie, Bernardin passait communément pour grand vicaire. C'est pourquoi tous les actes de juridiction qu'il a faits pendant ce temps-là sont canoniques et incontestables ; parce que l'Eglise est censée suppléer dans ces sortes d'occasions à tout ce qui n'est que de droit humain, non-seulement pour conserver le repos des consciences, mais encore pour obvier aux contestations et pour remédier aux scandales qui autrement arriveraient infailliblement. Ce fut par cette raison que, quoiqu'un esclave ne pût être jugé chez les Romains, tout ce que fit Barbarius, qui devint préteur sans qu'on connût la servilité de sa condition, fut ratifié après qu'on l'eut connue. *Voyez* la loi *Barbarius,* ff. *de Officio prætorum,* lib. 1, tit. 24 : *Quid dicemus ?* dit-elle, *quæ edixit, quæ decrevit,* Barbarius, *nullius fore momenti ? An fore propter utilitatem eorum qui apud eum egerunt... et verum puto, nihil eorum reprobari : hoc enim humanius est.* Ajoutez que, comme le dit la Glose sur ce chapitre : *Circa factum error... communis facit jus.*

Cas VII. *Aristophane,* vicaire général de Spire, a admis une permutation faite par deux bénéficiers du diocèse, ou bien a reçu une démission qu'un curé lui a faite de sa cure. L'a-t-il pu faire légitimement, quoiqu'il ne soit pas autorisé spécialement par l'évêque à conférer les bénéfices ?

R. Il ne l'a pu ; car il faut avoir le même pouvoir pour recevoir une démission ou pour admettre une permutation que pour conférer un bénéfice : *Ejusdem namque potestatis est exuere, cujus est investire,* dit Cabassutius, lib. I, cap. 13, n. 6, où il ajoute que d'ailleurs une permutation ne se peut faire sans une double collation qu'il n'est pas au pouvoir d'un grand vicaire de donner, à moins que l'évêque ne le lui ait accordé expressément. Ce canoniste confirme son sentiment par cette règle du droit canonique : *Omnis r s per quascumque causas nascitur, per easdem dissolvitur* : à laquelle est conforme cette autre loi du droit romain : *Nihil tam naturale est, quam eo genere quidque dissolvere, quo colligatum est.* Reg. 35, ff. *de divers. Reg. juris antiqui.*

Il est bon d'observer, à l'occasion de la présente difficulté, que, selon notre jurisprudence, le vicaire général d'un chapitre, *sede vacante*, peut conférer aux gradués, même simples, les bénéfices qu'ils requièrent, suivant l'arrêt du parlement de Toulouse, du 8 avril 1604, rapporté par Laurent Jovet en sa *Bibliothèque des Arrêts*, où il cite aussi Rebuffe pour le même sentiment.

CAS VIII. *Archilochus*, vicaire général d'un évêque, a conféré à Gabriel une cure vacante, en vertu du pouvoir spécial qu'il a de conférer. L'évêque, qui n'en savait rien, a conféré le même bénéfice à Bertrand. Laquelle de ces deux collations est valide et légitime?

R. La collation que l'évêque a accordée à Bertrand doit prévaloir à celle que son grand vicaire a donnée à Gabriel, *propter conferentis ampliorem prærogativam*, ainsi que parle Boniface VIII, cap. 31, *de Præbendis*, etc., in 6. C'est ce qu'enseigne Rebuffe, quand il dit : *Collatio facta extra diocesim ab episcopo, valet; licet a vicario in diocesi eadem die fiat*; ce sont ses termes. La première raison qu'il en apporte, et qu'il a prise de Boniface VIII, que nous venons de citer, est que le pouvoir de l'évêque est plus noble que celui de son grand vicaire, *quia quod facta a majori; et ideo prævalet.* La seconde est que l'évêque ayant conféré le bénéfice, est censé avoir révoqué à cet égard le pouvoir de son grand vicaire, *et quia censetur revocatus vicarius quoad illam collationem* : de la même manière qu'un procureur, nommé pour agir dans une affaire, est censé révoqué, quand celui qui l'a commis la termine lui-même, suivant ces paroles du même pape, cap. 3, *de Procurat. Tractando ipsam (causam) eum (procuratorem) revocare censeris*; et qu'un juge subdélégué l'est aussi, lorsque celui qui l'a délégué agit lui-même dans la cause pour le jugement de laquelle il l'avait nommé, ainsi qu'il est dit cap. 68, *de Appellat.* C'est sur ces principes que le même Boniface VIII déclare cap. 14, *de Præbendis*, que, s'il donne une prébende, sa collation doit prévaloir à celle que son légat aurait accordée à un autre : *Penes nos tamen,* dit-il, *nihilominus remansit major, licet eadem, potestas etiam in prædictis; propter quod nostra qui eamdem præoccupavimus potestatem potior debet esse conditio; præsertim quod secundum canonicas sanctiones per speciem generi derogatur; quanquam de genere in derogante specie mentio nulla fiat.* Or, de là il suit, par identité de raison, que la collation de l'évêque doit prévaloir à celle de son vicaire général; et c'est en effet ainsi que l'a jugé le parlement de Paris, par son arrêt du 19 août 1564, rapporté par Chopin. Rebuffe observe néanmoins que, si le pourvu par le grand vicaire avait déjà pris possession du bénéfice avant que l'évêque l'eût conféré, il serait préférable à celui qui n'aurait encore que la simple collation de l'évêque, parce qu'en ce cas cette règle de droit a lieu. *In pari. causa potior est conditio possidentis.* Voyez Cabassutius, lib. I, c. 13, n. 10, où il suit Rebuffe pas à pas.

— Si plusieurs grands vicaires, qui auraient le même pouvoir de conférer les bénéfices, avaient nommé au même différents sujets, la collation de celui qui aurait été pourvu le premier l'emporterait sur tout autre. Si tous avaient nommé en même temps, elles seraient nulles, et ce serait à l'évêque à nommer.

— CAS IX. *Médard*, grand vicaire d'un évêque, a conféré une cure à un sujet qui en était indigne. L'évêque peut-il la conférer à un autre? Il semble que non; puisqu'un ecclésiastique ne peut varier, et que l'évêque et son grand vicaire ne sont qu'une même personne, *fictione juris.*

R. Plusieurs canonistes, dont M. de Héricourt n'est pas éloigné, permettent, en ce cas, à l'évêque de conférer le même bénéfice dans les six mois de la vacance; mais cette décision n'est pas sans difficulté, et Duperrai prétend qu'elle est fausse, et qu'alors la collation de l'évêque est nulle; c'est-à-dire qu'on plaidera et qu'on pourra perdre ou gagner. Voyez *les Mémoires du Clergé*, t. XII, pag. 1158.

CAS X. *Archippus*, vicaire général, ayant fait quelque chose qui a déplu à son évêque, celui-ci l'a révoqué par un acte en forme. Sur quoi l'on demande si les actes de juridiction qu'il a exercés avant que d'avoir été informé de sa révocation, sont canoniques et valides?

R. Les canonistes sont partagés sur cette question : les uns, comme Guimier, prétendent que si un grand vicaire a été révoqué pour quelque crime dont il soit coupable, les actes de juridiction qu'il exerce dans le cas proposé sont nuls, mais qu'autrement ils sont valides. Mais, comme cette distinction ne se trouve pas fondée dans le droit canonique, les autres canonistes la rejettent et estiment indistinctement que de tels actes sont valides dans un pareil cas, soit que le grand vicaire soit coupable ou innocent. Rebuffe est de ce nombre, et il cite pour son sentiment plusieurs autres jurisconsultes célèbres, comme Calderinus, que Joannes Andræas adopta pour son fils vers le milieu du quatorzième siècle, Décius et Félinus, évêques de Lucques, et un grand nombre d'autres célèbres canonistes, auxquels nous ajoutons Cabassutius, *ibid.*, n. 15, Panorme et autres, dont l'opinion a été confirmée par le parlement de Paris, le 18 juillet 1544.

Toutes ces autorités nous persuadent que la distinction que Guimier a inventée n'est capable que de causer des scrupules dans les consciences et de faire naître des contestations au sujet de la validité des actes de juridiction, qu'on révoquerait souvent en doute par l'incertitude où l'on serait presque toujours de la cause d'une telle révocation.

Cas XI. *Némésius*, grand vicaire de Nice, s'étant brouillé avec son évêque, ce prélat lui a déclaré, sans témoins, qu'il le révoquait; mais Némésius n'a pas laissé depuis d'approuver quelques confesseurs et d'exercer d'autres actes de sa juridiction. On demande sur cela si tout ce qu'il a fait depuis sa destitution est valide.

R. Il est constant que les actes de juridiction que Némésius a exercés depuis sa destitution secrète, et déclarée seulement de vive voix par l'évêque, sont valides et canoniques. La raison est que cette destitution étant ignorée du public, elle ne peut éteindre sa juridiction, puisqu'elle n'empêche pas qu'il ne passe communément et dans l'opinion du public pour grand vicaire légitime. C'est pourquoi le droit autorise toujours en ce cas tous les actes qu'exerce un tel officier, jusqu'à ce que la révocation de ses pouvoirs soit notoire, suivant cette maxime que nous avons déjà citée ailleurs: *Circa factum error... communis facit jus*. Il faut donc nécessairement que la destitution de Némésius soit faite dans les formes et rendue publique, comme l'a été son institution, avant que les actes qu'il a exercés puissent être réputés illégitimes, c'est-à-dire qu'il est nécessaire que cette destitution soit faite par écrit, et que l'acte en soit insinué au greffe des insinuations du diocèse, ainsi qu'il est porté par les art. 21 et 22 de l'édit de 1691, à l'égard non-seulement des grands vicaires, mais encore des officiaux, vice-gérants et promoteurs. Cette décision est de M. du Casse, part. 1, ch. 2, n. 4.

— L'auteur a remarqué, dans sa seconde décision, qu'il n'est pas permis dans le for intérieur à un grand vicaire qui connaît sa révocation, de continuer à user de ses pouvoirs. M. Durand, dans son *Dictionnaire de Droit canonique*, dit la même chose, et il cite le chapitre *Romana, de Officio Vicarii*, in 6.

— Cas XII. *Marcien*, évêque, a été nommément excommunié ou interdit. Lucius, qu'il avait établi son grand vicaire, peut-il continuer à en faire les fonctions?

R. Non; dès que la personne de l'un est par fiction de droit la personne de l'autre, l'évêque ne peut perdre sa juridiction sans que son vicaire perde la sienne. Mais si l'évêque est rétabli, le grand vicaire l'est en même temps, sans avoir besoin d'une nouvelle commission. *Voyez* le même auteur, *ibid*., pag. 836.

Cas XIII. *Pantaléon*, ayant été nommé vicaire général de Sisteron par Adolphe, qui avait été nommé à cet évêché par le roi, et qui en avait déjà le brevet, a approuvé plusieurs confesseurs et exercé d'autres actes de la juridiction volontaire. Ces actes sont-ils valides, quoiqu'Adolphe n'ait pas encore pris possession, et qu'il n'ait pas même encore obtenu ses bulles?

R. Ces actes sont nuls; car celui qui est nommé à un évêché, et qui n'a encore que le brevet du roi, ne peut sans abus établir un grand vicaire pour le gouvernement du spirituel du diocèse, puisqu'il n'a pas lui-même pouvoir d'exercer aucune juridiction à cet égard, avant qu'il ait obtenu ses bulles ou provisions du pape, conformément au concordat qui est en usage en France. Il n'y a donc alors que le seul grand vicaire et l'official du chapitre, qui puissent exercer la juridiction spirituelle, volontaire et contentieuse, *sede vacante*; mais, dès qu'il a obtenu ses bulles, il peut, de plein droit, même avant sa prise de possession, exercer la juridiction épiscopale, et, par conséquent, nommer un ou plusieurs grands vicaires pour l'exercer en sa place; ce que nous disons néanmoins, sans prétendre préjudicier au droit que certains chapitres seraient en possession d'exercer au contraire jusqu'à la prise de possession de l'évêque, comme il se pratique en France.

— La maxime de M. de Héricourt, chap. des *Grands Vicaires*, n. 9, est que « le nouvel évêque ne pouvant exercer la juridiction ecclésiastique, qu'après avoir obtenu ses bulles et pris possession de son évêché, il ne peut nommer de grands vicaires que lorsqu'il a satisfait à cette formalité. » Mais, poursuit-il, « il n'est point nécessaire qu'il soit sacré avant que d'expédier la commission d'un grand vicaire. » La Combe et M. Durand, pag. 834, croient qu'il vaut mieux s'en tenir à ce sentiment qu'à celui de Févret, de Duperrai et autres qui pensent le contraire.

— VICAIRE DE PAROISSE.

Les *vicaires* de paroisse, qu'on nomme *secondaires* en Provence, sont des prêtres choisis spécialement pour aider les curés dans les fonctions de leur ministère.

Un vicaire doit être pieux, retiré, ennemi du jeu, surtout avec les séculiers, et très-studieux; sur quoi il peut consulter la petite bibliothèque que nous avons indiquée au mot THÉOLOGIEN. Un vicaire ne devrait jamais être établi que par des lettres qui lui marquassent ses pouvoirs.

L'évêque peut ôter à un curé un vicaire dont il est content, et, faute par lui de se retirer, l'interdire; parce qu'il tient tous ses pouvoirs de l'évêque, et que celui-ci peut les limiter pour le temps et pour le lieu, etc. Ajoutez qu'il peut arriver qu'un vicaire ne plaise au curé que parce qu'il ne vaut pas mieux que lui.

Il y a plus de difficulté à décider si l'évêque peut donner au curé un vicaire malgré lui, *invito parocho.* M. la Combe, v. *Curé,* croit que non, en convenant toutefois que l'évêque peut ne point approuver les sujets que le curé lui présentera ; ce qui rend le choix de ce dernier bien peu libre. Je ne prétends pas traiter à fond une question aussi étendue. On peut voir dans les *Mémoires* du feu évêque de Chartres (M. de Mérinville) les raisons du sentiment contraire. Ce prélat disait que le curé (soit qu'il soit ou ne soit pas de droit divin) n'a qu'une *autorité communiquée et communiquée pour lui seul, dont il ne saurait par conséquent disposer, et qu'il ne peut communiquer.* Il s'appuyait sur ces paroles : *Attendite vobis et universo gregi,* etc. Ce texte regarde donc toutes les âmes de chaque diocèse, et les curés comme les autres, puisqu'ils sont membres du diocèse comme les autres, Et c'est en ce sens que M. Talon a adopté ce passage dans son plaidoyer de 1664. Le curé n'est pas chef, puisqu'à proprement parler le diocèse ne fait qu'une Eglise, dont le curé est un des membres. Il n'a de pouvoirs que pour partager le ministère de l'évêque, qui les donne *cumulative* et non *privative.* C'est pour cela qu'il peut prêcher et confesser dans toutes les paroisses de son diocèse, et commettre, *invito parocho,* des prêtres pour la confession et pour le mariage de quelques paroissiens, sans pouvoir néanmoins dépouiller les curés de toutes leurs fonctions, à moins qu'il ne les destitue dans toutes les formes. Ce pouvoir général des évêques est bien enseigné par saint Thomas, quodl. 12, art. 19, sect. 30, où il dit : *Alii dicunt, quod nullus potest, etiam auctoritate superioris prælati, absolvere subditum inferioris prælati contra voluntatem presbyteri parochialis; hoc etiam est erroneum, quia... episcopus habet jurisdictionem in omnes : unde episcopus potest omnium confessiones audire, contra voluntatem presbyteri parochialis, et similiter etiam ille cui episcopus committit.* Il est vrai qu'un évêque met communément la clause *de consensu parochi;* mais c'est pour observer le *non dominantes in cleris* du prince des apôtres ; ce qui n'empêche pas qu'il ne puisse quelquefois être obligé d'user de toute l'étendue de ses droits.

M. de Mérinville ajoutait que, dans la cause du curé de Villenauxe, en 1722, M. l'évêque de Troyes, qui était partie, rapportait des certificats de l'archevêque de Sens, des évêques d'Auxerre, de Langres, de Metz, de Toul, d'Orléans, qui attestaient cette discipline. L'assemblée du clergé de 1625 envoya à tous les prélats du royaume, du consentement du roi, plusieurs règlements qui ont été confirmés en 1635, et renouvelés en 1645, dont l'art. 18 statue que les prêtres envoyés dans les paroisses pour y confesser, *prendront le consentement des curés, si l'évêque ou son grand vicaire, pour certaines considérations, n'en ordonnent autrement.*

Enfin le même évêque de Chartres faisait valoir un arrêt du 14 juillet 1700, par lequel le parlement déclara n'y avoir abus dans la confirmation d'un prêtre renvoyé par le sieur Coignet, curé de Saint-Roch, et rétabli par M. le cardinal de Noailles, *etiam renitente parocho.* M. Daguesseau, alors avocat général, donna ses conclusions en faveur dudit seigneur archevêque de Paris, suivant les principes de saint Thomas cités ci-dessus ; et cependant le sieur Coignet n'était pas alors en état de discrédit où on l'a vu depuis. La même chose fut jugée le 20 mars 1722, contre le curé de Villenauxe, en faveur de M. l'évêque de Troyes, après sept audiences : *sauf au curé à se retirer par-devant l'évêque de Troyes, pour lui faire les représentations nécessaires sur le choix de son vicaire, et par l'évêque de Troyes y avoir tel égard qu'il jugera à propos.* Mais ce point demanderait à être traité avec plus d'étendue.

CAS I. *Pomponius,* curé, étant venu à mourir, Léonard, son vicaire, a continué d'exercer ses fonctions ordinaires, en assistant à des mariages et en faisant les mêmes choses qu'il faisait avant la mort du curé. Avait-il ce pouvoir ?

R. Quoique nous ayons dit ailleurs que le pouvoir d'un pénitencier et de tout autre confesseur subsiste après la mort de l'évêque, jusqu'à ce que son successeur l'ait expressément révoqué, on ne peut pas conclure de là que le pouvoir d'un vicaire subsiste à l'égard de toutes les fonctions pastorales. La raison est que, comme le grand vicaire d'un évêque n'est censé être, *fictione juris,* qu'une seule et même personne avec l'évêque, parce qu'ils n'ont tous deux qu'une seule et même juridiction volontaire, de même le vicaire d'un curé n'est réputé qu'une même personne avec le curé. C'est pourquoi, comme le pouvoir du grand vicaire cesse absolument par la mort de l'évêque, de même le pouvoir du vicaire cesse pareillement par la mort du curé. Ainsi Léonard n'a pu assister à des mariages après la mort de Pomponius, puisque le concile de Trente n'a attribué ce pouvoir qu'à la seule personne du propre prêtre, c'est-à-dire du curé, et qu'on le suppose mort, et par conséquent hors d'état de pouvoir déléguer Léonard. Mais Léonard a pu continuer à entendre les confessions ; car l'approbation de l'évêque subsiste, quoique la commission que ce vicaire avait reçue du curé soit finie par la mort.

— Ainsi, si le curé meurt le lundi gras au soir, et qu'il y ait trois ou quatre mariages préparés pour le lendemain, il faudra, si la paroisse est éloignée de douze ou quinze lieues de la ville épiscopale, attendre jusqu'à Pâques. Cela ne paraît ni prouvé, ni bien raisonnable. Ains au contraire.

CAS II. *Léonard,* vicaire d'un hameau qui dépend de la cure de Saint-Amand, et qui en est distant d'une lieue, étant devenu très-infirme, a commis un prêtre de ses parents pour exercer en sa place les fonctions curiales dont il était chargé, sans en avoir parlé au curé du lieu. L'a-t-il pu faire validement ?

R. Un vicaire n'a pas pouvoir de commettre un autre prêtre pour exercer toutes ses fonctions en général, selon cette maxime de droit : *Delegatus delegare non potest;* mais il peut néanmoins lui communiquer son pouvoir pour exercer quelques fonctions particulières. La raison est que l'on doit présumer que celui qui l'a commis consent tacitement qu'il fasse faire par un autre ce qu'il ne peut pas faire en personne. C'est ainsi que raisonne saint Thomas, *ibid.*, art. 31, où il dit: *Ille qui constituitur vicarius non potest totam suam potestatem committere, sed potest partem; quia intentio committentis est ut exsequatur secundum quod potest ille, cui committit: et forte non potest totum facere quod sibi committitur, et ideo potest aliquid alteri committere.* Ainsi, dans l'espèce proposée, Léonard a pu licitement et validement commettre au prêtre, son parent, les fonctions particulières qu'il ne se trouvait pas en état de faire, à cause de son infirmité ou de quelque autre empêchement; mais il n'a pu le commettre validement pour le total de ses fonctions, sans le consentement et l'approbation du curé de Saint-Amand, ou de l'évêque diocésain.

— Cas III. *Paul, vicaire de Siméon, ayant un an à voir à deux lieues de sa paroisse, a chargé un prêtre voisin de faire un mariage. Ce mariage fait par un étranger est-il valide?*

R. Si ce mariage s'est fait dans une autre paroisse que celle où Paul est vicaire, par exemple, dans la paroisse de ce prêtre étranger, il est nul, parce qu'un vicaire n'a la juridiction de son curé que dans la paroisse où il est vicaire. Fagnan, sur le chap. *quod nobis, de clandest. Desponsat.*; dit que cela a été ainsi résolu par la congrégation du Concile.

Mais si le mariage a été célébré dans la propre paroisse où Paul est vicaire, on doit le juger valable, parce que, quoique un délégué pour une cause particulière ne puisse subdéléguer, selon la maxime: *Delegatus delegare non potest*, cependant un délégué *ad universitatem causarum*, c'est-à-dire pour la totalité des affaires qui sont du ressort essentiel de son commettant, peut subdéléguer, non pour la même totalité, mais pour quelque partie des affaires qui lui ont été commises, parce qu'en ce point il est comme ordinaire. Or les vicaires sont pour l'ordinaire délégués généralement et sans aucune exception pour toutes les fonctions curiales. C'est le sentiment de Barbosa *in cap. 1, sess. 14, conc. Trid.*, de Sanchez, de Ponce son antagoniste, etc. Pour ôter tout doute, un curé n'a qu'à donner à son vicaire le pouvoir de commettre d'autres prêtres à sa place. *Voyez* les *Confér. d'Angers* sur le mariage, tom. I, p. 411, édit. d'Angers de 1741.

— Cas IV. *Raimond et Anselme, l'un desservant de la paroisse de Saint-Séverin, l'autre vicaire de la paroisse de Saint-Jean, ont reçu, chacun de son côté, le testament d'un homme prêt à mourir. Ces deux testaments ne sont-ils pas valides?*

R. « Les curés séculiers et réguliers pourront recevoir des testaments ou autres dispositions à cause de mort dans l'étendue de leurs paroisses, dans les lieux où les coutumes et les statuts les y autorisent expressément, etc. Ce qui sera pareillement permis aux prêtres séculiers préposés par l'évêque à la desserte des cures, sans que les vicaires ni aucunes autres personnes ecclésiastiques puissent recevoir des testaments ou autres dernières dispositions. N'entendons rien innover aux règlements et usages observés dans quelques hôpitaux, par rapport à ceux qui y peuvent recevoir des testaments ou autres dispositions à cause de mort. » Ordonnance concernant les testaments, donnée au mois d'août 1735, art. 23. Cet article paraît renverser la décision que l'auteur a donnée au mot TESTAMENT, cas XXVI.

— Cas V. *André, curé primitif d'une paroisse, voyant que Marc, qui en est vicaire perpétuel, ne demandait point de secondaire contre l'usage du lieu, y en a nommé un. Ne l'a-t-il pas nu?*

R. Non. C'est au vicaire perpétuel, à qui il ne manque que le nom de curé, à demander à l'évêque un vicaire; ou bien à l'évêque à lui en nommer un, quand cela est nécessaire pour le bien de la paroisse. Cela a été ainsi jugé contre les curés primitifs, comme on le voit dans les arrêts de Catelan, liv 1, ch. 10.

Il ne sera pas inutile d'ajouter que, quoique les évêques puissent, selon la déclaration du 29 janvier 1686, établir dans une paroisse un ou plusieurs vicaires, selon qu'ils le jugent nécessaire; néanmoins, comme cet établissement intéresse les décimateurs, les habitants et même le curé, l'évêque ne doit pas y procéder sans appeler et entendre toutes ces parties. *Il est même nécessaire qu'il paraisse de la réquisition.* C'est dans ce sens que les arrêts ont souvent déclaré y avoir ou n'y avoir pas abus dans l'établissement des vicaires. *Voyez* les *Mémoires du Clergé*, tom. VII, pag. 148, ou MM. la Combe et Durand au mot *Vicaires*.

Voyez COLLATION, DIMISSOIRE, EXCOMMUNICATION.

VISA.

On donne ce nom de *visa* aux lettres par lesquelles l'ordinaire témoigne qu'il a vu les provisions de cour de Rome obtenues par un bénéficier, et qu'après l'examen qu'il a fait de sa capacité et de ses mœurs, il l'a trouvé capable de posséder et de desservir le bénéfice dont il a été pourvu; laquelle clause est tellement importante, que Mornac ne fait pas de difficulté de dire qu'il y a abus dans un *visa* accordé sur des provisions qu'on nomme *in forma dignum*, quand il ne marque pas que le pourvu a été examiné et jugé capable. La raison sur laquelle ce jurisconsulte se fonde est que les ordonnances de Blois et de Melun portent expressément qu'aucun *visa* ne sera accordé sans un examen préalable. C'est en effet ainsi que l'a jugé le parlement de Paris, le 1er décembre 1654 et le 14 janvier 1659. La Rocheflavin rapporte un pareil arrêt plus ancien, qui est du 29 janvier 1606, par lequel l'évêque de Rodez fût condamné à une amende de cent sous pour avoir omis ces termes, *Examinato et idoneo reperto*, dans un *visa* qu'il avait donné sur une provision en forme commissoire. — Il y en a qui croient qu'il y aurait nullité si on ne mettait, *Tibi præsenti examinato;* mais ce sentiment est aujourd'hui rejeté. L'examen par interrogation n'est pas la seule voie qu'ait un évêque pour connaître la capacité d'un sujet.

Sans un tel *visa* un bénéficier ne peut prendre possession de son bénéfice sans se rendre coupable d'intrusion, et par conséquent sans rendre son bénéfice impétrable. Mais afin d'éviter tout sujet de plaintes, les évêques ou leurs grands vicaires, qui croient devoir en conscience refuser le *visa* à celui qui le demande, sont obligés de lui donner un acte de leur refus par écrit et d'y en exprimer la cause, ainsi qu'il est prescrit par les ordonnances de Blois, art. 12 et 13, et de Melun, art. 14 et 15, et enfin par l'édit du mois d'avril 1695, afin que celui qui est refusé puisse se pourvoir par-devant le supérieur ecclésiastique. Car, à l'égard des permissions que les juges séculiers accordent aux pourvus, de prendre possession pour la conservation de leurs droits, il est très-important de savoir que, selon l'art. 17 de la même ordonnance, une telle prise de possession, qu'on appelle civile, ne donne à celui qui l'obtient aucun droit d'exercer quelques fonctions spirituelles et ecclésiastiques ce soit, jusqu'à ce qu'il ait obtenu un *visa* de son évêque, ou, en cas de refus, de son supérieur immédiat, auquel seul il appartient de le donner, suivant le règlement de l'assemblée du clergé des années 1635 et 1636, confirmé par deux arrêts du conseil privé du 16 mars 1646 et 16 avril 1658, et par deux autres du 11 mars et 11 juillet 1670, rendus en faveur de plusieurs évêques ; sur quoi voyez les *Mémoires du Clergé*, tom. II, part. 2, pag. 52, 61, etc.

Quand un pourvu a été refusé par l'évêque, par le métropolitain, et enfin par le primat, il n'est plus reçu à se pourvoir sur ce triple refus. Il n'a pas non plus droit de se pourvoir par-devant les juges séculiers contre les refus d'un *visa*, ni les juges ne peuvent ordonner que leurs sentences ou arrêts tiendront lieu de provision ou de *visa*, ainsi qu'il leur a été étroitement défendu par un arrêt du conseil privé du 30 juillet 1630, qui casse un arrêt du parlement de Rouen qui avait été rendu au contraire contre l'évêque de Séez.

Il n'en est pas des collations royales comme des autres, car elles ne sont point sujettes au *visa*, à l'exception des dignités d'un chapitre, que le roi a conférées en régale.

A l'égard de ceux qui sont pourvus *in forma gratiosa*, il n'en est pas de même que de ceux qui le sont *in forma dignum*. Car l'attestation de vie, de mœurs et de doctrine donnée par l'évêque, et que le postulant envoie à Rome pour obtenir en conséquence une provision de cette nature, tient lieu de *visa* : de sorte que le pourvu peut prendre possession après l'avoir reçue, en observant néanmoins les formalités ordinaires, et principalement, après s'être présenté à l'évêque, lorsque le bénéfice dont il s'agit est une cure ; ainsi que le prescrit l'édit concernant la juridiction ecclésiastique : ce qui a été ordonné avec grande raison, parce qu'on admettait à Rome les attestations données par l'évêque du domicile de celui qui les produisait, et qu'il arrivait souvent que le pape était surpris en accordant des provisions en forme gracieuse à de mauvais sujets, qui en abusaient pour entrer dans des bénéfices cures, sans passer par aucun examen. C'est pour cette raison qu'aujourd'hui, par l'article 3 de l'édit de 1695, quelque provision gracieuse qu'on ait obtenue d'une cure, on est toujours absolument obligé de se présenter à l'examen de l'évêque dans le diocèse duquel le bénéfice est situé.

Il est bon d'ajouter que celui qui est pourvu d'un bénéfice peut le résigner, *etiam possessione non accepta*, et sans avoir obtenu de *visa*. La raison qu'en donne M. du Perrai est qu'un *visa* n'est pas de la substance de la grâce, non plus que la prise de possession, qui fait seulement partie de son exécution, et c'est pour cette raison qu'en cas de contestation sur un titre de bénéfice, on n'a jamais recours à la date du *visa*, mais seulement à celle des provisions qu'on en a obtenues.

— Cas I. *Augustin*, évêque, fâché de voir la cure de Saint-Jean résignée à Bertin, l'a examiné sur plusieurs questions de critique et sur plusieurs points très-difficiles de théologie spéculative, et il lui a refusé son *visa*, parce qu'il ne lui a pas bien répondu. Ce procédé est-il juste ?

R. Non ; il est sûr, 1° que, quand un sujet a un droit acquis à un bénéfice, en vertu d'une provision de Rome, d'une présentation de patron, de la nomination d'une université, etc., la concession du *visa* n'est pas un acte de grâce, mais de justice, et qu'ainsi l'évêque ne peut le refuser que pour de solides raisons ; 2° que les questions de l'examen doivent être faites équitablement, sur des points qui ne soient pas réservés aux seuls savants et aux critiques. Sans cela il n'y a point d'homme, quelque habile qu'il soit, qui ne puisse être refusé par un homme moins habile que lui. Si je demandais à un jeune homme, qui vient d'étudier le *Traité des Vertus cardinales*, ce que c'est que *Synesis*, *Eubulia* et *Gnome*, il me le dirait fort bien. Si je le demandais à cinquante docteurs, une partie ne l'aurait jamais su, et l'autre l'aurait oublié. Ainsi il faut y aller *ex æquo et bono*. Si un mauvais sentiment contre la foi ou la saine morale dominait dans un lieu, quoique la matière fût difficile, un évêque pourrait et devrait en faire la matière de son examen. Il est important de savoir si un futur curé ne passera point tel contrat qui est usuraire, etc.

— Cas II. *Lubin* a pris possession de sa cure sans *visa*. Marius a pris possession de la sienne sur le *visa* d'un grand vicaire, *dont les pouvoirs étaient bornés*. Quatre ans après ils ont été tous deux attaqués par des dévolutaires. Ne peuvent-ils pas se défendre par la possession triennale ?

R. Lubin ne le peut pas ; parce qu'un curé ; qui est sans *visa*, est un intrus, et que les intrus sont, aussi bien que les simoniaques volontaires, exceptés de la règle *de pacificis possessoribus*.

Il y a plus de difficulté pour le second cas, parce que le pourvu est de bonne foi, et qu'il doit juger qu'un grand vicaire qui lui donne le *visa* a commission et pouvoir de le donner. Cependant par arrêt du parlement de Paris, du 23 janvier 1703, un régaliste fut maintenu dans la chantrerie de la cathédrale d'Avranches, contre le sieur Auvray, qui en était en possession depuis douze ans, en vertu d'une signature de cour de Rome, pour cause de permutation, sur laquelle il avait obtenu un *visa* du grand vicaire de l'évêque d'Avranches, duquel les pouvoirs étaient limités.

— Cas III. *Louis*, à qui Marin a résigné sa cure, a été plus de deux ans sans demander le *visa* des provisions qu'il avait obtenues en cour de Rome. Est-il encore à temps pour l'obtenir ?

R. Les dévolutaires n'ont qu'une année pour prendre le *visa* ; mais les résignataires ou permutants ont trois ans pour le prendre, comme ils ont trois ans pour prendre possession de leur bénéfice. Voyez M. Piales, *Traité des visa*.

Cas IV. *Aichard*, acolyte, étant depuis trois mois dans le séminaire épiscopal, en a été chassé par l'ordre de l'évêque, qui ne l'a pas jugé propre pour l'état ecclésiastique. Trois mois après, le curé de Saint-Donat, au diocèse de ce même évêque, lui a résigné sa cure en cour de Rome. Ce nouveau pourvu s'étant présenté à l'évêque pour obtenir son *visa*, et l'évêque le lui ayant refusé, et ayant marqué dans son acte de refus qu'il n'était pas appelé aux saints ordres, à cause de sa vie mal réglée, dont il apporte des preuves légitimes, Aichard s'est pourvu au métropolitain qui le lui a accordé ; en conséquence de quoi il a pris possession de la cure. On demande sur cela, 1° si l'évêque a pu sans injustice refuser le *visa* à Aichard, sans exprimer d'autres raisons de son refus ; 2° si le métropolitain a pu sans péché lui accorder son *visa* ; 3° si Aichard peut en conscience garder cette cure ?

R. L'évêque a non-seulement pu sans injustice refuser le *visa* à Aichard, mais il y a même été obligé en conscience, puisqu'il l'avait chassé de son séminaire comme un sujet qu'il a jugé, avec raison, n'être pas appelé de Dieu à l'état ecclésiastique. Car, étant indigne de ce saint état, il l'est encore beaucoup plus d'avoir le gouvernement de toute une paroisse. Il lui est donc inutile de prétendre se prévaloir des provisions qu'il a obtenues en cour de Rome, parce que le pape ne les accorde que *in forma dignum*, c'est-à-dire en forme commissoire, il charge par là la conscience de l'évêque qui les entérine par le *visa* qu'il accorde, si le pourvu est un sujet indigne du bénéfice, soit par son ignorance, soit par le déréglement de ses mœurs.

2° Le métropolitain n'a pu en conscience, accorder d'abord à Aichard le *visa* que son évêque lui avait refusé ; car ayant reconnu par l'acte de refus qu'il était déréglé dans sa conduite, et par conséquent incapable d'être préposé à la conduite des autres, comme l'est un curé, il a dû juger que l'évêque connaissait beaucoup mieux son diocésain qu'il ne pouvait le connaître lui-même, et par conséquent que ce prélat ne se trompait pas dans le jugement qu'il en faisait.

Nous avons dit, *accorder d'abord le* visa. Car il devait commencer, ce semble, par déclarer à Aichard qu'il eût à se justifier auprès de son évêque, et que, faute de lui rapporter dans un temps limité des preuves suffisantes de son innocence, il ne lui accorderait point de *visa*. Ce qui est conforme à l'ordonnance de Blois, qui dit : « Et où lesdits impétrants seraient trouvés insuffisants et incapables, le supérieur auquel ils auront recours ne leur pourra pourvoir, sans précédente inquisition des causes de refus. »

3° Il s'ensuit évidemment de là que Aichard ne peut en sûreté de conscience retenir la cure de Saint-Donat, dont il a mal à propos pris possession en vertu d'un *visa* qui lui a été injustement accordé, et qu'il est tenu de s'en démettre incessamment : 1° parce qu'en ce qui regarde la juridiction volontaire, l'évêque a Dieu seul pour supérieur. Or, l'ordination et le refus d'ordonner sont purement de la juridiction volontaire de l'évêque. C'est la doctrine établie par les saints canons et autorisée par la jurisprudence de tous les parlements de France. C'est pourquoi quand un évêque refuse d'admettre quelqu'un aux saints ordres, *il lui suffit, qu'en conscience il le juge incapable d'être promu ; et n'est pas tenu de rendre compte de ce refus à autre qu'à soi-même* ; ainsi que parle Févret en son *Traité de l'abus*, liv. II, ch. 1, 8, 6 ; 2° parce qu'il n'y a aucun texte dans tout le corps du droit, qui permette à un métropolitain d'ordonner les sujets de ses suffragants, en cas que ceux-ci le refusent ; 3° parce que la congrégation du Concile l'a ainsi décidé à la réquisition du cardinal Antoine Barberin, à qui elle écrivit en ces termes : *Cum nullus ordinari debeat, quem suus episcopus suæ ecclesiæ utilem, aut necessarium non judicavit, congregatio non semel declaravit, ab ejusmodi judicio nullam dari appellationem*.

Cas V. *Cordulphe*, prêtre, ayant obtenu un bénéfice cure, par une résignation qui lui en a été faite en cour de Rome, s'est présenté à l'évêque diocésain pour obtenir son *visa*, afin d'en prendre possession. L'évêque lui ayant proposé sept ou huit questions sur la matière des sacrements, auxquelles il a très-mal répondu, lui a donné un acte de refus, où il en a énoncé la cause. Cordulphe s'est pourvu quelque temps après vers le métropolitain qui l'ayant trouvé suffisamment capable, lui a accordé son *visa*, en vertu duquel il a pris possession de la cure. Ce métropolitain a-t-il pu lui accorder son *visa* ?

R. Il ne suffit pas que l'ordinaire donne un acte de refus conçu en termes généraux seulement ; car il est tenu, suivant l'art. 13 de l'ordonnance de Blois, d'exprimer les causes de refus dans l'acte qu'il en donne : *Lesquelles causes de refus à cette fin, les ordinaires seront tenus d'exprimer et insérer aux actes de leur refus.* Ce n'est pas même assez de les exprimer en termes généraux, car il faut en donner des preuves ; et pour cela, quand le refus est pour cause d'ignorance, il est de la prudence de l'évêque, ou de son grand vicaire, de réduire par écrit les réponses que le pourvu en cour de Rome lui a faites, et de les lui faire signer ; et d'en envoyer le procès-verbal au métropolitain. De même, si le refus a pour cause la dépravation des mœurs de l'ecclésiastique qui demande son *visa*, il est aussi nécessaire d'en avoir des preuves par des informations faites à la requête du promoteur ; autrement l'acte de refus ne serait pas juridique, puisqu'il ne serait pas conforme aux règles établies par les ordonnances, et par conséquent un métropolitain ne serait pas tenu sous peine de péché d'y avoir égard.

Cette maxime étant présupposée, il est évident que, dans l'espèce proposée, le métropolitain n'a pu, en conscience, accorder le *visa* à Cordulphe, en procédant de la manière portée par l'exposé, si l'évêque a exprimé dans son acte les causes particulières de son refus, et qu'il ait usé de la précaution que nous venons de marquer. La raison est qu'un métropolitain n'a droit d'examiner de nouveau celui qui a été refusé par son suffragant qu'après avoir reconnu par l'examen du procès-verbal fait par l'évêque, que les causes du refus sont injustes. Car, si les causes alléguées par le suffragant sont justes (comme si le procès-verbal porte que Cordulphe ayant été interrogé sur telles questions, il y a très-mal répondu, ou plutôt qu'il a répondu de telle manière à telle question, etc.), le métropolitain doit s'en tenir là, à moins que le refusé ne prouve que le procès-verbal est faux, ou que les questions que l'évêque lui a faites étaient sur des choses qu'un curé n'est pas obligé de savoir ; de sorte que tout le pouvoir du métropolitain, lorsque le refusé ne s'inscrit point en faux contre le procès-verbal, se termine à prononcer qu'il a été mal appelé du refus qui lui a été fait par le suffragant. Sans cela il arriverait souvent, que le procédé de l'évêque, qui a donné un juste acte de refus pour cause d'ignorance, serait injustement condamné par le métropolitain, qui prétendrait admettre le refusé, après l'avoir examiné de nouveau, puisqu'il se pourrait aisément faire qu'il eût étudié depuis son refus, et qu'il eût appris ce qu'il ignorait au temps qu'il s'est présenté à l'examen de son évêque.

Ce que nous venons de dire est conforme à la jurisprudence de ce royaume, ainsi qu'il paraît par ces termes de l'art. 128 de l'édit du mois d'août 1539, fait par François Ier. « En toutes appellations sera jugé *an bene, vel male*, sans mettre les appellations au néant, sinon en nos cours souveraines, si pour très-grande et urgente cause ils voient qu'ainsi se dût faire. » Le parlement de Paris rendit, le 8 mai 1660, un célèbre arrêt conforme à cette jurisprudence, en ordonnant que les officiaux des métropolitains seraient tenus de prononcer sur les appellations conformément à l'ordonnance *an bene, vel male appellatum fuerit*, sans qu'ils puissent faire défense ni évoquer. Enfin cette décision est entièrement conforme à ce que saint Charles Borromée ordonne dans son quatrième concile provincial de Milan, part. 2, tit. *de Beneficiorum collatione*, etc.

CAS VI. *Cléonicus*, évêque, ayant un juste sujet de douter de la probité des mœurs d'Alphonse, qui s'est présenté à lui pour obtenir son *visa*, afin de prendre possession d'une cure dont il a été pourvu à Rome, *in forma dignum*, a jugé à propos, avant que de le lui accorder, de lui ordonner de se retirer pour huit mois dans son séminaire. Alphonse, qui dans la vérité est un prêtre sans reproche et qui n'est soupçonné d'une vie déréglée que par la calomnie de ses ennemis, est-il obligé en ce cas, d'obéir à l'ordre de son évêque et de s'exposer au danger de perdre son bénéfice, comme il arriverait, si son résignant venait à mourir, dans les six mois, dans la possession de cette cure, avant qu'il n'en eût pris possession, et ne peut-il pas se pourvoir au métropolitain ?

R. *Alphonse* ne se peut pas dispenser d'obéir à l'ordre de son évêque ; car encore qu'il soit innocent, l'évêque ne laisse pas d'être en droit de s'assurer de la probité de ses mœurs et de l'éprouver dans son séminaire, qui est la voie ordinaire et légitime dont il peut prudemment se servir dans une pareille occasion.

La crainte où il est de perdre son bénéfice, en se soumettant à une retraite de huit mois dans le séminaire, n'est pas bien fondée ; car il est bien vrai qu'il est nécessaire d'avoir publié dans les six mois la résignation qui a été faite d'un bénéfice, suivant la règle de la chancellerie romaine *de publicandis* ; mais ce n'est pas une nécessité absolue que la publication se fasse par la prise de possession du bénéfice, et il suffit de justifier qu'on en a été légitimement empêché, et qu'on a requis le *visa* à cet effet ; et c'est ce qu'Alphonse peut faire aisément, en demandant à son évêque acte de la réquisition qu'il lui en a faite, lequel acte ne lui peut être refusé sans injustice ; par où il se mettra à couvert du danger dont il est menacé par la règle que nous venons de citer, qui, selon tous nos jurisconsultes, n'oblige qu'à rendre publique la résignation dans les six mois, et à demander à entrer en possession du bénéfice dont on est pourvu, ainsi qu'il paraît par les termes mêmes de cette règle qui dit : *Nisi... posses-*

sio illorum ab eis, quos id contingit, petita fuerit. De sorte qu'Alphonse ayant cet acte, par lequel l'évêque attestera qu'il lui a demandé un *visa* pour être mis en possession de la cure dont il s'agit, cela lui suffira pour rendre publique la résignation qui lui en a été faite, quand même son résignant viendrait à mourir avant que d'avoir été dépossédé de cette cure.

Cas VII. Renier, prêtre de Bordeaux, pourvu en cour de Rome de la cure de Saint-Godard, n'ayant pu obtenir son *visa* de l'archevêque, parce qu'il est, dit-il, prévenu contre lui, sans lui en avoir donné aucun sujet légitime, a obtenu un arrêt du parlement qui lui permet d'avoir recours au premier évêque du ressort de ce même parlement pour l'obtenir. En conséquence duquel arrêt il l'a obtenu du grand vicaire de l'évêque à qui il s'est adressé, et s'est mis ensuite en possession de la cure. Son *visa* est-il suffisant, et sa prise de possession est-elle canonique?

R. Le *visa* de Renier est nul, et sa prise de possession n'est pas canonique. La raison est que, quand on est refusé par le prélat diocésain au sujet de quelque bénéfice, on est obligé de se pourvoir, par les voies de droit, par-devant son supérieur (ainsi qu'il est ordonné, non-seulement par les lettres patentes de Charles IX du 6 avril 1551, mais encore par l'ordonnance de Blois, art. 64, et par l'édit de Melun, du mois de février 1580, vérifié au parlement de Paris, le 8 mars suivant, donné sur les plaintes et remontrances de l'assemblée générale du clergé de France, tenue à Melun en 1576). Or le grand vicaire de l'évêque, dont l'exposé fait mention, ni l'évêque lui-même n'est pas le supérieur du métropolitain, qui n'en a point d'autre que le primat ou le pape. Il ne peut donc, sans un renversement manifeste de la discipline de l'Eglise, donner un tel *visa*, sous prétexte que le parlement de la province l'a ordonné ou permis. Car le roi n'entend pas que les parlements s'ingèrent de donner de tels arrêts, qui détruisent l'ordre qui a été établi dans tous les siècles par l'Eglise. C'est pour cela que Louis le Grand cassa, par un arrêt de son conseil, du 4 février 1667, celui que le parlement de Bordeaux avait rendu le 17 mars 1663, et par lequel il renvoyait un ecclésiastique refusé par l'évêque de Limoges au premier évêque de son ressort. Et un autre arrêt du même parlement, du 15 novembre 1664, qui ordonnait qu'un pourvu en cour de Rome, à qui l'évêque de Sarlat et ensuite le métropolitain avaient refusé le *visa* d'une cure, se pourvoirait, sur leur refus, par-devant le premier prêtre constitué en dignité pour l'obtenir; et enfin un troisième arrêt de ce même parlement, du 23 février 1670, qui portait la même chose, furent pareillement cassés par un arrêt du conseil, du 11 mars de la même année, et par un second du 11 juillet suivant, et le pourvu renvoyé, sur le refus de l'archevêque de Bordeaux, au pape, comme au seul supérieur légitime des primats: ce qui a enfin contraint ce parlement à se conformer à cette jurisprudence établie par les ordonnances des rois, et confirmée par le conseil privé du roi. D'où nous concluons que Renier ne se peut en aucune manière prévaloir de l'arrêt injuste qu'il a obtenu, et qu'il ne lui reste que la seule voie de se pourvoir à Rome. *Voyez* Ducasse, part. 1, ch. 3, sect. 3.

Cas VIII. *Charles*, ayant obtenu des provisions du doyenné de l'église métropolitaine de Tours, sur la résignation que son oncle lui en avait faite en cour de Rome, en a pris possession sur le *visa* que le chapitre lui en a accordé. Ce *visa* et cette prise de possession sont-ils légitimes?

R. Ce chapitre s'est en cela attribué un droit qui appartient à l'archevêque seul, privativement à tout autre. C'est ce qui se voit par le procès-verbal de l'assemblée générale du clergé de France de l'année 1700, où est rapporté un arrêt du parlement de Paris, du 30 décembre 1698, qui déclare qu'il y a abus dans la conclusion capitulaire et le *visa* donné par le chapitre de la métropole de Reims, au nommé Nicolas Bachelier, docteur de Sorbonne et chanoine de Reims, sur les provisions par lui obtenues en cour de Rome, du doyenné de ladite église; et qui ordonne que le nouveau pourvu se retirera par-devers M. l'archevêque pour obtenir son *visa*, sur les provisions dudit doyenné, en conséquence duquel il sera tenu de réitérer son installation et sa prise de possession. *Voyez* Examen, Gradué.

— VISION, APPARITION, REVENANTS.

J'ai été si souvent consulté sur la matière des visions (a); des revenants, etc., que j'ai cru pouvoir en parler dans un *Dictionnaire de Cas de Conscience*. On verra bientôt qu'elle y tient par plus d'un fil, et qu'un grand pape ne l'a point regardée comme un être de pure spéculation. Je donnerai donc ici avec ma simplicité ordinaire les lettres que j'écrivis de Gallus, près Montfort-l'Amaury à une dame souverainement estimée de quiconque sait encore respecter la vertu. Je suis bien sûr que, quoi qu'il en soit des visions, un esprit aussi solide que le sien n'en sera affecté que comme doit l'être une personne pleine de sagesse et de raison. Mon dessein n'est pas de décider. Je me borne à faire voir que bien des gens prennent le plus haut ton sur des matières qu'ils n'entendent pas trop bien. J'avoue que j'ai été charmé des principes que m'a fournis sur celle-ci Benoît XIV, dans son immense ouvrage *de Servorum Dei beatificatione et Beatorum Canonisatione*. Je ne puis trop en re-

---

(1) *Visio et apparitio pro una et eadem re sumuntur; sed adest differentia: cum apparitio dicatur quando nostris obtutibus sola species apparentis se ingerit, sed quis appareat ignoratur; et visio dicatur cum externæ apparitioni ejus intelligentia conjungitur. Benedictus XIV, lib. III, de Beatificat. et Canonisat., cap. 50, num. 1.*

commander la lecture à ceux qui auront à s'exercer sur un sujet aussi épineux que l'est celui-ci.

PREMIÈRE LETTRE.

Ce n'est pas d'aujourd'hui, Madame, qu'on me prête des sentiments que je n'ai jamais eus. Il y a longtemps qu'on a fait courir dans plusieurs diocèses de Normandie une décision toute contraire à celle que j'avais donnée sur l'usure, et Dieu sait avec quel feu j'ai été combattu par des gens qui n'étaient pas trop capables de m'entendre. C'est en conséquence de ces différents travers que je ne réponds plus aux consultations dont je suis assailli. J'y gagne, et les *consultants* qui ont en Sorbonne une ressource beaucoup plus sûre, sont bien éloignés d'y perdre.

Je puis donc vous assurer que je n'ai jamais cru que les âmes de ceux qui, sur le point de mourir, ont ordonné des restitutions qu'ils n'ont pu faire, souffrent dans l'autre monde jusqu'à ce qu'elles soient exécutées. Rien de plus mal fondé ; rien de plus contraire à l'analogie de la foi. Le purgatoire n'est pas un enfer. On ne répond devant Dieu que de ses propres délits, et ceux d'un héritier infidèle ne sont pas les nôtres.

Ce qui a donné lieu à cette fausse imputation, c'est l'histoire de l'apparition dont vous me parlez, et que j'ai racontée plus d'une fois, en disant d'un air assez ambigu, que si dom Calmet l'avait sue, elle aurait mieux figuré dans son *Traité des Vampires* qu'un grand nombre d'autres qu'il y a placées. Je veux bien vous la répéter, puisque M. de B***, notre ancien ami, le souhaite ; mais ce sera, s'il lui plaît, à condition qu'il me dira ce qu'il en pense. Il m'aime assez pour le faire à ma prière : il le fera encore plus volontiers à la vôtre. Si par hasard je lui tends un piége, c'est un de ceux qu'une ancienne liaison autorise et que la religion ne peut désavouer. Au reste, je ne vous dirai que la substance de la chose : *Summa sequar fastigia rerum.* Le manuscrit authentique dont je tire ma relation a 14 pages, et je voudrais tout dire en moins de 14 lignes. Voici donc le fait en abrégé.

Sur la fin du siècle passé il y avait à l'Hôtel-Dieu de Saint-Germain-en-Laye une sœur nommée Catherine Gérar, qui était supérieure de la maison. C'était une des plus vertueuses filles qu'on pût trouver. Le silence, le recueillement qui en est la suite, un tendre amour pour les pauvres, une prudence consommée dans le gouvernement, une vive idée des grandeurs de Dieu et de la sévérité de ses jugements, autant de bonté pour les autres, que de dureté pour elle-même ; ce furent les vertus qu'on admira le plus en elle et qui frappèrent tous ceux qui eurent le bonheur de la connaître.

Après avoir eu l'honneur de servir les pauvres malades pendant vingt-cinq ans, elle mourut, le 19 juillet 1682, d'une maladie dont la violence ne servit qu'à faire éclater son amour pour les croix et sa parfaite soumission aux ordres les plus rigoureux de la Providence.

Environ deux mois après sa mort, elle se manifesta par degrés à toutes les sœurs qui étaient au nombre de douze, et à tous les malades qui se trouvaient alors dans les trois salles de la Charité ; mais elle se manifesta d'une manière si sensible, et d'ordinaire si effrayante, qu'il était impossible de s'y méprendre : soupirs très-distincts, coups frappés avec un bruit terrible, tantôt dans un lieu, tantôt dans un autre, et toujours dans des endroits où il n'y avait personne ; transport de certains meubles d'un bout d'une chambre à l'autre, apparition sensible en plein jour au milieu de toutes ses sœurs ; ce furent les indices qu'elle donna de son retour pendant six semaines entières. Un jour entre autres que la nouvelle supérieure était entrée avec deux de ses filles, vers une heure après-midi, dans la dépense, qui était une chambre fort claire, pour y survider un baril d'huile, après en avoir rempli jusqu'au haut un grand nombre de pots, et les avoir placés, à l'aide d'une échelle, sur une planche fort élevée, avec une très-grande quantité de fruits, ces trois filles avaient à peine fermé la porte au premier tour, qu'elles entendirent quelqu'un qui, d'un pas lourd et pesant, marchait dans la chambre et renversait tout l'ouvrage qu'elles venaient de faire. Elles ouvrirent la porte et trouvèrent tous leurs pots par terre très-bien rangés, sans qu'il y eût une seule goutte d'huile répandue, et sans que les papiers dont on avait couvert les vaisseaux en fussent le moins du monde tachés. Les fruits se trouvèrent de même arrangés sur deux lignes d'un bout de la chambre à l'autre, et quoiqu'on les eût entendu jeter du haut en bas tous à la fois, il ne s'en trouva pas un seul qui fût endommagé.

Ces événements multipliés engagèrent les sœurs à écrire à leur grande maison de Paris. M. Jolly, c'est-à-dire un des plus sages ecclésiastiques qui fussent dans le royaume, était alors général de la congrégation de la Mission, et par conséquent le premier supérieur de ces filles. Il se conduisit dans toute cette affaire avec la prudence d'un homme qui ne veut pas être dupe d'une imagination blessée. Il retira deux de ces sœurs, en envoya deux autres, et défendit sous peine de désobéissance de leur rien dire de ce qui s'était passé. Dans une compagnie qui est faite à obéir, de pareils ordres sont inviolablement exécutés. Mais cette précaution ne servit qu'à constater la réalité de l'événement et du récit qui en avait été fait. Dès la première nuit, une de ces deux filles qu'on avait logées dans la même chambre, fut hautement appelée par son nom, et l'autre trouva le lendemain le Christ de son chapelet détaché de la croix, et transporté dans un lieu éloigné. Dès lors l'esprit se rendit plus formidable, et il sembla plusieurs fois vouloir précipiter la supérieure du haut de l'escalier en bas; les malades furent aussi plus inquiétés qu'auparavant. Ils voyaient leurs rideaux tirés, ils entendaient un grand fracas et ne découvraient personne. Ce qu'il y a de singulier, c'est que les sœurs qui les veillaient d'ordinaire, et qui avaient pour le moins aussi grande peur qu'eux, tâchaient de les rassurer; parce qu'on craignait beaucoup que le bruit de cet accident ne transpirât dans la ville, où il aurait sans doute fourni matière à bien des raisonnements.

Enfin la revenante se saisit un soir de la supérieure, la mena devant l'autel de sainte Thérèse et la jeta sur le marchepied. Celle-ci, malgré sa frayeur, conjura l'esprit de lui dire ce qu'il demandait d'elle. La réponse ne tarda pas. Je suis, dit le fantôme, la sœur Catherine Gérar. Il y a un an qu'en revenant de Paris avec moi, vous tombâtes du haut de la charrette qui nous ramenait et fûtes fort longtemps évanouie. Je fis vœu à Dieu de vous mener à Notre-Dame des Vertus et d'y faire dire une messe en action de grâces en cas qu'il vous rendît la santé. Je ne l'ai pas fait. Demandez à vos supérieurs la permission de faire ce voyage, et faites-le au plus tôt avec la sœur Charlotte : c'est une âme qui va bien à Dieu. Elle ajouta, et cette prédiction s'accomplit exactement, qu'il viendrait une telle femme d'Egremont rapporter l'argent qu'elle lui avait prêté dans son besoin, et que cet argent n'était pas celui des pauvres. Elle finit par donner de bons avis à la supérieure et répéta plus d'une fois ce qu'elle avait si souvent dit pendant sa vie, que les jugements de Dieu sont terribles.

Le lendemain ces deux filles se rendirent à Paris et demandèrent la permission de faire le voyage qui leur avait été prescrit. On les pria de différer. C'était le plus sage moyen de connaître s'il y avait de l'illusion à l'Hôtel-Dieu de Saint-Germain. Si les sœurs de cette maison n'avaient plus rien entendu, quoiqu'il n'y eût point de vœu acquitté, toute l'histoire devenait suspecte, ou du moins très-difficile à expliquer.

Ce délai, quoique sagement ordonné, leur valut une des plus tristes nuits qu'elles eussent encore essuyées. Ces bonnes filles, qui s'attendaient à une paix profonde, furent plus fatiguées que jamais. Une main invisible mit les chandeliers du grand autel, la lampe, le confessionnal, et surtout la porte de l'apothicairerie dans une si violente agitation, qu'une barre de fer maniée par un bras vigoureux n'aurait rien pu y ajouter. Sur les nouvelles qu'en reçurent les premiers supérieurs, le pèlerinage fut ordonné, le vœu accompli, et dès ce jour on n'entendit plus rien. Il est vrai que quelque temps après il mourut cinq de ces filles; mais ce fut moins avec résignation qu'avec ces sentiments de paix et de joie qui caractérisent les élus.

Telle est en substance l'histoire sur laquelle je prie notre ami de décider. Je l'ai tirée d'un gros recueil qui m'est venu du cabinet du sieur Bellier, mort appelant et chanoine de Poissy. Elle s'y trouve écrite de la propre main de Cantienne Amiette, qui étant pour lors sœur de la Charité à Saint-Germain, fut témoin *de visu et auditu* de toute la scène, et qui ayant quitté son état à cause de ses infirmités, ne se crut plus obligée à la loi du rigoureux silence qui avait été imposée à toutes ces filles par leurs supérieurs. Mais de quelle trempe était le génie de cette bonne sœur? Le voici en peu de mots : « Cette fille, qui vit encore, « disait, en 1701, M. Bellier (a), est un fort bon esprit, fort sage, fort vertueuse.... Sa « vertu et sa sincérité, connues de tout le monde en ce pays-ci, ne se démentent « en rien depuis plus de vingt ans qu'elle y est, soit à Saint-Germain, soit à Cham- « bourcy; et j'ai d'autant plus sujet de croire ce qu'elle assure par cet écrit, qui « est de sa main... que je la connnais parfaitement, c'est-à-dire autant qu'il est humaine- « ment possible, etc. »

Vous aimez, Madame, les lettres un peu longues; celle-ci est de bonne taille. Je ne sais cependant si vous m'en tiendrez compte. Ce que je sais, à n'en pouvoir douter, c'est que je suis avec tous les sentiments qui vous sont dus, votre, etc.

P. S. J'oubliais à vous dire, que si madame la comtesse de Voivire, votre sœur, a su cette histoire, ce n'est sûrement pas de moi qu'elle l'a apprise.

Extrait de la réponse de M. de B. à la lettre précédente.

Je me défie un peu de l'air innocent avec lequel vous me faites prier de dire ce que je pense sur l'aventure de Saint-Germain. Mais comme un ami a droit de tout exiger, je vous dirai en trois mots, 1° que votre histoire vaut en effet mieux que la plupart de celles du Père Calmet ; 2° que je ne vois ni comment je puis traiter de fourbe une fille pleine de *vertu et de sincérité*, ni comment je puis traiter de visionnaire une fille qui n'a vu et entendu, pendant six semaines, que ce que trente personnes saines ou infirmes, voyaient et entendaient tous les jours.

La grande objection qu'on m'a faite cent fois, c'est que Dieu ne badine point, et que, dans un assez bon nombre des apparitions dont on nous étourdit, il y a une multitude de puérilités qu'on ne peut mettre sur le compte d'un être infiniment sage, tel qu'est celui dont le culte nous est proposé par la religion. Et il suffit, *me dira-t-on*, pour s'en convaincre, de donner un coup d'œil à l'histoire dont votre chanoine de Poissy veut bien se faire garant. Qu'est-ce que ce fracas énorme qu'on entend pendant six semaines dans les salles d'un Hô-

---

(1) Ce mémoire fut donné par la sœur Amiette à M. Bellier, en 1692; mais il ne le fit relier avec d'autres pièces qu'en 1701, et ce fut alors qu'il y joignit l'espèce de certificat que je rapporte ici.

tel-Dieu. Qu'est-ce que ces vases et ces fruits ôtés d'un lieu et transportés dans un autre? Reconnaît-on à ces traits la marche de ce Dieu suprême, qui, selon l'Ecriture, est grand et magnifique dans toutes ses voies. Et lui passera-t-on, comme il le faut dans votre système, ce qu'on ne passerait pas à ses créatures? Voilà l'objection, et voici la réponse.

Dieu n'agit pas autrement dans les apparitions que dans les événements que la nature nous présente tous les jours. Ceux-ci même, quand ils ne sont que physiques et sans rapport à la liberté, semblent en un sens demander une opération plus immédiate et plus forte. La matière ne peut d'elle-même faire un pas sans un principe intérieur et absolu de son mouvement; au lieu qu'un esprit, joint ou séparé, a en lui-même un principe de sa propre détermination. Cela posé, examinons le tonnerre et ses effets, qui semblent destinés à annoncer la puissance, à inspirer la crainte du Seigneur. Combien, à n'y donner qu'un premier coup d'œil, combien de bizarreries dans ses opérations? Tourner sens dessus dessous une pierre qui sert de base à un édifice, brûler un cheval sans toucher à sa selle, ciseler comme je l'ai vu, un clocher depuis le haut jusqu'en bas, transporter un corps d'un lieu à un autre; un Chinois lettré prendrait de loin tout cela pour un jeu; car de près le jeu paraît un peu trop sérieux.

Si de ces phénomènes, vous passez aux événements dont nous parle l'Ecriture, combien de choses qui nous paraîtraient fabuleuses, petites, ou même indécentes, si l'autorité du Saint-Esprit ne captivait pas nos suffrages? Les trois cents renards de Samson avec des flambeaux attachés à la queue; la mâchoire d'un âne avec laquelle ce grand guerrier tue mille Philistins; la source d'eau qui lui vient tout à coup d'une dent de cette mâchoire; les portes de Gaza qu'il charge et qu'il emporte sur ses épaules; sa force qu'il perd en perdant ses cheveux, etc. Tout cela est aussi frivole aux yeux de celui qui ne croit pas, que grand aux yeux de celui qui plein de foi voit la nature se plier aux ordres de son Maître; et les moucherons s'unir en Egypte aux sauterelles pour servir sa vengeance. Ne jugeons donc de la petitesse d'une chose, ni par sa matière, qui peut être moins que rien, ni par sa singularité, qui peut blesser la prétendue élévation de nos idées; jugeons-en par deux principes plus sûrs: l'un que tel effet qui nous paraît tenir du ridicule ne peut venir que d'une puissance supérieure; l'autre, que, sous la direction de Dieu, les moyens les plus minces vont sûrement à leur but. Un prophète n'aurait fait sur l'esprit de Nabuchodonosor qu'une faible impression; un songe en fit une qui pensa coûter la vie à tous les sages de son royaume.

Puisque vous m'avez mis en train d'écrire, vous me permettrez d'ajouter deux choses: la première, qu'il y a des milliers de visions, dont les unes ne doivent leur naissance qu'à une imagination échauffée, soit par le jeûne, soit par des récits souvent fabuleux; les autres n'ont pour principe que l'hypocrisie, la cupidité, l'envie de faire parler de soi, souvent même la dangereuse illusion de cet esprit séducteur, qui sait se transformer en ange de lumière. Ainsi, pour ne se pas méprendre en fait d'apparitions, il faut non-seulement les bien étudier en elles-mêmes, pour voir si elles ne présentent rien d'indécent, rien de contraire aux vérités de la foi, rien d'absolument inutile, mais encore peser dans une exacte balance le génie des personnes qui croient les avoir, les effets qu'elles y produisent, et les circonstances dont elles sont accompagnées. Ce sont les règles que Gerson a données sur cette matière dans son Traité de Probatione spirituum, part. 1, et Benoît XIV les a développées fort au long dans son grand ouvrage de Servorum Dei beatificatione, etc., liv. III, ch. 51, n. 3, pag. 729. Voici comme il y parle: *Divinas visiones et apparitiones esse dignoscendas a persona cui contingunt, a modo quo contingunt, et ab iis effectibus qui ex his sequuntur. Si enim persona cui contigerunt, virtutibus prædita sit; si nihil in visione aut apparitione sit quod a Deo avertat; quin imo si omnia ad Dei cultum relata sint; si post visiones et apparitiones humilitas, obedientia, cæteræque virtutes, non modo perseveraverint, sed ad sublimiorem gradum ascenderint... de earum qualitate supernaturali et divina non erit ullo modo dubitandum.* Voyez le même ouvrage, ibid. cap. 52, num. 12, pag. 745. Vous pouvez aussi consulter le *Traité historique* de Lenglet, tom. I, chap. 7, pag. 182 et suiv.

Sur ces principes, auxquels l'autorité des deux grands hommes qui les ont établis doit donner beaucoup de poids, on mettra sans peine au nombre des apparitions indécentes, celles qui sont rapportées par le moine Césarius au livre VII des miracles, chap. 32 et 37; au nombre de celles qui sont contre la foi, l'entretien de Luther avec le diable, qui est vision à sa manière, et où le maître et le disciple raisonnent tous deux à qui plus mal; au nombre de celles qui sont absurdes, celle de Zuingle, si tant est qu'on puisse appeler vision une entrevue où ce novateur ne put découvrir si l'esprit qui lui parlait était blanc ou noir; et enfin au nombre de celles qui portent l'empreinte de l'opération divine, celle qui découvrit à saint Vincent de Paul la gloire de la vertueuse Mère de Chantal.

La seconde observation que je vous prie de faire, c'est que, selon le même pontife, les visions particulières ne font par elles-mêmes, et indépendamment de la révélation divine, ni foi, ni autorité dans l'Eglise. Il est bien vrai qu'elles doivent servir de règle à ceux qui les ont eues, quand, après un mûr et légitime examen, ils sont sûrs de leur vérité; mais elles ne forcent point le consentement des fidèles, comme font les décisions de l'Eglise. Et les conciles mêmes, qui quelquefois les ont approuvées, n'ont jamais prétendu leur donner d'autre autorité que celle d'un fait probable, et qu'on peut croire d'une foi humaine, sans se rendre suspect de manquer à la piété. Comme le texte de ce savant pape est important, et qu'il semble combattre l'opinion d'un de nos plus fameux évêques, je crois devoir le rapporter. Le voici : *Porro prædictis revelationibus B. Hildegardis, sanctæ Brigittæ et sanctæ Catharinæ Senensi, etsi approbatis, non debere,* NEC POSSE *adhiberi assensum fidei catholicæ, sed tantum fidei humanæ, juxta regulas prudentiæ, juxta quas prædictæ revelationes sunt probabiles* ET PIE CREDIBILES, etc. Idem ibid. cap. 53, num. 12. *Ille tamen,* continue ce pontife, et c'est ce que j'ai dit plus haut, *cui proponitur et intimatur revelatio illa privata, tenetur credere et obedire Dei mandato, sive nuntio, si proponatur cum sufficientibus motivis : Deus enim illi loquitur, saltem mediate, ac proinde ab eo exigit fidem*; idem ibid. num. 14. Pour prouver que ces sortes de visions n'appartiennent ni de près ni de loin à la foi de l'Eglise, Benoît XIV ajoute ces paroles pleines de sens et de raison : *Fides est virtus theologica cum religione Ecclesiæ erga Deum conjuncta et sociata : Non ergo quæcunque a Deo revelata ad fidei virtutem pertinent, sed ea tantum quæ ad Ecclesiæ etiam religionem pertinebunt. Quia vero nihil Ecclesiæ refert, ea credere an non quæ Brigittæ, Catharinæque Senensi visa sunt, nullo certe modo ad fidem illa referuntur,* etc. Melchior Canus, lib. XII, *de Locis theologicis,* cap. 3, concl. 3. Or, Monsieur, je vous prie de remarquer que ce langage, *probabiles, pie credibiles,* etc., est assez différent de celui de M. Godeau : ce n'est point là dire, comme a fait ce prélat, que « l'Eglise, qui a approuvé les révélations de sainte Brigitte dans le concile de Bâle, ne permet plus de douter de leur certitude ; *et que le Saint-Esprit a prononcé l'arrêt qui nous oblige à les révérer* » comme indubitables, puisqu'il n'est *plus permis de douter de leur certitude.* M. l'abbé Lenglet du Fresnoi, qui fait cette réflexion dans un endroit, semble la combattre dans un autre. Il dit, tom. II, pag. 320, en parlant de la vénérable Mère Marie d'Agreda, qu'il a fallu commencer l'affaire de sa béatification par examiner si les ouvrages qui ont paru sous son nom sont véritablement d'elle, et s'ils ne renferment rien de contraire à la doctrine de la foi, à la morale chrétienne, etc., *parce que,* ajoute-t-il, *la doctrine d'un saint, reconnu tel dans le culte de l'Eglise,* porte avec elle son *autorité dogmatique, et fait preuve,* non-seulement dans la théologie de l'école, *mais encore dans la religion.* La thèse générale, qui concerne l'examen, est vraie ; mais la preuve en est fausse ou mal énoncée. Saint Thomas, saint Bonaventure, saint Antonin, saint Raimond de Pennafort, sont honorés comme saints dans l'Eglise. Ils sont tous d'accord pour le fond du dogme, mais ils sont quelquefois opposés sur des matières libres, quoique d'ailleurs importantes ; et alors leur doctrine ne porte, ni ne peut porter avec soi *son autorité dogmatique.* Non-seulement on abandonne saint Cyprien, mais on convient encore tous les jours que quelques saints Pères se sont trompés, ou du moins fort durement expliqués sur des points très-intéressants.

Tout ce préambule vous fait plus qu'entrevoir ce que je pense des visions. Je dis donc d'abord qu'il y en a eu ; et de là je conclus qu'il peut encore y en avoir. Qu'il y en ait eu, c'est un article de foi. Sans parler de l'Ancien Testament, qui nous en offre de toutes les espèces, vous en trouverez un grand nombre dans l'Evangile et dans les Actes des apôtres. Tantôt c'est un ange qui apparaît à Zacharie, pour lui annoncer la naissance de saint Jean ; à Marie, pour lui prédire qu'elle sera mère sans cesser d'être vierge ; au Sauveur, soit pour le servir après un jeûne de quarante jours, soit pour le fortifier dans son agonie ; au centenier Corneille, pour lui prescrire une conférence avec saint Pierre, qui en avait déjà été averti par la fameuse vision dont il est parlé au dixième chapitre des Actes. Tantôt c'est un Macédonien qui conjure saint Paul de passer dans son pays pour y secourir ses compatriotes (1) ; tantôt enfin ce sont des morts qui sortent de leurs tombeaux et qui apparaissent à plusieurs personnes (2).

Il est vrai que, parmi ceux qui respectent encore l'Ecriture, il s'en trouve qui nous répondent que cela était bon dans les premiers jours du christianisme, à qui ce genre de merveilles avait été très-spécialement promis (3) ; mais qu'on ne voit pas sur quoi l'on se fonde pour l'étendre aux siècles postérieurs. Mais je puis leur répliquer à mon tour que, dans le christianisme entier, il n'y a point de société qui ne mette une pareille objection au nombre des plus insensés paradoxes. J'ai plus d'une fois, à cette occasion, cité le savant Dodwel, qui, dans le sein de la communion anglicane, a cru pouvoir dire que, depuis les apôtres jusqu'à saint Cyprien, il y eut toujours des visions dans l'Eglise, et qu'elles méritèrent constamment son approbation (4). Dom Thierri Ruinard prouve invinciblement la même chose ; et pour s'en convaincre, il suffit de lire chez lui les Actes (5) et les monu-

---

(1) *Visio per noctem Paulo ostensa est vir Macedo quidam erat stans, et deprecans eum,* etc. *Act.* XVI, 9.

(2) *Multa corpora sanctorum qui dormierant, surrexerunt . . . . . et apparuerunt multis. Matth.* XXVII, 52 et 53.

(3) *Effundam de spiritu meo super omnem carnem, et prophetabunt filii vestri et filiæ vestræ, et juvenes vestri visiones videbunt, Act.* II, 17; *ex Joel* II, 28.

(4) *Male faciunt eruditi quidam, qui quæ legunt in illius sæculi auctoribus de visionibus, ea ad Montanum trahunt atque Montanistas ; quasi vero ab ipsis usque apostolorum temporibus visiones in Ecclesia defecerint, omnisque earum prætextus in Ecclesia suspectus fuerit atque improbatus, solisque Montanistis relictus. Nihil est omnino cur ita sentiant. Potius in illo omni Ecclesiæ intervallo ab apostolis, ad Cyprianum usque perpetuus erat visionum usus, semperque ab Ecclesia probatus. Dodwel, Dissert.* 4. *Cyprianica, num.* 1, *pag.* 14. Henri Dodwel, professeur d'histoire à Oxfort, mourut le 7 juin 1711, à 70 ans.

(5) *Certe pauca sunt ex antiquioribus et sincerioribus martyrum Actis, in quibus ejusmodi visiones non habeantur. Theodor. Ruinart. Act. martyr., pag.* 211. Dom Thierri Ruinart mourut le 29 septembre 1709, à 55 ans.

ments qui regardent saint Ignace, saint Polycarpe, sainte Perpétue, saint Basilide, saint Pion, saint Denis d'Alexandrie, et un grand nombre d'autres qui sont également incontestables. Mais il y a entre le célèbre bénédictin et le fameux anglican une différence marquée; et le premier n'aurait pas moins battu le second au sujet de la courte durée qu'il donne aux visions, qu'il ne l'a battu au sujet du prétendu petit nombre des premiers martyrs. En effet, sans parler de la fameuse vision de Constantin, qui a été vérifiée par un des plus grands événements dont l'histoire ait jamais parlé, n'osera-t-on plus croire ni celles que le grand Athanase a rapportées de saint Antoine, ni celles que saint Augustin, toujours précautionné, a cru devoir admettre? Traitera-t-on de visionnaires, ou saint Chrysostome, parce qu'il vit le martyr Basilique qui lui annonçait la fin de son exil et de ses maux; ou saint Ambroise, parce que, sur une apparition réitérée, il chercha et trouva les corps des saints martyrs Gervais et Protais; ou enfin l'incomparable Spiridion, à qui sa fille Irène découvrit le lieu où elle avait caché un dépôt dont elle n'avait fait confidence à personne avant sa mort?

Mais, permettez-moi, Monsieur, de faire venir à mon appui la plus saine métaphysique. Je vous demande donc s'il répugne, soit aux attributs de Dieu, d'envoyer une intelligence séparée de la matière partout où il jugera à propos; soit aux attributs de cette intelligence d'obéir à Dieu, et d'opérer où il veut, et comme il veut. J'ose même vous demander si l'Eglise est aujourd'hui assez destituée de saints, faits ou à faire, pour qu'on puisse assurer qu'il n'y en a point qui reçoive jamais des visions, ou consolantes, comme l'étaient d'ordinaire celles de la primitive Eglise; ou capables d'instruire, d'effrayer, de ramener à la voie ceux qui ont eu le malheur de s'en écarter. Vous ne pouvez donc combattre les apparitions à titre d'impossibilité. Mais pourquoi les combattriez-vous à titre d'imagination creuse ou d'erreur, quand elles ont pour témoins un grand nombre de personnes de bonne foi, qui n'ont ni intérêt, ni dessein de tromper; ou qu'elles arrivent à des gens, que la solidité de leur esprit, une probité soutenue, souvent même les plus forts préjugés mettent à l'abri de tout soupçon, et que d'ailleurs la physique à bout est obligée, pour toute réponse, de leur donner un démenti?

Voilà mes sentiments: je n'y ai jusqu'ici rien trouvé qui fût indigne d'un chrétien, je n'y trouve rien qui soit indigne d'un philosophe. Je ne reçois pas tout, il s'en faut bien; mais je ne rejette pas tout. Vous pouvez, Monsieur, penser différemment sans que je le trouve mauvais. Ce que je vous demande au nom de notre ancienne amitié, c'est de m'expliquer un peu vos motifs. Je vous passerai tout, jusqu'au badinage; il vous délasse, et la matière en est susceptible. Je suis très-tendrement, etc.

Réponse à la lettre précédente.

On voit bien, cher et ancien ami, que vous n'êtes que des philosophes de province. Vous regardez comme possible ce que vos pères, gens simples s'il en fut jamais, regardaient comme tel. Visions, apparitions, revenants, tout vous est bon quand, après un certain examen, vous croyez en avoir des preuves. Depuis l'heureuse révolution qu'a commencée le grand V***, les choses ont bien changé de face. A l'exception de l'existence d'un Dieu, qui, grâces à une brute et stupide félicité dans laquelle il est endormi, ne fait ni bien ni mal à ses créatures, tout le reste n'est que *boue, fange, superstition*. Ce dernier mot est consacré par la nouvelle philosophie. Sans pouvoir choquer personne, il renverse tout.

Venez donc ici, pauvre homme; en moins de huit jours, vous changerez de ton après avoir changé d'idées. Nous ne vous citerons ni Bible ni Pères; ces vieilles armes ne sont bonnes que pour ceux qui savent encore et qui croient leur catéchisme. En récompense nous vous citerons la raison, et puis encore la raison. Que Bayle lui-même la dégrade autant qu'il est possible: qu'il la regarde comme *une girouette qu'on tourne en tous sens à son gré*; comme *une source publique où toutes les sectes, quelque opposées qu'elles soient entre elles, vont puiser leurs provisions de maximes* contradictoires; comme une *Pénélope qui, pendant la nuit, défait la toile qu'elle avait faite pendant le jour* (1); il est sûr qu'elle est en fait de système, et pour nous et pour ceux qui pensent (comme nous, s'entend), d'une très-grande utilité. Si, au moyen de cette raison bienfaisante, nous savons bien prouver que l'esprit n'est que matière, et que le chien et l'homme sont également automates, nous saurons bien prouver que la fameuse vision de Constantin est une pure imagination (2), et toutes les apparitions du monde de misérables fadaises. De là ce principe général, et qui n'est point d'un déiste: « Toutes ces fables de revenants sont bonnes pour endormir des enfants. Un homme raisonnable, à qui on les raconte, doit les nier. Si l'on insiste, si l'on ajoute des circonstances, des témoignages, des preuves, il doit se taire et gémir sur la fai-

---

(1) Diction. de Bayle, art. *Hyparchia*, remarque D.; art. *Manichéens*, rem. D.; art. *Pauliciens*, rem. F. *Voyez* aussi les œuvres du même, tom. III, pag. 778; tom. IV, pag. 23, etc.

(2) *Voyez* sur cette apparition les deux dissertations de M. Lestocq et du révérend Père du Moulinet, chanoine régulier de Sainte-Geneviève, dans le premier tome de M. Lenglet, p. 384, et dans le second, pag. 376. Jacques Godefroi (mort à Genève en 1752), dans ses notes sur Philostorge, traite de fable la vision de Constantin. Le médecin, Jacques Tollius, ne la regarde que comme un stratagème. Albert Fabricius, mort en 1736, n'y voit qu'un phénomène naturel. Ces trois auteurs, qui étaient bons protestants, ne pouvaient aimer le signe de la croix.

blesse de l'esprit humain (1). » Au moyen d'une maxime aussi féconde, tout est dit. On vous passera peut-être la possibilité, mais on vous niera toujours fort et ferme l'existence. Au fond, s'il y a un Dieu, oserait-il, sans nous consulter, faire sortir du sein des ombres quelque Samuel pour le présenter à un nouveau Saül?

Mais que répondre à tant d'exemples cités par des personnes qu'on ne peut, sans injustice, taxer de mauvaise foi ni d'une sotte crédulité? Je vais vous l'apprendre. D'un nombre infini d'apparitions, qui valent bien celle dont je vous ai parlé dans ma première lettre, je n'en prendrai que deux, qui vraisemblablement vous auraient paru indubitables. Rien de plus solide, de plus lumineux que la manière dont on les a pulvérisées. La première, qui est connue de tout le monde, se fit à Paris dans le dernier siècle. La voici en peu de mots :

Le marquis de Rambouillet, frère aîné de la duchesse de Montausier, et le marquis de Préci, aîné de la maison de Nantouillet, amis intimes, et tous deux âgés de 25 à 30 ans, s'entretenant un jour des affaires de l'autre monde, après plusieurs discours qui témoignaient assez qu'ils n'étaient pas fort persuadés de tout ce qui s'en dit, se promirent mutuellement que le premier des deux qui ferait le voyage viendrait en apporter des nouvelles à l'autre. Au bout de trois mois, le marquis de Rambouillet partit pour la Flandre, où la guerre était alors; et Préci, arrêté par une grosse fièvre, demeura à Paris. Six semaines après, ce dernier entendit sur les six heures du matin tirer les rideaux de son lit, et au moment même il aperçut le marquis de Rambouillet en buffle et en bottes. Il sortit de son lit et voulut l'embrasser. Mais Rambouillet lui dit que ses caresses n'étaient plus de saison ; qu'il ne venait que pour s'acquitter de la parole qu'il lui avait donnée; qu'il avait été tué la veille en telle occasion ; que ce qu'on disait de l'autre monde était très-certain ; qu'il devait songer à mieux vivre, et qu'il n'y avait point de temps à perdre, parce qu'il serait tué à la première bataille où il se trouverait. Préci, ne pouvant croire ce qu'il entendait, fit de nouveaux efforts pour embrasser son ami, dont il regardait les paroles comme un badinage; mais il n'embrassa que du vent, et Rambouillet, pour le guérir de son incrédulité, lui montra l'endroit où il avait reçu le coup, et dont le sang paraissait encore couler. A l'instant le fantôme disparut et laissa Préci dans un trouble plus aisé à comprendre qu'à décrire. Il appela en même temps son valet de chambre et réveilla toute la maison par ses cris. On accourut, il conta ce qu'il venait de voir; mais on l'attribua ou à l'ardeur de la fièvre ou à quelque illusion du sommeil, et, malgré toutes ses protestations, il ne fut pas cru. L'arrivée de la poste de Flandre, qui apprit la mort de Rambouillet et ses circonstances, fit juger à quelques-uns de ceux qui avaient entendu de Préci même son aventure qu'il y avait là quelque chose que la physique ne pouvait expliquer. Dans Paris, où cette histoire se répandit tout d'un coup, les uns n'y virent que les suites d'une imagination effrayée, les autres crurent devoir suspendre leur jugement jusqu'à ce qu'on vît ce qui arriverait à Préci. Je ne sais ce qu'ils en pensèrent dans la suite, mais je sais que ce jeune officier ayant voulu, malgré les avis de son père et de sa mère, qui craignaient la prophétie, se trouver à la bataille de Saint-Antoine, il y fut tué au très-grand regret de toute sa famille.

La seconde vision date de plus haut. On la place sous Raban Maur, célèbre archevêque de Mayence (2). Pendant que ce saint homme était abbé de Fulde, où il édifia par toutes les vertus de son état, il ne se lassait ni d'exercer ni de recommander la charité envers les pauvres, qui l'appelaient leur père. Il avait surtout ordonné que, toutes les fois qu'il mourrait un religieux, on leur donnât pendant trente jours toute la portion du défunt. Adelhard, célérier du monastère, trouva de l'excès dans cette aumône, qui venait à la suite d'un grand nombre d'autres. Il en retrancha d'abord une partie, et peu de temps après, un grand nombre de moines étant morts coup sur coup, il la retrancha tout entière, quoique le charitable abbé, qui avait reconnu dans cet économe une assez forte empreinte d'avarice, lui eût réitéré ses ordres en présence de toute la communauté. Sa désobéissance lui coûta cher, et voici comment il en fut puni.

Un soir qu'après avoir été longtemps occupé de quelque chose qui regardait son office, il s'en retournait fort tard au dortoir, il aperçut à la lueur de sa lumière un bon nombre de religieux qui étaient assis des deux côtés du chapitre. Il en fut surpris, parce que c'était l'heure du repos. Mais il le fut bien davantage, lorsqu'ayant regardé de plus près, il reconnut que ces religieux étaient ceux-là mêmes dont il avait retenu les aumônes. Il aurait bien voulu fuir ; mais la frayeur dont il fut saisi lui glaça le sang dans les veines et le rendit immobile. Dans ce moment, toutes ces ombres s'approchèrent de lui, le renversèrent par terre, et l'ayant dépouillé : « Voici, *lui dirent-elles*, le commencement des peines préparées à votre cruauté. En trois jours vous serez des nôtres, et vous apprendrez par une funeste expérience qu'il n'y a point de miséricorde pour ceux qui la refusent au prochain. » Ce vif, mais juste reproche fut suivi d'une sanglante discipline. L'infortuné moine resta évanoui sur la place, et ce ne fut qu'à minuit que les religieux, en allant à matines, le trouvèrent dans ce pitoyable état. On le porta à l'infirmerie, où revenu à lui, il raconta à ses frères le traitement qu'il avait essuyé et l'irrévocable arrêt qu'il devait subir en trois jours. Il n'y eut personne dans la communauté qui ne fût touché d'un si tragique événement; le saint abbé de Fulde le fut plus que les autres. Il s'efforça de soutenir le malade et de lui inspirer

---

(1) Année littéraire de 1760, cahier 19, lettre XI, pag. 259.

(2) Raban Maur mourut en 856, à 68 ans. Ses ouvrages sont en six vol. *in-fol.*

de la confiance. Surtout il lui fit sentir qu'il importait peu que Dieu traitât dans ce monde le corps sans miséricorde, pourvu que dans l'autre il en fît à l'âme. Ces idées consolantes raffermirent Adelhard. Il donna toutes les marques possibles d'un véritable repentir et muni des sacrements, il mourut en paix.

Le pieux abbé ne l'oublia pas après sa mort. Il fit même plus pour lui en messes et en aumônes qu'il n'avait fait pour ceux qui l'avaient précédé; parce qu'il ne douta pas qu'ayant moins bien vécu qu'eux, il ne fût plus rigoureusement puni. Sa conjecture se trouva vraie, et peut-être plus vraie qu'il n'avait pensé. Trente jours après, Raban, qui ne perdait point de vue le soulagement de son religieux, étant en oraison pour lui après matines, le défunt lui apparut sous un visage triste, défiguré, et portant jusque sur son habit le signe lugubre de ses tourments. L'abbé, sans s'effrayer, l'interrogea sur son état et lui demanda si les bonnes œuvres qu'on avait faites pour lui ne l'avaient point soulagé. Le défunt répondit en substance que ces bonnes œuvres étaient aussi agréables à Notre-Seigneur que salutaires à ceux pour qui elles étaient offertes; mais que son ancienne faute l'empêchait d'en recevoir le mérite, parce que ce mérite était appliqué tout entier aux âmes de ceux dont il avait retardé le bonheur par son avarice; qu'ainsi il ne pouvait être soulagé qu'après l'entière délivrance de tous ses frères; qu'il le conjurait donc de redoubler ses aumônes, et que c'était l'unique moyen de le délivrer de ces brasiers ardents où il souffrait plus qu'on ne veut s'imaginer.

Le saint abbé le lui promit et il l'exécuta avec la plus grande ponctualité. Adelhard ne tarda pas à en sentir l'effet. Trente jours après sa première apparition, il se présenta une seconde fois à Raban, mais sous des traits qui annonçaient autant son bonheur et sa gloire, que ceux sous lesquels il s'était d'abord présenté annonçaient sa tristesse et sa douleur. Il rendit de très-vives actions de grâces à son ancien Père, dont le zèle et les soins avaient avancé sa félicité. Cet événement, ajoute l'historien, fit tant d'impression sur toute la communauté, qu'il n'y avait point de religieux qui ne se retranchât tous les jours une partie de sa nourriture en faveur de l'indigence; et le saint abbé eut à la fin plus de peine à modérer leur ferveur qu'on n'en a d'ordinaire à vaincre la dureté d'un avare déclaré.

Voilà, Monsieur, l'histoire de Fulde, ancienne et fameuse abbaye d'Allemagne. Un de vos amis dit d'abord, après l'avoir entendue, qu'*elle a du moins l'avantage de n'avoir pas été imaginée pour faire venir l'eau au moulin*, puisqu'elle ne tend qu'à la faire couler sur ceux qui n'en ont pas, et que d'ailleurs la connaissance en fut dérobée au public pour des raisons qu'il n'est pas difficile d'apercevoir. Un autre ajouta que, si elle était contre la religion ou ses ministres, il n'y a point d'esprit fort qui ne la reçût avec applaudissement. Car enfin, poursuivit-il, ces hommes qui se font vanité d'être incrédules sont, quand leur intérêt l'exige, les plus crédules de tous les hommes. Parlez-leur de magie et de sortilége, ils vous rient au nez. Qu'il vienne quelque nouvelle histoire à la G., le sortilége et la magie seront pour eux propositions démontrées. »

Je crois que ce vif discoureur avait tort et raison à différents égards. Mais comme c'est à vous, Monsieur, que j'ai affaire aujourd'hui, permettez-moi de vous demander, avec toute la franchise d'un ancien ami, ce que vous pensez des deux visions que je viens de rapporter. Je parierais bien cent contre un que vous n'oseriez presque les révoquer en doute, ou que pour le moins elles vous paraîtront très-vraisemblables. Or, c'est sur cela même que je prétends vous battre à plate couture. Je ne vous citerai, au reste, ni **, ni ***, leurs noms, si chéris de tous les impies, vous font tomber en faiblesse, et je serais condamné sur l'étiquette. Ma partie n'en est pas moins bien liée; *ains* au contraire. J'ai à vous opposer un homme qui ne nie point les apparitions, et qui prouve même qu'il y en a d'incontestables. Les coups qui partiront d'une main si peu suspecte seront plus tranchants, plus décisifs. Écoutez donc, c'est l'abbé Lenglet du Fresnoi qui va parler. Quoique son livre, où dom Calmet, Marie d'Agréda, les vivants et les morts paraissent tour à tour sur la scène, soit un vrai labyrinthe, il ne laisse pas d'y avoir de fort bonnes choses. Voici en peu de mots comme il parle de la prétendue vision du moine Adelhard, dans son *Traité historique et dogmatique sur les apparitions*, imprimé à Paris, chez J. Noël le Loup, en 1751, t. II, p. 405.

1° Cette histoire ne se trouve qu'en Trithème, auteur qui n'a écrit que plusieurs siècles après la mort de Raban (1), et dans un temps où ces sortes de merveilles étaient à la mode. *Sur un fait de cette nature*, dit M. Lenglet, *je n'en croirais pas Raban lui-même, et l'on voudrait que j'en crusse Trithème.*

Mais sur quel fondement un homme du mérite de Raban ne mériterait-il pas la créance du sieur Lenglet? il ne diffère point à nous l'apprendre. Si sa réponse ne vous plaît pas beaucoup par l'aménité du style, elle ne vous fatiguera point par la prolixité. Il est sûr, poursuit-il, que ceux qu'on suppose en purgatoire sont morts dans la grâce de Dieu et la charité dans le cœur, par conséquent avec la douceur qui convient au vrai chrétien; au lieu qu'on nous représente les moines de cette apparition comme des furieux, qui se jettent sur ce pauvre célérier et qui le réduisent à la mort. Il est vrai qu'il avait fait mal; mais ce n'est point par des coups mortels que les âmes prédestinées corrigent ou doivent corriger les défauts d'autrui; donc ce seul manque de charité me fait voir que cette apparition est fausse.

---

(1) Jean Trithème, l'un des plus savants hommes du XVe siècle, né en 1464, abbé de Spanheim, dans le diocèse de Mayence, en 1483, mourut le 13 décembre 1516.

Le pauvre célérier se sera sans doute livré à quelque excès, selon l'usage assez commun des moines allemands qui, en égard à leurs grands biens, croient n'avoir jamais assez bu. Il aura été surpris dans cet état, et pour couvrir sa turpitude, il aura feint cette apparition. Peut-être aussi que quelque moine, mécontent de lui, aura imaginé cette historiette ; car alors, quand on n'en trouvait point de vraies, on en fabriquait de fausses. *Mais aujourd'hui nous vivons dans un temps plus heureux, parce qu'il est plus éclairé. Nous ne voulons ni du faux ni du vraisemblable. Il nous faut du vrai, et du vrai même bien et solidement appuyé.* Ces dernières paroles sont très-judicieuses.

Pour ce qui est de la vision du marquis de Préci, on l'explique pour le moins aussi bien que celle d'Adelhard. Mais, comme il ne s'agit pas d'un moine, on n'y suppose ni fourberie, ni ivresse. Voici le dénoûment de la pièce ; il est tout simple, tout naturel :

« Il n'est pas difficile de comprendre que l'imagination du marquis échauffée par la fièvre, troublée par le souvenir de la promesse que Rambouillet et lui s'étaient faite, ne lui ait représenté le fantôme de son ami qu'il savait être aux coups, et à tout moment en danger d'être tué. Les circonstances de la blessure du marquis de Rambouillet, et la prédiction de la mort de Preci, qui se vérifie, ont quelque chose de plus grave. Mais ceux qui ont éprouvé quelle est la force des pressentiments, dont les effets sont tous les jours si ordinaires, n'auront pas de peine à concevoir que Préci, dont l'esprit agité par l'ardeur de son mal suivait son ami dans tous les hasards de la guerre, et s'attendait toujours à se voir annoncer par son fantôme ce qui lui devait arriver à lui-même, ait prévu que le marquis de Rambouillet avait été tué d'un coup de mousquet dans les reins, et que l'ardeur qu'il se sentait lui-même pour se battre le ferait périr à la première occasion. »

Ainsi raisonne M. l'abbé Poupart dans sa *Dissertation sur ce qu'on doit penser de l'apparition des esprits* ; et comme saint Augustin est bon à tout, il y trouve une partie de sa réponse.

Je suis persuadé, Monsieur, qu'après une minute de réflexion, ce développement sera tout à fait de votre goût. Pour moi je vous avoue qu'il m'a beaucoup plu. Il est vrai que je n'ai pas une idée bien nette du *pressentiment*, et que je n'y ai d'abord trouvé qu'une qualité occulte. Mais enfin, il y a des pressentiments qu'on ne peut regarder que comme naturels : tel fut celui d'une dame d'esprit qui, à Chartres, songea en dormant qu'elle voyait le paradis ; que quelqu'un frappait à la porte de ce lieu délicieux ; que saint Pierre l'ayant ouverte, il parut deux enfants, dont l'un était vêtu d'une robe blanche, et l'autre était tout nu ; que l'apôtre ayant pris le premier par la main, le fit entrer, et laissa dehors le second qui pleurait amèrement. Cette dame se réveilla dans le moment et conta son rêve à plusieurs personnes qui le trouvèrent fort singulier. Une lettre qu'elle reçut de Paris l'après-midi, lui apprit que sa fille était accouchée de deux enfants, qui étaient morts, et dont un seul avait reçu le baptême. Bien des gens auraient trouvé là un soupçon de miraculeux ; l'abbé Poupart, qui savait ce fait de science certaine, n'y trouve rien que de fort naturel. Ce fut un *pressentiment*, et ce ne fut rien davantage. Je crois que vous n'en jugerez pas autrement, et je serai charmé de l'apprendre de vous. Quel honneur pour la *philosophie*, si elle peut vous mettre au nombre de ses conquêtes. Votre exemple m'affermira sur ce point et sur bien d'autres. Car, entre nous, j'ai encore peine à goûter la maxime, qui veut, que pour être vrai philosophe, on commence d'abord par oublier son catéchisme ; mais peu à peu l'on se fait à tout. Il n'y a que le premier pas qui coûte. Je suis, etc.

DERNIÈRE LETTRE A MADAME D. D**.

J'avais d'abord craint que notre ami, qui n'a jamais beaucoup aimé à mésallier sa conversation, n'eût cru mésallier ses lettres en répondant à la dernière que je lui ai écrite ; ou que mon incrédulité naissante ne l'eût offensé. Heureusement je m'étais trompé. Un voyage assez long a été la cause de son silence. De retour il s'est mis à l'ouvrage, et il m'a écrit en fort beau latin ce que je vais vous rendre en français très-médiocre. Après bien des respectueuses civilités pour vous, et bien des marques de bonté pour moi, voici comme il entre en matière :

« Les apparitions de l'abbaye de Fulde et du marquis de Rambouillet peuvent être fausses, sans que cela tire à conséquence contre mon système. De ce qu'il y a eu de faux prophètes, on ne peut inférer qu'il n'y en a jamais eu de véritables. On peut croire au contraire qu'il n'y en a eu de faux que parce qu'il y en avait eu de vrais, que l'imposture a voulu contrefaire. J'en dis autant des visions. En bonne logique on ne conclut point du particulier au général. De votre aveu même, je n'admets rien en ce genre, qui porte l'empreinte de l'illusion. En vertu de quoi voulez-vous que je m'intéresse à des visions dont des gens habiles auraient démontré ou la répugnance ou le naturalisme ? Ce n'est pas néanmoins que je regarde comme démonstration le verbiage de Lenglet, ou le discours à perte de vue de votre dissertateur.

« Le premier m'a paru impertinent. Il récuse Trithème, parce qu'il n'a vécu que plusieurs siècles après Raban Maur. Mais quelle preuve a-t-il que Trithème, qui fut sans contredit un des plus savants hommes de son siècle, n'a pas travaillé sur des monuments certains. Quinte-Curce n'a écrit l'histoire d'Alexandre qu'environ quatre cents après la mort de ce prince ; son ouvrage en est-il moins estimé ? Ne croira-t-on ni saint Augustin, ni saint Épiphane, ni Eusèbe de Césarée, parce qu'ils rapportent une multitude de faits très-antérieurs à leur temps, et qu'on ne trouve que chez eux ? Enfin faudra-t-il mettre au rebut Baronius, parce qu'il nous a donné un nombre prodigieux de monuments, dont la plupart semblaient être condamnés à un éternel oubli? Si par hasard vous pensiez ainsi, il ne me serait pas difficile de vous opposer le suffrage des plus habiles protestants (1). Peut-être même que je pourrais vous opposer à vous-même. Croyez-vous que votre histoire de saint Germain, écrite par un témoin digne de foi, et racontée par vingt autres, fût moins vraie en deux cents ans d'ici, si le manuscrit d'où vous l'avez tirée ne paraissait pour la première fois que deux ou trois siècles après celui où nous vivons? Comme je vous crois fort éloigné de ces sentiments, je crois aussi que la première raison de Lenglet vous paraîtra très-peu décisive. Il semble lui-même s'en défier. Un moment après il a recours au fond même de l'apparition pour la combattre, et il se croit si ferme de ce côté-là, que, quand Raban lui-même la lui aurait contée, il ne l'en croirait pas. »

Il faut cependant avouer que le sage, savant et judicieux Raban valait mieux en tout sens que celui qui le traite si mal. Mais examinons la preuve de ce dernier; elle est d'un sérieux qui, à force du travers qu'il renferme, approche du comique. La voici mise en forme.

« Ceux qui sont en purgatoire sont morts en grâce, et la charité dans le cœur, par conséquent avec un esprit de douceur et de compassion pour le prochain. Or des moines qui, comme ceux de Fulde, se jettent impitoyablement sur le corps d'un malheureux célérier, le battent à outrance, le laissent presque mort sur la place, n'ont ni compassion, ni douceur; et, pour corriger, ils se servent d'une voie qui ne convient point à une âme prédestinée. Donc, etc.

« Tel est le raisonnement du sieur Lenglet. Pour le mettre en poussière, je me contente de lui demander si les âmes des morts, que Dieu purifie encore par le feu, ont plus de charité que les anges qui sont dans la gloire. Il ne le dira pas, ou il le dira sans preuve. Qu'il lise donc le troisième chapitre du second livre des Machabées, il y verra si Héliodore, quand il voulut piller les dépôts du temple de Jérusalem, fut bien ménagé par ces bienheureux esprits; et si l'historien sacré a cru qu'une justice, plutôt terrible que simplement rigoureuse, était indigne d'une âme prédestinée. Qu'il lise le douzième chapitre des Actes des apôtres, et il nous dira, ou d'autres pour lui, si l'ange du Dieu vivant tenta de corriger Hérode par la douceur, lorsqu'il le frappa d'une maladie où son corps, dévoré par les vers, trouva, dès la vie, le tombeau qui l'attendait après sa mort. Qu'il lise même dans saint Jérôme la manière dont cet illustre docteur fut traité pour être trop cicéronien, etc.

« Que, s'il lui faut absolument des exemples d'âmes séparées de leurs corps, l'Apocalypse lui offrira celles des martyrs, qui semblent en quelque sorte reprocher à Dieu l'excès de sa patience, et qui le conjurent de venger leur sang avec l'injustice et la tyrannie ont cruellement répandu (2). Qui doute qu'elles n'eussent fait, si cela leur eût été permis, ce qu'elles priaient Dieu de faire? Ce qui a trompé votre écrivain, c'est qu'il a cru, ou paru croire, que les âmes saintes agissent dans ces sortes d'occasions par leur propre mouvement; au lieu qu'elles ne font qu'exécuter les ordres de Dieu, qui quelquefois suit les vues de sa miséricorde, quelquefois cède aux intérêts de sa justice. Si vous n'osez juger le Maître souverain, pourquoi osez-vous juger ses ministres? Que saint Pierre punisse donc d'une mort subite l'orgueilleux mensonge d'Ananie et de Sapphire, il ne sera ni moins grand, ni moins plein de l'esprit de charité, qui l'a fait pasteur de tout le troupeau, que quand il rend la vie à Tabithe, ou qu'il guérit dans les rues de Jérusalem les malades par son ombre. Après tout, ce que M. Lenglet regarde comme une cruauté exercée sur l'économe de Fulde, fut le plus grand bonheur qui pût lui arriver; et l'on pourrait souhaiter à ce fécond et caustique écrivain, qu'il eût eu en mourant un sort pareil à celui d'Adelhard. Rien de plus vrai que ce que disait à ce dernier le saint abbé Raban, qu'il importe fort peu que le corps soit châtié dans ce monde, pourvu que l'âme soit épargnée dans l'autre. C'est ce que demandait saint Augustin, et pour lui-même, et sans doute pour son peuple : *Hic ure, hic seca, hic non parcas, modo in æternum parcas.*

« Vous trouverez bon, Monsieur, que je ne m'arrête pas à réfuter la calomnieuse conjecture de votre docteur. Que, sous un homme, comme Raban, les moines de Fulde crussent n'avoir jamais assez bu; que leur célérier soit tombé ivre dans un cloître; que, pour cacher sa turpitude, il leur ait persuadé, contre le témoignage de leurs propres yeux, qu'il était meurtri de coups; qu'il leur ait annoncé sa mort dans trois jours (j'aurais ajouté, et qu'il se la soit donnée comme Cardan, afin de ne pas passer pour un faux prophète); ou qu'enfin quelque ennemi de ce religieux ait imaginé ce conte pour le décrier (en nous le donnant cependant pour un bienheureux qui jouit de la gloire); c'est ce qu'on peut appeler un tissu d'absurdités qui tombent d'elles-mêmes. Voyons si l'on se tire mieux de l'apparition du marquis de Rambouillet.

« La réponse du chanoine Poupart (3) se réduit à ces trois chefs, 1° que l'imagination de

(1) Magni Baronii Annales, opus plane stupendum ..... Is unus est, qui ..... ex abdito tam multa, plane prius ignota primus prompsit in lucem ..... qui denique (secluso partium studio) dignus erat sine controversia, cui omnes assurgerent. *Degoreus Wehear in relect. hiemal.* pag. mihi 164.

(2) Usquequo, Domine, non vindicas sanguinem nostrum de iis qui habitant in terra. *Apocal.* VIII, v. 10.

(3) Le P. Richard, dominicain, et le P. Calmet, après lui, ont fait voir qu'il y a dans la dissertation de M. Poupart plusieurs choses contraires à la foi de l'Église. Voyez les *Vampires* de Dom Calmet, tom. II, chap. 62, pag. 346.

M. de Préci était échauffée par l'ardeur de sa fièvre; 2° que, troublé par le souvenir de la promesse que Rambouillet et lui s'étaient faite de se donner des nouvelles de l'autre monde, il se représentait sans cesse le fantôme de son ami, qu'il savait être à tout moment en danger d'être tué; 3° qu'on ne peut rien conclure, ni de la vue distincte qu'il eut de la blessure du marquis, ni de la prédiction qu'il crut entendre de sa mort; parce qu'il est des *pressentiments* qui annoncent des choses pour le moins aussi difficiles à deviner. Or, monsieur, cette réponse ne peut plaire qu'à vos *nouveaux philosophes*, c'est-à-dire à cet amas de gens qui croient tout, pour avoir le plaisir de ne rien croire.

« Car, 1° où l'auteur de la dissertation a-t-il trouvé que, dans le temps de l'apparition réelle ou prétendue de Rambouillet, le marquis de Préci avait l'imagination échauffée par l'ardeur de son mal, ou même qu'il eût encore la fièvre? Tout cela était nécessaire à l'abbé Poupart; mais tout cela est deviné, et probablement très-mal deviné. Un homme d'une condition bien inférieure à celle de M. de Préci, quand il est dans le cours d'une fièvre violente, a une garde qui ne le quitte ni le jour ni la nuit; et il paraît que le marquis de Préci n'avait pas même un valet de chambre auprès de lui. Ce domestique eût au moins été témoin des mouvements de son maître, et il aurait entendu la conversation d'un côté, s'il ne l'avait pas entendue de l'autre. Rien de tout cela n'arrive : Préci fut le seul qui vit et qui entendit.

« 2° Le dissertateur suppose que le marquis de Préci était tout plein de la promesse que Rambouillet lui avait faite de lui donner des nouvelles de l'autre monde. On peut encore lui demander où il a pris cela, ou plutôt l'assurer qu'il se trompe. Les deux amis s'étaient entretenus des affaires de l'autre monde, comme font une infinité de gens qui n'y croient guère. Or de mille personnes qui, après ces sortes d'entretiens, se font de pareilles promesses, il n'y en a pas un qui y pense le moment d'après. On va son train à l'ordinaire. On ne croyait rien, ou presque rien, on continue à ne rien croire. Ainsi cette agitation continuelle de Préci, qui suivait Rambouillet dans tous les hasards de la guerre, qui le voyait toujours au feu, qui à tous moments attendait son fantôme pour en apprendre sa propre destinée (article dont il ne s'était point agi dans la convention), tout cela, dis-je, n'est qu'une imagination puérile, qui multiplie les fantômes pour en expliquer un seul. Et pourquoi cet homme, qui à tous les instants attendait son ami, ne le vit-il que quand il eut été tué? Pourquoi vit-il sa blessure aux reins plutôt qu'ailleurs? Pourquoi et comment apprit-il de lui qu'il ne lui survivrait que jusqu'à la première occasion?

« Ce fut, dit-on, l'effet du *pressentiment*. Je vous avoue que j'aurais besoin que le dissertateur ou quelque autre pour lui m'apparût, pour m'expliquer ce que c'est que pressentiment. Serait-ce un corps, un esprit, une modification de l'un ou de l'autre? Est-ce une illustration? Et si c'en est une, vient-elle à l'homme de l'homme même ou d'une intelligence étrangère? En attendant qu'on m'en instruise, j'admettrai le pressentiment comme j'admets le hasard; c'est-à-dire que je regarderai l'un et l'autre comme de grands termes, qui signifient qu'on veut parler, quand on n'a rien à dire. Encore passe, si l'on s'était servi de l'expédient des corpuscules. On les aurait fait partir à point nommé de la blessure du marquis de Rambouillet. Ils seraient venus en droite ligne à l'hôtel de Préci, dont ils savaient la route, et ils auraient conté au malade la tragique histoire de son ami. Tout cela bien et dûment étayé de la poudre de sympathie du chevalier d'Igbi aurait pris un air de physique; et l'abbé de Vallemont, qui s'en est si heureusement servi pour expliquer le fameux songe dont parle Cicéron, aurait pu y applaudir (1). Mais nous donner du pressentiment, sans dire ni où il va, ni d'où il vient, c'est nous payer d'une monnaie qui ne peut avoir de cours que quand il n'y en aura point d'autre. Je finis par une réflexion toute

___

(1) Cicéron, dans son premier livre *de Divinatione*, raconte que deux amis qui voyageaient ensemble, étant arrivés à Mégare, l'un d'eux alla loger dans une hôtellerie et l'autre chez un ami. Ce dernier vit en dormant son ami, qui le priait de venir à son secours, parce que l'hôte voulait le tuer. Ce songe le réveilla; mais il le regarda comme une chimère et se rendormit. Peu de temps après, son compagnon lui apparut une seconde fois, et lui dit que, puisqu'il ne l'avait pas secouru vivant, il eût au moins soin de ne pas laisser sa mort impunie; que l'hôte avait caché son corps dans du fumier, et qu'il se trouvât de grand matin à la porte de la ville, avant qu'on l'eût emporté. L'ami obéit enfin, et trouva à la pointe du jour un charretier prêt à sortir de Mégare : il lui demanda ce qu'il y avait dans son chariot. Ce malheureux, qui le savait bien, prit la fuite. Le mort fut retiré de dessous le fumier, et l'hôte, convaincu de ce meurtre, fut puni du dernier supplice. M. de Vallemont, dans sa Physique occulte, prétend expliquer ce fait par le mouvement des corpuscules que cet homme qu'on assassinait répandit dans l'air, soit par ses cris, soit par une transpiration violente et forcée, etc. Mais, dit l'auteur de l'Onéirocritique, c'est-à-dire de l'Interprétation des songes : « Quelle chimère d'imaginer que des corpuscules viennent raconter les circonstances d'un meurtre! Un pareil usage des corpuscules n'est pas moins frivole que les qualités occultes de l'ancienne physique, etc. » Voyez le *Recueil de dissertations* de Lenglet, tom. II, pag. 201.

Ce sera apparemment aussi par des corpuscules ou par un pressentiment que M. Surmin, conseiller au parlement de Dijon, entendit la nuit quelqu'un qui lui dit, dans une langue étrangère (que M. de Saumaise lui expliqua le lendemain), de sortir de sa maison, parce qu'elle devait être renversée le même jour, comme il arriva. Dom Calmet, qui a rapporté deux fois cette histoire, savoir, pag. 58 et 80 de sa première édition, la dit d'abord arrivée à Paris, et puis à Dijon. C'est dans cette dernière ville qu'elle est arrivée, et très-sûrement arrivée. La mémoire s'en conserve dans la famille; et je l'avais apprise de M. l'abbé Surmin, chanoine de Meaux, avant que de la lire dans le P. Calmet.

simple. La voici en deux mots : Quand on veut tout croire, on croit bien des sottises ; mais on en dit bien, quand on veut ne rien croire. Souvent même on s'en trouve assez mal. Si la luthérienne dont parle M. de Mollinger n'eût été ni crue, ni croyante, le sieur Cavallari n'aurait pas trouvé le précieux trésor qu'elle lui annonça en conséquence d'une vision plusieurs fois répétée, que l'événement a plus justifiée que tous les serments que cette femme a voulu prêter (1). »

Voilà, madame, la réponse de notre ami. Je ne lui pardonnerai pas sa vivacité contre le pauvre M. Lenglet, qui a eu quelque complaisance pour moi. Mais, à cela près, il me semble raisonner aussi juste que son adversaire. Je m'en rapporte volontiers à vous, qui aux vertus de votre sexe joignez toute la solidité que devrait avoir le nôtre.

Si par hasard vous me demandiez mon avis sur cette matière, j'aurais l'honneur de vous répondre : 1° avec M. l'abbé Trublet, dans ses Essais de littérature, que, *s'il y a de la faiblesse à croire tout, il y a de l'emportement et de la brutalité à nier tout*; 2° avec Gerson, qu'en fait de visions il y a du danger à les approuver, parce qu'il y en a d'illusoires ; et à les rejeter, parce qu'il y en a de vraies et d'importantes ; 3° avec M. Lenglet, que *j'admets celles qui ont de fortes preuves; que je doute de celles qui ne sont pas suffisamment appuyées; et que je rejette toutes celles où l'on trouve des marques évidentes de fausseté ou de supposition;* 4° avec Benoît XIV, que, pour juger si une vision réelle vient de Dieu, j'examine si elle porte au bien, si la personne qui l'a eue devient en conséquence plus humble, plus soumise, etc. J'aurais plus de peine sur la première condition qu'exige ce savant pape par ces paroles : *Si persona, cui contingunt visiones, virtutibus prædita sit.* Il me semble que Dieu pourrait bien dire ou faire dire à quelqu'un, comme dans l'Evangile : *Stulte, hac nocte animam tuam repetunt a te.* J'ajoute qu'en fait de visions qui tendraient à inspirer quelque dessein extraordinaire, et surtout relativement au prochain, l'homme le plus sage ne devrait rien entreprendre sans avoir consulté. Je suis, avec les sentiments de respect que vous inspirez à ceux qui ont l'honneur de vous connaître, etc.

VŒU.

Le *vœu*, selon saint Thomas, 2-2, q. 38, a. 2, est une promesse délibérée faite à Dieu de quelque plus grand bien. C'est une *promesse*, et par conséquent ce n'est point un simple désir, une simple résolution, mais un vrai engagement à remplir l'obligation qu'on s'impose. C'est une promesse *délibérée*, et par conséquent volontaire jusqu'à un certain point. Enfin, c'est une promesse *faite à Dieu*, soit qu'elle se fasse immédiatement à lui, soit qu'elle se fasse aux saints d'une manière qui lui soit relative. Enfin, c'est une promesse *d'un plus grand bien*, c'est-à-dire la promesse d'un bien qui soit meilleur que celui qui lui est opposé, qui soit plus agréable à Dieu, et qui enfin ne soit pas incompatible avec un plus grand bien.

On divise le vœu, 1° en vœu absolu et vœu conditionnel ; 2° en vœu réel et vœu personnel, ou vœu réel et personnel tout ensemble ; 3° en vœu simple et vœu solennel.

Le vœu absolu est celui qu'on fait sans aucune condition, et qui oblige à l'exécution aussitôt qu'il a été fait. C'est de cette espèce de vœu que l'Ecriture dit : *Cum votum voveris Domino Deo tuo, non tardabis reddere, quia requiret illud Dominus Deus tuus; et si moratus fueris, reputabitur tibi in peccatum.* Deut. xxiii, 21.

Le vœu conditionnel est celui qui a été fait sous une condition, et il n'oblige qu'après l'événement de cette condition. Tel fut ce vœu des Israélites : *Si tradideris populum istum in manu mea, delebo urbes ejus*, Num. xxi, 2.

Le vœu réel est celui qui a pour matière une chose qui est hors de la personne qui le fait, comme quand on promet à Dieu de donner une certaine somme par aumône aux pauvres.

Le vœu personnel est celui dont la matière consiste en nos personnes et en nos actions, comme quand on promet à Dieu de se faire religieux, ou de faire un tel pèlerinage ou une telle prière.

Le vœu réel et personnel tout ensemble, qu'on appelle vœu mixte, est celui dont la

---

(1) *Voyez* la lettre de M. Mollinger à M. Schœpflin, de l'académie royale des inscriptions. Cette lettre, qui est du premier janvier 1747, se trouve à la fin du second tome de l'abbé Lenglet. Elle porte en substance que la femme d'un censier de Rothenkirchem, autrefois célèbre monastère, mais ruiné du temps de la prétendue réformation, assurait vouloir prêter serment qu'elle avait vu plusieurs fois en plein midi, et surtout le 7 mai, pendant deux années consécutives, un prêtre vénérable, en habits pontificaux, brodés en or, qui jetait devant lui un grand tas de pierres ; que M. Cavallari, premier musicien de l'électeur Palatin, ayant demandé la permission de creuser, permission qui lui fut accordée, moins parce que le dixième des trésors appartient au prince que parce qu'on le traita de visionnaire (qu'il fallait désabuser à ses dépens), s'associa pour la moitié M. de Mollinger, premier secrétaire de l'électeur; et qu'ayant fait creuser, ils trouvèrent de petits pots de terre remplis d'un or plus fin que les ducats d'aujourd'hui, et dont la plupart sont du xive et xve siècle ; que lui, Mollinger, en a eu pour sa part six cent soixante-six, et qu'on lui a offert de chacun neuf à dix florins. M. l'abbé Lenglet, qui avait vu un de ces ducats, dit, tom. II, pag. 345, qu'il a donné, dans sa préface, l'empreinte des deux qui avaient été envoyés à M. Schœpflin. Mais cette empreinte ne se trouve pas, au moins dans mon édition.

matière consiste dans nos personnes ou dans nos actions et dans nos biens, comme quand une personne fait vœu d'aller en pèlerinage à une église, et d'y faire un tel don ou une telle aumône.

L'obligation d'exécuter le vœu réel passe aux héritiers du défunt qui l'a fait, comme l'a défini Innocent III, c. 18, *de Censib.* Le vœu personnel n'oblige que celui-là seul qui l'a fait.

Le vœu simple est tout vœu, tel qu'il soit, qu'on fait en particulier ou même publiquement ; et celui qu'on appelle solennel est celui qu'on fait par la profession solennelle d'une religion approuvée par l'Église, ou bien par la réception des ordres sacrés.

Le vœu solennel de religion renferme trois différents vœux particuliers, qui sont celui de la pauvreté, celui de la chasteté et celui de l'obéissance. Ce sont là les plus importants, les principaux et les plus sûrs moyens d'arriver à la perfection chrétienne, parce qu'ils détruisent les trois grands obstacles qui empêchent les fidèles d'y parvenir ; savoir : 1° l'amour des biens de la terre et des richesses de ce monde ; 2° l'amour des plaisirs sensuels ; 3° le déréglement de notre volonté.

Le vœu de la pauvreté détruit le premier obstacle, en détachant la personne qui l'a fait de l'attachement aux faux biens du monde, où porte la nature corrompue. Le vœu de chasteté s'oppose fortement à l'amour des plaisirs, où l'homme est encore plus violemment porté par la concupiscence avec laquelle il naît, et par ses fréquentes tentations, qui viennent de la corruption de son propre fonds. Enfin le vœu de l'obéissance redresse et rectifie la volonté, en la soumettant à celle de la personne qu'on a choisie pour supérieur ; car quoiqu'il soit vrai que, régulièrement parlant, on puisse, avec le secours de la grâce, pratiquer les trois vertus que renferment ces vœux, sans s'y obliger expressément, il est encore plus vrai que l'engagement que contractent les personnes religieuses est un puissant frein qui arrête l'inconstance de la volonté, et qui la fait persévérer dans l'exécution de la promesse qu'on a faite à Dieu, ce qui fait dire à M. Godeau, évêque de Vence, dans sa *Morale chrétienne,* tom. II, p. 281, qu'il n'y a pas de doute que les actions faites par un vœu solennel de religion ne soient plus excellentes que celles qui se font sans vœu, parce que le vœu solennel est un dépouillement de sa propre volonté et un engagement qui fait donner à Dieu l'arbre et les fruits tout ensemble. Ce sont les propres termes de ce digne prélat, qui ajoute cette observation importante : « Il faut savoir, dit-il, que l'amour de Dieu est ce qui donne proprement la valeur aux actions chrétiennes, et ce qui les distingue les unes des autres ; de sorte qu'une action faite sans amour, et simplement par l'obligation du vœu, ne serait pas si agréable à Dieu que celle qui serait faite par son amour, sans vœu.

Enfin, pour achever la division des vœux différents qu'on peut faire, nous ajoutons qu'il y en a de choses qui sont bonnes en elles-mêmes, mais qui ne sont pas commandées : tel est le vœu qu'on ferait de jeûner tous les mercredis de l'année, ou de donner tout son bien aux pauvres ; et tel fut sans doute le vœu d'Ananias et de Saphira, sa femme, qui furent frappés de mort subite, pour n'avoir apporté à saint Pierre que la moitié du prix qu'ils avaient retiré de la vente de leur héritage, et il y en a d'autres, de choses qui sont de précepte.

Entre toutes les sortes de vœux dont nous venons de parler, il n'y en a aucun que le solennel qui soit empêchement dirimant du mariage ; de sorte que celui qui a reçu quelqu'un des trois ordres sacrés ne peut pas contracter validement mariage, non plus que celui ou celle qui s'est engagé dans l'état religieux par une profession solennelle, ainsi que l'a déclaré Boniface VIII, cap. unic. *de Voto,* in 6.

L'Église ou ceux qui y sont supérieurs majeurs, tels que sont le pape et les évêques, peuvent dispenser des vœux ou les commuer, quand la chose dont on a fait vœu devient nuisible, ou inutile, ou contraire à un plus grand bien. La dispense de ceux qu'on a faits de visiter les tombeaux des apôtres à Rome, le saint sépulcre de Notre-Seigneur et les autres saints lieux de Jérusalem, et d'aller en pèlerinage à Saint-Jacques de Compostelle en Galice, est réservée par le droit au pape. Il en est de même du vœu de chasteté perpétuelle et de celui d'entrer en religion. Les évêques peuvent cependant dispenser de ces vœux, quand ils sont douteux ou qu'on ne les a faits que sous une condition qui n'est pas encore accomplie : par exemple, celui qu'aurait fait une fille de garder toute sa vie la continence, en cas que son père revînt sain et sauf d'une bataille qui fût près de se donner, ou pour un temps déterminé, dont le terme n'est pas expiré ; comme aussi de quelques autres vœux, dont la matière principale qu'on a eue en vue ne renferme que d'une manière indirecte celle dont l'évêque ne pourrait dispenser, si elle en avait été le principal objet, tel qu'est le vœu qu'on aurait fait de recevoir les ordres sacrés, sans faire attention que la continence perpétuelle y est attachée, comme en étant l'accessoire, ou celui de ne se point marier.

Cas 1. *Liébaud* a soutenu qu'on peut faire des vœux à la Vierge et aux saints, aussi bien qu'à Dieu. Ne s'est-il pas trompé ?

R. ' Le vœu est un acte de religion et de latrie, qui ne se peut faire qu'à Dieu. Ainsi, quand on dit que quelqu'un a fait un vœu à tel saint, à son évêque, à son supérieur, on veut seulement dire qu'il a promis une chose à Dieu, en prenant les saints ou les hommes à témoin de la promesse qu'il lui a faite, et en les priant de demander pour lui au Seigneur la grâce d'y être fidèle, ou bien qu'il a fait à Dieu un vœu dont la matière est une chose qui regarde l'honneur d'un saint ; car on peut s engager par un vœu fait à Dieu de mettre les reliques d'un saint dans un lieu plus décent, ou de bâtir une chapelle sous son invocation. C'est ce qu'enseigne Sylvius avec son exactitude ordinaire, v. *Professio monastica*, n. 10, où il parle ainsi : *Dicendum est vota quæ sanctis fiunt, habere hunc sensum, vel quod fiant coram sanctis, tanquam testibus et suffragatoribus pro petendo auxilio ad illorum impletionem; vel quod fiant Deo, secundum quid habent rationem promissionis: quæ tamen promissio etiam cadat sub votum, quia Deo vovetur, quod promissio sanctis facta implebitur.*

C'est en ce sens qu'il faut entendre quelques formules de vœux, même solennels, qui sont en usage dans certains ordres religieux. Telle est celle qui est en pratique en quelques monastères de Bénédictines réformées, et qui est conçue en ces termes : *Profiteor et promitto Deo omnipotenti, benedictæ Virgini Mariæ, sanctis apostolis Petro et Paulo, Patri nostro sancto Benedicto, omnibus sanctis et vobis, reverendissimæ mi domine episcope... et reverendæ abbatissæ hujus monasterii, et vestris legitimis successoribus, obedientiam, paupertatem, castitatem, immutationem morum et clausuram perpetuam,* etc. Laquelle formule se trouve mot pour mot dans les constitutions que la congrégation qui se tint à Rome, au sujet des réguliers, déclara, le 6 mars 1615, dignes de l'approbation du pape Paul V, qui les approuva en effet le 2 juillet de la même année. Sylvius, qui est notre garant, témoigne que cette formule est encore actuellement en usage chez les Bénédictines réformées du diocèse d'Arras, de celui de Namur, et de plusieurs autres. Ajoutons à cela que cette manière de former de tels vœux solennels n'est pas particulière aux seules religieuses Bénédictines, comme le témoignent plusieurs auteurs, l'usage pratiqué par d'autres ordres réguliers, étant d'adresser non-seulement leurs vœux à Dieu, mais d'ajouter encore le nom de la bienheureuse Vierge et celui du saint fondateur de l'ordre où se fait la profession solennelle, et d'y joindre ces paroles : *Et omnibus sanctis.*

CAS II. *Baudoine*, pauvre fille âgée de 10 à 11 ans seulement, ayant lu un livre qui faisait l'éloge de la virginité, et ayant appris de Jeanne, sa sœur, qui est religieuse, combien l'état de la religion est parfait, a fait vœu de virginité et de se faire religieuse dès qu'elle serait en âge d'être admise à la profession solennelle. Son vœu est-il valide? et s'il l'est, n'en peut-elle être dispensée que par le pape?

R. Les auteurs sont partagés sur cette difficulté. Saint Antonin met les impubères au rang de ceux dont les vœux sont nuls, et se fonde sur l'autorité de saint Thomas et de Paludanus; plusieurs autres sont du même avis, et il est sûr que saint Thomas favorise beaucoup cette opinion par ces paroles in 4, dist. 38, q. 1, art. 1 : *Illi qui non habent usum liberi arbitrii, sicut aliqui qui non sunt sanæ mentis, vovere non possunt, nec etiam pueri ante annos pubertatis.* Mais dans sa Somme 2-2, q. 88, art. 9, il parle en ces termes : *Contingit tamen propter naturæ dispositionem, quæ legibus humanis non subditur, in aliquibus, licet paucis, accelerari usum rationis, qui ob hoc dicuntur doli capaces. Est ergo dicendum quod, si puer vel puella ante pubertatis annos nondum habeat usum rationis, nullo modo potest ad aliquid se obligare: si vero ante pubertatis annos attingit usum rationis, potest quidem, quantum in ipso est, se obligare: sur quoi*: Sylvius dit: *Qui ante pubertatem usum illum rationis habent, possunt (quantum est ex parte sua) votis se obstringere: sed ea non sunt firma, quandoquidem possint irritari per patrem aut tutorem; obligant tamen quandiu non irritantur.* Mais suffit-il, pour qu'un impubère soit censé avoir assez de raison, et que par conséquent son vœu soit valide, qu'il soit capable de discerner le péché mortel d'avec le péché véniel? Navarre le prétend; mais il nous semble que saint Thomas et les autres docteurs ne reconnaissent un vœu de continence et de religion pour valide, qu'à l'égard de ceux qui sont suffisamment instruits de la nature de tels vœux et des difficultés qu'il y a à les accomplir fidèlement dans la suite de la vie. Or est-il vraisemblable qu'une fille âgée de 10 à 11 ans seulement, qui, comme il est très-ordinaire à des enfants de cet âge, n'a point encore ressenti les attaques de la concupiscence, et qui ne peut par conséquent connaître la peine qu'il y a à les vaincre, puisse être suffisamment instruite de la violence des tentations, auxquelles on ne commence d'être sujet qu'après qu'on est parvenu à une pleine puberté?

Néanmoins comme il se peut faire que, par une disposition prématurée de la nature, Baudoine ait à dix ans autant de discernement sur la nature de son vœu et sur les difficultés qui se peuvent trouver dans son exécution, qu'elle en aurait à l'âge de douze ans accomplis, on doit présumer en ce cas que son vœu est valide, à moins qu'on n'ait de fortes raisons d'en juger autrement. C'est pourquoi Alexandre III, consulté sur un jeune garçon, *In puerili ætate constitutus*, qui avait fait vœu d'aller en pèlerinage à Jérusalem, ce pape, bien loin de déclarer nul ce vœu, quoiqu'il y eût lieu de croire que ce jeune enfant n'était pas encore capable de bien prévoir tous les inconvénients qu'il y avait dans son exécution, suppose au contraire qu'il est valide, puisqu'il lui en accorde la dispense sous l'obligation de faire des aumônes. *Nos ipsum a voto, quod in ætate tenera, facilitate potius quam ex arbitrio discretionis promisit, absolvimus; ita tamen, quod idem votum eleemosynis redimat,* c. 2, *de Voto,* etc. Disons donc, pour le plus sûr, que Baudoine est tenue à accomplir son vœu, à moins qu'elle n'en obtienne dispense, laquelle, à raison de sa grande jeunesse et de l'incertitude qu'il y a qu'elle ait eu assez de jugement pour s'engager, peut être accordée par son évêque, sans qu'elle ait besoin de recourir à Rome, n'y ayant que les vœux certains qui soient reservés au pape, dans le cas où l'on est dans le pouvoir d'avoir recours à lui.

— Il faut s'en tenir à ce sentiment. *Ego vero*, dit Comitolus, l. II, q. 7, n. 4, *malim in votivis obligationibus, cum obscuræ sunt et ancipites, pro voto, quam pro vovente respondere*, etc. Voyez mon 2º vol., cap. 5, *de Voto*, n. 91. J'y ai dit avec Sanchez, lib. I, de Matrim., disp. 9, n. 12, que, quand un enfant a fait un vœu après sept ans accomplis, on lui présume assez de raison pour ne pas regarder ce vœu comme absolument nul ; que, quand il l'a fait avant cet âge, *præsumitur defectus rationis, nisi de illa constet*.

—Cas III. Mais que dire, quand la personne qui a fait vœu dans un âge si tendre, doute si elle avait sept ans ou si elle ne les avait pas ?

R. Ce même théologien dit qu'en ce cas, *præsumendum est in favorem voti, quia de illo constat ; excusatio autem dubia est. Item rarissime aut nunquam ante septennium emittuntur vota aut juramenta promissoria*. Car ce qu'on dit ici du vœu doit s'entendre du serment.

Cas. IV. *Lucilia*, âgée de douze ans et trois mois, étant prête à faire sa première communion, fit vœu de virginité perpétuelle sans consulter son confesseur ni aucune autre personne. Elle passa ensuite six ans sans faire aucune réflexion à ce vœu, et s'étant mariée, elle ne s'en ressouvint que le lendemain de son mariage, qui avait été consommé. On lui demande, 1º si ce vœu est valide, quoiqu'elle l'ait fait dans une ferveur subite de dévotion et dans une si grande jeunesse ? 2º ce qu'elle doit faire pour assurer sa conscience, supposé qu'il soit valide ?

R. 1º Il faut en général regarder ce vœu comme valide, à moins qu'on ne le supposât fait sans délibération suffisante. Ainsi Lucilia doit rendre le devoir, mais elle ne peut l'exiger, à moins qu'elle n'obtienne à Rome dispense de la pénitencerie ; dispense que son évêque peut aussi lui donner, si sa pauvreté ou quelque autre raison légitime ne lui permettent pas de recourir au saint-siége. Mais cette dispense ne peut s'exécuter que dans le for. de la pénitence. ' Voyez mon *Traité des dispenses*, t. III, ch. 2, n. 39.

Cas V. *Rutilia*, âgée de seize ans, peu instruite de la nature du vœu, et touchée d'un beau sermon sur la virginité, a promis à Dieu de la garder toute sa vie, sans réfléchir si elle s'engageait par un vœu ou non, quoiqu'elle eût assez de connaissance pour savoir ce qu'elle faisait. Elle croit aujourd'hui pouvoir se marier, parce qu'en faisant sa promesse à Dieu, elle ne l'a regardée que comme toutes les autres qu'on fait, et que comme les simples résolutions qu'on prend, sans croire qu'elle l'engageât de la manière qu'on lui a dit depuis que le vœu engage. Que doit-elle faire pour mettre sa conscience à couvert ?

R. Il est vrai que l'intention de s'engager est essentielle à la validité d'un vœu, parce que le vœu, étant une loi qu'on s'impose volontairement, il n'oblige qu'autant qu'on l'a voulu ; mais c'est par cette raison que l'on doit considérer comme un véritable vœu la promesse que Rutilia a faite à Dieu, et qu'ainsi elle est obligée en conscience à l'accomplir, parce qu'en la faisant elle a eu une intention suffisante de s'engager, une telle promesse renfermant naturellement l'obligation de l'accomplir. Car, comme dit saint Antonin, *Ad fidelitatem hominis pertinet, ut solvat promissa*. Rutilia ne peut donc se marier, à moins qu'elle n'obtienne dispense, si elle a de justes raisons pour cela.

—Cette décision peut souffrir de la difficulté. Un homme dit souvent : *Je vous promets, mon Dieu, d'éviter tel défaut*, sans faire de vœu. Le vœu n'est pas une simple promesse, mais une promesse à laquelle on s'engage de ne point manquer, sans un nouveau péché, ordinairement très-grief. D'ailleurs il est rare qu'un vœu, quand on le fait à seize ans, ne frappe pas en genre de vœu. Il pourrait donc être douteux s'il y en a dans de semblables cas, et alors la dispense de l'évêque suffirait.

Cas VI. *Numinius*, n'ayant pu obtenir le devoir de sa femme depuis trois mois, quoiqu'elle n'eût aucune raison de le lui refuser, a fait vœu, dans la chaleur de son emportement, de ne le lui jamais demander. Ce vœu est-il valide ?

R. L'auteur de la Glose le croit nul, à moins que celui qui l'a fait en colère ne le ratifie après que sa colère est passée. Mais, dit Navarre, qui savait mieux que personne les usages de la pénitencerie, dont il fut ministre sous saint Charles : *Prætorium sacræ pœnitentiariæ omnia vota per iracundiam vel aliam passionem et perturbationem facta, judicat esse valida, nisi tanta fuerit iracundia, tantaque passio et turbatio, quæ voventem extra mentem ad insaniam trahat*. Cela se peut confirmer par le ch. 15, *de Jurejurando*, où Urbain III regarde comme vrai jurement celui qu'un homme avait fait dans un emportement de colère.

—Un évêque n'aurait pas de peine à dispenser d'un pareil vœu, qui souvent pourrait être plutôt *de malo* que *de meliori bono*, en exposant à l'incontinence une femme quinteuse, qui voudra demain avec fureur ce qu'elle ne veut pas aujourd'hui.

Cas VII. *Pavin*, étant parti de Flandre pour le pèlerinage de Rome, et ayant fait vœu de jeûner le lendemain du jour qu'il y arriverait, y est arrivé le samedi saint au soir. Est-il obligé à jeûner le jour de Pâques ?

R. Oui ; car n'ayant point eu intention d'excepter ce jour-là, il est censé avoir eu intention, au moins tacite, de s'obliger au vœu ce jour-là comme les autres jours. C'est par cette raison qu'Honorius III décide, c. 3, *de Observ. jejun.*, qu'on ne peut pas manger de la chair le jour de la Nativité de Notre-Seigneur, arrivant le vendredi, lorsqu'on s'est engagé par vœu à n'en jamais manger le vendredi. Fagnan dit la même chose pour ces deux cas. *Voyez*-le in cap. *Explicari*, 5,

Observationes jejuniorum, num. 14. "L'Eglise n'a pas coutume de jeûner ce jour-là, mais elle ne le défend pas. Le repas qu'on fait à la Trappe dans ce saint jour est plus austère que le jeûne du commun des fidèles les plus exacts.

Cas VIII. *Constantin*, âgé de 27 ans, après avoir fait vœu de se faire religieux, a été fait évêque. Est-il délié de son vœu par sa promotion?

R. Non ; ⁕ car, quoique l'épiscopat soit un état plus parfait en lui-même, il n'est pas toujours un moyen plus sûr de travailler à sa propre sanctification. C'est pourquoi Innocent III, consulté sur ce sujet par un évêque de Genève, lui répondit (c. 10, h. t.) : *Si tuam sanare desideras conscientiam, regimen resignes Ecclesiæ memoratæ, ac reddas Altissimo vota tua.*

— Si cependant un évêque ne pouvait quitter son église sans lui faire un grand tort, il pourrait suspendre l'exécution de son vœu ou s'en faire dispenser. *Voyez* Pithing sur ce titre.

Cas IX. *Lælia*, s'étant obligée par vœu à garder la virginité toute sa vie, s'est laissée corrompre après par Juvénal. Est-elle encore après cela obligée, en vertu de son vœu, à garder la continence le reste de ses jours, encore qu'elle n'ait eu intention que de vouer sa virginité?

R. Elle y est obligée, comme aussi à réparer son crime par les larmes d'une sincère pénitence, la continence devant être considérée en ce cas comme une espèce de compensation de sa virginité perdue, dont elle est redevable à Dieu, qui veut l'accepter, quoiqu'elle ne soit pas équivalente à la perte qu'elle a faite. C'est la décision de saint Thomas, in 4, dist. 38, q. 1, a. 3, où il dit : *Illa quæ quamvis non possit virginitatem reddere, tamen potest reddere continentiam ; et ad hoc remanet obligata, et ulterius ad pænitentia lamentum*, *per quod virginitatem amissam Deo recompenset : quod quidem, etsi non sit æquivalens simpliciter, est tamen æquivalens, quantum ad reputationem Dei qui non exigit ab homine ultra posse.*

Cas X. *Ennodius*, homme fort à son aise, a fait vœu de donner cinq sous au premier pauvre qu'il trouvera. Est-il obligé, sous peine de péché mortel, d'accomplir ce vœu, dont la matière est si légère?

R. Oui ; parce que, quoique l'omission d'une légère partie du vœu ne soit pas quelque chose de bien grave, on ne doit pas regarder comme une matière légère le violement total d'un vœu qui, étant une promesse faite à Dieu, ne peut être violé sans qu'on se rende coupable envers lui d'une infidélité très-grève. *Votum*, dit saint Thomas, 2-2, q. 89, art. 8, *est promissio, non quæcunque, sed Deo facta, cui infidelem esse gravissimum est.*

— Si cela est, un homme qui a fait vœu de donner deux liards ou même deux deniers à un pauvre, sera damné s'il y manque. Cela paraît bien dur. Cependant Cajetan et Tolet, cités par l'auteur, sont de son sentiment. Ce dernier, dans son *Instruction des Prêtres*, lib. IV, cap. 12, n. 9, dit rondement, en parlant d'un vœu fait d'une chose qui d'ailleurs n'est pas de précepte, et qui est même très-légère : *Tale votum obligat sub mortali; adeo ut qui agit contra votum, etiam in re ante non debita vel minima, peccet mortaliter.* C'est une preuve qu'en fait de vœux et de leur exécution, il ne faut marcher que d'un pas très-mesuré. Plus il est aisé d'accomplir un vœu, plus on doit se reprocher d'y avoir manqué. Je crois cependant l'opinion de l'auteur fausse ; et je ne crois pas que Dieu accepte le vœu que j'aurais fait de dire un *Pater*, sous condition de me damner si j'y manque. *Voyez* mon Traité de *Virtute Religionis*, tom. II, part. II, cap. 5, art. 4, concl. 2.

— Cas XI. *Artigni* a fait vœu de donner trente louis à un hôpital, mais avec intention de ne s'y obliger que sous peine de péché véniel. Cette intention suffit-elle pour l'exempter de péché mortel dans un cas où la matière est si grave?

R. Je le crois ainsi : 1° parce que l'Eglise et le prince peuvent absolument commander une chose importante par une loi qui n'oblige que *sub culpa levi* : or, le vœu est une loi particulière ; 2° parce que, selon un ancien axiome, nul acte fondé sur la seule intention d'un agent ne va au delà de cette même intention ; 3° parce qu'où un homme peut vouer une matière considérable sous une obligation légère, ou il ne peut pas. S'il le peut, notre décision est juste ; s'il ne le peut pas, son vœu est nul, parce qu'il a pour objet une chose impossible.

— Cas XII. *Lucien* a fait les vœux de religion dans un ordre approuvé ; mais il n'a voulu, selon la décision précédente, s'obliger que *sub culpa levi*, en ce qui regarde l'obéissance et la pauvreté. Ne peut-il pas regarder les fautes qu'il fait contre ces deux vœux comme simplement vénielles?

R. Non : 1° parce que l'Eglise ne ratifie ces vœux qu'autant qu'ils se font dans toute leur étendue ; 2° parce que la religion s'obligeant d'une manière très-rigoureuse à ceux qui s'y engagent, il faut qu'ils s'obligent à elle de la même façon.

Cas XIII. *Enguerrand*, abbé de condition, a, par un motif d'humilité, fait vœu de ne jamais accepter l'épiscopat. A-t-il pu faire ce vœu?

R. Ou cet abbé a eu intention de s'obliger par son vœu à ne jamais accepter l'épiscopat, quand même le supérieur légitime le lui commanderait, et en ce cas son vœu est illicite ; ou il n'a prétendu s'obliger qu'à ne le pas rechercher et à le refuser, autant qu'il dépendrait de lui, s'il lui était offert ; et alors son vœu est licite et l'oblige devant Dieu. Cette distinction est de saint Thomas, 2-2, q. 185, a. 2, où il dit : *Qui votum emittit de non suscipiendo episcopatum, si per hoc intendat se obligare ad hoc, quod nec per obedientiam superioris prælati accipiat, illicite vovet. Si autem intendat ad hoc se obligare, ut quantum est de se, episcopatum non quæ-*

rat, nec suscipiat, nisi imminente necessitate; licitum est votum, quia vovet se facturum id quod hominem facere decet.

Cas XIV. *Hector* a fait vœu d'entendre pendant un an, tous les dimanches et les fêtes principales, une messe basse dans un couvent, à dix heures du matin, qui est l'heure où l'on célèbre la messe paroissiale. Son motif est qu'un saint religieux, qui est son directeur, dit toujours la messe pour lui à cette heure-là, et qu'il est bien aise d'y assister avec sa femme et ses enfants. Est-il obligé d'exécuter son vœu?

R. Non; parce que ce vœu est illicite, puisqu'on est obligé d'assister à la messe de paroisse, autant qu'on le peut commodément, et qu'une famille entière n'y peut manquer sans scandale. Quand même ce vœu ne serait pas illicite, il serait au moins *de minori bono*, et par conséquent nul.

Cas XV. *Gilles*, écolier, ayant deux chemins également commodes pour aller en classe, mais dont l'un ne lui est pas si agréable que l'autre, a fait vœu d'aller toujours par celui qui est le plus de son goût. Est-il obligé à garder son vœu?

R. Non; parce que, comme dit saint Thomas, cit. q. 88, a. 2: *Vota quæ sunt de rebus vanis et inutilibus, sunt magis deridenda quam servanda.* Il faudrait raisonner autrement, si ce qui est indifférent de soi-même devenait utile à raison des circonstances, comme si cet écolier ne préférait un chemin à l'autre que dans la crainte d'y trouver une occasion de péché.

Cas XVI. *Yves*, se trouvant fort malade, a fait vœu de faire célébrer une neuvaine de messes dans une église de Paris, où il y a une confrérie de Saint-Clair. Étant relevé de maladie, il est allé demeurer à six lieues de cette ville, dans la paroisse de Saint-Clair, où il y a une pareille confrérie. Ne peut-il pas y accomplir suffisamment son vœu?

R. Non; parce qu'un vœu doit être exécuté dans toutes ses circonstances, soit qu'elles regardent le lieu, le temps, la personne ou la chose même, sans qu'il soit permis d'y rien changer, lorsqu'on est en pouvoir de le faire. Or, il se trouve deux circonstances dans le vœu d'Yves, à l'une desquelles il ne satisferait pas en faisant célébrer les messes dans l'église de Saint-Clair. La première est le nombre de neuf messes, et la seconde est le lieu particulier où il a promis à Dieu de les faire célébrer; et c'est cette dernière circonstance à laquelle il ne satisferait pas, puisque le lieu où il s'est engagé de les faire célébrer est l'autel de Saint-Clair, érigé dans l'église de Saint-Victor de Paris, et non pas celui de l'église paroissiale de Saint-Clair, qui en est distante de six lieues. Il est donc obligé d'exécuter son vœu dans cette première église et non dans la seconde; son nouveau domicile étant une chose tout à fait étrangère au vœu qu'il a fait, et qui ne peut en aucune manière en changer l'obligation ni l'exécution. S. B., tom. I, cas 93.

Cas XVII. *Dorothée*, étant attaquée d'une fièvre dangereuse, a fait vœu, de son chef, d'aller en pèlerinage, de Paris à la Délivrande en Normandie, si elle recouvrait sa santé; de réciter cinq fois par jour le *Pater* et l'*Ave*, et de jeûner tous les mercredis et les samedis de l'année. Est-elle obligée, après être revenue en santé, d'accomplir ces trois vœux, quoique son mari s'y oppose; et peut-il en conscience l'empêcher de les exécuter?

R. Quoiqu'une personne qui est sous la puissance d'autrui se puisse obliger par vœu à l'égard des choses qui sont à sa libre disposition, elle ne peut pourtant faire aucun vœu qui puisse préjudicier à celui à qui elle est sujette, sans son consentement exprès ou au moins tacite. Dorothée n'est donc pas obligée d'accomplir le vœu de pèlerinage qu'elle a fait, si son mari n'y consent point, n'étant pas en son pouvoir de s'absenter de sa maison pour un tel voyage. Mais elle est tenue d'accomplir le vœu qu'elle a fait de réciter tous les jours cinq fois le *Pater* et l'*Ave*; parce que ce vœu ne préjudiciant en rien à l'autorité de son mari, il ne peut justement et raisonnablement s'y opposer. Il en est de même des jeûnes auxquels elle s'est obligée, à moins qu'ils ne fussent préjudiciables au droit qu'il a sur elle en ce qui regarde l'usage du mariage; car si ces jeûnes, ou d'autres austérités semblables, la rendaient inhabile *ad copulam carnalem*, elle ne les pourrait pas accomplir contre la volonté de son mari. Au reste, ce qu'on dit ici s'étend aux religieux et aux enfants impubères, par rapport à leurs supérieurs ou à leurs pères, selon cette maxime de saint Thomas, *hic*, a. 8: *Nullum votum religiosi est firmum, nisi sit de consensu prælati; sicut nec votum puellæ existentis in domo, nisi sit de consensu patris; nec uxoris, nisi sit de consensu viri.*

Cas XVIII. Si Dorothée avait fait vœu de faire le pèlerinage de la Délivrande, et de jeûner deux fois par semaine avant son mariage, serait-elle obligée à exécuter son vœu, nonobstant l'opposition de son mari?

R. Non, à moins qu'elle ne lui eût déclaré ces vœux, et obtenu de lui, avant que de l'épouser, la permission de les accomplir; parce qu'une femme ne peut, de sa propre autorité, abandonner sa maison, sous prétexte d'un pèlerinage, et encore moins jeûner plusieurs jours de la semaine, puisqu'une telle mortification pourrait aisément la rendre inhabile *ad copulam conjugalem*. Mais, si elle survivait à son mari, elle serait alors obligée à les accomplir, étant devenue *sui juris* par la mort de son mari. C'est ce qu'enseigne Navarre, c. 12 *Man.* n. 61.

Cas XIX. *Samson* et *Luce*, sa femme, ont chacun le dessein secret de faire vœu, Samson de se croiser pour aller en Orient, au secours des chrétiens opprimés par les infidèles, et Luce d'aller à Rome en pèlerinage, et même à Jérusalem, pour y visiter les lieux saints. 1° Samson peut-il exécuter son vœu sans le consentement de sa femme? 2° sa femme n'a-t-elle pas le même pouvoir?

R. *Ad 1.* Du temps des croisades, où l'on croyait pouvoir secourir les chrétiens qui gémissaient dans l'Orient, le vœu de Samson eût été légitime, comme le déclare Innocent III, c. 9, *de Voto,* etc. Aujourd'hui qu'il n'y a plus rien à faire, on pense autrement. Il serait même encore bien à propos que, dans le cas permis, le mari ne fît pas un tel vœu sans le consentement de sa femme, lorsqu'elle ne le peut suivre, et qu'il y a du danger que, pendant son absence, elle ne tombe dans l'incontinence.

Ad 2. Nous croyons, contre Panorme et quelques autres, qu'une femme, même noble, puissante et hors de tout soupçon d'incontinence, n'a pas la même liberté : 1° parce qu'aucun canon ne lui accorde ce droit; 2° parce qu'Innocent III ne parle en aucune manière des femmes dans sa décrétale; 3° parce qu'il ne donne ce pouvoir aux maris que dans la vue qu'ils défendront par les armes les chrétiens opprimés, secours dont une femme est incapable. Joint à cela que la continence d'une femme qui entreprendrait un si long voyage serait beaucoup plus exposée au danger que celle d'un homme. *Uxor cum majori periculo castitatis discurreret per terras, et cum minori Ecclesiæ utilitate ; et ideo uxor non potest hujusmodi votum facere sine viri consensu.* S. Thomas, in 4, dist. 32, q. 1, a. 4.

Cas XX. *Adelar* voudrait bien s'abstenir entièrement de l'usage du mariage, dans la vue d'une plus grande perfection. Peut-il en faire vœu sans en rien dire à sa femme?

R. Non, et son vœu serait nul, puisqu'il ne s'engagerait pas seulement à ne plus exiger le devoir, mais encore à ne le plus rendre lorsque sa femme le lui demanderait : ce qui serait formellement contre l'obligation qu'il a contractée en se mariant, et contre le précepte divin si clairement établi dans l'Ecriture. *Vovere voluntatis est, ut etiam ipsum nomen ostendit,* dit saint Thomas, *unde de illis tantum bonis potest esse votum, quæ nostræ subjacent voluntati, qualia non sunt ea in quibus unus alteri tenetur; et ideo in talibus non potest, aliquis votum emittere sine consensu ejus cui tenetur ; unde cum conjuges sibi invicem teneantur in redditione debiti, per quod continentia impeditur, non potest unus absque consensu alterius continentiam vovere; et si voverit, peccat, nec debet servare votum, sed agere pœnitentiam de malo voto facto.* Saint Thomas, *ibid.* Saint Augustin dit aussi, epist. 127 : *Si præpropere factum fuerit votum istud, magis est corrigenda temeritas quam persolvenda promissio. Neque enim Deus exigit, si quis ex alieno aliquid vovet, sed potius usurpare lætetur alienum.*

Cas XXI. *Adelar* ne peut-il pas au moins faire vœu de ne jamais demander le devoir du mariage, puisque c'est une chose qui est en son pouvoir?

R. Un mari ne doit point faire ce vœu, parce qu'il rendrait par là le mariage trop onéreux à la femme, qui, par la pudeur qui lui est naturelle, a beaucoup plus de peine à le demander que l'homme. Mais s'il le fait, il ne laisse pas d'être valide, puisque, selon Alexandre III, un homme qui est obligé de revenir à sa femme, parce qu'il s'est fait religieux malgré elle, doit rendre le devoir et ne peut plus l'exiger : *Promisit enim se non exigere debitum, quod in ejus potestate erat; et ideo quoad hoc votum tenuit : non reddere autem non erat in ejus, sed mulieris potestate;* cap. 3, *De conv. conjug.*

Cas XXII. *Ecdicia*, femme mariée, peut-elle faire sans péché le vœu de ne point demander le devoir?

R. Si un mari le peut absolument, comme il paraît par la décrétale d'Alexandre III, qu'on vient de citer, une femme le peut bien davantage, puisqu'un homme n'a aucune peine à demander le devoir, et qu'une femme en a beaucoup.

— J'excepterais le cas où une femme dure et impérieuse est, par rapport à son mari, ce qu'un mari a coutume d'être par rapport à sa femme.

Cas XXIII. *Synesius* et *Mævia*, fiancés, ont fait d'un consentement mutuel, en présence du saint sacrement et après s'être confessés, un vœu absolu de garder toute leur vie la continence; auquel ils ont ajouté un serment réciproque, par lequel ils ont pris Jésus-Christ à témoin de la promesse qu'ils faisaient à Dieu de vivre ensemble comme frère et sœur après qu'ils seraient mariés, et Synesius a même donné son consentement par écrit à Mævia. S'étant mariés, Synesius a demandé le devoir à sa femme, soutenant qu'il n'a aucunement consenti au vœu qu'il a fait avec elle. Mævia, surprise de cette proposition, a refusé de consommer le mariage et a persisté dans son refus pendant huit jours; après quoi son confesseur lui ayant dit qu'elle était obligée d'obéir en cela à son mari, elle a enfin consenti à ce qu'il lui demandait. Mais, sur l'avis d'un docteur qui lui a dit que son vœu était valide, elle s'est retirée dans un couvent pour se délivrer de la violence de Synesius. On demande, 1° si Mævia peut en conscience ou est obligée de retourner avec son mari ; 2° si, en cas qu'elle ne veuille pas, la supérieure la doit congédier de son monastère?

R. 1° On ne doit pas en croire Synesius quand il assure, contre ses paroles et contre son écrit, qu'il n'a pas consenti à la promesse qu'il a faite : *Cum nimis indignum sit, juxta sanctissimas sanctiones, ut quod sua quisque voce dilucide protestatus est, in eumdem casum proprio valeat testimonio infirmare,* dit Innocent III, cap. 10, *de Probat.* 2° Synesius ne peut sans crime exiger le devoir du mariage, jusqu'à ce qu'il ait obtenu une dispense légitime ; parce que le vœu, fait comme on l'a exposé, n'a pas été annulé par le mariage qui l'a suivi, l'un et l'autre pouvant subsister ensemble, can. 6, XXXIII, quæst. 5. 3° Quoique Mævia ait consenti à la consommation du mariage, elle n'est pas pour cela obligée de continuer à rendre le devoir à Synesius, comme si elle avait dérogé à son droit, puisqu'elle ne l'a fait que par ordre de son confesseur qu'elle croit éclairé, et de l'ignorance duquel elle n'est pas responsable. Néanmoins, si Synesius, après avoir exposé la vérité du fait, avait obtenu une dispense légitime de son vœu et de son serment, elle serait tenue à retourner avec lui, pour vivre ensemble comme mari et femme; mais elle ne pourrait exiger le devoir de lui sans violer son vœu, à moins qu'elle n'eût obtenu une pareille dispense qui lui en donnât la liberté. 4° La supérieure du couvent où Mævia s'est retirée n'a pas droit de la retenir contre la volonté de Synesius qui la réclame. Tout ce qu'elle peut faire en sa faveur, c'est d'attendre que le juge ait prononcé sur cette affaire, pour se conformer à ce qu'il aura ordonné.

— M. P. ne s'est pas souvenu qu'il avait décidé, au mot *Mariage*, 1, cas V, que ces sortes de mariages sont nuls. *Voyez* ce que j'en ai dit, et plus encore l'endroit auquel j'ai renvoyé.

— Cas XXIV. *Jean* a permis à Marthe, sa femme, de faire vœu de continence : peut-il malgré cela lui demander le devoir, et est-elle obligée de le lui rendre?

R. Il faut savoir quelle a été l'intention de Jean, quand il a permis à Marthe de faire ce vœu. S'il a seulement voulu se charger de n'obtenir le devoir que quand il le demanderait, il peut toujours le demander, quoiqu'il ne puisse obliger sa femme à le prévenir. Mais s'il a voulu lui permettre de ne demander ni de rendre, en ce cas, elle ne peut ni l'un ni l'autre sans péché; parce qu'il y en a toujours à rendre, contre la teneur d'un vœu, ce qu'on ne doit pas, et qu'on ne doit plus ce qu'on ne devait qu'en vertu d'un droit auquel le créancier a renoncé.

— Cas XXV. *Jean* pourrait-il alors rendre le devoir à Marthe si elle l'exigeait?

R. Je crois avec saint Antonin, pag. 3, tit. 1, cap. 22, § 3, Navarre, Vega, Suarez, etc., contre Sauchez, lib. IX, *de Matr.*, disp. 36, n. 11, qu'il ne le pourrait pas. Car enfin, s'il n'y est pas obligé, il ne le peut sans coopérer à la faute que fait sa femme en transgressant son vœu. Or il est clair qu'il n'y est pas obligé, puisqu'on n'est pas tenu à rendre une chose à celui qui a renoncé au droit qu'il y avait.

Le grand secret en tout ceci, c'est donc de ne jamais faire de ces sortes de vœux que de l'avis d'un sage directeur; et celui-ci fera très-bien de ne les permettre qu'après une bonne épreuve, et pour un temps assez court, parce que la chair est encore plus faible que l'esprit n'est prompt. Ce n'est pas sans raison que saint Paul disait : *Revertimini in idipsum, ne tentet vos Satanas*, etc.

Cas XXVI. *Philologue*, étant malade, a fait deux vœux : le premier, par lequel il consacrait à l'état religieux la plus jeune de ses filles, qui n'avait pas encore sept ans ; le second, par lequel il promettait à Dieu que Thierri, son fils, irait à Notre-Dame-de-Liesse, et qu'il y ferait une neuvaine pour la conversion des pécheurs. Philologue étant décédé, la fille a été mise dans un monastère, mais Thierri a négligé de faire le pèlerinage. 1° Peut-il sans péché ne pas accomplir la volonté et le vœu de son père? 2° La fille, qui a présentement l'âge requis, est-elle obligée à se faire religieuse?

R. Thierri n'est pas obligé à accomplir le vœu de son père, à moins qu'il ne l'ait ratifié, et l'on doit dire la même chose de la fille du défunt; car on n'est jamais obligé à l'accomplissement d'un vœu personnel qu'on n'a ni fait, ni confirmé.

Il paraît à la vérité, par quelques canons, que les enfants sont tenus, à l'exemple de Samuel, qu'Anne sa mère avait consacré au service de Dieu, de garder les vœux que leurs parents ont faits à leur considération; mais tous ces canons ne se doivent entendre que des enfants qui, après avoir atteint l'âge de puberté, avaient ratifié volontairement le vœu de leurs parents. C'est ce qui paraît par le premier canon du II°. concile de Tolède, qui veut que l'évêque, après avoir veillé sur ces enfants jusqu'à l'âge de dix-huit ans, leur demande s'ils ont du goût pour le mariage; et que, sur leur réponse, on ne leur puisse refuser *concessam ab apostolis nubendi licentiam*. D'où il suit que tout vœu personnel fait par autrui, et auquel on ne s'est pas engagé volontairement, n'oblige pas devant Dieu, et que, par conséquent, la fille de Philologue n'est pas tenue, en vertu du seul vœu de son père, à se faire religieuse, ni Thierri à faire le pèlerinage voué par le même Philologue, à moins qu'il n'ait ratifié la promesse que son père en a faite à Dieu, auquel cas il serait tenu de l'accomplir.

Cas XXVII. *Flaccus*, se trouvant délivré d'un grand péril, a fait vœu, en présence de ses héritiers présomptifs, d'aller en pèlerinage à une église éloignée de deux lieues de son domicile, et de donner 500 livres aux pauvres de sa paroisse, dès qu'il serait de retour. Mais il est mort en revenant de ce pèlerinage. Ses héritiers sont-ils tenus d'exécuter son vœu à l'égard de l'article des 500 livres?

R. Ce vœu étant réel, son obligation passe aux héritiers, parce que c'est une charge, et que tout héritier est obligé aux charges de l'hérédité qu'il accepte : *Hæredes onera hæreditaria agnoscere.... placuit*, dit la loi 2, cod. *de Hæredit. act.* Rien de plus juste que ce que dit saint Antonin sur cette matière. Voici comme il parle p. 2, tit. 11, c. 2, d'après le célèbre Paludanus : *Si est votum tantum reale, ut fundandi monasterium, vel dandi tantum pro Deo, aut oblationem mittendi..... tunc hæres tenetur, sicut in aliis debitis. Si autem est tantum personale, ut jejunare..... vel ire ultra mare, hæres non tenetur, nisi sponte obligaverit se...: Si autem est simul reale et personale, et expressum utrumque, tunc tenetur ad reale, ut si, vovit ire ad S. Jacobum, et ibi offerre unum equum; hæres non tenetur ire, sed offerre unum equum..... Si autem est personale et reale, sed personale est principaliter expressum; reale tacitum et accessorium, ut ire ad S. Jacobum, non tene-*

tur hæres expensas quas fecisset ille eundo, stando, offerendo et re undo, dare, sicut nec tenetur ire.

Cas XXVIII. Matthieu ne sait si ce fut par un véritable vœu ou par une simple résolution qu'il voulut, à l'âge de dix-huit ans, s'engager à jeûner tous les vendredis. Est-il obligé dans ce doute à observer ce jeûne, sous peine de péché mortel?

R. Il faut toujours dans le doute suivre le plus sûr pour le salut. *In his quæ dubia sunt, quod certius existimamus, tenere debemus,* dit Eugène I. *In dubiis via eligenda est tutior,* dit Innocent III. C'est sur ce principe que saint Thomas, in 4, d. 38, q. 1, a. 3, parlant de celui qui est dans le doute si, par un vœu simple de religion qu'il a fait, il a eu intention d'entrer dans un tel ordre, ou simplement de se faire religieux, sans avoir déterminé en quel ordre, dit que, quoique, supposé qu'il fût assuré de n'avoir fait vœu que d'entrer dans une telle religion, il fût déchargé de son vœu, si l'on refusait de l'y recevoir, néanmoins parce qu'il doute de l'intention véritable qu'il a eue en faisant son vœu, il doit suivre le plus sûr, qui est d'entrer dans une autre religion, si on lui refuse l'entrée dans ce monastère ou dans cet ordre particulier, parce qu'autrement il se mettrait en danger de pécher contre son vœu. *Obligatio voti ex propria voluntate causatur,* dit ce saint docteur, *unde, si in vovendo prius cogitavit de religionem intrando, et postea elegit talem religionem vel talem locum, obligatur simpliciter ad religionem. Unde si non potest in illa quam elegit recipi, debet aliam quærere; si autem primo et principaliter cogitavit de tali religione vel tali loco, in voto suo intelligitur hæc conditio: si illi volunt eum recipere. Alias esset indiscretum votum. Unde, conditione non exstante, non obligatur. Si autem dubitet quomodo se in vovendo habuerit; debet tutiorem viam eligere. ne se discrimini committat.*

Saint Antonin enseigne encore très-expressément la même doctrine, en disant que celui qui est dans le doute sur un vœu qu'il a fait est obligé, pour ne pas s'exposer à commettre un péché mortel, en violant son vœu, de ne pas faire ce qu'il doute y être contraire. *Existens in dubio, an transgrediatur votum, et per consequens peccet mortaliter, tenetur se ponere in tuto, ut scilicet votum non transgrediatur;* part. II, tit. 2, cap. 2, § 10, *in fine.*

Cas XXIX. *Anastasie,* étant entrée dans une congrégation de filles établie par l'évêque et autorisée par des lettres patentes du roi, a fait vœu de virginité, en présence de l'évêque qui l'a reçu, et d'un grand nombre de personnes de tout sexe. Ce vœu ne doit-il pas être censé véritablement solennel?

R. Point du tout; parce que l'Eglise ne reconnaît point d'autre vœu solennel que celui qui se fait dans une religion approuvée par le saint-siége, ou en recevant les ordres sacrés, tous les autres, quelque publics qu'ils soient, n'étant que des vœux simples. *Vota,* dit saint Thomas, *ex hoc quod fiunt in publico, possunt habere quamdam solemnitatem humanam; non autem solemnitatem spiritualem et divinam, sicut habent vota præmissa, etiamsi coram paucis fiant. Unde aliud est votum esse publicum, et aliud esse solemne.* La raison qu'en donne Sylvius, v. *Votum,* 2, est qu'un tel vœu, *promissio solum est servandæ continentiæ, non vero personæ ad ipsam continentiam perpetuam traditio. Unde fit, ut si persona talis matrimonium postea contraheret, peccaret quidem graviter: valide tamen contraheret, juxta caput unicum de voto, in* 6. Ainsi le Maître des Sentences s'est trompé quand, en parlant de la différence qu'il y a entre le vœu simple et le vœu solennel, il a dit: *Privatum est in abscondito factum; solemne vero in conspectu Ecclesiæ.* Ce que nous avons cru devoir observer, afin qu'on ne s'y laisse pas surprendre.

Cas XXX. Deux personnes ont fait vœu par une crainte grieve et capable d'ébranler un homme constant. Leurs vœux les obligent-elles devant Dieu? Par exemple, Pomponius, craignant la mort dont il est menacé par une maladie violente qui lui est arrivée, ou par le danger évident où il se voit de faire naufrage, fait vœu de se faire religieux dès qu'il sera délivré du péril qui le menace. Est-il obligé d'accomplir son vœu, quoique fait par une crainte grieve? Léocadie est menacée par son père, non-seulement d'exhérédation, mais même de mort, si elle ne se fait religieuse. Elle fait sur cela profession solennelle, pour éviter l'effet de ces menaces de son père, qu'elle sait être capable de les exécuter. Son vœu est-il valide?

R. Le vœu de Pomponius est valide, parce que la crainte qui le lui a fait faire provient d'une cause intérieure et purement naturelle, et que cette espèce de crainte ne peut jamais rendre invalide un vœu, comme le suppose Innocent III, cap. 17, *de Regular.* l. III, tit. 31, où il parle ainsi: *Quidam clericus,* dit ce pape, *cum ægritudine nimia laboraret, quasi de morte securus, et de recuperanda sanitate desperans, habitum canonicorum regularium petit et accepit..... Si regularem habitum se postulante suscepit, et ad observationem religionis canonicæ sua se professione ligavit, ad resumendum habitum ecclesiasticum est districtione cogendus.* Mais le vœu de Léocadie est nul, parce que la crainte qui le lui a fait faire ne provient pas d'une cause intrinsèque, mais d'une cause qui est libre, laquelle rend nuls toutes sortes de vœux faits en conséquence. C'est ce qu'on voit, cap. 1, *de His quæ vi,* etc., l. I, tit. 40; et la raison est que Dieu n'accepte point les vœux que son Eglise réprouve, et que l'Eglise réprouve des vœux forcés. *Voyez* le cas suivant, parce que l'auteur n'est pas bien juste sur cette matière.

— Cas XXXI. Si Pomponius, pour éviter la mort dont le menace un voleur, faisait vœu de donner 100 écus aux pauvres, ou d'entrer en religion, son vœu serait donc nul, puisqu'il viendrait d'une cause étrangère et libre?

R. Ce vœu serait valide (à moins que l'assassin ne l'eût menacé de la mort, pour le forcer à le faire); la raison est que l'assassin n'est pas alors la cause du vœu, mais seulement l'occasion. C'est Pomponius qui, pour toucher Dieu, prend de lui-même ce parti, comme il le prendrait pour ne périr pas dans un naufrage.

— CAS XXXII. *Ménalie ayant été surprise en adultère, le juge l'a condamnée, ou à prendre le voile, ou à souffrir la mort. La profession qu'elle a faite n'est-elle pas nulle, comme ayant été extorquée par la crainte du supplice?*

R. Cette profession est bonne, parce que la crainte que le juge a imprimée à la coupable était très-juste, et que la crainte n'irrite pas le vœu de droit naturel, comme on le voit dans le cas où on le fait pour être délivré du naufrage, mais seulement de droit positif: droit qui n'a pas plus lieu dans le cas d'une crainte justement imprimée par un homme, que dans le cas de celle que Dieu imprime immédiatement par lui-même, soit dans les maladies, soit dans les tempêtes.

CAS XXXIII. *Baudri, âgé de vingt ans, a fait vœu de se faire religieux. 1° A-t-il pu en différer, sans cause, l'exécution pendant un an? 2° Est-il tenu, sous peine de péché, de l'accomplir incessamment, quoiqu'il n'ait point fixé de temps, quand il l'a fait?*

R. Baudri a bien péché en différant si longtemps l'exécution de son vœu, et il est obligé, sous peine de péché, à l'accomplir au plus tôt, à moins qu'il n'en soit empêché par quelque juste raison. C'est ce qui est évident par ces paroles du Deutér., XIII, 21: *Cum votum voveris Domino Deo tuo, non tardabis reddere, quia requiret illud Dominus Deus tuus; et si moratus fueris, reputabitur tibi in peccatum.*

CAS XXXIV. *Ernest a fait vœu d'entrer en religion pour y faire pénitence, si Dieu lui rendait la santé. Il l'a recouvrée, il est entré dans la congrégation de l'Oratoire, où il a reçu tous les ordres sacrés. On demande, 1° s'il a suffisamment accompli son vœu, en entrant dans cette congrégation où il n'y a point de vœu; 2° si, en cas qu'il l'ait suffisamment accompli, il peut sortir de cette congrégation quand bon lui semblera, conformément à la liberté qu'ont ceux qui en sont membres; 3° si, supposé qu'il n'eût pas satisfait à son vœu, et qu'il fût obligé à entrer dans un ordre religieux, il n'en serait pas censé dispensé par un mal de tête presque continuel, dont il est incommodé?*

R. Ernest n'a pas accompli son vœu en entrant dans l'Oratoire, parce que son vœu l'oblige à l'état religieux, qui ne se trouve pas dans un corps libre. A l'égard de son mal de tête, il suffit peut-être pour l'exempter de faire profession dans un monastère, mais il ne suffit pas pour le dispenser de s'y présenter et d'éprouver, en cas qu'on l'y admette, s'il peut en observer les règles. Que si les supérieurs refusent de l'y admettre à cause de cette infirmité, il sera pour lors en sûreté de conscience, puisqu'il n'aura pas tenu à lui qu'il n'ait accompli son vœu, suivant cette règle 14 du Sexte: *Imputari non debet ei, per quem non stat, si non faciat quod per eum fuerat faciendum.*

— M. P. suppose qu'on peut sortir de l'Oratoire comme d'une église. Mais n'y a-t-il donc que les vœux qui forment un engagement, soit de l'homme vis-à-vis de Dieu, qui appelle à un état et ne veut pas que sa vocation soit méprisée, soit d'un membre vis-à-vis du corps qui l'a formé avec soin et avec dépense pendant plusieurs années? Cependant la décision est juste.

CAS XXXV. *Une congrégation ecclésiastique séculière s'étant formée en Espagne, l'instituteur jugea à propos, de l'avis de tous ceux qui y étaient entrés, de supplier le pape de l'approuver et d'obliger en même temps tous ses membres de faire les quatre vœux simples, de chasteté, d'obéissance, de pauvreté et de stabilité; ce que le pape lui accorda par un bref, en 1650. Mais comme le vœu absolu de pauvreté ne pouvait s'accorder avec les fonctions ordinaires des membres de cette congrégation, elle obtint en 1659 un second bref portant cette modification: Videlicet omnes et singuli, in dicta congregatione, dictis quatuor votis emissis, recepti, qui immobilia vel beneficia obtinent, aut in futurum possidebunt, licet dominium illorum omnium retineant, eorumdem tamen usum liberum non habebunt; ita ut neque fructus de hujusmodi bonis vel beneficiis provenientes retinere, neque in proprios usus sine licentia superioris quidquam convertere possint; sed de eisdem fructibus cum facultate et arbitratu superioris in pia opera disponere tenebuntur. Pour expliquer les difficultés que ce bref avait fait naître, la congrégation, dans une assemblée générale tenue en 1697, fit le décret suivant: Obligationem obedientiæ ei, quæ paupertatis est addendo, omnibus et singulis mandat et præcipit, ne a quoquam vel gratuito, vel mutuo, vel alio quovis modo, pecuniam, aut alia mobilia sine licentia superioris recipiant aut donent; aliis dent in mutuum; apud alios retineant; aut apud se servent, gestentque secum, ac piis pro libito utantur, quæ omnia conventus condemnat, tanquam paupertati, quam profitemur, prorsus aliena. A l'occasion de ce décret et des deux brefs dont on vient de parler, Galéatius demande:*

1° *Si, après le second bref de 1659, il ne reste plus rien du premier, qui donnait plus d'étendue au vœu de pauvreté que le second;*

2° *S'il pèche contre son vœu de pauvreté, en gardant, sans la permission de son supérieur, son argent sur lui ou dans son coffre, à cause que le second bref ne dit pas: Apud se retinere possint: mais seulement retinere, et qu'il semble, 1° que le décret de l'assemblée de 1697 peut être mis au rang de plusieurs autres règles établies par la congrégation qui n'obligent sous aucun pé-*

ché; 2° qu'une assemblée même générale ne peut, sans renverser le bon ordre, imposer une obligation plus grande que celle qui est imposée par le pape qui a approuvé la congrégation, et sans le consentement des particuliers qui la composent;

3° Si, quand il sort d'une maison pour aller demeurer dans une autre, il ne peut pas emporter, sans la permission du supérieur, les livres qu'il a achetés de ses propres deniers, quoique la congrégation ait fait un décret qui ôte même au supérieur, ordinaire le pouvoir d'en accorder la permission. Car ce décret lui paraît injuste, attendu qu'ayant acheté tous ses livres de son argent, et même avec la permission expresse du supérieur, ils lui appartiennent légitimement, et non pas à la congrégation, à laquelle il n'en a pas fait don. D'où il conclut, 1° que n'ayant point péché contre son vœu en les achetant, il n'est pas de la justice qu'il en soit privé ; 2° qu'il ne se croit pas plus obligé en conscience à se soumettre au décret sur lequel on se fonde pour l'en priver, qu'à plusieurs autres articles de la règle, qui n'obligent pas sous peine de péché.

4° Il demande enfin s'il a péché contre son vœu, en recevant, sans en rien dire au supérieur, l'argent et les autres choses qu'on lui a données, et qu'il a cru avoir droit de recevoir, parce que le second bref, qui défend de disposer de ses biens mobiliaires, n'a fait aucune défense de recevoir ce qui est donné gratuitement?

R. Nous estimons que le bref de 1650 subsiste dans toute sa force, après celui de 1659, à l'égard du vœu de pauvreté, à l'exception de ce qui regarde la propriété des immeubles ; parce que ce dernier ne révoque pas le premier, mais ne fait que l'expliquer et le limiter, en laissant à celui qui a fait vœu de pauvreté lorsqu'il est entré dans la congrégation, le domaine des biens immeubles temporels qu'il possède, et qu'il peut par conséquent vendre, échanger ou donner, s'il le veut; en restreignant son vœu au seul usage du revenu que ce bien produit et de celui de tout autre bien mobiliaire qu'il peut avoir, et dont il ne peut disposer sans la permission de son supérieur.

Nous avons dit exprès : *Biens immeubles temporels;* car un bénéficier n'étant qu'économe des biens de l'Eglise, tout ce qui lui en reste après ses besoins légitimes appartient aux pauvres.

2°. Galéatius pèche contre son vœu lorsqu'il amasse et qu'il garde l'argent provenant de ses biens immeubles ou d'ailleurs, sans la permission de son supérieur, puisque par le terme *retinere,* qui est général, le pape est censé comprendre *omnem retinendi modum.* Soit donc qu'il garde lui-même l'argent, ou qu'il le donne à garder à un autre sans la permission de son supérieur, il agit contre ce qui lui est défendu par le pape. Aussi est-ce le mal que l'assemblée générale de 1697 a voulu prévenir par ces paroles de son décret :

Ne... apud alios retineant, aut apud se servent, gestentque secum.

3° Tout homme qui est entré dans une congrégation régulière ou séculière est obligé en conscience à en garder les statuts. Or un des statuts de celle où Galéatius a été reçu porte qu'aucun des membres qui y sont engagés ne pourra emporter de son autorité privée les livres qu'il aura achetés, lorsqu'il sortira d'une maison pour aller demeurer dans une autre, et qu'il a renoncé au droit de les emporter, puisqu'il savait que, suivant les statuts de la congrégation, il ne pouvait plus en disposer de son autorité privée, et qu'il ne le pouvait même faire par la seule permission du supérieur particulier de la maison, le pouvoir de l'accorder étant réservé, par le décret de 1697, au supérieur majeur, exclusivement à tout autre. Décret qui est censé fait par toute la congrégation, puisqu'il est fait par des députés qui la représentent.

4°. Le bref de 1659 ne défend pas à la vérité aux particuliers de cette congrégation de recevoir l'argent qu'on leur donne; mais leur vœu de pauvreté ne leur permet de le recevoir que dans l'intention de n'en faire aucun usage qu'avec la permission que le supérieur leur voudra bien accorder, joint à cela que le décret de l'assemblée de 1697 l'ordonne expressément ainsi.

— Je ne fais point de remarques sur cette décision, quoiqu'elle en fût susceptible. Un homme de bien n'est pas embarrassé par le vœu de pauvreté. Il demande une permission de faire un bon usage de ses revenus, et on ne peut en conscience la lui refuser. On la lui donne même générale, et je dis hardiment que c'est très-bien fait. Un P. de la D. disait qu'il serait bien à souhaiter que ce vœu fût retranché, parce qu'il damne (*per accidens*) plus de gens qu'il n'en sauve, et que les communautés, qui ne le font pas, le pratiquent souvent mieux que celles qui le font. Au reste P. se trompe beaucoup, s'il croit que l'instituteur de la congrégation qu'il indique a jamais pensé à lui faire faire un vœu absolu de pauvreté, tel que le font les religieux. Il en fut toujours très-éloigné, et j'ose dire que je le sais mieux que personne.

CAS XXXVI. *Genebaud* a fait vœu de se faire religieux, sans avoir en vue aucune religion particulière. Quelque temps après, s'étant déterminé à un monastère de bénédictins, il y a été refusé. Est-il quitte de son vœu?

R. Non ; car, puisqu'il avait eu en vue la religion en général et indéterminément, il demeure obligé, même après ce refus, de se présenter à un autre, et de tâcher de s'y faire admettre. C'est le sentiment de saint Thomas, qui dit, in 4, dist. 38, q. 1, art. 3, quæst. 1, ad 6 : *Obligatio voti ex propria voluntate causatur. Unde si in vovendo prius cogitavit de religionem intrando, et postea elegit talem religionem vel talem locum, obligatur simpliciter ad religionem, unde, si non potest in illa quam elegit, recipi, debet aliam quærere.* Et ailleurs : *Siquidem intendit se simpliciter* ad religionem obligare; si non recipitur in una religione, tenetur ire ad aliam. 2-2, q. 189, art. 3.

Mais s'il n'avait eu le dessein que d'entrer dans un tel monastère ou dans tel ordre particulier, et que, s'y étant présenté de bonne foi, il y eût été refusé, il serait alors quitte de son vœu.

— CAS XXXVII. Mais faudra-t-il que ce Genebaud coure tous les monastères pour voir si quelqu'un voudra bien l'admettre?

R. Sylvius dit, *in q.* 88, a. 3, pag. 633, qu'il doit se présenter à d'autres couvents du même institut ou d'un institut différent, *tali numero, tali distantia, tali et diligentia*, qu'au jugement d'un homme sage, il soit censé avoir fait ce qu'on doit moralement faire pour n'avoir rien à se reprocher en pareille occasion. On peut appliquer ici ce qu'on va dire au cas *Gabriel*.

— CAS XXXVIII. Genebaud, à force d'essais, a enfin trouvé deux maisons où l'on veut bien le recevoir; mais dans l'une on ne le prendra qu'à titre de convers, et dans l'autre où l'on veut bien le prendre à titre de religieux de chœur, il n'y a ni ordre, ni règle. Que lui dire?

R. Il n'est pas obligé d'entrer dans la première, si l'on peut juger par sa condition et par ses études qu'il n'a pas eu intention d'être simple frère laï. Il ne doit pas non plus entrer dans la seconde, où il pourrait fort bien se damner avec les autres, à moins qu'il n'y eût apparence d'une prochaine réforme.

CAS XXXIX. *Gabriel*, ayant fait vœu de se faire religieux bénédictin, s'est présenté de bonne foi à un monastère de la réforme de Saint-Maur. Le supérieur lui a dit que sa santé n'était pas assez forte pour supporter la règle. Est-il obligé de s'aller encore présenter à un autre du même ordre?

R. Nous répondrons avec saint Thomas, *ibid. ad* 2, que Gabriel, dans le cas proposé, n'est pas obligé en conscience à se présenter à un autre monastère, s'il est persuadé qu'on lui fera la même réponse, parce qu'en ce cas il peut raisonnablement présumer qu'il n'est pas appelé de Dieu à cette religion. *Ille qui se voto obligavit ad certæ religionis ingressum, tenetur facere, quantum in se est, ut in illa religione recipiatur... Si vero se intendit specialiter obligare ad unam (religionem) solum, non tenetur ire ad aliam.* Et ailleurs derechef : *Si autem principaliter intendit se obligare ad hanc religionem vel ad hunc locum propter specialem complacentiam hujus religionis vel loci, non tenetur aliam religionem intrare, si eum illi recipere nolunt.* Et véritablement on ne peut pas dire que cet homme soit plus obligé à se présenter à un second monastère qu'à un troisième et un quatrième, etc. Or il ne serait pas raisonnable de l'obliger, après avoir été refusé dans plusieurs, de se présenter encore à d'autres; autrement il demeurerait toujours dans la même obligation et ne serait jamais quitte de son vœu, ce que l'on ne peut soutenir sans absurdité. Il peut donc s'en tenir au premier refus qu'on lui a fait, et croire que

Dieu ne l'a pas appelé à la profession religieuse, puisque le supérieur du monastère auquel il s'est présenté ne l'en a pas jugé capable; supposé que ce supérieur soit regardé comme un homme sage et éclairé. Car il en est de bizarres, sur le jugement desquels on ne pourrait beaucoup compter.

CAS XL. *Amédée*, ayant fait vœu de se faire chartreux, a fait dans la suite profession dans une religion beaucoup moins austère. Il sent un grand remords de n'avoir pas exécuté le vœu simple qu'il avait fait. Peut-il ou est-il obligé à passer dans l'ordre des chartreux?

R. Ce religieux n'est obligé, pour calmer sa conscience, qu'à faire pénitence du péché qu'il a fait en violant le vœu qu'il avait formé, et il n'est pas obligé d'entrer chez les chartreux. La raison est que le vœu solennel qu'il a fait dans un autre ordre, quoique moins austère, le lie plus étroitement que le vœu simple qu'il avait fait auparavant. C'est la doctrine de saint Thomas, 2-2, q. 189, a. 3, qui prouve son sentiment par l'exemple du mariage, qui, quoique contracté nonobstant un vœu simple de chasteté, ne laisse pas d'être valide et d'obliger celui qui a violé son vœu, en le contractant, à rendre le devoir conjugal. *Votum solemne*, dit ce saint, *quo quis obligatur minori religioni, est fortius quam votum simplex quo quis astringitur majori religioni: post votum enim simplex, si contraheret aliquis, matrimonium non dirimeretur, sicut post votum solemne; et ideo ille qui jam professus est in minori religione, non tenetur implere votum simplex quod emisit de intrando in religionem majorem.* Boniface VIII a décidé la même chose par ces paroles : *Qui post votum a se de certa religione intranda emissum, religionem aliam, etiam laxiorem, ingreditur et profitetur in ipsa, potest (voto non obstante priori, cui tanquam simplici, per secundum solemne noscitur derogatum) manere licite in eadem: pro voto tamen non completo erit eidem pœnitentia imponenda.* Boniface VIII, cap. 5, *de Regularibus*, etc., in 6, l. III, tit. 15.

CAS XLI. *Palémon* a fait profession dans un ordre où la règle s'observe très-mal, dans la pensée d'y pouvoir vivre, comme les autres religieux, en sûreté de conscience. Mais, ayant examiné quelque temps après la règle, il a reconnu les abus qui se sont introduits dans ce monastère, où il n'eût certainement pas fait profession, si, ayant connu la règle, il eût cru être obligé à la suivre. Il demande sur cela s'il ne peut pas en conscience vivre comme font les autres, n'ayant eu aucune intention de s'engager à rien de plus en faisant ses vœux; ou si, nonobstant cela, il est tenu à se conformer lui seul à ce qu'ordonne la règle de la religion.

R. Ce religieux ne laisse pas d'être tenu devant Dieu à observer toujours les trois principaux vœux de la religion, qui sont ceux de chasteté, de pauvreté et d'obéissance, quoiqu'il semble qu'il ne soit pas obligé dans la rigueur à observer les autres choses moins considérables de la règle, que la négligence et la mauvaise conduite des supérieurs ont permis de transgresser. *Talis, dit saint Thomas, in 4, dist. 38, q. 1, ad tria vota religionis principalia in omni casu tenetur: sed alias observantias quorum transgressio ex dissimulatione prælatorum inducitur, qui dum videntes non corrigunt, indulgere videntur, non videtur obligari.*

Deux raisons prouvent ce sentiment : la première est, qu'encore que le vœu simple doive être parfaitement libre, et ne dépende uniquement que de la volonté de celui qui le fait, et que par conséquent on ne soit obligé précisément qu'à accomplir la chose à laquelle on a eu intention de s'obliger, le vœu solennel au contraire dépend non-seulement de la volonté de celui qui le fait, mais encore de l'Église qui a approuvé la religion et la règle à laquelle celui qui a fait profession a voulu s'engager; puisque, selon Boniface VIII, faire un vœu solennel n'est autre chose que de s'engager par une profession solennelle à observer telle ou telle règle approuvée par l'Église. D'où il s'ensuit qu'encore qu'il soit au pouvoir de celui qui fait un tel vœu de le faire ou de ne le pas faire, et de le faire dans une telle religion ou dans quelque autre, il ne le peut néanmoins faire qu'à condition de garder les règles essentielles et principales de celle qu'il embrasse, c'est-à-dire celles qu'on ne saurait transgresser sans violer quelqu'un des trois vœux solennels : et il n'est pas libre à celui qui se fait religieux de faire sa profession sous la condition qu'il pourra suivre les abus et les relâchements qui se sont introduits dans le monastère ou dans l'ordre où il entre, puisqu'il est certain que l'Église les condamne.

La seconde raison, qui fait voir la vérité de la décision que donne saint Thomas sur la difficulté proposée, est que la coutume par laquelle on viole, en quelque manière que ce soit, les trois vœux qu'on fait à la profession solennelle, ne peut jamais être légitime, ni par conséquent excuser de péché. Car, comme dit l'empereur Constantin, cité dans un canon du décret de Gratien, la coutume, quelque ancienne et quelque générale qu'elle soit, n'a aucune autorité contre la loi ni contre la raison. *Consuetudinis ususque longævi non vilis auctoritas est: verum non usque adeo sui valitura momento, ut aut rationem vincat, aut legem;* parce que, à proprement parler, la coutume n'a de force qu'au défaut de la loi, comme le dit un autre canon : *Consuetudo autem est jus quoddam moribus institutum, quod pro lege suscipitur, cum deficit lex,* et que l'on ne doit jamais juger selon la coutume, quand la loi commande quelque chose de contraire, comme le dit la Glose sur ce même canon : *Nunquam secundum consuetudinem est judicandum, si jus contrarium præcipiat.*

Or, dans notre hypothèse, la loi positive de l'Église, et celle-là même qu'on s'est imposée par la profession solennelle, commande expressément le contraire des abus dont il s'agit, supposé qu'ils blessent en quelque chose les trois vœux solennels, soit par le péché de propriété, ou autrement. La coutume ne les peut donc pas autoriser, ni par conséquent exempter de péché ceux qui s'y conforment. C'est ce qu'enseignent Angelus de Clavasio, Joannes Major, Fagnan et plusieurs autres. Si donc, par exemple, Palemon, voyant que le vice de propriété était en usage dans le monastère où il est entré, a cru par erreur pouvoir disposer de quelque chose en propre, cela ne l'excuse pas devant Dieu si, à l'imitation des autres religieux, il tombe dans ce péché; parce que les supérieurs, même majeurs, n'ont pu autoriser cet abus, suivant ces paroles d'Innocent III, c. 6, *de Statu monach.,* l. III, t. 35, écrivant à l'abbé et aux religieux du monastère de Subiaco, ville de la campagne de Rome, où saint Benoît fit le premier établissement de son ordre : *Nec æstimet abbas quod super habenda proprietate possit cum aliquo monacho dispensare; quia abdicatio proprietatis, sicut et custodia castitatis, adeo est annexa regulæ monachali, ut contra eam nec summus pontifex possit licentiam indulgere.* Ce que le concile de Trente confirme en déclarant que tous les réguliers de l'un et de l'autre sexe doivent conformer leur vie à la règle qu'ils ont embrassée, et garder tout ce qui est essentiel à leurs vœux, ou nécessaire à maintenir la vie commune, et qu'il est certain que les supérieurs n'ont pas le pouvoir d'accorder aucune dispense à l'égard des choses qui regardent la substance de la profession religieuse, parce que, ces choses étant comme le fondement sur lequel toute la discipline régulière est appuyée, on ne peut cesser de les observer sans renverser de fond en comble cette même discipline. *Sancta synodus,* disent les Pères de ce concile... *hoc decreto præcipit ut omnes regulares, tam viri, quam mulieres, ad regulæ quam professi sunt, præscriptum, vitam instituant atque componant : atque imprimis quæ ad suæ professionis perfectionem, ut obedientiæ, paupertatis et castitatis: ac si quæ alia sunt alicujus regulæ et ordinis peculiaria vota et præcepta, ad eorum respective essentiam, nec non ad communem vitam, victum et vestitum conservanda, pertinentia, fideliter observent..... cum compertum sit ab eis* (superioribus) *non posse ea quæ ad substantiam regularis vitæ pertinent, relaxari : si enim illa quæ bases sunt et fundamenta totius regularis disciplinæ exacte non fuerint conservata, totum corruat ædificium necesse est.* Sess. 25, *de Regul.,* c. 1.

Il est pourtant à observer que si Palemon n'avait pas reconnu que les relâchements et les abus qui règnent dans le monastère où il est fussent contre la règle de l'ordre ou du monastère, et qu'il crût de bonne foi n'être pas obligé à une plus étroite observance, il serait excusé de péché, pourvu que, comme nous l'avons déjà dit, il ne fît rien de contraire à ses trois vœux essentiels, ainsi que l'enseignent saint Antonin, Lopez, Navarre, avec plusieurs autres célèbres canonistes qu'il cite, et Cabassutius; la raison est qu'il peut penser que les supérieurs n'ont pas laissé introduire une telle coutume sans quelque fondement qu'ils ont cru légitime, et qu'elle a été suffisamment approuvée par le consentement, au moins tacite, du souverain pontife. *Voyez* le cas suivant.

— Cas XLII. La formule des vœux qu'on prononce dans l'abbaye de C., ordre de Saint-Benoît, est conçue en ces termes :

« Au nom de N. S. Ainsi soit-il. Moi, sœur N., voue et promets stabilité en cette maison et abbaye, la conversion de mes mœurs, obéissance, chasteté et pauvreté, selon la règle de saint Benoît, comme jusqu'à présent je l'ai vu pratiquer dans cette dite maison... et cela entre les mains de madame la révérendissime, madame N., abbesse de ladite abbaye. Fait en l'église d'icelle, etc. » On demande s'il n'y a rien de vicieux dans cette formule.

R. Comme cette question, qui a beaucoup de rapport au cas précédent, est importante et qu'elle est traitée au long dans un ouvrage peu connu, je vais transcrire une bonne partie de tout ce qui s'est dit pour et contre.

Le sentiment de dom Mabillon et de MM. Duguet et Boileau fut que la restriction apposée dans cette formule, *comme je l'ai vu pratiquer*, était nulle, qu'elle était même injurieuse à Dieu, qui a accepté les vœux selon la règle de saint Benoît avant cette modification, qui n'y peut plus faire de changement. Ces messieurs ajoutaient qu'on ne peut vouer des abus, et que cette restriction en marquant de manifestes, comme la vie particulière, elle ne peut être de nulle valeur; que n'ayant pas fait ces vœux sous une mitigation approuvée, on était tenu à observer la grande règle; qu'un supérieur et une abbesse ne peuvent autoriser des abus, ni dispenser de la règle; et que par conséquent leur dispense ne peut mettre en sûreté de conscience; et qu'on n'y peut être à C., à moins qu'on ne soit dans un désir sincère de la vie commune et de la réforme de la maison, et qu'on n'y contribue en tout ce qui est possible.

Lazare-André Bocquillot, licencié ès-lois, et chanoine d'Avallon, mort le 22 septembre 1728, fut d'un autre avis. Je vais donner sa lettre presque tout entière. Elle est adressée à une religieuse de cette abbaye, que la décision de ces trois messieurs avait alarmée.

Vous savez, madame, que je n'ai jamais rien trouvé à redire à cette formule. Vous savez de plus que je n'ai pas été le seul de ce sentiment, et que feu M. l'évêque de Luçon, votre oncle, approuva aussi la formule de vœux avec la restriction, et assura madame la comtesse votre mère que vous pouviez choisir cet état de vie et y faire votre salut. Le mémoire de la vie qu'on mène à C..., et qui fut envoyé à ce prélat, était exact et contenait précisément qu'il n'y a point de clôture, point de voile, ni d'habit de religieuse, et tous les autres adoucissements de la règle, et surtout que les dames avaient chacune leur prébende et vivaient en particulier comme des chanoines. Ce mémoire n'assurait point qu'il y eût eu une mitigation en forme, mais seulement qu'on croyait qu'il y en avait eu une, qui s'était perdue aussi bien que d'autres titres de l'abbaye. C'est sur cela que M. de Luçon a décidé que vous pouviez y entrer, y vivre chrétiennement et religieusement, et vous y sauver. Il ne peut plus vous dire les motifs de sa décision, mais vous devez croire qu'un homme si éclairé avait de bonnes raisons pour l'appuyer. Je vais vous dire les miennes. Je répondrai ensuite aux objections de ceux qui vous ont troublée.

Je crois que tout vœu n'oblige qu'autant que la personne qui le fait a intention de s'obliger. Qu'est-ce que Dieu exige de ceux qui lui ont promis quelque chose? Rien autre chose que ce que l'esprit a délibéré, ce que le cœur a résolu, ce que la bouche a promis. *Deuteron*. XXIII. Souvenez-vous, madame, de ce que vous me dites, lorsque vous entendites parler de... Voilà, me dites-vous, ce qu'il me faut. J'avais envie de me consacrer à Dieu, mais la clôture, le voile et la plupart des observances régulières me faisaient une peine extrême et me semblaient au-dessus de mes forces. Je suis ravie qu'il y ait un établissement tel que je le souhaitais, où je puisse me consacrer à Dieu, et mener une vie chrétienne et moins pénible que celle qu'on mène dans un cloître, etc. Vous n'avez pas eu intention d'embrasser toute la règle de saint Benoît, comme on l'observe dans une maison plus régulière. Vous n'avez eu intention que de vous obliger à la stabilité, à la conversion de vos mœurs, à la chasteté, à l'obéissance et à la pauvreté, comme on l'observe à ***, selon la restriction exprimée dans la formule de vos vœux. Voilà, madame, *la parole qui est sortie de votre bouche, faites selon ce que vous avez promis au Seigneur*. Il n'exige que cela de vous.

Mais, dites-vous, *cette restriction apposée dans nos vœux est nulle, injurieuse à Dieu, qui a accepté les vœux selon la règle de saint Benoît avant cette modification*, et

Mais, dis-je à mon tour, en quoi cette restriction est-elle injurieuse à Dieu? Sûrement en prononçant vos vœux vous avez cru lui rendre le plus grand culte dont vous fussiez capable, eu égard à vos forces; il vous était libre, en vous consacrant à Dieu, de choisir un monastère plus doux qu'un autre. Faire injure à Dieu en matière de vœux, c'est lui promettre des choses mauvaises ou puériles, ou lui promettre tout, et ne tenir presque rien. Vous n'êtes point dans ce cas. La stabilité, la chasteté, etc., ne sont point des puérilités, etc.

Dieu, dit-on, *a accepté les vœux selon la règle de saint Benoît, avant cette restriction*; c'est-à-dire que ceux qui les ont faits dans toute rigueur sont tenus de les accomplir; mais ce n'est point à dire que, quand on ne les fait que dans un sens plus mitigé, on soit obligé à plus qu'on n'a voulu promettre. Dieu n'accepte pas des vœux avant qu'ils ne soient faits, et quand on les fait, il ne les accepte que comme on les lui fait, selon cette maxime des théologiens : *Votum non obligat ultra voventis intentionem.* Si l'on vous avait proposé d'observer la règle de saint Benoît, comme on l'observe aux Clairets, vous n'auriez sûrement pas voulu vous y engager.

On ajoute qu'*on ne peut vouer des abus, et que la vie particulière en est un.* Mais il est aisé de répondre qu'on ne peut vouer des abus, tant qu'ils demeurent abus ; mais que lorsqu'une chose qui au commencement était abus est devenue coutume par un vieux et long usage, on peut la vouer, quand elle n'a rien de mauvais en soi : par exemple, selon la règle de saint Benoît, ch. 48, on est obligé à travailler des mains six heures par jour ou environ, et de ne rompre le jeûne de règle qu'à trois heures après midi, et de ne faire que ce repas. On s'est relâché dans tout l'ordre de ces deux pratiques si importantes. Ç'a été un abus dans les commencements ; c'est aujourd'hui une coutume autorisée, et les réformés de Saint-Maur ne laissent pas de vouer les usages présents, quoiqu'ils soient venus de relâchement et d'abus. Il en est de même de la vie particulière qu'on mène dans votre abbaye.

Mais, dit-on encore, *il faudrait au moins qu'il y eût à... une mitigation approuvée.* Aussi croit-on de bonne foi qu'il y en a eu une, et que le titre s'en est perdu, comme bien d'autres. Personne n'oserait jurer qu'il n'y en a point eu. Cela étant, il faut s'en tenir à l'opinion commune ; c'est du moins un titre coloré qui suffit pour rassurer la conscience : mais, quand il n'y aurait point eu de mitigation en forme, il ne serait pas vrai que vous fussiez obligée à la règle entière. Ce n'est point là ce que vous avez voué à Dieu, mais seulement de suivre la règle selon l'usage présent. Il y a dans la réforme de Saint-Maur un grand nombre d'anciens moines. Ceux qui veulent vivre en particulier, soit de la pension qu'on leur donne, soit des bénéfices qu'ils possèdent dans l'ordre, on les y laisse vivre. Ceux qui veulent vivre avec les réformés y vivent. Les réformés vivent avec eux en frères ; ils leur administrent les sacrements et ne s'avisent pas de leur dire qu'ils sont obligés à toute la règle, et qu'ils ne sont pas en sûreté de conscience, s'ils ne la suivent, ou s'ils ne sont dans un désir sincère de la réforme. Il n'y a pas plus de raison de le dire à vos dames qu'aux anciens moines de saint Benoît. Ainsi, madame, vous avez promis à Dieu la stabilité dans votre maison, demeurez-y en paix et en union avec votre abbesse et vos sœurs. Vous avez promis la pauvreté, pratiquez-la comme elle se pratique par les dames les plus régulières de votre abbaye, etc. *Ouvrage de Bocquillot*, pag. 388 et suiv.

Ces dernières paroles font voir qu'on pratiquait la pauvreté dans cette maison. C'est l'article qui m'occupait le plus, parce que la pauvreté appartient à la substance de la religion. Il paraît cependant assez surprenant qu'on promit la conversion des mœurs et le reste, *selon la règle de saint Benoît*, dans une maison où l'on ne portait pas même un habit religieux. Quant au fond de la décision, en supposant les quatre vœux bien gardés dans l'abbaye dont il s'agit, je n'inquiéterais pas une personne qui serait dans le cas. M. Henri de Barillon, pieux et savant évêque de Luçon, ferait beaucoup d'impression sur moi, et sûrement il n'aura pas donné son avis sans avoir consulté. Il est vrai que le respectable dom Mabillon vient à la traverse ; mais il paraît aussi que M. Bocquillot ne répond point mal à ses preuves. J'ai dit ailleurs, et dans des affaires aussi importantes je ne parle guère que d'après les plus sages théologiens, j'ai dit que, quand la coutume a prescrit contre une ancienne règle, on peut ne pas suivre cette règle, à moins qu'elle ne renferme un vœu, ou que le supérieur qui voudrait la rétablir ne soit muni du consentement de la plus grande partie du chapitre. Il vaut mieux continuer à manger de la chair deux ou trois fois par semaine que de mettre la dissension et l'aigreur dans une maison qui fait moins que ses Pères, mais qui ne laisse pas encore de bien faire. Ce serait autre chose si la règle emportait une obligation de vœu, comme chez les RR. PP. Minimes. *Voyez* mon 5ᵉ vol. *de Obligationibus religiosorum*, art. 3. *Voyez* aussi plus bas le cas *Hildegarde*, et remarquez qu'il ne conclut rien pour celui-ci, où aucun supérieur ne veut introduire la clôture.

Cas XLIII. *Andronic*, ayant fait profession dans une congrégation régulière, en qualité de frère convers, s'y est engagé par là à la religion d'une manière absolue et selon toutes les règles qui s'y observent. Mais une de ces règles est de pouvoir renvoyer dans le siècle ceux qu'elle juge n'y être pas propres ou utiles, sans avoir égard aux temps qu'ils y ont demeuré. Andronic, dégoûté de son état où il ne trouvait point de stabilité, en est sorti dix ans après, sans le consentement du supérieur, et est entré dans un monastère de Saint-Benoît, où il a fait ensuite ses vœux solennels, quoiqu'il ait été répété dans les formes requises par la congrégation d'où il était sorti. On demande, 1° s'il a pu sortir de cette congrégation de son autorité privée ? 2° s'il n'était pas obligé d'y rentrer après avoir été répété ? 3° si sa profession dans la seconde maison est valide ?

R. La profession religieuse est dans son effet un contrat réciproque entre celui qui la fait et celui qui la reçoit au nom du monastère, par lequel celui qui la fait s'engage pour toujours à vivre dans la religion selon la règle, et le monastère à le nourrir et à le traiter pendant sa vie selon la même règle. Or la première profession qu'a faite Andronic n'a pas été absolue et pour toujours dans son acceptation, puisque la congrégation se réserve le pouvoir de l'expulser de son corps, en quelque temps que ce soit, si elle le juge à propos. D'où il s'ensuit que, n'étant que conditionnelle de sa nature, elle ne tient lieu que de vœu simple, et que par conséquent celui qui l'a faite peut en conscience passer dans un autre ordre religieux, même moins austère, pour y faire des vœux solennels, absolus et une profession stable ; mais s'il n'était sorti de sa congrégation que pour rester dans le monde, ou même pour entrer dans une semblable il serait tenu d'y retourner, en cas qu'il fût répété. Voyez S.-B., t. III, cas 119.

— J'ai peine à croire que ce cas soit bien proposé et qu'il y ait des couvents d'où l'on puisse renvoyer des frères convers sans des causes très-graves et très-rares.

Cas XLIV. *Hilaire*, âgé de 22 ans, étant tombé dans une dangereuse maladie, fit vœu de se faire religieux à la Trappe, si Dieu lui rendait la santé, quoiqu'il n'eût aucune connaissance de la règle de ce monastère : étant revenu de sa maladie, il fut peu de temps après fort incommodé d'une double descente, et, sans se mettre en peine du vœu qu'il avait fait, il se maria. Sur quoi l'on demande, 1° si ce vœu n'est pas un véritable vœu de religion ; 2° si l'infirmité qui était survenue, étant tout à fait incompatible avec la vie austère qu'on professe dans ce monastère, ne l'exemptait pas de l'obligation de s'y présenter pour y être admis, et si par conséquent il ne lui était pas libre de se marier et de consommer son mariage ; 3° si, supposé qu'il ait péché mortellement en se mariant dans une telle circonstance, il a commis autant de péchés mortels qu'il a exigé de fois le devoir conjugal ; si un tel vœu ne peut pas être commué en d'autres œuvres pieuses, au moins dans le temps d'un jubilé universel ?

R. 1° Ce vœu est un vrai vœu de religion, puisqu'il renferme une promesse délibérée d'embrasser un état, sans comparaison plus saint et plus agréable à Dieu que ne l'est celui des gens du monde.

2° Quoique Hilaire ait fait son vœu avec beaucoup de témérité, en s'engageant à faire profession d'une religion dont il ignorait les règles, il savait pourtant bien que l'état qu'il faisait vœu d'embrasser était plus parfait que celui où il avait vécu jusqu'alors, et qu'il y pouvait persévérer avec le secours de la grâce. Il était donc obligé, avant sa nouvelle incommodité, de s'offrir au monastère de la Trappe et de faire toutes les démarches nécessaires pour y être reçu, suivant cette parole du Sage : *Si quid vovisti Deo, ne moreris reddere*. Mais il n'en était pas ainsi après l'infirmité qui lui est survenue, si les chirurgiens la jugeaient incurable ; car, le mal étant un obstacle certain à une vie aussi pénible que celle de la Trappe, il faisait cesser l'obligation de son vœu, puisque, comme dit Sylvius, v. *Votum*, 1° *Id omnequod ante votumemissum reddidisset rem inhabilem, ut esset materia voti, si voto facto superveniat, etiam reddit eamdem rem inhabilem*: v. g. *vovit quis ingredi religionem; et priusquam ingrediatur, incidit in talem morbum, qui est impedimentum essentiale, non tenetur, eo morbo durante, ingredi*. Ainsi, dans ce cas, Andronic n'aurait pas péché en se mariant, à moins qu'il ne l'eût fait *ex contemptu voti*.

DICTIONNAIRE DE CAS DE CONSCIENCE. II.

3° Un homme qui se marie, malgré le vœu qu'il a fait d'entrer en religion, pèche bien en se mariant et en consommant la première fois son mariage ; mais, continue Sylvius, *postquam consummavit matrimonium, non peccavit deinceps petendo vel reddendo debitum : quia per hoc nihil fecit contra votum religionis quod jam erat ei impossibile observatu*. La raison qu'il en donne est que celui qui fait simplement vœu d'entrer en religion, sans avoir une intention expresse de s'engager à celui de la chasteté, n'est pas obligé précisément en vertu de son vœu à la garder, mais peut se marier, en cas qu'il ne puisse être admis à la profession religieuse. *Qui vovit ingredi, vel etiam profiteri religionem, nihil aliud intendens, si non admittatur, non tenetur postea servare castitatem, sed potest uxorem ducere*. Cet auteur parle encore ailleurs de même, et ajoute cette remarque : *Multum distinguenda sunt vota religionis ingrediendæ et castitatis servandæ: qui enim emisit prius, ex vi voti non tenetur ad castitatem, sed solum ad bona fide ingrediendam religionem, et ad sincere probandum an possit in ea vivere, ac denique ad profitendum et manendum, si ea illi conveniat... idemque videtur esse judicium de illo qui voverat non solum ingredi, sed etiam profiteri*.

4° Un confesseur ne peut, même dans le temps du jubilé, commuer ce vœu, parce que les bulles du jubilé lui ôtent absolument ce pouvoir. *Voyez* mon Traité français du *Jubilé*, ch: 6, n. 20.

— Cas XLV. Si Hilaire fait vœu d'entrer dans une congrégation séculière, ce vœu pourrait-il lui être commué par tout prêtre approuvé pour le jubilé ?

R. Oui sans doute ; parce qu'il n'y a que le vœu d'embrasser l'état religieux qui soit réservé en ce genre, et qu'il implique qu'une communauté séculière soit un corps religieux.

Cas XLVI. *Hildegarde*, ayant fait la profession religieuse dans un monastère où l'on ne gardait plus la clôture depuis plus de trente ans, et un supérieur nouveau ayant ordonné qu'elle serait exactement gardée à l'avenir, est-elle obligée à se soumettre à ce nouveau règlement, surtout si, en faisant profession, elle a eu une intention formelle de ne s'y jamais obliger, et qu'elle ait même déclaré à la supérieure qu'autrement elle ne ferait pas profession ?

R. Elle y est obligée, puisque, par son vœu solennel d'obéissance, elle s'est engagée à obéir aux justes ordonnances de ses supérieurs, et que la nouvelle ordonnance de clôture est très-juste, vu que le concile de Trente, sess. 25, *de Regul.*, c. 5, enjoint à tous les évêques, sous peine d'en répondre au jugement de Dieu et d'encourir la malédiction éternelle, d'introduire la clôture dans les maisons religieuses où elle n'était pas observée, nonobstant toutes les oppositions qu'on y pourrait former. C'est pourquoi les évêques de Normandie ayant, en 1583, proposé à Grégoire XIII cette difficulté : *Circa decretum de clausura monialium, sunt quæ ex fundatione dicunt liberum sibi relinqui exitum et introitum monasterii. Aliæ prætexunt se non emisisse votum clausuræ, nec unquam ingressuras monasterium, si audissent ullam fuisse clausuræ obligationem. Pleræque minantur se potius reversuras ad sæculum, quam patiantur eamdem clausuram; et per parentes nobiles necem etiam episcopis intentant, si ausi fuerint ingressum prohibere: ex his perplexitatibus supplicatur quid agendum, maxime ubi timetur, ne per clausuram aliquid deterius contingat; et magistratus secularis non adjuvat.* Rien n'est plus fort que ces raisons : cependant ce pape, après avoir entendu les prélats qui composaient la sacrée congrégation, ordonne que le décret du concile de Trente sera exécuté, sans que les évêques aient aucun égard aux raisons et aux menaces des religieuses. *Executioni demandentur decreta concilii Tridentini et bullæ summorum pontificum, quibus sublata sunt omnia privilegia,* etc.

— Henri Arnauld, évêque d'Angers, voulut empêcher qu'on n'entrât chez les religieuses de Roncerai, et il perdit au parlement.

CAS XLVII. Tiphaine, femme d'Olivier, ayant consenti que son mari se fît prêtre, a ensuite fait vœu de chasteté perpétuelle. Est-elle en outre tenue d'entrer en religion, ou bien peut-elle demeurer dans le siècle et dans la même ville où son mari réside ?

R. Si Tiphaine est jeune, et qu'Olivier ne soit pas encore ordonné, l'évêque ne doit pas l'ordonner avant que sa femme se soit faite religieuse, puisque c'est une condition très-juste et très-décente, qu'il peut mettre à un acte de grâce, tel qu'est l'ordination, et que d'ailleurs il est plus qu'autorisé par les canons qui défendent de recevoir un homme à la profession religieuse, si sa femme, lorsqu'elle est jeune, n'embrasse en même temps l'état de religion : *Nisi uterque ad religionem migraverit*, dit Alexandre III, c. 4, *de Conv. conjug.* Loi qui est plus concluante pour un simple prêtre, qui est moins gêné qu'un religieux : *Verum,* dit ce même pape, *si ita uxor senex est vel sterilis, quod sine suspicione possit esse in sæculo; dissimulare poteris, ut ea in sæculo remanente et castitatem promittente, ad religionem transeat vir ejusdem.* Mais, si Olivier est déjà ordonné, sa femme, qui a consenti à son ordination, et qui a fait vœu de continence, sans aucune intention de s'engager à la religion, n'est nullement obligée à se faire religieuse, soit qu'elle soit vieille ou jeune. Néanmoins, si elle ne pouvait demeurer dans la même ville où réside son mari sans donner occasion de scandale par les visites qu'ils se rendraient, elle serait obligée par la loi de la charité d'établir ailleurs son domicile, du moins jusqu'à ce qu'elle eût atteint un âge qui la mît à couvert de tout soupçon, ou au moins de ne plus recevoir en particulier et sans témoins aucune visite de son mari. C'est la décision de Sainte-Beuve, tom. I, cas 188.

CAS XLVIII. *Eulogius* a fait vœu de jeûner tous les mercredis et les samedis de l'année, durant sa vie : il y a dix ans qu'il accomplit son vœu; mais s'étant fait religieux depuis trois mois, son supérieur lui a ordonné de vivre comme les autres religieux, qui ne jeûnent pas ces jours-là. Est-il quitte de son vœu par l'obéissance que son supérieur exige de lui?

R. Ce nouveau religieux est quitte du vœu qu'il avait fait étant séculier ; car un religieux n'est point obligé à accomplir les vœux qu'il a faits avant sa profession solennelle : 1° parce que celui qui fait profession de religion consacre par là sa vie tout entière au service de Dieu, de telle sorte que toutes les bonnes œuvres particulières qu'il a vouées auparavant sont renfermées et comprises dans le vœu de religion, qu'on doit considérer comme un vœu général à l'égard de tous les autres vœux particuliers; 2° parce que la singularité ne peut jamais convenir dans une communauté monastique, où la manière de vivre doit être uniforme entre tous ceux qui la composent : joint à cela que le joug de la vie religieuse est assez pesant, sans qu'on y ajoute rien. C'est ainsi que raisonne saint Thomas sur cette difficulté : *Omnia alia vota,* dit-il, *sunt quorumdam particularium operum, sed per religionem homo totam vitam suam Dei obsequio deputat. Particulare autem in universali includitur; et ideo Decretalis* Alexandri III, cap. 4, *de Voto,* etc., *dicit, quod reus fracti voti non habetur, qui temporale obsequium in perpetuam religionis observantiam commutat; nec tamen religionem ingrediens tenetur implere vota vel jejuniorum, vel orationum, vel aliorum hujusmodi, quæ existens in sæculo fecit : quia religionem ingrediens moritur priori vitæ; et etiam singulares observantiæ religioni non competunt : et religionis onus satis hominem onerat, ut alia superaddere non oporteat.* 2-2, quæst. 88, art. 12, ad 1.

Ce saint docteur nous enseigne encore la même chose, in 4, dist. 38, q. 1, art. 4, q. 4, où il dit qu'il n'est pas nécessaire en ce cas d'avoir recours au pape ni à l'évêque, pour être dispensé des vœux précédents, celui de religion renfermant tous les autres, tant à cause de sa perpétuité qu'à raison de l'obéissance par laquelle on se consacre totalement à Dieu. *Quia votum religionis includit omnia alia vota, tum ratione perpetuitatis, tum rationis obedientiæ, qua homo voluntatem suam Deo tradit... Ideo ille, qui aliquod votum temporale fecit, potest, non requisita alicujus prælati dispensatione, religionem intrare, non obstante voto præcedente, quod ingressum religionis impediret; puta peregrinationis, vel alicujus hujusmodi.* La doctrine de ce saint est conforme à une constitution de Boniface VIII, dont nous avons rapporté les termes au cas *Amédée*.

CAS XLIX. *Pantaléon*, religieux d'un monastère d'une grande ville où il y a plus de cent religieux, a fait vœu de réciter tous les jours les sept psaumes de la pénitence. Mais, comme son supérieur lui ordonne souvent d'être portier, cet office lui emporte presque tout son temps. 1° A-t-il pu faire validement ce vœu? 2° supposé qu'il l'ait pu faire, est-il obligé, sous peine de péché mortel, à l'accomplir?

R. Nous répondons sur la première demande, que Pantaléon n'a pu faire ce vœu sans le consentement exprès de son supérieur, et que par conséquent il n'est point obligé à l'accomplir. La raison est qu'un religieux n'a aucun temps où son supérieur ne le puisse occuper. C'est pourquoi, n'étant pas maître de son temps, il ne peut s'engager devant Dieu à en disposer selon sa propre volonté, sous quelque prétexte que ce soit. C'est le sentiment de saint Thomas, qui dit : *Religiosus subditus est prælato, quantum ad suas operationes, secundum professionem regulæ : et ideo, etiamsi aliquis horum aliquid facere possit, quando ad alia non occupatur a prælato; quia tamen nullum tempus est exceptum, in quo prælatus non possit eum circa illud occupare; nullum votum religiosi est firmum, nisi sit de consensu prælati.* Saint Thomas, *ibid.* art. 8, ad 8.

Mais parce qu'on pourrait objecter qu'un religieux n'est pas obligé dans la rigueur à obéir en toutes choses à son supérieur, excepté en celles qui regardent sa règle, et que par conséquent il peut trouver le temps d'exécuter un tel vœu, on doit répondre avec le même docteur angélique, qu'encore qu'un religieux ne soit pas tenu d'obéir indifféremment en toutes choses à son supérieur, il est néanmoins obligé d'obéir en tout temps dans les choses que le supérieur a droit de lui commander, et que par conséquent il est toujours vrai de dire que ce religieux n'a aucun temps dont il soit le maître de disposer. *Quamvis religiosus non teneatur ad obedientiam in omnibus quæ ei possent imperari; tamen tenetur ad obediendum quantum ad omne tempus de his quæ sibi imperari possunt; sicut et servus non est exemptus aliquo tempore a servitio domini sui.* D'où ce saint tire cette conclusion : *Et ideo nullum tempus est eis vacans, quo possint quodlibet facere, et quia omne votum est aliquo tempore complendum; ideo, sicut nec servus, ita nec religiosus aliquod votum emittere potest sine consensu sui superioris.* In 4, *ibid.*, art. 1.

CAS L. *Claude*, fille novice du tiers-ordre de Saint-François, étant très-persuadée qu'elle sera reçue à la profession solennelle, a fait secrètement et en son particulier, les trois vœux de la religion de cet ordre; mais, ayant été renvoyée par la communauté, elle est entrée dans les Ursulines, où elle est novice depuis près d'un an, et prête à être admise à la profession. Elle demande si, en faisant profession dans l'ordre de Sainte-Ursule, elle est quitte devant Dieu des vœux de la religion du tiers-ordre qu'elle a faits, et si, en cas qu'elle ne soit pas reçue à la profession dans le monastère où elle est, et qu'elle soit obligée de retourner dans le siècle, elle y sera tenue à l'observation de ces trois vœux simples?

R. Il paraît clairement par les deux décisions précédentes, que si Claude fait profession solennelle dans l'ordre de Sainte-Ursule, elle est entièrement quitte des vœux simples qu'elle a faits secrètement; mais, si elle retourne dans le siècle, elle est tenue en conscience à observer les vœux du tiers-ordre de Saint-François, supposé qu'elle les ait faits avec connaissance de cause, et avec une suffisante délibération.

— En examinant bien l'intention de cette fille, on trouverait apparemment que son vœu n'a été que conditionnel, c'est-à-dire fait au cas qu'elle fût reçue, et pour se prémunir contre la tentation de sortir de son état. A qui veut-on qu'elle obéisse dans le siècle? Y peut-elle même garder la pauvreté, telle qu'elle l'avait en vue? Reste donc le vœu de chasteté; et je crois qu'on pourrait l'en dispenser plus aisément qu'un autre, parce qu'elle ne l'a fait qu'en se plaçant en esprit dans un état qui en écartait les plus grandes difficultés. Elle fera cependant très-bien de prendre en tout cela l'avis de son évêque ou d'un directeur éclairé. *Voyez* le cas suivant.

CAS LI. *Louise* avait fait profession dans un monastère de Créci, qui a été détruit à cause de sa pauvreté. Est-elle encore tenue à garder ses vœux?

R. Elle doit les garder autant qu'il lui est possible, parce qu'elle ne cesse pas d'être religieuse. La sœur d'Eiroux, qui était en ce cas, et qui voulait rentrer dans une partie des droits qu'elle avait sacrifiés en entrant chez les Augustines de Forcalquier, fut déboutée de ses prétentions par arrêt du parlement de Provence, le 19 février 1674. *Voyez* les *Mémoires du Clergé*, tom. IV, p. 27 et p. 294. Cela confirme une remarque que je crois avoir faite ailleurs contre l'auteur.

CAS LII. *Anastasie*, ayant fait son noviciat de sœur de chœur, n'a été reçue à la profession qu'en qualité de sœur converse. Peut-elle se faire rétablir contre ses vœux?

R. Le parlement de Metz, séant à Toul, déclara, par arrêt du 22 avril 1649, une pareille profession nulle, ainsi que l'avait déjà fait l'évêque de cette dernière ville, comme on le voit dans les *Mémoires du Clergé*, tom. IV, pag. 162. La raison fut sans doute que l'état humiliant et pénible de sœur converse étant très-différent de celui de sœur de chœur demande une épreuve particulière. Mais il y avait eu de plus, de la part de la communauté, bien des mauvais procédés.

— CAS LIII. *Lucius*, qui n'a fait profession dans un couvent que pour éviter la persécution de sa mère, veut, aujourd'hui qu'elle est morte, réclamer contre ses vœux. A-t-il besoin pour cela d'un rescrit de Rome, ou ne suffit-il pas qu'il s'adresse à l'official du diocèse dans lequel il a fait profession, et au supérieur du couvent, sans aucun bref de Rome?

R. Cette question est amplement traitée pour et contre à la fin du *Traité de l'usage et pratique de la cour de Rome*, par Pérard Castel, pag. *mihi* 428. Mon premier dessein était de donner un précis des raisons de l'un et de l'autre sentiment; mais cela paraît inutile. Parce que, quoique les religieux, qui réclament contre leurs vœux, soient dans l'usage de recourir à Rome, et d'en obtenir un bref de réclamation adressé à l'official du diocèse, où se trouve le monastère dans lequel ils ont fait profession, « l'opinion commune est aujourd'hui que ce rescrit n'est nullement nécessaire, pas même quand on a laissé passer les trois ans prescrits par le concile de Trente, et qu'il suffit de se pourvoir directement devant l'official de l'ordinaire, qui est juge compétent *auctoritate ordinaria;* » c'est ainsi qu'en parlent MM. Lacombe et Durand. *Voyez* RÉCLAMATION. On peut lire sur cette matière les *Mémoires du Clergé*, tom. IV, pag. 297 et suiv. Il n'en est pas ainsi quand un homme réclame contre ses ordres sacrés; car alors on ne procède pas devant l'ordinaire, mais on a recours au pape par voie de dispense. M. Durand, pag. 617.

Voyez DISPENSE DES VOEUX, EMPÊCHEMENT DE VOEU, PROFESSION RELIGIEUSE, RELIGIEUX ET RELIGIEUSE.

— VULGATE.

On appelle *Vulgate* le texte latin de la Bible, qui est aujourd'hui en usage dans l'Eglise romaine, et qui, dès le temps de saint Jérôme, a succédé à la version *Italique*, dont on se servait auparavant. C'est saint Jérôme qui fit la Vulgate, en traduisant de l'hébreu les Livres saints qui étaient en cette langue; car il n'a pas traduit, mais seulement corrigé ceux qui n'étaient qu'en grec, comme la Sagesse, l'Ecclésiastique, Baruch, les additions d'Esther et de Daniel, non plus que les Livres des Machabées. Nous allons proposer sur cette matière quelques cas qui ne sont pas tout à fait de spéculation.

CAS I. *Salomon*, qui se croit fort habile en hébreu, parle de la Vulgate avec une espèce de mépris, et dit qu'en tout ce qui peut être douteux, on doit avoir recours à la source. Son directeur, homme habile, mais qui n'est pas hébraïsant, l'accuse de témérité. A-t-il tort?

R. Cette difficulté a deux parties. Nous disons sur la première, qu'il n'y a qu'un mauvais catholique qui puisse parler mal de la Vulgate. Ce langage convient à Calvin, à Kemnitius et autres gens de pareil aloi, mais non à un homme qui se donne pour enfant de l'Eglise. Le concile de Trente, sess. 4, décret *de Editione et Usu sacrorum librorum*, en parle en ces termes : *Sacrosancta synodus… statuit et declarat, ut hæc ipsa vetus et vulgata editio, quæ longo tot sæculorum usu in ipsa Ecclesia probata est, in publicis lectionibus, disputationibus, prædicationibus et expositionibus pro authentica habeatur, et ut nemo illam rejicere quovis prætextu audeat vel præsumat.* Ce qu'une si sainte et si savante assemblée a jugé digne de son approbation, ce qui a été confirmé *longo tot sæculorum usu*, doit être à l'abri de la critique d'un homme, qui souvent ne sait pas plus d'hébreu qu'il ne faut savoir de latin pour entendre celui d'A Kempis. Fût-il plus habile en ce genre que Richard Simon, que sa science n'a pas empêché de faire bien des bévues, son directeur et tout autre doivent arrêter ses manières tranchantes et décisives.

Quant à la seconde partie, nous croyons avec le gros des théologiens, que le concile de Trente, en déclarant la Vulgate authentique, ne l'a point du tout comparée aux sources primitives, soit du texte hébreu, soit du texte grec, mais seulement aux autres versions latines, à qui elle a voulu qu'on la préférât; quoique l'Eglise, pour ne point troubler les fidèles, ait retenu l'ancienne version des psaumes, et n'ait pas adopté celle de saint Jérôme. On peut donc, dans des textes qui sont obscurs dans la Vulgate, avoir recours aux sources. Mais, comme bien des savants prétendent que ces sources ne sont plus aussi pures qu'elles l'étaient d'abord, la question est de savoir si l'on y peut toujours compter. *Voyez* là-dessus les disquisitions de Frassen, *lib.* II, *cap.* 7, *pag. mihi* 329 *et seq.*

CAS II. *Minutius*, jeune clerc, qui a déjà fait une grande année de théologie, s'est élevé publiquement contre son curé, parce qu'il soutenait dans une nombreuse compagnie que celui à qui l'Eglise doit la Vulgate n'était pas un auteur inspiré, et même qu'il s'y trouvait des fautes, quoique légères. N'a-t-il pas eu raison?

R. Je ne sais si le curé devait agiter ces sortes de questions dans une nombreuse compagnie, à moins qu'elle ne fût toute composée d'ecclésiastiques. Mais je sais bien que Minutius a eu tort. Car, 1° saint Jérôme, auteur de cette version, a toujours été très-éloigné de se croire inspiré, et c'est sur ce ton que saint Augustin lui a en a écrit ; 2° le concile de Trente ne l'a pas cru non plus ; 3° parce que dans le temps que ce concile voulait qu'on préférât cette version à toutes les autres, il connut des docteurs pour y corriger quelques fautes qu'on y trouvait encore. Bellarmin, qui était du nombre de ces correcteurs, avoue qu'il y avait encore à réformer. Mais comme les taches qui pouvaient y rester n'intéressaient ni la foi ni les mœurs, on a mieux aimé les laisser que de troubler la foi des fidèles.

ADDITION.

PROFESSION, avant le cas XV, ajoutez : Cependant comme cela est fort controversé, et que le chapitre 3 et 12, *de Conversione conjugat.*, favorise beaucoup le sentiment contraire, il faudrait prendre le parti le plus sûr, et demander dispense, si on en avait besoin ; mais je crois qu'à cause du doute et du partage des théologiens, l'évêque pourrait la donner.

On a objecté contre la décision du cas XXX au mot SUSPENSE, que les apôtres, sous le règne du Sanhédrin, et les plus saints pasteurs, du temps des ariens, avaient non-seulement été décrétés, mais condamnés de la manière la plus infamante, et que cependant ils n'avaient jamais cessé leurs fonctions. Mais quelle comparaison peut-on faire entre des juges qui usurpent une autorité que Jésus-Christ ne leur a point donnée, et des magistrats qui, pleins de respect pour les lois de l'Eglise, ne citent un homme que pour ôter le scandale qu'il a causé par son crime, comme on le suppose dans l'exposé?

Dans le Mémoire de M. de Nitrie, l'Eglise de Rome est quelquefois confondue avec l'Eglise Romaine, et *vice versa;* c'est un défaut d'attention qu'on croit devoir remarquer.

CASUS CONSCIENTIÆ

DE MANDATO *PROSPERI LAMBERTINI*, BONONIÆ ARCHIEPISCOPI, POSTEA SANCTISSIMI D. N. PAPÆ *BENEDICTI XIV*, PROPOSITI ATQUE RESOLUTI.

AVERTISSEMENT.

Il a paru depuis quelques années en Italie un volume in-4°, de 272 pages, qui a pour titre:

CASUS CONSCIENTIÆ,

De mandato olim Eminentiss. et Reverendiss. Domini, Domini Tit. S. crucis in Jerusalem, S. R. E. Presb. Cardinalis, PROSPERI LAMBERTINI, *Bononiæ Archiepiscopi, S. R. J. Principis, nunc sanctissimi D. N. Papæ Benedicti XIV, feliciter regnantis, Propositi atque resoluti, Opus confessariis omnibus atque animarum curam gerentibus perutile, ac necessarium.* Ferrariæ M. D. CC. LVIII. Expensis Bartholomæi Occhi Veneti.

Ces cas sont disposés non par ordre des matières, mais par ordre du mois et de l'année où ils ont été résolus. Ils vont depuis le mois de janvier 1732 jusqu'au mois de décembre 1751. Il est clair et par le titre que nous venons de rapporter, et pour le moins autant par le style, qui n'est rien moins qu'élégant, que ce n'est point l'ouvrage de Benoît XIV, mais il me paraît aussi clair que ces décisions n'ont jamais été approuvées par ce savant pontife. Il rendrait une grande et pleine justice aux Diana, aux Tambourin et autres écrivains de même aloi, qui ont étrangement défiguré la morale, et il n'était pas homme à les citer sans cesse comme on fait ici. Il avait lu les bons théologiens, et il n'employait le nom des mauvais que par manière d'argument *ad hominem,* c'est-à-dire pour montrer tacitement que telle ou telle opinion qui paraît rigoureuse, ne peut l'être effectivement, puisqu'un Filliucius même et un Busembaum n'ont cru devoir l'admettre. Je ne dirai donc pas, comme on a fait à la tête d'un certain abrégé de Pontas, que j'ai enrichi ce Dictionnaire *de tous les cas de conscience décidés par le feu pape Benoît XIV,* mais je dirai sans détour que celui qui donne à de jeunes théologiens un pareil ouvrage sans correctif quelconque, leur fait un très-mauvais et très-dangereux présent. On pourra en juger par les remarques que nous avons faites sur un assez bon nombre de résolutions de ce casuiste. Ces remarques sont partout en français, quoique j'aie mis, comme un savant homme me l'a conseillé, les décisions en latin. Je puis assurer, sans crainte d'en être démenti, que, pour entendre l'auteur, il ne faut ni Danet, ni Boudot. Au reste, il ne laisse pas d'y avoir de bonnes difficultés dans ce nouveau recueil, et il peut du moins servir à apprendre l'usage d'Italie sur plusieurs points de discipline. On y trouvera quelques redites; mais ceux qui ont l'ouvrage verront aisément qu'elles ne doivent pas être mises sur mon compte.

A

ABORTUS.

CASUS I. pag. 44. Berthæ ex illicito concubitu fœtæ Amasius, ipsa inscia, tradidit potionem causativam abortus fœtus animati. At pœnitentia ductus illam de potione admonuit; et facile si voluisset, recursum habendo ad medicos, potuisset abortum impedire, sed noluit. Quæritur an Bertha inciderit in casum reservatum.

R. Negative. Ratio est quia non incidit vel in excommunicationem a Sixto V latam contra abortum procurantes (quæ adhuc viget post bullam moderatoriam Gregorii XIV, *si fœtus sit animatus;* a qua tamen, virtute bullæ Gregorii absolvere potest ordinarius aut alter confessarius ex speciali delegatione ab ipso obtenta), vel in reservationem ordinarii de homicidio voluntario. Non incidit in excommunicationem papalem, quia lata est contra procurantes abortum fœtus animati, quem non procuravit Bertha; cum studiose non quæsiverit, seu per se, seu per alium, ut fœtus immature ex ejus utero ejiceretur, uti requiritur ad abortum procurandum; sed duntaxat abortum permiserit, mere negative se habendo : unde non incidit in reservationem papalem, ut docet cum communi Mazzuch. Neque etiam incidit in reservationem ordinarii (Bononiensis scilicet archiepiscopi), quia in hanc incidunt ii solum, qui dolo, malo animo et studiose aliquem occidunt illicite, aut consulunt, mandant, auxilium vel favorem præstant; quæ omnia positivum concursum, aut physicum, aut moralem important; qualem certe non præstitit Bertha, quæ mere negative se habuit. Quare peccavit ea quidem graviter, quia ex hypothesi abortum poterat et tenebatur impedire; at in nullam incidit reservationem.

— « Dans tous les cas vraiment douteux, qui dépendent de l'intention du législateur, il faut avoir recours à lui pour savoir l'étendue de sa loi. Quand le sens en est fixé par la coutume, on peut s'en tenir là; parce que *optima legum interpres consuetudo*. Mais le sentiment particulier d'un Mazzuchi n'est pas toujours un bon interprète de la coutume. Ce qu'on dirait d'un homme qui, ayant pris du poison par mégarde refuserait de prendre du contre-poison, doit s'appliquer à Berthe. »

Casus II. *pag.* 50. Dubitat Titius an ex malo suo consilio fuerit causa abortus fœtus animati. An est irregularis ?

R. Affirmat. Quia secundum cap. *ad Audientiam*, et cap. *Significasti* 2, *de Homicidio*, dubius de homicidio voluntario, ut est Titius in casu præsenti, cum fœtus supponatur animatus, censendus est irregularis quoad effectum abstinendi a divinis.

— « Cette espèce de restriction *quoad effectum a sacris abstinendi* ne signifie rien. Un laïque en pareil cas serait aussi irrégulier. »

Casus III. *pag.* 223. Domitilla vidua se gravidam sentiens ex concubitu cum marito sororis viri sui defuncti, ad vitandam infamiam procuravit abortum. Q. an a quolibet confessario possit absolvi, seu a concubitu isto, seu ab abortu.

R. Absolvi posse a prædicto coitu per quemlibet confessarium; tum quia copula hæc non est incestus ; tum quia incestus, si vere foret, non est in hac diœcesi Bononiensi reservatus quoad feminas, sed tantum quoad mares. Quod spectat ad abortum, videndum est an fœtus esset animatus, vel non. Si non erat, secuto etiam effectu potest a quocumque confessario absolvi, cum tunc abortus non sit reservatus. Si erat animatus, effectu non secuto, potest absolvi. Secuto autem effectu non potest absolvi nisi a confessario specialiter ad id approbato, prout decrevit Gregorius XIV, in Constit. *Sedes apostolica*, ubi idem scelus plectitur excommunicatione episcopo reservata.

— « La discipline du diocèse de Paris est plus rigide, comme il parait par le douzième des cas qui y sont réservés. Le voici : *Procurare abortum, sive fœtus animatus sit, sive non sit ; et licet non sequatur abortus ; ad id dare consilia, aut remedia scienter subministrare. Item si mulier gravida objiciat se sciens periculo alicui verisimili abortus.* Chacun doit donc bien étudier les statuts du diocèse où il travaille. Cette remarque servira dans plusieurs autres cas que l'auteur décide selon la pratique de l'archevêché de Bologne.

ABSOLUTIO.

Les cas que l'auteur se propose sur cette matière regardent : 1° ceux qui ont perdu tout sentiment ; 2° ceux qui ignorent ce qu'ils devraient savoir ; 3° ceux qui sont dans l'occasion de pécher ; 4° les absents : 5° les excommuniés ; 6° et 7° ceux qui vivent dans le divorce ou qui sont complices ; 8° et 9° ceux qui ont encouru la réserve ou les censures. Ces deux derniers articles se mettront sous leurs propres titres.

§ I.

Casus I. *pag.* 5. Ceciderat ex rupe Sabas, cum esset ebrius, vocatur confessarius ad eum sensibus destitutum et creditum proxime moriturum absolvendum. Quæritur an, si iste illum intelligat ebrium, possit eum absolvere.

R. Cum distinctione : vel parochus est moraliter certus, quod Sabas, qui est sensibus destitutus, et titulo ebrietatis rationis impos e rupe ceciderit in peccato, puta quia solitus fuerit se inebriare, et pluries correptus noluit emendari; et tunc dico nequidem sub conditione esse absolvendum ; eo quia Sabas nullo modo potest prudenter præsumi attritus, et sine attritione saltem præsumpta nullo modo impendi potest absolutio : ita communiter theologi, teste Tamburino, qui tamen quasi oppositum sentit. Vel non est moraliter certus quod Sabas ceciderit in statu peccati ; eo quia cum christiane vixerit, nec ebrietatis vitio fuerit devictus, præsumi potest non culpabiliter se inebriasse, sed per accidens ; et tunc secundum benigniorem sententiam recentiorum, ex præsumpta attritione, sub conditione, *si es capax*, dico posse absolvi.

— « La seconde partie de cette décision pourrait quelquefois servir. Quant à la première, faudrait-il donc absoudre de ces cas un ivrogne de profession, parce que personne n'aurait osé lui faire ou ne lui aurait jamais fait de leçons sur son état. Je ne m'arrête point au mot d'*attrition*, dont tant de mauvais casuistes ont abusé. On en a parlé dans le cours du Dictionnaire. »

Casus II et III. *pag.* 60. Juvenis annos natus duodecim, cum arborem ascendisset ad nuces furandum, et plures jam in sinu conditas haberet, cecidit, et per casum adeo fuit sensibus destitutus, ut obierit nullo dato doloris signo. Ei tamen a parocho, qui statim accesserat, absolutio sub conditione impertita est. Quæritur, 1° an bene se gesserit parochus illum absolvendo; 2° an ille juvenis sepeliendus sit in loco sacro.

R. *Ad* I. Affirmat. Tum quia difficile est tale furtum fuisse grave, cum nuces sint res parvi momenti; tum quia etiam supposita gravitate culpæ, non potest inferri per tale delictum, juvenem illum non christiane vixisse, quo fundamento forte tolleretur rationabilis præsumptio de dolore; quia ad judicandum quempiam non christiane vixisse, non sufficit unicus vel duplex actus culpabilis, sed multiplices et continuati requiruntur, qui supponi nequeunt in juvene annorum duodecim. Unde habuit parochus fundamentum rationabilis præsumptionis de dolore, vi cujus docent plures et gravissimi doctores, in hisce casibus impertiri posse absolutionem sub conditione.

R. *Ad* II. Juvenem hunc in loco sacro sepeliendum esse; tum quia, ut dictum est, non constat graviter peccasse; tum quia etiam data gravitate non constaret fuisse notorium peccatorem; tunc quia licet hoc constaret, cum fuerit sub conditione absolutus, et bene, secundum probabilissimam sententiam, non posset ei denegari ecclesiastica sepultura. Hac enim ex lege Synodali solum meretrices in odium criminis, et decedentes in duello privantur, quamvis ante mortem signa contritionis ostenderint.

— « Ce dernier point se règle par l'usage et la discipline des lieux. Pontas a traité l'autre, v. *Sépulture*. Quant à la première partie de la réponse, ces mots : *Requiruntur actus multiplices et continuati*, ne présentent aucune idée distincte. Faudrait-il avoir tué dix ou douze hommes en dix ou douze jours pour être censé ne pas vivre en chrétien. D'ailleurs on trouverait des jeunes gens qui, à douze ans, sont plus vicieux que d'autres ne le sont à vingt. »

Casus IV. *pag.* 169. Audiens parochus a Titio, hominem proxime moriturum velle confiteri, ad illum ingressus, absente Titio, nullum potest extorquere doloris signum, neque ullum ab astantibus consequi testimonium de petitione absolutionis. Q. an hoc non obstante debeat moribundum absolvere.

R. Affirmat. Ratio desumi potest ex Rituali Romano, quod nullatenus distinguens testimonium datum in præsentia vel in absentia moribundi, absolute disponit quod si moribundus confitendi desiderium, sive per se, sive per alios ostenderit, absolvendus est, etc.

§ II.

Casus V. *pag.* 27. Rusticus per multum tempus ignoravit mysteria Trinitatis et Incarnationis. Q. an teneatur repetere confessiones tali tempore factas.

R. Probabilius negative. Ratio est, quia ex una parte probabilius est fidem explicitam Trinitatis et Incarnationis non esse necessariam, necessitate medii ad salutem, ut tenet etiam Emin. Gotti inter recentiores; et ex alia parte propositio 64 ab Innocentio XI damnata, solum in hoc sensu procedit, quod possit licite absolvi qui culpabiliter ignorat talia mysteria, non tamen quod valide nequeat absolvi. Ex quibus sequitur confessarium, qui talem ignorantiam advertisset; illicite non tamen invalide rusticum hunc absolvisse, et rusticum eo tunc incapacem fuisse licitæ, non tamen validæ absolutionis. Si autem erat eo tunc capax validæ absolutionis, dicendum ejus confessiones fuisse validas, sicque non teneri illas repetere, ut jam docuit Marchantius, tract. 5, *de Pœnitentia*, et etiam post citatam propositionem docet Viva (pag. *mihi* 330 et seq.). Optimum tamen erit talem repetitionem rustico consulere ad omnes scrupulos sedandos, præmisso actu fidei circa Incarnationis et Trinitatis mysterium.

— « En regardant avec les meilleurs théologiens la foi des deux mystères dont il s'agit comme nécessaire de nécessité de moyen, la décision précédente est insoutenable. En la regardant comme simplement nécessaire de nécessité de précepte, elle ne vaut guère mieux. A moins que de faire des suppositions métaphysiques, c'est par sa faute que le paysan dont il s'agit n'a pas appris les premières lignes de son catéchisme; son ignorance, qui est en matière grave, est donc très-criminelle; comment donc peut-on l'absoudre sur-le-champ sans exposer le sacrement au danger de nullité, et sur quoi se fondera-t-on pour croire qu'il l'a été validement et qu'il peut s'en tenir aux confessions qu'il a faites dans ce mauvais état? En le supposant prêt à partir pour un pays barbare, où il n'y a ni prêtres ni catéchistes, faudrait-il beaucoup de temps pour lui apprendre qu'il y a trois personnes en Dieu, que la seconde s'est fait homme pour nous racheter, etc. »

Casus VI. *pag.* 28. Rusticus in confessione interrogatur a parocho circa Symbolum, Orationem Dominicam, præcepta Decalogi, et Sacramenta, quæ recitare prorsus ignorat. Præcipit ei parochus ut prius illa memoriæ mandet, deinde ad illum pro absolutione revertatur. Pro viribus elaborat rusticus, etiam cum aliorum adjutorio, ut illa memoriter addiscat, sed frustra; unde, ut antea, ignarus ad parochum redit. Quæritur an possit illum absolvere.

R. Affirmat. Si credat singulos articulos, quando sibi ab Ecclesiæ ministris proponuntur, et sciat de illis ac de præceptis Decalogi et Sacramentis respondere; et deprecetur Deum intelligens saltem confuse quæ in oratione *Pater noster* continentur. Ratio est, quia præceptum Ecclesiæ de supradictis ordinate addiscendis et memoria tenendis, quod *in multis canonibus* expressum habetur, obligat solum prout ferunt hominum vires : nemo enim ad impossibile tenetur, et in omni præcepto legis positivæ admittitur exceptio causæ rationalis, cap. *si quando, de Rescriptis*. Sed in casu nequit Rusticus absolute supradicta memoriæ mandare. Ergo, licet peccaverit, illa memoriæ non tradendo tempore juventutis, vel illorum obliviscendo, quia raro vel nunquam recitaverit, tamen, si respondeat, ut christianum decet, ut supra dixi, potest et debet absolvi. Ita cum D. Thoma, 2-2, q. 2, art. 8.

Casus VII. *pag.* 18 et 19. Confessarius audita pœnitentis confessione illum interrogat, quomodo eliciat actum doloris de peccatis suis, cui respondet : Sic dico in corde meo : *Diligo te Deum meum super omnia, quia summe bonus es, parce peccatis meis.* Q. an audita hac responsione possit pœnitentem absolvere.

R. Negat. Ratio est, quia dolor requisitus ad validitatem sacramenti pœnitentiæ, cum sit pars materialis ejusdem ex Trid. sess. 14, cap. 3, et can. 8, debet esse expressus et formalis, cum non sufficit virtualis; sicuti materia eucharistiæ debet esse formalis, cum non sufficiat uva aut triticum, quæ virtualiter sunt vinum et panis. At dolor, ut in casu, licet sit virtualis contentus in actu dilectionis Dei super omnia, non tamen est formalis, cum *in eo* non habeatur expressa detestatio peccatorum. Actus enim amoris non est formalis actus doloris, nec talis redditur per illa verba, *parce peccatis meis;* cum in suo sensu rigoroso sumpta significent tantum precationem Deo factam, quæ formalem dolorem non importat. Unde confessarius, ut pœnitentem absolvat, curare debet ut formalem peccatorum dolorem emittat. Dixi *in suo rigoroso sensu sumpta*, ut debent verba sumi in casibus conscientiæ resolvendis. Quia si per talia verba rusticus intendat exprimere dolorem, et vere doleat, in re habebitur dolor formalis apud Deum, sed non apud confessarium, qui ex talibus verbis secundum communem intelligentiam non posset illum inferre.

CASUS VIII. *pag.* 26. Conjugatus conjugatam cognovit, et putat satisfacere obligationi confessionis dicendo : *Commisi adulterium.* Quæritur an bene sentiat pro valore confessionis.

R. Male sentire. Ratio est, quia talis conjugatus duo adulteria commisit ob duas injurias et injustitias, unam contra propriam uxorem, alteram contra maritum feminæ cognitæ, quas injurias et injustitias confessario non exponeret, dicendo : *Commisi adulterium.* Ita Filliucius, etc.

§ III.

CASUS IX. *pag.* 17. Titius se accusat decies habuisse rem cum femina intra mensem. Q. an sit ei statim deneganda absolutio ; an vero præmissis debitis interrogationibus possit absolvi.

R. Debitas præmittendas esse interrogationes et cohærenter ad responsa, esse Titium absolvendum vel non absolvendum. Ratio est, quia si ex Titii responsionibus colligat confessarius ipsum esse in occasione proxima voluntaria, eo quia alias promiserit confessario feminam dimittere, cum potuerit et non dimiserit, et eumdem numerum exponat in confessione præsenti ac in aliis confessionibus, nec multum temporis transierit ab ultimo peccato commisso, non potest illum absolvere juxta propositionem 61 ab Innocentio XI damnatam (1) ; cum nequeat efformare judicium practicum de proposito pœnitentis, ejusque dispositione ad sacramentum requisita. Similiter si colligat confessarius, Titium alias non peccasse cum tali femina, sed interrupte hoc mense decies solum peccasse; tum ne vires enervaret, tum quia defuit ulterius peccandi commoditas, et posse feminam dimittere; non debet illum absolvere, nisi prius dimittat : eo quia licet aliqui doctores asserant talem pœnitentem prima vice absolvi posse, cum nequeat prudenter dubitari de efficacia illius propositi; sicut non dubitatur de prima vice promittente restitutionem facere ; tamen omnes advertunt caute procedendum esse, quia femina domi existens est objectum præsens quod nimis movet; et experientia docet pœnitentem absolutum ante feminæ dimissionem, cum qua solet peccare, statim ad vomitum redire : unde stante illa occasione proxima est absolutionis incapax. Pariter si agnoscat confessarius pœnitentem esse in occasione proxima, sed involuntaria , quam nequit physice vel moraliter dimittere, alias tamen eadem peccata exposuisse in confessione, ita ut nec adsit emendatio, nec spes emendationis, non debet illum absolvere, sed differenda est absolutio, ut de habente consuetudinem peccati loquuntur DD. cohærenter ad propositionem 60 ab eodem Innoc. damnatam (2), eo quia non potest efformari practicum judicium de efficacia propositi. Si vero confessarius ex pœnitentis responsis colligat eum esse quidem in occasione proxima voluntaria, sed alias non fuisse talia peccata confessum, vel adesse emendationem, aut emendationis spem, sicuti si colligeret illum non esse in occasione proxima, vel eo quod multum temporis transierit ab ultimo peccato, vel intra paucos dies peccata compleverit, alias non solitus delinquere, vel ex quo feminam dimittit, vel ex quo quotidie feminæ domum petierit, et potuerit quotidie peccare, sed solum decies peccaverit, vel quid simile; tunc si ei denegaret absolutionem, saltem contra charitatem peccaret, quia nullum est fundamentum dubitandi de efficacia propositi. Sequitur ergo non esse statim tali pœnitenti absolutionem denegandam, sed præmittendas esse interrogationes, et sic cohærenter ad responsa dandam esse vel retinendam absolutionem.

— « Il suit de la première partie de cette réponse, que si Titius ne s'est point encore confessé de ses horreurs, ce qui n'arrive que trop souvent à ceux qui sont esclaves de l'impudicité; ou que, s'étant confessé, il n'ait depuis ce temps péché que six ou sept fois, au lieu de dix dont il s'était accusé dans sa dernière confession, et qu'il ait été dix ou douze jours sans retomber (temps qui ser aisément *multum temporis* chez certains casuistes), un confesseur peut ou même doit

---

(1) Potest aliquando absolvi, qui in proxima occasione peccandi versatur, quam potest et non vult omittere ; quinimo directe et ex professo quærit aut ei se ingerit. *Prop.* 61.

(2) Pœnitenti habenti consuetudinem peccati contra legem Dei, naturæ aut Ecclesiæ, etsi emendationis spes nulla appareat, nec est neganda, nec differenda absolutio, dummodo ore proferat se dolere et proponere emendationem. *Prop.* 60, *Innoc. XI.*

l'absoudre. Or tout cela est d'un relâchement extrême. La seconde partie n'est pas plus exacte. La grande règle des confesseurs doit être celle de Jésus-Christ. *Ex fructibus eorum cognoscetis eos. Alto vulneri diligens et longa medicina non desit*, disait saint Cyprien. Tout homme qui a de l'expérience sait deux choses : 1° qu'en fait d'impureté, ne s'agît-il que de l'incontinence secrète, l'habitude se contracte aisément ; 2° qu'à l'exception d'une faute arrachée par surprise et pleurée à peu près comme saint Pierre pleura la sienne, on est presque toujours la dupe d'un impudique qu'on absout avant deux mois d'épreuve. » *Voyez* ce que nous avons dit au mot ABSOLUTION, et mon *Appendix de Occasionibus peccati*, tom. III, pag. 490

CASUS X. *pag.* 22. Confessarius audiens confessionem juvenum et puellarum se accusantium omnibus diebus festis amori profano vacare, mutuo se aspiciendo, nec non plura colloquia per aliquas horas inter se habendo, exigit ab eis promissionem se a tali amore abstinendi; quod cum nollent promittere, absolutionem denegat. Q. an bene se gerat.

R. Affirmat : practice loquendo. Ratio est, quia licet, quando aspectus sunt honesti, et colloquia indifferentia (de quibus casum procedere supponendum est, cum de turpibus nulla sit difficultas), speculative loquendo, nullum peccatum sit sic amori profano vacando, maxime quando tales actiones ad honestum finem ordinantur, hoc est ad matrimonii sacramentum ; tamen practice loquendo, cum ita se gerere, maxime nimia cum frequentia, ut in casu, *omnibus nempe diebus festis per aliquas horas*, esse soleat occasio mortaliter peccandi nec non multorum malorum origo et causa (homo enim et mulier ignis sunt et palea, et diabolus nunquam cessat insufflare ut accendantur, prout advertit S. Hieronymus), et difficile sit in praxi a morosa delectatione vel a pravo desiderio abstinere, experientia pluries hoc comprobante non sine gravi animarum detrimento; sequitur confessarium, animarum zelo præditum, debere totis viribus incumbere, ut suos pœnitentes a tali amore divertat, vel saltem ut illi talis amoris frequentiam moderentur. Quod si abstinentiam vel moderationem promittere recusent, uti amatores periculi animarum suarum, juxta illud : *Qui amat periculum, in illo peribit*, non sunt absolvendi, sed dimittendi. Ex quibus constat practice loquendo bene se gessisse confessarium.

— « Il faut laisser la spéculation de l'auteur, qui, de son aveu, n'est pas conforme à l'expérience, et réduire à des bornes très étroites les visites des jeunes personnes qui pensent à s'épouser. On en a parlé dans le dictionnaire. »

CASUS XI. *pag.* 48. Titio se accusanti, quod bis vel ter in hebdomada fere per annum rem habuerit cum famula, noluit confessarius beneficium absolutionis impendere, nisi prius e domo famulam ejecisset. Respondit Titius se famulæ huic mutuo dedisse centum; quorum recuperandorum spes nulla supererit, si illam e domo ejiciat. Q. an hæc sit causa sufficiens ad absolutionem impendendam.

R. Negat. Ratio est quia ex una parte, stando in terminis casus, occasio peccandi est diuturna, cum fere per annum integrum Titius frequenter cum tali femina peccaverit; ex alia vero parte nullum apparet emendationis signum, cum totum fundamentum ad absolutionem obtinendam, fit moralis impotentia de recuperanda centum, si femina e domo dimittatur. Si autem occasio est diuturna, nec apparet emendationis signum, nolens feminam dimittere, est indispositus, eo quia cum temporali detrimento non vult animæ suæ consulere, contra istud : *Quid prodest homini si mundum universum lucretur*, etc., adeoque est absolutionis incapax. Si tamen ex illis centum non recuperatis Titius redigeretur ad extremam, vel quasi extremam necessitatem, volunt Cardenas et Viva, in casu esse causam sufficientem absolvendi, si promitteret occasionem exterminare, vel saltem debitis remediis periculum proximum peccandi extenuare, et quia tunc non urgerent propositiones ab Alexandro VII et Innocentio XI damnatæ ; quandoquidem causa non dimittendi non esset tantum utilis et honesta, in quo sensu loquuntur damnatæ propositiones ; sed esset necessaria titulo moralis impossibilitatis.

— « Je ne sais si c'est ma faute ou celle de l'auteur, mais la plupart de ses décisions me paraissent si équivoques, qu'il faudrait un volume plus gros que le sien pour les éplucher. Je me contenterai de dire sur celle-ci, 1° avec Viva sur la 41e proposition d'Alexandre VII, qu'un homme qui est dans le cas d'une extrême ou presque extrême nécessité, doit par la prière et tous les autres moyens possibles faire que l'occasion de prochaine devienne éloignée; 2° avec le bon sens, qu'un homme qui, pendant près d'un an, a vécu dans un désordre infâme, ne doit pas en être cru sur sa parole quand il promet de prier, de pleurer, de ne se trouver plus en tête à tête avec une personne qu'il a corrompue, ou par qui il s'est laissé corrompre. Continuons donc à dire : *A fructibus eorum*, etc. »

CASUS XII. *pag.* 89. Vidua pauper eodem in lecto dormit cum filio suo adulto, eo quod modum parandi alium lectum non habeat. Q. an hoc possit in casu licite fieri.

R. Si talis cubandi modus aliquam præbet matri aut filio proximam peccandi occasionem, ex qua proinde frequentes lapsus sequantur, certum est separationem quocunque modo esse faciendam ; cum omni præcepto prædictam peccandi occasionem, etiam vitæ nostræ dispendio, quando alia remedia non sunt, fugere teneamur. Si vero ex dicto cubandi modo nulla sequatur offensio Dei, vel nonnisi valde raro hoc accidat, eo quod tam mater quam filius conscientiæ bonæ præsidio muniantur, et spiritualia adhibeant remedia, quibus tentationum vires solent extenuari ; tunc urgente expositæ necessitatis motivo, licite fieri potest, quod alias illicitum foret. Nam ad fugiendam remotam peccati occasionem, qualis in hypothesi esset nostra, grave subire incommodum, quale esset *v. g.* supra nudam humum vel tabulam cubare, nulla sive divina, sive ecclesiastica lege obstringimur. Ita.... La Croix, *de Peccatis*, lib. v, n. 259 et seq.

— En suivant bien cette décision et la plupart des autres, il sera aisé de voir que l'auteur ne regarde comme occasion prochaine que celle qui fait tomber souvent : *Ex qua frequentes lapsus sequuntur*. Nous avons fait voir dans le *Traité des péchés*, pag. 392, combien ce sentiment est mauvais. L'autorité de La Croix est plus capable de le décréditer que de l'établir.

CASUS XIII. *ibid.* Rusticus juvenis tempore Bacchanalium, cum aliis suæ ætatis et conditionis viris ac feminis solet interesse choreis, in quibus frequenter patitur motus pravos. Q. an possit absolvi, si a tali chorearum ludo abstinere nolit.

R. Affirmat. Stando in terminis expositi casus. Licet enim choreæ, ut fieri solent, res sint plenæ periculis; adhuc tamen, cum ex natura sua res sint indifferentes, et possit quis servato Dei timore eisdem absque culpa interesse, præsertim quando temporis circumstantia, urbanitas et honesta societas aliquo modo id postulant; dicendum est rusticum nostrum posse absolvi, etiamsi nolit a tali ludo abstinere. Neque refert juvenem istum in prædictis choreis motus pravos frequenter pati; quia cum motus isti præambula quidem sint et incitamenta ad peccandum, non autem sint peccata, quandoquidem motus ipsos non quæret, nec iisdem consensum præbeat, ita ut peccet morosa delectatione, turpi desiderio, vel opere, quod casus noster supponit, absolutione indignus censendus non est. Ita La Croix cum aliis communiter. *Subaudi* cum aliis ejusdem ponderis.

— « L'auteur nous disait plus haut, que *qui amat periculum, peribit in illo.* Or, il nous dit ici que les danses dont il parle *plenæ sunt periculis;* et il est sûr qu'elles le sont encore plus par rapport à un homme, *qui frequenter patitur motus pravos.* Il est même sûr que ce jeune homme les cherche, puisqu'il n'a pour s'y exposer d'autres raisons que celles du carnaval, etc. » Je laisse donc à l'auteur et à son La Croix à tirer la conséquence. J'ai résolu dans le sixième volume de ma *Morale in-8°* l'objection qu'on tire de saint François de Sales, *pag. nunc* 320.

CASUS XIV. *pag.* 134. Vir dives et nobilis vult mensas lusorias in suo rurali palatio tenere diu noctuque paratas ad nobilium virorum ac feminarum honestam recreationem, etiamsi sciat aliquos inde occasionem arripere ad fovendos turpes amores. Q. an possit a gravi culpa excusari.

R. Negat. Quamvis enim aliis ministrare rem omnino indifferentem, ut esset pro viro divite ac nobili parare mensas pro ludo moderato et brevi cum delectu temporis et personarum, possit ab omni culpa vacare, tamen cum tenere mensas lusorias diu noctuque paratas viris simul ac feminis, licet nobilibus, præsertim quando quis certo scit aliquos inde occasionem arripere ad fovendos turpes amores, quod ex plerumque contingentibus facile prævidetur, non sit amplius res indifferens, bene vero res mala, media qua præbetur aliis occasio peccandi, dicendum est virum hunc nobilem, ut pote qui in casu peccatis aliorum absque ulla necessitate cooperetur, esse nequaquam posse a gravi culpa immunem. Ita Suarez, disp. 10, *de Charit.* sect. 4.

— Cet *absque ulla necessitate* n'est pas bien clair. Du reste la décision est juste.

CASUS XV. *pag.* 139. Caja, juvenis modesta, quamvis sciat sui præsentiam et collocutionem esse Titio, quicum sponsalia contraxit, occasionem plurium peccatorum, non vult se ab oculis Titii subtrahere, dicens : Si terga vertam Titio, hanc mihi propitiam nubendi occasionem amitto. Q. an hæc nubendi causa sufficienter Cajam excuset.

R. Affirmat. Quamvis enim ad extenuandam spiritualis ruinæ occasionem a Titio acceptam, teneatur Caja ex charitatis lege Titium, quam rarius potest ad secum colloquendam admittere; adhuc tamen cum vi charitatis prædictæ non teneatur Caja privari jure sibi jam ex sponsalibus quæsito; dicendum est neque teneri se absolute ab oculis Titii subtrahere, licet sciat illum hac occasione in peccata plura lapsurum. Quod potiori jure dicendum videtur, si Caja aliam non speret æque propitiam invenire nubendi occasionem, neque continentiæ statum sustinere parata sit : tunc enim cum justam habeat causam fovendi licitis modis amicitiam Titii, etiamsi Titius ex sui infirmitate aut malitia tali occasione abutatur, poterit Caja eamdem amicitiam, sive modesta sui præsentia, sive moderata confabulatione fovere, quantum opus est, ne cum gravi suo incommodo prædictam cum Titio nubendi occasionem amittat. Ita Girib. in præcepta Decalogi.

— « Une fille modeste et vertueuse devrait faire quelque chose de plus, et représenter à son fiancé que la manière dont il se dispose à un *grand sacrement* n'est pas propre à attirer sur lui et sur elle les bénédictions du ciel. Si les péchés de Titius consistent à vouloir prendre des libertés, Caja, quoi qu'il en arrive, ne doit le voir qu'en compagnie et rapidement. Le meilleur est de ne pas traîner en longueur son mariage ou d'y renoncer, s'il ne peut être cimenté que par l'iniquité. La loi de la charité, dont parle l'auteur, prouve plus qu'il ne veut. »

CAS XVI. *pag.* 254. Confessarius dubitans de relapsu pœnitentis, ante absolutionem exigit ab eo juramentum, quod relinquet occasionem proximam voluntariam, nec amplius relabetur in tale peccatum. Q. an bene se gesserit.

R. Negat. Si enim habet rationabile fundamentum dubitandi de non dimissione hujusmodi occasionis, ac de relapsu pœnitentis, debet huic absolute differre absolutionem, non autem ab eo exigere juramentum de occasione dimittenda. Cum enim absoluti ante dimissionem occasionis, regulariter non statim dimittant, etc., si tale juramentum ab eo exigit, pœnitentem relinquit in occasione proxima tum relabendi, tum pejerandi, sicque in proximo periculo duplicis mali, cum antea esset in periculo unius tantum.

— « En pesant bien ces paroles : *Absoluti ante dimissionem occasionis, regulariter non statim eam dimittant*, on pourra combattre quelques-unes des décisions de notre casuiste. »

Cas XVII. *pag.* 258. Parochus vocatus ad excipiendam confessionem infirmæ, invenit concubinam in domo concubinarii graviter ægrotantem. Q. quid agendum in isto casu.

R. Cum distinctione. Vel concubina potest alio transferri absque periculo seu scandali et infamiæ, seu ipsi accelerandi mortem, vel non. Si potest, debet parochus illi præscribere ut hanc sui translationem procuret, eamque, ut hæc fiat adjuvare ; tum ad obviandum scandalo proximi, si concubinatus alicui innotuit, cum ad removendum ab ipsa et concubino periculum relapsus, saltem mentalis, cui alia subsunt. Et si hoc ipsa facere recuset, non est absolvenda, utpote indisposita. Si autem ea sine dicto periculo nequit alio transferri, curet parochus, si expedit, eos jungere in matrimonium ; et si non expedit, aut concubinus nolit eam ducere, omnem curam adhibeat, ne ideo amplius ad eam invisendam accedat : substituta, si opus sit, spirituali et honesta aliqua femina pro servitio infirmæ. Ulterius illam moneat, ut male actæ vitæ verum dolorem concipiat cum firmo proposito quamprimum dimittendi illam occasionem, si convalescat ; ut impensius pro divina assistentia se Deo commendet, cum spe divini adjutorii pro vitando relapsu ; ut denique procuret occasionem illam reddere remotam, vitando concubini colloquia, et, quoad fieri potest, etiam aspectum ; si enim, ut dicitur cap. 9, dist. 81, *locus in quo quisque prave vixit, hoc in aspectu mentis apponit, quod sæpe ibi cogitavit vel gessit*, quam vividius id præstare valet præsentia concubini in fragili concubina! Si adhæc ad omnia parochus eam promptam inveniat, confessam absolvat. Nam sic illa est in occasione solum remota et materiali ; et si aliquo modo adhuc est in periculo, non tam dicitur istud amare, quam invita subire ; et ideo magis providebit Deus ne in illo pereat, ut ait S. Basilius in *Constit. Mon.* cap. 4.

Cas XVIII. *pag.* 15. Franciscus postquam confessus est peccata sua, interrogatus a confessario de professione sua, respondet : Exerceo professionem periculis plenam ; facio, ut vulgo dicitur, *la contrebande*, modo frumentum, modo vinum de uno loco ad alium locum asportando. Q. an hic nolens desistere a tali exercitio sit absolvendus.

R. Negat. Ratio est, quia, etiam præscindendo a gabellarum defraudatione et a periculo notabilis damni familiæ, hujus furfuris homines, experientia magistra, semper habent pravam voluntatem, saltem habitualem, resistendi et, si opus fuerit, vim inferendi ministris publicæ potestatis, usque ad effusionem sanguinis et mortem. Sic autem sunt indispositi ad gratiam in sacramento reportandam, sicut habentes domi concubinam, quam propter utilitatem nolunt ejicere : consequenter si nolint ab exercitio desistere, non sunt absolvendi. Ita Bonacina, Navarrus, etc.

Casus XIX. *pag.* 157. Capellanus ruralis, qui ex confessionibus jam pluries auditis scit rusticum quemdam in occasione proxima voluntaria versari, ab eodem pœnitente iterum quodam die festo vocatus, se ab ejus audienda confessione excusat. Q. an hoc licite facere possit.

R. Affirmat. Ratio est, quia in hoc casu excusare se ab audienda confessione, non est per se loquendo aliquid de auditis confessionibus revelare, aut exercere aliquem actum circa ipsam pœnitentis personam, qui rationabiliter esse possit ipsi pœnitenti ingratus. Imo sicut non solum licite, sed etiam laudabiliter negatur pœnitenti absolutio, ut a sua peccandi consuetudine resipiscat ; ita ob eumdem finem poterit laudabiliter negari confessio ; cum eodem modo in utroque casu res utilis pœnitenti agatur.

Quæ tamen sic intelligenda sunt, ut non subsit periculum, quod alii de rustico malum suspicentur ; quia tunc ex confessarii facto aliqua saltem indirecta sigilli fracto sequeretur, quæ omnino illicita est. Ita Tamburin, cum aliis.

— « Le confesseur ne doit hors du tribunal se servir des connaissances qu'il en a reçues que pour prier pour ses pénitents. Il n'est point vrai que ceux-ci trouvassent bon qu'on ne veut pas les entendre, parce qu'on connaît leurs mauvaises dispositions. D'ailleurs il y a toujours de bons avis à leur donner. Je prie qu'on lise sur cette très-importante matière le commencement de mon XII° vol., où elle est traitée fort au long (1). »

§ IV.

Casus XX. *pag.* 47. Confessarius, audita Petri confessione, eique pœnitentia imposita, sermonem cum eo habet de rebus quidem spiritualibus, sed impertinenter se habentibus ad illius confessionem ; unde eum inadvertenter dimittit inabsolutum : verum erroris hujus memor, dum Petrum videt prope januam Ecclesiæ, eum sic distantem absolvit. Q. an bene.

R. Affirm, si talis distantia non fuit nimium excedens. Ratio est, quia ex una parte non contrariatur decreto Clementis VIII ; hoc enim procedit de pœnitente vere et proprie absente, qualis non fuit Petrus in nostro casu, cum adhuc esset in Ecclesia et sub oculis confessarii ; et ex alia parte, si talis distantia non

---

(1) *Voyez* dans le Dictionnaire le titre Confession, cas dernier.

fuit nimium excedens, qualis fuisset, si solum distasset per 20 passus. Petrus fuisset moraliter præsens confessario, et verum sensum habuissent verba absolutionis, cum designarent Petrum in conspectu confessarii positum. Quare attenta præcise distantia confessarius Petrum valide absolvisset, et etiam licite, si fuisset moraliter certus Petrum post confessionem in lethale non incidisse; nec potuisset cum dexteritate illum vocare, cique suam negligentiam aperire. Ita Diana et Molfes.

— Le seul parti à prendre dans un cas comme celui-ci est d'avertir ou de faire avertir le pénitent qu'on a un mot à lui dire; de lui faire produire un acte de contrition, pour unir la matière à la forme, et de l'absoudre. S'il avait demandé la communion pour lui seul, et qu'on ne pût plus l'avertir sans une espèce de scandale, il faudrait le laisser faire, et lui donner l'absolution après coup.

§ V.

CASUS XXI. *pag.* 53. Paulus excommunicatione ligatus, ejusque immemor, bona fide accedit ad confessarium, cui omnia sua peccata confitetur, et ab eo quidem absolvitur a peccatis, sed non a censuris. Q. an talis confessio fuerit valida.

R. Affirmat. Ratio est, quia eo ipso quo Paulus bona fide accessit ad confessarium, eique omnia peccata sua fuit confessus, jam accessit cum naturali oblivione, æquivalenti ignorantiæ invincibili excommunicationis; quo dicto, ex una parte fuit capax absolutionis, quia excommunicatio reddit solum absolutionis incapacem pœnitentem excommunicatum, qui scienter contra Ecclesiæ prohibitionem accedit ad confessarium non habentem jurisdictionem in excommunicationem, non vero eum qui bona fide ad talem confessarium accedit : ex alia vero parte, sacerdos non carebat jurisdictione in peccata exposita : eo quia licet Ecclesia potuisset tollere jurisdictionem a sacerdote respectu excommunicati, et sic irritare sacramentum, id tamen nullo in textu fecisse legitur. Ita Girib. contra Vasquem et Urtado.

— « Saïr, Navarre, les *Conf. d'Angers*, etc., sont du sentiment que suit ici l'auteur. Ils avouent cependant que, si le pénitent se ressouvient de la censure qu'il avait encourue, il doit en demander l'absolution à un prêtre approuvé pour les censures, supposé que la sienne soit réservée. J'ai établi fort au long ce sentiment dans mon *Traité des Censures*, tome IV, partie II, page 175. Mais ici, comme ailleurs, je m'en rapporte au lecteur. »

CASUS XXII. *pag.* 168. Pœnitens, qui confitendo peccata, oblitus fuit aperire confessario se esse excommunicationis censura irretitum, fuit per hæc solum verba absolutus : *Ego te absolvo a peccatis.* Q. an valide a peccatis fuerit absolutus.

R. Affirmat. Ratio est, quia quamvis juxta Ecclesiæ præceptum absolutio a censuris debeat præcedere absolutionem a peccatis, tamen nullibi reperitur quod Ecclesia velit irritam esse absolutionem a peccatis obtentam a pœnitente, qui omnino inculpabiliter oblitus est aperire confessario se esse excommunicatione irretitum : nimis enim esset onerosum pœnitenti in validam absque propria culpa fecisse suorum criminum confessionem. Ita Suarez, *de Censuris*, disp. 10, sect. 3, n. 15. Lugo, disp. 16, n. 612.

— Ce sentiment, et celui qui précède, est digne de la bonté de Dieu et de la piété de l'Église. Mais comme ce n'est qu'une opinion, et une opinion combattue par Silvestre Mozolin, Paludanus, Major, saint Antonin, Soto et plusieurs autres que cite Suarez lui-même, *ibid.*, *num.* 8, il reste toujours un doute qu'on a peine à déposer. Il serait à souhaiter que les supérieurs voulussent marquer formellement que la confession n'est jamais nulle que par le défaut du pénitent, à moins qu'elle ne fût faite à un prêtre qui n'a aucun pouvoir. *Quod est ordinatum propter charitatem, non debet contra charitatem exerceri*, dit saint Bernard, *de Præcepto et Dispensat.*

CASUS XXIII. *pag.* 129. Ruralis Parochus recusat absolvere rusticum a peccato gravis percussionis clerici, sanctæ sedi reservato, licet sciat eumdem rusticum propter incommoda ætatis et corporis esse perpetuo impeditum. Q. an bene se gerat.

R. Affirmat. Quia cum ex decreto Clementis VIII ita reservetur pontifici gravis clerici percussio, ut etiam in quacunque, extra mortis articulum, necessitate, cuicunque inferiori confessario adempta sit facultas ab ea absolvendi, nullam habet parochus facultatem ab ea absolvendi. Neque refert rusticum hunc esse perpetuo impeditum. Quamvis enim ut talis eximatur a lege adeundi apost. sedem, non eximitur tamen a lege se præsentandi, eo modo quo potest, Episcopo, a quo in casu prædicti impedimenti beneficium absolutionis valet obtinere. Poterit igitur parochus, si aliqua gravis urgeat necessitas, et facilis non pateat aditus ad episcopum, rusticum suum absolvere cum onere se præsentandi episcopo, eo tempore et modo quo poterit. Cæterum, si eumdem extra mortis articulum absolvere, per se loquendo, recusat, bene se gerit. Ita Bonacina, Suarez, Lugo, disp. 20, sect. 10.

— « L'action de frapper un clerc n'est pas
« en France aussi aisément réservée au pape
« qu'en Italie. Chacun doit se régler sur les
« statuts de son diocèse. Il y a des diocèses
« où la réserve cesse plus ou moins, *cum*
« *aliqua gravis urget necessitas*, par exemple
« quand il s'agit d'un mariage. Cette disci-
« pline est très-sage et peut empêcher bien
« des profanations du sacrement. »

§ VI.

CASUS XXIV. *pag.* 133. Cum Bertha fuerit sæpe a marito verberibus correpta, ut pote valde loquax et querula, fugiens quadam die se recepit in paternam domum, a qua recusat ad maritum reverti. Q. an confessarius possit Bertham absolvere, si renuat ad maritum redire.

R. Si maritus graviter et cum excessu uxorem verberibus sæpe corripiat, eamdem; ut pote quæ ratione simplicis loquacitatis non præbeat ipsi marito rationabilem causam graviter eam verberibus corripiendi, jus habere recedendi a marito ; et proinde, etsi ad maritum redire nolit, non posse ex hoc capite privari beneficio absolutionis. Si vero maritus leviter tantum Bertham verberet, prout habita ratione personæ, conditionis et status , id judicat pro ejusdem emendatione opportunum, dico Bertham jus non habere recedendi a marito, cum maritus jure possit uxorem ratione nimiæ loquacitatis moderatis verberibus castigare. Sicque quandiu Bertha in hoc casu ad maritum redire recusabit, præsertim si maritus de tali reditu sollicitus sit, indisposita erit ut eidem absolutionis beneficium conferatur. Bonacina, Filliuc.

— L'auteur se ferait presque scrupule de citer des théologiens bien sûrs. *Voyez* dans le Dictionnaire le mot DIVORCE, cas VIII.

§ VII.

CASUS XXV, *pag.* 135. Confessarius cum ignorantia vincibili excommunicationis in cum latæ, qui extra mortis articulum absolvit complicem in peccato turpi, nihilominus complicem suam absolvit. Q. an prædictam censuram incurrat ?

R. Si confessarii ignorantia ita vincibilis est, ut sit aperte volita et affectata, confessarius is nequaquam potest ab excommunicationis pœna excusari. Tum quia nolle scire censuras, est species quædam contemptus in superiorem ; et proinde ne commodum ex delicto recipiatur, non debet gratiam immunitatis ab ipsa censuræ pœna importare. Tum quia ignorantia affectata reddit actum ex ipsa provenientem directe et per se voluntarium, adeoque ita scientiæ æquiparatur, ut a censuris scientiam et temeritatem exigentibus non excuset. Si vero confessarii ignorantia, licet graviter culpabilis, expresse volita et affectata non sit, censeo eumdem esse a dicta censura immunem. Ratio est, quia ad incurrendam excommunicationem pro casu nostro impositam, audacia requiritur et temeritas, ut patet ex terminis Bullæ Benedicti XIV, feliciter regnantis, sub die 17 junii 1741. Cum autem non dicatur operari ex audacia et ausu temerario, qui ex ignorantia quantumvis vincibili operatur, nisi hæc expresse volita sit et affectata, quæ scientiæ æquiparatur, dicendum est confessarium esse in hoc casu ab excommunicationis pœna immunem. Ita ex Suare, disp. 4, sect. 10, n. 2, Palao et Leander.

— « J'ai remarqué dans le *Traité des Censures*, part. 1, cap. 4, qu'il y a quelquefois une ignorance si crasse, qu'elle équivaut à l'ignorance affectée. Or, selon Suarez, *ibid.* n. 3, l'ignorance affectée n'excuse pas de la censure portée contre ceux, *qui scienter aliquid fecerint, vel temere, vel consulto, vel qui præsumpserint, qui temerarii violatores exstiterint*. Ainsi dans le cas proposé, où il s'agit *de ignorantia graviter culpabili*, le mieux serait de se faire absoudre, *ad caute*-*lam* ; à moins que l'auteur de la loi n'eût excepté cette circonstance, ce qui n'est guère probable. »

CASUS XXVI. *pag.* 191. Caïa impudice versata cum parocho, ægrotans cum periculo vitæ, sciens se non posse a complice sui criminis absolvi, ne turpitudinem suam alteri detegat, studiose et de industria exspectat quod parochus ipse sacrum viaticum ad eam deferat; et tunc ante communionem eidem confitetur et absolvitur, parocho ignorante dolum mulieris. Q. an attenta declaratione ultima Benedicti XIV, circa absolutionem complicis in articulo mortis, valida sit hujusmodi absolutio.

R. Negat. Quia facultas, quam summus pontifex in ultima declaratione concedit confessario, ut in articulo mortis valide possit absolvere complicem in peccato turpi, ne is pereat defectu jurisdictionis in absolvente, dummodo tamen pœnitens habeat dispositiones a Christo ad sacramenti valorem requisitas, non est extendenda ad casum nostrum, in quo Caïa sciens se a complice criminis sui absolvi non posse, ne turpitudinem suam alteri detegat, studiose et ex industria exspectat quod parochus, peccati socius, sacrum viaticum ad eam deferat, et ei confitetur, cum commode, ut supponitur, potuisset alteri confiteri. Et ratio est, quia hoc est eludere, et quidem in materia gravi, mentem pontifici ; et privilegium ab eodem concessum pœnitenti precise in sui favorem, ne in æternum pereat, trahere in consequentiam contra regulam 28 juris in 6, et velle ex fraude patrocinium, et ex dolo lucrum reportare contra tritum istud : *Dolus et fraus nemini patrocinari debent*. Quod sane est ad sacramentum pœnitentiæ accedere sine debitis dispositionibus. Quemadmodum igitur, ut docent doctores, regularis qui data opera iter arripit, ut extra ordinem suum confiteatur, non potest valide absolvi propter ejus fraudem et dolum, ita pari ratione in casu nostro.

— « Il ne faut plus se plaindre que l'auteur soit trop relâché : voici enfin une décision très-sévère. Il en résulte que si la femme en question touche à son dernier moment, et que, pour parler le langage familier à l'auteur, elle ne se sente qu'*attrite*, il ne lui reste d'autre parti que celui du désespoir. Je crois donc sa décision très-fausse. Le malheureux prêtre dont il s'agit doit le porter à demander pardon de son indigne supercherie, et après cela l'absoudre. Ce ne sera pas alors sa fraude qui lui servira, ce sera la juste douleur d'en avoir usé, jointe à un danger prochain de mort.

L'exemple du religieux, qui se met en voyage pour se faire absoudre hors de son ordre, cet exemple pris dans toute son étendue, milite contre notre casuiste ; car si ce religieux tombe dangereusement malade chez celui à qui il allait se confesser en fraude, ce prêtre pourra et devra l'absoudre, s'il n'est pas possible d'avoir à temps un confesseur de son ordre ; et alors il l'absoudra à l'occasion de sa fraude, mais non pas en vertu de cette fraude, dont il lui fera demander pardon à Dieu. En un mot il l'absoudra, parce qu'il se trouve à l'article de la mort, et que dans ce cas, l'Eglise, qui ne veut pas qu'aucun de ses enfants périsse, lui donne toute la juridiction dont il a besoin. »

Casus XXVII. *pag.* 164. Solet confessarius supra pœnitentes indispositos proferre verba absolutionis, absque intentione eos absolvendi, ne circumstantes dignoscant aliquem recedere inabsolutum. Q. an licite id faciat.

R. Negat. Est enim id ficte et fraudulenter adeoque indebite uti forma a Christo ad conficiendum sacramentum instituta : unde recitare debet submissa voce orationem aliquam supra hujusmodi pœnitentes, ne dignoscatur eos recedere inabsolutos. Sane si *urgens metus gravis non est justa causa sacramentorum administrationem simulandi*, ex Innocent. XI, a fortiori, etc.

ADJURATIO.

— « Adjuratio, prout sumitur in præsenti, est divini numinis obtestatio, seu vehemens quædam interpositio, ut is qui adjuratur, ex illius reverentia permoveatur ad faciendum id quod ab eo postulat adjurans. »

Casus unicus. Fictus mendicus secus viam sedens omni externo conatu per Christi vulnera transeuntes adjurat, ut ipsi stipem erogent. Q. an in usu adjurationis prædictæ graviter peccet.

R. Negat. Quamvis enim peccet contra religionem, eleemosynam per Christi vulnera in falsa mendicitate implorans; cum tamen in eo supponatur animus et voluntas obtinendi id quod petit, non ita vane et irrisorie Christi vulnera contestatur, ut graviter lædatur divinus honos; nec proinde ut idem fictus mendicus gravis culpæ reus fiat in usu dictæ adjurationis. Dixi *in usu dictæ adjurationis*. Si enim fictio mendici in grave proximi damnum cederet, puta si copiosam eleemosynam a transeuntibus consequeretur; tunc certo graviter peccaret, non quidem contra religionem, sed contra justitiam; unde et obligationem haberet restituendi pecuniam, quam sub eleemosynæ titulo recepisset. Ita Palaus et Tamburinus.

— « Je crois qu'un scélérat qui se sert des plaies de Jésus-Christ pour tromper indignement le public leur fait un outrage sanglant, et qu'il semble même prendre implicitement le Sauveur pour témoin de la réalité de son indigence. Quand le grand prêtre dit au Fils de Dieu : *Adjuro te per Deum vivum*, il avait une vraie volonté de le faire parler. Ne fût-il qu'une faute légère en abusant de ce saint nom ? »

ADOPTIO.

Casus unicus. *pag.* 148. Seius perfecte adoptatus in filium a Titio, vellet, mortuo Titio, matrimonium contrahere vel cum Bertha, Titii filia, vel cum Rosa, Titii vidua. Q. Berthamne an Rosam ducere possit.

R. Bertham ducere posse, non Rosam. Ratio primæ partis est, quia licet cognatio legalis orta ex perfecta adoptione dirimat matrimonium etiam in linea transversali, et proinde nequeat matrimonium contrahi inter filias adoptantis et adoptatum; id tamen solummodo verum est pro tempore quo durat patria potestas; ideoque hac soluta, seu per mortem adoptantis, seu per emancipationem filiorum, potest adoptatus filiam naturalem adoptantis ducere, vel filius naturalis adoptantis ducere filiam adoptatam.

Ratio secundæ partis est, quia cum inter adoptatum et uxorem adoptantis, vel adoptantem et uxorem adoptati, cognatio legalis sit instar affinitatis carnalis, parit illa impedimentum perpetuum, adeo ut nunquam possit adoptatus matrimonium contrahere cum uxore adoptantis, et e contra, cum semper duret reverentia debita tali modo conjunctis. Sanchez, disp. 63, n. 28 et 30.

— « J'ai parlé un peu plus au long de l'adoption dans le *Traité des Dispenses*, quoiqu'elle n'ait pas eu lieu dans ce royaume. *Voyez* le l. II, part. I, ch. 4, § 3. »

ADULTERIUM.

Casus I. *pag.* 6. Syrus novit uxorem suam vi et dolo corruptam fuisse a Paschali; unde ab eo adulterii pretium minando exigit. Q. an Paschalis in conscientia teneatur hoc dare.

R. Negat. Quia injuria marito irrogata, non est per pecuniam reparabilis, sed solum satisfactione exhibenda per signa doloris et per veniæ petitionem; ita exigente marito; secus, si non exigat; cum talis satisfactio potius pudorem et verecundiam marito afferat. Unde nihil ei solvere tenetur, maxime cum id reprobetur in jure, ne maritus videatur suæ uxoris lenocinium facere. Lessius, Lugo, etc.

— « Il faut suivre sur ce point la jurisprudence des lieux. Un mari constamment sage ne passerait pas pour faire le trafic de sa femme parce qu'il ferait condamner celui qui lui a fait violence, à lui faire une réparation plus sérieuse que ne sont de vaines excuses. »

Casus II. *pag.* 44. Titius ob adulterium uxoris fecit divortium ex judicis sententia. At modo, cum et ipse adulterium, licet secreto, commiserit, dubitat an in conscientia teneatur uxori reconciliari, eamque velut uxorem habere.

R. Affirmat. Ratio est, quia cum uterque conjux alteri per adulterium fidem fregerit, mutua compensatio orta est. Neque obstat, quod uxoris delictum publicum fuerit, mariti vero occultum. Quia hoc solum probat, delictum uxoris fuisse sufficiens ad petendum divortium per sententiam judicis, non autem delictum viri : at non tollit quin in conscientia delicta sint paria. Unde si vir publicum commisisset adulterium post divortium, teneretur consortem repetere, et ad illam reverti juridice compelli deberet, ut colligitur ex cap. 5, *de Divortiis*, etc.

— On a examiné cette question sous le titre ADULTÈRE, cas XXI.

CASUS III. *pag.* 114. Berthæ adulteræ mortem minatur maritus, si adulterii commissi veritatem occultat. Quid ei a confessario consulendum?

R. Cum distinctione. Si novit Bertha marito certo innotuisse adulterium, consultius erit injuriæ veniam petere et pœnitentiæ signis conjugis iram lenire, ne forte ipsius furorem in se magis conciliet, si cognitam veritatem voluerit pertinaciter occultare. Si vero maritus levia dumtaxat indicia, levemque de adulterio suspicionem habeat, consulendum erit Berthæ, ut se adulterium commisisse neget, negationemque, si opus sit, juramento confirmet, intelligendo intra se non commisisse adulterium, quod teneatur marito interroganti aperire. Quamvis enim amphibologica et æquivoca locutio, ubi nulla intervenit rationabilis causa, adhibenda non

sit; licitus est tamen ejus usus, quando agitur de vitando gravi damno famæ et vitæ, ut in nostro casu contingit. Neque uteretur Bertha in casu restrictione pure interna et mentali; quia de facili potest maritus agnoscere uxorem non teneri cum tanto propriæ infamiæ et vitæ periculo turpitudinem suam fateri. Ita Cardenas... Piselli, part. I tract. 4, c. 2, etc.

— « J'avais deviné, au serment près, la seconde partie de cette réponse avant que de la lire dans l'auteur. Viva la donne aussi sur la vingt-sixième et vingt-septième proposition d'Innocent XI, pag. *mihi* 237. J'ai combattu au long cette mauvaise doctrine, tom. II, cap. 4, *de Juramento*, art. 5, non par des casuistes souvent très-peu estimables, mais par les saints Pères. *Voyez* ce que Pontas en a dit, v. *Mensonge*. Ce que pourrait faire une femme, dans ce cas, ce serait de déclarer hautement à son mari qu'elle ne répondra jamais à de pareilles accusations que quand il lui en donnera des preuves. »

AFFINITAS. *Voyez* IMPEDIMENTA et RESERVATIO.

ALIENATIO. *Voyez* CENSURA OB ALIENATIONEM.

ALTARE PRIVILEGIATUM.

CASUS I. *pag.* 97. Concessum est rurali cuidam ecclesiæ altare privilegiatum pro qualibet feria sexta, sub conditione quod in eadem ecclesia quinque saltem missæ quotidie celebrentur. Q. an si missæ aliquando sint pauciores quam quinque, adhuc subsistat indulgentia?

R. Affirmat. Dummodo id raro contingat. Licet enim sacra concilii congregatio, approbante Innocentio XII, declaraverit, 5 junii 1694, celebrationem missarum in altaris privilegiati indulto præfinitarum, quotidie esse necessariam; eadem tamen congregatio, die 30 julii 1706, respondit non cessare privilegium, eo quia aliqua die contingat talem missarum numerum integrum non haberi.

CASUS II. *pag.* 186. Capellanus in festo simplici accepit eleemosynam pro missa ad altare privilegiatum celebranda. Ipse vero celebrat quidem addictum altare, sed ex devotione dicit missam de B. Virgine. Q. an obligationi suæ satisfaciat?

R. Negat. Ratio est quia intentio conferentis eleemosynam fuit altaris privilegio frui. Non fruitur autem, cum sacerdos in festo simplici missam votivam recitat. Quia privilegium a sanctis pontificibus concessum, est regulariter duntaxat pro missis de Requiem, quando non obstat ecclesiæ ritus, qui non obstat in festo simplici, in quo missa de *Requiem* recitari potest. Id satis superque ostendunt tot decreta S. C. concilii, a SS. ponficibus confirmata, ut videre est apud Merati.

— « *Voyez* mon *Traité des Indulgences*, tom. I, ch. 7, où cela est traité avec beaucoup d'étendue. »

ARCHIPRESBYTER.

CASUS I. *pag.* 7. Archipresbyter propter expensas factas in visitatione sui ordinarii, exegit a parochis plebanatus sui, titulo majoris incommodi a se passi, plus quam juxta taxa permitteret. Q. an id possit retinere?

R. Negat. 1° Quia majus illud incommodum est onus annexum honori archipresbyteratus; unde illud de jure pati tenetur; 2° quia ex terminis casus taxa erat juxta. Porro volitum omne supra justum, injustum est. Injuste autem volitum nequit juste retineri.

CASUS II. *ibid.* Unus e prædictis parochis obligavit suos parochianos sibi aliquid contribuere pro præfatis expensis. Q. an licite.

R. Negat. Siquidem Barbosa, *de Offic. et Potest. episc.*, allegat. 73, refert decretum S. C. in quo habetur : *Si esset consuetudo ut communitates procurarent*, seu certo stipendio juvarent *episcopum visitantem, servanda est quandiu voluerint, ipsæ tamen cogendæ*

non sunt, *si recusent*. Si autem cogi non possint laici ad ministranda victualia episcopo visitanti, in iis etiam locis ubi viget consuetudo ministrandi ; multo magis illicite ageret parochus in locis ubi talis consuetudo non est.

CASUS III. *pag.* 202. Parochi quidam rurales occasione festi localis vel exequiarum, omisso præsente plebano archipresbytero, alteri e parochis missam decantandam committunt ; et conquerenti archipresbytero respondent : *Archipresbyteri et parochi pares sunt.* Q. an hæc omnia bene facta sint ?

R. In hoc casu : 1° Servandas esse locorum consuetudines quæ, ut ait Fagnan, lib. 1, Decret. cap. 17, n. 12, fere tot sunt, quot diœceses ; 2° quod, ut docet Anacl. Reiffenstuel in tit. *de Archipresbytero*, archipresbyteri debeant sedulo circumspicere mores vitamque aliorum presbyterorum et clericorum in suo archipresbyteratu atque attendere qua industria per eosdem cura animarum exerceatur, idque episcopo renuntiare ; insuper clericorum suorum leviora jurgia amicabiliter componere. 3° Et id addendum certo certius esse ex universis contitutionibus synodalibus, archipresbytero plebano, tum propter ipsum archipresbyteri nomen, quod dignitatem redolet, multum honoris etiam supra simplices parochos esse deferendum.

— « Le célèbre H. M. Bourdon, c'est-à-dire un des hommes les plus humbles qui aient jamais été, n'aurait pas souffert le traitement dont il s'agit dans l'exposé. »

ASPECTUS.

Casus unicus. *pag.* 221. Juvenis oculis ac manibus lasciviens, pluries turpiter tetigit mulierculam, aliamque sæpius turpiter aspexit, semper tamen sistendo in sola voluptate tactus et aspectus, nec unquam in desideria prolabendo. Q. an in confessione teneatur exprimere qualitatem personæ sive tactæ, sive aspectæ.

R. Doctores communius affirmare, eo quia non solum tactus, verum etiam aspectus, quando sunt turpes, id est facti cum delectatione venerea, ex natura sua ordinantur ad copulam, adeoque participant malitiam finis ; qui propterea sicut exigit expressionem qualitatis personæ, cum qua quis coivit, ita, etc. Verum quoad aspectus sic distinguo ; vel juvenis ille turpiter aspiciens feminam stetit in illo aspectu delectabili mulieris quatenus pulchræ, nulla ulterius facta reflexione ad illius qualitatem ; et tunc necesse non est ut exprimat in confessione qualitatem illius. Vel stetit in illo aspectu delectabili mulieris ut formaliter pulchræ conjugatæ, aut virginis, etc. Et tunc dico exprimendam esse qualitatem personæ, nedum tactæ, verum etiam aspectæ. Ratio est, quia objectum non specificat actum utcunque, sed prout idem objectum est in apprehensione ; sic enim est bonum vel malum moraliter, et constituit actum in tali specie bona vel mala. Hinc quia ut plurimum, turpiter aspiciens mulierem, sistit in venereo aspectu illius ut pulchræ, multoties non reflectendo ad illius qualitatem, an nempe sit conjugata vel virgo, etc., ideo Puteobonnellus cum Tamburino ait, aspectum, non vero tactum abstrahere a circumstantia personæ quæ aspicitur, ideoque illam non esse necessario in confessione exprimendam.

— « Apage inanes argutias, quibus auctoritatem detrahat, nedum conciliet, invisum Tamburini ut et Escobardi nomen. In materia ad sacramentum pertinente pars tutior tenenda, qualis ea judicari debet, quam *doctores*, etiam laxi, *communius* tenent. Tantine igitur est, ut confiteatur pœnitens se vel sororem suam, vel virginem Deo sacram turpibus oculis aspexisse ? »

B

BAPTISMA.

Les difficultés éparses çà et là dans l'auteur, regardent : 1° le sujet du baptême ; 2° sa forme ; 3° son ministre ; 4° le délai qu'on peut en faire ; 5° sa réitération ; 6° le nom qu'on peut donner à l'enfant ; 7° les parrains. On parlera de ces derniers sous leur propre titre. Nous en ajouterons un très-important sur le *sujet* capable du baptême.

§ I.

Casus I. *pag.* 66. Parochus ad valvas ecclesiæ videns puerum recens natum absque ulla chartula collo appensa, eum absolute baptizavit. Q. an bene ?

R. Negat. Ratio est quia non debet baptizari absolute infans quem non constat moraliter non fuisse baptizatum, ne sacramentum periculo frustrationis exponatur. Hoc autem non constabat de puero in casu. Quia licet expositis hujusmodi infantibus apponi soleat chartula baptismi testatrix, tamen quoniam sumus in locis christianorum, haberi poterat præsumptio aliqua de baptismo collato, ratione cujus non habebatur moralis certitudo de non collatione baptismi ; ideoque non debuit baptizari absolute, sed conditionaliter.

Casus II. *pag.* 62. Parocho defertur puer vix natus, cujus parentes ignorantur, gerens collo appensam chartulam in qua legitur baptizatum fuisse, eique nomen Petri impositum. Q. an parochus possit et debeat talem puerum sub conditione baptizare ?

R. Parochum teneri prius inquirere an valeat habere notitiam illius qui schedulam scripsit. Quam si habere nequit, potest et tenetur infantem baptizare sub hac conditione : *Si non es baptizatus*, etc., quia deest probatio ad moraliter certo credendum infantem baptizatum fuisse. Si vero habeat notitiam scriptoris, et hic sit fide dignus, non potest eum, etiam sub conditione, baptizare ; quia sicut dicto unius fide digni probatur collatio baptismatis, ut liquet ex canon. 110 et 112, *de Consecrat.*, dist. 4, ita per schedulam taliter qualificatam moraliter certo credendum est infantem fuisse baptizatum. Quod si scriptor non sit fide dignus, debet ita se gerere ac si nulla schedula haberetur. Constat totum id, tum ex concilio III Mediolan. sub sancto Carolo, tum ex quo sanctæ congregationi id dubium propositum : *Quomodo se gerere debeat parochus S. Spiritus in Saxia in collatione baptismatis infantibus, qui ad archiospitale deferuntur, sive iidem habeant schedulam de baptismo testantem, sive non habeant ; et etiam si ex colore et cæteris corporis qualitatibus depre-*

hendatur eosdem esse constitutos in ætate sex aut decem mensium, vel etiam unius anni cum dimidio; respondit die 15 januar. 1724 *esse baptizandos sub conditione in omnibus casibus juxta instructionem.* Porro juxta notificationem quæ habetur in volumine emin. card. Lambertini : *Instructio est quod excipiatur a baptismo sub conditione casus quo schedula habeat certitudinem.*

— « Je souscrirai volontiers à cette décision, quand je serai sûr que le certificat du baptême conféré à l'enfant est d'une personne sage, intelligente, craignant Dieu; que son écriture n'a point été contrefaite. Hors ce cas, qui n'est pas bien commun, je demanderai, pour ne point baptiser sous condition, plusieurs témoins, *certissimi testes*, et au moins deux, *duo saltem*, ainsi que l'ont défini les conciles que j'ai cités dans le *Traité des Pasteurs*, ch. 6. n. 17. »

A cette occasion, je vais rappeler à l'examen la célèbre question du baptême des monstres. J'ai dit en substance dans le même Traité, *ibid.* n. 8, 1° que si le monstre, dont une femme accouche, exclut certainement la forme humaine, on lui refuse le baptême; 2° que s'il l'a certainement, on doit le baptiser; 3° que s'il est d'une structure si bizarre, qu'on ne puisse bien juger, s'il est ou s'il n'est pas d'une figure humaine, on le baptise : 1° quand la tête est d'un homme, ou qu'elle en approche, quand même les membres seraient d'une bête; 2° quand même la tête est d'un animal, lorsque le reste du corps est d'un homme : *Modo*, ai-je ajouté, d'après Comirolus, lib. I, q. 8, *ex viri et feminæ, non autem ex femina et bruti congressu prodierit : tunc enim non est de Adami semine. Quod si ex homine et fera prodierit*, continue ce savant théologien, *ei conferendum erit baptisma sub conditione, si in præcipua sui parte humanam speciem præferat. Quia satius est decem baptismi incapaces tingere conditionaliter, quam unum capacem excludere.*

Or, en lisant sans cesse à mon ordinaire, j'apprends après coup qu'il y a de très-habiles gens qui croient, 1° qu'on ne devrait pas refuser le baptême sous condition à un monstre, dont une femme serait accouchée, quand même il exclurait la forme humaine; 2° qu'il faudrait le donner de la même manière à un monstre qui serait né *ex homine et fera*, quand même il n'aurait aucune figure humaine, *in præcipua sui parte aut in quacumque alia*; 3° enfin, qu'on ne devrait pas en priver un monstre qui serait né *ex femina et bruto*, tel que j'en ai vu un conservé dans l'esprit de vin. Comme je ne puis ni ne dois transcrire ici ce qu'on trouve dans un livre imprimé, je me contenterai de donner en deux mots les raisons de ces trois différentes opinions. Ceux qui auront besoin d'approfondir cette matière, soit pour établir de justes principes, soit encore plus pour faire un bon Rituel, et non pas copier ceux qui sont déjà faits, pourront lire les lettres des docteurs en médecine, en droit et en théologie, qui se trouvent dans la *Vie et les ouvrages de M. Lazare-André Bocquillot*, pag. 426 et suiv. (1).

La première lettre est de M. Save, docteur en médecine de la Faculté de Paris. Cette lettre, qui est du 4 mai 1693, combat, mais avec une pleine soumission au jugement de l'Eglise, ce que disent la plupart des Rituels, qu'il ne faut point baptiser un monstre, *quod humanam speciem præ se non fert.*

Ses raisons sont, « que les principes de la génération sont toujours les mêmes, soit qu'il en vienne un corps de même espèce (ou plutôt de même figure) que celui du père et de la mère, soit qu'il en vienne quelque chose de monstrueux, c'est-à-dire que c'est toujours le même principe génératif de l'homme, qui agit, qui développe et qui vivifie le principe qui se trouve dans la femme; et lorsque les parties sont développées, et que le fœtus est vivifié, l'âme raisonnable commence à l'informer et à l'animer. Or cela étant ainsi, quelle raison certaine avons-nous de croire que Dieu détourne son concours ordinaire et s'abstienne de créer une âme raisonnable dans le fœtus, parce que l'imagination de la femme ou celle de l'homme en ont brouillé et dérangé les parties......

« Comme on ne sait pas encore bien précisément si le fœtus est formé ou non dans l'œuf avant l'union du père et de la mère, ni par conséquent si le corps du fœtus n'est point vivifié dès les premiers moments de la fécondation, on ne saurait déterminer non plus si le fœtus, qui serait tout organisé dans l'œuf avant l'union et avant l'altération qui est survenue aux esprits et à l'imagination, devient monstre dans le moment et avant que l'âme raisonnable l'informe. D'ailleurs il est incontestable que le fœtus est susceptible des impressions de l'imagination de la mère pendant toute la grossesse; il y a mille expériences qui ne nous permettent pas d'en douter. Qui peut donc s'assurer si dans les premiers moments qui suivent l'information du fœtus par une âme raisonnable, lorsque toutes les parties en sont encore molles, souples et flexibles au dernier point, l'imagination de la mère n'est pas capable de bouleverser de telle sorte les fibres et le tissu du corps du fœtus, que d'une tête et d'un corps d'homme elle en fasse un corps et une tête de singe ou de quelque autre animal. Or, qui sera assez hardi pour dire qu'en ce cas, l'âme raisonnable, qui était déjà dans le fœtus, s'en retire, parce que sa demeure se trouve changée de figure, et que de naturelle elle est devenue monstrueuse.....

« Enfin, il n'est pas possible qu'un fœtus humain se trouve monstrueux, quant aux parties extérieures, sans que le cerveau et les viscères internes le soient : et en ce cas-là, quelle raison y a-t-il que l'âme raisonnable n'informe point ce monstre qui ne le serait qu'à l'extérieur.

« Je conclus donc qu'il serait à souhaiter

---

(1) Comme j'ai vu que ce livre était fort rare, j'ai senti que *deux mots* ne suffisaient pas. Ainsi on va trouver quelque chose de plus.

DICTIONNAIRE DE CAS DE CONSCIENCE. II   34

que l'usage de baptiser les monstres fût introduit dans l'Eglise. On le pourrait d'autant plus, qu'elle permet présentement les baptêmes conditionnels. Et cela s'accorderait avec le principe de saint Augustin, qui dit précisément qu'il vaut mieux hasarder le sacrement qui est fait pour l'homme, que de hasarder le salut de l'homme pour lequel le sacrement est fait. » P. IGN. SAVE.

MM. Boileau, Nicole, Caron et plusieurs autres théologiens ont approuvé cette décision, aussi bien que M. Dubois.

Les docteurs des trois Facultés de Louvain furent du même avis. Nous allons donner leurs résolutions.

Casus positio.

« Contingit quandoque mulieres edere fœtus monstrosos, qui vel in aliqua tantum parte, vel in nulla, præferunt figuram humanam, imo nulla figuræ humanæ, sed mere brutalis lineamenta. Quæritur an ejusmodi monstra sint baptizanda sub conditione. »

Resolutio theologorum.

« Thomas Fienus, celebris quondam in hac Academia medicus, doctor et professor, toto libro quem de animatione fœtus conscripsit, contendit animam rationalem tertio a concubitu die, aut citius in materiam humani fœtus immitti. Alii quidam medici sentiunt fœtum mox a conceptione animari anima rationali.

« Addi his potest subsequens Augustini sententia ex Enchiridii, cap. 86, ubi S. doctor ait : *Scrupulosissime quidem inter doctissimos quæri ac disputari potest, quod utrum ab homine inveniri possit ignoro, quando incipiat homo in utero vivere.* Hinc consectarium, de omnibus monstris in casus positione descriptis esse incertum, 1° an materia eorum non fuerit aliquando animata anima rationali ; 2° an illa anima rationalis in materia quam semel informaverit, non manserit cum figura brutali ; 3° an non sit adhuc in materia, dum monstrum jam editum est. His tantum volumus non esse certum quod monstra hæc careant anima rationali. Quibus præmissis, salvo meliori judicio, censuimus prædicta monstra esse baptizanda sub conditione. Quandoquidem juxta theologos omnes, ubicumque ex quacumque causa est vel tenuissimum dubium an baptismus possit valide impendi, semper saltem sub conditione sit conferendus ; quia sine comparatione minus malum est quod baptismus sub conditione daretur sine effectu, quam quod omitteretur cum periculo æternæ damnationis illius de quo dubium est an baptismi capax sit et eo indigeat. Ita resolutum Lovanii hac quinta octobris anno 1693. » HUIGENS, S. Theologiæ doctor et professor ; G. DE CHARNEUX, S. T. doctor et professor regius ; Jo. SULLIVANE, S. Th. doctor et professor regius. »

Resolutio medicorum.

« Formam fœtus humani in utero matris, cum adhuc mollis et flexibilis est ejus materia, posse a Deo immutari et deformari, *v. g.* ex vehementi aliqua matris imaginatione aut terrore, ut brutalem plane formam, nullam humani corporis speciem præferentem fœtus editus exhibeat, ratio et experientia probant et evincunt : imo et post aliquot a conceptione menses hujusmodi immutationem contingere posse constat. Adhæc dubium est inter medicos, quo præcise tempore a coitu humano anima rationalis fœtui, sive massæ corporeæ infundatur.

« Quo posito dubium manet, num fœtus priusquam per matris vehementem imaginationem, aliave ex causa, formam bruti assumpsit, anima rationali non fuerit animatus. Si autem anima rationalis materiæ semel infusa fuerit, nihil est quod certo evincat, animam illam rationalem e corpore illo migrasse, mox ut exterior ejus forma fuit deformata, et in brutalem mutata.

« Quibus positis ex ipsis medicinæ principiis et experientia, ut minus dubium manet, num monstrum illud de quo in casu, modo humano ex muliere gravida enixum, anima rationali non sit animatum : nec apparet ullum in medicina fundamentum e quo contraria omnimoda certitudo elici possit.

« Igitur etiam juxta ipsius medicinæ principia et fundamenta rite concluserunt theologi hujusmodi monstrosos fœtus, saltem sub conditione esse baptizandos. Ita responsum Lovanii hac duodecima octobris anno 1693. L. PECTER, doctor et professor primarius ; G. V. LEMBORCH, medicæ et botanicæ professor regius. Huic resolutioni subscripsit die 16 octob. PIUS VERHIEN, anatomiæ professor regius. »

Resolutio jurisperitorum.

« Si dubium sit num quis sit baptizatus, eum rebaptizandum sub conditione asserit pontifex in cap. 2, *de Baptismo* : et eum de quo ambigitur num legitime ordinatus fuerit, rursus esse ordinandum, respondit Innocentius III, cap. *de Presbytero non baptizato.* Quia, inquit, *non intelligitur iteratum quod ambigitur esse factum.*

« Si baptizandus sit de quo dubitatur an jam ante fuerit baptizatus, et consequenter an baptismi sub conditione suscipiendi sit capax, eadem ratione dicendum esse baptizandum sub conditione eum qui certo scitur nunquam fuisse baptizatus, et dubitatur num baptismi sit capax.

« Itaque cum ex resolutione medicorum, dubium ut minus sit, num fœtus monstrosus de quo in casu non sit animatus anima rationali et capax baptismi, plane conforme judicamus juri canonico et communi opinioni canonistarum (qui post abbatem in dict. cap. 2, docent baptizandum esse sub conditione in quocumque dubio sive juris, sive facti) hujusmodi fœtum esse baptizandum sub conditione. Datum Lovanii hac 16 octob. anno 1693. NAT. CHAMART, J. V. D. et professor primarius ; JOAN. GUILL. BLANCHE, J. V. D. et SS. canonum professor primarius ; ZEGERUS BERN. VAN-ESPEN J. V. D. et SS. canonum professor. »

MM. Dodaro, père et fils, et le célèbre M. Hecquet, avaient donné la même décision dès le 6 mai de la même année. « On croit, disaient-ils, qu'il peut venir d'une femme autre chose qu'un homme, si cela a été précédé de quelque commerce bestial, c'est-à-dire du mélange de différentes espèces, ce qui décide votre première question. Mais, s'il est bien certain que tout s'est passé dans l'ordre naturel, et que la production monstrueuse ne soit devenue telle que par la fantaisie de la mère ou par quelque accident que ce soit, il paraît certain que l'ordre immuable du Créateur ne doit point changer, et qu'une créature, toute défigurée qu'elle paraisse, qui viendra de père et de mère légitimes, ne doit point perdre ce caractère de raison que l'auteur de la nature lui avait destiné. En effet, les parents, enfermant en eux tout ce qu'il faut pour la production de l'enfant, et leur action ne servant qu'à vivifier et à développer ce qui était déjà en eux comme en abrégé, il est clair que leur action ne peut rien changer dans l'intention de l'auteur de la nature : ils travaillent sur une matière qui ne dépend ni de leur volonté ni de leur fantaisie : ils ne sont que de faibles instruments du Créateur, qui peuvent bien défigurer son ouvrage, mais qui ne pourront jamais le corrompre. Saint Augustin est de ce même sentiment dans son *Enchiridion à* LAURENT, où il fait voir que les monstres ressusciteront ; d'où il faut conclure qu'ils ont une âme, et par conséquent qu'il doivent être baptisés, suivant cet autre principe du même Père dans son 1er liv. *de Adulterinis conjugiis... Satius est nolenti dare, quam volenti negare*. Or il paraît que les créatures monstrueuses demandent le baptême par leur état, c'est-à-dire par l'ordre du Créateur, qui les a fait naître de parents chrétiens. On peut même penser fort raisonnablement que ces productions monstrueuses ne périssent presqu'aussitôt qu'elles sont nées, qu'à cause de l'extrême disproportion qui se trouve entre ce corps dégénéré et l'âme qui s'y est jointe. Un assemblage si bizarre n'est capable que d'une prompte dissolution : c'est pourquoi l'âme devenue comme inutile dans un corps si mal organisé pour elle, le quitte si promptement. On doit donc conclure de tout ceci que le défaut de la figure humaine dans les monstres ne doit pas empêcher de les croire véritablement animés, et par conséquent capables de baptême : ce qui était votre seconde question. »

Sur ces principes, à qui la capacité de ceux qui les ont établis, l'expérience des derniers temps, la probabilité des raisons, donnent un très-grand poids, je crois qu'un évêque n'aurait rien à craindre des jugements de Dieu, si, à la règle assez commune des Rituels, il substituait celle-ci : *Monstrum quod ex homine et femina certo vel dubie procreatum est, etsi in nulla sui parte humanam figuram præferat, baptizari debet sub conditione.*

Mais il reste deux questions à discuter : la première, s'il faudrait baptiser de la même manière un monstre qui serait né d'un homme et d'une bête, la seconde, s'il faudrait baptiser celui qui serait né d'une bête et d'une femme : car il y a des exemples de ce dernier phénomène. Au moins M. Bruys, dans ses *Mémoires historiques, critiques et littéraires*, rapporte-t-il, tom. I, pag. 97, qu'une femme de Berne en Suisse eut successivement, du commerce avec un ours, trois monstres, qu'on fit périr dans la suite, lorsque cette aventure fut connue. Je sais que quelques-uns demandent si cette histoire est vraie ; mais d'autres demandent sur quel fondement on la croit fausse. Cela posé,

Il paraît, par la dernière consultation, qu'*il peut venir d'une femme autre chose qu'un homme, quand cela a été précédé d'un commerce bestial*. D'où il suit que, dans ce cas, le monstre qui serait tout brute, ne pourrait être baptisé. Mais, outre qu'il y a beaucoup d'apparence que cela ne conclurait rien pour un monstre né d'un homme et d'une bête, M. Save doutait beaucoup que, du commerce d'une femme avec une bête, il dût nécessairement naître un monstre qu'on pût indubitablement juger n'avoir point d'âme raisonnable. Voici comme il raisonnait sur le cas pris dans sa généralité.

« Une femme peut avoir commerce avec une bête, ou d'abord, et quelque temps après, avec un homme, *ou premièrement avec un homme* (1), et ensuite avec une bête, ou avec une bête seule. Dans le premier cas, il y a raison de douter si la femme a conçu de la bête, et si ce fœtus qui en sort n'est point une production de l'homme seul, mais défiguré et devenu monstrueux par l'impression que la bête a faite dans l'imagination de la femme, dans le temps de l'union qui a précédé. D'ailleurs, qui peut décider si, comme une bête peut rendre une conception humaine monstrueuse, l'homme ne peut point redresser et humaniser une conception bestiale ?

« Dans le second cas, si on suppose que la femme ait conçu de l'homme, la difficulté est levée par mon premier écrit. » Si cela est douteux, les mêmes raisons et le doute qui en résulte subsistent.

« Dans le troisième cas, où la femme n'a eu commerce qu'avec une bête, la difficulté est plus embarrassante. Mais, s'il est vrai, comme beaucoup de physiciens le croient, que le fœtus est tout formé et parfaitement organisé dans l'œuf, et qu'il soit vivifié dans l'instant de la conception, qui sera assez hardi pour décider que Dieu suspend son concours et qu'il n'informe point d'une âme raisonnable, quel que soit le mâle qui le mette en mouvement, puisqu'on ne saurait déterminer si cette information ne se fait point dans le temps que le fœtus est vivifié, c'est-à-dire, dans l'instant de la conception ; car rien alors ne doit empêcher l'âme d'y entrer, puisque le fœtus, selon cette hypothèse, n'est point encore monstre, et qu'il

(1) J'ajoute ce que j'ai mis en italique pour rétablir le texte qui me paraît défectueux.

faut, ce semble, quelque temps, ou au moins plus d'un instant, pour qu'un fœtus humain, bien formé et bien organisé, soit bouleversé et puisse devenir monstre.

« Je ne sais que dire des monstres qui naissent de bêtes femelles avec la figure humaine; et j'avoue que je ne remue cette matière qu'en tremblant. Cependant, les systèmes que les médecins, les physiciens et les anatomistes se font, n'étant pas des articles de foi, il semble que, lorsqu'il y en a deux à peu près également vraisemblables, il est permis, quoique dans la même rencontre et pour la même difficulté, principalement quand la chose est d'aussi grande importance que celle-ci, d'avoir égard aux deux. Or, il y a des physiciens très-habiles qui croient que le fœtus est tout formé et parfaitement organisé dans la semence de l'homme. M. le Wenhouek, hollandais, fait voir, par ses globules de verre, des morues toutes formées, et qui remuent dans la semence des morues mâles.

« Dans ce système, si on suppose que le fœtus soit réveillé par l'esprit séminal de la femelle, qu'il soit vivifié dans le temps de la conception, et que l'infusion de l'âme raisonnable se fait dans le même instant, il faut une grande hardiesse pour décider que ce fœtus humain, tout formé et parfaitement organisé, quoique logé dans le corps d'une femelle brute, n'est point informé d'une âme raisonnable.

« Je conclus donc qu'il serait à souhaiter que l'Eglise baptisât généralement tout ce qui naît de la femme, ayant vie, et même les monstres qui viennent de femelles brutes ayant la figure humaine, quand on sait qu'un homme peut avoir eu part à la production, puisque nous sommes dans l'impossibilité de décider que ces monstres ne soient point des animaux raisonnables. Il s'agit du salut ou de la damnation éternelle des âmes, et le sacrement est fait pour les âmes, et non pas les âmes pour le sacrement, la raison et la piété veulent qu'on hasarde toujours l'un plutôt que l'autre. »

Pour plaire à M. de L., qui trouve que je ne décide point assez, je dirai en deux mots, 1° que je baptiserais sans difficulté tous les monstres, de quelque figure qu'ils soient, qui viennent, ou qu'on peut soupçonner venir d'un homme et d'une femme; 2° ceux qui viennent d'un homme et d'une bête; 3° que je serais plus timide à l'égard de ceux qui viennent d'une bête et d'une femme, surtout depuis que j'ai lu dans les *Eloges des Académiciens*, par M. de Fontenelle, qu'on a découvert dans le sperme *ces petits animaux qui sont destinés à être hommes*. En voilà assez pour donner à penser aux ritualistes. Peut-être qu'en consultant de sages et habiles médecins, ils trouveront de nouvelles expériences qui leur donneront de nouvelles idées sur quelqu'un de ces trois cas.

§ II.

Casus III. *pag.* 92. Joannes e secta Calvini factus catholicus dubitat an valeat baptismus, quem in aqua naturali a ministro calvinista sub hac forma recepit : *Ego te baptizo in nomine Patris, et Filii, et Spiritus sancti secundum auctoritatem quam tribuit mihi Calvinus.* Q. a catholico ministro solutio dubii.

R. Valere baptismum hunc. Quia Ecclesia catholica semper uti validum approbavit, et nunc quoque approbat baptismum ab hæreticis ministris collatum, quando retentis debita materia et forma non deficit intentio saltem generalis faciendi quod facit Ecclesia, ut liquet ex Trid. sess. 7, can. 4. Neque obstant verba addita formæ : illa etenim juxta naturalem sensum quem habent, non videntur addita ad inducendam substantialem formæ variationem, sed præcise ad significandam potestatem, quam minister ex errore particulari se a Calvino recepisse credit : quod sacramenti valori nullatenus obest, nisi per eadem verba expresse intendat minister non aliter sacramentum conficere, quam per prædictam Calvini virtutem, quo in casu nihil efficeret. Ita cum D. Thoma, 3 p., q. 64, art. 9. Lugo, disp. 8, sect. 3, n. 1.

— « On ne rejettera pas le baptême dont il s'agit dans l'exposé; mais il est toujours bon de s'informer bien de la manière dont il a été donné par les calvinistes. Car, comme ils ne croient pas nécessaire, au moins aux enfants des fidèles, ils ne passent pas pour être scrupuleux sur la matière et sur la forme. *Voyez* mon *Traité du Baptême*, cap. 3, 4 et 7. »

§ III.

Casus IV. *pag.* 86. Franciscus, propter aliquod cum proprio parocho dissidium temporale, infantem sibi recenter natum alteri parocho baptizandum defert. Q. quid sit de Francisco et alieno parocho baptizante sentiendum.

R. Utrumque peccasse. Ratio est, quia licet baptismum conferre non sit actus jurisdictionis respectu illius qui suscipere debet baptismum, cum ante hujus susceptionem nemo Ecclesiæ subjiciatur, est tamen actus habentis jurisdictionem circa fideles quibus is aggregandus est qui proxime suscepturus est baptismum.... Unde parochus ille graviter peccavit, baptizando puerum qui est pars populi spectantis ad alterius jurisdictionem. Sed et peccavit Franciscus; cum ex specie quadam vindictæ et injuriæ in proprium parochum egerit. *Ita summatim Auctor.*

Casus V. *pag.* 77. Diaconus, absente parocho, ex præsumpta ipsius licentia, puerum in ecclesia parochiali solemniter baptizavit. Q. an peccaverit et aliquam pœnam incurrerit.

R. Affirmat quoad utramque partem. Ratio primæ est, quia licet diaconus ex sibi commissa per parochum facultate baptismum solemniter conferre possit, si tamen absque prædicta commissione solemniter baptizat, non vacat a gravi culpa, eo quod sibi usurpet actum jurisdictionis, ad quem non est ordinatus. Ratio secundæ partis desumitur ex cap. 1, *de Clerico non ordin. ministr.*, in quo habetur, quod si quis baptizaverit non ordinatus, irregularitatis pœnam incurrit. Si tamen præsumpta illa diaconi facultas, non in simplici futuro consensu vel ratihabitione parochi fundaretur, sed in signis quæ præsentem parochi consensum exprimerent, ut contingeret, si parochus jam alias significasset, solemnem hanc baptismi collationem per diaconum sibi gratam fore, tunc diaconus sic baptizans ab omni culpa et pœna remaneret immunis. Ita Suarez, *de Bapt.*, disp. 31, sect. 4 ; Salmantic., cap. 4, n. 20.

— « J'ai donné la même décision dans le *Traité du Baptême*, ch. 5, pag. 604; mais j'ai ajouté qu'un curé ne peut, sans une vraie nécessité, quoiqu'elle ne doive pas être extrême, commettre un diacre pour administrer solennellement le baptême. Il n'est ordonné que pour en être le ministre extraordinaire. Et c'est ainsi que la pratique et l'usage expliquent le ch. 1, *de Clerico non ordin.*, etc., qui, en s'en tenant à la lettre, n'irait pas si loin. »

§ IV.

CASUS VI. *pag.* 35. Rusticus cupiens filiam sibi recenter natam in civitate baptizari, ut frui possit beneficiis, a quibus extra Bononiam baptizati excluduntur; propter pluvias et glacies differt toto unius mensis spatio eam pro baptismo deferre ad ecclesiam metropolitanam, licet cœremoniæ ei statim ac nata est, potuerit baptismum in propria rurali parœcia procurare. Q. an graviter peccaverit.

R. Affirmat. Ratio est, quia cum agatur de sacramento necessario necessitate medii, ratio dictat summa diligentia curandum a parentibus, ne diu baptisma pueris differatur, ita ut diuturna dilatio sit lethale peccatum, uti bene docet cum communi Suarez, disp. 31, sect. 2. Porro in casu habetur diuturna dilatio, ut liquet ex synodo diœcesana, quæ, lib II, cap. 2, *de Bapt.*, sic statuit : *Nefas sit ultra nonum diem baptismum infantibus differre*. Quin et idem caput excommunicationem comminatur parentibus qui sic ultra nonum diem differunt : quod evidens est gravis peccati indicium. Neque hinc excusari potest rusticus, quod ambiret temporale beneficium iis assignatum qui Bononiæ baptizantur. Quia parentibus magis cordi esse debet spiritalis salus infantis, quam commodum temporale, quod ad summum esse posset ratio differendi per aliquot dies, non vero per mensem, propter pericula quibus rusticorum infantes subjiciuntur, tum propter parentum miseriam, tum propter inertiam matris, ratione cujus rusticorum infantes sæpius hiemali tempore suffocantur.

— « C'est à ceux qui ont accordé les priviléges dont il s'agit, à examiner si l'envie d'y participer n'expose point le salut des enfants qu'on apporte de trois ou quatre lieues dans toutes les saisons, et dans l'espace de neuf jours, pour les faire baptiser à la métropole. »

CASUS VII. *pag.* 107. Caius villicus baptismum filii sui ad diem trigesimum differt, ut ei dominum suum, tunc adfuturum ruri, patrinum procuret. Q. an ex eo motivo a gravi culpa excusetur.

R. Negat. Nisi excuset ignorantia legis universim receptæ. Ratio est, quia cum ex una parte nulla alia parvulis præter baptismum comparandæ salutis ratio suppetat; et ex altera iisdem *propter ætatis imbecillitatem infinita pene pericula impendeant, facile intelligitur*, ut ait Catechismus Rom., p. 2, *de Bapt.*, n. 34, *quam gravi culpa sese obstringant, qui eosdem infantes sacramenti gratia diutius quam necessitas postulet, carere patiuntur*. Hac de re, tam ex Ecclesiæ praxi universim recepta, quam ex pluribus synodis, et præsertim nostra Bononiensi, lib. II, c. 2, statutum est ne ultra nonum diem baptismi collatio differatur; cujus proinde statuti violatores prælaudata nostra synodus latæ excommunicationis pœna perstringit.

— « Dans la décision précédente cette excommunication n'est que comminatoire. Ici elle est *latæ sententiæ*. C'est à l'auteur à s'accorder avec lui-même. »

§ V.

CASUS VIII. *pag.* 10. Archipresbyter pro certo habens omnes obstetrices ignaras esse formæ baptizandi, vel intenti nis necessariæ, baptizat parvulos omnes qui ad se feruntur pro cæremoniis, sub conditione, nulla facta interrogatione. Q. an licite.

— « L'auteur renvoie pour ce cas à la notification de son archevêque, Prosper Lambertini. On peut inférer sa décision de celle du cas suivant. »

CASUS IX. *pag* 64. Parochus, ad quem fuit delatus infans ab obstetrice domi baptizatus, illum statim sub conditione rebaptizavit, hac motus ratione, quod de baptismo ab obstetrice collato semper dubitari potest. Q. an bene se gesserit vel aliquam pœnam incurrerit.

R. Male se gessisse et irregularitatem incurrisse. Ratio primæ partis est, quia non licet rebaptizare sub conditione, nisi dubium suboriatur vel circa collationem, vel circa validitatem baptismi collati; quod dubium non habetur præcise eo quia baptisma fuerit ab obstetrice collatum; cum obstetrices post diligens examen approbatæ, ut esse debent, validum valeant baptisma conferre.

Ratio secundæ partis desumitur ex catechismo Trid., part. II, n. 55, ubi habetur, eos qui etiam cum adjunctione conditionis rebaptizant puerum, sacrilegii reos fieri et irregularitatem contrahere. Debebat ergo prius indagare an obstetrix esset ex approbatis, et sic se abstinere a baptismi etiam conditionalis collatione: an vero esset ex non approbatis; et sic eam examinare an quæ Ecclesia præcepit in collatione baptismi servasset, vel non : si servasset, non debebat illum ullo modo baptizare : si non servasset, debebat absolute infantem baptizare. Si solum fuisset dubium an illa servasset, debebat illi sub conditione baptismum conferre.

— « On ne doute point qu'une sage-femme approuvée ou non ne puisse validement conférer le baptême ; mais on doute avec raison si les cris de la mère, le danger où elle est, le trouble de toute une maison, lui laissent assez de présence d'esprit pour le bien faire. On doute même, et on a raison, si la crainte d'être moins employée, ou une bonne foi fondée sur l'ignorance, ne lui ferait pas assurer avec serment qu'elle a très-bien fait ce qu'elle a fait très-mal. *Voyez* l'important témoignage du P. le Jeune dans mon *Traité du Devoir des pasteurs*, chap. 6, n. 17. Quant à l'irrégularité, il est vrai qu'en Italie on l'encourt en baptisant sans raison légitime, même sous condition. Mais je continue à croire que cela n'a pas lieu en France, où la réitération du baptême se prend dans le sens rigoureux des anciens canons. » *Voyez* le *Traité des dispenses*, l. II, part. VI, ch. 3, § 2, n. 2.

CASUS X. *pag*. 85. Obstetrix, videns infantem vix natum morte periclitari, digito in aqua lustrali madefacto eum in fronte signat, dum baptismi formam profert. Q. an necesse sit prædictum baptisma sub conditione iterare.

R. Affirmat. Quocumque enim modo conferatur baptisma, ex tribus quibus valide conferri potest, per infusionem scilicet, per aspersionem, et per immersionem, tanta semper aquæ copia requiritur, quantumvis parva, ut de ipsa certo verificetur, quod supra eam corporis partem quam tangit, aliquo modo decurrat et fluat; cum sine hoc fluxu ablutio per baptismi formam significata nequaquam haberi possit. Cum autem per digitum in aqua madefactum, qua obstetrix infantis frontem signat, non habeatur certo ea aquæ quantitas quæ ad dictum fluxum desideratur, eo quod tale signum in minima etiam guttula perfici queat; hinc ne infans damni irreparabilis periculo exponatur, iterum sub conditione baptizandus est.

CASUS XI. *pag*. 225. Cum domuncula mulieris fortuito igne deflagraret, parochus illico accersitus fuit, ut et infantem quem ipsa mox pepererat, baptizaret, et matri ab omnibus derelictæ absolutionem impenderet. Is tamen ob rationabilem metum mortis noluit illuc intrare, quamvis adesset tempus et se conterendi, et prædicta peragendi. Q. an talis omissio ei sit imputabilis ad culpam.

R. Affirmat cum S. Thoma, Suare, cæterisque communiter, ut videre est apud Barbosam, *de Off. et pot. Parochi*, cap. 17, n. 12. Parochus enim tenetur ex justitia, non solum cum probabili, verum etiam cum certo periculo suæ vitæ corporalis, consulere necessitati spirituali suorum parochianorum. Et sane si ordo charitatis postulat, ut unusquisque, potens proximo suo succurrere, eidem in spirituali necessitate constituto succurrat etiam cum certo periculo propriæ vitæ, quanto magis ad id tenebitur parochus, de quo ait Christus, Joan. III : *Bonus pastor animam suam dat pro ovibus suis* ; et I Joan. III : *Quoniam ille* (Christus) *animam suam pro nobis posuit, debemus* (nota istud verbum) *pro fratribus animas ponere*. Unde Augustinus, lib. *de Mend*. c. 6. *temporalem vitam suam pro æterna vita proximi non dubitabit Christianus amittere*. Et ratio est, quia vita spiritualis, etiam aliena, ut pote bonum majus et altioris ordinis, præferri debet saluti corporali cujusque viventis.

— « Le cas de la mère est différent de celui de l'enfant. La première se peut absoudre de loin, et au travers des flammes. A l'égard de l'enfant, il faut avoir quelque espérance de pouvoir le baptiser. On ne s'expose pas à être brûlé vif en pure perte. *Voyez* sur cette matière, qui, considérée dans toute son étendue, ne laisse pas d'être difficile, mon 5e vol., part. III, *de Charitate*, n. 150 et suiv. »

§ VI.

CASUS XII. *pag*. 32. Vir nobilis voluit infantem suum in baptismo nominari *Sfortium*. Renuit parochus, eo quod infanti abluendo non aliud quam personæ in catalogum sanctorum relatæ nomen imponi debere contendit ; adeoque contra voluntatem patris puerum nomine *Petri* insignivit. Q. an bene.

R. Affirmat. Licet enim nulla universali lege præceptum sit ut imponantur nomina sanctorum, attamen quia S. Pius V, in suo Catechismo, et Paulus V, in suo Rituali, petunt observari morem multis abhinc sæculis observatum, ut nonnisi sacra nomina dentur in baptismo ; quod etiam præcipit synodus diœcesana ; sequitur parochum, monitis pontificum et doctorum sententiæ inhærendo, laudabiliter se gessisse ; unde si egit contra patris voluntatem, non egit irrationabiliter.

BENEDICTIO.

CASUS I. *pag*. 80. Ruralis parochus nova ornamenta defert ad superiorem domus S. Francisci, ut ab eo benedictione donentur. Q. an bene.

R. Negat. Quia in decreto Alexandri VII, sub die 27 sept. 1659, sic habetur de prælatis regularibus : *Ecclesiasticam supellectilem pro servitio duntaxat suarum ecclesiarum vel monasteriorum benedicant*. Accedit quod in hac diœcesi (Bononiensi) ex rescripto S. Rit. congregationis sub die 17 jan. 1733, vicarii foranei pro dicta sacrorum indumentorum benedictione delegati sunt.

— « Il serait à souhaiter que dans les diocèses d'une certaine étendue, les évêques donnassent le même pouvoir aux doyens ruraux. »

CASUS II. *pag*. 182. Lælius habet Agnum Dei cereum a S. Pio V benedictum, et quia audivit eum esse magni valoris, illum aureis duobus vendidit, quamvis hoc non licere cognosceret. Q. an possit per simplicem confessarium absolvi.

R. Affirmat. Uti probabitur, verbo SIMONIA casu V.

BENEFICIUM.

On parle sous ce titre, 1° de la possession du bénéfice ; 2° de ses fruits ; 3° de l'obligation où est le bénéficier de réciter l'office.

§ I.

CASUS I. *page*. 90. Titius in ruralem parochum electus, post tres annos ab inita beneficii hujus possessione, comperit parentes suos, inscio se, plura pro sua electione vota a parochianis per munera obtinuisse. Q. quomodo sic electus debeat sibi consulere.

R. Quamvis simoniaca quælibet electio sit ipso jure irrita, nisi vel sic electus expresse contradixerit, vel ipso inscio ab alio in ejus odium peracta fuerit, ut aperte colligitur ex cap. 27 et 33, *de Simonia*; ac proinde teneatur quilibet beneficium dimittere, statim ac percipit se fuisse simoniace electum, etiamsi ipso inscio alii in ejus favorem hoc egerint, adhuc tamen cum Titius noster parochiale beneficium, ad quod mediis muneribus fuit electus, per triennium bona fide possederit, potest per regulam triennalis possessionis conscientiam suam tranquillare, nisi sponte velit, pro majore animi sui quiete, eidem beneficio renuntiare. ita Gomez, Ugolin, Suarez, lib. IV, *de Simonia*, cap. 57, n. 39. Anacl. Reiffenstuel, tit. 3 *de Simonia*, n. 278.

— « J'ai donné la même décision contre Pontas, qui trois fois a décidé ce cas différemment. »

CASUS II. *pag*. 249. Vacante pingui beneficio juris patronatus, sacerdos plurima præstat obsequia amico patroni, ut huic notam faciat, commendetque suam habilitatem. Q. an in hoc interveniat simonia.

R. Vel sacerdos ille præcise intendit commendationem habilitatis suæ, vel eam intendit eo fine ut nominetur ad beneficium. Si, 1° doctores communiter dicunt, id quidem esse periculosum, at non simoniacum; quia talis laudatio de se est quid temporale; ideoque ob illam obsequia præstare, est tribuere temporale pro temporali. Si 2°, dicunt intervenire simoniam; quia laudare aliquem eo fine ut ad beneficium nominetur, jam non est quid simpliciter temporale, sed quid annexum spirituali; adeoque est moralis causa quod beneficium conferatur, et via directa ad ipsum beneficium. Unde qui ad hoc obsequia præstat, non amplius tribuit temporale pro temporali, sed pro re spirituali vel annexa spirituali. Hinc sicuti dare pecuniam amico episcopi eo fine ut ille apud hunc intercedat nominationem, est simoniacum, ex cap. *Statuimus*, 1, q. 1, ita præstare obsequia amico patroni eo fine ut apud hunc intercedat nominationem ad beneficium, est simoniacum. Anacletus Reiffenst., lib. V, Decretal. tit. 3, § 7, n. 125.

— « La circonstance où l'on rend tant de services à l'ami d'un patron, qui est celle de la vacance d'un bon bénéfice, prouve assez que c'est le bénéfice qu'on veut avoir. »

CASUS III, IV et V. *pag*. 240. Camillus non habens animum permanendi in statu clericali, sed solum clericalem habitum deferendi, donec inveniat uxorem opulentam, tonsuram recipit ut interim fruatur beneficii fructibus. Q., 1° an peccet mortaliter, tum ob receptionem tonsuræ, cum ob receptionem beneficii ; 2° an cum eodem animo beneficium retinendo peccet; 3° an teneatur ad restitutionem fructuum cum eodem animo perceptorum.

R. Ad 1 affirm. Si eo solo fine tonsuram recipiat et beneficium acceptet, nullo modo hæc alias susceptura. Ratio est, quia non solum decipit Ecclesiam, frustratque finem ab ea in collatione tonsuræ intentum, qui est disponere ad ordines, et per eos ad confectionem eucharistiæ, verum etiam rem spiritualem, uti est tonsura et beneficium, ultimo ordinat ad rem temporalem, scilicet ad perceptionem fructuum ac vile lucrum; quod ex objecto suo mortale est, ut pote involvens majorem æstimationem temporalium, quam spiritualium. Hinc Catechismus Rom. *de Sacr. Ord.*, ait: *Quæstus ac lucri causa accedere ad altare, maximum est sacrilegium*. Et S. Bonaventura, tract. *de Præparat. ad Missam*, cap. 9. *Væ, væ, Domine Deus, quanti homines infelices ad sacros ordines accedunt, et divina mysteria accipiunt, non cœlestem panem, sed terrenum quærentes, non spiritum, sed lucrum*. Ubi notandum illud *væ* repetitum, denotans sceleris gravitatem. Vide Lessium, *de Benef.*, cap. 34, dub. 26, n. 132. Si tamen pro fine ultimo sibi aliquo modo præfigeret Deum ipsum, tunc graviter non peccaret, ut probat Navarrus.

R. Ad 2 affirm. Retentio enim est quædam continuata receptio.

R. Ad. 3. Probabilius non teneri, si faciat quod sua interest tempore clericatus. Nam ex una parte in dicta receptione et acceptatione proprie non intervenit simonia, cum non adsit contrectatio rei spiritualis pro temporali, sed sola intentio commodi temporalis per medium spirituale, quod est quid diversum a simonia, ut notat Suarez de Simonia, lib. IV, cap. 44, n. 4 et 11, et ex alia nullum adest jus obligans in hoc casu ad restitutionem ; cum lex capitis 35, *de Election.*, in 6, sit restricta beneficium *curatum*.

— « En ajoutant que, dans les choses de droit naturel, *ubi eadem ratio, ibi eadem est legis dispositio*, on trouvera dans le texte de Boniface VIII une décision contraire à celle de l'auteur. D'ailleurs compterait-il bien sur la récitation d'un bréviaire que l'Eglise n'avoue pas et qui est dit avec la volonté constante de la tromper ? L'auteur aurait bien dû nous expliquer comment un homme, qui ne prend un bénéfice qu'en attendant une femme, peut se proposer Dieu pour fin dernière. »

§ II et III.

CASUS VI. *pag*. 123. Diaconus simulans externe se habere intentionem quam non habebat, accipiendi intra annum sacerdotii, beneficium curatum obtinuit. At mutata voluntate sacerdos intra annum effectus est. Q. an fructus tali anno correspondentes possit in conscientia retinere.

R. Affirm. Quamvis enim ex capite 35, *de Elect.*, in 6, non solum mortaliter peccet, sed etiam ad perceptorum fructuum restitutionem teneatur, qui beneficium curatum recipit absque animo suscipiendi sacerdotium intra annum a jure præscriptum; adhuc tamen, cum in laudato textu habeatur, prædictam dispositionem quoad fructus non valere, quando qui beneficium obtinuit, *mutata voluntate*, promotus fuit ad sacerdotium, clare infertur diaconum nostrum, qui, mutata voluntate, intra annum sacerdos effectus est, ita conditionem ab Ecclesia exigitam adimplevisse, ut perceptos primo illo anno fructus possit tanquam sibi debitos in conscientia retinere. Ex fraude autem quæ intervenit, quo tempore beneficium curatum obtinuit, inferri quidem potest ipsum graviter peccasse; non tamen ad aliquam perceptorum fructuum restitutionem teneri, cum ipsa fraus, quantum ad fructus retinendos, per voluntatis mutationem et conditionis impositæ adimplementum, sufficienter purgetur. Ita Layman, aliique ex Barbosa, *de Officio parochi*, c. 6, n. 13.

— «Reste la difficulté tirée de la récitation de l'office dont j'ai parlé dans le cas précédent. Peut-être pourrait-on dire que l'Eglise lui remet les fruits en faveur de son repentir.»

CASUS VII. *pag.* 179. Clericus solet insumere omnes beneficii sat pinguis fructus in emptione librorum. Q. an id licite faciat?

R. Negat. Ratio est, quia cum ex SS. Patribus et conciliis fructus beneficiorum vocentur *Vota fidelium, pretia peccatorum, patrimonia Christi et pauperum*, teneatur omnino beneficiarius, detracta congrua sui sustentatione, superstites fructus erogare in pauperum alimoniam, aliosque pios usus in honorem Dei et Ecclesiæ: hac enim intentione saltem implicita beneficia a fidelibus erecta sunt. Poterit igitur beneficiarius noster partem aliquam fructuum beneficii non contemnendi insumere in emptione librorum, proprio statui necessariorum vel convenientium; non tamen omnes beneficii fructus, qui propriæ sustentationi supersunt; cum hoc in pauperum, aliorumque piorum operum detrimentum vertatur. Ita Salmantic., *de Justitia et Jure*, cap. 2, n. 41.

CASUS VIII. *pag.* 180. Mortuo presbytero, qui pinguem præbendam nonnullos annos possedit, notabilemque pecuniæ summam reliquit. Quæritur ejus hæres an ex ea domum ædificare possit.

R. Negat. Si enim fructus ecclesiastici, qui post congruam beneficiarii sustentationem supersunt, debent in pios usus impendi; quia cum tali onere et pacto saltem implicito a fidelibus traditi sunt; sequitur quod qui eos titulo, sive donationis in vita, sive hæreditatis post præbendati mortem accipit, teneatur illos in eosdem pios usus sumere. Eo præcipue quod quemadmodum hæres repræsentat personam defuncti quoad illa bona, ita eamdem subire debet obligationem, quam circa illa defunctus habebat. Sicut ergo res in eleemosynam ex voto devicta transit ad hæredem cum eadem obligatione, ita et in præsenti fructus beneficii; et quidem potiori jure, cum magis intrinseca et adnexa videatur ecclesiasticis fructibus obligatio prædicta, ut pote fundata in natura et conditione bonorum, quam annexa sit alicui rei obligatio ex voto, ut pote quæ ab extrinseco et ex sola voventis voluntate proveniat. Ita Lugo, *de Just. disp.*, 23, n. 106, Sanchez, lib. II *Concil.*, etc.

— « Cette décision est bonne partout; quoique la jurisprudence ne l'autorise pas partout. »

CASUS IX. *pag.* 206. Beneficiarius quidam heri non recitavit officium; ut autem ab onere restitutionis se eximat, hodie bis recitat. Q. an liber sit a restituendo?

R. Negat. Siquidem ex bulla Pii V, *qui non recitat suo tempore officium, non facit fructus suos*. Adde quod onus divini officii est affixum diei, et transit cum die. Ergo alia die suppleri non potest. Neque dicas rependi æquale. Id enim probat tantum, attento jure naturali beneficiatum, qui alia die pensum supplet, a restitutione liberari. Verum in hac re attendendum est jus positivum Pii V.

CASUS X. *pag.* 206. Beneficiarius multoties committit alteri recitationem officii; eique cedens partem fructuum illis diebus correspondentem, credit se ab omni culpa liberum. Q. an bene.

R. Negat. 1° Quia obligatio recitandi officium est personalis, ut pote quæ oriatur ex ipsa beneficii possessione; 2° quia damnata est ab Alexandro VII propositio isthæc, n. 21: *Habens capellaniam collativam, aut quodvis aliud beneficium ecclesiasticum, si studio litterarum vacet, satisfacit obligationi suæ, si per alium recitet.*

CASUS XI. *pag.* 202. Clericus beneficium adeo tenue obtinet, ut ad vitæ suæ sustentationem non sufficiat. Q. an ad officium teneatur?

R. Affirmat. Quia omnia jura clamantia beneficium dari propter officium, generaliter loquuntur, nec distinguunt inter pingue et tenue, ut cap. fin. *de Rescriptis*, in 6, et clarius in Constit. Pii V, *declarantes*....... *et qualiacumque alia beneficia*. Sed beneficium, quantumvis tenue, est verum beneficium. Ergo, etc. Neque obstat illud proloquium: *Qui altari inservit, de altari vivit*. Hoc enim non valet de illo, qui sponte inductus est minori stipendio. Porro clericus sponte beneficium acceptavit. Ergo voluntarie se omnibus ejusdem oneribus subjecit, etc.

— « *Voyez* dans le Dictionnaire le cas *Lævius* XXXVII, v. OFFICE DU BRÉVIAIRE. »

BLASPHEMIA.

Casus I. *pag.* 33. Titius exitialem a Petro calumniam passus, deliberate in hæc verba prorupit: *Crederem Deum non esse justum, si hunc meum calumniatorem non puniret.* Q. an a simplici confessario absolvi possit?

R. Affirm. Ratio est, quia Titius non est reus blasphemiæ hæreticalis (quæ sola in loco reservata supponitur). Etenim per hæc verba non intulit injuriam Deo, vel per modum enuntiationis, quæ formaliter aut virtualiter contineat aliquid falsi contra fidem, ut esset *ad despectum Dei*, vel per modum imperantis, ut *sit miser Deus*, vel per modum irridentis, ut *vah qui destruis templum Dei*; vel per modum optativi, ut *utinam Deus non esset omnipotens*, quibus modis unice blasphemia hæreticalis contingit; sed solum Titius velleitatem de futuro potius indicavit, quam voluntatem negandi Deum. Imo Deum confessus est, nedum negaverit: illa enim verba, *Crederem Deum non esse*, etc., hunc faciunt sensum: *Crederem Deum non esse justum, si*, etc. *Sed quia Credo Deum esse justum, vindictam faciet de meo calumniatore.* Quapropter non fuit reus blasphemiæ hæreticalis; unde potest a simplici confessario absolvi.

— « On ne peut juger de la réserve que par les paroles et l'intention de celui qui l'a portée; mais on peut bien dire que des discours, comme celui de Titius, qui ne se prononcent que dans un emportement de fureur, qui prescrivent à Dieu des règles de conduite, qui le blâment, s'il ne les suit pas, etc., ne valent rien du tout. Et pourquoi Dieu ne serait-il pas juste, s'il ne punissait pas plus celui qui vous a calomnié qu'il n'a puni saint Pierre, qui l'avait renié, etc. »

Casus II. *pag.* 36. Petrus confitetur se dixisse *al dispetto di Dio Bacco*, seu *invito Deo Bacco*. Q. an simplex confessarius illum absolvere valeat?

R. Si confessarius ex interrogationibus agnoscat pœnitentem addidisse ly *Bacco*, ne Deum inhonoraret, potest illum absolvere; quia talis loquendi modus esset solum blasphemiæ hæreticalis materialis, quæ non est reservata. Si vero comprehendat eum talia verba protulisse advertenter et maliciose, et addidisse ly *Bacco*, tantum ad evitandas Ecclesiæ pœnas contra hæreticaliter blasphemantes, non vero ne Deum inhonoraret, non potest illum absolvere; quia sic hæreticalem blasphemiam externam et formalem, adeoque reservatam protulisset. Fuisset enim dictum contumeliosum, auferendo a Deo omnipotentiam, quæ illi necessario convenit.

Casus III. *pag.* 70. Petrus sæpe blasphemat contra Deum, contra B. Virginem, contra sanctos, et in confessione blasphemias illas non distinguit. Q. an satisfaciat integritati confessionis?

R. Negat. Ratio est, quia saltem blasphemia contra Deum respective ad blasphemias contra B. V. et contra sanctos habet annexam circumstantiam notabiliter aggravantem, quæ ex alibi dicendis in confessione necessario aperiri debet. Dico *saltem* habere annexam circumstantiam aggravantem; quia non desunt DD. apud Lugo, disp. 16, *de Pœnit.*, n. 278, docentes differre specie, nedum blasphemiam contra Deum a blasphemiis contra B. V. et sanctos, sed et blasphemiam contra B. V. a blasphemiis contra sanctos. Qua in hypothesi adhuc certius esset Petrum confessionis integritati non satisfecisse.

— « Si le pénitent a tort, le confesseur l'a aussi de ne le pas interroger sur l'objet de ses blasphèmes. »

Casus IV. *pag.* 133. Rusticus confitetur se inopia pressum dixisse nullam Deo inesse familiæ suæ providentiam. Quo vix audito confessarius pœnitentem inabsolutum remittit ad pœnitentiarios. Q. an bene se gesserit confessarius?

R. Negat. Ratio est, quia cum agatur de persona rustica, quæ, regulariter loquendo, ea non distinguit quæ sunt distinguenda; antequam pœnitens ad pœnitentiarios inabsolutus mittatur, inquirere debet confessarius; 1° an pœnitens ita ex puro impatientiæ impetu protulerit verba blasphemiæ, ut ad improbum eorum sensum non plene adverterit. In tali enim casu sicut a gravi culpa, ita etiam a reservatione excusaretur. 2° Dato quod pœnitens prædicta verba proferendo lethalem culpam contraxit, debet confessarius inquirere an etiam corde crediderit, Deum revera familiæ suæ providentiam non habere. Si enim id credidisset, ut pote formalis hæresis reus, inutiliter mitteretur ad pœnitentiarios, qui ab hæresis crimine absolvere nequeunt. 3° Denique, si pœnitens vere incidisset in casum blasphemiæ hæreticalis, et non hæresis, confessarius deberet examinare, an detur locus absolutioni indirectæ, dum interim facultas pro impartienda absolutione directa obtinetur. Cum itaque nihil ex his egerit confessarius noster, dubio procul male se gessit.

— « Si l'auteur par ces paroles *non plene adverterit*, demande une advertance actuelle, il nous mène au péché philosophique condamné, en 1690, par Alexandre VIII. S'il croit qu'on puisse d'abord absoudre de ses péchés un homme qui s'accuse d'un péché réservé avec censure, et le renvoyer pour l'absolution de la censure au pénitencier, il se trompe encore, à moins qu'on ne suppose que la discipline des lieux autorise cette pratique, c'est-à-dire qu'elle permet d'absoudre, et du péché simplement, et de la censure, sous condition de s'en faire absoudre une seconde fois par le supérieur ou par ses délégués. »

BREVE POENITENTIARIÆ.

Casus I. *pag.* 51. Titius, obtento a sacra pœnitentiaria Brevi, ut cum ipso *a confessario viro discreto specialiter eligendo* dispensetur super impedimentum affinitatis, ex copula cum Bertha, ad hoc ut matrimonium jam publice cum Francisca ejus sorore contractum revalidare possit, proprium parochum in confessarium elegit. At quia eum sensit rigidiorem, ad benigniorem alium recurrit, a quo dispensatio exsecutioni demandata est. Q. an vere potuerit secundum confessarium eligere?

R. Affirmat. Quidquid asseruerint nonnulli, quos *simplices* nuncupat Lezana. Ratio est, 1° quia nihil est in Brevi quod indicet eumdem esse debere, qui illud aperit et exsequitur; 2° quia cum dispensatio hæc pro foro solum interiori committatur, major pœnitentiarius eumdem committit ad formam confessionis sacramentalis : quare sicut inchoata confessione apud rigidum confessarium potest pœnitens ad alium recurrere; ita et in casu.

CASUS II. *pag.* 52. Quæritur quid in prædicto Brevi significent hæc verba *ad vitanda scandala.*

R. Verba hæc significare dispensationem ideo dari, ne ex separatione præbeatur occasio peccandi per temeraria judicia, detractiones, odia, dissensiones, et id genus alia, quæ omnia, ordinarie loquendo, ex separatione orirentur.

CASUS III et IV. *pag.* 53. In eodem Brevi legitur : *Dummodo prædictum impedimentum sit occultum, et separatio inter Titium et Franciscam fieri non possit absque scandalo.* Q. 1° an subsistat prima clausula, si illud impedimentum sciatur a tribus ; 2° quid important verba ista *absque scandalo.*

R. Ad 1. Clausulam primam subsistere, etiamsi impedimentum cognoscatur a tribus. Ratio est, quia *occultum*, de quo loquitur sacra pœnitentiaria, illud est quod a nemine, vel a tam paucis scitur, ut neque famosum sit, neque manifestum, neque notorium facti vel juris. Hoc autem verificatur in casu. Quia, regulariter loquendo, per hoc quod tres in aliqua rurali parœcia sciant impedimentum, stat illud sciri a tam paucis, ut neque sit famosum, neque manifestum, etc. Qua ratione docent communiter doctores impedimentum non posse dici publicum, nisi plusquam quinque personis innotescat. Dixi, *regulariter*, quia si tales occurrerent circumstantiæ, ex quibus appareret impedimentum a tribus illud scientibus facile esse publicandum, tunc esset publicum, si non actu, saltem virtute, et quidem proxime.

R. Ad 2. Verba hæc importare, quod si separatio fieri posset absque eo quod esset occasio peccandi, dispensatio esset nulla ob falsitatem in supplicatione expositam, vi cujus in Brevi legitur, *imminere periculum scandalorum, si separatio fiat.*

— « Sur la clause *Dummodo impedimentum sit occultum*, voyez mon *Traité des Dispenses*, v. *Notoriété* in indice. »

CASUS V. *pag.* 54. In eodem Brevi legitur: *sublata occasione amplius cum sorore Franciscæ uxoris suæ peccandi.* At cum adhuc soror illa in eadem domo habitet cum Titio, quæritur an confessarius possit cum Titio dispensare.

R. Vel Titius ita se abstinuit a turpitudine cum sorore Franciscæ, ut jam peccandi occasio nullatenus sit proxima, vel non. Si 1°, potest confessarius cum Titio dispensare, quia talis cohabitatio non est moralis occasio peccandi, ut ex terminis patet. Si 2°, vel talis cohabitatio est voluntaria aut involuntaria. Si voluntaria, absolute non potest dispensare, nisi dimissa sorore Franciscæ ; quia hoc per modum conditionis necessariæ præscribit sacra pœnitentiaria. Si involuntaria, tum confessarius, qui in hisce materiis debet esse rigidus, præscribere debet modos quos doctores in similibus occasionibus ad avertenda peccata assignant, ut occasio de proxima fiat remota. Si ita contingat, potest dispensare ; secus si secus. Ita Tiburt. Navar.

CASUS VI et VII. *pag.* 55. Cum in eodem Brevi legatur etiam, *audita prius ejus sacramentali confessione.* Q. 1° an si Titius non esset conscius lethalis peccati, satis esset ad fruendum beneficio dispensationis, si diceret : *Ab ultima confessione nullum peccatum admisi ;* 2° an valeret dispensatio, si Titius sacrilege confiteretur.

R. Ad 1 negat. Contra Gobat et Lezanam. Ratio est, quia licet non teneatur quis confiteri peccata jam per sacramentalem confessionem deleta, tamen quia Ecclesia potest confessionem præcipere in hypothesi quod quis velit beneficio dispensationis gaudere, cum non teneatur dispensare, et ita de facto præcipiat, tenetur Titius sacramentaliter confiteri, et id si præstare nolit, defectu conditionis a S. Pœnitentiaria præscriptæ, non poterit frui beneficio dispensationis. Ita communiter ; cum secus fere totum Brevis apostolici robur corrueret.

— « Il est fort aisé de se confesser de quelques péchés véniels, et d'y joindre avec un nouvel acte de douleur le péché qui est le sujet de la dispense, quoique cela ne soit pas nécessaire, quand on s'en est déjà confessé. »

R. Ad 2. Vel Titii confessio esset sacrilega ob defectum doloris, aut ob reticentiam peccati non habentis respectum ad dispensationem ; vel esset sacrilega ob defectum integritatis circa rem de qua petitur dispensatio. Si 1°, valet dispensatio ; quia sic ex una parte adhuc concurrunt omnia quæ ex stylo S. pœnitentiariæ ad validam dispensationem requiruntur, ut supponimus ; ex alia autem parte dispensatio non connectitur ex genere suo cum sacramentali confessione. Si 2°, non valet, quia tunc deficiunt requisita ex parte causæ ad dispensationem ; cum non fuerint in confessione manifestata ea quæ erant manifestanda.

— « Marc-Paul Léon dit aussi qu'un pénitent, dont la confession est sacrilége, ne laisse pas d'être validement dispensé. J'ai marqué dans le *Traité des Dispenses*, liv. III, ch. 2, n. 8, que j'avais une espèce d'horreur pour ce sentiment, qui d'abord semble révolter la piété. Mon scrupule est levé aujourd'hui. Un homme sage m'a envoyé de province la réponse qu'il a reçue de la pénitencerie sur cette matière. La question qu'il avait proposée était conçue en ces termes :

An pœnitens, qui voluntarie et malitiose facit confessionem nullam et sacrilegam, cum virtute dispensationis obtentæ a S. pœnitentiaria rehabilitatur in beneficio simoniace obtento, aut dispensatur ab impedimento matrimonium dirimente, sit sufficienter dispensatus ; et an denuo sit recurrendum ad S. Pœnitentiariam. Voici la réponse qui lui fut faite : *Sacra pœnitentiaria ad propositum dubium respondet, quod dummodo confessarius, S. pœnitentiariæ exsecutor, servet quæ sibi in iisdem litteris præscribuntur, tunc datæ vigore earumdem litterarum dispensationes validæ erunt, etiamsi contingat pœnitentem nulliter et sacrilege confiteri, et absolutionem a peccatis recipere. Quod si idem confessarius advertat pœnitentem ex sua indispositione a peccatis rite absolvi non posse, curare debet eumdem pœnitentem recte disponere; vel si disponi nequeat in præsenti, una cum absolutione a peccatis differre quoque prædictam dispensationem, nisi forte urgens aliqua necessitas suadeat dispensationes easdem accelerare. Datum Romæ, in S. pœnitentiaria, die 20 febr. an. 1757.* »

Casus VIII et IX. *pag.* 56. In eodem Brevi conceditur electo confessario facultas Titium absolvendi ab incestu in primo affinitatis gradu commisso propter copulam cum duabus sororibus Bertha et Francisca. Q. 1° an si Titius nolit frui beneficio dispensationis super impedimento, possit simplex confessarius illum directe absolvere; 2° an si differatur dispensationis exsecutio per sex menses, possit simplex confessarius Titium directe absolvere ab incestibus interea commissis.

R. Ad 1 negat. Ratio est, quia cessante causa finali, cessat effectus, cap. 30, *de Prob.*, in 6, hæc autem cessat in casu. Etenim causa finalis, et quidem totalis, cur S. pœnitentiaria det potestatem absolvendi ab incestibus, qui ordinario reservati supponuntur, est ut pœnitens vi dispensationis de novo ineat matrimonium digne, et ab omni culpa liber. Ergo cum matrimonium inire nolit, cessat tanquam effectus, facultas illum ab incestibus reservatis absolvendi.

R. Ad 2. Vel causa talis dilationis fuit legitimum impedimentum, vel fraus et dolus. Si 1°, affirmat; quia illa clausula *hac vice absolvus*, quæ in Brevi apponitur, cum sit gratia liberaliter concessa a potente illam concedere, non ita dubio procul coarctat facultatem ad peccata ante concessionem commissa, quin etiam ad committenda extendi possit, intra tamen certum tempus, quod sufficial ad verificanda moraliter illa verba *hac vice*; quod tempus sane erit sex mensium spatium, si dilationis causa fuit legitimum aliquod impedimentum.

Si 2°, negat. 1° Quia *fraus et dolus nemini patrocinari debent*. 2° Quia alioqui posset talis facultas per annos et annos protrahi, adeo ut pœnitens in senectute faciat se absolvere semel et simul ab omnibus peccatis totius vitæ : quod videtur esse contra mentem S. pœnitentiariæ : ita Lugo *de pœnit. Disp.*, 20, sect. 8, n. 126, *pag. mihi* 420.

— Le cardinal de Lugo, qui est le seul que cite l'auteur, ne dit rien *de spatio sex mensium*. Il dit seulement que quand le pouvoir d'absoudre est donné sous clause *hac vice*, il dépend *ex judicio prudentis* de déterminer *quantum temporis possit illis verbis comprehendi*. Il ajoute qu'il faut avoir égard aux circonstances. Car dit-il encore : *Quando ea licentia conceditur occasione alicujus festivitatis vel necessitatis occurrentis in qua oportet confiteri, minus tempus videtur includi. Quando vero aliquis petit a S. pœnitentiaria facultatem semel eligendi confessarium in ordine ad reservata, videtur ad majus tempus extendi.*

Casus X. *pag.* 57. Titius per annos plures distulit exsecutionem dispensationis, at novos incestus non commisit; an valida erit dispensatio.

R. Affirmat. Namque, ut ait idem Lugo ibid., ad verificanda verba ista, *hac vice*, sufficit; vel quod tempus absolutionis non longe distet a concessione, vel quod legitima causa differendi intercedat, vel quod absolutio sit de peccatis in supplicatione narratis, et non aliis novis. Sic enim verba illa *hac vice* verificantur ratione materiæ, quæ est eadem.

Casus XI et XII. *ibid.* Cum in eodem Brevi legantur hæ duæ clausulæ : *Titio pro tam enormis libidinis excessu injuncta pœnitentia solutari, et aliis quæ de jure fuerint injungenda.* Q. 1° quæ pœnitentia Titio imponenda sit ; 2° quæ alia eidem debeant injungi.

R. Ad 1. Salutarem pœnitentiam ex circumstantiis conditionis, sexus, ætatis dijudicandam esse. Quia sæpe pœnitentia, quæ gravis est respectu senis, infirmi, vel nobilis, est levis respectu juvenis, sani, ignobilis. Quapropter si Titius esset rusticus, sanus, juvenis, sed pauper qui suo sibi labore victum comparet, ei in salutarem pœnitentiam imponi posset, ut per tres menses, quindecim *Pater* et *Ave*, extensis brachiis, quotidie recitaret. Si vero esset rusticus juvenis, sanus et habens in bonis, ei imponendum esset jejunium semel qualibet hebdomada, et eleemosyna suo statui proportionata. Si vero senex foret et miser, ei posset injungi recitatio partis tertiæ Rosarii per tres menses tribus diebus cujuslibet hebdomadæ; et sic diversimode juxta diversas circumstantias; ita tamen ut gravior sit pœnitentia, si delictum numquam fuit in confessione expositum; levior, si jam fuit confessum. Ita Tibur., Navar., etc.

R. Ad 2. Clausulam hanc importare, injungendas esse alias pœnitentias juxta naturam peccatorum aliorum quæ in confessione exposita fuerint; ita ut si pœnitens detraxisset, vel furtum commisisset, ultra obligationes restitutionis famæ vel rei, esset imponenda etiam pœnitentia talibus delictis proportionata.

— « J'ai expliqué plus au long dans le *Traité des Dispenses*, liv. III, ch. 2, § 1, n. 11, les différentes pénitences que la pénitencerie romaine prescrit pour les différents cas où l'on est obligé de recourir à elle. »

Casus XIV et XV. *page* 58. In supradicto Brevi legitur: *Præsentibus laniatis sub pœna excommunicationis.* Q. 1° an idem esset litteras comburere; 2° an sufficiat auferre sigillum; 3° an satis fuerit eas lacerare per medium, licet adhuc commode a quocumque legi possent?

R. Ad 1, 2 et 3 affirmat. Ratio omnium est, quia finis S. Pœnitentiariæ talem clausulam apponentis est, ne litteræ obtentæ prosint in foro externo. Is autem finis optime habetur modis omnibus enarratis. 1° Enim combustio plus est ad talem effectum, quam litterarum laniatio; 2° laceratio per medium eas reddit inutiles; sicut in praxi nullius est roboris scriptura per medium discissa, licet commode legi posset; 3° ablatio sigilli eis robur omne tollit, cum litteræ S. Pœnitentiariæ, nonnisi sigillo munitæ, litterarum apostolicarum valorem habeant. Ergo triplex illud medium æque valet; cum in legibus intelligendis, non grammaticalibus verbis, sed legislatoris intentioni adhærendum sit.

Casus XVI. *ibid.* Prædictum Breve post exsecutionem non fuit a confessario laniatum, combustum, sigillo spoliatum, etc. Q. an subsistat dispensatio?

R. Affirmat. Id enim unum per clausulam hanc, *præsentibus laniatis,* intendit S. Pœnitentiaria ut litteræ illæ *in judiciario foro non suffragentur,* ad intercludendam viam, quæ antiquitus vigebat, ut per hujusmodi litterarum exhibitionem satis probaretur dispensatio: non vero ea fuit mens ipsius, ut litteris minime laniatis corrueret dispensatio.

Casus XVI et XVII. *pag.* 59. In Brevi toties citato hæc insuper leguntur: *Ut Bertha de nullitate prioris consensus certioretur, ita tamen caute ut Titii delictum non detegatur, tum ut inter se Titius et Bertha de novo contrahant.* Q. 1° quid agendum, si detegi nequeat nullitas consensus, quin detegatur delictum; 2° an debeant denuo contrahere coram parocho et testibus?

R. Ad 1. Ut minimum requiri, ut pars conscia nullitatis matrimonii roget insciam, ut si forte consensus matrimonialis ab initio fuisset nullus, denuo consentiat; quia ex una parte non tenetur Titius turpitudinem suam detegere, quod etiam prohibent verba rescripti; ex alia autem parte, cum totus antecedens contractus fuerit nullus, ut pote inter personas inhabiles, necessario ad ejus revalidationem novus requiritur legitimus consensus ex parte utriusque, qui nunquam haberi poterit, nisi prioris consensus nullitas aliquo modo parti nesciæ innotescat: quia nihil volitum quin præcognitum. Quod si novus consensus haberi nequeat, quin detegatur delictum, vivere debent ut frater et soror.

R. Ad 2 negat. Tum quia id constat ex illis rescripti verbis: *Nullis super his testibus adhibitis;* tum quia cum impedimentum sic occultum, matrimonium coram Ecclesia haberetur pro valido, licet reipsa in conscientia esset nullum.

— J'ai parlé au long dans le *Traité des Dispenses,* liv. III, ch. 2, § 1, n. 29, de la fameuse et terrible clause: *Dicta muliere de nullitate prioris consensus certiorata,* etc. On y trouvera ce qui s'est dit de mieux sur cette matière; mais on n'y trouvera point d'expédients qui ne laissent beaucoup de difficulté.

C

CAMPANÆ.

Casus I. *pag.* 93. Parochus oppidi *N.* conquestus est quod die sabbati sancti campanæ monasterii in eodem oppido positi pulsentur ante sonitum parochialis ecclesiæ. Q. an merito conquestus sit?

R. Affirmat. Patet 1° ex bulla 22 Leonis X, § 14, qua prohibetur ne clerici sæculares aut regulares prædicta die campanas in ecclesiis suis pulsent, antequam insonuerit campana cathedralis vel matricis ecclesiæ; 2° ex decretis S. congregationis, sive Rituum, 6 feb. 1708, sive Concilii, 15 mart. 1727. Et licet in prædictis dispositionibus fiat tantum sermo de cathedrali vel matrice ecclesia, merito tamen conqueritur parochus noster, cui jura et decus ecclesiæ suæ tueri incumbit, cum eadem habenda sit ratio de parochiali ecclesia, quando in rurali loco nulla ecclesia dignior occurrit, cui jus matris conveniat.

— Ce décret ne s'observe pas en France.

Casus II. Absente parocho, campanæ duæ necdum benedictæ sacram in turrim invectæ sunt. Q. an iis ad usus sacros, puta ad indictionem missæ, ad honorem pompæ funebris, etc., uti liceat?

R. Affirm. Quamvis curandum sit ne earum benedictio diu differatur, ut quæ jam pridem ab Ecclesia solemni admodum ritu fieri consueverit. Potest tamen prohibere episcopus ne campanæ adhuc profanæ pulsentur. Ita decretum a S. R. congregatione, die 5 julii 1614.

Casus III. Permisit parochus quidam ut campanæ ad usus mere profanos pulsarentur. Q. an licite?

R. Id definiendum esse ex usibus ad quos eædem campanæ inservierunt. Hinc enim licitum est, si alia æque commoda desit, campanam pulsare ad convocandam plebem in concilium, ad exstinguendum ignem, arcenda communitatis damna: inde vero illicitum fuerit pulsare campanam in signum alicujus suspendendi, vel prælii mox ineundi; ut enim ab istis abhorret Ecclesia, sic nec ea per sacras campanas indicari patitur. Posset tamen campana benedicta pulsari, dum reus quis jugulatur, ut commonita plebs requiem ei deprecetur, ut propulsentur Ecclesiæ hostes; modo ad id cogat summa necessitas, cui cunctæ parent leges. Ita sancitum a congreg. episcop. et regul., 3 jan. 1589. Vide opus inscriptum R. P. *Joannis Cavalieri... Opera omnia liturgica*, etc. *Venetiis* 1748, tom. III, pag. 65 et seq.

CANONICUS

Casus unicus. pag. 95. Sacerdos in canonicum collegiatæ cujusdam electus jam dudum nullam hactenus fidei professionem emisit. Unde nunc dubitat annon ad restitutionem teneatur?

R. Non teneri; quia professio fidei, tum a Tridentino, sess. 24, cap. 12 *de Reform.*, tum a Pio IV, Constit. 89, præscripta, iis solum imposita est, qui beneficia curam animarum habentia, vel canonicatus aut dignitates in ecclesiis cathedralibus possident, non autem qui præbendas tenent seu in oppidis, seu in urbibus. Ita respondit S. Cong. concilii die 9 febr. 1726.

— « Ces sortes de décrets n'ont de force que dans les lieux où ils sont établis, au moins par l'usage, et il faudrait voir s'ils y sont reçus, sous peine de privation des fruits. »

CAPELLANUS

Casus I. pag. 110. Capellanus institutus ut quotidie absque vacatione ulla celebret ad mentem fundatoris, dubitat an juxta eam celebrare teneatur, seu in die commemorationis omnium defunctorum, seu in Cœna Domini, si quando hac die ei celebrandum occurrat. Q. dubii solutio.

R. Teneri eum celebrare ad mentem fundatoris in die commemorationis defunctorum, non autem in die Cœnæ Domini.

Ratio primæ partis est, quia neque ex lege ulla, neque ex approbata consuetudine, vim legis habente, satis constat, sacrificia hac die applicanda esse, juxta mentem pontificis vel ecclesiæ in suffragium defunctorum. Ergo nulla est ratio quæ capellanum hunc excuset, si hac die non celebret juxta mentem sui institutoris.

Ratio secundæ partis est, quia si aliquando simplex sacerdos die Cœnæ celebrat, id non facit de jure communi, sed ex peculiari superiorum favore. Huic autem favori non potest dispositio institutoris derogare. Cum iste nequeat capellano a se instituto aliam celebrandi obligationem imponere, quam quæ jure communi permissa est.

— « Il parait que l'auteur n'a pas connu ce décret de la congrégation des Rites, rapporté par Mérati dans son *index*, *décret*, n. 114 : *In die commemorationis omnium fidelium defunctorum sacrificia possunt a sacerdotibus celebrantibus applicari ad libitum, scilicet vel pro omnibus fidelibus defunctis, vel pro aliquibus tantum, die 4 aug.* 1663. Il en résulte que le fondateur d'une chapelle peut ce jour-là stipuler des messes pour un ou plusieurs défunts, mais non pour les vivants. Au reste, une fondation qui obligerait un prêtre à célébrer lui-même tous les jours serait mal entendue et très-dangereuse. »

Casus II. pag. 118. Capellanus, accepta eleemosyna, ad celebrandam missam pro re gravi, differt celebrationem per aliquot dies. Q. an graviter peccet?

R. Affirm. Si res ea gravis sit pendens aliqua et urgens necessitas. Unde si quo tempore capellanus distulit, infirmus vir obierit, vel prolata sit sententia de lite, capellanus neque a gravi culpa excusari, neque acceptum stipendium retinere potest; cum et legitimam intentionem frustraverit, et missa postulatum effectum jam habere nequeat. Si vero res non urgeat, nec omnimodam celeritatem exigant postulatores, potest sacerdos ad aliquot dies differre citra peccatum; cum et missa petitum effectum adhuc obtinere valeat, et modici temporis dilatio a S. R. congregatione permissa sit. Ita Marchini, Anacletus, etc.

Casus III. pag. 126. Paulus, accepta stipo pro offerendo in talis animæ requiem sacrificio, sacrificium obtulit absque intentione huic suo debito satisfaciendi. Q. an novam missam offerre teneatur?

R. Affirmat. Si nunquam habuit intentionem celebrandi ad mentem illius qui stipendium præbuit. Secus, si semel intentionem hanc habuerit, neque eam retractaverit. Ratio est, quia cum applicatio sacrificii sit veluti quædam ejus donatio, quæ a Deo acceptatur, etiam ante actualem ipsius sacrificii oblationem, necesse non est ut voluntas applicandi pro tali anima existat, quando fit sacrificium. Hinc pii etiam sacerdotes non sunt solliciti de renovanda intentione, dum sacrificium offerunt, dummodo jam habitam non retractaverint.

— « On ne doit guère avoir d'inquiétude sur cette intention. Un prêtre, qui reçoit l'honoraire d'une messe, s'engage équivalemment à dire, pour celui dont il la reçoit, la première messe qui sera à sa disposition. Au reste, il vaut toujours mieux renouveler son intention avant que de monter à l'autel ou à l'autel même. Mais dit-on la messe pour un défunt, il faudrait le faire avant la consécration, si on ne l'avait pas encore fait. »

Casus IV. pag. 157. Fundator capellaniæ voluit eligi sacerdotem *qui*, inquit, *quotidie celebrans oret pro anima mea*. Q. an capellanus quotidie sacrificium pro fundatore illo offerre teneatur.

R. Affirmat. Ratio est, quia quæ dubii aliquid habent, ex communiter contingentibus definienda sunt. Porro ea est communis fundatorum intentio, ut missam sibi applicari velint. Ita Lugo, disp. 21, n. 23; Barbosa, etc.

Casus V. pag. 170. Villicus et hortulanus in privata nobilis viri capella missam audiunt diebus festis. Q. an præcepto de missa diebus festis audienda satisfaciunt.

R. Negat. Pontifex enim, dum gratiam privatis in oratoriis celebrandi concedit, semper hæc apponit verba : *Volumus autem quod familiares servitiis tuis tempore dictæ missæ actu non necessarii, ibidem missæ hujusmodi interessentes, ab obligatione audiendi missam in ecclesia diebus festis de præcepto, minime liberi censeantur.*

— « Il serait à souhaiter que ceux qui accordent de pareilles grâces, et ceux à qui elles sont accordées, fissent attention à cette conduite du saint-siége. On ne verrait pas des domestiques et des villageois qui, dans le cours d'une année, n'entendent pas deux fois les instructions de leur curé. »

Casus VI et VII. *pag.* 250 *et* 251. Capellanus quotidie ad celebrandum adstrictus, semel in hebdomada celebrare omisit, quia venit ad urbem parentes suos invisurus. Alter vero in hebdomada stipendium accepit, etsi pari quotidianæ celebrationis lege adstrictus. Q. an uterque omissas missas supplere teneatur.

R. Ad 1. Vel capellanus ille tenebatur per seipsum celebrare, vel id per alium præstare poterat. Si poterat, peccavit, quia tunc debebat alteri celebrationem committere, prout definiit S. congregatio 18 sept. 1583, et ex ipsa Benedictus XIV, lib. III *de Sacrificio,* cap. 3, n. 6. Si per seipsum celebrare tenebatur, potuit aliquando a celebrando abstinere legitima de causa, non quidem semel in hebdomada; sic enim, licet quotidiana stipe donatus, sacrificium bis et quinquagies per annum omitteret; sed quinquies aut sexies in anno. An autem idem sacerdos *illis diebus quibus licite vacat a celebratione, teneatur missam ab aliis celebrari facere juxta intentionem fundatorum,* eo usque ambigitur, ut consulta de hoc etiam puncto S. congregatio *distulerit responsionem,* ut habet idem Benedictus XIV, ibid., p. 275.

R. Ad 2 affirm. Sic enim resolvit S. congregatio, die, mense et anno prædictis, quæ et addidit sacerdotes obligatos ratione beneficii, capellaniæ, legati aut stipendii per seipsos quotidie celebrare, non posse ipsis etiam licite vacationis diebus missam pro seipsis vel aliis, præterquam pro fundatoribus celebrare.

Casus VIII. *pag.* 251. Sacerdos jam donatus stipendio pro officiatura seu præsentia, aliud recipit stipendium pro sacrificii applicatione. Q. an licite.

R. Negat. Nisi certo constet obligantem ad præsentiam hanc solum intendisse : ita S. congregatio 18 martii 1608, quia *pro onere applicandi sufficit ordo habitus celebrandi,* et qui se ab onere applicationis immunem prætendit, suam hanc exemptionem claris probationibus ostendere debet. Ita idem pontifex notificat. 5.

Casus IX. *pag.* 255. Sempronius obligatus ex capellania ad quotidie celebrandum in altari B. Mariæ, per mensem omnino destitit a celebratione, eo quod non posset sacrum in eo altari celebrari : per alium vero mensem ad aliud altare celebravit, quamvis commode posset celebrare in deputato. Q. an in utroque casu male se gesserit, et ad quid teneatur.

R. Ad 1. Vel Sempronius ad solam præsentiam tenebatur, et tunc nec male se gessit, nec ad quid tenetur; cum habuerit legitimum altaris impedimentum. Vel erat insuper obligatus ad sacrificii applicationem; et tunc non modo se gessit male, sed et tenetur ad supplenda sacrificia omissa. Debebat enim recurrere ad episcopum, qui impedito Deiparæ altari, ex pro interim altare aliud assignasset, in quo celebraret, et sic meliori modo possibili mentem testatoris adimpleret.

R. Ad 2. Vel altare B. Virginis est privilegiatum, et ipse celebravit in alio non privilegiato; et tunc male fecit, et tenetur vel restituere, vel in eodem tot sacrificia per alium supplere, ob spirituale damnum testatori illatum. Vel non est privilegiatum, et tunc si obligatio erat ad solam præsentiam, non acquisivit stipendium, ut pote relictum ex fine habendi præsentiam. Si vero obligatio erat etiam pro applicatione, debet sibi retinere ratam huic præcise correspondentem, et reliquum restituere, cum applicuerit quidem sacrificium, sed non in loco debito.

— « Je crois qu'on peut s'en tenir à la dernière partie de cette décision, quoique Sainte-Beuve oblige en ce cas à répéter toutes les messes qu'on a dites hors du lieu marqué par la fondation. *Voyez le Traité des SS. Mystères,* ch. 11, n. 7. Quant à ce genre de fondation, qui ne demanderait que la présence, c'est-à-dire la simple célébration à un tel autel, sans demander l'application de la messe, il faudrait voir quelle a été l'intention du fondateur; car si elle était de nature à être remplacée par une messe dite à un autre autel, je crois que cette espèce de dédommagement serait dû en conscience. La moindre chose qu'on puisse faire dans ces sortes de cas, c'est de recourir aux supérieurs et de suivre leurs ordres. »

Casus X. *pag.* 261. Valerius instituit capellaniam cum onere celebrandi singulis festivis diebus ad tale altare, assignato in hunc finem congruo stipendio. Accidit autem ut dies, quæ erat puræ devotionis, nunc effecta fuerit festiva de præcepto. Q. an capellanus hac etiam die ad altare istud celebrare teneatur.

R. Vel assignatio stipendii facta fuit determinando tantum pro qualibet missa, ex. gr. duos Julios, et tum capellanus non tenetur, etc., quamvis hac etiam computata missa adhuc verificetur quod compendium sit congruum. Ratio est quia nullum pro celebratione talis diei assignatum est stipendium; cum istud, ex prævia supputatione, solum correspondeat celebrationi aliorum dierum. Vel stipendii assignatio facta fuit in generali, talem summam, aut hujus prædii fructus determinando ad annum, et tunc, si capellanus, tali etiam missa computata, congruum habet stipendium, tenetur ista die ad tale altare celebrare. Ratio desumitur, 1° ex rationabiliter præsumpta voluntate institutoris, qui celebrationem singulis diebus festis ad tale altare faciendum ordinando, voluisse censetur ut idem altare nulla die festiva careat tali cultu, aut populos commodo missæ; 2° a paritate parochi, qui cum diebus singulis festis pro populo applicare obligatus sit, in hac etiam nova festivitate censebitur obligatus ad applicandum pro eodem populo; 3° ab æquitate. Sicut enim si festum aliquod tollatur, capellanus totum adhuc stipendium recipiet, et tamen non tenebitur ad altare illud celebrare; ita si unum vel aliud festum accrescat, æquum est quod celebret, maxime si attenta hac celebratione congruum sibi supersit stipendium.

CELEBRANS ET MISSA.

Nous joignons ces deux titres ensemble et avec le précédent, à cause de la liaison qu'ils ont entre eux; et parce que les principes réunis, quelquefois même rebattus, font une impression plus sûre. Nous considérons dans le célébrant, 1° son état; 2° les rites de la messe; 3° l'intention qu'il doit avoir; 4° l'application qu'il doit faire du sacrifice; 5° l'honoraire qui lui est dû; 6° et 7° le temps et le lieu où il doit célébrer; 8° l'interruption qui peut arriver au sacrifice; 9° les défauts qu'on y doit suppléer, et, afin de parler aussi relativement aux fidèles, on parlera, 10° de l'obligation et de la manière dont ils doivent entendre la messe; 11° du lieu où ils doivent y assister; 12° enfin des causes qui peuvent les en dispenser.

§ I.
Celebrans quoad statum.

Casus I. *pag.* 59 et 60. Sacerdos, urgente necessitate celebrandi, non habens copiam confessarii jurisdictionem habentis in reservata quibus obnoxius est, solum contritionis actum sacrificio missæ præmisit. Q. an peccaverit.

R. Vel sacerdos erat obnoxius tantum lethalibus reservatis, vel obnoxius erat reservatis simul et non reservatis. Si 1°, non peccavit speculative loquendo; eo quia ex una parte non habebat confessarium pro reservatis approbatum; et ex alia parte, non tenebatur venialia vel lethalia alias confessa confiteri, ut ab his directe et a reservatis indirecte absolveretur. Unde præmisso contritionis actu licite celebravit, speculative loquendo. *Speculative*, inquam, quia cum in praxi difficilis sit contritio perfecta, practice videretur nimia quædam præsumptio de contritione; posito alio medio faciliori, puta venialium confessione. Ita Suarez, disp. 23, *de Pœnit.*, sect. 2. Si 2°, peccavit, quia tunc tenebatur servare divinum præceptum a Tridentino his verbis expressum: *Nullus sibi conscius mortalis peccati, quantumvis sibi contritus videatur, absque præmissa sacramentali confessione ad sacram eucharistiam accedat.* Poterat autem præceptum illud servare, confitendo non reservata et per istorum directam absolutionem, obtinendo absolutionem indirectam de reservatis.

— « MM. Habert et Fromageau croient que dans un cas si pressant, les supérieurs ecclésiastiques donnent la juridiction à un prêtre qui ne l'avait pas. Je souhaiterais que ce sentiment fût vrai; mais la piété de l'Eglise, qui est l'unique fondement sur lequel ils s'appuient, prouverait aussi qu'un prêtre, qui n'est point du tout approuvé, peut absoudre en pareil cas. Toute concession qui n'est établie ni *a jure*, ni *ab homine*, ne peut me tranquilliser. Ainsi je continue à croire qu'un prêtre doit alors se regarder comme n'ayant point de confesseur, et s'exciter à la plus vive contrition. *Voyez* mon *Traité de la Pénitence*, tom. et part. II, cap. 8, n. 565 et seq. »

Casus II. *pag.* 111. Sacerdos paulo ante confessus, dum est ad altare, recordatur peccati mortalis ex inculpabili oblivione non expressi, neque tunc sine gravi periculo exprimibilis. Q. an necesse sit ut ibi de eo eliciat actum contritionis?

R. Vel talis sacerdos in illa sua confessione habuit dolorem universalem de peccatis omnibus a se commissis, vel habuit dolorem ad ea restrictum quæ confessus est. Si 1° haud necesse est ut eliciat actum contritionis de peccato oblito; quia peccatum istud per dolorem hunc et absolutionem indirecte, et tamen remissum est: unde Tridentinum ait peccatum istud intelligi in eadem confessione inclusum. Si 2° attendendum est an sacerdos adeo restrinxerit dolorem ad peccata expressa ut ab eo excluserit alia quæ putabat se non habere: item an dolor iste ab eo conceptus fuerit ex motivo speciali turpitudinis resultantis ab oppositione ad peculiares virtutes quibus peccata confessa opponuntur: an vero ab eo conceptus fuerit ex motivo universali, puta ex offensa divinæ bonitati illata, aut ex metu gehennæ. Si quidem in primis duobus casibus necesse est elicere actum contritionis, ut se constituat in statu gratiæ: cum peccatum oblitum, ut pote nullo modo retractatum adhuc vigeat in anima. In tertio autem casu necesse non est ut ibi de eo eliciat actum contritionis: cum enim hujus modi dolor, ratione motivi universalis, virtualiter se extenderit ad peccatum etiam oblitum (qui enim ex. gr. detestatur furtum, quia est offensa Dei, vel ex metu gehennæ, implicite et virtualiter detestatur etiam fornicationem ac cætera peccata, quæ pariter sunt offensa Dei, et merentur gehennam); etiam istud implicite et virtualiter fuit retractatum, ac proinde per absolutionem remissum. Ita doctores communiter.

— « Sans examiner ce que veut dire l'auteur par son *metus gehennæ*, je crois, 1° qu'un pénitent, qui fait un acte de contrition par le mouvement du Saint-Esprit, qui ne demande qu'à le justifier, étend sa douleur à tous les péchés dont il est coupable; 2° qu'un prêtre qui est à l'autel aura plutôt fait quatre actes de contrition qu'il n'aura fait la discussion qu'on lui propose ici, et qui souvent lui serait impossible. »

§ II.
Celebrans quoad ritus.

Casus III. *pag.* 76. Sacerdos missam celebrare solet sine crucifixo ante oculos posito; parva cruce in ostiolo tabernaculi depicta contentus. Q. an absque culpa?

R. Non vacare a culpa saltem veniali; quia rubricæ, quæ sine culpa saltem veniali violari non possunt, præscribunt ut *super altare collocetur crux in medio et candelabra saltem duo*, part. 1, tit. 20, n. 1. Hæc autem crux imaginem crucifixi præferre debet, ut constat, tum ex Ecclesiæ praxi, tum ex Cæremoniali episcoporum, lib. 11, cap 12.

— « 1° Les plus sages théologiens ne trouvent qu'une faute vénielle à célébrer sans croix; 2° ils avouent que dans le cas de nécessité on pourrait s'en passer, 3° la congrégation des Rites a déclaré que celle qui se trouve quelquefois placée sur le haut du tabernacle ne suffit pas; 4° il n'est pas nécessaire d'en mettre une, quand il y a au fond de l'autel un grand crucifix en relief. Il paraît même que Benoît XIV regardait comme suffisant celui qui ne serait qu'en peinture. *Voyez* mon *Traité des saints Mystères*, chap. 8, n. 14. »

Casus IV. *pag.* 77. Capellanus post calicis sumptionem solet aqua loco vini calicem purificare. Q. an licite?

R. Negat. Peccat enim tum contra decreta pontificum, tum contra rubricas, quæ præscribunt ut sacerdos, ministro vinum fundente, calicem purificet, deinde digitos vino et aqua super calicem abluat.

— « Il y a en Italie et ailleurs des gens habiles qui croient qu'on peut purifier ses doigts avec de l'eau pure, quand il y a des raisons de le faire. Un grand dégoût pour le vin, la crainte d'en manquer pour le sacrifice, dans un pays où il n'y en a point, seraient de ce genre. »

Casus V. *pag.* 115. Ruralis parochus celebrare noluit, quia altare carebat luminibus opportunis; quamvis ageretur de consecranda in moribundi viaticum hostia. Q. an bene?

R. Affirmat. Si altare quocumque lumine destitutum erat. Negative vero si tantum carebat qualitate aut numero luminum in rubricis præscriptorum. Licet enim rubricæ duo lumina ex cera in quolibet sacrificio præscribant, haud tamen, secluso scandalo, ea lex urget in casu necessitatis, qualis est ille de quo agitur. In hoc enim casu unicum lumen, et quidem ex oleo etiam aut sebo confectum sufficit, ut communiter docent theologi.

Casus VI. *pag.* 117. Cum parochus festa die careret vino ad celebrandum, celebravit in musto. Q. an licite et valide?

R. Affirmat ad utrumque. 1° Enim valide consecravit, quia vinum ex uvis maturis expressum est verum vinum de vite, quamvis impurum; 2° consecravit licite, quia cap. 7, *de Consecrat.*, dist. 2, statuit Julius papa, *ut si necesse sit, botrus in calice comprimatur, et aqua misceatur.* Porro erat hinc quidem necessitas audiendi sacrum die festiva; inde vero vini defæcati carentia.

Casus VII. *pag.* 120. Bononiensis presbyter in diœcesi Mutinensi officium et missam recitat de sanctis Bononiensibus, quia beneficium possidet in diœcesi Bononiensi. Q. an licite?

R. Negat. Ratio est, quia cum potentius sit vinculum domicilii et residentiæ, quam beneficii, obligatio et facultas recitandi officium tali ritu et forma nequit consurgere ex beneficio tali loco existente, quandiu obstat habitatio beneficiarii in alio loco. Sicut ergo extraneus debet se accommodare legibus locorum in quibus habitat, ita et beneficiarius, etc. Et hæc est praxis juxta quam presbyteri omnes celebrare solent. Ita Gavantus, in *Rubr. Breviar.*, sect. 2, c. 2, n. 8.

— *Voyez* sur ce cas ce qu'on a dit v. OFFICE DU BRÉVIAIRE, et mieux ce que j'ai dit dans le *Traité de l'Office divin*, chap. 3.

Casus VIII. *pag.* 120. Sacerdos erga parochum suum bene affectus, solet nomen illius post episcopi nomen in canone recensere. Q. an ab omni culpa sit immunis?

R. Negat. Ratio est, quia facit contra legem a Pio V in principio Missalis sancitam qua cavetur ne quis in celebratione missæ quidpiam addat vel omittat. Quia tamen unius nominis additio, et quidem non ex fine novum ritum inducendi, sed solum ex nimio erga pastorem affectu, non excedit parvitatem materiæ, nequit in casu subesse lethalis culpa : imo nulla erit, si sacerdos ex invincibili errore seu simplicitate operetur. Ita Gavantus.

— « Un mal très-commun c'est de ne point assez étudier les rubriques, et plus encore de croire que, quand on les a bien sues, on ne les peut oublier. Au bout de deux ans on dit la messe moins bien qu'on ne la disait les premiers jours. »

Casus IX. *pag.* 123 et 124. Sacerdos dum peracta consecratione signum crucis supra calicem efformat cum hostia, hostia e manibus excidit in calicem : unde tota fere remanet madefacta. Q. quo ritu prosequendum sit sacrificium?

R. Si commode extrahi potest a calice aliqua sensibilis hostiæ pars, quæ non sit sanguine madefacta, debet sacerdos nihil mutando prosequi missam, et signa consueta cum prædicta hostiæ parte facere. Si vero hostia ita madefacta sit, ut e calice extrahi non possit pars ad perficiendum solito ritu sacrificium idonea, nihil e calice extrahi debet; sed omissis signis et crucibus, quæ cum hostia vel supra ipsam fieri solent, debet sacerdos una cum corpore sumere sanguinem, signans se cum calice, et dicens : *Corpus et sanguis Domini nostri*, etc. Ita ex rubricis Gavantus, etc.

Casus X. *pag.* 142. Capellanus ex negligentia missam celebrat ad longum tempus absque clericali tonsura. Q. an merito ea de re arguatur tanquam gravis culpæ reus?

R. Negat. Quia simplicis tonsuræ delatio præcipitur quidem sub pœna privationis privilegiorum, vel privationis beneficiorum aut inhabilitatis ad ipsa; sed non sub aliqua forma lethalem culpam indicante. Si tamen capellani hujus negligentia, vel clarum præferret ecclesiasticæ legis contemptum, vel cum rudis populi admiratione atque scandalo conjungeretur, tunc ob hujusmodi circumstantias merito de gravi culpa redargueretur capellanus. Ita Marchini, Diana, Henriquez.

— « Il me semble que des peines aussi grièves que la privation du privilége clérical et des bénéfices, et de l'inhabilité à en posséder, ne peuvent s'imposer pour une faute légère. Après tout, un prêtre qui craint Dieu ne voudrait pas l'offenser même véniellement, surtout quand il en coûte si peu pour l'éviter. »

Casus XI. pag. 188. Sacerdos in itinere devenit ad rurale oratorium, in quo reperit unum duntaxat missalem librum, cui deest fere integer canon missæ. Q. an cum eo celebrare possit ut una cum sociis satisfaciat præcepto tunc urgenti de audienda missa.

R. Negat. Quia sic se exponeret periculo errandi in re gravi, nimirum in canone, cujus profecto singula verba sunt materia gravis. Unde nequidem id licet ad satisfaciendum præcepto de audienda missa; quia præceptum integrandi missam in iis quæ canone continentur, prævalet unicuique præcepto ecclesiastico. Ita Gavantus, etc.

— « Il est sûr que l'homme du monde qui saurait le mieux le canon, pourrait manquer de mémoire par la seule crainte d'en manquer. »

Casus XII. pag. 190. Sacerdos dum ad celebrandum sacris se vestibus induit, omittit orationes, quæ ad singulas earum dicendæ sunt. Q. an id fiat sine culpa?

R. Negat. Est enim semper omissio hæc contra rubricam, vel præceptivam, ut volunt aliqui, vel saltem directivam, ut existimant alii. Quare nisi ex aliqua rationabili causa fiat, est quoque obnoxia peccato, seu mortali, ut tenet Navarrus, cap. 25, n. 73, maxime si omittantur aut ex contemptu, aut scienter omnes deliberate, vel saltem veniali, ut communius sustinent doctores.

— « Le sentiment qui ne met ici qu'un péché véniel est plus probable, à moins qu'il n'y eût une habitude constante qui ferait présumer le mépris. Au reste, on ne voit pas quelle juste cause pourrait avoir un prêtre d'omettre ces prières qui sont belles et qui coûtent si peu à dire. »

Casus XIII. pag. 192. Sacerdos ruri degens, deficiente ministro, solus ipse sibi respondit et ministravit. Q. an licite?

R. Negat. Si nulla urgeat necessitas. Ratio est, quia violavit legem Ecclesiæ pluribus in conciliis sancitam, ut videre est apud Juenin; et qua revocata sunt privilegia olim monachis inclusis concessa, apud Em. Bona. Hinc Suarez, disp. 87, sect. 2, et alii lethalis culpæ arguunt contrafacientes, tanquam in re gravi delinquentes. Limitant id tamen in casu gravis necessitatis, ut cum dandum est viaticum infirmo periclitanti, audiendum sacrum in die festo, et hujusmodi, nec non in casu specialis dispensationis et privilegii.

— « Sylvius doute, et moi avec lui, qu'un prêtre pût célébrer sans répondant, pour remplir et faire remplir à d'autres le précepte d'entendre la messe un jour de fête. » Voyez le Traité des saints mystères, chap. 12, n. 6 et 7.

Casus XIV. pag. 194. Andreas celebrans missam defunctorum pro patre Antonii, recitat orationem quæ in Missali habetur pro patre. Q. an bene?

R. Negat. Quia oratio hæc tantum posita est pro patre ipsius celebrantis; neque convenit patri alterius. Ita Gavantus, tom. I. p. 4, tit. 18, de Rubr. miss.

— « Il y a dans le fait de ce prêtre plus de simplicité que d'autre chose, et je ne doute point qu'ayant voulu dire la messe pour le père d'un autre il n'ait rempli son obligation. »

Casus XV. pag. 198. Sacerdos non abstergit purificatorio calicem, cujus intra latera nonnullæ guttæ adhærent, ab alia materia, quæ est in fundo calicis separatæ. Q. an guttæ illæ consecratæ remanent?

R. Vel guttæ illæ sunt separatæ a vino existente in fundo calicis ante infusionem aquæ, vel post. Si 1° non consecrantur, quia cum sic non sint licite consecrabiles, ut pote cum aqua non mixtæ, non præsumitur sacerdos habuisse intentionem eas consecrandi, qui alioquin graviter peccasset. Si 2° probabilius remanent consecratæ, quia sunt guttæ vini aqua permixti, sunt intra calicem, et per pronomen hic designantur. Ergo licite ad eas dirigi poterat intentio consecrantis. Verum quia regulariter guttæ istæ resiliunt in prima infusione vini, antequam infundatur aqua, recte Gavantus et alii docent consecratas non esse. Ad repellendos scrupulos curet sacerdos ante consecrationem unire has guttas cum aliis partibus, si commode id fieri possit, alioquin eas linteolo abstergat ut monet idem Gavantus.

— « On doit prendre ce parti et on le prend d'ordinaire. Mais un prêtre aurait-il tort de n'avoir aucune intention de consacrer les gouttes qui, sans qu'il s'en aperçoive, sont attachées à la coupe du calice, et qui ne se réuniront point au tout avant la communion? Je voudrais que quelqu'un prît la peine d'approfondir cette difficulté; ce servirait à en résoudre une autre fort importante. »

Casus XVI. pag. 83. Ruralis sacerdos, cum certa die neminem invenisset, qui missæ ejus inserviret, omissa missa seipsum devotionis causa propriis manibus sacra synaxi refecit. Q. an laudanda sit ista hæc ejus devotio?

R. Per se loquendo, negat. Etsi enim usus se propriis manibus eucharistia reficiendi, quem antiquitus in Ecclesia viguisse constat, nulla scripta lege prohibitus sit, adeo tamen multis abhinc sæculis invaluit consuetudo opposita, ut ab ea deficere non liceat.

Dixi tamen per se loquendo. Si enim occurrat dies vel magnæ indulgentiæ, vel sancti alicujus, quem talis sacerdos maxime venerari soleat, aut simile aliquod gravis momenti motivum, poterit sacerdos, deficiente alio, eucharistiam sibi propriis manibus porrigere.

— « Je ne passerais point le cas de cette dévotion pour un saint. J'aurais même beaucoup de peine à admettre celui d'une indulgence plénière, à moins qu'il ne fût difficile de la rattraper, et qu'une sorte d'inspiration ne portât à la gagner par cette voie. »

Casus XVII. *pag.* 98. Parochus festa die, qua pro populo celebrare tenetur, celebrat pro defuncto, corpore præsente. Q. an bene se gerat?

R. Bene quidem, si intendat die altera sacrificium offerre pro populo; sic enim et servat antiquissimam consuetudinem celebrandi pro defuncto præsente, et spirituale populo suo auxilium præstat, quod ei severe debet ex Trid., sess. 23, c. 1. Si vero ita pro defuncto celebrat, ut alia die pro populo suo celebrare nolit, peccat, quia et concilio præceptum, et justitiæ charitatem præponit.

Casus XVIII. *pag.* 111. Cum anniversaria dies, qua juxta mentem testatoris celebranda erat missa de *Requiem*, in duplex primæ classis festum inciderit, parochus eamdem missam transtulit in diem proxime sequentem, quæ erat tantum de duplici etiam minori. Q. an bene?

R. Negat. Ut enim missa de *Requiem* celebrari possit in die quæ est de duplici etiam minori, requiritur ex decretis a S. Rituum congregatione ea de re editis die 22 novembris anni 1668 et 23 septembris 1669, requiritur, inquam, copulative, et quod tales missas præscripserit testator, et quod dies in qua celebrantur, sit vere dies illius obitus annua. Cum igitur in nostro casu dies quæ immediate sequitur festum primæ classis, in quo missa de *Requiem* celebrari non potuit, non sit amplius dies annua obitus testatoris, dicendum est non potuisse hac die, ut pote de duplici, quantumvis minori, missam antecedenti de omissam celebrari; sed debuisse in aliam diem nullo duplici ritu impeditam transferri. Unde male se gessit parochus.

Casus XIX. *pag.* 113. Sciens sacerdos in oratorio campestri, nondum benedicto; ex duorum rixa secutam esse violentam sanguinis effusionem, missam in eo celebravit, antequam fuisset benedictione reconciliatum. Q. quot leges fregerit?

R. Unicam legem fregisse. Ratio est, quia cum ex can. 1, *de Consecr.*, dist. 1, missæ sacrificium nequeat celebrari in ecclesiis, vel publicis oratoriis, nisi prius fuerint per sacram consecrationis vel saltem benedictionis ritum divino cultui dicata, sacerdos qui in oratorio, sive ante, sive post secutam sanguinis effusionem nullatenus benedicto, sacrum peregit, hanc quidem legem transgressus est; sed non apparet quomodo aliam fregerit. Quia dici non potest quod in loco polluto celebraverit : siquidem non polluitur locus sacer, nisi cum ab eo aufertur legalis sanctitas ex consecratione vel benedictione orta. Non potuit autem legalis hæc sanctitas auferri loco, qui hanc nondum receperat. Ergo prædictus sacerdos unam tantum legem violavit.

— « Quarti dit expressément, part. 3, tit. 10, sect. 1, dub. 3, p. 382 : *Potest licite celebrari missa in oratoriis, quamvis ea nec sint consecrata, nec benedicta, modo ab episcopo ad divinum tantum cultum sint destinata et designata.* Benoît XIV dit la même chose dans son Traité de *S. Missæ Sacrificio*, lib. III, cap. 6, pag. *mihi* 288. Resterait à savoir si cette destination de l'évêque subsisterait *post violentam sanguinis in loco deputato effusionem.* Je croirais que non. Si l'effusion du sang ôte la consécration même, elle doit ôter à plus forte raison une désignation qui, comme dit Quarti, donne seulement *aliquod esse sacrum.* En France, on ne célèbre que dans des lieux consacrés ou bénits. »

Casus XX. *pag.* 117. Sacerdos, finita missa, cum jam esset in sacristia, fragmentum in patena invenit. Q. quid debuerit facere?

R. Si sacerdos fragmentum invenit, antequam sacerdotales vestes exueret, debuit illud sumere, ut pote reliquiam et complementum peracti a se sacrificii, quod censetur moraliter perdurare. Si vero fragmentum invenit, postquam jam vestibus spoliatus erat, debuit illud vel in tabernaculum deferre, si commode absque populi admiratione fieri potuit, vel tuto et decenter servare, ut ab altero sacerdote, si quis eadem die celebraturus erat, consumeretur. Quod si vel sacerdos celebraturus, vel tabernaculum deficeret, debuit ab eo sumi. Ita Benedictus XIV.

— « *Voyez* plus bas le cas XXXI, et mon Traité des saints mystères, chap. 3, n. 16 et 17. »

Casus XXI. *pag.* 166. Conjuges, qui matrimonium ex dispensatione contraxerunt tempore prohibito, proinde sine solemniis, transacto eo tempore, petunt a simplici sacerdote, ut missam dicat pro sponsis et nuptias benedicat de more. Q. an id possit simplex ille sacerdos?

R. Neque id potest simplex sacerdos, neque parochus alter sine proprii parochi licentia; quia benedictio nuptiarum, ut pote solemnitas ipsius matrimonii, est de jure illius, cui competit matrimonio assistere, adeoque parochi proprii. Qui secus facit, incurrit ipso facto suspensionem impositam a Trid., sess. 24, cap. 1.

§ III.

Celebrans quoad intentionem.

Casus XXII, *pag.* 6. Sacerdos nullam fere præparationem sacro præmittens, ut plurimum distracte celebrat, et raro habet actualem intentionem consecrandi. Q. an lethaliter aliquando peccet.

R. Eum non peccare graviter, qui orationes *præparationis* nomine indicatas omittit; quia verba hæc *pro temporis opportunitate,* quæ iisdem in rubrica præmittuntur, ostendunt nullum esse præceptum eas recitandi. Si tamen ex omissione tali præparationis sequatur notabilis distractio, erit ea grave peccatum, quia tunc distractio volita erit in causa neglectæ præparationis. Utique si notabilis distractio actualiter voluntaria in canone, vel consecrationis aut sumptione est grave peccatum, ut asserunt doctores cum Tamburino, ita et grave erit peccatum notabilis distractio voluntaria solum in causa. Aderit tamen sufficiens intentio, quia non requiritur actualis, sed satis est intentio virtualis, qua deficiente, nedum graviter peccaret sacerdos, sed nec eucharistiam conficeret.

— « Il est vrai qu'on n'est pas obligé de réciter les oraisons qui sont marquées sous le titre de *Præparatio ad Missam;* mais il n'y a qu'un prêtre sans religion qui osât monter à l'autel sans une juste préparation. *Voyez* le *Traité des saints mystères*, ch. 2, § 2, n. 5. Pour ce qui est de l'intention de consacrer, il faudrait en quelque sorte y renoncer expressément pour ne l'avoir pas. »

§ IV et V.

Celebrans quoad applicationem et stipendium.

Casus XXIII. *pag.* 121. Sacerdos missas duas applicavit ad mentem eorum qui priora duo stipendia sibi offerrent. Q. an licite et valide ?

R. Negat. Ut enim valida sit sacrificii applicatio, debet hæc esse absoluta et determinata, id est ab omni eventu in futurum contingente independens. Quapropter S. R. congregatio 15 novembris 1605, hunc anticipatæ applicationis abusum, tanquam a vetusto Ecclesiæ more abhorrentem explosit.

Casus XXIV. *pag.* 176. Franciscus certi fundi fructus in missarum celebrationem assignavit ex testamento : qui ex meliore fundi cultu duplo majores evasere. Q. an capellanus missas plures celebrare teneatur.

R. Affirmat. Siquidem mens testatoris, qui ex hypothesi numerum missarum non definivit, ea fuit, ut tot celebrarentur missæ, quot, detractis impensis, redirent e fructibus stipendia missarum. Quemadmodum igitur, si fructus annui fierent ex fundi deterioratione pauciores, pauciores etiam celebrarentur missæ, sic e contrario. ' Hæc brevius, et paulo minus barbare quam auctor : quod et alibi sæpius factum est.

Casus XXV. *pag.* 177. Parochus ut collabentis ecclesiæ partem reficiat, solet e stipendio missarum quæ in eadem ecclesia a pluribus ministris celebrantur, solidos duos retinere. Q. an licite.

R. Negat. Cum enim ecclesiæ reparatio vel ad patronum, si quis sit, vel ad populum, vel ad ecclesiæ beneficiarios aut parochum ipsum pertineat, ex cap. 4, *de Ecclesiis ædif.*, non debet onus illud sacerdotibus cæteris imponi. Ita Benedictus XIV.

— « Il faudrait raisonner autrement, si de bons prêtres, pour soulager un peuple que sa pauvreté met hors d'état de faire une telle dépense, consentaient de bon gré à cette diminution. L'évêque pourrait aussi l'autoriser, du moins pour les prêtres étrangers, sauf à eux de se pourvoir ailleurs. »

Casus XXVI. *pag.* 226. Exsecutor testamenti in quo testator centum missas pro anima sua præcipit, curavit eas celebrari in loco ubi minori stipendio dicuntur ; et loci proprii taxam secutus, computavit assibus duodecim, quod alibi pro assibus novem impletum est. Q. an non residuum istud velut industriæ suæ fructum retinere possit.

R Negat. Non enim locum habet industria, ubi totum ex præcepto tradendum est. Hinc tot pontificum et S. congregationis conc. definitiones, quæ quamcunque retentionem partis stipendii *lucrum damnabile* appellant. His accedit quod Benedictus XIV, in constitutione 30 Jul. 1741, Laicis qui id facerent, excommunicationis, clericis vero suspensionis pœnam ipso facto indixit, a qua nec hi, nec illi, præterquam in articulo mortis, ab alio quam a rom. pontifice absolvi possunt.

§ VI et VII.

Celebrans quoad locum et tempus.

Casus XXVII. *pag.* 88. Ut venationi, cæteroquin licitæ, possit sacerdos summo mane incumbere, solet missam celebrare hora una ante auroram. Q. an graviter peccet.

R. Affirmat. Ratio desumitur, 1° a rubrica XV missalis Romani, quæ præcipit ut tempus missas privatas celebrandi *ab aurora* incipiat, et *ad meridiem* terminum sumat ; 2° a consuetudine Ecclesiæ, præsertim in Italicis provinciis ubique recepta ; quas regulas nemini unquam infringere licet sine peculiari privilegio, vel urgenti motivo. Quamvis autem non ita strictim sumendum sit auroræ initium et meridiei terminus, ut nequeat missa ante auroram tertia horæ parte incipi, et post meridiem terminari, prout in edictis ea de re sancitis explicarunt Benedictus XIII, et Clemens XII, nunquam erit tanta licitæ venationis honestas, ut sacerdotem una ante auroram hora proprio arbitrio celebrantem a gravi culpa excuset. Ita communiter auctores cum D. Thoma in 4, dist. 13, q. 1, art. 2.

— « La chasse, et la chasse fréquente, *Solet*, mise au nombre des occupations permises à un prêtre fait pitié. Le reste de cette décision n'a pas lieu en France. *Voyez* le *Traité des saints mystères*, ch. XI, § 2. »

Casus XXVIII. *pag.* 127. Parochus ruralis ut populum devote in ecclesia detineat natalitia nocte, tres missas successive celebrare consuevit. Q. an licite id faciat.

R. Negat. Etsi enim id licitum esse docuerint theologi nonnulli apud Lugo, disp. 20, *de Euchar.*, sect. 1, n. 25, hoc tamen jam dici non potest, cum pluries vetuerit S. R. congregatio, ne nocte illa missæ tres successive celebrarentur, ut constat ex decretis emanatis 7 Decemb. 1641, 9 Aug. 1653, 20 April. 1664, 15 Nov. 1678, quæ sub Clemente XI, die 18 Decemb. 1702, confirmata fuere. Quod et sub pœna suspensionis ipso facto incurrendæ vetuit synodus nostra diœcesana.

— « Il faut suivre religieusement ces décrets partout où ils sont établis. Ils ne le sont pas en France, par rapport aux messes privées, non plus que ceux qui défendent de donner la communion aux fidèles à la messe de Minuit. »

§ VIII.

Celebrans quoad interruptionem sacrificii.

CASUS XXIX. *pag.* 253. Parochus missam celebrans, vix peracta calicis consecratione, monetur e parochianis suis unum, morti proximum, petiisse sacramenta. Cumque non sint in ciborio particulæ antea consecratæ, nec in loco sacerdos alius, sumit ipse unam ex mox consecratis, cum vasculo olei infirmorum et duobus ad specierum consecratarum custodiam relictis, pergit ad excipiendam moribundi confessionem, eique ministrandum viaticum et extr. unctionem. Q. an interruptio sacræ actionis, et ministrandi viatici cum dicta particula liceant in hoc casu, etsi nondum peracta fuerit consumptio.

R. Affirm. Et quidem ex communi doctorum sententia. Cum enim charitas religioni, ac puro Ecclesiæ præcepto vel consuetudini præponderet, obligatio providendi saluti animæ proximi prævalet obligationi non interrumpendi sacrificium, et neminem communicandi cum particula in eodem sacrificio consecrata antequam sacerdos ipse communicaverit. Monet tamen Quarti, part. 2, tit. 3, sect. 3, dub. 3, quod si confessio moribundi longior ultra mediam horam futura sit, parochus, audito aliquo peccato, illum moneat ut generaliter se accuset de reliquis, proponens ea postmodum sigillatim confiteri, si possit; statimque illum absolvat, cæteraque ei sacramenta ministret, omissis psalmis; et statim redeat ad perficiendum sacrificium, ut servetur missæ unitas; et postea, si adhuc vivit, ad eum revertatur, auditaque reliqua ejus confessione, ipsum denuo absolvat.

CASUS XXX. *pag.* 270. Absente parocho, monetur vicarius infirmum paulo ante confessum vergere in mortem. Propterea ne iste sine viatico et extr. unctione decedat, cito sumit vasculum olei infirmorum, et pixidem sacram, ac celeri gradu currit ad hæc sacramenta eidem ministranda. Q. 1° an eo in casu liceat currere gerendo eucharistiam; 2° an ea de causa liceret ei missam incœptam interrumpere; 3° quid a vicario agendum, si ante eucharistiæ sumptionem infirmus denuo confiteri velit.

R. Ad 1 negat. Ratio est, quia hic agitur quidem de ministrandis infirmo duobus sacramentis, quorum utrumque eidem multum prodesse potest; at non agitur de ullo sacramento necessitatis; cum æger paulo ante confessus sit. Imo in casu cursus formalis esset indecens ob realem Christi præsentiam : neque parum minueretur adstantium reverentia si currere viderent ministrum præ manibus sacrum illud corpus gestantem. Unde juxta Possevinum, *de Officio curati*, cap. 5, n. 37, parochus de nocte vel die ad infirmum cum magna instantia vocatus, tenetur quidem currere, si alias infirmus sine baptismo aut confessione moreretur, cum ista sint sacramenta necessaria; in aliis autem functionibus satis est si festinet, quia non sunt omnino necessariæ.

R. Ad 2. Vel infirmus est prope ecclesiam, vel ab ea aliquantum distat. Si 1° potest sacerdos missam interrumpere, quia ex una parte interruptio est modica, ex alia vero ingens sacramentorum utilitas sufficientem tam brevi interruptioni causam præbet. Si 2° prævalet obligatio continuandi missam, ob reverentiam sacrificii; quia nulla subest urgens necessitas, cum supponatur æger paulo ante confessus. Aliter tamen gerere se deberet sacerdos in hoc secundo casu, si infirmus necdum confessus fuisset, neque confiteri posset. Tunc enim si capax esset extr. unctionis aut etiam viatici, non solum posset, sed et deberet pergere etiam post consecrationem ad ei ministrandum viaticum, vel extr. unctionem, ut per sacramenti virtutem moribundus ex attrito fieret contritus, et sic salvaretur. Ita Capeavilleus et Quarti ubi supra.

R. Ad 3, Capellanum, reposita in hoc casu pixide super parvum tabernaculum, aliumve decentem locum, debere totam audire infirmi confessionem, si brevis ea sit; sin vero longa futura sit, eum monere, ut de gravibus quæ menti occurrunt se accuset, cum dolore universali de omnibus, et accusatione generali de reliquis, et intentione eadem postea sigillatim confitendi, statimque illum absolvat, et eucharistiam ministret; si aliunde requisitas dispositiones habeat.

§ IX.

Celebrans quoad defectus supplendos.

CASUS XXXI. *pag.* 61. Sacerdos, post missæ celebrationem ad sacristiam reversus, certo comperit sibi aquam loco vini porrectam fuisse ad consecrationem, dubitat an defectum hunc per novam vini consecrationem supplere teneatur. Q. quid dicendum.

R. Non teneri, ut cum aliis contra Tannerum docet Suarez, p. 3, disp. 83, sect. 1. Ratio est, quia sacerdote ad sacristiam reverso jam missa omnino absoluta est. Unde nova consecratio non esset reintegratio primi sacrificii, sed actio prorsus moraliter distincta, quæ cum priori non uniretur, sicuti unitur, cum, defectu ad ipsum altare detecto, nova fit consecratio vini.

— « Si la messe est entièrement achevée quand le prêtre est rentré dans la sacristie, il fait donc une seconde communion proprement dite, quand il prend, même avant que d'avoir quitté ses ornements, une parcelle de l'hostie qu'il aperçoit sur la patène. Cependant Benoît XIV veut qu'alors on prenne cette parcelle. Il semblerait donc que par la même raison il pourrait encore suppléer au sacrifice. Cependant je l'en détournerais. Il serait difficile que cette conduite ne donnât pas une espèce de scandale. Au reste il n'arrivera guère qu'un prêtre ne s'aperçoive pas à la communion qu'on lui a donné de l'eau pour du vin. »

CASUS XXXII. *pag.* 4. *C*ures nocte diem festam præcedente omnia sacra indumenta subripuere, iis solum relictis quæ nigri coloris erant. Q. an mane sequenti possit his uti parochus ad satisfaciendum votis populi.

R. Parochum, si vestes festo convenientes

aliunde consequi nequeat, posse, præmissa furti narratione ad tollendam populi admirationem, nigris indumentis uti; nec posse tantum, sed et ad id teneri. Potest quidem, quia certus ornamentorum color non ita præceptus est, ut eam non liceat immutare gravi de causa, qualis occurrit in præsenti. Tenetur vero, quia urget præceptum celebrandæ die festiva in gratiam parochianorum missæ, cum impleri potest. Atqui ex mox dictis impleri valet. Ita passim theologi cum Suare.

Casus XXXIII. *pag.* 48. Parochus festa die carens hostia majori, minorem consecravit in missa. At veritus rusticorum murmura, hostiam majorem extraxit a pyxide, et hanc in elevatione ostentavit populo. Q. an sapienter id factum.

R. Negat. Quia eadem populo exhiberi debet hostia, quæ pars est actualis sacrificii. Consultius itaque idem sacerdos, cum majori hac hostia parvulam mox consecratam exhibuisset populo. Ita ferme Jac. Marchant in *resol. Pastor. de Sacram.*, 4, c. 5, q. 3.

Casus XXXIV. *pag.* 2. Sacerdos cum raro stipem accipiat pro missis, sæpe ingerit pœnitentibus nihil ad salutem tutius esse, quam ut curent missas pro defunctis in purgatorio languentibus celebrari. Q. an veniat redarguendus.

R. Affirm. 1° Quia falsum docet. Licet enim hujusmodi eleemosynæ erogatio, ut pote opus misericordiæ et charitatis, sit opus valde meritorium, non est tamen medium ad salutem tutius; cum multo tutior sit præceptorum observantia secundum id Christi : *Si vis ad vitam ingredi, serva mandata.* 2° Quia frequens ista hæc ad largitionem eleemosynarum pro defunctis purgantibus exhortatio, non a pura charitate fluit, sed ex cupiditate et avaritia, a quibus insigniter, juxta sacros canones, abhorrere debent clerici. Hinc S. Carolus redarguit pœnitentias missarum celebrandarum a confessariis impositas, eo quia avaritiæ suspicionem facile ingerere possint.

§ X.

Missa quomodo et ubi a fidelibus audienda.

Casus XXXV. *pag.* 49. Rosa, cum toto ferme sacri tempore voluntarie circa res domesticas distracta fuerit festiva die, dubitat an audiendæ missæ præcepto satisfecerit. Q. quid ei a confessario respondendum.

R. Probabilius non satisfecisse; quia Ecclesia, cum intendat ut per auditionem missæ colatur Deus, religiosam attentionem imperat, et indirecte imperare potest, cum sit per modum formæ connexa cum actu externo quem præcipit. Proinde Rosa quæ tali caruit attentione, probabilius non satisfecit præcepto, ut practice docent viri pii. *Probabilius* dico, quia non desunt plures doctores oppositum sentientes.

— « Il faut retrancher ce *probabilius*, et regarder comme une maxime incontestable que la seule attention extérieure ne suffit pas pour remplir le précepte. Quand on pensera que les docteurs qui ont soutenu le contraire, ont osé soutenir qu'on satisfait au précepte de la communion *per sacrilegam corporis Domini manducationem*, on ne peut que mépriser leur autorité. *Voyez* mon 2e vol. de *Morale*, part. 2, *de Religione*, cap. 3, à num. 166, et le *Traité des lois*, cap. 5, art. 1, sect. 2. »

Casus XXXVI. *pag.* 147. Hinc rustici duo qui de rebus suis per tempus notabile, licet interpolatum, collocuti sunt, non satisfecerunt præcepto. Sicut nec ei satisfacerent, qui tempore missæ per notabile tempus exirent ab ecclesia et in eam regrederentur.

Casus XXXVII. *pag.* 69. Petrus non audit sacrum festis diebus, quia ab ecclesia distat uno milliario. Q. an peccet graviter.

R. Affirmat. Attenta præcise distantia. Ratio est, quia milliarii unius distantia, licet per reditum duplicari debeat, non solet adeo grave incommodum parere, ut ab auditione sacri excuset. Quod si aliæ occurrant circumstantiæ (puta senectutis, latronum, præruptæ per aquas viæ, etc.), juxta illas erit res dijudicanda, ut docet Suarez, tom. III, p. disp. 88, sect. 6.

Casus XXXVIII. *pag.* 78. Vir nobilis podagra detentus in prædio suo, non curat, sicuti potest, ad audiendum festis diebus sacrum, ut in privato domus suæ oratorio missa celebretur. Q. an vacet a peccato.

R. Affirmat. Ratio est, quia præceptum Ecclesiæ tantum obligat fideles ad audiendam missam in ecclesia, vel alio loco publico ad publicum Dei cultum deputato. Unde licet possit vir ille uti privilegio audiendi missam in privata domus suæ capella, verisimilius est quod ad id non teneatur, præsertim si stipendiarium sacerdotem quærere oporteat. Quia nemo uti suo privilegio cogendus est : secus quod in alicujus favorem conceditur, in ejus onus concederetur. Hac ratione, licet possit quis vespere præcedenti recitare matutinum diei sequentis, ad id non tenetur, etiamsi pro crastina die impedimentum prævideat. Ita Diana, Homobon, Gobat.

— « On rougit d'entendre encore des maximes si contraires à la piété. Le privilége de remplir une loi aussi importante qu'elle est féconde en mérites, changé en fardeau, est quelque chose de si monstrueux, qu'il ne vaut pas la peine d'être réfuté. Heureusement le règne de Diana est passé chez nous. »

Casus XXXIX. Titius, tempore sacri ex præcepto audiendi, cogitationes impuras deliberate fovet. Q. an præcepto satisfaciat, et temporis circumstantiam in confessione aperire teneatur.

R. Ad 1 negat. Si tempus quo impuras cogitationes fovet sit notabile, cum simplex etiam distractio voluntaria in cogitationes indifferentes, si diuturna sit, attentionem illam auferat, quæ una cum actu externo audiendi sacrum præcipitur, cap. *dolentes* 9, *de Celebrat. miss.* Si vero modicum tempus in his cogitationibus deliberate fovendis insumat, erit quidem adhuc grave peccatum in specie luxuriæ, sed leve quoad præceptum sacri devote audiendi, cui proinde satisfaciet.

R. Ad 2, circumstantiam hanc non esse necessario in confessione aperiendam. Licet enim habitæ tunc temporis cogitationes impuræ aliquam etiam contra religionis virtutem malitiam contrahant, ea tamen in confessione non est necessario aperienda, cum venialis terminos non excedat, nisi directe procedat ex contemptu temporis ipsius missæ. Ita Suarez, tom. I, *de Relig.*, lib. II, cap. 18, num. 16, etc.

— « Des théologiens qui ne sont point trop sévères prétendent qu'une distraction volontaire, pendant la consécration ou la communion, empêche qu'on ne satisfasse au précepte, et l'auteur va nous le dire, cas XLI. Il faudrait donc voir en quel temps Titius a eu la sienne. Il faudrait aussi examiner s'il en a gémi devant Dieu. Enfin il en coûte si peu pour déclarer que c'est dans le temps même du sacrifice qu'on s'est prêté à une pensée impure, qu'un vrai pénitent n'y manquera jamais, et je l'y crois très-obligé. *Voyez* mon *Traité des péchés*, ch. 3, pag. 517. »

Casus XI. *pag.* 79. Vidua infantem bimulum ducit secum ad missam, quia neminem habet qui eum domi custodiat. Is autem modo flens, modo cadens aut clamans, et matrem et alios perturbat. Q. an præstet ut mater in casu sacrum etiam die festa omittat.

R. Affirmat. Quia missæ præceptum non obligat, cum reipsa impleri non potest. Non potest autem, quando sine tantâ sui et aliorum quin et sæpius sacerdotis perturbatione, atque loci sacri ac sacrificii injuria impleri nequit.

Casus XLI et XLII. *pag.* 80 et 190. Dubitat famula num satisfecerit præcepto missæ, quia fere totum sacri tempus in peccatorum confessione insumpsit. Q. an satisfecerit.

R. Negat. Ratio est, quia licet corpore præsens fuerit, et eatenus mente, quod audiendæ missæ intentionem haberet, reipsa tamen non habuit eam per modum orationis attentionem quam præcipit Ecclesia. Neque enim qui in enarrandis peccatis et excipiendis confessarii admonitionibus tempus insumit, vere orat. Ita Lugo disp. 22, n. 22, etc.

Si tamen alicujus confessio admodum brevis foret, non deesset is præcepto ; nisi pars per quam ratione confessionis distractus fuisset, esset de substantia sacrificii, ut sunt oblatio, consecratio, et juxta plures, sumptio. Quia eæ partes, licet brevissimæ sint quoad durationem, maximæ sunt quoad essentiam sacrificii. Ita communiter.

Casus XLIII. *pag.* 81. Sacerdos festa die consuetam hostiam habere non valens, dubitat an minus sit malum abstinere a missa, vel cum parva formula celebrare. Q. quid agendum.

R. Celebrandum esse cum parva formula. Quamvis enim non sit absque rationabili causa recedendum a consuetudine, quæ teste card. Bona, lib. I, *Rerum liturg.*, cap. 19, labente sæculo XI, inducta fuit; ab ea tamen recedi potest, cum urget rationabilis causa, qualis est audiendi sacrum in die festo; quia nec ullum suppetit Ecclesiæ præceptum id vetans; neque inducta consuetudo in omni eventu servari postulat. Quod si ex minoris formulæ usu aliqua populi admiratio prævideatur, poterit hæc facile per præviam admonitionem auferri.

Casus XLIV. *ibid.* Interdictus ab ecclesiæ ingressu propter violatam annuæ communionis legem, missam frequenter in oratorio privato audit. Q. an reus sit violati interdicti.

R. Negat. Ratio est quia peculiare istud interdictum, privat quidem omni participatione divinorum in ecclesia, ita ut sic interdictus, nec celebrare, nec dare aut recipere sacramenta, vel ministerium exercere, aut divinum officium audire in ea possit sine gravi peccato et interdicti violatione. Nihilominus quæcumque ante censuram hanc extra ecclesiam licita erant, post ipsam remanent licita. Cum igitur nomine ecclesiæ, in odiosis præsertim, non veniat oratorium privatum, juxta regulas 15 et 16, in 6, potest sic interdictus absque culpa ulla missam in oratorio privato audire, et recipere sacramenta pœnitentiæ et eucharistiæ, si sit dispositus. Ita Suarez, *de Censuris*, disp. 35, sect. 4, n. 6 ·. Navarrus, cap. 25, Man. n. 75. Sylvester, verbo *Interdictum*, 6, *q.* 5.

— « Il faut remarquer 1° que Suarez parle de tout interdit personnel, pourvu qu'il ne soit que *ab ingressu ecclesiæ*; 2° qu'il ajoute qu'un prêtre ainsi interdit pourrait célébrer dans une chapelle approuvée ; 3° qu'il paraîtrait bien plus raisonnable qu'un homme interdit, pour avoir manqué à la communion pascale, fit lever la censure et allât communier à l'église, que de le faire dans une chapelle domestique. »

Casus XLV. *pag.* 82. Ruralis parochus prohibuit, ne in publico oratorio intra fines parochiæ suæ sito missa festis diebus ante parochialem missam celebretur, quod ægre ferunt multi. Q. an justa sit parochi prohibitio.

R. Justam esse, si innixa sit episcopali cuidam, vel synodali decreto ; quia ad parochum spectat curare ut in ejus parochia superiorum constitutiones, et parochialia jura in suo vigore permaneant. At eadem parochi prohibitio, si ab eo solo promanat, nullo jure subsistit, cum S. congregatio 28 jun. 1640 et 27 junii 1641, responderit legem hanc a simplici parocho ferri non posse. Sanxerat Bononiæ Em. Lambertini ne in publicis ruralibus oratoriis uno minus milliario a parochiali ecclesia distantibus, missa ante parochialem celebraretur ; in aliis vero ultra milliarium distantibus celebrari posset.

Casus XLVI. *pag.* 160. Quærit Lucius an audita missa, quæ nocte Natalis Domini celebratur, aliam in ipsa die audire teneatur.

B. Negat. Invecta enim consuetudo tres missas ea die celebrandi nullum ea de re præceptum invexit. Unde sicut non tenentur sacerdotes ea die ter celebrare, sic nec fideles ter sacro interesse.

Casus XLVII. *pag.* 255. Valerius summo mane discessit e proprio loco ubi celebratur festum, et transtulit se in alium ubi recolitur festum consimile. Q. an isthic sacrum audire teneatur.

R. Affirmat, nisi in loco suo audierit. Hanc enim obligationem induxit consuetudo unanimi pastorum et fidelium sensu roborata. Imo Suarez eos absurdi redarguit, qui contra sentire ausint, tom. I, *de Relig.*, lib. II, cap. 14, n. 15.

Casus XLVIII. *pag.* 63. Parochus videt rusticos sine causa missam audientes ante januam, vel fenestram ecclesiæ. Q. an peccet, eos non admonendo.

R. Negat. Ratio est, quia rustici illi vere satisfaciunt præcepto; cum et ab ecclesia sejuncti non sint, et presbyteri actionem videre possint et sequi. Quod si inter ipsos et ecclesiam aliquid mediaret, aliter sentiendum esset. Plures enim merito dubitant, an existens in fenestra domus sejunctæ ab ecclesia satisfaceret præcepto de audienda missa. Optimum tamen fuerit, si parochus rusticis ingressum in ecclesiam consulat. Lugo, disp. 22, n. 2.

— « On lira utilement Lugo sur cette matière. Du reste, on ne peut compter sur les citations de l'auteur, qui sont très-défectueuses. »

Casus XLIX. *pag.* 143. Joannes, cujus domus ab ecclesia parochiali per parvam tantum plateam distat, credit se satisfacere præcepto diei festi audiendo missam e fenestra domus suæ, unde celebrantem commode intuetur. Q. an verum putet.

R. Negat. Ratio est, quia audiens missam e tali fenestra, nisi adsit tanta populi multitudo, ut ab ecclesia ad Joannis domum pertingat, nec physice, nec moraliter dici potest sacrificio præsens, uti ad satisfaciendum præcepto requiritur. Cum enim præsentia fundetur non in majori vel minori distantia, sed in communicatione locorum, si eos ex sua dispositione ita separentur, ut invicem non communicent, excluditur non solum physica, sed et moralis præsentia, quamvis per accidens id quod fit, sensu percipiatur.

§ XI.

Causæ ab audienda missa excusantes.

Casus L. *pag.* 23. Petrus annorum 14, cujusdam rustici famulus, sæpe in festis diebus sacrum omittit, quia dominus illum relinquit domi ad custodiendum seu domum, seu armentum. Q. an adsit causa sufficienter excusans ab auditione sacri.

R. Affirm. Quia impotentia moralis, qualis est in præsenti, est, secundum omnes, causa sufficiens ad excusandum ab auditione sacri. Neque dicatur teneri dimittere famulatum. Si cui enim permissum est domum et armentum custodire, omisso etiam sacro, cum aliter talis custodia haberi nequit; cur non erit permissum Petro? Hoc tamen procedit, si alter nequeat armentum custodire, vel licet plures essent famuli, plures non haberentur missæ, vel in parœcia, vel in viciniis, ita communiter.

— « Je crois qu'en pareil cas, un domestique devrait changer de maître, si cela lui était possible. Que deviendrait un pauvre paysan qui, pendant le cours d'une année entière, n'entendrait ni messe, ni instruction? »

Casus LI. *pag.* 131. Julia, vidua ex occulta fornicatione prægnans, festis etiam diebus ab audienda missa abstinet, ne prægnans ejusdem uterus detegatur. Q. an ideo a gravi culpa excusetur.

R. Affirm. Dummodo non possit sine turpitudinis nota summo mane, vel in remoto quopiam oratorio missam de facili audire. Ratio est, quia quotiescunque non potest quis citra propriæ famæ læsionem, præceptum aliquod, præsertim ecclesiasticum, servare, ad idem servandum non tenetur; quale est præceptum de audienda missa in die festo. Cum Ecclesia, ut pote pia mater, subditos sibi fideles non intendat cum gravi eorum incommodo obligare.

— « Au moins faudrait-il avertir que cette femme doit gémir devant Dieu de l'impuissance où elle s'est mise. J'avertis, moi, que ce *de facili* ne vaut rien, et que le *præsertim ecclesiasticum* peut valoir encore moins. »

Casus LII. *pag.* 164. Caja confitetur se per annum omisisse jejunia de præcepto et missas festis diebus, ut marito sub minis verborum sic jubenti obtemperaret. Q. an eæ omissiones a peccato possint excusari.

R. Cum distinctione. Si Cajæ maritus, eo quod sit gulæ deditus, vult eam in cœna sociam, aut illam zelotypia laborans non patitur e domo exire ad audiendam missam; tunc non peccat, si ad vitanda verbera obediat marito, quia non tenetur ad humanæ legis observantiam cum incommodo ita gravi, quale est procul dubio dura verbera sustinere. Si vero novit et credit Caja, virum suum ita jubere in contemptum Dei et religionis, quia scilicet non curat de præceptis Dei et Ecclesiæ; tunc, cum id sit ab intrinseco malum, tenetur ea potius mortem subire, quam obedire marito; unde tunc omissiones ejus a peccato excusari non possunt.

— « La justice a des ressources contre ces fureurs d'un mari; il est rare qu'on ne puisse invoquer sa protection. »

CENSURA.

L'auteur parle des censures sans ordre, à son ordinaire, et il examine celles qu'on encourt, 1° en maltraitant les romipètes; 2° en frappant un clerc; 3° en aliénant les biens de l'Église; 4° en lisant de mauvais livres; 5° en tombant dans l'hérésie; 6° en communiquant avec un excommunié; 7° pour différentes autres causes, telles que sont la cohabitation avec sa fiancée, le vol des choses qui ont été jetées sur le bord de la mer, etc.; 8° et 9° il parle des effets de la censure et de son absolution. Ce qui ne sera pas assorti à nos usages pourra au moins nous apprendre ceux d'Italie.

§ I.

Censura occasione romipetarum.

Casus I. *pag.* 113. Peregrini duo Romam ex devotione adeuntes rixati in via se baculis percusserunt graviter. Inde reconciliatis animis ad parochum vicinum accessere, qui eosdem absolvit. Q. an id potuerit simplex parochus.

R. Affirm. Si quia enim obstaret, utique bulla cœnæ, quatenus romipetarum percussores subjiceret excommunicationi. Atqui bulla illa de facto non subjicit censuræ eos qui simpliciter percutiunt, sed qui interficiunt, vulnerant aut mutilant. Ergo cum in pœnis verba stricte accipienda sint, ex Reg. 49 in 6, peregrini nostri qui solum se fustibus percussere, nullam incurrerunt censuram. Et id verum foret, etsi graviter se percutiendo, aliqua carnis contusio, tumor vel macula in cute appareret, dummodo nullum verum vulnus inflictum sit. Ergo cum nullam incurrerint censuram, potuerunt a simplici sacerdote absolvi. Ita Ugolin, et Bonacina, penes quos sit de istis judicium.

Casus II. *pag.* 224. Sumptis a pertranseunte romipeta duobus uvæ racemis, villicus totidem ei calces et pugnos impegit. Q. an per hoc inciderit in casum bullæ.

B. Negat. Nisi prædicti ictus fuerint adeo bestiales, ut quod est extra veri speciem per eos facta fuerit alicujus partis corporeæ apertio, aut mutilatio, vel ipsius romipetæ interfectio. Sic enim habet bulla : *Item excommunicamus et anathematizamus omnes interficientes, mutilantes, vulnerantes... romipetas, seu peregrinos*, etc., quæ verba debent in proprio et rigoroso sensu intelligi; cum agatur de re adeo odiosa, sicut est excommunicatio major summo pontifici reservata. Ita Syrus Placentinus, part. 1, c. 3, dub. 6.

Casus III. *pag.* 242. Caupo videns romipetam pudicitiæ virginis imminentem, tot verberibus ipsum percutit, ut pene totum illius corpus remaneat lividum. Q. an bullæ excommunicationem incurrerit.

R. Negat. Livor enim non est interfectio, non vulnus, non mutilatio, de quibus loquitur bulla; sed est plumbeus quidam color, ex eo procedens, quod in corpore dure percusso exiles venæ contusæ sanguinem ad extremam cutem diffundunt. Non eximeretur tamen a censura, si ante ipsius pœnitentiam romipeta moreretur ob impotentiam se curandi. Licet enim verberatio alias non fuisset mortalis, fit in casu mortalis ob circumstantias. Imo juxta Alterium et Duardum, probabiliter etiam non eximeretur a censura, si in aliqua parte causatus fuisset notabilis tumor, ob quem secuta sit separatio cutis intrinsecus, vel os aliquod fractum : aut si necessaria sit opera chirurgi, qui partem læsam adaperiat ad extrahendam saniem. Tunc enim vel habetur scissura, adeoque vulnus; vel opus est scissuram facere, et sic percussio est causa vulneris, quod sufficit ad censuram. Sicut enim nihil interest, utrum quis occidat, aut causam mortis præbeat, leg. nihil. ff. ad Leg. corn. de Sic, ita et nihil interest, etc,

§ II.

Censura propter percussionem clerici.

Casus IV. *pag.* 3. Cum duo tonsura initiati luderent, ludo in pugnam propter fraudes converso, se invicem percusserunt; non advertentes ad censuram hujusmodi percussoribus impositam. Q. an eam incurrerint.

R. Supponendo illos clericos fuisse puberes, proinde non exemptos a censura, ut sunt impuberes per cap. 1 et 2, *de Delictis puer.*, lib. v, tit. 23. R. inquam, vel percussio talis fuit, ut fuerit peccatum mortale, tum interne, tum externe, vel non. Si non, censuram non incurrerunt, quia gravis hujus censuræ pœna gravem culpam supponit, et cum sit pœna ecclesiastica, supponit culpam externe gravem, quia peccata solum interna soli Deo punienda relinquuntur. Si vero peccatum fuit mortale tum externe, tum interne, videndum rursus an inadvertentia fuerit vincibilis vel invincibilis. Si invincibilis, quatenus antecedenter nullam habuerint advertentiam ad statum clericalem, vel nullum subortum fuerit dubium tempore rixæ, tunc censuram non incurrerunt; quia, ut testantur Sanchez et Suarez, quæ dicuntur de ignorantia excusante a peccato et pœna, valent etiam de inadvertentia et oblivione; unde sicut ignorantia invincibilis excusat, ita et inadvertentia invincibilis, cum qua non stat contumacia ad incurrendam censuram necessaria. Si vero inadvertentia fuit vincibilis, excommunicationem incurrerunt propter oppositam rationem.

— 1° Les deux chapitres *de Delictis puerorum* ne disent pas un mot des censures. Si Dieu damne des enfants au-dessous de 14 ans, l'Église peut bien les soumettre à ses censures. C'est le raisonnement de Comitolus. 2° Ces paroles : *Si inadvertentia invincibilis fuerit, quatenus antecedenter nullam habuerint advertentiam, vel.... dubium*, nous mènent encore au péché philosophique. Il n'y a qu'à dire avec saint Thomas : qu'*animadvertere potuerant et debuerant*.

Casus V. *pag.* 107. Puella honesta gravem ex ira alapam inflixit clerico, manum ad ejus sinum extendens; cum tamen certo non sciret an eam vellet tangere. Q. an excommunicationem incurrerit.

R. Negat. Ut enim censura hæc incurratur, necesse est ut percussio clerici suadente diabolo facta sit, ita ut a lethali culpa nequeat excusari. Id autem in præsenti locum non habet, cum puella non alio quam propriæ honestatis zelo clericum percusserit, eique, licet de intento ipsius non omnino certæ, sufficeret vehemens imminentis injuriæ præsumptio. Unde potuit hæc contra hujusmodi manus extensionem, quæ ut plurimum ad inhonestos tactus terminatur, non verbis, quæ nihil vel raro prosunt, sed verbere se tueri. Cum igitur ex tali facto commendanda sit potius, quam objurganda, nihil est cur censuram incurrisse vereatur. Ita Bonacina et alii communiter. Adeatur tractatus noster *de Censuris*, part. 2, cap. 1, art. 4, sect. 1.

CASUS VI. *pag.* 219. Puella domi a clerico turpiter sollicitata, ei alapam inflixit. Q. an ob id sit excommunicata.

R. Vel sollicitatio hæc tota consistebat in verbis, vel factum aliquod admixtum habebat. Si 1°: posito quod puella posset solis etiam verbis retundere sollicitantis impudentiam, subjacuit censuræ; nisi forte proprii honoris zelo percita, in incontinenti et quasi non advertens ita excesserit. Ratio est, quia in tali casu prætergressa est notabiliter limites moderatæ defensionis, intra quam solum sacri canones inultam relinquunt clerici percussionem, ut patet ex cap. 18, *de Homicidio*, etc. Si 2° vel puella poterat alia via se ab eo liberare, puta fugiendo, clamando, etc., vel non. Si non, utique ut a peccato, sic et a censura immunis est; quia stetit intra terminos defensionis in jure permissæ. Si sic, tunc obnoxia est censuræ: dato quod alapam clerico, non abrepta subito motu, sed ex proposito inflixerit. *Vide* Sayr., lib. III, *de Censuris*, cap. 27.

— « Ces deux décisions ne sont pas contradictoires. Les sollicitations du second cas, quand elles sont pures et simples, ne font point d'insulte *in genere tactus*, au lieu que ce genre d'insulte actuelle est commencé dans le premier cas, et que, comme le dit l'auteur, les paroles n'ont pas coutume de l'arrêter. »

CASUS VII. *pag.* 122. Rusticus in voluntaria ebrietate graviter percussit clericum, uti se facturum ante ebrietatem ex malo in illum animo præviderat. Q. an excommunicationem papæ reservatam incurrerit.

R. Affirm. Nisi forte inculpata juris ignorantia laboraverit rusticus. Ratio est, quia ad incurrendam censuram sufficit ut cum interno peccati actu ponatur factum exterius sub censura prohibitum, id autem evenit in præsenti casu: in quo rusticus et ebrietatem suam voluit et in ipsa percussionem clerici, quam præviderat. Ita Suarez, *de Censuris*, disp. 5, sect. 1, n. 20, etc.

§ III.

Censura ob alienationem bonorum ecclesiasticorum.

CASUS VIII. *pag.* 67. Parochus so.um suspicatus bonorum ecclesiæ alienationem esse prohibitam, domum quamdam proprio marte alienavit ad restaurandam ecclesiam suam. Q. 1° an peccaverit graviter; 2° an inciderit in pœnas a Paulo II, latas in Extravag., *Ambitiosæ*, lib. III, tit. 4.

R. Ad 1, graviter peccasse; quia posita suspicione legis prædictam alienationem prohibentis, tenebatur parochus inquirere num ea lex exstaret, atque ubi talis occurrit suspicio, erroneitas conscientiæ nequit esse invincibilis, prohinc, nec a peccato excusare.

R. Ad 2. Eum tamen non incurrisse pœnas, quia pœnæ non per extravagantem illam constitutæ in eos solum cadunt, qui legem violare præsumpserint. Ubi autem sola occurrit suspicio, non reperitur præsumptio et temeritas, quæ præviam legis notitiam requirit. Ita Suarez.

— « Ne viole-t-on pas témérairement une loi quand, ayant une idée confuse de son existence, on fait tête baissée ce qu'elle défend? Le plus sûr serait, dans ces sortes de cas qui tiennent de l'ignorance affectée, de se faire absoudre *ad cautelam*. Au reste, l'auteur se propose à peu près le même cas, *pag.* 120, au sujet d'un curé qui, pour la même fin, avait vendu une des deux lampes d'argent de son église. »

CASUS IX. *pag.* 122. Parochus absque obtenta licentia cædit arbores frugiferas beneficii sui, ut iis venditis pretium in usus ecclesiæ suæ necessarios convertat. Q. an aliquam pœnam incurrat.

R. Quod cum arbores cedant solo, et sint pars fundi, quem beneficiarius sine apostolico consensu, nec alienare potest, nec deteriorem facere; parochus ille latam in præcitata decretali excommunicationem incurrit, si arbores illæ in tanta quantitate sint, ut ex earum dejectu sequatur notabilis fundi deterioratio. Secus, si secus. In hac tamen diœcesi (Bononiensi) incurret parochus pœnam suspensionis ab officio et beneficio ad beneplacitum archiepiscopi; nec non compensationis damni beneficio illati. * De his quisque loci sui leges caute sequatur.

CASUS X. *pag.* 218. Parochus, sine licentia, cupam calicis ecclesiæ suæ vendidit, et nummis inde susceptis fecit sibi viam ad stuprum cum una e parochianis suis. Q. 1° quot commiserit peccata; 2° an incurrerit censuram latam in Extrav. *Ambitiosæ*.

R. Ad 1. Plura parochum commisisse peccata. Si enim cupa calicis erat adhuc apta sacrificio, eamque, hoc non obstante, vendidit ut suam, sine animo reficiendi damnum ecclesiæ, peccavit peccato furti sacrilegi, peccato infidelitatis in custodiendis ecclesiæ rebus curæ suæ commissis, et peccato inobedientiæ, secundum aliquos divino, secundum alios humano, de rebus ecclesiæ non alienandis. Item commisit tot peccata mentalis stupri sacrilegi, quot habuit deliberata desideria deflorandæ puellæ moraliter distincta; quibus singulis addenda est malitia incestus, si cognationem carnalem aut spiritualem cum illa habebat. Commisit etiam tot peccata scandali, quot interpolatis vicibus eamdem ad malum inducere tentavit. Neque enim requiritur ad peccatum scandali activi, quod actu sequatur personæ tentatæ ruina, sed sufficit mala actio externa inducentis, ut tradit Navarrus. His omnibus si addas stuprum reale sacrilegum, nec non innumeros præcedentes turpes aspectus, forte etiam tactus consimiles (præscindo nunc a constituentibus unum quid cum copula); facile percipies quot commiserit peccata miser parochus.

R. Ad 2. Non me latere decretum S. congregationis extendens parvitatem materiæ usque ad 25 aureos, scutis 40 romanæ monetæ æquivalentes. Quoniam vero eadem S. congregatio, teste Fagnan., in tit. *de Rebus Ecclesiæ non alienandis*, etiam dixit tutum non esse definire in hac materia, quænam sint res exiguæ, sicque ad quos limites parvitas materiæ reducatur; ideo theologi saniores cum canonistis dicunt, hanc esse determinandam habito respectu ad majores vel minores talis ecclesiæ facultates, ad circumstantias loci et temporis, et ad consuetudinem. Unde, si, habito ista omnia respectu, alienatæ cupæ valor, viri prudentis judicio adhuc censeatur exiguus, parochus a dicta excommunicatione erit immunis; secus vero, si secus, nisi forte alienationis tempore censuram ignorasset ignorantia minime affectata, aut ad illam non advertisset, etc., *ut supra et satis male, ex dictis*.

§ IV et V.

Censura ob lectionem librorum hæreticorum et hæresim.

CASUS XI, *pag.* 236, et XII, *pag.* 230. Ruralis parochus ex quadam curiositate librum Calvini scienter legit, ignorans, ignorantia tamen crassa et supina, impositam esse excommunicationem legentibus hæreticorum libros. Q. 1° an censuram hanc incurrerit. 2° Quid juris, si librum hunc legat, ut morti subtrahat parentes suos, quibus cædem minatur Calvinianus, nisi eumdem legat.

R. Ad 1. Negat. Quamvis enim legentibus etiam ex mera curiositate libros hæreticorum, qui hæresim continent, vel tractant de religione, indicta sit excommunicatio, et quidem pontifici per primum bullæ Cœnæ caput reservata; cum tamen ad incurrendam hanc censuram non sufficiat habere scientiam facti, id est cognoscere librum esse auctoris hæretici; sed etiam scientia juris requiratur, hoc est scire tali lectioni annexam esse censuram; dicendum est parochum in casu non incurrisse excommunicationem. Quia qui ignorantia etiam supina laborat, hujusmodi librum legendo, non legit eum cum scientia quod lectio ejus vetita sit sub excommunicatione. Porro pœna libros hæreticorum legentibus imposita, non nisi a directe et vere scientibus incurritur. Ita Duardus, Sanchez, Bonacina.

— « Si c'est ainsi que la loi est entendue dans le pays où l'auteur a écrit, je n'ai rien à dire, si ce n'est que la condition de ceux qui veulent demeurer ignorants vaut en quelque sorte mieux que celle des gens qui ont soin de s'instruire. Mais pour le fond, je crois que l'opinion de notre casuiste est très-fausse. *Voyez* mon *Traité des Censures,* part. 1, cap. 4, pag. nunc 97 et seq. »

R. Ad 2. Quod si calvinianus lectionem hanc imperet in contemptum fidei catholicæ, non potest catholicus ei vacare, ut suam vel aliorum mortem devitet. Si vero id faciat Calvinista solum ad ostentationem potentiæ suæ, vulgo *per bravura*, et catholicus comminati mali exsecutionem rationabiliter pertimescat, poterit legere (secluso tamen omni periculo scandali, perversionis, etc.). Quia Ecclesia in re quæ de natura sua indifferens est, solumque mala, quia prohibita, non intendit cum tanto periculo obligare. * Casus iste pro secunda parte videtur oene metaphysicus.

CASUS XII. *pag.* 183. Caius advertens sibi omnia succedere infeliciter, credit vere animo Deum esse erga se immisericordem, huncque cogitatum suum indicat amico, quærens ut benignum sibi confessarium indicaret: *Quia,* inquit, *habeo peccatum grande nimis; Deum enim credidi sine misericordia esse.* Q. an tanquam formaliter hæreticus casum bullæ Cœnæ incurrerit.

R. Negat. Ut enim incurratur excommunicatio per bullam Cœnæ sancita, requiritur hæresis exterius manifestata; cum Ecclesia non judicet de internis, neque ea puniat. Caius autem in casu sola mente credidit Deum immisericordem. Neque id deinceps amico manifestavit ad tuendam vel profitendam hæresim, sed potius ad detestandam, adeoque pura fuit narratio hæresis alias conceptæ ad tollendam culpam. Ergo poterit a simplici confessario absolvi

CASUS XIII. *pag.* 251. Marius internæ dubitans an Christus vere sit in eucharistia, quasi ratiocinium continuando, externe dicit: *Equidem credo quod ibi non sit*. Q. an subsit prædictæ excommunicationi?

R. Negat. Ut enim incurrat quis præfatam excommunicationem, requiritur ex communi D D. sensu, actus exterior de se hæresis manifestativus. Atqui præcitata verba non sunt hujusmodi, ut pote quæ aliquid etiam fidei consonum significare valeant, puta quod ibi non sit panis substantia; ergo. Nec obest, quod verba hæc ad internam Marii cogitationem relata, eique unita, tunc hæresim manifestent. Ut enim incurratur excommunicatio, debent verba hæresim manifestare ex se, et sejunctim ab eo quod habetur in mente, cum de eo non judicet Ecclesia, nisi exterius sit sufficienter manifestatum. Ita Sayrus.

CASUS XIV. *pag.* 22. Rusticus miseria oppressus negat in corde solo Deum esse justum; at paulo post ebrius factus, palam dicit: *Non credo Deum esse providum et justum.* Q. an incurrerit prædictæ bullæ excommunicationem.

R. Negat. Ut enim quis excommunicationem illam incurrat, requiritur ut hæresim animo conceptam manifestet voce vel actione quæ distincte significativa sit. Porro ebrius hujusmodi actionis incapax est; * nec quisquam est qui certo judicare possit eum intus sentire quod profert exterius. *Ita communiter*, ait auctor, *cujus ea vox in multis mihi suspecta est*; quod raro admodum citet auctores sanæ moralis assectas.

§ VI.

Censura propter communicationem cum excommunicato.

CASUS XV. *pag.* 245. Sergius salutatus ab excommunicato excommunicatione majori, eidem caput aperuit urbanitatis causa. Q. an peccaverit et incurrerit excommunicationem minorem.

R. Vel talis excommunicatus erat toleratus, vel vitandus. Si 1°, Sergius nullam incurrit censuram vel culpam: cum post constitutionem *Ad evitanda*, fidelibus permissum sit cum toleratis communicare etiam sine causa, cum in profanis, tum in sacris ; licet hi nequeant, sub pœna excommunicationis minoris, primi communicare cum fidelibus, nec absolute inter se, nec cum vitandis. Si 2°, Sergius peccavit venialiter, et excommunicationem minorem incurrit, nisi ipsum excuset ignorantia, inadvertentia, aut necessitas. Siquidem capitis apertio in eo casu facta, communiter reputatur honoris correspondentia, et actus duliæ civilis, vetitus sub tali pœna per sacros canones, et omnino indebitus vitando; qui cum salutasset illicite, jus non habebat ut resalutaretur ; idque tum in pœnam criminis, cum ex charitate, ut neglectus resipisceret. Nec relevat, id non honoris, sed urbanitatis causa præstitum fuisse. Nam cum actio de se fuerit cultus externi exhibitoria, non potest ea ab actu exterioris observantiæ excusari. Adde quod urbanitas non sit, sed perversitas, actio contra sacros canones. Cæterum ipsi etiam nutus honorifici vitando denegari debent.

— « Cette communication générale *etiam sine causa, tum in profanis, cum in sacris*, serait souvent opposée à la charité, qui veut qu'on fasse sentir à un pécheur tranquille dans son excommunication, le malheur de son état. Elle serait encore plus dangereuse à l'égard d'un hérétique qui en tireait des conséquences favorables à son erreur. »

§ VII.
Censura ob cohabitationem cum desponsata, etc.

CASUS XVI. *pag*. 190. Franciscus in domo sponsatæ commoratus rem habuit cum ipsa; quod in diœcesi B. sub excommunicationis pœna prohibitum est. In confessione autem præcise se accusat, quod rem habuerit cum puella. Q. an bona sit ipsius confessio?

R. Cum distinctione. Vel enim parochus, munere suo functus, Franciscum admonuit, ipsum excommunicationi ipso facto obnoxium fore, si in desponsatæ domo commoratus, peccaret cum ipsa antequam matrimonium contraherent per verba de præsenti, vel non. Si cum admonuerit parochus, aut id aliunde sciebat Franciscus, tunc ejus confessio non est bona, quia reticuit circumstantiam, quæ licet non variet speciem, est tamen affecta excommunicatione, quæ cum sit reservata, est extra jurisdictionem simplicis confessarii. Si vero id ignorabat inculpabiliter, confessio ejus bona est, quia ignorantia inculpabilis excusat ab excommunicatione, et sic etiam in casu a reservatione, quæ non afficit dictum peccatum, nisi ratione excommunicationis ?

— « Le crime d'un fiancé avec sa fiancée, était un cas réservé à Milan du temps de saint Charles. C'est une espèce de violement anticipé de la pureté conjugale. Pourquoi donc ne pas exprimer cette circonstance dans sa confession ? »

CASUS XVII. *pag*. 225. Titius e navi mercibus infidelium onusta, et ad littus maris allisa, multam mercium partem subripuit.

Q. 1° an incurrerit censuram latam in bulla *Cœnæ*: 2° an teneatur ad restitutionem ?

R. Si merces illæ sint infidelium, qui Christiani sint, ut Angli, Titius incurrit censuram; quia censura hæc in eos omnes cadit qui subripiunt bona naufragantium Christianorum, sive in navibus, sive in mari, sive in littore ; et hæc per se loquendo, restitui debent. Si vero bona hæc sint infidelium qui Christi fidem aversentur, ut Turcæ, Titius neque censuram incurrit, neque obnoxius est restitutioni ; quia cum Turcæ quidquid possunt subripiant Christianis, licitum est erga ipsos compensatione uti.

— « Cette décision ne pourrait servir en France dont les Turcs ne pillent point les côtes, comme ils font ailleurs, avec la plus noire inhumanité. Un homme qui serait situé de manière à ne pouvoir souffrir de leurs incursions, devrait remettre à ceux de ses compatriotes qui en auraient souffert, les effets qu'il aurait pris sur le rivage. »

CASUS XVIII. *pag*. 252. Petrus accepta a clerico injuria, audiens eum fuisse occisum nomine suo, intus cædem hanc approbat etsi eam improbet exterius. Q. an ex ratihabitione ista censuram et irregularitatem incurrat.

R. Negat. Et quidem, 1° non est excommunicatus, quia censura hæc, ut pote pœna ecclesiastica, lata est pro ratihabitione externa, non autem pro interna, ut docet Fagnan in cap. *Dolentes*, *de Celebr. missar;* porro Petrus qui displicentiam externam exhibuit, occisionem exterius ratam non habuit ; 2° neque factus est irregularis, quia licet cap. 23, *de Sent. excom.*, in 6, ratihabitio de percussione clerici comparetur mandato, non tamen comparatur quantum ad irregularitatem, sed quantum ad excommunicationem, de qua ibi est sermo.

CASUS XIX. *pag*. 132. Parochus resciens e parochianis suis unum sepulturam extra ecclesiam parochialem elegisse, illum morti proximum coegit ad revocandam hanc electionem, quod et iste fecit. Q. an parochus incurrerit censuram a Clemente V latam in constitutione *Cupientes* 3, *de Pœnis*, lib. v, Clement. tit. 8.

R. Negat ; 1° quia excommunicatio Clementina eos tantum, seu religiosos, seu sæculares clericos percellit, qui *inducunt alios ad vovendum, jurandum, vel fide interposita, seu alias promittendum, ut sepulturam apud eorum ecclesias eligant, vel electam ulterius non immutent;* porro in casu nostro nulla fit mentio de voto, juramento vel alio simili vinculo promissionis ; 2° quia prædicta constitutio in parochorum favorem edita est. Jam vero *quod ob gratiam alicujus conceditur, non est in ejus dispendium retorquendum,* ex Reg. 61, in 6. Ita Suarez, disp. 22. *de Censur.*, sect. 4, n. 25, et alii communiter apud Sayrum, lib. IV, cap. 12, n. 8.

— « Il est assez difficile qu'un homme qui en *contraint* un autre à changer le lieu de sa sépulture, n'en tire pas une promesse. Reste donc la seconde preuve, qui souffrirait de la difficulté à cause du *sæculares clericos*, si la coutume, qui est l'interprète des lois, n'avait fixé le sens de ces paroles aux chanoines et autres qui ne sont pas curés. » Au reste Suarez dans l'endroit cité, croit que *Religiosus etiam non clericus et moniales hac lege comprehenduntur.*

§ VIII et IX.
Censura quoad effectus et quoad absolutionem.

Casus XXII. *pag.* 231. Sacerdos in parochum proxime eligendus, censuram qua ligatus erat reticuit, eo quod ipse sit pauper, et parentes habeat egenos. Q. an peccaverit.

R. Non peccare, si ex una parte prius nequeat absolvi a censura, et ex alia talis sit sua suorumve parentum egestas, ut grave ex hujus beneficii defectu incommodum subire cogatur; peccare vero, si vel a censura prius absolvi possit, vel indigentia modica laboret.

Ratio primæ partis est, quia in tali casu locum habet epikeia, et merito præsumitur piam matrem Ecclesiam non intendere, ut sacerdos cum tanto incommodo se ab acceptatione beneficii excuset, præsertim cum hinc gravem apud electores suspicionem incurrere, et pro homine vel insano, vel nulla erga seipsum suosque parentes charitate affecto reputari possit.

Ratio secundæ partis est, quia quisque efficere tenetur, ut canonica sit electio sua, prohinc ut a censuris absolvatur cum potest. Aliunde modica egestas non excusat ab observantia præcepti, quo vetatur ne inhabilis ad beneficium, eo se donari permittat. Ita Rossignol, qui monet in primo casu, ultra absolutionem a censuris, debere sacerdotem clanculum petere ab episcopo convalidationem electionis suæ. Is ad episcopum recursus cuicunque incommodo medebitur.

Casus XXII. *pag.* 9. Confessarius au excipiendam moribundi confessionem vocatus, eum absolvere noluit, nisi juraret, se si convalesceret, præsentaturum pontifici, cui reservatam excommunicationem incurrerat. Q. an graviter deliquerit confessarius.

R. Negat. Ratio est a pœnitente non quia puero, qui in mortis articulo absolvitur a sacerdote alias non habente facultatem absolvendi extra articulum mortis, extorqueri debet, si fieri potest, id est, nisi pœnitens sit sensu destitutus, juramentum se præsentandi quam primum poterit superiori, sublato impedimento non perpetuo, prout sanxit Bonifacius VIII, cap. *eos qui* 22, *de Sent. excom.* in 6, et quidem sub pœna in eamdem recidendi censuram, a qua tales fuerunt absoluti. Ex his solvitur casus similis quem sibi proponit auctor, pag. 209.

— « *Obligatio illa se papæ præsentandi,* dit Cabassut, lib. v, c. 14, n. 3, *multis in locis a suprema sede remotis plene cessavit, ut in Gallia.* Mais cela est dit trop généralement, comme je l'ai fait voir dans le |Traité des Censures, part. 1, cap. 5, pag. 129. »

Casus XXIII. *pag.* 106. Curiæ minister obsequi noluit parocho sub excommunicationis pœna præcipienti ut Titium restitueret loco sacro, ad quem, ne propter debita traderetur carceri, confugerat, et a quo dolo et fraude extractus, et exinde captus fuerat. Q. a quo minister ille absolvi possit.

R. Ministrum hunc curiæ nullam incurrisse censuram. Quia, juxta decretum die 22 decemb. 1716 emissum, et a Clemente XI approbatum, eæ solum a loco sacro extractiones subjacent censuræ, quæ aut violenter, aut contra fidem salvi-conductus peractæ fuerint. Cum igitur non nisi per fraudem eductus fuerit Titius e loco sacro, nulla amplius immunitate frui potuit; unde nec hanc violavit minister Titium capiendo. Quapropter parochus censuram ei indicens peccavit ex ignorantia juris novi.

Casus XXIV. *pag.* 149. Quidam capitis pœna bannitus, apud simplicem confessarium plures casus cum censura reservatos confessus est. At noluit sacerdos, quia pro his casibus approbatus non esset, eidem absolutionem impertiri. Q. an bene.

R. Negat. Ratio in summa est quod cum hujusmodi bannitus, a quolibet tanquam justitiæ ministro interfici possit, etiam proditorie et per insidias, semper versatus in satis probabili mortis periculo, pro quo nulla, per Tridentinum, est criminum aut censurarum reservatio. Et id præsertim verum est quandiu bannitus intra principis bannientis territorium versatur. Casus iste nihil aut vix unquam ad nos: unde nec ei immorandum.

Casus XXV. *pag.* 173. Lucius publice, ob violatum communionis paschalis præceptum, interdictus, ut ei præcepto pareat ad parochum recurrit peccata confessurus. Q. an eum parochus extra casum necessitatis absolvere valeat.

R. Affirm. Sic tamen ut extra ecclesiam confessionem ejus excipiat. Ratio est, quia istud interdicti genus non privat hominem participatione sacramentorum, sed tantum formali ingressu ecclesiæ ad orandum cum aliis, et sepultura ecclesiastica. Poterit ergo parochus, etiam secluso necessitatis casu, confessionem hujus interdicti excipere, eumque, si rite dispositus sit, absolvere; modo paratus sit se præsentare episcopo aut ipsius delegato, ut ab interdicto absolvatur; id est ut recipiat facultatem ingrediendi ecclesiam, ibique cum aliis fidelibus orandi.

CENSUS, *gallice* RENTE CONSTITUÉE.

Casus I. *pag.* 8. Callistus egens, mille libris censum constituit super prædio reddere solito triginta tantum annuas libras, et obligat se ad dandum quotannis alias decem vel viginti, quas eruet ex industria sua. Q. an contractus iste sit licitus?

R. Illicitum esse, quia in eo committitur usura: committitur autem, quia census iste saltem partialiter fundatur supra personam, considerando industriam uti fructum personæ. Census autem fundatus supra personam feneratitius est, ut constat ex bulla *Cum onus* Pii V, qua feneratitii judicantur census non fundati supra rem immobilem, cujusmodi non est persona.

— « L'usage contraire a prévalu dans ce royaume. *Voyez* dans Pontas le mot RENTE, cas VII. »

CASUS II. *pag.* 119. Petrus fingit se velle redimere censum annuum quem solvit Paulo, ut ab eo diminutionem census obtineat, cum de facto nec redimere possit, nec velit. Q. utrum extorta ab ipso diminutio census, valida sit in foro conscientiæ.

R. Negat. Ratio est, quia Petrus consensum Pauli censualistæ nonnisi per dolum et fraudem obtinuit. Porro fraus et dolus dantes causam contractui, contractum hunc irritum faciunt. Ergo Petrus diminutione hac in foro conscientiæ frui nequit; non quod non habeat jus redimendi censum suum, sed quia cum id nolit, nec possit proxime, dolose se gerit, ut, quam unice quærit, fructuum diminutionem obtineat. Ita Lugo *de Contract*. disp. 21, n. 171. La Croix, lib. III, part. 2, n. 118.

— « Ce genre de dol est un stratagème si connu, que cette décision souffrirait quelquefois de la difficulté. »

CHARITAS.

CASUS I. *pag.* 21. Caius pacem inivit cum inimico, quem tamen data salutandi et alloquendi occasione, nec salutat, nec alloquitur. Q. an peccet contra præceptum charitatis proximo debitæ.

R. Negat regulariter loquendo. Ratio est, quia sic loquendo, privatus quilibet ex præcepto charitatis solum tenetur ad exhibenda proximo signa amicitiæ communia, qualia sane non sunt salutatio et allocutio, quæ inter æquales sunt actus liberi. Dixi *regulariter loquendo*, quia fieri posset ut ratione circumstantiæ alicujus, peccaret graviter, puta si res cederet in scandalum, si pluribus occurrentibus salutaret cæteros, et inimicum excluderet, etc. Ita Felix a *Potest*.

— « Un ennemi réconcilié sera toujours plus suspect en manquant envers son ancien ennemi à des devoirs d'ailleurs indifférents, qu'en y manquant à l'égard de tout autre avec qui il n'aura point été brouillé *et tacitum vivit sub pectore vulnus*. *Voyez* le cas IX.

CASUS II. *pag.* 25. Titius qui occidit patrem Sempronii, nunc ab isto veniam petit, paratus ad ei faciendum satis prout exigit justitia. Respondet Sempronius : *Ex corde offensam dimitto, nolo tamen dare veniam in scriptis, ut justitia locum habeat*. Q. an Sempronius sic se habens animo, sit capax absolutionis.

R. Non esse capacem practice loquendo ; quia vix quemquam reperire est qui, dimisso sincere odio, ex puro unius æquitatis amore, et non potius ex vindictæ affectu, velit in scriptis pacem denegare; cum propter humanæ naturæ corruptionem *ulciscendi libido hominum mentibus fere insita sit* ut loquitur Catechismus Rom. de quinto,*Decal.præcepto*, cap. 6, n. 19. ' Vide *Tract. nostrum de Charitate*, tom. V, p. 3, art. 3, n. 88 et seq.

CASUS III. *pag.* 109. Filius Petri, honestum ac utile officium intendens, recusat palam agnoscere patrem plebeium, licet eum intus diligat, et pecunia exterius adjuvet. Q. an exterior hæc agendi ratio licita sit in casu.

R. Affirmat. 1° Quia is exterioris reverentiæ defectus, non oritur ex defectu filialis amicitiæ, sed ex fine obtinendi officium honestum, cui filius in gratiam patris renuntiare non tenetur; 2° quia pater in casu hinc potest esse rationabiliter invitus; cum hinc quidem ei debeat cordi esse filiorum honos atque decens utilitas : inde vero pietas filii in ipsum per subsidia sibi a filio præstita satis innotescat. Verum filius jam optati muneris compos non posset eamdem hanc agendi rationem servare; quia jam nullum ipsi ex exteriori patris observantia præjudicium immineret. ' Curandum in hoc casu ut filius quam primum de omnibus conveniat cum patre.

CASUS IV. *pag.* 128. Pater quidam confitetur se plus filios diligere quam Deum ; unde graviter increpatur a confessario. Q. an juste.

R. Affirmat. Si pater is plus filios quam Deum diligat amore appretiativo, ita ut plus filiorum molestiam, quam Dei offensam vereatur. Secus si solum pater plus amore sensitivo filios diligat quam Deum, ita ut intimiori doloris sensu afficiatur ob filiorum calamitatem, quam propter offensam Dei. ' Consule quæ dixi eodem, tom. V, n. 97 et seq.

CASUS V. *pag.* 130. Joannes, cui onus familiæ incumbit, vetulam ac cæcam matrem quotidie verbis acrioribus increpat, eo quod velit ea domesticis rebus se, non sine aliquo earum damno,immiscere. Q. an peccet contra quartum Decalogi præceptum.

R. Affirmat. Si verba quibus utitur, adeo aspera sint, ut matris contemptum præseferant, et amori parentibus debito adversentur. Siquidem vi ejusdem præcepti tenentur filii non solum corde diligere, sed ore etiam et externis actibus parentes venerari. Sin vero Joannes asperioribus verbis utatur, non ratione odii alicujus, vel irreverentiæ erga matrem, sed præcise ne illa domesticis rebus se immisceat, easque perturbet, non peccabit ille adversus quartum Decalogi præceptum; cum adhuc debitam parentibus reverentiam observet; nisi forte vox elatior, aliave quævis id genus circumstantia quemdam in ista increpatione excessum exhibeat, quo casu a culpa saltem levi non esset immunis. Ita Tolet, lib. v, cap. 1.

CASUS V. *pag.* 132. Petronius, vir cæteroqui bonus, filium habens ludo et ebrietatibus deditum, veritus uxoris indignationem et ipsius filii audaciam, omnia dissimulat. Q. an in casu ab omni culpa excusari possit.

R. Negat. Si enim ipse etiam herus, qui

suorum domesticorum curam non habet, est infideli deterior, I Corint. v, quanto magis pater, qui ad prolem pie instituendam arctiori pietatis vinculo constringitur. Tenetur itaque, ut et alii patres, Petronius omni studio filium a peccatis, maxime gravibus avertere; et in hunc finem objurgationibus comminationes, et his pœnas conjungere : nisi tamen animadvertat, se etiam objurgante, nullam elucere in filio spem emendationis, imo magis ex impudenti uxoris iracundia, ipsiusque filii audacia scelus augeri. Ita Soto, Navar., Azor.

— « Un père, dans ce cas, doit d'un côté étudier l'histoire du grand prêtre Héli, qui fut châtié d'une manière terrible pour n'avoir pas repris ses enfants avec assez de rigueur, et de l'autre la conduite de la mère de saint Augustin, qui, à force de larmes obtint de Dieu ce que ses sages conseils et ses réprimandes n'avaient pu obtenir. »

CASUS I. *pag.* 138. Francisca moraliter certa Lucium pravis affectibus graviter peccaturum esse, si ipsa bacchanaliorum tempore frequentet choreas, quibus feminæ aliæ citra periculum intersunt. Quærit an sub culpa gravi ab iis abstinere teneatur.

R. Negat. Sicut enim mulier non tenetur semper aut diu remanere domi, sed licite potest moderate egredi, sive ut consanguineas et amicas invisat, sive ut honestæ et decenti recreationi indulgeat, etiamsi norit aliquem præ fragilitate ex ejus intuitu peccaturum; quia scilicet nemo vi charitatis proximo debitæ tenetur cum gravi suimet incommodo vitare peccatum proximi etiam ex fragilitate proveniens; sic nec Francisca in casu tenetur a prædictis choreis saltem diu abstinere, dummodo honestæ sint, iisque ipsa modeste et temperanter intersit, præsertim cum Lucius non tam ex fragilitate quam ex malitia pravis nempe desideriis et verbis sit peccaturus. Ita communiter.

— « Je me défie beaucoup de l'*Ita communiter* de l'auteur, qui cite assez rarement des théologiens bien exacts. Je crois qu'on conviendra au moins qu'une femme n'a point un grand amour pour Dieu, quand elle aime mieux souffrir qu'il soit offensé mortellement à son occasion, que de manquer pendant dix ou douze jours à des danses suspectes dans tous les temps, et plus dangereuses dans un temps qui semble consacré à la dissolution. »

CASUS VII. *pag.* 141. Titius absque filiis moriens, maximam boni sui partem legavit Ecclesiæ; fratri autem valde egeno ne obolum quidem reliquit. Q. an securus sit in conscientia.

R. Negat. Si enim omnino postulat charitas, ut saltem ex bonis statui superfluis graviter indigenti succurratur; sane multo urgentior est obligatio hæc erga fratres in gravi necessitate constitutos. Quapropter Titius non est in conscientia tutus; quia licet nihil ex justitia deberet fratri, eidem tamen ex charitatis ac fraternæ pietatis legibus opitulari tenebatur. Ita Lugo , disp. 24 , n. 175, Layman, etc.

CASUS VIII. *pag.* 161. Rosa famula scit famulam aliam sui sociam, impudice cum Anasio versari , quo tempore extra domum versatur domina, nec tamen monet dominam, ne ipsius iram concitet, sociamque suam infamet. Q. an Rosæ silentium vacet á peccato.

R. Negat. Ratio est, quia, cum *unicuique Deus mandaverit de proximo suo*, Eccl. XVII, lex charitatis obligat nos ad impediendum proximi peccatum, quotiescunque illud absque gravi nostro vel alterius incommodo impedire sperare possumus. Cum igitur Rosa sperare possit futurum , ut monita domina, desinat grave sociæ suæ peccatum, non potest silentium ipsius a peccato excusari. Nec obest futura dominæ indignatio, ex qua nullum grave imminere potest damnum seu Rosæ, seu sociæ ejus, saltem quod ista sibi non debeat imputare; si post factam ipsi a Rosa admonitionem, ut ad servandum charitatis ordinem fieri debet, socia in malo convictu perseveret. Ita D. Thomas 2-2, q. 33, art. 1.

CASUS IX. *pag.* 232. Cum duo sibi æqualiter detraxissent, post dies aliquot alter eorum alterum in loco publico salutavit , is vero, licet advertens non resalutavit. Q. an et quomodo reus sit peccati.

R. Vel salutatus est æqualis aut fere æqualis conditionis cum salutante, vel conditionis longe inferioris. Si 1° mortaliter peccavit contra charitatem. Resalutatio enim inter æquales est signum non speciale , sed commune dilectionis, quod juxta D. Thomam et alios communiter, neque inimico negandum est ; et cujus denegatio, supposita contentione præcedenti, merito accipitur in signum contemptus, odii ac vindictæ, adeoque non inimicitiæ causam præbere potest, et, si palam res fiat, materiam scandali. Si 2° non resalutans, nullius per se loquendo, propter omissionem hanc, reus est peccati ; præcipue si ante jurgium , etiam salutatus non solebat eum semper resalutare. In isto enim casu omissio resalutationis non potest adscribi odio, et vindictæ nisi irrationabiliter; cum resalutare salutantem conditionis notabiliter inferioris , sit signum speciale, non autem generale dilectionis.

— « La vraie charité ne raffine pas tant, et dans le temps d'une réconciliation , elle est plus libérale que dans un autre. On peut aussi, sans se découvrir, donner quelque marque de bonté. *Voyez* plusieurs autres cas relatifs à cette matière sous les titres DETRACTIO, DETRACTOR et SCANDALUM. »

CHOREÆ.

CASUS I. *pag.* 2. Sacerdos citharam pulsans ad choreas in domo amici, victus precibus et donis juvenum , qui ad sonum citharæ confluxerunt, pulsationem ad instituendas varias saltationes prosecutus fuit usque ad finem noctis. Q. 1° an peccaverit; 2° an aliquam censuram incurrerit.

R. 1° Miserum hunc lethaliter peccasse; cum nedum pulsare citharam ad instituendam juvenes inter et puellas saltationem, verum etiam hujusmodi saltationibus interesse, clericis sub gravi prohibitum sit, ut liquet ex Tridentin. sess. 21, c. 1.

R. 2° Eumdem suspensionem incurrisse; cum hæc in synodo diœcesana, Bononiensi videlicet imposita sit iis qui *musica instrumenta in choreis* pulsare audent.

Casus II. *pag.* 100. Ruralis diaconus, propriæ matris ac sororis importunis precibus cedens, una cum eis, quadam bacchanalium die, choreis in honesta tamen domo larvatus interfuit. Q. an sit a gravi culpa immunis.

R. Affirmat. Tum quia non interfuit choreis, nisi ut morem gereret matri et sorori, tum quia iis nonnisi in honesta domo interfuit. Unde peccare quidem potuit ex quadam levitate, nimioque in proprium sanguinem affectu, non tamen graviter contra proprii status obligationes; cum non videatur vel scandali occasionem aliis præbuisse, vel turpium aspectuum aut cogitationum se periculo exposuisse.

— « Cette décision et ses motifs sont quelque chose de si affeux, que j'aurais honte de la réfuter. *Voyez* le Dictionnaire, v. Masque. »

COMMODATARIUS.

Casus unicus. *pag.* 142. Commodatarius dubitans an equus furto per suam incuriam ablatus fuerit, quærit an domino pretium equi solvere teneatur.

R. Non teneri, si certus non sit de incuria sua in custodiendo equo. Ratio est, quia quando non constat certo de culpa, stat in possessione innocentia; nec quis tenetur ad restitutionem certam ob purum dubium de damno illato.

— « Quand un homme doute si un vol est arrivé par sa faute, il doute nécessairement de son innocence. Or comment peut-il se croire en possession certaine d'une chose qui est elle-même l'objet de son doute ? Disons donc qu'il doit restituer *pro rata parte dubii.* »

COMMUNIO.

L'auteur parle, 1° de la communion pascale; 2° de celle des moribonds; 3° de celle des pêcheurs; 4° du lieu et du temps où on doit la faire.

§ I.

Communio paschalis.

Casus I. *pag.* 21. Franciscus, qui neglexit satisfacere præcepto communionis paschalis, credit quidem se peccasse, at simul credit se non teneri ad communionem, ut præcepto annuæ communionis satisfaciat. Q. an bene sentiat.

R. Negat. cum D. Thoma, Navarro, Suare, etc. Ratio est quia tempus paschale est determinatum ab Ecclesia, non ad finiendam obligationem, ut contingit in præcepto audiendi sacrum die festiva, sed ad sollicitandam obligationem sumendæ eucharistiæ; quod etiam indicant verba hæc : *ad minus in Pascha.* Unde tenetur Franciscus quamprimum moraliter huic Ecclesiæ præcepto satisfacere.

Casus II. *pag.* 30. Puer annos 22 natus, absque parochi examine et licentia sistit se sacræ mensæ paschalem communionem recepturus cum aliis. Q. an debeat parochus sacram ei synaxim ministrare.

R. Negat. Ratio est, quia ex recepta ubique disciplina, nemo ad primam communionem admitti debet sine prævio parochi, vel alterius vices ejusdem gerentis examine. Hinc qui dubitat an juvenis jam sacræ mensæ assidens primam communionem fecerit, eum palam de ea re interrogat. Quod si nonnihil puero immineret infamiæ, huic malo mederetur parochus ei alta voce dicens, ut vel primæ communionis tempus exspectet cum aliis, vel saltat se post missam examinandum, si quid urgeat ut ante alios ejusdem ætatis eucharistia reficiatur.

Casus III. *pag.* 53. Confessarius Paulo, qui sacrilege in propria parœcia eucharistiam paschalem receperat, injungit ut eam iterum in eadem parœcia recipiat : eique negat absolutionem; eo quia renuit parere, dicens se paratum esse ubilibet communionem recipere, at non denuo in ecclesia parochiali. Q. an bene se gesserit confessarius.

R. Negat. Duplex enim est finis Ecclesiæ paschalem communionem in propria parœcia præcipientis, unus ob bonum animæ, alter ob recognitionem proprii pastoris. Porro Paulus per communionem in parœcia, licet sacrilegam, proprium pastorem recognovit. Ergo ei unum id remanebat, ut animæ bono consuleret. Id autem per communionem in qualibet ecclesia pie factam consequi poterat. Patet id a simili in matrimonio, quod si in facie ecclesiæ nulliter contrahatur propter impedimentum dirimens occultum, post obtentam dispensationem non est denuo coram parocho et testibus contrahendum.

— « Je crois que le curé a tort, et que le paroissien n'a pas raison : à moins qu'une seconde communion faite peu de temps après la première ne dût faire beaucoup parler. Encore est-il moralement impossible que le peuple jugeât qu'il ne communie une seconde fois, que parce que sa première communion avait été sacrilége. Ces sortes de difficultés ne sont faites que pour les casuistes. Au reste, dans ces cas qui, ne dépendent que du curé, il doit, tant qu'il est possible, se plier à la faiblesse de ses pénitents. Il vaut mieux qu'on communie bien aux Cordeliers ou aux Minimes, que de communier avec beaucoup de trouble dans sa paroisse. »

Casus IV. *pag.* 65 Rusticus paschali tempore recepit eucharistiam in ecclesia metropolitana, et obtentam ibi schedulam parocho suo exhibuit. Q. an paschali præcepto satisfecerit.

R. Negat. 1° Quia ex Decreto Innocentii XI, 5 Febr. 1682, qui eucharistiam sumunt Romæ in ecclesia S. Joannis Lateranensis et S. Petri, non satisfaciunt paschali præcepto, ut videre est apud Pignatelli. Ergo a pari. 2° Quia sicut rustici coram parocho ecclesiæ metropolitanæ matrimonium contrahere non possunt, sine proprii parochi, aut vicarii generalis vel episcopi licentia; sic nec in casu.

— « Cette décision, confirmée par Innocent XI est importante. J'ai vu à Paris des gens d'un certain zèle qui s'y trompaient. Je l'ai donnée dans mon VI° vol. pag. 616.

Casus. V. *pag.* 249. Sed quid, si rusticus ille e proprii episcopi manu communionem sumpsisset?

R. Eum neque tunc paschali præcepto fecisse satis, nisi hoc fecerit cum expressa ipsius episcopi vel parochi sui licentia, unde denuo in parochia sua communicare tenetur. Ita Lugo, Pignatelli, et alii passim præsertim post decretum congregationis Concilii 1699, etc.

Casus VI. *pag.* 88. Parochus non vult in paschate e parochianis suis unum ad communionem admittere, quia de injuria sibi clam illata veniam non petiit. Q. an bene.

R. Negat. Vel enim parochus hunc a sacra synaxi publice rejicit, et sic famam ejus lædit graviter; cum tamen ad salvandam famam, peccatoribus occultis, S. synaxim publice petentibus, debeat ea concedi, ut docent theologi. Vel occulte eidem parochiano prohibet ne ad mensam accedat, priusquam ab eo veniam petierit; et tunc quoque peccat, et pastorali jurisdictione abutitur; cum loco dimittendi ex corde injurias, ut boni pastoris est, de iis potius vindictam sumere videatur. Adde quod cum ii qui paschali tempore ad eucharistiam non accedunt, ab ingressu ecclesiæ publice interdicantur, parochiano huic et famæ publicæ dispendium et gravia damna inde imminerent, quod, cum privatæ injuriæ reatum semper excedat, nunquam tolerari potest.

Casus VII. *pag.* 103. Titius, qui a paschate anni 1760 confessus non est, cum in paschate currentis anni 1761, nullius lethalis culpæ sibi conscius fuerit, ad eucharistiam accessit non confessus. Q. an grave aliquod præceptum fregerit.

R. Negat 1° Quia theologi complures censent præceptum annuæ confessionis nonnisi lethalis culpæ reos afficere. 2° Quia si admittatur contraria opinio, quæ fideles omnes, etiam lethalis peccati non conscios ad annuam confessionem adstringit, dici adhuc potest Titium in casu nullum grave præceptum fregisse; cum Lateranense præceptum non importet quod confessio non sit differenda ultra annum ab ultima confessione incipientem, sed tantum quod saltem semel singulis annis facienda sit; porro Titius adhuc ante finem anni 1761 confiteri potest.

— « Je crois, avec saint Thomas et saint Bonaventure, qu'un fidèle qui n'a que des péchés véniels, est obligé de se confesser pour remplir le précepte du concile de Latran. Voyez mon VI° vol., pag. 600. Le reste de la décision, sauf la discipline particulière des lieux, est juste. »

Casus VIII. *ibid.* Cum e capellanis duobus, qui capellæ cuidam in montanis positæ deserviunt, unus quia podagra laborans, celebrare non posset, petivit et recepit ab altero S. synaxim ad implendum paschale præceptum. Q. an illud vere impleverit.

R. Negat. Etsi enim sacerdotes, qui in paschate missam celebrant, nec de manu proprii parochi communionem accipere, nec in parochiali ecclesia celebrare teneantur; quando tamen vel nolunt, vel ex impedimento aliquo celebrare non possunt; censentur ut laici, adeoque vel in parochiali ecclesia, vel, si in alia, de parochi proprii licentia eucharistiam recipere debent. Ita Lugo, disp. 18, n. 31, etc.

Casus IX. *pag.* 146. Paulus videns parochum non redarguisse annis præteritis parochianos quosdam in paschate extra parœciam communicantes hoc anno absque expressa parochi facultate in aliena ecclesia S. synaxim sumpsit. Q. an paschali legi satisfecerit.

R. Negat. Neque enim solum parochi silentium dat expressam alibi recipiendæ eucharistiæ licentiam, quæ tamen in hoc casu necessaria est. Potuit utique parochus ex rationabili motivo a redarguendis parochianis abstinere. Potuit et officio suo deesse. Unius autem culpa culpam alterius non excusat.

Casus X. *pag.* 179. Joannes domui religiosorum quotidie inserviens, paschalem synaxim in eorum ecclesia recepit. Q. an præcepto satisfecerit.

R. Vel Joannes ita domui huic inservit, ut vivat sub obedientia religiosorum, et intra monasterium resideat; vel secus. Si 1° satisfecit præcepto, cum hic interveniant conditiones omnes a Tridentino requisitæ, ut quis a paschali communione intra parochialem ecclesiam facienda eximatur. Si 2° non satisfecit præcepto, uti constat ex pluribus sacræ congregationis decretis, præsertim an. 1085, 1602, 1713, 1721, etc. Casum hunc expendimus in Dictionario.

Casus XI. *pag.* 207. Publicus concubinarius timens ne in paschate arceatur a mensa sacra, mortem minatur parocho, si illi communionem negabit. Q. an ei S. synaxim licite parochus administrare possit.

R. Affirmant Sanchez, Antonius a Spiritu Sancto, Suarez, Bonacina, Spoter, etc. Quia inquiunt, actio dandi communionem bona est ex parte ministri, tantumque mala ex parte recipientis : nemo autem tenetur cum vitæ dispendio desistere ab actione bona, qua recipiens, si velit, bene uti potest. Aliter tamen S. Chrysostomus hom. 83, in Matth. ubi sic ait : *Non parva vobis imminet pœna, si quem aliqua improbitate teneri scientes, ei hujus mensæ participationem permittatis. Sanguis enim ejus ex manibus vestris requiretur. Sed siquidem aliquis præ vecordia vel amentia mensam adiverit, nullo timore territus abjice. Deum non hominem timeas..... Sanguinem meum potius effundi patiar, quam sacratissimum illum sanguinem præter quam digno* concedam. Non de ignotis, sed de notis hæc disputo.

— L'auteur, pag. 96, s'étant proposé ce cas : Publicus peccator parocho cui confitetur, minatur mortem, nisi ei præbeat tum absolutionem sacramentalem, tum eucharistiam. Q. an liceat impio ejus voto indulgere; répond en ces termes :

R. Licere quoad secundum, non quoad primum. Ratio asserti simul et discriminis est quia, cum porrectio eucharistiæ etiam indignis facta non sit per se et ab intrinseco mala, præceptum Matth. vii, expressum, non dandi sanctum canibus, seu non porrigendi eucharistiam indignis, est tantum obligans secundum quid; ac proinde sicut peccatori occulto publice petenti tenetur minister præbere eucharistiam, ut ipsius famæ consulat, ita peccatori etiam publico mortem minitanti poterit minister licite eucharistiam præbere, ut propriæ consulat securitati. Contra vero, cum prolatio absolutionis supra indignum, ut pote falsa, sit semper ab intrinseco mala, uti probat Augustinus lib. contra Mendac., cap. 18, in nullo casu licita esse potest; ideoque præceptum de non absolvendis indignis obligat semper et absolute. Nisi ergo peccator ille petat eucharistiam in odium religionis et fidei, vel ad eam positive inhonorandam, in quo casu ipsa porrectio impia foret, Parochus ex motivo vitandi mortem poterit impio ejus voto cedere, non quidem per prolationem absolutionis, sed per porrectionem eucharistiæ. Ita Gobat, Suarez, disp. 67, de Euch. sect. 1 et sect. 4, etc. — Ayez la bonté de concilier l'auteur avec lui-même.

§ II.
Communio ad moribundos.

Casus XII. pag. 34. Infirmatur ad mortem puer, de quo, licet ad annos discretionis pervenerit, dubitatur an sufficienter eucharistiam ab aliis cibis discernat. Q. an tali puero possit et teneatur parochus sacramentum hoc ministrare.

R. Cum Lugo, disp. 13, n. 43 et 44, posse, sed non teneri. 1° Potest quidem, quia licet prohibitum sit dare eucharistiam puero incapaci, nullibi tamen prohibitum est eam dare puero in dubio an ipsam ab aliis cibis discernat. Eadem enim tantum pro talibus pueris habetur prohibitio circa eucharistiam, quæ habetur circa extremam unctionem. Porro pueris de quibus dubitatur an doli capaces sint, dari potest extrema unctio, licet sub conditione, ut dari debet in dubio vitæ vel mortis. Ergo, etc. 2° Non tamen tenetur, quia licet nullibi constet de prohibitione in casu, tamen non constat puerum hunc esse comprehensum lege de viatico sumendo; cum non constet de capacitate ejus. Quod si ita est, jam parochus non tenetur illi viaticum ministrare. Quia in dubio de obligatione legis non tenetur legem servare.

— « La thèse et les preuves ne valent rien. Il ne peut être permis d'exposer sans nécessité le corps du Fils de Dieu à la profanation. De l'extrême-onction donnée conditionnellement, il n'y a point de conséquence à l'eucharistie, qui ne se peut donner sous condition. » Voyez le cas suivant.

Casus XIII. pag. 87. Parochus judicans nullum subesse irreverentiæ periculum, parochiano amenti et in mortem vergenti viaticum præbet. Q. an bene.

R. Vel is amens est a nativitate, vel in amentiam, adepto jam rationis usu, incidit. Si 1° male se gessit parochus, quia juxta nunc receptam Ecclesiæ consuetudinem, perpetuo amenti, sublato etiam irreverentiæ periculo, negari debet eucharistia; tum quia hæc ipsis, uti et infantibus necessaria non est ad salutem; tum quia cum cœlestem hunc cibum a communi secernere nesciunt, non possunt ei aliquam, ut valde conveniens est, reverentiam exhibere : Si 2° seu si non semper caruit usu rationis, et tum quando erat compos suæ mentis, apparuit in eo devotio hujus sacramenti, debet hoc ei in articulo mortis exhiberi, nisi forte timeatur periculum vomitus vel expuitionis; vel aperte constet illum incidisse in amentiam lethali peccato irretitam. Ita sanctus Thomas, iii p., q. 80, art. 9.

Casus XIV. pag. 162. Moribundus, qui nullius lethalis delicti reum se agnoscit, renuit venialia sua confiteri. Q. an possit idcirco parochus ei sanctum viaticum denegare.

R. Negat. Ratio est quia nullum datur præceptum confitendi venialia etiam in articulo mortis. Quapropter debebit parochus suasione omni moribundum ad venialem confessionem inducere, tum ad indirectam remissionem mortalis, si quod forte lateat in anima; tum ad augmentum gratiæ sanctificantis; tum ad remissionem partis pœnæ in purgatorio luendæ; tum ad consequendum indulgentiæ effectum; tum denique ad observandam piorum, quotquot sunt, fidelium consuetudinem. Verum si adhuc renuat moribundus confiteri, curabit eum disponere ad internam ipsorum saltem venialium detestationem; et tunc ei ministrabit viaticum, ut præcepto ejusdem in extremis recipiendi satisfaciat. Vide paucula, quæ ea de re dixi, tom. X, p. 2, cap. 5, n. 10.

Casus XV. pag. 204. Petronius bene valens sumpsit mane eucharistiam, et vespere infirmatur ad mortem. Q. an denuo per modum viatici communicare teneatur.

R. Probabilius non teneri, 1° quia reipsa eucharistiam recepit in vitæ suæ confinio, proinde eo tempore quo Christus ipsam recipi præcepit. Nec obstat quod ignoraret tempus istud advenisse; qui enim die quam festum esse ignorat, sacrum audit, audiendi præceptum adimplet. 2° Quia cum Petronius per suam hanc communionem sufficienter corroboratus fuerit, prudenter judicatur obtinuisse finem illius præcepti. Porro cessante præcepti fine, cessat præcepti ipsius obligatio. Ita Suarez, Lugo et alii.

— « J'ai établi ce sentiment dans mon 6° volume de Morale, pag. 621. J'ajouterai ici qu'il y a des Rituels qui, sans ordonner la communion dans ce cas, la permettent; et tel est celui de Strasbourg. »

§ III.
Communio quoad peccatores.

Casus XVI. *pag.* 124. Peccatori ex communicato occulto communionem publice petenti sacerdos formulam praebuit non consecratam, ut sacramenti reverentiae consuleret. Q. an bene factum.

R. Negat. 1° Quia hic intervenit simulatio, quae in sacramentorum administratione tanquam perniciosa et exsecrabilis damnata est ab Innocentio XI in propositione hac 29 : *Urgens metus gravis est causa justa sacramentorum administrationem simulandi.* 2° Quia ex tali porrectione hostiae non consecratae praebetur occasio idololatriae, quae longe gravius est peccatum , quam peccatum indignae sumptionis. Sicut igitur ad servandam sacramento reverentiam licitum non est peccatori occulto publice petenti sacramentum denegare, sic nec in praesenti pro eadem reverentia servanda licitum est loco consecratae non consecratam hostiam porrigere.

— « Cette seconde preuve est très-commune. Il y a cependant des gens éclairés qui ne la croient pas bien solide. Le ministre Poiret, dans ses *Cogitationes rationabiles,* dit que les catholiques, en adorant l'hostie, ne sont pas idolâtres, parce qu'il n'y a là que *error circa locum.* Ils croient, dit-il, Jésus-Christ présent, et ils se trompent; mais au fond ce n'est qu'à lui que se termine leur adoration. Cependant, comme on peut toujours dire avec saint Thomas, 3 p., q. 80, art. 6, ad 2, que *sacerdos hoc faciens,* seu hostiam non consecratam porrigens, *quantum in se est, faciet idololatrare illos qui credunt esse hostiam consecratam,* il est sûr qu'un prêtre qui userait de ce mauvais artifice, même à la prière du faux communiant, serait très-coupable ; et c'est ce que décide encore notre auteur *pag.* 201.

§ IV et V.
Communio quoad locum et tempus.

Casus XVII. *pag.* 181. Sacerdos in oratorio privato celebrans, singulis festis diebus piae ac nobili feminae missam audienti eucharistiam praebet. Q. an licite.

R. Negat. Ratio est quia in facultate quae sub certis conditionibus solet a pontifice concedi pro celebratione missarum in oratoriis privatis, nulla conceditur facultas eucharistiam administrandi personis, quarum in gratiam concessa est facultas celebrandi. Unde, ut docet Benedictus XIV, nova pro hujusmodi communionibus petenda est facultas ab ordinariis locorum , eaque non solet concedi, nisi pro aliquo particulari casu, in quo gravis necessitas id concedendi occurrat.

— « Il serait à souhaiter que ce point de discipline fût exactement observé. Un aumônier ne verrait pas des personnes de piété communier souvent, sans presque jamais édifier leur paroisse. »

Casus XVIII. *pag.* 127. Bertha, ut amorem suum in infantem Jesum foveat, enixe petit communionem in missa nocturna Natalis Domini. Annuit parochus. Q. an bene.

R. Negat. Siquidem pluries prohibuit S. R. congregatio ne vel ea sacra nocte tres missae successive celebrarentur ; vel eucharistia post missam nocturnam exhiberetur. Porro decreta haec vim legis obtinent, iisque accedit synodale decretum nostrae hujus dioecesis Bononiensis.

— « Ces décrets n'ont pas lieu en France, et il ne serait pas aisé de les y établir. »

COMPENSATIO.

Casus I. *pag.* 10. Clericus saepe ludo alearum cauponem vicit. At caupo intelligens ludum hunc clericis interdictum esse, pactum praemium exsolvere recusavit. Cum vero id clericus assequi non posset, usus est compensatione. Q. an id tuta conscientia fecerit.

R. Negat. Ratio est quia de jure communi non tenetur quis id solvere quod ludo vetito perdidit, ut ex legibus probant Lessius, Covarruvias, Molina. Cum ergo frequens aleae ludus clericis prohibitus sit, saltem quando agitur de summa non levi, ut in casu, consequens est quod caupo rem perditam exsolvere non teneatur. Quod si ita est, non licet clerico uti compensatione. Ad hanc enim, ut justa sit, requiritur in primis ut creditum sit certum et liquidum, ut docent fere omnes cum Diana. Porro in casu debitum, nedum certum foret, nullum erat ex dictis. Unde, detecta compensationis fraude, posset caupo recurrere ad superiores, et ab iis rei suae restitutionem obtinere.

« J'ai parlé au long des jeux de hasard dans le Traité des contrats. »

Casus II. *pag.* 252. Michael, nullum inveniens dominum qui eum justo salario conducat, necessitate compulsus mancipavit se servitio viri nobilis cum salario valde inferiori; cumque dominus non minus ejus quam aliorum famulorum opera utatur, tantum ei clam subripit, quantum adaequat salarium aliorum. Q. an licite.

R. Michaelem posse, servatis legibus occultae compensationis, licite clam subripere, si non quantum adaequat aliorum famulorum mercedem ; saltem quantum deest justo salario infimo. Ratio est quia conducens ex una parte, eo ipso quod conducit, stare debet legibus justae conductionis ; ex alia autem una ex hisce legibus est, quod famulo conducto tribuatur salarium justum, saltem infimum. Nec obstat pactum contrarium. Eo enim ipso quod est contra legem aut bonos mores non obligat, et censetur factum non animo condonandi reliquum, sed ne amitteret illam commoditatem. Neque etiam obstat quod is se in famulatum obtulerit, quia necessitas non minuit rerum valorem ; et merces ultroneae vilescunt quidem, sed intra, non infra latitudinem justi pretii. Alii tamen sentiunt ultroneas merces vilescere pro tertia saltem parte pretii. Unde minuendum erit aliquid infra pretium etiam infimum.

— « Voilà les valets et les vendeurs bien au large. Chacun fixera son mérite et celui de sa marchandise; et Dieu sait si on la mettra au rabais. On sent où tout cela peut conduire. Tenons-nous-en donc à la censure qu'Innocent XI a faite de cette très-mauvaise proposition, n. 37 : *Famuli et famulæ domesticæ possunt occulte heris suis subripere ad compensandam operam suam, quam majorem judicant salario quod acceperunt.* »

Casus III. *pag.* 81. Procurator, antequam triticum in area dividatur, exigit ut tota tritici massa cribretur expensis communibus domini et conductoris. Q. an conductor damnum quod inde patitur e bonis domini compensare possit.

R. Vel conductor in id consentit, ægre licet; vel ostendit se invitum, et ex solo majoris damni metu ad tales expensas concurrere. Si 1°, non potest conductor damnum suum compensare, quia consentienti non fit injuria. Si 2°, potest compensatione uti, quia injuste in rebus suis læso licita est, servatis conditionibus, compensatio.

— « L'auteur n'explique nulle part ces conditions de la compensation, et je ne sais s'il les aurait faites bien rigoureuses. Quoi qu'il en soit, le vrai parti que le fermier doit prendre en ce cas est d'aller trouver le maître et de lui exposer le tort qu'on lui fait. Combien de gens se croiraient dans le cas où *quis se ostendit invitum*, etc.

Casus IV. *pag.* 246. Titius, creditor Livii scutorum 50 audiens eum obiisse cum tot debitis credito suo anterioribus, ut merito dubitetur an bona ab eo relicta satis futura sint ad satisfaciendum cunctis creditoribus; cum apud se retineat mobilia defuncti summam sibi debitam in valore adæquantia, ea sibi appropriat in crediti compensationem. Q. 1° an licite; 2° an Titius, qui nullo documento creditum suum probare potest, incidat in censuram latam adversus eos qui bona Livii, etiam compensationis titulo, apud se detinent.

R. Negat. Quamvis enim mobilia hæc nulli sint specialiter obligata, quia tamen non fuerunt apud Titium vere apposita in pignus crediti sui, ipse in rigore illa possidet nomine debitoris. Unde cum bona debitoris, si non sufficiant pro omnibus, debeant attento jure naturali dividi inter creditores ad ratam; ideo ne subsit periculo se compensandi cum re ad alios spectante, non potest ea sibi appropriare in compensationem sui crediti; sed solum ea interim retinere in assecurationem ratæ quæ ad cum pertinebit. Neque hinc subjacebit censuræ; tum quia hæc ejus retentio ex eo excusatur a peccato, quod nulla alia via possit se indemnem servare; tum quia censura non fertur adversus eos qui ex justo, sed solum qui ex injusto compensationis prætextu bona illa detinent.

— « Dans ce cas je déclarerais ou ferais tout déclarer à l'évêque, et je suivrais ses conseils. »

Casus V. *pag.* 209. Petrus hostem insequentem fugiens, insilit in obvium equum, qui ex præcipiti hac fuga moritur. Q. an ad equi compensationem teneatur.

R. Affirm. Quia dominus equi non censetur in hoc casu consentire, nisi sub onere compensationis. Neque enim intendit equi dominium in utentem transferre, sed duntaxat hunc ei, ob gravem qua premitur necessitatem, commodare. Ergo tenetur is ad compensationem, non quidem ratione rei acceptæ, cum ea jam non exstet; neque etiam ratione injustæ acceptionis, cum ei licitum fuerit in extrema necessitate id facere quod fecit; sed ratione tacitæ cujusdam obligationis jure gentium introductæ, qua qui rem alterius in hujusmodi necessitate consumit, implicite se obligat ad rependendum ejus pretium, quando suppetet copia.

CONCIONATOR.

Casus I. *pag.* 4. Cum Joannes in montanis ecclesiis jejunium multo æstu prædicaret, parochus quidam ei pro prandio paravit polentam e castanearum farina confectam, dicens nullum alium in montanis adesse cibum. Unde concionator, mutato stylo, sequenti die dixit montium incolas ad nullum jejunium teneri. Q. quid de utroque sentiendum.

R. Laudandum esse parochum, reprehendendum vero concionatorem. 1° Quidem laudandus parochus, quia innocenti joco consulit tranquillitati parœciæ suæ, cui licet ob alimentorum miseriam et nimios labores jejuniorum incapaci, improvidus præco scrupulos injiciebat. 2° Reprehendendus concionator, qui ab extremo in extremum flexus, generaliori oratione omnes montium incolas a jejunio exemit; quandoquidem ex iis sint nonnulli, qui aliis vescantur cibis quam polenta, satiativa quidem, sed parum nutritiva.

Casus II. *pag.* 76. Concionator qua die loquitur contra peccatum lethale, versatur in statu peccati mortalis. Q. an inde novum peccatum committat.

R. Eum a peccato saltem gravi immunem esse. Ratio est, 1° quia nullum exstat Dei aut Ecclesiæ præceptum, quod sub lethali obliget prædicatores, ne in statu lethalis peccati verbum divinum annuntient; 2° quia prædicatio non est immediatum sanctificationis nostræ instrumentum, ut est sacramentorum confectio; ideoque non videtur qui in peccato mortali prædicat, reus irreverentiæ tam gravis, ut per se culpandus sit de peccato lethali. Per se, inquam; potest enim per accidens delinquere mortaliter; puta si vel peccatum ejus publicum sit, vel ideo nihil ducat in statu peccati conciones habere, quia verbum Dei ejusque fructum contemnat : tunc enim gravem infert Scripturæ injuriam ratione scandali vel contemptus. Et in hoc sensu intelligi potest angelicus doctor in Comment. supra hæc psalm. XLIX verba : *Peccatori dixit Deus*, etc. Ita Suarez, in III p., disp. 16, sect. 3.

— « L'auteur, pour donner une bonne réponse, n'avait qu'à citer le texte de saint Thomas. Voici ses paroles : *Ejus*, qui in statu peccati mortalis prædicat, *peccatum aut est publicum, vel occultum; et si occultum, vel ex contemptu et damna quæ inde familiæ suæ sequuntur, aut cum pœnitentia... Si est in peccato publico, non debet publice prædicare vel docere... Si vero est in peccato occulto, et sine pœnitentia,* tunc provocat Deum, quia simulat et est hypocrita. *Si vero peccatum est occultum, et dolet, non peccat prædicando et docendo, etiamsi publice loquatur contra peccatum, quia sic detestando aliorum peccata, detestatur etiam sua.* Je conclus de là qu'un homme qui se sent coupable d'un péché mortel doit, avant que de monter en chaire, faire un bon acte de contrition. C'est mépriser virtuellement les jugements du Seigneur et ses feux, que de les annoncer de sang-froid quand on les mérite. »

CONDONATIO.

CASUS I. *pag.* 61. Faber lignarius ad mortem vulneratus remitit vulneratori et injuriam et damna quæ inde familiæ suæ sequuntur. Q. an filii, mortuo patre, petere possint ab occisore damnorum compensationem.

R. Affirm. Ratio est quia jus ad compensationem damnorum quæ patitur in hoc casu familia, non acquiritur occisori, nec ab eo derivatur in filios ; sed immediate acquiritur filiis quorum jus læsum est; filii enim jus habent ut alantur a patre, ac proinde jus habent ne eis a quopiam alimenta impediantur. Unde non potuit pater de tali jure filiis acquisito disponere. Ita Lugo, *de Just.*, disp. 4, sect. 3, n. 63.

— « Si cette décision est juste dans le cas où les enfants d'un pauvre ouvrier n'auraient pas de pain, le principe sur lequel elle est appuyée paraît équivoque aussi bien que le cas même. Je pourrais, par principe de religion, donner cinquante pistoles à celui qui m'a blessé à mort; pourquoi ne pourrai-je pas vouloir que mon héritier prenne sur mon bien dix pistoles qu'il a fallu fournir pour me panser, et qui, en ce sens, sont une perte pour lui ? »

CASUS II. *pag.* 195. Famulus qui de mandato Joannis subripuit modium tritici, de quo nihil participavit, cum restituere non posset, petiit a tritici domino condonationem. Q. an per eam condonationem Joannes eximatur ab onere restituendi.

R. Negat. Quia Joannes, ut pote mandans, est causa principalis, famulus vero causa minus principalis, jam vero licet absoluta a restitutionis obligatione causa magis principali, sit etiam absoluta causa minus principalis ; non tamen e converso. Nec juvat quod forte ignoret dominus cui causæ condonet, et credat etiam se condonare principaliori. Profecto enim motivum quo ad condonandum inducitur, est impotentia petentis. Ergo hunc solum, et ex tali motivo ab obligatione restituendi absolvit.

CONFESSARIUS.

On va examiner sous ce titre, 1° la prudence nécessaire au confesseur ; 2° les pouvoirs dont il a besoin; 3° l'attention qu'il doit avoir dans les fonctions de son ministère.

§ I.

Confessarius quoad prudentiam.

CASUS I. *pag.* 269. Confessarius pœnitentiam ab alio impositam commutavit. Q. an id factum sit prudenter.

R. Factum id prudenter, si factum sit ex causa necessitatis, aut etiam spiritualis utilitatis pœnitentis. Eae enim ob causas, licet priorem pœnitentiam in æqualem, imo et in minorem (interveniente tamen graviori motivo) commutare. Siquidem confessarius iste per hoc non exercet imperium in primum confessorem, sed in pœnitentem, qui ei seipsum suamque animam subdidit; nec proprie revocat sententiam prioris, qui eam subsistere noluit, nisi prout utilis futura esset, sed suam præfert : istud enim judicium non instituitur ad derogandum priori, sed ad consulendum pœnitenti, cujus in favorem fit talis iteratio : neque hoc totum efficitur per modum appellationis, sed per modum novi judicii æqualis judicio præcedenti; quorum judiciorum neutrum adversatur alteri, cum secundus confessarius se habeat tanquam prioris successor in eodem tribunali, neque etiam per hoc, prius sacramentum aut rescissum est aut mutilum. Si enim imponitur duplex pœnitentia in novo judicio, prima est pro præcedenti substituta, secunda pro præsenti. Si vero una tantum, hæc valet et applicatur tam pro præcedenti, quam pro præsenti. Et hæc intelligo, quamvis prior pœnitentia imposita fuisset ab habente potestatem in reservata, et commutatio fiat a confessario simplici : cum enim reservatio cessaverit per hoc quod peccata fuerint a primo confessario absoluta, nihil obest quominus confessarius posterior sententiam suam ferre valeat.

— « Il ne fallait pas tant de paroles pour une chose dont on convient assez. Mais il fallait ajouter que le second confesseur ne peut changer la pénitence imposée par le premier, qu'après que le pénitent lui a confessé ses péchés, non pas avec autant de détail qu'il en a fallu dans la confession précédente, mais de manière à lui faire bien connaître la substance de son état ; en lui disant, par exemple, s'il s'agit d'une pénitence imposée après une confession générale, qu'il a vécu tant d'années, ou tant de mois dans l'inimitié, dans l'impureté, etc. Un confesseur qui changerait la pénitence qu'il aurait lui-même imposée, devrait aussi se faire rappeler les mêmes choses par son pénitent, s'il les avait oubliées. Les autres cas qu'on pourrait placer ici se trouvent déjà sous le titre ABSOLUTIO. »

§ II.
Confessarius quoad jurisdictionem.

CASUS II. *pag.* 2. Confessarius præ incuria non advertens exspirasse tempus potestatis sibi ad excipiendas confessiones concessæ, per duos exinde menses non paucas excepit. Q. an pœnam aliquam ecclesiasticam incurrerit.

R. Negat. Quia nulla seu jure communi, seu diœcesana (Bonon.) lege sancita est pœna contra eos qui sine jurisdictione confessiones excipiunt. Possent hi tamen graviter ab episcopo plecti, si isti constaret de incuria graviter culpabili.

— « Chacun doit consulter sur ce point, comme sur une infinité d'autres, les lois de son diocèse. Ce n'est guère que par oubli qu'on manque dans ce cas, et cela est rare : Or, *pro raro contingentibus non decet constitui leges pœnales.* »

CASUS III. *pag.* 36. Confessarius, audito casu affinitatis reservato, promisit pœnitenti se per epistolam petiturum a superiore facultatem ab eo absolvendi. Antequam vero responsum accipiat, pœnitentem absolvit. Q. an vere absolverit.

R. Negat. 1° Quia concessio hujus facultatis pendet a superiore, qui, licet facilis esse debeat ad hanc et similes concedendas, potest tamen eam justis de causis negare; 2° quia fieri potest ut absens sit superior, ut repentina febri oppressus epistolam legere non potuerit, etc. Unde confessarius exponit se periculo invalide absolvendi, quod non licet.

CASUS IV. *pag.* 39. Petrus reus bestialitatis et incestus æque reservati, superiorem adiit ut ab utroque casu a parocho suo absolvi posset. Verum expressit quidem incestum, at bestialitatis oblitus, de ea verbum non fecit. Q. an ab ista etiam per parochum absolvi possit.

R. Negat. Licet enim facultas pro reservatis a superiore obtenta extendatur ad peccata similia post obtentam facultatem commissa; et similiter facultas indefinite obtenta pro reservatis extendatur ad omnia reservata communia, tamen facultas pro tali in specie reservato non extenditur ad reservata diversæ speciei, quia facultas juxta verba petentis intelligenda est. Neque obstat quod parochus posset Petrum ab utroque casu absolvere, si is apud superiorem, aliumve pro reservatis approbatum confessus fuisset incestum, et ex oblivione mera bestialitatem reticuisset, imo nullum reservatum confessus esset. In isto siquidem casu superior, aliusve pro reservatis approbatus, intendit pœnitentem absolvere quantum potest, adeoque, posita pœnitentis oblivione, reservationem tollit. Verum in casu proposito, petitio facultatis pro isto individuali casu intentionem superioris ad hunc numero casum restringit. Ita Lugo, *de Pœnit.*, n. 122.

CASUS V. *pag.* 40. Confessarius a quibusdam reservatis absolvere valens, negative dubitat num ab incestu etiam absolvere possit : absolvit tamen non obstante dubio. Q. an bene.

R. Negat. Quia confessarius is vere dubius est de facultate sua in hunc casum, et possessio tota est pro casu quem certo constat esse reservatum. Unde exponit se periculo invalide absolvendi, quod nunquam licet.

CASUS VI. *pag.* 41. Paulus accusando se de casu reservato, dicit sibi dubium esse an hunc alias confessus fuerit apud confessarium pro reservatis approbatum. Q. an stante tali dubio possit a simplici confessario absolvi.

R. Negat. Quia possessio non stat pro pœnitente, sed pro reservatione, in quam certo scit se incidisse. Unde sicut certus de emissione voti, et dubius de impletione, tenetur votum exsequi, quia possessio stat pro voto; ita et in casu certus de reservatione, incertus vero de confessione apud privilegiatum facta, tenetur apud similem confiteri.

CASUS VII. *pag.* 169. Rusticus habitans in confinio hujus diœcesis, cum in reservatum quoddam inciderit, pergit ad diœcesim vicinam, ubi idem peccatum non reservatur. Q. an hic valide absolutus sit.

R. Affirmat. Ratio est quia casuum reservatio ex communi doctrina principaliter et directe afficit confessarium, ejus jurisdictionem in certa quædam peccata coarctando; licet indirecte etiam afficiat pœnitentem qui a tali peccato per talem confessarium sic coarctatum absolvi non potest. Cum ergo rusticus ille confessus sit apud sacerdotem, cujus jurisdictio, quantum ad peccatum istud arctata non erat, consequens est quod valide absolutus fuerit.

— «Il faut supposer que ce pénitent n'y a pas été *in fraudem* et pour se soustraire à la rigueur de la loi portée dans son diocèse. Et cela a lieu, quand il se trouve de bonne foi, comme pour ses affaires dans un diocèse étranger, ou qu'il y a son confesseur, comme il arrive souvent, avec la permission des évêques, lorsque les diocèses sont voisins; et même dans ce cas il n'y a rien à perdre pour la discipline, parce que le confesseur du diocèse de Modène, qui confesse des pénitents du diocèse de Bologne, doit être au fait des statuts des deux diocèses. Au reste, la permission des évêques est justement présumée, quand à leur vu et su la coutume de se confesser d'un diocèse à l'autre est bien établie. Sans cela, un curé, fût-il même appelé par son voisin d'un autre diocèse, ne pourrait y confesser sans l'agrément de l'évêque de ce même diocèse, ainsi que l'a décidé, en 1641, la congrégation des Évêques, quoiqu'elle eût ordonné, le 25 mai de l'année précédente, à un évêque, de ne point empêcher que ses diocésains, qui allaient à une fête dans le diocèse voisin, ne pussent s'y confesser, comme le rapporte l'auteur, page 175, où d'ailleurs il raisonne assez mal. C'est ainsi qu'on procure aux peuples une juste liberté, sans préjudicier aux droits de leurs supérieurs.»

§ III.

Confessarius quoad attentionem.

CASUS VIII. *pag.* 73. Confessarius formam absolutionis frequenter cum distractione voluntaria pronuntiat. Q. an graviter peccet.

R. Vel confessarius iste advertit se aliquando propter voluntarias hujusmodi distractiones in substantia formæ errasse, vel nunquam se errasse cognoscit. Si 1°, graviter peccat, quia sacramentum exponit periculo nullitatis. Si 2°, assero nullam esse rationem, propter quam confessarius iste culpæ lethalis reus judicari debeat, cum simplex attentionis defectus non importet carentiam alicujus requisiti ad sacramenti valorem, sicuti importaret defectus debitæ intentionis, neque gravis irrogetur sacramento injuria, quando nullum imminet substantialis erroris periculum. Esset itaque confessarius noster reus culpæ venialis, quia sancta sancte non tractaret, secluso tamen supradicto periculo ipsiusque sacramenti contemptu. Ita Sporen., Tamburin., Gobat.

— «Malgré ces grandes et formidables autorités, je crois qu'il faut avoir une bien mince idée des sacrements de Jésus-Christ pour prononcer d'un ton si ferme : *assero*, qu'il n'y a là qu'un péché véniel. Une habitude si fréquente : *frequenter*, marque une irrévérence qui approche bien du mépris, si elle ne le renferme. D'ailleurs par où ce mauvais prêtre, qui ne sait ce qu'il dit, ni ce qu'il fait, parce qu'il pense à tout autre chose, pourra-t-il savoir qu'il ne s'est ni trompé, ni exposé au danger de se tromper. *Apage!*»

CASUS IX. *pag.* 178. Confessarius ruralis pluries absolvit pœnitentem ab incestu, non advertens peccatum istud esse reservatum. Q. an sit a gravi culpa immunis.

R. Affirm. Dummodo nullam habuerit reservationis dubitationem. Ratio est, quia cum voluntas nostra nequeat moveri et excitari ad quærendam scientiam illius rei, de qua nullam habemus cogitationem, si nulla de incestu reservatione præcessit dubitatio, inadvertentia, in absolvendo etiam pluries a reservato casu, fuit omnino invincibilis et ipsi confessario involuntaria, proindeque eum a peccato excusat ; cum ad peccandum non sufficiat remote posse et debere auferre ignorantiam juris, sed requiratur posse proximum, quod habetur quando aliqua de lege accidit cogitatio, vi cujus voluntas ad quærendam legis notitiam habeatur. Ita Sanchez, Palao, etc.

— «J'avais cru jusqu'ici qu'une des premières choses que doit faire un prêtre nouvellement approuvé, c'est de connaître ses pouvoirs, et par conséquent de lire les cas réservés dans son diocèse, etc. L'auteur nous met au large ; plus un prêtre sera ignorant et négligent à s'instruire, plus à l'ombre de ces deux talents et d'une touche de péché philosophique, il ne sera que dans un pouvoir éloigné qui le rendra blanc comme la neige. *Apage iterum!*»

CONFESSIO.

L'auteur, dans son *Index*, qui n'est guère plus en ordre que son livre, envisage la confession, 1° quant à sa matière éloignée ; 2° quant à sa matière prochaine ; 3° quant à l'examen qui doit la précéder ; 4° quant à son intégrité ; 5°, 6°, 7° soit pour l'espèce, soit pour le nombre et les circonstances des péchés ; 8° quant à la répétition qu'on est quelquefois obligé d'en faire ; 9° il y entremêle quelques cas sur la censure, le mensonge, l'habitude, le temps, etc. Nous allons le suivre comme nous pourrons, en évitant, autant qu'il sera possible, de tomber dans la redite.

§ I.

Confessio quoad materiam remotam.

CASUS I. *pag.* 31. Confessarius audiens mulierculam se accusantem unice quod non consenserit divinis inspirationibus, illam absolvit. Q. an bene id factum.

R. Negat, Cum Lugo, disp. 16, *de Pœnit.*, num. 103, et communi. Ratio est quia, licet divinis inspirationibus non obedire sit imperfectio, non est tamen peccatum etiam veniale, nisi inspiratio avertat a transgressione *gravis* præcepti. Sicut enim consilia sequi non cadit sub præcepto etiam venialiter obligante, sed solum sub consilio, ita non operari juxta consilium, nullum erit peccatum. Jam vero non respondere divinis inspirationibus, dummodo non offerantur in occasione frangendi præcepti, est præcise non operari juxta consilium. Unde si quis contra inspirationem frangat præceptum, non committet peccatum ab ipsa præcepti transgressione distinctum. Jam vero ubi nullum est peccatum, ibi nulla est absolutionis materia. Ergo male se gessit confessarius, qui feminam de eo solum casu se accusantem absolvit.

— «Il peut y avoir même pour les simples conseils, tel qu'est celui de la virginité, des inspirations si vives, qu'elles pourraient équivaloir à un précepte. Cependant la décision de l'auteur est moralement juste. On peut, dans ce cas, faire accuser un pénitent de quelque faute de sa vie passée. Le fatiguer beaucoup sur sa résistance aux inspirations, ce serait l'exposer à en imaginer tous les jours de nouvelles.»

CASUS II. *pag.* 165. Devota mulier sic solum in genere confitetur : *Confiteor omnia peccata mea venialia*, recusat ei absolutionem confessarius, dicens ipsam teneri, ad salvandum sacramenti valorem, aliquod exprimere veniale quod in particulari commisit. Q. an bene se gerat et verum dicat.

R. Affirmat. Cum enim ex una parte valde dubium sit an peccata venialia solum in genere confessa sint materia certo sufficiens ad sacramenti valorem, ex alia vero ubi de sacramentorum valore agitur, pars tutior sit eligenda ; non est recedendum a consueta fidelium omnium praxi, qui cum venialia confitentur aliquod semper exprimunt in particulari. Ergo verum respondit confessarius. Ita Suarez, disp. 23, sec. 1, n. 10, et alii.

— « Un confesseur a deux parties à faire : celle de juge et celle de médecin. Il ne peut bien faire ni l'une ni l'autre, sur une pareille confession. S'il absout un moribond qui lui serre la main, ou qui frappe sa poitrine, c'est qu'il ne peut faire autrement. »

§ II.
Confessio quoad materiam proximam.

CASUS III. *pag.* 18. Feminæ se accusantes diebus festis per horas plures laborasse sine necessitate, parocho lethalem hic culpam redargueti respondent se non laborasse lucri gratia. Q. an idcirco a gravi sint immunes.

R. Negat. Nisi eas bona fides invincibilis excuset. Ratio est, quia rationem operis servilis die festo prohibiti impertinens est utrum fiat ex lucro vel recreatione. Sicut enim intentio lucrandi non facit opus esse servile, sic nec intentio non lucrandi non tollit ab opere servili rationem servilis, ut docent Navarrus, Suarez, etc.

— « Cette décision paraît juste, et je ne vois pas trop sur quel fondement certains directeurs permettent à des dames pieuses de faire quelques petits ouvrages serviles les dimanches et les fêtes. Si *cela vaut mieux que de jouer*, il n'y a qu'à ne faire ni l'un ni l'autre. »

CASUS IV. *pag.* 151. Petrus gravia quædam confessus est ex dolore quidem offensæ Deo illatæ, sed absque proposito formali et expresso ea vitandi in futurum : imo actu judicans se quam primum in eadem crimina relapsurum. Q. an hæc confessio absolute dicenda sit invalida.

R. Negat. Ratio est quia, ex Trid. sess. 19, c. 4, ad valorem sacramenti hujus duntaxat dolor ex supernaturali motivo conceptus, qui peccandi voluntatem excludat. Porro voluntatem hanc excludit propositum, non modo expressum, sed et virtuale ac implicitum, inclusum in dolore universali, qualis est dolor de offensa divina bonitate. Neque hæc non peccandi voluntas ex eo vitiatur, quod quis judicat se brevi in eadem crimina relapsurum esse. Cum enim propositum sit actus voluntatis, et judicium sit actus intellectus, nullam dicunt ad invicem ex natura sua oppositionem ; cum in ipsis etiam hominibus sanctis stet cum bono proposito justus timor, ne ex vertibilitate humanæ voluntatis de bonis in malos mutentur. Dixi *ex natura sua,* quia si de hominibus fragilioribus sermo sit, timor de futuro relapsu efficere potest, ut in proposito ita nutent, ut ex hujus defectu ipsa confessio omnino invalida dicenda sit.

— « Je prie qu'on lise sur ce point mon *Traité de la Pénitence,* part. II, cap. 4, à num 224, où cette question est moins mal résolue que chez l'auteur ; son *imo actu judicans,* etc., est plus fort que le *justus timor,* dont il parle dans sa réponse : Ce n'est point par des expressions si embarrassées qu'on résout des questions assez importantes. »

CASUS V. *pag.* 145. Titius dum absolvitur, recordatur peccati lethalis, quod non aperit confessario nisi post prolatam absolutionem. Q. an valide sit absolutus.

R. Negat, per se loquendo. Ratio est quia Titius in casu sciens et volens reticuit peccatum, quod, antequam integre prolata esset absolutionis forma, confiteri poterat et debebat, rogando sacerdotem, ne absolutionem perficeret, antequam ei novum crimen aperiret, prout ex Trid. sess. 14, cap. 5, ad sacramenti valorem necessarium est. Dixi, *per se loquendo.* Si enim intervenisset vel perturbatio mentis, quæ ut plurimum solet in casu contingere, vel bona fides, qua Titius putasset interrumpendam non esse absolutionem, propter reverentiam debitam judici proferenti sententiam ; in hoc casu Titius censendus esset absolutus, directe quidem a peccatis ante absolutionem expositis, indirecte vero ab altero, ideoque cum onere illud iterum clavibus subjiciendi, ut per absolutionem directam tollatur.

— « Un pénitent devrait, après l'absolution reçue, s'accuser d'un péché qu'il a ainsi oublié. Mais je ne vois pas bien pourquoi il aurait besoin d'une nouvelle absolution. Au reste il y a des confesseurs qui trouvent mauvais qu'on les interrompe au milieu de la forme ; et cela peut encore excuser le pénitent. Si le péché omis était considérable, le prêtre devrait ajouter une nouvelle pénitence à celle qu'il avait d'abord imposée. »

CASUS VI. *pag.* 178. Francisca scrupulo angitur, et dubitat an valide absoluta fuerit, quia confitendo peccata, non renovavit dolorem, quem die præcedenti elicuerat. Q. an valida sit ejus confessio.

R. Affirm. Quia cum sacramentum pœnitentiæ administretur per modum judicii, in judiciis autem conclusio in causa, et publicatio sententiæ admittant notabile tempus intermedium, potest hoc etiam in sacramentali judicio admitti. Unde quamvis optimum sit, ante absolutionem, et dum ea impenditur, dolorem renovare, perseverat tamen moraliter dolor pridie habitus, modo retractatus non fuerit, vel novum peccatum aut complacentia de præteritis non supervenerit. Ita Gobat., Tamburin., etc.

— « L'auteur aurait pu citer pour son sentiment des théologiens plus sûrs que ceux-ci. Son opinion ne laisse pas de souffrir de la difficulté. La pénitence est bien un jugement, mais elle est aussi un sacrement, où la matière et la forme demandent une certaine union. Grâce à Dieu, quand le confesseur avertit le pénitent de faire un acte de contrition, chacun a coutume de le faire de son mieux. Il n'y a à craindre que pour les scrupuleux qui appréhendent toujours d'avoir oublié quelque chose. Le prêtre doit les avertir de ne penser plus qu'à leur acte de contrition. »

§ III.
Confessio quoad examen.

Casus VII. *pag.* 162. Petrus, qui a mensibus quatuor confessus non erat, et in varia inciderat mortalia, sine ullo conscientiæ examine confessus est, nec tamen ullum omisit lethale peccatum. Q. an hæc ejus confessio fuerit valida.

R. Negat. Peccavit enim Petrus graviter, quia præceptam sub pœna mortalis peccati a Trid. conscientiæ inquisitionem omisit. Nec obest quod integre confessus sit; quia, quantum in ipso fuit, seipsum evidenter exposuit periculo omittendi accusationem gravis alicujus peccati. Si tamen Petrus, rudis minervæ homo, bona fide ad confessionem sine prævio examine accesserit; aut id advertens confessarius defectum examinis suppleverit interrogando, valida tunc erit confessio ipsius. Ita card. de Laurea, et Lugo, *de Pœnit.*, disp. 16, n. 593.

— « Il n'y a qu'un homme, non-seulement bien épais, mais bien peu instruit de sa religion, qui puisse s'approcher du tribunal sans examen, quand il a été trois ou quatre mois sans se confesser. Ainsi l'*homo rudis Minervæ* me serait fort suspect. Quand un confesseur trouve un homme qui vient à lui sans examen, il doit le renvoyer jusqu'à ce qu'il ait bien examiné sa conscience; car il n'est pas possible, sans cela, qu'il réponde comme il faut aux interrogations qu'on lui fera. Il faut même lui prescrire une petite méthode d'examen, et surtout le traiter avec beaucoup de douceur. *Voyez* mon *Traité de Pœnitentia*, tom. XI, part. II, cap. 2, n. 301. »

Casus VIII. Scit pœnitens quod si diutius excutiat conscientiam suam probabiliter inveniet aliquod aliud peccatum clavibus subjiciendum. Quia vero jam se examinavit per tantum tempus, quantum communiter reputatur sufficiens pro omnibus suæ qualitatis, ulterius non protrahit examen, sed peccata quæ ipsius menti occurrunt, confitetur. Q. an valida sit hæc confessio.

R. Affirm. Nullibi enim præcepta invenitur excussio diligentissima, et talis ut excludat probabilitatem aliud quidquam inveniendi ulteriori examine. Et sane foret hæc aliquando vera conscientiarum carnificina. Qui enim fiat ut post multiplicem diutinamque peccandi licentiam homo in omni peccatorum genere versatus ita exacte in memoriam revocet peccatorum species, numerum et circumstantias, ut probabile non sit quod ne vel una prava cogitatio mentem illius fugiat. Itaque requiritur quidem discussio diligens, sed non summa; sufficitque non quidem levis, sed mediocris, habito respectu ad qualitatem personæ ac tempus quo hæc confessa non est, ad species ac numerum peccatorum, ad peccandi consuetudinem et alias circumstantias. Unde non valet istud : *Si plus se examinaret, plus inveniret: ergo tenetur se plus examinare*. Hic enim nedum attendi debet confessionis integritas, verum etiam humana conditio, et quod sacramentum non sit nimis onerosum. Hinc, quia pœnitens prædicto modo se examinans supponitur usus in examine diligentia mediocri, valida fuit ejus confessio.

— « Le concile de Trente, sess. 14, c. 5, demande un examen par lequel, *quisque diligentius se excutiat, et conscientiæ suæ sinus et latebras exploret*. Mais comme les têtes sont fort différentes, un confesseur sage doit prendre garde de n'en renverser aucune. C'est un malheur qui est arrivé plus d'une fois; et ce n'est point du tout pour cela que la confession a été établie. »

§ IV.
Confessio quoad integritatem.

Casus IX. *pag.* 108. Paulus senex confitetur se in juventute plura commisisse obscena, nec recordari an ea confessus fuerit, sed timere plurimum ne ea reticuerit. Q. quo pacto debeat confessarius se gerere in casu.

R. Ex eo quod Paulus non recordatur an obscena quæ commisit adolescens, confessus fuerit, nulla oritur in ipso obligatio, cum de hoc recordari non teneatur, præsertim post diuturni temporis lapsum, et in ætate senili, in qua memoriæ vigor decrescit. Ex eo autem quod Paulus insuper valde timet, ne obscena hæc tacuerit, debet confessarius per interrogationes opportunas investigare, unde is tantus timor oriatur. Si enim valde timeat ex levi fundamento, uti scrupulosis accidere solet, timor is nihili faciendus est. Si vero valde timeat, quia cum sciret aut dubitaret obscena hæc esse peccata, credit se ob ruborem, similemve causam eadem reticuisse in confessionibus, tum ei consulendum est, ut vel ea confiteatur quæ tacuisse timet, si bona fide processit in confessionibus factis; vel ut una cum obscenis integras confessiones repetat, si eo quod mala fide processerit appareat easdem sacrilegas fuisse. Et sic diverso modo juxta diversas circumstantias geret se confessarius cum pœnitente suo.

— « Dans le premier cas, qui est celui de l'oubli, le confesseur doit, comme dans le second, s'informer du pénitent si la mauvaise honte ne le dominait point; s'il n'était point de caractère à faire par respect humain une communion sacriège, etc. Dans le second cas, ces mots, *si bona fide processit*, ne peuvent avoir lieu que dans des hypothèses très-rares, qui sont assez mal expliquées par *similemve causam*. Peut-être l'auteur a-t-il voulu dire *in confessionibus deinceps factis*. J'ai prouvé, dans le cinquième tome de ma *Morale*, page 112, qu'on peut être obligé à répéter les confessions précédentes, sans être obligé à répéter celles qui les ont suivies. »

Casus X. *pag.* 116. Paulus accusans se de furto gravi, non explicat quanto tempore rem ablatam apud se retinuerit. Q. an confessio hæc sit sufficienter integra.

R. Si Paulus, quo tempore rem ablatam detinuit apud se, per novum specialem actum pluries renovavit propositum non restituendi; vel data pluries opportuna restituendi occasione, *etiam cum advertentia* ad dominum rationabiliter invitum, potens restituere non restituit; confessio ejus non fuit sufficienter integra. Ratio est, quia quisquis novum elicit non restituendi propositum, vel data restituendi occasione non restituit, novum elicit, saltem implicitum actum contra præceptum non retinendi rem alienam, quod ut pote negativum semper et pro semper obligat. Ergo cum novos illos actus non explicat, numerum peccatorum non declarat, adeoque nec integre confitetur. Si vero Paulus nunquam restituere potuit, vel semper in eodem fuit non restituendi proposito, nec majus aliquod malum domini secutum sit; tum, cum diuturnitas temporis nec numerum peccatorum augeat, neque circumstantiam importet in confessione necessario aperiendam, dicendum est confessionem Pauli sufficienter integram fuisse, etiamsi non expresserit spatium temporis, quo rem subreptam detinuit.

— « Ainsi un péché qui dure six mois entiers n'est pas plus énorme devant Dieu que celui qui ne dure qu'une minute : je n'en crois rien. Au reste le texte de l'auteur aurait si souvent besoin de commentaire, ou plutôt de notes critiques, que je me contenterai désormais de mettre en italique les endroits faux ou équivoques. Un homme qui communément ne suit que des écrivains peu exacts est justement suspect d'inexactitude. »

Casus XI. pag. 171. Sacerdos vocatus ad dandum infirmo viaticum, quærit quomodo se gerere debeat cum eodem infirmo, qui petit confiteri ante communionem.

R. Debet is totam infirmi confessionem excipere, si brevis ea futura sit; sin autem longa, monere ut gravia quædam confiteatur, cum universali dolore de omnibus et accusatione generali de reliquis; statimque eum absolvat, et S. synaxim ministret. Sic enim providetur infirmo et obviatur scandalo. De hoc casu jam supra.

§ V.

Confessio quoad speciem.

Casus XII. Conjugatus qui conjugatam cognovit, confitetur se adulterium commisisse. Q. an satis peccati sui speciem exprimat.

R. Negat. Quia talis conjugatus adulteria duo commisit, et duo violavit jura, propriæ scilicet uxoris, et alieni mariti.

Casus XIII. pag. 70. Petrus sæpe blasphemat contra Deum, contra B. V. et contra sanctos, et hujusmodi blasphemias non distinguit in confessione. Q. an integritati confessionis satisfaciat.

R. Negat. Quia blasphemia saltem contra Deum comparata ad blasphemias contra B. V. et sanctos habet circumstantiam in eadem specie notabiliter aggravantem; imo secundum alios specifice diversam. Quid et censent aliqui blasphemiam contra B. V. specie differre ab ea quæ fit contra sanctos. Vide Lugo, disp. 16, n. 278.

Casus XIV. pag. 75. Sacerdos multiplici fœdatus impudicitia, fingit, confitendo se laicum esse, at castitatis voto obstrictum. Q. an hæc ejus confessio integra sit.

R. Affirmat. Quia cum ex communiori sententia solemne castitatis votum a voto simplici non differat essentialiter; eo quod solemnitas non magis mutet speciem in voto, quam in contractu vel juramento; consequens est quod sacerdos ille, qui se laicum voto obstrictum fingit, sufficienter exponat circumstantiam pro sacramenti valore aperiendam. Neque obest quod mentiatur, quia cum id totum aperiat quod aperiri debet, mendacium ejus lineam culpæ venialis non egreditur; sed neque etiam obstat, quod perfectio a solemni voto importata debeat esse major perfectione laici simplici castitatis voto obstricti. Quia major hæc vel minor perfectio, per peccatum amissa, peccatum de una in alteram speciem non transfert, sed tantummodo plus aut minus grave in eadem specie efficit. Ita Pal. et Lugo, de Pænit., disp. 16, n. 149.

— « Une pareille décision fait horreur. Il faut bien peu connaître le sacerdoce de Jésus-Christ et la sainteté que ce Dieu des vierges exige de ses ministres, pour croire qu'un malheureux prêtre qui tombe dans l'adultère, ne pêche à peu près que comme un laïque qui aurait fait vœu de chasteté. Quand sa condition ne changerait pas l'espèce de son péché, ce qui est dit en l'air, il est toujours sûr qu'elle l'aggraverait très-considérablement, et qu'un sage confesseur le traiterait bien autrement que le laïque dont il s'agit dans l'exposé. Au reste Lugo ne se propose point ce cas dans le nombre cité par l'auteur. Il dit simplement, avec Sanchez, que Sacerdoti in peccatis contra castitatem sufficit dicere se habere ordinem sacrum : manière d'accusation qu'un vrai confesseur ne passera jamais. »

Casus XV. pag. 181. Perditus juvenis, qui pluries se jactavit de peccatis furti, luxuriæ, blasphemiæ, etc., dum confitetur, dicit tantummodo : gloriatus sum de peccato mortali. Q. an satisfecerit confessionis integritati.

R. Affirm. per se loquendo. Ratio est quia, cum malitia tota peccati jactantiæ in eo sita sit quod offensa Dei assumatur tanquam medium ad captandam laudem apud homines, ad quem finem de materiali se habet, quod sit hoc vel illud peccatum, sequitur quod optime et integre confiteatur qui solum dicit, gloriatus sum de peccato mortali. Dixi per se loquendo, quia oppositum dicendum esset, si perditus ille juvenis complacentiam habuisset de peccatis de quibus gloriatus est, quia cum complacentia specificetur ab objecto, de quo quis cum ipsa gloriatus est; ad exprimendam, sicut oportet, peccati speciem, debent illa omnia objecta, de quibus complacentia habita est, in confessione aperiri. Et quia sæpissime jactantia, præsertim de peccatis luxuriæ, admixtam habet complacentiam de iisdem, hinc est quod sæpissime adest obligatio exprimendi objecta, de quibus fuit jactantia et gloriatio.

— « Un homme qui est assez fou pour se

vanter de ses larcins, de ses impudicités, etc., 1° se dénigre lui-même en autant de genres qu'il raconte de turpitudes; 2° il donne en même temps autant de scandales qu'il publie d'horreurs; 3° enfin, on ne conçoit guère qu'il puisse se glorifier sans un mouvement de complaisance. Ainsi tout le *per se loquendo* de l'auteur n'est qu'une vaine et dangereuse subtilité. »

§ VI.

Confessio quoad numerum peccatorum.

Casus XVI. *pag.* 75. Rusticus juvenis certus se duodecies in mollitiem lapsum esse, confitetur se peccatum illud decies vel duodecies commisisse. Q. an sacrilege confiteatur.

R. Affirmat. Nisi eum ignorantia excuset, Ratio est, quia qui certus est de peccatorum lethalium numero, non debet eum veluti dubium exprimere. Addidi tamen, *nisi eum ignorantia excuset*. Sæpe enim rustici ex simplicitate certum etiam numerum sub expressione numeri indeterminati sine culpa exponunt; quod prohino advertere debent confessarii ut numerum certum inquirant. Ita Anacletus, Suarez, etc. A fortiori excusari posset qui numero certo adderet majorem sub dubio; cum additio hæc ex scrupulo tantum et majoris securitatis gratia, non ex malitia fieri soleat, ut in præsenti casu.

— « Je craindrais beaucoup qu'un paysan qui, au lieu de dire douze, a dit dix ou douze, n'ait voulu diminuer sa faute, et dès lors je ne pourrais juger favorablement de sa confession. Au reste cela fait voir qu'il faut bien instruire les gens de la campagne, et surtout dans les points où l'on a lieu de craindre qu'ils ne se trompent.

Casus XVII. *pag.* 80, 215. Titius certi numeri nescius confitetur se vicies aut circiter perjurasse. Inde post confessionem liquido deprehendit se perjurasse tricies. Q. an excessum hunc in nova confessione aperire teneatur.

R. Affirm. Licet enim ex communi doctrina non sit de novo exponendum unum aut alterum peccatum, quod post confessionem certo dignoscitur, si post sufficiens examen incertus peccatorum numerus cum particula *circiter* expositus fuit, quia per additionem dictæ particulæ, etiam major ille numerus videtur sufficienter expressus: si tamen post confessionem menti occurrat numerus peccatorum notabiliter excedens numerum incertum in confessione expressum, oportet cum iterum manifestare; quia dici non potest, quod per additionem particulæ *circiter* fuerit sufficienter expositus. Imo cum excessus ille, quem sibi pœnitens post confessionem in memoriam revocat, non obscure indicet defuisse ei etiam mediocrem diligentiam in discussione conscientiæ, inferendum est totam ejus confessionem ab eo, ut pote invalidam, repeti debere. Ita Gobat, Lugo, disp. 16, n. 79.

— « Je prie qu'on relise sur toute cette matière ce que j'en ai dit tom II de ma *Morale*. Je crois au reste qu'il peut quelquefois arriver qu'un homme dise de très-bonne foi, vingt pour trente. »

Casus XVIII. *pag.* 122. Petrus, qui plura habuit fornicandi proposita, per longi temporis lapsum interrupta, non vult eorum numerum aperire confessario; unde ab eo rejicitur inabsolutus. Q. an jure rejectus sit.

R. Affirmat. Ratio est quia Petrus per proposita hæc diu interrupta et sæpe renovata, non unum, sed plura peccata interna commisit. Cum ergo ad confessionis integritatem necesse sit omnia et singula peccata, non solum quoad speciem, sed et quoad numerum explicare, ex Trident., sess. 14, cap. 5, consequens est quod Petrus, qui numerum hunc aperire recusat, absolvi non possit.

Casus XIX. *pag.* 162. Confitetur pœnitens se per unum mensem gravia mala imprecatum esse Francisco, et per idem tempus turpiter concupivisse puellam. Q. an confessio hæc sit sufficienter distincta.

R. Confessionem hanc non esse satis distinctam, si pœnitens aliquando intra mensem actus illos iræ et concupiscentiæ retractavit, aut non ita frequenter in eosdem lapsus est. Ratio est quia, quando actus interni vel retractantur, vel non sunt nimium frequentes, ex eorum retractatione, vel notabili interruptione potest facile colligi eorum numerus, si non præcisus, saltem valde proximus vero; et proinde idem numerus actuum, prout est in conscientia, post diligens examen debet exponi ad servandam confessionis integritatem. Si vero pœnitens nunquam per mensem retractavit actus suos, et in eosdem quotidie valde frequenter lapsus sit, tunc prædicta ejus confessio sufficienter erit distincta; cum ex una parte intelligatur tales actus humano modo factos fuisse, proindeque per varias humanas actiones fuisse interruptos; et ex alia parte iidem actus valde frequentes et non retractati censeantur in genere moris unum peccatum (cujus duratio satis intelligitur), licet realiter tot sint actus, quot fuerunt ipsorum physicæ interruptiones. Ita Melch., Canus, Lugo, etc.

— « Comme l'on peut souhaiter à son ennemi des maux très-différents, comme la perte d'un ou de plusieurs biens, la mort, quelquefois même la damnation, un pénitent doit s'expliquer là-dessus. »

§ VII.

Confessio quoad circumstantias peccatorum.

Casus XX. Bertha vix tribus post sacram communionem horis, commisit adulterium. Q. an circumstantiam hanc in confessione aperire teneatur.

R. Negat. Licet enim hæc communionis circumstantia deberet exprimi, si immediate post eam peccasset; cum tunc gravissimam commisisset irreverentiam adversus SS. sacramentum, non sic tamen peccando tribus postea horis; cessavit enim per tale intermedium tempus talis irreverentiæ motivum;

nisi velimus dicere quod duret ad arbitrium. Ita Leander.

— « Tout ce que je puis dire, c'est que la douleur m'empêche de rien dire. Tout le monde sent qu'un homme qui trahit le roi deux ou trois heures après avoir reçu de lui le plus signalé des bienfaits, ne peut être trop puni. »

Casus XXI. *pag.* 92. Accusans se pœnitens de furto gravi, licet pluries interrogatus non vult exponere confessario quantitatem summæ furatæ. Q. uter damnandus, pœnitensne, an confessarius.

R. Damnandum esse utrumque, sed magis, per se loquendo, confessarium. Ratio pro primo est quia, cum non modo probabilis, sed tutior et magis pia sit opinio, quæ docet pœnitentem ad exprimendas in confessione circumstantias notabiliter in eadem specie aggravantes teneri, male se gerit pœnitens, qui obstinato animo integram rei furatæ quantitatem exponere recusat. Ratio pro secundo est, quia sententia asserens prædictas circumstantias non esse necessario in confessione aperiendas, est pariter vere probabilis, ut pote innixa sive Trid., sess. 14, cap. 5, imponenti duntaxat onus exprimendi una cum numero peccatorum circumstantias, quæ speciem peccati mutant, et asserenti nihil aliud in Ecclesia a pœnitentibus exigi, sive auctoritati gravissimorum doctorum, qui cum D. Thoma eamdem sententiam docent. Cum autem ex alia parte teneatur sub gravi confessarius sequi sententiam vere probabilem pœnitentis, ut tradant communiter theologi, sequitur damnandum esse confessarium qui pœnitentem hunc, licet alias bene dispositum, inabsolutum dimisit. Dixi tamen *per se loquendo*, quia si furto in certa quantitate facto annexa sit censura vel reservatio, confessarius nullo modo damnandus erit. Ita Gobat, Lugo, *de Pœnit.*, disp. 16, n. 107 et seq.

— « J'ai solidement prouvé dans le *Traité de la Pénitence*, part. II, ch. n. 321 et suiv., qu'il faut expliquer dans le tribunal les circonstances qui aggravent considérablement le péché ; et j'ai fait voir que les principes du concile de Trente, et même de saint Thomas mènent là. Je ne relève point l'obligation que l'auteur impose aux confesseurs de suivre les opinions vraiment probables de leurs pénitents. Je remarque seulement qu'il met ceux-ci bien à leur aise ; car sans doute qu'il les regarde comme vraiment probables toutes les décisions qu'il vient de nous donner, et cependant il y en a qui révoltent la piété. »

Casus XXII. *pag.* 144. Caius, avarus, qui horrea frumento plena possidet, in gravis indignationis actum prorumpit, cum audit publicas preces ad petendam pro satorum ortu pluviam indictas esse. Q. an ei satis sit, si in confessione dicat se gravem indignationis actum commisisse.

R. Negat. Nam insuper exprimere debet se indignationem hanc ex avaritiæ motivo concepisse ; cum avaritiæ malitia a malitia simplicis indignationis diversa sit. Insuper Caii indignatio, etsi fortasse non eruperit contra indictas supplicationes, quatenus sunt res ad religionem spectantes, sed præcise quia sunt medium ad obtinendam pluviam pro ortu satorum, adhuc videtur annexam habere irreligiositatis malitiam, quæ ut pote ab illa indignationis et avaritiæ diversa, debet pariter exprimi ad confessionis integritatem.

— « Cette distinction entre les prières de l'Église, comme appartenant à la religion, et ces mêmes prières, comme un moyen d'obtenir de la pluie (employé par l'Église), est d'une finesse admirable. J'en félicite l'auteur. »

Casus XXIII. *pag.* 156. Titius habens votum castitatis, confessus est se in fornicationem cecidisse, non aperiendo ex oblivione circumstantiam voti. Ratus se errorem corrigere, in nova confessione dixit : *Violavi votum castitatis in re gravi*, non explicando fornicationem. Q. an secunda hæc confessio errorem primæ sufficienter correxerit.

R. Affirm. Quia, quando in una confessione exposita est una malitia peccati, et ex oblivione omissa est malitia alia ejusdem, tunc sufficit quod in secunda confessione hæc posterior duntaxat malitia exponatur, perinde ac si esset peccatum physice distinctum a primo. Ita Lugo, cit. disp. 16, n. 652. Diana, Viva ad propos. 50 Innoc. XI, n. 1, pag. 299.

— « Au moyen de cette décision, ni le premier, ni le second confesseur ne connaissent toute l'étendue de la faute du pénitent. Un homme qui a droit à Dieu ignore ces pernicieux raffinements, que l'autorité de vingt Dianas ne justifierait pas. Un sage ministre ne doit point le souffrir. Et si son pénitent lui dit, comme dans le cas XXI : *Sequor sententiam valde probabilem ; ergo et tu eam erga me sequi teneris*, il doit le renvoyer. »

Casus XXIV. *pag.* 246. Advertens Petrus sororem suam ab Amasio fœtam esse, actus in rabiem, eam cum fœtu occidit ; statimque ipse ab Amasio lethali vulnere configitur. Accurrit confessarius, eique Petrus sororis cædem confitetur, ac prægnantiam ac fœtus mortem reticet, ne detegat crimen occisæ, communiter virginis reputatæ. Q. an valida sit ista hæc confessio.

R. Eam esse probabilius objective invalidam. Ratio est, quia eo ipso quod poterat Petrus absque peccato occisionem fœtus cum occisione sororis manifestare ad id tenebatur, ut impleret divinum præceptum de integritate confessionis. Atqui poterat Petrus in casu absque peccato manifestare etiam occisionem fœtus. Namque, ut ait Angelicus, 2-2, q. 73, a. 2, manifestare viro prudenti et taciturno crimen occultum alterius, non ad finem ipsum infamandi, sed *propter aliquod bonum vel necessarium, non est peccatum*. Ergo id facere tenebatur, proinde cum non fecerit, ejus confessio est objective invalida, etc.

— « C'est-à-dire apparemment que, quoique défectueuse quant à la substance, elle peut être bonne à cause de la bonne foi. Je passe quelques autres cas de l'auteur, parce qu'ils sont rebutants et faciles à résoudre sur les principes qu'on a établis avec lui et contre lui. »

§ VIII.
Confessio quoad iterationem.

CASUS XXV. *pag.* 25. Titius confitetur se in priori confessione oblitum esse geminæ fornicationis, præcipit confessarius ut confessionem illam iteret, et obsequi renuentem dimittit inabsolutum. Q. an bene se gerat.

R. Vel oblivio hæc contigit ex defectu idonei examinis, vel ex solo memoriæ defectu. Si 1°, bene se gessit confessarius, quia Titius ex negligentia confessionem fecit sacrilegam cui proinde mederi tenetur. Si 2°, male se gessit ; quia omissio peccati mortalis per simplicem memoriæ defectum, non invalidat confessionem ; unde in ea remittuntur directe quidem peccata exposita, indirecte vero quæ oblita sunt, licet hæc confiteri teneatur pœnitens ad reportandam directam absolutionem.

— « Il s'en faut bien que tout le monde croie qu'un pénitent qui a oublié de bonne foi un péché mortel et qui va sur-le-champ le déclarer à son confesseur, doive recevoir une seconde absolution. On en a parlé dans le Dictionnaire. »

CASUS XXVI. *pag.* 29. Rusticus in confuso confitens se turpia cum sociis habuisse colloquia, pluries jurasse, a novo parocho interrogatur circa numerum et gravitatem peccatorum. Cui respondet se nusquam in aliis confessionibus talia expressisse, aut de iis a defuncto parocho fuisse interrogatum. Q. an novus parochus eum obligare debeat ad præteritas confessiones repetendas.

R. Negat. Posito quod sic bona fide confessus sit. Ratio est quia, cum rustici fere uniformem vitæ modum habeant ; ex his quæ una hebdomada commisisse fatentur circa talia colloquia et similia, facile dignoscit parochus quantum toto anno in simili materia peccaverint, prout requiritur ad rectum judicium efformandum et apponendum peccatis remedium. Quare, cum, ut supponitur, rusticus de quo in casu, peccata sua solitus fuerit apud proprium parochum confiteri, sequitur parochum hunc rectum judicium de numero et gravitate peccatorum hujus rustici efformasse, adeoque hunc non esse inquietandum. Ita Lugo, disp. 16.

— « 1° Est-il bien sûr qu'un paysan ignore de bonne foi qu'il faut déclarer le nombre de ses péchés ? 2° La vie de ces gens-là est-elle si uniforme, qu'ils commettent chaque semaine ou chaque mois le même nombre de péchés ? 3° Quand cela serait, quel jugement pourrait porter un curé d'un homme qui s'est contenté de lui dire : J'ai juré plusieurs fois ; j'ai plusieurs fois tenu des discours libertins, etc., donc, etc. ? »

CASUS XXVII. *pag.* 30. Bertha in paschali confessione difficulter ob magnam verecundiam turpia quædam declaravit sacerdoti eidem ignoto. Nunc dubitat an ex verecundia tacuerit peccatum incestus cum fratre. Quare angitur an ultimam hanc confessionem iterare teneatur, an non vero ei sufficiat confiteri peccatum quod omisisse dubitat. Q. quid dicendum.

R. Teneri ultimam confessionem repetere. Ratio est, quia statim ac pœnitens dubitat an voluntarie, ut colligitur per ly *ex verecundia*, omiserit in confessione lethale aliquod, dubitat de culpabili invaliditate confessionis. Hoc autem posito dubio, jam confessio hæc iteranda est, quia in tali dubio possessio stat pro præcepto integre confitendi, quod certe urget post peccata commissa ; sicque etiam possessio stat pro nova confessione talium peccatorum, etc.

CASUS XXVIII. *pag.* 51. Sacerdos doctus confessus est apud confessarium simplicem, peccatum grave quidem, sed dubium an esset, necne ordinario reservatum, fuitque a tali confessario absolutus. At cum modo sciat peccatum illud esse reservatum, dubitat an illud apud confessarium privilegiatum confiteri teneatur. Q. quid dicendum.

R. Cum Lugo, disp. 20, n. 20, non teneri. Ratio est, quia talis sacerdos jam fuit a tali peccato legitime absolutus. Confessio enim facta fuit de peccato prout erat in conscientia, et absolutio data fuit a confessario, qui, licet simplex esset, habebat legitimam potestatem in tale peccatum. Neque enim hæresis dubia, v. g. aut incestus præsumptus reservatur ab Ecclesia, sed solum hæresis certa, vel incestus certus. Ergo non est cur habita deinceps reservationis notitia, peccatum illud denuo apud confessarium privilegiatum confiteri teneatur ; ut in simili docet Sanchez de voto dubio perpetuæ castitatis, quod si episcopus dispenset, non est denuo ad pontificem recurrendum, si postea certo constet tale votum fuisse emissum.

— « Il y a plusieurs diocèses en France où, quand on doute si un cas est réservé, il faut recourir au supérieur pour savoir ce qui en est. Si la discipline d'un lieu était obscure, j'aimerais beaucoup mieux que mon confesseur, lorsqu'il est devenu certain de la réserve, demandât des pouvoirs pour m'absoudre. Je dirais au moins la même chose dans le cas du vœu dont parle Sanchez, parce qu'on peut regarder la dispense de l'évêque comme purement conditionnelle ; à moins que l'usage contraire ne soit suffisamment autorisé par les supérieurs. » *Voyez* mon *Traité de la Pénitence*, part. II, cap. 8, a num. 195.

CASUS XXIX. *pag.* 94. Rusticus pluries confessus fuit gravia peccata sacerdoti valde ignaro, qui nec reservata a non reservatis, nec a lethalibus venialia secernit. Q. an eæ confessiones sint necessario iterandæ.

R. Negat. Modo pœnitens rite dispositus, ac bona fide, non de industria, ad talem confessarium accesserit. Ratio est quia ad valorem directæ vel indirectæ absolutionis nihil aliud requiritur præter materiam, formam et intentionem, quæ in præsenti non defuerunt. Unde rusticus ille tenebitur quidem sacerdoti privilegiato confiteri reservata quæ postmodum deprehendet, non vero iterare confessiones aliorum peccatorum.

— « Il n'est point de plus grand défaut que celui de pouvoir. Or, un prêtre n'en a point sur les cas réservés qu'on lui déclare expressément; au moins est-il fort douteux qu'il en ait. J'ai cependant toujours souhaité que la mauvaise volonté ou l'ignorance d'un confesseur ne pût jamais préjudicier à un pénitent qui y va de bonne foi, et pour cela il suffirait que les évêques voulussent en pareil cas suppléer au défaut de juridiction, en la donnant en faveur du pénitent à ceux qui ne l'ont pas. *Voyez* le même *Traité*, ibid. a n. 591. »

CONFIRMATIO.

Casus I. *pag.* 62. Titius non confirmatus tenuit in confirmatione filium Berthæ, quam, post viri mortem, duxit in matrimonium. Q. an valide.

R. Probabilius affirm. Ratio est quia, per cap. 102, *de Consecr.*, dist. 4 : *In baptismate vel in chrismate non potest alium suscipere in filiolum, qui non est ipse baptizatus vel confirmatus.* Ubi eadem videtur ratio non confirmati ac non baptizati, seu infidelis, porro infidelis nec licite, nec valide in patrinum assumi potest. Ergo neuter capax est contrahendæ cognationis spiritualis, quam proinde Titius non contraxit. Ita post Glossam Sanchez contra La Croix, et plures alios non improbabiliter oppositum sustinentes.

— « J'ai suivi le sentiment de l'auteur dans le *Traité des Dispenses*. En France on ne connaît plus guère les parrains dans la confirmation. »

Casus II. *pag.* 68. Vir pauper jam maturæ ætatis in confirmationis patrinum elegit Paulum a quo multum boni sperat. Obstat parochus electioni huic, eo quod Paulus vix annos 15 natus sit. Q. an bene obstet.

R. Affirm. Quia non decet ut juvenis fiat quadantenus pater seniculi. Unde id prohibuit S. Carolus in concilio Mediol. V, et card. Lambertini in sua Notificatione, an. 1732.

CONJUX.

Casus I. *pag.* 84. Lucia sexagenaria, cum in juvenili ætate nunquam labori et industriæ pepercerit, notabile secundum propriam conditionem lucrum fecit, ne, cum dotem insufficientem habeat, post mariti obitum mendicare cogeretur. Nunc mortuo viro, qui quod sibi supererat, nepotibus suis testamento reliquit, dubitat an lucrum illud teneatur hæredibus reddere ; an non possit illud sibi retinere.

R. Posse illud retinere, si hoc comparaverit, industria extraordinaria præter operas et laborem debitum in domus administratione ; secus, si labore communi. Ratio est, quia communis ille labor juxta propriam conditionem est quid marito debitum ad ferenda matrimonii onera ; secus de industria extraordinaria, quam maritus rationabiliter exigere non possit. Ita Lessius, Bonacina et alii communiter. * Sane intolerandum foret quod femina sub laboris pondere gemuisset in gratiam hæredum mariti, et mercedis loco mendicare cogeretur.

Casus II. *pag.* 44. Titius ob uxoris adulterium ex judicis sententia divortium fecit. Nunc vero ipse secreti adulterii reus dubitat an ad eam reverti eamque instar conjugis habere teneatur. Q. dubii solutio.

R. Affirmat. Quia in casu paria habentur delicta, cum uterque conjux vere alteri fidem fregerit, unde mutua compensatio orta est. Nec obstat quod uxoris delictum publicum sit, viri autem occultum : quia hinc sequitur equidem paria non esse in exteriori foro crimina utriusque, non autem ea in foro conscientiæ esse diversa.

— « Comme un mari peu endurant pourrait, en se réconciliant facilement avec sa femme, faire soupçonner son propre crime, il y aurait alors des mesures de sagesse à prendre. Les autres cas que se propose l'auteur sont résolus dans le Dictionnaire. *Voyez* plus bas Debitum conjugale. »

CONSECRATIO.

Casus I. *pag.* 32. Sacerdos, post consecratam hostiam, meminit se non consecrasse hostiam pro solemni processione vespere habenda : unde consecratam hostiam reponit in sacrario, aliamque e pyxide eductam consumit. Q. an bene.

R. Negat. Sacerdos enim de proprio sacrificio participare debet, uti tradit conc. Toletan. xii, c. 5. Et vero secundum rubricas, si sacerdos in hostia consecrata venenum detegat, debet aliam consecrare : id autem necessum non foret, si præconsecratam hostiam e pyxide desumere liceret.

Casus II. *pag.* 168. Parochus oblitus consecrare hostiam publice deferendam in processione, ad impediendam populi admirationem, formulam consecratam affixit hostiæ grandiori non consecratæ, et utrumque publice detulit. Q. an licite.

R. Negat. Sic enim parochus ad vitandam populi admirationem, eumdem populum in idololatriæ materialis crimen induxit, quia cum fideles per modum unius adorent quidquid adorationi expositum vident, una cum consecrata particula grandiorem etiam formulam non consecratam adorant. Non potest autem parochus citra gravem culpam prædictæ idololatriæ, etiamsi non formaliter tali, occasionem præbere.

— « Cette conduite a été condamnée par la congrégation des Rites. Dans un cas pareil il faut porter le saint sacrement dans le ciboire. La piété n'y perd rien. Jésus-Christ s'y trouve également. »

Casus III. *pag.* 187. Ruralis parochus consuevit particulas quæ in ciborio pro infirmis asservantur, post mensem consummare, et novas consecrare. Semel tamen et iterum deprehendit in fundo pyxidis vermiculos ex sacris speciebus genitos. Q. an morem hunc servando peccet.

R. Peccare, et quidem lethaliter. Ratio est quia, secundum concilia plura, præsertim vero Turonense IV, cap. 4, Mediolanense itidem IV, part. 1, et communem fere doctorum sententiam, eucharistia septimo quoque die renovari debet. Quæ tamen regula non ita stricte obligat, ut renovatio non possit ad longius tempus protrahi, maxime cum particulæ consecrandæ sunt recentes, ut colligitur e citato concilio Mediolanensi permittente ut consecrentur hostiæ post dies septem renovandæ, etiamsi a viginti diebus confectæ sint, quod supponit eas per totum circiter mensem absque corruptionis periculo servari posse. Verum tanta dilatio non est a gravi culpa immunis, quando ex aliqua circumstantia, puta loci humidioris, subest corruptionis periculum, ut in casu proposito.

— « Cette décision qui veut qu'on ait égard à l'humidité du lieu, est très-sage. Du reste chacun doit suivre la règle de son diocèse. Dans l'Église de Paris les saintes hosties se renouvellent tous les mois. »

CONSUETUDO.

Casus I. *pag.* 189. Juvenis habens pollutionis consuetudinem, confitetur in paschate commissas polluliones; at de consuetudine interrogatus a confessario, eam reticet, veritus ne sibi differatur absolutio : habet tamen efficax propositum non amplius peccandi. Q. an valida sit ejus confessio.

R. Negat. Is enim, nisi forte ex ignorantia excusetur, obligationi suæ deest in materia gravi, ut liquet ex censura propositionis hujus ab Innocentio XI protritæ, n. 58 : *Non tenemur confessario interroganti fateri peccati alicujus consuetudinem.* Nec juvat quod habeat propositum efficax non amplius peccandi; quia confessarius jus habet experiendi sinceritatem propositi hujus; cumque judex sit et simul medicus, non potest iis officiis defungi, nisi delicta et infirmitates pœnitentis cognoscat.

— « On ne voit pas avec quelle bonne foi un homme peut nier, ou qu'il est dans une mauvaise habitude, ou se taire quand on l'interroge là-dessus. Un confesseur qui soupçonne de l'habitude dans son pénitent doit toujours l'interroger là-dessus. Une prompte rechute prouve souvent que les absolutions précédentes ont été nulles. »

Casus II. *pag.* 215. Confessarius ad exstirpandam a pœnitente consuetudinem inhonesta verba proferendi, injungit ei ut quoties in posterum similia proferet, lingua crucem efformet in terra. Q. an pœnitens teneatur id acceptare.

R. Affirmat. Modo confessarius id imponat ad aliquod tempus discretum et in iis duntaxat circumstantiis exsequendum in quibus absque infamia pœnitentis adimpleri possit. Sane vero pœnitens tenetur parere confessario ut judici et ut medico. Neque is censeri debet indiscretum quid præcipere in præsenti, cum ex una parte nullum aliquando suppetat remedium isto efficacius, prout docet experientia; et ex alia tales consuetudinarii multa præbeant scandala quæ, qua meliori via fieri potest, coerceri debent.

D

DEBITUM CONJUGALE.

L'auteur l'examine, 1° *quoad petitionem;* 2° *quoad redditionem;* 3° *quoad amissionem juris petendi;* 4° *quoad restitutionem juris hujus.* Nous ne le suivrons qu'autant qu'il sera nécessaire pour en profiter ou pour le relever.

§ I.

Debitum quoad petitionem.

Casus I. *pag.* 45. Mulier quæ invalidum matrimonium contraxit propter affinitatem ex copula illicita, monita a confessario ne debitum redderet donec matrimonium ex dispensatione revalidaretur, cum die quadam importunitatem viri superare non posset, ei cum juramento asseruit conjugii nullitatem, ut pote cum prædicto impedimento contracti. At nihilominus vir debitum petiit. Q. an id potuerit licite.

R. Affirm. Quia licet mulier certa de matrimonii nullitate non possit reddere debitum, vir tamen adhuc retinet jus, non reale quidem, cum matrimonium in re sit nullum, bene vero putatum ad exigendum debitum; neque enim tenetur vir, regulariter loquendo, credere feminæ etiam juranti se ob talem causam invalide contraxisse, sicut nec regulariter tenetur filius credere matri ipsum spurium esse allegauti. Unde deposito dubio, quod ex jurata hac confessione oriri posset, potest licite debitum petere, licet id mulier denegare teneatur. Quod si femina gravibus et claris argumentis impedimentum probaret, tunc vir, ante serium totius rei examen debitum petere non posset.

— « Un confesseur doit, en certains cas, laisser ses pénitents dans la bonne foi, et agir pour leur obtenir la dispense dont ils ont besoin; celle de l'évêque suffit dans des occasions très-pressantes. »

Casus II. *pag.* 74. Maritus castitatis voto ligatus, petit debitum, ne, si non petat, grave uxori matrimonium reddatur. Q. an petitio hæc licita sit in casu.

R. Virum voto castitatis obstrictum posse aliquando se ad actum conjugalem offerre non quidem ut proprio appetitui morem gerat, sed in gratiam ipsius uxoris, quæ forsassis cum incontinentiæ periculo non petit præ rubore. In hoc enim casu petitio mariti potius est redditio, quæ proinde per emissum votum non prohibetur. Secus tamen licendum, si uxor ipsa facultatem vovendæ castitatis concessit viro, aut saltem voti ab eo emissi conscia sit ; tunc enim soli uxori licita esset debiti hujus petitio.

— « Etsi decisio hæc sano sensu intelligi potest, malim tamen ut identidem maritus generatim uxorem admoneat se semper ejus vel minimo desiderio esse obsecuturum, etc. »

Casus III. *pag.* 97. Conjugata, ne filiis ultra vires gravetur, vovit debitum non petere et maritum precari ne petat. Sed verita ne maritus ab ipsa alienus fiat, secundam hanc voti partem omisit. Q. an graviter deliquerit contra votum.

R. Negat, si metus sit vere prudens. Ratio est quia cessat obligatio voti, quoties ex ipsa ejus exsecutione prudenter timetur grave aliquod damnum, vi cujus votum non amplius sit de meliori bono. Cum autem grave sit malum quod vir infensos uxori animos gerat, quandoquidem inde gravia in spiritualibus æque ac temporaneis pullulent incommoda, sequitur quod possit (imo etiam debeat) uxor secundam hanc voti sui partem omittere, quandiu res in eodem statu consistent.

Casus IV. *pag.* 137. Bertha necdum certa de mariti morte, novum cum Petro matrimonium contraxit ; quod intelligens parochus dixit Berthæ eam, quandiu stabit incertitudo hæc, nec posse petere nec reddere debitum. Q. an vera docuerit parochus.

R. Parochum vera quoad petitionem, non sic quoad debiti redditionem dixisse. Ratio primæ partis est, quia Bertha per matrimonium cum tali incertitudine contractum, nullum jus acquisivit in corpus alterius, quia possessio mala fide inchoata nullum jus tribuit. Ratio secundæ partis est, quod Petrus, ut pote qui incertitudinis Berthæ conscius non sit, ex bona sua fide acquisivit jus in corpus Berthæ, vi cujus debitum petere potest. Tota hæc decisio habetur cap. 2, *de Secundis Nuptiis*, ubi sic Lucius III : *Super matrimoniis quæ quidam ex vobis contraxerunt nondum habita obeuntis conjugis certitudine, id vobis respondemus..... Si aliquis de morte prioris conjugis adhuc sibi existimat dubitandum, ei quæ sibi nupsit debitum non deneget Postulanti, quod a se tamen noverit nullatenus exigendum.*

Casus V. *pag.* 230. Titia post primum partum in dementiam incidit. Quærit vir ejus an ab ea debitum petere possit.

R. Vel tanta est, peritorum judicio, amentia Titiæ, ut prolis quæ concipienda rationabiliter prævidetur, suffocatio in utero vel immatura ejectio prudenter timeatur ; et tunc non potest vir maritale cum ipsa commercium prosequi, ne prolem periculo huic exponat. Vel amentia hæc adeo levis est, ut omnibus bene perpensis, prudenter judicetur periculum istud abesse ; et tunc si nullum aliunde subsit periculum incolumitatis Titiæ, potest vir cum ea ut prius vivere.

— « Dans le premier cas, un mari ne pourrait pas se prêter au désir de sa femme, et quand même il n'y aurait rien à craindre, il n'y serait pas strictement obligé. *Quia petitio non esset vere humana, cui soli pars altera obsequi tenetur.* Posset tamen cedere, ne afflictam afflictione nova gratis cumularet.

Casus VI. *pag.* 266. Uxoratus propriam consobrinam defloravit. Q. an sine dispensatione possit ab uxore debitum exigere.

R. Posse, si cum ea copulam compleverit. Ratio est, quia vetitum quidem est in jure ne alteruter conjux debitum conjugale exigat, postquam cum alterius conjugis consanguineo in primo vel secundo gradu peccaverit ; at nullibi vetitum est ne jus idem exigat, postquam unum vel unam e consanguineis suis cognoverit.

§ II.

Debitum quoad redditionem.

Casus VII. *pag.* 59. Uxor permisit marito votum castitatis emittere, eique nihilominus debitum concessit petenti. Modo dubitat an non viri peccato cooperata fuerit. Q. dubii solutio.

R. Probabilius negat. Ratio est quia uxor licite potest reddere debitum viro qui illicite petit, quando solum illicite petit propter circumstantiam se ex parte personæ tenentem, cujusmodi est votum in casu. Sicut enim post datam hanc vovendi facultatem licite potest uxor petere, ita et reddere potest absque cooperatione ad viri peccatum, illud solum permittendo, quia dat operam rei licitæ ex parte actus, ad quem vir adhuc jus habet, cum illud non amiserit per votum, sicut non amisit dominium in corpus uxoris quod per matrimonium acquisivit ; quo jure adhuc subsistente in viro, sequitur uxorem non esse exemptam ab obligatione reddendi, adeoque nec in tali redditione cooperari peccato mariti. Quod si vir emittendo votum de consensu uxoris intendisset illi remittere obligationem reddendi, hocque ei manifestasset, tunc certe peccaret reddendo, et mariti peccato cooperaretur. Ita Bonacina, *de Matrim.*, q. 4, punct. 3, n. 8.

— « Saint Antonin, 3 p., tit. I, cap. 22, § 3, Navarre, Ledesma, Suarez et autres sont d'une opinion contraire. Le droit radical qu'un conjoint conserve sur le corps de l'autre ne lui donne pas un droit actuel, auquel il a renoncé. De là je conclurais, 1° qu'une femme, en pareil cas, doit fortement représenter à son mari qu'il transgresse son vœu ; 2° que si elle le voit exposé au danger de continuer à le violer, elle doit le porter à demander dispense ou la demander pour lui et l'en avertir. »

Casus VIII. *pag.* 85. Bertha, quæ voto simplici castitatis ligata nupsit Titio, scit eum adulterii reum esse. Q. an marito debitum petenti denegare teneatur.

R. Teneri, donec mariti delictum condonet. Ratio est, quia uxor voto castitatis obstricta, nec tenetur, nec potest debitum reddere, nisi quatenus vir jus habet petendi. Atqui vir adulter jus illud non servat, nisi sibi condonetur adulterium. Ergo sicut Bertha post ejusdem voti emissionem non potest reddere debitum intra bimestre ad deliberandum de eligendo meliori statu concessum a jure ; sic nec in præsenti.

Dixi, *donec mariti delictum condonet*, quia uxor per votum a se emissum non privatur jure condonandi marito delictum suum. Eo autem condonato, reviviscit in isto jus petendi, in illa reddendi debitum.

— « C'est-à-dire que la femme n'est pas tenue de garder son vœu en entier, quoiqu'il ne tienne qu'à elle de le garder. J'ai fait vœu de donner cent pistoles aux pauvres, si la Providence me les envoyait. Un riche scélérat, qui m'a outragé, a été condamné à me les payer. Puis-je les lui remettre et renoncer à un moyen légitime d'accomplir mon vœu? Au moins dans ces sortes de cas ne faudrait-il prendre son parti qu'après avoir consulté son évêque. »

Casus IX. *pag.* 119. Uxor obtenta impedimenti dirimentis occulti dispensatione, reddit debitum marito petenti, non prius certiorato de matrimonii sui nullitate. Q. an licite reddat.

R. Negat. Ratio est quia matrimonium, obtenta etiam dispensatione, revalidari non potest, nisi ex parte utriusque conjugis novus ponatur consensus. Is autem poni non potest, nisi pars impedimenti nescia certam habeat de nullitate prioris consensus et matrimonii notitiam. De hoc jam supra, v. Breve Pœnitentiariæ.

Casus X. *pag.* 125. Uxor de mariti licentia cum ipsius fratre coivit. Q. an hæc marito petenti jure neget debitum.

R. Affirm. Etsi enim delictum unius non debeat alteri qui innocens sit, præjudicium inferre, debet tamen uterque camdem incurrere pœnam, quando uterque consensu vel suasione conscius fuit delicti, ut in casu : Ita colligitur ex cap. *Discretionem*, 6, *De eo qui cognovit*, etc. Ergo sicut uxor rea, sic et particeps criminis maritus a jure suo excidit. Si autem excidit, ei, quia illicite petit, merito negatur debitum.

§ III.

Debitum quoad amissionem juris, etc.

Casus XI. *pag.* 35. Lucius sciens eum, qui uxoris suæ consanguineam in primo aut secundo gradu cognoscit, amittere jus petendi debitum, accessit quidem ad consanguineam uxoris suæ in secundo gradu ; at consanguinitatem hanc omnino ignorans. Q. an vere amiserit jus petendi debitum.

R. Negat. Ratio est quia, ut quis jure petendi debiti privetur propter incestum, necesse est ut eum scienter commiserit. Atqui in casu non commisit scienter. Minor constat ex hypothesi, probatur major ex cap. 1, *De eo qui cognovit*, etc., ubi sic legere est : *Si quis cum filiastra*, id est *privigna sua scienter fornicatus fuerit, nec a matre debitum petere, nec filiam unquam habere potest uxorem.*

— « J'ai suivi ce sentiment, parce qu'il est commun, et qu'en matière pénale on prend les paroles *in sensu stricto*. Sanchez en conclut que celui qui pécherait avec la cousine germaine de sa femme, la croyant de bonne foi issue de germaine, ne perdrait pas le droit conjugal, quand même il croirait par erreur qu'on le perd dans ce cas. Il en serait de même selon Basile Ponce, quand on aurait ignoré cette parenté d'une ignorance grossière. Ce qu'il faudrait au moins limiter en cas que cette même ignorance n'équivalût pas à celle qui est affectée. *Voyez* ce que j'ai dit là-dessus, tom. VI, pag. 88 et suiv. »

Casus XII. *pag.* 37. Sed quid, si Lucius cum scientia facti habuisset ignorantiam juris ; id est cognovisset se peccare cum consanguinea uxoris ; sed ignorasset affixam esse peccato isti pœnam hanc, ut talis incestuosus privetur jure petendi debiti.

R. Probabilius pœnam illam in isto *casu* non incurri. Ratio est quia, secundum communissimam sententiam privatio juris petendi debitum censetur pœna, et inter pœnas contra incestuosos sancitas enumeratur, unde comparatur excommunicationi, non autem irregularitati (quæ per se non est pœna, cum incurri possit sine delicto). Atqui ex communi etiam sententia, ignorantia pœnæ excusat a pœna ; maxime si invincibilis sit, ut in rusticis esse facile potest. Ergo.

Dixi *probabilius*, quia non desunt qui aliter sentiant cum Sanche, lib. IX, *de Matrim*. disp. 32, num. 10.

— « Je crois que pour encourir une peine portée par une loi positive, il n'est pas nécessaire de savoir que cette peine est attachée à sa transgression. Il est plus difficile de décider s'il ne faut pas au moins connaître cette loi. Dans le partage où l'on est sur ce cas, le meilleur parti serait de demander dispense à l'évêque. »

§ IV.

Debitum quoad restitutionem juris.

Casus XIII. *pag.* 27. Joannes uxoratus rem habuit cum consobrina secunda, id est cum uxoris suæ consanguinea in tertio gradu ; et credens se a jure petendi debitum excidisse, quærit a parocho remedium.

R. Joannem indigere pœnitentia, at non indigere restitui in jus petendi debiti, quia ex cap. 1, *De eo qui cognovit*, etc., jus illud tantum amittitur per incestum cum consanguinea uxoris in primo vel secundo gradu ; cum solum intra talem gradum copula illicita dirimat matrimonium. Nec obstat quod crediderit Joannes se per scelus istud jure suo privari. Neque enim falsa hominis æstimatio, sed sola lex, pœnas infligit.

Casus XIV. *pag.* 29. Confessarius pœnitentem, qui a superiore facultatem pro absolutione ab incestu cum sorore uxoris suæ commisso obtinuerat, non solum a peccato absolvit, sed et in jus petendi debiti restituit. Q. an bene se gesserit.

R. Negat. Ratio est quia facultas restituendi prædictum jus est quid plane diversum a facultate absolvendi a reservatis. Et certe si ordinarius nullum reservaret incestum, quilibet simplex confessarius posset pœnitentem ab incestu quolibet absolvere; neque tamen ei posset jus petendi debiti restituere. Ergo confessarius ille facultatis sibi concessæ limites excessit; adeoque nova indiget facultate. Neque obstat hæc Juris regula: *Minus includitur in majori*, quia hæc duntaxat locum habet in rebus ejusdem generis, non vero diversi, ut in casu in quo valet alia regula, *A diversis non fit illatio*.

DENUNTIATIO.

L'auteur parle de la dénonciation, 1° par rapport aux empêchements du mariage; 2° par rapport à certains délits; 3° par rapport aux mauvais dogmes; 4° enfin, par rapport à ceux qui seraient assez malheureux pour solliciter au crime, soit dans le tribunal, soit ailleurs.

§ I.
Denuntiatio quantum ad impedimenta matrimonii.

Casus I. *pag.* 132. Solus Lucas conscius est affinitatis ortæ ex copula illicita inter Antonium et Bertham. Q. an dum fiunt publicationes matrimonii teneatur hoc impedimentum parocho revelare.

R. Affirm. per se loquendo. Ratio est, quia quando agitur de vitando gravi alterius damno et peccato, tenetur quis mali causam manifestare, etiamsi probare non possit; præsertim cum id postulat superioris præceptum. Sumus autem in casu. Dixi, *per se loquendo*. Si enim vel speraret profuturam esse privatam admonitionem, ut peteretur dispensatio; vel sibi grave damnum ex ea denuntiatione pertimesceret; tunc immunis esset a denuntiatione; quia hæc vel necessaria non foret, vel ad eam lex non obligaret in casu.

Vide Pontas, v. Empêchement en général, cas *Télémaque*, VIII.

Casus II. *pag.* 239. Factis denuntiationibus matrimonii Mariam inter et Sergium contrahendi, Bertha Mariæ soror exponit in confessione se olim cognitam fuisse a Sergio. Præcepit ei confessarius ut extra sacramentum denuntiet impedimentum affinitatis. Q. an Bertha pœnitentiam hanc acceptare teneatur.

R. Negat. In ea enim est abusus clavium; cum confessarius obliget Bertham ad aliquid juri naturali contrarium, nempe ad se graviter extra sacramentum infamandam; contra id D. Thomæ 2-2, q. 70, art. 1, ad 2 : *Nihil potest præcipi homini contra id quod est de jure naturali*. Hinc Bertha tenetur quidem (sive id ei injungat confessarius, sive non) secluso tamen periculo relapsus, et cujusvis alterius gravis mali, secreto monere Sergium de impedimento, ut vel a matrimonio desistat, vel obtineat dispensationem; verum ad sui infamiam nec obligatur, nec obligari potest.

§ II.
Denuntiatio quoad monitoria, etc.

Casus III. *pag.* 188. Publicatur monitorium, et in eo excommunicatio contra eos qui cognoscunt deprædatores pecuniæ Joannis, et non revelant. Q. an Marcus, qui novit patrem suum unum esse e furibus, teneatur revelare.

R. Negat. Ratio est, quia si lex civilis non obligat ad testificandum contra sibi conjunctos usque ad quartum gradum, præsertim si non agatur de causa ad totam communitatem pertinente, sic neque censenda est lex ecclesiastica ad id obligare; quippe quæ civili legi in benignitate cedere non debeat. Adde quod hujusmodi monitoria non obligent, cum ex revelatione merito timetur grave aliquod damnum, vix autem fieri potest ut ex revelatione filii contra patrem non sequatur malum grave, nimirum discordia, odium, et familiæ totius, filii autem præcipue, infamatio. Quid enim, si pater ejus suspendio aut trirremibus plectatur?

Casus IV. *pag.* 191. Parochus sciens virum nobilem communionis paschalis præcepto defuisse, eum admonet privatim; sed reluctantem non denuntiat superiori. Q. an a gravi peccato sit immunis.

R. Si parochus legitimum habeat fundamentum, vel credendi superiorem ipsum nihil effecturum cum viro illo, vel ex denuntiatione timendi grave aliquod damnum sibi obventurum, tunc dissimulatio ejus vacat a peccato, quia in hisce casibus non obligat præceptum denuntiationis. Si vero parochus tale fundamentum non habeat, tantumque timeat ne viri hujus gratiam amittat, tunc dissimulando, nec ad superiorem deferendo inobedientiæ istius notitiam, graviter delinquit contra id Christi, Matth. 18 : *Si te non audierit, dic Ecclesiæ*. Hoc enim præceptum, si quem obligat sub gravi, certe parochum, qui ex officio tenetur modis omnibus saluti suarum ovium providere, non provideret autem satis, seu saluti viri istius, qui a superiore objurgatus forte resipisceret; seu saluti aliorum, quibus hæc ejus dissimulatio innotescere posset et scandalum parere. Quare merito in hac synodo Bononiensi, lib. II, cap. 3, sub comminatione gravium pœnarum, arbitrio superioris infligendarum, parochis præcipitur ut statim post festum Ascensionis, vel ad D. archiepiscopum, vel ad vicarium ejus deferant contumaces sine dilatione, et ulla personarum acceptione.

— « Il y a bien des lieux où l'observance d'une pareille loi serait impossible, et bien d'autres où elle ferait plus de mal que de bien. »

Casus V. *pag.* 206. Pompeïus, qui in paschate non communicavit, timens ne parochus eum denuntiet episcopo, ei summam pecuniæ impendit. Q. an parochus sit simoniacus.

R. Probabilius negat. Licet graviter in officio suo delinquat. Ratio est, quia tunc solum committitur simonia, cum mediante pretio, exercetur actus aliquis a potestate spirituali profluens, in præsenti autem casu non datur exercitium jurisdictionis spiritualis, sed potius ejusdem negatio. Nec est quod objiciatur, cap. *Nemo* 14, *de Simonia*, ubi prohibet Alexander III, ne presbyteri aliquid a peccante publice recipiant ut ejus peccatum episcopo aut ministris ejus celent. Etsi enim ex eo textu inferunt canonistæ aliqui, omissionem actus spiritualis pro temporali pretio esse simoniacam, tamen multo plures id negant. Quod si dictum caput ponatur sub titulo *de Simonia;* ideo est quia pontifex prosequitur, prohibendo ne presbyter propter gratiam et favorem vere pœnitentem reconciliet, aut a reconciliatione amoveat; quæ duo sunt simoniaca,' *Vide* Tractatum nostrum *de Simonia*, c. 1, n. 4 et 5.

Casus VI. *pag.* 245. Joanna videns puellulum suum a vetula osculatum, subito ægrotasse, hanc judicavit strigem esse, et qua talem denuntiavit Inquisitioni. Q. an bene.

R. Male id factum, si absque alio fundamento factum sit. Siquidem parvuli ægritudo nullatenus probat vetulæ maleficium, cum ægritudo hæc, non pueris modo, sed et vegetioribus personis, ex innumeris causis suboriri potuerit. Unde Joanna, nisi ex simplicitate excusetur, et temerarium in materia gravi judicium tulit, et per iniquam denuntiationem violavit jus quod habebat vetula ne denigraretur. Adde, quod etiamsi certo constitisset puellulum ex vetulæ amplexu infectum fuisse, non ideo potuisset pro strige haberi; cum enim hujusmodi personæ non raro plenæ sint putidis humoribus, ex earum ore, naribus, oculis, etc., erumpunt profluvia, quæ tenellum infantis corpus inficere possunt, non secus ac menstruatæ speculorum nitorem hebetant atque obscurant

§ III

Denuntiatio quoad mala dogmata.

Casus VII. *pag.* 158. Juvenis corruptæ vitæ pluries sociis suis dixit, venereas voluptates tempore Bacchanalium licitas esse. Q. an sit denuntiandus.

R. Affirm. Ratio est, quia hæreticum dogma, et sexto Decalogi præcepto, quod quocunque tempore obligat, adversum protulit. Unde a gravi errore, nisi ex joco locutus sit, excusari non potest.' Hæc nihil ad nos.

§ IV.

Denuntiatio quoad sollicitantes, etc.

Casus VIII. *pag.* 61. Mulier in domum suam vocat confessarium pro causa confessioni extranea. Verum hanc ea occasione sollicitat confessarius. Q. an vi bullæ Gregorii XV denuntiandus sit.

R. Negat. Citata enim bulla eos solum denuntiari jubet, qui *prætextu vel occasione confessionis* sollicitant. Porro in casu nullum est confessionis velamen.

Casus IX. *pag.* 190. Petrus confessarius tradidit alteri confessario chartam sollicitationis obsignatam sigillo, ut eam daret mulieri quæ ad ipsum pro confessione accessura erat. Nescius sollicitationis confessarius iste, chartam tradit mulieri, postquam confessionem ipsius excepit. Q. an hi confessarii sint a muliere denuntiandi.

R. Negat. Neuter enim reus est sollicitationis in Gregoriana bulla expressæ. Non posterior, quia cum ignoret quid in charta contineatur, immunis est a culpa, et materialiter tantum concurrit ad sollicitationem. Non prior, quia iste mandat quidem sollicitationem in confessione faciendam, sed nec efficit ipse in confessione, nec cum sua, sed alterius pœnitente efficit. Porro lex Gregoriana denuntiationis eos solum respicit qui sollicitationem efficiunt, et quidem cum pœnitentibus suis, etc.

Casus X. *pag.* 199. Confessarius in actuali confessione pœnitentem sollicitat ad actus ex natura sua venialiter tantum inhonestos. Q. an sit denuntiandus.

R. Affirmat. 1° Quia actus qui videntur ex natura sua tantum venialiter inhonesti, ex confessionis circumstantia lethales evadunt, ob illatam gravem sacramento injuriam; 2° quia ex signis etiam leviter tantum inhonestis facile colligitur a pœnitente intentio ad ulteriora progrediendi.

Casus XI. *pag.* 225. Sacerdos feminæ ad confessionale ipsius accedenti ex eodem dixit: Vade ad confitendum alteri; cum enim tua pulchritudine captus sim, timeo ex infirmitate mea lapsum aliquem, si mihi confitearis. Q. an is debeat denuntiari.

R. Affirm. cum card. Cozza in dubiis selectis dub. 27, n. 168. Ratio est, quia verba hæc *captus sim,* etc., impuros exhibent mali ministrii ignes, qui tanti sunt, ut nesciat ipse an loci sanctitas, sacri ministerii exercitium gravissimi scandali formido eum a crimine deterrere possint.

— «Il paraît surprenant que l'auteur, qui n'a fait imprimer son livre qu'en 1757, et peut-être plus tard, n'ait rien dit de la bulle que Benoît XIV a publiée sur cette matière en 1741. Je l'ai expliqué fort au long dans mon XII° volume de *Morale*, en faveur des étrangers. Au reste ce que la loi positive ne fait pas en France, le droit naturel pourrait le faire. On serait obligé de prendre de justes et sages mesures pour empêcher qu'un malheureux ne séduisit l'innocence dans un lieu qui est établi pour la garantir du naufrage. Mais ce serait aussi aux supérieurs à bien examiner si le dépit, la haine, l'envie de perdre un homme de bien, ne sont pas le premier motif des plaintes qu'on porte à leur tribunal.

DETRACTIO, DETRACTOR.

Casus I. *pag.* 7. Parochus quidam loquens de archidiacono, dixit pluribus eum in visitatione sua fuisse nimis rigidum, scrupulosum, et malo erga se animo affectum in decretis condendis, licet nihil nisi parœciæ bonum et justum decreverit. Q. an parochus iste graviter peccaverit, et palinodiam canere teneatur.

R. Parochum non peccasse graviter dicendo archidiaconum fuisse rigidiorem, etc., quia verba hæc apud homines laudant potius quam offendunt, cum delicatæ conscientiæ hominem exhibere intelligantur. Verum graviter peccavit dicendo archidiaconum ex malo in ipsum animo decreta condidisse, quia idem est ac si dixisset eum fuisse injustum, et iniqua decreta condidisse; quod et justitiæ adversatur, et reverentiæ viro in dignitate constituto debitæ. Unde ad retractationem tenetur, quia ea est detractoris obligatio.

Casus II. *pag.* 16. Petrus sæpe amicos audivit de hoc et illa graviter detrahentes; neque ab eorum colloquio recessit ob humanum respectum. Hos tamen non excitavit ad detractionem, nec in ea sibi complacuit. Q. an peccaverit mortaliter.

R. Cum S. Thoma, 2-2, q. 73, a. 4 : *Si non placet alicui peccatum, sed ex timore, vel negligentia vel etiam verecundia quadam omittat repellere detrahentem, peccat quidem, sed multo minus quam detrahentes, et plerumque venialiter.* Porro in casu, Petrus detrahentes non repulit *ex verecundia quadam*; id enim sonat τὸ *ob humanum respectum.* Unde venialiter tantum peccavit, nisi verecundiam hanc peperisset magna detrahentis auctoritas; tunc enim ne venialiter quidem peccasset. Curandum tamen ut quisque, quantum potest, detractionem impediat, utendo mediis quæ in hisce casibus præscribunt doctores. De hoc tum in Pontasii Dictionario, tum et in Tractatu nostro *de Justitia*.

Casus III. *pag.* 35. Titius adeo graviter de Francisca paupere detraxit, ut Petrus, qui suis eam eleemosynis sustentabat, nihil eidem deinceps erogaverit. Q. ad quid Titius teneatur.

R. Teneri Titium, 1° restituere famam Franciscæ, seu per retractationem, etiam juramento, si opus sit, firmatam, posito quod crimen falsum imposuerit; vel Franciscam, prout poterit, laudando, si verum erat crimen sed occultum; 2° compensare damnum quod ex stipis denegatione patitur Francisca. Qui enim injuste impedit ne quis consequatur bonum quod erat consecuturus, tenetur ad restitutionem, licet non quanti valet bonum impeditum, sed quanti valet ejus spes probabilis. Porro in casu Titius injuste impedivit ne Francisca consuetam stipem reciperet.

Casus IV. *pag.* 102. Sacerdos multæ in oppido magno existimationis, ut amico cuidam prædicatori auditores multos procuret, eumdem supra meritum extollit; alium vero ex omni parte meliorem deprimit. Q. qualiter peccet, et ad quid teneatur.

R. Si depressio hæc zelum et mores concionatoris depressi graviter tangit, tunc dubio procul sacerdos peccat graviter, gravemque incurrit damna inde secuta reparandi obligationem, ut per se liquet. Si vero eadem depressio unice tangit eloquentiam et dicendi modum ejusdem præconis, tunc quamvis peccet sacerdos seu contra veritatem, quia amicum prædicatorem extollit supra meritum, et quidem dispendio alterius melioris; seu contra charitatem proximo debitam; non est tamen gravis culpæ reus, nec gravem ullam incurrit justitiæ obligationem; præsertim cum depressus concionator nullam apud eruditos cæteros ejusdem oppidi viros propriæ excellentiæ diminutionem passurus sit, sed aliquam duntaxat apud vulgares et imperitos, quorum judicium parvi semper aut nihil æstimatur.

— « On peut être très-coupable vis-à-vis du prochain, sans réussir à lui faire un mal effectif. On peut aussi faire beaucoup de tort au menu peuple en le détournant d'entendre un prédicateur qui aurait pu faire impression sur lui. Ces deux articles méritent d'être pesés devant Dieu. »

Casus V. *pag.* 171. Antonius multiplici calumnia impedivit ne clericus, quamvis dignus, beneficium consequeretur, ut alter longe dignior illud obtineret, uti factum est. Q. ad quid teneatur Antonius.

R. Teneri ad resarciendam pro viribus famam quam violavit; non autem ad aliquam proventuum beneficii non adepti restitutionem. Cum enim sit contra Ecclesiæ aut reipublicæ intentionem digno beneficia conferre digniore omisso, sequitur dignum in concursu dignioris nullum habere jus ut sibi beneficium conferatur : sequitur proinde nullum ab Antonio jus violatum esse; ubi autem jus non violatur, nulla est restituendi obligatio. Cardin. Gotti, *de Restit.*, dub. 3, § 1, n. 5 et 6.

Casus VI. *pag.* 139. Fabricius, cujusdam matronæ famulus, quosdam defectus morales, eosque graves refert viro prudenti ac nobili, qui eos nemini pandet. Q. an actio hæc careat culpa mortali.

R. Affirmat, si relatio hæc fiat ex justo ac rationabili motivo. Si enim vir ille ad ducendam hanc mulierem proclivis sit, ideoque genium ejus et mores inquirat, non peccat famulus, si grave et substantiales ipsius defectus referat; imo id facere tenetur ob bonum viri, cui consulere debet ne decipiatur. Quod si absque rationabili motivo prædictos defectus referat, jam talis relatio est vera detractio in re gravi, si non matronam infamans; juxta eos qui neminem putant infamem censeri, eo quod uni vitia ejus detegantur; at saltem famam ejus corrumpens, secundum id D. Thomæ, 2-2, q. 63, art. 1, ad 2 : *Etiamsi uni soli aliquis de absente malum dicat, corrumpit famam ejus, non in toto, sed in parte.* Et certe infamatio reputatur gravis aut levis conformiter ad qualitatem indignationis gravis aut levis, quam persona infamata de ea certior facta, conciperet. Atqui si Matrona resciret se apud nobilem virum a famulo suo infamatam esse, gravem indignationem conciperet, et forte graviorem, quam si apud plebeios multos denigrata fuisset; cum fama vel infamia apud istos minoris soleat æstimari, quam apud virum gravem. Proinde dicta relatio in secundo hoc casu non caret culpa mortali. Ita communiter.

Casus VIII. *ibid.* Pœnitens confitetur se data opera detrahentem audivisse. Q. quomodo a directore sit interrogandus.

R. Inquirendum a pœnitente an detractio fuerit de re levi aut notoria; an de re gravi et occulta, et facta sine justo motivo. Si fuerit de re levi, unum id inquirendum est an detrahentem audierit animo aliunde mortaliter peccaminoso; puta desiderando ut detrahens notabiliter detractæ personæ famam læderet, tunc enim peccasset lethaliter, et in tali specie, secus, venialiter. Idem dicendum si detractio fuerit de re notoria, vel secreta quidem, sed ex justo motivo manifestata. Quod si dicat pœnitens detractionem a se auditam fuisse in materia gravi, de re occulta, eamdemque sine justo motivo factam esse, tunc ab eo inquirendum an detrahentem audiverit solus cum solo, vel coram aliis. Si 1°, petendum ab eo an ipsum ad detrahendum incitaverit, plaudendo, dicta ejus approbando, etc., sicque fuerit causa quod is continuaverit, vel auxerit detractionem : tunc enim peccasset contra charitatem et justitiam, uti detractor ipse; et insuper novum contra charitatem peccatum ratione scandali huic dati commisisset, item investigandum, quo animo eum audierit, an ex complacentia de damno, quod est odium, etc.; si 2°, interrogandus est ut statim. Et si positive aut negative induxit in detractionem, ultra duplex læsæ charitatis et scandali peccatum, reus etiam est injustitiæ ipsum obli-

gantis in solidum cum detractore, vel saltem in hujus defectum, ad restituendam infamatæ personæ famam penes singulos. Et unum quodque ex his peccatis tot malitias complectitur, quot vel in ipso vel in aliis pro casu distingui possunt justitiæ et charitatis violationes; cum omnium sit autor vel particeps.

— « Quoiqu'il y ait là de bonnes choses, je souhaiterais qu'on eût la patience de lire, et ce que j'ai écrit sur ce sujet dans le Traité *de Jure*, et un ouvrage particulier, qui a pour objet *la flatterie et la médisance*. »

Casus IX. *pag*. 256. Camillus videns quemdam clericum, quem certo scit vitiosum esse, ob fictas virtutes et apparentem modestiam, eximia virtutis fama pollere apud omnes ferme regionis incolas, nunc uni, nunc alteri dicit eum esse insignem hypocritam, et lupum sub ovina pelle. Q. an peccet mortaliter.

R. Non peccare, imo mereri, si id justa de causa et sine malo animo faciat, puta ne vir ille nequam alios pravis moribus inficiat, ad sedem soli virtuti debitam promoveatur, etc. Contra vero peccare graviter, si id absque justo motivo faciat; quia peccator occultus et nemini noxius jus habet ne malitia sua palam detegatur. De his jam supra.

DISPENSATIO.

L'auteur parle, 1° des dispenses de mariage; 2° de celles qui s'accordent quelquefois dans le tribunal de la pénitence; 3° de celles de l'irrégularité. Il renvoie à leurs propres titres celles du jeûne et du Bréviaire.

§ I.

Dispensatio matrimonialis.

Casus I. *pag*. 5. In brevi S. Pœnitentiariæ committitur viro discreto, vel supplicanti confessario facultas dispensandi super impedimento affinitatis orto ex copula cum matre mulieris ducendæ. At dum commissarius ad exsecutionem procedit, detegit copulam fuisse cum sorore, et ex errore supplicantis impedimentum unum pro alio positum fuisse. Q. an possit exsequi breve, vel aliud postulare teneatur.§

R. Posse exsequi. Quia licet debeat exprimi an affinitas sit in linea recta vel transversali, quando affinitas oritur ex copula licita : attamen necessaria non est lineæ rectæ vel transversalis expressio, si affinitas orta sit ex illicita copula; eo quod ex hac non oriatur notabiliter major reverentiæ obligatio ex linea recta, quam ex transversa. Ita Sanchez, lib. VIII, disp. 24, n. 14. Anacl. Reiffenstuel, tom. IV, pag. 169, n. 198.

— « On pourrait confirmer cette décision pour le cas présent sur ce qu'il paraît encore moins indécent d'épouser une sœur, après avoir péché avec sa sœur, qu'une fille après avoir péché avec sa mère. Cependant je n'oserais suivre ce sentiment, *secluso certo locorum usu*; parce que le pape n'a voulu accorder que ce qu'on lui a demandé, à moins que l'un ne soit clairement renfermé dans l'autre. » *Voyez* mon *Traité des Dispenses*, liv. I, ch. 5, n. 8.

Casus II. *pag*. 62. Quæritur an postquam vir dispensationem super impedimento dirimenti obtinuit, teneatur etiam femina impedimenti conscia ad pœnitentiariam pro sui ipsius dispensatione recurrere.

R. Negat. Ratio est, quia S. Pœnitentiaria, quæ in omnes jurisdictionem habet, unam partem dispensando, intendit et aliam dispensare. Ita Tiburc., Navar. et alii.

Casus III. *pag*. 109. Franciscus a S. Sede obtinuit dispensationem affinitatis; at copulam cum affine sua habitam exprimendo, non expressit se per eam copulam intendisse facilius consequi dispensationem. Q. an reticentia hæc vitiet dispensationem.

R. Affirmat. Ratio est, quia id a summis pontificibus constitutum est, ut incestus crimen validius consanguineos inter et affines coerceatur. Id tamen intelligendum, 1° quando prædicta intentio fuit exterius manifestata, cum Ecclesia de internis non judicet; 2° quando ea intentio fuit inter copulam habentes reciproca; cum æquum non sit ut unius culpa noceat alteri; 3° denique, quando alia sufficiens dispensationis causa non fuit proposita; si enim proposita fuerit, jam non urget obligatio manifestandi sive copulam, sive intentionem in copula habitam. Ita Sanchez, lib. VIII, disp. 25, n. 31 et 36. P. Corradus in praxi dispens., lib. VI, c. 1, n. 36.

— « Les citations de l'auteur sont si peu justes qu'on ne peut y compter. Je crois sa première restriction douteuse et les deux autres fausses. Reiffenstuel, *ibid.*, n. 185, *et seq.*, combat très-bien la troisième. *Voyez* mon *Traité des Dispenses*, liv. III, chap. 1, n. 12. J'aurais pu y placer cette décision de la congrégation du Concile : *Congregatio Cardinalium censuit dispensationem reddi nullam ex copula præcedente dispensationem, si de ea non fuerit facta mentio in supplicatione : copulam vero sequentem, post dispensationem ab ordinario factam, non impedire matrimonii validitatem.* »

CASUS IV. *pag.* 116. Rusticus obtinuit a S. Sede dispensationem in forma pauperum ad ducendam affinem suam in quarto gradu. Verum ei, antequam matrimonio jungeretur, advenit pinguis pro statu suo hæreditas. Q. an dispensatione illa uti valeat.

R. Vel dispensatio hæc jam executioni per commissarium demandata est, antequam hæreditas illa rustico adveniat, vel non. Si 1°, potest rusticus valide affinem ducere ; quia jam ablatus est matrimonii obex, qui per hæreditatis adventum reviviscere nequit ; si 2°, non potest ; quia dispensatio nulla est, cum jam preces non nitantur veritate, ut uti debent, cum commissarius dispensationem exsequitur. * Adi Tract. Galic., *de Dispensat.*, lib. I, cap. 6, n. 1.

CASUS V. *pag.* 232. Vidua volens nubere Sergio, qui duas ejus filias tenuit in baptismo, et filium in confirmatione, quærit an triplex hinc oriatur cognatio spiritualis, duplex nempe in baptismo, et una in confirmatione.

R. Negat. Repetita enim tentio in baptismate, unam tantum parit cognationem, prout declaravit Clemens VIII apud Garziam. Neque id mirum, cum ex repetita ejusdem mulieris corruptione una tantum emergat affinitas maritum inter et uxoris consanguineos, contra vero pertentionem ejusdem aut diversæ prolis ad baptismum et confirmationem duplex emergit spiritualis cognatio ; quia duplex est sacramentum, adeoque radix duplex cognationis : sicut etiam duplex exsurgit affinitas e copula cum duabus sororibus habita, quia duplex est radix affinitatis. Requiritur itaque et sufficit ut exprimatur quod Sergius ducendæ viduæ filios tenuit ad baptismum et confirmationem. Id quidem sufficit quia sic exprimitur duplex Sergii et viduæ cognatio. Sed et id requiritur, ne quoad unam tantum dispensetur, non vero quoad aliam. Dum autem dicetur *quod filios tenuit*, duplicabitur modus, quo volentes contrahere sunt affines, nempe per compaternitatem et commaternitatem. Namque inter patrem et filiam, aut matrem et filium spirituales, vix unquam ob indecentiam majorem dispensat Ecclesia. Reiffenst. *ibid.*, n. 200.

— « Ce mot *quod filios tenuit* pourrait induire en erreur. Quand Sergius n'aurait tenu que le même enfant, il aurait contracté une double alliance avec sa mère, s'il l'avait tenu dans le baptême et dans la confirmation. »

§ II et III.
Dispensatio in foro pœnitentiæ, etc.

CASUS VI. *pag.* 256. Troilus post expeditum breve, vi cujus eligere possit confessarium, qui eum a censuris omnibus absolvat, et ab irregularitatibus dispenset, novam censuram novamque irregularitatem incurrit. Q. an ab his quoque brevis istius vigore relevari possit.

R. Affirmat. Facultas enim in casu concessa generalis est et illimitata. Unde sicut facultas tempore jubilæi concessa, non tantum ad peccata ante jubilæi concessionem perpetrata extenditur, sed ad ea etiam quæ subinde usque ad tempus commissa sunt ; ita et facultas per præsens breve obtenta, etc. Atque id verum est, licet in eodem brevi exprimatur, *pro hac vice*, vel *pro una vice* : hæc enim verba non restringunt concessionem ad sola commissa tempore concessionis, sed ad unam confessionem ; adeo ut si pœnitens post absolutionem vigore brevis obtentam, denuo in reservata labatur, breve obtentum non amplius deserviat. Excipe tamen casum, quo pœnitens diu ex dolo distulerit brevis exsecutionem, ut interim laxatis habenis peccaret, et postea absolveretur. Cum enim nemini fraus et dolus debeant patrocinari, mens pontificis non est ut impertita facultas ad hæc absolvenda vel relaxanda deserviat. Ita Lugo, disp. 20, *de Pœnit.*, sect. 8, n. 125, pag. *mihi*, 480.* Cæteri casus ad hanc materiam spectantes passim discussi sunt. *Voyez* ABSOLUTIO, etc.

CASUS VII. *pag.* 39. Clericus in sacris gravidata Bertha, ei, fœtu jam animato, potionem ad abortum dedit. Effectu secuto irregularis factus, ad Sacram Pœnitentiariam pro dispensatione recurrit his verbis : *N., factus irregularis ob abortum fœtus animati, secuto effectu, petit facultatem ut a proprio parocho super hanc irregularitatem dispensetur.* Parochus brevis exsecutor, re per totum audita, judicat facultatem hanc esse subreptitiam. Q. an recte judicet

R. Affirmat. Ratio est, quia pro dispensatione super irregularitatem ex procurato abortu, supplicans exprimere debet, an fœtus a se genitus sit ; idque ex curiæ stylo, qui legem facit ; et quia in hoc casu difficilius, et sub graviori pœnitentia obtinetur dispensatio. Atqui id in casu non expressit orator. Ergo.

ADDITION IMPORTANTE *pour le mot* DISPENSATIO

J'ai dit dans le troisième volume des Dispenses, lettre 43, n. 3, que ces paroles de l'indult accordé aux évêques, *Dispensandi in tertio et quarto simplici et mixto*, me paraissaient leur donner le pouvoir de dispenser non-seulement du trois au quatre, mais du deux au trois. On peut voir dans l'endroit que je viens de citer les raisons qui m'avaient porté à ce sentiment, raisons qui avaient paru solides à des personnes éclairées.

« Cependant, ajoutais-je, la bonne foi m'oblige d'avertir qu'en 1690 le saint-siége défendit au nonce de Cologne, qui avoit ce même indult, de dispenser du deux au trois. La même défense fut signifiée en 1694 à M. d'Anethan, suffragant et vicaire général de Cologne. Savoir, poursuivais-je, si cette restriction doit avoir lieu en France comme en Allemagne, c'est ce que je ne puis définir... Le dispensateur général, c'est-à-dire le pape, peut donner à l'un plus qu'à l'autre, et il a cent raisons de le faire. Après tout il est aisé de le consulter, sans doute. »

On l'a effectivement consulté sur cette question, et sa réponse a été qu'un évêque en vertu d'un semblable indult ne peut jamais dispenser du deux au trois. Comme cette décision est de la dernière importance, j'ai cru la devoir rapporter ici.

Feria V, die vero vigesima novembris 1760.

« In congregatione generali S. R. Inquisitionis habita in palatio apostolico Quirinali coram S. D. N. Clemente, divina providentia papa XIII, ac eminentissimis et reverendissimis DD. S. R. E. cardinalibus, in tota republica Christiana contra hæreticam pravitatem generalibus inquisitoribus a sancta sede specialiter deputatis.

« Proposita fuerunt tria dubia excerpta a supplici libello a R. P. D. episcopo'' exhibito sacræ congregationi de propaganda Fide, et ab illa ad alteram sancti officii pro habenda resolutione remisso, cujus quidem supplicis libelli tenor est ut infra.

« Joannes de'''' modernus episcopus''' multis ab hinc annis quolibet anno tertio obtinet a summo pontifice facultates dispensandi super variis impedimentis, et absolvendi, etc. Præfatæ vero facultates in articulo tertio sic habent: *Dispensandi in tertio et quarto simplici et mixto, tantum cum pauperibus in contrahendis; in contractis vero, cum hæreticis conversis etiam in secundo simplici et mixto, dummodo nullo modo attingat primum gradum.* In articulo duodecimo: *Communicandi has facultates in totum vel in partem, prout opus esse secundum conscientiam judicaveris, duobus vel tribus sacerdotibus, sæcularibus vel regularibus, theologis ac idoneis in conversione animarum laborantibus, in locis tantum ubi prohibetur exercitium catholicæ religionis.*

« Dubium primum : per facultatem concessam dispensandi in tertio et quarto gradu simplici et mixto tribuiturne prædicto episcopo facultas dispensandi in tertio gradu mixto secundo? Ratio affirmandi est, quod non dixit summus pontifex : *In tertio simplici, et quarto tam simplici quam mixto.* Porro sicut quartus gradus non potest intelligi de quarto ad quintum, quia quintus gradus non numeratur, sed quartus refluit ad tertium ; ita tertius gradus mixtus debet refluere ad secundum. Ratio vero dubitandi est, quia in eodem articulo additur : *In contractis vero cum hæreticis conversis, etiam in secundo simplici et mixto, dummodo nullo modo attingat primum gradum.* Per hoc verbum *etiam* videtur fieri comparatio cum præcedentibus ; et sicut per secundum gradum simplicem et mixtum non potest intelligi secundus gradus mixtus cum primo, sic per tertium gradum simplicem et mixtum non deberet intelligi tertius gradus mixtus cum secundo.

« Dubium secundum : Articulus duodecimus, *communicandi has facultates... duobus vel tribus sacerdotibus.* Quatuor autem vel quinque sunt vicarii generales in præfata diœcesi, quibus omnibus episcopus has facultates communicavit. Unde videtur ambigi posse an illi quatuor aut quinque vicarii generales valide dispensent virtute communicationis ipsis ab episcopo factæ.

« Dubium tertium : Præterea in eodem articulo additur : *In locis tantum ubi prohibetur exercitium catholicæ religionis.* In diœcesi autem de qua agitur, nullo modo prohibitum est exercitium catholicæ religionis. Imo catholica religio sola est quæ libere et publice exercetur, et nulli sunt in diœcesi ista hæretici, saltem qui sint cogniti. Ideo vicarii generales ejusdem diœcesis petunt an possint valide uti facultatibus quas episcopus ipsis communicavit.

« Sanctissimus D. N. papa præfatus, auditis eminent. DD. cardinalium suffragiis decrevit quoad primum dubium, per facultatem concessam dispensandi in tertio et quarto simplici et mixto, nullo modo concessam esse facultatem dispensandi in tertio gradu mixto cum secundo. Quatenus vero hoc usque perperam fuerit dispensatum in tertio gradu mixto cum secundo, eadem sanctitas sua, ad consulendum animarum quieti, matrimonia cum hac dispensatione contracta in radice sanavit; et quatenus aliquis conjux sic dispensatus ad episcopum''' recurrat, episcopus se gerat ad formam instructionis an. 1670, et juxta decretum an 1681.

« Quo vero ad secundum et tertium dubium, eadem sanctitas sua negative respondit, ac servandam esse litteram receptioris formulæ X, ad eumdem episcopum transmittendæ, qua cavetur facultatem dispensandi in matrimoniis delegari posse sacerdotibus idoneis laborantibus in cura animarum, in locis tantum ubi prohibetur exercitium catholicæ religionis. Et quatenus pro præterito secus factum fuerit, eadem sanctitas sua matrimonia cum dispensatione delegatorum contracta in radice sanavit; et R. prædictum D. episcopum hac enim in parte instructioni præmissæ se conformare debere decrevit. »

Les évêques qui auraient besoin de ces instructions peuvent aisément les obtenir du saint-siège. J'ai de grandes raisons pour les supprimer ici.

DIVORTIUM.

CASUS UNICUS. *pag.* 5. Sciens Drusilla virum suum frequenter coire cum belluis, quærit a confessario an sibi ea de causa liceat procurare divortium. Quid dandum responsi ?

R. Licitam esse in veritate rei procurationem separationis quoad thorum et habitationem. Quia per bestialitatem, seu activa sit, seu passiva, caro in aliam carnem dividitur contra matrimonii fidem, quæ duos in una carne exigit.

Dixi *in veritate*, quia confessarius mulierem hortari debet ne divortium procuret, ob gravia quæ inde sequuntur incommoda. *Vide* CONJUX et DEBITUM.

DONATIO.

CASUS UNICUS. *pag.* 107. Cum Titius jam promisisset se daturum libras mille xenodochio, antequam promissio hæc a xenodochii rectoribus acceptaretur, suasit ei parochus, ut summam hanc parochiali ecclesiæ donaret, quod et factum est. Q. an talis donatio valida sit.

R. Affirmat. Quia, quidquid sentiant nonnulli, probabilius est promissionem in causis etiam piis semper revocari posse donec interveniat promissarii acceptatio, nullamque ex ipsa eo usque oriri seu naturalem, seu civilem obligationem, cum promissio omnis per se respectiva sit, juxta contractus cujusvis naturam, qui sine mutuo duorum consensu subsistere non potest. Cum igitur hæc Titii promissio in favorem xenodochii, neque dici possit a Deo quantum ad debitum acceptata ; cum non supponatur ei facta per modum voti, neque ex hypothesi acceptata sit a xenodochii rectoribus, potuit Titius absque cujusquam injuria mutare animum ; et rem uni promissam, vel potius destinatam, tradere alteri.

E

ELEEMOSYNA.

CASUS I. *pag.* 5. Parochus sciens e parochianis suis unum largiri quotannis piæ cuidam capellæ eleemosynam pinguem, propriæ vero ecclesiæ nihil fere conferre, graviter eum objurgat, dicens obligationem ipsius quoad istam esse, non quoad illam. Q. an et quo in genere peccaverit.

R. Peccare parochum, generaliter loquendo, et a particularibus circumstantiis præscindendo. Ratio est, quia parochianum acriter objurgando, eumdem sine causa offendit ; cum talem prædictæ capellæ eleemosynam erogando, nulli vere injuriam faciat, nec omnino propriæ parochiæ desit, ut indicant verba hæc : *Propriæ ecclesiæ nihil fere conferre.* Qui autem nulli injuriam facit, non potest sine peccato graviter objurgari. Id autem peccatum et justitiam lædit, et pastorali mansuetudini adversatur, et alias pro circumstantiis virtutes, pro diverso objurgandi fine offendit.

— On peut représenter avec douceur qu'une église est pauvre, qu'un paroissien, qui y a été régénéré, qui y reçoit les sacrements, etc., lui doit plus d'égards qu'à une autre, etc. »

CASUS II. *pag.* 74. Pœnitens confitetur se aureos decem subripuisse domino, quos vix sine sui infamia eidem restituere possit. Præcipit confessarius ut summam hanc in eleemosynas eroget.

R. Si infamiæ nota per restitutionem ab intermedia persona faciendam, aut præstitam creditori compensationem auferri potest, male prorsus judicatum est a confessario, quia suum unicuique tribuendum est. Si autem vitari nequit periculum infamiæ, et hoc non sit tantum ad aliquod tempus (quo in casu differenda esset restitutio, non autem in eleemosynam commutanda), sed in perpetuum ; tunc sanum est directoris eleemosynas præcipientis judicium, quia nemo inferioris ordinis bona, qualia sunt fortunæ, cum jactura bonorum ordinis superioris, ut sunt bona famæ, restituere tenetur ; neque id vel ipse creditor rationabiliter exigere potest.

— « Ce dernier principe a besoin de limitation. J'ai dit dans le Traité *de Jure*, etc., part. 2, cap. 2, et cela d'après des théologiens qui ne sont point trop sévères : *Si quis tamen, præsertim vilis homo, aut jam in eodem genere infamatus, magnam alienæ pecuniæ quantitatem subripuisset, quæ non nisi cum dispendio famæ illius posset restitui ; certum est pecuniæ hujus restitutionem faciendam esse cum periculo famæ raptoris, modo nihil vitæ ipsius aut libertati timendum esset. Idem dicendum, si ad restituendum necessarius sit labor, qui morbi alicujus facile sanabilis periculum inducat, uti docet Lugo : licet sanitas sit ordinis superioris bonis fortunæ.* »

CASUS III. *pag.* 158. Parochus cui commissæ sunt eleemosynæ pauperibus parochianis distribuendæ, eas distribuit pœnitentibus suis, licet sciat alios esse in parœcia pauperiores. Q. an peccet.

R. Affirmat. Ratio est, 1° quia agit contra legitime præsumptam donatorum intentionem, quæ ea est, ut qui pauperiores sunt, magis juventur, aut saltem non negligantur ; 2° quia proinde istorum jus violat ; 3° quia sic agendo, præbet occasionem iis qui id sciunt, ad eum accedendi titulo quidem confessionis, sed solo eleemosynas obtinendi animo ; adeoque oves sibi commissas exponit periculo simulandi sanctitatem, et faciend' confessiones sacrilegas, prout in simili casu non raro contingit. Parochus igitur sic se gerens, præscindendo ab aliquo rationabili peculiari motivo, nullatenus ab omni culpa excusari potest.

— « Ce serait un motif, si ceux qui sont les

plus pauvres, ne l'étaient que par leur faute, ou que, vivant dans le libertinage, ils ne se confessent ni au curé ni à d'autres. Et même dans ce dernier cas il faudrait voir si en faisant luire le soleil sur les méchants comme sur les bons, on ne pourrait point les ramener à la voie. *Voyez* Pontas au titre Aumône, cas VII.

Casus IV. *pag.* 177 *et* 178. Vir nobilis confitetur se non solere unquam in communibus pauperum necessitatibus largiri eleemosynas, licet plura habeat suo statui superflua. Negat ei confessarius beneficium absolutionis. Q. an bene.

R. Negat. Ratio est, quia licet divites non solum in extrema, sed et in gravi pauperum necessitate eleemosynam e proprio statui superfluis, vi divini præcepti erogare teneantur; ad id tamen non nisi ex consilio tenentur in ordinariis pauperum necessitatibus Unde nec de ea re confessarii interrogant divites, nec de ea divites in tali casu sese accusare solent. Male igitur confessarius tali de causa absolutionem negavit viro diviti. Ita ex D. Thoma, 2-2, q. 32, art. 5, card. de Laurea, tome IV, disp. 13, art. 4.

— « Cette réponse est très-mauvaise, et en tant qu'elle suppose que dans l'extrême nécessité il suffit de donner son superflu aux pauvres; et en tant qu'elle enseigne que dans les nécessités communes, l'aumône n'est que de conseil. Si les confesseurs n'interrogent pas là-dessus, et que les pénitents ne s'en accusent pas, les uns et les autres sont bien à plaindre. *Voyez* le Dictionnaire, v. *Aumône*, et mieux encore ce que j'en ai dit au tome V, de ma Morale, part. 3, *de Charitate*, page 567. »

EMPTIO.

Casus I. *page* 82. Petrus a Paulo libellis triginta quinque emit plaustrum vini cujus pretium currens erat librarum quadraginta; eo quod per menses duos traditionem vini exspectare deberet. Q. an contractus iste in conscientia tutus sit.

R. Negat. Ut enim licitum sit merces minoris emere quam actu valeant, debet emptor justum aliquem titulum habere sic minoris emendi, ut contingit dum ex anticipata solutione sequitur lucrum cessans, damnum emergens, periculum non habendi rem emptam vel non habendi sinceram, vel quod tempore tradendæ mercis idem futurum sit ejus pretium quod ante tempus illud persolvitur. His enim similibusve titulis seclusis palliata usura committitur, cum ex eo quod quis per aliquod tempus pecunia sua privetur non recepta merce lucrum in solutione minoris pretii exigat. Atqui in casu nullum ex his titulis habet emptor, sed ideo solum minoris emit, quia solutionem anticipat. Ergo illicite contrahit, et restitutioni obnoxius est.

Casus II. *pag.* 84. Caius emit a Titio domum ea conditione ut quandocunque voluerit, possit pretium datum repetere et domum restituere Titio. Q. an valeat iste contractus.

R. Affirmat. Modo tamen gravamen illud venditori impositum compensetur majori pretio. Ratio est, quia pactum istud nullo jure prohibitum est, neque usuram continet; cum in eo non interveniat purum mutuum, sed vera emptio, ut hinc liquet, quod si domus pereat, pereat emptori; et si nolit is retrovendere, nequit repetere pretium. Unde dici nequit emptorem dedisse mutuo pecuniam venditori cum facultate illam recuperandi pro libito, acceptis interim supra sortem fructibus, cum isti vere Caio tanquam domino domus debiti sint. Ita Azor, part. 3, lib. VIII, cap. 12.

— « Lugo, *disp.* 33, *n.* 200, avoue qu'on n'est point dans l'usage de permettre ces sortes de contrats. Ceux qui les admettent, exigent des conditions que des gens avides de gain n'observent presque jamais; et en général il est sûr qu'ils sont pleins de danger. *Voyez* Pontas, v. Contrat, cas III, et mon Traité *de Contractibus*, part. 2, cap. 1, art. 8, sect. 1. »

Casus III. *pag.* 136. Rusticus invenit annulum cum lucido lapillo, quem vitreum ratus vili pretio vendidit alteri rustico eumdem quoque vitreum existimanti. Q. an emptor certior exinde factus lapillum esse adamantinum, teneatur contractum hunc rescindere.

R. Affirmat. Ratio est, quia in eo contractu intervenit error circa substantiam. Porro ex legibus nihil tam consensui ad contractus valorem requisito contrarium est quam error. Ita S. Thomas, Lessius, etc.

Casus IV. *pag.* 159. Joannes in dignoscendo gemmarum valore solers, emit gemmam pretio per alios taxato, sed longe minori justo gemmæ valore. Q. an emptio hæc sit ab omni culpa et obligatione immunis.

R. Affirmat. Ratio est, quia res quæ prætium a principe taxatum non habet, tanti valet quanti communiter æstimatur, licet emptor ex peculiari scientia cognoscat rem pluris valere, quam a viris in tali arte peritis communiter æstimatur. Quemadmodum igitur qui ex speciali cognitione detegit in fasce herbarum, quæ ad animalium pabulum venduntur, herbam pretiosissimam, potest herbas illas emere pretio currenti; sic et in casu Joannes gemmam minori pretio per artis peritos taxatam, eodem minori pretio comparare potest. Salva enim est tota justitiæ commutativæ ratio, si res ematur quanti a viris in eo negotio peritis æstimatur.

— « Si deux ou trois marchands connus pour être de mauvaise foi avaient estimé un diamant beaucoup au-dessous de sa valeur, cela ne ferait point une estime commune. Mais cela n'est pas le cas de l'auteur. »

Casus V. *pag.* 236. Lælius bona fide emit equum. Paulo post dubitare incipit an furtivus sit. At veritus ne pecuniam amittat una cum equo, si furtivus appareat, omnem omittit diligentiam inquirendæ veritatis, ita ut eam tandem dignoscere nullo modo valeat. Q. an restitutioni obnoxius sit.

R. Negat. Ei enim imponenda non est certa obligatio restitutionis, quem certo non constat justitiam realiter læsisse, atqui certo non constat Lælium..... 1° enim incertum est an adhibita etiam diligentia invenisset veritatem. Quoti enim hanc etiam diligenter quærunt, nec inveniunt? 2° Dato quod eam invenisset, cuinam certo constat, quod potius comperisset equum furtivum fuisse, quam legitime venditum? Nulli certe. 3° Quia in dubio præsumptio stat pro innocentia venditoris, si is aliunde non cognoscatur malus in genere furti.... Nec dicas 1° læsam certo fuisse justitiam commutativam a Lælio, eo quod omissione sua cassam reddiderit spem quam forte habebat equi dominus, suum sibi, cognita veritate, equum restitutum iri; quæ spes, cum esset pretio æstimabilis, Lælio imponit onus restituendi tantumdem, quanti spes ista valebat prudentum judicio; 2° Lælium evasisse malæ fidei possessorem. Nam 1° spes quam forte habebat alter, ut pote incerta quoad esse præsens aut præteritum, nihili facienda est adversus actualem possessorem certum. 2° Post subortum dubium, Lælius non evasit malæ fidei possessor, nisi secundum quid, in quantum scilicet ex tunc tenebatur inquirere veritatem, non vero quatenus teneretur equum, aut ejus partiale pretium restituere. Vide Bonacinam, de Restit., disp. 1, q. 2, punct. 2, num. 8.

— « Voilà une longue décision, et qui ne vaut rien. Un homme qui doute réellement s'il n'a point le bien d'autrui, doit être certainement obligé, non à la restitution du tout, mais à une restitution proportionnée à son doute. On ne sait, dit-on, si en cherchant la vérité, il l'eût découverte : cela est vrai ; mais on sait qu'en ne la cherchant pas, comme il le pouvait et comme il le devait, il s'est volontairement exposé à retenir le bien d'autrui. En trouvant la vérité, poursuit-on, il aurait peut-être trouvé que le cheval n'avait pas été volé. Cela est encore vrai ; mais il aurait aussi fort bien pu découvrir qu'il l'avait été. Mais, ajoute-t-on, dans le doute, il faut présumer de l'innocence du vendeur, etc. Mais quand il y a de justes raisons de douter de cette même innocence, et quand, la supposant, on court risque de violer le droit d'un tiers, il faut suspendre cette présomption favorable et examiner. De ce que Lélius n'est devenu possesseur de mauvaise foi, que *secundum quid*, il ne peut s'ensuivre qu'il soit exempt *omnino et simpliciter* de restituer. Sa mauvaise foi *secundum quid* est contre la justice ; elle mérite donc une peine qui répare proportionnellement le tort qui a été fait à cette vertu. »

CASUS VI. *pag.* 248. Mercator conquerens quod plura fecerit credita, et modicam habeat spem ea exigendi, Titius qui viam habet facilem ea omnia recuperandi, se offert ad illa omnia emenda, dummodo mercator ea ipsi vendat pretio longe minori. Q. an id licite possit.

R. Affirm. Dummodo tantum pro eisdem solvat, quantum in communi æstimatione valet jus illa exigendi. Ratio est, quia justum rei pretium non desumitur ab eo quod res valuit venditori, neque a privata industria, scientia, favore aut utilitate ementis, sed a communi æstimatione rei in talibus circumstantiis. Cum ergo, supposita modica spe talia credita exigendi (puta quia litigiosa sunt, aut debitores potentes et valde difficiles ad solvendum) et hæc communiter minoris æstimentur ; ideo Titius licite, etc. Excipe tamen 1° si Titius, qui unus esset e præcipuis debitoribus, ideo solvere differet, ut debitum suum minori pretio redimeret ; 2° si credita essent in se facile exigibilia, et a solo mercatore, ut pote nimium verbis apprehenderentur uti difficillime recuperanda. In his enim casibus non posset Titius, etc., quia tunc non adeo parvi valerent in communi æstimatione. Ita DD. communiter.

ÆQUIVOCATIO.

CASUS UNICUS. *pag.* 27. Titius, cum suspicetur uxorem suam adulterasse cum Petro, eam cogit ad jurandum quod id non fecerit. Sic coacta uxor jurat se non peccasse cum Petro, intelligens *non peccasse peccato furti*. Q. an reapse sit perjura.

R. Negat. Ratio est, quia in casu non habetur pura restrictio mentalis damnata ab Innocentio XI, quæ includit mendacium ab intrinseco malum ; sed tantum restrictio realis, cum significatio, conformis interno mentis conceptui feminæ loquentis, percipi possit a Titio, reflectendo ad verba quibus femina jurat. Dicit enim se non peccasse cum Petro, quæ verba, cum latitudinem habeant, ut patet (auctori, non Petro) intelligi possunt de alio quam adulterii peccato ; et quidem realis hæc restrictio fuit tantum ad occultandum peccatum ad quod celandum jus habet uxor : hoc autem dato, femina non fuit perjura, quia talis restrictio licita est in casibus omnibus in quibus jus habet aliquis ad occultandum secretum ; neque ea mendacium includit, uti post damnatas propositiones scripserunt Viva, et R. P. Felix a Potestate. Unde dicendum non perjurasse.

— « Cette mauvaise subtilité, qui, au moyen d'une distinction frivole entre restriction mentale et réelle, justifie les parjures, est si odieuse en France, qu'il serait inutile de la réfuter. Ce qui étonne, c'est qu'on ose encore la soutenir après la censure qu'a faite Innocent XI de cette proposition, n. 26 : *Si quis solus, vel coram aliis sive interrogatus, sive propria sponte..... juret se non fecisse aliquid quod revera fecit, intelligendo intra se aliquid aliud quod non fecit, vel aliam viam ab ea in qua fecit, vel quodvis aliud additum verum, revera non mentitur, nec est perjurus.* Je me contenterai de dire avec saint Augustin, *Epist.* 125, alias 224 : *Perjuri sunt, qui servatis verbis, exspectationem eorum quibus jurandum est, decipiunt.* Voyez mon Traité *de Virtute religionis*, part. 2, ch. 4, art. 5.

F

FESTUM.

Casus unicus. *pag.* 136. Seïus cogit passim rurales famulos diebus festis viridaria rigare, et soli exponere frumenta, aliaque grana. Q. an ex eo peccet?

R. Quantum ad viridaria, quod cum rigari nunquam soleant sine aliqua necessitate, irrigatio hæc nullum de se peccatum importet; cum cap. ult. *de Feriis* permittantur opera servilia quando urget necessitas, quæ legem non habet. Quod spectat ad grana soli exposita, videndum an adsit necessitas hoc faciendi. Si enim grana hæc in acervos grandiores congesta tabem aliquam ex humore non satis exsiccato contrahere possint, tunc festis etiam diebus soli citra peccatum exponi possunt, ob rationem mox datam de viridariis. Si vero hæc præcisa necessitas non urget pro die festo, uti contingit, quando modica est granorum quantitas, tunc dicendum est non posse opus istud plane servile diebus festis præstari; proinde peccare Seium qui hoc fieri jubet.

FICTIO. *Vide* Census, cas II.

FILII, FILIÆ.

Casus I. *pag.* 131. Filiusfamilias statuit militiæ nomen dare, quapropter a patre postulat pecuniam statui suo convenientem. Q. an pater teneatur in conscientia votis filii annuere.

R. Affirmat. per se loquendo. Ratio est, quia filii ex una parte liberi sunt in eligendo vitæ statu, sive perpetuo, ut est status religionis, ordinis sacri, conjugii; sive non perpetuo, dummodo status ille et filio et ipsius familiæ conveniens sit. Cum autem ex altera parte teneatur jure naturali pater filiis alimenta secundum propriam conditionem præbere, non est per se loquendo, cur pater filio militiam non indecoram suscipere volenti neget subsidia ad id necessaria. Dixi, *per se loquendo*. Si enim ex hoc quod filius daret nomen militiæ, grave aliquod damnum immineret seu gubernationi domesticæ, seu patri, aliter esset disserendum. Cum enim in his, quæ ad domesticam gubernationem spectant, filius subjaceat patri, et ex naturali pietate teneatur ab ipso religionis ingressu abstinere, ut patri in extrema vel gravi necessitate constituto subveniat; dicendum est patrem non teneri in his circumstantiis annuere votis filii.

— « Un père pourrait et devrait s'opposer au dessein de son fils, s'il voyait qu'il ne l'a conçu que par esprit de libertinage, ou s'il découvrait en lui un caractère violent, tapageur, etc., qui ne pourra guère manquer de le faire périr, peut-être même par la main du bourreau. »

Casus II. *pag.* 167. Filiusfamilias nummos aliquando subripit patri, ut cum amicis ludere et honestis recreationibus interesse possit. Q. an tuta conscientia faciat.

R. Si attenta patris qualitate, nummi quos eidem subripit filius, ita sint in modica quantitate, ut pater nec quoad substantiam, nec quoad modum rationabiliter invitus esse possit, et filius ejus sit qualitatis, ut ipsi liceat aliquando cum amicis ludere, et honestis recreationibus interesse, tunc dicendum quod filius vere furtum non committat, neque agat contra voluntatem patris, proinde quod in conscientia tutus sit. Si vero filius ille vel ratione ablatæ pecuniæ, vel ratione modi clam subripiendi, vel ratione finis propter quem furatur, possit agnoscere patrem esse rationabiliter invitum, tunc cum vel furtum committat, vel alio modo contra rationabilem patris voluntatem operetur, semper alicujus culpæ, sive lethalis, sive venialis reatum incurrit, adeoque non est in conscientia securus.

— « La première partie de cette décision est bien dangereuse. Un enfant de famille qui aime le jeu, qui, par ignorance des affaires de la maison, traite d'avarice la sage économie de son père, qui s'imagine devoir être traité comme le fils de son voisin, etc., croira très-aisément que son père ne peut être qu'*irrationabiliter invitus*. Les enfants ne peuvent trop peser ce mot des Proverbes, xxvIII : *Qui subtrahit aliquid a patre suo et matre, et dicit hoc non esse peccatum, particeps est homicidæ.* Il est surprenant que l'auteur cite toujours des théologiens, et souvent assez mauvais, et qu'il ne cite presque jamais ni l'Ecriture ni les Pères. »

Casus III. *pag.* 187. Filius vult inconsultis parentibus in uxorem ducere puellam honestam, paris quidem conditionis, sed pauperem. Q. quid agendum parocho.

R. Vel parochus advertit parentes verbis quidem et animo contradicturos esse, non tamen malitiosum impedimentum apposituros, et tunc suadere debet filio ut parentes consulat; alioqui peccat assistendo, ut et filius contrahendo; quia lædit pietatem parentibus debitam. Quod si consulti parentes negent consensum, potest parochus matrimonio assistere, cum filius possit contrahere; quia filii, satisfacta per consilii petitionem reverentia quam parentibus debent, sui sunt juris in his quæ ad corporis sustentationem, ac prolis generationem pertinent, ut tradit D. Thomas, 2-2, q. 104, art. 5. Vel parochus advertit parentes malitiosum impedimentum apposituros esse; et tunc, si propter sponsæ paupertatem nullum immineat damnum grave, dedecus, aut onus irrationabile iisdem parentibus, ut supponitur in casu, potest et debet assistere ad tuendam matrimonii libertatem. Neque enim sponsæ inopia, si cætera non desint, est sufficiens motivum pertinaciter obsistendi matrimonio.

Alia longe est hujus regni disciplina eaque

Casus IV. *pag.* 186. Bertha, ne filiæ suæ per oppidum festis diebus vagentur, aut otio domi tabescant, servilia quædam opera eisdem injungit. Q. an filiæ matri obedire teneantur.

R. Affirmat. Ratio est, quia ex quarto Decalogi præcepto filii tenentur obedire parentibus in iis quæ licita sunt. Atqui licitum est puellis, præsertim post devotiones, et pomeridianis horis, ad vitandas discursiones plenas periculis, festis etiam diebus servile quid operari idque ex interpretatione præcepti, ac benigna piæ matris Ecclesiæ permissione ; quæ sicut servilia permittit diebus festis, si grave aliquod corporale damnum immineat, multo magis si spirituale. Ita Sylvester, Naldus, etc. Cavendum tamen ne mater ad finem lucri detorqueat opus filiarum, easque retrahat a piis actibus, per quos festa sanctius celebrari possunt. Unde Suarez, lib. II, *de Religione*, cap. 26, n. 6, monet supradicta cum mica salis intelligi debere.

— « Une mère peut se promener avec ses filles, les gagner par sa douceur et par sa tendresse, leur proposer d'innocentes récréations, etc. ; en un mot ne s'écarter de la règle que quand elle ne peut faire autrement.»

Casus V. *pag.* 230. Titius habens nubilem filiam, quam ex inopia nuptui dare non potest, nummos 500 subripit unde sponsum non ægre reperit. Post aliquot annos detegit sponsus dotem sibi præstitam ab uxore fuisse Francisco subreptam. Q. an huic eam restituere teneatur.

R. Vel sponsus adhuc servat dotem hanc impermixtam aut ab aliis pecuniis suis discernibilem ; et tunc eam, nisi legitime præscripta sit, restituere debet , quia talis res domino suo clamat. Vel ea dos jam est legitime præscripta, aut a sponso permixta est cum pecuniis suis qualitate similibus et quantitate majoribus ; et tunc non tenetur ad restitutionem ; quia per legitimam præscriptionem transfertur dominium ; et ob dictam mixtionem dos censetur moraliter consumpta. Nec opponas hunc ad id teneri in quo factus est ditior. Cum enim dos ei data fuerit ad sustinenda matrimonii onera, nec ex ea pro se lucrum ullum perceperit, ex ea nihilo ditior factus est. Ita Sporer, la Croix, et alii passim.

— « Regarder comme consumés cinquante louis que l'on a encore en nature, parce qu'on ne peut les distinguer de cent autres avec lesquels on les a mis dans un coffre, ce serait une misérable subtilité. Ainsi l'auteur, ou pense mal, ou ne s'explique pas bien.»

FURTUM.

Casus I. *pag.* 52. Paulus subripuit nummos 50, animo illos intra quadrantem domino restituendi. Q. an peccaverit lethaliter.

R. Negat cum Lugo, *de Just.* disp. 8, n. 42. Ratio est, quia modica hæc detentio, nullum regulariter proximo detrimentum, nullamve gravem injuriam infert. Dixi *regulariter*, quia si per accidens grave aliquod damnum eveniret domino, et esset a Paulo prævisum, tunc sane peccaret lethaliter.

— « Un homme à qui on vole 50 écus, peut s'en apercevoir dans la minute, jurer, s'emporter, faire des jugements téméraires. Celui qui le vole, apparemment par badinage ou par vanité, *peut prévoir* cela, et ainsi il s'expose au danger d'être la cause d'une faute mortelle. Or, etc. »

Casus II. *pag.* 134. Famulus successivis quinquaginta furtulis domino suo subripuit julios 24, sine prævia intentione ad talem summam perveniendi, et sine advertentia ad furtula anterius commissa, dum singulis vicibus furatus est. Q. an teneatur sub gravi prædictam summam restituere.

R. Affirm. Licet enim tum ex defectu intentionis ad talem summam perveniendi, tum advertentiæ ad furtula antecedenter commissa, rite inferatur ipsum nunquam in prædictis furtis graviter peccavisse, nihilominus tamen cum obligatio gravis restituendi, non solum ex gravi injusta acceptione, sed ex notabili etiam rei acceptæ quantitate consurgat, dicendum est famulum hunc sub gravi ad restitutionem teneri. Hinc protrita ab Innocentio XI ista hæc thesis, n. 38 : *Non tenetur quis sub pœna peccati mortalis restituere, quod ablatum est per parva furta, quantumcunque sit magna summa totalis.*

— « L'auteur nous ramène sans cesse à son heureuse inadvertance, quoiqu'elle soit le partage de ceux qui pensent moins à Dieu. Au moins faudrait-il nous dire quelquefois avec saint Thomas : *Animadvertere debuerat*, etc. On va voir où cela conduit, dans le cas suivant.»

Casus III. *pag.* 249. Villicus ab annis 15, degens in prædio viri divitis pluries singulis annis subripuit domino quid modicum, puta messis tempore modicum tritici, in vindemia modicum uvæ, etc., nunquam tamen intendens in his furtulis continuare. Nunc advertens modica hæc omnia in grave aliquid exsurgere, petit a confessario an mortaliter peccaverit, et sub gravi ad restitutionem teneatur. Q. quid ei respondendum.

R. Vel villicus solum hic et nunc advertit, se domino furatum esse in quantitate notabili, vel advertentiam hanc habuit prius, dum furtula prosequebatur. Si 1°, inadvertentia eum quidem a gravi culpa excusavit ; at nihilominus tenetur ad restitutionem, si res adhuc penes ipsum exstent, aut id in quo ex eis factus est ditior; cum res clamet ad dominum, et ex alieno quis ditescere non debeat. Quod si nihil penes ipsum maneat, nec in aliquo factus sit locupletior, tunc non tenetur sub gravi restituere, quia tanta obligatio in casu nequit oriri sine culpa gravi, adeoque sine gravi damno advertenter causato, aut sine injusta acceptione mortali, ut tradit *Viva* in 25 Propos. Alexandri VII, n. 15. Si 2°, villicus toties peccavit mortaliter cum onere restitutionis, quoties subripuit aliquid advertendo se aut complere, aut continuare ablationem notabilem : sic enim deliberate damnificavit , aut perrexit damnificare notabiliter dominum. Porro ex notabili deliberata damnificatione, etiam facta per pauca furta tenetur quis sub mortali restituere, ut constat ex Prop. 38, per Innocentium XI damnata.

— « Tout cela n'est point juste ou ne l'est que chez les casuistes relâchés : 1° On est tenu *sub gravi* à restituer *propter injustam simulque gravem damnificationem*, soit qu'on soit devenu plus riche, soit qu'on ne le soit pas devenu; parce qu'il est toujours sûr qu'on est et qu'on sait être cause d'un grand dommage souffert par le prochain. 2° Une faute légère peut obliger, je ne dis pas à une restitution entière, mais à une restitution qui oblige *sub gravi*; comme quand par une vraie faute, quoique non mortelle, on a mis le feu à une maison. 3° L'inadvertance, dont l'usage est si familier à l'auteur, est souvent fondée sur un oubli très-volontaire de Dieu, sur la négligence à s'examiner devant lui, etc. J'ai honte de le répéter si souvent : si pour être dispensé de restituer une somme qui est enfin devenue considérable, il suffit de voler sans réflexion, ceux qui se sont accoutumés à ne penser ni au ciel, ni à l'enfer, seront les moins chargés. »

G

GABELLA *Voyez* le titre Restitutio, cas XIV.

H

HOMICIDIUM.

Casus I. *pag.* 49. Franciscus certo sciens Petrum adire judicem, ut ex amicis suis unum injuste accuset, eum occidit, ut hac via grave quod amico suo imminet damnum avertat, non aliter avertere valens. Q. an licite.

R. Negat. 1° Quia damnata est ab Innocentio XI propositio ista, n. 18 : *Licet interficere falsum accusatorem, falsos testes, ac etiam judicem, a quo iniqua certo imminet sententia, si alia via non potuit innocens damnum evitare.* 2° Quia minus est malum in aliquo rarissimo casu permittere damnum innocentis, quam istud occisivæ defensionis genus concedere, cum magno reipublicæ detrimento propter cædes, et homicidia quæ passim sub eo prætextu contingerent.

Casus II. *pag.* 253. Fabius occidit bannitum, non justitiæ zelo, vel ob reipublicæ bonum, sed ut obtineat præmium occisori ejus a rege promissum. Q. an reus sit culpæ mortalis.

R. Negat. Supposita exclusione odii ac vindictæ. Ratio est, quia licet expresse solum intenderit reportare præmium, implicite tamen, virtualiter ac interpretative intendit etiam bonum reipublicæ et justitiæ exercitium, prudenter enim judicatur voluisse illum occidere occisione non peccaminosa, adeoque ob aliquem ex iis finibus, ratione quorum occisio non est peccaminosa : unde cum isti fines sint bonum reipublicæ, debita regi obedientia, etc. Ideo censendus est bannitum propter fines istos, aut saltem ex iis aliquem, occidisse. At si nullum ex istis finibus intendisset, non posset a mortali excusari; tunc enim evinceretur intendisse hujusmodi occisionem sub pura ratione homicidii ob præmium. * Casus iste nihil ad nos.

HORÆ CANONICÆ.

Casus I. *pag.* 72. Caius in sacris constitutus solet vesperas et completorium recitare, dum se vestibus exuit, ut cubitum eat. Q. an graviter peccet.

R. Negat. Etsi enim gravis peccati reus censeri debet, qui notabilem officii partem recitat distractus in illis rebus, quæ necessariam attentionem excludunt, ut sunt scribere, pingere et similia; non ita tamen dicendum est, quando externæ actiones, non impediunt debitam reverentiam et attentionem, ut est vestibus se exuere, lavare manus, et hujusmodi. Alioquin nec congrue præscriberentur in Missali orationes a ministro recitandæ, dum abluit manus, et sacris se vestibus induit; nec laudabiliter constitutum fuisset, ut religiosi quidam, dum e lecto surgunt et induunt vestes, officium B. M. V. aliasque preces recitent, quod tamen fuit optime sancitum. Cum tamen Caius *soleat* in casu variare tempus a rubricis pro Breviarii recitatione præscriptum, non potest a levi culpa excusari. Ita Suarez, Gavantus in Rubric., cap. 5, sect. 1, tit. 6.
Vel potius 4.

— « Gavantus cite Navarre, qui dit, *Manuel, c.* 29, *n.* 32, qu'un homme qui dit son office en s'habillant, en se déshabillant, en se lavant le visage, etc., pèche véniellement. Je craindrais beaucoup qu'il n'y eût quelque chose de plus, surtout dans l'habitude; *solet*. C'est avoir une bien faible idée du respect qui est dû à Dieu dans une fonction qui est de précepte très-rigoureux, que de le traiter si cavalièrement. Les prières que le prêtre récite en prenant les ornements sacerdotaux ne concluent rien. Outre que la rubrique qui les marque ne passe communément que pour directive, elles se disent en si peu de temps et dans une action si sainte, qu'on n'en peut tirer aucune conséquence relativement à un office aussi long que vêpres et complies. Ce serait bien pis si, comme il n'arrive que trop souvent, un homme n'était avare de son temps à l'égard de Dieu que pour le prodiguer à la bagatelle. *Væ qui thesaurizat sibi, et non est in Deum dives!* A l'égard des communautés qui ont prescrit qu'on dirait certaines prières en s'habillant, elles ont cru qu'il valait mieux prier moins bien pendant cette action que ne prier point du tout. Mais qu'inférer de là pour un office strictement commandé et qu'on peut, avec tant soit peu d'amour pour Dieu, dire aisément dans un temps beaucoup plus commode?»

Casus II. *pag.* 167. Subdiaconus quidam persolvit ut plurimum horas, in loco ubi pluries expertus fuit se pati distractiones mentis non leves. Q. an satisfaciat præcepto recitationis earumdem horarum.

R. Non satisfacere si distractiones non leves sint tales intensive et extensive, ita ut notabilis pars divini officii sine attentione et devotione recitetur. Qui enim voluntarie se constituit in loco, ubi ex clamore, tumultu, ludo, etc., mens directe ad distractionem impellitur, censetur distractiones velle; adeoque non satisfacit præcepto, quod est *de studiosa et attenta recitatione*, ut colligitur ex cap. 9, *de Celebrat. missar.* Si vero distractiones prædictæ, licet intensive graves, leves sint extensive, quia non multum in mente perdurent; tunc aderit quidem in casu aliquod saltem veniale peccatum, at nihilominus satisfactum erit præcepto recitationis. Ita Gavantus, Marchini, etc.

— « Ce mot, *saltem veniale peccatum*, insinue qu'il pourrait bien y avoir là un péché plus que véniel. D'ailleurs un homme qui, malgré son expérience, veut continuer à dire son bréviaire dans un lieu dissipant, et qui par là veut virtuellement enlever tous les jours à Dieu une petite partie de ce qui lui est dû, ne pourrait-il pas être comparé à un domestique qui se propose de voler tous les jours quelque petite chose à son maître? Or, celui-ci est dès le commencement coupable de péché mortel. »

Casus XI. *pag.* 193. Cum festum S. Justiniani accidisset die dominica, clericus sacer ex pio in eum affectu transtulit officium ejus, quod est *ad libitum*, in primam diem non impeditam, eaque die aliud officium non recitavit. Q. an obligationi suæ satisfecerit.

R. Negat, nisi eum bona fides excuset. Ratio est, quia S. R. congregatio plures declaravit officia ad libitum, quando incidunt in diem impeditam per aliud officium de præcepto, non posse transferri. Unde clericus noster sponte sua officium unum commutavit in aliud, proindeque non satisfecit obligationi suæ, quia violavit formam præscriptam a S. Pio, declarante *neminem ex iis quibus hoc dicendi psallendique munus necessario impositum est, nisi hac sola formula satisfacere posse.* Neque obest tritum illud apud moralistas, *Officium pro officio.* Id enim intelligitur de mutatione citra culpam facta ex bona fide; quia non præsumitur Ecclesiam velle obligare ad duo officia eadem die recitanda illum qui sine culpa est; non autem quando mutatio fit data opera, adeoque culpabiliter. Ita Bellarminus, Gavantus, et alii magis communiter.

— « Quand on a dit par inadvertance un office pour l'autre, on reprend ce qui fait la différence des deux offices : c'est le parti le plus sûr, le plus conforme à la piété. Gens qui ne sont point trop sévères répètent tout quand ils le peuvent commodément : c'est une leçon qui sert à rendre plus attentif. »

Casus IV. *pag.* 197. Sacerdos in nocte Natalis Domini immediate post laudes recitat horas quatuor diurnas; prævidens se mane sequenti nimis occupandum in audiendis confessionibus. Q. an bene.

R. Affirmat. Siquidem ex una parte implet substantiam præcepti, quod obligat ut Horæ recitentur intra diem naturalem, qui currit ab una media nocte ad noctem mediam sequentem. Ex alia vero parte non violat modum præcepti juxta quod horæ singulæ statis diei temporibus recitari debent; quia modus ille, qui sub levi solum obligat, desinit obligare, cum præsto est causa excusans, etiam levis, modo vera; a fortiori cum aliud suadet charitas proximo impendenda ut in casu.

Casus V. *pag.* 207. Titius inco'a Mutinæ ubi fit officium de feria, crastina die veniet Bononiam ubi celebratur festum S. Petronii. Q. an hoc sero vesperas et matutinam S. Petronii recitare possit?

R. Posse, sed non obligari. Ratio est, quia cum cras sit futurus peregrinus Bononiæ, poterit, sed non obligabitur, se facere huic ecclesiæ conformem, et cras sancti Petronii officium recitare : unde cum officium vespertinum sit pars officii crastini, non est improbabile, quod possit anticipate a Titio persolvi tanquam pertinens ad diem crastinum. Nec obest quod nondum sit Bononiæ, ac proinde non possit frui privilegio civitati huic concesso. Namque proxime accingendus habetur pro accincto; et sicuti proxime ingressurus religionem quibusdam fruitur privilegiis quibus fruuntur jam ingressi, ita proxime accessurus ad locum, potest incipere frui privilegiis loci, maxime per actionem quæ complenda est in loco. Ita Tamburin., Diana, etc.

— « Je ne ferais pas un procès à quelqu'un qui suivrait ce sentiment de bonne foi. Mais comme ses garants sont suspects, et que d'ailleurs ces paroles, *non est improbabile*, marquent qu'on n'est pas bien sûr de son fait, le meilleur est de suivre le train ordinaire, et cela d'autant plus que les voyages les mieux arrangés manquent par un accident imprévu. Si un homme était déjà dans le lieu où cette fête doit se célébrer, je crois qu'en cas qu'on ne fît que de la férie, on pourrait faire l'office de ce saint. » *Voyez* mon *Traité de l'Office divin*, part. 1, c. 4, n. 11.

Casus VI. *pag.* 210. Lucas parochus a S. pontifice obtinuit costam sancti alicujus martyris, quam judicans insignem esse reliquiam, officium illius in ecclesia sua elevat ad ritum duplicem. Q. an costa sit reliquia insignis ad prædictum effectum.

R. Negat. Siquidem S. R. congregatio, quæ die 3 junii 1617, permisit officium duplex in iis ecclesiis ubi insignis asservatur reliquia, per aliud decretum die 8 April. 1628, laxative definivit per reliquiam insignem intelligi caput, brachium et crus. Unde liquet costam ab insignium reliquiarum numero prorsus excludi.

— « *Voyez* mon *Traité de l'Office divin*, part. 1, ch. 1, n. 8, où cela est mieux expliqué. »

I

IMMUNITAS.

Je ne mettrai que deux ou trois cas sur cette matière, parce que l'immunité des églises n'a pas lieu en France. Ceux qui auraient besoin de s'instruire sur ce sujet, pourront lire les deux livres suivants : I. *Commentaria in Bullam Gregorii XIV, de Immunitate et Libertate ecclesiastica*, *auctore Alexandro Ambrosino*, Parmæ 1608. II. *Petri Gambacurtæ S. J. Commentariorum de Immunitate ecclesiarum in constitutionem Gregorii XIV, Libri octo* Lugduni 1622.

Casus I. *pag.* 83. Parochus sciens Titium, qui ad parochialem ecclesiam confugit, reum esse proditoriæ occisionis, eum petentibus laicalis curiæ ministris, nullo facto verbo, concedit. Q. an stante certa proditionis scientia bene se gesserit.

R. Negat. Licet enim reus proditoriæ occisionis ecclesiastica immunitate non gaudeat, ut liquet tum ex jure communi, cap. 1, *de Homicidio*, tum ex bulla Gregorii XIV, juxta id Exodi : *Si quis per industriam occiderit proximum suum, et per insidias, ab altari meo evellet eum, ut moriatur.* Attamen extractio a loco immuni fieri nequit nisi auctoritate judicis ordinarii ecclesiastici, et interventu personæ ab eodem judice deputatæ, ut in congregationibus sub Clemente XI, et Benedicto XIII, sancitum est. Male ergo se gessit parochus noster, qui Titium, nullo facto verbo laicalibus ministris concessit. Quod et in disertissima instructione an. 1735 edocuit em, archiepiscopus noster Prosper Lambertini.

Casus II. *pag.* 143. Petronius intra ecclesiam existens grave inflixit vulnus Paulo extra ecclesiæ fores commoranti. Q. an in eadem vel altera ecclesia frui possit immunitatis beneficio.

R. Vel vulnus a Petronio inflictum ita grave est, ut secum ferat vulnerati Pauli mortem, aut membri alicujus mutilationem; vel neutrum effectum præstabit. Si 1°, secuta morte aut mutilatione, Petronius non illius tantum e qua vulnus inflixit, sed cujuscunque etiam alterius ecclesiæ immunitate privatur : juxta bullam *Ex quo divina*, Benedicti XII. Si 2°. Petronius tam in ecclesia ex qua delictum patravit, quam in alia quacunque asylum quæritare potest; cum delictum ejus nullibi per canonicas leges ab asili jure excludatur.

Casus III. *pag.* 173. Post rixam e ludo ortam inter famulos duos, ex eis unus post aliquot horas nova in alium convicia protulit; qui correptus ira districto ense conviciatorem occidit, et in ecclesiam se recepit. Q. an gaudeat immunitate.

R. Affirm. dummodo rixosa hæc cædes extra ditionem ecclesiasticam contigerit. Ratio est, quia ii solum jure asyli privantur, qui vel *proditorie*, ut tradit Gregorius XIV, vel *animo præmeditato*, ut habetur in bulla Benedicti XII, proximum suum occiderunt; non autem ii, quibus id, ut in casu, ex repentino furore contigit. Dixi *dummodo hæc cædes extra ditionem ecclesiasticam evenerit*. Viget enim pro universis ditionis ecclesiasticæ locis pontificia lex, vi cujus quicunque homicidium facit etiam in rixa, modo non fuerit casuale, vel ad propriam defensionem, a præedictæ immunitatis beneficio excluditur, ut videre est in bulla Clementis XII, quæ incipit *In supremo*.

IMPEDIMENTA MATRIMONII.

J'abrégerai cette matière autant qu'il sera possible, parce que M. Pontas l'a traitée assez bien, et qu'on peut avoir recours à mon *Traité des Dispenses*. En suivant la méthode de l'auteur dans son *Index*, je parlerai 1° de l'empêchement de l'affinité ; 2° de la parenté légale ; 3° de l'alliance spirituelle ; 4° du crime ; 5° de l'erreur ; 6° de l'honnêteté publique ; 7° de l'impuissance ; 8° de la présence du curé et des témoins ; 9° du rapt.

§ I.

De impedimento affinitatis.

Casus I. *pag.* 16. Titius vitricus vellet contrahere matrimonium cum vidua Petri privigni sui. Q. an id possit.

R. Affirm. Ratio est, quia affinitas respective ad virum extenditur duntaxat ad consanguineos feminæ cognitæ, et respective ad feminam extenditur solum ad consanguineos viri quam feminam cognovit, sublata nunc quacunque affinitate mediata et remota. Porro Titius vitricus in casu non est consanguineus privigni sui, sed tantum affinis in primo gradu per copulam quam habuit cum matre ejus, quam duxerat in uxorem. Unde per affinitatem cum privigno contractam non est factus affinis uxori ejus; quæ ut ei affinis esset, deberet esse consanguinea cum matre Petri a Titio cognita. Ergo. Ita omnes, teste Reiffenstuel et Sanche.

— « Le beau-père *vitricus* ne peut épouser ni sa belle-fille, fille que sa femme avait eue d'un premier mariage, ni aucune des parentes de sa femme, jusqu'au quatrième degré ; il n'y a que cela qui lui soit défendu. Or, la veuve de son beau-fils n'est point, comme on le suppose, la parente de sa défunte femme. Que si elle l'était, et qu'il l'eût épousée avec dispense, il faudrait raisonner autrement. »

Casus II. *pag.* 20. Lucius cognita Cathariua, nescius impedimenti inde contracti iniit sponsalia cum Rosa ejus sorore. Modo sciens se non posse Rosam ducere, quærit an Catharinam ducere possit.

R. Posse. Ideo enim Rosam ducere non potest, quia Catharinam ejus sororem illicite cognovit, unde oritur impedimentum affinitatis dirimens matrimonium usque ad secundum gradum inter Titium et consanguineas Catharinæ. At Titium inter et Catharinam per sponsalia inita cum hujus sorore nullum exsurgit impedimentum dirimens, non affinitatis ut patet, non etiam publicæ honestatis. Hæc enim sponsalia, ut pote contracta cum impedimento dirimente affinitatis, sunt invalida. Porro ex sponsalibus invalidis nullatenus exsurgit impedimentum publicæ honestatis. Ergo.

— « Je crois que dans ce cas on n'aurait pas besoin de dispense devant Dieu; mais elle serait nécessaire devant les hommes, qui ignorant le crime, regarderaient les fiançailles faites avec Rose comme valides. *Voyez* le *Traité des dispenses*, liv. II, p. 1, ch. 10, n. 4. »

§ II.

De impedimento cognationis legalis.

CASUS III. *pag.* 148. Quæritur an adoptatus ducere possit viduam aut saltem filiam adoptantis? *Vide* supra v. ADOPTIO.

§ III.

De impedimento cognationis spiritualis.

CASUS IV. *pag.* 23. Dum instante mortis periculo baptizaretur domi infans a Sergio, Caius eum tenuit cum intentione agendi munus patrini. Q. an infantis mater, nunc vidua, possit Sergio vel Caio nubere.

R. Non posse nubere Sergio, posse autem Caio. Non potest quidem Sergio nubere, quia is baptismum vere administravit infanti, adeoque contraxit cognationem spiritualem, ad quam nulla requiritur solemnitas. Potest autem nubere Caio, quia is vere patrinus non fuit; siquidem patrini munus est cæremonia ab Ecclesia pro solo baptismo solemni instituta. Unde nomina eorum qui infantem in baptismo privato tenuerunt, non describuntur a parochis in libro, neque hi ab iisdem parochis de contracta cognatione admonentur, quod tamen præscribit Trid., sess. 24, cap. 2, *de Reform.* Nec obest Caii intentio, quia sola intentio agendi munus patrini, non constituit solemnitatem ab Ecclesia requisitam pro tali cognatione contrahenda.

CASUS V. *pag.* 62. Titius non confirmatus tenuit in confirmatione Petrum. Q. an matrem ejus viduam ducere possit? *Vide* supra v. CONFIRMATIO.

CASUS. VI. *pag.* 73. Paulus nuptias cum juvene Maria contracturus, vellet esse patrinus sororis Mariæ. Q. 1° an licite. 2° an ex tali officio sequatur aliquod impedimentum matrimonii cum Maria.

R. Ad 1 negat. Quia juxta praxim Ecclesiæ et ritum pontificali Romano præscriptum, neque mas debet esse patrinus feminæ, neque femina maris matrina in confirmatione, cum hoc propter sexus diversitatem minime conveniat. Si tamen Paulus istud patrini munus subiret, nullum hinc impedimentum cum Maria contraheret; cum spiritualis cognatio, de qua unice dubium esse potest in casu, oriatur quidem inter patrinum et confirmatum, hujusque patrem et matrem, non autem ad alios confirmati consanguineos extendatur, ut liquet ex Trid., sess. 24, c. 2, *de Reform. matrim.*, et sic patet responsio, ad 2.

CASUS VII. *pag.* 166. Puer domi ab imperita obstetrice baptizatus, iterum sub conditione in ecclesia solemniter baptizatur. Q. an pueri patrinus possit viduam ejus matrem ducere.

R. Negat. Cum enim secundus baptismus ob defectum primi validus esse possit, præsumendum est contrahi cognationem spiritualem; quæ cum matrimonium impediat et dirimat patrinum inter et matrem baptizati, ut constat ex Trid., ibid., sequitur quod in hoc casu patrinus matrem infantis ducere non possit uxorem.

— « J'ai suivi ce sentiment d'après Sylvius et Babin contre l'auteur des *Conf. de Paris*. Mais comme le cas est douteux, la dispense de l'évêque suffirait. *Voyez* le *Traité des Dispenses*, liv. II, p. 1, ch. 4, n. 5. »

CASUS VIII. *pag.* 198. Vitalis proprium filium quem habuit ex Bertha baptizat in casu extremæ necessitatis. Q. an cognationem spiritualem contrahat cum Bertha.

R. Vel Bertha est legitima uxor Vitalis, vel non. Si 1°, nullam cum ipsa contrahit cognationem spiritualem, ut habetur cap. *Ad Limina* 7, XXX, q. 1. Ratio est, quia cognatio hæc, ut pote matrimonii usum interdicens Vitali, esset ei maxima pœna, quam certe non meretur pater, æternæ prolis saluti consulens. 2° Si exorta est Bertham inter et Vitalem cognatio futuri matrimonii diremptiva, ut colligitur ex cit. cap. *Ad Limina*, ubi solum excipitur casus patris legitimam suam prolem baptizantis. Neque hic urget superior ratio. Nam cognatio spiritualis post contractum matrimonium est pœna; non autem si matrimonium præcedat. Tunc enim potius pertinet ad quoddam vinculum unitatis, in cujus reverentiam Ecclesia matrimonium prohibuit inter personas spirituali cognatione obstrictas. Sane vero parochus baptizans, cognationem spiritualem contrahit, quin sit pœna. Ita Sanchez, *de Impedim.*, disp. 62, n. 10; Bonacina et alii.

CASUS IX. *pag.* 271. Bertha tenuit in baptismo infantem, quem nesciebat esse filium proprii mariti ex concubina ortum. Q. an cognationem spiritualem contraxerit seu cum infante, seu cum marito suo et concubina.

R. 1° Contraxisse cum infante et concubina. Statim namque ut matrinæ officium peragere voluit, consequens est ut affinitatem huic officio ex Ecclesiæ legibus accessoriam contraxerit. Unde sicut qui cognovit unum ex conjugibus, contrahit affinitatem cum ejus consanguineis; sic et qui infantem tenet, cum ipso et matre ejus affinitatem contrahit. Verum probabilius est quod Bertha cum proprio marito nullam contraxerit affinitatem. Consultus enim Alexander III an quoad lectum separandi essent conjuges, quorum alter vel communem, vel alterius ex alio connubio filium, sive casu, aut necessitate vel dolo baptizasset, aut in confirmatione tenuisset, respondit, cap. 2, *de Cognat. spirit.*, ubi antiqua jura contrarium statuentia corrigit, prædictis conjugibus permittendum esse ut jure suo utantur, si id ex ignorantia fecerint. Atqui hæc ignorantiæ ratio militat in nostro casu, ubi uxor prorsus inscia tenet filium mariti.

— « On convient assez communément qu'un parrain ou une marraine, qui tient un enfant croyant en tenir un autre, ne contracte point l'affinité, à moins qu'il ne veuille tenir l'enfant tel qu'il est. Cette remarque peut faire douter si la première partie de la décision de notre auteur est bien juste. »

CASUS X. *pag.* 272. Sergius tenuit infantem tum in baptismo privato, tum in ecclesia, quando suppletæ sunt ei cæremoniæ. Q. an ex ista tentione contraxerit affinitatem spiritualem.

R. Negat. Ista enim hæc affinitas non contrahitur, nisi in casu pro quo ab Ecclesia instituta est. Atqui non est instituta nisi pro baptismo solemni. Porro baptismus privatus non est baptismus solemnis, neque per subsequentes cæremonias solemnis efficitur.

CASUS XI. *ibid.* Fortunius tenuit puerum in baptismo per procuratorem. Q. uter affinitatem contraxerit.

R. Affinitatem non a procuratore, sed a Fortunio contractam fuisse: 1° quia id pluries definit S. Congregatio, præsertim die 29 Martii 1582 et 15 Mart. 1631; 2° quia in matrimonio mandans, non autem procurator sit conjux; ergo a pari; 3° quia affinitas, prædicta, juxta Trid. per solos designatos a parentibus contrahitur, porro parentes mandantem designant, non procuratorem. Unde valet in casu regula ista: *Qui per alium tenet, per seipsum tenere censetur;* et quæ tentionem præcipiunt jura, de tentione physica vel morali intelligenda sunt, ut optime Anacletus Reiff. in 4, decret. tit. 11, n. 25.

— « J'ai remarqué dans le *Traité des Dispenses* qu'il y a quelques diocèses où le procureur, et non son commettant, est censé contracter l'affinité. J'aimerais beaucoup mieux qu'on y suivît le sentiment contraire, qui, comme on vient de le voir, est beaucoup mieux appuyé. »

§ IV.

De impedimento criminis.

CASUS XII. *pag.* 18. Titius conjugatus solitus rem habere cum Bertha, quadam die dixit ei: *Si moreretur uxor mea, ducerem te in uxorem;* cui respondit illa, *Et ego ducerem te in maritum.* Q. an mortua Titii uxore possit matrimonium tale contrahi.

R. Affirm. Ratio est, quia ad impedimentum criminis requiritur adulterium formale cum promissione futuri matrimonii. Atqui in casu occurrit quidem formale adulterium, at non vera matrimonii promissio. Hæc enim locutio: *Ducerem te in uxorem*, est quidem velleitas matrimonii, animi ostensio, promittendi desiderium; non autem vera promissio, qualis est ista: *Ducam te in uxorem*, etc. Ita omnes.

— « Il est vrai que ces deux expressions, *ducerem te* et *ducam te*, ne sont pas absolument semblables. Mais comme la première est aussi très-propre à porter au crime, que le langage de l'amour impur n'est pas toujours bien précis, et qu'un ami qui dirait à son ami : Je vous donnerais ma maison, s'il m'en venait une autre, est censé la lui promettre virtuellement; je ne voudrais rien faire dans le cas proposé sans consulter l'évêque; et consulté par lui, je le prierais de dispenser *ad cautelam*.... Cela ne peut nuire et cela peut servir. »

CASUS XIII. *pag.* 52. Petrus liber adulteravit cum Bertha uxore Pauli; postea captus amore Marthæ hanc duxit in uxorem; at cum ei cito evaserit exosa, promisit Berthæ matrimonium post mortem Pauli et Marthæ. Obeunt Paulus et Martha. Q. an Petrus et Bertha conjugium inire valeant.

R. Negat. Obstat enim impedimentum criminis, quod ut inducatur, sufficit ut simul concurrant adulterium et promissio durante eodem matrimonio. Porro in casu fuit adulterium formale, ut supponitur, quod non tollitur per conjugium cum Martha. Fuit etiam matrimonii promissio, quæ neque per verba, neque per factum retractata est; et quæ, seu præcedat, seu subsequatur adulterium, sufficit ad inducendum impedimentum. *Vide* casum sequentem.

CASUS XIV. *pag.* 51. Petrus liber promisit Berthæ, se eam post mortem viri sui ducturum esse. Postea captus amore Marthæ eam duxit uxorem. Post suum hoc matrimonium Petrus adulteravit cum Bertha. Obeunt deinde vir Berthæ et Martha. Q. an Petrus et Bertha possint matrimonium inire.

R. Affirm. Ratio est, quia ad inducendum criminis impedimentum, debent simul esse promissio et adulterium: hoc autem non verificatur in casu. Quia promissio fuit ante adulterium retractata, si non per verba, saltem per factum; scilicet per matrimonium initum cum Martha post promissionem Berthæ factam, et ante adulterium commissum. Ergo cum non concurrant simul adulterium et promissio, ut concurrunt in casu præcedenti, nullum subest impedimentum criminis.

CASUS XV. *pag.* 131. Paulus uxoratus ignorans Catharinam esse conjugatam, adulterium cum ipsa committit, cum matrimonii promissione si uxor sua moriatur. Q. an ea de facto mortua, possit Paulus Catharinam ducere.

R. Negat. Ratio est, quia ad contrahendum criminis impedimentum non requiritur ut adulter uterque cognoscat alterius conjugium, ac proinde ut uterque sciat se duplex adulterium committere; sed sufficit quod unus agnoscens alterius conjugium adulteret cum ipso cum promissione acceptata matrimonii, posito quod a tali conjugio liber evadat. Ergo satis est ut Catharina, sive libera sit, sive falso libera existimetur, sciat Paulum esse uxoratum, et cum eo sub futuri matrimonii promissione adulteret. Tunc enim concurrunt et adulterium formale, et promissio matrimonii, ex quibus exsurgit criminis impedimentum.

Casus XVI. *pag.* 250. Puella peccavit cum Flavio, quem liberum putabat. Subinde tamen videns eum familiariter agere cum Cassia, quam amasiam ejus, non vero uxorem existimabat, huic clam venenum propinavit, ut æmula e vivis erepta Flavio nuberet. Q. an Cassia eo veneno exstincta possit puella absque dispensatione Flavio nubere.

R. Posse: Quando enim ex adulteris unus, altero prorsus inscio, machinatur mortem conjugi ipsius, non sufficit ad impedimentum criminis machinatio hæc cum adulterio materiali, sed requiritur adulterium utrinque formale; ad quod necessum est ut uterque concumbens sciat vel se, vel alium cum quo concumbit, vel utrumque jam esse conjugatum matrimonio saltem rato, prout ore uno fatentur doctores. Atqui puella quicum peccavit Flavius nesciebat Cassiam esse ipsius conjugem, neque Flavium credebat conjugatum esse. Ergo.

§ V.
De impedimento erroris.

Casus XVII. *pag.* 28. Tatianus contraxit cum Francisca matrimonium ex errore concomitanti. Q. an valide.

R. Negat. Ratio est quia ad matrimonium requiritur actualis consensus. Atqui hunc non habuit Tatianus; sed duntaxat dispositus fuit ad eum habendum, posito quod scivisset se contrahere cum Francisca. In ea enim mentis dispositione sita est erroris concomitantis natura. Ergo.

§ VI.
De impedimento honestatis publicæ.

Casus XVIII. *pag.* 14. Titius, contractis sponsalibus validis cum Rosa, complete cognovit Franciscam Rosæ sororem ex parte matris. Nunc videns se neutram ducere posse, vellet saltem ducere vel consobrinam (seu potius patruelem), tantum consanguineam Rosæ ex parte patris, vel consobrinam, tantum consanguineam Franciscæ similiter ex parte patris. Q. an pro libito possit unam ex his ducere.

R. Titium ducere posse consobrinam Rosæ, non vero consobrinam Franciscæ, si sit consobrina prima. Ratio primæ partis est, quia cum Rosa et ejus consobrina non sint in primo gradu consanguinitatis (inter istas enim et stipitem debet necessario mediare altera persona quæ primum gradum constituit), sequitur sponsalia Titium inter et Rosam valide inita non causare impedimentum publicæ honestatis (de quo unice dubitari potest), inter Titium et consobrinam Rosæ; cum impedimentum honestatis ex validis sponsalibus ortum ultra primum gradum non protendatur.

Ratio secundæ partis est quia Titium inter et consobrinam primam Franciscæ ab ipso complete cognitæ militat impedimentum affinitatis ortæ ex copula illicita, quod dirimit matrimonium usque ad secundum gradum. Talis enim consobrina est consanguinea Franciscæ, cum ambæ descendant ex eodem stipite ex parte patris, et sint in secundo gradu; cum inter has et stipitem mediet una tantum persona, quæ primum gradum constituit. Unde sequitur consobrinam primam Franciscæ esse affinem Titio in secundo gradu. Quod si consobrina Franciscæ non esset prima, sed secunda, jam esset in tertio gradu; ad quem non extenditur impedimentum affinitatis ex copula illicita.

Nec dicas hac ratione Titium non etiam ducere posse consobrinam Rosæ; quia si Francisca est soror Rosæ, eo ipso per copulam habitam cum Francisca est etiam affinis in secundo gradu cum prima Rosæ consobrina, quæ debet esse consanguinea Franciscæ. Contra: consobrina Rosæ solum ex parte patris, non est consanguinea Franciscæ, quæ solum est soror uterina Rosæ, cum consobrina Rosæ et Franciscæ non descendant ex eodem stipite; ut reflectenti patebit. Unde Titius per talem copulam nullo modo evasit affinis consobrinæ primæ Rosæ solum ex parte patris; sicque illam ducere poterit, non vero consobrinam tantum ex parte patris Franciscæ ab ipso cognitæ. Ita omnes agentes de affinitate et justitia publicæ honestatis.

— « Dans tous ces cas, que l'imagination a quelquefois de la peine à saisir, il faut d'abord dresser un ou plusieurs arbres généalogiques des personnes dont il s'agit. Au moyen de cela on verra en quel degré elles sont ou ne sont pas parentes ou alliées. »

Casus XIX. *pag.* 43. Petrus, contractis sponsalibus cum Bertha sub conditione si intra sex menses centum habuerit in dotem, ante absolutum præfinitum tempus contraxit sponsalia absoluta cum Francisca Berthæ sorore. At mortua Francisca, matrimonium de præsenti contraxit cum Bertha. Q. an sit validum.

R. Affirm. Ratio est quia secunda sponsalia absoluta contracta cum Francisca sunt invalida, cum non possent ante tempus pro purificanda conditione definitum exsecutioni mandari sine peccato. Porro ex sponsalibus invalidis nullum exsurgit honestatis publicæ impedimentum. Ergo nihil obstat quin Petrus valide Bertham duxerit.

Casus XX. *pag.* 86. Caius impubes matrimonium de præsenti contraxit cum Helena, quæ paucos post dies e vivis cessit. Q. an Titiam Helenæ sororem ducere valeat.

R. Negat. Ratio est quia ex sponsalibus validis exsurgit honestatis impedimentum quod in primo gradu matrimonium dirimit.

Atqui matrimonium ab impuberibus, in quibus malitia non supplet ætatem, contractum resolvitur in sponsalia, ex cap. un. *de Dispens. impub.*, quia jus præsumit impuberes velle eo modo se obligare quo possunt.

CASUS XXI. *pag.* 105. Cum Bertha externe tantum et non ex animo sponsalia iniisset cum Titio, ideoque huic nubere recusasset, Titius nova sponsalia contraxit cum Maria, Berthæ sorore. Verum subortis Titium inter et Mariam dissidiis, Titius Bertham consentientem rursus in uxorem quærit. Q. quid agendum ut Titius et Bertha legitime contrahant.

R. His recurrendum esse ad S. Pœnitentiariam. Ratio est, quia cum Berthæ exterius tantum et non ex animo prima sponsalia cum Titio inierit, perspicuum est ea subsistere quidem in foro externo, non autem in interno. Unde ex adverso sequitur sponsalia quæ Titius deinceps contraxit cum sorore Berthæ invalida esse pro exteriori foro, valida autem pro interiori. Cum igitur impedimentum ortum ex sponsalibus cum Maria contractis sit mere occultum, et pro foro interno, in quo tantum ex dictis ipsa hæc sponsalia valida sunt, poterit S. Pœnitentiaria, quæ facultatem habet in occultis impedimentis dispensandi, in præsenti casu dispensare.

CASUS XXII. *pag.* 152. Joannes captus amore Clotildis, ei coram imagine B. Antonii dixit: *Ego teste hac sacra imagine duco te in uxorem*, cui illa: *Et ego te in maritum*. Post mensem moritur Joannes. Q. an Clotildis fratrem Joannis ducere possit.

R. Negat. Licet enim promissio hæc nec matrimonii valorem habeat, cum defuerit parochi et testium præsentia; nec sponsalium, cum hæc per verba de futuro contrahantur, non per verba de præsenti; quia tamen conjugium sic attentatum non est invalidum ex defectu consensus, sed solum ex clandestinitate, dicendum est ex ipso oriri impedimentum publicæ honestatis; cum istud oriatur ex matrimonio etiam invalido, modo non sit tale defectu consensus, uti satis communiter tradunt doctores. Ita Girib., Bonacina, Diana, etc.

— « Sanchez et le P. Alexandre croient qu'un mariage clandestin, comme est celui dont il s'agit, ne produit pas plus l'empêchement de l'honnêteté que celui qui est nul par le défaut de consentement. Le sentiment contraire, que soutient ici notre auteur, est plus sûr et plus juste. Henriquez le confirme par une décision de la sainte Congrégation. *Voyez* mon *Traité des Dispenses*, liv. II, p. I, ch. 10, n. 10. »

§ VII.
De impedimento impotentiæ.

CASUS XXIII. Andreas nuper ad confessiones excipiendas approbatus, quærit generalia principia circa impedimentum impotentiæ.

R. Hæc communiter recepta esse: 1° Impotentia temporalis, seu cognita, seu ignota, non dirimit matrimonium. 2° Impotentia perpetua antecedens matrimonium illud dirimit, sive absoluta sit, sive respectiva, sive ex naturali causa aut alia proveniat. 3° Impotentia perpetua jure naturali matrimonium dirimit, etc. Verum de his adeantur theologi.

— « *Voyez* mon *Traité des Dispenses*, tome I, pag. 367 et suiv. »

§ VIII.
De impedimento ex absentia parochi.

CASUS XXIV. *pag.* 49. Capellanus fraude et dolo a parocho absente obtinuit facultatem assistendi cuidam matrimonio, eique reipsa adstitit. Q. an matrimonium istud sit validum.

R. Id esse definiendum ex circumstantiis. Si enim ex his inferatur dolum et fraudem fuisse totam causam finalem et motivam concessionis, tunc dicendum erit matrimonium fuisse invalidum, quia facultas dolose quoad substantiam obtenta nullius est momenti, cum nihil magis sit contrarium consensui, quam error. Si vero videatur dolum fuisse solum causam impulsivam, validum fuit matrimonium, quia cum valida fuisset causa finalis, valida quoque fuisset licentia. Ita Barbosa, *de Pot. Episc.*, alleg. 32, n. 133.

CASUS XXV. *pag.* 166. Mævius et Bertha volentes inter se secreto nubere, e civitate Tridenti, cujus erant cives, domicilium transtulere in locum non adeo distantem, ubi concilium Trident. promulgatum non est, ea solum mente ut absque parocho et testibus matrimonium contraherent. Q. an contraxerint valide.

R. Affirm. Ratio est quia, quamvis Mævius et Bertha in eum locum se transtulerint, ut ibi absque parocho et testibus contraherent, verum eo tamen quod in eo loco domicilium transtulerint, ut supponitur in casu. Atqui quando vir et mulier habent in aliquo loco domicilium, aut in eodem acquirunt quasi domicilium, possunt inter se matrimonium juxta leges ejusdem loci inter se contrahere. Ergo si eo in loco promulgata non sit lex Tridentina, quæ ad matrimonii valorem præsentiam parochi duorumque testium requirit, dicendum est istud matrimonii genus sine tali præsentia contractum, esse validum. Et ita declaravit S. Congregatio an. 1627, ut videre est apud Lugo in *Resp. moral.* dub. 36, n. 4.

— « J'ai rapporté ce décret avec d'autres dans le *Traité des Dispenses*, liv. II, part. I, ch. 13, n. 2, 3, etc. Tout cela, et surtout le quasi-domicile, peut être si dangereux, et est d'ailleurs si opposé à nos usages, que je supprime à dessein deux ou trois autres cas que l'auteur s'est proposés. »

§ IX.
De impedimento raptus.

CASUS XXVI. *pag.* 1504. Bertha ex Pauli mandato rapta a Joanne, hunc potius quam Paulum in conjugem ducere parata est. Q. an id valide possit.

R. Affirmat. Ratio est quia Joannes, qui Pauli nomine et mandato Bertham rapuit, præbuit quidem raptui favorem et auxilium, at vero nec raptor fuit, nec raptor dici potest. Ergo cum raptus matrimonium non dirimat nisi inter raptam, quandiu est in manu raptoris, et ipsum verum raptorem, qui in casu nostro est solus Paulus raptum mandans, non vero Joannes mandati exsecutor, evidens est hunc inter et Bertham nullum esse raptus impedimentum, ratione cujus nequeat inter eos, si mutuo consentiant, matrimonium valide celebrari.

— « Je ne doute point qu'un pareil mariage ne fût cassé en France, et le mandataire puni peut-être du dernier supplice. Une jeune personne qui, désespérée de se voir à la merci d'un ravisseur qu'elle abhorre, se donne à l'infâme exécuteur de ses volontés, qui ne la lui soustrait qu'à cette condition, est-elle véritablement libre ? N'est-elle pas au contraire dans le cas de la crainte et de la violence? Je sais qu'en la supposant déjà très-bien avec le mandataire, on changera la thèse; mais la supposition aura-t-elle lieu dans le train ordinaire ? »

INDULGENTIA. JUBILÆUM.

Casus I. *pag.* 41 et 200. Franciscus pluribus gravatus pœnitentiis alias sibi impositis, sciens tali festa die concessam esse plenariam indulgentiam omnibus qui rite confessi et eucharistia refecti talem visitaverint ecclesiam, nihil non diligentiæ adhibuit ut eam lucraretur, ratus se sic ab omni pœnitentia esse liberum. Q. an vere senserit.

R. In praxi male sensisse. Ratio est quia, licet speculative loquendo, et maxime si sermo sit de pœnitentiis mere satisfactoriis, et non simul medicinalibus, per consecutionem indulgentiæ plenariæ obtineat quis remissionem cujuscunque pœnæ peccatis debitæ (hoc enim sonat indulgentia plenaria); et sic amplius ad exsecutionem pœnitentiæ a confessario injunctæ non videatur teneri, cùm cesset titulus satisfactionis, tamen in praxi adhuc urget obligatio injunctam satisfactionem implendi : 1° Quia nimis incertum est an quis plenariam indulgentiam lucratus fuerit; 2° quia pœnitentia ordinarie est etiam medicinalis, et a relapsu præservativa; 3° quia exsecutio pœnitentiæ spectat ad integritatem sacramenti, estque de jure divino ; 4° quia pontifices in bullis jubilæi præscribere solent confessariis ut congruas et salutares pœnitentias confitentibus imponant, etc.

— « Il faut s'en tenir absolument à cette décision, et regarder comme improbable l'opinion spéculative qui lui est opposée. *Voyez* mon *Traité des Indulgences*, tom. I, ch. 2, n. 6 et suiv. »

Casus II. *pag.* 208. Concessa per rom. pontificem civitati Bononiæ indulgentia, ad totam diœcesim extensibili, ruralis parochus, non exspectatis circularibus de more a curia per foraneum vicarium transmittendis, indulgentiam publicavit populo statim ut novit eam in civitate publicatam fuisse. Q. an licita et valida fuerit hujusmodi publicatio.

R. Fuisse certo illicitam, at probabilius validam. Quod illicita fuerit, patet, quia parochus egit contra rectum ordinem a superioribus legitime sancitum, ad præcavendas populi susurrationes, confusionem, et id genus alia quæ facile oriuntur, nisi in indulgentiarum publicatione opportuna temporis distributio per diœcesim servetur. Quod autem probabilius fuerit valida, hinc suadetur quod si in edicto pro civitate publicato legebantur hæc vel æquivalentia verba : *Statim ac notitia pervenerit ad parochos*, publicatio dictæ indulgentiæ in nullo substantiali defecit; non in designatione ecclesiæ visitandæ et operum, ut supponitur; non in designatione temporis facta a legitima potestate; quia tempus a prædictis verbis, saltem indeterminate fuit designatum etiam pro diœcesi. Quia tamen dici potest prædictam clausulam intelligi debere non de qualibet, sed tantum de Juridica notitia, hoc est per litteras circulares significata ; idcirco posset in hac hypothesi dubitari de valore publicationis, quia parochus tempus designasset absque legitima facultate. ' Mihi valde dubium est an sufficiat illa anticipata parochi publicatio. *Vide* Tract. nostrum *de Jubilæo*, tom. II, cap. 3, n. 2.

Casus III. *pag.* 241. Pœnitens occasione plenariæ indulgentiæ, dolet quidem de omnibus peccatis mortalibus, eaque confitetur ; ad venialia tamen nequidem advertit. Q. an cætera apponendo, lucretur plenariam indulgentiam.

R. Lucrari, si in ipsa ultimi operis positione omnia etiam venialia deleta sint, seu per novam absolutionem, seu per novum de ipsis doloris actum : secus vero non lucrari. Ratio est, quia ut reportetur totalis remissio pœnæ, debet intervenire totalis remissio culpæ, cui talis pœna correspondet; neque enim remitti potest pœna, cum subsistit culpa, ut docet Augustinus. Porro non remittitur culpa sine dolore de ipsa. Cæterum quia raro contingit ut qui ad sacramentum pœnitentiæ accedunt, præcise doleant de solis peccatis mortalibus, sed potius ut conterantur de omnibus prout sunt offensa Dei, valde probabile est quod pœnitens noster plenariam indulgentiam lucretur. ' Satagendum semper ut generalis dolor concipiatur.

Casus IV. *pag.* 244. Sacerdos nuper Romæ degens, obtinuit istud breve indulgentiarum : *Sanctissimus innuit usque ad tertium gradum, ac centum in articulo mortis, et quinquaginta D. Birgittæ*. Nunc ad propria reversus, quærit : 1° quid sibi velint voces istæ, *ad tertium gradum* ; 2° an indulgentiæ in articulo mortis, aut D. Birgittæ suspensæ sint per annum sanctum.

R. Ad 1. Τὸ *usque ad tertium gradum* significat concessionem plenariæ indulgentiæ in articulo mortis a papa immediate factam, extendi non modo ad ipsum sacerdotem supplicantem, sed et ad omnes ejus consanguineos usque ad talem gradum inclusive : hæc enim clausula non est restrictiva , sed ampliativa ; licet sub ea non contineantur affines, nisi etiam pro eis specifice fuerit supplicatum in libello. Alias vero 150 tum pro mortis articulo, tum D. Birgittæ indulgentias potest pro libito sacerdos distribuere quibus maluerit, dummodo sint fideles.

R. Ad 2. Indulgentias in articulo mortis non suspendi anno sancto, indulgentias vero D. Birgittæ suspensas esse pro vivis, at posse lucrari pro defunctis, ut constat ex brevi *Cum nos nuper* Benedicti XIV, die 17 maii 1749.

Casus V. *pag.* 63. Parochus tempore jubilæi Titium ab hæresi absolvit. Q. an valide.

R. Negat. Neque contraria opinio, quæ olim satis viguit, ulla jam probabilitate gaudet, propter oppositam declarationem sub Alexandro VII, die 23 Mart. 1656, quam videris apud Anacletum in tit. 7, *de Hæreticis*, n. 405, pag. mihi 177.

— « Cela ne nous regarde point. Nos évêques sont en possession suivie d'absoudre de l'hérésie par eux-mêmes où par des délégués. *Voyez* le troisième volume des *Dispenses*, lettre 2. »

Casus VI. *pag.* 128. Petrus emisit in honorem Dei juramentum de non amplius ludendo aleis. Petit juramenti hujus commutationem tempore jubilæi, quo concessa fuit facultas vota commutandi. Q. an stante legitima causa potuerit confessarius juramentum istud commutare.

R. Affirm. Ratio est quia, cum juramenta promissoria in honorem Dei emissa nihil aliud sint quam promissiones reddendi Deo rem juratam, ex communi doctorum sensu, induunt naturam voti, ita ut, moraliter loquendo, vinculum prædicti juramenti a vinculo voti non differat; cum unum æque ac aliud eamdem obligationem inducat. Unde licet in aliis juramentis, quæ diversam a voto obligationem important, privilegium quod juri communi adversatur, de uno ad aliud nequeat extendi; poterit tamen in nostro casu de voto ad juramentum in honorem Dei emissum extendi, cum juxta regulam juris : *Quod in uno æquiparatorum dispositum est, in altero dispositum censeatur.* Ita Anaclet, Layman, etc.

— « Je n'oserais suivre cette opinion. Dans la promesse dont il s'agit, il y a un vrai vœu implicite, et ce vœu est confirmé par serment. Il y a donc un double lien. Or qui ne peut en ôter qu'un, ne peut en ôter deux. Pourquoi s'exposer, quand on peut si aisément recourir au supérieur. *Voyez* mon *Traité du Jubilé*, ch. 6, § 4, n. 5. »

Casus VII. *pag.* 203. Antonius, prima jubilæi hebdomada absolutus a reservatis, hebdomada secunda in alios reservatos casus incidit. Q. an ab iis iterum absolvi possit.

R. Non est quidem improbabilis opinio affirmans, tum quia concessio hæc est favor, qui ampliari debet, non restringi; tum quia alias sua homini noceret diligentia; quia non posset æque absolvi ut ii qui jubilæi lucrum in secundam hebdomadam ex negligentia distulissent. Probabilior tamen est et in praxi tutior opinio negans, maxime si exstat declaratio S. C. Congregationis sub Clemente VIII.

— « Il faut absolument s'en tenir à cette dernière opinion. *Voyez* mon *Traité du Jubilé*, ch. 6, n. 13. »

Casus VIII. *pag.* 211. Pœnitens cui confessarius imposuerat jubilæi tempore, ut quinquies recitaret *Pater* et *Ave*, ut citius se expediret, preces illas alternis cum socio recitavit in ecclesia designata, animo tum jubilæum lucrandi, tum implendi pœnitentiam. Q. an utrique oneri satisfecerit.

R. Negat. Ratio est quia confessarius pœnitentiam, et pontifex opera ad jubilæum præscribens, ex communi doctorum et fidelium sensu judicantur opera supererogationis, seu non aliunde debita præcipere. Et vero papa dum certas preces injungit, jubet simul ut confessarii salutares pœnitentias pro peccatis pœnitentias imponant. Ad quid autem duplex hæc præscriptio, si unum idemque opus æque pro pœnitentia et lucrando jubilæo sufficiat? Cæterum etsi alternis cum socio persolvi possint orationes jubilæi, ut ex praxi constat, non tamen pœnitentialis satisfactio, nisi aliud confessarius ob urgens motivum expresserit. Hæc auctor in summa, qui merito addit pontificem aliquando rem alias debitam injungere, ut apparet in jejuniis, cum jubilæum publicatur in Quadragesima.

Casus IX. *pag.* 234. Ultima jubilæi die præsentant se confessario duo pœnitentes, quorum alter libere manet in occasione proxima peccandi; alter nullum hactenus e præscriptis ad jubilæum operibus implevit, imo hac ipsa die fregit jejunium. Q. an hi jubilæum lucrari possint.

R. Posse hoc sensu quod iis jubilæum differri possit, et possint alter quidem dimissa peccandi occasione, alter vero mutata, quam male habuerat, non lucrandi jubilæi voluntate, sincere converti, et præscripta opera adimplere : uterque tamen hac ipsa die, quæ jubilæi ultima esse supponitur, confessionem inchoare debet, quia post elapsum jubilæi tempus confessarius idem jubilæum differre non potest.

— « J'ai vu un pieux et sage curé, qui, accablé de pénitents qu'il ne lui était plus possible d'entendre, dit à haute voix, en les renvoyant, qu'il leur différait à tous le jubilé. Je ne doute point que cela ne servit au moins à ceux qui n'avaient pas tardé si longtemps par une pure négligence. »

Casus X. *pag.* 259. Sacerdos jubilæum lucrari volens, loco eleemosynæ præscriptæ missam applicat pro animabus purgatorii. Q. an sic eleemosynæ præcepto satisfaciat.

R. Neg. Hæc enim ipsius eleemosyna est mere spiritualis. Porro eleemosyna, de qua in jubilæo, realis est : 1° quia eleemosyna simpliciter et absolute prolata intelligitur de reali; 2° quia id perspicue indicant eæ brevium jubilæi voces : *Eleemosynas pro posse distribuant;* vel *Pauperibus et indigentibus personis, aut aliis piis locis, eleemo-*

synas erogent. Atqui eleemosyna quæ impertitur per distributionem, aut piis locis erogatur, realis est, non autem spiritualis. Ergo.

— « *Voyez* sous le mot *Parochus*, cas XXVI, ce que l'auteur entend par une indulgence de cent ans. »

IRREGULARITAS.

Casus I. *pag.* 46. Sacerdos apud laicum judicem, cum protestatione a Bonifacio VIII imperata, Sempronius accusavit de gravissimo furto in domo patrui sui peracto; unde fur morte damnatus est. Q. an sacerdos ille hinc evaserit irregularis.

R. Probabilius negat. Ratio est quia, cap. 2, *de Homicidio*, permittitur clericis conqueri de malefactoribus suis coram judice, ne laici, sentientes clericos non posse de iis coram judicibus sine irregularitatis nota conqueri, iis injuriam audacius inferant. Porro qui graviter clerici patruum damnificat, est, ob conjunctionem sanguinis, moraliter ipsius clerici malefactor, cum patruus et nepos in temporaneis una persona censeantur, adeo ut damnum unius in alium redundet. Dixi tamen solum *probabilius*, quia textus citati capitis non loquitur expresse nisi de solis clericis malefactoribus. Ita Diana. ' De his quantum ad leges Galliæ adi Tractatum nostrum *de Irregularit. et Dispensat.*

Casus II. *pag.* 155. Antonius peccans cum Seia, stricto ense invasus est ab ejus marito. Unde non alia via vitam suam tueri valens, ipsum occidit. Q. an sic evaserit irregularis.

R. Negat. Ratio est quia, cum maritus non haberet jus occidendi adulterum propria auctoritate, ut constat ex propos. 19, ab Alex. VII proscripta, adulter jus habebat vitam suam tuendi per mortem invasoris, etiamsi furori ejus culpa sua occasionem dedisset, cum Clementina *Si furiosus, de Homic.*, generaliter et indistincte eum ab irregularitate excuset, qui aliter vitam servare non valens, invasorem suum cum moderamine inculpatæ tutelæ occidit. Ita Lessius, Diana, Girib.

— « Lorsqu'un homme a prévu ou dû prévoir le danger où il se mettait de tuer pour n'être pas tué, il devient irrégulier en tuant. On le serait sûrement, si on donnait un soufflet à un militaire, prévoyant qu'il mettra l'épée à la main, et qu'il faudra le tuer pour sauver sa propre vie. Ainsi la réponse de l'auteur n'est pas juste. *Voyez* mon *Traité de Irrégularit.*, part. II, cap. 8. Que si le mari avait tué sa femme au lieu de tuer l'adultère, celui-ci n'aurait point encouru l'irrégularité, selon le P. Alexandre, tom. I, epistol. 17, cité par l'auteur, p. 244, parce que *libido ejus non erat ordinata ad cædem*. Ce que Fagnan, in cap. 11 *de Homicid.*, confirme par une décision de la sainte Congrégation du 13 juillet 1610. Mais dans ce cas j'examinerais encore ce que l'adultère a pu ou n'a pas pu prévoir. »

Casus III. *pag.* 150. Caius, domino suo graviter ægrotanti et expulsionem minitanti nisi vinum ministret, hoc ministravit. Unde recrudescente morbo exstinctus est. Q. an sit irregularis.

R. Non esse, si nequaquam præviderit mortem inde secuturam, quia irregularitas grave supponit delictum, quod deest in casu. Secus, si id præviderit, vel ex monito medici, vel aliunde.

— « Puisqu'il a fallu faire de sérieuses menaces à ce domestique, il voyait bien que sa complaisance pouvait être bien funeste à son maître, etc. »

Casus IV. *pag.* 170. Tarquinius in rixa clericum occidit, nesciens homicidas irregularitati obnoxios esse. Q. an nihilominus sit irregularis.

R. Affirm. Quia ignorantia juris non excusat ab impedimentis per leges tali actioni annexis. Unde qui nescit ex illicita copula oriri affinitatem, non est tamen ab ea immunis.

Casus V. *pag.* 219. Fure cum ablatis rebus fugiente, consulit Lucius domino, ut ad eas recuperandas furem insequatur; quod dum facit, occiditur a fure. Q. 1° an consulens evadat irregularis? 2° an damna ex illa morte sequentia resarcire teneatur.

R. Vel consulens non advertit ad periculum occisionis; vel advertit et de eo dominum monere noluit. Si 1°, neque irregularis est, neque restitutioni obnoxius; quia irregularitas ut et obligatio restituendi supponit culpam, quæ in præsenti nulla est. Si 2°, consulens irregularis est, ut qui sciens alium exposuerit mortis periculo. Non tamen obnoxius est restitutioni, quia nullam contra dominum injustitiam commisit, ut pote cui plenam reliquerit libertatem id faciendi quod vellet.

— « Un conseil dangereux doit être imputé à celui qui le donne, quand c'est par sa faute qu'il ne pense pas aux suites qu'il peut avoir. J'ai déjà fait cette remarque plusieurs fois. Une négligence qui est la cause de la mort d'un tiers va aisément au mortel, comme je l'ai dit dans un endroit où l'auteur m'a suivi et cité. *Tract. de Irregul.*, p. III, cap. 1. »

J

JEJUNIUM.

Casus I. *pag.* 161. Rusticus labori addictus accusat se quod certa jejunii die non jejunaverit, etsi non laboraverit, hinc graviter redarguitur a confessario. Q. an bene.

R. Negat. Qui enim duris laboribus vacant, licet una quadam die non laborent, immunes sunt a lege jejunii, quia ratio et æquitas postulant ut exhaustas labore continuo vires reficiant, et ad novam defatigationem præparent. Secus dicendum si pluri-

bus continuis diebus cessarent a labore.
* Modo non simplici castanearum polenta vescantur, uti dixit auctor v. CONCIONATOR.

CASUS II. *pag.* 22. Lucia, quæ robusta est, et cibum non sufficientem modo, sed et sufficientissimum habet pro una refectione, quia tamen lac præbet infanti, non vult jejunare, licet id sine incommodo possit, prout alias experta est. Q. an peccet.

R. Negat. Ratio est quia femina hæc vere locum habet inter lactantes, quæ cum pleniori indigeant cibo, tum ad sui, tum ad prolis nutritionem, a jejunio excusantur. Atqui non debet eo lactantium privilegio privari per hoc quod robusta sit, cibosque habeat, et absque incommodo jejunium servare possit. Sicut ergo qui in serotina collatiuncula saturatur unica panis uncia, non privatur privilegio comedendi sex aut septem uncias, ut fatentur omnes apud Giribald. Sic et in casu.

— « L'auteur prouve mal, lors même qu'il répond bien. Ce n'est pas à un prétendu privilége général qu'il faut recourir, privilége dont il abuse quelquefois, comme nous l'avons vu ci-dessus : c'est à la juste crainte qu'on doit avoir qu'une femme en jeûnant ne fasse tort à son fruit. L'expérience du passé ne rassure pas absolument. On ne permettra pas à une femme enceinte de porter un gros fardeau, parce que dans ses autres grossesses elle en a porté qui n'ont point eu de mauvaises suites. Le jeûne d'un homme qui, rassasié d'une ou de deux onces de pain, en mange six ou sept en vertu du privilége qu'en ont ceux qui jeûnent, fait voir l'abus de ces mêmes priviléges. *Voyez* ce que j'ai dit sur la collation, dans le petit *Traité des Vertus cardinales*, tom. I, cap. 4, art. 2, n. 128, où j'ai remarqué que saint Charles ne permettait qu'une once et demie de pain, avec un coup de vin; mais on ne peut donner là-dessus de règles générales : la faiblesse du tempérament, une étude fatigante, etc., demandent des égards. »

CASUS III. *pag.* 24. Vir nobilis prævidens se ex venationis defatigatione jejunio imparem fore, quærit an possit venari?

R. Negat. Ratio est quia Ecclesia, jejunium præcipiens, prohibet ne voluntarie ei apponatur impedimentum minime necessarium. Atqui, etc. Sic Diana; hæc responsio virtualiter continetur in propos. 31, ab Alexandro VII damnata.

CASUS IV. *pag.* 64. Rusticus, instante Quadragesimali jejunio, dubitat an compleverit annum 21, nec de hoc, adhibita diligentia, certior fieri potest. Q. an teneatur jejunium servare.

R. Negat. Nemo enim obligatur lege, nisi sufficienter sibi proposita; alioqui, ut patet, libertas est in possessione. Lex autem de qua quis manet dubius post sufficientem diligentiam, non est sufficienter proposita. Ita Suarez.

— « 1° On peut demander pourquoi, dans le doute, la liberté est plutôt en possession de ne pas remplir la loi, que la loi en possession de subjuguer la liberté; 2° l'auteur croit-il qu'un homme à qui il ne manque que quelques jours ou quelques semaines pour avoir vingt-un ans accomplis, soit dispensé, au moins totalement, du carême? *Voyez* le même *Traité, ibid.*, n. 68, et le *Traité de la conscience*, tom. II. »

CASUS V. *pag.* 101. Nocte diem Cinerum præcedente, Livius comedit ad mediam usque noctem juxta sonitum horologii cæteris per horæ dimidium tardioris. Q. an fregerit jejunium.

R. Negat. Si horologium illud, ut pote per se bene directum, pro regula soleat attendi, quia tunc cum morali certitudine operatus est; et licet quasi sequatur opinionem unius auctoris, ea tamen opinio tam solida ratione fulta est, ut eam sequens, nequaquam incidat in propositionem ab Alexandro VII, n. 27 (1), damnatam. Si vero idem horologium non soleat attendi, ut pote inconstans et male directum, non potest Livius usque ad horologii istius pulsationem comedens, a jejunii violatione excusari; cum hoc sit velut sequi opinionem auctoris junioris, quæ nisi solido alicui fundamento innixa sit, nequaquam probabilis censeri debet, secundum damnatam, quæ superius adducta est, propositionem.

— « Caramuel permettait dans un cas plus incertain de célébrer ou de communier le lendemain. Graces à Dieu notre auteur ne va pas si loin. Je ne le ferais pas dans le cas même qu'il propose, et je crois qu'une personne qui craint Dieu, et qui sait que les meilleures horloges vont quelquefois très-mal, ne s'exposera jamais à l'offenser sur de pareils raisonnements. »

CASUS VI. *pag.* 129. Marius, cui ex dispensatione concessum est in Quadragesima ut carnes comedat, præcise quia ei nocent quadragesimales cibi, iis diebus quibus carnes comedit, jejunium non servat. Q. an graviter peccet.

R. Affirm. Ratio est in summa, quia qui totam jejunii legem, quantum ad abstinentiam a carnibus servare non potest, tenetur eam, quantum ad unicam refectionem, servare, ad mortificationem carnis, ea lege intentam. Unde sicut qui needum annum 21 attigit, tenetur ad abstinendum a carnibus, licet non teneatur ad unicam refectionem; sic e contrario ad unicam refectionem tenetur, qui a carnium abstinentia dispensatus est. Ita expresse definitum a Benedicto XIV, die 30 Maii et 2 Aug. an. 1741. * Repete notam in casum IV.

CASUS VII. *pag.* 130. Paulus una post ortum solis hora comedit septem panis et pisciculorum uncias, non advertens diem esse jejunii, de quo exinde admonetur. Q. an adhuc tali die teneatur ad jejunium.

R. Affirm. Quia cum Paulus non supponatur pluries mane comedisse, sicque unicam

---

(1) Si liber sit alicujus junioris et moderni, debet opinio censeri probabilis, dum non constet rejectam esse ab apostolica sede tanquam improbabilem. *Prop.* 27, *Alex. VII.*

comestionem in qua jejunii natura consistit, sibi reddidisse impossibilem ; aliunde autem non sit contra jejunii substantiam quod comestionis ordo invertatur ; potest adhuc et ideo tenetur jejunium servare. Unde refectionem mane factam habere debet pro collatione vespertina, et prandium in vesperam differre. Hæc in summa auctor, et obscure satis.

— « C'est dommage que Paul n'ait mangé plusieurs fois dans la matinée ; car il semble qu'alors notre casuiste l'eût dispensé du jeûne. »

Casus VIII. *pag.* 145. Paterfamilias tempore carnis privii ad esum carnium legitime dispensatus, facultatem sibi concessam ad totam familiam per medicum intendi curavit, ne scilicet mensæ plures pararentur. Q. an licite.

R. Negat. Ratio est, quia paterfamilias sic agendo, medicum induxit ad aliquid extra medici facultatem positum ; cum ad medicum quidem spectet judicare de morbis vel morborum periculis, non autem de inopia et impotentia parandi plures mensas ; de qua an detur, vel non, judicare debet parochus. Ita Benedictus XIV, vol. I, instr. 15.

Casus IX. *pag.* 213. Martinus ex rationabili causa dispensatus fuit a jejunio quadragesimali. Q. an vi dispensationis hujus sit etiam liber a jejunio in vigilia S. Matthiæ, et in Quatuor Temporibus in Quadragesima occurrente ?

R. Vel dispensatio hæc fuit specialis, et ob particulare aliquod motivum universaliter extensa ad quamcunque diem etiam speciali nota dignam, ut sunt dies Veneris ac Sabbati, et tunc Martinus etiam in prædicta vigilia et Quatuor Temporibus fuit a jejunio immunis. Vel fuit generalis, et de more concessa propter ordinarium aliquod motivum, ob quod solet quidem dispensari, excipiendo tamen dies speciali nota dignos ; et tunc Martinus, etiam durante motivo, ex vi talis dispensationis non est liber a jejunio prædictis diebus. Ratio utriusque partis est, quod dispensatio ex una parte vim recipit a voluntate dispensantis ; ex alia vero quæ speciali nota digna sunt, censentur denegata, nisi aliquo speciali modo exprimantur, cap. 4, *de Sent. excom.*, in 6. Et certe cum in hoc secundo casu dispensatus non proposuerit motivum exigens dispensationem adeo specialem et amplam, non potest præsumi quod superior cum propriæ conscientiæ dispendio voluerit hanc ei concedere ; sed tantum quod illi concesserit dispensationem ordinariam, et solum generalem quoad illos dies qui speciali nota digni non sunt ; adeoque quod voluerit excludere prædictos dies, quemadmodum intelligitur exclusisse dies Veneris et Sabbati, quamvis istos disertim non excluserit. Ut enim habet regula 81. Juris, in 6 : *In generali concessione non veniunt ea quæ quis non esset verisimiliter in specie concessurus.*

— « Un pénitent, dans ces cas où il ne peut guère se décider lui-même, fera très-bien de retourner à son pasteur ; et s'il ne s'agit pas de pauvreté, mais de maladie, le pasteur fera très-bien de le renvoyer à un médecin craignant Dieu, en lui permettant, et quelquefois même, s'il est scrupuleux, en lui ordonnant de s'en tenir à sa décision. »

Casus X. *pag.* 256. Femina prægnans, gravibus subjecta venereis cogitationibus, sæpius experta se ab iis vinci quando non jejunat ; quærit an teneatur jejunare, quamvis sciat jejunium esse noxium fœtui ?

R. Nec teneri nec posse jejunare in casu. Ratio est quia non sunt facienda mala ut eveniant bona. Porro jejunium, statim ut noxium est fœtui, malum est. Nec refert quod juvet ad vincendas tentationes : non enim est unicum medium. Frequens enim novissimorum recordatio, sollicita occasionum fuga, seria meditatio Passionis Christi Salvatoris, diligens sensuum custodia, humilis divini adjutorii imploratio, vigilans voluntatis frenatio, etc., totidem sunt media ad hunc finem valde conducentia, quæ si adhibuisset, non victa, sed victrix exstitisset. At etiam demus tentationes hisce mediis non expelli, imo jejunii inobservantiam esse ei proximam peccandi occasionem. Quid tum ? Adhuc debet non jejunare, 1° quia subesse tentationibus culpa non est, sed seges meriti, cum eis resistit voluntas ; 2° quia occasio peccandi stimulat quidem peccatum, sed per se peccatum non est, nisi sit voluntaria. Non est autem feminæ voluntaria in præsenti, cum non sumat pluries cibum, nisi ex necessitate, et ut se ac fœtum nutriat. Contra vero in casu jejunium, ut pote noxium fœtui, ut supponitur, in se peccatum est.

JUDEX.

Casus I et II. *pag.* 147 et 199. Judex in causa duorum litigantium rationes habens hinc et inde probabiles, ab eorum uno pecuniam recipit, ut in ejus favorem sententiam ferat ; vel ei favet, quem sibi in alio negotio profuturum sperat. Q. 1° an bene ? 2° an si secus, teneatur ad restituendum ?

R. Proscriptam fuisse ab Alex. VII propositionem hanc, n. 26 : *Quando litigantes habent pro se opiniones æque probabiles, potest judex pecuniam accipere pro ferenda sententia in favorem unius præ alio. Et vero judex vendendo justitiam, vendit id quod gratis debet, adeoque id quod vendibile non est. Ergo peccat graviter ; nec peccat solum, sed et tenetur ad restitutionem.* Debebat enim, quando inspectis omnibus remanebat anceps, vel ex partium consensu arbitros deputare, vel imperare compositionem, ita ut cuilibet parti dimidium hæreditatis, aut circiter, pro gradu dubii contingeret.

JURAMENTUM.

Casus I. *pag.* 20. Petrus accusat se quod falsum sæpius juraverit : interrogatus a confessario qua ratione pejeraverit, respondet se dixisse *in mea conscientia, in mea fide*. Ita est, et tamen sciebat id falsum esse. Q. an sic loquendo falsum juraverit ?

R. Petrum in re ipsa non jurasse, esse tamen perjurii reum ex falsa conscientia : 1° quidem non juravit, quia nec mediate, nec immediate vocavit Deum in testem dicti sui, uti ad juramentum requiritur. Sensus enim verborum ejus is solum est : *Hoc est verum, ut dictat conscientia mea, vel humana fidelitas;* ubi Deus nullo modo in testem assumitur. Debet tamen Petrus perjurii reus haberi ex conscientia erronea, quia verba hæc in animo ejus idem fuerunt ac si vere jurasset.

— « On convient qu'il y aurait un jurement à dire *in fide Dei*, vel *Christi*. Cajetan ajoute qu'il suffirait pour un jurement d'avoir ces mots dans l'esprit, quoiqu'on ne les dit pas extérieurement. »

Casus II. *pag.* 21. Bertha per intercessionem B. Virginis morbo liberata, juravit ter diebus singulis recitare Salutationem Angelicam flexo genu, brachiisque extensis. Interrogata a matre an hac die recitasset, advertenter et falso respondit : *Juro per Deum illas recitasse.* Q. an peccaverit mortaliter, sive non recitando, sive jurando se recitasse.

R. Lethaliter peccasse jurando, et venialiter solum non recitando. Ratio primæ partis est, quia in juramento assertorio, quale est in casu, defectus veritatis etiam in re levi semper importat peccatum lethale ; cum Deus nunquam sine gravi irreverentia in testem falsi vocari possit. Ratio secundæ partis est, quia in juramento promissorio, quale est juramentum de recitandis precibus, non invocatur Deus in testem veritatis vel falsitatis, sed solum quasi in sponsorem obligationis ponendi rem cum juramento promissam. Obligatio autem rei promissæ modo major est, modo minor, prout materia minoris est aut majoris momenti. Porro in casu materia, seu res promissa, est levis momenti. Nemo enim prudens tres *Ave* pro re gravi habiturus est. Ita Sporer et La Croix.

— L'auteur aurait pu citer de meilleures autorités, comme saint Antonin, Navarre, etc. Malgré cela je crois la seconde partie de sa décision fausse, et le moins qu'on puisse faire, à mon sens, est de trouver là *dubium mortale peccatum. Voyez* mon 2° vol. *de Relig.*, part. II, c. 4, n. 113 et seq.

Casus III. *pag.* 24. Bertha post habitum grave jurgium cum vicina, juravit se nec eam deinceps allocuturam esse, nec ædes ejus ingressuram : ab ea tamen paulo post invitata ad jentaculum, ingressa est. Q. an rea fuerit perjurii.

R. Negat. Ratio est quia juramentum hoc fuit nullum, quia erat de re mala, cum ex odio nolle inimicum alloqui, vel domum ejus frequentare, peccatum sit contra charitatem. Porro juramentum non est vinculum iniquitatis. Non fuit igitur Bertha perjurii rea vicinam alloquendo, etc., nisi id ex erronea conscientia fecerit.

Casus IV. *pag.* 30. Titius juravit se nullam aliam mulierem præter amasiam suam cogniturum esse ; et tamen aliam cognovit. Q. an in re sit perjurus.

R. Negat. Quia licet tale juramentum sine peccato impleri possit, abstinendo ab alia femina, quo sensu videtur obligatorium, ut docet Sanchez ; quia tamen in mente jurantis eo tendit ut magis foveatur prava inter amantes necessitudo, quo sensu, quia esset vinculum iniquitatis. Unde Titius illud violando non pejeravit. ' Nunquam omittenda hujusmodi juramentorum confessio, in quibus peccator sanctum Dei nomen fœde interponit.

Casus V. *pag.* 148. Inspectis doctrina et pietate Marci, jurarunt parochiani quidam se non alium ab ipso in parochum nominaturos. Verum cum postridie occurrat alter dignior, Q. an is licite ab omnibus in parochum eligi possit ?

R. Affirm. Cum enim ad beneficia, præsertim parochialia, eligendi sint sub gravi digniores, ii nempe qui magis idonei sunt ad promovendam populi salutem, etc., prædictum juramentum non tenet, ut pote divino cultui et Ecclesiæ bono adversum. Ita D. Thomas, 2-2, q. 63, a. 1 ; Lugo, etc.

Casus VI. *pag.* 164. Clericus, suscepto subdiaconatu, juravit se nusquam interfuturum comœdiæ. At quadam die virum senem et gravem comitatus, ludicræ scenæ interfuit. Q. an graviter fregerit juramentum ?

R. Affirm. Ratio est quia fregit juramentum tam ex parte personæ, quam ex parte materiæ validum ; cum subdiaconus in ea sit ætate ut vim juramenti capiat, et comœdiæ, clericis, præsertim sacris, illicitæ sint. Aliunde autem juramenti hujus obligatio per prædicti viri societatem auferri non potuit.

Casus VII. *pag.* 174. Juravit debitor se creditori satisfacturum intra sex menses. Terminus is ad aliam diem differtur a creditore. Q. an debitor perjurus sit, si ad hunc novum terminum non satisfaciat ?

R. Negat. Ratio est quia, cum juramentum sit lex quam jurans sibi imponit, hujus obligatio ultra jurantis intentionem extendi non debet. Sicut ergo ex vi novi termini ad debiti solutionem concessi non tenetur amplius debitor ad solutionem intra primum tempus solutioni præfixum, supra quod cadebat juramentum, sic nec jam vi juramenti tenetur ad solutionem intra secundum terminum, nisi juramenti obligationem renovaverit. Unde si intra novum hunc terminum non satisfaciat, violabit quidem pactum de novo firmatum ; at perjurus non erit. Ita Bonac. disp. 4, punct. 17.

— « Je crains que l'auteur ne donne le change. Il s'agit ici, non pas d'un simple serment, mais d'un serment fait en faveur du créancier et accepté par lui. Or le créancier peut se relâcher par rapport au terme, sans vouloir se relâcher par rapport au lien du serment, qui lui assure sa dette. Ce n'est donc pas tant, ce me semble, l'intention de celui qui a juré que celle du créancier qu'il faudrait consulter.

Casus VIII. *pag.* 185. Titius cum duobus sociis ingressus artificis officinam, ipsis insciis subripuit auream thecam. Inquisitus de furto thecam clanculum restituit. Verum famæ suæ consulens, eosdem socios adhibet qui jurent eum nihil subripuisse. Q. an reus sit perjurii?

R. Affirm. Ratio est quia induxit alios ad jurandum falsum, licet ab eis habitum pro vero. Porro virtus religionis, quæ prohibet ne quis falsum juret, prohibet etiam ne alios ad falsum jurandum inducat. Ergo sicut ei qui amentem ad blasphemiam inducit, blasphemia formaliter mala est, licet amenti sit solum mala materialiter, sic et in casu.

Casus IX. *pag.* 223. Viator dives ad vitandam necem promisit cum juramento furibus aureos viginti. Nunc liber factus recusat implere promissum. Q. an implere teneatur.

R. Affirm. Licet enim non mercatur latro ut ei servetur fides, at meretur Deus ut detur res per nomen ejus promissa. Unde vel solvere debet, vel ante termini ad solutionem præfixi lapsum, dispensationem ab episcopo obtinere. Neque solvendo cooperabitur injustæ receptioni. Dum enim faciet ipse quod sua interest, non utique impediet ne id etiam faciat latro quod debet, aureos non acceptando.

L

LAMPAS.

Casus unicus. *pag.* 201. Parochus non tenet lampadem ante Sacramentum altaris accensam. Q. an peccet lethaliter.

R. Affirm., si per diem aut noctem integrum id negligat. Siquidem præcipit Rituale Romanum ut *lampades coram* vener. Eucharistiæ Sacramento *plures vel saltem una, die noctuque colluceat;* quæ Rubrica, cum respiciat cultum tanto Sacramento debitum, graviter obligat. Et vero si nunquam licet sine lumine eucharistiam conficere, etiam ad moribundi communionem, non licet quoque eam sine pari reverentia asservare. Ita Diana, Gobat et alii, ' neutiquam certe rigidiores. Utquid ergo qui nihil ultra dixi in Gallico de *SS. Mysteriis Tractatu,* tam graviter undecunque fui ceu rigidior impetitus?

LEGATUM.

Casus I. *pag.* 98. Petrus obligavit in testamento hæredem suum ad præbendas quolibet anno libras centum orphanæ alicui puellæ, ut nubere possit. Q. an summam hanc largiri possit puellæ, quæ equidem patrem habet, sed sibi præ inopia prorsus inutilem.

R. Affirmat. Ratio est quia, licet puella hæc non sit grammatice orphana, quatenus patrem habet, est tamen orphana moraliter, quia caret subsidio patris, imo hunc probabiliter onerosum habet. Ergo cum parium eadem sit dispositio, potest hæres Petri puellam istam habere pro orphana. Id tamen facile non admiserim, si puella patrem habens inutilem concurreret cum vere orphana, nisi illa esset ista pauperior. Ita fere auctor noster.

Casus II. *pag.* 205. Salvius legatum pingue reliquit uxori suæ, dummodo in statu viduitatis permaneat. Q. an ingrediendo religionem excidat à legato?

R. Negative. Ratio est, 1° quia ita constitutum est à jure; 2° quia in religione vere servatur status vidualis. Nec dicas testatoris mentem in specifica forma servandam esse, quando de illa expresse constat. Id enim tunc duntaxat verum est, quando specifica hæc forma juribus non adversatur. Porro jura apud Sanchem, lib. vii, *de Matrim.*, disput. 91, n. 46, in favorem religionis habent tanquam non adjectas conditiones, quæ in propria forma ad obtinendum legatum servatæ, a religione retraherent. Quia præsumendum non est legantem exigere velle aliquid legibus contrarium. Adde quod, uti jam dictum est, vere etiam in casu mens testatoris secundum specificam formam adimpletur, cum per religionis professionem non tollatur vidualis status, sed perficiatur.

Casus III. *pag.* 227. Aristobulus bonorum suorum medietatem unam reliquit unicæ filiæ suæ; alteram vero uxori legavit, dummodo utraque caste vivat. Q. an si nubat filia, et uxor transeat ad secunda vota, possint legato potiri.

R. Filiam posse nubere, quia castæ sunt nuptiæ, et *castus est cum propria conjuge concubitus*, can. 12, dist. 31.

An autem ipsa etiam uxor nubere possit, major est difficultas. Credit Sanchez, lib. viii, disp. 91, n. 4 et 16, id eam posse quidem, si prædicta conditio viduæ ab extraneo imposita fuisset; non posse vero si imposita sit a marito; quia cum secundæ nuptiæ marito invisæ sint, rite præsumi potest, quod per τὸ *caste vivere* intenderit abstinentiam a secundis nuptiis. Quia tamen vidua etiam conjugata caste vivere potest, et verba testatoris hoc sensu citra vim intelligi possunt, credo cum Abbate, in cap. *Quod ad te, de Cleric. conjugato*, viduam nostram nubere posse et legato perfrui. Quod si tostator hanc apposuisset conditionem, *dato quod non nubant*, posset adhuc filia, etiam nubendo, legatum consequi, non autem vidua, quia jura sanxerunt in favorem matrimonii, ut conditio hæc quoad puellas apposita, nullius sit efficaciæ, non sic quoad viduas.

— « Quoique la distinction de Sanchez soit bien entendue, je suivrais sans peine le sentiment de notre casuiste; parce que *contra eum qui legem potuit dicere apertius, interpretatio est facienda*... Or, le testateur pouvait s'expliquer mieux. »

LUDUS.

Casus I. *pag.* 10. Clericus cauponem pluries ludo alearum in summa non modica vicit. Q. an caupo, qui intellexit ludum hunc, saltem cum fit frequenter et summa non levi, clericis esse interdictum, a solvendo abstinere possit?

R. Affirmat. Quia qui ludo vetito perdidit, stando in jure communi, non tenetur solvere. Atqui alea saltem in casu, clerico interdicta erat. * *Vide* Tom. I, v. Jeu.

Casus II. *pag.* 60. Petrus in ludo lucratur, quia alterius chartas ex sola ipsius negligentia inspicit, vel eas didicit noscere inter ludendum, licet nullo signo notaverit. Q. an teneatur lucrum restituere?

R. Negat. cum Lugo. Quia hæc chartarum inspectio et cognitio sine malis artibus parta, non habetur ut fraudes, sed ut industriæ communi ludentium usu approbatæ, quæ prohinc ludi contractum non vitiant. ' Nolim hac arte imbecilli alicujus et inattenti pecuniam lucrari. Imo si alter id velut probitati adversum facere nolit, nec tu facere posse videris.

Casus III. *pag.* 121. Ludens Titius cum filio familias suæ conditionis, una die julios 40 amisit, altera vero die julios 60 lucratus est. Q. an lucrum istud retinere possit.

R. Posse Titium retinere julios 40, quos altera die amiserat. Quia sicut eos pridie continuato ludo recuperare poterat, sic et eos in novo ludo recuperatos retinere potest. Cum enim ex ipso Titii consensu filius familias pecuniæ hujus dominium acquisiverit vi ludi, potest hic eadem ratione, vi novi ludi, pecuniæ lucratæ dominium in Titium transferre. Quod vero ad alios 20 julios supra 40 spectat, attendenda est qualitas filii familias. Si enim merito judicetur filium hunc ex præsumpto patris consensu plenam habere pecuniæ hujus dispositionem, nihil est cur eam Titius retinere non possit. Si vero non levis adsit suspicio, quod is pecuniæ excessus, vel per furtum a paterna domo sublatus sit, vel contra justam patris voluntatem exponatur ludo, tunc restituendus erit domino, seu patri, ut pote res quam filius alienare non potuit.

Casus IV. *pag.* 260. Vicerat Caius in ludo notabilem summam Joanni, cum a ludo cessare volens, per voluntatem coactus fuit prosequi; unde factum est ut id perdiderit quod lucratus fuerat. Q. an Joannes ad aliquid erga Caium teneatur?

R. Probabilius eum ad nihil teneri ante sententiam judicis. Si enim ad quid teneatur, vel propter injuriam Caio illatam; vel quia per hanc ad ludum attractionem fuit causa subsecutæ amissionis; vel quia posita ea attractione non remansit in Caio voluntarietas ad ludi validitatem necessaria. Atqui nullum est ex his capitibus unde Joannes restitutioni obnoxius fiat. Non ex primo : Pro injuria enim non debetur restitutio, sed pœna; hanc vero nullus subire tenetur ante sententiam judicis. Non ex secundo : Poterat enim Caius vincere ut antea, si sors ei æque favisset; quapropter iniquæ sorti potius quam attractioni imputari debet amissio ista. Non ex tertio : Licet enim in utroque ludente plena requiratur voluntarietas ut ludus licitus sit, non sic ut sit validus. Contractus namque ex metu gravi injuste incusso celebrati sunt involuntarii secundum quid; et tamen, si paucos excipias, ad quorum validitatem jus positivum plenam libertatem requirit; cæteri, ut pote voluntarii simpliciter, ab eodem jure supponuntur validi, cum eos præcipiat infirmari instante metum passo. Quidni ergo idem dicatur de ludo cum a trahente vel tertio? ' Quidni? quia nullus contractus majori indiget libertate, quam ludus, ex natura sua ad relaxationem animi institutus. *Vide* Pontas, v. Jeu, cas *Léonor*, VI.

LUXURIA.

Casus I. *pag.* 117. Maritus, absente conjuge, sæpius libere delectatur de actu conjugii, sive præterito, sive futuro, sed absque periculo pollutionis. Q. an peccet.

R. Negat. Ratio est quia, cum delectatio specificetur ab objecto, talis est delectatio, quale objectum. Cum igitur actus conjugii, qui in casu nostro est objectum delectationis mariti, sit ipsi licitus, licitum quoque erit ipsi de eodem actu, sive futuro, sive præterito delectari.

— J'ai dit, dans le sixième volume de la *Morale*, chap. 6, page 482, que *conjugatus, qui in compartis absentia veneree delectatur de copula habita vel habenda, lethaliter peccat. Ita Sylvester, Navarrus, Azor, Vasquez, Henno, P. Antoine*. On peut voir les preuves que j'en ai données. »

Casus II. *pag.* 156. Complacet sibi Franciscus in pollutione quam passus est in somnis, seque ab omni culpa immunem putat, quia nullam habet delectationem sensibilem. Q. an recte judicet.

R. Negat. per se loquendo. Sicut enim nemo sibi complacere potest de homicidio in somnis vel ebrietate patrato, ita nec de solutione naturæ quam in somnis passus est, cum in utroque casu complacentia, ut pote de objecto turpi et illicito, illicita omnino sit. Dixi *per se loquendo*. Sicut enim licita esse potest complacentia de homicidio in somnis patrato, quando ea habetur ob motivum præponderans, *v. g.* ob ingens bonum spirituale, vel quid simile inde emergens, sic et in casu licita esse potest complacentia, absque ulla voluntaria sensibili delectatione, quando habetur ob motivum præponderans : puta ut quis evadat a tentationum vexatione immunis, vel valetudinem ad magis inserviendum Deo recipiat. Ita Viva, prop. 49; Innocent. XI, Lessius, Anaclet.

— « Potest quis afflictus de causa, lætari de effectu, utcunque dicendo : *O felix culpa!* At quantum eo principio abusi sint pseudocasuistæ liquet ex damnatis ab Innocentio XI propositionibus 13, 14 et 15. *Vide* tomum VI *Moralis* nostræ, pag. 709, et remissions. »

Casus III. *pag.* 196. Desponsatus frequenter cogitat et morose delectatur de copula quam post contractum matrimonium habiturus est cum sponsa. Q. an peccet lethaliter.

R. Affirm. Si sit vera delectatio sensibilis, etc. Ratio est, quia sensibilis hæc delectatio de præsenti habita, non habet pro objecto copulam futuram, ut futuram, sed copulam quam veluti præsentem apprehendit, et quæ qua talis, est ei graviter illicita. *Vide* dicta in casum II, et hinc auctoris restrictiones corrige.

Casus IV. *pag.* 221. Juvenis oculo ac manu lasciviens, pluries turpiter feminam tetigit, aliamque sæpius turpiter aspexit, semper sistens in sola tactus et aspectus voluptate, nec unquam in desideria prolabendo. Q. an in confessione sit ab eo exprimenda qualitas personæ tactæ vel aspectæ?

R. Affirmant communius theologi : eo quia non tactus solum, sed et aspectus, quando turpes sunt, id est cum delectatione venerea facti, ordinantur ad copulam, adeoque participant malitiam finis, qui propterea, sicut exigit expressionem personæ cum qua quis coivit, sic et in præsenti. Existimo tamen, quantum ad aspectus, quod si juvenis steterit in aspectu mulieris quatenus pulchræ, nulla facta reflexione ad illius vel conjugatæ qualitatem, tunc necesse non sit ut qualitas ejus exprimatur. Ratio est, quia objectum non specificat actum utcunque, sed prout idem objectum est in apprehensione, sic enim est bonum vel malum moraliter, et actum constituit in tali specie bona vel mala. Hinc quia turpiter aspiciens mulierem, sistit ut plurimum in venereo aspectu illius ut pulchræ, non reflectendo an conjugata sit, vel non, ideo Puteobonellus et Tamburinus aiunt aspectum abstrahere a circumstantia personæ quæ aspicitur, ideoque non esse necessario exprimendam in confessione. Quod ad tactus pertinet, cum ii sint actiones exterius circa objectum ipsum proxime exercitæ, puto exprimendam objecti qualitatem.

— « L'auteur, qui nous a déjà donné cette décision, avoue qu'elle est plus communément rejetée par les théologiens. Il doit avouer en même temps qu'elle est moins sûre. En faut-il davantage pour suivre le parti contraire, surtout quand il est aisé de le suivre? A son compte, un mauvais regard sur sa propre mère, sur sa sœur, sur une vierge consacrée à Dieu, n'aura rien de plus mauvais que celui qu'on fera sur toute autre personne. »

Casus V. *pag.* 222. Valerius nocturnam illusionem prævidet, si tales cibos, talive modo manducet. Q. an consequens illusio sit ei ad culpam imputabilis?

R. Negat. Si neque ad hunc finem tales cibos comedat, neque in eam consentiat, quando subsecuta est, neque in ea postmodum sibi complaceat. Ratio est quia tunc evenit per accidens ac præter intentionem, cum solum jure suo uti intendat, et hanc fœditatem non amet. Nec est quod dicatur eam intendere indirecte vel in causa, quatenus vult directe aliquid unde ea sequitur. Enimvero ctus comestio hæc ex se et suapte natura non causet pollutionem, hanc solum prævidere potuit ut secuturam per accidens. Atqui effectus causam licitam subsequens solum per accidens, non est imputandus ei qui talem causam apposuit. Alioqui deberent alii abstinere ab equitando, alii a confessionis vel chirurgiæ ministerio, dum etiam abesset periculum motibus inde subortis consentiendi. Ita Bossius, Viva, et alii communiter.

— « Ce mot, *et alii communiter*, fréquent chez l'auteur, ne doit pas en imposer. Pour revenir au cas qu'il propose, on distinguera toujours beaucoup un homme qui exerce un ministère nécessaire ou utile, tel qu'est celui de chirurgien, de confesseur, etc., d'un homme qui souvent par sensualité mange des choses dont il pourrait bien s'abstenir. Cependant il faut prendre garde d'effaroucher trop l'imagination d'une jeune personne. Souvent c'est plutôt l'imagination que la nourriture même qui occasionne ces sortes de misères. »

Casus VI. *pag.* 243. Puella gravibus subjecta venereis cogitationibus, neque eis consentit, neque sollicite curat illas repellere. Q. an alicujus rea sit peccati?

R. Fieri utique posse ut puella ita se gerens ab omni peccato excusetur, si nempe non subsit ulli periculo consensus et delectationis. Tunc enim est mere patiens hasce tentationes, et præceptum est præcise de iis non præstando consensu, et de non percipienda ex eis voluntaria delectatione. Quoniam vero in praxi sero vel ocius periculum consensus aut delectationis regulariter intervenit, quando quis sollicite non curat venereas cogitationes repellere. *Diabolus enim serpens est lubricus, cujus si capiti, id est, primæ suggestioni non resistitur, totus intima cordis, dum non sentitur, illabitur,* ut ait Isidorus, lib. III, *de Summa Bonitate.* Ideo censeo puellam FREQUENTER vel DIU ita se gerentem, non excusari ab omni peccato. Est enim nimium sibi fidere, parum curare de exstinctione scintillæ prosilientis in stuppam, et hoc non obstante prætendere quod Deus evitet incendium. *Vide* Dianam, etc.

— « Je félicite notre casuiste de nous citer un saint docteur ; je vais lui en citer un autre au sujet de la première partie de sa décision, et des adoucissements qu'il met dans la seconde par ses deux adverbes *frequenter* et *diu*. C'est saint Augustin ; voici comme il parle, lib. II, *de Trinit.*, cap. 12 : *Nec sane cum sola cogitatione mens oblectatur illicitis, non quidem decernens esse facienda, tenens tamen et volvens libenter* QUÆ STATIM UT ATTIGERUNT ANIMUM, RESPUI DEBUERANT, *negandum est esse peccatum,* etc. Au fond, cette suspension de la volonté qui regarde une pensée très-impure, sans y prendre aucun plaisir, n'est dans l'usage qu'une idée métaphysique. Dans ces occasions, après avoir élevé son cœur à Dieu, il faut se distraire des mauvaises pensées en s'appliquant à autre chose. Un combat direct ne fait souvent que les multiplier. »

M

MAGISTER.

Casus unicus. *pag. 85.* Clericus sponte docens pueros elementa grammatices, quærit an sub peccati pœna simul teneatur eos fidei rudimenta imbuere?

R. Affirmat. 1° Quia Leo X, in constit. 7, an. 1514 emissa, sic loquitur : *Statuimus ut magistri scholarum et præceptores pueros suos sive adolescentes, nedum in grammatica ac cæteris hujusmodi instruere debeant, verum etiam docere teneantur ea quæ ad religionem pertinent, ut præcepta divina, articuli fidei,* etc. 2° Quia consulta a Spalatensi archiepiscopo S. C. Congregatio, *An episcopus cogere possit ludimagistros, sive laicos, sive clericos a nemine conductos, ut pueros suos doctrinam christianam edoceant,* expresse respondit, die 17 jul. 1688 : *Prius hortando, deinde præcipiendo cogere posse.* . . . 3° Quia idipsum præcipit Clemens XI, in edicto suo 13 sept. 1713, etc.

MALEDICTIO.

Casus unicus. *pag. 68.* Rusticus sæpe maledicit diei, horæ, ventis, pluviis. Q. an peccet graviter?

R. Negat. regulariter, loquendo. Rustici enim communiter non maledicunt ventis, pluviis, etc., quatenus Deus iis utitur ad nos puniendos; sic enim cum esset indignatio contra Deum, esset peccatum grave; bene vero quia imbres, venti, etc., solent iis aliquam molestiam inferre; quæ tamen cum non sit justa maledictionis causa, non sunt iidem rustici a veniali culpa immunes, uti fuit Job in maledictionibus suis, quæ impetierunt diem nativitatis ejus non in se, sed prout fuit occasio peccandi. Ita Cajetanus, etc. Vide tom. V *Moralis* nostræ, pag. 651. Sed et *vide* librum an. 1741 impressum, cui titulus : *Traité du caractère essentiel à tous les prophètes de ne rien dire que de vrai quand ils prophétisent,* etc.; ubi multa habentur part. III, circa varias Jobi locutiones, quæ a nonnullis incaute redarguuntur.

MATRIMONIUM.

L'auteur ayant parlé des empêchements du mariage sous leur propre titre, et devant parler des fonctions du curé par rapport à ce sacrement, v. Parochus, il ne nous reste qu'à parler avec lui, 1° du mariage avant qu'il soit contracté ; 2° du mariage qu'il faut rétablir ou valider.

§ I.

Conditiones matrimonio præviæ.

Casus I. *pag. 74.* Parochus cum occasione confessionis invenerit Lucam, doctrinæ christianæ valde imperitum, recusat assistere matrimonio ejus, donec instructus sit. Q. an bene se gerat?

R. Negat. Quamvis enim parochi, explorato consensu ad sponsalia requisito, non possint secundum plura conciliorum ac pontificum decreta ad matrimonium admittere eos qui fidei ac doctrinæ christianæ rudimentis non fuerint satis instructi, haud tamen ab eo repellere possunt illos quorum ignorantiam ex sola confessione compertam habent; cum sic frangant sigillum, et in gravamen pœnitentis cognitione in sacro tribunali parta utantur.

Casus II. *pag. 108.* Parochus renuit assistere matrimonio, quod Lucia vellet contrahere cum Titio, qui a nativitate surdus simul ac mutus est. Q. an bene se gerat?

R. Si Titius nullo modo significet se intelligere id quod ad matrimonii substantiam pertinet, bene se gerit parochus renuendo eidem matrimonio assistere, cum illud ex cognitionis ac consensus defectu non immerito invalidum judicetur. Si vero ex Titii nutibus ac signis possit parochus moraliter certus fieri, eumdem intelligere quid agat, male renuit idem conjugio assistere, si nullum aliud obstet impedimentum. Tunc enim validum est et licitum Luciæ cum surdo ac muto matrimonium. Secus nimio durior foret hujusmodi hominum conditio, si a conjugali statu absolute et indistincte excluderentur.

— « La vraie raison, c'est qu'il y a des sourds-muets qui sont très-intelligents. J'ai ajouté dans le *Traité du Mariage,* chap. 3, n. 15, qu'il faudrait raisonner différemment d'un homme qui serait à la fois sourd, muet et aveugle, parce qu'on ne pourrait lui donner aucune idée du mariage chrétien, et qu'il n'aurait là-dessus qu'un instinct de brute. »

Casus III. *pag. 115.* Titius post horas aliquot ab ultima denuntiatione vellet matrimonium contrahere. Q. an parochus votis ejus annuere possit.

R. Negat. Quamvis enim nihil ea de re præscribat Trid. synodus, quia tamen finis denuntiationum est, ut si quod subest impedimentum, detegi valeat, curandum semper ut inter denuntiationem ultimam et matrimonii celebrationem, duorum saltem trium ve dierum tempus intercedat, ut qui forte aliquod impedimentum norunt, consulere possint, si opus sit, et denuntiare. Hinc plurimis in diœcesibus sancitum est, ut sine ordinarii licentia nunquam celebretur matrimonium ipsa ultimæ denuntiationis die, nisi hanc fieri contingat die Adventum vel Quadragesimam præcedente.

CASUS IV. *pag.* 276. Petronius ære alieno insigniter gravatus, dominus est pinguis dotis sibi ab uxore defuncta relictæ si in viduali statu perseveret; secus vero si ad secunda vota transeat. Q. an eo casu secundum inire possit conjugium.

R. Vel non contrahendo, nullum incurrit grave incontinentiæ periculum, et tunc novam uxorem ducere non potest, quia sic negligeret medium aptum ad satisfaciendum creditoribus suis. Vel idem periculum incurrit, et tunc licite potest ad secunda vota transire, quia non tenetur quis media ad certum finem conducentia eligere, quando hæc eligi non possunt sine gravi salutis æternæ periculo. Equidem obligatio solvendi debita juris est naturalis, sed conditionati, ideoque tantum obligantis, quando solvi ea possunt sine graviori damno, maxime in bonis altioris ordinis. * Verba hæc *sine graviori damno* nonnulla indigerent expositione, sed de his alibi.

CASUS V. *pag.* 224. Titius ob plura luxuriæ peccata graviter a confessariis increpatus, vovit se deinceps cum femina nulla concubiturum. Q. an sine dispensatione matrimonium inire possit et consummare.

R. Vel per hujusmodi votum intendit Titius deinceps abstinere a concubitu quocunque, seu illicito, seu licito; et tunc dubio procul eget dispensatione, si contrahere vult et consummare. Vel solum intendit se obligare pro subjecta materia, id est, ad abstinendum ab illicito concubitu, cujus ob frequentem usum a confessariis graviter fuerat increpatus; et tunc nulla indiget dispensatione. In dubio an Titius intenderit abstinere a concubitu etiam matrimoniali, non requiritur dispensatio, quia in dubio possessio stat pro libertate, etc.

— « Dans le doute il faut prendre le parti qui, de l'aveu de tout le monde, n'expose à aucune transgression; mais en ce cas il suffit d'avoir recours à l'évêque. *Voyez* le *Traité des Dispenses*, tom. II, pag. 9. L'auteur met ou ne met pas la possession pour la liberté, quand il juge à propos. »

§ II.

Matrimonium quoad revalidationem.

CASUS VI. *pag.* 12. Bertha invalidum ex impedimento dirimente matrimonium contraxit cum Petro, cui nunc est invisa. Q. quid ei a confessario suggerendum sit ad matrimonii hujus convalidationem.

R. Necessariam esse consensus renovationem, ita ut Petrus de consensu a se præstiti nullitate *certioretur*, prout exigunt Litteræ Apost., non tamen de causa nullitatis hujus. Quod autem femina nunc sit invisa viro, probat quidem multum in hoc casu adhibendum esse dexteritatis, vel a femina ipsa, vel ab amico, aut confessario, ut vir de prioris consensus invaliditate certior fiat; sed neutiquam probat sufficere formulas quasdam a doctoribus relatas, et multo minus copulam affectu maritali habitam; cum hic modus nullo pacto congruat Litteris S. Pœnitentiariæ, quidquid dicat Sanchez cum aliis, oppositum tanquam probabile sustinentibus.

— « Cette clause sera toujours le désespoir des confesseurs dans un cas pareil à celui de l'exposé. *Voyez* ce que j'en ai dit fort au long dans le *Traité des Dispenses*, liv. III, ch. 2, n. 29. »

CASUS VII. *pag.* 31. Joanna ex metu gravi, proinde nulliter contraxit cum Petro, cui deinde sine repugnantia fecit corporis sui copiam. Nunc volens nullitatem matrimonii apud judicem intentare, dubitat num stante tali copula matrimonium suum in foro conscientiæ sit adhuc invalidum. Q. dubii solutio.

R. Vel copula habita fuit animo conjugaliter vivendi, vel non. Si 1°, matrimonium inde convaluit, dummodo tamen Joanna sciverit illud ab initio propter gravem metum fuisse invalidum. Ratio est quia ad validitatem conjugii istius nihil deerat præter liberum Joannæ consensum. Atqui hunc præstitit libere, ut supponitur, faciendo copiam corporis sui; ergo hinc convaluit matrimonium ejus. Modo tamen, ut dixi, sciverit suum hoc conjugium ab initio ex metu nullum fuisse: si enim Petro unice paruerit, quia falso existimabat ei parendum esse, jam non revixit idem matrimonium, quia non valet consensus ex ignorantia sola præstitus, cum nihil tam contrarium sit consensui quam error; et fortasse non consensisset copulæ, si matrimonii nullitatem cognovisset. Si 2°, non convaluit matrimonium: si enim ad matrimonii valorem non sufficit consensus expressus, quando per metum gravem extortus est, multo minus sufficiet consensus tacitus per copulam habitam ex tali metu, aut etiam sine metu ex sola libidine præstitus.

— « Il faut encore, dans le premier cas, que Pierre n'ait pas révoqué son consentement, parce qu'il faut un point où les deux parties consentent à la fois. »

— CASUS VIII. *pag.* 106. Petrus et Francisca nescii se in secundo gradu affines esse, publice contraxerunt. Cum autem post annos plures prædictum impedimentum, quod occultum permansit, rescierint, quærunt quid sibi facto opus sit.

R. Vel impedimentum illud a contrahentibus non est cognitum nisi post annos decem, vel ante annos omnino decem ab iisdem cognitum est. Si 1°, sufficiet ad Pœnitentiariam recurrere, quia Innocentius XII eidem concessit facultatem dispensandi in matrimoniis contractis cum ignorantia impedimenti consanguinitatis vel affinitatis in secundo gradu, dummodo eadem hæc impedimenta per decennium occulta remanserint. Si vero impedimentum per plures quidem annos occultum remansit, sed infra decennium, tunc recurrendum erit ad Datariam, ut constat ex eadem bulla Innocentiana, et ex instructione hac de re a Benedictò XIV, die 2 octob. an. 1733, adeoque ante pontificatum ejus edita.

Casus IX. *pag.* 112. Lucius ad obtinendam facilius impedimenti consanguinitatis dispensationem, falso in supplici libello exposuit se rem habuisse cum consanguinea. Q. quid facto opus sit, ut matrimonium quod cum ipsa contraxit, revalidetur.

R. Ad Datariam denuo scribendum esse. Ratio est quia, licet alii defectus, qui dispensationes a Dataria concessas annullant, quandiu occulti remanent, possint ac soleant per Pœnitentiariam sanari; ut *v. g.* contingeret, si copula habita cum affine, quam quis in matrimonium ducere intendebat, non fuisset in supplici libello narrata, facultas tamen ejusdem S. Pœnitentiariæ nequaquam se extendit ad casum copulæ falso expositæ, cum casus iste formaliter excipiatur in prædicta Innocentii XII bulla, super Pœnitentiariæ facultatibus de revalidandis matrimoniis nulliter ob subreptionem vel obreptionem contractis. *Præterquam*, ait pontifex, *si falsitas consistat, in narratione præcedentis copulæ, quæ tamen antea non intercesserat.* Ut ergo revalidetur matrimonium in casu, nova impedimenti dispensatio, omnibus rite expositis, a Dataria obtinenda est. Quod et docet Benedictus XIV in præcitata instructione, n. 10.

Casus X. *pag.* 192. Confessarius agnoscit Franciscam cum impedimento dirimente affinitatis ex copula illicita orto nupsisse. At timet ne mulier, comperto impedimento, adhuc rem habeat cum putato viro. Q. quomodo se gerere debeat.

R. Si confessarius agnoscat Franciscæ ignorantiam fuisse et adhuc esse invincibilem, eo quod matrimonium cum tali impedimento contraxerit cum bona fide quæ perdurat, debet eam nullatenus admonitam in hac bona fide relinquere. Quia stante rationabili dubio et timore ne adhuc rem habeat cum putato suo viro, esset admonitio ejus causa majoris mali : quatenus quæ hactenus materialiter tantum deliquit, formaliter in posterum peccaret. Quapropter confessarius debet ei perbelle suadere, ut denuo post congruum tempus ad se redeat; interim vero dispensationem a Pœnitentiaria secreto petere, eaque obtenta Franciscam monere de impedimento, petita tamen prius licentia secum loquendi de auditis in confessione, et cum illa dispensare super dictum impedimentum, servatis servandis (ut supra in casu VI). Quod si deprehendat confessarius Franciscæ ignorantiam fuisse aut esse vincibilem et culpabilem, debet ex officio eam de impedimento admonere, quia jam est in malo statu. Quod si non a copula solum, sed et ab aliis inter solutos illicitis abstinere nolit, donec obtineatur dispensatio, illam sine absolutione dimittat. Ita cum Suare, tom. VI, disp. 32, sect. 5, n. 3. Navarrus et alii passim.

MEDICUS.

Casus I. *pag.* 68. Medicus invisens Titium gravi morbo laborantem, nullo facto verbo cum infirmo ipso ut per sacramentum pœnitentiæ saluti suæ consulat, de hoc tantummonet infirmi parentes. Q. an sit a culpa immunis.

R. Vel medicus monitis infirmi parentibus nullo modo expendit an idem animæ suæ consuluerit ; vel certo credit monitum suum ad aures infirmi perventurum ; ita ut paratus sit per se ipsum clare loqui ad infirmum, si ejus parentes hoc præstare negligant. Si 1°, non excusatur medicus a gravi culpa, cum satis non obediat decretis, sive Lateranensis concilii sub Innoc. III, cap. *Cum infirmitas*, 13, *de Pœnit. et Remiss.*, sive S. Pii V, in bulla *Super gregem*, ubi sub gravissimis pœnis præcipitur ut omnes medici in hujusmodi casibus vocati, ante omnia moneant infirmos ut idoneo confessori confiteantur ; neque ultra diem tertium eos visitent, nisi eis constiterit quod peccata sua confessi fuerint ; quam bullam medici, dum ad doctoralem lauream promoventur, jurant se observaturos. Si 2°, medicus ab omni culpa immunis est, quia ex regula Juris : *Qui per alium facit, per se ipsum facere videtur*, Lugo, *de Pœnit.*, disp. 15, n. 58. *Vide* Pontas hoc verbo, cas. ult., sed *et vide* casum sequentem.

Casus II. *pag.* 99. Medicus infirmum confiteri nolentem non deseruit quia periclitantem. Q. an bene se gesserit.

R. Affirm. Licet enim jurata a medicis S. Pii V constitutio ipsis prohibeat ne ultra post tertium diem visitent ægrotum, si is renuat confiteri, ea tamen constitutio eatenus solum debet servari quatenus servari potest una cum charitatis præcepto et spirituali infirmi ipsius utilitate. Cum his autem servari non posset in casu : si enim æger pro nunc confiteri nolens a medico deseratur, morbo magis in dies probabiliter ingravescente, damnationis æternæ periculo facile exponitur ; quod quam præcepto charitatis et ægrotantis saluti opponatur, nemo non videt. Ex adverso, si medicus talis infirmi curam non deserat, sperare est futurum ut ille paulatim corpore convalescens, convalescat et spiritu ; mediisque piorum precibus tandem plenæ conversionis gratiam a Deo obtineat. Bene igitur se gessit medicus noster, qui pontificiæ constitutionis mentem ac rationem potius quam verba respiciens, infirmum suum, ut pote graviter ægrotantem non deseruit, quamvis conscientiam suam renuerit expiare. Ita Suarez, *de Pœnit.*, disp. 35, sect. 3, n. 4. Girib., Bonacina.

Casus III. *pag.* 146. Medicus quidam non admonet infirmos suos de facienda confessione, nisi eos judicet lethali morbo vere affectos ; ne alioqui despiciatur admonitio sua. Q. an bene se gerat.

R. Negat. Ratio est quia violat juratam a se sicut et a cæteris constitutionis Pianæ observantiam. Præcipit enim ea constitutio indiscriminatim, ut omnes infirmi in lecto jacentes, ii proinde etiam qui morbo non lethali affecti sunt, de facienda confessione admoneantur. Neque hinc excusari potest medicus, quod timet ne admonitio hæc sua despectui habeatur. Vel enim id non accidit, sicuti non accidit, dum infirmi omnes ad xenodochia accedentes, etiamsi lethali morbo non inficiantur, monentur de confessione proxime facienda; vel si accidit, nihil spectat ad medicum, qui sublata vani despectus formidine, quantum in se est, juratam decreti Piani observantiam præstare debet. Ita Benedictus XIV, vol. 2, notific. 2.

— « Un italien doit entendre mieux qu'un autre le sens des lois qui sont en vigueur dans son pays. Je crois cependant qu'en tout cela il faut beaucoup se régler sur les circonstances. Il y a des gens qui se mettent au lit pour peu de chose. Si on va d'abord leur parler de confession, non-seulement ce sera en pure perte pour le moment, mais il sera à craindre que si le mal devient plus sérieux, ils ne s'imaginent qu'il n'y a pas plus de nécessité de se confesser qu'il n'y en avait quand on leur en a parlé la première fois. On fait quelquefois du mal à force de vouloir faire du bien. »

Casus IV. *pag.* 163. Medicus dum pulsum explorat puellarum ægrotantium, pravos sentit motus aliquando cum delectatione morosa, aliquando etiam cum malo desiderio conjunctos. Q. an ab hujusmodi infirmarum cura abstinere teneatur.

R. Negat. 1° Quia casus non dicit medicum frequenter incidere in illos pravos actus, ita ut intelligatur versari in occasione proxima peccandi; sed tantum aliquando, quod tantum insinuat remotam peccandi occasionem, ad quam vitandam nemo tenetur a proprio officio abstinere; quia cum difficile sit medicis, propter lucrum cessans, et forte etiam dedecus emergens, se jam a suscepto officio retrahere, etiamsi in infirmarum curatione frequenter incidant in motus pravos cum delectatione vel desiderio malo conjunctos, prædicta peccandi occasio dici potest involuntaria, etiamsi in illa cura perseverent. Quæ tamen sic intelligenda sunt ut medicus in tali statu constitutus quærat, quantum potest, per proprios bonos actus periculum peccandi extenuare. Alioqui enim ad removendum voluntarium peccandi periculum, debet quocunque posthabito damno a talium infirmarum cura abstinere.

— « L'idée que donnent les mauvais casuistes de l'occasion prochaine, en ne regardant comme telle que celle où un homme pèche toujours, ou presque toujours, ou fréquemment, cette idée, dis-je, est très-fausse et infiniment dangereuse, comme je l'ai prouvé dans le *Traité des Péchés*, part. 1, ch. 2, *Append. de Occasionib.* Ainsi un médecin qui connaît sa faiblesse doit sacrifier son bien et même un fantôme de gloire, au moins jusqu'à ce que la grâce et la prière l'aient mis en état de faire sans danger ce que font ceux de sa profession. »

Casus V. *pag.* 172. Medicus prægnanti feminæ pharmacum præbuit cum gravi periculo fetus animati. Q. an licite fecerit.

R. Affirm. Quia etsi nunquam licitum est directe occidere innocentem, ut fieret, si pharmaci potio ad fetus animati ejectionem directe ordinaretur, licet tamen, sive matri prægnanti, ex urgenti ipsoque vitæ tuendæ aut recuperandæ sanitatis motivo, sumere pharmacum ad istos fines ordinatum; sive medico pharmacum istud eidem præbere, quamvis ex ejus potione grave mortis periculum in animato fetu prævideatur. Quia tunc mors fetus præter intentionem et per accidens sequeretur. Circa hunc casum difficilem consule Pontas, v. Avortement, sed et vide quæ ea de re tom. VI, pag. 169, fusius scripsi, utinam bene!

MISSA. *Vide* supra verb. Celebrans.

MONITIO et MONITORIUM.

Casus I. *pag.* 104. Ruralis parochus presbyterum in parœcia sua commorantem objurgat, quod etsi pluries monitus supplicationibus publicis quæ quolibet mense fiunt, interesse recuset. Q. an jure fiat nova hæc admonitoria objurgatio.

R. Affirm. Ratio est quia quilibet sacerdos vi characteris quo est insignitus, laicis præbere debet pietatis ac devotionis exempla, omnemque, quantum in se est, ab eorum oculis auferre admirationis ac scandali occasionem. Neutrum vero præstat sacerdos de quo in casu, cum licet invitatus pluries, iis renuat supplicationibus interesse, quas populi præsertim rurales magno fervoris æstu frequentant.

Casus II. *pag.* 203. Publicato monitorio cum excommunicatione contra eos qui de Titii bonis aliquid subtraxerint, Fabius ejusdem divitis creditor, se in ejus bonis compensavit. Q. an censuram incurrerit.

R. Negat. Quia in justa compensatione deest peccatum, quod solum gravi excommunicationis pœna plecti potest. Idque verum esset, quamvis Fabius opera judicis rem suam recuperare potuisset, quia neque tunc est iniquus alieni boni detentor. Hæc tamen eo solum vera sunt, quod debitum ejus certum sit ac liquidum; nec plus acceperit, quam sibi debitum erat. De his omnibus passim supra dictum est, et nos fusius in Tract. *de Censuris.*

MORS.

Casus unicus. *pag.* 23. Titius matri suæ rixas et jurgia, sive cum domesticis, sive cum exteris, tum in ebrietate, tum extra ebrietatem, sæpe sæpius excitanti, sanctam ac beatam mortem exoptat, ut tandem sit finis jurgiorum ac peccatorum. Q. an peccet.

R. Negat. cum Azorio, Sanche, etc. Ratio est quia objectum talis actus non est malum, cum optet matri mortem, quæ ei melior est quam vita tot peccatis plena. Neque hic locum habet quatuordecima propositio ab Innocentio XI proscripta, quia in casu filius nullum ex morte matris temporale commodum sperat (quo sensu, et jure quidem, damnata est præcitata thesis; cum juxta rectum charitatis ordinem vita patris præferenda sit cuicunque commodo temporali proprio), sed solum spirituale matris bonum, et quidem solum ex suppositione quod mors matris in ejus utilitatem a Deo sit disposita. Unde stando in terminis casus Titius non peccat.

— « Un fils, et tout autre, doit s'en tenir à souhaiter la conversion de sa mère, et la demander à Dieu comme la tendre et respectable sainte Monique demanda celle de son fils. *Quod amplius est, a malo est, aut esse potest.* Cependant on peut se réjouir en Dieu de la défaite des Turcs et autres semblables ennemis de son nom. »

MUTUUM. *Vide* infra verb. Usura.

N

NOTARIUS.

Casus unicus. *pag.* 203. Notarius usurarium instrumentum conficit sub nomine contractus liciti. Q. an teneatur ad restitutionem.

R. Dist. Vel notarius tale instrumentum conficit ad preces mutuatarii; vel eo nolente, fraudisve doli nescio. Si 1°, non tenetur ad restitutionem, quia nec lædit jus mutuatarii, quem, alioqui pecunia cariturum adjuvat; nec ex usura lucrum capit. Si 2°, tenetur ad restitutionem, quia cooperatur usurario, et est efficax causa cur ab invito solvantur usuræ; cui proinde fit injuria.* *Vide* in Pontasio verbum Notaire; et hinc collige an notarius de quo in casu sit a culpa immunis.

O

OCCASIO PECCANDI.

Casus I. *pag.* 15. Franciscus post peractam confessionem de professione sua interrogatus, respondet: *Exerceo professionem periculis plenam, et ut vulgo dicitur: sono contrebandiero.* Q. an is a tali exercitio desistere nolens sit capax absolutionis.

R. Negat. Ratio est quia etiam præscindendo a gabellarum defraudatione et a notabili periculo tum sui, tum et familiæ, hujus furfuris homines, experientia magistra, semper habent pravam voluntatem, saltem habitualem, injuste resistendi, et vim, si opus fuerit, inferendi ministris potestatis legitimæ, usque ad effusionem sanguinis et mortem ipsam. Sic autem plane sunt indispositi ad gratiam in sacramento reportandam, sicuti qui domi concubinam habent, quam propter utilitatem nolunt ejicere. Ita Navarrus, Bonacina, etc.* Bene, optime.

Casus II. *pag.* 33. Petrus et Bertha matrimonium in facie Ecclesiæ contraxerunt. At detecta inter ipsos impotentia perpetua, vellent semper sub eodem tecto cohabitare ut frater et soror, et titulo paupertatis in eodem lecto cubare. Q. quid ad hæc confessarius.

R. Iis declarandum esse quod possint quidem ut soror et frater cohabitare, si absit incontinentiæ periculum; at in eodem lecto cubare non possint, tum quia est id a Sixto V, prohibitum motu proprio an. 1587, tum quia cubatio hæc vix unquam caret periculo peccandi, saltem per tactus et amplexus, qui inter ipsos prohibentur.

Casus III, *pag.* 48. Titio se accusanti bis vel ter in hebdomada fere per totum annum rem cum famula habuisse, absolutionem negavit confessarius, nisi hanc primum ejiceret e domo. Respondit Titius se famulæ suæ mutuo dedisse centum nummos, quos si illam ejiciat e domo, recuperare non possit. Q. annon ideo absolvi possit.

R. Negat. Ratio est quia ex una parte occasio peccandi est diuturna, cum per totum ferme annum Titius frequenter femina ea turpiter usus sit. Ex alia vero parte nullum apparet emendationis signum, cum nolens feminam dimittere ne perdat centum nummos, plus temporali bono quam æternæ suæ saluti consulat, contra illud: *Quid prodest homini,* etc. Si tamen ex illis centum non recuperatis, Titius redigeretur ad extremam, vel quasi extremam necessitatem, censent Viva et Cardenas, posse eum tunc absolvi, modo promittat occasionem exterminare, vel saltem debitis remediis proximum peccandi periculum attenuare; et tunc non urgere propositiones ab Alexandro VII et Innocentio XI damnatas, quia tunc causa ancillam retinendi non esset tantum utilis, quo sensu loquuntur damnatæ propositiones, sed esset necessaria titulo moralis impossibilitatis.

— « Il y aurait plus que de l'imprudence à absoudre, après une habitude si marquée, un pécheur sur la simple promesse qu'il ferait de prendre de fortes mesures pour ne pas retomber. Ces sortes de promesses, qui ne coûtent rien à faire dans le tribunal, content hors de là beaucoup à exécuter. Au reste il ne faut pas, à beaucoup près, un an, ni des chutes réitérées deux ou trois fois par semaines, pour juger qu'un homme est dans l'habitude du crime et dans l'occasion prochaine d'y retomber. *Voyez* les autres cas qui regardent cette matière sous les titres Absolutio et Confessarius. »

ORATORIUM.

Casus I. *pag.* 79. Sacerdos, festa die a nobili femina vocatus ad celebrandum in oratorio privato, ire recusavit, quia sciebat jam ibidem hac die sacrum aliud fuisse celebratum. Q. an bene se gesserit.

R. Affirm. Ratio est quia, juxta pontificiæ concessionis tenorem, unam tantum missam in oratoriis privatis unaquaque die celebrare licitum est. Proinde si quis scienter missam aliam celebraret, vel ad celebrandum induceret, fieret gravi peccato obnoxius; quia prædictum oratorium respectu secundæ et tertiæ missæ est locus omnino ineptus, ut pote pro eisdem nullatenus approbatus. Et id valet, etiamsi nobilis femina primam missam in die festo non audivisset, neque e domo ad aliam audiendam posset egredi. Cum enim unica tantum missa in oratoriis privatis permissa sit, ut etiam constat ex declaratione Clementis XI, sub die 15 Decembris 1703. Ipsa necessitas audiendi missam in die festo non erit motivum sufficiens ut missa altera celebretur.

— « Cela fait voir qu'on est bien plus rigide en Italie par rapport aux chapelles domestiques, qu'on ne l'est communément parmi nous. Il y aurait une seconde conséquence à tirer de ce principe. On n'aura pas de peine à l'apercevoir. »

Casus II. *pag.* 181. Pia nobilisque femina in oratorio privato missam audit et sacra communione reficitur. Q. an licite hoc faciat.

R. Negat. Quia facultas audiendi missam in privato sacello non importat facultatem recipiendi in ipso eucharistiam, unde nova ad communionem hanc opus est licentia, quæ nisi pro particulari casu, et ob gravem quæ tunc urgeat necessitatem, concedi solet, ut tradit Benedictus XIV, Instruct. 13, vol. 2. * De hoc casu et aliis ad eamdem materiam spectantibus jam passim dictum est supra sub titulis Capellanus, Celebrans, Missa, etc.

ORDO.

Casus I. *pag.* 84. Petrus adulterium committit, et mortua uxore ad ordines promoveri desiderat. Q. an promotioni huic obstet aliquod impedimentum.

R. Negat. Ratio est quia dici nequit Petrum in casu bigamum esse bigamia interpretativa, quæ sola in præsens dubium facessere potest; cum neque dicatur viduam aut corruptam duxisse in matrimonium, neque etiam invalidum matrimonium contraxisse. Cum itaque mulier, quam durante matrimonio Petrus adultere cognovit, non fuerit ab ipso cognita maritali affectu, saltem exterius apparente, dicendum est eum nullam incurrisse irregularitatem, per quam, soluto matrimonio, a suscipiendis ordinibus arceatur, cum irregularitas ista nullibi exprimatur in jure. * At Petro satagendum ante omnia ut scelus istud congruis pœnitentiæ fletibus diluat, et serio penset quanta indigeat munditie qui ad castos Dei virginum amplexus assurgere cogitat.

Casus II. *pag.* 169. Mater filio suo jam clericalem habitum gerenti, dixit eum illegitimum esse. Inde positus in dubio an matri danda sit fides, quærit an sacris ordinibus possit insigniri. Quid responsi dandum?

R. Respondendum posse ab eo dubium deponi. Ratio est, quia ex una parte juxta communem sententiam, filius qui communiter habetur pro legitimo, non tenetur credere matri etiam cum juramento asserenti eum esse illegitimum; quia propriam turpitudinem alleganti in præjudicium alterius non debetur fides, ex Reg. juris. Ex altera vero parto, cum irregularitas jure canonico contra illegitimos filios solum inducta sit ob noxam turpitudinis, quam tales filii ex nativitate indecora juxta communem hominum æstimationem contrahere censentur, dicendum est filium qui pro legitimo habetur, nec turpitudinem hanc, nec proinde annexam ei irregularitatem incurrisse, unde deposito quod concepit dubio, potest ordinibus initiari. * Excipe si illegitimitas hæc sua certis et invictis probationibus demonstretur. De cæteris *vide* verb. Irregularitas, et v. Patrimonium.

P

PARENTES.

Casus I. *pag.* 7. Parentes, seu pater et mater cujusdam viduæ, eam in domo clausam tenent et aliquando verberant, ut desistat a proposito nubendi juveni egeno et conditionis quæ infamiam sapit. Q. an a gravi excusari possint.

R. Affirmat. Ratio est quia, cum filia non possit sine peccato contrahere cum infami, cujus ex matrimonio sequitur familiæ dedecus, atque dedecus subsequuntur scandala et discordiæ, possunt parentes illæsa matrimonii libertate filiam a tali contractu prohibere, cum filii tantum liberi sint ad contrahendum sine peccato. Aliunde vero cum parentibus insit naturalis potestas et jus filios moderate corrigendi, seu privatim detinendo in vinculis, seu prudenter verberando, ut sentit D. Thomas, satis infertur prædictam parentum agendi rationem nihil habere peccati. Nec obstat quod filia hæc sit vidua; quia si potestas paterna corrigendi ad filios etiam emancipatos extenditur, nihil est cur non extendatur ad viduam, quæ supponitur parentibus subjecta. Melius tamen agerent parentes, judicis auctoritatem implorando, cum difficile sit debitam in verberibus moderationem servare, tum attenta qualitate sexus, tum et attenta parentum indignatione.

Casus II. *pag.* 14. Bertha honestis ruricolis nata, ipsis invitis nupsit satelliti. Unde parentes recusant colloquium, quin et aspectum illius, etiam post petitam veniam. Q. an graviter peccent.

R. Peccare, si id in perpetuum vel etiam ad longum tempus renuant; quia permanent in odio, et vindicta delictum plebeiæ filiæ excedente; unde tunc absolvi non possunt. Si vero id renuant solum ad breve tempus, non peccant; quia id honeste fieri potest in emendationem filiæ, ejusque criminis pœnam, et aliarum puellarum terrorem. Licet enim filia, quantum ad status electionem libera esse debeat, tenetur tamen statum parentibus non indecorum et facile onerosum eligere; et si secus faciat, meretur eorum colloquio et aspectu ad breve aliquod tempus puniri.

— « La charité doit régler ces peines, et quelquefois les modérer. Une jeune femme sans expérience peut faire beaucoup de fautes dans les premiers mois de son mariage si elle est dépourvue des conseils d'une mère sage et intelligente. »

Casus III. *pag.* 56. Pater filios non mittit ad doctrinam christianam, et parochus non curat ut mittantur, unde filii debita carent notitia mysteriorum fidei. Q. qois eorum teneatur rationem reddere de animabus puerorum.

R. Utrumque. Ratio est quia non sufficit parentibus ut filios alant, sed etiam tenentur paterna quæcunque erga ipsos officia implere, inter quæ præcipuum est ut filii spiritualibus, maxime vero necessariis ad salutem, sive per ipsos parentes, sive per alios instruantur. Parochi vero tenentur oves pascere, ac præsertim parvulos, qui specialiter indigent ut sibi frangatur panis doctrinæ christianæ. Væ igitur huic patrifamilias; væ huic pastori, quia in die judicii in eos vertetur illud Jeremiæ : *Parvuli petierunt panem, et non erat qui frangeret eis.*

Casus IV. *pag.* 99. Pater, etsi dives, recusat constituere patrimonium filio sacros ordines impendio peroptanti, neque titulum alium habenti. Q. an graviter peccet.

R. Affirmat. Nisi a peccato justa de causa, *v. g.* propter filii inscitiam vel mores improbos excusetur. Ratio est, 1° quia parentes filiis alimenta debent; porro titulus alimentorum loco quadantenus succedit; 2° quia parentes absque gravi culpa impedire non possunt ne filii eum statum eligant, ad quem a Deo vocantur; id autem impedit pater qui ad eum statum necessaria non suppeditat; 3° quia parentes, juxta proprii status conditionem tenentur ea media filiis præstare, quibus per studia, aliasve exercitationes, idonei fiant ad sequendam Dei vocationem. Id vero prorsus inutile foret, si postmodum a sequenda illa Dei vocatione, citra rationabilem causam possent impediri, ut in casu proposito.

Casus V. *pag.* 131. Filius familias militiam amplecti volens, petit a patre pecuniam suo statui convenientem. Q. an pater in conscientia teneatur votis filii annuere.

R. Affirmat per se loquendo. Ratio est, quia filii in susceptione status, qui nec ipsos, nec familiam suam dedecet, liberi esse debent. Ergo cum pater jure naturali teneatur filiis alimenta juxta propriam conditionem præbere, non est, per se loquendo, cur neget pecuniam filio tendenti ad militiam, nec sibi nec suis dedecus afferentem. Dixi *per se loquendo*, quia aliter loquendum esset, si hinc aliquod patri, vel filio, immineret detrimentum. Sed de hoc jam supra.

PAROCHUS.

Les cas que l'auteur se propose sur cette matière concernent, 1° la résidence des curés; 2° le baptême, dont l'administration les regarde principalement; 3° la confession, qui fait une de leurs plus importantes obligations; 4° l'eucharistie, dont on ne dira rien sous ce titre, parce qu'on en a parlé sous ceux de Communio et de Consecratio; 5° le mariage, dont il y a encore quelque chose à dire ici, outre ce que l'on a dit aux mots Impedimenta et Matrimonium; 6° l'extrême-onction, dont on parlera sous le titre Unctio; 7° la messe; 8° et 9° l'instruction et les autres devoirs dont un pasteur du second ordre est chargé. Nous allons parcourir ici ceux de ces articles dont il n'est point parlé ailleurs.

§ 1.

Parochus quoad residentiam.

Casus I. *pag.* 153. Parochus loci fluvialibus aquis circumdati, eo quia frequenter capite laboret, relicto in parœcia idoneo sacerdote, qui ejus vices supplere valeat, solet mensibus Julio et Augusto in alio non valde distanti et salubriori loco commorari. Q. an tutus sit in conscientia.

R. Negat. 1° Quia parochus, eo quod propter aeris intemperiem frequenter capite laboret, non inde habet sufficientem causam quæ ipsum a residentia excuset, ut constat ex decretis a sacra Congregatione, an. 1575 et 1604 emanatis; 2° quia etiamsi aeris intemperies a residentia excusaret, non potuisset debita parochus noster, relicto etiam in parœcia idoneo sacerdote, ab ea, sine expressa ordinarii licentia, per duos menses abesse, prout etiam, juxta mentem concilii Trid., sess. 23, cap. 1, decrevit eadem sacra Congregatio sub die 7 octob. an. 1604. Cum itaque in nostro casu nulla fiat mentio dictæ facultatis ab ordinario expresse obtentæ, dicendum est parochum de quo nunc agitur, non esse in conscientia securum, ut ex erudita Benedicti XIV Instructione diffuse constat.

Casus II. *pag.* 180. Parochus non infrequenter per integram diem solet a parœcia sua abesse, nullo ibi relicto idoneo sacerdote, certus tamen nullum in ea tunc temporis reperiri infirmum. Q. an possit ab omni culpa excusari.

R. Negat. Ratio deducitur ex edicto ejusdem Benedicti XIV, sub num. 17, vol. 1 pastoralium instructionum ea de re edito, in quo aperte parochis prohibitum est a parœciis suis etiam pro unica tantum die abesse, nisi ibi sacerdotem pro audiendis confessionibus approbatum relinquant qui in repentino aliquo casu possit parochi vices supplere. Quamvis ergo certus sit parochus, dum a parœcia absens fit, nullum ibi reperiri infirmum; adhuc tamen, cum facillime possint repentini casus accidere, in quibus pro sacramentorum administratione, aliisve indigentiis, necessaria omnino sit parochi vel alterius sacerdotis approbati præsentia, dicendum est parochum nostrum, qui solet non infrequenter per integrum diem a parœcia sua abesse, nullo ibi relicto idoneo sacerdote, non posse ab omni culpa excusari.

— Non eo usque progressus in Gallico de pastorum Officiis tractatu « fere lapidatus sum. Addit casuista noster, pag. 84, quod si parochi absentia ultra triduum esse non debet, licentia in hac diœcesi Bononiensi, a vicario foraneo, et in ejus defectum a parocho seniore in scriptis obtenta esse debet; si ultra triduum, ab ordinario vel ejus vicario generali. Et id locum habet etiamsi parochiani in parvo numero sint, et vicinus pastor facile supplere possit vices absentis. »

§ II.

Parochus quoad baptisma.

Casus III. *pag.* 220. Parochus baptizavit infantem, invito patre ejus Judæo, consentiente tamen avo paterno fideli. Q. an licite.

R. Affirmat. Cum enim avus sit stipes et caput omnium tam masculorum, quam feminarum per lineam virilem descendentium, ut patet ex § *Qui igitur, instit. de pat. potest.*, illius consensus præferri debet dissensui parentum, præcipue in materia religionis. Nam quousque vivit avus, parens non potest alios habere in potestate sua, cum ipse subsit potestati patris, et qui ab alio possidetur, alium possidere non possit. Leg. *Si eveniet*, ff. *ad leg. Jul., de Adult.* Quod si opponas periculum deinceps judaizandi cum Judæis, dicam tali periculo occurri, cum infans recepto baptismate educatur apud fideles, prout fieri solet. Consule Tonellium, et ibi videbis sic fuisse Romæ practicatum sub Clemente VIII et Urbano VIII.

Casus IV. *pag.* 223. Obstetrix periclitantem infantem baptizavit domi, mutata substantialiter forma. Post annos 15, id aperit parocho in confessione, monens ipsum ut adolescentis saluti consulat, caute tamen ne ipsius crimen innotescat, seu juveni seu parochianis aliis, probe consciis ei notissimam esse baptismi formam. Q. quid in isto casu agendum sit a parocho.

R. In hoc casu curandum parocho, ut prima occasione cum aliis doctrinæ christianæ intersit adolescens noster, et sumpto aliquo prætextu facere ut hic stet prope ipsum. Inde habito ferventi sermone circa baptismi necessitatem, astantes omnes vehementer adhortabitur, ut una simul cum actu doloris de peccatis omnibus quæ commiserunt, eliciant actum desiderii recipiendi sacramentum istud, si forte ob defectum aliquem illud valide non recepissent. Demum sumpto prætextu illos benedicendi cum aqua lustrali, prius bene madefacto aspersorio, per aspersionem baptizet (proferendo submissa voce formam) adolescentem hunc sibi vicinum, dein alios successive benedicat; et sic salvo confessionis sigillo, salva etiam obstetricis fama, sufficienter consultum erit saluti spirituali ejusdem adolescentis, non obstante illius inadvertentia. Quamvis enim advertentia, quando adest, plurimum prosit ad uberiorem fructum, non est tamen necessaria ad valorem sacramenti, suppositis omnibus aliis requisitis.

— « Un homme sage, consulté sur ce cas, répondit qu'il ferait venir cet enfant chez lui; qu'il lui dirait qu'il a appris par les registres de baptême ou autrement qu'il avait été baptisé à la maison; qu'il s'était toujours défié de ces sortes de baptême, à cause du trouble dans lequel on les confère; que dans ces occasions on a coutume de rebaptiser à l'église sous condition; qu'il le prie de se disposer à recevoir le sacrement, sans en rien dire à personne, etc. Je crois bien que cet expédient pourrait quelquefois servir, surtout si l'on avait affaire à un enfant très-sage; mais, 1° cela ne pourrait guère réussir, si c'était le curé même qui eût manqué à baptiser l'enfant à l'église. On n'attend pas quinze ans pour réparer sa faute. 2° Cela serait encore dangereux, si la sage-femme était suspecte, et plus encore si elle avait fait à l'égard de plusieurs ce qu'on suppose dans le cas qu'elle n'a fait qu'à l'égard d'un seul. *Voyez* les autres cas qui regardent cette matière, v. Baptisma. »

§ III.

Parochus quoad confessiones.

Casus V. *pag.* 29. Parochus, audito in confessione peccato completæ bestialitatis, jussit ut pœnitens adiret superiorem, et ab eo obtineret facultatem, vi cujus ab hoc immani casu per parochum absolvi posset. Q. an parochus credere teneatur pœnitenti, qui reversus ait se facultatem hanc obtinuisse.

R. Affirmat. Cum enim superior facilis esse debeat in hisce facultatibus concedendis, non est cur possit prudenter dubitare parochus de obtenta facultate prædicta, suumque hunc pœnitentem velle mentiri et sacrilegium facere. Unde ei credere tenetur, maxime cum in hoc judicio pœnitens sit reus, testis et accusator.

— « Il est d'usage parmi nous que les pouvoirs d'absoudre des cas réservés se donnent par écrit. Il serait bien dangereux de renvoyer au supérieur toutes sortes de pénitents, et surtout de jeunes filles pour certains excès. On ferait beaucoup de mal sous prétexte d'un bien fort incertain. »

Casus VI. *pag.* 38. Parochus extra tempus paschale non vult pœnitentium confessiones excipere, nisi Dominica prima cujuslibet mensis. Q. an munus suum satis adimpleat.

R. Affirmat, regulariter loquendo. Etsi enim pastor ex officio suo obligetur ad sacramenta subditis suis ministranda, non modo cum ad ea recipienda tenentur, sed etiam quoties eadem rationabiliter petunt; cum non solum eorum necessitati, sed etiam utilitati ex justitia consulere teneatur : huic tamen obligationi regulariter satisfacit parochus, si extra paschale tempus, in quo plus debet, eorum confessiones audiat primis dominicis cujuslibet mensis. Regulariter enim loquendo, si semel in mense confessionem petant, rationabiliter petunt, secus vero si sæpius.

Dixi, *regulariter*, quia si intra mensem festum solemne occurrat, puta Nativitatis Domini, Pentecostes, Assumptionis B. V. aut hujusmodi, vel specialis indulgentia lucranda, vel si detegeret subditum sacramento indigere, vel si una aut altera vice quis illum pro confessione rogaret, tunc rationabiliter subditi sacramenta peterent, et parochus ex justitia teneretur taliter petentibus illa ministrare; et secus agendo, muneri suo non satisfaceret. Ita Bonacina.

— « Cette décision est si mauvaise, si contraire à la piété et à la justice, qu'elle ne vaut pas la peine d'être réfutée. Car, 1° d'où un curé sait-il que ceux qui se présentent le second, le troisième dimanche, ou même pendant le cours de la semaine, n'ont pas un vrai besoin de son ministère? 2° Ne doit-il pas être charmé que le commun des fidèles s'approchent souvent de l'eucharistie, et la plupart oseraient-ils le faire sans se réconcilier, pendant que de saintes religieuses se confessent une ou deux fois par semaine pour communier? Combien de gens ne pourront se confesser même une fois par mois, si cet imprudent pasteur remet toutes les confessions au premier dimanche de chaque mois, etc? Disons donc avec un sage pasteur de Nancy (feu M. Tervenus) qu'*un curé n'a point d'heure*, et que bien loin de rendre la confession malaisée, il ne peut trop la faciliter. Si quelque dévote inquiète abuse du principe, c'est à son directeur à la redresser. Mais aujourd'hui on ne pêche plus par *excès*, mais par *défaut*. »

Casus VII. *pag.* 91. Parochus die festa pergens ad altare missam celebraturus coram toto populo, monetur e parochianis suis unum, duobus milliariis distantem periclitari morte. Q. quid ei agendum, si desit alter confessarius.

R. Teneri eum differre, aut omittere missam; quia hinc quidem præceptum confessionis in mortis articulo fortius est quam præceptum audiendæ missæ in die festo; inde vero nihil peccati est si non audiatur missa, cum audiri non potest. Monenda tamen plebs ut vel alibi audiat missam, si poterit, vel reditum suum exspectet, si forte tempus supersit, etc. De hoc casu jam supra. Alios ea de re casus videsis, v. Confessio.

§ IV.
Parochus quoad matrimonium.

Casus VIII. *pag.* 40. Parochus cuidam venereis culpis assueto pro pœnitentia injunxit matrimonium. Q. an bene.

R. Negat. Licet enim optimum sit tali consulere matrimonium, juxta illud Apostoli : *Melius est nubere quam uri*; tamen non est opus a confessario præcipiendum; tum propter immensa quæ secum trahit onera; tum propter libertatem maximam quæ ad matrimonium requiritur. Ita Fagundez contra Dianam et Leandrum.

Casus IX. *pag.* 91. Lucia juvenis famula volens nubere, accedit ad parochum sub quo patrui sui domicilium reperitur, altero relicto sub quo habetur domicilium fratris ejus; quia priusquam esset in servitio, apud patruum, non vero apud fratrem habitabat. Q. an parochus patrui sit legitimus hujusce matrimonii minister.

R. Affirm. Quamvis enim per se loquendo, domicilium fratris potius sit in hac parte attendendum, quam domicilium patrui, hoc tamen non valet in casu, quo ante famulatum Lucia domicilium fratris reliquerat, et suam apud patruum fixerat habitationem, in quam et dimisso famulatu reverti intendebat. Cum enim in hoc casu fraternum domicilium se habeat de materiali, nullo pacto relative ad matrimonii celebrationem attendi debet.

— « Cette décision peut servir à des étrangers. En France les édits de nos rois nous ont donné des règles plus sûres. *Voyez* cependant le *Traité des dispenses*, liv. II, part. 1, ch. 13, n. 11. »

Casus X. *pag.* 154. Rosa Bononiensis, cum ab aliquot mensibus ad vicinum Mutinensis diœcesis locum transierit, receptis ab ordinario Bononiensi literis super statu attestationibus, matrimonium ibi contraxit. Quod intelligens Bononiensis parochus, sub quo Rosa domicilium paternum habet, judicat istud Rosæ matrimonium penitus nullum esse. Q. an recte judicet.

R. Negat. 1° Quia ad valorem matrimonii non est necesse ut contrahatur coram parocho sponsæ, cum æque contrahi possit coram parocho viri. Proinde licet Rosa paternum habeat domicilium sub Bononiensi parocho, adhuc valide potest in diœcesi Mutinensi contrahere, si ibi exstet domicilium sponsi ejus; 2° quia cum Rosa ab aliquot mensibus in Mutinensis diœcesis locum transierit, potuit animum habere ibi figendi domicilium, vel quasi domicilium acquirendi; quo in casu potest Rosa valide contrahere etiam coram parocho, cujus in parœcia ipsa commoratur; non obstante paterno domicilio quod habet in diœcesi Bononiensi. Ita definitum a sacra Congregatione, uti testatur Benedictus XIV, Instruct. 13, vol. 2. *Vide* eumdem *de Dispensationibus tractatum*, unde supra § 3, num. 3, et § 4, n. 4, ubi animadversum est quantum ista a moribus nostris aliena sint.

Casus XI. *pag.* 176. Parochus non vult assistere futuro Titii matrimonio, eo quod ignoret iste Orationem Dominicam et Decalogi præcepta. Q. an bene se gerat.

R. Negat. Etsi enim optimum est ut parochus suavi et prudenti ratione ad breve tempus retardet matrimonium, ut qui hæc nescit, eadem addiscere curet; non debent tamen, nec licite possunt a matrimonio contrahendo absolute arceri, qui scientes quantum ex necessitate scire tenentur, ignorant aut memoriæ imprimere nequeunt ea quæ alii fideles scire consueverunt. Ita Riccius, Diana, etc.

— « Un homme qui, par sa faute, ignore jusqu'à son *Pater*, n'est actuellement capable ni d'absolution, ni d'aucun autre sacrement. Les plus sages Rituels excluent du mariage ceux qui ne savent pas le Symbole. Saint Augustin ne les eût même pas admis pour parrains, can. 105, dist. 4. Si un paysan est assez stupide pour ne pouvoir apprendre cela par cœur, au moins faut-il lui en apprendre la substance. *Voyez* le 5e tome de ma *Morale*, cap. 1, *de Fide*, n. 51 et seq. »

§ V.

Parochus quoad missam.

CASUS II. *pag.* 62. Parochus non habens reditus ad sustentationem congruam sufficientes, non applicat festis diebus sacrificium pro populo. Q. an tutus sit in conscientia.

R. Negat. Sic enim pluries decrevit S. Congregatio, potissimum vero die 8 Febr. 1716, et die 29 Januar. 1734, in quorum primo, cum propositum esset dubium *an non habentes congruam, teneantur applicare missam pro populo, saltem diebus festis, ita ut sint cogendi,* etc., respondit *affirmative*. Proposito autem dubio altero de parochis Castri Romani, Porciliani, etc., qui quidquid habent, a Castrorum dominis, nihil autem a populo suo recipiunt, respondit *teneri*. Nec obstat redituum insufficientia. Sicut enim acceptans stipendium congruo minus, tot missas celebrare tenetur quot promisit, uti definiit S. Congregatio; sic et acceptans ecclesiam, cujus reditus sustentationi impares sunt, tenetur festis diebus missam pro populo applicare. Utrobique enim militat eadem ratio.

— « L'auteur aurait pu ajouter ce décret de Benoît XIV, du 19 août 1744 : *Statuimus, quod iis etiam festis diebus, quibus populus missæ interesse debet, et servilibus operibus vacare potest, omnes animarum curam gerentes missam pro populo celebrare et applicare teneantur.* »

CASUS XIII. *pag.* 64. Parochus nedum congruam habens, sed reditus valde congruam sustentationem excedentes, solum festis diebus applicat missam pro populo. Q. an satisfaciat suæ obligationi.

R. Affirmat. Siquidem consulta S. Congregatio die 8 Febr. 1716, *an parochi habentes pingues reditus quotidie missam pro populo applicare teneantur,* etc., respondit *negative,* nihil aliud addendo; unde clare constat satis esse ut tales parochi missam pro populo applicent diebus festis, ut cæteri parochi; sicut licet reditus sint valde pingues, sufficit ut recitent divinum officium quod recitant habentes beneficium tenue.

— « Il y avait eu un décret contraire; mais Benoît XIV, fatigué des plaintes qu'on faisait contre, le révoqua en 1744. Reste à savoir s'il est de droit naturel que celui à qui on donne plus qu'il ne lui faut donne au moins ce qu'il peut donner; car aucun supérieur ne peut ôter une obligation imposée par le droit naturel. »

CASUS XIV. *pag.* 66. Parochus reditus habens pingues, missam pro qua stipendium acceperat, celebravit dominica die, et in decursu hebdomadæ obtulit sacrificium pro populo. Q. an licite.

R. Probabiliter affirmat. Ratio est quia, cum parochi, qui pingues habent reditus, pari passu currant quoad applicationem sacrificii diebus festis cum cæteris parochis, uti in responsione præcedenti dictum est, ita et pari passu currere debent quoad libertatem applicandi pro populo die feriali, celebrando die festa pro eo qui ipsis stipendium tradit. Porro hanc feriali die celebrandi libertatem habent parochi qui tenues habent reditus, ut constat ex declaratione S. Congregationis, die 29 Januar. 1724, quam exhibet card. Lambertini in sua notificatione, die 14 Octob. 1732, ergo, etc. Dixi tamen *probabiliter*, quia S. Congregationis responsio spectat tantum pauperes parochos, de quibus solum mentio erat in proposito dubio.

— « Le peuple profite bien plus d'une messe qui se dit pour lui, et à laquelle il assiste, que d'une autre à laquelle il n'assiste pas. Ainsi c'est lui faire tort que de changer une messe solennelle en une messe basse, qui s'acquitte dans le cours de la semaine. S'il consent que cela se fasse quand son curé est si pauvre, qu'il n'a pas de quoi vivre sans saisir le premier honoraire qui se présente, il n'est pas censé y consentir, quand son curé a bien plus qu'il ne lui faut pour vivre. D'ailleurs est-il bien sûr que, dans ce cas, toutes les messes n'appartiennent pas à son peuple de droit naturel? L'Église l'en a-t-elle aussi clairement dispensé qu'elle l'a dispensé de dire plusieurs offices qui lui enlèveraient le temps dont il a besoin pour ses autres fonctions? Ainsi, je crois qu'on ne peut suivre la décision de l'auteur que dans des cas extraordinaires et très-urgents. »

CASUS XV. *pag.* 98. Ruralis parochus die festa, qua pro populo celebrare debet, pro defuncto, præsente cadavere, celebrat, cum desit sacerdos alius qui pro eodem celebret. Q. an bene se gerat.

R. Affirmat. Posito quod alia die intra hebdomadam pro plebe sua sit celebraturus, tunc enim et servat antiquum morem, ut missa præsente corpore defuncti pro eo ante ipsius sepulturam celebretur; et populum suum non privat spirituali subsidio, quod ei per sacrificii oblationem præstare tenetur ex Trid., sess. 23, cap. 1. Si vero ita pro defuncto celebret, ut altera die non sit pro populo celebraturus, male se gerit; quia præfert consilium præcepto et charitatem justitiæ, quod æquum non esse uno ore fatentur omnes.

— « On peut supposer dans ce cas une espèce de cession de droit de la part des paroissiens. Ce qu'on fait aujourd'hui pour l'un pourra, huit jours après, se faire pour un autre. »

§ VI.
Parochus quoad docendum.

CASUS XVI. *pag.* 67. Parochus, cujus ecclesia sita est prope archipresbyteralem, cujus rector speciali præditus doctrina et sanctitate, festis omnibus cum multo animarum fructu non unam concionem habet sed plures, abstinet a prædicando, ratus plebi suæ, quæ numero exigua est, melius fore ut præstantem hunc virum audiat. Q. an attenta hac circumstantia sit a peccato immunis.

R. Negat. 1° Quia Tridentinum, sess. 5, c. 2, *de Reform.*, aperte et indistincte præcipit parochis omnibus, ut sacras conciones habeant diebus saltem dominicis et festis solemnibus; 2° quia sic expresse definierunt Innocentius XIII et Benedictus XIII in editis ea de re constitutionibus, ubi excusationes parochorum qui ex eo tueri se volunt, quod in aliis ecclesiis præsto sit copia concionatorum, veluti summa *Christianæ Reipublicæ pernicies* condemnantur (1); 2° quia Deus recti ordinis amans, dat *voci* pastorum *vocem virtutis*, uti quotidiana experientia compertum est.

CASUS XVII. *pag.* 68. Parochus de concionibus habendis parum sollicitus, omittit prædicare per integrum mensem. Q. an peccet lethaliter.

R. Affirm. Ratio est quia mensis integer relate ad quamcumque materiam, ideoque et ad sacras conciones, est pars notabilis, ut cum aliis docet Leander, Tract. 7, *de Paroch.* q. 2.

CASUS XVIII. *pag.* 69. Parochus per duodecim festa interrupta intra annum prædicare omittit. Q. an graviter peccet.

R. Affirmat. Si enim mensis integer continuus est materia gravis, tum in se, tum respective, ut dictum est casu præcedenti, a fortiori gravis materia censeri debent festa duodecim intra annum interrupta. Ita ibid. cum aliis Leander, ubi gravis peccati reum facit pastorem, qui per duos, tresve menses discontinuos totius anni omittit verbum Dei ovibus suis prædicare. Et tamen Leander ille non est prodigus gravis peccati disseminator.

CASUS XIX. *pag.* 87. Marcus in parochum ruralem nuper electus, gaudet quod ex immemorabili consuetudine nullæ in parœcia sua habitæ sint a decessoribus suis conciones; quia rudis est minervæ, seque excusari putat, si non prædicet. Q. an in casu sit a culpa immunis.

R. Negat. Cum Innocentius XIII et Benedictus XIII in præcitatis constitutionibus districte præcipiant, ut non obstante prætextu immemorabilis consuetudinis, quam *pravam* vocant, inviolabiliter servetur decretum.

Trid., *de Concionibus ad populum* per dies festos salubriter habendis. Quin et eo reus est magis sacerdos ille, quod populum spirituali inedia tabescentem reficere non satagit. Quod si officio huic impar sit, beneficium dimittat.

CASUS XX. *pag.* 69. Credit parochus se suum de concionibus habendis officium implere, si ante vesperas plebem doceat catechismum. Q. an bene sentiat.

R. Negat. Siquidem Tridentinum citata sess. 5, cap. 2, loquens de obligatione concionandi, ait : *Quicumque parochiales, vel alias curam animarum habentes ecclesias quocumque modo obtinent.... plebes sibi commissas pro sua et earum capacitate pascant salutaribus verbis.* Sessione autem 24, cap. 4, sermonem habens de obligatione docendi doctrinam christianam, hæc habet : *Episcopi, saltem dominicis et aliis festivis diebus pueros in singulis parochiis fidei rudimenta.... diligenter ab iis ad quos spectabit, doceri curabunt.* Ubi plebs pascenda dicitur per *annuntiationem verbi*, pueri autem per doctrinam *rudimentorum fidei.* Unde sequitur obligationem concionum ab obligatione catechismorum prorsus esse diversam nec proinde unam per aliam impleri.

— « Cela n'empêche pas qu'un curé, qui trouve sa paroisse très-mal instruite, ne puisse et ne doive même commencer par l'explication du Symbole, des Commandements de Dieu et de l'Eglise, etc. Mais, si alors il s'en tenait à un simple catéchisme, il dégoûterait son peuple et ne remplirait pas bien ses obligations. »

CASUS XXII. *pag. ead.* 69. Parochus sciens pueros et puellas parœciæ suæ bene in doctrina christiana instrui a parentibus, non curat ut ad ecclesiam festis diebus accedant. Q. an sit a peccato immunis.

R. Esse quidem liberum a lethali culpa, non autem ab omni. Quod immunis sit a peccato gravi, hinc liquet quod ei satis sit ut pueri rite fidei elementa doceantur. Id autem contingit in casu, cum parentes, quibus officium istud primario incumbit, ita ut parochus sit quasi in eorum supplementum deputatus, plene munus hoc suum implere supponantur. Quod tamen a peccato omni non vacet, hinc colligere est quia non curare ut pueri, licet a parentibus sedulo instructi ad ecclesiam festis diebus accedant, vel ut magis in fidei rudimentis confirmentur, vel ut aliis sint exemplo, certam importat negligentiam, quæ non potest omnino excusari.

— « Je regarderais comme bien coupable un curé qui ne s'embarrasserait pas que des enfants de sept, huit ou neuf ans, et même au-dessous, ne vinssent jamais à l'église. Je crois aussi qu'il est rare que tous les enfants d'une paroisse soient bien instruits à la maison. Parmi le bas peuple, la plupart disent les prières les plus communes d'une manière qui fait pitié. Et souvent ils oublient tellement leur catéchisme, que j'ai vu des confesseurs qui se croient obligés, malgré toute

---

(1) Quot inde, bone Deus ! quot inde consectaria, quæ dolor alto et lugubri silentio premi jubet !

leur répugnance, de le demander à des gens de soixante ans. Un curé doit donc voir tout par ses yeux, ou par les yeux de substituts capables de le remplacer. *Voyez* le cas suivant. »

CASUS XXII. *pag.* 7. Parochus putat se satisfacere obligationi docendi doctrinam christianam, si tale munus præstet per capellanum. Q. an bene sentiat.

R. Negat. Quia sicut non satisfaceret obligationi suæ, si vel totam curam committat alicui vicario, quem solum habere potest in coadjutorem; vel si totius animi prædicationes suppleret per alios, cum id ei solum a Tridentino, sess. 5, c. 2, permittatur, *si legitime fuerit impeditus;* ita secluso legitimo impedimento, non satisfaceret obligationi docendi doctrinam christianam, si tale munus continuo per capellanum præstaret, cum ad eum, ut pastorem, dirigantur hæc Christi verba. *Pasce oves meas,* non ad capellanum.

— « Dans le cas précédent, un curé peut s'en reposer sur les pères et mères ; ici il ne peut pas s'en reposer sur un prêtre. Au reste, on gagne par la restriction *secluso legitimo impedimento* ce qu'on semble perdre d'abord par la décision. Un curé qui a dix mille enfants dans sa paroisse, qu'on partage en un grand nombre de bandes, ne pourrait assurément pas leur faire à tous le catéchisme. A la bonne heure donc qu'il se trouve présent quand on les examine sur la première communion, ou peut-être quand on doit leur donner des prix, afin de les animer; mais le surplus lui est souvent très-impossible. »

§ VII.
Parochus quoad alia officia.

CASUS XXIII. *pag.* 12. Parochus vocatus administranda sacramenta graviter ægrotanti, invenit eum esse phreneticum, soliusque extr. unctionis capacem, quæ ei etiam administrari non potest nisi vinculis constringatur. Q. an parochus debeat domesticos ejus ad id officii peragendum compellere.

R. Affirmat. Ratio est quia ex una parte parochus tenetur extr. unctionem ministrare infirmo, qui absque ullo sacramento proxime est moriturus ; quia in tali casu hoc sacramentum est illi necessarium ; et ex alia parte phreneticus, qui habuit perfectum usum rationis, est capax hujus sacramenti, juxta Rituale Rom., modo absit periculum irreverentiæ, ad quam cavendam posse phreneticos ligari notant gravissimi auctores cum Aversa, etc. Eo autem ipso quo phreneticus capax est hujus sacramenti et ligari potest, tenetur parochus ministrare : potest ergo et debet compellere domesticos ad eum ligandum, quia medium illud et licitum est, et unicum per quod morientis saluti consulere possit.

CASUS XXIV. *pag.* 69. Parochus putat non ex debito, sed solum ex quadam convenientia et ad vitandam duorum aureorum pœnam teneri se ad assistendum in ecclesia matrice benedictioni fontis. Q. an bene sentiat.

R. Negat. Parochi rurales matricem ecclesiam adire, et in ea benedictioni fontis assistere tenentur, non ex mera decentia vel metu mulctæ, sed ut pareant S. C. Congregationi, quæ id præcepit in decreto die 17 nov. 1691. ' In his sequenda est locorum disciplina.

CASUS XXV. *pag.* 65. Parochus legitime impeditus matricem ecclesiam adire in prædicto casu excusationem per famulum mittit vicario foraneo. Q. an faciat satis.

R. Negat. Præcepit enim emin. archiepiscopus (P. Lambertini) ut qui matricem ecclesiam convenire non potuit, justificata impedimenti causa, mittat alium sacerdotem qui loco ipsius assistat fontis benedictioni. Unde non sufficit ut famulum mittat cum excusationibus. ' Hæc disciplina ubi viget, servanda est. Verum ea nihil ad nos, saltem communiter.

CASUS XXVI. *pag.* 77. Parochus capellanum habens valde eruditum et pium, in eum omnia curiæ officia transmittit, ut contemplationi tranquille vacet. Q. an sit in conscientia securus.

R. Negat. Neque enim capellano, qui solum est coadjutor, sed parocho præcipue dictum est : *Pasce oves meas*. Non pascit autem, qui simpliciter orat et contemplatur. ' Penset ergo parochus id D. Bernardi : *Qui per vicarium servit, per vicarium remunerabitur.*

CASUS XXVII. *pag.* 201. Parochus obtinuit indulgentiam annorum 100 pro iis qui certis diebus vespertinæ benedictioni interfuerint. Q. ab eo explicatio indulgentiæ hujus.

R. Sensum non esse quod per indulgentiam hanc relaxetur pœna per annos 100 luenda in purgatorio, sed quod remittatur tanta purgatorii pœna, quanta deleta fuisset per pœnitentiam 100 annorum, secundum antiquos canones impositam. Olim quippe pro gravibus peccatis adulterii *v. g.* homicidii, etc., injungebatur pœnitentia septem annorum et amplius ; unde qui centum hujusmodi peccata commisisset, septingentis annis debuisset pœnitere, si potuisset fieri. Quapropter centum anni indulgentiæ primario referuntur ad pœnam in hoc sæculo exsolvendam juxta laudatos canones, et secundario seu consequenter ad pœnam purgatorii ; quia omnis indulgentia, minuendo pœnitentiam ab Ecclesia injunctam, minuit etiam partem pœnitentiæ, quæ eidem in altera vita secundum mensuram soli Deo cognitam respondet.

— « *Voyez* mon *Traité des Indulgences,* et sans vous embarrasser du temps marqué dans les brefs de concession, gagnez-en autant qu'il vous sera possible. Si, au lieu de 40 jours, vous pouvez en mériter 40 minutes, vous serez heureux. Il viendra un moment où vous en aurez grand besoin. Je ne me lasse pas de le répéter, je crains bien qu'on ne se lasse de m'entendre. Les autres cas où l'*Index* de l'auteur renvoie au mot PAROCHUS, sont pour prouver qu'un pasteur chargé de distribuer des aumônes doit les donner à d'autres qu'à ses pénitents; qu'il pèche, s'il n'a pas soin de faire entretenir une lampe allumée devant le saint sacrement; qu'il doit dénoncer en certains cas ceux qui manquent à leur devoir pascal. On les a proposés sous les titres ELEEMOSYNA, LAMPAS, etc. »

PATRIMONIUM.

CASUS I. *pag.* 93. Clericus grammaticam docens, inde quotannis libellas bis centum et eo amplius percipit. Q. an sub eo titulo tanquam patrimonii vices gerente ad sacros ordines promoveri possit.

R. Negat. Ratio est quia clericalis titulus debet esse aliquid fixi et stabilis, quale non est lucrum e ludi magisterio partum, quod per morbum aut aliter demi potest. Unde S. C. Congregatio eo de casu consulta, an. 1589 et 1609, respondit: *Omnino requiri vel beneficium, vel patrimonium ad vitam promovendi honeste sustentandam sufficiens,* ut tradit card. Lambertini, in Instruct. 1, feb. 1734.

CASUS II. *pag.* 150. Titio clerico assignata fuere in titulum patrimonialem paterna quæcumque bona, quæ annuatim reddunt aliquid ultra taxam librarum 200, sed cum onere alendi patrem seniculum, quousque vivat. Q. an talis titulus pro legitimo approbari possit.

R. Negat. Ratio est quia, ut titulus tanquam legitimus approbari possit, debet constitui super bona stabilia simul et libera. Id autem non contingit in casu. Etsi enim prædicta bona aliquid ultra taxam diœcesana lege præscriptam reddant, quia tamen τὸ *aliquid ultra*, non denotat summam sufficientem ad integram patris sustentationem, sed aliquantulam tantum partem sustentationis, clare apparet quod deducta integra patris sustentatione, integrum non manet pro filio patrimonium, sed tantum *aliquid* ejus: unde nec approbari potest. Ita idem exinde Benedictus XIV in præcitata notificatione.

CASUS III. *pag.* 195. Petrus falso testatus est patrimonium quod clerico constitutum erat, verum esse. Q. quam pœnam incurrerit.

R. Eum in hac diœcesi (Bononiensi) incurrisse excommunicationem, sed minime reservatam.

PATRINUS.

CASUS I. *pag.* 73. Paulus Mariam ducturus uxorem, vellet patrini munus subire in confirmatione sororis ejus. Q. an licite id possit, et si faciat, an aliquod cum Maria impedimentum contrahat.

R. Non posse id licite, quia juxta praxim pontificali rom. sancitam, neque mas debet esse patrinus feminæ, neque femina maris esse matrina in confirmatione. Si tamen id faciat, nullum inde contrahet spiritualis affinitatis impedimentum cum Maria; quia cognatio hæc oritur quidem inter patrinum et confirmatum, hujusque patrem et matrem, sed non extenditur ad alios confirmati consanguineos, ex Trid. sess. 24, c. 2, *de Reform. Matr.* ' De hoc jam supra, *verbo* IMPEDIMENTUM, cas V.

CASUS II. *pag.* 213. Non advenientibus patrino et matrina designatis, parochus ad levandum de sacro fonte infantem pro eis adhibuit obstetricem cum impubere, solo ex viris præsente. Q. an bene se gesserit.

R. Negat. Si enim non periclitabatur infans, debebat parochus differre baptismum, quousque vel adessent patrini jam a parentibus designati, vel alii seu ab iisdem loco ipsorum substituti, seu ab ipso etiam, sed post obtentam a parentibus facultatem, nominati. Præcipit enim synodus Trid., sess. 24 *de Reform. Matr.*, cap. 2, ut *parochus, antequam ad baptismum conferendum accedat, diligenter ab iis ad quos spectabit, sciscitetur, quem vel quos elegerint, ut baptizatum de sacro fonte suscipiant, et eum vel eos tantum ad illum suscipiendum admittat.... Quod si parochi culpa vel negligentia secus factum fuerit, arbitrio ordinarii puniatur.* Hinc Beja apud La Croix, *de Bapt.*, num. 362, ait peccare mortaliter parochum, qui diu tardantibus patrinis per parentes designatis factus impatiens, alium designat in patrinum, quia facit contra jus parentum obtrudendo alium forte non gratum, vel cum quo nollent habere cognationem, quæ juxta Tamburinum Tridentino innixum, videtur in eo casu ab eis contrahi, eo quia sufficit designatio parentum vel parochi. Deinde etiam dato quod fuisset periculum in mora, nullo modo debebat impuberem adhibere ad tenendum infantem. Licet enim jure communi ætas necessaria ad obeundum patrini munus determinata non sit; et propterea Gobat cum Barbosa dicat, patrinum de jure communi esse posse juniorem filiastro suo: imo licet puer septennis, dummodo rationis compos et baptizatus, ac intentionem habens id faciendi quod in simili casu faciunt alii patrini, possit id præstare, contrahendo etiam cognationem spiritualem, juxta Sanchem, Basilium Pontium et alios a Diana consentiente citatos; nihilominus quia in hac synodo Bononiensi inter eos qui ab officio patrini rejici debent, recensentur etiam impuberes, solam obstetricem potius adhibere debebat. Ut enim notum est ex Tridentino, non requiruntur necessario unus et una, sed sufficit unus vel una.

— « On admet assez communément un impubère pour parrain, quand la marraine est d'un âge compétent. L'auteur ne prouve point assez qu'un parrain désigné par le curé, je ne dis pas sans l'aveu, je dis contre la volonté des père et mère de l'enfant contracte l'affinité. »

PAX.

L'auteur dit, pag. 25, qu'un homme dont un autre a tué le père, et lui offre toutes les satisfactions possibles, n'est pas, *practice loquendo*, capable d'absolution, quoiqu'il assure qu'il lui pardonne de tout son cœur, et qu'il ne le poursuit que pour que justice se fasse. Sa raison est qu'il est très-difficile et très-rare de trouver quelqu'un qui dans ces conjonctures n'agisse que par des motifs d'équité, non point par une impression de haine et de vengeance.

Mais à la page 143, il dit qu'un paysan, qui a été considérablement blessé par un autre, quoiqu'il prévoie qu'en lui refusant la paix il occasionnera sa haine et sa colère, peut être absous, s'il lui pardonne de bon cœur, quoiqu'il veuille le poursuivre pour avoir de lui une satisfaction juridique ; parce que personne n'est obligé de céder son droit, et que comme un juge peut punir celui qui a offensé un tiers, quoiqu'il prévoie que sa conduite donnera lieu à la haine, aux murmures, etc., de même celui qui a été offensé peut agir en réparation d'injure. Si dans ce second cas l'injuste agresseur n'offre rien, la décision s'entend aisément. S'il fait les mêmes offres que fait le meurtrier dans le premier cas, cette même décision ne s'accorde pas bien avec la précédente. Et il sera toujours bien à craindre que l'offensé n'agisse moins par amour de la justice que par esprit d'animosité et de vengeance.

PECCATUM

Notre auteur considère le péché, 1° en lui-même ; 2° quant au nombre ; 3° par rapport aux circonstances. Nous allons le suivre dans toutes ces branches, autant qu'il sera possible.

§ I.

Peccatum in se præcise sumptum.

Casus I. *pag.* 70. Titius quocunque dato verbo jurat, non advertens, aut distinguens an juret verum vel falsum. Q. an quoties jurat, peccet graviter.

R. Negat. Ratio est, quia taliter jurans, solum materialiter jurat, et dicere solet *per Deum ita est, per Deum ita non est,* nedum sine animo jurandi, sed nequidem sciens se jurare. Unde nec jurat, nec lethaliter peccat, saltem quoties citata verba profert. Debet tamen confessarius totis viribus curare ut malum hunc pœnitentis habitum radicitus evellat, aliquando ei absolutionem differendo, donec resipiscat. ' Hæc decisio eo magis excusat eos qui ex habitu peccant, quo magis inveterata est peccandi consuetudo, et quasi aqua bibitur iniquitas. *Vide* quæ dixi in *Tract. de Pœnit.*, tom. XI, part. II, cap. 8, n. 750 et seq.

Casus II. *pag.* 95. Confessarius, qui de re turpi in confessione audita morose delectatur, nullo præmisso contritionis actu, pœnitentem absolvit, ne absolutionis verba proferre differat. Q. an possit a nova gravi culpa excusari.

R. Negat. Ratio est quia potuit et debuit actum contritionis elicere, sine ullo pœnitentis incommodo : cum longa temporis mora opus non sit ut confessarius ex corde dicat : *Pœnitet me, Deus, offendisse te, qui summe bonus es ; neque id amplius faciam.* Quod si vere tempus deesset, ut si pœnitens in ipso mortis puncto confestim esset absolvendus, tunc novæ culpæ reus non esset ; quia necessitas alium prompte absolvendi præcepto propriæ contritionis præponderaret.

Casus III. *pag.* 137 et 176. Rusticus confitetur se aliquid fecisse, ignorans an esset venialiter duntaxat malum, an non mortaliter. Q. pro qua culpa stare debeat confessarii judicium.

R. Stare debet pro culpa veniali. Ratio est quia nulla actio censeri debet graviter peccaminosa, nisi ejus malitia sit formaliter vel virtualiter volita ; ad id autem necessario requiritur suspicio vel dubitatio de gravi culpa. Secus omnia fere rusticorum, personarumque idiotarum peccata, ut sunt imprecationes, verba obscena et hujusmodi, essent dicenda peccata lethalia ; ut pote ab iis commissa qui ea quidem mala esse cognoscunt, venialia autem esse vel lethalia prorsus ignorant. Cum igitur rusticus de quo in casu non dicatur actionem suam fecisse suspicando vel dubitando eam esse posse graviter peccaminosam, sed solum eam fecisse ignorans an esset venialiter tantum, an etiam mortaliter mala, sequitur quod nullo modo periculo malitiæ gravis adverterit, proinde quod tantum reus sit culpæ levis. Ita Boss., Diana, ' et alii, qui tollunt peccata mundi.

— « J'ai déjà plusieurs fois combattu les mauvais principes de l'auteur sur l'advertance, le soupçon, le doute qu'il demande pour qu'une action soit péché, ou tel péché. Je dirai ici, en deux mots, qu'un homme qui fait un péché, sans savoir s'il est véniel ou mortel, veut courir les risques de le faire mortel, et que dès lors il ne peut le faire léger. Excuser les paroles obscènes des paysans sous prétexte qu'ils ne connaissent pas le degré de leur malice, sans faire même observer que leur ignorance est souvent un nouveau péché, c'est ce qu'on appelle fournir *excusationes in peccatis.* »

Casus IV. *pag.* 161. Rosa famula scit famulam aliam sui sociam impudice cum Amasio versari ; nec tamen monet dominam, ne ejus animum exasperet, aut sociam suam infamet. Q. an idcirco a peccato excusari possit.

R. Negat. Ratio est quia, cum Deus unicuique mandaverit de proximo suo, tenemur alterius peccatum impedire, cum id fieri potest sine gravi nostro vel alterius incommodo. Ante tamen præmittenda erit fraterna admonitio. Ita D. Thomas, 2-2, q. 33, art. 1. De hoc jam supra.

§ II.

Peccatum quoad numerum.

Casus V. *pag.* 18. Petrus per annum detinuit rem alienam, quam pluries potuisset restituere. Q. quot peccata commiserit.

R. Vel Petrus tali tempore renovavit propositum non restituendi, vel habito restituendi proposito non restituit cum posset, licet crederet dominum esse rationabiliter invitum; vel neutro ex his modis se gessit non restituendo. In primo et secundo casu, toties peccavit, quoties vel renovavit propositum non restituendi, vel suum restituendi propositum transgressus est; sic enim saltem implicite bonum illud restituendi propositum retractavit. Si autem neutro modo se gessit, peccatum ejus evasit quidem gravius per dilationem restitutionis, sed non evasit multiplex; quia nec novus habetur actus, nec novum urget præceptum, nec sola physica interruptio ad novum peccatum sufficit : unde solum est moralis in primo peccato perseverantia, quæ certe peccatum aggravat, sed novum non constituit. ' Consule quæ diximus in *Tract. de Peccatis*, ubi de numerica peccatorum distinctione. Vide etiam infra casum VIII.

Casus VI. *pag.* 20. Titius graviter tentatus consentit, efficaciter peccare proponit, occasionem peccandi quærit et invenit. Interim dum fervet opus, suam hanc perversam voluntatem repetit millies, nec unquam revocat. Q. quot commiserit peccata.

R. Unicum. Ratio est quia omnes actus et motus qui primum consensum secuti sunt, cum eo moraliter uniti fuere in ordine ad externam ejusdem actus consummationem. Quod si Titius actum internum moraliter interrupisset et renovasset, tunc tot essent numero peccata, quot interessent renovationes seu formales, seu interpretativæ. Ita communiter doctores agendo de peccatis.

— « Oui; mais ceux qui sont exacts ajoutent que quand le désir du crime dure si longtemps, il faut expliquer cette durée; parce qu'elle augmente considérablement la faute. Un homme qui veut le mal, ou qui le commet pendant une journée entière, est bien plus coupable que celui qui ne le veut que pendant quelques minutes. »

Casus VII. *pag.* 54. Petrus per tres annos abstinuit a præcepto confessionis et communionis adimplendo, dicens se esse indispositum, ut qui conceptum adversus occisorem fratris sui odium deponere non possit. Q. an et quot peccata commiserit.

R. 1° Eum peccasse contra præceptum confessionis et communionis. Quia Ecclesia utramque præcipiendo, præcipit media ad hunc finem necessaria; e quibus unum es illud : *Diligite inimicos vestros*.

R. 2° Eum sex commisisse peccata, quia sex vicibus culpabiliter omisit parere præcepto. Præceptum enim confessionis et communionis duplex est, quia unum stat et potest stare sine alio. Unde ultra repetitos odii actus, sex commisit peccata. *Vide* casum præcedentem.

Casus VIII. *pag.* 122. Lucius, qui plura habuit fornicandi proposita, per lapsum notabilis temporis interrupta, non vult horumce propositorum numerum in confessione aperire; unde inabsolutus rejicitur a confessario. Q. an jure sit rejectus.

R. Affirmat. Ratio est quia, cum Lucius plura habuerit peccandi proposita, eaque per notabilis temporis lapsum interrupta, utique non unum, sed plura commisit peccata, quæ numero censentur multiplicari quoties voluntatis actus moraliter interrumpuntur. Cum autem ex Trid., sess. 14, cap. 5, necesse sit ad confessionis integritatem ut omnia et singula peccata, non solum quoad speciem, sed et quoad numerum explicentur, perspicuum est Lucium, ita hæc aperire recusantem, merito absolutione privari.

§ III.

Peccatum quoad circumstantias.

Casus IX. *pag.* 42. Conjuges extra vas de communi consensu semen effuderunt. Q. quas circumstantias pro integritate confessionis aperire teneantur.

R. Aperiendam esse nedum malitiam talis peccati contra naturam, sed et circumstantiam conjugii et quidem determinati, ita ut confitendo exponere debeant se commisisse peccatum pollutionis cum conjuge. Ratio est quia crimen istud non modo est mollities contra naturam, sed etiam induit rationem ac speciem adulterii; cum neuter conjux servet alteri corpus suum caste, quod ad bonum fidei pertinet, nec solummodo consistat adulterium in peccato cum aliena muliere, sed etiam in eo omni quod est contra naturam et potestatem conjugii. Unde hæc conjugii circumstantia exprimi debet. Sed et exprimi debet circumstantia conjugii determinate, ne conjuges qui ex mutuo consensu peccaverunt, censeantur alter alteri invito graviorem injuriam fecisse. ' De his et aliis adi, v. Confessio, quoad circumstantias.

PIGNUS.

Casus I. *pag.* 100. Joannes, postquam mutuo dedit aureos 500 Titio, filiam ejus in uxorem duxit. Cum vero nec mutuatam pecuniam repetere, nec dotem obtinere de præsenti possit, donec utrumque recipiat, obtinuit a Titio domum in pignus, ut interim ex ea fructus utrique credito suo correspondentes recipiat. Q. an eos fructus licite percipiat.

R. Pro mutuata pecunia non posse per se loquendo, bene vero pro dote sibi debita. Ratio primi est, quia pactum antichreseos, quo scilicet debitorem inter et creditorem cautum est, ut creditor tandiu utatur pignore, vel pignoris fructus percipiat, donec pecunia mutuata restituatur a debitore; juxta communem theologorum ac canonistarum sententiam, usurarium est, ut colligitur ex cap. 1 et 2 *de Usuris*. Quapropter nisi ex vi mutui sentiat Joannes lucrum aliquod cessans, vel damnum emergens, non potest e domo in pignus accepta fructus mutuatæ pecuniæ correspondentes recipere; et si quos recepit, tenetur eosdem vel in sortem computare vel restituere.

Ratio secundi est, quia per specialem Juris dispositionem, cap. 16, *de Usuris*, statutum est ut possit maritus ex re pro dote uxoris oppignorata fructus recipere, videlicet propter damnum quod sentit maritus, sive in alenda uxore, quam nisi recepta dote alere non tenetur, sive in aliis matrimonii oneribus, ad quæ ferenda dos ipsa pariter ordinatur.

Casus II. *pag.* 126 et 171. Titius creditor agrum sterilem et incultum, quem a Mario debitore receperat in pignus, excoluit et fructus aliquot inde collegit. Q. an eosdem fructus licite retinere possit.

R. Negat. Ratio est quia fructus e fundo nati ad fundi dominium pertinent, uti constat ex leg. 1. Cod. *de Act. pignor.* Nisi igitur constet de expressa, vel legitime præsumpta domini voluntate, tales fructus libere condonantis, debent fructus eidem restitui, vel in sortem computari, detractis expensis et laboribus in agro colendo insumptis. Alioqui non posset creditor ab injustitia excusari. Ita Navarrus in Manuali, cap. 17, n. 216.

PRETIUM.

Casus I. *pag.* 6. Quæritur an vir qui scit uxorem suam ab alio per vim et dolum cognitam fuisse, possit ab eo pretium adulterii exigere. De hoc supra, v. Adulterium, cas I.

Casus II. *pag.* 82. Quæritur an licitum sit minori pretio quam currenti emere rem, quia solum post duos menses tradendam. De hoc quoque dictum, v. Emptio, cas I.

Casus III. *pag.* 123. Pœnitens accusans se quod meretrice abusus sit, recusat solvere pretium quod ei promiserat. Q. an possit absolvi.

R. Probabilius negat. Ratio est quia, quando in contractu oneroso, etiam de re illicita facto, pars una promissum suum implevit, æquum est ut etiam pars altera promissionem suam impleat. Cum res etiam illicita sit pretio æstimabilis, non ut est illicita, sed ratione damni vel periculi cui se exposuit qui rem illicitam exsecutus est, aut ratione voluptatis vel utilitatis ab ipso alteri procuratæ. Unde in casu pœnitens absolvi non potest ut qui injustus sit alienæ rei possessor. Dixi *probabilius* loquendo, quia opposita etiam opinio sua probabilitate non caret. Ita Homobon., Diana, etc.

— « L'auteur ne cite que des théologiens sans conséquence, quand il en pourrait citer de plus autorisés, tels que sont ici saint Antonin, Cajetan, etc. J'ai suivi dans le *Traité de la Restitution* le sentiment contraire au sien, d'après Comitolus, les *Conférences de Paris*, Sainte-Beuve, etc., en distinguant néanmoins la promesse que je crois très-nulle, de l'exécution de cette même promesse. »

Casus IV. *pag.* 139. Taxato a principe pretio pro qualibet frumenti mensura, Livius frumentum vendidit duobus supra taxam juliis. Q. an mercator ille justitiam violaverit.

R. Violasse, si frumentum ejus non excedebat in bonitate frumentum vulgare, cujus pretium a principe taxatum est, et solet ab aliis mercatoribus communiter observari. Ratio est quia pretium legale a principe vel magistratu taxatum, debet justum supponi, nisi evidenter constet oppositum ; proinde illud ut in externo, sic et interno foro servari debet. Si vero prædictum frumentum notabiliter in bonitate vulgare frumentum excedat, mercator ab omni injustitiæ macula immunis e it, modo julii duo, supra taxam recepti, non excedant pretium naturale vendili frumenti. Sicut enim posita etiam taxa triticum tritico communi longe inferius vendi debet pretio inferiori ita si longe melius sit, pretio taxam excedente vendi potest sine ulla injustitia.

Casus V. *pag.* 259. Sophronius vere mendax in stateris, non dat suis adventoribus (Gallice *Chalands*) justam mercium pondus ; has tamen illis vendit pretio infimo, ita ut si datum et acceptum serio considerentur, hujusmodi venditio non excedat limites pretii justi supremi. Q. an licite id faciat.

R. Negat. 1° Enim *statera dolosa abominatio est apud Deum, et pondus æquum voluntas ejus.* Prov. xi ; 2° licet mercator per se non teneatur ante contractum merces vendere pretio infimo ; ad id tamen tenetur statim ac ita convenit cum emptoribus : tunc enim sicut emptores tenentur vi initi contractus solvere pretium conventum, ita venditor vi ejusdem contractus tenetur conventum mercium pondus tradere emptoribus. Et sicuti statuto justo mercibus pretio a potestate publica, nequit venditor absque injustitia et onere restitutionis aliquid detrahere emptoribus, eo ipso quod solvunt juxta pretium statutum, ita convento per mutuum consensum infimo pretio, non potest mercator absque injustitia et onere restitutionis aliquid a pondere detrahere emptoribus, statim ac solvunt juxta conventum. Alias dici posset quod qui sponte vendidit pretio infimo, et totum pondus conventum tradidit emptori, possit deinceps ab hoc licite subripere in compensationem quantum defuit ad integrandum pretium supremum vel medium ; quod quam falsum sit et quot malis ostium aperiat nemo non novit. Ita Sporer.

Casus VI. *pag.* 264. Femina, a pluribus honesta reputata, sed vera meretrix, ab uno excessivum pretium recepit pro turpi corporis sui usu. Q. an teneatur excessum illum restituere.

R. Affirmat. Si excessum hunc extorserit per dolum et fraudem ; quia in hoc casu dans non dedit volens, sed deceptus. Negat vero si eum receperit sine extorsione fraudulenta et vigore contractus innominati. *Facio ut des :* in hoc enim casu dans dedit volens ; et datio, quamvis ob rem illicitam, non est tamen illicita, præcipue cum valde probabile sit opus venereum non habere pretium determinatum. Ita Petrus Navar., *de Restit.*, Lessius et alii.

— « *Voyez* la note sur le cas III ; et remarquez bien que si la réponse de l'auteur a lieu dans les pays où ces misérables créatures sont tolérées pour éviter de plus grands maux, elle est plus que douteuse dans les royaumes où elles ne sont pas souffertes. D'ailleurs n'y a-t-il point de dol dans une malheureuse qui se donne comme n'étant à personne, dans le temps qu'elle est l'esclave de la passion publique. »

Casus VII. *pag.* 265. Occasione publicæ cujusdam licitationis Aurelius rogavit amicos tabellam emere volentes, ne plus certa quantitate offerrent, ut eam ipse pretio infimo emeret, uti factum est. Q. an justitiam læserit, et ad restitutionem teneatur.

R. Affirm. cum Soto, *de Just. et Jure*, lib. VI, q. 2, art. 3. Ratio est, quia licet dominus rei venalis eam adhuc vendiderit justo pretio, fuit tamen injuste damnificatus ab Aurelio. Is enim sic se gerens cum volentibus emere, violavit jus quod habebat venditor ne retraherentur emptores volentes emere supremo vel medio pretio, ipsumque coegit rem vendere infimo pretio. Facta enim tali conspiratione et monopolio cum amicis, non remansit aliud pro re ista pretium, quam infimum. Unde cum id privata auctoritate fieri ab Aurelio nequiverit, factumque resultaverit in jacturam domini rei venalis, dicendum est quod Aurelius, titulo damni illati, peccaverit contra justitiam, et teneatur ad restitutionem judicio prudentis taxandam.

— « Ce cas ne peut se décider que par les circonstances. Un homme qui prie un ou deux de ses amis de n'enchérir pas sur lui, ne leur ôte pas, ni moins encore à tous les autres, la liberté d'enchérir. De simples prières ne font ni conspiration, ni monopole. Un puissant n'osera-t-il pas se présenter à une vente, parce qu'il se doute bien que deux ou trois personnes n'oseront aller sur ses brisées? Je crois donc qu'ici, comme ailleurs, il faut bien examiner le fond et la manière. »

Casus VIII. *pag.* 268. Colonus, anno proxime elapso egens, tres tritici mensuras subripuit domino, cum intentione eas, quam primum posset, restituendi. Nunc a confessario inquirit juxta quam æstimationem domino satisfacere teneatur; cum superiori anno pretium tritici modo creverit, modo decreverit. Q. quid dandum responsi.

R. Ab eo esse restituendum secundum æstimationem damni quod dominus verisimiliter perpessus est : sic enim servabitur æqualitas per justitiam commutativam imperata. Quapropter si dominus triticum illud vendidisset aut consumpsisset tempore summæ æstimationis, juxta illam restituat : juxta mediocrem vero, vel infimam, si tempore hujus vel illius facta ab eo fuisset venditio vel consumptio, demptis expensis quas dominus circa idem fecisset. Quod si incertum sit cujusnam æstimationis tempore fuisset id a domino peractum, censent plures restituendum esse domino juxta majorem. Sed magis placet sententia Turriani et aliorum qui restitutionem hanc reducunt ad æstimationem mediam, habito respectu ad copiam, penuriam, qualitatem rei, emptorum frequentiam vel paucitatem, etc., detrahendo aliquid ratione expensarum et incertitudinis. Si enim dominus vendere poterat pretio summo, poterat etiam pretio infimo. Id lubens sequerer, nisi quod in dubio aliquantum innocenti faverem magis quam reo.

Casus IX, X et XI. *pag.* 267. Cum emptores renuunt tantum mercatori solvere pro mercibus, solet hic frequenter mentiri ac falso jurare se hanc vel illam mercium speciem tanti emisse; unde fit ut illi oblatum pretium adaugeant. Q. 1° an pretium sic auctum tuta conscientia recipere possit mercator ; 2° an si sæpe correptus non se emendet, debeat ei confessarius injungere ut mercaturam deserat ; 3° an si dolo vel fraude inducat emptores ad solvendum pretium, justum quidem, sed supremum, teneatur aliquid iisdem restituere.

R. ad 1. Vel mercator pretium adauget intra justi pretii limites vel supra. Si supra, debet excessum restituere, quia violavit æqualitatem quæ inter contrahentes servari debet. Si intra justi pretii limites, mercator ad nihil tenetur ; quia, etsi mentiendo et pejerando peccat, non tamen quod ex hypothesi justum est, accipiendo. Aliunde notum est hasce querelas esse consuetas vendentium cautiones, quibus proinde qui credunt, sibi imputent.

— « Cette décision est commune ; je ne sais si elle est toujours bien juste. Combien de gens de bonne foi ne peuvent croire qu'un marchand, qui prend Dieu à témoin que son étoffe lui coûte tant, ne peuvent croire qu'il veuille faire un faux serment ? Augmenteraient-ils même le prix, s'ils croyaient que cet homme est un parjure. Cela étant ainsi, n'est-il pas vrai que ce qu'ils donnent de surplus est le fruit du dol et de la fraude ? »

R. ad 2. Quod si confessarius plures mercatori huic salutares pœnitentias et opportuna remedia præscripsit, et aliquando absolutionem distulit ad finem emendationis, nec unquam profecit, debet ei injungere ut mercaturæ officium deserat saltem ad tempus ; quia in tali casu mercatura est proxima ipsi peccandi occasio, sicut ludus est ei qui ludendo frequenter blasphemat. Unde qui eum relinqueret in tali officio cum illo pravo habitu, relinqueret eum in formali periculo relapsus, adeoque in peccato, juxta id Eccli. III : *Qui amat periculum, peribit in illo.* Licet non malo quoad substantiam

R. ad 3. Affir. Tum quia inductus per fraudem ac dolum ad solutionem pretii supremi, ut pote deceptus, non censetur in illud voluntarie consensisse; tum quia per hunc procedendi modum, læsum est jus quod habebant emptores emendi ab aliis eamdem mercem pretio infimo vel medio. Unde tantum iisce emptoribus rependi debet, quanti minoris ab aliis emissent, si mercatoris dolus iisdem innotuisset.

PROMISSIO.

Casus I. *pag.* 207. Albertus promisit Sicario aureos centum, si Petrum occideret. Q. an secuto effectu teneatur stare promissis.

R. Negant aliqui, quia ex actu injusto,

quale est homicidium, non potest nasci obligatio justitiæ. Communius tamen affirmant alii cum D. Thoma, 2-2, q. 62, art. 5, Lessio, Lugo, Diana, etc. Horum ratio est, quod aurei centum non sunt promissi pro peccato, quod nihil est et invendibile, sed pro aliis circumstantiis, labore nimirum et periculo, quæ pretio æstimabilia sunt, adeoque sicut uni dant jus pactum pretium exigendi, sic et alium ad solvendum obligant. Verum hæc opinio satis communis quomodo cohæret cum ista Gregorii IX sententia, cap. 8, de Pactis, ubi postquam irritavit pactiones simoniacas, sic prosequitur : *Quod etiam de aliis dicendum est, quæ observatæ pergunt in animæ detrimentum?* Nam etiam juxta legitimas sanctiones pactum turpe, vel rei turpis *aut impossibilis de jure vel de facto, nullum obligationem inducit.* Porro si secuto effectu urget obligatio solvendi pretium promissum, tale pactum non esset nullius momenti.

— « Cette décision ne s'accorde pas bien avec celle que l'auteur a donnée au titre précédent, cas III. Mais elle confirme celle que nous avons opposée à la sienne. » J'ajoute ici, pour la fortifier, le mot du Droit civil, *cap. fin. ff.* de Pactis : *Stipulatio interposita de iis pro quibus pacisci non licet, servanda non est, sed omnino rescindenda.*

Casus II. *pag.* 223. Viator, dives, ne a grassatore occideretur, juravit se certam ei summam traditurum esse. Q. an possit promissis deesse. *Vide supra*, v. Juramentum.

Q

QUADRAGESIMA.

Casus ad hanc materiam spectantes sub titulo jejunii habentur omnes, dempto uno, in quo statuit auctor pag. 185, hominem ex indulto apostolico, Quadragesimali tempore dispensatum ad carnes, etiamsi iisdem in vespertina collatione, cum aliquo nonnullorum scandalo vescatur, servata tamen quantitate, non incidere in casum 7 Benedicti XIV. Quo de penes eum sit fides; sane decreta hæc, licet omnimodis veneranda, non faciunt legem apud nos, nisi ab episcopis promulgata fuerint.

R

Raptus. Vide verbo Impedimenta matrimonii.

RESERVATIO CASUUM.

L'auteur traite ici des points qui ne sont pas conformes à nos usages. Nous ne laisserons pas de suivre un peu sa marche, parce qu'elle peut servir aux étrangers. Ainsi nous parlerons avec lui de la réserve, 1° de l'hérésie et des cas contenus dans la bulle *in Cœna Domini*; 2° de l'homicide; 3° de la cohabitation avec sa fiancée; 4° de l'affinité et de l'alliance spirituelle; 5° de la consanguinité; 6° de l'âge; 7° du mauvais commerce; 8° du titre patrimonial; 9° de la bestialité; 10° du blasphème. On ne dira rien du pouvoir d'absoudre de ces différents cas, parce que notre casuiste en a parlé sous le titre de Confessarius. Comme il a déjà décidé plusieurs articles qu'il rappelle sous ce dernier titre dans son *Index*, on tâchera de ne les répéter ici que le moins qu'il sera possible.

§ I.
Reservatio quoad hæresim et casus bullæ Cœnæ.

Casus I. *pag.* 22. Joannes miseriis oppressus negat in corde Deum esse providum et justum, neque tunc hæresim illam exterius profert. Paulo post tamen vino madidus palam dicit : *Non credo Deum esse justum et providum*. Q. an incurrerit excommunicationem bullæ Cœnæ.

R. Negat, cum communi. Ratio est, quia ut quis prædictam censuram incurrat, requiritur ut hæresim animo conceptam voce vel actione externa distincte significativa et moraliter mala assertive manifestet et profiteatur. At vir ebrius hæresim non manifestat actione dictincte significativa, etc., cum præ ebrietate sit incapax vocis quæ animi sensum distincte aperiat, unde nemo eorum qui eum tunc audierint, ex his verbis hæreticum ipsum judicabit, sed tantum præ vino delirantem.

Casus II. *pag.* 129. Ruralis sacerdos recusat a peccato gravis percussionis clerici absolvere rusticum, licet sciat eum propter ætatis et corporis incommoda perpetuo impeditum esse ab adeunda sede apostolica. Q. an bene se gerat.

R. Affirm. Ratio est quia ex decreto Clementis VIII, gravis percussio clerici adeo reservatur pontifici, ut in nulla necessitate, extra mortis articulum, liceat cuicumque inferiori confessario ab ea absolvere. Nec refert quod rusticus ille sit perpetuo impeditus; quamvis enim ut talis eximatur a lege adeundi sedem apostolicam, non eximitur tamen a lege se præsentandi episcopo, eo modo quo potest, cum ab illo in casu prædicti impedimenti absolutionem recipere possit, vel facultatem absolutionis ab alio recipiendæ, ut quotidie contingit, etc. *Vide* v. Hæresis, Jubilæum, Confessarius.

§ II.
Reservatio quoad homicidium.

Casus III. *pag.* 12. Lucius cum in alieno saltu venaretur sine canibus, creditus fuit a nemoris domino grassator viarum, et occisus. Q. an occisor possit a simplici confessario absolvi.

R. Affirmat. Ratio est quia illud solum homicidium reservatur, quod studiose procuratum est. Tale autem non est homicidium in casu. Siquidem dominus, qui venatorem pro grassatore habitum occidit, non tam eum occidit studiose et ex malo animo, quam ex mortis timore et quodammodo in defensionem sui, licet transilierit moderamen inculpatæ tutelæ. Qui autem sic occidit, immunis est a casu reservato.

— « Pour décider ces sortes de cas, il faut étudier la loi, et voir dans quel sens elle est entendue par les plus habiles gens, qui d'ordinaire ont eux-mêmes consulté les supérieurs. Cette remarque servira pour les cas suivants. »

CASUS IV. *pag.* 83. Monita sæpius Agnes lactans, ne infantem in lecto sine debita cautione teneat, non emendavit, et quodam mane infantem reperit mortuum in lecto. Q. an obnoxia sit reservationi contra homicidas sancitæ.

R. Negat. Ratio est quia licet graviter peccaverit ea mulier, infantem exponens suffocationis periculo, quod in hac diœcesi (Bononiensi) sub pœna excommunicationis ferendæ prohibitum est, quoniam tamen infantem nec data in id opera, nec præmeditato animo occidit, non potest dici quod subjaceat reservationi adversus eos solos latæ, qui voluntarie et studiose interficiunt. Quod si attente, ut par est, adverterent plures confessarii *simplices*, seu pro casibus reservatis minime approbati, non ita facile pœnitentes feminas cogerent ad subeunda quandoque plurium milliariorum itinera ut ad majores pœnitentiarios pro recipienda absolutione recurrant.

— « Quand une femme demeure dans un lieu trop éloigné des supérieurs, le confesseur peut leur écrire et en recevoir les pouvoirs dont il a besoin. Peut-être que la discipline est plus sévère en Italie. A Paris, *Non debent remitti feminæ pro casibus reservatis ad majorem pœnitentiarium, quando distant ab urbe plusquam tribus leucis, sed possunt a parocho absolvi, nisi forte pro sua prudentia judicaverit aliter expedire.* »

CASUS V. *pag.* 105. Titius post dies aliquot ab habito cum Francisca vidua commercio, eidem se ex ipsius concubitu fœtam asserenti, potionem abortus causativam præbet, ex qua mors fœtus ex alio amante concepti quatuor ante menses secuta est. Q. an possit a simplici confessario absolvi.

R. Affirm. Ratio est quia, ad incurrendam reservationem ex causa homicidii etiam in abortu secuti, necesse est ut duo hæc concurrant, 1° vera hominis occisio; 2° occisio per se et studiose intenta. Porro licet in casu occurrat hominis, seu fœtus animati occisio, hæc tamen non est per se et formaliter volita. Titius enim prorsus ignorans Franciscam quatuor ante menses ab alio fœtam esse, nihil aliud intendere potuit, quam abortum fœtus inanimis, concubitui suo ab eadem Francisca falso adscripti. Is ergo abortus respectu Titii tantum materialis, non vero formalis, reservationem inducere non potuit.

CASUS VI. *pag.* 188. Antonius propinavit Joanni venenum ex quo mors irreparabiliter secutura est; antequam vero hæc reipsa sequatur, pœnitentia ductus accedit ad confessarium qui eum absolvit, injuncto onere ut post Joannis mortem se præsentet habenti facultatem in reservata, eique denuo aperiat peccatum. Q. an secuta morte pœnitens confessario parere teneatur.

R. Negat. Ratio est quia si Antonius tenetur se sacerdoti privilegiato præsentare, vel ratione peccati in propinando veneno commissi, vel ratione mortis propinationem hanc subsecutæ. Neutrum porro dici potest. Non 1°, quia peccatum hoc jam fuit directe in præcedenti confessione absolutum, ut pote quod nulla tunc reservatione tenebatur; cum hæc nonnisi actum consummatum afficiat. Non 2°, quia mors Joannis non est amplius mortaliter peccaminosa respectu Antonii rite confessi et absoluti, cum ei jam non sit moraliter voluntaria; ut pote quæ in sacramento pœnitentiæ efficaciter retractata fuerit. Quare non est cur eam subdat clavibus, sive habentis, sive non habentis potestatem in reservata. Ergo tunc non tenetur parere confessario.

— « Le confesseur d'Antoine peut fort bien lui enjoindre de se présenter au supérieur dans le tribunal, afin qu'il sente plus vivement l'horreur de son crime. A Paris, il est prescrit qu'un homme, qui a été absous des censures réservées, *in articulo mortis; ubi convaluit, ad superiorem accedat, denuoque ab eo censuræ absolutionem*, c'est-à-dire, selon Pontas, *præcedentis absolutionis ratificationem recipiat*. Et même en Italie la réincidence a lieu, quand on ne le fait pas. Pour ce qui est des cas simplement réservés, M. le cardinal de Noailles souhaitait que ceux qui en avaient été absous, dans de semblables conjonctures, allassent trouver ceux qui de droit auraient dû les en absoudre, pour recevoir d'eux *Consilia et monita salutis*. S'il n'y a là ni tyrannie, ni imprudence, à quel titre peut-on en taxer le confesseur dont il s'agit dans l'exposé? »

§ III.

Reservatio ob cohabitationem cum sponsa.

CASUS VII. *pag.* 190. Sponsus qui cum sponsa de futuro rem habuit dum per aliquot dies in ejus domo moraretur, accusavit se tantum quod rem habuerit cum puella. Q. an bona sit ejus confessio.

R. Peccato huic annexam esse certis in diœcesibus excommunicationem, quam proinde incurrit sponsus ille, nisi censuram hanc inculpabiliter ignoraverit. Unde tunc pessime se accusasset. De hoc supra.

— « Un pénitent qui va droit ne cache ni sa condition de fiancé, ni celle de sa fiancée. Au moins fait-il connaître, en déclarant cette condition, qu'il se dispose bien mal à la grâce du sacrement. »

§ IV.

Reservatio propter affinitatem naturalem, etc.

CASUS VIII. *pag.* 33. Titius, postquam Bertham cognovit, scivit eam prius a fratre suo cognitam fuisse. Q. an a simplici confessario absolvi possit in diœcesi in qua reservatur incestus.

R. Affirm. Solus enim incestus formalis reservatur. Porro incestus Titii fuit tantum materialis; cum nesciret Bertham a fratre suo fuisse prius cognitam.

Casus IX. *pag.* 47. Petrus qui rem habuit cum uxore fratris sui, dubitat an copula fuerit completa. Eum tamen confessarius remittit ad pœnitentiarium. Q. an bene se gesserit.

R. Petrum in hoc casu a simplici confessario potuisse absolvi. Ratio est, quia in generali et ordinaria reservatione non includuntur peccata dubia, nisi id lex expressim declaret, cum reservatio stricte sit interpretanda. Nec obest quod ex communiter contingentibus copula debeat præsumi completa, adeoque etiam præsumi debeat reservatio. Namque statim ac reservatio stricte interpretanda est, non potest cadere in incestum præsumptum, sed in eum duntaxat qui certus est. Porro in casu ad summum occurrit incestus præsumptus. Hæc tum ex lege, tum ex communi ejus apud sapientes intellectu definienda sunt.

Casus X. *pag.* 56. Petrus per breve a S. Pœnitentiaria concessum ut duceret Mariam, cujus cum sorore peccaverat, recepit potestatem ut a simplici sacerdote absolveretur ab incestu in diœcesi sua reservato. Q. an si Mariam ducere nolit, ab eo incestu per prædictum confessarium absolvi possit.

R. Negat. Ratio est quia, cessante causa finali mandati, cessat et effectus, cap. 30, *de Præbend.*, in 6. Atqui causa finalis cessat in casu. Tota enim causa cur S. Pœnitentiaria det potestatem absolvendi ab incestibus qui supponuntur ordinario reservati, est ut pœnitens beneficio dispensationis digne et sine culpa matrimonium ineat. Id autem cum jam locum non habeat in casu, necessum est ut corruat prædicta facultas. *Vide* supra *verbis* Breve et Confessarius, § II.

§ V.
Reservatio quoad ætatem.

Casus XI. *pag.* 19. Petrus ante decimum quartum ætatis suæ annum rem habuit cum uxore fratris sui; dum autem peccatum illud confitetur, annum decimum quartum, ad incurrendam reservationem requisitum complevit. Q. an a simplici confessario absolvi possit.

R. Negat. Ratio est quia in absolutione reservatorum inspicitur tempus quo datur absolutio, cum reservatio afficiat confessarium. Et vero si peccatum heri commissum, quando non erat reservatura, hodie reservetur, hodieque etiam in confessione aperiatur, non poterit a communi confessario absolvi, quia hodie restricta est jurisdictio confessarii. Cur ergo non idem feretur judicium in nostro casu, cum eadem militet ratio.

« Cette opinion a l'avantage du plus sûr, défaut assez rare chez notre casuiste. J'ai suivi le sentiment contraire dans le *Traité de la Pénitence*, d'après l'auteur des *Conférences d'Angers*, sur les cas réservés, tom. I, pag. 63, où il s'appuie sur la *pratique presque universelle de l'Église*. La raison objectée par notre écrivain n'est pas péremptoire. Un adultère qu'un homme fait commit hier, lorsqu'il n'était pas réservé, était aussi grief qu'il l'est aujourd'hui après la réserve; au lieu que la légèreté, l'étourderie, le défaut de prudence, ôtent au péché d'un impubère ce degré de malice que le supérieur a voulu punir par la réserve. Or l'âge qui survient ne répand pas sur une action la malice qu'elle n'avait pas. Cependant si la pratique d'un diocèse était contraire à notre décision, il faudrait s'y conformer. L'âge de puberté n'étant pas absolument nécessaire, même pour les censures, cap. 60. *de Sent. excom.*, on ne pourrait trouver mauvais qu'un supérieur assujettît à la réserve un péché commis avant douze ou quatorze ans, quand on ne s'en confesserait qu'après être parvenu à cet âge. »

§ VI.
Reservatio propter stuprum.

Casus XII. *pag.* 247. Amedeus peccavit cum puella, sed quia dubius est an ea virgo esset, necne, ambigit num incurrerit reservationem in diœcesi annexam stupro seu deflorationi virginis.

R. Incurrisse. Quia qualitas quæ naturaliter inest, in dubio præsumitur adfuisse, nisi probetur oppositum. Nec obstat quod puella consenserit; quia stuprum ut sic, adeoque etiam a violentia immune, est reservatum. Neque etiam obstat quod reservatio ad casus dubios extendi non debeat; id enim verum non est quando, ut in casu, intervenit præsumptio pro delicti admissi veritate; huic enim præsumptioni standum est in foro conscientiæ. Alioqui puellarum concubitores vix unquam incurrerent stupri reservationem; cum virginitatis signa valde fallacia sint, et ea quæ assignari solent, peritorum attestatione, perquam raro in iis etiam quæ sapienter vixere, reperiantur. Cæterum stuprum non subjacet reservationi, nisi per internam seminis effusionem completum sit.

§ V.
Reservatio ob varias causas.

Casus XIII. *pag.* 195. Lucius falso asseruit patrimonium tali clerico constitutum esse genuinum. Q. an possit a simplici confessario absolvi.

R. Affirmat. Ratio est quia, licet graviter peccaverit et excommunicationem (in hac diœcesi Bonon.) incurrerit, non fuit tamen obnoxius reservationi, sive propter peccatum, sive propter censuram; non propter peccatum, quia reservatio in facto patrimonii eos tantum afficit qui falsum patrimonium constituunt. Non propter censuram, quia hujus absolutio nullibi in statutis reservata legitur. Si autem hanc archiepiscopus reservatam voluisset, expressisset utique, sicuti expressit de excommunicatione lata contra sponsos de futuro, qui cohabitantes invicem se cognoscunt.

Casus XIV. *pag.* 266. Confessarius simplex, audita confessione patris qui se accusavit de coitu cum famula habito, successive audit et filium se de eodem cum ipsa commercio accusantem. Q. an possit filium absolvere, et an impertita patri absolutio sit valida. (Supponitur, ut videre est, incestum hunc reservatum esse.)

R. Vel filius exponit se peccasse cum affine in primo gradu, et tunc eum, ut pote formalis incestus reum, absolvere non potest. Vel tantum exponit se peccasse cum libera, et tunc potest ac debet confessarius eum interrogare an hæc ipsi sit propinqua (isthæc enim interrogatio fieri debet singulis pœnitentibus qui de hujusmodi peccatis se accusant; unde non ingerit suspicionem fractionis sigilli), etsi ipse negat, dummodo sit aliunde dispositus, debet illum absolvere, non obstante notitia in præcedenti confessione habita: *Nihil enim minus scimus, quam id quod per confessionem scimus*, ut aiebat D. Bernardus; et strictior est sigilli sacramentalis quam integræ confessionis obligatio. Si vero affirmat fuisse hanc sibi affinem, debet ad superiorem remitti, vel ab eo, quod melius fuerit, obtinenda est facultas ab eo casu absolvendi.

Vide titulos Absolutio, Confessarius, et similes.

RESTITUTIO.

Les différents cas que l'auteur se propose sur la restitution, la regardent: 1° à raison de la chose prise; 2° de l'injuste acception; 3° de la perte qui en résulte; 4° du contrat; 5° du mandat; 6° du conseil; 7° du scandale; 8° du silence gardé; 9° de l'homicide; 10° des causes qui dispensent un homme de la faire. Il se trouve en tout cela bien des cas très-communs. Il s'en trouve aussi quelques-uns d'embarrassants. Nous allons les parcourir.

§ 1
Restitutio ex re accepta.

Casus I. *pag.* 46. Titius bona fide emit bovem, quem pretio majori vendidit Lucæ. At cum sciverit Titius paulo post bovem hunc fuisse subreptum Francisco, dubitat an hunc pretii excessum quem habuit a Luca, teneatur Francisco bovis domino restituere. Q. quid dicendum.

R. Titium non teneri hunc pretii excessum Francisco restituere, supposito tamen quod bos non sit factus intrinsece melior, puta si adolevisset, sed idem sit absque intrinseca mutatione. Ratio est quia majus illud pretium est fructus industriæ Titii, non fructus bovis; ut inde patet quod si Titius eumdem bovem postridie emisset a Luca pretio minori, et illum Francisco vero domino restituisset, dominum indemnem servasset, cum nullam in re sua læsionem passus fuisset; si autem illum servasset indemnem, excessus ille non ad dominum bovis, sed ad Titium, velut industriæ fructus, pertinuisset. Unde dicendum quod Titius excessum hunc, uti industriæ suæ fructum retinere possit. Ita Lugo, *de Restit.*, disp. 17, sect. 1, n. 20, contra Lessium.

— « Il aurait fallu d'abord examiner si Titius n'est point obligé de restituer à François, ou son bœuf, quand il l'a encore en nature, ou le prix du bœuf, quand il le possède encore. *Voyez* ce que j'en ai dit dans le Traité de la Justice, part. 2 *de Restitut. in genere*, art. 6, sect. 3. »

Casus II. *pag.* 48. Bertha receptis persæpe muneribus a Francisco pudicitiam ejus labefactare intendenti, nusquam consentire voluit. Quærit an munera hæc restituere teneatur.

R. Negat cum Lopez. Ratio est quia, licet protervi viri munera hæc donent ob pravum finem, ea tamen mulieres non accipiunt sub pacto faciendi copiam corporis sui, vel ut pretium impudicitiæ, sed ut incitamentum. Hoc autem supposito clare constat quod Bertha, licet Amasio non cesserit, recepta munera restituere non teneatur.

— « Est-il donc permis à une personne d'entretenir un scélérat dans l'idée qu'il pourra enfin réussir? Elle le trompe, si elle n'a pas dessein de céder à ses vues criminelles. Si elle balance, les présents qu'elle reçoit sont le fruit de l'iniquité. C'est pourquoi je ne souffrirais pas avec l'auteur, page 103, qu'un jeune homme qui reçoit beaucoup de présents d'une veuve qu'il amuse de l'espérance de l'épouser, ne les lui rendît pas. Il y a là un vrai dol; et quiconque en toute autre matière en agirait ainsi, passerait pour un trompeur. »

Casus III. *pag.* 68. Mortuo parocho nepos ejus aureum torquem reperit inter deposita sibi ab eo relicta; sciens quidem hunc esse Petri vel Pauli, sed nesciens determinate utrius sit. Q. quid ab eo de torque faciendum.

R. Cum Azor, pretium torquis æqualiter Petrum inter et Paulum dividi debere. Ratio est quia, posito æquali dubio et sublata spe certo dignoscendi cujus præcise sit torques, Petrus et Paulus jus ad ipsum habent æquale: unde parochi nepos non potest sine læsione juris hujus torquem uni potius quam alteri tradere, cum non sit rei dominus, sed simplex restitutor, qui juris æqualitatem servare tenetur.

Casus IV. *pag.* 135. Rusticus non habens panem quo vivat, accepit a domino suo mutuos decem julios cum obligatione eos reddendi tempore messis. Q. an ad restitutionem hanc obligatus sit.

R. Affirmat. Ratio præcipua est, quod rusticus iste, quamvis esset extreme pauper *in re*, non erat tamen talis *in spe*; cum spes affulgeret laboris et lucri ex labore. Quapropter sicut non potuisset tunc clanculum vel palam julios decem domino suffurari, nisi cum onere restituendi tempore debito, sic nec potuit subvenire necessitati suæ eosdem julios mutuos accipiendo a domino, nisi sub eodem restitutionis onere. Et vero poterat il hoc casu dominus julios suos non dare gratis, sed mutuo, quia necessitas tunc tantum omnia facit communia, quando re et spe extrema est. Jam vero si dominus non tenebatur gratis dare, necessum est ut mutuatarius restituere teneatur. Ita Navarrus, lib. IV, c. 4, n. 21, et alii.

Casus V. *pag.* 137. Famuli plures stipendium accipiunt a nobili viro, ære alieno admodum gravato, unde hic fit magis impotens ad satisfaciendum creditoribus. Q. an ii statum domini non ignorantes, sint in conscientia securi.

R. Si famuli certo moraliter sciant virum hunc ex soluto ipsis stipendio reddi magis impotentem ad satisfaciendum creditoribus suis, et ex alia parte multitudo eorum necessaria non sit ad conservandum decorem et statum familiæ domini convenientem, dicendum est, tanquam probabilius, eos non posse stipendium recipere a domino, vel acceptum retinere, nisi forte tantum bona fide in ejus servitio acquisierint. Contra vero si famuli non sint moraliter certi de majori domini impotentia ad solvenda debita; vel ei ita necessarii sint, ut dominus sine ipsis cum decore sibi, suæque familiæ debito vivere non possit; tunc eos in conscientia tutos esse asserimus. Sicut enim dominus, ne a statu sibi debito decidat, excusatur, si non satisfaciat creditoribus suis; ita excusari debent famuli, ut proinde non teneantur vel a domo recedere, vel a recipiendo stipendio abstinere. Ita Navarrus, cap. 17, n. 70 (apud quem nihil invenio), Vasquez, Tamburin, Bonacina.

— « Cette décision peut absolument servir en certains cas, tel qu'est celui d'un ambassadeur, à qui il faut de toute nécessité un certain monde. Mais en général elle est encore plus dangereuse pour les maîtres que pour ceux qui les servent. Vasquez arrangeait si bien la décence des grands seigneurs, qu'il ne trouvait pas même de superflu dans les rois. La première règle doit être celle de la justice. Quand on doit, il faut diminuer son train et sa table. En le faisant, on ne fait rien dont de grands princes n'aient donné l'exemple. »

Casus VI. *pag.* 142. Titius nonnullis gravatus debitis, nec habens unde ea solvat, invenit annulum, cujus frustra dominum inquisivit. Q. an annulum hunc in solvenda debita insumere possit.

R. Affirmat. Ratio est quia res inventa, cujus dominus inveniri non potest, potest et debet secundum præsumptam ejus voluntatem in pauperes aliasve causas pias impendi. Atqui sic impenditur in casu, cum ex una parte pauper sit qui creditoribus satisfacere non potest, ex alia vero pie nem impendat, qui eam impendit ad liberandum se ex immiti creditorum manu.

— « Quand il s'agit de s'appliquer le prix d'une chose trouvée, il faut toujours prendre l'avis d'un sage directeur à qui le propre intérêt fait moins illusion. Dans le cas présent, je distinguerais bien un homme qui est pauvre, *re et spe*, de celui qui n'est que dans un embarras passager. Je permettrais au premier d'user sans retour de ce que la Providence lui a envoyé. Je ne permettrais au second de s'en servir actuellement que sous condition de rendre à de vrais pauvres ce que le maître veut leur être donné. On n'est pas pauvre, parce qu'on ne peut payer *hic et nunc* ce qu'on pourra très-bien payer en un ou deux mois. Les principes sagement établis par l'auteur, cas IV, mènent d'eux-mêmes à cette décision. »

Casus VII. *pag.* 143. Petrus bona fide possedit agrum per aliquod tempus. Deinde per annum dubitavit an ager esset alienus. Tandem cognovit alienum esse. Q. quid restituere teneatur.

R. Teneri Petrum, 1° ad restitutionem agri, si dominium ejus per legitimam præscriptionem non acquisiverit; 2° ad restituendos, deductis tamen impensis, fructus nondum præscriptos; qui loquendo de ordinaria præscriptione inter præsentes, sunt fructus correspondentes ultimo triennio, seu bonæ, seu dubiæ fidei possessionis; dummodo tamen idem Petrus anno dubiæ possessionis moralem adhibuerit diligentiam pro veritate rei inquirenda: in tali enim casu possessio bonæ fidei per dubium superveniens non interrumpitur, proinde nec impeditur præscriptionis continuatio. Quod si Petrus non adhibuit prædictam diligentiam, tunc cum ex possessore dubiæ fidei factus sit malæ fidei possessor, non poterit annum hunc inter annos ad præscribendum utiles computare. Denique si Petrus bona quidem fide agrum possedit, sed pro tempore insufficiente ad aliquam sive ipsius agri, sive ejus fructuum legitimam præscriptionem, tunc tenetur restituere et agrum, et totum id quo factus est ditior toto tempore, sive dubiæ, sive bonæ fidei possessionis; cum nullum habeat legitimum titulum retinendi sive fundum, sive fructus ex alieno fundo perceptos; servatis semper regulis expensarum, uti supra dictum est. Ita Layman, Covarruvias, etc.

— « Je ne crois pas qu'un possesseur douteux devienne, en vertu des recherches qu'il fait pour s'assurer du vrai maître, possesseur de bonne foi, à l'effet de pouvoir prescrire. Pour prescrire une chose, il faut la posséder avec persuasion qu'elle nous appartient. A-t-on cette persuasion quand on a autant de raisons pour croire qu'elle est à un autre, que pour croire qu'elle est à nous ? »

Casus VIII. *pag.* 214. Pauperes duo, alter ficte talis, alter talis vere, ambo tamen viribus ac corpore validi, sed uterque mirum in modum laboris osor, magnam ex collectis eleemosynis pecuniæ summam confecerunt. Q. an propter fictionem et inertiam teneantur eam restituere pauperibus labori minime idoneis?

R. Pauperem fictum teneri ad restituendum, non sic verum pauperem. Ratio primæ partis est quia in tali casu dantes eleemosynam decepti fuerunt circa misericordiæ objectum, quod est miseria vera, non ficta, ut ex Augustino docet angelicus Doctor 1-2, q. 30, art. 1. Jam vero deceptio circa objectum aufert consensum, ac propterea impedit translationem dominii, ut patet exemplo dotis relictæ pro virgine, quæ si accipiatur a puella solum putative tali, ab ea restitui debet, nisi cum ipsa a majori Pœnitentiario fuerit dispensatum. Addo quod eleemosynarum donatores fuerint etiam decepti circa causam finalem. Licet enim amor Dei sit causa faciendi eleemosynam in communi, tamen proxima causa ob quam fit eleemosyna huic vel illi in particulari, est ipsius miseria quam repræsentat, et cui propterea quis subvenire intendit. Cum igitur error circa causam finalem perimat consensum, et actus substantiam tollat, sequitur quod fictus pauper rei sibi datæ dominium non comparaverit.

Ratio secundæ partis est quia ille, quantumvis piger, erat tamen vere pauper. Advertit tamen, et quidem recte, Petrus Marchantius quod cum dicat Apostolus, *Si quis non vult operari, non manducet,* inertes id genus personæ non merentur excusationem. Dictum est enim homini : *In sudore vultus tui vesceris pane tuo* ; et de muliere laudanda : *Digiti ejus apprehenderunt fusum.... Quæsivit lanam et linum, et operata est consilio manuum suarum.*

— « Un confesseur sage doit obliger ces sortes de mendiants à travailler ; et s'ils gagnent plus qu'ils n'ont besoin, à donner quelque chose aux vrais pauvres à titre de pénitence, et ce n'est à titre de restitution. N'est-il pas vrai que ces gens-là débutent par vous dire qu'ils ne peuvent pas en gagner, et souvent même qu'ils contrefont les estropiés, les impotents? etc. Or, n'est-il pas vrai que par là ils trompent, et que si on connaissait bien leur état on leur ferait observer la règle de saint Paul : *Si quis non vult operari?* etc. »

§ II.
Restitutio ex injusta acceptione.

CASUS IX. *pag.* 11. Venditor, cum noctu mustum duceret ad emptorem, advertit mediam ejus partem effluxisse. Unde ne conqueratur emptor, dolium implevit aqua. Q. an et cui restitutioni subjaceat.

R. 1° venditorem teneri ad aliquam reparationem, tum quia vendit aquam pro musto, tum quia per hanc aquæ mixtionem mustum fit deterius, quæ gravis est emptoris damnificatio. Porro damni auctorem ad illud reficiendum teneri nemo a moralistis ambigit.

R. 2° Vel mustum per aquæ mixtionem ita deterioratur, ut inutile sit ad usus ab emptore intentos : et tunc venditor ad integram restitutionem tenetur, cum emptor damnificetur in toto ; vel mustum per aquæ mixtionem non redditur totaliter inutile emptori ; et tunc tenetur restituere ad ratam damni, videlicet pretium pro aqua reportatum emptori restituendo, ut datum inter et acceptum servetur æqualitas.

CASUS X. *pag.* 24. Titius subripiens Caio decem tritici coros, exemplo suo efficaciter ad idem faciendum movit Joannem, qui alioqui non erat furaturus. Q. an restituere teneatur in locum Joannis, posito quod is non restituat.

R. Negat. Ratio est quia Titius relative ad Joannem non fuit causa furti, seu positiva, seu negativa, sed tantum occasio furandi. Causa porro ab occasione caute secerni debet : causa enim vel producit effectum, vel in effectum influit physice aut moraliter : occasio autem movet affectum ; unde occasio movet solum objective, non autem movet causaliter. Jam vero in casu Titius non influxit in furtum Joannis positive aut negative. Non positive : neque enim ex parte Titii intervenit mandatum, vel consilium, vel consensus, vel palpatio, vel participatio. Non etiam negative : nec enim ex officio tenebatur furtum Joannis impedire. Ergo fuit tantum furti hujus occasio, quatenus pravo suo exemplo Joannem ad furandum induxit ; quod quidem adversarius charitati, non autem justitiæ, cujus solius violatio restituendi obligationem inducit. Neque obstat propositio hæc 39 ab Innocentio XI damnata : *Qui alium movet aut inducit ad inferendum grave damnum tertio, non tenetur ad restitutionem istius damni illati.* Quia intelligenda est de vera causa, non de occasione, ut docet Cardenas.

— « Si on ne peut nier que le sentiment de l'auteur ne soit commun, on peut nier qu'il soit vrai, et je le crois très-faux. On oblige à restituer celui qui a conseillé un larcin, et on ne veut pas voir que si *verba movent, exempla trahunt.* La loi 30, ff. *ad legem Aquil.,* dit tout uniment : *Qui occasionem præstat, damnum fecisse videtur.* La proposition censurée par Innocent XI oblige à restituer, non-seulement celui qui *inducit,* ce qui appartient à la *cause* ; mais celui qui *movet,* ce qui s'entend fort bien de l'occasion donnée dans le sens de l'auteur. *Voyez* mon Traité *de Jure,* etc. part. II, c. 2, art. 6, sect. 1, n. 510. »

CASUS XI. *pag.* 47. Mario se accusanti quod centum ignoto cuipiam subripuisset, injunxit confessarius ut illa in pauperes distribueret. Paruit Marius, sed paulo post rescivit Petrum esse rei dominum. Q. an denuo teneatur centum ipsi eidem restituere.

R. Negat., dummodo debitam adhibuerit diligentiam ut dominum inveniret. Ratio est quia Alexander III, cap. 5, *de Usuris,* præcipit ut quæ inique per usuram parta sunt, pauperibus dentur, si non supersunt domini aut eorum hæredes. Atqui ex communi doctorum sensu eadem est rei furtivæ conditio, quæ rei per usuram acquisitæ. Ergo si Marius debitam adhibuerit diligentiam ut dominum inveniret, restituit quo meliori modo potuit, et juxta legitime præsumptam domini voluntatem, adeoque non est denuo ad aliam restitutionem obligandus.

— « Le meilleur parti dans ces sortes de cas, c'est de déposer la chose trouvée ou volée dans les mains de l'administrateur de quelque hôpital, avec injonction de la ren-

Casus XII. *pag.* 50. Andreas furatus est pullum equinum qui adolevit. Q. an teneatur restituere quantum valebat pullus tempore furti, an deductis expensis quantum valet de præsenti.

R. Teneri restituere quantum actu valet. Ratio est quia, in rebus quæ incrementum habent ab intrinseco, incrementum rei pertinet ab eum cujus est res, et se habet velut fructus naturalis qui domino debetur. Ergo cum pulli adolescentis incrementum sit ab intrinseco, necessarium est ut ad dominum pertineat, deductis tamen expensis quas dominus facturus fuisset, et quidem sæpe minori pretio quam fur ipse.

Casus XIII. *pag.* 65. Titius furatus est vitulum valoris 10, illum enutrivit in bovem valentem 20, postea sensim decrevit ad 15. Q. secundum quem valorem ab eo debeat restitui.

R. Titium prout malæ fidei possessorem teneri, 1° restituere bovem cujuscunque valoris sit de præsenti (detractis tamen expensis quas fecisset dominus), et quam, si quæ ex furto secuta sint, compensare ; quia augmentum vel decrementum valoris est animali intrinsecum, proinde cedit in utilitatem vel damnum domini, qui nusquam animalis dominium amisit ; 2° compensare damnum domino illatum, considerando valorem bovis relative ad tempus quo bovem vendidisset, quod unice ex circumstantiis personæ, officii, etc., colligi potest. Et si his bene pensatis res adhuc dubia permaneat, compensandum est damnum juxta valorem a prudentibus et in arte peritis taxandum.

— « J'ai dit dans le Traité *de Jure*, part. II, ch. 2, art. 5, sect. 2, qu'un possesseur de mauvaise foi, dans les mains duquel le prix d'une chose a crû, et puis diminué, doit le restituer selon le plus grand prix qu'elle ait eu. J'ai cependant remarqué que comme cela souffre de grandes difficultés, le maître à qui on rend son bien ne doit pas être un exacteur impitoyable. »

Casus XIV. *pag.* 110. Rusticus plerumque novas cabellas fraudat, quia audivit eas futilibus de causis impositas fuisse. Q. an teneatur restituere.

R. Vel id audivit rusticus ex solo vulgi ore, vel a viris honestis et fide dignis. Si 1°, peccat fraudando gabellam, quia cum vulgus obstrepere soleat, quando imponuntur vel augentur gabellæ, etiamsi id ex justa causa fiat, strepitus et murmura vulgi non præbent rationem vere probabilem, quæ ab hujusmodi vectigalium solutione excuset. Si 2°, non peccat, quia cum probabiliter et non temere judicet gabellas hujusmodi contra juris leges fuisse impositas, optime potest ab earum solutione excusari. Hoc tamen intelligendum est, dummodo absit periculum se familiamque suam, si a custodibus apprehendatur, depauperandi. Cum enim periculo huic se suosque exponere nequeat, non posset tunc gabellas licite fraudare, etiamsi contra jus et fas impositæ fuissent.

— « Il faut toujours présumer pour la loi et pour le prince dont elle émane. Les *honnêtes gens* sont souvent les premiers à crier, à se plaindre, à prêter aux souverains des motifs qu'ils n'ont pas. La grande règle doit être celle de saint Paul : *Cui tributum, tributum ; cui vectigal, vectigal.* »

Casus XV. *pag.* 236. Materfamilias sæpe pecuniam clanculum subripit viro, aut aliquid rei domesticæ vendit. Q. an justitiam lædat.

R. Vel id facit, quia vir, etsi sæpe monitus de occurrentibus indigentiis, non vult necessaria providere ; vel id facit, quia non vult in administratione domus pendere a marito. Si 1°, non peccat, seu præcise expendendo quantum sufficit, seu prudenter et discrete nonnulla vendendo. Tum quia marito domum moderari renuente, administratio hujus devolvitur ad uxorem : tum quia vir non nisi irrationabiliter invitus esse potest. Si 2°, peccat, tum quia usurpat jus competens marito, tum quia despoticus ille modus de domesticis rebus, præcipue autem alienando, disponendi, rationabiliter displicet viro non renuenti providere necessaria, quando admonetur. De hoc satis in Dictionario.

Casus XVI. *pag.* 257. Mercator, emptore petente certam speciem mercis quam ipse non habet, fingit se ingredi domum ad eam sumendam ; at pergit ad vicini mercatoris domum, eamque pretio novem juliorum emptam statim revendit juliis duodecim. Q. an lucrum istud nihil habeat iniqui.

R. Vel pretium juliorum duodecim excedit limites pretii justi, vel non excedit. Si excedit, jam evidenter injustum est ; si non excedit, ita ut non superet pretium supremum, tunc nihil habet injusti, cum liceat regulariter vendere summo pretio ; nec quis, mercator præcipue, teneatur merces vendere pretio quo ipse habuit. Sane si eas ab amico habuisset pretio infra infimum, non teneretur eas vendere infra infimum. At hic advertendum, non omnes res quæ pro pretio infimo habent novem julios habere pro medio decem cum dimidio, et duodecim pro supremo. Esto enim id verificetur de rebus, *v. g.* nobilioribus, non tamen de aliis omnibus verificatur. Quædam enim, si pro infimo pretio novem julios habent, pro medio habent julios novem cum dimidio, et pro supremo julios decem.

§ III.

Restitutio ob damnum.

Casus XVII. *pag.* 9. Capellanus cujusdam oratorii sacris indumentis destituti ad patroni preces sacra ornamenta a vicinis ecclesiis commodata accepit, ne visitator decretum aliquod patrono indecorum conderet. Q. an aliquid iniqui fecerit capellanus.

R. Eum peccasse, 1° contra justitiam, quia cooperatus est injustitiæ patroni, qui tenetur oratorio decentia ad sacrum ornamenta suppeditare ; 2° contra religionem, quia per istam fraudis speciem impediit ne visitator per justum decretum cultui divino provideret; 3° contra sinceritatem, cui hæc ejus simulatio contraria fuit.

CASUS XVIII. *pag.* 12. Deambulans quidam per montium cacumina, ubi pascebant oves plurimæ, canis ejus mansuetus ipsas territavit, ita ut præcipites ruerint de montium vertice. Q. an damnum illud compensare teneatur.

R. Negat. Ratio est quia, ut quis damnum reficere teneatur, debet esse culpabiliter illatum, et non mere per accidens. Sed in casu damnum domino gregis illatum est sine culpa, et mere per accidens. Cum enim canis supponatur mansuetus, dominus ejus nec prævidet, nec prævidere potuit terrorem ovibus incussum : cum oves terrere, non sit canis mansueti, sed ferocis. Ergo non tenetur reficere damna ovium.

— « Cette décision est trop générale. Un maître peut prévoir que son chien, quoique très-doux, courra après les brebis comme après les oiseaux, qu'il les effrayera, et que cela est plus dangereux quand elles sont sur le bord d'un précipice ou d'une rivière, que quand elles sont en plaine. »

CASUS XIX. *pag.* 13. Sylvester pauperrimus et copiosæ familiæ parens, ut cum illa duram biemem tolerare possit, hic et illic ligna comburenda inquirit ; at cum non inveniat arida et infructifera, cædit et aufert fructifera, vel quæ paucis post annis essent domino valde utilia. Q. an sit et quousque redarguendus.

R. Vel Sylvestri familia lignis ad propellendum frigus indigens, est in extrema lignonum necessitate, ita ut probabilis habeatur timor periculi vitæ ; vel est solum in gravi necessitate constituta. Si 1°, tolerandus est Sylvester, quia in tali necessitate omnia sunt communia ; et sicut in pari casu dominus arborum eas cæderet ac combureret, quamvis sint frugiferæ ; sic et id simili naturæ jure potest Sylvester. Si 2°, graviter redargui debet, ut constat ex propositione 36, ab Innocentio XI reprobata.

— « Un pauvre qui, même dans ce cas, couperait des arbres fruitiers, s'exposerait beaucoup. Il faut donc lui dire tout uniment qu'il aille mendier du bois, et qu'après avoir exposé ses besoins à Dieu, il les expose aux hommes. »

CASUS XX. *pag.* 15. Petrus videns agrum suum ab animalibus vicini damnificari, ea occidit, ut se indemnem servet. Q. an mortaliter peccaverit et ad restitutionem teneatur.

R. Posito quod casus procedat de columbis aliisque hujusmodi animalibus, uti ordinarie contingit : vel Petrus aliter damnum impedire non potest, vel potest. Si non potest (quod in praxi moraliter impossibile censeo), tunc nec peccat, nec restitutionis oneri subjacet ; quia jus habens bona sua servandi, jus habet ea destruendi quæ iisdem bonis nocent. Si vero alia via damnum avertere potest, puta clamando, ingeniosis artibus animalia arcendo, quin et satisfactionem exigendo, ut practicare solent viri timorati ; tunc iniquus est occisor, iniquus proinde damnificator, et quidem graviter, si gravis sit materia. Unde tunc ad ratam illati damni restituere tenetur.

— « Si cette décision peut servir dans un pays libre, elle ne peut servir en France, où les colombiers sont des servitudes imposées aux campagnes voisines. Mais les seigneurs qui multiplient trop les pigeons, ou qui ne les nourrissent pas en certains temps, peuvent être très-coupables devant Dieu. *Voyez* les résolutions de M. de la Paluelle. »

CASUS XXI. *pag.* 36. Franciscus ab obtinendum quod sibi debebatur, et alia quam occultæ subreptionis via assequi non poterat, violenter debitoris domum aperuit, et ablato quod sibi debitum erat, ostium reliquid apertum ; unde ingressi latrones multa subripuere. Q. an damnum a furibus illatum reparare teneatur.

R. Negat., quia ea solum damni causa ad restitutionem obligat, quæ per se ad ejusdem damni productionem ordinatur. Atqui aperire januam non ordinatur per se ad damnum a latronibus inferendum. Non enim ex apertura januæ per se et ut plurimum sequitur furtum. Ergo Franciscus non fuit causa proxima et per se hujus damni ; sicque ad nihil tenetur. Quod a fortiori certissimum erit si Franciscus, unice ad compensationem suam attentus, inadvertenter ostium domus reliquit apertum.

— « Il faut que l'auteur ait cru écrire dans un pays où il ne se trouve des voleurs qu'une fois dans un siècle. Partout ailleurs un homme qui n'est pas dépourvu de raison jugera aisément que laisser la porte d'une maison ouverte pendant la nuit, c'est virtuellement inviter à faire un mauvais coup ceux qui en cherchent l'occasion. Tant pis pour lui s'il n'y pense pas, *animadvertere debuerat*, dit saint Thomas. On excepte cependant le cas d'une distraction comme invincible. »

CASUS XXII. *pag.* 37. Petrus mandatum dedit Caio ut centum furaretur Sempronio, prævidens Caium data opportunitate plus subrepturum esse ; quod et fecit, bis centum furando, quæ consumpsit, nec restituere potest. Q. an Petrus hæc ducenta restituere teneatur.

R. Teneri solummodo ad centum. Ratio est quia non tenetur in casu nisi ut mandans. Atqui non est mandans nisi in ordine ad centum ; alia enim non subripuit Caius in gratiam Petri, sed nomine proprio. Nec obstat quod præviderit Petrus Caium plura furaturum esse, quia prævisio hæc non facit eum causam damni, sed duntaxat mandatum ab eo datum, quod cum non fuerit nisi ad centum, eum solummodo obligat ad restitutionem centum. Alioqui si mandans Francisco prima vice occidere Sergium, prævidisset, ut prævidere poterat, eum post primum homicidium, alia et alia deinceps patraturam esse, teneretur ad damnum non modo e Sergii morte seculum, sed ad ea etiam quæ sequerentur ex morte cujuscunque deinceps a Francisco occisi, posito quod nullus illatum per hæc Francisci homicidia damnum repararet ; quod sane nemo dixerit. Ita Arragonius, qui plures citat contra paucos.

— « Je n'aurais pas cru qu'on donnât encore de nos jours de si pitoyables décisions. Bien loin d'exempter Pierre de restituer les deux cents livres que son mandataire a volées dans le cas dont il s'agit, je l'y croirais obligé, quand même il lui aurait défendu de le faire, parce que *mandatum dedit periculosum*; ou, comme parle Boniface VIII, cap ult. *de Homicidio*, in 6, *cum mandando in culpa fuerit, et hoc evenire posse debuerit cogitare*. Je dis la même chose du second cas : les difficultés que l'auteur y trouve ne sont que de pure imagination. »

Casus XXIII. *pag*. 38. Petrus sæpe ad publica pabula deduxit oves, quæ quadam die vicinum agrum ingressæ, magnum segetibus detrimentum intulerunt. Q. an ad hujus reparationem teneatur.

R. Negat. Ratio est quia, ut generaliter docent theologi, nemo ob damnum casuale in foro conscientiæ restituere tenetur. Porro damnum de quo in casu, mere casuale est ; cum pluries, et licite quidem, Petrus oves suas ad ea pabula deduxisset, neque id unquam contigisset, nec ex ordinario contingentibus debuisset damnum illud prævidere. Unde omissio diligentiæ in custodiendis ovibus quæ stragem intulerunt, non fuit culpa theologica, saltem lata, sed damnum simpliciter casuale reputari debet.

— « Je crois au contraire, 1° que Pierre a péché toutes les fois qu'il n'a pas veillé sur son troupeau ; 2° qu'à moins qu'on ne le suppose plus stupide que ses moutons, il a pu et dû prévoir que le mal qui avait manqué dix fois d'arriver, pouvait arriver une fois. En fait de brebis un jour ne répond pas de l'autre. Il ne faut qu'un mâtin qui passe, l'ombre d'un loup, un bélier en chaleur, pour les porter d'un lieu à l'autre. D'ailleurs, si l'auteur croit qu'on n'est tenu *sub gravi* à restitution que lorsqu'on est coupable d'une faute théologique grossière, il se trompe beaucoup. Quoiqu'une faute vénielle oblige à beaucoup moins qu'une faute mortelle, le dommage qu'elle a causé peut être si grand, qu'on soit tenu *sub mortali* d'en réparer une partie. *Voyez* mon Traité *de Jure*, chap. 2, art. 3. »

Casus XXIV. *pag*. 38. Titius puellam suæ conditionis sub spe futuri matrimonii defloravit. Modo eam ducere volens, obstat pater puellæ, damni eidem per deflorationem illati compensationem prætendens, ut alteri sibi bene viso filiam nuptui tradat. Q. an justa sit patris prætentio.

R. Negat. Ratio est quia Titius ex vi contractus tenetur puellam ducere, cum ad eam ducendam, non autem dotandam se obligaverit, et id acceptaverit puella. Unde si hanc ducere paratus sit, maxime cum ejusdem sit conditionis, abunde satisfacit. Quomodo si Paulus vendat domum Joanni cum pacto ut intra mensem solvat pretium, ex quo contractum societatis ineat cum Francisco, Joannes, si præfixo tempore paratus sit pretium solvere, et Paulus acceptare nolit, non tenetur de damno quod Paulus sufferret, quia id omne fecit, ad quod faciendum se obligaverat.

— « Ce point serait jugé différemment en différents tribunaux. Le séducteur d'une fille fait injure à ses père et mère, et on dirait qu'ils ne sont pas obligés à garder un indigne accord qui s'est fait sans leur participation : cependant l'auteur des *Conférences d'Angers* pense comme notre casuiste. »

Casus XXV. *pag*. 87. Mulier proprium lactans infantem, alterum lucri causa lactandum recepit, qui defectu lactis utrique sufficientis paulatim viribus destitutus moritur. Q. an dicta mulier graviter peccaverit, et ad aliquam perceptæ pecuniæ restitutionem teneatur.

R. Ad nihil teneri, si non adverterit se sufficientem pro duobus lactis copiam non habere, et aliunde omnem quam debuit in infantis hujus cura diligentiam adhibuerit. Si vero nutrimenti defectum, et ex hoc gravem pueri languorem prævidit, vel, ut fieri solet, debitam in puero nutriendo et curando diligentiam omisit, tunc et homicidii rea judicari debet; et ne lucrum ex violata justitia referat, velut malæ fidei possessor, obligari debet ad restitutionem pecuniæ receptæ, non quidem integræ, sed juxta viri prudentis judicium.

— « Si l'auteur n'excuse pas de péché et de restitution, ce n'est pas sa faute. Son inadvertance vient à tout propos. J'aurais cru qu'il ne faut à une nourrice qu'une étincelle de jugement, pour voir si elle peut nourrir deux enfants à la fois, ou si elle ne le peut pas, et qu'elle doit plus en vertu de l'homicide dont elle est coupable, qu'on ne peut lui devoir en vertu des faibles soins qu'elle a pris. »

Casus XXVI. *pag*. 128. Antonius occidit Marinum ex inadvertentia solum veniali. Q. an sub gravi culpa teneatur resarcire damnum occisi familiæ inde secutum?

R. Negat. Ratio est quia sicut si in Marini occisione nulla prorsus intervenisset culpa, ut si per casum omnino fortuitum vel motum primo primum occisus fuisset, Antonius ad nullam omnino damni reparationem teneretur; sic nec ulla ei gravis imponenda est obligatio propter inadvertentiam mere venialem : cum æque repugnet ut effectus sua causa major admittatur, quam ut admittatur effectus absque ulla causa. Ita Lessius, Lugo, etc.

— « Il n'y a qu'à rétorquer l'argument, et dire qu'un homme qui ne laisse pas d'être coupable, ne doit pas être ménagé comme un homme qui est innocent. Or, Antoine est coupable, puisqu'il a commis un vrai péché, quoique léger. Ajoutez avec Lessius que, quand il s'agit d'homicide le péché va aisément au mortel, et que dans, le doute le préjugé ne doit pas être en faveur du meurtrier. *Voyez* l'endroit que j'ai cité dans la petite remarque sur le cas XXIII. »

Casus XXVII. *pag*. 134. Antonius nonnullas arbusculas in campo alieno recidit, valoris tunc nummorum decem, sed, ut spes erat, valituras triginta post annos duodecim. Q. quid campi domino restituere teneatur.

R. Restituendum esse juxta viri prudentis arbitrium. Siquidem ex una parte restitutio non est tantummodo commensuranda valori præsenti rei, in qua damnum proximo illatum est, sed etiam valori quem ea res in futurum habitura prudenter judicabatur : ex alia vero parte, cum id quod est in spe sola non tanti valeat ac quod est in re, et arbusculæ variis in toto decennii lapsu infortuniis obnoxiæ sint, consequens est quod hæc ex æquo et bono a viro prudente definienda sint.

— « Si Antoine avait volé une poule à un homme qui aurait aisément pu s'en procurer une autre, serait-il, au bout de dix ans, obligé de restituer tous les œufs et tous les petits qu'elle aurait pu avoir par elle-même ou par les poulets qui en seraient provenus? Non, comme je l'ai dit dans la dernière édition du Traité *de Restitutione*, pag. 403. Or, on ne peut dire la même chose dans le cas présent ; à cela près qu'un homme dont on coupe les jeunes arbrisseaux ne peut se dégoûter d'en planter d'autres, dans la crainte d'un nouvel accident. Et alors sa perte est sur le compte du malfaiteur. »

Casus XXVIII. *pag.* 139. Famuli qui Joannis armenta ducebant ad pastum, ea huc et illuc, inscio Joanne, vagari permiserunt; unde ingens frugibus Sempronii damnum secutum est. Q. an Joannes de damno illo teneatur.

R. Negat. * Dummodo Joannes famulos suos prudenter elegerit, iisque, quantum ferebat conditio sua, invigilaverit. Ratio est quia tunc alieni damni causa non fuit, seu mandato, seu suasione aut impulsu, seu etiam negligentia. Porro qui in alterius damnum non influxit, ad ejus reparationem non tenetur : etsi aliquando ad eam obligetur a judice, qui præsumit eum debita quoad famulos suos diligentia usum non fuisse.

Casus XXIX. *pag.* 163. Marcus ira commotus in Philippum, voluit ædes ipsius succendere, sed ex errore succendit domum Alberti amici sui. Q. an damnum Alberti reparare teneatur.

R. Affirmat. Ratio est quia quicunque per actionem formaliter proximo injuriosam directe vel indirecte proximo damnum intulit, hoc ipso ad ejus reparationem tenetur, licet illud inferendo ignoraverit qualitatem particularis personæ cui nocebat. Sic qui scienter peccat cum conjugata, culpam et pœnas adulterii incurrit, licet ignoret quis sit maritus uxoris ad quam accedit. Pariter qui Petrum occidit, ratus se occidere Paulum, damna ex homicidio secuto reparare tenetur. Ergo et in casu tenetur Marcus illatum amico suo damnum resarcire, cum obligatio reparandi damnum non sit desumenda ex actione formaliter injuriosa proximo, ut ex adductis homicidii et adulterii exemplis manifestum est.

Casus XXX. *pag.* 174. Petronius exiens e domo Lucii, et ad alia distractus, non cogitat de claudendo diligenter ostio. Unde ingressi fures grave Lucio damnum intulerunt. Q. an Petronius jacturam hanc reparare teneatur.

R. Negat. Ratio est quia Petronius, quamvis per omissionem diligentiæ hujus quam accuratiores adhibere solent, faciliorem furibus in ædes Lucii aditum reliquerit, non fuit tamen vel voluntaria furti causa, vel reus culpæ juridicæ aut theologicæ contra justitiam commutativam; cum omissio diligentiæ in claudendo ostio ex simplici, eaque viris etiam sapientioribus inevitabili distractione suborta sit. * Sane suspicacior maritus in his mentis alio raptæ casibus quandoque fores domus suæ apertas relinquit.

Casus XXXI. *pag.* 242. Commodatarius dubitans an equus per incuriam suam subreptus fuerit, petit an equi pretium refundere domino teneatur.

R. Quod si de incuria sua certus non est, et quod propterea fur equum abstulerit, non tenetur equi pretium, ullamve hujus pretii partem solvere domino. Ratio est quia, quando non constat certo de culpa, stat in possessione innocentia, nec quis ad restitutionem certam tenetur ob purum dubium de damno illato.

— « Quand j'ai de bonnes raisons de douter de ma négligence, je doute nécessairement de mon innocence. Mais comment puis-je me croire sûrement innocent, quand je doute si je le suis? Et sur quoi fonder mon innocence ? est-elle plutôt en possession, que le défaut de cette même innocence? A la bonne heure donc que je ne sois pas obligé à restituer tout, comme si j'étais bien sûr de mon tort; mais que je ne sois pas dispensé de toute restitution, comme si j'étais bien sûr que je n'ai rien à me reprocher. »

Casus XXXII. *pag.* 268. Mævius, etsi diligentiam omnem adhibuit, non potuit certo scire an influxerit in homicidium. Q. an ad damni refusionem teneatur.

R. Hunc quidem esse irregularem, de quo alibi; sed non teneri ad reparationem damni, quia nemo ad reparationem certam tenetur pro puro dubio ut casu præced. dictum est. *Vide* animadversionem in hunc casum.

§ IV.

Restitutio ex contractu.

Casus XXXIII. *pag.* 49. Titius bona fide Jacobo, præsenti pecunia vendidit bovem, qui post horas vix quindecim periit latente morbo, ut eo aperto compertum est. Q. an venditor defectum hunc inculpabiliter ignorans, teneatur acceptum pretium restituere?

R. Affirmat. Licet enim ob bonam fidem non peccaverit Titius, tamen quia latens defectus, propter quem bos statim periit, fuit circa substantiam (bos enim graviter infirmus, et quidem inutilis emptori, venditus est pro sano), sequitur contractum hunc fuisse nullum ratione hujus erroris, qui tollit consensum ad valorem contractus omnino necessarium. Unde Titius, qui damnum illud reficere aliter non potest, quam per restitutionem pretii, pretium illud restituere tenetur.

— « On ajoute communément qu'un homme qui de bonne foi aurait vendu sa marchandise telle qu'elle est, sans vouloir la garantir, ne serait tenu d'aucun événement. Mais on ajoute aussi qu'en chargeant l'acheteur d'un tel risque, il devrait lui vendre à meilleur compte. »

CASUS XXXIV. *pag.* 175. Bernardus vendidit equum Sempronio, cui occultum ejus vitium non aperuit, cum super eo minime fuerit interrogatus, sciens tamen equum ab illo emptum non iri, si vitium illius manifestasset. Q. an peccaverit et ad restitutionem teneatur.

R. Si defectus equi talis est ut eum reddat alteri inutilem vel noxium, venditor graviter peccavit, et ad rescindendum contractum tenetur, quia tunc reus est doli gravis et dantis causam contractui. Si vero equi defectus non reddat equum noxium aut inutilem ad finem ab emptore intentum, tunc Bernardus, qui de defectu interrogatus non est, neque peccavit, neque restituere tenetur, dummodo juxta rationem defectus descenderit in pretio. Ratio est quia defectum occultans in tali casu utitur jure suo, nec ulli facit injuriam. *Vide* S. Thomam, 2-2, q. 73, a. 3, in cor. Sed et *vide* quæ fusius dixi in Tract. *de Contractibus.*

CASUS XXXV. *pag.* 220. Sacerdos ab amico monitus valorem monetæ brevi a principe diminutum iri, mutuo dat Joanni certam duplarum quantitatem, cum pacto ut sibi solutionis tempore reddantur juxta valorem quem actu habent dum traduntur. Q. an licite.

R. Affirm. Seclusis mendacio ac dolosa invitatione, a quibus merito præsumitur sacerdos abhorrere. Ratio est, 1° quia duplæ illæ reipsa tanti valent, cum dantur : ac pro tanto impendi possunt a Joanne, nisi diu differat ; 2° quia particularis notitia quam habet mutuans, non reddit eum deterioris conditionis, nec aufert communem duplarum æstimationem, cui innititur justus earumdem valor. Dum ergo eas mutuo dat sub prædicto pacto, utitur jure suo, sicut qui vendit merces pretio currenti, etsi particulari notitia sciat earum pretium proxime ob superventuram illarum copiam imminuendum esse ; 3° quia mutuatarius posset hujusmodi duplas in mutuum recipere, cum pacto easdem reddendi in eodem valore ; quamvis crederet probabiliter earum valorem paulo post adaugendum esse. Quare igitur non idem erit in præsenti ? Ita Bonacina, Lessius, Lugo, etc.

CASUS XXXVI. *pag.* 235. Filius, cui constat paternam hæreditatem non sufficere pro solvendis debitis quæ pater suus contraxit partim ex contractibus licitis, partim ex usurariis. Quærit an debita illicite contracta prius solvere debeat, quam quæ fuerunt licite contracta.

R. Debere utraque eodem gradu solvi pro rata hæreditatis, si bona sint tantum personaliter obligata. Ratio est, 1° quia obligatio aliis ante alios satisfaciendi non evincitur ex jure, cum in eo nihil quoad punctum istud statuatur ; 2° quia solvendi obligatio in debitore provenit a lege justitiæ commutativæ, quæ et qualitatem rei ad rem respicit, et unicuique suum reddi jubet ; non spectando an illud vel licite acceptum fuerit, vel cum alterius injuria cujus reparationem curare pertinet ad aliam speciem justitiæ, nempe ad vindicativam. Cum ergo quilibet ex creditoribus jus habeat ad rem sibi debitam ex respectivo contractu, ideo ne alicui damnum inferatur, solutio in casu singulis creditoribus ad ratam facienda est, servata scilicet proportione quæ est inter singula credita, adeo ut cui plus debetur, plus ei detur proportionaliter, et minus, cui minus. Unde regula hæc : *Qui prior est tempore, potior est jure,* valet quidem inter creditores ejusdem rei hypothecarios, non autem inter creditores mere personales. Sententiam hanc late propugnavi in Tract. *de Jure et Justitia.*

CASUS XXXVII. *pag.* 243. Agricola bona fide bovem emit a Lucio fure, et paulo post revendit Sempronio, et nummos quatuor in ea revenditione lucratur. Audit subinde bovem hunc a Lucio fuisse subreptum Joanni. Q. ad quid Agricola teneatur respectu Joannis.

R. Vel Agricola bovem hunc a fure emit minori pretio quam intrinsece valeret (solent enim fures rem ablatam minoris vendere quam valeat), et tunc si nummi illi quatuor integrant justum bovis pretium, tenetur eos, detractis expensis, reddere Joanni, quia tunc non sunt fructus industriæ, sed pars valoris et pretii intrinseci ipsius bovis. Vel illum a fure emit justo pretio ; et tunc Agricola ad nihil tenetur : ii enim quatuor nummi non sunt fructus bovis, neque pars intrinseci valoris ejusdem, sed merus industriæ fructus. Vel demum una portio, puta duo ex his quatuor nummis necessaria erat ad integrandum justum pretium bovis ; et tunc Agricola potest duos retinere ut fructum industriæ, duos vero, deductis impensis, restituere Joanni.

— « Cette décision est juste, en supposant qu'un homme qui a acheté de bonne foi d'un voleur n'est pas tenu de rendre la chose volée, ou son prix, etc., quand il en connaît le maître après coup. J'ai suivi le sentiment contraire dans le même Traité *de Jure,* etc., part. II, cap. 2, art. 6, sect. 3, n. 631 et seq. »

CASUS XXXVIII. Cœlius mutuat Livio pecuniam ad decem annos, eo pacto ut si interim contrahentium alter moriatur, debitor sit liber ; si autem supervixerint ambo, mutuatarius dare debeat aliquid ultra sortem. Q. an talis contractus licitus sit.

R. Affirmat. Si id quod a mutuatario dandum est supra sortem, ita determinetur, ut uterque vere subsit æquali periculo amissionis et lucri æqualis. Ratio est quia in hoc casu plena est æqualitas, cum uterque idem subeat periculum lucrandi vel amittendi rem æqualem. Neque hic proprie est mutuum, vel societas. Non mutuum, cum dans pecuniam non possit cam repetere in omni eventu. Non societas, cum nihil in commune conferatur. Est ergo ludus sortis, et conventio supra vitam et mortem fundata, quæ sub prædictis conventionibus licita est. De hoc alibi.

§ V.

Restitutio ex mandato et consilio.

Casus XXXIX. *pag.* 195. Famulus ex domini mandato subripuit Philippo modium tritici, de quo nihil participavit. Q. an ad restitutionem obligetur.

R. Obligari, si dominus ipse non restituat. Ratio est quia tam jubens seu mandans, quam exsecutor seu mandatarius sunt causa totalis furti; licet ille magis principaliter, iste minus. Uterque igitur tenetur ad integram restitutionem rei ablatæ : mandans quidem prius et independenter, ut ita dicam, a quocunque alio, ut pote causa principalior; mandatarius vero in ipsius defectum. Nec obest quod exsecutor famulus nihil participaverit de furto. Id enim ostendit quidem dominum ex alio etiam titulo, nimirum rei acceptæ et consumptæ, ad restitutionem teneri; at non eximit famulum ab onere restituendi, posito quod dominus non restituat. Sicut nec eximeretur ab obligatione damnum e successis ad domini mandatum segetibus profluens resarcire, eo quod nihil inde percepisset lucri.

Casus XL. *pag. ead.* Idem famulus de præsenti impar restituendo, obtinet a Philippo condonationem furti. Q. an condonatio hæc ipsum etiam mandantem a restitutione liberet.

R. Negat. Ratio desumitur ex mox dictis. Herus enim, ut pote mandans, est causa primaria damni, famulus autem causa minus principalis. Porro licet causa minus principalis a restitutione liberetur, quando rei dominus causam magis principalem a restitutione eximit, non tamen e converso. Sed quemadmodum restituente causa minus principali in defectum principalioris, hæc adhuc tenetur isti damnum compensare, ita supposita etiam condonatione facta causæ minus principali, principalior causa adhuc restituere tenetur. Nec obstat quod forte dominus rei furto ablatæ ignoret cui causæ condonet, et credat se principaliori condonare : quia profecto motivum quo inducitur ad condonationem, est impotentia petentis. Ergo hunc solum, et ex tali motivo absolvit ab obligatione restituendi.

Casus XLI. *pag.* 30. Petrus videns apertam Sempronii officinam dixit Marco : Si nunc ex Sempronii mercibus acciperes, nemo videret. Quo audito Marcus plura subripuit. Q. an non facta per Marcum restitutione, Petrus ad aliquid teneatur.

R. Ad nihil teneri. Ratio est quia per tale dictum Petrus non influxit in furtum, cum nec dederit mandatum, nec consilium, nec alio modo se habuerit ut causa furti. Nec obstat quod furtum non fuisset commissum, si Petrus talia effatus non esset : hinc enim solum colligitur Petrum fuisse furti occasionem, non autem fuisse causam, cum explicari non possit quem et cujus generis influxum habuerit in furtum illud. Porro si fuit simplex occasio, non autem causa, jam non tenetur restituere, quia solum contra charitatem peccavit, non contra justitiam. Nec obstat propositio 39 ab Innocentio XI damnata, quia hæc procedit de causa damni, non de simplici occasione.

— « Voilà ce qu'on appelle éluder les censures. On a déjà remarqué que la proposition condamnée par Innocent XI dit simplement : *Qui alium movet aut inducit ad inferendum grave damnum tertio, non tenetur ad restitutionem istius damni illati.* Or il est sûr que dans le cas dont il s'agit, *Petrus movit et induxit Marcum ad subripiendas Sempronii merces.* Donc, ou il n'est pas nécessaire d'être cause, dans le sens rigoureux de l'auteur, pour être obligé à réparer un dommage où Pierre a été plus qu'une simple occasion. Qui ne voit en effet que le discours qu'il a tenu à Marc est un conseil, et même plus qu'un conseil? N'y a-t-il de conseil que quand on dit formellement, *je vous conseille,* etc.? Proposer un vol, en montrant à un homme peu scrupuleux combien il est aisé à faire, c'est le conseiller très-efficacement. »

Casus XLII. *pag.* 37. Titius volenti furari decem, suasit ut furaretur viginti. Q. ad quid teneatur.

R. Teneri solum ad decem. Ratio est quia Titius solummodo influxit in damnum decem, cum fur jam esset a seipso determinatus ad furandum decem priora. Ita Medina, Soto, etc.

Casus XLIII. *pag.* 50. Marius dubitat 1° an per malum quod dedit consilium fuerit causa damni; 2° an fuerit causa abortus foetus animati. Q. an damnum compensare debeat, et an sit irregularis.

R. Affirmat. ad utrumque. Ratio primæ partis est quia, cum certo constet datum esse consilium ad inferendum damnum, et dubium solum sit an influxerit in damnum, possessio non est pro libertate consulentis, sed pro consilio; quemadmodum si certo constet votum fuisse emissum, tantumque dubitetur an cum requisita intentione possessio est pro voto. Si autem possessio est pro consilio, tota possessio est pro influxu in damnum; sicque titulo talis consilii tenebitur Titius illatum damnum compensare, ut docet Lugo, disp. 19, n. 21.

Ratio secundæ partis est quia, cap. 12 et 13 *de Homicidio volunt.,* expressim decernitur, quemcunque de homicidio voluntario dubium, ut in præsenti est Marius, cum foetus supponatur animatus, pro irregulari habendum esse, uti supra dictum est. *Voyez* Irregularitas.

— « Dans un doute bien fondé, si le conseil qu'on a donné a été ou n'a pas été la cause du dommage d'un tiers, il faut restituer *secundum mensuram dubii.* Je dois moins à un homme à qui je n'ai peut-être fait aucun tort, qu'à celui à qui je suis sûr d'avoir causé du dommage. »

Casus XLIV. *pag.* 57. Petro dicenti se velle nocte sequenti equum Joannis furari, ait Lucas : *Facilius est equum furari tempore missæ, quo etiam canes absunt.* Quo audito Petrus tempore sacri equum furatur. Q. an Petro non restituente, teneatur Lucas ad restitutionem equi.

R. Teneri. Ratio est quia, sicut qui parato furari post octo dies suadet hodie furari, tenetur in ejus defectum restituere; quia fur intra octo dies potuisset impediri, vel mutare voluntatem; ita tenetur Lucas in casu propter eamdem rationem in defectum Petri restituere, quia causa fuit ut Petrus tali tempore furtum securius committeret, a quo potuisset nocturno tempore impediri.

§ VI.
Restitutio ex scandalo et taciturnitate.

Casus XLV. *pag.* 243. Laertius subripuit triticum coram Francisco, qui malo ejusdem exemplo ductus, pariter subripuit oleum. Q. an Francisco non restituente teneatur Laertius damnum utrumque reficere.

R. Negat. Eo quia neque fuit causa physica, neque moralis ablationis olei ; cum, ut supponitur, neque jusserit, neque consuluerit, neque de furto isto Franciscum laudaverit, nec ullo alio positivo actu in illud influxerit, aut ratione officii illud impedire teneretur. Quapropter debet quidem restituere ablatum a se furtum, vel pretium ejusdem, seque de scandalo alteri dato in confessione accusare ; at non tenetur olei damnum reficere. Ita DD. communiter.

— « Ce sentiment n'est pas le plus commun chez les théologiens exacts. On l'a déjà combattu ci-dessus, cas X. »

Casus XLVI. *pag.* 61. Paulus cum posset impedire damnum vicino suo a fure inferendum, non impedivit accepta pecunia ut taceret. Q. 1° an damnum illud compensare teneatur? 2° an pecuniam acceptam retinere possit?

R. Posse eum pecuniam hanc, nisi furtiva sit, retinere; quia sicut hanc propter onera alia retinere poterat, ita et propter servandum silentium tempore quo furtum commissum est. Licet enim peccaverit tacendo, illa tamen culpabilis omissio erat, pretio æstimabilis.

— « L'auteur ne dit rien sur la première partie de ce cas. J'ai soutenu dans le Traité *de Jure*, etc., qu'un homme qui reçoit de l'argent en pareil cas pour se taire est tenu à réparer le dommage au défaut du voleur, parce qu'en vertu du silence qu'il lui a promis à prix d'argent, il l'a rendu plus sûr de son coup et plus hardi à le faire. Je répète ici qu'il ne peut garder l'argent qu'il a reçu, et qui n'est que le prix de son iniquité. »

Casus XLVII. *pag.* 241. Facto a judicibus edicto, quod omnes qui auferunt uvas, ultra damni refectionem teneantur solvere fisco duos aureos, Caius vineæ custos, etiamsi videat aliquos uvas auferre, tacet, eo quod ab his munera accipiat. Q. ad quid in foro conscientiæ teneatur.

R. Caium teneri, 1° restituere stipendia ; quia hæc acceperat ob pactam vinearum custodiam, quam non exercuit ; 2°, resarcire damna ab uvas asportantibus illata, si ea ipsi non reficiant, quia hæc causavit, non impediendo aut denuntiando asportantes, prout tenebatur ex officio. Nonnulli eum etiam obligant ad solvendos aureos fisco ob denuntiationis omissionem. Alii tamen eum communius ab hoc onere excusant, quia nullum est fisco acquisitum jus ad has mulctas ante judicis sententiam, qua proinde quocumque modo impedita, ad nihil teneri debet, præsertim cum officium ejus non esset fiscum mulctis ditare, sed vinearum dominos a damno per custodiam immunes servare. Bonacina, Sporer et alii ipsum excusant a restitutione munerum quæ ab uvarum prædonibus recepit, quia licet peccaverit contra justitiam, asportationem permittendo, non tamen peccavit contra justitiam, munera accipiendo, cum hæc ipsi data fuerint in recompensationem favoris pretio æstimabilis quem fecit transportantibus.

— « Cette dernière partie de la décision est si mauvaise, que je ne m'arrêterai plus à la réfuter. Il y a plus de difficulté à définir si un garde de vignes est obligé à dédommager le fisc de l'amende qu'il lui a fait perdre par son silence. Les plus rigides théologiens ne sont pas d'accord sur ce point. Je crois que tous les gardes qui manquent à ce devoir sont tenus à restituer au fisc, parce qu'en vertu du pacte qu'ils ont fait avec ceux qui les ont mis en place, ils sont tenus à découvrir ces sortes de maraudeurs. Il est vrai que les derniers ne sont tenus à l'amende qu'en vertu de la sentence du juge ; mais dès que les premiers ont manqué à une obligation stipulée et acceptée, ils y sont tenus avant toute sentence. *Voyez* mon Traité *de Jure*, dernière édition, part. II, c. 2, a num. 434. »

Casus XLVIII. *pag.* 254. Famulus videns alium conservum res domini subripientem, tacet. Q. an tacendo justitiam violet, adeoque ad restitutionem teneatur.

R. Cum distinctione : Vel isti famulo specialiter commissa est cura et custodia rerum domesticarum, vel non. Si 1°, ejus silentium est contra justitiam, si absque gravi sui periculo impedire valeat damnum domini, clamando aut resistendo ; cum enim illud ex officio teneatur impedire, eo ipso quo non impedit, deest muneri suo, adeoque si fur non solvat, in ejus locum solvere tenetur. Si 2°, subdistinguo : Vel videt conservum res domini subripere et congregare animo asportandi et fugiendi ; et tunc dico cum communiori silentium ejus abhinc esse contra justitiam cum obligatione restituendi ; nisi potens clamare clamet, et furtum impediat, sicut et extraneorum furtum impedire tenetur : in his enim casibus famulus est quasi custos rerum domini certa mercede ad avertendam earum jacturam conductus. Vel videt famulum aliquid quidem subripere, sed non animo illud asportandi et fugiendi; et tunc dico silentium ejus esse tantum contra charitatem, quatenus non evitat malum proximi, cum potest. Cæterum cum ex officio ipsum avertere non teneatur, non obligatur ad solvendum, fure non solvente. Ita Giribaldus, *de Restit.*, cap. 3, dub. 5, n. 43.

— « La dernière partie de cette décision ne vaut rien. Il en résulterait qu'un domestique qui voit un de ses camarades prendre souvent quelques bouteilles du meilleur vin et des liqueurs les plus chères, user le linge de son maître, etc., n'est tenu à rien de plus vis-à-vis de ce même maître, que ne le serait un étranger, sous prétexte que son compagnon n'emporte rien hors de la maison et qu'il ne veut pas s'enfuir avec sa proie. Conséquences que personne ne passera. *Voyez* le petit livre que j'ai donné à l'usage des officiers de maison, domestiques, etc. »

§ VII.

Restitutio propter homicidium casuale.

Casus XLIX. *pag.* 128. Petrus occidendo Antonium defectu plenæ advertentiæ venialem tantum culpam admisit. Q. an sub gravi culpa teneatur damnum inde proli ejus subsecutum resarcire.

R. Negat. Quia sicut cum nulla est culpa, ut in motibus primo primis, nulla est obligatio restituendi; sic ubi levis est culpa, gravis restituendi obligatio induci non potest, etc. ' De his jam supra § III ; cæteros casus ad hanc materiam spectantes passim in hujus operis decursu proposuimus.

§ VIII.

Causæ a restitutione excusantes.

Casus L. *pag.* 226. Rusticus certus de debito olim contracto, incertus vero an suo creditori nunc defuncto satisfecerit, existimat se immunem ab onere solvendi istius hæredibus, eo quod hic et nunc dubium sit an adhuc sit debitor. Q. an sana sit hæc rusticana doctrina.

R. Negat. Ex quo enim rusticus ille dubitat an sit adhuc debitor, potius judicare debet se non esse immunem ab onere solvendi hæredibus creditoris, cum in eo casu possessio stet pro obligatione certo contracta, quam sane non adæquat, neque tollit solutio dubia; sicut dubium de voto adimpleto, aut de officio persoluto, non eximit ab onere implendi votum et recitandi officium. Nec est quod dicatur, in dubio meliorem esse conditionem possidentis. Ex hac enim regula potius eruitur rusticum in casu ad solvendum teneri, cum ex dictis possessio stet pro obligatione certo contracta. Tenetur ergo in casu solvere hæredibus defuncti, et quidem in integrum, nisi certus sit de partiali solutione jam facta, ut contra Laymanum recte tradit Merolla : possessio enim stat pro obligatione totali, et exsecutio obligationis, ut pote quid facti, non præsumitur, nisi probetur. Hinc sicut in dubio an quidquam officii recitaverim, teneor totum officium recitare, ita a pari, etc. ' Non est utique laxior ista hæc auctoris nostri resolutio. Quid in casu dubii paribus hinc et inde momentis suffulti faciendum nobis videatur, jam pluries diximus.

Casus LI. *pag.* 267. Mercator fraude et dolo emptores inducit ad emendum pretio supremo : at se immunem credit a restituendo, eo quod supremum pretium sit intra justi pretii latitudinem. Q. an bene sentiat.

R. Negat. 1° Quia dolose inductus ad emendum pretio supremo non censetur voluntarie in id consensisse; 2° quia per dolum hunc privatus est jure quod habent emptores emendi alia vel aliis pretio infimo vel medio eamdem mercem. Quapropter in casu tantum emptoribus refici debet, quanti minoris emissent ab aliis, si mercatoris fraudem ac dolum cognovissent. Sed de hoc jam supra, ut et de nonnullis aliis ad hanc materiam spectantibus.

S

SACERDOS. *Vide* verbum Celebrans.

SACRILEGIUM.

Casus I. *pag.* 45. Petrus, fracta capsula confessionalis in ecclesia positi, ubi sacerdos breviarium aliosque libros pro audiendis confessionibus utiles asservare solet, et breviarium et libros alios subripuit. Q. an in sententia eorum qui negant ad sacrilegium sufficere præcise furari rem in ecclesia, adhuc Petrus sacrilegium commiserit.

R. Negat. In hac enim negante sententia, furtum non est sacrilegium ratione loci sacri, nisi sit de rebus constitutis sub jure ecclesiæ, quia vel illi traditæ sunt in custodiam aut pignus, vel alio simili modo in ea depositæ sunt. Porro non ita se habent breviarium aliive libri in capsula prædicta depositi, quia omnia hæc per accidens sunt in ecclesia, nec ullo modo sunt sub jure ecclesiæ, sed se habent uti sellæ quas pro sui commoditate mittere solent nobiles ad ecclesiam. Unde sicut in hac sententia, qui tales sellas in ecclesia existentes furaretur, non committeret sacrilegium, ut inter alios docet Diana; sic nec in præsenti Petrus juxta eamdem sententiam dicendus est sacrilegium commisisse.

— « Il en aurait peu coûté pour ajouter que le sentiment le plus commun, le plus naturel, le plus sûr pour la conscience et pour la confession, regarde tout ce qui fait dans la maison de Dieu comme un sacrilége, selon ce mot si connu de Jean VIII, can. 21, XVII, q. 4 : *Sacrilegium committitur auferendo sacrum de sacro, vel non sacrum de sacro, vel sacrum de non sacro.* Ces paroles, *non sacrum de sacro*, sont indéfinies, et ce qui suit leur donne un sens général : *Qui monasteria et ecclesias infringunt, et deposita vel alia quælibet inde extrahunt*, sacrilegi sunt. »

Casus II. *pag.* 150. Joannes tanquam gravis sacrilegii reus arguitur a confessario, quia cum recordatus fuerit unius lethalis peccati in ultima confessione obliti, dum erat proxime recepturus sacram synaxim, hanc recepit, ne præmisso quidem actu contritionis. Q. an jure redarguatur.

R. Male redargui, si dum peccati hujus recordatus est, non poterat a sacra mensa recedere, quin circumstantibus præberetur occasio judicandi contra ipsum. Cum enim per præviam et formaliter integram confessionem fuerit a peccato lethali oblito indirecte absolutus, nullam habuit obligationem præmittendi actum contritionis ut licite ad eucharistiam accederet. Si vero Joannes obliti peccati memor, recedere poterat a loco in quo proxime recepturus erat sacram synaxim, absque prædicta sui infamatione, vel proximi admiratione, ut facile contingere potest; cum multi soleant ab altari vel sacra mensa recedere, dum actu administratur sacra synaxis ; tunc recedere debuit, ut præmissa nova obliti peccati confessione ad eucharistiam rite dispositus accederet. Ita Suarez, Bonacina, etc. »

— « J'ai suivi le sentiment contraire à la seconde partie de cette décision dans le *Traité des saints Mystères*, chap. 2, n. 8. Je prie qu'on y ait recours et qu'on ne se rende à mes raisons qu'après les avoir bien discutées. Je suis homme, et plus exposé à me tromper qu'un autre. On trouvera à la fin du *Traité de l'Office divin* les objections qui m'ont été faites contre ce même sentiment. Je puis ajouter ici qu'il a été suivi dans des maisons très-pieuses et très-éclairées. »

Casus III. *pag.* 183. Lulius sacerdos in familiaribus colloquiis solet frequenter ad facetias et jocos abuti verbis ac sententiis sacræ Scripturæ. Q. an lethalis sacrilegii reum se constituat.

R. Affirmat. Loquendo de verbis Scripturæ formaliter talibus, nimirum dictatis a Spiritu sancto. Ratio est quia violat res sacras proprie tales; ac frequens abusus verborum, quæ ipsis etiam angelis venerabilia sunt, continet contemptum, saltem implicitum, ipsius Dei, et gravem irrogat injuriam Spiritui sancto, cujus sunt verba ; unde Graffius abusum hunc vocat scelus immane. Accedit etiam scandalum, attenta qualitate personæ sacerdotis.

Dixi, *loquendo de verbis Scripturæ formaliter talibus.* Quia si abuteretur quibusdam verbis, quæ exstant quidem in sacris codicibus, sed ex aliis, et quidem profanis viris referuntur, qualia sunt ista Festi Act. xxv : *Ad Cæsarem appellasti, ad Cæsarem ibis,* a gravi sacrilegii culpa excusari posset.

— « Voilà une décision qui mérite bien qu'on y pense. J'ai eu le bonheur d'être élevé dans un séminaire où cette indigne profanation ne passait pas impunément. Il faut cependant peser le mot *abuti ad facetias.* »

SALUTATIO ANGELICA.

Casus I. *pag.* 9. Parochus non habens nisi famulam, quæ nescit pulsare campanas, omittit dare signum Salutationis angelicæ in aurora et meridie. Q. an sit excusandus, an non e contra graviter delinquat in officio suo post concessionem indulgentiæ Benedicti XIII ?

R. Non delinquere graviter. Ratio est quia nullibi reperitur hoc præceptum obligans sub gravi. Curare tamen debet parochus, quantum potest, ut suo tempore dentur signa Salutationis angelicæ, cum pastor sollicitus esse debeat, ut mediis non solum necessariis, sed etiam utilibus, uti dubio procul sunt indulgentiæ, populum suum ad æternam salutem dirigat.

— Casus II. Marius nuper in parochum electus, quærit an toto anni decursu recitanda sit Salutatio angelica ab iis qui indulgentiam preci huic annexam percipere volunt.

R. Negat. Statuit enim Benedictus XIV ut qui sciunt antiphonam *Regina Cœli*, eamdem cum versu et oratione : *Deus, qui per resurrectionem*, etc., recitent toto tempore paschali. Cæteris vero sufficit ut pro antiquo more Salutationem angelicam recitent.

SATISFACTIO.

Les cas que l'auteur se propose sur la satisfaction ou la pénitence enjointe regardent, 1° sa qualité ; 2° sa manière ; 3° son délai ; 4° sa cessation ; 5° la commutation qu'un autre confesseur peut en faire.

§ I.

Satisfactio quoad qualitatem.

Casus I. *pag.* 40. Parochus pœnitenti venereis culpis assueto pro pœnitentia injunxit matrimonium. Q. an bene ?

R. Negat. Etsi enim optimum erat ei matrimonium consulere, quia *melius est nubere quam uri*, non est tamen id a confessario injungendum ; tum propter immensa hujus status onera, tum propter maximam libertatem quam matrimonium requirit. De hoc jam alibi.

Casus II. *pag.* 140 et 234. Confessarius, ut in rurali parœcia populum alliciat ad frequentiam sacramenti pœnitentiæ, non alias pro gravibus etiam peccatis pœnitentias imponit, quam opera alias debita, *v. g.* sacri auditionem in die festo, et similia. Q. an hæc agendi ratio sit ab omni culpa immunis.

R. Negat. Ratio est quia, licet prudens

confessarius, cum timet ne acediosus pœnitens, multis gravatus delictis, condignam satisfactionem non sit exsecuturus, possit ei una cum aliquo opere libero opera etiam alias debita in pœnitentiam injungere, regulariter tamen loquendo, *debent sacerdotes, pœnitentiæ ministri, quantum spiritus et prudentia suggesserit, pro qualitate criminum et pœnitentium facultate, salutares et convenientes satisfactiones injungere; ne si forte peccatis conniveant.... alienorum peccatorum participes efficiantur,* ut ait Tridentinum, sess. 14, cap. 8. Cum autem tota hæc doctrina corruat, si ob generale motivum populos ad sacramenti frequentiam alliciendi, licitum foret non alia pro gravibus etiam culpis opera injungere pœnitentibus, quam quæ jam titulis aliis debita sunt, dicendum est agendi rationem a confessario nostro teneri consuetam, non esse ab omni culpa immunem. Ita Lugo, disp. 25, n. 67. Et vero satisfactio sacramentalis imponitur in vindictam præteritorum excessuum, et ut frenum ab ipsis retrahens. Quam porro castigationem, quam freni speciem experitur pœnitens qui ad id solum obligatur ad quod jam antea obligatus erat !

Casus III. *pag.* 215. Confessarius ad exstirpandam a pœnitente consuetudinem verba turpia proferendi, injungit ei ut quoties similia proferet imposterum, lingua crucem efformet in terra. Q. an pœnitens id acceptare teneatur.

R. Affirmat. Si confessarius pœnitentiam hanc necessariam judicet, eamque ipsi ad discretum aliquod tempus imponat, et ut exsequendam in circumstantiis ubi pœnitens id absque sui infamia poterit. Ratio est quia pœnitens tenetur parere confessario nedum ut judici, verum etiam ut medico. Alias superflua foret potestas ligandi eidem ad infirmitatis medicamentum concessa, et Tridentinum perperam confessariis præscripsisset, ut satisfactionem imponant, non modo in præteritorum castigationem, sed etiam ut frenum retrahens a futuris. Sane vero pœnitentia hæc nec irrationabilis est, nec indiscreta; cum et experientia constet nullum aliud remedium esse isto efficacius; et aliunde id genus consuetudinarii multoties præbeant scandalum, cui quantum fieri potest, occurri debet. Velle autem, ut aliqui dicunt, se Dei judicio submittere quoad satisfactionem, est simul velle diutius quam par sit, protrahere partem integralem sacramenti, maxime si quis intendat Deo satisfacere in purgatorio. Deinde quis an sit certus quod eo ibit ? etc.

— « Ce dernier article ne signifie rien. Il n'y a de satisfaction sacramentelle que celle qui est imposée par le ministre de la pénitence. »

§ II.

Satisfactio quoad modum.

Casus IV. *pag.* 149. Cum injunxisset Petro confessarius pro sacramentali satisfactione, ut per mensem quolibet festo die missas duas audiret, Petrus propriæ indulgens socordiæ missas duas in duobus altaribus eodem tempore celebratas audire consuevit. Q. an obligationi suæ satisfecerit.

R. Negat. Quamvis enim possit quis uno tempore et actu pluribus obligationibus satisfacere, quando aliud non constat de mente imponentis obligationem; quando tamen aliud constat, dicendum est non nisi diverso tempore et repetito actu posse pluribus obligationibus satisfieri. Unde cum confessarii, quando plurium missarum auditionem injungunt, communiter intendant imponere onus plures diversis temporibus missas audiendi, ut apparet tum ex communi eorum sensu, tum ex pœnitentium praxi, satis constat Petrum in casu nequaquam obligationi suæ fecisse satis.

— « Les fidèles assistent à la messe comme au seul sacrifice d'un même prêtre, et quand ils en ont choisi une, ils n'oseraient, si ce n'est vers le commencement, la quitter pour s'en tenir à une autre qu'ils verraient devoir être plus courte. »

Casus V. *pag.* 152. Pœnitens, cui fuit imposita a confessario eleemosyna pauperi elargienda, hanc insumpsit in alenda matre paupere. Q. an obligationi sibi per confessarium impositæ satisfecerit.

R. Negat. Ratio est quia, cum filius naturali pietatis jure teneatur præbere matri alimenta, largitio quæ matri impenditur non potest proprie eleemosyna dici, sed potius legalis debiti solutio ad quam filius, modo dives satis, per judicem compelli potest. Cum igitur mens confessarii erogandam pauperi stipem injungentis non ea sit, ut legalis debiti solutionem præcipiat, bene vero ut opus satisfactorium nullo alio titulo debitum imponat, consequens est ut pœnitens de quo in casu, per indultam matri largitionem minime satisfecerit. Ita Diana. *Quis contradicere ausit ?

Casus VI. *pag.* 173. Paulus jam moriturus, licet voluntarias pœnitentias nunquam amplexus sit, putat se satisfecisse pro pœna temporali peccatis suis debita, offerendo auditiones sacri festis diebus, jejunia et alia hujusmodi ad quæ jam ex præcepto Ecclesiæ tenebatur. Q. an probabilis sit hæc ejus opinatio.

R. Affirmat. Ratio est quia ad satisfaciendum Deo pro temporali pœna debita, peccatis jam quoad culpam remissis, non requiruntur necessario opera supererogationis, sed sufficiunt aliunde debita sive ex præcepto, sive ex voto. Sicut enim præcepta servando meremur vitam æternam, sic per opera præcepta possumus Deo debitam præbere satisfactionem; eo præcipue quod opera prædicta, ut pote sensualitati opposita, sunt aliquo semper modo pœnalia, et per consequens etiam satisfactoria. Et vero Ecclesia nobis jejunia et alia pietatis opera præcipit, ut iisdem mediis honorem simul et satisfactionem Deo præbeamus, et tanta est divinæ munificentiæ largitas, ut idem opus recipere dignetur, sive pro solutione obsequii, sive pro culparum nostrarum satisfactione. Igitur probabiliter existimat Petrus se per opera alias debita Deo pro temporali a se luenda pœna satisfecisse. Ita Suarez, disp. 37, sect. 6; Lugo, disp. 24, num. 41.

— « Pure question de scolastique. Cet homme, si exact à accomplir tous les préceptes, n'a-t-il jamais entendu la messe les jours ouvriers, donné l'aumône, que quand elle était de précepte rigoureux, gagné ni indulgences, ni jubilé, etc.? On a examiné v. INDULGENTIA, quelques cas que l'auteur met encore dans son *Index*, sous le titre de *Satisfactio.* »

§ III.

Satisfactio quoad dilationem et cessationem.

CASUS VII. *page* 175. Andreas per notabile tempus distulit adimplere pœnitentiam sibi a confessario impositam ; eamque postea in statu peccati adimplevit. Q. an peccaverit graviter.

R. Affirmat. quoad primam partem, et negative quoad secundam. Ratio primæ partis est quia, quando tempus pœnitentiæ non est a confessario determinatum, mens ipsius est ut ea impleatur quam primum commode fieri potest, sicut in operibus ex voto debitis, aliisque similibus contingit. Unde si Andreas ex gravi negligentia pœnitentiam distulit, non potest a gravi culpa excusari.

Ratio secundæ partis est quia, sicut non peccat graviter qui præcepto jejunii, missæ audiendæ, officii recitandi et id genus alia in statu peccati mortalis exsequitur , ita neque qui in eodem statu pœnitentiam sacramentalem adimplet; præsertim cum per pœnitentiam in tali statu peractam impediatur ad summum remissio pœnæ temporalis quæ peccatis correspondet ; quod non importat talem irreverentiam, ut ad culpam lethalem trahenda sit. Eapropter nec confessarii solent pœnitentes interrogare utrum pœnitentia in lethali peracta fuerit, nec pœnitentes, bonæ cæteroqui conscientiæ, de hoc se accusare solent. Ita Lugo, disp. 25, n. 32.

— « Au moins aurait-il fallu ajouter qu'il y a bien de la différence entre un homme qui étant retombé, demande sérieusement pardon à Dieu de son péché, et celui qui y demeure tranquillement et persévère dans la volonté d'y demeurer, sans aucun désir de revenir à Dieu. Si les confesseurs n'y font pas d'attention, c'est leur faute. *Voyez* ce que j'en ai dit, tome II de la *Morale*, part. II, chap. 3, art. 6, à la fin. »

CASUS VIII. *pag.* 44. Confessarius juveni venereis assueto injunxit ut per hebdomada quindecim *Pater* et *Ave* brachiis extensis recitaret. Verum quia favente Deo a prava consuetudine resipuit, pœnitentiam hanc, licet a se acceptatam, non adimplevit. Q. an sit a culpa immunis.

R. Negat. Ratio est quod pœnitentia hæc, non modo medicinalis esset, sed et satisfactoria, ut hinc colligitur quod tota sit pœnitentia juveni imposita. Quare licet ut medicinalis, non esset amplius obligatoria, juxta illud : *Medicina non est opus valentibus,* etc., tamen ut satisfactoria pro peccatis, erat adhuc obligatoria, ne pœnitentiæ sacramentum parte careret integrali. Quare quod juvenis a pravo habitu sit emendatus, sufficit quidem ut confessarius talem ei minuere possit pœnitentiam, non tamen ut sit absolute ab onere satisfaciendi exemptus. Quod, si qui non jejunavit in diebus ab Ecclesia præscriptis, non amplius tenetur jejunare, hoc est quia Ecclesia obligationem jejunii huic vel illi diei affixit : at confessarius pœnitentiam ad annum injunctam non ita anno huic alligat, ut eam elapso anno corruere velit. Unde quæ suo tempore impleta non est, post illud adimpleri debet.

— « Il y a quelque chose de louche dans cette décision comme en plusieurs autres de notre casuiste. Quand le confesseur aurait donné d'autres pénitences avec celle dont il s'agit, le pénitent eût toujours été obligé à la faire. D'ailleurs il y a des médecines de précaution et propres à empêcher la rechute : or celles-ci ne sont jamais plus nécessaires qu'en matière d'impureté, qui est, comme on l'a souvent répété d'après saint Thomas : *Vitium adhæsivum.* »

§ IV.

Satisfactio quoad commutationem.

CASUS IX. *pag.* 42. Titio injunxit confessarius ut bis in mense per annum jejunaret, quod animo sincere implendi acceptavit. Verum quia ei pœnitentiæ deest jam a mensibus quinque propter jejunii difficultatem, ad alium recurrit confessarium, et ab eo pœnitentiæ hujus commutationem postulat, ne amplius eidem illius violandæ periculo subjaceat. Q. an eam confessarius permutare possit, non audita ex integro aut ex parte priori pœnitentis confessione.

R. Affirmat. Ratio est quia secundus confessarius non judicat causa absolute incognita, ut asserunt doctores contrarii ; eo quia licet non cognoscat causam clare et distincte, ut requireretur si deberet judicium ferre de justitia, qua prior pœnitentia imposita fuit; illam tamen cognoscit quantum satis est ad permutandam pœnitentiam titulo difficultatis ad illam implendam, ut in casu. Scilicet enim ex qualitate pœnitentiæ hujus non potest non cognoscere aliquo modo causam propter quam fuit imposita. Si enim imposita pœnitentia fuerit gravis et diuturna, cognoscet causam fuisse magni momenti intensive et extensive. Si gravis, sed brevis, causam fuisse gravem solum intensive ; si mediocris, fuisse mediocrem : quod sufficit ad servandam proportionem inter pœnitentiam et peccatum, et sic ad permutandam pœnitentiam absque nova, clara et distincta omnium peccatorum confessione, cum id exigit bonum pœnitentis. Ita cum Girib. plures doctores.

— « Il peut aisément arriver qu'un confesseur rigide ou peu éclairé donne une pénitence trop forte. Il peut arriver que l'obligation de jeûner deux fois par mois durant une année soit, eu égard aux horreurs passées du pénitent, une pénitence très-légère, et que la difficulté qu'il trouve à la remplir ne vienne que d'une funeste indolence. Le confesseur doit donc connaître son état, non par une nouvelle confession aussi détaillée que la première, s'il a lieu de la juger valide, mais par une accusation qui le lui fasse connaître en substance. Sans cela, ou il changera mal à propos sa première pénitence, ou il lui en substituera une autre au hasard et sans lumière. C'est le sentiment des plus sages théologiens. »

CASUS X. *pag.* 269. Villicus, accepta a confessario pœnitentia confitendi per annum semel in mense, hanc a semeptiso sibi per tres primos menses commutavit in recitationem unius integri rosarii pro qualibet vice. Q. an id potuerit.

R. Negat. Ratio est quia pœnitentiæ commutatio est jurisdictionis actus et actio sacramentalis ; cujusmodi plane non est commutatio sibi a villico facta, quamvis etiam facta fuisset in melius. Nec obstat paritas de voto, quod a vovente mutari potest in aliquid evidenter melius. Cum enim votum propria voluntate emissum sit, nihil obest quin, Deo consentiente, in melius commutetur. At satisfactio imposita est a confessario, qui tale opus determinatum imposuit, neque illud subjecit dispositioni pœnitentis. Ita Gobat cum communiori. *Mirum quod non cum unanimi.*

SCURRILITAS.

CASUS I et II. *pag.* 1. Parochus parum studii amans et nesciens quid agere debeat serotinis horis, frequentat cujusdam parochiani domum in qua coram pluribus scurriles sermones instituit. Q. 1° an peccet graviter; 2° in qua et quotuplici specie.

R. Ad 1. Parochum hunc, attenta præcise scurrilitate sermonum, per se solum peccare venialiter. Ratio est quia scurrilitas, generatim loquendo, sive in verbis, sive in gestibus sita sit, semper dicit aliquid minus honesti, quod ab omni culpa excusari non potest. Ita La Croix, Escobar, * a fortiori cæteri.

Dixi 1°, *attenta præcise scurrilitate verborum*: quia si per temporis jacturam et aversionem a studio, parochus fieret obeundis muneribus suis impar, dubio procul peccaret lethaliter.

Dixi 2°, *per se*, quia per accidens poterit mortaliter peccare, quod ut perspicuum fiat,

R. Ad 2. Parochum peccare peccato scandali, et contra eam virtutem cui scurrilia opponuntur. Ratio est quia, cum parochus teneatur populum pascere exemplo, et eidem esse lux supra candelabrum posita, cum scurrilia profert coram parochianis, eos ad talia vel similia allicit et invitat, in quo sita est scandali malitia, et proxima occasio ruinæ spiritualis proximi. Hoc autem scandali peccatum mortale erit, si parochiani ex scurriliûm prolatione sumant occasionem mortaliter peccandi, ut tradunt doctores de verbis jocosis prolatis a religioso coram feminis quæ inde peccati mortalis occasionem sumere possint ; quod in parocho evenire facile potest, tum attenta obligatione pascendi populum exemplo, tum quia *Nugæ in ore sæcularium, blasphemiæ sunt in ore sacerdotum*, ut ait D. Bernardus. Veniale vero peccatum erit, si parochianis præbeatur tantum ruinæ venialis occasio. Ultra peccatum scandali peccaret idem parochus contra castitatem Deo promissam, si verba scurrilia fierent causa delectationis venereæ, et sic semper esset mortale : peccaret contra justitiam, mortaliter aut venialiter pro qualitate materiæ, si scurrilitas famam proximi denigraret; et sic discurrendo de aliis materiis, circa quas scurrilitas ejus versaretur. Hæc apud omnes communia sunt. Adde, et ab eis qui scurras agere amant serio perpendenda.

SEPULTURA.

CASUS I. *pag.* 25. Obstetrix dubia an nascens infans vivat, an non, eum rite baptizat sub conditione *si es vivus.* Infante foras extracto, nullum apparet in eo vitæ signum. Res defertur ad vicarium absente parocho. Quærit ille num infantem hunc in loco sacro sepelire debeat, an non.

R. Sepeliendum esse in loco sacro. Ratio est quia in dubio de valore baptismi baptismus stat pro infante. Atqui in casu dubitatur tantum de valore baptismi, cum dubitetur tantum de vita infantis tempore collationis baptismi. Quod enim infans, postquam editus est, mortuus apparuerit, ad summum probat eum natum esse mortuum, non vero mortuum jam fuisse, dum baptizatus est. Ergo pro infante stat baptisma, sicque liquide constat hunc in loco sacro sepeliendum. * Brevius : in dubio benignior sententia præferri debet.

CASUS II. *pag.* 60. Quæritur an in loco sacro sepeliendus sit juvenis, cui cum ex arbore ubi fructus subripiebat, cecidisset, sensibus destituto, nullaque exhibenti doloris signa, impertita fuit absolutio sub conditione.

R. Affirmat. Tum quia non constat juvenis hujus peccatum fuisse grave; tum quia data etiam gravitate non constaret fuisse notorium peccatorem ; tum quia licet id constaret, cum fuerit sub conditione absolutus, censeri debet reconciliatus Ecclesiæ. De hoc jam alibi.

CASUS III. *pag.* 98. Sacerdos piæ cuidam sodalitati ascriptus, præscribit moriendo, ut corpus suum ejusdem sodalitatis habitu vestitum ad sepulturam deferatur. Q. an dispositio hæc pie exsecutioni mandari possit.

R. Negat. Quamvis enim pius sit ac laudabilis mos laicorum, si ad exhibendam venerationem quam in vita erga sanctos habuerunt, disponant in morte, ut religionis alicujus vel societatis habitu induti ad tumulum deferantur, modo tamen præcedens eorum vita contumeliam non inferat sacræ vesti, et in habitu religioso non sepeliantur post vitam prorsus irreligiosam, ut adnotavit Theophilus Rainaudus, attamen laudabilis esse non potest talis dispositio, si fiat a sacerdote vel alio clericali militiæ ascripto; quia horum quilibet ad sepulturam deferri debet ea sacra indutus veste, quam ordinis sui ratio deposcit, uti sub titulo *de Exsequiis* sancit Rituale Romanum, cujus dispositionem omnino servandam esse præcepit Clemens XI, per edictum suum, die 4 Febr. 1705, ut videre est pag. 317 Bullarii ipsius.

— « J'ai vu dans mon enfance des prêtres séculiers portés au lieu de la sépulture avec leurs habits sacerdotaux. Aujourd'hui il n'y a presque plus en France que des prêtres de communauté qu'on enterre ainsi. Du reste la décision de l'auteur est très-sage. »

Casus IV. *pag.* 113. Homo dives ac pius mandat ante mortem, ut corpus suum absque omni prorsus funebri pompa ad tumulum deferatur. Dispositioni huic resistit parochus. Q. uter laudandus sit, divesne an parochus.

R. Si per funebrem pompam id præcise intelligatur quod ad nobilium gloriam et distinctionem fieri solet, laudanda est, non parochi resistentia, sed nobilis viri dispositio, cum hæc ut pia et humilis Deo sit acceptior. Si vero pompæ funebris nomine veniant pii illi ac primævæ antiquitatis ritus, quos in sepeliendis fidelium corporibus observat Ecclesia, laudari debet parochus, non dives, cum aperte præscribat Rituale Romanum ut parochi summo studio sacras Ecclesiæ cæremonias in exsequiis fidelium retineant et observent, quod in citato supra edicto commendavit Clemens XI.

Casus V. *pag.* 132. Parochus Antonium, qui sepulturam extra ecclesiam parochialem elegerat, coegit jam proximum morti ad electionem hanc revocandam. Q. an parochus censuram aliquam incurrerit.

R. Negat. De hoc casu jam dictum v. Censure, n. 19.

Casus VI. *pag.* 223. Orta duos inter milites rixa, alter alterum provocavit ad singulare certamen illico peragendum in loco parum distanti, ubi ab eo interfectus est. Q. an is in loco sacro sepeliri possit.

R. Affirm. Ratio est quia graves pœnæ tum privationis sepulturæ ecclesiasticæ, tum et excommunicationis, non nisi contra vere et proprie duellantes constitutæ sunt. Porro milites prædicti verum duellum non commisere. Ad hoc enim requiritur ut duo præmeditate et ex prævia conventione dimicent. Id autem locum non habet in casu, ubi alter alterum ex primo iracundiæ motu incitavit ad pugnam in loco vicino. Ergo cum versemur in materia odiosa, quæ qua talis restringi debet, potius quam extendi, etc. Ita doctores communiter.

SIGILLUM.

Casus I. *pag.* 65. Parochus ex confessione resciens famulum suum esse furem, claudit capsulas quas non claudebat prius; neque eo jam ut astute utitur ad numerandam pecuniam. Q. an sigillum violet.

R. Affirmat. Ratio est quia vi scientiæ confessionis id efficit vel omittit, quod alias facturus vel omissurus non erat; cujus ratione confessio redditur odiosa famulo, qui cum rubore et verecundia sentit sua sibi furta exprobrari, contra finem sigilli sacramentalis, qui is fuit ne fideles a confessione, tanquam difficiliori, et quadamtenus proditoria, retraherentur. Ita Lugo, Diana, etc.

Casus II. *pag.* 66. Confessarius cujusdam oppidi declaravit amicis quibusdam gravia in eo oppido perpetrari peccata. Q. an absque sigilli fractione.

R. Negat. Licet enim dubitent aliqui, et alii magis communiter negent sigillum ab eo frangi, qui talia dicit de ampla civitate, vel diœcesi, quia sic nulli fit injuria, nec vereri est ne quis in particulari dignoscatur : quia tamen in præsenti sermo est de oppido, qui locus ut plurimum nec late patet, nec abundat civibus, certum est in casu sigillum a confessario violari, quia facile ex tali loquela redundat aliqua suspicio contra famam particularium. Quin et aliquando rebus propius inspectis detegi possunt rei, de quibus nequidem antea dubitabatur.

Casus III. *pag.* 94. Confessarius orat amicum suum Bononiam adeuntem, ut sibi a pœnitentiario obtineat facultatem absolvendi pœnitentem ab incestu in confessione audito. Q. an aliquo modo violet sigillum sacramentale?

R. Vel amicus confessarii ex hac incestus notitia venire potest in cognitionem incestuosi hujus; vel hoc nequaquam moraliter contingere potest. Si dicatur primum, puta quia locus parum amplus sit, vel amicus confessarii ordinarios ejus pœnitentes distincte cognoscat, tunc defuit sigillo, et peccavit graviter. Si dicatur secundum, et nihil ob rationes expositas subsit periculi ne reus dignoscatur, nulla tunc exstitit sigilli violatio. Melius tamen fuerit ut sacerdos per epistolam sigillo obfirmatam casus hujusmodi pœnitentiario exponat.

— « Une commission comme celle-ci, qui peut répandre des soupçons, quelquefois même faire examiner, est toujours très-imprudente; elle l'est encore plus dans un cas particulier, comme celui de l'inceste qui, ne se pouvant commettre que par un certain genre de personnes, portera, comme naturellement, un homme peu vertueux à juger mal de celles qui vivent dans une certaine familiarité, qui sont dissipées, etc. »

Casus IV. *pag.* 157. Sacerdos qui ex multis Petri confessionibus scit eumdem in proxima mali occasione versari, ab eodem quadam die festa vocatus ad sacrum tribunal, se ab audienda ejus confessione excusat. Q. an id licite facere possit.

R. Affirmat., dummodo non sit periculum ne alii malum de Petro suspicentur. Ratio est quia sic se excusando, neque aliquid de auditis in confessione revelat, neque ullum circa pœnitentis personam exercet actum, qui ei rationabiliter ingratus esse possit. Imo sicut non licite modo, sed et laudabiliter negatur absolutio pœnitenti, ut a sua peccandi consuetudine resipiscat, ita et ei ob eumdem finem negari potest confessio, cum æque in utroque casu res utilis pœnitenti agatur.

Dixi, *dummodo non subsit periculum ne alii malum de Petro suspicentur;* quia tunc ex facto confessarii aliqua sequeretur sigilli fractio, quæ omnino illicita est.

— « Il n'est point rare qu'un confesseur prie ou fasse prier un pénitent de remettre à un autre temps sa confession. Ainsi il y aurait plus que de la témérité à juger que c'est en conséquence de ses autres confessions que son directeur ne veut pas l'écouter actuellement. Cependant un confesseur ne peut trop se souvenir qu'il ne sait rien de tout ce qu'on lui a dit dans le tribunal, si ce n'est pour demander à Dieu la conversion de ceux dont il est chargé. Ce cas est déjà ailleurs. »

Casus V. *pag.* 159. Confessarius, audita Petri confessione satis prolixa, dixit coram aliis: *Nondum Petrum absolvi, quia confessionem suam non adhuc finivit.* Q. an locutio hæc importet fractionem sigilli.

R. Affirmat. Cum enim, communiter loquendo, confessio prolixa, in viris præsertim, dempto confessionis generalis casu, vel peccata multa, vel certe gravem quempiam pœnitentis lapsum denotet, confessarius locutus ut in casu, virtualiter dixit Petrum vel peccata multa commisisse, vel gravi aliquo defectu laborare. Unde cum nulla fiat in casu mentio quod confessio Petri sit generalis, quam norunt omnes prolixam esse, confessarius fracti sigilli reus censeri debet.

— « Je ne voudrais pas même qu'un confesseur dît que tel ou telle lui fait sa confession générale, parce qu'on peut en conclure qu'il s'était donc mal confessé auparavant, etc. Il y a même des cas où l'on ne pourrait dire : *J'ai confessé un tel.* Je prie qu'on lise avec attention ce que j'ai dit fort au long sur cette importante matière dans mon 12e volume de *Morale.* »

Casus VI. *pag.* 170. Sacerdos Titii confessiones audire solitus, dixit coram aliis eum esse scrupulosum. Q. an sigillum sacramentale fregerit.

R. Affirm., nisi aliunde extra confessionem sciat Titium haberi pro scrupuloso. Ratio est quia non solum peccata, sed etiam occulti defectus, sive physici, sive morales, sub sigillo confessionis cadunt, quoties ex eorum revelatione imminet pœnitenti verecundia, confusio vel aliud quodvis damnum, unde confessio gravis et odiosa, sive per se, sive per accidens, sive directe, sive indirecte efficiatur. Quapropter, cum ex eo quod confessarius coram aliis dicat Titium esse scrupulosum, de facili oriatur aliqua ejus confusio, dicendum est indirecte saltem et in obliquo haberi sigilli fractionem.

Dixi, *nisi aliunde sciat confessarius Titium haberi pro scrupuloso,* quia in hac hypothesi loqueretur confessarius de re per se nota, nullumque sequeretur gravamen ex confessione, quod duram hanc et odiosam Titio efficere posset.

— « Un confesseur peut parler d'un fait, comme tout le monde en parle; mais il doit avoir grand soin de ne parler que d'après les autres. En général, dit Concina, il pourra se repentir d'avoir parlé, mais jamais de s'être tu. »

Casus VII. *pag.* 209. Vicarius a parocho increpatus quod Arsenium ab excommunicatione publice contracta absolverit, respondit, *illum absolvi, et juste potui absolvere.* Q. an violaverit sigillum.

R. Affirm. Ratio est quia manifestavit peccatum sibi in confessione detectum. Unde sicut, juxta Tannerum, tom. IV, disp. 6, q. 9, reus est violati sigilli, qui dicit : *Absolvi hunc publicum peccatorem, qui mihi peccatum suum confessus est;* sic et ejusdem violati sigilli reus esse debet qui dicit: *Absolvi ab excommunicatione hunc excommunicatum.* Neque dicas confessarium hunc solum detexisse actum confessionis, qui laudabilis est, non vero excommunicationem jam publicam. Nam licet talis detectio non fuerit odiosa pœnitenti, fuit tamen contra virtutem religionis, quæ nullo modo patitur detegi peccata in confessione cognita. Ita Sotus, Vasquez, Diana.

— « Toute la réponse qu'un confesseur doit faire à un reproche aussi déplacé, c'est qu'il ne sait rien de ce qu'il fait dans le tribunal, et qu'il tâche d'y faire son devoir. »

SIMONIA.

L'auteur ne propose que peu de cas sur cette importante matière. On peut les réduire à la simonie qui se fait dans les bénéfices, dans les bénédictions, dans l'enseignement, et enfin, par omission. Nous allons le suivre autant que faire se pourra.

§ I.

Simonia quoad beneficia.

Casus I. *pag.* 90. Titius in parochum electus ante tres annos didicit parentes suos inscio se variis muneribus plura ad electionem suam vota obtinuisse a parochianis. Q. quomodo sic electus sibi consulere debeat.

R. Quamvis quælibet electio simoniaca sit ipso jure irrita, nisi vel sic electus expresse contradixerit, vel ipso inscio simonia in ejus odium fuerit peracta, ut colligitur ex cap. 27 et 33, *de Simonia;* ac proinde teneatur beneficium dimittere, statim ut rescit se simoniace electum fuisse, etiamsi ipso inscio alii id in favorem ejus fecerint, adhuc tamen cum Titius noster toto triennio parochiale beneficium, ad quod mediis muneribus electus est, bona fide possederit, potest sibi consulere per regulam triennalis possessionis, et in ista sibi favente quiescere, nisi sponte velit, pro majori animi sui quiete, eidem beneficio renuntiare. Ita Gomez, Ugolin, Suarez, lib. IV, *de Simonia,* cap. 57, n. 39. Anacl. Reiffenstuel, tit. III *de Simonia*, n. 278.

— « Il y a longtemps que je me suis déclaré pour ce sentiment de l'auteur, comme on le peut voir, ou dans mon *Traité de la simonie,* ou dans le *Traité des dispenses,* liv. II, part. 7, ch. 2, n. 15. Mais j'y ai ajouté que, comme la règle *de triennali* pourrait avoir été fixée en certains pays au sens le plus rigoureux, et qu'un chanoine perdit sa prébende en ce cas, quoiqu'il eût doublé et triplé la possession triennale, ainsi que nous l'apprend Pastor, *lib.* III, *pag.* 252, ceux qui ne veulent rien risquer feront bien de prendre de nouvelles provisions. »

CASUS II. *pag.* 148. Sacerdos, cui duo ex patronis tribus sincere nominationem suam ad parochiale beneficium promiserunt, ut majori cum honore eligatur, compatronum tertium aliquo non levi munere ad ipsum etiam nominandum inducit. Q. an id sine simoniaca labe peregerit.

R. Negat. Ratio est quia sic agendo dat temporale ut sibi viam paret ad spirituale, in quo consistit simonia. Nec refert quod jam plane certus de sufficienti votorum numero, solum in casu præbeat munera tertio patrono ut cum majori honore eligatur. Namque cum duos alios compatronos, vel ipsorum aliquem possit adhuc pœnitere factæ promissionis, inducendo per munera tertium compatronum ad sibi favendum sub specie majoris boni, sternit sibi viam ad beneficium certius acquirendum, quod a simoniaca labe excusari non potest. Ita Suarez, Bonacina et alii.

— « C'est sur ce principe que d'habiles gens ont décidé depuis peu qu'un homme qui a acheté la voix du dernier capitulant ne peut garder le bénéfice auquel il a été nommé, quoique, avant que le capitulant eût donné son suffrage, il eût déjà plus de voix qu'il ne lui en fallait pour être légitimement élu. Un conseiller, a-t-on dit, qui souscrit à une sentence injuste, et déjà irrévocablement portée, est tenu à restituer comme les autres, etc. »

CASUS III. *pag.* 249. Vacante pingui beneficio, sacerdos plurima amico patroni obsequia præstat, ut huic suam commendet habilitatem. Q. an in hoc interveniat simonia.

R. Negat. Si sacerdos ille solum intendat ut sua habilitas commendetur patrono, absque intercessione et precibus ad eum pro beneficio obtinendo factis. Simplex enim informatio per se non movet, sed movent merita per ipsum exposita. At secus dicendum si, ut fieri solet, intendat sacerdos ut commendationi habilitatis suæ jungatur intercessio apud patronum. Ratio est quia, licet intercessio sit aliquid temporale, et ideo pro illa dare temporale non sit per se simoniacum, quando tamen pro illa datur temporale in ordine ad obtinendum spirituale, ita ut ad hoc per preces seu intercessionem obtinendum principaliter detur temporale, jam intercessio aliquam habet connexionem cum spirituali, et sic censetur esse virtualiter aliquid spirituale. Ita idem Anacletus, eod. tit. n. 125, ubi animadvertit commendationem habilitatis priori sensu acceptam esse plenam periculi; cum eo tendant clerici qui sua sic merita commendari ambiunt, ut in gratiam eorum flectantur ab amicis suis patroni.

§ II.

Simonia quoad benedictiones.

CASUS IV. *pag.* 102. Vicarius die sabbati sancti missus a parocho ad domos parœciæ benedicendas, benedictionem denegat iis omnibus, ubi pro more quatuor saltem ova non recipit. Q. an sit immunis a culpa.

R. Negat. Quamvis enim vices parochi in domorum benedictione gerens, jus forte habeat ut observetur loci consuetudo, ne, si ipse sileat, parochiani omnes ab unius aut alterius exemplo successive usum parocho favorabilem sensim destruant, adhuc tamen cum ex una parte benedictionem elargiri recusans ubi ova non recipit, præbeat populo rudi occasionem in ipso vel in parocho suspicandi turpe avaritiæ vitium, vel ova prædicta in benedictionis pretium exigi; et ex altera parte non desint media quibus parochi jura sua tueantur; constat vicarium agentem ut in casu, non esse ab omni culpa immunem; eo præcipue quod ex ista agendi ratione oriri soleant jurgia et contentiones, quæ cum vix culpa vacare possint, altaris ministrum non parum dedecent. Ita communiter.

CASUS V. *pag.* 182. Lælius habens numisma a S. Pio V benedictum, quia audivit illud idcirco magni esse valoris, duobus aureis vendidit, quamvis sciret id illicitum esse. Q. an per simplicem confessarium absolvi possit.

R. Affirmat. Licet enim Lælius commiserit peccatum simoniæ realis, vendendo rem sacram pretio temporali, atque insuper egerit contra prohibitionem a Gregorio XIII, ea de re specialiter editam, adhuc tamen nihil obstat quin ab eo peccato per simplicem confessarium absolvi possit. Quamvis enim simonia realis scienter contracta in ordinum susceptione, in collatione beneficiorum, et in religionis ingressu plectatur excommunicatione pontifici reservata, ut communiter tradunt doctores, ea tamen pœna locum non habet in simonia quæ in aliis rebus committitur, quoties de ipsa pariter nulla fit mentio expressa in reservationum decretis. Unde cum nullibi reservata sit simonia quæ in numismatis benedicti venditione committitur, dicendum est nihil obstare quin Lælius, peccati hujusce conscius, a simplici confessario absolvi possit. Ita Bonacina, *de Simonia*, disp. I, q. 4, § 2, n. 6, etc.

§ III.

Simonia quoad docendum.

CASUS VI. *pag.* 184. Parochus pingui beneficio donatus non vult per se ipsum sacram catechesim docere filios pauperum, sed tantum quosdam filios divitum, qui mensibus singulis quædam ad eum munera deferunt. Q. an sit simoniacus.

R. Vel nullum intervenit pactum expressum aut tacitum cum parentibus puerorum deferendi munera, vel aliquod intervenit pactum. Si 1°, parochus non est simoniacus, quia cum simonia sit studiosa voluntas vendendi aut emendi aliquod spirituale aut spirituali annexum pro temporali, ad eam requiritur pactum aliquod, vel saltem ut res accipiatur per modum pretii, commutationis aut motivi. Si 2°, probabilius est quod parochus sit simoniacus. Ratio est quod docere catechismum est quid spirituale, quod simoniæ materia esse potest, ut cum communi tradit Suarezius lib. iv, cap. 18, n. 23, et parochus ea munera reciperet tanquam pretium. Necesse est ut dicatur ea recipere titulo laboris aut titulo congruæ sustentationis, cum ad hujusmodi laborem ex officio teneatur, et pingui beneficio supponatur provisus. Ergo videtur quod difficulter a simoniaca labe possit excusari.

— « Il est bien à craindre qu'un homme qui ne s'attache qu'aux enfants de ceux dont il reçoit des présents n'agisse par le motif de se les faire continuer. La vraie et pure charité ne connaît point cette indigne acception de personnes; et même le pauvre, communément le plus négligé, est le premier objet de sa tendresse.

« Le dernier cas que l'auteur rapporte ici se trouve au titre Denuntiatio, n. 5. »

SIMULATIO.

Casus I. *pag.* 165. Solet confessarius proferre exterius formam absolutionis supra pœnitentes indispositos, absque intentione eos absolvendi, ne circumstantes dignoscant aliquem recedere inabsolutum. Q. an id licite faciat.

R. Negat. Quamvis enim, loquendo regulariter, simulatio materialis, tam verbis quam signis exterioribus facta, ob justam causam licita sit; cum etiam de Christo dicatur Lucæ xxiv, quod *finxit se longius ire* : nihilominus quoties externa simulatio est Deo aliquatenus injuriosa, tunc in nullo casu licita esse potest. Porro simulare administrationem sacramenti pœnitentiæ per prolationem verborum absolutionis sine intentione absolvendi, est Deo injuriosum, quia id fit fraudulenter et ficte utendo forma a Christo ad conficiendum sacramentum instituta. Quapropter debet confessarius in simili casu aliquam orationem submissa voce supra pœnitentem indispositum recitare, ne circumstantes dignoscant eum recedere inabsolutum; non vero sacramenti administrationem per verba a Christo instituta, contra reverentiam sacramento debitam simulare, cum id semper illicitum sit, ut constat ex censura huic propositioni 29 ab Innocentio XI inusta : *Urgens metus gravis est justa causa sacramentorum administrationem simulandi.*

Casus II. *pag.* 42. Bertha Petro affinis ex illicito commercio cum fratre Petri, cum non posset sine periculo gravis infamiæ et damni, attentis particularibus circumstantiis, a nuptiis resilire, illas contraxit cum vera intentione matrimonium ineundi, licet sciret nullum esse tale matrimonium. Q. an hoc fuerit simulare sacramentum cum peccato.

Deest aliquid in textu, unde vix capi potest sensus auctoris.

R. Negat. Ratio est quia simulare sacramentum cum peccato est ponere materiam, ei applicando formam absque intentione conficiendi sacramentum ; tunc enim irrogatur injuria sacramento, sicut Deo injuria irrogatur ab eo qui pejerat sine animo jurandi; et in hoc sensu procedit propositio 29 ab Innocentio XI damnata. At in casu præsenti nulla irrogata fuit injuria sacramento matrimonii, cum propter impedimentum dirimens non fuerit posita talis materia sacramenti cui forma applicari posset. Unde non simulavit sacramentum cum peccato, adeo ut sacrilegium commiserit. Et ad summum dici potest quod simulaverit contractum. Ita Viva in cit. propositionem, et La Croix, lib. vi, part. i, n. 162, ubi testatur hanc sententiam esse communem.

« Cette opinion peut être commune chez des théologiens du goût de La Croix sans en valoir mieux. 1° En supposant que le prêtre est ministre du sacrement de mariage, il serait vrai que Berthe a fourni une fausse matière au sacrement. 2° On ne conçoit pas comment on peut avoir une vraie intention de contracter un mariage quand on sait qu'on ne peut absolument le contracter. 3° Une fille qui contracte en pareil cas s'expose au danger de consommer le mariage; et cependant Coninck, qui pense comme l'auteur, avoue qu'elle devrait plutôt mourir que d'en venir là. Ainsi une personne qui se trouve dans le cas de Berthe doit recourir à l'évêque, qui peut dispenser dans des occasions aussi urgentes, ou faire vœu de chasteté pour un temps, déclarer qu'elle l'a fait, et dans l'intervalle poursuivre sa dispense auprès du saint-siége. »

SOCIETAS.

Casus unicus. *pag.* 58. Petrus tradit Joanni oves centum cum pacto, ut quandocunque illas restituerit, ad factam de his æstimationem restituat, et interea fructus earum et lana æqualiter dividantur. Q. an id factum sit licite.

R. Negat. Ratio est quia, etiam in contractu societatis animalium, capitale stare debet periculo apponentis, nisi periculum ex toto vel ex parte rejectum fuerit in alterum contrahentem per novum contractum assecurationis, facta gravaminis hujus compensatione, ut omnes docent. At in casu capitali non stat periculo apponentis; quia Joannes obligationem habet restituendi pretium pecudum juxta æstimationem quam habebant tempore traditionis ; et pretii decrementum, si quod fuerit, non spectabit ad Petrum, unde semper salvum ei esset capitale suum. Aliunde autem periculum decrementi pretii non esset rejectum in Joannem per novum assecurationis contractum, facta gravaminis compensatione, quia lucrum gregis esset æqualiter dividendum; et quidem vi simplicis contractus societatis. Ita Lugo, etc. De his contractibus affatim dictum est v. Société.

SPONSALIA.

L'auteur parle des fiançailles, 1° *quoad valorem*; 2° *quoad resilientiam*; 3° *sub conditione*.

§ I.

Sponsalia quoad valorem.

Casus I. *pag.* 28. Clotildis iniit sponsalia cum indigno, cujus matrimonium in familiæ dedecus vergit. Q. an sponsalia hæc valida sint.

R. Negat. Ratio est quia matrimonium sponsalia hæc subsequens esset contra pietatem parentibus et consanguineis debitam, cum non nisi læsis charitatis legibus possit probrum, dedecus et mœror toti familiæ inferri; imo esset contra justitiam, quia in ejusdem familiæ præjudicium vergeret. Porro si tale matrimonium charitati et justitiæ adversetur, nemo ad illud adimplendum obligari potest, quia nemo ad rem illicitam adstringi valet : unde cum semper vigere debeat hæc juris regula 69, in 6 : *In malis promissis fidem non expedit servari*, dicendum promissionem in casu non esse obligatoriam, sicque invalidam esse.

Casus II. *pag.* 70. Paulus sponsalia cum Bathilde contraxit coram testibus, et postea clam votum simplex castitatis emisit. Q. an per votum istud sponsalia hæc dirimantur, adeo ut non teneatur ad ducendam Bathildem.

R. Negat. 1° Quia Alexander III, cap. 5, *Qui clerici*, etc., statuit imponendam esse ei pœnitentiam feminæ, quæ fidem in sponsalibus datam mentita, post eadem contracta votum castitatis emiserat : porro si imponenda non fuisset pœnitentia, si per castitatis votum dissolverentur sponsalia; 2° quia votum in tali casu non acceptatur a Deo; cum vergat in præjudicium tertiæ personæ, quæ desponsata est ; 3° quia sponsalia hanc quidem jure positivo imbibitam habent conditionem , *nisi religionem elegero*; at non istam, *nisi cœlibem vitam ducere voluero*. Ergo nisi Bathildis jure suo cedat, tenetur Paulus eam instantem ducere. Ita magis communiter theologi.

— « Il est vrai que ce sentiment est le plus commun, et un official le doit suivre, sans quoi rien ne serait plus aisé que d'éluder les fiançailles. Mais pour le for de la conscience il y a plus de difficulté, et je n'oserais presser une personne que je verrais par des preuves solides être appelée à l'état beaucoup plus parfait de la continence ; quoique je croie le sentiment de l'auteur plus juste en général. Au reste, la preuve du ch. 5, *Qui clerici*, etc., n'est pas concluante, puisqu'il s'agit là d'une femme qui avait fait un vœu frauduleux, dont elle demandait dispense pour épouser un autre que son fiancé. *Voyez* dans Pontas, v. Fiançailles, le cas XIII et l'endroit où j'ai renvoyé. »

Casus III. *pag.* 229. Tarquinia, marito ad mortem vergente, suspiriis et clamoribus æ rem opplere cœpit. Id audiens Galenus olim cum ea luxuriose versatus, his eam verbis amice compellat. *Quid istud rei est, si maritum unum amittas, alium cito reperies. Visne me, si moriatur vir tuus?* cui illa subridens annuit. Q. an subsistant hujusmodi sponsalia.

R. Negat., etiam dato quod Galenus cum Tarquinia non nisi ante matrimonium ejus peccaverit, et hæc petitioni ejus annuens, veram habuerit intentionem se ei despondendi. Ratio est, 1° quia Galeni verba solam animi propensionem significant, non autem promissionem veram, ut ea serio perpendenti manifestum fiet ; 2° quia etiamsi in præsenti intercederet vera utrinde promissio, nullius ea momenti foret, cum nuptiarum promissio viro adhuc superstite facta, non modo graviter illicita, verum etiam nulla omnino et irrita sit, ut ex cap. fin. *De eo qui duxit*, etc., et leg. fin. *de Pactis*, notant doctores. Unde necessum est ut Galenus et Tarquinia, si conjugium inire velint, ad nova sponsalia procedant. Ignota sunt apud nos sponsalia tam secreto, ne dicam tam ridicule contracta.

Casus IV. *ibid.* Horum sponsalium diffuso rumore, advenit Lucius qui Tarquiniam sibi et non alteri nubere debere prætendit, eo quia antequam defuncto conjugi nuberet, ipse et ipsa sibi matrimonium promiserant. Q. an Tarquinia promissionem hanc exsolvere teneatur.

R. Affirmat., modo et Tarquinia justam non habuerit causam resiliendi a sponsalibus Lucii, et is eam hactenus exspectaverit, nec ullum præbuerit motivum nuptias suas repudiandi. Ratio est quia promissio rite facta et acceptata evadit debitum, cujus obligatio suspenditur quidem per impotentiam intermediam, sed non exstinguitur nisi per impotentiam perpetuam, ut patet exemplo tum debitoris ad extremam necessitatem redacti, qui si dehinc potens fiat, tenetur creditoribus satisfacere ; tum promissoris rei per venditionem postea alii traditæ, qui dissoluto ex aliquo casu venditionis contractu, recuperatam rem tenetur tradere promissario, quando neque hic ea indignus, neque ipse illius indigens factus est. Cum igitur ex una parte Tarquinia rite promiserit nuptias Lucio promissionem hanc acceptanti, et ex alia possit eadem nubere Lucio qui ipsa indignum se non fecit, dicendum est quod *si velit hæc ad secunda vota transire*, nec ulla premitur necessitate nubendi alteri a Lucio, huic nubere tenetur. Nec obstant jura quæ opponi solent : hæc enim statuunt quidem quod si uni desponsata, nubat alteri, debeat cum illo manere ; cum tunc impleri non possit prima promissio. At non dicunt promissionem hanc penitus exstingui, ita ut si soluto matrimonio, velit denuo nubere, priori nubere non teneatur. Imo, cum jure sancitum sit æquum non esse ut quis ex delicto suo commodum reportet, hinc colligitur quod Tarquinia Lucio nubere debeat, cui jampridem nuptias promisit. *Vide* Pontium, lib. XII, cap. 13, n. 4, pag. *mihi* 857. »

— « Ponce ne fait pas la restriction que l'auteur fait deux fois dans les endroits que j'ai soulignés. Sans doute qu'il croit la femme dont il s'agit aussi obligée à épouser Lucius qu'elle l'était avant son premier mariage; or, en ce cas, dirait-il qu'elle n'est obligée à remplir sa promesse qu'en cas qu'elle le veuille bien? — Il est sûr cependant qu'une femme à qui son premier mariage aurait été très-onéreux ne passerait pas pour manquer à sa parole, si elle ne voulait pas en contracter un second, et surtout avec un homme qui pourrait bien la punir de sa première infidélité. »

§ II.
Sponsalia quoad resilientiam.

CASUS V. *pag.* 130. Franciscus, contractis cum Bertha sponsalibus, copulam habet cum ipsa. Exinde detegit justam a sponsalibus resiliendi causam quæ et copulam et sponsalia præcesserat. Q. an non obstante copula possit ob dictam causam a sponsalibus resilire.

R. Affirmat. Ratio est quia, cum voluntas in incognitum non feratur, nemo censetur per proprios actus illis juribus renuntiare, quæ sibi actionis tempore prorsus ignota erant. Quamvis igitur per prædictam copulam ostenderit Franciscus animum in sponsalibus cum Bertha contractis permanendi, quia tamen ante copulam hanc ignorabat jus quod habebat a promissione resiliendi, nihil est cur per eam copulam jus illud amisisse censeatur. Sicut ergo uxor ignorans mariti adulterium, adeoque et jus quod ex ipso ad divortium acquisivit, non censetur juri suo renuntiare eo quod marito debitum reddat, sic et in præsenti casu. Ita Lessius, lib. II, cap. 42, dub. 7, n. 34.

— « Il suit de là, par une raison contraire, que si cet homme avait connu avant de pécher avec Berthe la raison qu'il avait de résilier, il serait censé avoir renoncé au droit que cette raison lui donnait de dissoudre les fiançailles, comme je l'ai dit assez obscurément, tom. XIV, cap. 3, *de Sponsalib.*, n. 291. Au reste on sent que la preuve que l'auteur tire de l'adultère n'est bonne qu'à éclaircir la matière. »

CASUS VI. *pag.* 160. Joannes, initis cum Maria vidua sponsalibus, certior factus est eam post primi conjugis mortem fuisse fornicatam. Q. an justam habeat causam resiliendi a sponsalibus.

R. Affirmat., seu vidua hæc ante vel post sponsalia cum Joanne inita peccaverit. Ratio est quia sponsalium promissio non obligat, quotiescunque post eam oritur vel detegitur notabilis aliqua turpitudo, quæ si ante promissionem fuisset cognita, deterruisset a promittendo. Cum igitur satis veri sit simile, Joannem cum Maria nequaquam sponsalia contracturum fuisse, si impudicitiam ipsius compertam habuisset, sequitur quod cum non nisi per errorem et prædictæ turpitudinis ignorantiam, consensum suum sponsalibus præbuerit, ab iisdem possit resilire. Ita Lessius, Sanchez, lib. I, disp. 63, etc.

CASUS VII. *pag.* 207. Thadeus, post contracta cum Agnete sponsalia, alia contrahit cum Elisabeth, eaque firmat juramento. Q. an priora sponsalia per posteriora dissolvantur.

R. Negat. Secunda enim sponsalia, cum sint de re illicita, ut pote contra fidem priori sponsæ datam, non possunt juramento firmari, cum juramentum non sit vinculum iniquitatis, adeoque nec adjectum secundis sponsalibus habeat rationem vinculi. Ita communiter.

§ III.
Sponsalia sub conditione.

CASUS VIII. *pag.* 41. Titius iniit sponsalia cum Bertha sub hac conditione: *Si pater meus intra annum consenserit.* At pater, antequam de consensu fuerit requisitus, obiit. Q. an sponsalia hæc in foro conscientiæ sint valida.

R. Affirmat. Ratio est quia per patris mortem purificata fuit conditio. Hæc enim non alio fine apposita fuit, quam ne pater tale matrimonium ægre ferret. At per patris mortem totaliter cessat conditionis hujus finis. Ergo conditio censeri debet purificata perinde ac si pater consensisset. Ita Sanchez, lib. V, *de Matrimon.*, disp. 7, n. 19.

CASUS IX. *pag.* 244. Brutus, contractis cum Cassia sponsalibus sub hac conditione: *Si papa dispensaverit ab impedimento dirimente*, pendente adhuc conditione, invenit puellam Cassia pulchriorem ac ditiorem, quacum propterea matrimonium contrahit. Q. an id faciendo peccet.

R. Eum probabilius peccare, si nondum elapso discreto tempore cum alia contrahat. Ratio est quia, cum conditio illa esset honesta et de jure possibilis, quandoquidem pontifex non solum possit, verum etiam soleat in supposito aliisque consimilibus impedimentis dispensare, Cassia ex hujusmodi sponsalibus acquisiverat jus quod Brutus per tempus idoneum exspectaret appositæ conditionis purificationem, eaque completa Bruto nuberet. Nec obstat quod conditionis purificatio penderet a voluntate principis. Namque tunc duntaxat id quod a principis voluntate pendet, reputatur impossibile, quando princeps in eo dispensare non consuevit, ut constat ex lege *apud Julianum*, ff. *de Legatis.* Addo quod pontificia dispensatio non sit merus favor, sed gratia, justis intervenientibus causis, utcunque debita. *Vide* quæ hac de re fuse admodum diximus in tractatu *de Matrimonio*, cap. 3, n. 92 et seq.

SPONSI.

Sponsi, 1° excommunicationem incurrunt (in diœcesi Bononiensi) si in eadem domo post sponsalia cohabitaverint et fornicati fuerint, v. CENSURA; 2° lethaliter peccant si morose delectentur de coitu post matrimonium futuro, v. LUXURIA; 3° si postquam ex dispensatione contraxerunt tempore prohibito sine solemniis, post transactum illud tempus matrimonium suum ab alio quam a parocho benedici velint.

STERILITAS.

CASUS UNICUS. *pag.* 42. Titius tres ex primo connubio filias habens, cum experientia viderit secundam uxorem bis in partu incurrisse periculum mortis, vellet ei tribuere potionem sterilitatis causativam, tum ut eam a novo mortis periculo præservet, tum ne filiæ suæ necessario novercæ hujus auxilio ipsæ priventur. Q. an non id licite possit in talibus circumstantiis.

R. Negat. Ratio est quia sterilitatem causare est contra naturam, nativumque carnalis copulæ finem; eaque actio parum, tantumque secundum magis et minus, distat ab effusione seminis extra vas, aut ab homicidio, juxta id Butrii : *Paria sunt occidere et nasci impedire.* Unde sicut nullo in casu licita est mollities aut fœtus occisio, ita nec ullo in casu licita est sterilitatis procuratio, quod etiam districte prohibuit Sixtus V in bulla *de Abortu.* Est communis contra Torreblancam.

STUPRATOR.

CASUS I. *pag.* 38. Titius puellam suæ conditionis sub spe matrimonii defloravit; modo eam ducere volens obstat pater puellæ, damni huic illati compensationem pecuniariam prætendens, ut eam alteri sibi bene viso, nuptui tradat. Q. an Titius ad id teneatur.

R. Negat. Ratio est quia Titius se quidem vi contractus ad eam ducendam obligavit, non autem ad dotandam. Unde si paratus sit eam ducere, maxime cum ejusdem sit conditionis, obligationi suæ satisfacit. De hoc jam supra.

CASUS II. *pag.* 244. Villici famulus credens filiam ejus virginem esse, corporis ejus copiam obtinuit sub promissione eam ducendi : at expertus eam ab alio jam cognitam fuisse, sententiam mutavit, id tamen ei non manifestando; quin etiam post talem notitiam ostensa ipsi propensione, aliis vicibus eam corrupit. Q. an eam teneatur ducere.

R. Affirmat. Dato enim quod cognito puellæ defectu potuerit absque obligatione ulla resilire a promissis, quod tamen cum Lugo negat Giribaldus *de Matrim.*, cap. 1, dub. 2, num. 19, si postea juris sui conscius puellam non præmonitam de promissi retractatione, exhibita in ipsam propensione, denuo allexit ad fornicationem, jam resilire amplius non potest. Et ratio est quia, cum sciret puellam non nisi sub onere nuptiarum ipsi indulgere, dum copulam sub tali tantum conditione permissam repetiit et acceptavit, facto ipso pristinam obligationem ratificavit ratione contractus onerosi, *Do ut facias.* Ita Anacletus in lib. IV Decret., tit. 1, § 4, n. 115. Addo ipsum sic decepisse puellam apparenti continuatione in eodem proposito. Quid enim, amabo, præ se ferebat illa amoris exhibitio, promissionem exterius non retractatam subsequens, nisi speciem perseverantiæ in priori proposito? Sicut ergo qui apparenti promissione matrimonii puellam etiam corruptam induxit ad crimen, supposita æquali conditione, etc., tenetur in utroque foro eam ducere, ut ibidem cum communi firmat laudatus auctor, ita et qui apparenter perseverando in promissione jam facta puellam ad novos coitus induxit, pari modo tenetur, etc. *Vide* Coninck, disp. 23, dub. 10.

— « Revocandum in mentem quod alibi dixit auctor, indicia virginitatis esse admodum æquivoca, et raro in iis etiam quæ vere virgines sunt, deprehendi. Unde fieri facile potest ut virgo sit, quæ videtur non esse. »

CASUS III. *pag.* 247. Adolescens turpiter petulans puellæ uni virginale claustrum fregit, sed ad extra seminando; aliam vero complete cognovit, sed dubius est sane virgo esset an corrupta. Q. an utrumque scelus sit veri nominis stuprum reservationi obnoxium.

R. Primum tale non esse, bene vero secundum. Ratio primi est quod stuprum completum (quod solum intelligitur reservatum esse, quoties aliud non exprimitur), ut pote naturalis species luxuriæ consummatæ, non perficitur nisi per seminationem eodem actu factam intra claustrum a primo penetrante, quod in præsenti non fecit scelestus adolescens. Ratio secundi est quia qualitas, quæ naturaliter inest, in dubio præsumitur adfuisse, nisi probetur contrarium.

— « De his miseriis jam dictum v. RESERVATIO. Optandum sane ut casuum reservatores adeo diserte omnia explicent, ut nihil dubii patiantur confessarii; præsertim vero ut videant num deceat stupri reservationem per novum scelus Onam eludi.

SUPERSTITIO.

CASUS UNICUS. *pag.* 198. Terentius recusat sedere ad convivium, ubi tredecim sunt invitati, eo quod timeat ne ex discumbentibus unus eo anno moriatur. Q. an grave superstitionis peccatum committat.

R. Cum ex D. Thoma timor pertineat ad appetitivam potentiam, quæ in homine cognitionem sequitur, examinandum est an Terentius ex firmo intellectus assensu, utrum ex levi tantum credulitate, ad mortem timendam in casu ducatur. Si 1°, graviter superstitiose peccat. Ratio est quia, cum nec convivium nec numerus discumbentium apta sint significare et multo minus causare mortem, neque ulla de hoc habeatur divina institutio aut traditio, si mors firmo judicio timetur, id evenit unice ex pacto tacite inito cum dæmone, ut in simili docet D. Augustinus, lib. II *de Doct. Christ.*, cap. 20, quod superstitiosum est, cum timeatur malum ex medio prorsus inuili, et a divina providentia minime instituto. Si vero Terentius levi tantum credulitate ducatur, et sine aliqua certitudine futuri eventus, graviter non peccat, quia id potius ex animi levitate, quam ex præsumptione mali, et pacti taciti cum dæmone evenit. Hanc tamen responsionem limitant doctores, dummodo quis admonitus de tacita dæmonis invocatione, a vana illa observantia desistat; alioqui enim cessante eo tunc ignorantia, graviter peccat. Ita Lessius, de *Superst.*, lib. II, c. 43, dub. 7, n. 43. Suarez, etc.

— « Il n'y a d'ordinaire dans ces terreurs ridicules qu'un dérangement d'imagination, dont des esprits d'ailleurs solides ne sont pas maîtres. Beaucoup de personnes qui ne craignent ni ne croient les revenants, ne voudraient pas passer à minuit par un cimetière. On rit de sa propre frayeur, mais on prend un autre chemin, parce qu'on veut s'épargner un trouble involontaire. »

U

UNCTIO EXTREMA.

On va examiner d'après l'auteur, 1° à qui on peut donner l'extrême-onction; 2° les cérémonies avec lesquelles il faut l'administrer; 3° les cas où elle est ou n'est pas valide.

§ I.
Unctio extrema quoad subjectum.

CASUS I. Parochus vocatus ad ministranda graviter ægrotanti sacramenta, invenit eum esse phreneticum, nec posse ei ipsam etiam extremam unctionem ministrari, nisi vinculis constringatur. Q. an domesticos ejus ad id officii compellere debeat.

R. Affirmat., uti jam dictum est v. PAROCHUS, casu XXII.

CASUS II. *pag.* 158. Parochus, dubitans an puer morti vicinus ad rationis usum pervenerit, judicavit puerum in tali dubio non esse inungendum. Q. an bene senserit.

R. Negat. Ratio est quia parochus vi sui muneris toties tenetur sacramenta, sive necessaria, sive ad salutem utilia, ovibus suis præbere, quoties et sacramenta possunt sine irreverentia conferri, et oves possunt illis indigere : positis enim duabus his circumstantiis, oves jus habent ad sacramenta vel absolute recipienda, si sint absolute capaces, vel recipienda sub conditione, si sint dubie capaces. Atqui ex una parte potest extrema unctio sine irreverentia prædicto puero conferri, cum ejusdem sub conditione recipiendæ capax sit, et ex altera parte potest idem puer in dubio usus rationis extrema unctione indigere, tum ad abstergendas peccatorum reliquias, tum ad superandas diaboli tentationes, si et peccatorum et tentationum capax sit, ut esse potest. Ergo male sacra unctione privatus est a parocho. Ita Palaüs, Sbogar, Diana, etc.

— « Un curé doit s'en tenir à la pratique de son diocèse; elle n'est pas uniforme dans ce point : celle de l'auteur me paraît sage et bien prouvée. Voyez le peu que j'en ai dit dans le Traité *de Extrema Unctione*, cap. 5, n. 35, tom. XII, pag. 700. »

CASUS III. *pag.* 180. Parochus puerperam, quæ alios jam ediderat filios, asserentem sentire se mori, et enixe petentem sacramentum extremæ unctionis, sacro oleo inungere noluit, secutus judicium obstetricis, quæ hanc in articulo mortis constitutam esse negabat. Q. an bene se gesserit.

R. Negat. Ratio est quia, posito prudenti dubio de periculo mortis, puerpera hæc censenda erat capax sacramenti istius saltem sub conditione collati. Atqui in casu suberat prudens dubium de timore mortis puerperæ, cum hinc quidem facile esset ut obstetrix in judicio suo deciperetur; inde vero femina palam et constanter assereret se mori, quod alias ab ea factum, cum partus dolores sentiret, casus non dicit. Cum igitur in dubio periculi mortis potuerit optime parochus saltem sub conditione puerperam sacro oleo inungere, male fecit sequendo judicium obstetricis. Ita Pasqualig., Gobat, etc.

§ II.
Unctio extrema quoad ritum.

CASUS IV, V et VI. *pag.* 71 et 167. Marcus sacerdos noluit Petro extremam unctionem ministrare, quia carebat stola : Andreas eam alii ad interitum etiam vergenti conferre noluit, quia carebat superpelliceo, licet non stola; demum et hanc quoque largiri noluit Marinus, quia et stola carebat et superpelliceo. Q. an ab iis bene factum sit.

R. Probabilius negat. Ratio est quia vestes sacerdotales non requiruntur, seu ut sacramentum hoc valide conferatur, seu quia non nisi indecenter absque his vestibus conferri possit. Sicut enim valide et sine irreverentia datur absolutio absque iisdem vestibus, ita valide et sine irreverentia ministrari potest extrema unctio absque prædictis ornamentis. Solum igitur requiruntur sacerdotales vestes in collatione extremæ unctionis ad servandum Ecclesiæ ritum, qui sane servandus est, nisi urgeat necessitas, prout urget in casu, ubi moribundus maximo sacramenti hujus fructu privandus sit; qua etiam de causa non servantur in similibus circumstantiis ritus quoad lumen et preces in rituali præscriptas. Neque hinc inferri potest : 1° ministrari etiam posse in necessitatis casu viaticum sine stola et superpelliceo; 2° posse etiam ministrari extremam unctionem sine stola, etiam extra casum necessitatis, cum sic ministretur pœnitentia. Neutrum enim recte dici potest. Non 1um, quia eucharistia ut pote sacramentum sacramentorum specialem exigit reverentiam, non 2um, quia extrema unctio cum certis vestibus administratur, qui ritus extra necessitatis casum semper observari debent; nec præcipitur ut pœnitentiæ sacramentum ministretur cum stola. Ita Leander et Pasqualigo, Gobat et alii.

§ III.
Unctio extrema quoad valorem.

CASUS VII. *pag.* 89. Parochus timens ne infirmus quem sacro oleo inungit, ante omnes peractas unctiones decedat, injungit vicario ut inferiores sensus inungat, dum ipse superiores inungit. Q. an dicto modo sacramentum licite et valide conferatur.

R. Affirmat. quoad utramque partem. Ratio primæ est quia sacramentum istud ex pluribus unctionibus ac verborum formis partialibus coalescit, ita ut unctio quælibet cum sua particulari forma integram et ab alia forma independentem habeat significationem in ordine ad producendum suum effectum: unde nihil obstat quominus vel successive, vel simul a pluribus ministris valide confici possit. Ratio secundæ partis est quia, posito sacramenti valore, periculum ne infirmus ante peractas unctiones omnes decedat, licitum reddit ut quo tempore minister unus sensus superiores inungit, alter inferiores inungat; quamvis id extra necessitatis casum, ut pote contra ritum et praxim Ecclesiæ, absque gravi culpa fieri non possit. Ita cum aliis Barbosa, *de Offic. Parochi*, cap. 22, n. 8. ' De his nos fusius, tom. XII, in Tract. *de Extrema Unctione*, cap. 2, a n. 36.

CASUS VIII. *pag.* 231. Capellanus nocte vocatus ad ministrandam infirmo extremam unctionem, sumpsit per errorem oleum catechumenorum pro oleo infirmorum, eoque infirmum inunxit. Q. an valide.

R. Licet opinio affirmans probabilis videatur, 1° quia utrumque est oleum olivarum, ab episcopo benedictum, in quo secundum concilia, sita est hujus sacramenti materia remota; 2° quia ex iis oleis unum non differt ab alio nisi penes ecclesiasticam benedictionem, adeoque olei mutatio potest quidem reddere illicitam, non vero invalidam sacramenti collationem; 3° denique, quia diversi fines ad quos unumquodque ordinatur, ut pote fines operantis, extrinseci sunt, nec variant materiæ substantiam. His tamen non obstantibus sententia negativa, meo quidem judicio, aperte colligitur ex doctrina S. Thomæ, cui ultra plures alios doctores adamussim consonant Acta Ecclesiæ Mediolanensis. Siquidem S. Thomas opusc. 65, *de Sacr. Unct.*, ait: *Si sacerdos deprehenderit se errasse, et ex errore, de alio oleo, catechumenorum scilicet, unxisse, debet adhuc de eo oleo debito ungere;* id est de oleo infirmorum, ut ex S. doctoris contextu liquet. Atqui si capellanus in casu valide unxisset, non deberet amplius de oleo debito ungere. Cum enim error ipsius non officeret validitati sacramenti, non esset cur unctionem iteraret. Hinc assero, in casu saltem dubium esse sacramenti valorem, ac proinde (monito populo, si scous adsit periculum scandali de inculpabili errore), unctionem sub conditione iterandam cum oleo infirmorum, prout apud La Croix, et alios sanxit Coloniensis synodus, an. 1662. ' In praxi huic auctoris opinioni inhærendum, *Vide* eumdem nostrum Tractatum *de Extrema Unctione*, cap. 3, n. 28 et seq.

USURA.

CASUS I. *pag.* 145. Petrus ne cogatur imperfectam relinquere domum, quam lante ædificare cœpit, pecuniam quam habere aliter non potest, mutuam accipit sub usuris. Q. an licite.

R. Affirmat. Cum enim mutuum petere sit petere rem de se licitam, ut pote quæ citra peccatum fieri possit, et quæ non nisi per accidens, et ex sola malitia alterius sit ipsi peccandi occasio, sequitur nos non teneri, accedente justa et rationabili causa, a tali petitione abstinere. Porro causa perficiendi domum incœptam justa est et rationabilis, cum non possit aliter Petrus, vel commoditatis gratia, eam inhabitare, vel eamdem aliis locare gratia utilitatis. Si tamen Petrus domum adeo magnificam incœpisset, ut conditionem ejus ac statum impendio superaret, jam non posset licite prosequi, quod illicite prorsus incœpisset. Unde tunc cessaret rationabilis ea causa ob quam solam licite pecuniam sub usuris accipere potest. Ita Suarez, *de Char.*, disp. 10, sect. 3, n. 1 et 4. Bonacina, *de Peccatis*, disp. 2, q. 4, punct. 2, n. 21. ' Vix voculam unam de hoc casu habet Suarez citato loco.

— « Tout le monde ne conviendra pas qu'un homme qui a fait la folie d'élever jusqu'au troisième étage une maison trop belle pour son état, doive la laisser sans fenêtres, sans toit, etc., plutôt que d'emprunter à usure un millier d'écus qu'il ne peut avoir autrement. Au moins en l'achevant pourra-t-il un peu se tirer d'affaire, soit en s'épargnant un loyer, s'il veut l'habiter, soit en la louant à quelqu'un pour qui elle ne sera pas trop magnifique. »

CASUS II. *pag.* 147. Cletus mutuat mense maio decem modios tritici Petro cum pacto ut sibi mense augusto mutuet decem metretas vini, quo scit Petrum abundare. Q. an is contractus usuram involvat.

R. Affirmat. Ratio est quia ex generali regula pactum omne, vel gravamen, sive onus additum mutuo, præter id quod ei proprium et intrinsecum est, reddit contractum usurarium. Atqui pactum quo Cletus mutuat triticum Petro, ea lege ut sibi vinum remutuare mense augusto teneatur, includit onus et gravamen pretio æstimabile et mutuo extrinsecum. Ita La Croix, Bonacina, ' proinde cæteri his multo accuratiores.

— « Par la même raison, je ne puis, en prêtant à Pierre, exiger qu'il achètera à ma boutique, qu'il moudra à mon moulin. Il y a plus de difficulté à décider si, sachant qu'il a beaucoup de vin, je puis lui demander qu'il m'en prête un muid, dans le temps même qu'il me demande une barrique d'huile. J'ai traité au long cette question, part. II, *de*

Contractib., cap. 3, art. 4, sect. 2 ; je prie qu'on y ait recours. On sent bien que dans un abrégé comme celui-ci, il n'est pas possible de traiter à fond toutes les difficultés qui se présentent. Au reste je ne renvoie si souvent à ce que j'ai dit ailleurs, que parce que j'y renvoie moi-même à des théologiens qui me passent infiniment, et où l'on pourra trouver les matières bien mieux traitées que dans mes faibles ouvrages. »

Casus III. *pag.* 155. Caius mutuo dans Joanni certam summam, obligat se ad eam intra triennium non repetendam. Sed quia probabiliter credit sibi per illud tempus lucrum aliquod cessaturum esse, vel damnum emersurum ; tria pro quolibet centenario annuatim petit. Q. an id absque usura possit.

R. Affirmat. Quamvis enim mutuans non possit quidquam recipere, vel pro sola pecuniæ carentia vel pro obligatione eam non repetendi intra certum tempus, ut patet ex propositione 42, ab Alexandro VII proscripta, *potest tamen aliquid recipere, seu pro damno probabiliter emersuro, seu pro lucro intra prædictum tempus probabiliter cessaturo, quanti scilicet arbitrio prudentis potest periculum istud æstimari :* cum mutuans jus habeat sese indemnem servandi, nec teneatur cum sui detrimento beneficium ex pecunia sua præstare mutuatario. Unde si tria pro centenario quolibet commensurentur spei lucri vel probabilitati damni, poterit ea Caius annuatim licite petere, et citra usuram exigere. Ita Viva, in cit. proposit.

— « Nous avons dit avec Pontas, *verbo* Usure, cas XXVI, que lorsque le mutuataire s'est engagé à une certaine somme pour le lucre probablement cessant, on ne peut rien exiger de lui, quand ce gain n'a pas réellement cessé. Sylvius croit cependant qu'on peut convenir à l'aventure d'une certaine somme pour racheter en quelque sorte la probabilité de cette perte ; mais il faut alors que cette somme soit au-dessous de la perte qui peut suivre. *Voyez* mon Traité des *Contrats*, part. II, chap. 3, page 680. »

Casus IV. *pag.* 214. Agricola pecunia ad emendos boves carens, dicit Petronio : Mutua mihi aureos 30 pro emendis bobus, et fatebor a te conduxisse boves, et dabo tibi quantum dari solet pro labore quem fert par boum. Q. an id sine usura peragi possit.

R. Negat. In hoc enim contractu verum est mutuum, velo conducti boum paris coopertum. Boves enim nec locanti pereunt, nec ullis ejus expensis indigent: proinde vere ad agricolam pertinent. Quapropter cessante omni periculo et reali incommodo ex parte dantis, non potest id licite fieri.

Casus V. *pag.* 224. Mutuatarius omnino inscius quod mutuans in actu contractus intenderit mentaliter lucrum ex ipsomet mutuo, exactionis tempore ultra sortem tradit ei aliquid ex pura liberalitate. Q. an mutuans tuta conscientia possit illud plus accipere, vel acceptum retinere.

R. Vel mutuans, ex circumstantiis conjiciens mutuatarium ipsi tradere hoc plus ex pura eaque spontanea gratitudine, mutat primam intentionem, et tale plus recipit præcise juxta motivum dantis ; vel eamdem intentionem servando, illud plus recipit tanquam lucrum ex mutuo vi ipsius mutui. Si 1°, peccavit quidem peccato usuræ mentalis, quousque perstitit et quoties repetiit pravam illam intentionem. Verum si hac sincere exclusa, illud plus recipit uti solo liberalitatis titulo datum, nec illicite accipit, nec acceptum restituere tenetur. Si 2°, jam mutuans usurarie recipit illud plus, adeoque illud uti injuste acceptum restituere tenetur, siquidem corrupta illa intentio, quam habet in actu acceptionis, *vitiat et ipsam acceptionem,* licet alioqui posset esse licita, et rei retentionem, alias futuram a peccato immunem. Ita DD. communiter.

Casus VI. *pag.* 237. Terentius pecunia indigens accipit a Mævio in censum scuta trecenta cum onere illi solvendi quatuor cum dimidio pro quolibet centenario, imo et sortem restituendi post quinquennium. Paulo post ludendo aleis totidem vincit nobili viro, et idcirco prima trecenta scuta dat alteri cum onere solvendi quatuor tantum pro quolibet centenario. Q. an licitus sit uterque contractus.

R. Ad 1, cum distinctione : Vel onus restituendi sortem post quinquennium fuit Terentio impositum a Mævio censualista, aut ex pacto cum ipso ; vel ipse censuarius, Terentius scilicet, sponte sua, nulloque quoad hoc cum ipso paciscente, se ad id obligavit. Si 1°, contractus est illicitus, cum hujusmodi onera et pacta, quæ in censuario restringunt facultatem libere disponendi de re censita, absolute prohibeantur a S. Pio V, constit. 80, *Cum onus*, reddantque censualistam valde suspectum de voluntate potius mutuandi cum lucro, quam emendi censum. Si 2°, contractus non videtur illicitus ; cum neque in constitutione præfata, neque in ulla alia, neque in jure id inveniatur prohibitum. Addo contractum hunc constitutioni Pianæ non adversari, quamvis censuarius prædicto modo paciscatur cum eo qui pro ipso in tali venditione fide jubet; cum ibi solum prohibeantur pacta inter censuarium et censualistam, seu eorum nomine agentem. Cur ergo licitus non erit contractus, si censuarius secluso quocunque pacto et propria sponte ad id se obliget ?

R. Ad 2. Vel Terentius alteri dando prima scuta 300, revendit priorem censum, vel novum instituit. Si 1°, dico quod stando vigori prædictæ Pii V constitutionis, contractus est illicitus, etiamsi prior censualista rite præmonitus et per mensem exspectatus emere noluerit ; nam census non venditur eodem pretio quo fuerat emptus, ut ibi præscribitur. Si 2°, existimo contractum licitum esse ; nam quod in fundatione talis census tradatur alteri eadem pecunia, quæ ab alio accepta est, de materiali se habet ; nec pensio solvenda in casu videtur infra latitudinem justi pretii.

— « *Voyez* ce qu'on a dit sur la matière des *rentes*, dans le Dictionnaire de Pontas. »

Casus VII. *ibid.* Mercator, qui a Paulo mutuos accepit nummos mille post annum restituendos, prævidet quod si post eumdem annum præ manibus habeat nummos 500, possit facere negotium valde lucrosum. Eapropter, ne elapso anno cogatur a creditore summam totam refundere, init cum eo pactum ipsi nunc solvendi nummos 500, dummodo pro restitutione portionis alterius ipsi concedat tempus biennii. Q. an pactum sit usurarium.

R. Probabilius videri quod non, si interveniat hinc et inde æquale gravamen. Ratio est quia tale pactum in substantia nihil aliud pro objecto habet quam assumptionem obligationis mutui cum remutuo de præsenti, et facit hunc sensum : *Mutua mihi ex his mille nummis nummos quingentos ad biennium, et ego statim tibi remutuo alios 500, in hoc autem non contineri usuram aperte* colligitur ex S. Thoma, 2-2, q. 78, art. 2, ad 4, ubi postquam dixit repugnare mutuo obligationem *ad mutuum faciendum in posterum*, subdit: *Licet tamen simul mutuanti unum aliquid aliud mutuum recipere.* Deinde, cum respectivum gravamen alteri mutuandi non imponatur pro ipso mutuo formaliter, quod datur vicissim, sed pro illa obligatione quam voluntarie quis suscipit in ordine ad mutuandum alteri, non video cur in hoc astruatur usura, siquidem præsupposita æqualitate commutationis ac respectivi gravaminis, tantum recipitur, quantum datur, et dum hic gravat alterum, ille ad justitiæ lancem æquali pondere ab illo gravatur. Neque dicas de ratione mutui esse ut gratis detur; quæ conditio deest, supposito respectivo gravamine. Contra enim, 1° non quævis impositio gravaminis ultra sortem est contra naturam et justitiam mutui; alioqui non posset obligari mutuatarius ad dandum pignus in securitatem sortis; 2° nego suppositum: gravamen enim non imponitur pro ipso mutuo, uti supponitur in objectione, sed pro obligatione mutui cum remutuo ; adeoque adhuc mutuum gratis datur.

— « Tout cela est bien subtil et point trop clair : 1° On ne voit pas bien comment un homme à qui j'ai prêté mille écus pour un an, est censé m'en prêter la moitié, parce qu'il me la rend avant le terme ; 2° on ne voit pas mieux par quelle obligation de son côté est compensée l'obligation qu'il m'impose de ne lui redemander mon argent qu'au bout de deux ans. Il est vrai qu'il me rend la moitié de ma somme, mais je ne l'y oblige point, je suis prêt à la lui laisser jusqu'à la fin de l'année. Ainsi, à moins qu'on ne me suppose dans un grand besoin, ce que le cas, qui est très-général, ne dit point, il n'y a point là de *gravamen æquale*. 3° Quand il me rendrait mes 500 écus dès le lendemain [du jour où je les lui ai prêtés, et que cette reddition pourrait être regardée comme un vrai prêt, il est encore vrai que je serais grevé beaucoup plus que lui, puisqu'il ne me prêterait que pour une année; attendu qu'il devait me rendre tout au bout de l'an, et qu'il m'obligerait de lui prêter pour deux ans. Le vrai parti est donc de prier le prêteur de recevoir la moitié de sa somme, et de vouloir bien accorder pour l'autre moitié un terme plus long que celui qu'il avait d'abord prescrit. »

Casus VIII. *pag.* 238. Valerianus mutuo dedit Joanni scuta 25 ad annum, cum pacto quod si, anno elapso, non sit promptus ad ea restituenda, teneatur ei scutum unum supra 25, ob moram solutionis, eidem solvere, sive habeat, sive non habeat occasionem hæc negotiandi vel impendendi post annum. Q. an obligatio hæc ipsi licite imposita sit.

R. Affirmat. Dummodo imposita sit ex mutuo contrahentium assensu, et ob moram culpabilem. Ratio est quia mutuatarius existens in culpabili mora restituendæ sortis, dignus est pœna suæ culpæ proportionata, quæ propterea eidem ex partium consensu juste apponi potest. Ita Soto, Navarus, Lessius, etc.

— « Ces sortes de peines conventionnelles, pour être justes, demandent bien des conditions : il faut surtout que l'intention du prêteur soit bien droite; que la peine ne soit pas excessive; que le retard soit un peu considérable, etc. *Voyez* notre Traité des *Contrats*, p. II, c. 3, art. 4, sect. 3. »

Casus IX. *pag.* 262. Apricius mutuat Livio pecuniam ad decem annos cum pacto quod si interim contrahentium alter moriatur, debitor sit liber; si autem ambo supervixerint, mutuatarius aliquid ultra sortem dare debeat. Q. an is contractus sit licitus.

R. Affirmat, si plus a mutuatario dandum supra sortem ita determinetur ut vere uterque subsit æquali periculo amissionis et lucri æqualis. Ratio est quia, cum uterque æque incertus sit de futuro eventu, et æquali subsint tum lucri tum et damni probabilitati, nihil est in hoc contractu unde illicitus fieri possit. Hic enim, nec proprie est mutuum, cum mutuans nequeat rem sic datam in omni eventu repetere, neque societas, cum nihil in commune conferatur; sed est ludus sortis, seu conventio fundata supra vitam et mortem contrahentium, quæ sub dictis conditionibus nihil habet iniqui.

— « M. Pontas, v. Usure, cas XXIV, semble soutenir le contraire. Je n'ai pas cru devoir penser comme lui. Il est vrai que la décision de notre casuiste est différente de la sienne, en ce que Pontas suppose un contrat pour cinq ans, après lequel le mutuataire survivant doit rendre le double, et qu'il s'agit ici d'un contrat où ce même mutuataire ne doit rendre, et cela au bout de dix ans, que *quelque chose* au-dessus du capital. Il n'est pas difficile de faire des hypothèses où les deux décisions seraient justes. Un homme de soixante-dix ou douze ans, qui prête mille écus à un jeune homme de vingt-cinq ans, à condition que s'il vit encore cinq ans, ce jeune homme lui rendra le double, peut le traiter mieux qu'un homme de quarante ans, fort et vigoureux, ne traiterait un autre homme de son âge, s'il lui offrait mille écus, à condition en cas qu'il vive cinq ou six ans, il lui rendra quatre ou cinq mille livres. »

CASUS X. *pag.* 263. Sergius accepit in censum scuta mille, sperans ea implicare cum lucro. At quia spei hujus fundamentum evanuit, convenit cum mercatore de tradendis ipsi scutis quingentis, ea conditione ut solvat medietatem census et annuæ pensionis. Q. an id a Sergio legitime factum sit.

R. Negat. Ratio est quia Sergius nullum habet titulum quo justificet onus mercatori impositum solvendi medietatem annuæ pensionis ultra medietatem census, nisi novum instituat censum, quod non supponunt adversarii. Neque enim id facere potest, 1° titulo lucri cessantis, cum nullam habeat amplius spem fundatam lucrandi ; 2° nec ratione damni emergentis, cum per hoc non cogatur quidquam carius emere, aut vilius vendere, et penes se habeat alia scuta 500 otiosa; 3° neque ob periculum amittendi sortem, ut sponte concedant adversarii ; 4° neque etiam ob commodum resultans mercatori; hoc enim, cum suum non sit, sed mercatoris, nullum ei dat jus accipiendi quidpiam, ut tradunt communiter DD. cum S. Thoma. Ergo superest ut mercatori onus illud imponat ratione mutui. Id autem ut pote usurarium licite peragi nequit, ut cum Navarro bene docet Rebellus. Aliter tamen foret dicendum si Sergius esset dispositus ad rite redimendam medietatem census, et ad mercatoris instantiam pactum in casu expressum iniret; siquidem cum nemo teneatur præstare alteri beneficium cum suo detrimento, tunc posset etiam in mutuo pactum inire se indemnem servandi, ut firmat Angelicus, 2-2, q. 78, art. 2, ad 1, et patet ex eo quod mutuans in hoc casu non reportat lucrum, sed præcise quærit damni sui evitationem, obligando mutuatarium ad id ad quod jam tenetur jure naturæ. *Vide* Molinam, dispens. 394, *de Contract.*

CASUS XI. *pag.* 265. Petrus mutuat Joanni scuta centum, obligans se ad ea non repetenda per duos annos. Q. an ratione obligationis hujus possit aliquid supra sortem accipere.

R. Negat. Siquidem damnata est ab Alexandro VII hæc propositio num. 42 : *Licitum est mutuanti aliquid supra sortem exigere. Si se obliget ad non repetendam sortem usque ad certum tempus.* Unde, si Petrus habeat occasionem promptam aut spem vere fundatam implicandi talem pecuniam, cum lucro; sit ea opus habet, aut quamprimum opus habebit, ad sibi præcavendum ab aliquo damno, potest quidem convenire cum mutuatario ab ipso mutuum petente, ut ipsi tale lucrum compenset, vel damnum reficiat: at pro mera obligatione sortem per duos annos exspectandi, nihil ultra sortem accipere potest; eo quia talis obligatio, si attente consideretur, nihil est aliud quam nova quædam mutui prorogatio, et sic novum quoddam mutuum virtuale, pro quo nihil magis accipi potest quam pro mutuo formali, cum utrumque verum sit mutuum, et lucrum ex alterutro perceptum ratione mutui sit vera usura.

V

VENDITIO.

CASUS I. *pag.* 72. Titius domum suam vendens Lucio, dixit : Vendo tibi domum meam pretio mille aureorum, si nunc mihi eos solvas; vel mille et quinquaginta, si eos post annum solvere cupis. Q. an talis contractus sit licitus.

R. Vel pretium mille et quinquaginta aureorum est intra latitudinem justi pretii domus, ita ut mille constituant pretium modicum vel infimum, mille vero et quinquaginta pretium supremum : vel sunt supra justi pretii latitudinem. Si 1°, licitus est contractus : sicut enim posset Titius aureos illos 1050 statim exigere, ita et eos post annum exigere potest. Si 2°, id est si aurei mille supremum domus pretium excedunt, et ob solam pretii dilationem Titius exigit aureos 50 supra mille, contractus est omnino illicitus ; quia idem est ac si Titius mille mutuo daret, ut post annum reciperet quinquaginta supra sortem, in quo consistit usura. Ita D. Thomas, 2-2, q. 78, art. 2, ad 7. Idem confirmat censura propositioni 41 ab Innocentio XI inusta.

CASUS II. *pag.* 136. Rusticus annulum in via publica cum lucido lapillo inventum, vitreum esse ratus, vili pretio vendidit rustico alteri, qui hunc pariter vitreum esse existimabat. Q. an emptor exinde certior factus lapillum esse adamantinum, teneatur contractum rescindere.

R. Affirmat. Ratio est quia consensui ad legitimos contractus requisito nihil est tam contrarium quam error. Porro in casu fuit error, et quidem circa substantiam, tam ex parte venditoris, quod satis fuisset, quam ex parte emptoris. De hoc jam supra, v. EMPTIO, cas III.

CASUS III. *pag.* 165. Mercator videns Petrum ex indigentia dispositum esse ad emendam mercem summo pretio pecunia credita, eamque infimo pretio revendendam numerata pecunia, dixit ei : *Mercem meam, quam nunc vendo tibi credito, paratus sum, si indiges pecunia præsenti, viliori pretio redimere.* Q. an talis locutio in casu licuerit mercatori.

R. Affirm. saltem speculative loquendo. Ratio est quia, supposito quod tam pretium summum, quo merces pecunia credita venditur, quam pretium quo mercator eam pecunia numerata redimere paratus est, sint intra latitudinem justi pretii, aliunde vero quod nullum intervenerit pactum quo Petrus de revendenda mercatori merce illa cum ipso convenerit : nihil prohibere videtur quin venditor possit se paratum exhibere ad eamdem mercem minori pretio redimendam; sicut enim alius quilibet licite a Petro mercem hanc emere potest, ita et id potest qui eam vendidit.

Dixi, *saltem speculative loquendo*, quia cum facile sit quod manifesta mercatoris dispositio ad mercem pretio infimo redimendam, attenta maxime Petri indigentia, pactum aliquod implicitum de mercis retrovenditione importet, prout in externo foro præsumitur, mercator in praxi a tali locutione tanquam sibi illicita abstinere debet. Ita Lugo, disp. 16, *de Just.* n. 208, et Viva in prop. 40 ab Innocentio XI damnatam.

— « Quand on pèsera bien la cupidité qui règne dans tous les états, on pourra trouver la restriction de l'auteur trop faible. Le siècle du contrat mohatra n'est pas encore passé. »

Casus IV. *pag.* 177. Sempronius volens vendere prædium prædio Proculi contiguum, ficte de venditione agit cum viro præpotenti vicinis suis molesto; unde fit ut Proculus, vir pacis amans, ad illud summo pretio emendum moveatur. Q. an validus sit iste hic venditionis contractus.

R. Affirmat. Ratio est quia fictio et fraus in casu versatur quidem circa causam impulsivam emptionis, non tamen circa substantiam rei venditæ; neque venditor ab emptore pretium ultra supremum justum extorquet. Sicut ergo frequenter contingit ut mercatores fictione ac mendacio utantur, ut merces suas summo pretio vendant, dicendo, v. g., pannum esse anglicum aut parisiensem, sibique hactenus tot libras pro ulna qualibet oblatas fuisse, et alia hujusmodi, quæ ficta et falsa omnino sunt, et nihilominus subsistunt hujusmodi contractus, nisi vel in qualitate mercis, vel in quantitate pretii contingat notabilis emptorum læsio, ita etsi male se gessit Sempronius fictione sua utendo, nihilominus contractus cum Proculo celebratus debet validus censeri. Ita Vasquez, 1-2, q. 7, art. 5. Sanchez in *Opere morali*, lib. IV, cap. 3, n. 8. Bonac., *de Contract.*, disp. 3, q. 1, punct. 2, n. 8.

— « A la bonne heure que ce marché subsiste quant à la substance, mais dès que la quantité du prix n'est fondée que sur le dol et la fraude, il est injuste quant à cette même quantité; et il faut la réduire *arbitrio viri prudentis*. L'auteur décide lui-même, v. EMPTIO, cas II, qu'un homme qui n'obtient la diminution d'une rente qu'il paye, que parce qu'il feint frauduleusement vouloir la rembourser, ne peut profiter de sa fraude. Pourquoi donc en profitera-t-il dans le cas présent? L'exemple des marchands qui vendent un drap pour un autre, et qui par un tissu de mensonges mènent l'acheteur au plus haut prix, prouve une nouvelle injustice, et rien de plus, quoiqu'on pût y trouver cette différence, qu'on connaît d'ordinaire ces ruses des marchands, et que celle dont il s'agit dans l'exposé, prise avec toutes ses circonstances, n'est ni ne peut être bien commune. »

Casus V. *pag.* 248. Uno ex confessariis duobus affirmante, merces posse credito pluris vendi quam pecunia numerata, idque ratione lucri cessantis, negabat alter, eo quod tale lucrum compensetur per venditiones credito pluribus factas, proinde quod idem percipiatur lucrum a pluribus. Q. utri sit adhærendum.

R. Neutri. Siquidem vel istud plus, quo merces credito venduntur, continetur intra limites justi pretii; et tunc certum est merces quæ pretium a lege taxatum non habent, præciso etiam lucro cessante, aliove titulo, posse credita pecunia vendi pretio supremo; infimo autem vel medio, pecunia numerata, cum nemo, per se loquendo teneatur res suas vendere, credito præsertim, infra pretium supremum justum. Vel istud plus, quo merces credito venduntur, excedit limites justi pretii, et tunc dico quod si hoc plus judicio viri prudentis sit moderatum, et conforme regulis quoad hoc traditis a sanis doctoribus, possunt adhuc merces credito sic pluris vendi, non quidem ratione lucri cessantis, cum lucrum per numeratam pecuniam deinceps percipiendam vere compensetur per plures venditiones credito factas, quæ secus non fierent, ut cum Molina et Lugo notant Viva, opusc. *de Usuris*, q. 1, art. 5, n. 7, et La Croix, *de Emptione*, etc., n. 944. Sed ratione periculi non habendæ postea solutionis, sine molestiis, imo et amittendi pretium solvendum ab aliquo ex debitoribus: quod periculum sane est pretio æstimabile.

— « Je ne fais ici que trois petites remarques : 1° La Croix mis au nombre des docteurs dont la morale est saine; il faut que celle de l'auteur ne le soit guère, ou qu'il ne l'ait pas lu. 2° Notre casuiste prétend-il que, parce que sur vingt personnes qui achètent à crédit, il y en aura cinq ou six dont il sera difficile d'obtenir le payement, il sera permis de vendre à toutes au-dessus du juste prix? Si cela est, pourquoi les bons souffrent-ils pour les autres? Car en peu de mois un marchand connaît ses pratiques. 3° S'il ne le prétend pas, les pauvres seront nécessairement ceux à qui il sera permis de vendre plus cher. *Voyez* ce que j'ai dit là-dessus dans le Traité des *Contrats*. »

Casus VI. *pag.* 259. Sophronius vere mendax in stateris non dat quidem suis adventoribus justum mercium pondus. Verum eas vendit pretio infimo; adeo ut si datum et acceptum serio considerentur, venditio hæc non excedat limites justi pretii supremi. Q. an id licite fiat.

R. Negat. 1° Quia *statera dolosa abominatio est apud Deum, et pondus æquum voluntas ejus*, Prov. 11. 2° Quia licet Sophronius ante contractum per se non teneatur vendere merces pretio infimo, ad id tamen tenetur statim ac sic, cum emptoribus convenit : unde sicut tunc tenentur emptores vi initi contractus solvere pretium conventum, ita venditor vi ejusdem contractus tenetur conventum mercium pondus tradere emptoribus. Et, quemadmodum statuto justo mercibus pretio a potestate publica, non potest venditor, sine injustitia et onere restitutionis aliquid detrahere emptoribus, statim ac solvunt juxta statutum; ita, postquam ex mutuo consensu de pretio infimo conventum est, non potest Sophronius absque injustitia et onere restituendi aliquid emptoribus detrahere, statim ac solvunt juxta conventum. Alias dici posset quod qui sponte vendidit infimo pretio, et conventum pondus totum tradidit emptori, possit postea ab hoc licite auferre in compensationem, quantum defuit ad integrandum pretium supremum vel medium, quod quam falsum sit, et quot malis ostium aperiat, nemo non videt. Alias ejusdem decisionis rationes dabit Sporer. * De hoc casu jam supra.

VESTES SACRÆ.

Casus unicus. *pag.* 80. Ruralis parochus sacerdotalia indumenta defert ad superiorem conventus S. Francisci, non multum a parœcia sua distantis, ut ab eo benedicantur. Q. an bene se gerat.

R. Negat. Ratio est quia in decreto Alexandri VII, sub die 27 Sept. an. 1659, statuitur n. 18, ut *Regulares ecclesiasticam supellectilem pro servitio duntaxat suarum ecclesiarum vel monasteriorum benedicant.* In diœcesi hac (Bononiensi) concessa est ad instantiam Prosperi Lambertini foraneis vicariis facultas prædicta indumenta benedicendi, ut constat ex decreto S. R. Congregationis, die 17 januarii 1733. * Et id quidem meo judicio sapienter, ne ab ultimis quandoque diœceseos limitibus ad episcopalem sedem cum mora et impensis recurrendum sit. * De hoc jam dictum v. Benedictio.

VOTUM.

L'auteur parle du vœu : 1° quant à sa validité ; 2° quant aux causes qui le font cesser ; 3° quant à son exécution ; 4° quant aux conditions qu'on y peut apporter.

§ I.
Votum quoad valorem.

Casus I. *pag.* 70. Petrus, contractis sponsalibus cum Bertha, emisit votum simplex castitatis. Q. an valeat votum istud.

R. Negat. Ratio est quia votum istud, ut pote in præjudicium tertiæ personæ factum, non acceptatur a Deo. * De hoc casu non ita pridem dictum v. Sponsalia.

Casus II. *pag.* 115. Putans vir pius Lauretum Bononia distare milliaribus duntaxat sexaginta, eo vovit peregrinationem. At didicit inde distare milliaribus 160. Q. an prædictum votum adimplere teneatur.

R. Negat. Ratio est quia ad voti valorem requiritur voventis consensus in rem voto promissam. Nihil porro consensui huic contrarium magis quam error; qui sane in præsenti occurrit, ubi vovens circa notabilem circumstantiam aberravit. Hinc communis hæc regula, votum non obligare in eo eventu, qui si voventis menti occurrisset tempore voti emissi, verosimiliter fuisset a vovente exclusus.

— « Je crois la décision vraie. Mais la prétendue règle sur laquelle on l'appuie n'est pas bien juste. Saint François de Sales, qui avait fait vœu de dire son chapelet tous les jours, s'est trouvé dans bien des cas qui l'auraient empêché de faire ce vœu, s'il les avait prévus ; et il s'y croyait cependant obligé, puisqu'il pensa souvent à s'en faire dispenser, ou à se le faire commuer. *Voyez* son *Esprit*, part. 8, ch. 16, pages 253 et 254. »

§ II.
Votum quoad cessationem et irritationem.

Casus III. *pag.* 97. Conjugata, ne filiis ultra vires gravetur, vovit debitum non petere, et maritum rogare ne petat. At verita ne maritus ab ipsa alienus fiat, servato voto primo secundum non adimplevit. Q. an graviter deliquerit contra votum.

R. Negat., si metus vere sit prudens. Ratio est quia voti obligatio videtur cessare, quoties ex voti exsecutione grave aliquod damnum prudenter timetur, per quod votum jam amplius non sit de meliori bono : id autem videtur sequi in casu nostro. Si enim uxoris metus ex circumstantiis dignoscatur esse prudens, damnum quod ipsa timet a marito, si cum roget ne debitum petat, vere grave est, et meliori bono, de quo votum esse debet, adversatur, cum alienatio conjugis unius ab alio soleat esse plurium malorum, seu temporalium, seu spiritualium origo, ut experientia teste quotidie in familiis videmus. Posito igitur tali metu, cessat saltem in hac parte voti obligatio. Dico, *saltem in hac parte*, quia cum, hac parte non servata, possit conjux fieri prægnans, et proinde possit cessare finis non petendi, qui est ne filiis ultra vires gravetur, poterit eodem gravitatis tempore debitum etiam petere, quin votifraga censeatur. Ita Suarez, lib. IV, *de Voto*, cap. 18, n. 4, et cap. 19, n. 1 et 4, aliique communiter. * De debito tempore prægnationis petendo aut reddendo dixi tomo VI, pag. 83.

Casus IV. *pag.* 184. Marius deprehensus a patre in ludo, et ab illo vehementer objurgatus, ad declinandam illius iram vovit se non amplius lusurum. Mortuo patre, interrogat num adhuc voto teneatur. Quid ei respondendum?

R. Marium probabilius immunem esse a voto. Ratio est quia causa nedum impulsiva, sed etiam motiva, et quidem principalis vovendi, videtur fuisse devitanda patris ira, ut exponitur in casu. Cum igitur mortuo patre cesset hæc ratio motiva et principalis vovendi, cessat et votum. Sane vero votum non obligat ultra intentionem voventis. Vovens autem non censetur habuisse intentionem se obligandi, cessante causa finali et motiva voti, ut docent Sylvester, Azor, Suarez et alii communiter.

— « Tous les cas qui dépendent de l'intention sont difficiles à résoudre, parce que ceux qui consultent ne peuvent dire eux-mêmes ce qu'ils ont voulu. J'aimerais donc mieux demander dispense ou une légère commutation, que de courir le risque de manquer à un vœu dont je ne puis me bien rappeler les motifs. La colère d'un père peut être plutôt *occasion* que *cause unique* d'un vœu semblable à celui dont il s'agit dans l'exposé. »

Casus V. *pag.* 266. Titius vovit ingressum religionis; at post dies aliquot illectus puellæ blanditiis, nuptias eidem promisit. Q. utram promissionem implere teneatur.

R. Per se loquendo teneri ad primam. Si enim religionem vovens emissis sponsalibus adhuc per se tenetur ad ingressum religionis, eo quia ob majorem status perfectionem sponsalia jure positivo habent imbibitam hanc conditionem, *nisi religionem elegero*, a fortiori votum religionis impleri debet, quando sponsalia præcessit. Ita communiter.

Dixi, *per se loquendo*, quia per accidens fieri potest ut, non obstante voto prius emisso, teneatur ducere puellam; puta si voti insciam dicta promissione ad copulam adduxisset; et nisi eam ducat, gravia oriantur scandala, jurgia, rixæ, etc.; tunc enim, si non posset his aliter obviari, dubio procul teneretur, non obstante voto, illam ducere; cum enim tunc ingressus in religionem non jam sit majus bonum, cessat voti obligatio.

— « Dans des cas où la passion fait souvent voir ce qui n'est pas, il faut toujours consulter un bon et sage directeur, qui quelquefois pourra, à cause du doute, demander dispense à l'évêque. »

Casus VI, *pag.* 50. Bertha vidua vovit a carnibus de Mercurii per annos decem abstinere, quod quinque annorum spatio in viduitate observavit. At cum transierit ad secundas nuptias, maritus id ei prohibuit, quin et irritavit votum ipsius. Q. 1° an vir potuerit votum istud irritare; 2° an Bertha citra scrupulum possit eidem voto deesse.

R. Ad 1. Negat., cum Pontio et aliis contra Sanchem et Dianam, etc. Ratio est quia tale votum fuit a Bertha emissum, quo tempore, ut pote vidua, non pendebat a secundi mariti regimine. Ergo vir non potest titulo præsentis potestatis irritare votum, quod in suo fieri nullam habuit ab ipso dependentiam.

R. Ad 2. Affirmat. Cum enim votum illud viro præsenti præjudicet, quia cum sui incommodo teneretur uxori specialia alimenta providere, potest is illud suspendere et indirecte irritare, unde uxor hujusce suspensionis titulo licite poterit, per totum novi hujus matrimonii tempus, votum non servare.

— « Il suit de là que si ce second mari venait à mourir, Berthe serait tenue à remplir son vœu comme auparavant, autant que cela lui serait possible. »

§ III.

Votum quoad satisfactionem et tempus satisfaciendi.

Casus VII. *pag.* 99. Voverat Petrus in sacræ familiæ honorem tres julios in eleemosynam largiri, unum viro seni, duos vero feminæ lactanti. Intuitus autem senem virum, cujus uxor lactabat puerum, eidem viro tres julios dedit. Q. an votum suum adimpleverit.

R. Affirmat. Ratio est quia nec res voto promissa defuit, nec finis a vovente intentus, ut ad voti complementum requiritur. Non 1°, nam dare seni uxorem actu lactantem habenti julios illos quos Petrus voverat dare lactanti mulieri, perinde se habet ac julios eosdem mulieri ipsi præbere, cum datum viro, qui caput est mulieris, ipsi mulieri, per se loquendo, datum intelligatur. Et præcipue in casu nostro, in quo voti scopus non est directa translatio dominii duorum juliorum in lactantem feminam, bene vero ipsius mulieris levamen; quod per subsidium capiti familiæ præstitum obtinetur a Petro. Non 2°, namque finis a Petro vovente intentus, scilicet honor præstandus D. Josepho in viro sene, et Deiparæ cum puero Jesu in lactante femina, ipsis æqualiter et forte expressius exhibetur, si lactans mulier sit ipsius viri senis uxor, quam si eidem sit extera, ut omnes statim intelligunt.

— « Si le vieillard dont il s'agit était un buveur, etc., ce vœu serait mal accompli, parce que la femme n'en tirerait aucun avantage. C'est apparemment pour cela que l'auteur dit que, *datum viro ut capiti*, per se loquendo, *intelligitur datum uxori*. »

Casus VIII. *pag.* 113. Abel juvenis ad obtinendam in castimonia perseverantiam vovit se semel in anno, die sibi visa, in honorem beati Joannis jejunaturum. At jejunii pertæsus, credidit se voto suo facturum satis, si in pervigilio Nativitatis Domini jejunaret. Q. an bene senserit.

R. Negat. Etsi enim per unicum actum possit quandoque pluribus obligationibus satisfieri, non tamen in proposito casu. Ratio est quia votum jejunandi in honorem S. Joannis cadit in jejunium alias indebitum, tum quia Abel novam carnis afflictionem intendere debuit, dum eam sibi per votum imposuit ad obtinendum perseverantis castimoniæ donum, tum quia, ut dicitur in casu, Abel exinde voti jejunii pertæsus est, quod non nisi de novo jejunio apte intelligi valet. Dicendum igitur quod is quidem diem sibi visam pro jejunio eligere queat, non tamen eam qua urget jejunium aliquod ab Ecclesia præscriptum. Ita qui severiores non sunt in moralibus.

Casus IX. *pag.* 124. Francisca vovit recitare quotidie septies *Pater* et *Ave* in honorem B. V.; at ex negligentia sæpius non recitavit. Q. an graviter peccaverit in tali omissione.

R. Negat., nisi Francisca ex erronea conscientia crediderit se sub gravi ad singulas illas recitationes astrictam esse. Ratio est quia ex una parte nequit vovens, ex communi doctorum sensu, se sub gravi obligare ad ponendam materiam levem, cum Deus obligationem hanc, ut pote imprudenter factam, non acceptet; et ex altera parte singulæ illæ recitationes fuerunt juxta terminos casus, ex mente voventis singulis diebus affixæ : unde cum omissio recitationis unius non habeat continuationem cum omissione alterius, dicendum est quamcunque omissionem, licet sæpius repetitam, nunquam omissionem gravem inferre, quia quælibet omissio, quamvis materiæ totius, fuit tamen omissio levis.

— « Il y a de bons théologiens qui croient avec Pontas, v. Vœu, cas IX, que quand on omet toute la matière d'un vœu, quelque légère qu'elle soit, on pèche mortellement. Quoique je sois d'une opinion fort différente, je ne conseillerais pas à la personne dont il s'agit de regarder une faute aussi souvent multipliée que la sienne comme sûrement vénielle. Car, 1° il peut très-bien se trouver dans des négligences si souvent réitérées, une espèce de volonté interprétative de les continuer. Or, est-il bien sûr que si je voulais manquer pendant un mois à réciter sept *Pater* et *Ave*, que je dois par vœu tous les jours, je ne fisse qu'une faute fort légère ? En manquant une fois ou deux un psaume assez court de mon office, je ne pécherais pas mortellement. En serait-il de même si je me proposais virtuellement de recommencer tous les jours ? 2° Si j'avais fait vœu de donner tous le jours un sou à tel pauvre, et que j'y manquasse pendant deux mois, je soustrairais une masse considérable à l'honneur de Dieu. N'est-il pas vrai que je fais quelque chose de semblable, quand, sur la totalité des prières que j'ai promises en gros, je lui en enlève une partie ? Mais quand on supposerait que tout cela n'est que douteux, au moins faudrait-il en revenir à la règle : *In dubio pars tutior tenenda*. Au reste, notre casuiste reconnaît, pag. 205, qu'une personne qui aurait fait vœu *simul et semel* de réciter cent *Ave*, pécherait mortellement, si elle y manquait absolument. »

CASUS X. *pag*. 203. Octavius vovit jejunare singulis annis in festo sanctæ Apolloniæ, sed cum hoc quandoque incidat in diem dominicam, dubitat an hac die vel antecedente sabbato jejunare teneatur. Q. dubii solutio.

R. Cum ex D. Thoma, 2-2, q. 141, art. 5, jejunium duplex sit, aliud afflictionis ad macerandum corpus, ut subdatur spiritui; aliud exsultationis, ut jejunans magis contemplationi vacet, et magis ad spirituale gaudium ac festi celebrationem disponatur, videndum est an Octavius in jejunii voto primum finem intenderit, an secundum. Si primum, debet jejunare in sabbato præcedenti, juxta morem universalis Ecclesiæ. Si secundum, videtur quod debeat jejunare die dominica. Ratio est quod votum de re licita obligat. Atqui jejunare die dominica licitum est, uti constat ex SS. Hieronymo epist. ad Lucinium, Thoma cit. loc., Antonino, part. II, tit. 11, cap. 2, et aliis apud Sayrum, lib. VI, cap. 8. Neque obstat quod can. fin., dist. 30, jejunium dominica die prohibeatur : id enim intelligendum, quando jejunatur ex contemptu dominicæ diei, vel ex superstitione aut errore hæreticorum : cæteroqui enim id licitum est. In praxi tamen, et universalius loquendo, in dubio de præfata intentione, licet possit jejunare die dominica, regulariter consulendum est, quod se conformet spiritui Ecclesiæ ad vitandam singularitatem.

— « Je ferais précisément tout le contraire de ce que décide ici l'auteur, dont, pour le répéter en passant, les citations sont très-peu justes. *Voyez* Pontas, v. Vœu, cas VI. »

CASUS X. *pag*. 224. Quæritur an qui vovit non amplius concumbere cum femina, possit sine dispensatione matrimonium contrahere.

R. De hoc dictum supra v. MATRIMONIUM, cas V.

CASUS XI. *Pag*. 110. Juvenis annos 20 natus vovit, si ex gravi quo correptus erat morbo convalesceret, se toto vitæ decursu huic infirmorum xenodochio deserviturum. Q. an recuperata valetudine possit per aliquod tempus, et quantum, voti sui exsecutionem differre.

R. Posse, sed ad modicum tempus. Quod possit, hinc colligere est quod obligatio votum *statim*, seu *quamprimum* adimplendi, juxta communem prudentum sententiam, semper aliquam dilationem admittit, sicut et aliæ obligationes sub dictis particulis enuntiatæ. Quod autem, nisi subsit rationabilis causa differendi et notabile tempus exsecutionem voti, exsecutio hæc diu nequeat differri, liquet ex his Deuter. verbis cap. XXXIII: *Cum votum voveris Domino Deo tuo, non tardabis reddere ; et si moratus fueris, reputabitur tibi in peccatum*. Cum autem juvenis noster perfecte jam convaluerit, et attenta ejus annorum 20 ætate idoneus sit qui xenodochio de præsenti inserviat, nulla apparet rationabilis causa cur voti ejus exsecutio ad longum tempus differatur : idque eo verius est, quod tanto minus de voto suo quod perpetuum est, reddet Deo, quanto plus ipsius exsecutionem protrahet. Unde ultra spatium quatuor vel quinque mensium voti hujus exsecutionem differre non debet.

— « Et pourquoi différer quatre ou cinq mois, quand on peut commencer au bout de quatre ou cinq semaines ? Pourquoi différer cinq semaines, si on peut s'arranger de manière à commencer en cinq jours ? Partons du principe de l'Ecriture : *Si moratus fueris*, etc. La glose de Sporer, de Tambourin et de vingt autres pareils n'est pas bien propre à rassurer sur ce point. »

§ IV.

Votum sub conditione.

CASUS XII. *pag*. 93. Vovit Joannes se pauperibus julios sex largiturum, si Deus per mensem eum a gravi, in quod incidere solebat, peccato præservet. At ne promissum implere teneatur, ultima mensis die peccatum illud de industria committit. Q. an ad eamdem eleemosynam obligari continuet.

R. Negat. Ratio est quia conditionate vovens, per se loquendo, ad voti exsecutionem non tenetur conditione non impleta, cum nonnisi sub prædicta conditione sese obligare voluerit, quamvis quod dicta conditio non ponatur in esse, ex culpa ipsius contingat.

Cum igitur Joannes votum suum emiserit sub conditione, quod Deus eum a gravi culpa per mensem præservet; quod idem est ac dicere, si ipse vovens, adjuvante Deo, per mensem a culpa gravi abstineat; licet ex pravo ipsius fine factum sit ut conditio non fuerit impleta, adeoque gravius peccaverit, idem scelus deliberate committendo; non est obligandus ad sex julios in eleemosynam erogandos.

Dixi, *per se loquendo*, quia si vovens intendisset se ad prædictam eleemosynam obligare, in casu quo per seipsum præcise staret, ne apposita conditio impleretur, tunc contrarium dicendum esset. Ita Suarez, lib. IV, *de Voto*, cap. 17, n. 20.

— « Le droit romain paraît raisonner mieux que certains casuistes : *Quicunque*, dit-il, leg. 85, ff. *de Verb. oblig.*, *sub conditione obligatus, curavit ne conditio existeret, nihilominus obligatur*. Au fond, un homme qui fait vœu de la fin s'oblige par une suite nécessaire à n'y pas mettre des obstacles de propos délibéré. Du reste, un sage confesseur ne manquera jamais à donner par pénitence ce qu'un mauvais chrétien aura voulu ménager par une conduite très-frauduleuse. Voyez sur cette question et une autre plus difficile, le peu qu'en ai dit, part. II, *de Religione*, cap. 6, *de Voto*, art. 4, reg. 5, n. 133. »

TABLE DES MATIÈRES.

On se contentera, pour ne pas faire une Table trop longue, de citer la page où commence l'article, ensuite le nombre du cas où se trouve la décision, et on le citera en chiffre commun. Lorsque la décision se trouvera dans l'espèce de petit Dictionnaire latin qui finit le second volume, on ajoutera une * au nombre du cas, ou à la tête, quand ils en seront tous tirés. Comme le premier tome va depuis A jusqu'à J, et le second depuis la suite du J jusqu'à la fin, on verra tout d'un coup lequel des deux il faudra ouvrir, pour trouver ce dont on aura besoin. Le Dictionnaire latin est tout entier dans le second tome. J'avertis une fois pour toutes qu'il sera toujours fort bon de lire les notions préliminaires, surtout dans les matières qui ne sont que de droit positif.

A

ABANDON. Il y en a de cinq sortes, *page* 13.
ABBAYE. Lieu érigé en prélature, *page* 13.
ABBÉ, *page* 15. Un savant vaut-il mieux, pour la conduite d'un monastère, qu'un homme bien régulier, mais dépourvu de lumières ? 1.
Un religieux étranger ne peut, sans dispense, être fait abbé dans un autre ordre, 2.
Un abbé peut-il déposer de son chef un prieur conventuel ? 3.
Peut-il nommer à une cure sans le consentement du chapitre de son monastère ? 4. Ou recevoir un novice malgré tous ses religieux ? 5. Que dire en cas que les voix soient partagées ? *ibid.* Cas où l'abbé aurait un privilége *ad hoc*, 6.
L'abbé peut-il absoudre son religieux qui a donné un soufflet à un ecclésiastique séculier ? 7.
Peut-il disposer en maître de ce qui lui reste après avoir fourni aux besoins de ses frères ? 8.
Un abbé donne quelquefois la tonsure et les mineurs, 9. Il ne doit pas quitter son monastère pour faire sa licence, 10.
Celui qui est pourvu d'une abbaye en commende doit-il recevoir la prêtrise dans l'année ? 11. Est-il privé de son abbaye s'il y manque ? 12.
Un prieur conventuel qui manque à se faire ordonner prêtre, fait-il les fruits siens ? 13.
ABBESSE, *page* 21. Une fille illégitime ne peut être élue abbesse, 6. Une abbesse ne peut donner le voile ni à une novice, avant que d'avoir pris possession de son abbaye, 1; ni à une fille qu'elle sait être forcée par ses parents à se faire religieuse, 9.
Peut-elle donner une partie de la dot d'une fille qu'on destine au cloître, en cas que celle-ci ne fasse pas profession ? 2.
Doit-elle introduire le scrutin dans un monastère où il n'est pas en usage ? 2.
Elle ne peut recevoir seule à la grille les visites de ses parents, 3.
Elle ne peut ni user de suspense, 4; ni se choisir un confesseur non approuvé, 5.
Quand elle est transférée dans une maison réformée, elle doit en embrasser la réforme, 7.
ABEILLES, *page* 25. Le propriétaire d'un essaim d'abeilles a droit de le suivre partout, et de le reprendre où il se trouve.
ABLUTION. *Voyez* MESSE, cas 1, 2, 3, etc.
ABOMINATION, *page* 28. Considérée comme action, est tantôt morale, tantôt religieuse.
ABONNEMENT, *page* 29. Convention entre le producteur ou le marchand et le consommateur d'un objet quelconque.
ABORDAGE, *page* 30. Choc de deux vaisseaux qui entraîne des dommages plus ou moins considérables : par qui et comment ces dommages sont supportés.

ABREUVOIRS, *page* 31. Ceux qui y conduisent des bestiaux atteints de maladies contagieuses sont obligés à restitution.
ABROGATION, DÉROGATION, *page* 31. L'abrogation est expresse ou tacite.
ABSENCE, ABSENT, *pages* 32, 33. Quand une personne a cessé de paraître à son domicile depuis quatre ans, le tribunal civil déclare son absence ; mais la déclaration d'absence ne peut être prononcée qu'après dix ans révolus depuis la disparition ou les dernières nouvelles de la personne.
ABSENCE DES PASTEURS, *page* 35. D'après le concile de Trente, un évêque ne peut s'absenter de son diocèse plus de deux ou trois mois, à moins de cause majeure. La même obligation est imposée aux curés et aux autres titulaires ayant charge d'âmes.
ABSOLUTION, *page* 23. * ABSOLUTIO, *page* 1045. Propositions de morale relâchée flétries sur cette matière, p. 41.
Que penser d'une absolution, ou déprécative, ou donnée par ces seuls mots : *Absolvo te*, 1 et 2.
Un hérétique public privé de son bénéfice, un prêtre suspens, interdit ou excommunié dénoncé, un prêtre suspens, interdit ou excommunié occulte, peuvent-ils absoudre validement ? 32, 33 et 34.
Peut-on donner l'absolution à un paysan qui ne sait ni *Pater* ni *Credo* ? * 6.
Faut-il faire répéter des confessions à celui qui les a faites dans le temps où il ignorait les principaux mystères de la foi ? * 5.
Peut-on donner l'absolution à un vieux pécheur, qui a perdu l'usage de la parole et de la raison, mais qui avait demandé un confesseur ? 3, et * 4. *Quid* s'il n'en avait point demandé ? 4. Ou qu'étant ivre il fût fait une chute mortelle ? * 1. Ou qu'il fût tombé d'un arbre en volant des fruits ? * 2.
Peut-on absoudre un moribond sous condition ? 5.
On ne peut absoudre celui qu'on juge n'avoir point de douleur surnaturelle, 6 et 7. Mais bien une personne qui, ayant perdu la mémoire, ne s'accuse qu'en gros de ses péchés, 8.
Il faut refuser l'absolution à une personne qui ne s'accuse que de péchés véniels, et y retombe aussitôt, 9.
Les simples imperfections ne sont pas matière d'absolution, 10.
Peut-on absoudre un étranger qui ne peut s'accuser que par signes ? 11. Serait-il obligé de se confesser par interprète, s'il en trouvait un ? *ibid.*
L'absolution donnée à des pestiférés qu'on ne voit pas est valable, 12.
On ne peut absoudre un pénitent, par cela seul qu'il assure qu'il déteste son péché, 13. Plusieurs cas où il faut refuser ou différer l'absolution, *ibid.* Le faut-il refuser à un catholique qui a un valet huguenot ? 14. Ou à un homme qui pêche avec une femme qu'il ne peut congédier sans

beaucoup d'inconvénients ? * 15 et 16. * 11. Ou à une fille qui pèche avec un domestique qu'elle ne peut renvoyer ? 17.

Cas de celui qui voit une personne avec qui il a longtemps péché, mais avec qui il ne pèche plus depuis longtemps, 18. Cas de celui qui retient une personne avec qui il n'a péché que deux fois, 19 et 22. Ou qui, depuis deux mois, n'est pas tombé, 25. Ou qui s'est beaucoup corrigé, 24 et 50.

Une mission suffit-elle pour faire donner l'absolution à un pécheur qui est dans l'occasion, et qui promet de la quitter ? 20 et 25. Peut-on l'accorder à un fiancé qui pèche avec sa fiancée, et continue à la voir pour ne pas perdre sa fortune ? 21. * 15.

Un homme qui n'a pas jeûné le carême, quoiqu'il l'eût pu absolument, peut-il quelquefois être absous ? 26.

Peut-on absoudre un homme qui promet de restituer avant qu'il l'ait fait ? 27. Ou un usurier dans le même cas ? 28. Ou celui qui, étant dans une longue habitude de mollesse, fait un long pèlerinage par esprit de pénitence ? 29.

Peut-on refuser l'absolution à un juge qui a déclaré nuls les mariages de plusieurs enfants de famille, parce qu'ils étaient contractés sans le consentement de leurs parents ? 31.

Doit-on toujours refuser l'absolution à une personne qui a grièvement péché dix fois dans un mois, * 9. Ou à celui qui va aux assemblées du carnaval, et s'expose à des mouvements impurs ? * 13. Ou à un gentilhomme qui donne à jouer, quoiqu'il sache que cela donne occasion d'offenser Dieu ? * 14.

Un confesseur peut-il faire jurer un pénitent qu'il quittera une occasion prochaine de pécher ? * 16. Peut-il absoudre un moribond qui a encore chez lui une concubine ? * 17. Doit-il refuser l'absolution à un contrebandier ? * 18. Peut-il la donner à un pénitent qui est déjà hors du tribunal, et qu'il a oublié d'absoudre ? * 20.

L'absolution donnée à un pénitent lié d'une excommunication qu'il a oubliée est-elle valable ? * 21. Le serait-elle, si le prêtre n'avait dit que *Absolvo te a peccatis* ? * 22. Pourrait-on la refuser sûr à un vieillard qui a encouru une censure réservée au saint-siége, mais qui ne peut y recourir à cause de ses infirmités ? * 23. Soit à une femme qui, ayant quitté son mari, parce qu'elle en était maltraitée, ne veut pas retourner à lui ? * 24.

Que dire d'un confesseur qui, hors l'article de la mort, a absous son complice, ne sachant pas par sa faute que cela lui était défendu sous peine de censure ? * 25. Une complice n'osant révéler sa turpitude à un autre qu'à celui avec qui elle a péché, attend exprès qu'elle soit sur le point de mourir pour se confesser à lui ; l'absolution qu'elle en reçoit est-elle bonne ? * 26.

Que dire d'un prêtre qui, sans intention d'absoudre, prononce les paroles de l'absolution sur ceux à qui il la refuse, de peur qu'on ne s'aperçoive qu'il ne les absout pas ? * 27.

ABSTINENCE, *pag*. 57 *et suiv*. La loi de l'abstinence établie par l'Eglise oblige, sous peine de péché mortel, tous ceux qui ont atteint l'âge de discrétion, de s'abstenir d'aliments gras les vendredis, samedis et certains jours du carême et de l'année. Ils n'en sont exemptés que par des raisons légitimes ou une dispense de leurs supérieurs.

ACCAPAREMENT, *page* 63. Crime que la loi punit d'un emprisonnement de deux mois au moins et de deux ans au plus, et d'une amende de 1,000 à 20,000 fr.

ACCEPTATION, *page* 64. Action de recevoir, d'agréer une chose offerte ou remise. Considérée dans l'ordre du droit, elle est toujours la formation d'un contrat. Selon le Code, toutes personnes peuvent recevoir par donation entre-vifs ou par testament, excepté ceux que la loi en déclare incapables.

ACCEPTION DE PERSONNES, *page* 67. Pèche-t-on par acception de personnes, quand on fait plus d'honneur à un riche qu'à un pauvre ? 1. Ou qu'on donne un bénéfice à quelqu'un parce qu'il est noble ? 2.

Que penser, soit d'un général d'armée, qui, dans une distribution de récompenses, donne plus à ceux qu'il aime davantage ? 3. Soit d'un supérieur qui accorde à une personne de qualité une dispense qu'il refuse à une personne de médiocre condition ? 4.

Voyez COLLATEUR, JUGE.

ACCESSION, *pag*. 67 *et suiv*. Manière d'acquérir par la puissance, par la vertu d'une propriété préexistante.

ACCESSOIRE, *page* 71. Une chose est accessoire d'une autre origine lorsqu'elle en est le produit. Une chose est accessoire d'une autre, *natura*, lorsqu'elle ne peut subsister indépendamment de cette chose.

ACCIDENT, *page* 72. On appelle ainsi les cas fortuits et les événements fâcheux auxquels la volonté de l'homme

n'a pas eu de part dans le moment, mais indirectement dans la cause.

— ACCOUCHEMENT, *page* 75. Peut-on, pour sauver la mère, tirer par force de son sein son enfant, à qui cette opération donnera la mort ?

Voyez AVORTEMENT.

ACCROISSEMENT, *page* 75. D'après le code civil, il y a lieu à accroissement au profit des légataires dans le cas où le legs est fait à plusieurs conjointement, *i. e*. quand une chose non susceptible de division a été donnée par le même acte à plusieurs personnes, même séparément.

ACCUSATEUR, *page* 75. Cas où un homme est ou n'est pas tenu d'en accuser un autre, 1. Doit-on toujours employer la correction fraternelle avant que d'accuser un coupable ? 2.

Que doit faire celui qui, pendant la procédure, reconnaît qu'il a accusé mal à propos ? 3. A quoi doit être condamné un faux accusateur ? 4. Celui qui voit un accusateur près de succomber faute de preuves, doit-il prouver que son accusation est juste ? 5. Un inférieur peut-il accuser son supérieur ? 7. Le juge peut-il admettre un accusateur notoirement excommunié, noté d'infamie ou accusé lui-même d'un grand crime ? 6.

Voyez ACCUSÉ, CRIMINEL, TÉMOIN.

ACCUSÉ, *page* 75. Un accusé peut-il nier un crime capital pour sauver sa vie ? 1. A-t-il péché mortellement en sauvant sa vie par ce moyen ? 2. Peut-on l'absoudre, s'il continue à soutenir contre un seul témoin qu'il est innocent ? 3. Doit-il confesser son crime après son arrêt de mort ? *ibid*. Peut-il s'avouer coupable quand il est innocent ? 8.

Peut-on pourvoir d'une dignité ecclésiastique ou y élire un homme accusé de vol et d'adultère ? 4.

Un homme condamné à mort par contumace, peut-il se défendre contre les archers qui veulent s'en saisir ? 5.

Un sous-diacre décrété d'ajournement personnel peut-il, sur le simple aveu qu'il fait de sa faute, être condamné par l'official ? 6.

Une femme coupable et accusée d'adultère, doit-elle l'avouer au juge ? 7.

Celui qui n'est point appelé en témoignage doit-il travailler à la justification d'un innocent qui est injustement accusé ? 9.

ACHAT, *pag*. 79 *et suiv*. * EMPTIO, *page* 1173. Si une chose achetée, et non livrée faute de payement du prix convenu, se détériore, la perte en tombe sur l'acheteur, 1. Exceptions, *ibid*.

Un cheval qui périt après une vente purement verbale, périt-il pour l'acheteur ? 2.

Un marchand peut acheter du blé pour le garder jusqu'à un temps où il sera plus cher, 3. Peut-il acheter du drap à plus bas prix, parce qu'il le paye d'avance ? 4, et * 1.

Celui qui achète un de deux chevaux, sans spécifier lequel, ne peut exiger le plus beau, 5. *Quid*, si le moins beau était mort, ou qu'ils fussent morts tous deux avant que d'être livrés ? *ibid*.

Un homme qui peut se faire payer aisément peut-il acheter un contrat à plus bas prix qu'il n'est constitué ? 6, 14 et 15. * 6, *page* 1178.

Celui qui achète une maison ne peut en déloger le locataire, ni lui faire un bail plus fort, 7.

Celui qui vend la vigne, vend tacitement les échalas, 9.

L'acheteur d'un bien volé doit le rendre à son maître, et ne peut en répéter le prix, 10. Mais il n'est pas tenu d'en rendre la valeur, si ce bien a péri entre ses mains, ou qu'il l'ait donné, 11. Peut-il le rendre au voleur et en retirer son argent ? 12 et 13. * Dans le doute, si la chose est volée, doit-il faire ses diligences pour s'en instruire ? 5. * Celui qui a acheté de bonne foi un vrai diamant pour un faux, doit-il rompre le contrat quand il vient à connaître le prix de la chose ? 3. * Peut-on acheter un diamant au-dessous de son prix, quand ce prix a été taxé par des gens habiles ? 4.

Un commissionnaire peut-il grossir ses mémoires pour se dédommager de ses pertes ? 17.

Un tailleur qui achète beaucoup chez un marchand peut-il se faire payer de ses pratiques plus qu'il n'a payé lui-même, sous prétexte que le drapier lui fait une remise ? 18.

Celui qui a fait saisir réellement la maison de son débiteur peut-il, quand elle est vendue par décret, la prendre beaucoup au-dessous de sa juste valeur ? 19.

Un orfévre ne peut-il payer qu'au poids un calice où il y a beaucoup de façon ? 20. * Peut-on acheter une maison sous condition de la rendre quand on voudra, en rendant le prix ? 2.

Voyez MONOPOLE, VENTE, USURE.

ACTE, *page* 89. Tout acte ou contrat doit être revêtu

TABLE DES MATIERES.

des formalités prescrites par les lois et par les usages particuliers du lieu où il est passé.
ACTE AUTHENTIQUE, page 89.
ACTE SOUS SEING PRIVÉ, *ibid.*
ACTE NOTARIÉ, *page* 91. Doit être reçu par deux notaires ou par un notaire assisté de deux témoins, à peine de nullité.
ACTES DE FOI, D'ESPÉRANCE ET DE CHARITÉ, *ibid.* Tout chrétien est obligé d'en faire de temps en temps, sinon explicitement, au moins implicitement.
ADJURATION, *page* 93. Invocation des saints et des choses saintes.
ADJURATIO, *page* 1059. Un faux mendiant qui conjure au nom de J.-C. et de ses plaies les passants de lui donner l'aumône, pêche-t-il mortellement ? *ibid.*
ADOPTION, *page* 93. Alliance ou affinité légale. L'adoption est défendue aux prêtres par les lois de l'Eglise.
ADOPTIO, 1059. Un fils adoptif peut-il, après la mort de celui qui l'a adopté, épouser sa veuve ou sa fille ? *ibid.* Voy. EMPÊCHEMENTS, *empêchement de la parenté légale.*
ADORATION, *page* 95. Nous sommes tous obligés, sous peine de damnation, d'adorer Dieu en esprit et en vérité.
ADULTÈRE, *page* 99. ADULTERIUM, *page* 1059. Un mari qui sait que sa femme est tombée en adultère, peut-il se séparer d'elle quant au lit ? 1. Sa femme peut-elle en faire autant en semblable cas ? 2.
Le mari, dont le crime est secret, peut-il demander le devoir ? 4. Peut-il se séparer, quant au lit, de sa femme adultère, quand il est coupable du même crime ? 3. 22 et 23. S'il avait été séparé d'elle par sentence du juge pour ce même crime, et qu'il y tombât après, serait-il obligé de retourner à elle ? 25. * 2.
Une femme peut-elle se séparer *quoad thorum* de son mari, quand il n'a péché avec une autre que parce qu'elle lui refusait le devoir ? 5. Un mari peut-il le refuser à sa femme quand elle n'a péché que de son aveu ? 6 et 7. Que dire encore si elle n'a cédé que pour éviter la mort ? 8. Ou qu'elle ait été opprimée ? 9. Le mari pourrait-il en ce cas demander un dédommagement à l'oppresseur ? * 1.
Un mari, qui a contracté un mal contagieux par ses débauches, s'étant bien converti, sa femme doit-elle revenir à lui ? 10.
Si le mari et la femme sont tombés tous deux, et que le premier se corrige, peut-il enfin se séparer de l'autre qui continue dans le désordre ? 11. Si la femme a demandé ou rendu le devoir à son mari adultère, peut-elle ensuite le lui refuser ? 12. Le mari, à qui la femme a pardonné son crime, peut-il ne lui pas pardonner celui qu'elle commet dans la suite ? 13. Peut-il se séparer d'elle pour un adultère commis depuis dix ans ? 14. Peut-on en croire un homme qui déclare qu'il a commis l'adultère avec la femme d'un autre ? 15.
Un homme peut-il, de son chef, se séparer, même quant à l'habitation, de sa femme adultère ? 16. Peut-il éviter de s'en séparer dans le cas d'un désordre public ? 17 et 18. En est-il de la femme comme du mari ? 19. De violentes présomptions suffisent-elles pour obtenir une sentence de divorce ? 20.
Une femme qui a passé un grand nombre d'années avec son mari sans avoir d'enfants, qui en a eu un depuis son mauvais commerce avec un autre homme, doit-elle regarder cet enfant comme né d'adultère ? 25.
Que dire d'un mari qui tue sa femme en flagrant délit ? 24.
ADULTÈRE, CAUSE DE RESTITUTION, *page* 109. La femme qui a eu un enfant adultérin est-elle obligée de déclarer son péché à son mari, à son enfant ou à tout autre ? 1.
Dans le doute où l'enfant est légitime ou adultérin, ceux qui ont commis le crime sont-ils obligés à restituer ? 2.
ADULTÉRINS (Enfants), *page* 111. Un enfant adultérin qui a reçu de son père, par donation entre vifs, une somme d'argent, est-il obligé de la restituer ? 1.
Un fils est-il tenu de croire sa mère qui le déclare illégitime ? 2.
Voyez ACCUSÉ, *cas* 7 ; DEVOIR CONJUGAL, DIVORCE, RESTITUTION, *cas* Constantine et les suivants.
ADVERTANCE, *page* 97. Attention par laquelle on remarque la qualité morale d'une action. — L'advertance est actuelle, virtuelle ou interprétative.
AFFINITÉ OU ALLIANCE. *Voyez* EMPÊCHEMENTS, *empêchement de l'affinité.*
AFFOUAGE, *page* 112. Bois de chauffage qui se délivre annuellement pour les habitants dans les forêts où ils jouissent de ce droit.
AGE, *page* 113.
AGENT DE CHANGE, *ibid.*
AGRESSEUR, *page* 115. Il est permis de tuer un injuste agresseur, mais avec deux conditions.

DICTIONNAIRE DE CAS DE CONSCIENCE. II.

AJOURNEMENT PERSONNEL, *ibid.* Emporte-t-il l'interdit des fonctions ecclésiastiques ? *Voyez* SUSPENSE, *cas* 39.
ALÉATOIRE, *ibid.*
ALIMENTS, *page* 117.
ALLUVIONS, *ibid.* L'alluvion profite au propriétaire riverain.
ALTERNATIVE, *page* 119.
AMBITION, *ibid.* Un homme de famille obscure qui, après avoir amassé de grands biens par des voies légitimes, s'est fait greffier d'une cour royale par pur motif d'ambition, a-t-il commis un péché mortel ?
AMENDE, *page* 121. Celui qui, par des moyens injustes, a su se faire exempter d'une amende à laquelle il avait été condamné, a-t-il cédé ? Est-il obligé de restituer ? 1.
Quiconque s'est exempté d'une amende en employant les présents ou les menaces, est-il obligé de la payer ? 2.
AMENDEMENT, *page* 121. Peut-on absoudre un pécheur qui ne montre aucun amendement ?
AMEUBLISSEMENT, *ibid.*
AMICT, *page* 123. Ornement sacerdotal introduit au VIIIe siècle.
AMOUR DE DIEU, *ibid.* Nous devons préférer Dieu à toutes les créatures et à nous-même ; tout souffrir et même mourir plutôt que de l'offenser.
AMOUR DU PROCHAIN, *page* 127. Nous devons aimer notre prochain comme nous-même.
ANATOCISME, *page* 129. Est-il réprouvé par les lois ? *Voyez* INTÉRÊTS DES INTÉRÊTS, *cas* 1.
ANGLICAN, *page* 129. Un prêtre anglican, marié, qui s'est converti de bonne foi, peut-il entrer dans un ordre religieux ou se faire prêtre de l'Eglise romaine ?
ANIMAUX, *page* 131. Sont divisés en trois classes : sauvages, domestiques et privés.
ANNULATION, *ibid.* Deux enfants, le frère et la sœur, ont fait vœu de passer trois heures de la nuit en prières ; mais leur père s'y oppose.. *quid furis ?*
ANTICHRÈSE, *page* 133. En quoi consiste l'antichrèse ? Est-elle usuraire ?
ANTIDATE, *ibid.* Un héritier peut-il se pourvoir contre un testament, en prouvant qu'il est antidaté ? 1. Louis XV, crit que tous testaments concernant la date des jours, mois et an, en outre qu'ils fussent olographes, etc.
Peut-on antidater un billet donc le créancier a fait transport à un autre, et le dater du jour qu'on a fait promesse verbale de le payer ? Court-on quelque risque en le faisant, surtout quand il est survenu une saisie faite entre les mains de celui qui a fait le transport ? 2.
APOSTASIE et APOSTAT, *page* 133. Un religieux qui quitte pour toujours son couvent sans quitter son habit, tombe-t-il dans l'apostasie ? *Voyez* RELIGIEUX, *cas* 22. Ceux qui frappent un clerc apostat encourent-ils l'excommunication ? *Voyez* EXCOMMUNICATION, 46.
Est-on suspens quand, avant d'être relevé de l'apostasie, on reçoit les saints ordres ? *Voyez* SUSPENS, 27.
Par qui peut être relevée une religieuse qui a apostasié ? *Voyez* EXCOMMUNICATION, 48.
APOTHICAIRE. *Voyez* PHARMACIEN.
APPEL, *page* 135. Un coupable, justement condamné, peut-il appeler à un juge supérieur ? 1. Peut-on appeler pour tirer les affaires en longueur ? 7. Peut-on appeler contre un plus probable donne-t-il droit d'appeler ? 4 et 5.
Peut-on appeler d'une sentence qui n'est abusive que sur un seul chef ? 10.
Que dire d'un appel interjeté au pape *omisso medio ?* Remarques sur ce point, 11.
Un religieux peut-il appeler à l'évêque de la sentence de son supérieur ? 3. Peut-il toujours appeler à son supérieur majeur ? 2.
Peut-on appeler après trois sentences conformes ? 16.
Un appel, même injuste, avant la sentence d'excommunication, en suspend-il l'effet ? 9. Est-il aussi suspensif de la censure, quand elle est déjà portée ? 13. Peut-on appeler pour la préséance dans les processions est-il suspensif ? *ibid.* Peut-on appeler de l'ordonnance d'un évêque en fait de visite et de correction de mœurs ? 14.
Peut-on appeler d'un juge chrétien à un juge infidèle supérieur ? 8.
L'appel interjeté rend-il un criminel capable de tester ou de succéder ? *Voyez* HÉRITIER, 10. Quand il y a appel d'une excommunication au métropolitain, son suffragant qui l'a portée peut-il la lever ? *Voy.* EXCOMMUNICATION, 63.
APPRENTI, APPRENTISSAGE, *page* 143.
APPROBATION, *ibid.* Les absolutions données par un prêtre non approuvé sont nulles, 1. Le sont-elles quand elles sont données par des curés voisins que le propre curé appelle dans sa paroisse ? 2. Ou par des curés primitifs ? 3.

Ou par des prêtres qui confessent sans l'aveu du curé ? 4 et 5.

Un prêtre non approuvé peut absoudre un homme à l'article de la mort, 6. Peut-il absoudre quand le terme de ses pouvoirs est expiré ? 7. Ou qu'il n'est approuvé que pour un certain lieu ou un certain genre de personnes ? 10.

Que dire de celui qui confesse avant que l'exprès qu'il a envoyé pour faire renouveler ses pouvoirs soit arrivé ? 9.

Une approbation présumée par un prêtre très-ami de l'évêque suffit-elle ? 8. Le silence de l'évêque, qui voit un prêtre non approuvé confesser, n'est-il pas une approbation tacite ? 11.

Un prêtre non approuvé ne peut absoudre, même des péchés véniels, 12.

Quand un chapitre est en possession d'approuver, son approbation suffit. Les prêtres que l'évêque seul approuve peuvent-ils alors confesser dans les églises soumises à ce chapitre ? 13.

Un official ou un archidiacre ne peuvent confesser sans approbation, 14. Un religieux peut-il, sans être approuvé de l'évêque, confesser ses confrères, les postulants et même les séculiers attachés à la maison, 15 et 16. Peut-il encore confesser, quand il est approuvé par l'évêque, mais interdit par son supérieur ? 17 et 18.

Un prêtre séculier peut-il confesser une religieuse qui l'en a prié, avec la permission de son supérieur ? 19.

Un religieux docteur a-t-il besoin de l'approbation de l'évêque pour confesser les séculiers ? 20. Peut-il absoudre à Meaux un habitant de Paris qui y va exprès pour se confesser à lui ? 21.

Peut-il, quand il est approuvé par l'évêque pour confesser les séculiers, confesser les religieuses de son ordre, et quand il est approuvé pour les religieuses d'un monastère, l'est-il pour tous les autres ? 22.

Le visiteur d'un monastère exempt a-t-il besoin de l'approbation de l'ordinaire pour confesser et célébrer ? *Voyez* MONASTÈRE, 8.

Les Réguliers peuvent-ils prêcher dans les maisons de leur ordre sans approbation de l'ordinaire ? *Voyez* PRÊCHER, 7. Les docteurs séculiers ont-ils besoin de la même approbation pour prêcher ? *ibid.* 2.

ARBITRAGE, ARBITRE, *page* 155. Quel est le pouvoir des arbitres ? Peuvent-ils punir celui qui les trompe ? 6. Sont-ils obligés de juger selon la rigueur des lois ? 1. Un religieux, un mineur ou des femmes peuvent-ils être arbitres ? 9 et 11.

Peut-on se désister de la qualité d'arbitre quand on l'a acceptée ? 10. Quand il y a trois arbitres, le sentiment de deux doit prévaloir, 4. A moins que le troisième n'ait été absent, *ibid.*

La partie lésée peut ne s'en pas tenir à la sentence arbitrale, en payant la peine dont on est d'abord convenu, 2. A-t-on besoin de l'autorité du juge pour exécuter une sentence d'arbitrage qu'on a prononcée ? 3.

Peut-on rendre ou réformer une sentence arbitrale après le temps de l'arbitrage expiré ? A quoi sont alors obligés les arbitres ? 7 et 8.

ARBRES, *page* 159.

ARCHEVÊQUE, *page* 161. Un succursaliste, ayant été interdit de ses fonctions par son évêque, en a appelé au conseil d'État : a-t-il eu raison de le faire ?

ARCHIDIACRE, *page* 163.

ARCH-PRÊTRE, *ibid.* * ARCHIPRESBYTER, *page* 1061.

ARCHITECTE, *page* 164. Est-il tenu de dédommager celui qu'il a porté par dol à vendre ? *Voyez* VENTE, 8. Ses héritiers sont-ils tenus des marchés qu'il a faits ? *Voyez* LOUAGE, 21.

ARMATEUR, *page* 165. Ce qu'a pris un homme qui a armé de son chef est-il bien à lui ?

ARMOIRIES. *Voyez* LITRE, ORNEMENTS D'ÉGLISE.

ARRHES, *page* 166. Les arrhes données à une fiancée par son futur époux lui appartiennent-elles, s'il manque à sa parole ? *Voyez* FIANÇAILLES, 57. Un vendeur peut-il retenir les arrhes ? *Voyez* VENTE, 6.

ASSIGNATS, *page* 167.

ASSOCIATION, *ibid.*

ASSURANCE, *page* 169.

ASTROLOGIE JUDICIAIRE, *page* 171. Pèche-t-on en s'y appliquant ou en regardant l'influence des planètes comme la cause des actions des hommes ? 1 et 2.

ATERMOIEMENT, *ibid.*

ATHÉISME, *ibid.*

ATTENTION, *ibid.* Il y en a de plusieurs sortes : Quelle est la plus parfaite pour la récitation de l'office ? 1. Les distractions qui surviennent pendant qu'on le récite obligent-elles toujours à le répéter ? 2.

ATTERRISSEMENT, *page* 173.

ATTOUCHEMENT et BAISER, *ibid.* Tactus desponsatæ a sponso an sunt peccata lethalia ? 1. Iidem tactus inter conjuges an sunt mortiferi ? 2. *Quid* de osculis ? 3.

AUBAINE, *page* 181.

AUBE, *ibid.* Ornement sacerdotal.

AUBERGISTE, *ibid.* Peut-il donner à souper les jours de jeûne à ceux qui lui en demandent, et qu'il sait être en état de jeûner ? *Voyez* JEÛNE, 19, et CABARET.

Un aubergiste pèche-t-il grièvement en donnant du vin à deux hommes qu'il sait ne venir chez lui que pour s'enivrer ? 1.

Peut-il, les jours d'abstinence, donner de la viande aux voyageurs qui lui en demandent, et même à ceux qui ne lui en demandent pas ? 2.

S'il permet à ceux qui viennent chez lui de chanter des chansons ou de tenir des propos impies ou dissolus, peut-il se plaindre que son confesseur refuse de l'absoudre, lui et sa femme ? 3.

AUGURE, *page* 185. *Voyez* SUPERSTITION, 7.

AUMÔNE, *ibid.* L'aumône est d'obligation stricte, 1. Vains prétextes sous lesquels on s'en dispense, 2. On ne peut absoudre un homme qui s'en autorise, 3. Peut-on déterminer le superflu pour régler ses aumônes, 4. Celui qui a beaucoup de superflu doit-il donner l'aumône à tous les pauvres ? 5. Faut-il la faire à des pauvres déréglés ? 8. Ou à de vrais fainéants ? 10.

Un homme riche, qui ne connaît point de pauvres dans son canton, doit-il en chercher ailleurs ? 6. Doit-il préférer son parent à un étranger ? 9. Un confesseur peut-il préférer son pénitent à un autre ? 7.

Un fils, un domestique, une femme mariée peuvent-ils faire l'aumône, l'un du bien de son père, l'autre du bien de son maître ? 11 et 12. Un religieux la doit-il faire à un pauvre qui est dans l'extrême nécessité ? 13. Peut-on la faire d'un bien mal acquis ou qui vient d'usure ? 14 et 15. Une femme dont la pauvreté n'est pas connue, peut-elle s'appliquer une aumône dont on l'a chargée ? 16. Est-il permis de faire l'aumône à un excommunié dénoncé, ou de la recevoir de lui ? *Voyez* EXCOMMUNICATION, 45. Ou de la faire pour réussir dans une affaire temporelle ? *Voyez* SIMONIE, 73. Qui mérite plus de celui qui la fait de grand cœur, ou avec une répugnance qu'il surmonte ? *Voyez* MÉRITER, 5.

AUMÔNIER DU ROI, *page* 190. *Voyez* SIMONIE, cas 45.

AUMÔNIER D'ÉVÊQUE, *ibid.* *Voyez* ÉVÊQUE, cas 7, 8, 11.

AUTEL, *page* 193. * ALTARE, *page* 1061. Peut-on dire la messe à un autel où il n'y a point de reliques ? 1. La peut-on dire un jour de Noël sur une pierre non consacrée ? 2. Peut penser d'une pierre où il n'y a ni croix ni reliques ? 3. Peut-on célébrer sur un autel tout de bois ? 4. Un curé, dont l'église est démolie, a-t-il pu dresser un autel dans le cimetière, et y célébrer ? 5.

Quand une grande pierre d'autel est séparée de sa base, l'autel perd-il sa consécration, et la recouvre-t-il quand on y a célébré ? 6. Peut-on célébrer sur une pierre d'autel dont le sceau est rompu et les reliques perdues ? 7. Toute fracture d'une pierre d'autel n'empêche pas qu'on n'y puisse célébrer, 8. Un autel privilégié, pourvu qu'on y dise chaque jour au moins cinq messes, perd-il son privilège quand on y en dit moins ? 1. Un prêtre chargé de célébrer à un autel privilégié peut-il y dire par dévotion une messe *de Beata* ? 2.

AVAL, *page* 175. Quand et comment un mari peut-il avantager sa femme, et une femme son mari ? 1 et 2. Les futurs époux peuvent-ils s'avantager par des actes particuliers faits après le contrat et avant la célébration du mariage ? *ibid.* Comment et sous quelles conditions les pères et mères des futurs époux les peuvent avantager ? 4. Une femme prête à mourir peut-elle avantager son mari en vendant des terres, dont il s'attribuera l'argent comme propre ? 5.

Un père, mariant un de ses trois enfants, a-t-il pu lui donner plus qu'il ne pourra donner aux deux autres ? 6. Un garçon, dont l'éducation a bien plus coûté que celle de sa sœur, est-il tenu à l'égalité ? 7.

AVARICE, *page* 177. Celui qui met tout en œuvre pour amasser de grands biens, mais par des voies licites, est-il coupable d'une avarice mortelle ? 1. En est-il de même d'un homme qui conserve avec attachement une grosse somme ? 2.

AVENTURE (Grosse), *page* 179.

AVOCAT, *page* 190. Est-il coupable quand, par ignorance, il entreprend une cause injuste ? 1. Doit-il renoncer quand, en l'examinant, il reconnaît qu'elle est mauvaise ? 2. Quel conseil doit-il alors donner à son client ? 3. Peut-il diffamer la partie adverse ? 4. Est-il tenu de plaider gratuitement pour un pauvre ? 5.

Doit-on à un avocat le salaire convenu en cas de gain ou de perte du procès, quand on s'accommode avec sa partie ? 6. Si celle-ci perd par la faute, même légère, de

TABLE DES MATIÈRES.

ton avocat, il doit la dédommager, 7. Est-il obligé de révéler ce qu'un coupable lui a dit pour avoir son avis ? *Voyez* TÉMOIN, 2.

AVORTEMENT, *page* 193. * ABORTUS, *page* 1011. Une fille, qui se croit enceinte, ne peut faire avorter son fruit pour sauver son honneur, 1. Par qui peut-elle se faire absoudre quand elle a eu ce malheur ? * 3. Une mère peut-elle, pour sauver sa vie, prendre une médecine qui fera périr son fruit ? 2. Que dire sur de celle qui, étant grosse, danse avec excès, soit de celui qui la frappe ? 3. Une fille à qui on a donné une potion pour faire périr son fruit, sans qu'elle le sût, et qui, en étant avertie après coup, pourrait en prévenir l'effet, tombe-t-elle dans la réserve quand elle ne le fait pas ? * 1. Dans le doute si on a causé l'avortement, est-on irrégulier ? * 2. *Voyez* IRRÉGULARITÉ.

B

BAGUETTE, *page* 198.
BAIL, *page* 199. Il y en a de trois sortes : bail à loyer, bail à ferme, bail à cheptel.
BAINS PUBLICS, *page* 203.
BANCS D'ÉGLISE, *ibid.*
BANQUEROUTE, *ibid.* Leurs espèces. Peines de celles qui sont frauduleuses.
BANQUE et BANQUIER, *ibid.* Le profit qu'il fait est-il légitime ? 1. Peut-il sans usure prêter une somme d'argent à temps, à condition qu'il la recevra en mêmes espèces sur le pied qu'elles vaudront alors dans un autre pays ? 2. Le commerce de change a-t-il qu'exerce un banquier est-il usuraire ? 3, et ACHAT, 4. Peut-il emprunter à intérêt pour faire subsister sa banque, et stipuler l'intérêt des avances qu'il fait ? 5.
BANS DE MARIAGE, *page* 207. Peut-on marier ou se marier sans publication de bans ? 1. Qui peut en dispenser, et pourquoi ? *ibid.* Le mariage sans publication de bans est-il nul ? 2. L'enfant qui en naît est-il toujours illégitime ? *Voyez* ILLÉGITIME, 1. Une publication de bans suffit-elle après trois mois ? 3. Ceux qui ont deux domiciles doivent-ils faire publier leurs bans dans l'un et l'autre ? 4. Faut-il les publier dans le domicile de *fait* et dans celui de *droit* ? 5, *page* 667.
Quand les contractants sont de deux diocèses, la dispense accordée à l'un d'eux suffit-elle pour l'autre ? 6. Peut-on publier les bans à vêpres quand on a oublié de le faire à la messe ? 7. Un curé peut-il les publier dans une autre église que la sienne où il est allé avec tout son peuple ? 8. Un curé peut-il marier le jour même de la dernière publication ? 9. On ne doit pas publier les bans un jour de fête qui n'est pas chômée par le peuple, 10, *page* 579.
Un curé peut-il passer outre à la troisième publication quand il sait qu'un tiers ne s'y oppose que par malice ? 11. Doit-il surseoir à la célébration du mariage quand on lui déclare sans en donner les preuves un empêchement ? 12. Le bruit commun d'un empêchement suffit-il pour arrêter le ministère du curé ? 13. Doit-on faire publier les bans avant que de prendre les ordres ? *Voyez* ORDRES.

BAPTÊME, *page* 213. * BAPTISMA, *page* 1063. Peut-on baptiser avec de l'eau exprimée de la boue, de l'eau minérale, de la lessive, de l'eau rose, 1, 2 et 3. Suffit-il de mouiller le front de celui qu'on veut baptiser ? * 10. Un curé peut-il baptiser un enfant à la maison ? 4. Peut-il ajouter de l'eau commune à celle des fonts ? 5. On se servir d'huile consacrée l'année précédente ? 6. Que dire si en baptisant on ne prononce que ces mots : *In nomine Patris*, etc.; ou si au lieu de : *In nomine*, on dit *in nominibus*; au lieu de *Patris*, *Matris*, etc. 7, 8 et 10. *Quid*, si, à la forme commune, on ajoutait le nom de la sainte Vierge ? 20. Ou bien peut-on sans péché mortel faire dans les paroles de la forme un changement essentiel ? 9. Suffit-il qu'une personne verse l'eau, tandis que l'autre dit les paroles ? 13. Le baptême donné par deux personnes est-il valide ? 14. L'est-il si on ne prononce la forme qu'après avoir versé l'eau ? 13. Ou si on coupe la forme pour quelque temps ? 16. Que penser du baptême donné à un enfant qui n'est pas encore sorti du sein de sa mère ? 17. Ou dont il ne paraissait que la tête ou le pied ? 18.
Comment doit-on baptiser les monstres ? 220. Et beaucoup mieux à la fin du second volume, *pag.* 1065 *et suiv.*
Un sous-diacre ne peut baptiser solennellement en l'absence du curé, 22. Ni un diacre sans une juste permission, *ibid.* * 5. Un homme qui baptise en péché mortel pèche-t-il mortellement ? 23 et 24. Peut-on, dans un pays infidèle, baptiser les enfants malgré leurs parents ? 25. Peut-on baptiser un insensé adulte ? 26. Le baptême donné par un païen qui n'y croit pas, est-il valide ? 27 et 28. Que dire de celui qu'un juif s'est administré à lui-même ? 29.

Faut-il quelquefois rebaptiser un hérétique qui se convertit ? 30 et 31. * 3. Ou celui qui n'a pas de preuves de son baptême ? 32. *Quid*, s'il était né de parents anabaptistes ? 33. Que dire du baptême conféré à un homme malgré lui ? 34. Ou à un homme qui n'y croit pas ? 37. Doit-on rebaptiser un enfant trouvé, ou celui qui a été baptisé à la maison par une sage femme ? 35, et * 5 et 6. Ou ceux que des coureurs ont laissés dans un village ? 36. * 1.
Celui qui reçoit le baptême en péché mortel, peut-il après coup obtenir la rémission de ce péché ? 38. Faut-il, quand un homme coupable de plusieurs péchés veut recevoir le baptême, lui imposer une pénitence proportionnée à ses crimes ? 39. Peut-on ouvrir le côté à une femme moribonde pour procurer le baptême à son enfant ? 40.
Que dire d'un homme qui, par haine pour son curé, porte son enfant à baptiser chez un autre ? * 4. Ou qui diffère longtemps à le faire baptiser pour des raisons d'intérêt ? * 6 et 7. Un curé doit-il s'exposer à une mort certaine pour baptiser un enfant qu'il ne peut baptiser autrement ? * 11. Peut-il donner le nom d'un saint à un enfant à qui son père veut donner un nom profane ? * 12.
BARBIER, *Voyez* DIMANCHES et FÊTES.
BÂTARD. *Voyez* BÉNÉFICE, BÉNÉFICIER, HÉRITIER, ILLÉGITIME.
BATELEUR, *page* 227. Ne peut être absous, s'il ne renonce à sa profession, 1. Un clerc ne peut faire le métier de bateleur sans péché, 2. Perd-il son privilège clérical ? 3. Que dire de ceux qui dansent sur la corde ? 4. *Voyez* COMÉDIE.
BATTRE, *page* 229. Un maître peut-il battre ses domestiques, et un mari sa femme, pour les corriger ? *ibid.*
BÉNÉDICTIONS, *ibid.* * BENEDICTIO, *page* 1075.
Un curé ne peut faire bénir ses ornements par un régulier, * 1. Celui qui veut donner un *Agnus* plus cher, parce qu'il a été bénit par un saint pape, peut-il être absous par un simple prêtre ? *ibid. Voyez* SIMONIA, 5.
BÉNÉFICE, BÉNÉFICIER, *ibid.* * BENEFICIUM, *page* 1077. Peut-on, quand on a du mérite, rechercher une prélature ou demander une cure ? 1 et 2. Que dire de celui qui n'accepte un bénéfice que pour le temps de ses études, ou sans vouloir se faire prêtre, quand il s'agit d'une cure ? * 3 et 6. Un homme qui demande un bénéfice qui n'est pas encore vacant, n'en peut-être pourvu, 5. Que dire de celui qui demande pour soi-même une cure qu'il a promis de demander pour un autre ? 4. Doit-on préférer un homme vertueux, mais médiocrement habile, à un homme savant dont on ignore les mœurs ? 5.
Peut-on garder un bénéfice que les parents du pourvu lui ont procuré par simonie, sans qu'il en eût connaissance ? * 1. Que penser de ceux qui font des présents à l'ami d'un patron, pour qu'il lui fasse connaître leur capacité ? * 2. Un bénéficier qui manquait hier son office, est-il quitte pour le dire deux fois aujourd'hui ? * 9. Ou pour le faire dire par un autre ? * 10. Un très-petit bénéfice oblige-t-il au bréviaire ? * 11.
Un jeune écolier, pourvu d'un bénéfice, est-il tenu au grand bréviaire ? 6. Un simple tonsuré peut-il garder une chapelle qui oblige le titulaire à *célébrer trois messes par semaine* ? 7 Si par la fondation il est obligé à résider, peut-il accepter le bénéfice sans être prêtre ? 8. À quoi est-on obligé, lorsque devant acquitter les messes dans un lieu, on les a acquittées dans un autre ? 9. Peut-on prendre un honoraire, quand le fondateur n'a pas prescrit qu'on célébrât pour lui ? 10. Un pourvu peut-il célébrer moins de messes que ses prédécesseurs, quand il ne trouve point le titre de la fondation ? 11.
Quid : si ce titre est suspect de fausseté ? 12. Un titulaire obligé de célébrer tous les jours, peut-il s'en exempter quelquefois, ou réduire les messes ? 13 et 14.
Un curé ne peut faire remise des dîmes à un riche paysan, 15. Peut-il donner en présent ce qu'il soustrait à sa dépense légitime ? 16. *Quid*, s'il donnait à un parent pe à son aise ? 17. Que dire d'un curé qui, s'étant fait de ses épargnes un contrat de rente, l'a passé sous le nom d'un de ses parents qui est déjà riche ? 18. Le gain obtenu au jeu contre un curé, qui n'a que le revenu de sa cure, est-il légitime ? 19.
Que penser d'un abbé qui fait une grande dépense en repas ? 20. Doit-on restituer quand on a omis son office ou une petite Heure ? 21. Faut-il donner actuellement aux pauvres tout son superflu ? 22. Celui qui peut vivre de son patrimoine, doit-il aux pauvres tout le revenu de son bénéfice ? 23. Un religieux non-titulaire doit-il faire l'aumône par lui-même ? 24. Que dire de celui qui est vraiment titulaire ? 25.

BIENS, *page* 243.

Biens ecclésiastiques, page 243.
Biens des émigrés, page 247.
—**Bigamie**, ibid. Sa nature, ses espèces; quand elle produit ou ne produit pas l'irrégularité, ibid.
Billet, page 249. Différentes sortes de billets
Binage, page 251.
Blasphème, ibid. * BLASPHEMIA, page 1081. Blasphème-t-on toujours, quand on accuse Dieu d'injustice? 1. Quand on dit que Dieu ne serait pas juste, s'il souffrait telle chose, tombe-t-on dans la réserve? ¹ 1, 2 et 3. Le blasphème proféré sans attention est-il toujours un péché mortel? 2. Un pénitent doit exprimer s'il a blasphémé contre Dieu, contre la sainte Vierge, etc., * 3.
Bois, page 253. Un paysan peut-il prendre du bois dans une forêt, et quel bois? 1. Quand un bois mis en communauté n'est coupé qu'après la mort de la femme, le mari ou ses héritiers y ont-ils part? 2.
Bonne foi, page 255. Un confesseur, croyant son pénitent dans la bonne foi au sujet d'un péché qu'il n'accuse pas, doit-il l'interroger?
Borne et Bornage, page 257.
Bouchers et Boulangers, ibid.
Bourse de séminaire ou de COLLÉGE, page 260. Peut-on demander de l'argent pour nommer à une bourse de collége? 1. Et peut-on la garder, quand on n'est pas pauvre? Doit-on alors restituer? 2. Peut-on donner à un Champenois celle qui est fondée pour un homme d'un autre pays? 3.
Bref, page 260. * BREVE POENITENTIARIÆ, page 1081. Celui qui a obtenu un bref de pénitencerie, peut-il le faire exécuter par un autre confesseur que celui qu'il avait d'abord choisi? 1. Que signifient dans ces sortes de brefs les clauses et *vitanda scandala*. *Dummodo impedimentum sit occultum. Sublato occasione peccandi. Audita prius ejus confessione*? 2, 3 et suiv. Celui dont la confession a été invalide, est-il pas regardé bien dispensé? 6 et 7. Quand un incestueux ne veut pas se servir de la dispense, un simple confesseur peut-il l'absoudre de son crime? Le pourrait-il, si l'impétrant avait différé six mois à recourir à lui pour se faire dispenser? 8 et 9. Que dire, si l'impétrant diffère pendant plusieurs années sans retomber? 10. Pénitence et bonnes œuvres qu'on doit enjoindre à ce même coupable, 11 et 12. La clause *præsentibus laniatis* se remplit-elle, quand on brûle le bref, qu'on en ôte le sceau, qu'on le déchire par le milieu? 14 et 15. La dispense subsisterait-elle, si on n'avait rien fait de tout cela? 16. Comment peut-on exécuter la fameuse clause : *Ut pars altera de militate prioris consensus certioretur*?
Brevet d'invention, page 261.
Bréviaire, page 261.
Bulle, page 263.

C

Cabaret, Cabaretier, page 265. Un cabaretier doit répondre des choses qu'un voyageur a confiées à ses domestiques, 1. Il ne peut donner à souper en carême à ceux qu'il sait pouvoir jeûner, 2. Peut-il vendre le vin et la viande plus cher aux étrangers qu'aux habitants? 5. L'arrivée du roi dans un lieu l'autorise-t-elle à vendre plus cher? 6. Un catholique peut-il servir, par ordre du magistrat, de la viande les vendredis dans un pays hérétique? 7.
Calice, page 265. Peut-on se servir d'un calice d'étain? 1. Un calice dont on fait dorer la coupe, perd-il sa consécration? 2. Devient-il consacré par l'usage qu'en fait un prêtre? 3. Cesse-t-il de l'être, quand le pied est séparé de la coupe? 4
Calomnie, page 268. Un homme accusé d'un faux crime, peut-il calomnier son accusateur pour le décréditer? 1. A quoi est tenue une femme qui n'a pas réclamé contre une calomnie intentée en son nom? 2. Peut-on s'accuser d'un crime pour empêcher que celui qui en est coupable, soit puni? 3. Faut-il quelquefois désavouer sa calomnie devant un notaire? 4.
* **Campanæ**, page 1087. Un curé a-t-il droit de se plaindre que les cloches d'un monastère sonnent le samedi saint avant celles de son église? 1. Peut-il s'en servir avant qu'elles aient été bénites? 2. Le peut-il pour des usages profanes? 3.
. **Capable, Capacité**, page 269.
Capitaine, page 271. Que dire d'un officier à qui ses domestiques servent de passe-volants dans les jours de revue? 1. Un capitaine ne peut recevoir de l'argent pour empêcher les vexations de ses soldats? 2. Répond-il du dommage qu'ils ont fait en son absence? 3. Peut-il prendre d'un maire une somme d'argent pour ne pas faire de recrue dans le lieu où ce maire est établi? 4. Peut-on composer avec lui pour cent soldats, quand il n'y en a que

87? 5. Doit-il restituer aux ennemis les effets qu'ils avaient déposés dans une église, 6. *Voyez* **Guerre**.
Carême, page 275. Un homme qui, en carême, fait un si excellent repas qu'il peut à peine collationner le soir, satisfait-il au précepte du jeûne? 1.
Que penser de celui qui blâme le carême, sous prétexte que, le maigre étant peu substantiel, le peuple ne peut pas faire abstinence? 2.
Cas réservés, page 279. * RESERVATIO, page 1249. Un prêtre approuvé simplement ne peut absoudre des cas réservés, 1. La réserve faite même sans synode subsiste après la mort de l'évêque, 2. Les cas réservés dans la bulle *In cœna*, et dans le corps du droit, le sont-ils en France? 3. Un prêtre approuvé pour les cas réservés ne peut absoudre de ceux qui, comme l'hérésie, sont réservés avec censure? 4. Celui qui a pouvoir d'absoudre des cas réservés au pape ne peut pas pour cela absoudre de ceux qui sont réservés à l'évêque, 5. Peut-on absoudre du péché, et renvoyer au supérieur pour l'absolution de la censure et de l'irrégularité? 6 et 16.
On peut absoudre avec des pouvoirs communs un étranger d'un cas qui n'est réservé que dans son diocèse, 7, 12 et 13. Quand l'action de battre un prêtre dans l'église est-elle réservée au pape? 8. Un péché occulte lui est-il réservé? 9. Donne-t-il le pouvoir d'ôter la censure, quand il donne le pouvoir d'absoudre des cas qui sont réservés à son siège? 10. Un homme que le pape a délégué pour absoudre des cas a lui réservés peut-il subdéléguer à cet effet? 11. Le pouvoir d'absoudre continue-t-il après la mort de l'évêque qui l'avait accordé? 13. L'archevêque ne peut absoudre des cas réservés par ses suffragants, 14. Le supérieur peut-il exiger que le prêtre qu'il commet absoudre d'un cas réservé lui renvoie le pénitent? 17. Inconvénients de cette conduite, ibid. On ne peut, sans pouvoirs, absoudre un vieillard des cas réservés, pour lui faire faire ses pâques, 18. Ni un curé qui doit célébrer, 21. Quand le faux témoignage est-il réservé? 19. Un pénitent à qui l'évêque a permis de se choisir un confesseur, peut-il en être absous des cas réservés? Un pénitent peut sans permission de son curé se faire absoudre à Pâques par le grand vicaire, 22. Peut-on absoudre d'un cas réservé en vertu de la permission qu'on avait obtenue d'absoudre d'un cas qui n'est pas réservé? 23. Que faire quand on a, sans pouvoir, absous d'un cas réservé? 24.
Peut-on après le jubilé absoudre d'un cas qui avait été oublié pendant le jubilé? 25 et 26. On peut, en gagnant l'indulgence, se faire absoudre des cas réservés à l'ordinaire par tout prêtre approuvé de lui, quand il a permis de publier ladite indulgence, 27. Priviléges des religieux révoqués, 28. La coutume d'absoudre des cas réservés ne prouve pas qu'on puisse le faire, 29. Cas qu'un supérieur régulier peut ou ne peut pas se réserver, 30 et 32. *Lapsus carnis quoad sit quantum ad Regulares*? 31. La réserve faite par un évêque regarde-t-elle les personnes religieuses? 33. *Casus de reservatione incestus non consummati*, 34. Que peut, en fait d'absolution, un chapitre qui est en usage de décerner des censures? 35. Le doyen d'un chapitre à qui l'évêque a permis d'absoudre des cas réservés peut-il l'exercer sans le consentement du même chapitre, quand il est doyen et curé? 36. Un curé peut-il défendre à son vicaire d'absoudre de certains cas? 37. L'évêque peut se réserver des cas dans un monastère de filles qu'il ne gouverne que comme délégué du saint-siége, 58. *Voyez* **Absolution, Approbation, Confesseur, Confession**.
* Un homme, après avoir dit en lui-même que Dieu n'est pas juste, le dit hautement dans l'ivresse, encourt-il la réserve? Peut-on absoudre un pénitent que l'âge empêche de recourir à Rome? 2. Celui qui tue un homme qu'il prend pour un voleur, ou qui étouffe son enfant dans le lit, est-il dans le cas de la réserve portée contre les homicides? 3 et 4. L'encourt-on en donnant un breuvage à une fille qu'on croit enceinte de soi, et qui l'était d'un autre? 5. Un simple confesseur peut-il absoudre un homme qui, après avoir donné du poison, se confesse avec une vive douleur, avant que la mort s'en soit ensuivie? 6. Cas sur le péché d'un fiancé avec sa fiancée? 7. L'inceste n'est-il réservé que lorsqu'il est formel, 8. L'est-il, quand on doute s'il a été consommé, 9. Le péché commis par un impubère est-il réservé, quand il ne s'en confesse qu'après avoir atteint la puberté? 11. La corruption d'une fille est-elle réservée, quand on ignore si elle était vierge? 12. Celui qui certifie vrai un titre faux tombe-t-il dans la réserve? 13.
Cas fortuits, page 289.
Catéchisme, ibid. Un curé, qui se décharge du catéchisme sur de jeunes ecclésiastiques, est-il répréhensible?
Cause, page 290.
Caution, Cautionnement, page 291. Un homme qui a

TABLE DES MATIERES.

prêté, peut-il attaquer le fidéjusseur avant le débiteur ? 1 et 4 ; ou s'en prendre au premier, quand le second, à force de délais, est devenu insolvable ? 2. Un fidéjusseur répond-il pour l'autre ? 3. Quand un mineur s'est fait décharger de sa dette, le fidéjusseur en est-il déchargé ? 5. Un fidéjusseur condamné à payer, a-t-il son recours contre les autres fidéjusseurs ? 6. Peut-il se faire rembourser par le débiteur avant l'échéance du terme ? 7. Le fidéjusseur répond-il d'une chose qui a péri par cas fortuit ? 8. L'héritier peut être actionné pour le fidéjusseur après sa mort, 9. Le fidéjusseur qui a payé pour l'emprunteur, qui avait déjà payé lui-même, a-t-il action contre lui ? 10. Le cautionné est tenu des frais que sa caution a essuyés à cause de sa négligence, 11. Le fidéjusseur qui s'oblige pour un héritier, s'oblige-t-il pour l'autre en les mains duquel la dette a passé ? 12. Le fidéjusseur à qui le prêteur remet son obligation, peut-il se faire payer par celui qu'il avait cautionné ? 13. Peut-il exiger quelque chose pour l'engagement qu'il contracte, soit à l'égard de l'emprunteur, soit à l'égard du prêteur, 14 et 15. Peut-il donner une somme au prêteur, pour être par lui déchargé de sa caution ? 16. Peut-il, quand il a été obligé de payer pour l'emprunteur, retenir une somme qu'il avait de lui entre les mains, lors de sa mort ? 17. Quand une dette est changée en une autre, ou un bail innové, le fidéjusseur continue-t-il d'en être responsable ? 18. Un insolvable qui sciemment se fait caution d'un autre insolvable, pèche mortellement, 19.

Ceinture, *page* 300.
Célibat, *page* 301.
Censures, *page* 301. * Censura, *page* 1109. En quoi consiste la censure, ses espèces, ceux qui peuvent en décerner : causes qui empêchent de l'encourir.

* Deux Romipètes qui se battent encourent-ils quelque censure en Italie ? 1. L'encourt-on pour les frapper, quand ils font du mal ? 2 et 3. Deux jeunes clercs qui se battent, y tombent-ils ? 4. *Quid de puella clericum inhonestum percutiente ?* 5 et 6. Un paysan qui étant ivre bat un clerc, est-il quelquefois sujet à la censure ? 7. Que dire de celui qui se réjouit du meurtre d'un clerc ? 18. Un curé y est-il sujet, pour avoir aliéné quelques biens de son église ? 8. *Quid*, s'il n'a fait que couper des arbres ? 9 ; ou qu'il ait vendu pour une mauvaise fin la coupe de son calice ? 10.

* Un prêtre qui lit les livres de Calvin par curiosité, ou pour délivrer son parent de la mort, encourt-il la censure ? 11 et 12. L'encourt-on pour l'hérésie occulte, 13 ; ou par celle qui n'est pas clairement manifestée, ou qui ne l'est que dans l'ivresse ? 14. Quand y tombe-t-on par le commerce avec un excommunié ? 15. Un fiancé qui demeure avec sa fiancée, et pèche avec elle, y tombe-t-il ? 16. Y tombe-t-on, quand on pille les effets d'un vaisseau qui a fait naufrage ? 17. Un curé qui contraint son paroissien à se faire enterrer dans son église, est-il soumis à quelque censure ? 19.

* Un prêtre nommé à une cure peut-il en certains cas l'accepter malgré la censure dont il est lié ? 21. Celui qui sans pouvoirs absout d'un pénitent d'une censure réservée au pape, peut-il lui faire jurer qu'il s'adressera au saint-siége, s'il revient en santé ? 22. Cas où l'on n'encourt pas la censure, pour avoir tiré un homme d'un lieu saint, 23. Un simple confesseur peut-il absoudre un banni des censures réservées où il est tombé ? 24. On peut absoudre, mais hors de l'église, un pécheur interdit pour avoir manqué au devoir pascal, 25.

* Census. On en parlera au mot Rente.
Cérémonies sacramentelles, *page* 303. Peut-on sans péché omettre celles qui sont prescrites dans le Rituel ? 1 et 2. Peut-on les suppléer, quand on les a omises dans un cas pressant ? 3.

Cession de biens, *page* 305. Un marchand qui voit ses affaires dépérir sans sa faute, doit-il faire cette cession de son bien ? 1. Le cessionnaire peut se réserver de quoi vivre, 2. Cas où l'on n'est pas admis à faire cession, 3. La remise faite par dol ne met pas à couvert devant Dieu, 4. Un homme, obligé de faire cession, peut-il vendre à un marchand l'étoffe qu'il avait prise chez lui, ou à un tiers l'argent qu'il en avait emprunté ? 5, 6, 7. Un cessionnaire profite-t-il d'un héritage qui lui survient ? 8 et 9. Doit-on se régler, quant à la remise faite au cessionnaire, sur le plus grand nombre de ceux qui la font ? 10. La femme d'un cessionnaire peut-elle profiter d'une dette douteuse, dont elle tire quelque parti ? 11. Un ouvrier qui a cédé sa boutique à un autre sous telle condition, peut-il travailler pour ses anciennes pratiques, ou s'en faire de nouvelles ? 12.

Chandelier, *page* 311.
Changeur, *ibid*. Un changeur peut tirer du profit de son négoce, 1. Il n'est pas permis à tout chrétien de faire le change, 2. *Voyez* Usure.

Chanoine, *page* 313. * Canonicus, *pag.* 1089. Peut-on résigner une prébende à un jeune homme de dix ans ? 1. Est-on à quatorze ans capable d'une dignité dans un chapitre ? 2. Peut-on, outre les vacances, s'absenter du chœur un jour par semaine en vertu de la coutume ? 3. Que penser de ces vacances ? *ibid.* Les chanoines peuvent-ils se remettre leurs absences mutuelles ? 4. Leur suffit-il d'assister aux grands offices ? *ibid.* Peuvent-ils ne pas chanter ? 5 ; ou se livrer à la distraction, quand ils ont récité tout bas les leçons ? 6. Que dire de ceux qui chantent avec précipitation : qui ne récitent pas ce qui se joue sur l'orgue : qui n'entendent pas bien les leçons que chantent les autres ? 7, 8, 9. A quoi est tenu celui qui n'entre au chœur que quand il le faut pour n'être pas pointé ? 10.

Peut-on quelquefois tolérer l'usage de n'assister par mois qu'à trente grands offices ? 11. Peut-on s'absenter de l'office des morts, en perdant la rétribution ? 12. Le pointeur doit restituer pour son parent qu'il a épargné, 13. Un statut qui exempte de Matines les chanoines jubilaires est abusif, 14. Un chanoine doit-il assister au chapitre, quoiqu'en voulant faire le bien il n'y reçoive que des duretés ? 15. Doit-il appeler comme d'abus d'un statut abusif ? 16. Cas où la réduction, faite par l'évêque en faveur d'un chapitre pauvre, n'est pas canonique, 17. * Un chanoine qui a manqué de faire sa profession de foi est-il tenu à restitution ? 1.

Chanoinesse, *page* 319. Une chanoinesse séculière est tenue d'obéir à son abbesse, 1. Celle qui adopte une nièce peut-elle, en vertu de la coutume, recevoir un présent ? 2. Les chanoinesses sont-elles tenues à l'office hors du chœur ? *ibid.*

Chapelain du roi. *Voyez* Simonie, cas *Theotime*. * Capellanus, *page* 1089. Un chapelain qui doit une messe tous les jours, la doit-il le jour des morts ? 1. Ajoutez qu'il semble qu'à Paris, où il est libre de la dire le jeudi saint, il la doit aussi ce jour-là pour les fondateurs.

* On ne peut retenir l'honoraire d'une messe qu'on n'a pas célébrée en son temps pour une affaire pressante, 2. Que dire d'un prêtre qui a célébré sans intention de la faire pour une telle personne ? 3. Doit-on tous les jours la messe pour un fondateur qui n'a demandé que des prières ? 4. Des gens qui entendent la messe dans une chapelle privée, satisfont-ils au précepte de l'Eglise ? 5. Un chapelain, obligé à célébrer tous les jours, peut-il s'en exempter une fois par semaine, ou recevoir une rétribution ? 6 et 7. Celui qui est rétribué pour la présence peut-il recevoir un second honoraire pour l'application de la messe ? 8. Que dire d'un prêtre qui, obligé de célébrer à un autel, ne l'a pas fait, parce que cet autel se réparait, ou a célébré sans raison à un autre ? 9. Quand on a fondé une messe pour chaque jour de fête, la doit-on quand l'Eglise établit une nouvelle fête ? 10. *Tout cela est tiré des Casus conscientiæ.*

Chapelets, *page* 321.
Chapelle, *page* 323.
Chapitre, *ibid.* Un grand vicaire, nommé par le métropolitain, est quelquefois préféré à celui que nomme le chapitre, 1. Le chapitre, *Sede vacante*, peut commettre un évêque pour donner les ordres, 2. Un chapitre ne peut nommer un trop grand nombre d'officiers pendant la vacance, ni partager avec eux les émoluments, 3. Il ne peut non plus faire d'ordonnance par lui-même, mais seulement par ses officiers, 4. Il peut prendre sur les émoluments du sceau les frais nécessaires pour l'exercice de sa juridiction, 5. Quand une cure est unie à un chapitre, il ne peut en commettre le soin ni à un vicaire amovible, ni à un chanoine, 6. L'opposition d'un seul chanoine empêche que l'évêque et le chapitre ne puissent aliéner un fonds, 7. Un chapitre a-t-il droit de correction sur ses membres ? 8. Un chanoine doit-il communiquer à l'évêque un acte qui prouve que les jugements du chapitre ressortissent à lui, et non au métropolitain ? 9. *Voyez* Chanoine, Distributions, Dispense de mariage, Provision de bénéfice, Visa.

Charité, *page* 527. * Charitas, *page* 1121. La charité consiste-t-elle dans le seul amour de Dieu par-dessus toutes choses ? 1. Un enfant qui atteint l'usage de raison, est-il tenu de faire des actes de charité ? 2. Un chrétien la doit exercer, même avec son propre dommage, 3. Que dire de celui qui prétend pardonner à son ennemi, mais qui ne veut pas lui parler, ou le saluer ? 4, et * 1 et 9. Un père doit-il le même amour à trois enfants très-inégaux en esprit et en vertu ? 5. On peut, sans violer la loi de la charité, poursuivre un homme en réparation d'injures, 6, mais non pas à toute outrance, 7 et 8, * 2. Doit-on exposer sa vie pour le salut spirituel de son prochain ? 9. Celui qui ne peut sauver que son père, ou sa mère, ou sa femme, doit-il sauver celle-ci ? 10 et 11. Peut-on souhaiter du mal ou débauché ? 12.

* Un fils qui brigue un emploi, peut-il pour un temps

méconnaître son père qui est un paysan? 3. Que dire d'un père qui croit plus aimer ses enfants que Dieu? 4. Un fils peut-il gronder sa vieille mère, qui trouble tout son ménage? 5. Ne peut-on pas excuser un père qui dissimule les excès de son fils, parce qu'il craint son audace? 6. Une femme doit-elle se dispenser de certaines assemblées, parce qu'elle sait qu'il s'y trouve un homme à qui elle est une occasion de chute? 7. Celui qui, ayant un frère pauvre, lègue tout son bien à l'Eglise, est-il coupable? 8. Une servante qui sait que sa compagne fait mal, est-elle tenue d'en avertir sa maîtresse? 9. Quand deux personnes ont médit l'une de l'autre, celle qui est saluée doit-elle toujours rendre le salut? 9, *page* 1125.

Chasse, *page* 333. Celui qui emploie souvent à la chasse une grande partie des dimanches et fêtes, après avoir entendu une messe basse, pèche-t-il grièvement? 1. Un chapitre, des moines, un évêque, ne peuvent chasser, quoiqu'ils aient droit de chasse dans leurs terres, 2. Des paysans qui chassent sur un lieu prohibé, pèchent. Cas où ils sont tenus, ou non tenus à restituer, 3. Il n'est pas permis de chasser dans tous les temps, 4.

Chasteté, *page* 335. Vœu de chasteté, simple ou solennel.

Chasuble, *ibid.* Un prêtre qui, avec une chasuble double, rouge et blanche, en a fait deux au moyen d'une doublure, doit-il les faire bénir de nouveau? 1. Y a-t-il péché à faire une chasuble avec des rideaux de lit? 2. Peut-on se servir d'une chasuble sur laquelle il y aurait les armes d'un grand seigneur? 3. Un prêtre pèche-t-il en se servant d'ornements d'une couleur contraire à celle qu'exige l'office? 4.

Cheptel, *page* 337. Le propriétaire d'une métairie la donne à bail à un fermier aux conditions suivantes: 1° il partagera également le revenu et le produit des bestiaux; 2° le fermier rendra le cheptel sur le même pied qu'il l'a reçu, quoiqu'au temps de la reddition les bestiaux se vendent moins qu'au temps où on les lui a donnés; 3° s'il est mort des bestiaux par la faute du fermier, il complétera le cheptel; 4° si le cheptel n'est pas entier au temps de la reddition, et que pendant le bail le propriétaire et le preneur aient perçu du profit, ils le rapporteront également pour remplir le cheptel; et si ce profit est insuffisant, le preneur est tenu du surplus; 5° celui-ci est obligé de faire des charrois pour le propriétaire, sans en pouvoir faire pour lui-même; 6° le propriétaire oblige quelquefois le fermier à rendre le cheptel entier, quoique les bestiaux soient morts sans qu'il y ait de sa faute. Que doit-on penser d'un pareil contrat? 1. Un homme reçoit à loyer pour 150 francs de bestiaux, à condition qu'il les nourrira et qu'il en partagera le revenu avec le propriétaire pendant le bail, au bout duquel il rendra le cheptel aux conditions marquées dans le cas précédent. Ce contrat est-il permis? 2.

Chirurgien, *page* 341.

Chose trouvée ou perdue, *page* 343. Un homme qui a trouvé une somme d'argent, après avoir inutilement employé tous les moyens pour en découvrir le propriétaire, a consacré un sixième de cette somme à faire des aumônes et a gardé le reste pour lui comme son bien. *Quid juris*? 1. Que faire si, après qu'une chose trouvée aura été consommée ou employée en œuvres pies, le maître se présente? 2.

Cierges, *page* 347. Un prêtre qui, en disant la messe, voit les deux cierges s'éteindre et ne peut s'en procurer d'autres, doit-il cesser le saint sacrifice?

Cimetière, *page* 347. Quand l'église est polluée, le cimetière l'est-il aussi? 1. La pollution du cimetière n'emporte pas celle de l'église, 2. Celle d'un cimetière, même contigu, n'emporte pas celle de l'autre, 3.

Circonstance. Sa définition, ses différentes espèces, *page* 349.

Clandestinité. *Voyez* Empêchements.

Clec, *page* 351.

Cloche, *ibid.*

Clôture, Clos, *page* 353. On demande, 1° si l'on peut dispenser de suivre les règles de l'Eglise touchant la clôture des religieuses, si les décrets des conciles et les constitutions de Pie V et de Grégoire XIII sur cet article obligent en France comme partout ailleurs? 2° si un supérieur peut accorder l'entrée des monastères, hors le cas de nécessité réelle, etc.; 3° si l'Eglise n'a pas eu le dessein de comprendre dans ses défenses les femmes du monde, comme duchesses, marquises, etc.; 4° si les coutumes qu'on peut alléguer peuvent prescrire contre ces règles, etc.; 5° si les religieuses peuvent, sans violer la clôture, entrer dans les parcs et jardins contigus à leur monastère, et où les séculiers ont la liberté d'entrer quand il leur plaît? 1. La chute d'un pan de muraille qui fermait un monastère ayant permis à toutes sortes de personnes d'entrer dans ce monastère, on demande, 1° si la clôture en a été rompue par cette brèche? 2° Si la bonne foi de ceux qui entrèrent dans le monastère les excuse devant Dieu? 3° Si des prêtres de ce nombre qui ne crurent pas que le grand vicaire pût faire un cas réservé de cette affaire, sont devenus irréguliers pour avoir célébré sans s'être fait absoudre par lui? 4° Si cette irrégularité, supposé qu'il y en ait, oblige de recourir à Rome pour en être relevés? 5° Quelle conduite les confesseurs doivent tenir à l'égard de ceux qui sont impliqués dans cette affaire? 2. Un grand pan de murailles de la clôture d'une maison de capucins étant tombé, quelques dames ont visité les dortoirs et les cellules des religieux: ont-elles encouru l'excommunication, et les religieux qui les ont introduites ont-ils encouru l'excommunication? 3.

Colère, *page* 357. Règles pour connaître si la colère va jusqu'au péché mortel, 1. Un père qui châtie son fils avec colère, peut-il être exempt de péché? 2. La durée de la colère en fait-elle un péché considérable? 3.

Collateur, *page* 361. Un collateur est très-étroitement obligé de donner un bénéfice au plus digne, 1. Qu'entend-on par le plus digne? *ibid.* Faut-il donner au plus digne une simple succursale? 2. Remarques, *ibid.* Peut-on préférer un parent digne à d'autres qui le sont aussi? 3. *Quid*, s'il est moins digne, mais qu'on ait plus de confiance en lui? 4. Peut-on demander la cure d'un prêtre qu'on voit à l'agonie? 5. *Voyez* Bénéfice, Bénéficier, Patron, Patronage, Provision.

Collation, *page* 363. Est-il permis, selon l'usage actuellement établi, de dîner en carême à 5 ou 6 heures du soir, et de collationner vers 10 ou 11 heures du matin?

Colon, *page* 365.

Comédie, *page* 365. Une femme peut-elle aller à la comédie par complaisance pour son mari? 1. Peut-on assister à la première représentation d'une pièce? *ibid.* Peut-on refuser la communion pascale à un comédien connu? 2. Lui doit-on refuser la sépulture ecclésiastique, s'il meurt sans se reconnaître? 3. Peut-on représenter dans un couvent des pièces de théâtre avec les habits dont on se sert à la comédie? 4.

Comédiens, *page* 367.

Commandant, *page* 371. Un domestique ayant frappé un homme, par ordre de son maître, l'a tué. Le maître doit-il réparer les suites de cet homicide? 1. Un homme puissant, qui aurait, par paroles ou par signes, engagé son domestique à causer du dommage à un de ses ennemis, est-il tenu de réparer ce dommage? 2. Un homme ayant reçu ordre de tuer une personne, en a tué une autre par méprise: celui qui a commandé le meurtre est-il obligé d'en réparer les suites? 3. Celui qui commande un crime est-il tenu de réparer les dommages qu'éprouve le mandataire par suite de l'exécution des ordres qu'il a reçus? 4.

Commandements de l'église, *page* 373. Que doit faire un évêque à l'égard d'une communauté religieuse dont plusieurs membres sont persuadés que les commandements de l'Eglise n'obligent pas sous peine de péché mortel? etc.

Commerçant, *page* 377.

Commissionnaire, *page* 380.

Commodat ou prêt à usage, *page* 383.

Communauté de biens, *page* 384. Un mari peut-il enrichir ses parents des biens de la communauté, quand il en est maître? 1. Un mari commun en biens peut-il être actionné pour les dettes que sa femme avait contractées avant son mariage, et qu'elle ne lui a point déclarées? 2. La femme est-elle en droit de demander compte à son mari des biens de la communauté; et peut-elle, s'il le refuse, en soustraire quelque chose? 3. Peut-elle prendre de l'argent pour jouer ou pour faire des aumônes, 4; ou pour augmenter la dot de sa fille, quand le mari le refuse? 5. Est-elle tenue des dettes de son mari, quand il est mort sans laisser de biens? 6.

Communion, *page* 389. * Communio, *page* 1125. Peut-on admettre à la première communion des enfants de dix ans? 1. *Quid*, à l'article de la mort? *ibid.* Une illusion pendant le sommeil doit-elle empêcher de communier? 2. *Quid, de eo qui involuntarium seminis fluxum patitur*? 3. Doit-on refuser la communion à une femme immodeste et fardée? 4. Quand on a oublié un péché mortel, faut-il retourner à confesse, avant que de communier? 5. Un homme, qui par ignorance de droit ne se croit coupable que d'un péché véniel, commettant un nouveau péché en communiant? 6. Reçoit-on par la communion la rémission d'un péché oublié de bonne foi? 7.

Une personne qui est obligée de prendre dès minuit quelques gouttes d'eau, peut-elle communier malgré cela? 8. Un prêtre non à jeun pourrait-il célébrer pour donner le saint viatique à un moribond? *ibid.* Peut-on communier, quand on a mis du sucre dans sa bouche sur les onze heures du soir, où qu'on a goûté le vin ou des sauces? 9 et 10. Un malade peut-il communier plusieurs fois dans sa maladie, et comment? 11. Peut-on manger bientôt après la communion? 12. Comment saint Thomas veut-il qu'on se conduise à l'égard d'un homme à qui on vient de refuser l'absolution, et qui se présente à la sainte table? 13. Conduite qu'on doit garder à l'égard d'un pécheur scandaleux, 14. On ne peut donner un pain non consacré à un pécheur, pour lui épargner une communion sacrilège, 15 * et 16. Doit-on donner le viatique à quelqu'un qui a communié le matin? 16. * et 15. Peut-on communier un homme qui vient de tomber en démence, en frénésie, etc., 17, 18: Précautions qu'on peut prendre en administrant les pestiférés, 19.

Reçoit-on plus de grâce en communiant de la main d'un saint prêtre, que d'un autre? 20. Peut-on demander la communion à un prêtre connu pour mauvais? 21. Peut-on se priver à Pâques de la communion par humilité? 22. Doit-on communier après la quinzaine de Pâques, quand on ne l'a pas fait alors, 23 * et 17. Le doit-on faire avant la quinzaine, quand on ne le pourra faire après? 24. Où doit faire sa communion pascale celui qui a deux domiciles? 25. Un curé ne peut de son chef refuser la sépulture à un homme qui a déclaré avoir manqué au devoir pascal, 26.

Un homme qui a fait une communion sacrilège a-t-il rempli le devoir pascal? 26. Un curé doit-il en croire un homme qui lui déclare dans le tribunal qu'il s'est confessé à un prêtre approuvé? 27. Un prêtre en péché mortel fait-il autant de péchés qu'il communie de personnes? 28. Un diacre peut-il être commis pour administrer le saint viatique? 29. Celui qui ne peut se confesser à cause de la foule, peut-il communier sans cela pour gagner le jubilé? 30. Voyez DEVOIR CONJUGAL, MESSE, SOURD et MUET.

Quel péché commet celui qui se met dans le cas de ne pouvoir communier dans le temps pascal? 31. Pèche-t-on mortellement en renouvelant la détermination de ne point obéir à l'Église? 32. Une personne qui, avant de communier, a cru faussement qu'elle était en état de péché mortel, a-t-elle communié sacrilègement? 33. Un curé a-t-il le droit, 1° de refuser la communion pascale à un étranger? 2° De demander un billet de confession à un de ses paroissiens qui se confesse à un prêtre du voisinage? 3° De menacer ses paroissiens d'envoyer à l'évêque les noms de ceux qui ne feraient pas leurs Pâques? 34. Un curé pèche-t-il en donnant la communion à une de ses paroissiennes, 1° après la messe; 2° après midi, 3° sans clerc pour lui répondre? 35. Pèche-t-on grièvement en communiant deux fois le même jour? 36.

* Faut-il communier un homme qui se présente à Pâques avec les autres, sans examen précédent? 2. Un curé peut-il prescrire à celui qui a fait une communion mauvaise de communier une seconde fois dans son égl se? 3. On ne satisfait pas au précepte de la communion annuelle, en communiant à la cathédrale, 4. On n'y satisfait pas même en communiant de la main de son évêque sans son aveu, 5. Un curé ne peut refuser à Pâques la communion pour une insulte qui lui a été faite en particulier, 6. Un homme qui n'a que des péchés véniels, est-il tenu de s'en confesser à Pâques? 7. Un prêtre qui ne peut célébrer à Pâques doit communier de la main de son curé, ou ailleurs avec sa permission, 8. Peut-on communier dans une paroisse étrangère, quand le curé a vu, sans s'en plaindre, d'autres qui le laissaient? 9. Celui qui sert de religieux peut-il à Pâques communier dans leur église? 10. Un curé menacé de mort par un scélérat public, s'il lui refuse la communion doit-il lui donner? 11.

* Peut-on donner l'eucharistie à un enfant qui se meurt, quand on doute s'il est assez instruit? 12. La peut-on donner à un insensé? 13. Ci-dessus, 17. La peut-on donner à un moribond qui refuse de se confesser, sur ce qu'il n'a que des péchés véniels, 14. Est-il permis de donner la communion dans une chapelle privée? 17. La peut-on donner la nuit de Noël? 18.

COMMUNION FRÉQUENTE, page 401. Un curé a blâmé son vicaire d'avoir dit en prêchant que quiconque est exempt de péché mortel peut communier fréquemment et même chaque jour avec fruit : a-t-il eu raison? 1. Est-il juste de dire qu'il faut être exempt de toute affection au péché véniel pour communier tous les huit jours, et que l'affection au péché véniel empêche l'effet du sacrement? 2. On ne peut accuser de relâchement un prêtre qui admet à la communion fréquente, qui y engage les personnes d'une piété ardente, et conseille la communion quotidienne à celles qui, exemptes de toute faute vénielle pleinement délibérée, ont encore le désir de leur perfection selon leur capacité, 5. Peut-on donner la communion aux enfants qui n'ont pas l'âge de raison? A quel âge doit-on admettre les enfants à la première commu-

nion? Doivent-ils la faire dans leur paroisse et par le ministère de leur curé? 4.

COMMUNION DES MALADES, Voyez MALADE, VIATIQUE.

COMMUTATION DES VŒUX, page 411. Celui qui change un vœu en un autre est-il en sûreté de conscience?

COMPAGNONS DU DEVOIR, page 412.

COMPENSATION, pag. 413. * COMPENSATIO, page 1131. Un homme obligé de payer pour un autre peut-il retenir une somme appartenant à celui-ci? 1 * et 3. Un cordonnier qui n'a pas été payé du passé, ne peut enfler ses mémoires à l'avenir, 2. Peut-on prendre secrètement à quelqu'un, par compensation, une somme pareille à celle qu'il doit, s'il ne veut pas la rendre? 3. Un valet qui s'est loué à un bas prix, peut-il user de compensation pour avoir autant que les autres? 4 * et 2. Un fils qui a travaillé chez son père, a-t-il droit de prendre à sa mort une somme pour compenser son travail? 5. Une femme peut-elle retenir 2,000 liv. que son mari lui a données pour compenser les peines qu'elle avait prises pour lui dans ses maladies? 6. Une veuve dont le mari a dissipé la dot, peut-elle, pour se dédommager, prendre cent louis qu'il gardait? 7. Une fille à qui sa maîtresse a laissé une rente, et que les héritiers ont fort maltraitée, doit-elle, à cause de ce qu'il a promis à sa donatrice, leur laisser la moitié de cette rente, 8. Une servante peut-elle retenir une somme que son maître lui avait destinée, et que les héritiers lui refusent? 9. Un domestique qui a servi sans stipuler de gages, peut-il se payer par ses mains? 10. Peut-on s'indemniser des cartes et de la bougie, sous sa maîtresse lui a retenues? ibid. Un homme à qui il sera dû, en six mois, une certaine somme, peut-il s'en emparer d'avance? 11. Une personne qui, après avoir prêté presque gratuitement dans une communauté, s'est vue ensuite forcée d'y payer pension, peut-elle user de compensation, et payer les sommes qu'elle a empruntées pour y satisfaire, des épargnes qu'elle a faites dans l'administration des biens de cette communauté? 12.

* Un clerc à qui on ne veut pas payer ce qu'il a gagné à un jeu défendu aux ecclésiastiques, peut-il user de compensation? 1. Un fermier à qui l'économe d'un seigneur fait payer un mesurage qu'il ne doit pas, peut-il aussi user de compensation? 3. Celui qui a en dépôt certains biens d'un tiers, peut-il, après sa mort en retenir une partie pour s'indemniser? 4. Un homme qui, pour éviter la mort, se jette sur le cheval d'un autre, et le crève, doit-il compenser cette perte? 5.

COMPLICE, page 419. Un prêtre pèche-t-il en demandant à un pénitent le nom de son complice? 1. Un pénitent a-t-il tort de nommer ses complices à son confesseur, dans la pensée qu'il pourrait remédier à leurs désordres? 2. Confessarius potestne valide absolvere complicem peccati sui in materia luxuriæ? 3. Que dire d'un prêtre qui, même à l'article de la mort, ne veut pas se confesser d'autre qu'à son complice? 4.

COMPLICITÉ. Voyez COOPÉRATION.

COMPROMIS, page 421.

COMPTE COURANT, page 423.

CONCEPTION DE LA SAINTE VIERGE, ibid.

* CONCIONATOR, page 1133. Cas sur un prédicateur qui a d'abord outré la loi du jeûne, et l'a ensuite trop affaiblie? 1. Celui qui prêche contre le péché, y étant lui-même, fait-il un nouveau péché? 2.

CONCUBINAIRE, page 425.

CONDITION, page 427.

CONDITION SERVILE, ibid. Voyez EMPÊCHEMENTS DE MARIAGE.

* CONDONATIO, page 1135. Quand un homme remet à celui qui l'a blessé mortellement l'injure et le tort qu'il lui a fait, ses héritiers doivent-ils aussi le lui remettre? 1. Quand un domestique a obtenu la remise d'un tort qu'il avait fait par ordre de son maître, ce maître est-il exempt de le réparer? 2.

CONFESSEUR, 1° page 427. * CONFESSARIUS, page 1135. Un évêque peut-il se choisir pour confesseur un simple prêtre? 1. Le confesseur peut-il suivre l'opinion de son pénitent, qui est contraire à la sienne? 2. Peut-il absoudre un pénitent, qui veut remettre sa pénitence au purgatoire, ou en donner une qui fasse soupçonner la faute du pénitent? 3. Doit-il toujours tirer son pénitent de l'ignorance où il est? 4 et 5. Que doit-il faire, quand il connaît le péché de l'un par la confession de l'autre, 6. Peut-il obliger un pénitent à déclarer s'il est dans l'habitude du péché? 7. Il ne doit point obéir à la sommation qu'on lui fait de déclarer pourquoi il a refusé l'absolution, 8. Peut-il absoudre une personne avec qui il a péché 9: Peut-il diminuer la pénitence en proportion de la douleur du pénitent? 10. Doit-il se souvenir de tous les péchés de ceux à qui il donne l'absolution? 11. Les absolutions données par un prêtre qui n'a pas été baptisé, sont nulles, 12. En est-il de même de celles qui sont données par un débauché? 13. Peut-on déclarer la pénitence qu'un confesseur a imposée? 14.

* Quand un confesseur peut-il changer la pénitence imposée par un autre ? 1. Celui qui confesse après que ses pouvoirs sont expirés, encourt-il une peine canonique? 2. On ne peut absoudre d'un cas réservé, qu'après en avoir reçu le pouvoir, 3. Peut-on être absous de deux cas réservés, quand par oubli on n'en a déclaré qu'un au supérieur ? 4. *Quid*, si on retombe dans le même cas avant l'absolution ? *ibid*. Celui qui doute de ses pouvoirs ne peut absoudre, 5. Celui qui doute s'il a été autrefois absous d'un cas réservé, ne peut être absous par un simple confesseur, 6. Celui qui se confesse dans un autre diocèse, où son péché n'est pas réservé, peut-il y être absous? 7. Que dire d'un prêtre volontairement distrait, quand il donne l'absolution, 8. Ou de celui qui absout d'un cas réservé, sans penser qu'il l'est? 9.

CONFESSEUR, 2° *page* 433. * SIGILLUM, *page* 1285. Un confesseur ne peut, dans aucun cas, découvrir un crime qu'on ne lui a dit que dans la confession sacramentale, 1 et 2. Il ne peut violer le secret, même indirectement, pour sauver sa vie, 3. Il ne le peut pas même, quand il a été insulté dans le tribunal, 4. Un diacre qui s'est mis à confesser, est tenu au secret, 5. Le viole-t-on, quand on sort du confessionnal, pour donner un avis au pénitent, 6; ou qu'on dénonce à l'évêque un hérétique dangereux, 7; ou qu'on dit qu'un tel s'est converti depuis qu'il a été absous ? 8.

Deux confesseurs de la même personne ne peuvent s'entretenir de ses défauts, 9. Un confesseur ne peut déclarer la grossesse de sa pénitente, pour pourvoir au salut de son enfant, 10. Un évêque ou un abbé peuvent-ils destituer des officiers, dont ils ne connaissent le désordre que par la confession? 11 et 12. A quel effet on peut se servir des connaissances qui viennent du tribunal, *ibid*. Faut-il donner un certificat à un homme qu'on n'a pu absoudre, 13. Le secret du tribunal regarde le complice comme le coupable, 14. Peut-on, pour remédier au mal, demander les noms des complices, 15; ou engager une femme à dénoncer un malheureux qui corrompt ses pénitentes? 16. Un maître est tenu au secret, quand on lui révèle le vol de ses domestiques par la permission de l'aïeul. Il en est de même d'un interprète, 17 et 18. Il y a un grand mal à révéler un péché, même véniel, 19.

Peut-on révéler des choses étrangères à la confession, quand elles ont été dites dans le tribunal ? 20. Peut-on, sans violer le sceau, imposer une pénitence publique pour des péchés publics? 21. Encourt-on quelques peines pour la fraction du sceau? 22. Est-on coupable, quand en consultant on fait malgré soi connaître le pénitent? 23. Il faut souvent consulter *sous le nom d'un autre*, c'est-à-dire, comme si on avait été consulté soi-même ? *ibid*. Viole-t-on le sceau, quand on révèle ce qui a été dit *sous le sceau*, mais hors de la confession ? 24. Un homme qui entend la confession d'un autre est tenu au secret, 25.

* On viole le sceau, quand on ôte à un domestique les clefs qu'on lui avait données, ou qu'on ferme une armoire, parce qu'on sait par la confession qu'il est un voleur, 1, *page* 1285. On le viole aussi, quand on dit que tel crime se commet en tel endroit, 2. Cas d'un confesseur qui prie son ami de lui obtenir le pouvoir d'absoudre d'un inceste, 3. Un confesseur qui sait que son pénitent est dans une occasion prochaine, peut-il refuser de l'entendre un jour de fête? 4. Peut-il dire : *Je n'ai pas encore absous un tel, parce qu'il n'a pas encore fini sa confession?* 5. Peut-il dire d'un homme qu'il est scrupuleux ? 6. Un vicaire, repris d'avoir absous un excommunié, ne peut dire : *Je l'ai absous, et j'ai pu l'absoudre*, 7.

CONFESSEURS DES RELIGIEUSES EXEMPTES, *page* 439.

CONFESSION, *page* 299. * CONFESSIO, *page* 1139. Un homme qui déteste un crime, qu'il n'a osé lui pensé confesser, peut-il en obtenir le pardon à l'article de la mort? 1. Un acte d'amour de Dieu, sans contrition, suffit-il pour justifier? 2. La seule crainte de l'enfer peut-elle tenir lieu d'attrition? 3. Que dire, si un homme a une grande douleur d'avoir offensé Dieu, sans avoir la volonté d'accomplir sa pénitence? 4. La contrition doit-elle être manifestée sensiblement? 5. Peut-on se confesser à un prêtre d'un autre diocèse? 6. Un prêtre, approuvé pour une paroisse, peut-il confesser les personnes des paroisses voisines? 7 et 8. Une personne ne peut sans danger se confesser à son curé, peut-elle à Pâques se confesser à un autre? 9.

Un curé peut-il, hors de son diocèse, confesser quelqu'un de ses paroissiens? 10. Un Régulier peut-il aussi, hors du diocèse où il est approuvé, confesser son pénitent ordinaire? 11. Un simple prêtre est-il dans le même cas? 12. Un Parisien qui passe dix jours à Orléans, peut-il s'y confesser validement? 13. Un religieux ne peut se confesser, ni à un prêtre séculier, ni à un religieux d'un autre ordre 14. Un curé, non approuvé pour le jubilé, peut-

il le faire gagner à ceux de ses paroissiens qu'il confesse alors? 15. Un curé peut-il, dans le temps du jubilé, confesser ses paroissiens dans l'église de son voisin, qui sert de station aux deux paroisses? 16. Un prêtre, approuvé pour tout le diocèse, peut-il dans le temps du jubilé confesser des religieuses ? 17.

La confession de celui qui supprime certaines circonstances n'est pas valide, 18 et 20. Doit-il les exprimer, quand il ne peut faire sans découvrir son complice? 19. Doit-on s'accuser d'avoir formé un dessein impur pendant l'office, ou de s'être enivré les jours de fêtes? 21 et 22. Doit-on dire qu'on a péché avec une veuve, ou avec une fiancée? 23 et 24. On ne peut se confesser d'un péché à son curé, et d'un autre à son vicaire? 25. Peut-on, après s'être confessé d'un gros péché à un inconnu, se confesser, quelques jours après, de fautes vénielles à son confesseur ordinaire? 26. Il y a quelquefois du mal à supprimer un péché véniel, 27. Doit-on s'accuser des simples imperfections? 28.

Peut-on en Orient absoudre des Grecs qui ont vécu dans l'hérésie? 29. On n'est pas exempt de la confession annuelle, parce qu'on ne peut communier, 30. Faut-il se confesser au plus tôt d'un péché mortel? 31. Le faut-il, surtout, quand on craint de l'oublier? 32. Doit-on se confesser dans le cours rigoureux d'une année? 33 et 34. La confession faite à Pâques à un religieux est-elle bonne? 35. Un enfant de dix ans doit se confesser à Pâques, 36. Remplit-on le précepte par une mauvaise confession? 37. Peut-on différer la confession à une femme mondaine? 38. Un évêque peut-il ordonner à ses ecclésiastiques de se confesser une fois par mois? 39. Un pénitent qui s'accuse de quelques péchés mortels, et qui en oublie deux, en reçoit-il l'absolution? 40. Un pénitent, qui se rappelle avoir oublié un péché mortel, est-il tenu de s'en accuser? 41.

Un soldat est-il tenu de se confesser la veille d'une bataille? 42. L'ignorance de la malice d'un crime énorme n'empêche pas la nullité d'une confession, 43. *Quid de ignorantia malitiæ mollitiei?* 44. Un confesseur doit celer un péché, quand il ne peut le déclarer sans découvrir le péché de son pénitent, 45. Peut-on se confesser à un curé qui vit dans le crime? 46. Quand deux prêtres sont en procès au sujet d'une cure, les paroissiens peuvent-ils se confesser à l'un et à l'autre? 47. Un pénitent doit-il confesser ses péchés une seconde fois, quand il les a confessés sans intention de s'en corriger? 48. La crainte qu'un homme a de retomber empêche-t-elle que sa confession ne soit bonne? 49. Doit-on faire répéter les confessions à ceux qui ont longtemps vécu dans de mauvaises habitudes? 50.

Un homme coupable de plusieurs péchés véniels contre le sixième commandement est-il tenu de se confesser à Pâques, quand il croit qu'il pourront bien le conduire au péché mortel? 51. On doit confesser un péché qu'on doute être mortel, 52. On n'est pas toujours tenu de répéter les dernières confessions, quand on doit répéter celles qui ont précédé, 53. Peut-on quelquefois se contenter d'une confession faite par écrit, ou se confesser par lettres? 54 et 55.

Voyez ABSOLUTION, APPROBATION, CONFESSEUR, CONTRITION.

* Peut-on donner l'absolution à une personne qui ne s'accuse que de n'avoir pas consenti aux inspirations divines, 1 ; ou qui s'accuse en général de ses péchés véniels? 2. Pèche-t-on en travaillant les dimanches, quand on ne le fait pas pour le gain? 3. Un homme s'accuse de certains péchés graves, avec douleur d'avoir offensé Dieu, mais sans propos formel et exprès d'éviter ces péchés à l'avenir; bien plus, il juge *actu* qu'il y retombera à la première occasion. La confession de cet homme est-elle valide? 4. Un homme se ressouvient d'un péché tandis qu'on lui donne l'absolution, et ne le déclare qu'après l'avoir reçue, est-il bien absous? 5. Est-on bien absous quand on n'a pas actuellement renouvelé son acte de contrition? 6. Que penser d'une personne qui se confesse sans examen, 7 ; ou qui, malgré un examen suffisant, craint qu'il ne lui échappe encore quelque gros péché? 8. Comment se conduire à l'égard d'un vieillard qui ne se souvient pas s'il s'est confessé de certains désordres de sa jeunesse? 9.

* Faut-il expliquer combien de temps on a gardé une chose dérobée ? 10. Comment doit-on se comporter avec un homme qui, ayant demandé le saint viatique, veut se confesser avant que de le recevoir? 11. On doit exprimer la circonstance d'un double adultère, 12. Et dans le blasphème dire si c'est Dieu, la Vierge ou les saints qu'on a attaqués, 13. Suffit-il à un prêtre très-coupable contre la pureté de dire qu'il a fait vœu de continence? 14. Suffit-il à un homme qui s'est vanté d'avoir commis différents gros péchés, de dire : *Gloriatus sum de peccato mortali?* 15. Quand on est tombé douze fois, il ne suffit pas de dire

qu'on a péché dix ou douze fois, 16. Celui qui, s'étant accusé d'avoir péché environ vingt fois, connaît ensuite qu'il a péché trente fois, doit-il déclarer ce nombre précis dans une nouvelle confession? 17. Celui qui a souvent renouvelé le désir de pécher doit-il déclarer ce nombre de mauvaises intentions? 18 et 19.

* Berthe est tombée en adultère trois heures après la communion, doit-elle déclarer cette circonstance? 20. Doit-on exprimer la quantité de larcins qu'on a commis? 21. Cas d'un avare qui est fâché qu'on fasse des prières pour obtenir de la pluie, 22. Un homme qui a péché contre un vœu de chasteté, et qui a oublié cette circonstance dans sa confession, doit-il dans une seconde désigner et son vœu, et l'espèce de son péché? 23. Frère qui de rage tue sa sœur enceinte, peut-il supprimer cette circonstance, pour ne la pas diffamer? 24.

Peut-on absoudre un pénitent, qui ne veut pas répéter une confession dans laquelle il a oublié un péché? 25. Que doit faire un nouveau curé à l'égard d'un paysan qui lui déclare que jamais il n'a été interrogé, ni sur le nombre, ni sur la grièveté de ses péchés? 26. Une personne qui doute si elle a tu un péché par honte doit-elle répéter sa confession? 27. Un homme absous par un simple prêtre d'un péché dont la réserve était douteuse, doit-il s'en faire absoudre une seconde fois, quand il devient sûr de la réserve? 28. Que dire d'un vœu dispensé par l'évêque en pareil cas? *ibid.* Un villageois qui s'est plusieurs fois confessé à un prêtre qui ne savait pas distinguer les cas réservés de ceux qui ne l'étaient pas, doit-il répéter ses confessions? 29.

CONFIRMATION, *page* 461. *CONFIRMATIO, page* 1155. Quelle est la matière de la confirmation? 1. Y a-t-il péché à ne la pas recevoir? 3. Peut-on la donner aux enfants? 2. ou la donner sous condition? 3. Sa réitération induit-elle l'irrégularité? *Voyez* IRRÉGULARITÉ, 1159. Un simple prêtre peut-il être le ministre de ce sacrement? 4. Un curé âgé de 60 ans, sachant qu'il n'a pas été confirmé, pèche-t-il s'il néglige de l'être? 5. Pèche-t-on mortellement quand on le reçoit en péché mortel? 6 et 7.

CONFUSION, *page* 467. CONGÉ, *ibid.*

CONJURATION, *page* 467. Peut-on conjurer le démon, à l'effet d'apprendre quelque chose de lui? 1. Est-il permis à des officiers de conspirer contre un gouverneur? 2.

CONJUX, * *page* 1153. Une femme qui a amassé quelque chose par un travail extraordinaire, peut-elle le retenir? 1. Un mari qui a obtenu une sentence de divorce pour cause d'adultère doit-il, s'il en devient lui-même coupable, retourner avec sa femme? 2.

CONSACRER, *page* 468. * CONSECRATIO, *page* 1153. Peut-on, dans un cas pressant, consacrer avec du pain de seigle, 1; ou avec du pain fait d'orge et de froment? 2. Que dire du pain délayé avec du vin ou de l'eau distillée? 3. Peut-on employer du pain levé, pour communier un moribond? 4. Ne le peut-on jamais? *ibid.* Le peut-on quand on est en Grèce? 5.

On peut quelquefois se servir de moût pour la consécration? 6. Peut-on consacrer du vin gelé; 7. ou du vin fort aigre? 8. Celui qui de quatre pains n'en veut consacrer que trois, n'en consacre aucun, 9. Celui qui n'a pas ouvert un ciboire, ou qui n'a point pensé aux hosties qu'on avait mises sur le corporal, a-t-il consacré? 10 et 11. L'omission de ces mots *Novi Testamenti* empêche-t-elle la consécration? 12. Vaines difficultés sur la consécration, faites par un prêtre grec, 13. Un prêtre dégradé consacre, 14. Il en est de même de celui qui le fait par des vues magiques, 15. Peut-on, avant la fin de la messe, consacrer une petite hostie pour donner le viatique? 16. Difficulté sur la Rubrique, *ibid.* Que faire d'une hostie qu'une malheureuse a rendue à son curé? 17. *Voyez* COMMUNION, ÉGLISE, MESSE.

* Un prêtre qui a oublié de consacrer une grande hostie pour la procession, peut-il en prendre une petite dans le ciboire pour communier, et garder pour la procession celle qu'il a consacrée? 1. Pourrait-il en attacher une petite à une grande qui ne serait pas consacrée? 2. Quand doit-il renouveler les hosties? 3.

CONSCIENCE, *page* 475. La conscience erronée n'excuse pas toujours du péché, 1. Celui qui, contre sa conscience, cache un excommunié, pèche, mais il n'encourt pas l'excommunication, 2. *Voyez* CONFESSION, IGNORANCE, DOUTE, OPINION PROBABLE, SCRUPULE.

CONSUETUDO, * *page* 1155. Un pénitent interrogé s'il a coutume de tomber en tel péché, doit répondre là-dessus, 1. Doit-il, pour se défaire d'une mauvaise coutume, accepter une pénitence gênante? 2.

CONSCRIPTION, CONSCRITS, *page* 474.

CONSEIL et CONSEILLER, *page* 475. Celui qui a donné un conseil damnificatif est-il tenu de rétracter? 1. Celui qui, voyant un homme décidé à voler 1000 francs, l'a engagé à n'en voler que 500, est-il tenu de restituer ces 500 fr.? 2. Un homme est-il obligé de réparer le dommage occasionné par un conseil damnificatif qu'il aurait donné, puis rétracté même avant qu'on l'eût mis à exécution? 3.

CONSENTEMENT, *page* 477. Un membre d'une assemblée où l'on a voté pour une sentence injuste, s'il n'a donné sa voix qu'après le nombre de suffrages suffisants pour le jugement, est dispensé de toute restitution.

CONSTITUTION, *page* 479. Un évêque ne peut imposer à un monastère des règlements contraires à ses premières constitutions, et les religieux ont droit de rejeter ces règlements.

CONTRAT, *page* 483. Peut-on recevoir des intérêts d'un billet portant contrat de constitution? 1. Peut-on en certains pays recevoir des intérêts plus forts que ceux qui sont portés par l'ordonnance? 2. Peut-on acheter un contrat plus bas que son prix? *Voyez* VENTE, 43. Les contrats sont-ils censés meubles? *Voyez* LEGS, 19. Les conditions mauvaises peuvent rendre un contrat nul, *Voyez* FIANÇAILLES, 27 et 28. L'erreur rend-elle un contrat nul, malgré la bonne foi des contractants? 6. Le dol d'un des contractants dispense-t-il d'exécuter un contrat? 7. En est-il de même de la crainte? 8. Un contrat où l'on n'a pas gardé des formalités est-il nul? *Voyez* DONATION, 8.

Un contrat par lequel le vendeur s'oblige à racheter la rente est-il légitime? 3. Celui par lequel on abandonne les fruits d'un fonds pour un temps n'est-il point usuraire? 4. Que dire de celui par lequel on s'engage à payer une somme à quelqu'un, au préjudice d'un autre? 5. Le contrat mohatra est usuraire. *Voyez* USURE, 50. *Voyez* ACHAT et VENTE, PRÊT et COMMODAT, DÉPÔT, PRÉCAIRE, SOCIÉTÉ, USURE.

CONTREBANDE, *page* 486.
CONTREFAÇON, *page* 489.
CONTRE-LETTRE, *page* 491.

CONTRITION, *page* 491. Fait-on un nouveau péché, quand on diffère à faire un acte de contrition du premier? 1. Doit-on en faire un quand on se trouve en danger de mort? 2. L'attrition qui naît de la crainte des peines de l'enfer suffit-elle avec le sacrement? 3. La contrition sans bon propos formel serait-elle suffisante? 4. Une contrition générale suffit, 5. En quel sens doit-elle être souveraine? 6. Une personne qui ne s'accuse que de péchés véniels, mais sans douleur, n'en obtient pas la rémission, 7. *Quid* si elle déteste les uns sans détester les autres, 8. *Voyez* ABSOLUTION, 6 et 7; CONFESSION, 1, 2, 3, etc.

CONVENTION, *page* 494.
COOPÉRATION, *page* 495.

CORPORAL, *page* 499. On ne peut célébrer avec un corporal de soie, 1. Les religieuses ne peuvent y toucher, 2. On ne peut célébrer avec un corporal non bénit, dont un autre prêtre s'est servi, 3. Quand un corporal perd sa bénédiction, *ibid.*

CORRECTION FRATERNELLE, *ibid.* Un égal doit-il faire la correction d'abord à son égal? 1. Peut-on d'abord avertir le supérieur, sans avoir parlé au coupable? 2. Doit-on la faire à ceux qui ne sont pas disposés à en profiter? 3. La peut-on faire avec des paroles dures? 4. Un coupable peut-il sans péché la faire à un autre coupable? 5. Un inférieur doit-il quelquefois la faire à son supérieur? 6. Un père qui n'avance rien par la simple correction doit-il se servir de moyens plus forts? 7. *Voy.* ACCUSATEUR, 2; DÉNONCER, 1, 2, 4.

COUTUME, comme loi, *page* 503. Peut-on suivre une coutume contraire à la loi du prince? 1. La coutume peut-elle abolir une loi? 2. Un homme qui, contre la coutume, ne prend ni cendres, ni eau bénite, pèche-t-il? 3. *Voyez* JEÛNE, *cas* GILDAS.

CRAINTE, *page* 503. Celui qui par crainte grave a fait un contrat, peut le modifier et même l'annuler.

CRÉANCE, CRÉANCIER. *Voyez* HYPOTHÈQUE.

CRÉDIT, *page* 507. Un marchand qui vend du blé à un an de crédit, avec 6 p. 0/0 d'intérêt, ne pèche point contre la justice.

CRIMINEL, *page* 507. Un voleur interrogé sur son complice doit-il le déclarer, quand celui-ci a restitué? 1. Un criminel condamné à mort peut-il se sauver de la prison? 2. Peut-on le défendre avec violence? 2 et 3. Un homme condamné à mort par contumace pour un assassinat ne peut se défendre contre ceux qui ont ordre de l'arrêter. 4. *Voyez* Accusé, *cas* 5. Est-il douteux si on peut délivrer un forçat qui a fait son temps, 5. Quelles peines emporte la mort civile? 6. *Voyez* Accusé.

CROIX, *page* 511.
CRUCIFIX, *ibid.*

CURÉ, *page* 547. * PAROCHUS, *page* 1227. Un curé qui ne fait le prône que cinq ou six fois par an pèche mortellement, 1. Que dire, s'il s'en décharge sur un vicaire plus habile que lui? 2. Peut-il fuir pour se soustraire à la fureur du soldat ennemi? 3; ou pour éviter la peste? 4.

Doit-il célébrer tous les dimanches pour son peuple? 5. Peut-il confesser ses paroissiens dans un autre diocèse? 6. Si l'évêque désigne à ses curés un certain nombre de confesseurs, peuvent-ils s'en choisir d'autres? 7. Un curé peut-il refuser à son paroissien la permission de se confesser à un autre? 8. Un curé assigné pour déposer sur les fiançailles de sa paroissienne doit-il obéir? 9. Un curé peut-il garder une cure, quand il ne sait pas la langue du pays? 10. Peut-il, quand il est irrégulier, assister à un mariage? 11. L'absolution donnée par un curé simoniaque est-elle valide? 12. L'est-elle, si le curé est nommément excommunié? 13. Le curé doit-il contribuer aux réparations de l'église? 14. Pèche-t-il, s'il n'assiste pas aux conférences ecclésiastiques? 15.

* Un pasteur qui va passer deux mois dans un lieu plus sain est-il en sûreté de conscience? 1. Peut-il s'absenter assez souvent un jour entier, quand il sait qu'il n'y a point de malade? 2. Lui est-il permis de baptiser le fils d'un juif malgré lui, mais de l'aveu du grand-père de l'enfant? 3. Que doit-il faire quand il apprend, par la confession d'une sage-femme, qu'elle a toujours mal baptisé? 4. Un curé qui a renvoyé son pénitent au supérieur, pour en obtenir le pouvoir de l'absoudre d'un cas réservé, doit-il croire sur sa parole qu'il l'a obtenu? 5. Peut-on blâmer un curé qui ne veut confesser ses paroissiens que les premiers jours du mois? 6. Que doit-il faire quand, étant près de monter à l'autel un jour de fête, on le demande pour un moribond éloigné? 7.

* Peut-il enjoindre le mariage à un homme accoutumé à l'impureté? 8. Peut-il marier celle dont l'oncle est domicilié dans la paroisse, et le frère l'est dans une autre, ou celle dont le père est domicilié ailleurs? 9 et 10. Peut-il exclure du mariage un homme qui ne sait, ni son *Pater*, ni les commandements de Dieu? 11.

* Un curé qui a peu de revenu doit-il dire la messe les dimanches pour son peuple? 12. Doit-il la dire plus souvent que les dimanches, s'il a un grand revenu? 13. Peut-il au moins dans ce cas dire le dimanche une messe, dont il a reçu l'honoraire, et remplacer, un jour de la semaine, celle qu'il n'a pas dite le dimanche? 14. Peut-il, ce même jour, dire la messe pour un défunt, *corpore præsente*? 15. Plusieurs cas importants sur l'obligation qu'a un curé de bien instruire son peuple, et sur le péché qu'il commet en y manquant, même pendant un mois, 16 et suiv.

* Le curé peut-il faire lier un frénétique à qui on ne peut autrement donner l'extrême-onction? 23. Doit-il assister à la bénédiction des fonts? 24. Comment doit-il s'en excuser? 25. Peut-il se reposer du soin de sa paroisse sur un vicaire habile, pour vaquer plus tranquillement à la contemplation? 26. Comment doit-il expliquer l'indulgence de cent ans, qu'il a obtenue pour sa pénitence? 27. Sur ses autres obligations, *voyez* les mots ELEEMOSYNA, LAMPAS, etc. *Voyez* aussi ABSOLUTION, *cas* 2, 4, 5, 6, 11, 12, etc.; BÉNÉFICIER, CONFESSEUR, 1° et 2°; PERMUTATION, PROVISION, RÉSIDENCE, RÉSIGNATION.

D

DANSE, *page* 517. * CHOREÆ, *page* 1123. Peut-on danser, et à quelles conditions? 1. Danses pour lesquelles un curé doit refuser l'absolution, 2. Peut-on absoudre les danseurs de corde et ceux qui les vont voir? 3. * Que penser d'un prêtre qui joue d'un instrument pour faire danser, ou d'un diacre qui se trouve à une danse, etc., 1 et 2.
DATE, *page* 521.
DATERIE, *ibid*.
DÉBAUCHES, *ibid*. Une femme peut consciencieusement et légalement se séparer de corps et de biens d'avec son mari, lorsqu'il a perdu tout son bien au jeu, etc., et qu'il s'expose tous les jours à déshonorer sa famille.
DÉCHARGE, *page* 523.
DÉFAUT, *ibid*.
DEGRÉ DE PARENTÉ, *page* 524.
DÉGUISEMENT, *page* 525. Il n'y a point de péché dans le déguisement fait en famille, dans l'unique but de se réjouir.
DÉISTES, *page* 527.
DÉLECTATION, *page* 527. * LUXURIA, *page* 1211. La simple délectation, quoique sans désir, est un péché, 1. Ce qu'il faut exprimer quand on s'en confesse, *ibid*. Pêche-t-on, quand on n'y résiste pas positivement? 2. Et * 6.

* Une femme qui se plaît à penser à l'acte du mariage, *absente viro*, pêche-t-elle? 1. *An licet delectari de illusione in somno perpessa*? 2. *An de copula post futurum matrimonium habenda*? 3. Un jeune homme corrompu doit-il exprimer la personne qui a été l'objet de sa délectation impure, quand il s'en est tenu à la seule complaisance? 4. Doit-on s'abstenir de certains aliments, quand on prévoit qu'ils auraient des suites pendant le sommeil? 5.
DÉLÉGATION, DÉLÉGUÉ, *page* 527.
DÉLIT, QUASI-DÉLIT, *page* 529.

DÉMENCE, *page* 531.
DEMEURE (Mise en), *page* 531.
DÉNONCER, *page* 531. * DENUNTIATIO, *page* 1181. Peut-on dénoncer au supérieur un homme coupable d'un crime occulte? 1 et 2; ou d'une faute échappée par surprise, surtout quand elle est nuisible au prochain? 3 et 4. Faut-il dénoncer un confesseur qui sollicite au mal? 5. * Un homme qui sait seul un empêchement dirimant doit-il le dénoncer? 1. Une fille coupable d'affinité est-elle obligée d'obéir à son confesseur, qui l'oblige à la découvrir, etc.? 2. Doit-on dénoncer un libertin qui répand de mauvais dogmes? 7. Une femme dont son confesseur sollicite chez elle doit-elle le dénoncer? 8. Faut-il dénoncer celui qui donne à un autre confesseur une lettre de sollicitation à remettre à sa pénitente; quand ce dernier ne sait ce qu'elle contient? 9. La sollicitation à des fautes légères est-elle matière à dénonciation? 10 et 11. Peut-on ne pas dénoncer un seigneur qui n'a pas fait son devoir pascal? 4. Si on s'abstient de le dénoncer pour un présent, est-on coupable de simonie? 5.

DÉPOSITION et DÉGRADATION, ce que c'est, *page* 533. Un homme déposé peut-il garder ou résigner son bénéfice? 1. L'évêque peut rétablir un prêtre déposé, mais non celui qui a été dégradé, 2.

DÉPÔT, *page* 535. Un dépositaire doit-il répondre du dépôt qui lui est confié? 1. Peut-on user de l'argent confié en dépôt? 2 et 13. Est-on responsable d'un dépôt qui a été enlevé par fraude? 3. Faut-il toujours répondre d'un dépôt à celui qui l'a donné? 4. Quand un dépositaire a rendu à un héritier la moitié de son dépôt, et qu'il devient insolvable, cet héritier doit-il partager sa moitié avec son frère; qui n'a rien reçu? 5. Quand plusieurs dépositaires se sont chargés d'un dépôt, ils en répondent solidairement, 6. Le dépositaire est tenu d'un cas fortuit, quand il a négligé de rendre la chose déposée, 7 et 8.

Peut-on retenir un dépôt en compensation d'une dette? 9; ou d'un dépôt mutuel? *ibid*. Doit-on répondre d'un dépôt dont on a eu permission de s'en servir? 10. Peut-on vendre un dépôt avant le terme convenu? 11. Si Pierre redemande comme son bien une chose qu'un autre m'a donnée en dépôt, à qui dois-je la rendre? 12. Le dépositaire est-il tenu d'une faute très-légère? 14, 15 et 16. Quand le dépôt a été consumé de bonne foi, on n'est pas tenu de le rendre, 17. Celui chez qui on met un cheval en dépôt a droit de répéter ses loyaux coûts, 18. Le dépositaire d'un troupeau de moutons ne peut s'en approprier la laine, 19.

Doit-on restituer un dépôt à celui qui l'a fait, quand il est mort civilement? 20. Faut-il le rendre un dépôt qu'a fait un religieux? 21. Peut-on, sous quelque prétexte que ce soit, soustraire des papiers qu'on a en dépôt? 22. Un confesseur ne peut se charger d'un dépôt qu'avec bien de la précaution, 23. Que doit-il répondre, s'il est assigné? *ibid*.

DÉPUTATION, *page* 543. Une députation que des absents font par billets est-elle canonique? 1. Un député connu peut-il lui trouver mauvais qu'on lui demande l'acte de sa députation? 2. On ne peut refuser les distributions quotidiennes à un chanoine député à l'assemblée du clergé, 3.

DÉROBER, *page* 545. * FURTUM, *page* 1181. Le vol d'un louis fait à un homme riche est-il un péché mortel, 1. Quand le vol qu'un fils fait à son père est-il censé grief? 2. Cas où une femme est coupable de larcin, 3. Un tailleur pèche-t-il, en retenant des morceaux d'étoffes? 4. Les petits vols, qu'un maître d'hôtel continue, peuvent-ils aller au péché mortel? 5 et * 2. Peut-il y en avoir à voler une aiguille, ou autre bagatelle? 6. Celui qui prend dans l'extrémité de son mal ne vole pas, 7. Doit-il restituer? 8. Cas d'une grande nécessité, mais non extrême, 8. Un homme fait esclave peut-il prendre furtivement à son maître de quoi se racheter? 9.

* Celui qui vole 50 écus dans le dessein de les restituer un quart d'heure après pèche-t-il mortellement? 1. Un valet est-il tenu *sub gravi* de restituer les petits larcins qu'il a faits successivement? 2. Que dire d'un fermier qui a fait à son maître un tort considérable, sans faire jamais attention que ce tort allât au si loin? 3.

DÉSIR, *page* 551. Peut-on souhaiter sa mort, pour être délivré du péril d'offenser Dieu? 1. Peut-on désirer qu'un homme injuste ne se relève pas d'une disgrâce, afin qu'il cesse de poursuivre un innocent? 2.

DÉTRACTION, *page* 553.

DETTES, *page* 553. Un pupille doit-il restituer ce qu'il a emprunté sans l'aveu de son tuteur? 1. Doit-on rendre une somme à un malheureux qui va en abuser? 2. Comment se comporter à l'égard d'un dissipateur dont les enfants sont dans un grand besoin? 3. Suffit-il de payer au créancier du créancier? 4. Un fils qui trouve après la mort de son père un billet d'une somme considérable peut-il en répéter le payement, si le débiteur prouve par témoins qu'il a payé, et qu'il assure avoir perdu la quittance? 5. Une remise forcée ne décharge pas un créancier, 6. Une remise accordée pour raison de pauvreté subsiste-t-elle, quand le débiteur a rétabli ses affaires? 7. Peut-on, pour se faire payer d'une dette, faire saisir les effets d'un homme qu'on va réduire à la misère? 8.

La consignation faite chez un notaire décharge-t-elle le débiteur, quand le notaire fait banqueroute? 9. Celui qui doit à différents titres doit d'abord acquitter les dettes qui sont à titre onéreux, 10. Faut-il restituer à un créancier connu, avant que de payer celui qu'on ne connaît pas? 11. La dette d'un loyer doit-elle être préférée à celle qui vient d'un dommage? 12. Le créancier hypothécaire doit être payé avant celui qui n'est que chirographaire, 13. Celui qui prête pour la réparation d'une chose doit-il être préféré à celui qui a prêté pour sa construction? 14. Autres cas où la préférence a lieu. Le fisc doit-il toujours préféré? ibid. Ordre à garder entre les créanciers hypothécaires, 15.

Une veuve doit-elle être payée de sa dot avant tous les créanciers? 16. Un créancier chirographaire, fût-il ami du débiteur, ne peut être préféré aux autres, 17. Exception, ibid. Le créancier de plusieurs héritiers peut s'en prendre à qui d'eux il jugera à propos, 18. Un débiteur emprisonné pour dettes peut-il se sauver de prison? 19. Une dette n'est pas éteinte par la profession religieuse, 20. Remarques, ibid. *Voyez* PAYER, HYPOTHÈQUE, RESTITUTION ECCLÉSIASTIQUE.

DEVOIR CONJUGAL, *page* 565. ' DEBITUM CONJUGALE, *page* 1155.

Peut-on sans péché consommer le mariage avant la publication des bans, quand l'évêque l'a défendu? 1. Le peut-on quand on a été marié, et qu'on n'a pas encore reçu la bénédiction nuptiale? 2. Que doit faire une femme qui se marie après avoir fait vœu de chasteté? 3. Y a-t-il quelque mal à n'user du mariage que pour éviter sa propre incontinence, 4; ou pour se procurer du plaisir, 5; ou pour sa santé? 6. Pèche-t-on en l'exigeant les dimanches et les fêtes? 7. Une femme le peut-elle rendre à son mari quand il pèche en le demandant? 8. Peut-on la demander à une femme dans le cours de ses infirmités ordinaires? 9, 10 et 11. *Quid de conjuge seminifluo*? 12. Cas où la femme est enceinte? 13.

Celui qui est longtemps enfermé dans une église peut-il exiger le devoir pour éviter l'incontinence? 14. Un mari qui avait fait vœu d'entrer en religion, ou de prendre les ordres, peut-il, quand il a une fois consommé son mariage, exiger le devoir? 15. Un mari qui a consenti au vœu de la femme, peut-il le demander? 16. Qu'il si les deux ont fait ce vœu d'un consentement unanime? 17. Que peut un homme qui doute de la validité de son mariage? 17 et 18. Un inceste forcé ne prive pas du droit conjugal, 19. Celui qui naît de la crainte de l'inceste en prive-t-il? 20. En quel degré de l'affinité empêche-t-elle la reddition du devoir? 21. L'inceste empêcherait-il qu'on ne consommât le mariage, s'il ne l'était pas encore? 22. Contracte-t-on l'empêchement en péchant, soit avec une de ses parentes, soit avec une alliée de sa femme? 25. Le crime d'une partie la prive de son droit, sans en priver l'autre, 24.

La répugnance ne prive pas du devoir, 25. On ne peut le refuser que quand on veut entrer en religion. Quel temps a-t-on pour cela? 26 et 27. Le mari doit obéir à la demande tacite de sa femme. En est-il de même de la femme par rapport au mari? 28 et 29. La maladie notable d'une femme l'en dispense, mais non la crainte des peines de la grossesse, 30. Peut-elle refuser, parce qu'elle veut elle-même nourrir son enfant? 31; ou parce qu'elle sort de ses couches? 32; ou parce que les médecins lui ont déclaré qu'elle ne peut plus avoir d'enfants, sans risque de mourir? 33. Le désir de communier est-il une juste cause de refus? 34. Un mari refuse-t-il son droit? 43. Peut-on refuser le devoir, parce qu'on a déjà beaucoup d'enfants? 36.

On peut refuser le devoir à un homme qui le demande contre l'ordre naturel, 38. *Quid de sene gravi*? 39. *Quid de leproso debitum petente*? 40. Le doit-on à un excommunié dénoncé? 41; à un homme coupable de sodomie? 42; à un calviniste, qui, contre la foi donnée, fait élever son fils dans l'hérésie? 43. Que doit faire une femme à l'égard d'un homme qui lui déclare qu'il n'a point consenti au mariage? 44. Une femme qui, croyant son mari mort, avait fait profession de religion, doit-elle vivre avec lui, comme auparavant, quand il est de retour? 45. Que dire de celle qui en pareil cas s'est remariée? 46; où de celle qui doute si son premier mari est vivant? 48 et ' 4. Que d'une femme qui apprend d'une personne digne de foi qu'elle s'est mariée avec un empêchement dirimant, 47. Peut-on, quand on n'a aucun doute sur la validité de son mariage, rendre le devoir à la partie qui en doute? 49.

Une femme doit-elle refuser son mari, parce qu'il a baptisé son fils? 50. *Quid* s'il l'a baptisé en présence de la sage-femme, qui aurait pu le faire? 51; ou qu'il lui ait servi de parrain, ou qu'il eût tenu l'enfant qu'il a eu d'une concubine? *ibid*. Quand les deux époux se sont promis la continence pour un temps, pèchent-ils en se rendant le devoir avant le terme expiré? 52. Que dire s'ils avaient confirmé leur promesse par serment? 55. Peut-on rendre le devoir à un mari coupable du crime d'Onam? 54. *Quid si mulier ipsa receptum semen ejiciat*? 55. Peut-on refuser le devoir à un mari, sous prétexte qu'il tombe du mal caduc? 56.

' Une femme avertie par son confesseur de ne pas rendre le devoir, parce que son mariage est nul, en assure son mari avec serment; peut-il malgré cela le demander sans crime? 1. Un mari qui a voué la continence peut-il le demander, de peur qu'autrement il n'expose sa femme, dont il connaît la timidité? 2. Une femme qui a fait vœu de ne point demander le devoir, et de prier son mari de ne point l'exiger, ne remplit pas cette seconde partie de son vœu, mais la crainte qu'elle a d'aliéner d'elle son esprit, pèche-t-elle en ce point? 3. Doit-on le devoir à une femme qui après ses couches est tombée en démence? 5. Celui qui a péché avec sa propre parente n'a pas perdu son droit pour cause d'affinité.

' Une femme peut-elle le rendre à son mari, quand il le demande après avoir fait vœu de chasteté avec sa permission? 7. Celle qui après un vœu de chasteté s'est mariée peut-elle rendre le devoir à son mari quand il a commis un adultère? 8. Une partie qui a obtenu dispense d'un empêchement peut-elle le rendre à l'autre avant de l'avertir de la nullité de son mariage? 9. Le mari, du consentement duquel une femme a connu le frère de ce même mari, peut-il être refusé par elle, etc.? 10.

' Celui qui pèche avec la cousine de sa femme, sans savoir qu'elle est sa parente, perd-t-il son droit? 11. *Quid* s'il la croyait issue de germaine? *ibid*. *Quid iterum* s'il avait bien su que c'était la cousine de sa femme, mais qu'il n'eût pas su qu'en péchant avec elle on perdait son droit? 12. Que doit faire celui qui croit faussement que par son péché il est déchu de son droit? 13. Un confesseur qui a reçu le pouvoir d'absoudre de l'inceste a-t-il par là reçu le pouvoir de rendre le droit à celui qui l'avait perdu par ce même inceste? 14.

Voyez ADULTÈRE, DIVORCE, VŒU.

DIMANCHES et FÊTES, *page* 580. Un homme qui, après avoir entendu une messe basse, passe le reste du dimanche en choses indifférentes, pèche-t-il, et comment? 1. Que penser de celui qui n'assiste les jours de fêtes, ni au sermon, ni à vêpres? 2. Les voituriers peuvent-il marcher, ou partir les jours de fêtes et les dimanches? 3. Un artisan peut-il prendre ces jours pour faire un voyage, afin de ménager son temps? 4. Un seigneur peut-il ces jours-là permettre des foires, des danses, des spectacles, un apothicaire préparer ses drogues, un rôtisseur tenir sa boutique ouverte? 5 et 6. Un barbier peut-il raser ces mêmes jours? 7. Que dire des boulangers qui font alors du pain mollet, des pâtissiers, d'un cordonnier, qui ne peut finir son ouvrage que sur les trois heures du matin? 8, 9 et 10.

Un mercier de campagne peut-il vendre, ces mêmes jours, des livres de piété, des chapelets, couteaux, etc.? 11. Cas des habitants d'un vignoble qui en ces jours reçoivent les marchands, leur font goûter leur vin, etc. 12. Un père dont les enfants travaillent aux vignes un jour de dimanche en est responsable devant Dieu, 13. Un maître ne peut souffrir que ses domestiques manquent la messe ou le catéchisme, pour garder ses moutons, 14. Un juge criminel ne peut alors faire aucun acte, qui demande ce qu'on appelle *strepitus forensis*, 15. Exception, *ibid*. Le travail d'un avocat et d'un procureur est-il une œuvre servile? 16. Un notaire peut-il alors dresser des actes, de sa profession? 17. Un larcin fait le dimanche est-il plus grief à raison de la circonstance du temps? 18.

Est-il permis de copier des écritures, de la musique, et de donner des leçons le dimanche? 19. Pèche-t-on mortellement en faisant travailler successivement des ouvriers chacun pendant une heure? 20. Une domestique pèche-t-elle en raccommodant ses vêtements le dimanche? 21. *Voyez* FÊTES.

DIMISSOIRE, *page* 592. Un acolyte peut-il, en vertu d'un rescrit de Rome qui lui permet d'être ordonné *a quocumque episcopo*, recevoir les ordres sans dimissoire de son propre évêque? 1. Encourt-il la suspense, en cas qu'il se fasse ainsi ordonner? *ibid*. Un dimissoire vaut-il encore après la mort de l'évêque qui l'a accordé? 2. Un grand vicaire ne peut donner des dimissoires sans un pouvoir spécial de l'évêque? 3. Quand est-ce que le grand vicaire d'un chapitre peut accorder des dimissoires? 4. Peut-il alors donner les dispenses que l'évêque donnait? *ibid.* Un prélat régulier peut-il donner à son religieux un dimissoire *ad quemcunque provinciæ episcopum*? 5. *Quid quand un monastère n'est d'aucun diocèse*? *Ibid.*

DISPENSE EN GÉNÉRAL, *page* 596. Le supérieur peut dispenser de certaines lois, mais non de toutes, 1. Le pape peut-il dispenser des choses instituées par les apôtres? 2. Peut-il en certains cas permettre à une fille bien connue de faire profession sans noviciat? 3. Peut-on dans un danger de mort dispenser un homme des vœux qu'il a faits, et qu'il craint de violer encore à l'avenir? 4.

DISPENSE DE MARIAGE, *page* 599. * DISPENSATIO, *page* 1167. Le pape peut-il permettre à un homme qui n'a pas consommé son mariage d'en contracter un second? 1. Peut-il dispenser un religieux profès à l'effet de se marier? 2. Que penser de la dispense accordée à un homme pour épouser la fille que sa femme avait eue d'un premier mari? Plusieurs remarques sur cette matière, 3. Celui qui a péché avec la mère peut-il épouser sa fille avec dispense? 4. La dispense qu'une seule partie a obtenue suffit-elle pour toutes les deux? 5. Deux personnes qui ont commis un inceste, dans le dessein d'obtenir plus aisément dispense, doivent exposer ce mauvais dessein dans leur supplique, sous peine de nullité, 6 et * 5. Il faudrait même l'exposer, quand il n'y en aurait qu'une qui l'aurait eu, *ibid.* La dispense est nulle quand on expose au pape qu'un empêchement connu d'une des parties était ignoré des deux, 7. La dispense est-elle valide, quand la cause exposée dans la supplique n'a été vraie que depuis qu'on a écrit pour l'obtenir? 8.

La dispense accordée à deux parents qui ont commis un inceste après l'avoir obtenue est-elle valide? 9. Quand un homme retombe dans l'inceste qu'il avait exprimé dans sa supplique, la dispense par lui obtenue est-elle toujours valide? 10. Une dispense d'affinité vaut-elle, quand les parties ont faussement exposé qu'elles avaient péché ensemble? 11. Que penser si les parties alliées au quatrième degré ont exposé qu'elles l'étaient au troisième? 12. *Voy.* * 1. Faut-il, quand les parties sont en différents degrés, exposer le degré le plus proche? 13. Quand le banquier a par erreur exposé le quatrième degré pour le troisième, la dispense est nulle, 14. L'erreur sur le nom vicie-t-elle une dispense? 15. Que dire quand le rescrit est adressé par erreur à un autre official que celui des parties? 16.

Que doivent faire deux personnes qui ont contracté l'empêchement du crime, et ensuite de l'affinité spirituelle, et qui se sont mariées sans avoir obtenu dispense, ni de l'un, ni de l'autre? 17. Une dispense que le curé a obtenue à l'insu des parties pour qui il la demandait ne laisse pas d'être valable, 18. Quand les parties demandent dispense *in forma pauperum*, faut-il que leur pauvreté soit attestée par deux officiaux, si elles sont de deux diocèses? 19. Quel bien faut-il avoir pour ne pouvoir être dispensé *in forma pauperum*? 20. Quand deux personnes dispensées *in forma pauperum* deviennent riches, l'official peut-il nonobstant cela fulminer leur dispense? 21 * 4. Que dire si leur fortune ne changeait que quand leur dispense a déjà été fulminée? 22. Le fils d'un père riche qui ne lui veut rien donner peut-il se faire dispenser *in forma pauperum*? 23. La dispense obtenue par celui qui promet de doter une fille est valide, quoiqu'il ne puisse la doter que par un ami, 24.

Énumération des causes pour lesquelles on peut obtenir dispense, 25. Que dire des dispenses que nous appelons *sine causa*, et qui à Rome s'appellent *ex certis rationabilibus causis*? 26 et 27. Que doit faire un curé qui reconnaît que l'exposé d'une dispense que l'official a déjà fulminée n'est pas vrai? 28. Peut-on fulminer une dispense après la mort du pape qui l'a accordée? 29. L'évêque peut-il entériner une dispense adressée à son official? 30. L'official d'un nouvel évêque peut-il fulminer une dispense adressée à son prédécesseur? 31. L'official du diocèse de l'homme peut-il fulminer celle qui est adressée à l'official du diocèse de la femme? *Ibid.* Le grand vicaire d'un chapitre ne peut exécuter la dispense adressée à l'évêque défunt, ou à son grand vicaire, 32.

Un évêque peut-il dispenser un catholique à l'effet d'épouser une hérétique? 33. Le mariage qu'un hérétique a contracté au prêche en un degré prohibé avec une fille convertie, est nul, 34. Un évêque peut-il dispenser du troisième ou du quatrième degré? 35. La dispense qu'un évêque accorde à son diocésain ne suffit pas pour l'autre partie qui n'est pas de son diocèse, 36. Quand et comment un évêque peut-il dispenser une personne du vœu de chasteté qu'elle avait fait avant son mariage? 37. On peut continuer à user d'une dispense après la mort de celui qui l'a accordée? 38. Le grand vicaire d'un chapitre peut-il accorder une dispense *in secundo gradu*, quand l'empêchement est connu de dix ou douze personnes? 39.

L'official, le promoteur, etc., qui fulminent une dispense, peuvent-ils prendre quelque chose pour leur salaire? 40. Cas où ils encourent l'excommunication, *ibid.* Un tuteur qui a abusé de sa parente et pupille, doit-il, sous peine de nullité, exprimer sa qualité de tuteur? 41. Un homme qui a renoncé à sa dispense peut-il y revenir dans la suite? 42. Un homme qui n'a qu'un empêchement prohibitif a-t-il besoin de dispense du pape? 43. Peut-on dispenser des bans, et pour quelles causes? Abus qui règnent en ce point, 44.

* La dispense est-elle bonne quand, dans l'affinité, on a exposé qu'on avait péché avec la mère, quoiqu'on eût péché avec la sœur? 1. La dispense que la Pénitencerie accorde à Pierre suffit à Jeanne, 2. Quand une personne a tenu plusieurs enfants de l'autre au baptême et à la confirmation, en résulte-t-il plusieurs alliances spirituelles, et par conséquent plusieurs empêchements? 5. *Voyez* EMPÊCHEMENTS DE MARIAGE.

DISPENSE DES VŒUX EN GÉNÉRAL, *page* 619. Vœux réservés au saint-siège. Le vœu pénal l'est-il? 1. Peut-on changer un vœu de pèlerinage en celui d'entrer en religion? *Remarques*, 2. La clause, *modo vota non ratificaveris*, empêche-t-elle qu'un homme dont la profession était nulle, et qui a ratifié ses vœux, ne puisse user de sa dispense? 3. Dans le cas d'une grande difficulté, l'évêque dispense d'un vœu réservé au pape, 4 et 5. Peut-on obtenir dispense du vœu de chasteté à cause des fortes tentations dont on est assailli? 6. Quand le banquier a mis dans sa supplique la clause *ob stimulos carnis*, la dispense est-elle valable?? 7. Que dire si contre l'exposé *non immineat oratoribus periculum vitæ*? *Ibid.* Est-on dispensé du vœu de continence aussitôt qu'on a reçu le rescrit de Rome? 8. Le confesseur peut-il exécuter le bref hors du tribunal? 9. La dispense accordée en vertu d'une confession sacrilège est-elle bonne? 10.

L'évêque peut dispenser celui qui a fait vœu d'entrer dans un ordre rigide, et lui permettre, pour de justes causes, d'entrer dans un ordre plus doux, 11. La seule affection qu'on a pour une autre personne suffit-elle pour obtenir dispense du vœu de chasteté? 12. Un évêque peut dispenser de ce vœu, quand il n'est fait que pour un temps, ou qu'il n'est pas total, 13. *Voyez* la remarque sur le cas 5. Il peut aussi dispenser d'un vœu conditionnel, quand la condition n'est pas encore accomplie; et de ceux qui ne sont pas bien certains, ou qui, comme celui de prendre les ordres, ne regardent la chasteté qu'indirectement, 14, 15 et 16. Cas de celui qui a fait vœu, ou de recevoir les ordres, ou d'entrer en religion, 17. Le vœu de ne se point marier peut être levé par l'évêque, 18. Le vœu de se marier oblige-t-il celui qui l'a fait? 19. Un grand vicaire à qui l'évêque a donné tous ses pouvoirs peut-il dispenser des vœux comme lui? 20. Quand le vœu de jeûner a été commué en quelque autre chose, peut-on et doit-on quelquefois y retourner? 21.

DISPENSE DES VŒUX DES RELIGIEUX, *page* 627. Un abbé peut-il quelquefois dispenser son religieux de quelques points de la règle? 1. L'évêque ne peut dispenser une religieuse de certains articles importants, tel qu'est celui d'aller seule au parloir, etc., 2. Un général d'ordre peut-il permettre à son inférieur de posséder une rente en propre? 3. La dispense accordée à un religieux qui n'a quitté son habit que pour pouvoir passer *ad laxiora* est nulle, 4. L'évêque peut-il dispenser un religieux qui avait fait vœu d'entrer dans un ordre plus réformé? 5. Que peut une abbesse, quant à la dispense du vœu de ses filles? 6. Un prieur peut-il dispenser des règlements faits par son abbé? 7. *Voyez* RELIGIEUX, 20.

DISPENSE DE LA SIMONIE, *page* 630. Peines des simoniaques. L'évêque peut-il réhabiliter un simoniaque? 3. Peut-il lever les censures qu'il a encourues? 2. De quelle simonie le pape peut-il dispenser? 1.

DISPENSE DE LA SUSPENSE, *page* 631. L'évêque peut-il absoudre un clerc qui s'est fait ordonner sous-diacre avant l'âge? 1. Par qui doit être absous celui qui s'est fait ordonner sans dimissoire de son évêque? 2. Cas dont les évêques peuvent absoudre, *ibid.* Peuvent-ils dispenser ceux qui ont été ordonnés *per saltum*? 3. *Voyez* ORDRES, *cas* Baudri, et SUSPENSE, *cas* Cyriaque et Laurent.

DISPENSE DE L'IRRÉGULARITÉ, *page* 633. Quand on a demandé au pape une dispense pour les chanoines d'un corps, le doyen y est-il compris, quoiqu'il ne soit pas nommé? 1. Un curé, accusé de simonie, mais dont le crime n'a pu être prouvé, peut-il être absous par l'évêque? 2. Le pourrait-il encore, s'il avait subi la peine décernée par le juge contre lui? 7. Un capitaine coupable de mutilation secrète a-t-il besoin de la dispense du pape? 3. Celle de l'évêque ne suffit pas à un juge qui a fait mourir des criminels, 4; mais elle suffit à un prêtre qui, dans un pays étranger, a épousé une fille qu'il avait débauchée, 5. Un bénéficier qui a ignoré la simonie d'une permutation

peut-il être réhabilité par l'évêque? 6. Un étranger peut-il être dispensé à Paris par l'archevêque de cette ville, ou doit-il recourir au sien? 8. Un homme qui en a tué un autre dans un diocèse éloigné, et qui n'a évité la poursuite intentée contre lui qu'au moyen d'une somme d'argent, doit-il recourir au pape pour être dispensé? 9.
L'évêque peut-il relever un prêtre qui a tué avec trop de chaleur un assassin? 10. *Quid* de celui qui n'a absolument tué que pour sauver sa vie, ou que par hasard? 11 et 12. Un prêtre qui a célébré après avoir fait une action à laquelle il ignorait que la censure fût attachée, est-il tombé dans l'irrégularité? 13. Un évêque peut dispenser et celui dont le domestique a tué un homme, contre son ordre précis, et celui qui a célébré dans une suspense connue de trois personnes, 14 et 15. Il peut aussi dans le besoin lever par *interim* une irrégularité publique, 16. Quand l'évêque peut-il dispenser un irrégulier, et à quel effet? 17. Que peut, en fait de dispense, un supérieur régulier, à l'égard de ses inférieurs? 18. Un évêque irrégulier a-t-il besoin de recourir au pape? 19.
Un prêtre qui est retombé dans la même irrégularité, avant que d'avoir reçu son bref de dispense, peut en être relevé en vertu du même bref, 20. Un chirurgien, qui a coupé bras et jambes, est-il irrégulier, comme un juge qui a condamné à mort? 21. Que penser d'un médecin? 22. Peut-on dans le temps du jubilé dispenser de l'irrégularité? 23. Peut-on se servir d'un bref de dispense, qu'on a négligé pendant bien des années? 24. Un Turc converti est-il libre de toutes les irrégularités qui avaient précédé son baptême? 25. Un illégitime, qui devient religieux, peut-il être promu aux ordres et aux dignités de sa maison? 26. Un fils doit-il, sur l'assertion de sa mère, se croire illégitime, et demander dispense? 27. Un illégitime, dispensé à cause de la pauvreté de ses parents, peut-il user de la dispense, quand ils sont devenus riches? 28. L'évêque peut-il accorder à un bâtard une dispense générale? 29.
La légitimation du prince, ou qui vient d'un mariage subséquent, lève-t-elle l'irrégularité? 30. Un illégitime dispensé pour recevoir les ordres, ne l'est pas pour les bénéfices, 31. Un homme veuf, qui contracte un second mariage invalide, est irrégulier, 32. Le serait-il, s'il n'avait pas consommé le premier mariage? 33. La dispense du pape est-elle nécessaire dans le cas de la bigamie interprétative? 34. Le supérieur régulier peut-il dispenser de la bigamie réelle? 35. Un homme peut-il être dispensé, soit par le grand pénitencier de l'évêque, soit par le grand vicaire du chapitre, *sede vacante*? 36. * Un irrégulier *propter abortum fœtus* doit exprimer dans sa supplique que l'enfant était de lui.
Dispense du serment, *page* 647. Le supérieur peut-il quelquefois dispenser d'un serment? 1. Dans le doute si une chose promise par serment est licite, peut-on demander dispense du serment à l'évêque? 2. Un homme qui, sans s'incommoder, peut donner une somme qu'il a promise par serment, peut-il s'en faire dispenser? 3. A-t-on besoin de dispense, quand celui à qui on a promis une chose avec serment a remis la promesse? 4.
Dispense de bréviaire, *page* 649. Le pape peut-il dispenser de la récitation de l'office? 1. La dispense qu'il accorde à un jeune humaniste est-elle valable? 2.
Distraction, *page* 651.
Divination, *ibid.*
Divorce, *page* 653. * Divortium, *page* 1173.
Un homme qui a épousé une femme grosse du fait d'un autre, et qui l'a chassée, doit-il la reprendre, si elle lui fait toutes les soumissions possibles? 1. On peut l'en empêcher est-il en sûreté de conscience? 1. On peut se séparer pour cause d'adultère et de bestialité, mais non par esprit de vengeance, 2 et * 1. Un mari coupable d'adultère peut-il se servir d'une sentence qu'il a obtenue contre sa femme pour ce même sujet? 3. Doit-il, après avoir pris les ordres, revenir à sa femme, quand elle a prouvé son innocence? 4. Si elle avait fait profession dans un couvent, devrait-elle retourner à lui, s'il la demandait? 5. Pourrait-elle demander le devoir? *ibid.* Un mari peut-il refuser de reprendre sa femme, parce que le croyant mort, elle eu a pris un autre? 6.
Deux époux qui sont toujours en querelles peuvent-ils se séparer de lit et d'habitation? 7. Une femme le peut-elle pour éviter la violence de son mari? 8. A quel juge appartient-il d'ordonner la séparation de deux époux? 9. Un mari peut-il agir contre sa femme, qui a sincèrement pleuré son adultère? 10. Doit-il reprendre celle qui s'est bien convertie? 11. Peut-il obliger celle contre qui il a obtenu une sentence, à rapporter à lui? 12. Que dire, si, avant qu'il la redemandât, elle avait fait profession de religion? 13.
Une femme dont le mari s'est fait turc ou hérétique, peut se séparer de lui, 14. Doit-elle le reprendre, s'il se convertit? *ibid.* Celle que son mari sollicite à embrasser l'erreur, à l'aider dans le larcin, la magie, etc., peut-elle le quitter? 15 et 16. Une femme peut-elle continuer à agir en séparation pour cause d'erreur, quand son mari renonce à ses erreurs? 17. La compensation n'a pas lieu quand la femme est adultère, et que le mari est tombé dans l'hérésie. 18. Une femme est-elle obligée de suivre son mari à la guerre? 19; ou de suivre un vagabond et voleur, qu'elle connaissait pour tel quand elle l'a épousé? 20. Un mari doit-il fournir des aliments à sa femme, quand elle ne s'est séparée de lui que par caprice? 21. Une femme qui s'est faite chrétienne doit-elle rester avec un mari qui blasphème contre Jésus-Christ? 22. Pourrait-elle entrer en religion si son mari se convertissait après coup? 23.
Dot, *page* 663.
Domestique, *ibid.* Un domestique peut-il servir un hérétique, et à quelles conditions? 1. Peut-il servir un Turc? 2. Peut-il servir son maître dans une intrigue criminelle? 3.
Domicile, *page* 667.
Dommages et intérêts, *page* 670. Un marchand qui en a fait condamner un autre à 500 l. de dommages et intérêts, peut-il exiger les intérêts de cette somme, que la justice lui a adjugés? 1. Celui qui a vendu des moutons qui ont infecté le troupeau de l'acheteur lui doit-il un dédommagement? 2. Un architecte qui n'a pas fini une maison dans le temps convenu doit-il des intérêts? 2. Que dire, si un homme s'était obligé à fournir des marchandises un certain jour? *ibid.* Le vendeur d'une maison qui a été évincé doit-il indemniser l'acheteur des dépenses qu'il y avait faites? 4.
Dommages, *page* 673. Celui qui, dominé par la haine, a tué un homme en le prenant pour un autre, est tenu de réparer le dommage qu'il a causé.
Donation, *page* 675. * Donatio, *page* 1173. Peut-on en conscience profiter de la réduction d'un legs que l'on a obtenue en usant du bénéfice de la loi? 1. Lorsqu'on est entré en possession d'un domaine par suite d'une donation entre-vifs, qui plus tard est déclarée nulle, peut-on continuer à jouir de ce domaine? 2. Celui qui a reçu une somme à condition qu'elle lui appartiendrait, en cas de non-réclamation avant la mort du donateur, peut-il, dans cette hypothèse, la conserver? 3. Si un malade, qui a donné une montre à condition qu'on la lui rendrait en cas de guérison, vient à mourir, le donateur peut-il garder cette montre? 4. Une donation de meubles faite verbalement, mais nulle par défaut de forme, lie-t-elle les héritiers? 5. Une donation verbale d'un mari à sa femme peut-elle valoir en certaines coutumes? 6. Que penser de la donation de meubles faite par une femme à son mari? 7.
Une donation signée d'un seul notaire sans témoins est très-nulle, 8. Peut-on révoquer une donation, quand on se marie après, et qu'on a des enfants? 9. *Remarques importantes*, *ibid.* *Quid* si ces enfants venaient à mourir avant ou après que la donation fût révoquée? 10. La donation faite à l'Eglise peut-elle aussi être révoquée à cause de la naissance d'un fils? 11. Le donataire doit-il restituer les fruits? *ibid.* Peut-on disposer en faveur d'une paroisse d'une somme qu'on avait promise à un hôpital, quand la promesse n'est point encore acceptée? * 1. La donation qu'un père a faite à son fils mineur est-elle valide au for de la conscience? 12. Une donation faite *sub conditione non impleta* est nulle; mais quand elle est absolue, elle subsiste, quoique faite sous un motif faux, 13. Quand une donation a été refusée par le père, son fils n'y peut prétendre, 14.
Quand un père a fait à ses aînés des donations qui absorbent la légitime des cadets, le retranchement doit-il être porté par tous les donataires, ou seulement par les derniers? 15. Une donation faite par un mineur, un pupille, un religieux, une femme qui n'a que sa dot, est-elle valide? 16. On peut la révoquer à cause des mauvais procédés du donataire? 17. Ce pouvoir de révoquer passe-t-il à l'héritier? *ibid.* Un homme donne tout son bien, en se réservant la disposition d'une somme, qu'il veut devoir passer au donataire en cas qu'il n'en ait point encore disposé : cette somme appartient-elle aussi au donataire? 18. Le donateur d'une montre qui appartenait à un autre est-il tenu des frais du donataire? 19. Quand un débiteur a reçu ordre de son créancier de donner à d'autres une somme qu'il lui a prêtée sans billet, peut-il toujours, après la mort du créancier, exécuter cet ordre? 20. Une charge donnée sous condition de faire une rente très-forte est-elle usuraire? 21. Un bénéficier peut-il donner à son neveu, dont le père est riche, de quoi fournir à ses menus plaisirs? 22. *Voyez Bénéficier.*
Dot, *page* 687. Un père est-il tenu de doter sa fille, qui veut se marier? 1; ou qui veut entrer en religion? 3. La

mère doit doter, quand le père ne le peut pas, 2. Une fille qui a du bien doit-elle apporter une dot à son mari, quand elle ne lui en a point promis? 4. Le mari doit-il nourrir sa femme, dont la dot a péri, ou qui n'en a point apporté? 5. Quand un père constitue une dot à sa fille qui a du bien, sans marquer sur quel bien il la prend, il est censé la constituer sur son propre bien, 6.

Un époux peut-il refuser de consommer le mariage, quand le père de la femme ne lui donne pas la dot qu'il avait promise? 7. Un gendre doit-il restituer aux créanciers la dot que son beau-père lui a donnée à leur préjudice? Le devrait-il, si c'était la femme même qui les eût fraudés? 8. Une femme peut-elle, au préjudice des créanciers ou des héritiers de son mari, retirer sa dot, quand ce mari a fait pour elle une grande dépense? 9. Un homme a donné manuellement 10,000 liv. à sa future, qui, en les ajoutant à pareille somme qu'elle avait, parut donner une dot de 20,000 liv. Cette femme se remarie, ses enfants du second lit connaissent cette donation; peuvent-ils la partager avec l'enfant du premier lit? 10.

Un mari ne peut vendre une servitude active, qui est attachée à la dot de sa femme, 11. Une femme qui se sépare de son prétendu mari pour cause de nullité de mariage peut-elle répéter sa dot, quand au moyen d'une dispense elle pourrait rester avec lui? 12. Une femme qui n'a appris la nullité de son mariage qu'après la mort de son mari peut-elle répéter sa dot et les conventions matrimoniales? 13. Un époux qui obtient une sentence de divorce pour cause d'adultère, doit-il rendre la dot à sa femme? 14. Celle-ci, séparée pour même cause de son mari, peut-elle malgré lui vendre une terre sur laquelle sa dot était assise? 15. Un mari qui a reçu pour dot une dette, et qui ne s'en est pas fait payer, en est-il comptable aux héritiers de sa femme? 16.

Quand une chose, qui dans le contrat de mariage a été estimée tant, vient à périr, est-ce au mari ou à la femme à en porter la perte? 17. Le mari qui a fait couper les bois d'un fonds qui lui avait été donné pour dot de sa femme, doit-il en tenir compte à ses héritiers? 18. Peut-il exiger qu'on le rembourse des dépenses qu'il a faites sur un fonds dotal? 19. Que dire s'il y a fait des dépenses nécessaires qui aient péri par un incendie? 20. Celui qui d'une dot payée en argent a acheté une terre qui vaut mieux, ne doit que la dot, 21. Un mari qui a joui des fruits d'une terre dotale ne doit pas les précompter quand il restitue, 22. *Voyez* FORNICATION, *cas* 1, 3, 4, 6, 7 et 9.

— DOT DE RELIGION, DOT D'ÉGLISE, *page* 697.

DOUTE, *page* 699. Un homme peut-il s'en rapporter à la décision de son curé qui est habile? 1. Dans le doute si l'incendie qu'a consumé une maison vient du locataire, le propriétaire peut-il lui faire porter une partie du dommage? 2. Est-on irrégulier dans le cas du doute de droit et de fait? *Voyez* IRRÉGULARITÉ, 50, Doit-on obéir à un juge dans le doute de son incompétence? *Voyez* EXCOMMUNICATION, 19. Faut-il, en fait d'excommunication, présumer toujours pour le juge? *Voyez* JUGE, 20. Faut-il restituer dans le cas du doute? *Voyez* RESTITUTION, 216, et TAILLE, 4. Faut-il, dans le doute si on a commis tel péché, s'en confesser? *Voyez* CONFESSION, 51. *Voyez aussi* DEVOIR CONJUGAL, 17, 18, 45, etc.; OFFICE DU BRÉVIAIRE, 9, 18, 21; PRESCRIPTION, 9.

DOYEN DE CHAPITRE, DOYENS RURAUX, *page* 703.

— DUEL, *page* 705. Péché du duel et ses peines, 1. Le prince peut-il faire battre en duel deux criminels, et donner la vie à celui qui tuera l'autre? 2. Quand deux hommes se battent au moment même pour une injure, encourent-ils les peines des duellistes? 3 et 4. Les encourt-on quand on ne se bat que pour n'être pas chassé du régiment? 5. *Quid* quand on se bat jusqu'au premier sang, ou qu'on feint un duel pour en imposer? 6 et 7. Peut-on appeler en duel un Turc, parce qu'il insulte à la religion? 8. Celui qui sert de second dans un duel doit-il recourir à Rome pour être absous des peines qu'il a encourues? 9. Un homme qui a tué en duel doit réparer le tort qu'il a fait aux enfants du défunt et à ses créanciers, 10.

E

EAU, *page* 707.
ECCLÉSIASTIQUE, *page* 709. Un simple tonsuré ne peut exercer le négoce, 1; ni faire le métier d'intendant chez un grand seigneur, 2; ni exercer les fonctions de juge séculier, 3; mais bien acheter une charge de conseiller clerc, 4. Peut-il être avocat? 5. Pèche-t-il en allant quelquefois au cabaret dans un diocèse où cela n'est pas défendu? 6.

Que dire d'un curé qui porte des pistolets dans ses voyages? 7. Un ecclésiastique peut-il porter le deuil de son père? 8. Que penser du vœu qu'a fait un prêtre de ne confesser jamais? 9.

ÉCHANGE, *page* 715.
ÉCROUELLES, *ibid.* Le septième garçon d'une famille n'a point le pouvoir de guérir les écrouelles, 1. Les rois de France l'ont-ils? 2.

ÉGLISE, *page* 717. Une église a-t-elle besoin d'une nouvelle consécration, quand elle est presque toute tombée? 1. *Quid* si elle est tombée par parties, ou que le toit en ait été brûlé, ou qu'on doute de sa consécration? *ibid.* L'église où l'on a enterré un excommunié dénoncé, ou un hérétique, devient polluée, 2. Peut-on enterrer dans l'église un homme nommément excommunié, quand il s'est repenti de sa faute, mais qu'il n'en a pas encore été absous? 3. L'église est-elle profanée, quand un excommunié dénoncé y célèbre? 4. Celle qu'un évêque nommément excommunié consacre est-elle bien consacrée? 5. Une église polluée ne devient pas consacrée, parce qu'un prêtre y a célébré, 6.

Une église est-elle profanée, quand on y a rudement frappé quelqu'un, ou qu'étant dehors on l'a tué dedans, ou qu'étant dedans on l'a tué dehors? 7. L'est-elle, quand un infidèle frappé dedans répand beaucoup de sang au dehors? 8. L'est-elle encore, quand on y a presque étouffé une personne que les médecins déclarent être en danger de mort? Le serait-elle, si cette personne guérissait? Que faire en attendant l'événement? 9. L'église n'est pas polluée, quand un homme blessé s'y sauve et y meurt, 10; ni quand il s'y tue par frénésie, 11; ni quand il y tue son agresseur pour sauver sa vie, 12.

L'est-elle quand on a tué dans une cave sous le chœur, dans le clocher, sur le toit? 13. Un prêtre, pendant la messe duquel on tue un homme, peut-il la continuer? 14. L'adultère, ou l'usage du mariage profanent-ils une église? 15. Quand l'église est profanée, le cimetière l'est-il aussi, *et vice versa*? 16. Comment réconcilie-t-on une église qui a été profanée? 17. Que penser, soit d'un bedeau qui dîne dans l'église, parce que sa maison est un peu éloignée; soit d'un homme qui y mène son chien, 18 et 19.

ÉLECTION, *page* 723. La voix des six plus anciens capitulants l'emporte-t-elle sur celle des six derniers dans l'élection d'un doyen? 1. Des chanoines *in sacris* peuvent-ils s'associer des acolytes pour une élection? 2. Un chanoine fait sous-diacre avant l'âge, n'aurait point de voix, *ibid.* Quand on a manqué d'inviter à une élection une chanoine odieux, elle est nulle. Elle l'est encore de droit commun, quand l'élu n'a pas plus de la moitié des suffrages, ou l'élu n'a pas accepté dans un mois, 3. Le procureur d'un absent peut-il donner sa propre voix, en donnant celle de l'absent? *ibid.* Quel parti doit-on prendre, quand un capitulant soutient que celui qu'on vient d'élire ne pouvait être élu? 4. Un homme lié d'une excommunication mineure peut donner sa voix, 5.

En fait d'élection le plus digne n'est pas toujours celui qui a plus de vertu, 6. Les électeurs peuvent-ils varier, quand ils voient qu'on a déjà donné leurs suffrages à un orgueilleux? 7. Peut-on se servir d'un greffier laïque dans une élection? 8. Conditions d'une élection par compromis, 9. Un religieux peut former opposition à ce qu'un mauvais sujet soit élu provincial, 10. Un supérieur peut-il restreindre les suffrages à trois sujets qu'il propose? 11. L'élection, où l'on n'a mis qu'un seul scrutateur n'est pas valide, 12. Doit-on rétablir la voie de l'élection dans un couvent de filles, où l'intrigue a surpris la religion du roi pour lui attribuer la nomination? 13.

Peut-on élire pour supérieure une religieuse d'une autre maison, et comment? 14. On ne peut commettre pour une élection un séculier, quoique très-vertueux? 15. Doit-on regarder comme valide l'élection dans laquelle deux religieuses ont donné leurs voix à celle qui en aurait le plus? 16. Ces deux religieuses doivent-elles déclarer comment la chose s'est passée, avant que l'élection soit confirmée? *ibid.* Quand des religieuses ne s'accordent pas dans une élection, comment l'évêque peut-il y pourvoir? 17. Une fille qui a été novice pendant trois ans a-t-elle voix au chapitre au bout de deux ans, quand les constitutions de l'ordre portent que les nouvelles professes n'auront voix qu'après trois ans? 18.

ÉMANCIPATION, *page* 735.

EMPÊCHEMENT DE MARIAGE EN GÉNÉRAL, *page* 737. * IMPEDIMENTA MATRIMONII, *page* 1187. Un empêchement qui survient au mariage ne le dissout jamais, 1. Peut-on quelquefois épouser sans dispense une personne malgré un empêchement dirimant, quand on ne peut attendre la dispense? 2. Que doit faire un curé qui sait par la confession que deux de ses paroissiens, prêts à se marier, ont un empêchement dirimant? 3. *Quid juris* s'il connaît cet empêchement par une autre voie que celle de la confession? 4. Cas où un confesseur ou bien un ami doit ou ne doit pas avertir ses pénitents de la nullité de leur mariage, 5, 6 et 7.

Est-on tenu de révéler au supérieur l'empêchement qui est entre deux personnes prêtes à se marier, quand on est seul à le connaître ? 8. *Quid* si on ne pouvait le découvrir que très-inutilement, ou sans bien du scandale ? 10. Doit-on révéler un empêchement, quand celui qui en est lié ne l'a déclaré que sous la foi du secret ? 9. Cas des avocats, curés, médecins, chirurgiens, docteurs, *ibid.* Cas d'un père qui connaît l'empêchement de son fils, ou d'un fils qui connaît celui de son père. 11. Que doit faire un homme qui ne se souvient d'un empêchement dirimant que quand il est à l'autel ? 12. Ou une fille qui a péché avec celui qui veut épouser sa sœur ? *ibid.*

EMPÊCHEMENT DE L'ERREUR, *page* 741. L'erreur sur la qualité n'annule pas le mariage, à moins qu'il n'emporte l'erreur de la personne, 1. L'erreur concomitante rend le mariage invalide, 2. Exceptions, *ibid.* et * 17.

EMPÊCHEMENT DE LA CONDITION SERVILE, *page* 743. Quand un maître donne son esclave en mariage à une personne libre, le mariage est l'on, et pourquoi ? 1. Le mariage d'un esclave avec un autre esclave, mais qu'on croit libre, est-il toujours bon, comme le dit Pontas ? 2. Le mariage de deux esclaves, fait sans le consentement de leur maître, est-il valide ? 3. Un mariage nul, ratifié parce qu'on le croit absolument valide, est-il valide par là, comme le dit Pontas ? 4. Un maître doit-il consentir à ce que son esclave se marie ? 5. Quand celui-ci s'est marié de l'aveu de son maître, doit-il préférer le service qu'il lui doit au devoir du mariage ? 6. Un mari peut-il se faire esclave malgré sa femme, *et vicissim* ? 7. Un maître peut-il vendre son esclave marié, pour être mené dans un pays où sa femme ne peut le suivre ? 8. Un homme condamné aux galères ou à mort par contumace se marie validement, 9.

EMPÊCHEMENT DU VŒU, *page* 745. Un mari peut-il épouser une autre femme, quand la sienne, avant la consommation du mariage, se fait religieuse ? 1. L'épouse forcée par son mari ne perd pas son droit d'entrer en religion ? 5. La fornication qui a précédé leur mariage, empêche-t-elle les parties d'entrer en religion ? 3. La profession tacite dissout-elle le mariage en France ? 4. Le mariage fait après un vœu simple de chasteté est valable, 5. Un vœu public n'est pas toujours un vœu solennel et dirimant du mariage, 6.

Celui qui, après un vœu simple de chasteté, s'est marié, peut-il sans le péché rendre le devoir à sa femme qui le demande ? 7. Celui qui a fait un vœu de religion peut-il se marier dans le dessein d'exécuter son vœu, avant que de consommer le mariage ? 8. Un mari qui a forcé sa femme de consentir qu'il entrât en religion, ne peut, hors le cas d'adultère, y rester sans son aveu, 9. Un mari est-il tenu de revenir à sa femme, quand elle ne veut ni entrer en religion, ni faire vœu de continence ? 10. Une femme qui, sur une fausse et trompeuse lettre d'avis de la mort de son mari, s'est faite religieuse, et qui après sa première ferveur s'ennuie de son état, peut-elle retourner à lui ? 11.

EMPÊCHEMENT DE LA PARENTÉ NATURELLE, *page* 749. Deux parents, l'un au quatrième, l'autre au cinquième degré, peuvent-s'épouser sans dispense, 1. Manière de compter les degrés, *ibid.* Un bâtard peut-il épouser la parente de son père au quatrième degré ? 2. Quand deux parents, l'un au quatrième degré, l'autre au cinquième, se marient, se croyant tous deux au quatrième, leur mariage est-il bon ? 3. *Voyez* le 3e *vol. du Traité des dispenses, lettre XI.* Deux calvinistes mariés *in gradu prohibito* doivent-ils demander dispense quand ils se convertissent ? 4.

EMPÊCHEMENT DE LA PARENTÉ SPIRITUELLE, *page* 751. * IMPEDIMENTUM COGNATIONIS SPIRITUALIS, *page* 1189. Un parrain peut épouser la marraine, et non la mère de l'enfant qu'il a tenu, ou l'enfant même, 1. L'homme et la femme ne peuvent tenir un enfant en certains diocèses, *ibid.* Le baptisé peut épouser la fille de son parrain, ou de celui qui l'a baptisé. On peut épouser la veuve de son parrain, quand elle n'a pas été marraine avec lui, *ibid.* On peut aussi épouser la veuve de celui par qui on a été baptisé, 2. Un père qui a baptisé le fils qu'une concubine a eu de lui peut-il l'épouser ? 3. et * 8. Une femme qui sert de marraine à un enfant qu'elle ignore être du fait de son mari contracte-t-elle avec lui l'alliance spirituelle ? * 9. Celui qui, après avoir baptisé un enfant de Marie, a eu d'elle un enfant qu'il a aussi baptisé, ne peut l'épouser, 4. Un enfant de huit ans, qui en a tenu un autre sur les fonts, peut-il l'épouser ? 5. Un infidèle et un hérétique qui baptisent contractent-ils l'affinité ? 6. La contracte-t-on quand on baptise l'enfant d'un infidèle ? 7.

La contracte-t-on aussi quand on tient sur les fonts un enfant qui a été ondoyé à la maison ? 8 ; ou qu'on lui sert de parrain, quand on le baptise chez lui ? * 4. Ou enfin qu'on le tient et à la maison, et à l'église ? * 10. Le procureur d'un parrain, qui tient un enfant pour lui, la contracte-t-il ? 9 * et 11. Le parrain qui ne tient l'enfant que par procureur, la contracte, 10. Quand un même enfant a plusieurs parrains et plusieurs marraines, de l'aveu ou par inadvertance du curé, tous contractent l'alliance spirituelle, 11 et 12. *Quid* si toute une ville faisait les fonctions de parrains ? 13. La contracte-t-on quand on ne touche pas l'enfant physiquement ? 14. Un parrain dans la confirmation peut épouser la sœur, mais non la mère du confirmé, 15. Titius, qui veut épouser Marie, peut-il être parrain de sa sœur ? * 6. Contracte-t-on l'affinité, quand on est parrain d'un enfant qui n'est baptisé à l'église que sous condition ? * 7.

EMPÊCHEMENT DE LA PARENTÉ LÉGALE, *page* 755. Qu'est-ce que l'adoption, par qui peut-elle se faire, quand elle est un empêchement dirimant ? 1. Combien y a-t-il de sortes de parenté légale qui annulent le mariage ? 2. Y a-t-il une parenté légale entre celui qui adopte et la mère de la personne adoptée ? 3. Un adopté peut épouser la fille illégitime de l'adoptant, 4. Un homme n'en peut adopter un autre, s'il n'a dix-huit ans de plus que lui, 5. Un impuissant *a natura* ne peut adopter ; un prêtre le pourrait, *ibid.*

EMPÊCHEMENT DE L'AFFINITÉ, *page* 757 et * *page* 1187. Un homme qui n'a pas consommé son mariage peut-il épouser les parentes de sa femme sans dispense ? 1, 8 et 9. Les beaux-frères et les belles-sœurs peuvent-ils contracter mariage avec les femmes ou les maris de ceux qu'ils ont épousées successivement ? 2. Le beau-père peut épouser la veuve de son beau-fils, * 1. Le fils de Pierre peut épouser la fille que sa belle-mère avait eu d'un premier mari, 3. L'affinité ne cesse point par la mort de la femme ou du mari, 4. Elle naît d'un commerce, même forcé ; jusqu'où s'étend-elle alors ? 5. Y a-t-il un empêchement d'affinité entre les personnes dont l'une est née du crime ? Cet empêchement s'étend-il aussi loin que celui de la parenté ? 6.

Le veuf d'une femme peut-il épouser avec dispense la fille que sa femme avait eue d'un premier mari ? 7. Une fille ne doit pas s'en rapporter à un bruit vague sur un mauvais commerce de sa mère avec celui qui la recherche, 10. Celui qui, après avoir connu Marie, a fiancé Rose sa sœur, peut-il épouser Marie sans dispense quelconque ? * 2.

EMPÊCHEMENT DE L'HONNÊTETÉ PUBLIQUE, *page* 761 * et *page* 1193. Un mariage nul induit quelquefois l'empêchement de l'honnêteté publique, 1. Celui qui, après avoir fiancé une sœur, a épousé l'autre, sans consommer le mariage, peut revenir à la première, 2. Mais s'il avait consommé ce faux mariage, il ne pourrait plus épouser ni l'une ni l'autre, *ibid.* Celui qui a fiancé une veuve ne peut après sa mort épouser sa fille, 3. Des fiançailles nulles produisent-elles l'empêchement de l'honnêteté publique ? 4. Cet empêchement subsiste-t-il quand les fiançailles ont été annulées ? 3. Quand un homme, après avoir fiancé une fille, a péché avec elle, doit-il, s'il veut épouser sa sœur, expliquer le double empêchement d'affinité et d'honnêteté, et comment ? 6.

Celui qui, après avoir fiancé une sœur, pèche avec l'autre, ne peut plus en épouser aucune, 7. Celui qui a fiancé une fille légitime peut-il, quand elle vient à mourir, épouser sa sœur bâtarde ? 8. Un Turc qui a fiancé une fille chrétienne peut-il de son vivant épouser sa mère ou sa sœur ? 9. En est-il d'un hérétique comme d'un mahométan ? *ibid.* Celui qui, après avoir fiancé Rose, a connu Françoise, sœur utérine de Rose, voyant qu'il ne peut plus épouser ni l'une ni l'autre, demande s'il peut épouser les parentes de l'une ou de l'autre, mais qui ne lui sont parentes que d'un autre côté ? 13. Celui qui a fiancé sous condition une sœur, et qui a fiancé l'autre absolument, peut-il, quand celle-ci est morte, épouser celle-là ? * 19. Un impubère qui a contracté mariage avec une fille morte deux jours ensuite, ne peut épouser la sœur de cette fille, * 20. Une fille n'a point consenti à ses fiançailles avec Pierre : celui-ci en a contracté de secondes avec la sœur de cette fille : peut-il épouser la première sans dispense ? * 21. Un mariage clandestin produit-il l'empêchement de l'honnêteté ? * 22.

EMPÊCHEMENT DE L'ORDRE, *page* 765. Un homme marié, qui malgré sa femme a pris les ordres, doit-il retourner à elle ? 1. Cas où il n'y serait pas obligé, *ibid.* Un clerc, prieur, se marie validement, et il perd son bénéfice, 2. Celui qui n'ayant pas consommé son mariage, veut se faire religieux, peut-il commencer par recevoir les ordres ? 3. Un sous-diacre, dont l'ordination est nulle, est-il cependant tenu à la continence, sans pouvoir se marier ? 4. Une femme qui a consenti à l'ordination de son époux doit-elle entrer en religion ? 5. Un sous-diacre ne peut marier, quoiqu'il n'ait pas eu intention de vouer la continence, 6. Celui qui a reçu les ordres par une crainte griève pourrait-il se marier? 7. Erreurs de Pontas, *ibid.*

Empêchement de la différence de religion, *page 767.*
Le mariage d'un chrétien avec une infidèle est nul, et de quel droit? 1. Un Turc qui avait épousé trois femmes se convertit: doit-il reprendre la première, qu'il avait répudiée? 2. Un Turc qui, ayant épousé sa parente, se convertit, peut-il vivre avec elle comme auparavant? 3. Celui qui, ayant épousé cinq femmes, se convertit avec elles toutes, peut-il en retenir pour femme celle qu'il lui plaira? 4. La femme d'un infidèle s'étant convertie, s'est faite religieuse; doit-elle retourner à son mari, et celui-ci peut-il en prendre une autre? 5.
Un infidèle qui s'est converti, sa femme demeurant dans son infidélité, reçoit les ordres, ou se fait religieux; sa femme se convertit ensuite, doit-il retourner avec elle? 6. Le mariage d'un baptisé avec un catéchumène est-il valide, au moins en genre de contrat? 7. Que penser du mariage d'un catholique avec une hérétique, ou une personne nommément excommuniée? 8. Le premier de ces deux mariages est-il licite? 9. Quand un des conjoints tombe dans l'infidélité, le mariage est-il dissous, surtout quand il n'a point encore été consommé? 10. Quand un catholique épouse une personne qui ne l'est pas, peuvent-ils convenir que les garçons seront élevés dans la religion du père, et les filles en celle de leur mère? 11. *Voyez* Divorce, 20 et 21.

Empêchement de la clandestinité, *page 771.* Et *page 1196.* Quand deux personnes, après s'être promis le mariage devant le curé et des témoins, contractent secrètement *per verba de præsenti,* et se connaissent *affectu maritali,* leur mariage est-il valide? 1. Le mariage fait sans la permission du curé est nul, 2. L'est-il s'il est fait par un prêtre habitué, qui ait obtenu par dol la permission du curé? 3 et 8. Le mariage d'un homme qui ne demeure que depuis peu de jours dans un lieu est-il bon en France? 3. Quel est le curé d'un homme qui a deux domiciles? Faut-il publier les bans dans les deux? 5. Un mariage fait par un prêtre commis à cet effet, mais malgré le curé d'un des contractants, dans la paroisse qui est d'un autre diocèse, est-il bon? 6. Le mariage fait par le curé du garçon malgré le curé de la fille est-il nul? 7. Un curé qui n'est pas légitime titulaire marie-t-il validement? 8. Que penser d'un mariage auquel le curé n'a assisté que par dol ou par force? 9. Un curé à qui son évêque a défendu de célébrer aucun mariage les bénit-il validement? 10. Que dire d'un vicaire ou d'un excommunié dans ce même cas? *ibid.*, et cas 11.
Deux vagabonds peuvent-ils se marier validement devant le premier curé? 12. *Quid* si l'un des deux ayant un domicile se marie comme dans le cas précédent? 13. Un curé peut-il marier deux de ses paroissiens dans un autre diocèse? 14. Précautions qu'il doit prendre, *ibid.* Paul commis par un vicaire amovible a-t-il pu le bénir validement un mariage? 15. Ce prêtre ainsi délégué aurait-il pu en déléguer un autre? *ibid.* Un prêtre, commis par l'évêque, peut-il marier deux habitants hors de leur diocèse, malgré leur curé? 16. *Quid* si ce prêtre n'était commis que par l'official? 17.
Un archevêque peut-il bénir un mariage dans le diocèse d'un de ses suffragants sans sa permission? 18. Un prélat ordinaire, qui n'est pas évêque, peut-il bénir ou faire bénir un mariage? 19. Quand on est dans un lieu où il n'y a ni évêques ni curés, peut-on contracter validement en présence du magistrat? 20 et 21. Deux personnes qui passent à Londres pour s'y marier, et qui sont dans le dessein de revenir en France, se marient-elles validement? 22. Serait-ce la même chose si elles s'étaient véritablement établies à Londres, quoique pour de mauvaises raisons? *ibid.,* et * 23. Deux hérétiques qui se convertissent sont-ils obligés de réitérer leur mariage selon la forme du concile de Trente? 23.
Le mariage fait en présence d'un curé qui n'est pas prêtre est-il valide? 24. L'est-il quand il n'a pour témoins que des excommuniés, ou des impubères, ou des femmes? 25 et 26. Un mariage fait sans publication de bans est-il clandestin devant l'Eglise? 27. Un curé qui étant en état de péché bénit un mariage, pèche-t-il? 28. Doit-on rendre public le mariage qu'on a contracté secrètement devant le curé et deux témoins? 29.

Empêchement du lien, *page 781.* Un mari dont la femme est entrée en religion sans avoir consommé le mariage peut-il en prendre une autre? 1. Celui qui, après avoir épousé Berthe, sans consommer le mariage, épouse Luce, et consomme ce second mariage, peut-il rester avec cette dernière? 2. Que doit faire un homme qui, après avoir épousé secrètement une fille dans un lieu où le concile de Trente n'est pas reçu, en épouse publiquement une autre, qu'il ne peut quitter sans scandale, etc., 3. Doit-on croire deux personnes mariées qui affirment avec serment que leur mariage est nul? 4, Un homme qui, croyant mal à propos sa femme vivante, en épouse une autre, est-il bien marié? 5. Une femme, persuadée que son mari a été tué dans une bataille, peut-elle en épouser un autre? 6.

Empêchement de la crainte, *page 783.* Un mariage invalide pour raison de crainte est-il valide par une consommation forcée? 1. La crainte intentée aux parents d'un garçon, mais non à lui-même, peut annuler son mariage, 2. Le mariage d'un homme qu'on menace de la corde, s'il n'épouse une fille qu'il a déshonorée, est valide, 3. Autres cas semblables, *ibid.* 4. Un homme n'avait pas commis le crime dont on l'accuse? 4. Un homme menacé de la mort par le père de celle avec qui il a péché, s'il ne l'épouse, l'épouse-t-il validement? 5.
Un mariage conseillé par crainte, mais avec serment, subsiste-t-il? 6. Que faire ou que conseiller dans le cas où l'on doute si la crainte a été assez grève pour annuler le mariage? 7. Doit-on regarder comme le principe d'une crainte grève la menace qu'un homme a faite de diffamer une fille, si elle ne consentait à l'épouser? 8. Une fille, pour éviter d'être déshonorée, a promis à un homme de l'épouser, qu'il a effectivement épousé : ce mariage est-il valide? 9. Celui qui, par une crainte grève injustement intentée par une cause étrangère et libre, épouse une personne, l'épouse-t-il validement? 10. Quand est-ce que la crainte révérentielle d'un père annule le mariage? 11.

Empêchement du crime, *page 787.* * *page 1191.* Un mari qui du vivant de sa femme en a pris une autre femme, peut-il l'épouser s'il ne le lui a pas promis, 1. Celui qui du vivant de sa femme a promis à une fille de l'épouser après sa mort, 1° est-il tenu de le faire? 2° peut-il le faire validement? 2. Celui qui du vivant de sa femme en a épousé une autre, ou même a péché avec elle sous promesse de l'épouser, peut-il l'épouser validement? 3. Faut-il alors que la promesse soit sincère, et suffirait-il qu'elle fût acceptée tacitement? *ibid.* L'adultère de mariage ne suffit avec l'adultère que quand la partie libre connaît le lien de l'autre, 4. Une promesse conditionnelle, jointe à l'adultère, induit-elle l'empêchement du crime? 5. L'homicide fait de concert le produit-il, quand il est séparé de l'adultère? 6. Le produit-il sans concert, quand il est joint à un mauvais commerce? 7.
* Un adultère dit à sa complice, *Si ma femme mourait, je t'épouserais.* Elle lui répond sur le même ton; le mariage qu'ils contractent est-il valide? 12. Un homme libre tombe en adultère avec Berthe, femme de Paul. Il épouse Marthe qui lui devient odieuse, et alors il promet à Berthe de l'épouser, en cas que son mari et sa femme à lui viennent à mourir. L'épouse en effet : ce mariage est-il bon? 13. Que dire si cet homme avait commencé par promettre à Berthe de l'épouserait, qu'ensuite il eût épousé Marthe; et qu'ayant péché avec Berthe, il l'eût enfin épousée? 14. Un homme marié qui pèche avec une femme dont il ignore le mariage et qui lui promet de l'épouser, s'il devient libre, peut-il réellement l'épouser? 15. Une fille pèche avec un homme qu'elle croit libre. Elle empoisonne une rivale à l'insu de cet homme. Peut-elle l'épouser après la mort de sa femme? 16.

Empêchement de l'impuissance, *page 791,* * *page 1195.* Principes généraux sur cet empêchement, * 1. « Valetne « conjugium cum muliere arcta initum? 1 et 2. Quid si mu- « lier quæ incisa est, non potuit incisionem pati sine vitæ « periculo? 3. An separari debet ab impotente, qui bane « scienter duxit? 4. Quandiu experiri potest conjux an sit « reipsa impotens? 5. Potestne ad alias nuptias transire, « qui certo scit se impotentem fuisse, antequam contra- « heret? 6. An valide contrahunt qui utroque testiculo « carent? 7. Quid si uno tantum careant? 8. *page 793.* »
Que doit faire une femme qui a un fils que son mari impuissant et stupide croit être de lui?, 9. A quel âge commencent les trois ans que l'Eglise accorde pour constater l'impuissance? Peut-on avant cet âge séparer les contractants? 10. Un vieillard de 80 ans peut-il épouser une femme qui a en a 70? 11. Un homme qui, faussement séparé de sa première femme pour cause d'impuissance, en épouse une seconde dont il a des enfants, doit-il retourner à sa première femme; et celle-ci, s'il le refuse, peut-elle prendre un autre mari, etc.? 12. Un homme qui, séparé de sa femme dans le même cas, est entré en religion, doit-il retourner à sa femme, si elle le redemande? 13. Que dire s'il avait pris simplement les ordres? 14.
Le mariage est nul par impuissance de maléfice ou de nature. Temps qu'ont les conjoints pour s'éprouver, 14. Un homme qui a reconnu qu'il n'est plus ni maléficié ni froid, doit-il retourner à sa première femme dont il a été séparé par sentence? 15. Celui qui a épousé deux femmes, l'une après l'autre, et qui se voyant impuissant *ex male-*

TABLE DES MATIÈRES.

ficio, a détruit un maléfice par un autre, doit-il choisir l'une des deux, et laquelle doit-il prendre? 16. Que peut-on faire que détruire un maléfice? 17. On ne peut réitérer la célébration d'un mariage pour détruire un maléfice. 18. Quand de deux époux l'un prétend que l'autre est impuissant, et que celui-ci le nie, qui doit-on croire? 19. Peut-on en fait d'impuissance recourir au congrès? 20. L'impuissance qui surviendrait au mariage avant sa consommation suffirait-elle pour le dissoudre? 21. Une femme doit-elle le devoir à son mari qu'elle croit impuissant? 22.

EMPÊCHEMENT DU RAPT, *page* 799 et 1196. Un homme qui enlève une fille mineure de son consentement, mais malgré son père ou son tuteur, est-il coupable de rapt; et son mariage avec elle est-il nul. 1. Il l'est encore, quand son père ou son tuteur consent à l'enlèvement, et qu'elle n'y consent pas. 2. Mutius fiance une fille du consentement de son père, qui la lui refuse ensuite. 3. Il enlève et l'épouse : ce mariage est-il bon? 3. L'est-il quand une fille majeure est enlevée de son consentement? 4. Quand une femme a fait enlever un fils mineur qui y consentait, le mariage qu'elle a contracté avec lui est-il valide? 5. Une fille enlevée par le commandement d'un autre qu'elle déteste, veut bien épouser celui qui l'a enlevée : ce mariage est-il bon? 26.

— EMPÊCHEMENT DU DÉFAUT DE RAISON, *page* 801. Le mariage d'un insensé qui a de bons moments est-il valide? Un curé ne doit-il pas l'en dissuader? Quelles précautions a-t-il à prendre? Mariages des sourds et muets : que dire de ceux qui de plus sont aveugles? *ibid.*

EMPÊCHEMENTS PROHIBITIFS, *page* 801. Combien il y en a? Pêche-t-on quand on se marie nonobstant quelqu'un d'eux? 1. Doit-on révéler aux curés ceux dont on a connaissance? 2. Tout évêque peut-il en dispenser? *ibid.*

EMPHYTÉOSE, *page* 803.

EMPLOIS DES DENIERS D'UNE COMMUNAUTÉ, *ibid.*

ENFANTS, *page* 805. Une fille majeure doit-elle en conscience abandonner tout son bien pour délivrer son père de prison? 1. Une fille qui, à sa majorité, dispose de son bien, et qui apprend ensuite qu'elle est bâtarde, est-elle obligée à restitution? 2.

ENNEMI, AMOUR DES ENNEMIS, *page* 813.

ENREGISTREMENT, *page* 815.

ENSEIGNE, *page* 817.

ENTREPRENEUR, *page* 819.

ENVIE, *page* 819. Un pauvre qui s'attriste des biens de son voisin est-il coupable d'envie. 1. Le péché peut n'être que véniel. Sur quelles règles peut-on en juger? 2. Un homme qui s'afflige du crédit d'un autre, parce qu'il en craint les effets, est-il dans le cas de ce qu'on appelle envie? 3.

ÉPAVE, *page* 821. *Voyez* CHOSE TROUVÉE.

ÉPOUX, *ibid.*

— ÉQUIVOQUE, *page* 823. Ce que c'est? Étendue que les mauvais casuistes lui ont donnée.

ÉTRANGER, *Voyez* AUBAIN, BÉNÉFICIER, HÉRITIER.

ESCLAVAGE, *page* 827. Les enfants d'un père esclave et d'une mère libre sont-ils esclaves? 1. Des esclaves que leur maître outrage, quand ils font l'exercice de leur religion, peuvent-ils s'enfuir? 2. Doit-on affranchir ceux qui se convertissent à la foi? 3. Peut-on acheter de chrétiens? *ibid.* Peut-on aider un esclave à recouvrer sa liberté? 4.

ESCOMPTE, *page* 828.

ESPÉRANCE, *ibid.*

ÉVÊQUE, *page* 833. Un garçon né dans un diocèse où son père n'était pas passant, en est-il diocésain ; ou ne l'est-il pas du lieu où son père est domicilié? 1. Un clerc qui prend un bénéfice dans un autre diocèse, pour se soustraire à son évêque d'origine, et qui se fait ordonner dans ce diocèse, encourt-il la suspense? 2. Un abbé de mérite peut-il solliciter un évêché dans la vue de servir l'Église? 3. Peut-il le refuser par crainte ou par humilité, ou faire vœu de ne le point recevoir? 4 et 5. Un religieux, devenu évêque, doit-il garder les règles de sa religion? 6. Doit-il obéir aux supérieurs de son ordre? 7. Peut-il disposer par testament des biens qu'il a entre les mains? 8.

Un homme qui a fait vœu d'entrer en religion peut-il accepter l'épiscopat? 9. Un évêque peut-il, sans raison entrer dans les monastères de filles? 10. Peut-il défendre, sous peine de censure, à ses diocésains d'entrer dans le dehors d'un monastère de filles qui est exempt de sa juridiction? 11. Il peut ériger en cure une succursale, mais avec de justes précautions. 12. Il ne peut consacrer un autre évêque dans les dimanches. 13. Peut-il en sacrer un sans le ministère de deux autres? 14. Un métropolitain peut-il donner les ordres dans le territoire de ses suffragants, sans leur aveu? 15. Il peut, hors de son diocèse, conférer les bénéfices qui y vaquent, relever des censures et de l'irrégularité non réservée. 16.

Quels pouvoirs a l'évêque avant que d'être consacré? 17. Peut-il faire une ordonnance qui oblige tous les bénéficiers de son diocèse à lui représenter tous les titres de leurs bénéfices? 18. Un évêque peut-il sans scrupule consentir à sa translation à un plus grand siège? 19. Peut-il, quand il a donné sa démission au roi, continuer à faire ses fonctions; et jusqu'à quand? 20. *V.* APPROBATION, FÊTES.

EXAMEN, *page* 841. Un évêque a droit d'examiner pour une cure un docteur, quoiqu'il ait longtemps professé la théologie, et que ses provisions soient *in forma dignum*. 1. Un homme refusé pour cause d'ignorance, et qui s'étant pourvu devant le métropolitain, en fait examiner un autre en sa place, encourt-il quelques peines canoniques ; est-il privé de son bénéfice? etc. 2. *Voyez* GRADUÉ, PROVISION DE BÉNÉFICE, VISA.

EXCOMMUNICATION, *page* 843. Un prêtre qui dans un premier mouvement a donné un soufflet à un autre, est-il tombé dans l'excommunication? et s'il a fait ses fonctions, est-il devenu irrégulier? 1. Celui qui ordonne ou conseille de frapper un prêtre tombe-t-il dans la censure? 2. Encourt-on en jetant par colère son bréviaire à la tête d'un autre ; en lui jetant de l'eau, de la poussière, etc.? 3. Quand deux sous-diacres se sont battus, et que l'un d'eux a porté sa plainte au juge, ont-ils encouru une censure réservée au pape? Si elle ne l'est pas, peuvent-ils en être relevés par un nouvel évêque qui n'a pas encore pris possession? 4. Peut-on recevoir à la participation des sacrements un homme qui a frappé un prêtre, et qui est pour suivi pour être nommément excommunié, quand il offre toutes les satisfactions possibles? 5.

Est-on excommunié, quand on frappe un clerc nommément excommunié, ou un simple ermite? 6 et 7; ou une sœur converse? 8, 9; ou le cadavre d'un prêtre? 70. L'est-on pour s'être battu en duel? 8. Un homme qui viole un statut auquel la censure est attachée est-il excommunié avant que d'avoir été dénoncé tel par l'official? 9. Celui qui, sans perdre la foi, feint extérieurement d'être hérétique, encourt-il l'excommunication? 10. L'encourt-on quand on n'obéit pas à un monitoire? 11. *Quid* si on ne peut y obéir sans un grand danger, ou qu'on soit parent du coupable? 12. Est-on excommunié pour lire des livres hérétiques? 13. Un homme qui les dimanches assiste aux spectacles tombe-t-il dans la censure? 14.

Un homme qui a commis un crime dans un diocèse, et qui s'enfuit dans un autre, peut-il y être excommunié par l'évêque du premier diocèse? 15. La censure infligée pour un péché qu'on a cru mal à propos être mortel est invalide. 16. Peut-on continuer ses fonctions quand on a été frappé d'une excommunication qui est nulle? 17.

Quand on a publié un monitoire pour un vol contre un homme qui voudrait bien, mais qui ne peut restituer, encourt-il la censure? 18. *Voyez* MONITOIRE. Quand un homme à qui on a volé une pistole suppose, pour obtenir un monitoire, qu'on lui a volé plus de dix, doit-on aller à révélation sous peine de censure? 19. Quand encourt-on ou n'encourt-on pas la censure? 20 et 21.

Quand un évêque a défendu à un homme, sous peine d'excommunication, une chose qu'il ne fait qu'après la mort du prélat, le coupable encourt-il la censure? 22. Un coupable peut-il être excommunié deux fois pour la même faute? 23. Un excommunié non dénoncé est-il capable d'un bénéfice? Perd-il une pension qu'il avait déjà? 24. Celui qui est nommément excommunié perd-il son bénéfice? 25. Celui qui écrit civilement à un excommunié dénoncé tombe-t-il dans l'excommunication mineure? 26. Est-on tenu d'éviter celui qui a commis publiquement un crime auquel l'excommunication est attachée? 27. Formalités nécessaires pour qu'on soit tenu d'éviter un excommunié dénoncé. 28. Peut-on sans péché communiquer avec un excommunié dénoncé, assister avec lui à la messe, le saluer, etc. 29 et 30. Cas des enfants à l'égard de leur père, du vassal à l'égard de son seigneur, etc. 31 et 32.

Peut-on prier pour un excommunié dénoncé, ou exhorter dans un prône les autres à le faire? 33 et 34. Quand on s'est purgé de fausses preuves, n'est-on pas obligé de recourir à Rome pour l'absolution de la censure? 35. Peut-on dire ou continuer la messe devant un excommunié dénoncé, qu'on ne peut faire sortir de l'église? ou qui l'entend de dehors? Encourt-on quelque peine en le faisant? 36, 37 et 38. Peut-on souffrir qu'il assiste au sermon? 39. Dans le doute si l'excommunication est juste, quel parti doit-on prendre? 40. Encourt-on quelquefois l'excommunication majeure en communiquant avec un excommunié dénoncé? 41. Cas où l'on peut pécher grièvement en saluant un excommunié. 42. Doit-on nécessairement se confesser d'avoir communiqué avec un homme, quoiqu'on n'ait péché que véniellement en le faisant? 43.

Un homme dénoncé excommunié à Paris doit-il être

évité à Naples? 44. Peut-on lui donner l'amm'ne? 45. Qui peut absoudre un excommunié de sa censure? 46. Cas où l'excommunication *propter percussionem clerici* est ou n'est pas réservée, ou bien ne s'encourt pas, *ibid.* Une femme l'encourt-elle, quand elle entre dans un monastère de religieux? 47. Erreur de Pontas, *ibid.* Une religieuse qui a violé la clôture peut être relevée par son évêque, 48. A qui doit s'adresser celle qui a frappé une sœur converse? 49. Un religieux qui quitte son habit pour courir mieux tombe-t-il dans la censure? 50. L'encourt-il si, contre les lois de son ordre, il recourt à l'évêque, au lieu de s'adresser à ses supérieurs? 51.

En quelle forme et sous quelles conditions un curé commis par l'évêque doit-il absoudre un excommunié? 52. Un jeune homme qui, étant impubère, a frappé un sous-diacre, peut-il être absous par l'évêque, après avoir atteint l'âge de puberté? 53. Un impubère encourt-il l'excommunication quand il n'obéit pas à un moniteur? 54. Une femme qui a violemment frappé un religieux doit-elle recourir au pape? 55. Un irrégulier peut-il absoudre un excommunié? 56. Celui qui a obtenu les provisions d'une cure avec la clause *cum absolutione a censuris ad effectum*, peut-il être absous des censures *ab homine*? 57. S'il recevait de son évêque un second bénéfice, il n'en serait pas validement pourvu, *ibid.* Un clerc absous dans le for intérieur, d'une censure dénoncée, est-il validement pourvu d'un canonicat? 58.

Peut-on être absous d'une excommunication, sans l'être de l'autre? 59. Peut-on être absous malgré soi? 60. Une censure où le crime n'a point été exprimé, et qui n'a pas été rédigée par écrit, est-elle nulle? 61. En quels cas l'absolution *ad cautelam* donnée par le métropolitain est-elle canonique? 62. Celle que donnerait l'évêque à un homme qui en avait appelé au métropolitain serait-elle bonne? 63. Un homme absous en danger de mort, dont l'excommunication dénoncée ou secrète, y retombe-t-il, s'il néglige de se présenter au supérieur? 64, 65, 66 et 67. Peut-on absoudre par procureur un homme que certaines raisons empêchent de se présenter au supérieur? 68. Un excommunié dénoncé est-il pleinement absous dans un jubilé? 69. Diverses remarques à ce sujet, *ibid.* (*Voy.* APPEL, CAS RÉSERVÉS, ÉGLISE, *cas 2 et suiv.* EXCOMMUNIER, MESSE, *cas 12*; OFFICE, *cas 12*; PROVISION DE BÉNÉFICE.

EXCOMMUNIER, *page 875*. Une sentence d'excommunication, rendue après un moniteur qui n'a été publié qu'une fois, est-elle nulle? 1. L'est-elle si elle est portée contre un coupable qui n'a pas été cité? 9. *Quid* si elle était portée contre une communauté entière? 2 et 3. Celle qui est décernée par le grand vicaire dans un moniteur est-elle valide et conforme au concile de Trente? 4. Un curé excommunié peut-il lui-même, quand il dit dans son prône, *nous dénonçons pour excommuniés*? 5. Un excommunié ou suspens dénoncé peut-il en excommunier un autre? 6. Peut-on excommunier son supérieur ou son égal? 7. Un évêque peut-il obliger par censures les juges de faire leur devoir? 8.

Peut-on, sans être encore dans les ordres sacrés, prononcer une sentence d'excommunication? 10. La censure portée par un évêque nommé, mais non confirmé, est nulle, 11. A qui un évêque peut-il confier les pouvoirs d'excommunier? *ibid.* Un évêque titulaire, ou qui a renoncé à son siège, peut-il porter des censures? *ibid.* Un évêque peut-il quelquefois excommunier hors de son diocèse, et comment? 12 et 13. Une censure injuste, à raison du motif qui l'a fait porter, est-elle aussi nulle? 14. Un supérieur régulier peut-il excommunier son religieux? 15. Peut-on excommunier un méchant homme après sa mort? 16. *Voy.* EXCOMMUNICATION, MONITOIRE.

EXORCISME, *page 879*. Doit-on suppléer les cérémonies de l'exorcisme à une personne baptisée? 1. Pourquoi le démon ne cède-t-il pas toujours aux exorcismes? 2. Peut-on faire des questions curieuses à un possédé? *ibid.* Un simple exorciste ne peut faire l'exorcisme du sel et de l'eau les dimanches, sans devenir irrégulier, 3.

EXPOSER, EXPOSITION, *page 881*. Une fille domestique, étant accouchée d'un enfant qu'il lui est impossible de nourrir et de garder sans se diffamer, peut-elle exposer cet enfant? et que penser de sa maîtresse qui lui le conseille?

EXTRÊME-ONCTION, *page 885*. * UNCTIO EXTREMA, *page 1299*. Un curé qui néglige de donner l'extrême-onction pèche mortellement, 1. Est-elle valide quand on la donne avec l'huile des catéchumènes? 2 et *7. Que faire quand on a pris l'une pour l'autre? *ibid.* Peut-on la donner avec de l'huile non consacrée? 3. Que dire si l'huile consacrée venant à manquer, on y en ajoute beaucoup d'autre? 4. Quand on a oublié les mots *per visum*, *per auditum*, etc., faut-il les ajouter après coup? 5. L'onction donnée par la forme indicative suffirait-elle pour la validité de ce sacrement? 6. Le sacrement est nul si un prêtre prononce la forme, pendant que l'autre fait les onctions, 7. L'est-il si deux prêtres partagent les onctions? 8 et *7.

On doit omettre les prières qui précèdent les onctions quand le temps presse, 9. Une seule onction suffit-elle pour la validité du sacrement? 10. Doit-on oindre les yeux d'un aveugle? 11. Dans le doute de la mort, il faut achever les onctions sous la condition *si vivis*, 12. Quand un prêtre ne peut finir les onctions suffit-il à un autre de continuer où il en est resté? 13. Tout prêtre peut-il administrer le sacrement au défaut du curé? 14. Peut-on le donner à un enfant? 15.

Comment faut-il donner l'extrême-onction à un homme qui n'a qu'une main? 16. Faut-il la donner à un frénétique? 17. Peut-on la donner à un léthargique qui ne l'a point demandée? 18. A un homme qui va être pendu, ou qui va faire naufrage? 19. *Quid* d'une femme qui sent les premières douleurs de l'accouchement? 20 et *3. Que penser du salut d'une personne qui a méprisé ou négligé de recevoir l'extrême-onction? 21.

* Un prêtre qui manque d'étole, ou de surplis, ou de l'un et de l'autre, peut-il administrer l'extrême-onction? 4 *et suiv.*

F.

FABRIQUE, *page 894*.

FAILLI, FAILLITE, *page 895*.

FARD, *page 897*. Une femme peut-elle sans péché user de fard? 1. Un marchand peut-il en vendre? 2.

FAUSSAIRE, *page 899*. Un écrivain qui contrefait pour un capitaine un ordre dommageable à un tiers, pèche et est tenu à restitution, 1. Doit-on regarder comme falsificateur des lettres apostoliques celui qui obtient une dispense subreptice? 2.

FAUTE, *page 899*. On n'est point obligé de réparer un dommage qui est la suite d'une faute vénielle.

FAUX, *page 901*. Matériel et intellectuel.

FAUX TÉMOIGNAGE, *page 903*.

FEMME MARIÉE, *page 903*. Une femme qui a apporté en dot à son mari tous les biens qu'elle avait lui doit-elle les biens qui lui surviennent depuis son mariage? 1. Une femme peut-elle disposer d'une somme qui lui a été donnée manuellement, et qu'elle n'a point apportée en dot? 2. Une femme qui est publiquement marchande peut-elle s'obliger sans être autorisée par son mari? 3. Peut-elle répéter ce qu'elle a payé pour une dette qui était nulle selon les lois de la province? 4. Doit-elle suivre son mari qui va s'établir dans un pays étranger? 5.

FENÊTRES, *page 909*.

FÉODALES (Rentes). *Voyez* RENTES.

FERMES et FERMIERS, *page 909*.

FÊTES, *page 911*. Un voyageur est-il obligé d'entendre la messe quand il se trouve dans un lieu où il y a une fête particulière? 1 et 2. Un marchand peut-il vendre, les jours de fêtes? 3. Des villageois qui voient leurs blés en danger peuvent, ces jours-là, les couper et les enlever, 4. Un évêque peut-il de son chef instituer de nouvelles fêtes? 5. Usage de la France sur ce point et sur le changement des missels, etc. *Ibid. Voyez* DIMANCHES.

FIANÇAILLES, *page 914*. * SPONSALIA, *page 1293*. Les fiançailles faites à six ans et demi sont-elles valides? Pèche-t-on en les faisant avant cet âge? 1. Un enfant que ses parents ont fiancé à six ans et demi est-il tenu de ratifier ce que ses parents ont fait pour lui? 2. Des enfants de plus de sept ans, mais de peu de raison, sont-ils fiancés validement? 3. Un impubère peut-il se résilier de ses fiançailles, avant que d'avoir atteint l'âge de puberté? 4. La rétractation qu'il en a faite avant cet âge est-elle nulle? 5. Quel temps a-t-il pour réclamer? *ibid.* Le peut-il quand il a confirmé sa promesse par serment? 6. Doit-on s'épouser quand on n'a aucune raison légitime de dissoudre ses fiançailles? 7.

Des fiançailles faites par crainte sont-elles nulles quand on les a confirmées par serment? 8. Que dire de celles qu'une fille n'a faites que par une crainte révérentielle? 9. Conduite que doit garder un curé à l'égard d'une fille qui, n'ayant consenti qu'à l'extérieur, se présente à confesse? 10. Un malheureux qui a feint de fiancer une fille dans le dessein de la corrompre, et qui l'a en effet séduite, est-il tenu de l'épouser? 11. Celui qui, après un vœu de chasteté, fiance une fille et fait serment de l'épouser, est-il obligé de le faire? 12. Un vœu qui suit les fiançailles doit-il les dissoudre? 13 et *2.

Celui qui pèche avec la cousine germaine de sa fiancée peut encore l'épouser, 14. A quoi est tenu un homme qui, pour ne pas épouser sa fiancée, pèche avec sa sœur? 15. Une fille peut-elle épouser son fiancé malgré le bruit qui court qu'il a péché avec sa sœur? 16. Celui qui a fiancé une personne n'en peut épouser une autre sans péché, mais il peut l'épouser validement, 17. Serait-il obligé d'épouser la première, si la seconde venait à mourir? 18. et * 4. Les fiançailles clandestines obligent-elles ceux qui les ont contractées? 19. Quand deux fiancés se sont mariés à d'autres, chacun de son côté, doivent-ils s'épouser s'ils deviennent libres? 20.

Quand deux mineurs se sont promis mariage en présence de leur curé, sans l'aveu de leurs parents, doivent-ils s'épouser lorsqu'ils ont péché ensemble? 21. Les premières fiançailles ne sont pas dissoutes par de secondes fiançailles confirmées par serment, 22. Quid si le fiancé avait péché avec la seconde fiancée? 23. Doit-on épouser celle à qui on a promis qu'on n'en épouserait jamais d'autre? 24. Un père a promis une de ses trois filles à Pierre qui en a corrompu une : lui en doit-il quelqu'une? 25. Des fiançailles accordées sous une condition qui ne s'est pas accomplie *in specie* obligent-elles? 26. Que dire si cette condition était contraire à la substance du mariage? 27; ou aux bonnes mœurs? 28; ou sous le consentement du père, et que celui-ci mourût? * 8; ou que le pape accordât la dispense, et qu'au lieu de la demander, le fiancé contractât avec une autre? * 9.

On peut ne pas épouser une fiancée quand elle devient difforme, 29. En est-il de même quand elle perd une partie de son bien? 30. Quid si elle devient beaucoup plus riche qu'elle ne l'était au temps des fiançailles? 31. Une fiancée doit-elle épouser celui qui est devenu hérétique, magicien, etc., et s'en est repenti quelque temps après? 32 et 33. L'aversion qui survient fait-elle qu'on puisse rompre les fiançailles? 34. Sont-elles dissoutes quand la fiancée entre en religion? 35; ou quand le fiancé prend le sous-diaconat? 36. Peut-on les dissoudre quand on vient à savoir qu'un homme qu'on croyait vertueux est un emporté? ou 37.

La violence qu'a soufferte la fiancée dégage-t-elle le fiancé de sa promesse? 38. Quid si elle avait péché avant les fiançailles? 39. Que dire si c'est le fiancé qui a péché avant ou après les fiançailles? 40 et 41. Des libertés criminelles, permises par la fiancée à un tiers, suffisent au fiancé pour résilier, 42. Le fiancé qui a péché avec sa fiancée peut-il se faire religieux? 43. Le peut-il au moins quand il avait d'ailleurs une juste cause de réclamer? 44. Quand les deux futurs ont péché depuis les fiançailles, le fiancé peut-il s'en dédire? 45. Le fiancé, coupable d'une fornication secrète, peut-il obliger sa fiancée de passer outre au mariage, quand elle le refuse sans raison? 46.

Un fiancé peut-il de son chef résilier et se marier à une autre, quand sa fiancée a péché? 47. Doit-il recourir au juge quand la cause de résiliation est publique? 48. Suffit-il de déclarer devant le curé qu'on se rétracte? 49. Une fille s'est fiancée sous un serment mutuel, peut-elle s'engager ailleurs, quand son fiancé, qui est absent, passe plusieurs années sans lui écrire? 50. Le peut-elle quand son fiancé a laissé passer le terme au bout duquel il devait l'épouser? 51; ou qu'il est allé au loin, sans lui rien dire? 52. Quid s'il n'est allé que dans un lieu assez voisin? 53. Que doit faire une partie quand l'autre diffère de jour en jour à tenir sa promesse? 54. Une promesse faite avec serment, mais sous une condition que le père de la fille ne remplit pas, oblige-t-elle le fiancé d'épouser une fille qui est enceinte de lui? 55. Deux fiancés qui se remettent leur engagement mutuel ont-ils besoin de recourir au juge ecclésiastique? 56. Faut-il rendre les arrhes, soit qu'on refuse d'épouser un fiancé, soit qu'on soit refusé par lui? 57. Les conventions pénales peuvent-elles être employées en matière de fiançailles, 58 et 59. Une fille peut-elle refuser une somme d'argent sous prétexte du dommage que lui cause son fiancé en ne l'épousant pas? 60.

Des fiançailles faites avec un homme qui déshonorerait une famille, sont nulles, 1. Des paroles ambigues ne sont pas des fiançailles, 3. Un homme qui, après avoir péché avec sa fiancée découvre dans sa conduite antérieure aux fiançailles un juste sujet de s'en relever, peut-il le faire? 5.

FIDÉI-COMMIS, *page* 954. Le fidéi-commis n'est pas exempt de péché, quand il se fait contre la loi humaine, 1. *Quid* si je laisse purement et simplement une somme à mon ami, dans la confiance qu'il la remettra à une personne prohibée? 2.

FILLES PUBLIQUES, *page* 955. Doit-on refuser l'absolution à un maître qui tolère les filles publiques dans une grande ville? 1. Peut-on louer une maison à des filles publiques? 2. Un cocher de fiacre pèche-t-il en conduisant un bourgeois chez une prostituée? 3. Une fille enrichie par la prostitution peut-elle, une fois convertie, conserver sa fortune? 4. *Voyez* FORNICATION.

Fisc, *page* 955.

FLATTERIE, *page* 785. On pèche mortellement quand par ses flatteries on porte quelqu'un à une action criminelle, 1 ; ou qu'on le loue de l'avoir faite, 2 ; ou qu'on la

lui fait regarder comme une espèce de bagatelle, 3.
FLEUVE, *page* 957.

FOI, *page* 959. Mauvaises propositions condamnées sur cette matière, *ibid.* Suffit-il à un homme de croire en général tout ce que croit l'Eglise? 1 : Faut-il, pour qu'une proposition soit de foi, qu'elle ait été définie par un concile général? 2. Peut-on absoudre des gens grossiers qui ne savent pas le Symbole et les Commandements de Dieu? 3. Est-on tenu de croire de foi divine que saint Augustin, *v. g.*, est saint? 4.

Peut-on avancer que la foi est aussi nécessaire aux adultes, que le baptême l'est aux enfants? 5. En quel temps doit-on faire des actes de foi? 6. On n'a point la foi lorsqu'on doute of de un de ces articles. Tombe-t-on alors dans les censures? 7. Un laïque peut-il disputer avec les hérétiques? 8.

FONDATEURS, *page* 953.

FONDATION, *page* 954. Un legs fait par la supérieure d'un couvent doit-il être payé par la communauté ou par ses propres héritiers? 1. Un évêque peut-il changer une fondation avantageuse au public pour une autre moins utile à l'Eglise? 2. A-t-on le droit, 1° de réduire les services des fondations dont le fonds est diminué de moitié? 2° D'abolir entièrement le service de celles dont le fonds est entièrement perdu? 3° Les vicaires généraux peuvent-ils faire des réductions pendant la vacance du siège épiscopal? 3. Un couvent ayant été fondé moyennant certains privilèges favorables aux fondateurs, leurs héritiers ont-ils droit d'annuler ces privilèges? 4. Un évêque a-t-il le droit de disposer des biens destinés par testament à une œuvre pie, et de les appliquer à une œuvre plus utile? 5.

FONTS BAPTISMAUX, *page* 961.
FORMALITÉS pour la validité des contrats, *ibid.*
FORME DES SACREMENTS, *page* 963.
FORME DES DONATIONS ENTRE-VIFS, *page* 965.
FORME DES PAUVRES, *page* 966.

FORNICATION, *page* 967. Celui qui a corrompu une fille par de fausses promesses, par des instances importunes, etc., doit-il l'épouser? 1 et 2. Que dire si le corrupteur est de qualité, et que la fille soit roturière et pauvre? 3. Que dire encore si la fille ne veut point l'épouser, mais demande une somme d'argent? 4. Quand les deux complices se sont mutuellement trompés, à quoi est tenu le corrupteur? 5.

Celui qui, après avoir fait un vœu de chasteté, séduit une fille, doit-il l'épouser? 6. Le corrupteur d'une fille dont il connaissait le vœu doit-il l'épouser en tout cas? 7. Un bénéficier qui a eu le malheur de pécher avec une personne doit-il quitter son bénéfice pour l'épouser? 8. Doit-on du dédommagement à une fille qui ne souffre aucun dommage de ce qu'il lui a été fait? 9. Un homme qui, après avoir péché plusieurs fois avec sa servante, continue à la voir quand il est en démence, pèche-t-il toujours? 10.

FOSSE, *page* 971.
FOSSÉ, *ibid.*
FRANC ET QUITTE, *ibid.*
FRANCS-MAÇONS, *page* 972.
FRELATAGE, *page* 977.
FRÈRES ET SŒURS, *page* 979.
FRUITS, *page* 980.

G

GAGE ou SÛRETÉ, *page* 981. * PIGNUS, *page* 1245. Peut-on se servir d'un cheval qui a été donné en gage pour une somme prêtée? 1. Peut-on retenir tout entier un gage composé de plusieurs diamants, quand le débiteur a payé plus des trois quarts de sa dette? 2. Peut-on le retenir quand le débiteur ne paye pas au terme convenu? *ibid.* Le peut-on encore quand il paye quelques jours après? 3. Quand un débiteur a donné sa maison à titre d'antichrèse et de gage, et qu'il vient à payer, doit-il en porter la perte? 4. Pèche-t-on en jouant avec des personnes de différent sexe? 5.

Un mari qui reçoit en gage une maison pour la dot de sa femme peut-il sans usure en recevoir les fruits, et ne les pas imputer sur le capital? 1. Si on m'a donné pour sûreté d'une somme prêtée un champ stérile, et que je l'aie cultivé, dois-je tenir compte des fruits au débiteur? 2.

GAGE ou SALAIRE, *page* 983. Un maître qui prend un valet sans convenir avec lui d'aucuns gages, lui en doit-il? Et s'il lui en doit, comment les règlera-t-il? 1. Quand un maître loue un serviteur pour six ans, et qu'il le renvoie au bout de quatre, doit-il lui payer les six ans? 2. *Quid* si c'est le domestique qui quitte son maître? *ibid.*

GAGEURE, *page* 985.
GARANTIE, *page* 986.
GARDE CHAMPÊTRE, FORESTIER, DE LA CHASSE, *page* 987. Un berger qui n'entend que rarement la messe les dimanches

et fêtes pêche-t-il mortellement? 1. S'il tue une brebis en la frappant, ou s'il laisse son troupeau faire des dégâts, est-il obligé à restitution? 2. Un garde champêtre qui ferme les yeux sur les dommages faits dans les champs soumis à sa surveillance est-il tenu de les réparer? 3.

GARENNE, *page* 991. Un seigneur qui n'a point de garenne peut-il en faire une de sa pleine autorité? 1. Peut-il la transporter d'un lieu malsain dans un lieu plus salubre, mais où elle sera nuisible aux voisins? 2. Celui qui l'a affermée peut-il en ce cas en garder la ferme? *ibid.* Des vassaux dont les biens sont dévastés par les lapins peuvent-ils leur tendre des pièges? 3.

GESTION, *page* 993.
GIBIER, *ibid.*
GLANAGE, *page* 994.
GLOIRE HUMAINE, *page* 995. Peut-on aimer la gloire? Danger de la vaine gloire. 1. Est-elle un péché mortel? 2.

GOURMANDISE, *page* 995. Un homme qui mange ou avec excès, ou des choses qui lui sont contraires, pèche-t-il mortellement? 1. Y a-t-il du mal à manger beaucoup pour le seul plaisir? 2.

GRADUÉ, *page* 997.
GREFFIER, *page* 998. Un greffier doit rédiger les jugements tels que le juge les a prononcés, 1. Peut-il, sans pécher mortellement, recevoir de l'argent pour communiquer des pièces de procédure? 2.

GUERRE, *page* 999. Conditions d'une guerre juste, 1. Un prince chrétien peut-il invoquer le secours d'un prince infidèle? 2. Peut-on livrer bataille un jour de fête? 3. Peut-on dans la guerre user de surprise? 4. Le pillage d'un bourg qui a refusé de se soumettre à la contribution est-il légitime? 5. L'est-il quand il se fait sans commission du prince? *ibid.* Un soldat peut-il tuer un autre soldat ennemi qui fuit? 6. Doit-on restituer ce qu'on a gagné à une guerre injuste, quand en s'y enrôlant on doutait si elle était injuste? 7. *Voyez* ARMATEUR, CAPITAINE.

H

HABIT, *page* 1004. Un évêque, un magistrat, peuvent porter des habits plus précieux que ceux des autres, 1. Une femme peut-elle en certains cas porter des habits d'homme? 2. Un sous-diacre ou un bénéficier doivent-ils porter l'habit long? 3. Un grand chantre qui fait un statut contraire à celui par lequel un évêque a enjoint de porter la soutane et le manteau ong, peut-il être obéi par ceux qui n'a juridiction? 4. Peut-on dans un voyage célébrer en soutanelle? 3.

HABITS DE MASQUE, *page* 1007. Peut-on, sans péché, prendre toutes sortes d'habits de masque; et si on ne le peut, est-on tenu de restituer l'argent qu'on a gagné dans ce commerce? 1. Une femme, pour accompagner son mari à la chasse, peut-elle porter des habits d'homme sous sa robe? 2.

HABITUDE, HABITUDINAIRE, *page* 1009. Un homme qui n'a pas rempli ses devoirs religieux depuis cinq ans, et qui se confesse quinze jours avant Pâques, peut-il être absous? 1. Lors même qu'il ne s'est pas confessé depuis vingt ou trente ans, peut-on lui donner l'absolution? 2. Peut-on la donner à un pécheur récidif? 3.

HAIE, *page* 1011.
HAINE, *page* 1011. Peut-on haïr un impie? 1 ; ou souhaiter du mal à un ennemi qui nous persécute? 2. Celui qui se rend coupable d'une haine d'inimitié pèche-t-il mortellement? 3. *Voyez* CHARITÉ.

HÉRÉSIE, HÉRÉTIQUES, *page* 1013. Un homme ne peut, sans pécher gravement, assister aux cérémonies religieuses des hérétiques, surtout s'il y a danger de séduction pour lui, 1. On ne pèche pas en assistant à leurs funérailles ou à leurs mariages, s'il n'y ait scandale, 2. On peut, dans la crainte d'être maltraité, manger gras les jours d'abstinence devant des hérétiques, 3. Celui qui lit des livres orthodoxes, faits par des hérétiques, encourt-il la peine de l'excommunication? 4. Un curé peut-il assister au mariage des protestants? 5. Et que doit-il faire relativement aux mariages mixtes? *ibid.*

HÉRITIER, *page* 847. Un père qui, en mariant son fils, s'est engagé à lui garder toute sa succession, peut-il en vendre quelque partie? 1. Un homme qui s'est porté pour héritier pur et simple d'un autre peut-il ensuite renoncer à une succession qu'il voit très-onéreuse? 2. Lorsque plusieurs héritiers ont partagé une succession, celui qui a eu une maison, qu'un créancier évince, a son recours sur les autres, 3. La succession d'un enfant né des enfants leur appartient-elle, ou au fisc? 4. L'hérédité d'un mari mort sans parents appartient-elle à sa femme ou au roi par déshérence? 5. Une femme qui accouche à quatre mois de grossesse est héritière de son enfant, pour peu qu'il vive et qu'il ne soit pas monstre, 6.

Un étranger ou bâtard peut-il être institué héritier? 7.

Celui qui est légitimé par le prince, peut-il le partager avec les autres enfants? 8. Les biens d'un contumace condamné à mort appartiennent-ils au fisc? 9. *Quid* s'il est mort après avoir interjeté appel de la sentence de mort? 10. Un homme mort civilement, comme s'il a été condamné à un bannissement perpétuel, ne peut partager avec ses frères: mais ses enfants le peuvent, 11. L'héritier d'un voleur est-il tenu et des dommages qu'il a causés et de l'amende à laquelle il a été condamné? 12.

Le curé d'un homme qui est mort sans parents ne peut disposer de ses biens en œuvres pies? 13. Un religieux dont les vœux sont annulés peut-il rentrer dans les biens de son père? 14. Un héritier qui a renoncé à la succession moyennant une somme doit-il payer aux créanciers et aux légataires du testateur les sommes qu'ils répètent? 15. Un homme qui renonce à la succession, après en avoir soustrait plusieurs effets, est-il tenu des dettes, quand elles passent de beaucoup ce qu'il a soustrait? 16. Un homme qui s'est porté pour héritier *ab intestat*, et qui sait ensuite qu'il a été fait héritier testamentaire et chargé de legs, peut-il refuser la succession? 17. Un homme qui, se croyant héritier, quoiqu'il ne le fût pas, a commencé par acquitter une dette du défunt, peut-il toujours répéter la somme qu'il a payée? 18.

Celui qui se croyait héritier, et qui a été troublé et vaincu par un autre, doit-il répondre des biens qui ont péri pendant le cours du procès? 19.

Un cohéritier qui a fait des dépenses qu'un cas fortuit a rendues inutiles, doit-il en être indemnisé par les autres, 20. Un cohéritier est-il tenu du dommage qu'il a causé à l'hérédité par son peu d'intelligence, quand d'ailleurs il lui a procuré beaucoup de profit? 21. Cas dans lesquels on peut déshériter un parent, 22. Une tante peut-elle, pour avancer un neveu, dénaturer ses biens, pour les lui faire tomber au préjudice de ses autres parents? 23. Les héritiers d'un prêtre qui n'a que des biens ecclésiastiques peuvent-ils s'en emparer? 24. *Voyez* HYPOTHÈQUE, LEGS, *cas* 18 *et suiv.*; TESTAMENT, *cas* 28; SUCCESSION.

HOMICIDE, *Voyez* TUER.
HONNÊTETÉ, *Voyez* EMPÊCHEMENT DE L'HONNÊTETÉ PUBLIQUE.

HONORAIRE, *page* 1032. Une fabrique qui a reçu une somme pour faire célébrer des offices peut-elle retenir une portion de cet honoraire pour les dépenses qui sont à sa charge? 1. Un curé ayant reçu des honoraires pour un grand nombre de messes est-il obligé de les dire toutes de suite? 2.

HONORER, *page* 1037. Doit-on honorer un supérieur vicieux? 1. Un archidiacre peut vouloir être reçu avec la distinction qui lui est due? 2.

HÔPITAL, *page* 1037. L'évêque a-t-il droit de visiter un hôpital qu'un seigneur a bâti de sa seule autorité? 1: Un chapitre a-t-il pu convertir en gages de ses chantres des fonds établis pour un hôpital de pèlerins, sous prétexte qu'il n'en a plus? 2, 3 et 4.

HÔTELIER, *Voyez* CABARET.

HUILE SAINTE, *page* 1059. Un curé peut-il, sans péché grave, administrer l'extrême-onction avec de l'huile ancienne? 1. Que doit faire un curé quand il s'aperçoit que l'huile sainte est corrompue? 2. Un prêtre, quand il a des raisons graves, peut conserver chez lui l'huile des infirmes, 3.

HUISSIER, *page* 1041. Un huissier qui travaille pour trois personnes dans un lieu peut-il se faire payer autant que s'il ne travaillait que pour une seule? 1. Un huissier qui ne fait pas payer à temps un débiteur doit-il en répondre s'il devient insolvable? 2. Sur quoi un huissier qui veut faire une confession générale doit-il s'examiner? 3.

HYPOCRISIE, *page* 1044. Comment peut-on connaître si l'hypocrisie va au péché mortel? 1. En est-on coupable quand on cache quelqu'un de ses défauts? *ibid.* Mentir en confession pour recevoir l'absolution est un péché mortel, 2.

HYPOTHÈQUE, *page* 1045. Un héritier qui a épuisé la succession à payer des créanciers chirographaires doit-il payer un créancier hypothécaire qui ne vient qu'après les autres? 1. Quand il y a plusieurs héritiers, chaque créancier a-t-il droit de s'attaquer à qui d'eux il jugera à propos? 2. Quand l'héritier est obligé de payer de son propre bien les dettes du défunt, il n'y a point alors de préférence entre les créanciers hypothécaires et les chirographaires, 3. Cas où le créancier chirographaire est préféré au créancier hypothécaire, 4. Celui qui a vendu une maison doit-il être préféré aux autres créanciers, même hypothécaires? 5. Un homme qui a affermé une terre, et n'en a point été payé, a, une hypothèque naturelle, au moyen de laquelle il doit être préféré aux autres créanciers, 6.

Quand deux créanciers sont privilégiés, le plus ancien ne l'emporte pas toujours sur l'autre, 7. Un créancier hypothécaire peut saisir des moutons, mais non les bêtes de labour, 8. Quand deux héritiers l'un est devenu insolvable, les créanciers hypothécaires peuvent-ils poursuivre l'autre? 9. Un débiteur qui hypothèque ses biens est censé les hypothéquer tous, 10. Cas où un autre créancier lui est préféré, *ibid.* Quand une maison hypothéquée périt, le fonds et la cour restent-ils hypothéqués? 11. Le contrat hypothéqué reste toujours tel, quoiqu'il passe en d'autres mains. Il n'en est pas ainsi d'une simple obligation, 12.

On peut quelquefois hypothéquer la même terre à deux personnes, 13. Le créancier antérieur est-il préféré en fait d'immeubles? 14. L'hypothèque qu'une femme a sur les biens de son mari pour sa dot la rend-elle préférable aux créanciers de ce même mari? 15. Le partage d'un fonds hypothéqué doit-il se faire par moitié entre deux créanciers, ou à proportion de leurs créances? 16. Lorsqu'un créancier a fait des dépenses pour conserver une chose à lui hypothéquée, et qu'elle périt, le débiteur est-il tenu de lui allouer ces dépenses? 17. Rentre-t-on dans son hypothèque lorsqu'on a consenti à son aliénation, et que celle-ci se trouve nulle? 18. Un créancier qui signe un contrat par lequel son débiteur engage tous ses biens pour sûreté de la dot de sa fille perd-il l'hypothèque que le débiteur lui avait donnée sur une sienne métairie, etc.? 19.

I

IGNORANCE, *page* 1059. Ce que c'est, ses espèces, etc. Quand est-elle un péché, ou non? Quand en excuse-t-elle? 1. On ne peut ignorer invinciblement les principes du droit naturel, 2. Que penser de villageois qui, sur l'autorité d'un curé, croient des choses contraires à la foi? 3. Des écoliers qui, sur la foi de leur régent de morale, croient et pratiquent une doctrine usuraire, ne pèchent-ils point? 4.

Voyez CONSCIENCE, DISPENSE DE L'IRRÉGULARITÉ, *cas* 11; SUSPENSE, *cas* 2.

ILLÉGITIME, *page* 1061. Un enfant né d'un mariage fait sans publication de bans est-il illégitime? 1. La bonne foi de la mère suffit-elle pour rendre son enfant légitime? 2 et 3. Les père et mère sont-ils obligés de reconnaître un enfant qu'ils ont eu avant leur mariage? Est-il par la légitimé? 4. Un mariage fait *in extremis* légitime-t-il les enfants? 5. Un enfant adultérin n'est point légitime par le mariage subséquent, 6. Un enfant *ex soluto et soluta* est-il légitime par un mariage que son père contracte en secondes noces avec celle dont il l'a eu? 7.

Lorsque deux personnes, avec un empêchement dirimant qu'elles connaissaient, se sont épousées, elles ont besoin d'une double dispense, pour que leur enfant soit légitime, 8. Un enfant né *in matrimonio* peut-il perdre le nom et les armes de son père, quand on lui prouve qu'il n'est pas né *de matrimonio*? 9. En doit-il croire son père et sa mère sur leur simple assertion? 10. Un enfant né dix mois et demi après la mort de son père doit-il être tenu pour bâtard? 11. Que dire de celui qu'une mère suspecte de galanterie a eu au bout de sept mois? 12. Un illégitime est-il incapable de toute succession? 13. A qui appartiennent les biens d'un bâtard mort sans enfants? 14. *Voyez* DISPENSE DE L'IRRÉGULARITÉ, *cas* 1, 2 et suiv.; RESTITUTION, TESTAMENT.

IMAGE, *page* 1067.
IMPOSITION DES MAINS, *page* 1069.
IMPÔTS, *page* 1070. Peut-on frauder les droits d'entrée? 1. On ne peut faire trafic de faux sel sans péché mortel, 2. *Voyez* CONTRIBUTIONS, ENREGISTREMENT.
INALIÉNABILITÉ, *page* 1071.
INCENDIE, *ibid.*
INCESTE, *page* 1072. La circonstance d'un inceste doit nécessairement être déclarée en confession, 1. En est-il de même si un confesseur a péché avec une personne qu'il a confessée? 2.
INCESTUEUX (Enfants), *page* 1073.
INDEMNITÉ, *page* 1074.
INDIGNES, *page* 1075.
INDIVIS, *page* 1077.
INDIVISIBLES et DIVISIBLES obligations, *ibid.* L'obligation solidaire n'est point indivisible, et l'obligation indivisible n'est point solidaire.
INDULGENCE, *page* 1078. * INDULGENTIA, *page* 1197. Peut-on dire que ceux qui gagnent l'indulgence plénière obtiennent la rémission de leurs péchés quant à la peine et quant à la coulpe? 1. L'indulgence ne dispense pas un religieux de la pénitence que son supérieur lui a imposée, 2. Gagne-t-on l'indulgence par des prières faites avec distraction? Faut-il que les œuvres prescrites pour la gagner soient toutes faites en état de grâce? 3. L'indulgence accordée par un évêque vicieux ne laisse pas d'être valide, 4. Celle qu'il accorde en consacrant une église ne sert-elle qu'à ses diocésains? 5. Peut-on la gagner plusieurs fois en réitérant les œuvres auxquelles elle est attachée? 6. Un chapitre peut-il donner des indulgences *sede vacante*? 7. *Quid* d'un abbé régulier qui a juridiction comme épiscopale? 8.

Un évêque a droit d'examiner un bref d'indulgence accordé par le pape, 9 et 10. Les indulgences accordées à tous les fidèles n'ont pas besoin de son *visa*, *ibid.*, 9. Les années d'indulgences se comptent-elles de la date du bref, ou de sa publication? 11. Un abbé régulier peut-il en certains cas faire publier des indulgences pour un curé dont la paroisse dépend de lui? 12. Un évêque peut défendre qu'on publie des indulgences exorbitantes, 13. Quand une fête est transférée, l'indulgence l'est-elle aussi? 14. Les indulgences données à perpétuité, ou pour un temps indéfini, durent toujours, quoi qu'en dise Pontas, 15.

Une indulgence accordée à une église est-elle nulle, si cette église en avait déjà une autre? 16 et 17. Un bref d'indulgence accordé à une église, dont l'indulgence va expirer, est valide, 18. L'indulgence d'un autel privilégié sert-elle à tous ceux qui y disent la messe? 19. Gagne-t-on l'indulgence *in articulo mortis solum præsumptæ*? 20. Remarques sur ces indulgences.

* Celui qui gagne une indulgence plénière est-il dispensé de toute pénitence? 1. La publication d'une indulgence, avant que d'en avoir reçu l'ordre de l'ordinaire, suffit-elle pour la faire gagner? 2. Gagne-t-on l'indulgence plénière, sans avoir, quand on se confesse, une juste contrition de ses péchés véniels? 3. Explication de la clause *usque ad tertium gradum, ac centum in articulo mortis*, etc., 4.

INDULGENCES NON PUBLIÉES, *page* 1087.
INDULTAIRE, *page* 1091. Les indultaires et les brevetaires peuvent-ils requérir tous les bénéfices d'une cathédrale? 1. Formalités qu'ils doivent garder, *ibid.* Un indultaire peut-il donner une somme pour obtenir que son indult soit placé ici plutôt qu'ailleurs? 2.
INDUSTRIE, *page* 1093.
INFIDÈLE, *ibid.* Leurs actions sont-elles toutes des péchés? 1. Peut-on communiquer avec eux, et en quel cas? 2. Peut-on les prendre pour domestiques? 3. Un souverain peut-il les forcer à embrasser la foi? 4.
INGRATITUDE, *page* 1097.
INHUMATION, *ibid.*
INJURE, *page* 1099. Pèche-t-on mortellement en disant à quelqu'un des injures? 1. *Quid* si on ne les dit que par divertissement? 2; ou pour corriger des domestiques? 3. Peut-on quelquefois repousser les injures? 4; ou en demander la réparation, ou se mettre en défense contre celui qui nous injurie? 5 et 6.
INSPIRATION, *page* 1101. Peut-on sans péché résister à des inspirations qui portent à de bonnes œuvres de simple conseil? 1. Comment conduire une jeune personne qui se sent inspirée de faire vœu de virginité? 2.
INSTRUCTION, *ibid.* Un jeune homme de 25 ans qui récite à peine l'oraison dominicale, la salutation angélique et ne sait pas même bien le symbole des apôtres, peut-il être admis à la première communion? 1. Un confesseur doit-il instruire les époux sur les devoirs du mariage? 2.
INTEMPÉRANCE, *page* 1104. On en est coupable quand on ne mange des friandises que pour satisfaire son goût, 1. Les dépenses excessives pour la table vont-elles au péché mortel? 2.
INTENTION, *page* 1105. L'intention habituelle ne suffit pas dans l'administration des sacrements, 1. La bonne intention n'excuse pas toujours une action de péché, 2.
INTERDICTION, *page* 1107.
INTERDIT, *ibid.* L'interdit porté contre tout un peuple ne lie pas les ecclésiastiques, et *vice versa*, 1. Quand une famille est interdite, les ecclésiastiques qui en font partie le sont aussi, *ibid.* Quand un peuple est interdit avec toutes les églises, les prêtres peuvent-ils encore y célébrer? 2. Quand un évêque a prononcé un interdit sur toutes les églises d'une ville, les religieux, même exempts, doivent s'y soumettre, 3. Si le supérieur seul d'une communauté interdite est coupable, l'interdit cesse, quand ceux qui la composent se sont retirés, 4. Qui est-ce qui peut absoudre de l'interdit? et peut-on absoudre *ad cautelam* d'un interdit général local? *ibid.* Quand le supérieur est-il sujet à un interdit qu'il a lui-même prononcé? 5. On ne peut interdire une église pour cause de refus de dîme, ni pour dettes, 6.

Quand l'église cathédrale est interdite, peut-on célébrer et dire l'office dans les églises de la ville? 7. Cas où l'interdit renferme la cathédrale, *ibid.* En quels jours peut-on célébrer dans une église qui n'est pas nommément interdite? 8. Peut-on donner les derniers sacrements dans le temps de l'interdit? 9. Le peut-on alors avec les solennités ordinaires? 10. L'interdit empêche-t-il d'entendre les confessions? Peut-on y admettre ceux qui ont été nommément interdits? 11. Un curé qui prêche dans une église interdite ne viole pas l'interdit, 12.

Quand une chapelle et le cimetière contigu à l'église sont interdits, l'église ne l'est pas; mais si l'église était interdite, la chapelle et le cimetière contigu à l'église le seraient aussi, 13. Quand une ville est interdite, les faubourgs, fussent-ils d'un autre diocèse, le sont aussi, *ibid.* Peut-on, dans le temps d'un interdit général quelconque, enterrer les fidèles dans un lieu saint? 14. Peut-on y enterrer un homme interdit, qui s'est bien repenti de sa faute? 15. Un prêtre interdit de l'entrée d'une église peut-il y dire son bréviaire? et s'il l'y dit, encourt-il l'irrégularité? 16. Un maître qui par privilége peut entendre la messe, peut-y mener ses domestiques, 17. On peut, quand on est innocent, aller entendre la messe dans une autre paroisse non interdite, 18.

En quoi peut-on ne peut-on pas communiquer avec une personne interdite? 19. Peines d'un prêtre qui communique mal à propos, *ibid.* et *cas* 20. Que doit faire un prêtre qui voit à sa messe un homme nommément interdit? 20. Un interdit qui, averti de sortir de l'église pendant qu'on y fait l'office, n'obéit pas, ne peut être absous de sa désobéissance qu'une sentence du pape, 21. Est-il à propos qu'un évêque mette une ville à l'interdit, à cause de l'insulte que quarante particuliers ont faite à une communauté de prêtres? 22.

Intérêts, *page* 1119. Un homme riche, qui au bout d'un terme fixé se fait adjuger des intérêts, peut-il les percevoir en conscience? 1. Celui qui prête sans intérêt, mais dans l'intention de s'en faire adjuger quelque temps après, est-il coupable d'usure? 2. Peut-on recevoir les intérêts pour trois ans, quand le juge ne les a adjugés que pour deux? 3. Peut-on les recevoir en vertu d'une simple assignation, sans une sentence du juge? 4. Une simple sommation suffit dans le district de Toulouse et de Bordeaux, 5. Une somme réellement aliénée entre les mains d'un notaire peut produire des intérêts, quoique l'emprunteur ne s'en soit pas servi, 6.

Une charge est-elle un fonds fructifiant, dont on puisse sans usure exiger les intérêts? 7. Celui qui joint 1000 liv. à 2000 liv. que son ami va placer à constitution, peut quelquefois en exiger l'intérêt, et quelquefois non, 8. Celui qui dans une transaction se contente qu'on lui paye actuellement la moitié de la somme, peut-il stipuler les intérêts de l'autre moitié, qu'on ne lui payera qu'après un certain temps? 9. Quand on vend une maison un certain prix, qui ne peut être payé avant un terme fixé, peut-on en exiger l'intérêt au taux de l'ordonnance, lorsque l'acheteur ne peut la louer, etc. 10. Quand deux frères ont fait un partage inégal de deux maisons, celui qui a moins reçu peut exiger de l'autre des intérêts en compensation, 11.

Un mari peut recevoir les intérêts d'une dot qui ne lui a pas été payée, 12; mais un fils ne peut exiger ceux d'une somme que son père lui a promise en mariage, et qu'il ne lui a pas payée en entier, à moins qu'il n'obtienne une sentence, 13. Un tuteur peut-il placer à intérêt les deniers de son pupille, quand il ne peut les placer autrement, et qu'il doit, selon la coutume du lieu, en payer lui-même les intérêts, s'il ne les fait valoir? 14. Un fidéjusseur peut-il exiger des intérêts d'un homme peu solvable qu'il cautionne? 15.

Intérêts des intérêts, *page* 1129. On ne peut joindre les intérêts au capital, pour lequel ils sont dus, pour en faire un second capital, et en tirer un intérêt plus fort, 1. Cependant, si j'ai payé pour un autre les intérêts dont il était débiteur, je puis m'en faire adjuger les intérêts, 2. Peut-on exiger les intérêts des intérêts d'une somme qu'on a remboursée pour se faire subroger aux lieu et droits du premier créancier? 3. Un mineur peut-il, après sa majorité, exiger de son tuteur l'intérêt de l'intérêt des deniers dont il n'a pas fait l'emploi dans le temps prescrit? 4.

Interstices, *page* 1152. Comment se compte l'année des interstices? 1. Pèche-t-on et encourt-on quelques peines, quand on ne les garde pas, sans en être dispensé? 2. Les grands vicaires peuvent-ils en dispenser? 3. Le chapitre le peut-il, *sede vacante*? 4. *Voyez* Dimissoire, Ordres.

Inventaire, *page* 1133. Nécessité, temps, formalités et effet de l'inventaire, 1, 2 et 3. Une veuve doit-elle déclarer dans l'inventaire les biens qui lui sont propres, lors même que les héritiers n'ont pas droit aux intérêts que les biens ont produits? 4. *Voyez* Testament.

Ironie, *page* 1137. Quand peut-on se servir d'ironie sans péché? 1. Peut-on en user, soit pour rabattre l'orgueil d'un homme qui s'en fâche, soit pour tourner la dévotion de quelqu'un en ridicule? 2 et 3.

Irrégularité, *page* 1139. * Irregularitas, *page* 1201. Un chanoine, irrégulier pour avoir conseillé un meurtre, peut-il assister au chœur? 1. Celui qui conseille à un autre de ne pas dissimuler sa religion est-il irrégulier, si cet autre est mis à mort pour l'avoir professée? 2. Un curé l'est-il pour avoir descendu son neveu dans un puits, où il s'est noyé? 3. Celui qui ouvre une fenêtre, afin qu'un frénétique s'y jette, est irrégulier, aussi bien que celui qui tire une corde à laquelle il doit juger que quelqu'un était attaché, 4 et 5. Un homme qui en appelle un autre en duel, l'est aussi quand son second tue, 6.

Un prêtre *suspens a divinis* ou de la prédication n'est pas irrégulier s'il prêche, 7. Doit-on quitter un bénéfice sacerdotal, quand, pour avoir été mutilé, on ne peut plus être prêtre? 8. On n'est pas irrégulier pour avoir sévi sur le cadavre de son ennemi, 9; ni pour avoir voulu surprendre en délit un homme qui s'est tué, 10. Le fils d'un infidèle, marié au troisième degré à sa parente au troisième degré, n'est pas irrégulier *ex defectu natalium*, 11. L'est-on quand on a un œil crevé sans difformité? 12.

L'est-on *propter commissum sodomiæ crimen*? 13. Un évêque l'est-il, quand, étant *suspens a pontificalibus*, il donne la bénédiction solennelle à la fin d'un office? 14 et 18. Est-on irrégulier quand on reçoit deux fois un même ordre? 15; ou qu'étant à cheval, on écrase un enfant? 16. On ne l'est pas pour violer la suspense *a beneficio*, 17. En quel cas un évêque suspens tombe-t-il dans l'irrégularité? 18. L'encourt-il pour célébrer dans le temps d'un interdit général? 19. *Quid* si dans le même temps il consacre le saint chrême, ou qu'il donne la confirmation? 21; ou qu'étant suspens de la collation des bénéfices, il en confère quelques-uns? 20.

Celui qui étant suspens pour un crime le pleure sincèrement, et célèbre après cela, est-il irrégulier? 22. Des prêtres qui font feu sur l'ennemi qui vient de s'emparer de leur ville sont-ils irréguliers? 23. L'est-on quand, pour sauver sa vie, on tue un homme qu'on avait insulté le premier? 24; ou un mari par qui on a été surpris en flagrant délit? * 2. Un criminel condamné à mort, l'est quand il mutile un archer qui vient le prendre, 25. On l'est encore quand on tue un voleur qui emporte les vases sacrés, 26; ou qu'on ordonne à un valet de battre bien un homme, quoiqu'on lui commande en même temps de ne le pas tuer, 27. Celui qui tue pour sauver la vie à un innocent qui a recours à lui, n'est pas irrégulier, 28; mais ne l'est quand on excite une querelle où il y a des meurtres, ou même qu'on y concourt, 29.

Un diacre qui crie aux voleurs n'est pas irrégulier, quoique l'un deux soit tué, 30. Il l'est *ex defectu lenitatis* s'il tue pour sauver la vie à son père, 31. *Quid* si un père tué, par le conseil de son fils, un homme qui l'a outragé? 32; ou qu'un homme en tue un autre qui veut lui défigurer le visage? 33. Est-on irrégulier en conseillant à un homme de tuer un proscrit, ou de chasser de chez lui un domestique qui le vole, d'où il résulte un meurtre? 34. L'est-on quand on conseille à Jean de tuer son ennemi, et que Jean lui-même est tué? 35. Tous ceux qui se trouvent dans une querelle où un seul d'eux tue sont irréguliers, 36 et 37.

Un prêtre qui donne à un autre un coup de bâton sur la tête est-il irrégulier, quoique celui-ci soit mort pour avoir négligé sa blessure, 38 et 40. *Quid* s'il était mort d'une maladie toute différente? 39. Un voleur qui, sans intention de tuer, s'associe à d'autres qui tuent, est irrégulier, 54. Un homme qui, après avoir commandé à son valet de tuer son ennemi, révoque cet ordre, ou se récuprie avec lui, est-il irrégulier, si ce valet tue son ennemi? 42. La révocation d'un conseil sanguinaire empêche-t-elle l'irrégularité? 43.

Deux sous-diacres se divertissent à tirer de l'arc; l'un tue l'autre, est-il irrégulier? 44. Un frénétique qui tue ne l'est pas; un homme ivre peut peut-être, 45. Un enfant qui tue à sept ou huit ans peut être irrégulier, 46. Un homme est-il irrégulier à la chasse en tue un autre, croyant tuer une bête, etc., est-il irrégulier? 47. *Quid* d'un aumônier qui assemble des tireurs, et est cause par un grand cri qu'un passant est tué? 48. Un prêtre qui, pour lever une poutre, se fait aider par un homme qu'elle écrase, n'est pas irrégulier, 49. Mais on l'est quand on est cause coupable qu'un enfant a été suffoqué dans le lit, 50. L'est-on en dénonçant au juge un voleur qui est pendu? 51 et * 1. La protestation commandée dans le droit excuse-t-elle quand elle est feinte? 52.

Un prêtre qui fait avorter sa parente pour sauver son honneur est-il irrégulier? 53. L'est-on dans le doute de droit et de fait? 54. L'est-on quand on est cause coupable qu'un enfant a été suffoqué dans le lit, 50. L'est-on quand on ignorait que l'irrégularité était attachée au crime qu'on a commis? * 4. Les cordiers, charpentiers, etc., qui servent le bourreau, le sont-ils? 55. Un juge qui condamne à mort est-il irrégulier, si la sentence est exécutée? 56 et 57. Que dire d'un prêtre assigné pour déposer sur un homicide, 58; ou qui, à la prière d'un bailli, a présenté requête contre un voleur? 59. Un greffier criminel est-il irrégulier? 60 Cas où des avocats le sont ou ne le sont pas, 61. Un prêtre l'est-il quand il donne à un malade un bouillon qui l'étouffe? 62. Un domestique l'est-il s'il donne du vin à son maître malade, qui sans cela veut le renvoyer? *3.

Peut-on sans irrégularité porter le prince à faire une loi qui condamne à mort certains coupables? 65; ou ordonner à son bailli de faire justice d'un assassin? 64; ou prescrire à un pénitent, qui ne juge pas les criminels selon les lois, d'être exact à les suivre? 65. Un confesseur doit refuser l'absolution à un criminel, s'il n'avoue un crime qui le fera condamner à mort, etc. 66. Celui qui n'empêche pas le meurtre d'un autre est quelquefois irrégulier, 67. Un curé qui est cause de la mort de deux faux témoins, en prouvant leur imposture, n'a rien à craindre de l'irrégularité, 68. Un soldat qui n'a pi tué ni mutilé n'est point irrégulier, 69. Précautions qu'il doit prendre selon Pontas, ibid. Un capitaine qui a pour point tué, mais dont les soldats ont tué, est-il irrégulier? 70. Celui qui a condamné à mort 30 déserteurs, mais qui ne sait si quelqu'un d'eux a été exécuté, doit-il demander dispense? 71. Un aumônier qui exhorte les soldats à se bien battre n'est pas irrégulier; il le serait s'il donnait des armes pour tuer quelqu'un en particulier, 72.

Un conseiller clerc, qui ne se retire que lorsqu'on est près de porter un arrêt de mort, ou qui assiste à son exécution, n'est pas irrégulier, 75. L'est-on quand on arrête et qu'on met entre les mains de la justice un assassin? 74 et 75. Un médecin l'est quand il a donné un remède qu'il voulait essayer et qui a causé la mort, 76. Un chirurgien l'est-il quand il coupe bras et jambes selon les règles de l'art, 77. Quid s'il était in sacris? ibid. Un prêtre qui donne un emplâtre, ou qui conseille sagement une incision, n'est pas irrégulier, morte secuta, 78. Un chirurgien qui, étant devenu sous-diacre, saigne, est irrégulier, si la mort s'ensuit, 79. Quid si la mort s'en est suivie, parce qu'on n'a pas suivi ses bons conseils? 80. Serait-on irrégulier pour aider un chirurgien qui coupe une jambe? 81. L'est-on, 1° quand on coupe le doigt à quelqu'un; 2° quand on l'aveugle; 3° quand on l'estropie? 82 et 85.

Celui qui fait les fonctions du diaconat sans l'avoir reçu est irrégulier, 84. L'est-on quand, étant suspens, on fait l'office du sous-diacre sans manipule? 85. Un diacre qui fait la bénédiction de l'eau par ordre de son curé est-il irrégulier? 86. Un laïque ou un clerc qui chante l'Epître avec une dalmatique l'est-il? 87. Que dire d'un diacre qui entend la confession d'une personne, 88; ou d'un prêtre qui célèbre sans savoir qu'il est lié de censure, 89; ou de celui qui a été déclaré suspens, parce qu'il était contumace, mais qui enfin a obéi et n'a célébré qu'après, 90; ou enfin d'un curé qui, suspendu de ses fonctions jusqu'à ce qu'il ait passé six mois dans un séminaire, ne peut s'être reçu, et célèbre après cela? 91. Un prêtre à qui l'évêque révoque la permission de confesser et de célébrer, devient-il irrégulier, si malgré cela il dit la messe? 92.

Un acolyte nommément excommunié fait les fonctions de son ordre: est-il irrégulier? 95. Celui qui, étant lié de censures, reçoit les ordres, encourt-il l'irrégularité? 94 et 95. Quid d'un homme qui, suspens a beneficio, ne laisse pas de célébrer? 96. Un irrégulier qui célèbre encourt-il une seconde irrégularité? 97. Un prélat, irrégulier pour avoir violé un interdit, ne peut exercer aucun acte de la juridiction volontaire, 98. L'irrégularité prive-t-elle ipso facto un homme de son bénéfice? 99. La privation de tout doigt le rend pas un homme irrégulier, 100. Celui qui manquant de pouce, est irrégulier pour la prêtrise, l'est pour le sous-diaconat. L'est-on pour confesser quand, faute de pouce, on n'est pour célébrer? 101. L'est-on quand on n'a point de nez, qu'on manque de l'œil, ou au moins de l'œil gauche? 102 et suiv.

Que faire quand une difformité paraît légère aux uns, et grave aux autres? 105. Cas sur les eunuques, 106 et suiv. L'hérésie ne rend pas irrégulier en France, 109 et 110. L'est-on quand on épouse une seconde femme du vivant de la première; ou qu'après la mort de celle-ci, on contracte un mariage nul avec une autre? 111. Quid si on a contracté deux mariages, et que l'on n'en ait consommé qu'un, 112; ou qu'on ait consommé le premier avant que d'avoir reçu le baptême? 115. Est-on bigame, et par conséquent irrégulier, quand on épouse une fille non vierge, ou une veuve qu'on croyait fille? 114; ou une fille qui avait été violée? 115. Celui qui a vécu comme auparavant avec sa femme adultère est-il bigame? 116. L'est-il s'il épouse celle avec qui il avait péché? 117.

Un prêtre qui se marie dans un pays éloigné est bigame, 118. Le fils de celui qui, ayant quitté sa femme, s'est fait prêtre puis est revenu la trouver, est-il légitime, et a enfin consommé son mariage, est-il illégitime? 119. Un enfant trouvé doit-il se regarder comme bâtard? 120. L'infamie de fait ou de droit, comme d'avoir été condamné aux galères, d'avoir exercé le métier de comédien, etc., rend-elle irrégulier, et de quelle façon? 121. Un homme qui, après un concubinage public, s'est bien converti, peut-il recevoir les ordres? 129.

Un homme qui a eu cinq ou six attaques d'épilepsie peut-il recevoir les ordres, ou célébrer quand il s'est trouvé attaqué de ce mal? 122 et suiv. Les vertiges rendent-ils un homme irrégulier? 125. L'ignorance le rend-elle tel? 127. Celui qui reçoit le diaconat per saltum ne devient irrégulier que quand il en exerce les fonctions, 128. Un homme nommé par le roi à une dignité, qui, n'ayant pu obtenir ses provisions du pape, s'en est mis en possession au moyen d'un arrêt, est un intrus; et s'il a fait ses fonctions, il est devenu irrégulier, 129. Celui qui célèbre dans une église interdite est-il irrégulier? Celui qui célèbre dans une église polluée ou devant un excommunié l'est-il aussi? 150.

Un homme qui se fait témérairement baptiser une seconde fois est irrégulier, aussi bien que celui qui le baptise, 151. Ce dernier l'est-il, s'il baptise sous condition celui qu'une sage-femme a ondoyé à la maison? 152. Est-on irrégulier pour avoir été confirmé deux fois? 155. L'est-on quand on n'a pas encore rendu un compte final de l'administration des deniers d'autrui? 154. La profession religieuse ôte-t-elle l'irrégularité qui naît de l'homicide et de l'illégitimité? 155.

Voyez ABSOLUTION, BÉNÉFICIER, CONFIDENCE, DISPENSE DE L'IRRÉGULARITÉ, *cas 26 et suiv.* EXCOMMUNICATION, etc.

IRRIGATION, *page* 1187.

IVRESSE, *ibid.* Un homme qui s'enivre parce qu'il ne connaît encore ni la force du vin, ni sa propre capacité, pêche-t-il mortellement? 1. Pêche-t-on quand on sollicite fortement et fréquemment à boire? 2. Un homme ivre pêche-t-il en blasphémant, etc.? 5. Un homme qu'on veut tuer, et qu'on le boit, est-il coupable quand il s'enivre? 4.

Peut-on boire avec excès pour se faire vomir, et par là se guérir d'une maladie? 5. Peut-on enivrer un traître pour l'empêcher de livrer aux ennemis les clefs d'une citadelle? 6. Un homme qui, après avoir bu beaucoup de vin, mais sans perdre la raison, a coutume de pécher contre la pureté, a-t-il péché mortellement contre la tempérance, lors même qu'il n'est pas retombé à l'ordinaire? 7. De quels moyens peut se servir un homme qui veut se corriger du vice odieux de l'intempérance? 8.

QUESTIONS SUR L'IVROGNERIE RÉSOLUES PAR MESSIEURS DE SORBONNE, *page* 1195.

QUESTION 1. Quelle est l'énormité du péché de l'ivrognerie? *ibid.*

QU. 2. Ne tombe-t-on dans ce péché que quand on perd la raison, ou qu'on rejette du vin? p. 1197.

QU. 5. N'en est-on coupable quand on se sent la tête échauffée, la langue épaisse, etc., p. 1198.

QU. 4. Ceux qui ont la tête forte peuvent-ils boire autant qu'il leur plaît, sans être coupables d'ivrognerie? p. 1199.

QU. 5. Peut-on absoudre les ivrognes d'habitude du troisième et quatrième genre? *ibid.*

QU. 6. Quelle conduite faut-il garder à l'égard des cabaretiers qui donnent à boire à des heures indues, pendant la messe de paroisse, etc.? p. 1200.

QU. 7. Faut-il traiter les femmes de cabaretiers comme leurs maris, quand elles donnent du vin dans les cas qui viennent d'être mentionnés? p. 1201.

QU. 8. Quelle conduite faut-il tenir à l'égard de ceux qui fréquentent les cabarets, qui y demeurent à des heures indues, qui y font un long séjour, etc.? *ibid.*

QU. 9. Les vignerons qui débitent leur vin en secret chez eux ne sont-ils pas tenus aux mêmes règles que les cabaretiers, etc.? p. 1202.

QU. 10. Des cabaretiers qui par expérience reconnaissent qu'ils n'ont pas assez de fermeté pour garder les règles, ne doivent-ils pas quitter leur profession? *ibid.*

QU. 11. Quelle conduite doit-on tenir à l'égard de ceux qui sont accoutumés à boire, qu'ils se sentent défaillir quand ils ne boivent pas? p. 1205.

QU. 12. Quelle conduite faut-il garder à l'égard de ceux qui n'ont point de tête pour résister au vin, etc.? *ibid.*

QU. 15. La visite ou l'invitation d'un ami sont-elles des raisons de recommencer à boire? *ibid.*

QU. 14. Comment faut-il en user avec un homme sujet au vin, qui a fait des efforts considérables pendant une année, qui a été absous, et qui peu de temps après est retombé? p. 1204.

QU. 15. Ne faut-il pas se relâcher, surtout dans les paroisses où il y a un grand nombre de coupables, etc.? *ibid.*

QU. 16. Que faut-il répondre à ceux qui disent que le vin est un présent de Dieu, et qu'il nous le donne qu'afin qu'on en use? p. 1205.

Qu. 17. Que doit-on penser de ceux qui dans les processions et les pèlerinages vont au cabaret? *ibid.*
Qu. 18. N'y a-t-il pas des casuistes dont il serait dangereux de suivre les décisions sur l'ivrognerie? *p.* 1206.
Décisions de quelques modernes théologiens, *p.* 1207. Celui qui boit jusqu'à vomir pèche-t-il mortellement? 1. Un homme riche qui se plaît à enivrer ses convives en les provoquant à boire se rend-il coupable de péché mortel? 2. Un homme ne peut se débarrasser de voleurs qui voulaient le tuer. *Quid juris?* 3. Celui qui, après avoir bu avec excès, se met au lit et s'endort afin d'éviter les suites de l'ivresse, pèche-t-il mortellement? 4. Les blasphèmes, les paroles impures que profère un homme ivre, lui sont imputables à péché, 5. S'exposer sans motif à l'occasion prochaine de s'enivrer; ne pas empêcher quelqu'un de s'enivrer quand on le peut, est un péché grave, 6.
Casus conscientiæ *de mandato... Prosperi Lambertini Bononiæ archiepiscopi, nunc Benedicti XIV, propositi atque resoluti, pag.* ' 1041.

J

Jactance, *page* 1212.
Jeu, *page* 1213. Peut-il y avoir péché mortel à passer beaucoup de temps au jeu? 1. Que penser d'un prêtre qui joue souvent aux cartes, ou à des jeux de hasard, ou aux échecs, etc.? 2, 3 et 4. Peut-il au moins regarder longtemps ceux qui jouent aux jeux de hasard? 5. Les jeux de hasard sont-ils défendus aux séculiers? 6. Doit-on restituer ce qu'on a gagné aux dés? Divers cas sur cette matière, 7 et 8. Peut-on vendre des cartes à jouer, des dés, etc.? 9. Peut-on absoudre un homme qui tient un brelan public? 10. Une personne riche, jouant souvent et perdant plus qu'elle ne gagne, empruntant même pour fournir à son jeu, pèche-t-elle grièvement? 11.
Jeûne, *page* 1221. Mauvaises propositions sur cette matière, *ibid.* Un jeune homme qui n'a pas vingt ans est-il tenu au jeûne? 1. Un religieux doit-il jeûner dès l'âge de dix-sept ans? 2. Le doit-il aussi quand il ne s'agit que des jeûnes de règle? 3. Les sexagénaires sont-ils dispensés du jeûne? 4. Les femmes enceintes et les nourrices en sont-elles exemptes? 5. Que dire d'un mendiant et d'un voyageur? 6 et 7.
Un vigneron doit-il jeûner quand il le peut en gagnant moins? 8. En est-il de même d'un ouvrier qui, avec moins de gain, peut encore nourrir sa famille? 9. Celui qui ne travaille pas un jour de fête doit-il jeûner ce jour-là? 10. Un homme qui, pour hâter le travail de ses maçons, ne veut pas qu'ils jeûnent en carême, coopère à leur péché, 11. Peut-on, les jours de jeûne, boire entre les repas? 12 et 13. Peut-on dîner dès dix heures? 14. Peut-on renverser l'ordre des repas? *ibid.*
Un homme qui arrive dans un pays où il y a un jeûne local est-il obligé à jeûner? 15. Celui qui, en jeûnant trop rigoureusement, se met hors d'état de remplir ses devoirs, pèche, au lieu de mériter, 16. La collation n'étant que tolérée, est-elle exempte de tout péché? 17. Peut-on y manger de la friture? 18. Un aubergiste peut-il servir à souper, les jours de jeûne, à des gens qui n'en ont pas besoin? 19. Peut-on manger des pilets, des macreuses, etc., les jours d'abstinence? *ibid.*
Jubilé, *page* 1227. ' Jubilæum, *page* 1197. L'indulgence du jubilé peut-elle servir aux moris? 1. Délivre-t-elle d'une pénitence imposée par l'official? 2. Un évêque ne peut, sans de fortes raisons, différer longtemps la publication d'un jubilé, 3. Quand il a mal à propos différé un an à le publier, le peut-il encore malgré ce coupable délai? 4. S'il ordonne que toutes les paroisses qui sont à trois lieues de la ville viennent processionnellement à la cathédrale, celles qui y manquent gagnent-elles le jubilé? 5. Peut-on dans le jubilé se confesser à tel prêtre qu'on veut choisir? 6. Est-on absous de ses cas réservés, quand on n'a rien fait de ce qui était nécessaire pour gagner le jubilé? 7.
Quand le jubilé est ouvert dans un diocèse, peut-on le gagner en se confessant dans le diocèse voisin, où il n'est pas encore ouvert? 8. Lorsque le pape prescrit que l'on se confesse à des prêtres approuvés de l'ordinaire, les religieux peuvent-ils se confesser à ceux de leurs confrères qui ne sont approuvés que par leurs supérieurs? 9. Que dire des domestiques d'un monastère, des Donnés, etc.? 11. On ne gagne pas le jubilé quand on ne se confesse pas, quoiqu'on fasse tout le reste, 12. Faut-il se confesser quand on n'a que des péchés véniels? *ibid.* On ne doit pas absoudre sans une juste pénitence un grand pécheur, parce qu'il veut gagner le jubilé, 12; ni absoudre avant une épreuve suffisante, 13.
Un confesseur peut et doit différer le jubilé à un pécheur d'habitude, et puis l'absoudre de ses cas réservés, 14. Quand, après avoir fait tout ce qui est prescrit pour le jubilé, à l'exception du dernier jeûne, on retombe dans un péché mortel, il faut s'en confesser pour gagner le jubilé, 16. Faut-il que toutes les œuvres, excepté la confession, se fassent en état de grâce? 15. Un homme qui, ayant d'abord été absous de ses censures en vertu des pouvoirs du jubilé, néglige de le gagner, retombe-t-il dans les mêmes censures? 17. Un confesseur peut-il dans la seconde semaine absoudre des cas réservés celui qui avait gagné le jubilé dans la première semaine? 18 et
* 7. Un homme qui ne peut gagner l'indulgence du jubilé peut-il gagner une indulgence plénière, qui est attachée à la visite d'un hôpital? 19. *Voyez* Indulgence, Confesseur, Confession, *cas* 15 *et suiv.* Absolution.
' Un homme qui pour la gloire de Dieu a fait serment de ne plus jouer, peut-il se faire commuer ce serment dans le temps du jubilé? 6. L'exécution d'une œuvre que le confesseur a donnée pour pénitence suffit-elle à accomplir la pénitence et gagner le jubilé? 8. Peut-il réciter alternativement avec un autre les prières prescrites pour le jubilé? *ibid.* Ceux qui, sans avoir encore fait aucune des œuvres commandées, se présentent le dernier jour au confesseur, peuvent-ils encore gagner le jubilé? 9. Quand le pape prescrit une aumône, l'aumône spirituelle suffit-elle? 10.
Juge, *page* 1257. Un juge peut-il condamner *secundum allegata et probata* celui qu'il sait être innocent? 1. Doit-il suivre en toute matière, criminelle ou civile, l'opinion la plus probable? 2. Peut-il se conformer à la loi, quand elle autorise l'usure et autres choses mauvaises? 4. Doit-il réparer le tort qu'il a fait, en rendant sans malice une sentence injuste? 5. Il ne peut favoriser le pauvre au préjudice du riche, 6. Écueils qu'il a à craindre, *ibid.* Quand les droits des parties sont égaux, il ne peut recevoir de l'argent pour décider en faveur de l'une contre l'autre, ni retenir celui qu'il a reçu, pour rendre une sentence juste, 7 et 8.
A quoi est tenu envers le roi et envers le public un juge de police qui néglige les devoirs de sa charge? 9. Il est tenu de tous les dommages qu'il cause par son injustice, 10. Il ne peut s'appliquer une amende, ni aucunes épices, quand il n'y a point de partie civile, 11. Peut-il signer un décret qu'il croit injuste? 12. Il est coupable, quand il usurpe une autorité qui ne lui appartient pas, 13. La sentence qu'il rend dans un lieu saint est-elle nulle? 14. Peut-il refuser d'être collecteur? 15.
Il ne peut déférer le serment aux deux parties, 16. Peut-il tolérer les femmes débauchées? 17. Le juge criminel est-il compétent d'une injure qu'un diacre a faite à un prêtre? 18. Usage de ce royaume, *ibid.* Un juge peut-il condamner un criminel sans qu'il y ait d'accusateur? 19. Peut-il par commisération soustraire un criminel à la peine qu'il a méritée? 20. Il ne peut condamner un prévenu d'un crime sans l'avoir cité, 21; ni condamner à la mort ou à la question que ceux que les lois y condamnent, 22 et 23. Peut-il condamner un criminel pour des crimes dont il est lui-même coupable, mais en secret? 24. Peut-il arracher la vérité d'un coupable par des interrogations captieuses, ou en lui promettant la vie, s'il avoue de bonne foi, etc.? 25 et 26.
Le juge peut-il condamner un innocent pour apaiser une sédition et la fureur du peuple qui demande sa condamnation? 27. Quand les parties complaignantes se sont accommodées, le juge, à qui l'affaire a été portée, doit encore condamner le coupable, 28. Un juge prévôtal peut-il faire exécuter un placard convaincu d'assassinat, comme un simple laïque? 29. Un juge peut exiger le serment d'un homme qu'il sait être un parjure, 30. *Voyez les renvois.*

Jugement téméraire, *page* 9.
Juifs, *page* 11. Un prince souverain ne peut confisquer à son profit les biens que les Juifs ont acquis par usure dans ses États, 1. Le prince pourrait-il au moins retenir une amende pécuniaire, à laquelle un Juif, qui n'a que des biens usuraires, aurait été condamné? 2. Le seigneur d'un lieu peut-il en pareil cas recevoir les présents que lui fait un Juif? 3.
Jurer, *page* 15, ' Juramentum, *page* 1207. Mauvaises propositions censurées sur la matière du jurement, *ibid.* Peut-on quelquefois jurer? 1. Conditions du jurement, *ibid.* Pèche-t-on mortellement quand on jure souvent, mais toujours pour assurer des choses certaines? 2. Jure-t-on en disant *par le ciel, sur ma vie, en conscience, ma foi,* etc.? 3, 4 et ' 1. Est-on coupable quand on jure qu'on ne se souvient pas d'une chose, faute d'y penser? 5. En quels cas peut-il être nécessaire de jurer? 6. On pèche en jurant, quoiqu'on ne fasse pas actuellement attention à la malice de ce péché, 7.
Celui qui en jurant a une autre intention que la personne à qui il jure, est-il tenu d'accomplir son serment? 8.

Pêche-t-on quand on confirme par serment une chose dont celui à qui on l'a jurée était persuadé ? 9. On ne peut jurer avec intention de se faire dispenser d'un serment licite, 10. Quand on n'a pu faire dans le temps marqué une chose jurée, doit-on la faire après le terme expiré, si on le peut alors ? 11. Un officier qui a fait un vœu confirmé par serment d'aller à Lorette, doit-il obéir au roi qui l'appelle ailleurs ? 12.

Un prêtre qui a fait serment de n'accepter jamais aucune dignité, est-il tenu de l'accomplir ? 13. A quoi est tenu celui qui a juré de faire une chose, partie bonne, partie mauvaise ou douteuse ? 14. Un passant, qui par force a juré de donner de l'argent à des voleurs, doit tenir sa parole ; mais il peut demander dispense de son serment, 15 et * 9. Mais que faire s'il a aussi juré de ne point demander dispense ? 16. Un juge peut-il exiger le serment d'un impubère ? 17. Peut-on l'exiger d'un païen qu'on sait devoir jurer par ses faux dieux ? 18. Un chanoine qui a fait serment de garder les statuts de son chapitre, est-il tenu de garder ceux qui ne s'observent plus ? 19. Celui qui prend Dieu à témoin d'une chose qu'il sait n'être pas vraie commet un parjure et un péché mortel, 20. Ne point faire une chose bonne qu'on a juré de faire, ou promettre avec serment quelque chose sans tenir sa promesse, c'est pécher mortellement, 21. Prêter un serment avec des paroles équivoques ou une restriction mentale, c'est commettre un parjure, 22. S'engager par serment à faire une chose très-mauvaise, c'est pécher mortellement, ibid. Affirmer avec imprécation ou exécration une chose fausse, c'est encore commettre un parjure et un péché mortel, 23. Ces mots, « Dieu connaît ma pensée, » ne renferment point un serment, 24. Engager un homme à faire un faux serment, ou en exiger un de lui, c'est pécher grièvement, 25. *Voyez* Dispense de serment, Parjure.

Une fille qui s'est engagée par serment à dire trois Ave par jour, interrogée si elle les a dits aujourd'hui, jure Dieu qu'elle les a récités, quoiqu'elle ne l'ait pas fait. A-t-elle péché mortellement en y manquant, et en jurant qu'elle n'y avait pas manqué ? 2. Une femme qui de dépit a juré qu'elle ne mettrait plus les pieds chez sa voisine, est-elle parjure si elle vient à y entrer ? 3. *Quid de eo statuendum, qui amasiæ juravit se nullam aliam ab ipsa cogniturum esse, et tamen aliam cognovit ?* 4. Des paroissiens qui ont juré à un homme savant et pieux qu'ils se prendraient que lui pour curé, peuvent néanmoins en élire un plus digne, 5. Un sous-diacre qui a juré de n'aller plus à la comédie, peut-il y aller par complaisance pour un seigneur, 6. Si j'ai juré de payer mon créancier en trois mois, et qu'il m'accorde deux mois de délai, suis-je parjure si je ne le paie pas en ce temps ? 7. Un homme qui a fait un vol sans que ses compagnons s'en soient aperçus, peut-il les faire jurer qu'il n'a rien pris ? 8.

Juridiction, *page* 20. Des religieux autrefois soumis à l'évêque ont-ils prescrit le droit d'exemption de sa juridiction par une possession de plus de 70 ans ? 1. Un official ne peut exercer sa juridiction en tout temps et en tout lieu, 2. *Voyez les renvois*.

L

Lampe ardente, *page* 23.
* Lampas, *page* 1209. Un curé qui ne tient pas une lampe allumée devant le saint sacrement est très-coupable, 1.

Legs, *page* 24. * Legatum, *page* 1209. Un homme à qui on a fait un legs, peut-il partager le reste de l'hérédité avec ses cohéritiers ? 1. L'héritier doit-il acquitter un legs, quand le testateur s'est contenté de l'en prier ? 2. Les confesseurs, avocats, médecins, tuteurs, etc., peuvent-ils être légataires de leurs pénitents, etc. 3 et 5. Un legs fait à une fille pour ce qu'elle entre et qu'elle en sort ? 4. Quand un legs est fait pour un certain usage, l'héritier peut-il l'employer à un autre qui est meilleur ? 6. Que dire si le bien prescrit par l'héritier avait été fait par un autre, ou se trouvait inutile ? 7. Quand un legs est fait à une communauté qui ne peut pas l'accepter, ou à une église qui n'en veut point à telle condition, l'héritier peut-il le retenir ? 8.

Un administrateur a-t-il pu céder à une pauvre parente du testateur une rente que celui-ci avait léguée à un hôpital pour y faire apprendre un métier à des pauvres enfants ? 9. Peut-on refuser un legs, quand le testateur marque dans sa disposition qu'il l'a fait pour tel motif qui n'est pas vrai ? 10. Une maison léguée, et puis hypothéquée à un autre, doit-elle être remise au légataire ? 11. Le doit-elle encore, quand elle était vieille dans le temps du legs, et que le testateur l'a rebâtie par parties ? 12. Un héritier peut-il, sans devoir s'attribuer un legs refusé par le légataire ? 13. Un legs fait dans un testament reçu par le curé et deux témoins seulement est-il valable ? 14. Un legs fait à *l'église et aux pauvres*, doit-il s'entendre de l'église et des pauvres de la paroisse ? 15.

Le legs fait à un homme qui meurt un quart d'heure après le testateur, appartient-il aux héritiers du légataire ? 16. *Quid* s'il était fait sous une condition qui n'eût pas encore été remplie, ou qui ne l'eût été que par un enfant né après la mort de son père ? 17. Que dire, si le légataire meurt un moment avant le testateur ? 18. Quand un homme lègue sa maison et tout ce qui y est, il lègue bien l'argent qui s'y trouve, mais non pas un contrat de rente, 19. Ni une tapisserie qu'il voulait vendre ou porter ailleurs, 20. Quand il spécifie telle pièce de tapisserie, est-il sensé exclure les autres ? 21. La maison étant léguée, le jardin l'est-il aussi ? 22.

Lorsqu'un marchand lègue le fonds du commerce qu'il fait à Bordeaux, il est censé léguer les sommes destinées pour ce fonds, quoique les marchandises ne soient pas encore payées, ni livrées, 23. Quand l'usufruit d'une maison est légué avec tout ce qui s'y trouvera lors du décès du testateur, les marchandises qui s'y trouvent ne sont pas léguées, 24. Un légataire peut-il élever la maison à lui léguée au préjudice de la maison léguée à son voisin. Les deux légataires doivent-ils contribuer à la réfection d'un mur mitoyen, 25. Un legs assigné sur un fonds doit-il être réglé sur la valeur de ce fonds, ou sur l'intérêt que produit ce fonds, quand il est vendu ? 26. Un homme à qui on a légué cent écus par un testament, et deux cents écus par un autre, peut-il demander la somme la plus forte ? 27.

Peut-on léguer une pension viagère à un homme mort civilement ? 28. Le legs d'une pension alimentaire peut-il être répété par l'héritier du légataire quand celui-ci est mort quelques jours après l'année commencée ? 29. Doit-il être payé, quand celui à qui on a voulu donner du pain, a trouvé d'ailleurs tous ses besoins ? 30. Un domestique à qui on a légué six mois d'aliments, peut-il les exiger, quand son père l'a nourri ? 31. Celui qui donnait 500 l. par an à son parent, et qui lui laisse une pension viagère, sans en spécifier la somme, est censé lui laisser 500 liv. 32. Que doit à son frère un autre frère, qui a été chargé verbalement de lui donner une somme considérable, etc. 33.

Un legs fait à Jean, sous condition de donner une somme à Marc qui est mort avant l'addition de la chose léguée, n'oblige Jean envers personne, 34. Un legs fait à une fille qui meurt, passe-t-il à sa mère ? 35. Quand on fait un legs à quelqu'un pour apprendre un métier, l'héritier peut-il lui faire apprendre celui qui coûte le moins ? 36. Suffit-il de payer une fois à une fille une somme qui lui a été léguée jusqu'à ce qu'elle se marie, quand le testateur n'a pas marqué que ce serait une pension annuelle ? 37. Un legs fait à une personne à condition qu'elle demeurerait avec une autre, est-il éteint, quand celle-ci est morte ? 38. Celui qui ayant deux choses de même nom, en a légué une, sans marquer laquelle, est censé avoir légué la moindre, 39.

Quand un testateur a changé la chose qu'il avait léguée, ou qu'il l'a perdue, son héritier doit-il quelque chose au légataire ? 40 et 45. S'il y a plusieurs choses de même nom, l'héritier ne doit donner ni la meilleure, ni la moindre, 41. Quand le testateur se fait payer d'une chose qu'il avait léguée, ou qu'il la donne à un autre, le legs est nul, 41. Quand le testateur retranche une partie d'un fonds légué, pour la joindre à un autre fonds, le legs diminue d'autant, 42. Quand il détruit une maison, pour la rebâtir, et qu'il meurt dans les entrefaites, l'héritier ne doit que les matériaux, 43. Un second legs révoque le premier lorsque le second légataire est mort, 44. L'héritier doit-il le jardin, quand la maison léguée a été consumée par le feu, 46.

L'héritier est-il tenu de la perte d'une chose léguée, quand il n'en a pas soin, ou qu'elle s'est détériorée ? 47 et 48. Quand de deux chevaux légués l'un périt, l'héritier doit-il celui qui reste ? 49. Quand un legs a été fait à deux parents dans le même degré et de même nom, ce legs est nul, 50. Un légataire postérieur ne peut demander un troupeau de moutons qui sont tous morts, à un autre légataire, à qui il avait été délivré ? 51. A quoi serait tenu ce légataire, s'il avait vendu ce troupeau à très-bas prix ? 52. Quand une chose de même espèce se trouve léguée en général à deux légataires, ils doivent la partager, 53.

Quand une chose est léguée conjointement à deux légataires, et qu'un d'eux ne veut ou ne peut pas profiter de sa portion, elle doit accroître à l'autre, 54 ; à moins que le testateur n'ait réglé la part de chacun d'eux, 55 et 56. L'héritier n'est pas tenu de faire transporter les frais les meubles qui ont été légués à un homme éloigné, 57. Si on m'a légué dix volumes sur trente, avec pouvoir de choisir, et que je n'en veuille pas, est-ce celui qui devait avoir mon reste, ou l'héritier qui doit profiter de la portion que j'ai refusée? 58. Si j'avais accepté ce legs, et que je fusse mort, avant que d'avoir fait mon choix, serait-ce mon héritier ou celui du testateur qui devrait en profiter? 59.

Le legs est révoqué, quand celui qui l'a fait se marie, et a un enfant, 60; mais il ne l'est pas, quand une fille, à qui il a été fait pour le jour de ses noces, entre en religion, si celle-ci n'est exclue, 61. Peut-on exiger le prix d'une chose, quand on l'avait déjà achetée avant qu'elle eût été léguée? 62. Des héritiers sont-ils tenus de payer les legs, quand les biens du défunt n'y suffisent pas? 63 et 64. Si j'ai légué quatre muids de vin sur une vendange qui n'en produit que deux, mon héritier n'en doit que deux, 65. L'héritier doit-il une partie de legs à un tiers, qui a'd celui qui devait donner cette partie a refusé le legs entier, ou qu'il était mort avant le testateur? 66 et 67. Un legs fait sous une condition qu'on ne peut remplir n'est pas caduc, 68.

Si on met le mot *je donne*, ou *je lègue*, le legs n'est pas nul, 69. Un legs fait contre la coutume, mais que l'héritier, qui ignorait cette coutume, s'est engagé à payer, est-il dû à un légataire? 70. Quand on a légué une chose qui était engagée pour argent prêté, est-ce au légataire à la dégager? 71. Celui à qui on a fait deux legs, l'un à titre gratuit, l'autre sous une condition qu'il ne veut pas remplir, peut-il n'accepter que le premier? 72. Un mari peut-il disposer, en faveur de ses parents, des legs qui ont été faits à sa femme? 73. Un légataire chargé de donner cent écus à un hôpital, peut-il s'en dispenser, parce qu'il avait quelques jours auparavant donné la même somme à cet hôpital? 74.

Un homme obligé par le testateur à donner telle somme à une orpheline, afin qu'elle puisse se marier, peut-il la donner à une fille qui a un père, mais incapable de lui faire aucun bien? 1. Un mari fait un legs à sa femme, à condition qu'elle demeurera veuve; peut-elle en profiter, si elle se fait religieuse? 2. Un homme laisse la moitié de ses biens à sa femme, et l'autre à sa fille, à condition que toutes deux vivront chastement; la fille se marie, et sa mère aussi, perdent-elles leur legs? 3. Si cet homme avait fait son legs, à condition que ni l'une ni l'autre ne se remarieront, la mère pourrait se marier, mais la mère non, sans perdre son legs, *ibid*.

Lésion, *page* 59.
Lettre de change, *page* 60.
—Litres, *page* 61. Un curé peut-il admettre des litres dans un pays où elles ne sont pas en usage? 1. Peut-il dans ceux où elles sont établies, souffrir celles où il y a des armes indécentes? 2. Un seigneur qui a droit de litres, ne peut empêcher qu'un homme qui donne une bannière n'y mette ses armes, 3. Les nobles, qui ne sont pas seigneurs, peuvent mettre des litres d'étoffe dans la chapelle où ils sont enterrés, et cela pour un an, 4.

Livres défendus, *page* 63. Un docteur peut-il lire, sans aucune permission, les livres des hérétiques pour les combattre? 1. La permission de l'évêque suffit-elle à un autre? 2. Peut-on garder les livres de chiromancie, parce qu'ils sont rares? 3. Une fille, qui est fort chaste, peut-elle lire des romans, etc., 4. Un libraire peut-il vendre ces sortes de livres? 5.

Loi, *page* 63. Quels préceptes de la loi ancienne obligent aujourd'hui? 1. Quand est-ce que les lois publiées à Rome obligent en France? 2. Les lois du prince obligent-elles, avant que d'être publiées, quand elles sont connues d'ailleurs? 3. Le souverain doit-il faire des lois afflictives contre tous les désordres? 4. Pèche-t-on en violant une loi pénale? 5. Peut-on violer une loi que presque personne ne garde? 6. Un assassin peut-il garder son bien dans un pays où les meurtriers en sont privés par le seul fait? 7. Le prince est-il obligé d'observer ses propres lois? 8.

Loterie, *page* 69. Est-il permis à un particulier de faire une loterie? Peut-on retenir ce qu'on y a gagné? 1. Celui qui a gagné à une loterie, a-t-il action pour se faire payer? 2.

Louage, *page* 69. Est-ce le bailleur ou le locataire qui doit porter la perte d'une année stérile? 1. La perte des blés déjà engrangés ne tombe que sur le fermier, 2. Quand un fermier s'est engagé aux cas fortuits, est-il tenu de ceux d'une guerre qui survient? 3, 14 et 15. A quoi est tenu le bailleur, quand son fermier est troublé dans la jouissance de la terre affermée? 4; ou sa grange a été brûlée par un voisin avec qui il a eu querelle? 5. Un fermier pour neuf ans, qui doit payer en grains, y est-il obligé, quand il n'a rien recueilli la dernière année? 6.

Le bailleur peut-il empêcher que son fermier n'ensemence tous les ans ses terres? 7. Doit-il tenir compte des améliorations que le fermier a faites sans son ordre? 8. Est-il tenu de dédommager son locataire, quand il l'expulse pour faire des réparations à sa maison, ou pour l'occuper lui-même, ou pour la céder à son père? 9 et 10. Un locataire à qui un voisin diminue le jour peut demander la résolution de son bail, ou des dédommagements, 11. L'acquéreur d'une maison est-il tenu de continuer le bail? 12. Son héritier le doit-il? 13.

Un homme sans autre bien peut-il louer sa maison à une femme débauchée, ou l'y retenir? 16 et 17. Un locataire ne peut répéter sur le propriétaire les améliorations qu'il a faites à une maison, dont le locataire n'était que l'usufruitier, 18. Doit-il une année entière, lorsque, sans avertir, il a quitté la maison au bout de six mois, à cause d'une maladie contagieuse? 19. *Quid* si la maison a péri par la faute de ses domestiques, etc., 20. Cas d'un cheval qui a été apprécié au temps du louage, *ibid*.

Les héritiers d'un homme qui s'est loué pour bâtir une maison, sont-ils tenus de la continuer? 21. Un ouvrier qui a cru pouvoir faire en quinze jours ce qu'il n'a fait qu'en vingt-quatre, doit-il être indemnisé par celui qui l'a loué? 22. Le locataire doit-il payer la journée d'un homme qu'il a loué, et qu'il a laissé sans ouvrage? 23. Celui qui a loué pour un an, et qui renvoie au bout de six mois, doit-il l'année entière? 24. Un voiturier, ou un autre répond-il d'une chose qu'on lui a confiée? 25, 26 et 29. Peut-on louer un valet à moitié prix? 27. Quand on loue une chose pour un certain usage, et qu'on s'en sert pour un autre beaucoup plus difficile, on doit une indemnité, 28. Que dire si une chose est louée à condition que le locataire la retiendra en en payant le prix, s'il ne la rend pas un tel jour? 30. Le louage du bétail, appelé *Gazaille*, est-il injuste, et quand? 31.

Louange, *page* 85. Un homme savant peut-il se louer? 1. Que penser des louanges qu'on donne à quelqu'un en sa présence? 2.

Luxure, *page* 85.

M

Magnétisme, *page* 86.
Maîtres et maîtresses, *page* 91.
Malédiction, *page* 93. Maledictio, *page* 1215. Les paroles de malédiction contre le prochain vont-elles toujours au péché mortel? 1. Que dire de celles qui se font contre les bêtes, le vent, la pluie, etc., 2 et 1.
—Maléfice, *page* 95.
Mandat, *ibid*.
Manipule, *page* 97.
Manufacture, *ibid*.
Maraudage, *ibid*.
Marchand. *Voyez* Achat, Société, Vente.
Marchés et Foires. *Voyez* Dimanches et Fêtes, cas 5, 11 et 12.

Mariage contracté sous condition, *page* 98. *Matrimonium*, *page* 1215. Un mariage contracté sous condition est-il valable? 1. Un mariage fait à condition du consentement d'un père, qui le refuse d'abord, et le donne après, est-il bon? 2. *Quid*, si le père ne dit ni oui ni non, ou qu'il soit mort? 3 et 4. Cas d'un mariage fait sous la condition de vivre comme frère et sœur, et autres semblables, 5. Cas d'un autre fait entre parents sous condition que le pape dispense, 6. La condition, *si te virginem invenero*, annule-t-elle le mariage en tout cas? 7.

Mariage, 2°, *page* 101. Le mariage de deux impubères est-il criminel et nul? 1. Quand une fille en âge de puberté a épousé un impubère peut-elle se dédire, avant qu'il ait atteint l'âge de puberté, 2. Peut-on marier un insensé pour quelques bons moments, ou un sourd et muet? 3 et 4. 2. Un excommunié ne peut se marier licitement, 5. Y a-t-il des cas où une personne en péché mortel puisse se marier sans péché? 6.

Une fille peut-elle épouser celui qu'elle sait être en péché mortel, et qui ne veut pas se confesser? 7. On pèche mortellement quand on ne prend une femme que par des vues d'intérêt? 8. Un curé peut-il marier durant un interdit général? 9. On ne bénit point le mariage d'une veuve, 10. Un homme chargé de dettes doit-il les découvrir à sa future épouse? 11.

Mariage, 3°, *page* 103. Le mariage où le curé a omis les paroles, *ego vos conjungo*, est-il valide? 1. Une simple révérence marque-t-elle assez le consentement de la fille? 2. Son silence suffit-il, quand son père répond pour elle, et qu'elle le désavoue intérieurement? 3. Un homme qui a feint de consentir, peut-il prendre une autre femme? 4. Le pourrait-il, si, étant grand seigneur, il n'avait feint de consentir que pour abuser d'une paysanne? 5. Que doit faire celui qui a feint, quand le juge le condamne à consommer le mariage? 6. Celui qui, après avoir feint, ne connaît une fille que *fornicario affectu*, peut-il s'excuser de renouveler son consentement, sur ce qu'il ne l'a pas trouvée vierge? 7.

Doit-on payer une telle somme, quand on s'y est engagé en cas qu'on n'épousât pas celle à qui on avait promis de l'épouser? 8. Peut-on absoudre une mère qui sans raison ne veut pas consentir au mariage de son fils; et ce fils, si, contre l'ordre de sa mère, il continue de voir celle qu'il veut épouser? 9. Deux mineurs qui se marient, sans demander le consentement de leurs parents, pèchent-ils? Leur mariage est-il valide? 10. Cas de celui qui ne peut, sans manquer un bon parti, attendre le consentement de son père, 11. Un curé peut-il marier des vagabonds, qui ne font apparoir du consentement de leurs pères? Mesures qu'il a à prendre, 12. Un fils, quoique émancipé, a besoin en France du consentement de son père pour se marier, 13.

Que doit faire un fils qui voit sa mère disposée à faire casser son mariage, parce qu'elle n'y a pas consenti? 14. Le père qui n'a pas consenti au mariage de son fils majeur, doit-le doter, s'il a requis son consentement, 15 et 17. Le mariage d'un homme mort civilement n'est-il nul que quant aux effets civils, 16. Un gentilhomme, qui ne peut autrement marier ses filles, ne doit-pas les empêcher de prendre d'honnêtes roturiers, 18. Un mariage fait par procureur est-il bon, et quand l'est-il? 19. Quid si le mandant tombe en démence avant que la commission soit exécutée? 20.

Mariage, 4° page 117. Un mariage non consenti se valide-t-il par la seule rénovation de consentement? 1. Suffit-il, quand on a obtenu dispense d'un empêchement, de renouveler son consentement? 2. Quid si le mariage avait été contracté devant un curé et des témoins qui connaissent sa nullité, ou qui l'eussent ignorée? 3 et 4. Comment renouveler son consentement, quand le mariage a été nul à cause d'une mauvaise affinité ou de la crainte? 5 et 6. Que faire, quand une partie mécontente de l'autre, refuserait de consentir, si on le lui proposait? 7. Voyez à peu près les mêmes cas 6, 7 et 8.

Que faire quand, pour obtenir dispense, on a exposé un mauvais commerce qui n'était pas? 9. Conduite que doit garder un directeur qui voit qu'un mariage est nul, mais qui craint que s'il en avertit, les parties ne vivent à l'ordinaire? 10. Un curé ne peut refuser de marier une personne dont il ne connaît l'ignorance que par la confession, 1. Mais il ne doit pas marier aussitôt après la dernière publication des bans, 3. Un mari, qui sa veuve a laissé de grands biens, à condition qu'il ne se remariera pas, peut-il se remarier quand il a beaucoup de dettes qu'il pourrait éteindre avec ces mêmes biens? 4. Celui qui a fait vœu de n'avoir plus de commerce avec aucune femme, peut-il se marier? 5.

Martyre, page 121. Le martyre est quelquefois nécessaire de nécessité de salut, 1. Un fidèle ne peut inciter les païens à le faire mourir, 2. Peut-il au moins se présenter à eux dans ce dessein? 3. Peut-il se jeter dans le feu qui lui est préparé, pour abréger ses souffrances? 4.

Masque, page 122. Est-il permis de déguiser son sexe? 1. Un maître qui voit ses domestiques se déguiser, sans s'y opposer, est coupable devant Dieu, 2. Un ouvrier peut-il faire des masques? 3.

Matines et laudes, page 123.

Méchant, ibid. Doit-on regarder comme méchant un homme qui a fait beaucoup de mal? 1. Peut-on fréquenter les méchants, et même vivre avec eux? 2.

Médecin, page 124. * Medicus, page 1219. Plusieurs médecins voulant se mettre sous la conduite d'un prêtre, sur quoi doit-il les interroger? 1. Un médecin qui n'avertit pas ses malades de recourir aux sacrements, pèche, 6. Lui suffit-il d'avertir les parents du malade, ou de ne l'avertir que quand sa maladie est mortelle? 1 et 3. Doit-il les abandonner, s'ils ne se confessent pas? 2. Peut-il exiger son salaire, quand il a traité des personnes qu'il savait bien devoir mourir quelques heures après? 5. Peut-il refuser ses soins à un pauvre, parce qu'il n'en sera point payé, ou à un homme riche dont il ne peut rien tirer? 2 et 5. Peut-il, pour guérir une femme, lui donner des breuvages capables de perdre son fruit? Voy. Avortement, 2.

Un médecin, qui veut se faire prêtre, a-t-il besoin de dispense? 4. Peut-il découvrir à d'autres les maladies de ceux qu'il traite? 7. Doit-il s'abstenir de ses fonctions, quand elles l'exposent à pécher contre la pureté? 4. Doit-on toujours s'en rapporter à lui pour se dispenser du jeûne, de l'Office, etc. Voy. Office, 8. Est-il toujours tenu au secret? Voy. Témoins, 5. Les legs qu'on lui fait sont-ils valides? Voy. Legs, 5 et 5. Une personne peut-elle prêter de l'argent à un médecin, à condition qu'il la visitera dans sa maladie, en s'obligeant de le payer? Voy. Usure, 8 et 9.

Médisance, page 127. * Detractio, page 1163. Comment doit-on interroger dans le tribunal une personne qui a médit ou entendu médire? 8. Pèche-t-on quand on entend médire par respect humain? 2 et 5. On peut déclarer le mal d'un autre, soit à une personne pour y remédier, soit à une fille pour lui faire éviter une compagnie suspecte, soit à des gens de bien, pour les empêcher d'être dupes d'un hypocrite, 1. 2 et 6 et 9. Y a-t-il du mal à déclarer la chute d'une fille à une personne de confiance? 3. Quid si on ne médit que par légèreté? 4.

Un curé qu'un scélérat a calomnié est-il obligé de se justifier, et ne peut-il pas souffrir en patience? 6. Celui qui raconte à Paris une mauvaise histoire arrivée à Lyon est-il coupable de médisance? 7. L'est-on, quand on apprend à d'autres qu'un homme s'est battu en duel, parce qu'il s'en fait gloire? 8. Que dire, soit à une pauvre femme qu'on a empêchée, en la calomniant, de recevoir d'un homme de bien les secours accoutumés, soit à un clerc qu'on a empêché de recevoir un bénéfice dont il était digne, pour le faire tomber à un sujet encore plus digne? 3 et 4. La médisance faite avec délibération et en matière grave, est péché mortel, 9. Celui qui médit en employant des réticences perfides pèche grièvement, 10 et 11. Se taire lorsqu'on devrait parler, c'est médire; et en matière grave, c'est un péché mortel, 12. Médire des morts est aussi un péché grave: cela peut nuire à leurs parents vivants, 15. On pèche en écoutant avec plaisir, en applaudissant le médisant, 14. Le médisant est tenu de réparer le tort qu'il a fait à la réputation de son prochain, 15.

Mélange, page 135.

Mensonge, page 136. On peut mentir sans parler, 3. Ment-on en disant faux par pure plaisanterie? 4. Quid s'il y avait du scandale? 7. On ne ment pas toujours en disant faux, 1. Est-on coupable de mensonge, quand on ne tient pas sa promesse? 2. Un homme qui a perdu sa quittance, ne peut sans mensonge en contrefaire une autre, 5. Le portier d'un seigneur peut-il dire que son maître n'y est pas quand il y est? 6. Ment-on quand on dissimule? 8. Un mensonge fait pour porter à un crime, doit-il être déclaré avec le crime dans la confession? 9. Celui qui a de la haine contre son frère ment-il en disant: Dimitte nobis, etc. 10.

Voyez Absolution, 9; Accusé, 1, 2 et 3.

Mériter, page 139. Conditions que doit avoir une action pour être méritoire? 1. Un rapport virtuel à Dieu suffit pour faire une action méritoire, 2. Une œuvre faite avec une répugnance qu'on surmonte est plus méritoire, 3.

Messe, page 141. * Missa, page 1221. Propositions des mauvais casuistes sur cette matière, page 144. Peut-on dire la messe après avoir pris quelques gouttes d'eau? 1. Le peut-on, au moins dans ce cas, pour donner le viatique à un moribond? 2 Pourrait-on, dans ce même cas, commencer une seconde messe, si l'on n'avait pas encore pris la première ablution? 3. Peut-on, dans la même circonstance, célébrer sans se confesser, quand on n'a point de confesseur? 4. Un prêtre qui, sans y penser, a pris les ablutions à la première messe de minuit, peut-il dire celle du jour pour éviter le scandale? 5. Peut-il prendre, après la messe, une parcelle qui est restée de la sainte hostie? 6 et 7.

Un prêtre doit-il regarder comme consacrées les gouttes de vin qui sont attachées à la coupe? 8 et 15. Peut-il prendre du tabac avant la messe? 9. Le jeûne naturel est-il rompu par la fumée de tabac? ibid. L'est-il quand en avale de l'or, du charbon, etc.? 10.

Peut-on, pour donner le viatique, célébrer sans chasuble, sans amict et sans ceinture bénite, etc., sans cierges, ou avec un seul cierge, sans répondant, sans crucifix à l'autel? 11 et suiv.

Peut-on mettre la moitié ou un tiers d'eau dans le calice? 13 bis. On se souvient qu'on n'y a pas mis d'eau, ou qu'on s'aperçoit qu'on y a mis de l'eau au lieu de vin? 16 et 17, et * 31, ou qu'on y aperçoit une araignée? 18.

Est-il permis de dire la messe avant le jour et après midi? 19, et * 27. On ne peut se servir à la messe que de l'hostie qu'on y a consacrée, 20, ni communier sous la seule espèce du vin, pour réserver l'hostie à un malade, 21.

Quand un prêtre ne peut achever la messe après la consécration, un autre, quoique non à jeun, doit la continuer, 22. Quid si le servant ne peut dire si ce prêtre avait consacré ou non? 23. Jusqu'à quel temps peut-on continuer une telle messe? Doit-on communier le prêtre défaillant de l'hostie qu'il a consacrée? Faut-il achever la messe selon son intention? 24 et suiv. Un prêtre en mauvais état pourrait-il achever cette messe? 2.

Que doit faire un dimanche un curé en pareil cas, quand il n'a pas de confesseur, 28; ou qu'il n'en a qu'un qui n'a pas les cas réservés? 1. Quid d'un prêtre qui se souvient à l'autel qu'il est excommunié, ou qu'il est en péché mortel, ou qu'il n'est pas à jeun? 29.

Un prêtre peut, pour de graves raisons, quitter l'autel, 30. Peut-il interrompre la messe pour attendre un seigneur, pour baptiser un enfant, pour confesser un moribond, 31, 32, et * 29. Pourrait-il dans ces cas omettre quelques prières du canon? 33. Pourrait-il courir? * 30. Que devrait-il faire, si le malade voulait se confesser? *Ibid.*

Peut-on, dans un pays où le vin est fort cher, ne faire les ablutions qu'avec de l'eau, 34 et * 4; ou suivre l'usage d'une église dont les chanoines ne donnent point la bénédiction à la fin de la messe? 35.

On ne peut, sans péché, dire la messe avec l'intention principale de recevoir l'honoraire, 36, ni dire moins de messes qu'on n'en a promis, à cause de la modicité de la rétribution, 37 et 38; ni prendre une seconde rétribution, sous prétexte qu'on cède la partie du fruit que le célébrant tire du sacrifice, 39; ni faire dire pour un moindre honoraire les messes qu'on a reçues pour un plus grand, à moins que celui qu'on en charge n'y consente volontiers, 41.

Quand l'honoraire est trop faible, on ne peut par soi-même réduire les messes, 42 et 53. On doit les acquitter pour le fondateur, quoiqu'il ne l'ait pas spécifié, 43. Il en est de même quand un statut prescrit que chaque jour il sera dit une messe en l'honneur de la sainte Vierge, 44; ou qu'on pure fonde, en considération de sa fille religieuse, une messe tous les jours, sans en marquer l'intention, 45.

On satisfait par la messe du jour à une fondation qui demande une messe de *Requiem*, 46. Cette messe suffit-elle pour gagner l'indulgence à un autel privilégié? 47. Peut-on faire dire un jour ouvrier une messe fondée dans une chapelle pour les dimanches, afin d'obliger le peuple de venir ces jours-là à la messe de paroisse? 48. Peut-on anticiper ou différer des messes fondées pour certains jours? 49. Peut-on être tenu à restitution, pour avoir différé des messes dont on était chargé? 50. Pêche-t-on quand on en prend un si grand nombre, qu'on ne peut pas les acquitter de longtemps, 51; ou qu'on en dit pour ceux qui en demanderont dans la suite? 52. * 23. Faut-il dire toujours une messe de *Requiem*, quand elle est fondée à perpétuité? 54.

Peut-on dire la messe pour l'âme d'un Turc, ou pour un hérétique, un excommunié, etc., 55 et 56. Satisfait-on au précepte de l'entendre, quand on est en mauvais état, et qu'on ne veut pas en sortir, 57; ou qu'on n'entend qu'un tiers de la messe, ou qu'on se confesse pendant ce temps-là? 59 et 60.*

Une femme qui veille son mari est-elle dispensée d'entendre la messe le jour de Pâques? 61. Une veuve l'est-elle dans les pays où les femmes en deuil sont vingt jours sans aller à l'église? 58. Est-il mieux de célébrer souvent que rarement? 62. Que dire de deux prêtres dont l'un dit le canon tout bas, l'autre le dit tout si bas, qu'on ne peut l'entendre? 63. Peut-on porter la calotte à l'autel, 64; ou s'abstenir des deux ou trois ans d'y monter par humilité? 65. Peut-on entendre la messe d'un fort mauvais prêtre? 66. Y a-t-il du mal à entendre la messe chez des religieux, au lieu d'assister à la messe de paroisse? 67. Cas où un homme entend la messe sans remplir le précepte de l'entendre? 68.

* Peut-on célébrer avec du moût? 6. Un prêtre résidant à Paris peut-il suivre à la messe le rite, et faire des saints d'un autre diocèse, parce qu'il y a un bénéfice? 7. Que dire d'un vicaire qui par affection pour son pasteur le nomme au canon après l'évêque? 8. Nécessité d'étudier les rubriques, *ibid.* Que doit faire un prêtre à qui l'hostie échappe, et tombe dans le calice avant le *Pater* ? 9.

* Un homme qui célèbre sans avoir la tonsure est répréhensible, 10. Peut-on dire la messe quand on a un missel dont presque tout le canon est déchiré? 11 Y a-t-il péché à prendre les ornements sans dire les prières marquées? 12. Un prêtre qui, faute de servant, ne peut célébrer, peut-il se communier lui-même? 16.

Que dire de celui qui, célébrant pour l'âme du père d'un autre, dit l'oraison *pro patre*? 14. Un curé peut-il un jour de dimanche dire la messe pour un mort, *corpore præsente*? 17. Quand une messe de *Requiem* ne peut être acquittée le jour porté par la fondation, parce qu'on y fait d'un double majeur, peut-on la transférer au lendemain, où l'Église ne fait que d'un double mineur? 18.

* De combien de fautes est coupable celui qui célèbre dans un oratoire qui n'est pas bénit, et où il s'est fait un meurtre? 19. Tout prêtre peut-il bénir un mariage qui a été célébré sans solennité avec dispense? 21. Péché d'un prêtre qui, faute de préparation, célèbre avec bien des distractions? 22.

* Quand quelqu'un a légué un fonds pour des messes, doit-on en dire un plus grand nombre, quand le produit de ce fonds a doublé? 24. Est-il permis de dire les trois messes de Noël tout de suite, 28. Usage de la France, *ibid.*

* Peut-on un jour de fête se servir d'ornements noirs, quand on n'en a point d'autres, 32; ou consacrer avec une petite hostie, en se servant pour l'élévation d'une grande qu'on tire du ciboire? 33 et 43. Mauvaise conduite d'un prêtre qui, pour avoir des messes, dit à ses pénitents qu'ils ne peuvent rien faire de mieux que d'en faire dire pour les morts, 34.

* Une femme qui pendant la messe ne pense qu'à son ménage, remplit-elle le précepte de l'Église? 35 et 36. La distance où l'on est de l'église dispense-t-elle de la messe? 37. Un seigneur goutteux, qui ne peut aller à l'église, mais qui peut faire célébrer dans sa chapelle, y est-il obligé? 38. Celui qui pendant la messe nourrit des pensées impures, manque au précepte. Doit-il se confesser de cette circonstance du temps? 39. Il vaut mieux qu'une femme n'entende pas la messe, que d'y mener un enfant qui trouble ceux qui voudraient l'entendre, 40.

* Un homme interdit de l'entrée de l'église peut-il entendre la messe dans une chapelle privée? 44. Un curé a-t-il droit d'empêcher qu'on ne dise la messe dans une chapelle publique, avant qu'il ait dit la messe de paroisse? 45. Celui qui a entendu la messe de minuit, n'est-il pas obligé d'entendre les deux autres, 46. Un homme qui passe d'un lieu où il est fête, dans un autre où il est encore fête, doit entendre la messe, 47. Celui qui est peu éloigné de l'église, peut-il entendre la messe de chez lui? 49. Peut-on l'entendre de la porte ou des fenêtres de l'église? 48.

* Un berger que son maître occupe toute la matinée est-il dispensé d'entendre la messe? 50. Une fille qui ne peut paraître, sans déceler son incontinence, pèche-t-elle si elle manque la messe les dimanches? 51. Une femme pèche-t-elle quand elle n'omet la messe que parce que son mari la menace de mauvais traitements si elle y va? 52.

Meubles, page 165.
Militaire, page 167.
Mineur, Minorité, *ibid.*
Missel, page 169.
Mitoyenneté, *ibid.*

Mode, page 171. Il y a des modes indifférentes : il y en a de mauvaises. *Voyez* Parure, Sein et Messe, *cas* 58.

Monastère, *ibid.* Les séculiers qui demeurent dans la basse-cour d'un monastère exempt, ne sont-ils pas soumis au curé de la paroisse? 1. Un monastère qui s'agrège à une congrégation d'un autre ordre, qui est exempt de la juridiction de l'évêque, devient-il exempt comme lui? 2. Quand un monastère a une bulle qui le met sous la protection de saint Pierre devient-il exempt? 3. Quand il n'y a point de clôture dans un couvent de filles, l'évêque diocésain peut le visiter, quoiqu'il n'en soit pas supérieur, 4.

Cas où un monastère est ou n'est pas exempt, 5. Cas où, quoiqu'exempt, l'évêque a juridiction, *ibid.* Ses droits par rapport aux pensionnaires, aux personnes de dehors, etc., *ibid.* La coutume d'entrer dans un couvent, quand il y a une brèche, est abusive, 6. Un prêtre qui entre dans un couvent pour administrer une religieuse, peut-il y rester quelque temps après avoir fait ses fonctions? 7. Le visiteur d'un monastère exempt peut-il y confesser et y célébrer sans l'aveu de l'évêque diocésain? 8.

Peut-on faire entrer des enfants, des blessés, etc., dans un monastère de filles? Que doit faire un confesseur qui en est informé? 9. Peut-on permettre à des religieuses voisines de se parler d'une maison à l'autre? 10. Quand un monastère est bien relâché, les religieuses bien intentionnées doivent-elles en demander la réforme, etc.? 11.

Monitoium, page 178. * Monitorium, page 1221. On doit savoir et faire un curé en matière de monitoire? 1. Peut-on demander un monitoire pour une affaire purement criminelle? 2. On n'est accorder ni à un hérétique, ni à un excommunié dénoncé, 3 et 4. Doit-on obéir à un monitoire obtenu par un père, qui veut empêcher sa fille de se faire catholique? 5. Quand on publie un monitoire, l'auteur du crime doit-il révéler contre lui-même? 6. Le complice le doit-il? 10. Les parents y sont-ils tenus contre leurs parents, *ibid.*

Un curé ne peut suspendre la publication d'un monitoire, quoiqu'on lui offre une pleine satisfaction pour la partie complaignante, 7. L'homme qui est témoin d'un vol doit-il, avant que d'aller à révélation, employer à l'égard du voleur un avertissement charitable? 19. Un ami intime, un avocat, un notaire, etc. consultés par le coupable, doivent-ils révéler contre lui? 20. Un homme qui n'a fait que se compenser y est-il tenu? 24 et * 2. Que dire d'un homme qui a retiré chez lui un banqueroutier, 12; ou de ceux qu'il a payés au préjudice de ses autres créanciers, 13; ou d'un ami qui de bonne foi a prêté son nom à un cessionnaire, pour soustraire ses effets; ou d'un domestique qui est au fait de la banqueroute de son maître? 14 et 15.

Un homme qui entend publier un monitoire dans une autre paroisse que la sienne, doit-il révéler? 16. Y serait-il tenu, s'il n'apprenait qu'après avoir quitté le diocèse qu'un monitoire y a été publié? 31. Un religieux exempt y est obligé, 17. On pèche, quand on n'y va qu'après la troisième publication, 18; ou quand on n'y a point, parce qu'il y a déjà plus de preuves qu'il n'en faut? 20. Mais on ne pèche pas, si on manque à découvrir l'auteur d'une mauvaise doctrine, quand il travaille à désabuser ceux qu'il a trompés, 21.

Un monitoire cesse-t-il d'obliger à la mort de l'évêque? 19. Un témoin unique doit-il révéler? 22. Un jeune homme de 12 à 15 ans y est-il tenu? 23. Doit-on révéler contre un paysan qui tue les pigeons? 25. Cas où l'on doit ou non révéler ce qu'on sait par ouï-dire, 26. On peut obtenir un monitoire pour les causes purement civiles, 27; mais non, quand on a déjà assez de preuves, 29. Le peut-on publier un jour de grande fête? 28. Celui qui ne sait une chose que d'un autre doit aller à révélation, 30. Un homme qui a encouru la censure pour n'avoir pas révélé, peut-il en être absous dans un autre diocèse? 32 et 33.

MONNAIE, page 192. Quand un prince a rabaissé ou même décrié les monnaies, peut-on encore s'en servir? 1. Un homme qui dans la nécessité fait de la fausse monnaie, et n'y fait d'autre gain que celui du prince, pèche-t-il? 2.

MONOPOLE, page 194. Est-on coupable de monopole quand on achète presque tous les blés d'un pays, mais dans le dessein de ne les pas vendre au-dessus du plus *haut prix*? 1. C'est un monopole, lorsque des ouvriers conviennent entr'eux de ne travailler qu'à un certain prix, ou de ne point finir un ouvrage commencé par un autre, 2. Est-il permis d'opposer monopole à monopole? 3.

— MONTS-DE-PIÉTÉ. Ils sont très-permis, page 897. Un particulier peut-il en ériger de son chef? 1. Peut-on tirer plus qu'il ne faut, quand on ne le fait que pour augmenter le mont-de-piété? 2 et 3.

MORT CIVILE, page 195.

MOULIN, page 195. Peut-on obliger un seigneur dont les moulins sont à point carré, de les mettre à point rond? 1. Les seigneurs ont-ils le droit d'établir des moulins banaux: les vassaux qui vont faire moudre ailleurs ne sont-ils point coupables? 2. Un seigneur peut-il obliger tous ceux qui sont sur son domaine de moudre chez lui? doit-il réparer les chemins, quand ils sont rompus? 3. Un particulier peut-il lever un moulin à eau, et avec quelles précautions? 4.

MUR, page 198.

MUTILER. *Voyez* IRRÉGULARITÉ, cas 80, 81, 99, 100, 101, 102, 105, 106 et 107; SOURD ET MUET; TUER, cas 14.

N

NANTISSEMENT, page 201.

NAPPES, *ibid.*

NAUFRAGES, *ibid.* Quand on a été obligé de jeter à la mer une partie des marchandises, tous ceux qui en avaient dans le vaisseau doivent-ils supporter une partie de la perte? 1. Sur quel pied se fait leur contribution? *Ibid.* Quand un vaisseau équipé à frais communs est rançonné ou pillé en partie par les pirates, tous les intéressés doit-il entrer dans la perte? 2. Les effets échoués dans un naufrage appartiennent-ils à ceux qui les trouvent? Y a-t-il un temps pour les réclamer? 3. Les seigneurs peuvent-ils se les adjuger en vertu de la coutume? 4.

NOTAIRE, page 203. *NOTARIUS, page 1223. Peut-il passer un contrat à lui connu pour usuraire? 1; ou un contrat non vicieux, mais fait par un usurier connu pour tel? 2. Un contrat fait par un notaire interdit ou condamné comme faussaire est-il nul? 3. Peut-on absoudre un diacre qui veut exercer la charge de notaire? 4. *Voyez* DIMANCHES ET FÊTES. RESTITUTION, cas 26 et 27. Doit-il toujours restituer quand il a dressé un acte usuraire, * 1.

NOVATION, page 205.

NOVICE, page 207. L'évêque peut-il recevoir une novice pendant la vacance du siége abbatial? 1. Un novice qui a quitté pendant quelques heures son couvent sans permission, doit-il recommencer son noviciat? 2. *Quid*, si après avoir passé neuf mois dans une maison, il va de son chef dans une autre maison du même ordre? 3. Il ne doit pas recommencer, s'il a été renvoyé injustement, 4.

Le temps qu'un homme passe sous un habit séculier doit-il lui être compté pour noviciat, quand il en a pratiqué toutes les règles? 5. Trois mois ou plus passés hors de la maison interrompent-ils nécessairement le noviciat? *Ibid.* et 7. Une maladie de cinq semaines et une démence de plusieurs mois doivent être suppléées par un novice? 8. Peut-on proroger le temps du noviciat, pour éprouver les forces ou la vertu d'un novice? 9. Peut-on en recevoir un fort infirme, qui offre une pension? 10. Un novice peut-il se confesser à un autre qu'à son propre maître? 6. *Voyez* ABBÉ, cas 4 et 5; ABBESSE, cas 1 et 2; APPROBATION, cas 15.

NULLITÉ, page 210.

O

OBÉISSANCE, page 211. Un inférieur n'est pas toujours obligé d'obéir à son supérieur; comme quand il lui commande quelque chose *contra* ou *supra regulam*, 1 et 3. Faut-il plutôt obéir à un supérieur ecclésiastique, qu'à un supérieur laïque; et à son évêque qu'à son abbé? 2 et 5. Quel parti prendre dans le doute si l'on peut ou si l'on doit obéir? 4. Doit-on obéir à un abbé qui défend d'écrire à l'évêque supérieur du monastère, ou qui veut qu'on lui déclare le crime d'un religieux, 6 et 8.

Le supérieur peut-il quelquefois obliger les inférieurs à lui nommer l'auteur d'un délit? 9. Un visiteur qui soupçonne une religieuse d'une faute contre un de ses vœux ne peut l'obliger à la lui avouer, 10. L'évêque peut-il exiger d'un curé de lui déclarer ce qu'il sait du crime et de la conversion d'un homme? 11. Un père peut-il commander à son fils de célébrer pour lui, et un maître à son laquais de le suivre chez sa maîtresse? 12 et 13.

Un fils peut-il entrer à seize ans en religion contre la défense de son père? 14. Doit-il savoir choisir entre la religion et le mariage, quand son père le lui ordonne? 15. En quel cas doit-on obéir à un supérieur qui défend de continuer une bonne œuvre? 16.

OBLIGATION, deux sens de ce terme, *page 215*. Plusieurs espèces d'obligations, *ibid.*

OBSERVANCE VAINE, *page 219*. La vaine observance est péché mortel lorsqu'elle est accompagnée de l'invocation expresse du démon.

OCCASION PROCHAINE DU PÉCHÉ MORTEL. *OCCASIO PECCANDI*, page 1225. Un libertin qui a dans son appartement le portrait d'une personne qu'il aime criminellement ne peut recevoir l'absolution, 1. Non plus qu'une domestique entraînée au mal par son maître, *ibid.* Un maître qui a dans sa maison une personne qui est pour lui une occasion prochaine de péché: doit-on lui refuser l'absolution? 2. Que penser des comédiens, de ceux qui vendent ou qui louent de mauvais livres, des receleurs? etc. 3.

OCCUPATION. p. 225. Un homme s'étant emparé d'une bête prise dans des filets, a-t-il le droit de la retenir? 1 et 2. Un homme, en poursuivant un lièvre, l'a fait tomber dans les filets d'un chasseur qui s'en est emparé: *quid juris*? *Voy.* ABSOLUTION, cas 13-22.

OFFICE DU BRÉVIAIRE, *page 227*. Un sous-diacre qui omet son bréviaire cinq fois par an, pèche chaque fois mortellement, 1. Celui qui y manque une fois, fait-il autant de péchés, qu'il y a d'Heures? 2. L'omission d'une seule Heure va-t-elle au mortel? 3. L'oubli excuse-t-il de péché? 4. Quelles Heures doit réciter un sous-diacre le jour de son ordination? 5. Doit-il répéter une Heure qu'il a dite avant que d'être ordonné? 6.

Cas où de grandes occupations dispensent du bréviaire. Doit-on l'anticiper, quand on les prévoit? 7. Quand on doute si on a récité une Heure, faut-il la répéter? 8. Un clerc qui a déjà les provisions d'un bénéfice, mais qui n'en a pas encore pris possession, est-il tenu au bréviaire? 9. Un novice et un profès y sont-ils obligés? 10. *Quid* si ce dernier a été chassé de l'ordre, ou qu'il soit retourné dans le siècle pour dispense, 11. Ou que de profès pour le chœur, il soit devenu convers? 12.

Une religieuse qui demeure chez son père, parce que son monastère a été brûlé, est-elle tenue au grand office? 13. Les chanoinesses séculières sont-elles obligées hors du lieu de leur résidence? 14. Un prêtre suspens ou excommunié est-il exempt? 15. L'est-on quand on a récité l'office dans le dessein de le répéter? 16. Un bénéfice accepté par crainte oblige-t-il au bréviaire? 17. Y est-on tenu, quand on ne sait pas le dire, et qu'on ne trouve personne dont on puisse l'apprendre? 18. A quoi est tenu un prêtre aveugle? 19.

La fièvre tierce en dispense-t-elle? 20. A quoi est-on tenu dans le doute si la maladie est assez considérable? 21. Peut-on réciter Vêpres dès le matin, et Matines du jour à neuf heures du soir? 22 et 23. Est-il permis de dire la messe, avant que d'avoir dit Matines? 24. Une certaine interruption oblige-t-elle à répéter Matines, 25. Peut-on dire Tierce avant Prime? etc. 26. Remplit-on ses préceptes, quand on dit son office pendant la messe? 27. Satisfait-on à son office, quand on fait des actions extérieures, en le récitant, ou qu'on le dit sans pouvoir s'entendre? 28 et 30.

Un homme qui ne peut réciter son bréviaire, parce qu'il l'a perdu, pèche-t-il en ne le disant pas? 29. Peut-on dire Matines dès la veille? 31. Doit-on le répéter, quand on a dit un office pour l'autre? 32. Un curé de Paris, ou un prêtre qui y est habitué, peut-il dire le bréviaire romain? 33 et 33. Doit-on dire à Paris le bréviaire d'un autre diocèse où on a un bénéfice? 34; ou celui de Paris, quand on n'y est que pour un temps? 35. Celui qui chante dans une église quelques heures d'un bréviaire différent du sien, doit-il les répéter? *Ibid.*

Faut-il dire le bréviaire à genoux? 37. Quand deux compétiteurs ont pris possession du même bénéfice, sont-ils obligés au bréviaire? 38. Un clerc qui a une chapelle de cent livres seulement doit-il dire le bréviaire? 39. Un bénéficier, dans une église où on fait le Romain, doit dire le second jour de novembre l'office de la Toussaint avec l'office des morts, 40. Un évêque peut-il de son chef changer le bréviaire de son diocèse? 41. *Voyez* BÉNÉFICIER, CHANOINE, L'PÉNITENCE ENJOINTE, PENSION.

OFFICIAL, *page* 240. Un official doit en France avoir des degrés, 1. L'évêque peut le destituer : doit-il en énoncer les raisons? 2. Peut-il vendre la charge d'official? 3. L'official peut-il décerner un monitoire en matière criminelle? 4. Peut-il suspendre un prêtre étranger, qui en passant par le lieu où il est, y commet un délit? 5. Un monitoire qu'il accorde sans la permission du juge royal est abusif, 6. Est-il juge d'un mariage dont le lien a été dissous par la mort d'une des parties, sur la succession de laquelle il y a contestation? 7.

L'official peut-il juger un prévenu, qui récuse l'évêque? 8. L'évêque est-il récusé, quand l'official l'est? *Ibid.* Quand un prévenu est mené des prisons de l'officialité de son diocèse en celles du métropolitain à qui il en a appelé, est-ce son propre évêque qui doit fournir aux frais? 9. L'official peut-il continuer une procédure, quand l'évêque qui l'a nommé est excommunié? 10. Leur juridiction est-elle alors dévolue au chapitre? *Ibid.* Un curé qui est official, doit-il agir contre un de ses paroissiens? 11. Un official ne peut condamner un coupable à sortir du diocèse, 12. Peut-il le renvoyer dans le sien? 13.

Il ne peut sans monitions canoniques condamner un pécheur public, 14; ni condamner à l'amende ou aux dommages et intérêts, etc. 15. Peut-il ordonner que sa sentence sera exécutée *nonobstant opposition ou appellation quelconque*? 16. Quand l'official est suspect aux parties, l'évêque peut-il leur nommer un autre official juge? 17. Pourrait-il, en cas qu'on le récusât dans les formes, nommer un laïque? *Ibid.* L'official métropolitain n'est juge des suffragants qu'en cas d'appel? 18. Quand un official a prononcé une sentence arbitraire, on ne peut se pourvoir contre, que devant le juge royal, 19. Cas d'un official qui traîne une affaire en longueur, 20.

OFFRANDE, *page* 247. Salut usage qu'un curé doit faire des offrandes, 1. Est-ce à lui, ou au chapelain qu'appartiennent les offrandes qui se font dans une chapelle? 2. À qui appartiennent celles qu'on fait dans sa paroisse à l'occasion d'une confrérie? 3. Le curé primitif a-t-il droit aux offrandes? 4.

OFFRES RÉELLES, *page* 255.

OLOGRAPHE (*Testament*), *ibid.*

OPINION, *page* 257. Propositions censurées sur ce sujet, *ibid.* Peut-on suivre une opinion probable, quand elle est moins sûre? 1. Que dire quand l'opinion moins sûre est de beaucoup plus probable? 2.

OPPOSITION, *page* 259. Un curé doit-il déférer à une opposition qu'il sait n'être faite que par vengeance? 1. *Quid* si l'opposition n'est que verbale? 2. Quand un opposant a été débouté de son opposition par le juge royal, le curé peut-il célébrer le mariage? 3. Le peut-il quand celui qui était opposant s'est désisté de son opposition? 4.

ORAISON, *page* 261. On sait fait au précepte de faire des actes de foi, d'espérance et de charité, en récitant avec componction l'oraison dominicale.

* ORATORIUM, *page* 1225. Il n'est pas permis (en Italie) de dire messe le même jour dans une chapelle privée; et cela quand même une femme de qualité n'aurait pu entendre la première, 1. Il n'est pas non plus permis d'y donner la communion, etc., 2.

ORDINATION, *page* 265; * ORDO, *page* 1225. Le sujet d'un évêque peut-il en quelques cas être ordonné par un autre évêque? 1. Combien y a-t-il d'évêques quant à l'ordination? *ibid.* Qui est évêque d'origine? *Ibid.* Un évêque peut-il ordonner son secrétaire, quand il est né dans un autre diocèse, etc., 2. Son évêque d'origine ou de bénéfice pourraient-ils l'ordonner, quand une fois il l'aurait été par l'évêque dont il est domestique? 9. Quand il a été ordonné par ce dernier, peut-il l'être aussitôt par celui qui vient de lui succéder? 5. Le service rendu à un homme avant qu'il fût évêque, rend celui qui l'a servi, son sujet par rapport à l'ordination, 4; pourvu qu'il n'ait pas demeuré hors de chez lui, 5. *Quid* s'il avait servi le grand vicaire de l'évêque? *ibid.* L'évêque qui ordonne son commensal doit-il lui donner aussitôt un bénéfice? 6.

Celui qui n'a fixé son domicile que depuis peu dans un diocèse, peut-il y être ordonné? 7. Un clerc né à Blois peut-il se faire ordonner à Poitiers, parce qu'il y a une chapelle? 8. Un métropolitain qui ordonne le sujet de son suffragant dans le diocèse de celui-ci sans sa permission encourt la suspense pour un an, 10. Et cela quand même il l'ordonnerait chez lui après lui avoir donné son *visa* pour une cure sur le refus de son propre évêque 11.

L'ordination faite par un hérétique est-elle bonne? 12. L'est-elle si on a fait toucher un calice, dans lequel il n'y avait point de vin, ou que l'ordinant n'ait pas touché les instruments qu'on lui a présentés, ou qu'il ait touché un calice non consacré, ou qu'il ait touché la patène sans toucher le pain qui était dessus? 13, 14, 15, 16 et 17. Ceux qui reçoivent le diaconat ou le sous-diaconat sans toucher les instruments sont-ils bien ordonnés? 18 et 19.

Peut-on, après avoir reçu le baptême, faire les fonctions d'un ordre qu'on avait reçu sans être baptisé? 20. Que penser d'une ordination reçue par crainte? 21. Encourt-on la suspense, quand on reçoit les ordres, sans avoir reçu la tonsure ou la confirmation? 22 et 23. Un esclave, un insensé, peuvent-ils recevoir les ordres? 24 et 25. Peut-on donner la tonsure et les ordres mineurs à un enfant de six ans? 26. Peut-on ordonner des sujets indignes ou ignorants, quand on n'en trouve point d'autres? 27 et 28.

Un évêque peut-il refuser la prêtrise à un homme pourvu d'une cure, quand il le sait coupable d'un crime secret? 29. Quand un évêque a déclaré que si quelqu'un refusé à l'examen se présentait aux ordres, il n'avait point intention de les lui conférer, celui qui est dans le cas est-il néanmoins ordonné? 30. Encourt-on quelque peine, quand on se fait ordonner sans dimissoire, ou avant l'âge? 31 et 32. Suffit-il pour un tel âge que l'année soit commencée? 33. Un diacre fait évêque peut-il ordonner? 34. Un évêque le peut-il *extra tempora*? 35. S'il se trouvait mal le samedi après avoir ordonné les diacres, pourrait-il faire le lendemain l'ordination des prêtres? 36. Ne pourrait-il pas alors faire prêtre celui qu'il aurait fait diacre la veille? 37.

Pèche-t-on mortellement, quand on reçoit les mineurs en péché mortel, ou qu'on en fait les fonctions en cet état? 38. Que doit faire un curé qui, trente ans après son ordination, ne trouve point ses lettres de diaconat? 39. Peut-il se servir d'une dispense accordée sous la clause : *Dummodo fructus non perceperit*, quand il a perçu les fruits? *ibid.* Le dimissoire d'un supérieur suffit-il à son religieux pour se faire ordonner dans un autre diocèse? 40. Par qui doit être ordonné le religieux d'un monastère *nullius diœcesis*? 41. Un religieux qui, mal voulu de son supérieur, trouve le moyen d'être envoyé dans une autre maison, peut-il y recevoir les ordres; et s'il retourne chez son ancien supérieur, celui-ci peut-il lui en défendre l'exercice? 42. Une femme peut-elle être ordonnée? 43.

Voyez ÉVÊQUE, DIMISSOIRE, SUSPENSE.

ORDINATION DES PRÊTRES (*Mémoire sur l'*), *page* 277.

ORFÈVRE et JOAILLIER, *page* 289. Un orfèvre qui emploie trop d'alliage, ou même du plomb, dans des ouvrages d'or ou d'argent, pèche mortellement, si la matière est grave, 1. Pèche-t-il en ne mettant pas le poinçon sur plusieurs de ses ouvrages? 2. Et s'il vend des diamants composés pour des diamants naturels? 3.

ORGUEIL, *page* 291.

ORNEMENTS D'ÉGLISE, *page* 295. Peut-on, un jour de Pentecôte, célébrer avec une aube non bénite, quand on n'en a pas d'autre? 1. Une chasuble dont on en fait deux, perd-elle sa bénédiction? 2. Quand faut-il bénir de nouveau des ornements qu'on a raccommodés? 3. Peut-on employer à des usages profanes les débris des vieux ornements, 4; ou faire des ornements de choses qui ont servi à des usages profanes? 5. Un prêtre peut-il se servir d'ornements timbrés d'armoiries? 6.

Peut-on se servir d'une étole pour ceinture, ou d'un manipule pour étole? 7. Doit-on toujours prendre des ornements dont la couleur réponde à l'office qu'on a fait? 8. Est-il permis à un curé de prendre ses ornements sur l'autel? 9. Un prélat régulier le peut-il faire tous les jours? 10. Peut-on se servir à la messe d'un purificatoire non bénit et d'un corporal salé? 11 et 12. Qui est-ce qui doit fournir une église d'ornements? 13.

—OUVERTURE DE TESTAMENT ET DE SUCCESSION, *page* 298.

OUVRIERS, *page* 299.

P

PAIEMENT, *page* 301. Peut-on payer à un homme dont la procuration est révoquée? 1. Celui qui paye à compte

et indéfiniment est censé payer les sommes qui portent intérêt, 2.
PALE, *page* 504.
PAPE, *ibid.*
PARAPHERNAUX (*Biens*), *page* 505.
PARCELLES, *ibid.* Un prêtre qui, après les dernières ablutions, a pris des parcelles d'hosties consacrées, qu'il avait laissées sur la nappe de l'autel, ne commet pas de péché.
PARCOURS, PATURE VAINE, *page* 506.
* PARENTES, père et mère, *page* 1225. Peuvent-ils enfermer leur fille, qui veut épouser quelqu'un capable de les déshonorer, ou refuser de la voir, quand elle l'a fait? 1 et 2. Pèchent-ils, quand ils n'envoient pas leurs enfants aux instructions, ou qu'ils refusent, soit un patrimoine à un fils qui veut prendre les ordres, soit de l'argent à un autre qui veut aller à la guerre? 3, 4 et 5.
PARESSE, *page* 507.
PARI, *page* 509.
PARJURE, *ibid.* Un homme qui jure à faux qu'il a fait ce qu'il n'a pas fait, ou qui se sert d'équivoque, pèche mortellement, 1. Il pèche aussi quand il assure une chose vraie, mais qu'il croit fausse, 2. Un juge peut-il faire prêter serment à un homme qu'il sait devoir se parjurer? 3. Un particulier le peut-il aussi? 4. Celui qui doit 100 livr., peut-il jurer qu'il n'en doit pas 200? 5. Est-on parjure, quand une grande difficulté empêche de faire ce qu'on avait promis avec serment? 6. Une femme peut-elle confirmer son serment répéter une terre qui lui sert de dot, et dont l'aliénation était nulle? 7. On n'est point parjuré, lorsque contre son serment on fait l'aumône, ou qu'on entre en religion, 8; ou qu'on ne maltraite pas un homme, 9.
La précipitation excuse-t-elle du parjure, 10. Un serment extorqué par force oblige-t-il? 11. Peut-on le faire dans l'intention de s'en faire dispenser? 12. Un père est-il parjure, quand il ne châtie pas son fils, etc.? 13. Un fils, quand on passe le premier, après avoir juré qu'on ne le fera pas? 14. Est-on parjure en affirmant qu'il est dû une somme qu'on a cédée sous le secret à un autre? 15.
PAROISSE, *page* 515. Celui-là n'accomplit pas le devoir pascal qui communie dans une paroisse qui n'est pas la sienne, 1. Un curé peut admettre à la communion, dans la quinzaine de Pâques, tous les étrangers qui s'y présentent, 2. Un fidèle, qui pour des raisons de conscience va communier à Pâques dans une paroisse voisine de la sienne, satisfait-il au devoir pascal? 3. Un curé peut admettre à la première communion un enfant qui n'est pas de sa paroisse, quand il y a passé le temps prescrit par les ordonnances diocésaines, 4.
PAROISSIALE (*Messe*). *Voyez* MESSE.
PAROLES et CHANSONS DÉSHONNÊTES, *page* 518. Celui qui prononce avec plaisir des paroles impures pèche mortellement, 1. Que doit faire celui qui entend des discours licencieux? 2.
PARRAIN, *page* 520. * PATRINUS, *page* 1259. Un parrain doit prendre soin du salut de son filleul, 1. Le curé pèche s'il admet plusieurs parrains, 2, et tous contractent l'alliance spirituelle, 3. Peut-on admettre un religieux, un abbé, un hérétique pour parrains, 4 et 5. Un catholique peut-il être parrain de l'enfant d'un huguenot? *ibid.* * Le parrain d'une fille dans la confirmation, quoiqu'en faute, peut épouser sa sœur, 1. * Que dire d'un curé qui, voyant les parrains et marraines tarder trop longtemps, en nomme de son chef? 2. Un impubère peut-il être parrain? 3.
PARTAGE, *page* 522.
PARURE, *page* 524. Une femme peut se parer pour plaire à son mari, ou pour garder la bienséance, 1. Une veuve peut-elle se parer comme pendant son mariage? 2. Un olivier qui fait de nouvelles modes, et ceux qui les suivent, sont-ils coupables? 3. Une fille peut-elle se parer pour plaire à celui qui la recherche en mariage? 4. *Peccamine mulieres ad sui ornatum pectora denudantes?* 5.
PASSAGE, *page* 528.
PATERNITÉ, *page* 529.
PATURAGE, *page* 529. Chaque habitant a-t-il droit de mettre dans un pâturage commun ses troupeaux, quoique beaucoup plus nombreux? 1. Un homme qui fait commerce de bêtes, n'y peut mettre les siennes, *ibid.* On ne doit mettre ses bêtes dans son propre pré, que quand la première herbe a été coupée, 2.
* PAX, *page* 1259. Un homme dont on a tué le père assure qu'il pardonne de tout son cœur au meurtrier, mais il veut le poursuivre, afin que justice se fasse; est-il capable d'absolution? *ibid.*
PÉCHÉ, *page* 530, PECCATUM, *page* 1241. * Un homme jure à tous propos, sans faire attention s'il jure vrai ou faux, pèche-t-il grièvement chaque fois qu'il jure? 1.

Un paysan qui a fait une chose, sans savoir s'il y avait ou s'il n'y avait pas péché mortel, pèche-t-il mortellement? 3. * Que dire d'un confesseur qui, après une délectation morose de ce qu'il a entendu, donne l'absolution sans avoir demandé pardon à Dieu? 2. * Une servante qui n'avertit pas sa maîtresse du désordre de l'autre, pour ne la pas chagriner, pèche-t-elle? 4.
Toute parole oiseuse est-elle un péché? 1. Un péché véniel peut-il devenir mortel? 2. Le mensonge est-il un péché dans un enfant de six ou sept ans? 3. Peut-on faire un péché véniel pour en empêcher un mortel? 4. Peut-on faire deux péchés par l'omission d'un seul jeûne? 5. Les péchés sont-ils plus griefs, quand on les fait un jour de dimanche? 6. * *An operiri debet circumstantia seminis extra vas litter conjuges effusi*? 9. Peut-on par crainte de la mort découvrir en Angleterre les catholiques qui y sont cachés? 8.
Un homme coupable d'un péché mortel peut-il obtenir la rémission d'un péché véniel, dont il se repent? 9. Les péchés pardonnés revivent-ils, quand on y retombe? 10. Peut-on dire que Dieu permette le péché? 11.
Combien de péchés a commis un homme, qui pendant une année a retenu le bien d'autrui, qu'il aurait pu rendre? 5. Un homme est tenté de faire un crime, il consent à la tentation, il se propose de l'exécuter, il en cherche l'occasion, il la trouve et la saisit, etc.; combien commet-il de péchés? 6. De combien est coupable celui qui, à raison de sa haine pour un ennemi, manque, pendant trois ans à se confesser, et à communier? 7. On doit renvoyer sans absolution un homme qui a plusieurs fois pendant une année renouvelé la résolution de commettre un crime, 8.

PÉCHEUR PUBLIC, *page* 534. Un curé doit consulter son évêque sur la conduite qu'il doit garder à l'égard de ces gens-là, 1. Il ne doit pas lui-même leur refuser la sépulture ecclésiastique, 2.

PÉNITENCE ENJOINTE, *page* 536. * SATISFACTIO, *page* 1277. Un pécheur qui néglige de faire sa pénitence, pèche-t-il mortellement? 1. * Celui qui la diffère longtemps, pèche-t-il aussi? 2 et 3. satisfait-il, s'il ne la fait qu'après être retombé en péché mortel? 7 et 16. * Doit-il la faire, quand Dieu l'a préservé de la rechute? 8. Un confesseur peut-il ne donner qu'une légère pénitence pour des fautes considérables, * pour engager le peuple à se confesser fréquemment? 2, et * 2. Peut-on enjoindre à un homme qui est dans l'habitude de dire des saletés, de faire un signe de croix de la langue, quand il lui échappera de pareilles ordures? 3.
Un pénitent à qui on a enjoint la récitation des Heures canoniales peut-il les dire avec un autre? 3; ou en charger un saint religieux? 10. Si on lui a ordonné d'entendre deux messes, y satisfait-il en les entendant à la fois à deux autels? * 4. Un confesseur peut-il changer la pénitence imposée par un autre; et comment? 4, 5 et * 5. Une personne à qui on a commué un vœu dans le tribunal, peut-elle se faire commuer la bonne œuvre qui a été substituée à son vœu? 6. Un pénitent peut-il changer de lui-même sa pénitence en une autre? 7. Si un bénéficier à bonis deux jours son office, peut-on lui enjoindre de le répéter? 8.
On enjoint à un homme d'entrer en religion, et à un autre de se marier; que penser de ces pénitences? 9 et * 1. Que dire de celle qui l'oblige qu'à faire ce à quoi on était déjà obligé, 11; ou à supporter ses peines avec patience? 13. Peut-on faire sa pénitence pendant une messe d'obligation? 12. Un pénitent peut-il refuser une pénitence, comme ne la méritant pas, si rigoureuse? 14. Faute d'un confesseur qui absout un pénitent retombé, 15. Peut-on ne donner qu'une pénitence secrète pour des péchés publics? 17. On enjoint l'aumône à un pénitent, satisfait-il en la faisant à sa mère? * 5.

PÉNITENCIER, *page* 544. L'évêque peut restreindre les pouvoirs du pénitencier par rapport aux cas réservés: cependant le pénitencier peut subdéléguer, 1 et 2. Sa juridiction ne finit pas par la mort de l'évêque, 3. Il est censé présent à l'office, quand il exerce alors son ministère, 4. Il peut résigner sa dignité, 5.

PENSÉES, *page* 546. On pèche en s'entretenant dans de mauvaises pensées, 1. Il faut s'examiner sur l'objet de ses pensées, 2. Faut-il y résister positivement? 3.

PÈRES ET MÈRES, *page* 547.
PERTE D'UNE CHOSE, *ibid.*
PERRUQUE et CALOTTE, *page* 552. Un prêtre septuagénaire ne peut, sans permission, garder sa perruque en célébrant la messe.
PERSONNE INTERPOSÉE, *page* 553.
PHARMACIEN, *page* 554.
PIGEONS, *page* 555.
PLANTATION, *page* 557.

Poisson, p. 357.
Pollution, *Ibid. Seminis fluxus an peccatum?* 1. *Quid de nocturna illusione?* 2. *Quid de ea quæ in somnis incæpta, perficitur extra somnum?* 3. *Posterior hæc an cohibenda?* 4.

Possédé, *page* 359. Par quels signes peut-on juger d'une vraie possession? 1. Un possédé est-il coupable des blasphèmes qu'il vomit en cet état? 2. Peut-on lui donner le viatique? 3. Y a-t-il des possédés qui ne le soient pas en punition de leurs péchés? 4. Peut-on *adjurer* un possédé de découvrir des choses cachées; et doit-on l'en croire? 5.

Possesseur, Possession, *page* 361. Celui qui vend une montre volée qu'il possédait de bonne foi, est-il obligé à restitution? 1. Un homme ayant reconnu le propriétaire d'un riche domaine qu'il possédait de bonne foi le lui a rendu: doit-il en toucher les revenus? 2. Celui qui possède de bonne foi, mais sans titre, une terre ou autre chose, doit-il y être maintenu contre celui-qui, n'ayant point non plus de titre, le trouble dans sa possession? 3.

Précaire, *page* 363. Quand celui qui a prêté une chose révocable à volonté vient à mourir, faut-il la rendre aussitôt à ses héritiers? 1. Est-on tenu de restituer un *précaire*, quand on l'a perdu par une faute légère? 2.

Prêcher, *page* 364. Un homme capable de prêcher, pèche-t-il en ne le faisant pas? 1. Un docteur a-t-il droit de prêcher par son seul titre de docteur? 2. Que penser d'un homme qui prêche étant en péché mortel, ou pour s'attirer des applaudissements? 3 et 4. Un homme qui prêche dans une ville dont tous les habitants sont usuriers, peut-il recevoir d'eux des aumônes pour honoraire? 5. Doit-on cesser de prêcher, quand le prince ou le peuple s'y opposent? 6. Un religieux approuvé de son supérieur, mais non de l'évêque, ne peut prêcher, 7. Le peut-on, quand on n'est pas encore prêtre? 8.

Précuput, *page* 367.
Prescription, *page* 368. Celui qui a possédé de bonne foi un bien durant le temps fixé par la loi, peut le garder en conscience, 1. Prescrit-on contre un débiteur, quand l'ignorance a empêché de réclamer? 2. Quand un propriétaire réclame avant dix ans, tous les copropriétaires sont censés réclamer, 3. Un tuteur qui possède de bonne foi peut prescrire comme un autre, 4. La prescription ne court point contre un mineur pendant sa minorité, ni contre un majeur qui lui est associé, 5. Quand un homme a joui pendant neuf ans d'un bien, que son héritier s'en met en possession que dix mois après, et qu'il le possède pendant trois mois, il peut le retenir, 6.

L'héritier, le légataire, etc., d'un possesseur de bonne foi, peut joindre sa possession à la sienne et prescrire, 7. Un procès intenté, mais non suivi, empêche-t-il la prescription? 8. La mauvaise foi de l'auteur empêche que son héritier, ou légataire universel, etc., ne prescrivent, 9. Celui qui achète de bonne foi une chose volée, peut la prescrire, 10. Les choses sacrées et *saintes* ne se prescrivent pas; on prescrit cependant un droit de patronage, en prescrivant la terre à laquelle il est attaché, 11. Biens du domaine ne peuvent se prescrire, 12.

Le prince ne peut donner le droit de prescrire à un possesseur de mauvaise foi, 13. La possession troublée une minute avant le temps révolu empêche la prescription, 14. Une église peut prescrire contre une autre, et même contre celle de Rome, 15. Un séculier le peut aussi. Combien de temps faut-il pour cela? *ibid.* et 16. Combien d'années faut-il en Normandie pour prescrire contre un seigneur les arrérages? 17. Voyez aussi le cas 18.

Présomption, *page* 379.
On n'est pas tenu de payer toutes les dettes d'une succession, qu'on a acceptée purement et simplement, lorsqu'elle est insuffisante.

Prêt, *Mutuum, page* 380. Peut-on exiger de l'intérêt d'un argent prêté, parce qu'on craint qu'il ne soit pas rendu au temps convenu, ou que l'emprunteur n'en tirera bien du profit, ou qu'il ne peut donner de caution? 1 et 2. Un mari peut-il mettre à intérêt la dot de sa femme? 3. Peut-on, pour éviter le décri de l'argent, prêter une somme avec pacte qu'elle sera rendue après la diminution, en autant de pièces pareilles? 4. Qui est-ce qui doit porter la perte d'un argent prêté quand il a péri? 5. Sur quel pied doit être payé un muid de vin, quand on le paye six mois après l'avoir emprunté? 6.

Pr tausage, *Commodatum*, p. 383. Un homme qui a prêté son cheval pour quinze jours, peut-il le redemander au bout de huit? 1. Qui doit en porter la perte s'il est volé? 2. Quand on l'a demandé pour un petit voyage, peut-on s'en servir pour un plus grand? 3. Est-on tenu de sa perte pour une faute très-légère? 4. *Quid* s'il n'avait été prêté que pour l'utilité du prêteur? 5. Quelle faute oblige à restitution, quand le prêt a été pour le bien commun du prêteur et du commodataire? 6. Doit-on payer la chose empruntée, quand on ne l'a laissée périr que pour sauver la sienne propre? 7. Sur qui doit tomber la détérioration d'un cheval prêté? 8. S'il a été prêté après son estimation faite, c'est celui qui l'a emprunté qui est tenu de sa perte, 9.

Prêt a précaire. *Voyez* précaire.
Prière, *page* 385. La prière est-elle de nécessité de précepte divin, et en quelles occasions? 1. Un prêtre peut-il interrompre le canon et y mêler des prières particulières? 2. Peut-on prier Dieu de nous donner des biens temporels? 3. La prière d'un pécheur peut-elle être agréable à Dieu? 4. Est-il nécessaire de prier les saints? 5. Peut-on prier les âmes du purgatoire et les enfants morts après le baptême? 6. L'omission de la prière pendant un mois est-elle un péché grave? 7. Les distractions volontaires dans les prières d'obligation sont péché mortel, 8. Faire ses prières dans une posture peu décente, lorsqu'il n'y a pas de scandale, est un péché véniel, 9. Demander à Dieu des biens temporels dans les vues criminelles, et ne prier jamais pour les âmes du purgatoire, c'est un péché mortel, 10.

Privilège, *page* 389. A qui appartient le pouvoir d'accorder des privilèges? 1. Un privilège donné sans raison est valide, quoiqu'il ne soit pas exempt de péché, 2. Un simple clerc ne jouit pas du privilège du for, 3. Remarques, *Ibid.* Un ecclésiastique peut-il par humilité renoncer au privilège du for? 4.

Comment doit-on interpréter un privilège? Diverses règles sur ce point, 5. Peut-on se servir du privilège accordé par un évêque hors de son territoire? 6. Un privilège accordé par le prince passe-t-il aux héritiers de celui qui l'a obtenu? 7. Quand deux personnes prêtent de l'argent pour la construction d'un édifice, celui qui en a prêté pour le finir a un privilège sur celui qui en avait prêté pour le commencer, 8. Le vendeur d'une maison est-il préféré pour le payement aux autres créanciers? 9.

Probabilisme, nouveau décret sur cette matière, *page* 393.

Probabilité. *Voyez* Opinion.
Procès, *page* 397. Est-il aisé de plaider sans offenser Dieu? 1. Peut-on solliciter en faveur de ceux qui ont des procès, soit criminels, soit civils? 2. Il faut plaider honnêtement et avec droiture, 3 et 4.

Procureur, *page* 399. Quand un homme a constitué deux procureurs, la transaction faite par un seul est nulle, 1. La procuration passe-t-elle du père à son fils? 2. Un procureur qui a plus dépensé dans son voyage que n'aurait fait celui qui l'a commis, peut-il exiger le remboursement entier de la dépense qu'il a faite? 3. La vente d'une terre faite par procureur est-elle bonne, quoique le mandant fût mort lors de la vente? 4.

Quand trois personnes ont donné procuration, le mandataire peut-il s'en prendre à un seul pour son salaire? 5. L'opération d'un procureur, à qui sa révocation n'a point été notifiée par son commettant, mais qui l'apprend d'ailleurs, est-elle valide? 6. Une procuration générale n'autorise pas le commis à transiger, et encore moins à aliéner, 7. Un mandataire, à qui son commettant ne permet rien, ne peut-il pas se payer par ses mains? 8.

Profession religieuse, *page* 401. Un sourd et muet peut-il être admis à la profession? 1. Une profession admise par l'abbé contre le sentiment de tous ses moines est-elle valide? L'est-elle, si elle se fait pendant la vacance du siège abbatial? 2 et 3. L'est-elle encore, s'il se trouve que le supérieur qui l'a reçue au nom de toute la communauté, n'avait pas été validement institué? 4. Un novice à qui on a dit de se retirer au bout de six mois, mais qui par protection est resté six autres mois et a fait profession, a-t-il faite validement? 5.

La profession faite par un hérétique caché peut être valide, 6. Que penser de la profession d'un homme atteint du mal caduc, faite dans une maison où l'on ne veut point recevoir des gens attaqués de cette maladie? 7. Cas pareil pour celui qui aurait caché une descente, 8. Un illégitime, ou un homme de race juive, qui a caché son état ou son origine, fait-il validement sa profession dans un ordre où ces défauts sont un cas exclusif? 9. La profession tacite est nulle dans ce royaume, 10.

Un homme qui a fait une profession nulle, et qui l'a ratifiée un an après, peut-il se faire restituer contre ses vœux? 11. La profession que fait une religieuse dans une grande maladie, et après une année de noviciat, avec le consentement du supérieur, etc., est très-valide, 12. L'évêque peut-il faire sortir du couvent, malgré le supérieur, un homme qui n'a fait ses vœux que malgré lui? 13. Celui qui en vertu d'un faux extrait de baptême a fait profession à 15 ans, est-il obligé de recommencer son noviciat dans le même couvent, ou à se faire moine ailleurs? 14.

Une prieure peut-elle accepter des vœux pendant que l'abbesse est vivante ? 15.

Une fille qui a fait ses vœux pour éviter les mauvais traitements de son père peut-elle réclamer contre sa profession après cinq ans ? 16. Le peut-elle au moins quand elle n'a su qu'après ce temps-là qu'elle avait droit de réclamer ? 17. L'évêque peut-il, seul et sans rescrit de Rome, déclarer nuls des vœux forcés ? 18. Une abbesse ne peut sans raison légitime différer la profession d'une novice reçue, 19. La profession faite avant l'année très-révolue est nulle, 20. Comment se compte l'année bissextile ? 21.

Promesse, page 409. * Promissio, 1247. Un mineur à qui une fille, à laquelle il avait promis de l'épouser, a permis quelques libertés, peut-il pour cela refuser de l'épouser ? 1. Suffit-il de donner la moitié d'une somme qu'on a promise ? 2. L'ingratitude de celui à qui on avait promis une chose, et le changement survenu dans la fortune, dispensent d'exécuter une promesse, 3 et 4. Doit-on tenir une promesse qu'on a faite sans intention de l'exécuter ? 5.

Quand on a promis une somme à un voleur pour éviter la mort et dans l'intention d'agir contre lui en justice, doit-on exécuter sa promesse ? 6. Celui qui a promis verbalement de payer l'intérêt d'une somme empruntée, doit-il le payer ? 7. Est-on obligé de payer ce qu'on a promis pour un meurtre, pour une prostitution, etc. 8 et 9, et 1 et 2.

Promoteur, page 412. Un curé peut-il faire l'office de promoteur ? 1. Devrait-il le faire contre ses paroissiens ? ibid. Le pénitencier ne peut être promoteur, 2. Le promoteur ne peut assister aux informations faites contre les accusés, ni à leur interrogatoire, 3. Peut-il informer contre un homme coupable d'un crime secret ? 4.

Un promoteur ne peut ni accorder des monitoires, ni porter des censures, etc. 5. Il peut en certains cas faire assigner ceux qui ont contracté un mariage défectueux, pour représenter les actes de sa célébration, 6. Le promoteur faisant sa charge jouit du gros et de toutes les distributions de sa prébende, 7.

Propriété, page 414.
Providence, page 415.
Prud'hommes (conseil de), ibid.
Puissance paternelle, page 416.
Purificatoire, page 417.

Q

Quasi-contrats, ibid.
Querelle, page 419. Le moyen d'avoir la paix dans les familles, c'est de faire tout ce que la charité prescrit, sans examiner si les autres le font.
Quittance, page 421.

R

Rachat, ibid.
Raillerie, page 423.
Rapport, page 425.
Rapt. Voyez Empêchement.
Receleur, page 425. Celui qui cache dans sa maison des objets appartenant à son ami près de faire banqueroute, doit être considéré comme receleur.
Réconciliation, page 426.
Regard, page 425. Pèche-t-on en regardant des tableaux lascifs, quand on ne consent pas aux mauvaises pensées qu'ils font naître ? 1. Un regard libre et voluptueux, même sans désir, est un péché, 2. L'est-il entre personnes mariées ? 5.
Réhabiliter, page 427.
Religieux, ibid. Un homme qui a des enfants, ou une mère qui a besoin de lui, peut-il entrer en religion ? 1 et 2. Le peut-il s'il a des dettes ? 3. Sa profession serait-elle valide en ce cas ? La communauté devrait-elle payer pour lui ? 4. Que dire si ces dettes n'étaient tombées que sur une promesse gratuite ? 5. Un religieux qui manque aux observances de la règle pèche-t-il, et jusqu'à quel point ? 6 et 7. Un bénédictin qui mange de la viande pèche-t-il ? 8.

Un profès qui n'est pas encore dans les ordres est-il tenu à l'office ? 9. Un religieux peut-il se mêler de procès ? 10. Peut-il disposer d'une pension que son père lui faite, ou la lui remettre ? 11 et 12. Un procureur pèche quand il prend de l'argent sans permission, pour se donner les choses même nécessaires ; pècherait-il si on les lui refusait ? 13. Quand on donne tant par an à un religieux pour son entretien, peut-il disposer de ses épargnes ? 14.

Que doit-on juger et faire quand on trouve une somme d'argent dans la cellule d'un religieux après sa mort ? 15. Le supérieur peut-il permettre à un de ses confrères de disposer par testament de ses livres, etc. ? 16. Un prieur qui peut établir la réforme, s'il veut, y est-il obligé ? 17. Un religieux non réformé peut-il convenir avec les réformés de n'assister à l'office que les dimanches ? Peut-il

garder la pension qu'ils lui ont faite, quand il trouve d'ailleurs de quoi subsister ? 18. Les religieux mendiants ne peuvent quêter sans la permission de leur évêque, 19.

Les religieux peuvent, au défaut de tout prêtre, donner l'extrême-onction, 20. Ils ne peuvent exposer le saint sacrement sans permission de l'évêque, 21. Est-on apostat lorsque, sans quitter son habit, on quitte son couvent sans permission ? 22. On ne peut briguer des voix pour la supériorité, ni promettre à un autre son suffrage pour avoir le sien, 23 et 24. Un religieux-curé peut-il ménager une somme, et en acheter une terre pour faire des fondations ? Son successeur est-il tenu de les acquitter ? 25. Peut-il disposer de son revenu en œuvres pies sans permission de son supérieur ? 26.

Le religieux-curé peut-il être puni de censures par l'évêque ? 27 et 28. Son supérieur ne peut lui défendre de publier les bans de mariage, 29. L'évêque peut-il punir un religieux non exempt qui sort de son monastère sans obédience ? 30. Peut-on expulser un religieux pour un crime qu'il s'offre de réparer ? 31. Celui qui, pour se soustraire à la prison qu'il a méritée, prend la fuite, est coupable et doit retourner dans son couvent, 32. Un moine, poursuivi criminellement par ses supérieurs, peut-il recourir à l'évêque ou au juge séculier, contre les statuts qui le lui défendent sous peine de censure ? 33.

Un homme vexé dans un cloître peut-il passer dans un autre ? A-t-il besoin de la permission de son supérieur ? Lui faut-il un rescrit de Rome quand il veut passer ad strictiora ? Peut-on l'y engager ? 34, 35 et 36. Un homme infirme peut passer à un ordre plus doux ; mais il lui faut une dispense du pape, 37. Il en faut aussi une pour passer à un ordre plus régulier et en même temps moins sévère, 58. Peut-on quitter son couvent pour aller au secours d'un père qui est dans une grande misère ? 39.

Voyez Approbation, 10, Aumône, 12, Confession, 33, Dispense des vœux des religieux, Profession, Vœu, et le titre suivant.

Religieuse, page 440. Peut-on absoudre des religieuses qui manquent souvent aux Heures canoniales ? 1. Une religieuse peut-elle solliciter pour devenir abbesse ? 2. La supérieure doit-elle permettre à une de ses sœurs de prendre un autre directeur que celui du couvent ? 3. Des religieuses peuvent-elles faire gras les samedis d'après Noël, selon la coutume primitive et contre la coutume présente de leur maison ? 4. Faut-il conformer son avis à celui de la supérieure dans la réception d'une postulante ? 5. Comment traiter une fille qui ne va plus ni à confesse, ni à la messe, parce qu'on lui refuse d'aller dans une autre maison ? 6.

Une supérieure dont la maison prend une forte dot doit s'instruire de ce qui concerne la simonie, 7. Peut-on recevoir avec une grosse dot une fille infirme ? 8. Quand une fille passe d'une maison dans l'autre, sa pension doit-elle la suivre ? 9. Une religieuse peut stipuler que sa pension la suivra dans une autre maison, si elle sort de la sienne ? Si dans cette seconde maison elle paye moins, peut-elle prêter ce qui lui reste ou en faire des gratifications ? 10. Quand pêche une religieuse à qui sa famille donne de l'argent pour ses besoins ? 11. Peut-on recevoir des présents d'une religieuse ? 12.

Un évêque ne peut permettre à une religieuse de vendre ou de donner à son gré des ouvrages de broderie, 13. Une abbesse ne peut nommer à un bénéfice dans la vue que le pourvu fera des présents à l'église du monastère, 14. L'évêque peut-il obliger à la clôture des religieuses qui n'en ont point fait profession ? 15. Peut-on accorder à des gens de dehors l'usage d'un pressoir qui est en dedans pour éviter leurs vexations ? 16. Le supérieur régulier peut-il, sans l'aveu de l'évêque, permettre à une fille d'une maison exempte de passer dans un autre ordre ? 17 et 18. Pèche-t-il s'il permet à une fille de sortir pour voir ses parents ? 19. Une fille peut-elle, malgré son abbesse, passer dans un ordre plus austère ? 20.

Religion, page 447. Un catholique peut-il ne se pas déclarer tel dans un pays hérétique ? 1. Un pasteur peut-il fuir pour éviter la persécution ? 1. Un catholique, juridiquement interrogé sur sa foi, peut-il se servir d'équivoques ? 3. Peut-il dans un voyage prendre des habits de ministre ? 4. Quand un prince idolâtre fait une loi pour obliger tous les chrétiens à porter une marque qu'ils fasse connaître, afin de les faire mourir, on n'est pas tenu de lui obéir, 5. La crainte excuse-t-elle de péché un catholique qui ne dit rien en voyant briser des images ? 6.

Religion, sa nécessité, page 450.

Reliques, page 453. Un curé et des religieux ne peuvent sans permission de l'évêque exposer des reliques, 1. Un curé pêche-t-il en volant une relique, et en l'exposant dans son église ? 2. Deux curés qui disputent sur la propriété d'une relique peuvent-ils convenir de partager entre eux les offrandes? 3 et 4. Un évêque peut-il défendre à des moines de porter leurs châsses à une procession? 5. Peuvent-ils porter leurs reliques à des malades, et comment? 6.

Rente, *page* 456. * Census, *page* 1119. On peut recevoir une rente au denier 12, quand elle a été constituée avant la déclaration de 1665, ou quand on est dans un pays où cette déclaration n'a pas été enregistrée, 1. On peut faire d'une dette un contrat de rente ; mais on ne peut y faire entrer les arrérages, 2. Une rente viagère peut être constituée à un denier plus fort qu'à l'ordinaire, 3. On ne peut exiger qu'une rente soit payée d'avance, 4. Peut-on exiger que le fonds d'une rente ne sera remboursé qu'après en avoir averti deux mois auparavant? 5.

Une rente constituée sur les meubles ou sur l'industrie n'est point permise en Italie, etc. Elle l'est en France, 6 * et 1. Peut-on stipuler qu'une rente ne sera point remboursée? 7. Quand une maison, qui est la seule hypothèque d'une rente, vient à périr, doit-on toujours la rente? 8. Un débiteur feint de vouloir rembourser une rente, quoiqu'il soit hors d'état de le faire, peut-il profiter de la diminution que cet artifice lui procure? 2.

Représentations de comédies et de tragédies dans les communautés, *page* 462.

Résidence des évêques, *page* 463. Un évêque doit-il résider lorsqu'il prévoit une violente persécution de la part des Turcs ou des hérétiques? 1. Un évêque, que le pape a consacré pour travailler dans un lieu plein de Grecs schismatiques doit-il y rester malgré la persécution, quand il n'y fait aucun bien? 2.

Résidence des curés, *page* 465. Un curé peut-il prendre des vacances comme un chanoine? 1. Peut-il s'absenter pour solliciter un procès ou pour faire une retraite? 2 et 3. Doit-il résider quand il a pris possession, mais qu'il craint des gradués plus anciens que lui? 4. Peut-il faire desservir sa cure par un vicaire pour être official, etc.? 5. La crainte qu'il a d'une maladie contagieuse le dispense-t-elle d'y résider? 6. *Quid* s'il est persécuté par le seigneur de sa paroisse? 7.

Résidence des chanoines, *page* 467. Un professeur de théologie, un jeune homme qui finit ses études, sont-ils dispensés de desservir leurs canonicats? 1 et 2. Ce dernier peut-il percevoir certains fruits de son bénéfice, quand il n'a pas fait son stage ou pris possession personnelle? 3. L'évêque peut-il faire revenir à leurs canonicats de jeunes chanoines qui sont allés étudier sans sa permission, mais avec celle du chapitre? 4. Les chanoines qui gouvernent un diocèse reçoivent-ils les fruits de leurs prébendes, et quels fruits? 5.

L'évêque peut-il prendre trois chanoines *de comitatu*? En peut-il prendre dans une collégiale? 6. Quels fruits doit gagner un chanoine député pour les affaires du chapitre, ou à une assemblée du clergé, etc.? 7. Un chanoine peut-il s'absenter pour desservir une cure, pour terminer un grand différend? 8, 9 et 10. Celui qui fait de longs pèlerinages doit-il percevoir les gros fruits de sa prébende? 11. *Quid* si le prince le nomme ambassadeur? 12.

Les aumôniers, chapelains, etc., du roi, peuvent-ils, sous prétexte de leur service, se dispenser de la résidence? 13. Gagnent-ils les distributions quotidiennes? *ibid*. Est-il bien sûr que le concile de Trente accorde deux mois de vacances aux chanoines? 14. Un religieux pourvu d'un prieuré simple, qui demande trois messes par semaine, doit-il y faire sa résidence? 15.

Responsabilité civile, *page* 473.

Restitution, *page* 475. * Restitutio, *page* 1255. Quand quelqu'un a vendu une chose qu'il n'a pas encore livrée, et qu'elle se détériore par sa faute, ou qu'elle périt par cas fortuit, est-ce lui ou l'acheteur qui doit en supporter le dommage? 1. L'acheteur qui n'a pas payé en temps convenu doit-il indemniser le vendeur de la perte d'un gain qu'il a manqué de faire? 2. A quoi est tenu celui qui a acheté une chose qu'il savait ou qu'il doutait avoir été volée? 3 et 4. *Quid* s'il l'a achetée de bonne foi, qu'il l'ait donnée, perdue ou revendue, ou qu'il ait reçu pour elle un présent de même valeur? 5 et 6.

Un entremetteur est-il tenu de l'insolvabilité d'un homme qu'il a adressé à un marchand? 7. Un courtier qui a retenu secrètement pour son compte des marchandises qu'on lui a données à vendre à un certain prix, est-il tenu de restituer au marchand le surplus qu'il a reçu, aussi bien que le droit de courtage? 8. A quoi est tenu celui qui emploie un fruits faux, ou de moindre poids? 9 et 10. Faut-il restituer des intérêts usuraires, quand on les a reçus dans un lieu où ils sont autorisés par les juges? 11. Peut-on en tirer des biens pupillaires? 67. Celui qui a gardé au delà du terme une somme à lui prêtée doit-il restituer le profit qu'il en a tiré? 12.

On doit restituer une chose empruntée quand elle a péri par la témérité du commodataire, 13. *Secus* si elle a été volée en chemin, 14. *Quid* si elle avait péri par une faute très-légère? 15. Y en a-t-il à ne pas présenter un cheval au premier maréchal, quand on espère en trouver bientôt un plus habile? 16. *Quid* et à quoi est tenu un homme à raison du précaire? 17 et 18. Celui qui a reçu de bonne foi un intérêt usuraire doit-il le restituer? 19. Faut-il restituer une dette *ex delicto* avant une dette *ex contractu*? 20 et 19. Est-ce aux pauvres qu'il faut restituer des intérêts usuraires, ou bien à celui qui les a payés? 21.

Celui qui, avant le décri des monnaies, a donné une somme à un agioteur qui y a perdu le tiers, doit-il lui tenir compte de cette perte? 22. A quoi est tenu un avocat qui a gagné une mauvaise cause? 23; ou qui a conseillé à son client de nier un fait véritable dont l'aveu l'aurait fait perdre? 24. Les héritiers d'un avocat doivent-ils restituer ce qu'il avait reçu d'avance? 5. Un notaire qui a passé une obligation usuraire doit-il restituer? 26. Le doit-il s'il a mal fait un acte? 27.

Un témoin a fait tort pour n'avoir pas déposé tout ce qu'il savait, ou pour avoir déposé faux innocemment : à quoi est-il obligé? 28 et 29. Peut-il retenir ce qu'il a reçu pour déposer? 50. Deux témoins d'un meurtre, n'ayant pas chargé un coupable dont les biens auraient été confisqués, doivent-ils indemniser le fisc? 31. Un juge qui n'empêche pas le dommage d'un mineur doit-il le réparer? 32. Peut-il s'absenter pour ne pas offenser ses confrères qu'il sait disposés à rendre un jugement inique? 33. Si sept juges ont tous mal jugé, les trois derniers qui ne pouvaient plus arrêter le mal doivent-ils restituer comme les premiers? 34.

Doit-on restituer ce qu'on a reçu pour une action à laquelle on était obligé? 35. Obligation d'un confesseur qui fait restituer mal à propos, ou qui ne prend pas de justes mesures pour faire restituer, 36 et 37. Un curé qui, pour ne se pas brouiller avec ses marguilliers, souffre qu'ils dissipent les biens de l'église, doit restituer solidairement, 38. Un mari doit-il restituer la dot et les intérêts de la dot de sa femme, quand il apprend qu'elle provient d'usure? 39. Que doit faire une femme qui doute si sa dot est usuraire? 40. Une femme peut-elle, à l'insu de son mari, rendre des intérêts usuraires qu'il ne veut pas restituer? 41. Doit-elle restituer après sa mort, et quand le doit-elle? 42.

Les enfants d'un père qui passe pour s'être injustement enrichi doivent-ils restituer? 43. Le devraient-ils sur la simple déclaration de leur mère? 44. Que doit faire une femme qui a plusieurs enfants dont l'un est né d'adultère? 45. Pourrait-on les engager à se remettre le tort qu'ils pourront souffrir, sans leur nommer celui qui est illégitime? 46. Quelle restitution doit un adultère? 47. La doit-il au père ou aux enfants? 48 et 49. A quoi est tenu celui qui l'a mettre un enfant à l'hôpital? 50; qui a débauché une fille, ou qui a excité son ami à en débaucher une? 51 et 52. Une fille déshonorée par violence peut-elle garder la dot qu'elle a reçue de son corrupteur, quand elle se marie aussi bien? 53.

Celui qui trompe un autre homme sur la dot d'une fille qu'il épouse doit y suppléer, 54. Que doit une personne qui a aidé une femme à détourner des effets de la communauté? 55; ou un banqueroutier à détourner les siens au préjudice des créanciers? 56. Un homme prête une somme à un ami pour en payer un tiers : ce tiers doit-il le lui restituer si l'ami vient à mourir? 57. Un créancier qui est cause qu'une terre est moins vendue doit-il restituer aux autres créanciers? 58. Un homme remet son argent à quelqu'un pour éviter le décri, mais l'argent augmente : qui des deux doit avoir ce profit? 59. Quand un homme change la date d'un billet qui sans cela serait prescrit, peut-il retenir la somme et les frais qui lui sont adjugés? 60 et 61.

Quand on n'a pas payé le dixième denier, est-ce le prêteur ou celui qui a emprunté qui doit le payer? 62. L'intendant d'un seigneur qui a fait valoir les gages des domestiques, dont il était chargé, doit-il en restituer le profit? Peut-il exiger d'un tailleur à qui il procure la pratique de son maître, qu'il lui fasse *gratis* les habits de sa femme et les siens? 63 et 64. Un associé peut-il promettre à une dame puissante une somme pour obtenir par son moyen un privilège, et lui faire entendre qu'il espère qu'elle lui fera part de cette somme? 65. Une personne qui fait décharger un partisan d'une grosse taxe peut-elle lui vendre cette grâce? 66. Intendants qui tirent un pot de vin, *ibid*.

Celui qui a reçu un gage pour sûreté doit-il en répondre s'il est volé? 68. Une fille qui a reçu un gage pour sûreté de la promesse qu'on lui faisait de l'épouser, doit-elle le rendre en cas de dédit? 69. Quand on a mis en société tous ses biens, doit-on restituer les loyers d'une maison qu'on a reçus depuis par testament? 70. Un écolier qui étant pauvre n'a pas payé son professeur, le doit-il payer quand il est devenu riche? 71. Un faux pauvre

TABLE DES MATIÈRES.

doit restituer ce qu'il a surpris par ses feintes, 72, 73 et 8. Doit-on restituer une chose qu'on a trouvée? 74 et 6. *Quid* si on est pauvre, ou qu'ayant donné la chose aux pauvres, on vienne à découvrir son maître? *ibid.* et 75. *Quid* encore, si on a trouvé un effet appartenant à un Turc pour qui il est inutile de prier? 76. Peut-on recevoir une somme promise à celui qui rendra un effet trouvé? 77. Cas d'un cureur de retraits qui y trouve de l'argent, 78. Cas de celui qui renvoie une chose trouvée, mais qui est volée en chemin, 79.

Un gouverneur et tout autre qui reçoit du prince des appointements pour des officiers ou commis qu'il ne prend pas, doit-il les restituer? 80. Peut-il continuer à lever une taxe quand l'objet n'en subsiste plus? 81. Celui qui par sollicitation s'est fait nommer légataire en la place d'un autre, lui doit-il quelque restitution? 82. Que doit faire celui qui ayant trouvé parmi les papiers d'un débiteur une obligation passive, l'a remise au fils du prêteur qui la fait ratifier par un notaire, parce qu'elle était informe, etc.? 83.

Un laquais qui boit le vin de son maître avec ses camarades doit restituer, et eux aussi, 84. Une servante qui donne à un garçon de boutique plus de vin qu'il n'en doit avoir, y est aussi obligée, mais après lui, 85. Quand plusieurs valets ont volé ensemble, un d'eux qui veut acquitter sa conscience, doit-il présumer que les autres ont aussi restitué? 86. Un domestique moins payé qu'un autre peut-il se compenser, etc.? 87.

Un homme qui a joui des loyers d'une maison, et qui en a été évincé, doit-il les restituer, et jusqu'à quand? 88 et 89. Devrait-on restituer en cas d'éviction les blés coupés et ceux qui ne le sont pas encore? 90. *Voyez* le cas 89. Quand on est obligé de restituer les fruits retirés d'un fonds, n'est-on obligé de restituer les fruits qu'on ne doit qu'à son industrie, 91 et 92. Un possesseur de mauvaise foi doit-il restituer les fruits mêmes que le propriétaire n'aurait pas perçus? Peut-il répéter les dépenses qu'il a faites pour les percevoir? 93. Doit-il restituer les fruits que le maître avait tirés, et qu'il a lui-même négligé de tirer? 94.

Un héritier qui croyait son cohéritier mort doit-il lui restituer et sa portion et les fruits qu'il en a tirés? 95. Le fils d'un protestant qui a reçu de bonne foi des intérêts usuraires doit-il les restituer, même après la possession triennale? 96. L'héritier non coupable d'un possesseur de mauvaise foi doit-il restituer les fruits qu'il a perçus dans la bonne foi? 97. Un héritier par bénéfice d'inventaire n'est pas tenu de restituer des intérêts usuraires quand il ne lui reste entre les mains de la succession, 98; mais le légataire gratuit y serait obligé, *ibid.* Une fille qui a servi sa mère sans récompense, quoique souvent promise, peut-elle se saisir d'une somme sans en rien dire à ses sœurs? 99.

Deux frères qui ont hérité d'un bien, dont une partie était bien acquise, l'autre l'était mal, sont-ils obligés à restituer solidairement? 100. Quand un testament fait pour une cause pie a été longtemps caché, et que le bien légué pour icelle a été enfin partagé entre plusieurs héritiers, que doit faire celui qui veut décharger sa conscience? 101. Des héritiers sont-ils tenus à restituer une somme que leur père a volée et dissipée, 102. Que doit faire celui qui doute si un effet qu'il trouve dans la succession n'a point été volé? 103. Quand on sait qu'une partie d'une succession est illégitime, faut-il la rendre? 104.

Que doit un homme qui a loué à un autre des futailles qu'il savait être gâtées? 105. *Quid* s'il les a louées de bonne foi? 106. Un maître de vaisseau qui ne veut prendre de pilote est tenu de la perte qui en arrive, 107. Un marinier vole un sac de diamants; il se jette avec ce sac dans la mer; et il est obligé de l'abandonner; doit-il répondre de sa perte? 108 et 109. S'il jeûne dans un temps calme le feu à mon chaume, et qu'il ait consumé les blés voisins, dois-je en répondre? 110. Une faute très-légère, qui a fait consumer un édifice, oblige-t-elle à restitution celui qui l'a commise? 111. Quand on abat une maison pour empêcher le feu de gagner les autres, on n'est tenu à rien, 112.

Un homme a mis avec une certaine précaution sur la fenêtre des pots à fleurs qui, renversés par le vent, ont blessé un passant: est-il tenu à quelque chose? 113. Doit-il répondre du fait de sa servante qui a jeté dehors quelque chose, dont un habit a été gâté? *ibid.* Celui qui a fait un puits qui tarit ceux de ses voisins doit-il du dommage qu'ils souffrent? 114. *Quid* si sa maison tombe parce qu'il ne l'a pas étayée, et qu'elle abîme celle d'un autre? 115.

Que doit le meurtrier d'un homme qui nourrissait son père, sa femme, ses sœurs et les pauvres, et qui devait à ses créanciers? 116, 117 et 118. Que doit celui qui a coupé la main à un autre, et le nez à une fille? 119 et 120. Celui qui avait commandé de battre, et défendu de tuer, ou qui avait révoqué son commandement, répond-il de la mort qui s'en est suivie? 121 et 122. Un homme qui, en jouant au mail dans une grande place, en a blessé un autre,

ou qui a blessé d'un coup de pistolet tiré imprudemment, doit-il restituer, ou son héritier pour lui? 123 *et suiv.*

Si j'ai transporté fort loin une chose volée, je dois la renvoyer à mes frais, 126. Y serais-je obligé s'il me fallait faire beaucoup plus de frais que la chose ne vaut? 127. Quand un homme, à qui il était dû, a par malice laissé faire des frais à celui qu'il actionnait, doit-il pas le dédommager? 128. Obligations d'un curé qui, s'étant démis de sa cure, empêche par de mauvaises manœuvres qu'elle ne tombe à un homme qu'il en croyait digne, 129. On doit payer à un ami les frais funéraires qu'il a faits pour son ami, quand ils ne sont point exorbitants, 130.

Un mandataire gratuit qui a usé de négligence est-il tenu des faux frais qu'il a causés? 131. Le serait-il s'il ne s'agissait pas du bien du mandataire, mais d'un de ses amis. 132. Cas d'un mandataire qui a trop différé à faire faucher un pré, ou qui, après s'être chargé des affaires d'un autre, s'est lassé d'en prendre soin, sans l'en avertir, 133 et 134. Si j'ai fait étayer la maison de mon voisin, et qu'un ouragan l'ait renversée, il doit me rembourser ma dépense, 135. Celui qui s'est chargé d'un procès, et qui l'a abandonné après la mort de son ami, peut-il être attaqué par ses héritiers? 136. Que dire s'il a commis une faute considérable dans la poursuite d'un semblable procès? 137; ou si, pour le soutenir, il a été obligé d'emprunter à intérêt? 138.

Un maire peut-il recevoir de l'argent pour obtenir à un fermier la diminution d'un bail? 139. Que doit restituer celui qui a détruit les semences de la terre de son voisin? 140. Que dire d'autres qui ont fait le même chose, sans qu'il les y ait invités? 141. A qui doit restituer celui qui avec beaucoup d'autres a pillé une ville? 142, et 10. Un maître est-il tenu de restituer quand son berger n'ayant pas veillé sur ses moutons, ils ont endommagé le champ voisin? Y serait-il obligé si le berger s'était endormi? 143 et 144. Si un taureau féroce, ou un loup, qui s'est échappé de sa cage, ont fait du tort, le maître en doit-il répondre? 145 et 146.

Un homme qui a fait un fossé dans un sentier, où quelqu'un tombe et se blesse, est tenu du dommage, 147. L'est-on quand on tue des canards sauvages qui se sont sauvés de chez un homme qui les nourrissait? 148. En est-il de même des abeilles? *ibid.* Peut-on tuer des pourceaux qui ravagent un champ? 149. Un seigneur qui a trouvé quelqu'un chassant sur ses terres a brisé son fusil, et a reçu de lui deux pistoles: n'est-il tenu à rien pour avoir fait l'un et l'autre? 150.

Celui qui par prières ou par haine a empêché quelqu'un d'avoir un bien, doit-il le dédommager? 151 et 152. A quoi est tenu celui qui a donné un bénéfice ou un office à gens qui en étaient fort peu dignes? 153. Que doivent faire deux hommes, dont l'un a donné, et l'autre reçu de l'argent pour un bénéfice? 154. Un homme pourvu par une simonie à lui inconnue doit-il restituer les fruits du bénéfice? 155. Le doit-il quand il s'est fait réhabiliter? 156. Obligations de celui qui a manqué six mois à dire son office; ou qui, étant bénéficier malgré lui, ne l'a point dit du tout; ou qui, quoique absent du chœur, a reçu les distributions; ou qui a assisté aux offices sans attention? 157, 158, 159 et 160.

Quand on demande à Rome la condonation des fruits, sans exposer tout ce qui en rend indigne, on n'est pas dispensé de restituer, 161. Doit-on restituer ce qu'on a reçu d'un religieux qui avait un office claustral? 162. Celui qui ne se fait pas ordonner dans l'année, comme son bénéfice l'exige, doit-il restituer les fruits qu'il en a tirés? 163. Que doit un homme qui dit, vrai ou faux, qu'un tel est un voleur, et par là l'empêche de travailler? 164, 165, 166 et 167. A quoi est tenu un homme condamné pour calomnie? 168. *Quid* si l'offensé lui a pardonné? 169; ou qu'on l'ait aussi calomnié? 170.

Un homme injustement accusé peut-il justifier que celui qui l'accuse est un calomniateur? 171. Peut-on, sans blesser la justice, dénoncer au juge l'auteur d'un vol secret? 172. Celui qui a avoué un faux crime à la question doit-il le désavouer, pour réparer son honneur et celui de sa famille? 173. Doit-on compenser par argent la réputation qu'on ne peut plus réparer? 174. Que doit-on donner par sa calomnie, on n'a fait aucun tort réel? 175. Cas où l'on n'est tenu qu'à demander pardon à Dieu, *ibid.* Cas où l'on peut et doit faire connaître le mal d'un autre, 176. Peut-on mettre dans une histoire des anecdotes infamantes? 177. Un maître doit-il demander pardon à son laquais, qu'il a faussement accusé de vol? 178.

La remise que fait un religieux d'une montre qu'on lui a volée, 179. Des religieux qui reçoivent une somme pour admettre un novice doivent-ils la restituer, et à qui? 180. Obligation d'un tuteur qui a forcé sa pupille à se faire religieuse? 181; ou de celui qui a engagé un profès utile à son ordre, de passer dans un autre? 182. Celui qui avec de l'argent volé a gagné une somme doit-il aussi la rendre? 183. Quand on a volé depuis dix ans de l'argent à un marchand, faut-il lui en payer l'intérêt? 184. Est-on tenu *sub gravi* de restituer un grand nombre de petits larcins? 185.

Peut-on voler dans un besoin extrême, ou même grief? 186 et 187. Que doit celui qui, en volant à un laboureur du froment, est cause qu'il ne sème que de l'orge? 188; ou qui vend à un prix commun un cheval que son maître aurait gardé et vendu plus cher? 189. Si j'ai fait dorer un meuble, dois-je le restituer dans cet état? 190. Puis-je répéter les dépenses que j'ai faites à une chose volée? 191. Celui qui a volé la brebis doit restituer l'agneau qu'elle a fait. 192. Est-on plus obligé de restituer une chose volée, que d'acquitter une dette? 193. Un homme qui a volé à différentes personnes, et ne peut tout restituer, peut-il partager entre elles ce qu'il a pris à une d'elles? 194. Doit-il préférer un pauvre à un riche, quand il ne peut restituer qu'à un d'eux? 195 et 196. Que dire si la fortune des deux est égale? *ibid.*

Faut-il restituer à des gens qui en feront mauvais usage? 197. Peut-on payer au créancier d'un homme qu'on a volé, et transiger avec lui? 198. Peut-on recevoir une somme marquée sur le livre du débiteur, mais dont on ne trouve point le billet chez soi? 199. Celui qui a faussement dit à un autre qu'il n'y avait point de voleurs dans une forêt, doit-il lui restituer ce qu'ils lui ont pris? 200. Quand on remet à quelqu'un le vol qu'il a fait avec plusieurs associés, le remet-on à tous les autres? 201 et 202. Quand la cause moins principale d'un vol restitue, les autres ne sont tenus qu'à le dédommager. *Quid* quand le propriétaire lui remet son obligation? 203 et 204.

Ordre de la restitution entre le *mandant*, le *conseiller*, le *possesseur* d'une chose dérobée, etc., 205 et 206, ' 25 *et suiv.* Quand un confesseur chargé d'une restitution périt, faut-il encore restituer? 207. Faut-il restituer un cheval fourbu, qui est mort cinq heures après? 208. Doit-on restituer quand on a aidé à faire un vol dont on n'a point profité? 209. Cas du receleur, du participant, de celui qui a tâché de révoquer un conseil injuste, ou qui l'a donné, 210 *et suiv.* Quand on conseille un moindre vol que celui qu'un méchant voulait faire, doit-on le réparer? 214. *Quid* si on conseille de voler un riche plutôt qu'un pauvre? *ibid.*; ou qu'on n'empêche pas un vol qu'on peut empêcher? 215.

Peut-on se servir d'un argent volé pour secourir son père dans le besoin? 216. Peut-on retenir ce qu'on a gagné par une voie criminelle? 217. J'ai donné à un autre une chose qu'il savait que j'avais volée, il l'a perdue: qui doit restituer le premier? 218. Quand on ne sait à qui on a volé, que doit-on faire? 219. Trois causes qui dispensent de restituer actuellement, 220 *et suiv.* On peut employer une somme qu'on doit, à procurer le nécessaire à un fils qui est en démence, 223. Un père n'est pas tenu de réparer le délit de son fils? 224.

* Celui qui gagne en revendant une chose qu'il ne savait pas avoir été dérobée, doit-il restituer le gain qu'il a fait? 1. Une fille qui amuse un malheureux doit-elle lui rendre les présents qu'elle en a reçus? 2. Quand on doute si une chose appartient à deux, il faut la leur partager, 3. Un pauvre sans pain doit-il rendre ce qu'il a emprunté pour en acheter? 4. Des domestiques peuvent-ils rester au service d'un maître que leur grand nombre empêche de payer ses dettes? 5. Que doit restituer celui qui a volé un poulain, lequel est devenu un cheval vigoureux? 6. *Quid* si ce cheval a valu jusqu'à 50 pistoles, et qu'il n'en vaille plus que trente? 7.

* Un paysan qui entend crier contre la justice d'un certain impôt peut-il frauder la gabelle? 14. Un marchand qui va prendre chez son voisin une étoffe qu'il n'a pas payé il la revendre plus qu'il ne l'a achetée? 15. Que doit celui dont le chien a fait que des brebis se sont jetées dans un précipice? 18. Cas d'un pauvre qui, pour se chauffer, coupe du bois vert. 19. Cas de celui qui force une maison pour reprendre son bien, et la laisse ouverte, en sorte qu'elle est volée, 21. Que doit, soit une nourrice qui s'est chargée de deux enfants, dont l'un a péri faute de lait; soit un homme qui en a tué un autre par une inadvertance vénielle? 25 et 26.

* Un homme brûle la maison de son ami en croyant brûler celle de son ennemi : à quoi est-il tenu? 29. Que doit celui qui a vendu de bonne foi un bœuf qui est mort le lendemain d'une maladie interne qu'il avait quand il fut vendu? 33. *Voyez*, dans l'auteur, les autres cas qui reviennent à ceux de Pontas.

RESTITUTION EN ENTIER, *page* 554. Un homme devenu majeur peut-il se faire restituer en tout temps contre une vente qu'il a faite dans sa minorité? 1. Le peut-il au sujet d'une succession qu'il a refusée, et qu'un autre héritier a débarrassée? 2. Peut-il se faire restituer contre l'acceptation d'une hérédité qui a beaucoup dépérir par des cas fortuits? 3. La restitution ne doit point empêcher qu'on ne répare les dommages qu'on a causés, 4. Elle ne donne pas droit de répéter ce qu'on a donné par devoir, 5.

Quand un mineur est restitué contre un contrat, le fidéjusseur est-il déchargé de sa caution? 6. Le mineur peut-il toujours revenir contre une vente qu'a faite son tuteur? 7. Quand on obtient des lettres de rescision pour rentrer dans une terre, peut-on s'en servir contre une personne qui l'a achetée de celui à qui on l'avait vendue? 8.

RETRAIT, *page* 556.
RÉVÉLER, *Voy.* CORRECTION, *Empêchement en général*, cas 8 et suiv. MONITOIRE.
REVENDICATION, *page* 558.
RITE et RITUEL, *page* 559.
ROGATIONS, *page* 561. Un Italien pèche-t-il en mangeant de la viande durant les Rogations? 1. Un évêque ayant ordonné qu'on jeûnât pendant les Rogations, des religieux exempts ont-ils pu ne lui pas obéir? 2.
RUBRIQUES, *page* 562.
RURAUX. Biens, Usages, *page* 565.

S

SACREMENTS, *page* 567. Peut-on demander les sacrements à un mauvais curé? 1. Peut-on les recevoir d'un mauvais prêtre qui n'est pas curé? 2.
Voy. ABSOLUTION, CONFESSION, CURÉ.
SACRILÈGE, *page* 568. * SACRILEGIUM, *page* 1275. Un vol fait dans l'église est-il un sacrilège? 1 et ' 1. Un homme qui brûle un testament pour soustraire à l'église un legs qui lui était fait est coupable de sacrilège, 2. L'est-on quand on abuse de l'Écriture pour faire des plaisanteries? ' 4. ou qu'on communie sans retourner à confesse, quoiqu'on se rappelle un péché mortel? ' 3.
SAISIE, *page* 573.
* SALUTATIO ANGELICA, *page* 1277. Un curé qui ne fait pas sonner l'*Angelus* pèche-t-il? 1. Gagne-t-on l'indulgence dans le temps pascal en disant l'*Angelus*? 2.
* SATISFACTIO. *Voy.* L'PÉNITENCE ENJOINTE.
SCANDALE, *page* 577. Un curé doit-il quitter une bonne œuvre quand elle occasionne du scandale? 1. Celui qui a un droit certain à une cure doit-il y renoncer quand tout le peuple veut son compétiteur? 2. Faut-il abandonner une dîme légitime parce que le peuple fronde comme un avare celui qui la lève, ou cesser de prêcher contre l'usure parce que la multitude en est choquée? 3 et 4. Un juge peut-il ne pas faire son devoir pour éviter le scandale qui en résulterait? 5.

Un fils unique doit-il s'abstenir d'entrer en religion parce que sa famille est scandalisée de son dessein? 6. Celui qui fait une action indécente devant des témoins ne peut être excusé du péché de scandale, 7. Une fille doit-elle ne pas sortir quand elle sait qu'elle sera un sujet de scandale à un libertin? 8. Peut-on écarter un grand scandale par un mensonge officieux? 9. Un officier chrétien peut-il soutenir son prince quand il se prosterne devant ses idoles? 10. Un prêtre esclave à Alger peut-il manger de la viande en carême, quand on ne lui donne que cela, et qu'on lui dit en riant du mépris de la religion? 11.
SCANDALE, HOMICIDE SPIRITUEL, *page* 581.
SCRUPULE, *page* 583. Principes pour résoudre les cas qui regardent les scrupules sur la foi, les mauvaises pensées, etc., leurs causes, etc., 1. Conduite que doit garder un directeur d'une communauté scrupuleuse? 3. Un homme scrupuleux doit-il croire qu'il a oublié un péché mortel? 2. Règles à suivre par rapport à ceux qui ne savent s'ils ont été contre leur conscience? 4.

Un prêtre scrupuleux qui interrompt son office pour écrire ses péchés fait-il mal? 5. Que penser d'une personne pieuse qui retourne deux ou trois fois à confesse quand elle veut communier? 6. Il ne faut absolument point permettre de nouvelles confessions à un scrupuleux, 7. Faut-il lui permettre de répéter son office? 8.
SECRET, *page* 591. Doit-on révéler un crime secret, quand le juge ou le supérieur l'ordonne? 1 et 2. Que faire quand on ne peut garder le secret sans faire tort à un innocent, ou le violer sans faire tort à celui à qui on l'a promis? 2. On ne doit pas garder un secret quand il s'agit d'empêcher le dommage d'un tiers, 3. Précautions à prendre pour ne pas violer la foi du secret et empêcher le mal d'un voisin, 4. Conduite à garder quand il s'agit de violer le secret au sujet d'un crime injurieux au prince, 5.

Comment oblige un secret confié à condition qu'on le gardera comme si on le savait par la confession? 6. Un chanoine va-t-il contre la loi du secret quand il découvre la mauvaise manière dont on a parlé de lui au chapitre? 7. Un supérieur peut-il commander à un de ses frères de lui révéler une chose qu'il ne sait que sous le secret? 8. Un portier de séminaire ne peut ouvrir les lettres qu'on écrit à ceux qui y demeurent, 9. *Quid* d'un mari qui ouvre les lettres écrites à sa femme, ou d'un supérieur qui ouvrirait des lettres de consultation? *ibid*.

SECRÉTAIRE, *page* 597. Le secrétaire d'un évêque peut-il exiger une taxe pour les provisions de bénéfices, les dimissoires, etc.? 1. Un bénéfice obtenu en régale doit-il être signé par un secrétaire d'État? 2.

SEIN, *page* 599. Une femme ne peut le découvrir pour suivre la coutume, 1. Son curé peut-il lui refuser la communion quand elle se présente à la sainte table dans un état immodeste? 2. Une dame est obligée à beaucoup de retenue, même devant les femmes qui la servent, 3.

SÉPARATION DE BIENS, *ibid*.

SÉPULTURE, *page* 603.* SEPULTURA, *page* 1285. Un curé doit-il refuser la sépulture à un pécheur public qui est mort dans l'ivresse? 1. Son vicaire peut-il, à cause de la distance des lieux et la rigueur des chemins, enterrer dans un lieu non bénit? 2. Peut-on vendre à une paroisse voisine le droit qu'on a d'enterrer dans son cimetière? 3. Faut-il enterrer dans sa paroisse un homme mort subitement, et sans avoir désigné le lieu de sa sépulture? 4. Où doit-on enterrer un enfant mort sans baptême? 5.

* Si cet enfant avait été baptisé sous la condition, *si vivis*, on devrait l'enterrer en terre sainte, 1. Que faire du corps d'un jeune homme qui s'est tué en volant des fruits? 2. Un prêtre qui est d'une confrérie ne doit pas se faire enterrer avec les habits que portent les confrères, 3. Un homme de bien ordonne qu'on l'enterre sans aucune pompe : le curé a-t-il droit de s'y opposer? 4. Un combat singulier qui se fait sur-le-champ prive t-il un homme du droit de la sépulture ecclésiastique? 5.

SÉQUESTRE, *ibid*.

SERMENT DE FIDÉLITÉ, *page* 605. Que peut, en fait de juridiction, un évêque qui n'a pas encore prêté serment de fidélité? 1. Après ce serment prêté la régale est close, quoique l'évêque n'ait pris possession que par procureur, etc., 2. Celui qui a un brevet de serment de fidélité peut-il être prévenu par la nomination de l'évêque? 3.

SERVITUDES, *page* 607. Celui qui doit la servitude d'un passage doit-il le réparer? 1. A qui est-ce à réparer un mur qui doit porter une maison voisine ou les poutres de cette maison? 2 et 3. Suffit-il à un homme qui n'est pas en état de réparer un mur d'abandonner la propriété du fonds? 4.

Le droit de servitude peut-il se céder ou se vendre à un tiers? 5. Un homme qui rachète le droit d'élever plus haut sa maison ne peut en user de manière à éteindre une autre servitude qu'il n'a pas rachetée, 6. Combien faut-il d'années pour prescrire contre un droit de servitude? Peut-on prescrire ce droit, et comment? 7.

SIMONIE, *page* 611. ' SIMONIA, *page* 1287. Commet-on une simonie, au moins réservée, quand on donne quelque chose d'un très-petit prix pour un bénéfice? 1. Est-on coupable de simonie quand on donne de l'argent à un habile homme afin qu'il ne se présente pas au concours? 2. Un évêque élu peut-il faire des présents à un pacha pour en obtenir la permission de faire ses fonctions? 3. Celui à qui on refuse injustement son *visa* peut-il l'obtenir à prix d'argent? 4. Est-on simoniaque quand on donne de l'argent à un patron, à la vérité sans lui rien demander, mais dans le dessein d'en obtenir un bénéfice? 5.

Est-on coupable de simonie quand on promet une somme qu'on a bien résolu de ne pas payer? Encourt-on alors les peines canoniques? 6. Que dire de celui qui dit avoir résigné purement et simplement son bénéfice, et qui, huit jours après, emprunte une somme de la mère du résignataire, etc.? 7. Est-on simoniaque quand on sert un ministre dans la vue d'obtenir une abbaye? Trois espèces de simonie. Remarque sur le *munus ab obsequio*, 8. Cas d'un grand vicaire qui ne sert l'évêque que pour en obtenir une prébende, 9. L'évêque peut récompenser des services spirituels, 10.

On ne peut donner une prébende à un neveu pour avoir plus de crédit dans le chapitre, etc., 11; mais on peut faire du bien à des chanoines afin qu'ils ne fassent pas de mal dans les délibérations capitulaires, 12. Peut-on donner un prieuré à un parent généreux, dans l'intention qu'il soutienne sa famille? 13; ou uniquement à cause de la recommandation d'un ami ou pour s'attirer de l'estime en faisant un bon choix? 14.

Cas d'un homme qui ne prend les ordres et un bénéfice que pour vivre plus à son aise, 15. Est-on simoniaque quand on exige d'un résignataire qu'il rembourse les frais des provisions ou de la dépense qu'on a faite au presbytère? 17 et 18. *Quid* si le résignant exige que le résignataire donne tant aux pauvres de la paroisse? 19. Deux personnes qui plaident pour une cure peuvent-elles faire un traité au moyen duquel l'un cédera la cure et l'autre lui procurera une chapelle et le remboursera des frais qu'il a faits dans la poursuite du procès? 20.

Celui qui, dégoûté d'un procès, cède une cure litigieuse, peut-il stipuler qu'on lui tiendra compte de la desserte qu'il en a faite pendant six mois? 21. Un traité fait avec beaucoup de conventions est-il exempt de simonie? 22 et 23. Peut-on demander caution bourgeoise pour la sûreté d'une pension qu'on se réserve? 24. Y a-t-il simonie à fonder un canonicat dans le dessein d'y être nommé par le chapitre? 25. Pourrait-on au moins fonder une chapelle dans le dessein de l'obtenir et de l'échanger contre une prébende? 26.

Un père ne peut constituer un titre à un homme pourvu d'une chapelle afin qu'il la permute avec celle de son fils, 27. Un ordre ne peut non plus céder un prieuré à un autre ordre sous condition d'une rente annuelle, 28. Est-il permis d'exiger et de payer *le droit de chape*? 29; ou de donner des gants? 36. Peut-on faire un présent à un homme pour qu'il n'empêche plus qu'un patron donne un bénéfice? 30. Cas où l'on peut se rédimer d'une injuste vexation, 31, 32 et 33.

Puis-je donner un bénéfice à un homme pour qu'il me paye une dette? 34 ; lui faire entendre que je lui céderai mon bénéfice s'il agrée que j'épouse sa nièce? 35. Deux évêques en dispute sur certains droits peuvent-ils les partager entre eux? 36. Cas où le partage ne serait pas exempt de simonie, 37. Un homme absous de sa simonie ne peut retenir son bénéfice : est-il inhabile à en recevoir d'autres? 38. Doit-on quitter un bénéfice obtenu par une simonie que l'on a ignorée? L'évêque peut-il dispenser en ce cas? 39. Peut-on exercer les fonctions d'un ordre reçu par une simonie qu'on n'a pas connue? 40.

Celui qui obtient par simonie un bénéfice est-il privé de celui qu'il possédait canoniquement? 41. *Quid* quand son ennemi a donné de l'argent afin qu'il fût mal pourvu? 42. *Quid* encore si, après s'être opposé à la simonie, il a payé la somme qu'on avait promise en sa faveur? 43. La possession triennale sert-elle dans le cas d'une simonie occulte? 44. Par qui peut être absous et dispensé un évêque simoniaque? 45. Est-on sujet aux peines canoniques pour une simonie mentale, et non exécutée, ou seulement exécutée d'un côté? 46 et 47.

A qui faut-il restituer un argent qui est le prix de la simonie? 48. Celui qui achète des voix pour être provincial encourt-il les peines? 49. Est-on simoniaque quand on achète une charge d'aumônier ou de roi pour attraper un bénéfice? 50. Peut-on acheter une charge de chapelain ou de clerc de chapelle? 51 et 52. Encourt-on alors les peines? *ibid*. Par qui peut être absous celui qui a été ordonné par simonie? 54. Le pape peut-il dispenser de toute simonie? *ibid*.

Peut-on sans simonie briguer un emploi de sacristain qui oblige d'administrer les sacrements, et si on le fait, encourt-on les peines? 55. *Quid* si on donne de l'argent pour être vicaire, ou qu'un chapitre en exige pour recevoir deux clercs avec une expectative de la place d'agrégés? 56 et 57. Un curé peut-il recevoir de l'argent quand il administre les sacrements? 58. Peut-il, si on lui en refuse, refuser le baptême? A qui s'adresser en ce cas? 59. Est-il permis de faire payer pour l'absolution des censures, pour des dispenses, pour l'examen des prêtres? 50, 61 et 62.

Peut-on vendre un calice quelque chose de plus, à cause qu'il est consacré, ou un reliquaire, parce qu'il y a des reliques? 63 et 64. Un riche couvent peut exiger une pension du noviciat, 65. Peut-il stipuler pour les médicaments de cette même année? 66. Peut-on offrir une terre à une maison où l'on veut embrasser l'état religieux? 67. [La remarque sur ce cas n'est pas tout à fait juste.] Un couvent peut-il exiger une somme pour admettre à la profession? 68. Le peut-il quand il est bien fondé, mais qu'il y a de grandes réparations à faire? 69. Un père qui donne beaucoup plus qu'il ne faut, pour faire recevoir sa fille est-il coupable de simonie? 70. Que penser d'un seigneur qui, en vue d'un présent, obtient pour un autre une place gratuite dans un couvent? 71. La simonie, en fait de pension ecclésiastique, n'induit les peines, 72. Il n'y a point de simonie à donner de l'argent à un pauvre afin qu'il prie pour le gain d'un procès, 73. Un juge qui vend la justice est-il simoniaque? 74.

* La possession triennale sert-elle partout à un homme dont la famille lui a procuré des suffrages par argent? 1. Celui qui, déjà la voix de la plus grande partie, en achète encore une pour être nommé plus honorablement, est-il bien pourvu? 2. L'est-il, s'il fait des présents à un homme pour qu'il prône ses talents à un patron? 3. Un vicaire qui ne veut pas bénir des maisons à Pâques si on ne lui fait les présents accoutumés, pèche, 4. Celui qui vend plus cher une médaille bénite peut-il être absous par un simple confesseur? 5. Que penser d'un pasteur qui ne veut lustruire que les enfants de ceux qui lui font des présents? 9.

Société, page 641. * Societas, page 1291. Deux associés, dont l'un a mis son argent, l'autre sa seule industrie, peuvent partager, 1. S'il n'y a point de profit, celui qui n'a mis que son industrie doit-il tout perdre ? 2. Comment doit-on partager dans ces cas, quand on n'a point stipulé la portion de gain que chacun aurait ? 3. Que penser de la société de trois contrats ? 4. Que penser de celle où il n'y en a que deux ? 5 et 6. Quand deux associés mettent une égale somme d'argent, l'un peut-il stipuler que l'autre lui donnera tant à tout événement ? 7.

Un associé qui met son argent peut-il assurer une somme fixe à celui qui ne met que son industrie ? 8. Suffit-il, pour qu'une société soit juste, qu'un associé coure une partie des risques ? 9. Elle peut être juste, quoiqu'un des deux associés doive avoir plus de gain, etc., 10. Quand un associé a fait des avances pour le bien de la société, les autres sont tenus solidairement de l'indemniser, 11. Un associé qui a négocié pour sa compagnie doit-il répondre de la perte qu'elle essuie par une banqueroute ? 12.

Un associé qui a été volé dans un voyage qu'il faisait pour la société doit-il être dédommagé par l'autre ? 13. Le doit-il être, si, pendant son voyage, ses affaires ont beaucoup dépéri ? 14. Quand, pour la sûreté d'un vaisseau, on a déchargé les effets d'un seul associé dans une barque qui périt, les autres doivent partager la perte, 15. Un associé est tenu d'une faute légère. Il peut même l'être d'un cas fortuit, 16. Le grand bien qu'il aurait procuré d'ailleurs à la société devrait-il alors entrer en compensation ? 17. Des associés qui ont vu l'opération de l'un d'eux, sans réclamer, peuvent-ils le rendre responsable de la perte qui s'en est suivie ? 18.

Que dire d'un homme qui donne tant de bétail à un autre pour être à lui rendu selon l'estimation qu'ils en font ? 19, 20 et * 1. Quid si le bailleur se chargeait du risque de ses bêtes ? 21 ; ou qu'en en chargeant le preneur, il lui cédât un plus grand profit pour le dédommager ? 22 ; ou qu'il se chargeât d'une partie des risques ? 23. La société qu'on nomme *Cheptel* est-elle exempte d'usure ? 24. Que dire de celle où on donne des bêtes pour trois ans, à condition que le preneur sera tenu de la perte, même fortuite des deux dernières années, mais que pour le dédommager il aura les deux tiers du profit ? 25.

Le contrat de gazaille est-il permis, et sous quelles conditions ? 26. Le preneur doit-il en être cru quand il affirme que tant de bêtes à lui remises ont péri sans sa faute ? 27. La société finit-elle quand un associé vient à mourir ? 28. Peut-on obliger son héritier à y entrer ? 29. *Quid* si les associés étaient convenus qu'un d'eux mourant, son héritier prendrait sa place ? 30.

— Sodomie, page 663. Ceux qui ont le malheur d'y tomber sont-ils irréguliers et privés, par le seul fait, de leurs bénéfices ? 1 et 2. Peuvent-ils prendre les ordres s'ils se sont convertis ? 3.

Solliciteur, *ibid.* Voyez Procès.

— Sommations Respectueuses, *ibid.* A quel âge et comment on doit les faire. Une fille qui veut entrer en religion a-t-elle besoin de ces sortes de sommations ?

Songe, page 665. Peut-on croire aux songes ? 1. Doit-on se troubler de ceux qui sont contraires à la pureté ? 2.

Sorcier, page 667. Comment un confesseur doit-il interroger un homme qui s'accuse de sortilège ? Différentes espèces de magie, 1. Y a-t-il des sorciers, et à quel signes peut-on les connaître ? 2. Que penser de la baguette divinatoire ?

Soupçon, 671. Peut-on condamner de péché une mère qui, sur un simple soupçon, défend à sa fille de voir un jeune homme qui paraît sage ? 1. Un mari peut-il, sur de certains soupçons, se séparer du lit de sa femme ? 2. Peut-on juger mal de deux jeunes personnes parce qu'elles ont des manières trop libres ? 3.

— Sourd et Muet, page 673. Peut-on absoudre et communier un sourd et muet, soit à la mort, soit pendant la vie ? 1 et 2. Un curé qui néglige le salut d'un sourd et muet, pèche très-grièvement, 3.

Soutane et Soutanelle, p. 677. V. Habit ecclésiastique.

Spécification, page 673.

* Sponsalia, page 1293. Voyez Fiançailles.

— Stellionat, ce que c'est, page 677. Le stellionat est-il péché mortel de sa nature ? 1. Une femme qui, conjointement avec son mari, vend du cuivre pour de l'or, peut-elle, après sa mort, être poursuivie comme stellionataire ? 2. Les associés d'un stellionataire peuvent-ils être poursuivis comme lui ? 3. Un diacre condamné pour stellionat est irrégulier, 4.

* Stuprator, page 1297.

Substitution, page 677.

Succession, page 679.

Superstition, sa nature et ses espèces, page 685. * Superstitio, page 1297. La pratique d'appliquer une clef rougie sur la tête des animaux est-elle superstitieuse ? 1. Celle de guérir les malades avec un certain nombre de prières l'est-elle ? 2. Peut-on, sans superstition, croire qu'en portant le scapulaire on ne meurt point sans confession ? 3 ; ou qu'on guérira un malade, soit en lui appliquant de certaines herbes, soit en récitant certaines oraisons, etc.? 4. Peut-on manger du pain bénit pour être préservé de la rage ? ou croire que certaines choses annoncent la tempête ? 5 et 6. Y a-t-il superstition à prier devant une image de la Vierge pendant que le saint sacrement est exposé ? 7.

Suspense, page 691. Effets de la suspense *ab ordine* et *a jurisdictione*, dans un évêque, 1. Un prêtre qui entre au cabaret contre un statut qui le défend s us peine de suspense *ipso facto* pèche mortellement. Par qui peut-il être absous ? 2. *Quid* s'il n'est pas entré au cabaret dans son propre diocèse, mais dans un diocèse voisin ? 3 ; ou qu'ayant établi ailleurs son domicile, il ait ignoré la loi ? 4. Un acolyte qui la transgresse est-il suspens de ses ordres ? 5.

Encourt-on la suspense quand on se fait ordonner sans examen, ou hors de son diocèse sous un faux dimissoire, ou avant l'âge sous un faux extrait de baptême, ou par un évêque qui s'est démis de son évêché ? 6, 7, 8 et 9. Celui qui est ordonné par un prélat qu'il a servi longtemps n'est pas suspens. Peut-il se faire ordonner par son successeur ? 10. Peut-on, sans encourir la suspense, prendre un bénéfice hors de son diocèse uniquement pour s'y faire ordonner ? 11. Est-on suspens *propter crimen pessimum* ? 12.

Un prêtre d'Angers qui célèbre à Paris sous un faux *exeat* est-il suspens ? 13. Peut-on faire les fonctions de diacre quand on a été suspens des fonctions sacerdotales, ou faire celles-ci quand on est suspens de celles-là ? 14 et 15. Quand on est suspens *a beneficio*, en perd-on le titre ? 16. Pourrait-on alors le permuter, le résigner, etc ? 17. Un curé suspens *ab officio* peut recevoir les fruits de son bénéfice, 18. Quand son évêque le suspend *a beneficio*, est-il suspens des bénéfices qu'il a dans d'autres diocèses ? 19.

Un homme suspens dans son diocèse l'est-il encore quand il passe dans un autre ? 30. Celui qui a été suspens *ab ordine et officio* ne peut recevoir une cure ailleurs, 21. Un curé suspens *a beneficio* peut-il recevoir un canonicat ? 22. Peut-il se réserver une pension sur le bénéfice dont il est suspens ? 23. Un homme marié qui prend les ordres à l'insu de sa femme est suspens. Par qui peut-il être absous ? 24. Un diacre qui se marie l'est aussi, 25. On l'est encore quand on célèbre un mariage sans permission, ou qu'étant apostat on reçoit les ordres, ou qu'on les reçoit après avoir été refusé à l'examen, ou bien avoir encouru l'excommunication, 26, 27, 28 et 29.

Est-on suspens quand on est décrété d'ajournement personnel ou de prise de corps ? 30. Une défense de célébrer pendant deux mois est-elle une véritable censure, dont le violement induise l'irrégularité ? 31. Un homme suspens pour trois mois peut célébrer après ce temps sans absolution, 32. Un prêtre qui a encouru la suspense à Paris par la transgression d'un statut peut-il, de retour chez lui, en être absous par son évêque ? 33. Faut-il qu'il recoure au pape s'il a encouru l'irrégularité ? *ibid.* Un curé qui a appelé au métropolitain peut-il être absous de sa suspense *ad cautelam*, et s us quelles conditions ? 34. Un prêtre qui marie pour la faute d'un autre, 35.

T

Tabac, page 707. Voy. Messe, cas *André.*

Tableaux, *ibid.*

Taille, page 709. Des collecteurs qui, pour plusieurs raisons, imposent un riche fermier à beaucoup moins qu'il ne doit payer, sont-ils tenus à restituer ? 1. Le sont-ils quand ils laissent imposer la taille par un tiers qui l'impose mal ? 2. Celui qui est obligé de faire un voyage, et qui met en sa place pour asseoir la taille un homme de bien, doit-il, quand il est de retour, présumer que ce substitut n'a point eu de part aux injustices qui ont été commises dans l'assiette de la taille ? 3. Un fils doit-il présumer que son père a fait son devoir quand il a été collecteur dans une paroisse où depuis 15 ans les pauvres sont surchargés ? 4.

Un homme qu'on n'ose imposer comme il devrait l'être doit-il s'imposer lui-même ? 5. Que penser de plusieurs officiers de justice qui, en changeant l'ancienne manière d'asseoir la taille, la rendent très-onéreuse aux pauvres ? 6. Les asseyeurs peuvent-ils imposer à beaucoup moins les fermiers d'un seigneur qui a obtenu une diminution de taille à la paroisse ? 7. Un homme qui par artifice paye moins de taille qu'il ne doit est-il obligé à restituer quand il a beaucoup de dettes ? 8. Un prince peut-il exempter de la taille, comme son domestique, un homme qui ne le sert point ? 9. Peut-on décharger, en tout ou en partie, la mère d'un curé, en considération des dépenses qu'il a faites dans son église ? Cette femme doit-elle le dixième, quand on ne le lui demande pas? 10.

TAILLEUR D'HABITS, page 717. Peut-il faire des habits très-propres à servir l'immodestie du sexe? 1. Peut-il garder un écu qu'il a fait rabattre au marchand, à cause de ce qu'il fait d'une étoffe, défaut qu'il a caché avec beaucoup d'adresse? 2. Peut-il se faire payer du temps qu'il met à acheter le drap qu'on le prie de lever, ou retenir les remises que lui fait le marchand? 3. Le tailleur qui achète chez les fabricants peut vendre comme les marchands en détail, 4. (Mais lui est-il permis d'être mercier?) Lui est-il permis de retenir des morceaux d'étoffes, et de les vendre pour faire des bonnets d'enfants? 5. Doit-il restituer, quand il n'empêche pas qu'une de ses pratiques soit trompée sur le prix du drap? 6.

— TARIF des sommes qui doivent être payées aux expéditionnaires de cour de Rome et de la légation, pour cause de dispenses de mariage, page 721.

TÉMOIN, page 723. Un frère, une femme, un confesseur, doivent-ils déposer contre un homicide? 1. Un homme doit-il témoigner contre un homme dans le même cas? 2. Peut-on déposer quand on a promis avec serment au coupable de ne le pas faire? 3. Un témoin unique doit-il déposer quand le juge n'agit que par haine? 4. Doit-on déposer quand on ne sait le crime que sous la foi du secret? 5. Peut-on user d'équivoque en déposant? 6. Doit-on déposer sur un meurtre, ou sur un vol, quand on sait que l'un n'a été fait que par nécessité, et l'autre qu'à titre de compensation? 7 et 8.

Que doit faire le juge quand deux témoins accusent un homme, et que deux le justifient? 9; ou qu'un dit qu'il a tué un homme le lundi, et l'autre le mardi, ou qu'ils ne sont pas d'accord sur d'autres circonstances? 10, 11 et 12. Peut-on en croire des témoins repris ou justice pour raison de faux? 13. Cas dans lesquels on peut croire un seul témoin, 14. Le témoignage de ceux qui vont déposer sans en être requis est-il recevable? 15. Un faux témoin doit-il révoquer son témoignage aux dépens de sa vie, pour sauver celle d'un innocent qui va être exécuté? 16.

Celui qui dépose faux sur une chose de nulle conséquence pèche-t-il mortellement? 17. Une déposition faite devant un notaire, et non devant le juge, suffit-elle à le dernier pour agir? 18. Un fiancé, des parents, etc., peuvent-ils déposer en matière civile, telle qu'est une dette? 19. Déposition des domestiques, ibid. Cas où quatre témoins déposent qu'un tel est possesseur d'un bois depuis 50 ans, et six, qu'il est possesseur depuis plus de quarante, 20. Cas d'un curé qui, contre l'ordonnance de 1697, a célébré un mariage devant deux témoins, 21. Un évêque assigné en témoignage peut-il demander que le juge se transporte chez lui? Voyez TONSURE, cas 10.

TENTER DIEU, page 735. Un voyageur tente Dieu, lorsque sans raison il prend une route dangereuse, 1. Pèche-t-on toujours mortellement, lorsqu'on tente Dieu? 2. Le tente-t-on, lorsqu'on récite son office sans préparation? 3.

TESTAMENT, page 737. Un testament dicté devant trois témoins est-il valide? Différentes espèces de testaments. De quelles formalités a besoin un testament fait en temps de peste? 1. Le testament d'un impubère est nul. L'est-il quand il meurt après l'âge de puberté, sans y avoir touché? 2. Celui d'un garçon âgé de vingt ans, mais qui est encore sous la puissance paternelle, est-il bon? 3 et 4. Un novice peut-il faire un testament, et au profit de qui? 5. En faveur de qui peut tester celui dont tout le bien provient de ses bénéfices? 6.

Le testament d'un homme interdit à raison de prodigalité est-il valable? 7. Celui d'un homme tombé en démence peut-il l'être? 8. Que dire de celui d'un muet, 9; d'un bâtard, 10; d'un homme mort civilement, 11; d'un étranger mort en France? 12 et 13. Quand un homme a deux neveux qui portent le même nom, et qu'il n'en désigne aucun, son testament est-il nul? 14. L'est-il, si le testateur par deux actes faits en même temps, a désigné deux légataires différents? 15. Un héritier qui par ordre du testateur a délivré une terre à un autre héritier, lequel en a été évincé, doit-il la lui garantir? 16.

Quand un aîné jouit, en vertu du testament de son père, d'une terre de 600 livres, avec ordre de la remettre à son frère après sa majorité, et de lui faire interim 200 liv. de pension; si cet aîné vient à mourir, sous qui son fils à jouir de cette terre, ou au frère du défunt? 17. Des parents mal à leur aise peuvent-ils faire casser un testament fait en faveur de leur concubine, 18. Un père qui n'a que des cousins peut-il faire son héritier un fils adultérin ou incestueux? 19. Un premier testament, qui plus devenu fou de faire une nouvelle disposition, revit-il, quand ceux en faveur de qui il avait été fait meurent avant le testateur? 20.

Un testament est-il nul quand il manque de certaines formalités, par exemple quand il est fait par-devant un notaire, et un témoin? 21 et 22. Subsiste-t-il, lorsque celui qui l'a fait déclaré devant plusieurs personnes qu'il ne veut pas qu'il ait lieu, et qu'il en commence un autre que la mort l'empêche de finir? 23. Est-il valide quand il est reçu en l'absence du curé par un vicaire et quatre témoins? 24. Que penser d'un testament fait devant des témoins, dont l'un est devenu insensé, et l'autre est mort civilement? 25. Un homme peut-il en charger un autre de lui choisir un héritier? 26.

Un testament signé par un impubère et par des femmes est-il bon? 27. Qu'entend-on par témoins idoines? ibid. Un testateur peut-il défendre à son héritier de se porter héritier bénéficiaire? 28. Un frère peut-il retenir la portion du bien de son frère qui a été déshérité? 29. Causes d'exhérédation, ibid. Un fils peut-il déshériter son père, et en quels cas? 30. Quand une maison a été léguée pour causes pies, l'exécuteur testamentaire peut-il différer à la vendre? 31. Doit-on tenir compte à celui-ci d'un legs qu'il a payé trop précipitamment? 32. Un religieux peut-il être exécuteur d'un testament? 33.

THÉOLOGAL, page 753. Peut-on nommer à une théologale un docteur en droit canon, faute d'autres? 1. Peut-on y nommer un religieux? 2. Un théologal peut-il s'absenter ou manquer à l'office canonial? 3 et 4. A-t-il droit aux distributions quand l'évêque l'emploie à une mission au dehors? 5. Peut-on résigner une théologale à un neveu très-vertueux qui en fera les fonctions par un autre? 6.

— THÉOLOGIEN, page 755; livres dont il peut se pourvoir, page 757. Après l'article du P. Antoine, ajoutez : Il n'est même pas exempt de fautes dans ses décisions, non plus que Pontas et les autres qu'on vient de citer. Mais on l'a dit plus d'une fois, un bon livre n'est pas celui qui est sans défaut, c'est celui qui en a moins.

TITRE ECCLÉSIASTIQUE, page 771. Fautes plus communes en matière de titre ecclésiastique, 1. Quand des témoins déclarent sur un fonds assigné pour titre vaut plus qu'il ne vaut en effet, ce titre ne suffit-il pas, puisque ces témoins sont tenus par l'ordonnance d'y suppléer? 2. Celui qui reçoit les ordres sans titre est-il suspens? 3. Le titre fait par un père à son bâtard est bon, 4. Le serait-il si le fonds sur lequel il est assigné ne suffisait pas pour payer les dettes du père? 5. Un prêtre ordonné sous un titre patrimonial peut-il aller sans exeat servir dans un autre diocèse? 6.

Un bénéfice obtenu par une simonie non connue du pourvu peut-il, quand il la connaît, lui servir de titre? 7. Une prestimonie peut-elle en servir? 8. Un évêque peut ordonner sans titre un bon sujet dans le dessein de le placer, 9. Le titre de religion suffit à un religieux, mais avec certaines précautions, 10. Quid s'il était relevé de ses vœux? ibid. Peut-on retenir un bénéfice qui a servi de titre pour le sous-diaconat ou pour la prêtrise? 11 et 12.

Un fils peut-il souffrir que son père aliène son titre? peut-il en exiger le revenu de celui qui a acheté le fonds? 13. Un curé ne peut-il pas omettre la publication d'un titre, quand il est notoire que le futur ordinand a beaucoup plus de bien qu'il ne lui en faut? 14. Peut-on révoquer un titre quand on vient à avoir des enfants, après l'avoir constitué? 15. Une terre qui sert de titre est-elle exempte des droits dont sans cela elle serait tenue à l'égard des traitants? 16.

TONSURE, page 779. Un sous-diacre qui ne porte ni tonsure, ni cheveux courts, pèche-t-il mortellement? 1. Un simple tonsuré doit-il réciter l'office ou y assister? 2. Peut-on prendre la tonsure pour avoir un bénéfice avec dessein de rester clerc? 3. Un irrégulier peut-il recevoir la tonsure sans dispense? 4. Quel évêque peut choisir pour la tonsure un homme né dans un lieu, domicilié dans un autre, et à qui on offre un bénéfice dans un troisième? 5.

Raymond, né et ondoyé à Tréguier, a-t-il pu recevoir à Rennes la tonsure sur le dimissoire de l'évêque de Vannes, parce qu'on lui a suppléé à Vannes les cérémonies du baptême? 6. Un évêque peut-il être tonsurés trois frères dont l'un est né à Paris, où son père et sa mère sont domiciliés, l'autre à Turin, où ils étaient allés à la foire; et le dernier sur mer? 7. L'évêque peut-il ordonner un aveugle pour la tonsure à beaucoup de piété? 8. Peut-on validement nommer à un bénéfice un homme qui n'est pas encore tonsuré? Un évêque peut refuser la tonsure sans rendre compte des motifs qui l'y engagent, 10.

TRANSACTION, page 785. Un homme accusé d'un crime par un autre peut-il transiger avec lui pour le faire désister de son accusation? 1. Un transigeant peut-il quelquefois revenir contre la transaction? 2. Une transaction faite après la sentence du juge, qui n'était pas connue, doit-elle subsister? 3. Deux plaideurs peuvent-ils convenir que l'un ait l'archidiaconé et l'autre la prébende qui y est annexée? 4. Une transaction qui oblige à donner deux chevaux subsiste-t-elle quand celui qui devait les fournir les a tous perdus par un incendie? 5

Trésor, *page* 789. De l'argent de nouvelle fabrique trouvé dans un champ ne fait pas un trésor. Comment les trésors se partagent-ils? 1 et 2. A qui appartient un trésor trouvé dans l'église? 3. Celui qui par de vieux monuments trouve un trésor peut-il se l'approprier? 4. Pourrait-il acheter au prix commun le champ où il sait qu'il est enterré? 5.

— Trésorier, *page* 791. Principes des canonistes sur cette matière.

— Trésoriers de France, *page* 793. Ont-ils le droit d'indult, peuvent-ils connaître des décimes?

— Trouble au service divin, *ibid.* Est-ce un cas privilégié? A qui appartient-il d'en connaître?

Tuer, *ibid.* * Homicidium, *page* 1183. Peut-on tuer un scélérat qui va chez le juge pour accuser un innocent? 1. Le peut-on pour sauver sa vie? 1. Pourrait-on le tuer dans l'ivresse, ce qui sera cause de sa damnation? 2. Celui qui a attaqué injustement, mais qui a offert de cesser le combat, est-il vraiment homicide quand il tue? 3. L'est-on quand on frappe une femme enceinte qui accouche d'un enfant mort? Que dire de celui qui tue un homme par hasard, 5, ou qui tue un proscrit dans la vue d'obtenir la récompense promise à ceux qui en débarrasseront l'Etat?

On ne peut tuer comme un proscrit un homme simplement condamné à mort, 7. Un soldat peut-il achever un autre soldat qui l'en prie? Peut-il tuer un soldat ennemi qui passe son chemin, ou qu'il fait prisonnier? 6 et 7. Une fille peut-elle se tuer pour n'être pas son oppresseur? 8. Peut-on tuer un voleur qu'on ne peut arrêter, etc.? 10; ou un injuste corsaire qui maltraite pour faire abjurer la religion? 11.

Un juge coupable d'un crime qui mérite la mort peut-il se la donner à lui-même? 12. Peut-il, pour apaiser une sédition, livrer aux séditieux un innocent qu'ils vont faire périr? 13. Peut-il livrer aux ennemis un innocent pour empêcher qu'une ville ne soit saccagée? 14. Est-il permis de tuer l'animal de son ennemi? 15. Est-il permis de se mutiler, pour éviter les tentations, ou d'en mutiler un autre, pour qu'il ait une belle voix? 16. Un prélat, prince souverain, peut-il tuer un homme digne de mort? 17.

— Tutelle. Ses différentes espèces, *page* 801. Un juge peut-il donner sa marraine pour tutrice à sa filleule? 1. Une belle-mère peut-elle être tutrice des enfants d'un premier lit? *ibid.* Une mère qui se remarie, et une autre qui vit impudiquement, perdent leur tutelle, 2.

— Tuteur, *page* 803. Tuteur subrogé, *page* 807. Peut-on donner pour tuteur un homme suspect d'hérésie, ou qui a peu de religion? 1. Un tuteur ne peut marier son fils avec sa pupille. Le protuteur le peut, 2. Le tuteur répond-il des effets qui se sont détériorés parce qu'il ne les a pas vendus? 3. Est-il tenu des intérêts de l'argent qu'il n'a pas placé? 4. L'est-il de ceux dont il tire un prêt usuraire? 5 et 6.

Un tuteur qui a laissé périr quelque bien de son pupille par une faute légère, ou très-légère, doit-il le dédommager? 7 et 8. Un tuteur, qui moyennant une somme donnée à l'autre tuteur, s'est fait décharger d'une tutelle, doit-il répondre au mineur des dommages que ce dernier tuteur lui a causés? 9. Un tuteur qui achète une charge portant exemption de tutelle est-il par là déchargé de celle à laquelle il avait été nommé? 10. Celui qui a été nommé tuteur, et qui plaide pour ne l'être pas peut-il dans cet intervalle négliger les affaires du pupille? 11. Un père est-il tenu de la mauvaise gestion d'une tutelle confiée à son fils? 12.

Un tuteur déchargé de tout événement pourvu qu'il consulte la mère de son pupille, l'a consultée et a très-mal réussi : n'est-il tenu à rien? 13. Peut-on nommer un autre tuteur que celui que le père avait donné à son fils? 14. Celui qui a répondu mal à propos de la solvabilité d'un tuteur doit-il payer pour lui? 15. Un tuteur a-t-il à nourrir la sœur de son pupille des deniers d'icelui? 16. S'il a fait des avances pour son mineur, doit-il être préféré aux autres créanciers de ce mineur? 17. Le tuteur ne peut être déchargé de rendre compte de sa tutelle par le père de celui qui l'a nommé, 18. Un tuteur honoraire doit-il répondre des méfaits du tuteur onéraire? 19. Quand un tuteur vient à mourir, est-ce à ses héritiers ou aux parents du pupille que ce dernier doit s'en prendre pour la perte qu'il a faite? 18.

— Tyrannicide. Doctrine monstrueuse sur ce point, condamnée au concile de Constance, *page* 817.

U

— Usage, *page* 817. Un usager peut-il vendre son droit ou le louer? 1. Doit-il être préféré à l'héritier dans l'usage des légumes d'un jardin? 2. L'usager d'un troupeau de moutons n'en peut prendre ni la laine, ni le lait, ni les agneaux, 3. Celui à qui on a donné l'usage d'une chose peut le perdre en n'en usant pas, 4.

— Usufruit, *ibid.* L'usufruitier d'un troupeau de moutons doit-il remplacer ceux qui périssent par cas fortuit? 1. Les héritiers d'un usufruitier doivent-ils mettre des arbres en la place de ceux qu'il a manqué de mettre, et répondre de la chute d'un bâtiment, etc. 2. Doivent-ils rétablir des alliés qu'il n'a abattues que pour tirer plus de fruits de la terre, etc. 3. Un usufruitier peut-il saisir le fief d'un vassal qui refuse de lui faire foi et hommage? 4. Les arbres abattus par le vent appartiennent-ils à l'usufruitier ou au propriétaire? 5. L'usufruitier d'une vigne prête à vendanger peut-il en cueillir les fruits? 6.

Quand du blé est coupé, et non encore enlevé, appartient-il aux héritiers de l'usufruitier? 7. Quand l'usufruit d'une terre été légué à deux, et qu'il en meurt un, sa portion accroît-elle à l'autre? 8. Si une maison périt, les matériaux et la place où elle était appartiennent-ils à l'usufruitier? 9. L'usufruitier peut-il ouvrir une carrière dans une terre, etc.? 10. Quand un usufruitier qui a loué une maison vient à mourir, est-ce à son héritier ou au propriétaire que le loyer échu et non payé doit revenir? 11. L'usufruitier est-il tenu d'acquitter les charges d'un legs, surtout quand elles le diminuent beaucoup? 12.

Quand l'usufruitier a fait couper les foins avant le temps et qu'il meurt, son héritier doit-il en profiter? 13. Un testateur a laissé l'usufruit d'une ferme, la grange en tombe un jour avant sa mort : est-ce à son héritier à la réparer, ou à l'usufruitier? 14. L'héritier du testateur doit-il un passage sur ses terres, quand il est nécessaire à l'usufruitier? 15. Celui-ci peut-il interrompre le bail fait par le propriétaire? 16. Un homme qui avait légué l'usufruit de quatre arpents de terre y bâtit et y fait un jardin : ce jardin et cette maison sont-ils pour l'usufruitier? 17. Le bannissement empêche-t-il qu'on ne se porte pour usufruitier? 18. Conserve-t-on l'usufruit quand on devient religieux? 19. Combien doit durer un usufruit dont le temps n'a pas été déterminé? 20. Un usufruitier et un engagiste d'une terre qui a droit de patronage peuvent-ils nommer aux bénéfices? 21.

— Usure, *page* 833. * Usura, *page* 1301. On ne peut prêter à intérêt sans engager son capital, * 1. On n'aliène pas véritable ment son capital quand on le prête pour trois ans, sans pouvoir le répéter pendant ce temps, 2. Un homme de Paris qui prête de l'argent à un Normand peut-il exiger qu'il passe le contrat à Rouen, parce qu'il y aura un denier plus fort? 3. *Quid* si tous deux étaient de Paris, et qu'ils fussent allés exprès à Rouen, pour y passer leur contrat, et même que les deniers eussent été comptés à Paris? 4 et 5. Cas où l'on feindrait le contrat fait à Rouen, 6. Un homme qui ne stipule point d'intérêts, mais qui en espère, est-il coupable d'usure? 7, 14.

Evite-t-on l'usure, quand on vend au prêteur une chose dont il tire les fruits, jusqu'à ce qu'il soit remboursé? 8 et 9. Y a-t-il de l'usure à diminuer cinq pour cent sur une rente, parce qu'on la paye d'avance? 10. Y a-t-il à acheter moins une chose à cause de l'anticipation du payement? 11. Peut-on exiger de celui à qui on prête qu'il viendra par reconnaissance moudre à un tel moulin, etc.? 12. *Quid* si on exigeait d'un médecin qu'il traitera les malades de la maison, en le payant de ses peines? *ibid.*; ou d'un avocat, qu'il plaidera *gratis* une cause aisée? 13; ou de l'emprunteur, qu'il prêtera aussi quand on aura besoin de lui? 15.

Un prêt fait par amitié, mais avec une secrète espérance du retour, suffit-il pour l'usure? 16. Peut-on prêter pour gagner l'amitié de celui à qui l'on prête? 17. Peut-on prêter sous promesse que l'argent sera rendu dans un lieu où il vaut plus que dans celui où l'on prête? 18. Y a-t-il usure à vendre argent comptant le revenu d'une terre pour dix ans? 19. Y en a-t-il à prêter du blé sous la clause qu'il sera rendu dans un temps où il vaut davantage? 20. Que dire d'un prêt d'argent fait à condition qu'on sera remboursé en blé dans un temps marqué? 21. Prêt d'un certain fruit pour lequel l'emprunteur doit en rendre d'autre d'un plus grand prix, 22. Puis-je vendre du blé plus que je ne l'ai acheté, quand je ne l'ai pas pris dans le temps où j'avais voulu qu'il me fût livré? 23.

Puis-je prêter une somme à Jean à condition que si lui et moi mourons dans trois ans, elle sera acquise à sa succession, et que si nous vivons, il me payera le double? 24. On peut offrir sa charge à quelqu'un, à condition qu'il en fera une rente viagère, et qu'on y rentrera, s'il ne la paye pas, 25. Peut-on engager pour sûreté d'un prêt un bois taillis avec faculté au prêteur d'en tirer son chauffage? 26. Un seigneur à qui on engage un fief qu'on tient de lui pour sûreté d'un prêt doit-il, en recevant son capital, déduire les fruits qu'il a perçus de ce fief? 27. Doit-on p écompter l'usage qu'on a fait des meubles d'un emprunteur, quand il rend le prêt qu'on lui avait fait? 28.

Un homme qui prête, et pour ce ne peut louer une

maison qu'il allait faire réparer, peut demander tant pour son dédommagement, 29. Le pourrait-il si un ami lui offrait la même somme qu'il prête? 30. Mais si le dommage qu'on craignait n'arrive pas, pourra-t-on exiger quelque chose de mutuataire? 31. Un homme qui souffre un grand dommage par ce qu'il a prêté peut-il exiger que l'emprunteur lui en tienne compte? 32. Un marchand qui prête mille écus peut-il stipuler tant au-dessus du capital, soit qu'il soit ou ne soit pas prêt à employer son argent? 33. Un homme prêt à mettre son argent en faux sel peut-il stipuler un dédommagement de celui à qui il le prête? 34.

Un homme soupçonne une mine dans un de ses champs; il prête une somme qu'il allait sacrifier pour la découvrir: peut-il exiger quelque dédommagement? 35. Un père a une somme qu'il destine au commerce; une autre qu'il destine au mariage de sa fille, etc.: peut-il, s'il la prête, exiger quelque chose au-dessus du fort principal? 36. Celui qui, pour éviter la discussion, ne veut pas mettre son argent en société, avec espérance d'en tirer beaucoup, peut-il le prêter et en tirer moins? 37. Cas prolixe sur le péril intrinsèque et extrinsèque, 38. Le commerce de mer, qui se pratique dans les chambres d'assurance, est-il licite? 39. Est-il permis de faire assurer les marchandises qu'on a sur un vaisseau? 40.

Peut-on stipuler tant, en cas que l'emprunteur ne rende pas la somme au temps convenu? 41. Peut-on accepter une somme pour un prêt de vaisselle et pour une bourse destinée à l'ostentation? 42. Des ouvriers peuvent-ils travailler pour un homme qui ne les paye que d'argent usuraire? 43. Peut-on, pour assurer une somme d'argent, la déposer chez un usurier? 44. Que peut-il que doit faire une femme qui ne peut empêcher son mari de faire des profits usuraires? 45. Pèche-t-on en empruntant à usure? 46, et * 1. Peut-on s'adresser à un usurier public, pour soutenir son commerce, ou pour en faire un plus considérable? 47 et 48. Comment se doit comporter un curé à l'égard d'un homme qui passe pour usurier, et qui dans le tribunal ne qu'il le soit? 49. Peut-on sans usure racheter à bas prix une chose qu'on vient de vendre à l'instant bien plus cher? 50 et 51. *Voyez* ACHAT, VENTE, CHANGE, DOMMAGES ET INTÉRÊTS, GAGE, INTÉRÊTS, PRÊT *mutuum*, SOCIÉTÉ.

USURE, addition sur les monts-de-piété, *page* 897.

USURE, dissertation où l'on examine si l'on peut prêter et hypothéquer une somme sur un brevet de retenue d'une somme plus grande, qui fait un privilège au moyen duquel, lorsque celui qui achète la charge, la revend, ou vient à mourir, celui qui le remplace, fût-ce son fils, doit rembourser la somme prêtée, *page* 899.—Réponse d'un grand vicaire, *ibid.*—Remarques, *page* 907.

V

VAGABONDS. Différentes espèces, *page* 911.

VANTERIE, *ibid.* La vanterie diffère-t-elle de la superbe, et celle-ci de la vanité? 1. La vanterie peut être un péché mortel, et quand? 2. Peut-on quelquefois, sans être coupable du péché de vanterie, découvrir les grâces que l'on a reçues de Dieu? 3.

— VASES SACRÉS. Principes sur cette matière, *page* 913.
— VASSAL. Ses obligations, etc., *ibid.*
— VEILLÉES, *page* 915. Un curé peut-il déclarer qu'il refusera l'absolution à ceux qui se trouveront aux veillées? 1. Une mère qui mène ses filles aux veillées, avec la précaution de les avoir toujours à côté d'elle, n'a-t-elle rien à se reprocher? 2.

VENTE, *ibid.* * VENDITIO, *page* 1307. Un père qui est dans le besoin peut-il vendre un fonds substitué à ses enfants? 1. Un curateur ne peut vendre une terre de son mineur, même en exigeant que le prix n'en sera payé qu'après la majorité de ce mineur, et que jusque-là on lui en payera la rente, 2. Un tuteur peut-il vendre une terre pour acquitter la dette de son pupille? 3. Peut-on, pour de certaines raisons, vendre une chose au delà de sa juste valeur? 4. La vente d'une maison est-elle résolue quand le vendeur a stipulé qu'elle le serait, si l'acquéreur ne payait pas dans un certain temps? 5. Le vendeur peut-il retenir les arrhes à lui données pour sûreté d'un payement qui ne s'est pas fait? 6.

Le juge peut condamner un acheteur frauduleux à restituer la chose et les fruits, 7. A quoi est tenu un architecte qui a acheté à bas prix une maison, parce qu'il a fait croire au propriétaire qu'elle menaçait ruine, 8 et 9. Un marchand d'eau-de-vie qui y mêle de l'eau peut-il être exempt de restituer? 10. Que penser d'un marchand qui met sa laine dans un lieu humide afin que, pesant davantage, il y fasse plus de profit? 11. Un marchand qui vend du drap brûlé peut-il le vendre comme s'il n'était pas défectueux? 12.

Que dire d'un drapier qui vend une pièce dont deux aunes ne sont pas bien teintes, mais qui diminue le prix? 13. Cas d'un homme qui, en vendant une terre, a excepté les bois, mais qui a ratifié un contrat où il n'y a que tels et tels bois exceptés, 14. Quand peut-on demander la rescision d'un contrat de vente dans lequel on a été lésé? 15. Peut-on vendre un livre beaucoup plus qu'il ne vaut, parce qu'un homme en a besoin? 16 et 17. Quand une maison est vendue tant, sous la clause qu'elle pourra être retirée par le vendeur si quelqu'un en offre plus, et qu'elle vient à périr, périt-elle pour le vendeur? 18.

Une clause résolutoire d'une vente ne peut servir à celui qui manque à son engagement, 19. Un homme qui vend son blé à crédit ne peut stipuler qu'il lui sera payé au plus haut prix qu'il aura dans le cours de l'année, 20. Quand on a vendu du blé, qui doit être mesuré dans un certain temps, et que le prix en a encore été quand il se détériore, est-ce l'acheteur qui doit en porter la perte? 21. Quand le vendeur et l'acheteur sont en retard l'un à tour, qui des deux doit porter la perte de la chose vendue? 22. Que dire si le retard de l'un eût été la cause du retard de l'autre, ou que tous les deux aient été également en *mora*? 23 et 24.

Qui doit porter la perte d'un cheval vendu sous une condition qui ne s'accomplit qu'après qu'il est mort? 25. Cas d'une chose vendue à l'essai, et qui périt avant que cet essai ait été fait, 26. Pêche-t-on quand on vend un cheval qui a des défauts, sans en rien dire, et qu'on diminue de prix? 27. Camille a vendu à Hercule, pour 150 liv., un cheval borgne que ce dernier n'aurait pas voulu acheter, qu'il n'aurait pas payé plus de 100 liv., s'il se fût aperçu de ce défaut; Camille est-il obligé à restitution? 28. Mais si c'est faute de bons yeux que Hercule n'a point vu ce défaut, Camille serait-il obligé de reprendre son cheval si Hercule n'en voulait point? 29. Celui qui vend un cheval fort boiteux à son ami vendrait-il contre la charité ou la justice s'il ne l'avertit pas de ce défaut, quoiqu'il ne le vende que le juste prix qu'il vaut avec ce défaut, lorsque cet ami, qui s'y connaît bien en chevaux, n'a pas voulu examiner le cheval à vendre, à cause de la confiance qu'il avait au vendeur? 30. Celui qui a vendu un cheval fourbu pour 200 liv., au lieu de 300 qu'il vaudrait sans ce défaut, et après avoir protesté qu'il ne garantissait pas son cheval sans défaut, est-il obligé à restitution, si l'acquéreur, après avoir reconnu qu'il est fourbu, ne veut plus le garder, ou demande à être dédommagé? 31. Un cheval a été vendu courbatu ou poussif, une action a été intentée dans le temps porté par la coutume du lieu pour le faire reprendre: qui des deux, du vendeur ou de l'acheteur, doit supporter la perte du cheval, s'il est mort pendant le procès? 32. Celui qui achète un attelage de six chevaux, dont un est morveux, peut-il pour cela résoudre la vente? 33. Y a-t-il du mal à acheter une maison, à condition qu'en payant la rente du prix, on ne pourra être forcé à rembourser le capital, etc.? 34. Peut-on gagner sur une charge 5000 liv. du soir au lendemain? 35.

Un marchand qui fait entrer de bonne heure son blé au marché peut-il le vendre fort cher quand il sait qu'il va diminuer quelques heures après? 36. Peut-on profiter de la connaissance qu'on a de la prochaine diminution des espèces? 37. Peut-on vendre son blé plus cher qu'il ne vaut, quand on a résolu de le garder jusqu'à un temps où il vaudra davantage? 38 et 39. Peut-on vendre plus cher parce qu'on vend à crédit? 40, et * 1 et 5. Quand on a vendu trop cher, une chose dans les contractants ignoraient le prix, peut-on retenir le surplus? 41. Le peut-on quand un tiers a assuré contre sa conscience que le tableau était un original? 42.

Quand un acquéreur a fait des améliorations à un bien et qu'il en est évincé, c'est le vendeur qui est tenu de l'indemniser, 43; pourvu cependant que l'acheteur l'ait averti à temps, 44. Est-on garant d'une obligation qu'on a vendue? 45. Peut-on vendre un contrat de constitution au-dessus du capital qui y est énoncé? 46. Peut-on vendre une terre à condition que le vendeur pourra la reprendre en cinq ans, et que les fruits perçus par l'acheteur ne seront point déduits sur le capital? 47. *Quid* si on stipulait que le vendeur payera plus qu'il n'a vendu? etc. 48 et 49. Quand on rachète une terre qu'on avait vendue à faculté de rachat, à qui sont les fruits de cette terre? 50.

Peut-on vendre des épées à deux personnes qui veulent se battre? 51. Le juge peut obliger un homme à vendre un morceau de terre pour le bien public, 52. Un abbé ne peut vendre les bois de son bénéfice sans lettres patentes, 53. Un marchand peut-il s'offrir à racheter à bas prix, et argent comptant, une chose qu'il vient de vendre au plus haut prix et à crédit? * 2. Un homme veut vendre sa terre fort cher, et fait semblant d'en traiter avec un ennemi puissant de Proculus, qui, pour éviter ce dangereux voisinage, lui en donne le plus haut prix: n'y a-t-il rien là d'injuste? * 4. Un marchand vend à faux

poids, mais il vend au plus bas prix : le peut-il ? * 1.
Vétéran, p. 957. Un homme incapable d'un office peut-il le garder encore un an pour avoir des lettres de vétéran ? 1. Un conseiller vétéran a-t-il voix en tous procès? 2.

— **Veuves**. Leurs obligations quand elles se remarient. Elles peuvent être déshéritées quand elles se marient sans avoir requis l'*avis et conseil* de leurs père et mère. Si elles font un mariage indigne, elles sont à l'instant même interdites. Les charivaris qui se font à leurs mariages sont très-sévèrement défendus.

Viatique, *ibid.* *Voyez* Communion.
Vicaire d'un diocèse, *ibid.* Un homme ne peut faire aucune fonction de vicaire général sur une simple lettre missive, mais il lui faut des lettres en forme, 1. Si le pouvoir de conférer les bénéfices n'y est pas exprimé, il ne peut le conférer, quoiqu'on le lui eût promis, 2. Ses pouvoirs doivent être révoqués par écrit, *ibid.* Un non gradué peut-il être grand vicaire ? 3. Comment finissent les pouvoirs d'un grand vicaire ? 4. Quand le grand vicaire a nommé un mauvais sujet, l'évêque peut-il en nommer un autre ? 9. Les actes faits par un grand vicaire révoqué sont-ils valides, jusqu'à ce qu'il ait appris sa révocation ? 10. *Quid* si l'évêque lui a dit de vive voix qu'il le révoquait ? 11. Quand l'évêque est nommément excommunié ou interdit, son grand vicaire perd-il sa juridiction ? 12. Un évêque peut-il nommer un grand vicaire avant que d'avoir ses bulles ou d'avoir pris possession ? 13.

— **Vicaire de paroisse**, *page* 969. Un vicaire peut-il continuer ses fonctions, marier, par exemple, après la mort du curé ? 1. Un vicaire malade peut-il commettre un autre prêtre, pour faire ses fonctions, par exemple, pour faire un mariage sans l'aveu du curé ? 2 et 3. Un desservant peut recevoir un testament; mais un vicaire ne le peut pas, 4. Un curé primitif ne peut nommer un vicaire au vicaire perpétuel. Les évêques peuvent-ils en établir sans réquisition du curé et des habitants? 5.

Visa, *page* 973. On ne peut refuser le *visa* à un homme parce qu'il ne répond pas bien sur des questions très-difficiles, 1. Peut-on se défendre par la possession triennale quand on a pris possession d'une cure sans *visa*, ou sur le *visa* d'un grand vicaire dont les pouvoirs étaient bornés ? 2. Un visa obtenu deux ans après les provisions est-il valide? 3. Un ecclésiastique à qui son évêque a justement refusé le *visa* pour une cure, et qui a obtenu du métropolitain, peut-il le garder? 4.

Comment se doivent conduire l'évêque et le métropolitain quand il s'agit d'un refus de *visa*, 5. Un pourvu en cour de Rome est-il tenu d'obéir à son évêque qui, pour l'éprouver, veut qu'il passe six mois au séminaire avant que d'avoir son *visa*, 6. Un *visa* obtenu en conséquence d'un arrêt par un autre évêque met-il le pourvu en sûreté de conscience ? 7. Le *visa* d'un chapitre suffit-il pour le doyenne de son église? 8.

Vision, Apparition, Revenants, *page* 981.
Vœu, *page* 1003. * Votum, *page* 1311. Peut-on faire des vœux aux saints ? 1. Le vœu de religion qu'une fille a fait à l'âge de dix à onze ans a-t-il besoin de dispense ? 2. Que dire quand la personne doute si elle avait sept ans ? 3. Que doit faire une fille qui, ne se souvenant pas de son vœu de chasteté, s'est mariée à consommé le mariage, 4 ; ou celle qui ne sait bien si elle a fait un vœu ou une simple résolution ? 5. Un homme qui dans un emportement fait vœu de ne jamais demander le devoir est-il tenu de le garder? 6.

Un homme qui a fait vœu de jeûner le lendemain de son arrivée à Rome doit-il jeûner le jour de Pâques s'il y arrive le samedi saint? 7 et * 10. Celui qui a fait vœu de religion en est-il quitte s'il est fait évêque ? 8. Une fille qui, après un vœu de continence, s'est laissé corrompre, est-elle encore obligée à son vœu ? 9. Celui qui manque à donner cinq sols, qu'il a voué de donner aux pauvres, pèche-t-il mortellement? 10 et * 9. *Quid* si un homme ui a fait vœu de donner trente louis n'avait voulu s'obliger que sous peine de péché véniel? 11. Que penser d'un religieux qui, en vouant la pauvreté, n'aurait pas voulu s'obliger *sub gravi* ? 12.

Peut-on faire vœu de n'accepter jamais l'épiscopat, ou d'entendre chez les religieux une messe basse pendant la grand'messe de la paroisse ? 13 et 14. Que penser du vœu de prendre toujours le chemin le plus agréable pour aller en classe ? 15. Celui qui a fait vœu de faire dire des messes dans un lieu peut-il les faire dire dans un autre lieu de même nom ? 16. Un mari peut-il empêcher que sa femme accomplisse des vœux qu'elle a faits, soit pendant, soit avant son mariage? 17 et 18. Un mari peut-il faire vœu d'aller à Jérusalem, et sa femme d'aller à Rome ? 19.

Un mari ne peut faire vœu de s'abstenir de tout usage du mariage, 20. Peut-il faire celui de ne demander point le devoir ? Sa femme le peut-elle ? 21 et 22. Quand deux fiancés ont fait vœu de garder la continence, et qu'après le mariage l'un déclare à l'autre qu'il ne l'a fait qu'extérieurement, etc., faut-il l'en croire ? 23. Un mari qui a permis à sa femme de faire vœu de continence peut-il lui demander le garder ? 24 et 25. Quand un père est déclaré de consacrer sa fille à la religion ou d'envoyer son fils en pèlerinage, ces enfants doivent-ils l'accomplir après sa mort? 26. L'obligation d'un vœu passe-t-elle aux héritiers de celui qui l'a fait? 27.

Dans le doute d'un vœu ou de son objet, quel parti faut-il prendre ? 28. Un vœu fait très-solennellement n'est pas toujours solennel, 29. Est-on obligé à un vœu qu'on a fait par crainte? 30, 31 et 32. Peut-on différer longtemps d'accomplir un vœu ? 33. Un homme qui a fait vœu de religion l'accomplit-il en entrant dans une communauté séculière? 34. Explication prolixe du vœu de pauvreté, qui se fait dans une certaine congrégation, 35. Ajoutez la remarque avant ce mot : *Au reste*. « Sans doute il ne pensait pas être le préjugé est pour les fondateurs qui étaient conduits par l'esprit de Dieu, et qui n'ont établi que ce qu'ils ont jugé nécessaire. »

Celui qui a fait vœu de religion en est-il quitte s'il est refusé à la première maison où il se présente? A combien doit-il s'offrir ? 36 et 37. *Quid* si on ne veut le recevoir qu'à titre de convers dans une maison, et que dans une autre, où l'on veut bien le recevoir pour le chœur, il n'y ait point de règle? 38. Si un supérieur sage lui déclare que sa santé est trop faible pour tel ordre, qui est l'objet de son vœu, il doit s'en tenir là, 39. Celui qui, ayant fait vœu de se faire chartreux, a pris parti dans un ordre moins sévère, doit-il le quitter pour aller aux chartreux ? 40. Un homme qui n'a voulu s'engager qu'à la règle comme elle s'observe, n'est-il obligé de la suivre selon la rigueur primitive ? 41 et 42.

Un convers qui a fait profession dans un ordre qui renvoie les frères quand il juge à propos, a-t-il pu de son chef passer dans un autre où il y a plus de stabilité? 43. Un homme qui a fait vœu de se faire religieux à la Trappe, et à qui il survient une descente, peut-il se marier, et en cas qu'il l'ait fait, pèche-t-il en usant du mariage? 44. Le vœu d'entrer dans une communauté séculière peut être commué, pour de justes raisons, dans le temps du Jubilé, mais non quand on a déjà fait vœu dans cette communauté, 45. Est-on obligé à la clôture quand on a fait profession dans un ordre où elle ne se garde pas, etc.? 46.

Une femme qui a permis à son mari de se faire prêtre doit-elle entrer en religion? 47. Celui qui avait fait un vœu dans le siècle doit-il le garder dans le cloître, contre la défense de son supérieur ? 48. Un religieux est-il tenu à un vœu qu'il a fait sans en parler à son supérieur? 49. Une fille qui a fait les trois vœux d'un ordre où elle croyait être reçue doit-elle les garder dans le siècle? 50. Une fille dont le monastère a été supprimé doit-elle encore garder ses vœux? 51. Celle qui, ayant fait son noviciat avec soeur de chœur, n'a été reçue que comme converse, peut-elle se faire rétablir contre sa profession ? 52. A qui doit s'adresser celui qui veut sortir de son couvent ? 53.

* Luce a fait vœu de ne point demander le devoir, et de prier son mari de ne le lui point demander ; mais elle craint que l'exécution de ce dernier vœu ne l'aliène d'elle : peut-elle le ne pas accomplir ? 3. Un fils repris sévèrement par son père pour cause de jeu fait vœu de ne plus jouer : peut-il jouer quand son père est mort? 4. Doit-on garder un vœu de chasteté quand après l'avoir fait on a promis à une personne de l'épouser ? 5.

* Un mari ne peut irriter le vœu que sa femme avait fait étant veuve ; mais il peut le suspendre quand il l'incommode, 6. Peut-on différer longtemps à servir les malades quand on en a fait le vœu ? 11.

* Luc a fait vœu de donner tant aux pauvres, si Dieu le préservait d'un certain péché pendant un mois ; mais il y est retombé exprès le dernier jour pour ne rien donner, son vœu l'oblige-t-il ? 12.

—**Vulgate**, *page* 1059. Peut-on mépriser la Vulgate? Doit-on la préférer à l'Hébreu ? Doit-on croire que l'auteur de la Vulgate ait été un homme inspiré ? 2.

FIN DU SECOND ET DERNIER VOLUME.